Bürgerliches Gesetzbuch

nebst

Einführungsgesetz

erläutert

von

Dr. G. Planck,

Wirklicher Geheimer Rath und ordentlicher Honorarprofessor an der Universität Göttingen,

in Verbindung mit

Dr. A. Achilles,
Reichsgerichtsrath a. D.,

Dr. F. André,
Ordentlicher Professor,

M. Greiff,
Geheimer Justizrath,

F. Ritgen,
Amtsrichter,

Dr. K. Unzner,
I. Staatsanwalt.

Zweiter Band.

Recht der Schuldverhältnisse.

Erste und zweite Auflage.

Berlin 1900.

J. Guttentag, Verlagsbuchhandlung,
G. m. b. H.

Inhaltsverzeichniß.

Zweites Buch.

Recht der Schuldverhältnisse.

Zweiter Titel.

Verzug des Gläubigers.

Zweiter Abschnitt.

Schuldverhältnisse aus Verträgen.

Erster Titel.

Begründung. Inhalt des Vertrags.

Zweiter Titel.

Gegenseitiger Vertrag.

Dritter Titel.

Versprechen der Leistung an einen Dritten.

Vierter Titel.

Draufgabe. Vertragsstrafe.

Fünfter Titel.

Rücktritt.

Dritter Abschnitt.

Erlöschen der Schuldverhältnisse.

Erster Titel.

Erfüllung.

Zweiter Titel.

Hinterlegung.

Dritter Titel.

Aufrechnung.

Vierter Titel

Erlaß.

Vierter Abschnitt.

Uebertragung der Forderung.

Fünfter Abschnitt.

Schuldübernahme.

Sechster Abschnitt.

Mehrheit von Schuldnern und Gläubigern.

Siebenter Abschnitt.

Einzelne Schuldverhältnisse.

Erster Titel.

Kauf. Tausch.

I. Allgemeine Vorschriften.

Seite

II. Gewährleistung wegen Mängel der Sache.

III. Besondere Arten des Kaufes.

1. Kauf nach Probe. Kauf auf Probe.

2. Wiederkauf.

3. Vorkauf.

IV. Tausch.

Zweiter Titel.

Schenkung.

Dritter Titel.

Miethe. Pacht.

I. Miethe.

II. Pacht.

Vierter Titel.

Leihe.

Fünfter Titel.

Darlehen.

Sechster Titel.

Dienstvertrag.

Siebenter Titel.

Werkvertrag.

Achter Titel.

Mäklervertrag.

Neunter Titel.

Auslobung.

Zehnter Titel.

Auftrag.

Elfter Titel.

Geschäftsführung ohne Auftrag.

Zwölfter Titel.

Verwahrung.

Dreizehnter Titel.

Einbringung von Sachen bei Gastwirthen.

Vierzehnter Titel.

Gesellschaft.

Fünfzehnter Titel.

Gemeinschaft.

Sechszehnter Titel.

Leibrente.

Siebzehnter Titel.

Spiel. Wette.

Achtzehnter Titel.

Bürgschaft.

Neunzehnter Titel.

Vergleich.

Zwanzigster Titel.

Schuldversprechen. Schuldanerkenntniß.

Einundzwanzigster Titel.

Anweisung.

Zweiundzwanzigster Titel.

Schuldverschreibung auf den Inhaber.

Dreiundzwanzigster Titel.

Vorlegung von Sachen.

Vierundzwanzigster Titel.

Ungerechtfertigte Bereicherung.

Fünfundzwanzigster Titel.

Unerlaubte Handlungen.

Zweites Buch.

Recht der Schuldverhältnisse.

Vorbemerkungen.

I. Unter dem Rechte der Schuldverhältnisse, von welchem das zweite Buch handelt, versteht das B.G.B. im Wesentlichen dasselbe, was in der gemeinrechtlichen Theorie als Obligationenrecht bezeichnet wird. Ueber Wesen und Begriff der Obligation bezw. des Forderungsrechts und des Schuldverhältnisses s. Windscheid II § 250, insbesondere Anm. 3 und die daselbst angeführte Literatur; Dernburg II §§ 1—3.

Im E. I § 206 war bestimmt:

„Gegenstand eines Schuldverhältnisses kann ein Thun oder ein Unterlassen des Schuldners (Leistung) sein."

In dem entsprechenden § 241 des B.G.B. heißt es:

„Kraft des Schuldverhältnisses ist der Gläubiger berechtigt, von dem Schuldner eine Leistung zu fordern. Die Leistung kann auch in einem Unterlassen bestehen."

Durch die Aenderung der Fassung sollte klargestellt werden, daß zum Wesen des Schuldverhältnisses gehöre, daß eine bestimmte Person (der Gläubiger) von einer anderen bestimmten Person (dem Schuldner) eine Leistung zu fordern berechtigt sei. Hieraus ergiebt sich die Unterscheidung des Schuldverhältnisses von dem dinglichen Rechte, wie überhaupt von jedem absoluten Rechte. Das absolute Recht ist ein gegen alle wirksames Recht; der Wille des Berechtigten ist in Beziehung auf ein bestimmtes Verhältniß maßgebend für Jedermann. Das dingliche Recht insbesondere begründet die Herrschaft des Berechtigten über eine Sache; sein Wille ist in Beziehung auf die Sache maßgebend für das Verhalten Aller. Das Schuldverhältniß dagegen ist ein Verhältniß nur zwischen zwei oder mehreren bestimmten Personen, kraft dessen der Wille der einen Person (des Gläubigers) in einer bestimmten Beziehung für das Verhalten der anderen Person (des Schuldners) maßgebend ist. Hieran wird auch dadurch Nichts geändert, daß das Verhalten, welches der Gläubiger von dem Schuldner fordern kann, sich auf eine Sache bezieht, daß der Gläubiger also z. B. die Uebertragung des Eigenthums der Sache von dem Schuldner fordern kann. Auch in diesem Falle besteht nur ein Rechtsverhältniß zwischen dem Gläubiger und dem Schuldner. Ein Zwischending zwischen dem dinglichen Rechte und dem Forderungsrechte, das sog. Recht zur Sache des preußischen Landrechts kennt das B.G.B. nicht.

Es fragt sich nun aber weiter, ob eine erschöpfende Bestimmung des Begriffs des Schuldverhältnisses durch den § 241 beabsichtigt ist, ob also jedes Rechtsverhältniß, kraft dessen eine Person von einer anderen Person eine Leistung verlangen kann, ein Schuldverhältniß ist, oder ob es auch Rechtsverhältnisse giebt, kraft deren jene Berechtigung zwar besteht, die aber doch keine Schuldverhältnisse sind. Für die letztgedachte Annahme scheint zu sprechen, daß, wenn der Begriff des Schuldverhältnisses in dem § 241 erschöpfend geregelt wäre, dieser mit dem Begriffe des Anspruchs zusammenfallen würde. Der Anspruch ist nach § 194 das Recht, von einem Anderen ein Thun oder ein Unterlassen, also eine Leistung zu verlangen. Jedes Schuldverhältniß begründet daher nach § 241 einen Anspruch; das Schuldverhältniß würde also, wenn sich hierin sein Begriff erschöpfte, nichts anderes sein, als die Kehrseite des Anspruchs. Eine solche verschiedene Bezeichnung desselben Verhältnisses wäre auffallend. Es ist daher zu prüfen, welche Rechtsverhältnisse das B.G.B. nicht als Schuldverhältnisse betrachtet, obwohl sie einen Anspruch des Berechtigten gegen den Verpflichteten begründen. Die Unterscheidung kann nicht darin gefunden werden, daß als Schuldverhältnisse nur die in dem zweiten Buche besonders geordneten Verhältnisse betrachtet würden. Unzweifelhaft entspringen nach der Auffassung des B.G.B. auch aus Verhältnissen, die in den anderen Büchern des B.G.B. geordnet sind, Schuldverhältnisse. Ein solches besteht z. B. zwischen dem Vermächtnißnehmer und dem mit dem Vermächtnisse Beschwerten. (§§ 2174, 2176.) Die Unterscheidung kann auch nicht darin gefunden werden, daß die Verpflichtungen, welche aus der Verletzung absoluter Rechte entspringen, aus dem Kreise der Schuldverhältnisse ausscheiden. Die vorsätzliche oder fahrlässige Verletzung eines absoluten Rechtes ist nach § 823 eine unerlaubte Handlung; aus einer solchen entsteht ein Schuldverhältniß zwischen dem Thäter und dem Verletzten, welches im zweiten Buche, Abschnitt VII Titel 25 näher geregelt ist. Zweifelhaft erscheint dagegen, ob der aus dem absoluten Rechte entstehende Anspruch, soweit er lediglich auf Herstellung des dem Rechte entsprechenden Zustandes geht, nach den Vorschriften über Schuldverhältnisse zu beurtheilen ist. Diese Frage ist in der ersten Kommission, insbesondere in Beziehung auf den dinglichen Anspruch, wiederholt erörtert; sie wird in den Motiven (Bd. II S. 4, Bd. III S. 397, 399, 408, 409) ausdrücklich bejaht. Auch in der zweiten Kommission ist die Frage mehrfach zur Sprache gekommen (s. z. B. P. II S. 391, 394, 626, 3964, 3971, 3972); ein Beschluß ist darüber aber nicht gefaßt. Die Ausdrucksweise, deren sich das B.G.B. bedient, deutet auf eine Unterscheidung zwischen dem Rechte, die Herstellung des dem dinglichen Rechte entsprechenden Zustandes zu fordern und dem Rechte, die den Gegenstand eines Schuldverhältnisses bildende Leistung zu fordern. Das erstere wird als Anspruch, das letztere als Forderung bezeichnet. Andererseits ergeben aber die über den dinglichen Anspruch, insbesondere über die „Ansprüche aus dem Eigenthume" (Drittes Buch Abschnitt III Titel 4) gegebenen Vorschriften, daß dabei von der Voraussetzung ausgegangen ist, daß die allgemeinen Grundsätze über Schuldverhältnisse auch auf den dinglichen Anspruch insoweit Anwendung finden, als sich nicht aus den dafür geltenden besonderen Bestimmungen eine Abweichung ergiebt. So bestimmt z. B. der § 990, welcher die Verpflichtungen des unredlichen Besitzers gegenüber dem Eigenthümer regelt, im Abs. 2:

> „Eine weitergehende Haftung des Besitzers wegen Verzugs bleibt unberührt."

Auch die Vorschrift des § 993 Abs. 1 „im Uebrigen ist er (nämlich der Besitzer) weder zur Herausgabe von Nutzungen noch zum Schadensersatze verpflichtet" deutet darauf hin, daß ohne diese Vorschrift die allgemeinen Grundsätze über Schuldverhältnisse zur Anwendung kommen würden. Als selbstverständlich wird es im § 931 betrachtet, daß der Eigenthümer den dinglichen Anspruch gegen den Besitzer auf Herausgabe der Sache abtreten kann. Entscheidendes Gewicht würde freilich auf die letztgedachte Vorschrift deshalb nicht zu legen sein, weil nach § 413 die Vorschriften über Uebertragung von Forderungen auch auf andere Rechte entsprechende Anwendung finden, soweit nicht ein Anderes bestimmt ist. Die oben hervorgehobenen Vorschriften über den Eigenthumsanspruch lassen aber keine andere Deutung zu, als daß die Vorschriften über Schuldverhältnisse auf den dinglichen Anspruch direkte oder entsprechende Anwendung finden, soweit sich nicht aus der besonderen Natur des dinglichen Anspruchs und den mit Rücksicht hierauf gegebenen besonderen Vorschriften eine Abweichung ergiebt.

Aehnlich liegt das Verhältniß bei dem Erbschaftsanspruch. Auch die für diesen gegebenen Vorschriften (§§ 2018 ff.) lassen erkennen, daß die allgemeinen Grundsätze über Schuldverhältnisse darauf insoweit Anwendung finden, als sich nicht aus jenen Vorschriften eine Abweichung ergiebt.

Die aus familienrechtlichen Verhältnissen entspringenden Rechte haben das Eigenthümliche, daß sie, obwohl sie absolute Rechte sind, doch zugleich Ansprüche gegen bestimmte Personen begründen. Soweit dies der Fall ist, werden auch auf diese Ansprüche die allgemeinen Vorschriften über Schuldverhältnisse insoweit Anwendung finden müssen, als sich nicht aus der Natur der betreffenden Ansprüche und den dafür gegebenen besonderen Vorschriften eine Abweichung ergiebt. Dies gilt z. B. von den Ansprüchen der Ehegatten gegen einander auf Gewährung des Unterhalts sowie für die ihnen auf Grund des ehelichen Güterrechts gegen einander zustehenden Ansprüche. Indirekt wird dies durch den § 1359 anerkannt, welcher bestimmt, daß die Ehegatten bei der Erfüllung der sich aus dem ehelichen Verhältniß ergebenden Verpflichtungen nur für diejenige Sorgfalt einzustehen haben, welche sie in eigenen Angelegenheiten anzuwenden pflegen. Vorausgesetzt wird also, daß ohne diese Vorschrift die für Schuldverhältnisse geltende allgemeine Regel der Haftung für jede Fahrlässigkeit Anwendung finden würde.

Nicht zu verkennen ist, daß die Abweichungen von den für Schuldverhältnisse im Allgemeinen geltenden Vorschriften, welche sich aus der besonderen Natur der dinglichen, erbrechtlichen und familienrechtlichen Ansprüche ergeben, sehr erheblich sind. Das B. G. B. giebt für diese Ansprüche eingehende spezielle Vorschriften; aber diese genügen doch für sich allein nicht, um alle in Betracht kommenden Fragen zu entscheiden. Man wird häufig genöthigt sein, auf allgemeinere Grundsätze zurückzugehen und diese können nur in den Vorschriften über Schuldverhältnisse gefunden werden. Ob man das Verhältniß so ansehen will, daß das B.G.B. unter den Schuldverhältnissen auch jene Ansprüche mit begreift, die für Schuldverhältnisse geltenden Vorschriften aber insoweit nicht anwendet, als die besondere Natur der fraglichen Ansprüche eine Abweichung erfordert, oder ob man die fraglichen Ansprüche nicht zu den Schuldverhältnissen rechnet, die für diese geltenden Vorschriften aber insoweit zur entsprechenden Anwendung bringt, als sich aus dem allgemeinen Charakter jedes Anspruchs, als eines Rechtes, von einem Anderen eine Leistung zu fordern rechtfertigt, ist eine Konstruktionsfrage, die praktisch ohne Bedeutung sein dürfte.

II. In der gemeinrechtlichen Theorie herrscht Streit darüber, ob es zum Wesen eines Schuldverhältnisses gehört, daß die dadurch begründete Forderung einen Vermögenswerth hat. Das B.G.B. verneint diese Frage, indem es das Erforderniß eines Vermögenswerths nicht aufstellt. Für Forderungen, die unmittelbar auf dem Gesetze beruhen, ergiebt sich direkt aus der gesetzlichen Vorschrift, daß andere als die in ihr bestimmten Erfordernisse für die Entstehung der Forderung nicht in Betracht kommen. Für die durch Rechtsgeschäft, insbesondere für die durch Vertrag begründeten Schuldverhältnisse wird sich häufig aus den für das betreffende Rechtsgeschäft aufgestellten Erfordernissen ergeben, daß die dadurch begründete Forderung einen Vermögenswerth haben muß. Soweit sich dies aber aus dem besonderen Inhalte des Rechtsgeschäfts nicht ergiebt, folgt aus dem Schweigen des Gesetzes, daß durch das Rechtsgeschäft eine Forderung auch dann begründet wird, wenn dieselbe einen Vermögenswerth nicht hat. Auf dem Gebiete des Rechtes der Schuldverhältnisse gilt das Prinzip der Vertragsfreiheit. Das B.G.B. giebt in dem siebenten Abschnitte des zweiten Buches besondere Vorschriften über eine große Zahl von Verträgen. Daraus darf aber nicht geschlossen werden, daß **nur** die durch diese Vorschriften geregelten Verträge ein Schuldverhältniß begründen. Regel ist vielmehr, daß jeder Vertrag, durch welchen der eine Theil dem anderen Theile eine Leistung verspricht, gültig ist und daß die verbindliche Kraft desselben nicht davon abhängt, daß die versprochene Leistung einen Vermögenswerth hat. Gegen diese Auffassung wird das Bedenken geltend gemacht, daß es manche Leistungen gebe, die ihrer Natur nach nicht geeignet seien, Gegenstand einer rechtlichen Verbindlichkeit zu sein. Dies ist zwar richtig, aber es folgt daraus nicht, daß die Leistung, um Gegenstand einer rechtlichen Verbindlichkeit sein zu können, einen Vermögenswerth haben müsse. Die Grenze ist vielmehr in anderer Art zu bestimmen. Kohler (Archiv für bürgerliches Recht, Bd. 12 S. 1 ff.) führt aus, daß die versprochenen Leistungen nicht einer Sphäre des Lebens angehören dürfen, die nicht geschäftsmäßig ist und nicht geschäftsmäßig sein soll. Religion, Liebe und Anstand seien die Gebiete, in Betreff deren Verabredungen dem Verkehr entzogen seien. Deshalb sei das Versprechen von Leistungen, die diesen Gebieten angehören, rechtlich unverbindlich. Die Vorschriften des B.G.B. führen im Wesentlichen zu einem dieser Auffassung entsprechenden Ergebnisse. Zunächst ist zu beachten, daß Verabredungen des gedachten Inhalts regelmäßig überhaupt nicht in der Absicht getroffen werden, um eine rechtsgeschäftliche Verbindlichkeit einzugehen. Niemand wird daran denken, das Versprechen des ersten Tanzes auf dem nächsten Balle in diesem Sinne aufzufassen. Wird aber im einzelnen Falle eine Leistung des gedachten Inhalts wirklich in der Absicht vereinbart, daß dadurch eine rechtliche Verbindlichkeit begründet werden solle, so würde eine solche Vereinbarung gegen die guten Sitten verstoßen und deshalb nach § 138 nichtig sein. Denn gegen die guten Sitten verstößt es, wenn sich Jemand etwas rechtsgeschäftlich versprechen läßt, was nach den Geboten der Sittlichkeit und des Anstandes nur auf Grund eines freien Entschlusses geschehen oder unterlassen werden soll.

Schuldverhältnisse, bei denen die Leistung keinen Vermögenswerth hat, stehen indessen in einer Beziehung den Schuldverhältnissen, bei denen dies der Fall ist, nicht gleich. Nach § 253 kann der Ersatz eines Schadens, welcher kein Vermögensschaden ist, in Geld nicht gefordert werden. Wird also eine Leistung, welche keinen Vermögenswerth hat, geschuldet, so kann zwar der Gläubiger nach den §§ 887, 888, 890 der C.P.O. die Leistung im Wege der Zwangsvollstreckung erzwingen; er kann auch wegen Nichterfüllung der Verbindlichkeit auf Grund des dadurch begründeten Anspruchs auf Schadensersatz nach § 249 die Herstellung desjenigen Zustandes fordern, welcher bestehen würde, wenn die Verbindlichkeit erfüllt wäre. Soweit eine solche Herstellung aber nicht möglich ist — und dies wird bei Leistungen der fraglichen Art regelmäßig der Fall sein — steht ihm ein weiteres Mittel, sein Recht zu verfolgen, nicht zu Gebote. Sein Recht ist also insofern ein unvollkommenes. Will der Gläubiger sich gegen die hieraus entspringende Gefahr sichern, so muß er sich die Leistung unter einer Vertragsstrafe versprechen lassen. (§§ 339 ff.) Die Vertragsstrafe ersetzt dann die ihm von dem Gesetze versagte Entschädigung in Geld.

III. Die aus einem Schuldverhältniß entspringende Forderung kann, wie jedes Recht, im Wege der Klage geltend gemacht werden. Die gemeinrechtliche Theorie macht hiervon eine Ausnahme in Betreff der sog. Naturalobligationen. Das B.G.B. enthält allgemeine Vorschriften über diese Kategorie nicht. Es bestehen indessen einzelne Rechtsverhältnisse, welche man als Schuldverhältnisse betrachten kann, bei denen dem Gläubiger zwar das Recht, seine Forderung im Wege der Klage geltend zu machen, nicht zusteht, die aber doch in anderer Beziehung eine gewisse rechtliche Bedeutung haben. So steht z. B. der Klage aus einer verjährten Forderung die Einrede der Verjährung entgegen; aber das auf Grund einer solchen Forderung Bezahlte kann nicht zurückgefordert werden und das vertragsmäßige Anerkenntniß sowie die dafür bewirkte Sicherheitsleistung sind rechtsverbindlich. (§ 222.) Durch Spiel und Wette wird eine Verbindlichkeit nicht begründet, das auf Grund des Spiels oder der Wette Geleistete kann aber nicht zurückgefordert werden. (§ 762.) Auch den sittlichen Pflichten wird insofern eine rechtliche Bedeutung beigelegt, als eine Zurückforderung des auf Grund einer solchen Pflicht Geleisteten ausgeschlossen ist. (§ 814; vergl. auch § 1624.)

IV. In der gemeinrechtlichen Theorie ist bestritten, ob ein Schuldverhältniß in der Art eingegangen werden kann, daß der Verpflichtete nicht unbeschränkt, sondern nur mit einem bestimmten Theile seines Vermögens haftet. Die Beantwortung dieser Frage dürfte davon abhängen, was man darunter versteht, daß der Schuldner nur mit einem bestimmten Theile seines Vermögens haftet. Denkt man hierbei an eine vertragsmäßige Aenderung der prozessualischen Vorschriften über die Zwangsvollstreckung, so wird die Frage zu verneinen sein; denn jene Vorschriften gehören dem öffentlichen Rechte an und können deshalb, soweit sie nicht selbst der Vereinbarung der Betheiligten Spielraum gewähren, von diesen nicht geändert werden. Dagegen dürfte die Frage zu bejahen sein, wenn man sie dahin versteht, ob der Inhalt einer Verbindlichkeit von den Parteien in der Art beschränkt werden kann, daß der Schuldner nur insoweit verpflichtet wird, als die Verbindlichkeit aus einem bestimmten Theile seines Vermögens erfüllt werden kann. Für die Beurtheilung einer solchen Vereinbarung geben die Vorschriften des B.G.B. selbst einen Anhaltspunkt. Es wird hierbei nicht an die Vorschriften gedacht, nach welchen die Gläubiger einer Ehefrau wegen einer Verbindlichkeit derselben aus einem Rechtsgeschäfte, das sie ohne Zustimmung des Ehemanns vorgenommen hat, ihre Befriedigung nicht aus dem eingebrachten Vermögen der Frau verlangen können. Die Ehefrau haftet aus einem solchen Rechtsgeschäft unbeschränkt; nur das Recht des Ehemanns an dem eingebrachten Vermögen steht der Befriedigung der Gläubiger aus demselben entgegen. In Betracht kommen dagegen die Vorschriften über die beschränkte Haftung des Erben gegenüber den Nachlaßgläubigern. Regelmäßig wird hier die beschränkte Haftung des Erben dadurch zur Geltung gebracht, daß der Konkurs über den Nachlaß eröffnet oder eine Nachlaßverwaltung angeordnet wird. Sind diese Wege aber wegen Mangels einer den Kosten entsprechenden Masse ausgeschlossen, so kann der Erbe nach § 1990 die Befriedigung der Gläubiger insoweit verweigern, als der Nachlaß nicht ausreicht. Er ist in diesem Falle verpflichtet, den Nachlaß zum Zwecke der Befriedigung des Gläubigers im Wege der Zwangsvollstreckung herauszugeben. Macht der Erbe von diesem Rechte Gebrauch, so finden nach § 1991 auf seine Verantwortlichkeit wegen der bisherigen Verwaltung des Nachlasses die Vorschriften der §§ 1978, 1979 Anwendung; wegen der sich hieraus ergebenden Verbindlichkeiten haftet der Erbe den Nachlaßgläubigern unbeschränkt. Diese Vorschriften finden nach § 419 entsprechende Anwendung, wenn Jemand durch Vertrag das ganze Vermögen eines Anderen übernommen hat und deshalb den Gläubigern des Anderen haftet, aber die Beschränkung seiner Haftung auf den Bestand des übernommenen Vermögens und die ihm aus dem Vertrage zustehenden Ansprüche geltend macht. Es ist nicht abzusehen, weshalb ein Vertrag, durch welchen die Haftung des Schuldners in einer jenen gesetzlichen Vorschriften entsprechenden Art beschränkt wird, unzulässig sein sollte. Der Inhalt seiner Verbindlichkeit wird durch einen solchen Vertrag dahin beschränkt, daß er die Erfüllung derselben verweigern kann, im Falle der Geltendmachung dieses Rechtes aber verpflichtet ist, einen bestimmten Gegenstand oder einen bestimmten Theil seines Vermögens dem Gläubiger zum Zwecke der Befriedigung im Wege der Zwangsvollstreckung herauszugeben. Durch den Vertrag kann bestimmt werden, daß der Schuldner, wenn er von diesem Rechte Gebrauch macht, für die bisherige Verwaltung des betreffenden Gegenstandes oder Theiles seines Vermögens dem Gläubiger in ähnlicher Art verantwortlich sein soll, wie der Erbe für die Verwaltung des Nachlasses den Nachlaßgläubigern verantwortlich ist. Ohne eine solche Verpflichtung ist das Recht des Gläubigers ein höchst unsicheres; denn ohne sie erhält er nichts, wenn der betreffende Gegenstand oder Theil des Vermögens nicht mehr im Vermögen des Schuldners ist. Die Gültigkeit des Vertrags dürfte aber nicht davon abhängen, ob eine Verpflichtung der gedachten Art vereinbart ist. Will der Gläubiger sich mit dem unsicheren Rechte begnügen, welches er ohne jene Verpflichtung erhält, so liegt kein genügender Grund vor, ihn daran zu hindern. Denkbar ist, daß ihm das persönliche Vertrauen, welches er zu dem Schuldner hat, genügt. Möglich ist auch, daß besondere Verhältnisse vorliegen, welche ihn zu der Erwartung berechtigen, daß der Schuldner auch ohne eine Verpflichtung der gedachten Art den betreffenden Gegenstand oder Theil des Vermögens behalten und ordnungsmäßig verwalten wird. Solche Verhältnisse kommen z. B. in Frage, wenn die Mitglieder eines nicht rechtsfähigen Vereins eine Verpflichtung eingehen und dabei vereinbaren, daß sie nur mit dem Vereinsvermögen haften wollen. Hier kann der Gläubiger unter Umständen genügenden Grund zu der Annahme haben, daß das Interesse der Mitglieder an der Erhaltung des Vereins stark genug ist, um sie zu der Erhaltung und ordnungsmäßigen Verwaltung des Vereinsvermögens zu bestimmen; er wird sich in solchem Falle mit der gedachten beschränkten Haftung der Vereinsmitglieder begnügen (s. Bd. I S. 104 Erl. zu § 54 Nr. 2, b). Die Gefahr, welche der Gläubiger bei einer Vereinbarung der fraglichen Art läuft, ist kein genügender Grund, die Vereinbarung für rechtlich unzulässig zu erklären.

V. Das zweite Buch des E. I zerfiel in vier Abschnitte. Der erste Abschnitt handelte von den Schuldverhältnissen im Allgemeinen, der zweite Abschnitt von den Schuldverhältnissen aus Rechtsgeschäften unter Lebenden, der dritte Abschnitt von den Schuldverhältnissen aus unerlaubten Handlungen, der vierte Abschnitt von einzelnen Schuldverhältnissen aus anderen Gründen. Der erste Abschnitt zerfiel wieder in fünf Titel, von denen der erste den Gegenstand, der zweite Titel den Inhalt, der dritte Titel das Erlöschen der Schuldverhältnisse betraf, der vierte Titel von der Sondernachfolge in Forderung und Schuld, der fünfte Titel von den Schuldverhältnissen mit einer Mehrheit von Gläubigern oder Schuldnern handelte. Der erste Titel des zweiten Abschnitts enthielt die allgemeinen Vorschriften über Schuldverhältnisse aus Rechtsgeschäften unter Lebenden, die Titel 2—20 handelten von den einzelnen Rechtsgeschäften.

In dem B.G.B. ist die Eintheilung wesentlich geändert. Der erste Abschnitt (§§ 241—304) faßt unter der Ueberschrift „Inhalt der Schuldverhältnisse" die in den ersten beiden Titeln des ersten Abschnitts des E. I gegebenen Vorschriften zusammen und zerfällt in zwei Titel, von denen der erste Titel (§§ 241—292) die Verpflichtung zur Leistung, der zweite Titel (§§ 293—304) den Verzug des Gläubigers betrifft. Der zweite Abschnitt (§§ 305—361) enthält die allgemeinen Vorschriften über Schuldverhältnisse aus Verträgen und entspricht dem ersten Titel des zweiten Abschnitts des E. I. Der dritte Abschnitt (§§ 362—397) entspricht dem dritten Titel, der vierte und fünfte Abschnitt (§§ 398—413, 414—419) dem vierten Titel, der sechste Abschnitt (§§ 420—432) dem fünften Titel des ersten Abschnitts des E. I. Im siebenten Abschnitt (§§ 433—853), welcher den Titeln 2—20 des zweiten Abschnitts und dem dritten und vierten Abschnitte des E. I entspricht, werden in 25 Titeln die einzelnen Schuldverhältnisse behandelt.

VI. Auf das Recht der Schuldverhältnisse beziehen sich folgende Schriften:

Schollmeyer, das Recht der einzelnen Schuldverhältnisse im B.G.B.

Stammler, das Recht der Schuldverhältnisse in seinen allgemeinen Lehren.

Meisner, das Recht der Schuldverhältnisse, Kommentar zum zweiten Buche des B.G.B.

Die sich auf einzelne Schuldverhältnisse beziehenden Schriften werden bei diesen angegeben werden.

Zweites Buch.
Recht der Schuldverhältnisse.

Erster Abschnitt.
Inhalt der Schuldverhältnisse.

Erster Titel.
Verpflichtung zur Leistung.

Erster Abschnitt.

Der erste Abschnitt (§§ 241—304) handelt von dem Inhalte der Schuldverhältnisse im Allgemeinen. Unter dem Inhalte wird die Gesammtheit der durch das Schuldverhältniß unter den Betheiligten begründeten Beziehungen verstanden. Dahin gehört auch, was der E. I als „Gegenstand des Schuldverhältnisses" bezeichnete; er verstand darunter die geschuldete Leistung. In der gemeinrechtlichen Theorie wird dagegen als Gegenstand des Schuldverhältnisses bisweilen dasjenige bezeichnet, was dem Gläubiger verschafft werden soll, also z. B. bei dem Schuldverhältniß aus einem Kaufe die gekaufte Sache, bei dem Schuldverhältniß aus einem Dienstvertrage der zu leistende Dienst. Nach dem E. I ist dies „Gegenstand der Leistung". Das B.G.B. folgt im Allgemeinen dem E. I. Geschuldet wird die Leistung; Gegenstand der Leistung ist dasjenige, was zu leisten ist. Indessen wird hieran nicht streng festgehalten, vielmehr diejenige Ausdrucksweise gebraucht, welche den Umständen nach als die deutlichste und zutreffendste betrachtet wird. Daher wird sowohl von „geschuldeter Sache" als von „geschuldeter Leistung" und von „Leistung der Sache" gesprochen (s. z. B. §§ 241 bis 243, 262).

Durch das Schuldverhältniß werden rechtliche Beziehungen nur zwischen bestimmten Personen begründet, zwischen dem Gläubiger und dem Schuldner. Auf der einen oder anderen Seite können mehrere Personen stehen, aber immer handelt es sich nur um die rechtlichen Beziehungen zwischen diesen bestimmten Personen. Im ersten Titel des ersten Abschnitts (§§ 241—292) handelt das B.G.B. von der Verpflichtung zur Leistung. Damit ist zugleich gesagt, was der Gläubiger zu fordern hat. Eine Verpflichtung des Gläubigers zur Annahme der Leistung wird durch das Schuldverhältniß nicht begründet, aber durch die Nichtannahme von Seiten des Gläubigers (Verzug des Gläubigers) wird der Inhalt des Schuldverhältnisses modifizirt; hiervon handelt der zweite Titel des ersten Abschnitts (§§ 293—304).

Erster Titel.

Der erste Titel (§§ 241—292) enthält die allgemeinen Vorschriften über die durch das Schuldverhältniß begründete Verpflichtung des Schuldners zur Leistung. Der § 241 bestimmt, daß der wesentliche Inhalt eines jeden Schuldverhältnisses darin bestehe, daß der eine Theil (der Gläubiger) von dem anderen Theile (dem Schuldner) eine Leistung zu fordern berechtigt sei. Der § 242 stellt den leitenden Grundsatz fest über die Art, in welcher die Leistung zu bewirken ist; sie soll erfolgen, wie Treu und Glauben mit Rücksicht auf die Verkehrssitte es erfordern.

Die §§ 243—265 enthalten allgemeine Vorschriften darüber, wie sich das Schuldverhältniß, je nach der Art der geschuldeten Leistung, verschieden gestaltet. Der § 243 handelt von denjenigen Fällen, in welchen die geschuldete Sache nur der Gattung nach bestimmt ist. Die

§. 241.

Kraft des Schuldverhältnisses ist der Gläubiger berechtigt, von dem Schuldner eine Leistung zu fordern. Die Leistung kann auch in einem Unterlassen bestehen.

§. 242.

Der Schuldner ist verpflichtet, die Leistung so zu bewirken, wie Treu und Glauben mit Rücksicht auf die Verkehrssitte es erfordern.

---

§§ 244, 245 handeln von Geldschulden, die §§ 246—248 von geschuldeten Zinsen, die §§ 249 bis 255 von der Verpflichtung zum Schadensersatze, die §§ 256, 257 von der Verpflichtung zum Ersatze von Aufwendungen, der § 258 von der Verpflichtung desjenigen, welcher berechtigt ist, von einer Sache, die er herauszugeben hat, eine Einrichtung wegzunehmen, die §§ 259—261 von der Verpflichtung zur Rechenschaftsablegung, zu der Herausgabe eines Inbegriffs von Gegenständen und zur Leistung eines Offenbarungseids, die §§ 262—265 von den alternativen Schuldverhältnissen.

Die §§ 266—272 enthalten nähere Vorschriften über die Art, in welcher die Leistung zu bewirken ist, der § 266 über die Unzulässigkeit einer Theilleistung, die §§ 267, 268 über die Person desjenigen, von welchem die Leistung bewirkt werden kann, die §§ 269, 270 über den Ort, die §§ 271, 272 über die Zeit der Leistung.

Die §§ 273, 274 handeln von dem Zurückbehaltungsrechte.

Die verschiedenen Folgen, welche sich daraus ergeben, daß die Leistung in Folge eines von dem Schuldner zu vertretenden oder in Folge eines von ihm nicht zu vertretenden Umstandes unmöglich wird sowie das Maß des Verschuldens, welches der Schuldner zu vertreten hat, werden in den §§ 275—282 bestimmt. Daran schließt sich in dem § 283 die Bestimmung, daß der Gläubiger nach rechtskräftiger Verurtheilung des Schuldners unter näher bestimmten Voraussetzungen Schadensersatz wegen Nichterfüllung verlangen kann. Die §§ 284—290 handeln sodann von dem Verzuge des Schuldners, die §§ 291, 292 von dem Einflusse, welchen die Rechtshängigkeit auf das Schuldverhältniß hat.

§ 241.

E. I § 206; II § 205 rev. § 235; III § 235. P. I S. 465—469; M. II S. 5, 6. P. II S. 558—562, 8406 (Bd. I S. 279—281). D. S. 622.

S. die Vorbm. zu diesem Abschnitte. S. 3.

§ 242.

E. I §§ 224 Abs. 1 Satz 1, 359; II § 206 rev. § 236; III § 236. P. I S. 635—637, 1057, 1058, 1060, 1061; M. II S. 26, 27, 197, 198. P. II S. 606—609, 8406 (Bd. I S. 302—304). D. S. 622. St.B. 2772, 2773.

Die Vorschrift des E. I § 359 wird durch den § 242 in zweifacher Beziehung erweitert. Nach dem § 359 des E. I soll die Rücksicht auf Treu und Glauben bei der Entscheidung der Frage in Betracht kommen, was sich aus einem Vertrag als Inhalt der Verpflichtung des Schuldners ergiebt. Dies folgt nach dem B.G.B. schon aus der allgemeinen Vorschrift des § 157, nach welcher Verträge so auszulegen sind, wie Treu und Glauben mit Rücksicht auf die Verkehrssitte es erfordern. Durch die allgemeinere Fassung des § 242, nach welcher der Schuldner die Leistung so zu bewirken hat, wie Treu und Glauben mit Rücksicht auf die Verkehrssitte es erfordern, soll ausgedrückt werden, daß die Rücksicht auf Treu und Glauben auch für die Art, in welcher der Schuldner seine Verpflichtung zu erfüllen hat, maßgebend sein soll. Unter dem Ausdruck „Inhalt der Verbindlichkeit" in dem § 359 des E. I kann dies mitverstanden werden, und der E. I hat die fragliche Vorschrift auch wohl in diesem weiteren Sinne verstanden. Da aber auch eine engere Auslegung möglich ist, so hat der § 242 eine Fassung erhalten, welche den beabsichtigten weiteren Sinn außer Zweifel stellt.

Die zweite Aenderung besteht darin, daß, während der § 359 des E. I sich nur auf die Verbindlichkeiten aus Verträgen bezieht, die Vorschrift des § 242 für alle Schuldverhältnisse gilt. Sie gilt also insbesondere auch für die auf Gesetz beruhenden Verbindlichkeiten. Für den Inhalt dieser Verbindlichkeiten ist zwar zunächst die Auslegung des Gesetzes maßgebend, auf welchem die Verbindlichkeit beruht. Auch bei einer solchen Verbindlichkeit soll aber in Betreff der Art und Weise, in welcher die geschuldete Leistung zu bewirken ist, die Rücksicht auf Treu und Glauben in Verbindung mit der Verkehrssitte maßgebend sein.

Für alle Schuldverhältnisse sowie für alle Fragen, welche den Inhalt oder den Umfang der dadurch begründeten Verbindlichkeit sowie die Art, in welcher dieselbe zu erfüllen ist, betreffen, ist daher entscheidend, was Treu und Glauben mit Rücksicht auf die Verkehrssitte erfordern.

§. 243.

Wer eine nur der Gattung nach bestimmte Sache schuldet, hat eine Sache von mittlerer Art und Güte zu leisten.

Hat der Schuldner das zur Leistung einer solchen Sache seinerseits Erforderliche gethan, so beschränkt sich das Schuldverhältniß auf diese Sache.

Es ist dies derselbe Gedanke, welcher der gemeinrechtlichen sog. exceptio doli generalis zu Grunde liegt; die bisherige Theorie und Praxis werden daher in dieser Beziehung auch bei Anwendung des B.G.B. nutzbar gemacht werden können.

§ 243.

E. I § 213, 214; II § 207 rev. § 237; III § 237. P. I S. 529—537; M. II S. 10—12. P. II S. 571—579, 664, 665, 2242—2247, 8406, 8407 (Bd. I S. 285—289, 231, 232). D. S. 622.

1. Die Vorschrift des § 243 bezieht sich nicht auf alle generischen Schuldverhältnisse, sondern nur auf solche, deren Gegenstand die Leistung einer Sache ist. Ueber Schuldverhältnisse, deren Gegenstand eine andere nur der Gattung nach bestimmte Leistung z. B. die Leistung von Diensten ist, enthält das B.G.B. keine besonderen Vorschriften. Auf die Leistung von Sachen findet die Vorschrift des § 243 sowohl dann Anwendung, wenn es sich um vertretbare Sachen, als auch, wenn es sich um nicht vertretbare Sachen handelt.

2. Ob die sog. gemischten generischen Schuldverhältnisse unter die Vorschrift des § 243 fallen, hängt davon ab, in welchem Sinne ein solches Schuldverhältniß gemeint ist. Die Verpflichtung, ein Schaf aus einer bestimmten Heerde oder eine Quantität Weizen aus einem bestimmten Speicher zu liefern, kann möglicherweise als alternative Verpflichtung (§§ 262—265) gedacht sein. Regelmäßig wird anzunehmen sein, daß nur eine speziellere Bezeichnung der Gattung beabsichtigt ist und daß daher die Vorschriften des § 243 zur Anwendung kommen.

3. In dem E. I § 213 war bestimmt, daß der Schuldner in dem vorausgesetzten Falle eine Sache von mittlerer Art und Güte auszuwählen habe. Die Ersetzung des Wortes „auszuwählen“ durch „zu leisten“ im § 243 Abs. 1 soll klarstellen, daß das generische Schuldverhältniß im Gegensatze zu dem alternativen nur eine Leistung, nämlich die Leistung einer Sache von mittlerer Art und Güte zum Gegenstande hat. Daraus ergiebt sich von selbst, daß dem Schuldner die Bestimmung der Sache zusteht, d. h. daß er durch die Leistung einer jeden Sache von mittlerer Art und Güte, aber auch nur durch die Leistung einer solchen Sache seine Verpflichtung erfüllt. Dies ist nur in dem Sinne gemeint, daß die Sache mindestens von mittlerer Art und Güte sein muß; eine bessere als die mittlere Art und Güte ist selbstverständlich zulässig.

Der Vorschrift des § 243 Abs. 1 entsprechen die weiteren in dem B.G.B. über generische Schuldverhältnisse in den §§ 279, 480, 491, 493, 524 Abs. 2 gegebenen Vorschriften. Abweichend von der Regel des § 243 Abs. 1 gilt für das Vermächtniß einer nur der Gattung nach bestimmten Sache die Vorschrift, daß eine den Verhältnissen des Bedachten entsprechende Sache zu leisten ist (§§ 2155 Abs. 1, 2182 Abs. 1, 2183).

Nicht berücksichtigt in dem § 243 sind solche Fälle, in denen vereinbart ist, daß dem Gläubiger die Wahl zustehen soll; sie sind zu anomaler Art, als daß eine gesetzliche Regel für sie nöthig und möglich wäre. Nur für den Fall, daß bei dem Vermächtniß einer nur der Gattung nach bestimmten Sache dem Bedachten die Bestimmung der Sache überlassen ist, werden besondere Vorschriften in dem § 2155 Abs. 2 gegeben.

Ist die Bestimmung der zu leistenden Sache einem Dritten überlassen, so finden bei Verträgen die Vorschriften der §§ 317—319, bei Vermächtnissen die Vorschrift des § 2155 Abs. 2 Anwendung.

4. Ist eine Sache von mittlerer Art und Güte geleistet, so ist dadurch die dem Schuldner obliegende Verpflichtung erfüllt. Der E. I § 214 bestimmte, daß mit der Leistung die Auswahl als vollzogen gelte und daß das Schuldverhältniß sich nach Vollziehung der Auswahl auf die ausgewählte Sache beschränke. In dem B.G.B. sind diese Sätze weggelassen, weil durch die Leistung der geschuldeten Sache das Schuldverhältniß erlischt und man deshalb nicht sagen kann, daß sich dasselbe auf die durch die Leistung ausgewählte Sache beschränkt. Sachlich besteht in dieser Beziehung keine Verschiedenheit zwischen dem E. I. und dem B.G.B., es handelt sich vielmehr nur um eine korrektere Ausdrucksweise desselben Gedankens.

Eine sachliche Verschiedenheit besteht dagegen zwischen den Vorschriften des E. I und des B.G.B. in Betreff der Frage, unter welchen Voraussetzungen sich das Schuldverhältniß schon vor der Erfüllung auf eine individuell bestimmte Sache beschränkt. In der gemeinrechtlichen Wissenschaft stehen sich die sog. Lieferungstheorie und die Ausscheidungstheorie gegenüber. Sowohl dem E. I als dem B.G.B. liegt die erstgedachte Auffassung zu Grunde, beiden jedoch nur unter einer praktisch wichtigen Modifikation. Diese war im E. I dahin bestimmt, daß das Schuldverhältniß sich auf eine individuell bestimmte Sache beschränke, wenn die Gefahr auf den Gläubiger übergegangen sei. Nach dem E. I § 257 Abs. 2 geht die Gefahr auf den Gläubiger über, wenn dieser durch die Nichtannahme der ausgewählten und angebotenen Sache in Verzug der Annahme kommt, ebenso nach § 465, wenn der Verkäufer unter den dort bezeichneten Voraussetzungen die verkaufte Sache dem Spediteur, dem Frachtführer oder der sonst zur Ausführung des Transports bestimmten Person ausgeliefert hat. Die Mehrheit der zweiten Kommission hielt eine Verallgemeinerung der Vorschrift des E. I für zweckmäßig. Das Schuldverhältniß soll sich auf eine individuell bestimmte Sache beschränken, wenn der Schuldner das zur Leistung dieser Sache seinerseits Erforderliche gethan hat und die betreffende Sache dem in Abs. 1 bestimmten Erforderniß entspricht, also mindestens von mittlerer Art und Güte ist. Wann der Schuldner das zur Leistung einer solchen Sache seinerseits Erforderliche gethan hat, bestimmt sich nach der Art des in Frage stehenden Schuldverhältnisses. Immer ist dem gedachten Erfordernisse genügt, wenn der Schuldner die Sache dem Gläubiger in solcher Art anbietet, daß dieser dadurch, daß er sie nicht annimmt, in Verzug kommt (s. Erl. zu § 300 Nr. 3). Der Schuldner wird hierdurch zwar von seiner Verbindlichkeit noch nicht befreit. Erbietet sich der Gläubiger später zur Annahme, so ist der Schuldner noch verpflichtet, die Sache zu leisten. Aber hierauf kommt es nach der Absicht des § 243 Abs. 2 nicht an; die Vorschrift des E. I § 214, nach welcher der Zeitpunkt maßgebend ist, in welchem die Gefahr auf den Gläubiger übergeht, hat nicht beschränkt, sondern erweitert werden sollen. Die Gefahr geht aber nach § 300 Abs. 2 (E. I § 257 Abs. 2) auf den Gläubiger über, wenn derselbe in der gedachten Art in Verzug der Annahme kommt. Die Vorschrift des § 243 Abs. 2 muß also dahin verstanden werden, daß das ordnungsmäßige Angebot einer Sache der fraglichen Art unter die Vorschrift fällt, daß also unter dem zur Leistung der Sache Erforderlichen nur dasjenige verstanden wird, was dem Schuldner zunächst zu thun obliegt. Dem Erfordernisse des § 243 Abs. 2 ist ferner genügt, wenn bei dem auf einem Kaufe beruhenden Schuldverhältnisse der Verkäufer auf Verlangen des Käufers die verkaufte Sache nach einem anderen Orte als dem Erfüllungsorte versendet und die Sache zu diesem Zwecke dem Spediteur, dem Frachtführer oder der sonst zur Ausführung der Versendung bestimmten Person oder Anstalt ausgeliefert hat. Auch in diesem Falle bleibt der Verkäufer, wenn die Sache, ehe sie dem Käufer zukommt, wieder in seinen Besitz gelangt, zur Leistung der Sache verpflichtet; aber auch hier ist, da in dem gedachten Zeitpunkte nach § 447 (E. I § 465) die Gefahr auf den Käufer übergeht, anzunehmen, daß der Käufer im Sinne des § 243 Abs. 2 das seinerseits zur Leistung der Sache Erforderliche gethan hat. Das Gleiche gilt abweichend vom E. I nach den §§ 644 Abs. 2, 651, wenn die Verpflichtung auf einem Werkvertrage beruht. Ebenso zu beurtheilen sind alle nicht durch die gedachten Vorschriften getroffenen Fälle, in denen der Schuldner einer nur der Gattung nach bestimmten Sache auf Verlangen des Gläubigers eine Sache der geschuldeten Art nach einem anderen Orte als dem Erfüllungsorte versendet, mag die Verpflichtung auf einem entgeltlichen oder auf einem unentgeltlichen Vertrage beruhen. Ist dagegen der Schuldner nach dem Inhalte des Schuldverhältnisses verpflichtet, die Sache dem Gläubiger zu bringen, so hat er das seinerseits zur Leistung Erforderliche nicht schon durch die Absendung einer Sache der geschuldeten Art, sondern erst dann gethan, wenn die Sache bei dem Gläubiger angekommen, diesem also ordnungsmäßig angeboten ist. Auch dann, wenn es sich um eine sog. Holschuld handelt, der Gläubiger aber den Schuldner nicht mit der Uebersendung beauftragt hat, beschränkt sich das Schuldverhältniß nicht schon dadurch auf eine individuell bestimmte Sache, daß der Schuldner eine Sache der geschuldeten Art ausscheidet und für den Gläubiger bereit hält, sondern erst dadurch, daß der Gläubiger durch das Angebot der betreffenden Sache in Verzug der Annahme kommt (s. Erl. zu § 300 Nr. 3).

Die Wirkungen, welche sich aus der Beschränkung des Schuldverhältnisses auf die bestimmte Sache ergeben, sind zweifacher Art. Die Vorschrift des § 279, nach welcher der Schuldner, wenn die geschuldete Leistung nur der Gattung nach bestimmt ist, solange die Leistung aus der Gattung möglich ist, sein Unvermögen zur Leistung auch dann zu vertreten hat, wenn ihm ein Verschulden nicht zur Last fällt, findet keine Anwendung mehr; der Schuldner wird vielmehr nach den §§ 275—278 von seiner Verpflichtung frei, wenn ihm die Leistung der bestimmten Sache ohne sein Verschulden unmöglich wird. Bei gegenseitigen Verträgen würde der Schuldner nach § 323, wenn die Leistung der bestimmten Sache ohne sein Verschulden unmöglich wird, auch den Anspruch auf die Gegenleistung verlieren; diese Vorschrift findet aber in den oben angeführten Fällen deshalb keine Anwendung, weil hier mit der Beschränkung des Schuldverhältnisses auf die bestimmte Sache auch die Gefahr auf den Gläubiger übergeht. Die zweite Wirkung der Beschränkung besteht darin, daß der Gläubiger ein Recht auf die Leistung der bestimmten Sache erhält. Der Schuldner, welcher nach dem ursprünglichen Schuldverhältnisse seiner Verpflichtung durch Leistung einer jeden Sache der fraglichen Art genügen konnte, ist nach

§. 244.

Ist eine in ausländischer Währung ausgedrückte Geldschuld im Inlande zu zahlen, so kann die Zahlung in Reichswährung erfolgen, es sei denn, daß Zahlung in ausländischer Währung ausdrücklich bedungen ist.

Beschränkung des Schuldverhältnisses auf die bestimmte Sache, eben diese Sache zu leisten verpflichtet. Er kann, wenn der Gläubiger durch Angebot der Sache in Verzug gekommen ist, dem Gläubiger nicht später statt der angebotenen Sache eine andere Sache von gleicher Art und Güte liefern, ebensowenig ist er berechtigt, in den Fällen des § 447 über die dem Spediteur oder Frachtführer behufs Versendung an den Gläubiger übergebenen Waaren anderweit zu verfügen und von dem Gläubiger zu verlangen, daß er sich die Lieferung anderer Waaren von gleicher vertragsmäßiger Art und Güte gefallen lasse. Der Gläubiger soll darauf rechnen können, daß er eben diejenigen Sachen erhält, auf welche das Schuldverhältniß nach Maßgabe des § 243 Abs. 2 beschränkt ist, er soll daher insbesondere in der Lage sein, mit Sicherheit über diese bestimmten Sachen anderweit verfügen zu können. Diese Konsequenz hat in der zweiten Kommission zu lebhaften Bedenken gegen die Vorschrift des § 243 Abs. 2 Anlaß gegeben. Es widerspreche — so wurde ausgeführt — der Auffassung des Lebens, daß der Schuldner, welcher hundert Scheffel Weizen der geschuldeten Art dem Spediteur behufs Versendung an den Gläubiger übergeben oder dem Letzteren in solcher Art angeboten habe, daß derselbe in Verzug der Annahme gekommen, nicht berechtigt sein solle, über diese hundert Scheffel anderweitig zu verfügen und statt derselben dem Gläubiger andere hundert Scheffel der geschuldeten Art zu liefern. Besonders auffallend sei dieses Ergebniß, wenn der Gläubiger ohne genügenden Grund die Annahme der ihm übersandten Waaren ablehne. Mit Rücksicht hierauf war beantragt, den § 243 Abs. 2 zu streichen und statt dessen die Vorschrift des § 447 dahin zu verallgemeinern:

> „Versendet der Schuldner die zu leistende Sache auf Verlangen des Gläubigers nach einem anderen Orte als dem Erfüllungsorte, so geht die Gefahr auf den Gläubiger über, sobald der Schuldner die Sache dem Spediteur, dem Frachtführer oder der sonst zur Ausführung des Transports bestimmten Person oder Anstalt ausgeliefert hat."

Der Antrag wurde indessen abgelehnt. Die Mehrheit nahm an, daß die geltend gemachten Bedenken deshalb nicht entscheidend seien, weil dem Schuldner, wenn der Gläubiger die Annahme anderer als der früher angebotenen oder dem Spediteur übergebenen Sachen, die von derselben Art und Güte wie jene seien, ohne genügenden Grund ablehne, eine exceptio doli zur Seite stehe; unter Umständen werde auch in der Weigerung des Gläubigers, die ihm zuerst übersandten Sachen anzunehmen, ein Verzicht auf die ihm aus der Konkretisirung des Schuldverhältnisses zustehenden Rechte gefolgert werden können. Diese Auffassung ist nicht unbedenklich. Wird eine species geschuldet, so braucht der Gläubiger sich gewiß nicht gefallen zu lassen, daß ihm statt der geschuldeten Sache eine andere Sache von gleicher Art und Güte geliefert wird. Nach § 243 Abs. 2 soll ja aber das auf die Leistung einer nur der Gattung nach bestimmten Sache gerichtete Schuldverhältniß sich unter den dort bestimmten Voraussetzungen in ein auf die Leistung einer species gerichtetes Schuldverhältniß verwandeln. Von diesem Zeitpunkt an scheinen also dieselben Grundsätze Anwendung finden zu müssen, welche für ein von Anfang an auf die Leistung einer species gerichtetes Schuldverhältniß gelten. Trotzdem wird man, um dem Bedürfnisse des Lebens gerecht zu werden, schwerlich umhin können, dem Schuldner unter Umständen das Recht einzuräumen, sich durch Leistung einer anderen als derjenigen Sache, auf welche sich das Schuldverhältniß nach § 243 Abs. 2 beschränkt hat, von seiner Verpflichtung zu befreien. Das Bedürfniß tritt besonders klar hervor, wenn es sich um vertretbare Sachen handelt. Der Gläubiger würde bei ausnahmsloser Durchführung des obigen Grundsatzes sogar verlangen können, dieselben Geldstücke zu erhalten, welche ihm zur Zahlung angeboten waren und durch deren Nichtannahme er in Verzug gekommen ist. Man wird daher aus der Natur eines auf die Leistung einer nur der Gattung nach bestimmten Sache gerichteten Schuldverhältnisses folgern müssen, daß nach Treu und Glauben die nach Maßgabe des § 243 Abs. 2 stattfindende Beschränkung des Schuldverhältnisses auf eine bestimmte Sache nicht in jeder Beziehung die Wirkung hat, daß das Schuldverhältniß als auf eine species gerichtet angesehen wird, daß vielmehr das ursprüngliche Schuldverhältniß noch insoweit von Bedeutung bleibt, als Treu und Glauben es erfordern. Diese erfordern aber, daß der Gläubiger sich nicht auf die nach § 243 Abs. 2 erfolgte Konkretisirung berufen darf, wenn ihm Sachen der ursprünglich geschuldeten Art geliefert werden und er keinerlei Interesse dabei hat, gerade diejenigen Sachen zu bekommen, auf welche sich das Schuldverhältniß beschränkt hat. Daraus erwächst allerdings eine gewisse Unsicherheit; eine solche ist aber überhaupt nicht zu vermeiden, wo der Inhalt einer Verpflichtung nach Treu und Glauben zu bestimmen ist.

Die Umrechnung erfolgt nach dem Kurswerthe, der zur Zeit der Zahlung für den Zahlungsort maßgebend ist.

§. 245.

Ist eine Geldschuld in einer bestimmten Münzsorte zu zahlen, die sich zur Zeit der Zahlung nicht mehr im Umlaufe befindet, so ist die Zahlung so zu leisten, wie wenn die Münzsorte nicht bestimmt wäre.

---

§ 244.

E. I § 215; II § 208 rev. § 238; III § 238. P. I S. 1101—1103, 1106—1110, 11724, 11725; M. II S. 12—15. P. II S. 579—581 (Bd. I S. 289, 290). D. S. 622.

1. Die §§ 244, 245 enthalten besondere Vorschriften für Geldschulden. Sie beziehen sich nicht auf solche Fälle, in welchen Münzen einer bestimmten Art zu leisten sind. Für Fälle dieser Art gelten die Vorschriften des § 243.

2. Die Zahlung einer im Inlande zahlbaren, in Reichswährung ausgedrückten Geldschuld ist in Reichsmünzen zu leisten. Der Werth der Schuld ist der Nennwerth; die Zahlung muß in Reichsmünzen zu dem Nennwerthe geleistet und genommen werden. Dies ergiebt sich aus dem Münzgesetze v. 19. Juli 1873, insbesondere aus Art. 14 § 1. Papiergeld und Banknoten brauchen nicht in Zahlung angenommen zu werden (Ges. v. 30. April 1874 § 5 und Bankgesetz v. 14. März 1875 § 2).

Der § 244 enthält nur eine dispositive Vorschrift für den Fall, daß eine im Inlande zahlbare Geldschuld in ausländischer Währung ausgedrückt ist. Die Zahlung soll trotzdem in Reichswährung erfolgen können, sofern nicht die Zahlung in ausländischer Währung ausdrücklich bedungen ist. Es liegt hier einer der seltenen Fälle vor, in welchem zum Ausschluß einer dispositiven Vorschrift eine ausdrückliche Bestimmung gefordert wird. Ueber die Bedeutung dieses Erfordernisses s. Bd. I S. 162 ff. Vorbm. I a und b. Die Hinzufügung des Wortes „effektiv" oder eines ähnlichen nach der Auffassung des Verkehrs unzweideutigen Ausdrucks genügt, um eine ausdrückliche Bestimmung als getroffen anzunehmen.

3. Der für den Kurswerth, nach welchem die Umrechnung im Falle des § 244 Abs. 2 zu erfolgen hat, maßgebende Zahlungsort bestimmt sich nach den Vorschriften des § 269 (vgl. auch § 270 Abs. 4). Besteht an dem Zahlungsort ein Kurs nicht, so ist der Kurs desjenigen Handelsplatzes maßgebend, zu dessen Bereiche der Zahlungsort gehört.

4. Im E. I § 215 Abs. 3 war bestimmt, daß die dem § 244 Abs. 2 entsprechende Vorschrift des § 215 Abs. 2 des E. I auch dann Anwendung finde, wenn die in Reichswährung ausgedrückte Geldschuld in ausländischer Währung zu bezahlen sei. Von der zweiten Kommission ist diese Vorschrift gestrichen, weil eine gesetzliche Bestimmung für einen so seltenen Fall entbehrlich sei. Kommt ein derartiger Fall vor, so werden die allgemeinen Grundsätze zu demselben Ergebnisse führen wir die fragliche Vorschrift des E. I.

5. Haben die Parteien vereinbart, daß die Zahlung in anderen Umlaufsmitteln als Reichsmünzen z. B. in Banknoten oder Papiergeld erfolgen könne, so wird, wenn eine Bestimmung darüber nicht getroffen ist, zu welchem Kurse die Banknoten ꝛc. anzunehmen sind, im Zweifel der Kurswerth des Erfüllungsortes zu Grunde zu legen sein. Es ist davon auszugehen, daß der Gläubiger so viel erhalten soll, als erforderlich ist, um mit den erhaltenen Banknoten ꝛc. Reichsmünzen zum Betrage der Geldschuld einzutauschen.

6. Die Frage, in welcher Art eine im Auslande zahlbare Geldschuld zu erfüllen ist, bestimmt sich nach den Grundsätzen des internationalen Privatrechts. Besondere Vorschriften darüber enthält weder das B.G.B. noch das E.G.

§ 245.

E. I § 216; II § 209 rev. § 239; III § 239. P. I S. 1103—1106; M. II S. 12—15. P. II S. 581 (Bd. I S. 290). D. S. 622.

Eine rechtsgeschäftliche Bestimmung, nach welcher eine Geldschuld in einer bestimmten Münzsorte bezahlt werden soll, ist rechtlich zulässig. Die Zahlung kann sowohl in bestimmten inländischen als ausländischen Münzen ausbedungen werden. Der § 245 giebt eine Vorschrift für den Fall, daß die ausbedungene Münzsorte nicht mehr im Umlauf ist. Die festgesetzte Art der Erfüllung ist dadurch unmöglich geworden. Durch diese Unmöglichkeit soll der Schuldner nicht, wie aus § 275 geschlossen werden könnte, von seiner Verpflichtung befreit, vielmehr soll nur die Nebenbestimmung über die Art der Erfüllung als

§. 246.

Ist eine Schuld nach Gesetz oder Rechtsgeschäft zu verzinsen, so sind vier vom Hundert für das Jahr zu entrichten, sofern nicht ein Anderes bestimmt ist.

§. 247.

Ist ein höherer Zinssatz als sechs vom Hundert für das Jahr vereinbart, so kann der Schuldner nach dem Ablaufe von sechs Monaten das Kapital unter Einhaltung einer Kündigungsfrist von sechs Monaten kündigen. Das Kündigungsrecht kann nicht durch Vertrag ausgeschlossen oder beschränkt werden.

Diese Vorschriften gelten nicht für Schuldverschreibungen auf den Inhaber.

---

nicht geschrieben angesehen werden; die Zahlung hat daher in Reichswährung zu erfolgen. Nicht mehr im Umlaufe befindlich ist eine Münzsorte, wenn sie außer Kurs gesetzt ist. Daß die Münzsorte überhaupt nicht mehr existirt, wird nicht erfordert; andererseits genügt aber nicht, daß die Münzsorte am Zahlungsorte nicht mehr im Umlaufe befindlich ist. Auf Fälle der letzteren Art bezieht sich der Art. 37 der W.O. und der im neuen H.G.B. weggelassene Art. 336 Abs. 2 des früheren H.G.B.; das B.G.B. giebt für diese Fälle keine besonderen Bestimmungen, sie sind also nach der Vorschrift des § 244 zu entscheiden.

§ 246.

E. I § 217; II § 210 rev. § 240; III § 240. P. I S. 1111, 1112, 3244; M. II S. 15—17. P. II S. 581—583, 8447—8551 (Bd. I S. 290, 291). D. S. 622, 623. R.B. S. 1962, 1963. St.B. S. 2773.

1. Zinsen sind von einer Schuld nur zu entrichten, soweit dies durch Gesetz oder durch Rechtsgeschäft bestimmt ist. Eine gesetzliche Vorschrift, nach welcher Zinsen von einer Schuld zu entrichten sind, enthalten z. B. die §§ 256, 347 Satz 3, 452, 641 Abs. 2, 668, 675, 698, 820 Abs. 2, 849, 1834. Ueber Verzugszinsen s. die §§ 288, 289, über Prozeßzinsen s. § 291. Ueber die Berücksichtigung von Zinsen bei der Bezahlung einer unverzinslichen Schuld vor deren Fälligkeit s. die §§ 272, 813 Abs. 2, 1133 Satz 3, 1217 Abs. 2 Satz 2. Ueber die Verzinsung der Forderungen von Kaufleuten aus beiderseitigen Handelsgeschäften s. H.G.B. § 353.

Die Vorschrift des E. III § 240 bezog sich nur auf gesetzliche Zinsen. Der § 246 stellt in Uebereinstimmung mit dem E. I und dem E. II den Zinssatz auch für solche Fälle fest, in welchen die Zinspflicht auf Rechtsgeschäft beruht, eine Bestimmung über die Höhe der Zinsen aber nicht getroffen ist. Zu beachten ist hierbei, daß eine Vereinbarung über einen höheren oder geringeren Zinssatz auch stillschweigend getroffen werden kann und unter Umständen aus der unter den Parteien in ihrem geschäftlichen Verkehr üblichen Höhe der Verzinsung zu entnehmen ist. In Ermangelung einer solchen Vereinbarung entscheidet nicht der übliche, sondern der gesetzliche Zinssatz.

Auf Zinsen, welche durch richterliches Urtheil zuerkannt sind, bezieht sich der § 246 nicht. Ein Urtheil, welches die Zinspflicht ausspricht, ohne die Höhe der Zinsen zu bestimmen, ist unvollständig; nach der C.P.O. § 321 kann daher die Ergänzung des Urtheils gefordert werden.

2. Die E. I, II, III bestimmen fünf Prozent als gesetzlichen Zinssatz. Dabei war insbesondere die Rücksicht maßgebend, daß dem Gläubiger durch die gesetzlichen Zinsen der Schaden ersetzt werden solle, welcher ihm aus der Vorenthaltung des Kapitals erwachse, daß er also Zinsen von solcher Höhe erhalten müsse, als er selbst zu zahlen habe, wenn er das Kapital auf seinen Personalkredit anleihe. In der R.K. überwog indessen die Anschauung, daß die veränderten wirthschaftlichen Verhältnisse und das in Folge derselben eingetretene Sinken des üblichen Zinsfußes die Beibehaltung des bisherigen gesetzlichen Zinssatzes von fünf Prozent als nicht gerechtfertigt erscheinen lassen und daß die billige Rücksicht auf das Interesse des Schuldners die Herabsetzung auf vier Prozent erfordere. Nach dem Art. 287 des früheren H.G.B. gilt der Zinssatz von sechs Prozent für gesetzliche wie für rechtsgeschäftliche Zinsen; der § 352 des neuen H.G.B. setzt ihn auf fünf Prozent herab.

§ 247.

E. I § 358 Abs. 1; II § 211 rev. § 241; III § 241. P. I S. 593—595; M. II S. 195—197. P. II S. 948—953 (Bd. I S. 472—475). D. S. 623, 624. R.B. S. 1963. St.B. S. 2773.

1. Die Höhe der Zinsen unterliegt der freien Vereinbarung. Die Streichung dieses in den E. I, II, III ausdrücklich ausgesprochenen Grundsatzes durch die R.K. erfolgte nur

§. 248.

Eine im voraus getroffene Vereinbarung, daß fällige Zinsen wieder Zinsen tragen sollen, ist nichtig.

Sparkassen, Kreditanstalten und Inhaber von Bankgeschäften können im voraus vereinbaren, daß nicht erhobene Zinsen von Einlagen als neue verzinsliche Einlagen gelten sollen. Kreditanstalten, die berechtigt sind, für den Betrag der von ihnen gewährten Darlehen verzinsliche Schuldverschreibungen auf den Inhaber auszugeben, können sich bei solchen Darlehen die Verzinsung rückständiger Zinsen im voraus versprechen lassen.

§. 249.

Wer zum Schadensersatze verpflichtet ist, hat den Zustand herzustellen, der bestehen würde, wenn der zum Ersatze verpflichtende Umstand nicht eingetreten wäre. Ist wegen Verletzung einer Person oder wegen Beschädigung einer Sache Schadensersatz zu leisten, so kann der Gläubiger statt der Herstellung den dazu erforderlichen Geldbetrag verlangen.

---

aus redaktionellen Gründen; der Grundsatz ergiebt sich daraus, daß das Gesetz eine Beschränkung der Vertragsfreiheit in dieser Beziehung nicht bestimmt. Auch von rückständigen Zinsen können Zinsen vereinbart werden; nur die im Voraus getroffene Vereinbarung, daß fällige Zinsen wieder Zinsen tragen sollen, ist nach § 248 nichtig. Die Vertragsfreiheit in Betreff der Vereinbarung von Zinsen unterliegt hiernach, abgesehen von der eben erwähnten Vorschrift des § 248, nur denjenigen Beschränkungen, welche sich aus den Vorschriften über den Wucher ergeben (§ 138 Abs. 2).

2. Die Vorschrift des § 247 entspricht dem § 2 des durch das E.G. Art. 39 aufgehobenen Bundesgesetzes vom 14. November 1867, beseitigt aber den in diesem Gesetze zu Gunsten der Landesgesetze gemachten Vorbehalt. Ob das gedachte Gesetz von 1867 günstige Wirkungen gehabt habe, war in der ersten Kommission bezweifelt worden; die zweite Kommission glaubte, daß kein Grund vorliege, die den Schutz des wirthschaftlich Schwächeren bezweckende Vorschrift zu beseitigen. Die für Schuldverschreibungen auf den Inhaber (§§ 793 ff.) gemachte Ausnahme rechtfertigt sich durch die wirthschaftliche Natur dieser Schuldverschreibungen.

§ 248.

E. I § 358 Abs. 2; II § 212 rev. § 242; III § 242. P. I S. 593—595; M. II S. 196, 197. P. II S. 948—950, 953—955 (Bd. I S. 472, 473, 475). D. S. 624. R.B. S. 1963. St.B. S. 2773.

1. Die Vorschrift des ersten Absatzes ist die einzige Beschränkung, die abgesehen von dem Verbote des Wuchers (§ 138 Abs. 2) aus dem bisherigen Rechte in Betreff der Vereinbarung von Zinsen beibehalten ist.

2. Die Ausnahmen des zweiten Absatzes rechtfertigen sich durch das wirthschaftliche Bedürfniß. Die in den E. II und E. III der für Kreditanstalten bestimmten Ausnahme hinzugefügte Beschränkung, daß Zinsen nur bis zu sechs Prozent ausbedungen werden können, ist von der R.K. gestrichen, weil kein Grund vorliege, hier, abweichend von den im Uebrigen in dem B.G.B. festgehaltenen Grundsatze, ein Zinsmaximum zu bestimmen.

Ueber Zinsen von dem sich bei einem Kontokurrentverkehr herausstellenden Ueberschuß, auch soweit Zinsen in der Rechnung enthalten sind, s. § 355 des H.G.B.

§ 249.

E. I § 219; II § 213 Abs. 1 rev. § 243; III § 243. P. I S. 1026—1034, 1129—1133, 3244—3246; M. II S. 19—21. P. II S. 587—596, 2596—2600 (Bd. I S. 293—297). D. S. 224.

1. Die Verpflichtung zum Schadensersatze wird durch das B.G.B. in einer großen Zahl von Fällen bestimmt. Von allgemeiner Bedeutung sind die Vorschriften über die Verpflichtung zum Schadensersatze wegen verschuldeter Nichterfüllung einer Verbindlichkeit (§§ 280, 283, 286 Abs. 1, 325 Abs. 1 Satz 1) und wegen einer unerlaubten Handlung (§§ 823 ff.). Ueber andere Fälle der Verpflichtung zum Schadensersatze s. z. B. die §§ 42, 122, 179, 307, 989, 1243, 1833, 2138. Die Vorschriften der §§ 249—254 enthalten die allgemeinen für die Verpflichtung zum Schadensersatze geltenden Grundsätze; diese kommen indessen nur insoweit zur Anwendung, als nicht für einzelne Fälle besondere Vorschriften gegeben sind (s. z. B. die §§ 557, 597, 843—845, 912 Abs. 2. 917 Abs. 2).

2. Aus der Vorschrift des § 249 Satz 1, nach welcher der Ersatzpflichtige denjenigen Zustand herzustellen hat, welcher bestehen würde, wenn der zum Schadensersatze verpflichtende Umstand nicht eingetreten wäre, in Verbindung mit der Vorschrift des § 251 Abs. 1, nach welcher der Ersatzpflichtige, soweit die Herstellung nicht möglich oder zur Entschädigung des Gläubigers nicht genügend ist, den Gläubiger in Geld zu entschädigen hat, ergeben sich folgende Grundsätze.

a) Der Gläubiger soll wirthschaftlich in dieselbe Lage gebracht werden, in welcher er sich befinden würde, wenn der zum Schadensersatze verpflichtende Umstand nicht eingetreten wäre. Dem Gläubiger ist daher sowohl der unmittelbare als der mittelbare Schaden einschließlich des entgangenen Gewinns, also das gesammte Interesse zu ersetzen; denn nur hierdurch wird er wieder in dieselbe Lage versetzt, in welcher er ohne den zum Schadensersatze verpflichtenden Umstand gewesen wäre.

b) Nur derjenige Schaden ist zu ersetzen, welcher sich als eine Folge des zum Schadenssatze verpflichtenden Umstandes darstellt; denn der Ersatzpflichtige hat nur denjenigen Zustand herzustellen, welcher bestehen würde, wenn der zum Ersatze verpflichtende Umstand nicht eingetreten wäre; seine Verpflichtung erstreckt sich also nicht auf die Herstellung eines Zustandes, der auch ohne den zum Ersatze verpflichtenden Umstand eingetreten wäre. Nähere Vorschriften über die Voraussetzungen, unter welchen der Kausalzusammenhang zwischen dem eingetretenen Schaden und dem zum Schadensersatze verpflichtenden Umstand anzunehmen ist, giebt das B.G.B. nicht. Die Lösung dieser schwierigen Frage bleibt also wie bisher der Wissenschaft und Praxis überlassen (s. Windscheid II §§ 257, 258 und die daselbst angeführte Literatur, insbesondere § 258 Note 10—15; Dernburg II § 45; R.E. Bd. 10 Nr. 51, Bd. 17 Nr. 11. Speziell auf den § 249 bezieht sich der Aufsatz von Siehr „zur Lehre vom Kausalzusammenhange" in Gruchot's Beiträgen, sechste Folge, erster Jahrgang, S. 54).

c) Der Schadensersatz ist durch Naturalrestitution zu leisten. Darunter ist nicht zu verstehen, daß der Gläubiger rückwärts in diejenige Lage versetzt wird, welche bestanden haben würde, wenn der zum Schadensersatze verpflichtende Umstand nicht eingetreten wäre. Dies ist unmöglich, denn Geschehenes läßt sich nicht ungeschehen machen. Nur für die Zukunft muß ein gleicher Zustand hergestellt werden, wie er bestanden haben würde, wenn der zum Schadensersatze verpflichtende Umstand nicht eingetreten wäre. Für die Nachtheile, welche der Gläubiger dadurch erlitten hat, daß der fragliche Zustand in der Zwischenzeit nicht bestand, ist immer Ersatz in Geld zu leisten. Ob ein gleicher Zustand hergestellt werden kann, wie er bestanden haben würde, wenn der zum Schadensersatze verpflichtende Umstand nicht eingetreten wäre, ist eine Frage, die sich nur nach den Umständen des einzelnen Falles entscheiden läßt. Sie ist nur dann zu verneinen, wenn die Herstellung des fraglichen Zustandes „objektiv" unmöglich ist (s. Vorbm. zu den §§ 275—291 Nr. 1). Eine solche Unmöglichkeit liegt immer vor, wenn ein Schuldner deshalb zum Schadensersatze verpflichtet ist, weil die ihm obliegende Leistung in Folge eines von ihm zu vertretenden Umstandes objektiv unmöglich geworden ist (s. Erl. zu § 280 Nr. 2). Dasselbe gilt von der Verpflichtung eines Schuldners, den durch seinen Verzug entstehenden Schaden dem Gläubiger zu ersetzen; denn hier handelt es sich um Ersatz des Nachtheils, welchen der Gläubiger dadurch erlitten hat, daß die Erfüllung nicht rechtzeitig erfolgt ist; nachträglich kann aber die rechtzeitige Erfüllung nicht mehr bewirkt werden. In anderen Fällen ist die Bejahung der gedachten Frage unzweifelhaft. Besteht der zum Schadensersatze verpflichtende Umstand in der Entziehung einer Sache, so wird durch die Restitution der Sache der Zustand hergestellt, der bestanden haben würde, wenn jener Umstand nicht eingetreten wäre. Nicht wiederhergestellt aber wird der fragliche Zustand dadurch, daß eine andere Sache geliefert wird, mag diese auch genau von derselben Art und Güte sein wie die entzogene. Besteht der zum Schadensersatze verpflichtende Umstand in einer Rechtsänderung, so wird durch Wiederherstellung des früheren Rechtszustandes derjenige Zustand hergestellt, welcher ohne die Rechtsänderung bestanden haben würde.

Zweifelhaft liegt die Sache, wenn wegen Beschädigung einer Sache Schadensersatz zu leisten ist. Durch die Ausbesserung einer Sache wird streng genommen niemals derselbe Zustand hergestellt, welcher bestanden haben würde, wenn die Beschädigug nicht erfolgt wäre. Ohne die Beschädigung würde die Sache jetzt unbeschädigt sein, während sie nun eine ausgebesserte Sache ist. Aus dem § 249 Satz 2 ergiebt sich indessen, daß das B.G.B. im Falle der Beschädigung einer Sache die Leistung des Schadensersatzes durch Herstellung der Sache für möglich ansieht. Man wird daher den § 249 Satz 1 in einem weiteren Sinne auszulegen und unter dem dort bezeichneten Zustand einen solchen Zustand zu verstehen haben, der wirthschaftlich im Wesentlichen der gleiche ist wie derjenige, welcher bestehen würde, wenn der zum Schadensersatze verpflichtende Umstand nicht eingetreten wäre. Hiernach wird die Leistung des Schadensersatzes wegen Beschädigung einer Sache durch Ausbesserung der Beschädigung je nach den Umständen des Falles als zulässig oder als nicht zulässig anzusehen sein. Der durch Zerbrechen einer Fensterscheibe entstandene Schaden kann durch Einsetzung einer anderen Fensterscheibe von gleicher

§. 250.

Der Gläubiger kann dem Ersatzpflichtigen zur Herstellung eine angemessene Frist mit der Erklärung bestimmen, daß er die Herstellung nach dem Ablaufe der

---

Güte ersetzt werden. Für das Zerreißen eines Kleides wird dadurch, daß das Kleid wieder geflickt wird, genügender Schadensersatz nicht geleistet. In Fällen der letztgedachten Art braucht der Beschädigte sich nicht damit zu begnügen, daß die beschädigte Sache ausgebessert und ihm für den Minderwerth, welchen dieselbe im Vergleiche mit der unbeschädigten Sache hat, Ersatz geleistet wird; er kann vielmehr nach § 251 Abs. 1 wegen Unmöglichkeit der Herstellung Schadensersatz in Geld für die ganze Sache fordern. Zweifelhaft ist, ob das Recht des Beschädigten sich hierauf beschränkt, oder ob ihm die Wahl zusteht, statt des Ersatzes für die ganze Sache deren Ausbesserung und den Ersatz des Minderwerths zu verlangen, welchen die ausgebesserte Sache im Vergleiche mit der unbeschädigten Sache hat. Die Frage dürfte zu bejahen sein. Hierfür spricht, daß nach der Fassung des § 251 Abs. 1 „soweit die Herstellung nicht möglich" auch an solche Fälle gedacht ist, in welchen die Herstellung nur zum Theile möglich ist; es spricht dafür ferner, daß es an inneren Gründen fehlt, aus welchen dem Gläubiger nicht gestattet werden sollte, sich im einzelnen Falle mit der möglichen theilweisen Herstellung in natura und dem Ersatze des Werthunterschiedes in Geld zu begnügen; es spricht dafür endlich, daß in manchen Fällen die Entscheidung der Frage sehr zweifelhaft und schwierig ist, ob eine vollständige oder nur eine theilweise Herstellung möglich ist. Das Interesse des Ersatzpflichtigen wird genügend durch die Vorschrift des § 251 Abs. 2 geschützt, nach welcher derselbe den Gläubiger in Geld entschädigen kann, wenn die Herstellung nur mit unverhältnißmäßigen Aufwendungen möglich ist.

Ist wegen Verletzung einer Person Schadensersatz zu leisten, so gilt dasselbe wie im Falle der Beschädigung einer Sache. Hier hat der Verletzte unzweifelhaft das Recht unter allen Umständen, also ohne Rücksicht darauf, ob eine vollständige Wiederherstellung des früheren Zustandes möglich ist oder nicht, die Herstellung, d. h. also die Heilung der Verletzung insoweit zu fordern, als diese möglich ist, und daneben den Ersatz des Schadens in Geld zu verlangen, welcher ihm dadurch erwächst, daß eine vollständige Heilung nicht erreicht wird.

Ueber den Fall, in welchem Schadensersatz dafür geleistet werden muß, daß ein Recht gegen einen Dritten nicht zur Entstehung gelangt oder aufgehoben ist, s. Erl. zu § 179 Nr. 2. Ueber andere Fälle, in welchen Schadensersatz zu leisten ist, wird das Erforderliche bei den sich auf diese Fälle beziehenden Vorschriften bemerkt werden.

3. Durch den § 249 Satz 2 wird dem Gläubiger für den Fall, daß wegen Verletzung des Körpers oder wegen Beschädigung einer Sache Schadensersatz zu leisten ist, das Recht eingeräumt, statt der Herstellung den dazu erforderlichen Geldbetrag zu verlangen. Der Gläubiger soll nicht genöthigt werden, die Heilung seines verletzten Körpers oder die Herstellung der beschädigten Sache dem Ersatzpflichtigen zu überlassen. Er soll berechtigt sein, dafür nach seinem eigenen Ermessen Sorge zu tragen und den dazu erforderlichen Geldbetrag von dem Ersatzpflichtigen zu verlangen. Erforderlich ist der Geldbetrag, welchen der Beschädigte zum Zwecke der Herstellung aufzuwenden hat, nicht derjenige Betrag, mit welchem der Ersatzpflichtige die Herstellung bewirken könnte. Daneben verbleibt dem Gläubiger das Recht, Schadensersatz in Geld insoweit zu verlangen, als die Herstellung nicht möglich oder zur Entschädigung nicht genügend ist.

Durch den § 249 Satz 2 wird nicht ein alternatives Schuldverhältniß (§§ 262ff) begründet, vielmehr dem Gläubiger eine facultas alternativa eingeräumt. Das B.G.B. enthält keine besonderen Vorschriften darüber, mit welchem Zeitpunkte der Gläubiger an die von ihm getroffene Wahl gebunden ist. Er ist unzweifelhaft gebunden, wenn er wegen des einen oder anderen Anspruchs befriedigt worden ist. Das Recht des Gläubigers, die Herstellung des früheren Zustandes durch den Schuldner zu fordern, dürfte aber auch schon dadurch ausgeschlossen werden, daß der Gläubiger dem Schuldner gegenüber erklärt hat, er verlange den zur Herstellung erforderlichen Geldbetrag. Ein Recht des Ersatzpflichtigen, dem Gläubiger eine Frist zur Entscheidung darüber zu bestimmen, ob derselbe von den ihm nach Satz 2 zustehenden Rechte Gebrauch machen wolle, besteht nicht; ebensowenig geht das Wahlrecht des Gläubigers im Falle des Verzugs auf den Schuldner über.

§ 250.

E. I § 219; II § 213 Abs. 3 rev. § 244; III § 244. P. I S. 1026—1034, 1129—1134, 3244—3246; M. II S. 19—21. P. II S. 587, 596, 2596, 2599 (Bd. I S. 293, 297). D. S. 624.

1. Der § 250 beruht auf einem Beschlusse der zweiten Kommission. Da der Berechtigte nach den §§ 249 Satz 1, 251 Abs. 1 Schadensersatz in Geld nur verlangen kann, wenn die

Frist ablehne. Nach dem Ablaufe der Frist kann der Gläubiger den Ersatz in Geld verlangen, wenn nicht die Herstellung rechtzeitig erfolgt; der Anspruch auf die Herstellung ist ausgeschlossen.

Herstellung des im § 249 bezeichneten Zustandes unmöglich ist, so würde er nach allgemeinen Grundsätzen, um den Anspruch auf Ersatz in Geld zu begründen, entweder darthun müssen, daß die Herstellung unmöglich ist, oder er müßte den im § 283 bezeichneten Weg einschlagen, also zunächst eine rechtskräftige Verurtheilung des Ersatzpflichtigen zur Herstellung erwirken und demselben dann eine angemessene Frist zur Bewirkung der Herstellung bestimmen. Die Vorschrift des § 250 bezweckt eine Vereinfachung des Verfahrens zu Gunsten des Berechtigten. Er soll nicht unter der Ungewißheit leiden, ob die Herstellung des früheren Zustandes möglich und innerhalb welcher Zeit dieselbe von dem Ersatzpflichtigen bewirkt werden wird. Der § 250 giebt ihm deshalb das Recht, dem Ersatzpflichtigen sofort, und ohne daß es einer Verurtheilung bedarf, eine angemessene Frist zur Herstellung zu bestimmen und nach deren fruchtlosem Ablaufe die Entschädigung in Geld zu verlangen.

Macht er von diesem Rechte Gebrauch, so verliert er mit dem fruchtlosen Ablaufe der Frist auch seinerseits das Recht, die Herstellung zu verlangen. Durch die Bestimmung der Frist wird das Verhältniß auch zu Gunsten des Schuldners definitiv geregelt. Die von Behrend in der Deutschen Juristen-Zeitung, II. Jahrgang Nr. 17 aufgestellte Behauptung, daß unter dem Anspruch auf die Herstellung im letzten Halbsatze das Recht des Schuldners zu verstehen sei, sich durch Naturalrestitution zu befreien, beruht auf einem schwer begreiflichen Mißverständnisse.

2. Der in dem § 250 von dem B.G.B. eingeschlagene Weg, eine Vereinfachung und Klärung der Verhältnisse dadurch herbeizuführen, daß einem Betheiligten das Recht eingeräumt wird, dem anderen Theile eine angemessene Frist zur Bewirkung einer Leistung oder zur Abgabe einer Willenserklärung unter der Androhung eines näher bestimmten Rechtsnachtheils zu bestimmen, wird von dem B.G.B. noch in einer großen Zahl anderer Fälle eingeschlagen. Regelmäßig wird die Bestimmung einer angemessenen Frist verlangt (s. z. B. die §§ 264 Abs. 2, 283, 326, 354, 355, 516 Abs. 2, 634, 1003); in einzelnen Fällen wird die Dauer der Frist durch das Gesetz bestimmt (s. z. B. §§ 108, 177, 1396) oder dem Belieben des zur Bestimmung der Frist Berechtigten überlassen (s. z. B. § 415).

Wird die Bestimmung einer angemessenen Frist gefordert, so entsteht die Frage, welche Folgen eintreten, wenn die bestimmte Frist nicht angemessen ist. Angemessen ist diejenige Frist, welche unter Berücksichtigung des in Frage kommenden Rechtsverhältnisses und der Umstände des einzelnen Falles demjenigen, welchem die Frist bestimmt wird, billiger Weise gelassen werden muß, um die Leistung zu bewirken oder die Erklärung abzugeben. Ist eine längere Frist bestimmt, als zu diesem Zwecke erforderlich ist, so hat es hierbei sein Bewenden. Die Leistung oder Erklärung erfolgt rechtzeitig, wenn sie innerhalb der bestimmten Frist erfolgt. Ist die Frist zu kurz bemessen, so sind zwei Auffassungen möglich. Man kann entweder die Bestimmung der Frist als rechtlich unwirksam betrachten oder man nimmt an, daß die Bestimmung insoweit wirksam ist, als die Erklärung oder Leistung nunmehr zwar nicht innerhalb der bestimmten zu kurzen, aber doch innerhalb einer angemessenen Frist erfolgen muß. Die letztere Auffassung wird von Cosack (Lehrbuch Bd. I S. 346, Anm. 25) vertreten. Der Wortlaut des Gesetzes spricht für die erstere Auffassung. Der Berechtigte soll eine angemessene Frist bestimmen; die von ihm bestimmte Frist ist nicht angemessen; die Voraussetzung, von welcher das Gesetz den Eintritt des betreffenden Rechtsnachtheils abhängig macht, liegt also nicht vor. Cosack glaubt einen Anhaltspunkt für seine Auffassung darin zu finden, daß nach den fraglichen Vorschriften der betreffende Rechtsnachtheil nur dann eintrete, wenn nicht die Leistung oder Erklärung rechtzeitig erfolge. Diese Ausdrucksweise kommt zwar an mehreren Stellen vor (s. z. B. die §§ 250, 264 Abs. 2, 283, 326, 634, 1003). Der Gebrauch des Ausdrucks „rechtzeitig" läßt aber sowohl die eine wie die andere Auffassung zu. In anderen Vorschriften der fraglichen Art wird darauf abgestellt, daß die Leistung oder Erklärung „nicht vor dem Ablaufe der Frist" erfolge (s. z. B. in den §§ 354, 355, 516). Es kann nicht angenommen werden, daß je nach dem Gebrauche der einen oder anderen Ausdrucksweise eine verschiedene Beurtheilung der Frage eintreten solle. Auch unter der „rechtzeitigen" Leistung oder Erklärung wird vielmehr eine solche zu verstehen sein, die vor dem Ablaufe der Frist erfolgt. Für die zweite Auffassung läßt sich anführen, daß der andere Theil durch die Bestimmung der Frist, auch wenn dieselbe zu kurz bemessen ist, doch erfährt, daß der Berechtigte von seiner Befugniß, eine angemessene Frist zu bestimmen, habe Gebrauch machen wollen. Die Bestimmung der Frist — kann man sagen — sei so aufzufassen, daß die betreffende Handlung eventuell jedenfalls innerhalb einer angemessenen Frist erfolgen solle. Nur eine solche solle dem anderen

Theile gelassen werden; er erhalte aber, wenn man die Bestimmung der Frist so formalistisch auffasse, daß sie ganz unwirksam sei, wenn die Frist zu kurz bemessen worden, in allen Fällen, in denen ein solcher Irrthum vorgekommen, in der That eine viel längere Frist, indem der Berechtigte auch nach dem Ablauf einer angemessenen Frist noch erst wieder von Neuem die Frist bestimmen müsse. Hiergegen ist aber Folgendes zu bemerken:

Das Gesetz läßt es von dem Willen des Berechtigten abhängen, ob er durch die Bestimmung der Frist eine Aenderung des bestehenden Rechtszustandes herbeiführen will. Diese Aenderung bringt ihm gewisse Vortheile, hat aber in manchen Fällen auch einen Rechtsverlust für ihn zur Folge. So verliert er z. B. im Falle des § 250 das Recht, die Herstellung des früheren Zustandes zu fordern, in den Fällen der §§ 283, 326 das Recht, Erfüllung zu verlangen. Sein Wille allein muß deshalb darüber entscheiden, mit welchem Zeitpunkte die Rechtsänderung eintreten soll. Nach der Fassung der fraglichen Vorschriften dürfte Nichts entgegenstehen, daß der Berechtigte sich, ohne die Dauer der Frist näher zu bestimmen, darauf beschränkt, den anderen Theil aufzufordern, die betreffende Handlung binnen angemessener Frist vorzunehmen. Der Begriff der Angemessenheit ist ein genügend bestimmter, um nach ihm die Dauer der Frist abmessen zu können. Muß doch auch, wenn die Frist nach Tagen oder Wochen bemessen ist, immer entschieden werden, ob die so bestimmte Frist eine angemessene ist. Der Berechtigte kann der Aufforderung, die betreffende Handlung binnen angemessener Frist vorzunehmen, die Erklärung hinzufügen, daß er eine Frist von so oder so viel Tagen oder Wochen für angemessen halte. Dadurch erhält der andere Theil die Sicherheit, daß es genügt, wenn er vor dem Ablaufe der bestimmten Tage oder Wochen die betreffende Handlung vornimmt; er ist aber auch, wenn er diese Frist für zu kurz hält, doch verpflichtet, die betreffende Handlung binnen angemessener Frist vorzunehmen. Hat der Berechtigte sich aber darauf beschränkt, eine nach Zeitabschnitten z. B. nach Tagen, Wochen ꝛc. bestimmte Frist zu setzen, so ist wenigstens im Zweifel anzunehmen, daß er den Eintritt der Rechtsänderung nur dann will, wenn die betreffende Handlung nicht vor dem bestimmten Zeitpunkte vorgenommen wird. Die Rechtsänderung soll entweder mit diesem Zeitpunkt oder gar nicht eintreten; das erstere, wenn die Frist eine angemessene war, das letztere, wenn dies nicht der Fall sein sollte. Unter Umständen kann vielleicht die Bestimmung der Frist, auch wenn nicht ausdrücklich hinzugefügt ist, daß die betreffende Handlung eventuell, d. h. wenn die Frist zu kurz bemessen sein sollte, innerhalb angemessener Frist erfolgen solle, in diesem Sinne auszulegen sein. Dazu wird es aber immer besonderer Anhaltspunkte bedürfen. Liegen solche nicht vor, so ist bei dem Wortlaute des Paragraphen stehen zu bleiben. In der angeführten zweiten Auffassung liegt also zwar insofern ein richtiger Kern, als der Berechtigte es in seiner Hand hat, die Frist in solcher Art zu bestimmen, daß die betreffende Rechtsänderung jedenfalls nach dem Ablauf einer angemessenen Frist eintritt. Unrichtig ist es aber, daß die Bestimmung der Frist immer in diesem Sinne aufgefaßt werden muß.

3. Die Bestimmung der Frist ist ein einseitiges empfangsbedürftiges Rechtsgeschäft (§§ 130—132).

4. In Betreff der Beweislast ergiebt sich aus der Fassung des § 250, daß der Berechtigte zu beweisen hat, daß er die Frist unter der im § 250 bezeichneten Erklärung bestimmt habe und daß die von ihm bestimmte Frist abgelaufen sei. Ist die Frist nach Zeitabschnitten bestimmt, so hat der Berechtigte ferner zu beweisen, daß die bestimmte Frist eine angemessene sei. Ist die Bestimmung dahin getroffen, daß die betreffende Handlung binnen angemessener Frist vorzunehmen sei, so hat der Berechtigte zu beweisen, wie lang eine angemessene Frist ist. Dem anderen Theile liegt dann der Beweis ob, daß die Herstellung vor dem Ablaufe der bestimmten bezw. einer angemessenen Frist erfolgt sei.

In entsprechender Art gestaltet sich die Beweislast in den übrigen unter Nr. 2 angeführten Fällen.

5. Für die C.P.O. ist folgende Vorschrift als § 255 aufgenommen:

§ 255.

Hat der Kläger für den Fall, daß der Beklagte nicht vor dem Ablauf einer ihm zu bestimmenden Frist den erhobenen Anspruch befriedigt, das Recht, Schadensersatz wegen Nichterfüllung zu fordern oder die Aufhebung eines Vertrags herbeizuführen, so kann er verlangen, daß die Frist im Urtheile bestimmt wird.

Das Gleiche gilt, wenn dem Kläger das Recht, die Anordnung einer Verwaltung zu verlangen, für den Fall zusteht, daß der Beklagte nicht vor dem Ablauf einer ihm zu bestimmenden Frist die beanspruchte Sicherheit leistet, sowie im Falle des § 2193 Abs. 2 des Bürgerlichen Gesetzbuchs für die Bestimmung einer Frist zur Vollziehung der Auflage.

Diese Vorschrift wird, obwohl sie ihrem Wortlaute nach den im § 250 bezeichneten Fall nicht direkt trifft, ihrer Absicht nach doch auch auf diesen Fall anzuwenden sein. Der Ersatz-

§. 251.

Soweit die Herstellung nicht möglich oder zur Entschädigung des Gläubigers nicht genügend ist, hat der Ersatzpflichtige den Gläubiger in Geld zu entschädigen.

Der Ersatzpflichtige kann den Gläubiger in Geld entschädigen, wenn die Herstellung nur mit unverhältnißmäßigen Aufwendungen möglich ist.

§. 252.

Der zu ersetzende Schaden umfaßt auch den entgangenen Gewinn. Als entgangen gilt der Gewinn, welcher nach dem gewöhnlichen Laufe der Dinge oder nach den besonderen Umständen, insbesondere nach den getroffenen Anstalten und Vorkehrungen, mit Wahrscheinlichkeit erwartet werden konnte.

---

berechtigte kann also, wenn er auf Herstellung des früheren Zustandes klagt, verlangen, daß in dem Urtheile zugleich die Frist bestimmt werde, bei deren fruchtlosem Ablaufe der Ersatz in Geld zu leisten ist.

§ 251.

E. I § 219; II § 213 Abs. 2 rev. § 245; III § 245. P. I S. 1026—1034, 1129—1134, 3244—3246; M. II S. 19—21. P. II S. 587—596, 2596—2599 (Bd. I S. 293—297). D. S. 624.

1. Zu Abs. 1 s. Erl. zu § 249 Nr. 2.

Ueber die Frage, ob ein Schaden entstanden ist, ob die nach § 249 in erster Linie zu bewirkende Herstellung zur Entschädigung nicht ausreicht, wie hoch sich der Schaden beläuft und welcher Geldbetrag daher von dem Ersatzpflichtigen zu entrichten ist, entscheidet das Gericht nach freier Ueberzeugung (C.P.O. § 287).

2. Im E. I § 220 war bestimmt, daß, wenn als Schadensersatz der Werth eines Gegenstandes zu entrichten sei, nicht bloß der gemeine Verkehrswerth, sondern auch derjenige Werth maßgebend sei, welchen der Gegenstand für den Gläubiger nach den besondern Verhältnissen hatte.

Von der zweiten Kommission ist dieser Paragraph gestrichen (P. II S. 596), weil sich dessen Inhalt aus dem in den §§ 249 Satz 1, 251 Abs. 1 aufgestellten Prinzipe von selbst ergebe. Selbstverständlich ist es auch, daß bei der Ermittelung des Schadens, welcher durch die Nichterfüllung einer Verbindlichkeit entstanden ist, die Zeit, zu welcher, und der Ort, an welchem die Verbindlichkeit hätte erfüllt werden müssen, zu berücksichtigen sind.

3. Die von der zweiten Kommission hinzugefügte Vorschrift des Abs. 2 trägt dem Umstande Rechnung, daß bisweilen eine Herstellung zwar möglich ist, deren Kosten aber so unverhältnißmäßig hoch sind, daß es wirthschaftlich richtiger ist, die Herstellung nicht vorzunehmen. Der Ersatzpflichtige soll gegen den Eigensinn des Gläubigers geschützt werden; das Interesse des Letzteren wird durch das dem Schuldner eingeräumte Recht nicht beeinträchtigt, weil diesem Interesse unter der gedachten Voraussetzung sachlich besser durch die Entschädigung in Geld als durch die Wiederherstellung gedient wird.

§ 252.

E. I § 218; II §§ 214, 215 rev. §§ 246, 247; III § 246. P. I S. 1023—1026, 1129—1131, 3244, 3246, 3271, 3276; M. II S. 17—19. P. II S. 583, 584—586, 8407, 8408 (Bd. I S. 291—293). D. S. 624. K.B. S. 1963, 1964. St.B. S. 2773, 2774.

1. Der Beschädigte soll durch den Schadensersatz in dieselbe wirthschaftliche Lage versetzt werden, in welcher er gewesen sein würde, wenn der zum Schadensersatze verpflichtende Umstand nicht eingetreten wäre. Wird nach Maßgabe des § 249 der thatsächliche Zustand vollständig hergestellt, welcher bestehen würde, wenn jener Umstand nicht eingetreten wäre, so können für die Zukunft nachtheilige Folgen für den Beschädigten aus jenem Umstande nicht eintreten. Auszugleichen bleibt in diesem Falle nur die Differenz zwischen der Vermögenslage, wie solche zur Zeit der Herstellung des früheren Zustandes ist, und derjenigen Vermögenslage, welche zu dieser Zeit bestanden haben würde, wenn der zum Schadensersatze verpflichtende Umstand nicht eingetreten wäre. Findet eine Herstellung des früheren Zustandes nicht statt, sei es, weil sie nicht möglich ist, oder weil der Beschädigte auf Grund des § 250 Ersatz in Geld fordert, so ist die gesammte Differenz zwischen der Vermögenslage, wie solche zu der für die Feststellung des Schadens maßgebenden Zeit besteht, und derjenigen Vermögenslage auszugleichen, welche zu dieser Zeit bestehen würde, wenn der zum Schadensersatze verpflichtende Umstand nicht eingetreten

wäre. Welcher Zeitpunkt in diesem Falle für die Feststellung des Schadens maßgebend ist, wird in dem B.G.B. nicht allgemein bestimmt. In Ermangelung besonderer Umstände, welche die Berücksichtigung eines früheren Zeitpunkts rechtfertigen, entscheidet der Zeitpunkt, in welchem das Urtheil gesprochen wird. In dem einen wie in dem anderen der hervorgehobenen Fälle kommt bei der Ermittelung der gedachten Differenz zwischen den beiden Vermögenslagen sowohl die positive Einbuße, welche das Vermögen des Beschädigten erlitten, als auch der Gewinn in Betracht, welcher dem Beschädigten entgangen ist. Abweichend vom E. I § 218 erwähnt der § 252 die erlittene Vermögenseinbuße nicht ausdrücklich. Daß diese zu ersetzen ist, wird als selbstverständlich angesehen. Um Zweifel abzuschneiden, wird dagegen ausdrücklich bestimmt, daß der zu ersetzende Schaden auch den entgangenen Gewinn umfaßt. Eine Abstufung des zu leistenden Ersatzes nach dem Grade der Verschuldung ist dem B.G.B. fremd. (Vergl. jedoch die §§ 254, 829).

2. Die Vorschrift des § 252 Satz 2 giebt in verschiedenen Richtungen zu Zweifeln Anlaß Ob ein Gewinn entgangen ist, hängt theils davon ab, wie sich die äußeren Umstände bis zu der für die Ermittelung des Schadens entscheidenden Zeit gestalten, theils davon, was der Beschädigte gethan haben würde, wenn der zum Schadensersatze verpflichtende Umstand nicht eingetreten wäre. Ist z. B. Schadensersatz zu leisten wegen Nichterfüllung einer Verbindlichkeit zur Lieferung von Sachen, so hängt die Entscheidung der Frage, ob und welcher Gewinn dem Gläubiger entgangen ist, theils davon ab, ob und zu welchem Preise er die Sachen bei rechtzeitiger Lieferung hätte verkaufen können, theils davon, ob er die Sachen verkauft oder in anderer Art darüber disponirt haben würde.

Die Vorschrift des § 252 Satz 2 kann zunächst dahin aufgefaßt werden, daß dadurch die Voraussetzungen bestimmt werden, unter welchen ein Gewinn als entgangen angenommen werden soll. Ein Gewinn soll als entgangen gelten, wenn er nach dem gewöhnlichen Laufe der Dinge oder nach den besonderen Umständen, insbesondere nach den getroffenen Anstalten und Vorkehrungen, mit Wahrscheinlichkeit erwartet werden konnte. In welchem Zeitpunkte diese Erwartung begründet sein mußte, ist nicht ausdrücklich bestimmt; nach dem Grunde und Zwecke der Vorschrift wird derjenige Zeitpunkt als maßgebend anzusehen sein, in welchem der zum Schadensersatze verpflichtende Umstand eingetreten ist. Bei dieser Auslegung erscheint die Vorschrift für den Fall als durchaus angemessen, aber auch vielleicht selbstverständlich, daß es in dem Zeitpunkt, in welchem der Schaden festgestellt wird, zwar als möglich angesehen werden muß, daß der Berechtigte, wenn der zum Schadensersatze verpflichtende Umstand nicht eingetreten wäre, einen Gewinn gemacht hätte, Gewißheit hierüber aber nicht besteht. Die Vorschrift würde aber nicht passen, wenn in dem gedachten Zeitpunkt, obwohl die in der fraglichen Vorschrift bezeichnete Erwartung an sich gerechtfertigt gewesen, doch bereits feststeht, daß in Wirklichkeit ein Gewinn nicht gemacht sein würde, ein solcher also nicht entgangen ist. Es kann nicht angenommen werden, daß die fragliche Vorschrift auch für diesen Fall hat gegeben werden, also eine Fiktion hat aufgestellt werden sollen, nach welcher ein in Wirklichkeit nicht entgangener Gewinn doch als entgangen anzusehen wäre. Eine einengende Auslegung der fraglichen Vorschrift würde also nothwendig sein. Einer solchen steht aber der Wortlaut, insbesondere der Ausdruck „gilt“ entgegen

Die Vorschrift des Satz 2 kann aber auch eine andere Bedeutung haben wie die bisher dargelegte. Sie kann in dem Sinne gemeint sein, daß nicht eine Vermuthung darüber, unter welchen Umständen ein Gewinn als entgangen anzunehmen sei, hat aufgestellt, vielmehr nur hat bestimmt werden sollen, daß das Entgehen eines Gewinns, auch wenn feststeht, daß derselbe wirklich entgangen ist, nur dann berücksichtigt werden soll, wenn er in dem Zeitpunkt, in welchem der zum Schadensersatz verpflichtende Umstand eintrat, nach den in dem Satz 2 bezeichneten Umständen mit Wahrscheinlichkeit erwartet werden konnte. Für diese Auffassung spricht die Fassung des E. I § 218 Abs. 2, nach welchem die fragliche Vorschrift lautet:

> „Als entgangener Gewinn kommt nur derjenige in Betracht, welcher nach dem gewöhnlichen Laufe der Dinge oder nach den besonderen Umständen, insbesondere nach getroffenen Anstalten und Vorkehrungen, mit Wahrscheinlichkeit erwartet werden konnte.“

Die Begründung dieser Vorschrift in den M. II S. 18 berücksichtigt freilich die Worte „kommt nur derjenige in Betracht“ nicht, sondern steht auf dem Standpunkte der oben gedachten ersten Auffassung.

In der zweiten Kommission (P. II S. 585 ff.) waren folgende Fassungen der betreffenden Vorschrift beantragt:

a) „Der zu ersetzende Schaden umfaßt auch den entgangenen Gewinn, soweit dieser nach den gewöhnlichen Vorkehrungen mit Wahrscheinlichkeit erwartet werden konnte.“

b) „Als entgangen ist nur derjenige Gewinn anzusehen, in Ansehung dessen nach den gewöhnlichen . . . . Vorkehrungen anzunehmen ist, daß er ohne das zu vertretende Ereigniß gemacht worden wäre."

Die Kommission beschloß — so heißt es in den P. II S. 584 — den § 218 seinem sachlichen Inhalte nach anzunehmen und die Anträge, da sie lediglich die Fassung beträfen, der Redaktionskommission zu überweisen.

In der Redaktionskommission hat der § 252 die jetzige Fassung erhalten. Eine sachliche Aenderung kann dadurch nicht beabsichtigt sein, da eine solche in der Hauptkommission hätte zur Sprache gebracht und genehmigt werden müssen; dies ist aber nicht geschehen.

Die geschichtliche Entstehung des § 252 spricht hiernach entschieden für die angeführte zweite Auffassung; der Wortlaut ist damit vereinbar; die Vorschrift wird daher in diesem Sinne auszulegen sein. Es dürfte sich dies umsomehr rechtfertigen, als die zweite Kommission, wie sich aus dem später vom Bundesrathe gestrichenen § 215 des E. II ergiebt (s. unten Nr. 4), die Verbindlichkeit zum Schadensersatze wegen Nichterfüllung einer Verbindlichkeit auch in Betreff der positiven Einbuße in ähnlicher Art einschränken wollte, wie dies nach der oben dargelegten Auslegung des § 252 in Betreff des entgangenen Gewinns geschehen ist.

Ein weiterer Zweifel, zu welchem der § 252 Satz 2 Anlaß giebt, besteht darin, ob die Voraussetzung, daß der Gewinn mit Wahrscheinlichkeit erwartet werden konnte, schon dann als vorliegend anzunehmen ist, wenn ein Gewinn derjenigen Art, wie er sich später wirklich als entgangen herausstellt, nach den Umständen des Falles in Aussicht genommen zu werden pflegt, oder ob es zu der betreffenden Zeit schon wahrscheinlich sein mußte, daß ein Gewinn von derjenigen Art und derjenigen Höhe, wie er sich später wirklich als entgangen herausgestellt hat, gemacht werden würde. Die erstere Auffassung dürfte den Vorzug verdienen. Wenn z. B. ein Kaufmann Waaren kauft, die zu einer bestimmten Zeit geliefert werden sollen, aber nicht geliefert werden, so ist der Gewinn, welchen er bei rechtzeitiger Lieferung dadurch gemacht haben würde, daß die Waaren im Preise gestiegen sind, ein solcher, welcher nach dem gewöhnlichen Laufe der Dinge mit Wahrscheinlichkeit erwartet werden konnte, auch wenn die Umstände, welche das Steigen der Preise veranlaßt haben, nicht vorauszusehen waren. Die Möglichkeit, daß die Preise steigen würden und daraus dem Käufer ein Gewinn erwachsen würde, mußte dem Ersatzpflichtigen bekannt sein, und dies ist als genügend zu erachten. Wenn ein Schriftsteller die einem Buchhändler gegenüber übernommene Verpflichtung, demselben ein bestimmtes Werk in Verlag zu geben, nicht erfüllt, das Werk vielmehr einem anderen Buchhändler in Verlag giebt und dieser aus dem Verlag einen Gewinn zieht, so wird der Schriftsteller diesen Gewinn dem Buchhändler, mit welchem er zuerst kontrahirt hatte, zu ersetzen haben, auch wenn der Absatz des Werkes ein ganz unerwartet großer war; denn durch den Vertrag mit dem Buchhändler war die Gewinnquelle, um welche es sich handelt, bestimmt, und jeder Gewinn, welcher aus dieser Gewinnquelle ohne den zum Schadensersatze verpflichtenden Umstand würde gemacht sein, ist im Sinne des § 252 als ein solcher zu betrachten, der mit Wahrscheinlichkeit erwartet werden konnte. Wird dagegen z. B. geschuldetes Geld zu der bestimmten Zeit nicht gezahlt, so kann der Gläubiger nicht schon deshalb einen Gewinn, als ihm durch die Nichterfüllung entgangen, in Anspruch nehmen, weil er durch irgend eine Spekulation mit dem rechtzeitig gezahlten Gelde einen Gewinn würde gemacht haben; vielmehr müßte, um eine solche Forderung zu rechtfertigen, nachgewiesen werden, daß nach den besonderen Umständen des Falles, insbesondere nach den getroffenen Anstalten und Vorkehrungen, der betreffende Gewinn in Aussicht genommen war. Nach denselben Grundsätzen ist das Verhältniß zu beurtheilen, wenn der zum Schadensersatze verpflichtende Umstand in einer unerlaubten Handlung, z. B. in der Entziehung von Sachen, besteht. Eine Preissteigerung, welche bei Sachen der betreffenden Art nach dem gewöhnlichen Laufe der Dinge als möglich vorausgesehen werden kann, ist bei der Frage, ob ein Gewinn entgangen ist, zu berücksichtigen, nicht aber die Möglichkeit, durch eine zur Zeit der unerlaubten Handlung noch nicht durch besondere Vorkehrungen vorbereitete Spekulation einen Gewinn mit den betreffenden Sachen zu machen. Es muß anerkannt werden, daß bei dieser Auffassung die Worte des § 252 Satz 2 „mit Wahrscheinlichkeit erwartet werden kann" einengend ausgelegt werden; eine solche Auslegung ist aber mit dem Wortlaute vereinbar, und sie dürfte sich durch die Natur der in Betracht kommenden Verhältnisse und durch die Auffassung des Lebens rechtfertigen.

Daß die Möglichkeit eines unehrenhaften Gewinns niemals berücksichtigt wird, versteht sich von selbst.

3. Ueber die sog. compensatio lucri cum damno enthält das B.G.B. keine besonderen Vorschriften. Daß derjenige, welcher sich eines zum Schadensersatze verpflichtenden Verhaltens schuldig gemacht hat, sich nicht darauf berufen kann, daß er durch andere Handlungen dem Beschädigten einen Vortheil verschafft habe, versteht sich von selbst. Hat dagegen der zum Schadensersatze verpflichtende Umstand selbst nicht nur Nachtheile, sondern auch Vortheile für

§. 253.

Wegen eines Schadens, der nicht Vermögensschaden ist, kann Entschädigung in Geld nur in den durch das Gesetz bestimmten Fällen gefordert werden.

---

den Beschädigten zur Folge, so besteht der dem Beschädigten erwachsene Schaden, soweit es auf dessen Ersatz in Geld ankommt, nur in dem Betrag, um welchen sich seine Vermögenslage nach Abzug der durch die günstige Einwirkung des fraglichen Umstandes eingetretenen Verbesserung derselben verschlechtert hat. Zweifelhaft kann im einzelnen Falle sein, ob es sich wirklich um einen und denselben Umstand handelt, welcher die Nachtheile und die Vortheile verursacht hat, oder ob mehrere nicht in einem nothwendigen Zusammenhange stehenden Umstände vorliegen. Diese Frage läßt sich nicht durch allgemeine Regeln, sondern nur unter Berücksichtigung aller Umstände des einzelnen Falles entscheiden.

4. Der E. II § 215 enthielt noch folgende Vorschrift:

„Die Ersatzpflicht wegen Nichterfüllung einer Verbindlichkeit erstreckt sich nicht auf den Schaden, dessen Entstehung nach den Umständen, welche der Schuldner kannte oder kennen mußte, außerhalb des Bereichs der Wahrscheinlichkeit lag."

Bei der Revision wurde die Fassung (§ 247 des revidirten E.) dahin geändert:

„Die Ersatzpflicht wegen Nichterfüllung einer Verbindlichkeit erstreckt sich nicht auf einen Schaden, dessen Entstehung außerhalb des Bereichs der Wahrscheinlichkeit lag oder nach den Umständen, die der Schuldner kannte oder kennen mußte, als außerhalb dieses Bereichs liegend angesehen werden durfte."

Für die Aufnahme dieser Vorschrift war geltend gemacht, daß ähnliche Erwägungen wie diejenigen, welche zu der Vorschrift des § 252 Satz 2 in Betreff des entgangenen Gewinns geführt haben, für den Schadensersatz wegen Nichterfüllung einer Verbindlichkeit eine entsprechende Beschränkung auch in Betreff des positiven Schadens erforderten. Die Vorschrift wurde vom Bundesrathe gestrichen. Es geschah dies insbesondere deshalb, weil die Vorschrift für den Handelsverkehr nicht passe und weil es nicht wünschenswerth sei, in dieser Beziehung für den Handelsverkehr andere Vorschriften aufzustellen wie für den bürgerlichen Verkehr. In der R.K. wurde beantragt, die fragliche Vorschrift wieder aufzunehmen und auf alle Fälle einer Verpflichtung zum Schadensersatz auszudehnen, andererseits aber auf solche Fälle zu beschränken, in welchen dem Ersatzpflichtigen weder Vorsatz noch grobe Fahrlässigkeit zur Last falle. Der Antrag wurde, nachdem er bei der ersten Lesung angenommen war, bei der zweiten Lesung abgelehnt, zum Ersatz aber in dem § 254 die Vorschrift aufgenommen, daß die Bestimmung des § 254 Abs. 1 auch dann zur Anwendung komme, wenn das Verschulden des Beschädigten sich darauf beschränkte, daß er unterlassen habe, den Schuldner auf die Gefahr eines ungewöhnlich hohen Schadens aufmerksam zu machen, die der Schuldner weder gekannt habe noch habe kennen müssen.

Abgesehen von der zuletzt gedachten Bestimmung (s. Erl. zu § 254 Nr. 3) gilt daher nach dem B.G.B. für den positiven Schaden eine ähnliche Beschränkung wie für den entgangenen Gewinn nicht, vielmehr ist jede Vermögenseinbuße, welche in Folge des zum Schadensersatze verpflichtenden Umstandes eingetreten ist, ohne Rücksicht darauf zu ersetzen, ob sie vorausgesehen wurde oder vorausgesehen werden konnte. Erforderlich ist nur, daß sie wirklich im Kausalzusammenhange mit dem zum Schadensersatze verpflichtenden Umstande steht.

§ 253.

E. I § 221; II § 216 rev. § 248; III § 247. P. I S. 1047—1051, 1130—1133; M. II S. 21—23. P. II S. 596, 597, 1241—1248 (Bd. I S. 298, 620—623).

1. In der ersten wie in der zweiten Kommission sind wiederholt Anträge dahin gestellt, eine Entschädigung in Geld für einen Schaden, der nicht ein Vermögensschaden ist, entweder überhaupt oder doch für den Fall zuzulassen, daß der Schaden durch die Nichterfüllung einer Verbindlichkeit entstanden ist. Die Anträge sind abgelehnt, und zwar im Wesentlichen deshalb, weil es den rechtlichen und sittlichen Anschauungen des deutschen Volkes nicht entspreche, sich für die Verletzung idealer Interessen in Geld entschädigen zu lassen.

2. Welcher Schaden ein Vermögensschaden ist, ergiebt sich aus dem Begriffe des Vermögens. Zweifelhaft ist, ob als ein Vermögensschaden auch derjenige Schaden anzusehen ist, welcher Jemandem dadurch zugefügt wird, daß ihm ein Genuß entzogen wird, sofern er sich die Möglichkeit dieses Genusses durch Geld oder geldwerthe Leistungen verschafft hatte. Konnte diese Möglichkeit gegen Entgelt an einen Anderen übertragen werden, so ist die Frage unzweifelhaft zu bejahen; sie dürfte aber auch dann zu bejahen sein, wenn die Uebertragung unzulässig war. Der für ein Theaterbillet bezahlte Preis würde also z. B. im Falle eines Dieb-

§. 254.

Hat bei der Entstehung des Schadens ein Verschulden des Beschädigten mitgewirkt, so hängt die Verpflichtung zum Ersatze sowie der Umfang des zu leistenden Ersatzes von den Umständen, insbesondere davon ab, inwieweit der Schaden vorwiegend von dem einen oder dem anderen Theile verursacht worden ist.

Dies gilt auch dann, wenn sich das Verschulden des Beschädigten darauf beschränkt, daß er unterlassen hat, den Schuldner auf die Gefahr eines ungewöhnlich hohen Schadens aufmerksam zu machen, die der Schuldner weder kannte noch kennen mußte, oder daß er unterlassen hat, den Schaden abzuwenden oder zu mindern. Die Vorschrift des §. 278 findet entsprechende Anwendung.

---

stahls dieses Billets von dem Diebe auch dann ersetzt verlangt werden können, wenn das Billet auf die Person gestellt, und eine Uebertragung desselben deshalb unmöglich gewesen wäre (s. Kohler im Archiv für Bürgerliches Recht. Bd. 12 S. 1 ff.)

3. Durch die Vorschrift des § 253 wird auch die Berücksichtigung des Affektionswerths bei dem Schadensersatze wegen Entziehung, Beschädigung oder Zerstörung einer Sache ausgeschlossen. Ist die Sache von dem Beschädigten aber mit Rücksicht auf den Affektionswerth, welchen sie für ihn hatte, für einen besonders hohen Preis erworben, so ist die Frage, ob dieser Preis bei der Bemessung der Entschädigung zu berücksichtigen ist, ebenso zu beantworten wie die oben unter Nr. 2 erörterte Frage.

4. Besondere Vorschriften, nach welchen für einen Schaden, der kein Vermögensschaden ist, Entschädigung in Geld gefordert werden kann, enthalten die §§ 847, 1300. Ein nicht vermögensrechtliches Interesse soll nach § 343 Abs. 1 Satz 2 auch bei der Beurtheilung der Frage berücksichtigt werden, ob eine verwirkte Vertragsstrafe unverhältnißmäßig hoch ist. Nicht berührt durch den § 253 werden die strafrechtlichen Bestimmungen über die Buße.

5. Die Zulässigkeit der Zwangsvollstreckung wegen einer nicht vermögensrechtlichen Verbindlichkeit nach Maßgabe der C.P.O. §§ 887, 888, 890 wird durch den § 253 nicht berührt. Auch bleibt die Verpflichtung zum Ersatz eines Schadens, welcher kein Vermögensschaden ist, insoweit bestehen, als die Herstellung des Zustandes möglich ist, welcher bestehen würde, wenn der zum Schadensersatze verpflichtende Umstand nicht eingetreten wäre. Die Vorschrift des § 251 Abs. 2, nach welcher der Ersatzpflichtige den Gläubiger in Geld entschädigen kann, wenn die Herstellung nur mit unverhältnißmäßigen Aufwendungen möglich ist, findet in diesem Falle keine Anwendung.

§ 254.

E. I § 222; II § 217 rev. § 249; III § 248. P. I S. 1021, 1022, 1130—1133; M. II S. 23, 24. P. II S. 601—603 (Bd. I S. 300, 301). R.B. S. 1963, 1964. St.B. S. 2773, 2774.

1. Die Vorschrift des Abs. 1 setzt voraus, daß bei der Entstehung des Schadens ein Verschulden des Beschädigten mitgewirkt hat. Liegt zwar ein zum Schadensersatze verpflichtender Umstand vor, hat derselbe aber in Folge des Dazwischentretens eines Verschuldens des Beschädigten den Schaden nicht wirklich herbeigeführt, so findet die Vorschrift des § 254 keine Anwendung; in diesem Falle besteht vielmehr eine Verpflichtung zum Schadensersatz überhaupt nicht. Die Vorschrift des Abs. 1 findet nur Anwendung, wenn zwei Faktoren, nämlich der zum Schadensersatze verpflichtende Umstand und das Verschulden des Beschädigten, zusammengewirkt haben, um den Schaden herbeizuführen. Da es wenigstens in den meisten Fällen unmöglich ist, festzustellen, welcher Theil des Schadens durch den einen oder den anderen Faktor herbeigeführt ist, so überläßt der § 254 die Entscheidung dem billigen richterlichen Ermessen. Direkt ist auf dieses zwar nicht wie im E. I § 222 hingewiesen; vielmehr sind nur die leitenden Gesichtspunkte festgestellt, nach welchen die Entscheidung zu erfolgen hat; im praktischen Ergebnisse kommt Beides aber auf dasselbe hinaus. Bei der Entscheidung ist zwar hauptsächlich zu berücksichtigen, ob der Schaden vorwiegend von dem einen oder von dem anderen Theile verursacht ist. Daneben sind indessen auch die sonstigen Umstände des Falles in Betracht zu ziehen; es wird daher auch darauf Rücksicht zu nehmen sein, ob das Verschulden des Beschädigten auf Vorsatz oder Fahrlässigkeit beruht und ob das Verschulden des einen oder des anderen Theiles als das schwerere zu betrachten ist. Nach diesen Gesichtspunkten ist nicht nur der Umfang des zu leistenden Ersatzes zu bestimmen; sie können vielmehr unter Umständen auch dahin führen, die Ersatzpflicht überhaupt zu verneinen.

2. Die Vorschrift des Abs. 2, nach welcher die Vorschrift des Abs. 1 auch dann Anwendung findet, wenn sich das Verschulden des Beschädigten darauf beschränkt, daß er

unterlassen hat, den Schaden abzuwenden oder zu mindern, geht davon aus, daß es wider Treu und Glauben verstoßen würde, wenn derjenige, welchem ein Schaden droht, diesen nicht, soweit es möglich ist, abzuwenden oder zu mindern suchte. Hat der Beschädigte nicht diejenige Sorgfalt angewendet, welche nach der Auffassung des Lebens ein ordentlicher Mensch anzuwenden hat, um Schaden von sich abzuwenden (s. Bd. I S. 36), so soll auch hier, je nach den Umständen des Falles, die Ersatzpflicht ganz wegfallen oder sich mindern. Auch hier wird der Grad des Verschuldens, welches dem Beschädigten zur Last fällt, mit in Betracht zu ziehen und insbesondere zu berücksichtigen sein, ob der Beschädigte vorsätzlich oder nur fahrlässig den Schaden nicht abgewendet oder gemindert hat. Hat der Beschädigte den Schaden, welchen er abwenden konnte, vorsätzlich nicht abgewendet, so wird die Ersatzpflicht des anderen Theiles regelmäßig ganz wegfallen.

3. Die Bestimmung des Abs. 2, nach welcher die Vorschrift des Abs. 1 auch dann Anwendung findet, wenn sich das Verschulden des Beschädigten darauf beschränkt, daß er unterlassen hat, den Schuldner auf die Gefahr eines ungewöhnlich hohen Schadens aufmerksam zu machen, die der Schuldner weder kannte noch kennen mußte, ist von der R.K. hinzugefügt (s. Erl. zu § 252 Nr. 4). Diese Vorschrift wird nach dem Grunde, auf welchem sie beruht, nur auf solche Fälle Anwendung finden können, in welchen die Verpflichtnng zum Schadensersatze wegen Nichterfüllung einer Verbindlichkeit in Frage steht. Der Vorschrift liegt der Gedanke zu Grunde, daß bei obligatorischen Rechtsverhältnissen der Gläubiger nach Treu und Glauben verpflichtet ist, den Schuldner auf die Gefahr eines ungewöhnlich hohen Schadens, den die Nichterfüllung seiner Verbindlichkeit zur Folge haben würde, aufmerksam zu machen, sofern der Schuldner diese Gefahr weder kannte noch kennen mußte. Bei den Verhandlungen der zweiten Kommission und der R.K. sind folgende Beispiele angeführt: Eine bestellte Droschke kommt nicht zu der bestimmten Zeit. Der Besteller versäumt in Folge davon einen Eisenbahnzug und erleidet dadurch einen Schaden von 10 000 Mark. Jemand hat sich unter einer ungewöhnlich hohen Vertragsstrafe verpflichtet, ein Bauwerk bis zu einer bestimmten Zeit herzustellen. Er bestellt die zu dem Bauwerk erforderlichen Materialien; diese werden ihm nicht zur rechten Zeit geliefert; er kann in Folge davon das Bauwerk zu der vertragsmäßig bestimmten Zeit nicht herstellen und muß deshalb die Vertragsstrafe bezahlen. Jemand wird gebeten, einen Brief zu besorgen; er übernimmt die Besorgung aus Gefälligkeit; der Brief wird ihm in Folge eines von ihm zu vertretenden Verschuldens gestohlen; in dem Briefe waren 10 000 Mark; auf diesen Betrag beläuft sich also der Schaden des Auftraggebers. In Fällen dieser und ähnlicher Art soll der Verpflichtete von dem Gläubiger darauf aufmerksam gemacht werden, daß die Nichterfüllung seiner Verbindlichkeit einen ungewöhnlich hohen Schaden zur Folge haben werde. Unterläßt dies der Gläubiger, so kann er den Ersatz des ungewöhnlich hohen Schadens nicht fordern, vielmehr beschränkt sich sein Anspruch auf den Betrag desjenigen Schadens, auf welchen der Schuldner unter Berücksichtigung aller Umstände gefaßt sein mußte. Vorausgesetzt wird immer, daß der Gläubiger, nicht aber der Schuldner, die Gefahr des ungewöhnlich hohen Schadens kannte oder kennen mußte. Nicht erforderlich ist, daß der Gläubiger dem Schuldner den Betrag des drohenden Schadens mittheilt; es genügt, wenn der Schuldner weiß oder wissen mußte, daß in einer bestimmten Richtung die Gefahr eines ungewöhnlich hohen Schadens drohte. Im Handelsverkehre wird also der Schuldner immer mit der Möglichkeit eines Schadens zu rechnen haben, welcher durch Steigen oder Sinken der Preise oder dadurch entsteht, daß der Gläubiger die ihm zu liefernde Waare anderweit wieder verkauft hat und seinem Käufer bei nicht rechtzeitiger Lieferung zum Schadensersatze verpflichtet ist (s. Erl. zu § 251 Nr. 2,4).

4. Nach § 278 hat ein Schuldner das Verschulden seines gesetzlichen Vertreters sowie derjenigen Personen zu vertreten, deren er sich zur Erfüllung seiner Verbindlichkeit bedient. Der Beschädigte ist nicht Schuldner, aber die Vorschrift des § 278 soll in den Fällen des § 254 Abs. 2 auf ihn entsprechende Anwendung finden. Soweit also nach § 254 Abs. 2 der Ersatzanspruch des Beschädigten durch sein Verschulden ausgeschlossen oder gemindert wird, tritt der Ausschluß oder die Minderung auch dann ein, wenn ein solches Verschulden dem gesetzlichen Vertreter des Beschädigten oder denjenigen Personen zur Last fällt, deren sich der Beschädigte in der hier fraglichen Beziehung zur Wahrnehmung seiner Angelegenheiten bedient. Dem Beschädigten fällt es also z. B. zur Last, wenn der von ihm mit der Vornahme eines Rechtsgeschäfts Beauftragte die Mittheilung der aus der Nichterfüllung der dadurch begründeten Verbindlichkeit entstehenden Gefahr eines ungewöhnlich hohen Schadens an den Schuldner unterläßt oder wenn der bei einer Körperverletzung zugezogene Arzt die zur Heilung erforderlichen Mittel anzuwenden schuldhafterweise verabsäumt.

5. Die Vorschriften des § 254 finden abweichend vom E. I § 222, der sich auf den Fall des von einem Anderen verschuldeten Schadens beschränkte, in allen Fällen Anwendung, in welchen ein Schaden zu ersetzen ist, also auch dann, wenn der

§. 255.

Wer für den Verlust einer Sache oder eines Rechtes Schadensersatz zu leisten hat, ist zum Ersatze nur gegen Abtretung der Ansprüche verpflichtet, die dem Ersatzberechtigten auf Grund des Eigenthums an der Sache oder auf Grund des Rechtes gegen Dritte zustehen.

Ersatzpflichtige ohne Rücksicht auf sein Verschulden, z. B. in Folge einer übernommenen Garantie, haftet. Im letzteren Falle ist zwar die Vorschrift, daß die Ersatzpflicht insbesondere davon abhängt, inwieweit der Schaden von dem einen oder dem anderen Theile verursacht worden sei, ihrem Wortlaute nach nicht anwendbar, weil es sich um einen zufälligen, nicht um einen von dem Ersatzpflichtigem verursachten Schaden handelt. Der der fraglichen Vorschrift zu Grunde liegende Gedanke bleibt aber anwendbar; er führt hier dahin, daß abzuwägen ist, ob der Schaden vorwiegend durch den Zufall oder durch das Verschulden des Beschädigten verursacht worden ist.

6. Nach § 846 finden die Vorschriften des § 254 auch dann Anwendung, wenn nach Maßgabe der §§ 844, 845 der Anspruch auf Schadensersatz wegen der dort bezeichneten unerlaubten Handlungen einem Dritten zusteht, dem durch die unerlaubte Handlung zunächst Verletzten aber ein Verschulden der im § 254 gedachten Art zur Last fällt. Fällt also z. B. im Falle der Tödtung eines Menschen dem Getödteten ein solches Verschulden zur Last, so hängt auch die dem Thäter nach § 844 dem Unterhaltsberechtigten gegenüber obliegende Verpflichtung zum Schadensersatze sowie der Umfang des zu leistenden Ersatzes von den Umständen, insbesondere davon ab, inwieweit der Tod vorwiegend durch die Handlung des Thäters oder durch das Verschulden des Getödteten verursacht worden ist.

§. 255.

E. I 223; II § 218 rev. § 250; III § 249; P. I S. 4208—4215, 6205; M. II S. 24—26. P. II S. 605, 606, 8408 (Bd. I S. 301, 302).

1. Das Recht, wegen des Verlustes einer Sache Schadensersatz von einem Anderen zu fordern, kann sowohl auf einem dinglichen als auf einem persönlichen Anspruche beruhen. Der dingliche Anspruch des Eigenthümers einer Sache gegen den Besitzer geht zunächst auf Herausgabe der Sache. Ist der Besitzer aber nicht im guten Glauben, so ist er dem Eigenthümer für den Schaden verantwortlich, der dadurch entsteht, daß in Folge seines Verschuldens die Sache von ihm nicht herausgegeben werden kann (§ 990); dieselbe Verantwortlichkeit trifft von der Rechtshängigkeit des Eigenthumsanspruchs an auch den gutgläubigen Besitzer. Ebenso hat derjenige, welcher auf Grund einer persönlichen Verbindlichkeit, z. B. auf Grund eines Leihvertrags oder eines Hinterlegungsvertrags, eine Sache zurückzugeben verpflichtet ist, Schadensersatz zu leisten, wenn die Zurückgabe in Folge eines von ihm zu vertretenden Umstandes unmöglich ist (§ 280). Die Verpflichtung zum Schadensersatze tritt nicht nur bei objektiver, sondern auch bei subjektiver Unmöglichkeit, also auch dann ein, wenn die Sache nicht untergegangen, der Verpflichtete aber zur Herausgabe außer Stande ist (§§ 280, 275 Abs. 2); sie tritt nach § 283 auch dann ein, wenn der Verpflichtete nach rechtskräftiger Verurtheilung innerhalb der ihm gesetzten Frist die Sache nicht herausgiebt. In allen diesen Fällen besteht der Schaden, welchen der Berechtigte erleidet, in dem Verluste der Sache. Der hierfür zu leistende Ersatz in Geld würde aber in Ermangelung einer besonderen Vorschrift ein verschiedener sein, je nachdem die Sache untergegangen oder der Verpflichtete nur subjektiv außer Stande ist, die Sache herauszugeben. Im ersteren Falle ist der ganze Werth zu ersetzen; im letzeren Falle behält der Ersatzberechtigte das Eigenthum der Sache; der Betrag seines Schadens besteht also nur in dem Werthe der Sache nach Abzug des Werthes, welchen das dem Berechtigten verbleibende Eigenthum der Sache hat. Im einzelnen Falle kann es ungewiß sein, ob die Herausgabe der Sache objektiv oder nur subjektiv unmöglich ist. Ist die Unmöglichkeit nur eine subjektive, so kann es doch ungewiß sein, ob der Ersatzberechtigte noch Eigenthümer der Sache ist oder ob er das Eigenthum z. B. etwa dadurch verloren hat, daß die Sache von einem Dritten in gutem Glauben erworben ist. Auch wenn der Ersatzberechtigte Eigenthümer geblieben ist, wird es regelmäßig ungewiß sein, ob er im Stande sein wird, die Sache wiederzuerlangen. Das B.G.B. geht nun davon aus, daß der Ersatzberechtigte in allen Fällen den Ersatz des vollen Werthes der Sache verlangen kann. Da er hierdurch aber für den Fall zu viel erlangen würde, daß er Eigenthümer der Sache geblieben ist und auf Grund seines Eigenthums später die Sache wiedererlangt, so bestimmt der § 255, daß der Ersatzpflichtige zum Ersatz nur gegen Abtretung der Ansprüche (§ 398) verpflichtet ist, die dem Ersatzberechtigten auf Grund des Eigenthums einer Sache zustehen.

§. 256.

Wer zum Ersatze von Aufwendungen verpflichtet ist, hat den aufgewendeten Betrag oder, wenn andere Gegenstände als Geld aufgewendet worden sind, den als Ersatz ihres Werthes zu zahlenden Betrag von der Zeit der Aufwendung an zu verzinsen. Sind Aufwendungen auf einen Gegenstand gemacht worden, der dem Ersatzpflichtigen herauszugeben ist, so sind Zinsen für die Zeit, für welche dem Ersatzberechtigten die Nutzungen oder die Früchte des Gegenstandes ohne Vergütung verbleiben, nicht zu entrichten.

Nach dem E. I § 223 sollten die gedachten Ansprüche mit der Leistung des Ersatzes kraft des Gesetzes übergehen. Die zweite Kommission hielt den gesetzlichen Uebergang für unzweckmäßig. Dabei wurde insbesondere berücksichtigt, daß es im einzelnen Falle zweifelhaft sein könne, ob wirklich voller Ersatz für den ganzen Werth der Sache geleistet sei, und daß es bei nur theilweisem Ersatz unklar bleibe, ob und zu welchem Theile die Ansprüche des Eigenthümers auf den Ersatzpflichtigen übergegangen seien. Durch die in dem § 255 vorgeschriebene Abtretung werden diese Zweifel beseitigt. Durch die Abtretung gehen die Ansprüche über, mag voller oder nur theilweiser Ersatz geleistet sein. Sache des Ersatzberechtigten ist es, ob er sich mit dem theilweisen Ersatze begnügen will; er braucht nur gegen den vollen Ersatz seine Ansprüche abzutreten.

Hat der Ersatzpflichtige vollen Ersatz geleistet, ohne sich die Ansprüche des Eigenthümers abtreten zu lassen, so kann er das Geleistete zwar nicht ohne Weiteres aus dem Gesichtspunkt einer ungerechtfertigten Bereicherung zurückfordern (§ 813); dies würde erst in Frage kommen können, wenn der Ersatzberechtigte später die Sache, für welche der Ersatz geleistet, wirklich wiedererlangt hat; der Absicht des § 255 dürfte es indessen entsprechen, dem Ersatzpflichtigen sofort einen Anspruch auf nachträgliche Abtretung der dem Eigenthümer zustehenden Ansprüche einzuräumen.

Handelt es sich um eine bewegliche Sache, so wird nach § 931 die Uebergabe der Sache durch eine Abtretung des Anspruchs des Eigenthümers auf Herausgabe der Sache ersetzt; daher geht mit der Abtretung des Anspruchs das Eigenthum der Sache selbst auf den Ersatzpflichtigen über.

2. Dieselben Grundsätze, welche für den Fall gelten, daß für den Verlust einer Sache Ersatz zu leisten ist, sollen nach § 255 auch für den Fall gelten, daß Ersatz für den Verlust eines Rechtes zu leisten ist. Es wird hierbei verhältnißmäßig seltener vorkommen, daß dem Ersatzberechtigten nach Leistung des Ersatzes noch Ansprüche aus dem Rechte zustehen, möglich ist es indessen auch hier. Ist z. B. der Besitzer einer Sache demjenigen, welchem der Nießbrauch einer Sache zusteht, zum Schadensersatze verpflichtet, weil er die Sache in Folge seines Verschuldens herauszugeben außer Stande ist, so hat er dem Nießbraucher den Werth des Nießbrauchs zu ersetzen; der Nießbrauch bleibt aber bestehen, und der Ersatzberechtigte kann den Ersatz nur gegen Abtretung der ihm aus dem Nießbrauche zustehenden Ansprüche verlangen.

Der § 255 dürfte auch auf solche Fälle entsprechende Anwendung finden, in welchen Jemand dafür Schadensersatz zu leisten hat, daß dem Anspruch aus dem Rechte eine peremtorische Einrede entgegensteht oder daß dasselbe aus einem anderen Grunde werthlos geworden ist. Hat z. B. der Verwalter eines Vermögens dafür Ersatz zu leisten, daß eine Forderung, die er einzuziehen verpflichtet war, verjährt ist oder daß sie in Folge der unterlassenen Anmeldung in dem Konkurse des Schuldners nicht befriedigt wird, so kann der Ersatzberechtigte in dem ersteren Falle immer, in dem letzteren Falle wenigstens unter Umständen Ersatz des vollen Werthes der Forderung verlangen. Die Forderung bleibt aber bestehen. Es ist möglich, daß der Schuldner auf die Einrede der Verjährung verzichtet und freiwillig zahlt oder daß er nach Beendigung des Konkurses wieder Vermögen erwirbt; diese Chancen sollen dem Ersatzpflichtigen zu Statten kommen; er braucht deshalb nur gegen Abtretung der Forderung den Ersatz zu leisten.

§ 256.

K.B. S. 1964. St.B. S. 2774.

Das B.G.B. schreibt in einer großen Zahl von Fällen vor, daß derjenige, welcher Aufwendungen einer bestimmten Art gemacht hat, Ersatz dafür von einem Anderen verlangen kann (s. z. B. die §§ 304, 347, 450, 467, 500, 526 Satz 2, 538 Abs. 2, 547, 633 Abs. 3, 670, 683, 693, 850, 970, 994—996, 1049, 1390, 1648, 1835, 1978 Abs. 3, 1991, 2124 Abs. 2, 2125, 2185, 2381 Abs. 2). Ueber die Frage, ob der Ersatzberechtigte Zinsen von dem aufgewendeten Betrage verlangen kann, enthielten die Entwürfe nur vereinzelte Bestimmungen. Der E. III schrieb für das Rechtsverhältniß des Auftrags und der Hinterlegung vor, daß der Auf-

§. 257.

Wer berechtigt ist, Ersatz für Aufwendungen zu verlangen, die er für einen bestimmten Zweck macht, kann, wenn er für diesen Zweck eine Verbindlichkeit eingeht, Befreiung von der Verbindlichkeit verlangen. Ist die Verbindlichkeit noch nicht fällig, so kann ihm der Ersatzpflichtige, statt ihn zu befreien, Sicherheit leisten.

---

traggeber bezw. der Hinterleger das von dem Beauftragten bezw. von dem Verwahrer verwendete Geld zu verzinsen habe (E. III §§ 657 Satz 2, 680 Satz 2). Für die Geschäftsführung ohne Auftrag war die Zinspflicht durch Verweisung auf die Vorschriften über den Auftrag anerkannt (E. III § 670). Auch in einer Reihe anderer Fälle war die Zinspflicht durch Verweisung theils auf die Vorschriften über den Auftrag, theils auf die Vorschriften über Geschäftsführung ohne Auftrag anerkannt (s. z. B. E. III §§ 444, 594, 700, 978 Abs. 2, 1199, 1811, 2192). In einigen Fällen war die Zinspflicht ausdrücklich verneint (E. III §§ 1032 Abs. 1 Satz 2, 2100 Abs. 1 Satz 2). In den übrigen Fällen, in welchen der Ersatz von Aufwendungen vorgeschrieben war, fehlte eine Bestimmung über die Zinspflicht. Auf Anregung der Regierungskommissare wurde in der Reichstagskommission beschlossen, die Frage prinzipiell zu regeln. Bei dieser Regelung waren folgende Gesichtspunkte maßgebend. Wer Aufwendungen, die ein Anderer auf einen Gegenstand gemacht hat, zu ersetzen hat, ist regelmäßig berechtigt, die Nutzungen dieses Gegenstandes zu beziehen. In diesen Nutzungen bezieht er zugleich die Nutzung der gemachten Aufwendungen. Der Ersatzberechtigte hat den für die Aufwendungen erforderlichen Betrag aus seinem Vermögen hergegeben. Die Billigkeit erfordert, daß er von dem Ersatzpflichtigen für den Nutzen, den dieser aus den Verwendungen hat, Vergütung erhält; diese hat durch Verzinsung des aufgewandten Betrags zu erfolgen. Nur wenn ausnahmsweise nicht der Ersatzpflichtige, sondern der Ersatzberechtigte die Früchte oder die Nutzungen des Gegenstandes zu beziehen hat, auf welchen die Aufwendungen gemacht sind, trifft der erstgedachte Gesichtspunkt nicht zu; für diesen Fall sind daher Zinsen nicht zu entrichten. Der § 256 stellt im Satz 1 die diesem Gedanken entsprechende Regel auf. Die Beschränkung der Zinspflicht, welche in den einzelnen Vorschriften des E. III dadurch bestimmt war, daß nur die Verzinsung des aufgewendeten Geldes vorgeschrieben wurde, ist beseitigt. Zinsen sollen auch, wenn andere Gegenstände als Geld aufgewendet sind, von dem als Ersatz ihres Werthes zu zahlenden Betrag entrichtet werden. Der Zinssatz bestimmt sich nach § 246. In dem Satz 2 wird die sich aus den obigen Gesichtspunkten ergebende Ausnahme von der Regel bestimmt. Für die Zeit, in welcher dem Ersatzberechtigten die Nutzungen (§ 100) oder die Früchte (§ 99) des betreffenden Gegenstandes verbleiben, hat der Ersatzpflichtige Zinsen nicht zu entrichten. Fälle dieser Art enthalten z. B. die §§ 1049, 2125. Macht der Nießbraucher Verwendungen auf die Sache, zu denen er nicht verpflichtet ist, so bestimmt sich die Ersatzpflicht des Eigenthümers nach den Vorschriften über die Geschäftsführung ohne Auftrag (§ 1049). Da dem Nießbraucher, solange der Nießbrauch dauert, die Nutzungen der Sache verbleiben, so sind für diese Zeit Zinsen von dem aufgewendeten Betrage nicht zu entrichten. Nach § 2125 hat der Nacherbe unter den dort gedachten Voraussetzungen dem Vorerben Ersatz für die von diesem auf die Erbschaft gemachten Verwendungen zu leisten. Auch hier fällt aber die Zinspflicht bis zu dem Zeitpunkte weg, in welchem der Fall der Nacherbfolge eintritt; denn bis dahin verbleiben die Nutzungen der Erbschaft dem Vorerben.

Die in dem § 256 getroffene prinzipielle Regelung machte die in dem E. III §§ 657 Satz 2, 680 Satz 2, 1032 Abs. 1 Satz 2, 2100 Abs. 1 Satz 2 getroffenen besonderen Bestimmungen überflüssig; sie sind daher gestrichen.

Eine Modifikation erleiden die Vorschriften des § 256 in denjenigen Fällen, in welchen Verwendungen nur bis zu dem Betrage zu ersetzen sind, um welchen der Werth des betreffenden Gegenstandes erhöht ist (s. z. B. §§ 500, 996, 2381 Abs. 2. Vergl. auch § 526 Satz 2). In diesen Fällen sind zwar Zinsen zu entrichten, aber der Gesammtbetrag der Aufwendungen und der Zinsen braucht nur insoweit ersetzt zu werden, als die Wertherhöhung reicht.

§ 257.

E. I §§ 595 Abs. 3, 621 Abs. 2; II §§ 601 Abs. 2, 633, 1289 Abs. 1 Satz 2, 1997 Abs. 2 Satz 3 rev. § 251; III § 250. P. I S. 2437—2440, 2743—2747; M. II S. 542, 581. P. II S. 2313—2315, 8408—8410.

Ueber die Fälle, in welchen Jemand Ersatz von Aufwendungen verlangen kann, die er für einen bestimmten Zweck gemacht hat, s. Erl. zu § 256. Ueber die Art, in welcher

§. 258.

Wer berechtigt ist, von einer Sache, die er einem Anderen herauszugeben hat, eine Einrichtung wegzunehmen, hat im Falle der Wegnahme die Sache auf seine Kosten in den vorigen Stand zu setzen. Erlangt der Andere den Besitz der Sache, so ist er verpflichtet, die Wegnahme der Einrichtung zu gestatten; er kann die Gestattung verweigern, bis ihm für den mit der Wegnahme verbundenen Schaden Sicherheit geleistet wird.

---

eine Aufwendung zu ersetzen ist, wenn sie durch Eingehung einer Verbindlichkeit gemacht ist, enthielten die E. I und II eine Bestimmung nur für einzelne Fälle (E. I §§ 595 Abs. 3, 621 Abs. 2; II §§ 601 Abs. 2, 633, 1289 Abs. 1 Satz 2, 1997 Abs. 2 Satz 3). In Uebereinstimmung mit dem E. III § 250 ist der diesen einzelnen Vorschriften zu Grunde liegende Gedanke in dem § 257 verallgemeinert. Der Ersatz ist in dem gedachten Falle dadurch zu leisten, daß der Ersatzpflichtige den Ersatzberechtigten von der eingegangenen Verbindlichkeit befreit. Da indessen der Ersatzpflichtige hierzu, wenn die Verbindlichkeit noch nicht fällig ist, oft nicht im Stande sein wird, so wird ihm das Recht eingeräumt, dem Ersatzberechtigten, statt ihn zu befreien, Sicherheit zu leisten. Die Sicherheitsleistung ist nur in solutione, nicht in obligatione. Die Sicherheit ist zu leisten wegen der Ersatzansprüche, welche dem Ersatzberechtigten gegen den Ersatzpflichtigen für den Fall zustehen, daß er die eingegangene Verbindlichkeit erfüllen muß. Hiernach bestimmt sich der Betrag der Sicherheit. Die Leistung hat nach Maßgabe der §§ 232 ff. zu erfolgen.

Im E. I § 595 Abs. 3 war dem Ersatzpflichtigen das Recht, dem Ersatzberechtigten, statt ihn zu befreien, Sicherheit zu leisten, unbeschrankt, also auch für den Fall eingeräumt, daß die Verbindlichkeit bereits fällig ist. Die zweite Kommission hielt diese Vorschrift für zu weitgehend. Ist die Verbindlichkeit bereits fällig, so kann der Ersatzpflichtige die Befreiung von derselben immer dadurch bewirken, daß er sie erfüllt. Auch wenn die Verbindlichkeit in einer fälligen Geldschuld besteht, kann der Ersatzberechtigte abweichend vom E. I § 595 Abs. 3 Satz 2 nicht die Zahlung der zu der Erfüllung der Verbindlichkeit erforderlichen Geldsumme, sondern nur die Befreiung von der Verbindlichkeit verlangen. Selbstverständlich wird dadurch nicht ausgeschlossen, daß der Ersatzberechtigte nach den §§ 249 ff. Entschädigung in Geld verlangeu kann, wenn der Ersatzpflichtige wegen Nichterfüllung der Verbindlichkeit zur Befreiung Schadensersatz zu leisten hat.

§ 258.

E. I §§ 479 Abs. 3, 514 Abs. 2, 553 Abs 2, 936 Abs. 3, 1010 Abs. 1, 1815; II §§ 435 Abs. 2, 491 Abs. 2 Satz 2, 3, 541 Abs. 2 Satz 2, 910 Abs. 1 Satz 2, 959 Satz 3, 1125, 1998 Satz 3 rev. § 252; III § 251. P. I S. 2083—2087, 4185—4187; M. II S. 344, 394, 448; M. III S. 414, 524. P. II S. 1942—1946, 8408—8410 (Bd. II S. 174—177).

In verschiedenen Fällen giebt das B.G.B. demjenigen, welcher eine Sache herauszugeben hat, das Recht, eine Einrichtung von der Sache wegzunehmen (s. z. B. die §§ 500 Satz 2, 547 Abs. 2 Satz 2, 601 Abs. 2 Satz 2, 1049 Abs. 2, 1216 Satz 2, 2125 Abs. 2). Die näheren Bestimmungen über die Art, in welcher dieses Recht auszuüben ist, waren vom E. II bei der Miethe (E. II § 491 Abs. 2) getroffen und war hierauf bei den übrigen in Betracht kommenden Fällen verwiesen. Der § 258 giebt die fraglichen Bestimmungen allgemein für alle in Betracht kommenden Fälle. Solange der zur Herausgabe der Sache Verpflichtete noch im Besitze der Sache ist, kann er die Einrichtung wegnehmen, ohne der Zustimmung desjenigen zu bedürfen, welchem er die Sache herauszugeben hat; er ist aber verpflichtet, die Sache auf seine Kosten in den vorigen d. h. in denjenigen Stand zu setzen, in welchem sich die Sache befand, ehe die Einrichtung gemacht wurde. Hat der andere Theil bereits den Besitz der Sache erlangt, so bedarf der Berechtigte der Einwilligung des Besitzers zu der Wegnahme. Der Besitzer ist verpflichtet, die Einwilligung zu ertheilen, er kann jedoch verlangen, daß ihm vorher Sicherheit für den mit der Wegnahme verbundenen Schaden, insbesondere also für die ordnungsmäßige Herstellung des vorigen Zustandes geleistet werde. Solange die Sicherheit nicht geleistet ist, kann der Besitzer die Einwilligung zu der Wegnahme verweigern. Die Sicherheitsleistung bestimmt sich nach den §§ 232 ff.

Die Vorschriften des § 258 finden auch Anwendung auf das dem Besitzer einer Sache gegenüber dem Eigenthümer nach § 997 zustehende Recht, eine von ihm als wesentlichen Bestandtheil mit der Sache verbundene andere Sache abzutrennen und sich anzueignen; jedoch gelten hier die im § 997 Abs. 2 bestimmten Modifikationen.

§. 259.

Wer verpflichtet ist, über eine mit Einnahmen oder Ausgaben verbundene Verwaltung Rechenschaft abzulegen, hat dem Berechtigten eine die geordnete Zusammenstellung der Einnahmen oder der Ausgaben enthaltende Rechnung mitzutheilen und, soweit Belege ertheilt zu werden pflegen, Belege vorzulegen.

Besteht Grund zu der Annahme, daß die in der Rechnung enthaltenen Angaben über die Einnahmen nicht mit der erforderlichen Sorgfalt gemacht worden sind, so hat der Verpflichtete auf Verlangen den Offenbarungseid dahin zu leisten:

daß er nach bestem Wissen die Einnahmen so vollständig angegeben habe, als er dazu im Stande sei.

In Angelegenheiten von geringer Bedeutung besteht eine Verpflichtung zur Leistung des Offenbarungseids nicht.

---

§ 259.

E. I § 591 Satz 2; II § 698 rev. § 253; III § 252. P. I S. 2424, 2425, 2427—2433; M. II S. 537, 538. P. II S. 3135—3143, 3148—3153. D. S. 625.

1. Im § 259 Abs. 1 wird bestimmt, was das B.G.B. unter der Verpflichtung versteht, Rechenschaft über eine Verwaltung abzulegen, wenn diese mit Einnahmen und Ausgaben verbunden ist. Eine solche Verpflichtung liegt z. B. ob dem Beauftragten gegenüber dem Auftraggeber (§ 666), dem Geschäftsführer ohne Auftrag gegenüber dem Geschäftsherrn (§ 681 Satz 2), dem geschäftsführenden Gesellschafter gegenüber anderen Gesellschaftern (§ 713), dem antichretischen Pfandgläubiger gegenüber dem Verpfänder (§ 1214 Abs. 1), dem Ehemanne gegenüber der Ehefrau (§§ 1421, 1546 Abs. 3), dem Inhaber der elterlichen Gewalt gegenüber dem Kinde (§ 1681), dem Vormund und dem Pfleger gegenüber dem Mündel bezw. dem Pflegebefohlenen (§§ 1890, 1915), dem Erben gegenüber den Nachlaßgläubigern (§§ 1978, 1990—1992), dem Vorerben gegenüber dem Nacherben (§ 2130 Abs. 2), dem Testamentsvollstrecker gegenüber dem Erben (§ 2218).

2. Belege brauchen nur insoweit vorgelegt zu werden, als über die betreffenden Ausgaben Belege ertheilt zu werden pflegen. Ueber kleine Ausgaben z. B. Porto, Trinkgelder rc. pflegt ein Beleg nicht ertheilt zu werden. Die Verkehrssitte soll in dieser Beziehung entscheiden. Durch die Beschränkung der Verpflichtung zur Vorlegung von Belegen wird die Entscheidung darüber nicht berührt, wem im Bestreitungsfalle der Beweis obliegt. Dieser liegt in Betreff der Ausgaben dem zur Ablegung der Rechenschaft Verpflichteten ob. Der Berechtigte hat dagegen, wenn er behauptet, daß der Verpflichtete mehr eingenommen, als in der Rechnung zugestanden ist, dies zu beweisen.

3. Wird eine den Vorschriften des § 259 Abs. 1 entsprechende Rechnung nicht vorgelegt, so kann der Berechtigte die Verurtheilung des Verpflichteten zur Vorlegung bezw. Vervollständigung der Rechnung verlangen und nöthigenfalls die Zwangsvollstreckung nach Maßgabe der C.P.O. § 888 beantragen. Im Falle der Nichterfüllung der Verpflichtung kann der Berechtigte Schadensersatz nach allgemeinen Grundsätzen fordern. Unter diesem Gesichtspunkte kann er auch den Ersatz der Mehrkosten verlangen, welche in Folge der Nichtvorlegung oder der Mangelhaftigkeit der Rechnung in dem Verfahren über die Herausgabe des verwalteten Vermögens entstehen.

4. Da der Berechtigte nach der Natur der in Frage kommenden Verhältnisse regelmäßig nicht im Stande ist, sich darüber Gewißheit zu verschaffen, welche Einnahmen der Verpflichtete bei der Verwaltung gehabt hat, so wird ihm, abweichend vom E. I, durch § 259 Abs. 2 das Recht eingeräumt, die Ableistung des Offenbarungseids von dem Verpflichteten zu fordern. Es handelt sich hier nicht um eine prozessualische, sondern um eine civilrechtliche Befugniß. Die Verpflichtung ist auf die Einnahmen beschränkt, weil eine unvollständige Angabe der Ausgaben und die Nichtvorlegung von Belegen nur dem Verpflichteten, nicht dem Berechtigten schädlich ist.

Die in den Absätzen 2 und 3 bestimmten Beschränkungen der Verpflichtung zur Leistung des Offenbarungseids beruhen hauptsächlich auf dem Bestreben, die Leistung unnöthiger Eide zu verhüten. Der Berechtigte soll die Leistung des Eides nur verlangen können, wenn Grund zu der Annahme besteht, daß die in der Rechnung enthaltenen Angaben über die Einnahmen nicht mit der erforderlichen Sorgfalt gemacht worden sind. Der Berechtigte hat die Thatsachen anzugeben und zu beweisen, welche diese Annahme rechtfertigen. Ob die Voraussetzung der zweiten im Abs. 3 bestimmten Be-

§. 260.

Wer verpflichtet ist, einen Inbegriff von Gegenständen herauszugeben oder über den Bestand eines solchen Inbegriffs Auskunft zu ertheilen, hat dem Berechtigten ein Verzeichniß des Bestandes vorzulegen.

Besteht Grund zu der Annahme, daß das Verzeichniß nicht mit der erforderlichen Sorgfalt aufgestellt worden ist, so hat der Verpflichtete auf Verlangen den Offenbarungseid dahin zu leisten:

daß er nach bestem Wissen den Bestand so vollständig angegeben habe, als er dazu im Stande sei.

Die Vorschrift des §. 259 Abs. 3 findet Anwendung.

---

schränkung vorliegt, nach welcher die Verpflichtung zur Eidesleistung in Angelegenheiten von geringer Bedeutung überhaupt nicht besteht, hat das Gericht nach den Umständen des Falles zu ermessen. Bei dieser Entscheidung werden nicht lediglich der Werth der Gegenstände, um deren Verwaltung es sich handelt, sondern die gesammten Umstände des Falles zu berücksichtigen sein. Soweit hierbei Thatsachen in Betracht kommen, welche nicht feststehen, liegt der Beweis derselben, je nachdem aus ihnen die geringe oder die erhebliche Bedeutung der Angelegenheit gefolgert wird, dem Verpflichteten oder dem Berechtigten ob.

5. Die Klage auf Ablegung der Rechenschaft und Leistung des Offenbarungseids dient regelmäßig zur Vorbereitung der Klage auf Herausgabe desjenigen, was der Beklagte aus dem zu Grunde liegenden Rechtsverhältnisse schuldet. Diese zweite Klage kann bis zur Erledigung des über die erste Klage geführten Rechtsstreits und bis nach Leistung des Offenbarungseids ausgesetzt werden. Sie kann aber auch mit der ersteren Klage verbunden werden. Nach den Vorschriften der bisherigen C.P.O. ist es zweifelhaft, ob in dem letztgedachten Falle gleich bei der Anstellung der Klage von dem Kläger bestimmt angegeben werden muß, welche Leistungen er mit der zweiten Klage von dem Beklagten fordert, oder ob es zulässig ist, die Substanziirung und nähere Angabe des Anspruchs in dieser Beziehung bis zur Erledigung der ersten Klage auszusetzen (s. R.E. Bd. 14 Nr. 51). Die zweite Kommission hielt eine Entscheidung dieser Frage, und zwar im Sinne der letztgedachten Ansicht, für zweckmäßig. In die C.P.O. ist daher folgende Vorschrift als § 254 neu aufgenommen:

„Wird mit der Klage auf Rechnungslegung oder auf Vorlegung eines Vermögensverzeichnisses oder auf Leistung des Offenbarungseides die Klage auf Herausgabe desjenigen verbunden, was der Beklagte aus dem zu Grunde liegenden Rechtsverhältnisse schuldet, so kann die bestimmte Angabe der Leistungen, welche der Kläger beansprucht, vorbehalten werden, bis die Rechnung mitgetheilt, das Vermögensverzeichniß vorgelegt oder der Offenbarungseid geleistet ist.“

Wird nach Maßgabe dieser Vorschrift die bestimmte Angabe der geforderten Leistungen ausgesetzt, so erfolgt die Entscheidung über den Anspruch auf Rechnungslegung oder auf Leistung des Offenbarungseids durch Theilurtheil. Der Prozeß bleibt anhängig und wird nach Vorlegung der Rechnung bezw. nach Leistung des Offenbarungseids fortgesetzt, indem der Kläger nunmehr die von ihm geforderten Leistungen bestimmt angiebt.

6. Ueber die Art, in welcher die Leistung des Offenbarungseids zu erfolgen hat, s. Erl. zu § 261.

§ 260.

E. I § 777 Abs. 1; II § 699 rev. § 254; III § 253. P. I S. 2697—2701; M. II S. 893—895. P. II S. 3135—3143, 3148—3153. D. S. 625.

1. Während der § 259 vorschreibt, in welcher Art die Verpflichtung zur Ablegung der Rechenschaft zu erfüllen ist, enthält der § 260 eine entsprechende Vorschrift in Betreff der Verpflichtung zur Herausgabe eines Inbegriffs von Gegenständen oder zur Ertheilung von Auskunft über den Bestand eines solchen Inbegriffs. Unter einem Inbegriffe von Gegenständen versteht der § 260 nicht nur die sog. Sachgesammtheiten, wie z. B. eine Heerde, eine Bibliothek, das Inventar eines Landguts, sondern überhaupt eine Mehrheit von Gegenständen, welche herauszugeben oder über welche Auskunft zu ertheilen Jemand auf Grund desselben Rechtsverhältnisses verpflichtet ist und welche einzeln zu bezeichnen der Berechtigte nach der Natur des betreffenden Verhältnisses regelmäßig nicht im Stande ist. Die Vorschrift des § 260 findet z. B. Anwendung auf die Verpflichtung des Beauftragten, dem Auftraggeber Alles herauszugeben, was er zur Ausführung des Auftrags erhalten und was er aus der Geschäftsbesorgung erlangt hat.

§. 261.

Der Offenbarungseid ist, sofern er nicht vor dem Prozeßgerichte zu leisten ist vor dem Amtsgerichte des Ortes zu leisten, an welchem die Verpflichtung zur Rechnungslegung oder zur Vorlegung des Verzeichnisses zu erfüllen ist. Hat der Verpflichtete seinen Wohnsitz oder seinen Aufenthalt im Inlande, so kann er den Eid vor dem Amtsgerichte des Wohnsitzes oder des Aufenthaltsorts leisten.

Das Gericht kann eine den Umständen entsprechende Aenderung der Eidesnorm beschließen.

Die Kosten der Abnahme des Eides hat derjenige zu tragen, welcher die Leistung des Eides verlangt.

Die Verpflichtung zur Herausgabe eines Inbegriffs findet regelmäßig in denselben Fällen statt, in welchen eine Verpflichtung zur Ablegung der Rechenschaft über eine mit Einnahmen und Ausgaben verbundene Verwaltung besteht (s. Erl. zu § 259 Nr. 1). Diese gleiche Verpflichtung hat z. B. ferner derjenige, welcher sich durch Vertrag zur Uebertragung seines ganzen Vermögens verpflichtet hat (§ 419) sowie der Erbschaftsbesitzer (§ 2018) und der Erbschaftsverkäufer (§ 2374).

Die Verpflichtung, über den Bestand eines Inbegriffs Auskunft zu ertheilen, wird z. B. vorgeschrieben in den §§ 1374 Satz 2, 1891, 2011, 2027, 2127, 2314, 2362.

2. Aus ähnlichen Gründen, aus welchen dem Berechtigten im Falle des § 259 das Recht gegeben ist, den **Offenbarungseid zu fordern** (s. Erl. zu § 259 Nr. 4), wird dieses Recht dem Berechtigten auch im Falle des § 260 eingeräumt. Dieselben Beschränkungen dieses Rechtes, welche im § 259 Abs. 2, 3 bestimmt sind (s. Erl. zu § 259 Nr. 4), gelten aber auch hier (§ 260 Abs. 2, 3).

Entsprechende Anwendung finden die Vorschriften der §§ 260, 261 auf die Verpflichtung der Miterben, einander Auskunft über die Zuwendungen zu ertheilen, welche sie zur Ausgleichung zu bringen haben (§ 2057). Besondere Vorschriften über den von dem Erben in Betreff des von ihm aufgenommenen Inventars zu leistenden Eid enthält der § 2006.

3. Die Vorschriften des § 254 der C.P.O. (s. Erl. zu § 259 Nr. 5) finden auch in den Fällen des § 260 Anwendung.

§ 261.

E. I § 777 Abs. 2; II § 700 rev. § 255; III § 254. P. I S. 2697—2701; M. II S. 895. P. II S. 3153, 3154. D. S. 625.

1. **Die privatrechtliche Verpflichtung zur Ableistung des Offenbarungseids kann nur unter Mitwirkung des Gerichts erfüllt werden.** Ist durch Urtheil auf die Leistung des Eides erkannt, so bestimmt sich das weitere Verfahren nach dem § 889 der C.P.O. Dieser Paragraph lautet:

> „Ist der Schuldner auf Grund der Vorschriften des bürgerlichen Rechts zur Leistung eines Offenbarungseides verurtheilt, so erfolgt die Eidesleistung vor dem Prozeßgericht erster Instanz. Auf die Abnahme des Eides finden die Vorschriften der §§ 478 bis 484 Anwendung.
>
> Erscheint der Schuldner in dem zur Eidesleistung bestimmten Termine nicht oder verweigert er die Eidesleistung, so ist nach § 888 zu verfahren. Ist der Schuldner zur Erzwingung der Eidesleistung in Haft genommen, so finden die Vorschriften des § 902 Anwendung."

Der § 261 Abs. 1 bestimmt das Gericht, welches für den Fall zuständig ist, daß eine Verurtheilung zur Leistung des Eides nicht stattgefunden hat, der Verpflichtete aber bereit ist, den Eid zu leisten. Zuständig ist das Amtsgericht des Ortes, an welchem die Verpflichtung zur Rechnungslegung oder zur Vorlegung des Verzeichnisses zu erfüllen ist. Zur Erleichterung des Verpflichteten ist aber bestimmt, daß er den Eid, wenn er seinen Wohnsitz oder seinen Aufenthaltsort (§§ 7 ff.) im Inlande hat, vor dem Amtsgerichte seines Wohnsitzes oder seines Aufenthaltsorts leisten kann.

2. Da nach allgemeinen Grundsätzen **die Kosten**, welche die Erfüllung einer Verpflichtung macht, von dem Verpflichteten zu tragen sind, so würde in Ermangelung einer besonderen Vorschrift der zur Leistung des Offenbarungseids Verpflichtete die Kosten der Abnahme des Eides zu tragen haben. Das B.G.B. geht indessen davon aus, daß für die Verpflichtung zur Leistung des Offenbarungseids eine Ausnahme von der Regel sich deßhalb rechtfertige, weil das Recht, den Offenbarungseid zu fordern, dem Berechtigten durch das Gesetz lediglich in dessen Interesse

§. 262.

Werden mehrere Leistungen in der Weise geschuldet, daß nur die eine oder die andere zu bewirken ist, so steht das Wahlrecht im Zweifel dem Schuldner zu.

§. 263.

Die Wahl erfolgt durch Erklärung gegenüber dem anderen Theile.

Die gewählte Leistung gilt als die von Anfang an allein geschuldete.

---

eingeräumt sei, um ihm die Möglichkeit zu gewähren, sich Gewißheit über die ihm zustehenden Ansprüche zu verschaffen. Mache er von diesem ihm durch das Gesetz gebotenen anomalen Mittel Gebrauch, so erfordere die Billigkeit, daß er die Kosten trage. Der § 261 Abs. 3 bestimmt daher allgemein, daß die Kosten der Abnahme des Eides derjenige zu tragen hat, welcher die Leistung des Eides verlangt.

3. Ist der Offenbarungseid nicht vor dem Prozeßgericht abzuleisten, so kann nach § 163 in Verbindung mit § 79 des freiw. G.G. die Bestimmung zur Leistung des Eides sowohl von dem Berechtigten als von dem Verpflichteten beantragt werden. Zu dem Termine sind beide Theile zu laden. Die Anwesenheit des Berechtigten ist nicht erforderlich.

§ 262.

E. I § 207; II § 219 rev. § 256; III § 255. P. I S. 471, 472; M. II S. 6, 7. P. II S. 562, 563 (Bd. I S. 281, 282).

1. Die §§ 262—265 handeln von den sog. alternativen Schuldverhältnissen. Das Wesen eines solchen Schuldverhältnisses wird in Uebereinstimmung mit der herrschenden gemeinrechtlichen Theorie in dem § 262 dahin bestimmt, daß mehrere Leistungen geschuldet werden, aber in der Art, daß nur die eine oder die andere zu bewirken ist. Leistungen jeder Art können Gegenstand eines alternativen Schuldverhältnisses sein. Von dem alternativen Schuldverhältnisse, bei welchem die mehreren Leistungen sämmtlich in obligatione sind, ist zu unterscheiden die sog. facultas alternativa. Hier ist nur eine Leistung geschuldet; der Schuldner kann sich aber durch eine andere Leistung befreien, oder der Gläubiger ist berechtigt, eine andere Leistung zu fordern. Fälle der ersteren Art enthalten z. B. die §§ 1973 Abs. 2, 1992, 2329 Abs. 2, Fälle der letzteren Art die §§ 340, 1345—1347. Ueber den Fall des § 179 Abs. 1 s. Bd. I S. 227, Erl. zu § 179, über § 462 s. Erl. zu diesem Paragraphen. Ueber generische Schuldverhältnisse s. § 243, über Schuldverhältnisse, bei welchen die geschuldete Leistung von einem der Vertragschließenden bestimmt werden soll, s. §§ 315 ff.

2. Die Vorschrift, daß das Wahlrecht dem Schuldner zustehe, ist in dem § 262 abweichend vom E. I § 207, welcher eine dispositive Bestimmung gab, nur als Auslegungsvorschrift gefaßt. Sie giebt keine Entscheidung für den Fall eines gegenseitigen Vertrags, durch welchen sowohl die Leistung des einen wie die Leistung des anderen Theiles alternativ bestimmt ist, indem hier jeder Theil sowohl Gläubiger als Schuldner ist. Wem in solchem Falle das Wahlrecht zusteht, muß durch Auslegung des Vertrags gefunden werden.

3. Das Wahlrecht bildet einen integrirenden Bestandtheil des Schuldverhältnisses; es geht mit diesem auf die Erben des Wahlberechtigten über und steht im Falle der Schuldübernahme, wenn es dem Schuldner zustand, dem neuen Schuldner, wenn es dem Gläubiger zustand, gegenüber dem neuen Schuldner zu.

4. Die §§ 262—265 beziehen sich nur auf solche Fälle, in denen das Wahlrecht entweder dem Gläubiger oder dem Schuldner zusteht. Der E. I § 212 enthielt eine Vorschrift auch für den Fall, daß die Wahl einem Dritten zusteht. Das Schuldverhältniß sollte in einem solchen Falle im Zweifel als ein durch die Wahl des Dritten bedingtes angesehen werden und die Wahl als vollzogen gelten, wenn sie gegenüber dem Gläubiger oder dem Schuldner erklärt sei. Von der zweiten Kommission ist diese Vorschrift mit Rücksicht auf die §§ 317—319 als entbehrlich gestrichen (s. Erl. zu diesen Paragraphen).

§ 263.

E. I §§ 208, 209; II § 220 rev. § 257; III § 256. P. I S. 471—478, 3291; M. II S. 7, 8. P. II S. 563, 564, 8410, 8411 (Bd. I S. 282).

1. Die in der gemeinrechtlichen Theorie bestrittene Frage (Windscheid II § 255 Anm. 9), ob das Schuldverhältniß schon durch die Erklärung der Wahl oder

§. 264.

Nimmt der wahlberechtigte Schuldner die Wahl nicht vor dem Beginne der Zwangsvollstreckung vor, so kann der Gläubiger die Zwangsvollstreckung nach seiner

---

erst durch die wirkliche Leistung auf eine der mehreren geschuldeten Leistungen konzentrirt wird, entscheidet das B.G.B. im Sinne der ersteren Auffassung. Die Erklärung der Wahl ist ein einseitiges empfangsbedürftiges Rechtsgeschäft (§§ 130—132). In den E. I und II war ausdrücklich bestimmt, daß die Erklärung unwiderruflich sei. Diese Vorschrift ist, wie alle ähnlichen Vorschriften, später gestrichen, weil es als selbstverständlich angesehen wurde, daß die Rechtswirkung, welche durch die Erklärung eingetreten ist, durch den Widerruf des Erklärenden nicht rückgängig gemacht werden kann (s. Bd. I S. 146 VIII).

2. Im E. I § 208 Abs. 2 war bestimmt:

„Die Wahl gilt auch dann als vollzogen, wenn der wahlberechtigte Schuldner eine der Leistungen, sei es auch nur theilweise bewirkt, oder wenn der wahlberechtigte Gläubiger eine der Leistungen, sei es auch nur theilweise angenommen hat."

Von der zweiten Kommission ist diese Vorschrift gestrichen, weil ihre Fassung zu dem Mißverständniß Anlaß gebe, daß die Wahl in den gedachten Fällen auch dann als vollzogen gelten solle, wenn der Wahlberechtigte sein Wahlrecht nicht gekannt habe, und weil die Vorschrift, wenn diese Kenntniß vorliege, selbstverständlich sei. Eine sachliche Aenderung ist nicht beabsichtigt. Die Anwendung der allgemeinen Grundsätze über stillschweigende Willenserklärungen (s. Bd. I S. 164 ff.) führt zu demselben Ergebnisse wie die gedachten Vorschriften des E. I. Hat der Wahlberechtigte bei der Bewirkung bezw. der Annahme der Leistung sein Wahlrecht gekannt — dies wird auch vom E. I vorausgesetzt — so liegt in den gedachten Handlungen eine der ausdrücklichen Erklärung gleichwerthige Bethätigung des Willens, die betreffende Leistung zu wählen. Nach denselben Grundsätzen ist die Frage zu beurtheilen, ob die gerichtliche Geltendmachung des Anspruchs auf die eine der mehreren Leistungen von Seiten des wahlberechtigten Gläubigers gegenüber dem Schuldner eine Erklärung der Wahl enthält. Kennt der Gläubiger sein Wahlrecht, so ist die Wahl vollzogen nicht nur, wenn von ihm in Betreff der einen der mehreren Leistungen Klage auf Erfüllung oder auf Feststellung erhoben ist, sondern auch dann, wenn in Betreff der einen Leistung die Zwangsvollstreckung durch den Gerichtsvollzieher begonnen hat oder der von dem Gläubiger an das Gericht gerichtete Antrag auf Zwangsvollstreckung oder der Antrag auf Anordnung des Arrestes oder einer einstweiligen Verfügung dem Schuldner zugestellt ist. Hat der Schuldner eine der mehreren Leistungen ganz oder theilweise bewirkt, ohne zu wissen, daß ihm die Wahl zwischen mehreren Leistungen zustehe, so ist die Wahl durch diese Leistung ebensowenig vollzogen, wie sie durch die ohne jene Kenntniß erfolgende ausdrückliche Erklärung, die betreffende Leistung bewirken zu wollen, vollzogen sein würde. Der Schuldner kann daher, wenn er später die andere Leistung wählt, das Geleistete nach den Vorschriften über die Herausgabe einer ungerechtfertigten Bereicherung (§§ 812 ff.) zurückfordern. Ebenso hat der wahlberechtigte Gläubiger, wenn er die Leistung ohne Kenntniß seines Wahlrechts angenommen hat, später aber eine andere Leistung wählt, eine nicht geschuldete Leistung erhalten und ist zu deren Herausgabe nach den gedachten Vorschriften verpflichtet.

3. Sind mehrere Gläubiger oder mehrere Schuldner vorhanden, so ist die Wahl, sofern sich nicht aus dem Inhalte des Schuldverhältnisses ein Anderes ergiebt, erst vollzogen, wenn sie von den mehreren Wahlberechtigten übereinstimmend dem anderen Theile erklärt ist. Besteht der andere Theil aus mehreren Personen, so muß die Erklärung allen gegenüber erfolgen. Das Verhältniß unter den mehreren Gläubigern oder Schuldnern bestimmt sich nach den Vorschriften, welche für die unter ihnen bestehende Gemeinschaft gelten (s. z. B. die Vorschriften über die Gesellschaft §§ 709ff., über die Gemeinschaft §§ 744ff., über die Erbengemeinschaft §§ 2032ff.). Ueber Wahlvermächtnisse s. § 2154.

4. Durch den § 263 Satz 2 wird die Rückwirkung der getroffenen Wahl bestimmt. Das Schuldverhältniß wird nicht nur von der Zeit der Wahl an auf die gewählte Leistung beschränkt, vielmehr wird es so angesehen, als sei es von Anfang an hierauf beschränkt gewesen. Ueber die Folgen, die sich hieraus für den Fall ergeben, daß eine der Leistungen unmöglich wird, s. Erl. zu § 265.

§ 264.

E. I § 210; II § 221 rev. § 258; III § 257. P. I S. 473, 475, 478, 479, 11721; M. II S. 8. P. II S. 564 (Bd. I S. 282).

1. Der Wahlberechtigte ist nicht verpflichtet, die Wahl vorzunehmen

Wahl auf die eine oder auf die andere Leistung richten; der Schuldner kann sich jedoch, solange nicht der Gläubiger die gewählte Leistung ganz oder zum Theil empfangen hat, durch eine der übrigen Leistungen von seiner Verbindlichkeit befreien.

Ist der wahlberechtigte Gläubiger im Verzuge, so kann der Schuldner ihn unter Bestimmung einer angemessenen Frist zur Vornahme der Wahl auffordern. Mit dem Ablaufe der Frist geht das Wahlrecht auf den Schuldner über, wenn nicht der Gläubiger rechtzeitig die Wahl vornimmt.

§. 265.

Ist eine der Leistungen von Anfang an unmöglich oder wird sie später unmöglich, so beschränkt sich das Schuldverhältniß auf die übrigen Leistungen. Die

---

Der andere Theil hat aber ein berechtigtes Interesse, daß die Ungewißheit, welche der mehreren Leistungen er zu fordern berechtigt bezw. zu bewirken verpflichtet sei, gehoben werde. Diesem Interesse tragen die Vorschriften des § 264 Rechnung, indem sie dem nicht wahlberechtigten Theile ein Mittel gewähren, die Entscheidung herbeizuführen.

2. Ist der Schuldner wahlberechtigt, so verliert er das Wahlrecht nicht dadurch, daß er in Verzug geräth. Der Gläubiger muß, sofern er nicht bereits einen vollstreckbaren Titel hat, zunächst die Verurtheilung des Schuldners erwirken. Auch durch das Urtheil wird das Wahlrecht des Schuldners nicht berührt; er wird nur verurtheilt, die eine oder die andere der mehreren Leistungen zu bewirken. Durch den § 264 Abs. 1 wird aber dem Gläubiger das Recht eingeräumt, die Zwangsvollstreckung nach seiner Wahl auf die eine oder die andere Leistung zu richten. Das Wahlrecht des Schuldners wird indessen auch hierdurch noch nicht vollständig ausgeschlossen. Dies geschieht abweichend von der in der gemeinrechtlichen Theorie herrschenden Ansicht auch noch nicht durch den wirklichen Beginn der Zwangsvollstreckung. Die von dem Gläubiger getroffene Wahl ist vielmehr erst dann endgültig entschieden, wenn der Gläubiger die von ihm gewählte Leistung ganz oder theilweise empfangen hat. Solange dies nicht geschehen ist, steht dem Schuldner das Wahlrecht zu, jedoch nur in beschränkter Weise. Der § 264 Abs. 1 bestimmt nicht schlechthin, daß der Schuldner unter der gedachten Voraussetzung noch das Wahlrecht habe; er bestimmt vielmehr nur, daß der Schuldner sich durch eine der anderen Leistungen befreien könne. Die Wahl des Schuldners kann also, nachdem die Zwangsvollstreckung begonnen hat, nicht mehr durch einfache Erklärung gegenüber dem Gläubiger, sondern nur durch wirkliche Leistung erfolgen. Der wirklichen Leistung wird aber ein solches Angebot derselben gleichzustellen sein, durch welches der Gläubiger in Verzug der Annahme geräth (§§ 293 ff.).

Was die Beweislast anlangt, so würde nach der von dem B.G.B. regelmäßig befolgten Regel (s. Bd. I S. 45 Nr. 5) aus der Fassung des Abs. 1 zu folgern sein, daß der Gläubiger zur Begründung seines Rechtes, die Zwangsvollstreckung nach seiner Wahl auf die eine oder auf die andere Leistung zu richten, beweisen müßte, daß der Schuldner die Wahl nicht vor dem Beginne der Zwangsvollstreckung vorgenommen habe. Die gedachte Regel wird indessen von dem B.G.B. in solchen Fällen nicht strenge beobachtet, in welchen der Konditionalsatz vorangestellt wird und nach der Natur des betreffenden Verhältnisses ein begründeter Zweifel über die Beweislast nicht wohl entstehen kann. Für den Fall des § 284 ist dies von der zweiten Kommision ausdrücklich anerkannt (s. Bd. I S. 46 Nr. 7). Ein ebensolcher Fall liegt hier vor. Aus der Natur des in Frage stehenden Verhältnisses ergiebt sich, daß dem Schuldner, welcher die Zulässigkeit der Zwangsvollstreckung bestreitet, der Beweis obliegt, daß er vor deren Beginne die Wahl vollzogen habe. Daneben steht ihm der Beweis offen, daß er nach dem Beginne der Zwangsvollstreckung eine der anderen Leistungen bewirkt oder in solcher Art angeboten habe, daß der Gläubiger in Verzug der Annahme gekommen ist.

3. Der § 264 Abs. 2 bestimmt die Voraussetzungen, unter welchen das Wahlrecht des Gläubigers auf den Schuldner übergeht. Diese Voraussetzungen sind:

a) Der Gläubiger muß im Verzuge der Annahme sein (§§ 293 ff.).

b) Der Schuldner muß dem Gläubiger eine angemessene Frist zur Vornahme der Wahl bestimmen. Die Bestimmung der Frist ist erst zulässig, nachdem der Gläubiger in Verzug der Annahme gekommen ist; sie kann daher nicht mit dem Angebote der Leistung verbunden werden. Die abweichende Ansicht von Cosack (Lehrbuch des deutschen bürgerlichen Rechts. Bd. I S. 292 d) dürfte weder dem Wortlaute noch dem Zwecke der Vorschrift gerecht werden.

c) Der Gläubiger muß die Wahl vor dem Ablaufe der bestimmten Frist nicht vollzogen haben.

Ueber den Begriff der „Angemessenheit", über die Folgen, welche eintreten, wenn die bestimmte Frist nicht angemessen ist, über die rechtliche Natur der Fristbestimmung und über die Beweislast s. Erl. zu § 250 Nr. 2—4.

Beschränkung tritt nicht ein, wenn die Leistung in Folge eines Umstandes unmöglich wird, den der nicht wahlberechtigte Theil zu vertreten hat.

---

§ 265.

E. I § 211; II § 222 rev. § 259; III § 258. P. I S. 482—491, 501, 502, 1207, 3262, 3273; M. II S. 8—10. P. II S. 564—569 (Bd. I S. 282—285).

1. Der § 265 entscheidet die von dem gemeinen Rechte und dem preußischen Landrechte verschieden beantwortete Frage über die Folgen, welche sich aus der Unmöglichkeit einer der mehreren Leistungen ergeben, im Wesentlichen im Sinne des gemeinen Rechtes. Die Möglichkeit der Wahl zwischen mehreren Leistungen wird nicht als ein so wesentliches Element des Schuldverhältnisses angesehen, daß das ganze Schuldverhältniß wegfiele, wenn jene Möglichkeit dadurch beschränkt wird, daß eine der mehreren Leistungen entweder von Anfang an unmöglich ist oder später unmöglich wird. Die Unmöglichkeit der einen Leistung soll vielmehr, sofern nicht die Ausnahme des zweiten Satzes zutrifft, die Konzentration des Schuldverhältnisses auf die noch möglichen Leistungen zur Folge haben. Dabei ist indessen zu beachten, daß die Vorschriften des § 265 nur dispositiver Natur sind und daher nicht zur Anwendung kommen, wenn das alternative Schuldverhältniß auf einem Rechtsgeschäfte beruht und sich aus diesem eine abweichende, wenn auch nur stillschweigende Vereinbarung der Parteien ergiebt.

2. Ein auf eine unmögliche Leistung gerichteter Vertrag ist nach § 306 nichtig. Ist der Vertrag auf mehrere Leistungen gerichtet, von denen die eine unmöglich ist, so würde der Vertrag in Ermangelung einer besonderen Vorschrift theilweise nichtig sein und daher die Vorschrift des § 139 zur Anwendung kommen. Nach § 265 bleibt der Vertrag aber, sofern nicht ein Anderes vereinbart ist, voll wirksam, indem er als nur auf die möglichen Leistungen gerichtet angesehen wird. Nach § 307 Abs. 2 ist indessen derjenige, welcher die Unmöglichkeit der einen der mehreren Leistungen kennt oder kennen muß, dem anderen Theile zum Ersatze des negativen Interesses (s. Bd. I S. 172, Erl. zu § 122 Nr. 2) verpflichtet, sofern nicht der andere Theil die Unmöglichkeit kennt oder kennen muß.

3. Tritt die Unmöglichkeit erst nach der Entstehung des Schuldverhältnisses ein, so ergeben sich aus den Vorschriften des § 265 in Verbindung mit den Vorschriften der §§ 263, 275 ff., je nachdem das Wahlrecht dem einen oder dem anderen Theile zusteht und die Unmöglichkeit in Folge eines von keinem der beiden Theile oder in Folge eines von dem einen oder von dem anderen Theile zu vertretenden Umstandes (§§ 276—279) eingetreten ist, folgende Resultate:

a) Das Wahlrecht steht dem Schuldner zu.

α. Die Leistung ist in Folge eines von keinem Theile zu vertretenden Umstandes unmöglich geworden. Der Schuldner hat in solchem Falle eine der noch möglichen Leistungen zu bewirken.

β. Die Leistung ist in Folge eines von dem Schuldner zu vertretenden Umstandes unmöglich geworden. Hier gilt dasselbe wie unter *α.*

γ. Die Leistung ist in Folge eines von dem Gläubiger zu vertretenden Umstandes unmöglich geworden. Die Konzentration auf die noch möglichen Leistungen tritt nach § 265 Satz 2 nicht ein. Der Schuldner kann also die unmöglich gewordene Leistung wählen und ist dann, da in solchem Falle nach § 263 Abs. 2 die gewählte Leistung als die von Anfang an geschuldete gilt, nach § 275 von der Verpflichtung zur Leistung frei. Der Schuldner kann aber auch eine der noch möglichen Leistungen wählen. Ob und welche Ansprüche ihm in solchem Falle deshalb gegen den Gläubiger zustehen, weil durch dessen Verschulden die andere Leistung unmöglich geworden ist, bestimmt sich nach den Vorschriften über unerlaubte Handlungen. Hat z. B. der Gläubiger die geschuldete Sache vorsätzlich oder fahrlässig zerstört, so ist er nach den §§ 823 ff. zum Schadensersatze verpflichtet.

b) Das Wahlrecht steht dem Gläubiger zu.

α. Die Leistung ist in Folge eines von keinem Theile zu vertretenden Umstandes unmöglich geworden. Das Wahlrecht des Gläubigers wird hierdurch auf die noch möglichen Leistungen beschränkt.

β. Die Leistung ist in Folge eines von dem Schuldner zu vertretenden Umstandes unmöglich geworden. Eine Konzentration des Schuldverhältnisses auf die noch möglichen Leistungen tritt nach § 265 Satz 2 nicht ein. Der Gläubiger kann daher sowohl eine der noch möglichen Leistungen, als die unmöglich gewordene fordern. Wählt er die letztere, so gilt diese nach § 263 Abs. 2 als die von Anfang an allein geschuldete; der Schuldner ist daher nach Maßgabe der §§ 280 ff. zum Schadensersatze verpflichtet.

§. 266.

Der Schuldner ist zu Theilleistungen nicht berechtigt.

§. 267.

Hat der Schuldner nicht in Person zu leisten, so kann auch ein Dritter die Leistung bewirken. Die Einwilligung des Schuldners ist nicht erforderlich.

Der Gläubiger kann die Leistung ablehnen, wenn der Schuldner widerspricht.

γ. Die Leistung ist in Folge eines von dem Gläubiger zu vertretenden Umstandes unmöglich geworden. Das Schuldverhältniß beschränkt sich auf die noch möglichen Leistungen. Ob und welche Ansprüche der Schuldner wegen der unmöglich gewordenen Leistung gegen den Gläubiger hat, bestimmt sich nach den Vorschriften über unerlaubte Handlungen.

4. Die im Falle der theilweisen Unmöglichkeit einer der mehreren Leistungen eintretenden Folgen ergeben sich ohne Schwierigkeit aus den unter Nr. 2, 3 dargelegten Grundsätzen in Verbindung mit den Vorschriften über theilweise Unmöglichkeit (§§ 307 Abs. 2, 139, 280 Abs. 2). Das bei gegenseitigen Verträgen, durch welche eine alternative Verpflichtung begründet ist, eintretende Verhältniß ergiebt sich aus den §§ 323 ff.

5. In Betreff der Beweislast ergiebt sich aus der Fassung des § 265, daß derjenige Theil, welcher die Beschränkung des Schuldverhältnisses auf die noch möglichen Leistungen deshalb bestreitet, weil die Unmöglichkeit der anderen Leistung in Folge eines von dem nicht wahlberechtigten Theile zu vertretenden Umstandes eingetreten sei, dies zu beweisen hat. In dem oben unter Nr. 3 a, γ angeführten Falle hat daher der Schuldner zu beweisen, daß die Leistung in Folge eines von dem Gläubiger zu vertretenden Umstandes unmöglich geworden ist. In dem unter Nr. 3 b β bezeichneten Falle würde nach dem angeführten Grundsatze der Gläubiger beweisen müssen, daß die Unmöglichkeit in Folge eines von dem Schuldner zu vertretenden Umstandes eingetreten sei. Dem steht aber die Vorschrift des § 282 entgegen, nach welcher, wenn es streitig ist, ob die Unmöglichkeit der Leistung die Folge eines von dem Schuldner zu vertretenden Umstandes ist, den Schuldner die Beweislast trifft. Für den gedachten Fall wird diese Vorschrift zur Anwendung kommen müssen.

§ 266.

E. I § 228; II § 223 rev. § 260; III § 259. P. I S. 1074, 1075; M. II S. 33, 34. P. II S. 611, 612 (Bd. I S. 305, 306).

Der § 266 setzt eine einheitliche Verpflichtung des Schuldners voraus. Mehrere an sich selbständige Verpflichtungen können indessen rechtsgeschäftlich in solcher Art mit einander verbunden werden, daß sie im Sinne des § 266 als eine einheitliche Verpflichtung behandelt werden. Andererseits findet der § 266 selbstverständlich nur Anwendung, sofern nicht der Schuldner nach dem Inhalte des Schuldverhältnisses zu einer Theilleistung berechtigt oder verpflichtet ist.

Sind mehrere Gläubiger oder mehrere Schuldner vorhanden, so ist, wenn die Leistung theilbar ist, im Zweifel jeder Schuldner nur zu einem gleichen Antheile verpflichtet, jeder Gläubiger nur zu einem gleichen Antheile berechtigt (§ 420). Besondere Vorschriften gelten für die Erbengemeinschaft (§§ 2039, 2058 ff).

Ueber das bei theilweiser Unmöglichkeit der Leistung eintretende Verhältniß s. die §§ 280, 323, 325.

Nimmt der Gläubiger, welcher mehrere Forderungen gegen den Schuldner hat, eine zur Erfüllung aller nicht hinreichende Leistung des Schuldners an, so muß er sich unter den im § 366 bezeichneten Voraussetzungen gefallen lassen, daß eine verhältnißmäßige Tilgung jeder Schuld eintritt. Ueber den Fall, wenn der Schuldner außer der Hauptleistung Zinsen und Kosten zu entrichten hat, s. § 367.

Ueber theilweise Tilgung einer Schuld durch Aufrechnung s. § 387.

Eine Modifikation erleidet die Vorschrift des § 266, wenn die von dem Gläubiger gegen den Schuldner betriebene Zwangsvollstreckung nur zu einer theilweisen Befriedigung des Gläubigers führt. Auch in dem Falle eines Theilurtheils (C.P.O. § 301), durch welches der Schuldner in Betreff eines Theiles des geltend gemachten Anspruchs zur Erfüllung rechtskräftig verurtheilt ist, wird aus der Verpflichtung des Schuldners zu einer dem Urtheil entsprechenden Theilleistung dessen Berechtigung zu einer solchen Theilleistung gefolgert werden müssen. Die im P. I. S. 1075 vertretene abweichende Ansicht dürfte nicht gerechtfertigt sein.

Ueber Theilleistungen bei Wechselschulden s. Art. 38 der W.O.

§. 268.

Betreibt der Gläubiger die Zwangsvollstreckung in einen dem Schuldner gehörenden Gegenstand, so ist Jeder, der Gefahr läuft, durch die Zwangsvollstreckung ein Recht an dem Gegenstande zu verlieren, berechtigt, den Gläubiger zu befriedigen. Das gleiche Recht steht dem Besitzer einer Sache zu, wenn er Gefahr läuft, durch die Zwangsvollstreckung den Besitz zu verlieren.

Die Befriedigung kann auch durch Hinterlegung oder durch Aufrechnung erfolgen.

Soweit der Dritte den Gläubiger befriedigt, geht die Forderung auf ihn über. Der Uebergang kann nicht zum Nachtheile des Gläubigers geltend gemacht werden.

---

§ 267.

E. I § 227; II § 224 rev. § 261; III § 260. P. I S. 1070—1073, 3287, 6183; M. II S. 32, 33. P. II S. 611 (Bd. I S. 305).

1. Im E. I § 226 war bestimmt, daß der Schuldner die Leistung nur dann in Person zu bewirken habe, wenn es dabei auf seine Persönlichkeit ankomme. Von der zweiten Kommission ist diese Vorschrift gestrichen, jedoch nur, weil sie für selbstverständlich gehalten wurde. Regel ist auch nach dem B.G.B., daß der Schuldner nicht in Person zu leisten braucht. Für jedes Schuldverhältniß kann aber das Gegentheil vereinbart werden oder sich aus dessen besonderem Inhalt ergeben. Bei dem Dienstvertrage, dem Auftrag und dem Verwahrungsvertrage bildet für die Verpflichtungen des Dienstverpflichteten, des Beauftragten und des Verwahrers die Leistung durch den Schuldner in Person die gesetzliche Regel (§§ 613, 664, 691).

2. Der Gläubiger, welcher die ihm von dem Dritten ordnungsmäßig angebotene Leistung ablehnt, kommt dadurch dem Schuldner gegenüber in Verzug der Annahme (§§ 293 ff.) Dem Dritten gegenüber hat die Verweigerung der Annahme einen Rechtsnachtheil für den Gläubiger nicht. Der Verzug der Annahme tritt nicht ein, wenn der Schuldner der Leistung widerspricht. Erfolgt der Widerspruch erst, nachdem die Leistung angeboten und nicht angenommen ist, so wird darin ein Verzicht auf die Wirkungen des Annahmeverzugs zu finden sein. Der Widerspruch kann sowohl dem Dritten als dem Gläubiger gegenüber erklärt werden. Er hat nur die Wirkung, daß der Gläubiger, wenn er die Leistung nicht annimmt, nicht in Verzug der Annahme kommt. Nimmt der Gläubiger trotzdem die Leistung an, so erlischt das Schuldverhältniß (§ 362).

3. Der § 267 giebt dem Dritten nur das Recht, durch Bewirkung der Leistung die Schuld zu tilgen. Der Dritte hat nicht das Recht, gegen Bewirkung der Leistung die Abtretung der Forderung zu verlangen (s. jedoch § 268). Ob der Dritte durch die Bewirkung der Leistung einen Anspruch gegen den Schuldner erwirbt, bestimmt sich nach dem zwischen ihm und dem Schuldner bestehenden Verhältniß. Erfolgt die Leistung in der Absicht der Schenkung, so findet der § 516 Abs. 2 Anwendung. Handelt der Dritte als Beauftragter oder als Geschäftsführer ohne Auftrag, so bestimmt sich sein Anspruch nach den für diese Verhältnisse geltenden Vorschriften (§§ 670, 683 ff).

4. Aus der Vorschrift des § 267 darf nicht gefolgert werden, daß der Dritte auch berechtigt sei, den Gläubiger durch Hinterlegung der geschuldeten Sache oder durch Aufrechnung mit einer eigenen Forderung zu befriedigen. Nur dem Schuldner steht nach den §§ 372 ff., 387 ff. das Recht der Hinterlegung und der Aufrechnung zu. Der § 267 giebt dem Dritten nur das Recht der Erfüllung (§§ 362 ff.), nicht aber jene Rechte. Eine entsprechende Anwendung des § 267 auf die Hinterlegung und auf die Aufrechnung ist um so weniger zulässig, als in dem Falle des § 268 bestimmt ist, daß in dem dort bezeichneten Falle die Befriedigung auch durch Hinterlegung oder Aufrechnung erfolgen könne; ebenso auch in den Fällen der §§ 1142, 1224, 1249 (vergl. auch § 1171).

§ 268.

E. III § 261.

1. Der § 268 beruht auf einem Beschlusse des Justizausschusses des Bundesraths. Er enthält eine Verallgemeinerung des Gedankens, welcher den §§ 1057, 1156 des E. II zu Grunde liegt. Unter den in dem § 268 bestimmten Voraussetzungen sollen die dort bestimmten Dritten nicht nur zu Gunsten des Schuldners befugt sein, die geschuldete Leistung zu bewirken, sondern ein eigenes selbständiges Recht haben, den Gläubiger zu befriedigen und hierdurch die Forderung des Gläubigers gegen den Schuldner zu erwerben.

§. 269.

Ist ein Ort für die Leistung weder bestimmt noch aus den Umständen, insbesondere aus der Natur des Schuldverhältnisses, zu entnehmen, so hat die Leistung an dem Orte zu erfolgen, an welchem der Schuldner zur Zeit der Entstehung des Schuldverhältnisses seinen Wohnsitz hatte.

---

2. Voraussetzung ist, daß der Gläubiger die Zwangsvollstreckung in einen dem Schuldner gehörenden Gegenstand betreibt. Die Voraussetzung ist also enger, wie in den Fällen der §§ 1150, 1249. Wann die Zwangsvollstreckung als in einen Gegenstand betrieben anzusehen ist, bestimmt sich nach den Vorschriften der C.P.O. (§§ 808 ff., 828 ff.) und des Zw.V.G. (§§ 15 ff., 146 ff., 162 ff.).

3. Berechtigt, den Gläubiger zu befriedigen, ist:

a) wer Gefahr läuft, durch die Zwangsvollstreckung ein Recht an dem Gegenstande zu verlieren. Das Recht an dem Gegenstande muß also ein dingliches sein. Ein obligatorischer Anspruch auf den Gegenstand genügt nicht. Durch die Zwangsvollstreckung muß dem Berechtigten die Gefahr drohen, das Recht zu verlieren. Dies ist der Fall, wenn das Recht an dem Gegenstand in Folge der Zwangsversteigerung desselben untergeht (§§ 1242, 1257, 1273 C.P.O. §§ 804, 805 Zw.V.G. §§ 91, 146, 162).

b) Der Besitzer einer Sache, welcher Gefahr läuft, durch die Zwangsvollstreckung den Besitz zu verlieren. Die Vorschrift gilt sowohl für den unmittelbaren wie für den mittelbaren Besitzer (§ 854, 868); sie kommt insbesondere auch dem Miether und dem Pächter einer Sache zu Statten. Die Vorschrift findet auch dann Anwendung, wenn der Besitzer einer Sache den Besitz dadurch zu verlieren Gefahr läuft, daß die Zwangsvollstreckung in den Anspruch des Schuldners gegen ihn auf Herausgabe der Sache, z. B. auf den dem Schuldner zustehenden Eigenthumsanspruch, betrieben wird.

4. Die Befriedigung des Gläubigers erfolgt durch Bewirkung der geschuldeten Leistung. Durch § 268 Abs. 2 wird das Recht des Dritten aber dahin erweitert, daß er den Gläubiger auch durch Hinterlegung sowie durch Aufrechnung befriedigen kann. Aus der Befugniß, die geschuldete Leistung zu bewirken, würde dies an sich nicht folgen (s. Erl. zu § 267 Nr. 4). Ob die Hinterlegung zulässig ist und in welcher Art sie erfolgt, bestimmt sich nach den §§ 372 ff. Die Befriedigung des Gläubigers durch die Hinterlegung tritt nach § 378 erst ein, wenn die Rücknahme der hinterlegten Sache ausgeschlossen ist. Auf die Aufrechnung finden die Vorschriften der §§ 387 ff. Anwendung. Die Anwendung ist indessen insofern nur eine entsprechende, als die Forderung, welche aufgerechnet wird, nicht eine Forderung des Schuldners, sondern eine Forderung des Dritten ist. Diese Forderung des Dritten muß den Voraussetzungen entsprechen, welche die §§ 387 ff. für die Forderung, welche aufgerechnet wird, bestimmen.

5. Die Befriedigung muß sich auf die ganze Forderung, wegen der die Zwangsvollstreckung betrieben wird, erstrecken. Eine Theilleistung kann der Gläubiger ablehnen. Betreibt der Gläubiger aber die Zwangsvollstreckung nur wegen eines Theiles seiner Forderung, so beschränkt sich das Recht des Dritten darauf, den Gläubiger wegen dieses Theiles zu befriedigen, und nur dieser Theil geht auf den Dritten über.

6. Aus der Vorschrift des Abs. 3 ergiebt sich, daß das Recht des Dritten, den Gläubiger zu befriedigen, den Charakter eines Enteignungsrechts hat. Der Dritte ist berechtigt, die Forderung des Gläubigers zu erwerben. Der Erwerb erfolgt, ohne daß es einer Abtretung von Seiten des Gläubigers bedarf, ipso jure durch dessen Befriedigung. Verweigert der Gläubiger die Annahme der angebotenen Leistung, so kommt er in Verzug der Annahme, und der Dritte kann dann die Befriedigung durch Hinterlegung bewirken (s. Nr. 4).

7. Die Vorschrift des Abs. 3 Satz 2 ist von Bedeutung besonders für solche Fälle, in welchen nur ein Theil der Forderung auf den Dritten übergegangen ist (s. Nr. 5). Besteht z. B. ein Pfandrecht, eine Hypothek oder ein sonstiges Vorzugsrecht für die Forderung, so geht der dem Gläubiger verbleibende Theil der Forderung dem auf den Dritten übergehenden Theile vor. Eine ähnliche Vorschrift enthält z. B. der § 774.

§ 269.

E. I §§ 229, 230 Abs. 1; II § 225 rev. § 262; III § 262. P. I S. 1077—1085; M. II S. 34—36. P. II S. 612—615, 8411, 8412 (Bd. I S. 306, 307).

1. Bei der in dem § 269 über den Ort, an welchem die Leistung zu bewirken ist, gegebenen Vorschrift wird durch die Fassung des Einganges besonders scharf hervorgehoben.

Ist die Verbindlichkeit im Gewerbebetriebe des Schuldners entstanden, so tritt, wenn der Schuldner seine gewerbliche Niederlassung an einem anderen Orte hatte, der Ort der Niederlassung an die Stelle des Wohnsitzes.

Aus dem Umstand allein, daß der Schuldner die Kosten der Versendung übernommen hat, ist nicht zu entnehmen, daß der Ort, nach welchem die Versendung zu erfolgen hat, der Leistungsort sein soll.

§. 270.

Geld hat der Schuldner im Zweifel auf seine Gefahr und seine Kosten dem Gläubiger an dessen Wohnsitz zu übermitteln.

---

daß es sich nur um eine dispositive Vorschrift handelt und daß in erster Linie darauf zu sehen ist, welcher Leistungsort sich aus der gesetzlichen oder rechtsgeschäftlichen Bestimmung ergiebt, auf der die Verpflichtung zur Leistung beruht. Handelt es sich um eine gesetzliche Verpflichtung, so kommt es nur auf die Auslegung des Gesetzes an; handelt es sich um eine rechtsgeschäftliche Verpflichtung, so kommt es nicht nur auf die Auslegung des zu Grunde liegenden Rechtsgeschäfts, sondern insbesondere auch darauf an, ob nicht eine stillschweigende Vereinbarung (s. Bd. I S. 162 ff.) über den Leistungsort getroffen ist. Unter den Umständen, welche bei der Auslegung und bei der Entscheidung der Frage, ob eine stillschweigende Vereinbarung vorliegt, zu berücksichtigen sind, wird besonders hervorgehoben die Natur des Schuldverhältnisses. In manchen Fällen ergiebt sich der Ort der Leistung unmittelbar aus dieser selbst. Ein Grundstück kann nur an dem Orte übergeben werden, an welchem es liegt. Bei einem Werkvertrage sowie bei einem Dienstvertrag ergiebt sich der Leistungsort häufig aus der Beschaffenheit des Werkes und aus der Art der zu leistenden Dienste. Für den Fall, daß bewegliche Sachen zu übergeben sind, wurde im Art. 324 des früheren H.G.B. im Anschluß an die gemeinrechtliche Theorie bestimmt, daß die Sachen, wenn sie sich mit Wissen der Kontrahenten an einem anderen Orte als dem Wohnsitze des Kontrahenten befinden, an diesem Orte zu übergeben sind. Eine entsprechende Vorschrift ist in das B.G.B. nicht aufgenommen, und in dem neuen H.G.B. ist der gedachte Art. 324 als durch die Vorschriften des B.G.B. überflüssig geworden weggelassen. Aus den Umständen, insbesondere aus der Natur des Schuldverhältnisses, wird unter den gedachten Voraussetzungen regelmäßig gefolgert werden können, daß die Uebergabe der Sachen an dem fraglichen Orte stillschweigend vereinbart sei.

Ist ein Leistungsort weder ausdrücklich noch stillschweigend bestimmt, so hat die Leistung an dem Orte zu erfolgen, an welchem der Schuldner zur Zeit der Entstehung des Schuldverhältnisses seinen Wohnsitz (§ 7 ff.) hat. Wer sich darauf beruft, daß die Leistung an einem anderen Orte zu erfolgen habe, muß beweisen, daß dies ausdrücklich oder stillschweigend bestimmt sei. Die Fassung des Paragraphen deutet zwar auf eine andere Vertheilung der Beweislast hin (s. Bd. I S. 45, 46 Nr. 4 bis 7). Es liegt hier indessen einer der in der Erl. zu § 264 Nr. 2 erwähnten Fälle vor, in welchen aus der Fassung des vorangestellten Konditionalsatzes ein Schluß auf die Beweislast nicht gezogen werden kann. Nach der Natur des hier vorliegenden Verhältnisses kann es nicht zweifelhaft sein, daß hier ebenso wie im Falle des § 284 (s. Bd. I S. 46 Nr. 7) die Beweislast in der oben angegebenen Weise zu bestimmen ist.

2. An die Stelle des Wohnsitzes tritt nach § 269 Abs. 2, wenn die Verbindlichkeit im Gewerbebetriebe des Schuldners entstanden ist und der Schuldner seine gewerbliche Niederlassung an einem anderen Orte als an dem seines Wohnsitzes hatte, der Ort der Niederlassung. Hat der Schuldner mehrere gewerbliche Niederlassungen, so kommt es darauf an, ob das Schuldverhältniß in dem Gewerbebetriebe der einen oder der anderen Niederlassung entstanden ist.

3. Hat der Schuldner einen mehrfachen Wohnsitz (§ 7), so hat er, sofern sich nicht aus dem Schuldverhältniß ein Anderes ergiebt, die Wahl, ob er an dem Orte des einen oder an dem des anderen Wohnsitzes leisten will. Hat der Schuldner keinen Wohnsitz, so wird an die Stelle des Wohnsitzes der Aufenthaltsort zu treten haben. Bei juristischen Personen ist deren Sitz ihr Wohnsitz.

4. Der § 269 Abs. 3 tritt einer sonst naheliegenden Auffassung der dort bezeichneten Vereinbarung entgegen (s. auch § 270 Abs. 4); er enthält eine Verallgemeinerung der Regel, welche in dem Art. 345 Abs. 2 des früheren H.G.B. getroffen war; in dem neuen H.G.B. ist diese Vorschrift weggelassen.

5. Für einzelne Fälle bestimmt das B.G.B. den Leistungsort ausdrücklich, so z. B. für die Leistung des Offenbarungseids (§ 261), für die Verpflichtung zur Vorlegung von Sachen (§ 811), für die Rückgabe einer hinterlegten Sache (§§ 697, 700), für die Grundschuld (§ 1194).

Ist die Forderung im Gewerbebetriebe des Gläubigers entstanden, so tritt, wenn der Gläubiger seine gewerbliche Niederlassung an einem anderen Orte hat, der Ort der Niederlassung an die Stelle des Wohnsitzes.

Erhöhen sich in Folge einer nach der Entstehung des Schuldverhältnisses eintretenden Aenderung des Wohnsitzes oder der gewerblichen Niederlassung des Gläubigers die Kosten oder die Gefahr der Uebermittelung, so hat der Gläubiger im ersteren Falle die Mehrkosten, im letzteren Falle die Gefahr zu tragen.

Die Vorschriften über den Leistungsort bleiben unberührt.

§. 271.

Ist eine Zeit für die Leistung weder bestimmt noch aus den Umständen zu entnehmen, so kann der Gläubiger die Leistung sofort verlangen, der Schuldner sie sofort bewirken.

---

§ 270.

E. I § 230 Abs. 2; II § 226 rev. § 263; III § 263. P. I S. 1077—1085; M. II S. 34—36. P. II S. 613, 614, 8411, 8412 (Bd. I S. 306, 307).

1. Abweichend vom E. I § 230 Abs. 2, welcher für Geldschulden eine Ausnahme von der Regel des § 269 dahin bestimmte, daß die Zahlung an demjenigen Orte erfolgen müsse, an welchem der Gläubiger zur Zeit der Entstehung des Schuldverhältnisses seinen Wohnsitz habe, beläßt es das B.G.B. auch in Betreff der Geldschulden bei der Regel des § 269 (§ 270 Abs. 4). Soweit also der Leistungsort für die Beurtheilung der Frage, nach welchem Rechte das betreffende Schuldverhältniß zu beurtheilen ist, oder für die Auslegung des Rechtsgeschäfts, auf welchem das Schuldverhältniß beruht, von Bedeutung ist, sind die Vorschriften des § 269 über den Leistungsort maßgebend; ebenso in Betreff des Gerichtsstandes (C.P.O. § 29). Der § 270 Abs. 1—3 bestimmt im Anschluß an den in dem neuen H.G.B. mit Rücksicht auf die Vorschriften des B.G.B. als überflüssig weggelassenen Art. 325 des früheren H.G.B. und mit Rücksicht auf die Auffassung des Verkehrs nur, daß im Zweifel der Schuldner Geld auf seine Gefahr und seine Kosten dem Gläubiger an dessen Wohnsitz zu übermitteln habe. Geldschulden sind also Bringschulden. An die Stelle des Wohnsitzes tritt nach § 270 Abs. 2, entsprechend der Vorschrift des § 269, Abs. 2, wenn die Forderung im Gewerbebetriebe des Gläubigers entstanden ist, sofern der Gläubiger seine gewerbliche Niederlassung an einem anderen Orte als an dem des Wohnsitzes hatte, der Ort der Niederlassung. Hat der Gläubiger einen mehrfachen oder keinen Wohnsitz, so gilt das in der Erl. zu § 269 Nr. 3 Gesagte; ebenso in Betreff des Wohnsitzes einer juristischen Person.

Die Vorschrift des § 270 ist nur eine Auslegungsregel. Aus den Umständen des einzelnen Falles kann sich das Gegentheil ergeben. So dürfte bei dem Versprechen eines Darlehens regelmäßig anzunehmen sein, daß der Darlehensempfänger sich das Geld holen muß. Der Beauftragte hat das für den Auftraggeber erhobene Geld diesem zu senden, aber aus den Vorschriften über den Auftrag folgt, daß die Uebersendung auf Gefahr und Kosten des Auftraggebers erfolgt. Für Zahlungen aus öffentlichen Kassen gestattet der Art. 92 des E.G. den Landesgesetzen zu bestimmen, daß die Zahlung an der Kasse in Empfang zu nehmen ist.

2. Das Geld ist dem Gläubiger nach dessen Wohnsitze zu übermitteln. Gemeint ist der Wohnsitz, welchen der Gläubiger zur Zeit der Uebermittelung des Geldes hat, auch wenn zur Zeit der Begründung des Schuldverhältnisses der Wohnsitz an einem anderen Orte begründet war. Der Wechsel des Wohnsitzes ist nach Abs. 3 nur von Bedeutung für die Kosten und die Gefahr der Uebermittelung. Erhöhen sich in Folge der Aenderung des Wohnsitzes die Kosten, so hat der Gläubiger die Mehrkosten zu tragen. Erhöht sich die Gefahr, so findet eine Theilung nicht statt; vielmehr hat in solchem Falle der Gläubiger die Gefahr ganz zu tragen. Was von dem Wechsel des Wohnsitzes gilt, gilt auch von dem Wechsel der Niederlassung.

§ 271.

E. I § 231; II § 227 rev. § 264; III § 264. P. I S. 1087—1096, M. II S. 37—40. P. II S. 617—619 (Bd. I S. 309).

1. Die Regel des Abs. 1 über die Zeit der Leistung kommt, wie die Regel des § 269 über den Ort der Leistung, nur zur Anwendung, wenn nicht durch Gesetz oder Rechtsgeschäft ein Anderes bestimmt ist. Durch die Fassung des Einganges wird auch hier

Ist eine Zeit bestimmt, so ist im Zweifel anzunehmen, daß der Gläubiger die Leistung nicht vor dieser Zeit verlangen, der Schuldner aber sie vorher bewirken kann.

§. 272.

Bezahlt der Schuldner eine unverzinsliche Schuld vor der Fälligkeit, so ist er zu einem Abzuge wegen der Zwischenzinsen nicht berechtigt.

---

wie im § 269 darauf hingewiesen, daß nicht eine ausdrückliche Bestimmung erforderlich ist, sondern daß sich eine Abweichung von der Regel des Abs. 1 aus einer die Umstände berücksichtigenden Auslegung des zu Grunde liegenden Gesetzes oder Rechtsgeschäfts oder daraus ergeben kann, daß eine stillschweigende Vereinbarung der Parteien anzunehmen ist. Besonders in Betracht kommt hierbei wie im Falle des § 269 die Art der Leistung. Manche Leistungen erfordern ihrer Natur nach einen längeren Zeitraum; bei Anderen bedarf es eines gewissen Zeitraums für die Vorbereitung derselben. Auch wo die besondere Natur der Leistung einen Aufschub nicht rechtfertigt, kann sich aus den Umständen unter Berücksichtigung der Verkehrssitte ergeben, daß nach Treu und Glauben ein modicum tempus dem Schuldner zu der Leistung oder dem Gläubiger zu der Annahme zu gewähren ist. Ueber die Beweislast gilt dasselbe wie bei § 269 (s. Erl. zu § 269 Nr. 1 Abs. 2).

2. Der Abs. 2 stellt die Auslegungsregel auf, daß die Bestimmung einer Zeit für die Leistung nur als zu Gunsten des Schuldners getroffen anzusehen, dieser also nicht verpflichtet, wohl aber berechtigt ist, früher zu leisten. Aus den Umständen kann sich auch hier eine andere Auslegung rechtfertigen. So wird z. B. die Bestimmung einer bestimmten Zeit für die Zurückbezahlung eines verzinslichen Darlehens regelmäßig dahin aufzufassen sein, daß sie auch zu Gunsten des Gläubigers getroffen ist, dieser also die Zurückbezahlung vor der bestimmten Zeit nicht anzunehmen braucht. Eine Vereinbarung, durch welche der Gläubiger innerhalb einer gewissen Frist fordern kann, der Schuldner aber nach dem Ablaufe der Frist von seiner Verpflichtung frei wird — dies ist z. B. der Fall bei Rückfahrtskarten — gehört nicht hierher. Es handelt sich hierbei um eine Verpflichtung unter Bestimmung eines Endtermins (§ 163).

3. Keine Bestimmung trifft das B.G.B. für den Fall, daß die Zeit der Leistung dem Belieben des Schuldners überlassen ist. Hier ist zunächst zu prüfen, ob überhaupt eine rechtliche Verpflichtung hat begründet werden sollen. Ist diese Frage zu bejahen, so wird die Leistung spätestens mit dem Tode des Schuldners fällig werden. Für Vermächtnisse ist dies in dem § 2181 ausdrücklich bestimmt.

Läßt die Bestimmung über die Zeit der Leistung einen gewissen Spielraum, ist z. B. bestimmt, daß die Leistung sobald als thunlich oder daß sie in einigen Jahren erfolgen solle, so ist nach billigem Ermessen unter Berücksichtigung der Umstände des Falles zu entscheiden, in welchem Zeitpunkte spätestens geleistet werden muß.

Ist die Zeit, in welcher ein bestimmtes Ereigniß eintreten wird, als Zeit der Leistung bestimmt, so ist zunächst zu untersuchen, ob die Bestimmung als Bedingung gemeint ist. Ist diese Frage zu bejahen, so fällt die Verpflichtung zur Leistung weg, wenn das Ereigniß nicht eintritt. Ist die Frage zu verneinen, so hat die Leistung, wenn gewiß wird, daß das Ereigniß überhaupt nicht eintritt, regelmäßig in dem Zeitpunkte zu erfolgen, in welchem diese Gewißheit eintritt. Möglich ist indessen auch die Auslegung, daß die Leistung in dem Zeitpunkt erfolgen soll, in welchem das Ereigniß, wenn es überhaupt eingetreten wäre, eingetreten sein würde. In diesem Sinne wird z. B. die Verpflichtung, eine Leistung bei der Volljährigkeit einer bestimmten Person zu machen, aufzufassen sein, wenn diese Person vor der Volljährigkeit stirbt.

4. Ueber den Fall, wenn der Tag der Leistung auf einen Sonntag oder auf einen staatlich anerkannten allgemeinen Feiertag fällt, s. § 193. C.P.O. § 222.

5. Ueber die Tageszeit, an welcher eine Leistung zu bewirken ist, giebt das B.G.B. keine Vorschriften. Nach § 358 des H.G.B. kann nur während der gewöhnlichen Geschäftszeit geleistet und gefordert werden. Für den bürgerlichen Verkehr ist die Natur der Leistung und die Verkehrssitte maßgebend.

6. Für manche Schuldverhältnisse giebt das B.G.B. besondere Vorschriften über die Zeit der Leistung; so z. B. in den §§ 551, 584, 604, 608, 609, 614, 641 Abs. 1, 695, 696, 699, 721, 760, 1612 Abs. 3, 1710 Abs. 2.

§ 272.

E. I § 232; II § 229 rev. § 266; III § 266. P. I S. 1088, 1091; M. II S. 40. P. II S. 622 (Bd. I S. 310).

Der § 272 spricht eine praktisch wichtige Konsequenz der allgemeinen über

§. 273.

Hat der Schuldner aus demselben rechtlichen Verhältniß, auf dem seine Verpflichtung beruht, einen fälligen Anspruch gegen den Gläubiger, so kann er, sofern nicht aus dem Schuldverhältnisse sich ein Anderes ergiebt, die geschuldete Leistung verweigern, bis die ihm gebührende Leistung bewirkt wird (Zurückbehaltungsrecht).

Wer zur Herausgabe eines Gegenstandes verpflichtet ist, hat das gleiche Recht, wenn ihm ein fälliger Anspruch wegen Verwendungen auf den Gegenstand oder wegen eines ihm durch diesen verursachten Schadens zusteht, es sei denn, daß er den Gegenstand durch eine vorsätzlich begangene unerlaubte Handlung erlangt hat.

Der Gläubiger kann die Ausübung des Zurückbehaltungsrechts durch Sicherheitsleistung abwenden. Die Sicherheitsleistung durch Bürgen ist ausgeschlossen.

---

die Verpflichtung zur Leistung geltenden Grundsätze aus. Nach § 813 Abs. 2 kann die Erstattung der Zwischenzinsen selbst dann nicht gefordert werden, wenn der Schuldner bei der Zahlung irrthümlich geglaubt hat, zu dieser Zeit bereits zur Zahlung verpflichtet zu sein. Steht dem Gläubiger ausnahmsweise das Recht zu, die Leistung schon vor der bestimmten Zeit zu fordern, so braucht der Schuldner nur nach Abzug der Zwischenzinsen zu leisten (§§ 1133 Satz 3, 1217 Abs. 2 Satz 2).

Wird eine verzinsliche Schuld vor der Fälligkeit bezahlt, so hört die Zinsverpflichtung mit der Zahlung auf. Regelmäßig ist der Gläubiger aber nicht verpflichtet, die Zahlung anzunehmen (s. Erl. zu § 271 Nr. 2).

§ 273.

E. I §§ 233, 234 Satz 2, 3, 325; II § 230 rev. § 267; III § 267. P. I S. 1096—1099, 2584, 2585; M. II S. 40—44. P. II S. 622—628 (Bd. I S. 310—313).

1. Steht demjenigen, welcher eine Leistung schuldet, gleichzeitig ein Anspruch gegen den Gläubiger zu, so erleiden hierdurch die beiderseitigen Ansprüche, abgesehen von der Möglichkeit der Aufrechnung im Falle der Gleichartigkeit der Leistungen, keinerlei Aenderung. Jeder Theil hat die ihm obliegende Verbindlichkeit zu erfüllen, ohne aus seinem Anspruche gegen den Gläubiger einen Einwand ableiten zu können. Nur wenn die beiderseitigen Ansprüche in einer gewissen Verbindung mit einander stehen, gewährt der § 273 dem Schuldner das Recht, die geschuldete Leistung zu verweigern, bis die ihm gebührende Leistung bewirkt wird. Eine solche Verbindung der beiderseitigen Ansprüche findet in folgenden beiden Fällen statt:

a) Wenn der Schuldner aus demselben rechtlichen Verhältniß, auf welchem seine Verpflichtung beruht, einen fälligen Anspruch gegen den Gläubiger hat. Der praktisch wichtigste hierher gehörende Fall ist der der gegenseitigen Verträge; das hierbei eintretende Verhältniß ist in den §§ 320 ff. besonders geregelt. Auf demselben rechtlichen Verhältnisse beruhen ferner die beiderseitigen Ansprüche der Parteien aus den unvollkommen zweiseitigen Verträgen. Der Auftrag ist kein gegenseitiger Vertrag, aber der Anspruch des Beauftragten auf Ersatz seiner Aufwendungen (§ 670) beruht auf demselben rechtlichen Verhältniß, auf welchem seine Verpflichtung zur Herausgabe des durch die Geschäftsbesorgung Erlangten (§ 667) beruht. Ebenso liegt die Sache in Betreff der Ansprüche, welche dem Entleiher einer Sache (§ 601) oder dem Verwahrer (§§ 693, 694) gegen den anderen Theil zustehen. In diesen Fällen ist es derselbe Vertrag, auf welchem die beiderseitigen Ansprüche beruhen. Dasselbe rechtliche Verhältniß kann aber auch vorliegen, wenn die beiderseitigen Ansprüche nicht auf Vertrag beruhen. So entsteht z. B. der Anspruch des Geschäftsführers ohne Auftrag auf Ersatz seiner Aufwendungen (§ 683) aus demselben rechtlichen Verhältniß, auf welchem seine Verpflichtung gegen den Geschäftsherrn beruht. Dasselbe gilt ferner von dem Anspruche des Schuldners auf Ertheilung einer Quittung und der Verpflichtung desselben zur Zahlung (§ 368); ferner von dem im Falle des Verzugs des Gläubigers dem Schuldner zustehenden Anspruch auf Ersatz der im § 304 bezeichneten Mehraufwendungen und der Verpflichtung, in Betreff deren der Verzug des Gläubigers eingetreten ist. In einzelnen Fällen kann die Frage, ob die beiderseitigen Ansprüche auf demselben rechtlichen Verhältnisse beruhen, zweifelhaft sein. Entscheidend wird dabei der Gesichtspunkt sein müssen, ob das Verhältniß, auf welchem die beiderseitigen Ansprüche beruhen, nach der Auffassung des Verkehrs und nach Treu und Glauben als ein einheitliches zu betrachten ist (R.E. Bd. 14 Nr. 57). Auch wenn die beiderseitigen Ansprüche auf demselben rechtlichen Verhältnisse beruhen, kann sich doch aus diesem selbst ergeben, daß die eine Leistung vor der anderen gemacht werden muß oder daß es doch dem Zwecke der beiderseitigen Verpflichtungen nicht entsprechen würde, wenn die Erfüllung der einen bis zur Erfüllung der anderen verweigert würde. So folgt z. B. aus dem Zwecke der Rechenschafts

§. 274.

Gegenüber der Klage des Gläubigers hat die Geltendmachung des Zurückbehaltungsrechts nur die Wirkung, daß der Schuldner zur Leistung gegen Empfang der ihm gebührenden Leistung (Erfüllung Zug um Zug) zu verurtheilen ist.

Auf Grund einer solchen Verurtheilung kann der Gläubiger seinen Anspruch ohne Bewirkung der ihm obliegenden Leistung im Wege der Zwangsvollstreckung verfolgen, wenn der Schuldner im Verzuge der Annahme ist.

---

ablegung, zu welcher der Beauftragte verpflichtet ist, daß er diese nicht verweigern darf, bis ihm die Aufwendungen, die er zum Zwecke der Ausführung des Auftrags gemacht hat, ersetzt sind. Das Zurückbehaltungsrecht bildet also nur die Regel; in jedem einzelnen Falle ist zu prüfen, ob sich nicht aus dem betreffenden Schuldverhältniß eine Ausnahme ergiebt.

b) Wenn derjenige, welcher einen Gegenstand herauszugeben hat, einen fälligen Anspruch wegen Verwendungen auf den Gegenstand oder wegen eines ihm durch diesen verursachten Schadens gegen den Gläubiger hat. Die Vorschrift beschränkt sich, wie der Ausdruck „Gegenstand" ergiebt, nicht auf Sachen, sondern bezieht sich auch auf Rechte. Die zu dieser Kategorie gehörenden Fälle werden zum Theil schon durch die unter a angeführte Vorschrift gedeckt; so z. B. das Recht des Entleihers und des Verwahrers, die Zurückgabe der entliehenen bezw. der hinterlegten Sache zu verweigern, bis ihm die auf die Sache gemachten Verwendungen ersetzt sind. In anderen zu dieser Kategorie gehörenden Fällen aber kann man nicht sagen, daß die beiderseitigen Ansprüche auf demselben rechtlichen Verhältnisse beruhen, ohne diesen Begriff ungebührlich weit auszudehnen. Den praktisch wichtigsten hierher gehörenden Fall bildet das Zurückbehaltungsrecht des Besitzers einer Sache wegen der auf die Sache gemachten Verwendungen gegenüber dem Anspruche des Eigenthümers auf Herausgabe der Sache (§§ 1000 ff.). Ausgeschlossen ist das Zurückbehaltungsrecht in den Fällen dieser Art, wenn der Schuldner den Gegenstand durch eine vorsätzlich begangene unerlaubte Handlung z. B. durch Diebstahl erlangt hat. Ueber den Begriff des Vorsatzes s. Bd. I S. 37 unter III.

Sowohl in den Fällen unter a wie in denen unter b ist erforderlich, daß der Anspruch, wegen dessen das Zurückbehaltungsrecht ausgeübt wird, fällig ist. Der Begriff der Fälligkeit wird hier in einem anderen Sinne gebraucht wie in dem § 101 Nr. 2 (s. Bd. I S. 140, Erl. zu § 101 Nr. 3). Es kommt nicht allein auf den Zeitpunkt an, in welchem die Leistung nach dem Inhalte des zu Grunde liegenden Rechtsverhältnisses gefordert werden kann; vielmehr ist der Anspruch nur dann fällig, wenn ihm auch keine verzögerliche Einrede entgegensteht. Der Anspruch ist also insbesondere nicht fällig, wenn dem Schuldner Stundung gewährt ist.

2. Durch die Vorschrift des Abs. 3, nach welcher der Gläubiger das Zurückbehaltungsrecht durch Sicherheitsleistung (§§ 232 ff.) abwenden kann, unterscheidet sich das allgemeine Zurückbehaltungsrecht wesentlich von dem Zurückbehaltungsrechte bei gegenseitigen Verträgen (§§ 320 ff.). Bei diesen stehen Leistung und Gegenleistung in einem solchen Zusammenhange, daß kein Theil zu leisten braucht, ohne gleichzeitig die Gegenleistung zu erhalten. Das allgemeine Zurückbehaltungsrecht hat nur den Zweck, dem Schuldner Sicherheit zu gewähren, daß er demnächst die ihm gebührende Leistung erhält. Das Zurückbehaltungsrecht gewährt ihm diese Sicherheit; er muß sich aber, wenn der andere Theil dies vorzieht, mit jeder anderen nach allgemeinen Grundsätzen (§§ 232 ff.) zulässigen Art der Sicherheitsleistung begnügen; nur die Sicherheitsleistung durch Bürgen kann er ablehnen, weil ihm diese nicht die gleiche reale Sicherheit gewährt wie das Zurückbehalten der geschuldeten Leistung.

3. Ueber das weitergehende kaufmännische Zurückbehaltungsrecht s. H.G.B. §§ 369—372.

§ 274.

E. I § 234 Satz 1; II § 231 rev. § 268; III § 268. P. I S. 1096—1099; M. II S. 43. P. II S. 626—628 (Bd. I S. 312, 313).

1. Während eine verzügliche Einrede regelmäßig dem Schuldner das Recht gewährt, die Abweisung der Klage zu verlangen, hat die Geltendmachung des Zurückbehaltungsrechts nur zur Folge, daß der Schuldner nicht unbedingt sondern nur zur Leistung Zug um Zug verurtheilt wird. Begrifflich erfordert die Leistung Zug um Zug die Gleichzeitigkeit beider Leistungen. Praktisch ist die vollständige Gleichzeitigkeit häufig nicht ausführbar. In solchen Fällen muß es genügen, wenn die Leistung in solcher Art erfolgt, daß der Leistende die volle Sicherheit hat, unmittelbar darauf die ihm gebührende Leistung zu erhalten. Bei gegenseitigem Mißtrauen der Parteien kann es unter Umständen nothwendig werden, daß ein Dritter zugezogen wird, der die thunlichste Gleichzeitigkeit der beiderseitigen Leistungen vermittelt.

§. 275.

Der Schuldner wird von der Verpflichtung zur Leistung frei, soweit die Leistung in Folge eines nach der Entstehung des Schuldverhältnisses eintretenden Umstandes, den er nicht zu vertreten hat, unmöglich wird.

Einer nach der Entstehung des Schuldverhältnisses eintretenden Unmöglichkeit steht das nachträglich eintretende Unvermögen des Schuldners zur Leistung gleich.

---

2. Die Zwangsvollstreckung wegen eines Urtheils auf Leistung Zug um Zug kann nach dem Inhalte des Urtheils ebenfalls nur auf Leistung Zug um Zug (s. unten Nr. 3) gehen. Nach § 274 Abs. 2 steht es aber der Bewirkung der dem Schuldner gebührenden Leistung gleich, wenn dieser im Verzuge der Annahme ist. Der Gläubiger kann unter dieser Voraussetzung die Zwangsvollstreckung betreiben, wie wenn der Schuldner unbedingt verurtheilt wäre. Die Voraussetzungen des Verzugs werden in den §§ 293 ff. bestimmt. Besonders zu beachten ist dabei die Vorschrift des § 298, nach welcher, wenn der Schuldner nur gegen eine Leistung des Gläubigers zu leisten verpflichtet ist, der Gläubiger in Verzug kommt, wenn er zwar die angebotene Leistung anzunehmen bereit ist, die verlangte Gegenleistung aber nicht anbietet. In dem hier vorausgesetzten Falle ist also der Schuldner im Verzuge der Annahme der ihm gebührenden Leistung, wenn ihm diese von dem Gläubiger gegen Bewirkung der ihm obliegenden Gegenleistung angeboten ist, er aber die verlangte Gegenleistung nicht anbietet.

3. Für die Zwangsvollstreckung wegen eines Urtheils auf Leistung Zug um Zug sind folgende neue Vorschriften in die C.P.O. aufgenommen:

a) Der § 726 (früher 664) hat folgenden zweiten Absatz erhalten:

„Hängt die Vollstreckung von einer Zug um Zug zu bewirkenden Leistung des Gläubigers an den Schuldner ab, so ist der Beweis, daß der Schuldner befriedigt oder im Verzuge der Annahme ist, nur dann erforderlich, wenn die dem Schuldner obliegende Leistung in der Abgabe einer Willenserklärung besteht."

b) Als § 756 ist folgende Vorschrift eingeschaltet:

„Hängt die Vollstreckung von einer Zug um Zug zu bewirkenden Leistung des Gläubigers an den Schuldner ab, so darf der Gerichtsvollzieher die Zwangsvollstreckung nicht beginnen, bevor er dem Schuldner die diesem gebührende Leistung in einer den Verzug der Annahme begründenden Weise angeboten hat, sofern nicht der Beweis, daß der Schuldner befriedigt oder im Verzuge der Annahme ist, durch öffentliche oder öffentlich beglaubigte Urkunden geführt wird und eine Abschrift dieser Urkunden bereits zugestellt ist oder gleichzeitig zugestellt wird."

c) Als § 765 ist folgende Vorschrift eingeschaltet:

„Hängt die Vollstreckung von einer Zug um Zug zu bewirkenden Leistung des Gläubigers an den Schuldner ab, so darf das Vollstreckungsgericht eine Vollstreckungsmaßregel nur anordnen, wenn der Beweis, daß der Schuldner befriedigt oder im Verzuge der Annahme ist, durch öffentliche oder öffentlich beglaubigte Urkunden geführt wird und eine Abschrift dieser Urkunden bereits zugestellt ist. Der Zustellung bedarf es nicht, wenn bereits der Gerichtsvollzieher die Zwangsvollstreckung nach § 756 begonnen hatte und der Beweis durch das Protokoll des Gerichtsvollziehers geführt wird."

4. Für die Klage aus einem gegenseitigen Vertrage bestimmt der § 322 Abs. 2 im Anschluß an eine dem § 274 Abs. 1 entsprechende Vorschrift noch ferner, daß, falls der klagende Theil vorzuleisten habe, derselbe, wenn der andere Theil im Verzuge der Annahme sei, auf Leistung nach Empfang der Gegenleistung klagen könne. Eine entsprechende Vorschrift enthielt der E. I § 365 Abs. 1 Satz 2, und diese sollte nach § 234 Satz 1 auf das allgemeine Zurückbehaltungsrecht entsprechende Anwendung finden. Die zweite Kommission hielt es für zweckmäßiger, die hier fragliche Bestimmung nicht durch Verweisung auf die für gegenseitige Verträge geltenden Vorschriften zu treffen, sondern direkt auszusprechen; sie beschränkte sich aber auf die Vorschrift des § 274 Abs. 1 und lehnte die Aufnahme einer dem § 322 Abs. 2 entsprechenden Vorschrift ab. Dabei wurde zwar anerkannt, daß es denkbar sei, daß das Zurückbehaltungsrecht nach dem Inhalt eines bestimmten Schuldverhältnisses nur dem einen Theile zustehe, der andere Theil also zur Vorleistung verpflichtet sei; ob aber solche Fälle im Verkehrsleben in irgend erheblicher Zahl vorkämen, erscheine zweifelhaft; bei den als Beispiel angeführten Fällen des E. I §§ 270, 301 (jetzt §§ 369, 403) liege eine andere Auffassnng näher, deswegen werde von einer solchen Vorschrift, zu welcher die Rechtsprechung erforderlichen Falles mittelst analoger

Anwendung des § 365 (jetzt § 322 Abs. 2) gelangen könne, besser abgesehen. Der im § 273 bestimmte Begriff des Zurückbehaltungsrechts paßt auf die hier fraglichen Fälle nicht; eine entsprechende Anwendung des § 322 Abs. 2 auf sie dürfte aber unbedenklich sein.

§§ 275—290.

1. Das B.G.B. unterscheidet zwischen objektiver und subjektiver Unmöglichkeit der Leistung. Objektiv unmöglich ist eine Leistung, die von Niemand bewirkt werden kann. Gleichgültig ist es, ob die Unmöglichkeit eine physische oder eine rechtliche ist. Objektiv unmöglich ist also z. B. die Uebergabe einer Sache, welche nicht mehr existirt, oder die Bestellung eines dinglichen Rechtes, welches nach den Vorschriften des Sachenrechts nicht begründet werden kann. Subjektiv unmöglich ist eine Leistung, die zwar objektiv möglich, die aber der Schuldner zu bewirken außer Stande ist, z. B. die Uebergabe einer Sache, die der Schuldner nicht besitzt. Das Unvermögen des Schuldners, die Leistung zu bewirken, kann übrigens auch eine objektive Unmöglichkeit begründen. Es ist dies dann der Fall, wenn nach dem Inhalte des Schuldverhältnisses die Leistung durch den Schuldner in Person erfolgen muß. Wo das B.G.B. von der Unmöglichkeit der Leistung spricht, versteht es darunter die objektive Unmöglichkeit. Die subjektive Unmöglichkeit, welche das B.G.B. als das „Unvermögen des Schuldners zur Leistung" bezeichnet (§ 275 Abs. 2), wird aber, wenn sie nach der Entstehung des Schuldverhältnisses eingetreten ist, der objektiven Unmöglichkeit gleichgestellt (§ 275 Abs. 2). In Folge dieser Gleichstellung gelten die in den §§ 280—283 über die Unmöglichkeit der Leistung gegebenen Vorschriften auch für die subjektive Unmöglichkeit.

2. Die Unmöglichkeit der Leistung kann eine vollständige oder eine nur theilweise sein. Ob die Unmöglichkeit, eine Leistung in einer einzelnen Beziehung so zu bewirken, wie sie nach dem Inhalte des Schuldverhältnisses erfolgen soll, eine vollständige oder eine theilweise Unmöglichkeit begründet, hängt von dem Inhalte des Schuldverhältnisses ab. Die Unmöglichkeit kann ferner eine dauernde oder eine nur zeitweise sein. Bildet die Zeit der Leistung einen so wesentlichen Bestandtheil des Schuldverhältnisses, daß die Leistung zu einer anderen als der bestimmten Zeit als eine ganz andere Leistung erscheint, so ist die Unmöglichkeit, die Leistung zu der bestimmten Zeit zu bewirken, eine vollständige und dauernde. Geht z. B. die Verpflichtung des Schuldners dahin, eine Fahrt zu einem bestimmten Eisenbahnzuge zu machen oder zu einer bestimmten Gesellschaft ein Diner zu liefern, so bildet die Zeit einen integrirenden Bestandtheil des Inhalts der Leistung; die geschuldete Leistung ist überhaupt unmöglich, wenn sie zu der bestimmten Zeit unmöglich ist. Regelmäßig bildet die Zeit keinen so wesentlichen Bestandtheil der Leistung. In diesem Falle begründet die Unmöglichkeit, zu der bestimmten Zeit zu leisten, nur eine zeitweise Unmöglichkeit.

3. Die rechtlichen Folgen der Unmöglichkeit sind verschiedene, je nachdem die Unmöglichkeit schon zur Zeit der Begründung des Schuldverhältnisses besteht oder erst später eintritt.

a) Allgemeine Vorschriften über die Folgen, welche eine bereits bei der Begründung des Schuldverhältnisses bestehende Unmöglichkeit hat, enthält das B.G.B. nicht. Ein auf eine unmögliche Leistung gerichteter Vertrag ist nach § 306 nichtig. Nähere Bestimmungen über die Verpflichtung zum Ersatze des negativen Interesses von Seiten desjenigen Theiles, welcher die Unmöglichkeit gekannt hat, an den anderen Theil sowie über den Fall, daß die Unmöglichkeit gehoben werden kann, enthalten die §§ 307, 308. Unwirksam ist nach § 2171 auch ein Vermächtniß, das auf eine zur Zeit des Erbfalls unmögliche Leistung gerichtet ist. Unter Unmöglichkeit verstehen die gedachten Vorschriften nur die objektive Unmöglichkeit (s. oben unter Nr. 1., vergl. für Vermächtnisse auch § 2172). Eine den §§ 306, 2171 entsprechende Bestimmung für Leistungen, zu denen der Schuldner auf Grund einer gesetzlichen Vorschrift verpflichtet ist, hat das B.G.B. nicht aufgenommen, weil vorausgesetzt werden muß, daß das Gesetz niemals eine objektiv unmögliche Leistung vorschreiben wird.

Aus dem Mangel einer Vorschrift über die Folgen einer bereits bei der Entstehung des Schuldverhältnisses bestehenden subjektiven Unmöglichkeit muß geschlossen werden, daß eine solche Unmöglichkeit keine rechtlichen Folgen hat. Das Schuldverhältniß besteht also trotz dieser Unmöglichkeit. Der auf eine subjektiv unmögliche Leistung gerichtete Vertrag ist gültig; über Vermächtnisse s. die §§ 2169, 2170. Bei Verträgen dieser Art geht das B.G.B. davon aus, daß der Schuldner die Garantie für die Leistungsfähigkeit übernommen habe. Soweit sich aus dem Inhalte des Vertrags ein Anderes ergiebt, haftet der Schuldner selbstverständlich nur nach Maßgabe der getroffenen Vereinbarung. Aus dem Gesagten ergiebt sich, daß, soweit nicht ein Anderes vertragsmäßig vereinbart ist, der Gläubiger trotz der subjektiven Unmöglichkeit der Leistung auf Bewirkung derselben klagen kann und daß auch die Zwangsvollstreckung nach

Maßgabe der Vorschriften der C.P.O. zulässig ist. Nach rechtskräftiger Verurtheilung des Schuldners kann der Gläubiger nach Maßgabe des § 283 Schadensersatz wegen Nichterfüllung fordern (s. Erl. zu § 283).

b) Tritt die Unmöglichkeit der Leistung erst nach der Entstehung des Schuldverhältnisses ein, so bestimmen sich die Folgen nach den Vorschriften der §§ 275 bis 283. Nach diesen Vorschriften wird zwischen objektiver und subjektiver Unmöglichkeit nicht unterschieden (§ 275 Abs. 2). Es kommt vielmehr lediglich darauf an, ob die Unmöglichkeit in Folge eines von dem Schuldner zu vertretenden Umstandes eingetreten ist oder nicht. Welche Umstände der Schuldner zu vertreten hat, bestimmt sich, soweit sich nicht aus dem Inhalte des Schuldverhältnisses ein Anderes ergiebt, nach den Vorschriften der §§ 276—279. Der Schuldner wird von seiner Verpflichtung frei, soweit die Leistung in Folge eines von ihm nicht zu vertretenden Umstandes unmöglich wird (§ 275 Abs. 1); er hat dem Gläubiger den durch Nichterfüllung entstehenden Schaden zu ersetzen, soweit die Leistung in Folge eines von ihm zu vertretenden Umstandes unmöglich wird (§ 280). Für beide Fälle giebt der § 281 dem Gläubiger, wenn der Schuldner in Folge des Umstandes, welcher die Leistung unmöglich gemacht hat, einen Ersatz oder einen Ersatzanspruch erlangt hat, das Recht, von dem Schuldner die Herausgabe des Ersatzes bezw. die Abtretung des Ersatzanspruchs zu verlangen. Der § 282 giebt Vorschriften über die Beweislast, der § 283 über die dem Gläubiger im Falle einer rechtskräftigen Verurtheilung des Schuldners zustehenden Rechte.

c) Besondere Vorschriften giebt das B.G.B. für den Fall, daß die Leistung nicht rechtzeitig erfolgt. Eine Leistung, welche zu derjenigen Zeit, zu welcher sie erfolgen sollte, nicht erfolgt, kann zu dieser Zeit überhaupt nicht mehr erfolgen. Durch die Nichtleistung tritt also eine vollständige und dauernde Unmöglichkeit der Leistung in Ansehung der Zeit ein. Für diese Art der Unmöglichkeit gelten die Vorschriften über den Verzug des Schuldners (§§ 284—290).

§ 275.

E. I § 237; II §§ 232, 235 Satz 1 rev. § 269; III § 269. P. I S. 1156—1161, 1169—1171, 3247, 11726, 11727; M. II S. 44—46. P. II S. 628—632, 643, 8413, 8414 (Bd. I S. 314—316, 321).

1. Ueber den Begriff der Unmöglichkeit s. Vorbm. zu den §§ 275—290, Nr. 1; über die Folgen einer bereits bei der Entstehung des Schuldverhältnisses bestehenden Unmöglichkeit s. Vorbm. daselbst Nr. 3a.

2. Die Befreiung des Schuldners, welche in Folge einer von ihm nicht zu vertretenden Unmöglichkeit der Leistung eintritt, reicht nur so weit, als die Unmöglichkeit reicht. Ist nur ein Theil der Leistung unmöglich, so wird der Schuldner nur in Betreff dieses Theiles frei. Ist die Leistung nur zur Zeit unmöglich, so wird er nur für diese Zeit frei. Soweit die Leistung vollständig und dauernd unmöglich ist, wird der Schuldner vollständig frei. Das letztere war im E. I § 237 Abs. 1 ausdrücklich ausgesprochen, ist aber von der zweiten Kommission als überflüssig weggelassen. Für die in dem § 275 getroffene Bestimmung ist es in der That ohne Bedeutung, ob eine eingetretene Unmöglichkeit der Leistung als eine dauernde zu betrachten ist oder nicht. Wird eine Unmöglichkeit für eine dauernde gehalten, stellt sich aber später heraus, daß sie keine dauernde war, so ist der Schuldner nicht als vollständig, sondern nur als für diejenige Zeit befreit gewesen anzusehen, während welcher die Unmöglichkeit bestanden hat. Von praktischer Bedeutung wird die Frage, wenn die Unmöglichkeit in Folge eines von dem Schuldner zu vertretenden Umstandes eingetreten und der Schuldner daher nach § 280 zum Schadensersatze verpflichtet ist (s. Erl. zu § 280 Nr. 2).

3. Der § 275 Abs. 1 spricht nur von der objektiven Unmöglichkeit (s. Vorbm. zu den §§ 275—290, Nr. 1). Die durch den Abs. 2 bestimmte Gleichstellung der subjektiven mit der objektiven Unmöglichkeit war im E. I § 237 Abs. 2 auf den Fall beschränkt, daß der Schuldner „einen in sich bestimmten Gegenstand“ zu leisten habe und diesen in Folge eines von ihm nicht zu vertretenden Umstandes zu leisten „außer Stand gesetzt worden“ sei. Durch diese Fassung sollte ausgedrückt werden, daß der Schuldner von einer Verpflichtung zur Leistung von Gegenständen, die nur der Gattung nach bestimmt sind, durch die subjektive Unmöglichkeit der Leistung nicht befreit werde. Sachlich will das B.G.B. dasselbe; es erreicht den Zweck aber auf einem anderen Wege, indem es im § 279 bestimmt, daß der Schuldner bei einer Verpflichtung der gedachten Art sein Unvermögen auch dann zu vertreten habe, wenn ihm ein Verschulden nicht zur Last falle (s. Erl. zu § 279). Der praktisch wichtigste Fall, in welchem der § 275 Abs. 2 zur Anwendung kommt, ist der vom E. I § 237 Abs. 2 angeführte.

Bei der jetzigen Fassung des § 275 Abs. 2 ist zu beachten, daß das Unvermögen des Schuldners zur Leistung nach der Entstehung des Schuldverhältnisses eingetreten

§. 276.

Der Schuldner hat, sofern nicht ein Anderes bestimmt ist, Vorsatz und Fahrlässigkeit zu vertreten. Fahrlässig handelt, wer die im Verkehr erforderliche Sorgfalt außer Acht läßt. Die Vorschriften der §§. 827, 828 finden Anwendung.

Die Haftung wegen Vorsatzes kann dem Schuldner nicht im voraus erlassen werden.

---

sein muß. Bestand dasselbe schon bei der Entstehung des Schuldverhältnisses, also z. B. beim Abschlusse des Vertrags, so findet der Abs. 2 auch dann keine Anwendung, wenn der Schuldner damals im Stande war, sein Unvermögen zur Leistung zu heben, also z. B. den von ihm zu leistenden Gegenstand zu kaufen, und später hierzu, etwa in Folge des Verlustes seines Vermögens, nicht mehr im Stande ist. Deshalb dürfte es unrichtig sein, wenn Cosack (Lehrb. S. 334) den von ihm angeführten Fall, daß ein Kunsthändler ein bestimmtes auf der Kunstausstellung ausgestelltes Bild von Menzel zu liefern verspricht, diese Verpflichtung aber nicht erfüllen kann, weil er unverschuldet verarmt und deshalb das Bild nicht anschaffen kann, dahin entscheidet, daß der Kunsthändler von seiner Verpflichtung frei sei, weil sich dieselbe auf einen individuell bestimmten Gegenstand bezogen habe und deshalb der § 279 keine Anwendung finde. Der Kunsthändler war schon zur Zeit des Abschlusses des Vertrags unvermögend, das Bild zu liefern, weil ihm dasselbe weder gehörte noch in seinem Besitze war. Deshalb haftet er unbeschränkt und kann sich nicht darauf berufen, daß er ohne sein Verschulden unvermögend geworden sei, das Bild anzuschaffen (s. auch Erl. zu § 279 Nr. 2).

4. Eine Modifikation erleidet die Regel des § 275 durch die Vorschrift des § 281 Abs. 1, indem in dem dort vorausgesetzten Falle keine vollständige Befreiung des Schuldners eintritt, dieser vielmehr zu den dort bestimmten Leistungen verpflichtet bleibt.

5. Ueber die Frage, welche Umstände der Schuldner zu vertreten hat, s. die §§ 276—279.

§ 276.

E. I §§ 144 Abs. 1, 224 Abs. 1 Satz 2, 3, 225; II § 233 Abs. 1, 3 rev. § 270; III § 270. P. I S. 993, 994, 1057—1065, 1067, 1068, 3222, 3223; M. I S. 279—281; M. II S. 27—29, 31. P. II S. 375, 376, 607—611, 2761, 2776, 2786, 2787 (Bd. I S. 187, 302—305).

1. Die Vorschrift des § 276 Abs. 1 Satz 1 ist eine dispositive. Durch Vertrag unter den Parteien und bei der Verpflichtung aus Vermächtnissen durch Verfügung des Erblassers kann bestimmt werden, daß die Haftung des Schuldners eine weitergehende oder daß sie eine beschränktere sein soll. Nur die Haftung wegen Vorsatzes kann dem Schuldner nicht im voraus erlassen werden.

Auch durch das Gesetz wird in einer Reihe von Fällen die Haftung theils erweitert, theils beschränkt. Eine Erweiterung findet z. B. statt in den Fällen der §§ 279, 287 Satz 2, 678, 701, 702, 848.

Nur grobe Fahrlässigkeit zu vertreten hat der Schuldner in den Fällen der §§ 300 Abs. 1. 521, 599, 680, 968.

Nur für die Sorgfalt, welche der Schuldner in eigenen Angelegenheiten anzuwenden pflegt, hat er einzustehen in den Fällen der §§ 690, 708, 1359, 1664, 2131.

2. Ueber den Begriff des Vorsatzes und der Fahrlässigkeit sowie über die Anwendung der §§ 827, 828 s. Bd. I S. 35—38 unter III.

3. Die Vorschrift des Abs. 2 bezieht sich nicht auf eine Bestimmung, nach welcher der Schuldner nicht für den Vorsatz seines gesetzlichen Vertreters oder derjenigen Personen, deren er sich zur Erfüllung seiner Verbindlichkeit bedient, haften soll (§ 278 Satz 2).

4. Ob, wenn ein Vertrag eine nach § 276 Abs. 2 nichtige Vereinbarung enthält, der ganze Vertrag oder nur diese Vereinbarung nichtig ist, bestimmt sich nach § 139. Der ganze Vertrag ist also nichtig, sofern nicht anzunehmen ist, daß er auch ohne die fragliche Vereinbarung geschlossen wäre.

5. Der E. I § 241 bestimmte, daß die Unmöglichkeit als durch einen von dem Schuldner nicht zu vertretenden Umstand herbeigeführt gilt, wenn sie dadurch herbeigeführt ist, daß der Schuldner sich in Ansehung des Schuldverhältnisses in einem entschuldbaren Irrthume befunden hat. Entschuldbar ist nach E. I § 146 ein Irrthum, der nicht auf Fahrlässigkeit beruht. Von der zweiten Kommission sind diese Vorschriften gestrichen (P. II S. 607, 609, 638). Sie sind sachlich richtig (s. Bd. I S. 37), aber insofern nicht erschöpfend, als sie nur den Regelfall ins Auge fassen, in welchem der Schuldner Vorsatz und Fahrlässigkeit zu vertreten hat, und

§. 277.

Wer nur für diejenige Sorgfalt einzustehen hat, welche er in eigenen Angelegenheiten anzuwenden pflegt, ist von der Haftung wegen grober Fahrlässigkeit nicht befreit.

§. 278.

Der Schuldner hat ein Verschulden seines gesetzlichen Vertreters und der Personen, deren er sich zur Erfüllung seiner Verbindlichkeit bedient, in gleichem Umfange zu vertreten wie eigenes Verschulden. Die Vorschrift des §. 276 Abs. 2 findet keine Anwendung.

---

als sie sich nur auf den Irrthum über das Schuldverhältniß beziehen. Hat der Schuldner nur grobe Fahrlässigkeit zu vertreten, so ist die Unmöglichkeit auch dann als durch einen von ihm nicht zu vertretenden Umstand herbeigeführt anzusehen, wenn sie dadurch herbeigeführt ist, daß der Schuldner sich in Ansehung des Schuldverhältnisses in einem nicht auf grober Fahrlässigkeit beruhenden Irrthume befand. Andererseits findet die fragliche Vorschrift überhaupt keine Anwendung, wenn der Schuldner auch für Zufall haftet. Der Irrthum kommt auch nicht allein dann in Betracht, wenn er sich auf das Schuldverhältniß bezieht, sondern in allen Fällen, in welchen der Irrthum die Unmöglichkeit herbeigeführt hat. So wird z. B. der Schuldner von der Verpflichtung, eine in seinem Besitze befindliche Sache dem Eigenthümer herauszugeben, frei, wenn er diese Verpflichtung zwar kannte, die Sache aber zerstörte, weil er sie in Folge eines von ihm nicht zu vertretenden Umstandes mit einer ihm gehörenden Sache verwechselte.

§ 277.

E. I § 145; II § 233 Abs. 2 rev. § 271; III § 271. P. I S. 1066, 1067, 3222, 3223; M. I S. 280. P. II S. 377, 609, 610 (Bd. I S. 187, 188, 304).

1. Ueber die Fälle, in welchen der Schuldner kraft des Gesetzes nur für die Sorgfalt einzustehen hat, welche er in eigenen Angelegenheiten anzuwenden pflegt, s. Erl. zu § 276 Nr. 1.

Ueber den Begriff der groben Fahrlässigkeit s. Bd. I S. 37.

Eine Bestimmung der hier fraglichen Art hat, mag sie auf Gesetz oder auf Vereinbarung beruhen, niemals die Bedeutung, daß der Schuldner, wenn er in seinen eigenen Angelegenheiten eine noch größere als die im Verkehr erforderliche Sorgfalt anzuwenden pflegt, auch für diese größere Sorgfalt einzustehen hätte. Seine Haftung wird durch die fragliche Bestimmung nur beschränkt, nicht erweitert.

2. Ist die Haftung des Schuldners in der gedachten Art beschränkt, so hat der Schuldner, um den Ausschluß der Haftung darzuthun, zu beweisen, daß er in seinen eigenen Angelegenheiten keine größere Sorgfalt anzuwenden pflege, als er angewandt habe, und daß ihm eine grobe Fahrlässigkeit nicht zur Last falle (§ 282).

§ 278.

E. I § 224 Abs. 2; II § 234 rev. § 272; III § 272. P. I S. 1171—1174; M. II S. 29—31. P. II S. 607, 609, 8412, 8413, 8425—8428 (Bd. I S. 302, 304).

1. Der gesetzliche Vertreter einer Person ist diese auch in Betreff der Erfüllung ihrer Verbindlichkeiten zu vertreten berechtigt und verpflichtet. Sein Verhalten in dieser Beziehung wird dem Gläubiger gegenüber ganz so behandelt wie das Verhalten des Schuldners selbst; der Schuldner hat daher ein Verschulden seines gesetzlichen Vertreters in gleichem Umfange zu vertreten wie sein eigenes. Vorausgesetzt wird dabei nur, daß die Vertretung, sofern sie sich nicht auf das ganze Vermögen des Schuldners bezieht, denjenigen Theil des Vermögens betrifft, zu welchem die betreffende Verbindlichkeit gehört. Wer gesetzlicher Vertreter ist, bestimmt sich nach den gesetzlichen Vorschriften über die elterliche Gewalt (§§ 1626 ff.), über die Vormundschaft (§§ 1773 ff., 1896 ff.) und über die Pflegschaft (§§ 1909 ff.). Die rechtliche Stellung des gesetzlichen Vertreters einer juristischen Person hat deren Vorstand (§ 26). Eine Vertretung, die auf Rechtsgeschäft beruht, steht der gesetzlichen Vertretung in der hier fraglichen Beziehung nicht gleich. Der rechtsgeschäftliche Vertreter kommt nur in Betracht als eine Person, deren sich der Schuldner zur Erfüllung seiner Verbindlichkeit bedient.

2. Die Frage, ob und inwieweit der Schuldner das Verschulden derjenigen Personen zu vertreten hat, deren er sich zur Erfüllung

seiner Verbindlichkeit bedient, wird in den bisherigen Rechten verschieden beantwortet und ist auch im gemeinen Rechte bestritten. Zu unterscheiden ist, ob der Schuldner nach dem Inhalte des Schuldverhältnisses berechtigt ist, sich anderer Personen zur Erfüllung seiner Verbindlichkeit zu bedienen, oder ob er dazu nicht berechtigt ist. In dem letzteren Falle verletzt der Schuldner seine Verbindlichkeit schuldhaft schon dadurch, daß er sich zu deren Erfüllung anderer Personen bedient; er hat deshalb eine hierdurch eingetretene Unmöglichkeit der Erfüllung auch dann zu vertreten, wenn diese nicht durch ein Verschulden jener Personen, sondern durch Zufall eingetreten ist, der Zufall aber nicht eingetreten sein würde, wenn er sich jener Personen nicht bedient hätte. Die Vorschrift des § 278 bezieht sich zwar ihrer Fassung nach auch auf diesen Fall und ist ihrem positiven Inhalte nach auch für ihn zutreffend; aber sie darf nicht dahin verstanden werden, daß der Schuldner auch für diesen Fall nur für das Verschulden der Personen haftet, deren er sich zur Erfüllung seiner Verbindlichkeit bedient. Die Frage, ob der Schuldner in diesem Falle noch in weiterem Umfange haftet, wird durch den § 278 nicht berührt und ist nach allgemeinen Grundsätzen in dem oben dargelegten Sinne zu entscheiden.

Einen positiven Charakter hat die Vorschrift des § 278, soweit sie sich auf solche Fälle bezieht, in denen der Schuldner nach dem Inhalte des Schuldverhältnisses berechtigt ist, sich anderer Personen zur Erfüllung seiner Verbindlichkeit zu bedienen. Der Schuldner hat, wenn er von dieser Befugniß Gebrauch macht, nicht nur ein Verschulden bei der Auswahl oder der Ueberwachung jener Personen, sondern ohne Rücksicht auf eigenes Verschulden jedes Verschulden derselben in gleichem Umfange wie eigenes Verschulden zu vertreten. Haftet er für jede Fahrlässigkeit, so hat er jede Fahrlässigkeit jener Personen, haftet er nur für grobe Fahrlässigkeit, so hat er nur grobe Fahrlässigkeit derselben zu vertreten. Hat er nur für diejenige Sorgfalt einzustehen, die er in eigenen Angelegenheiten anzuwenden pflegt, so kommt es nicht darauf an, daß jene Personen die Sorgfalt beobachten, die sie in ihren Angelegenheiten anzuwenden pflegen, sondern darauf, daß sie nicht minder sorgfältig sind, wie der Schuldner in seinen eigenen Angelegenheiten gewesen sein würde.

Die Voraussetzung, daß sich der Schuldner einer anderen Person zur Erfüllung seiner Verbindlichkeit bedient, liegt nicht nur dann vor, wenn der Schuldner die geschuldete Leistung durch einen anderen bewirken läßt, wenn er also z. B. die geschuldete Sache durch einen Beauftragten überbringen läßt. Jene Voraussetzung liegt auch dann vor, wenn es sich um die Verpflichtung des Schuldners handelt, den Eintritt von Umständen zu verhüten, welche die künftige Leistung unmöglich machen, und sich der Schuldner zur Erfüllung dieser Verpflichtung anderer Personen bedient. So hat z. B. der Verkäufer einer Sache bis zur Uebergabe derselben die im Verkehr erforderliche Sorgfalt darauf zu verwenden, daß die Sache nicht untergeht oder verschlechtert wird. Beauftragt er mit der Ueberwachung der Sache seine Angestellten oder Dienstboten, so hat er dafür zu haften, wenn durch deren Verschulden die Sache untergeht oder verschlechtert wird. Man wird aber noch weiter gehen müssen. Hat der Schuldner die Sache vermiethet, verliehen oder in Verwahrung gegeben, so hat er auch das Verschulden des Miethers, des Entleihers und des Verwahrers zu vertreten. Er war nach dem Inhalte des Schuldverhältnisses entweder zu diesen Handlungen überhaupt nicht berechtigt, dann haftet er nach den oben dargelegten Grundsätzen schon deshalb, weil er durch diese Handlungen selbst seine Verbindlichkeit schuldhaft verletzt hat; oder er war zu den Handlungen berechtigt, dann müssen dieselben so aufgefaßt werden, daß er sich zu der Erfüllung seiner Verbindlichkeit, für die Erhaltung der Sache zu sorgen, der Person des Miethers, Entleihers oder Verwahrers bedient. In der zweiten Kommission kam diese Frage bei Gelegenheit des Antrags zur Sprache, die Vorschrift des § 278 bei den Bestimmungen über den Rücktritt von einem Vertrage zur Anwendung zu bringen (§ 351 Satz 2. P. II S. 8425—8428). Die Ansichten gingen auseinander; ein Beschluß ist darüber nicht gefaßt. Die obige Auffassung dürfte aber sowohl dem Wortlaut als dem Zwecke des § 278 entsprechen. Ein Einwand dagegen kann auch nicht aus der Vorschrift des § 549 Abs. 2 abgeleitet werden, nach welcher der Miether, wenn er den Gebrauch der gemietheten Sache einem Dritten überläßt, ein dem Dritten bei dem Gebrauche zur Last fallendes Verschulden zu vertreten hat, auch wenn der Vermiether die Erlaubniß zur Ueberlassung ertheilt hat. Es handelt sich bei dieser Vorschrift nicht um eine Ausdehnung der Haftung des Miethers, aus welchem ein argumentum a contrario für andere Fälle zu entnehmen wäre; es handelt sich dabei vielmehr um eine Konsequenz aus der Vorschrift des § 278, die deshalb besonders ausgesprochen ist, weil aus der ausdrücklichen Erlaubniß des Vermiethers der Schluß gezogen werden könnte, daß dieser auf die Haftung des Miethers für das Verschulden des Untermiethers verzichtet habe.

3. Die Vorschriften des § 278 finden keine Anwendung, wenn einem Beauftragten die Uebertragung der Ausführung des Auftrags an einen Anderen gestattet ist. Er haftet in einem solchen Falle nach § 664 Abs. 1 nur für ein ihm bei der Uebertragung zur Last fallendes Verschulden, während er für das Ver-

§. 279.

Ist der geschuldete Gegenstand nur der Gattung nach bestimmt, so hat der Schuldner, solange die Leistung aus der Gattung möglich ist, sein Unvermögen zur Leistung auch dann zu vertreten, wenn ihm ein Verschulden nicht zur Last fällt.

§. 280.

Soweit die Leistung in Folge eines von dem Schuldner zu vertretenden Umstandes unmöglich wird, hat der Schuldner dem Gläubiger den durch die Nichterfüllung entstehenden Schaden zu ersetzen.

---

schulden zugezogener Gehülfen nach Maßgabe des § 278 haftet (§ 664 Satz 3). Entsprechende Vorschriften gelten für den Verwahrer (§ 691 Satz 2, 3).

Ueber die entsprechende Anwendung des § 278 im Falle des § 254 s. Erl. zu § 254 Nr. 4, über dessen Anwendung im Falle des Rücktritts von einem Vertrage s. Erl. zu § 351 Nr. 2.

Der § 278 kann nach dem E.G. Art. 95 Abs. 2 auch für das Gesinderecht durch die Landesgesetze nicht geändert werden.

Ueber weitergehende Haftung juristischer Personen für den von ihren Vertretern in Ausführung der ihnen zustehenden Verrichtungen einem Anderen zugefügten Schaden s. die §§ 31, 86, 89 Abs. 1; über die Haftung wegen unerlaubter Handlungen der zu einer Verrichtung bestellten Personen s. § 831; vergl. auch E.G. Art. 77, 78.

§ 279.

E. I § 237 Abs. 2; II § 235 Satz 2 rev. § 273; III § 273. P. I S. 1156—1159, 1161, 1162, 11726, 11727; M. II S. 45, 46. P. II S. 629, 631, 632, 650—652 (Bd. I S. 314, 315, 325, 326.).

1. Bei Schuldverhältnissen der im § 279 bezeichneten Art (§ 243) entspricht es der Auffassung des Verkehrs, daß der Schuldner, solange nicht die Leistung aus der Gattung unmöglich wird, für die Leistung einzustehen hat, ohne Rücksicht darauf, ob ihm die Leistung subjektiv möglich ist oder nicht. Der Schuldner wird hier also nur durch die ohne sein Verschulden eingetretene objektive Unmöglichkeit der Leistung befreit. Hat er diese objektive Unmöglichkeit verschuldet, ist also die ganze Gattung, aus welcher er zu leisten hatte, durch sein Verschulden untergegangen, so haftet er nach Maßgabe des § 280. Die Frage, ob die Leistung aus der Gattung noch möglich ist, wird nicht nur dann zu verneinen sein, wenn feststeht, daß Gegenstände der fraglichen Gattung überhaupt nicht mehr existiren, sondern auch dann, wenn dies zwar ungewiß ist, die Beschaffung von Gegenständen der fraglichen Art aber mit so außergewöhnlichen Schwierigkeiten verbunden ist, daß diese Schwierigkeiten nach der Auffassung des Verkehrs der Unmöglichkeit gleichgeachtet werden

Die praktisch wichtigsten Fälle der im § 279 bezeichneten Art bilden die Verpflichtungen. zur Leistung vertretbarer Sachen, insbesondere Geldschulden.

2. Der dem § 279 zu Grunde liegende Gedanke dürfte eine entsprechende Anwendung desselben auf alle Fälle rechtfertigen, in denen nach dem Inhalte des Schuldverhältnisses davon ausgegangen wird, daß der Schuldner die von ihm zu bewirkende Leistung durch Aufwendung von Geldmitteln ermöglichen soll. Der Schuldner hat in solchen Fällen nicht direkt Geld zu leisten, aber er soll Geld zum Zwecke der Leistung aufwenden. Der Auffassung des Verkehrs und der Absicht der Parteien entspricht es, daß der Schuldner sich in einem solchen Falle, um die Befreiung von seiner Verpflichtung darzuthun, ebensowenig wie in dem Falle, in welchem er direkt Geld zu leisten hat, darauf berufen kann, daß er ohne sein Verschulden unvermögend geworden sei, das Geld zu beschaffen. So wird z. B. bei einem Werkvertrage, bei dessen Schließung die Parteien davon ausgegangen sind, daß der Unternehmer die zu der Herstellung des Werkes erforderlichen Stoffe anschaffen und die dazu nöthigen Lohnarbeiter stellen werde, der Unternehmer sich nicht darauf berufen können, daß ihm das zur Bezahlung der Stoffe und der Arbeiter erforderliche Geld ohne sein Verschulden gefehlt habe. In dem in der Erl. zu § 275 Nr. 3 angeführten Beispielsfalle würde man von diesem Gesichtspunkt aus, auch wenn man davon absieht, daß es sich dort um eine schon bei der Entstehung des Schuldverhältnisses vorliegende Unmöglichkeit handelt, dazu gelangen müssen, daß der Kunsthändler wegen der Nichtlieferung des Menzelschen Bildes haftet. Seine Verpflichtung würde, wenn man sie nicht schlechthin als Verpflichtung zur Lieferung des

Im Falle theilweiser Unmöglichkeit kann der Gläubiger unter Ablehnung des noch möglichen Theiles der Leistung Schadensersatz wegen Nichterfüllung der ganzen Verbindlichkeit verlangen, wenn die theilweise Erfüllung für ihn kein Interesse hat. Die für das vertragsmäßige Rücktrittsrecht geltenden Vorschriften der §§. 346 bis 356 finden entsprechende Anwendung.

Bildes ansieht, dahin aufzufassen sein, daß er verpflichtet ist, das Bild zu kaufen und dann dem anderen Theile zu liefern. Er wird befreit, wenn das Bild nicht verkäuflich ist; er kann sich aber nicht darauf berufen, daß er das zum Ankauf erforderliche Geld nicht hat, denn hierfür hat er nach dem Inhalte des Schuldverhältnisses einzustehen.

§ 280.

E. I §§ 240 Abs. 1, 242; II § 236 rev. § 274; III § 274. P. I S. 1114—1122, 1129—1133, 1137—1144; M. II S. 49, 50, 52, 53. P. II S. 634—643, 1727—1730 (Bd. I S. 317—321 II S. 62—64).

1. Der objektiven Unmöglichkeit steht nach § 275 Abs. 2 auch in den Fällen des § 280 die subjektive Unmöglichkeit gleich. Welche Umstände der Schuldner zu vertreten hat, bestimmt sich nach dem Inhalte des Schuldverhältnisses und nach den §§ 276—279. An die Stelle der geschuldeten Leistung tritt im Falle einer von dem Schuldner zu vertretenden Unmöglichkeit die Leistung von Schadensersatz; das Schuldverhältniß bildet den Grund sowohl für den Anspruch auf die eine als für den Anspruch auf die andere Leistung. Daraus ergiebt sich insbesondere, daß ein für die Schuld bestellter Bürge oder ein dafür bestelltes Pfand auch für den Anspruch auf Schadensersatz haftet (§§ 767, 1210).

2. Der Schaden ist zu ersetzen, soweit die Leistung unmöglich geworden ist. Ist die Leistung nur theilweise unmöglich geworden, so ist nur der durch die Nichterfüllung dieses Theiles der Leistung entstehende Schaden zu ersetzen; jedoch steht dem Gläubiger in diesem Falle das im Abs. 2 bezeichnete Recht zu (s. Nr. 5, 6). Ist die Leistung nur zur Zeit unmöglich, so kommen die Vorschriften über den Verzug (§§ 286ff.) zur Anwendung. Schadensersatz wegen Nichterfüllung der ganzen Verbindlichkeit kann also auf Grund des § 280 Abs. 1 nur gefordert werden, wenn die Leistung vollständig und dauernd unmöglich geworden ist. Ob eine dauernde Unmöglichkeit vorliegt, kann im einzelnen Falle zweifelhaft sein. Es gilt dies insbesondere von der subjektiven Unmöglichkeit. Im Allgemeinen wird davon auszugehen sein, daß eine Unmöglichkeit nicht dadurch allein aufhört, eine dauernde in dem hier fraglichen Sinne zu sein, daß sie denkbarer Weise später wegfallen kann; sie ist aber keine dauernde, wenn sie ihrer Natur nach vorübergehend ist oder ihre Hebung doch nach dem gewöhnlichen Laufe der Dinge in Aussicht steht. Nur die Berücksichtigung aller Umstände des einzelnen Falles wird zu einer richtigen Entscheidung führen. Die Nachtheile, welche für den Gläubiger aus der Ungewißheit entstehen, ob eine Unmöglichkeit als eine dauernde anzusehen ist, werden, abgesehen von dem dem Gläubiger nach § 286 im Falle des Verzugs des Schuldners zustehenden Rechte, im Wesentlichen dadurch beseitigt, daß der Gläubiger nach § 283 nach rechtskräftiger Verurtheilung des Schuldners demselben zur Bewirkung der Leistung eine angemessene Frist mit der Erklärung bestimmen kann, daß er die Annahme der Leistung nach dem Ablaufe der Frist ablehne (s. Erl. zu § 283).

3. Für den Anspruch auf Schadensersatz gelten die Vorschriften der §§ 249—255. Nach § 249 hat der zum Schadensersatze Verpflichtete den Zustand herzustellen, welcher bestehen würde, wenn der zum Ersatze verpflichtende Umstand nicht eingetreten wäre; nur soweit die Herstellung objektiv nicht möglich ist, kann der Gläubiger sofort Entschädigung in Geld verlangen (s. Erl. zu § 249 Nr. 2c). Der zum Ersatze verpflichtende Umstand ist im Falle des § 280 die zu vertretende Unmöglichkeit der Leistung. Ist diese Unmöglichkeit eine objektive, so steht, wenn die Voraussetzung des Anspruchs auf Schadensersatz vorliegt, zugleich fest, daß der Zustand, welcher bestehen würde, wenn der zum Schadensersatze verpflichtende Umstand nicht eingetreten wäre, d. h. hier also die Möglichkeit der Leistung, nicht hergestellt werden kann. In diesem Falle kann der Gläubiger also sofort Entschädigung in Geld verlangen. Anders liegt das Verhältniß, wenn die Unmöglichkeit, wegen deren Schadensersatz gefordert wird, eine subjektive ist. Aus der Feststellung der subjektiven Unmöglichkeit ergiebt sich nicht, daß die Voraussetzung vorliegt, unter welcher Entschädigung in Geld gefordert werden kann. In diesem Falle kann der Gläubiger also auf Grund des § 280 Abs. 1 zunächst nur die Herstellung des Zustandes fordern, welcher bestehen würde, wenn die subjektive Unmöglichkeit nicht eingetreten wäre. Wäre diese nicht eingetreten, so würde der Schuldner seine Verbindlichkeit haben erfüllen können und erfüllt haben. Hergestellt wird jener Zustand also durch Erfüllung

der Verbindlichkeit. Der Gläubiger kann also auch als Schadensersatz zunächst nur diese fordern. Will er, was ja regelmäßig der Fall sein wird, Entschädigung in Geld fordern, so muß er entweder den in dem § 283 bezeichneten Weg einschlagen oder nach Maßgabe des § 250 dem Schuldner eine angemessene Frist zur Herstellung d. h. hier also zur Erfüllung bestimmen. Nach dem fruchtlosen Ablaufe dieser Frist kann er Entschädigung in Geld fordern.

Zu ersetzen ist die positive Einbuße sowie der entgangene Gewinn (s. Erl. zu § 252). Wegen eines Schadens, der nicht Vermögensschaden ist, kann Entschädigung in Geld nicht gefordert werden (§ 253). Hat ein Verschulden des Gläubigers bei der Entstehung des Schadens mitgewirkt, so kommen die Vorschriften des § 254 zur Anwendung. Von besonders praktischer Bedeutung ist hier die Bestimmung, daß die Vorschriften des § 254 auch dann zur Anwendung kommen, wenn sich das Verschulden des Beschädigten darauf beschränkt, daß er unterlassen hat, den Schuldner auf die Gefahr eines ungewöhnlich hohen Schadens aufmerksam zu machen, die der Schuldner weder kannte noch kennen mußte, oder daß er unterlassen hatte, den Schaden abzuwenden oder zu mindern (s. Erl. zu § 254 Nr. 2, 3). Ueber die Anwendung des § 255 auf den hier fraglichen Fall s. Erl. zu § 255.

4. Der E. I § 240 Abs. 2 enthielt noch folgende Vorschrift:

> „Für die Bestimmung des Werthes eines Gegenstandes, dessen Leistung ganz oder theilweise unmöglich geworden, ist der Ort der Leistung sowie die Zeit entscheidend, in welcher der Schuldner zu leisten verpflichtet war. Den Werth einer späteren Zeit kann der Gläubiger nur geltend machen, wenn nach den Umständen anzunehmen ist, daß sein Schaden in der Entziehung des höheren Werthes besteht."

Von der zweiten Kommission ist diese Vorschrift gestrichen (P. II S. 638), weil sich gegen deren Inhalt begründete Bedenken geltend machen lassen und kein Bedürfniß vorliege, diese bei jedem Anspruch auf Schadensersatz vorkommende Frage hier besonders zu entscheiden. Ob bei der Ermittelung des Schadens in dem hier fraglichen Falle der Werth zu Grunde zu legen ist, welchen der geschuldete Gegenstand zu der Zeit hatte, in welcher der Schuldner zu leisten verpflichtet war, oder ob der Werth zu berücksichtigen ist, welchen der Gegenstand, wenn die Leistung rechtzeitig erfolgt wäre, in einem späteren Zeitpunkte für den Gläubiger gehabt haben würde, ist also lediglich nach den allgemeinen für die Ermittelung des Schadens geltenden Grundsätzen zu entscheiden (s. Erl. zu § 252 Nr. 1—4). Daß der Ort, an welchem die Leistung zu erfolgen hatte, immer mit zu berücksichtigen ist, versteht sich von selbst.

5. Der Gläubiger ist nach § 266 berechtigt, eine Theilzahlung abzulehnen. Dies gilt auch, wenn eine Leistung in Folge eines von dem Schuldner zu vertretenden Umstandes theilweise unmöglich geworden ist, von dem noch möglichen Theile der Leistung. Die Verbindlichkeit des Schuldners besteht in diesem Falle darin, den durch die Unmöglichkeit entstandenen Schaden zu ersetzen und den noch möglichen Theil der Leistung zu bewirken. Bietet er beides zusammen an, so bietet er die Erfüllung seiner ganzen Verbindlichkeit an, und diese kann der Gläubiger nicht ablehnen. Der § 280 Abs. 2 giebt dem Gläubiger aber das Recht, diese Art der Erfüllung abzulehnen und Schadensersatz wegen Nichterfüllung der ganzen Verbindlichkeit zu verlangen, wenn die nur theilweise noch mögliche Erfüllung der ursprünglichen Verbindlichkeit für ihn kein Interesse hat. Den Beweis dieser Voraussetzung hat der Gläubiger zu führen. Ob die Voraussetzung vorliegt, entscheidet sich nicht nach objektiven Gesichtspunkten, sondern nach den individuellen Verhältnissen des Gläubigers.

6. Ist die Leistung zu der Zeit bereits theilweise bewirkt, in welcher die Leistung des übrigen Theiles unmögich wird, so kommt es darauf an, ob die Bewirkung und Annahme der theilweisen Leistung in der Art erfolgt ist, daß dadurch die Verbindlichkeit selbst getheilt wurde, oder ob die Annahme nur als Theilleistung, also unter dem Vorbehalte, daß auch der übrige Theil geleistet werde, angenommen wurde. Im Zweifel wird das Letztere anzunehmen sein. In dem erstgedachten Falle findet die Vorschrift des § 280 Abs. 2 keine Anwendung. Die Verbindlichkeit, die Leistung, soweit sie noch nicht bewirkt ist, zu bewirken, bildet nicht mehr den Theil einer Verbindlichkeit, sondern ist eine selbständige Verbindlichkeit. Wird ihre Erfüllung unmöglich, so findet lediglich der § 280 Abs. 1, nicht Abs. 2 Anwendung. In dem zweiten oben gedachten Falle wird dagegen durch die theilweise Leistung die Anwendung des § 280 Abs. 2 nicht ausgeschlossen. Der E. I § 242 forderte in diesem Falle die Rückgewähr des erhaltenen Theiles. Der § 280 Abs. 2 stellt dieses Erforderniß nicht auf, sondern verweist auf die entsprechende Anwendung der für das vertragsmäßige Rücktrittsrecht geltenden Vorschriften der §§ 346—356.

Die entsprechende Anwendung dieser Paragraphen führt zu dem folgenden Ergebnisse:

a) Durch die Erklärung des Gläubigers gegenüber dem Schuldner, daß er unter Ablehnung des noch möglichen Theiles der Leistung Schadensersatz wegen Nichterfüllung der ganzen Verbindlichkeit verlange, tritt die dem Rücktritte vom Vertrag entsprechende Veränderung des Rechtsverhältnisses ein. Die Erklärung ist ein einseitiges empfangsbedürftiges Rechtsgeschäft (§ 349).

b) Die im § 346 bestimmte Verpflichtung der Parteien, einander die empfangenen Leistungen zurückzugewähren, kommt nur für den Gläubiger in Ansehung der empfangenen Theilleistung in Betracht, indem für den Schuldner an die Stelle jener Verpflichtung die Verpflichtung zum Schadensersatze tritt. Für geleistete Dienste sowie für die Ueberlassung der Benutzung einer Sache hat der Gläubiger den Werth zu vergüten oder, falls nach dem Schuldverhältniß eine Gegenleistung in Geld bestimmt war, diese zu entrichten (§ 346 Satz 2).

c) Auch der § 347 kommt nur für den Gläubiger in Ansehung der empfangenen Theilleistung in Betracht, und auch in dieser Beziehung nur insofern, als nicht das Recht des Gläubigers in Folge der in dem § 347 Satz 1 bezeichneten Umstände nach § 351 (s. unter f) gänzlich ausgeschlossen ist. Der § 347 Satz 1 kommt daher nur in Frage bei einer nicht wesentlichen Verschlechterung des Gegenstandes, welchen der Gläubiger durch die Theilleistung erhalten hat. In Betreff dieses bestimmt sich die Verpflichtung des Gläubigers zum Schadensersatze vom Empfange der Leistung an nach den Vorschriften, welche für das Verhältniß zwischen dem Eigenthümer und dem Besitzer von dem Eintritte der Rechtshängigkeit des Eigenthumsanspruchs an gelten. Das Gleiche gilt von der Verbindlichkeit zur Herausgabe oder Vergütung von Nutzungen sowie von dem Anspruch auf Ersatz von Verwendungen. Eine Geldsumme hat der Gläubiger von der Zeit des Empfangs an zu verzinsen (§ 347).

d) Die unter b und c bezeichneten Verpflichtungen des Gläubigers und die Verpflichtung des Schuldners zum Schadensersatze wegen Nichterfüllung der ganzen Verbindlichkeit sind Zug um Zug zu erfüllen. Die Vorschriften der §§ 320, 322 finden entsprechende Anwendung (§ 348).

e) Das dem Gläubiger nach § 280 Abs. 2 zustehende Recht wird nicht dadurch ausgeschlossen, daß der Gegenstand, welchen der Gläubiger durch die Theilleistung empfangen hat, durch Zufall untergegangen ist. (§ 350).

f) Das fragliche Recht des Gläubigers ist ausgeschlossen, wenn er eine wesentliche Verschlechterung, den Untergang oder die anderweitige Unmöglichkeit der Herausgabe des durch die Theilleistung empfangenen Gegenstandes verschuldet hat. Der Untergang eines erheblichen Theiles steht einer wesentlichen Verschlechterung des Gegenstandes, das von dem Gläubiger nach § 278 zu vertretende Verschulden eines Anderen steht dem eigenen Verschulden des Gläubigers gleich (§ 351).

g) Das fragliche Recht des Gläubigers ist ferner ausgeschlossen, wenn er die durch die Theilleistung empfangene Sache durch Verarbeitung oder Umbildung in eine Sache anderer Art umgestaltet hat (§ 352).

h) Das fragliche Recht des Gläubigers ist ferner ausgeschlossen, wenn er den durch die Theilleistung empfangenen Gegenstand oder einen erheblichen Theil des Gegenstandes veräußert oder mit dem Rechte eines Dritten belastet hat und wenn bei demjenigen, welcher den Gegenstand in Folge der Verfügung erlangt hat, die unter f oder g bezeichneten Voraussetzungen eingetreten sind. Einer Verfügung des Gläubigers steht eine Verfügung gleich, die im Wege der Zwangsvollstreckung oder der Arrestvollziehung oder durch den Konkursverwalter erfolgt (§ 353).

i) Kommt der Gläubiger, nachdem er die unter a bezeichnete Erklärung abgegeben hat, mit der Rückgewähr des empfangenen Gegenstandes oder eines erheblichen Theiles des Gegenstandes in Verzug, so kann ihm der Schuldner eine angemessene Frist mit der Erklärung bestimmen, daß er die Annahme nach dem Ablaufe der Frist ablehne. Die Erklärung des Gläubigers wird unwirksam, wenn nicht die Rückgewähr vor dem Ablaufe der Frist erfolgt (§ 354). Der Gläubiger kann in solchem Falle nur Schadensersatz wegen des unmöglichen Theiles der Leistung fordern.

k) Der Schuldner kann dem Gläubiger eine angemessene Frist zu der Abgabe der Erklärung bestimmen, ob derselbe von dem im § 280 Abs. 2 bestimmten Rechte Gebrauch mache. Das Recht fällt weg, wenn nicht innerhalb der Frist die Erklärung, davon Gebrauch zu machen, abgegeben wird (§ 355).

l) Sind mehrere Gläubiger oder mehrere Schuldner vorhanden, so kann das im § 280 Abs. 2 bestimmte Recht nur von allen Gläubigern und gegen alle Schuldner ausgeübt werden. Erlischt das Recht für einen Gläubiger, so erlischt es auch für die übrigen Gläubiger (§ 356).

Ueber einzelne Fragen, die sich an die §§ 346—356 knüpfen, s. Erl. zu diesen Paragraphen.

7. Ueber die Gestaltung des Verhältnisses **bei gegenseitigen Verträgen**, s. die §§ 324—327.

§. 281.

Erlangt der Schuldner in Folge des Umstandes, welcher die Leistung unmöglich macht, für den geschuldeten Gegenstand einen Ersatz oder einen Ersatzanspruch, so kann der Gläubiger Herausgabe des als Ersatz Empfangenen oder Abtretung des Ersatzanspruchs verlangen.

Hat der Gläubiger Anspruch auf Schadensersatz wegen Nichterfüllung, so mindert sich, wenn er von dem im Abs. 1 bestimmten Rechte Gebrauch macht, die ihm zu leistende Entschädigung um den Werth des erlangten Ersatzes oder Ersatzanspruchs.

---

§ 281.

E. I § 238; II § 237 rev. § 275; III § 275. P. I S. 1161, 1162, 3247, 9589—9592; M. II S. 46, 47. P. II S. 632—637, 1371—1375 (Bd. I S. 316—318, 683—685).

1. Die Vorschrift des § 281 Abs. 1 findet nicht nur in dem Falle des § 275, sondern abweichend vom E. I § 238 auch in dem Falle des § 280 Anwendung. Ist die Unmöglichkeit der Leistung von dem Schuldner nicht zu vertreten, so beschränkt sich das Recht des Gläubigers auf den in dem § 281 bezeichneten Anspruch. Hat der Schuldner die Unmöglichkeit zu vertreten, so steht dem Gläubiger der gedachte Anspruch nach Maßgabe des § 281 Abs. 2 neben dem Anspruch auf Schadensersatz zu.

Der objektiven Unmöglichkeit der Leistung steht nach § 275 Abs. 2 auch hier die subjektive Unmöglichkeit gleich.

2. Voraussetzungen des im § 281 Abs. 1 bezeichneten Anspruchs sind, daß der Schuldner für den geschuldeten Gegenstand einen Ersatz oder einen Ersatzanspruch erlangt hat und daß dies in Folge desselben Umstandes geschehen ist, welcher die Unmöglichkeit der Leistung herbeigeführt hat. In Betracht kommen hauptsächlich solche Fälle, in welchen eine geschuldete Sache zerstört oder abhanden gekommen ist und dem Schuldner wegen der Zerstörung oder wegen des Abhandenkommens der Sache ein Ersatzanspruch gegen einen Dritten zusteht. Hatte der Schuldner die Sache gegen Zerstörung oder Diebstahl versichert, so kann der Gläubiger auch die Herausgabe desjenigen, was der Schuldner erlangt hat, bezw. die Abtretung des Ersatzanspruchs gegen den Versicherer verlangen. Der Anspruch auf die Versicherungssumme wird freilich nicht durch den Unfall, welcher die Sache betroffen, sondern durch den Versicherungsvertrag begründet; aber der Anspruch aus diesem Vertrage steht dem Schuldner nur zu, wenn die Sache von dem fraglichen Unfalle betroffen ist. Der § 281 erfordert nur, daß der Ersatz bezw. der Ersatzanspruch in Folge desselben Umstandes eingetreten ist, welcher die Unmöglichkeit der Leistung herbeigeführt hat. In Folge des Unfalls, von welchem die Sache betroffen ist, hat aber der Schuldner in dem gedachten Falle den Anspruch auf die Versicherungssumme erlangt. Die Voraussetzung des § 281 Abs. 1 ist also gegeben.

Keine Anwendung findet der § 281, wenn nicht der Gegenstand selbst, für welchen der Schuldner einen Ersatz oder einen Ersatzanspruch erlangt hat, sondern nur eine in Beziehung auf diesen Gegenstand vorzunehmende Handlung den Gegenstand des Schuldverhältnisses bildet. Ist z. B. eine vermiethete Sache zerstört, so hat der Miether keinen Anspruch auf den Ersatz, welchen der Vermiether für die zerstörte Sache erlangt. Auch eine entsprechende Anwendung der fraglichen Vorschrift etwa dahin, daß der Miether einen Anspruch auf die Nutzung des Ersatzes hätte, dürfte sich nicht rechtfertigen lassen.

3. Im Falle des § 280 steht dem Gläubiger der Anspruch auf Schadensersatz auch dann noch zu, wenn er von dem in dem § 281 bezeichneten Rechte Gebrauch gemacht hat. Es handelt sich hier also nicht um ein alternatives Schuldverhältniß. Der Gläubiger muß sich aber auf die Entschädigung den Werth desjenigen anrechnen, was er auf Grund des § 281 erlangt hat. Ist dem Gläubiger der dem Schuldner zustehende Ersatzanspruch abgetreten, so erfolgt die Anrechnung auf die Entschädigung nicht in der Art, daß dasjenige angerechnet wird, was der Gläubiger auf Grund des Anspruchs erlangt, also nicht zahlungshalber; die Abtretung erfolgt aber auch nicht an Zahlungsstatt in der Art, daß sich der Gläubiger den Nominalbetrag des abgetretenen Anspruchs anzurechnen hätte. Angerechnet wird vielmehr dem Gläubiger der Werth, welchen der abgetretene Anspruch zur Zeit der Abtretung hat. Dieser Werth ist nöthigenfalls durch Schätzung zu ermitteln; er kann unter Umständen, z. B. wenn der Dritte, gegen welchen der Anspruch geht, zur Zeit zahlungsunfähig ist oder sich im Auslande befindet, weit hinter dem Nominalbetrage zurückbleiben. Will der

§. 282.

Ist streitig, ob die Unmöglichkeit der Leistung die Folge eines von dem Schuldner zu vertretenden Umstandes ist, so trifft die Beweislast den Schuldner

§. 283.

Ist der Schuldner rechtskräftig verurtheilt, so kann der Gläubiger ihm zur Bewirkung der Leistung eine angemessene Frist mit der Erklärung bestimmen, daß er die Annahme der Leistung nach dem Ablaufe der Frist ablehne. Nach dem

---

Gläubiger sich die Anrechnung des Werthes nicht gefallen lassen, so mußte er von der Geltendmachung des fraglichen Rechtes Abstand nehmen. Es bleibt ihm dann noch die Möglichkeit, sich, wenn der Schuldner rechtskräftig zum Schadensersatze verurtheilt ist, im Wege der Zwangsvollstreckung den dem Schuldner zustehenden Ersatzanspruch zur Einziehung überweisen zu lassen (C.P.O. §§ 835, 841). In diesem Falle braucht er sich nur anrechnen zu lassen, was er auf Grund des überwiesenen Anspruchs erhält.

4. Ueber die Gestaltung des Verhältnisses bei gegenseitigen Verträgen s. § 323 Abs. 2.

5. Die von Cosack (Lehrbuch Bd. I S. 332 unter 2c) vertretene Ansicht, daß die Vorschrift des § 281 auch im Falle einer bereits bei Entstehung des Schuldverhältnisses vorhandenen subjektiven Unmöglichkeit entsprechende Anwendung finde, daß also der Verkäufer einer Sache, die er deshalb zu liefern unvermögend ist, weil er sie schon vorher einem Anderen verkauft und übertragen hat, dem Käufer auf dessen Verlangen den aus dem früheren Verkauf erlangten Kaufpreis herausgeben müsse, dürfte sich schwerlich rechtfertigen lassen.

§ 282.

E. I § 239; II § 238 rev. § 276; III § 276. P. I S. 1069, 1070, 1175, 1176; M. II S. 47—49. P. II S. 634 (Bd. I S. 317).

1. Die Frage, ob die Unmöglichkeit der Leistung die Folge eines von dem Schuldner zu vertretenden Umstandes ist, kommt nur in Betracht, wenn die Unmöglichkeit nach der Begründung des Schuldverhältnisses eingetreten ist. Ueber den Fall einer bereits früher vorhandenen Unmöglichkeit s. Vorbm. zu den §§ 275—290 Nr. 3a. Der Beweis, daß die nachfolgende Unmöglichkeit die Folge eines von dem Schuldner nicht zu vertretenden Umstandes sei, liegt dem Schuldner sowohl dann ob, wenn der Gläubiger Erfüllung, als auch wenn er Schadensersatz fordert. Im ersteren Falle muß der Schuldner auch den Eintritt der Unmöglichkeit beweisen. Im letzteren Falle bildet die Unmöglichkeit den Grund des Anspruchs auf Schadensersatz und ist daher von dem Gläubiger zu beweisen, während dem Schuldner auch hier der Beweis obliegt, daß die Unmöglichkeit in Folge eines von ihm nicht zu vertretenden Umstandes eingetreten sei. Der Gläubiger kann sich übrigens den Beweis der eingetretenen Unmöglichkeit immer dadurch ersparen, daß er zunächst auf Erfüllung klagt und dann den im § 283 bezeichneten Weg einschlägt (s. Erl zu § 283).

2. Der Beweis der in dem § 282 bezeichneten Negative wird regelmäßig dadurch geführt werden, daß der Umstand nachgewiesen wird, durch welchen die Unmöglichkeit eingetreten ist, und daß zugleich bewiesen wird, daß dieser Umstand von dem Schuldner nicht zu vertreten war. Möglich bleibt zwar unter Umständen auch in diesem Falle, daß der Schuldner bei Anwendung der erforderlichen Sorgfalt die Einwirkung des Umstandes hätte abwenden können. Sache der Beweiswürdigung ist es, ob von dem Schuldner in dieser Beziehung noch ein besonderer Beweis zu erfordern oder ob es dem Gläubiger zu überlassen ist, im Wege des Gegenbeweises darzuthun, daß der Schuldner bei Anwendung der erforderlichen Sorgfalt die Einwirkung des fraglichen Umstandes habe abwenden können. Besondere Beweisregeln in dieser Beziehung, wie solche von anderen Gesetzgebungen vorgeschrieben sind, stellt das B.G.B. nicht auf.

§ 283.

E. I § 243; II § 239 rev. § 277; III § 277. P. I S. 1120, 1121, 1125—1128; M. II S. 53—55. P. II S. 643—646, 8414 (Bd. I S. 321—323).

1. Nach allgemeinen Grundsätzen müßte der Gläubiger, um statt der Erfüllung Schadensersatz wegen Nichterfüllung verlangen zu können, beweisen, daß die Leistung in Folge eines von

Ablaufe der Frist kann der Gläubiger Schadensersatz wegen Nichterfüllung verlangen, soweit nicht die Leistung rechtzeitig bewirkt wird; der Anspruch auf Erfüllung ist ausgeschlossen. Die Verpflichtung zum Schadensersatze tritt nicht ein, wenn die Leistung in Folge eines Umstandes unmöglich wird, den der Schuldner nicht zu vertreten hat.

Wird die Leistung bis zum Ablaufe der Frist nur theilweise nicht bewirkt, so steht dem Gläubiger auch das im §. 280 Abs. 2 bestimmte Recht zu.

---

dem Schuldner zu vertretenden Umstandes unmöglich geworden sei. Dieser Nothwendigkeit wird der Gläubiger durch die Vorschriften des § 283 überhoben. Hat der Schuldner vor dem Ablaufe der ihm von dem Gläubiger bestimmten Frist die Leistung nicht bewirkt, so kann der Gläubiger Schadensersatz wegen Nichterfüllung ohne Rücksicht darauf fordern, ob die Leistung wirklich unmöglich geworden ist oder nicht. Auch für solche Fälle, in welchen die Leistung bereits bei der Begründung des Schuldverhältnisses unmöglich, diese Unmöglichkeit aber nur eine subjektive war und daher eine Verpflichtung des Schuldners begründet wurde, ermöglichen die Vorschriften des § 283 dem Gläubiger, Schadensersatz zu erlangen. In beiden gedachten Fällen ist der Schadensersatz in Geld zu leisten. Die Vorschrift des § 249, nach welcher der Berechtigte zunächst nur die Herstellung des Zustandes fordern kann, welcher bestehen würde, wenn der zum Schadensersatze verpflichtende Umstand nicht eingetreten wäre (s. Erl. zu § 280 Nr. 3), findet keine Anwendung, indem der Gläubiger nach § 283 Abs. 1 Satz 2 nach dem fruchtlosen Ablaufe der Frist nicht mehr Erfüllung verlangen kann, hierdurch aber der Anspruch auf Herstellung des früheren Zustandes ausgeschlossen ist. Im Uebrigen finden die allgemeinen Vorschriften über Schadensersatz (§§ 252—255) Anwendung.

2. Der Gläubiger kann die Frist bestimmen, sobald der Schuldner rechtskräftig verurtheilt ist. Nicht erforderlich ist, daß die Zwangsvollstreckung versucht und fruchtlos geblieben ist. Ueber die Bestimmung der Frist, über den Begriff der Angemessenheit sowie über die Beweislast s. Erl. zu § 250 Nr. 2—4.

3. Die Verpflichtung zum Schadensersatze tritt nicht ein, wenn die Leistung in Folge eines Umstandes unmöglich wird, den der Schuldner nicht zu vertreten hat. Die Unmöglichkeit muß eingetreten sein nach der rechtskräftigen Verurtheilung des Schuldners oder doch nach dem Schlusse derjenigen mündlichen Verhandlung, in welcher Einwendungen spätestens hätten geltend gemacht werden müssen (C.P.O. § 767 Abs. 2). Durch das rechtskräftige Urtheil ist die auf eine früher eingetretene Unmöglichkeit gegründete Einwendung ausgeschlossen. Die Unmöglichkeit muß ferner vor dem Ablaufe der bestimmten Frist eingetreten sein. Mit dem Ablaufe der Frist verwandelt sich der Anspruch auf Erfüllung in den Anspruch auf Schadensersatz wegen Nichterfüllung, und dieser Anspruch wird nicht dadurch berührt, daß die auf Grund des ursprünglichen Schuldverhältnisses geschuldete Leistung unmöglich wird. Die Unmöglichkeit muß endlich eine dauernde sein. Eine nur zeitweise Unmöglichkeit kommt nicht in Betracht (P. II S. 645). Gleichgültig ist es, ob die Unmöglichkeit eine objektive oder eine subjektive ist; die Vorschrift des § 275 Abs. 2 findet auch im Falle des § 283 Anwendung.

Die Frage, ob die Unmöglichkeit von dem Schuldner zu vertreten ist, bestimmt sich nach dem Inhalte des Schuldverhältnisses und nach den §§ 276—279. Ist der Schuldner, wie regelmäßig der Fall sein wird, im Verzuge, so ist er nach § 287 auch für die durch Zufall eintretende Unmöglichkeit der Leistung verantwortlich, es sei denn, daß der Schaden auch bei rechtzeitiger Leistung eingetreten sein würde (s. Erl. zu § 287).

4. Soweit die Leistung nicht vor dem Ablaufe der Frist bewirkt wird, kann der Gläubiger Schadensersatz wegen Nichterfüllung fordern (s. oben Nr. 1). Der Beweis der rechtzeitigen Leistung liegt dem Schuldner ob. Wird dieser Beweis nur in Ansehung eines Theiles der Leistung geführt, so ist der Schuldner für den übrigen Theil der Leistung zum Schadensersatze verpflichtet. Für diesen Fall räumt aber der § 283 Abs. 2 dem Gläubiger auch das im § 280 Abs. 2 bezeichnete Recht ein. Er kann also unter Ablehnung des übrigen Theiles Schadensersatz wegen Nichterfüllung der ganzen Verbindlichkeit verlangen, wenn die theilweise Erfüllung für ihn kein Interesse hat (s. Erl. zu § 280 Nr. 6).

5. Auf Antrag des Gläubigers ist die Frist nach dem neuen § 255 der C.P.O. durch das Urtheil zu bestimmen (s. Erl. zu § 250 Nr. 5).

6. Ueber das bei gegenseitigen Verträgen eintretende Verhältniß s. die §§ 325 Abs. 2, 326, 327.

§. 284.

Leistet der Schuldner auf eine Mahnung des Gläubigers nicht, die nach dem Eintritte der Fälligkeit erfolgt, so kommt er durch die Mahnung in Verzug. Der Mahnung steht die Erhebung der Klage auf die Leistung sowie die Zustellung eines Zahlungsbefehls im Mahnverfahren gleich.

Ist für die Leistung eine Zeit nach dem Kalender bestimmt, so kommt der Schuldner ohne Mahnung in Verzug, wenn er nicht zu der bestimmten Zeit leistet. Das Gleiche gilt, wenn der Leistung eine Kündigung vorauszugehen hat und die Zeit für die Leistung in der Weise bestimmt ist, daß sie sich von der Kündigung ab nach dem Kalender berechnen läßt.

---

§ 284.

E. I § 245; II § 240 rev. § 278; III § 278. P. I S. 1179—1190; M. II S. 56—59. P. II S. 650, 8421, 8422, 8814 (Bd. I S. 324).

1. Der Gläubiger kann die Leistung, welche er kraft des Schuldverhältnisses zu fordern berechtigt ist, im Zweifel sofort fordern (§ 271). In Uebereinstimmung mit dem bisherigen Rechte geht aber das B.G.B. davon aus, daß der Schuldner deshalb, weil er nicht sofort leistet, nicht ohne Weiteres wegen verspäteter Leistung verantwortlich wird. Die Verantwortlichkeit des Schuldners tritt vielmehr erst ein, wenn er in Verzug kommt. Die Voraussetzungen, unter welchen dies geschieht, bestimmen die §§ 284, 285. Liegen diese Voraussetzungen vor, so hat der Schuldner die durch die Nichtleistung zu der bestimmten Zeit eingetretene Unmöglichkeit der Leistung in Ansehung der Zeit zu vertreten. Die näheren Vorschriften über die sich daraus ergebenden Verpflichtungen des Schuldners enthalten die §§ 286—290. Das B.G.B. beschränkt sich hier wie an anderen Stellen auf die Bestimmung allgemeiner Grundsätze. Für das richtige Verständniß und die Anwendung derselben giebt die reiche gemeinrechtliche Literatur über die mora werthvolle Anhaltspunkte. (Windscheid II §§ 276—281 und die dort angeführte Literatur, insbesondere Mommsen, die Lehre von der mora. Dernburg II §§ 40—42.) Hier können nur die leitenden Gesichtspunkte hervorgehoben werden.

2. Die Voraussetzungen des Verzugs sind:

a) die Fälligkeit der Forderung,

b) die Mahnung des Gläubigers.

Der Mahnung gleich steht die Erhebung der Klage und die Zustellung des Zahlungsbefehls im Mahnverfahren. Die Mahnung ist nicht erforderlich, wenn für die Leistung eine Zeit nach dem Kalender bestimmt ist.

c) Das Unterbleiben der Leistung nach dem Eintritte der unter **a** und **b** bezeichneten Voraussetzungen in Folge eines von dem Schuldner zu vertretenden Umstandes.

Im Einzelnen ist hier folgendes zu bemerken:

3. Der Begriff der Fälligkeit ist hier wie im Falle des § 273 ein anderer als im § 101 Nr. 2 (s. Bd. I S. 140 Erl. zu § 101 Nr. 3; Erl. zu § 273 Nr. 1 a. E.). Es genügt nicht, daß die Forderung entstanden und der Zeitpunkt eingetreten ist, in welchem der Gläubiger die Leistung nach dem Inhalte des Schuldverhältnisses verlangen kann. Die Forderung ist auch dann nicht fällig, wenn die Leistung gestundet ist. Ueberhaupt darf der Forderung keine Einrede entgegenstehen. Ueber die Frage, wie das Verhältniß zu beurtheilen ist, wenn der Schuldner nur Zug um Zug gegen eine Gegenleistung (s. z. B. die §§ 273, 320) oder erst, nachdem ihm Sicherheit geleistet ist (s. z. B. die §§ 258, 321, 867, 1005), zu leisten braucht, s. unten Nr. 4d und 7c.

4. Mahnung ist die Aufforderung des Gläubigers an den Schuldner, die Leistung zu bewirken. Das Erforderniß der Mahnung hat den Zweck, den Schuldner davon in Kenntniß zu setzen, daß der Gläubiger die sofortige Leistung verlangt. Nähere Vorschriften über die Art, in welcher die Mahnung zu erfolgen hat, enthält das B.G.B. nicht. Die einzelnen in Betracht kommenden Fragen sind aus der Natur des in Frage stehenden Verhältnisses und aus dem Zwecke der Mahnung zu entscheiden. Folgende Punkte mögen hervorgehoben werden:

a) Die Aufforderung des Gläubigers an den Schuldner braucht nicht als Mahnung bezeichnet zu sein; sie muß aber ergeben, daß der Gläubiger sofortige Leistung verlangt. Zustellung der Rechnung für sich allein enthält daher keine Mahnung.

---

b) Die Mahnung ist ein einseitiges empfangsbedürftiges Rechtsgeschäft oder doch eine Rechtshandlung, auf welche die Vorschriften über Rechtsgeschäfte der gedachten Art entsprechende Anwendung finden. Hieraus ergiebt sich insbesondere, daß die Mahnung eines Geschäftsunfähigen (§ 104) nichtig ist. Ist der Mahnende in der Geschäftsfähigkeit beschränkt, so findet der § 111 Anwendung. Für die Mahnung durch einen Vertreter mit Vertretungsmacht gelten die §§ 164, 174, durch einen Vertreter ohne Vertretungsmacht der § 180. Ist der Schuldner geschäftsunfähig oder in der Geschäftsfähigkeit beschränkt, so kommen die Vorschriften des §131 zur Anwendung; über die Mahnung an einen Vertreter des Schuldners entscheiden die §§ 164, 180. Der Zeitpunkt, in welchem die Mahnung, wenn sie einem Abwesenden gegenüber erfolgt, wirksam wird, bestimmt sich nach den §§ 130, 132. Es genügt also, wenn die Mahnung dem Schuldner zugeht, und sie gilt als zugegangen, wenn sie dem Schuldner nach Maßgabe des § 132 zugestellt wird. Ueber die Mahnung gegenüber einem Anwesenden, s. Bd. I S. 180 Erl. zu § 130 Nr. 1, 2. Auch die Vorschriften über Willensmängel (§§ 116—124) finden Anwendung, sind aber für die Mahnung ihrer Natur nach ohne praktische Bedeutung.

c) Die Mahnung muß auf Leistung des geschuldeten Gegenstandes gehen. Sie wird indessen nicht dadurch unwirksam, daß sie auf Leistung von mehr als geschuldet wird geht, sofern nur erhellt, daß auch das wirklich Geschuldete gefordert wird. Die Mahnung ist dann insoweit wirksam, als sie auf das Geschuldete geht. Ist sie auf weniger als geschuldet wird gerichtet, so ist sie nur in Ansehung des Geforderten wirksam.

d) Zweifelhaft ist, wie die Mahnung zu erfolgen hat, wenn der Schuldner nur Zug um Zug gegen eine Gegenleistung zu leisten verpflichtet ist. Der Schuldner kommt hier unzweifelhaft nicht in Verzug, wenn er die Leistung gegen die Gegenleistung anbietet; nach § 298 kommt in solchem Falle sogar der Gläubiger in Verzug, wenn er nicht seinerseits die Gegenleistung anbietet. Es fragt sich aber, ob der Gläubiger die Mahnung auf die Leistung Zug um Zug richten, ob er sich also gleichzeitig zu der Gegenleistung erbieten muß und ob die Mahnung, wenn dies nicht geschieht, unwirksam ist, oder ob die Wirksamkeit der Mahnung dadurch, daß das Erbieten zu der Gegenleistung unterbleibt, nicht berührt wird, der Schuldner also, um nicht in Verzug zu kommen, die Leistung gegen die Gegenleistung bewirken oder doch anbieten muß. Die letztere Auffassung dürfte dem Zwecke der Mahnung und der Art und Weise am meisten entsprechen, in welcher das B.G.B. die Verpflichtung zur Leistung Zug um Zug behandelt. Dem Schuldner steht in einem solchen Falle eine verzögerliche Einrede gegen den Anspruch zu (§§ 273, 320); diese hat aber nur die Wirkung, daß der Schuldner nicht zur Leistung schlechthin, sondern nur zur Erfüllung Zug um Zug verurtheilt wird (§§ 274, 322). Dem entspricht es, daß auch die Mahnung nicht dadurch, daß sie schlechthin auf Leistung gerichtet ist, unwirksam wird und daß die dem Schuldner zustehende verzögerliche Einrede nur die Wirkung hat, daß er nicht schlechthin, sondern nur Zug um Zug zu leisten bezw. anzubieten braucht. Bei dieser Auffassung handelt es sich nicht um ein Erforderniß der Mahnung, sondern um die Frage, ob die oben unter Nr. 2 c bezeichnete Voraussetzung des Verzugs vorliegt (s. unten Nr. 7).

e) Die Mahnung muß auf Leistung an demjenigen Orte gehen, an welchem der Schuldner zu leisten verpflichtet ist. Die Mahnung zur Leistung an einem anderen Orte ist ebenso unwirksam als die Mahnung zur Leistung eines anderen als des geschuldeten Gegenstandes. Ist bei der Mahnung über den Ort der Leistung nichts gesagt, so ist sie dahin auszulegen, daß die Leistung am Erfüllungsorte gefordert werde; die Mahnung ist daher wirksam.

f) Ueber die Zeit der Leistung braucht in der Mahnung nichts gesagt zu werden. Die Mahnung ist ihrem Wesen und Zwecke nach Aufforderung zur sofortigen Leistung. Deshalb kann die Mahnung erst nach der Fälligkeit der Forderung erfolgen. Wird nicht die sofortige Leistung, sondern die Leistung zu einer späteren Zeit gefordert, so ist die Mahnung zwar als solche unwirksam; ist aber die Zeit, in welcher die Leistung gefordert wird, nach dem Kalender bestimmt, so findet die Vorschrift Anwendung, daß der Verzug auch ohne Mahnung eintritt, wenn für die Leistung eine Zeit nach dem Kalender bestimmt ist. Das Recht des Gläubigers, eine bestimmte spätere Zeit für die Leistung zu bestimmen, folgt daraus, daß ein solches Recht gegenüber dem Rechte, die sofortige Leistung zu verlangen, als das in dem majus mit enthaltene minus erscheint. Selbstverständlich ist es, daß durch eine solche Bestimmung das Recht des Schuldners, früher zu leisten, nicht ausgeschlossen wird.

g) Die Mahnung kann nicht unter einer Bedingung erfolgen. Es ergiebt sich dies aus dem Zwecke der Mahnung, dem Schuldner Gewißheit darüber zu geben, daß der Gläubiger sofortige Leistung verlange sowie daraus, daß nur, wenn die Zeit der Leistung nach dem Kalender bestimmt ist, eine Mahnung nicht erfordert ist.

h) Ueber Zeit und Ort der Mahnung enthält das B.G.B. keine besonderen Vorschriften. Es finden daher in dieser Beziehung lediglich die allgemeinen Bestimmungen über einseitige empfangsbedürftige Rechtsgeschäfte Anwendung. Aus diesen ergiebt sich eine Beschränkung in Betreff des Ortes und der Zeit nicht. Dadurch wird nicht ausgeschlossen, daß im einzelnen Falle aus der Zeit und aus dem Orte der Mahnung entnommen werden kann, daß eine wirkliche rechtsgeschäftliche Mahnung überhaupt nicht gewollt ist.

5. Die Erhebung der Klage auf Leistung (C.P.O. §§ 263, 281, 500 Abs. 2, 510 Abs. 2) und die Zustellung eines Zahlungsbefehls im Mahnverfahren (C.P.O. § 693) begründen ebenso wie die Mahnung den Vorzug nur dann, wenn sie nach dem Eintritte der Fälligkeit erfolgen. Tritt die Fälligkeit erst während des Prozesses ein, so wird dadurch für sich allein der Verzug nicht begründet. Wird der Prozeß aber nach dem Eintritte der Fälligkeit fortgesetzt, so dürfte dies als genügend anzusehen sein, um den Verzug zu begründen (M. II S. 58). Bei Geldschulden tritt die Verpflichtung zur Zahlung von Zinsen nach § 291, wenn die Fälligkeit während des Prozesses eintritt, mit dieser ein. Wird auf Grund der C.P.O. § 258 wegen der erst nach Erlassung des Urtheils fällig werdenden Zinsen Klage auf künftige Zahlung erhoben, so tritt in Betreff dieser Zinsen der Verzug selbstverständlich erst mit der Mahnung oder, sofern in dem Urtheil eine Zeit für die Leistung nach dem Kalender bestimmt ist, zu dieser Zeit ein. Die Klage auf Feststellung des Anspruchs (C.P.O. § 256) begründet den Verzug nicht.

6. Die Vorschrift des § 284 Abs. 2, daß die Mahnung nicht erforderlich ist, wenn die Zeit für die Leistung nach dem Kalender bestimmt ist, findet Anwendung sowohl, wenn die Bestimmung durch Rechtsgeschäft, als auch wenn sie durch Gesetz oder Urtheil erfolgt ist. Erforderlich ist nur, daß die Bestimmung für den Schuldner bindend ist. Deshalb kann nach der Fälligkeit der Gläubiger auch einseitig die Bestimmung treffen (s. oben Nr. 4f). Nach dem Kalender bestimmt ist die Zeit nicht nur dann, wenn das Datum angegeben ist, sondern in allen Fällen, in welchen sich das Datum aus der Bestimmung berechnen läßt. Auch die Bestimmung einer Frist, deren Ende sich nach dem Kalender berechnen läßt, fällt unter die Vorschrift des Abs. 2. Der letzte Tag der Frist ist dann der Zeitpunkt, in welchem die Leistung spätestens erfolgen muß. Es genügt also z. B., wenn bestimmt ist, daß die Leistung vor Ablauf von zwei Monaten erfolgen solle. Nothwendig ist in solchem Falle nur, daß auch der Anfang der Frist nach dem Kalender bestimmt ist. Ist als Anfang der Zeitpunkt bestimmt, in welchem ein bestimmtes Ereigniß eintritt, in Betreff dessen es ungewiß ist, zu welcher Zeit es eintreten wird, so findet die Vorschrift des Abs. 2 keine Anwendung; selbstverständlich findet sie auch dann keine Anwendung, wenn die Zeit, in welcher das Ereigniß eintritt, selbst als Zeit der Leistung bestimmt ist. Eine Ausnahme hiervon gilt jedoch aus Rücksicht auf die Auffassung des Verkehrs dann, wenn der Leistung eine Kündigung vorauszugehen hat und die Zeit für die Leistung in der Weise bestimmt ist, daß sie sich von der Kündigung ab nach dem Kalender berechnen läßt; so also z. B. in dem Falle, wenn bestimmt ist, daß die Leistung drei Monate nach der Kündigung erfolgen soll. Ist die Bestimmung dahin getroffen, daß die Leistung sofort nach der Kündigung erfolgen soll, so ist der Zeitpunkt der Kündigung maßgebend. In dieser liegt, sofern nicht ein Anderes bestimmt ist, zugleich die Mahnung.

Die Vorschrift des Abs. 2 findet keine Anwendung, wenn die Bestimmung der Zeit nicht in dem Sinne erfolgt ist, daß der Schuldner zu dieser Zeit leisten solle, sondern in dem Sinne, daß der Gläubiger vor der bestimmten Zeit zu fordern nicht berechtigt sei. Die Bestimmung gilt indessen als in dem erstgedachten Sinne erfolgt, sofern nicht ausdrücklich oder stillschweigend das Gegentheil bestimmt ist. Die fragliche Vorschrift ist keine Auslegungsregel, sondern eine dispositive Vorschrift.

7. Der Verzug tritt, auch wenn die unter Nr. 3 bezeichnete und eine der unter Nr. 4—6 erörterten Voraussetzungen vorliegt, nur ein, wenn die Leistung in Folge eines von dem Schuldner zu vertretenden Umstandes unterbleibt. In den unter Nr. 4 und 5 bezeichneten Fällen kommt es darauf an, daß die Leistung nach der Mahnung bezw. nach der Erhebung der Klage oder der Zustellung des Zahlungsbefehls unterbleibt, in dem unter Nr. 6 bezeichneten Falle darauf, daß sie zu der bestimmten Zeit unterbleibt. Hierzu ist folgendes zu bemerken:

a) Die Leistung muß in den unter Nr. 4, 5 bezeichneten Fällen sofort nach der Mahnung bezw. nach der Erhebung der Klage oder der Zustellung des Zahlungsbefehls erfolgen. Erfordert die Leistung ihrer Natur nach eine gewisse Zeit, so entscheidet sich erst nach dem Ablaufe dieser Zeit, ob der Verzug eingetreten ist. Auch in anderen Fällen ist dem Schuldner ein modicum tempus zu belassen. Erfolgt die Leistung innerhalb dieser Zeit nicht, so gilt der Verzug schon als zur Zeit der Mahnung bezw. der Erhebung der Klage oder der Zustellung des Zahlungsbefehls eingetreten.

In dem unter Nr. 6 bezeichneten Falle muß die Leistung zu der bestimmten Zeit erfolgen. Erfolgt sie nicht, so tritt der Verzug mit dem bestimmten Zeitpunkte bezw. mit dem Ablaufe der bestimmten Frist ein.

b) Ist zu der Leistung eine Mitwirkung des Gläubigers erforderlich, so tritt der Verzug, wenn der Schuldner dasjenige thut, was ihm nach dem Inhalte des Schuldverhältnisses obliegt, nicht ein, solange der Gläubiger die erforderliche Mitwirkung nicht gewährt. Bietet der Schuldner also z. B. bei einer Bringschuld die Leistung an, so kommt er nicht in Verzug, wenn der Gläubiger die Leistung nicht annimmt. Handelt es sich um eine Holschuld, so kommt der Schuldner erst in Verzug, wenn der Gläubiger sich zu der Empfangnahme der Leistung an dem dazu bestimmten Orte einfindet und der Schuldner dann die Leistuug nicht anbietet. Auch bei anderen Verbindlichkeiten als Holschulden kann das Verhältniß so liegen, daß die Leistung erst bewirkt zu werden braucht, wenn der Gläubiger eine bestimmte Handlung vorgenommen hat. Solange dies nicht geschehen ist, kommt der Schuldner nicht in Verzug. In allen Fällen dieser Art findet eine Zurückbeziehung des Verzugs auf den Zeitpunkt der Mahnung bezw. der Erhebung der Klage oder der Zustellung des Zahlungsbefehls und in den unter Nr. 6 bezeichneten Fällen auf die für die Leistung bestimmte Zeit auch dann nicht statt, wenn der Schuldner die Leistung, nachdem der Gläubiger sich zur Empfangnahme der Leistung eingefunden bezw. die ihm obliegende Handlung vorgenommen hat, die Leistung nicht bewirkt oder anbietet. Es ergiebt sich dies daraus, daß der Schuldner, solange jene Voraussetzung nicht vorliegt, zur Leistung nicht verpflichtet ist, die Leistung also mit Recht unterbleibt. Bei einer Bringschuld dagegen gilt der Verzug, wenn der Schuldner die Leistung nicht anbietet, nach dem unter **a** Gesagten bereits als in dem dort bezeichneten Zeitpunkt eingetreten.

c) Ueber die Beurtheilung des Falles, wenn der Schuldner nur Zug um Zug zu leisten verpflichtet ist, s. oben Nr. 4d. Zweifelhaft ist die Frage, wie das Verhältniß zu beurtheilen ist, wenn der Schuldner die Leistung solange verweigern kann, bis ihm Sicherheit geleistet ist (s. z. B. die §§ 258, 321, 867). Ist die Mahnung erst zulässig, nachdem die Sicherheit geleistet ist, oder ist sie doch nur dann wirksam, wenn sie unter dem Erbieten der Sicherheitsleistung erfolgt, oder ist sie auch ohne ein solches Erbieten wirksam und wird der Verzug bis zur erfolgten Sicherheitsleistung nur dadurch ausgeschlossen, daß der Schuldner die Sicherheitsleistung verlangt? Die letztgedachte Auffassung dürfte dem Zwecke der Mahnung und dem Wesen der hier fraglichen verzögerlichen Einrede am meisten entsprechen. Erklärt der Schuldner dem Gläubiger auf dessen Mahnung, daß er die Sicherheitsleistung verlange, so kommt er nicht in Verzug, solange die Sicherheit nicht geleistet oder nicht wirksam angeboten ist.

d) Nach § 368 hat der Gläubiger gegen Empfang der Leistung auf Verlangen eine Quittung zu ertheilen. Der Gläubiger braucht sich bei der Mahnung nicht zu der Ausstellung der Quittung zu erbieten. Der Schuldner kommt mit der Mahnung in Verzug, wenn er die Leistung weder bewirkt noch anbietet. Verlangt er aber bei dem Angebote die Ausstellung der Quittung, so kommt er solange nicht in Verzug, als die Aushändigung der Quittung unterbleibt. Die Leistung des Schuldners braucht nur Zug um Zug gegen Aushändigung der Quittung zu erfolgen.

e) Der Verzug tritt, auch wenn im Uebrigen alle Voraussetzungen desselben vorliegen, nicht ein, solange die Leistung in Folge eines von dem Schuldner nicht zu vertretenden Umstandes unterbleibt. Dieser im § 285 ausgesprochene Satz ist eine Konsequenz des den §§ 275, 280 zu Grunde liegenden Prinzips, nach welchem der Schuldner wegen der Unmöglichkeit der Leistung nur dann haftet, wenn diese in Folge eines von ihm zu vertretenden Umstandes eingetreten ist. Aus der Fassung des § 285 ergiebt sich weiter, daß der Schuldner wegen des Unterbleibens der Leistung für die Zukunft von dem Zeitpunkt an haftet, in welchem das Unterbleiben von ihm zu vertreten ist. In diesem Zeitpunkte hätte der Schuldner leisten müssen; von diesem Zeitpunkt an tritt also der Verzug ein. Es ist nicht erforderlich, daß die Handlungen, von deren Vornahme der Eintritt des Verzugs abhängt, von neuem vorgenommen werden, daß insbesondere also die Mahnung wiederholt wird. Die einmal eingetretenen Voraussetzungen des Verzugs werden dadurch, daß der Schuldner das Unterbleiben der Leistung nicht zu vertreten hat, nicht unwirksam; sie werden dadurch nur in ihrer Wirksamkeit gehemmt, und diese tritt ein, sobald das Hinderniß, welches hier entgegensteht, wegfällt. Eine Zurückbeziehung des Verzugs auf einen früheren Zeitpunkt findet selbstverständlich nicht statt.

Welche Umstände der Schuldner zu vertreten hat, bestimmt sich hier, wie in den Fällen der §§ 275, 280, nach dem Inhalte des Schuldverhältnisses und nach den Vorschriften der §§ 276—279. Regelmäßig hat der Schuldner also nur Vorsatz und Fahrlässigkeit zu vertreten (§ 276). Die von den bisherigen Rechten verschieden beantwortete und nach gemeinem Rechte bestrittene Frage, ob der Verzug Verschulden des Schuldners voraussetzt, wird also bejahend entschieden. Aus dem Inhalte des Schuldverhältnisses kann sich aber eine weitergehende Haftung des Schuldners ergeben, und nach § 279 gilt für Schuldverhältnisse, bei welchen der geschuldete Gegenstand nur der Gattung nach bestimmt ist, kraft des Gesetzes als Regel, daß der Schuldner sein Unvermögen zur Leistung auch dann zu vertreten hat, wenn ihm ein Verschulden nicht zur Last fällt, daß also auch der Verzug durch das Unvermögen des Schuldners nicht ausgeschlossen wird. Auch in dem Falle des § 279 aber kann das Unterbleiben der Leistung auf einem von dem Schuldner nicht zu vertretenden Umstande beruhen. Nur sein Unvermögen zur Leistung hat der Schuldner in diesem Falle ohne Rücksicht auf sein Verschulden zu vertreten, nicht aber andere von ihm nicht verschuldete Umstände, in Folge deren die Leistung unterbleibt. Der Verzug tritt daher auch im Falle des § 279 nicht ein, wenn sich der Schuldner in einem entschuldbaren Irrthum über das Schuldverhältniß befindet (P. II S. 648).

8. In Betreff der **Beweislast** ergiebt sich aus allgemeinen Grundsätzen und aus der Fassung der §§ 284, 285 folgendes:

Der Gläubiger hat darzuthun, daß nach dem Eintritte der Fälligkeit die Mahnung oder die Erhebung der Klage oder die Zustellung des Zahlungsbefehls erfolgt oder daß für die Leistung eine Zeit nach dem Kalender bestimmt gewesen und abgelaufen sei oder daß die Leistung innerhalb einer nach dem Kalender zu berechnenden Zeit von der Kündigung ab habe erfolgen müssen und daß die Kündigung erfolgt und die fragliche Zeit abgelaufen sei. In den unter Nr. 7 b erwähnten Fällen hat der Gläubiger ferner zu beweisen, daß er diejenige Handlung vorgenommen habe, vor deren Vornahme der Schuldner nicht zu leisten brauchte. Das Unterbleiben der Leistung braucht der Gläubiger nicht zu beweisen (über die Fassung des § 284 in dieser Beziehung s. Bd. I S. 46 V 7); vielmehr liegt dem Schuldner der Beweis ob, daß er die Leistung zu der oben Nr. 7 a bezeichneten Zeit bewirkt oder ordnungsmäßig angeboten habe. In den unter Nr. 7 c bezeichneten Fällen braucht der Schuldner nur zu beweisen, daß er Leistung Zug um Zug angeboten bezw. daß er Sicherheitsleistung verlangt habe, in den unter Fällen Nr. 7 d, daß er die Leistung gegen Quittung angeboten habe. In den Fällen der letztgedachten Art steht dann dem Gläubiger der Beweis offen, daß er die Gegenleistung bewirkt, die Sicherheit geleistet, die Quittung ausgestellt oder doch diese Leistungen ordnungsmäßig angeboten habe. In allen Fällen steht dem Schuldner zur Widerlegung des Verzugs der Beweis offen, daß die Leistung in Folge eines von ihm nicht zu vertretenden Umstandes unterblieben sei.

9. Die Vorschriften des § 284 finden keine Anwendung bei **Schuldverhältnissen, welche auf ein Unterlassen gerichtet sind.** Nimmt der Schuldner die Handlung vor, welche er zu unterlassen verpflichtet ist, so haftet er ohne Rücksicht darauf, ob eine Mahnung, die Handlung zu unterlassen, erfolgt ist oder nicht, nach Maßgabe des § 280 Abs. 1.

10. Der E. I § 253 bestimmte:

„Der Verzug des Schuldners hört für die Zukunft mit dem Zeitpunkte auf, in welchem er das Versäumte nachgeholt hat."

Von der zweiten Kommission ist diese Vorschrift als überflüssig gestrichen (P. II S. 656, 657). Aus dem Wesen des Verzugs ergiebt sich, daß **der Verzug aufhört**, wenn der Schuldner die Leistung bewirkt oder doch ordnungsmäßig anbietet. Zu beachten ist, daß das Angebot sich nicht nur auf die ursprüngliche Leistung, sondern auch auf dasjenige zu erstrecken hat, was der Schuldner in Folge des Verzugs schuldet. Die Verpflichtung hat sich um diesen Betrag erweitert. Wird dies **Mehr** nicht geleistet, so liegt eine Theilerfüllung bezw. ein Theilangebot vor. Der Gläubiger braucht die Theilleistung nicht anzunehmen. Nimmt der Gläubiger das auf die ursprünglich geschuldete Leistung beschränkte Angebot an, so hört der Verzug in Beziehung auf diesen Theil der jetzigen Schuld auf, bleibt aber im Uebrigen bestehen, sofern nicht aus den Umständen zu entnehmen ist, daß der Gläubiger durch die Annahme der Leistung auf den durch den Verzug begründeten weitergehenden Anspruch verzichtet habe.

Der Verzug und dessen Folgen können selbstverständlich auch durch Vertrag unter den Parteien aufgehoben werden. Wird eine Frist zur Leistung bewilligt, so liegt darin die Aufhebung des Verzugs für die Zukunft. Ob darin auch ein Verzicht auf die bereits eingetretenen Folgen des Verzugs oder doch auf einzelne derselben liegt, ist eine Auslegungsfrage, deren Entscheidung von den Umständen des einzelnen Falles abhängt.

§. 285.

Der Schuldner kommt nicht in Verzug, solange die Leistung in Folge eines Umstandes unterbleibt, den er nicht zu vertreten hat.

§. 286.

Der Schuldner hat dem Gläubiger den durch den Verzug entstehenden Schaden zu ersetzen.

Hat die Leistung in Folge des Verzugs für den Gläubiger kein Interesse, so kann dieser unter Ablehnung der Leistung Schadensersatz wegen Nichterfüllung verlangen. Die für das vertragsmäßige Rücktrittsrecht geltenden Vorschriften der §§. 346 bis 356 finden entsprechende Anwendung.

---

§ 285.

E. I § 246; II § 241 rev. § 279; III § 279. P. I S. 1195—1199; M. II S. 60, 61. P. II S. 650—652 (Bd. I S. 325, 326).

S. Erl. zu § 284 Nr. 7e, 8.

§ 286.

E. I § 247; II § 242 rev. § 280; III § 280. P. I S. 1200, 1215, 1216, 3247, 3248; M. II S. 61. P. II S. 652, 653 (Bd. I S. 326).

1. Der § 286 Abs. 1 entspricht dem § 280 Abs. 1. Verzug bedeutet die durch den Schuldner zu vertretende Unmöglichkeit der Leistung in Ansehung der Zeit (s. Erl. zu § 284 Nr. 1). Der dadurch dem Gläubiger entstandene Schaden ist nach Maßgabe der §§ 249—254 zu ersetzen. Herstellung des Zustandes, welcher bestehen würde, wenn der zum Ersatze verpflichtende Umstand nicht eingetreten wäre (§ 249), ist hier indessen nicht möglich; der Ersatz ist daher in Geld zu leisten (§ 251). Bildet die Zeit der Leistung ein so wesentliches Moment der Verbindlichkeit des Schuldners, daß die Leistung zu einer anderen als zu der durch das Schuldverhältniß bestimmten Zeit eine ganz andere Leistung ist (s. Vorbm. zu den §§ 275—290 Nr. 2), so ist dadurch, daß nicht zu der bestimmten Zeit geleistet ist, die Leistung überhaupt unmöglich geworden; in solchem Falle ist der Schuldner daher, wenn die Unmöglichkeit in Folge seines Verzugs eingetreten ist, zum Schadensersatze wegen Nichterfüllung der ganzen Verbindlichkeit verpflichtet.

2. Der § 286 Abs. 2 entspricht dem § 280 Abs. 2. Der Gläubiger kann die verspätete Leistung ablehnen, wenn sie in Folge des Verzugs für ihn kein Interesse mehr hat. Es tritt dann dasselbe Verhältniß ein, wie wenn die Zeit von Anfang an einen wesentlichen Bestandtheil der Leistung selbst gebildet hätte; der Gläubiger kann also Schadensersatz wegen Nichterfüllung der ganzen Verbindlichkeit fordern. Ob die Leistung für den Gläubiger kein Interesse mehr hat, bestimmt sich nach den individuellen Verhältnissen des Gläubigers. Diesem liegt der Beweis ob.

Hat der Gläubiger einen Theil der Leistung bereits erhalten und ist der Schuldner mit dem übrigen Theile der Leistung im Verzuge, so kommt sowohl der § 280 Abs. 2 als der § 286 Abs. 2 zur Anwendung. Ueber die entsprechende Anwendung der §§ 346—356 s. Erl. zu § 280 Nr. 6. Ist noch kein Theil geleistet, so kommen nur die §§ 349, 355, 356 in Betracht.

3. Ueber die Wirkungen des Verzugs bei gegenseitigen Verträgen s. § 326. Ueber das bei einem gegenseitigen Vertrage, nach welchem die Leistung genau zu einer festbestimmten Zeit oder innerhalb einer festbestimmten Frist erfolgen soll, dem anderen Theile ohne Rücksicht auf Verzug zustehende Rücktrittsrecht s. § 361 (H.G.B. § 376). Für einzelne Schuldverhältnisse hat der Verzug noch besondere Folgen; s. z. B. die §§ 264 Abs. 2, 280, 339, 354, 554, 633 Abs. 3, 775 Nr. 3, 1613.

§. 287.

Der Schuldner hat während des Verzugs jede Fahrlässigkeit zu vertreten. Er ist auch für die während des Verzugs durch Zufall eintretende Unmöglichkeit der Leistung verantwortlich, es sei denn, daß der Schaden auch bei rechtzeitiger Leistung eingetreten sein würde.

§. 288.

Eine Geldschuld ist während des Verzugs mit vier vom Hundert für das Jahr zu verzinsen. Kann der Gläubiger aus einem anderen Rechtsgrunde höhere Zinsen verlangen, so sind diese fortzuentrichten.

Die Geltendmachung eines weiteren Schadens ist nicht ausgeschlossen.

---

§ 287.

E. I §§ 250, 251; II § 243 rev. § 281; III § 281. P. I S. 1206—1209; M. II S. 64, 65. P. II S. 655, 656 (Bd. I S. 327, 328).

Der § 287 spricht zwei praktisch wichtige Konsequenzen des Prinzips aus, daß der Schuldner dem Gläubiger den durch den Verzug entstehenden Schaden zu ersetzen hat (§ 286 Abs. 1).

1. Die Leistung würde, wenn sie rechtzeitig erfolgt wäre, durch Fahrlässigkeit des Schuldners nicht mehr unmöglich werden können; deshalb hat der Schuldner nach § 287 Satz 1 während des Verzugs jede Fahrlässigkeit zu vertreten, auch wenn er nach dem Inhalte des Schuldverhältnisses nur Vorsatz oder nur grobe Fahrlässigkeit zu vertreten oder nur für diejenige Sorgfalt einzustehen hätte, die er in eigenen Angelegenheiten anzuwenden pflegt.

2. Die Leistung würde, wenn sie rechtzeitig erfolgt wäre, auch nicht mehr durch Zufall unmöglich werden können. Der Schuldner hat deshalb während des Verzugs auch den Zufall zu vertreten. Diese Regel erleidet aber, weil der Schuldner nur denjenigen Schaden zu ersetzen braucht, welcher in Folge des Verzugs eingetreten ist, nach § 287 Satz 2 insofern eine Modifikation, als die Haftung des Schuldners wegfällt, wenn der Schaden auch bei rechtzeitiger Leistung eingetreten wäre. Besteht also z. B. die Leistung in der Uebergabe eines Grundstücks und wird diese Leistung dadurch unmöglich, daß das Grundstück während des Verzugs infolge einer Sturmfluth von dem Meere weggerissen wird, so würde dieser Zufall das Grundstück auch dann betroffen haben, wenn die Leistung rechtzeitig erfolgt wäre. Möglich ist indessen, daß der Gläubiger bei rechtzeitiger Leistung das Grundstück vor dem Eintritte der Sturmfluth verkauft und übertragen hätte. In diesem Falle würde er durch den Untergang des Grundstücks keinen Schaden gehabt haben. Der Schuldner muß deshalb, um seine Haftung auszuschließen, nicht nur beweisen, daß der fragliche Zufall das Grundstück auch bei rechtzeitiger Leistung betroffen haben würde, sondern auch, daß der Gläubiger das Grundstück bis zum Eintritte des Zufalls behalten hätte.

Die Haftung des Schuldners fällt indessen nicht nur dann weg, wenn derselbe Zufall, welcher die Leistung unmöglich gemacht hat, den Gegenstand auch bei rechtzeitiger Leistung getroffen haben würde. Hierauf beschränkte der E. I § 251 den dem Schuldner nachgelassenen Beweis. Die zweite Kommission hielt diese Beschränkung nicht für gerechtfertigt. Sie ging davon aus, daß es auf den Kausalzusammenhang zwischen dem Verzug und dem Schaden ankomme. „Dieser Zusammenhang bestehe zwischen dem Verzug und dem durch die zufällige Unmöglichkeit der Leistung erwachsenen Schaden auch dann nicht, wenn der Verzug dadurch, daß er den geschuldeten Gegenstand dem Gläubiger vorenthalten habe, denselben der Wirkung eines Zufalls entzogen habe, welcher ihn im Falle rechtzeitiger Leistung bei dem Gläubiger betroffen hätte (Windscheid II § 258 Note 15). Der Schuldner müsse sich deshalb auch auf einen solchen Zufall berufen können" (P. II S. 656). Auf diesen Erwägungen beruht die jetzige Fassung des § 287 Satz 2. Hiernach ist also z. B., falls eine zu leistende Sache während des Verzugs durch einen Blitzschlag zerstört ist, der die Sache bei rechtzeitiger Leistung nicht getroffen hätte, der Schuldner doch nicht zum Schadensersatze verpflichtet, wenn bei rechtzeitiger Leistung die Sache auf einem Schiffe verladen wäre, welches untergegangen ist, und der Gläubiger hierfür weder auf Grund einer Versicherung der Sache noch aus anderen Gründen Ersatz bekommen haben würde. Nicht gerechtfertigt durch die jetzige Fassung wird aber die Berufung auf einen Zufall, welcher nach der Entstehung des Schadensersatzanspruchs den Gegenstand bei dem Gläubiger betroffen hätte, wenn derselbe nicht schon vorher untergegangen wäre. Ein solcher Zufall läßt den einmal entstandenen Ersatzanspruch unberührt.

Ueber die Haftung für den Zufall im Falle der Verpflichtung zur Rückgabe einer durch eine unerlaubte Handlung entzogenen Sache s. § 848.

§ 288.

E. I § 248; II § 244 rev. § 282; III § 282. P. I S. 1201, 1202; M. II S. 62. P. II S. 653, 654, 8447—8451 (Bd. I S. 326, 327). K.B. S. 1962—1964. St.B. S. 2774.

1. Zinsen zu vier Prozent (§ 246) kann der Gläubiger ohne Rücksicht darauf verlangen,

§. 289.

Von Zinsen sind Verzugszinsen nicht zu entrichten. Das Recht des Gläubigers auf Ersatz des durch den Verzug entstehenden Schadens bleibt unberührt.

§. 290.

Ist der Schuldner zum Ersatze des Werthes eines Gegenstandes verpflichtet, der während des Verzugs untergegangen ist oder aus einem während des Verzugs eingetretenen Grunde nicht herausgegeben werden kann, so kann der Gläubiger Zinsen des zu ersetzenden Betrags von dem Zeitpunkt an verlangen, welcher der Bestimmung des Werthes zu Grunde gelegt wird. Das Gleiche gilt, wenn der Schuldner zum Ersatze der Minderung des Werthes eines während des Verzugs verschlechterten Gegenstandes verpflichtet ist.

---

ob er durch den Verzug überhaupt einen Schaden erlitten hat. Nur der Schenker braucht keine Verzugszinsen zu entrichten (§ 522). Ueber die Verjährung des Anspruchs auf Verzugszinsen s. Erl. zu § 197 Nr. 1. Für Forderungen aus beiderseitigen Handelsgeschäften betragen die Verzugszinsen nach dem H.G.B. § 352 fünf Prozent.

2. Der E. I § 248 Abs. 3 enthielt noch die Vorschrift, daß die Bestimmungen des Paragraphen auch dann Anwendung finden, wenn bestimmte Geldstücke zu leisten sind. Von der zweiten Kommission ist dieser Satz gestrichen. Die positive Vorschrift des § 288 Satz 1 findet also in einem Falle der gedachten Art keine Anwendung. Der Gläubiger kann aber Schadensersatz nach Maßgabe des § 286 verlangen und der Schaden wird, sofern nicht besondere Umstände entgegenstehen, bis zur Höhe von vier Prozent ohne Weiteres als bewiesen anzunehmen sein.

§ 289.

E. I § 249; II § 245 rev. § 283; III § 283. P. I S. 1203—1206; M. II S. 62—64. P. II S. 655 (Bd. I S. 327).

Die Vorschrift des § 289 bezieht sich, abweichend vom E. I § 249, welcher dieselbe nur für gesetzliche Zinsen gab, sowohl auf rechtsgeschäftliche als auf gesetzliche Zinsen. Die Vorschrift gilt auch für Zinsen, welche von einer Schuldverschreibung auf den Inhaber zu entrichten und über welche Zinsscheine auf den Inhaber ausgestellt sind. Über die Vereinbarung von Zinseszinsen s. § 248. Ueber Zinsen im Falle des Kontokurrentverkehrs mit einem Kaufmanne s. H.G.B. § 355.

§ 290.

E. I § 252; II § 246 rev. § 284; III § 284. P. I S. 1210—1215, 3251, 3252; M. II S. 66. P. II S. 656. (Bd. I S. 328). K.B. S. 1964, 1965. St.B. S. 2774.

Die Verpflichtung zum Ersatze des Werthes eines Gegenstandes, der während des Verzugs untergegangen ist oder aus einem anderen während des Verzugs eingetretenen Grunde nicht herausgegeben werden kann, bestimmt sich nach dem § 287. In den E. I, II, III war bestimmt, daß der Gläubiger Zinsen des zu ersetzenden Betrags von der Zeit an verlangen könne, zu welcher der Gläubiger mit der Leistung des Gegenstandes in Verzug gekommen sei. Hinzugefügt war im Abs. 2, daß der Gläubiger für die Zeit, für welche er Zinsen fordere, nicht Ersatz für entzogene Nutzungen verlangen könne. Diese Bestimmungen beruhten auf dem Gedanken, daß der Gläubiger ohne den Verzug die Nutzungen des Gegenstandes bezogen haben würde und daß ihm diese durch die Zinsen vergütet werden sollen. Die jetzige Fassung des § 290 ist durch die Reichstagskommission beschlossen. Maßgebend dabei war die Erwägung, daß der Betrag des zu ersetzenden Werthes sich nicht immer nach der Zeit, zu welcher der Schuldner in Verzug gekommen, sondern möglicherweise, wenn der Werth eines Gegenstandes der betreffenden Art nach dem Verzuge gestiegen sei, sich nach einer späteren Zeit bestimme (s. Erl. zu § 252 Nr. 1—4, zu § 280 Nr. 4). Es komme also auf den Zeitpunkt an, welcher im einzelnen Falle der Bestimmung des Werthes zu Grunde gelegt werde. Erst von diesem Zeitpunkt an sei der zu ersetzende Betrag zu verzinsen. Die Zinsen bilden nach der jetzigen Fassung also nicht mehr einen Ersatz für die dem Gläubiger entgangenen Nutzungen des Gegenstandes, sondern den Ersatz für den Schaden, welchen der Gläubiger dadurch erlitten hat, daß ihm der zu ersetzende Betrag nicht sofort zu der Zeit bezahlt ist, welche der Bestimmung des Werthes zu Grunde gelegt ist. Der zweite Absatz wurde hiernach überflüssig, indem es sich von selbst versteht, daß Nutzungen des Gegenstandes von demjenigen Zeitpunkt an nicht mehr in Frage kommen können, welcher der Bestimmung des zu ersetzenden Werthes zu Grunde

§. 291.

Eine Geldschuld hat der Schuldner von dem Eintritte der Rechtshängigkeit an zu verzinsen, auch wenn er nicht im Verzug ist; wird die Schuld erst später fällig, so ist sie von der Fälligkeit an zu verzinsen. Die Vorschriften des §. 288 Abs. 1 und des §. 289 Satz 1 finden entsprechende Anwendung.

§. 292.

Hat der Schuldner einen bestimmten Gegenstand herauszugeben, so bestimmt sich von dem Eintritte der Rechtshängigkeit an der Anspruch des Gläubigers auf Schadensersatz wegen Verschlechterung, Unterganges oder einer aus einem anderen Grunde eintretenden Unmöglichkeit der Herausgabe nach den Vorschriften, welche für das Verhältniß zwischen dem Eigenthümer und dem Besitzer von dem Eintritte der Rechtshängigkeit des Eigenthumsanspruchs an gelten, soweit nicht aus dem Schuldverhältniß oder dem Verzuge des Schuldners sich zu Gunsten des Gläubigers ein Anderes ergiebt.

Das Gleiche gilt von dem Anspruche des Gläubigers auf Herausgabe oder Vergütung von Nutzungen und von dem Anspruche des Schuldners auf Ersatz von Verwendungen.

---

gelegt ist. Den Werth der bis zu diesem Zeitpunkte dem Gläubiger entgangenen Nutzungen kann dieser selbstverständlich ersetzt verlangen.

Die auf Grund des § 290 zu entrichtenden Zinsen sind nicht Verzugszinsen. Der Zinssatz beträgt aber ebenso wie bei diesen vier Prozent (§ 246).

Eine dem § 290 entsprechende Vorschrift für den Fall der Entziehung oder der Beschädigung einer Sache durch unerlaubte Handlungen enthält der § 849.

§ 291.

E. II § 247 rev. § 285; III § 285. M. II S. 55. P. II S. 647—650 (Bd. I S. 323, 324).

Der Schuldner kommt durch die Klageerhebung, da diese der Mahnung gleichsteht (§ 284 Abs. 1 Satz 2), regelmäßig in Verzug. Der Verzug kann aber dadurch ausgeschlossen sein, daß die Leistung in Folge eines Umstandes unterbleibt, den der Schuldner nicht zu vertreten hat (§ 285). Bei einer Geldschuld hat der Schuldner zwar nach § 279 sein Unvermögen zur Leistung auch dann zu vertreten, wenn ihm ein Verschulden nicht zur Last fällt; nicht zu vertreten hat er aber auch bei einer solchen Schuld einen entschuldbaren Irrthum; er kommt also trotz der Klageerhebung nicht in Verzug, wenn er deshalb nicht zahlt, weil er in Folge eines entschuldbaren Irrthums nicht verpflichtet zu sein glaubt. Der Schuldner würde hiernach trotz der Klageerhebung Zinsen nicht zu bezahlen brauchen. Der E. I beließ es bei diesem Ergebnisse. Mit Rücksicht auf das in einem größeren Theile von Deutschland geltende bisherige Recht und auf die Auffassung des Lebens bestimmt dagegen der § 291, daß *bei einer Geldschuld die Verpflichtung zur Bezahlung von Zinsen, auch wenn ein Verzug nicht vorliegt, mit der Rechthängigkeit eintritt.* Der Schuldner führt den Prozeß auf seine Gefahr. Die Zinsen betragen vier Prozent, sofern nicht der Schuldner aus einem anderen Rechtsgrunde höhere Zinsen zu entrichten hat (§ 288 Abs. 1). Zinseszinsen sind nicht zu entrichten (§ 289 Satz 1). Ist der Gläubiger im Verzuge der Annahme, was z. B. bei Holschulden trotz der Rechtshängigkeit der Fall sein kann, so fällt die Verpflichtung zur Bezahlung von Zinsen weg (§ 301).

Ueber den Eintritt der Rechtshängigkeit s. C.P.O. §§ 263, 281, 693, 695.

§ 292.

E. I § 244; II § 248 rev. § 286; III § 286. P. I S. 1536, 1545—1547, 4185; M. II S. 55, 56. P. II S. 647, 8414 (Bd. I S. 323).

1. Wie der § 291 für Geldschulden, so bestimmt der § 292 für die *Verbindlichkeiten zur Herausgabe eines bestimmten Gegenstandes* eine von dem Eintritte des Verzugs unabhängige *Wirkung der Rechtshängigkeit.* Die Vorschrift des § 292 beruht zunächst auf dem Gedanken, daß es für den Anspruch auf Herausgabe einer

Zweiter Titel.

Verzug des Gläubigers.

Sache in den hier fraglichen Beziehungen keinen Unterschied machen kann, ob der Anspruch ein dinglicher oder ein persönlicher Anspruch ist. In dem einen wie in dem anderen Falle muß sich der Schuldner von dem Eintritte der Rechtshängigkeit an sagen, daß er die Sache möglicherweise mit Unrecht dem Gläubiger vorenthält; er ist deshalb von diesem Zeitpunkt an verpflichtet, die im Verkehr erforderliche Sorgfalt auf die Erhaltung der Sache zu verwenden. Dieser Gesichtspunkt führt aber dazu, die Vorschrift nicht nur für Sachen, sondern auch für andere Gegenstände zu geben und sie nicht auf diejenigen Fälle zu beschränken, in welchen der Schuldner dem Gläubiger einen demselben gehörenden Gegenstand herauszugeben hat, sondern auch auf solche Fälle auszudehnen, in welchen der Schuldner einen ihm gehörenden Gegenstand dem Gläubiger zu übertragen verpflichtet ist. Der Ausdruck „Herausgabe" umfaßt nach der Terminologie des B.G.B. beide Fälle.

Die Vorschrift des § 292 ist eine subsidiäre; sie findet nur Anwendung, soweit sich nicht aus den für das betreffende Schuldverhältniß geltenden besonderen Vorschriften oder aus den allgemeinen Vorschriften über den Verzug ein Anderes ergiebt. Der Wortlaut des § 292 „soweit nicht aus dem Schuldverhältniß oder dem Verzuge des Schuldners sich zu Gunsten des Gläubigers ein Anderes ergiebt" scheint zwar eine Abweichung nur zu Gunsten des Gläubigers gestatten zu wollen. Bei den fraglichen Worten ist indessen nur an solche Abweichungen gedacht, die kraft des Gesetzes eintreten. Abweichungen zum Nachtheile des Schuldners bestimmt das B.G.B. nicht. Daß durch rechtsgeschäftliche Bestimmung eine Abweichung auch zum Nachtheile des Gläubigers bestimmt werden kann, daß die Vorschrift also nur eine dispositive ist, wird als selbstverständlich vorausgesetzt.

Ueber den Eintritt der Rechtshängigkeit s. C.P.O. §§ 263, 281, 693, 695.

2. Die Anwendung der in dem § 292 angezogenen Vorschriften über den Eigenthumsanspruch führt zu folgenden Ergebnissen:

a) Der Schuldner ist von dem Eintritte der Rechtshängigkeit an dem Gläubiger für den Schaden verantwortlich, der dadurch entsteht, daß in Folge seines Verschuldens der Gegenstand verschlechtert wird, untergeht oder aus einem anderen Grunde von ihm nicht herausgegeben werden kann (§§ 989, 280).

b) Der Schuldner hat dem Gläubiger die Nutzungen herauszugeben, welche er nach dem Eintritte der Rechtshängigkeit zieht. Für Nutzungen, die er von dem Eintritte der Rechtshängigkeit an nach den Regeln einer ordnungsmäßigen Wirthschaft hätte ziehen können, aber nicht gezogen hat, ist er dem Gläubiger, soweit ihn ein Verschulden trifft, Ersatz zu leisten verpflichtet (§§ 987, 100).

c) Der Schuldner kann für nothwendige Verwendungen, die er nach dem Eintritte der Rechtshängigkeit gemacht hat, von dem Gläubiger Ersatz nach den Vorschriften über die Geschäftsführung ohne Auftrag verlangen (§§ 994 Abs. 2, 683 ff.). Für andere Verwendungen kann der Schuldner Ersatz nicht verlangen (§ 996). Ist jedoch der herauszugebende Gegenstand ein landwirthschaftliches Grundstück, so hat der Gläubiger die Kosten, die der Schuldner auf die noch nicht getrennten, jedoch nach den Regeln einer ordnungsmäßigen Wirthschaft vor dem Ende des Wirthschaftsjahrs zu trennenden Früchte verwendet hat, insoweit zu ersetzen, als sie einer ordnungsmäßigen Wirthschaft entsprechen und den Werth dieser Früchte nicht übersteigen (§ 998).

d) Der Schuldner hat wegen der ihm zu ersetzenden Verwendungen das Zurückbehaltungsrecht (§ 1000 Satz 1). Der Anspruch des Schuldners gegen den Gläubiger auf Ersatz der Verwendungen unterliegt aber denselben Beschränkungen, welche nach den §§ 1001—1003 für den dem Besitzer gegen den Eigenthümer zustehenden Anspruch auf Ersatz von Verwendungen gelten.

Zweiter Titel.

1. Der Verzug des Gläubigers hat einen wesentlich anderen Charakter als der Verzug des Schuldners. Der Schuldner ist zur Leistung verpflichtet; der Gläubiger ist nicht verpflichtet, die Leistung anzunehmen. Der Schuldner kommt nur in Verzug, wenn die Leistung in Folge eines von ihm zu vertretenden Umstandes unterbleibt; der Verzug

§. 293.

Der Gläubiger kommt in Verzug, wenn er die ihm angebotene Leistung nicht annimmt.

§. 294.

Die Leistung muß dem Gläubiger so, wie sie zu bewirken ist, thatsächlich angeboten werden.

---

des Gläubigers tritt ohne Rücksicht darauf ein, ob dem Gläubiger ein Verschulden zur Last fällt oder nicht. Aus dieser Verschiedenheit der Voraussetzungen ergiebt sich die Verschiedenheit der Wirkungen. Auch durch den Verzug des Gläubigers tritt zwar eine Aenderung des Schuldverhältnisses ein, aber diese Aenderung ist keine so tiefgreifende, als die in Folge des Verzugs des Schuldners eintretende Aenderung; insbesondere wird der Gläubiger nicht allgemein verpflichtet, dem Schuldner den durch den Verzug erwachsenden Schaden zu ersetzen; nur in einer einzelnen Beziehung tritt eine Verpflichtung des Gläubigers zum Ersatze von Aufwendungen ein, die der Schuldner in Folge des Verzugs machen mußte (§ 304).

2. Die §§ 293—299 bestimmen die Voraussetzungen, die §§ 300—304 die Wirkungen des Verzugs des Gläubigers.

Der E. I § 262 enthielt noch eine Vorschrift über den Zeitpunkt, in welchem der Verzug des Gläubigers aufhört. Von der zweiten Kommission ist diese Vorschrift gestrichen (s. Erl. zu § 304 Nr. 3).

§ 293.

E. I § 254; II § 249 rev. § 287; III § 287. P. I S. 1218—1224; M. II S. 68, 69. P. II S. 659, 660, 8414, 8415 (Bd. I S. 328, 329).

1. Die Voraussetzungen des Verzugs sind: das Angebot der Leistung an den Gläubiger und das Unterbleiben der Annahme. Beide Voraussetzungen hat eintretenden Falles der Schuldner zu beweisen. Ein Verschulden des Gläubigers ist nicht erforderlich.

2. Für die Frage, von wem die Leistung angeboten werden muß, kommt der § 267 in Betracht. Der Schuldner hat anzubieten, wenn die Leistung von ihm in Person zu bewirken ist. Ist dies nicht erforderlich, so kann auch ein Dritter die Leistung wirksam anbieten. Der Gläubiger kann sie aber ablehnen, wenn der Schuldner widerspricht.

3. Das Angebot muß erfolgen an den Gläubiger. Dem steht gleich das Angebot an einen Vertreter, wenn dieser berechtigt war, den Gläubiger in Betreff der Annahme der Leistung zu vertreten (§ 164 Abs. 3).

4. Die Art, in welcher das Angebot zu erfolgen hat, bestimmen die §§ 294—298; über die Zeit, zu welcher das Angebot zu erfolgen hat, enthält der § 299 eine besondere Vorschrift.

5. In einzelnen Fällen ist zur Bewirkung der geschuldeten Leistung eine Annahme von Seiten des Gläubigers nicht erforderlich, so z. B. wenn die Leistung in der Vornahme einer Handlung besteht, die der Schuldner ohne Mitwirken des Gläubigers vornehmen kann. In Fällen dieser Art ist ein Verzug des Gläubigers nicht möglich.

§ 294.

E. I § 255 Abs. 1; II § 250 rev. § 288; III § 288. P. I S. 1225—1238; M. II S. 69—72). P. II S. 660, 661 (Bd. I S. 329).

1. Den Vorschriften der §§ 294—297 über das Angebot der Leistung liegt der Gedanke zu Grunde, daß der Gläubiger in Verzug kommt, wenn der Schuldner dasjenige gethan hat, was von seiner Seite zur Bewirkung der Leistung erforderlich ist, diese aber trotzdem deshalb nicht erfolgt, weil der Gläubiger die von seiner Seite erforderliche Mitwirkung nicht gewährt. Ist eine Mitwirkung des Gläubigers nicht erforderlich, so ist ein Verzug desselben nicht möglich; denn in diesem Falle wird die Leistung bewirkt, wenn der Schuldner Alles gethan hat, was von seiner Seite zur Bewirkung der Leistung erforderlich ist. Kann die Thätigkeit des Schuldners erst beginnen, wenn vorher oder gleichzeitig der Gläubiger eine Handlung vornimmt, so kommt der Gläubiger nach den näheren Vorschriften der §§ 295 bis 297 schon in Verzug, wenn der Schuldner die Leistung zu bewirken im Stande ist und sich dem Gläubiger gegenüber wörtlich dazu erbietet, der Gläubiger aber die ihm obliegende Handlung nicht vornimmt.

§. 295.

Ein wörtliches Angebot des Schuldners genügt, wenn der Gläubiger ihm erklärt hat, daß er die Leistung nicht annehmen werde, oder wenn zur Bewirkung der Leistung eine Handlung des Gläubigers erforderlich ist, insbesondere wenn der Gläubiger die geschuldete Sache abzuholen hat. Dem Angebote der Leistung steht die Aufforderung an den Gläubiger gleich, die erforderliche Handlung vorzunehmen.

---

2. Der § 294 betrifft den Regelfall, in welchem zur Bewirkung der Leistung zunächst der Schuldner thätig werden muß und die Mitwirkung des Gläubigers sich darauf beschränkt, daß er die von dem Schuldner angebotene Leistung annimmt. Für diesen Fall bestimmt der § 294, daß die Leistung dem Gläubiger so, wie sie zu bewirken ist, thatsächlich angeboten werden muß. Ein wörtliches Angebot genügt nicht. Bei einer Bringschuld z. B. also hat der Schuldner sich zu dem Gläubiger zu begeben und ihm die geschuldete Sache so anzubieten, daß der Gläubiger nur zuzugreifen braucht, um die Sache zu bekommen. Die Leistung muß sowohl dem Gegenstand als dem Orte als der Zeit nach so angeboten werden, wie sie geschuldet wird. Eine Theilleistung braucht der Gläubiger nicht anzunehmen (§ 266). Ueber den Ort der Leistung s. die §§ 269, 270, über die Zeit der Leistung die §§ 271, 299. Ergänzend tritt zu allen diesen Vorschriften die Bestimmung des § 242 hinzu, nach welcher die Leistung und folglich auch das Angebot so zu bewirken ist, wie Treu und Glauben mit Rücksicht auf die Verkehrssitte es erfordern. Dies ist insbesondere auch in Betreff des Ortes und der Zeit des Angebots, soweit die rechtsgeschäftlichen oder gesetzlichen Bestimmungen in dieser Beziehung einen Spielraum lassen, zu beachten. Das Angebot der Uebergabe von Sachen auf der Straße oder während der Nachtzeit wird z. B. regelmäßig unzulässig sein. Darüber, ob das Angebot wirksam nur von dem Schuldner oder von einem Dritten erfolgen kann, s. Erl. zu § 293 Nr. 2.

§ 295.

E. I § 255 Abs. 2, 3 Satz 1; II § 251 Abs. 1 rev. § 289; III § 289. P. I S. 1225—1238; M. II S. 69—72. P. II S. 660, 661 (Bd. I S. 329).

Die in dem § 295 gegebenen beiden Vorschriften haben einen verschiedenen Charakter.

1. Die Vorschrift, daß das wörtliche Angebot genügt, wenn der Gläubiger dem Schuldner erklärt hat, daß er die Leistung nicht annehmen werde, beruht auf der Erwägung, daß es gegen Treu und Glauben verstoßen würde, wenn der Gläubiger unter der gedachten Voraussetzung sich darauf berufen wollte, daß der Schuldner die Leistung nicht thatsächlich, sondern nur wörtlich angeboten habe.

2. Die zweite Vorschrift, daß das wörtliche Angebot genügt, wenn zur Bewirkung der Leistung eine Handlung des Gläubigers erforderlich ist, folgt aus der Natur eines Schuldverhältnisses dieser Art. Der Schuldner kann, solange der Gläubiger die Handlung nicht vorgenommen hat, nichts anderes thun, als wörtlich die Leistung anzubieten. Er hat, wenn er dies thut, Alles gethan, was zur Zeit von seiner Seite behufs Bewirkung der Leistung geschehen kann. Dies muß, wenn der Schuldner auch wirklich bereit und im Stande ist (s. unten Nr. 6), nach dem den Vorschriften über den Verzug des Gläubigers zu Grunde liegenden Gedanken genügen, um den Verzug zu begründen. Die Vorschrift des § 295 findet sowohl dann Anwendung, wenn der Schuldner erst thätig werden kann, nachdem der Gläubiger die Handlung vorgenommen hat, als auch dann, wenn diese Handlung gleichzeitig mit der Thätigkeit des Schuldners erfolgen muß. Zu den Fällen der ersteren Art gehört der seiner praktischen Wichtigkeit wegen in dem § 295 besonders hervorgehobene Fall einer Holschuld. Erscheint der Gläubiger, um die Leistung in Empfang zu nehmen, so muß der Schuldner selbstverständlich die Leistung thatsächlich anbieten, und der Gläubiger kommt nur in Verzug, wenn er die in solcher Weise angebotene Leistung nicht annimmt. Erscheint der Gläubiger aber nicht, um die Leistung in Empfang zu nehmen, so genügt das wörtliche Angebot des Schuldners; der Gläubiger kommt in Verzug, wenn er sich nunmehr nicht zur Empfangnahme der Leistung einstellt. Zu dieser Kategorie gehört ferner der Fall eines alternativen Schuldverhältnisses, bei welchem dem Gläubiger das Wahlrecht zusteht (§ 264 Abs. 2). Nur die eine oder die andere Leistung braucht der Schuldner zu bewirken (§ 262). Um die Leistung zu ermöglichen, ist also die vorherige Wahl des Gläubigers erforderlich. Der Gläubiger kommt daher in Verzug, wenn der Schuldner ihm wörtlich die Leistung anbietet oder ihn zu der Wahl auffordert, trotzdem aber die Wahl von ihm nicht vorgenommen wird. Hierher gehört ferner der Fall des sog. Spezifikationskaufs, sofern man hierbei nicht eine Verpflichtung des Käufers, die vorbehaltene Bestimmung zu treffen, annimmt, ebenso der Fall, in welchem der von dem Schuldner zu leistende Betrag durch eine von dem Gläubiger dem Schuldner mitzutheilende Abrechnung festzustellen ist (H.G.B. § 375).

§. 296.

Ist für die von dem Gläubiger vorzunehmende Handlung eine Zeit nach dem Kalender bestimmt, so bedarf es des Angebots nur, wenn der Gläubiger die Handlung rechtzeitig vornimmt. Das Gleiche gilt, wenn der Handlung eine Kündigung vorauszugehen hat und die Zeit für die Handlung in der Weise bestimmt ist, daß sie sich von der Kündigung ab nach dem Kalender berechnen läßt.

Zu den Fällen der zweiten Art gehört die Verpflichtung zur Uebergabe eines Grundstücks. Diese kann nur bei gleichzeitiger Anwesenheit beider Theile erfolgen. Das wörtliche Angebot des Schuldners genügt hier, wenn der Schuldner dem Gläubiger zugleich eine angemessene Zeit für die Uebergabe bestimmt und der Schuldner zu dieser Zeit zu der Uebergabe bereit ist, der Gläubiger aber nicht erscheint.

3. Aus der Vorschrift des § 295 ergiebt sich ferner, daß, wenn zunächst eine Thätigkeit des Schuldners erforderlich ist, zur Fortsetzung derselben aber eine Mitwirkung des Gläubigers nöthig wird, der Verzug des Gläubigers erst eintritt, wenn dieser, nachdem der Schuldner thätig geworden ist und sich zur Fortsetzung der Thätigkeit nach Vornahme der dem Gläubiger obliegenden Handlungen bereit erklärt hat, diese Handlungen nicht vornimmt. Es kommen hier die Vorschriften der §§ 294, 295 neben einander zur Anwendung. Ist z. B. der Schuldner zur Leistung von Diensten nach Maßgabe einer ihm von dem Gläubiger zu ertheilenden Anweisung verpflichtet, so hat sich der Schuldner zu der bestimmten Zeit bei dem Gläubiger zur Empfangnahme der Anweisung einzufinden und zu der Dienstleistung bereit zu erklären. Sind zu der Dienstleistung Werkzeuge oder sonstige Gegenstände erforderlich, die der Schuldner zu beschaffen hat, so muß er diese mitbringen oder doch bereit halten. Hat der Schuldner dies gethan, so kommt der Gläubiger in Verzug, wenn er die ihm obliegende Anweisung nicht ertheilt.

4. Dem Angebote der Leistung steht die Aufforderung an den Gläubiger gleich, die erforderliche Handlung vorzunehmen. In einer solchen Aufforderung findet das Gesetz zugleich das Angebot der Leistung nach Vornahme der Handlung. Sollte sich im einzelnen Falle aus den Umständen ergeben, daß die Aufforderung nicht in diesem Sinne gemeint ist, so wird sie nicht als genügend betrachtet werden können, um den Gläubiger in Verzug zu setzen.

5. Das Angebot sowie die Aufforderung ist ein einseitiges empfangsbedürftiges Rechtsgeschäft (§§ 130—132).

6. Zu dem wörtlichen Angebote muß, um den Gläubiger in Verzug zu setzen, noch hinzutreten, daß der Schuldner zur Zeit des Angebots im Stande ist, die Leistung zu bewirken. Ist dies nicht der Fall, so ist das Angebot nur ein leerer Schein. Nach dem E. I § 255 Abs. 2 wurde deshalb das Leistungsvermögen des Schuldners unter den Voraussetzungen des Verzugs mit angeführt. Sachlich hält auch das B.G.B. hieran fest. Die zweite Kommission nahm aber an, daß die Auffassung des Lebens eine Umkehrung der Beweislast erfordere. Der Schuldner braucht daher, wie sich aus der Fassung des § 297 ergiebt, nicht sein Leistungsvermögen zu beweisen, vielmehr liegt dem Gläubiger, wenn das Angebot dargethan ist, der Beweis ob, daß der Schuldner zur Zeit desselben außer Stande gewesen sei, die Leistung zu bewirken.

7. Im Falle des § 294 wird nicht erfordert, daß die Leistung von dem Schuldner angeboten wird. Auch das thatsächliche Angebot eines Dritten genügt, sofern nicht nach dem Inhalte des Schuldverhältnisses der Schuldner persönlich zu leisten hat (s. Erl. zu § 293 Nr. 2). In den Fällen des § 295 wird dagegen ein Angebot des Schuldners verlangt. Einer in der zweiten Kommission gegebenen Anregung, die Fassung des § 295 entsprechend der Fassung des § 294 dahin zu ändern, daß auch das wörtliche Angebot von Seiten des Dritten genüge, wurde von der Kommission keine Folge gegeben. Man ging davon aus, daß dem Gläubiger nicht zugemuthet werden könne, sich mit einem Dritten auf dessen wörtliches Angebot hin in Verhandlungen einzulassen. Nur wenn der Schuldner die Leistung anbiete, liege es dem Gläubiger ob, die zur Bewirkung der Leistung erforderlichen Handlungen vorzunehmen (P. II S. 661). Das nur wörtliche Angebot eines Dritten ist hiernach nicht geeignet, den Gläubiger in Verzug zu setzen.

§ 296.

E. I § 255 Abs. 3 Satz 2; II § 251 Abs. 2 rev. § 290; III § 290. P. I S. 1225—1240; M. II S. 69—72. P. II S. 660, 661, 8421, 8422 (Bd. I S. 329).

1. Die Vorschrift des § 296 entspricht der Vorschrift des § 284 Abs. 2. Wie es nach der letzteren zur Begründung des Verzugs des Schuldners einer Mahnung nicht bedarf, wenn für die Leistung eine Zeit nach dem Kalender bestimmt ist, so ist, um den Verzug

§. 297.

Der Gläubiger kommt nicht in Verzug, wenn der Schuldner zur Zeit des Angebots oder im Falle des §. 296 zu der für die Handlung des Gläubigers bestimmten Zeit außer Stande ist, die Leistung zu bewirken.

§. 298.

Ist der Schuldner nur gegen eine Leistung des Gläubigers zu leisten verpflichtet, so kommt der Gläubiger in Verzug, wenn er zwar die angebotene Leistung anzunehmen bereit ist, die verlangte Gegenleistung aber nicht anbietet.

---

des Gläubigers zu begründen, nach § 296 das Angebot der Leistung von Seiten des Schuldners nicht erforderlich, wenn zur Bewirkung der Leistung eine Handlung des Gläubigers erforderlich und für deren Vornahme eine Zeit nach dem Kalender bestimmt ist. Der Gläubiger kommt in Verzug, wenn er die Handlung zu der bestimmten Zeit nicht vornimmt. Vorausgesetzt wird indessen hier wie im Falle des § 295, daß der Schuldner zu der bestimmten Zeit im Stande ist, die Leistung zu bewirken; jedoch liegt der Beweis dieser Voraussetzung nach § 297 nicht dem Schuldner ob, vielmehr ist nur dem Gläubiger der Beweis nachgelassen, daß die gedachte Voraussetzung nicht vorgelegen hat. Die Bestimmung der Zeit für die Vornahme der Handlung kann durch das Gesetz oder durch Vertrag unter den Parteien, nicht aber einseitig durch den Schuldner erfolgen. Ein Fall der hier fraglichen Art liegt z. B. vor, wenn in einer Schuldverschreibung auf den Inhaber oder in einem Orderpapiere bestimmt ist, daß die Schuldverschreibung oder das Orderpapier an einem nach dem Kalender bestimmten Tage zur Zahlung vorgelegt werden müsse.

2. Ueber die Berechnung der Zeit nach dem Kalender sowie über die Gleichstellung des Falles, wenn der Handlung eine Kündigung vorauszugehen hat und die Zeit für die Handlung in der Weise bestimmt ist, daß sie sich von der Kündigung ab nach dem Kalender berechnen läßt, s. Erl. zu § 284 Nr. 6.

§ 297.

E. I § 255 Abs. 2, 3; II § 251 Abs. 3 rev. § 291; III § 291. P. I S. 1225—1240; M. II S. 69—72. P. II S. 660, 661 (Bd. I S. 329).

S. die Erl. zu den §§ 295 Nr. 6, 296 Nr. 1.

§ 298.

E. I § 256; II § 252 rev. § 292; III § 292. P. I S. 1240—1242, 6186, 6187; M. II S. 73. P. II S. 664 (Bd. I S. 331).

1. Verpflichtungen der im § 298 bezeichneten Art sind nicht nur die Verpflichtungen aus gegenseitigen Verträgen (§ 320), sondern alle Verpflichtungen, welche nur Zug um Zug erfüllt zu werden brauchen (s. Erl. zu § 273). Die in dem § 298 gegebene Vorschrift, daß der Gläubiger bei Verpflichtungen dieser Art in Verzug kommt, wenn er auf das Angebot des Schuldners die ihm obliegende Gegenleistung nicht anbietet, läßt sich bei richtiger Auffassung des Wesens der hier fraglichen Verpflichtungen vielleicht schon aus dem § 295 ableiten. Ist der Schuldner nur gegen eine Leistung des Gläubigers zu leisten verpflichtet, so braucht er die Leistung nur gegen die Gegenleistung anzubieten und braucht die ihm obliegende Thätigkeit nicht eher fortzusetzen, ehe dies geschehen ist. Es liegt also ein Fall der in der Erläuterung zu § 295 Nr. 3 bezeichneten Art vor. Daraus ergiebt sich zugleich, daß, um den Verzug des Gläubigers zu begründen, nicht eine Weigerung desselben, die Gegenleistung zu bewirken, erforderlich ist, daß es vielmehr genügt, wenn er sich passiv verhält und die ihm obliegende Handlung, nämlich das Angebot der Gegenleistung, nicht vornimmt. Die Art, in welcher das Angebot der Gegenleistung zu erfolgen hat, bestimmt sich nach denselben Vorschriften, welche für das Angebot der Leistung von Seiten des Schuldners gelten (§§ 294—297). Vorausgesetzt wird, daß der Schuldner die Leistung nicht unbedingt, sondern nur gegen die Gegenleistung angeboten hat. Handelt es sich nicht um eine eigentliche Gegenleistung, kann der Schuldner aber doch verlangen, daß, bevor er leistet, oder gleichzeitig mit seiner Leistung eine Leistung des Gläubigers erfolgt, so muß der Schuldner mit dem Angebote der Leistung das Verlangen verbinden, daß der Gläubiger jene Leistung bewirkt. So kommt z. B. der Gläubiger, wenn der Schuldner nur gegen eine Sicherheitsleistung zu leisten verpflichtet ist, die Leistung aber anbietet, ohne Sicherheitsleistung zu verlangen, nicht dadurch

§. 299.

Ist die Leistungszeit nicht bestimmt oder ist der Schuldner berechtigt, vor der bestimmten Zeit zu leisten, so kommt der Gläubiger nicht dadurch in Verzug, daß er vorübergehend an der Annahme der angebotenen Leistung verhindert ist, es sei denn, daß der Schuldner ihm die Leistung eine angemessene Zeit vorher angekündigt hat.

---

in Verzug, daß er die Sicherheitsleistung nicht anbietet. Ebenso kommt der Gläubiger, wenn er auf das Angebot des Schuldners sich nicht zur Ausstellung der Quittung erbietet, nur in Verzug, wenn der Schuldner die Quittung verlangt hat (s. Erl. zu § 284 Nr. 7 c, d).

2. Daraus, daß der Gläubiger unter den im § 298 bestimmten Voraussetzungen in Verzug der Annahme kommt, folgt nicht, daß er in Betreff der ihm obliegenden Leistung auch in Verzug der Leistung kommt. In dem nach Maßgabe des § 298 erfolgenden Angebote des Schuldners liegt zwar regelmäßig zugleich eine Mahnung zur Bewirkung der dem Gläubiger obliegenden Gegenleistung. Aber als Schuldner dieser Gegenleistung kommt der Gläubiger nur in Verzug, wenn dieselbe in Folge eines von ihm zu vertretenden Umstandes unterbleibt; das Unterbleiben des Angebots der Gegenleistung begründet dagegen den Verzug der Annahme in Betreff der dem Gläubiger geschuldeten Leistung ohne Rücksicht darauf, ob dem Gläubiger ein Verschulden zur Last fällt oder nicht. Ist also z. B. das Angebot der Gegenleistung in Folge eines entschuldbaren Irrthums des Gläubigers über das Schuldverhältniß unterblieben, so kommt der Gläubiger in Betreff der von ihm geschuldeten Gegenleistung nicht in Verzug der Leistung, während er trotzdem in Betreff der ihm angebotenen Leistung in Verzug der Annahme kommt.

§ 299.

E. II § 253 rev. § 293; III § 293. P. II S. 661—664 (Bd. I S. 329—331).

Ist eine Zeit für die Leistung in dem Sinne bestimmt, daß der Schuldner nicht vor der bestimmten Zeit leisten darf, so kommt der Gläubiger durch das Angebot der Leistung vor dieser Zeit nicht in Verzug. Im Zweifel hat aber die Bestimmung einer Zeit für die Leistung die Bedeutung, daß der Gläubiger vor der bestimmten Zeit nicht fordern, der Schuldner aber schon vorher leisten kann (§ 271 Abs. 2); ebenso ist der Schuldner sofort zu leisten berechtigt, wenn eine Zeit für die Leistung nicht bestimmt ist (§ 271 Abs. 1). In den Fällen der letzteren Art kann der Schuldner zu jeder ihm beliebigen Zeit die Leistung dem Gläubiger anbieten, und dieser würde nach den Vorschriften der §§ 293 ff., wenn er das Angebot nicht annimmt, ohne Rücksicht darauf in Verzug kommen, ob ihm ein Verschulden zur Last fällt oder nicht. Es kann sich fragen, ob die Härte, welche hierin unter Umständen für den Gläubiger liegt, nicht schon durch eine richtige Anwendung des § 242, nach welchem die Leistung so zu bewirken ist, wie Treu und Glauben mit Rücksicht auf die Verkehrssitte es erfordern, beseitigt werden kann. Bei den Zweifeln indessen, die in dieser Beziehung bestehen können, hielt die zweite Kommission es für zweckmäßig, die Voraussetzungen näher zu bestimmen, unter welchen in den gedachten Fällen der Gläubiger nicht in Verzug kommt. Er soll nicht dadurch in Verzug kommen, daß er vorübergehend an der Annahme der angebotenen Leistung behindert ist. Die Nichtannahme des Angebots darf also nicht auf dem Willen des Gläubigers, sondern muß darauf beruhen, daß er an der Annahme behindert ist. Gleichgültig ist es, auf welchen Umständen diese Behinderung beruht und ob er sie hätte vermeiden können oder nicht; er soll eben bei Schuldverhältnissen der hier fraglichen Art nicht genöthigt sein, sich jeden Augenblick zur Annahme der Leistung bereit zu halten. Die Behinderung darf nur eine vorübergehende, keine dauernde sein; die Berücksichtigung einer dauernden Behinderung würde das Recht des Schuldners ungebührlich beeinträchtigen. Wann eine Behinderung anzunehmen und als eine vorübergehende zu betrachten ist, läßt sich nur unter Berücksichtigung aller Umstände des einzelnen Falles entscheiden. Maßgebend muß bei dieser Entscheidung nach dem in dem § 242 ausgesprochenen Grundsatze sein, was bei einem Schuldverhältnisse der vorliegenden Art Treu und Glauben mit Rücksicht auf die Verkehrssitte erfordern.

Der Gläubiger soll sich auf seine Behinderung nicht berufen können, wenn ihm der Schuldner eine angemessene Zeit vorher die Leistung angekündigt hat. Dem Schuldner wird also, um dessen Interesse zu sichern, in den Fällen der hier fraglichen Art das Recht eingeräumt, die Zeit der Leistung mit der Wirkung zu bestimmen, daß, wenn er zu dieser Zeit Leistung anbietet, der Gläubiger durch die Nichtannahme in Verzug kommt. Die Ankündigung verliert ihre Wirksamkeit, wenn der Schuldner zu der angekündigten Zeit die Leistung nicht anbietet. Angemessen ist diejenige Zeit, welche dem Gläubiger bei einem Schuldverhältnisse der betreffenden Art nach Treu und Glauben mit Rücksicht auf die Verkehrs-

§. 300.

Der Schuldner hat während des Verzugs des Gläubigers nur Vorsatz und grobe Fahrlässigkeit zu vertreten.

Wird eine nur der Gattung nach bestimmte Sache geschuldet, so geht die Gefahr mit dem Zeitpunkt auf den Gläubiger über, in welchem er dadurch in Verzug kommt, daß er die angebotene Sache nicht annimmt.

---

sitte gelassen werden muß, um sich auf die Annahme der Leistung einzurichten. Der Beweis der vorübergehenden Behinderung liegt dem Gläubiger ob. Dem Schuldner steht dagegen der Beweis offen, daß er die Leistung dem Gläubiger eine angemessene Zeit vorher angekündigt habe.

Die Ankündigung ist ein einseitiges empfangsbedürftiges Rechtsgeschäft (§§ 130—132) oder doch eine Rechtshandlung, auf welche die Vorschriften über derartige Rechtsgeschäfte entsprechende Anwendung finden.

§ 300.

E. I § 257; II § 254 rev. § 294; III § 294. P. I S. 1242—1246; M. II S. 73, 74. P. II S. 664, 665 (Bd. I S. 331, 332).

1. Die Verpflichtung des Schuldners bleibt, auch wenn der Gläubiger im Verzug ist; sie erleidet aber durch den Verzug des Gläubigers in mehrfacher Beziehung Modifikationen. Die Vorschriften, welche das B.G.B. in dieser Beziehung giebt, bezwecken eine billige Vermittelung zwischen dem Interesse des Schuldners, dessen Lage durch den Verzug des Gläubigers verschlechtert wird, und zwischen dem Interesse des Gläubigers, das insbesondere deshalb berücksichtigt werden muß, weil der Verzug des Gläubigers ein Verschulden desselben nicht voraussetzt. Neben den allgemeinen Vorschriften über die Folgen des Verzugs, welche in den §§ 300—304 getroffen werden, giebt das B.G.B. noch eine Reihe besonderer Vorschriften für einzelne Schuldverhältnisse (s. z. B. die §§ 264 Abs. 2, 274 Abs. 2, 322 Abs. 3, 324 Abs. 2, 615, 642, 644 Abs. 1 Satz 2). Von allgemeiner Bedeutung sind die Vorschriften, nach welchen der Schuldner im Falle des Verzugs des Gläubigers befugt ist, geschuldete bewegliche Sachen zu hinterlegen oder sie, falls sie zur Hinterlegung nicht geeignet sind, versteigern zu lassen und den Erlös zu hinterlegen (§§ 372—386).

2. Der § 300 Abs. 1 bestimmt eine Ermäßigung der Verantwortlichkeit des Schuldners. *Er hat, wenn der Gläubiger im Verzug ist, nur noch Vorsatz und grobe Fahrlässigkeit (s. Bd. I S. 35—38) zu vertreten,* auch wenn er nach dem Inhalte des Schuldverhältnisses in weiterem Umfange haftete. Im E. I § 257 Abs. 1 lautete die Fassung der entsprechenden Vorschrift:

> „Der Schuldner haftet von dem Beginne des Verzuges des Gläubigers auch in Ansehung eines dem Gläubiger zu gewährenden Gegenstandes nur wegen Vorsatzes und grober Fahrlässigkeit, auch wenn er vorher im weiteren Umfange haftbar war."

Durch die Einschaltung der Worte „in Ansehung eines dem Gläubiger zu gewährenden Gegenstandes" sollte nach M. II S. 74 (P. I S. 1244) ausgedrückt werden, daß die Ermäßigung der Haftung nur insofern eintrete, als es sich um einen in den Händen des Schuldners befindlichen Leistungsgegenstand handle, nicht aber sich auf die von dem Schuldner in Erfüllung seiner fortdauernden Verpflichtung vorzunehmenden sonstigen Handlungen erstrecke. Die jetzige Fassung beruht auf einem Beschlusse der zweiten Kommission. Nach P. II S. 665 ist davon ausgegangen, daß es sich hierbei nur um eine redaktionelle Aenderung handle. Ob dies richtig ist, läßt sich bezweifeln. Von erheblicher Bedeutung ist indessen die Aenderung nicht. Solange der Gläubiger im Verzug ist, braucht der Schuldner in Erfüllung seiner fortdauernden Verpflichtung nur insoweit thätig zu werden, als der Verzug des Gläubigers es gestattet. Seine Verpflichtung beschränkt sich daher darauf, dafür zu sorgen, daß die geschuldete Leistung nicht in Folge eines von ihm zu vertretenden Umstandes unmöglich werde. Von praktischer Bedeutung wird diese Verpflichtung regelmäßig nur sein, wenn sie auf die Gewährung eines Gegenstandes an den Gläubiger gerichtet ist. Der Schuldner ist dafür verantwortlich, daß der Gegenstand nicht in Folge seines Verschuldens untergeht, verschlechtert wird oder aus einem sonstigen Grunde von ihm nicht herausgegeben werden kann. Die jetzige Fassung umfaßt indessen auch solche Fälle, in welchen es sich nicht um die Verpflichtung zur Herausgabe eines Gegenstandes, sondern um die Verpflichtung zur Vornahme anderer Handlungen handelt. Auch bei einer solchen Verpflichtung hat der Schuldner dafür zu sorgen, daß die Handlungen nicht in Folge eines von ihm zu vertretenden Umstandes unmöglich werden; auch hier wird nach der jetzigen Fassung des § 300 Abs. 1 die Haftung des Schuldners auf die Vertretung von Vorsatz und grober Fahrlässigkeit beschränkt.

§. 301.

Von einer verzinslichen Geldschuld hat der Schuldner während des Verzugs des Gläubigers Zinsen nicht zu entrichten.

§. 302.

Hat der Schuldner die Nutzungen eines Gegenstandes herauszugeben oder zu ersetzen, so beschränkt sich seine Verpflichtung während des Verzugs des Gläubigers auf die Nutzungen, welche er zieht.

---

3. Der § 300 Abs. 2 enthält eine Konsequenz des in dem § 243 ausgesprochenen Grundsatzes, dient aber zugleich zur Erläuterung desselben (s. Erl. zu § 243 Nr. 4). Wird eine nur der Gattung nach bestimmte Sache geschuldet, so hat der Schuldner nach § 279, solange die Leistung aus der Gattung möglich ist, sein Unvermögen zur Leistung auch dann zu vertreten, wenn ihn ein Verschulden nicht trifft. Nicht jeder Verzug des Gläubigers hat eine Beschränkung dieser Haftung zur Folge, die Gefahr geht vielmehr nur dann auf den Gläubiger über, wenn dieser dadurch in Verzug kommt, daß er die angebotene Sache nicht annimmt. Bei einer Bringschuld ist also thatsächliches Angebot einer individuell bestimmten Sache der betreffenden Gattung nothwendig. Die Absendung der Sache an den Gläubiger genügt nicht; das Angebot ist erst erfolgt, wenn die Sache dem Gläubiger zugeht. Der Gläubiger nimmt also entweder die Leistung der Sache an, dann ist das Schuldverhältniß durch Erfüllung erloschen; oder er nimmt nicht an, dann kommt er in Verzug, und die Gefahr geht auf ihn über. Unter gewissen Voraussetzungen geht freilich die Gefahr schon mit der Absendung auf den Gläubiger über (s. Erl. zu § 243 Nr. 4); dies hat seinen Grund aber nicht darin, daß der Gläubiger schon durch die Absendung in Verzug kommt, sondern darin, daß in den fraglichen Fällen (s. z. B. § 447) die Konkretisirung des Schuldverhältnisses nach Maßgabe des § 243 Abs. 2 ohne Verzug des Gläubigers durch die Absendung eintritt (s. Erl. zu § 243 Nr. 4).

Bei einer Holschuld kommt der Gläubiger nach § 295 dadurch in Verzug, daß er nachdem ihm der Schuldner die Leistung wörtlich angeboten oder ihn zur Abholung aufgefordert hat, sich nicht bei dem Schuldner zur Empfangnahme der Leistung einfindet. Hierdurch aber wird die dem Schuldner nach § 279 obliegende Haftung noch nicht ermäßigt. Die geschuldete Leistung ist zwar angeboten, aber nach § 300 Abs. 2 muß die Sache, d. h. eine individuell bestimmte Sache, angeboten sein. Es kann zweifelhaft sein, ob unter einem solchen Angebote nicht ausschließlich ein thatsächliches Angebot zu verstehen ist. Der Wortlaut des § 300 Abs. 2 spricht indessen dagegen, und ein zwingender Grund zu einer einschränkenden Auslegung liegt nicht vor. Man wird daher in denjenigen Fällen, in welchen nach § 295 ein wörtliches Angebot genügt, ein solches auch in der hier fraglichen Beziehung für genügend halten müssen. Nothwendig ist indessen, wie gesagt, immer, daß der Schuldner aus den nur der Gattung nach bestimmten Sachen eine einzelne bestimmte Sache ausgeschieden und diese dem Gläubiger wörtlich angeboten hat. Damit wird das Schuldverhältniß auf diese Sache konkretisirt, und geht deshalb die Gefahr auf den Gläubiger über. Auch bei einer Bringschuld genügt ein wörtliches Angebot der gedachten Art, wenn der Gläubiger erklärt hat, daß er die Leistung nicht annehmen werde. Tritt nach Maßgabe des § 296 der Verzug ein, ohne daß ein auch nur wörtliches Angebot erfolgt ist, so geht hierdurch die Gefahr nicht auf den Gläubiger über; auch in diesem Falle muß erst eine individuell bestimmte Sache angeboten werden, um jene Wirkung hervorzubringen.

Wenn in dem Bisherigen von dem Uebergange der Gefahr auf den Gläubiger gesprochen ist, so handelt es sich dabei zunächst darum, daß der Schuldner von seiner Verpflichtung befreit wird, wenn die angebotene Sache untergeht oder in Folge eines anderen von ihm nach § 300 Abs. 1 nicht zu vertretenden Umstandes nicht herausgegeben werden kann. Für die gegenseitigen Verträge hat der Uebergang der Gefahr aber noch die weitere Bedeutung, daß der von seiner Verpflichtung zur Leistung befreite Schuldner trotzdem die Gegenleistung fordern kann (§ 324 Abs. 2).

§ 301.

E. I § 259; II § 255 rev. § 295; III § 295. P. I S. 1246—1248; M. II S. 75. P. II S. 666 (Bd. I S. 332).

Die Verpflichtung zur Zahlung von Zinsen fällt weg, mag sie auf Gesetz oder auf Rechtsgeschäft beruhen. Verzugszinsen kommen nicht in Betracht, da ein Verzug des Schuldners nicht denkbar ist, wenn der Gläubiger im Verzug ist. Die Anwendung der Vorschrift des § 301 wird auch dadurch nicht ausgeschlossen, daß der Schuldner während des Verzugs des Gläubigers von dem geschuldeten Betrage Zinsen gezogen hat.

§. 303.

Ist der Schuldner zur Herausgabe eines Grundstücks verpflichtet, so kann er nach dem Eintritte des Verzugs des Gläubigers den Besitz aufgeben. Das Aufgeben muß dem Gläubiger vorher angedroht werden, es sei denn, daß die Androhung unthunlich ist.

---

§ 302.

E. I § 258; II § 256 rev. § 296; III § 296. P. I S. 1246—1248; M. II S. 74, 75. P. II S. 666 (Bd. I S. 332).

Ist der Schuldner nach dem Inhalte des Schuldverhältnisses nicht verpflichtet, die Nutzungen herauszugeben oder zu ersetzen, so wird hieran durch den Verzug des Gläubigers nichts geändert. Der Schuldner behält die nach dem Eintritte des Verzugs von ihm gezogenen Nutzungen, obwohl nicht er, sondern der Gläubiger sie gezogen haben würde, wenn der Verzug nicht eingetreten wäre. Dies gilt auch dann, wenn die Gefahr in Folge des Verzugs des Gläubigers auf diesen übergegangen ist.

Ist der Schuldner nach dem Inhalte des Schuldverhältnisses die Nutzungen herauszugeben oder zu ersetzen verpflichtet, so beschränkt sich diese Verpflichtung nach dem Eintritte des Verzugs des Gläubigers auf die von dem Schuldner wirklich gezogenen Nutzungen. Er haftet selbst dann nicht, wenn er absichtlich keine Nutzungen zieht.

§. 303.

E. II § 257 rev. § 297; III § 297. P. II S. 666, 667, 4196 (Bd. I S. 332).

1. Werden bewegliche Sachen geschuldet, so kann sich der Schuldner, wenn der Gläubiger im Verzug ist, durch Hinterlegung der geschuldeten Sache oder, wenn sich diese zur Hinterlegung nicht eignen, durch Versteigerung derselben und Hinterlegung des Erlöses von seiner Verbindlichkeit befreien (§§ 372ff. 383ff.). Die zweite Kommission hielt eine Ergänzung dieser Vorschriften für den Fall erforderlich, daß das Schuldverhältniß auf die Herausgabe eines Grundstücks gerichtet ist. Der Schuldner soll nach dem Eintritte des Verzugs des Gläubigers den Besitz des Grundstücks aufzugeben berechtigt sein. Nicht bestimmt ist, daß der Schuldner hierdurch von seiner Verpflichtung befreit wird. Dies folgt aber daraus, daß der Schuldner, wenn er den Besitz aufgegeben hat, nicht mehr im Stande ist, das Grundstück herauszugeben, und daß dies Unvermögen, da der Schuldner zu der Aufgabe des Besitzes berechtigt war, in Folge eines von demselben nicht zu vertretenden Umstandes eingetreten ist (§ 275 Abs. 2). Die Befreiung des Schuldners dauert übrigens nicht länger als sein durch das Aufgeben des Besitzes eingetretenes Unvermögen. Er ist nicht verpflichtet, sich den Besitz wieder zu verschaffen; erlangt er aber den Besitz wieder, so tritt seine Verbindlichkeit zur Herausgabe wieder in Kraft. Die Befreiung des Schuldners bezieht sich auch nur auf die Verpflichtung desselben zur Herausgabe des Grundstücks. Ist er daneben verpflichtet, das Eigenthum des Grundstücks dem Gläubiger zu übertragen, so wird diese Verpflichtung durch das Aufgeben des Besitzes nicht berührt. Der Schuldner ist auch nicht berechtigt, das Eigenthum aufzugeben (§ 928). Thut er dies dennoch, so hat er sein dadurch eingetretenes Unvermögen zur Uebertragung des Eigenthums zu vertreten und ist daher dem Gläubiger zum Schadensersatze verpflichtet (§ 280). Hat der Schuldner das Eigenthum behalten, so kann der Gläubiger die Uebertragung desselben erzwingen. Das rechtskräftige Urtheil ersetzt die Uebertragungserklärung des Schuldners. Hat der Gläubiger das Eigenthum auf diesem Wege erworben, so kann er auf Grund desselben die Herausgabe des Grundstücks von Jedem, der inzwischen etwa den Besitz desselben erworben hat, verlangen (§ 985). Solange der von dem Schuldner aufgegebene Besitz noch nicht von einem Anderen erworben ist, kann der Gläubiger denselben jederzeit eigenmächtig ergreifen.

2. Das Aufgeben des Besitzes ist erst dann zulässig, wenn der Schuldner es dem Gläubiger angedroht hat. Die Androhung ist ein einseitiges empfangsbedürftiges Rechtsgeschäft (§§ 130—132). Sie darf unterbleiben, wenn sie unthunlich ist. Sie ist unthunlich, wenn unter Berücksichtigung der Auffassung des Verkehrs nach den Umständen des einzelnen Falles billigerweise von dem Schuldner nicht verlangt werden kann, daß er sich den mit der Androhung verbundenen Schwierigkeiten und Weitläufigkeiten unterziehe. Unthunlich ist nicht gleichbedeutend mit unmöglich. Unmöglich ist die Androhung niemals, da dem Schuldner auch bei Abwesenheit und Unbekanntschaft des Gläubigers der im § 132 Abs. 2 bezeichnete Weg offen steht. Gerade in den hier bezeichneten Fällen wird man aber regelmäßig die Androhung als unthunlich zu betrachten haben, indem der im § 132 Abs. 2 bezeichnete Weg so viel Zeit in Anspruch nehmen würde, daß, wenn der Schuldner diesen Weg einzuschlagen genöthigt wäre, sein Recht, den Besitz aufzugeben, wenn nicht

§. 304.

Der Schuldner kann im Falle des Verzugs des Gläubigers Ersatz der Mehraufwendungen verlangen, die er für das erfolglose Angebot sowie für die Aufbewahrung und Erhaltung des geschuldeten Gegenstandes machen mußte.

---

illusorisch gemacht, so doch in einer dem Zwecke der Vorschrift widerstreitenden Weise beschränkt werden würde.

Der Schuldner hat zu beweisen, daß die Androhung erfolgt oder daß sie unthunlich gewesen sei. Führt er weder den einen noch den anderen Beweis, so ist das Aufgeben des Besitzes als unberechtigt anzusehen; der Schuldner hat also das dadurch eingetretene Unvermögen zur Erfüllung seiner Verbindlichkeit zu vertreten und ist dem Gläubiger zum Schadensersatze verpflichtet.

§ 304.

E. I § 261; II § 258 rev. § 298; III § 298. P. I S. 1252—1257; M. II S. 76, 77. P. II S. 667, 668 (Bd. I S. 333).

1. Eine allgemeine Verpflichtung des Gläubigers, den durch seinen Verzug dem Schuldner erwachsenen Schaden zu ersetzen, besteht nicht (s. Vorbm. zu diesem Titel Nr. 1). Nur in denjenigen Fällen, in welchen der Gläubiger ausnahmsweise zur Annahme verpflichtet ist (s. z. B. die §§ 433 Abs. 2, 640), hat der Gläubiger den durch die Nichterfüllung dieser Verpflichtung dem Schuldner erwachsenen Schaden nach allgemeinen Grundsätzen zu ersetzen. Diese Verpflichtung ist aber nicht eine Folge der mora accipiendi, sondern der damit zusammentreffenden mora solvendi. Auf Grund der mora accipiendi hat der Schuldner nur einen Anspruch auf Ersatz der in dem § 304 bezeichneten Mehraufwendungen. Es ist dies ein selbständiger Anspruch des Schuldners, der sowohl im Wege der Klage als im Wege der Einrede geltend gemacht werden kann. Auf Grund desselben steht dem Schuldner gegenüber dem Anspruche des Gläubigers auf Erfüllung nach § 273 das Zurückbehaltungsrecht zu.

2. Als Mehraufwendungen kommen in Betracht:

a) die Kosten des erfolglosen Angebots. Der Schuldner bleibt zur Erfüllung verpflichtet; die Kosten des erfolglosen Angebots sind nutzlos aufgewendet und sind daher von dem Gläubiger zu ersetzen.

b) Die Kosten, welche nach dem Verzuge des Gläubigers die Erhaltung und Aufbewahrung des geschuldeten Gegenstandes verursachte. Diese Kosten würden nicht erwachsen sein, wenn der Gläubiger angenommen hätte, und sind deshalb zu ersetzen.

Sowohl die unter a als die unter b bezeichneten Kosten sind nur insoweit zu ersetzen, als sie nach den Umständen des Falles zu den gedachten Zwecken erforderlich waren.

Von dem Betrage der Mehraufwendungen kann der Schuldner nach Maßgabe des § 256 Zinsen fordern. Ist der Schuldner zu den gedachten Zwecken eine Verbindlichkeit eingegangen, so kann er nach Maßgabe des § 257 Befreiung von derselben verlangen.

3. Im E. I § 262 war bestimmt:

> „Der Verzug des Gläubigers hört für die Zukunft mit dem Zeitpunkte auf, in welchem er das Versäumte nachgeholt und sich zugleich zum Ersatze der im § 261 bezeichneten Mehraufwendungen bereit erklärt hat." (P. I S. 1258 bis 1260).

Von der zweiten Kommission sind diese Vorschriften gestrichen, weil sie, soweit darin ausgesprochen wird, daß der Verzug des Gläubigers aufhöre, wenn er das Versäumte nachhole, selbstverständlich, im Uebrigen theils bedenklich theils unnöthig seien.

Das Aufhören des Verzugs bestimmt sich also lediglich nach den aus der Natur des Verzugs zu ziehenden Folgerungen. Hiernach hört der Verzug des Gläubigers, wenn er nach Maßgabe des § 294 eingetreten ist, dadurch auf, daß der Gläubiger sich dem Schuldner gegenüber zur Annahme der geschuldeten Leistung erbietet. Ist der Gläubiger nach den §§ 295, 296 in Verzug gekommen, so hört der Verzug auf, wenn der Gläubiger diejenige Handlung vornimmt, durch deren Unterlassung er in Verzug gekommen ist. Bei einer Holschuld insbesondere muß er sich zur Empfangnahme der Leistung bei dem Schuldner einfinden. Der Schuldner hat dann, um nicht seinerseits in Verzug zu kommen, die geschuldete Leistung anzubieten, jedoch nur in demjenigen Umfang, in welchem seine Verpflichtung nach Maßgabe der §§ 300—303 noch besteht. Hat der Schuldner auf Grund des § 304 einen Anspruch auf Ersatz der dort bezeichneten Mehraufwendungen, so braucht er, da ihm wegen dieses Anspruchs ein Zurückbehaltungsrecht zusteht, die geschuldete Leistung nur Zug um Zug gegen die Leistung jenes Ersatzes anzubieten (s. Erl. zu § 284 Nr. 4 d). Der Gläubiger hat dann seinerseits die Leistung des Ersatzes anzubieten. Thut er dies nicht, so kommt er nach § 298 von neuem in Verzug.

Zweiter Abschnitt.

Schuldverhältnisse aus Verträgen.

Erster Titel.

Begründung. Inhalt des Vertrags.

§. 305.

Zur Begründung eines Schuldverhältnisses durch Rechtsgeschäft sowie zur Aenderung des Inhalts eines Schuldverhältnisses ist ein Vertrag zwischen den Betheiligten erforderlich, soweit nicht das Gesetz ein Anderes vorschreibt.

Zweiter Abschnitt.

Der zweite Abschnitt enthält die allgemeinen Vorschriften über Schuldverhältnisse aus Verträgen. Ueber den Begriff des Vertrags s. Bd. I S. 196. Für das Recht der Schuldverhältnisse kommen diejenigen Verträge in Betracht, welche auf die Begründung, Aenderung oder Aufhebung eines Schuldverhältnisses gerichtet sind. Die obligatorischen Verträge sind regelmäßig kausale Rechtsgeschäfte, jedoch kommen auch auf diesem Gebiete abstrakte Rechtsgeschäfte vor (s. Bd. I, S. 147).

Der zweite Abschnitt zerfällt in fünf Titel. Der erste Titel (§§ 305—319) enthält die allgemeinen Vorschriften über Begründung und Inhalt der Verträge. Der zweite Titel (§§ 320 bis 327) handelt von den gegenseitigen Verträgen, der dritte Titel (§§ 328—335) von dem Versprechen der Leistung an einen Dritten, der vierte Titel (§§ 336—345) von der Draufgabe und der Vertragsstrafe, der fünfte Titel (§§ 346—361) von dem Rücktritte von einem Vertrage.

Erster Titel.

Der § 305 stellt die Regel auf, daß zur Begründung sowie zur Aenderung eines Schuldverhältnisses durch Rechtsgeschäft ein Vertrag erforderlich sei. Die §§ 306—309 enthalten Vorschriften über Verträge, die auf eine unmögliche Leistung gerichtet sind oder gegen ein gesetzliches Verbot verstoßen. Die §§ 310, 311 handeln von Verträgen, welche auf Uebertragung des ganzen zukünftigen oder gegenwärtigen Vermögens gerichtet sind, der § 312 von den Verträgen über den Nachlaß eines noch lebenden Dritten, der § 313 von der Form des auf die Uebertragung des Eigenthums an einem Grundstücke gerichteten Vertrags. Der § 314 enthält eine Auslegungsregel über die Ausdehnung der vertragsmäßigen Verpflichtung zur Veräußerung oder Belastung einer Sache auf das Zubehör. Die §§ 315—319 enthalten Vorschriften für solche Fälle, in denen die Leistung der Bestimmung eines der Vertragschließenden oder eines Dritten überlassen ist.

§. 305.

E. I § 342; II § 310 rev. § 299; III § 299. P. I S. 821; M. II S. 175, 176. P. II S. 901—903, 8428, 8429 (Bd. I S. 447, 448).

1. Der § 305 spricht in positiver Fassung den im E. I § 342 und im E. II § 310 negativ ausgedrückten Grundsatz aus, daß durch das einseitige nicht angenommene Versprechen eine Verbindlichkeit nicht begründet wird. Ausnahmen von dieser Regel enthalten die §§ 82 (Stiftung), 657 ff. (Auslobung), 793 ff. (Schuldverschreibungen auf den Inhaber). Ueber die bindende Kraft des Vertragsantrags s. die §§ 145 ff. Ueber die Begründung einer Verbindlichkeit durch Testament s. die §§ 1939, 1940.

2. Für den Abschluß eines auf Begründung oder Aenderung eines Schuldverhältnisses gerichteten Vertrags gelten die allgemeinen Vorschriften der §§ 145—155 über den Abschluß eines Vertrags. Daß ein Schuldverhältniß durch Vertrag aufgehoben werden kann, wird als selbstverständlich angesehen. Daneben gelten für das Erlöschen der Schuldverhältnisse die Vorschriften des dritten Abschnitts (§§ 362—397).

3. Der E. I § 343 enthielt die Vorschrift, daß, wenn ein einseitiges Versprechen von dem Gesetz als verbindlich anerkannt werde, auf das daraus entstehende Schuldverhältniß die für Schuldverhältnisse aus Verträgen geltenden Vorschriften ent=

§. 306.

Ein auf eine unmögliche Leistung gerichteter Vertrag ist nichtig.

---

sprechende Anwendung finden, soweit nicht das Gesetz ein Anderes bestimmt. Von der zweiten Kommission ist diese Vorschrift als selbstverständlich gestrichen. Die sachliche Richtigkeit derselben dürfte insoweit keinem Zweifel unterliegen, als sich nicht aus der Natur des Vertrags als eines zweiseitigen Rechtsgeschäfts Abweichungen ergeben.

4. In der zweiten Kommission war beantragt, der Vorschrift des § 305 den Zusatz hinzuzufügen:

> „Zu dem Verzichte des Schuldners auf eine Einrede genügt einseitige Erklärung gegenüber dem Gläubiger" (P. II S. 8428, 8429).

Zur Begründung des Antrags war angeführt, daß zu dem Verzicht auf eine Einrede ein Vertrag ebenso wenig erforderlich sei wie zu dem Verzicht auf ein Recht an einer fremden Sache. Der Verzicht mache lediglich das Recht des Gläubigers von einer Beschränkung frei, und an dieser habe nur der Schuldner, nicht der Gläubiger ein Interesse. Die Kommission lehnte den Antrag ab, weil der darin ausgesprochene Satz jedenfalls auf die selbständigen Einreden beschränkt werden müsse, aber auch in dieser Beschränkung außerhalb des Prozesses zweifelhaft sei und die Vorschriften über Schenkungen verdunkeln könne. Es sei daher vorzuziehen, die Frage im Gesetze nicht zu entscheiden. Die Zweifel der Kommission dürften begründet sein. Der dem Grundsatze, daß das einseitige nicht angenommene Versprechen eine Verbindlichkeit nicht begründet, zu Grunde liegende Gedanke spricht dafür, auch den einseitigen nicht angenommenen Verzicht auf eine Einrede für unwirksam zu erklären. Das B.G.B. fordert freilich zu dem Verzicht auf das Recht an fremden Sachen nur die einseitige Erklärung des Berechtigten (§§ 875, 876, 1064, 1255); aber bei der eigenthümlichen Natur der dinglichen Rechte läßt sich aus diesen Vorschriften schwerlich ein Schluß auf die Zulässigkeit eines einseitigen Verzichts auf eine Einrede ziehen; jene Vorschriften hätten es im Gegentheil, wenn das Gesetz dieselbe Regel auch für Einreden hätte geben wollen, nahe gelegt, dies ausdrücklich auszusprechen. Praktisch ist die Frage von keiner großen Bedeutung. Im Prozesse wird die Einrede nicht berücksichtigt, wenn sie nicht vorgebracht wird. Ein außerhalb des Prozesses dem Berechtigten gegenüber erklärter Verzicht wird jedenfalls als ein unter die Vorschrift des § 151 fallender Vertragsantrag zu betrachten sein; der Vertrag kommt daher durch die Annahme zu Stande, ohne daß die Annahme dem Antragenden gegenüber erklärt zu werden braucht (s. Erl. zu § 151 Nr. 4). Die Geltendmachung des Anspruchs, welchem die Einrede entgegenstand, wird regelmäßig als stillschweigende Annahme des Verzichts anzusehen sein.

§ 306.

E. I § 344; II § 259 Abs. 1 rev. § 300; III § 300. P. I S. 557—560, 11865—11867; M. II S. 176—178. P. II S. 903—906 (Bd. I S. 448—450).

1. Unter einer unmöglichen Leistung versteht der § 306 nur die objektiv unmögliche Leistung (s. Vorbm. zu den §§ 275—290 Nr. 1, 3a). Die Unmöglichkeit muß beim Abschlusse des Vertrags vorliegen. Ist die Unmöglichkeit keine dauernde oder ist der Vertrag unter einer Bedingung geschlossen, so findet § 308 Anwendung. Ist die Leistung nur theilweise unmöglich, so ist nach § 139 der ganze Vertrag nichtig, wenn nicht anzunehmen ist, daß er auch in Betreff des möglichen Theiles der Leistung allein abgeschlossen sein würde. Ist das letztere anzunehmen, so ist der Vertrag nur insoweit nichtig, als die Leistung unmöglich ist, in Betreff des möglichen Theiles der Leistung aber gültig. Bei einem gegenseitigen Vertrage wird die gedachte Annahme nur dann begründet sein, wenn erhellt, ob für den möglichen Theil der Leistung die ganze Gegenleistung entrichtet werden oder ob eine entsprechende Minderung derselben eintreten soll. Bei dem auf ein alternatives Schuldverhältniß gerichteten Vertrage wird die Gültigkeit des Vertrags durch die Unmöglichkeit einer der mehreren geschuldeten Leistungen nicht berührt; das Schuldverhältniß beschränkt sich vielmehr auf die noch möglichen Leistungen (§ 307 Abs. 2). Ueber den Begriff der Nichtigkeit s. Bd. I S. 145 VII, 1.

2. Durch die Vorschrift des § 306 wird nicht getroffen ein Vertrag, in welchem Jemand die Garantie dafür übernimmt, daß eine Leistung, welche in Wirklichkeit objektiv unmöglich ist, möglich sei. Die Nichtigkeit des auf eine unmögliche Leistung gerichteten Vertrags beruht nicht auf einem gesetzlichen Verbote; die Vorschrift des § 306 ist vielmehr lediglich eine Folgerung aus dem Wesen der objektiven Unmöglichkeit. Diese Folgerung trifft bei einem Garantieversprechen der gedachten Art, welches auf eine Geldleistung geht, nicht zu; die Gültigkeit eines solchen Versprechens wird deshalb durch den § 306 nicht berührt. Aus einem solchen

§. 307.

Wer bei der Schließung eines Vertrags, der auf eine unmögliche Leistung gerichtet ist, die Unmöglichkeit der Leistung kennt oder kennen muß, ist zum Ersatze des Schadens verpflichtet, den der andere Theil dadurch erleidet, daß er auf die Gültigkeit des Vertrags vertraut, jedoch nicht über den Betrag des Interesses hinaus, welches der andere Theil an der Gültigkeit des Vertrags hat. Die Ersatzpflicht tritt nicht ein, wenn der andere Theil die Unmöglichkeit kennt oder kennen muß.

Diese Vorschriften finden entsprechende Anwendung, wenn die Leistung nur theilweise unmöglich und der Vertrag in Ansehung des möglichen Theiles gültig ist oder wenn eine von mehreren wahlweise versprochenen Leistungen unmöglich ist.

Versprechen haftet daher der Versprechende nicht nur nach Maßgabe des § 307 für das negative Interesse, sondern für das Erfüllungsinteresse. Das Garantieversprechen braucht nicht ausdrücklich zu erfolgen. Der auf eine unmögliche Leistung gerichtete Vertrag kann vielmehr unter Umständen so ausgelegt werden müssen, daß dadurch eine Garantie hat übernommen werden sollen. In einzelnen Fällen geht das Gesetz von einer solchen Auslegung aus. So haftet z. B. der Verkäufer einer Forderung oder eines Rechtes für den rechtlichen Bestand der Forderung oder des Rechtes (§ 437; s. auch § 445). Die Uebertragung einer Forderung oder eines Rechtes, welche nicht existiren, ist unmöglich. Der darauf gerichtete Vertrag würde also nach § 306 nichtig sein. Das Gesetz faßt den Vertrag aber als Garantieversprechen auf, und als solches ist er gültig. Ebenso haftet der Verkäufer einer Sache dafür, daß die Sache zur Zeit des Uebergangs der Gefahr die zugesicherten Eigenschaften hat (§ 459 Abs. 2; s. auch § 493). Handelt es sich um Eigenschaften, welche, wenn die Sache sie nicht hat, ihr nicht gegeben werden können, so handelt es sich auch hier um die Zusicherung einer unmöglichen Leistung; trotzdem ist die Zusicherung, weil sie als Garantieversprechen aufgefaßt wird, gültig. Der Verkauf einer nicht existirenden Sache ist dagegen nichtig, sofern nicht aus den Umständen zu entnehmen ist, daß die Garantie für die Existenz der Sache hat übernommen werden sollen.

3. Der E. I § 344 erklärte auch solche Verträge für nichtig, welche auf eine Leistung gerichtet sind, die durch Gesetz verboten ist oder gegen die guten Sitten verstößt. Diese Vorschrift ist von der zweiten Kommission gestrichen, weil sie bei der Fassung, welche die §§ 134, 138 erhalten haben, schon durch diese Paragraphen gedeckt wird. Ueber Verträge, die auf eine gesetzlich verbotene Leistung gerichtet, sind s. § 309.

§ 307.

E. I § 345; II § 259 Abs. 2, 3 rev. § 301; III § 301. P. I S. 560—563, 2391, 2392, 3273, 11755—11763; M. II S. 178, 179. P. II S. 906—913 (Bd. I S. 450—454).

1. Aus der Nichtigkeit des auf eine unmögliche Leistung gerichteten Vertrags folgt, daß Schadensersatz wegen Nichterfüllung nicht zu leisten ist. Wer einen Vertrag schließt, soll aber die erforderliche Aufmerksamkeit darauf verwenden, daß nicht ein wegen Unmöglichkeit der Leistuug nichtiger Vertrag geschlossen wird. Weiß er bei dem Abschlusse des Vertrags oder mußte er wissen, daß die versprochene Leistung unmöglich sei, so ist er dem anderen Theile zum Ersatze des negativen Interesses verpflichtet, sofern nicht auch dieser die Unmöglichkeit gekannt hat oder hätte kennen müssen. Ueber Bedeutung und Umfang des negativen Interesses s. Bd. I S. 172 Erl. zu § 122 Nr. 2. Die Verpflichtung trifft nicht nur denjenigen, welcher die unmögliche Leistung versprochen hat, sondern auch den anderen Theil, wenn dieser sich gegen die unmögliche Leistung zu einer möglichen Gegenleistung verpflichtet und der Versprechende dadurch, daß er auf die Gültigkeit des Vertrags vertraute, einen Schaden erlitten hat. Das Verhältniß ist hier anders geregelt wie im § 122. Nach diesem haftet derjenige, welcher die nichtige oder anfechtbare Willenserklärung abgegeben hat, ohne Rücksicht darauf, ob ihm eine Fahrlässigkeit zur Last fällt, während der andere Theil überhaupt nicht haftet. Hier haften beide Theile, aber beide nur wegen **culpa in contrahendo**. Dadurch wird nicht ausgeschlossen, daß von demjenigen, welcher die unmögliche Leistung verspricht, ein größeres Maß von Sorgfalt verlangt wird als von dem Versprechensempfänger. Dies ergiebt sich daraus, daß nach der Auffassung des Verkehrs in erster Linie der Versprechende darauf zu achten hat, ob die von ihm versprochene Leistung möglich ist. Prinzipiell aber haften beide Theile gleichmäßig für die im Verkehr erforderliche Sorgfalt.

2. Wer auf Grund des § 307 Schadensersatz verlangt, hat zu beweisen, daß der andere Theil bei dem Abschlusse des Vertrags die Unmöglichkeit der

§. 308.

Die Unmöglichkeit der Leistung steht der Gültigkeit des Vertrags nicht entgegen, wenn die Unmöglichkeit gehoben werden kann und der Vertrag für den Fall geschlossen ist, daß die Leistung möglich wird.

Wird eine unmögliche Leistung unter einer anderen aufschiebenden Bedingung oder unter Bestimmung eines Anfangstermins versprochen, so ist der Vertrag gültig, wenn die Unmöglichkeit vor dem Eintritte der Bedingung oder des Termins gehoben wird.

Leistung gekannt habe oder habe kennen müssen; diesem steht dagegen der Beweis offen, daß auch derjenige, welcher den Schadensersatz verlangt, die Unmöglichkeit gekannt habe oder habe kennen müssen.

3. Ist die Leistung nur theilweise unmöglich, so ist der ganze Vertrag nach § 139 nichtig, wenn nicht anzunehmen ist, daß er auch über den möglichen Theil allein geschlossen wäre. Im Falle der Nichtigkeit des ganzen Vertrags findet § 307 Abs. 1 Anwendung. Bleibt der Vertrag theilweise gültig, so ist er insoweit von beiden Theilen zu erfüllen; daneben aber ist derjenige, welcher die theilweise Unmöglichkeit kannte oder kennen mußte, nach § 307 Abs. 2 dem anderen Theile denjenigen Schaden zu ersetzen, welchen dieser dadurch erlitten hat, daß er auf die Gültigkeit des ganzen Vertrags vertraute, sofern nicht auch dieser die theilweise Unmöglichkeit kannte oder kennen mußte.

Wurde durch den Vertrag eine alternative Verpflichtung eingegangen, so hat die Unmöglichkeit einer der mehreren Leistungen nach § 265 nur die Folge, daß sich das Schuldverhältniß auf die noch möglichen Leistungen beschränkt. Der Vertrag bleibt also gültig, aber auch hier hat der Schuldige dem nicht schuldigen Theile den Schaden zu ersetzen, welchen dieser dadurch erlitten hat, daß er auf das Bestehen des alternativen Schuldverhältnisses vertraute.

4. Der dem Beschädigten nach § 307 zustehende Anspruch ist nicht als ein Anspruch aus einer unerlaubten Handlung zu betrachten und unterliegt daher nicht der kurzen Verjährung nach Maßgabe des § 852, sondern der gewöhnlichen Verjährung.

§ 308.

E. I § 346; II § 260 rev. § 302; III § 302. P. I S. 565—568; M. II S. 180. P. II S. 913—915 (Bd. I S. 454, 455).

1. Der Vertrag ist nichtig, wenn die Leistung zur Zeit des Abschlusses des Vertrags unmöglich ist, mag die Unmöglichkeit eine dauernde oder eine nur vorübergehende sein. Im letzteren Falle aber ist der Vertrag gültig, wenn er für den Fall geschlossen wird, daß die Unmöglichkeit wegfällt. Der Vertrag ist in solchem Falle nach den Vorschriften über aufschiebend bedingte Verträge zu beurtheilen (s. Bd. I S. 206, Erl. zu § 160). Eine ausdrückliche Bestimmung, daß die Leistung für den gedachten Fall versprochen werde, ist nicht erforderlich; es genügt, wenn aus den Umständen erhellt, daß die Parteien den fraglichen Fall in Aussicht genommen haben. Regelmäßig wird dies nicht anzunehmen sein, wenn beide Parteien die Leistung für eine schon zur Zeit des Abschlusses des Vertrags mögliche gehalten haben. Der auf Uebertragung des Eigenthums einer Sache an denjenigen, welchem die Sache bereits gehört, gerichtete Vertrag fällt daher im Zweifel nicht unter die Vorschrift des § 308, indem anzunehmen ist, daß die Parteien das Eigenthumsverhältniß nicht gekannt und die Uebertragung daher für möglich gehalten haben.

2. Die Vorschrift des Abs. 2 setzt einen Fall voraus, in welchem die unmögliche Leistung nicht für den Fall versprochen ist, daß die Leistung möglich werde, in welchem aber eine andere aufschiebende Bedingung oder ein Anfangstermin bestimmt ist. Ein solcher Vertrag wird so behandelt, wie wenn neben der vereinbarten Bedingung bezw. neben dem Anfangstermin auch noch die Bedingung vereinbart wäre, daß die Leistung vor der in dem Vertrag ausgedrückten Bedingung bezw. vor dem Anfangstermine möglich werde. Es ist nicht erforderlich, daß die Leistung zur Zeit des Eintritts der Bedingung oder des Anfangstermins möglich ist; es genügt vielmehr, daß sie zu irgend einer Zeit vor diesem Zeitpunkt einmal möglich gewesen ist. War dies der Fall, so ist eine später von neuem eintretende Unmöglichkeit der Leistung ebenso zu beurtheilen, wie wenn die Leistung bei dem Abschlusse des bedingten oder befristeten Vertrags möglich gewesen, später aber unmöglich geworden wäre. Der bedingt Berechtigte kann also von dem anderen Theile beim Ein-

§. 309.

Verstößt ein Vertrag gegen ein gesetzliches Verbot, so finden die Vorschriften der §§. 307, 308 entsprechende Anwendung.

---

tritte der Bedingung Schadensersatz verlangen, wenn die Leistung in Folge eines von diesem zu vertretenden Umstandes wieder unmöglich geworden ist (§ 160). Hat der andere Theil die wieder eingetretene Unmöglichkeit nicht zu vertreten, so wird er nicht verpflichtet. Dasselbe gilt, wenn die Unmöglichkeit der Leistung vor dem Eintritte der Bedingung überhaupt nicht wegfällt. Ob man in diesem Falle den Vertrag wegen Unmöglichkeit der Leistung als nichtig oder wegen Nichteintritts der Bedingung als unwirksam betrachtet, ist eine Frage der juristischen Konstruktion, die nach der verschiedenen Fassung der fraglichen Vorschrift in dem E. I und in dem B.G.B. von dem E. I in dem letzteren Sinne, von dem B.G.B. in dem ersteren Sinne beantwortet zu werden scheint. Praktisch ist diese Frage ohne Bedeutung. Ein Wegfall der Unmöglichkeit nach dem Eintritte der Bedingung hat keine rechtliche Wirkung. Mit dem Eintritte der Bedingung vor dem Wegfalle der Unmöglichkeit ist definitiv entschieden, daß der Vertrag unwirksam ist. Anders würde das Verhältniß zu beurtheilen sein, wenn der bedingte Vertrag ausdrücklich oder stillschweigend für den Fall geschlossen wäre, daß die Unmöglichkeit überhaupt, sei es vor oder nach dem Eintritte der Bedingung, wegfalle. In einem solchen Falle würde die Vorschrift des Abs. 1 zur Anwendung kommen. Der Vertrag ist gültig, und nur seine Wirksamkeit hängt nach den für bedingte Rechtsgeschäfte geltenden Vorschriften davon ab, daß neben der einen Bedingung auch die andere Bedingung des Wegfalls der Unmöglichkeit eintritt. Ob die eine oder die andere früher eintritt, ist gleichgültig.

3. In den Fällen des Abs. 1 wie des Abs. 2 finden die neuen Vorschriften der C.P.O. und der K.O. (s. Bd. I S. 206, 207, Erl. zu § 160 Nr. 2a, b) Anwendung. Zur Sicherung des bedingten Anspruchs ist daher der Arrest zulässig, und im Konkurse des Schuldners wird der bedingte Anspruch auch bei der Schlußvertheilung berücksichtigt. Zu beachten ist dabei aber, daß die eine wie die andere Vorschrift keine Anwendung findet, wenn die Möglichkeit des Eintritts der Bedingung eine so entfernte ist, daß die bedingte Forderung einen gegenwärtigen Vermögenswerth nicht hat. Diese Vorschrift gilt auch für die auf den Wegfall der Unmöglichkeit gestellte oder nach Abs. 2 als gestellt anzusehende Bedingung.

§ 309.

E. I § 347; II § 261 rev. § 303; III § 303. P. I S. 568, 11866, 11867; M. II S. 180. P. II S. 915 (Bd. I S. 455).

1. Die Vorschrift des § 309 bezieht sich nicht nur auf Verträge, durch welche eine gesetzlich verbotene Leistung versprochen wird, sondern auf alle Verträge, die gegen ein gesetzliches Verbot verstoßen. Die entsprechende Anwendung der §§ 307, 308 führt zu folgenden Ergebnissen:

a) Jeder Theil ist verpflichtet, dem anderen Theile das negative Interesse nach Maßgabe des § 307 zu ersetzen, wenn er das gesetzliche Verbot kannte oder kennen mußte, sofern nicht auch der andere Theil diese Kenntniß hatte oder haben mußte. Das Nichtkennen des Verbotsgesetzes kann insbesondere in solchen Fällen ein entschuldbares sein, in welchen das Verbotsgesetz nur für einen kleineren Bezirk gilt und auf polizeilichen oder auf fiskalischen Rücksichten beruht.

b) Der gegen ein Verbotsgesetz verstoßende Vertrag ist gültig, wenn er für den Fall geschlossen ist, daß das Verbotsgesetz aufgehoben wird. Ist ein solcher Vertrag unter einer anderen Bedingung geschlossen, so ist er gültig, wenn das Verbotsgesetz aufgehoben wird, bevor die Bedingung eintritt.

2. Die Vorschrift des § 309 bezieht sich nicht auf Verträge, die gegen die guten Sitten verstoßen. Der § 307 findet nicht Anwendung, weil Jeder wissen muß, was gegen die guten Sitten verstößt, der § 308 nicht, weil die Bedingung, daß ein gegen die guten Sitten verstoßender Vertrag später nicht mehr als gegen die guten Sitten verstoßend angesehen werde, selbst gegen die guten Sitten verstößt. Unter Umständen kann auch ein Vertrag, der für den Fall geschlossen wird, daß das gesetzliche Verbot, gegen welches der Vertrag verstößt, aufgehoben wird, gegen die guten Sitten verstoßen; dies würde z. B. der Fall sein, wenn sich Jemand zu einem Diebstahle für den Fall verpflichtet, daß das Verbot des Diebstahls aufgehoben werde. In Fällen dieser Art findet der § 309 keine Anwendung.

§. 310.

Ein Vertrag, durch den sich der eine Theil verpflichtet, sein künftiges Vermögen oder einen Bruchtheil seines künftigen Vermögens zu übertragen oder mit einem Nießbrauche zu belasten, ist nichtig.

§. 311.

Ein Vertrag, durch den sich der eine Theil verpflichtet, sein gegenwärtiges Vermögen oder einen Bruchtheil seines gegenwärtigen Vermögens zu übertragen oder mit einem Nießbrauche zu belasten, bedarf der gerichtlichen oder notariellen Beurkundung.

§. 312.

Ein Vertrag über den Nachlaß eines noch lebenden Dritten ist nichtig. Das

---

§ 310.

E. I § 350 Abs. 1; II § 262 rev. § 304; III § 304. P. I S. 1788—1792; M. II S. 186, 187. P. II S. 919, 920, 8415 (Bd. I S. 457, 458).

Die Nichtigkeit eines Vertrags der im § 310 bezeichneten Art beruht auf dem Gesichtspunkte, daß die Verpflichtung, das künftige Vermögen oder einen Bruchtheil desselben zu übertragen oder mit einem Nießbrauche zu belasten, die wirthschaftliche Freiheit des Versprechenden in einer wider die guten Sitten verstoßenden Weise (§ 138) beeinträchtigt. Die Vorschrift des § 310 findet Anwendung sowohl auf eine schenkweise als auf eine gegen Entgelt eingegangene Verpflichtung der fraglichen Art; sie findet insbesondere Anwendung auf einen Gesellschaftsvertrag sowie auf einen Vertrag, durch welchen gegen eine Leibrente oder gegen einen Altentheil eine Verpflichtung der im § 308 bezeichneten Art eingegangen wird. Die Anwendung wird auch dadurch nicht ausgeschlossen, daß einzelne Vermögenstheile von der Verpflichtung ausgeschlossen werden.

Ist die Verpflichtung auf die Uebertragung des gegenwärtigen und des zukünftigen Vermögens oder eines Bruchtheils desselben oder auf die Bestellung des Nießbrauchs daran gerichtet, so findet die Vorschrift des § 139 Anwendung. Hiernach wird z. B. ein auf die Schenkung des gegenwärtigen und künftigen Vermögens gerichteter Vertrag in Betreff des gegenwärtigen Vermögens regelmäßig gültig sein, wenn die im § 311 vorgeschriebene Form beobachtet ist.

Die Gültigkeit eines auf die Uebertragung des bei dem Tode des Versprechenden vorhandenen Vermögens gerichteten Vertrags bestimmt sich nach erbrechtlichen Vorschriften (s. die §§ 2274 ff., 2301).

§ 311.

E. I § 350 Abs. 2; II § 263 rev. § 305; III § 305. P. I S. 1788—1792, 1805—1807, 2912—2916, 4780; M. II S. 187—189. P. II S. 919, 920, 7367—7369, 8415 (Bd. I S. 457, 458).

1. Ueber gerichtliche und notarielle Beurkundung s. Bd. I S. 178, 179, Erl. zu § 128 Nr. 1, 4.

2. Der § 311 bezieht sich nur auf den obligatorischen Vertrag, durch welchen sich Jemand zu der Uebertragung seines gegenwärtigen Vermögens bezw. eines Bruchtheils desselben oder zur Bestellung eines Nießbrauchs daran verpflichtet. Ein dinglicher auf eine solche Uebertragung oder Belastung gerichteter Vertrag ist nicht möglich. Um den auf Uebertragung des Vermögens gerichteten Vertrag auszuführen, müssen die einzelnen zu dem Vermögen gehörenden Gegenstände nach Maßgabe der für ihre Uebertragung geltenden Vorschriften übertragen werden. In gleicher Weise muß bei der Verpflichtung zur Bestellung des Nießbrauchs der Nießbrauch an den einzelnen Gegenständen bestellt werden (§ 1085). Ist der obligatorische Vertrag wegen Formmangels nichtig, so kann das zur Erfüllung desselben Geleistete nach Maßgabe der §§ 812 ff. zurückgefordert werden. Ueber die zu dem übertragenen bezw. belasteten Vermögen gehörenden Schulden s. die §§ 419, 1086—1088.

§ 312.

E. I § 349; II § 264 rev. § 306; III § 306. P. I S. 569—571, 9291, 9292, 10231, 10232, 10244, 11289—11294; M. II S. 182—186. P. II S. 917—919, 7367—7369, 7653—7655 (Bd. I S. 456, 457).

1. Im Anschluß an das in dem überwiegenden Theile von Deutschland bisher geltende

Gleiche gilt von einem Vertrag über den Pflichttheil oder ein Vermächtniß aus dem Nachlaß eines noch lebenden Dritten.

Diese Vorschriften finden keine Anwendung auf einen Vertrag, der unter künftigen gesetzlichen Erben über den gesetzlichen Erbtheil oder den Pflichttheil eines von ihnen geschlossen wird. Ein solcher Vertrag bedarf der gerichtlichen oder notariellen Beurkundung.

Recht und an die herrschende gemeinrechtliche Theorie geht das B.G.B. davon aus, daß ein Vertrag über die Erbschaft eines noch lebenden Dritten sowohl aus sittlichen wie aus wirthschaftlichen Gründen zu mißbilligen sei. Der § 312 Abs. 1 erklärt deshalb einen solchen Vertrag für nichtig. In Frage kommt auch hier wie in den Fällen der §§ 310, 311 nur ein obligatorischer Vertrag; ein dinglicher Vertrag über die Erbschaft eines noch lebenden Dritten würde auch ohne die Vorschrift des § 312 nach den Grundsätzen des Erbrechts ungültig sein. Nichtig ist nach § 312 jeder Vertrag, welchen Jemand in Ansehung der Erbschaft eines noch lebenden Dritten eingeht, mag die Verpflichtung darauf gerichtet sein, die Erbschaft auf den anderen Theil zu übertragen oder einen Nießbrauch daran zu bestellen oder in anderer Weise darüber zu verfügen. Dasselbe gilt auch von einem Bruchtheile der Erbschaft. Die besondere Erwähnung des Bruchtheils im E. I ist von der zweiten Kommission aus redaktionellen Gründen als überflüssig gestrichen (§ 1922 Abs. 2). Auf einzelne zu der Erbschaft gehörende Gegenstände bezieht sich die Vorschrift nicht; jedoch kann unter Umständen ein solcher Vertrag als in fraudem legis geschlossen zu betrachten und aus diesem Gesichtspunkte nichtig sein.

2. Gleichgültig ist, ob der Gegenstand des Vertrags die Erbschaft eines bestimmten Dritten oder einer unbestimmten Person betrifft. Die ausdrückliche Hervorhebung dieses Sinnes der Vorschrift im E. I § 349 Abs. 1 Satz 2 ist ebenfalls nur als überflüssig, nicht als unrichtig von der zweiten Kommission gestrichen. Auch der Vertrag z. B., durch welchen ein Auswanderer alle ihm künftig in der Heimath anfallenden Erbschaften abzutreten verspricht, ist daher nichtig.

3. Entscheidend für die Gültigkeit oder Nichtigkeit des Vertrags ist, ob der Dritte zur Zeit des Abschlusses des Vertrags noch lebt. Ein nach dem Tode des Dritten, wenngleich vor dem Anfalle der Erbschaft geschlossener Vertrag wird durch die Vorschrift des § 312 nicht getroffen. Ein Vertrag über die Erbschaft eines für todt Erklärten ist, da die Todeserklärung nach § 18 die Vermuthung des Todes begründet, zunächst als gültig zu betrachten; er ist aber nichtig, wenn sich demnächst herausstellt, daß der für todt Erklärte zur Zeit des Abschlusses des Vertrags noch gelebt hat.

4. Ein Vertrag der im § 312 Abs. 1 bezeichneten Art wird auch dadurch nicht gültig, daß der Erblasser dem Vertrage zustimmt. Ist dieser mit dem Zwecke einverstanden, so können die Betheiligten den Zweck in vollständigerer und sichererer Weise durch Erbverzicht (§§ 2346 ff.) und durch Erbvertrag (§§ 2274 ff.) erreichen.

5. Nichtig ist nach § 312 Abs. 1 Satz 2 auch der Vertrag über den Pflichttheil oder über ein Vermächtniß aus dem Nachlaß eines noch lebenden Dritten. Die unter Nr. 1—4 dargelegten Grundsätze finden auch auf einen solchen Vertrag Anwendung. Ueber den Pflichttheil s. §§ 2303 ff., über Vermächtnisse s. §§ 2147 ff.

6. Die zweite Kommission glaubte mit Rücksicht auf das wirthschaftliche Bedürfniß, das sich insbesondere im Falle der Auswanderung geltend mache, eine Ausnahme von der Regel des ersten Absatzes für den Fall zulassen zu müssen, daß es sich um einen Vertrag zwischen den künftigen gesetzlichen Erben über den gesetzlichen Erbtheil oder den Pflichttheil eines von ihnen handle (§ 312 Abs. 2). Ueber die gesetzlichen Erben s. die §§ 1924 ff., über den Pflichttheil §§ 2303 ff. Ein Vertrag der gedachten Art wird nur wirksam, wenn die Vertragschließenden demnächst wirklich kraft der gesetzlichen Erbfolge Erben bezw. Pflichttheilsberechtigte werden, nicht aber, wenn sie die Erbschaft auf Grund einer Verfügung von Todeswegen erhalten. Zweifelhaft ist, ob die Vertragschließenden zur Zeit des Abschlusses des Vertrags die nächsten gesetzlichen Erben sein müssen oder ob der Vertrag auch dann gültig ist, wenn er von entfernteren gesetzlichen Erben für den Fall geschlossen wird, daß sie demnächst zur gesetzlichen Erbfolge berufen werden. Der Wortlaut wie der Zweck der Vorschrift dürfte für die letztgedachte Auffassung sprechen.

Der Vertrag hat nur obligatorische Wirkung unter den Vertragschließenden; die Erbfolge wird dadurch nicht geändert. Die Sicherung der Vertragschließenden ist daher nur eine unvollkommene, wird aber doch häufig genügen, um den beabsichtigten Zweck zu erreichen.

Ueber die für einen Vertrag der fraglichen Art erforderliche gerichtliche oder notarielle Beurkundung s. Bd. I S. 178, 179. Erl. zu § 128 Nr. 1, 4.

§. 313.

Ein Vertrag, durch den sich der eine Theil verpflichtet, das Eigenthum an einem Grundstücke zu übertragen, bedarf der gerichtlichen oder notariellen Beurkundung. Ein ohne Beobachtung dieser Form geschlossener Vertrag wird seinem ganzen Inhalte nach gültig, wenn die Auflassung und die Eintragung in das Grundbuch erfolgen.

§. 314.

Verpflichtet sich Jemand zur Veräußerung oder Belastung einer Sache, so erstreckt sich die Verpflichtung im Zweifel auch auf das Zubehör der Sache.

---

§ 313.

E. I § 351; II § 265 rev. § 307; III § 307. P. I S. 11763—11774; M. II S. 189—191. P. II S. 921—932, 7367—7369 (Bd. I S. 458—462). D. S. 625, 626. K.B. S. 1965. St.B. S. 2774.

1. Mit Rücksicht auf die wirthschaftliche und soziale Bedeutung des Grundeigenthums ist der für obligatorische Verträge nach dem B.G.B. geltende Grundsatz der Formfreiheit für den Vertrag, durch welchen sich jemand verpflichtet, das Eigenthum an einem Grundstücke zu übertragen, aufgegeben; ein solcher Vertrag bedarf der gerichtlichen oder notariellen Beurkundung (s. Bd. I S. 178, 179. Erl. zu § 128 Nr. 1, 4). Diese Vorschrift findet nach § 1017 auch auf den Vertrag Anwendung, durch welchen sich Jemand zu der Begründung oder Uebertragung eines Erbbaurechts verpflichtet, nicht aber auf Verträge, welche auf die Begründung, Uebertragung oder Aufhebung anderer dinglicher Rechte an Grundstücken gerichtet sind. Ein Vertrag, durch welchen sich jemand verpflichtet, das Eigenthum an einem Grundstück aufzugeben (§ 928), würde nach dem Wortlaute der Vorschrift des § 313 Satz 1 nicht unter dieselbe fallen; eine entsprechende Anwendung dürfte indessen keinem Bedenken unterliegen; praktisch wird eine solche wohl niemals in Frage kommen.

Ein der vorgeschriebenen Form ermangelnder Vertrag ist vorbehältlich der Vorschrift des Satz 2 nichtig (§ 125), begründet also weder einen Anspruch auf Erfüllung noch auf Vollziehung der Form. Der in der vorgeschriebenen Form abgeschlossene Vertrag ersetzt selbstverständlich nicht den dinglichen Vertrag, sondern begründet nur einen Anspruch auf dessen Vornahme nach Maßgabe des § 925.

2. Aus Gründen praktischer Zweckmäßigkeit wird durch die Vorschrift des § 313 Satz 2 der Grundsatz, daß ein nichtiger Vertrag niemals giltig werden kann, durchbrochen. Ein ohne Beobachtung der im Satz 1 vorgeschriebenen Form geschlossener Vertrag wird gültig, wenn die versprochene Uebertragung des Eigenthums durch Auflassung und Eintragung in das Grundbuch wirklich erfolgt. Vorausgesetzt wird, daß die Uebertragung selbst giltig ist. Ist die Auflassung nichtig oder ist sie anfechtbar und angefochten, so wird auch der obligatorische Vertrag nicht gültig. Selbstverständlich wird durch die gültige Auflassung und Eintragung die Nichtigkeit des obligatorischen Vertrags nur insoweit geheilt, als sie lediglich auf dem Formmangel beruht. Andere Mängel des Vertrags, welche dessen Nichtigkeit oder Anfechtbarkeit begründen, werden dadurch nicht geheilt.

Der obligatorische Vertrag wird seinem ganzen Inhalte nach gültig. Gültig wird daher auch das Versprechen der Gegenleistung; gültig werden auch die von den Parteien getroffenen Nebenabreden. Ist der obligatorische Vertrag in der vorgeschriebenen Form geschlossen, sind daneben oder später aber Modifikationen oder Zusätze ohne Beobachtung der vorgeschriebenen Form vereinbart, so werden auch diese durch die Auflassung und Eintragung gültig. Das Verhältniß ist so zu beurtheilen, wie wenn mit der Auflassung das gesammte zu dieser Zeit unter den Parteien bestehende obligatorische Verhältniß, das sich auf die Uebertragung des Grundstücks bezieht, in der vorgeschriebenen Form beurkundet wäre. Das Gesetz behandelt die Auflassung wie eine in der vorgeschriebenen Form erfolgende Bestätigung des zu Grunde liegenden obligatorischen Vertrags (§ 141). Daraus ist zu folgern, daß die Parteien verpflichtet sind, einander zu gewähren, was sie haben würden, wenn der Vertrag von Anfang an gültig gewesen wäre. Ist also z. B. vereinbart, daß der Käufer die Nutzungen des Grundstücks schon vor der Auflassung beziehen, andererseits aber den Kaufpreis schon von dem Abschlusse des obligatorischen Vertrags an verzinsen soll, so kann das auf Grund dieser Vereinbarungen Geleistete nicht zurückgefordert, andererseits, wenn die Leistung nicht erfolgt ist, nachträglich Erfüllung verlangt werden.

§ 314.

E. I § 790; II § 265a rev. § 308; III § 308. P. I S. 3347—3353; M. III S. 65, 66. P. II S. 3314—3316.

1. Ueber den Begriff des Zubehörs s. die §§ 97, 98 und die Erl. hierzu (Bd. I

§. 315.

Soll die Leistung durch einen der Vertragschließenden bestimmt werden, so ist im Zweifel anzunehmen, daß die Bestimmung nach billigem Ermessen zu treffen ist.

Die Bestimmung erfolgt durch Erklärung gegenüber dem anderen Theile.

Soll die Bestimmung nach billigem Ermessen erfolgen, so ist die getroffene Bestimmung für den anderen Theil nur verbindlich, wenn sie der Billigkeit entspricht. Entspricht sie nicht der Billigkeit, so wird die Bestimmung durch Urtheil getroffen; das Gleiche gilt, wenn die Bestimmung verzögert wird.

S. 133—138), über den Begriff der Veräußerung und Belastung s. Bd. I S. 148 Nr. 4. Der § 314 enthält eine Auslegungsregel für die obligatorischen, auf Veräußerung oder Belastung einer Sache gerichteten Verträge. Eine ähnliche Vorschrift enthält für den dinglichen, auf Uebertragung des Eigenthums gerichteten Vertrag der § 926 Abs. 1 Satz 2, für Vermächtnisse der § 2164 Abs. 1. Im E. I § 709 war ausdrücklich hervorgehoben, daß es darauf ankomme, ob die betreffenden Sachen zur Zeit des Abschlusses des Rechtsgeschäfts Zubehör seien. Eine sachliche Aenderung ist durch die jetzige Fassung nicht beabsichtigt. Die Umstände des einzelnen Falles können indessen ergeben, daß ein anderer Zeitpunkt, insbesondere derjenige, in welchem die Uebertragung oder Belastung der Sache zu erfolgen hat, entscheidend sein oder doch mit in Betracht gezogen werden soll. So wird sich z. B. bei dem auf Veräußerung eines Grundstücks gerichteten obligatorischen Vertrage die Verpflichtung des Veräußerers zwar im Zweifel auf das zur Zeit des Abschlusses des Vertrags, nicht aber auf das zur Zeit der Uebergabe vorhandene als Zubehör zu betrachtende Inventar beziehen. Aus dem Zwecke des Vertrags und aus der Natur des Zubehörs wird aber regelmäßig gefolgert werden können, daß, wenn die Uebergabe des Grundstücks erst einige Zeit nach dem Abschlusse des obligatorischen Vertrags erfolgen soll, die bei ordnungsmäßiger Bewirthschaftung erforderliche Veräußerung einzelner Inventarstücke in der Zwischenzeit nicht hat ausgeschlossen werden und daß andererseits die zum Ersatz angeschafften, dem Inventar einverleibten Stücke mit übertragen werden sollen. Die Zulässigkeit solcher Modifikationen ergiebt sich aus dem Wesen einer Auslegungsregel. Auszugehen ist aber immer kraft des Gesetzes davon, daß im Zweifel die Zeit des Abschlusses des obligatorischen Vertrags entscheidend ist. Bei einem Vermächtnisse tritt an die Stelle dieses Zeitpunkts der Zeitpunkt des Erbfalls (§ 2164).

§ 315.

E. I § 353; II § 266 rev. § 309; III § 309. P. I S. 577, 578, 581—584; M. II S. 192, 193. P. II S. 934—936, 8410, 8411 (Bd. I S. 464, 465).

1. Die Bestimmung der Leistung kann nicht vollständig der Willkür des Schuldners überlassen werden. Ein Schuldverhältniß besteht nicht, wenn es von der Willkür des Schuldners abhängt, ob und was er leisten will. Ist dem Schuldner die Bestimmung der Leistung innerhalb solcher Grenzen überlassen, daß das Schuldverhältniß der genügenden Bestimmtheit nicht entbehrt, so ist der Vertrag gültig. Auch der Willkür des Gläubigers kann die Bestimmung der Leistung nicht unbeschränkt überlassen werden, weil hierin eine gegen die guten Sitten verstoßende Unterwerfung des Schuldners unter den Willen des Gläubigers liegen würde. Ist die Bestimmung dem Gläubiger aber innerhalb solcher Grenzen und unter solchen Modalitäten überlassen, daß ein Verstoß gegen die guten Sitten nicht vorliegt, so ist der Vertrag gültig. Gültig ist z. B. ein Vertrag, durch welchen sich der eine Theil verpflichtet, dem anderen Theile Waaren zu einem nach dem Gewichte bestimmten Preise zu liefern, während die zu liefernde Quantität der nach freiem Belieben zu treffenden Bestimmung des einen oder anderen Theiles überlassen wird. Zulässig ist immer die Vereinbarung, daß der Schuldner oder der Gläubiger die Leistung nach billigem Ermessen bestimmen solle. In diesem Sinne ist nach § 315 Abs. 1 die Vereinbarung auszulegen, nach welcher die Leistung von einem der Vertragschließenden bestimmt werden soll.

2. Die Bestimmung erfolgt durch Erklärung gegenüber dem anderen Vertragschließenden; sie ist ein einseitiges empfangsbedürftiges Rechtsgeschäft (§§ 130—132). Die im E. I § 353 Abs. 2 enthaltene Vorschrift, daß die Bestimmung unwiderruflich sei, ist von der zweiten Kommission gestrichen, aber nur deßhalb, weil sie als selbstverständlich angesehen wurde (s. Bd. I S. 146 VIII). Diese Regeln gelten sowohl für die nach billigem Ermessen als für die nach freiem Belieben zu treffende Bestimmung.

3. Soll die Bestimmung nach billigem Ermessen getroffen werden, so ist nur eine der Billigkeit entsprechende Bestimmung vertragsmäßig: nur eine solche

Bestimmung ist daher für den anderen Theil verbindlich. Dieser im Abs. 3 Satz 1 ausgesprochenen Konsequenz des im Abs. 1 aufgestellten Prinzips wird im Satz 2 die Bestimmung hinzugefügt, daß die Bestimmung, wenn sie der Billigkeit nicht entspreche, durch Urtheil getroffen werde. Der andere Theil hat also in diesem Falle nicht das Recht, von dem zur Bestimmung Berechtigten eine anderweite der Billigkeit entsprechende Bestimmung zu fordern; vielmehr tritt ohne Weiteres an die Stelle der Bestimmung durch den Berechtigten die Bestimmung durch das Urtheil. Das Verhältniß hierbei ist indessen nicht, wie nach M. II S. 192, 193 angenommen werden könnte, so gedacht, daß zunächst auf die Bestimmung durch das Gericht und erst, nachdem die Bestimmung getroffen, auf Leistung zu klagen wäre; vielmehr ist davon ausgegangen worden (P. II S. 935, 936), daß regelmäßig die Bestimmung in dem über die Klage auf Leistung geführten Prozeß erfolge. Nicht ausgeschlossen ist zwar eine Klage auf Feststellung der der Billigkeit entsprechenden Leistung; aber eine solche Klage ist nur unter den in dem § 256 der C.P.O. bestimmten Voraussetzungen zulässig. Regelmäßig wird das Verfahren sich also in folgender Weise gestalten: Hat der Gläubiger die Bestimmung zu treffen, so klagt er auf Leistung nach Maßgabe der von ihm getroffenen Bestimmung. Bestreitet der Schuldner die Billigkeit der getroffenen Bestimmung, so hat der Gläubiger die Billigkeit nachzuweisen. Führt er diesen Beweis nicht, so wird die Leistung durch das Gericht bestimmt, sofern anzunehmen ist, daß der Gläubiger eventuell auf die in dieser Art bestimmte Leistung geklagt habe. Hat der Schuldner die Bestimmung zu treffen, so kann der Gläubiger ohne Weiteres auf die bestimmte Leistung und, wenn er die Billigkeit der Bestimmung nicht anerkennt, auf diejenige Leistung klagen, welche das Gericht als der Billigkeit entsprechend erkennt. Der letzteren Klage gegenüber steht dem Schuldner der Nachweis offen, daß die von ihm getroffene Bestimmung der Billigkeit entspricht.

4. Derjenige Theil, welchem das Recht zusteht, die Leistung nach billigem Ermessen zu bestimmen, ist dem anderen Theile gegenüber auch verpflichtet, die Bestimmung zu treffen. Der im § 888 der C.P.O. bestimmte Weg, die Erfüllung einer solchen Verpflichtung zu erzwingen, würde nur selten zu dem erstrebten Ziele führen. Der § 315 Abs. 3 läßt deshalb auch für den Fall, daß die Bestimmung verzögert wird, ohne Weiteres die Entscheidung durch das Gericht eintreten. Die Verzögerung setzt kein Verschulden voraus; sie liegt vor, wenn die Bestimmungen aus irgend welchem Grunde nicht innerhalb der vereinbarten oder in Ermangelung einer Vereinbarung nicht innerhalb einer nach den Umständen zu bestimmenden angemessenen Zeit erfolgt. Je nach Lage der Sache kann dann entweder sofort auf die von dem Gerichte nach Billigkeit zu bestimmende Leistung oder auf gerichtliche Feststellung der der Billigkeit entsprechenden Leistung geklagt werden.

Die Bedeutung einer Vereinbarung, nach welcher der eine oder der andere Theil die Leistung nach billigem Ermessen zu bestimmen hat, besteht also im Wesentlichen darin, daß der zur Bestimmung Berechtigte an die von ihm getroffene Bestimmung gebunden ist, daß also der Gläubiger, wenn er die Bestimmung zu treffen hatte, nicht mehr, als er bestimmt hat, wenn der Schuldner die Bestimmung zu treffen hatte, den ganzen von diesem bestimmten Betrag zu fordern berechtigt ist, daß aber, wenn der zu der Bestimmung Berechtigte diese nicht ohne Zögern trifft oder die Billigkeit der von ihm getroffenen Bestimmung nicht nachzuweisen vermag, das Verhältniß ebenso zu beurtheilen ist, wie wenn keinem Theile ein Bestimmungsrecht zustände, die Verpflichtung vielmehr auf eine objektiv der Billigkeit entsprechende Leistung gerichtet wäre.

5. Die Vorschriften des § 315 Abs. 3 beziehen sich nur auf den Fall, daß die Bestimmung nach billigem Ermessen zu treffen ist. Keine Vorschrift giebt das B.G.B. in der hier fraglichen Beziehung für den Fall, daß die Leistung von einem der Vertragschließenden nach dessen freiem Belieben bestimmt werden soll. Aus allgemeinen Grundsätzen ergiebt sich für diesen Fall, daß die Parteien zwar, sofern der Vertrag überhaupt gültig ist, gebunden sind, daß eine Verpflichtung zur Leistung aber solange nicht besteht, als die Bestimmung nicht getroffen ist. Der Vertrag wird daher als ein unter der aufschiebenden Bedingung, daß die Bestimmung erfolge, geschlossener anzusehen sein. Die Vorschriften der §§ 158—160 finden daher Anwendung. Eine Verpflichtung desjenigen, welchem die Bestimmung überlassen ist, diese zu treffen, besteht nicht. Ebensowenig kann in Ermangelung einer besonderen Vereinbarung angenommen werden, daß die Bestimmung innerhalb einer bestimmten Zeit getroffen werden müsse und daß, wenn dies nicht geschehe, die Bedingung als ausgefallen und der Vertrag daher als unwirksam anzusehen sei. Eine entsprechende Anwendung der Vorschrift des § 319 Abs. 2 ist bei der Verschiedenheit der Gesichtspunkte, welche für die von einem der Vertragschließenden und für die von einem Dritten zu treffende Bestimmung in Betracht kommen, bedenklich. Unter Umständen wird indessen ein Vertrag der fraglichen Art nach Treu und Glauben mit Rücksicht auf die Verkehrssitte (§ 157) dahin auszulegen sein, daß die Bedingung als ausgefallen gilt, wenn die Bestimmung nicht innerhalb angemessener Zeit erfolgt. Durch Urtheil kann die einem der Vertragschließenden nach dessen freiem Belieben überlassene Bestimmung niemals ersetzt werden

§. 316.

Ist der Umfang der für eine Leistung versprochenen Gegenleistung nicht bestimmt, so steht die Bestimmung im Zweifel demjenigen Theile zu, welcher die Gegenleistung zu fordern hat.

§. 317.

Ist die Bestimmung der Leistung einem Dritten überlassen, so ist im Zweifel anzunehmen, daß sie nach billigem Ermessen zu treffen ist.

Soll die Bestimmung durch mehrere Dritte erfolgen, so ist im Zweifel Uebereinstimmung aller erforderlich; soll eine Summe bestimmt werden, so ist, wenn verschiedene Summen bestimmt werden, im Zweifel die Durchschnittssumme maßgebend.

---

§ 316.

E. I § 354; II § 267 rev. § 310; III § 310. P. I S. 577, 579, 580, 584; M. II S. 192, 193. P. II S. 936—938 (Bd. I S. 465—467).

1. Im täglichen Verkehre kommen häufig gegenseitige Verträge vor, bei welchen die Leistung bestimmt, über den Umfang der Gegenleistung eine Vereinbarung aber nicht getroffen ist. Für Fälle dieser Art gilt die Regel des § 316. Voraussetzung ist, daß eine Gegenleistung erfolgen soll; gleichgültig ist, ob dies ausdrücklich oder stillschweigend vereinbart ist. Den Umfang der Gegenleistung hat in solchem Falle derjenige zu bestimmen, welchem die Gegenleistung gebührt, beim Kaufe also z. B. der Verkäufer. Auf die Bestimmung finden die Vorschriften des § 315 Anwendung. Die Bestimmung hat daher nach billigem Ermessen zu erfolgen. Entspricht sie dem billigen Ermessen nicht oder wird sie verzögert, so findet der § 315 Abs. 3 Anwendung (s. Erl. zu § 315 Nr. 1—4).

2. Für den Dienstvertrag (§ 612), den Werkvertrag (§ 632) und den Mäklervertrag (§ 653) ist vorgeschrieben, daß, wenn die Höhe der Vergütung nicht bestimmt sei, bei dem Bestehen einer Taxe die taxmäßige Vergütung, in Ermangelung einer Taxe die übliche Vergütung als vereinbart anzusehen sei. In diesen Fällen findet der § 316 also nur Anwendung, wenn weder eine Taxe besteht noch eine Vergütung von bestimmter Höhe üblich ist. Für den Kauf besteht eine entsprechende Vorschrift nicht; bei diesem findet also, wenn der Umfang der Gegenleistung nicht bestimmt ist, immer der § 316 Anwendung.

§ 317.

E. I § 355; II § 268 rev. § 311; III § 311. P. I S. 585, 586, 589; M. II S. 193—195 P. II S. 939—946 (Bd. I S. 467—470).

1. Der Vertrag, durch welchen die Bestimmung der Leistung einem Dritten überlassen wird, ist gültig, sofern der Schuldner dadurch nicht in solchem Maße dem Willen des Dritten unterworfen wird, daß der Vertrag als gegen die guten Sitten verstoßend angesehen werden muß. Ein solcher Verstoß liegt niemals vor, wenn das billige Ermessen des Dritten entscheiden soll. Hierauf wird regelmäßig die Absicht der Parteien gerichtet sein, und der Abs. 1 stellt eine dementsprechende Auslegungsregel auf. Daß die Person des Dritten in dem Vertrage bestimmt oder doch der Weg vereinbart sein muß, auf welchem die Bestimmung zu erfolgen hat, ergiebt sich aus dem Wesen eines Vertrags. Der Vertrag ist nicht geschlossen, so lange eine Einigung in der fraglichen Beziehung nicht erreicht ist.

2. Die Auslegungsregeln des Abs. 2 gelten sowohl für den Fall, daß der Dritte die Leistung nach billigem Ermessen bestimmen soll, als für den Fall, daß seinem Belieben keine Schranke gesetzt ist. Soll die Bestimmung durch mehrere Dritte erfolgen und wird die für diesen Fall nach Abs. 2 erforderliche Uebereinstimmung nicht erreicht, so ist das Verhältniß ebenso zu beurtheilen, wie wenn ein einzelner zu der Bestimmung berufener Dritter diese nicht treffen will oder kann. Je nachdem also die Bestimmung nach billigem Ermessen oder nach freiem Belieben getroffen werden soll, findet die Vorschrift des § 319 Abs. 1 Satz 2 oder die Vorschrift des § 319 Abs. 2 Anwendung. Die von der Regel des Abs. 2 für den Fall, daß eine Summe zu bestimmen ist, gemachte Ausnahme, entspricht dem in solchen Fällen im Leben regelmäßig beobachteten Verfahren.

§. 318.

Die einem Dritten überlassene Bestimmung der Leistung erfolgt durch Erklärung gegenüber einem der Vertragschließenden.

Die Anfechtung der getroffenen Bestimmung wegen Irrthums, Drohung oder arglistiger Täuschung steht nur den Vertragschließenden zu; Anfechtungsgegner ist der andere Theil. Die Anfechtung muß unverzüglich erfolgen, nachdem der Anfechtungsberechtigte von dem Anfechtungsgrunde Kenntniß erlangt hat. Sie ist ausgeschlossen, wenn dreißig Jahre verstrichen sind, nachdem die Bestimmung getroffen worden ist.

---

§ 318.

E. I § 356; II § 269 rev. § 312; III § 312. P. I S. 589—593; M. II S. 194.
P. II S. 939, 940, 946—948, 8410, 8411, 8415, **8416 (Bd. I S. 467, 471, 472**

1. Die Vorschriften des § 318 finden Anwendung sowohl für den Fall, daß der Dritte die Bestimmung nach billigem Ermessen, als für den Fall, daß er sie nach freiem Belieben treffen soll.

2. Die Bestimmung des Dritten ist ein einseitiges empfangsbedürftiges Rechtsgeschäft (§§ 130—132); sie wird für beide Vertragschließende wirksam, wenn sie einem derselben gegenüber abgegeben worden ist; sie ist unwiderruflich (s. Bd. I S. 146, VIII). Die Bestimmung muß durch den Dritten in Person erfolgen, weil die Ueberlassung derselben an ihn regelmäßig auf persönlichem Vertrauen beruht. Vertretung bei der Bestimmung ist daher ausgeschlossen, sofern nicht ein anderes vereinbart ist. Ist der Dritte in der Geschäftsfähigkeit beschränkt, so ist die Einwilligung des gesetzlichen Vertreters zu der Bestimmung nicht erforderlich. Dies wird wenigstens im Zweifel als der Absicht der Parteien entsprechend anzusehen sein. Die Vorschriften der §§ 107, 111 stehen dem nicht entgegen, weil der Dritte durch die Bestimmung einen rechtlichen Nachtheil nicht erleiden kann. Der § 107 fordert zwar die Einwilligung des gesetzlichen Vertreters eines Minderjährigen zu allen Rechtsgeschäften des Letzteren, durch welche derselbe nicht lediglich einen rechtlichen Vortheil erlangt. In Fällen der hier fraglichen Art wird man aber nach Analogie des § 165 (s. Bd. I S. 212, 213. Erl. zu § 165 Nr. 1) für genügend erachten müssen, daß der in der Geschäftsfähigkeit Beschränkte durch die betreffende Willenserklärung einen rechtlichen Nachtheil nicht erleiden kann.

3. Die Vorschriften des Abs. 2 sind von der zweiten Kommission hinzugefügt.

a) Nach allgemeinen Grundsätzen würde der Dritte die von ihm getroffene Bestimmung wegen Irrthums oder unrichtiger Uebermittelung nach Maßgabe der §§ 119, 120 und wegen arglistiger Täuschung und Drohung nach Maßgabe des § 123 anzufechten berechtigt sein. Der Dritte hat aber höchstens ein ideales, kein materielles Interesse an der Anfechtung; deshalb wird vorgeschrieben, daß dem Dritten die Anfechtung nicht zusteht. Die Anfechtung wegen unrichtiger Uebermittelung (§ 120) wird im Abs. 2 nicht ausdrücklich erwähnt; sie wird aber unter der Anfechtung wegen Irrthums mit verstanden.

b) Ob den Vertragschließenden nach allgemeinen Grundsätzen die Anfechtung der von dem Dritten getroffenen Bestimmung zustehen würde, kann bezweifelt werden. Das B.G.B. geht davon aus, daß der Vertragswille der Parteien durch die dem Dritten überlassene Bestimmung ergänzt wird, und gestattet deshalb jedem der Vertragschließenden die Anfechtung. Anfechtungsgegner (§ 143 Abs. 1) ist der andere Theil. Die für die Anfechtungsfrist gleichmäßig sowohl für die Anfechtung wegen Irrthums (s. oben unter a) als wegen arglistiger Täuschung und Drohung gegebenen Vorschriften entsprechen dem § 121 (s. Bd. I S. 171, 172. Erl. zu § 121 Nr. 1—4). Auch die Vorschrift des § 121 Abs. 1 Satz 2, nach welcher die einem Abwesenden gegenüber erfolgte Anfechtung als rechtzeitig erfolgt gilt, wenn die Anfechtungserklärung unverzüglich abgesandt worden ist, findet entsprechende Anwendung.

Ist die von dem Dritten getroffene Bestimmung anfechtbar und von einem der Vertragschließenden angefochten, so ist sie als von Anfang an nichtig anzusehen (§ 142). Das Verhältniß ist dann so zu beurtheilen, wie wenn die Bestimmung überhaupt noch nicht erfolgt wäre. Der Dritte hat also die Bestimmung noch erst zu treffen. Kann oder will er sie nicht treffen oder verzögert er sie, so findet der § 319 Anwendung. Dieselben Grundsätze gelten, wenn die von dem Dritten getroffene Bestimmung aus irgend einem anderen Grunde von Anfang an nichtig ist.

§. 319.

Soll der Dritte die Leistung nach billigem Ermessen bestimmen, so ist die getroffene Bestimmung für die Vertragschließenden nicht verbindlich, wenn sie offenbar unbillig ist. Die Bestimmung erfolgt in diesem Falle durch Urtheil; das Gleiche gilt, wenn der Dritte die Bestimmung nicht treffen kann oder will oder wenn er sie verzögert.

Soll der Dritte die Bestimmung nach freiem Belieben treffen, so ist der Vertrag unwirksam, wenn der Dritte die Bestimmung nicht treffen kann oder will oder wenn er sie verzögert.

---

§ 319.

E. I §§ 355 Satz 1, 357; II § 270 rev. § 313; III § 313. P. I S. 586—592; M. II S. 193—195. P. II S. 939—944, 6947, 6948 (Bd. I S. 467—469).

1. Soll der Dritte die Leistung nach billigem Ermessen bestimmen, so wird dem vertragsmäßigen Erfordernisse nicht genügt durch eine Bestimmung, welche der Billigkeit nicht entspricht. Hieraus wird aber nicht der Schluß gezogen, daß eine unbillige Bestimmung als nicht getroffen gelte und daß daher der Dritte eine anderweite der Billigkeit entsprechende Bestimmung zu treffen habe; vielmehr soll in solchem Falle an die Stelle des Dritten ohne Weiteres das Gericht treten. Eine Vereinbarung der fraglichen Art wird also dahin ausgelegt, daß eine der Billigkeit entsprechende Leistung versprochen und die Entscheidung der Frage, welche Leistung der Billigkeit entspreche, zwar zunächst durch den Dritten erfolgen, das Verhältniß aber, wenn die Entscheidung des Dritten der Billigkeit nicht entspreche, so angesehen werden solle, wie wenn schlechthin eine objektiv der Billigkeit entsprechende Leistung vereinbart sei. Abweichend vom § 315 braucht indessen derjenige, welcher sich auf die Bestimmung des Dritten beruft, nicht deren Billigkeit nachzuweisen; die Bestimmung ist vielmehr maßgebend, wenn nicht von dem einen oder anderen Vertragschließenden behauptet und nachgewiesen wird, daß sie offenbar unbillig sei. Der Ausdruck „offenbar" hat keine scharf abgegrenzte juristische Bedeutung; er ist ein Ausdruck des gewöhnlichen Lebens und ist dementsprechend auszulegen. Nicht erfordert wird dadurch, daß die Unbilligkeit ohne weitere Beweisführung aus der Bestimmung selbst erhelle. Dem die Bestimmung Anfechtenden darf die Möglichkeit nicht abgeschnitten werden, die Umstände darzulegen und zu beweisen, aus denen die offenbare Unbilligkeit der Bestimmung sich ergiebt. Läßt sich aber nach dem Ergebnisse der Beweisführung nicht sagen, daß die offenbare Unbilligkeit der Bestimmung erhelle, bleibt vielmehr eine verschiedene Beurtheilung möglich, so ist zu Gunsten der Aufrechterhaltung der Bestimmung zu entscheiden. Das Verfahren gestaltet sich im Uebrigen ebenso wie in dem Falle des § 315. Die Entscheidung über die behauptete offenbare Unbilligkeit hat also regelmäßig nicht in einem besonderen Prozesse, sondern in dem auf Leistung gerichteten Prozesse zu erfolgen (s. Erl. zu § 315 Nr. 3).

2. Abweichend vom E. I § 355 Satz 1 kommen, wenn die Bestimmung nach billigem Ermessen zu treffen ist, die unter Nr. 1 dargelegten Grundsätze auch dann zur Anwendung, wenn der Dritte die Bestimmung nicht treffen kann oder will oder wenn er sie verzögert. Die Ueberweisung der Bestimmung an den Dritten wird als eine Nebenbestimmung behandelt, welche nach der vermutheten Absicht der Parteien unter den gedachten Voraussetzungen wegfallen soll. Mit ihrem Wegfalle tritt die Hauptvereinbarung in Kraft, nach welcher eine der Billigkeit entsprechende Leistung geschuldet wird. Welche Leistung der Billigkeit entspricht, ist durch Urtheil zu entscheiden. Diese Eventualität tritt ein:

a) wenn der Dritte die Bestimmung nicht treffen kann. Es fragt sich, ob ein vorübergehendes Nichtkönnen genügt oder ob feststehen muß, daß der Dritte niemals im Stande sein wird, die Bestimmung zu treffen. Die Entscheidung dieser Frage ergiebt sich daraus, daß dem Nichtkönnen das Verzögern gleichgestellt ist (s. unter **c**). Hiernach ist ein dauerndes Nichtkönnen nicht erforderlich; andererseits genügt eine vorübergehende kurze Behinderung des Dritten nicht; das Nichtkönnen muß vielmehr solange dauern, daß, wenn dasselbe nicht vorläge, eine Verzögerung anzunehmen wäre. Gleichgültig ist es, auf welchem Grunde das Nichtkönnen beruht. Der praktisch wichtigste Fall ist, da der Dritte die Bestimmung persönlich treffen muß (s. Erl. zu § 318 Nr. 2), der seines Todes. Andere Gründe des Nichtkönnens sind z. B. Geschäftsunfähigkeit, Krankheit, Abwesenheit. Gründe dieser Art können wegfallen; bei ihnen kommt es also darauf an, ob sie solange bestehen, daß das Abwarten ihres Wegfalls eine Verzögerung begründen würde. Daß der Dritte in der Geschäftsfähigkeit beschränkt wird, begründet an sich ein Nichtkönnen desselben nicht (s. Erl. zu § 318 Nr. 2).

Zweiter Titel.

Gegenseitiger Vertrag.

Es ist indessen zuzusehen, ob nicht eine stillschweigende Vereinbarung der Parteien anzunehmen ist, nach welcher der Eintritt einer Beschränkung der Geschäftsfähigkeit wenigstens in gewissen Fällen, z. B. wenn eine Entmündigung wegen Geistesschwäche erfolgt, dem Nichtkönnen gleichgestellt ist.

b) wenn der Dritte die Bestimmung nicht treffen will. Der Dritte ist, sofern nicht ein besonderer Vertrag mit ihm geschlossen ist, nicht verpflichtet, die Bestimmung zu treffen. Erklärt er, daß er die Bestimmung nicht treffen will, so steht dadurch sein Nichtwollen fest. Nach Analogie der Vorschriften des § 318 Abs. 1 wird als genügend anzunehmen sein, wenn jene Erklärung einem der Vertragschließenden gegenüber erfolgt. Eine Zurücknahme der Weigerung ist zwar nicht ausgeschlossen (s. Bd. I S. 146 VIII); jedoch kommt hier wie in dem Falle unter a in Betracht, daß die Verzögerung dieselbe Wirkung hat wie das Nichtkönnen und Nichtwollen. Erfolgt daher die Zurücknahme der Weigerung erst so spät, daß eine Verzögerung der Bestimmung anzunehmen ist, so hat sie keine rechtliche Wirkung.

c) wenn der Dritte die Bestimmung verzögert. Eine Verzögerung liegt immer vor, wenn in dem Vertrag eine Frist vereinbart ist, innerhalb deren die Bestimmung erfolgen soll, und wenn die Bestimmung nicht innerhalb dieser Frist getroffen wird. Ist eine Frist nicht vereinbart, so ist die Bestimmung verzögert, wenn sie nicht innerhalb angemessener Zeit getroffen wird (s. Erl. zu § 315 Nr. 4). Gleichgültig ist es, aus welchem Grunde sie nicht erfolgt; ein Verschulden des Dritten kommt, da derselbe nicht verpflichtet ist, die Bestimmung zu treffen, überhaupt nicht in Frage.

3. Soll der Dritte die Bestimmung nach freiem Belieben treffen, so wird, wenn der Dritte die Bestimmung nicht treffen kann oder will oder wenn er sie verzögert, der ganze Vertrag unwirksam. Die Ueberweisung der Bestimmung an den Dritten ist in dem vorausgesetzten Falle nicht eine Nebenverabredung, sondern bildet einen wesentlichen Bestandtheil des Vertrags selbst. Darüber, wie das Verhältniß juristisch zu konstruiren ist, sind verschiedene Auffassungen möglich. Am natürlichsten und der Absicht der Parteien am meisten entsprechend dürfte es sein, wenn man den Vertrag als einen unter der aufschiebenden Bedingung, daß der Dritte die Bestimmung treffe, geschlossenen ansieht. Die Parteien sind zwar durch den Vertrag sofort gebunden; die Verpflichtung zur Leistung entsteht aber erst, wenn der Dritte die Bestimmung trifft (§§ 158—160). Als ausgefallen gilt die Bedingung nach der positiven Vorschrift des § 319 Abs. 2, wenn der Dritte die Bestimmung nicht treffen kann oder will oder wenn er sie verzögert. Die Frage, wann das Nichtkönnen oder das Nichtwollen oder die Verzögerung anzunehmen ist, bestimmt sich nach den oben unter Nr. 2 dargelegten Grundsätzen. Im Uebrigen finden sowohl für die Zeit während des Schwebens der Bedingung als für den Fall, daß dieselbe eintritt oder ausfällt, die für aufschiebend bedingte Rechtsgeschäfte geltenden Vorschriften (§§ 158 ff.) Anwendung. Zu beachten ist, daß, wenn bei einem gegenseitigen Vertrage die Bestimmung der Gegenleistung dem freien Belieben eines Dritten überlassen ist, nicht etwa nur die auf die Gegenleistung sich beziehende Vereinbarung, sondern der ganze Vertrag unwirksam wird, wenn der Dritte die Bestimmung nicht treffen kann oder will oder wenn er sie verzögert.

4. Die Vorschriften des § 319 sind dispositiver Natur; sie kommen daher nicht zur Anwendung, wenn ausdrücklich oder stillschweigend ein Anderes vereinbart ist.

Zweiter Titel.

Der obligatorische Vertrag begründet seinem Begriffe nach immer die Verpflichtung mindestens eines Theiles. Auf diese Verpflichtung kann sich die Wirkung des Vertrags beschränken, so z. B. bei dem Schenkungsversprechen. Der Vertrag kann neben der dadurch bezweckten Verpflichtung des einen Theiles unter Umständen auch eine Verpflichtung des anderen Theiles begründen (actio contraria). Diese Verpflichtnng des anderen Theiles bildet aber nicht den Zweck des Vertrags; die Möglichkeit ihres Eintretens wird aber durch diesen Zweck erfordert. So z. B. geht der Zweck des Auftrags nur dahin, den Beauftragten zu der Ausführung des Auftrags zu verpflichten. Eine Verpflichtung des Auftraggebers braucht dadurch nicht begründet zu werden; sie kann aber entstehen, wenn der Beauftragte Aufwendungen zum Zwecke der Ausführung des Auftrags macht; der Auftraggeber wird zu deren Ersatze verpflichtet. Eine dritte Kategorie bilden die gegenseitigen Verträge. Bei diesen ist begrifflich die Verpflichtung beider Theile erforderlich. Jeder Theil geht eine Verpflichtung nur ein, um die

§. 320.

Wer aus einem gegenseitigen Vertrage verpflichtet ist, kann die ihm obliegende Leistung bis zur Bewirkung der Gegenleistung verweigern, es sei denn, daß er vorzuleisten verpflichtet ist. Hat die Leistung an Mehrere zu erfolgen, so kann dem Einzelnen der ihm gebührende Theil bis zur Bewirkung der ganzen Gegenleistung verweigert werden. Die Vorschrift des §. 273 Abs. 3 findet keine Anwendung.

Ist von der einen Seite theilweise geleistet worden, so kann die Gegenleistung insoweit nicht verweigert werden, als die Verweigerung nach den Umständen, insbesondere wegen verhältnißmäßiger Geringfügigkeit des rückständigen Theiles, gegen Treu und Glauben verstoßen würde.

Verpflichtung des anderen Theiles zu erlangen. Leistung und Gegenleistung sollen gegen einander ausgetauscht werden (s. Windscheid II § 321, Dernburg II § 20). Aus diesem Verhältnisse von Leistung und Gegenleistung ergiebt sich eine besondere Gestaltung der beiderseitigen Verpflichtungen. Die sich hierauf beziehenden allgemeinen Vorschriften werden in dem zweiten Titel gegeben. Es handelt sich zunächst um die Frage, in welcher Art der Zweck, daß Leistung und Gegenleistung ausgetauscht werden sollen, am besten erreicht wird (Einrede des nicht erfüllten Vertrags). Auf die Entscheidung dieser Frage beziehen sich die §§ 320, 322. Der § 321 enthält eine Vorschrift für den Fall, daß der eine Theil nach dem Inhalte des Vertrags vorzuleisten verpflichtet ist, und bestimmt die Voraussetzungen, unter welchen trotzdem die Leistung bis zur Bewirkung der Gegenleistung verweigert werden kann. Die §§ 323—325 enthalten Vorschriften darüber, wie sich die Verpflichtungen der Parteien gestalten, wenn die Leistung des einen Theiles in Folge eines von keinem Theile oder in Folge eines von dem anderen Theile oder in Folge eines von dem Verpflichteten zu vertretenden Umstandes unmöglich geworden ist. Der § 326 bestimmt die Wirkungen, welche der Verzug auf das beiderseitige Schuldverhältniß hat. Der § 327 endlich bestimmt, welche Vorschriften zur Anwendung kommen, wenn ein Theil nach Maßgabe der §§ 325, 326 von dem Vertrage zurücktritt.

§ 320.

E. I §§ 362—364; II § 271 rev. § 314; III § 314. P. I S. 649—655, 659—661, 1860—1862, 1883, 2024, 2025, 3258, 3259; M. II S. 200—203. P. II S. 1254—1263, 1269—1274 (Bd. I S. 626—631, 633—636).

1. Aus dem Wesen des gegenseitigen Vertrags folgt, daß jeder Theil die Leistung nur gegen Empfang der Gegenleistung zu bewirken braucht. Die juristische Durchführung dieses Gedankens ist in verschiedener Art möglich und in den bisherigen Rechten in verschiedener Art erfolgt. Man kann das Recht jedes Theiles, die ihm gebührende Leistung zu fordern, davon abhängig machen, daß er die ihm obliegende Leistung bewirkt hat oder doch anbietet; man kann aber auch das Recht auf die Leistung als ein an sich unbedingtes anerkennen und nur dem anderen Theile das Recht gewähren, die geforderte Leistung bis dahin zu verweigern, daß die ihm gebührende Gegenleistung bewirkt ist. Das B.G.B. folgt im Anschluß an die herrschende gemeinrechtliche Theorie der letzteren Auffassung. Die hiernach jedem aus einem gegenseitigen Vertrage Verpflichteten nach § 320 Abs. 1 zustehende verzögerliche Einrede hat, wie sich aus § 322 ergiebt, nicht die Wirkung, daß der andere Theil zur Zeit überhaupt die ihm gebührende Leistung zu fordern nicht berechtigt ist, sondern sie hat lediglich die Wirkung, daß er nur Leistung Zug um Zug fordern kann (s. Erl. zu § 274 Nr. 1). Das dem Gläubiger nach § 273 Abs. 3 zustehende Recht, die Ausübung des Zurückbehaltungsrechts durch Sicherheitsleistung abzuwenden, steht dem Gläubiger gegenüber der dem Schuldner nach § 320 zustehenden Einrede des nicht erfüllten Vertrags nicht zu (s. Erl. zu § 273 Nr. 2). Die Vorschrift, daß die Verpflichtungen aus einem gegenseitigen Vertrage Zug um Zug zu erfüllen sind, ist dispositiver Natur; sie findet daher keine Anwendung, wenn nach dem Inhalte des Vertrags der eine Theil vorzuleisten hat.

2. Nach § 420 ist, wenn Mehrere eine theilbare Leistung schulden oder Mehrere eine theilbare Leistung zu fordern haben, im Zweifel jeder Schuldner nur zu einem gleichen Antheile verpflichtet, jeder Gläubiger nur zu einem gleichen Antheile berechtigt. Hiernach kann also z. B., wenn zwei Personen eine Quantität vertretbarer Sachen verkaufen, jede derselben die Hälfte des Kaufpreises von dem Käufer fordern und ist nur verpflichtet, den Kaufgegenstand zur Hälfte dem Käufer zu liefern. Es kann zweifelhaft sein, wie sich in Fällen dieser Art die Einrede des nicht erfüllten Vertrags gestaltet. Diesen Zweifel schneidet der § 320 Abs. 1 Satz 2 ab. Aus dem Wesen

des gegenseitigen Vertrags wird gefolgert, daß, wenn die Leistung an Mehrere zu erfolgen hat, dem Einzelnen der ihm gebührende Theil bis zur Bewirkung der ganzen Gegenleistung verweigert werden kann. In dem gedachten Beispielsfalle braucht also der Käufer keinen Theil des Kaufpreises zu zahlen, wenn ihm nicht gleichzeitig der von ihm gekaufte Gegenstand ganz geliefert wird. Er kann die Zahlung der Hälfte des Kaufpreises nicht nur bis zur Bewirkung der dem klagenden Verkäufer obliegenden Leistung der Hälfte des Kaufgegenstandes, sondern bis zur Leistung des ganzen Kaufgegenstandes verweigern. Die fragliche Vorschrift hat gegenüber dem E. I dadurch an Bedeutung verloren, daß nach dem von der zweiten Kommission beschlossenen § 427 Mehrere, die sich durch Vertrag gemeinschaftlich zu einer theilbaren Leistung verpflichten, im Zweifel als Gesammtschuldner haften. Bei einer untheilbaren Leistung ergiebt sich dies aus § 431. Soweit jeder der mehreren Schuldner als Gesammtschuldner haftet, kann der oben gedachte Zweifel nicht entstehen. Die fragliche Vorschrift behält aber, da der § 427 nur eine Auslegungsregel giebt, ihre Bedeutung noch für diejenigen Fälle, in welchen die Haftung der Einzelnen als Gesammtschuldner ausdrücklich oder stillschweigend ausgeschlossen ist. Zu beachten ist übrigens, daß die fragliche Vorschrift überhaupt nur dann Anwendung findet, wenn es sich um einen Vertrag handelt, nicht aber dann, wenn in Wirklichkeit mehrere selbständige Verträge vorliegen.

Der nach dem E. I noch in Betracht kommende Fall, daß der eine oder der andere Vertragschließende von mehreren Personen beerbt wird, entscheidet sich nach dem B.G.B. nach den besonderen über die Erbengemeinschaft gegebenen Vorschriften (s. insbesondere die §§ 2038—2040).

3. Die im § 320 Abs. 1 bestimmte Einrede steht dem Schuldner nicht nur dann zu, wenn der andere Theil noch überhaupt nicht geleistet hat, sondern auch dann, wenn derselbe noch nicht vollständig oder nicht in solcher Art geleistet hat, wie er zu leisten verpflichtet war (exceptio non rite adimpleti contractus). Der aus einem gegenseitigen Vertrage Verpflichtete braucht nur zu leisten, wenn er seinerseits Alles erhält, was ihm aus dem gegenseitigen Vertrage gebührt. Bei einem Kaufe z. B. also steht dem Käufer die Einrede auch dann zu, wenn der Verkäufer einen Theil des verkauften Gegenstandes noch nicht geliefert oder wenn er die ihm in Betreff des Kaufgegenstandes nach den §§ 434—437,439 obliegenden Verpflichtungen in Betreff der Gewährleistung des veräußerten Rechtes nicht erfüllt hat (§ 440). Ist der andere Theil nicht im Stande, die ihm obliegende Leistung zu bewirken, so ist er entweder von seiner Verpflichtung frei (§ 275) oder dem anderen Theile zum Schadensersatze verpflichtet. Ueber das in diesen Fällen eintretende Verhältniß s. die §§ 323—327, insbesondere die Erl. zu den §§ 323, 325. Ueber die besonderen Vorschriften, welche in Betreff der Gewährleistung wegen Mängel einer verkauften Sache gelten, s. die §§ 459 ff.

4. Die Vorschrift, daß jeder Theil die geschuldete Leistung nicht eher zu bewirken braucht, als bis er die ihm gebührende Leistung erhält, kann zu einem unbilligen Ergebnisse führen, wenn der eine Theil die ihm gebührende Leistung bereits theilweise erhalten hat. Verweigert er in einem solchen Falle die ihm obliegende Leistung bis dahin, daß er die ihm gebührende Leistung vollständig erhalten hat, so hat er bis dahin, daß dies geschehen ist, den Nutzen von der an ihn bewirkten Theilleistung, ohne seinerseits irgend etwas geleistet zu haben. Dem tritt die Vorschrift des § 320 Abs. 2 entgegen. Ist von der einen Seite bereits theilweise geleistet, so soll die Gegenleistung insoweit nicht verweigert werden können, als die Verweigerung nach den Umständen, insbesondere wegen verhältnißmäßiger Geringfügigkeit des rückständigen Theiles, gegen Treu und Glauben verstoßen würde. Im E. I war eine derartige Bestimmung nicht enthalten; nach den M. II S. 203 wurde indessen als selbstverständlich angenommen, daß unter Umständen, insbesondere bei einer verhältnißmäßigen Geringfügigkeit des quantitativen oder qualitativen Mangels, eine replica doli begründet sein würde. Die Vorschrift des Abs. 2 beseitigt die Zweifel, die in dieser Beziehung entstehen könnten. Unter dem Ausdruck „ist theilweise geleistet" ist nicht nur der Fall zu verstehen, daß die Leistung eine quantitativ unvollständige gewesen ist, sondern auch der Fall, daß die Leistung eine qualitativ mangelhafte war, die Beseitigung der Mängel aber möglich ist. Die Art, in welcher Cosack, Lehrbuch Bd. I S. 301, 302 in der hier fraglichen Beziehung zwischen mangelhafter und unvollständiger Leistung unterscheidet, dürfte nicht gerechtfertigt sein. Vorauszusetzen ist allerdings, daß die Mängel nicht von solcher Art sind, daß die Leistung überhaupt nicht als die geschuldete anzusehen ist; die Leistung muß vielmehr von solcher Art sein, daß eine Vervollständigung möglich ist. Die Vorschrift des Abs. 2 beschränkt sich nicht auf den Fall, daß nur ein verhältnißmäßig geringer Theil der Leistung rückständig ist; dieser Fall ist zwar als ein praktisch besonders wichtiger hervorgehoben; die Vorschrift kann aber auch unter Umständen Anwendung finden, wenn ein verhältnißmäßig bedeutender Theil der Leistung noch rückständig ist. Andererseits darf die Vorschrift nicht dahin ausgelegt werden, daß das Recht, die Gegenleistung zu verweigern, sich immer nur auf einen dem rückständigen Theile der Leistung entsprechenden

§. 321.

Wer aus einem gegenseitigen Vertrage vorzuleisten verpflichtet ist, kann, wenn nach dem Abschlusse des Vertrags in den Vermögensverhältnissen des anderen Theiles eine wesentliche Verschlechterung eintritt, durch die der Anspruch auf die Gegenleistung gefährdet wird, die ihm obliegende Leistung verweigern, bis die Gegenleistung bewirkt oder Sicherheit für sie geleistet wird.

Theil der Gegenleistung beschränke. Erfüllt z. B. der Verkäufer, der einen Theil des verkauften Gegenstandes geleistet hat, die ihm obliegende Verpflichtung, den ganzen Gegenstand zu leisten, obwohl er dazu im Stande ist, vorsätzlich oder fahrlässigerweise nicht, so wird es nicht als gegen Treu und Glauben verstoßend angesehen werden können, wenn der Käufer die Zahlung des ganzen Kaufpreises bis dahin verweigert, daß der Verkäufer die ihm mögliche und lediglich aus Vorsatz oder Nachlässigkeit unterbliebene Leistung des ganzen Kaufgegenstandes vollständig bewirkt. Ist der Verkäufer dagegen zur Zeit außer Stande, seine Verpflichtungen vollständig zu erfüllen, ohne daß er nach § 275 freigeworden ist oder sich seine Verpflichtung nach § 280 in eine Verpflichtung zum Schadensersatze wegen Nichterfüllung verwandelt hat, so würde der Käufer, welcher die Theilleistung angenommen hat, gegen Treu und Glauben verstoßen, wenn er die Theilleistung behalten und doch von dem Kaufpreise Nichts bezahlen wollte. Er muß in einem solchen Falle einen der erhaltenen Theilleistung entsprechenden Theil des Kaufpreises zahlen. Man kann dagegen nicht einwenden, daß dadurch zum Nachtheile des Käufers ein Zwischenzustand eintrete, der mit dem Zwecke des abgeschlossenen Kaufes unvereinbar sei. Der Käufer ist immer in der Lage, zu einer definitiven Ordnung des Verhältnisses zu gelangen. Er kann die Verurtheilung des Verkäufers zur Bewirkung der noch rückständigen Leistung verlangen und diesem nach Maßgabe des § 283 eine Frist setzen. Bewirkt der Verkäufer die Leistung vor dem Ablaufe dieser Frist nicht, so steht dem Käufer nach § 325 Abs. 2 die Wahl zwischen den dort bezeichneten Rechten zu. Er kann also Schadensersatz wegen theilweiser Nichterfüllung verlangen und diese Forderung gegen die Forderung des Verkäufers auf Zahlung des Kaufpreises aufrechnen; er kann, wenn sein Interesse es erfordert, unter Rückgewähr des bereits erhaltenen Theiles des Kaufgegenstandes Schadensersatz wegen Nichterfüllung des ganzen Vertrags verlangen oder von dem ganzen Vertrage zurücktreten. Der Verkäufer dagegen ist unter den gedachten Voraussetzungen nicht in der Lage, das Verhältniß zum Abschlusse zu bringen; er müßte, solange er nicht im Stande ist, den Rest des Kaufgegenstandes zu liefern, sich gefallen lassen, daß der Käufer den gelieferten Theil des Kaufgegenstandes behielte und nutzte, von dem Kaufpreis aber nichts bezahlte. Die Unbilligkeit eines solchen Ergebnisses liegt auf der Hand, und der Käufer verstößt gegen Treu und Glauben, wenn er sich diese Lage zu Nutzen macht. Er soll entweder das Verhältniß auf einem der oben angegebenen Wege zum Abschlusse bringen oder, wenn er den erhaltenen Theil des Kaufgegenstandes behalten und abwarten will, bis der Verkäufer den Rest zu liefern im Stande ist, diesem einen dem bereits erhaltenen Theile des Kaufgegenstandes entsprechenden Theil des Kaufpreises zahlen. Im einzelnen Falle kann es freilich zweifelhaft sein, ob und inwieweit die Verweigerung der Gegenleistung gerechtfertigt ist oder gegen Treu und Glauben verstößt. Die hieraus entspringende Gefahr einer gewissen Rechtsunsicherheit muß indessen mehr oder weniger bei allen Vorschriften in den Kauf genommen werden, welche der Durchführung eines starren Rechtssatzes zu Gunsten der Billigkeit und der Aufrechterhaltung von Treu und Glauben entgegentreten.

5. Ueber das prozessualische Verfahren bei der Klage aus einem gegenseitigen Vertrag und über die Beweislast s. Erl. zu § 322 Nr. 1.

§ 321.

E. II § 272 rev. § 315; III § 315. P. II S. 1263—1265 (Bd. I S. 631, 632).

Die Einrede des nicht erfüllten Vertrags (§ 320) steht demjenigen nicht zu, welcher nach dem Inhalte des Vertrags zur Vorleistung verpflichtet ist. Die auf einem Beschlusse der zweiten Kommission beruhende Vorschrift des § 321 macht hiervon mit Rücksicht auf die Auffassung des Verkehrs eine Ausnahme für den Fall, daß nach dem Abschlusse des Vertrags in den Vermögensverhältnissen des anderen Theiles eine wesentliche Verschlechterung eintritt, durch die der Anspruch auf die Gegenleistung gefährdet wird. Nicht jede Verschlechterung der Vermögensverhältnisse des anderen Theiles genügt also, sondern nur eine solche, durch welche der Anspruch auf die Gegenleistung gefährdet wird. Ob eine solche Gefährdung vorliegt, läßt sich nur unter Berücksichtigung der Umstände des einzelnen Falles entscheiden. Die Verschlechterung muß ferner nach Abschluß des Vertrags eingetreten sein. Eine bereits zur Zeit des Abschlusses des Vertrags bestehende

§. 322.

Erhebt aus einem gegenseitigen Vertrage der eine Theil Klage auf die ihm geschuldete Leistung, so hat die Geltendmachung des dem anderen Theile zustehenden Rechtes, die Leistung bis zur Bewirkung der Gegenleistung zu verweigern, nur die Wirkung, daß der andere Theil zur Erfüllung Zug um Zug zu verurtheilen ist.

Hat der klagende Theil vorzuleisten, so kann er, wenn der andere Theil im Verzuge der Annahme ist, auf Leistung nach Empfang der Gegenleistung klagen.

Auf die Zwangsvollstreckung findet die Vorschrift des §. 274 Abs. 2 Anwendung.

---

schlechte Vermögenslage begründet die Ausnahme auch dann nicht, wenn sie dem zur Vorleistung Verpflichteten ohne dessen Verschulden unbekannt war. Er würde dann zwar voraussichtlich sich nicht zur Vorleistung verpflichtet haben. Ein solcher Irrthum in den Motiven ist aber ohne Einfluß auf die Wirksamkeit der Willenserklärung. Hätte der andere Theil den Irrthum durch arglistige Täuschung veranlaßt, so würde der Vertrag nach § 123 anfechtbar sein. Eine arglistige Täuschung kann unter Umständen schon darin liegen, daß der andere Theil auf Befragen desjenigen, welcher sich zur Vorleistung verpflichten soll, die schlechte Lage seiner Vermögensverhältnisse verschweigt. Es handelt sich in solchen Fällen aber niemals um eine Anwendung des § 321, sondern um einen Fall des § 123.

Nicht erforderlich ist es, daß die Vermögenslage des anderen Theiles bei dem Abschlusse des Vertrags eine gute gewesen ist. Die Vorschrift des § 321 findet auch dann Anwendung, wenn die Vermögenslage damals bereits eine schlechte war, später sich aber noch mehr verschlechtert hat und durch diese Verschlechterung der Anspruch auf die Gegenleistung gefährdet wird.

Liegen die in dem § 321 bestimmten Voraussetzungen vor, so steht dem zur Vorleistung Verpflichteten trotz der Verpflichtung zur Vorleistung die im § 320 bestimmte Einrede zu, jedoch mit der Modifikation, daß der andere Theil die Einrede durch Sicherheitsleistung beseitigen kann. Das Verhältniß ist hiernach also im Wesentlichen dasselbe wie im Falle des § 273. Eine der dort getroffenen Bestimmung, daß die Sicherheitsleistung durch Bürgen ausgeschlossen sei, entsprechende Vorschrift findet sich aber im § 321 nicht. Eine entsprechende Anwendung jener Bestimmung des § 273 dürfte sich nicht rechtfertigen lassen. Die Sicherheitsleistung bestimmt sich daher lediglich nach den Vorschriften der §§ 232 ff.

Auf einem ähnlichen Gedanken wie der § 321 beruht die Vorschrift des § 610.

§ 322.

E. I §§ 365, 366; II § 273 rev. § 316; III § 316. P. I S. 649—661, 1249—1273, 1274, 11775, 11776; M. II S. 203, 204. P. II S. 1258, 1259, 1263, 8416 (Bd. I S. 628, 629, 631).

1. Der § 322 Abs. 1 entspricht dem § 274 Abs. 1 (s. Erl. zu § 274 Nr. 1 und Erl. zu § 320 Nr. 1, 3). Das Verfahren gestaltet sich hiernach folgendermaßen:

Aus einem gegenseitigen Vertrage kann immer auf Leistung Zug um Zug geklagt werden. Jeder Theil kann aber auch auf Bewirkung der dem anderen Theile obliegenden Leistung schlechthin klagen. Zur Begründung dieser Klage ist nur erforderlich, daß der Beklagte die geforderte Leistung schuldet. Nicht erforderlich ist die Behauptung, daß der Kläger die ihm nach dem Vertrag obliegende Leistung bewirkt oder in solcher Art angeboten habe, daß der Beklagte im Verzuge der Annahme sei. Gegen die auf Leistung schlechthin erhobene Klage steht dem Beklagten die Einrede des nicht erfüllten Vertrags nach Maßgabe des § 320 zu. Der Beklagte braucht nicht zu beweisen, daß der Kläger seinerseits noch nicht erfüllt habe. Die Einrede wird begründet durch die nach dem Vertrage dem Kläger obliegende Verpflichtung zur Gegenleistung. Diese Verpflichtung steht, da die Klage auf den gegenseitigen Vertrag gegründet wird, durch die eigenen Angaben des Klägers fest. Sollte im einzelnen Falle über den Inhalt des der Klage zu Grunde gelegten Vertrags Streit sein, so liegt ein Leugnen des Klaggrundes vor, und der Kläger hat zu beweisen, daß der Vertrag, so wie er behauptet, abgeschlossen sei. Wird dieser Beweis nicht geführt, so ist die Klage abzuweisen, sofern sie nicht eventuell auf einen den Behauptungen des Beklagten entsprechenden Vertrag gegründet ist. Wird der Beweis geführt oder wird der den Behauptungen des Beklagten entsprechende Vertrag zu Grunde gelegt, so steht damit auch immer fest, welche Gegenleistung der Beklagte verlangen kann, und daß er bis zu der Bewirkung derselben die von ihm geforderte Leistung zu verweigern berechtigt ist. Gegenüber der Einrede des Beklagten steht dem Kläger die Replik zu, daß er die ihm obliegende Gegenleistung bereits quantitativ und qualitativ vollständig bewirkt habe. Hat der Beklagte die ihm als Erfüllung angebotene Gegenleistung als Erfüllung angenommen, so kehrt sich nach § 363

§. 323.

Wird die aus einem gegenseitigen Vertrage dem einen Theile obliegende Leistung in Folge eines Umstandes unmöglich, den weder er noch der andere Theil zu vertreten hat, so verliert er den Anspruch auf die Gegenleistung; bei theilweiser Unmöglichkeit mindert sich die Gegenleistung nach Maßgabe der §§. 472, 473.

Verlangt der andere Theil nach §. 281 Herausgabe des für den geschuldeten Gegenstand erlangten Ersatzes oder Abtretung des Ersatzanspruchs, so bleibt er zur

---

die Beweislast um. Der Beklagte hat zu beweisen, daß die Gegenleistung nicht die geschuldete oder daß sie unvollständig gewesen sei. Bei dem Kaufe ferner hat nach § 442 der Käufer, wenn der Verkäufer den von dem Käufer geltend gemachten Mangel im Rechte bestreitet, den Mangel zu beweisen. Diese Vorschrift findet nach § 445 auf alle Verträge Anwendung, die auf Veräußerung oder Belastung eines Gegenstandes gegen Entgelt gerichtet sind.

Gegenüber der Einrede des Beklagten steht dem Kläger ferner die Replik zu, daß er die Gegenleistung theilweise bewirkt habe und daß deshalb die vollständige Verweigerung der Leistung nach den Umständen gegen Treu und Glauben verstoße (s. Erl. zu § 320 Nr. 4). Durch diese Replik wird die Einrede nicht vollständig beseitigt. Inwieweit der Beklagte zur Verweigerung der Leistung, obwohl er die Gegenleistung theilweise erhalten hat, berechtigt ist, inwieweit daher die Einrede begründet bleibt, hat das Gericht nach den Umständen des Falles zu ermessen. Soweit hiernach der Betrag, bis zu welchem die Verweigerung der Leistung begründet ist, zweifelhaft bleibt, wird zu Gunsten des Beklagten zu entscheiden sein, weil dem Kläger der Beweis obliegt, daß und inwieweit die an sich begründete Verweigerung der Leistung den Umständen nach gegen Treu und Glauben verstoße.

Werden der Einrede des Beklagten die gedachten Repliken nicht entgegengestellt oder werden dieselben für unbegründet erkannt, so stellt sich der auf Verurtheilung des Beklagten schlechthin gerichtete Antrag des Klägers als unbegründet heraus; die Klage ist aber nicht abzuweisen, die Einrede hat vielmehr nur die Wirkung, daß der Beklagte zur Leistung Zug um Zug verurtheilt wird.

Wird die fragliche Einrede von dem Beklagten nicht geltend gemacht, so ist der Beklagte nach Maßgabe des Klagantrags also zur Leistung schlechthin zu verurtheilen. Dies gilt' insbesondere, wenn ein Versäumnißurtheil gegen den Beklagten ergeht (C.P.O. § 331 Abs. 2). Hierin zeigt sich die praktische Wichtigkeit des Grundsatzes, daß der Kläger zur Begründung der Klage nicht zu behaupten braucht, seinerseits erfüllt zu haben. Auch für die Zulässigkeit des Urkundenprozesses ist der gedachte Grundsatz von Bedeutung (C.P.O. § 592).

2. Ist nach dem Inhalt eines gegenseitigen Vertrags der eine Theil vorzuleisten verpflichtet, so kann dieser die ihm gebührende Leistung erst verlangen, wenn er seine Verpflichtung zur Vorleistung erfüllt hat. Durch § 322 Abs. 2 wird aber bestimmt, daß der zur Vorleistung Verpflichtete, auch wenn er seinerseits noch nicht geleistet hat, der andere Theil aber im Verzuge der Annahme ist, auf die ihm gebührende Leistung zu klagen berechtigt ist; er kann dann aber nicht die Leistung schlechthin, sondern nur Leistung nach Empfang der Gegenleistung verlangen.

3. Die Zwangsvollstreckung auf Grund eines Urtheils, das auf Leistung Zug um Zug oder auf Leistung gegen Empfang der Gegenleistung gerichtet ist, wird durch die nach § 322 Abs. 3 zur Anwendung kommende Vorschrift des § 274 Abs. 2 wesentlich erleichtert. Der § 274 Abs. 2 spricht zwar nur von den auf Leistung Zug um Zug gerichteten Urtheilen. Die Stellung des § 322 Abs. 3 ergiebt aber, daß die fragliche Vorschrift auch auf den Fall des § 322 Abs. 2, also auf ein Urtheil Anwendung finden soll, das auf Leistung nach Empfang der Gegenleistung gerichtet ist. Solange der Beklagte im Verzug ist, kann also der Kläger seinen Anspruch ohne Bewirkung der Gegenleistung, also ebenso, wie wenn der Beklagte zur Leistung schlechthin verurtheilt wäre, im Wege der Zwangsvollstreckung verfolgen (s. Erl. zu § 274 Nr. 2). Ueber die Voraussetzungen, unter welchen der Kläger die Ertheilung einer vollstreckbaren Ausfertigung eines Urtheils der gedachten Art verlangen kann sowie über die von dem Gerichtsvollzieher und von dem Vollstreckungsgericht in Fällen der hier fraglichen Art zu beobachtenden Vorschriften s. die in der Erl. zu § 274 Nr. 3 mitgetheilten §§ 726 Abs. 2, 756, 765 der C.P.O.

§ 323.

E. I § 368 Abs. 1, 3; II § 274 rev. § 317; III § 317. P. I S. 1153—1171, 3259, 3260, 11776, 11777; M. II S. 205—208, 209. P. II S. 1278—1280 (Bd. I S. 638, 639). D. S. 626.

1. Wird eine geschuldete Leistung in Folge eines Umstandes unmöglich, den der Schuldner nicht zu vertreten hat, so wird der Schuldner von seiner Verpflichtung frei (§§ 275—279). Der

Gegenleistung verpflichtet; diese mindert sich jedoch nach Maßgabe der §§. 472, 473 insoweit, als der Werth des Ersatzes oder des Ersatzanspruchs hinter dem Werthe der geschuldeten Leistung zurückbleibt.

Soweit die nach diesen Vorschriften nicht geschuldete Gegenleistung bewirkt ist, kann das Geleistete nach den Vorschriften über die Herausgabe einer ungerechtfertigten Bereicherung zurückgefordert werden.

---

§ 323 bestimmt die Folgen, welche die Befreiung des Schuldners, wenn dessen Verpflichtung auf einem gegenseitigen Vertrage beruht, für die ihm nach dem Vertrage gebührende Gegenleistung hat. Abweichend von den gemeinrechtlich für den Kauf und andere auf Veräußerung gerichtete Verträge geltenden Grundsätzen, in Uebereinstimmung aber mit dem preußischen Landrechte bestimmt der § 323, daß derjenige Theil, dessen Leistung unmöglich wird, die Gefahr trägt, d. h. daß er die Gegenleistung zu fordern nicht berechtigt ist. Voraussetzung des Wegfalls des Anspruchs auf die Gegenleistung ist nach dem Wortlaute des § 323, daß die Leistung in Folge eines Umstandes unmöglich wird, den weder der zur Leistung Verpflichtete noch der andere Theil zu vertreten hat. Hiernach müßte der andere Theil, welcher den Wegfall des Anspruchs auf die Gegenleistung geltend macht, jene Voraussetzungen beweisen. Der Käufer z. B., welcher geltend macht, daß der Anspruch des Verkäufers auf den Kaufpreis weggefallen sei, müßte nicht nur beweisen, daß die Leistung des verkauften Gegenstandes unmöglich geworden sondern auch, daß die Unmöglichkeit in Folge eines weder von dem Verkäufer noch von ihm zu vertretenden Umstandes eingetreten sei. Nach § 325 Abs. 1 Satz 3 kann indessen der andere Theil, in dem angeführten Beispielsfalle also der Käufer, die ihm nach § 323 zustehenden Rechte auch dann geltend machen, wenn die Leistung in Folge eines Umstandes unmöglich geworden ist, welchen der zur Leistung Verpflichtete, hier also der Verkäufer, zu vertreten hat. Der Käufer braucht also, um den Wegfall des Anspruchs des Verkäufers auf den Kaufpreis darzuthun, keinesfalls zu beweisen, daß die Unmöglichkeit, den verkauften Gegenstand zu leisten, in Folge eines von dem Verkäufer nicht zu vertretenden Umstandes eingetreten sei. Zweifelhaft ist, ob ihm der Beweis obliegt, daß er den Umstand nicht zu vertreten habe, in Folge dessen die Unmöglichkeit eingetreten ist. Im E. I § 368 Abs. 1 war der Wegfall des Anspruchs auf die Gegenleistung nur von der Voraussetzung abhängig gemacht, daß der zur Leistung Verpflichtete, in dem Beispielsfall also der Verkäufer, von der Verpflichtung zur Leistung in Folge eingetretener Unmöglichkeit befreit sei. Im Abs. 2 war dann bestimmt, daß der Anspruch auf die Gegenleistung bestehen bleibe, wenn die Leistung in Folge eines von dem anderen Theile, in dem Beispielsfall also von dem Käufer, zu vertretenden Umstandes oder, nachdem derselbe in Verzug der Annahme gekommen ist, unmöglich geworden sei. Aus dieser Fassung und Stellung der beiden Vorschriften ergab sich, daß dem Käufer nicht der Beweis obliegt, daß der Umstand, in Folge dessen die Unmöglichkeit eingetreten ist, nicht von ihm zu vertreten sei, daß vielmehr der Verkäufer, wenn er trotz der Unmöglichkeit, die Leistung des verkauften Gegenstandes zu bewirken, den Kaufpreis fordert, eine der in dem E. I § 368 Abs. 2 gedachten Voraussetzungen zu beweisen hat. Aus den Protokollen der zweiten Kommission ergiebt sich nicht, daß durch die Aenderung der Fassung und Stellung der fraglichen Vorschriften eine sachliche Aenderung beabsichtigt ist. Es wurde redaktionell für zweckmäßiger gehalten, die drei Fälle, daß die Unmöglichkeit der Leistung in Folge eines von keinem der beiden Theile oder daß sie in Folge eines von dem einen Theile oder in Folge eines von dem anderen Theile zu vertretenden Umstandes eingetreten ist, in besonderen Paragraphen zu behandeln. Die Fassung des § 324, in welchem der Fall behandelt wird, daß die Leistung in Folge eines von dem anderen Theile, in dem obigen Beispielsfall also von dem Käufer zu vertretenden Umstandes unmöglich geworden ist, deutet darauf hin, daß es sich hierbei um eine Ausnahme von der Regel des § 323 handelt, deren Voraussetzung also derjenige zu beweisen hat, welcher sich auf die Ausnahme beruft. Dazu kommt, daß die Ausnahme des § 324 auch in dem im § 323 überall nicht erwähnten Falle Platz greift, daß die Unmöglichkeit eintritt, nachdem der andere Theil in Verzug der Annahme gekommen ist. Auch das Wesen der gegenseitigen Verträge dürfte dafür sprechen, daß derjenige, welcher den Wegfall des Anspruchs auf die Gegenleistung geltend macht, nur die Unmöglichkeit der Leistung, gegen welche die Gegenleistung erfolgen sollte, nachzuweisen braucht. Der beabsichtigte Austausch der beiden Leistungen ist durch die Unmöglichkeit der einen unmöglich geworden; deshalb muß auch die Gegenleistung wegfallen, sofern nicht die besonderen in dem § 324 bezeichneten Umstände vorliegen, welche trotz der Unmöglichkeit der Leistung den Fortbestand des Anspruchs auf die Gegenleistung rechtfertigen.

2. Wird die dem einen Theile obliegende Leistung in Folge eines von keinem der beiden Theile zu vertretenden Umstandes nur theilweise unmöglich, so mindert sich die Gegenleistung nach Maßgabe

der §§ 472, 473. In Betreff der Beweislast gilt dasselbe wie in dem unter Nr. 1 erörterten Falle. Die Minderung erfolgt nach § 472 in der Art, daß der Werth, welchen die ganze Leistung zur Zeit des Abschlusses des Vertrags hatte, zu Grunde gelegt und hiermit der Werth, welchen die noch mögliche Theilleistung gehabt haben würde, verglichen wird. In demselben Verhältniß, in welchem der erstere Werth zu dem letzteren steht, wird die Gegenleistung herabgesetzt. Wenn z. B. also bei einem Kaufe der Werth des verkauften Gegenstandes zur Zeit des Abschlusses des Vertrags 100 betrug, der Werth desjenigen Theiles des Kaufgegenstandes, dessen Leistung nach dem Untergange des anderen Theiles noch möglich ist, sich zu jener Zeit auf 50 belaufen haben würde, so mindert sich die Gegenleistung in dem Verhältnisse von 100 zu 50; sie mindert sich also, wenn sie 200 betrug, auf 100 (§ 472 Abs. 1). Wird von mehreren Leistungen, für welche in dem Vertrag eine Gegenleistung versprochen ist, eine der Leistungen theilweise unmöglich, so wird bei der Herabsetzung der Gegenleistung der Gesammtwerth aller Leistungen zu Grunde gelegt (§ 472 Abs. 2). Sind als Gegenleistung ganz oder theilweise Leistungen bedungen, deren Gegenstand nicht vertretbare Sachen sind, so sind diese Leistungen nach dem Werthe zur Zeit des Abschlusses des Vertrags in Geld zu veranschlagen. Die Minderung der Gegenleistung erfolgt, sofern ein Theil derselben in Geld festgesetzt ist, an diesem Theile. Ist dieser Theil geringer als der abzusetzende Betrag, so ist der überschießende Betrag dem zu der Gegenleistung Verpflichteten von dem anderen Theile zu vergüten. Ist kein Theil der Gegenleistung in Geld festgesetzt, so ist der ganze abzusetzende Betrag in der gedachten Art zu vergüten (§ 473). In diesen Fällen ist also die Gegenleistung, soweit sie nicht Geld oder vertretbare Sachen zum Gegenstande hat, vollständig zu entrichten, und die Minderung erfolgt durch die von dem anderen Theile dem zu der Gegenleistung Verpflichteten zu gewährende Vergütung. In dem § 473 ist der oben miterwähnte Fall, daß kein Theil der Gegenleistung in Geld bestimmt ist, nicht erwähnt, weil er bei dem dort behandelten Kaufe nicht vorkommen kann. Die entsprechende Anwendung der dort gegebenen Vorschriften führt aber zu dem obigen Ergebnisse.

3. Wird die Minderung der Gegenleistung auf Grund des § 323 Abs. 1 geltend gemacht, so hat der zu der Gegenleistung Verpflichtete die theilweise Unmöglichkeit der Leistung nach den unter Nr. 1 dargelegten Grundsätzen zu beweisen; er hat ferner zu beweisen, um welchen Betrag sich die Gegenleistung nach den unter Nr. 2 dargelegten Grundsätzen mindert. Es handelt sich hier zwar nicht wie in den Fällen der §§ 472, 473 um einen Anspruch auf Minderung (§ 462); der Anspruch auf die Gegenleistung mindert sich vielmehr ipso jure in Folge der theilweisen Unmöglichkeit der Leistung. Wie aber bei der Einwendung der Zahlung der Schuldner nicht nur zu beweisen hat, daß etwas gezahlt sei, sondern auch beweisen muß, wie viel gezahlt ist, so hat auch hier der zu der Gegenleistung Verpflichtete zu beweisen, um welchen Betrag der Anspruch auf die Gegenleistung gemindert ist. Er hat also nach Maßgabe der unter Nr. 2 dargelegten Grundsätze darzuthun, in welchem Verhältnisse zur Zeit des Abschlusses des Vertrags der Werth der ganzen Leistung zu dem noch möglichen Theile der Leistung gestanden hat. Hieraus ergiebt sich dann von selbst der Betrag, um welchen die Gegenleistung sich mindert. Wie in den Fällen des § 473 zu verfahren ist, ergiebt sich aus dem unter Nr. 2 Gesagten. Das Verhältniß liegt hier also anders wie in dem Falle des § 320 Abs. 2 (s. Erl. zu § 320 Nr. 4). In diesem Falle handelt es sich um eine Beschränkung der Einrede des nicht erfüllten Vertrags; der Beweis liegt daher dem Kläger ob, der diese Beschränkung geltend macht; hier handelt es sich dagegen um eine Einwendung, durch welche das theilweise Erlöschen des Anspruchs auf die Gegenleistung geltend gemacht wird, und der Beweis der diese Einwendung begründenden Thatsache liegt demjenigen ob, welcher die Einwendung geltend macht. Auch hier wird übrigens, wenn die theilweise Unmöglichkeit der Leistung feststeht, bei der Ermittelung des Werthunterschiedes zwischen der vollständigen und der theilweise noch möglichen Leistung das vernünftige Ermessen des Gerichts aushelfend einzugreifen haben. Zu demselben Ergebniß in Betreff der Beweislast gelangt sowohl für das gemeine Recht wie für das B.G.B. Regelsberger, Rechtsgutachten zu den Prozessen des Prof. Dr. A. Mitscherlich.

4. Ueber das Verhältniß der hier fraglichen Einwendung zu der Einrede des nicht erfüllten Vertrags ist Folgendes zu bemerken:

Der Kläger kann der gedachten Einrede replicando die Behauptung entgegenstellen, daß die ihm obliegende Leistung in Folge eines von ihm nicht zu vertretenden Umstandes unmöglich geworden sei. Hieraus ergiebt sich, daß er nicht mehr zur Leistung verpflichtet, daß also die verzögerliche auf seiner Verpflichtung beruhende Einrede des nicht erfüllten Vertrags unbegründet ist. Der Beklagte ist nun aber in der Lage, sich seinerseits auf die der Replik zu Grunde liegende Thatsache der Unmöglichkeit der Leistung zu berufen und auf Grund derselben nach Maßgabe des § 323 Abs. 1 die vollständige Abweisung der Klage zu verlangen. Behauptet der Kläger nur theilweise Unmöglichkeit, so fällt die Einrede insoweit weg, als sie sich auf den unmöglich gewordenen Theil erstreckt. Der Beklagte ist also zur Leistung Zug um Zug gegen

§. 324.

Wird die aus einem gegenseitigen Vertrage dem einen Theile obliegende Leistung in Folge eines Umstandes, den der andere Theil zu vertreten hat, unmöglich, so behält er den Anspruch auf die Gegenleistung. Er muß sich jedoch dasjenige anrechnen lassen, was er in Folge der Befreiung von der Leistung er-

---

den noch möglichen Theil der Leistung zu verurtheilen; gleichzeitig aber kann der Beklagte verlangen, daß seine Verurtheilung auf denjenigen Betrag beschränkt werde, auf welchen die ihm obliegende Gegenleistung nach Maßgabe des § 323 Abs. 1 gemindert ist.

Beweist der Kläger die Unmöglichkeit der ihm obliegenden Leistung, nicht aber, daß dieselbe in Folge eines Umstandes eingetreten sei, den er nicht zu vertreten hat, so ist, da dieser Beweis nach § 282 dem Kläger obliegt, der Beklagte nach § 325 berechtigt, Schadensersatz wegen Nichterfüllung zu verlangen oder von dem Vertrage zurückzutreten oder die im § 323 bestimmten Rechte geltend zu machen. Entscheidet er sich für das letztere, so treten die oben angegebenen Folgen ein. Tritt er von dem Vertrage zurück, so ist der Kläger abzuweisen. Verlangt er Schadensersatz wegen Nichterfüllung, so bleibt die Einrede des nichterfüllten Vertrags begründet, aber nur dahin, daß der Beklagte nur zur Leistung Zug um Zug gegen Leistung von Schadensersatz für die unmöglich gewordene klägerische Gegenleistung zu verurtheilen ist. Das bei nur theilweiser Unmöglichkeit eintretende Verhältniß bestimmt sich nach den Vorschriften des § 325 in Verbindung mit den obigen Ausführungen.

Behauptet und beweist der Kläger, daß die ihm obliegende Leistung in Folge eines von dem Beklagten zu vertretenden Umstandes oder, nachdem dieser in Verzug der Annahme gekommen, in Folge eines von ihm nicht zu vertretenden Umstandes unmöglich geworden sei, so wird hierdurch die Einrede des nichterfüllten Vertrags entkräftet; der Beklagte ist in solchem Falle nach § 324 unbedingt zur Bewirkung der Gegenleistung verpflichtet.

5. Erlangt der Schuldner in Folge des Umstandes, welcher die Leistung unmöglich gemacht hat, einen Ersatz oder einen Ersatzanspruch für den geschuldeten Gegenstand, so kann der Gläubiger die Abtretung des Ersatzanspruchs verlangen (s. Erl. zu § 281 Nr. 1—3). Macht der Gläubiger von diesem Rechte Gebrauch, so erlangt er, wenn die Verpflichtung zu der unmöglich gewordenen Leistung auf einem gegenseitigen Vertrage beruhte, die ihm gebührende Leistung ganz oder theilweise; er bleibt daher auch ganz oder theilweise zu der Gegenleistung verpflichtet (§ 323 Abs. 2). Er erhält die ihm gebührende Leistung ganz und bleibt daher zu der ganzen Gegenleistung verpflichtet, wenn der Werth des herausgegebenen Ersatzes oder der Werth des abgetretenen Ersatzanspruchs dem Werthe der unmöglich gewordenen Leistung gleich ist. Ist jener Werth geringer als dieser, so mindert sich in demselben Verhältnisse die Gegenleistung. Die Minderung erfolgt nach den Grundsätzen der §§ 472, 473 (s. oben Nr. 2). Beträgt z. B. bei einem Kaufe der Kaufpreis 200, während der Werth des Kaufgegenstandes zur Zeit des Abschlusses des Vertrags 100 beträgt, so mindert sich der Kaufpreis, wenn der Werth des von dem Verkäufer herausgegebenen Ersatzes oder des von ihm abgetretenen Ersatzanspruchs 50 beträgt, in dem Verhältnisse von 100 zu 50, also auf 100.

6. Hat derjenige Theil, dessen Verpflichtung zur Gegenleistung nach Maßgabe des § 323 Abs. 1, 2 ganz oder theilweise wegfällt, die Gegenleistung bereits bewirkt, so kann er das Geleistete, soweit seine Verpflichtung weggefallen ist, nach den Vorschriften über die Herausgabe einer ungerechtfertigten Bereicherung zurückfordern (§ 323 Abs. 3). Es handelt sich hierbei nicht um einen Rücktritt von dem Vertrage, sondern um die Anwendung des in dem § 812 Abs. 1 Satz 2 ausgesprochenen Grundsatzes (condictio ob causam finitam). Der zur Zurückgabe der erhaltenen Gegenleistung Verpflichtete haftet also nicht nach den Vorschriften der §§ 346, 347, sondern nur nach den milderen Vorschriften des § 818; er haftet also insbesondere nicht, soweit er nicht mehr bereichert ist (§ 818 Abs. 3).

7. Besondere Vorschriften über die Tragung der Gefahr enthalten z. B. §§ 446, 447, 615, 644.

§ 324.

E. I § 368 Abs. 2; II § 275 rev. § 318; III § 318. P. I S. 1153—1156, 1169—1171, 1242—1246, 2334, 2335, 2373—2377, 3259, 3260; M. II S. 208, 209. P. II S. 1279, 1280 (Bd. I S. 638, 639). K.B. S. 1965. St.B. S. 2774—2776.

1. Der § 324 bestimmt zwei Ausnahmen von der Regel des § 323, daß derjenige, dessen Leistung in Folge eines von ihm nicht zu vertretenden Umstandes unmöglich wird, dessen Verpflichtung also wegfällt, auch die Gegenleistung nicht fordern kann.

spart oder durch anderweitige Verwendung seiner Arbeitskraft erwirbt oder zu erwerben böswillig unterläßt.

Das Gleiche gilt, wenn die dem einen Theile obliegende Leistung in Folge eines von ihm nicht zu vertretenden Umstandes zu einer Zeit unmöglich wird, zu welcher der andere Theil im Verzuge der Annahme ist.

---

a) Der Theil, dessen Leistung unmöglich geworden ist, behält den Anspruch auf die Gegenleistung, wenn seine Leistung in Folge eines von dem anderen Theile, also von dem Gläubiger dieser Leistung zu vertretenden Umstandes unmöglich geworden ist. Der Gläubiger ist als solcher dem Schuldner gegenüber nicht verpflichtet; er ist nicht einmal zur Annahme der geschuldeten Leistung verpflichtet. Eine Verantwortlichkeit des Gläubigers für die Unmöglichkeit der dem Schuldner obliegenden Leistung kann also nur nach den Vorschriften über unerlaubte Handlungen (§§ 823 ff.) oder nach den für das betreffende Schuldverhältniß geltenden besonderen Bestimmungen begründet werden. Aus dem zuletztgedachten Gesichtspunkte kann sich bei einem gegenseitigen Vertrag eine Verantwortlichkeit des einen Theiles für die Unmöglichkeit der dem anderen Theile obliegenden Leistung daraus ergeben, daß diese Unmöglichkeit in Folge einer von ihm verschuldeten Verletzung seiner Vertragspflichten eingetreten ist. So kann z. B. bei einem Kaufvertrage die Leistung des Verkäufers dadurch unmöglich werden, daß der Käufer die ihm obliegende Verpflichtung zur Abnahme der gekauften Sache (§ 433 Abs. 2) nicht erfüllt; ebenso bei einem Werkvertrage die Verpflichtung des Unternehmers dadurch, daß der Besteller die Verpflichtung zur Abnahme des Werkes (§ 640) nicht erfüllt. Bei einem Dienstvertrage kann die Leistung der Dienste dadurch unmöglich werden, daß der Dienstverpflichtete in Folge einer schuldhaften Verletzung der dem Dienstberechtigten nach § 618 obliegenden Verpflichtungen zur Leistung der Dienste unfähig wird. In allen Fällen solcher Art behält derjenige, dessen Leistung unmöglich wird, den Anspruch auf die Gegenleistung.

b) Der Theil, dessen Leistung unmöglich geworden ist, behält den Anspruch auf die Gegenleistung, wenn die Unmöglichkeit in Folge eines von ihm nicht zu vertretenden Umstandes während der Zeit unmöglich geworden ist, in welcher der andere Theil im Verzuge der Annahme ist. Ueber die Voraussetzungen des Verzugs der Annahme s. die §§ 293—299; über die während des Verzugs den Schuldner treffende Verantwortlichkeit s. die §§ 276—279, 300.

2. Hätte derjenige Theil, dessen Leistung unmöglich geworden ist, wenn dies nicht geschehen wäre, Aufwendungen behufs Bewirkung der Leistung machen müssen, so erspart er diese Aufwendungen in Folge der Befreiung von seiner Verpflichtung. Der Unternehmer eines Werkes z. B., das unmöglich geworden ist, erspart die Zuthaten, die er nach dem Vertrage zu liefern hatte, und den Arbeitslohn für die Gehülfen, die er bei der Herstellung des Werkes gebraucht hätte. Bekäme der von der Lieferung befreite Theil in Fällen dieser Art die ganze Gegenleistung, so würde er mehr erhalten, als er nach dem Vertrag erhalten sollte. Nach diesem gebührte ihm die Gegenleistung nur gegen die gedachten Aufwendungen; er würde also, wenn er die Gegenleistung ganz erhielte, um so viel zu viel erhalten, als der Werth der ersparten Aufwendungen beträgt. Der Abs. 1 Satz 2 schreibt deshalb vor, daß der von der Lieferung befreite Theil sich das in dieser Art Ersparte auf die Gegenleistung anrechnen lassen muß. Sind andere Gegenstände als Geld erspart, so ist der Werth durch Schätzung zu ermitteln. Hat der von der Leistung Befreite in Folge der Befreiung seine Arbeitskraft gespart, so kann diese nicht direkt in Anrechnung kommen. Die Arbeitskraft bildet keinen Bestandtheil des Vermögens, aber durch ihre Verwendung kann Vermögen erworben werden. Was der befreite Theil durch anderweitige Verwendung der in Folge der Befreiung von seiner Verpflichtung frei gewordenen Arbeitskraft erworben hat, muß er sich deshalb ebenfalls auf die Gegenleistung anrechnen lassen. Er ist aber nicht verpflichtet, die frei gewordene Arbeitskraft anderweitig zu verwerthen; er ist dazu selbst dann nicht verpflichtet, wenn er die Verwerthung seiner Arbeitskraft gewerbsmäßig zu betreiben pflegt. Nur wenn er die Verwerthung der frei gewordenen Arbeitskraft böswillig unterläßt, muß er sich dasjenige, was er in dieser Art zu erwerben unterlassen hat, ebenso anrechnen lassen, wie wenn er es wirklich erworben hätte. Böswillig ist nicht gleichbedeutend mit vorsätzlich. Zu dem Vorsatze muß hinzutreten die Absicht, den anderen Theil zu schädigen, oder doch die Absicht, sich die Möglichkeit, unthätig zu bleiben, in einer gegen Treu und Glauben verstoßenden Weise zu Nutzen zu machen. Der Dienstverpflichtete, welchem die Gelegenheit geboten wird, die unmöglich gewordenen Dienste anderweitig zu verwerthen, ist nicht unbedingt verpflichtet, diese Gelegenheit zu benutzen. Die Persönlichkeit des Dienstberechtigten und die

§. 325.

Wird die aus einem gegenseitigen Vertrage dem einen Theile obliegende Leistung in Folge eines Umstandes, den er zu vertreten hat, unmöglich, so kann der andere Theil Schadensersatz wegen Nichterfüllung verlangen oder von dem Vertrage zurücktreten. Bei theilweiser Unmöglichkeit ist er, wenn die theilweise Erfüllung des Vertrags für ihn kein Interesse hat, berechtigt, Schadensersatz wegen Nichterfüllung der ganzen Verbindlichkeit nach Maßgabe des §. 280 Abs. 2 zu verlangen oder von dem ganzen Vertrage zurückzutreten. Statt des Anspruchs auf Schadensersatz und des Rücktrittsrechts kann er auch die für den Fall des §. 323 bestimmten Rechte geltend machen.

Das Gleiche gilt in dem Falle des §. 283, wenn nicht die Leistung bis zum Ablaufe der Frist bewirkt wird oder wenn sie zu dieser Zeit theilweise nicht bewirkt ist.

---

sonstigen Umstände, unter welchen die Dienstverpflichtung übernommen war, bilden ein so wesentliches Moment des Dienstverhältnisses, daß dem Dienstverpflichteten nicht zugemuthet werden kann, ein anderes ihm mit Rücksicht auf die Persönlichkeit des Dienstberechtigten oder auf die sonstigen Umstände des Falles nicht zusagendes Dienstverhältniß einzugehen. Nur wenn aus den Umständen erhellt, daß er die Eingehung des Dienstverhältnisses lediglich aus den oben hervorgehobenen Gründen unterläßt, thut er dies auf seine Kosten und muß er sich deshalb dasjenige, was er in dieser Art zu erwerben unterlassen hat, auf die Gegenleistung anrechnen lassen. Der Beweis der Böswilligkeit liegt dem anderen Theile ob. Besteht die Gegenleistung nicht in Geld, so wird die Anrechnung unter entsprechender Anwendung der Vorschriften des § 473 zu erfolgen haben.

Auf demselben Gedanken wie der § 324 Abs. 1 Satz 2 beruhen die besonderen für den Dienstvertrag und für den Werkvertrag gegebenen Vorschriften der §§ 615, 649.

§ 325.

E. I § 369 Abs. 1, 2; II § 276 rev. § 319; III § 319. P. I S. 1133—1144, 3260, 3266, 3274; M. II S. 209—211. P. II S. 1281, 1282, 1301, 1302, 1727—1730 (Bd. I S. 639, 640, 649, Bd. II S. 62—64).

1. Der § 325 Abs. 1 bestimmt die Folgen, welche eintreten, wenn die dem einen Theile aus einem gegenseitigen Vertrag obliegende Leistung in Folge eines von ihm zu vertretenden Umstandes unmöglich wird. Welche Umstände zu vertreten sind, ergiebt sich aus den §§ 276—279. Nach § 325 Abs. 1 stehen dem anderen Theile, d. h. also demjenigen, welcher die unmöglich gewordene Leistung zu fordern hat, im Falle vollständiger Unmöglichkeit derselben nach seiner Wahl folgende Rechte zu:

a) Er kann Schadensersatz wegen Nichterfüllung fordern nach Maßgabe des § 280 (s. Erl. zu § 280 Nr. 1—4). Macht er von diesem Rechte Gebrauch, so bleibt er zu der ihm obliegenden Gegenleistung verpflichtet. Der Schadensersatz tritt an die Stelle der Leistung und ist Zug um Zug gegen diese zu entrichten. Besteht die Gegenleistung in Geld, so kann der Anspruch auf den in Geld zu leistenden Schadensersatz gegen den Anspruch auf die Gegenleistung aufgerechnet und die Ausbezahlung des überschießenden Betrags verlangt werden. Besteht die Gegenleistung aber nicht in Geld, z. B. bei einem Tauschvertrage, so ist Aufrechnung nicht möglich, und der andere Theil d. h. derjenige, welcher die unmöglich gewordene Leistung zu fordern hat, kann Schadensersatz nur gegen Bewirkung der von ihm geforderten Leistung verlangen. (A. A. wie es scheint Cosack, Lehrbuch Bd. I S. 336).

b) Er kann von dem Vertrage zurücktreten. Auf den Rücktritt finden nach § 327 die Vorschriften der §§ 346—356 Anwendung. Der Rücktritt erfolgt nach § 349 durch Erklärung gegenüber dem anderen Theile. Nach § 355 kann dem Berechtigten von dem anderen Theile eine angemessene Frist für die Ausübung des Rücktritts gesetzt werden, nach deren Ablaufe das Rücktrittsrecht erlischt. Die §§ 351—354 bestimmen die Fälle, in welchen der Rücktritt ausgeschlossen ist oder unwirksam wird. Sind bei dem Vertrag auf der einen oder anderen Seite Mehrere betheiligt, so kann nach § 356 das Rücktrittsrecht nur von Allen und gegen Alle ausgeübt werden. Die Folgen des Rücktritts ergeben sich aus den §§ 346—348 (s. Erl. zu den §§ 346—356). Ist der Rücktritt erfolgt und wirksam, so kann Schadensersatz auch für die Vergangenheit nicht mehr gefordert werden.

c) Er kann die ihm nach § 323 zustehenden Rechte geltend machen (Abs. 1 Satz 3). Er kann also, ohne von dem Vertrage zurückzutreten, geltend machen, daß der Anspruch auf die Gegenleistung erloschen sei. Er kann ferner nach § 323 Abs. 2 Herausgabe des für den geschuldeten Gegenstand erlangten Ersatzes oder Abtretung des Ersatzanspruchs verlangen, bleibt aber in solchem Falle zur Gegenleistung verpflichtet; diese mindert sich jedoch nach Maßgabe des § 323 Abs. 2 (s. Erl. zu § 323 Nr. 5). Der in der zweiten Kommission gestellte und angenommene Antrag, auf welchem die im E. I § 369 nicht enthaltene hier fragliche Vorschrift des § 325 Abs. 1 Satz 3 beruht, lautete dahin:

„Ist die Leistung aus einem gegenseitigen Vertrag in Folge eines von dem Schuldner zu vertretenden Umstandes ganz oder theilweise unmöglich geworden, so hat der Gläubiger die Wahl, Schadensersatz wegen Nichterfüllung nach Maßgabe des § 238 Abs. 3 und des § 342 zu verlangen oder von dem Vertrage zurückzutreten oder die im § 368 bezeichneten Rechte geltend zu machen". (Der § 368 entspricht dem jetzigen § 323).

Dabei wurde nach P. II. S. 1282 bemerkt. „Ob die im § 368 Abs. 2 bezeichneten Befugnisse dem Gläubiger neben den ihm nach § 369 Abs. 1. zustehenden Rechten zustehen sollten, oder ob der Gläubiger, wenn er Abtretung des Ersatzes verlange, das Recht, weitergehende Schadensersatzansprüche zu erheben oder vom Vertrage zurückzutreten, verliere, das werde durch die Worte „so hat der Gläubiger die Wahl" nicht deutlich genug entschieden. Gemeint sei aber nur, daß der Gläubiger, welcher die Abtretung des Ersatzes verlange, sich den Betrag dieses Ersatzes auf seine Schadensersatzforderung, wenn diese höher sei, anrechnen müsse und daß der Schuldner befugt sei, wenn der Gläubiger von dem Rücktrittsrechte Gebrauch mache, die Rückgewähr der Gegenleistung in Höhe des abgetretenen Ersatzes zu verweigern. Es werde Sache der Redaktionskommission sein, dies genügend zu verdeutlichen." Die jetzige von der Redaktionskommission unter Berücksichtigung der später über die theilweise Unmöglichkeit gefaßten Beschlüsse (P. II S. 1727 ff.) festgestellte Fassung entspricht der in der mitgetheilten Stelle des Protokolls dargelegten Auffassung nicht. Der Ausdruck „Wahl" ist zwar vermieden. Der betreffende Satz 3 des Abs. 1. sagt aber ausdrücklich, daß der andere Theil die für den Fall des § 323 bestimmten Rechte statt des Anspruchs auf Schadensersatz und des Rücktrittsrechts geltend machen könne. In der That ist eine Geltendmachung der fraglichen Rechte neben einander nicht möglich. Tritt der andere Theil d. h. also derjenige, welcher die unmöglich gewordene Leistung zu fordern hat, von dem Vertrage zurück, so erlischt dessen Wirkung; mit dem Anspruch auf die Leistung muß auch der an dessen Stelle tretende Anspruch auf Herausgabe des erlangten Ersatzes oder auf Abtretung des Ersatzanspruchs wegfallen. Fordert der andere Theil Schadensersatz wegen Nichterfüllung, so bleibt er zu der vollen Gegenleistung verpflichtet. Er kann in solchem Falle freilich von dem zum Schadensersatze Verpflichteten, wenn dieser durch den Umstand, in Folge dessen die Leistung unmöglich geworden ist, einen Ersatz oder Ersatzanspruch erlangt hat, Herausgabe des Ersatzes oder Abtretung des Ersatzanspruchs verlangen und muß sich, wenn er von diesem Rechte Gebrauch macht, den Werth des Ersatzes oder des Ersatzanspruchs auf die ihm gebührende Entschädigung anrechnen lassen. Aber dieses Recht steht ihm auf Grund des § 281, nicht auf Grund des § 323 zu. Macht er die ihm nach § 323 zustehenden Rechte geltend, so hat er keinen Anspruch auf Schadensersatz, und nur seine Verpflichtung zur Gegenleistung mindert sich in dem dort bezeichneten Verhältnisse, wenn er die Herausgabe des Ersatzes oder die Abtretung des Ersatzanspruchs verlangt.

2) Auf die Wahl zwischen den unter Nr. 1 bezeichneten Rechten finden die Vorschriften über alternative Schuldverhältnisse keine direkte Anwendung; es ergiebt sich dies daraus, daß die unter b und c bezeichneten Rechte keine Ansprüche sind. Eine ausdrückliche Vorschrift darüber, mit welchem Zeitpunkte die Wahl als getroffen und bindend gilt, besteht nicht. Aus dem Wesen des Rücktritts folgt, daß derselbe die unter Nr 1 a, c bezeichneten Rechte ausschließt. Der Rücktritt erfolgt nach § 349 durch Erklärung des Rücktrittsberechtigten gegenüber dem anderen Theile. Durch diese Erklärung fallen also die unter Nr. 1 a, c bezeichneten Rechte weg. Diese Wirkung tritt nicht ein, wenn der Rücktritt nach den besonderen Vorschriften der §§ 351—353 ausgeschlossen ist oder wenn er nach Maßgabe des § 354 unwirksam wird. Nach § 355 kann dem Rücktrittsberechtigten von dem anderen Theile für die Ausübung des Rücktrittsrechts eine Frist gesetzt werden. Mit dem Ablaufe der Frist erlischt das Rücktrittsrecht, sofern nicht der Rücktritt vorher erklärt worden ist. Diese Vorschrift gewährt demjenigen, dessen Leistung in Folge eines von ihm zu vertretenden Umstandes unmöglich geworden ist, die Möglichkeit, den anderen Theil zu der Wahl zwischen dem Rücktritt und den unter Nr. 1 a, c bezeichneten Rechten zu nöthigen. Ob der Rücktritt auch dadurch ausgeschlossen wird, daß der Berechtigte erklärt, eines der unter Nr. 1 a, c bezeichneten Rechte geltend machen zu wollen, ist zweifelhaft. Die Geltendmachung jener Rechte ist mit dem Rücktritt unvereinbar. Daraus folgt aber nicht mit Nothwendigkeit, daß die Erklärung, jene Rechte geltend machen zu wollen, unwiderruflich ist. Ueberwiegende Gründe dürften indessen für die entsprechende Anwendung der Vorschrift des § 263 Abs. 1, also dafür sprechen, die Wahl zwischen dem Rücktritt und den anderen Rechten durch die Erklärung des Berechtigten gegenüber demjenigen, dessen Leistung unmöglich geworden ist, als unwiderruflich vollzogen anzusehen. Das Interesse des letzteren und die Rücksicht auf Treu und Glauben erfordern hier, wie im Falle des § 263, die

Unwiderruflichkeit der Erklärung. Für die Wirksamkeit der Erklärung gelten dieselben Erfordernisse wie im Falle des § 263 (s. Erl. zu § 263 Nr. 1, 2). Insbesondere ist daher erforderlich, daß der Erklärende sein Wahlrecht kennt. Weiß er z. B. nicht, daß die Unmöglichkeit in Folge eines von dem zur Leistung Verpflichteten zu vertretenden Umstandes eingetreten ist, und glaubt er daher nur das unter Nr. 1 c bezeichnete Recht zu haben, so wird durch seine Erklärung, dies Recht geltend machen zu wollen, der Rücktritt nicht ausgeschlossen. Ebenso wie in Betreff der Wahl zwischen dem Rücktritt und den unter Nr. 1 a, c bezeichneten Rechten steht es in Betreff der Wahl zwischen den letztgedachten beiden Rechten. Neben einander können beide Rechte nicht geltend gemacht werden. Dabei ist indessen zu beachten, daß das unter Nr. 1 a bezeichnete Recht dadurch bedingt ist, daß die Unmöglichkeit der Leistung in Folge eines von dem Verpflichteten zu vertretenden Umstandes eingetreten ist, während das unter Nr. 1 c bezeichnete Recht dem anderen Theile auch dann zusteht, wenn die Unmöglichkeit von keinem Theile zu vertreten ist. Eventuell kann daher das letztere Recht neben dem ersteren geltend gemacht werden. Eine bestimmte Erklärung, nur das eine oder das andere Recht geltend machen zu wollen, wird aber, wenn sie den obigen Erfordernissen entspricht, als unwiderruflich anzusehen sein. Ob die wirkliche Geltendmachung des einen Rechtes das andere ausschließt, entscheidet sich nach denselben Grundsätzen, welche für das alternative Schuldverhältniß gelten (s. Erl. zu § 263 Nr. 2). Mittelbar kann derjenige, dessen Leistung in Folge eines von ihm zu vertretenden Umstandes unmöglich geworden ist, den anderen Theil dadurch zur Entscheidung nöthigen, daß er ihn auf Bewirkung der Gegenleistung verklagt. Der Beklagte muß dann, um der Verurtheilung zu entgehen, entweder vom Vertrage zurücktreten oder unter Geltendmachung der im § 323 Abs. 1 bestimmten Rechte die Abweisung der Klage verlangen oder unter Geltendmachung des Anspruchs auf Schadensersatz die Beschränkung der Verurtheilung auf Bewirkung der Gegenleistung Zug um Zug gegen Leistung des Schadensersatzes fordern.

3. Ist die dem einen Theile obliegende Leistung in Folge eines Umstandes, den er zu vertreten hat, theilweise unmöglich geworden, so stehen dem anderen Theile folgende Rechte zu:

a) Er kann den noch möglichen Theil der Leistung und wegen des unmöglich gewordenen Theiles Schadensersatz wegen Nichterfüllung nach Maßgabe des § 280 Abs. 1 fordern. Er bleibt in diesem Falle zu der ganzen Gegenleistung verpflichtet;

b) Er kann den noch möglichen Theil der Leistung fordern und wegen des unmöglich gewordenen Theiles Minderung der Gegenleistung nach Maßgabe des § 323 Abs. 1 verlangen. Soweit die hiernach nicht geschuldete Leistung bereits bewirkt ist, kann sie nach Maßgabe des § 323 Abs. 3 zurückgefordert werden;

c) Er kann den möglichen Theil der Leistung fordern und in Betreff des unmöglich gewordenen Theiles von dem Vertrage zurücktreten. Diese Befugniß steht ihm jedoch nur dann zu, wenn der Vertrag als ein in der Art theilbarer anzusehen ist, daß es sich sachlich um zwei selbständige Verträge über den möglich gebliebenen und über den unmöglich gewordenen Theil der Leistung handelt. Im praktischen Ergebniß unterscheidet sich dieser Weg von dem unter **b** bezeichneten hauptsächlich dadurch, daß, wenn die Gegenleistung bereits bewirkt ist, das Geleistete in dem Falle unter **b** nach den Vorschriften über die Herausgabe einer ungerechtfertigten Bereicherung, im Falle des Rücktritts aber nach den Vorschriften der §§ 346, 347 zurückgefordert werden kann.

Neben den sub **a**—**c** bezeichneten Rechten stehen dem anderen Theile, d. h. demjenigen, welcher die unmöglich gewordene Leistung zu fordern hat, wenn die theilweise Erfüllung des Vertrags für ihn kein Interesse hat (s. Erl. zu § 280 Nr. 5), noch folgende Rechte zu:

d) Er kann unter Ablehnung des noch möglichen Theiles der Leistung Schadensersatz wegen Nichterfüllung der ganzen Verbindlichkeit nach Maßgabe des § 280 Abs. 2 verlangen. Auf dieses Verlangen finden die Vorschriften der §§ 346—356 über das vertragsmäßige Rücktrittsrecht entsprechende Anwendung (s. Erl. zu § 280 Nr. 6). Macht er von diesem Rechte Gebrauch, so bleibt er zur Gegenleistung verpflichtet;

e) Er kann von dem ganzen Vertrage zurücktreten (s. oben Erl. Nr. 1 **b**).

Zu beachten ist, daß die Voraussetzung der unter **d** und **e** bezeichneten Rechte nicht dahin bestimmt ist, daß die theilweise Leistung, sondern dahin, daß die theilweise Erfüllung des Vertrags für den anderen Theil kein Interesse hat. Der Unterschied liegt darin, daß es bei dem Interesse an der theilweisen Leistung nur auf diese selbst, bei dem Interesse an der theilweisen Erfüllung des Vertrags auf die Leistung gegen die Gegenleistung ankommt. Ist z. B. der Gegenstand der noch möglichen Theilleistung Geld, so wird man nicht sagen können, daß der andere Theil kein Interesse daran hat, das Geld zu erhalten; sehr wohl möglich ist es aber, daß er kein Interesse daran hat, das Geld gegen Bewirkung der ihm obliegenden Gegenleistung zu erhalten.

§. 326.

Ist bei einem gegenseitigen Vertrage der eine Theil mit der ihm obliegenden Leistung im Verzuge, so kann ihm der andere Theil zur Bewirkung der Leistung eine angemessene Frist mit der Erklärung bestimmen, daß er die Annahme der Leistung nach dem Ablaufe der Frist ablehne. Nach dem Ablaufe der Frist ist er berechtigt, Schadensersatz wegen Nichterfüllung zu verlangen oder von dem Vertrage zurückzutreten, wenn nicht die Leistung rechtzeitig erfolgt ist; der Anspruch auf Erfüllung ist ausgeschlossen. Wird die Leistung bis zum Ablaufe der Frist theilweise nicht bewirkt, so findet die Vorschrift des §. 325 Abs. 1 Satz 2 entsprechende Anwendung.

Hat die Erfüllung des Vertrags in Folge des Verzugs für den anderen Theil kein Interesse, so stehen ihm die im Abs. 1 bezeichneten Rechte zu, ohne daß es der Bestimmung einer Frist bedarf.

Auf die Wahl zwischen den unter **a—e** bezeichneten Rechten finden die oben unter Nr. 2 dargelegten Grundsätze Anwendung.

4. Ist ein Theil zur Bewirkung der aus einem gegenseitigen Vertrage geschuldeten Leistung rechtskräftig verurtheilt, so kann der andere Theil ihm zur Bewirkung der Leistung eine angemessene Frist mit der Erklärung bestimmen, daß er die Annahme der Leistung nach dem Ablaufe der Frist ablehne (§ 283 Abs. 1). *Nach dem Ablaufe der Frist kann der andere Theil nach § 325 Abs. 2 die oben unter Nr. 1 bezeichneten Rechte geltend machen, sofern nicht die Erfüllung vor dem Ablaufe der Frist erfolgt.* Ist die Erfüllung vor dem Ablaufe der Frist nur theilweise erfolgt, so stehen dem anderen Theile die oben unter Nr. 3 bezeichneten Rechte zu. Die Nichterfüllung vor dem Ablaufe der Frist steht der von dem Schuldner zu vertretenden Unmöglichkeit gleich. Die Vorschrift des § 283 Abs. 1 Satz 3, nach welcher die durch den Ablauf der Frist begründete Verpflichtung zum Schadensersatze nicht eintritt, wenn die Leistung in Folge eines Umstandes unmöglich wird, den der Schuldner nicht zu vertreten hat (s. Erl. zu § 283 Nr. 3), wird indessen auch hier zur Anwendung kommen müssen. Unter der in der gedachten Vorschrift bezeichneten Voraussetzung stehen also dem anderen Theile die unter Nr. 1 **a**, **b** und die unter Nr. 3 **a** und **c—e** bezeichneten Rechte nicht zu. Er hat dann nur die unter Nr. 1 **c** und unter Nr. 2 **b** bezeichneten, ihm nach Maßgabe des § 323 zustehenden Rechte, sofern nicht auch diese ihm nach Maßgabe des § 324 nicht zustehen.

Bei einem Kaufe steht nach § 454 dem Verkäufer, wenn er den Vertrag erfüllt und den Kaufpreis gestundet hat, das im § 325 Abs. 2 bestimmte Rücktrittsrecht nicht zu (s. Erl. zu § 454).

5. Ueber das *Verhältniß der Vorschriften des § 325 zu der Einrede des nicht erfüllten Vertrags* s. Erl. zu § 323 Nr. 4.

6. *Die Vorschriften der §§ 323—325 Abs. 1 finden nur Anwendung, wenn die Leistung nach dem Abschlusse des Vertrags unmöglich geworden ist.* Sie finden keine Anwendung, wenn die Leistung bereits bei dem Abschlusse des Vertrags unmöglich war. Der Vertrag ist in einem solchen Falle nichtig, wenn die Unmöglichkeit eine objektive war. Lag eine nur subjektive Unmöglichkeit vor, so ist der Vertrag gültig, und derjenige, welcher die unmögliche Leistung versprochen hat, ist dem anderen Theile zum Schadensersatze gegen Bewirkung der Gegenleistung verpflichtet; das Recht, von dem Vertrage zurückzutreten, und die in dem § 323 bestimmten Rechte stehen aber dem anderen Theile nicht zu; der § 324 kann nicht in Frage kommen. Die Vorschriften des § 325 Abs. 2 finden dagegen auch Anwendung, wenn die Leistung bereits bei dem Abschlusse des Vertrags unmöglich war, sofern nur der Vertrag, weil es sich um eine nur subjektive Unmöglichkeit handelt, überhaupt gültig ist. Ist der aus einem solchen Vertrage zu der unmöglichen Leistung verpflichtete Theil rechtskräftig verurtheilt, so kann ihm der andere Theil nach Maßgabe des § 283 eine Frist setzen. Nach dem Ablaufe der Frist hat der andere Theil die im § 325 Abs. 1 bestimmten Rechte, sofern nicht vor dem Ablaufe der Frist die Leistung erfolgt ist.

§ 326.

E. I § 369 Abs. 2; II § 277 rev. § 320; III § 320. P. I S. 1215, 1216, 3260. M. II S. 209, 210. P. II S. 1289—1302, 1727—1730. D. S. 626 (Bd. I S. 642—649, Bd. II S. 62—64).

1. *Ist bei einem gegenseitigen Vertrage der eine Theil mit der*

ihm obliegenden Leistung im Verzuge (§§ 284, 285), so kann der andere Theil nach § 286 neben der Erfüllung den Ersatz des durch den Verzug entstehenden Schadens fordern. Hat die Leistung für ihn in Folge des Verzugs kein Interesse, so kann er, statt von diesem Rechte Gebrauch zu machen, unter Ablehnung der Erfüllung Schadensersatz wegen Nichterfüllung fordern. Für diesen Fall wird ihm durch § 326 Abs. 2 ferner das Recht eingeräumt, ohne Weiteres von dem Vertrage zurückzutreten. Die Fassung des Abs. 2 weicht von der des § 286 insofern ab, als in dem letzteren die Voraussetzung dahin bestimmt ist, daß die Leistung in Folge des Verzugs für den Gläubiger kein Interesse hat, in dem § 326 Abs. 2 aber dahin, daß die Erfüllung des Vertrags für den anderen Theil kein Interesse hat. Ueber den Unterschied dieser Fassungen s. Erl. zu § 325 Nr. 3 Abs. 3. Der Verkäufer z. B. hat, auch wenn der Käufer im Verzug ist, immer ein Interesse an der Leistung des Kaufpreises, aber er hat möglicherweise kein Interesse daran, daß er den Kaufpreis gegen Leistung des Kaufgegenstandes erhält.

Die dem anderen Theile hiernach zustehende Wahl ist gesetzlich an eine Frist nicht gebunden. Der im Verzuge befindliche Theil kann aber nach § 355 dem anderen Theile eine angemessene Frist für die Ausübung des Rücktrittsrechts bestimmen; das Recht erlischt, wenn der Rücktritt nicht vor dem Ablaufe der Frist erklärt wird. Im Uebrigen bestimmt sich der Zeitpunkt, mit welchem die Wahl zwischen den drei Rechten bindend ist, nach den in der Erl. zu § 325 Nr. 2 dargelegten Grundsätzen.

2. Im Anschluß an die Art. 354—356 des früheren H.G.B. gewährt der § 326 Abs. 1 Satz 1, 2, wenn der eine Theil mit der ihm obliegenden Leistung im Verzug ist, dem anderen Theile ohne Rücksicht darauf, ob die Erfüllung des Vertrags für ihn kein Interesse hat, das Recht, unter Ablehnung der Erfüllung Schadensersatz wegen Nichterfüllung zu verlangen oder von dem Vertrage zurückzutreten, auch dann, wenn der säumige Theil die Erfüllung nicht vor dem Ablauf einer ihm nach Maßgabe des Abs. 1 Satz 1 bestimmten angemessenen Frist bewirkt. Ueber die Erfordernisse der Bestimmung einer angemessenen Frist und über die Folgen, welche eintreten, wenn die bestimmte Frist nicht angemessen ist, s. Erl. zu § 250 Nr. 2—4. Der andere Theil braucht nur zu beweisen, daß die gesetzte Frist abgelaufen ist; dem säumigen Theile liegt der Beweis ob, daß die Erfüllung vor dem Ablaufe der Frist bewirkt sei (s. Bd. I S. 45 Nr. 4). Das Recht, Erfüllung zu fordern, ist nach dem Ablaufe der Frist ausgeschlossen. In Betreff der Wahl zwischen dem Rechte, Schadensersatz wegen Nichterfüllung zu verlangen oder von dem Vertrage zurückzutreten, gilt das unter Nr. 1 Gesagte.

3. Wird die Leistung vor dem Ablaufe der Frist nur theilweise nicht bewirkt, so treten nach § 326 Abs. 1 Satz 3 dieselben Folgen ein, wie wenn die Leistung theilweise unmöglich geworden wäre. Der andere Theil kann also, wenn die theilweise Erfüllung des Vertrags für ihn kein Interesse hat, Schadensersatz wegen Nichterfüllung des ganzen Vertrags verlangen oder von dem Vertrage zurücktreten (s. Erl. zu § 325 Nr. 3).

4. Bei einem Kaufe steht nach § 454 dem Verkäufer, wenn er den Vertrag erfüllt und den Kaufpreis gestundet hat, das im § 326 bestimmte Rücktrittsrecht nicht zu (s. Erl. zu § 454).

5. Im E. I § 361 war bestimmt, daß, wenn sich aus dem Vertrag ergebe, daß die Vertragsleistung von dem einen Vertragschließenden genau zu einer fest bestimmten Zeit oder binnen einer fest bestimmten Frist bewirkt werden solle, der andere Theil, wenn die Leistung nicht zu der bestimmten Zeit oder nicht binnen der bestimmten Frist erfolge, berechtigt sei, von dem Vertrage zurückzutreten oder seine Rechte aus dem Vertrage geltend zu machen. Entsprechende, jedoch in einigen Beziehungen vervollständigte Vorschriften enthielten die §§ 278, 279 des E. II und die §§ 321, 322 des von der zweiten Kommission dem Bundesrath überreichten Entwurfs. Auf Antrag des Justizausschusses sind diese Vorschriften von dem Bundesrathe gestrichen. Zum Ersatze wurde in dem E. III der § 351 aufgenommen. Diesem entspricht der § 361 des B.G.B. Hiernach soll bei einem Vertrage der gedachten Art der andere Theil im Zweifel berechtigt sein, von dem Vertrage zurückzutreten, wenn die Leistung nicht zu der bestimmten Zeit oder nicht innerhalb der bestimmten Frist erfolgt. Es handelt sich hierbei nur um eine Auslegungsregel, kraft deren bei einem Vertrage der fraglichen Art das Rücktrittsrecht als vertragsmäßig vereinbart angesehen wird (s. Erl. zu § 361). Ist nach den Umständen des Falles eine solche vertragsmäßige Vereinbarung als gewollt nicht anzusehen, so findet der Rücktritt kraft des Gesetzes nur nach Maßgabe des § 326, also wenn der Schuldner im Verzug ist, statt. Dabei ist aber zu beachten, daß unter Umständen die Zeit der Leistung einen so wesentlichen Bestandtheil der Leistung bildet, daß die Leistung zu einer anderen als zu der bestimmten Zeit eine ganz andere Leistung ist (s. Vorbm. zu den §§ 275—290 Nr. 2). In Fällen dieser Art ist die Leistung, wenn sie nicht zu der bestimmten Zeit erfolgt, überhaupt unmöglich geworden. Daraus

§. 327.

Auf das in den §§. 325, 326 bestimmte Rücktrittsrecht finden die für das vertragsmäßige Rücktrittsrecht geltenden Vorschriften der §§. 346 bis 356 entsprechende Anwendung. Erfolgt der Rücktritt wegen eines Umstandes, den der andere Theil nicht zu vertreten hat, so haftet dieser nur nach den Vorschriften über die Herausgabe einer ungerechtfertigten Bereicherung.

Dritter Titel.

Versprechen der Leistung an einen Dritten.

---

folgt, daß, wenn die Leistung in Folge eines von dem Schuldner zu vertretenden Umstandes unterblieben ist, der § 325, wenn sie in Folge eines von dem Gläubiger zu vertretenden Umstandes unterblieben ist, der § 324, und wenn kein Theil das Unterbleiben zu vertreten hat, der § 323 Anwendung findet. Ueber besondere Vorschriften bei dem Miethvertrage s. die §§ 537 bis 543, bei dem Dienstvertrage die §§ 626—628, bei einem Werkvertrage die §§ 633—636.

6. Für den Handelskauf gelten, wenn ausbedungen ist, daß die Leistung des einen Theiles genau zu einer fest bestimmten Zeit oder innerhalb einer fest bestimmten Frist bewirkt werden soll, die besonderen Vorschriften des H.G.B. § 376. Im Uebrigen gelten auch für Handelsgeschäfte die Vorschriften der §§ 323—326.

§ 327.

E. I § 369 Abs. 3; II § 279 rev. § 322; III § 321. P. I S. 1144—1149, 1910, 1911, 1922, 3260. M. II S. 211. P. II S. 1282—1287, 1303—1308 (Bd. I S. 640—642, 650—653). D. S. 626.

S. die Erl. zu den §§ 346—356.

Erfolgt der Rücktritt von dem Vertrage, so sind beide Theile verpflichtet, einander dasjenige, was sie auf Grund des Vertrags erhalten haben, nach Maßgabe der §§ 346, 347 zurückzugewähren. Von dieser Regel wird durch den Satz 2 eine Ausnahme für den Fall gemacht, daß der Rücktritt wegen eines Umstandes erfolgt, den der andere Theil nicht zu vertreten hat. Der andere Theil haftet in diesem Falle nicht nach den Vorschriften der §§ 346, 347, sondern nur nach den Vorschriften über die Herausgabe einer ungerechtfertigten Bereicherung. Da der Rücktritt nach § 325 Abs. 1 und nach § 326 nur wegen eines von dem anderen Theile zu vertretenden Umstandes zulässig ist, so kann in diesen Fällen die Vorschrift des § 327 Satz 2 nicht zur Anwendung kommen. Eintreten kann der vorausgesetzte Fall aber, wenn der Rücktritt auf Grund des § 325 Abs. 2 erfolgt. Nach dieser Vorschrift kann, wenn der eine Theil rechtskräftig zur Leistung verurtheilt ist, der andere Theil von dem Vertrage zurücktreten, wenn der Verurtheilte die Leistung nicht vor dem Ablauf einer ihm nach Maßgabe des § 283 gesetzen Frist bewirkt. Der Rücktritt ist zwar ausgeschlossen, wenn die Leistung in Folge eines von dem Verurtheilten nicht zu vertretenden Umstandes unmöglich wird (s. Erl. zu § 325 Nr. 4); er bleibt aber zulässig, wenn die Unmöglichkeit nur eine zeitweise ist, und kann daher möglicherweise erfolgen, ohne daß ein Verzug oder ein sonstiges Verschulden des Schuldners vorliegt. Ein fernerer Fall, in welchem die Vorschrift des § 327 Satz 2 zur Anwendung kommen kann, ergiebt sich aus den für den Werkvertrag geltenden Vorschriften des § 636. Nach dem E. II kam außerdem der praktisch viel wichtigere Fall eines Fixgeschäfts in Betracht. Nachdem die Vorschriften über das Fixgeschäft gestrichen sind (s. Erl. zu § 326 Nr. 5), kommt dieser Fall nicht mehr in Frage.

Dritter Titel.

Ein Vertrag, durch welchen der eine Theil dem anderen Theile eine Leistung an einen Dritten verspricht, war nach römischem Rechte ungültig; jedoch wurden für einzelne Fälle Ausnahmen von dieser Regel anerkannt (Windscheid II § 316). Das Bedürfniß des Lebens hat dazu geführt, die Gültigkeit und Wirksamkeit solcher Verträge im weiteren Umfang anzuerkennen. In der gemeinrechtlichen Theorie und Praxis ist jedoch bestritten, in welchen Fällen und unter welchen Voraussetzungen der Dritte einen Anspruch auf die Leistung erhält und wie das Verhältniß juristisch zu konstruiren ist (Windscheid II § 316 a, Dernburg II § 18). Auch die neueren Gesetzgebungen gehen auseinander (M. II S. 265—268). Das B.G.B. bringt diese Entwicklung zum Abschlusse. Wie es einerseits durch die Vorschriften über die Stellvertretung (§§ 164 ff.) die Möglichkeit anerkannt hat, daß der im Namen eines Anderen abgeschlossene Ver-

§. 328.

Durch Vertrag kann eine Leistung an einen Dritten mit der Wirkung bedungen werden, daß der Dritte unmittelbar das Recht erwirbt, die Leistung zu fordern.

In Ermangelung einer besonderen Bestimmung ist aus den Umständen, insbesondere aus dem Zwecke des Vertrags zu entnehmen, ob der Dritte das Recht erwerben, ob das Recht des Dritten sofort oder nur unter gewissen Voraussetzungen entstehen und ob den Vertragschließenden die Befugniß vorbehalten sein soll, das Recht des Dritten ohne dessen Zustimmung aufzuheben oder zu ändern.

---

trag unmittelbar für den Anderen wirksam wird, so hat es andererseits durch die Vorschriften dieses Titels die volle Wirksamkeit eines von den Parteien im eigenen Namen, aber zu Gunsten des Dritten abgeschlossenen Vertrags anerkannt. Der Dritte erwirbt den Anspruch auf die durch den Vertrag an ihn versprochene Leistung, wenn dies der Absicht der Parteien entspricht. Der Versprechensempfänger erwirbt regelmäßig auch selbst einen Anspruch gegen den Versprechenden, aber dieser Anspruch geht nicht etwa auf den Dritten über, sondern der Dritte erwirbt einen durchaus selbständigen Anspruch. Er erwirbt diesen Anspruch, wenn die Vertragschließenden es wollen, unmittelbar durch den Abschluß des Vertrags, ohne daß es einer Anzeige an ihn oder seiner Annahme bedarf. Wollen die Parteien, daß der Dritte den Anspruch erst zu einer späteren Zeit oder nur unter gewissen Voraussetzungen erwirbt oder daß sein Anspruch zwar sofort, aber nur als ein bedingter oder betagter entsteht, so ist dieser Wille maßgebend. Der Dritte kann das erworbene Recht zurückweisen; thut er dies, so gilt das Recht als nicht erworben.

In dem § 328 wird das in dem Obigen dargelegte Prinzip ausgesprochen. Die §§ 329 bis 331 enthalten besondere Vorschriften für einzelne praktisch besonders wichtige Fälle eines Vertrags zu Gunsten eines Dritten. Der § 332 bestimmt die Art, in welcher das nach dem Vertrage dem Versprechensempfänger vorbehaltene Recht, an die Stelle des in dem Vertrage bezeichneten Dritten einen Anderen zu setzen, ausgeübt werden kann. Der § 333 bestimmt die Wirkungen, welche die Zurückweisung des Rechtes von Seiten des Dritten hat. Der § 334 handelt von den Einwendungen, welche dem Versprechenden gegen den Dritten zustehen. Der § 335 endlich handelt von dem Verhältniß unter den Vertragschließenden.

§ 328.

E. I §§ 4, 2 Abs. 1, 413, 414; II § 280 rev. § 323; III § 322. P. I S. 836—844, 846—849, 3292, 3293; M. II S. 265—271. P. II S. 1501—1514, 1517—1520, 1524—1533 (Bd. I S. 748—759, 761—765). D. S. 627.

1. Der § 328 spricht das der ganzen Lehre zu Grunde liegende Prinzip aus (s. Vorbm. zu diesem Titel). Enthält der Vertrag keine ausdrücklichen Bestimmungen über die Frage, ob und unter welchen Voraussetzungen die unmittelbare Berechtigung des Dritten eintreten soll, so ist aus den Umständen, insbesondere aus dem Zwecke des Vertrags zu entnehmen, was der Absicht der Parteien entspricht. Nicht selten wird der Fall so liegen, daß sich nicht ermitteln läßt, ob die Parteien an die in Betracht kommenden Fragen gedacht und ob sie dieselben in einer bestimmten Richtung haben entscheiden wollen. In solchen Fällen wird als von den Parteien gewollt dasjenige anzusehen sein, was sie nach den Umständen, insbesondere nach dem Zwecke des Vertrags vernünftigerweise gewollt haben würden, wenn sie bei dem Abschlusse des Vertrags sich die Frage vorgelegt hätten. Die von den §§ 328—330 entschiedenen einzelnen Fälle werden als Anhaltspunkte für die Entscheidung anderer Fälle benutzt werden können. In der zweiten Kommission war der Antrag gestellt, die Entscheidung durch Aufstellung eines allgemeineren Gesichtspunkts zu erleichtern und zu diesem Zwecke zu bestimmen, daß die unmittelbare Berechtigung des Dritten im Zweifel als gewollt anzusehen sei, wenn der Versprechensempfänger durch die Vereinbarung eine Fürsorge für den Dritten bezwecke. Dieser Gesichtspunkt — so wurde ausgeführt — würde außer auf die in dem § 330 hervorgehobenen Fälle unter anderen auch zutreffen auf die Ausbedingung eines Trinkgeldes für den Kutscher bei dem Vertrag über eine Fahrt, oder eines Halftergeldes für den Reitknecht bei dem Verkauf eines Pferdes, auf die bei der Vermiethung oder Verleihung einer fremden beweglichen Sache getroffene Vereinbarung, daß der Miether oder Entleiher die Sache dem Eigenthümer zurückgeben solle, und auf die Vereinbarung des Verkäufers eines Hauses mit dem Käufer, daß dieser den über das Haus geschlossenen Miethvertrag aushalte. Die Mehrheit der Kommission glaubte, daß eine Bestimmung der fraglichen Art zu unbestimmt sei, um der Rechtsprechung einen Anhaltspunkt zu gewähren. Aus dem Zwecke einer Fürsorge für den Dritten könne einerseits keineswegs immer die Absicht gefolgert werden, dem Dritten unmittelbar ein

Recht zu verschaffen, so z. B. nicht in dem Falle, wenn Jemand, der bisher einen Bedürftigen freiwillig unterstützt habe, sich bei seiner Auswanderung von einem Anderen versprechen lasse, diese Unterstützung auch ferner gewähren zu wollen. Andererseits komme in manchen derjenigen Fälle, welche durch die fragliche Bestimmung getroffen werden sollten, der Zweck der Fürsorge für den Dritten nur in zweiter Linie in Betracht, so z. B. in dem Falle, daß der Verkäufer eines Hauses sich von dem Käufer versprechen lasse, die Miethe aushalten zu wollen. Endlich sei zu besorgen, daß die Hervorhebung des fraglichen Gesichtspunkts dazu führen werde, in solchen Fällen, in welchen eine Fürsorge für den Dritten nicht den Zweck der Vereinbarung bilde, gleichwohl aber die unmittelbare Berechtigung der Absicht der Parteien entspreche, diese mit Unrecht zu verneinen. Der Vertrag zu Gunsten eines Dritten kann in der That durchaus verschiedenen Zwecken dienen. Seine allgemeine Bedeutung liegt darin, daß dem Versprechensempfänger, der aus irgend einem Grunde einem Dritten eine Leistung verschaffen will, der Umweg erspart wird, sich diese Leistung erst von einem Anderen versprechen zu lassen und dann das erworbene Recht an den Dritten zu übertragen, daß ihm vielmehr die Erreichung dieses Zweckes unmittelbar durch den Abschluß eines Vertrags zu Gunsten des Dritten ermöglicht wird. Nur unter Berücksichtigung aller Umstände des einzelnen Falles läßt sich die Frage entscheiden, ob und unter welchen Voraussetzungen die unmittelbare Berechtigung des Dritten der Absicht der Parteien entspricht. Dabei ist noch besonders zu beachten, daß zwar nicht selten eine unmittelbare Berechtigung des Dritten gewollt sein wird, daß diese aber nicht sofort mit dem Abschlusse des Vertrags, sondern erst mit einem späteren Ereigniß eintreten soll und die Parteien bis zum Eintritte des Ereignisses berechtigt bleiben wollen, den Vertrag aufzuheben. So z. B. wird regelmäßig bei der Ausbedingung eines Trinkgeldes für den Kutscher oder eines Halftergeldes für den Reitknecht die Berechtigung des Kutschers oder des Reitknechts erst mit der Ausführung der Fahrt bezw. mit der Uebergabe des Pferdes eintreten sollen; der Miether einer Sache, zu dessen Gunsten der Käufer der Sache dem Verkäufer versprochen hat, die Miethe auszuhalten, soll ein Recht gegen den Käufer erst erlangen, wenn diesem auf Grund des Kaufvertrags das Eigenthum der Sache übertragen ist. (Ueber die besonderen für die Miethe von Grundstücken geltenden Vorschriften s. die §§ 571—580.)

2. **Ist das Recht des Dritten**, sei es auch nur als ein bedingtes oder betagtes, **entstanden, so kann es regelmäßig von den Parteien nicht wieder aufgehoben oder geändert werden.** Möglich ist es indessen, daß die Parteien sich die Befugniß hierzu vorbehalten. In solchem Falle entsteht das Recht des Dritten zwar sofort, aber als ein auflösend bedingtes. Die auflösende Bedingung besteht in der Aufhebung oder Aenderung des Vertrags durch die Parteien. Diese hätten die Entstehung des Rechtes des Dritten bis zu einem späteren Zeitpunkt oder Ereigniß in der Art hinausschieben können, daß vorher überhaupt keine Gebundenheit gegenüber dem Dritten eintritt (s. oben Nr. 1). Sie können aber ein Interesse dabei haben, daß das Recht des Dritten sofort entsteht, ihnen aber doch die Möglichkeit gewährt wird, dasselbe wieder aufzuheben. Die sofortige Entstehung des Rechtes als eines auflösend bedingten kann insbesondere von Bedeutung sein, wenn der Versprechensempfänger in Konkurs geräth. Ob die Parteien den einen oder den anderen Weg gewollt haben, ist eine Auslegungsfrage. Durch die Worte „und ob den Vertragschließenden die Befugniß vorbehalten sein soll, das Recht des Dritten ohne dessen Zustimmung aufzuheben oder zu ändern" im Abs. 2 wird darauf hingewiesen, daß es eines ausdrücklichen Vorbehalts nicht bedarf, daß es vielmehr auch in dieser Beziehung lediglich darauf ankommt, was der Absicht der Parteien entspricht.

3. **Der Inhalt und Umfang der Berechtigung des Dritten** bestimmt sich nach dem Vertrage. Von Bedeutung ist dabei, ob derjenige, welcher die Leistung an den Dritten verspricht, dafür nach dem Inhalte des Vertrags eine Gegenleistung von dem Versprechenden erhält oder nicht. Je nachdem ein entgeltlicher Vertrag oder eine Schenkung vorliegt, bestimmt sich die Haftung der Parteien unter einander verschieden. Nach denselben Grundsätzen bestimmt sich die Haftung des Versprechenden gegenüber dem Dritten. Die Verschiedenheit der Haftung zeigt sich insbesondere, wenn die Verpflichtung des Versprechenden auf Veräußerung eines Gegenstandes an den Dritten geht. Ist diese Verpflichtung gegen Entgelt eingegangen, so finden darauf nach § 345 die Vorschriften der §§ 433—444 entsprechende Anwendung. Soweit nach diesen Vorschriften der Versprechende, wenn er sich zu der Veräußerung des Gegenstandes an den Versprechensempfänger verpflichtet hätte, diesem gegenüber haften würde, so haftet er, wenn seine Verpflichtung auf Veräußerung an den Dritten geht, unbeschadet des dem Versprechensempfänger nach § 335 zustehenden Rechtes dem Dritten. Es macht dabei keinen Unterschied, ob der Versprechensempfänger durch die Ausbedingung der Leistung an den Dritten eine Verpflichtung gegen diesen erfüllte oder ob er ihm eine Schenkung machte. Hat der Versprechende aber die Leistung an den Dritten nicht gegen Entgelt, sondern in der Absicht zu schenken gemacht, so haftet er sowohl dem Versprechensempfänger als dem Dritten gegenüber nur nach Maßgabe der für Schenkungen geltenden Vorschriften der §§ 519—524.

§. 329.

Verpflichtet sich in einem Vertrage der eine Theil zur Befriedigung eines Gläubigers des anderen Theiles, ohne die Schuld zu übernehmen, so ist im Zweifel nicht anzunehmen, daß der Gläubiger unmittelbar das Recht erwerben soll, die Befriedigung von ihm zu fordern.

§. 330.

Wird in einem Lebensversicherungs- oder einem Leibrentenvertrage die Zahlung der Versicherungssumme oder der Leibrente an einen Dritten bedungen, so ist im Zweifel anzunehmen, daß der Dritte unmittelbar das Recht erwerben soll, die Leistung zu fordern. Das Gleiche gilt, wenn bei einer unentgeltlichen Zuwendung dem Bedachten eine Leistung an einen Dritten auferlegt oder bei einer Vermögens- oder Gutsübernahme von dem Uebernehmer eine Leistung an einen Dritten zum Zwecke der Abfindung versprochen wird.

Ueber die Verpflichtung des Versprechenden zur Gewährleistung wegen Mängel der Sache für den Fall, daß er die Veräußerung einer Sache an den Dritten versprochen hat (§ 493), s. Erl. zu § 355 Nr. 4.

4. Der Vertrag zu Gunsten eines Dritten ist als solcher an eine Form nicht gebunden (P. II S. 1541, 1542); ob er derselben bedarf, bestimmt sich nach dem Inhalte des Vertrags (s. z. B. die §§ 311—313).

5. Ueber die Wirkung des Vertrags, durch welchen der Erwerber eines Grundstücks dem Vermiether gegenüber die Erfüllung der sich aus dem Miethverhältniß ergebenden Verpflichtungen übernommen hat, s. § 578. Die Haftung desjenigen, welcher das Vermögen eines Anderen durch Vertrag übernimmt, gegenüber dessen Gläubigern tritt ohne Rücksicht darauf ein, ob sie vereinbart ist (§ 419). Ueber die Haftung des Erwerbers eines Handelsgeschäfts für die aus dem Betriebe desselben entstandenen Verbindlichkeiten des früheren Inhabers s. H.G.B. § 25. Ueber die Wirkungen des Frachtvertrags zu Gunsten des Empfängers s. H.G.B. § 433 ff.

§ 329.

E. I § 318 Abs. 1; II § 281 rev. § 324; III § 323. P. I S. 1366—1369; M. II S. 147, 148. P. II S. 855, 856, 2522, 2525 (Bd. I S. 426).

Ueber die Schuldübernahme s. § 415. Diese unterscheidet sich von der Erfüllungsübernahme dadurch, daß sie die Befreiung des bisherigen Schuldners bezweckt, während die Erfüllungsübernahme die Verpflichtung des Schuldners gegenüber dem Gläubiger unberührt läßt und nur eine Verpflichtung des Uebernehmers zur Befriedigung des Gläubigers begründet. Der E. I § 318 Abs. 1 Satz 2 bestimmte, daß im Zweifel nicht Schuldübernahme, sondern Erfüllungsübernahme anzunehmen sei. Diese Auslegungsregel ist von der zweiten Kommission gestrichen. Die Auslegung hat daher freie Hand. Dabei ist jedoch zu beachten, daß nach § 415 Abs. 3 in der Schuldübernahme eventuell immer zugleich eine Erfüllungsübernahme liegt. Steht fest, daß nur eine Erfüllungsübernahme in Frage kommt, so würde, da durch sie die Verpflichtung zur Leistung an einen Dritten, nämlich an den Gläubiger bedungen wird, nach § 328 aus den Umständen und aus dem Zwecke des Vertrags zu entnehmen sein, ob eine unmittelbare Berechtigung des Gläubigers gegenüber dem Uebernehmer gewollt ist. Der § 329 giebt für diesen Fall die Auslegungsregel, daß eine unmittelbare Berechtigung des Gläubigers als gewollt nicht anzunehmen ist.

Die in dem E. I § 318 Abs. 1 Satz 1 enthaltene fernere Vorschrift, daß durch die Erfüllungsübernahme der Uebernehmer nicht verpflichtet werde, die sofortige Befreiung des Schuldners zu bewirken, daß er vielmehr nur dafür hafte, daß der Gläubiger den Schuldner nicht in Anspruch nehme, hat das B.G.B. nicht aufgenommen. Im Zweifel wird anzunehmen sein, daß der Uebernehmer zwar nicht verpflichtet ist, den Schuldner sofort zu befreien, daß sich seine Verpflichtung aber auch nicht auf die im E. I § 318 bezeichnete Haftung beschränkt, daß er vielmehr dem anderen Theile gegenüber verpflichtet ist, den Gläubiger rechtzeitig zu befriedigen (§ 415 Abs. 3).

§ 330.

E. II § 282 rev. § 325; III § 324. P. II S. 1501—1514 (Bd. I S. 749—756). D. S. 627.

1. Die von der zweiten Kommission neu hinzugefügten Vorschriften des § 330 schließen sich der Auffassung des bisherigen Rechtes an. Sie bestimmen, daß in den von ihnen bestimmter

§. 331.

Soll die Leistung an den Dritten nach dem Tode desjenigen erfolgen, welchem sie versprochen wird, so erwirbt der Dritte das Recht auf die Leistung im Zweifel mit dem Tode des Versprechensempfängers.

Stirbt der Versprechensempfänger vor der Geburt des Dritten, so kann das Versprechen, an den Dritten zu leisten, nur dann noch aufgehoben oder geändert werden, wenn die Befugniß dazu vorbehalten worden ist.

Fällen im Zweifel die unmittelbare Berechtigung des Dritten als gewollt anzusehen ist, enthalten aber keine Bestimmung darüber, mit welchem Zeitpunkte die Berechtigung des Dritten eintritt. Für einen einzelnen praktisch besonders wichtigen Fall wird in dieser Beziehung eine Vorschrift durch den § 331 gegeben; für andere Fälle ist der Wille der Parteien aus den Umständen des Falles zu ermitteln. In den im Satz 2 bezeichneten Fällen dürfte es regelmäßig dem Willen der Parteien entsprechen, daß die unmittelbare Berechtigung des Dritten erst mit der Vollziehung der unentgeltlichen Zuwendung bezw. mit der Uebertragung des Vermögens oder des Gutes eintreten soll.

2. Nach dem E.G. Art. 75 bleiben die landesgesetzlichen Vorschriften über das Versicherungsrecht unberührt, soweit nicht im B.G.B. besondere Bestimmungen getroffen sind. Eine derartige Bestimmung enthält der § 330 Satz 1; sie kann durch die Landesgesetze nicht geändert werden. Ueber Leibrenten s. §§ 759—761, über Schenkungen unter einer Auflage s. die §§ 525—527, über den Vorbehalt für die Landesgesetze in Betreff der mit der Uebertragung eines Grundstücks in Verbindung stehenden Leibgedings-, Leibzuchts-, Altentheils- oder Auszugsverträge s. E.G. Art. 96.

§ 331.

E. II § 283 rev. § 326; III § 325. P. I S. 852, 853. P. II S. 1517, 1518, 1521—1524, 1533—1536, 1541, 1542 (Bd. I S. 757; 759—761, 765—767, 769). D. S. 627.

1. Es kommen sehr häufig Verträge vor, in welchen Jemand sein Leben zu Gunsten eines Dritten versichert oder sich die Zahlung einer Rente an einen Dritten nach seinem Tode, z. B. die Zahlung einer Leibrente an seine demnächstige Wittwe versprechen läßt. Um die bei solchen Verträgen möglichen Zweifel abzuschneiden, hat die zweite Kommission die in dem § 331 Abs. 1 enthaltene Auslegungsregel aufgenommen. Verträge der fraglichen Art bezwecken die Fürsorge für den Dritten nach dem Tode des Versprechensempfängers. Daraus wird als vermuthlicher Wille der Parteien gefolgert einerseits, daß der Dritte mit dem Tode des Versprechensempfängers unmittelbar das Recht erwerben soll, die ausbedungene Leistung von dem Versprechenden zu verlangen, andererseits, daß er bis zu diesem Zeitpunkt überhaupt kein Recht, auch nicht einmal ein bedingtes Recht haben soll. Die Erben des Dritten haben daher, wenn dieser vor dem Versprechensempfänger stirbt, kein Recht, die Leistung von dem Versprechenden zu fordern; es existirt kein Recht, das auf die Erben übergehen könnte. Die Vertragschließenden können bis zu dem Tode des Versprechensempfängers den Vertrag beliebig ändern; nach dem Tode des Versprechensempfängers können dessen Erben durch Vertrag mit dem Versprechenden das Recht des Dritten nicht mehr aufheben oder ändern. Wie sich das Verhältniß zwischen den Vertragschließenden gestaltet, wenn der Dritte vor dem Versprechensempfänger stirbt, bestimmt sich nach dem Inhalte des Vertrags. Möglich ist es, daß der Versprechende von seiner Verpflichtung befreit wird; dies ist z. B. regelmäßig der Fall bei dem Versprechen einer Leibrente zu Gunsten der Wittwe des Versprechensempfängers. Möglich ist es auch, daß die Leistung beim Wegfalle des Dritten an die Erben des Versprechensempfängers erfolgen muß; dies wird z. B. regelmäßig der Fall sein bei der Lebensversicherung zu Gunsten eines Dritten.

2. Ist der Dritte, an welchen die Leistung erfolgen soll, zur Zeit des Abschlusses des Vertrags noch nicht geboren und erfolgt die Geburt auch nicht vor dem Tode des Versprechensempfängers, so kann die Vorschrift des § 331 Abs. 1 keine Anwendung finden, weil ein Dritter, der mit dem Tode des Versprechensempfängers das Recht auf die Leistung erwerben könnte, noch nicht vorhanden ist. In Ermangelung einer besonderen Vorschrift würden daher die Erben des Versprechensempfängers den Vertrag zu Gunsten des noch ungeborenen Dritten durch Vertrag mit dem Versprechenden aufheben können. Die Mehrheit der zweiten Kommission glaubte, daß dies dem Willen des Versprechensempfängers nicht entspreche, und hat deshalb die Vorschrift des Abs. 2 aufgenommen. Nach dieser entsteht in dem gedachten Falle zwar ein Recht eines

§. 332.

Hat sich der Versprechensempfänger die Befugniß vorbehalten, ohne Zustimmung des Versprechenden an die Stelle des in dem Vertrage bezeichneten Dritten einen Anderen zu setzen, so kann dies im Zweifel auch in einer Verfügung von Todeswegen geschehen.

§. 333.

Weist der Dritte das aus dem Vertrag erworbene Recht dem Versprechenden gegenüber zurück, so gilt das Recht als nicht erworben.

Dritten noch nicht — dies ist nicht möglich, weil der Dritte noch nicht existirt — aber es entsteht eine Gebundenheit des Versprechenden, in Folge deren mit der Geburt des Dritten das Recht desselben auf die Leistung zur Entstehung gelangt. Die Vorschrift des Abs. 2 ist abweichend von der Vorschrift des Abs. 1 nicht bloß eine Auslegungsregel, sondern eine dispositive Vorschrift.

3. Für Vermächtnisse zu Gunsten einer zur Zeit des Erbfalls noch nicht erzeugten Person enthalten die §§ 2162, 2163 Vorschriften, in Folge deren ein solches Vermächtniß, sofern nicht die im § 2163 bestimmten Ausnahmefälle vorliegen, unwirksam wird, wenn der Bedachte nicht vor dem Ablaufe von dreißig Jahren nach dem Erbfalle geboren wird. Eine entsprechende Beschränkung für das Versprechen einer Leistung zu Gunsten eines noch nicht geborenen Dritten besteht nicht. Ein auf die Aufnahme einer solchen Beschränkung gerichteter Antrag wurde von der zweiten Kommission abgelehnt, weil ein praktisches Bedürfniß für eine solche Bestimmung nicht bestehe.

§ 332.

E. II § 284 rev. § 327; III § 326. P. II S. 1521, 1523, 1524 (Bd. I S. 759, 762). D. S. 627.

Bei Lebensversicherungen zu Gunsten eines Dritten wird nicht selten ausdrücklich oder stillschweigend vereinbart, daß der Versicherungsnehmer die Befugniß haben solle, an die Stelle des in dem Vertrage bezeichneten Dritten einen Anderen zu setzen. Die von der zweiten Kommission beschlossene Auslegungsvorschrift des § 332 entscheidet den in solchen Fällen möglichen Zweifel, in welcher Art die fragliche Befugniß auszuüben sei, dahin, daß die Bestimmung auch in einer Verfügung von Todeswegen getroffen werden könne. Aus dieser Vorschrift darf nicht geschlossen werden, daß das Recht auf die Versicherungssumme an sich zu dem Nachlasse des Versicherungsnehmers gehöre. Die Vorschrift geht nicht dahin, daß die fragliche Bestimmung durch eine Verfügung von Todeswegen, sondern dahin, daß sie in einer solchen getroffen werden könne. Zweifelhaft kann sein, ob die Vorschrift als eine Folgerung aus dem nicht ausdrücklich ausgesprochenen allgemeineren Satze aufzufassen ist, daß die fragliche Bestimmung ein einseitiges nicht empfangsbedürftiges Rechtsgeschäft sei, oder ob sie dahin zu verstehen ist, daß die fragliche Bestimmung ausnahmsweise auch in einer Verfügung von Todeswegen getroffen werden könne, während als Regel vorausgesetzt wird, daß die Bestimmung durch Erklärung gegenüber dem Versicherer erfolgen müsse. Die erstgedachte Auffassung würde eine Ungenauigkeit der Redaktion voraussetzen, welche ohne zwingende Gründe nicht angenommen werden darf. Die Zulassung einer einseitigen an keine Form gebundenen nicht empfangsbedürftigen Erklärung würde ferner zu einer bedenklichen Rechtsunsicherheit führen und mit dem berechtigten Interesse des anderen Vertragschließenden, des Versicherers, schwer vereinbar sein. Die zweite Auffassung dürfte daher den Vorzug verdienen. Selbstverständlich kann übrigens durch den Versicherungsvertrag vereinbart werden, daß jede einseitige Erklärung des Versicherungsnehmers genügen soll.

Die Lebensversicherung ist der praktisch wichtigste Fall, in welchem die Vorschrift des § 332 zur Anwendung kommt; dieselbe beschränkt sich indessen nicht auf diesen Fall, sondern gilt für alle Verträge zu Gunsten eines Dritten, in denen sich der Versprechensempfänger die fragliche Befugniß vorbehalten hat.

§ 333.

E. I § 415; II § 285 rev. § 328; III § 327. P. I S. 845; M. II S. 271, 272. P. II S. 1536—1539, 8416 (Bd. I S. 767, 768). D. S. 627.

1. Ein Recht wird Niemandem aufgedrängt; deshalb bestimmt der § 333, daß der Dritte das aus dem Vertrag erworbene Recht zurückweisen kann. Zum Erwerbe des Rechtes ist die Annahme nicht erforderlich; erfolgt aber die Zurückweisung, so gilt der Erwerb als nicht erfolgt. Man kann den Erwerb als unter einer auflösenden Be-

§. 334.

Einwendungen aus dem Vertrage stehen dem Versprechenden auch gegenüber dem Dritten zu.

---

dingung erfolgt ansehen (M. II. S. 272), muß dann aber hinzufügen, daß der Eintritt der Bedingung, abweichend von der für Bedingungen geltenden Regel, rückwirkende Kraft hat.

2. Die Zurückweisung erfolgt durch Erklärung gegenüber dem Versprechenden; sie ist ein einseitiges empfangsbedürftiges Rechtsgeschäft (§§ 130—132).

3. Der Dritte kann das Recht nicht mehr zurückweisen, wenn er es angenommen hat. Dies ist nicht ausdrücklich bestimmt, dürfte sich aber aus der Natur der Sache und aus dem Zwecke der fraglichen Vorschriften ergeben. Die Zurückweisung des Rechtes hat einen ähnlichen Charakter und ähnliche Wirkungen wie die Ausschlagung einer Erbschaft. Da diese ausgeschlossen ist, wenn der Erbe die Erbschaft angenommen hat (§ 1943), so wird man entsprechend auch die Zurückweisung des hier fraglichen Rechtes für unzulässig zu betrachten haben, wenn der Dritte das Recht angenommen hat. Die Annahme kann nicht nur durch Erklärung gegenüber dem Versprechenden, sondern auch stillschweigend durch Willensbethätigung erfolgen (s. Bd. I S. 162—165). Eine solche wird insbesondere in der Annahme der versprochenen Leistung sowie in der Verfügung über das aus dem Vertrag erworbene Recht zu finden sein.

4. Ueber die Folgen, welche die Zurückweisung des Rechtes durch den Dritten für das Verhältniß unter den Vertragschließenden hat, s. Erl. zu § 335 Nr. 2.

§ 334.

E. I § 416; II § 286 rev. § 329; III § 328. P. I S. 850—853, 6142, 6143; M. II S. 272, 273. P. II S. 1539, 1540 (Bd. I S. 768, 769). D. S. 627.

1. Das Recht des Dritten beruht auf dem zu seinen Gunsten geschlossenen Vertrag. Ist dieser Vertrag nichtig, so entsteht ein Recht des Dritten nicht. Das gleiche gilt, wenn der Vertrag anfechtbar ist und angefochten wird (§ 142). Die Anfechtung des Vertrags von Seiten des Versprechenden wegen arglistiger Täuschung ist zulässig, wenn der Versprechensempfänger die Täuschung kannte oder kennen mußte (§ 123 Abs. 2 Satz 1); sie ist aber auch gegenüber dem Dritten zulässig, wenn dieser die Täuschung kannte oder kennen mußte (§ 123 Abs. 2 Satz 2, Bd. I S. 174 Nr. 5).

2. Unter Einwendungen sind nicht nur die zivilrechtlichen Einreden, sondern alle Einwendungen zu verstehen, welche sich gegen die Entstehung oder gegen die Fortdauer des Rechtes des Dritten richten (s. Bd. I S. 49). Soweit dem Versprechenden aus dem Vertrag eine Einwendung gegen seine Verpflichtung zur Leistung zusteht, steht ihm diese nicht nur gegen den Versprechensempfänger, sondern auch gegen den Dritten zu. Die Einwendung muß sich aus dem Vertrag ergeben. Einwendungen, welche gegen den Versprechensempfänger erst begründet sind, nachdem das Recht des Dritten entstanden war, stehen dem Dritten nicht entgegen; so z. B. also nicht die Einwendung, daß der Versprechensempfänger dem Versprechenden dessen Verbindlichkeit erlassen habe oder daß die Parteien den Vertrag wieder aufgehoben haben. Einwendungen aus dem Vertrage sind aber auch solche, welche nicht auf dem Vertrage für sich allein, sondern auf ihm in Verbindung mit anderen Thatsachen beruhen, sofern nur die Bedeutung dieser Thatsachen für die Begründung der Einwendung ihren Grund in dem Vertrage hat. Es kommt dabei nicht darauf an, daß die Bedeutung solcher Thatsachen in dem Vertrage selbst bestimmt ist; es genügt vielmehr, daß sich ihre Erheblichkeit aus den für Verträge der fraglichen Art geltenden gesetzlichen Vorschriften ergiebt. Aus einer Bestimmung des Vertrags selbst kann sich z. B. bei einer Lebensversicherung zu Gunsten eines Dritten ergeben, daß in Folge der nicht rechtzeitigen Zahlung der Prämien die Versicherung erlischt. Von gesetzlichen Vorschriften der fraglichen Art kommen insbesondere die Vorschriften über gegenseitige Verträge in Betracht. Ist der Vertrag, auf welchen das Recht des Dritten sich gründet, ein gegenseitiger, so steht dem Versprechenden auch gegenüber dem Dritten, welcher die Leistung fordert, die Einrede des nicht erfüllten Vertrags nach Maßgabe der §§ 320—322 zu. Zweifelhaft kann sein, ob, wenn die Einrede begründet ist, die Verurtheilung des Versprechenden zur Erfüllung Zug um Zug nach Maßgabe des § 322 zu erfolgen hat oder ob die Klage zur Zeit abzuweisen ist. Gegen die erstere Auffassung läßt sich geltend machen, daß bei der Verurtheilung zur Erfüllung Zug um Zug nur gedacht werde an die Erfüllung gegen Bewirkung der dem Kläger obliegenden Gegenleistung, daß hier aber eine Verpflichtung des Dritten zur Bewirkung der Gegenleistung nicht bestehe. Dieses Bedenken dürfte indessen nicht durchschlagend sein. Durch die Verurtheilung zur

Erfüllung Zug um Zug wird keine Verpflichtung des Klägers zur Bewirkung der Gegenleistung festgestellt, sondern nur ausgesprochen, daß der Verurtheilte erst gegen Empfang der ihm gebührenden Gegenleistung zu erfüllen brauche. Zu der Erfüllung gegen Empfang der Gegenleistung ist bei dem Vertrage zu Gunsten eines Dritten der Versprechende auch dem Dritten gegenüber verpflichtet. Dem Dritten nützt eine solche Verurtheilung allerdings nur, wenn er im Stande ist, die Bewirkung der Gegenleistung durch den Versprechensempfänger herbeizuführen, oder wenn er dieselbe, obwohl er nicht dazu verpflichtet ist, selbst bewirkt. Ob er dies kann oder will, ist seine Sache; es liegt aber hierin kein Grund, eine Verurtheilung nach Maßgabe des § 322 für unzulässig zu erklären und an deren Stelle die für den Dritten ungünstigere Abweisung der Klage treten zu lassen.

Ist die dem Versprechensempfänger obliegende Leistung in Folge eines nicht von dem Versprechenden zu vertretenden Umstandes unmöglich geworden, so kann der Versprechende die im § 323 Abs. 1 bezeichneten Rechte auch gegenüber dem Dritten geltend machen. Er ist also von seiner Verpflichtung gegenüber dem Dritten befreit, bezw. nur noch zu dem geminderten Betrage verpflichtet; das bereits Geleistete kann er nach Maßgabe des § 323 Abs. 3 zurückfordern. Ist die Unmöglichkeit der dem Versprechensempfänger obliegenden Leistung in Folge eines von diesem zu vertretenden Umstandes eingetreten, so hat der Versprechende nach § 325 die Wahl zwischen den dort bezeichneten Rechten. Verlangt er Schadensersatz wegen Nichterfüllung, so kann er diesen zwar nicht von dem Dritten fordern; er kann aber die Erfüllung seiner Verbindlichkeit gegen den Dritten solange verweigern, bis ihm der Schadensersatz geleistet ist. Zweifelhaft kann sein, wie sich das Verhältniß gestaltet, wenn der Versprechende den Rücktritt vom Vertrage wählt. Daß dieser wegen des konkurrirenden Rechtes des Dritten unzulässig wäre, läßt sich nicht annehmen. Es fragt sich aber, ob er lediglich für die Vertragschließenden oder ob er auch gegenüber dem Dritten wirkt. Nimmt man das erstere an, so bleibt das Recht des Dritten unberührt; nur die Vertragschließenden werden durch den Rücktritt nach Maßgabe der §§ 346 ff. untereinander verpflichtet; der Versprechensempfänger insbesondere hat den Versprechenden wegen der dem Dritten gegenüber übernommenen und bestehenbleibenden Verpflichtung oder, wenn dieselbe bereits erfüllt ist, wegen des zu diesem Zwecke geleisteten nach Maßgabe der sich aus den §§ 346 ff. ergebenden Grundsätze zu entschädigen. Nimmt man dagegen an, daß der Rücktritt auch gegenüber dem Dritten wirkt, so erlischt mit dem Rücktritte der Anspruch des Dritten gegen den Versprechenden, und der Dritte ist das auf Grund des Anspruchs bereits Erhaltene nach den Vorschriften über die Herausgabe einer ungerechtfertigten Bereicherung zurückzugewähren verpflichtet. Das Verhältniß unter den Vertragschließenden bestimmt sich auch in diesem Falle nach den Vorschriften der §§ 346 ff., jedoch unter Berücksichtigung des Umstandes, daß dem Versprechenden der gedachte Anspruch gegen den Dritten auf Rückgewähr des bereits Geleisteten zusteht. Ueberwiegende Gründe dürften für die letztgedachte Auffassung sprechen. Das Rücktrittsrecht steht dem Versprechenden kraft der für gegenseitige Verträge gesetzlich geltenden Vorschriften zu. Wäre das Rücktrittsrecht in dem Vertrage selbst ausbedungen, so würde es keinem Zweifel unterliegen, daß durch die Geltendmachung desselben auch das Recht des Dritten hinfällig werden würde. Eine andere Beurtheilung eintreten zu lassen, weil das Rücktrittsrecht schon kraft des Gesetzes begründet ist, dürfte sich nicht rechtfertigen lassen. Es handelt sich zwar um die Aufhebung des bereits entstandenen Rechtes des Dritten, aber nach § 328 Abs. 2 ist auch eine solche Aufhebung zulässig, wenn dies nach den Umständen und nach dem Zwecke des Vertrags als der Absicht der Parteien entsprechend anzusehen ist. Eine solche Absicht dürfte in dem hier vorliegenden Falle aus der Natur des gegenseitigen Vertrags in Verbindung mit der Vorschrift des § 334 zu entnehmen sein.

Dieselben Grundsätze müssen Anwendung finden, wenn der Versprechende die rechtskräftige Verurtheilung des Versprechensempfängers zur Bewirkung der diesem obliegenden Leistung erwirkt hat und ihm deshalb die in den §§ 283, 325 Abs. 2 bezeichneten Rechte zustehen; ebenso auch dann, wenn dem Versprechenden, weil der Versprechensempfänger mit der ihm obliegenden Leistung im Verzug ist, die im § 326 bezeichneten Rechte zustehen.

Ging die Verpflichtung des Versprechensempfängers gegenüber dem Versprechenden auf Veräußerung oder Belastung einer Sache, so finden nach § 493 die Vorschriften über die Verpflichtung des Verkäufers zur Gewährleistung wegen Mängel der Sache entsprechende Anwendung. Ist der Versprechende nach diesen Vorschriften zur Wandelung oder Minderung berechtigt und macht er von diesem Rechte Gebrauch, so wirkt die Wandlung oder Minderung auch gegenüber dem Dritten. Hierfür sprechen dieselben Erwägungen, welche nach dem Obigen dafür sprechen, den Rücktritt von dem Vertrag auch gegenüber dem Dritten wirken zu lassen. Erfolgt die Wandelung, so wird der Versprechende von seiner Verpflichtung gegenüber dem Dritten frei; erfolgt die Minderung, so mindert sich seine Verpflichtung gegenüber dem Dritten. Der Dritte ist, soweit er bereits etwas erhalten hat, worauf er infolge der Wandelung oder Minderung keinen Anspruch hat, das Erhaltene nach den Vorschriften über die Herausgabe einer ungerechtfertigten Bereicherung herauszugeben verpflichtet.

§. 335.

Der Versprechensempfänger kann, sofern nicht ein anderer Wille der Vertragschließenden anzunehmen ist, die Leistung an den Dritten auch dann fordern, wenn diesem das Recht auf die Leistung zusteht.

---

3. Neben den Einwendungen aus dem Vertrage stehen dem Versprechenden selbstverständlich alle Einwendungen zu, welche aus seinem Verhältnisse zu dem Dritten entspringen, z. B. die Einwendung des Erlasses, der Verjährung ꝛc.

4. Der Versprechende kann eine ihm gegen den Versprechensempfänger zustehende Forderung nicht gegen die Forderung des Dritten aufrechnen. Es ergiebt sich dies daraus, daß das Recht zur Aufrechnung nicht aus dem Vertrag entspringt und daß ein Schuldner nur eine ihm gegen den Gläubiger, nicht eine ihm gegen einen Dritten zustehende Forderung gegen die Forderung des Gläubigers aufrechnen kann (§ 387). Die Aufrechnung einer dem Versprechenden gegen den Dritten zustehenden Forderung ist selbstverständlich zulässig.

§ 335.

E. I § 412 Abs. 2; II § 287 rev. § 330; III § 329. P. I S. 836—841, 849, 850; M. II S. 269, 270. P. II S. 1514—1516 (Bd. I S. 756, 757). D. S. 627.

1. Die Vorschrift des § 335 ist eine Auslegungsvorschrift, welche keine Anwendung findet, wenn sich aus den Umständen des Falles, insbesondere aus der Art des Vertrags eine andere Absicht der Vertragschließenden ergiebt. So wird z. B. bei der Lebensversicherung zu Gunsten eines Dritten die Absicht häufig dahin gehen, daß die Erben des Versicherers nicht berechtigt sein sollen, die Auszahlung der Versicherungssumme an den Dritten zu verlangen.

2. Hat der Dritte das aus dem Vertrag erworbene Recht nach Maßgabe des § 333 zurückgewiesen und gilt dasselbe daher als nicht erworben, so wird hierdurch das Recht des Versprechensempfängers, die Leistung an den Dritten zu fordern, nicht berührt; der Vertrag würde ja auch gültig sein, wenn dadurch überhaupt nur ein Recht des Versprechensempfängers hätte begründet werden sollen. Ist aber zur Bewirkung der Leistung an den Dritten, wie dies regelmäßig der Fall sein wird, die Annahme oder die sonstige Mitwirkung des Dritten erforderlich, so wird durch deren Verweigerung die dem Versprechenden obliegende Leistung unmöglich. Die Unmöglichkeit ist die Folge eines von dem Versprechenden nicht zu vertretenden Umstandes. Er wird daher nach § 275 von seiner Verpflichtung frei und verliert, wenn der Vertrag ein gegenseitiger war, nach § 323 den Anspruch auf die Gegenleistung. Aus dem Inhalte des Vertrags kann sich indessen ergeben, daß die Zurückweisung der Leistung von Seiten des Dritten andere Folgen als die oben dargelegten haben soll. Insbesondere kann ausdrücklich oder stillschweigend vereinbart sein, daß der Versprechensempfänger im Falle der Zurückweisung der Leistung von Seiten des Dritten berechtigt sein soll, an die Stelle des Dritten einen Anderen zu setzen oder die Leistung an sich selbst zu fordern. Eine gesetzliche Vermuthung für eine solche Absicht besteht nicht. Hatte der Vertrag den Charakter einer Schenkung an den Versprechenden unter der Auflage, eine Leistung an den Dritten zu bewirken, so findet der § 527 Anwendung.

Hat der Dritte das Recht aus dem Vertrage nicht zurückgewiesen, sondern angenommen (s. Erl. z. § 333 Nr. 3), so ist er darüber zu verfügen berechtigt. Er kann daher auch dem Versprechenden dessen Verpflichtung erlassen. Geschieht dies, so erlischt die Verbindlichkeit des Versprechenden und damit auch das Recht des Versprechensempfängers, die Leistung an den Dritten zu verlangen. Der Erlaß der Verbindlichkeit zur Leistung steht dem Empfange der Leistung gleich.

3. Wird die dem Versprechenden obliegende Leistung an den Dritten in Folge eines anderen Umstandes als der Verweigerung der Annahme von Seiten des Dritten unmöglich, so kommt es darauf an, wer die Unmöglichkeit zu vertreten hat. Ist sie von keinem der Vertragschließenden zu vertreten, so erlischt die Verpflichtung des Versprechenden sowohl gegenüber dem Dritten als gegenüber dem Versprechensempfänger. Das Verhältniß unter den Vertragschließenden bestimmt sich, wenn der Vertrag ein gegenseitiger war, nach den Vorschriften des § 323. Die Verpflichtung des Versprechenden erlischt auch dann, wenn die Unmöglichkeit von dem Versprechensempfänger zu vertreten war; der Versprechende behält aber in solchem Falle nach § 324 den Anspruch auf die dem Versprechensempfänger obliegende Gegenleistung. Ob dem Dritten in diesem Falle ein Anspruch gegen den Versprechensempfänger zusteht, bestimmt sich nach dem Inhalte des Vertrags und nach den Vorschriften über unerlaubte Handlungen. Zweifel entstehen, wenn die Unmöglichkeit der Leistung an den Dritten in Folge eines

von dem Versprechenden zu vertretenden Umstandes eingetreten ist. Der Dritte hat in solchem Falle nach Maßgabe des § 280 einen Anspruch auf Ersatz des ihm durch die Nichterfüllung entstandenen Schadens gegen den Versprechenden. Einen gleichen Anspruch hat der Versprechensempfänger gegen den Versprechenden; dabei handelt es sich aber nicht um den dem Dritten erwachsenen Schaden, sondern nur um denjenigen Schaden, welchen der Versprechensempfänger selbst etwa erlitten hat; nur selten wird ein solcher vorliegen. War der Vertrag ein gegenseitiger, so kann der Versprechensempfänger, statt Schadensersatz zu fordern, nach Maßgabe des § 325 von dem Vertrage zurücktreten. Es fragt sich, ob, wenn der Versprechensempfänger von diesem Rechte Gebrauch macht, der Rücktritt auch gegen den Dritten wirkt. Für den Fall, daß es sich um einen Rücktritt des Versprechenden von dem Vertrage handelt, ist diese Frage nach Nr. 2 der Erl. zu § 334 bejaht. Hier dürfte sie zu verneinen sein. In jenem Falle handelt es sich um die Verpflichtung des Versprechenden. Aus den Umständen und aus dem Zwecke des Vertrags in Verbindung mit der Vorschrift des § 334 wurde gefolgert, daß der Versprechende sich nur unter dem Vorbehalte des ihm nach Maßgabe des § 325 gesetzlich zustehenden Rücktrittsrechts habe verpflichten wollen und daß deshalb ein Fall vorliege, in welchem das Recht des Dritten, obwohl es bereits entstanden war, durch den Rücktritt des Versprechenden aufgehoben werden könne. Hier handelt es sich darum, ob das Recht des Dritten von dem Versprechensempfänger deshalb soll aufgehoben werden können, weil die Erfüllung der von dem Versprechenden eingegangenen Verpflichtung in Folge eines von demselben zu vertretenden Umstandes unmöglich geworden ist. Nach dem Zwecke des Vertrags kann nicht angenommen werden, daß die Aufhebung des Rechtes des Dritten dadurch zulässig werden soll, daß der Verpflichtete seine Verpflichtung nicht erfüllt. Der Rücktritt des Versprechensempfängers auf Grund des § 325 läßt daher das Recht des Dritten unberührt. Für das Verhältniß unter den Vertragschließenden ergiebt sich hieraus als Folge des Rücktritts, daß der Versprechensempfänger die ihm nach dem Vertrag obliegende Leistung nicht zu bewirken braucht und das etwa bereits Geleistete nach den für den Rücktritt geltenden Vorschriften der §§ 346 ff. zurückfordern kann, daß er aber andererseits verpflichtet ist, dem Versprechenden zurückzugewähren, was dieser auf Grund des Vertrags geleistet hat. Die Leistung, welche dem Versprechenden auf Grund des Vertrags oblag, bestand in der Verpflichtung gegenüber dem Dritten. Von dieser bezw. von der an ihre Stelle getretenen Verpflichtung zum Ersatze des dem Dritten in Folge der eingetretenen Unmöglichkeit erwachsenen Schadens muß der Versprechensempfänger also den Versprechenden befreien oder, falls der Schadensersatz bereits geleistet ist, das Geleistete ersetzen. Ausdrückliche Bestimmungen für Fälle dieser Art enthalten zwar die für den Rücktritt geltenden Vorschriften der §§ 346 ff. nicht; den aus ihnen abzuleitenden Grundsätzen dürfte aber die oben dargelegte Gestaltung des Verhältnisses zwischen den Vertragschließenden entsprechen. Es könnte in Frage kommen, ob unter diesen Umständen der Rücktritt überhaupt als ausgeschlossen zu erachten ist. Zu einer solchen Annahme dürfte es indessen an genügenden Gründen fehlen. Regelmäßig wird das eigene Interesse den Versprechensempfänger von dem Rücktritt abhalten.

Das dritte Recht, welches der Versprechensempfänger im Falle der von dem Versprechenden zu vertretenden Unmöglichkeit hat, besteht nach § 325 Abs. 1 Satz 3 darin, daß er die in dem § 323 bestimmten Rechte geltend machen kann. Hiernach würde der Versprechende das Recht auf die dem Versprechensempfänger obliegende Gegenleistung verlieren; andererseits aber wird vorausgesetzt, daß er von der ihm obliegenden Verpflichtung frei wird. Diese Voraussetzung trifft hier nicht zu, indem der Versprechende dem Dritten gegenüber zum Schadensersatze verpflichtet bleibt. Die Vorschrift des § 325 Abs. 1 Satz 3 wird daher in dem hier fraglichen Falle keine Anwendung finden können.

Nach denselben Grundsätzen sind die Fragen zu entscheiden, welche sich im Falle einer von dem Versprechensempfänger erwirkten rechtskräftigen Verurtheilung des Versprechenden zur Leistung an den Dritten sowie im Falle des Verzugs des Versprechenden aus den Vorschriften der §§ 283, 325 Abs. 2, bezw. des § 326 ergeben.

4. **Ist das Versprechen zu Gunsten des Dritten gegen Entgelt geleistet und ging dasselbe auf Veräußerung einer Sache an den Dritten**, so finden auf den Vertrag nach § 493 die Vorschriften über die Verpflichtung des Verkäufers zur Gewährleistung wegen Mängel der Sache entsprechende Anwendung. Diese bietet in verschiedenen Beziehungen Schwierigkeiten. Hier ist Folgendes hervorzuheben:

Die Haftung des Verkäufers wegen Mängel der Sache hat das Eigenthümliche, daß der Verkäufer, abgesehen von dem Falle des § 463, nicht zum Schadensersatze, sondern nur zur Wandelung oder Minderung verpflichtet ist. Diese können ihrer Natur nach nur unter den Vertragschließenden stattfinden. Dem Dritten fehlt also die Möglichkeit, die Haftung des Versprechenden wegen Mängel der gelieferten Sache geltend zu machen. Dem Versprechensempfänger dürfte dagegen das Recht zustehen, die Wandelung oder Minderung zu verlangen. Die Minderung bietet keine Schwierigkeiten; sie berührt das Recht des Dritten nicht. Bei der Wandelung aber entsteht

Vierter Titel.

Draufgabe. Vertragsstrafe.

§. 336.

Wird bei der Eingehung eines Vertrags etwas als Draufgabe gegeben, so gilt dies als Zeichen des Abschlusses des Vertrags.

Die Draufgabe gilt im Zweifel nicht als Reugeld.

---

dieselbe Frage, die oben unter Nr. 3 in Betreff des Rücktrittsrechts erörtert ist, die Frage nämlich, ob die Wandelung auch gegenüber dem Dritten wirkt, ob der Dritte also in Folge der Wandelung sein Recht gegen den Versprechenden verliert und daher zur Zurückgabe der an ihn veräußerten Sache verpflichtet ist. Die Frage dürfte aus denselben Gründen zu verneinen sein, aus denen nach Nr. 3 die Wirksamkeit des Rücktritts des Versprechensempfängers gegenüber dem Dritten verneint ist. In dem Verhältniß unter den Vertragschließenden wird dagegen die Wandelung als rechtlich zulässig betrachtet werden müssen. Thatsächlich stellen sich derselben freilich insofern Schwierigkeiten entgegen, als der Versprechensempfänger nach Analogie der für den Verkäufer geltenden Vorschriften verpflichtet ist, die veräußerte Sache zurückzugewähren. Die auf Grund des Vertrags erfolgte Uebertragung an den Dritten ist ebenso zu beurtheilen, wie wenn der Versprechensempfänger über die Sache verfügt hätte. Die §§ 353, 354 finden nach § 467 entsprechende Anwendung. Die Wandelung wird sich also nur unter Zustimmung und Mitwirkung des Dritten durchführen lassen. Die rechtliche Zulässigkeit der Wandelung dürfte hierdurch aber nicht berührt werden.

In den Fällen des § 463, wenn also der Sache zur Zeit des Vertrags eine zugesicherte Eigenschaft fehlt oder wenn der Versprechende einen Fehler arglistig verschwiegen hat, kann statt der Wandelung oder Minderung Schadensersatz verlangt werden. Dieses Recht steht auch dem Dritten zu. Hat der Versprechensempfänger, abgesehen von dem dem Dritten erwachsenen Schaden, selbst auch noch einen Schaden erlitten, so kann er diesen gegen den Versprechenden geltend machen. Ob der Versprechensempfänger, wenn der Dritte Schadensersatz verlangt, seinerseits Wandelung oder Minderung fordern kann, ist zweifelhaft. Dieses Verlangen des Dritten ist an sich für das Verhältniß unter den Parteien nicht entscheidend. Die Minderung dürfte aber deshalb ausgeschlossen sein, weil der Werthunterschied zwischen der mangelfreien und der mangelhaften Sache durch die dem Versprechenden obliegende Verpflichtung zum Schadensersatz ausgeglichen wird (vergl. auch § 472). Die Wandelung aber, auf die nach § 467 die für das vertragsmäßige Rücktrittsrecht geltenden Vorschriften der §§ 346—348, 350—354, 356 entsprechende Anwendung finden, wird rechtlich als zulässig zu betrachten sein. Ihrer thatsächlichen Durchführung aber stehen noch größere Schwierigkeiten entgegen wie in dem oben angeführten Falle, indem der Versprechensempfänger dem Versprechenden nicht nur die an den Dritten veräußerte Sache verschaffen, sondern ihn auch von der Verpflichtung zum Schadensersatze gegenüber dem Dritten befreien muß.

Das Recht, eine mangelfreie statt der mangelhaften Sache zu fordern (§ 480), steht auch dem Dritten zu.

Ueber den umgekehrten Fall, daß der Versprechensempfänger wegen Mängel der von ihm dem Versprechenden zu leistenden Sache Gewähr zu leisten hat, s. Erl. zu § 334 Nr. 2.

Vierter Titel.

Der vierte Titel enthält Vorschriften über die Nebenverabredungen, welche als Bestärkungsmittel der Verträge bezeichnet zu werden pflegen. Die §§ 336—338 handeln von der Draufgabe, die §§ 339—345 von der Vertragsstrafe.

§ 336.

E I § 417; II § 288 rev. § 331; III § 330. P. I S. 597—599; M. II S. 273, 274. P. II S. 1542—1545 (Bd. I S. 769—771).

1. Das Geben und Nehmen einer Draufgabe kann eine verschiedene Bedeutung haben; die Parteien pflegen sich nicht darüber auszusprechen, was sie damit beabsichtigen. Da die Draufgabe bei gewissen Verträgen in manchen Theilen Deutschlands häufig vorkommt, so wird ihre Bedeutung und rechtliche Wirkung durch die §§ 336—338 gesetzlich festgestellt. Diese Vorschriften sind nur dispositiver Natur, zum Theil nur Auslegungsregeln. Statt des Aus-

§. 337.

Die Draufgabe ist im Zweifel auf die von dem Geber geschuldete Leistung anzurechnen oder, wenn dies nicht geschehen kann, bei der Erfüllung des Vertrags zurückzugeben.

Wird der Vertrag wiederaufgehoben, so ist die Draufgabe zurückzugeben.

---

drucks „Draufgabe" werden, wie im E. I § 417 ausdrücklich hervorgehoben wurde, auch die Ausdrücke „Arrha" „Haftgeld" „Angeld" „Handgeld" „Draufgeld" gebraucht. Auch die Ausdrücke „Weinkauf" „Miethsthaler" kommen für die Draufgabe bei gewissen Geschäften vor. Die Vorschriften der §§ 336—338 finden Anwendung, mag der eine oder der andere Ausdruck gebraucht sein.

2. Ein Vertrag ist zu Stande gekommen, wenn über alle Punkte, über welche nach der Erklärung der einen oder der anderen Partei eine Vereinbarung getroffen werden sollte, eine Einigung der Parteien erfolgt und erklärt ist. Die Draufgabe ist nicht wie das Handgeld nach älterem deutschen Rechte Voraussetzung für das Zustandekommen des Vertrags; sie dient vielmehr nur als Zeichen des Abschlusses des Vertrags. Der Vertrag kann schon vorher zu Stande gekommen sein, das Geben und Nehmen der Draufgabe kann aber auch die Erklärung enthalten, daß der Vertrag nach Maßgabe der in der vorherigen Besprechung erfolgten vorläufigen Einigung über die einzelnen in Betracht kommenden Punkte nunmehr definitiv geschlossen werden solle. In dem einen wie in dem anderen Falle wird durch die Draufgabe der Beweis erbracht, daß der Vertrag zu Stande gekommen ist. Zulässig bleibt der Gegenbeweis, daß die erforderliche Einigung (§ 154) in Wirklichkeit nicht erreicht ist.

3. Die Draufgabe hat nach § 336 Abs. 2 nicht die Bedeutung eines Reugeldes (§ 359). Der Geber wird dadurch also nicht berechtigt, gegen Verzicht auf die Zurückgabe von dem Vertrage zurückzutreten. Der E. I § 417 hatte diese Vorschrift als eine dispositive gegeben. Der § 336 giebt nur eine Auslegungsregel. Es soll dadurch der Berücksichtigung der örtlichen Uebung und Sitte freierer Spielraum gewährt werden.

4. Als Draufgabe kann jede Sache gegeben werden. Regelmäßig wird Geld gegeben. Durch die Hingabe wird das Eigenthum übertragen. Dies ist nicht ausdrücklich bestimmt, es ergiebt sich aber aus dem Zwecke der Draufgabe und aus der Absicht der Parteien.

5. Ist die Draufgabe gegeben, obwohl der Vertrag in Wirklichkeit nicht zu Stande gekommen, so ist der Zweck der Hingabe nicht erreicht; der Geber kann das Gegebene also nach den Vorschriften über die Herausgabe einer ungerechtfertigten Bereicherung zurückfordern (§ 812). Wie das Verhältniß zu beurtheilen ist, wenn die Parteien bei dem Geben und Nehmen der Draufgabe gewußt haben, daß der Vertrag noch nicht zu Stande gekommen sei, hängt von den Umständen des Falles ab; möglicherweise kann eine Schenkung beabsichtigt sein, möglicherweise auch Hingabe unter der Bedingung, daß der Vertrag zu Stande komme. Allgemeine Regeln lassen sich darüber nicht geben.

6. Die Draufgabe kommt besonders häufig beim Viehhandel und bei den Gesindeverträgen vor. Für die letzteren können die Landesgesetze nach E.G. Art. 95 auch in Betreff der Draufgabe besondere Vorschriften geben.

§. 337.

E. I § 418; II § 289 rev. § 332; III § 331. P. I S. 599, 600; M. II S. 274. P. II S. 1545—1551 (Bd. I S. 771—774).

1. Die Draufgabe wird nach § 337 Abs. 1. im Zweifel nicht als eine Zugabe zu der dem Geber obliegenden Leistung angesehen. Sie hat vorbehältlich der Vorschrift des § 338 nur den im § 336 bezeichneten Zweck des Beweises. Ist der Vertrag erfüllt, so bedarf es des Beweises nicht mehr; der Empfänger ist daher verpflichtet, die Draufgabe sich auf die ihm gebührende Leistung anrechnen zu lassen oder, soweit dies nicht geschehen kann, sie zurückzugeben. Hat also z. B. bei dem Gesindevertrage der Dienstverpflichtete Geld als Draufgabe erhalten, so muß er sich dasselbe, wenn sein Lohn in Geld bestimmt ist, hierauf anrechnen lassen; hat der Dienstberechtigte die Draufgabe erhalten, so muß er sie neben dem Lohne zurückgeben. Auch diese Vorschrift ist abweichend vom E. I § 418, welcher sie als dispositive gab, als Auslegungsregel gefaßt, um bei der Beurtheilung der einzelnen Fälle die Berücksichtigung einer abweichenden Ortssitte zu sichern.

2. Auch die Vorschrift des Abs. 2, daß die Draufgabe zurückzugeben ist, wenn der Vertrag wieder aufgehoben wird, ist eine Konsequenz des der Draufgabe nach § 336 zu Grunde liegenden Gedankens. Die Vorschrift findet vorbehältlich der Bestimmung des § 338 Anwendung sowohl, wenn der Vertrag durch Vereinbarung unter den

§. 338.

Wird die von dem Geber geschuldete Leistung in Folge eines Umstandes, den er zu vertreten hat, unmöglich oder verschuldet der Geber die Wiederaufhebung des Vertrags, so ist der Empfänger berechtigt, die Draufgabe zu behalten. Verlangt der Empfänger Schadensersatz wegen Nichterfüllung, so ist die Draufgabe im Zweifel anzurechnen oder, wenn dies nicht geschehen kann, bei der Leistung des Schadensersatzes zurückzugeben.

Parteien, als auch, wenn er dadurch aufgehoben wird, daß die eine oder die andere Partei von einem ihr vertragsmäßig oder gesetzlich zustehenden Rücktrittsrechte Gebrauch macht. Die Verpflichtung zur Zurückgabe tritt mit der Aufhebung des Vertrags ein.

3. Die Zurückgabe der Draufgabe hat, wenn dieselbe in vertretbaren Sachen bestand, dadurch zu erfolgen, daß Sachen von derselben Art und Menge zurückgegeben werden. Bestand die Draufgabe in einer nicht vertretbaren Sache, so ist diese in Natur zurückzugeben. Auf die Verpflichtung zur Zurückgabe finden die allgemeinen Grundsätze, insbesondere auch die Vorschriften der §§ 275—280, nicht die besonderen Vorschriften über die Herausgabe einer ungerechtfertigten Bereicherung Anwendung.

4. Im E. I § 418 Satz 2 war noch bestimmt, daß die Zurückgabe der Draufgabe auch dann zu erfolgen habe, wenn der Vertrag nichtig sei. Von der zweiten Kommission ist diese Vorschrift gestrichen. Für den gedachten Fall finden daher die allgemeinen Grundsätze Anwendung. Ist der Vertrag nichtig, so ist auch der Nebenvertrag der Draufgabe nichtig (§ 139). Möglicherweise ist auch die Uebertragung des Eigenthums des als Draufgabe Gegebenen nichtig, so z. B., wenn der Gebende geschäftsunfähig war. In solchem Falle kann das Gegebene vindizirt werden. Ist die Eigenthumsübertragung gültig oder der Eigenthumsanspruch aus irgend einem Grunde, z. B. weil der Empfänger nicht mehr im Besitz ist, ausgeschlossen, so kann die Zurückerstattung regelmäßig nach den Vorschriften über die Herausgabe einer ungerechtfertigten Bereicherung gefordert werden (§§ 812, 818, 819). Der Anspruch ist indessen ausgeschlossen, wenn die Nichtigkeit des Vertrags darauf beruht, daß er gegen ein Gesetz oder gegen die guten Sitten verstößt, und nicht nur dem Empfänger, sondern auch dem Geber der Draufgabe ein Verstoß gegen das Gesetz oder gegen die guten Sitten zur Last fällt (§ 817); so z. B., wenn der Vertrag wegen Wuchers nichtig und der Geber der Draufgabe der Wucherer ist.

5. Ueber die Zurückgabe des zum Zeichen eines Verlöbnisses Gegebenen s. § 1301.

§ 338.

E. I § 419; II § 290 rev. § 333; III § 332. P. I S. 600, 601; M. II S. 274, 275. P. II S. 1551—1553 (Bd. I S. 774, 775).

1. Durch die Vorschrift des § 338 erhält die Draufgabe neben dem im § 336 bezeichneten Zwecke noch einen weiteren Zweck. Der Geber soll zu der getreuen Erfüllung des Vertrags durch die Drohung angehalten werden, daß er den Anspruch auf die Zurückgabe der Draufgabe verliere, wenn die von ihm geschuldete Leistung in Folge eines von ihm zu vertretenden Umstandes unmöglich oder der Vertrag in Folge seines Verschuldens wieder aufgehoben werde. Wird die geschuldete Leistung in Folge eines von dem Geber der Draufgabe zu vertretenden Umstandes unmöglich, so stehen dem Empfänger verschiedene Wege offen. Er kann Schadensersatz wegen Nichterfüllung fordern (§§ 280, 325). Macht er von diesem Rechte Gebrauch, so muß er sich die Draufgabe auf den Schadensersatz anrechnen lassen oder, wenn dies nicht geschehen kann, weil die Draufgabe nicht in Geld besteht, sie zurückgeben. Er kann ferner nach § 325 von dem Vertrage zurücktreten; thut er dies, so liegt der zweite in dem § 338 Satz 1 bezeichnete Fall vor, daß der Geber die Wiederaufhebung des Vertrags verschuldet hat. Der Empfänger kann endlich auch nach § 325 Abs. 2 die im § 323 bezeichneten Rechte geltend machen, also, ohne Schadensersatz zu fordern oder von dem Vertrage zurückzutreten, die ihm obliegende Gegenleistung verweigern. Wählt er diesen Weg, so ist er auch berechtigt, die Draufgabe zu behalten. Dasselbe gilt, wenn der Empfänger sich lediglich passiv verhält, er kann dann die Zurückgabe der Draufgabe unter Berufung auf die Vorschrift des § 338 Satz 1 ablehnen.

Eine von dem Geber verschuldete Wiederaufhebung des Vertrags liegt außer in dem bereits erwähnten Falle, daß der Empfänger der Draufgabe auf Grund des § 325 von dem Vertrage zurücktritt, auch dann vor, wenn der Empfänger nach Maßgabe des § 326 wegen Verzugs des Gebers von dem Vertrage zurücktritt. Fordert er in diesem Falle Schadensersatz, so muß er sich die Draufgabe darauf anrechnen lassen oder, wenn dies nicht geschehen kann, sie zurückgeben.

§. 339.

Verspricht der Schuldner dem Gläubiger für den Fall, daß er seine Verbindlichkeit nicht oder nicht in gehöriger Weise erfüllt, die Zahlung einer Geldsumme als Strafe, so ist die Strafe verwirkt, wenn er in Verzug kommt. Besteht die geschuldete Leistung in einem Unterlassen, so tritt die Verwirkung mit der Zuwiderhandlung ein.

Die Vorschrift des Satz 2 ist nur Auslegungsvorschrift. Die Anrechnung auf den Schadensersatz findet also nicht statt, wenn ein anderer Wille der Parteien aus den Umständen, insbesondere aus der an dem Orte des Vertragsschlusses und an dem Wohnorte der Parteien herrschenden Sitte, zu entnehmen ist.

2. Die Draufgabe hat in Folge der Vorschriften des § 338 eine ähnliche Funktion wie die Vertragsstrafe. Diese hat aber noch einen anderen Zweck (s. Erl. zu § 339), und auch der hier fragliche Zweck wird durch sie in anderer und direkterer Art erstrebt wie durch die Draufgabe. Die Vorschriften über die Vertragsstrafe finden daher auf die Draufgabe keine Anwendung; insbesondere gilt dies auch von der Vorschrift des § 343, nach welcher eine verwirkte Strafe, wenn sie unverhältnißmäßig hoch ist, auf Antrag des Schuldners durch Urtheil auf einen angemessenen Betrag herabgesetzt werden kann. Sollte indessen in einem einzelnen Falle erhellen, daß das Institut der Draufgabe benutzt worden ist, um die Vorschriften des § 343 über die Vertragsstrafe zu umgehen, so würden diese trotz der gewählten Rechtsform nach den allgemeinen Grundsätzen über die in fraudem legis vorgenommenen Rechtsgeschäfte (s. Bd. I S. 186, Erl. zu § 134) anzuwenden sein.

3. Hat der Empfänger der Draufgabe die Unmöglichkeit der von ihm geschuldeten Leistung zu vertreten oder hat er die Wiederaufhebung des Vertrags verschuldet, so ist er zur Zurückgabe der Draufgabe nach § 336 verpflichtet. Ein weiterer Nachtheil aber trifft ihn nicht; insbesondere ist er nicht, wie in einzelnen Rechten bestimmt ist, verpflichtet, dem Geber einen dem Werthe der Draufgabe entsprechenden Betrag neben der Zurückgabe zu bezahlen.

§ 339.

E. I § 422; II § 291 rev. § 334; III § 333. P. I S. 617—619; M. II S. 278. P. II S. 1561—1563 (Bd. I S. 779, 780).

1. Die Vereinbarung einer Vertragsstrafe hat den Zweck, dem Schuldner durch den drohenden Nachtheil einen Antrieb zu der ordnungsmäßigen Erfüllung seiner Verpflichtung zu geben. Sie kann außerdem den Zweck haben, dem Gläubiger für den Fall, daß der Schuldner seine Verpflichtung nicht erfüllt, den Beweis des erlittenen Schadens zu ersparen. Beide Zwecke werden in den §§ 339 ff. berücksichtigt. Die Vereinbarung einer Vertragsstrafe ist nicht nur bei vertragsmäßigen, sondern auch bei gesetzlichen Verbindlichkeiten, überhaupt bei Verbindlichkeiten jeder Art zulässig. Die Vereinbarung kann sofort bei der Begründung der Verbindlichkeit oder später getroffen werden.

2. Die §§ 339—341 behandeln den Fall, daß als Strafe die Zahlung einer Geldsumme vereinbart ist. Der § 339 Satz 1 stellt das Prinzip auf, daß die Strafe nur verwirkt wird, wenn der Schuldner in Verzug kommt. In der Vereinbarung der Strafe wird also nicht ein Garantieversprechen gesehen. Der Schuldner kommt nicht in Verzug, und die Strafe wird also nicht verwirkt, so lange die Leistung in Folge eines Umstandes unterbleibt, den der Schuldner nicht zu vertreten hat (§ 285). Nur für den Fall, daß die geschuldete Leistung in einem Unterlassen besteht, geht das Gesetz von einem anderen Standpunkt aus. Hier wird ein Garantieversprechen in der Vereinbarung der Strafe gefunden, und diese wird also durch die Zuwiderhandlung ohne Rücksicht darauf verwirkt, ob den Schuldner ein Verschulden trifft oder nicht. Diese Vorschriften sind selbstverständlich dispositiver Natur. Die Parteien können vereinbaren sowohl, daß die Strafe im Falle der Nichterfüllung ohne Rücksicht auf ein Verschulden des Schuldners eintreten soll, als auch, daß sie, wenn die geschuldete Leistung in einem Unterlassen besteht, durch die Zuwiderhandlung nur dann verwirkt sein soll, wenn dem Schuldner ein Verschulden zur Last fällt.

3. Die Strafe kann nicht verwirkt werden, wenn die Verbindlichkeit, deren Sicherung die Vereinbarung der Strafe bezweckt, nicht besteht. Dasselbe gilt, wenn die Verbindlichkeit wegfällt, bevor die Strafe verwirkt ist. Im E. I § 423 war das letztere ausdrücklich bestimmt. Von der zweiten Kommission ist diese Bestimmung als selbstverständlich gestrichen (P. II S. 1577). Der Schuldner hat die Strafleistung nur versprochen für den Fall, daß er seine Verbindlichkeit nicht erfüllt. Besteht eine Verbindlichkeit nicht oder

§. 340.

Hat der Schuldner die Strafe für den Fall versprochen, daß er seine Verbindlichkeit nicht erfüllt, so kann der Gläubiger die verwirkte Strafe statt der Erfüllung verlangen. Erklärt der Gläubiger dem Schuldner, daß er die Strafe verlange, so ist der Anspruch auf Erfüllung ausgeschlossen.

Steht dem Gläubiger ein Anspruch auf Schadensersatz wegen Nichterfüllung zu, so kann er die verwirkte Strafe als Mindestbetrag des Schadens verlangen. Die Geltendmachung eines weiteren Schadens ist nicht ausgeschlossen.

---

nicht mehr, so ist das Strafversprechen gegenstandslos. Ein Vertrag kann freilich auch dahin geschlossen werden, daß der eine Theil dem anderen Theile eine Leistung für den Fall verspricht, daß er eine Handlung unterlasse oder vornehme. Bei einem Vertrage dieser Art kommt es nicht darauf an, ob eine Verbindlichkeit zu der Vornahme bezw. zur Unterlassung der betreffenden Handlung besteht oder nicht. Auf einen Vertrag dieser Art finden die Vorschriften der §§ 339 ff. überall keine Anwendung; der Vertrag ist nach den allgemeinen Vorschriften über bedingte Rechtsgeschäfte (§§ 158 ff.) zu beurtheilen. Nur in dem § 343 Abs. 2 und in dem § 344 ist auf Verträge dieser Art Rücksicht genommen (s. Erl. zu § 343 Nr. 6 und zu § 344 Nr. 1).

Dem Nichtbestehen der Verbindlichkeit gleich steht der Fall, daß dem betreffenden Anspruch eine peremtorische Einrede entgegensteht. Ein Unterschied besteht nur insofern, als die Einrede wegfallen kann. Geschieht dies, so wird auch das Strafversprechen wirksam. Steht dem betreffenden Anspruch eine dilatorische Einrede entgegen, so ist das Strafversprechen zwar nicht gegenstandslos, aber der Schuldner kann nicht in Verzug kommen, die Strafe kann also nicht verwirkt werden, solange die dilatorische Einrede besteht.

Im E. I § 423 war ferner bestimmt, daß die Strafe nicht verlangt werden könne, wenn die Nichterfüllung der Verbindlichkeit, deren Sicherung das Strafversprechen bezweckt, von dem Gläubiger verschuldet sei. Auch diese Vorschrift ist von der zweiten Kommission als theils selbstverständlich, theils nicht erschöpfend gestrichen, als nicht erschöpfend, weil bei der Aufnahme einer Vorschrift der fraglichen Art auch der Fall erwähnt werden müsse, daß der Gläubiger im Verzuge der Annahme sei. In der That dürfte die Vorschrift des § 339, daß zur Verwirkung der Strafe Verzug des Schuldners erforderlich ist, genügen. Der Schuldner kommt nicht in Verzug, wenn die Nichterfüllung der betreffenden Verbindlichkeit von dem Gläubiger verschuldet wird oder wenn dieser im Verzuge der Annahme ist.

§ 340.

E. I § 420; II § 292 rev. § 335; III § 334. P. I S. 607—616, 11787; M. II S. 275, 276. P. II S. 1554—1556, 8416, 8417 (Bd. I S. 776).

1. Die Strafe kann sowohl für den Fall vereinbart werden, daß die Verbindlichkeit überhaupt nicht erfüllt, als für den Fall, daß sie nicht in gehöriger Art erfüllt wird. Durch Auslegung des Vertrags muß ermittelt werden, ob das eine oder das andere gewollt ist. Auf den erstgedachten Fall beziehen sich die Vorschriften des § 340; sie sind dispositiver Natur. Ist die Strafe verwirkt, so kann, wenn nicht ein Anderes vereinbart ist, nur die Erfüllung oder die Strafe, nicht beides neben einander gefordert werden. Zur Verwirkung der Strafe ist nur erforderlich, daß der Schuldner in Verzug kommt (§ 339).

Nach dem E. I § 420 verwandelte sich das Schuldverhältniß mit der Verwirkung der Strafe in ein alternatives Schuldverhältniß. Die §§ 208, 209, 210 Abs. 2 des E. I (jetzt §§ 263, 264 Abs. 2 des B.G.B.) fanden also Anwendung. Durch die Erklärung des Gläubigers gegenüber dem Schuldner wurde die Wahl unwiderruflich getroffen. Beim Verzuge des Gläubigers konnte demselben von dem Schuldner eine Frist gesetzt werden, nach deren fruchtlosem Ablaufe das Wahlrecht auf den Schuldner überging. Von der zweiten Kommission ist dies geändert worden. Die Vorschriften über alternative Schuldverhältnisse finden keine Anwendung. Der Gläubiger hat neben dem Rechte auf Erfüllung die facultas alternativa, statt der Erfüllung die Strafe zu fordern. Dieses Recht geht nicht dadurch verloren, daß der Gläubiger dem Schuldner erklärt, er fordere die Erfüllung. Dem Schuldner steht das im § 264 Abs. 2 bezeichnete Recht nicht zu. Nur wenn die Erfüllung wirklich erfolgt und angenommen ist, erlischt das Recht des Gläubigers, die Strafe zu fordern. Zweifelhaft kann sein, ob das Recht auf die Strafe auch durch die Annahme theilweiser Erfüllung wegfällt. Unter Umständen kann in dieser Annahme ein Verzicht auf das Recht liegen, die Strafe zu fordern. In der Annahme für sich allein liegt ein solcher Verzicht nicht. Der Gläubiger kann auch nach Annahme einer Theil-

§. 341.

Hat der Schuldner die Strafe für den Fall versprochen, daß er seine Verbindlichkeit nicht in gehöriger Weise, insbesondere nicht zu der bestimmten Zeit, erfüllt, so kann der Gläubiger die verwirkte Strafe neben der Erfüllung verlangen.

Steht dem Gläubiger ein Anspruch auf Schadensersatz wegen der nicht gehörigen Erfüllung zu, so finden die Vorschriften des §. 340 Abs. 2 Anwendung.

Nimmt der Gläubiger die Erfüllung an, so kann er die Strafe nur verlangen, wenn er sich das Recht dazu bei der Annahme vorbehält.

---

leistung unter den in den §§ 280 Abs. 2, 283 Abs. 2 bezeichneten Voraussetzungen (vergl. auch § 286 Abs. 2) Schadensersatz wegen Nichterfüllung der ganzen Verbindlichkeit fordern. Die Vereinbarung einer Strafe hat den Zweck, dem Gläubiger die Geltendmachung seines Interesses im Falle der Nichterfüllung zu erleichtern; der Gläubiger soll den Ersatz seines Schadens in der Strafleistung erhalten können, ohne den sonst erforderlichen Beweis führen zu brauchen, daß die Leistung in Folge eines von dem Schuldner zu vertretenden Umstandes unmöglich geworden oder daß er in Folge des Verzugs des Schuldners kein Interesse an der Leistung mehr hat. Dieser Zweck würde nur unvollständig erreicht werden, wenn der Gläubiger durch die Annahme einer Theilleistung das Recht, die Strafe zu fordern, verlöre. Bei der von dem B.G.B. gewählten Konstruktion wird man daher der Annahme einer Theilleistung die fragliche Wirkung nicht beilegen können. Fordert der Gläubiger nach Annahme einer Theilleistung die Strafe, so muß er selbstverständlich das Erhaltene zurückgewähren. Nach Analogie der Vorschrift des § 280 Abs. 2 dürften in solchem Falle die Vorschriften der §§ 346—356 über das Rücktrittsrecht entsprechend anzuwenden sein (s. Erl. zu § 280 Nr. 6).

Ausgeschlossen wird das Recht des Gläubigers, Erfüllung zu fordern, nach § 340 Abs. 1 Satz 2, wenn der Gläubiger dem Schuldner erklärt, daß er die Strafe verlange. Die Erklärung ist ein einseitiges empfangsbedürftiges Rechtsgeschäft. Ueber die Voraussetzungen, unter welchen eine stillschweigende Willenserklärung anzunehmen ist, s. Erl. zu § 263 Nr. 1—3.

2. Steht dem Gläubiger ein Anspruch auf Schadensersatz wegen Nichterfüllung zu (§§ 280, 283, 286 Abs. 2, 325, 326), so gilt nach Abs. 2 insofern dasselbe Prinzip wie im Falle des Abs. 1, als der Gläubiger nicht Schadensersatz und Strafe nebeneinander fordern kann; aber der Gläubiger kann, wenn er Schadensersatz fordert, als Mindestbetrag immer den Betrag der Strafe verlangen und er kann, wenn er die Strafe fordert, den Anspruch auf Schadensersatz noch insoweit geltend machen, als sein Schaden den Betrag der Strafe übersteigt. Die letztgedachte Vorschrift hatte der E. I § 420 nicht; nach diesem wurde vielmehr das Recht, Schadensersatz zu fordern, durch die Wahl der Strafe ausgeschlossen. Von der zweiten Kommission ist dies in Konsequenz des Satzes, daß der Gläubiger, wenn er Schadensersatz verlangt, als Mindestbetrag immer den Betrag der Strafe fordern kann und in Anlehnung an die Vorschrift des § 288 Abs. 2 geändert worden.

3. Fällt die Verbindlichkeit, durch deren Nichterfüllung die Strafe verwirkt wird, dadurch weg, daß der Gläubiger auf Grund eines ihm vertragsmäßig oder gesetzlich (§§ 325, 326) zustehenden Rücktrittsrechts von dem Vertrage zurücktritt, auf welchem die Verbindlichkeit beruht, so kann der Gläubiger die Strafe nicht fordern, indem mit dem Rücktritte von dem Vertrag auch die auf die Strafe gerichtete Nebenverabredung in Wegfall kommt.

4. In anderer Art wie in § 340 werden die Folgen der Vereinbarung einer Strafe nach § 75 des H.G.B. für den Fall geordnet, daß ein Handlungsgehülfe wegen Zuwiderhandlung gegen die mit dem Prinzipal getroffene Vereinbarung eine Strafe versprochen hat. Hier kann nur die Strafe gefordert werden; der Anspruch auf Erfüllung und Schadensersatz ist ausgeschlossen.

§ 341.

E. I § 421; II § 293 rev. § 336; III § 335. P. I S. 607—616; M. II S. 276—278. P. II S. 1556—1560 (Bd. I S. 776—779).

1. Ist die Strafe nur für den Fall versprochen, daß der Schuldner seine Verbindlichkeit nicht in gehöriger Weise erfüllt, so gilt die umgekehrte Regel wie im Falle des § 340. Erfüllung und Strafe können neben einander gefordert werden. Das Strafversprechen kann generell auf alle Fälle einer nicht gehörigen Erfüllung

§. 342.

Wird als Strafe eine andere Leistung als die Zahlung einer Geldsumme versprochen, so finden die Vorschriften der §§. 339 bis 341 Anwendung; der Anspruch auf Schadensersatz ist ausgeschlossen, wenn der Gläubiger die Strafe verlangt.

---

gerichtet sein oder sich auf einzelne Mängel der Erfüllung beschränken. Der praktisch wichtigste, in dem § 341 besonders hervorgehobene Fall ist der, daß die Strafe für den Fall versprochen wird, daß die Erfüllung nicht zu der bestimmten Zeit erfolgt. Ist die Erfüllung nicht rechtzeitig erfolgt, so ist nachträgliche Erfüllung zu der bestimmten Zeit unmöglich. Die Erfüllung, welche in diesem Falle neben der Strafe gefordert werden kann, ist also nur die nicht gehörige d. h. die nicht zu der bestimmten Zeit erfolgende Erfüllung. Die Strafe ersetzt hier den Mangel der Erfüllung. Ebenso steht die Sache, wenn die Erfüllnng an einem anderen als an dem bestimmten Orte erfolgt. Der Mangel der Erfüllung kann aber auch von der Art sein, daß er nachträglich noch beseitigt werden kann. So z. B. kann das auf Grund eines Werkvertrags gelieferte Werk Mängel haben, die beseitigt werden können und die der Unternehmer auf Verlangen des Bestellers zu beseitigen verpflichtet ist (§ 633 Abs. 2). Bezieht sich das Strafversprechen auch auf solche Mängel, so kann sowohl die Beseitigung der Mängel als auch die Strafe gefordert werden. Nur wenn dem Gläubiger ein Anspruch auf Schadensersatz wegen nicht gehöriger Erfüllung zusteht und wenn er diesen geltend macht, tritt wieder die Regel des § 340 ein. Schadensersatz und Strafe können nicht nebeneinander verlangt werden; aber die Strafe kann als Mindestbetrag des Schadens gefordert werden, und durch die Geltendmachung des Rechtes auf Strafe wird der Anspruch auf Ersatz des durch die Strafe nicht gedeckten Schadens nicht ausgeschlossen.

Verwirkt wird die Strafe auch im Falle des § 341 nur, wenn der Schuldner in Verzug kommt (§§ 284, 285).

2. **Die Vorschrift des § 341 Abs. 3 ist positiver Natur**; sie enthält eine Abweichung von dem Grundsatze, daß die Ansprüche auf Nebenleistungen durch die Annahme der Hauptleistung nicht erlöschen. Im E. I § 421, Satz 3 war die Vorschrift durch den Zusatz gemildert, daß sie keine Anwendung finde, wenn der Gläubiger bei Annahme der Hauptleistung von seinem Rechte auf die Strafleistung oder von dem Eintritte der Voraussetzungen desselben nicht unterrichtet war. Von der zweiten Kommission ist dieser Zusatz gestrichen, um den Schuldner wirksamer zu schützen und um Streitigkeiten abzuschneiden. Die Vorschrift hat also nicht den Charakter einer Auslegungsregel, sondern findet auch dann Anwendung, wenn feststeht, daß der Gläubiger durch die Annahme auf die Strafe nicht hat verzichten wollen. Sie ist indessen ebenso wie die Vorschriften der Abs. 1, 2 insofern dispositiver Natur, als in der Vereinbarung über die Strafe bestimmt werden kann, daß die Vorschrift keine Anwendung finden soll. **Die Beweislast** anlangend, so braucht der Schuldner nur zu beweisen, daß der Gläubiger die Erfüllung angenommen; dem Gläubiger liegt dann der Beweis ob, daß er den Vorbehalt gemacht habe.

Nur der Anspruch auf die Strafe erlischt übrigens durch die vorbehaltslose Annahme der Erfüllung, nicht aber ein dem Gläubiger etwa zustehender Anspruch auf Schadensersatz.

§ 342.

E. II § 294 rev. § 337; III § 336. P. II S. 1555, 8416, 8417 (Bd. I S. 776).

Der E. I (§§ 420—422) unterschied nicht zwischen den Fällen, in welchen die Zahlung einer Geldsumme, und denjenigen, in welchen eine andere Leistung als Strafe versprochen ist. Hiernach mußte in dem letztgedachten Falle bei der Anwendung der Vorschriften der §§ 340 Abs. 2, 341 Abs. 2 die als Strafe versprochene Leistung in Geld geschätzt und der sich ergebende Betrag auf den Schadensersatz angerechnet werden. In der zweiten Kommission überwog die Ansicht, daß dieses Ergebniß weder der vermuthlichen Absicht der Parteien entspreche noch zweckmäßig sei. In dem gedachten Falle soll deshalb nach § 342 **der Anspruch auf Schadensersatz wegfallen, wenn die Strafe verlangt wird**. Für das Verhältniß zwischen Schadensersatz und Strafe gilt hier also dasselbe wie für das Verhältniß von Erfüllung und Strafe nach § 340 Abs. 1 (s. Erl. zu § 340 Nr. 1). Auch das Recht des Gläubigers, die Strafe als Mindestbetrag des Schadens zu verlangen, fällt in Folge der Vorschrift des § 342 weg. Der Gläubiger kann aber, wenn er Schadensersatz verlangt hat, solange er denselben nicht erhalten, noch immer statt des Ersatzes die Strafe fordern. Abgesehen von diesen das Verhältniß des Anspruchs auf Schadensersatz und auf Strafe betreffenden Vorschriften finden auch auf den hier fraglichen Fall die §§ 339—341 Anwendung.

§. 343.

Ist eine verwirkte Strafe unverhältnißmäßig hoch, so kann sie auf Antrag des Schuldners durch Urtheil auf den angemessenen Betrag herabgesetzt werden. Bei der Beurtheilung der Angemessenheit ist jedes berechtigte Interesse des Gläubigers, nicht blos das Vermögensinteresse, in Betracht zu ziehen. Nach der Entrichtung der Strafe ist die Herabsetzung ausgeschlossen.

Das Gleiche gilt auch außer den Fällen der §§. 339, 342, wenn Jemand eine Strafe für den Fall verspricht, daß er eine Handlung vornimmt oder unterläßt.

---

§ 343.

E. II § 295 rev. § 338; III § 337. P. II S. 1565—1577, 8417, 8418 (Bd. I S. 780—786). D. S. 627.

1. Der § 343 enthält eine jener von der zweiten Kommission hinzugefügten Vorschriften, welche dem sozialen Bedürfnisse Rechnung tragen, den wirthschaftlich Schwächeren gegen den Mißbrauch der dem wirthschaftlich Stärkeren zustehenden Rechte zu schützen. Mit unverhältnißmäßig hohen Vertragsstrafen wird, wie die Erfahrung zeigt, zur Bedrückung der wirthschaftlich Schwachen häufig Mißbrauch getrieben. Nur selten werden die Verhältnisse so liegen, daß man die Vereinbarung der Strafe wegen übermäßiger Höhe derselben als gegen die guten Sitten verstoßend (§ 138) und deshalb nichtig betrachten kann. Der Weg, welchen das B.G.B. einschlägt, um den gedachten Mißbrauch zu beseitigen oder doch zu mildern, hat einen Ausnahmecharakter. Die Abhülfe wird nicht auf dem gewöhnlichen zivilrechtlichen Wege gesucht. Die Vereinbarung einer übermäßig hohen Strafe wird nicht für unwirksam erklärt. Dem Schuldner wird auch nicht eine Einrede gegen den Anspruch auf die Strafe gegeben; vielmehr wird ihm das anomale Recht eingeräumt, die Herabsetzung der rechtlich verwirkten Strafe durch Urtheil zu verlangen. Die Klage auf die Herabsetzung ist keine Feststellungsklage, sondern ähnlich wie die Klage auf Scheidung der Ehe eine auf Aenderung des bestehenden Rechtszustandes gerichtete Klage. Das Urtheil ist kein deklaratorisches, sondern ein konstitutives.

2. Der Schuldner kann die Herabsetzung der verwirkten Strafe verlangen, wenn sie übermäßig hoch ist. Bei der Beurtheilung der Frage, ob dies der Fall ist, kommt es nicht auf den Zeitpunkt an, in welchem die Strafe vereinbart ist, auch nicht auf den Zeitpunkt, in welchem sie verwirkt ist, sondern auf den Zeitpunkt des Urtheils. Die Herabsetzung hat zu erfolgen, nicht weil die Vereinbarung der Strafe, sondern weil die Einforderung derselben wegen übermäßiger Höhe gegen die guten Sitten verstößt. Bei der Beurtheilung der Frage, ob dies der Fall ist, wird zwar auch auf die Verhältnisse zur Zeit der Vereinbarung und der Verwirkung der Strafe Rücksicht zu nehmen sein; diese kommen aber nicht für sich allein, sondern nur insofern in Betracht, als sie für die Beurtheilung der Frage, ob die Entrichtung der Strafe wegen ihrer übermäßigen Höhe den Schuldner unbillig bedrückt, von Bedeutung sind. Die wesentlichsten Gesichtspunkte, welche der Richter zu berücksichtigen hat, sind folgende:

a) Ein wesentlicher Zweck der Strafe besteht darin, dem Gläubiger im Falle der Nichterfüllung der Verbindlichkeit, zu deren Schutze die Strafe bestimmt ist, die Geltendmachung seines Interesses zu erleichtern. Die Strafe ist nicht zu hoch, wenn sie das mögliche Interesse des Gläubigers nicht übersteigt. Bei der Beurtheilung der Frage, ob dies der Fall ist, kommt, wie bereits hervorgehoben, nicht allein der Zeitpunkt, in welchem die Strafe vereinbart wurde, in Betracht. Es kann sich herausstellen, daß eine Strafe, die zu jener Zeit als nicht zu hoch bemessen angesehen werden mußte, zur Zeit des Urtheils den möglichen Schaden, den der Gläubiger durch die Nichterfüllung der Verbindlichkeit gehabt hat, unverhältnißmäßig übersteigt.

b) Nicht allein das vermögensrechtliche Interesse kommt, wie in dem § 343 ausdrücklich hervorgehoben ist, in Betracht; auch ein Affektionsinteresse sowie ein ideales Interesse muß berücksichtigt werden. Es ist dies um so wichtiger, als wegen eines Schadens, der nicht Vermögensschaden ist, nach § 253 Entschädigung in Geld regelmäßig nicht gefordert werden kann. Die Vereinbarung einer Strafe bildet also regelmäßig das einzige Mittel, um das Interesse des Gläubigers an der Befriedigung eines Anspruchs, der nicht vermögensrechtlicher Natur ist, zu sichern. Vorauszusetzen ist selbstverständlich, daß der betreffende Anspruch selbst begründet ist. Ueber die Erfordernisse eines Rechtsgeschäfts, durch welches eine Verbindlichkeit begründet wird, die nicht vermögensrechtlicher Natur ist, s. Vorbm. zu diesem Buche II. Das Gericht wird indessen, auch wenn das ideale oder das Affektionsinteresse, um das es sich handelt, von solcher Art ist, daß eine gültige Verbindlichkeit zum Schütze desselben eingegangen werden kann, zu ermessen haben, ob die für den Fall der Nichterfüllung bestimmte

§. 344.

Erklärt das Gesetz das Versprechen einer Leistung für unwirksam, so ist auch die für den Fall der Nichterfüllung des Versprechens getroffene Vereinbarung einer Strafe unwirksam, selbst wenn die Parteien die Unwirksamkeit des Versprechens gekannt haben.

Strafe das verständige Interesse an der Erfüllung nicht unverhältnißmäßig übersteigt. Nur einem verständigen Interesse, nicht der Laune und der Phantasie soll die Strafe dienen.

c) Die Vereinbarung der Strafe hat nicht allein den Zweck, die Geltendmachung des Interesses des Gläubigers im Falle der Nichterfüllung zu erleichtern; sie soll auch als Zwangsmittel dienen, um den Schuldner zur Erfüllung seiner Verbindlichkeit anzuhalten. Auch dieses Moment ist daher bei der Prüfung der Frage, ob die Strafe unverhältnißmäßig hoch ist, zu berücksichtigen. Daraus ergiebt sich, daß die gesammten Umstände, unter welchen die Zuwiderhandlung erfolgte, in Betracht kommen, daß es insbesondere von Bedeutung ist, ob der Schuldner die Verbindlichkeit vorsätzlich oder fahrlässig verletzte und ob im letzteren Falle die Fahrlässigkeit eine grobe ist oder nicht.

d) Auch die Vermögenslage beider Theile darf nicht unberücksichtigt bleiben; insbesondere aber ist in Betracht zu ziehen, ob und welche Vortheile der Schuldner etwa in Folge der Handlung, durch welche die Strafe verwirkt wurde, erlangt hat.

3. Der Gläubiger ist nicht verpflichtet, die Faktoren seines Interesses darzulegen. Sache des Schuldners ist es vielmehr, zu beweisen, daß die verwirkte Strafe unter Berücksichtigung der oben unter Nr. 2 dargelegten Gesichtspunkte übermäßig hoch ist. Die Herabsetzung hat nur insoweit zu erfolgen, als dieser Beweis gelingt. So weit es ungewiß bleibt, ob die verwirkte Strafe übermäßig hoch ist, verbleibt es bei derselben.

4. Die Vorschrift des § 343 findet auch Anwendung, wenn als Strafe eine andere Leistung als die Zahlung einer Geldsumme vereinbart ist. In welcher Art in solchem Falle die Herabsetzung zu erfolgen hat, bestimmt sich nach der Art der Leistung. In Fällen dieser Art wird übrigens der Nachweis einer übermäßigen Höhe der Strafe nur selten zu erbringen sein.

5. Die Herabsetzung der Strafe findet nicht mehr statt, wenn die Strafe entrichtet ist. Ist sie theilweise entrichtet, so kann die Herabsetzung des noch nicht entrichteten Theiles verlangt werden.

6. Der § 343 Abs. 2 läßt die richterliche Ermäßigung auch für solche Fälle zu, in denen es sich, weil eine Verbindlichkeit nicht besteht, nicht um eine Vertragsstrafe im Sinne der §§ 339 ff. handelt, in denen vielmehr eine Leistung ohne Rücksicht auf das Bestehen einer Verbindlichkeit für den Fall versprochen wird, daß der Versprechende eine Handlung unterläßt oder vornimmt (s. Erl. zu § 339 Nr. 3). Durch ein Versprechen dieser Art können im Wesentlichen dieselben Zwecke erreicht werden wie durch die Eingehung einer Verbindlichkeit zu der Vornahme oder der Unterlassung der betreffenden Handlung in Verbindung mit einem Strafversprechen für den Fall der Zuwiderhandlung. Die Parteien würden also dadurch, daß sie statt der letzteren Form die erstere wählen, die Vorschriften des § 343 Abs. 1 über das richterliche Ermäßigungsrecht illusorisch machen können. Dem wird durch die Vorschrift des Abs. 2 vorgebeugt. Die in diesem Falle für die richterliche Ermäßigung maßgebenden Gesichtspunkte sind dieselben wie bei der Vertragsstrafe.

7. Eine dem § 343 entsprechende Vorschrift enthält der §. 4 des Ges. v. 16. Mai 1894 betr. die Abzahlungsgeschäfte. Nach § 348 des H.G.B. kann eine Vertragsstrafe, die von einem Kaufmann im Betriebe seines Handelsgewerbes versprochen ist, nicht auf Grund des § 343 des B.G.B. herabgesetzt werden. Bei der Vereinbarung einer Strafe für den Fall, daß ein Handlungsgehülfe die in der Vereinbarung übernommene Verpflichtung nicht erfüllt, findet nach § 75 Abs. 2 des H.G.B. der § 343 Anwendung.

§ 344.

E. I § 424; II § 296 rev. § 339; III § 338. P. I S. 619—621; M. II S. 279. P. II S. 1577, 1578 (Bd. I S. 787).

1. Eine vereinbarte Strafe ist nicht verwirkt, wenn die Verbindlichkeit nicht besteht, durch deren Nichterfüllung die Strafe verwirkt sein soll (s. Erl. zu § 339 Nr. 3). Daraus ergiebt sich, daß, wenn das Versprechen einer Leistung unwirksam ist, die für den Fall der Nichterfüllung des Versprechens versprochene Strafe nicht verwirkt werden kann, daß also auch das Strafversprechen unwirksam ist. Eine andere Beurtheilung des Verhältnisses ist aber möglich, wenn die Parteien bei der Vereinbarung der Strafe gewußt haben, daß die Verbindlichkeit, durch deren Nichterfüllung die Strafe verwirkt werden soll, nicht besteht. Die Vereinbarung kann in solchem Falle dahin aufgefaßt werden, daß ohne Rücksicht auf das Bestehen der Verbindlichkeit eine Leistung unter der Bedingung versprochen wird, daß diejenige Handlung, auf deren Vornahme oder Unterlassung die Verbindlichkeit geht, unterlassen oder vorgenommen wird. Ein solcher Vertrag würde nach den Vorschriften über bedingte Rechtsgeschäfte zu beurtheilen sein. Die Wirksamkeit einer solchen Vereinbarung würde aber, wenn das Nichtbestehen der Verbindlichkeit darauf beruht, daß das Gesetz das Versprechen der Leistung für unwirksam erklärt, mit dem Zwecke des Gesetzes nicht vereinbar sein, indem durch die Vereinbarung der Strafe im Wesentlichen dasselbe erreicht werden würde, was das Gesetz dadurch, daß es das Versprechen der Leistung für unwirksam erklärt, verhindern will. Ob mit Rücksicht hierauf eine Vereinbarung der fraglichen Art schon nach allgemeinen Grundsätzen als in fraudem legis erfolgt für unwirksam zu halten ist, kann im einzelnen Falle zweifelhaft sein. Der § 344 bestimmt die Unwirksamkeit deshalb ausdrücklich. Die Vorschrift findet nur dann Anwendung, wenn bei der Vereinbarung der Strafe auf das unwirksame Versprechen der Leistung, durch deren Nichtbewirkung die Strafe verwirkt sein soll, Bezug genommen ist; sie muß aber nach den allgemeinen Grundsätzen über die in fraudem legis vorgenommenen Rechtsgeschäfte auch dann Anwendung finden, wenn die Vereinbarung der Strafe sich äußerlich als ein ganz selbständiges bedingtes Rechtsgeschäft darstellt, aus den Umständen aber erhellt, daß sie den Zweck verfolgt, mittelbar die Bewirkung derjenigen Leistung zu erzwingen, deren Versprechen das Gesetz für unwirksam erklärt. Keine Anwendung findet der § 344, wenn das Strafversprechen als eine Bestätigung des Hauptvertrags anzusehen ist und bei dem Strafversprechen die Gründe nicht vorliegen, aus denen das Gesetz den Hauptvertrag für unwirksam erklärt. Das Verhältniß ist dann nach Maßgabe des § 141 zu beurtheilen. Der Hauptvertrag gilt als zugleich mit dem Strafversprechen geschlossen, und beide sind wirksam. So z. B. ist das von einem Geschäftsunfähigen gegebene Versprechen einer Leistung nichtig (§ 105). Wird von dem Versprechenden, nachdem er die unbeschränkte Geschäftsfähigkeit erlangt hat, eine Strafe für den Fall versprochen, daß er die durch den nichtigen Vertrag eingegangene Verbindlichkeit nicht erfülle, so wird darin regelmäßig eine Bestätigung jenes Vertrags zu finden und dieser daher als nunmehr abgeschlossen und deshalb auch das Strafversprechen als wirksam zu betrachten sein.

Unter die Vorschrift des § 344 fällt insbesondere auch die Vereinbarung einer Strafe für den Fall, daß die durch einen wegen Formmangels nichtigen Vertrag versprochene Leistung nicht bewirkt wird. Nach § 313 z. B. bedarf der Vertrag, durch welchen sich Jemand verpflichtet, das Eigenthum an einem Grundstücke zu übertragen, der gerichtlichen oder notariellen Beurkundung. Die Vereinbarung der Strafe für den Fall, daß die Uebertragung des Eigenthums an einem Grundstücke nicht erfolgt, ist, wenn die Verbindlichkeit zu der Uebertragung nicht bestand, unwirksam, mag bei der Vereinbarung auf ein der vorgeschriebenen Form ermangelndes Versprechen der Uebertragung Bezug genommen sein oder nicht. Vorauszusetzen ist dabei, daß auch das Strafversprechen nicht gerichtlich oder notariell beurkundet ist. Wäre dies geschehen, so würde nach den oben dargelegten Grundsätzen das Strafversprechen unter dem Gesichtspunkt einer Bestätigung des auf die Uebertragung des Eigenthums gerichteten Vertrags wirksam sein können.

Unter die Vorschrift des § 344 fällt z. B. ferner die Vereinbarung einer Strafe für den Fall, daß eine Spiel- oder Wettschuld (§ 762) nicht bezahlt oder daß die durch einen ungültigen Lotterievertrag (§ 763) eingegangene Verpflichtung nicht erfüllt wird. Im § 1297 Abs. 2 ist ausdrücklich bestimmt, daß das Versprechen einer Strafe für den Fall, daß die Eingehung der Ehe unterbleibt, unwirksam sei. Diese Bestimmung war nur deshalb nöthig, weil im Abs. 1 abweichend vom E. I § 1227 das Versprechen der Ehe nicht für unwirksam erklärt, sondern nur bestimmt ist, daß aus dem Verlöbnisse nicht auf Eingehung der Ehe geklagt werden kann. Bei der Fassung des E. I folgte die Vorschrift des § 1297 Abs. 2 schon aus dem § 344 (E. I § 424).

2. Der E. I § 424 bestimmte noch, daß, wenn eine Verbindlichkeit anfechtbar sei, auch das Versprechen einer Strafleistung für den Fall der Nichterfüllung der Verbindlichkeit anfechtbar sei, selbst wenn die Vertragschließenden die Anfechtbarkeit gekannt haben. Von der zweiten Kommission ist diese Vorschrift als theils überflüssig, theils unrichtig gestrichen. Diese Auffassung beruht auf folgenden Erwägungen: Das Strafversprechen unterliegt entweder der Anfechtung aus denselben Gründen wie der Hauptvertrag; es ist z. B. wie dieser wegen Drohung oder arglistiger Täuschung anfechtbar; dann bedarf es einer Vorschrift der fraglichen Art nicht. Oder das Strafversprechen selbst unterliegt der Anfechtung nicht; dann sind folgende Möglichkeiten vorhanden: Der Versprechende kannte die Anfechtbarkeit des Hauptvertrags nicht. In diesem Falle wird, wenn der Hauptvertrag an-

§. 345.

Bestreitet der Schuldner die Verwirkung der Strafe, weil er seine Verbindlichkeit erfüllt habe, so hat er die Erfüllung zu beweisen, sofern nicht die geschuldete Leistung in einem Unterlassen besteht.

Fünfter Titel.

Rücktritt.

---

gefochten wird, das Strafversprechen unwirksam oder, genauer gesagt, gegenstandslos, weil die Verbindlichkeit, durch deren Nichterfüllung die Strafe verwirkt werden sollte, nicht besteht. Wird der Hauptvertrag nicht angefochten, so liegt kein Grund vor, das Strafversprechen für unwirksam oder anfechtbar zu erklären. Möglich ist ferner, daß der Versprechende die Anfechtbarkeit des Hauptvertrags kannte; dann liegt in dem Strafversprechen eine Genehmigung des Hauptvertrags; dieser wird dadurch unanfechtbar; folglich muß auch das Strafversprecheu wirksam und unanfechtbar sein. Es ist hier derselbe Gesichtspunkt maßgebend, auf Grund dessen nach den Ausführungen unter Nr. 1 das Strafversprechen wirksam ist, wenn darin eine Bestätigung des nichtigen Hauptvertrags liegt.

§ 345.

E. I § 425; II § 297 rev. § 340; III § 339. P. I S. 621; M. II S. 279. P. II S. 1578, 1579 (Bd. I S. 787).

Die in dem § 345 über die Beweislast aufgestellte Regel ist eine Konsequenz der von dem B.G.B. in Betreff der Beweislast befolgten allgemeinen Grundsätze. Sie findet Anwendung sowohl in den Fällen des § 340 als in denen des § 341. Der Gläubiger, welcher den Anspruch auf die Strafe geltend macht, hat zu beweisen, daß der Schuldner im Verzug ist (§ 339). Zu diesem Zwecke braucht er aber nicht die Nichterfüllung von Seiten des Schuldners zu beweisen (s. Erl. zu § 284 Nr. 8); vielmehr liegt dem Schuldner der Beweis der Erfüllung ob. Nur wenn die geschuldete Leistung in einem Unterlassen besteht, liegt dem Gläubiger in Konsequenz des § 339 Satz 2 der Beweis der Zuwiderhandlung ob.

Fünfter Titel.

1. Die Vorschriften dieses Titels betreffen den vertragsmäßigen Vorbehalt des Rücktritts von einem obligatorischen Vertrage. Die §§ 346—348 bestimmen die Wirkungen des Rücktritts, der § 349 die Art, in welcher der Rücktritt erfolgt, der § 350 bestimmt, daß der Rücktritt nicht dadurch ausgeschlossen wird, daß der Gegenstand, welchen der Berechtigte empfangen hat, durch Zufall untergeht, die §§ 351—353 handeln von den Fällen, in welchen der Rücktritt ausgeschlossen ist, der § 354 von einem Falle, in welchem der Rücktritt unwirksam wird. Der § 355 bestimmt das Recht des anderen Theiles, dem Rücktrittsberechtigten eine Frist zur Ausübung des Rechtes zu bestimmen. Der § 356 giebt Vorschriften für den Fall, daß auf der einen oder auf der anderen Seite Mehrere betheiligt sind. Die §§ 357, 358 handeln von dem Vorbehalte des Rücktritts für den Fall, daß der andere Theil seine Verbindlichkeit nicht erfüllt. Der § 359 handelt von dem Vorbehalte des Rücktritts gegen Zahlung eines Reugeldes, der § 360 von der Vereinbarung, daß der Schuldner seine Rechte aus dem Vertrage verlieren soll, wenn er seine Verbindlichkeit nicht erfüllt, der § 361 von der für Fixgeschäfte geltenden Auslegungsregel, daß der Gläubiger zum Rücktritte berechtigt sein soll, wenn die Leistung nicht zu der bestimmten Zeit oder innerhalb der bestimmten Frist erfolgt.

2. Im E. I § 427 Abs. 1 war bestimmt:

„Der Rücktritt bewirkt, daß die Vertragschließenden unter einander so berechtigt und verpflichtet sind, wie wenn der Vertrag nicht geschlossen worden wäre, insbesondere, daß kein Theil eine nach dem Vertrage ihm gebührende Leistung in Anspruch nehmen kann und daß jeder Theil verpflichtet ist, dem anderen Theile die empfangenen Leistungen zurückzugewähren."

In den folgenden Sätzen wurden dann die in Folge des Rücktritts eintretenden Verpflichtungen beider Theile näher bestimmt.

Der Rücktritt sollte hiernach nicht die Wirkungen des Eintritts einer auflösenden Bedingung haben. Das durch den Vertrag begründete Schuldverhältniß sollte auch durch den

Rücktritt nicht vollständig erlöschen; der Rücktritt sollte vielmehr nur eine zivilrechtliche Einrede (Bd. I S. 48, 49 VIII) und daneben die Verpflichtung der Parteien begründen, sich so zu behandeln, wie wenn der Vertrag nicht geschlossen wäre, insbesondere also die empfangenen Leistungen zurückzugewähren.

Diese Konstruktion wurde in der zweiten Kommission bekämpft; es wurde beantragt, an die Spitze den Satz zu stellen, daß durch den Rücktritt das durch den Vertrag begründete Schuldverhältniß erlösche, und daran die Bestimmung zu schließen, daß beide Theile einander so verpflichtet seien, wie wenn der Vertrag nicht geschlossen wäre (P. II S. 1579). Die Kommission lehnte diesen Antrag anfangs ab und beschloß, es bei der Konstruktion des E. I bewenden zu lassen. Später erklärte sich indessen die Mehrheit der Kommission mit den dem gedachten Antrage zu Grunde liegenden Gedanken einverstanden, beschloß aber, die juristische Konstruktion im Gesetz überhaupt nicht auszusprechen und dem § 346 die jetzige Fassung zu geben.

Die Wissenschaft hat hiernach in Betreff der Konstruktion freie Hand. Aus den über die Wirkungen des Rücktritts gegebenen einzelnen Vorschriften und aus den allgemeinen in dem B.G.B. befolgten Grundsätzen dürfte Folgendes zu entnehmen sein:

a) Das durch den Vertrag begründete Schuldverhältniß erlischt durch den Rücktritt. Gegen die Annahme, daß durch den Rücktritt nur eine zivilrechtliche Einrede gegen die auf dem Vertrage beruhenden Ansprüche begründet werde, spricht, abgesehen von der oben dargelegten Entstehungsgeschichte des § 346, die Erwägung, daß das B.G.B. die Rechtsform der Einrede nur in solchen Fällen wählt, in welchen besondere Gründe dafür sprechen, daß es an solchen Gründen hier aber vollständig fehlt. Dazu kommt, daß das B.G.B., wo es eine Einrede bestimmen will, dies durch die Fassung der Vorschrift „Der Schuldner ist die Leistung zu verweigern berechtigt" oder durch die direkte Bezeichnung des Rechtes als Einrede regelmäßig ausdrücklich hervorhebt, daß aber die Fassung des § 346 einen derartigen Hinweis nicht enthält. Das Erlöschen des Schuldverhältnisses tritt also ipso jure ein; ein Anspruch kann darauf nicht mehr gegründet werden; Wiederherstellung des Schuldverhältnisses durch Verzicht auf die Einrede ist unmöglich. Das Schuldverhältniß erlischt auch nicht allein für die Zukunft, verliert vielmehr auch für die Vergangenheit seine Wirkung. Nur das Schuldverhältniß aber erlischt. Die auf Grund desselben vorgenommenen Leistungsgeschäfte, insbesondere die Uebertragung des Eigenthums der geschuldeten Gegenstände, bleiben bestehen, sie verlieren aber in Folge des Erlöschens des Schuldverhältnisses die causa, auf Grund deren sie erfolgt sind. Nach allgemeinen Grundsätzen würde hieraus folgen, daß derjenige, welcher durch ein solches Leistungsgeschäft etwas erhalten hat, dieses nach den Vorschriften über die Herausgabe einer ungerechtfertigten Bereicherung zurückzugewähren hätte. Die Verpflichtung des Empfängers geht aber weiter, indem der Rücktritt

b) die Wirkung hat, daß die Parteien verpflichtet werden, einander die empfangenen Leistungen nicht nach den Vorschriften über die Herausgabe einer ungerechtfertigten Bereicherung, sondern nach Maßgabe der sich aus den §§ 346 ff. ergebenden Grundsätze zurückzugewähren. Die gedachten Vorschriften enthalten besondere Bestimmungen nur für einzelne Leistungen. Aus diesen ist indessen in Verbindung mit dem Zwecke des Rücktritts das Prinzip abzuleiten, daß die Parteien einander verpflichtet sind, denjenigen Zustand herzustellen, der bestehen würde, wenn der Vertrag nicht geschlossen wäre. Dies darf indessen nicht so verstanden werden, daß die Parteien einander das sog. negative Interesse zu ersetzen verpflichtet wären. Das Verhältniß ist vielmehr so zu beurtheilen, wie wenn die Parteien sich durch den Vertrag selbst verpflichtet hätten, einander die auf Grund desselben gemachten Leistungen zurückzugewähren. Aus diesem Prinzipe sind alle Fragen zu entscheiden, in Betreff deren in den §§ 346 ff. besondere Bestimmungen nicht gegeben sind. Es ergiebt sich daraus z. B., daß, wenn eine Partei auf Grund des Vertrags eine Verpflichtung gegenüber einem Dritten übernommen hat, die andere Partei sie, wenn der Rücktritt erfolgt, von dieser Verpflichtung zu befreien hat (s. Erl. zu § 335 Nr. 3).

3. Die sich auf die Wirkungen und den Ausschluß des Rücktritts beziehenden Vorschriften der §§ 346—348, 350—354, 356 finden auf die Wandelung bei dem Kaufe und dem Werkvertrag entsprechende Anwendung (§§ 467, 634 Abs. 4). Die §§ 346—356 finden ferner entsprechende Anwendung auf das in den §§ 325, 326 bestimmte gesetzliche Rücktrittsrecht (§ 327), auf das dem Gläubiger im Falle theilweiser Unmöglichkeit der Leistung sowie im Falle des Verzugs nach Maßgabe der §§ 280 Abs. 2, 286 Abs. 2 zustehende Recht, Schadensersatz wegen Nichterfüllung der ganzen Verbindlichkeit zu verlangen.

4. Auf dingliche Verträge finden die Vorschriften der §§ 346 ff. keine Anwendung. Wird bei einem dinglichen Vertrag einem Theile das Recht des Rücktritts vorbehalten, so ist aus den Umständen zu entnehmen, was die Parteien damit beabsichtigt haben.

§. 346.

Hat sich in einem Vertrag ein Theil den Rücktritt vorbehalten, so sind die Parteien, wenn der Rücktritt erfolgt, verpflichtet, einander die empfangenen Leistungen zurückzugewähren. Für geleistete Dienste sowie für die Ueberlassung der Benutzung einer Sache ist der Werth zu vergüten oder, falls in dem Vertrag eine Gegenleistung in Geld bestimmt ist, diese zu entrichten.

§. 347.

Der Anspruch auf Schadensersatz wegen Verschlechterung, Unterganges oder einer aus einem anderen Grunde eintretenden Unmöglichkeit der Herausgabe be-

---

Möglich ist es, daß die Erklärung des Rücktritts als auflösende Bedingung wirken soll; dann finden die Vorschriften der §§ 158 ff. Anwendung; die Auflassung kann jedoch nicht unter einer Bedingung erfolgen (§ 925 Abs. 2). Möglich ist es auch, daß die Parteien mit dem Rücktritte nur obligatorische Wirkungen haben verbinden wollen. In einem solchen Falle werden die §§ 346 ff. entsprechend anzuwenden sein.

5. Verwandt mit dem Rücktritt, aber doch in mehrfachen Beziehungen davon verschieden sind die Institute des Widerrufs und der Kündigung. Der Widerruf kommt z. B. vor in den §§ 81 Abs. 2, 109, 178, 530, 1397. Auch durch den Widerruf erlischt die Wirksamkeit eines Rechtsgeschäfts, aber eine Verpflichtung der oben unter Nr. 2 b bezeichneten Art wird dadurch nicht begründet. In den meisten der hier in Betracht kommenden Fälle bestand die bisherige Wirksamkeit des Rechtsgeschäfts nur in der Gebundenheit desjenigen, welcher das Rechtsgeschäft vorgenommen hatte; diese Gebundenheit fällt durch den Widerruf weg; die Rückgängigmachung weiterer Folgen des Rechtsgeschäfts kommt nicht in Frage, da solche Folgen nicht eingetreten waren. In dem Falle des Widerrufs einer Schenkung wegen Undanks (§ 530) erlischt die Wirksamkeit des Schuldverhältnisses wie bei dem Rücktritt auch für die Vergangenheit. Die zur Vollziehung der Schenkung vorgenommenen Leistungsgeschäfte verlieren ihre causa; aber die unter Nr. 2 b bezeichneten Verpflichtungen entstehen nicht; vielmehr kann die Herausgabe des Geleisteten nur nach den Vorschriften über die Herausgabe einer ungerechtfertigten Bereicherung verlangt werden.

Die Kündigung eines Rechtsverhältnisses kommt in zahlreichen Fällen vor, so z. B. in den §§ 553, 564, 605, 623, 626, 649, 671, 723—725, 1358. Sie hat die Wirkung, daß das Rechtsverhältniß erlischt, aber nur für die Zukunft. Für die Vergangenheit bleibt es wirksam; die auf Grund desselben vorgenommenen Leistungsgeschäfte verlieren ihre causa nicht und bleiben daher bestehen. Der Widerruf des Auftrags (§ 671) beendigt das durch den Auftrag begründete Rechtsverhältniß nur für die Zukunft; die bereits eingetretenen Wirkungen werden dadurch nicht berührt. Der Widerruf hat hier also dieselbe Bedeutung wie die Kündigung.

§ 346.

E. I § 427 Abs. 1, 2; II § 298 Abs. 1 rev. § 341; III § 340. P. I S. 625, 626, 752—761, 789, 1911, 1912, 1916—1919, 6191, 11788—11790; M. II S. 280—282. P. II S. 1579—1582, 8414, 8418, 8419 8422 (Bd. I S. 788—790). D. S. 627, 628. K.B. S. 1966. St.B. S. 2776.

1. Zu Satz 1 s. die Vorbm. zu diesem Titel Nr. 2.

2. Der Satz 2 beruht auf einem Beschlusse der zweiten Kommission; er bezweckt eine auch im Sinne des E. I liegende Verdeutlichung des in dem ersten Satze ausgesprochenen Grundsatzes für solche Fälle, in denen eine Zurückgewähr einer empfangenen Leistung nach der Natur derselben nicht möglich ist. Hier ist der Werth zu vergüten. Regelmäßig ist der gemeine Werth, welchen eine Leistung der fraglichen Art hat, zu vergüten. Ergiebt sich aber aus der in dem Vertrage für die betreffende Leistung in Geld bestimmten Gegenleistung, wie hoch die Parteien die Leistung geschätzt haben, so ist dieser Werth zu Grunde zu legen.

§ 347.

E. I § 427 Abs. 2, 3; II § 298 Abs. 2 rev. § 342; III § 341. P. I S. 625, 626, 752—761, 789, 1911, 1912, 1916—1919, 6191, 11788—11790; M. II S. 281, 282. P. II S. 1579, 1580, 1582 (Bd. I S. 788, 789). D. S. 627, 628.

1. Die Vorschriften des § 347 Satz 1, 2 sind Konsequenzen des Prinzips, daß jeder Theil beim Empfang einer Leistung die behufs Erfüllung eines dem

stimmt sich im Falle des Rücktritts von dem Empfange der Leistung an nach den Vorschriften, welche für das Verhältniß zwischen dem Eigenthümer und dem Besitzer von dem Eintritte der Rechtshängigkeit des Eigenthumsanspruchs an gelten. Das Gleiche gilt von dem Anspruch auf Herausgabe oder Vergütung von Nutzungen und von dem Anspruch auf Ersatz von Verwendungen. Eine Geldsumme ist von der Zeit des Empfanges an zu verzinsen.

§. 348.

Die sich aus dem Rücktritt ergebenden Verpflichtungen der Parteien sind Zug um Zug zu erfüllen. Die Vorschriften der §§. 320, 322 finden entsprechende Anwendung.

§. 349.

Der Rücktritt erfolgt durch Erklärung gegenüber dem anderen Theile.

Rücktritt unterliegenden Vertrags erfolgt, wissen muß, daß er das Geleistete im Falle des Rücktritts zurückzugewähren hat. Das Verhältniß liegt hier also vom Empfange der Leistung an ebenso wie bei der Verpflichtung zur Herausgabe eines bestimmten Gegenstandes von der Rechtshängigkeit an. Dieselben Vorschriften, welche nach § 292 in dem letztgedachten Falle für den Anspruch des Gläubigers von dem Eintritte der Rechtshängigkeit an gelten, kommen daher hier zur Anwendung von dem Empfange der Leistung an. Ueber das Ergebniß, zu welchem die Anwendung dieser Vorschriften führt, s. Erl. zu § 292 Nr. 2.

Im E. I § 427 Abs. 2 war wegen der Nutzungen nicht auf die entsprechende Anwendung der Vorschriften über den Eigenthumsanspruch verwiesen, sondern eine selbständige Bestimmung gegeben. Die Vorschrift des § 347, welche sich an dem § 292 anschließt, führt im Wesentlichen zu demselben Ergebniß. Im E. I war ferner bestimmt, daß die empfangenen Gegenstände mit Zuwachs zurückzugewähren seien. Die Worte „mit Zuwachs" sind von der zweiten Kommission gestrichen, weil der Begriff des Zuwachses nicht ohne Weiteres aus sich selbst verständlich sei. Eine Vorschrift darüber sei entbehrlich, weil die Vorschriften über Bestandtheile (§§ 93 ff.) genügen. Ein Grundstück müßte selbstverständlich mit denjenigen Bestandtheilen herausgegeben werden, welche bei der Herausgabe dazu gehören. Durch die Hinzufügung der Worte „mit Zuwachs" könne aber das Mißverständniß entstehen, daß auf die als Zuwachs zu betrachtenden, dem Grundstücke nach dessen Leistung hinzugetretenen Bestandtheile, wenn diese durch Verwendungen des Schuldners hinzugetreten seien, die Vorschrift über den Ersatz von Verwendungen keine Anwendung finden.

2. Die Vorschrift des Satz 3 beruht auf dem Gesichtspunkte, daß von einer Geldsumme bei ordnungsmäßiger Wirthschaft immer Zinsen gezogen werden können.

§ 348.

E. I § 428; II § 299 rev. § 343; III § 342. P. I S. 760, 761, 789, 1912, 1919, 6191; M. II S. 282. P. II S. 1583 (Bd. I S. 790). D. S. 627, 628.

Ueber die Erfüllung Zug um Zug und über die für die Zwangsvollstreckung eines auf Erfüllung Zug um Zug gerichteten Urtheils gegebenen Vorschriften der §§ 726, 756, 765 der C.P.O. s. Erl. zu § 274. Das Ergebniß, zu dem die entsprechende Anwendung der §§ 320, 322 führt, ergiebt sich von selbst aus dem Grundsatze, daß die in Folge des Rücktritts eintretenden Verpflichtungen beider Theile in Betreff der Vorschriften der §§ 320, 322 so zu beurtheilen sind, wie wenn sie auf einem gegenseitigen Vertrage beruhten (s. Erl. zu den § 320, 322).

§ 349.

E. I § 426; II § 300 rev. § 344; III § 343. P. I S. 624, 1911, 1916; M. II S. 280. P. II S. 1579, 8410, 8411 (Bd. I S. 787, 788). D. S. 628.

Die Erklärung des Rücktritts ist ein einseitiges empfangsbedürftiges Rechtsgeschäft (§§ 130—132). Der in dem E. I und E. II enthaltene Zusatz, daß die Erklärung unwiderruflich sei, ist hier wie an anderen Stellen als selbstverständlich gestrichen (s. Bd. I S. 146 VIII).

§. 350.

Der Rücktritt wird nicht dadurch ausgeschlossen, daß der Gegenstand, welchen der Berechtigte empfangen hat, durch Zufall untergegangen ist.

§. 351.

Der Rücktritt ist ausgeschlossen, wenn der Berechtigte eine wesentliche Verschlechterung, den Untergang oder die anderweitige Unmöglichkeit der Herausgabe des empfangenen Gegenstandes verschuldet hat. Der Untergang eines erheblichen Theiles steht einer wesentlichen Verschlechterung des Gegenstandes, das von dem Berechtigten nach §. 278 zu vertretende Verschulden eines Anderen steht dem eigenen Verschulden des Berechtigten gleich.

---

§ 350.

E. I § 429; II § 301 rev. § 345; III § 344. P. I S. 755, 757, 758, 766, 767, 1919—1921; M. II S. 282, 283. P. II S. 1585—1592, 8419 (Bd. I S. 790—794). D. S. 628.

Die zweifelhafte und in den bisherigen Rechten verschieden beantwortete Frage, ob der Rücktritt durch den zufälligen Untergang des Gegenstandes, welchen der Berechtigte empfangen hat, ausgeschlossen wird, entscheidet der § 350 im Anschluß an das gemeine Recht verneinend. Die Vorschriften über gegenseitige Verträge (§ 323) finden also in dieser Beziehung keine Anwendung. Maßgebend für die Entscheidung ist der Gesichtspunkt, daß der Rücktrittsberechtigte durch den Rücktritt in dieselbe Lage versetzt werden soll, wie wenn er den Vertrag nicht geschlossen hätte. Aus dem aufgestellten Grundsatze folgt, daß der Berechtigte im Falle des Rücktritts das von ihm Geleistete nach den Vorschriften der §§ 346, 347 zurückfordern kann, seinerseits aber, wenn der von ihm empfangene Gegenstand durch Zufall untergegangen ist, nichts zu leisten braucht.

Dem zufälligen vollständigen Untergange steht der zufällige theilweise Untergang sowie die zufällige Verschlechterung gleich. Zufällig in dem hier fraglichen Sinne sind der Untergang und die Verschlechterung auch dann, wenn sie von dem anderen Theile zu vertreten sind. Die Vorschrift des § 350 ist ebenso wie die anderen Vorschriften dieses Titels nur dispositiver Natur. Ob aus den Umständen des Falles eine abweichende stillschweigende Vereinbarung zu entnehmen ist, bestimmt sich nach allgemeinen Grundsätzen.

§ 351.

E. I § 430 Nr. 1; II § 302 Nr. 1 rev. § 346; III § 345. P. I S. 757, 758, 767—769, 1913, 1921; M. II S. 283. P. II S. 1592—1594, 8422—8428 (Bd. I S. 794, 795). D. S. 628.

1. Nach § 347 ist im Falle des Rücktritts jeder Theil vom Empfange der Leistung an für den Schaden verantwortlich, der dadurch entsteht, daß in Folge seines Verschuldens der geleistete Gegenstand verschlechtert wird, untergeht oder aus einem anderen Grunde von ihm nicht herausgegeben werden kann (s. Erl. zu § 347 Nr. 1 und zu § 292 Nr. 2). Ist es aber der Rücktrittsberechtigte, welcher den Untergang oder die anderweitige Unmöglichkeit der Herausgabe des von ihm empfangenen Gegenstandes verschuldet hat, so tritt an die Stelle der Verantwortlichkeit für den entstandenen Schaden der Ausschluß des Rücktritts. Vorausgesetzt wird, daß die gedachten Umstände schon eingetreten sind, bevor der Rücktritt erfolgt. Treten sie erst nachher ein, so bestimmt sich das Verhältniß nach § 347. Ueber den Fall, wenn der Rücktrittsberechtigte zur Zeit des Rücktritts den empfangenen Gegenstand deshalb nicht zurückgewähren kann, weil er denselben veräußert oder mit Rechten Dritter belastet hat, s. Erl. zu den §§ 353, 354.

Abweichend vom E. I § 430 Nr. 1 wird dem Untergange des Gegenstandes eine wesentliche Verschlechterung desselben sowie der Untergang eines erheblichen Theiles gleichgestellt. Ob eine Verschlechterung wesentlich und ob der untergegangene Theil ein erheblicher ist, bestimmt sich nach den Umständen des Falles, insbesondere nach der Bedeutung, welche die Verschlechterung oder der untergegangene Theil für die wirthschaftliche Bedeutung des Gegenstandes hat. Ist die Verschlechterung keine wesentliche, so bleibt der Rücktritt zulässig; der Rücktrittsberechtigte ist aber nach Maßgabe des § 347 dem anderen Theile zum Ersatze des dadurch entstandenen Schadens verpflichtet. Dasselbe gilt, wenn der untergegangene Theil kein erheblicher ist.

§. 352.

Der Rücktritt ist ausgeschlossen, wenn der Berechtigte die empfangene Sache durch Verarbeitung oder Umbildung in eine Sache anderer Art umgestaltet hat.

§. 353.

Hat der Berechtigte den empfangenen Gegenstand oder einen erheblichen Theil des Gegenstandes veräußert oder mit dem Rechte eines Dritten belastet, so ist der Rücktritt ausgeschlossen, wenn bei demjenigen, welcher den Gegenstand in Folge der Verfügung erlangt hat, die Voraussetzungen des §. 351 oder des §. 352 eingetreten sind.

Einer Verfügung des Berechtigten steht eine Verfügung gleich, die im Wege der Zwangsvollstreckung oder der Arrestvollziehung oder durch den Konkursverwalter erfolgt.

---

2. Daß in Betreff der den Berechtigten nach § 347 treffenden Verantwortlichkeit der Berechtigte ein Verschulden seines gesetzlichen Vertreters und der Personen, deren er sich zur Erfüllung seiner Verbindlichkeit bedient, in gleichem Umfange zu vertreten hat wie eigenes Verschulden, ergiebt sich unmittelbar aus § 278. Diese Grundsätze sollen in Konsequenz des ihnen zu Grunde liegenden Gedankens nach § 351 Satz 2 auch bei der Beurtheilung der Frage Anwendung finden, ob der Rücktritt dadurch ausgeschlossen ist, daß der Berechtigte die Verschlechterung, den Untergang oder die anderweitige Unmöglichkeit der Herausgabe des empfangenen Gegenstandes verschuldet hat. Ueber die Bedeutung der Haftung des Schuldners für das Verschulden seines gesetzlichen Vertreters und derjenigen Personen, deren er sich zur Erfüllung seiner Verbindlichkeit bedient, s. Erl. zu § 278.

§ 352.

E. I § 430 Nr. 3; II § 302 Nr. 2 rev. § 347; III § 346. P. I S. 767—769, 1913, 1921; M. II S. 283. P. II S. 1592—1594, 8428 (Bd. I S. 794, 795). D. S. 628.

Die durch Verarbeitung oder Umbildung von Seiten des Berechtigten erfolgende Umgestaltung der empfangenen Sache in eine Sache anderer Art wird ebenso behandelt, wie wenn der Berechtigte den Untergang verschuldet hätte. Die für den Erwerb des Eigenthums durch Verarbeitung oder Umbildung nach § 950 geltende Ausnahme, nach welcher der Erwerb nicht stattfindet, wenn der Werth der Verarbeitung oder Umbildung erheblich geringer ist als der Werth des Stoffes, findet hier keine Anwendung.

Der § 352 enthält eine dem § 351 Satz 2 entsprechende Vorschrift nicht. Die entsprechende Anwendung jener Vorschrift dürfte aber geboten sein. Der Umwandelung der ganzen Sache in eine Sache anderer Art wird die Umwandelung eines erheblichen Theiles, und der Umwandelung durch den Berechtigten die Umwandelung durch eine Person, deren Verschulden der Berechtigte nach § 278 zu vertreten hat, gleich zu stellen sein. Hiervon ist auch die zweite Kommission ausgegangen (P. II S. 8428).

Bei der Wandelung findet der § 352 nur in beschränktem Umfang Anwendung (§ 467). Bei der Wandelung wegen Viehmängel finden die §§ 351—353 überhaupt keine Anwendung (§ 487).

§ 353.

E. I § 430 Nr. 1, 2; II § 303 rev. § 348; III § 347. P. I S. 758, 767—769, 1913, 1921; M. II S. 283. P. II S. 1592—1594, 8422—8428 (Bd. I S. 794, 795). D. S. 628.

Nach dem E. I § 430 Nr. 1, 2 sollte der Rücktritt ausgeschlossen sein, wenn der Berechtigte den empfangenen Gegenstand deshalb nicht zurückgeben kann, weil er darüber verfügt hat, oder wenn er den Gegenstand mit Rechten belastet hat, die er nicht beseitigen kann. Auf demselben Standpunkte stand der E. II § 303. Die bei der Revision von der zweiten Kommission beschlossene Aenderung, aus welcher der § 353 hervorgegangen ist, beruht auf folgenden Erwägungen:

Ob der Berechtigte sich durch die Veräußerung des Gegenstandes außer Stande gesetzt hat, den Gegenstand zurückzugewähren, entscheidet sich erst in dem Zeitpunkt, in welchem er den Gegenstand in Folge des Rücktritts zurückzugewähren hat. Bis dahin bleibt es möglich, daß er sich den Gegenstand wiederverschafft. Zur Zeit des Rücktritts kann es also noch ungewiß sein,

§. 354.

Kommt der Berechtigte mit der Rückgewähr des empfangenen Gegenstandes oder eines erheblichen Theiles des Gegenstandes in Verzug, so kann ihm der andere Theil eine angemessene Frist mit der Erklärung bestimmen, daß er die Annahme nach dem Ablaufe der Frist ablehne. Der Rücktritt wird unwirksam, wenn nicht die Rückgewähr vor dem Ablaufe der Frist erfolgt.

---

ob er zur Zurückgewährung im Stande sein wird oder nicht. Deshalb kann die Zulässigkeit des Rücktritts nicht dadurch ausgeschlossen werden, daß der Berechtigte in Folge der Veräußerung außer Stande ist, die Sache zurückzugewähren. Dem den betreffenden Vorschriften des E. I und E. II zu Grunde liegenden berechtigten Gedanken muß in anderer Weise Rechnung getragen werden. Dies geschieht durch die Vorschrift des § 354, nach welcher der Rücktritt unwirksam wird, wenn der Berechtigte mit der Rückgewähr in Verzug kommt und vor dem Ablauf einer ihm von dem anderen Theile bestimmten angemessenen Frist die Rückgewähr nicht bewirkt (s. Erl. zu § 354). Dasselbe gilt von der Belastung des Gegenstandes mit dem Rechte eines Dritten, die der Berechtigte zu beseitigen nicht im Stande ist. In einer anderen Richtung dagegen erschien der zweiten Kommission noch eine besondere Vorschrift erforderlich. Ob derjenige, welcher den Gegenstand in Folge der Verfügung des Berechtigten erlangt hat, zu den Personen gerechnet werden kann, deren Verschulden der Berechtigte nach § 278 zu vertreten hat, ist sehr zweifelhaft. Nimmt man dies nicht an, so würde der Rücktritt nicht ausgeschlossen sein, wenn die in den §§ 351, 352 bezeichneten Voraussetzungen bei demjenigen eingetreten sind, welcher die Sache in Folge der Verfügung des Berechtigten erlangt hat. Der Berechtigte würde sich darauf berufen können, daß die wesentliche Verschlechterung, der Untergang oder die Umgestaltung der Sache von ihm nicht zu vertreten sei und daß also nicht nur der Rücktritt zulässig, sondern auch eine Verpflichtung zum Schadensersatze nach § 347 nicht begründet sei. Dies Ergebniß ist unannehmbar; ihm tritt die Vorschrift des § 353 entgegen, durch welche der oben hervorgehobene Zweifel beseitigt und bestimmt wird, *daß der Rücktritt ausgeschlossen ist, wenn die in den §§ 351, 352 bezeichneten Voraussetzungen bei demjenigen eingetreten sind, welcher die Sache in Folge der Verfügung des Berechtigten erlangt hat.* Der Verfügung des Berechtigten wird im Abs. 2 eine Verfügung gleichgestellt, die im Wege der Zwangsvollstreckung oder der Arrestvollziehung oder durch den Konkursverwalter erfolgt.

§ 354.

E. rev. § 349; III § 348. P. II S. 8422—8425, 8814, 8815, 8835. D. S. 628.

1. Der § 354 beruht auf einem Beschlusse der zweiten Kommission (s. Erl. zu § 353). Durch den Rücktritt werden die Parteien verpflichtet, einander die empfangenen Leistungen zurückzugewähren. Die sich daraus ergebenden Verpflichtungen sind nach § 348 Zug um Zug zu erfüllen. Das Verhältniß ist also ein ähnliches wie bei dem gegenseitigen Vertrage. Dem Verzuge des Rücktrittsberechtigten wird deshalb eine ähnliche Wirkung beigelegt wie nach § 326 dem Verzug eines Theiles bei der Erfüllung eines gegenseitigen Vertrags. *Der andere Theil kann dem Rücktrittsberechtigten eine angemessene Frist bestimmen;* der Ablauf der Frist hat, sofern nicht vor demselben die Erfüllung erfolgt, die Wirkung, daß der Rücktritt unwirksam wird.

2. Ueber die Voraussetzungen des Verzugs s. Erl. zu § 284.

Nicht jeder Verzug des Rücktrittsberechtigten in der Erfüllung der ihm nach §§ 346, 347 obliegenden Verpflichtungen begründet für den anderen Theil das im § 354 bestimmte Recht, sondern *nur der Verzug mit der Rückgewähr des empfangenen Gegenstandes oder eines erheblichen Theiles desselben.* Verzug in der Erfüllung der in den §§ 346 Satz 2, 347 bezeichneten Verpflichtungen kommt also nicht in Betracht. Der § 354 will nur denselben Zweck, welchen der E. II § 303 durch die Vorschrift verfolgte, daß der Rücktritt ausgeschlossen sei, wenn der Berechtigte den empfangenen Gegenstand nicht herausgeben könne, weil er ihn veräußert habe, auf einem anderen zweckmäßigeren Wege erreichen. Der Rücktrittsberechtigte ist, wenn der im E. II § 303 bezeichnete Fall vorliegt, im Verzuge, weil die Veräußerung ein von ihm zu vertretender Umstand ist. Kann der Rücktrittsberechtigte den empfangenen Gegenstand deshalb nicht zurückgewähren, weil derselbe zur Zeit des Rücktritts in Folge eines von ihm zu vertretenden Umstandes untergegangen oder nach Maßgabe des § 352 umgestaltet ist oder weil diese Voraussetzungen bei demjenigen eingetreten sind, welcher in Folge einer Verfügung des Berechtigten über den Gegenstand denselben empfangen hat, so kommt der § 354 nicht in Frage, weil in diesen Fällen der Rücktritt nach den §§ 351—353 ausgeschlossen ist. Ist die Zurückgewähr zur Zeit des Rücktritts aber objektiv noch möglich, so schließt die in

§. 355.

Ist für die Ausübung des Rücktrittsrechts eine Frist nicht vereinbart, so kann dem Berechtigten von dem anderen Theile für die Ausübung eine angemessene Frist bestimmt werden. Das Rücktrittsrecht erlischt, wenn nicht der Rücktritt vor dem Ablaufe der Frist erklärt wird.

Folge der Veräußerung des Gegenstandes eingetretene subjektive Unmöglichkeit den Rücktritt nicht aus, weil sie noch gehoben werden kann. Diese Möglichkeit wird aber nach § 354 nicht mehr berücksichtigt, wenn die dem Berechtigten bestimmte Frist abgelaufen ist. Das Verhältniß wird dann ebenso beurtheilt, wie wenn schon zur Zeit des Rücktritts eine von dem Rücktrittsberechtigten zu vertretende objektive Unmöglichkeit vorgelegen hätte.

Dem Verzug in der Rückgewähr des empfangenen Gegenstandes wird in Konsequenz der entsprechenden Vorschrift des § 351 der Verzug in der Rückgewähr eines erheblichen Theiles gleichgestellt. Nach dem E. I § 430 Nr. 2, E. II § 303 Satz 1 sollte der Rücktritt auch dann ausgeschlossen sein, wenn der Berechtigte den Gegenstand mit dem Rechte eines Dritten belastet hat und das Recht nicht beseitigen kann. Dieser Fall ist in dem § 354 nicht besonders berücksichtigt. Nach der Entstehungsgeschichte der §§ 353, 354 kann man nicht annehmen, daß in dieser Beziehung eine Aenderung beabsichtigt ist. Mit dem Zwecke der Vorschriften der §§ 351 ff. würde es nicht vereinbar sein, den Rücktritt für wirksam zu erklären, wenn der Berechtigte z. B. ein zurückzugewährendes Grundstück mit Hypotheken oder Grundschulden belastet hätte und diese zu beseitigen außer Stande ist. Man wird daher die Worte „oder eines erheblichen Theiles des Gegenstandes" in dem § 354 in einem weiteren Sinne auszulegen und darunter auch den Fall mit zu verstehen haben, daß der Berechtigte mit der Beseitigung einer erheblichen Belastung des Gegenstandes in Verzug kommt. Eine Abweichung von dem E. I und dem E. II bleibt dann freilich noch immer insofern, als eine *erhebliche* Belastung gefordert wird. Eine solche würde z. B. nicht anzunehmen sein, wenn ein zurückzugewährendes Grundstück mit einer Hypothek von ganz geringem Betrag oder mit einer ganz unerheblichen persönlichen Dienstbarkeit belastet wäre. Diese Abweichung dürfte sich aber aus denselben Gründen rechtfertigen, aus welchen nach § 351 nicht der Untergang eines Theiles, sondern nur der Untergang eines erheblichen Theiles des Gegenstandes einer wesentlichen Verschlechterung des Gegenstandes gleichgestellt wird. Für eine nicht erhebliche Belastung ist, wie für eine nicht wesentliche Verschlechterung, nach Maßgabe des § 347 Ersatz zu leisten.

3. Ueber die Bestimmung einer *angemessenen* Frist und über die Beweislast s. Erl. zu § 250 Nr. 2—4.

§ 355.

E. I § 432; II § 304 rev. § 350; III § 349. P. I S. 624, 625—628, 1921—1923; M. II S. 284. P. II S. 1596, 1597 (Bd. I S. 796). D. S. 628.

1. Das *Rücktrittsrecht unterliegt nicht der Verjährung*, da es kein Anspruch ist (anders bei der Wandelung §§ 462, 477). Die Rücksicht auf den anderen Theil gebietet, die Ungewißheit darüber, ob der Rücktrittsberechtigte von seinem Rechte Gebrauch machen wird, nicht auf unbestimmte Zeit fortbestehen zu lassen. Bei der vertragsmäßigen Vereinbarung des Rücktritts wird regelmäßig zugleich eine Frist vereinbart werden, innerhalb deren der Rücktritt erfolgen muß. Ist eine solche Vereinbarung getroffen, so ist diese maßgebend. Der Rücktrittsberechtigte muß beweisen, daß er vor dem Ablaufe der vereinbarten Frist den Rücktritt erklärt habe. Der Beginn der Frist bestimmt sich nach dem Inhalte des Vertrags; in Ermangelung einer besonderen Bestimmung beginnt die Frist mit dem Abschlusse des Vertrags. Ueber die Berechnung der Frist s. §§ 187 ff.

Für den Fall, daß eine Frist nicht vereinbart ist sowie für den Fall des gesetzlichen Rücktrittsrechts (§§ 325, 326) bedarf es einer gesetzlichen Vorschrift. Der E. I § 432 bestimmte eine feste Frist von vier Wochen, die, wenn das Rücktrittsrecht von einer Bedingung nicht abhängig sei, mit der Schließung des Vertrags, anderenfalls mit dem Zeitpunkte beginnen sollte, in welchem nach Erfüllung der Bedingung der Berechtigte von dem anderen Theile zur Erklärung aufgefordert sei. Die zweite Kommission hielt es für zweckmäßiger, von einer festen Frist abzusehen und *dem anderen Theile die Bestimmung einer angemessenen Frist zu überlassen*. Die Bestimmung kann, wenn der Rücktritt von einer Bedingung, z. B. von der Nichterfüllung der dem anderen Theile obliegenden Verpflichtungen abhängig ist, erst nach dem Eintritte der Bedingung, anderenfalls sofort nach dem Abschlusse des Vertrags erfolgen. Im Falle des gesetzlichen Rücktrittsrechts kann die Bestimmung erst erfolgen, wenn die gesetzlichen Voraussetzungen des Rücktritts eingetreten sind (§§ 325, 326, 280 Abs. 2, 286 Abs. 2).

§. 356.

Sind bei einem Vertrag auf der einen oder der anderen Seite Mehrere betheiligt, so kann das Rücktrittsrecht nur von allen und gegen alle ausgeübt werden. Erlischt das Rücktrittsrecht für einen der Berechtigten, so erlischt es auch für die übrigen.

§. 357.

Hat sich der eine Theil den Rücktritt für den Fall vorbehalten, daß der andere Theil seine Verbindlichkeit nicht erfüllt, so ist der Rücktritt unwirksam, wenn der andere Theil sich von der Verbindlichkeit durch Aufrechnung befreien konnte und unverzüglich nach dem Rücktritte die Aufrechnung erklärt.

Ueber die Bestimmung einer angemessenen Frist sowie über die Beweislast s. Erl. zu § 250 Nr. 2—4.

2. Der E. I § 431 bestimmte, daß das Rücktrittsrecht erlösche, wenn der Berechtigte den Vertrag auch nur theilweise erfülle oder dessen Erfüllung auch nur theilweise verlange oder annehme. Diese Vorschrift sollte jedoch keine Anwendung finden, wenn der Berechtigte von seinem Rechte oder von dem Eintritte der Voraussetzungen desselben nicht unterrichtet gewesen sei. Von der zweiten Kommission sind diese Vorschriften gestrichen. Sie ging davon aus, daß die Zulässigkeit eines vertragsmäßigen Verzichts auf das Rücktrittsrecht unzweifelhaft sei. Ein solcher Verzicht werde als stillschweigend erfolgt häufig anzunehmen sein, wenn die in den gedachten Vorschriften bezeichneten Voraussetzungen vorliegen. Es komme dabei aber immer auf die Umstände des Falles an. Eine gesetzliche Vorschrift, kraft welcher unter den gedachten Voraussetzungen ein Verzicht fingirt werde, sei nicht gerechtfertigt. Diese Auffassung dürfte zutreffend sein. Es kommt also darauf an, ob im einzelnen Falle in der Erfüllung des Vertrags oder in der Annahme derselben ein stillschweigender Verzichtsvertrag zu finden ist. Das Verlangen der Erfüllung von Seiten des Rücktrittsberechtigten für sich allein genügt nicht, weil hierin nur eine einseitige Erklärung des Rücktrittsberechtigten liegt, der Verzicht auf ein Recht aber in Ermangelung besonderer Vorschriften nur vertragsmäßig erfolgen kann.

In Betreff des gesetzlichen Rücktrittsrechts s. Erl. zu § 325 Nr. 2.

§ 356.

E. I § 433; II § 305 rev. § 351; III § 350. P. I S. 763—766, 1914, 1921; M. II S. 284. P. II S. 1597 (Bd. I S. 796, 797). D. S. 628.

Die Vorschrift des § 356 findet Anwendung sowohl wenn die durch den Vertrag geschuldeten Leistungen untheilbar als wenn sie theilbar sind; sie findet Anwendung sowohl wenn die mehreren Gläubiger Gesammtgläubiger, die mehreren Schuldner Gesammtschuldner sind, als auch wenn dies nicht der Fall ist. Auch die Vorschrift des § 356 ist übrigens nur eine dispositive. Die Erwähnung mehrerer Erben im E. I. § 433 ist von der zweiten Kommission gestrichen. In dieser Beziehung entscheiden die Vorschriften über Erbengemeinschaft (§§ 2032 ff).

§ 357.

E. II § 306 rev. § 352; III § 352. P. II S. 737, 738 (Bd. I S. 367, 368).

Durch den Rücktritt von dem Vertrag erlöschen die durch den Vertrag begründeten Forderungen. Eine Aufrechnung gegen die dem Zurücktretenden aus dem Vertrage zustehende Forderung ist daher nach dem Rücktritte nicht mehr möglich (§ 387). Hat sich der eine Theil den Rücktritt aber für den Fall vorbehalten, daß der andere Theil seine Verbindlichkeit aus dem Vertrage nicht erfüllt, so soll dieser, wenn ihm eine zur Aufrechnung geeignete Gegenforderung gegen den Rücktrittsberechtigten zusteht, nicht dadurch leiden, daß er im Vertrauen auf die Möglichkeit der Aufrechnung diese nicht sofort erklärt hat (§ 388). Die Aufrechnung soll noch zulässig sein, wenn sie unverzüglich (s. Bd. I S. 171, Erl. zu § 121 Nr. 1) nach dem Rücktritt erklärt wird. Die Aufrechnung bewirkt dann nach § 389, daß die beiderseitigen Forderungen, soweit sie sich decken, als in dem Zeitpunkt erloschen gelten, in welchem sie sich als zur Aufrechnung geeignet gegenüberstanden. Daraus ergiebt sich, daß der Rücktritt unwirksam ist, weil die Voraussetzung, daß der andere Theil seine Verbindlichkeit nicht erfüllt habe, nicht eingetreten ist, indem die Verbindlichkeit in Folge der Aufrechnung als schon vor dem Rücktritt erloschen gilt.

§. 358.

Hat sich der eine Theil den Rücktritt für den Fall vorbehalten, daß der andere Theil seine Verbindlichkeit nicht erfüllt, und bestreitet dieser die Zulässigkeit des erklärten Rücktritts, weil er erfüllt habe, so hat er die Erfüllung zu beweisen, sofern nicht die geschuldete Leistung in einem Unterlassen besteht.

§. 359.

Ist der Rücktritt gegen Zahlung eines Reugeldes vorbehalten, so ist der Rücktritt unwirksam, wenn das Reugeld nicht vor oder bei der Erklärung entrichtet wird und der andere Theil aus diesem Grunde die Erklärung unverzüglich zurückweist. Die Erklärung ist jedoch wirksam, wenn das Reugeld unverzüglich nach der Zurückweisung entrichtet wird.

---

§ 358.

E. I § 434; II § 307 rev. § 353; III § 353. P. I S. 634, 1914, 1921; M. II S. 284, 285. P. II S. 1597, 1598 (Bd. I S. 797).

1. Die Vorschrift des § 358 entspricht dem § 345 und beruht auf denselben Erwägungen wie dieser.

2. Im E. I § 434 Abs. 1. war noch bestimmt, daß der Vertragschließende, welcher auf Grund des Vorbehalts des Rücktrittsrechts vom Vertrage zurücktrete, diesen Vorbehalt zu beweisen habe. Von der zweiten Kommission ist diese Vorschrift gestrichen. Die Vorschrift sei, so wurde ausgeführt, selbstverständlich, wenn man den Vorbehalt des Rücktritts nicht als eine dem Vertrage hinzugefügte auflösende Bedingung betrachte. Sehe man darin aber eine auflösende Bedingung, so sei die Vorschrift mit Rücksicht auf den zu § 196 des E. I gefaßten Beschluß bedenklich. Die Streichung des § 196 (s. Bd. I S. 43, 44 unter d) sei beschlossen, um die Entscheidung der Frage, wem der Beweis obliege, wenn die Vornahme eines Rechtsgeschäfts zugestanden, aber behauptet werde, daß dasselbe unter einer Bedingung vorgenommen sei, nach Maßgabe des § 262 Abs. 2 (jetzt § 289) der C.P.O. der freien richterlichen Würdigung zu überlassen. Werde die fragliche Vorschrift über die Beweislast in Betreff des Vorbehalts des Rücktritts aufgenommen, so werde daraus geschlossen werden, daß, wenn streitig sei, ob ein Vertrag unbedingt oder unter einer auflösenden Bedingung geschlossen sei, demjenigen der Beweis obliege, welcher die Bedingung behaupte. In Folge der Streichung der fraglichen Vorschrift haben Wissenschaft und Praxis freie Hand; dies ist auch der Sinn des § 289 Abs. 2 der C.P.O. Zu unterscheiden sind folgende Fälle:

Bildet die Vereinbarung des Rücktrittsrechts einen selbständigen Vertrag neben dem Hauptvertrage, so liegt der Beweis dieser Vereinbarung immer demjenigen ob, welcher Rechte daraus ableitet. Wird aber behauptet, daß der Vorbehalt des Rücktrittsrechts einen integrirenden Bestandtheil des Hauptvertrags bilde, so ist zu unterscheiden, ob der Rücktrittsberechtigte eine von ihm behufs Erfüllung des Vertrags bewirkte Leistung auf Grund des von ihm behaupteten Rücktrittsrechts und des nach Maßgabe desselben erklärten Rücktritts zurückfordert oder ob er die von dem anderen Theile verlangte Erfüllung des Vertrags deshalb verweigert, weil er den Rücktritt nach Maßgabe des ihm in dem Vertrage vorbehaltenen Rücktrittsrechts erklärt habe. In dem ersteren Falle dürfte demjenigen, der die gemachte Leistung zurückfordert, der Beweis obliegen, daß das Rücktrittsrecht vereinbart sei. In dem zweiten Falle handelt es sich um die oben erwähnte allgemeine Frage, über welche das B.G.B. in Folge der Streichung des § 196 des E. I eine Entscheidung nicht enthält. In der Theorie und Praxis herrscht darüber lebhafter Streit (s. die Literatur bei Struckmann und Koch Anm. 3 zum § 262, Betzinger, die Beweislast. Anhang S. 3). Ueberwiegende Gründe dürften für die Entscheidung im Sinne des E. I § 196 sprechen (s. Planck Lehrbuch I S. 328).

§ 359.

E. I § 435; II § 308 rev. § 354; III § 354. P. I S. 601—605, 628, 1914, 1915, 1921; M. II S. 285. P. II S. 1598—1600 (Bd. I S. 797, 798).

1. Der § 359 giebt eine dispositive Vorschrift über die Bedeutung, welche der Vorbehalt des Rücktritts gegen Zahlung eines Reugeldes hat. Der E. I § 435 bestimmte, daß im Falle einer solchen Vereinbarung der Rücktritt nur dann wirksam sei, wenn das Reugeld vor oder bei der Erklärung des Rücktritts entrichtet werde, daß aber der Berechtigte, auch wenn er das Reugeld nicht entrichtet habe, an die Rücktrittserklärung gebunden sei. Der

§. 360.

Ist ein Vertrag mit dem Vorbehalte geschlossen, daß der Schuldner seiner Rechte aus dem Vertrage verlustig sein soll, wenn er seine Verbindlichkeit nicht erfüllt, so ist der Gläubiger bei dem Eintritte dieses Falles zum Rücktritte von dem Vertrage berechtigt.

---

andere Theil sollte in diesem Falle also die Wahl haben, ob er den Rücktritt als wirksam ansehen und das Reugeld fordern oder ob er den Rücktritt als unwirksam ansehen und Erfüllung des Vertrags verlangen will. Die zweite Kommission glaubte, daß diese Regelung mit der Auffassung des Lebens nicht im Einklange stehe und für den Rücktrittsberechtigten unbillig sei. Sie ging zwar ebenfalls davon aus, daß die Entrichtung des Reugeldes vor oder bei der Erklärung des Rücktritts zu erfolgen habe. Die Wirksamkeit des Rücktritts soll aber nicht dadurch bedingt sein; vielmehr soll nur dem anderen Theile das Recht zustehen, den Rücktritt zurückzuweisen. Der andere Theil muß unverzüglich erklären, ob er von diesem Rechte Gebrauch machen will. Weist er die Rücktrittserklärung nicht unverzüglich zurück, so ist der Rücktritt wirksam. Aber auch im Falle unverzüglicher Zurückweisung bleibt der Rücktritt wirksam, wenn die Entrichtung des Reugeldes unverzüglich nachträglich erfolgt.

Es liegt hier also ein Fall schwebender Unwirksamkeit vor (s. Bd. I S. 144—146 VI 6; VII 3). Ueber den Begriff des „unverzüglich" s. Bd. I S. 171, Erl. zu § 121 Nr. 1. Ist der Rücktritt wirksam, ohne daß das Reugeld entrichtet ist, so ist der Rücktrittsberechtigte zur nachträglichen Entrichtung desselben verpflichtet; der § 348 findet auf diese Verpflichtung Anwendung.

2. Nach der Fassung des § 359 Satz 1 liegt demjenigen, welcher die Unwirksamkeit des Rücktritts geltend macht, sowohl der Beweis ob, daß das Reugeld nicht vor oder bei der Erklärung entrichtet worden ist, als auch der Beweis, daß er aus diesem Grunde die Erklärung unverzüglich zurückgewiesen habe. Es kann zweifelhaft sein, ob dies wirklich beabsichtigt ist und ob nicht, wenn der andere Theil die Rücktrittserklärung unter Berufung darauf, daß das Reugeld nicht entrichtet sei, unverzüglich zurückgewiesen hat, der Rücktrittsberechtigte, um die Wirksamkeit des Rücktritts aufrecht zu erhalten, beweisen muß, daß das Reugeld vor oder bei dem Rücktritt entrichtet sei. Nach dem E. I § 435 Abs. 1 lag unzweifelhaft dieser Beweis dem Rücktrittsberechtigten ob. Aus den Protokollen ist nicht zu ersehen, daß eine Aenderung der Beweislast in dieser Beziehung beabsichtigt ist. Die Wirksamkeit des Rücktritts wird trotz der Zurückweisung desselben von Seiten des anderen Theiles von dem Rücktrittsberechtigten darauf gegründet, daß er das Reugeld vor oder bei der Erklärung des Rücktritts entrichtet habe. Den von dem B.G.B. in anderen Fällen (s. z. B. die §§ 345, 358) in Betreff der Beweislast befolgten Grundsätzen würde es entsprechen, von dem Rücktrittsberechtigten den Beweis der rechtzeitigen Entrichtung des Reugeldes zu fordern und nicht den anderen Theil mit dem Beweise der Negative zu belasten. Behauptet der Rücktrittsberechtigte die Wirksamkeit des Rücktritts, weil er unverzüglich nach der Zurückweisung das Reugeld entrichtet habe, so liegt ihm unzweifelhaft der Beweis dieser Behauptung ob. Eine entgegengesetzte Regelung der Beweislast für den Fall, daß die Entrichtung des Reugeldes vor oder bei der Rücktrittserklärung streitig ist, würde sehr auffallend sein. Ueberwiegende Gründe dürften daher trotz der Fassung des § 359 für eine Regelung der Beweislast in dem angegebenen Sinne sprechen Eine ähnliche Frage in Betreff der Beweislast entsteht in den Fällen der §§ 111 Satz 2 und 174 Satz 1 und dürfte hier in demselben Sinne zu entscheiden sein.

§ 360.

E. I § 436; II § 309 rev. § 355; III § 355. P. I S. 631—634, 1915, 1921; M. II S. 285, 286. P. II S. 1600—1602 (Bd. I S. 798—800). K.B. S. 1966. St.B. S. 2776.

Der § 360 giebt eine dispositive Vorschrift über die Bedeutung des einem Vertrage hinzugefügten Vorbehalts, daß der Schuldner seiner Rechte aus dem Vertrage verlustig sein solle, wenn er seine Verbindlichkeit nicht erfülle (lex commissoria). Der Vorbehalt soll nicht die Bedeutung haben, daß die Rechtsverwirkung mit der Nichterfüllung der Verbindlichkeit von selbst eintritt; der Gläubiger soll vielmehr durch die Nichterfüllung nur das Recht erhalten, von dem Vertrage zurückzutreten. Auf das Rücktrittsrecht finden die Vorschriften der §§ 346—358 Anwendung; insbesondere kann der Schuldner dem Gläubiger nach Maßgabe des § 355 eine Frist für die Ausübung des Rücktrittsrechts bestimmen. Ist streitig, ob der Schuldner erfüllt hat, so bestimmt sich die Beweislast nach § 358.

Keine Vorschrift enthält der § 360 darüber, in welchem Sinne die Bedingung zu verstehen ist, daß der Schuldner seine Verbindlichkeit nicht erfüllt habe. Insbesondere wird nicht darüber

§. 361.

Ist in einem gegenseitigen Vertrage vereinbart, daß die Leistung des einen Theiles genau zu einer festbestimmten Zeit oder innerhalb einer festbestimmten Frist bewirkt werden soll, so ist im Zweifel anzunehmen, daß der andere Theil zum Rücktritte berechtigt sein soll, wenn die Leistung nicht zu der bestimmten Zeit oder innerhalb der bestimmten Frist erfolgt.

---

entschieden, ob Verzug des Schuldners erforderlich ist oder ob es genügt, daß objektiv nicht erfüllt ist; ebensowenig, ob erforderlich ist, daß der Schuldner überhaupt nicht erfüllt hat, oder ob es genügt, daß er nicht zur rechten Zeit erfüllt hat. Der durch Auslegung zu ermittelnde Inhalt des Vertrags entscheidet hierüber; die einzelnen Fälle sind zu verschieden, als daß sich eine dispositive oder eine Auslegungsvorschrift geben ließe. Vorausgesetzt wird, daß der Vorbehalt dahin geht, daß der Schuldner im Falle der Nichterfüllung seiner Verbindlichkeit aller Rechte aus dem Vertrage verlustig sein soll. Geht der Vorbehalt nur dahin, daß der Schuldner in dem gedachten Falle seine Rechte für die Zukunft verlieren solle, so ist der Rücktritt von dem Vertrage nicht zulässig. Die Vorschrift des § 360 wird indessen in diesem Falle insofern entsprechend anzuwenden sein, als das Erlöschen der Rechte für die Zukunft nicht von selbst eintritt, sondern dem Gläubiger nur das Recht der Kündigung zusteht.

§ 361.
E. III § 351.

S. Erl. zu § 326 Nr. 5.

Ob die Bestimmung der Zeit der Leistung die Bedeutung hat, daß die Leistung im Sinne des § 361 *genau zu der bestimmten Zeit* erfolgen muß, ist aus den Umständen des einzelnen Falles, insbesondere aus dem Zwecke des Vertrags durch Auslegung zu ermitteln.

Dritter Abschnitt.
Erlöschen der Schuldverhältnisse.
Erster Titel.
Erfüllung.

Dritter Abschnitt.

Unter dem Erlöschen eines Schuldverhältnisses versteht das B.G.B. die vollständige Aufhebung der dadurch begründeten Forderung. Alle Erlöschungsgründe wirken daher ipso jure. Ueber die Wirkung einer der Forderung entgegenstehenden Einrede s. Bd. I S. 48 VIII. Nicht sämmtliche Erlöschungsgründe der Schuldverhältnisse werden in dem dritten Abschnitt aufgeführt, sondern nur diejenigen, welche eine allgemeinere Bedeutung haben und sich nicht schon aus anderen Vorschriften ergeben. Es sind dies die Erfüllung (erster Titel §§ 362—371), die Hinterlegung (zweiter Titel §§ 372—386), die Aufrechnung (dritter Titel §§ 387—396), der Erlaß (vierter Titel § 397).

Im E. I § 291 war als Erlöschungsgrund noch ferner angeführt die Vereinigung von Forderung und Verbindlichkeit in derselben Person. Von der zweiten Kommission ist diese Vorschrift gestrichen (P. II S. 757), weil sie, soweit sie richtig sei, sich aus dem Wesen der Obligation von selbst ergebe und sich überdem aus den im Entwurfe gemachten Ausnahmen ableiten lasse. Eine solche Ausnahme enthielt der E. I in den §§ 1032, 1223, 1866. Die erstgedachten beiden Paragraphen, in welchen bestimmt war, daß die Vereinigung einer dem Nießbrauch oder dem Pfandrecht unterliegenden Forderung mit der Verbindlichkeit in einer Person nicht gegen die Nießbraucher oder Pfandgläubiger wirke, sind von der zweiten Kommission als selbstverständlich gestrichen. Dem § 1866 des E. I entspricht der § 2175 des B.G.B. In diesem wird bestimmt, daß, wenn der Erblasser eine ihm gegen den Erben zustehende Forderung vermacht habe, „die durch Vereinigung von Recht und Verbindlichkeit" erloschenen Rechtsverhältnisse in Ansehung des Vermächtnisses als nicht erloschen gelten. Auch in dem von dem Gesammtschuldverhältnisse handelnden § 425 Abs. 2 wird der Vereinigung der Forderung mit der Schuld als einer Thatsache gedacht, die, obwohl sie regelmäßig das Erlöschen des Schuldverhältnisses zur Folge hat, doch nur für und gegen den Gesammtschuldner wirkt, in dessen Person sie eingetreten ist. Sachlich geht also das B.G.B. ebenso wie der E. I davon aus, daß ein Schuldverhältniß durch die Vereinigung von Forderung und Verbindlichkeit in derselben Person erlischt, sofern nicht besondere Umstände eine Ausnahme begründen (s. Schwedler „Das Erlöschen der Schuldverhältnisse durch Vereinigung von Recht und Verbindlichkeit nach bürgerlichem Recht" 1897).

Im E. I § 292 war ferner bestimmt, daß das Schuldverhältniß nicht durch den Tod des Gläubigers oder des Schuldners erlösche, sofern sich nicht aus dem Gesetz oder aus dem Rechtsgeschäft oder aus der Natur der Leistung ein Anderes ergebe. Auch diese Vorschrift ist von der zweiten Kommission gestrichen (P. II S. 757, 758), weil sie sich aus den Grundsätzen des Erbrechts (§§ 1922, 1967) von selbst ergebe.

Keine Vorschriften enthält das B.G.B. über die Aufhebung eines Schuldverhältnisses durch concursus causarum lucrativarum (Windscheid II § 343a). Der Inhalt und Zweck des Schuldverhältnisses entscheiden darüber, ob und unter welchen Voraussetzungen auf dem durch jenen Ausdruck bezeichneten Wege eine Aufhebung des Schuldverhältnisses eintritt. Ueber Aufhebung eines Schuldverhältnisses durch Vertrag s. Erl. zu § 397. Ueber Novation s. Erl. zu § 364.

Die allgemeinen Rechtssätze über Aufhebung von Rechtsverhältnissen gelten selbstverständlich auch für Schuldverhältnisse; so insbesondere die Vorschriften über die Wirkungen des Eintritts einer auflösenden Bedingung oder eines Endtermins (§§ 158, 163). Ueber die Wirkung des Urtheils s. Bd. I S. 38 IV. Ueber die Einrede der Verjährung s. Bd. I S. 271, Erl. zu § 222.

Aus den allgemeinen Vorschriften über Schuldverhältnisse ergiebt sich, unter welchen Voraussetzungen ein Schuldverhältniß dadurch erlischt, daß dessen Erfüllung unmöglich wird (§§ 275—279). Für Schuldverhältnisse aus Verträgen begründet der Rücktritt vom Vertrag einen Erlöschungsgrund von allgemeinerer Bedeutung (§§ 346 ff.). Für einzelne Schuldverhältnisse ergeben sich außerdem aus den dafür geltenden Vorschriften besondere Erlöschungsgründe.

§. 362.

Das Schuldverhältniß erlischt, wenn die geschuldete Leistung an den Gläubiger bewirkt wird.

Wird an einen Dritten zum Zwecke der Erfüllung geleistet, so finden die Vorschriften des §. 185 Anwendung.

Erster Titel.

Die §§ 362, 363 handeln von der Wirkung und von dem Beweise der Erfüllung, die §§ 364, 365 von der Leistung an Erfüllungsstatt. Die §§ 366, 367 enthalten Vorschriften über den Fall, daß der Schuldner dem Gläubiger aus mehreren Schuldverhältnissen zu gleichartigen Leistungen verpflichtet ist, das von ihm Geleistete aber nicht zur Tilgung sämmtlicher Schulden ausreicht. Die §§ 368—371 handeln von der Quittung und der Rückgabe eines Schuldscheins.

§ 362.

E. I §§ 263, 266; II § 311 rev. § 356; III § 356. P. I S. 1373—1376, 1384, 1385, 3219, 3220, 3231, 6179, 6182, 11734, 11735; M. II S. 80—82, 84, 85. P. II S. 668, 669—671 (Bd. I S. 333—335).

1. Das Schuldverhältniß erlischt seinem Begriffe nach, wenn der Gläubiger dasjenige erhält, was er kraft des Schuldverhältnisses zu fordern berechtigt ist (§ 241). Unter dem Ausdrucke „Schuldverhältniß" wird bisweilen ein Rechtsverhältniß verstanden, durch welches mehrere Forderungen begründet werden. So wird z. B. die Gesammtheit der durch einen Miethvertrag zwischen dem Vermiether und dem Miether begründeten obligatorischen Beziehungen als das durch den Miethvertrag begründete Schuldverhältniß bezeichnet. Dieses Schuldverhältniß umfaßt die verschiedenen Forderungen, welche dem Vermiether gegen den Miether und diesem gegen Jenen zustehen. Bei den hier in Frage kommenden Vorschriften wird der Ausdruck „Schuldverhältniß" in einem engeren der Vorschrift des § 241 entsprechenden Sinne gebraucht; es handelt sich dabei nicht um die Gesammtheit der durch ein Rechtsverhältniß begründeten obligatorischen Beziehungen, sondern um die einzelnen aus diesem Rechtsverhältniß entspringenden Forderungen; bei einem Miethverhältniß also z. B. bildet jede Forderung auf den fälligen Miethzins ein Schuldverhältniß im Sinne des § 362.

2. Ueber die Erfordernisse der Erfüllung ist Folgendes zu bemerken:

a) Die geschuldete Leistung muß bewirkt werden. Die allgemeinen Grundsätze darüber, was kraft eines Schuldverhältnisses geschuldet wird, ergeben sich aus den Vorschriften der ersten beiden Abschnitte dieses Buches. Dazu tritt dann der Inhalt des einzelnen Schuldverhältnisses. Geleistet werden muß der geschuldete Gegenstand am rechten Orte und zur rechten Zeit (§§ 269, 270, 271). Geht die Verbindlichkeit auf Veräußerung eines Gegenstandes, so muß dieser frei von Rechten beschafft werden, die von Dritten gegen den Gläubiger geltend gemacht werden können (§§ 433—445). Eine Theilleistung braucht der Gläubiger nicht anzunehmen (§ 266). Nimmt er sie an oder ist zur Bewirkung der Leistung eine Annahme des Gläubigers nicht erforderlich (s. unter c), so erlischt das Schuldverhältniß nur in Betreff des geleisteten Theiles. Ob eine Leistung, die an einem anderen Orte als dem Erfüllungsorte oder zu einer anderen als der bestimmten Zeit erfolgt, überhaupt noch als geschuldete Leistung angesehen werden kann, bestimmt sich nach der Bedeutung, welche der Ort und die Zeit nach dem Inhalte des Schuldverhältnisses haben. Ist die Leistung, obwohl sie nicht am rechten Orte oder zur rechten Zeit erfolgt, doch als Leistung auf das Schuldverhältniß anzusehen, so kann dadurch, daß sie nicht am rechten Orte und zur rechten Zeit erfolgt, ein Anspruch auf Schadensersatz gegen den Schuldner entstehen. Das Schuldverhältniß erstreckt sich in solchem Falle auf die Verbindlichkeit zum Schadensersatz; es erlischt also durch die Leistung an einem anderen als dem bestimmten Orte oder zu einer anderen als der bestimmten Zeit nur theilweise, sofern nicht zugleich der Schadensersatz geleistet wird.

b) Die Leistung muß zu dem erklärten oder aus den Umständen erhellenden Zwecke erfolgen, die Verbindlichkeit zu erfüllen. Dieses Erforderniß ist in dem § 362 nicht ausdrücklich ausgesprochen, dürfte sich aber aus den Worten „geschuldete Leistung" und aus dem Wesen der Erfüllung ergeben. Erfolgt die Leistung z. B. in der Absicht zu schenken, so wird die Verbindlichkeit nicht erfüllt; es ist zwar eine Leistung derselben Art wie diejenige, auf welche das Schuldverhältniß gerichtet war, aber es ist nicht die geschuldete Leistung bewirkt. Das Schuldverhältniß kann möglicherweise in Folge einer solchen Leistung deshalb erlöschen, weil die Leistung nicht zweimal erfolgen kann, so z. B. wenn die Verbindlichkeit auf Uebertragung des Eigenthums an einer bestimmten Sache gerichtet ist. Dem Gläubiger, welcher das Eigenthum bereits schenkweise erworben hat, kann dasselbe nicht mehr übertragen werden. Das Erlöschen des Schuldverhältnisses tritt in solchem Falle aber nicht in Folge der Erfüllung, sondern in Folge eingetretener Unmöglichkeit der Erfüllung ein (§ 275); die Folgen sind dementsprechend, insbesondere bei gegenseitigen Verträgen (§ 323), wesentlich verschieden. Die praktische Bedeutung des hier fraglichen Erfordernisses tritt insbesondere dann hervor, wenn die Leistung nicht durch den Schuldner, sondern durch einen Dritten erfolgt (s. unter f).

c) In der gemeinrechtlichen Theorie ist bestritten, ob zu der Erfüllung erforderlich ist, daß der Gläubiger die Leistung als zum Zwecke der Erfüllung erfolgend annimmt, ob also ein Erfüllungsvertrag erforderlich ist (s. z. B. Kohler, Jahrbücher für Dogmatik **XVII** S. 262 ff.). Eine ausdrückliche Entscheidung dieser Frage findet sich in dem B.G.B. nicht; ihre Lösung soll nach M. II S. 81 der Wissenschaft überlassen werden. Auf folgende Punkte ist in dieser Beziehung hinzuweisen: Manche Leistungen, und zwar die praktisch wichtigsten, können nur erfolgen, wenn der Gläubiger sie annimmt. Dies ist insbesondere der Fall, wenn die Verbindlichkeit auf Zahlung von Geld oder auf Uebertragung des Eigenthums an anderen Sachen gerichtet ist. Die geschuldete Leistung kann hier nur durch Vertrag mit dem Gläubiger bewirkt werden. Nimmt der Gläubiger den ihm von dem Schuldner gemachten Vertragsantrag nicht an, so kommt er in Verzug der Annahme (§§ 293 ff.), die Verbindlichkeit des Schuldners erlischt aber durch das Angebot nicht. In anderen Fällen ist zwar nicht eine Annahme der Leistung von Seiten des Gläubigers, aber doch eine Mitwirkung desselben erforderlich, so z. B. bei der Verbindlichkeit zu Diensten, die nach Maßgabe einer von dem Dienstberechtigten zu ertheilenden Anweisung erfolgen sollen. Es giebt aber auch Verbindlichkeiten, welche der Schuldner ohne jede Mitwirkung des Gläubigers, ja ohne daß dieser etwas davon weiß, erfüllen kann. Dies ist z. B. der Fall bei der durch Auftrag oder Dienstvertrag begründeten Verbindlichkeit, eine bestimmte Handlung vorzunehmen, zu welcher ihrer Natur nach eine Mitwirkung des Gläubigers nicht erforderlich, vielleicht nicht einmal möglich ist; ebenso bei der Verbindlichkeit, ein Recht aufzuheben, zu dessen Aufhebung die einseitige Erklärung des Schuldners erforderlich ist und genügt (s. z. B. § 875). In den Fällen der letztgedachten Art noch eine Zustimmungserklärung des Gläubigers zu erfordern, würde der natürlichen Auffassung des Verhältnisses widersprechen. Der Gläubiger hat durch die betreffende zum Zwecke der Erfüllung der Verbindlichkeit vorgenommene Handlung alles erlangt, worauf er Anspruch hatte; nach der Natur des betreffenden Schuldverhältnisses war zu dessen Erfüllung nur die Vornahme der betreffenden Handlung, nicht die Annahme oder auch nur die Kenntniß des Gläubigers erforderlich. Zweifelhaft ist die Frage in denjenigen Fällen, in welchen die Leistung nur durch einen Vertrag mit dem Gläubiger bewirkt werden kann. Wird die auf eine solche Leistung gerichtete Verbindlichkeit dadurch erfüllt, daß der betreffende Vertrag geschlossen wird, oder ist außerdem erforderlich, daß beide Theile sich einverstanden erklären, daß der Vertrag zum Zwecke der Erfüllung der Verbindlichkeit abgeschlossen werde? Praktisch wird die Frage sich zwar regelmäßig dadurch erledigen, daß, wenn der Schuldner dem Gläubiger zu erkennen giebt, daß er die Leistung, d. h. hier also den Abschluß des Vertrags, zum Zwecke der Erfüllung der Verbindlichkeit bewirke, der Gläubiger, wenn er auf den Abschluß des Vertrags eingeht, also z. B. wenn er das zum Zwecke der Erfüllung einer Geldschuld angebotene Geld annimmt, sich hierdurch auch mit dem gedachten Zwecke einverstanden erklärt. Es sind indessen auch Fälle denkbar, in welchen zwar über den Vertrag selbst Einverständniß besteht, nicht aber über den Zweck desselben. Der Schuldner übersendet z. B. dem Gläubiger einen seiner Schuld entsprechenden Geldbetrag durch Postanweisung. Auf dieser ist nur der Name des Absenders, nicht der Zweck der Sendung vermerkt. In einem daneben an den Gläubiger abgesandten Briefe erklärt der Schuldner dem Gläubiger, daß die Uebersendung des Geldes zum Zwecke der Zahlung der betreffenden Schuld erfolge. Der Brief geht dem Gläubiger zu (§ 130), kommt aber aus irgend welchem Zufalle nicht zu dessen Kenntniß. Der Gläubiger, der vielleicht die fragliche Schuld gar nicht kennt, glaubt, daß ihm das gesandte Geld geschenkt werden solle, und nimmt es als schenkweise gezahlt an. Der zur Bewirkung der Leistung erforderliche auf Geben und Nehmen des Geldes gerichtete dingliche Vertrag wird hier, sofern nicht im einzelnen Falle das Einverständniß zum Zwecke der Erfüllung als eine dem Angebote hinzugefügte Bedingung aufzufassen ist, als geschlossen anzusehen sein; über den Zweck besteht aber kein Einverständniß. Je nachdem man das Einverständniß des Gläubigers mit der von dem Schuldner durch den Vertrag bezweckten Erfüllung verlangt oder nicht, sind die Folgen verschieden. Nimmt man das erstere an, so ist die Schuld nicht getilgt, und der Gläubiger ist verpflichtet, das empfangene Geld nach den Vorschriften über die Herausgabe einer ungerechtfertigten Bereicherung herauszugeben (§§ 812 ff.). Die bestehen gebliebene Forderung und die Forderung des Schuldners auf Herausgabe des gezahlten Geldes können dann zwar gegen einander aufgerechnet werden, und jeder Theil ist zu dieser Aufrechnung berechtigt. Ob die erstere Forderung durch die Aufrechnung aber vollständig getilgt wird, hängt, da die Verpflichtung des Gläubigers zur Rückzahlung insoweit ausgeschlossen wird, als er nicht mehr bereichert ist (§ 818 Abs. 3), davon ab, ob die Bereicherung noch besteht oder nicht. Ueberdem laufen, wenn die Schuld eine verzinsliche war, die Zinsen bis zur Aufrechnung weiter. Ist dagegen das Einverständniß des Gläubigers mit dem Zwecke der Erfüllung nicht erforderlich, so ist in dem gedachten Falle die Schuld durch die Zahlung getilgt. Für die letztgedachte Auffassung scheint der Wortlaut des § 362 zu sprechen. Erfordert wird nur, daß die geschuldete Leistung an den Gläubiger bewirkt wird. Dies ist durch die Zahlung des Geldes an den Gläubiger geschehen. Ein Mehreres zu erfordern, scheint um so bedenklicher, als bei manchen Verbindlichkeiten, wie oben hervorgehoben wurde, es unzweifelhaft genügt, daß die geschuldete Leistung zum Zwecke der Erfüllung bewirkt wird, ohne daß es darauf ankommt, ob der Gläubiger die Leistung als Erfüllung annimmt. Auf der anderen Seite läßt sich geltend machen, daß die besondere Natur einer Verbindlichkeit, zu deren Erfüllung der Abschluß eines Vertrags mit dem Gläubiger erforderlich ist, eine abweichende Behandlung erfordere. Der Gläubiger soll in Fällen dieser Art die Möglichkeit haben, darüber zu entscheiden, ob und wann er die geschuldete Leistung annehmen und dadurch das Erlöschen des Schuldverhältnisses herbeiführen will. Er kann durch die Ablehnung der Leistung in Verzug der Annahme kommen; aber ohne seinen Willen soll das Schuldverhältniß durch Erfüllung nicht erlöschen können. Dieses Recht würde dem Gläubiger entzogen werden, wenn eine Leistung deshalb, weil er sie annimmt, auch dann als Erfüllung gelten würde, wenn er nicht gewußt hat, daß sie zum Zwecke der Erfüllung gemacht wird. Der Wortlaut des § 362 spricht zwar nicht für eine solche Unterscheidung zwischen den verschiedenen Arten der Verbindlichkeiten, dürfte ihr aber doch auch nicht direkt entgegenstehen. Wie nach dem oben unter **b** Gesagten, obwohl der Wortlaut des Gesetzes darüber nichts enthält, doch immer zu erfordern ist, daß die Leistung zum Zwecke der Erfüllung erfolgt, so wird man es auch nicht für unzulässig erachten können, das Erforderniß des Einverständnisses des Gläubigers mit dem auf Erfüllung gerichteten Zwecke für solche Fälle anzunehmen, in welchen die Natur der betreffenden Verbindlichkeit dies erheischt. Gegen diese Auffassung dürfte sich auch nicht geltend machen lassen, daß nach § 366, falls der Schuldner dem Gläubiger aus mehreren Schuldverhältnissen zu gleichartigen Leistungen verpflichtet ist und das von ihm Geleistete nicht zur Tilgung sämmtlicher Schulden ausreicht, die von dem Schuldner bei der Leistung getroffene Bestimmung darüber entscheidet, welche Schuld getilgt ist. Es handelt sich hierbei um einen besonderen Fall, aus dessen Regelung man nicht auf ein allgemeines Prinzip schließen darf. Eine eingehendere Erörterung der ganzen Frage ist hier nicht möglich. Die für das Erforderniß des Einverständnisses des Gläubigers bei Verbindlichkeiten der hier fraglichen Art sprechenden Gründe dürften überwiegend sein. Dieser Auffassung entspricht es auch, daß das B.G.B., wie in Band I S. 148 **IX**, 4 dargelegt ist (s. Bd. I S. 186, Erl. zu § 135 Nr. 1, 2), als Verfügung über eine Forderung auch die Annahme der Leistung von Seiten des Gläubigers betrachtet. Ohne Bedeutung ist die Entscheidung der hier erörterten Frage für die Beurtheilung des Falles, daß der Gläubiger, welchem durch dinglichen Vertrag ein Recht zum Zwecke der Befriedigung eines ihm darauf zustehenden Anspruchs übertragen wird, minderjährig ist. Die Genehmigung des Vormundes zu dem Vertrag ist in diesem Falle erforderlich, mag man die eine oder die andere Auffassung für richtig halten.

d) Erfordert die Leistung eine Willenserklärung des Schuldners gegenüber dem Gläubiger, so hat die einem Vertreter des Gläubigers gegenüber abgegebene Erklärung, wenn dem Vertreter die Vertretungsmacht zusteht, dieselbe Wirkung wie die Erklärung gegenüber dem Gläubiger selbst (§ 164 Abs. 3). Steht dem Vertreter die Vertretungsmacht nicht zu, so finden, wenn es sich um einen Vertrag handelt, die Vorschriften des § 177, wenn es sich um ein einseitiges Rechtsgeschäft handelt, die Vorschriften des § 180 Satz 3 Anwendung. Besteht die Leistung in dem Abschluß eines Vertrags, z. B. in der Veräußerung eines Gegenstandes, so kann der Vertretene den Vertrag nur in der Art, in welcher er abgeschlossen ist, also als zum Zwecke der Erfüllung abgeschlossen, genehmigen; er kann den Vertrag selbst und dessen Zweck nicht von einander trennen, kann also z. B. nicht die Uebertragung des Eigenthums genehmigen, die Genehmigung zu der Vereinbarung, daß die Uebertragung zum Zwecke der Erfüllung erfolge, verweigern. Die Genehmigung muß für beide zusammen erklärt oder verweigert werden. Das Verhältniß liegt hier ebenso wie bei der Genehmigung der von einem Minderjährigen erfolgenden Annahme der Uebertragung eines geschuldeten Gegenstandes von Seiten des gesetzlichen Vertreters.

e) Wird die Leistung zum Zwecke der Erfüllung an einen Anderen als den Gläubiger oder dessen Vertreter bewirkt, so finden nach § 362 Abs. 2 die Vorschriften des § 185 Anwendung. Die Annahme der Leistung wird als eine Verfügung über die Forderung angesehen. Zu einer solchen berechtigt ist nur der Gläubiger. Nimmt ein Anderer als der Gläubiger die zum Zwecke der Erfüllung erfolgende Leistung an, so verfügt er unberechtigter Weise über die Forderung. Diese Verfügung ist aber wirksam, wenn der Gläubiger seine Einwilligung dazu ertheilt; sie wird wirksam, wenn der Gläubiger sie genehmigt oder die sonstigen in dem § 185 bezeichneten Umstände eintreten (s. Erl. zu § 185).

Der E. I § 266 beschränkte die Vorschrift auf den Fall, daß der Gläubiger in die Leistung an den Anderen einwilligt oder sie genehmigt. Die Anwendung auf die beiden anderen in dem

§. 363.

Hat der Gläubiger eine ihm als Erfüllung angebotene Leistung als Erfüllung angenommen, so trifft ihn die Beweislast, wenn er die Leistung deshalb nicht als Erfüllung gelten lassen will, weil sie eine andere als die geschuldete Leistung oder weil sie unvollständig gewesen sei.

---

§ 185 bestimmten Fälle, daß der Verfügende den Gegenstand der Leistung erwirbt oder daß er von dem Berechtigten beerbt wird, wurde für bedenklich erachtet, weil der Schuldner, der gegen den Nichtberechtigten, an welchen er geleistet, nur einen Anspruch auf Herausgabe der Bereicherung habe, durch die Konvaleszenz einen nicht gerechtfertigten Vortheil erlange. Die zweite Kommission glaubte, daß der den Vorschriften des § 185 zu Grunde liegende Gedanke dazu nöthige, jene Beschränkung fallen zu lassen. Die zum Zwecke der Erfüllung an einen Anderen als den Gläubiger bewirkte Leistung wird also auch dann wirksam, wenn der Andere die betreffende Forderung erwirbt oder wenn er von dem Gläubiger beerbt wird und dieser für die Nachlaßverbindlichkeiten unbeschränkt haftet. Die Anwendung des § 185 setzt voraus, daß es sich um eine Leistung handelt, zu deren Bewirkung die Annahme des Gläubigers erforderlich ist. Ist eine Annahme des Gläubigers nicht erforderlich, so bedarf es des Hinzutritts der in dem § 185 bezeichneten Umstände nicht, um die Leistung wirksam zu machen; denn in diesem Falle ist die Leistung, wenn sie überhaupt bewirkt ist, auch an den Gläubiger bewirkt.

Keine Vorschrift enthält das B.G.B. über den solutionis causa adjectus. Aus den Umständen des einzelnen Falles ist zu entnehmen, wie eine Vereinbarung zu beurtheilen ist, durch welche die Leistung an einen Anderen als den Gläubiger für zulässig erklärt ist. Die Vereinbarung kann die Bedeutung haben, daß der Dritte Vertreter des Gläubigers in Betreff der Empfangnahme der Leistung sein soll; sie kann auch den Sinn haben, daß die Leistung an den Dritten in Betreff der Erfüllung als gleichwerthig mit der Leistung an den Gläubiger behandelt werden soll. Die rechtlichen Folgen ergeben sich, je nachdem das eine oder das andere beabsichtigt ist, aus dem Inhalte der Vereinbarung selbst.

Steht einem Dritten der Nießbrauch oder ein Pfandrecht an einer Forderung zu, so bestimmt sich nach den für diese Rechte geltenden Vorschriften, ob und unter welchen Voraussetzungeu das Schuldverhältniß dadurch erlischt, daß die geschuldete Leistung statt an den Gläubiger an den Dritten bewirkt wird (§§ 1074, 1076—1079, 1281, 1282, 1284, 1291).

Ueber die Fälle, in welchen der gutgläubige Schuldner durch die Leistung an einen Anderen als den Gläubiger befreit wird, s. die §§ 407—409.

f) Hat nach dem Inhalte des Schuldverhältnisses der Schuldner in Person zu leisten, so ist die geschuldete Leistung nur bewirkt, wenn sie durch den Schuldner in Person bewirkt wird. In allen anderen Fällen kann die Leistung auch durch einen Anderen als den Schuldner erfolgen (§ 267). Die Leistung von Seiten des Anderen muß selbstverständlich den unter **a—e** bezeichneten Erfordernissen entsprechen. Ob die Leistung von dem Gläubiger abgelehnt werden kann, bestimmt sich nach den Vorschriften der §§ 267 Abs. 2, 268.

In verschiedenen Fällen hat die Befriedigung des Gläubigers durch einen Anderen als den Schuldner nicht die Wirkung, daß das Schuldverhältniß erlischt, vielmehr geht die Forderung auf denjenigen über, welcher die Befriedigung bewirkt hat, so z. B. in den Fällen der §§ 268 Abs. 3, 774 Abs. 1, 1143 Abs. 1, 1225. Die Befriedigung des Gläubigers wird hier nicht als Erfüllung angesehen, sondern bildet die Voraussetzung, unter welcher kraft des Gesetzes die betreffende Forderung auf den Befriedigenden übergeht.

Besondere Vorschriften gelten für den Fall der Befriedigung eines Hypothekengläubigers (s. insbesondere die §§ 1143, 1163, 1164, 1173, 1174, 1182).

§ 363.

E. I § 367; II § 312 rev. § 357; III § 357. P. I S. 663—669; M. II S. 204, 205. P. II S. 1275—1278 (Bd. I S. 636, 637).

1. Der Schuldner, welcher das Erlöschen des Schuldverhältnisses durch Erfüllung geltend macht, hat zu beweisen, daß er die geschuldete Leistung quantitativ und qualitativ in solcher Art bewirkt hat, wie sie geschuldet war. Nach § 363 soll sich die Beweislast umkehren, wenn der Gläubiger die ihm als Erfüllung angebotene Leistung als Erfüllung angenommen hat. Die Annahme als Erfüllung kann möglicherweise eine weitergehende Wirkung haben; sie kann einen Verzicht auf Mängel der Leistung enthalten. Dies wird indessen nur dann anzunehmen sein, wenn der Gläubiger die Mängel der Leistung kannte.

§. 364.

Das Schuldverhältniß erlischt, wenn der Gläubiger eine andere als die geschuldete Leistung an Erfüllungsstatt annimmt.

Uebernimmt der Schuldner zum Zwecke der Befriedigung des Gläubigers diesem gegenüber eine neue Verbindlichkeit, so ist im Zweifel nicht anzunehmen, daß er die Verbindlichkeit an Erfüllungsstatt übernimmt.

Ohne Rücksicht hierauf hat aber die Annahme als Erfüllung immer die gedachte Wirkung in Betreff der Beweislast. Die Annahme als Erfüllung braucht nicht ausdrücklich erklärt zu werden; es genügt, wenn sie unter Berücksichtigung der Auffassung des Verkehrs aus den Umständen zu entnehmen ist. Hat z. B. bei der Zahlung einer Geldschuld der Gläubiger eine Geldrolle, die einen bestimmten Betrag enthalten soll, ohne nachzuzählen als Zahlung dieses Betrags angenommen, so liegt Annahme als Erfüllung vor. Sind Waaren behufs Erfüllung der Verbindlichkeit auf Lieferung derselben dem Gläubiger übersandt, so wird eine Annahme derselben als Erfüllung nicht ohne Weiteres deshalb angenommen werden können, weil der Gläubiger die Waaren in sein Haus genommen hat. Zeigt er aber dem Absender den Empfang der Waaren an oder verfügt er über die Waaren oder behält er sie, ohne dem Absender eine Mittheilung zu machen während eines Zeitraums, der den Umständen nach genügte, um zu prüfen, ob die Waaren vertragsmäßig seien, so wird hierin die Annahme als Erfüllung zu finden sein. Liegt eine solche vor, so kann durch einen von dem Gläubiger gemachten Vorbehalt die Anwendung des § 363 nicht ausgeschlossen werden, jedoch kann die Erklärung eines Vorbehalts unter Umständen die Wirkung haben, daß einer Handlung, z. B. der Anzeige von der Ankunft der bestellten Waaren, die ihr sonst zukommende Bedeutung als Erfüllungsannahme entzogen wird.

2. Nach dem E. I § 367 sollte sich die Vorschrift nur auf den Fall der *Mangelhaftigkeit der Leistung*, nicht auf den Fall beziehen, daß *ein ganz anderer Gegenstand als der geschuldete geleistet oder daß die Leistung unvollständig ist* (M. II S. 205). Von der zweiten Kommission ist diese Beschränkung beseitigt. Die Umkehrung der Beweislast für den Fall, daß die Leistung als Erfüllung angenommen ist, findet also Anwendung ohne Rücksicht darauf, aus welchen Gründen bestritten wird, daß die Leistung der Verbindlichkeit entspreche.

Ueber die Beweislast für den Fall, daß der Verkäufer den vom Käufer geltend gemachten Mangel im Rechte bestreitet, s. § 442. Besondere Vorschriften für den Handelskauf enthalten die §§ 377, 378 des H.G.B.

3. Der E. I § 367 bezog sich, wenigstens seinem Wortlaute nach, nur auf Verbindlichkeiten aus Verträgen, knüpfte aber in diesem Falle an die Annahme als Erfüllung nicht nur die prozessualische Folge der Umkehrung der Beweislast, sondern auch *die materiellrechtliche Folge, daß der Annehmende auf Grund der Mangelhaftigkeit der Leistung nicht wegen Nichterfüllung des Vertrags die Gegenleistung verweigern*, sondern nur noch die ihm sonst zustehenden Ansprüche geltend machen könne. Von der zweiten Kommission ist einerseits die prozessualische Vorschrift auf alle Verbindlichkeiten ausgedehnt, andererseits aber die materiellrechtliche Vorschrift gestrichen. Die Einrede des nicht erfüllten Vertrags (§§ 320—322) wird also durch die Annahme als Erfüllung nicht ausgeschlossen. Nur die Beweislast ändert sich. Während sonst der aus einem gegenseitigen Vertrag in Anspruch genommene Theil die Erfüllung verweigern kann, bis der andere Theil die Erfüllung der ihm obliegenden Verbindlichkeit bewiesen hat, muß er, wenn er die Leistung des anderen Theiles als Erfüllung angenommen hat, die Mangelhaftigkeit der Leistung beweisen. Führt er diesen Beweis, so ist er zur Verweigerung nach Maßgabe der §§ 320—322 berechtigt. Handelt es sich um Mängel einer verkauften Sache, welche der Verkäufer nach den §§ 459—461 zu vertreten hat, so tritt an die Stelle der Einrede des nicht erfüllten Vertrags das Recht, Wandelung oder Minderung zu verlangen (§ 462). Dem Käufer liegt hier immer der Beweis der Mängel ob. Fehlen der verkauften Sache Eigenschaften, welche der Verkäufer zugesichert hat, und lassen sich diese Eigenschaften noch nachträglich herstellen, so steht dem Käufer desfalls auch die Einrede des nicht erfüllten Vertrags zu; er hat aber auch behufs Begründung dieser Einrede den Beweis der Mangelhaftigkeit zu führen, wenn er die Leistung der verkauften Sache als Erfüllung angenommen hat.

§ 364.

E. I § 264; II § 313 rev. § 358; III § 358. P. I S. 1376—1378; M. II S. 82 P. II S. 668, 669 (Bd. I S. 333, 334).

1. *Die Hingabe an Erfüllungsstatt ist ein Realvertrag, durch welchen*, wie durch die Erfüllung, *das Schuldverhältniß ipso jure erlischt*. Der Vertrag kann von

§. 365.

Wird eine Sache, eine Forderung gegen einen Dritten oder ein anderes Recht an Erfüllungsstatt gegeben, so hat der Schuldner wegen eines Mangels im Rechte oder wegen eines Mangels der Sache in gleicher Weise wie ein Verkäufer Gewähr zu leisten.

---

dem Gläubiger sowohl mit dem Schuldner als mit einem Dritten abgeschlossen werden. Ist der Vertrag nichtig oder ist er anfechtbar und wird er angefochten, so bleibt das Schuldverhältniß bestehen. Bestand das Schuldverhältniß nicht, behufs dessen Erfüllung die Hingabe an Erfüllungsstatt erfolgte, so kann das Geleistete nach den Vorschriften über die Herausgabe einer ungerechtfertigten Bereicherung zurückgefordert werden (§§ 812 ff.).

2. Leistungen jeder Art können an Erfüllungsstatt gegeben werden. Die Leistung kann daher sowohl in der Vornahme einer Handlung als in der Uebertragung des Besitzes als in dem Abschluß eines Vertrags, durch welchen ein Recht begründet, geändert oder aufgehoben wird, bestehen. Auch die Uebernahme einer neuen Verbindlichkeit ist eine Leistung, welche an Erfüllungsstatt gegeben werden kann. Im Zweifel soll indessen, wenn der Schuldner zum Zwecke der Befriedigung des Gläubigers diesem gegenüber eine neue Verbindlichkeit übernimmt, nach § 364 Abs. 2 nicht Uebernahme an Erfüllungsstatt, sondern nur Erfüllungshalber angenommen werden. Beide Verbindlichkeiten bestehen hier also neben einander. Die ursprüngliche Verbindlichkeit erlischt erst, wenn der Gläubiger durch Erfüllung der Erfüllungshalber übernommenen Verbindlichkeit befriedigt wird. Regelmäßig wird eine derartige Vereinbarung dahin aufzufassen sein, daß der Gläubiger verpflichtet ist, zunächst aus der neuen Verbindlichkeit seine Befriedigung zu suchen. Wird die ursprüngliche Verbindlichkeit erfüllt, so kann die Erfüllung der neuen Verbindlichkeit nicht gefordert werden. Den am häufigsten vorkommenden Fall der Hingabe einer Forderung Erfüllungshalber bildet die Ausstellung eines Wechsels.

Die Auslegungsregel des Abs. 2 bezieht sich nur auf den Fall, daß der Schuldner zum Zwecke der Befriedigung des Gläubigers eine neue Verbindlichkeit übernimmt; sie gilt nicht, wenn ein Dritter zu dem gedachten Zwecke eine Verbindlichkeit übernimmt; in diesem Falle hat die Auslegung freie Hand. Ueber Anweisung auf Schuld oder zum Zwecke der Leistung an einen Dritten s. die §§ 787, 788.

Ist die neue Verbindlichkeit an Erfüllungsstatt übernommen, so ergiebt sich aus dem Erlöschen des früheren Schuldverhältnisses, daß die sich darauf beziehenden Nebenrechte, insbesondere Pfandrechte und Rechte gegen den Bürgen erlöschen und nicht auf das neue Schuldverhältniß übergehen.

3. Ueber Novation enthält das B.G.B. keine Vorschriften. Die Zwecke derselben können theils durch Zession oder Schuldübernahme, theils durch die Uebernahme einer Verbindlichkeit an Erfüllungsstatt erreicht werden. Der Grundsatz der Vertragsfreiheit ermöglicht den Parteien, diejenigen Modifikationen eintreten zu lassen, welche ihrem Interesse entsprechen.

§ 365.

E. I § 265; II § 314 rev. § 359; III § 359. P. I S. 1376—1378, 3552, 3559; M. II S. 83, 84. P. II S. 668, 669 (Bd. I S. 333, 334).

1. Der Verkäufer einer Sache ist zur Verschaffung des Eigenthums an der Sache, der Verkäufer eines Rechtes zur Verschaffung des verkauften Rechtes verpflichtet (§ 433 Abs. 1); er haftet dem Käufer wegen eines Mangels im Rechte nach Maßgabe der §§ 434—444. In derselben Art haftet der Schuldner, welcher eine Sache, eine Forderung gegen einen Dritten oder ein Recht an Erfüllungsstatt hingegeben hat, dem Gläubiger. Der Schuldner hat die Stellung des Verkäufers, der Gläubiger die Stellung des Käufers; dem Kaufpreis entspricht die Aufhebung des Schuldverhältnisses. Erfüllt der Schuldner die ihm nach den §§ 433—437, 439 obliegenden Verpflichtungen nicht, so bestimmen sich die Rechte des Gläubigers nach den Vorschriften der §§ 320—327 (§ 440). Dabei ist aber zu beachten, daß die dem Gläubiger obliegende Gegenleistung bereits bewirkt ist, indem das Schuldverhältniß durch die Annahme an Erfüllungsstatt nach § 364 ipso jure erloschen ist; die Vorschriften der §§ 320—322 kommen daher nicht in Frage.

Zweifelhaft kann sein, wie das Verhältniß zu beurtheilen ist, wenn der Gläubiger nach Maßgabe der §§ 325, 326 von dem Vertrage zurücktritt. Nach § 327 finden in solchem Falle die Vorschriften der §§ 346—356 entsprechende Anwendung. Beide Theile haben einander zurückzugewähren, was sie auf Grund des Vertrags erhalten haben. Der Gläubiger muß also dasjenige, was er an Erfüllungsstatt erhalten hat, nach Maßgabe der §§ 346, 347 zurückgewähren. Der Schuldner hat Befreiung von seiner Verbindlichkeit erhalten. Lebt diese von selbst wieder auf oder wird der Schuldner nur verpflichtet, sie wiederherzustellen? Im ersteren Falle würden auch die sich auf das Schuldverhältniß beziehenden Pfandrechte und Bürgschaftsverpflichtungen wieder aufleben; im letzteren Falle würde der Schuldner auch in dieser Beziehung nur zur Wiederherstellung verpflichtet sein. Die letztgedachte Auffassung dürfte den für das Rücktrittsrecht maßgebenden Grundsätzen entsprechen. Durch den Rücktritt wird zwar der Vertrag, von welchem zurückgetreten wird, vollständig aufgehoben; die auf Grund desselben bewirkten Leistungen aber werden nicht unwirksam, vielmehr wird nur eine Verpflichtung zur Rückgewähr des Geleisteten begründet (s. die Vorbm. zum fünften Titel des zweiten Abschnitts Nr. 2). In dem hier fraglichen Falle ist zwar die Verbindlichkeit des Schuldners nicht auf Grund des die Hingabe an Erfüllungsstatt betreffenden Vertrags aufgehoben, sondern durch diesen Vertrag ipso jure erloschen. Hierdurch kann aber ein Unterschied nicht begründet werden. Das eingetretene Erlöschen kann ebensowenig als rechtlich nicht geschehen betrachtet werden wie etwa die Uebertragung des Eigenthums an einer Sache. Ist also z. B. eine Forderung, für welche eine Hypothek bestellt ist, durch Hingabe an Erfüllungsstatt erloschen und ist in Folge davon die Hypothek im Grundbuche gelöscht oder auf den Eigenthümer des Grundstücks übergegangen, so leben die Forderung und die Hypothek in Folge des Rücktritts des Gläubigers von der Hingabe an Erfüllungsstatt nicht von selbst wieder auf, sondern der Schuldner ist nur zur Wiederherstellung verpflichtet. Ist er dazu mit Rücksicht auf die Rechte des Eigenthümers des Grundstücks oder anderer dinglich Berechtigter nicht im Stande, so ist er dem Gläubiger zum Schadensersatze verpflichtet. Der Gläubiger kann hierdurch, wenn der Schuldner zahlungsunfähig ist, benachtheiligt werden; dieser Nachtheil ist aber die unvermeidliche Folge der von ihm angenommenen Leistung an Erfüllungsstatt und des Rücktritts von derselben.

Der Fall des § 323 wird nur ganz ausnahmsweise eintreten können. Eventuell ist er nach denselben Grundsätzen zu beurtheilen. Der Gläubiger kann also die vollständige oder theilweise Wiederherstellung seiner Forderung nur nach den Vorschriften über die Herausgabe einer ungerechtfertigten Bereicherung fordern (§ 323 Abs. 3).

2. Der Verkäufer einer Sache haftet wegen Mängel derselben nach Maßgabe der §§ 459 ff. In gleicher Weise haftet der Schuldner, welcher eine Sache an Erfüllungsstatt hingegeben hat, wegen Mängel derselben. Verlangt der Gläubiger Wandelung, so entsteht dieselbe Frage wie im Falle des Rücktritts des Gläubigers von der Annahme der Leistung an Erfüllungsstatt und wird nach denselben Grundsätzen zu entscheiden sein (s. unter Nr. 1). Das Schuldverhältniß lebt nicht von selbst wieder auf; der Schuldner ist aber verpflichtet, es wiederherzustellen. Verlangt der Gläubiger Minderung, so kommt der § 473 zur Anwendung. Die Gegenleistung des Gläubigers bestand in der Aufhebung des Schuldverhältnisses; diese ist nach dem Werthe zur Zeit der Annahme an Erfüllungsstatt in Geld zu veranschlagen, und der Schuldner hat dem Gläubiger denjenigen Betrag zu vergüten, um welchen der veranschlagte Werth den nach Maßgabe des § 472 zu berechnenden Betrag übersteigt.

3. Der Gläubiger hat nicht, wie nach gemeinem Rechte, die Befugniß, statt die unter Nr. 1, 2 bezeichneten Rechte geltend zu machen, auf seine ursprüngliche Forderung zurückzugreifen; er ist vielmehr auf jene Rechte beschränkt. Unberührt bleibt die Vorschrift des § 835 Abs. 2 der C.P.O., nach welcher die Ueberweisung einer Forderung an Zahlungsstatt nur die Wirkung hat, daß der Gläubiger, soweit die überwiesene Forderung besteht, wegen seiner Forderung an den Schuldner als befriedigt anzusehen ist (s. Struckmann und Koch Anm. 5 zu § 736).

4. Nach dem Wortlaute des § 365 hat in allen Fällen einer Hingabe an Erfüllungsstatt, also auch dann, wenn diese von Seiten eines Dritten erfolgt ist, der Schuldner Gewähr zu leisten. Nach dem E. I § 265 war nur gesagt, daß im Falle der Hingabe an Erfüllungsstatt die fraglichen Vorschriften über Gewährleistung entsprechende Anwendung finden; diese Fassung war, wie aus den Protokollen und Motiven hervorgeht, absichtlich gewählt, um die Frage unentschieden zu lassen, ob im Falle der Hingabe an Erfüllungsstatt von Seiten eines Dritten diesem oder dem Schuldner die Gewährleistungspflicht obliege. Man nahm an, daß diese Frage eine allgemeine Entscheidung nicht zulasse (M. II S. 84). Von der zweiten Kommission ist, soweit die Protokolle ergeben, eine Aenderung in dieser Beziehung nicht beabsichtigt; der angenommene Antrag (P. II S. 668) stimmt in Betreff der objektiven Fassung mit dem E. I überein; die jetzige Fassung hat der § 365 durch die Redaktionskommission erhalten. Es muß hiernach angenommen werden, daß der § 365 nur den regelmäßigen Fall vor Augen hat, in welchem die Hingabe an Erfüllungsstatt durch den Schuldner erfolgt, daß dadurch aber nicht hat bestimmt werden sollen, daß der Schuldner auch dann Gewähr zu

§. 366.

Ist der Schuldner dem Gläubiger aus mehreren Schuldverhältnissen zu gleichartigen Leistungen verpflichtet und reicht das von ihm Geleistete nicht zur Tilgung sämmtlicher Schulden aus, so wird diejenige Schuld getilgt, welche er bei der Leistung bestimmt.

Trifft der Schuldner keine Bestimmung, so wird zunächst die fällige Schuld, unter mehreren fälligen Schulden diejenige, welche dem Gläubiger geringere Sicherheit bietet, unter mehreren gleich sicheren die dem Schuldner lästigere, unter mehreren gleich lästigen die ältere Schuld und bei gleichem Alter jede Schuld verhältnißmäßig getilgt.

---

leisten habe, wenn die Hingabe an Erfüllungsstatt von Seiten eines Dritten erfolgt ist. Dies allgemein zu bestimmen würde widersinnig sein. Als Regel wird umgekehrt anzunehmen sein, daß der Schuldner nicht aus dem von dem Dritten mit dem Gläubiger abgeschlossenen Vertrage haftet. Denkbar ist zwar, daß die Umstände des einzelnen Falles eine andere Beurtheilung rechtfertigen, so z. B., wenn der Dritte als Vertreter ohne Vertretungsmacht gehandelt hat und der Schuldner den Vertrag genehmigt. Liegen aber solche besonderen Umstände nicht vor, so ist nur der Dritte dem Gläubiger zur Gewährleistung verpflichtet. Die Anwendung der Vorschriften über die Gewährleistung auf diesen Fall bietet keine besonderen Schwierigkeiten. Dem Kaufpreis entspricht die Aufhebung der Forderung des Gläubigers gegen den Schuldner. Fordert der Gläubiger Schadensersatz wegen eines Mangels im Rechte, so hat der Dritte diesen zu leisten. Tritt der Gläubiger von der Annahme an Erfüllungsstatt zurück, so hat der Dritte die erloschene Forderung des Gläubigers gegen den Schuldner wiederherzustellen und, sofern er dazu außer Stande ist, Schadensersatz zu leisten (s. oben Nr. 1). Dasselbe gilt im Falle der Wandelung. Im Falle der Minderung hat der Dritte den überschießenden Betrag zu zahlen (s. oben Nr. 2).

5. Die Vorschriften des § 365 finden keine Anwendung, wenn der Schuldner oder ein Dritter an Erfüllungsstatt eine Verbindlichkeit gegenüber dem Gläubiger übernommen hat. Die Haftung des Schuldners oder des Dritten bestimmt sich hier lediglich nach dem Inhalte der übernommenen Verbindlichkeit.

§ 366.

E. I § 267; II § 315 rev. § 360; III § 360. P. I S. 1385—1392; M. II S. 86—88 P. II S. 671—674 (Bd. I S. 335, 336).

1. Die in dem Abs. 1 vorausgesetzte Bestimmung des Schuldners muß bei der Leistung dem Gläubiger gegenüber erfolgen. Sie ist ein einseitiges empfangsbedürftiges Rechtsgeschäft. Sie ist für die Anrechnung selbst dann maßgebend, wenn der Gläubiger davon keine Kenntniß erhalten, wenn er z. B. den ihm mit der Uebersendung des Geldes zugegangenen Brief, in welchem die Bestimmung erklärt ist, nicht gelesen hat. Will der Gläubiger sich der von dem Schuldner getroffenen Bestimmung nicht unterwerfen, so muß er die Leistung ablehnen. Er hat dann die Folgen des durch die Ablehnung eintretenden Verzugs der Annahme zu tragen. Nimmt er die Leistung an, so wird die von dem Schuldner bestimmte Schuld getilgt, auch wenn der Gläubiger sofort erklärt, die Leistung auf eine andere Schuld anrechnen zu wollen. Unter Umständen wird indessen in einer solchen Erklärung die Verweigerung der Annahme der Leistung in Verbindung mit dem Angebote zu finden sein, die Leistung für den Fall anzunehmen, daß der Schuldner sich mit der vorgeschlagenen Anrechnung einverstanden erklärt. Haben Gläubiger und Schuldner vor der Leistung vereinbart, auf welche Schuld die Leistung anzurechnen ist, so ist diese Vereinbarung maßgebend, sofern nicht der Schuldner bei der Leistung eine abweichende Bestimmung trifft. Thut der Schuldner dies, so verletzt er zwar die getroffene Vereinbarung und ist deshalb verantwortlich, aber seine Bestimmung über die Anrechnung der Leistung ist maßgebend, wenn der Gläubiger die Leistung annimmt. Die, wie es scheint, abweichende Auffassung der Motive (S. 86) dürfte nicht richtig sein. Durch ein nach der Leistung zwischen dem Gläubiger und dem Schuldner getroffenes Uebereinkommen kann das Erlöschen der von dem Schuldner bei der Leistung bestimmten Verbindlichkeit nicht ungeschehen gemacht werden. Die in einem solchen Uebereinkommen erklärte Absicht der Parteien wird indessen eine Auslegung derselben rechtfertigen, in Folge deren nach dem Grundsatze der Vertragsfreiheit praktisch im Wesentlichen dasselbe Ergebniß erreicht wird wie durch die Anrechnung der Leistung auf die in dem Uebereinkommen bezeichnete Schuld.

§. 367.

Hat der Schuldner außer der Hauptleistung Zinsen und Kosten zu entrichten, so wird eine zur Tilgung der ganzen Schuld nicht ausreichende Leistung zunächst auf die Kosten, dann auf die Zinsen und zuletzt auf die Hauptleistung angerechnet.

Bestimmt der Schuldner eine andere Anrechnung, so kann der Gläubiger die Annahme der Leistung ablehnen.

---

2. Hat der Schuldner bei der Leistung keine Bestimmung getroffen, so steht diese nicht etwa dem Gläubiger zu; vielmehr erfolgt die Anrechnung kraft des Gesetzes nach Maßgabe der in dem § 366 Abs. 2 aufgestellten Grundsätze. Erklärt der Gläubiger sofort bei der Leistung dem Schuldner, auf welche Schuld er die Leistung annehme, und erklärt sich der Schuldner damit einverstanden, so erfolgt die Anrechnung nach Maßgabe dieses Uebereinkommens. Ein solches wird regelmäßig auch dann anzunehmen sein, wenn der Schuldner der Erklärung des Gläubigers gegenüber sich schweigend verhält. Eine spätere Bestimmung des Gläubigers, z. B. in der Quittung, ist unwirksam. Erklärt der Schuldner sich damit einverstanden, so gilt dasselbe wie bei einem Uebereinkommen, das von den Parteien getroffen wird, nachdem auf Grund der Bestimmung des Schuldners die in derselben bezeichnete Schuld erloschen ist (s. unter Nr. 1).

3. Bei den im Abs. 2 aufgestellten Grundsätzen ist der Gedanke maßgebend, daß die Anrechnung so erfolgt, wie das Interesse des Schuldners und die daraus zu entnehmende vermuthliche Absicht desselben es mit sich bringen. Im Einzelnen ist zu bemerken:

a) Der Begriff der Fälligkeit der Schuld ist hier in demselben Sinne zu verstehen wie in dem § 284 (s. Erl. zu § 284 Nr. 3).

b) Die Bestimmung, daß unter mehreren fälligen Schulden diejenige als getilgt gilt, welche dem Gläubiger geringere Sicherheit bietet, ist von der zweiten Kommission hinzugefügt. Hier scheint das Interesse des Gläubigers maßgebend zu sein. Mittelbar wird die Vorschrift aber auch dem Interesse des Schuldners gerecht, indem dieser, wenn die Anrechnung nicht in der gedachten Art erfolgte, der Gefahr ausgesetzt sein würde, daß der Gläubiger die betreffende Schuld sofort einklagte. In Betracht kommt hauptsächlich die Sicherheit durch Pfand, Hypothek oder Bürgen. Welche dieser Sicherheiten die geringere ist, hängt von den Umständen des einzelnen Falles ab. Im Zweifel wird die reale Sicherheit durch Pfand oder Hypothek als die größere anzusehen sein.

c) Die größere oder geringere Lästigkeit der Schuld für den Schuldner kann auf verschiedenen Gründen beruhen. Eine verzinsliche Schuld z. B. ist lästiger als eine unverzinsliche. Eine Schuld, durch deren Nichterfüllung eine Vertragsstrafe verwirkt wird, ist lästiger als eine Schuld, bei welcher dies nicht der Fall ist. Eine Schuld, für welche ein vollstreckbarer Schuldtitel besteht, ist lästiger als eine Schuld, für welcher ein solcher Titel nicht besteht. Liegen bei mehreren zu vergleichenden Schulden Umstände verschiedener Art vor, welche für die Lästigkeit von Bedeutung sind, so entscheiden die Umstände des einzelnen Falles darüber, auf welche Umstände größeres Gewicht zu legen ist.

d) Das Alter der Schuld bestimmt sich nicht nach der Fälligkeit, sondern nach der Entstehung der Schuld.

4. Die Vorschriften des § 366 betreffen nur den Fall, daß die Leistung von dem Schuldner bewirkt wird. Sie werden indessen entsprechende Anwendung auch für den Fall finden müssen, daß ein Dritter dem Gläubiger eine Leistung zu dem Zwecke macht, um die Schulden des Schuldners zu tilgen, und daß diese Leistung nicht zur Tilgung aller Schulden hinreicht. Ob die Vorschrift des Abs. 2 auch bei der Zwangsvollstreckung für den Fall entsprechende Anwendung findet, daß das Urtheil auf mehrere gleichartige Leistungen aus verschiedenen Schuldverhältnissen gerichtet ist, und der beigetriebene Betrag nicht zur Tilgung aller Schulden hinreicht, ist zweifelhaft; die Frage dürfte jedoch zu bejahen sein.

§ 367.

E. I § 268; II § 316 rev. § 361; III § 361. P. I S. 1388, 1392—1394; M. II S. 86—88. P. II S. 489—492, 674 (Bd. I S. 245—247, 336, 337).

1. Der § 367 bestimmt eine Ausnahme von der Regel des § 366 für den Fall, daß der Schuldner neben einer Hauptleistung Zinsen und Kosten schuldet. Nach dem E. I § 268 sollte auch in diesem Falle zunächst die Bestimmung des Schuldners darüber entscheiden, auf welche dieser Schulden eine

§. 368.

Der Gläubiger hat gegen Empfang der Leistung auf Verlangen ein schriftliches Empfangsbekenntniß (Quittung) zu ertheilen. Hat der Schuldner ein rechtliches Interesse, daß die Quittung in anderer Form ertheilt wird, so kann er die Ertheilung in dieser Form verlangen.

---

zur Tilgung aller nicht ausreichende Leistung anzurechnen sei. Nur in Ermangelung einer solchen Bestimmung sollte die Anrechnung statt nach den Grundsätzen des § 267 Abs. 2 des E. I (§ 366 Abs. 2 des B.G.B.) in der Art erfolgen, daß die Leistung zunächst auf die Kosten, dann auf die Zinsen, zuletzt auf die Hauptleistung angerechnet werde. Bei dieser Gestaltung muß der Gläubiger, wenn der Schuldner die Anrechnung der Leistung auf die Hauptschuld bestimmt hat, sich diese Bestimmung gefallen lassen und kommt, falls er, um dem zu entgehen, die Leistung ablehnt, in Verzug der Annahme. Nur wenn die Leistung als eine Theilleistung zu betrachten ist, kann der Gläubiger sie nach § 266 ablehnen, ohne in Verzug der Annahme zu gerathen. Ob die Leistung, welche nur zur Tilgung der Hauptschuld, nicht aber der Zinsen und Kosten genügt, eine Theilleistung ist, hängt davon ab, ob es sich um ein einheitliches, Zinsen und Kosten mit umfassendes Schuldverhältniß oder um drei verschiedene Ansprüche handelt. Die Beantwortung dieser Frage hängt von den Umständen des einzelnen Falles ab. Der Anspruch auf Verzugszinsen z. B. ist nur eine Erweiterung des Anspruchs auf die Hauptleistung (§ 288); der Anspruch auf vertragsmäßige Zinsen ist ein selbständiger Anspruch. Die zweite Kommission glaubte, daß diese Regelung des Verhältnisses der Auffassung des Lebens und der Billigkeit nicht entspreche. Das Bestimmungsrecht des Schuldners ist deshalb durch den § 367 für den hier fraglichen Fall zwar nicht vollständig beseitigt, aber doch insofern abgeschwächt, als der Gläubiger, wenn der Schuldner eine mit der Vorschrift des ersten Absatzes nicht in Einklang stehende Bestimmung über die Anrechnung trifft, die Leistung auch dann, wenn es sich nicht um ein einheitliches Schuldverhältniß, sondern um mehrere neben einander bestehende Schuldverhältnisse handelt, ablehnen kann, ohne in Verzug der Annahme zu kommen. Nimmt der Gläubiger die Leistung an, so ist die Bestimmung des Schuldners maßgebend. Hat der Schuldner keine Bestimmung getroffen, so erfolgt die Anrechnung nach Maßgabe des Abs. 1.

2. Die Vorschriften des § 367 finden auch dann Anwendung, wenn die Leistung nicht von dem Schuldner, sondern von einem Dritten bewirkt wird. Auch wenn der im Wege der Zwangsvollstreckung wegen eines auf Zahlung der Hauptschuld, der Zinsen und Kosten gerichteten Urtheils beigetriebene Betrag nicht zur vollständigen Tilgung genügt, findet die Vorschrift des Abs. 1 Anwendung; der Abs. 2 kommt in diesem Falle nicht in Betracht. Eine dem § 367 Abs. 1 entsprechende Vorschrift enthält die K.O. § 48.

§ 368.

E. I § 269; II § 317 rev. § 362; III § 362. P. I S. 1394—1397, 1401, 1402, 11735, 11736; M. II S. 88, 89. P. II S. 674—677, 679—682, 8429, 8430 (Bd. I S. 337, 338—340).

1. Ueber die schriftliche Form des Empfangsbekenntnisses s. Erl. zu § 126 Nr. 1—3.

Das Empfangsbekenntniß muß mit genügender Deutlichkeit die Verbindlichkeit bezeichnen, welche erfüllt ist, und wenn der Schuldner dies verlangt, auch die Zeit, zu welcher die Erfüllung erfolgt ist.

2. Die Quittung ist Zug um Zug gegen Empfang der Leistung zu ertheilen. Dem Schuldner steht ein Zurückbehaltungsrecht zu (s. Erl. zu § 273). Erbietet sich der Gläubiger nicht zu der Ausstellung der Quittung, wenn der Schuldner dieselbe unter dem Angebote der Leistung verlangt, so kommt der Schuldner nicht in Verzug der Leistung, der Gläubiger aber in Verzug der Annahme (s. Erl. zu § 284 Nr. 7 c, d und zu § 298). Ist die Leistung erfolgt, ohne daß eine Quittung ertheilt ist, so kann der Schuldner die nachträgliche Ausstellung der Quittung verlangen.

3. Die Quittung kann bei allen Schuldverhältnissen verlangt werden, mögen sie auf Zahlung von Geld oder auf andere Leistungen gehen. Ein in der zweiten Kommission gestellter Antrag, von der Vorschrift des § 368 eine Ausnahme für Baarzahlungen zu machen, bei denen nach der Verkehrssitte die Ertheilung von Quittungen ausgeschlossen ist, wurde abgelehnt.

4. Ein rechtliches Interesse, die Ertheilung der Quittung in öffentlicher oder öffentlich beglaubigter Form zu verlangen, hat der Schuldner z. B. in solchen Fällen, in welchen eine in solcher Form ausgestellte Quittung zu einer Eintragung in das Grundbuch erforderlich ist (§§ 1144, 1192. G.B.O. § 29).

5. Ueber die **rechtliche Bedeutung der Quittung** herrscht in der Theorie lebhafter Streit (**Windscheid** II §§ 412a, 412b, **Dernburg** II § 54, **Planck**, Lehrbuch des deutschen Civilprozeßrechts, Bd. I §§ 63, 64; Bd. II §§ 115, 116). Die Quittung wird von dem Einen nur als Wissenserklärung, von dem Anderen als rechtsgeschäftliche Willenserklärung aufgefaßt. Unter den Vertheidigern der letztgedachten Auffassung besteht wieder Streit darüber, ob durch den in dem Geben und Nehmen der Quittung liegenden Vertrag das Schuldverhältniß aufgehoben oder ob dadurch nur das Bestreiten der Erfüllung im Prozeß ausgeschlossen wird, ferner ob dieser Ausschluß ein unbedingter, nur im Wege der Kondiktion zu beseitigender ist oder ob er nur die Bedeutung eines Beweisvertrags hat, durch welchen der sich auf die Erfüllung berufende Theil zwar von dem Beweise der Erfüllung befreit, dem anderen Theile aber der Gegenbeweis offen gelassen wird. Die letztgedachte Auffassung nähert sich im praktischen Ergebnisse der Ansicht, nach welcher die Quittung nur eine Wissenserklärung ist, die aber, weil sie zum Nachtheile derjenigen Partei gereicht, welche sie abgegeben hat, regelmäßig vollen Beweis gegen diese Partei begründet. Die Vorschriften des bisherigen Rechtes, nach welchen die Beweiskraft einer Quittung erst nach dem Ablauf einer bestimmten Frist eintritt, sind bereits durch das E.G. zur C.P.O. § 17 aufgehoben.

Ausdrückliche Vorschriften über die rechtliche Bedeutung der Quittung finden sich weder in den Entwürfen noch in dem B.G.B. selbst. In der zweiten Kommission war beantragt, die im Wesentlichen mit dem § 368 übereinstimmende Fassung des E. I § 269 dahin zu ändern, daß der Gläubiger verpflichtet sei, dem Schuldner ein **schriftliches Anerkenntniß** über den Empfang der Leistung zu ertheilen. Hierdurch sollte ausgedrückt werden, daß sich in dem Geben und Nehmen der Quittung ein die Sicherstellung des Schuldners gegen künftige Ansprüche des Gläubigers bezweckendes Rechtsgeschäft vollziehe. Die Quittungsertheilung — so wurde ausgeführt — sei zwar nicht ohne Weiteres als ein Erlaßvertrag oder als ein schlechthin das Nichtbestehen der Forderung feststellender Anerkennungsvertrag aufzufassen. Sie könne zum Ausdruck eines solchen Vertragswillens benutzt werden, aber dies sei nicht die Regel und dürfe daher nur dann angenommen werden, wenn die Umstände des Falles dies rechtfertigten. Gleichwohl bezwecke die Quittungsertheilung die bindende Feststellung des Rechtsverhältnisses unter den Parteien dahin, daß der Gläubiger durch Erfüllung befriedigt sei. Wäre die Quittung kein Rechtsgeschäft, so würde jede im Voraus ertheilte Quittung werthlos sein; denn das darin liegende außergerichtliche Geständniß werde durch den Beweis widerlegt, daß die Erfüllung zur Zeit der Ausstellung der Quittung noch nicht erfolgt gewesen sei. Die Mehrheit der Kommission lehnte den Antrag ab. Sie ging davon aus, daß nach der Auffassung des Verkehrs und nach der bisherigen Rechtsprechung die Quittung als ein Beweismittel angesehen werde, das durch Gegenbeweis entkräftet werden könne. Ob sie lediglich außergerichtliches Geständniß oder, wenigstens unter Umständen, Beweisvertrag sei, könne dahingestellt bleiben. Werde die Quittung in Erwartung der Leistung im Voraus ausgestellt, so habe die Quittung Beweiskraft, bis der Gegenbeweis erbracht werde, daß auch nachträglich die Leistung nicht erfolgt sei. Diese Erweiterung der Beweiskraft entspreche dem Sinne, in welchem die Quittung ertheilt sei, sie höre aber dadurch nicht auf, Beweismittel zu sein.

Diese Auffassung hat in der Fassung des § 368 einen zweifelsfreien Ausdruck nicht gefunden. Bei der Auslegung des Gesetzes werden daher die in den mitgetheilten Stellen der Protokolle geäußerten Ansichten zwar zu berücksichtigen sein; eine entscheidende Bedeutung kommt ihnen aber nicht zu. Die Frage über die rechtliche Bedeutung der Quittung hängt mit der allgemeinen Frage über die rechtliche Bedeutung des Anerkennungsvertrags und des außergerichtlichen Geständnisses zusammen. Eine erschöpfende Erörterung dieser Frage ist hier nicht möglich. Nur folgende Punkte mögen hervorgehoben werden.

a) Das B.G.B. erkennt die Möglichkeit eines vertragsmäßigen Schuldanerkenntnisses an, durch welches die anerkannte Schuld selbständig begründet wird (§§ 780, 781); es erkennt ebenso an, **daß das Schuldverhältniß durch einen Vertrag erlischt, in welchem der Gläubiger dem Schuldner gegenüber anerkennt, daß das Schuldverhältniß nicht bestehe** (§ 397 Abs. 2). Ein Vertrag der letztgedachten Art kann in der Weise geschlossen werden, daß der Gläubiger dem Schuldner eine sich auf das Schuldverhältniß beziehende Quittung aushändigt. Ob in der Ausstellung und Aushändigung einer Quittung ein solcher Vertrag liegt, ist unter Berücksichtigung aller Umstände des Falles durch Auslegung festzustellen. Dabei ist insbesondere zu berücksichtigen, ob die Quittung generell lautet oder ob der Erlöschungsgrund speciell angegeben, ob also z. B. der Empfang der geschuldeten Leistung bescheinigt wird. In dem ersteren Falle liegt die Auslegung, daß ein Vertrag der fraglichen Art beabsichtigt sei, näher als in dem letzteren Falle. Von großer Bedeutung ist ferner, ob der

Aussteller der Quittung bei der Ertheilung derselben gewußt hat, daß die betreffende Verbindlichkeit noch nicht erloschen, bezw. die anerkannte Erfüllung noch nicht erfolgt sei, oder ob er sich in dieser Beziehung geirrt hat (s. unter e).

b) Das B.G.B. enthält keine Vorschriften über einen Vertrag, durch welchen vereinbart wird, daß der eine Theil gegenüber dem anderen Theile das Bestehen oder die Aufhebung eines Rechtsverhältnisses oder das Bestehen oder Nichtbestehen einer Thatsache nicht solle bestreiten können. Ob ein solcher Vertrag gegenüber den Vorschriften der C.P.O. zulässig ist und die rechtliche Wirkung hat, daß dasjenige, was nach dem Vertrage nicht soll bestritten werden können, im Prozesse von dem Gericht als feststehend angenommen werden muß, ist streitig. Streitig ist insbesondere auch, ob der Vertrag dahin geschlossen werden kann, daß eine Thatsache zwar als des Beweises nicht bedürftig anzusehen, der Gegenbeweis aber zulässig ist. Der Grundsatz der Vertragsfreiheit spricht für die rechtliche Zulässigkeit derartiger Verträge, und aus den Vorschriften der C.P.O. dürften entscheidende Gründe dagegen nicht hergeleitet werden können. Hält man einen Vertrag der fraglichen Art für zulässig, so kann derselbe auch in der Form geschlossen werden, daß eine Quittung über das Schuldverhältniß oder über die Erfüllung der Verpflichtung ertheilt wird. Ob die Ertheilung der Quittung diesen Sinn hat, ist wie in den Fällen unter **a** durch Auslegung festzustellen.

c) Bei der Ertheilung einer Quittung kann der Wille, ein Rechtsgeschäft vorzunehmen, überhaupt fehlen. Die Quittung kann nur Wissenserklärung, nicht Willenserklärung sein. Sie hat in diesem Falle nur die Bedeutung eines Beweismittels, dessen Werth für den zu erbringenden Beweis das Gericht nach freiem Ermessen zu würdigen hat. Regelmäßig wird indessen das Gericht die Erklärung des Gläubigers, die geschuldete Leistung empfangen zu haben, für genügend erachten, um den Beweis der Erfüllung als erbracht anzusehen. Der Gegenbeweis ist selbstverständlich immer zulässig.

d) Auf einen Vertrag der unter **a** und **b** bezeichneten Art finden die allgemeinen Vorschriften über Verträge Anwendung, insbesondere also die Vorschriften über Geschäftsfähigkeit und über die Anfechtung wegen Willensmängel. Da nach § 812 Abs. 2 die durch Vertrag erfolgte Anerkennung des Bestehens oder Nichtbestehens eines Schuldverhältnisses als Leistung im Sinne der §§ 812 ff. gilt, so ist der Schuldner, wenn das Anerkenntniß des rechtlichen Grundes entbehrt, von dem Gläubiger die Herausgabe des dadurch Erlangten, also die Aufhebung des Anerkenntnißvertrags nach den Vorschriften über die Herausgabe einer ungerechtfertigten Bereicherung (§§ 812 ff.) zu fordern berechtigt. Die Vorschrift des § 812 Abs. 2 bezieht sich ihrem Wortlaute nach nur auf Verträge der unter **a** bezeichneten Art, umfaßt ihrem Sinne nach aber, soweit Verträge der unter **b** bezeichneten Art überhaupt rechtlich wirksam sind, auch diese.

In den unter **c** bezeichneten Fällen kommen die Vorschriften über Rechtsgeschäfte und über die Herausgabe einer ungerechtfertigten Bereicherung nicht in Frage; es handelt sich nur darum, ob und inwieweit das Geständniß glaubhaft und durch Gegenbeweis nicht entkräftet ist. Ein Vertrag der unter **a** und **b** bezeichneten Art, der als solcher, z. B. wegen beschränkter Geschäftsfähigkeit des Gläubigers, unwirksam ist, kann unter Umständen als Wissenserklärung noch Bedeutung haben.

e) Die dem Gläubiger nach § 368 obliegende Verpflichtung, gegen Empfang der Leistung ein schriftliches Empfangsbekenntniß zu ertheilen, hat zweifellos nicht die Bedeutung, daß der Gläubiger verpflichtet wäre, einen Vertrag der unter **a** bezeichneten Art zu schließen. Zweifelhaft ist, ob die Ertheilung des Empfangsbekenntnisses die unter **b** oder nur die unter **c** bezeichnete Bedeutung hat. Aus dem Ausdrucke „Bekenntniß" läßt sich mit Sicherheit nichts schließen. Der Ausdruck „Anerkenntniß" mußte vermieden werden, weil dadurch mit Rücksicht auf die Fassung des § 397 Abs. 2 die Deutung nahe gelegt wäre, daß ein Vertrag der unter **a** gedachten Art gemeint sei. Nach dem oben angeführten Inhalte der P. II sollte es dahingestellt bleiben, ob in der Ertheilung der Quittung ein Beweisvertrag liege oder nicht. Der Zweck der fraglichen Vorschrift geht dahin, den Schuldner, welcher die Leistung bewirkt hat, gegen Bestreitung von Seiten des Gläubigers zu sichern. Dieser Zweck wird offenbar vollständiger und sicherer auf dem unter **b** als auf dem unter **c** bezeichneten Wege erreicht. Die fragliche Vorschrift dürfte daher im Sinne der ersten Alternative auszulegen sein. Die zweite Kommission wollte indessen, wie der oben angeführte Inhalt der P. II ergiebt, durch die im Anschluß an den E. I angenommene Fassung des § 368 zum Ausdrucke bringen, daß dem Gläubiger der direkte Gegenbeweis gegen die von ihm ausgestellte Quittung zustehe. Es scheint daher angenommen werden zu müssen, daß der in der Ertheilung der Quittung liegende Beweisvertrag nur die oben unter **b** angeführte zweite Bedeutung haben soll, nach welcher der Empfang der Leistung zwar des Beweises nicht bedarf, der Gegenbeweis aber zulässig bleibt. Sachlich gelangt man indessen im Wesentlichen zu demselben Ergebniß, auch wenn man einen solchen Vorbehalt des Gegenbeweises nicht annimmt. Die folgenden Erwägungen dürften ergeben, daß überwiegende Gründe für die Annahme eines Beweisvertrags ohne Vorbehalt des Gegenbeweises sprechen. Entspricht die Quittung der wirklichen Sachlage nicht, so kann dies seinen Grund entweder darin haben, daß der Gläubiger sich bei der Ertheilung der Quittung geirrt hat, oder darin, daß er wissentlich die nicht bewirkte Leistung als bewirkt hat anerkennen wollen, oder endlich darin, daß er die Quittung in der Erwartung ausgestellt hat, daß die Leistung erfolgen werde. In dem ersteren Falle glaubte der Gläubiger nach Maßgabe des § 368 zur Ertheilung der Quittung verpflichtet zu sein; er ertheilte die Quittung zum Zwecke der Erfüllung dieser Verpflichtung. Die Verpflichtung bestand aber, da die Erfüllung noch nicht erfolgt war, nicht. Der Gläubiger kann also die Aufhebung des in der Ertheilung der Quittung liegenden Vertrags nach den Vorschriften über die Herausgabe einer ungerechtfertigten Bereicherung (§§ 812—814) verlangen. Er braucht zur Begründung dieses Anspruchs nur zu beweisen, daß er die Quittung zu dem gedachten Zwecke ertheilt habe und daß zur Zeit der Ertheilung der Quittung die Erfüllung noch nicht erfolgt gewesen sei, eine Verpflichtung zur Ertheilung der Quittung also noch nicht bestanden habe. Dem Schuldner steht dagegen nach § 814 der Beweis zu, daß der Gläubiger gewußt habe, daß die Erfüllung noch nicht erfolgt und daß er daher zu der Ertheilung der Quittung nicht verpflichtet gewesen sei. Wird dieser Beweis geführt, so liegt, sofern die Quittung nicht in der Erwartung der Leistung ertheilt war, der oben bezeichnete zweite Fall vor. Die Ertheilung der Quittung erfolgte nicht auf Grund des § 368; sie konnte nur in der Absicht erfolgen, das Schuldverhältniß, obwohl die Leistung nicht erfolgt war, aufzuheben (s. oben unter **a**) oder doch die Bestreitung der Aufhebung auszuschließen (s. oben unter **b**). Für einen Fall dieser Art den Gegenbeweis zuzulassen, ist sicherlich auch die Absicht der zweiten Kommission nicht gewesen. In dem oben hervorgehobenen dritten Falle, wenn der Gläubiger, wie dies bei der Erfüllung mancher Verbindlichkeiten, z. B. bei den Verbindlichkeiten öffentlicher Kassen die Regel bildet, die Quittung vor der Erfüllung, aber in der Erwartung derselben ertheilt, würde die einfache Zulassung des direkten Gegenbeweises mit dem Zwecke, zu welchem die Quittung ertheilt wird, nicht vereinbar sein. Der direkte Gegenbeweis gegen den Inhalt der Quittung wird dadurch geführt, daß die Erfüllung zur Zeit der Ertheilung, also zur Zeit der Aushändigung der Quittung an den Schuldner, noch nicht erfolgt ist. Dies wird regelmäßig leicht bewiesen werden können und ist meistens überhaupt nicht streitig. Dem Schuldner würde also die Quittung in Fällen dieser Art nichts nützen. Der Zweck, zu welchem die Quittung ertheilt wird, kann nur erreicht werden, wenn der Gläubiger dieselbe nicht durch den Beweis, daß die Erfüllung zur Zeit der Ertheilung noch nicht erfolgt gewesen, sondern nur durch den Beweis entkräften kann, daß die Erwartung, in welcher die Quittung ertheilt worden, sich nicht erfüllt habe, die betreffende Leistung also auch später nicht bewirkt sei. Dieser Anforderung wird genügt, wenn man die Ertheilung der Quittung in dem fraglichen Falle als einen den einfachen Gegenbeweis ausschließenden Vertrag der unter **b** bezeichneten Art ansieht, zugleich aber annimmt, daß dem Gläubiger, wenn die Leistung nicht erfolgt, das Recht zustehe, die Aufhebung des Vertrags nach den Vorschriften über die Herausgabe einer ungerechtfertigten Bereicherung zu verlangen. Die Berechtigung dieser Annahme dürfte sich nicht bestreiten lassen. War die Quittung in der Erwartung ausgehändigt und angenommen, daß die Erfüllung so, wie sie in der Quittung als erfolgt anerkannt ist, erfolgen werde, so ist, wenn die Erfüllung nicht erfolgt, der durch die Ertheilung der Quittung nach dem Inhalte des Rechtsgeschäfts bezweckte Erfolg nicht eingetreten; dem Gläubiger steht daher nach § 812 Abs. 1 Satz 2 (vgl. auch § 815) der Anspruch gegen den Schuldner auf Herausgabe des durch die Quittung Erlangten, also auf Aufhebung des durch die Quittung begründeten Rechtes zu. Dem Gläubiger liegt der Beweis ob, daß die Quittung in der gedachten Erwartung ertheilt und daß die Erfüllung nicht erfolgt sei. Sachlich hat auch wohl die zweite Kommission nichts anderes gewollt. Die in den Protokollen enthaltene Andeutung einer abweichenden juristischen Konstruktion ist für die Auslegung nicht bindend.

Das Verhältniß gestaltet sich hiernach, wenn der Schuldner sich in einem Rechtsstreite zur Bekämpfung des Anspruchs des Klägers auf eine Quittung desselben über den Empfang der geschuldeten Leistung beruft, folgendermaßen:

Die Quittung überhebt den Beklagten des Beweises der Erfüllung. Der Kläger kann aber die Wirkung der Quittung durch den Beweis beseitigen, daß er die Quittung zum Zwecke der ihm nach § 368 obliegenden Verpflichtung ausgestellt habe und daß diese Verpflichtung, weil die Erfüllung zur Zeit der Ertheilung der Quittung noch nicht erfolgt gewesen sei, nicht bestanden habe. Der erste Theil dieses Beweises wird regelmäßig ohne Weiteres als erbracht anzusehen sein. Dem Beklagten steht jenen klägerischen Beweisen gegenüber der Beweis offen, daß der Kläger bei Ertheilung der Quittung gewußt habe, daß die Erfüllung nicht erfolgt sei. Hiergegen steht wieder dem Kläger der Beweis zu, daß die Quittung in der Erwartung der Erfüllung ertheilt, diese aber nicht erfolgt sei (vgl. Erl. zu 397 Nr. 5).

§. 369.

Die Kosten der Quittung hat der Schuldner zu tragen und vorzuschießen, sofern nicht aus dem zwischen ihm und dem Gläubiger bestehenden Rechtsverhältnisse sich ein Anderes ergiebt.

Treten in Folge einer Uebertragung der Forderung oder im Wege der Erbfolge an die Stelle des ursprünglichen Gläubigers mehrere Gläubiger, so fallen die Mehrkosten den Gläubigern zur Last.

§. 370.

Der Ueberbringer einer Quittung gilt als ermächtigt, die Leistung zu empfangen, sofern nicht die dem Leistenden bekannten Umstände der Annahme einer solchen Ermächtigung entgegenstehen.

---

§ 369.

E. I § 270; II § 318 rev. § 363; III § 363. P. I S. 1394, 1397—1400, 6187, 6188, 11736; M. II S. 89, 90. P. II S. 682, 683 (Bd. I S. 340).

1. Die Verpflichtung zur Ertheilung einer Quittung ist dem Gläubiger im Interesse des Schuldners auferlegt; deshalb hat dieser die Kosten der Quittung zu tragen. Die Kosten des Papiers und der Tinte sind so unerheblich, daß hierfür nach der Verkehrssitte Ersatz nicht verlangt wird. In Betracht kommen aber die Kosten eines etwa erforderlichen Stempels (die Verpflichtung zur Tragung dieser Kosten gegenüber dem Staate wird durch den § 369 nicht berührt), ferner die Kosten der öffentlichen Beglaubigung des Handzeichens des Gläubigers (§ 126) sowie die Kosten einer besonderen Form, wenn eine solche nach § 368 Satz 2 von dem Schuldner verlangt wird. Auch die Kosten der Uebersendung der Quittung an den Schuldner hat dieser zu tragen.

2. Die Vorschrift, daß der Schuldner die Kosten der Quittung auch vorzuschießen hat, beruht auf einem Beschlusse der zweiten Kommission. Solange der Schuldner dieser Verpflichtung nicht genügt hat, braucht der Gläubiger die Quittung nicht zu ertheilen und kommt daher dadurch, daß er sie nicht anbietet, nicht in Verzug der Annahme der von dem Schuldner angebotenen Leistung (s. Erl. zu § 368 Nr. 2). Die Vorschußpflicht wird von dem B.G.B. auch in allen ähnlichen Fällen anerkannt (s. z. B. die §§ 403, 798, 800).

3. Die Befreiung des Schuldners von der Verpflichtung, die Kosten der Quittung zu tragen und vorzuschießen, kann durch Vertrag zwischen den Parteien begründet sein. Sie kann sich aber auch aus der Natur des Rechtsverhältnisses ergeben, auf welchem die Verbindlichkeit des Schuldners beruht. Dies wird regelmäßig der Fall sein, wenn das betreffende Rechtsverhältniß im Interesse des anderen Theiles eingegangen ist, so z. B. bei den Verbindlichkeiten des Beauftragten, des Verwahrers, des Vormundes.

4. Die Vorschrift des Abs. 2 beruht auf einem Beschlusse der zweiten Kommission. Der Schuldner soll, wenn ihm ursprünglich nur ein Gläubiger gegenüberstand, an die Stelle desselben aber durch Uebertragung oder durch Erbfolge mehrere Gläubiger getreten sind, die dadurch entstehenden Mehrkosten nicht tragen. Zweifelhaft kann sein, wie sich hiernach das Verhältniß des Schuldners zu den mehreren Gläubigern gestaltet. Wird der Schuldner, wenn er einem der Gläubiger die Kosten der Quittung ersetzt hat, von der Verpflichtung, die Kosten der Quittung der übrigen Gläubiger zu tragen, frei oder hat er jedem Gläubiger gegenüber einen verhältnißmäßigen Antheil der Kosten zu tragen, welche die Quittung des ursprünglichen Gläubigers erfordert haben würde? Die letztgedachte Auffassung dürfte, obwohl sie praktisch schwer durchführbar sein wird, dem der fraglichen Vorschrift zu Grunde liegenden Gedanken sowie der Natur des vorliegenden Rechtsverhältnisses am meisten entsprechen, und zwar um so mehr, als zwischen den mehreren Gläubigern wenigstens dann, wenn sie die Forderung durch Theilübertragung erworben haben, eine zur Ausgleichung verpflichtende Gemeinschaft nicht besteht.

§ 370.

E. II § 319 rev. § 364; III § 364. P. II S. 683, 684 (Bd. I S. 341).

Der § 370 beruht auf einem Beschlusse der zweiten Kommission. Er verallgemeinert die Vorschrift des § 296 des früheren H.G.B. In dem neuen H.G.B. ist eine entsprechende Vor-

§. 371.

Ist über die Forderung ein Schuldschein ausgestellt worden, so kann der Schuldner neben der Quittung Rückgabe des Schuldscheins verlangen. Behauptet der Gläubiger, zur Rückgabe außer Stande zu sein, so kann der Schuldner das öffentlich beglaubigte Anerkenntniß verlangen, daß die Schuld erloschen sei.

---

schrift mit Rücksicht auf den § 370 des B.G.B. weggelassen. Der Aussteller der Quittung hat die Gefahr des Mißbrauchs derselben durch einen Dritten zu tragen. Die von dem Schuldner an den Ueberbringer bewirkte Leistung gilt als an einen Bevollmächtigten des Gläubigers erfolgt (§ 164), sofern nicht die dem Leistenden bekannten Umstände der Annahme einer solchen Ermächtigung entgegenstehen. Um die Ausnahme zu begründen, ist also nicht erforderlich, daß der Leistende gewußt hat, daß der Ueberbringer der Quittung zu der Annahme der Leistung nicht ermächtigt sei; es genügt vielmehr, daß er Umstände gekannt hat, welche bei verständiger Würdigung derselben die Annahme einer Ermächtigung ausschließen. Andererseits genügt es nicht, daß der Leistende die fraglichen Umstände kennen mußte; er muß sie vielmehr wirklich gekannt haben.

§ 371.

E I 271; II § 320 rev. § 365; III § 365. P. I S. 1402, 1403; M. II S. 90, 91. P. II S. 684, 685 (Bd. I S. 341, 342).

1. Die Rückgabe des Schuldscheins hat ebenso wie die Ertheilung der Quittung Zug um Zug gegen Empfang der Leistung zu erfolgen (s. Erl. zu § 368 Nr. 2). Ist streitig, ob ein Schuldschein ausgestellt worden ist, so liegt der Beweis dem Schuldner ob.

2. Das Recht des Schuldners, statt der Rückgabe des Schuldscheins das in dem Satze 2 bezeichnete Anerkenntniß zu verlangen, ist nicht, wie nach dem E. I § 271, dadurch bedingt, daß der Gläubiger zu der Rückgabe des Schuldscheins außer Stande ist; vielmehr genügt es, daß der Gläubiger dies behauptet. Nicht entschieden ist die Frage, ob der Schuldner, wenn er die Wahrheit der Behauptung des Gläubigers bestreitet, die Rückgabe des Schuldscheins verlangen kann und ob der Gläubiger in diesem Falle beweisen muß, daß er in Folge eines von ihm nicht zu vertretenden Umstandes zur Rückgabe außer Stande sei. Die Frage dürfte zu bejahen sein.

3. Nach dem E. I § 271 war die Verpflichtung des Gläubigers dahin bestimmt, daß er eine schriftliche und öffentlich beglaubigte Erklärung abgebe, daß die Schuld erloschen sei. In dem § 371 wird durch den Ausdruck „Anerkenntniß" schärfer hervorgehoben, daß es sich um den Abschluß eines Anerkennungsvertrags der im § 397 Abs. 2 bezeichneten Art handelt (s. Erl. zu § 368 Nr. 3a und zu § 397). Nach dem E. I § 271 sollte der Schuldner die fragliche Erklärung neben der Quittung verlangen können. Die zweite Kommission glaubte, daß die Quittung keinen Zweck habe, wenn das Erlöschen der Verbindlichkeit durch das Anerkenntniß des Gläubigers festgestellt werde. Der Schuldner kann daher eine Quittung neben der Rückgabe des Schuldscheins, nicht aber neben dem im Satz 2 bezeichneten Anerkenntnisse verlangen.

Ueber öffentliche Beglaubigung s. § 129. Nur die Erklärung des Gläubigers bedarf der öffentlichen Beglaubigung, nicht die Annahme derselben von Seiten des Schuldners.

4. Die Kosten des Anerkenntnisses hat der Gläubiger zu tragen. Im E. I § 271 Satz 2 war dies ausdrücklich bestimmt. Gestrichen ist diese Vorschrift nur deshalb, weil man sie für selbstverständlich hielt.

Zweiter Titel.

1. Die Hinterlegung bildet ein Surrogat der Erfüllung bei solchen Schuldverhältnissen, welche auf Leistung von Geld, Werthpapieren und sonstigen Urkunden sowie auf Leistung von Kostbarkeiten gerichtet sind. Die Landesgesetze können bestimmen, daß die Hinterlegungsstellen auch andere bewegliche Sachen als die gedachten anzunehmen haben. Soweit dies bestimmt ist, finden die Vorschriften der §§ 372—382 auch auf solche Schuldverhältnisse Anwendung, welche auf Leistung von Sachen der fraglichen Art gerichtet sind (E.G. Art. 146). Bei Schuldverhältnissen, die auf Leistung von Sachen gehen, welche nicht hinterlegungsfähig sind, tritt an die Stelle der Hinterlegung der Sache die Veräußerung derselben und die Hinter-

Zweiter Titel.

Hinterlegung.

legung des Erlöses (§§ 383—386). Für Schuldverhältnisse, die auf Leistung unbeweglicher Sachen gerichtet sind, besteht ein der Hinterlegung entsprechendes Surrogat der Erfüllung nicht (s. jedoch § 303).

2. Das Recht der Hinterlegung bezw. der Veräußerung steht dem Schuldner unter den in den §§ 372, 383 bestimmten Voraussetzungen zu. In einzelnen Fällen ist auch ein Dritter zur Hinterlegung berechtigt (s. Erl. zu § 372 Nr. 3); auch der Gläubiger kann in einigen Fällen die Hinterlegung fordern (s. z. B. die §§ 432, 1077, 1281; vergl. auch W.O. Art. 73). Macht der Gläubiger von diesem Rechte Gebrauch, so finden, wenn die Hinterlegung erfolgt, die Vorschriften dieses Titels darauf Anwendung. Keine Anwendung finden die Vorschriften dieses Titels auf die Hinterlegung von Geld und Werthpapieren, welche zum Zwecke der Sicherheitsleistung erfolgt (s. Bd. I S. 287, Erl. zu § 232 Nr. 2). Nicht berührt durch die Vorschriften dieses Titels werden die Bestimmungen der Prozeßgesetze, welche eine Hinterlegung anordnen oder nachlassen und die Wirkung einer solchen Hinterlegung regeln.

3. Die Bundesstaaten sind verpflichtet, Hinterlegungsstellen einzurichten, bei welchen die reichsgesetzlich zugelassene Hinterlegung erfolgen kann. Ueber die Art der Einrichtung bestimmen die Landesgesetze. Diese entscheiden insbesondere über die sachliche und örtliche Zuständigkeit der Hinterlegungsstellen (E.G. Art. 144); sie können Bestimmungen über die Hinterlegung selbst treffen (E.G. Art. 145). Selbstverständlich dürfen derartige Bestimmungen nicht im Widerspruche mit den Vorschriften des B.G.B. stehen.

4. Die Hinterlegung erfolgt durch Vertrag zwischen dem Schuldner und der Hinterlegungsstelle. Diese ist verpflichtet, die Hinterlegung jeder dazu geeigneten Sache anzunehmen. Eine Prüfung der Frage, ob die Voraussetzungen der Zulässigkeit (§ 372) vorliegen, steht der Hinterlegungsstelle nicht zu. Von einer gerichtlichen Anordnung kann auch durch landesgesetzliche Vorschriften die Hinterlegung nicht abhängig gemacht werden (E.G. Art. 145 Abs. 2). Durch den Hinterlegungsvertrag wird die Hinterlegungsstelle dem Hinterleger gegenüber verpflichtet, die hinterlegte Sache zu verwahren und demnächst dem Hinterleger oder dem Gläubiger wieder herauszugeben. Die Landesgesetze können indessen nach dem E.G. Art. 145 bestimmen, daß Geld und Werthpapiere gegen die Verpflichtung zur Rückerstattung in das Eigenthum des Fiskus oder der als Hinterlegungsstelle bestimmten Anstalt übergehen. An die Stelle des Anspruchs auf Herausgabe der hinterlegten Sachen selbst tritt in solchem Falle der Anspruch auf Rückerstattung einer gleichen Quantität von Sachen derselben Art.

5. Die Hinterlegung erfolgt für den Gläubiger und wirkt, wenn sie rechtmäßig ist, unmittelbar für und gegen ihn. Ihre Wirkung besteht einerseits in einer Aenderung des Schuldverhältnisses, andererseits in der Begründung eines Anspruchs des Gläubigers gegen die Hinterlegungsstelle.

a) Die Aenderung, welche das Schuldverhältniß erleidet, ist eine verschiedene, je nachdem der Schuldner noch zur Rücknahme der hinterlegten Sache befugt oder das Recht dazu ausgeschlossen ist. Ausgeschlossen wird das Recht zur Rücknahme, wenn der Schuldner der Hinterlegungsstelle gegenüber darauf verzichtet oder wenn der Gläubiger der Hinterlegungsstelle die Annahme erklärt oder wenn der Hinterlegungsstelle ein zwischen dem Gläubiger und dem Schuldner ergangenes rechtskräftiges Urtheil vorgelegt wird, durch welches die Hinterlegung für rechtmäßig erklärt ist (§ 376). Solange das Recht der Rücknahme nicht ausgeschlossen ist, hat die Hinterlegung gegenüber dem Gläubiger nur die Wirkung, daß der Schuldner ihn auf die hinterlegte Sache verweisen kann und daß dieselben Folgen eintreten wie im Falle eines Annahmeverzugs. Diese Wirkung fällt mit rückwirkender Kraft weg, wenn der Schuldner die Sache zurücknimmt (§ 379). Ist die Rücknahme ausgeschlossen, so wird der Schuldner von seiner Verpflichtung befreit, wie wenn er zur Zeit der Hinterlegung an den Gläubiger geleistet hätte (§ 378). Soweit indessen der Gläubiger zum Nachweise seiner Empfangsberechtigung gegenüber der Hinterlegungsstelle (s. unter **b)** noch der Einwilligung des Schuldners bedarf, bleibt dieser zur Ertheilung derselben verpflichtet (§ 380).

b) Der Gläubiger kann die Herausgabe der hinterlegten Sache von der Hinterlegungsstelle fordern. Dieses Recht steht ihm zu, mag das Recht des Schuldners zur Rücknahme noch bestehen oder mag es ausgeschlossen sein; es fällt weg, wenn der Schuldner

§. 372.

Geld, Werthpapiere und sonstige Urkunden sowie Kostbarkeiten kann der Schuldner bei einer dazu bestimmten öffentlichen Stelle für den Gläubiger hinterlegen, wenn der Gläubiger im Verzuge der Annahme ist. Das Gleiche gilt, wenn der Schuldner aus einem anderen in der Person des Gläubigers liegenden Grunde oder in Folge einer nicht auf Fahrlässigkeit beruhenden Ungewißheit über die Person des Gläubigers seine Verbindlichkeit nicht oder nicht mit Sicherheit erfüllen kann.

---

die Sache zurückgenommen hat. Der Schuldner kann, wenn er nur gegen eine Leistung des Gläubigers zu leisten verpflichtet ist, das Recht des Gläubigers zum Empfange der hinterlegten Sache von der Bewirkung der Gegenleistung abhängig machen (§ 373). Durch die Landesgesetze können auch besondere Vorschriften über den Nachweis der Empfangsberechtigung des Gläubigers gegeben werden (E.G. Art. 145). Der Anspruch des Gläubigers erlischt nach dem Ablaufe von dreißig Jahren nach dem Empfange der Anzeige von der Hinterlegung, sofern er sich nicht vorher bei der Hinterlegungsstelle gemeldet hat (§ 382).

6. Der § 372 bestimmt die Voraussetzungen, unter welchen der Schuldner zur Hinterlegung berechtigt ist. Der § 373 handelt von dem Falle, in welchem der Schuldner nur gegen Leistung des Gläubigers zu leisten verpflichtet ist. Der § 374 bestimmt den Ort, an welchem zu hinterlegen ist, und die Verpflichtung des Schuldners zur Anzeige der Hinterlegung an den Gläubiger. Der § 375 bestimmt die Wirkungen, welche die Uebersendung der hinterlegten Sache an die Hinterlegungsstelle durch die Post hat. Die §§ 376, 377 handeln von dem Rechte des Schuldners, die hinterlegte Sache zurückzunehmen; die §§ 378, 379 von der Wirkung der Hinterlegung. Der § 380 handelt von der Verpflichtung des Schuldners, dem Gläubiger eine zum Nachweise der Empfangsberechtigung erforderliche oder genügende Erklärung abzugeben; der § 381 von den Kosten der Hinterlegung, der § 382 von dem Erlöschen des Rechtes des Gläubigers auf die hinterlegte Sache durch Zeitablauf. Die §§ 383—386 enthalten Vorschriften für diejenigen Fälle, in welchen eine zur Hinterlegung nicht geeignete bewegliche Sache geschuldet wird.

§ 372.

E. I § 272 Abs. 1; II § 321 rev. § 366; III § 366. P. I S. 1431—1439; M. II S. 91—96. P. II S. 685—692, 718, 8430, 8431 (Bd. I S. 342—345, 358). K.B. S. 1966. St.B. S. 2776.

1. Nach dem E. I § 272 Abs. 1 sollten nur Geld und Werthpapiere hinterlegt werden können. Die Ausdehnung auf sonstige Urkunden und Kostbarkeiten beruht auf einem Beschlusse der zweiten Kommission. In Folge der Ausdehnung auf sonstige Urkunden wird es unnöthig, zu untersuchen, ob der Begriff der Werthpapiere in einem engeren oder in einem weiteren Sinne verstanden ist. Was unter Kostbarkeiten zu verstehen ist, bestimmt sich nach der Auffassung des Lebens. Es gehören dahin insbesondere Juwelen sowie goldene und silberne Sachen. Andere als die im § 372 bezeichneten Sachen können nur hinterlegt werden, wenn dies durch die Landesgesetze bestimmt ist (E.G. Art. 146).

2. Die Hinterlegung ist nicht durch ein Verschulden des Gläubigers bedingt. Sie ist zulässig

a) wenn der Gläubiger im Verzuge der Annahme ist (s. die §§ 293 ff.).

b) wenn der Schuldner aus einem anderen in der Person des Gläubigers liegenden Grunde seine Verbindlichkeit nicht oder nicht mit Sicherheit erfüllen kann. Diese Voraussetzung liegt z. B. vor, wenn der Gläubiger die Forderung an einen Anderen abgetreten hat, die Abtretung aber anfechtbar und es noch ungewiß ist, ob die Anfechtung erfolgen werde. Hierher gehört auch der Fall, daß die Forderung des Gläubigers mit Arrest belegt ist.

c) wenn der Schuldner in Folge einer nicht auf Fahrlässigkeit beruhenden Ungewißheit über die Person des Gläubigers nicht oder nicht mit Sicherheit erfüllen kann. Während in dem Falle unter b eine objektive Ungewißheit erfordert wird, genügt es hier, daß der Schuldner subjektiv über die Person des Gläubigers ungewiß ist. Auf die Gründe der Ungewißheit kommt es nicht an. Nothwendig ist nur, daß die Ungewißheit nicht auf Fahrlässigkeit beruht. Ueber den Begriff der Fahrlässigkeit s. Bd. I S. 35 III. Unter dieser Voraussetzung genügt auch eine Ungewißheit, welche auf rechtlichen Zweifeln beruht. Streiten Mehrere darüber, wem von ihnen die Forderung zusteht, so wird regelmäßig eine Ungewißheit der hier erforderlichen Art vorliegen.

§. 373.

Ist der Schuldner nur gegen eine Leistung des Gläubigers zu leisten verpflichtet, so kann er das Recht des Gläubigers zum Empfange der hinterlegten Sache von der Bewirkung der Gegenleistung abhängig machen.

§. 374.

Die Hinterlegung hat bei der Hinterlegungsstelle des Leistungsorts zu erfolgen; hinterlegt der Schuldner bei einer anderen Stelle, so hat er dem Gläubiger den daraus entstehenden Schaden zu ersetzen.

Der Schuldner hat dem Gläubiger die Hinterlegung unverzüglich anzuzeigen; im Falle der Unterlassung ist er zum Schadensersatze verpflichtet. Die Anzeige darf unterbleiben, wenn sie unthunlich ist.

---

3. **Nur der Schuldner** oder ein Vertreter desselben, welcher Vertretungsmacht hat, **nicht ein Dritter ist zur Hinterlegung berechtigt** (s. Erl. zu § 267 Nr. 4). In einzelnen Fällen steht indessen ausnahmsweise auch einem Dritten das Recht der Hinterlegung zu (s. z. B. die §§ 268, 1142, 1171, 1224).

4. **Die Hinterlegung erfolgt bei der dazu bestimmten öffentlichen Stelle.** Die Bestimmung erfolgt durch die Landesgesetze (E.G. Art. 144). Ueber die Befugniß der Landesgesetzgebung, nähere Bestimmungen zu treffen s. E.G. Art. 145.

§ 373.

E. II § 322 rev. § 367; III § 367. P. II S. 692—697 (Bd. I S. 345—348).

Der § 373 beruht auf einem Beschlusse der zweiten Kommission. Sachlich steht der E. I auf demselben Standpunkte (s. M. II S. 96). Der Schuldner soll dadurch, daß er von dem Rechte der Hinterlegung Gebrauch macht, nicht genöthigt werden, ein ihm nach dem Inhalte des Schuldverhältnisses zustehendes Recht aufzugeben. Dies würde geschehen, wenn der Gläubiger bei Schuldverhältnissen der im § 373 bezeichneten Art dadurch, daß er der Hinterlegungsstelle die Annahme erklärt (§ 376 Abs. 2 Nr. 2), ein unbedingtes Recht auf die Herausgabe der hinterlegten Sache erwürbe. Der Schuldner braucht bei einem Schuldverhältnisse der hier fraglichen Art nur gegen die Gegenleistung des Gläubigers zu leisten; deshalb muß er, wenn er von dem Rechte der Hinterlegung Gebrauch macht, **das Recht des Gläubigers zum Empfange der hinterlegten Sache von der Bewirkung der Gegenleistung abhängig machen können** (s. Erl. zu § 380 Nr. 1).

Der praktisch wichtigste Fall, in welchem der § 373 Anwendung findet, ist der eines gegenseitigen Vertrags (§ 320). Ueber andere hierher gehörende Fälle s. z. B. die §§ 255, 273, 368, 371.

§ 374.

E. I § 273 Abs. 1; II § 323 rev. § 368; III § 368. P. I S. 1439—1441; M. II S. 97, 98. P. II S. 697, 4196 (Bd. I S. 348).

1. Ueber den **Leistungsort** s. die §§ 269, 270. Welche Hinterlegungsstelle für den Leistungsort zuständig ist, bestimmen die Landesgesetze (E.G Art. 144). Die Hinterlegung wird dadurch, daß sie bei einer anderen Hinterlegungsstelle als der des Leistungsorts erfolgt, nicht unwirksam (§§ 378, 379). Der Schuldner hat dem Gläubiger aber denjenigen **Schaden zu ersetzen**, welchen dieser dadurch erlitten hat, daß die Hinterlegung nicht an dem Leistungsort erfolgt ist (§§ 249 ff.). Der Schadensersatz ist, da die Herstellung des in dem § 249 bezeichneten Zustandes nicht möglich ist, nach § 251 in Geld zu leisten.

2. Die Hinterlegung ist nicht ein dem Gläubiger gegenüber vorzunehmendes Rechtsgeschäft im Sinne des § 130; aber sie hat die in den §§ 378, 379 bestimmten Wirkungen für den Gläubiger, deshalb soll diesem **unverzüglich Anzeige durch den Schuldner gemacht werden**. Ueber den Begriff des „**unverzüglich**" im Abs. 2 s. Bd. I S. 171, Erl. zu § 121 Nr. 1. Die Unterlassung der unverzüglichen Anzeige ist ohne Einfluß auf die Wirksamkeit der Hinterlegung, begründet aber einen Anspruch des Gläubigers auf Ersatz des ihm durch die Unterlassung erwachsenen Schadens.

3. **Die Verpflichtung zum Schadensersatze wegen Unterlassung der Anzeige tritt nicht ein, wenn diese unthunlich war.** Der Beweis der Unthunlichkeit liegt, wie sich aus der Fassung des Abs. 2 Satz 2 ergiebt, dem Schuldner ob. Ueber den Be-

§. 375.

Ist die hinterlegte Sache der Hinterlegungsstelle durch die Post übersendet worden, so wirkt die Hinterlegung auf die Zeit der Aufgabe der Sache zur Post zurück.

§. 376.

Der Schuldner hat das Recht, die hinterlegte Sache zurückzunehmen.

Die Rücknahme ist ausgeschlossen:

1. wenn der Schuldner der Hinterlegungsstelle erklärt, daß er auf das Recht zur Rücknahme verzichte;
2. wenn der Gläubiger der Hinterlegungsstelle die Annahme erklärt;
3. wenn der Hinterlegungsstelle ein zwischen dem Gläubiger und dem Schuldner ergangenes rechtskräftiges Urtheil vorgelegt wird, das die Hinterlegung für rechtmäßig erklärt.

---

griff der Unthunlichkeit s. Erl. zu § 303 Nr. 2. Als unthunlich wird die Anzeige schon dann zu betrachten sein, wenn sie mit unverhältnißmäßigen Schwierigkeiten oder Kosten verbunden ist. Solche Schwierigkeiten und Kosten werden insbesondere dann ins Gewicht fallen, wenn die Erreichung des Zweckes der Anzeige, dem Gläubiger Nachricht von der Hinterlegung zu geben, in Folge der Art, in welcher die Anzeige zu erfolgen hat, doch unsicher ist. So wird z. B. die Anzeige, wenn sie nur nach den für die öffentliche Zustellung einer Ladung geltenden Vorschriften der C.P.O. erfolgen kann (§ 132 Abs. 2 des B.G.B.), regelmäßig als unthunlich zu betrachten sein.

§ 375.

E. II § 324 rev. § 369; III § 369. P. II S. 697—699, 722, 723 (Bd. I S. 348, 349, 360, 361).

Nach dem E. I § 280 sollte es den Landesgesetzen überlassen bleiben, eine dem § 375 entsprechende Vorschrift zu treffen. Die zweite Kommission glaubte, daß eine derartige Vorschrift, wenn sie für zulässig und zweckmäßig erachtet werde, nicht den Landesgesetzen überlassen bleiben könne, indem sie nicht das Verhältniß zu der Hinterlegungsstelle, sondern das Verhältniß zwischen Gläubiger und Schuldner betreffe. Die billige Rücksicht auf das Interesse des Schuldners rechtfertige aber die Vorschrift.

Aus der Vorschrift des § 375 folgt nicht, daß der Gläubiger die Gefahr der Uebersendung trägt. Die Wirkungen der Hinterlegung (§§ 378, 379) treten vielmehr nur ein, wenn die durch die Post übersandte Sache bei der Hinterlegungsstelle eingegangen und von dieser angenommen, die Hinterlegung also wirklich erfolgt ist. In diesem Falle gelten aber die Wirkungen der Hinterlegung als bereits mit der Aufgabe zur Post eingetreten.

§ 376.

E. I § 274; II § 325 rev. § 370; III § 370. P. I S. 1443—1451; M. II S. 98—101. P. II S. 699—701, 8431, 9258—9260 (Bd. I S. 349, 350).

1. Durch die Hinterlegung erlangt der Gläubiger noch kein unwiderrufliches Recht auf die hinterlegte Sache. Ein solches entsteht erst, wenn eine der im § 376 Abs. 2 bezeichneten Voraussetzungen eingetreten ist. Bis dahin kann der Schuldner die hinterlegte Sache zurücknehmen und dadurch die Wirkungen der Hinterlegung rückgängig machen (§ 379 Abs. 3).

2. Die Erklärung des Schuldners, daß er auf das Recht der Rücknahme verzichte, kann sowohl sofort bei der Hinterlegung als auch später erfolgen. Die Erklärung ist ein einseitiges, einer Behörde gegenüber vorzunehmendes Rechtsgeschäft (§ 130 Abs. 3). Dasselbe gilt von der Erklärung des Gläubigers, daß er die Hinterlegung annehme. Für das Verhältniß zwischen Gläubiger und Schuldner würde es nach allgemeinen Grundsätzen genügen, daß die Erklärung des Ersteren dem Letzteren gegenüber, die Erklärung des Letzteren dem Ersteren gegenüber abgegeben würde. Um indessen der Gefahr vorzubeugen, daß der Schuldner, obwohl der Gläubiger ein unwiderrufliches Recht auf die hinterlegte Sache erworben hat, die Rückgabe bei der Hinterlegungsstelle beantragt und, wenn diese von den Erklärungen zwischen Gläubiger und Schuldner keine Kenntniß hat, erlangt, so wird zur Wirksamkeit der fraglichen Erklärungen erfordert, daß sie der Hinterlegungsstelle gegenüber abgegeben werden. In der Erklärung des Schuldners bezw. des Gläubigers gegenüber dem anderen Theile wird

§. 377.
Das Recht zur Rücknahme ist der Pfändung nicht unterworfen.

---

indessen unter Umständen das Versprechen gefunden werden können, die betreffende Erklärung gegenüber der Hinterlegungsstelle abzugeben. Die Nichterfüllung dieser Verpflichtung kann eine Verpflichtung zum Schadensersatze begründen. In der betreffenden Erklärung des Gläubigers gegenüber dem Schuldner liegt regelmäßig auch die Anerkennung der Rechtmäßigkeit der Hinterlegung (s. Erl. zu § 378 Nr. 2).

3. Das zwischen dem Gläubiger und dem Schuldner ergehende rechtskräftige Urtheil, durch welches die Hinterlegung für rechtmäßig erklärt wird, schließt für sich allein die Rücknahme ebensowenig aus, wie die Erklärung der Annahme von Seiten des Gläubigers gegenüber dem Schuldner. Erst die Vorlegung des Urtheils bei der Hinterlegungsstelle schließt die Rücknahme aus. Die Vorlegung kann sowohl von Seiten des Gläubigers als von Seiten des Schuldners erfolgen.

4. Ausnahmsweise ist der Schuldner zu der Rücknahme berechtigt, auch wenn er darauf verzichtet hat. Dies ist der Fall, wenn das Recht des Gläubigers nach Maßgabe des § 382 oder des § 1171 Abs. 3 erloschen ist. Zweifelhaft kann sein, wie sich das Verhältniß im Falle des § 75 der C.P.O. gestaltet. Dieser lautet:

> „Wird von dem verklagten Schuldner einem Dritten, welcher die geltend gemachte Forderung für sich in Anspruch nimmt, der Streit verkündet, und tritt der Dritte in den Streit ein, so ist der Beklagte, wenn er den Betrag der Forderung zu Gunsten der streitenden Gläubiger unter Verzicht auf das Recht zur Rücknahme hinterlegt, auf seinen Antrag aus dem Rechtsstreit unter Verurtheilung in die durch seinen unbegründeten Widerspruch veranlaßten Kosten zu entlassen und der Rechtsstreit über die Berechtigung an der Forderung zwischen den streitenden Gläubigern allein fortzusetzen. Dem Obsiegenden ist der hinterlegte Betrag zuzusprechen und der Unterliegende auch zur Erstattung der dem Beklagten entstandenen, nicht durch dessen unbegründeten Widerspruch veranlaßten Kosten, einschließlich der Kosten der Hinterlegung, zu verurtheilen."

Der § 75 unterscheidet sich von dem früheren § 72 der C.P.O. dadurch, daß mit Rücksicht auf die Vorschrift des § 378 des B.G.B. die Worte „unter Verzicht auf das Recht zur Rücknahme" eingeschaltet sind. Es entsteht nun aber die Frage, wie sich das Verhältniß gestaltet, wenn keiner der streitenden Theile obsiegt. Nach dem Beschlusse der zweiten Kommission sollte ausdrücklich bestimmt werden, daß der Beklagte für diesen Fall zur Rücknahme des hinterlegten Betrags berechtigt sei (D. Anl. II S. 745). Dieser Zusatz fehlt in der dem Reichstage gemachten Vorlage und in dem jetzigen § 75. In den Motiven der Reichstagsvorlage wird indessen bemerkt, daß dem Beklagten die Befugniß zur Rücknahme nicht unbedingt entzogen sei; denn der Verzicht auf die Rücknahme werde von ihm, wie nach den Umständen anzunehmen sei, nur für den Fall erklärt, daß der Betrag einem der streitenden Gläubiger zugesprochen werde. Danach bleibe, falls keiner der beiden obsiegen sollte, der hinterlegende Schuldner trotz des Verzichts in der Lage, von ihnen die Einwilligung zur Rücknahme des Betrags zu verlangen. Die Sachlage sei alsdann eine ähnliche wie im Falle des § 1171 Abs. 3 des B.G.B. Diese letztere Bemerkung dürfte insofern unzutreffend sein, als nach § 1171 Abs. 3 ebenso wie nach § 382 dem Schuldner das Recht zur Zurücknahme ohne Weiteres zusteht, wenn die dort bezeichneten Voraussetzungen vorliegen, während ein solches Recht hier in Ermangelung einer dem § 382 Halbsatz 2 und dem § 1171 Abs. 3 entsprechenden Vorschrift nicht angenommen werden kann. Nur mit Einwilligung der Gläubiger, zu deren Gunsten die Hinterlegung erfolgte, ist der Schuldner zur Zurücknahme berechtigt; er kann aber die Einwilligung der Gläubiger aus dem Gesichtspunkt einer ungerechtfertigten Bereicherung derselben fordern (s. Nr. 5), indem der mit der Hinterlegung nach dem Inhalte des Rechtsgeschäfts bezweckte Erfolg nicht eingetreten ist (§ 812).

5. In dem § 376 Abs. 2 werden nur die Fälle bezeichnet, in welchen das einseitige Recht des Schuldners zur Rücknahme ausgeschlossen ist. Mit Einwilligung des Gläubigers ist die Rücknahme immer zulässig. Der Hinterlegungsstelle steht ein selbständiges Recht, die hinterlegte Sache zu behalten, nicht zu. Der Schuldner kann von dem Gläubiger die Einwilligung zur Rücknahme verlangen, wenn die Voraussetzungen vorliegen, unter welchen er die Herausgabe einer ungerechtfertigten Bereicherung verlangen kann (§§ 812 ff.). Der Gläubiger hat durch die Hinterlegung ein Recht auf Kosten des Schuldners erlangt; dieses muß er herausgeben, wenn jene Voraussetzungen vorliegen; die Herausgabe erfolgt durch die Einwilligung zur Rücknahme.

§ 377.

E. I § 277; II § 326 rev. § 371; III § 371. P. I S. 1467, 1470—1472; M. II S. 101, 102. P. II S. 706—710 (Bd. I S. 352—354).

1. Die Vorschriften des § 377 sind positiver Natur und beruhen auf Zweckmäßigkeits-

Wird über das Vermögen des Schuldners der Konkurs eröffnet, so kann während des Konkurses das Recht zur Rücknahme auch nicht von dem Schuldner ausgeübt werden.

§. 378.

Ist die Rücknahme der hinterlegten Sache ausgeschlossen, so wird der Schuldner durch die Hinterlegung von seiner Verbindlichkeit in gleicher Weise befreit, wie wenn er zur Zeit der Hinterlegung an den Gläubiger geleistet hätte.

---

gründen. Nach allgemeinen Grundsätzen würde das Recht des Schuldners zur Rücknahme der hinterlegten Sache als ein Vermögensrecht der Pfändung von Seiten der Gläubiger des Schuldners unterliegen. Das B.G.B. geht aber davon aus, daß der Schuldner der hinterlegten Sache durch die Hinterlegung die Bestimmung gegeben habe, zur Befriedigung des Gläubigers zu dienen, und daß diese Bestimmung im Interesse beider Theile als eine Verfügung über die Sache zu behandeln sei, durch welche das Recht der Gläubiger des Schuldners, sich an die Sache zu halten, ausgeschlossen wird. Der Schuldner selbst kann zwar die hinterlegte Sache zurücknehmen; das Recht wird aber als ein höchst persönliches betrachtet und soll deshalb der Pfändung von Seiten der Gläubiger nicht unterliegen. Aus dem Ausschlusse der Pfändung des fraglichen Rechtes folgt die Unzulässigkeit der Abtretung desselben (§ 400); es folgt daraus ferner, daß das Recht, falls der Schuldner in Konkurs geräth, nicht zur Konkursmasse gehört. Der E. I § 277 beschränkte sich auf die Vorschrift, daß die hinterlegte Sache nicht zu der Konkursmasse gezogen werden könne. Die Erweiterung, welche diese Vorschrift durch den § 377 Abs. 1 erhalten hat, entspricht dem ihr zu Grunde liegenden Gedanken.

2. Daraus, daß das Recht zur Rücknahme nicht zur Konkursmasse gehört, würde an sich folgen, daß der Schuldner dasselbe ausüben kann. Im Interesse des Gläubigers, zu dessen Gunsten die Hinterlegung erfolgt ist, wird dem Schuldner diese Befugniß während der Dauer des Konkurses durch den § 377 Abs. 2 entzogen. In Folge dieser Vorschrift erlangt der Gläubiger durch den Konkurs über das Vermögen des Schuldners den Vortheil, daß sein Recht, die Hinterlegung anzunehmen und dadurch ein unwiderrufliches Recht auf die hinterlegte Sache zu erwerben, ihm, solange der Konkurs dauert, nicht entzogen werden kann. Mit seiner Einwilligung kann der Schuldner die hinterlegte Sache auch während des Konkurses zurücknehmen. Nach Beendigung des Konkurses steht dem Schuldner, sofern nicht während des Konkurses eine der im § 376 Abs. 2 bezeichneten Voraussetzungen eingetreten ist, das Recht der Rücknahme auch ohne Einwilligung des Gläubigers zu. Der Verzicht des Schuldners auf die Rücknahme ist auch während des Konkurses zulässig.

3. Durch den § 377 werden die Vorschriften über die Anfechtung von Rechtshandlungen des Schuldners von Seiten der Gläubiger und des Konkursverwalters nicht berührt.

4. Keine Vorschriften giebt das B.G.B. für den Fall, daß das Recht zur Rücknahme der hinterlegten Sache bei der Eröffnung des Konkurses über das Vermögen des Schuldners bereits ausgeschlossen war.

Es kann indessen keinem Zweifel unterliegen, daß die hinterlegte Sache auch in diesem Falle nicht zur Konkursmasse gezogen werden kann. Sie gehört zwar, sofern sie nicht nach landesgesetzlichen Vorschriften (E.G. Art. 145) in das Eigenthum des Fiskus übergeht, noch dem Schuldner; dem Gläubiger aber steht ein Recht darauf zu, und da dieses Recht nach § 377 der Konkursmasse gegenüber schon dann wirksam ist, wenn dem Schuldner noch das Recht der Rücknahme zusteht, so muß dasselbe erst recht dann gelten, wenn das Recht der Rücknahme ausgeschlossen ist.

§ 378.

E. I § 272 Abs. 2; II § 327 Abs. 1 rev. § 372; III § 372. P. I S. 1438, 1439; M. II S. 96, 97. P. II S. 703—706 (Bd. I S. 350—352).

1. Abweichend vom E. I § 272 Abs. 2, nach welchem die Hinterlegung unbedingt die Wirkung hat, daß der Schuldner von seiner Verpflichtung in gleicher Weise wie durch Erfüllung befreit wird, läßt der § 378 diese Wirkung erst dann eintreten, wenn die Rücknahme der hinterlegten Sache ausgeschlossen ist. In der Zeit zwischen der Hinterlegung und dem Ausschlusse der Rücknahme tritt ein Zwischenzustand ein, dessen Wirkungen in dem § 379 bestimmt sind. Der Ausschluß der Rücknahme hat aber rückwirkende Kraft, indem die Befreiung des Schuldners schon als zur Zeit der Hinter-

legung eingetreten gilt. Umgekehrt ließ der E. I § 275 durch die Rücknahme die Befreiung des Schuldners mit rückwirkender Kraft aufhören und beschränkte in dem § 276 die Wirkung der Hinterlegung bis zum Ausschlusse der Rücknahme dahin, daß ein Recht nicht geltend gemacht werden könne, welches von der Befriedigung des Gläubigers abhängig sei. Im praktischen Ergebnisse stimmt also das B.G.B. im Wesentlichen mit dem E. I überein; nur die juristische Konstruktion des B.G.B. ist eine andere und einfachere wie die des E. I.

2. Die Hinterlegung hat die im § 378 bestimmte Wirkung nur, wenn die Voraussetzungen des § 372 vorliegen, die Hinterlegung also rechtmäßig ist. Dem steht selbstverständlich gleich, wenn zwischen dem Gläubiger und dem Schuldner ein rechtskräftiges Urtheil ergangen ist, durch welches die Hinterlegung für rechtmäßig erklärt ist. Auch durch die von Seiten des Gläubigers der Hinterlegungsstelle erklärte Annahme der Hinterlegung wird ein etwaiger Mangel in den Voraussetzungen der Zulässigkeit der Hinterlegung geheilt. Dies wird auch schon dann anzunehmen sein, wenn der Gläubiger dem Schuldner gegenüber die Annahme erklärt. Zum Ausschlusse des Rechtes der Rücknahme genügt dies freilich nicht, aber die Rechtmäßigkeit der Hinterlegung wird, da in der Erklärung der Annahme regelmäßig die vertragsmäßige Anerkennung der Rechtmäßigkeit zu finden sein wird, dadurch festgestellt (s. Erl. zu § 376 Nr. 1, 2).

Ist die Hinterlegung nicht rechtmäßig und von dem Gläubiger nicht angenommen, so tritt die im § 378 bestimmte Wirkung nicht ein. Der Schuldner kann zwar auch in diesem Falle, wenn er der Hinterlegungsstelle gegenüber auf das Recht zur Rücknahme verzichtet hat, die hinterlegte Sache nicht ohne Weiteres zurücknehmen. Der Gläubiger hat durch den Ausschluß der Rücknahme unwiderruflich das Recht erworben, die Hinterlegung anzunehmen, und die Hinterlegungsstelle ist ohne Einwilligung des Gläubigers zur Rückgabe der hinterlegten Sache nicht berechtigt. Der Schuldner ist aber, wenn der Gläubiger die Annahme der Hinterlegung verweigert, berechtigt, von demselben die Einwilligung zur Rücknahme zu verlangen. Es ergiebt sich dies daraus, daß der mit der Hinterlegung bezweckte rechtliche Erfolg in Folge der Unrechtmäßigkeit der Hinterlegung und der Verweigerung der Annahme von Seiten des Gläubigers nicht eingetreten ist und der Schuldner daher von dem Gläubiger die Herausgabe des dadurch Erlangten nach den Vorschriften über die Herausgabe einer ungerechtfertigten Bereicherung verlangen kann (§§ 812 ff.).

3. Der Schuldner ist regelmäßig zu Theilleistungen nicht berechtigt (§ 266); der Gläubiger braucht sie nicht anzunehmen. Nimmt er sie an, so tritt die Befreiung des Schuldners nur in Ansehung des hinterlegten Theiles ein.

4. Aus der Befreiung des Schuldners und der Rückwirkung derselben auf die Zeit der Hinterlegung folgt, daß die für die Verbindlichkeit des Schuldners bestellten Pfandrechte und Bürgschaften als mit der Hinterlegung erloschen gelten. Es folgt daraus ferner, daß bei Ansprüchen, welche auf Leistung Zug um Zug gehen, der Schuldner die Bewirkung der ihm gebührenden Leistung von dem Gläubiger ebenso unbedingt verlangen kann, wie wenn er die ihm obliegende Leistung bewirkt hätte. Dies gilt auch dann, wenn der Schuldner nach Maßgabe des § 373 das Recht des Gläubigers zum Empfange der hinterlegten Sache von der Bewirkung der dem Gläubiger obliegenden Gegenleistung abhängig gemacht hat. Es kann freilich in Frage kommen, ob der Schuldner in diesem Falle die Gegenleistung nicht erst dann fordern kann, wenn er die nach § 380 erforderliche Einwilligung zu der Herausgabe der hinterlegten Sache an den Gläubiger ertheilt hat (s. Erl. zu § 380 Nr. 1). Für diese Auffassung läßt sich anführen, daß der Gläubiger die ihm geschuldete Sache erst auf Grund jener Einwilligung erhalten kann, daß er also, wenn er die Gegenleistung bewirken müßte, bevor jene Einwilligung ertheilt ist, vorzuleisten hätte. Dagegen spricht aber einerseits der Wortlaut des § 378, nach welchem der Schuldner durch die Hinterlegung von seiner Verbindlichkeit in gleicher Weise befreit wird, wie wenn er zur Zeit der Hinterlegung an den Gläubiger geleistet hätte. Andererseits würde die Hinterlegung nicht den durch sie zu Gunsten des Schuldners bezweckten Erfolg haben, wenn dieser die Gegenleistung nicht eher fordern könnte, ehe er die Einwilligung zu der Herausgabe der hinterlegten Sache an den Gläubiger ertheilt hätte. Sachlich würde er dadurch zur Vorleistung verpflichtet werden; die Hinterlegung soll ihm aber gerade die Möglichkeit gewähren, durch sie die Wirkung der Erfüllung herbeizuführen. Ist der Gläubiger im Verzuge der Annahme, so genügt schon dies nach § 274 Abs. 2, um dem Schuldner zu berechtigen, den ihm gegen den Gläubiger zustehenden Anspruch auf die Gegenleistung im Wege der Zwangsvollstreckung ohne Bewirkung der ihm obliegenden Leistung zu verfolgen. Die Hinterlegung muß, auch wenn sie aus einem andern Grunde als wegen Verzugs des Gläubigers erfolgt, sofern sie nur rechtmäßig ist, mindestens dieselben Wirkungen haben wie der Verzug des Gläubigers.

§. 379.

Ist die Rücknahme der hinterlegten Sache nicht ausgeschlossen, so kann der Schuldner den Gläubiger auf die hinterlegte Sache verweisen.

Solange die Sache hinterlegt ist, trägt der Gläubiger die Gefahr und ist der Schuldner nicht verpflichtet, Zinsen zu zahlen oder Ersatz für nicht gezogene Nutzungen zu leisten.

Nimmt der Schuldner die hinterlegte Sache zurück, so gilt die Hinterlegung als nicht erfolgt.

§. 380.

Soweit nach den für die Hinterlegungsstelle geltenden Bestimmungen zum Nachweise der Empfangsberechtigung des Gläubigers eine diese Berechtigung anerkennende Erklärung des Schuldners erforderlich oder genügend ist, kann der

---

§ 379.

E. I §§ 275, 276; II § 327 Abs. 2 rev. § 373; III § 373. P. I S. 1443—1451. P. I S. 98—101. P. II S. 703—706 (Bd. I S. 350—352).

1. Solange die Rücknahme der hinterlegten Sache nicht ausgeschlossen ist, hat die Hinterlegung nicht die Wirkung der Erfüllung, vielmehr nur die in dem § 379 Abs. 1, 2 bezeichneten Wirkungen. Pfandrechte und Bürgschaften bleiben bestehen. Hat der Schuldner behufs Erfüllung einer ihm aus einem gegenseitigen Vertrag obliegenden Verpflichtung hinterlegt, so kann er die Gegenleistung nicht unbedingt, sondern nur Zug um Zug fordern (s. Erl. zu § 378 Nr. 1, 4).

2. Der Schuldner hat durch die Hinterlegung dem Gläubiger die hinterlegte Sache in solcher Art angeboten, daß dieser nur seine Annahme zu erklären braucht, um die Sache zu erhalten. Macht der Gläubiger trotzdem seinen Anspruch gegen den Schuldner geltend, so steht diesem nach § 379 Abs. 1 die Verweisung auf die hinterlegte Sache, also eine verzögerliche Einrede zu. Diese Einrede steht auch dem Bürgen des Schuldners zu (§ 768). Zum Verkauf eines für die Forderung bestellten Pfandes ist der Gläubiger, solange die Einrede besteht, nicht berechtigt (§ 1228 Abs. 2).

3. Die in dem § 379 Abs. 2 bestimmten Wirkungen sind dieselben, welche nach den §§ 300—302 in Folge des Annahmeverzugs eintreten. Das Verhältniß unter den Parteien wird also, wenn die Hinterlegung wegen Annahmeverzugs erfolgte, in der hier fraglichen Beziehung durch die Hinterlegung nicht geändert. Eine Aenderung tritt aber ein, wenn die Hinterlegung auf Grund des § 372 Satz 2 erfolgte. Die Hinterlegung begründet hier gegen den Gläubiger die gedachten Wirkungen des Annahmeverzugs.

4. Die in dem § 379 Abs. 1, 2 bestimmten Wirkungen treten ebenso wie die im § 378 bestimmten Wirkungen nur ein, wenn die Hinterlegung rechtmäßig ist, (s. Erl. zu § 378 Nr. 2).

5. Nach § 379 Abs. 3 hören durch die Rücknahme der hinterlegten Sache die Wirkungen der Hinterlegung nicht nur auf, sondern das Verhältniß wird so beurtheilt, wie wenn die Hinterlegung überhaupt nicht erfolgt wäre. Die im § 379 Abs. 1 bestimmte verzögerliche Einrede fällt weg und gilt, unbeschadet der Wirkungen eines etwa in der Zwischenzeit ergangenen rechtskräftigen Urtheils, als nicht begründet gewesen; die Gefahr gilt als nicht von dem Schuldner getragen, und dieser hat auch für die Zeit, während welcher die Sache hinterlegt war, Zinsen zu zahlen und Ersatz für nicht gezogene Nutzungen zu leisten. Die letztgedachten Folgen treten durch die Rücknahme selbstverständlich nur insoweit ein, als der Uebergang der Gefahr und die Befreiung von der Verpflichtung zur Zahlung der Zinsen und zum Ersatze der Nutzungen lediglich die Folge der Hinterlegung war. War der Gläubiger im Verzuge der Annahme, so werden die dadurch eingetretenen Wirkungen durch die Rücknahme der hinterlegten Sache nicht berührt.

§ 380.

E. II § 328 rev. § 374; III § 374. P. II S. 692—697, 710—714 (Bd. I S. 345—348, 354—356).

1. Ueber das Recht des Gläubigers, die Herausgabe der hinterlegten Sache von der Hinterlegungsstelle zu fordern, enthält das B.G.B.

Gläubiger von dem Schuldner die Abgabe der Erklärung unter denselben Voraussetzungen verlangen, unter denen er die Leistung zu fordern berechtigt sein würde, wenn die Hinterlegung nicht erfolgt wäre.

---

keine Vorschriften. Da die Hinterlegung nach § 372 für den Gläubiger erfolgt, so wird es keinem Zweifel unterliegen, daß dem Gläubiger jenes Recht zusteht. Das Recht des Gläubigers ist indessen kein unbedingtes, wenn der Schuldner nach Maßgabe des § 373 das Recht des Gläubigers zum Empfange der hinterlegten Sache von der Bewirkung einer Gegenleistung abhängig gemacht hat. Der Gläubiger kann in einem solchen Falle die Herausgabe der hinterlegten Sache erst dann verlangen, wenn die gedachte Voraussetzung eingetreten ist. Um die Zweifel zu beseitigen, welche in Betreff der Frage entstehen können, in welcher Art der Gläubiger den Nachweis des Eintritts jener Voraussetzung zu führen hat, wird die Landesgesetzgebung voraussichtlich von der ihr nach dem E.G. Art. 145 zustehenden Befugniß, die Empfangsberechtigung des Gläubigers zu regeln, Gebrauch machen und zu diesem Zwecke vorschreiben, daß zu jenem Nachweise die Einwilligung des Schuldners zu der Auslieferung der hinterlegten Sache an den Gläubiger erforderlich oder genügend ist. Für diesen Fall kann *der Gläubiger die Einwilligung des Schuldners unter denselben Voraussetzungen* verlangen, unter denen er die Leistung zu *fordern berechtigt sein würde, wenn die Hinterlegung nicht erfolgt wäre*. Die Leistung würde der Gläubiger verlangen können Zug um Zug gegen Bewirkung der ihm obliegenden Gegenleistung. Er kann also die Einwilligung des Schuldners Zug um Zug gegen Bewirkung der Gegenleistung fordern. Die Einwilligung gilt nach § 894 Abs. 1 Satz 2 der C.P.O als erklärt, wenn eine vollstreckbare Ausfertigung von dem Urtheil ertheilt ist, durch welches der Schuldner zur Ertheilung der Einwilligung Zug um Zug verurtheilt ist. Die vollstreckbare Ausfertigung ist nach § 274 Abs. 2 und nach den §§ 726, 730 der C.P.O. zu urtheilen, wenn der Schuldner die Gegenleistung erhalten hat oder im Verzuge der Annahme ist.

Sollten die Landesgesetze eine Bestimmung der gedachten Art nicht enthalten, so hat der Gläubiger der Hinterlegungsstelle den Nachweis zu liefern, daß der Schuldner die Gegenleistung erhalten hat oder im Verzuge der Annahme ist. Ersetzt wird dieser Beweis durch die Einwilligung des Schuldners in die Auslieferung der hinterlegten Sache an den Gläubiger. Die Hinterlegungsstelle dürfte auch dann, wenn eine landesgesetzliche Bestimmung der gedachten Art nicht getroffen ist, berechtigt sein, die Einwilligung des Schuldners zu verlangen, und dieser wird in solchem Falle unter den im § 380 bestimmten Voraussetzungen für verpflichtet zu erachten sein, die Einwilligung zu ertheilen.

2. *Ist die Hinterlegung* nach Maßgabe des § 372 Satz 2 *erfolgt, weil der Schuldner sich in entschuldbarer Ungewißheit über die Person des Gläubigers befindet*, so muß der Gläubiger, welcher die Auslieferung der hinterlegten Sache fordert, sich als solcher bei der Hinterlegungsstelle legitimiren. Auch für diesen Fall können die Landesgesetze zum Nachweise der Legitimation die Einwilligung des Schuldners erfordern oder für genügend erklären. Der Schuldner ist auch in diesem Falle die Einwilligung unter den im § 380 bestimmten Voraussetzungen, also dann zu ertheilen verpflichtet, wenn der Gläubiger ihm gegenüber seine Legitimation in solcher Art nachweist, daß er sich auf entschuldbare Ungewißheit nicht mehr berufen kann. Diese Grundsätze werden auch dann entsprechend anzuwenden sein, wenn die Hinterlegung aus einem anderen in der Person des Gläubigers liegenden Grunde erfolgt ist. Haben die Landesgesetze eine Bestimmung der fraglichen Art nicht getroffen, so werden die für diesen Fall unter Nr. 1 dargelegten Grundsätze anzuwenden sein.

Ist die Hinterlegung erfolgt, weil unter mehreren Personen Streit darüber besteht, wer der Gläubiger ist, so entscheidet über die Empfangsberechtigung das unter den Streitenden ergehende rechtskräftige Urtheil.

3. Die Vorschriften des § 380 kommen auch dann zur Anwendung, *wenn das Recht zur Rücknahme der hinterlegten Sache noch nicht ausgeschlossen ist*. Der Schuldner kann zwar in solchem Falle den Anspruch des Gläubigers jederzeit dadurch beseitigen, daß er die hinterlegte Sache zurücknimmt, indem in einem solchen Falle nach § 379 die Hinterlegung als nicht erfolgt gilt. Solange der Schuldner aber von dem Rechte der Rücknahme keinen Gebrauch gemacht hat, ist er nach Maßgabe des § 380 verpflichtet. Dies ist von praktischer Bedeutung besonders für den Fall, daß die Rechtmäßigkeit der Hinterlegung unter den Parteien streitig ist. Der Gläubiger kann den Anspruch auf Ertheilung der Einwilligung von Seiten des Schuldners in dem Prozeß über die Rechtmäßigkeit der Hinterlegung geltend machen und die Verurtheilung des Schuldners für den Fall fordern, daß die Hinterlegung für rechtmäßig erkannt wird.

§. 381.

Die Kosten der Hinterlegung fallen dem Gläubiger zur Last, sofern nicht der Schuldner die hinterlegte Sache zurücknimmt.

§. 382.

Das Recht des Gläubigers auf den hinterlegten Betrag erlischt mit dem Ablaufe von dreißig Jahren nach dem Empfange der Anzeige von der Hinterlegung, wenn nicht der Gläubiger sich vorher bei der Hinterlegungsstelle meldet; der Schuldner ist zur Rücknahme berechtigt, auch wenn er auf das Recht zur Rücknahme verzichtet hat.

---

§ 381.

E. I § 279 Satz 1; II § 329 rev. § 375; III § 375. P. I S. 1464—1466; M. II S. 103, 104. P. II S. 718, 719 (Bd. I S. 358, 359).

Die Vorschrift des § 381 findet auch dann Anwendung, wenn die Hinterlegung nicht wegen Verzugs des Gläubigers, sondern aus einem der im § 372 Satz 2 bezeichneten Gründe erfolgt. In dem ersteren Falle würde der Gläubiger auch ohne die Hinterlegung die Mehrkosten der ferneren Aufbewahrung der geschuldeten Sache nach § 304 tragen müssen; in den letztgedachten Fällen würden die Kosten regelmäßig dem Schuldner zur Last fallen; die Hinterlegung gewährt hier also dem Schuldner den weiteren Vortheil der Befreiung von diesen Kosten. Die Bestimmung der Kosten erfolgt durch die Landesgesetze.

§ 382.

E. rev. § 376; III § 376. P. II S. 8431, 8432, 8764, 8948, 8949.

1. Der § 382 beruht auf einem Beschlusse der zweiten Kommission. Es liegt ihm derselbe Gedanke zu Grunde wie dem § 1171 Abs. 3. Dem Schuldner sollen durch die Hinterlegung die Vortheile nicht entzogen werden, auf welche er ohne die Hinterlegung durch die Verjährung Anspruch haben würde. In dreißig Jahren würde ohne die Hinterlegung der Anspruch des Gläubigers verjährt sein. Nach dem Ablaufe derselben Zeit soll, wenn die Hinterlegung erfolgt ist, der Anspruch des Gläubigers auf den hinterlegten Betrag erlöschen, sofern nicht der Gläubiger sich vorher bei der Hinterlegungsstelle gemeldet hat. An die Stelle der Verjährung des Anspruchs tritt das Erlöschen desselben durch Ablauf der Präklusivfrist. Die Frist beginnt mit dem Empfange der Anzeige von der Hinterlegung (§§ 374 Abs. 2, 132). Die Berechnung der Frist bestimmt sich nach den §§ 187 Abs. 1, 188. Das Erlöschen tritt ein, sowohl wenn der Schuldner auf das Recht der Rücknahme verzichtet hat, als wenn dies nicht geschehen ist; es tritt ein sowohl dem Schuldner als der Hinterlegungsstelle gegenüber. Ist der Anspruch erloschen, so soll die hinterlegte Sache nicht etwa der Hinterlegungsstelle verbleiben (s. unter Nr. 2), vielmehr soll der Schuldner die hinterlegte Sache zurücknehmen können, auch wenn er auf das Recht zur Rücknahme verzichtet hat. Die Rücknahme hat hier nicht die im § 379 Abs. 3 bestimmten Folgen. Die Hinterlegung bleibt vielmehr, wenn der Schuldner auf die Rücknahme verzichtet hatte, insofern wirksam, als durch sie in Verbindung mit dem Ablaufe der dreißigjährigen Frist der Anspruch des Gläubigers erloschen ist.

2. Nach § 374 Abs. 2 darf die Anzeige der Hinterlegung an den Gläubiger unterbleiben, wenn sie unthunlich ist, und das Unterbleiben der Anzeige macht, selbst wenn dieselbe thunlich war, die Hinterlegung niemals unwirksam, sondern begründet nur einen Anspruch auf Schadensersatz. Da nach § 382 die dreißigjährige Frist von der Anzeige an läuft, so entsteht die Frage, wie sich das Verhältniß gestaltet, wenn die Anzeige nicht erfolgt ist. Einen ähnlichen Fall regelt der § 1128. Nach diesem kann der Versicherer die Versicherungssumme dem Versicherten mit Wirkung gegen den Hypothekengläubiger erst zahlen, wenn er oder der Versicherte den Eintritt des Schadens dem Hypothekengläubiger angezeigt hat und seit dem Empfange der Anzeige ein Monat verstrichen ist. Die Anzeige — heißt es dann weiter — „darf unterbleiben, wenn sie unthunlich ist; in diesem Falle wird der Monat von dem Zeitpunkt an berechnet, in welchem die Versicherungssumme fällig wird." Eine ähnliche Vorschrift fehlte dem § 382. Es dürfte sich nicht rechtfertigen, hier ein Versehen der Redaktion anzunehmen, und deshalb die Vorschrift des § 1128 in der Art entsprechend anzuwenden, daß die dreißigjährige Frist beim Unterbleiben der Anzeige von der Hinterlegung an liefe.

§. 383.

Ist die geschuldete bewegliche Sache zur Hinterlegung nicht geeignet, so kann der Schuldner sie im Falle des Verzugs des Gläubigers am Leistungsorte versteigern lassen und den Erlös hinterlegen. Das Gleiche gilt in den Fällen des §. 372 Satz 2, wenn der Verderb der Sache zu besorgen oder die Aufbewahrung mit unverhältnißmäßigen Kosten verbunden ist.

Ist von der Versteigerung am Leistungsort ein angemessener Erfolg nicht zu erwarten, so ist die Sache an einem geeigneten anderen Orte zu versteigern.

Die Versteigerung hat durch einen für den Versteigerungsort bestellten Gerichtsvollzieher oder zu Versteigerungen befugten anderen Beamten oder öffentlich angestellten Versteigerer öffentlich zu erfolgen (öffentliche Versteigerung). Zeit und Ort der Versteigerung sind unter allgemeiner Bezeichnung der Sache öffentlich bekannt zu machen.

Richtiger dürfte es sein, anzunehmen, daß die Erlöschungsfrist beim Unterbleiben der Anzeige zu laufen nicht beginnt. Dadurch kann es zwar kommen, daß das Recht des Gläubigers überhaupt nicht erlischt. Hierin dürfte aber ein entscheidendes Bedenken nicht liegen. Die Erlöschungsfrist ist zum Vortheile des Schuldners bestimmt. In seiner Hand liegt es, die Frist dadurch in Lauf zu setzen, daß er die Anzeige macht. Er darf die Anzeige zwar unterlassen, wenn sie unthunlich ist. Macht er aber von dieser Erlaubniß Gebrauch, so thut er es insofern auf seine Gefahr, als die Erlöschungsfrist dann nicht zu laufen beginnt. Unthunlich ist nicht gleichbedeutend mit unmöglich (s. Erl. zu § 374 Nr. 3). Auf dem im § 132 bezeichneten Wege wird die Anzeige immer möglich sein. Sie ist an keine Frist gebunden; denn die Vorschrift, daß die Anzeige unverzüglich erfolgen soll, ist nur von Bedeutung für die Verpflichtung des Schuldners zum Schadensersatze; die Wirkung, daß durch sie die Frist in Lauf gesetzt wird, hängt nicht davon ab, daß sie unverzüglich erfolgt. Der Schuldner kann die Anzeige also noch jederzeit nachholen. Sein Interesse ist hierdurch genügend gesichert.

Für die Hinterlegungsstelle entstehen aus dieser Auslegung keine Schwierigkeiten. Der Schuldner kann von ihr die Rückgabe der hinterlegten Sache, sofern er auf das Recht zur Rücknahme verzichtet hatte, nur verlangen, wenn er nachweist, daß das Recht des Gläubigers erloschen ist. Er muß also beweisen, daß er dem Gläubiger die Hinterlegung angezeigt hat und daß seit dem Empfange der Anzeige von Seiten des Gläubigers (§§ 130—132) dreißig Jahre verstrichen sind. Dazu kommt noch ein Anderes. Nach E.G. Art. 145 können die Landesgesetze bestimmen, daß der Anspruch auf Rückerstattung des hinterlegten Betrags mit dem Ablauf einer gewissen Zeit oder unter sonstigen Voraussetzungen zu Gunsten des Fiskus oder der Hinterlegungsanstalt erlischt. Dem Hinterleger muß nur im Falle des § 382 die Rückgabe des hinterlegten Betrags mindestens während eines Jahres von dem Zeitpunkt an gestattet werden, mit welchem das Recht des Gläubigers auf den hinterlegten Betrag erlischt. Die Landesgesetze können hiernach bestimmen, daß das Recht des Gläubigers auf den hinterlegten Betrag in kürzerer Zeit als in dreißig Jahren erlischt und daß die bestimmte Frist von einem anderen Zeitpunkt an als von dem der Anzeige der Hinterlegung zu laufen beginnt. Sie sind nur insofern beschränkt, als dem Schuldner die Rücknahme mindestens noch ein Jahr, nachdem das Recht des Gläubigers erloschen ist, gestattet bleiben muß. Durch derartige Vorschriften können alle Schwierigkeiten beseitigt werden.

§ 383.

E. I § 278 Abs. 1 Satz 1; II § 330 Abs. 1 rev. § 377; III § 377. P. I S. 1453—1462, 1469, 1470. M. II S. 102, 103. P. II S. 714—718, 4196, 4241, 4242, 6044, 8432, 8433 (Bd. I S. 356—358).

1. Ist die geschuldete bewegliche Sache zur Hinterlegung nicht geeignet (§ 372. E.G. Art. 146), so tritt an die Stelle des Rechtes des Schuldners zur Hinterlegung das Recht, die Sache öffentlich zu versteigern und den Erlös zu hinterlegen. In den Fällen des § 372 Satz 2 steht dieses Recht dem Schuldner aber nur zu, wenn der Verderb der Sache zu besorgen oder wenn die Aufbewahrung mit unverhältnißmäßigen Kosten verbunden ist. Ist die Versteigerung rechtmäßig erfolgt und der Erlös hinterlegt, so treten die in den §§ 378, 379 bestimmten Wirkungen der Hinterlegung ein. Durch die Versteigerung für sich allein wird der Schuldner von seiner Verpflichtung noch nicht befreit. Zweifelhaft ist es, ob der Erlös schon vor der Hinterlegung an die Stelle des geschuldeten Gegenstandes tritt, der Schuldner also nicht mehr zur Leistung dieses Gegenstandes, sondern zur Leistung des Erlöses verpflichtet

ist. An anderen Stellen des B.G.B., in welchen die öffentliche Versteigerung einer Sache vorgeschrieben oder zugelassen ist (s. z. B. die §§ 966, 979, 1219, 1247), wird ausdrücklich bestimmt, daß der Erlös an die Stelle der versteigerten Sache trete. Eine solche Vorschrift fehlt hier. Ein auf die Aufnahme einer solchen Vorschrift in der ersten Kommission gestellter Antrag ist abgelehnt (s. auch M. II S. 103) und ist in der zweiten Kommission nicht wiederholt worden. Der § 383 enthält freilich überhaupt keine Vorschriften über die Wirkungen der Versteigerung und der Hinterlegung des Erlöses. Diese sind aus dem Zwecke und aus dem Zusammenhange der fraglichen Vorschriften abzuleiten. Hieraus ergiebt sich zunächst mit Sicherheit der oben aufgestellte Satz, daß die Wirkungen der Hinterlegung eintreten, wenn ordnungsmäßig sowohl die Versteigerung als die Hinterlegung des Erlöses erfolgt ist. Die Versteigerung für sich allein kann aber nicht jeder rechtlichen Wirkung entbehren. Der Schuldner ist zu derselben berechtigt; sie ist also nicht widerrechtlich, hat vielmehr jedenfalls die Wirkung, daß der Schuldner sich durch Hinterlegung des Erlöses befreien kann. Eine Frist für die Hinterlegung ist nicht bestimmt. Der Hinterlegung gleich stehen muß die Ausantwortung des Erlöses an den Gläubiger. Dieser wird sogar, wenn er sich zur Annahme des Erlöses bereit erklärt und damit der Verzug der Annahme wegfällt, die Ausantwortung statt der Hinterlegung fordern können, sofern nicht etwa die im § 372 Satz 2 bestimmten Voraussetzungen des Rechtes des Schuldners zur Hinterlegung vorliegen. Hieraus ergiebt sich, daß durch die Versteigerung eine Aenderung des Schuldverhältnisses insofern eintritt, als der Schuldner berechtigt wird, sich durch Hinterlegung des Erlöses oder durch Ausantwortung desselben an den Gläubiger zu befreien. Dies genügt, um das Interesse des Schuldners zu sichern und den Zweck des Versteigerungsrechts zu erreichen. Nicht erforderlich ist, eine Aenderung des Schuldverhältnisses dahin anzunehmen, daß der Erlös auch schon, bevor dessen Hinterlegung erfolgt ist, in jeder Beziehung an die Stelle der geschuldeten Sache tritt. Dem Schuldner wird daher z. B. das Recht nicht versagt werden können, sich, wenn er die versteigerte Sache vor der Hinterlegung des Erlöses wieder erwirbt, durch Leistung derselben von seiner Verbindlichkeit zu befreien.

Hat der Schuldner den Erlös hinterlegt, nimmt er denselben aber später wieder zurück (§ 376), so gilt die Hinterlegung als nicht erfolgt (§ 379 Abs. 3). Das Verhältniß ist dann nach den oben dargelegten Grundsätzen zu beurtheilen.

2. Die Versteigerung der Sache muß eine öffentliche sein. Der Begriff der öffentlichen Versteigerung wird in dem § 383 Abs. 3 definirt. Die Versteigerung muß öffentlich durch eine der im § 383 Abs. 3 für zuständig erklärten Personen erfolgen. Zuständig ist

a) ein für den Versteigerungsort bestellter Gerichtsvollzieher. Nicht erforderlich ist, daß dem Gerichtsvollzieher landesgesetzlich die Befugniß zu Versteigerungen an dem Versteigerungsorte beigelegt ist. Der für den Versteigerungsort bestellte Gerichtsvollzieher ist kraft Reichsrechts zuständig;

b) ein zur Versteigerung befugter anderer Beamter. Welche Beamte zu Versteigerungen befugt sind, bestimmen die Landesgesetze. Regelmäßig steht die Befugniß landesgesetzlich auch den Notaren zu;

c) ein öffentlich angestellter Versteigerer (§ 36 der G.O.). Die Anstellung erfolgt durch die zuständige Landesbehörde.

Zeit und Ort der Versteigerung sind nach Maßgabe des Abs. 3 Satz 2 öffentlich bekannt zu machen.

Eine Versteigerung, welche diesen Vorschriften nicht entspricht, hat die in der Erl. zu § 383 Nr. 1 bestimmten Wirkungen nicht.

Weitere Vorschriften über die Versteigerung enthalten die §§ 156, 456, 458.

Oeffentliche Versteigerung ist außer in dem Falle des § 383 z. B. vorgeschrieben in den §§ 966 Abs. 2, 979, 1219, 1235.

3. Die Versteigerung hat am Leistungsorte (§ 269) zu erfolgen. Nach Abs. 2 tritt jedoch, wenn von der Versteigerung am Leistungsort ein angemessener Erfolg nicht zu erwarten ist, an die Stelle des Leistungsorts ein geeigneter anderer Ort. Im E. I § 278 fehlten diese Vorschriften; es war dort nur bestimmt, daß die Versteigerung durch einen „für den Leistungsort bestellten" Gerichtsvollzieher 2c. zu erfolgen habe. Ob die Nichtbeobachtung der im § 383 über den Versteigerungsort gegebenen Vorschriften die Folge hat, daß die Versteigerung nicht als eine rechtmäßige zu betrachten ist, oder ob sie nur eine Verpflichtung des Schuldners zum Schadensersatze begründet, ist zweifelhaft. Aus dem Ausdruck „ist zu versteigern" im Abs. 2 läßt sich ein sicherer Schluß nicht ziehen (s. Bd. I S. 26 unter d). Nach § 374 ist der Schuldner, wenn er vorschriftswidrig bei einer anderen Hinterlegungsstelle als der des Leistungsorts hinterlegt, nur zum Schadensersatze verpflichtet. Für den Verkauf

§. 384.

Die Versteigerung ist erst zulässig, nachdem sie dem Gläubiger angedroht worden ist; die Androhung darf unterbleiben, wenn die Sache dem Verderb ausgesetzt und mit dem Aufschube der Versteigerung Gefahr verbunden ist.

Der Schuldner hat den Gläubiger von der Versteigerung unverzüglich zu benachrichtigen; im Falle der Unterlassung ist er zum Schadensersatze verpflichtet.

Die Androhung und die Benachrichtigung dürfen unterbleiben, wenn sie unthunlich sind.

---

des Pfandes durch den Pfandgläubiger enthält der § 1236 Satz 1 eine dem § 383 Abs. 1 entsprechende Vorschrift dahin, daß die Versteigerung an dem Orte zu erfolgen habe, an dem das Pfand aufbewahrt werde; daran schließt sich im Satz 2 eine dem § 383 Abs. 2 entsprechende Vorschrift. In dem § 1243 wird aber ausdrücklich bestimmt, daß die Verletzung der im § 1236 gegebenen Vorschriften den Verkauf nicht zu einem unrechtmäßigen mache, sondern nur eine Verpflichtung zum Schadensersatze begründe. Man könnte geneigt sein, diese Vorschriften in dem Falle des § 383 zur entsprechenden Anwendung zu bringen. Dagegen spricht indessen, daß in jenen Vorschriften ausdrücklich bestimmt ist, daß die Verletzung derselben nur eine Verpflichtung zum Schadensersatze begründe, während in dem § 383 eine solche Bestimmung fehlt. Auch die Gleichheit des Grundes läßt sich bezweifeln. Die Hinterlegung bei einer anderen Hinterlegungsstelle als der des Leistungsorts berührt nicht den Gegenstand der Leistung, während durch den Verkauf an einem anderen als dem vorgeschriebenen Orte der Erlös ein geringerer werden kann. Bei dem Pfandverkaufe hat der Verpfänder regelmäßig selbst ein Interesse, an demjenigen Orte zu versteigern, an welchem er den möglichst hohen Preis erreichen zu können hoffen darf; in dem Falle des § 383 hat der Schuldner ein solches Interesse regelmäßig nicht. Dazu kommt, daß nach dem Wortlaute des § 383 Abs. 1 Satz 1 dem Schuldner nur das Recht eingeräumt wird, „am Leistungsorte versteigern zu lassen". Diese Fassung deutet darauf hin, daß nur am Leistungsorte versteigert werden kann, sofern nicht die im Abs. 2 bestimmte Ausnahme Platz greift. Auf eine verschiedene Behandlung der Vorschrift über den Ort, an welchem die Versteigerung vorzunehmen ist, und der Vorschrift, daß die Versteigerung eine öffentliche sein muß (Abs. 3), deutet die Fassung dieser Vorschrift in keiner Weise hin. Von der Beobachtung der letztgedachten Vorschrift hängt zweifellos die Rechtmäßigkeit der Versteigerung ab. Ueberwiegende Gründe dürften daher dafür sprechen, dasselbe in Betreff der Vorschriften über den Ort der Versteigerung anzunehmen.

§ 384.

E. I § 278 Abs. 1 Satz 2, 3, Abs. 2; II § 330 Abs. 2 rev. § 378; III § 378. P. I S. 1453—1462, 1469, 1470; M. II S. 102, 103. P. II S. 714 (Bd. I S. 356).

1. Der § 384 Abs. 1 bestimmt ein weiteres Erforderniß der Rechtmäßigkeit der Versteigerung. Die Versteigerung muß, bevor sie vorgenommen wird, dem Gläubiger von dem Schuldner angedroht werden. Die Androhung ist ein einseitiges empfangsbedürftiges Rechtsgeschäft (§§ 130—132). Zwischen der Androhung und der Versteigerung muß ein gewisser Zeitraum liegen. Die Dauer desselben ist gesetzlich nicht bestimmt. Aus dem Zwecke der Androhung ist zu entnehmen, daß dem Gläubiger soviel Zeit gelassen werden muß, als erforderlich ist, um die Versteigerung durch Annahme der geschuldeten Sache abzuwenden. Ist die Androhung nicht ordnungsmäßig erfolgt, so ist die Versteigerung nicht rechtmäßig; die in der Erl. zu § 383 Nr. 1 bezeichneten Folgen treten daher nicht ein.

2. Die Androhung ist nicht erforderlich, die Versteigerung also auch ohne sie rechtmäßig, wenn die Sache dem Verderben ausgesetzt und mit dem Aufschube der Versteigerung Gefahr verbunden oder wenn die Androhung unthunlich ist. Die mit dem Aufschube der Versteigerung verbundene Gefahr muß darin ihren Grund haben, daß das Verderben der Sache vor der Versteigerung zu besorgen ist, wenn diese bis nach erfolgter Androhung verschoben wird. Ueber den Begriff der Unthunlichkeit s. Erl. zu den §§ 303 Nr. 2 und 374 Nr. 3.

3. Dem Schuldner liegt der Beweis ob, daß die Androhung ordnungsmäßig erfolgt ist oder daß eine der unter Nr. 2 bezeichneten Voraussetzungen vorlag, unter welchen die Androhung nicht erforderlich ist.

4. Nach der Versteigerung hat der Schuldner dem Gläubiger unverzüglich von derselben Nachricht zu geben. Die Benachrichtigung ist ein einseitiges empfangsbedürftiges Rechtsgeschäft (§§ 130—132). Ueber den Begriff des „unverzüglich" s. Bd. I S. 171, Erl. zu § 121 Nr. 1. Die Unterlassung der Benachrichtigung macht die Versteigerung

§. 385.

Hat die Sache einen Börsen- oder Marktpreis, so kann der Schuldner den Verkauf aus freier Hand durch einen zu solchen Verkäufen öffentlich ermächtigten Handelsmäkler oder durch eine zur öffentlichen Versteigerung befugte Person zum laufenden Preise bewirken.

§. 386.

Die Kosten der Versteigerung oder des nach §. 385 erfolgten Verkaufs fallen dem Gläubiger zur Last, sofern nicht der Schuldner den hinterlegten Erlös zurücknimmt.

---

nicht unrechtmäßig, sondern begründet nur einen Anspruch des Gläubigers auf Ersatz des ihm durch die Unterlassung erwachsenen Schadens. Die Benachrichtigung ist nicht erforderlich, wenn sie unthunlich ist (s. oben Nr. 2). Dem Schuldner liegt der Beweis ob, daß die Benachrichtigung erfolgt oder daß sie unthunlich gewesen sei.

§ 385.

E. rev. § 379; III § 379. P. II S. 8432, 8433.

1. Der § 385 ist von der zweiten Kommission neu hinzugefügt worden; er entspricht den für den Pfandverkauf geltenden Vorschriften der §§ 1221, 1235. Hat die Sache einen Börsen- oder Marktpreis, so kann der Schuldner die Sache, statt sie öffentlich versteigern zu lassen, aus freier Hand nach Maßgabe des § 385 verkaufen. Ein solcher Verkauf hat dieselben Wirkungen wie die öffentliche Versteigerung (§ 383). Die im § 384 vorgeschriebene Androhung und Benachrichtigung ist auch hier erforderlich.

2. Die Sache muß einen Börsen- oder Marktpreis an demjenigen Orte haben, an welchem nach § 383 die Versteigerung zu erfolgen hat, also an dem Leistungsort oder an demjenigen Orte, welcher nach § 383 Abs. 2 an dessen Stelle tritt. Einen Börsen- oder Marktpreis hat die Sache, wenn Sachen dieser Art an der Börse oder auf dem Markte des betreffenden Ortes verkauft zu werden pflegen und aus den stattfindenden Verkäufen ein Durchschnittspreis sich ermitteln läßt. Die Art, wie dieser Preis zu ermitteln ist, bestimmt sich nach den an dem betreffenden Orte bestehenden Einrichtungen und nach der Verkehrssitte. Besteht an dem Orte, an welchem der Verkauf stattzufinden hat, eine Börse oder ein Markt nicht, sind aber für diesen Ort nach der Auffassung des Verkehrs die Preise eines anderen Ortes maßgebend, an welchem eine Börse oder ein Markt besteht, so ist der Börsen- oder Marktpreis entscheidend, welchen die Sache an diesem Orte hat.

3. Der Verkauf muß erfolgen entweder

a) durch einen öffentlich ermächtigten Handelsmäkler. Amtlich bestellte Handelsmäkler (Art. 66 ff. des früheren H.G.B.) kennt das neue H.G.B. (§§ 93 ff.) nicht mehr. Dadurch wird aber nicht ausgeschlossen, daß das Gesetz für gewisse Geschäfte die öffentliche Ermächtigung erfordert. Ein solches Erforderniß wird durch § 385 für den dort zugelassenen Verkauf aus freier Hand aufgestellt. Zu einem solchen befugt ist ein Handelsmäkler nur, wenn er dazu öffentlich ermächtigt ist. Von welcher Behörde und in welcher Art die Ermächtigung zu ertheilen ist, bestimmen die Landesgesetze; oder

b) durch einen für den Verkaufsort bestellten Gerichtsvollzieher oder einen zu Versteigerungen befugten anderen Beamten oder öffentlich angestellten Versteigerer (s. Erl. zu § 383 Nr. 2).

Der Verkauf muß zum laufenden Preise erfolgen, d. h. zu demjenigen Preise, welcher an dem Tage des Verkaufs an dem betreffenden Orte der Börsen- oder Marktpreis für Sachen der fraglichen Art ist. Diese Vorschrift hat indessen selbstverständlich nur die Bedeutung, daß der Verkauf nicht unter dem laufenden Preise erfolgen darf.

Ein Verkauf, der nicht durch eine der unter **a** und **b** bezeichneten Personen oder zu einem geringeren als dem laufenden Preise erfolgt, ist nicht rechtmäßig; er hat daher die unter Nr. 1 bezeichneten Wirkungen nicht.

§ 386.

E. I § 279; II § 330 Abs. 3 rev. § 380; III § 380. P. I S. 1464—1466, 3552, 3559; M. II S. 103, 104. P. II S. 718, 719 (Bd. I S. 358, 359).

Der § 386 entspricht dem § 381 (s. Erlaß zu § 381).

Dritter Titel.
Aufrechnung.

§. 387.

Schulden zwei Personen einander Leistungen, die ihrem Gegenstande nach gleichartig sind, so kann jeder Theil seine Forderung gegen die Forderung des anderen Theiles aufrechnen, sobald er die ihm gebührende Leistung fordern und die ihm obliegende Leistung bewirken kann.

Dritter Titel.

1. Der dritte Titel handelt von der einseitigen Aufrechnung durch den Schuldner. Ueber den Aufrechnungsvertrag enthält das B.G.B. keine Vorschriften. Die Zulässigkeit eines solchen ist nicht zu bezweifeln. Ueber seine Voraussetzungen, seine rechtliche Bedeutung und seine Wirkungen herrscht in der gemeinrechtlichen Theorie Streit (s. Windscheid II § 351 Nr. 2; Dernburg II § 62). Die Ansicht, daß der Aufrechnungsvertrag als ein gegenseitiger Erlaßvertrag aufzufassen ist, wird dem wirthschaftlichen Zwecke eines solchen Vertrags und der vermuthlichen Absicht der Parteien gerecht. Die Vorschriften des B.G.B. bieten zwar keine besonderen Anhaltspunkte für diese Auffassung, stehen aber derselben auch nicht entgegen.

2. Durch das Recht der einseitigen Aufrechnung erlangt der Schuldner die Möglichkeit, den Gläubiger ohne und selbst gegen dessen Willen statt durch Leistung des geschuldeten Gegenstandes dadurch zu befriedigen, daß er eine ihm gegen den Gläubiger zustehende Forderung auf eine dem Gegenstande nach gleichartige Leistung aufgiebt. Diese Möglichkeit ist in allen bisherigen Rechten anerkannt; aber über die Konstruktion des Verhältnisses gehen die Ansichten weit auseinander, insbesondere darüber, ob die Forderungen schon dadurch, daß sie sich als zur Aufrechnung geeignet gegenüberstehen, aufgehoben oder doch mit einer Einrede behaftet werden oder ob es zu der Aufhebung eines besonderen Rechtsakts von Seiten des einen oder anderen Theiles bedarf und ob dieser Rechtsakt nur im Prozesse durch Vorschützen einer Einrede oder auch außerhalb des Prozesses durch einseitige Willenserklärung erfolgen kann (s. Windscheid II §§ 348 ff.; Dernburg II §§ 62—64.) Leonhard „Die Aufrechnung." Stölzel, Schulung für civilistische Praxis, Zweiter Theil. Zur Lehre von der Eventualaufrechnung.

Das B.G.B. geht von folgenden Grundsätzen aus:

Die beiderseitigen Forderungen werden dadurch, daß sie sich als zur Aufrechnung geeignet gegenüberstehen, nicht berührt. Eine Rechtsänderung tritt erst dadurch ein, daß der eine Theil dem anderen Theile die Aufrechnung erklärt. Durch diese Erklärung werden beide Forderungen in dem sich deckenden Betrag aufgehoben, und zwar mit rückwirkender Kraft in der Art, daß sie schon in dem Zeitpunkt als erloschen gelten, in welchem sie als zur Aufrechnung geeignet einander gegenübergetreten sind.

3. Der § 387 bestimmt die Voraussetzungen, unter welchen die Aufrechnung zuläßig ist, der § 388 die Art, in welcher die Aufrechnung erfolgt, der § 389 die Wirkungen der Aufrechnung. Der § 390 giebt Vorschriften für den Fall, daß der Forderung, welche aufgerechnet wird, eine Einrede entgegensteht, der § 391 für den Fall, daß verschiedene Leistungs- oder Ablieferungsorte für die beiderseitigen Forderungen bestimmt sind, der § 392 für den Fall, daß die Forderung, gegen welche aufgerechnet werden soll, in Beschlag genommen ist. Die §§ 393—395 bestimmen einzelne Fälle, in denen die Aufrechnung ausgeschlossen oder beschränkt ist. Der § 396 regelt das Verhältniß für den Fall, daß der eine oder der andere Theil mehrere zur Aufrechnung geeignete Forderungen hat.

Die veränderte Konstruktion machte diejenigen Aenderungen der bisherigen §§ 136, 274, 293, 491 der C.P.O. erforderlich, welche sich aus den jetzigen §§ 145 Abs. 3, 302, 322 Abs. 2, 529 Abs. 3 ergeben (s. Erl. zu § 388 Nr. 4).

§ 387.

E. I § 281 Abs. 1; II § 331 rev. § 381; III § 381. P. I S. 1404, 1405, 11737, 11738; M. II S. 104—106. P. II S. 725, 726 (Bd. I S. 361, 362).

1. Forderungen können unter einander unter folgenden Voraussetzungen aufgerechnet werden:

a) Der Schuldner der einen Forderung muß Gläubiger der anderen Forderung sein. Nur der Schuldner, nicht ein Dritter kann aufrechnen.

Aus der Zulässigkeit der Leistung durch einen Dritten (§ 267) darf nicht auf die Zulässigkeit der Aufrechnung durch einen Dritten geschlossen werden. Die in den M. II S. 105 angedeutete abweichende Auffassung ist von der zweiten Kommission nicht gebilligt worden (P. II S. 726; Erl. zu § 267 Nr. 4). Nur ausnahmsweise kann auch ein Anderer als der Schuldner den Gläubiger durch Aufrechnung einer ihm gegen denselben zustehenden Forderung befriedigen; solche Ausnahmen sind bestimmt in den §§ 268, 1142, 1224, 1249. Ueber das Recht des Schuldners, im Falle der Abtretung der Forderung eine ihm gegen den bisherigen Gläubiger zustehende Forderung gegen den neuen Gläubiger aufzurechnen, s. § 406; über die dem Bürgen auf Grund des Rechtes des Gläubigers, den Hauptschuldner durch Aufrechnung zu befriedigen, zustehende verzögerliche Einrede s. § 770 (vergl. auch die §§ 1137, 1211). Ueber Aufrechnung bei einem Gesammtschuldverhältnisse s. die §§ 422, 429; über Aufrechnung gegen Erben s. die §§ 1977, 2040; über Aufrechnung durch einen Vertreter oder gegen einen solchen s. Erl. zu § 388.

b) Die beiderseitigen Forderungen müssen voll gültig sein. Der Umstand, daß das zur Befriedigung einer nicht bestehenden Forderung Geleistete nicht zurückgefordert werden kann (s. z. B. die §§ 656, 762), genügt nicht, um die Forderung zur Aufrechnung geeignet zu machen. Ueber einzelne Ausnahmen, in welchen gegen eine bereits erloschene Forderung aufgerechnet werden kann, s. die §§ 357, 554 Abs. 2. Ueber Forderungen, welchen eine Einrede entgegensteht, s. § 390. Liquidität der beiderseitigen Forderungen ist nicht erforderlich.

c) Die geschuldeten Leistungen müssen ihrem Gegenstande nach gleichartig sein. In Betracht kommen also hauptsächlich Forderungen, die auf Leistung vertretbarer Sachen gerichtet sind, insbesondere Geldforderungen. Auch Forderungen auf Leistung von Werthpapieren, die nur der Art und Gattung nach bestimmt sind, können gegen einander aufgerechnet werden. Die Gleichartigkeit des Gegenstandes braucht nur zu der Zeit zu bestehen, in welcher die Aufrechnung erfolgt. Eine Forderung, welche ursprünglich auf Leistung einer speziellen Sache gerichtet war, kann, wenn sie in eine Geldforderung auf Schadensersatz übergegangen ist, gegen eine Geldforderung aufgerechnet werden. Die Verschiedenheit des Leistungsorts schließt regelmäßig die Aufrechnung nicht aus (§ 391). Gleichgültig ist es, auf welchem Rechtsgrunde die beiderseitigen Forderungen beruhen. Auch dingliche Ansprüche können, wenn sie in Geldforderungen übergegangen sind (§ 989), gegen persönliche Geldforderungen aufgerechnet werden. Ueber die aus einer vorsätzlich begangenen unerlaubten Handlung entstandenen Forderungen s. § 393. Nicht erforderlich ist, daß die beiderseitigen Forderungen von gleicher Höhe sind. Die Forderung, welche aufgerechnet wird, kann höher oder niedriger sein als die Forderung, gegen welche aufgerechnet wird. Die Aufrechnung hat in diesem Falle die Wirkung, daß die Forderungen in dem sich deckenden Betrag aufgehoben werden (§ 389). Hierin liegt ein wesentlicher Unterschied der Aufrechnung von der Zahlung. Zu einer Theilleistung ist der Schuldner nicht berechtigt (§ 266); durch Aufrechnung mit einer Forderung von geringerem Betrage kann er eine Forderung von einem höheren Betrage theilweise aufheben.

d) Die Aufrechnung ist erst von dem Zeitpunkt an zulässig, in welchem die Erfüllung der Forderung, welche aufgerechnet wird, verlangt werden kann. Ist eine Zeit für die Leistung nicht bestimmt, so kann der Gläubiger nach § 271 Abs. 1 die Leistung sofort fordern; ist eine Zeit für die Leistung bestimmt, so kann der Gläubiger nach § 271 Abs. 2 die Leistung im Zweifel nicht vor dieser Zeit fordern. Ueber verzögerliche Einreden, welche der Forderung entgegenstehen, s. Erl. zu § 390.

e) Die Forderung, gegen welche aufgerechnet wird, braucht nicht fällig zu sein. Es genügt, wenn der Schuldner die Leistung zu bewirken berechtigt ist. Ist eine Zeit für die Leistung bestimmt, so ist nach § 271 Abs. 2 im Zweifel anzunehmen, daß der Schuldner die Leistung auch vor der bestimmten Zeit zu bewirken berechtigt ist. Ueber verzögerliche Einreden s. Erl. zu § 390.

2. Liegt eine der unter Nr. 1. bezeichneten Voraussetzungen nicht vor, so ist die Aufrechnung unwirksam. Die beiderseitigen Forderungen bleiben, soweit sie bestanden, auch fernerhin bestehen. Bestand die Forderung, welche aufgerechnet wurde, nicht aber diejenige, gegen welche die Aufrechnung erfolgte, so braucht der Aufrechnende nicht wie im Falle der Erfüllung die Zurückgewähr des Geleisteten zu verlangen; er braucht dies nicht, weil die Forderung, welche er aufgerechnet hat, unverändert bestehen geblieben ist. Ueber die für einzelne Fälle geltenden besonderen Voraussetzungen s. die §§ 394, 395. Nur für die einseitige Aufrechnung gelten die unter Nr. 1. bezeichneten Voraussetzungen, nicht für den Aufrechnungsvertrag. Die für diesen geltenden Erfordernisse ergeben sich aus den allgemeinen Vorschriften über Verträge (s. Vorm. zu diesem Titel Nr. 1). Insbesondere dürfte auch der Wirksamkeit eines Vertrags, durch welchen gegen Aufhebung einer dem einen Theile gegen den anderen Theil zustehenden Forderung eine Forderung des anderen Theiles gegen einen Dritten aufgehoben wird, Nichts entgegenstehen.

§. 388.

Die Aufrechnung erfolgt durch Erklärung gegenüber dem anderen Theile. Die Erklärung ist unwirksam, wenn sie unter einer Bedingung oder einer Zeitbestimmung abgegeben wird.

3. Die Vorschriften des § 387 sind nur dispositive. Durch Vertrag unter den Parteien kann bestimmt werden, daß eine Forderung nicht aufgerechnet werden und daß gegen sie eine Aufrechnung nicht stattfinden soll. Der § 391 Abs. 2 bestimmt einen Fall, in welchem ein derartiger Vertrag im Zweifel angenommen werden soll.

§ 388.

E. I § 282; II § 332 rev. § 382; III § 382. P. I S. 1404—1406, 1410—1412, 11951—11954; M. II S. 106—108. P. II S. 732—734 (Bd. I S. 365, 366).

1. In dem § 388 wird der für die Konstruktion der Aufrechnung leitende Grundsatz ausgesprochen. Durch das Gegenüberstehen zweier Forderungen der im § 387 gedachten Art werden dieselben weder kraft des Gesetzes aufgehoben noch wird dadurch eine Einrede begründet. Jeder Theil hat aber das Recht, seine Forderung gegen die Forderung des anderen Theiles aufzurechnen und dadurch das Erlöschen beider Forderungen zu bewirken. Die Aufrechnung ist ein einseitiges empfangsbedürftiges Rechtsgeschäft (§§ 130—132). Sie kann nach Maßgabe der für solche Rechtsgeschäfte geltenden Grundsätze erfolgen ohne Rücksicht darauf, ob ein Rechtsstreit über die eine oder die andere Forderung anhängig ist oder nicht. Ist ein solcher Prozeß anhängig, so kann die Aufrechnung in demselben erklärt werden; sie wird dadurch aber nicht zu einer Prozeßhandlung. Prozeßhandlung ist nur die Berufung auf die erfolgte Aufrechnung, nicht diese selbst. Man könnte hiernach bezweifeln, ob es überhaupt zulässig sei, die Aufrechnung in dem Prozesse, d. h. in dem für die mündliche Verhandlung bestimmten Termine, zu erklären. Es würde indessen ein unnöthiger, durch die prozessualischen Grundsätze nicht gebotener Formalismus sein, die Aufrechnung selbst und die prozessualische Berufung auf dieselbe in solcher Art auseinander zu reißen, daß nur die letztere in dem Prozeß erfolgen könnte, die erstere aber außerhalb desselben erfolgen müßte. Nothwendig ist nur, daß die Aufrechnung, auch wenn sie im Prozeß erfolgt, den Erfordernissen des einseitigen empfangsbedürftigen Rechtsgeschäfts entspricht. Erscheinen im amtsgerichtlichen Verfahren die Parteien vor dem Gericht in Person, so wird die Geltendmachung einer Gegenforderung von Seiten einer Partei als Erklärung der Aufrechnung gegenüber der anderen und zugleich als Geltendmachung einer auf die erfolgte Aufrechnung begründeten Einwendung aufzufassen sein. Zweifelhafter liegt die Frage im Anwaltsprozesse (s. Förtsch, sächsisches Archiv für bürgerliches Recht und Prozeß, Bd. VII S. 401). Die Aufrechnung kann wie jedes einseitige empfangsbedürftige Rechtsgeschäft durch einen Vertreter und gegenüber einem solchen erklärt werden (§ 164). Sie kann daher auch durch den für den Prozeß bestellten Anwalt und gegen denselben erfolgen, wenn dieser zu der Erklärung der Aufrechnung bezw. zu der Entgegennahme einer solchen Erklärung ermächtigt ist. Es fragt sich aber, ob die Prozeßvollmacht sich auch auf die Abgabe und Entgegennahme einer solchen Erklärung bezieht. Nach dem bisherigen Rechte war die Geltendmachung der Kompensationseinrede eine Prozeßhandlung; die Prozeßvollmacht erstreckte sich daher nach § 77 (jetzt § 81) der C.P.O. auch auf sie. Nach dem B.G.B. ist die Aufrechnung sowie deren Entgegennahme keine Prozeßhandlung; die Prozeßvollmacht erstreckt sich daher nicht auf sie; es bedarf dazu vielmehr einer besonderen Vollmacht. Die in der C.P.O. vorgenommenen Aenderungen (s. unter Nr. 4) betreffen diesen Punkt nicht. In Zukunft wird daher voraussichtlich regelmäßig eine Ausdehnung der Prozeßvollmacht in der hier fraglichen Beziehung erfolgen. Auch im Falle einer solchen Ausdehnung wird übrigens die in den vorbereitenden Schriftsätzen erfolgende Berufung auf die Aufrechnung nicht als Erklärung derselben aufzufassen sein; diese erfolgt vielmehr erst durch das Vorbringen in der mündlichen Verhandlung. Zulässig ist indessen selbstverständlich die Erklärung der Aufrechnung auch schon vor der mündlichen Verhandlung; nur muß erhellen, daß wirklich die Erklärung der Aufrechnung, nicht die Ankündigung, diese Erklärung demnächst abgeben zu wollen, beabsichtigt ist. Die §§ 174, 180 finden auch bei der im Prozeß erklärten Aufrechnung Anwendung.

2. Der mögliche Zweifel, ob sich schon aus der Natur der Aufrechnung ergiebt, daß dieselbe nicht unter einer Bedingung oder Zeitbestimmung erfolgen kann, wird durch die Vorschrift des § 388 Satz 2 entschieden. So wenig wie die unter einer Bedingung oder Zeitbestimmung erfolgende Zahlung von dem Gläubiger angenommen zu werden braucht, braucht sich dieser auch eine bedingte oder betagte Aufrechnung gefallen zu lassen. Dem wird, da die Aufrechnung ein einseitiges Rechtsgeschäft ist, dadurch entsprochen, daß eine in solcher Art erfolgende Aufrechnung für unwirksam erklärt wird. Aus der Unzulässigkeit einer Be-

§. 389.

Die Aufrechnung bewirkt, daß die Forderungen, soweit sie sich decken, als in dem Zeitpunkt erloschen gelten, in welchem sie zur Aufrechnung geeignet einander gegenübergetreten sind.

---

dingung folgt nicht, daß die Aufrechnung unwirksam ist, wenn sie für den Fall erfolgt, daß die Forderung, gegen welche aufgerechnet wird, besteht. Hier handelt es sich nicht um eine rechtsgeschäftliche Bedingung, sondern um eine gesetzliche Voraussetzung der Aufrechnung (s. Erl. zu § 387 Nr. 1a, 2). Die Aufrechnung ist kraft des Gesetzes nicht wirksam, wenn die Forderung, gegen welche aufgerechnet wird, nicht besteht. Hieran wird dadurch nichts geändert, daß auf diese gesetzliche Voraussetzung bei der Aufrechnung ausdrücklich hingewiesen wird. Zulässig ist daher im Prozeß, eine Forderung gegen die durch die Klage geltend gemachte Forderung für den Fall aufzurechnen, daß diese Forderung besteht (s. Bd. I S. 261, Erl. zu § 209 Nr. 2a). Aus demselben Gesichtspunkte wird die Frage zu entscheiden sein, wie sich das Verhältniß gestaltet, wenn der Schuldner gegen eine Forderung aufrechnet, zu deren Erfüllung er durch ein vorläufig vollstreckbares Urtheil oder durch ein solches Urtheil verurtheilt worden ist, welches unter Vorbehalt von Einwendungen des Beklagten ergangen ist, das aber in Ansehung der Zwangsvollstreckung als Endurtheil gilt (s. die §§ 302, 540, 600, 717 der C.P.O.). Hat der Beklagte in Fällen dieser Art behufs Abwendung der Zwangsvollstreckung eine Leistung gemacht, so kann er, wenn das Urtheil später aufgehoben wird, im Falle des § 540 der C.P.O. Erstattung des Geleisteten nach den Vorschriften über die Herausgabe einer ungerechtfertigten Bereicherung (§ 541 der C.P.O.), in den übrigen Fällen Ersatz des Schadens verlangen, welchen er durch die Leistung erlitten hat. Hat der Beklagte behufs Abwendung der Zwangsvollstreckung den Kläger statt durch Leistung durch Aufrechnung befriedigt, so stellt sich das Verhältniß verschieden, je nachdem das Urtheil später deshalb aufgehoben wird, weil der klägerische Anspruch nicht besteht, oder deshalb, weil ihm eine Einrede entgegensteht. Im ersteren Falle, wenn also z. B. im Falle des § 302 der C.P.O. das Urtheil unter Vorbehalt der Entscheidung über eine geltend gemachte Aufrechnung ergangen und die hierauf gegründete Einwendung später für begründet, der klägerische Anspruch also für erloschen erklärt ist, stellt sich die zur Abwendung der Zwangsvollstreckung gemachte Aufrechnung als unwirksam heraus. Die Forderung, gegen welche die Aufrechnung erfolgte, war, wie durch das spätere Urtheil festgestellt ist, bereits erloschen; die Aufrechnung war daher unzulässig, und die aufgerechnete Forderung ist bestehen geblieben. Eine Zurückerstattung oder Schadensersatz ist daher nicht erforderlich. In dem oben hervorgehobenen zweiten Falle dagegen ist die Aufrechnung wirksam erfolgt. Die Aufrechnung gegen einen Anspruch, welchem eine civilrechtliche Einrede entgegensteht, ist zulässig (s. Erl. zu § 390 Nr. 3). Hier bedarf es also einer Wiederherstellung der durch die Aufrechnung erloschenen Forderung, und der Beklagte kann die Wiederherstellung in den Fällen des § 540 der C.P.O. nach den Vorschriften über die ungerechtfertigte Bereicherung, in den übrigen Fällen als ihm gebührenden Schadensersatz verlangen.

3. Die Vorschrift des § 388 Satz 2 trifft nur den Fall, daß die Aufrechnung selbst bedingt oder betagt ist, nicht den Fall, daß *eine bedingte oder betagte Forderung oder daß gegen eine solche Forderung unbedingt und unbetagt aufgerechnet wird.* Der letztere Fall ist nach den in der Erl. zu § 387 Nr. 1 dargelegten Grundsätzen zu entscheiden. Eine bedingte Forderung besteht noch nicht (s. Bd. I S. 204, Erl. zu § 158 Nr. 2). Die Aufrechnung einer solchen Forderung oder gegen eine solche ist daher unzulässig. Die Unzulässigkeit der Aufrechnung einer betagten Forderung ergiebt sich aus dem in der Erl. zu § 387 Nr. 1d Gesagten. Ob die Aufrechnung gegen eine betagte Forderung zulässig ist, hängt davon ab, welchen Sinn die Zeitbestimmung hat (s. Erl. zu § 387 Nr. 1e). Ueber die im Falle des Konkurses geltenden Abweichungen von diesen Grundsätzen s. K.O. § 54. Ueber die Aufrechnung von Forderungen, welchen eine Einrede entgegensteht, s. Erl. zu § 390.

4. Die veränderte Konstruktion der Aufrechnung macht eine Aenderung verschiedener Vorschriften der C.P.O. erforderlich. Der bisherige § 293 Abs. 2 der C.P.O. ist deshalb in dem jetzigen § 322 Abs. 2 dahin geändert:

„Hat der Beklagte die Aufrechnung einer Gegenforderung geltend gemacht, so ist die Entscheidung, daß die Gegenforderung nicht besteht, bis zur Höhe des Betrags, für welchen die Aufrechnung geltend gemacht worden ist, der Rechtskraft fähig."

Eine entsprechende Aenderung der Fassung haben die bisherigen §§ 136, 274, 491 der C.P.O. in den jetzigen §§ 145 Abs. 3, 302, 529 Abs. 3 erhalten. Es wird nicht mehr wie bisher von der Geltendmachung mittelst Einrede, sondern von der Geltendmachung der Aufrechnung gesprochen.

§ 389.

E. I § 283; II § 333 rev. § 383; III § 383. P. I S. 1405—1409; M. II S. 108—110. P. II S. 734—737 (Bd. I S. 366, 367).

1. *Durch die Aufrechnung erlöschen die beiderseitigen Forderungen.* Der

Aufrechnende zwingt dem anderen Theile die Befriedigung wegen dessen Forderung auf; er befriedigt zugleich sich selbst wegen seiner Forderung. Die beiderseitige Befriedigung erfolgt zu dem Betrag, in welchem die beiderseitigen Forderungen sich decken. Der Schuldner kann also im Wege der Aufrechnung den Gläubiger zu der Annahme einer theilweisen Befriedigung nöthigen, obwohl er zu einer Theilleistung nicht berechtigt ist. Die größere Forderung bleibt insoweit bestehen, als sie die andere übersteigt.

Durch die Aufrechnung wird nicht eine Einrede begründet; beide Forderungen erlöschen vielmehr, ebenso wie im Falle der Zahlung, ipso jure. Eine replica compensationis ist nicht denkbar, da nach der Aufrechnung eine Forderung, gegen welche aufgerechnet werden könnte, nicht mehr besteht.

2. Die Aufrechnung hat rückwirkende Kraft. Die beiderseitigen Forderungen gelten, wenn die Aufrechnung erfolgt, schon als in demjenigen Zeitpunkt erloschen, in welchem sie zur Aufrechnung geeignet einander gegenübergetreten sind. Dieser Grundsatz entspricht nach der herrschenden Ansicht dem bisherigen Rechte. Unbestritten ist derselbe freilich keineswegs, und die Ansichten über die juristische Konstruktion des Verhältnisses weichen mannigfach von einander ab. Der prinzipiellen Auffassung des B.G.B. gegenüber, nach welchem die Aufrechnung ein einseitiges, auf die Aufhebung der einander gegenüberstehenden Forderungen gerichtetes Rechtsgeschäft ist, erscheint der fragliche Grundsatz als eine Anomalie. Er ist in beiden Kommissionen lebhaft bekämpft. Die Mehrheit aber war der Ansicht, daß die Rückwirkung der Auffassung des Lebens entspreche und daß nur durch sie dem Bedürfnisse, dessen Befriedigung die Aufrechnung bezweckt, voll Genüge geschehe. Auf demselben Standpunkte steht der § 46 der K.O. Die abweichende Behandlung der Forderungen im Kontokurrentverkehre bildet eine Ausnahme, welche sich aus der besonderen Natur und aus dem Zwecke des Kontokurrentverkehrs ergiebt.

Aus dem aufgestellten Grundsatze folgt insbesondere:

a) die Verpflichtung, Zinsen von der einen oder von der anderen Forderung zu zahlen, gilt als in dem Zeitpunkte weggefallen, in welchem die Forderungen zur Aufrechnung geeignet einander gegenüber getreten sind. Dies gilt auch dann, wenn die eine Forderung verzinslich, die andere unverzinslich war;

b) ein Verzug, welcher nach dem gedachten Zeitpunkt in Betreff der einen oder der anderen Forderung eingetreten war, gilt als nicht eingetreten;

c) eine Vertragsstrafe, welche nach dem gedachten Zeitpunkte wegen Nichterfüllung der einen oder der anderen Forderung verwirkt ist, gilt als nicht verwirkt. Dasselbe gilt von jedem anderen Nachtheile, der für den einen oder für den anderen Theil nach dem gedachten Zeitpunkt in Folge der Nichterfüllung seiner Verbindlichkeit eingetreten ist.

Sind in der Zwischenzeit Forderungen, welche auf Grund der unter **a—c** bezeichneten Verhältnisse entstanden waren, welche aber in Folge der Aufrechnung als nicht entstanden gelten, in der Zwischenzeit befriedigt, so kann das Geleistete nach den Vorschriften über die Herausgabe einer ungerechtfertigten Bereicherung (§§ 812 ff) zurückgefordert werden.

3. Die in dem § 389 bestimmte Wirkung tritt selbstverständlich nur ein, wenn die Aufrechnung zulässig und wirksam war (s. Erl. zu § 387). Insbesondere also müssen die beiderseitigen Forderungen zur Zeit der Aufrechnung noch bestehen. Ist eine derselben vorher durch Zahlung oder in anderer Weise erloschen, so kann weder mit ihr noch gegen sie aufgerechnet werden. Die erfolgte Zahlung kann auch nicht etwa durch nachträgliche Aufrechnung einer Forderung gegen die bezahlte Forderung aus dem Gesichtspunkte rückgängig gemacht werden, daß der Zahlende sich in einem entschuldbaren Irrthum über sein Recht zur Aufrechnung befunden habe. Durch das Recht zur Aufrechnung werden die beiderseitigen Forderungen ebensowenig berührt wie durch das Recht, sie zu bezahlen; erst die wirkliche Aufrechnung bewirkt das Erlöschen der betreffenden Forderung. Die vor der Aufrechnung erfolgende Zahlung ist also Zahlung einer bestehenden Schuld; der bezahlten Forderung stand auch auf Grund des Rechtes zur Aufrechnung keine Einrede entgegen; die Voraussetzungen der condictio indebiti (§§ 812, 813) liegen also nicht vor, und eine ausdehnende Auslegung der für diese geltenden Vorschriften läßt sich nicht rechtfertigen. In der gemeinrechtlichen Theorie wird zwar vielfach eine abweichende Auffassung vertreten; diese hängt aber mit der Konstruktion zusammen, welche von den Vertretern jener Ansicht der Kompensation zu Grunde gelegt wird. Das B.G.B. bietet keinen Anhaltspunkt für jene Ansicht.

Aus der oben hervorgehobenen Voraussetzung der Wirksamkeit der Aufrechnung ergiebt sich ferner, daß mit einer Forderung oder gegen eine solche nicht aufgerechnet werden kann, welche auf einem Vertrage beruht, von dem der eine Theil auf Grund eines ihm vertragsmäßig oder gesetzlich zustehenden Rechtes zurückgetreten ist. Mit dem Rücktritt ist die Forderung erloschen; daher kann weder mit ihr noch gegen sie aufgerechnet werden. Eine Ausnahme von dieser Konsequenz bestimmt aus Billigkeitsgründen der § 357.

§. 390.

Eine Forderung, der eine Einrede entgegensteht, kann nicht aufgerechnet werden. Die Verjährung schließt die Aufrechnung nicht aus, wenn die verjährte Forderung zu der Zeit, zu welcher sie gegen die andere Forderung aufgerechnet werden konnte, noch nicht verjährt war.

Eine weitere Folge, welche sich aus dem aufgestellten Grundsatz ergiebt, besteht darin, daß, wenn die Aufrechnung nach dem Schlusse derjenigen mündlichen Verhandlung, in welcher Einwendungen in Gemäßheit der C.P.O. spätestens hätten vorgebracht werden müssen, erklärt wird, die darauf gegründete Einwendung gegen den durch das Urtheil festgestellten Anspruch nach Maßgabe des § 767 der C.P.O. auch dann noch geltend gemacht werden kann, wenn die Aufrechnung schon während des Prozesses hätte erfolgen können. Die im P. I S. 1414, 1415 vertretene abweichende Auffassung dürfte sich nicht rechtfertigen lassen; denn der Grund, auf welchem in dem gedachten Falle die Einwendung beruht, besteht nicht in der Möglichkeit der Aufrechnung, sondern in dieser selbst. Hiergegen läßt sich kein Einwand daraus herleiten, daß der § 767 (früher § 686) der C.P.O. in der bisherigen Praxis meistens eine andere Auslegung erfahren hat. Dies beruht auf der bisherigen Auffassung der Kompensation. Mit der Konstruktion, welche die Aufrechnung durch das B.G.B. erhalten hat, ist jene Auslegung nicht vereinbar.

§ 390.

E. I § 281 Abs. 2; II § 334 rev. § 384; III § 384. P. I S. 11739, 11740; M. II S. 106. P. II S. 725—731 (Bd. I S. 361—364).

1. Die Vorschrift des ersten Satzes bezieht sich sowohl auf peremtorische wie auf verzögerliche Einreden. Eine Forderung, welcher eine peremtorische Einrede entgegensteht, wird wirthschaftlich ebenso angesehen wie eine nicht bestehende Forderung; dem Gläubiger kann daher nicht zugemuthet werden, sich durch die Aufrechnung einer solchen Forderung befriedigen zu lassen. Eine Forderung, welcher eine verzögerliche Einrede entgegensteht, hat wirthschaftlich denselben Charakter wie eine betagte Forderung im Sinne des § 163. Der Gläubiger, welcher sofort die Leistung verlangen kann, braucht sich nicht gefallen zu lassen, durch Aufrechnung einer Forderung befriedigt zu werden, die er noch nicht zu bezahlen brauchte. Aus der Unzulässigkeit der Aufrechnung einer Forderung, welcher eine verzögerliche Einrede entgegensteht, folgt unter anderem, daß die Forderung aus einem gegenseitigen Vertrage, welcher die Einrede des nicht erfüllten Vertrags entgegensteht, nicht aufgerechnet werden kann.

2. Die Ausnahme, welche der Satz 2 von der Regel des ersten Satzes macht, beruht auf einem Beschlusse der zweiten Kommission. Nach jener Regel würde eine Forderung, welcher die Einrede der Verjährung entgegensteht, nicht aufgerechnet werden können. Der Satz 2 läßt die Aufrechnung für den Fall zu, daß die verjährte Forderung zu der Zeit noch nicht verjährt war, zu welcher sie gegen die andere Forderung aufgerechnet werden konnte. Die Ausnahme beruht auf ähnlichen Erwägungen wie die Vorschrift über die rückwirkende Kraft der Aufrechnung (s. Erl. zu § 389 Nr. 2). Insbesondere wurde geltend gemacht, daß im täglichen Verkehre der Schuldner, welcher eine Gegenforderung habe, den Gläubiger ohne Weiteres als durch diese befriedigt ansehe und die Aufrechnung daher nicht zu erklären pflege; ein solcher Schuldner werde durch den Ausschluß der Aufrechnung nach dem Ablaufe der bei Forderungen der hier fraglichen Art regelmäßig nur kurzen Verjährungszeit unbillig benachtheiligt. Eine entsprechende Anwendung dieser durchaus positiven Ausnahme auf andere Fälle ist nicht zulässig.

3. Der § 390 handelt nur von der Forderung, welche aufgerechnet wird, nicht von derjenigen, gegen welche die Aufrechnung erfolgt. Für diese verbleibt es bei den in dem § 387 bestimmten Voraussetzungen. Hiernach kann gegen eine Forderung, welcher eine Einrede entgegensteht, aufgerechnet werden. Eine solche Forderung besteht trotz des Entgegenstehens der Einrede; der Schuldner braucht zwar die ihm obliegende Leistung wegen der ihm zustehenden Einrede nicht zu bewirken; er kann sie aber bewirken, und dies genügt nach § 387. Die Aufrechnung gegen eine solche Forderung ist daher wirksam. Dem Schuldner würde indessen, wenn er trotz der entgegenstehenden Einrede geleistet hätte, sofern diese Einrede eine peremtorische ist, nach § 813 das Recht zustehen, das Geleistete nach den Vorschriften über die Herausgabe einer ungerechtfertigten Bereicherung zurückzufordern; ausgeschlossen würde dies Recht nach § 814 nur sein, wenn der Schuldner das Bestehen der

Einrede bei der Leistung gekannt hat. Diese Vorschriften werden auf die Aufrechnung entsprechend anzuwenden sein. Der Schuldner, welcher gegen eine Forderung aufgerechnet hat, der eine peremtorische Einrede entgegenstand, kann die durch die Aufrechnung bewirkte Leistung nach den Vorschriften über die Herausgabe einer ungerechtfertigten Bereicherung zurückfordern, sofern er nicht das Bestehen der Einrede bei der Aufrechnung kannte. Die Rückgewähr erfolgt dadurch, daß die beiderseitigen Forderungen so wiederhergestellt werden, wie sie vor der Aufrechnung bestanden haben. War die Einrede, welche der Forderung, gegen die aufgerechnet wurde, entgegenstand, nur eine verzögerliche, so steht dem Schuldner das Recht, die Aufrechnung rückgängig zu machen, nicht zu (§ 813).

Eine andere Frage ist es, ob der Schuldner gegen eine Forderung in der Art aufrechnen kann, daß die Aufrechnung nur wirksam sein soll, wenn der Forderung, gegen welche aufgerechnet wird, eine Einrede nicht entgegensteht. Es handelt sich hier nicht um eine bedingte Aufrechnung; denn die Aufrechnung wird nicht von einem zukünftigen ungewissen Ereignisse, sondern davon abhängig gemacht, ob zur Zeit der Aufrechnung eine Einrede besteht. Die Vorschriften, welche die Hinzufügung einer Bedingung bei einer Willenserklärung für unzulässig erklären, werden indessen regelmäßig auch auf Fälle der hier fraglichen Art entsprechende Anwendung finden müssen (s. Bd. I S. 205, Erl. zu § 158 Nr. 7); dies wird daher auch von der Vorschrift des § 388 Satz 2 zu gelten haben. Der Gläubiger braucht eine Zahlung nicht anzunehmen, welche ihm unter der Bedingung angeboten wird, daß dem Schuldner eine Einrede nicht zustehe. Ebensowenig wird eine Aufrechnung für zulässig gehalten werden können, die unter einer solchen Bedingung erfolgt. Dem Schuldner wird dadurch nicht zu nahe getreten. Kennt er die Einrede nicht, so kann er nach dem oben Gesagten die Aufrechnung nach den Vorschriften über die Herausgabe einer ungerechtfertigten Bereicherung rückgängig machen. Kennt er die Einrede, so muß er sich entscheiden, ob er von der Einrede Gebrauch machen will oder nicht. Will er dies, so muß er die Aufrechnung unterlassen; will er es nicht, so kann er aufrechnen, verliert dadurch aber seine Einrede. Ist er über das Bestehen der Einrede im Zweifel, so finden, wenn er trotzdem aufrechnet, dieselben Grundsätze Anwendung, welche gelten, wenn er trotz eines solchen Zweifels zahlt. Regelmäßig steht der Zweifel dem Kennen nicht gleich und schließt daher die Rückforderung nicht aus. Es liegt kein Grund vor, die Aufrechnung in diesen Beziehungen anders zu behandeln wie die Zahlung. Der Gläubiger würde unbillig benachtheiligt werden, wenn die Wirksamkeit der Aufrechnung selbst von dem Bestehen oder Nichtbestehen der Einrede abhängig gemacht werden könnte, weil es dadurch auf unbestimmte Zeit hinaus ungewiß bleiben würde, ob die zur Aufrechnung gebrachten Forderungen bestehen oder nicht. Das Interesse des Schuldners wird durch die Zulassung der condictio genügend gewahrt.

In einem Falle dürfte indessen die analoge Anwendung des § 388 Satz 2 auszuschließen sein. Dies ist dann anzunehmen, wenn die Aufrechnung im Prozesse für den Fall erfolgt, daß eine in erster Linie vorgeschützte Einrede nicht begründet sein sollte. In der Erl. zu § 388 Nr. 3 ist dargelegt, daß und weshalb die Vorschrift des § 388 Satz 2 keine Anwendung findet, wenn der Beklagte die Aufrechnung im Prozesse für den Fall geltend macht, daß die Klage begründet sein oder daß eine auf das Erlöschen des klägerischen Anspruchs gestützte Einwendung unbegründet sein sollte. Die Aufrechnung ist hier nach § 387 kraft des Gesetzes unwirksam, wenn der klägerische Anspruch nicht besteht oder wenn er erloschen ist. Dieser Grund trifft nicht zu, wenn eine in erster Linie vorgeschützte Einrede besteht, weil trotz einer solchen aufgerechnet werden kann. Bei entsprechender Anwendung des § 388 Satz 2 würde es also unzulässig sein, die Aufrechnung im Prozesse für den Fall zu erklären, daß eine prinzipaliter vorgeschützte Einrede unbegründet sein sollte. Dieses Ergebniß entspricht dem praktischen Bedürfnisse nicht. Es würde als eine juristische Spitzfindigkeit angesehen werden, wenn es für zulässig erachtet würde, die Aufrechnung im Prozesse für den Fall zu erklären, daß die prinzipaliter vorgeschützte Einwendung der Zahlung unbegründet sein sollte, nicht aber für den Fall, daß die Einrede des nicht erfüllten Vertrags oder die Einrede der Verjährung unbegründet sein sollte. Beide Fälle müssen gleich behandelt werden. Die Gründe, aus welchen die Vorschrift, daß eine bedingte Aufrechnung unzulässig ist, regelmäßig auch auf die für den Fall des Nichtbestehens einer Einrede erklärte Aufrechnung analog anzuwenden ist, treffen nicht zu, wenn die Aufrechnung in der gedachten Art im Prozeß erklärt wird. Die Einrede, um welche es sich hier handelt, ist im Prozesse bereits geltend gemacht. Es steht also fest, daß der Schuldner von dieser Einrede Gebrauch macht. Es steht ferner fest, daß in diesem Prozesse die Entscheidung über die Einrede erfolgen und dadurch festgestellt werden wird, ob die Einrede begründet ist oder nicht. Die Ungewißheit darüber, ob die Aufrechnung als erfolgt anzusehen ist oder nicht, ist also auf enge, fest bestimmte Grenzen beschränkt. Sie dauert nicht über den Prozeß hinaus; dieser muß in der hier fraglichen Beziehung als ein einheitliches Ganzes betrachtet werden. Nur bei völliger Gleichheit des Grundes darf eine Vorschrift auf andere durch sie nicht direkt getroffene Fälle entsprechend angewandt werden. Der Grund, auf welchem die Vorschrift des

§. 391.

Die Aufrechnung wird nicht dadurch ausgeschlossen, daß für die Forderungen verschiedene Leistungs- oder Ablieferungsorte bestehen. Der aufrechnende Theil hat jedoch den Schaden zu ersetzen, den der andere Theil dadurch erleidet, daß er in Folge der Aufrechnung die Leistung nicht an dem bestimmten Orte erhält oder bewirken kann.

Ist vereinbart, daß die Leistung zu einer bestimmten Zeit an einem bestimmten Orte erfolgen soll, so ist im Zweifel anzunehmen, daß die Aufrechnung einer Forderung, für die ein anderer Leistungsort besteht, ausgeschlossen sein soll.

---

§ 388 Satz 2 beruht, liegt darin, daß durch eine bedingte Aufrechnung auf unbestimmte Zeit eine Ungewißheit darüber entsteht, ob die Aufrechnung erfolgt ist oder nicht. Dieser Grund trifft in dem hier fraglichen Falle nicht oder doch nur in so geringem Maße zu, daß die entsprechende Anwendung der fraglichen Vorschrift auf ihn sich nicht rechtfertigt. Leonhardt, „Die Aufrechnung" S. 147—152 gelangt auf einem etwas anderen Wege zu demselben Ergebnisse.

§ 391.

E. I § 285; II § 335 rev. § 385; III § 385. P. I S. 1413—1415; M. II S. 111. P. II S. 745—748 (Bd. I S. 371—373).

1. Nach § 387 hängt die Zulässigkeit der Aufrechnung davon ab, daß die geschuldeten Leistungen ihrem Gegenstande nach gleichartige sind. Der § 391 ergänzt diese Vorschrift dahin, daß eine Gleichartigkeit in Betreff des Erfüllungs- oder Ablieferungsorts nicht erfordert wird. Der E. I § 285 sprach nur von der Verschiedenheit der Leistungsorte. Die Erwähnung der Ablieferungsorte beruht auf einem Beschlusse der zweiten Kommission. Es ist dabei an solche Fälle gedacht, in welchen der Schuldner verpflichtet ist, die geschuldete Sache an einem anderen Orte als dem Erfüllungsorte zu liefern (s. z. B. § 270).

2. Derjenige Theil, gegen welchen aufgerechnet wird, kann dadurch, daß er die ihm gebührende Leistung nicht an dem bestimmten Orte erhält und daß er die ihm obliegende Leistung nicht an dem bestimmten Orte bewirken kann, einen Schaden erleiden. Es würde ungerecht sein, ihn diesen durch die Aufrechnung entstandenen Schaden tragen zu lassen. Der Abs. 1 Satz 2 legt deshalb dem aufrechnenden Theile die Verpflichtung auf, dem anderen Theile den Schaden zu ersetzen. In der zweiten Kommission waren die Ansichten über die Tragweite dieser Vorschrift getheilt. Nach der einen Ansicht soll dadurch nur die Verpflichtung des aufrechnenden Theiles bestimmt werden, die Kosten des Transports nach dem Erfüllungs- oder Ablieferungsorte zu ersetzen. Nach der anderen Ansicht bezieht sich die Vorschrift auf allen Schaden, welchen der andere Theil dadurch erleidet, daß er die Leistung nicht an dem bestimmten Orte erhält oder bewirken kann; insbesondere soll also der andere Theil auch den Ersatz einer Vertragsstrafe verlangen können, welche er dadurch verwirkt hat, daß er eine ihm obliegende Verpflichtung deshalb nicht erfüllen konnte, weil er die ihm gebührende Leistung nicht an dem bestimmten Orte erhielt. Eine Entscheidung der Kommission über diese Frage ist nicht erfolgt. Nach dem Wortlaute der fraglichen Vorschrift muß aller Schaden ersetzt werden, vorausgesetzt natürlich, daß der Kausalzusammenhang zwischen dem Schaden und dem Nichtempfange der Leistung an dem bestimmten Orte feststeht. Eine einschränkende Auslegung dieser Vorschrift dürfte sich nach dem Grunde und Zwecke derselben nicht rechtfertigen lassen.

3. Der Abs. 2 beruht auf einem Beschlusse der zweiten Kommission. Er enthält eine Auslegungsregel für den Fall, daß die Leistung an einem bestimmten Orte zu einer bestimmten Zeit vereinbart ist. Eine solche Vereinbarung soll dahin ausgelegt werden, daß dadurch zugleich die Ausschließung der Aufrechnung gegen eine Forderung, für welche ein anderer Leistungsort besteht, als vereinbart anzusehen ist. Aus der Verbindung der Vereinbarung eines bestimmten Ortes und einer bestimmten Zeit wird geschlossen, daß der Ort ein so wesentliches Moment der Leistung bildet, daß die Leistung an einem anderen Orte nicht als eine vertragsmäßige Leistung anzusehen ist, und daß deshalb auch die Aufrechnung mit einer Forderung, für welche ein anderer Leistungsort bestimmt ist, hat ausgeschlossen werden sollen. Ergeben die Umstände, daß dieser Schluß nicht gerechtfertigt ist, so verbleibt es bei der Regel des Abs. 1.

§. 392.

Durch die Beschlagnahme einer Forderung wird die Aufrechnung einer dem Schuldner gegen den Gläubiger zustehenden Forderung nur dann ausgeschlossen, wenn der Schuldner seine Forderung nach der Beschlagnahme erworben hat oder wenn seine Forderung erst nach der Beschlagnahme und später als die in Beschlag genommene Forderung fällig geworden ist.

---

§ 392.

E. I § 286; II § 336 rev. § 386; III § 386. P. I S. 1415—1417; M. II S. 111, 112. P. II S. 748—750 (Bd. I S. 373, 374).

1. Die Beschlagnahme einer Forderung enthält nicht nur ein Veräußerungsverbot für den Gläubiger, sondern auch ein Erfüllungsverbot für den Schuldner (§§ 829, 845, 930, 936 der C.P.O.). Als Veräußerungsverbot würde die Beschlagnahme nur der Annahme der Erfüllung von Seiten des Gläubigers und der Aufrechnung der in Beschlag genommenen Forderung von Seiten des Gläubigers entgegenstehen. Als Erfüllungsverbot steht sie auch der Aufrechnung einer Gegenforderung von Seiten des Schuldners entgegen, weil durch eine solche Aufrechnung die in Beschlag genommene Forderung erlischt. Die Aufrechnung soll aber nicht unbedingt ausgeschlossen sein; sie soll zulässig bleiben, soweit der Schuldner zur Zeit der Beschlagnahme berechtigt war, darauf zu rechnen, daß er sich durch Aufrechnung seiner Gegenforderung von der in Beschlag genommenen Forderung werde befreien können. Hierauf konnte er nicht rechnen, wenn ihm die Gegenforderung zur Zeit der Beschlagnahme noch nicht zustand. Die Aufrechnung ist daher nach § 392 ausgeschlossen, wenn der Schuldner die Gegenforderung erst nach der Beschlagnahme erworben hat. Eine bedingte Forderung wird erst mit dem Eintritte der Bedingung erworben (s. Bd. I S. 204, Erl. zu § 158 Nr. 2). Mit einer solchen Forderung kann der Schuldner daher nur aufrechnen, wenn die Bedingung vor der Beschlagnahme eingetreten ist.

2. Auf die unter Nr. 1 angeführte Bestimmung beschränkte sich der § 286 des E. I. Von der zweiten Kommission ist die Vorschrift hinzugefügt, daß die Aufrechnung auch dann ausgeschlossen sein soll, wenn die Gegenforderung erst nach der Beschlagnahme und später als die in Beschlag genommene Forderung fällig geworden ist. Ist die Gegenforderung vor der Beschlagnahme fällig geworden, so ist der Schuldner nach der Beschlagnahme zur Aufrechnung berechtigt, mag die Gegenforderung früher oder später wie die in Beschlag genommene Forderung fällig geworden sein. Wurde die Gegenforderung aber erst nach der Beschlagnahme fällig, so hätte der Schuldner vor der Beschlagnahme nicht aufrechnen können. Auch in diesem Falle konnte er aber darauf rechnen, sich durch Aufrechnung befreien zu können, wenn die Gegenforderung vor der in Beschlag genommenen Forderung fällig wurde. War dies nicht der Fall, so hätte er zwar möglicherweise doch aufrechnen können, wenn er die Erfüllung der in Beschlag genommenen Forderung bis dahin hinausschob, daß seine Gegenforderung fällig wurde. Aber zu einem solchen Hinausschieben der Erfüllung ist er nicht berechtigt. Deshalb kann er nicht aufrechnen, wenn seine Gegenforderung erst nach der Beschlagnahme und später als die in Beschlag genommene Forderung fällig geworden ist. Der Begriff der Fälligkeit ist hier derselbe wie im Falle des § 284 (s. Erl. zu § 284 Nr. 3).

3. Die Beschlagnahme wird wirksam mit der Zustellung der dieselbe aussprechenden Verfügung an den Schuldner (§§ 829, 845, 930, 936 der C.P.O.). Auf die Kenntniß des Schuldners kommt es nicht an.

4. Ein Veräußerungsverbot, welches nur den Schutz bestimmter Personen bezweckt, hat nur die relative Unwirksamkeit der gegen das Verbot verstoßenden Verfügung zur Folge (s. Bd. I S. 186, Erl. zu § 135 Nr. 2). Dasselbe wird von dem in der Beschlagnahme liegenden Erfüllungsverbote gelten müssen. In dem E. I § 286 war dies durch die Worte, daß der Schuldner nicht „zum Nachtheile desjenigen, für welchen die Beschlagnahme erfolgt ist", aufrechnen könne, ausdrücklich hervorgehoben. In dem § 392 sind diese Worte zwar weggelassen; eine sachliche Aenderung ist aber nicht beabsichtigt. Eine der Vorschrift des § 392 zuwider erfolgende Aufrechnung ist daher ebenso wie eine nach der Beschlagnahme an den Gläubiger erfolgende Zahlung nicht dem Gläubiger, sondern nur demjenigen gegenüber unwirksam, für welchen die Beschlagnahme erfolgt ist. Ob der Schuldner das an den Gläubiger durch Zahlung oder Aufrechnung Geleistete zurückfordern kann, bestimmt sich nach den Vorschriften über den Anspruch auf Herausgabe einer ungerechtfertigten Bereicherung (§§ 812 ff.).

§. 393.

Gegen eine Forderung aus einer vorsätzlich begangenen unerlaubten Handlung ist die Aufrechnung nicht zulässig.

§. 394.

Soweit eine Forderung der Pfändung nicht unterworfen ist, findet die Aufrechnung gegen die Forderung nicht statt. Gegen die aus Kranken-, Hülfs- oder Sterbekassen, insbesondere aus Knappschaftskassen und Kassen der Knappschaftsvereine, zu beziehenden Hebungen können jedoch geschuldete Beiträge aufgerechnet werden.

§. 395.

Gegen eine Forderung des Reichs oder eines Bundesstaats sowie gegen eine Forderung einer Gemeinde oder eines anderen Kommunalverbandes ist die Aufrechnung nur zulässig, wenn die Leistung an dieselbe Kasse zu erfolgen hat, aus der die Forderung des Aufrechnenden zu berichtigen ist.

§ 393.

E I § 287; II § 337 rev. § 387; III § 387 P. I S. 1419—1422; M. II S. 112, 113. P. II S. 750 (Bd. I S. 374).

Der Vortheil, welchen das Recht zur Aufrechnung dem Schuldner gewährt, soll demjenigen Schuldner nicht zu Statten kommen, dessen Verbindlichkeit auf einer vorsätzlich begangenen unerlaubten Handlung beruht. Ueber unerlaubte Handlungen s. die §§ 823 ff.; über Vorsatz s. Bd. I S. 37. Eine ähnliche Vorschrift enthält § 273 Abs. 2.

§ 394.

E. I § 288; II § 338 rev. § 388; III § 388. P. I S. 1419, 1420, 1422—1424; M. II S. 113, 114. P. II S. 750—753 (Bd. I S. 374, 375).

1. Durch die Aufrechnung gegen eine Forderung wird der Gläubiger derselben genöthigt, seine Forderung zur Befriedigung einer ihm obliegenden Verbindlichkeit verwenden zu lassen. Diese Nöthigung soll wegfallen, wenn seine Forderung der Pfändung nicht unterworfen ist. Die Gründe, auf welchen der Ausschluß der Pfändung beruht, treffen auch für den Ausschluß jener Nöthigung zu. Die Forderungen, welche der Pfändung nicht unterworfen sind, werden durch die §§ 850—852 bestimmt. Die Vorschrift des § 394 beschränkt sich indessen nicht wie die des E. I § 288 auf die Forderungen, deren Pfändung durch die C.P.O. ausgeschlossen wird, sondern trifft alle der Pfändung nicht unterliegenden Forderungen, mag der Ausschluß auf der C.P.O. oder auf anderen Bestimmungen beruhen (vgl. G.O. v. 1. Juli 1883 § 100c; Ges. v. 1. Juni 1884 betr. die Abänderung des Gesetzes über die eingeschriebenen Hülfskassen v. 7. April 1876 Art. 8; Ges. v. 15. Juni 1883 betr. die Krankenversicherung der Arbeiter § 56; Ges. v. 10. April 1892 betr. die Abänderung des vorstehenden Gesetzes § 56; Unfallversicherungsgesetz v. 6. Juli 1884 § 68; Ges. v. 28. Mai 1885 über die Ausdehnung der Unfall- und Krankenversicherung § 1; Ges. v. 5. Mai 1886 betr. die Unfall- und Krankenversicherung rc. § 73; Ges. v. 11. Juli 1887 betr. die Unfallversicherung der bei Bauten beschäftigten Personen § 38; Ges. v. 13. Juli 1887 betr. die Unfallversicherung der Seeleute § 76; Ges. v. 22. Juni 1889 betr. die Invaliditäts- und Altersversicherung § 40).

Ueber das Verhältniß des § 394 zu den §§ 115, 118 der G.O. s. Neukamp im Verwaltungsarchiv V S. 225, 244—256.

2. Der § 394 Satz 2 beruht auf einem Beschlusse der zweiten Kommission; er trägt dem Bedürfnisse der darin bezeichneten Kassen Rechnung.

3. Nach E.G. Art. 81 können die Landesgesetze die Aufrechnung gegen die Ansprüche der Beamten, Geistlichen, Lehrer und gegen die Hinterbliebenen derselben auf Besoldung, Wartegeld, Ruhegehalt, Wittwen- und Waisengeld abweichend von der Vorschrift des § 394 zulassen.

4. Ueber einen ferneren Fall der Unzulässigkeit der Aufrechnung s. Ges. v. 1. Mai 1889 betr. die Erwerbs- und Wirthschaftsgenossenschaften § 22 Abs. 3.

§ 395.

E. I § 289; II § 339 rev. § 389; III § 389. P. I S. 1426, 1427; M. II S. 114. P. II S. 753 (Bd. I S. 375).

Die verschiedenen Kassen, welche das Reich, ein Bundesstaat oder ein Kommunalverband hat, sind nicht selbständige juristische Personen, sondern nur Organe

§. 396.

Hat der eine oder der andere Theil mehrere zur Aufrechnung geeignete Forderungen, so kann der aufrechnende Theil die Forderungen bestimmen, die gegen einander aufgerechnet werden sollen. Wird die Aufrechnung ohne eine solche Bestimmung erklärt oder widerspricht der andere Theil unverzüglich, so findet die Vorschrift des §. 366 Abs. 2 entsprechende Anwendung.

Schuldet der aufrechnende Theil dem anderen Theile außer der Hauptleistung Zinsen und Kosten, so finden die Vorschriften des §. 367 entsprechende Anwendung.

---

der einheitlichen juristischen Person des Reichs, des Bundesstaats oder des Kommunalverbandes. Aus Gründen administrativer Zweckmäßigkeit sollen die verschiedenen Kassen in Betreff der Aufrechnung so behandelt werden, wie wenn sie selbständige juristische Personen wären.

§ 396.

E. I § 284; II § 340 rev. § 390; III § 390. P. I S. 1409—1413; M. II S. 110, 111. P. II S. 739—745, 8433—8435 (Bd. I S. 368—371).

1. Nach dem E. I § 284 sollen, wenn der eine oder der andere Theil mehrere zur Aufrechnung geeignete Forderungen hat, im Falle der Aufrechnung dieselben Grundsätze Anwendung finden, welche nach dem E. I § 267 für den Fall gelten, daß der Schuldner dem Gläubiger aus mehreren Schuldverhältnissen zu gleichartigen Leistungen verpflichtet ist und das Geleistete nicht zur Tilgung sämmtlicher Schulden ausreicht. Hiernach sollte also die Bestimmung des Schuldners darüber entscheiden, gegen welche Forderungen des anderen Theiles die Aufrechnung erfolgen soll. Hat der Schuldner eine Bestimmung nicht getroffen, so werden seine Schulden durch die Aufrechnung in derselben Reihenfolge getilgt wie im Falle der Zahlung. Der § 396 beläßt es bei diesen Vorschriften für den Fall, daß der Schuldner eine Bestimmung nicht getroffen hat. Die Regelung des E. I erleidet in dieser Beziehung nur insofern eine Aenderung, als die Reihenfolge, in welcher die mehreren Schulden durch die Zahlung getilgt werden, nach § 366 anders bestimmt ist wie nach dem E. I § 267. Hat der Schuldner aber eine Bestimmung getroffen, so soll diese nach § 396 nicht unbedingt, sondern nur dann maßgebend sein, wenn der Gläubiger ihr nicht unverzüglich widerspricht. Diese Aenderung des E. I beruht auf einem von der zweiten Kommission bei der Revision des E. II gefaßten Beschlusse. Gedacht wurde dabei an den Fall, daß eine der mehreren Forderungen des Gläubigers bereits verjährt ist. Diese Forderung hätte er unter den im § 390 Abs. 2 bestimmten Voraussetzungen gegen die Forderung des Schuldners aufrechnen können; durch die Aufrechnung der letzteren gegen eine andere nicht verjährte Forderung würde ihm diese Möglichkeit entzogen werden, wenn die Bestimmung des Schuldners maßgebend wäre. Hierin erblickte die zweite Kommission eine Unbilligkeit gegen den Gläubiger, da die Erklärung der Aufrechnung, welche dem Gläubiger ja allerdings freigestanden hätte, im täglichen Leben häufig unterlassen wird, indem man die gegenüberstehenden Forderungen als ipso jure getilgt ansieht. Deshalb soll, wenn der Gläubiger der Bestimmung des Schuldners unverzüglich (s. Bd. I S. 171, Erl. zu § 121 Nr. 1) widersprochen hat, diese Bestimmung nicht maßgebend sein, sondern die Anrechnung in derselben Art erfolgen, wie wenn eine Bestimmung nicht getroffen wäre. Der erstrebte Zweck wird durch diese Vorschrift freilich nur dann erreicht, wenn nach Maßgabe des § 366 Abs. 2 das Alter der Schuld über die Aufrechnung entscheidet. Die Bestimmung, daß in erster Linie die fällige Schuld, unter mehreren fälligen Schulden diejenige, welche dem Gläubiger geringere Sicherheit bietet, unter mehreren gleich sicheren die dem Schuldner lästigere und erst unter mehreren gleich lästigen die ältere Schuld als durch die Aufrechnung getilgt gilt, wird durch die fragliche Vorschrift nicht berührt. Es könnte freilich in Frage kommen, ob man eine verjährte Schuld nicht als eine Schuld zu betrachten hat, welche dem Gläubiger geringere Sicherheit bietet als eine nicht verjährte Schuld. In diesem Sinne dürfte der Ausdruck „Sicherheit" indessen nicht zu verstehen sein (s. Erl. zu § 366 Nr. 3).

2. Schuldet der aufrechnende Theil dem anderen Theile außer der Hauptleistung Zinsen und Kosten, so sollen nach § 396 Nr. 2 die Vorschriften des § 367 entsprechende Anwendung finden. Die Aufrechnung gilt also in einem solchen Falle zunächst als gegen die Forderung auf Kosten, dann gegen die auf Zinsen und zuletzt als gegen die Hauptforderung erfolgt. Eine anderweitige Bestimmung des Schuldners ist nicht ausgeschlossen. Der Gläubiger kann einer solchen zwar widersprechen. Der Widerspruch hat hier indessen nicht wie im Falle des Abs. 1 die Wirkung, daß die Aufrechnung trotz der Bestimmung des Schuldners als in der gesetzlichen Reihenfolge erfolgt gilt; er hat vielmehr nur die Wirkung, daß die Aufrechnung als überhaupt nicht erfolgt anzusehen ist (s. Erl. zu § 367 Nr. 1).

Vierter Titel.
Erlaß.

§. 397.

Das Schuldverhältniß erlischt, wenn der Gläubiger dem Schuldner durch Vertrag die Schuld erläßt.

Das Gleiche gilt, wenn der Gläubiger durch Vertrag mit dem Schuldner anerkennt, daß das Schuldverhältniß nicht bestehe.

---

3. Die Vorschriften des § 396 beziehen sich, obwohl im Eingange die Voraussetzung allgemein dahin bestimmt ist, daß der eine oder der andere Theil mehrere zur Aufrechnung geeignete Forderungen hat, doch nur auf diejenigen Forderungen, welche der aufrechnende Theil aufrechnen zu wollen erklärt. In Ermangelung einer Bestimmung oder im Falle eines unverzüglichen Widerspruchs von Seiten des anderen Theiles gilt die Aufrechnung als gegen alle dem anderen Theile zustehenden Forderungen in derjenigen Reihenfolge erklärt, welche in den §§ 366, 367 bestimmt ist. Andere Forderungen des aufrechnenden Theiles als diejenigen, welche er aufrechnen zu wollen erklärt hat, werden bei der Aufrechnung auch dann nicht berücksichtigt, wenn der aufrechnende Theil eine Bestimmung über die Forderung, gegen welche aufgerechnet werden soll, nicht getroffen hat oder wenn einer solchen Bestimmung widersprochen ist. Die Aufrechnung steht in dieser Beziehung der Zahlung gleich. Wie im Falle des § 366 nicht berücksichtigt werden kann, was nicht gezahlt ist, so kann auch im Falle des § 396 eine Forderung nicht berücksichtigt werden, die nicht aufgerechnet ist.

§ 397.

E. I § 290; II § 341 rev. § 391; III § 391. P. I S. 1473—1475, 1758—1761, 11740—11743, 11839—11841; M. II S. 114—116. P. II S. 753—755, 2595, 2596 (Bd. I S. 376).

1. Zu dem Erlaß einer Schuld ist ein Vertrag zwischen dem Gläubiger und dem Schuldner erforderlich. Der einseitige Verzicht des Gläubigers auf die Forderung ist unwirksam. Der Erlaßvertrag ist ein abstrakter Vertrag. Im E. I § 290 war dies durch folgenden zweiten Absatz ausdrücklich hervorgehoben:

> „Zur Wirksamkeit des Vertrages ist die Angabe des Rechtsgrundes nicht erforderlich. Die Wirksamkeit des Vertrages wird dadurch nicht ausgeschlossen, daß die Vertragschließenden verschiedene Rechtsgründe vorausgesetzt haben oder daß der von ihnen vorausgesetzte Rechtsgrund nicht vorhanden oder ungültig war. Die Vorschriften über Rückforderung einer Leistung wegen ungerechtfertigter Bereicherung bleiben unberührt."

Die zweite Kommission war sachlich mit diesen Grundsätzen einverstanden, hielt die Hervorhebung derselben aber für entbehrlich (s. Bd. I S. 147 IX 2).

2. Der Erlaßvertrag enthält eine Veräußerung. Das Schuldverhältniß erlischt durch den Vertrag ipso jure. Beschränkte sich der Erlaß auf einen Theil der Schuld, so erlischt das Schuldverhältniß nur für diesen Theil. Die Parteien können statt eines Erlaßvertrags auch einen obligatorischen Vertrag schließen, durch welchen sich der Gläubiger verpflichtet, seine Forderung nicht geltend zu machen. Durch einen solchen Vertrag wird nur eine Einrede gegen die Forderung begründet. Diese Rechtsform wird regelmäßig nur gewählt werden, wenn die Geltendmachung der Forderung nicht für immer, sondern nur für eine bestimmte Zeit oder unter gewissen Voraussetzungen ausgeschlossen werden soll. Soll die Geltendmachung für immer ausgeschlossen werden, so wird im Zweifel ein Erlaßvertrag anzunehmen sein.

3. Dieselbe rechtliche Wirkung wie der Erlaßvertrag hat ein Vertrag zwischen dem Gläubiger und dem Schuldner, durch welchen der Gläubiger anerkennt, daß das Schuldverhältniß nicht besteht. Ein solcher Vertrag hat eine zweifache Funktion. Bestand das Schuldverhältniß nicht, so wird durch den Vertrag das Nichtbestehen unter den Parteien festgestellt. Bestand das Schuldverhältniß, so erlischt es durch den Vertrag. In dem Geben und Nehmen einer Quittung kann ein negativer Anerkenntnißvertrag liegen; regelmäßig liegt er darin nicht (s. Erl. zu § 368 Nr. 5).

4. Der Erlaßvertrag sowie der negative Anerkenntnißvertrag ist an eine Form nicht gebunden. Für das positive Schuldanerkenntniß ist durch § 781 die schriftliche Form vorgeschrieben.

5. In dem Erlaßvertrage sowie in dem negativen Anerkenntnißvertrage liegt eine Leistung des Gläubigers an den Schuldner, durch welche der letztere auf Kosten des Ersteren etwas, nämlich die Befreiung von seiner Verbindlichkeit, erlangt. Der Zweifel, welcher in dieser Beziehung in Betreff des Anerkenntnißvertrags bestehen könnte, ist durch die ausdrückliche Vorschrift des § 812 Abs. 2 beseitigt. Ist die gedachte Leistung ohne rechtlichen Grund erfolgt oder ist der Grund später weggefallen oder ist der mit der Leistung nach dem Inhalte des Rechtsgeschäfts bezweckte Erfolg nicht eingetreten, so kann der Gläubiger von dem Schuldner die Herausgabe des dadurch Erlangten nach Maßgabe der §§ 812 ff. verlangen. Die Herausgabe erfolgt durch Wiederherstellung des Schuldverhältnisses.

Um die Zweifel zu beseitigen, welche in Betreff der Frage entstehen können, unter welchen Voraussetzungen die condictio gegenüber einem negativen Anerkenntnißvertrage zulässig ist, war im E. I § 290 Abs. 4 bestimmt:

> „Die Vorschriften der §§ 737 bis 741 finden entsprechende Anwendung, wenn der Erlaß oder das Anerkenntniß, daß ein Schuldverhältniß nicht bestehe, in der ausdrücklich oder stillschweigend erklärten Voraussetzung erfolgt ist, daß die erlassene oder als nicht bestehend anerkannte Schuld nicht bestehe."

Die in Bezug genommenen §§ 737—741 des E. I enthielten die Vorschriften über die condictio indebiti. Von der zweiten Kommission ist die gedachte Vorschrift mit Rücksicht auf die Aenderungen, welche die Vorschriften über die ungerechtfertigte Bereicherung in den §§ 812 ff. erfahren haben, gestrichen. Von mehreren Seiten wurde zwar die Aufnahme einer die obwaltenden Zweifel entscheidenden Bestimmung gewünscht. Verschiedene Anträge wurden zu diesem Zwecke gestellt (P. II S. 2967—2973). Bei einer eventuellen Abstimmung erklärte sich die Mehrheit für folgenden Antrag:

„Ist ein Schuldverhältniß vertragsmäßig anerkannt, so findet die Zurückforderung statt, wenn in Wirklichkeit die Schuld nicht bestand oder dem Anspruch eine Einrede entgegenstand, durch welche die Geltendmachung desselben dauernd ausgeschlossen wird, es sei denn, daß die Absicht der Parteien nicht lediglich auf Feststellung einer bestehenden Schuld gerichtet war. Die Vorschriften des § c Abs. 2, 3 finden entsprechende Anwendung.

Diese Vorschriften finden entsprechende Anwendung, wenn ein Schuldverhältniß vertragsmäßig als nicht bestehend anerkannt wird."

Die in Bezug genommenen Vorschriften des § c entsprechen im Wesentlichen dem § 813 Abs. 2. Bei der Schlußabstimmung wurde mit acht gegen acht Stimmen beschlossen, eine Vorschrift über die betreffende Frage überhaupt nicht aufzunehmen. Die Mehrheit ging davon aus, daß die Theorie auch ohne besondere Vorschrift dazu gelangen werde, in den dazu geeigneten Fällen die Vorschrift über die condictio indebiti auf den positiven und negativen Anerkenntnißvertrag anzuwenden, und daß die Aufnahme einer besonderen Vorschrift für den hier fraglichen Fall deshalb besonders bedenklich sei, weil man für den praktisch wichtigeren Fall, daß das Anerkenntniß in Erwartung einer Leistung erfolgt sei, Vorschriften nicht aufgenommen habe.

Die Wissenschaft hat hiernach freie Hand. Die Entscheidung dürfte im Sinne des oben mitgetheilten Antrags zu erfolgen haben. Der negative Anerkenntnißvertrag, welcher hier allein in Frage steht (für den positiven Anerkenntnißvertrag werden dieselben Grundsätze anzuwenden sein), kann, wie schon oben hervorgehoben ist, die zweifache Funktion haben, das Nichtbestehen eines Schuldverhältnisses, welches in Wirklichkeit nicht besteht, festzustellen, oder ein bestehendes Schuldverhältniß aufzuheben. Gehen die Parteien bei dem Vertrage davon aus, daß das Schuldverhältniß in Wirklichkeit nicht besteht, so bezwecken sie als rechtlichen Erfolg des Vertrags eine der wirklichen Rechtslage entsprechende Feststellung. Dieser rechtliche Erfolg wird nicht erreicht, wenn die Feststellung der wirklichen Rechtslage nicht entspricht. Das Verhältniß ist in der hier fraglichen Beziehung dasselbe wie bei der condictio indebiti. Diese ist zulässig, wenn der durch die Leistung bezweckte rechtliche Erfolg, eine Verbindlichkeit zu erfüllen, nicht erreicht wird, weil die Verbindlichkeit nicht besteht. Hier ist die condictio zulässig, weil der mit dem Anerkenntniß bezweckte rechtliche Erfolg, die wirkliche Rechtslage festzustellen, nicht erreicht wird, indem die Rechtslage der Feststellung nicht entspricht. Dem Nichtbestehen des Schuldverhältnisses wird hier, wie bei der condictio indebiti, der Fall gleichzustellen sein, daß der Forderung eine peremtorische Einrede entgegensteht. Zweifelhaft ist, wie sich die Beweislast bestimmt. Bei der condictio indebiti muß der Kläger beweisen, daß er zum Zwecke der Erfüllung einer Verbindlichkeit geleistet habe und daß die Verbindlichkeit nicht bestand. Dem würde hier der Beweis entsprechen, daß der Vertrag zum Zwecke der Feststellung der wirklichen Rechtslage geschlossen sei und daß das Schuldverhältniß, dessen Nichtbestehen anerkannt ist, doch bestanden habe. Der erste Theil dieses Beweises dürfte indessen bis zum

Beweise des Gegentheils schon dadurch geführt werden, daß die Parteien die Form des negativen Anerkenntnißvertrags gewählt haben. Hätten sie den Zweck verfolgt, die bestehende Rechtslage zu ändern, so würde die Form des Erlaßvertrags oder des Vergleichs oder eines sonstigen Vertrags näher gelegen haben, in welchem die wenigstens eventuelle Absicht einer Aenderung der Rechtslage Ausdruck findet. Durch den Gebrauch des Ausdrucks „anerkennen" wird der Zweck, die wirkliche Rechtslage festzustellen, genügend ausgedrückt. Zur Begründung der condictio wird daher regelmäßig der Beweis genügen, daß das Schuldverhältniß, dessen Nichtbestehen anerkannt ist, bestanden habe. Dem anderen Theile liegt dann der Beweis ob, daß der Zweck des Anerkenntnißvertrags nicht in der Feststellung des Nichtbestehens des Schuldverhältnisses bestanden oder sich doch nicht auf diesen Zweck beschränkt habe. Geführt wird dieser Beweis, wenn dargethan wird, daß der Anerkennende bei dem Abschlusse des Vertrags das Bestehen des Schuldverhältnisses gekannt hat. Auch in diesem Falle ist zwar möglich, daß dem Anerkennenden eine condictio zusteht. Es ist dies dann der Fall, wenn er den Vertrag in der Erwartung geschlossen hat, daß die Aufhebung des Schuldverhältnisses erfolgen werde, diese Erwartung sich aber nicht erfüllt hat. Der Gesichtspunkt, auf welchem in einem solchen Falle die condictio beruht, ist aber ein anderer wie der oben hervorgehobene. Dem Anerkennenden liegt daher der Beweis ob, daß die gedachten besonderen Voraussetzungen vorliegen (s. Erl. zu § 368 Nr. 5e.).

6. Nur auf den Vertrag, durch welchen das Nichtbestehen eines Schuldverhältnisses anerkannt wird, bezieht sich der § 397 Abs. 2; ebenso beschränkt sich der § 781 auf das positive Schuldanerkenntniß. Ueber den Vertrag, durch welchen das Bestehen oder Nichtbestehen eines anderen Rechtsverhältnisses anerkannt wird, enthält das B.G.B. keine Vorschriften. In der zweiten Kommission hat eine sehr eingehende Diskussion darüber stattgefunden, ob allgemeine Vorschriften über den positiven und negativen Anerkenntnißvertrag aufzunehmen seien (P. II S. 2555 ff.) Das Ergebniß war, daß alle Anträge abgelehnt wurden. Sache der Wissenschaft ist es also, diese Frage unter Berücksichtigung der dem B.G.B. zu Grunde liegenden allgemeinen Grundsätze und der besonderen Vorschriften über das positive und negative Schuldanerkenntniß zu entscheiden (s. Windscheid II §§ 412a, 412b; Dernburg II § 54; Planck, Lehrbuch des deutschen Civilprozeßrechts Bd. I §§ 62, 63).

Vierter Abschnitt.

Uebertragung der Forderung.

Vierter Abschnitt.

1. Nach römischem Rechte war die Uebertragung der Forderung prinzipiell unmöglich. Das wirthschaftliche Bedürfniß nöthigte indessen zu einer Abschwächung des Prinzips. Diese erfolgte dadurch, daß zwar nicht die obligatio, aber wohl die actio überging. Das ältere deutsche Recht erkannte die Möglichkeit einer Uebertragung der Forderung an, jedoch nur mit Zustimmung des Schuldners. Das Bedürfniß des Verkehrs drängte zu der unbeschränkten Anerkennung der Uebertragbarkeit. Die hierauf beruhende Entwickelung des bisherigen Rechtes wird durch das B.G.B. zum Abschlusse gebracht. Die Uebertragbarkeit der Forderung wird im Prinzip anerkannt. Die Uebertragung kann erfolgen durch Vertrag (Abtretung), kraft des Gesetzes und durch gerichtliche Anordnung. Den Bedenken, welche der Durchführung des Prinzips entgegenstehen, wird einerseits durch die Bestimmung einer Ausnahme für gewisse Fälle, andererseits durch eine Reihe besonderer Vorschriften zu Gunsten des Schuldners Rechnung getragen.

a) Die Uebertragung ist unzulässig, wenn die Leistung an einen anderen als den ursprünglichen Gläubiger nicht ohne Veränderung ihres Inhalts erfolgen kann oder wenn die Uebertragung durch Vereinbarung mit dem Schuldner ausgeschlossen ist. Das Gesetz geht also zwar davon aus, daß regelmäßig die Person des Gläubigers kein wesentliches Element des Schuldverhältnisses bildet; es erkennt aber an, daß es Schuldverhältnisse giebt, aus deren Inhalte das Gegentheil folgt, und daß jedes Schuldverhältniß durch Vertrag zwischen dem Gläubiger und Schuldner diesen Charakter erhalten kann (§ 399). Ueber eine andere Beschränkung der Uebertragbarkeit s. § 400.

b) Mit der Uebertragung geht die Forderung auf den neuen Gläubiger über. Jede Thatsache, die, wenn sie in der Person des Gläubigers eintritt, das Erlöschen des Schuldverhältnisses bewirkt, z. B. die Zahlung an den Gläubiger, hat diese Wirkung, wenn sie in der Person des neuen Gläubigers eintritt. Erfolgt die Uebertragung aber durch Vertrag oder kraft des Gesetzes, so kann der Schuldner, solange er von der Uebertragung keine Kenntniß hat, den bisherigen Gläubiger noch als den wirklichen Gläubiger betrachten. Der neue Gläubiger muß daher eine von dem Schuldner an den bisherigen Gläubiger bewirkte Leistung sowie jedes andere zwischen ihnen in Ansehung der Forderung vorgenommene Rechtsgeschäft gegen sich gelten lassen (§§ 406—408). Selbst durch die Kenntniß der Abtretung wird der Schuldner noch nicht verpflichtet, an den neuen Gläubiger zu leisten oder eine Kündigung oder Mahnung von Seiten desselben gegen sich gelten zu lassen. Hierzu wird er erst verpflichtet, wenn ihm der bisherige Gläubiger die Uebertragung schriftlich angezeigt hat oder wenn ihm eine von dem bisherigen Gläubiger über die Abtretung oder über die Anerkennung des kraft des Gesetzes erfolgten Ueberganges der Forderung ausgestellte Urkunde ausgehändigt wird (§ 410). Andererseits kann der Schuldner, wenn ihm eine Urkunde der gedachten Art vorgelegt oder die Uebertragung von dem bisherigen Gläubiger angezeigt ist, sich hierauf unbedingt verlassen; der bisherige Gläubiger muß die angezeigte Abtretung gegen sich gelten lassen, auch wenn die Abtretung in Wirklichkeit nicht erfolgt oder nicht wirksam war (§ 409).

2. Die §§ 398—411 enthalten die Vorschriften über die Uebertragung der Forderung durch Vertrag. Durch den § 412 werden die Vorschriften der §§ 399—404, 406—410 auf die Uebertragung der Forderung kraft des Gesetzes für entsprechend anwendbar erklärt. Die Vorschriften über die Uebertragung durch gerichtliche Anordnung sind in die C.P.O. verwiesen (s. C.P.O. §§ 835—838, 844, 857, 859, 860). Der § 398 bestimmt die Zulässigkeit der Abtretung; die §§ 399, 400 bestimmen die Ausnahmen von dieser Regel. In den §§ 401—404 werden die Wirkungen der Abtretung bestimmt. Der § 405 enthält eine Vorschrift über Beschränkung der dem Schuldner gegen den neuen Gläubiger zustehenden Einwendungen für den Fall, daß der Schuldner eine Urkunde über die Schuld ausgestellt hatte. Die §§ 406—408 enthalten die Vorschriften, welche zu Gunsten des Schuldners für diejenige Zeit gelten, in welcher derselbe keine Kenntniß von der Abtretung hat. Der § 409 bestimmt die Wirkungen, welche die von dem bisherigen Gläubiger an den Schuldner erfolgende Anzeige der Abtretung oder die Vorlegung einer über die Abtretung von dem bisherigen Gläubiger ausgestellten Ur-

§. 398.

Eine Forderung kann von dem Gläubiger durch Vertrag mit einem Anderen auf diesen übertragen werden (Abtretung). Mit dem Abschlusse des Vertrags tritt der neue Gläubiger an die Stelle des bisherigen Gläubigers.

§. 399.

Eine Forderung kann nicht abgetreten werden, wenn die Leistung an einen anderen als den ursprünglichen Gläubiger nicht ohne Veränderung ihres Inhalts erfolgen kann oder wenn die Abtretung durch Vereinbarung mit dem Schuldner ausgeschlossen ist.

---

kunde hat. Der § 410 bestimmt die Rechte des Schuldners gegenüber dem neuen Gläubiger, solange dem Schuldner die Abtretung von dem bisherigen Gläubiger nicht schriftlich angezeigt oder eine Urkunde über die Abtretung nicht ausgehändigt ist. Der § 411 enthält eine besondere Vorschrift für die Abtretung des Diensteinkommens eines Beamten ꝛc. Der § 413 endlich handelt von der entsprechenden Anwendung der für die Uebertragung einer Forderung geltenden Vorschriften auf die Uebertragung anderer Rechte.

§ 398.

E. I §§ 293, 294 Abs. 1, 2; II § 342 rev. § 392; III § 392. P. I S. 1265—1270, 3287, 3288, 1740—1743; M. II S. 118—121. P. II S. 758—771. (Bd. I S. 377—383). D. S. 628, 629.

1. Der § 398 bringt das Prinzip zum Ausdrucke, daß eine Forderung von dem Gläubiger auf einen Anderen durch Vertrag mit diesem übertragen werden kann. Die Forderung geht über mit dem Abschlusse des Vertrags. Einer Anzeige an den Schuldner bedarf es nicht. Durch eine Reihe besonderer Vorschriften (§§ 406—411) wird dafür gesorgt, daß der Schuldner durch den mit dem Vertrag erfolgenden Uebergang der Forderung keinen Schaden leidet. Die Uebertragung der Forderung durch Vertrag bezeichnet das B.G.B. als Abtretung; derjenige, welcher die Forderung abtritt, wird als der bisherige Gläubiger, derjenige, an welchen die Abtretung erfolgt, als der neue Gläubiger bezeichnet. Diese Ausdrucksweise wird auch in solchen Fällen festgehalten, in welchen die Abtretung unwirksam, ein neuer Gläubiger also in Wirklichkeit gar nicht vorhanden ist.

2. Der Vertrag, durch welchen die Forderung übertragen wird, ist ein abstrakter Vertrag. In dem E. I § 294 Abs. 2 Satz 2 war dies dadurch noch besonders hervorgehoben, daß die entsprechende Anwendung der Vorschriften des E. I § 290 Abs. 2 vorgeschrieben wurde. Von der zweiten Kommission ist diese Vorschrift aus denselben Gründen gestrichen, aus welchen der Abs. 2 des § 290 gestrichen ist (s. Erl. zu § 397 Nr. 1). Der die Uebertragung enthaltende Vertrag kann mit dem obligatorischen Vertrage, durch welchen die Verpflichtung zur Uebertragung begründet wird, verbunden werden. Häufig wird gar nicht hervortreten, daß es sich um zwei verschiedene Verträge handelt. Rechtlich ist die Unterscheidung beider aber immer deshalb von Bedeutung, weil auf den abstrakten Vertrag der Abtretung andere Grundsätze Anwendung finden wie auf den obligatorischen Vertrag (s. Bd. I S. 147 IX, 2).

3. Die Abtretung bedarf keiner Form. Ueber besondere Vorschriften bei Hypothekenforderungen s. die §§ 1154, 1159. Für die Uebertragung von Forderungen aus Schuldverschreibungen auf den Inhaber, aus Wechseln oder aus sonstigen indossabelen Papieren ergeben sich besondere Grundsätze aus der Natur dieser Forderungen.

4. Die Zulässigkeit der Abtretung bildet die Regel; diese gilt insbesondere auch für dingliche Ansprüche (s. z. B. die §§ 255, 931). Abgetreten werden können auch Nebenforderungen sowie Forderungen aus gegenseitigen Verträgen. Auch ein Theil einer Forderung kann abgetreten werden. Ausnahmen von der Zulässigkeit der Abtretung bestimmen die §§ 399, 400. Daneben besteht noch eine Reihe von Ausnahmen für einzelne Forderungen (s. z. B. die §§ 613 Satz 2, 664 Abs. 2, 717 Satz 1, 847, 1300, 1427, 1585, 1623. E.G. Art. 81).

§ 399.

E. I § 295; II § 343 rev. § 393; III § 393. P I S. 1275—1280; M. II S. 121—123. P. II S. 771, 772 (Bd. I S. 384). D. S. 629. R.B. S. 1966. St.B. S. 2777.

1. Wird ein Schuldner verpflichtet, an einen anderen als den ursprünglichen Gläubiger zu leisten, so ändert sich dadurch strenge genommen immer der Inhalt seiner Verpflichtung; denn die Leistung an B ist nicht dieselbe Leistung wie die Leistung an A. In diesem Sinne

§. 400.

Eine Forderung kann nicht abgetreten werden, soweit sie der Pfändung nicht unterworfen ist.

---

ist die Vorschrift des § 399, daß eine Forderung nicht abgetreten werden kann, wenn die Leistung an einen anderen als den ursprünglichen Gläubiger nicht ohne Veränderung ihres Inhalts erfolgen kann, nicht zu verstehen. Die Regel, daß jede Forderung abgetreten werden kann, hat eben den Sinn, daß die Person des Gläubigers für sich allein keine so wesentliche Bedeutung hat, daß eine Aenderung in dieser Beziehung als eine Aenderung des Inhalts der Leistung zu betrachten wäre. Es müssen also noch andere Umstände hinzutreten, aus denen im einzelnen Falle sich ergiebt, daß die Aenderung in der Person des Gläubigers eine Aenderung des Inhalts der Leistung zur Folge hat. Solche Umstände können insbesondere in der Natur der Leistung liegen. Die Leistung von Geld hat regelmäßig denselben Inhalt, mag sie an A oder an B erfolgen. Die Leistung von Diensten sowie die Leistung des Unterhalts ist dagegen regelmäßig ihrem Inhalte nach verschieden, je nachdem die Dienste oder der Unterhalt an A oder an B zu leisten sind. Das Gleiche gilt von der Bestellung einer persönlichen Dienstbarkeit. Für einzelne Fälle schneidet das B.G.B. den möglichen Zweifel durch besondere Vorschriften ab. So z. B. ist im Zweifel nicht übertragbar nach § 613 Satz 2 der Anspruch auf die Leistung von Diensten, nach § 664 Abs. 2 der Anspruch auf Ausführung eines Auftrags.

Im E. I § 295 war noch besonders hervorgehoben, daß unzulässig sei auch die Abtretung einer Forderung, welche von einer nicht übertragbaren Eigenschaft des Gläubigers abhänge. Gedacht war dabei an solche Forderungen, welche den Mitgliedern einer Körperschaft, eines Vereins ꝛc. als solchen zustehen. Von der zweiten Kommission ist diese Vorschrift gestrichen, weil man annahm, daß sich dieselbe aus der Bestimmung des § 399 von selbst ergebe.

2. Im E. I § 295 Abs. 2 war bestimmt, daß die Uebertragbarkeit einer Forderung durch Rechtsgeschäft mit Wirkung gegen Dritte nicht ausgeschlossen werden könne. Auf Grund eines Beschlusses der zweiten Kommission ist dagegen im § 399 bestimmt, daß eine Forderung nicht abgetreten werden kann, wenn die Abtretung durch Vereinbarung mit dem Schuldner ausgeschlossen ist. Als Regel wird zwar anerkannt, daß die Person des Gläubigers für den Inhalt der Leistung nicht wesentlich ist. Eine abweichende Bestimmung in dieser Beziehung zu treffen, soll den Parteien aber nicht benommen werden. Die Vereinbarung kann sowohl bei der Begründung des Schuldverhältnisses als auch später getroffen werden. Ueber eine zum Schutze des guten Glaubens eines Zessionars getroffene Vorschrift s. § 405.

3. Die Vorschrift des E. I § 295 beruhte hauptsächlich auf der Erwägung, daß die Unübertragbarkeit der Forderung auch deren Unpfändbarkeit zur Folge habe und daß daher dem Gläubiger durch die Zulassuug eines vertragsmäßigen Ausschlusses der Abtretung die Möglichkeit gewährt werde, seine Forderungen dem Zugriffe seiner Gläubiger zu entziehen. Dieser Gefahr wird durch die neue Vorschrift der C.P.O. § 851 entgegengetreten, indem durch dieselbe von der Regel, daß eine nicht übertragbare Forderung der Pfändung nicht unterworfen ist, folgende Ausnahme gemacht wird:

> „Eine nach dem § 399 des Bürgerlichen Gesetzbuchs nicht übertragbare Forderung kann insoweit gepfändet und zur Einziehung überwiesen werden, als der geschuldete Gegenstand der Leistung der Pfändung unterworfen ist."

4. Nach § 412 finden die Vorschriften des § 399 auch auf die Uebertragung einer Forderung kraft Gesetzes entsprechende Anwendung. Soweit eine Forderung nicht abgetreten werden kann, findet daher auch der Uebergang der Forderung kraft Gesetzes nicht statt.

§ 400.

E. I § 296 Abs. 1; II § 344 rev. § 394; III § 394. P. I S. 1280—1282, 11894—11900; M. II S. 123, 124. P. II S. 773—775 (Bd. I S. 384, 385). D. S. 629.

1. Die Vorschrift des § 400 entspricht dem § 394 und beruht auf ähnlichen Gründen. Ueber die der Pfändung nicht unterliegenden Forderungen s. Erl. zu § 394 Nr. 1; C.P.O. §§ 850—852.

2. Der E. I § 296 Abs. 2 enthielt noch die Vorschrift, daß eine Forderung, die nicht übertragbar sei, auch der Pfändung nicht unterliege. Diese Vorschrift ist in die C.P.O. verwiesen als § 851 Abs. 1.

3. Nach § 412 findet die Vorschrift des § 400 auch auf die Uebertragung einer Forderung kraft Gesetzes entsprechende Anwendung. Soweit eine Forderung der Pfändung nicht unterworfen ist, findet daher auch der Uebergang der Forderung kraft Gesetzes nicht statt.

§. 401.

Mit der abgetretenen Forderung gehen die Hypotheken oder Pfandrechte, die für sie bestehen, sowie die Rechte aus einer für sie bestellten Bürgschaft auf den neuen Gläubiger über.

Ein mit der Forderung für den Fall der Zwangsvollstreckung oder des Konkurses verbundenes Vorzugsrecht kann auch der neue Gläubiger geltend machen.

---

§ 401.

E. I § 297; II § 345 rev. § 395; III § 395. P. I S. 1283—1289, 5658; M. II S. 124—125. P. II S. 777—779, 4795, 4796 (Bd. I S. 385, 386).

1. Der § 401 Abs. 1 zieht eine Konsequenz aus der Natur der für eine Forderung bestehenden Hypotheken, Pfandrechte und Bürgschaften. Die Vorschrift ist nur eine dispositive. Für Hypotheken schreibt indessen der § 1153 Abs. 2 vor, daß die Forderung nicht ohne die Hypothek übertragen werden kann. Eine Ausnahme hiervon bestimmt der § 1190 Abs. 4 für eine Sicherungshypothek der dort bezeichneten Art; diese geht nicht über, wenn die Forderung, für welche sie bestellt ist, nach den für die Uebertragung von Forderungen geltenden allgemeinen Vorschriften übertragen wird. Nach § 1250 Abs. 2 erlischt das Pfandrecht, wenn der Uebergang desselben bei der Uebertragung der Forderung ausgeschlossen wird (vergl. auch § 1273 Abs. 2).

Der E. I § 297 Satz 2 sprach allgemein von den zur Verstärkung der Forderung dienenden Nebenrechten. Von der zweiten Kommission wurde diese allgemeine Fassung für bedenklich gehalten, weil unter Nebenrechten der bezeichneten Art auch solche verstanden werden könnten, auf welche die Vorschrift nicht passe, z. B. das kaufmännische Zurückbehaltungsrecht (H.G.B. § 369). Durch die Beschränkung der Vorschrift auf Hypotheken, Pfandrechte und die Rechte aus Bürgschaften wird indessen die entsprechende Anwendung der Vorschrift auf andere zur Verstärkung einer Forderung dienenden Nebenrechte, welche eine jenen Rechten entsprechende Natur haben, nicht ausgeschlossen. Ein nach Maßgabe des § 273 zustehendes Zurückbehaltungsrecht kann nur in Frage kommen, wenn zugleich mit der Abtretung der Forderung eine Schuldübernahme in Betreff derjenigen Verbindlichkeit erfolgt, deren Erfüllung auf Grund der Forderung verweigert werden kann. Eine entsprechende Anwendung der fraglichen Vorschrift wird aber z. B. in Betreff der Rechte aus einer Vormerkung geboten sein, welche zur Sicherung eines Anspruchs eingetragen ist (§§ 883 ff.). Mit der Uebertragung des durch die Vormerkung gesicherten Anspruchs muß auch das Recht aus der Vormerkung übergehen, sofern nicht das Gegentheil bestimmt ist. Wird der Uebergang ausgeschlossen, so erlischt das Recht aus der Vormerkung.

Die Vorschrift des § 401 Abs. 1 bezieht sich nicht auf die Frage, ob mit der Abtretung einer Forderung auch die Nebenforderungen aus Zinsen, Kosten rc. mit abgetreten sind. Die Entscheidung dieser Frage ist Sache der Auslegung des betreffenden Rechtsgeschäfts.

Durch die Vereinbarung einer Vertragsstrafe erhält das Schuldverhältniß eine besondere Gestalt. Die Verpflichtung zur Entrichtung der Vertragsstrafe bildet einen Bestandtheil des Schuldverhältnisses. Mit der Abtretung der Hauptforderung geht daher auch der Anspruch aus der Vereinbarung über die Strafe auf den neuen Gläubiger über. In dem Falle des § 341 bildet indessen der Anspruch auf die bereits verwirkte Strafe einen selbstständigen Nebenanspruch. Ob mit der Hauptforderung auch dieser Anspruch als mitabgetreten anzusehen ist, hängt von dem Inhalt und der Auslegung des Vertrags über die Abtretung ab.

2. Der § 401 entscheidet die in dem bisherigen Rechte nicht unbestrittene Frage über die rechtliche Natur der sog. privilegia exigendi. Voraussetzung ist, daß das Vorzugsrecht mit der Forderung für den Fall der Zwangsvollstreckung oder des Konkurses verbunden ist (s. K.O. §§ 61, 62). Ein dem Gläubiger nur für seine Person zustehendes Vorzugsrecht besteht nach dem B.G.B., nach der K.O. und nach der C.P.O. nicht Soweit ein solches nach besonderen Gesetzen, die nach dem Inkrafttreten des B.G.B. in Geltung bleiben, noch bestehen sollte, kann es von dem neuen Gläubiger nicht ausgeübt werden. Ob dieser ein ihm für seine Person zustehendes Vorzugsrecht dieser Art in Betreff der an ihn abgetretenen Forderung geltend machen kann, hängt von dem Inhalte der betreffenden gesetzlichen Vorschrift ab.

3. Nach § 412 findet die Vorschrift des § 401 auch auf die Uebertragung einer Forderung kraft Gesetzes entsprechende Anwendung. Im Falle einer solchen Uebertragung gehen daher die im § 401 bezeichneten Rechte auf den neuen Gläubiger über.

Das Gleiche gilt im Falle der gerichtlichen Ueberweisung einer Forderung, soweit sich nicht aus den Vorschriften der C.P.O. eine Abweichung ergiebt (s. die §§ 830, 836—838 der C.P.O.).

§. 402.

Der bisherige Gläubiger ist verpflichtet, dem neuen Gläubiger die zur Geltendmachung der Forderung nöthige Auskunft zu ertheilen und ihm die zum Beweise der Forderung dienenden Urkunden, soweit sie sich in seinem Besitze befinden, auszuliefern.

§. 403.

Der bisherige Gläubiger hat dem neuen Gläubiger auf Verlangen eine öffentlich beglaubigte Urkunde über die Abtretung auszustellen. Die Kosten hat der neue Gläubiger zu tragen und vorzuschießen.

§. 404.

Der Schuldner kann dem neuen Gläubiger die Einwendungen entgegensetzen, die zur Zeit der Abtretung der Forderung gegen den bisherigen Gläubiger begründet waren.

---

§ 402.

E. I § 301; II § 346 Satz 1 rev. § 396; III § 396. P. I S. 1298—1300; M. II S. 128. P. II S. 780 (Bd. I S. 387).

1. Die in dem § 402 bestimmte Verpflichtung des bisherigen Gläubigers wird durch die Abtretung selbst, nicht durch den ihr etwa zu Grunde liegenden obligatorischen Vertrag, begründet. Sie findet nach § 412 auch auf den Fall einer Uebertragung der Forderung durch Gesetz und nach dem § 836 Abs. 3 der C.P.O. (D. Anl. II S. 756) auch auf die Ueberweisung der Forderung im Wege der Zwangsvollstreckung Anwendung. Die Verpflichtung des bisherigen Gläubigers, die zum Beweise der Forderung dienenden Urkunden, soweit sie sich in seinem Besitze befinden, dem neuen Gläubiger auszuliefern, muß eine Modifikation erleiden, wenn die Forderung nur theilweise abgetreten ist. In einem solchen Falle wird der neue Gläubiger nur die Einräumung des Mitbesitzes der betreffenden Urkunden verlangen können, sofern nicht bei der Abtretung etwas Anderes vereinbart ist.

2. Die im E. I §§ 298—300 gegebenen Vorschriften über Gewährleistung bestimmen nicht Folgen der Abtretung, sondern des derselben zu Grunde liegenden obligatorischen Verhältnisses. Die sich hierauf beziehenden Bestimmungen sind von dem B.G.B. in den Abschnitt über den Kauf (§§ 437, 438, 445) verwiesen.

§ 403.

E. I § 302; II § 364 Satz 2 rev. § 397; III § 397. P. I S. 1298—1300; M. II S. 128. P II S. 780 (Bd. I S. 387).

1. Auch die durch den § 403 bestimmte Verpflichtung des bisherigen Gläubigers, dem neuen Gläubiger auf dessen Verlangen eine öffentlich beglaubigte Urkunde über die Abtretung auszustellen, beruht auf der Abtretung selbst, nicht auf dem zu Grunde liegenden obligatorischen Verhältniß. Im Falle der Uebertragung einer Forderung kraft des Gesetzes findet nach § 412 der § 403 in der Art entsprechende Anwendung, daß der bisherige Gläubiger eine öffentlich beglaubigte Urkunde darüber auszustellen hat, daß er die kraft des Gesetzes erfolgte Uebertragung anerkenne. Im Falle der gerichtlichen Ueberweisung findet der § 403 keine Anwendung. Der Ueberweisungsbeschluß ersetzt die Urkunde.

2. Ueber öffentliche Beglaubigung s. Bd. I S. 179, 180, Erl. zu § 129.

3. Aus der Verpflichtung des neuen Gläubigers, die Kosten vorzuschießen, folgt, daß, solange dies nicht geschehen ist, der bisherige Gläubiger mit der Erfüllung seiner Verpflichtung, die Urkunde auszustellen, nicht in Verzug kommt.

§ 404.

E. I § 302; II § 347 rev. § 398; III § 398. P. I S. 1330—1335; M. II S. 128—131. P. II S. 780—782 (Bd. I S. 387, 388).

1. Die Vorschrift des § 404 beruht auf einem Beschlusse der zweiten Kommission. Der E. I stand sachlich auf demselben Standpunkte. Die Aufnahme einer entsprechenden Vorschrift

§. 405.

Hat der Schuldner eine Urkunde über die Schuld ausgestellt, so kann er sich, wenn die Forderung unter Vorlegung der Urkunde abgetreten wird, dem neuen Gläubiger gegenüber nicht darauf berufen, daß die Eingehung oder Anerkennung des Schuldverhältnisses nur zum Schein erfolgt oder daß die Abtretung durch Vereinbarung mit dem ursprünglichen Gläubiger ausgeschlossen sei, es sei denn, daß der neue Gläubiger bei der Abtretung den Sachverhalt kannte oder kennen mußte.

---

war aber abgelehnt, weil sie sich einerseits indirekt aus der im E. I § 302 enthaltenen Bestimmung (s. unter Nr. 2) ergebe und weil sich andererseits nicht leicht eine Fassung finden lasse, welche nicht zu bedenklichen Mißverständnissen führen könne. In letzterer Beziehung war insbesondere daran gedacht, daß die Beschränkung des Schuldners auf diejenigen Einwendungen, welche demselben zur Zeit der Abtretung gegen den bisherigen Gläubiger zustanden, die Deutung zulasse, daß alle Einwendungen ausgeschlossen seien, welche auf Thatsachen beruhen, die erst nach der Abtretung eingetreten seien. Dies sei aber nicht richtig. Der Schuldner müsse z. B. dem neuen Gläubiger auch die Einwendung entgegensetzen können, daß eine auflösende Bedingung, unter welcher die Forderung gestanden habe, nach der Abtretung eingetreten oder daß die dem Schuldner als Gegenleistung gegen seine Verpflichtung versprochene Sache nach der Abtretung entwährt sei. Sachlich war die zweite Kommission damit einverstanden, daß Einwendungen der gedachten Art dem neuen Gläubiger entgegengesetzt werden können; sie glaubte aber, daß aus der Fassung des § 404 ein Mißverständniß der gedachten Art nicht zu besorgen sei. Die Vorschrift des § 404 muß hiernach dahin ausgelegt werden, daß dem Schuldner gegen den neuen Gläubiger alle Einwendungen zustehen, welche ihren Grund in dem Schuldverhältnisse, wie solches zur Zeit der Abtretung bestand, haben, mögen auch die Thatsachen, in Folge deren der in dem Schuldverhältnisse liegende Rechtsgrund der Einwendung wirksam wird, erst nach der Abtretung eingetreten sein. Hieraus ergiebt sich die Entscheidung der oben angeführten beiden Fälle in dem dort bezeichneten Sinne. Hieraus ergiebt sich z. B. ferner, daß bei der Abtretung der Forderung aus einem gegenseitigen Vertrage dem Schuldner, wenn die ihm gebührende Gegenleistung nach der Abtretung unmöglich wird oder der zur Bewirkung derselben verpflichtete bisherige Gläubiger nach der Abtretung in Verzug kommt, alle sich hieraus nach den §§ 323 bis 327 ergebenden Einwendungen gegen den neuen Gläubiger zustehen.

Der Ausdruck „Einwendungen" umfaßt sowohl die zivilrechtlichen Einreden wie die auf rechtshindernde oder rechtsvernichtende Thatsachen gestützten Einreden im prozessualischen Sinne (s. Bd. I S. 49 VIII).

2. Der E. I § 302 enthielt folgende Vorschrift:

„Der Schuldner kann dem neuen Gläubiger Einreden nicht entgegensetzen, welche eine ausschließliche Beziehung auf die Person des bisherigen Gläubigers haben."

Von der zweiten Kommission ist diese Vorschrift gestrichen, weil das B.G.B. Einreden der gedachten Art nicht kenne. Sollte sich aus einer Vereinbarung zwischen Gläubiger und Schuldner eine Einrede dieser Art ergeben, so folgt aus dem Inhalte der Vereinbarung von selbst, daß sie mit der Abtretung der Forderung wegfällt. Sollten andere Gesetze als das B.G.B. Einreden dieser Art bestimmen, so ist aus dem betreffenden Gesetze zu entnehmen, ob die Einrede mit der Abtretung wegfallen oder ob sie bestehen bleiben soll.

3. Außer den im § 404 bezeichneten Einwendungen stehen dem Schuldner selbstverständlich alle Einwendungen zu, welche auf dem Verhältnisse zu dem neuen Gläubiger beruhen; ebenso solche Einwendungen, welche sich gegen die Wirksamkeit der Abtretung richten. Ueber den Einwand der Simulation s. § 405.

4. Nach § 412 findet die Vorschrift des § 404 auch auf die Uebertragung einer Forderung kraft des Gesetzes entsprechende Anwendung. Dasselbe gilt auch im Falle der gerichtlichen Ueberweisung einer Forderung.

§ 405.

E. II § 348 rev. § 399; III § 399. P. II S. 782—788, 8435, 8436 (Bd. I S. 388—391). D. S. 629.

1. Ein Scheingeschäft ist nach § 117 nichtig; eine Forderung wird durch dasselbe nicht begründet und kann daher nicht abgetreten werden. Hat aber derjenige, welcher nach dem Scheingeschäft als Schuldner erscheint, eine Urkunde über die Schuld ausgestellt,

§. 406.

Der Schuldner kann eine ihm gegen den bisherigen Gläubiger zustehende Forderung auch dem neuen Gläubiger gegenüber aufrechnen, es sei denn, daß er bei dem Erwerbe der Forderung von der Abtretung Kenntniß hatte oder daß die Forderung erst nach der Erlangung der Kenntniß und später als die abgetretene Forderung fällig geworden ist.

---

so soll dem Dritten, welchem die scheinbar entstandene Forderung abgetreten wird, die Einwendung, daß ein Scheingeschäft vorliege, nicht entgegengesetzt werden können, sofern er nicht den Sachverhalt bei der Abtretung kannte oder kennen mußte. Durch die Abtretung kommt hier also die Forderung zur Entstehung. Dem Schuldner wird dadurch nicht zu nahe getreten, weil er wußte oder wissen mußte, daß er sich durch die Ausstellung der Urkunde der Gefahr des Mißbrauchs derselben aussetze. Er haftet dem neuen Gläubiger nach dem Inhalte der Urkunde. Sein Anspruch auf Schadensersatz gegen den Abtretenden bestimmt sich nach dem zwischen ihm und dem Abtretenden bestehenden Verhältniß. Ueber den Begriff des „Kennen müssen" s. § 122 Abs. 2.

2. Die Abtretung einer Forderung ist nach § 399 unwirksam, wenn sie durch Vereinbarung zwischen dem Gläubiger und dem Schuldner ausgeschlossen war. Die Ausstellung einer Urkunde über die Schuld hat indessen die Wirkung, daß der Schuldner sich auf eine Vereinbarung der gedachten Art einem Dritten gegenüber, welchem die Forderung abgetreten ist, nicht berufen kann, sofern nicht dieser die Vereinbarung bei der Abtretung kannte oder kennen mußte. Es kommt nicht darauf an, ob die Vereinbarung bereits bei der Ausstellung der Urkunde getroffen war oder ob sie erst später getroffen wird. Geschieht das letztere, so muß der Schuldner, um sich zu sichern, dafür sorgen, daß die Vereinbarung in der Urkunde bemerkt wird.

3. Die unter Nr. 1 und 2 aufgeführten Vorschriften finden nur Anwendung, wenn die Abtretung unter Vorlegung der Urkunde erfolgt. Die Vorlegung muß bei der Abtretung erfolgen; die etwa in früherer Zeit oder nach der Abtretung erfolgte Vorlegung genügt nicht. Das Verhältniß ist hier also ein anderes wie im Falle des § 172 (s. Bd. I S. 223, Erl. zu § 172 Nr. 2).

Dem neuen Gläubiger liegt der Beweis der Vorlegung der Urkunde bei der Abtretung ob. Der Beweis, daß der neue Gläubiger die Sachlage bei der Abtretung gekannt habe oder habe kennen müssen, liegt dem Schuldner ob.

4. Ist die Abtretung nach Maßgabe des § 405 als wirksam zu betrachten, so ist eine weitere Abtretung der Forderung von Seiten des neuen Gläubigers ohne Rücksicht darauf wirksam, ob derjenige, an welchen die Abtretung erfolgt, die ursprüngliche Sachlage kennt oder kennen muß. Der auf dieser Sachlage beruhende Mangel ist durch die erste Abtretung definitiv geheilt.

§ 406.

E. I § 303; II § 349 rev. § 400; III § 400. P. I S. 1335—1337, 6204; M. II S. 131, 132. P. II S. 788 (Bd. I S. 391).

1. Mit dem § 406 beginnen die Vorschriften, welche den Schutz des Schuldners bezwecken. Die Forderung geht mit dem Abtretungsvertrag über, ohne Rücksicht darauf, ob der Schuldner Kenntniß davon hat oder nicht. In mehrfacher Beziehung sollen aber ihm gegenüber die Wirkungen der Abtretung erst mit dem Zeitpunkt eintreten, in welchem er von der Abtretung Kenntniß erhält. Auf welchem Wege der Schuldner die Kenntniß erhält, ist gleichgültig. Der Kenntniß steht das „Kennen müssen" nicht gleich. Durch die Zustellung einer Benachrichtigung von der Abtretung durch den Gerichtsvollzieher wird der Schuldner regelmäßig Kenntniß von der Abtretung erhalten. Die Zustellung an sich steht aber der Kenntniß nicht gleich. Erhellt im einzelnen Falle, daß der Schuldner trotz der Zustellung keine Kenntniß von der Abtretung erlangt hat, so treten die an die Kenntniß geknüpften Wirkungen nicht ein.

Die §§ 406—408 finden in einer Reihe von Fällen entsprechende Anwendung (s. z. B. die §§ 720, 1158, 1473 Abs. 2, 2019 Abs. 2, 2111 Abs. 1 Satz 2). Ueber ihre Nichtanwendung im Falle der Abtretung einer Hypothek s. § 1156.

2. In Ermangelung besonderer Vorschriften würde der Schuldner nach der Abtretung Forderungen, die ihm dem bisherigen Gläubiger gegenüber zustehen, dem neuen Gläubiger nicht aufrechnen können (s. Erl. zu § 387 Nr. 1 a; zu § 388 Nr. 1; zu § 389 Nr. 1, 3).

§. 407.

Der neue Gläubiger muß eine Leistung, die der Schuldner nach der Abtretung an den bisherigen Gläubiger bewirkt, sowie jedes Rechtsgeschäft, das nach der Abtretung zwischen dem Schuldner und dem bisherigen Gläubiger in Ansehung der Forderung vorgenommen wird, gegen sich gelten lassen, es sei denn, daß der Schuldner die Abtretung bei der Leistung oder der Vornahme des Rechtsgeschäfts kennt.

Ist in einem nach der Abtretung zwischen dem Schuldner und dem bisherigen Gläubiger anhängig gewordenen Rechtsstreit ein rechtskräftiges Urtheil über die Forderung ergangen, so muß der neue Gläubiger das Urtheil gegen sich gelten lassen, es sei denn, daß der Schuldner die Abtretung bei dem Eintritte der Rechtshängigkeit gekannt hat.

Hierin würde aber eine Unbilligkeit für den Schuldner liegen, der auf die Möglichkeit der Aufrechnung vertraut hat. Deshalb wird ihm die Aufrechnung gestattet, sofern er nicht bei dem Erwerbe der Forderung, welche er aufrechnen will, von der Abtretung Kenntniß hatte oder die Forderung erst nach der Erlangung der Kenntniß und später als die abgetretene Forderung fällig geworden ist. Der Sinn dieser Vorschrift und die Erwägungen, welche zu ihr geführt haben, sind dieselben wie bei der Vorschrift des § 392. Nur tritt an die Stelle der Beschlagnahme hier die Kenntniß von der Abtretung (s. Erl. zu § 392 Nr. 1, 2).

3. Die Beweislast anlangend, so hat abweichend vom E. I § 303 der neue Gläubiger, welcher die Zulässigkeit der Aufrechnung bestreitet, zu beweisen, daß eine der Voraussetzungen vorliegt, unter welchen die Aufrechnung nach § 406 ausgeschlossen ist.

4. War die Aufrechnung zulässig, so erlischt die abgetretene Forderung nach Maßgabe des § 389. Die dem neuen Gläubiger gegen den bisherigen Gläubiger desfalls zustehenden Ansprüche bestimmen sich nach dem zwischen ihnen bestehenden obligatorischen Verhältnisse (s. §§ 437, 445, 523, 816).

5. Nach § 412 finden die Vorschriften des § 406 auch auf die Uebertragung einer Forderung kraft des Gesetzes entsprechende Anwendung. Bei dieser tritt an die Stelle der Kenntniß von der Abtretung die Kenntniß von der Uebertragung kraft des Gesetzes. Die Kenntniß ist anzunehmen, wenn der Schuldner die Thatsachen kennt, an welche die Uebertragung kraft des Gesetzes geknüpft ist.

Im Falle der gerichtlichen Ueberweisung einer Forderung bestimmt sich, da mit dieser immer eine Beschlagnahme verbunden ist oder ihr vorausgeht, die Zulässigkeit der Aufrechnung nach den Vorschriften des § 392. Entscheidend ist hiernach der Zeitpunkt der Beschlagnahme, nicht der Zeitpunkt, in welchem der Schuldner davon Kenntniß erhielt.

§ 407.

E. I § 304; II § 350 rev. § 401; III § 401. P. I S. 1301—1305, 8695, 8697—8699, 8704—8707; M. II S. 132—134. P. II S. 788—791, 8436, 8437 (Bd. I S. 391—393).

1. Da die Forderung mit der Abtretung auf den neuen Gläubiger übergeht, so würde in Ermangelung einer besonderen Vorschrift eine von dem Schuldner an den bisherigen Gläubiger behufs Erfüllung seiner Verbindlichkeit gemachte Leistung sowie jedes in Ansehung der Forderung zwischen dem Schuldner und dem bisherigen Gläubiger vorgenommene Rechtsgeschäft dem neuen Gläubiger gegenüber rechtlich unwirksam sein. Im Interesse des Schuldners wird aber durch § 407 vorgeschrieben, daß für die Wirksamkeit der gedachten Handlungen gegenüber dem neuen Gläubiger nicht der Zeitpunkt der Abtretung, sondern der Zeitpunkt der Kenntniß des Schuldners von der Abtretung (s. Erl. zu § 406 Nr. 1) maßgebend ist. Zu Gunsten des Schuldners, welcher die Abtretung nicht kennt, wirkt die Leistung an den bisherigen Gläubiger, obwohl dieser nicht mehr Gläubiger war, ebenso, wie wenn er noch Gläubiger wäre. Dasselbe gilt von jedem anderen Rechtsgeschäfte der gedachten Art. Die Leistung ist häufig ein Rechtsgeschäft zwischen dem Gläubiger und dem Schuldner; sie ist dies aber nicht immer (s. Erl. zu § 362 Nr. 2 c, d); deshalb wird im § 407 die Leistung besonders erwähnt. Unter einem zwischen dem Schuldner und dem bisherigen Gläubiger in Ansehung der Forderung vorgenommenen Rechtsgeschäfte versteht das B.G.B. nicht nur einen zwischen diesen Personen in Ansehung der Forderung geschlossenen Vertrag, z. B. einen Erlaßvertrag oder einen Stundungsvertrag, sondern auch jedes einseitige von dem einen Theile gegenüber dem anderen Theile in

Ansehung der Forderung vorgenommene Rechtsgeschäft, z. B. die Kündigung oder die Erklärung der Aufrechnung. Auch eine Handlung, durch welche der Schuldner den bisherigen Gläubiger in Verzug der Annahme versetzt (§§ 293 ff.), wird als ein Rechtsgeschäft der hier fraglichen Art oder doch als eine nach denselben Grundsätzen zu behandelnde Rechtshandlung zu beurtheilen sein.

2. Ist über die abgetretene Forderung zwischen dem bisherigen Gläubiger und dem Schuldner vor der Abtretung ein Prozeß rechtshängig geworden, so ist das in diesem Prozeß ergehende Urtheil nach § 325 (früher § 236 Abs. 3) der C.P.O. auch gegen den neuen Gläubiger wirksam. In Konsequenz des Gedankens, daß die Wirkung der Abtretung zu Gunsten des Schuldners erst mit dessen Kenntniß von der Abtretung eintritt, dehnt der § 407 Abs. 2 die Vorschrift des § 325 der C.P.O. auf den Fall aus, daß die Abtretung zwar schon vor der Rechtshängigkeit erfolgt ist, daß der Schuldner aber erst nach der Rechtshängigkeit davon Kenntniß erhält. Der E. I § 304 hatte als für die Kenntniß des Schuldners maßgebend den Zeitpunkt bestimmt, in welchem die Abtretung in dem Prozesse hätte geltend gemacht werden können. Die zweite Kommission glaubte im Anschluß an den früheren § 236 jetzt §§ 265 und 325 der C.P.O. weiter gehen zu müssen. Die Ansichten gingen indessen darüber auseinander, ob die betreffende Vorschrift in dem B.G.B. zu belassen oder in die C.P.O. zu verweisen sei. Es war beantragt, unter Streichung des § 407 Abs. 2, folgende Vorschrift als § 236a in die C.P.O. aufzunehmen:

„Die Vorschriften des § 236 Abs. 2, 3 gelten auch, wenn nach der Uebertragung eines Anspruchs der Rechtsstreit über den Anspruch zwischen dem bisherigen Berechtigten und dem Verpflichteten anhängig geworden ist, es sei denn, daß der Verpflichtete bei dem Eintritte der Rechtshängigkeit die Uebertragung gekannt hat."

Gegen den Antrag wurde von einer Seite das Bedenken erhoben, daß dadurch die Hauptintervention des neuen Gläubigers ausgeschlossen sei, hierzu aber ein genügender Grund nicht vorliege. Von anderer Seite wurde angenommen, daß die Unzulässigkeit der Hauptintervention, auch wenn nur die Vorschrift des § 407 Abs. 2 in das B.G.B. aufgenommen werde, sich von selbst ergebe. Von einer dritten Seite wurde die eine wie die andere dieser Ansichten bekämpft und eben deshalb die Annahme des obigen Antrags befürwortet. Die Mehrheit der Kommission scheint sachlich mit dem Antrag einverstanden gewesen zu sein; sie verwies denselben aber an die Redaktionskommission. Diese hat es bei der Vorschrift des § 407 Abs. 2 belassen.

Obwohl diese Verhandlungen darauf hindeuten, daß die Mehrheit der zweiten Kommission die prozessualischen Vorschriften des § 236 Abs. 2 (jetzt § 265 Abs. 2) der C.P.O. auf den hier vorliegenden Fall hat anwenden wollen, so dürfte eine solche Anwendung bei der gegenwärtigen Sachlage doch bedenklich sein. In materiellrechtlicher Beziehung ergiebt sich aus § 407 Abs. 2, daß der Schuldner, wenn er erst nach der Rechtshängigkeit des zwischen ihm und dem bisherigen Gläubiger geführten Prozesses von der Abtretung Kenntniß erhalten hat, die Rechtskraft des zu seinen Gunsten ergehenden Urtheils auch gegen den neuen Gläubiger geltend machen kann. Dies gilt sowohl, wenn der Schuldner der Beklagte war, als auch wenn er auf Feststellung des Nichtbestehens der Forderung geklagt hatte. Zweifelhaft kann sein, ob der Schuldner, wenn er der Beklagte ist, trotz der Vorschrift des § 407 Abs. 2 das Recht hat, auf Grund der Abtretung die Legitimation des bisherigen Gläubigers zu bestreiten und dessen Abweisung zu verlangen. Nach dem dem früheren § 238 Satz 2 der C.P.O. entsprechenden jetzigen § 265 Abs. 3 der C.P.O. kann zwar dem Kläger, wenn er nach der Rechtshängigkeit abgetreten hat, der Einwand, daß er zur Geltendmachung des Anspruchs nicht mehr befugt sei, nur entgegengesetzt werden, wenn das Urtheil nach § 325 der C.P.O. gegen den Rechtsnachfolger nicht wirksam sein würde. Hieraus wird indessen nicht geschlossen werden dürfen, daß dem Kläger jener Einwand auch dann nur unter der gedachten Voraussetzung entgegengesetzt werden kann, wenn er den Anspruch bereits vor der Rechtshängigkeit abgetreten, der Schuldner aber davon erst nachher Kenntniß erhalten hat. Hätte der Schuldner die Abtretung schon bei der Rechtshängigkeit gekannt, so würde ihm der fragliche Einwand unzweifelhaft zugestanden haben. Es würde auffallen und innerlich nicht gerechtfertigt sein, den Schuldner dieses Rechtes für verlustig zu erklären, weil er von der Abtretung erst nach der Rechtshängigkeit Kenntniß erhalten hat. Der Schuldner hat hiernach die Wahl, ob er den Prozeß mit dem bisherigen Gläubiger fortsetzen oder ob er die Einwendung der fehlenden Sachlegitimation geltend machen will.

3. Die Beweislast anlangend, so liegt sowohl in den Fällen des Abs. 1 wie des Abs. 2 dem neuen Gläubiger der Beweis ob, daß der Schuldner die Abtretung zu der in Betracht kommenden Zeit bereits gekannt habe.

4. Wegen der dem neuen Gläubiger gegen den bisherigen Gläubiger zustehenden Ansprüche gilt dasselbe wie im Falle des § 406 (s. Erl. zu § 406 Nr. 4).

5. Die Vorschriften des § 407 finden nach § 412 auf die Uebertragung der Forderung kraft des Gesetzes entsprechende Anwendung. An die Stelle der Kenntniß des Schuldners von der Abtretung tritt die Kenntniß von der Uebertragung kraft des Gesetzes (s. Erl. zu § 406 Nr. 5).

Der E. I § 304 sprach allgemein von der Uebertragung der Forderung. Hierunter fiel auch die Uebertragung durch gerichtliche Ueberweisung. Auch bei einer solchen sollte es also

§. 408.

Wird eine abgetretene Forderung von dem bisherigen Gläubiger nochmals an einen Dritten abgetreten, so finden, wenn der Schuldner an den Dritten leistet oder wenn zwischen dem Schuldner und dem Dritten ein Rechtsgeschäft vorgenommen oder ein Rechtsstreit anhängig wird, zu Gunsten des Schuldners die Vorschriften des §. 407 dem früheren Erwerber gegenüber entsprechende Anwendung.

Das Gleiche gilt, wenn die bereits abgetretene Forderung durch gerichtlichen Beschluß einem Dritten überwiesen wird oder wenn der bisherige Gläubiger dem Dritten gegenüber anerkennt, daß die bereits abgetretene Forderung kraft Gesetzes auf den Dritten übergegangen sei.

---

auf die Kenntniß des Schuldners von der Ueberweisung ankommen. Von der zweiten Kommission ist dies geändert. Der § 407 spricht nur von der Abtretung. Eine entsprechende Anwendung auf die gerichtliche Ueberweisung ist nicht vorgeschrieben. Bei dieser kommt es also auf den Zeitpunkt an, in welchem sie erfolgt ist. Nach dem § 835 Abs. 3 (früher § 736 Abs. 3) der C.P.O. sollen auf die Ueberweisung nicht nur die Vorschriften des § 829 (früher § 730 Abs. 2) der C.P.O., sondern auch die des § 829 (früher § 730 Abs. 3) entsprechende Anwendung finden. Hiernach ist also die Ueberweisung erst mit der Zustellung des Ueberweisungsbeschlusses an den Drittschuldner als bewirkt anzusehen. Der Drittschuldner ist der Schuldner im Sinne des § 407. Regelmäßig wird dieser daher von der Uebertragung der Forderung durch gerichtliche Ueberweisung in dem Zeitpunkte Kenntniß erhalten, in welchem die Uebertragung als bewirkt anzusehen ist; die seltenen Fälle, in welchen er die Kenntniß erst später erhält, werden nicht berücksichtigt.

§ 408.

E. I § 305; II § 351 rev. § 402; III § 402. P. I S. 1305—1307; M. II S. 134, 135. P. II S. 791—794, 8436, 8437 (Bd. I S. 393, 394).

1. Die Vorschriften des § 408 Abs. 1 beruhen auf demselben Gedanken wie der § 407. Hat der bisherige Gläubiger die von ihm abgetretene Forderung noch wieder an einen Dritten abgetreten, so erwirbt dieser die Forderung nicht, weil der bisherige Gläubiger in Folge der ersten Abtretung nicht mehr Gläubiger war. Hat der Schuldner aber von der zweiten Abtretung eher Kenntniß erhalten als von der ersten, so gilt zu seinen Gunsten derjenige, an welchen die zweite Abtretung erfolgte, in demselben Umfang als der wirkliche Gläubiger, in welchem nach § 407 der bisherige Gläubiger dem Schuldner gegenüber als der wirkliche Gläubiger gilt. Der erste Zessionar muß also eine von dem Schuldner an den zweiten Zessionar gemachte Leistung sowie jedes zwischen denselben in Ansehung der Forderung vorgenommene Rechtsgeschäft gegen sich gelten lassen, sofern nicht der Schuldner bei der Leistung oder bei der Vornahme des Rechtsgeschäfts die erste Abtretung kannte. Ebenso ist das in einem Prozesse zwischen dem zweiten Zessionar und dem Schuldner ergehende Urtheil gegen den ersten Zessionar wirksam, sofern nicht der Schuldner bei dem Eintritte der Rechtshängigkeit die erste Abtretung kannte.

2. Nach § 408 Abs. 2 finden die Vorschriften auch dann Anwendung, wenn die Forderung, nachdem sie abgetreten war, durch gerichtlichen Beschluß einem Dritten überwiesen wird (§§ 835, 836, 846 der C.P.O.). Auf Grund der Abtretung war der Zessionar Gläubiger geworden, aber er muß, wenn später die Forderung durch gerichtlichen Beschluß einem Dritten überwiesen wird, eine von dem Schuldner an den Dritten gemachte Leistung sowie ein zwischen denselben vorgenommenes Rechtsgeschäft und ein zwischen ihnen ergangenes rechtskräftiges Urtheil gegen sich gelten lassen, sofern nicht der Schuldner zur Zeit der Leistung, der Vornahme des Rechtsgeschäfts oder der Rechtshängigkeit die Abtretung kannte.

Das Gleiche gilt, wenn der bisherige Gläubiger, nachdem er die Forderung abgetreten hatte, einem Dritten gegenüber anerkennt, daß die Forderung kraft des Gesetzes auf denselben übergegangen sei. Die Anerkennung bedarf keiner Form. Der Schuldner braucht zwar nach den §§ 410, 412 demjenigen, an welchen die Forderung kraft des Gesetzes übergegangen ist, nur zu leisten, wenn ihm eine von dem bisherigen Gläubiger über die Anerkennung des Ueberganges ausgestellte Urkunde ausgehändigt wird oder der bisherige Gläubiger ihm diese Anerkennung schriftlich mittheilt. Er kann aber mit Wirksamkeit gegen den früheren Zessionar schon dann leisten, wenn der bisherige Gläubiger auch nur mündlich dem Dritten gegenüber den Uebergang anerkannt hat, sofern er nicht bei der Leistung die frühere Abtretung kannte. Ebenso wie die Leistung sind die im § 407 Abs. 1 bezeichneten Rechtsgeschäfte und das rechtskräftige Urtheil (§ 407 Abs. 2) zu behandeln.

§. 409.

Zeigt der Gläubiger dem Schuldner an, daß er die Forderung abgetreten habe, so muß er dem Schuldner gegenüber die angezeigte Abtretung gegen sich gelten lassen, auch wenn sie nicht erfolgt oder nicht wirksam ist. Der Anzeige steht es gleich, wenn der Gläubiger eine Urkunde über die Abtretung dem in der Urkunde bezeichneten neuen Gläubiger ausgestellt hat und dieser sie dem Schuldner vorlegt.

Die Anzeige kann nur mit Zustimmung desjenigen zurückgenommen werden, welcher als der neue Gläubiger bezeichnet worden ist.

---

3. Die Vorschriften des § 408 finden nach § 412 entsprechende Anwendung, wenn die erste Uebertragung kraft des Gesetzes erfolgte. Ist die Forderung später von dem bisherigen Gläubiger an einen Dritten abgetreten oder durch gerichtlichen Beschluß einem Dritten überwiesen oder hat der bisherige Gläubiger einem Dritten gegenüber anerkannt, daß die Forderung auf denselben übergegangen sei, so muß derjenige, auf welchen die Forderung kraft des Gesetzes übergegangen ist, eine Leistung des Schuldners an den Dritten sowie ein zwischen denselben vorgenommenes Rechtsgeschäft oder ein ergangenes Urtheil gegen sich gelten lassen, sofern nicht der Schuldner bei der Leistung, bei dem Rechtsgeschäft oder der Rechtshängigkeit wußte, daß die Forderung schon vorher kraft des Gesetzes auf Jenen übergegangen sei.

Keine entsprechende Anwendung findet der § 408, wenn die erste Uebertragung durch gerichtliche Ueberweisung erfolgt ist (s. Erl. zu § 407 Nr. 5).

4. Wegen der Beweislast gilt dasselbe wie im § 407 (s. Erl. zu § 407 Nr. 3).

5. Die dem ersten Erwerber der Forderung im Falle des § 408 gegen den zweiten Erwerber und, falls von diesem die Forderung dem Schuldner unentgeltlich erlassen wurde, auch gegen den Schuldner zustehenden Ansprüche bestimmen sich nach § 816.

§ 409.

E. I § 306; II § 352 rev. § 403; III § 403. P. I S. 1317—1329, 6215; M. II S. 135—137. P. II S. 794—796, 801—804 (Bd. I S. 394, 395, 398, 399).

1. Die Vorschriften des § 409 bezwecken wie die §§ 406—408 den Schutz des Schuldners (vergl. jedoch Nr. 4). Zeigt der Gläubiger dem Schuldner an, daß er die Forderung abgetreten habe, so soll der Schuldner sich auf diese Anzeige unbedingt verlassen können. Er kann denjenigen, an welchen nach der Anzeige die Abtretung erfolgt ist, als den wirklichen Gläubiger ansehen, auch wenn die Abtretung in Wirklichkeit nicht erfolgt oder wenn sie nichtig oder anfechtbar ist. Eine an den in der Anzeige bezeichneten neuen Gläubiger erfolgte Leistung ist also, auch wenn derselbe Nichtgläubiger war, dem wirklichen Gläubiger gegenüber wirksam; ebenso jedes zwischen dem in der Anzeige bezeichneten neuen Gläubiger und dem Schuldner in Ansehung der Forderung vorgenommene Rechtsgeschäft sowie ein zwischen ihnen ergangenes rechtskräftiges Urtheil. Das Verhältniß ist ein ähnliches wie in dem Falle der Mittheilung einer Bevollmächtigung an denjenigen, mit welchem der Bevollmächtigte ein Rechtsgeschäft vornehmen soll (§ 171). Die Wirkung, welche die Anzeige der Abtretung hat, geht aber weiter wie die Wirkung jener Mittheilung. Sie wird auch dann nicht ausgeschlossen, wenn der Schuldner weiß, daß die Abtretung nicht erfolgt oder daß sie nichtig oder anfechtbar ist. Die Anzeige ersetzt vollständig die Abtretung. Es kommt daher nur darauf an, ob die Anzeige selbst wirksam ist. Sie ist ein einseitiges empfangsbedürftiges Rechtsgeschäft (§§ 130—132). Ist sie nichtig oder ist sie anfechtbar und angefochten, so treten die im § 409 bestimmten Wirkungen nicht ein. Die schriftliche Form, welcher nach § 410 Abs. 2 die Anzeige bedarf, um die dort bezeichneten Wirkungen zu haben, ist für die im § 409 bestimmten Wirkungen nicht erforderlich.

2. Die Anzeige wirkt nur zu Gunsten des Schuldners, nicht gegen denselben. Der Schuldner kann trotz der Anzeige die Legitimation des in der Anzeige bezeichneten neuen Gläubigers bestreiten; er thut dies aber auf seine Gefahr und hat, wenn die Abtretung wirklich erfolgt und gültig war, die durch die Bestreitung erwachsenden Kosten zu tragen.

3. Als Anzeige der Abtretung an den Schuldner gilt es nach § 409 Abs. 1 Satz 2, wenn der Gläubiger eine Urkunde über die Abtretung dem in der Urkunde bezeichneten neuen Gläubiger ausstellt und dieser die

Urkunde dem Schuldner vorlegt. Die Vorschrift entspricht der im § 172 Abs. 1 gegebenen Vorschrift über die Wirkung, welche die Aushändigung und Vorlegung einer Vollmachtsurkunde hat. In dem § 172 wird zwar davon gesprochen, daß der Vollmachtgeber „dem Vertreter eine Vollmachtsurkunde ausgehändigt hat", während in dem § 409 Abs. 1 Satz 2 die Voraussetzung dahin gefaßt ist, daß der Gläubiger „eine Urkunde über die Abtretung dem in der Urkunde bezeichneten neuen Gläubiger ausgestellt hat". Die Worte „ausgehändigt" und „ausgestellt" sind indessen in demselben Sinne gemeint; das im Bd. I S. 222, 223, Erl. zu § 172 Nr. 1 Gesagte gilt daher auch hier. Insbesondere ist zu beachten, daß die Ausstellung der Urkunde an den in derselben bezeichneten neuen Gläubiger die auf die Anzeige an den Schuldner gerichtete Willenserklärung enthält und daß diese Willenserklärung dem Schuldner durch die Vorlegung der Urkunde zugeht. Hieraus ergiebt sich, unter welchen Voraussetzungen die in dieser Form erfolgende Anzeige an den Schuldner nichtig oder anfechtbar ist und daß möglicherweise diese Anzeige wirksam sein kann, während die in der Ausstellung der Urkunde zugleich liegende Abtretung selbst nichtig oder anfechtbar ist. Die Wirkung der Anzeige tritt ein mit der Vorlegung der Urkunde an den Schuldner. Die einmalige Vorlegung genügt; einer erneuten Vorlegung bei der Vornahme eines der im § 407 bezeichneten Rechtsgeschäfte bedarf es nicht. Von dem Falle des § 172 unterscheidet sich die Vorschrift des § 409 Abs. 1 Satz 2 dadurch, daß, während dort die Vorlegung der Vollmachtsurkunde die fragliche Wirkung nicht hat, wenn der Dritte bei der Vornahme des betreffenden Rechtsgeschäfts wußte oder wissen mußte, daß die Vertretungsmacht nicht zur Entstehung gelangt oder daß sie erloschen sei (s. Bd. I S. 223, Erl. zu § 172 Nr. 3), hier das Kennen oder das Kennen müssen des Schuldners in der fraglichen Beziehung ohne Bedeutung ist. Nach dem E. I § 306 Abs. 2 Satz 2 war hiervon für den Fall eine Ausnahme gemacht, daß der Schuldner zu der nach dem § 304 des E. I (§ 307 des B.G.B.) entscheidenden Zeit von der Nichtigkeit der beurkundeten Abtretung Kenntniß hat. Von der zweiten Kommission ist diese Vorschrift gestrichen. Der nach P. II S. 796 angeführte Grund, daß in dem entsprechenden Falle der Vorlegung einer Vollmachtsurkunde der Kenntniß des Dritten von der Nichtigkeit der Bevollmächtigung eine gleiche Wirkung nicht beigelegt sei, dürfte freilich nicht richtig sein (s. Bd. I S. 216, 217, Erl. zu § 167 Nr. 3). Die Streichung rechtfertigt sich aber dadurch, daß, während die Bevollmächtigung nach der Auffassung des B.G.B. regelmäßig ein kausales und nur ausnahmsweise ein abstraktes Rechtsgeschäft ist, die Abtretung einer Forderung immer ein abstraktes Rechtsgeschäft ist und daß die Anzeige der Abtretung an den Schuldner diesem gegenüber dieselbe rechtliche Wirkung hat wie die Abtretung selbst, daß es also nur auf die Gültigkeit der Anzeige ankommen kann.

4. Die Anzeige kann zurückgenommen werden und verliert mit der Zurücknahme ihre Wirkung für die Zukunft. Dies ist in dem § 409 Abs. 2 zwar nur indirekt ausgesprochen, darum aber nicht weniger zweifellos. Die Zurücknahme ist aber nur wirksam, wenn sie mit Zustimmung des in der Anzeige bezeichneten neuen Gläubigers erfolgt. Diese Vorschrift beruht auf einem Beschlusse der zweiten Kommission. Die Anzeige erhält dadurch eine neue Bedeutung. Sie wirkt nicht, wie nach dem E. I, nur zu Gunsten des Schuldners, sondern auch zu Gunsten des in der Anzeige bezeichneten neuen Gläubigers. Die schriftliche Anzeige der Abtretung von Seiten des bisherigen Gläubigers an den Schuldner hat nach § 410 Abs. 2 die Wirkung, daß das dem Schuldner nach § 410 Abs. 1 zustehende Recht wegfällt, die Leistung an den neuen Gläubiger bis zur Aushändigung einer von dem bisherigen Gläubiger über die Abtretung ausgestellten Urkunde zu verweigern und eine Kündigung oder Mahnung des neuen Gläubigers, die ohne die Vorlegung einer solchen Urkunde erfolgt, zurückzuweisen. Die Rechtsposition, welche der neue Gläubiger hiernach durch die Anzeige erlangt, soll ihm ohne seine Zustimmung von dem bisherigen Gläubiger nicht entzogen werden können. Erforderlich zu diesem Zwecke würde nur sein, die Zurücknahme der Anzeige für den Fall an die Zustimmung des Gläubigers zu binden, daß die Anzeige schriftlich oder durch Aushändigung einer über die Abtretung ausgestellten Urkunde erfolgt ist. Die Vorschrift des § 409 Abs. 2 unterscheidet indessen nicht zwischen schriftlicher und mündlicher Anzeige, sondern erfordert ohne Rücksicht darauf, ob die Anzeige schriftlich erfolgt ist oder nicht, die Zustimmung des in der Anzeige bezeichneten neuen Gläubigers zur Zurücknahme.

War die Abtretung in Wirklichkeit nicht erfolgt oder war sie nichtig oder war sie anfechtbar und angefochten, so kann der Gläubiger von dem in der Anzeige bezeichneten neuen Gläubiger die Zustimmung zu der Zurücknahme nach Maßgabe der für die Herausgabe einer ungerechtfertigten Bereicherung geltenden Grundsätze (§ 812 ff.) fordern.

Die Zurücknahme ist ein einseitiges empfangsbedürftiges Rechtsgeschäft. Auf die Zustimmung des in der Anzeige bezeichneten neuen Gläubigers finden die §§ 182—184 Anwendung.

5. Nur die Anzeige des wirklichen Gläubigers hat die im § 409 bezeichneten Wirkungen. Es fragt sich aber, ob, wenn der Gläubiger, nachdem er die Forderung abgetreten

hat, dem Schuldner anzeigt, daß er die Forderung an einen Dritten abgetreten habe, der neue Gläubiger, d. h. derjenige, an welchen die Forderung wirklich abgetreten ist, die Anzeige des bisherigen Gläubigers auf Grund des § 407 gegen sich gelten lassen muß, sofern nicht der Schuldner bei dem Empfange der Anzeige die Abtretung gekannt hat. Nach den M. II S. 136 wird angenommen, daß die Anzeige zwar ein unter die Vorschriften der §§ 304, 305 des E. I (§§ 407, 408 des B.G.B.) fallendes Rechtsgeschäft sei, daß aber die Wirksamkeit eines von dem Schuldner mit dem in der Anzeige als Gläubiger bezeichneten Dritten vorgenommenen Rechtsgeschäfts davon abhänge, daß der Schuldner nicht nur bei dem Empfange der Anzeige, sondern auch bei der Vornahme des Rechtsgeschäfts die bereits vorher erfolgte Abtretung nicht gekannt habe. Diese Auffassung dürfte indessen keine Billigung verdienen. Ist die Anzeige des bisherigen Gläubigers an den Schuldner, daß er die Forderung, welche er in Wirklichkeit an A bereits abgetreten hatte, an B abgetreten habe, ein unter die Vorschriften des § 407 fallendes Rechtsgeschäft — und dies ist nicht zu bezweifeln —, so kann es für die Wirksamkeit der Anzeige gegenüber dem neuen Gläubiger A nur darauf ankommen, ob der Schuldner bei dem Empfange der Anzeige, nicht darauf, ob er bei dem später auf Grund der Anzeige mit dem B vorgenommenen Rechtsgeschäfte die Abtretung an den A gekannt hat. Die Motive meinen zwar, daß durch die Anzeige für sich allein das Schuldverhältniß noch in keiner Weise getroffen werde. Wäre dies richtig, so würde die Anzeige überhaupt nicht unter den § 407 fallen, denn dieser bezieht sich nur auf Rechtsgeschäfte, welche zwischen dem bisherigen Gläubiger und dem Schuldner „in Ansehung der Forderung" vorgenommen werden. In der That ist die Anzeige aber ein in Ansehung der Forderung vorgenommenes Rechtsgeschäft; das Schuldverhältniß wird durch sie insofern betroffen, als der Schuldner, der bis dahin nur an den bisherigen Gläubiger leisten und nur mit ihm Rechtsgeschäfte in Ansehung der Form vornehmen konnte, auf Grund der Anzeige berechtigt wird, den in der Anzeige als Gläubiger bezeichneten Dritten als seinen Gläubiger zu behandeln. Diese Wirkung der Anzeige muß der neue Gläubiger A nach § 407 gegen sich gelten lassen, sofern nicht der Schuldner bei der Vornahme des Rechtsgeschäfts, also bei dem Empfange der Anzeige, die Abtretung der Forderung an A kannte. Hat der Schuldner zu dieser Zeit die Abtretung nicht gekannt, so ist die Wirkung der Anzeige, kraft deren der Gläubiger nach § 409 die angezeigte Abtretung gegen sich gelten lassen muß, eingetreten, und diese Wirkung kann nicht dadurch wegfallen, daß der Schuldner später von der bereits vorher erfolgten Abtretung an A Kenntniß erlangt. Die Wirkung bleibt vielmehr so lange bestehen, bis die Anzeige nach Maßgabe des § 409 Abs. 2 zurückgenommen ist. Der neue Gläubiger A kann auf Grund der Abtretung von dem bisherigen Gläubiger verlangen, daß dieser die Anzeige zurücknehme oder die Zustimmung zu der Zurücknahme ertheile; er kann auch auf Grund der über die Herausgabe einer ungerechtfertigten Bereicherung geltenden Vorschriften von dem in der Anzeige als Gläubiger bezeichneten B die Zustimmung zu der Zurücknahme verlangen. Solange die Zurücknahme unter Zustimmung des B nicht erfolgt ist, bleibt die Wirkung der Anzeige zu Gunsten des Schuldners bestehen.

Diese Grundsätze müssen auch in dem Falle des § 408 entsprechende Anwendung finden.

6. Nach § 412 finden die Vorschriften des § 409 auf die kraft des Gesetzes erfolgende Uebertragung einer Forderung entsprechende Anwendung. Die entsprechende Anwendung führt dahin, daß eine Anzeige des Gläubigers an den Schuldner, daß er die kraft des Gesetzes erfolgte Uebertragung der Forderung an einen Dritten anerkenne, dieselbe Wirkung hat wie die Anzeige von der Abtretung der Forderung. Der Anzeige steht es gleich, wenn der Gläubiger eine Urkunde über die Anerkennung der kraft des Gesetzes erfolgten Uebertragung dem in der Urkunde bezeichneten neuen Gläubiger ausgestellt hat und dieser die Urkunde dem Schuldner vorlegt.

7. Der E. I § 307 enthielt die Vorschrift, daß die Unwirksamkeit einer durch gerichtliche Anordnung ausgesprochenen Uebertragung gegen den Schuldner nur geltend gemacht werden könne, wenn die Anordnung aufgehoben sei und der Schuldner zu der nach dem § 304 (§ 407 des B.G.B.) entscheidenden Zeit von der Aufhebung Kenntniß gehabt habe.

Von der zweiten Kommission ist diese Vorschrift in die C.P.O. verwiesen. Der neue § 836 Abs. 2 der C.P.O. lautet:

> „Der Ueberweisungsbeschluß gilt, auch wenn er mit Unrecht erlassen ist, zu Gunsten des Drittschuldners dem Schuldner gegenüber solange als rechtsbeständig, bis er aufgehoben wird und die Aufhebung zur Kenntniß des Drittschuldners gelangt."

§. 410.

Der Schuldner ist dem neuen Gläubiger gegenüber zur Leistung nur gegen Aushändigung einer von dem bisherigen Gläubiger über die Abtretung ausgestellten Urkunde verpflichtet. Eine Kündigung oder eine Mahnung des neuen Gläubigers ist unwirksam, wenn sie ohne Vorlegung einer solchen Urkunde erfolgt und der Schuldner sie aus diesem Grunde unverzüglich zurückweist.

Diese Vorschriften finden keine Anwendung, wenn der bisherige Gläubiger dem Schuldner die Abtretung schriftlich angezeigt hat.

---

§ 410.

E. I § 308; II § 353 rev. § 404; III § 404. P. I S. 1311—1314, 6180—6183; M. I S. 137, 138. P. II S. 797—801, 804—811, 7863, 7864, 8438, 8704, 9261, 9262 (Bd. I S. 396, 397, 399—403).

1. Der E. I § 308 enthielt eine dem § 410 Abs. 1 Satz 1 entsprechende Vorschrift nicht; er wollte den Zweck, den Schuldner zu schützen, wenn dieser von dem neuen Gläubiger in Anspruch genommen werde, ohne daß ihm eine Urkunde über die Abtretung vorgelegt oder eine Anzeige des bisherigen Gläubigers über die Abtretung zugegangen sei, durch eine Vorschrift erreichen, nach welcher der Schuldner im Falle des Prozesses die durch das Bestreiten der Abtretung entstehenden Kosten nicht zu tragen habe. Die zweite Kommission glaubte, daß der erstrebte Zweck sicherer und zweckmäßiger durch die Vorschrift erreicht werde, daß der Schuldner, sofern ihm nicht die Abtretung von dem bisherigen Gläubiger schriftlich angezeigt sei, zur Leistung an den neuen Gläubiger nur gegen Aushändigung einer von dem bisherigen Gläubiger über die Abtretung ausgestellten Urkunde verpflichtet sei. Ist dem Schuldner die Abtretung von dem bisherigen Gläubiger angezeigt oder ist ihm eine von dem bisherigen Gläubiger ausgestellte Urkunde vorgelegt, so muß der bisherige Gläubiger nach § 409 die Abtretung gegen sich gelten lassen, auch wenn sie nicht erfolgt oder nicht wirksam war. Durch eine Urkunde oder eine schriftliche Anzeige der gedachten Art in Verbindung mit der über die Leistung von dem in der Urkunde oder der Anzeige bezeichneten neuen Gläubiger auszustellenden Quittung kann also der Schuldner dem bisherigen Gläubiger gegenüber den Beweis führen, daß er durch die Leistung befreit ist.

2. Auf die Urkunde sowie auf die schriftliche Anzeige finden die Vorschriften des § 126 über die schriftliche Form Anwendung. Oeffentliche Beglaubigung der Urkunde oder der Anzeige ist abweichend vom E. I § 308 nicht vorgeschrieben. Selbstverständlich muß die Urkunde sowie die Anzeige echt sein, und der Schuldner kann, wenn die Leistung von ihm gegen Aushändigung der Urkunde verlangt wird, den Nachweis der Echtheit verlangen. Wie dieser Nachweis zu erbringen ist, bestimmt sich unter Berücksichtigung der Verkehrssitte nach Treu und Glauben.

3. In der zweiten Kommission war die Frage angeregt, ob die Vorschrift des § 410 Abs. 1 Satz 1 die Bedeutung habe, daß dem Schuldner gegen Leistung an den neuen Gläubiger ein Anspruch gegen denselben auf Aushändigung einer Urkunde über die Abtretung zustehe und daß er wegen dieses Anspruchs ein Zurückbehaltungsrecht habe (§§ 273, 274). Die Frage sei insbesondere deshalb von Bedeutung, weil es von ihrer Entscheidung abhänge, ob die Vorschrift des § 273 Abs. 3, daß der Gläubiger die Ausübung des Zurückbehaltungsrechts durch Sicherheitsleistung abwenden könne, Anwendung finde. Die Zulässigkeit der Sicherheitsleistung sei insbesondere in solchen Fällen von Wichtigkeit, in welchen die Abtretung mündlich erfolgt sei und der neue Gläubiger die Erfüllung der dem bisherigen Gläubiger nach § 403 obliegenden Verpflichtung, eine öffentlich beglaubigte Urkunde über die Abtretung auszustellen, deshalb nicht oder doch nur mit unverhältnißmäßigen Schwierigkeiten erreichen könne, weil der bisherige Gläubiger abwesend sei. Die Kommission lehnte es indessen ab, eine Entscheidung über die aufgeworfene Frage zu treffen oder eine Bestimmung über die Zulässigkeit der Sicherheitsleistung aufzunehmen. Die Entscheidung ist daher aus dem § 410 selbst abzuleiten. Der Wortlaut spricht gegen die Annahme eines selbständigen Rechtes des Schuldners auf Aushändigung einer über die Abtretung ausgestellten Urkunde. Dies tritt besonders klar hervor, wenn man die Fassung des § 410 mit der des § 368 vergleicht. Auch der Zweck der fraglichen Vorschrift spricht nicht für die Annahme eines solchen Rechtes. Der Zweck geht dahin, dem Schuldner die Möglichkeit zu gewähren, sich dem bisherigen Gläubiger gegenüber diejenige Sicherheit zu verschaffen, welche die Vorschrift des § 409 Abs. 1 Satz 2 bietet. Diese Sicherheit erhält der Schuldner nur, wenn ihm die Urkunde über die Abtretung vor der Leistung vorgelegt und ausgehändigt wird; die nachträgliche Vorlegung und Aushändigung sichert ihn nicht. Der Zweck der Vorschrift erfordert daher nur eine verzögerliche

§. 411.

Tritt eine Militärperson, ein Beamter, ein Geistlicher oder ein Lehrer an einer öffentlichen Unterrichtsanstalt den übertragbaren Theil des Diensteinkommens, des Wartegeldes oder des Ruhegehalts ab, so ist die auszahlende Kasse durch Aushändigung einer von dem bisherigen Gläubiger ausgestellten, öffentlich beglaubigten Urkunde von der Abtretung zu benachrichtigen. Bis zur Benachrichtigung gilt die Abtretung als der Kasse nicht bekannt.

Einrede, nicht die Einräumung eines selbständigen Rechtes. Das Verhältniß liegt hier wesentlich anders als im Falle des § 255. In diesem handelt es sich darum, den Ersatzpflichtigen gegen die Leistung eines zu hohen Ersatzes zu schützen. Dieser Zweck wird nur erreicht, wenn dem Ersatzpflichtigen ein selbständiges Recht auf die Abtretung der in dem § 255 bezeichneten Ansprüche eingeräumt wird. Der Zweck der Vorschrift erfordert also dort die Annahme eines solchen Rechtes (s. Erl. zu § 255 Nr. 1), während er hier dagegen spricht. Auch eine entsprechende Anwendung der Vorschrift des § 273 Abs. 2 dürfte sich nicht rechtfertigen lassen. Zugelassen wird dort die Leistung der Sicherheit für die Erfüllung des Anspruchs, wegen dessen das Zurückbehaltungsrecht besteht. Hier besteht ein solcher Anspruch nicht. Die Sicherheit müßte dafür geleistet werden, daß der bisherige Gläubiger den Schuldner nicht in Anspruch nähme; dies würde also etwas ganz anderes sein als die in dem § 273 Abs. 2 zugelassene Sicherheitsleistung. Die Vorschriften des § 274 werden dagegen entsprechende Anwendung finden müssen. Im Falle des Prozesses ist also der Gläubiger auf Grund der Einrede nicht abzuweisen, vielmehr ist der Schuldner zur Leistung Zug um Zug zu verurtheilen. Die Zwangsvollstreckung auf Grund eines solchen Urtheils kann nach Maßgabe des § 274 Abs. 2 erfolgen.

4. Zur Ergänzung der Vorschrift des § 410 Abs. 1 Satz 1 dient die neue Vorschrift des §. 94 der C.P.O; sie lautet:

> „Macht der Kläger einen auf ihn übergegangenen Anspruch geltend, ohne daß er vor der Erhebung der Klage dem Beklagten den Uebergang mitgetheilt und auf Verlangen nachgewiesen hat, so fallen ihm die Prozeßkosten insoweit zur Last, als sie dadurch entstanden sind, daß der Beklagte durch die Unterlassung der Mittheilung oder des Nachweises veranlaßt worden ist, den Anspruch zu bestreiten."

5. Da die Forderung sofort mit der Abtretung auf den neuen Gläubiger übergeht, so kann dieser auch sofort nach der Abtretung dem Schuldner kündigen und ihn mahnen. Auch in dieser Beziehung wird aber dem berechtigten Interesse des Schuldners dadurch Rechnung getragen, daß ihm das Recht eingeräumt wird, die Kündigung oder Mahnung zurückzuweisen, wenn sie ohne Vorlegung einer Urkunde über die Abtretung erfolgt und der bisherige Gläubiger dem Schuldner die Abtretung nicht vorher schriftlich angezeigt hat. Die Zurückweisung muß unverzüglich (s. Bd. I S. 171, Erl. zu § 121 Nr. 1) erfolgen. Ist dies geschehen, so ist die Kündigung sowie die Mahnung unwirksam. Nach der Fassung des § 410 Abs. 1 Satz 2 muß der Schuldner, welcher die Unwirksamkeit geltend macht, nicht nur beweisen, daß die Zurückweisung unverzüglich erfolgt sei, sondern auch, daß bei der Kündigung oder bei der Mahnung eine Urkunde über die Abtretung nicht vorgelegt sei. Es erscheint hier indessen ebenso wie im Falle des § 359 zweifelhaft, ob nicht dem Gläubiger der Beweis obliegt, daß er die Urkunde vorgelegt habe. Der Zweifel dürfte in demselben Sinne zu entscheiden sein, wie im Falle des § 359 (s. Erl. zu § 359 Nr. 2). Der Beweis, daß der bisherige Gläubiger dem Schuldner die Abtretung schriftlich angezeigt habe, liegt jedenfalls dem neuen Gläubiger ob.

6. Die Vorschriften des § 410 finden nach § 412 auf die Uebertragung einer Forderung kraft des Gesetzes entsprechende Anwendung. An die Stelle der von dem bisherigen Gläubiger über die Abtretung ausgestellten Urkunde tritt eine von demselben über die Anerkennung des kraft des Gesetzes erfolgten Ueberganges der Forderung ausgestellten Urkunde; an die Stelle der schriftlichen Anzeige von der Abtretung der Forderung tritt die schriftliche Anzeige von dem kraft des Gesetzes erfolgten Uebergange.

Für die gerichtliche Ueberweisung der Forderung besteht eine dem § 410 entsprechende Vorschrift nicht. Es bedarf einer solchen nicht, weil die Ueberweisung erst durch die Zustellung des Ueberweisungsbeschlusses an den Schuldner wirksam wird.

§ 411.

E. I § 311; II § 354 rev. § 405; III § 405. P. I S. 1316, 1317, 11748, 11749; M. II S. 140. P. II S. 812, 813 (Bd. I S. 404).

1. Der § 411 verfolgt den Zweck, die Ordnung der Kassenführung bei den öffentlichen

§. 412.

Auf die Uebertragung einer Forderung kraft Gesetzes finden die Vorschriften der §§. 399 bis 404, 406 bis 410 entsprechende Anwendung.

§. 413.

Die Vorschriften über die Uebertragung von Forderungen finden auf die Uebertragung anderer Rechte entsprechende Anwendung, soweit nicht das Gesetz ein Anderes vorschreibt.

Kassen zu sichern. Denselben Zweck verfolgt für die Kasse des Reichs das Reichsbeamtengesetz v. 31. März 1873 § 6 Abs. 2 und das Reichsmilitairgesetz v. 2. Mai 1874 § 45 Abs. 2 Satz 2. Diese Vorschriften werden durch den § 411 verallgemeinert und den Bestimmungen des B.G.B. über die Abtretung angepaßt; sie werden daher für die Zukunft überflüssig und sind deshalb durch das E.G. Art. 43, 45 aufgehoben.

2. Ueber den Begriff der Militairpersonen s. Bd. I S. 63, Erl. zu § 9 Nr. 2. Unter einem Beamten, einem Geistlichen oder einem Lehrer an einer öffentlichen Unterrichtsanstalt wird im § 411 dasselbe verstanden wie im § 811 Nr. 7, 8 und im § 850 Nr. 8 der C.P.O. (s. Struckmann und Koch Anm. 7 zu § 715; Anm. 10 zu § 749). Der übertragbare Theil des Diensteinkommens bestimmt sich, da nach § 400 eine Forderung insoweit nicht abgetreten werden kann, als sie der Pfändung nicht unterliegt, nach § 850 Abs. 2, 4 der C.P.O.

3. Die Vorschrift, daß die auszahlende Kasse durch Aushändigung einer von dem bisherigen Gläubiger ausgestellten öffentlich beglaubigten Urkunde von der Abtretung zu benachrichtigen sei, ist, wie sich aus dem Satz 2 ergiebt, nicht dahin zu verstehen, daß die Wirksamkeit der Abtretung von der Benachrichtigung abhängt. Zahlt die Kasse, ohne daß die Benachrichtigung erfolgt ist, an den neuen Gläubiger, so ist die Zahlung wirksam auch gegenüber dem bisherigen Gläubiger. Die Kasse braucht aber ohne die vorgeschriebene Benachrichtigung an den neuen Gläubiger nicht zu zahlen und kann dessen Kündigung oder Mahnung nach Maßgabe des § 410 Abs. 1 Satz 2 zurückweisen. Die nach den §§ 406 bis 408 mit der Kenntniß von der Abtretung verbundenen Wirkungen treten erst ein, wenn die Benachrichtigung in der gedachten Art erfolgt ist. Bis dahin kann die Kasse also den bisherigen Gläubiger als den Berechtigten behandeln. Die Benachrichtigung braucht nicht durch den bisherigen Gläubiger zu erfolgen; es genügt, wenn der neue Gläubiger die von dem bisherigen Gläubiger ausgestellte, öffentlich beglaubigte Urkunde der Kasse aushändigt. Ueber öffentliche Beglaubigung s. § 129.

4. Auf eine kraft des Gesetzes erfolgende Uebertragung findet der § 411 nach § 412 keine Anwendung.

§ 412.

E. I § 293—297, 301—306, 308; II § 355 rev. § 406; III § 406. P. I s. die zu den **§§ 398—404, 406—410** allegirten Seiten; **M. II** desgl. **P. II S. 758—763, 770—775, 777—782, 788, 804 (Bd. I S. 377—379, 383—388, 391, 399).**

S. die Erl. zu den §§ 399 Nr. 4, 400 Nr. 3, 401 Nr. 3, 402 Nr. 1, 403 Nr. 1, 404 Nr. 4, 406 Nr. 5, 407 Nr. 5, 408 Nr. 3, 409 Nr. 6, 410 Nr. 6.

Die Uebertragung einer Forderung kraft des Gesetzes findet z. B. statt in den Fällen der §§ 268 Abs. 3, 426 Abs. 2, 774 Abs. 1, 1143 Abs. 1, 1225, 1249 Satz 2, 1438, 1519 Abs. 2, 1549, 1607 Abs. 2 Satz 2, 3, 1709 Abs. 2.

§ 413.

E. I § 312; II § 356 rev. § 407; III § 407. P. I S. 3307—3309, 11894—11900· M. II S. 141. P. II S. 813, 814 (Bd. I S. 404).

1. Die allgemeinen Vorschriften über Forderungen finden, wie in den Vorbm. zu diesem Buche unter I dargelegt ist, auf alle Ansprüche, insbesondere auch auf die dinglichen Ansprüche Anwendung. Insoweit hätte es also der Vorschrift des § 413 nicht bedurft. Diese geht aber weiter; sie schreibt die entsprechende Anwendung der Vorschriften über die Ueber-

tragung von Forderungen auf die Uebertragung aller Rechte vor, in Betreff deren das Gesetz nicht ein Anderes vorschreibt. Für die in dem B.G.B. geregelten Rechte enthält dieses, soweit es die Uebertragung zuläßt, regelmäßig auch besondere Vorschriften über die Art, in welcher die Uebertragung zu erfolgen hat. Solche Vorschriften giebt z. B. das Sachenrecht über die Uebertragung der dinglichen Rechte, der § 792 über die Uebertragung einer Anweisung, der § 2033 über die Uebertragung eines Erbtheils. Die Vorschrift des § 413 hat praktische Bedeutung daher im Wesentlichen nur für solche Rechte, welche im B.G.B. nicht geregelt sind. Dahin gehört z. B. das Urheberrecht an Schriftwerken (Ges. v. 11. Juni 1870 § 3), das Urheberrecht an Werken der bildenden Künste (Ges. v. 9. Januar 1876 § 2), das Recht des Verfertigers eines photographischen Werkes (Ges. v. 10. Januar 1876 § 7), das Urheberrecht an Mustern und Modellen (Ges. v. 11. Januar 1876 § 3), der Anspruch auf Ertheilung eines Patents und das Recht aus dem Patente (Ges. v. 7. April 1891 §§ 6, 19 Abs. 2).

Aus der Vorschrift des § 413 ergiebt sich, daß zu der Abtretung eines jeden Rechtes, in Betreff dessen nicht besondere Vorschriften bestehen, ein Vertrag zwischen dem bisherigen Berechtigten und demjenigen, welchem das Recht abgetreten werden soll, erforderlich ist und genügt und daß dieser Vertrag ein abstrakter ist. In welcher Art die übrigen Vorschriften dieses Titels entsprechende Anwendung finden, bestimmt sich nach dem Inhalte des betreffenden Rechtes. Soweit ein Recht der fraglichen Art kraft des Gesetzes übertragen wird, finden auf diese Uebertragung die Vorschriften des § 412 Anwendung. Die Uebertragung durch gerichtliche Anordnung bestimmt sich nach § 857 der C.P.O.

2. Im E. I § 312 Satz 2 war bestimmt:

> „Ein nicht übertragbares Recht ist insoweit, als die Ausübung einem Anderen überlassen werden kann, der Pfändung unterworfen, sofern nicht das Gesetz ein Anderes bestimmt."

Diese Vorschrift ist von der zweiten Kommission gestrichen; eine entsprechende Vorschrift ist indessen in den § 857 der C.P.O. aufgenommen.

Fünfter Abschnitt.

Schuldübernahme.

§. 414.

Eine Schuld kann von einem Dritten durch Vertrag mit dem Gläubiger in der Weise übernommen werden, daß der Dritte an die Stelle des bisherigen Schuldners tritt.

Fünfter Abschnitt.

1. Wie die Sondernachfolge in die Forderung, so war auch die Sondernachfolge in die Schuld nach römischem Rechte prinzipiell unmöglich. Ein Wechsel in der Person des Schuldners konnte nur durch Novation erreicht werden. Das ältere deutsche Recht erkannte die Möglichkeit einer Uebertragung der Schuld mit Genehmigung des Gläubigers an. Ueber das jetzige gemeine Recht gehen die Ansichten auseinander (Windscheid II § 338; Dernburg II § 53). Das wirthschaftliche Bedürfniß drängte dahin, die Zulässigkeit der Schuldübernahme anzuerkennen. Das B.G.B. bringt diese Entwicklung zum Abschluß. In den §§ 414 ff. wird die Zulässigkeit der Schuldübernahme durch Vertrag unbeschränkt anerkannt. Das Wesen der Schuldübernahme besteht darin, daß an die Stelle des bisherigen Schuldners ein anderer Schuldner tritt, daß im Uebrigen aber das Schuldverhältniß unverändert bleibt (vergl. jedoch § 418). Zur Schuldübernahme erforderlich ist immer die Zustimmung des Gläubigers, nicht die des bisherigen Schuldners. Die Schuldübernahme kann erfolgen sowohl durch Vertrag zwischen dem Uebernehmer und dem Gläubiger als durch Vertrag zwischen dem Uebernehmer und dem Schuldner. In dem letzteren Falle hängt die Wirksamkeit der Schuldübernahme aber von der Zustimmung des Gläubigers ab. Die Schuldübernahme ist bei allen Schuldverhältnissen zulässig. Eine der Vorschrift des § 399 in Betreff der Uebertragung der Forderung entsprechende Beschränkung kommt für die Schuldübernahme nicht in Betracht, weil zu dieser immer die Zustimmung des Gläubigers erforderlich ist.

Die Schuldübernahme ist ein abstrakter Vertrag. Kraft desselben tritt unmittelbar die dadurch bezweckte Rechtsänderung ein. Der Vertrag ist an eine Form nicht gebunden.

2. Von der Schuldübernahme wesentlich verschieden ist ein Vertrag zwischen einem Schuldner und einem Dritten, durch welchen sich der letztere verpflichtet, den Gläubiger rechtzeitig zu befriedigen. Durch einen solchen von dem E. I als Erfüllungsübernahme bezeichneten Vertrag wird der Schuldner von seiner Verpflichtung nicht befreit. Der Vertrag begründet lediglich eine Verpflichtung des Dritten gegenüber dem Schuldner. Ob der Gläubiger dadurch einen Anspruch gegen den Dritten erlangt, hängt davon ab, ob die Parteien dies gewollt haben. Ist dies der Fall, so finden die Vorschriften über das Versprechen der Leistung an einen Dritten (§§ 328 ff.) Anwendung; nach § 329 ist im Zweifel die unmittelbare Berechtigung des Gläubigers nicht als gewollt anzunehmen. Hat der Gläubiger durch den Vertrag unmittelbar einen Anspruch gegen den Dritten erhalten, so haftet dieser unbeschadet der Vorschrift des § 334 dem Gläubiger neben dem Schuldner als Gesammtschuldner (§§ 421 ff.). Ein Gesammtschuldverhältniß dieser Art kann übrigens auch unmittelbar durch Vertrag zwischen dem Gläubiger und dem Dritten hergestellt werden.

Der § 414 handelt von der Uebernahme der Schuld durch Vertrag zwischen dem Gläubiger und einem Dritten, die §§ 415, 416 handeln von der Uebernahme der Schuld durch Vertrag zwischen dem bisherigen Schuldner und einem Dritten. Die §§ 417, 418 bestimmen die Wirkungen der Schuldübernahme. Der § 419 handelt von der Haftung desjenigen, welcher durch Vertrag ein ganzes Vermögen übernommen hat, gegenüber den Gläubigern des bisherigen Eigenthümers dieses Vermögens.

§ 414.

E. I § 314; II § 357 rev. § 408; III § 408. P. I S. 1344—1346; M. II S. 142, 143. P. II S. 814 (Bd. I S. 405). D. S. 629.

Ueber den Begriff der Schuldübernahme s. die Vorbm. zu diesem Abschnitt unter Nr. 1

§. 415.

Wird die Schuldübernahme von dem Dritten mit dem Schuldner vereinbart, so hängt ihre Wirksamkeit von der Genehmigung des Gläubigers ab. Die Genehmigung kann erst erfolgen, wenn der Schuldner oder der Dritte dem Gläubiger die Schuldübernahme mitgetheilt hat. Bis zur Genehmigung können die Parteien den Vertrag ändern oder aufheben.

Wird die Genehmigung verweigert, so gilt die Schuldübernahme als nicht erfolgt. Fordert der Schuldner oder der Dritte den Gläubiger unter Bestimmung einer Frist zur Erklärung über die Genehmigung auf, so kann die Genehmigung nur bis zum Ablaufe der Frist erklärt werden; wird sie nicht erklärt, so gilt sie als verweigert.

Solange nicht der Gläubiger die Genehmigung ertheilt hat, ist im Zweifel der Uebernehmer dem Schuldner gegenüber verpflichtet, den Gläubiger rechtzeitig zu befriedigen. Das Gleiche gilt, wenn der Gläubiger die Genehmigung verweigert.

Erfolgt die Schuldübernahme durch Vertrag zwischen dem Gläubiger und einem Dritten, so treten deren Wirkungen sofort ein. Der bisherige Schuldner hört auf, Schuldner zu sein, und der Dritte tritt als Schuldner an die Stelle des bisherigen Schuldners. Der Vertrag ist ein abstrakter; er ist an eine Form nicht gebunden.

§ 415.

E. I § 315; II § 358 rev. § 409; III § 409. P. I S. 1346—1357, 3219, 3231, 11661, 11664; M. II S. 143—146. P. II S. 815—829 (Bd. I S. 405—412). D. S. 629.

1. Der Vertrag zwischen dem Schuldner und einem Dritten, durch welchen der letztere die Schuld des ersteren übernimmt, unterscheidet sich wesentlich von dem Vertrage, durch welchen der Dritte sich dem Schuldner gegenüber verpflichtet, den Gläubiger zu befriedigen. Ein Vertrag der letzteren Art begründet nur eine obligatorische Verpflichtung zwischen dem Dritten und dem Schuldner; von ihm handelt der § 329. Ein Vertrag der erstgedachten Art dagegen bewirkt ähnlich wie eine Veräußerung unmittelbar eine Aenderung des bestehenden Schuldverhältnisses. Nach M. II S. 143 wird die Schuldübernahme direkt als Veräußerungsvertrag behandelt, welcher deshalb der Zustimmung des Gläubigers bedürfe, weil er eine Verfügung über das Recht desselben enthalte. Es kann dahingestellt bleiben, ob diese etwas künstliche Konstruktion richtig ist. Abzuweisen ist die Auffassung, daß es sich um ein Versprechen zu Gunsten eines Dritten handele; ein solches kann vorliegen, wenn der Dritte neben dem bisherigen Schuldner, nicht aber wenn er an dessen Stelle Schuldner werden will. Abzuweisen ist auch die Auffassung, daß durch den Vertrag zwischen dem Schuldner und dem Dritten nur insofern eine objektive Gebundenheit des Dritten begründet werde, als dieser einen an den Gläubiger gerichteten Vertragsantrag auf Uebernahme der Schuld in die Hände des Schuldners lege, daß die Schuldübernahme selbst aber erst durch Annahme dieses Vertragsantrags von Seiten des Gläubigers, also durch einen nach Maßgabe des § 414 abgeschlossenen Vertrag zu Stande komme. Für eine solche Auffassung lassen sich de lege condenda erhebliche Gründe anführen; dem Standpunkte des B.G.B. entspricht sie nicht. Es ergiebt sich dies unzweideutig aus der Fassung des § 415. Dieser spricht nicht von der Annahme eines Vertragsantrags, sondern von der Genehmigung eines bereits abgeschlossenen Vertrags durch den Gläubiger. Es handelt sich hier also um ein Rechtsverhältniß der im § 182 bezeichneten Art. Der auf Schuldübernahme gerichtete Vertrag wird zwischen dem Schuldner und dem Dritten geschlossen, aber die Wirksamkeit desselben hängt von der Zustimmung des Gläubigers ab. Man braucht, um diese Kategorie anzuwenden, nicht nothwendig eine Verfügung über das Recht desjenigen anzunehmen, dessen Zustimmung erfordert wird. Es ist dies nur einer der Fälle, auf welche jene Rechtsform Anwendung findet. Andere Fälle sind die Genehmigung des Vertrags eines Minderjährigen durch den gesetzlichen Vertreter (§ 108) und die Genehmigung des von einem Vertreter ohne Vertretungsmacht geschlossenen Vertrags durch den Vertretenen (§ 177). Einen weiteren Fall bildet der hier fragliche auf Schuldübernahme gerichtete Vertrag zwischen dem Schuldner und dem Dritten. Nur insofern gilt für ihn eine Besonderheit, als die Genehmigung des Gläubigers erst erfolgen kann, wenn ihm die Schuldübernahme von dem Schuldner oder von dem Dritten mitgetheilt ist. Die Mittheilung ist ein einseitiges empfangsbedürftiges Rechtsgeschäft (§§ 130—132). Auf die Genehmigung finden die Vorschriften der §§ 182 Abs. 1, 2,

184 Anwendung. Die Vorschriften des § 185 dürften, auch wenn man den hier fraglichen Vertrag nicht als die Verfügung eines Nichtberechtigten ansieht, doch zur entsprechenden Anwendung geeignet sein.

Der § 415 spricht nur von der Genehmigung des Gläubigers. Es unterliegt wohl keinem Zweifel, daß die Einwilligung des Gläubigers dieselbe Wirkung hat. Ist diese ertheilt (§ 182, 183), so ist der Vertrag sofort wirksam; ist sie nicht ertheilt, so bedarf es der Genehmigung. In dem letzteren Falle wird der Vertrag erst wirksam, wenn die Genehmigung ertheilt ist, jedoch mit rückwirkender Kraft nach Maßgabe des § 184 (s. Bd. I S. 237, 238, Erl. zu § 184). Bis zur Ertheilung der Genehmigung können die Parteien, wie im Abs. 1 Satz 3 ausdrücklich hervorgehoben wird, den Vertrag aufheben oder ändern. Dies gilt auch dann, wenn dem Gläubiger die Schuldübernahme von dem einen oder dem anderen Theile bereits mitgetheilt ist. Die Gebundenheit der Parteien unter sich tritt schon mit dem Abschlusse des Vertrags ein; einseitig kann kein Theil den Vertrag widerrufen (s. Bd. I S. 144 Nr. 2—4).

2. Verweigert der Gläubiger die Genehmigung, so gilt die Schuldübernahme als nicht erfolgt. Die Verweigerung ist hier ein einseitiges empfangsbedürftiges Rechtsgeschäft und kann nicht widerrufen werden (s. Bd. I S. 237, 238, Erl. zu § 184 Nr. 3). Wollen die Parteien bei der Schuldübernahme beharren, so müssen sie einen neuen Vertrag schließen. Dies kann selbstverständlich in der Art geschehen, daß sie sich gegenseitig erklären, den früheren Vertrag aufrecht erhalten zu wollen. Nach dem E. I § 315 Abs. 2 Satz 2 sollte die Schuldübernahme durch die Verweigerung der Genehmigung nicht völlig hinfällig werden, die Verweigerung vielmehr nur die Wirkung haben, daß der Gläubiger die Genehmigung erst nach einer erneuten Aufforderung ertheilen könne. Diese Regelung hing mit der Vorschrift des E. I § 315 Abs. 1 Satz 3 zusammen, nach welcher der Schuldübernehmer dem Schuldner gegenüber zur Beschaffung der Genehmigung verpflichtet ist. Mit der Beseitigung dieser Vorschrift (s. unter Nr. 5) muß die Verweigerung der Genehmigung eine weitergehende Wirkung erhalten. Die erneute Aufforderung an den Gläubiger von Seiten eines Theiles ist ohne rechtliche Wirkung, wenn nicht vorher der Vertrag zwischen den Parteien von Neuem geschlossen ist.

3. Bis zur Ertheilung oder Verweigerung der Genehmigung von Seiten des Gläubigers besteht ein Zustand der Ungewißheit. Um diese nicht auf unbestimmte Zeit hin dauern zu lassen, giebt der § 415 Abs. 2 Satz 2 jedem Theile das Recht, dem Gläubiger eine Frist zur Erklärung zu setzen. Das Verhältniß ist hier indessen in mehrfacher Beziehung anders geordnet wie in ähnlichen Fällen, in welchen das B.G.B. das Mittel einer Fristbestimmung zur Beseitigung einer Ungewißheit anwendet. Die Dauer der Frist ist nicht, wie in den Fällen der §§ 108, 177 gesetzlich bestimmt; auch wird nicht wie in anderen Fällen (s. z. B. die §§ 250, 283, 355) erfordert, daß die bestimmte Frist eine angemessene sei. Die Bestimmung der Dauer hängt vielmehr lediglich von der Willkür des Mittheilenden ab. Nicht vorgeschrieben ist ferner wie in den §§ 108, 177, daß die Erklärung des Gläubigers nach der Aufforderung nur dem Auffordernden erklärt werden könne; ebensowenig, daß eine vorher dem anderen Theile gegenüber erklärte Genehmigung unwirksam werde. Die Ertheilung wie die Verweigerung der Genehmigung kann hier vielmehr nach Maßgabe des § 182 vor wie nach der Aufforderung sowohl dem Schuldner wie dem Dritten gegenüber erfolgen, und die Fristbestimmung hat nicht die Wirkung, daß eine vor derselben erklärte Genehmigung unwirksam wird. In Uebereinstimmung mit den in ähnlichen Fällen gegebenen Vorschriften wird aber bestimmt, daß die Genehmigung als verweigert gilt, wenn sie nicht innerhalb der Frist ertheilt wird. Diese fingirte Verweigerung ist aber unwirksam, wenn vorher die Genehmigung bereits ertheilt war.

Die Beweislast bestimmt sich nach denselben Grundsätzen wie in den oben angeführten Fällen. Wer sich auf die Verweigerung der Genehmigung beruft, braucht nur zu beweisen, daß eine Frist und welche dem Gläubiger von dem einen oder dem anderen Theile bestimmt und daß diese Frist abgelaufen sei. Dem anderen Theile liegt der Beweis ob, daß die Genehmigung vor dem Ablaufe der Frist ertheilt sei.

Ein Zweifel kann entstehen, wie das Verhältniß zu beurteilen ist, wenn beide Theile dem Gläubiger eine Frist zur Erklärung bestimmt haben und die bestimmten Fristen von verschiedener Dauer sind. Der Zweifel wird nach den oben angegebenen Grundsätzen dahin zu entscheiden sein, daß die Frist, welche zuerst abläuft, maßgebend ist. Hat der Gläubiger vor dem Ablaufe derselben die Genehmigung nicht erteilt, so gilt diese als verweigert. Die Schuldübernahme gilt damit als nicht erfolgt; eine Genehmigung ist daher nicht mehr möglich.

4. Aus dem unter Nr. 3 Gesagten ergiebt sich, daß die Parteien trotz des ihnen eingeräumten Rechtes, dem Gläubiger eine Frist zur Erklärung über die Genehmigung zu bestimmen, in Ungewißheit darüber bleiben können, ob die Genehmigung wirksam ertheilt ist oder nicht. Die Ungewißheit bleibt für jede Partei, solange sie nicht weiß, ob und welche Erklärung der anderen

§. 416.

Uebernimmt der Erwerber eines Grundstücks durch Vertrag mit dem Veräußerer eine Schuld des Veräußerers, für die eine Hypothek an dem Grundstücke besteht, so kann der Gläubiger die Schuldübernahme nur genehmigen, wenn der Veräußerer sie ihm mittheilt. Sind seit dem Empfange der Mittheilung sechs Monate verstrichen, so gilt die Genehmigung als ertheilt, wenn nicht der Gläubiger sie dem Veräußerer gegenüber vorher verweigert hat; die Vorschrift des §. 415 Abs. 2 Satz 2 findet keine Anwendung.

Die Mittheilung des Veräußerers kann erst erfolgen, wenn der Erwerber als Eigenthümer im Grundbuch eingetragen ist. Sie muß schriftlich geschehen und den Hinweis enthalten, daß der Uebernehmer an die Stelle des bisherigen Schuldners tritt, wenn nicht der Gläubiger die Verweigerung innerhalb der sechs Monate erklärt.

Der Veräußerer hat auf Verlangen des Erwerbers dem Gläubiger die Schuldübernahme mitzutheilen. Sobald die Ertheilung oder Verweigerung der Genehmigung feststeht, hat der Veräußerer den Erwerber zu benachrichtigen.

Partei gegenüber erfolgt ist oder als erfolgt gilt. Der § 415 enthält eine dem § 416 Abs. 3 Satz 2 entsprechende Vorschrift, nach welcher die eine Partei der anderen, sobald die Ertheilung oder Verweigerung feststehe, davon Mittheilung zu machen habe, nicht. Trotzdem dürfte eine solche Verpflichtung anzunehmen sein. Treu und Glauben erfordern bei einem Vertrage der hier fraglichen Art, daß die Parteien sich von einem für den Bestand des Vertrags so wesentlichen Umstande, wie es die Ertheilung oder die Verweigerung der Genehmigung ist, Mittheilung machen.

5. Im E. I § 315 Abs. 1 Satz 3 war bestimmt, daß der Schuldübernehmer dem Schuldner zur Verschaffung der Genehmigung verpflichtet sei. Von der zweiten Kommission ist diese Vorschrift gestrichen, weil man annahm, daß sie nach der Auffassung des Lebens der vermuthlichen Absicht der Parteien nicht entspreche. Zum Ersatze dient die Vorschrift des § 415 Abs. 3. Hiernach soll der auf Schuldübernahme gerichtete Vertrag im Zweifel dahin ausgelegt werden, daß mit der Schuldübernahme zugleich ein obligatorischer Vertrag zwischen dem Schuldner und dem Dritten verbunden ist. Sowohl für die Zwischenzeit zwischen dem Abschlusse des Vertrags und der Erklärung des Gläubigers, während deren es ungewiß ist, ob die Schuldübernahme wirksam sein wird, als auch für den Fall, daß die Schuldübernahme in Folge der Verweigerung der Genehmigung von Seiten des Gläubigers als nicht erfolgt gilt, soll der Dritte dem Schuldner verpflichtet sein, die rechtzeitige Befriedigung des Gläubigers zu bewirken. Der Gläubiger erhält dadurch im Zweifel keinen Anspruch gegen den Dritten (§ 329).

6. Wegen der Vorschrift des E. I § 318, nach welcher ein Dritter, welcher sich dem Schuldner gegenüber verpflichtet, die Leistung an den Gläubiger zu bewirken, nur dafür haftet, daß der Gläubiger den Schuldner nicht in Anspruch nehme, s. Erl. zu § 329.

§ 416.

E. I § 318 Abs. 2; II § 359 rev. § 410; III § 410. P. I S. 5097—5109, 6190, 6191; M. II S. 148—150. P. II S. 829—836, 838—841, 1853, 2521—2525 (Bd. I S. 413—418, Bd. II S. 127). D. S. 629, 630.

1. Uebernimmt der Erwerber eines Grundstücks durch Vertrag mit dem Veräußerer eine Schuld des Veräußerers, für die eine Hypothek an dem Grundstücke besteht, so gelten für diesen Fall der Schuldübernahme folgende Abweichungen von den Vorschriften des § 415:

a) Der Gläubiger kann die Genehmigung nur ertheilen, wenn ihm die Schuldübernahme von dem Veräußerer, also von dem Schuldner, mitgetheilt ist. Eine Mittheilung von Seiten des Erwerbers, also des Schuldübernehmers, berechtigt den Gläubiger nicht, die Genehmigung zu ertheilen. Nicht ausgeschlossen wird hierdurch, daß der Erwerber dem Gläubiger den Antrag auf Abschluß eines selbständigen Schuldübernahmevertrags nach Maßgabe des § 414 macht. Nimmt der Gläubiger einen solchen Antrag an, so ist damit die Schuldübernahme erfolgt; der zwischen dem Erwerber und dem Veräußerer in Betreff der Schuldübernahme geschlossene Vertrag ist also gegenstandslos. Es handelt sich in einem solchen Falle dann aber nicht um die Ertheilung der Genehmigung, sondern um die Annahme eines Vertragsantrags.

b) Die Verweigerung der Genehmigung von Seiten des Gläubigers kann wirksam nur dem Veräußerer gegenüber erfolgen. Die dem Erwerber gegenüber erklärte Verweigerung ist ohne rechtliche Wirkung. Weder der Erwerber noch der Veräußerer kann dem Gläubiger eine Frist zur Erklärung der Genehmigung mit der Wirkung bestimmen, daß die Genehmigung als verweigert gelte, wenn sie nicht vor dem Ablaufe der Frist erklärt werde. Daß auch die Genehmigung nur dem Veräußerer gegenüber erklärt werden könne, ist nicht vorgeschrieben. In dieser Beziehung verbleibt es also bei den allgemeinen Grundsätzen, nach welchen die Genehmigung sowohl dem einen wie dem anderen Theile gegenüber erklärt werden kann (§ 182); jedoch kann sie nach dem unter a Gesagten erst ertheilt werden, wenn der Veräußerer die Schuldübernahme mitgetheilt hat.

c) Theilt der Veräußerer dem Gläubiger die Schuldübernahme mit, so gilt die Genehmigung nach dem Ablaufe von sechs Monaten als ertheilt, sofern nicht vorher die Verweigerung dem Veräußerer gegenüber erklärt ist.

d) Die Mittheilung des Veräußerers kann erst erfolgen, wenn der Erwerber als Eigenthümer in das Grundbuch eingetragen ist (§§ 873, 925). Aus dem Ausdrucke „kann" ergiebt sich, daß eine vor diesem Zeitpunkt erfolgende Mittheilung unwirksam ist. Zweifelhaft kann sein, ob die Unwirksamkeit nur die Bedeutung hat, daß die unter c bezeichnete Wirkung nicht eintritt oder ob auch die Genehmigung der Schuldübernahme auf Grund einer vor dem gedachten Zeitpunkt erfolgenden Mittheilung nicht erfolgen kann (s. unter a). Für die letztere Auffassung spricht nicht nur der Wortlaut, sondern auch die Erwägung, daß der Zweck der fraglichen Vorschrift dahin geht, thunlichst die dingliche und die persönliche Haftung nicht von einander zu trennen und daß der Erwerber ein Interesse daran hat, nicht eher persönlich haftbar zu werden, ehe er nicht Eigenthümer des Grundstücks geworden ist.

e) Die Mittheilung des Veräußerers muß schriftlich erfolgen (§ 126) und muß den in dem § 416 Abs. 2 Satz 2 bestimmten Hinweis enthalten. Aus dem Ausdrucke „muß" ergiebt sich, daß die Wirksamkeit der Mittheilung von der Beobachtung dieser Vorschrift abhängt. Der unter d bezeichnete Zweifel entsteht indessen auch hier. Die inneren Gründe, welche in dem unter d bezeichneten Falle dafür sprechen, auch die Zulässigkeit der Genehmigung als von der Beobachtung der fraglichen Vorschrift abhängig anzusehen, treffen hier nicht zu. Es dürfte sich daher rechtfertigen, die fragliche Vorschrift einschränkend dahin auszulegen, daß zwar die unter c bezeichnete Wirkung davon abhängt, daß die Mittheilung des Veräußerers in der durch § 416 Abs. 2 Satz 2 vorgeschriebenen Weise erfolgt, daß aber die Genehmigung wirksam auch dann ertheilt werden kann, wenn die Mittheilung den fraglichen Vorschriften nicht entspricht.

f) Wer sich darauf beruft, daß die Schuldübernahme zu Stande gekommen sei, braucht nur zu beweisen, daß der Veräußerer dem Gläubiger davon nach Maßgabe der unter a, d und e bezeichneten Vorschriften Mittheilung gemacht habe (§§ 130—132) und daß seit dem Empfange der Mittheilung von Seiten des Gläubigers sechs Monate abgelaufen seien. Dem anderen Theile liegt dann der Beweis ob, daß der Gläubiger die Genehmigung vor dem Ablaufe der sechs Monate dem Veräußerer gegenüber verweigert habe.

g) Zum Ersatze des dem Erwerber entzogenen Rechtes, dem Gläubiger die Schuldübernahme mitzutheilen, wird dem Erwerber durch § 416 Abs. 3 Satz 1 ein obligatorischer Anspruch gegen den Veräußerer darauf gegeben, daß dieser die Mittheilung an den Gläubiger mache. Der Veräußerer ist dazu aber erst verpflichtet, wenn der Erwerber es von ihm verlangt. Im Falle schuldhafter Nichterfüllung des Verlangens ist er zum Schadensersatze verpflichtet.

h) Die nach den Erl. zu § 415 Nr. 4 jedem Theile obliegende Verpflichtung, den anderen Theil zu benachrichtigen, sobald die Ertheilung oder die Verweigerung der Genehmigung feststeht, wird in § 416 Abs. 3 Satz 2 für den Veräußerer ausdrücklich bestimmt. Nur dieser ist nach den Vorschriften des § 416 regelmäßig in der Lage, beurtheilen zu können, ob die Genehmigung wirksam ertheilt oder verweigert ist. Nach ordnungsmäßig erfolgter Mittheilung der Schuldübernahme von Seiten des Veräußerers an den Gläubiger kann indessen die Ertheilung der Genehmigung auch dem Erwerber gegenüber erklärt werden (s. oben unter b). Geschieht dies, so wird auch der Erwerber für verpflichtet erachtet werden müssen, den Veräußerer zu benachrichtigen.

2. Verweigert der Gläubiger in einem Falle der unter Nr. 1 bezeichneten Art die Genehmigung der Schuldübernahme, so bleibt der Veräußerer persönlicher Schuldner. Zu seinem Schutze dienen in solchem Falle die Vorschriften der §§ 1164—1167.

3. Die Vorschriften des § 416 beschränken sich auf den Fall, daß für die übernommene Schuld eine Hypothek an dem veräußerten Grundstücke besteht. Eine Ausdehnung dieser singulären Vorschriften auf andere Fälle der Uebernahme einer Schuld des Ver-

§. 417.

Der Uebernehmer kann dem Gläubiger die Einwendungen entgegensetzen, welche sich aus dem Rechtsverhältnisse zwischen dem Gläubiger und dem bisherigen Schuldner ergeben. Eine dem bisherigen Schuldner zustehende Forderung kann er nicht aufrechnen.

Aus dem der Schuldübernahme zu Grunde liegenden Rechtsverhältnisse zwischen dem Uebernehmer und dem bisherigen Schuldner kann der Uebernehmer dem Gläubiger gegenüber Einwendungen nicht herleiten.

---

käufers von Seiten des Käufers, wie solche von dem E. I § 318 Abs. 2 für dessen beschränktere Vorschriften bestimmt war, ist unzulässig. Ein in der zweiten Kommission gestellter Antrag, die Vorschriften des § 416 auch auf solche Fälle anzuwenden, in denen auf dem veräußerten Grundstück eine Grundschuld ruht, für welche der Erwerber zugleich persönlich haftet, ist abgelehnt.

§ 417.

E. I § 316; II § 360 rev. § 411; III § 411. P. I S. 1359—1363; M. II S. 146, 147. P. II S. 842—847 (Bd. I S. 419—421).

1. Der E. I § 316 enthielt eine dem § 417 Abs. 1 Satz 1 entsprechende Vorschrift nicht, bestimmte vielmehr statt dessen nur, daß der Schuldübernehmer dem Gläubiger Einreden nicht entgegensetzen könne, welche eine ausschließliche Beziehung auf die Person des bisherigen Schuldners haben. Diese Vorschrift entsprach der für die Abtretung einer Forderung gegebenen Vorschrift des § 302 des E. I. Aus denselben Gründen, aus welchen die zweite Kommission die Vorschrift des § 302 des E. I durch die Vorschrift des § 404 ersetzt hat, ist an die Stelle des § 316 Satz 1 des E. I die Vorschrift des § 417 Abs. 1 Satz 1 getreten (s. Erl. zu § 404 Nr. 1, 2). Die Vorschrift gilt sowohl für den Fall, daß die Schuldübernahme nach Maßgabe des § 414, als für den Fall, daß sie nach Maßgabe der §§ 415, 416 erfolgt ist. In der Schuldübernahme liegt also keine vertragsmäßige Anerkennung des Bestehens der Schuld. Der Schuldübernehmer wird vielmehr dem Gläubiger gegenüber nur dann und nur insoweit verpflichtet, als der Schuldner zur Zeit der Schuldübernahme verpflichtet war.

2. Der Abs. 1 Satz 2 beläßt es bei der sich aus den allgemeinen Grundsätzen über Aufrechnung und Schuldübernahme ergebenden Konsequenz. Mit der Schuldübernahme wird der Schuldübernehmer Schuldner; er kann also, da ein Schuldner nur eine ihm selbst gegen den Gläubiger zustehende Forderung aufrechnen kann, nicht die Forderung des früheren Schuldners aufrechnen. Hatte der frühere Schuldner selbst schon aufgerechnet, so kann dies von dem Schuldübernehmer selbstverständlich geltend gemacht werden, da durch die erfolgte Aufrechnung die Schuld erloschen ist. Die Gründe, welche bei der Abtretung einer Forderung zu einer Modifikation dieser Grundsätze geführt haben (§ 406), treffen hier nicht zu. Selbstverständlich ist es, daß der Schuldübernehmer eine ihm gegen den Gläubiger zustehende Forderung aufrechnen kann.

3. Der Schuldübernehmer kann, mag der Schuldübernahmevertrag mit dem Gläubiger, oder mit dem Schuldner geschlossen sein, alle Einwendungen geltend machen, welche die Gültigkeit des Vertrags betreffen. Ist der Vertrag anfechtbar, so muß die Anfechtung, je nachdem der Vertrag mit dem Gläubiger oder mit dem Schuldner geschlossen war, dem einen oder dem anderen gegenüber erklärt werden. Erst wenn die Anfechtung erfolgt ist, kann darauf eine Einwendung gegenüber dem Gläubiger begründet werden.

Der Schuldübernahmevertrag ist ein abstrakter Vertrag. Daraus ergiebt sich, daß, wenn der Vertrag zwischen dem Schuldner und dem Schuldübernehmer geschlossen ist, der Letztere dem Gläubiger keine Einwendungen entgegensetzen kann, welche nicht die Gültigkeit des Vertrags selbst, sondern das ihm zu Grunde liegende Rechtsverhältniß betreffen. Hat der Schuldübernehmer z. B. in dem Glauben, dem Schuldner gegenüber zur Schuldübernahme verpflichtet zu sein, die Schuld übernommen, obwohl er in Wirklichkeit nicht dazu verpflichtet war, so kann er hieraus, wenn die Schuldübernahme durch die Genehmigung des Gläubigers wirksam geworden ist, eine Einwendung gegen den Gläubiger nicht ableiten; er kann nur von dem früheren Schuldner die Herausgabe der von diesem erlangten ungerechtfertigten Bereicherung, also die Wiederherstellung des früheren Verhältnisses oder, falls diese, weil der Gläubiger seine Zustimmung versagt, nicht möglich ist, Ausgleichung

§. 418.

In Folge der Schuldübernahme erlöschen die für die Forderung bestellten Bürgschaften und Pfandrechte. Besteht für die Forderung eine Hypothek, so tritt das Gleiche ein, wie wenn der Gläubiger auf die Hypothek verzichtet. Diese Vorschriften finden keine Anwendung, wenn der Bürge oder derjenige, welchem der verhaftete Gegenstand zur Zeit der Schuldübernahme gehört, in diese einwilligt.

Ein mit der Forderung für den Fall des Konkurses verbundenes Vorzugsrecht kann nicht im Konkurs über das Vermögen des Uebernehmers geltend gemacht werden.

---

in Geld nach Maßgabe der §§ 818 ff. verlangen. Hat Jemand einen Gegenstand verkauft und hat der Käufer auf den Kaufpreis eine Schuld des Verkäufers übernommen, so kann der Käufer dem Gläubiger, wenn die Schuldübernahme durch dessen Genehmigung wirksam geworden ist, Einwendungen aus dem Kaufvertrage nicht entgegensetzen; er kann z. B. nicht geltend machen, daß der Verkäufer den verkauften Gegenstand nicht geliefert habe oder daß er, weil der Verkäufer die Unmöglichkeit der Lieferung verschuldet oder mit der Lieferung in Verzug gekommen sei, nach Maßgabe der §§ 325, 326 von dem Verkaufe zurückgetreten sei. Die Schuldübernahme bildet keinen Theil des obligatorischen Kaufvertrags, sondern sie enthält eine Erfüllung desselben. Das Verhältniß ist ebenso zu beurtheilen, wie wenn der Käufer behufs Erfüllung der durch den Kaufvertrag übernommenen Verpflichtung die Schuld des Verkäufers an den Gläubiger baar bezahlt hätte. So wenig er in diesem Falle das Gezahlte von dem Gläubiger deshalb zurückfordern kann, weil der Verkäufer seine Verpflichtungen aus dem Kaufvertrage nicht erfüllt habe und er deshalb von dem Kaufe zurückgetreten sei, ebensowenig kann er die Aufhebung der von dem Gläubiger genehmigten Schuldübernahme verlangen oder dem Anspruche des Gläubigers aus derselben eine Einwendung aus jenem Grunde entgegensetzen; er hat vielmehr in dem einen wie in dem anderen Falle nur einen Anspruch gegen den Verkäufer und zwar, je nach Lage der Sache, auf Schadensersatz oder auf Herausgabe der ungerechtfertigten Bereicherung.

Die Vorschrift des § 316 Satz 3 des E. I beschränkte sich auf den Fall einer zwischen dem Schuldner und dem Dritten vereinbarten Schuldübernahme. Durch die Fassung des § 417 Abs. 2 wird auch der Fall berücksichtigt, daß die Schuldübernahme durch Vertrag zwischen dem Dritten und dem Gläubiger vereinbart ist (§ 414). Auch für diesen Fall gilt der Grundsatz, daß der Schuldübernehmer aus dem der Schuldübernahme zu Grunde liegenden Rechtsverhältnisse zwischen ihm und dem bisherigen Schuldner Einwendungen gegen den Gläubiger nicht herleiten kann. Er kann also z. B. nicht geltend machen, daß er die Schuld behufs der Erfüllung einer ihm vermeintlich gegen den früheren Schuldner obliegenden Verpflichtung übernommen habe, diese Verpflichtnng aber nicht bestanden habe oder später weggefallen sei.

Zulässig sind Einwendungen aus dem Rechtsverhältnisse zwischen dem Schuldübernehmer und dem Gläubiger. Hat z. B. der Dritte die Schuld durch Vertrag mit dem Gläubiger in der irrigen Meinung übernommen, diesem dazu verpflichtet zu sein, so kann er, soweit ihm dieserhalb nach den Vorschriften über die Herausgabe einer ungerechtfertigten Bereicherung ein Anspruch gegen den Gläubiger auf Wiederaufhebung der Schuldübernahme zusteht, diesen Anspruch auch im Wege der Einrede gegen den Anspruch des Gläubigers aus der Schuldübernahme geltend machen. Zu beachten ist dabei indessen, daß der Gläubiger, da der bisherige Schuldner durch die Schuldübernahme befreit worden ist, zur Wiederaufhebung der Schuldübernahme nur gegen Wiederherstellung seiner Forderung gegen den ursprünglichen Schuldner verpflichtet ist. Die Einwilligung des früheren Schuldners zu dieser Wiederherstellung wird der Schuldübernehmer von dem Schuldner regelmäßig auf Grund der Vorschriften über die Herausgabe einer ungerechtfertigten Bereicherung verlangen können.

§ 418.

E. I § 317; II § 361 rev. § 412; III § 412. P. I S. 1363—1365; M. II S. 147. P. II S. 847—855, 4795, 4796 (Bd. I S. 421—425).

1. Durch die Schuldübernahme wird nur die Person des Schuldners geändert; im Uebrigen bleibt das Schuldverhältniß unverändert bestehen. Hieraus zog der § 317 Abs. 1 Satz 1 des E. I die Folgerung, daß die zur Zeit der Schuldübernahme mit der Forderung verbundenen, zur Verstärkung derselben dienenden Nebenrechte bestehen bleiben. Von der zweiten Kommission ist dieser Satz aus ähnlichen Gründen gestrichen, aus welchen die ent-

sprechende Vorschrift des § 297 Satz 2 des E. I gestrichen ist. In jedem einzelnen Falle ist aus der Natur des in Frage kommenden Rechtes in Verbindung mit dem Wesen der Schuldübernahme zu entnehmen, ob das Recht bestehen bleibt oder nicht (s. Erl. zu § 401 Nr. 1).

2. Aus dem unter Nr. 1 angeführten Prinzipe würde folgen, daß die Schuldübernahme keinen Einfluß auf den Bestand einer für die Forderung bestellten Bürgschaft hat. Bei der Bestellung einer Bürgschaft pflegt indessen der Bürge darauf zu rechnen, daß der Hauptschuldner rechtzeitig erfüllen werde. Die Person des Schuldners ist daher für den Bürgen regelmäßig von entscheidender Bedeutung. Der § 418 schreibt deshalb vor, daß die für die Forderung bestellte Bürgschaft durch die Schuldübernahme erlischt. Von dieser Regel bestimmte der E. I in dem § 317 Abs. 1 Satz 2 eine Ausnahme für den Fall, daß die Bürgschaft ohne Rücksicht auf die Person des bisherigen Schuldners bestellt sei. Von der zweiten Kommission ist diese Vorschrift gestrichen, weil ein Fall der gedachten Art nicht leicht vorkommen oder sich doch nicht nachweisen lassen werde. Dagegen ist die Fortdauer der Bürgschaft für den Fall vorgeschrieben, daß der Bürge in die Schuldübernahme einwilligt (§ 183). Eine spätere Genehmigung kann nur unter dem Gesichtspunkt in Betracht kommen, daß die in Folge der Schuldübernahme erloschene Bürgschaft von Neuem übernommen wird (vergl. jedoch § 766).

3. Auch bei der Bestellung eines Pfandrechts pflegt auf die Person des Schuldners Gewicht gelegt zu werden. Auch für Pfandrechte gilt daher die Regel, daß sie durch die Schuldübernahme erlöschen. Von dem E. I § 317 Abs. 1 war hiervon neben derselben Ausnahme wie für die Bürgschaft noch eine fernere Ausnahme für den Fall bestimmt, „daß der Gegenstand des Pfandrechts zur Zeit der Schuldübernahme dem Schuldner rechtlich zugehört.“ Von der zweiten Kommission ist die erstgedachte Ausnahme aus denselben Gründen wie bei der Bürgschaft gestrichen, die zweite Ausnahme durch die Vorschrift ersetzt, daß das Pfandrecht bestehen bleibt, wenn derjenige, welchem der verhaftete Gegenstand zur Zeit der Schuldübernahme gehört, in dieselbe einwilligt. Hierin liegt theils eine Beschränkung, theils eine Erweiterung der Vorschrift des E. I. Eine Beschränkung liegt darin insofern, als nach dem E. I das Pfandrecht, wenn der verhaftete Gegenstand zur Zeit der Schuldübernahme dem Schuldner gehört, auch dann bestehen bleiben würde, wenn die Schuldübernahme nach Maßgabe des § 414 ohne Mitwirkung des Schuldners durch Vertrag zwischen dem Uebernehmer und dem Gläubiger erfolgt ist, während nach § 418 das Pfandrecht in diesem Falle erlischt, sofern nicht der Schuldner in die Schuldübernahme eingewilligt hat. Erfolgt die Schuldübernahme durch Vertrag zwischen dem Schuldner und dem Schuldübernehmer (§ 415), so liegt in dem Abschlusse des Vertrags die Einwilligung des Schuldners. Eine Erweiterung der Vorschrift des E. I liegt insofern vor, als auch dann, wenn der verhaftete Gegenstand einem Anderen als dem Schuldner gehört, das Pfandrecht bestehen bleibt, wenn der Eigenthümer die Einwilligung in die Schuldübernahme ertheilt. Gehörte der verhaftete Gegenstand dem Schuldübernehmer, so liegt dessen Einwilligung in dem Abschlusse des Vertrags über die Schuldübernahme, mag diese nach Maßgabe des § 414 oder des § 415 erfolgen. Der Einwilligung steht hier wie bei der Bürgschaft die nachträgliche Genehmigung nicht gleich.

4. Die Vorschrift des § 418 Abs. 1 beschränkt sich auf die durch Rechtsgeschäft bestellten Pfandrechte und Bürgschaften. Gesetzliche Pfandrechte und Bürgschaften bleiben bestehen.

5. Durch die im § 418 Abs. 1 Satz 2 gegebene Vorschrift über eine für die Forderung bestehende Hypothek wird den besonderen Vorschriften des Hypothekenrechts Rechnung getragen. Nach § 1168 geht die Hypothek, wenn der Gläubiger darauf verzichtet, nicht unter; vielmehr wird sie in solchem Falle von dem Eigenthümer des Grundstücks erworben. Nur im Falle einer Gesammthypothek erlischt, wenn der Gläubiger auf die Hypothek an einem der mehreren verhafteten Grundstücke verzichtet, die Hypothek an diesem Grundstücke (§ 1175). Dieselben Grundsätze, wie im Falle eines Verzichts des Gläubigers auf die Hypothek, sollen auch im Falle der Schuldübernahme gelten, sofern nicht der Eigenthümer des mit der Hypothek belasteten Grundstücks in die Schuldübernahme eingewilligt hat. Die Hypothek haftet also für die Forderung nicht mehr, aber sie erlischt, abgesehen von dem in dem § 1175 Abs. 1 Satz 2 bezeichneten Falle, nicht, sondern wird von dem Eigenthümer des Grundstücks erworben. Die Vorschrift des § 1165, nach welcher der persönliche Schuldner im Falle eines Verzichts des Gläubigers auf die Hypothek unter den dort bezeichneten Voraussetzungen von seiner Verpflichtung befreit wird, kommt bei der Schuldübernahme nicht in Frage.

6. Während nach § 401 Abs. 2 im Falle der Abtretung einer Forderung ein mit derselben für den Fall des Konkurses verbundenes Vorzugsrecht auch von dem neuen Gläubiger geltend gemacht werden kann, ist die Geltendmachung eines solchen Vorzugsrechts im Konkurse des Schuldübernehmers nach § 418 Abs. 2 ausgeschlossen. Die Vorschrift enthält eine dem Zwecke des § 61 der K.O. entsprechende Erläuterung desselben.

§. 419.

Uebernimmt Jemand durch Vertrag das Vermögen eines Anderen, so können dessen Gläubiger, unbeschadet der Fortdauer der Haftung des bisherigen Schuldners, von dem Abschlusse des Vertrags an ihre zu dieser Zeit bestehenden Ansprüche auch gegen den Uebernehmer geltend machen.

Die Haftung des Uebernehmers beschränkt sich auf den Bestand des übernommenen Vermögens und die ihm aus dem Vertrage zustehenden Ansprüche. Beruft sich der Uebernehmer auf die Beschränkung seiner Haftung, so finden die für die Haftung des Erben geltenden Vorschriften der §§. 1990, 1991 entsprechende Anwendung.

Die Haftung des Uebernehmers kann nicht durch Vereinbarung zwischen ihm und dem bisherigen Schuldner ausgeschlossen oder beschränkt werden.

---

§ 419.

E. I § 309; II § 362 rev. § 413; III § 413. P. I S. 1818—1823, 11749—11751; M. II S. 151, 152. P. II S. 860—865, 8041, 8042, 8704, 8706 (Bd. I S. 427—430).

1. Der Vertrag, durch welchen Jemand das Vermögen eines Anderen übernimmt, begründet keine Universalsukzession. Das Aktivvermögen geht nicht ipso jure auf den Uebernehmer über; der bisherige Eigenthümer wird vielmehr durch den Vertrag nur obligatorisch verpflichtet, die zu dem Vermögen gehörenden Gegenstände dem Uebernehmer zu übertragen (s. Erl. zu § 311 Nr. 2). Die Passiva anlangend, so bleibt der Eigenthümer des Vermögens Schuldner; neben ihm wird aber der Uebernehmer den Gläubigern gegenüber verhaftet. Es handelt sich also nicht um eine Schuldübernahme, sondern um die Begründung eines Gesammtschuldverhältnisses (§ 421). Die Haftung des Uebernehmers gegenüber den Gläubigern tritt kraft des Gesetzes mit dem Abschlusse des obligatorischen Vertrags ohne Rücksicht darauf ein, ob die Uebertragung des Vermögens bereits erfolgt ist oder nicht. Die Haftung tritt auch ohne Rücksicht darauf ein, ob sie von den Parteien gewollt ist oder nicht. Es handelt sich um eine im Interesse der Gläubiger getroffene zwingende Vorschrift, die durch Vertrag zwischen den Parteien nicht ausgeschlossen oder beschränkt werden kann. Voraussetzung der Haftung des Uebernehmers ist nur, daß der auf die Uebernahme gerichtete Vertrag selbst gültig, daß er insbesondere in der vorgeschriebenen Form (§ 311) abgeschlossen ist.

2. Der Uebernehmer haftet den Gläubigern nicht unbeschränkt, sondern nur mit dem von ihm übernommenen Vermögen und den ihm aus dem Vertrage zustehenden Ansprüchen. Die Haftung ist also in ähnlicher Art beschränkt wie die Haftung des Erben für die Nachlaßschulden. Die Beschränkung der Haftung des Erben wird regelmäßig dadurch ausgeführt, daß eine Nachlaßverwaltung angeordnet oder der Konkurs über den Nachlaß eröffnet wird. Ist dieser Weg aber wegen einer den Kosten nicht entsprechenden Masse nicht möglich, so tritt das in den §§ 1990, 1991 bestimmte Verfahren ein. Im Falle des § 419 sollen zwar nicht die Vorschriften über Nachlaßverwaltung und Nachlaßkonkurs, wohl aber die Vorschriften der §§ 1990, 1991 entsprechende Anwendung finden. Die entsprechende Anwendung führt zu folgenden Ergebnissen:

Den Nachlaßschulden entsprechen diejenigen Schulden, welche der bisherige Eigenthümer des Vermögens zur Zeit des Abschlusses des Uebernahmevertrags hat. Wegen dieser Schulden können sich die Gläubiger an den Uebernehmer halten; sie brauchen nicht nachzuweisen, daß das übernommene Vermögen zur Bezahlung der Schulden ausreicht. Der Uebernehmer kann aber die Befriedigung insoweit verweigern, als das übernommene Vermögen und die ihm gegen den bisherigen Eigenthümer aus dem Vertrage zustehenden Ansprüche nicht ausreichen (§ 1990 Abs. 1 Satz 1). Macht er von diesem Rechte Gebrauch, so ist er verpflichtet, das übernommene Vermögen und die gedachten Ansprüche zum Zwecke der Befriedigung des Gläubigers im Wege der Zwangsvollstreckung herauszugeben (§ 1990 Abs. 1 Satz 2). Er ist den Gläubigern für die bisherige Verwaltung des übernommenen Vermögens und der gedachten Ansprüche so verantwortlich, wie wenn er die Verwaltung von dem Abschlusse des Uebernahmevertrags an als ihr Beauftragter zu führen gehabt hätte (§§ 1991 Abs. 1, 1978 Abs. 1 Satz 1). Ueber die sich hieraus ergebenden Verbindlichkeiten und Ansprüche des Uebernehmers s. die §§ 666—668, 670. Die Berichtigung einer zu dem übernommenen Vermögen gehörenden Verbindlichkeit durch den Uebernehmer müssen die Gläubiger als für Rechnung des übernommenen Vermögens erfolgt gelten lassen, wenn der Uebernehmer den Umständen nach annehmen durfte, daß das übernommene Vermögen und die ihm aus dem Vertrage gegen den bisherigen Eigenthümer zustehenden Ansprüche zur Berichtigung aller von dem Uebernehmer zu berichtigenden Verbindlichkeiten ausreichen würden (§§ 1991 Abs. 1, 1979). Die in Folge der Uebernahme des Vermögens durch Vereinigung von Recht und Verbindlichkeit oder von Recht und Belastung erloschenen Rechtsverhältnisse gelten im Verhältnisse zwischen den Gläubigern und dem Uebernehmer als nicht erloschen (§ 1991 Abs. 2). Die rechtskräftige Verurtheilung des Uebernehmers zur Befriedigung eines Gläubigers wirkt einem anderen Gläubiger gegenüber wie die Befriedigung (§ 1991 Abs. 3). Der § 1991 Abs. 4 kommt nicht in Frage (s. im Uebrigen die Erl. zu den §§ 1978, 1979, 1990, 1991).

3. Das Verhältniß zwischen dem Uebernehmer und dem bisherigen Eigenthümer des Vermögens bestimmt sich nach dem Inhalte des Uebernahmevertrags. Im Zweifel finden die Vorschriften des § 426 keine Anwendung; vielmehr ist der Uebernehmer im Verhältnisse zu dem bisherigen Eigenthümer die zur Zeit des Uebernahmevertrags bestehenden Schulden des Letzteren allein zu tragen verpflichtet.

4. Die Vorschriften des § 419 finden auch dann Anwendung, wenn einzelne Gegenstände von der Uebertragung ausgeschlossen sind und dem bisherigen Eigenthümer verbleiben sollen. Um dies klar zu stellen, ist gegenüber der Fassung des E. I § 319, in welcher die Voraussetzung dahin bestimmt war, daß Jemand „das ganze gegenwärtige Vermögen" eines Anderen übernehme, das Wort „ganze" gestrichen. Erforderlich ist nur, daß das Vermögen mit Ausschluß der etwa vorbehaltenen Gegenstände im Ganzen übernommen wird.

Die Vorschriften des § 419 finden auch im Falle der Uebernahme des Bruchtheils eines Vermögens entsprechende Anwendung. In dem § 319 Abs. 3 des E. I war dies ausdrücklich bestimmt. Die Streichung dieser Vorschrift durch die zweite Kommission ist nur deshalb erfolgt, weil sie für selbstverständlich gehalten wurde.

5. Ueber die Bestellung eines Nießbrauchs an einem Vermögen oder an einer Erbschaft s. die §§ 1085—1089; über den Erbschaftskauf s. die §§ 2371 ff., insbesondere § 2382; über die Uebernahme eines Handelsgeschäfts s. H.G.B. § 25.

Sechster Abschnitt.

Mehrheit von Schuldnern und Gläubigern.

Sechster Abschnitt.

1. Das Vorhandensein mehrerer Schuldner oder mehrerer Gläubiger bei einem Schuldverhältnisse kann eine verschiedene Bedeutung haben. Mehrere Schuldner können entweder in der Art verpflichtet sein, daß jeder von ihnen nur einen Theil der Leistung zu bewirken verpflichtet ist, oder in der Art, daß jeder Schuldner die ganze Leistung zu bewirken hat, der Gläubiger aber die Leistung nur einmal zu fordern berechtigt ist. In dem ersteren Falle handelt es sich materiell um so viele Schuldverhältnisse, als Schuldner vorhanden sind; nur in einzelnen Beziehungen bleibt die formelle Einheit noch von Einfluß (s. Erl. zu § 420). Ob man in dem letzteren Falle ein Schuldverhältniß annimmt oder mehrere Schuldverhältnisse, die aber dadurch mit einander in Verbindung stehen, daß, wenn die geschuldete Leistung einmal bewirkt ist, alle Schuldner befreit werden, ist eine Konstruktionsfrage, welche das römische Recht bei den verschiedenen unter diese Kategorie fallenden Schuldverhältnissen verschieden beantwortet. Hierauf beruhte der Unterschied zwischen Korreal- und solidarischen Obligationen. Das B.G.B. kennt diese Unterscheidung nicht und stellt für alle Schuldverhältnisse der fraglichen Art dieselben Grundsätze auf (§§ 421—426, 431). Eine Mehrheit von Schuldnern kommt außer in den bisher bezeichneten Fällen noch in einer anderen Form vor. Zur Bewirkung einer geschuldeten Leistung kann die Mitwirkung mehrerer Personen in der Art erforderlich sein, daß jede von ihnen eine Handlung vornehmen muß, die nicht den Charakter einer Theilleistung hat. So kann eine Leistung aus einem Vermögen, welches mehreren Personen zur gesammten Hand zusteht, nur unter Mitwirkung aller Eigenthümer dieses Vermögens erfolgen; ein solches Verhältniß besteht nach den §§ 709, 718 des B.G.B. (s. auch § 736 der C.P.O.) bei der Gesellschaft (§§ 709, 718 des B.G.B.; § 736 der C.P.O.), bei der Gütergemeinschaft nach deren Auflösung bis zur Auseinandersetzung (§ 1472 des B.G.B.; §§ 743, 745 der C.P.O.), bei dem ungetheilten Nachlasse (§§ 2038, 2040 des B.G.B.; § 747 der C.P.O.). Die Mitwirkung mehrerer Personen zu einer Leistung ist ferner erforderlich in solchen Fällen, in welchen der zu leistende Gegenstand zwar den zu leistenden Personen nicht zur gesammten Hand zusteht, in denen der Eigenthümer darüber aber doch nur unter Zustimmung eines Anderen zu verfügen berechtigt ist. Dieses Verhältniß findet z. B. statt bei einer Forderung, deren Befriedigung aus dem eingebrachten Gute einer Ehefrau verlangt werden kann; die Ehefrau ist zur Leistung, der Ehemann zur Ertheilung der Einwilligung zu der Leistung aus dem eingebrachten Gute verpflichtet (§ 1411; § 739 der C.P.O.). Ueber andere Fälle dieser Art vergl. die §§ 737, 748 der C.P.O. Auf diese Verhältnisse beziehen sich die Vorschriften des sechsten Abschnitts nicht; sie beschränken sich vielmehr auf die Regelung des Verhältnisses, welches stattfindet, wenn mehrere Personen zu derselben Leistung verpflichtet sind, der Gläubiger aber die Leistung nur einmal zu fordern berechtigt ist. Leitend ist hierbei der Grundsatz, daß durch die Erfüllung und deren Surrogate alle Schuldner befreit werden, daß aber andere Thatsachen nur für und gegen denjenigen Schuldner wirken, in dessen Person sie eintreten (§§ 421—427). Ein Verhältniß dieser Art bezeichnet das B.G.B. als Gesammtschuldverhältniß.

Mehrere Gläubiger können entweder in der Art berechtigt sein, daß jeder von ihnen nur einen Theil der Leistung zu fordern berechtigt ist oder daß jeder von ihnen das Ganze fordern kann, der Schuldner aber nur einmal zu leisten verpflichtet ist. In dem ersteren Falle (§ 420) ist das Schuldverhältniß materiell getheilt; in dem letzteren Falle (§§ 428, 429) tritt ein dem Gesammtschuldverhältniß entsprechendes Verhältniß ein; Erfüllung und Erfüllungssurrogate wirken gegen jeden der Gläubiger, andere Thatsachen nur für oder gegen denjenigen Gläubiger, in dessen Person sie eingetreten sind. Gläubiger, welche in dieser Art berechtigt sind, bezeichnet das B.G.B. als Gesammtgläubiger, während es für das Schuldverhältniß selbst den Ausdruck „Gesammtschuldverhältniß" nicht gebraucht. Auch eine Mehrheit von Gläubigern kommt wie die Mehrheit von Schuldnern noch in einer anderen, nämlich in der Form vor, daß die Leistung von den mehreren Gläubigern nur gemeinschaftlich gefordert und nur an alle gemeinschaftlich bewirkt werden kann. Dieses Rechtsverhältniß findet nach § 432 statt, wenn Mehrere eine untheilbare Leistung zu fordern berechtigt sind. Der Grundsatz, daß nur alle Gläubiger gemeinschaftlich fordern können, erleidet hier indessen die Modifikation, daß jeder Gläubiger für

§. 420.

Schulden Mehrere eine theilbare Leistung oder haben Mehrere eine theilbare Leistung zu fordern, so ist im Zweifel jeder Schuldner nur zu einem gleichen Antheile verpflichtet, jeder Gläubiger nur zu einem gleichen Antheile berechtigt.

---

sich allein berechtigt ist, die Leistung an alle Gläubiger zu verlangen (s. auch § 432 Abs. 1 Satz 2). Ein ähnliches Verhältniß theils mit der gedachten Modifikation, theils ohne dieselbe findet statt bei solchen Ansprüchen, welche Mehreren zur gesammten Hand zustehen, so z. B. bei der Gesellschaft (§§ 709, 718), bei der Gütergemeinschaft nach deren Auflösung bis zur Auseinandersetzung (§ 1472), bei der Erbengemeinschaft (§ 2039); es findet ferner statt bei Ansprüchen, welche mit dem Rechte eines Dritten belastet sind (§§ 1077, 1281) sowie bei solchen Ansprüchen, über welche der Gläubiger nur mit Zustimmung eines anderen zu verfügen berechtigt ist (§§ 1375, 1392 Abs. 2, 1395, 2116 Abs. 2).

2. Der § 420 stellt die für theilbare Leistungen geltende Regel auf. Die §§ 421—426 handeln von dem Gesammtschuldverhältnisse, und zwar die §§ 421—425 von dem Verhältnisse zwischen den Gesammtschuldnern und dem Gläubiger, der § 426 von dem Verhältniß unter den Gesammtschuldnern. Der § 427 bestimmt, daß Mehrere, die sich durch Vertrag zu einer gemeinschaftlichen theilbaren Leistung verpflichten, als Gesammtschuldner haften. Die §§ 428, 429 handeln von dem Verhältnisse mehrerer Gesammtgläubiger zu dem Schuldner, der § 430 von dem Verhältnisse der Gesammtgläubiger unter einander, die §§ 431, 432 bestimmen das Verhältniß mehrerer Schuldner und mehrerer Gläubiger bei einem auf eine untheilbare Leistung gerichteten Schuldverhältnisse.

§ 420.

E. I § 320; II § 363 rev. § 414; III § 414. P. I S. 493—495, 11753, 11754; M. II S. 153, 154. P. II S. 865, 870 (Bd. I S. 430, 432). D. S. 630.

1. Die Auslegungsregel des § 420 entspricht dem gemeinen Rechte. Eine Forderung, die auf eine theilbare Leistung geht, soll, wenn mehrere Gläubiger oder mehrere Schuldner vorhanden sind, in Betreff des Rechtes, die Leistung zu fordern, bezw. der Verpflichtung, die Leistung zu bewirken, so behandelt werden, wie wenn die Forderung zu gleichen Theilen unter die Gläubiger getheilt bezw. jeder Schuldner zu einem gleichen Theile verpflichtet wäre. Sind mehrere Gläubiger und mehrere Schuldner vorhanden, so tritt eine doppelte Theilung ein. Haben z. B. drei Gläubiger von drei Schuldnern 900 zu fordern, so kann jeder Gläubiger nur 300 im Ganzen, von jedem Schuldner also nur 100 fordern. Durch diese Vorschrift wird indessen die Einheitlichkeit des Schuldverhältnisses nicht vollständig aufgehoben. Die Wirkung der Einheitlichkeit zeigt sich z. B. noch in der Vorschrift des § 320 Abs. 1 Satz 2 sowie in der Zulässigkeit der Streitgenossenschaft (C.P.O. § 59).

2. Das B.G.B. enthält keine Vorschrift darüber, was unter einer theilbaren Leistung zu verstehen ist. Die Frage ist in der gemeinrechtlichen Theorie eingehend erörtert worden (Windscheid II § 253; Dernburg II § 24; Regelsberger I § 51 VI, 2). Im Einzelnen gehen die Ansichten auseinander. In der Hauptsache besteht aber doch Einverständniß, und es dürfte keinem Bedenken unterliegen, die Ergebnisse der gemeinrechtlichen Wissenschaft bei der Auslegung des B.G.B. zu Grunde zu legen. Man wird hiernach davon auszugehen haben, daß eine Leistung theilbar ist, wenn sie sich in solcher Art in mehrere Theilleistungen zerlegen läßt, daß jede Theilleistung qualitativ denselben Inhalt hat, wie die Gesammtleistung und daß durch die sämmtlichen Theilleistungen zusammen derselbe Erfolg bewirkt wird, wie durch die Gesammtleistung. In dem § 752 ist bestimmt, daß die Aufhebung einer Gemeinschaft durch Theilung in Natur erfolgt, wenn der gemeinschaftliche Gegenstand oder, falls mehrere Gegenstände gemeinschaftlich sind, diese sich ohne Verminderung des Werthes in gleichartige den Antheilen der Theilhaber entsprechende Theile zerlegen lassen. Die Leistung eines Gegenstandes der hier bezeichneten Art, also z. B. die Leistung einer Quantität vertretbarer Sachen, insbesondere die Leistung von Geld, ist immer eine theilbare Leistung. Der Begriff der theilbaren Leistung beschränkt sich aber nicht auf diese Fälle. Auch die Verschaffung des Eigenthums an einer individuell bestimmten Sache ist eine theilbare Leistung, weil das Eigenthum sich in ideelle Antheile zerlegen läßt und weil die Uebertragung eines ideellen Theiles qualitativ denselben Inhalt hat, wie die Uebertragung des Eigenthums im Ganzen, durch die Uebertragung sämmtlicher ideeller Antheile aber das Eigenthum der ganzen Sache übertragen wird. Ob die Verschaffung anderer Rechte eine theilbare Leistung ist, hängt davon ab, ob das betreffende Recht sich in ideelle Antheile zerlegen läßt. Zweifelhaft und in der gemeinrechtlichen Theorie bestritten ist es, ob die thatsächliche Uebergabe einer Sache eine theilbare Leistung ist. Mitbesitz Mehrerer an einer Sache ist möglich (§ 866). Die Uebertragung des Mitbesitzes hat qualitativ denselben Inhalt, wie die Ueber-

§. 421.

Schulden Mehrere eine Leistung in der Weise, daß jeder die ganze Leistung zu bewirken verpflichtet, der Gläubiger aber die Leistung nur einmal zu fordern berechtigt ist (Gesammtschuldner), so kann der Gläubiger die Leistung nach seinem Belieben von jedem der Schuldner ganz oder zu einem Theile fordern. Bis zur Bewirkung der ganzen Leistung bleiben sämmtliche Schuldner verpflichtet.

---

tragung des Besitzes. Wird demjenigen, welchem die Sache zu übergeben ist, der Mitbesitz von jedem der mehreren Mitbesitzer übertragen, so erlangt er den Alleinbesitz. Haben Mehrere eine Sache zu fordern, so erlangen sie den gemeinschaftlichen Besitz, wenn jedem von ihnen der Mitbesitz übertragen wird. Hieraus würde sich ergeben, daß auch die Uebergabe einer Sache eine theilbare Leistung ist. Das B.G.B. steht indessen auf einem anderen Standpunkt. In dem § 432, welcher von dem Falle handelt, daß Mehrere eine untheilbare Leistung zu fordern haben, wird u. A. bestimmt, daß jeder Gläubiger verlangen kann, daß die geschuldete Sache für alle Gläubiger hinterlegt oder, wenn sie sich nicht zur Hinterlegung eignet, an einen gerichtlich zu bestellenden Verwahrer abgeliefert werde. Die Herausgabe einer Sache wird also als eine untheilbare Leistung betrachtet. Dieselbe Auffassung liegt der Vorschrift des § 1011 zu Grunde. Nicht ausgeschlossen dürfte hierdurch aber sein, daß im einzelnen Falle die Parteien ein Schuldverhältniß in dem Sinne vereinbaren, daß jeder Schuldner nur zur Uebertragung des Mitbesitzes verpflichtet ist, jeder Gläubiger nur die Einräumung des Mitbesitzes verlangen kann. Bei anderen Schuldverhältnissen, die auf ein Thun gerichtet sind, wird regelmäßig Untheilbarkeit der Leistung anzunehmen sein; in einzelnen Fällen kann jedoch auch bei solchen Schuldverhältnissen Theilbarkeit der Leistung vorliegen, so z. B. bei der Verpflichtung zu einer bestimmten Zahl von Arbeitstagen, wenn die Arbeit nicht zu einer bestimmten Zeit und nicht in Person verrichtet zu werden braucht.

3. Die Regel des § 420 gilt nach § 427 nicht, wenn Mehrere durch Vertrag gemeinschaftlich eine Verpflichtung übernehmen. Sie gilt ferner nicht für die Ansprüche sowie für die Verbindlichkeiten mehrerer Erben (§§ 2039, 2058). Außerdem wird noch in einer Reihe einzelner Fälle die Haftung mehrerer Schuldner als Gesammtschuldner vorgeschrieben (s. z. B. die §§ 42 Abs. 2, 53, 54, 769, 840, 1108 Abs. 2, 1388, 1459 Abs. 2, 1480, 1530 Abs. 2, 1833 Abs. 2, 1915, 2219 Abs. 2).

§ 421.

E. I §§ 321 Abs. 1, 324; II § 364 rev. § 415; III § 415. P. I S. 495—498; M. II S. 154—156, 158, 159. P. II S. 871, 874, 875 (Bd. I S. 433—435). D. S. 630.

1. Der § 421 bestimmt den Begriff des Gesammtschuldverhältnisses dahin, daß Mehrere eine Leistung in der Art schulden, daß Jeder die ganze Leistung zu bewirken verpflichtet, der Gläubiger aber die Leistung nur einmal zu fordern berechtigt ist. Die gemeinrechtliche Unterscheidung zwischen Korrealität und Solidarität ist aufgegeben. Ein Gesammtschuldverhältniß kann entstehen durch Rechtsgeschäft oder kraft des Gesetzes. Im E. I. § 321 Abs. 2 waren folgende Ausdrücke, durch welche rechtsgeschäftlich ein Gesammtschuldverhältniß bezeichnet zu werden pflegt, hervorgehoben: „Alle für Einen und Einer für Alle“, „zu ungetheilter Hand“, „sammt und sonders“, „solidarisch“, „korreal“. Von der zweiten Kommission ist diese Vorschrift mit Rücksicht auf die Vorschrift des § 427 gestrichen. Aus dem Gebrauche der gedachten Ausdrücke wird indessen auch ohne gesetzliche Vorschrift die Absicht, ein Gesammtschuldverhältniß zu begründen, gefolgert werden müssen. Ein Gesammtschuldverhältniß wird dadurch nicht ausgeschlossen, daß der eine Gesammtschuldner schlechthin, der andere unter einer Bedingung oder Zeitbestimmung oder beide unter verschiedenen Bedingungen oder Zeitbestimmungen verpflichtet sind. Im E. I § 322 Abs. 1 war dies ausdrücklich ausgesprochen. Diese Vorschrift ist von der zweiten Kommission gestrichen, jedoch nur, weil sie für selbstverständlich erachtet wurde. Die im E. I § 322 Abs. 2 enthaltene fernere Bestimmung, daß die Verpflichtung des einen Gesammtschuldners dadurch nicht ausgeschlossen werde, daß die Verpflichtung der übrigen Gesammtschuldner nicht zur Entstehung gelangt sei, ist von der zweiten Kommission gestrichen, weil sie mit Rücksicht auf die Vorschrift des § 139 sowie auf die Fälle eines akzessorischen Gesammtschuldverhältnisses (§§ 765, 767, 768) nicht unbeschränkt richtig sei, soweit sie aber richtig sei, eines besonderen Ausdrucks nicht bedürfe.

Ueber Fälle eines kraft des Gesetzes eintretenden Gesammtschuldverhältnisses s. Erl. zu § 420 Nr. 3. Ein solches ist, soweit der oben angegebene Begriff des Gesammtschuldverhältnisses zutrifft, auch dann anzunehmen, wenn der Ausdruck „Gesammtschuldverhältniß“ nicht gebraucht ist (s. z. B. die §§ 419, 2382). Für einzelne Gesammtschuldverhältnisse werden die

§. 422.

Die Erfüllung durch einen Gesammtschuldner wirkt auch für die übrigen Schuldner. Das Gleiche gilt von der Leistung an Erfüllungsstatt, der Hinterlegung und der Aufrechnung.

Eine Forderung, die einem Gesammtschuldner zusteht, kann nicht von den übrigen Schuldnern aufgerechnet werden.

§. 423.

Ein zwischen dem Gläubiger und einem Gesammtschuldner vereinbarter Erlaß wirkt auch für die übrigen Schuldner, wenn die Vertragschließenden das ganze Schuldverhältniß aufheben wollten.

---

für dieselben geltenden allgemeinen Grundsätze durch besondere Vorschriften modifizirt, so z. B. für die Haftung des Bürgen (§§ 765 ff.).

2. Die Wirkung des Gesammtschuldverhältnisses besteht darin, daß der Gläubiger die Leistung nach seinem Belieben von jedem Schuldner ganz oder zu einem Theile fordern kann. Das Gesammtschuldverhältniß ist kein alternatives Schuldverhältniß (§§ 262 ff). Der Gläubiger kann, auch wenn er die Leistung von dem einen Schuldner fordern zu wollen erklärt hat, sie immer noch von dem anderen Schuldner fordern. Sein Recht wird auch dadurch nicht beschränkt, daß er die Forderung gegen den einen Schuldner bereits gerichtlich geltend gemacht oder die Zwangsvollstreckung gegen ihn betrieben hat. Die Haftung sämmtlicher Schuldner bleibt vielmehr bis zur Bewirkung der ganzen Leistung bestehen. (Vergl. jedoch die §§ 422, 423.) Die Einrede der Theilung steht einem Gesammtschuldner nicht zu. Bei theilweiser Leistung von Seiten eines Gesammtschuldners werden die übrigen Schuldner nach § 422 frei, soweit die Theilleistung reicht, bleiben aber in Betreff des Restes als Gesammtschuldner verpflichtet.

§ 422.

E. I §§ 329—331; II § 365 rev. § 416; III § 416. P. I S. 505—508; M. II S. 161—164. P. II S. 871, 872, 875, 876 (Bd. I S. 433, 435).

1. Die Vorschriften des § 422 sind Konsequenzen des Grundsatzes, daß der Gläubiger die Leistung nur einmal zu fordern berechtigt ist. Ist er befriedigt, so ist seine Forderung erloschen; alle Gesammtschuldner sind daher befreit. Die Befriedigung kann erfolgen durch Erfüllung (§ 362), durch Leistung an Erfüllungsstatt (§ 364) durch Hinterlegung (§§ 372 ff.) und durch Aufrechnung (§§ 387 ff.) Der § 422 spricht nur von der Erfüllung durch einen Gesammtschuldner. Soweit aber die Erfüllung auch durch einen Anderen als den Schuldner erfolgen kann (§ 267), werden auch durch eine solche Erfüllung alle Gesammtschuldner befreit. Das Gleiche gilt von der Hingabe an Erfüllungsstatt. Die Hinterlegung oder Aufrechnung kann nur durch einen Gesammtschuldner erfolgen. Die Fälle, in welchen ausnahmsweise auch einem Dritten das Recht zusteht, den Gläubiger durch Aufrechnung oder durch Hinterlegung zu befriedigen (§§ 268, 1142, 1171, 1224), kommen hier nicht in Betracht, weil in diesen Fällen die Forderung nicht erlischt, sondern auf den Dritten übergeht. Durch die Hinterlegung erlischt das Schuldverhältniß nach § 378 nur, wenn die Rücknahme der hinterlegten Sache ausgeschlossen ist. Solange die Rücknahme nicht ausgeschlossen ist, treten nur die im § 379 bestimmten Wirkungen ein; diese können aber auch von den übrigen Gesammtschuldnern geltend gemacht werden. Durch die Aufrechnung von Seiten eines Gesammtschuldners werden die übrigen Gesammtschuldner frei, mag die Aufrechnung durch Vertrag oder durch einseitige Erklärung erfolgen.

2. Die Vorschrift des Abs. 2 ist eine Konsequenz des Prinzips, daß ein Schuldner nur die ihm zustehende Forderung aufrechnen kann. Die nach gemeinem Rechte für den Fall eines unter den Schuldnern bestehenden Gesellschaftsverhältnisses oder einer unter ihnen bestehenden Regreßverpflichtung geltende Ausnahme hat das B.G.B. nicht aufgenommen. Ueber die dem Bürgen auf Grund des Rechtes des Gläubigers, sich durch Aufrechnung gegen eine fällige Schuld des Hauptschuldners zu befriedigen, zustehende verzögerliche Einrede s. § 770 Abs. 2.

3. Ueber die Ausgleichung unter den Gesammtschuldnern s. Erl. zu § 426.

§ 423.

E. I § 332; II § 366 rev. § 417; III § 417. P. I S. 508—517; M. II S. 164—166. P. II S. 872, 876, 877 (Bd. I S. 433, 435, 436).

Aus der Natur des Gesammtschuldverhältnisses folgt, daß einer der Gesammtschuldner ausscheiden kann. ohne daß dadurch die Forderung des Gläubigers gegen die übrigen Gesammt-

§. 424.

Der Verzug des Gläubigers gegenüber einem Gesammtschuldner wirkt auch für die übrigen Schuldner.

---

schuldner berührt wird. Ob ein zwischen dem Gläubiger und einem der Gesammtschuldner abgeschlossener Erlaßvertrag (§ 397) nur diese Wirkung haben soll oder ob die Absicht dahin geht, daß die Forderung des Gläubigers durch den Erlaß ebenso wie durch Annahme an Erfüllungsstatt vollständig erlöschen solle, ist eine Thatfrage, für deren Entscheidung das B.G.B. keine Anhaltspunkte giebt. Aus dem Ausdrucke „das ganze Schuldverhältniß" würde sich ein solcher nur gewinnen lassen, wenn bei allen Gesammtschuldverhältnissen im Sinne der gemeinrechtlichen Korrealität nur una eademque obligatio anzunehmen wäre. Dies dürfte aber nicht der Fall sein. Bei der Bürgschaft hat der mit dem Hauptschuldner abgeschlossene Erlaßvertrag immer die Wirkung, daß auch der Bürge befreit wird, während der mit dem Bürgen abgeschlossene Erlaßvertrag regelmäßig nur diesen befreit. Bei anderen Gesammtschuldverhältnissen ist der Wille der Parteien, sofern eine ausdrückliche Erklärung fehlt, aus den Umständen zu entnehmen. Im Zweifel wird nur die geringere Wirkung, also nur das Ausscheiden des Gesammtschuldners, mit welchem der Vertrag abgeschlossen wird, anzunehmen sein. In einem Falle dieser Art wird, wenn der ausscheidende Schuldner nach dem zwischen ihm und den übrigen Gesammtschuldnern bestehenden Verhältnisse (§ 426) zur Ausgleichung verpflichtet ist, diese Ausgleichungspflicht durch den Vertrag regelmäßig nicht berührt. Ob der ausscheidende Schuldner in solchem Falle, wenn der Gläubiger von den übrigen Gesammtschuldnern die ganze Forderung beitreibt, von dem Gläubiger Ersatz fordern kann, hängt davon ab, ob ein solcher Ersatzanspruch als vereinbart anzusehen ist. Im Zweifel wird dies nicht anzunehmen sein.

Keine besonderen Vorschriften enthält das B.G.B. über einen zwischen dem Gläubiger und einem der Gesammtschuldner abgeschlossenen Vergleich (§ 779). Die Vorschriften über den Erlaßvertrag werden darauf insoweit Anwendung finden müssen, als durch den Vergleich die Schuld ganz oder theilweise erlassen wird. Ist mit einem theilweisen Erlaß ein Erfüllungsversprechen in Betreff des übrigen Theiles der Forderung verbunden, so werden die übrigen Schuldner, wenn sie sich auf den theilweisen Erlaß berufen, auch das Erfüllungsversprechen in Betreff des übrigen Theiles gegen sich gelten lassen müssen. Eine durch den Vergleich übernommene Verpflichtung anderer Art begründet eine Verpflichtung der übrigen Schuldner nicht. Ueber die Wirkungen des Zwangsvergleichs gegen Mitschuldner und Bürgen des Gemeinschuldners s. K.O. § 193.

Auch über die Schuldübernahme enthält das B.G.B. keine Vorschriften. Erfolgt dieselbe nach Maßgabe des § 414 durch Vertrag zwischen dem Gläubiger und dem Uebernehmer, so wird regelmäßig anzunehmen sein, daß der Uebernehmer an die Stelle aller Schuldner treten solle, daß diese also befreit werden. Das Gegentheil kann indessen vereinbart werden oder nach den Umständen des Falles als von den Parteien beabsichtigt erhellen. Erfolgt die Schuldübernahme durch Vertrag zwischen einem der Gesammtschuldner und dem Schuldübernehmer unter Genehmigung des Gläubigers, so dürfte dadurch umgekehrt nur das Schuldverhältniß des betreffenden Schuldners berührt werden, sofern nicht nach den Umständen des einzelnen Falles eine weitergehende Absicht anzunehmen ist.

§ 424.

E. I § 326 Abs. 2; II § 367 rev. § 418; III § 418. P. I S. 502, 503; M. II S. 159, 160. P. II S. 872, 877, 878 (Bd. I S. 433, 436).

1. Der § 326 Abs. 2 des E. I bestimmte, daß das Anbieten der Leistung von Seiten eines Gesammtschuldners nicht für die übrigen Gesammtschuldner wirke. Die entgegengesetzte Vorschrift des § 424 beruht auf einem Beschlusse der zweiten Kommission. Man nahm an, daß das Angebot der Leistung nicht anders behandelt werden könne wie die Leistung selbst; da dieselbe für alle Gesammtschuldner wirke, so müsse dasselbe auch von dem Angebote der Leistung gelten. Der Auffassung des Lebens entspreche es nicht, wenn die übrigen Gesammtschuldner genöthigt würden, das von dem einen Gesammtschuldner erfolgte, von dem Gläubiger aber abgelehnte Angebot der Leistung zu wiederholen. Die Vorschrift des § 424 giebt indessen zu verschiedenen Zweifeln Anlaß. Folgende Fälle mögen hervorgehoben werden:

a) Das Angebot ist nach Maßgabe des § 294 thatsächlich erfolgt, von dem Gläubiger aber nicht angenommen. Die Wirkungen des Verzugs treten für alle Gesammtschuldner ein. Sie hören wieder auf, wenn sich der Gläubiger demjenigen Schuldner gegenüber, welcher das Angebot gemacht hat, zur Annahme bereit erklärt. Wie ist es aber, wenn der Gläubiger diese Erklärung gegenüber einem der anderen Gesammtschuldner abgiebt? Bleiben die Wirkungen des Verzugs in solchem Falle trotzdem gegenüber allen Gesammtschuldnern bestehen oder fallen sie gegenüber Allen weg oder fallen sie nur gegenüber demjenigen weg, welchem gegenüber der Gläubiger sich zur Annahme bereit erklärt hat?

§. 425.

Andere als die in den §§. 422 bis 424 bezeichneten Thatsachen wirken, soweit sich nicht aus dem Schuldverhältniß ein Anderes ergiebt, nur für und gegen den Gesammtschuldner, in dessen Person sie eintreten.

Dies gilt insbesondere von der Kündigung, dem Verzuge, dem Verschulden, von der Unmöglichkeit der Leistung in der Person eines Gesammtschuldners, von der Verjährung, deren Unterbrechung und Hemmung, von der Vereinigung der Forderung mit der Schuld und von dem rechtskräftigen Urtheile.

Gegen die erste Auffassung spricht, daß der Gläubiger berechtigt ist, die Leistung nach seinem Belieben von jedem der Gesammtschuldner zu fordern, daß er also, wenn er einem der Gesammtschuldner gegenüber dasjenige thut, was ihm zu thun obliegt, diesem gegenüber nicht als im Verzuge befindlich betrachtet werden kann. Gegen die zweite Auffassung spricht, daß der Gesammtschuldner, welcher die Leistung angeboten hat, sich hierdurch in ein bestimmtes rechtliches Verhältniß zu dem Gläubiger gesetzt hat und daß die Wirkungen dieses Verhältnisses nicht ohne Weiteres durch die einem anderen Gesammtschuldner gegenüber erfolgte Erklärung beseitigt werden können. Dazu kommt, daß mit der Erklärung, die Leistung annehmen zu wollen, regelmäßig zugleich eine Mahnung verbunden oder in der Erklärung selbst zu finden ist, daß der betreffende Schuldner dadurch also, wenn er nicht leistet, in Verzug der Leistung kommt, dieser aber nach § 425 gegen die übrigen Schuldner nicht wirkt. Ueberwiegende Gründe dürften daher für die dritte Auffassung sprechen.

b) Der Gläubiger hat einem der Schuldner gegenüber erklärt, daß er die Leistung nicht annehmen werde; dieser bietet ihm die Leistung wörtlich an, der Gläubiger nimmt aber nicht an (§ 295). Die Wirkungen des Verzugs treten gegenüber allen Gesammtschuldnern ein. Wie ist es aber, wenn sich der Gläubiger gleichzeitig oder später einem anderen Gesammtschuldner gegenüber zur Annahme der Leistung bereit erklärt? Die Frage dürfte ebenso zu beantworten sein wie die Frage unter **a**.

c) Bei einer Holschuld bietet der eine der Gesammtschuldner die Leistung wörtlich an. Der Gläubiger findet sich bei diesem zur Empfangnahme der Leistung nicht ein, wohl aber bei einem anderen der Gesammtschuldner. Auch hier entsteht dieselbe Frage wie unter **a**; sie dürfte in demselben Sinne zu entscheiden sein.

d) Für die von dem Gläubiger vorzunehmende Handlung, z. B. für das Abholen der Leistung, ist eine Zeit nach dem Kalender bestimmt. Der Gläubiger findet sich zu dieser Zeit bei einem der Gesammtschuldner nicht ein, wohl aber bei einem der anderen Gesammtschuldner (§ 296). Es kann sich fragen, ob hier ein Verzug des Gläubigers nicht überhaupt zu verneinen ist. Nach dem Zwecke des Gesammtschuldverhältnisses dürfte indessen regelmäßig anzunehmen sein, daß die betreffende Handlung gegenüber jedem der Gesammtschuldner vorgenommen werden muß. Daraus ergiebt sich, daß der Gläubiger nur demjenigen Schuldner gegenüber nicht in Verzug kommt, gegenüber welchem er die betreffende Handlung vorgenommen hat, daß aber gegenüber den anderen Gesammtschuldnern der Verzug eintritt.

2. Die Wirkungen des Verzugs bestimmen sich nach den Vorschriften der §§ 300—304. Sie treten, soweit nach dem unter Nr. 1 Gesagten der Verzug für alle Gesammtschuldner wirkt, zu Gunsten Aller ein.

§ 425.

E. I §§ 325, 326 Abs. 2, 327, 333—336; II § 368 rev. § 419; III § 419. P. I S. 498, 499, 502—504, 517—524, 5659; M. II S. 159—161, 166—169. P. II S. 879—885 (Bd. I S. 437—439).

1. Während der E. I sich auf die Entscheidung einer Reihe einzelner Fragen beschränkte, spricht der § 425 Abs. 1 das Prinzip aus, daß andere als die in den §§ 422—424 bezeichneten Thatsachen nur für und gegen den Gesammtschuldner wirken, in dessen Person sie eintreten. Durch den Zusatz: „soweit sich nicht aus dem Schuldverhältniß ein Anderes ergiebt," wird auf die dispositive Natur der Vorschrift sowie darauf hingewiesen, daß eine Abweichung von der aufgestellten Regel auch stillschweigend vereinbart werden und sich aus der Natur und dem Zwecke des betreffenden Schuldverhältnisses ergeben könne. In Betracht kommen hier insbesondere diejenigen Gesammtschuldverhältnisse, welche auf Vertrag beruhen. Die von dem B.G.B. aufgestellte Regel beruht auf dem Gedanken, daß der Zweck des Gesammtschuldverhältnisses regelmäßig nur darin bestehe, den Gläubiger gegen die Zahlungsunfähigkeit eines Schuldners zu sichern. Der Zweck eines vereinbarten Gesammtschuldverhältnisses kann aber auch weitergehen; die Parteien können dabei beabsichtigen, daß die Handlungen und Unterlassungen eines Gesammtschuldners so angesehen werden sollen, als seien sie zugleich in Vertretung der anderen Gesammtschuldner vorgenommen, oder daß doch alle Gesammtschuldner für das Verschulden eines von ihnen einzustehen haben. In Fällen dieser Art, die sich in gewisser Beziehung dem Korrealverhältnisse des römischen Rechtes nähern, muß aus dem Zwecke, welchen die Parteien bei der Eingehung des Gesammtschuldverhältnisses verfolgt haben, entnommen werden, welche Thatsachen, obwohl sie nur in der Person eines Gesammtschuldners eingetreten sind, doch auch für und gegen die anderen Gesammtschuldner wirken sollen. Ein Beispiel bietet die Bürgschaft, für welche gesetzlich bestimmt ist, daß die Verpflichtung des Bürgen sich nach dem jeweiligen Bestande der Hauptverbindlichkeit richte (§ 767) und daß der Bürge die dem Hauptschuldner zustehenden Einreden geltend machen könne. Im Zweifel muß es indessen immer bei der Regel des § 425 Abs. 1 verbleiben.

2. Zu den einzelnen in dem § 425 hervorgehobenen Fällen ist Folgendes zu bemerken:

a) Durch die an einen Gesammtschuldner oder von einem derselben erfolgende Kündigung wird nur die Verbindlichkeit dieses Gesammtschuldners, nicht die der übrigen Gesammtschuldner fällig.

b) Durch die an einen der Gesammtschuldner erfolgende Mahnung kommt nur dieser in Verzug. Das Gleiche gilt von der Erhebung der Klage gegen einen der Gesammtschuldner sowie von der Zustellung eines Zahlungsbefehls im Mahnverfahren. Ist für die Leistung eine Zeit nach dem Kalender bestimmt, so kommen mit dem Eintritte dieses Zeitpunkts alle Gesammtschuldner in Verzug. Tritt der Verzug aber nach § 285 für einen derselben deshalb nicht ein, weil die Leistung in Folge eines von ihm nicht zu vertretenden Umstandes unterbleibt, so kommt dies nur dem betreffenden Gesammtschuldner, nicht den übrigen zu Statten. In Folge des nur für einen der Gesammtschuldner eintretenden Verzugs ändert sich dessen Verbindlichkeit nach Maßgabe der §§ 286—290, während die Verbindlichkeit der übrigen Gesammtschuldner unverändert bleibt. Die Vorschriften der §§ 422—424 werden hierdurch aber nicht berührt. Wird daher z. B. die Verbindlichkeit von einem der übrigen Gesammtschuldner erfüllt, so fällt auch die Verbindlichkeit des im Verzuge befindlichen Gesammtschuldners weg; dieser bleibt nur insoweit verhaftet, als seine Verbindlichkeit in Folge des Verzugs auf den Ersatz des durch den Verzug erwachsenen Schadens (§ 286 Abs. 1) erweitert ist. Hat der Gläubiger auf Grund des § 286 Abs. 2 nach Maßgabe des § 349 dem im Verzuge befindlichen Schuldner erklärt, daß er statt der Leistung Schadensersatz wegen Nichterfüllung verlange, so kann er von ihm nur den Schadensersatz, von den übrigen Gesammtschuldnern nur die ursprünglich geschuldete Leistung verlangen. Leistet der im Verzuge befindliche Schuldner den Schadensersatz, so werden die übrigen Gesammtschuldner frei; bewirkt einer von diesen die ursprünglich geschuldete Leistung, so wird dadurch auch der im Verzuge befindliche Schuldner befreit. Der Gläubiger braucht indessen die ursprünglich ihm von einem der übrigen Gesammtschuldner angebotene Leistung nicht anzunehmen; er kommt dadurch zwar diesem gegenüber in Verzug der Annahme; sein Recht, von dem im Verzuge der Leistung befindlichen Schuldner Schadensersatz wegen Nichterfüllung zu fordern, wird dadurch aber nicht berührt. Nach denselben Grundsätzen sind die übrigen Kombinationen zu entscheiden, welche sich aus der verschiedenen Lage ergeben, in welcher sich die Schuldner dadurch befinden, daß nur einer derselben im Verzuge der Leistung ist.

c) Wird die geschuldete Leistung objektiv unmöglich, so werden alle Gesammtschuldner frei, wenn die Unmöglichkeit in Folge eines von keinem derselben zu vertretenden Umstandes eingetreten ist. Ist die Unmöglichkeit in Folge eines Umstandes eingetreten, welchen nur einer der Gesammtschuldner zu vertreten hat, so haftet dieser nach Maßgabe der §§ 280, 325; die übrigen Gesammtschuldner werden nach Maßgabe des § 275 frei, weil für sie die Unmöglichkeit eine zufällige ist. Nach denselben Grundsätzen ist das Verhältniß zu entscheiden, wenn die Unmöglichkeit in Folge eines von mehreren oder von allen Gesammtschuldnern zu vertretenden Umstandes eingetreten ist.

Eine subjektive Unmöglichkeit wirkt nur für und gegen den Gesammtschuldner, in dessen Person sie eingetreten ist. Dieser wird, wenn die Unmöglichkeit in Folge eines von ihm nicht zu vertretenden Umstandes eingetreten ist, frei, anderenfalls nach Maßgabe der §§ 280, 325 verpflichtet. Die Verpflichtung der übrigen Gesammtschuldner bleibt unberührt. Die in Fällen dieser Art eintretenden Kombinationen entscheiden sich nach den unter **b** dargelegten Grundsätzen.

d) Der Zeitpunkt, in welchem die Verjährung zu laufen beginnt, bestimmt sich für jeden Gesammtschuldner besonders. Regelmäßig wird zwar der Anspruch des Gläubigers gegen alle Gesammtschuldner gleichzeitig entstehen; die Verjährung beginnt dann nach § 198 mit diesem Zeitpunkte gleichzeitig gegen alle Gesammtschuldner. Nothwendig ist dies aber nicht. Haftet z. B. der eine Gesammtschuldner nur bedingt, die übrigen aber unbedingt, so beginnt die Verjährung gegenüber dem Ersteren erst mit dem Eintritte der Bedingung, gegenüber den anderen Gesammtschuldnern dagegen sofort. Die Hemmung der Verjährung (§§ 202—205)

§. 426.

Die Gesammtschuldner sind im Verhältnisse zu einander zu gleichen Antheilen verpflichtet, soweit nicht ein Anderes bestimmt ist. Kann von einem Gesammt=

---

bestimmt sich für jeden der Gesammtschuldner besonders. Die einem Gesammtschuldner bewilligte Stundung z. B. hemmt die Verjährung gegenüber diesem, nicht gegenüber den anderen Gesammtschuldnern. Auch die auf Grund der §§ 206, 207 eintretende Hinausschiebung der Vollendung der Verjährung kommt nur demjenigen Schuldner zu Statten, in dessen Person die in den §§ 206, 207 bezeichneten Umstände eingetreten sind. Das Gleiche gilt von den Thatsachen, welche die Verjährung unterbrechen (§§ 208—210) sowie von der Verlängerung der Verjährungsfrist in Folge der Feststellung des Anspruchs durch rechtskräftiges Urtheil, durch einen vollstreckbaren Vergleich, durch eine vollstreckbare Urkunde oder durch die im Konkurs erfolgte Feststellung (§ 218).

e) Durch die Vereinigung von Forderung und Schuld in einer Person erlischt regelmäßig das Schuldverhältniß (s. Vorbm. zum dritten Abschnitte). Den Grund, aus welchem dies geschieht, findet das B.G.B. nicht darin, daß der Gläubiger durch die Vereinigung ebenso wie durch die Erfüllung befriedigt werde, sondern darin, daß Niemand sein eigener Gläubiger oder Schuldner sein kann. Dieser Grund trifft bei Gesammtschuldverhältnissen nur für den Gläubiger und denjenigen Gesammtschuldner zu, in dessen Person die Vereinigung stattfindet. Den übrigen Gesammtschuldnern gegenüber bleibt als Gläubiger ein Dritter; durch die Vereinigung erlischt ihm gegenüber daher das Schuldverhältniß nicht. Sind aber die Gesammtschuldner unter sich zur Ausgleichung verpflichtet, so muß sich der Schuldner, in dessen Person sich Forderung und Schuld vereinigt haben, wenn er von den übrigen Gesammtschuldnern Erfüllung fordert, denjenigen Theil anrechnen lassen, welchen er bei der Ausgleichung selbst zu tragen hat (§ 426).

f) Die Vorschrift, daß das zwischen dem Gläubiger und einem Gesammtschuldner ergangene rechtskräftige Urtheil nicht für und gegen die übrigen Gesammtschuldner wirkt, ist eine Konsequenz der Vorschriften der §§ 322, 325 der C.P.O.

3. Bei den Berathungen der zweiten Kommission wurde die Frage angeregt, ob die der Vorschrift des § 425 Abs. 1 hinzugefügte Beschränkung, nach welcher diese Vorschrift nur insoweit Anwendung findet, als sich nicht aus dem Schuldverhältniß ein Anderes ergiebt, für alle in dem Abs. 2 hervorgehobenen Fälle gelte. Es wurde dabei besonders darauf hingewiesen, daß das Gesammtschuldverhältniß, auch wenn es nach der Absicht der Parteien eine ähnliche Bedeutung haben solle wie das römische Korrealverhältniß, doch nie die Folge haben könne, daß das gegen einen der Gesammtschuldner ergehende Urtheil auch für und gegen die übrigen Gesammtschuldner wirke und daß die gegen einen der Gesammtschuldner erfolgende Unterbrechung der Verjährung auch den übrigen Gesammtschuldnern zu Statten komme. Hiergegen wurde indessen von anderer Seite geltend gemacht, daß eine obligatorische Vereinbarung zulässig sei, nach welcher alle Gesammtschuldner verpflichtet seien, Thatsachen der gedachten Art, welche nur in der Person eines Gesammtschuldners eintreten, gegen sich wirken zu lassen. Eine solche Vereinbarung werde freilich nur angenommen werden können, wenn sie ausdrücklich erfolgt sei, nicht aber aus dem Zwecke des Schuldverhältnisses gefolgert werden können. Der Redaktionskommission wurde die Prüfung der Frage überlassen, ob es erforderlich sei, dieser Auffassung einen besonderen Ausdruck im Gesetze zu geben. Durch die Fassung des § 425 ist dies nicht geschehen. Einer besonderen Hinweisung auf die hervorgehobenen Gesichtspunkte bedurfte es auch wohl nicht. Die Vorschriften über die Beschränkung der Wirkungen eines rechtskräftigen Urtheils auf die Parteien können ihrer Natur nach durch Vertrag nicht geändert werden. Einem obligatorischen Vertrag aber, durch welchen sich der eine Theil dem anderen Theile gegenüber verpflichtet, ein zwischen diesem und einem Dritten ergehendes rechtskräftiges Urtheil als für sich maßgebend anzuerkennen, steht nichts entgegen. Aehnlich steht es mit den Vorschriften über die Verjährung. Anzuerkennen wird sein, daß eine Vereinbarung dieser Art schwerlich jemals lediglich aus dem Zwecke eines Gesammtschuldverhältnisses wird entnommen werden können. Nicht richtig dürfte es aber sein, unter allen Umständen eine ausdrückliche Erklärung zu verlangen. Eine stillschweigende Vereinbarung wird allerdings nur selten und unter besonderen Umständen anzunehmen sein; völlig ausgeschlossen ist sie nicht.

§ 426.

E. I § 337; II § 369 rev. § 420; III § 420. P. I S. 524, 525; M. II S. 169, 170. P. II S. 885, 886, 2531 (Bd. I S. 440). D. S. 630.

1. Durch das Gesammtschuldverhältniß wird an sich nur das Verhältniß zwischen dem Gläubiger und den Gesammtschuldnern bestimmt. Das Verhältniß unter den Gesammtschuldnern

schuldner der auf ihn entfallende Beitrag nicht erlangt werden, so ist der Ausfall von den übrigen zur Ausgleichung verpflichteten Schuldnern zu tragen.

Soweit ein Gesammtschuldner den Gläubiger befriedigt und von den übrigen Schuldnern Ausgleichung verlangen kann, geht die Forderung des Gläubigers gegen die übrigen Schuldner auf ihn über. Der Uebergang kann nicht zum Nachtheile des Gläubigers geltend gemacht werden.

---

kann ein verschiedenes sein. Es ist möglich, daß im Verhältniß unter ihnen nur der eine oder nur einige oder daß sie sämmtlich zu gleichen oder zu verschiedenen Antheilen verpflichtet sind. In der gemeinrechtlichen Theorie ist es bestritten, ob die Gesammtschuldner in Ermangelung eines besonderen Rechtsgrundes einander zur Ausgleichung verpflichtet sind. Der § 426 Abs. 1 Satz 1 stellt die Regel auf, daß die mehreren Gesammtschuldner im Verhältniß unter sich zu gleichen Antheilen verpflichtet sind. Ausdrücklich hervorgehoben wird, daß die Vorschrift nur eine dispositive ist. Eine Abweichung kann ausdrücklich oder stillschweigend vereinbart werden; sie kann sich insbesondere aus dem Inhalt und aus dem Zwecke des Schuldverhältnisses ergeben. Gesetzlich wird eine Abweichung bestimmt z. B. in den §§ 840 Abs. 2, 3, 841, 1833 Abs. 2. Vergl. auch Erl. zu § 419 Nr. 3. Besonders geregelt ist das Rechtsverhältniß der Bürgen §§ 765 ff.

Aus der unter den Gesammtschuldnern bestehenden Verpflichtung ergiebt sich nicht nur ihre Regreßpflicht für den Fall, daß einer von ihnen die Leistung allein bewirkt hat; es ergiebt sich daraus auch, daß jeder Gesammtschuldner von dem anderen verlangen kann, daß derselbe die Leistung zu dem ihm obliegenden Antheil oder, falls er im Verhältniß unter den Gesammtschuldnern allein verpflichtet ist, daß er die ganze Leistung rechtzeitig bewirke. Sind die mehreren Gesammtschuldner nach der Regel des § 426 Abs. 1 Satz 1 im Verhältnisse zu einander zu gleichen Antheilen verpflichtet, so kann jeder Gesammtschuldner, welcher die Leistung ganz oder theilweise an den Gläubiger bewirkt hat, von den übrigen Gesammtschuldnern verhältnißmäßig Ersatz verlangen. Nicht erforderlich zur Begründung des Regresses ist, wie nach der Fassung des § 337 Abs. 2 des E. I angenommen werden könnte, daß der betreffende Gesammtschuldner mehr als den auf ihn entfallenden Antheil bezahlt hat. Regelmäßig wird allerdings nur in diesem Falle die Ausgleichungspflicht praktisch in Frage kommen; denn wenn jeder der Gesammtschuldner den auf ihn entfallenden Antheil bezahlt hat, so werden die gegenseitigen Ausgleichungsansprüche gegen einander aufgerechnet werden. Von Bedeutung kann die Frage aber bei Theilzahlungen werden. Haften z. B. A, B und C als Gesammtschuldner für eine Forderung von 900, so kann A, wenn er den auf ihn entfallenden Antheil von 300 dem Gläubiger zahlt, sowohl von B wie von C den Ersatz von 100 verlangen. Haben B und C ebenfalls die auf sie entfallenden Antheile der Schuld an den Gläubiger bezahlt, so steht jedem von ihnen ein dem Ausgleichungsanspruche des A entsprechender Anspruch gegen die anderen beiden Gesammtschuldner zu. In diesem Falle gleichen sich also die gegenseitigen Ersatzansprüche der Gesammtschuldner aus. Haben B und C aber keine Zahlung an den Gläubiger gemacht, so ist jeder von ihnen dem A 100 zu ersetzen verpflichtet. Praktisch von Bedeutung wird dies besonders in solchen Fällen, in denen die Schuld ratenweise zu bezahlen ist und einer der Gesammtschuldner eine Rate ganz bezahlt hat. Er kann in solchem Falle, auch wenn die von ihm bezahlte Rate den auf ihn entfallenden Antheil der ganzen Schuld nicht übersteigt oder nicht erreicht, doch sofort verhältnißmäßigen Ersatz von den übrigen Gesammtschuldnern verlangen.

Die unter den mehreren Gesammtschuldnern bestehende Ausgleichungspflicht wird, sofern sich nicht aus den Umständen ein Anderes ergiebt, nicht dadurch berührt, daß einer der Gesammtschuldner in Folge eines nur für ihn wirksamen Umstandes (§ 425), z. B. in Folge persönlichen Erlasses oder in Folge rechtskräftigen Urtheils oder in Folge einer nur seine Schuld betreffenden Schuldübernahme oder in Folge der Verjährung des Anspruchs gegen ihn, dem Gläubiger gegenüber befreit wird. Der dem Gläubiger gegenüber aus dem Schuldverhältniß ausscheidende Gesammtschuldner bleibt trotzdem, wenn der Gläubiger die Forderung von den übrigen Gesammtschuldnern beitreibt, diesen zur Ausgleichung verpflichtet.

2. Durch den § 426 Abs. 1 Satz 2 wird die Ausgleichungspflicht der Gesammtschuldner unter einander auf den Fall ausgedehnt, daß von einem der Gesammtschuldner der auf ihn entfallende Beitrag nicht erlangt werden kann. Kann also in dem unter Nr. 1 angeführten Beispielsfalle A den auf B entfallenden Beitrag von 100 nicht erlangen, so ist der Ausfall von ihm und von C zu tragen. A kann also von C außer den auf diesen entfallenden 100 noch 50 fordern. Gleichgültig ist es, aus welchem Grunde der Beitrag von dem einen Gesammtschuldner nicht erlangt werden kann. Den praktisch wichtigsten Fall bildet die Zahlungsunfähigkeit des betreffenden Schuldners. Die Voraussetzung wird aber z. B. auch dann als eingetreten anzusehen sein, wenn der Wohnsitz und der Auf-

§. 427.

Verpflichten sich Mehrere durch Vertrag gemeinschaftlich zu einer theilbaren Leistung, so haften sie im Zweifel als Gesammtschuldner.

---

enthaltsort des betreffenden Gesammtschuldners unbekannt ist. Erforderlich ist nur, daß der Beitrag nicht erlangt werden kann. Freiwilliger Erlaß oder Stundung von Seiten des ersatzberechtigten Gesammtschuldners begründen einen Ausgleichungsanspruch gegen die übrigen Gesammtschuldner nicht. Zweifelhaft kann sein, ob dem Gesammtschuldner der Einwand entgegengesetzt werden kann, daß die Unmöglichkeit, den Ersatz von dem ausfallenden Gesammtschuldner zu erlangen, von ihm verschuldet sei, daß er also z. B. den Beitrag deshalb nicht erlangen könne, weil er den Anspruch darauf in schuldhafter Weise nicht geltend gemacht habe, solange der beitragspflichtige Gesammtschuldner noch zahlungsfähig gewesen, oder daß der Anspruch gegen denselben in Folge schuldhafter Unterlassung der Geltendmachung verjährt sei. Die Frage dürfte zu bejahen sein, weil die mehreren Gesammtschuldner in Folge der unter ihnen bestehenden Ausgleichungspflicht in einem Gemeinschaftsverhältnisse stehen, durch welches jeder derselben nach Treu und Glauben zur Anwendung der im Verkehr erforderlichen Sorgfalt verpflichtet wird.

Die Vorschrift des Abs. 1 Satz 2 findet Anwendung, mögen die Gesammtschuldner im Verhältniß unter einander zu gleichen oder zu verschiedenen Antheilen verpflichtet sein. Der Ersatz des Ausfalls kann von den übrigen Gesammtschuldnern immer nur in demjenigen Verhältnisse verlangt werden, in welchem sie überhaupt im Verhältniß unter einander haften.

3. Der im § 426 Abs. 2 bestimmte Uebergang der Forderung des Gläubigers auf den ausgleichungsberechtigten Gesammtschuldner (§ 412) findet nur insoweit statt, als der Schuldner von den übrigen Gesammtschuldnern Ausgleichung verlangen kann. Der Umfang seines Ausgleichungsanspruchs wird durch den Uebergang der Forderung des Gläubigers also nicht vergrößert. Der ausgleichungsberechtigte Schuldner kann daher nicht etwa, wie dies der Gläubiger gekonnt hätte, von jedem Schuldner den ganzen Betrag dessen fordern, was er über seinen Antheil hinaus geleistet hat; er kann vielmehr von jedem der übrigen Gesammtschuldner nur denjenigen Beitrag fordern, welchen er auch ohne den Uebergang der Forderung des Gläubigers zu fordern berechtigt gewesen wäre; in dem unter Nr. 1 angeführten Beispielsfalle kann also **A** sowohl von B wie von C nur 100 und, falls er den Betrag von B nicht erlangen kann, von C 150 verlangen. Diesen Anspruch aber kann er nicht nur auf Grund der den übrigen Gesammtschuldnern obliegenden Ausgleichungspflicht, sondern kraft des auf ihn übergegangenen Forderungsrechts geltend machen. Die praktische Bedeutung dieses Rechtes zeigt sich darin, daß mit der Forderung des Gläubigers Hypotheken und Pfandrechte, die für sie bestehen sowie die Rechte aus einer für sie bestellten Bürgschaft auf den ausgleichungsberechtigten Gesammtschuldner übergehen; dieser ist ferner berechtigt, ein mit der Forderung des Gläubigers für den Fall der Zwangsvollstreckung oder des Konkurses verbundenes Vorzugsrecht geltend zu machen (s. Erl. zu § 401).

Ueber die Vorschrift, daß der Uebergang nicht zum Nachtheile des Gläubigers geltend gemacht werden kann, s. Erl. zu § 268 Nr. 7.

4. In demselben Umfange, wie im Falle der Erfüllung durch einen Gesammtschuldner besteht die Ausgleichungspflicht der übrigen Gesammtschuldner im Falle der Befriedigung des Gläubigers durch Hinterlegung oder durch Aufrechnung. Erfolgt die Befriedigung des Gläubigers durch Hingabe an Erfüllungsstatt, so kann der betreffende Gesammtschuldner von den übrigen Gesammtschuldnern verhältnißmäßigen Ersatz des Werthes des an Erfüllungsstatt Geleisteten, jedoch nie mehr als denjenigen Betrag verlangen, welchen er im Falle der Erfüllung ersetzt verlangen konnte.

Ist das Schuldverhältniß durch objektiven Erlaßvertrag zwischen dem Gläubiger und einem der Gesammtschuldner erloschen, so steht dem Letzteren ein Ausgleichungsanspruch gegen die übrigen Gesammtschuldner nicht zu. Ist der Erlaß gegen Entgelt erfolgt, so kann der betreffende Gesammtschuldner einen verhältnißmäßigen Ersatz des von ihm zum Entgelt Geleisteten von den übrigen Gesammtschuldnern nach denselben Grundsätzen verlangen, welche nach dem Obigen für den Fall gelten, daß einer der Gesammtschuldner den Gläubiger durch Hingabe an Erfüllungsstatt befriedigt hat. Das Gleiche gilt in Betreff desjenigen, was ein Gesammtschuldner dem Gläubiger behufs Erfüllung eines mit demselben abgeschlossenen objektiv wirkenden Vergleichs oder was er im Falle einer objektiv wirkenden Schuldübernahme dem Uebernehmer als Entgelt geleistet hat.

§ 427.

E. II § 370 rev. § 421; III § 421. P. II S. 866—870 (Bd. I S. 430—432). D. S. 630.

Die Auslegungsregel des § 427 beruht auf einem Beschlusse der zweiten Kommission. Sie schließt sich dem Art. 280 des früheren H.G.B. und den Vorschriften des preußischen Land-

§. 428.

Sind Mehrere eine Leistung in der Weise zu fordern berechtigt, daß jeder die ganze Leistung fordern kann, der Schuldner aber die Leistung nur einmal zu bewirken verpflichtet ist (Gesammtgläubiger), so kann der Schuldner nach seinem Belieben an jeden der Gläubiger leisten. Dies gilt auch dann, wenn einer der Gläubiger bereits Klage auf die Leistung erhoben hat.

---

rechts an. Sie findet Anwendung nicht nur, wenn Mehrere sich in einem und demselben Vertrage gemeinschaftlich zu einer Leistung verpflichtet haben, z. B. wenn Mehrere gemeinschaftlich ein Darlehen erhalten oder gemeinschaftlich eine Sache kaufen oder verkaufen oder gemeinschaftlich etwas zu schenken versprechen, sondern auch dann, wenn die gemeinschaftliche Verpflichtung durch verschiedene Verträge eingegangen ist. In dem letzteren Falle würde ein Gesammtschuldverhältniß im Zweifel schon nach allgemeinen Grundsätzen anzunehmen sein, indem ein Vertrag, durch welchen sich Jemand verpflichtet, die einem Anderen obliegende Verpflichtung zu erfüllen, in Ermangelung besonderer Umstände nur die Bedeutung haben kann, daß er als Gesammtschuldner haften will. Die allgemeine Fassung des § 427 bezweckt, ein denkbares argumentum a contrario auszuschließen. Die Vorschrift des § 427 beschränkt sich auf Verpflichtungen zu einer theilbaren Leistung; die Verpflichtung Mehrerer zu einer untheilbaren Leistung begründet nach § 431 immer ein Gesammtschuldverhältniß.

In dem Verhältniß unter einander haften die mehreren Gesammtschuldner auch im Falle des § 427 nach Maßgabe des § 426.

§ 428.

E. I §§ 321 Abs. 1, 323; II § 371 Abs. 1 rev. § 422; III § 422. P. I S. 495—498; M. II S. 154—158. P. II S. 890 (Bd. I S. 443, 444).

1. Stehen bei einem Schuldverhältniß auf der Gläubigerseite mehrere Personen, so kann das Verhältniß derselben zu dem Schuldner, sofern nicht die Regel des § 420 Anwendung findet, entweder dahin bestimmt sein, daß die mehreren Gläubiger die Forderung nur gemeinschaftlich geltend machen können, oder dahin, daß jeder Gläubiger die ganze Leistung fordern kann, der Schuldner aber die Leistung doch nur einmal zu bewirken verpflichtet ist. Ueber Verhältnisse der erstgedachten Art. s. die Vorbm. zu diesem Abschnitte Nr. 1 Abs. 2. Die §§ 428—430 beziehen sich nur auf Schuldverhältnisse der zweiten Art. Gesetzlich wird ein Schuldverhältniß dieser Art. z. B. in dem § 2151 Abs. 3 bestimmt.

2. Der Hauptzweck eines Schuldverhältnisses der im § 428 bezeichneten Art besteht darin, jedem Gläubiger die Geltendmachung der Forderung zu erleichtern. Jeder Gläubiger kann daher unabhängig von den übrigen Gläubigern die Forderung für sich allein gerichtlich geltend machen und die Zwangsvollstreckung gegen den Schuldner betreiben. Andererseits gewährt ein Schuldverhältniß der fraglichen Art auch dem Schuldner den Vortheil, daß er nach seinem Belieben an jeden Gläubiger mit der Wirkung leisten kann, daß dadurch das ganze Schuldverhältniß erlischt. Dieses Recht soll nach § 428 Satz 2, abweichend von einer in der gemeinrechtlichen Theorie vertretenen Ansicht, auch dadurch nicht ausgeschlossen werden, daß einer der Gläubiger die Forderung gegen den Schuldner bereits gerichtlich geltend gemacht hat. Der Schuldner kann trotzdem wirksam an einen anderen Gläubiger leisten. Daraus ergiebt sich dann freilich die Möglichkeit, daß der Schuldner von jedem der Gläubiger gleichzeitig auf Berichtigung der ganzen Schuld belangt werden kann und daß ihm die Einrede der Rechtshängigkeit nicht zusteht. Auch das in einem Prozeß ergehende rechtskräftige Urtheil kann er in dem Prozesse mit dem anderen Gläubiger nicht geltend machen. Hat er aber an einen der Gläubiger geleistet, so kann er in allen Prozessen die Einwendung der Zahlung geltend machen und auf Grund dieser Einwendung, wenn die Leistung erst nach seiner rechtskräftigen Verurtheilung erfolgt ist, die Aufhebung der Zwangsvollstreckung nach Maßgabe des § 686 der C.P.O. verlangen.

Das Recht des Schuldners, nach seinem Belieben an jeden der Gläubiger zu leisten, wird auch dadurch nicht ausgeschlossen, daß er an einen der Gläubiger bereits eine Theilleistung gemacht hat. Soweit diese Theilleistung reicht, ist das Schuldverhältniß auch gegenüber den anderen Gläubigern erloschen. Die noch übrige Leistung kann der Schuldner aber wirksam auch an einen anderen Gläubiger als an denjenigen, an welchen die Theilleistung erfolgt war, machen. Der andere Gläubiger ist auch nicht berechtigt

§. 429.

Der Verzug eines Gesammtgläubigers wirkt auch gegen die übrigen Gläubiger.

Vereinigen sich Forderung und Schuld in der Person eines Gesammtgläubigers, so erlöschen die Rechte der übrigen Gläubiger gegen den Schuldner.

Im Uebrigen finden die Vorschriften der §§. 422, 423, 425 entsprechende Anwendung. Insbesondere bleiben, wenn ein Gesammtgläubiger seine Forderung auf einen Anderen überträgt, die Rechte der übrigen Gläubiger unberührt.

---

die Annahme einer solchen Leistung, sofern sie den ganzen Rest der Schuld umfaßt, deshalb abzulehnen, weil sie nur eine Theilleistung sei; sie ist, weil durch die an den ersten Gläubiger bewirkte und angenommene Theilleistung das Schuldverhältniß insoweit erloschen ist, als diese Theilleistung reicht, nicht mehr Theilleistung, sondern Leistung der noch bestehenden ganzen Schuld. Die Leistung nur eines Theiles der noch restirenden Schuld braucht nach § 266 kein Gläubiger anzunehmen.

3. Im E. I § 323 Satz 3 war noch bestimmt, daß das von dem Schuldner einem der Gläubiger gegebene Erfüllungsversprechen die übrigen Gläubiger nicht ausschließe. Diese Vorschrift ist von der zweiten Kommission als selbstverständlich gestrichen; sie ergiebt sich, soweit es sich wirklich nur um ein Erfüllungsversprechen handelt, aus der in § 429 für entsprechend anwendbar erklärten Vorschrift des § 425. Anders liegt das Verhältniß, wenn der Schuldner einem der Gläubiger gegenüber eine neue Verbindlichkeit an Erfüllungsstatt übernommen hat. Hierdurch erlischt nach dem durch § 429 für anwendbar erklärten § 422 Abs. 1 Satz 2 das ganze Schuldverhältniß. Nach § 364 Abs. 2 ist indessen im Zweifel nicht anzunehmen, daß die Verbindlichkeit an Erfüllungsstatt übernommen sei.

§ 429.

E. I §§ 325, 326 Abs. 1, 327—336; II § 371 Abs. 2—4 rev. § 423; III § 423. P. I S. 498, 499, 502—524, 5659; M. II S. 159—169. P. II S. 890—893 (**Bd. I S. 442—444**).

Für das aktive Gesammtschuldverhältniß gelten, abgesehen von der Vorschrift des § 429 Abs. 2, im Wesentlichen dieselben Grundsätze wie für das passive Gesammtschuldverhältniß. Im Einzelnen ist Folgendes zu bemerken:

1. Die Befriedigung eines Gesammtgläubigers durch die von dem Schuldner bewirkte Erfüllung, Hingabe an Erfüllungsstatt, Hinterlegung und Aufrechnung wirkt gegen alle Gläubiger. Dieselbe Wirkung hat die durch einen Dritten bewirkte Erfüllung oder Hingabe an Erfüllungsstatt. Ueber die Fälle, in welchen das Schuldverhältniß durch die von Seiten eines Dritten bewirkte Befriedigung eines Gläubigers nicht erlischt, die Forderung des Dritten vielmehr auf den Gläubiger übergeht, s. unten Nr. 11. Zweifelhaft ist, wie sich im Falle der Hinterlegung das Verhältniß gestaltet, solange die Zurücknahme der hinterlegten Sache nicht ausgeschlossen ist. Der Schuldner ist in diesem Falle nach § 378 noch nicht befreit. Das ihm nach § 379 zustehende Recht, den Gläubiger auf die hinterlegte Sache zu verweisen, dürfte dem Schuldner nur gegen denjenigen Gläubiger zustehen, für welchen die Hinterlegung erfolgt ist. Die anderen Gesammtgläubiger sind nicht berechtigt, die Hinterlegung anzunehmen; sie können daher auch nicht darauf verwiesen werden. Die übrigen in dem § 379 bestimmten Wirkungen, welche den Wirkungen des Annahmeverzugs entsprechen, dürften dagegen nach Analogie der Vorschrift des § 429 Abs. 1 auch gegen die anderen Gesammtgläubiger eintreten.

2. Der Schuldner kann einem Gesammtgläubiger gegenüber nur die ihm gegen diesen, nicht die gegen einen anderen Gesammtgläubiger zustehende Forderung aufrechnen (§ 422 Abs. 2).

3. Ein zwischen dem Schuldner und einem Gesammtgläubiger abgeschlossener Erlaßvertrag wirkt gegen die übrigen Gläubiger, wenn die Vertragschließenden das ganze Schuldverhältniß aufheben wollten. Ob die Absicht der Parteien hierauf geht, ist eine Auslegungsfrage. Die Vorschriften über einen Erlaßvertrag finden auch auf einen Vergleich Anwendung, durch welchen die Schuld ganz oder theilweise erlassen wird. Ist mit dem theilweisen Erlaß ein Erfüllungsversprechen in Betreff des übrigen Theiles verbunden, so muß der Schuldner, wenn der Erlaß auch gegen die übrigen Gläubiger wirkt und der Schuldner sich diesem gegenüber darauf beruft, auch das Erfüllungsversprechen ihnen gegenüber gegen sich gelten lassen. Ob die von einem der Gläubiger vereinbarte oder genehmigte Schuldübernahme (§§ 414—416) gegen die übrigen Gläubiger wirkt, kann zweifelhaft sein. Die durch die Schuldübernahme bewirkte Befreiung des Schuldners ist untrennbar mit dem Uebergange der Schuld auf den Uebernehmer verbunden. Dieser haftet nur gegenüber dem Gläubiger, welcher

die Schuldübernahme vereinbart oder genehmigt hat, nicht gegenüber den anderen Gläubigern. Hieraus scheint gefolgert werden zu müssen, daß auch die Befreiung des bisherigen Schuldners nicht gegenüber den anderen Gläubigern eintritt. Auch ein Erlaßvertrag kann indessen gegen Entgelt abgeschlossen werden. Auf das vereinbarte Entgelt hat nur der Gläubiger Anspruch, welcher den Vertrag geschlossen hat. Trotzdem wirkt der Erlaßvertrag, wenn das ganze Schuldverhältniß dadurch aufgehoben werden sollte, auch gegen die anderen Gläubiger. Dasselbe dürfte daher auch in Betreff der Schuldübernahme gelten, wenn die Uebernahme des ganzen Schuldverhältnisses gewollt war.

4. Der Verzug eines Gesammtgläubigers wirkt auch gegen die übrigen Gläubiger. Die in den Erl. zu § 424 Nr. 1 a—d angeführten verschiedenen Fälle des Verzugs sind nach denselben Grundsätzen zu beurtheilen, welche dort für das Verhältniß mehrerer Gesammtschuldner dargelegt sind. Die aufgestellte Regel findet keine Anwendung gegenüber demjenigen Gesammtgläubiger, welcher sich zur Annahme der Leistung gegenüber dem Schuldner bereit erklärt bezw. ihm gegenüber die ihm obliegende Handlung vorgenommen hat.

5. Im Falle der Vereinigung von Forderung und Schuld in der Person eines Gesammtgläubigers gilt das Entgegengesetzte wie bei der Vereinigung von Forderung und Schuld in der Person eines Gesammtschuldners. Der Schuldner kann die Leistung nach seinem Belieben an jeden der Gesammtgläubiger bewirken. Dieses Recht soll ihm dadurch nicht entzogen werden, daß er die Forderung eines Gesammtgläubigers erwirbt. Er ist in solchem Falle berechtigt, an sich selbst zu leisten. Die Leistung wird mit der Vereinigung von Forderung und Schuld in seiner Person als erfolgt angesehen; das Schuldverhältniß erlischt daher gegenüber allen Gläubigern.

6. Durch die von einem Gesammtgläubiger oder an ihn erfolgende Kündigung wird nur dessen Forderung fällig. Die übrigen Gläubiger können die Leistung von dem Schuldner noch nicht fordern. Der Schuldner kann ihnen, sofern die Leistungszeit, was bei einer auf Kündigung stehenden Forderung regelmäßig anzunehmen sein wird, auch zu ihren Gunsten bestimmt ist (§ 271 Abs. 2), nicht wirksam anbieten.

7. Die Mahnung eines Gesammtgläubigers wirkt nicht für die übrigen Gläubiger. Der Schuldner kommt nur demjenigen Gläubiger gegenüber in Verzug, welcher ihn gemahnt hat. Das Gleiche gilt von der Erhebung der Klage und von der Zustellung eines Zahlungsbefehls. Der nur einem Gesammtgläubiger gegenüber eingetretene Verzug der Leistung wirkt nicht zu Gunsten der übrigen Gläubiger; ihnen gegenüber bleibt der Schuldner nur nach Maßgabe der ursprünglichen Verbindlichkeit verhaftet. Bewirkt er die Erfüllung an einen derselben, so wird er von der Hauptverbindlichkeit gegenüber allen Gläubigern frei, bleibt aber gegenüber demjenigen Gläubiger, welchem gegenüber er in Verzug gekommen ist, zum Ersatze des hierdurch entstandenen Schadens (§ 286 Abs. 1) verpflichtet. Hatte dieser Gläubiger auf Grund des § 286 Abs. 2 Schadensersatz wegen Nichterfüllung der ganzen Verbindlichkeit gefordert, so wird der Schuldner durch Entrichtung des Schadensersatzes auch gegenüber den anderen Gläubigern frei. Zweifelhaft kann sein, wie das Verhältniß sich gestaltet, wenn der Schuldner an einen der anderen Gläubiger die ursprünglich geschuldete Leistung bewirkt. Der Gläubiger, gegenüber welchem der Schuldner in Verzug gekommen ist, hätte diese Leistung nicht anzunehmen brauchen; er konnte sie auch nicht mehr fordern. Trotzdem wird man annehmen müssen, daß die Forderung auf Schadensersatz erlischt, wenn der Schuldner die ursprünglich geschuldete Leistung an einen anderen Gläubiger, welcher diese Leistung noch fordern konnte, bewirkt. Das Verhältniß muß ebenso beurtheilt werden, wie wenn der Gläubiger, dem gegenüber sich die Verbindlichkeit des Schuldners in eine Verbindlichkeit zum Schadensersatze verwandelt hatte, statt des letzteren noch die ursprünglich geschuldete Leistung annimmt.

8. Die Unmöglichkeit der Leistung wird regelmäßig gegenüber allen Gläubigern eintreten. Denkbar ist indessen, daß sie nur gegenüber einem der Gläubiger eintritt; so z. B., wenn ein Gläubiger das Eigenthum der Sache, auf dessen Uebertragung die Verbindlichkeit gerichtet war, schenkweise von einem Anderen übertragen erhalten hat. In Fällen dieser Art tritt die Wirkung der Unmöglichkeit nur gegenüber demjenigen Gläubiger ein, welchem gegenüber die Leistung unmöglich geworden ist. In dem angeführten Beispielsfalle liegt zwar auch den übrigen Gläubigern gegenüber eine subjektive Unmöglichkeit der Leistung vor. Soweit diese aber von dem Schuldner zu vertreten ist — und sie ist von ihm z. B. immer zu vertreten, wenn das Schuldverhältniß auf Vertrag beruhte und der Schuldner schon bei Eingehung des Schuldverhältnisses nicht Eigenthümer der geschuldeten Sache war — bleibt der Schuldner den übrigen Gläubigern verhaftet.

9. Die Verjährung des Anspruchs eines Gesammtgläubigers, deren Hemmung und Unterbrechung sowie die übrigen in der Erl. zu § 425 Nr. 2d angeführten Thatsachen wirken nicht gegenüber den anderen Gläubigern.

§. 430.

Die Gesammtgläubiger sind im Verhältnisse zu einander zu gleichen Antheilen berechtigt, soweit nicht ein Anderes bestimmt ist.

---

10. Das zwischen einem Gesammtgläubiger und dem Schuldner ergehende rechtskräftige Urtheil wirkt weder für noch gegen die übrigen Gläubiger.

11. Tritt ein Gläubiger seine Forderung an einen Anderen ab, so werden dadurch die Rechte der übrigen Gläubiger nicht berührt. Der neue Gläubiger tritt lediglich an die Stelle des bisherigen Gläubigers; er hat alle Rechte des Letzteren, aber auch nur diese Rechte. Der bisherige Gläubiger scheidet aus dem Schuldverhältnisse gegenüber dem Schuldner vollständig aus; über sein Verhältniß zu den übrigen Gesammtgläubigern s. Erl. zu § 430. Diese Grundsätze finden Anwendung, mag die Abtretung gegen Entgelt oder unentgeltlich erfolgt sein. Ebenso wie die Abtretung ist auch die Uebertragung der Forderung durch gerichtliche Anordnung oder kraft des Gesetzes zu beurtheilen. Dies gilt insbesondere auch von einer Uebertragung der Forderung, welche kraft des Gesetzes gegen Befriedigung des Gläubigers erfolgt (§§ 268, 1150, 1249).

12. Die Beschränkung der Wirkungen, welche die unter Nr. 6—11 angeführten Thatsachen haben, auf denjenigen Gläubiger, in dessen Person sie eingetreten sind, findet nur statt, soweit sich nicht aus dem Schuldverhältniß ein Anderes ergiebt (s. Erl. zu § 425 Nr. 1, 3).

§ 430.

E. I § 337 Abs. 1; II § 372 rev. § 424; III § 424. P. I S. 524, 525; M. II S. 169, 170. P. II S. 893—895 (Bd. I S. 444).

1. Die Vorschrift des § 430 beruht auf ähnlichen Erwägungen wie der § 426 (s. Erl. zu § 426 Nr. 1). Das Gesetz nimmt das Bestehen eines Gemeinschaftsverhältnisses unter den Gesammtgläubigern an, sofern nicht im einzelnen Falle durch Gesetz oder durch Rechtsgeschäft ein Anderes bestimmt ist. Gesetzlich gilt eine abweichende Bestimmung z. B. im Falle des § 2151 Abs. 3. Aus dem Zwecke des Schuldverhältnisses ergiebt sich eine Abweichung, wenn materiell die geschuldete Leistung nur einem der Gesammfgläubiger zu Statten kommen soll und die Berechtigung der übrigen Gesammtgläubiger nur zu dem Zwecke bestimmt ist, um die Einziehung oder Erfüllung der Forderung zu erleichtern.

2. Findet die Regel des § 430 Anwendung, so ist der Gesammtgläubiger, welcher die Leistung erhalten hat, verpflichtet, jedem der anderen Gesammtgläubiger einen verhältnißmäßigen Antheil des Erhaltenen herauszugeben. Hat er mit dem Schuldner einen objektiv wirkenden Erlaßvertrag geschlossen, so wird er auf Grund des zwischen ihm und den übrigen Gläubigern bestehenden Gemeinschaftsverhältnisses für verpflichtet erachtet werden müssen, jedem von ihnen denselben Betrag zu gewähren, welchen er hätte gewähren müssen, wenn die Leistung der Schuld an ihn bewirkt wäre. Dasselbe gilt, wenn der Schuldner durch einen Vergleich mit einem der Gesammtgläubiger oder durch eine von einem Gesammtgläubiger vereinbarte oder genehmigte Schuldübernahme oder durch Vereinigung von Forderung und Schuld in der Person eines Gesammtgläubigers gegenüber allen Gläubigern befreit ist. Zweifelhaft kann sein, ob, wenn das Schuldverhältniß in Folge einer Hingabe an Erfüllungsstatt an einen der Gesammtgläubiger erloschen ist, dieser den übrigen Gläubigern einen verhältnißmäßigen Antheil des an Erfüllungsstatt Erhaltenen oder dasjenige zu gewähren hat, was er ihnen zu gewähren verpflichtet wäre, wenn er die geschuldete Leistung selbst erhalten hätte. In Ermangelung einer besonderen Bestimmung wird ein Gesammtgläubiger gegenüber den anderen Gesammtgläubigern nicht für berechtigt zu erachten sein, den Inhalt des Schuldverhältnisses zu ändern. Die letztgedachte Auffassung dürfte daher die richtige sein.

Die Ausgleichungspflicht eines Gesammtgläubigers gegenüber den anderen Gläubigern wird dadurch nicht berührt, daß er die Forderung an einen Dritten abtritt (s. Erl. zu § 429 Nr. 11). Wird die geschuldete Leistung an den neuen Gläubiger bewirkt, so hat dies in dem Verhältnisse zwischen dem bisherigen Gläubiger und den übrigen Gesammtgläubigern dieselbe Wirkung, wie wenn das Schuldverhältniß durch Leistung an den bisherigen Gläubiger erloschen wäre. Der bisherige Gläubiger hat also den übrigen Gesammtgläubigern den ihnen zukommenden Antheil zu bezahlen. Auch ein von dem neuen Gläubiger abgeschlossener Erlaßvertrag sowie die Befriedigung des neuen Gläubigers durch Hingabe an Erfüllungsstatt, durch Hinterlegung, durch Aufrechnung oder durch Vereinigung von Forderung und Schuld in seiner Person hat in dem Verhältnisse des bisherigen Gläubigers zu den übrigen Gesammtgläubigern dieselbe Wirkung, wie wenn diese Ereignisse in der Person des bisherigen Gläubigers eingetreten wären. Dieselben Grundsätze, wie im Falle der Abtretung, finden Anwendung im Falle der Uebertragung der Forderung durch gerichtliche Anordnung oder kraft des Gesetzes.

§. 431.

Schulden Mehrere eine untheilbare Leistung, so haften sie als Gesammtschuldner.

§. 432.

Haben Mehrere eine untheilbare Leistung zu fordern, so kann, sofern sie nicht Gesammtgläubiger sind, der Schuldner nur an alle gemeinschaftlich leisten und jeder Gläubiger nur die Leistung an alle fordern. Jeder Gläubiger kann verlangen, daß der Schuldner die geschuldete Sache für alle Gläubiger hinterlegt oder, wenn sie sich nicht zur Hinterlegung eignet, an einen gerichtlich zu bestellenden Verwahrer abliefert.

Im Uebrigen wirkt eine Thatsache, die nur in der Person eines der Gläubiger eintritt, nicht für und gegen die übrigen Gläubiger.

---

§ 431.

E. I § 340; II § 373 rev. § 425; III § 425. P. I S. 547—550, 553; M. II S. 173, 174. P. II S. 895—898 (Bd. I S. 444—446).

1. Ueber den Begriff der untheilbaren Leistung s. Erl. zu § 420 Nr. 2. Eine untheilbare Leistung liegt nicht vor, wenn zur Bewirkung der Leistung das Zusammenwirken der mehreren Schuldner erforderlich ist, in Betreff jedes Schuldners aber bestimmt ist, was er zu diesem Zwecke zu thun hat. Jeder Schuldner ist in einem solchen Falle nur die ihm obliegende Leistung zu bewirken verpflichtet.

2. Die Verpflichtung der mehreren Schuldner zu der untheilbaren Leistung ist in jeder Beziehung als ein Gesammtschuldverhältniß zu beurtheilen; es finden darauf alle für ein solches Schuldverhältniß in den §§ 421—426 getroffenen Vorschriften Anwendung. Nach M. II S. 173, 174 wird angenommen, daß die dem § 431 entsprechende Vorschrift des § 340 des E. I keine Anwendung finde, wenn die untheilbare Leistung sich in eine theilbare verwandelt habe. Im Anschluß an diese Fassung war in der zweiten Kommission beantragt worden, dem § 431 folgenden Zusatz zu geben:

> „Tritt an die Stelle der untheilbaren Leistung eine theilbare Leistung, insbesondere Werthersatz oder Schadensersatz, so ist jeder Schuldner nur seinen Theil zu leisten verpflichtet."

Der Antrag wurde abgelehnt. Man ging davon aus, daß eine Umwandelung der gedachten Art sich immer nur in der Person eines Schuldners vollziehe. Gedacht sei bei dem Antrage hauptsächlich an den Fall, daß die untheilbare Leistung durch das Verschulden aller Gesammtschuldner unmöglich werde. Auch in diesem Falle haftet indessen ein jeder Schuldner wegen seines Verschuldens dem Gläubiger für das Ganze. Nicht die untheilbare Leistung habe sich in eine theilbare verwandelt, sondern nur die Leistungspflicht eines jeden Schuldners gehe statt auf eine untheilbare auf eine theilbare Leistung. Diese Auffassung dürfte richtig sein. So wenig bei einem auf Vertrag beruhenden Gesammtschuldverhältnisse die Verpflichtung eines Gesammtschuldners sich dadurch ändert, daß sich die Verpflichtung aller Gesammtschuldner in eine Verpflichtung zum Schadensersatze verwandelt hat, ebensowenig ist dies der Fall bei einem Schuldverhältnisse, das kraft des Gesetzes ein Gesammtschuldverhältniß ist. Keine Anwendung findet der § 431 selbstverständlich, wenn durch Vertrag zwischen dem Gläubiger und den sämmtlichen Gesammtschuldnern an die Stelle der Verpflichtung zu einer untheilbaren Leistung die Verpflichtung zu einer theilbaren Leistung gesetzt ist.

§ 432.

E. I § 339; II § 374 rev. § 426; III § 426. P. I S. 539—546, 549—552; M. II S. 171—174. P. II S. 898, 899 (Bd. I S. 446).

1. Sind Mehrere eine untheilbare Leistung zu fordern berechtigt, so sind sie Gesammtgläubiger nur, wenn dies für das betreffende Rechtsverhältniß vertragsmäßig oder gesetzlich bestimmt ist. Die Untheilbarkeit der Leistung für sich allein begründet ein aktives Gesammtschuldverhältniß nicht. Die Untheilbarkeit hat vielmehr nur die sich aus ihrer Natur ergebende Wirkung, daß die Leistung nur an alle Gläubiger gemeinschaftlich erfolgen kann. Daraus würde an sich folgen, daß auch nur alle Gläubiger gemeinschaftlich die Leistung fordern könnten. Der § 432 Abs. 1 Satz 1 bestimmt aber, daß jeder Gläubiger die Leistung an alle fordern kann. Der E. I § 339 Abs. 1 Satz 2 bestimmte

daneben noch, daß, wenn das Schuldverhältniß von der Art sei, daß durch die Leistung an einen Gläubiger auch die übrigen befriedigt werden, jeder Gläubiger zur Forderung der ganzen Leistung berechtigt sei. Von der zweiten Kommission ist diese Vorschrift gestrichen, weil dieselbe nur eine selbstverständliche Folgerung aus dem Begriffe der Untheilbarkeit ziehe. Gemeint ist hiermit, daß, wenn eine untheilbare Leistung den in der fraglichen Vorschrift bezeichneten Charakter hat, die Leistung, wenn sie überhaupt erfolgt, von selbst an alle Gläubiger geschieht, daß also das in dem § 432 Abs. 1 Satz 1 bestimmte Recht jedes Gläubigers, die Leistung an alle Gläubiger zu fordern, in dem vorausgesetzten Falle mit dem Rechte, die ganze Leistung zu fordern, identisch ist. Haben z. B. mehrere Gläubiger das Recht, die Errichtung eines Werkes auf einem bestimmten Grundstücke zu fordern, so wird durch die Errichtung des Werkes auf dem bestimmten Grundstücke die geschuldete Leistung an alle Gläubiger bewirkt. Jeder Gläubiger kann hier schlechthin auf die Errichtung des Werkes als auf die ganze Leistung klagen; er klagt damit von selbst auf die Leistung an alle Gläubiger.

2. Der § 432 Abs. 1 Satz 2 beruht auf einem Beschlusse der zweiten Kommission. Die Vorschrift geht davon aus, daß die Herausgabe einer Sache eine untheilbare Leistung sei (s. Erl. zu § 420 Nr. 2). Jeder Gläubiger kann zwar fordern, daß die Herausgabe an alle Gläubiger erfolge. Die Herausgabe an alle Gläubiger wird aber unmöglich, wenn einer der Gläubiger die Annahme verweigert. Dem sich hieraus für einen zur Annahme bereiten Gläubiger ergebenden Uebelstande wird durch die Vorschrift des § 432 Abs. 1 Satz 2 abgeholfen. Die im P. II S. 899 vertretene Ansicht, daß der Schuldner, weil der Gläubiger, welcher die Annahme verweigert, dadurch in Verzug komme, nach § 300 nur noch für grobes Versehen hafte und hierdurch alle Gläubiger gefährdet werden würden, dürfte zwar insofern nicht richtig sein, als die Beschränkung der Haftung des Schuldners auf grobes Versehen nach § 432 Abs. 2 nur gegenüber demjenigen Gläubiger eintritt, welcher die Annahme verweigert hat, nicht aber gegenüber den anderen Gläubigern. Immerhin aber liegt es im Interesse der letzteren, daß die Sache nicht länger in den Händen des Schuldners bleibt; deshalb wird jedem von ihnen das Recht eingeräumt, die Hinterlegung der geschuldeten Sache oder, wenn diese sich nicht zur Hinterlegung eignet, die Ablieferung an einen gerichtlich zu bestellenden Verwahrer zu verlangen. Ohne diese Vorschrift würde der Schuldner zwar nach § 372 Satz 2 berechtigt sein, die geschuldete Sache, wenn sie sich zur Hinterlegung eignet, für alle Gläubiger zu hinterlegen; er würde aber, wenn die Sache sich nicht zur Hinterlegung eignet, nicht berechtigt sein, die Sache an einen gerichtlich zu bestellenden Verwahrer abzuliefern, vielmehr würde ihm nach § 383 Abs. 1 Satz 2 unter den dort bezeichneten Voraussetzungen nur das Recht zustehen, die Sache versteigern zu lassen und den Erlös zu hinterlegen. Verpflichtet ist der Schuldner nach allgemeinen Grundsätzen weder zu der Hinterlegung noch zu der Versteigerung. In Betreff der Hinterlegung tritt diese Verpflichtung auf Grund des § 432 Abs. 1 Satz 2 ein, wenn einer der Gläubiger sie verlangt. Wird von dem Gläubiger die Ablieferung der Sache an einen gerichtlich zu bestellenden Verwahrer verlangt, so fällt das Recht des Schuldners, die Sache versteigern zu lassen und den Betrag zu hinterlegen, weg. Durch die Ablieferung an den gerichtlich zu bestellenden Verwahrer wird der Schuldner ebenso wie durch die Hinterlegung allen Gläubigern gegenüber befreit. Ausdrücklich ist dies zwar nicht bestimmt; aus der Verpflichtung des Schuldners zur Ablieferung der Sache muß aber gefolgert werden, daß er, wenn diese Ablieferung auf Verlangen eines Gläubigers erfolgt, von seiner Schuld befreit wird.

Die Bestellung des Verwahrers hat auf Antrag des Gläubigers durch das Vollstreckungsgericht zu erfolgen.

3. Nur durch die gemeinschaftliche Leistung an alle Gläubiger sowie durch die Hinterlegung bezw. Ablieferung der geschuldeten Sache nach Maßgabe des § 432 Abs. 1 Satz 2 wird der Schuldner allen Gläubigern gegenüber befreit. Jede andere Thatsache wirkt nur für und gegen denjenigen Gläubiger, in dessen Person sie eintritt. Dies gilt auch von denjenigen Thatsachen, welche, wenn die Gläubiger Gesammtgläubiger sind, für und gegen alle Gläubiger wirken, also von der Erfüllung und der Hingabe an Erfüllungsstatt an einen der Gläubiger, von dem Erlasse der Schuld durch einen derselben, von der Vereinigung von Forderung und Schuld in der Person eines Gläubigers und von dem Verzuge der Annahme. Durch alle diese Thatsachen wird die Verpflichtung des Schuldners gegenüber den anderen Gläubigern nicht berührt. Die Aufrechnung kann bei der Verpflichtung zu einer untheilbaren Leistung nicht in Frage kommen.

Siebenter Abschnitt.
Einzelne Schuldverhältnisse.
Erster Titel.
Kauf. Tausch.
I. Allgemeine Vorschriften.

Siebenter Abschnitt.

1. Der siebente Abschnitt behandelt in 25 Titeln einzelne Schuldverhältnisse. Die Anordnung berücksichtigt neben der begrifflichen Verwandtschaft der Schuldverhältnisse deren Zusammengehörigkeit für die praktische Handhabung. So regeln die Titel 1—22, mit Ausnahme des 11. und 15. Titels, Schuldverhältnisse aus Rechtsgeschäften, und zwar in folgender Reihenfolge: 1. Kauf, Tausch, 2. Schenkung, 3. Miethe, Pacht, 4. Leihe, 5. Darlehen, 6. Dienstvertrag, 7. Werkvertrag, 8. Mäklervertrag, 9. Auslobung, 10. Auftrag, 12. Verwahrung, 13. Einbringung von Sachen bei Gastwirthen, 14. Gesellschaft, 16. Leibrente, 17. Spiel, Wette, 18. Bürgschaft, 19. Vergleich, 20. Schuldversprechen, Schuldanerkenntniß, 21. Anweisung, 22. Schuldverschreibung auf den Inhaber. Im Anschluß an den Auftrag wird im 11. Titel die Geschäftsführung ohne Auftrag, im Anschluß an die Gesellschaft im 15. Titel die Gemeinschaft geordnet. Von den drei letzten Titeln behandelt der 23. die Vorlegung von Sachen, der 24. die ungerechtfertigte Bereicherung, der 25. die unerlaubten Handlungen.

2. Der E. I enthielt in den §§ 681, 682 noch besondere Vorschriften über das Schuldverhältniß aus einem Verpfändungsvertrage, d. h. dem Vertrage, durch den sich Jemand seinem Gläubiger oder dem Gläubiger eines Dritten gegenüber verpflichtet, zur Sicherung der Forderung desselben ein Pfandrecht zu bestellen. Der § 681 knüpfte an den Vertrag allgemein die Verpflichtung zur Verschaffung des Pfandrechts, der § 682 gab dem Gläubiger im Falle der Nichterfüllung der von dem anderen Theile übernommenen Verpflichtung das Recht, statt Schadensersatzes anderweitige Sicherheitsleistung, vorbehaltlich des Ersatzes eines weitergehenden Schadens, zu verlangen (P. I S. 2591—2598; M. II S. 684—687). Die zweite Kommission hat diese Bestimmungen gestrichen (P. II S. 2551—2554). Ueber die im § 681 behandelte Frage vergl. Erl. 3 zu § 445. Ein Recht, wie es der § 682 dem Gläubiger beilegte, kann nur aus dem Inhalte des Vertrags abgeleitet werden.

3. Mit dem vorliegenden Abschnitte beschäftigt sich besonders die Schrift von Schollmeyer, das Recht der einzelnen Schuldverhältnisse im B.G.B.

Erster Titel.

1. Von den vier Unterabschnitten dieses Titels sind drei dem Kaufe gewidmet I. allgemeine Vorschriften (§§ 433—458), II. Gewährleistung wegen Mängel der Sache (§§ 459—493), III. besondere Arten des Kaufes (§§ 494—514). Der IV. Unterabschnitt (§ 515) behandelt den Tausch.

2. Ueber den Handelskauf vergl. das neue H.G.B. §§ 373—382.

I. Allgemeine Vorschriften.

1. Der § 433 bestimmt die hauptsächlichen Verpflichtungen aus dem Kaufvertrage. Die §§ 434—443 regeln näher die Verpflichtung des Verkäufers zur Verschaffung des Rechtes, der § 444 behandelt die Pflicht desselben zur Auskunftertheilung, während der § 445 die vorhergehenden Vorschriften auf gewisse andere Verträge ausdehnt. Die §§ 446, 447 betreffen den Uebergang der Gefahr, der Nutzungen und der Lasten, die §§ 448, 449 die Tragung der Kosten, der § 450 die Ersatzansprüche des Verkäufers wegen Verwendungen; der § 451 erweitert diese Vorschriften. Die §§ 452, 453 handeln von der Verzinsung des Kaufpreises und vom Marktpreis als Kaufpreis. Der § 454 schließt das gesetzliche Rücktrittsrecht des Verkäufers unter Umständen aus. Der § 455 behandelt den Eigenthumsvorbehalt. Die §§ 456 bis 458 stellen Kaufverbote für gewisse Personen auf.

§. 433.

Durch den Kaufvertrag wird der Verkäufer einer Sache verpflichtet, dem Käufer die Sache zu übergeben und das Eigenthum an der Sache zu verschaffen. Der Verkäufer eines Rechtes ist verpflichtet, dem Käufer das Recht zu verschaffen und, wenn das Recht zum Besitz einer Sache berechtigt, die Sache zu übergeben.

Der Käufer ist verpflichtet, dem Verkäufer den vereinbarten Kaufpreis zu zahlen und die gekaufte Sache abzunehmen.

---

2. Die Vorschriften des vorliegenden Titels über den Kauf treffen unmittelbar nur den obligatorischen Kaufvertrag. Ob ein solcher auch bei dem sog. Handkaufe zu unterstellen ist, bei welchem Kaufgegenstand und Kaufpreis sofort gegen einander ausgetauscht werden, ist eine Frage, zu der im Gesetz absichtlich nicht Stellung genommen ist. In den Mot. II S. 212, 318 war die Frage bejaht. Demgegenüber wurde in der Kritik von Bähr (Ztlg. II S. 225) eine wesentliche Verschiedenheit des Handkaufs vom Kreditkaufe behauptet, die sich namentlich darin praktisch äußern soll, daß der auf Zahlung des Kaufpreises verklagte Käufer mit der Behauptung, es liege ein Handkauf vor, den Klagegrund leugne und dadurch den Verkäufer zum Beweise der Nichtzahlung des Kaufpreises nöthige. In der zweiten Kommission waren die Ansichten über die Natur des Handkaufs und die Folgerungen für die Beweislast getheilt (P. II S. 1711—1716 [Bd. II S. 54—56]). Die Mehrheit beschloß, die Frage offen zu lassen. Die praktische Bedeutung derselben erscheint gering. Theoretisch betrachtet dürfte auch in den Fällen des sog. Handkaufs stets eine obligatorische Vereinbarung entweder dem Austausche der Leistungen vorhergehen oder durch den Austausch selbst stillschweigend (s. Bd. I S. 162 ff.) getroffen werden. Jedenfalls erscheint die aus der entgegengesetzten Ansicht gezogene Folgerung in Betreff der Beweislast praktisch sehr bedenklich. Um den nur selten des Schutzes bedürfenden Baarkäufer zu schützen, gefährdet sie den sehr häufig auf den Klageweg angewiesenen Kreditverkäufer aufs schwerste. Vergl. über die hier berührten Fälle auch Endemann § 163 Nr. 2.

§ 433.

E. I §§ 459, 370; II § 375 rev. § 427; III § 427. P. I S. 669—676, 685, 1844—1848, 3075, 3290, 3553, 3560, 12133; M. II S. 211—214, 316—320. P. II S. 1312 f., 1705—1716 (Bd. I S. 654 f., Bd. II S. 50—56). D. S. 630.

1. Gesetzlich wesentliches Erforderniß eines Kaufvertrags ist nach § 433 die Einigung der Parteien über den Kaufgegenstand und den Kaufpreis. Auch der Lieferungsvertrag unterliegt den Vorschriften über den Kauf (vergl. das alte H.G.B. Art. 338; M. II. S. 319). Das Verhältniß des Kaufvertrags zum Werklieferungsvertrag ist im § 651 bestimmt (vergl. das neue H.G.B. § 381 Abs. 2).

2. Für den Abschluß des Kaufvertrags gelten lediglich die allgemeinen Vorschriften (insbes. §§ 145—157). Ein gesetzliches Formerforderniß (gerichtliche oder notarielle Beurkundung) besteht für Kaufverträge über das gegenwärtige Vermögen des Verkäufers (§ 311), über das gesetzliche Erbtheil oder den Pflichttheil unter künftigen gesetzlichen Erben (§ 312 Abs. 2) und über Grundstücke (§ 313) sowie für den Erbschaftskauf (§ 2371).

3. Als Gegenstände des Kaufes erwähnt der § 433 nur Sachen und Rechte. Für den Kauf anderer Gegenstände (z. B. der Befreiung von einer Last, eines Geheimnisses, einer Kundschaft) sind die gesetzlichen Vorschriften nicht unmittelbar anwendbar; ihre entsprechende Anwendung ist damit aber keineswegs ausgeschlossen, soweit sie dem Willen der Parteien (vergl. § 157) entspricht (P. II S. 1706—1708).

Auch Sachen und Rechte eines Dritten können Gegenstand des Kaufvertrags sein; für den Kauf eigener Sachen und Rechte des Käufers gelten die Vorschriften über Verträge, die auf eine unmögliche Leistung gerichtet sind (§§ 306—308; P. II S. 1339—1341 [Bd. I S. 667, 668]).

Der Verkauf von Rechten kann sowohl ein bestehendes als auch ein erst zu begründendes Recht betreffen.

Der sog. Hoffnungskauf (emtio spei und rei speratae) unterliegt den allgemeinen Vorschriften, soweit sich nicht aus der Natur desselben als eines gewagten Geschäfts Abweichungen ergeben (M. II S. 320). Vergl. über diesen Vertrag Endemann § 159 Nr. 2.

Sind mehrere Gegenstände wahlweise verkauft, so kommen die §§ 262—265 zur Anwendung. Für den Verkauf einer nur der Gattung nach bestimmten Sache gilt der § 243.

Kaufverträge unterliegen bezüglich des Gegenstandes den allgemeinen Beschränkungen, insbesondere den §§ 134, 306—310, 312 Abs. 1.

4. Der Kaufpreis muß in Geld festgesetzt sein. Dieser im E. I § 460 ausgesprochene Satz ist im E. II als selbstverständlich weggelassen (P. II S. 1716 [Bd. II S. 56]). Er ist von Bedeutung namentlich für die Anwendung gesetzlicher oder rechtsgeschäftlicher Bestimmungen, die einen Kauf zur Voraussetzung haben, wie der Bestimmungen über den Vorkauf oder über die Beschränkung der Verfügungsgewalt des Fideikommißbesitzers (M. II S. 321). Mit dem Wesen des Kaufes ist es dagegen wohl vereinbar, daß anderweitige Leistungen vom Käufer neben dem Geldpreise (vergl. §§ 473, 507) oder in Anrechnung auf denselben übernommen werden (vergl. bezüglich der Uebernahme eingetragener Schulden bei dem Verkauf eines Grundstücks den § 416). Eine entsprechende Anwendung der Vorschriften über den Kauf ist übrigens auch bei Verträgen, bei denen die Gegenleistung des Erwerbers nicht in Geld bestimmt ist, nach dem Willen der Parteien unter Umständen geboten und für den Tausch im § 515 vorgeschrieben.

Der Kaufpreis kann von den Parteien unmittelbar (ausdrücklich oder stillschweigend) vereinbart, die Bestimmung aber auch einer von ihnen oder einem Dritten überlassen sein (§§ 315 f., 317 ff.). Die Höhe des Preises unterliegt, unbeschadet der allgemeinen Grundsätze (vergl. namentlich §§ 123, 138), freier Vereinbarung. Ein Rücktrittsrecht wegen Verletzung über die Hälfte ist nicht anerkannt (M. II S. 321). Den Fall, daß als Kaufpreis der Marktpreis bestimmt ist, behandelt der § 453.

5. Die gegenseitigen Verpflichtungen aus dem Kaufvertrage sind im vorliegenden Titel nicht erschöpfend bestimmt. Ergänzend kommen die allgemeinen Grundsätze, insbesondere die §§ 157, 242, 320—327, in Betracht. Nur die wichtigsten Verpflichtungen werden hier hervorgehoben (M. II S. 318; P. II S. 1707 f. [Bd. II S. 52]).

6. a) Der Verkäufer einer Sache ist zunächst verpflichtet, dem Käufer die Sache zu übergeben, d. h. körperlich zu übergeben (vergl. § 929 mit §§ 930, 931), ihn in den Besitz der Sache zu setzen (§ 854). Zur Erfüllung dieser Verpflichtung gehört auch, daß der Verkäufer die Sache bis zur Uebergabe mit der erforderlichen Sorgfalt (§ 276 Abs. 1, § 300 Abs. 1) verwahrt. Eine dem Art. 343 Abs. 1 des früheren H.G.B. entsprechende Vorschrift ist deshalb als entbehrlich nicht aufgenommen (M. II S. 318) und auch im § 373 des neuen H.G.B. weggelassen.

Außerdem begründet der Kaufvertrag, abweichend vom gemeinen Rechte (M. II S. 213), für den Verkäufer die Verpflichtung, dem Käufer das Eigenthum an der Sache zu verschaffen. Diese Verpflichtung umfaßt zweierlei: Der Verkäufer hat einerseits die Handlungen vorzunehmen, namentlich die Erklärungen abzugeben, die nach den sachenrechtlichen Vorschriften zur Eigenthumsübertragung erforderlich sind (M. II S. 317), insbesondere bei Grundstücken zur Auflassung mitzuwirken (§§ 873, 925), auch, soweit nach der G.B.O. (§§ 40, 41) nothwendig, zuvor seine eigene Eintragung als Eigenthümer herbeizuführen. Andererseits hat er dafür einzustehen, daß der Käufer das Eigenthum erlangt. Dieser Erfolg kann vermöge der Vorschriften über den öffentlichen Glauben des Grundbuchs (§ 892) und über den gutgläubigen Erwerb beweglicher Sachen (§§ 932 ff.) eintreten, auch wenn der Verkäufer selbst nicht Eigenthümer war und auch nicht mit Zustimmung des Eigenthümers verfügt hat (§ 185). In den hiernach sehr verminderten Fällen, in denen der Käufer das Eigenthum nicht erlangt, hat ihm der Verkäufer wegen Mangels im Rechte Gewähr zu leisten (s. Erl. zu § 440).
Die Verpflichtungen des Verkäufers erstrecken sich gemäß § 314 im Zweifel auch auf das Zubehör der Sache.

b) Der Verkäufer eines Rechtes ist verpflichtet, dem Käufer das Recht zu verschaffen. In Betreff des zwiefachen Inhalts dieser Verpflichtung gilt das über die Verpflichtung zur Eigenthumsverschaffung Gesagte. Bei Rechten, die zum Besitz einer Sache berechtigen, tritt die Verpflichtung zur Uebergabe der Sache hinzu. Nach dem B.G.B. kommt die Uebergabe der Sache in Betracht bei dem Verkauf eines bestehenden oder zu bestellenden Erbbaurechts (§ 1012, § 1017 Abs. 2), eines zu bestellenden Nießbrauchs (§ 1036 Abs. 1, § 1059), eines zu bestellenden Wohnungsrechts (§ 1093 Abs. 1, § 1092) und einer Forderung, zu deren Sicherung ein Pfandrecht an einer Sache besteht (§ 1250, § 1251 Abs. 1). Daß der Verkäufer anderer Rechte die der Ausübung entgegenstehenden thatsächlichen Hindernisse, der zur Bestellung einer Grunddienstbarkeit Verpflichtete also z. B. die auf dem dienenden Grundstücke befindlichen Schranken, welche der Ausübung der Dienstbarkeit entgegenstehen, zu beseitigen hat, folgt aus § 242 (P. II S. 1708 [Bd. II S. 52]).

c) Die Gewährleistungspflicht des Verkäufers beschränkt sich nicht auf die Verschaffung des Eigenthums bezw. des verkauften Rechtes. Ihr weiterer Inhalt wird in den §§ 434 bis 437 geregelt. Der § 439 bestimmt einen Ausschließungsgrund, die §§ 440, 441 behandeln die Folgen der Nichterfüllung, der § 442 die Beweislast. Der § 443 setzt der Vertragsfreiheit in Bezug auf die Regelung der Gewährleistungspflicht eine Schranke.

§. 434.

Der Verkäufer ist verpflichtet, dem Käufer den verkauften Gegenstand frei von Rechten zu verschaffen, die von Dritten gegen den Käufer geltend gemacht werden können.

§. 435.

Der Verkäufer eines Grundstücks oder eines Rechtes an einem Grundstück ist verpflichtet, im Grundbuch eingetragene Rechte, die nicht bestehen, auf seine Kosten zur Löschung zu bringen, wenn sie im Falle ihres Bestehens das dem Käufer zu verschaffende Recht beeinträchtigen würden.

Das Gleiche gilt bei dem Verkauf eines Schiffes oder eines Rechtes an einem Schiffe für die im Schiffsregister eingetragenen Rechte.

Die hier gegebenen Vorschriften beziehen sich nur auf die Gewährleistungspflicht, welche durch den Kaufvertrag ohne Weiteres begründet wird. Aus der Zusicherung einer bestimmten Rechtseigenschaft haftet der Verkäufer nach den allgemeinen Grundsätzen über die Erfüllung einer Vertragspflicht (M. II S. 212, 317).

Nach § 806 der C.P.O. steht, wenn ein Gegenstand auf Grund der Pfändung veräußert ist, dem Erwerber wegen eines Mangels im Rechte ein Anspruch auf Gewährleistung nicht zu (P. II S. 1341—1343 [Bd. I S. 668, 669]). Vergl. auch § 56 Satz 3 des Zw.V.G.

7. Der Käufer wird verpflichtet, den vereinbarten Kaufpreis an den Verkäufer zu zahlen (vergl. oben Erl. 4, bezüglich der Verzinsung § 452). Der Uebergang des Eigenthums der verkauften Sache ist gesetzlich nicht davon abhängig, daß der Kaufpreis gezahlt oder gestundet ist (M. II S. 318). Vergl. § 455.

Bei dem Kaufe einer Sache tritt für den Käufer mangels einer abweichenden Vereinbarung die Verpflichtung hinzu, dem Verkäufer die Sache abzunehmen. Im Unterschied von der Annahme, deren Unterlassen für den Käufer nur die Folgen des Gläubigerverzugs begründet (§§ 293 ff.), ist unter Abnahme hier die thatsächliche Wegnahme der Sache zu verstehen (P. II S. 1711 [Bd. II S. 53, 54]; über die Bedeutung der Abnahme beim Werkvertrag s. Erl. zu § 640). Die Abnahmepflicht ist dadurch bedingt, daß die Sache dem Käufer vertragsmäßig angeboten ist (M. II S. 318). Ueber die besondere Verpflichtung des Käufers bei sog. Spezifikationskäufen vergl. das neue H.G.B. § 375; Endemann § 158 a. E.

8. Bezüglich des Ortes und der Zeit der Erfüllung gelten für die beiderseitigen Verpflichtungen lediglich die §§ 269—272.

§ 434.

E. I § 371; II § 376 rev. § 428; III § 428. P. I S. 676—679, 685, 3281, 3286, 3553, 3560, 6178, 6190; M. II S. 214. P. II S. 1313, 1315, 1318—1321 (Bd. I S. 654—656). D. S. 630.

Zu den Rechten, wegen deren der Verkäufer nach § 434 Gewähr zu leisten hat, gehören alle dinglichen Rechte, insbesondere auch Grunddienstbarkeiten. Die Geringfügigkeit einer Belastung schließt die Haftung für dieselbe nicht aus, ist aber von Einfluß auf die dem Käufer zustehenden Rechte (vergl. Erl. zu § 440). Den dinglichen Rechten sind im Sinne dieser Vorschrift ferner gleichzustellen Vormerkungen zur Sicherung des Anspruchs auf Bestellung eines Rechtes an einem Grundstück oder einem eingetragenen Rechte (vergl. § 439 Abs. 2 Satz 2). Neben den dinglichen Rechten kommen hier bei Grundstücken namentlich Mieth- und Pachtrechte gemäß den §§ 571 ff., § 581 Abs. 2 in Betracht.

Der Verkäufer hat auch dafür einzustehen, daß bezüglich des verkauften Gegenstandes nicht ein Veräußerungsverbot der in den §§ 135, 136 bezeichneten Art besteht, welches die Verfügung über den Gegenstand der durch das Verbot geschützten Person gegenüber unwirksam macht (P. II S. 1317 [Bd. I S. 656]).

§ 435.

E. I § 378; II § 377 rev. § 429; III § 429. P. I S. 707, 708, 3286, 3553, 3560; M. II S. 378. P. II S. 1333 f. (Bd. I S. 664). D. S. 630.

1. Der § 435 Abs. 1 bestimmt für den Verkäufer eines Grundstücks oder eines Rechtes an einem Grundstück eine über den § 434 hinausgehende selbständige Verpflichtung. Die

§. 436.

Der Verkäufer eines Grundstücks haftet nicht für die Freiheit des Grundstücks von öffentlichen Abgaben und von anderen öffentlichen Lasten, die zur Eintragung in das Grundbuch nicht geeignet sind.

§. 437.

Der Verkäufer einer Forderung oder eines sonstigen Rechtes haftet für den rechtlichen Bestand der Forderung oder des Rechtes.

Der Verkäufer eines Werthpapiers haftet auch dafür, daß es nicht zum Zwecke der Kraftloserklärung aufgeboten ist.

Vorschrift beruht darauf, daß auch die Eintragung eines nicht bestehenden — nicht entstandenen oder erloschenen — Rechtes den Käufer an der vollen Ausnutzung des ihm zu verschaffenden Rechtes hindert. Zur Beseitigung dieses Hindernisses wird der Verkäufer, vorbehaltlich abweichender Vereinbarung, verpflichtet, nicht bestehende eingetragene Rechte auf seine Kosten zur Löschung zu bringen, wenn sie im Falle ihres Bestehens das dem Verkäufer zu verschaffende Eigenthum oder sonstige Recht beeinträchtigen würden. In Bezug auf bestehende Rechte ergiebt sich die gleiche Verpflichtung unbedingt schon aus § 434 verb. mit § 440 Abs. 1; indessen kommt die Vorschrift des § 435 auch gegenüber solchen Rechten dem Käufer zu Statten, indem sie ihn von dem ihm nach § 442 obliegenden Beweise befreit, daß das Recht besteht.

2. Das unter 1 Gesagte gilt gemäß Abs. 2 auch bei dem Verkauf eines in das Schiffsregister eingetragenen Schiffes oder eines Rechtes an einem solchen Schiffe für die im Register eingetragenen Rechte (vergl. §§ 1259 ff.).

§ 436.

E. I § 372; II § 378 rev. § 430; III § 430. P. I S. 679, 680, 686; M. II S. 215 P. II S. 1318 (Bd. I S. 656, 657). D. S. 630.

Der § 436 schneidet eine Folgerung ab, die aus § 434 gezogen werden könnte. Welche Abgaben und Lasten im Sinne des § 436 öffentliche sind und welche öffentlichen Lasten sich zur Eintragung in das Grundbuch nicht eignen, bestimmt sich nach dem für das Grundstück maßgebenden Landesrecht. Auf rückständige Abgaben bezieht sich die Befreiung des Verkäufers von der Haftung nicht (vergl. §§ 446, 103). Die Vorschrift gilt auch zu Gunsten des Verkäufers eines Rechtes an einem Grundstücke. Sie erstreckt sich dagegen nicht auf den Verkauf von beweglichen Sachen, soweit bei solchen, wie z. B. bei Schiffen, Buden, öffentliche Abgaben vorkommen. Eine Haftung des Verkäufers in Folge besonderer Zusicherung oder in Folge von Arglist bleibt unberührt.

§ 437.

E. I § 298; II § 379 rev. § 431; III § 431. P. I S. 1289—1295, 3248, 3249, 3253, 3552, 3559, 3560; M. II S. 125, 126. P. II S. 779, 1313—1317, 1343—1345, 2522, 2525, 2526 (Bd. I S. 386, 654—656, 669, 670). D. S. 630.

1. Bei dem Verkauf einer nicht bestehenden Forderung könnte zweifelhaft sein, ob der Verkäufer nach § 433 Abs. 1 wegen Nichtverschaffung des Rechtes haftet oder ob, ebenso wie bei dem Verkauf einer nicht existirenden Sache, ein Vertrag über eine unmögliche Leistung vorliegt (s. Erl. zu § 306 Nr. 2). Diesen Zweifel beseitigt der § 437 Abs. 1. Der Verkäufer haftet darnach sowohl, wenn die Forderung nie entstanden, als auch wenn sie erloschen oder durch eine Einrede entkräftbar ist. Er hat dem Käufer den vollen Schaden zu ersetzen (§ 252). Ist der Kaufpreis geringer als der Nennwerth der verkauften Forderung und ist die Preisbestimmung mit Rücksicht auf die Unsicherheit des rechtlichen Bestandes der Forderung erfolgt, so wird regelmäßig als stillschweigend vereinbart anzusehen sein, daß der Verkäufer für den Bestand der Forderung nicht haften solle.

Die unbedingte Haftung des Verkäufers für den Bestand der Forderung bezieht sich auf den Zeitpunkt des Abschlusses des Kaufvertrags. Bestand die Forderung zu dieser Zeit, so haftet der Verkäufer für das Fortbestehen der Forderung bis zur Erfüllung des Kaufvertrags bezw. bis zu demjenigen Zeitpunkt, in welchem die Gefahr auf den Käufer übergeht, nur nach Maßgabe der §§ 275 ff. Er haftet also z. B., wenn er die Erfüllung der Forderung angenommen oder mit der Forderung aufgerechnet hat; er haftet nicht, wenn die Forderung dadurch erloschen ist, daß die geschuldete Sache in Folge eines Zufalls untergegangen ist oder daß der Schuldner gegen die Forderung eine ihm zustehende Gegenforderung aufgerechnet hat. In den Fällen der

§. 438.

Uebernimmt der Verkäufer einer Forderung die Haftung für die Zahlungsfähigkeit des Schuldners, so ist die Haftung im Zweifel nur auf die Zahlungsfähigkeit zur Zeit der Abtretung zu beziehen.

§. 439.

Der Verkäufer hat einen Mangel im Rechte nicht zu vertreten, wenn der Käufer den Mangel bei dem Abschlusse des Kaufes kennt.

---

letztgedachten Art finden die Vorschriften des § 323 Anwendung; der Verkäufer wird also von seiner Verpflichtung befreit, kann aber auch den Kaufpreis nicht fordern. In der zweiten Kommission bestand zwar in dieser Beziehung eine Meinungsverschiedenheit (P. II S. 1317 [Bd. I S. 656]), indem von einer Seite die Ansicht vertreten war, daß der Verkäufer bis zur Erfüllung unbedingt für den Bestand des Rechtes zu haften habe. Diese Auffassung dürfte aber nicht richtig sein. Das bei einem Kaufe der fraglichen Art anzunehmende Garantieversprechen kann nur auf die Zeit des Abschlusses des Kaufes bezogen werden. Für die spätere Zeit müssen die allgemeinen Grundsätze über nachfolgende Unmöglichkeit zur Anwendung kommen.

Der Abs. 1 erstreckt sich auch auf den Verkauf anderer Rechte als Forderungen, z. B. eines Urheberrechts.

2. Der Abs. 2 unterwirft den Verkäufer eines Werthpapiers den Vorschriften über Haftung wegen Mangels im Rechte auch dann, wenn das Papier zum Zwecke der Kraftloserklärung aufgeboten ist. In Betracht kommen hier namentlich Wechsel, Urkunden der im neuen H.G.B. § 363 (früher Art. 301, 302) bezeichneten Art und Schuldverschreibungen auf den Inhaber (W.O. Art. 73; neues H.G.B. § 365 Abs. 2, B.G.B. § 799; C.P.O. § 1003). Die hier bestimmte Haftung beruht auf der Auffassung, daß es Sache des Verkäufers eines Werthpapiers ist, sich darüber zu unterrichten, ob das Papier nicht von einem Aufgebote betroffen ist (P. II S. 1315 [Bd. II S. 655]). Nach (P. II S. 1316 [Bd. II S. 655]), D. S. 630 soll die Haftung eintreten, wenn zu der für die Haftung entscheidenden Zeit die erste gerichtliche Handlung im Aufgebotsverfahren erfolgt ist. Nach dem Grunde der Vorschrift wird jedoch weder der etwaige Erlaß eines besonderen Zulassungsbeschlusses noch selbst der bloße Erlaß des Aufgebots genügen, sondern die öffentliche Bekanntmachung des Aufgebots hinzukommen müssen, da erst diese dem Verkäufer die Möglichkeit bietet, von dem Aufgebote Kenntniß zu erhalten.

In Betreff der Zeit, auf welche sich die Haftung bezieht, gelten die in der Erl. 1 Abs. 2 dargelegten Grundsätze. Unbedingt haftet der Verkäufer also nur dafür, daß das Papier zur Zeit des *Kaufes* nicht aufgeboten ist. War das Papier nur der Gattung nach bestimmt, so tritt an die Stelle der Zeit des Kaufes derjenige Zeitpunkt, in welchem sich das Schuldverhältniß nach § 243 auf ein bestimmtes Papier beschränkt hat. Für die spätere Zeit bis zur wirklichen Uebergabe des Papiers gelten die Vorschriften über nachfolgende Unmöglichkeit; es kommt also darauf an, ob ein in dieser Zeit erfolgendes Aufgebot von dem Verkäufer verschuldet ist oder nicht. Eine Verschuldung wird indessen nur ausnahmsweise vorliegen; regelmäßig wird daher der § 323 zur Anwendung kommen.

Eine vor oder bei der Einleitung des Aufgebotsverfahrens verfügte *Zahlungssperre* (C.P.O. § 1019) enthält ein gerichtliches Veräußerungsverbot. Wegen desselben haftet der Verkäufer schon nach § 434 (P. II S. 2525 f.).

§ 438.

E. I § 299; II § 380 rev. § 432; III § 432. P. I S. 1290, 1294, 3552, 3559, 3560; M. II S. 126 f. P. II S. 779 f. (Bd. I S. 387). D. S. 631.

Der Verkäufer einer Forderung haftet für die Zahlungsfähigkeit des Schuldners (die *Güte* der Forderung) nur, wenn er die Haftung besonders übernommen hat. Für diesen Ausnahmefall giebt der § 438 eine Auslegungsregel. Im Uebrigen ist es lediglich Sache der Ermittelung des Parteiwillens, welche Bedeutung die Uebernahme einer solchen Haftung hat, ob insbesondere die einer Verbürgung.

Hat der Verkäufer die Zahlungsunfähigkeit des Schuldners dem Käufer *arglistig verschwiegen*, so ist er dem letzteren nach den Vorschriften über unerlaubte Handlungen zum Schadensersatze verpflichtet (M. II S. 127).

Eine Hypothek, eine Grundschuld, eine Rentenschuld oder ein Pfandrecht hat der Verkäufer zu beseitigen, auch wenn der Käufer die Belastung kennt. Das Gleiche gilt von einer Vormerkung zur Sicherung des Anspruchs auf Bestellung eines dieser Rechte.

§. 440.

Erfüllt der Verkäufer die ihm nach den §§. 433 bis 437, 439 obliegenden Verpflichtungen nicht, so bestimmen sich die Rechte des Käufers nach den Vorschriften der §§. 320 bis 327.

Ist eine bewegliche Sache verkauft und dem Käufer zum Zwecke der Eigenthumsübertragung übergeben worden, so kann der Käufer wegen des Rechtes eines Dritten, das zum Besitze der Sache berechtigt, Schadensersatz wegen Nichterfüllung

---

§ 439.

E. I § 373; II § 381 rev. § 433; III § 433. P. I S. 680—682, 686, 3273, 5456, 5457; M. II S. 215 f. P. II S. 1321—1325, 4791—4795 (Bd. I S. 658—660). D. S. 631.

1. Die Vorschrift bezieht sich auf alle Mängel im Rechte, die der Verkäufer nach den vorhergehenden Paragraphen zu vertreten hat, mag der Mangel darin bestehen, daß das Eigenthum an der verkauften Sache oder das verkaufte Recht nicht dem Verkäufer zusteht, daß bezüglich des verkauften Gegenstandes Rechte der in § 434 bezeichneten Art bestehen, daß in den Fällen des § 435 nicht bestehende Rechte eingetragen sind oder daß das verkaufte Recht nicht besteht (§ 437 Abs. 1) oder das verkaufte Werthpapier aufgeboten ist (§ 437 Abs. 2). Jeden dieser Mängel hat der Verkäufer dann nicht zu vertreten, wenn der Käufer ihn bei dem Abschlusse des Kaufes kennt.

Ob der Käufer die Kenntniß durch Mittheilung des Verkäufers oder auf andere Weise erlangt hat, ist gleichgültig. Nur wirkliche Kenntniß des Käufers aber schließt die Haftung aus, nicht verschuldete Unkenntniß. Auch der Umstand, daß ein Rechtsmangel aus dem Grundbuch ersichtlich ist, befreit den Verkäufer nicht von der Haftung, sofern der Käufer den Mangel nicht wirklich kennt. Die Kenntniß des Käufers hat der Verkäufer zu beweisen.

Nur die hier geregelte gesetzliche Haftung des Verkäufers wird indeß durch die Kenntniß des Käufers ausgeschlossen, nicht dagegen die Haftung aus einer besonderen Zusicherung. Eine solche wird nach den Umständen anzunehmen sein, wenn der Vertrag mit Wissen beider Theile über die Sache oder das Recht eines Dritten abgeschlossen wird, sofern derselbe nicht als gegen die guten Sitten verstoßend nichtig ist (M. II S. 216, P. II S. 1322 f. [Bd. I S. 659]).

2. Der Abs. 2 enthält eine Ausnahme von der Regel des Abs. 1. Danach hat der Verkäufer eines Grundstücks die daran bestehenden Hypotheken, Grundschulden oder Rentenschulden, der Verkäufer einer beweglichen Sache oder eines Rechtes die daran bestehenden Pfandrechte auch dann (gemäß § 434) zu beseitigen, wenn der Käufer die Belastung kennt. In gleicher Weise ist der Verkäufer eines Grundstücks oder eines eingetragenen Rechtes verpflichtet, eine Vormerkung zur Sicherung des Anspruchs auf Bestellung eines der genannten Rechte (vergl. § 883) zu beseitigen.

Auch die Belastung des verkauften Grundstücks mit rückständigen Reallastleistungen hat der Verkäufer gemäß § 439 Abs. 2 verb. mit § 1107 zu beseitigen (Eccius in Gruchot Beiträge 41 S. 302).

§ 440.

E. I §§ 374—377; II § 382 Abs. 1, 2 rev. § 434; III § 434. P. I S. 669—676, 686—714, 721—723, 1176—1179, 1191—1194, 3551, 3554, 3557—3561; M. II S. 216—222. P. II S. 1325—1331, 8438, 8439 (Bd. I S. 660—664). D. S. 631.

1. Die in den §§ 433—437, 439 bestimmten Verpflichtungen des Verkäufers entspringen aus dem Kaufvertrag. Hieraus würde schon ohne Weiteres folgen, daß die auf den gegenseitigen Vertrag bezüglichen Vorschriften der §§ 320—327 auf jene Verpflichtungen Anwendung finden. Ihre Anwendbarkeit wird jedoch mit Rücksicht auf die Verpflichtung des Verkäufers zur Rechtsverschaffung im § 440 Abs. 1 besonders ausgesprochen, weil sie bezüglich dieser Verpflichtung durch § 440 Abs. 2—4 und § 441 eingeschränkt wird.

Für die Geltendmachung der Rechte, welche dem Käufer wegen eines Mangels im Rechte des Verkäufers zustehen, ist die Vorschrift von allgemeiner Bedeutung, daß der Käufer erforderlichenfalls den Rechtsmangel zu beweisen hat (§ 442).

nur verlangen, wenn er die Sache dem Dritten mit Rücksicht auf dessen Recht herausgegeben hat oder sie dem Verkäufer zurückgewährt oder wenn die Sache untergegangen ist.

Der Herausgabe der Sache an den Dritten steht es gleich, wenn der Dritte den Käufer oder dieser den Dritten beerbt oder wenn der Käufer das Recht des Dritten anderweit erwirbt oder den Dritten abfindet.

Steht dem Käufer ein Anspruch auf Herausgabe gegen einen Anderen zu, so genügt an Stelle der Rückgewähr die Abtretung des Anspruchs.

---

2. Der Käufer ist zunächst, solange der Verkäufer seine Verpflichtung zur Rechtsverschaffung nicht erfüllt hat, gegen Ansprüche desselben nach Maßgabe der §§ 320—322 geschützt. Er kann die ihm obliegende Leistung, namentlich die Zahlung des Kaufpreises, bis zur Erfüllung der Verpflichtung des Verkäufers verweigern. Dieses Recht, die Einrede des nicht erfüllten Vertrags, hat der Käufer auch noch, wenn, abgesehen von dem Rechtsmangel des Verkäufers, den Erfordernissen, von denen die Erlangung des dem Käufer zu verschaffenden Rechtes abhängt, bereits genügt ist, wenn insbesondere das verkaufte Grundstück schon ihm aufgelassen und er als Eigenthümer eingetragen, die verkaufte bewegliche Sache ihm zum Zwecke der Eigenthumsübertragung übergeben, die verkaufte Forderung ihm abgetreten ist. Das Recht des Käufers beschränkt sich jedoch, sofern der Verkäufer im Uebrigen erfüllt hat, nach § 320 Abs. 2 unter Umständen auf einen verhältnißmäßigen Theil der Gegenleistung, so z. B. wenn an dem verkauften Grundstück eine unerhebliche Grunddienstbarkeit besteht (P. II S. 1331 [Bd. I S. 664]; s. Erl. zu § 320 Nr. 4).

Was die Wirkung der Einrede des nicht erfüllten Vertrags betrifft, so erleidet der § 322 hier eine erhebliche Aenderung durch § 442. Nach § 322 Abs. 1 müßte, wenn der Käufer wegen Nichterfüllung der dem Verkäufer obliegenden Verpflichtung zur Rechtsverschaffung die Einrede geltend macht, der Verkäufer die Erfüllung dieser Verpflichtung beweisen, widrigenfalls der Käufer nicht unbedingt zur Erfüllung, sondern nur zur Erfüllung Zug um Zug verurtheilt würde. Abweichend hiervon bestimmt dagegen der § 442, daß der Käufer den zur Begründung der Einrede von ihm geltend gemachten Mangel im Rechte des Verkäufers, sofern dieser den Mangel bestreitet, seinerseits zu beweisen hat. Kann der Käufer diesen Beweis nicht führen, so bleibt die Einrede unberücksichtigt und der Käufer wird unbedingt verurtheilt.

3. Der Käufer kann ferner vom Verkäufer Erfüllung der diesem obliegenden Verpflichtung zur Rechtsverschaffung verlangen. War der Verkäufer schon zur Zeit des Kaufabschlusses zur Rechtsverschaffung außer Stande, so hat er sein Unvermögen zur Erfüllung schlechthin zu vertreten (M. II S. 216, 220). Unter welchen Voraussetzungen der Käufer wegen eines solchen Unvermögens Schadensersatz verlangen oder von dem Vertrag zurücktreten kann, bestimmt sich nach den Vorschriften des § 283, des § 325 Abs. 2 und des § 326.

4. Ist der Verkäufer erst nach dem Vertragschlusse zur Rechtsverschaffung außer Stand gesetzt, so kommt es nach §§ 323, 324, § 325 Abs. 1, § 275 Abs. 2, § 280 darauf an, ob der das Unvermögen herbeiführende Umstand von keinem der beiden Theile oder vom Käufer oder vom Verkäufer zu vertreten ist (P. II S. 1317 f., 1335 ff. [Bd. I S. 656, 665—667]). Den Erläuterungen zu den angeführten Bestimmungen ist hier Folgendes hinzuzufügen:

Die Rechtsverschaffung ist, abgesehen von den Fällen des § 437 Abs. 1, nur ein Theil der dem Verkäufer obliegenden Leistung. Ist also der Verkäufer nur zur Rechtsverschaffung außer Stande, so finden die Vorschriften über die Folgen theilweisen Unvermögens zur Leistung Anwendung.

Nach § 325 Abs. 1 hat der Käufer, wenn das Leistungsunvermögen des Verkäufers auf einem von diesem zu vertretenden Umstande, z. B. einer von ihm selbst bewirkten Belastung der Sache, beruht, im Allgemeinen die Wahl zwischen dem Anspruch auf Schadensersatz wegen Nichterfüllung und dem Rücktritte vom Vertrage. Bei nur theilweisem Unvermögen ist ihm die Befugniß, Schadensersatz wegen Nichterfüllung der ganzen Verbindlichkeit zu verlangen oder von dem ganzen Vertrage zurückzutreten, nur gegeben, wenn die theilweise Erfüllung für ihn kein Interesse hat. Das Vorhandensein dieser Voraussetzung wird z. B. zu verneinen sein, wenn der Rechtsmangel nur in der Belastung des Grundstücks mit einer unerheblichen Grunddienstbarkeit besteht (P. II S. 1319, 1320 [Bd. I S. 657, 658]).

Ein gleiches Wahlrecht zwischen dem Anspruch auf Schadensersatz wegen Nichterfüllung und dem Rücktritte vom Vertrage steht dem Käufer auch nach § 325 Abs. 2 zu, wenn der Verkäufer nicht innerhalb der ihm gemäß § 283 bestimmten Frist nach seiner rechtskräftigen Verurtheilung erfüllt, sowie nach Maßgabe des § 326 wegen Verzugs des Verkäufers.

Liegen die Voraussetzungen der §§ 323—326 vor, so kann der Käufer wegen eines vom Verkäufer zu vertretenden Rechtsmangels die aus jenen Vorschriften sich ergebenden Rechte auch geltend machen, wenn, abgesehen von dem Rechtsmangel, alles Erforderliche geschehen ist, um ihm das Eigenthum an der gekauften Sache oder das gekaufte Recht zu verschaffen. Nur in Betreff des Anspruchs auf Schadensersatz wegen Nichterfüllung bestimmen der § 440 Abs. 2—4 und der § 441 hiervon Ausnahmen. Diese beschränken sich auf die Fälle, in welchen eine bewegliche Sache oder ein zum Besitze berechtigendes Recht an einer solchen Gegenstand des Kaufes ist. Der E. I §§ 374—377 wollte außer den Fällen des Verkaufs eines Grundstücks oder eines Rechtes an einem solchen dem Käufer nach Erfüllung der sonstigen Erfordernisse seines Rechtserwerbs wegen des Rechtsmangels einen Schadensersatzanspruch nur gewähren, wenn das den Rechtsmangel begründende Recht des Dritten mit Erfolg geltend gemacht worden sei. Er hielt also im Anschluß an die Mehrzahl der bisherigen Rechte an dem Erforderniß der Entwehrung fest (M. II S. 218). In der zweiten Kommission drang dagegen die Ansicht durch, daß jenes Erforderniß, welches im römischen Rechte mit der Gestaltung des Sachenrechts zusammenhänge, zu den sachenrechtlichen Grundsätzen des B.G.B. nicht passe, und man ließ es daher fallen (Jakubezky S. 91). Die jetzt noch beibehaltenen Einschränkungen des Schadensersatzanspruchs sollen lediglich verhüten, daß der Käufer eine Entschädigung wegen des Rechtsmangels erlangt und gleichzeitig im Genusse der Sache bleibt.

5. Die Ausnahmevorschriften des § 440 Abs. 2—4 betreffen den Fall, daß eine bewegliche Sache verkauft und dem Käufer zum Zwecke der Eigenthumsübertragung übergeben ist. Die Uebergabe muß gemäß § 929 Satz 1 oder Satz 2 erfolgt sein. Die in den §§ 930, 931 bezeichneten Ersatzmittel der Uebergabe stehen dieser hier nicht gleich. In dem vorausgesetzten Falle unterliegt der Schadensersatzanspruch wegen Nichterfüllung einer Beschränkung nur insoweit, als er sich auf ein zum Besitze der Sache berechtigendes Recht eines Dritten, also Eigenthum, Nießbrauch (§ 1036 Abs. 1), Pfandrecht (§ 1227), gründet. Die Beschränkung des Schadensersatzanspruchs besteht darin, daß er nur gegeben wird, wenn eine der nachfolgend bezeichneten besonderen Voraussetzungen erfüllt ist.

a) Der Käufer muß die Sache dem Dritten mit Rücksicht auf dessen Recht herausgegeben haben. Ob die Herausgabe in freiwilliger Anerkennung des Rechtes oder erst nach rechtskräftiger Verurtheilung des Käufers erfolgt ist, macht keinen Unterschied. Nur hat im ersteren Falle der Käufer das Bestehen des Rechtes des Dritten dem Verkäufer gegenüber, falls dieser es bestreitet, stets zu beweisen. Ist dagegen die Herausgabe auf Grund der Verurtheilung des Käufers erfolgt, so ist dieser von dem gedachten Beweise dem Verkäufer gegenüber frei, wenn er dem letzteren in dem Rechtsstreite mit dem Dritten den Streit verkündet hat und der Verkäufer gemäß §§ 74, 68 der C.P.O. das ergangene Urtheil gegen sich gelten lassen muß. Voraussetzung für den Ersatzanspruch des Käufers gegen den Verkäufer ist aber die Streitverkündung nicht; ist sie unterblieben, so trifft lediglich den Käufer die Beweislast nach § 442. Die Befugniß des Käufers zur Streitverkündung ergiebt sich aus C.P.O. § 72.

b) Mit Rücksicht auf die Fälle, in denen dem Käufer nicht zugemuthet werden kann, den berechtigten Dritten ausfindig zu machen, ist der Herausgabe der Sache an diesen die Rückgewähr derselben an den Verkäufer gleichgestellt. Die Rückgewähr wiederum kann, falls der Käufer selbst nicht mehr im Besitze der Sache ist, aber gegen einen Anderen einen Anspruch auf Herausgabe der Sache hat, durch die Abtretung dieses Anspruchs an den Verkäufer ersetzt werden (§ 440 Abs. 4). Gedacht ist bei dieser Vorschrift an den Fall, daß die Sache dem Käufer ohne seinen Willen, namentlich durch Diebstahl, entzogen ist (P. II S. 8439); ihrem Wortlaute nach trifft sie aber auch auf einen vertragsmäßig begründeten Herausgabeanspruch des Käufers zu.

c) Auch wenn die Sache untergegangen ist, kann der Käufer nach § 440 Abs. 2 Ersatz des Schadens verlangen, der ihm aus dem Rechtsmangel des Verkäufers erwachsen ist, z. B. dadurch, daß er nach Weiterveräußerung der Sache dem Abkäufer in Folge des Rechtsmangels seinerseits Schadensersatz hat leisten müssen. Ist jedoch der Untergang der Sache vom Käufer selbst verschuldet, so greifen die allgemeinen Grundsätze über die Folgen eines mitwirkenden Verschuldens des Beschädigten Platz (§ 254).

d) Der Schadensersatzanspruch wird endlich noch in folgenden Fällen gegeben:

α) Der zum Besitze der Sache berechtigte Dritte beerbt den Käufer oder dieser den Dritten. Der Eintritt der Beerbung bestimmt sich nach den §§ 1922, 1942 ff.

β) Der Käufer erwirbt das Recht des Dritten anderweit, entgeltlich oder unentgeltlich, unter Lebenden oder von Todeswegen.

γ) Der Käufer findet den Dritten wegen des diesem zustehenden Rechtes ab.

6) Für die Bemessung des dem Käufer zu ersetzenden Schadens gelten die allgemeinen Grundsätze (§§ 249 ff.). Bezüglich des Zeitpunkts, der für die Feststellung des Schadens

§. 441.

Die Vorschriften des §. 440 Abs. 2 bis 4 gelten auch dann, wenn ein Recht an einer beweglichen Sache verkauft ist, das zum Besitze der Sache berechtigt.

§. 442.

Bestreitet der Verkäufer den vom Käufer geltend gemachten Mangel im Rechte, so hat der Käufer den Mangel zu beweisen.

§. 443.

Eine Vereinbarung, durch welche die nach den §§. 433 bis 437, 439 bis 442 wegen eines Mangels im Rechte dem Verkäufer obliegende Verpflichtung zur Gewährleistung erlassen oder beschränkt wird, ist nichtig, wenn der Verkäufer den Mangel arglistig verschweigt.

---

maßgebend ist, enthielt der E. I in § 377 Abs. 2 Satz 1 eine besondere Vorschrift. Die zweite Kommission hat dieselbe gestrichen und damit die Entscheidung der Wissenschaft und Rechtsprechung überlassen (Windscheid II § 391 Anm. 34, Dernburg II § 99 Anm. 24; Erl. zu § 252 Nr. 1—4, zu § 280 Nr. 4).

7. Die Gewährleistungsansprüche des Käufers unterliegen der regelmäßigen dreißigjährigen Verjährung.

§ 441

E. I §§ 374—377; II § 382 Abs. 3 rev. § 435; III § 435. P. I S. 669—676, 686—714, 721—723, 1176—1179, 1191—1194, 3551, 3554, 3557, 3559—3561; M. II S. 216—222. P. II S. 1325—1331 (Bd. I S. 660—664). D. S. 631.

1. Voraussetzung des § 441 ist, daß ein zum Besitze berechtigendes Recht an einer beweglichen Sache verkauft und die Sache dem Käufer zum Zwecke der Uebertragung des Rechtes übergeben ist. In Betracht kommen der Kauf eines zu bestellenden Nießbrauchs (§ 1059) und der mit dem Kaufe einer Forderung verbundene Kauf eines zu deren Sicherung bestehenden Pfandrechts (§ 1250).

2. In den unter 1 bezeichneten Fällen unterliegt der Schadensersatzanspruch des Käufers wegen Nichterfüllung den in der Erl. 5 zu § 440 angegebenen Beschränkungen.

3. Die Anwendbarkeit des § 440 Abs. 1 auf die hier fraglichen Fälle ergiebt sich aus dessen Fassung von selbst.

§ 442.

E. I § 379; II § 383 rev. § 436; III § 436. P. I S. 714—720, 1176—1179; M. II S. 222, 223. P. II S. 1334, 1335 (Bd. I S. 665).

Vergl. Erl. 1, 2 und 5a zu § 440.

§ 443.

E. I § 380; II § 384 rev. § 437; III § 437. P. I S. 723—725; M. II S. 223, 224. P. II S. 1339 (Bd. I S. 667).

Die Vorschriften über die Verpflichtung des Verkäufers zur Gewährleistung wegen Mangels im Rechte sind nicht zwingender Natur. Sie können, wie der E. I besonders aussprach, von der zweiten Kommission aber als selbstverständlich weggelassen wurde, durch Vertrag erweitert, beschränkt oder erlassen werden. Die Beschränkung und der Erlaß sind jedoch nichtig (nicht nur gemäß § 123 anfechtbar) in Bezug auf solche Rechtsmängel, die der Verkäufer arglistig verschwiegen hat. Arglistiges Verschweigen liegt vor, wenn der Verkäufer den ihm bekannten Mangel in der Absicht, den Käufer zu täuschen, diesem verschweigt. Nichtangabe des Mangels in der Annahme, daß derselbe auch dem Käufer bekannt sei, genügt nicht. Der Käufer hat das arglistige Verschweigen zu beweisen.

§. 444.

Der Verkäufer ist verpflichtet, dem Käufer über die den verkauften Gegenstand betreffenden rechtlichen Verhältnisse, insbesondere im Falle des Verkaufs eines Grundstücks über die Grenzen, Gerechtsame und Lasten, die nöthige Auskunft zu ertheilen und ihm die zum Beweise des Rechtes dienenden Urkunden, soweit sie sich in seinem Besitze befinden, auszuliefern. Erstreckt sich der Inhalt einer solchen Urkunde auch auf andere Angelegenheiten, so ist der Verkäufer nur zur Ertheilung eines öffentlich beglaubigten Auszugs verpflichtet.

---

§ 444.

E. I § 462; II § 385 rev. § 438; III § 438. P. I S. 1858—1860; M. II S. 322. P. II S. 1718, 1719 (Bd. II S. 58).

Nach § 444 entspringt aus dem Kaufvertrag für den Verkäufer eine doppelte Verpflichtung:

1. Die Verpflichtung zur Auskunftertheilung. Die hierauf bezügliche Vorschrift hat nicht das Verhalten des Verkäufers bei den Vertragsverhandlungen im Auge, so daß aus ihr eine Haftung wegen culpa in contrahendo hergeleitet werden könnte, sondern sie betrifft eine aus dem abgeschlossenen Vertrag entstehende Verpflichtung. Diese geht dahin, dem Käufer die für ihn nach den Umständen nöthige Auskunft über alle die verkaufte Sache oder das verkaufte Recht betreffenden rechtlichen Verhältnisse, dingliche wie obligatorische, zu ertheilen, insbesondere bei Grundstücken über die Grenzen, die Gerechtsame, d. h. die mit dem Eigenthume verbundenen Rechte, und die Lasten, privatrechtliche wie öffentliche. Von Bedeutung ist die Auskunftspflicht namentlich auch bezüglich der ein Grundstück betreffenden Miethverhältnisse, weil der Käufer mit dem Eigenthumserwerb in diese gemäß §§ 571 ff. eintritt. Ob der Käufer nach G.B.O. § 11 in der Lage wäre, sich durch Einsicht des Grundbuchs über den Rechtszustand des Grundstücks zu unterrichten, ist für die Auskunftspflicht des Verkäufers ohne Belang. Die Erfüllung kann im Prozeßwege nach C.P.O. § 888 unmittelbar erzwungen werden. Auch begründet die Nichterfüllung für den Käufer diejenigen Rechte, welche sich aus den Vorschriften über gegenseitige Verträge (§§ 320—327) ergeben.

Im Falle des Verkaufs einer Forderung kommt nach der Abtretung auch die im § 402 bestimmte Auskunftspflicht in Betracht.

2. Der Verkäufer hat dem Käufer die Urkunden auszuliefern, die zum Beweise des Rechtes dienen und sich in seinem Besitze befinden. Der E. I sprach von den zum Beweise des Rechtes an dem Kaufgegenstande dienenden Urkunden. Dieser Ausdruck konnte nur auf Urkunden bezogen werden, die zum Beweise des Eigenthums an der gekauften Sache oder des gekauften Rechtes dienen, z. B. Kaufverträge, Enteignungserklärungen, Zuschlagsbescheide, den Schuldschein über eine Forderung, Verlagsverträge. Die jetzige Fassung gestattet eine weitere Auslegung. Sie deckt alle Urkunden, welche zum Beweise der den gekauften Gegenstand betreffenden rechtlichen Verhältnisse, in die der Käufer eintritt, dienen, also auch Versicherungspolicen und die über ein Grundstück geschlossenen schriftlichen Miethverträge.

Der Verkäufer hat nur die in seinem Besitze befindlichen Urkunden der bezeichneten Art auszuliefern. Besitz umfaßt nach §§ 868, 871 auch den mittelbaren Besitz; steht dem Verkäufer nur der letztere zu, so kann der Käufer statt der Auslieferung der Urkunde die Abtretung des Anspruchs auf Herausgabe derselben verlangen. Von der Auslieferungspflicht ausgenommen sind jedoch nach § 444 Satz 2 solche Urkunden, welche nur theilweise dem Beweise des Rechtes in dem oben bezeichneten Sinne dienen, nebenher aber sich auf andere Angelegenheiten, z. B. persönliche und Familienverhältnisse des Käufers oder andere Gegenstände als den gekauften, erstrecken. Bei solchen Urkunden tritt an die Stelle der Auslieferungspflicht die Verpflichtung zur Ertheilung eines öffentlich beglaubigten Auszugs. Die Zuständigkeit und das Verfahren für die Ertheilung eines solchen Auszugs bestimmt sich nach den Landesgesetzen. Der Auszug hat sich auf alle Theile der Urkunde zu erstrecken, welche dem Beweise des Rechtes in dem obigen Sinne dienen. Welche Theile, die nicht zu jenem Zwecke dienen, in dem Auszuge zu unterdrücken sind, bestimmt der Verkäufer. Der Käufer kann, entgegen der in den P. II S. 1719 (Bd. II S. 58) ausgesprochenen Ansicht, welche auch Endemann § 160 Anm. 17 theilt, nicht nach § 810 Gestattung der Einsicht der ganzen Urkunde verlangen, da die Voraussetzungen dieser Vorschrift nicht gegeben sind. Der Verkäufer macht sich jedoch durch Unvollständigkeit des Auszugs eventuell schadensersatzpflichtig.

Ist eine Forderung verkauft, so kann der Käufer nach der Abtretung auch auf Grund dieser allein nach § 402 Auslieferung der zum Beweise der Forderung dienenden Urkunden, soweit sie sich im Besitze des Verkäufers befinden, verlangen. Mit dem Erwerbe der Forderung erlangt der Käufer ferner das Eigenthum an dem über die Forderung ausgestellten Schuldschein (§ 952 Abs. 1) und damit den dinglichen Anspruch auf Herausgabe des Schuldscheins (§ 985).

§. 445.

Die Vorschriften der §§. 433 bis 444 finden auf andere Verträge, die auf Veräußerung oder Belastung eines Gegenstandes gegen Entgelt gerichtet sind, entsprechende Anwendung.

§. 446.

Mit der Uebergabe der verkauften Sache geht die Gefahr des zufälligen Unterganges und einer zufälligen Verschlechterung auf den Käufer über. Von der Uebergabe an gebühren dem Käufer die Nutzungen und trägt er die Lasten der Sache.

Wird der Käufer eines Grundstücks vor der Uebergabe als Eigenthümer in das Grundbuch eingetragen, so treten diese Wirkungen mit der Eintragung ein.

---

§ 445.

E. II § 386 rev. § 439; III § 439. P. II S. 1341—1343 (Bd. I S. 668). D. S. 631.

1. Der E. I regelte in den §§ 370—380 die Verpflichtung zur Gewährleistung des veräußerten Rechtes als allgemeine Folge jedes Vertrags, durch den sich der eine Theil dem anderen zur Veräußerung einer Sache oder eines Rechtes verpflichtet. Diese allgemeinen Vorschriften erfuhren bei den einzelnen auf unentgeltliche Veräußerung gerichteten Verträgen die nothwendige Einschränkung. Die zweite Kommission beschloß dagegen, die Gewährleistungspflicht zunächst nur bei dem Kaufe zu regeln. Infolgedessen bedurfte es einer die bezüglichen Vorschriften auf andere Verträge ausdehnenden Bestimmung, wie sie der § 445 enthält. Die Bestimmung wurde zugleich auf alle sonstigen Vorschriften der §§ 433—444 erstreckt.

2. Unter den Verträgen, die auf Veräußerung oder Belastung (vergl. Vorbem. zu Buch I Abschn. III unter IX 4, Bd. I S. 148) eines Gegenstandes gegen Entgelt gerichtet sind, kommt der Tausch hier mit Rücksicht auf § 515 nicht in Betracht. Ebenso enthalten die §§ 365, 757 besondere, sachlich freilich übereinstimmende Vorschriften für die Hingabe an Erfüllungsstatt und die Zutheilung eines gemeinschaftlichen Gegenstandes an einen Theilhaber bei der Aufhebung der Gemeinschaft (vergl. § 2042 Abs. 2). Der § 445 trifft daher namentlich den Vergleich sowie Verträge, bei denen das Entgelt in Handlungen besteht. Er beschränkt sich nicht auf obligatorische Verträge. Insbesondere wird, wenn man in dem Handkauf eine Verbindung zweier unmittelbar vollzogener dinglicher Verträge erblickt, auch dieser durch den § 445 gedeckt.

3. Ein auf Belastung eines Gegenstandes gerichteter Vertrag ist insbesondere der Verpfändungsvertrag (vergl. Vorbem. 2 zum 7. Abschnitt, oben S. 225). Derselbe kann aber je nach den Umständen ein entgeltlicher oder ein unentgeltlicher sein (P. II S. 2552, 2553). Nur wenn ersteres zutrifft, unterliegt er dem § 445.

Die entsprechende Anwendung der §§ 433—444 dürfte keine Schwierigkeiten bieten.

4. Bezüglich der Schenkung ist die Gewährleistungspflicht wegen Rechtsmangels in § 523, bezüglich der Ausstattung in § 1624 Abs. 2 geregelt.

§ 446.

E. I § 463 Abs. 1, 2; II § 387 rev. § 440; III § 440. P. I S. 1862—1871, 11780, 11781; M. II S. 322—325. P. II S. 1720—1725 (Bd. II S. 58—62). D. S. 631.

1. Die Vorschriften des § 446 sind ergänzender Natur. In erster Linie entscheidet über die darin behandelten Fragen die Vereinbarung der Betheiligten.

2. a) Der § 446 bestimmt zunächst den Zeitpunkt, mit welchem beim Kaufe einer Sache die Gefahr des zufälligen Unterganges und einer zufälligen Verschlechterung auf den Käufer übergeht. Er betrifft also die gleiche Frage, welche der § 323 allgemein für gegenseitige Verträge regelt. Diese allgemeine Vorschrift dient einerseits in Betreff der Bedeutung des Ueberganges der Gefahr zur Ergänzung des § 446 und wird andererseits durch letzteren bezüglich der Voraussetzungen des Gefahrüberganges theils verdeutlicht, theils modifizirt. Auch für den Kauf von Sachen und den im § 451 gleichgestellten Rechten gilt insoweit lediglich der § 323, als es sich um die Gefahr des nachträglich eintretenden Unvermögens zur Rechtsverschaffung handelt (§ 440 Abs. 1), und für den Kauf anderer Rechte ist die allgemeine Vorschrift allein maßgebend.

Daß die Gefahr des zufälligen Unterganges oder einer zufälligen Verschlechterung der Sache mit einem gewissen Zeitpunkt auf den Käufer übergeht, bedeutet nach § 323: Der zufällige Untergang und eine zufällige Verschlechterung der Sache haben die im § 323 bestimmten

Wirkungen in Betreff des Rechtes des Verkäufers auf den Kaufpreis, wenn sie vor dem maßgebenden Zeitpunkt eintreten, anderenfalls nicht. Der Untergang und die Verschlechterung sind gemäß § 323 zufällige, wenn sie auf einem weder vom Verkäufer noch vom Käufer zu vertretenden Umstande beruhen..

b) Den **Zeitpunkt** des Gefahrübergangs bestimmt der § 446 verschieden für bewegliche Sachen und für Grundstücke.

α) Bei **beweglichen Sachen** entscheidet die Uebergabe, d. h. die körperliche Uebergabe, welcher die brevi manu traditio gleichsteht (§ 929). Hierin liegt lediglich eine Anwendung des § 323, nach welchem der Käufer bis zur Bewirkung der ihm obliegenden Leistung die Gefahr trägt. Ein früherer Zeitpunkt kann für den Gefahrübergang nach § 447 und, wenn die Sache nur der Gattung nach bestimmt ist, nach § 300 Abs. 2 in Betracht kommen.

β) Bei **Grundstücken** geht die Gefahr entweder mit der Uebergabe oder mit der Eintragung des Käufers als Eigenthümer in das Grundbuch über, und zwar entscheidet derjenige dieser beiden Akte, welcher zuerst vorgenommen wird. Hierin liegt, da der Verkäufer weder durch die Uebergabe noch durch die Eintragung allein erfüllt hat, eine Abweichung von dem Grundsatze des § 323. Eine entsprechende Anwendung der für den Kauf gegebenen Vorschriften auf andere gegenseitige Verträge über die Veräußerung eines Grundstücks erscheint jedoch nicht ausgeschlossen (P. II S. 1725 [Bd. II S. 62]).

Schwierigkeiten bietet der schon in den M. II S. 323 hervorgehobene, aber nicht unmittelbar entschiedene Fall, daß ein von A dem B verkauftes und übergebenes Grundstück hinterher von A nochmals an den C verkauft und aufgelassen, letzterer auch als Eigenthümer eingetragen wird und nunmehr das Grundstück durch Zufall untergeht oder verschlechtert wird. **Schollmeyer** S. 8, 9 nimmt an, der Verkäufer könne hier doppelte Zahlung des Kaufpreises verlangen, da jeder der beiden Käufer die Gefahr trug. Indessen folgt für das Verhältniß des A zum B aus § 446 nur, daß der B nicht durch den zufälligen Untergang oder die zufällige Verschlechterung des Grundstücks von der Verpflichtung zur Zahlung des Kaufpreises ohne Weiteres ganz oder zum Theil befreit wird. Daneben kommt aber in Betracht, daß der A dem B außer zur Uebergabe auch zur Eigenthumsverschaffung verpflichtet war und sich zur Erfüllung dieser Verpflichtung durch die Uebertragung des Eigenthums auf den C in einer von ihm zu vertretenden Weise außer Stand gesetzt hat. Mit der Eigenthumsübertragung an C erwächst also dem B nach § 440 Abs. 1 das im § 325 Abs. 1 bestimmte Recht, Schadensersatz wegen Nichterfüllung zu verlangen oder vom Vertrage zurückzutreten, und insbesondere das Rücktrittsrecht wird durch den zufälligen Untergang oder die zufällige Verschlechterung des Grundstücks nicht ausgeschlossen (§§ 327, 350). Der B ist also gegen den Anspruch des A auf Zahlung des Kaufpreises geschützt. Nur gegen C dringt der A mit diesem Anspruche durch. Vergl. auch **Endemann** § 157 Note 23.

c) Für den Fall eines **bedingten Kaufvertrags** bestimmt sich die Tragung der Gefahr nach den allgemeinen Vorschriften der §§ 158, 159. Bei der **aufschiebenden** Bedingung tritt die Wirkung des Kaufvertrags erst mit dem Eintritte der Bedingung ein. Es kommt also darauf an, ob in diesem Zeitpunkte der Verkäufer seine vertragsmäßige Verpflichtung erfüllen kann. Ist ihm die Erfüllung in Folge zufälligen Unterganges oder zufälliger Verschlechterung unmöglich geworden, so liegt die Voraussetzung des § 323 vor; er verliert danach den Anspruch auf den Kaufpreis ganz oder theilweise. Dies gilt auch dann, wenn die Sache dem Käufer vor dem Eintritte der Bedingung übergeben war. Erst mit dem Eintritte der Bedingung geht also die Gefahr über. Ein früherer Zeitpunkt kann sich nach § 159 ergeben. — Bei der **auflösenden** Bedingung entstehen die beiderseitigen Verpflichtungen sofort mit dem Abschlusse des Kaufes, ebenso wie beim unbedingten Kaufe. Der Zeitpunkt des Gefahrübergangs bestimmt sich demgemäß nach § 446. Der Käufer ist also, wenn nach der Uebergabe der Sache an ihn oder nach seiner Eintragung als Eigenthümer die Sache zufällig untergeht oder verschlechtert wird, bis zum Eintritte der Bedingung zur Zahlung des Kaufpreises verpflichtet. Mit dem Eintritte der Bedingung endigt jedoch die Wirkung des Kaufvertrags (§ 158 Abs. 2). Der Verkäufer kann also jedenfalls, wenn der Kaufpreis noch nicht gezahlt ist, ihn jetzt nicht mehr verlangen. Inwieweit er den gezahlten Kaufpreis zu erstatten hat, obwohl der Käufer wegen des zufälligen Unterganges oder der zufälligen Verschlechterung der Sache diese gar nicht oder nur in verändertem Zustande zurückgeben kann, hängt davon ab, ob die durch den Eintritt der auflösenden Bedingung entstehenden Verpflichtungen auf dem Kaufvertrag oder auf der ungerechtfertigten Bereicherung beruhen. Ist ersteres anzunehmen, so wird der Käufer des Anspruchs auf Rückerstattung des Kaufpreises gemäß § 323 ganz oder theilweise verlustig. Andernfalls hat der Verkäufer den ganzen Kaufpreis zu erstatten (§ 820). Die letztgedachte Auffassung dürfte den Vorzug verdienen. Auch hier kann der § 159 zu einem anderen Ergebnisse führen.

d) Ueber die Gefahrtragung bei dem sog. **Kaufe in Pausch und Bogen** ist nichts Besonderes bestimmt. Die M. II S. 325 bemerken: „An sich ist der Kauf in Pausch und

§. 447.

Versendet der Verkäufer auf Verlangen des Käufers die verkaufte Sache nach einem anderen Orte als dem Erfüllungsorte, so geht die Gefahr auf den Käufer über, sobald der Verkäufer die Sache dem Spediteur, dem Frachtführer oder der sonst zur Ausführung der Versendung bestimmten Person oder Anstalt ausgeliefert hat.

Hat der Käufer eine besondere Anweisung über die Art der Versendung ertheilt und weicht der Verkäufer ohne dringenden Grund von der Anweisung ab, so ist der Verkäufer dem Käufer für den daraus entstehenden Schaden verantwortlich.

Bogen in Ansehung der Gefahrtragung wie der Kauf einer anderweit individuell bestimmten Sache zu behandeln, wenn nicht, was in nicht seltenen Fällen zutreffen mag, in concreto die Absicht der Parteien auf ein Absehen von dem Untergange einzelner Stücke oder von deren Beschaffenheit gerichtet ist. Eine solche Absicht wird sich im Einzelfalle leicht feststellen lassen."

Bezüglich des Gefahrüberganges bei dem Erbschaftskaufe vergl. § 2380.

3. Von demselben Zeitpunkte an, mit dem nach § 446 die Gefahr auf den Käufer übergeht, also von der Uebergabe oder der Eintragung im Grundbuche an, gebühren auch dem Käufer die Nutzungen und trägt er die Lasten der Sache, d. h. er ist vorbehaltlich einer abweichenden Vereinbarung dem Verkäufer gegenüber berechtigt, die Nutzungen für sich zu verlangen, und verpflichtet, die Lasten zu tragen. Auf das Verhältniß zu Dritten, in deren Leistung die Nutzung besteht (z. B. dem Miether oder Pächter), oder an die die Last zu entrichten ist, bezieht sich die Vorschrift nicht. Der Begriff der Nutzungen ergiebt sich aus § 100. Lasten sind sowohl öffentlichrechtliche als auch privatrechtliche. Die näheren Bestimmungen über die Art der Vertheilung der Früchte und der Lasten sind in den §§ 101, 103 gegeben.

§ 447.

E. I § 465; II § 388 rev. § 441; III § 441. P. I S. 1872, 1873; M. II S. 326—328. P. II S. 1735, 1736 (Bd. II S. 67, 68). D. S. 631.

1. Der § 447 dehnt die auf den Handelskauf bezüglichen Vorschriften des früheren H.G.B. Art. 345 Abs. 1 über die Tragung der Transportgefahr auf den Kauf im Allgemeinen aus. In dem neuen H.G.B. ist daher der Artikel 345 weggelassen (Denkschrift zum Entwurf, Anlageband VI zu den Sten. Ber. des Reichstags 9. Leg. Per. IV. Session 1895/97 S. 3251).

2. Der Verkäufer einer beweglichen Sache trägt auch dann die Gefahr gemäß der Bestimmung des § 446 Abs. 1 bis zur Uebergabe der Sache an den Käufer, wenn er zum Zwecke der Uebergabe die Sache an den Erfüllungsort (§ 269) zu versenden hat und versendet. Die besondere Vorschrift des § 447 Abs. 1 hat dagegen den Fall im Auge, daß der Verkäufer die Sache auf Verlangen des Käufers nach einem anderen Orte als dem Erfüllungsort an den Käufer oder an einen Dritten versendet. In diesem Falle geht, in Ermangelung einer abweichenden Vereinbarung, die Gefahr nicht erst mit der Uebergabe der Sache an den Käufer, sondern schon mit dem Zeitpunkt über, in dem der Verkäufer die Sache dem Spediteur (neues H.G.B. § 407), dem Frachtführer (ebenda § 425) oder der sonst zur Ausführung der Versendung bestimmten Person oder Anstalt ausgeliefert hat. Ob die betreffende Person oder Anstalt von dem Käufer oder dem Verkäufer bestimmt ist, macht für den Gefahrübergang keinen Unterschied. Der Verkäufer hat jedoch, wenn er die Art der Versendung bestimmt, ein ihm dabei zur Last fallendes Verschulden nach § 276 zu vertreten, und er ist, falls er von einer besonderen Anweisung des Käufers bezüglich der Art der Versendung ohne dringenden Grund abweicht, dem Käufer für den daraus entstehenden Schaden verantwortlich (§ 447 Abs. 2). Der Käufer wird also, wenn die Sache nach der Ablieferung an die vom Verkäufer für die Versendung gewählte Person oder Anstalt durch einen vom Verkäufer an sich nicht zu vertretenden Umstand untergegangen oder verschlechtert ist, hierdurch nicht von der Verpflichtung zur Zahlung des Kaufpreises gemäß § 323 ganz oder theilweise befreit; er kann aber nachweisen, daß ihm in Folge eines in Betreff der Art der Versendung dem Verkäufer zur Last fallenden Verschuldens ein Schaden entstanden ist.

3. Die Vorschrift des § 447 Abs. 1 gilt auch für den Kauf einer nur der Gattung nach bestimmten Sache, vorausgesetzt, daß die zur Versendung ausgelieferte Sache im Sinne des § 243 Abs. 1 vertragsmäßig war. Denn unter dieser Voraussetzung hat der Verkäufer mit der Auslieferung das zur Leistung der geschuldeten Sache seinerseits Erforderliche gethan und

§. 448.

Die Kosten der Uebergabe der verkauften Sache, insbesondere die Kosten des Messens und Wägens, fallen dem Verkäufer, die Kosten der Abnahme und der Versendung der Sache nach einem anderen Orte als dem Erfüllungsorte fallen dem Käufer zur Last.

Ist ein Recht verkauft, so fallen die Kosten der Begründung oder Uebertragung des Rechtes dem Verkäufer zur Last.

§. 449.

Der Käufer eines Grundstücks hat die Kosten der Auflassung und der Eintragung, der Käufer eines Rechtes an einem Grundstücke hat die Kosten der zur Begründung oder Uebertragung des Rechtes nöthigen Eintragung in das Grundbuch, mit Einschluß der Kosten der zu der Eintragung erforderlichen Erklärungen, zu tragen. Dem Käufer fallen in beiden Fällen auch die Kosten der Beurkundung des Kaufes zur Last.

---

damit hat sich das Schuldverhältniß auf die ausgelieferte Sache beschränkt (§ 243 Abs. 2, Erl. 4 zu § 243).

4. Nur die Gefahr geht im Falle des § 447 Abs. 1 schon in dem dort bezeichneten früheren Zeitpunkt über. Bezüglich des Ueberganges der Nutzungen und der Lasten bewendet es auch in diesem Falle bei § 446 Abs. 1 Satz 2, wonach derselbe erst mit der Uebergabe eintritt.

5. Nur in Betreff des Gefahrüberganges tritt im Falle des § 447 Abs. 1 die Auslieferung an die Stelle der Uebergabe. Im Uebrigen ersetzt sie die Uebergabe nicht, weder in dem Sinne, daß der Verkäufer damit seine Verpflichtung zur Uebergabe erfüllt hätte, noch in Ansehung des Eigenthumserwerbes (vergl. § 931).

6. Ueber die entsprechende Anwendung des § 447 auf den Werkvertrag vergl. § 644 Abs. 2.

§ 448.

E. I § 466 Abs. 1; II § 390 Abs. 1 rev. § 442; III § 442. P. I S. 1874, 1875; M. II S. 328. P. II S. 1736, 1737 (Bd. II S. 68 f.).

Die Vorschriften des Abs. 1 über die Kosten der Uebergabe und der Abnahme (vergl. das frühere H.G.B. Art 351) und die Vorschrift des Abs. 2 sind Anwendungen des allgemeinen Grundsatzes, daß der Schuldner die zur Bewirkung der geschuldeten Leistung erforderlichen Aufwendungen zu tragen hat.

Der Abs. 2 gilt nicht für den Verkauf eines Rechtes an einem Grundstücke (vergl. § 449).

§ 449.

E. I § 466 Abs. 2; II § 390 Abs. 2 rev. § 443; III § 443. P. I S. 1874, 1875; M. II S. 328. P. II S. 1736—1738 (Bd. II S. 68 f.).

1. Die Vorschriften sind nur ergänzender Natur. Sie betreffen lediglich das Verhältniß der Parteien zu einander, nicht das Verhältniß zu dem Fiskus, dem beurkundenden Notar ꝛc. Ueber letzteres entscheiden die Kosten- und Stempelgesetze. Im Verhältnisse der Parteien zu einander fallen auch die Stempelkosten unter die hier gegebenen Vorschriften.

2. Unter den Kosten der Eintragung, die der Käufer eines Grundstücks zu tragen hat, sind, wie im E. I ausdrücklich gesagt war, nur die Kosten der Eintragung des Käufers als Eigenthümer zu verstehen, nicht etwa auch die Kosten der nach der G.B.O. §§ 40, 41 nothwendigen vorgängigen Eintragung des Verkäufers.

3. Für die Anwendung des 2. Satzes macht es keinen Unterschied, ob die Beurkundung des Kaufes gesetzlich vorgeschrieben war (§ 313) oder nicht.

§. 450.

Ist vor der Uebergabe der verkauften Sache die Gefahr auf den Käufer übergegangen und macht der Verkäufer vor der Uebergabe Verwendungen auf die Sache, die nach dem Uebergange der Gefahr nothwendig geworden sind, so kann er von dem Käufer Ersatz verlangen, wie wenn der Käufer ihn mit der Verwaltung der Sache beauftragt hätte.

Die Verpflichtung des Käufers zum Ersatze sonstiger Verwendungen bestimmt sich nach den Vorschriften über die Geschäftsführung ohne Auftrag.

---

§ 450.

E. I § 464; II § 389 rev. § 444; III § 444. P. I S. 1851—1858, 11791—11793, 11797, 11798, 12132, 12133; M. II S. 325, 326. P. II S. 1730—1735, 1944, 1945, 8439—8442 (Bd. II S. 64—67).

1. Die Verpflichtung des Verkäufers zur Erhaltung und Bewahrung der verkauften Sache (vergl. Erl. 6 zu § 433) schließt in sich, daß er die Verwendungen, welche in der Zeit zwischen dem Vertragschluß und der Uebergabe zur Erhaltung der Sache nothwendig werden, vornehmen muß, ohne vom Käufer Ersatz verlangen zu können. Von diesem aus dem regelmäßigen Inhalte des Kaufvertrags sich ergebenden Satze bestimmt der § 450 Abs. 1 aus Billigkeitsrücksichten für die Fälle eine Ausnahme, in denen die Gefahr vor der Uebergabe auf den Käufer übergeht, sei es vermöge besonderer Vereinbarung, sei es kraft Gesetzes nach § 446 Abs. 2 oder § 447 Abs. 1. (Der Fall des § 300 Abs. 3 kommt wegen § 304 nicht in Betracht.) Auch in den bezeichneten Fällen bleibt der Verkäufer aus dem Kaufvertrage verpflichtet, die nach dem Uebergange der Gefahr bis zur Uebergabe nothwendig werdenden Verwendungen auf die Sache zu machen. Er kann aber für solche Verwendungen vom Käufer Ersatz verlangen, wie wenn der Käufer ihn mit der Verwaltung der Sache beauftragt hätte. Der Verkäufer hat also in Bezug auf die Vornahme solcher Verwendungen die Pflichten und die Rechte eines Beauftragten. Daraus folgt:

a) Der Verkäufer hat die Weisungen des Käufers zu befolgen und darf von denselben nur nach Maßgabe des § 665 abweichen, widrigenfalls er für den daraus entstehenden Schaden verantwortlich wird.

b) Er hat nach § 666 den Käufer zu benachrichtigen, ihm Auskunft zu ertheilen und Rechenschaft abzulegen.

c) Er kann nach § 669 vom Käufer Vorschuß verlangen.

d) Der Ersatzanspruch des Verkäufers hängt nicht davon ab, daß die Verwendung objektiv nothwendig war, sondern davon, daß der Verkäufer sie den Umständen nach für erforderlich halten durfte (§ 670).

2. Zur Vermeidung des Mißverständnisses, als könne außerhalb der Fälle des Abs. 1 der Verkäufer niemals Ersatz für Verwendungen verlangen, verweist der Abs. 2 bezüglich des Ersatzes sonstiger Verwendungen ausdrücklich auf die Vorschriften über Geschäftsführung ohne Auftrag (§§ 677 ff.). Wegen derjenigen Verwendungen, die zu machen der Verkäufer nach dem unter Nr. 1 Gesagten vertragsmäßig verpflichtet ist, kann er selbstverständlich auch nach den bezeichneten Vorschriften nicht Ersatz verlangen; denn mit der Vornahme solcher Verwendungen besorgt er sein eigenes Geschäft. In Betracht kommen nur die lediglich nützlichen Verwendungen. Aus den in Bezug genommenen Vorschriften ergiebt sich insbesondere:

a) Der Verkäufer hat nach Maßgabe des § 681 vor der Vornahme der Verwendung die Entschließung des Käufers abzuwarten und hat ferner ihm Auskunft zu ertheilen und Rechenschaft abzulegen.

b) Er kann wie ein Beauftragter (vergl. oben zu **1 d**) Ersatz einer Verwendung verlangen, wenn die Vornahme entweder

α) dem Interesse des Käufers entsprach und zur rechtzeitigen Erfüllung einer Pflicht desselben, deren Erfüllung im öffentlichen Interesse liegt, nöthig war (§ 683 Satz 2) oder

β) dem Interesse und dem wirklichen oder dem muthmaßlichen Willen des Käufers entsprach (§ 683 Satz 1) oder

γ) vom Käufer genehmigt ist (§ 684 Satz 2).

Abgesehen von diesen Fällen hat der Käufer nur einen Anspruch auf Grund der ungerechtfertigten Bereicherung (§ 684 Satz 1).

c) Jeder Ersatzanspruch fällt weg, wenn der Verkäufer bei der Verwendung nicht die Absicht hatte, Ersatz zu verlangen (§ 685 Abs. 1).

§. 451.

Ist ein Recht an einer Sache verkauft, das zum Besitze der Sache berechtigt, so finden die Vorschriften der §§. 446 bis 450 entsprechende Anwendung.

§. 452.

Der Käufer ist verpflichtet, den Kaufpreis von dem Zeitpunkt an zu verzinsen, von welchem an die Nutzungen des gekauften Gegenstandes ihm gebühren, sofern nicht der Kaufpreis gestundet ist.

---

3. In Betreff der Verzinsung des dem Verkäufer zu ersetzenden Betrags und seines Anspruchs auf Befreiung von einer eingegangenen Verbindlichkeit vergl. §§ 256, 257.

4. Der Verkäufer hat wegen der Ersatzansprüche das Zurückbehaltungsrecht nach § 273 Abs. 2, 3, § 274.

§ 451.

E. I § 463 Abs. 3; II § 391 rev. § 445; III § 445. P. I S. 1871, 1872; M. II S. 325. P. II S. 1720, 1721, 1725 (Bd. II S. 58—60, 62).

1. Die Anwendungsfälle sind für § 451 die gleichen wie für die entsprechende Vorschrift des § 433 Abs. 1 Satz 2 über die Verpflichtung des Verkäufers eines zum Besitze berechtigenden Rechtes an einer Sache (vergl. Erl. 6 b zu § 433).

2. Die entsprechende Anwendung der §§ 446—450 auf die fraglichen Fälle ergiebt Folgendes:

a) Die Gefahr geht bei Rechten an beweglichen Sachen mit der Uebergabe, bei Rechten an Grundstücken mit der Uebergabe, wenn aber die Eintragung vor dieser erfolgt, mit der Eintragung über.

b) Mit dem gleichen Zeitpunkte gehen die Nutzungen und die Lasten über, soweit der Käufer nach dem Inhalte des Rechtes ein Recht auf Nutzungen hat oder zur Tragung der Lasten verpflichtet ist.

c) Im Falle des § 447 tritt der Uebergang der Gefahr in dem dort bezeichneten früheren Zeitpunkt ein.

d) Der Verkäufer trägt die Kosten der Uebergabe der Sache, der Käufer die Kosten der Versendung. Der § 448 Abs. 2 und der § 449 finden unmittelbare Anwendung.

e) Die Ersatzansprüche des Verkäufers wegen Verwendungen bestimmen sich nach § 450.

§ 452.

E. I § 467; II § — rev. § —; III § 446. P. I S. 1879—1883; M. II S. 329, 330. P. II S. 1738, 1739 (Bd. II S. 69).

1. Ueber die Verpflichtung des Käufers zur Verzinsung des Kaufpreises entscheidet, abgesehen vom Falle des Verzugs (§ 288) und bis zum Eintritte der Rechtshängigkeit (§ 291), die Vereinbarung der Parteien. Ihr Wille ist durch Auslegung nach § 157, also unter Berücksichtigung einer etwa bestehenden Verkehrssitte zu ermitteln. Der § 452 giebt nur ergänzende Vorschriften, und zwar stellt er eine Regel auf und fügt eine Ausnahme bei.

2. Der Regel nach hat der Käufer den Kaufpreis von dem Zeitpunkt ab zu verzinsen, von welchem an ihm die Nutzungen des gekauften Gegenstandes nach der Vereinbarung und in Ermangelung einer solchen nach § 446 Abs. 1 Satz 2, Abs. 2, § 451 gebühren. Die Bestimmung beschränkt sich nicht auf Sachen, die natürliche oder bürgerliche Früchte tragen. Die Höhe der Zinsen beträgt 4 v. H. (§ 246).

3. Die Regel erleidet eine Ausnahme für den Fall, daß der Kaufpreis gestundet ist. Die Ausnahme hat der Käufer zu beweisen. Sie liegt nur vor, wenn die Stundung bei dem Vertragschluß oder doch vor dem Beginne der Verzinsungspflicht bewilligt ist. Andernfalls hängt es von den Umständen ab, ob in der Stundung auch ein Erlaß der Zinspflicht zu finden ist.

In dem bezeichneten Ausnahmefalle tritt die Zinspflicht auch mit dem Ablaufe der bewilligten Frist nicht ohne Weiteres ein, sofern nicht die Frist in solcher Art bestimmt ist, daß mit deren Ablaufe nach § 284 Abs. 2 Verzug des Käufers eintritt.

4. Für Kaufverträge unter Kaufleuten vergl. das neue H.G.B. § 353.

§. 453.

Ist als Kaufpreis der Marktpreis bestimmt, so gilt im Zweifel der für den Erfüllungsort zur Erfüllungszeit maßgebende Marktpreis als vereinbart.

§. 454.

Hat der Verkäufer den Vertrag erfüllt und den Kaufpreis gestundet, so steht ihm das im §. 325 Abs. 2 und im §. 326 bestimmte Rücktrittsrecht nicht zu.

---

§ 453.

E. I § 461; II § 392 rev. § 446; III § 447. P. I S. 1850, 1851, 3552, 3560; M. II S. 322. P. II S. 1716—1718 (Bd. II S. 57, 58).

1. Die Vorschrift verallgemeinert den Art. 353 des früheren H.G.B., welcher deshalb in das neue H.G.B. nicht übernommen ist (Denkschrift zum Entw. a. a. O. S. 3251).

2. Voraussetzung des § 453 ist, daß als Kaufpreis der Marktpreis bestimmt ist. Es genügt, wenn eine solche Bestimmung des Kaufpreises sich aus den Umständen als von den Parteien gewollt entnehmen läßt. Letzteres wird beim Verkaufe marktgängiger Waaren häufig, nicht aber immer zutreffen. Ist die Höhe des Kaufpreises gar nicht bestimmt, so findet nicht § 453 sondern § 316 Anwendung; die Bestimmung steht im Zweifel dem Verkäufer zu, und dieser hat sie gemäß § 315 nach billigem Ermessen zu treffen (s. Erl. zu den §§ 315, 316).

3. Die in § 453 aufgestellte Regel geht dahin, daß als vereinbart gilt derjenige Marktpreis, welcher für den Erfüllungsort zur Erfüllungszeit maßgebend ist. Erfüllungsort und Erfüllungszeit sind nach der von der zweiten Kommission sachlich gebilligten genaueren Fassung des E. I der Ort, an dem, und die Zeit, zu der der Verkäufer zu erfüllen hat (§§ 269 bis 271). Für den Erfüllungsort maßgebend ist, sofern in Bezug auf Waaren von der Art der verkauften nicht an diesem Orte selbst ein Marktpreis besteht, der Marktpreis des Ortes, zu dessen Verkehrsbereiche der Erfüllungsort in Bezug auf Waaren der betreffenden Art gehört.

Der Marktpreis eines Ortes ist der Durchschnittspreis, welcher sich aus der Vergleichung einer erheblichen Anzahl an diesem Orte zu der maßgebenden Zeit über Waaren der betreffenden Art und Güte geschlossener Kaufverträge als der von den besonderen persönlichen Beziehungen und sonstigen speziellen Umständen unabhängige gemeine Werth einer Waare dieser Art ergiebt (R.O.H.G. Bd. II S. 195). Die Höhe des Marktpreises unterliegt der freien Beweiswürdigung. Ein „nach den dafür bestehenden örtlichen Einrichtungen" bezw. amtlich festgestellter Preis (vergl. das frühere HGB. Art. 353, Börsengesetz vom 22. Juni 1896 §§ 29ff.) wird danach regelmäßig als maßgebend anzuerkennen sein; der Gegenbeweis, daß die Feststellung unrichtig ist, bleibt jedoch zulässig.

§ 454.

E. II § 393 rev. § 447; III § 448. P. II S. 1290, 1303, 1306, 1307, 1308, 1739—1742 (Bd. I S. 643 Anm. 1, 650, II S. 69—71). D. S. 626, 627.

1. Nach den allgemeinen Vorschriften des § 325 Abs. 2 und des § 326 würde dem Verkäufer wahlweise neben dem Anspruch auf Schadensersatz wegen Nichterfüllung stets ein gesetzliches Recht zum Rücktritte vom Vertrage zustehen:

a) wenn der Käufer nach rechtskräftiger Verurtheilung zur Zahlung des Kaufpreises nicht bis zum Ablauf einer ihm vom Verkäufer gemäß § 283 bestimmten Frist die Zahlung leistet;

b) wenn der Käufer mit der Zahlung im Verzug ist und entweder die Erfüllung des Vertrags für den Verkäufer in Folge des Verzugs kein Interesse hat oder der Käufer nicht vor dem Ablaufe der ihm vom Verkäufer nach § 326 Abs. 1 bestimmten Frist die Zahlung bewirkt.

Dieses aus den allgemeinen Vorschriften folgende Rücktrittsrecht schließt der § 454 im Interesse des Käufers unter gewissen Voraussetzungen aus. Das Vorhandensein der letzteren hat erforderlichenfalls der Käufer zu beweisen.

2. Die Voraussetzung für den Ausschluß des Rücktrittsrechtes ist eine zweifache:

a) Der Verkäufer muß den Vertrag erfüllt haben. Dazu gehört bei dem Verkauf einer Sache, daß der Verkäufer die Sache übergeben und seiner Verpflichtung zur Rechtsverschaffung genügt hat. Der Fall des § 454 liegt hiernach bei dem Verkauf eines Grundstücks z. B. nicht vor, wenn zwar das Grundstück dem Käufer übergeben und aufgelassen, er auch als Eigenthümer eingetragen ist, jedoch wegen Kenntniß des Rechtsmangels des Verkäufers nicht

§. 455.

Hat sich der Verkäufer einer beweglichen Sache das Eigenthum bis zur Zahlung des Kaufpreises vorbehalten, so ist im Zweifel anzunehmen, daß die Uebertragung des Eigenthums unter der aufschiebenden Bedingung vollständiger Zahlung des Kaufpreises erfolgt und daß der Verkäufer zum Rücktritte von dem Vertrage berechtigt ist, wenn der Käufer mit der Zahlung in Verzug kommt.

Eigenthum erlangt hat oder wenn er zwar Eigenthümer geworden ist, der Verkäufer aber ein nach § 434 von ihm zu beseitigendes Recht noch nicht beseitigt hat. Die Erfüllung des Vertrags seitens des Verkäufers schließt jedoch für sich allein, abweichend von dem in die neue Fassung nicht übernommenen Art. 354 des früheren H.G.B. (Denkschrift zu dems. S. 3251), das Rücktrittsrecht des Verkäufers nicht aus. Hinzukommen muß vielmehr,

b) daß der Verkäufer den Kaufpreis gestundet hat. Eine Stundung im Sinne des § 454 liegt vor, wenn nach der Vereinbarung der Parteien der Kaufpreis nicht Zug um Zug gezahlt werden soll, insbesondere auch in dem Falle, daß der Käufer eines Grundstücks in Anrechnung auf das Kaufgeld eine Schuld des Verkäufers, für die eine Hypothek an dem Grundstück besteht, übernimmt (vergl. § 416). Ist die Stundung nur für einen Theil des Kaufpreises gewährt, so ist der Rücktritt nur wegen Nichtbezahlung dieses Theiles ausgeschlossen; er bleibt zulässig, wenn in Betreff des nicht gestundeten Theiles die Voraussetzungen des § 325 Abs. 2 oder des § 326 eintreten. Daß die Stundung in dem Kaufvertrage gewährt ist, wird nicht erfordert. Erfolgt sie jedoch erst, nachdem die Voraussetzungen des Rücktrittsrechts bereits eingetreten sind, so ist es Auslegungsfrage, ob in der Stundung ein Verzicht auf das Rücktrittsrecht liegt.

3. Unter den Voraussetzungen des § 454 ist der Verkäufer auf den Schadensersatzanspruch wegen Nichterfüllung beschränkt.

§ 455.

E. II § 384 rev. § 448; III § 449. P. II S. 1755—1761 (Bd. II S. 78—81). Vergl. M. II S. 319.

1. Der § 455 stellt eine Auslegungsregel für den Fall auf, daß bei dem Verkauf einer beweglichen Sache der Verkäufer sich das Eigenthum bis zur Zahlung des Kaufpreises vorbehalten und die Sache dem Käufer übergeben hat. Der Vorbehalt des Eigenthums hat danach im Zweifel sowohl obligatorische als auch dingliche Bedeutung. Er beeinflußt nicht nur den Inhalt des Kaufvertrags, sondern auch den Inhalt des dinglichen Vertrags, welcher nach § 929 zusammen mit der Uebergabe die Uebertragung des Eigenthums vermittelt.

2. Die dingliche Wirkung des Eigenthumsvorbehalts besteht im Zweifel darin, daß er die Eigenthumsübertragung von der aufschiebenden Bedingung vollständiger Zahlung des Kaufpreises abhängig macht. Der Verkäufer bleibt also bis zur vollständigen Zahlung des Kaufpreises Eigenthümer (§ 158 Abs. 1). Verfügungen, die der Käufer vor diesem Zeitpunkte trifft, sind nur nach Maßgabe der Vorschriften über den Schutz gutgläubiger Dritter wirksam. Sie werden jedoch nach § 185 wirksam, wenn die Bedingung der Zahlung eintritt.

Im Einzelfalle kann sich übrigens aus den Umständen als Wille der Parteien ergeben, daß die Eigenthumsübertragung unter der auflösenden Bedingung der Nichtzahlung des Kaufpreises zur vereinbarten Zeit erfolgen soll. Eine Auslegung des Vorbehalts in dem Sinne, daß dem Verkäufer an der dem Käufer übereigneten Sache nur ein Pfandrecht wegen seines Kaufgeldanspruchs zustehen soll, ist ausgeschlossen (vergl. §§ 1205, 1206).

3. Für das obligatorische Verhältniß der Parteien zu einander hat der Eigenthumsvorbehalt im Zweifel die Bedeutung, daß der Verkäufer zum Rücktritte von dem Vertrage berechtigt ist, wenn der Käufer mit der Zahlung in Verzug kommt. Die Voraussetzungen des Verzugs bestimmen sich nach den §§ 284, 285 (s. Erl. zu diesen §§). Für das Rücktrittsrecht gelten die Vorschriften der §§ 346—358.

4. Für die im § 1 des Gesetzes, betreffend die Abzahlungsgeschäfte, vom 16. Mai 1894 bezeichneten Kaufverträge auf Abzahlung enthält der § 5 des Gesetzes eine Sondervorschrift über den Eigenthumsvorbehalt.

5. Welche Bedeutung ein Eigenthumsvorbehalt in einem Kaufvertrage über ein Grundstück hat, ist Auslegungsfrage. Eine dingliche Wirkung ist ausgeschlossen, da die Eigenthumsübertragung nur durch die Auflassung vermittelt wird, letztere aber nicht unter einer Bedingung erfolgen kann (§ 925 Abs. 2). Die Absicht kann dahin gehen, daß der Verkäufer im Falle nicht rechtzeitiger Zahlung des Kaufpreises die Rückübertragung des Eigenthums zu verlangen befugt und der Käufer verpflichtet sein solle, die Eintragung einer Vormerkung zur Sicherung

§. 456.

Bei einem Verkauf im Wege der Zwangsvollstreckung dürfen der mit der Vornahme oder Leitung des Verkaufs Beauftragte und die von ihm zugezogenen Gehülfen, mit Einschluß des Protokollführers, den zum Verkaufe gestellten Gegenstand weder für sich persönlich oder durch einen Anderen noch als Vertreter eines Anderen kaufen.

§. 457.

Die Vorschrift des §. 456 gilt auch bei einem Verkauf außerhalb der Zwangsvollstreckung, wenn der Auftrag zu dem Verkauf auf Grund einer gesetz-

---

dieses aufschiebend bedingten Anspruchs des Verkäufers zu bewilligen. Unter Umständen wird der Vorbehalt auch künftig in Uebereinstimmung mit dem bisherigen Rechte (vergl. insbes. das preuß. Gesetz über den Eigenthumserwerb ꝛc. v. 5. Mai 1872 § 26) dahin auszulegen sein, daß der Käufer gehalten sein soll, für die zu sichernde Forderung dem Verkäufer Hypothek zu bestellen.

§ 456.

E. I § 468 Abs. 1; II § 395 Abs. 1 rev. § 449; III § 450. P. I S. 1936—1941; M. II S. 330—332. P. II S. 1743—1753 (Bd. II S. 72—77).

1. Die in den §§ 456, 457 aufgestellten Kaufverbote bezwecken, in den dort bezeichneten Fällen das Interesse der an dem Ergebnisse des Verkaufs betheiligten Personen zu schützen, indem sie die Unparteilichkeit und Lauterkeit des Verfahrens bei dem Verkaufe gewährleisten. Auf die Folgen der Zuwiderhandlung gegen das Verbot bezieht sich der § 458.

2. Das Verbot des § 456 betrifft den Verkauf eines Gegenstandes im Wege der Zwangsvollstreckung. Für den Fall der Zwangsversteigerung eines Grundstücks bestimmte der von der ersten Kommission aufgestellte Entwurf eines Gesetzes, betreffend die Zwangsvollstreckung in das unbewegliche Vermögen, im § 97 besonders, daß ein Gebot des Richters oder des Gerichtsschreibers, vor welchem die Versteigerung stattfindet, unwirksam ist. Die Vorschrift ist jedoch in das Gesetz über die Zwangsversteigerung und die Zwangsverwaltung nicht übergegangen. Die Frage, ob die Zwangsversteigerung eines Grundstücks unter den § 456 fällt, ist schon mit Rücksicht auf die Vorschriften über Ausschließung und Ablehnung der Gerichtspersonen (C.P.O. §§ 41 ff.) praktisch kaum von Bedeutung. Bejaht man die Frage, so kommt § 71 Abs. 2 des Zw.V.G. in Betracht.

Den wichtigsten Anwendungsfall des § 456 bildet der Verkauf einer beweglichen Sache im Wege der Zwangsvollstreckung, mag derselbe durch öffentliche Versteigerung (C.P.O. § 814) oder aus freier Hand (C.P.O. § 821) erfolgen. Auch an den Verkauf einer Forderung oder eines anderen Vermögensrechts nach C.P.O. §§ 844, 857 ist zu denken.

3. Dem Verbot unterliegen der mit der Vornahme oder Leitung des Verkaufs Beauftragte und die von demselben zugezogenen Gehülfen, mit Einschluß des Protokollführers, also namentlich der Gerichtsvollzieher und die etwa nach § 825 der C.P.O. vom Vollstreckungsgerichte bestimmte andere Person, Ausrufer ꝛc. Der Ausdruck „Beauftragter" ist im Anschluß an die C.P.O. § 753 gewählt, ohne daß dadurch über die juristische Konstruktion der Stellung des Gerichtsvollziehers entschieden werden sollte (P. II S. 1751 [Bd. II S. 76]). Ein „Auftrag" im technischen Sinne des B.G.B. § 662 steht ohnehin nicht in Frage.

4. Der Inhalt des Verbots geht dahin, daß die betreffenden Personen den zum Verkaufe gestellten Gegenstand weder für sich noch als Vertreter eines Anderen für diesen kaufen dürfen, und zwar für sich weder persönlich noch durch einen Anderen als unmittelbaren oder mittelbaren Vertreter. Die in der Berathung der zweiten Kommission (P. II S. 1745 ff. [Bd. II S. 73 ff.]) erörterte Frage, wie sich das Verbot des § 456 zu dem im § 181 enthaltenen allgemeinen Verbote des Selbstkontrahirens verhält, kann auf sich beruhen, da die Fälle des § 456 in diesem und im § 458 selbständig und abweichend von § 181 geregelt sind.

5. Neben dem privatrechtlichen Verbote des § 456 bleiben selbstverständlich die landesgesetzlich für Beamte bestehenden Erwerbsverbote, welche dem öffentlichen, insbesondere dem Disziplinarrecht angehören, in Kraft.

§ 457.

E. I § 469; II § 395 Abs. 2 rev. § 450; III § 451. P. I S. 1936—1941; M. II S. 332. P. II S. 1743—1752, 8442 (Bd. II S. 72—77).

1. Zu der ersten Gruppe von Fällen, auf welche der § 457 das Verbot des § 456 ausdehnt, gehören außer den schon im Gesetze selbst erwähnten, nämlich dem Pfandverkaufe gemäß

lichen Vorschrift ertheilt worden ist, die den Auftraggeber ermächtigt, den Gegenstand für Rechnung eines Anderen verkaufen zu lassen, insbesondere in den Fällen des Pfandverkaufs und des in den §§. 383, 385 zugelassenen Verkaufs, sowie bei einem Verkaufe durch den Konkursverwalter.

§. 458.

Die Wirksamkeit eines den Vorschriften der §§. 456, 457 zuwider erfolgten Kaufes und der Uebertragung des gekauften Gegenstandes hängt von der Zustimmung der bei dem Verkauf als Schuldner, Eigenthümer oder Gläubiger Betheiligten ab. Fordert der Käufer einen Betheiligten zur Erklärung über die Genehmigung auf, so finden die Vorschriften des §. 177 Abs. 2 entsprechende Anwendung.

Wird in Folge der Verweigerung der Genehmigung ein neuer Verkauf vorgenommen, so hat der frühere Käufer für die Kosten des neuen Verkaufs sowie für einen Mindererlös aufzukommen.

---

den §§ 1228 ff. oder §§ 1219 ff. (vergl. § 753 Abs. 1, § 2042 Abs. 2) und dem in den §§ 383, 385 zugelassenen Verkauf einer nicht hinterlegbaren Sache, insbesondere auch die Fälle der Versteigerung gefundener Sachen (§ 966 Abs. 2, §§ 979, 983) sowie des Verkaufs auf Grund eines kaufmännischen Zurückbehaltungsrechts (neues H.G.B. § 371) und des Selbsthülfeverkaufs nach dem neuen H.G.B. § 373 Abs. 2.

2. Was den Verkauf durch den Konkursverwalter betrifft, so gilt bezüglich der Zwangsversteigerung eines Grundstücks auf Betreiben des Konkursverwalters gemäß § 126 der K.O. das in der Erl. 2 zu § 456 Gesagte.

Bei dem Verkaufe von beweglichen Sachen und Rechten durch den Konkursverwalter kommt das Verbot des § 456 nur zur Anwendung, wenn der Verwalter einen Gerichtsvollzieher, Versteigerer ꝛc. mit der Vornahme des Verkaufs beauftragt, nicht wenn er selbst verkauft. Für den letzteren Fall ist § 181 maßgebend.

3. Auch in den Fällen des § 457 gilt das Verbot sowohl für den Verkauf durch öffentliche Versteigerung (§ 383 Abs. 3) wie für den freihändigen Verkauf von Sachen, die einen Börsen- oder Marktpreis haben (§§ 385, 1221, § 1235 Abs. 2 u. s. w.).

§ 458.

E. I § 468 Abs. 2, 3, § 469; II § 396 rev. § 451; III § 452. P. I S. 1936—1941; M. II S. 332. P. II S. 1743—1753 (Bd. II S. 72—77).

1. Ein gegen das Verbot der §§ 456, 457 verstoßender Verkauf ist, abweichend von der Regel des § 134, nicht nichtig. Vielmehr hängt die Wirksamkeit sowohl des Verkaufs als auch der dinglichen Uebertragung des verkauften Gegenstandes von der Zustimmung der Betheiligten ab. Zu den Betheiligten gehören in allen in Betracht kommenden Fällen der Schuldner und der Gläubiger, in manchen auch ein vom Schuldner verschiedener Eigenthümer. Die Betheiligten müssen sämmtlich zustimmen.

Ist die Zustimmung der Betheiligten im voraus ertheilt, so sind der Kauf und die Uebertragung von vornherein wirksam. Andernfalls kommt es auf die Genehmigung der Betheiligten an. Nach Abs. 1 Satz 2 des § 458 kann sich der Käufer, d. i. derjenige, welcher den verbotenen Kauf für sich persönlich oder durch einen anderen oder als Vertreter eines anderen geschlossen hat, über seine Rechtslage Gewißheit verschaffen, indem er die Betheiligten zu einer Erklärung auffordert. Der Aufgeforderte kann alsdann nur dem Käufer gegenüber sich wirksam erklären, und eine früher einem Andern gegenüber abgegebene Erklärung wird unwirksam; schweigt der Aufgeforderte zwei Wochen lang nach dem Empfange der Aufforderung, so gilt die Genehmigung als verweigert (s. Erl. zu den §§ 177, 108). Der § 178 findet keine entsprechende Anwendung.

2. Vorsätzliches oder fahrlässiges Zuwiderhandeln gegen das Verbot der §§ 456, 457 verpflichtet nach § 823 Abs. 2 zum Ersatze des Schadens, welcher einem der Betheiligten, zu deren Schutze das Verbot dienen soll, aus der Zuwiderhandlung erwächst.

Abgesehen von dieser aus den allgemeinen Vorschriften sich ergebenden Verbindlichkeit trifft den das Verbot verletzenden Käufer (in dem unter 1 a. E. bezeichneten Sinne) die im § 458 Abs. 2 bestimmte Haftung für die Kosten und den Mindererlös eines neuen Verkaufs, der in Folge der Unwirksamkeit des verbotswidrigen Kaufes vorgenommen wird.

II. Gewährleistung wegen Mängel der Sache.

§. 459.

Der Verkäufer einer Sache haftet dem Käufer dafür, daß sie zu der Zeit, zu welcher die Gefahr auf den Käufer übergeht, nicht mit Fehlern behaftet ist, die den Werth oder die Tauglichkeit zu dem gewöhnlichen oder dem nach dem Vertrage vorausgesetzten Gebrauch aufheben oder mindern. Eine unerhebliche Minderung des Werthes oder der Tauglichkeit kommt nicht in Betracht.

Der Verkäufer haftet auch dafür, daß die Sache zur Zeit des Ueberganges der Gefahr die zugesicherten Eigenschaften hat.

II. Gewährleistung wegen Mängel der Sache.

1. Der II. Abschnitt des Titels vom Kaufe enthält in den §§ 459—480 die allgemeinen Vorschriften über die Verpflichtung des Verkäufers einer Sache zur Gewährleistung wegen Mängel der Sache. Das B.G.B. folgt hier im wesentlichen dem gemeinen Rechte. Es werden zunächst die Voraussetzungen dieser Verpflichtung geregelt (§§ 459—461), sodann die der Verpflichtung entsprechenden Rechte des Käufers im Allgemeinen bestimmt, nämlich die Ansprüche auf Wandelung oder Minderung (§ 462) und auf Schadensersatz wegen Nichterfüllung (§ 463). Der § 464 behandelt die Wirkung der Annahme der mangelhaften Sache durch den Käufer, der § 465 die Vollziehung der Wandelung oder Minderung. Die §§ 466—471 bestimmen weiter das Recht auf Wandelung, die §§ 472—475 das Recht auf Minderung. Der § 476 zieht der Vertragsfreiheit in Bezug auf die Regelung der Gewährleistungspflicht eine Schranke. Weiter werden die Verjährung der Ansprüche des Käufers wegen Mängel im § 477 und die Rechte des Käufers nach Vollendung der Verjährung in den §§ 478, 479 geordnet. Der § 480 ergänzt die vorangegangenen Vorschriften für den Fall des Verkaufs einer nur der Gattung nach bestimmten Sache.

Die §§ 481—492 enthalten besondere Vorschriften über die Gewährleistung bei dem Verkaufe von Thieren der im § 481 bezeichneten Art. Der § 493 dehnt alle Vorschriften dieses Unterabschnitts auf andere Verträge aus, die auf Veräußerung oder Belastung einer Sache gegen Entgelt gerichtet sind.

2. Das Gesetz regelt einerseits die allgemeine Haftung des Verkäufers einer Sache auf Grund des Kaufvertrags (§ 459 Abs. 1), andererseits die besondere strengere Haftung des Verkäufers aus der Zusicherung einer Eigenschaft der Sache (§ 459 Abs. 2). Nach beiden Richtungen sind jedoch die hier gegebenen Vorschriften nur ergänzender Natur. In erster Linie bestimmt sich die Gewährleistungspflicht des Verkäufers nach der Vereinbarung der Parteien. Sie kann gegenüber dem gesetzlich festgesetzten Umfange sowohl erweitert als auch, vorbehaltlich des § 476, beschränkt oder erlassen werden.

§ 459.

E. I § 381; II § 397 rev. § 452; III § 453. P. I S. 732—736, 3551, 3558, 3559, 3561, 12132, 12133; M. II S. 224—227. P. II S. 1345—1348 (Bd. I S. 670, 671). D. S. 632.

1. a) Die im § 459 Abs. 1 bestimmte Haftung trifft den Verkäufer einer Sache, abgesehen von Ausnahmefällen (§ 461), lediglich in Folge des Kaufvertrags. Sie beruht auf positiver Gesetzesvorschrift, welche in der Rücksicht auf das Verkehrsinteresse ihren Grund hat, und ist unabhängig davon, daß der Verkäufer den Fehler bei dem Kaufabschlusse gekannt oder nachher schuldhaft herbeigeführt hat. Diese gesetzliche Haftung des Verkäufers begründet für den Käufer lediglich die im § 462 bestimmten Rechte auf Wandelung oder Minderung. Weitergehende Rechte des Käufers ergeben sich, wenn der Verkäufer einen Fehler der im § 459 Abs. 1 bezeichneten Art arglistig verschwiegen hat, nach § 463 Satz 2 und, wenn er den Fehler nachträglich verschuldet hat, aus den allgemeinen Vorschriften über verschuldete nachfolgende Unmöglichkeit der Leistung (§ 325 Abs. 1).

b) Die gesetzliche Haftung des Verkäufers nach § 459 Abs. 1 bezieht sich darauf, daß die verkaufte Sache zu der Zeit, zu welcher die Gefahr auf den Käufer übergeht, von gewissen Fehlern frei ist. Fehlerfreiheit zur Zeit des Vertragschlusses schließt die Haftung nicht aus. In Betreff der Zeit des Ueberganges der Gefahr vergl. Erl. 1 u. 2 zu § 446.

Die Haftung erstreckt sich nur auf solche Fehler, welche entweder den Werth der Sache oder die Tauglichkeit derselben zu dem nach dem Vertrage (ausdrücklich oder stillschweigend) vorausgesetzten Gebrauch oder in Ermangelung eines besonders bestimmten Gebrauchszwecks

§. 460.

Der Verkäufer hat einen Mangel der verkauften Sache nicht zu vertreten, wenn der Käufer den Mangel bei dem Abschlusse des Kaufes kennt. Ist dem Käufer ein Mangel der im §. 459 Abs. 1 bezeichneten Art in Folge grober Fahrlässigkeit unbekannt geblieben, so haftet der Verkäufer, sofern er nicht die Abwesenheit des Fehlers zugesichert hat, nur, wenn er den Fehler arglistig verschwiegen hat.

§. 461.

Der Verkäufer hat einen Mangel der verkauften Sache nicht zu vertreten, wenn die Sache auf Grund eines Pfandrechts in öffentlicher Versteigerung unter der Bezeichnung als Pfand verkauft wird.

---

zu dem gewöhnlichen Gebrauch aufheben oder erheblich mindern. Auch für einen solchen Fehler haftet endlich der Verkäufer nach dem dem Gesetze zu Grunde liegenden Gedanken nur, wenn der Fehler dem Käufer bei dem Kaufabschluß verborgen war. Der Gedanke ist jedoch nicht so durchgeführt, daß die Verborgenheit des Fehlers eine vom Käufer zu beweisende Voraussetzung der Haftung bildet, sondern so, daß die Nichtverborgenheit die Haftung ausschließt (vergl. § 460).

c) Ueber die Beschränkung der Haftung des Verkäufers bei dem Viehhandel auf bestimmte Hauptmängel vergl. § 482.

2. a) Der § 459 Abs. 2 setzt voraus, daß der Verkäufer einer Sache dem Käufer eine Eigenschaft derselben zugesichert hat. Der Zusicherung einer Eigenschaft steht die Zusicherung der Abwesenheit eines Fehlers gleich. Die Zusicherung muß ernstlich sein. Allgemeine Anpreisungen, wie sie im Verkehr üblich sind, enthalten keine Zusicherung; nur eine Haftung wegen Betrugs kann hier unter Umständen in Frage kommen. Ueber Zusicherung einer bestimmten Größe der Sache vergl. Erl. zu § 468.

b) Die Haftung aus der Zusicherung geht über die gesetzliche Haftung nach folgenden Richtungen hinaus: Sie tritt ohne Rücksicht auf die Erheblichkeit des Mangels ein, sie wird ferner nur durch die Kenntniß des Käufers von dem Fehlen der Eigenschaft ausgeschlossen (§ 460) und begründet endlich neben dem Rechte auf Wandelung oder Minderung (§ 462), falls die Eigenschaft schon zur Zeit des Vertragschlusses fehlte, einen Anspruch auf Schadensersatz wegen Nichterfüllung (§ 463 Satz 1).

Die Haftung bezieht sich ebenso wie die gesetzliche Haftung auf den Zustand der Sache zur Zeit des Ueberganges der Gefahr, also darauf, daß zu dieser Zeit die Sache die zugesicherte Eigenschaft hat.

c) Die hier gegebenen Vorschriften beziehen sich nicht auf den Fall, daß der Verkäufer eine herstellbare Eigenschaft herzustellen verspricht. Vergl. Erl. 2 zu § 460.

§ 460.

E. I § 382; II § 398 rev. § 453; III § 454. P. I S. 736, 737, 1063; M. II S. 226. P. II S. 1348—1350 (Bd. I S. 671—673). D. S. 632.

1. Die gesetzliche Haftung des Verkäufers nach § 459 Abs. 1 ist ausgeschlossen,

a) wenn der Käufer den Fehler bei dem Abschlusse des Kaufes gekannt hat,

b) wenn ihm der Fehler in Folge grober Fahrlässigkeit unbekannt geblieben ist, es sei denn, daß der Verkäufer den Fehler arglistig verschwiegen hat.

Die Kenntniß oder die grobe Fahrlässigkeit des Käufers hat der Verkäufer, das arglistige Verschweigen der Käufer zu beweisen. Ueber „grobe Fahrlässigkeit" vergl. die Vorbem. zu Buch I, Band I S. 36, 37, über „arglistiges Verschweigen" die Erl. zu § 443.

2. Die Haftung aus der Zusicherung einer Eigenschaft ist ausgeschlossen, wenn der Käufer bei dem Vertragschlusse das Fehlen der Eigenschaft kennt (§ 460 Satz 1). Dieser Satz gilt jedoch nach den M. II S. 226 und den P. II S. 1349, 1350 (Bd. I S. 672 f.). nicht für den Fall, wenn der Verkäufer eine Eigenschaft dem Käufer in dem Sinne zusichert, daß er sie herzustellen verspricht. In solchem Falle handelt es sich überhaupt nicht um die hier geregelte Haftung für eine zugesicherte Eigenschaft mit den in den §§ 462, 463 bestimmten Wirkungen, sondern um eine Haftung nach den allgemeinen Vorschriften über die Erfüllung von Vertragspflichten, unter Umständen auch um die Haftung aus einer Garantieübernahme.

§. 462.

Wegen eines Mangels, den der Verkäufer nach den Vorschriften der §§. 459, 460 zu vertreten hat, kann der Käufer Rückgängigmachung des Kaufes (Wandelung) oder Herabsetzung des Kaufpreises (Minderung) verlangen.

---

§ 461.

E. II § 398a rev. § 454; III § 455. P. II S. 4238—4241.

1. Der § 461 schließt die gesetzliche Haftung des Verkäufers nach § 459 Abs. 1 im Falle des Pfandverkaufs unter einer dreifachen Voraussetzung aus:

a) Der Verkauf muß auf Grund eines wirklich bestehenden Pfandrechts erfolgt sein. Nur der wahre Pfandgläubiger soll durch die Vorschrift geschützt werden.

b) Der Verkauf muß in öffentlicher Versteigerung (vergl. § 383 Abs. 3 Satz 1) geschehen, mithin nach § 1219 oder § 1235 Abs. 1. Aus einem auf Grund des § 1240 Abs. 2 vorgenommenen freihändigen Verkaufe des Pfandes haftet der Pfandgläubiger, sofern er die Haftung nicht ausgeschlossen hat, ebenso aus einem gemäß §§ 1245, 1246 in abweichender Art bewirkten Verkaufe.

c) Die Sache muß bei der Versteigerung als Pfand bezeichnet sein.

Aus der Zusicherung einer Eigenschaft haftet der Pfandgläubiger auch im Falle des § 461. Freilich scheint der Wortlaut des § 461 eine solche Haftung auszuschließen, da das Gesetz sonst unter „Mängel der Sache" sowohl die im § 459 Abs. 1 bezeichneten Fehler als das Fehlen einer zugesicherten Eigenschaft versteht.

2. Eine weitere Ausnahme von der Regel des § 459 Abs. 1 findet nach § 806 der C.P.O. in dem Falle statt, daß eine Sache auf Grund einer Pfändung veräußert wird. Hier soll dem Erwerber ein Anspruch auf Gewährleistung wegen Mängel der Sache nicht zustehen, weder gegen den Gläubiger noch gegen den Schuldner oder den Eigenthümer (E. I § 395; P. I S. 771, 772; M. II S. 237, 238; P. II S. 1406 [Bd. I S. 701]). Vergl. Erl 6c zu § 433 a. E.

§ 462.

E. I § 383; II § 399 rev. § 455; III § 456 P. I S. 737, 738, 776, 777, 787; M. II S. 227. P. II S. 1351—1369 (Bd. I S. 673—682). D. S. 632.

1. Voraussetzung des § 462 ist, daß die verkaufte Sache an einem vom Verkäufer nach den §§ 459, 461 zu vertretenden Mangel leidet. Daraus folgt aber nicht, daß dem Käufer die im § 462 bestimmten Rechte erst nach dem Zeitpunkte zustehen, der nach § 459 für die Haftung des Verkäufers maßgebend ist, also nach dem Uebergange der Gefahr, mithin regelmäßig erst nach der Uebergabe der Sache bezw. bei Grundstücken nach der Eintragung des Käufers. Vielmehr kann der Käufer, auch wenn er wegen des Mangels die Annahme verweigert, die Rechte geltend machen (vergl. § 464), und der Verkäufer vermag sie nur auszuschließen, sofern er im Stande ist, den vorhandenen Fehler zu beseitigen oder die fehlende Eigenschaft herzustellen.

2. Jeder vom Verkäufer zu vertretende Mangel giebt dem Käufer das Recht, nach seiner freien Wahl entweder Wandelung oder Minderung zu verlangen. Der Anspruch auf Wandelung ist nur beschränkt gegeben im Falle des § 468. Er kann ferner im einzelnen Falle durch besondere Umstände ausgeschlossen sein (vergl. Erl. 1b zu § 467). Der Anspruch auf Minderung ist beim Viehhandel versagt (§ 487 Abs. 1).

3. Die Wandelung besteht in der Rückgängigmachung des Kaufvertrags durch einen ihn aufhebenden Vertrag. „Der Käufer kann Wandelung verlangen" bedeutet also: er kann vom Verkäufer die Annahme seines auf Aufhebung des Kaufvertrags gerichteten Antrags verlangen. Das Recht des Käufers ist nicht so gestaltet, daß er, wie bei dem vertragsmäßig vorbehaltenen oder gesetzlichen Rücktrittsrechte, durch eine einseitige Erklärung den Kaufvertrag hinfällig machen kann. Vielmehr ist ihm nur der bezeichnete Anspruch auf Wandelung gegeben, welcher einer kurzen Verjährung unterliegt (§ 477). Der Käufer soll hierdurch gezwungen werden, die Berechtigung seines Wandelungsbegehrens, sofern sie nicht vom Verkäufer anerkannt wird, innerhalb kurzer Frist der richterlichen Entscheidung zu unterbreiten.

Aus dem gleichen Grunde hat der Käufer nur einen Anspruch auf Minderung, vermöge dessen er vom Verkäufer die Annahme seines auf Herabsetzung des Kaufpreises gerichteten Vertragsantrags verlangen kann. Der Inhalt des Anspruchs wird durch die §§ 472, 473 näher bestimmt.

§. 463.

Fehlt der verkauften Sache zur Zeit des Kaufes eine zugesicherte Eigenschaft, so kann der Käufer statt der Wandelung oder der Minderung Schadensersatz wegen Nichterfüllung verlangen. Das Gleiche gilt, wenn der Verkäufer einen Fehler arglistig verschwiegen hat.

§. 464.

Nimmt der Käufer eine mangelhafte Sache an, obschon er den Mangel kennt, so stehen ihm die in den §§. 462, 463 bestimmten Ansprüche nur zu, wenn er sich seine Rechte wegen des Mangels bei der Annahme vorbehält.

Vergl. über die Konstruktion des Anspruchs auf Wandelung oder Minderung Endemann § 161 Anm. 13.

4. Die Zulässigkeit der Ansprüche auf Wandelung und auf Minderung ist nicht davon abhängig, daß der Verkäufer außer Stande ist, den Mangel zu beseitigen. Der Käufer wird aber, auch abgesehen von dem unter Nr. 1a. E. erwähnten Fällen, unter Umständen nach Treu und Glauben mit Rücksicht auf die Verkehrssitte (§§ 157, 242) dem Verkäufer gestatten müssen, die Wandelung oder Minderung durch nachträgliche Beseitigung des Mangels auszuschließen. (A. A. Endemann § 161 Anm. 13.)

Einen Anspruch auf Beseitigung des Mangels hat der Käufer, wenn diese als versprochen anzusehen ist. Im Uebrigen kann ein solcher Anspruch nur durch ein Verschulden des Verkäufers nach dem Vertragschlusse begründet werden. (A. M. anscheinend Schollmeyer S. 15, 16, welcher allgemein von einem Anspruch des Käufers auf „Erfüllung, also Nachbesserung" spricht.)

5. Bis zu welchem Zeitpunkte dem Käufer die Wahl zwischen dem Anspruch auf Wandelung und dem Anspruch auf Minderung offen steht, ergiebt sich aus § 465.

6. Ueber die Einrede der Wandelung vergl. Erl. 3a zu § 478.

§ 463.

E. I § 385; II § 400 rev. § 456; III § 457. P. I S. 744—750, 990; M. II S. 228, 229. P. II S. 1377—1384 (Bd. I S. 686—690). D. S. 632, 633.

1. Der § 463 gewährt dem Käufer in gewissen Fällen das Recht, statt der Wandelung oder der Minderung Schadensersatz wegen Nichterfüllung zu verlangen. Dieser Schadensersatzanspruch ist also nur wahlweise neben den Ansprüchen auf Wandelung oder auf Minderung und nur dann gegeben, wenn die Voraussetzungen der letzteren Ansprüche vorliegen, mithin nur, wenn ein von dem Verkäufer nach den §§ 459, 460 zu vertretender Mangel vorliegt.

2. Der Fall des § 463 Satz 1 liegt hiernach vor, wenn eine im Sinne des § 459 Abs. 2 (vergl. Erl. 2c zu § 459) zugesicherte Eigenschaft zur Zeit des Kaufes der Sache fehlt, es sei denn, daß der Käufer dies bei dem Abschlusse des Kaufes weiß (s. Erl. 2 zu § 460). Die Ersatzpflicht des Verkäufers ist nicht von einem Verschulden desselben abhängig, beruht vielmehr auf der Auffassung, daß in der Zusicherung einer Eigenschaft regelmäßig die Uebernahme einer Garantie für das Vorhandensein der Eigenschaft zur Zeit des Kaufes liegt. Fehlt eine zugesicherte Eigenschaft erst zur Zeit des Gefahrüberganges, so kann sich ein Anspruch des Käufers nur aus einem Verschulden des Verkäufers nach dem Vertragschlusse oder daraus ergeben, daß nach den Umständen eine auf diesen Zeitpunkt ausgedehnte Garantieübernahme anzunehmen ist.

3. Der Fall des § 463 Satz 2 ist gegeben, wenn der Verkäufer einen Fehler der im § 459 Abs. 1 bezeichneten Art dem Käufer arglistig verschwiegen hat (vergl. Erl. zu § 443), es sei denn, daß der Käufer den Fehler zur Zeit des Kaufabschlusses gekannt hat. Der Käufer wird in solchem Falle regelmäßig auch den Kauf nach § 123 Abs. 1 anfechten oder auf Grund der unerlaubten Handlung Schadensersatz verlangen können (§ 823 Abs. 2).

§ 464.

E. I § 386; II § 401 rev. § 457; III § 458. P. I S. 743, 744; M. II S. 229, 230. P. II S. 1384—1387 (Bd. I S. 690, 691). D. S. 633.

1. Jeder der in den §§ 462, 463 bestimmten Ansprüche des Käufers ist unter der vom Verkäufer zu beweisenden doppelten Voraussetzung ausgeschlossen, daß der Käufer die

§. 465.

Die Wandelung oder die Minderung ist vollzogen, wenn sich der Verkäufer auf Verlangen des Käufers mit ihr einverstanden erklärt.

---

mangelhafte Sache angenommen und bei der Annahme den Mangel gekannt hat, sofern nicht der Käufer sich seine Rechte wegen des Mangels bei der Annahme vorbehalten hat; den Vorbehalt hat erforderlichenfalls der Käufer zu beweisen. Unter „Annahme" ist hier das Gleiche zu verstehen wie im § 363 unter „Annahme als Erfüllung" (vergl. Erl. 2 zu § 363).

2. Nur die wirkliche Kenntniß des Käufers von dem Mangel, ohne Unterschied, wodurch sie vermittelt ist, schließt mangels eines Vorbehalts die Ansprüche des Käufers aus, nicht verschuldete Unkenntniß. Der Käufer ist nicht bei Verlust seiner Ansprüche gehalten, die Sache vor oder nach der Annahme zu untersuchen oder entdeckte Mängel dem Verkäufer anzuzeigen (vergl. dagegen neues H.G.B. § 377). An die Anzeige eines Mangels knüpfen sich jedoch für den Käufer die in den §§ 478, 479 bestimmten Vortheile.

§ 465

E. I § 384; II § 402 Abs. 1 rev. § 458; III § 459. P. I S. 776—778, 782, 783, 787—789, 11778, 11779, 11785—11787; M. II S. 228. P. II S. 1375—1377, 1402, 1403, 1421—1426, 8456—8458 (Bd. I S. 685, 686, 699, 708—711). D. S. 632.

1. Zweck und Bedeutung des § 465 ergeben sich aus seiner Entstehung. Nach E. I § 384 sollte die Wahl zwischen dem Rechte auf Wandelung und dem Rechte auf Minderung durch die einseitige vom Käufer dem Verkäufer gegenüber abgegebene Erklärung unwiderruflich vollzogen sein. Im Gegensatze hierzu beschloß die zweite Kommission, daß dem Käufer, nachdem er Wandelung oder Minderung vom Verkäufer verlangt habe, noch so lange gestattet sein solle, statt der Wandelung Minderung und statt dieser jene zu wählen oder auch statt beider bei dem Vertrage stehen zu bleiben, als der Verkäufer sich nicht mit der verlangten Wandelung oder Minderung einverstanden erklärt habe. Auf diesem Beschlusse beruht der § 465. Er entscheidet zunächst nur die Frage, durch welche Thatsache die Wandelung oder Minderung vollzogen wird. Dadurch soll aber zugleich entschieden werden, bis zu welchem Zeitpunkte der Käufer die von ihm erklärte Wahl ändern kann. Das Schuldverhältniß wird von dem B.G.B. nicht als ein alternatives (§ 262) behandelt. Die Vorschrift des E. I § 384, nach welcher auf die Wahl die Vorschriften des § 208, § 209 Satz 1 (B.G.B. § 263) entsprechende Anwendung finden, war im E. II § 402 Abs. 3 durch die Vorschrift ersetzt: „Bis zur Vollziehung der Wandelung oder der Minderung kann der Käufer die getroffene Wahl ändern oder bei dem Vertrage stehen bleiben." Diese Bestimmung ist zwar später mit Rücksicht auf die Vorschrift des § 466 gestrichen worden; eine sachliche Aenderung ist dadurch aber nicht beabsichtigt. Das B.G.B. hält es vielmehr für selbstverständlich, daß, da es sich nicht um ein alternatives Schuldverhältniß handelt, jeder der dem Käufer zustehenden Ansprüche in Ermangelung besonderer Vorschriften so lange bestehen bleibt, bis einer derselben befriedigt wird. Die Befriedigung erfolgt dadurch, daß die Wandelung oder die Minderung nach § 465 vollzogen wird. Zu beachten ist indessen, daß in dem Verlangen der Wandelung oder der Minderung zugleich ein Vertragsantrag auf Vollziehung der Wandelung oder der Minderung liegt. An diesen Antrag ist der Käufer nach § 145 gebunden, sofern er nicht die Gebundenheit ausgeschlossen hat. Der Antrag erlischt nach § 146, wenn der Verkäufer ihn ablehnt oder nicht nach den §§ 147—149 annimmt. Ob das Verlangen der Wandelung oder der Minderung dahin auszulegen ist, daß der Käufer an den darin liegenden Vertragsantrag noch länger, als gesetzlich bestimmt ist, nämlich so lange gebunden sein will, bis er denselben widerruft, ist eine Frage, die sich nur unter Berücksichtigung der Umstände des einzelnen Falles entscheiden läßt; im Zweifel dürfte sie zu bejahen sein.

2. Die Wandelung kann entweder außergerichtlich vollzogen werden, indem der Verkäufer auf das Verlangen des Käufers sich mit ihr freiwillig einverstanden erklärt, oder gerichtlich, indem auf die Klage des Käufers der Verkäufer rechtskräftig verurtheilt wird, in die Wandelung zu willigen (C.P.O. § 779). Die außergerichtlichen Erklärungen sind formfrei.

Die Minderung ist außergerichtlich nur vollzogen, wenn der Käufer Herabsetzung des Kaufpreises um einen bestimmt angegebenen Betrag verlangt und der Verkäufer sich hiermit einverstanden erklärt hat (vergl. P. II S. 8457, 8458).

Auch nach der Erhebung der Klage auf Wandelung oder Minderung kann der Käufer, solange die Wandelung oder die Minderung nicht vollzogen ist, seine Wahl ändern. Ob eine Aenderung der Klage zulässig ist, bestimmt sich nach C.P.O. § 268 Nr. 3. Vergl. übrigens § 264 der C.P.O., demzufolge eine Aenderung der Klage

§. 466.

Behauptet der Käufer dem Verkäufer gegenüber einen Mangel der Sache, so kann der Verkäufer ihn unter dem Erbieten zur Wandelung und unter Bestimmung einer angemessenen Frist zur Erklärung darüber auffordern, ob er Wandelung verlange. Die Wandelung kann in diesem Falle nur bis zum Ablaufe der Frist verlangt werden.

§. 467.

Auf die Wandelung finden die für das vertragsmäßige Rücktrittsrecht geltenden Vorschriften der §§. 346 bis 348, 350 bis 354, 356 entsprechende Anwendung; im Falle des §. 352 ist jedoch die Wandelung nicht ausgeschlossen, wenn der Mangel sich erst bei der Umgestaltung der Sache gezeigt hat. Der Verkäufer hat dem Käufer auch die Vertragskosten zu ersetzen.

---

zuzulassen ist, wenn nach dem Ermessen des Gerichts durch die Aenderung die Vertheidigung des Beklagten nicht wesentlich erschwert wird.

3. In den Fällen des § 463 verliert der Käufer mit der Vollziehung der Wandelung oder der Minderung auch die Befugniß, Schadensersatz wegen Nichterfüllung zu verlangen.

4. Ueber das Recht des Käufers, nach Vollziehung der Minderung wegen eines Mangels wegen eines anderen Mangels Wandelung oder von neuem Minderung zu verlangen, vergl. § 475.

§ 466.

E. II § 402 Abs. 2 rev. § 459; III § 460. P. II S. 1602—1604, 8456—8458 (Bd. I S. 800, 801). D. S. 632.

1. Neben die regelmäßige zeitliche Beschränkung der Ansprüche auf Wandelung, auf Minderung und auf Schadensersatz wegen Nichterfüllung durch die in § 477 bestimmte kurze Verjährungsfrist tritt für die Geltendmachung des Anspruchs auf Wandelung nach § 466 unter Umständen eine Ausschlußfrist, die der Verkäufer zu bestimmen befugt ist.

2. Voraussetzung der Befugniß des Verkäufers ist, daß der Käufer ihm gegenüber einen Mangel behauptet. Die Voraussetzung wird unter Umständen schon als erfüllt anzusehen sein, wenn der Käufer auf eine bezügliche Anfrage des Verkäufers schweigt. (Die Ansicht Schollmeyers S. 16, daß der Käufer die „gut gemeinte" Vorschrift des § 466 unschwer umgehen könne, dürfte hiernach nicht zutreffend sein. Vergl. aber auch Endemann § 161 Anm. 19.)

3. Die Wirksamkeit der Fristbestimmung hängt von Folgendem ab:

a) Die Frist muß eine angemessene sein (s. Erl. 2 zu § 250).

b) Der Verkäufer muß bei der Fristbestimmung sich zur Wandelung erbieten, d. h. im voraus mit dieser einverstanden erklären. An das Erbieten ist der Verkäufer bis zum Ablaufe der Frist gebunden.

c) Der Verkäufer muß den Käufer zur Erklärung auffordern, ob er Wandelung verlange.

4. Verlangt der Käufer die Wandelung vor dem Ablaufe der vorschriftsmäßig bestimmten Frist nicht, so kann er nachher nur noch die sonstigen Rechte wegen des Mangels geltend machen. Verlangt er dagegen Wandelung, so ist diese mit seiner Erklärung vollzogen (§ 465).

§ 467.

E. I § 387; II § 403 rev. § 460; III § 461. P. I S. 752—760, 766—769, 1915, 1921, 1922, 3551, 3559; M. II S. 230—232. P. II S. 1389—1392, 1605, 1606, 8418, 8419, 8442 (Bd. I S. 692, 693, 801, 802). D. S. 632.

Aus dem § 467 in Verbindung mit den darin in Bezug genommenen Vorschriften, in Betreff deren im Einzelnen auf die dort gegebenen Erläuterungen zu verweisen ist, ergiebt sich Folgendes:

1. Zulässigkeit der Wandelung.

a) Das Recht des Käufers, Wandelung zu verlangen, wird durch den zufälligen Untergang der Sache nicht ausgeschlossen (§ 350).

b) Dagegen ist das Recht des Käufers ausgeschlossen:

α) wenn er vor der Vollziehung der Wandelung (vergl. Nr. 2 c β) eine wesentliche Verschlechterung, den Untergang oder die anderweitige Unmöglichkeit der Herausgabe der Sache oder den Untergang eines erheblichen Theiles der Sache verschuldet hat; seinem eigenen Verschulden steht ein von ihm nach § 278 zu vertretendes Verschulden eines Anderen gleich (§ 351);

β) wenn der Käufer die Sache durch Verarbeitung oder Umbildung in eine Sache anderer Art umgestaltet hat (§ 352), es sei denn, daß der Mangel sich erst bei der Umgestaltung gezeigt hat (§ 467 Satz 2);

γ) wenn der Käufer die Sache veräußert oder mit dem Rechte eines Dritten belastet und derjenige, welcher die Sache hierdurch erlangt hat, entweder ein Ereigniß der zu α bezeichneten Art selbst verschuldet oder doch zu vertreten oder die Sache nach Maßgabe des zu β Gesagten umgestaltet hat (§ 353).

2. Wirkungen der vollzogenen Wandelung.

a) Der E. II sprach im § 403 Satz 1 aus, daß mit der Vollziehung der Wandelung die beiderseitigen Verpflichtungen aus dem Vertrag erlöschen. Die Vorschrift bezweckte, gegenüber dem § 298 des E. II klarzustellen, daß die Vollziehung der Wandelung nicht nur, wie die des Rücktritts, dauernde Einreden gegen die beiderseitigen Ansprüche aus dem Kaufvertrag erzeuge, sondern das durch den letzteren begründete Schuldverhältniß aufhebe (P. II S. 1606, 1607 [Bd. I S. 801, 802]). Bei der Revision wurde jedoch der betreffende Satz des § 298 und sodann auch der § 403 Satz 1 gestrichen, um die Konstruktionsfrage im Gesetz offen zu lassen (P. II S. 8418 f., 8442; s. oben S. 126 ff., Vorbem. zum fünften Titel des zweiten Abschnitts). Aus dem Begriffe der Wandelung (§ 462) folgt, daß mit deren Vollziehung der Kaufvertrag rückgängig gemacht ist, die beiderseitigen Verpflichtungen also erlöschen. Hierauf beschränkt sich die Wirkung der Wandelung, wenn der Vertrag noch von keiner Seite erfüllt ist.

b) War der Vertrag schon erfüllt, so entsteht aus der Vollziehung der Wandelung die gegenseitige Verpflichtung, einander in den Stand zurückzuversetzen, wie wenn der Kauf nicht geschlossen wäre. Dieser Gedanke findet in den folgenden einzelnen Bestimmungen Ausdruck.

c) Der Käufer hat

α) die empfangene Sache dem Verkäufer zurückzugewähren (§ 346 Satz 1). Ist er von dieser Verpflichtung durch zufälligen Untergang der Sache befreit, so findet § 281 Abs. 1 Anwendung. Im Falle einer die Wandelung nicht ausschließenden Umgestaltung der Sache hat der Käufer nach derselben Vorschrift die umgestaltete Sache zurückzugewähren. Die Kosten der Umgestaltung kann der Käufer nur aus dem Gesichtspunkt einer Verwendung, die auf die Sache gemacht ist, ersetzt verlangen (s. unten d β). Die in den M. II S. 231, 232 ausgesprochene abweichende Auffassung dürfte sich nicht rechtfertigen lassen.

β) Hat der Käufer vor der Vollziehung der Wandelung eine unwesentliche Verschlechterung oder nach der Vollziehung eine Verschlechterung oder den Untergang der Sache oder die anderweitige Unmöglichkeit der Rückgewähr derselben verschuldet, so muß er dem Verkäufer den daraus entstehenden Schaden ersetzen (§ 347 Satz 1, § 989).

γ) Der Käufer hat dem Verkäufer die von ihm gezogenen Nutzungen herauszugeben und für schuldhaft nicht gezogene Nutzungen, die er nach den Regeln einer ordnungsmäßigen Wirthschaft hätte ziehen können, Ersatz zu leisten (§ 347 Satz 2, § 987).

d) Der Verkäufer hat dem Käufer

α) den Kaufpreis mit 4 v. H. Zinsen vom Empfang an zurückzuzahlen (§ 346 Satz 1, § 347 Satz 3, § 246) und den Werth der etwa neben dem Geldpreise vom Käufer geleisteten Dienste zu vergüten (§ 346 Satz 2);

β) die auf die Sache gemachten nothwendigen Verwendungen nach den Vorschriften über die Geschäftsführung ohne Auftrag zu ersetzen (§ 347 Satz 2, § 994 Abs. 2);

γ) die Vertragskosten zu ersetzen (§ 467 Satz 2).

Ersatz des durch die Sache verursachten Schadens kann der Käufer im Falle der Wandelung nicht verlangen.

e) Die aus der Wandelung sich ergebenden Verpflichtungen sind Zug um Zug zu erfüllen; jeder Theil kann die ihm obliegende Leistung bis zur Bewirkung der Gegenleistung verweigern, jedoch nur mit der im § 322 Abs. 1, 3 bestimmten Wirkung (§ 348).

f) Ist die Wandelung vollzogen, so kann auch der Verkäufer die ihm dadurch erwachsenen Ansprüche geltend machen (a. A. Schollmeyer S. 17).

g) Kommt der Käufer nach Vollziehung der Wandelung mit der Rückgewähr des empfangenen Gegenstandes oder eines erheblichen Theiles in Verzug, so kann ihm der Verkäufer nach Maßgabe des § 354 eine Frist bestimmen mit der Wirkung, daß die Wandelung unwirksam wird, wenn die Rückgewähr nicht vor dem Ablaufe der Frist erfolgt. Mit der Unwirksamkeit der Wandelung tritt der Zustand wieder ein, der vor der Vollziehung der Wande-

§. 468.

Sichert der Verkäufer eines Grundstücks dem Käufer eine bestimmte Größe des Grundstücks zu, so haftet er für die Größe wie für eine zugesicherte Eigenschaft. Der Käufer kann jedoch wegen Mangels der zugesicherten Größe Wandelung nur verlangen, wenn der Mangel so erheblich ist, daß die Erfüllung des Vertrags für den Käufer kein Interesse hat.

§. 469.

Sind von mehreren verkauften Sachen nur einzelne mangelhaft, so kann nur in Ansehung dieser Wandelung verlangt werden, auch wenn ein Gesammtpreis für

---

lung bestand. Der Käufer kann zwar nicht von neuem Wandelung verlangen. Dies würde dem Grundgedanken des hier entsprechend anwendbaren § 354 widersprechen, demzufolge unter den Voraussetzungen des § 354 das Verhältniß ebenso beurtheilt werden soll, wie wenn die Wandelung von Anfang an deshalb ausgeschlossen gewesen wäre, weil die Rückgewähr der Sache in Folge eines vom Käufer zu vertretenden Umstandes unmöglich gewesen wäre (s. Erl. zu § 354). Durch eine solche Unmöglichkeit der Rückgewähr wird jedoch der Anspruch des Käufers auf Minderung nicht ausgeschlossen. Man wird daher annehmen müssen, daß der Käufer, wenn die vollzogene Wandelung nach Maßgabe des § 354 unwirksam wird, den Anspruch auf Minderung wiedererlangt.

h) Wenngleich die unter c und **d** bezeichneten Ansprüche erst aus der vollzogenen Wandelung entstehen, so kann der Käufer doch mit dem Anspruch auf Wandelung zugleich in derselben Klage die ihm aus der Wandelung erwachsenden Ansprüche geltend machen (P. II S. 1364 [Bd. I S. 680]). Das Urtheil, durch welches der Verkäufer verurtheilt wird, in die Wandelung zu willigen und den Kaufpreis gegen Rückgewähr der Sache zurückzuzahlen, wird aber erst mit der Rechtskraft vollstreckbar (C.P.O. § 894).

3. Sind als Vertragschließende oder Rechtsnachfolger eines solchen auf der einen oder der anderen Seite Mehrere betheiligt, so kann Wandelung nur von allen und gegen alle verlangt werden. Erlischt das Recht auf Wandelung für einen Betheiligten, so erlischt es auch für die übrigen (§ 356).

§ 468.

E. I § 388; II § 404 rev. § 461; III § 462. P. I S. 1883—1891; M. II S. 232—235. P. II S. 1392 (Bd. I S. 693).

1. Welche Bedeutung bei dem Verkauf eines Grundstücks die Angabe einer bestimmten Größe desselben seitens des Verkäufers hat, ob die einer bloßen näheren Bezeichnung des Grundstücks oder die der Zusicherung der angegebenen Größe, ist lediglich nach den Umständen zu entscheiden. Dies gilt namentlich auch, wenn auf Grund eines Katasterauszugs oder unter katastermäßiger Bezeichnung das Grundstück verkauft wird. Der § 468 stellt keine Vermuthung oder Auslegungsregel zu Gunsten der Annahme einer Zusicherung auf, sondern giebt nur Vorschriften für den Fall, daß die Größenangabe im Sinne einer Zusicherung gemacht ist.

2. Ist eine bestimmte Größe des Grundstücks zugesichert, so haftet der Verkäufer für die Größe nach den Vorschriften über die Haftung des Verkäufers für eine zugesicherte Eigenschaft (§ 468 Satz 1). Nur der Anspruch auf Wandelung ist an eine beschränkende besondere Voraussetzung geknüpft: die wirkliche Größe muß hinter der zugesicherten so erheblich zurückbleiben, daß die Erfüllung des Vertrags für den Käufer kein Interesse hat. Diese Voraussetzung hat der Käufer zu beweisen. Bei der Beurtheilung des Interesses des Käufers wird hauptsächlich der Gebrauchszweck, für welchen das Grundstück gekauft ist, in Betracht kommen, z. B. bei städtischen Bauplätzen.

3. Der § 468 findet auch Anwendung, wenn bei dem Verkauf eines Inbegriffs von Grundstücken eine bestimmte Größe der einzelnen Grundstücke zugesichert ist. Jedoch werden die zusammen verkauften Grundstücke in der Regel dergestalt als ein Ganzes anzusehen sein, daß bei der Beurtheilung des Interesses des Käufers an der Wandelung, bei der Minderung des Kaufpreises und eventuell bei der Bemessung des vom Verkäufer zu ersetzenden Schadens die über die Zusicherung hinausgehende Größe eines der anderen Grundstücke zu berücksichtigen ist (M. II S. 234, 235).

4. Bei beweglichen Sachen haftet der Verkäufer wegen eines Mangels in der Größe, sofern die Voraussetzungen des § 459 Abs. 1 oder Abs. 2 vorliegen, nach den allgemeinen Vorschriften (M. II S. 233).

alle Sachen festgesetzt ist. Sind jedoch die Sachen als zusammengehörend verkauft, so kann jeder Theil verlangen, daß die Wandelung auf alle Sachen erstreckt wird, wenn die mangelhaften Sachen nicht ohne Nachtheil für ihn von den übrigen getrennt werden können.

§. 470.

Die Wandelung wegen eines Mangels der Hauptsache erstreckt sich auch auf die Nebensache. Ist die Nebensache mangelhaft, so kann nur in Ansehung dieser Wandelung verlangt werden.

§. 471.

Findet im Falle des Verkaufs mehrerer Sachen für einen Gesammtpreis die Wandelung nur in Ansehung einzelner Sachen statt, so ist der Gesammtpreis in dem Verhältnisse herabzusetzen, in welchem zur Zeit des Verkaufs der Gesammtwerth der Sachen in mangelfreiem Zustande zu dem Werthe der von der Wandelung nicht betroffenen Sachen gestanden haben würde.

---

§ 469.

E. I § 389; II § 405 rev. § 462; III § 463. P. I S. 750, 751, 6190; M. II S. 235, 236. P. II S. 1392—1394 (Bd. I S. 693, 694).

Der § 469 bestimmt den Umfang des Rechtes auf Wandelung für den Fall, daß von mehreren durch denselben Vertrag verkauften Sachen, die nicht im Verhältnisse von Haupt- und Nebensache stehen (§ 470), einzelne mangelhaft sind.

Regel ist, daß der Käufer nur in Ansehung der mangelhaften Sachen Wandelung verlangen kann (Satz 1). Die Regel erleidet Ausnahmen unter einer zweifachen Voraussetzung:

a) Die Sachen müssen als zusammengehörend verkauft sein. Ein solcher Sinn des Kaufvertrags folgt noch nicht aus der Festsetzung eines Gesammtpreises (Satz 1). Er wird sich dagegen aus der Zusammenfassung der Sachen als Sachgesammtheit oder Sachinbegriff (Band I S. 127 unter Nr. 4) unter einer gemeinsamen Bezeichnung ergeben.

b) Die mangelhaften Sachen müssen nicht ohne Nachtheil für den Käufer oder den Verkäufer getrennt werden können.

Würde der Käufer durch die Trennung benachtheiligt werden, so kann er Wandelung in Ansehung aller Sachen verlangen, unbeschadet seines Rechtes, seinen Anspruch auf die mangelhaften Sachen zu beschränken. Würde der Verkäufer durch die Trennung Nachtheil erleiden, so kann er Erstreckung der Wandelung auf alle Sachen verlangen, d. h. er kann, wenn der Käufer Wandelung nur bezüglich der mangelhaften Sachen verlangt, diese mit der Wirkung verweigern, daß der Käufer seinen Anspruch auf alle Sachen ausdehnen muß, widrigenfalls er mit dem beschränkten Wandelungsanspruch abzuweisen ist.

§ 470.

E. I § 390; II § 406 rev. § 463; III § 464. P. I S. 751, 752; M. II S. 236. P. II S. 1394 (Bd. I S. 694).

1. Nebensache ist stets das Zubehör (§ 97). Ob sonst zwei Sachen im Verhältnisse von Haupt- und Nebensache stehen, ist nach dem Sinne des Vertrags und der Verkehrsauffassung zu entscheiden.

2. Satz 1 betrifft die Wirkung der vollzogenen Wandelung, Satz 2 den Umfang des Anspruchs auf Wandelung.

§ 471.

E. I § 391; II § 407 rev. § 464; III § 465. P. I S. 752, 3264, 3273; M. II S. 236. P. II S. 1394, 1395 (Bd. I S. 694).

1. Die Vorschrift findet sowohl im Falle des § 469 Satz 1 als im Falle des § 470 Satz 2 Anwendung, sofern für einen Gesammtpreis verkauft ist. Für diese Fälle ist der Betrag zu ermitteln, in dessen Höhe der Käufer in Folge der Wandelung von der Verpflichtung zur Zahlung des Kaufpreises befreit oder zur Rückforderung des gezahlten Preises berechtigt wird. Unmittelbar wird aber im § 471 nicht dieser Betrag, sondern derjenige bestimmt, auf welchen der Gesammtpreis herabzusetzen ist. Der Unterschied zwischen dem Gesammtpreise und dem letzteren Betrage bildet den gesuchten Betrag.

§. 472.

Bei der Minderung ist der Kaufpreis in dem Verhältnisse herabzusetzen, in welchem zur Zeit des Verkaufs der Werth der Sache in mangelfreiem Zustande zu dem wirklichen Werthe gestanden haben würde.

Findet im Falle des Verkaufs mehrerer Sachen für einen Gesammtpreis die Minderung nur wegen einzelner Sachen statt, so ist bei der Herabsetzung des Preises der Gesammtwerth aller Sachen zu Grunde zu legen.

§. 473.

Sind neben dem in Geld festgesetzten Kaufpreise Leistungen bedungen, die nicht vertretbare Sachen zum Gegenstande haben, so sind diese Leistungen in den Fällen der §§. 471, 472 nach dem Werthe zur Zeit des Verkaufs in Geld zu veranschlagen. Die Herabsetzung der Gegenleistung des Käufers erfolgt an dem in Geld festgesetzten Preise; ist dieser geringer als der abzusetzende Betrag, so hat der Verkäufer den überschießenden Betrag dem Käufer zu vergüten.

---

2. Der Betrag (x), auf welchen der Gesammtpreis herabzusetzen ist, berechnet sich, wenn w^1 der Gesammtwerth der Sachen in mangelfreiem Zustande zur Zeit des Verkaufs, w^2 der Werth der von der Wandelung nicht betroffenen Sachen zu derselben Zeit und p der Gesammtpreis ist, nach der Gleichung $x = \frac{w^2 . p}{w^1}$. Ist z. B. $w^1 = 1000$, $w^2 = 600$, $p = 1200$, so ist $x = \frac{600 . 1200}{1000} = 720$.

3. Vergl. § 473.

§ 472.

E. I § 392; II § 408 rev. § 465; III § 466. P. I S. 769, 770, 3553, 3560, 6205; M. II S. 236. P. II S. 1395—1397 (Bd. I S. 694—696). D. S. 632.

1. Der § 472 bestimmt die Grundsätze für die Feststellung des Betrags, auf welchen der Kaufpreis vermöge des Anspruchs auf Minderung herabzusetzen ist. Er schreibt die sog. relative Methode der Berechnung vor.

2. Der gesuchte Betrag (x) ergiebt sich regelmäßig (Abs. 1) aus dem Werthe w^1, den die Sache in mangelfreiem Zustande zur Zeit des Verkaufs gehabt haben würde, dem Werthe w^2, den sie zu dieser Zeit wirklich gehabt hat, und dem Kaufpreise p nach der Gleichung:

$$x = \frac{w^2 . p}{w^1}. \quad \text{Z. B. } w^1 = 100;\ w^2 = 70;\ p = 80;\ x = \frac{70 . 80}{100} = 56.$$

Dieselbe Formel ist auch im Falle des Abs. 2 in der Art anwendbar, daß als w^1 und w^2 der Gesammtwerth, den die gekauften Sachen zur Zeit des Verkaufs bei Mangelfreiheit der mangelhaften Sachen gehabt hätten und den sie wirklich gehabt haben, als p der Gesammtpreis anzusetzen ist. Z. B. $w^1 = 1000$; $w^2 = 700$; $p = 1300$; $x = \frac{700 . 1300}{1000} = 910$.

In Höhe des Unterschiedes zwischen dem Kaufpreis und dem ermittelten Betrage wird der Käufer mit Vollziehung der Minderung von der Zahlungspflicht befreit oder kann er den gezahlten Preis zurückfordern.

Ergänzt wird der § 472 durch den § 473.

3. Der Käufer verliert den Anspruch auf Minderung nicht dadurch, daß er die Sache mit Gewinn weiterveräußert.

§ 473.

E. II § 409 rev. § 466; III § 467. P. II S. 1397—1399 (Bd. I S. 696, 697). D. S. 632.

1. Die §§ 471, 472 sind unmittelbar nur anwendbar, wenn der Kaufpreis in Geld festgesetzt war. Sind neben dem so festgesetzten Preise andere Leistungen des Käufers bedungen, so muß zunächst ein die gesammte Gegenleistung des Käufers umfassender Geldbetrag festgestellt werden. Dieser Betrag besteht nach § 473 Satz 1 in der Summe aus dem Geldpreise und dem Werthe der sonstigen Leistungen zur Zeit des Verkaufs. Die Vorschrift gilt für Leistungen aller Art. Wenn sie im Gesetze nur für den Fall ausgesprochen ist, daß die Leistungen nicht vertretbare Sachen (§ 91) zum Gegenstande haben, so hat dies seinen Grund darin, daß die angeschlossenen Vorschriften des 2. Satzes nur für diesen Fall gelten.

§. 474.

Sind auf der einen oder der anderen Seite Mehrere betheiligt, so kann von jedem und gegen jeden Minderung verlangt werden.

Mit der Vollziehung der von einem der Käufer verlangten Minderung ist die Wandelung ausgeschlossen.

§. 475.

Durch die wegen eines Mangels erfolgte Minderung wird das Recht des Käufers, wegen eines anderen Mangels Wandelung oder von neuem Minderung zu verlangen, nicht ausgeschlossen.

---

2. Wenn nämlich die neben dem Geldpreise bedungene Leistung entweder andere als vertretbare Sachen oder überhaupt nicht Sachen, namentlich Dienste, zum Gegenstande hat, erfolgt die Durchführung der Wandelung im Falle des § 471 und der Minderung gemäß § 473 Satz 2.

a) Soweit der von der Gegenleistung abzusetzende Betrag den in Geld festgesetzten Preis nicht übersteigt, ist er an diesem Preise zu kürzen.

b) Soweit dagegen jener Betrag den Geldpreis übersteigt, hat der Verkäufer den überschießenden Betrag dem Käufer zu vergüten. Dies gilt nicht nur, wenn der Käufer die neben dem Geldpreis übernommenen Leistungen schon bewirkt hat; vielmehr kann der Käufer im entgegengesetzten Falle gegen Bewirkung der Leistungen die bezeichnete Vergütung vom Verkäufer verlangen.

3. Sind vertretbare Sachen Gegenstand der vom Käufer übernommenen Nebenleistung, so hat der Käufer die Wahl, inwieweit er den von der Gegenleistung abzusetzenden Betrag an dem Geldpreise oder an der Nebenleistung kürzen will.

4. Der § 473 ist dadurch von besonderer Bedeutung, daß er im Falle des § 323 Abs. 2 und beim Tausche (§ 515) entsprechende Anwendung findet.

§. 474.

E. I § 394; II § 410 rev. § 467; III § 468. P. I S. 763—766, 1916, 1921, 1922; M. II S. 237. P. II S. 1405, 1406 (Bd. I S. 700).

Der Satz 1 entscheidet in Betreff der Minderung die gleiche Frage, welche bezüglich der Wandelung im § 467 Satz 1 verb. mit § 356 Satz 1 entschieden ist, aber im entgegengesetzten Sinne.

Satz 2 enthält eine Anwendung dessen, was sich aus § 467 Satz 1 verb. mit § 356 Satz 2 und § 465 ergiebt.

§ 475.

E. I § 393; II § 411 rev. § 468; III § 469. P. I S. 752, 3264, 3473; M. II S. 236, 237. P. II S. 1402—1405, 2521, 2522, 2526, 2527 (Bd. I S. 698—700).

1. Hat der Käufer wegen eines Mangels Minderung verlangt, so kann er, solange die Minderung nicht vollzogen ist (§ 465), selbstverständlich noch wegen eines anderen Mangels Wandelung oder weitere Minderung verlangen. Der § 475 stellt aber klar, daß dieses Recht selbst durch die Vollziehung der zuerst verlangten Minderung nicht ausgeschlossen wird. Im Gegensatze zum E. I § 393 ist die Vorschrift nicht auf den Fall beschränkt, daß der andere Mangel erst nach der Geltendmachung des ersten Mangels entdeckt ist. Verlangt der Käufer jedoch wegen eines schon früher entdeckten Mangels nachträglich Wandelung oder weitere Minderung, so bleibt zu prüfen, ob nicht darin, daß der Käufer diesen Mangel nicht gleichzeitig mit dem ersten Mangel geltend gemacht hat, ein Verzicht auf die Ansprüche aus diesem Mangel zu finden ist.

2. Die Entscheidung der prozessualen Frage, ob der Käufer in dem über einen Minderungsanspruch anhängigen Rechtsstreit ohne Klageänderung wegen eines anderen Mangels Wandelung oder Minderung verlangen kann, hängt davon ab, ob in der Geltendmachung eines anderen Mangels eine Aenderung des Klagegrundes zu finden ist (C.P.O. § 268 Nr. 3). Letzteres dürfte zu bejahen sein (P. II S. 1403—1405). Vergl. aber § 264 der C.P.O., Erl. 2 zu § 465 a. E.

§. 476.

Eine Vereinbarung, durch welche die Verpflichtung des Verkäufers zur Gewährleistung wegen Mängel der Sache erlassen oder beschränkt wird, ist nichtig, wenn der Verkäufer den Mangel arglistig verschweigt.

§. 477.

Der Anspruch auf Wandelung oder auf Minderung sowie der Anspruch auf Schadensersatz wegen Mangels einer zugesicherten Eigenschaft verjährt, sofern nicht der Verkäufer den Mangel arglistig verschwiegen hat, bei beweglichen Sachen in sechs Monaten von der Ablieferung, bei Grundstücken in einem Jahre von der Uebergabe an. Die Verjährungsfrist kann durch Vertrag verlängert werden.

Beantragt der Käufer gerichtliche Beweisaufnahme zur Sicherung des Beweises, so wird die Verjährung unterbrochen. Die Unterbrechung dauert bis zur Beendigung des Verfahrens fort. Die Vorschriften des §. 211 Abs. 2 und des §. 212 finden entsprechende Anwendung.

Die Hemmung oder Unterbrechung der Verjährung eines der im Abs. 1 bezeichneten Ansprüche bewirkt auch die Hemmung oder Unterbrechung der Verjährung der anderen Ansprüche.

---

§ 476.

E. I § 396; II § 412 rev. § 469; III § 470. P. I S. 772, 773; M. II S. 396. P. II S. 1406, 1407 (Bd. I S. 701).

1. Der E. I sprach im § 396 Abs. 1 aus, daß die Haftung des Veräußerers wegen Mängel durch Vertrag erweitert, beschränkt oder erlassen werden kann. Bei der zweiten Lesung ist dieser Satz als selbstverständlich gestrichen worden. Er gilt nicht nur für die gesetzliche Haftung des Käufers, sondern, soweit die Erweiterung oder Beschränkung der Haftung in Frage steht, auch für die Haftung aus der Zusicherung einer Eigenschaft. Eine die Haftung ändernde Vereinbarung kann auch aus den Umständen entnommen werden, insbesondere bei dem Kaufe in Pausch und Bogen und bei Käufen, die die Natur der gewagten Geschäfte haben.

2. Der § 476 selbst entspricht dem § 443. Vergl. die Erl. zu letzterem.

§ 477.

E. I § 397; II § 413 rev. § 470; III § 471. P. I S. 775—787, 3553, 3554, 3560, 11780, 11781; M. II S. 238—241. P. II S. 1353—1365, 1407—1409, 1413—1421, 1497, 2211, 2212, 2213 (Bd. I S. 674—681, 701—708, 746; Bd. II S. 312, 314). D. S. 633.

1. Gegenstand der im § 477 bestimmten kurzen Verjährung sind

a) der Anspruch auf Wandelung oder auf Minderung, d. h. der in der Erl. 3 zu § 462 seinem Inhalte nach gekennzeichnete Anspruch, nicht die aus einer außergerichtlich oder gerichtlich vollzogenen Wandelung oder Minderung entspringenden Ansprüche auf Rückzahlung des Kaufpreises rc. (vergl. Erl. 2 d zu § 467);

b) der Anspruch auf Schadensersatz wegen Mangels einer zugesicherten Eigenschaft (§ 463 Satz 1).

2. Die kurze Verjährung der vorbezeichneten Ansprüche ist dann ausgeschlossen, so daß die regelmäßige dreißigjährige Verjährung Platz greift, wenn der Verkäufer den Mangel, d. h. einen Fehler der im § 459 Abs. 1 bezeichneten Art oder das Fehlen einer zugesicherten Eigenschaft, arglistig verschwiegen hat (Erl. zu § 443). Diese Voraussetzung hat erforderlichenfalls der Käufer zu beweisen. (Die von Schollmeyer S. 18 getadelte Ungenauigkeit der Fassung des § 477 Abs. 1 Satz 1 dürfte nicht vorliegen.)

3. Die Frist für die kurze Verjährung beträgt bezüglich aller ihr unterworfenen Ansprüche gleichmäßig bei beweglichen Sachen sechs Monate, bei Grundstücken, städtischen wie ländlichen, ein Jahr.

4. Für die Regelung des Beginns der kurzen Verjährung ist die Erwägung leitend gewesen, daß derselbe an den Zeitpunkt geknüpft werden müsse, von welchem an dem Käufer regelmäßig die Möglichkeit gegeben ist, über die Sache thatsächlich zu verfügen, sie zu untersuchen und etwaige Mängel zu entdecken (P. II S. 1408 [Bd. I S. 702]). Aus diesem Gesichtspunkt ist

a) bei beweglichen Sachen statt der Uebergabe, die nach dem E. I entscheiden sollte, bei der zweiten Lesung nach dem Vorgange des früheren H.G.B. Art. 349 die Ablieferung für maßgebend erklärt. Die Aenderung ist hauptsächlich für die Fälle von Bedeutung, in denen ein der körperlichen Uebergabe gleichgestellter Vorgang der Ablieferung vorhergeht, so namentlich für die Fälle der Uebertragung durch constitutum possessorium (§ 930), durch Abtretung des Anspruchs auf Herausgabe (§ 931) oder durch Uebergabe eines Lagerscheins, eines Ladescheins oder eines Konnossements (neues H.G.B. §§ 424, 450, 647). Nicht minder ist aber die Ablieferung auch dann entscheidend, wenn sie ausnahmsweise der Uebergabe vorhergeht. Der Begriff der Ablieferung ist der gleiche, wie er in der Rechtsprechung in Bezug auf die hier vorbildlichen Vorschriften des früheren H.G.B. entwickelt ist. (Vergl. insbesondere R.G. V S. 31, wonach für die Ablieferung wesentlich ist, daß der Verkäufer sich der Waare entäußert, die Gewahrsam aufgiebt und der Käufer die thatsächliche Möglichkeit erlangt, durch streng einseitigen Akt sich sofort die Gewahrsam der Sache zu verschaffen, sie zu untersuchen und über sie thatsächlich zu verfügen.)

b) Bei Grundstücken beginnt die Verjährung mit der Uebergabe. Unter letzterer wird mit Rücksicht auf den hier leitenden Gesichtspunkt, ebenso wie in § 446 (Erl. 2a daselbst), nur körperliche Uebergabe und die gleichgestellte brevi manu traditio zu verstehen sein.

Mit dem bezeichneten Zeitpunkte beginnt die Verjährung auch, wenn der Käufer im Einzelfalle an der Untersuchung der Sache verhindert ist oder der Mangel innerhalb der Verjährungsfrist nicht entdeckt werden konnte.

5. Der Abs. 1 Satz 2 gestattet, abweichend vom § 225 Satz 1, eine vertragsmäßige Verlängerung der Verjährungsfrist. Es wird damit dem Bedürfnisse Rechnung getragen, welches sich in der häufigen Vereinbarung längerer sog. Garantiefristen kundgiebt. Die Vorschrift setzt eine auf Verlängerung der Verjährungsfrist gerichtete Vereinbarung voraus. Eine solche wird aber auch in der Vereinbarung einer über die Verjährungsfrist hinausgehenden Garantiefrist der Regel nach zu finden sein. Indessen bleibt es lediglich der Prüfung des einzelnen Falles überlassen, festzustellen, welche Bedeutung der Vereinbarung einer längeren oder auch einer kürzeren Garantiefrist, insbesondere für die Verjährung der Mängelansprüche, zukommt.

Auch über die Dauer der regelmäßigen Verjährungsfrist von 30 Jahren kann hier die Frist ausgedehnt werden.

6. In Betreff der Hemmung und der Unterbrechung gelten für die kurze Verjährung die allgemeinen Vorschriften (§§ 202—217) mit folgenden Ergänzungen:

a) Den Unterbrechungsgründen (§§ 208, 209) tritt der Antrag des Käufers auf gerichtliche Beweisaufnahme zur Sicherung des Beweises hinzu (§ 477 Abs. 2 Satz 1). Die Bedeutung dieser Vorschrift wird durch die Bestimmung des § 488 der C.P.O. gesteigert, nach welcher die Beweisaufnahme, auch ohne daß die Voraussetzungen des § 485 der C.P.O. vorliegen, beantragt werden kann, wenn Mängel einer Sache festzustellen sind, aus denen ein Recht gegen den Gegner hergeleitet werden soll. Auf welches der nach § 485 der C.P.O. in Betracht kommenden Beweismittel das Gesuch gerichtet ist, gilt gleich.

Die durch das Beweisaufnahmegesuch bewirkte Unterbrechung endigt, wenn das Verfahren dadurch, daß es nicht betrieben wird, in Stillstand geräth, mit der letzten Prozeßhandlung der Parteien oder des Gerichts; die dann beginnende neue Verjährung wird dadurch, daß der Käufer das Verfahren weiter betreibt, in gleicher Weise wie durch Klagerhebung unterbrochen (§ 477 Abs. 2 Satz 2, § 211 Abs. 2). Die Unterbrechung gilt als nicht erfolgt, wenn das Gesuch zurückgenommen oder rechtskräftig zurückgewiesen wird; erneuert der Käufer das Gesuch binnen sechs Monaten, so gilt die Verjährung als durch das erste Gesuch unterbrochen (§ 477 Abs. 2 Satz 2, § 212).

b) Wenn und solange bezüglich eines der der kurzen Verjährung unterworfenen Ansprüche die Verjährung gehemmt oder unterbrochen ist, ist sie auch für die anderen Ansprüche gehemmt oder unterbrochen (§ 477 Abs. 3). Praktisch wichtig ist dies namentlich für die Unterbrechung durch Klagerhebung.

7. Bezüglich der Wirkung der vollendeten Verjährung erleidet der Grundsatz des § 222 Abs. 1 eine Einschränkung durch die §§ 478, 479.

§. 478.

Hat der Käufer den Mangel dem Verkäufer angezeigt oder die Anzeige an ihn abgesendet, bevor der Anspruch auf Wandelung oder auf Minderung verjährt war, so kann er auch nach der Vollendung der Verjährung die Zahlung des Kaufpreises insoweit verweigern, als er auf Grund der Wandelung oder der Minderung dazu berechtigt sein würde. Das Gleiche gilt, wenn der Käufer vor der Vollendung der Verjährung gerichtliche Beweisaufnahme zur Sicherung des Beweises beantragt oder in einem zwischen ihm und einem späteren Erwerber der Sache wegen des Mangels anhängigen Rechtsstreite dem Verkäufer den Streit verkündet hat.

Hat der Verkäufer den Mangel arglistig verschwiegen, so bedarf es der Anzeige oder einer ihr nach Abs. 1 gleichstehenden Handlung nicht.

---

§ 478.

E. II § 414 Abs. 1 Satz 1, Abs. 2 rev. § 471; III § 472. P. II S. 1353—1357, 1361, 1362, 1365, 1366, 1407, 1409—1411, 1413—1416, 3003—3006, 3010 (Bd. I S. 674—676, 678, 679, 681, 701, 703, 704, 705). D. S. 633.

1. Der E. I § 397 Abs. 1 bestimmte ausdrücklich, daß nach der Vollendung der Verjährung der Ansprüche auf Wandelung oder Minderung der Käufer diese Rechte auch nicht mehr einredeweise geltend machen könne. Dieser Standpunkt ist von der zweiten Kommission im Anschluß an das frühere H.G.B. Art. 349 Abs. 3 aufgegeben worden. Dementsprechend hat nach § 478 der Käufer auch nach der Vollendung der Verjährung des Anspruchs auf Wandelung oder auf Minderung unter bestimmten Voraussetzungen noch eine Einrede gegen den Anspruch des Verkäufers auf Zahlung des Kaufpreises. Ueber die Natur dieser Einrede vergl. die Erl. 3c zu § 222 Bd. I S. 272.

2. Voraussetzung für das Fortdauern des Einrederechts des Käufers ist, daß er vor der Vollendung der Verjährung entweder

a) dem Verkäufer den Mangel angezeigt oder die Anzeige an ihn abgesendet oder

b) gerichtliche Beweisaufnahme zur Sicherung des Beweises beantragt oder

c) in einem zwischen ihm und einem späteren Erwerber der Sache wegen des Mangels anhängigen Rechtsstreite dem Verkäufer den Streit verkündet hat.

Vergl. zu b die Erl. 6a zu § 477, zu c C.P.O. §§ 72, 73.

Die Anzeige giebt nach § 488 Abs. 2 Satz 1 der C.P.O. auch dem Verkäufer ohne Weiteres die Befugniß, Beweisaufnahme zur Sicherung des Beweises zu beantragen, und damit die Möglichkeit, einer Verdunkelung des Sachverhalts vorzubeugen. Ebenso kann auf Grund der Anzeige der Verkäufer den Käufer nach § 466 zur Erklärung über die Wandelung nöthigen.

Von der vorbezeichneten Voraussetzung unabhängig ist das Einrederecht des Käufers, wenn der Verkäufer einen Mangel arglistig verschwiegen hat (§ 478 Abs 2). Die Einrede dauert hier über die regelmäßige Verjährung von 30 Jahren hinaus. Dies entspricht dem § 853.

3. Vermöge der fortdauernden Einrede kann der Käufer die Zahlung des Kaufpreises insoweit verweigern, als er auf Grund der Wandelung oder der Minderung dazu berechtigt sein würde. Daraus folgt:

a) Der Käufer kann die Zahlung des ganzen Kaufpreises oder eines nach § 472 bemessenen Theiles des Gesammtpreises nur verweigern, wenn nicht der Anspruch auf Wandelung ausgeschlossen sein würde (Erl. 1 zu § 467). Für jenes Einrederecht gelten ferner die gleichen Vorschriften wie für die dem Käufer auf Grund des Anspruchs auf Wandelung vor dessen Verjährung zustehende Einrede, namentlich auch in dem Falle, daß der Käufer die ihm geschuldeten Leistungen bereits empfangen hatte. Klagt im letzteren Falle der Verkäufer vor der Verjährung des Anspruchs auf Wandelung den Kaufpreis ein, so braucht der Käufer, der sein Recht auf Wandelung einredeweise geltend macht, sich hierbei nicht zur Rückgewähr der empfangenen Leistungen zu erbieten. Bestreitet der Verkäufer das Recht des Käufers zur Wandelung, so ist er, wenn die Einrede für begründet erachtet wird, lediglich mit der Klage abzuweisen. Der Verkäufer kann aber die einredeweise verlangte Wandelung, indem er sich mit ihr einverstanden erklärt, zur Vollziehung bringen und sodann den dadurch erlangten Anspruch auf Rückgewähr des von ihm Geleisteten, sei es in dem Rechtsstreit über den Kaufgeldanspruch, sei es mittelst einer besonderen Klage, geltend machen (vergl. Erl. 2f zu § 467). Eine Voll-

§. 479.

Der Anspruch auf Schadensersatz kann nach der Vollendung der Verjährung nur aufgerechnet werden, wenn der Käufer vorher eine der im §. 478 bezeichneten Handlungen vorgenommen hat. Diese Beschränkung tritt nicht ein, wenn der Verkäufer den Mangel arglistig verschwiegen hat.

§. 480.

Der Käufer einer nur der Gattung nach bestimmten Sache kann statt der Wandelung oder der Minderung verlangen, daß ihm an Stelle der mangelhaften Sache eine mangelfreie geliefert wird. Auf diesen Anspruch finden die für die Wandelung geltenden Vorschriften der §§. 464 bis 466, des §. 467 Satz 1 und der §§. 469, 470, 474 bis 479 entsprechende Anwendung.

Fehlt der Sache zu der Zeit, zu welcher die Gefahr auf den Käufer übergeht, eine zugesicherte Eigenschaft oder hat der Verkäufer einen Fehler arglistig verschwiegen, so kann der Käufer statt der Wandelung, der Minderung oder der Lieferung einer mangelfreien Sache Schadensersatz wegen Nichterfüllung verlangen.

---

ziehung der einredeweise begehrten Wandelung durch rechtskräftiges Urtheil kommt nicht in Betracht, da das Urtheil in Bezug auf die Einrede nicht der Rechtskraft fähig ist (C.P.O. § 322). Alles dies muß auch für die hier in Rede stehende Einrede gelten, die dem Käufer nach der Verjährung des Anspruchs auf Wandelung verbleibt.

b) Der Käufer kann in jedem Falle die Zahlung eines den §§ 472, 473 entsprechenden Theiles des Kaufpreises verweigern.

§ 479.

E. II § 414 Abs 1 Satz 2 rev. § 472; III § 473. P. II S. 1414, 1415 (Bd. I S. 704, 705). D. S. 633.

Nach § 390 Satz 2 würde der Käufer den Anspruch auf Schadensersatz auch nach der **Vollendung** der kurzen Verjährung gegen die Kaufpreisforderung des Verkäufers aufrechnen können. Indessen wäre dadurch der besondere Zweck der hier bestimmten kurzen Verjährung zum Theil vereitelt, indem der Käufer in die Lage käme, noch nach langer Zeit mit einem Ersatzanspruch wegen Mangels einer zugesicherten Eigenschaft hervorzutreten. Der § 479 knüpft deshalb die Zulässigkeit der Aufrechnung an die gleiche Voraussetzung, von welcher nach § 478 die Fortdauer der Einreden abhängig ist, jedoch wiederum unter Ausscheidung des Falles, daß der Verkäufer den Mangel arglistig verschwiegen hat (vergl. Erl. 2 zu § 478).

§ 480.

E. I § 398; II § 415 rev. § 473; III § 474. P. I S. 739—743, 745—749, 760, 761, 769, 773, 781, 782, 785, 786, 3551, 3559, 3561, 11781, 11782; M. II S. 241—243. P. II S. 1426—1439, 8442, 8458, 8459 (Bd. I S. 711—718). D. S. 633.

1. Durch den § 480 werden die Vorschriften der §§ 459—479 für den Kauf einer nur der Gattung nach bestimmten Sache theils ergänzt, theils abgeändert.

2. Der Abs. 1 Satz 1 stellt klar, daß auch der Käufer einer nur der Gattung nach bestimmten Sache unter den gleichen Voraussetzungen wie der Käufer einer individuell bestimmten Sache Wandelung oder Minderung verlangen kann. Es ist damit die im bisherigen Rechte bestehende Streitfrage entschieden. Für die Ansprüche auf Wandelung oder auf Minderung gelten hier die allgemeinen Vorschriften. Jedoch wird dem Käufer neben den genannten Ansprüchen allgemein noch ein drittes Recht zur Wahl gestellt, und jene Ansprüche sind daher auch ausgeschlossen, wenn die Wahl des Käufers dahin vollzogen ist, daß er dieses dritte Recht geltend macht (s. unten Nr. 4 b).

3. Das hier hinzutretende Recht des Käufers besteht in dem Anspruch auf Lieferung einer mangelfreien Sache an Stelle der mangelhaften. Durch Lieferung einer Sache, die mit einem Fehler der im § 459 Abs. 1 bezeichneten Art behaftet ist, hat der Verkäufer seiner Vertragspflicht nicht genügt (vergl. § 243 Abs. 1; Jakubezky S. 96), und das Gleiche gilt, wenn der gelieferten Sache eine zugesicherte Eigenschaft fehlt (vergl. unten Nr. 5). Der Anspruch auf Lieferung einer mangelfreien Sache ist daher nichts Anderes als der Anspruch auf Erfüllung des Vertrags. Er wird dadurch, daß der Käufer die mangelhafte Sache in Un-

§. 481.

Für den Verkauf von Pferden, Eseln, Mauleseln und Maulthieren, von Rindvieh, Schafen und Schweinen gelten die Vorschriften der §§. 459 bis 467, 469 bis 480 nur insoweit, als sich nicht aus den §§. 482 bis 492 ein Anderes ergiebt.

---

kenntniß des Mangels als Erfüllung angenommen hat, nicht ausgeschlossen. Neben der Nachlieferung kann der Käufer gegebenenfalls nach allgemeinen Grundsätzen, insbesondere wegen Verzugs des Verkäufers, Schadensersatz verlangen.

4. Für den Anspruch auf Nachlieferung ergiebt sich aus den im Abs. 1 Satz 2 in Bezug genommenen Vorschriften Folgendes:

a) Der Anspruch wird durch vorbehaltlose Annahme der mangelhaften Sache seitens des Käufers in Kenntniß des Mangels ausgeschlossen (§ 464).

b) Die auf die Nachlieferung gerichtete Wahl des Käufers ist vollzogen, wenn sich der Verkäufer mit der verlangten Nachlieferung einverstanden erklärt hat oder zur Nachlieferung rechtskräftig verurtheilt ist (§ 465).

c) Der Verkäufer kann, wenn der Käufer ihm gegenüber einen Mangel behauptet, auf dem im § 466 vorgesehenen Wege sich darüber Gewißheit verschaffen, ob der Käufer Nachlieferung verlangen will. Er kann auch gleichzeitig sich zur Wandelung oder zur Nachlieferung erbieten und den Käufer unter Bestimmung einer Frist zur Erklärung auffordern, ob er Wandelung oder Nachlieferung verlange, mit der Wirkung, daß der Käufer beide Ansprüche verliert, wenn er sich nicht bis zum Ablaufe der Frist für den einen derselben entscheidet (P. II S. 8458 f.).

d) Der Anspruch auf Nachlieferung wird durch die gleichen Umstände ausgeschlossen, wie nach der Erl. 1 zu § 467 der Anspruch auf Wandelung.

e) Der Käufer ist, falls die Wahl der Nachlieferung vollzogen ist, zur Rückgewähr der empfangenen Sache nach Maßgabe der Erl. 2c zu § 467 verpflichtet. Diese Verpflichtung und die des Verkäufers zur Nachlieferung ist Zug um Zug zu erfüllen (ebenda Erl. 2e). Der Verkäufer kann, nachdem die Wahl der Nachlieferung vollzogen ist, auch seinerseits Rückgewähr der gelieferten Sache verlangen (ebenda Erl. 2f). Bei Verzug des Käufers bezüglich der Rückgewähr kann das Recht desselben auf Nachlieferung noch nachträglich durch den Verkäufer ebenso ausgeschlossen werden wie nach der Erl. 2g zu § 467 die Wandelung.

f) Falls auf der einen oder der anderen Seite Mehrere betheiligt sind, gilt für den Anspruch auf Nachlieferung das in der Erl. 3 zu § 467 bezüglich der Wandelung Gesagte.

g) Die entsprechende Anwendung der auf die Wandelung bezüglichen Vorschriften der §§ 469, 470, des § 474 Abs. 2 und des § 477 auf den Anspruch auf Nachlieferung bietet keine Schwierigkeiten. Der § 476 ist hier unmittelbar anwendbar.

h) Der Käufer kann, wenn er eine der im § 478 bezeichneten Handlungen vor der Verjährung des Anspruchs auf Nachlieferung vorgenommen oder wenn der Verkäufer den Mangel arglistig verschwiegen hat, noch nach der Vollendung der Verjährung die Zahlung des Kaufpreises bis zur Nachlieferung verweigern (§ 478).

i) Der § 479 endlich ist auf den hier in Rede stehenden Anspruch nicht anwendbar (s. dagegen unten Nr. 6).

5. Ein Recht des Verkäufers, die vom Käufer verlangte Wandelung seinerseits durch Lieferung einer mangelfreien Sache abzuwenden, ist nicht anerkannt (M. II S. 242, P. II S. 1431 ff. [Bd. I S. 717 ff.]). Der Käufer wird sich aber die Nachlieferung nach allgemeinen Grundsätzen unter Umständen ebenso gefallen lassen müssen wie bei individuell bestimmten Sachen die Beseitigung des Mangels (vergl. Erl. 4 zu § 462).

6. Das **Recht des Käufers**, (statt der Wandelung, der Minderung oder der Lieferung einer mangelfreien Sache) **Schadensersatz wegen Nichterfüllung zu verlangen**, ist bei dem Kaufe einer nur der Gattung nach bestimmten Sache, abweichend vom § 463, an die Voraussetzung geknüpft, daß der Sache **zu der Zeit, zu welcher die Gefahr auf den Käufer übergeht**, eine zugesicherte Eigenschaft gefehlt oder der Verkäufer einen zu dieser Zeit vorhandenen Fehler der im § 459 Abs. 1 bezeichneten Art arglistig verschwiegen hat (§ 480 Abs. 2). Ueber den Zeitpunkt des Gefahrübergangs vergl. Erl. 2 zu § 446 unter a. Die Zeit der Vertragschließung kann bei dem Verkauf einer Gattungssache nicht entscheiden, weil zu dieser Zeit noch nicht eine bestimmte Sache geschuldet wird.

Im Uebrigen gelten für den Schadensersatzanspruch die allgemeinen Vorschriften, insbesondere die §§ 464, 476, 477, 479.

§§ 481—492.

Die besonderen Vorschriften über **Gewährleistung wegen Viehmängel** folgen, im Gegensatze zu den allgemeinen Bestimmungen der §§ 459 ff., dem deutschrechtlichen Systeme,

§. 482.

Der Verkäufer hat nur bestimmte Fehler (Hauptmängel) und diese nur dann zu vertreten, wenn sie sich innerhalb bestimmter Fristen (Gewährfristen) zeigen.

Die Hauptmängel und die Gewährfristen werden durch eine mit Zustimmung des Bundesraths zu erlassende Kaiserliche Verordnung bestimmt. Die Bestimmung kann auf demselben Wege ergänzt und abgeändert werden.

---

welches in allen Stadien der Ausarbeitung des Gesetzbuchs zwar lebhaft bekämpft, aber aus Zweckmäßigkeitsgründen stets festgehalten worden ist (vergl. außer den Nachweisen zu § 481 auch Zstlg. Bd. II S. 149 ff; VI S. 336 ff., Zstlg. d. B.R. Bd. I S. 53 ff.). Die Besonderheiten der hier getroffenen Regelung beruhen im wesentlichen darauf, daß bei der Eigenart des Viehkaufs, der es mit lebenden Organismen zu thun hat, die Anwendung der allgemeinen Gewährleistungsgrundsätze zu einer mit dem Verkehrsinteresse nicht verträglichen Rechtsunsicherheit und Häufung der Prozesse führen würde. Die Sondervorschriften beschränken sich auf bestimmte für die Landwirthschaft und den Viehhandel hervorragend wichtige Gattungen von Hausthieren (§ 481).

Die §§ 482—491 betreffen die gesetzliche Haftung des Verkäufers. Der § 482 spricht die grundsätzliche Beschränkung derselben auf bestimmte Hauptmängel und durch bestimmte Gewährfristen aus. Im § 483 wird der Beginn, im § 484 die rechtliche Bedeutung der Gewährfristen geregelt. Der § 485 handelt von der Anzeigepflicht des Käufers, der § 486 von vereinbarten Gewährfristen. Der § 487 schließt den Anspruch auf Minderung aus und bestimmt zusammen mit den §§ 488, 489 einige Besonderheiten bezüglich der Wandelung. Der § 490 betrifft die Verjährung der Ansprüche auf Wandelung und auf Schadensersatz wegen Zusicherung des Nichtvorhandenseins eines Hauptmangels, der § 491 den Gattungskauf. Der § 492 endlich bestimmt die Haftung des Verkäufers aus der Uebernahme der Gewährleistung für einen nicht zu den Hauptmängeln gehörenden Fehler und aus der Zusicherung einer Eigenschaft.

Vergl. zu den §§ 481—492 den § 382 des neuen H.G.B.

§ 481.

E. I § 399; II § 416 rev. § 474; III § 475. P. I S. 802—805, 3264, 3274, 3282, 3286, 11782; M. II S. 243—252. P. II S. 1439—1458 (Bd. I S. 718—727). D. S. 633, 634. K.B. S. 1967, 1968.

1. Für den Verkauf von Thieren, welche nicht einer der im § 481 bezeichneten Gattungen angehören, z. B. Ziegen, gelten lediglich die allgemeinen Vorschriften.

2. Von den allgemeinen Vorschriften finden auf den Viehkauf uneingeschränkt Anwendung die §§ 460, 461, 464, 466, 469—471, 476. Unanwendbar sind die §§ 472—475. Die übrigen Bestimmungen erleiden Aenderungen.

§ 482.

E. I § 400; II § 417 rev. § 475; III § 476. P. I S. 802—805, 11782; M. II S. 252—254. P. II S. 1458—1462 (Bd. I S. 727—729). D. S. 634.

1. Der Abs. 1 modifiziert für den Viehkauf die im § 459 Abs. 1 bestimmten Voraussetzungen der gesetzlichen Haftung des Verkäufers. Jene allgemeine Vorschrift gilt auch hier insoweit, als der Verkäufer dafür haftet, daß das verkaufte Thier nicht zur Zeit des Gefahrüberganges mit einem von ihm zu vertretenden Fehler behaftet ist. Der Verkäufer hat jedoch

a) nicht jeden Fehler der im § 459 Abs. 1 bezeichneten Art, sondern nur bestimmte, ein für alle Mal festgesetzte Fehler zu vertreten, die sog. Hauptmängel, und er hat

b) auch Hauptmängel nur zu vertreten, wenn sie sich innerhalb bestimmter Fristen, der Gewährfristen, zeigen. Die letztere Vorschrift führt insofern zu einer positiven Beschränkung der Haftung des Verkäufers, als die Gewährfristen ihrem Zwecke entsprechend nur den Zeitraum umfassen werden, innerhalb dessen erfahrungsmäßig der betreffende Fehler sich der Regel nach zu offenbaren pflegt. Es bleiben danach Ausnahmefälle möglich, in denen ein zur Zeit des Gefahrüberganges vorhandener Fehler erst nach dem Ablaufe der Gewährfrist sich zeigt. Da jedoch in diesen Fällen der Nachweis, daß der Fehler schon zu der entscheidenden Zeit vorhanden gewesen ist, kaum jemals mit Sicherheit geführt werden kann, so schließt das Gesetz zur Abschneidung voraussichtlich erfolgloser Prozesse hier eine Haftung des Verkäufers ganz aus.

§. 483.

Die Gewährfrist beginnt mit dem Ablaufe des Tages, an welchem die Gefahr auf den Käufer übergeht.

§. 484.

Zeigt sich ein Hauptmangel innerhalb der Gewährfrist, so wird vermuthet, daß der Mangel schon zu der Zeit vorhanden gewesen sei, zu welcher die Gefahr auf den Käufer übergegangen ist.

§. 485.

Der Käufer verliert die ihm wegen des Mangels zustehenden Rechte, wenn er nicht spätestens zwei Tage nach dem Ablaufe der Gewährfrist oder, falls das Thier vor dem Ablaufe der Frist getödtet worden oder sonst verendet ist, nach dem

---

Zur Begründung der Klage wegen eines Hauptmangels gehört demnach die Behauptung, daß der Mangel innerhalb der Gewährfrist hervorgetreten ist.

Durch den § 482 Abs. 1 wird nicht berührt die Vorschrift des § 460. Nach Maßgabe der letzteren schließt also auch hier Kenntniß des Käufers von dem Mangel sowie auf grober Fahrlässigkeit beruhende Unkenntniß des Käufers die Haftung aus.

2. Mittelbar ergiebt sich aus § 482 Abs. 1 auch, daß der Käufer nur wegen arglistigen Verschweigens eines Hauptmangels den im § 463 Satz 2 bestimmten Schadensersatzanspruch geltend machen kann. Wegen arglistigen Verschweigens eines nicht zu den Hauptmängeln gehörenden Fehlers kann nur unter Umständen eine Haftung auf Grund einer unerlaubten Handlung nach §§ 823 ff. begründet sein (vergl. M. II S. 263).

3. Bei der Bestimmung der Hauptmängel ist nicht ausgeschlossen, daß für eine und dieselbe Thiergattung die Hauptmängel mit Rücksicht auf die bei dem Kaufe beabsichtigte Art der Verwendung (als Schlacht-, Zuchtvieh u. dgl.) verschieden festgestellt werden (D. S. 634).

Eine die Bestimmung der Hauptmängel und der Gewährfristen abändernde oder ergänzende Kaiserliche Verordnung findet selbstverständlich nur auf die nach ihrem Inkrafttreten abgeschlossenen Kaufverträge Anwendung (P. II S. 1462 [Bd. I S. 729]).

§ 483.

E. I § 401; II § 418 rev. § 476; III § 477. P. I S. 802—807, 11782, 11783, 12132, 12133; M. II S. 254. P. II S. 1475—1477 (Bd. I S. 735, 736). D. S. 634.

Da sich die Haftung des Verkäufers auf den Zustand des Thieres zur Zeit des Gefahrüberganges (vergl. Erl. 2a zu § 446) bezieht, muß dieser Zeitpunkt auch für den Beginn der Gewährfrist maßgebend sein. Daß die letztere erst mit dem Ablaufe des Tages beginnt, in welchen jener Zeitpunkt fällt, entspricht dem Grundsatze des § 187 Abs. 1. Das Ende der Gewährfrist bestimmt sich nach § 188.

§ 484.

E. I § 402 Satz 1; II § 419 rev. § 477; III § 478. P. I S. 799—805, 807—811; M. II S. 252, 253, 254. P. II S. 1477—1479 (Bd. I S. 735, 736). D. S. 635.

Die in § 484 aufgestellte Vermuthung beruht wie die Vorschrift des § 482 Abs. 1 auf der Natur der Gewährfrist als desjenigen Zeitraums, innerhalb dessen der betreffende Hauptmangel nach der auf die Erfahrung gestützten Regel sich zu offenbaren pflegt. Sie hält dem Verkäufer den Gegenbeweis offen, daß ein in der Gewährfrist hervorgetretener Mangel erst nach dem Zeitpunkte des Gefahrüberganges entstanden ist (vergl. C.P.O. § 292).

Die Vermuthung des § 484 ist selbstverständlich auch begründet, wenn der Fehler sich vor Beginn der Gewährfrist, also vor dem Ablaufe des Tages, an dem die Gefahr überging, gezeigt hat.

§ 485.

E. I § 402 Satz 2; II § 420 rev. § 478; III § 479. P. I S. 799—805, 807—811; M. II S. 254—256. P. II S. 1479—1482 (Bd. I S. 737—739). D. S. 635.

1. a) Um dem Verkäufer die Möglichkeit zu verschaffen, daß er sich rechtzeitig den Gegenbeweis gegen die Vermuthung des § 484 sichert, verlangt der § 485 Satz 1 vom Käufer die

Tode des Thieres den Mangel dem Verkäufer anzeigt oder die Anzeige an ihn absendet oder wegen des Mangels Klage gegen den Verkäufer erhebt oder diesem den Streit verkündet oder gerichtliche Beweisaufnahme zur Sicherung des Beweises beantragt. Der Rechtsverlust tritt nicht ein, wenn der Verkäufer den Mangel arglistig verschwiegen hat.

§. 486.

Die Gewährfrist kann durch Vertrag verlängert oder abgekürzt werden. Die vereinbarte Frist tritt an die Stelle der gesetzlichen Frist.

§. 487.

Der Käufer kann nur Wandelung, nicht Minderung verlangen.

Die Wandelung kann auch in den Fällen der §§. 351 bis 353, insbesondere wenn das Thier geschlachtet ist, verlangt werden; an Stelle der Rückgewähr hat

---

alsbaldige Vornahme gewisser diesem Zwecke dienlicher Handlungen und knüpft an die Nichtvornahme nicht nur, wie der E. I § 402 Satz 2, die Folge, daß dem Käufer die Vermuthung nicht zur Seite steht, sondern den Verlust der dem Käufer wegen des Mangels zustehenden Rechte (Ansprüche und Einreden). Aus der Fassung „Der Käufer verliert die ... Rechte, wenn er nicht ..." ergiebt sich in Betreff der Beweislast (s. Bd. I S. 46 Nr. 6), daß der Verkäufer, welcher den Verlust der fraglichen Rechte des Käufers geltend macht, nur den Ablauf der in § 485 bestimmten Ausschlußfrist zu beweisen braucht, dem Käufer aber, welcher den Verlust bestreitet, der Beweis obliegt, daß er vor dem Ablaufe der Frist eine der im § 485 bezeichneten Handluugen vorgenommen habe.

b) Die vom Käufer vorzunehmenden Handlungen sind die gleichen, von welchen nach § 478 Abs. 1 die Erhebung der Einreden abhängt (vergl. Erl. 2 zu § 478). Hinzu tritt die Erhebung der Klage.

c) Der Käufer muß eine jener Handlungen vor dem Ablauf einer bestimmten Ausschlußfrist vornehmen. Letztere beginnt regelmäßig mit dem Ablaufe der Gewährfrist, also mit dem Anfange des dem letzten Tage der Gewährfrist folgenden Tages (§ 188), falls aber das Thier vor diesem Zeitpunkte getödtet worden oder sonst verendet ist, mit dem Tode des Thieres; der Tag des Todes wird nach § 187 Abs. 1 bei der Berechnung der Frist nicht mitgerechnet. Die Ausschlußfrist beträgt zwei Tage, endet also mit dem zweiten Tage nach dem Ablaufe der Gewährfrist oder nach dem Tage des Todes (§ 188 Abs. 1).

2. Hat der Käufer nicht eine der vorgeschriebenen Handlungen rechtzeitig vorgenommen, so kann er dennoch den Verlust seiner Rechte durch den Nachweis abwenden, daß der Verkäufer den Mangel arglistig verschwiegen habe (Satz 2, vergl. Erl. zu § 443).

§ 486.

E. I § 410; II § 421 rev. § 479; III § 480. P. I S. 802—808, 3554, 3560; M. II S. 263, 264. P. II S. 1500 (Bd. I S. 748). R.B. S. 1968.

1. Nach der Natur der Gewährfristen (Erl. 1b zu § 482, Erl. zu § 484) versteht es sich keineswegs von selbst, daß deren Dauer der freien Vereinbarung unterliegt. Der § 486 Satz 1 läßt jedoch eine vertragsmäßige Verlängerung oder Abkürzung zu. Für den Vertrag gelten die allgemeinen Grundsätze; er ist insbesondere formfrei und kann wegen Verstoßes gegen die guten Sitten nichtig (§ 138) oder wegen arglistiger Täuschung anfechtbar sein (§ 123). Dies ist namentlich bei einer dem Zwecke der Gewährfrist widersprechenden Abkürzung derselben zu beachten.

2. Der Satz 2 enthält nur eine ergänzende Vorschrift. Wenn sich keine andere Absicht bei einer Vereinbarung über die Dauer der Gewährfrist ergiebt, tritt danach überall, insbesondere in Bezug auf die Vorschriften des § 482 Abs. 1, des § 484 und des § 485 (vergl. auch § 490 Abs. 1), die vereinbarte an die Stelle der gesetzlichen Frist.

§ 487.

E. I § 404; II § 422 rev. § 480; III § 481. P. I S. 816—818, 1916, 1922, 17787; M. II S. 256—259. P. II S. 1483—1487, 1607—1609 (Bd. I S. 739—741, 802, 803). D. S. 635.

1. Der Abs. 1 versagt, abweichend vom § 462, dem Käufer den Anspruch auf Minderung, beschränkt ihn also, was die gesetzliche Haftung betrifft, auf den Wandelungs-

der Käufer den Werth des Thieres zu vergüten. Das Gleiche gilt in anderen Fällen, in denen der Käufer in Folge eines Umstandes, den er zu vertreten hat, insbesondere einer Verfügung über das Thier, außer Stande ist, das Thier zurückzugewähren.

Ist vor der Vollziehung der Wandelung eine unwesentliche Verschlechterung des Thieres in Folge eines von dem Käufer zu vertretenden Umstandes eingetreten, so hat der Käufer die Werthminderung zu vergüten.

Nutzungen hat der Käufer nur insoweit zu ersetzen, als er sie gezogen hat.

---

anspruch. Die Vorschrift beruht auf Zweckmäßigkeitsgründen, namentlich auf der Erwägung, daß die bei der Minderung nothwendigen Schätzungen in Anwendung auf Thiere besonders mißlich und unsicher sind.

2. Für den Anspruch des Käufers auf Wandelung gelten die allgemeinen Vorschriften der §§ 464—467, 469—471 mit folgenden Abweichungen:

a) In den Fällen der §§ 351—353 steht, auch soweit die Wandelung nach § 467 Satz 1 ausgeschlossen, der Käufer also auf die Minderung angewiesen sein würde (vergl. Erl. 1b zu § 467), ihm der Anspruch auf Wandelung und nur dieser zu (§ 487 Abs. 2 Satz 1 Halbs. 1). Dem Käufer soll dadurch die Möglichkeit abgeschnitten werden, sich durch Vornahme einer der in den §§ 351, 352 bezeichneten Handlungen den Anspruch auf Minderung zu verschaffen. Da jedoch in den gedachten Fällen eine Rückgewähr des Thieres entweder überhaupt nicht oder doch nicht in demjenigen Zustande möglich ist, in welchem dasselbe nach dem den §§ 351—353 zu Grunde liegenden Gedanken zurückgewährt werden müßte, so muß an die Stelle der Verpflichtung zur Rückgewähr eine andere Verpflichtung treten. In Ermangelung einer besonderen Vorschrift würde aus den §§ 467, 347 zu folgern sein, daß der Käufer wegen der von ihm zu vertretenden Unmöglichkeit der Rückgewähr Schadensersatz zu leisten hätte. Das Gesetz hält aber eine solche Verpflichtung für nicht vereinbar mit den Bedürfnissen des Verkehrs bei dem Viehhandel. Die Verpflichtung des Käufers wird deshalb dahin beschränkt, daß er nur den Werth des Thieres zu vergüten hat. Als den für die Werthbemessung maßgebenden Zeitpunkt bestimmt der E. I § 404 Abs. 2 Satz 3 denjenigen, in welchem der Käufer die nach den allgemeinen Vorschriften die Wandelung ausschließende Handlung vorgenommen hat. Die Bestimmung wurde in der zweiten Lesung gestrichen, um der Auslegung freie Hand zu lassen. Da die Werthvergütung an die Stelle der Rückgewähr tritt, so dürfte der Werth nach dem Zeitpunkte zu bestimmen sein, in welchem der Käufer verpflichtet gewesen sein würde, das Thier zurückzugewähren, also nach dem Zeitpunkte der Vollziehung der Wandelung (P. II S. 1609 [Bd. I S. 803]). Es ist also derjenige Werth zu vergüten, welchen das Thier in diesem Zeitpunkte gehabt haben würde, wenn der von dem Käufer zu vertretende Umstand, in Folge dessen die Rückgewähr unmöglich geworden ist, nicht eingetreten wäre.

b) Die Vorschriften der §§ 351—353 umfassen nicht den Fall, daß der Rücktrittsberechtigte zur Zeit des Rücktritts deshalb außer Stande ist, den erhaltenen Gegenstand zurückzugewähren, weil er darüber verfügt hat. Dieser Fall wird durch die Vorschrift des § 354 berücksichtigt (s. Erl. zu §§ 353, 354). Kann der Rücktrittsberechtigte den Gegenstand, über den er verfügt hat, sich nicht wieder verschaffen, so hat der andere Theil es in der Hand, den Rücktritt auf dem in dem § 354 vorgeschriebenem Wege unwirksam zu machen.

Der Zweck des § 487 geht nun dahin, die Wandelung in allen Fällen für zulässig zu erklären. Durch den Abs. 2 Satz 1 werden aber nur die in den §§ 351—353 bezeichneten Fälle, nicht aber der oben gedachte Fall, auf welchen sich der § 354 bezieht, getroffen. Es würde widersinnig sein, die Wandelung für zulässig zu erklären, wenn der Käufer sich dadurch außer Stand gesetzt hat, das Thier zurückzugewähren, daß er dessen Untergang vorsätzlich oder fahrlässig herbeigeführt hat, sie aber auszuschließen, wenn der Käufer das Thier deshalb nicht zurückgewähren kann, weil er darüber vor Vollziehung der Wandelung verfügt hat. Diesem Ergebnisse tritt die Vorschrift des Abs. 2 Satz 2 entgegen. Die Wandelung soll auch in dem Falle des § 354 nicht unwirksam werden, wenn der Käufer sich vor Vollziehung derselben in anderer als der in den §§ 351—353 bezeichneten Weise, insbesondere durch eine Verfügung über das Thier, außer Stand gesetzt hat, das Thier zurückzugewähren. Die Wandelung soll in diesem Falle vielmehr wirksam bleiben, der Käufer aber verpflichtet sein, den Werth des Thieres zu ersetzen.

c) Da der Käufer, falls er vor der Vollziehung der Wandelung eine wesentliche Verschlechterung des Thieres verschuldet hat, nach Abs. 2 nur den Werth zu vergüten hat, wäre es unbillig, ihn, wenn die Verschlechterung eine unwesentliche war, entsprechend dem § 467 Satz 1 verb. mit § 347 zum vollen Schadensersatze zu verpflichten. Der Abs. 3 beschränkt deshalb

§. 488.

Der Verkäufer hat im Falle der Wandelung dem Käufer auch die Kosten der Fütterung und Pflege, die Kosten der thierärztlichen Untersuchung und Behandlung sowie die Kosten der nothwendig gewordenen Tödtung und Wegschaffung des Thieres zu ersetzen.

§. 489.

Ist über den Anspruch auf Wandelung ein Rechtsstreit anhängig, so ist auf Antrag der einen oder der anderen Partei die öffentliche Versteigerung des Thieres und die Hinterlegung des Erlöses durch einstweilige Verfügung anzuordnen, sobald die Besichtigung des Thieres nicht mehr erforderlich ist.

---

seine Verpflichtung auf den Ersatz der Werthminderung. Für den Fall einer nach der Vollziehung der Wandelung von ihm verschuldeten Verschlechterung bleibt es dagegen bei den allgemeinen Vorschriften, also bei der Verpflichtung zum Schadensersatze.

d) Der Abs. 4 modifizirt die Bestimmung, welche sich bezüglich der Verpflichtung des Käufers zum Ersatze von Nutzungen aus § 467 Satz 1 verb. mit § 347 ergiebt (Erl. 2 c γ zu § 467), mit Rücksicht darauf, daß der Käufer regelmäßig nicht in der Lage ist, einen zweckmäßigen Gebrauch von dem fehlerhaften Thiere zu machen.

e) Eine weitere Besonderheit bestimmt der § 488.

3. Die allgemeinen Vorschriften gelten auch in den von den bisherigen Gesetzen zum Teihl besonders behandelten Fällen, in denen eine Heerde oder Zugthiere als Paare, Gespanne oder Züge oder Mutterthiere mit ihren Jungen verkauft oder in denen eines oder einige von mehreren durch ein Rechtsgeschäft oder von demselben Verkäufer gekauften Thieren mit einer ansteckenden Krankheit behaftet ist (M. II S. 257—259, P. II S. 1487—1492 [Bd. I S. 741—743]). Es finden lediglich die §§ 469—471 Anwendung. In den zuletzt erwähnten Fällen kann also der Käufer regelmäßig nur wegen derjenigen Thiere Wandelung verlangen, bei denen sich die ansteckende Krankheit innerhalb der Gewährfrist gezeigt hat, wegen der übrigen Thiere nur dann, wenn die Thiere als zusammengehörend verkauft sind und die kranken Thiere nicht ohne Nachtheil für den Käufer von den übrigen getrennt werden können.

§ 488.

E. I § 405; II § 423 rev. § 481; III § 482. P. I S. 818, 819, 3554, 3560; M. II S. 259—261. P. II S. 1492, 1493 (Bd. I S. 743, 744). D. S. 635.

Nach den allgemeinen Vorschriften würde der Käufer wegen der im § 488 bezeichneten Kosten im Falle der Wandelung nur, soweit sie als nothwendige Verwendungen auf das Thier anzusehen sind, Ersatz verlangen können, und zwar nach den Vorschriften über Geschäftsführung ohne Auftrag (vergl. Erl. 2 d β zu § 467). Der § 488 giebt ihm statt dessen einen unbedingten Ersatzanspruch wegen dieser Kosten, weil bei dem schnell zu bedeutender Höhe anschwellenden Betrage derselben erst durch deren Erstattung die Wandelung für den Käufer werthvoll wird. Der Verkäufer kann gegen diesen Ersatzanspruch den ihm nach § 487 Abs. 4 zustehenden Anspruch auf Ersatz von Nutzungen aufrechnen.

Sonstige Kosten, die der Käufer für nothwendige Schutzmaßregeln gegen Seuchengefahr hat aufwenden müssen, hat der Verkäufer nur zu ersetzen, wenn er zum Schadensersatze verpflichtet ist.

§ 489.

E. I § 406; II § 424 rev. § 482; III § 483. P. I S. 819, 820, 1417; M. II S. 261. P. II S. 1493, 1494 (Bd. I S. 744). D. S. 635.

Die Vorschrift soll den Betheiligten die Möglichkeit bieten, ein übermäßiges Anwachsen der Unterhaltungskosten zu verhüten.

Die im § 489 vorgesehene einstweilige Verfügung ist, sobald nach dem Ermessen des Prozeßgerichts eine Besichtigung des Thieres nicht mehr erforderlich ist, auf Antrag zu erlassen, ohne daß es auf die allgemeinen Voraussetzungen für den Erlaß einstweiliger Verfügungen ankommt. Im Uebrigen finden die §§ 937, 939, 943, 944 der C.P.O. Anwendung; der § 942 erscheint mit Rücksicht auf seinen Zweck und den Inhalt der hier in Frage stehenden Verfügung nicht anwendbar.

Ueber den Begriff der öffentlichen Versteigerung vergl. § 383 Abs. 3 Satz 1.

§. 490.

Der Anspruch auf Wandelung sowie der Anspruch auf Schadensersatz wegen eines Hauptmangels, dessen Nichtvorhandensein der Verkäufer zugesichert hat, verjährt in sechs Wochen von dem Ende der Gewährfrist an. Im Uebrigen bleiben die Vorschriften des §. 477 unberührt.

An die Stelle der in den §§. 210, 212, 215 bestimmten Fristen tritt eine Frist von sechs Wochen.

Der Käufer kann auch nach der Verjährung des Anspruchs auf Wandelung die Zahlung des Kaufpreises verweigern. Die Aufrechnung des Anspruchs auf Schadensersatz unterliegt nicht der im §. 479 bestimmten Beschränkung.

§. 491.

Der Käufer eines nur der Gattung nach bestimmten Thieres kann statt der Wandelung verlangen, daß ihm an Stelle des mangelhaften Thieres ein mangelfreies geliefert wird. Auf diesen Anspruch finden die Vorschriften der §§. 488 bis 490 entsprechende Anwendung.

Für die Hinterlegung gelten nach Art. 144, 145 des E.G. die Landesgesetze. Der Erlös oder, falls dieser nach dem maßgebenden Landesrecht in das Eigenthum des Fiskus oder der als Hinterlegungsstelle bestimmten Anstalt übergeht, der Anspruch auf Rückerstattung tritt für das Verhältniß der Parteien zu einander an die Stelle des versteigerten Thieres. Im Falle der Wandelung hat also der Verkäufer statt des Anspruchs auf Rückgewähr des Thieres den Anspruch auf Bewilligung der Auszahlung des Erlöses an ihn.

§ 490.

E. I § 407; II § 425 rev. § 483; III § 484. P. I S. 820, 3553, 3554, 3560; M. II S. 261, 262. P. II S. 1496—1500 (Bd. I S. 745—748). D. S. 635. K.B. S. 1968.

1. Der Abs. 1 modifizirt die Vorschriften des § 477 in Bezug auf die Verjährung

a) des Anspruchs auf Wandelung wegen eines Hauptmangels und

b) des Anspruchs auf Schadensersatz wegen eines Hauptmangels, dessen Nichtvorhandensein der Verkäufer zugesichert hat. Dieser Anspruch ist, obwohl es sich bei ihm um die im Uebrigen erst im § 492 behandelte Haftung aus einer Zusicherung handelt, in die Vorschrift hineingezogen, weil für den Beginn der Verjährung hier das Gleiche gilt wie für den zu a erwähnten Anspruch.

2. Die hier bestimmte Modifikation betrifft lediglich die Dauer der Verjährungsfrist, die auf 6 Wochen herabgesetzt ist, und den Beginn der Verjährung. Für letzteren ist nicht die Ablieferung des Thieres, sondern das Ende der gesetzlichen oder vereinbarten (§ 486) Gewährfrist maßgebend. Im Uebrigen gelten, wie Satz 2 neben § 481 der Deutlichkeit wegen besonders hervorhebt, auch für die Verjährung der zu 1 bezeichneten Ansprüche die Vorschriften des § 477, also der Ausschluß der kurzen Verjährung im Falle arglistigen Verschweigens des Hauptmangels sowie die Vorschriften des § 477 Abs. 1 Satz 2, Abs. 2 und 3.

3. Der Abs. 3 Satz 1 ersetzt den § 478 Abs. 1. Wenn er die Fortdauer der Einrede nicht, wie die letztere Vorschrift, von der Vornahme einer der dort bezeichneten Handlungen abhängig macht, so liegt darin keine sachliche Abweichung; vielmehr ergiebt sich das gleiche Erforderniß für die Erhebung der Einrede hier schon aus § 485 Satz 1. Ebenso wird die Vorschrift des § 478 Abs. 2 hier entbehrlich durch § 485 Satz 2.

Das Gleiche gilt von dem Verhältnisse des Abs. 3 Satz 2 zu § 479.

§ 491.

E. I § 408; II § 426 rev. § 484; III § 485. P. I S. 816—820, 11781, 11782; M. II S. 263. P. II S. 1500 (Bd. I S. 748). D. S. 635.

Der positive Inhalt des § 491 liegt im Satze 2. Der Satz 1 verdeutlicht nur, daß der § 480 Abs. 1, wie übrigens auch der § 480 Abs. 2, auch beim Viehkaufe gilt. Die im Satz 2 vorgeschriebene entsprechende Anwendung der §§ 488—490 bietet keine Schwierigkeit.

§. 492.

Uebernimmt der Verkäufer die Gewährleistung wegen eines nicht zu den Hauptmängeln gehörenden Fehlers oder sichert er eine Eigenschaft des Thieres zu, so finden die Vorschriften der §§. 487 bis 491 und, wenn eine Gewährfrist vereinbart wird, auch die Vorschriften der §§. 483 bis 485 entsprechende Anwendung. Die im §. 490 bestimmte Verjährung beginnt, wenn eine Gewährfrist nicht vereinbart wird, mit der Ablieferung des Thieres.

§. 493.

Die Vorschriften über die Verpflichtung des Verkäufers zur Gewährleistung wegen Mängel der Sache finden auf andere Verträge, die auf Veräußerung oder Belastung einer Sache gegen Entgelt gerichtet sind, entsprechende Anwendung.

---

§ 492.

E. I § 411; II § 427 rev. § 485; III § 486. P. I S. 805, 814—820, 3287, 3554, 3560, 6190; M. II S. 264, 265. P. II S. 1500 (Bd. I S. 748). D. S. 635.

1. Die Gewährleistungspflicht des Verkäufers wegen Mängel kann auch beim Viehkaufe, vorbehaltlich der Vorschriften des § 476, durch Vertrag erweitert, beschränkt oder erlassen werden. Bezüglich der Erweiterung der Haftung bestimmte jedoch der E. I § 409, daß ein allgemeines Versprechen des Veräußerers, wegen aller Mängel haften zu wollen, nur auf die Hauptmängel zu beziehen sei (P. I S. 813—816; M. II S. 263). Ob diese Vorschrift als eine zwingende oder nur als Auslegungsregel gedacht war, konnte zweifelhaft sein. Die zweite Kommission behielt den Satz als Auslegungsregel sachlich bei (E. II § 428, rev. § 486; P. II S. 1462, 1463, 1465, 1468—1475 [Bd. I S. 729—735]). In dieser Gestalt blieb die Vorschrift auch im E. III § 487 stehen (D. S. 635). Die Reichstagskommission strich jedoch die gedachte Auslegungsregel als dem Wortlaut eines allgemeinen Versprechens der Gewährleistung wegen aller Fehler und der muthmaßlichen Absicht der Parteien widersprechend und geeignet, zur Benachtheiligung des minder geschäftskundigen Theiles ausgenutzt zu werden (K.B. S. 1968). Bei der zweiten Berathung im Plenum hielt der Reichstag gegenüber einem Antrag auf Wiederherstellung der Vorlage an dem Standpunkte seiner Kommission fest (St.B. S. 2777, 2778). Es ist also nunmehr lediglich im einzelnen Falle Auslegungsfrage, ob ein allgemeines Versprechen des Verkäufers, durch welches er die Gewährleistung wegen aller Fehler übernimmt, nur eine unverbindliche Anpreisung enthält oder ob der Verkäufer ernstlich die Haftung wegen aller Fehler der im § 459 Abs. 2 bezeichneten Art oder sogar eine noch darüber hinausgehende Haftung hat übernehmen sollen.

2. Der § 492 giebt für die darin genannten beiden Fälle ergänzende Vorschriften. (Bezüglich des Falles der Zusicherung einer Eigenschaft vergl. aber Erl. 1 b zu § 490.) In den gedachten Fällen fehlt es an einer gesetzlichen Gewährfrist. Ist daher eine solche Frist auch nicht vereinbart, so finden nur die eine Gewährfrist nicht voraussetzenden §§ 487—489 unmittelbar Anwendung, die §§ 490, 491 dagegen mit der Abweichung, daß die sechswöchige Verjährung des Anspruchs auf Wandelung und des Anspruchs auf Schadensersatz wegen Nichtvorhandenseins der zugesicherten Eigenschaft, entsprechend dem § 477 Abs. 1 Satz 1, mit der Ablieferung des Thieres beginnt. Ist eine Gewährfrist vereinbart, so sind nicht nur die §§ 487—491, sondern auch die §§ 483, 485 unmittelbar anwendbar und der § 484 mit der Maßgabe, daß der zu vertretende besondere Mangel an die Stelle des Hauptmangels tritt.

§ 493.

E. II § 429 rev. § 487; III § 488. P. II S. 1501 (Bd. I S. 748).

Die Vorschrift entspricht dem § 445. Ihre Aufnahme wurde ähnlich wie die der letzteren Bestimmung dadurch nothwendig, daß die allgemeinen Vorschriften des E. I §§ 381—411 über die Gewährleistung wegen Mängel der veräußerten Sache in zweiter Lesung auf den Kauf beschränkt worden sind. Vergl. im Uebrigen die Erl. 2 und 3 zu § 445. Die Ansicht Endemanns § 161 Anm. 23, daß sich der § 493 nur auf die §§ 459—480, nicht auf die §§ 481 bis 492 beziehe, erscheint nicht begründet.

III. Besondere Arten des Kaufes.

1. Kauf nach Probe. Kauf auf Probe.

§. 494.

Bei einem Kaufe nach Probe oder nach Muster sind die Eigenschaften der Probe oder des Musters als zugesichert anzusehen.

§. 495.

Bei einem Kaufe auf Probe oder auf Besicht steht die Billigung des gekauften Gegenstandes im Belieben des Käufers. Der Kauf ist im Zweifel unter der aufschiebenden Bedingung der Billigung geschlossen.

Der Verkäufer ist verpflichtet, dem Käufer die Untersuchung des Gegenstandes zu gestatten.

III. Besondere Arten des Kaufes.

Von besonderen Arten des Kaufes werden an dieser Stelle nur behandelt: 1. der Kauf nach Probe (§ 494) und der Kauf auf Probe (§§ 495, 496), 2. der Wiederkauf (§§ 497—506) und 3. der Vorkauf (§§ 504—514).

Der Erbschaftskauf ist in den §§ 2371—2385 geregelt.

Von anderen Arten des Kaufes, die im bisherigen Rechte zum Theil besonders geordnet sind, war der Kauf unter Vorbehalt eines besseren Käufers (in diem addictio) im E. I noch durch die §§ 474, 475 berücksichtigt (P. I S. 1925—1936, 3554, 3560, 11780, 11781, 11791—11797; M. II S. 337—339). Die zweite Kommission hat diese Vorschriften gestrichen, indem sie davon ausging, daß das bezeichnete römischrechtliche Institut dem heutigen Rechtsleben fremd geworden sei (P. II S. 1755 [Bd. II S. 78]). Im einzelnen Falle werden hiernach die Betheiligten ein ähnliches Ergebniß wie bei jenem Vorbehalte nur dadurch erreichen können, daß der Verkauf an eine entsprechende Bedingung geknüpft oder dem Verkäufer das Rücktrittsrecht vorbehalten wird.

Für den Kauf unter Vorbehalt des Rücktritts für den Fall nicht rechtzeitiger Entrichtung des Kaufpreises (lex commissoria) gelten die allgemeinen Vorschriften der §§ 346—360 (vergl. § 455).

Ob und inwieweit auf die Enteignung die Vorschriften über den Kauf Anwendung finden, bestimmt sich gemäß Art. 109 nach den Landesgesetzen.

1. Kauf nach Probe. Kauf auf Probe.

§ 494.

E. I § 470; II § 430 rev. § 488; III § 489. P. I S. 1891, 1892; M. II S. 332, 333. P. II S. 1753 (Bd. II S. 77).

1. Die Vorschrift stimmt mit dem in der neuen Fassung des H.G.B. weggelassenen Art. 340 des früheren H.G.B. sachlich überein. Für die Beweislast in Betreff der Probemäßigkeit der Sache und sonstige im Anschluß an § 494 sich ergebende Fragen bleibt daher die bisherige Rechtsprechung bezüglich des Art. 340 von Bedeutung. Für die Beweislast kommt insbesondere auch der § 363 in Betracht.

2. Aus § 494 folgt, daß der Verkäufer für die Eigenschaften der Probe oder des Musters nach § 459 Abs. 2, §§ 460 ff. haftet.

§ 495.

E. I §§ 471, 472; II § 431 rev. § 489; III § 490. P. I S. 1893—1897, 3554, 3560, 11798; M. II S. 333—335. P. II S. 1753—1755 (Bd. II S. 77, 78).

1. Für jeden Kauf auf Probe (oder auf Besicht) stellt der Abs. 1 Satz 1 die Regel auf, daß die Billigung des gekauften Gegenstandes im Belieben des Käufers steht, die Mißbilligung also keiner sachlichen Begründung bedarf und einer richterlichen Nachprüfung nicht unterliegt. Die Vorschrift schließt jedoch eine abweichende Vereinbarung nicht aus.

§. 496.

Die Billigung eines auf Probe oder auf Besicht gekauften Gegenstandes kann nur innerhalb der vereinbarten Frist und in Ermangelung einer solchen nur bis zum Ablauf einer dem Käufer von dem Verkäufer bestimmten angemessenen Frist erklärt werden. War die Sache dem Käufer zum Zwecke der Probe oder der Besichtigung übergeben, so gilt sein Schweigen als Billigung.

2. Wiederkauf.

§. 497.

Hat sich der Verkäufer in dem Kaufvertrage das Recht des Wiederkaufs vorbehalten, so kommt der Wiederkauf mit der Erklärung des Verkäufers gegenüber

---

2. Zu der vielbehandelten Frage der rechtlichen Natur des Kaufes auf Probe (Windscheid II § 387; Dernburg I § 108) nimmt der § 495 nur durch die Auslegungsregel des Abs. 1 Satz 2 Stellung, derzufolge der Kauf im Zweifel unter der aufschiebenden Bedingung der Billigung geschlossen ist. Er folgt auch hierin dem Art. 339 des früheren H.G.B. Obwohl die Billigung im Belieben des Käufers steht, handelt es sich hier nicht um eine auf das bloße Wollen des Verpflichteten gestellte Bedingung; denn der Kauf ist dadurch bedingt, daß der Käufer sich über die Billigung innerhalb einer bestimmten Frist (§ 496) erklärt. Wesentlich um einen Verstoß gegen den Grundsatz zu vermeiden, daß eine Verpflichtung unter der aufschiebenden Bedingung des bloßen Wollens des Verpflichteten unwirksam sei, wollte der E. I § 479 Abs. 2 im Zweifel nur den Verkäufer als bedingt gebunden behandeln. Nach dem Gesagten verstößt jedoch die Auffassung des Kaufes auf Probe als eines bedingten Kaufes nicht gegen den gedachten Grundsatz.

Nur eine Auslegungsregel enthält der Abs. 1 Satz 2. Die Vereinbarung der Parteien kann bei dem Kaufe auf Probe auch dahin gehen, daß der Kauf von der auflösenden Bedingung der Mißbilligung des Käufers abhängig oder daß der Käufer nur zum Rücktritte gemäß den §§ 346 ff. befugt sein soll.

2. In dem Regelfalle, in dem der Kauf aufschiebend bedingt ist, geht die Gefahr des zufälligen Unterganges oder der zufälligen Verschlechterung erst mit dem Eintritte der Bedingung auf den Käufer über (vergl. Erl. 2c zu § 446).

3. Die Bedingung tritt ein, wenn der Käufer die Billigung rechtzeitig erklärt (§ 496 Satz 1) und im Falle des § 496 Satz 2 auch, wenn er nicht rechtzeitig die Mißbilligung erklärt.

Mit dem Eintritte der Bedingung treten die Wirkungen des Kaufvertrags ein (§§ 158, 159), insbesondere die Haftung des Verkäufers wegen Mangels im Rechte und wegen Mängel der Sache. Die letztere Haftung ist keineswegs durch die Billigung nach § 464 schlechthin ausgeschlossen.

4. Der Abs. 2 knüpft an den Kauf auf Probe als unbedingte Wirkung die Verpflichtung des Verkäufers, dem Käufer die Untersuchung des Gegenstandes zu gestatten. Die Erfüllung dieser Verpflichtung ist gemäß § 888 der C.P.O. erzwingbar, und die Nichterfüllung macht den Verkäufer nach allgemeinen Grundsätzen ersatzpflichtig.

§ 496.

E. I § 473; II § 432 rev. § 490; III § 491. P. I S. 1897—1902, 3288, 3551, 3559; M. II S. 335, 336. P. II S. 1753—1755, 8442, 8443 (Bd. II S. 77, 78).

1. Die Vorschriften des § 496 gelten nicht nur für den Fall, daß der Kauf auf Probe, der Regel des § 495 Abs. 1 Satz 2 entsprechend, als ein aufschiebend bedingter anzusehen ist, sondern auch wenn der Kauf unter der auflösenden Bedingung der Mißbilligung des Käufers geschlossen ist. Soll dem Käufer nur ein Rücktrittsrecht eingeräumt sein, so findet § 355 Anwendung.

2. Die Vereinbarung einer Frist kann auch aus den Umständen mit Rücksicht auf die Verkehrssitte entnommen werden (§ 157, vergl. neues H.G.B. § 346).

3. Die Bestimmung einer angemessenen Erklärungsfrist durch den Verkäufer ist eine empfangsbedürftige Willenserklärung. Für ihre Wirksamkeit gelten also insbesondere die Vorschriften des § 130. Die Fristbestimmung muß den Zweck der Frist erkennen lassen; eine ausdrückliche Aufforderung an den Käufer zur Erklärung ist nicht erforderlich. Ueber die Angemessenheit der Frist s. Erl. zu § 250 Nr. 2.

Die Billigung muß, abgesehen vom Falle des 2. Satzes, vom Käufer bis zum Ablaufe der Frist ausdrücklich oder stillschweigend erklärt werden; auch die stillschweigende Erklärung muß dem Verkäufer rechtzeitig zugegangen sein (vergl. Band I S. 165 Vorbem. I. 2 a. E.).

dem Käufer, daß er das Wiederkaufsrecht ausübe, zu Stande. Die Erklärung bedarf nicht der für den Kaufvertrag bestimmten Form.

Der Preis, zu welchem verkauft worden ist, gilt im Zweifel auch für den Wiederkauf.

---

2. Wiederkauf.

1. Die §§ 497—502 regeln die Wirkungen des in einem Kaufvertrage zu Gunsten des Verkäufers vereinbarten Vorbehalts des Wiederkaufsrechts. Die Wirkungen beschränken sich auf das Verhältniß der Parteien zu einander, sind m. a. W. rein obligatorische. Ein dingliches Wiederkaufsrecht ist auch in Bezug auf Grundstücke im B.G.B. nicht zugelassen, kann also künftig nur noch auf Grund vorbehaltener landesgesetzlicher Vorschriften begründet werden. Jedoch kann eine Vormerkung zur Sicherung der aus dem Vorbehalte des Wiederkaufsrechts für den Verkäufer entstehenden Ansprüche nach den §§ 883 ff. in das Grundbuch eingetragen werden.

2. Der § 497 entscheidet in Abs. 1 die Frage, in welcher Weise der Wiederkauf zu Stande kommt, und stellt im Abs. 2 eine Auslegungsregel bezüglich der Höhe des Wiederkaufpreises auf. Der § 498 Abs. 1 bestimmt die Verpflichtung des Wiederverkäufers zur Herausgabe des gekauften Gegenstandes nebst Zubehör. Der § 498 Abs. 2 und der § 499 regeln die Haftung des Wiederverkäufers für die Zeit vor der Ausübung des Wiederkaufsrechts, der § 500 seine Ersatzansprüche wegen Verwendungen aus derselben Zeit. Der § 501 modifizirt die vorangegangenen Vorschriften für den Fall, daß als Wiederkaufpreis der Schätzungswerth des gekauften Gegenstandes zur Zeit des Wiederkaufs vereinbart ist. Der § 502 behandelt die Ausübung des Mehreren gemeinschaftlich zustehenden Wiederkaufsrechts. Der § 503 betrifft die Ausschlußfrist für Ausübung des Wiederkaufsrechts.

3. Eine bestimmte theoretische Auffassung vom Wesen des Vorbehalts des Wiederkaufsrechts liegt den gesetzlichen Vorschriften nicht zu Grunde. Sie entscheiden nur die praktisch wichtigen Fragen. Die juristische Konstruktion ist der Wissenschaft vorbehalten. Bei der geringen praktischen Bedeutung des ganzen Instituts mag hier über die Konstruktion nur Folgendes bemerkt werden:

Schollmeyer S. 22, 23 hebt mit Recht hervor, daß die Auffassung des Vorbehalts als Vereinbarung eines Rücktrittsrechts oder als pactum de contrahendo oder als aufschiebend bedingter Wiederverkauf mit den Vorschriften des Gesetzes nicht verträglich ist. Aber auch die von ihm vertretene Ansicht, daß in der fraglichen Vereinbarung der Vorbehalt des Rechtes auf Einlösung, auf Rückforderung des Kaufgegenstandes gegen Zahlung einer in bestimmter Weise normirten Einlösungssumme zu finden sei, wird den gesetzlichen Vorschriften nicht gerecht; sie paßt insbesondere nicht dazu, daß das Wiederkaufsrecht nicht ein der Verjährung unterliegender Anspruch ist (§ 503) und daß mit der Erklärung des Wiederkäufers der Wiederkauf, also ein Kauf, zu Stande kommt (§ 497 Abs. 1 Satz 1). Mit diesen Bestimmungen erscheint besser vereinbar die Auffassung des Vorbehalts als eines auf Wiederverkauf gerichteten Vertragsantrags, an den der Käufer für die im § 503 bezeichnete Frist gebunden ist. Allein auch von diesem Standpunkt enthalten die hier gegebenen Vorschriften Abweichungen von den allgemeinen Grundsätzen (z. B. § 497 Abs. 1 Satz 2).

4. Beschränkungen der Vertragsfreiheit bezüglich der Vereinbarung des Wiederkaufs ergeben sich aus den reichsgesetzlichen Vorschriften über den Wucher (St.G.B. § 302a in der Fassung des Reichsgesetzes vom 19. Juni 1893; vergl. E.G. Art. 47) und aus den durch Art. 94 des E.G. vorbehaltenen landesgesetzlichen Vorschriften über den Geschäftsbetrieb der gewerblichen Pfandleiher, welchen nach § 34 Abs. 2 der Gew.O. die Rückkaufshändler gleichstehen.

5. Ueber den Kauf unter Vorbehalt des Wiederverkaufsrechts enthält das B.G.B. wegen der Seltenheit des Falles keine Bestimmung (M. II S. 342).

§ 497.

E. I §§ 476, 477; II § 433 rev. § 491; III § 492. P. I S. 1967—1969; M II S. 339—341. P. II S. 1763, 1764 (Bd. II S. 81, 82).

1. Der Abs. 1 Satz 1 setzt voraus, daß der Verkäufer sich in dem Kaufvertrage das Recht des Wiederkaufs vorbehalten hat. Damit ist der regelmäßige Fall hervorgehoben, aber nicht ausgeschlossen, daß das Wiederkaufsrecht auch nachträglich vereinbart wird. Der letztere Fall war im E. I durch die Fassung des § 476 mitgedeckt (M. II S. 39). Selbstverständlich beginnt im Falle nachträglicher Vereinbarung die im § 498 Abs. 2 bestimmte Haftung des Käufers erst mit der Zeit der Vereinbarung.

§. 498.

Der Wiederverkäufer ist verpflichtet, dem Wiederkäufer den gekauften Gegenstand nebst Zubehör herauszugeben.

Hat der Wiederverkäufer vor der Ausübung des Wiederkaufsrechts eine Verschlechterung, den Untergang oder eine aus einem anderen Grunde eingetretene Unmöglichkeit der Herausgabe des gekauften Gegenstandes verschuldet oder den Gegenstand wesentlich verändert, so ist er für den daraus entstehenden Schaden verantwortlich. Ist der Gegenstand ohne Verschulden des Wiederverkäufers verschlechtert oder ist er nur unwesentlich verändert, so kann der Wiederkäufer Minderung des Kaufpreises nicht verlangen.

Der Vorbehalt des Wiederkaufsrechts kann bei Gegenständen aller Art vereinbart werden.

2. Der Wiederkaufpreis unterliegt mit den in der Vorbem. 4 zu §§ 497—503 erwähnten Beschränkungen der freien Vereinbarung. Als solcher kann auch der Schätzungswerth des gekauften Gegenstandes zur Zeit des Wiederkaufs verabredet werden (§ 501). Im Zweifel greift die Auslegungsregel des § 497 Abs. 2 Platz, derzufolge der Wiederkaufpreis gleich dem Ankaufpreis ist.

3. Das durch den Vorbehalt begründete Recht des Wiederkaufs, d. h. das dem Verkäufer gegenüber dem Käufer zustehende Recht, durch einseitige Erklärung den Wiederkauf zu Stande zu bringen, ist vererblich und, vorbehaltlich abweichender Vereinbarung, übertragbar. Es ist vermöge seiner nur obligatorischen Natur gegenüber einem den Verkauf im Wege der Zwangsvollstreckung betreibenden Gläubiger des Käufers nicht wirksam. Die Haftung des Käufers selbst im Falle eines solchen Verkaufs bestimmt sich nach § 499 Satz 2.

4. Für die Erklärung des Verkäufers, daß er das Wiederkaufsrecht ausübe, gelten die allgemeinen Vorschriften über empfangsbedürftige Willenserklärungen (insbes. § 130). Die Erklärung ist formfrei (Abs. 1 Satz 2), auch wenn der Kaufvertrag seinem Gegenstande nach einer Form bedurfte (Erl. 2 zu § 433).

§ 498

E. I § 478; II § 434 Abs. 1, 2 rev. § 492; III § 493. P. I S. 1969—1973, 11791—11793, 11798—11800; M. II S. 442, 343. P. II S. 1764—1772 (Bd. II S. 82—86).

1. Der Abs. 1 hebt eine Verpflichtung des Wiederverkäufers aus dem Wiederkaufe hervor. Die gegenseitigen Verpflichtungen beider Theile aus dem Wiederkaufe bestimmen sich im Allgemeinen nach den Vorschriften über den Kauf bezw. über gegenseitige Verträge. Aus diesen (§ 433 Abs. 1 verb. mit § 314) würde sich auch die Bestimmung des Abs. 1 vielleicht von selbst ergeben. Sie ist aber besonders ausgesprochen, um namentlich bezüglich der Verpflichtung des Wiederverkäufers zur Herausgabe des Zubehörs Zweifel abzuschneiden, die bei dem Mangel einer bestimmten gesetzlichen Grundauffassung von dem Vorbehalte des Wiederkaufsrechts entstehen könnten. Die Verpflichtung bezieht sich auf das zur Zeit der Ausübung des Wiederkaufsrechts vorhandene Zubehör. Den Gegenstand selbst hat der Wiederverkäufer in dem Zustande, in welchem derselbe sich zu dieser Zeit befindet, herauszugeben, auch wenn der Zustand ein besserer ist als zur Zeit des Kaufes, vorbehaltlich seiner Ansprüche wegen Verwendungen (§ 500).

Nach den allgemeinen Vorschriften über den Kauf bestimmt sich namentlich die Wirkung der nach dem Abschlusse des Wiederkaufs eingetretenen Unmöglichkeit der Herausgabe des Gegenstandes sowie die Verpflichtung des Wiederkäufers zur Zahlung des Wiederkaufpreises. Der § 479 Abs. 1 des E. I ist deshalb, soweit er die letztere Verpflichtung aussprach, später als selbstverständlich weggelassen worden (M. II S. 343, P. II S. 1772 [Bd. II S. 86]). Ebenso erschien der zweiten Kommission eine besondere Vorschrift für den im E. I § 479 Abs. 2 erwähnten seltenen Fall entbehrlich, daß der Wiederkäufer einen nicht der Gattung nach bestimmten Gegenstand, den er als Nebenleistung empfangen hat, nicht oder nicht im ursprünglichen Zustande zurückgeben kann (M. II S. 343, 344). Der Wiederkäufer übernimmt durch Ausübung seines Rechtes auch die Verpflichtung zur Rückgabe eines solchen Gegenstandes, mithin in dem vorausgesetzten Falle zu einer ganz oder theilweise unmöglichen Leistung. Die Gültigkeit des Wiederkaufs ist daher nach §§ 306, 139 zu beurtheilen (P. II S. 1772, 1773 [Bd. II S. 87]).

2. Die Ausübung des Wiederkaufsrechts erzeugt nicht, wie der vorbehaltene Rücktritt vom Vertrage, die gegenseitige Verpflichtung, einander in den Stand zurückzuversetzen, wie wenn der

§. 499.

Hat der Wiederverkäufer vor der Ausübung des Wiederkaufsrechts über den gekauften Gegenstand verfügt, so ist er verpflichtet, die dadurch begründeten Rechte Dritter zu beseitigen. Einer Verfügung des Wiederverkäufers steht eine Verfügung gleich, die im Wege der Zwangsvollstreckung oder der Arrestvollziehung oder durch den Konkursverwalter erfolgt.

§. 500.

Der Wiederverkäufer kann für Verwendungen, die er auf den gekauften Gegenstand vor dem Wiederkaufe gemacht hat, insoweit Ersatz verlangen, als der Werth des Gegenstandes durch die Verwendungen erhöht ist. Eine Einrichtung, mit der er die herauszugebende Sache versehen hat, kann er wegnehmen.

Kaufvertrag nicht geschlossen wäre; der Wiederverkäufer haftet daher nicht wegen der vor Ausübung des Wiederkaufsrechts gezogenen oder zu ziehenden Nutzungen (E. I § 478 Satz 1; M. II S. 343; P. II S. 1767, 1768 [Bd. II S. 84]), und der Wiederkäufer hat Zinsen von dem Kaufpreise bis zu demselben Zeitpunkte nicht zu vergüten (E. I § 479 Abs. 1; M. II S. 343; P. II S. 1772 [Bd. II S. 86]).

Der Vorbehalt des Wiederkaufsrechts verpflichtet aber den Käufer, mit dem gekauften Gegenstande so zu verfahren, daß der Zweck des Vorbehalts, dem Verkäufer die Wiedererlangung des Gegenstandes in wesentlich unverändertem Zustande zu sichern, nicht vereitelt wird. Der Umfang dieser Verpflichtung des Käufers und die aus der Nichterfüllung entspringende Haftung wird in § 498 Abs. 2 und § 499 bestimmt.

Nach § 498 Abs. 2 Satz 1 ist der Wiederverkäufer wegen einer wesentlichen Veränderung des Gegenstandes zum Ersatze des dem Wiederkäufer daraus entstandenen Schadens verpflichtet, auch wenn eine objektive Verschlechterung in der Veränderung nicht liegt. Für die Art der Ersatzleistung gelten die allgemeinen Vorschriften der §§ 249 ff.

Durch zufälligen Untergang des Gegenstandes vor Ausübung des Wiederkaufsrechts erlischt das letztere.

Der Abs. 2 Satz 2 stellt, soweit er sich auf die Verschlechterung bezieht, klar, daß § 323 Abs. 1 Halbs. 2 hier nicht Anwendung findet.

§ 499.

E. I § 478 Satz 2; II § 434 Abs. 3 rev. § 493; III § 494. P. I S. 1969—1973; M. II S. 343. P. II S. 1768, 1769 (Bd. II S. 85, 86).

Der Wiederverkäufer wird von der in § 499 bestimmten Verpflichtung nicht dadurch befreit, daß er ohne Verschulden außer Stande ist, die durch seine Verfügung begründeten Rechte Dritter zu beseitigen. Aus dem Grunde und Zwecke der Verpflichtung ergiebt sich, daß der Wiederverkäufer in Beziehung auf sie auch sein Unvermögen zu vertreten hat. Im Uebrigen finden auf die Verpflichtung, da sie einen Theil der durch den Wiederkauf begründeten Verpflichtungen bildet, die Vorschriften der §§ 325, 326 Anwendung.

Der Satz 2 entspricht dem § 353 Abs. 2 (vergl. die Erl. zu diesem).

§ 500.

E. I § 479 Abs. 3; II § 435 rev. § 494; III § 495. P. I S. 1969—1975, 4185, 11798 bis 11802; M. II S. 344. P. II S. 1773—1776, 8443—8445 (Bd. II S. 87, 88).

1. Der § 500 betrifft nur den Ersatzanspruch des Wiederverkäufers wegen Verwendungen, die er (oder sein Erblasser) vor dem Wiederkauf auf den gekauften Gegenstand gemacht hat. Soweit die Verwendungen zur Erhaltung des Gegenstandes nothwendig sind, war der Wiederverkäufer zu ihrer Vornahme nach § 498 Abs. 2 Satz 1 verpflichtet; wegen nothwendiger Verwendungen kann er daher nicht Ersatz verlangen. Wegen anderer Verwendungen giebt ihm § 500 Satz 1, entsprechend dem § 996, einen Ersatzanspruch, soweit der Werth des Gegenstandes durch die Verwendung erhöht ist. Für die Werthbemessung ist, da der Ersatzanspruch mit dem Abschlusse des Wiederkaufs entsteht, der Zeitpunkt dieses Abschlusses maßgebend. Zu den Verwendungen gehört, wie der E. I besonders aussprach, auch die Anschaffung oder Zufügung neuer Zubehörstücke.

§. 501.

Ist als Wiederkaufspreis der Schätzungswerth vereinbart, den der gekaufte Gegenstand zur Zeit des Wiederkaufs hat, so ist der Wiederverkäufer für eine Verschlechterung, den Untergang oder die aus einem anderen Grunde eingetretene Unmöglichkeit der Herausgabe des Gegenstandes nicht verantwortlich, der Wiederkäufer zum Ersatze von Verwendungen nicht verpflichtet.

§. 502.

Steht das Wiederkaufsrecht Mehreren gemeinschaftlich zu, so kann es nur im Ganzen ausgeübt werden. Ist es für einen der Berechtigten erloschen oder übt einer von ihnen sein Recht nicht aus, so sind die übrigen berechtigt, das Wiederkaufsrecht im Ganzen auszuüben.

§. 503.

Das Wiederkaufsrecht kann bei Grundstücken nur bis zum Ablaufe von dreißig bei anderen Gegenständen nur bis zum Ablaufe von drei Jahren nach der Vereinbarung des Vorbehalts ausgeübt werden. Ist für die Ausübung eine Frist bestimmt, so tritt diese an die Stelle der gesetzlichen Frist.

Für das im Satz 2 bestimmte Recht zur Wegnahme einer Einrichtung gelten die Vorschriften des § 258.

2. Auf Verwendungen, die der Wiederverkäufer nach dem Wiederkaufe macht, findet § 450 Anwendung.

§ 501.

E. I § 480; II § 436 rev. § 495; III § 496. P. I S. 1975, 1976, 8552, 8560; M. II S. 344. P. II S. 1781—1788 (Bd. II S. 92).

Der § 501 modifizirt für den darin bezeichneten Fall den § 498 Abs. 2 und den § 500, indem er die Ersatzpflicht des Wiederverkäufers wegen Verschlechterung, Unterganges oder aus einem anderen Grunde eingetretener Unmöglichkeit der Herausgabe und die Ersatzpflicht des Wiederkäufers wegen Verwendungen ausschließt. Dagegen gelten der § 498 Abs. 2 Satz 1, insoweit er die Verantwortlichkeit des Wiederverkäufers wegen wesentlicher Veränderung betrifft, ferner der § 499 und der § 500 Satz 2 auch für den im § 501 hervorgehobenen Fall.

§ 502.

E. II § 437 rev. § 496; III § 497. M. II S. 341. P. II S. 1779—1781, 8445 (Bd. II S. 91).

Die Vorschrift stimmt mit § 513 überein, weicht dagegen im Satz 2 von § 356 ab. Ob das Wiederkaufsrecht von vornherein Mehreren vorbehalten oder durch Erbfolge oder Uebertragung auf Mehrere übergegangen ist, gilt für die Anwendung des § 502 gleich. Satz 1 besagt, daß das Recht nur von allen Berechtigten zusammen in Bezug auf den ganzen Gegenstand ausgeübt werden kann.

Die Voraussetzung des 2. Satzes ist gegeben, wenn entweder das Recht für einen der Berechtigten durch Verzicht, Fristversäumung (§ 503) ꝛc. erloschen ist oder einer von ihnen sein Recht nicht ausübt, d. h. wenn durch eine ausdrückliche oder stillschweigende Erklärung desselben feststeht, daß er das Recht nicht ausüben will. Daß diese Voraussetzung vorliegt, haben die das Recht ausübenden übrigen Berechtigten zu beweisen.

§ 503.

E. II § 438 rev. § 497; III § 498. M. II S. 341, 342. P. II S. 1776—1779 (Bd. II S. 88—90).

Der Vorbehalt des Wiederkaufsrechts begründet für den Verkäufer nicht einen Anspruch im Sinne des § 194 Abs. 1, sondern giebt demselben nur die Befugniß, durch seine einseitige Erklärung den Wiederkauf zum Abschluß und damit den Anspruch aus dem Wiederkaufe zur Entstehung zu bringen. Die Verjährung des letzteren Anspruchs sollte nach dem E. I § 158 Abs. 3 mit der Vereinbarung des Vorbehalts beginnen. Nach dem Beschlusse der zweiten Kommission beginnt dagegen die Verjährung des Anspruchs des Wiederkäufers erst mit dem Wiederkaufe (vergl. Erl. 1 zu § 198 Bd. I S. 249). Es wurde daher eine anderweitige zeit-

3. Vorkauf.

§. 504.

Wer in Ansehung eines Gegenstandes zum Vorkaufe berechtigt ist, kann das Vorkaufsrecht ausüben, sobald der Verpflichtete mit einem Dritten einen Kaufvertrag über den Gegenstand geschlossen hat.

§. 505.

Die Ausübung des Vorkaufsrechts erfolgt durch Erklärung gegenüber dem Verpflichteten. Die Erklärung bedarf nicht der für den Kaufvertrag bestimmten Form.

---

liche Beschränkung der Ausübung des Wiederkaufsrechts für erforderlich gehalten. Zu diesem Zwecke bestimmt der § 503 in Satz 1 eine gesetzliche Ausschlußfrist, die nach Satz 2 vertragsmäßig verlängert oder verkürzt, nicht aber ohne Ersatz beseitigt werden kann.

Beginn und Ende der Frist sind nach § 187 Abs. 1, § 188 zu berechnen.

3. Vorkauf.

1. Das hier geregelte Vorkaufsrecht wirkt nur gegenüber dem (zur Gestattung des Vorkaufs) Verpflichteten und dessen Erben, nicht gegenüber dem Dritten, welcher den dem Vorkaufsrecht unterworfenen Gegenstand vom Verpflichteten gekauft hat, mag der Dritte auch das Vorkaufsrecht gekannt haben. Es ist also nur obligatorischer Natur. Das dingliche Vorkaufsrecht an Grundstücken wird in den §§ 1094—1104 in engem Anschluß an die hier gegebenen Vorschriften geordnet.

Ein gesetzliches, Dritten gegenüber wirksames Vorkaufsrecht gewährt das B.G.B. den Miterben in den §§ 2034—2036. Andere gesetzliche Vorkaufsrechte können sich aus vorbehaltenen landesgesetzlichen Bestimmungen ergeben (vergl. namentlich E.G. Art. 67, 109). Wieweit für solche Vorkaufsrechte die Vorschriften des B.G.B. gelten, bestimmt sich nach Art. 4 des E.G.

2. Das obligatorische Vorkaufsrecht der §§ 504 ff. kann bei einem Kaufe zu Gunsten des Verkäufers vorbehalten oder anderweit vereinbart oder als Vermächtniß (§ 1939) zugewendet sein. Ein Vertrag über Einräumung eines Vorkaufsrechts bedarf derjenigen Form, welche für einen auf Veräußerung des betreffenden Gegenstandes gerichteten Vertrag vorgeschrieben ist (P. II S. 1797 [Bd. II S. 99]).

3. Der § 504 regelt die Voraussetzung für die Ausübung des Vorkaufsrechts, der § 505 die Art der Ausübung und deren Wirkung. Weiter werden die besonderen Fälle behandelt, in denen der zum Vorkaufe berechtigende Kauf wegen des Vorkaufsrechts bedingt oder unter Vorbehalt des Rücktritts abgeschlossen ist (§ 506) oder der Käufer sich zu einer für den Vorkaufsberechtigten subjektiv unmöglichen Nebenleistung verpflichtet (§ 507) oder den dem Vorkaufsrecht unterworfenen Gegenstand mit anderen Gegenständen zu einem Gesammtpreise gekauft hat (§ 508) oder ihm der Kaufpreis gestundet ist (§ 509). Der § 510 bestimmt die Anzeigepflicht des zum Vorkaufe Verpflichteten und die Ausschlußfristen für die Ausübung des Vorkaufsrechts. Die §§ 511, 512 betreffen den Ausschluß des letzteren im Falle des sog. Kindskaufs sowie in den Fällen des Verkaufs im Wege der Zwangsvollstreckung oder durch den Konkursverwalter. Der § 513 behandelt das Mehreren gemeinschaftliche Vorkaufsrecht, der § 514 die Uebertragbarkeit und Vererblichkeit des Rechtes. Sämmtliche Vorschriften sind nur ergänzender Natur.

4. Die juristische Konstruktion ist ebenso wie bei dem Wiederkauf offen gelassen (vergl. Vorbem. 3 zu §§ 497—503). Nach § 505 ist das Vorkaufsrecht das Recht, durch einseitige Erklärung einen Kauf unter den von dem Verpflichteten mit dem Dritten vereinbarten Bestimmungen zum Abschlusse zu bringen. Dem entspricht wiederum am besten die Unterstellung eines den Verpflichteten bindenden, auf Abschluß des Vorkaufs gerichteten Vertragsantrags bezw. einer durch Anordnung des Erblassers begründeten entsprechenden Gebundenheit des Verpflichteten. (Aehnlich Endemann § 162 Anm. 14. A. M. auch hier Schollmeyer S. 25, 26, welcher aber dem § 505 Abs. 2 offenbar nicht gerecht wird.)

§ 504.

E. I § 481 Abs. 1; II § 439 Abs. 1 rev. § 498; III § 499. P. I S. 1943—1951; M. II S. 345, 346. P. II S. 1785—1793 (Bd. II S. 93—97).

Voraussetzung für die Ausübung des Vorkaufsrechts ist der Abschluß eines Kaufvertrags über den Gegenstand des Rechtes zwischen dem Verpflichteten und einem Dritten. Darin liegt:

Mit der Ausübung des Vorkaufsrechts kommt der Kauf zwischen dem Berechtigten und dem Verpflichteten unter den Bestimmungen zu Stande, welche der Verpflichtete mit dem Dritten vereinbart hat.

§. 506.

Eine Vereinbarung des Verpflichteten mit dem Dritten, durch welche der Kauf von der Nichtausübung des Vorkaufsrechts abhängig gemacht oder dem Verpflichteten für den Fall der Ausübung des Vorkaufsrechts der Rücktritt vorbehalten wird, ist dem Vorkaufsberechtigten gegenüber unwirksam.

---

a) Der Vertrag mit dem Dritten muß abgeschlossen sein. Bloße Bereitwilligkeit eines Dritten zum Kaufen genügt nicht. Der Vertrag muß formell und materiell gültig sein; denn insoweit der Verpflichtete nicht dem Dritten gegenüber zur Veräußerung verpflichtet ist kann auch der Berechtigte nicht durch Ausübung seines Rechtes den Verpflichteten nöthigen, den Gegenstand an ihn zu veräußern. War der mit dem Dritten geschlossene Vertrag nichtig, so ist die Ausübung des Vorkaufsrechts unwirksam; war der Vertrag anfechtbar, so verliert die Ausübung in Folge der Anfechtung ihre Wirkung.

b) Der Vertrag mit dem Dritten muß ein Kaufvertrag sein. Der Abschluß eines anderen auf entgeltliche oder unentgeltliche Veräußerung gerichteten Vertrags (Tausch, Schenkung ꝛc.) berechtigt nicht zur Ausübung des Vorkaufsrechts. Auch ein Schadensersatzanspruch des Berechtigten gegen den Verpflichteten ist nicht begründet. Selbst in gewissen Fällen des Verkaufs ist das Vorkaufsrecht ausgeschlossen (§ 507 Satz 2, §§ 511, 512).

c) Das Vorkaufsrecht kann auch ausgeübt werden, wenn nur ein reeller oder ideeller Theil des Gegenstandes an einen Dritten verkauft ist.

d) Nur der Abschluß eines Kaufvertrags mit dem Dritten ist zur Ausübung des Vorkaufsrechts erforderlich, nicht die Anzeige des Vertragschlusses an den Berechtigten (§ 510).

§ 505.

E. I § 482 Satz 1; II § 439 Abs. 2 rev. § 499; III § 500. P. I S. 1943—1951; M. II S. 346, 347. P. II S. 1795—1799 (Bd. II S. 97—100).

1. Der Abs. 1 entspricht dem § 497 Abs. 1 (vergl. Erl. 4 zu § 497). Die Befreiung der Erklärung vom Formzwang ist von der zweiten Kommission im wesentlichen aus Zweckmäßigkeits- und Billigkeitsgründen beschlossen worden.

2. Mit der Erklärung des Berechtigten, daß er das Vorkaufsrecht ausübe, tritt er nicht an Stelle des dritten Käufers in den zwischen diesem und dem Verpflichteten geschlossenen Vertrag ein; vielmehr kommt ein neuer selbständiger Kaufvertrag zwischen dem Berechtigten und dem Verpflichteten unter den von dem letzteren mit dem Dritten vereinbarten Bestimmungen zu Stande. Auf das Verhältniß zwischen dem Verpflichteten und dem Dritten wirkt die Ausübung des Vorkaufsrechts nur insoweit unmittelbar ein, als dies zwischen beiden vereinbart ist.

Die gegenseitigen Verpflichtungen des Berechtigten und des Verpflichteten aus dem Vorkaufe bestimmen sich nach den allgemeinen Grundsätzen über Kauf und gegenseitige Verträge.

Der Verpflichtete ist also zur Uebergabe und Verschaffung des Eigenthums oder zur Verschaffung des Rechtes verpflichtet. Eine Verpflichtung zum Schadensersatze tritt nur nach Maßgabe der allgemeinen Vorschriften (§§ 325, 326) ein, also nicht schon deshalb allein, weil der Verpflichtete die Sache dem Dritten übergeben und übereignet hat. Der Berechtigte hat die mit dem Dritten vereinbarten Gegenleistungen zu bewirken (vergl. §§ 507, 509).

Dem Berechtigten und dem Verpflichteten ist es unbenommen, unter sich Abweichungen von den mit dem Dritten vereinbarten Bestimmungen festzusetzen.

§ 506.

E. I § 481 Abs. 2; II § 440 rev. § 500; III § 501. P. I S. 1943—1951; M. II S. 346. P. II S. 1793 (Bd. II S. 97).

Ist der Kaufvertrag mit dem Dritten unter einer Bedingung oder unter Vorbehalt des Rücktritts abgeschlossen, so gilt diese Vereinbarung im Falle der Ausübung des Vorkaufsrechts auch dem Berechtigten gegenüber. Der § 506 bestimmt hiervon eine Ausnahme für die Fälle,

§. 507.

Hat sich der Dritte in dem Vertrage zu einer Nebenleistung verpflichtet, die der Vorkaufsberechtigte zu bewirken außer Stande ist, so hat der Vorkaufsberechtigte statt der Nebenleistung ihren Werth zu entrichten. Läßt sich die Nebenleistung nicht in Geld schätzen, so ist die Ausübung des Vorkaufsrechts ausgeschlossen; die Vereinbarung der Nebenleistung kommt jedoch nicht in Betracht, wenn der Vertrag mit dem Dritten auch ohne sie geschlossen sein würde.

§. 508.

Hat der Dritte den Gegenstand, auf den sich das Vorkaufsrecht bezieht, mit anderen Gegenständen zu einem Gesammtpreise gekauft, so hat der Vorkaufsberechtigte einen verhältnißmäßigen Theil des Gesammtpreises zu entrichten. Der Verpflichtete kann verlangen, daß der Vorkauf auf alle Sachen erstreckt wird, die nicht ohne Nachtheil für ihn getrennt werden können.

---

in denen die Nichtausübung des Vorkaufsrechts als Bedingung des Kaufes oder die Ausübung als Grund zum Rücktritte für den Verpflichteten vereinbart ist. Eine solche Vereinbarung ist dem Berechtigten gegenüber unwirksam. Sie kommt also dem Verpflichteten zwar dem Dritten gegenüber zu Statten, der Vorkauf kommt aber so zu Stande, als ob die Vereinbarung nicht getroffen wäre.

§ 507.

E. I § 484 Abs. 1; II § 441 rev. § 501; III § 502. P. I S. 1952—1961, 1963, 1964; M. II S. 348, 349. P. II S. 1800—1808 (Bd. II S. 100—104).

Durch Ausübung des Vorkaufsrechts wird der Berechtigte auch zur Bewirkung der von dem Dritten neben dem Geldpreis etwa übernommenen Nebenleistungen verpflichtet (§ 505 Abs. 2). Ist er zur Bewirkung einer solchen Nebenleistung außer Stande, so würde er nach allgemeinen Grundsätzen dem Verpflichteten Schadensersatz zu leisten haben. Der § 507 regelt die Frage jedoch unter billiger Berücksichtigung der Interessen des Berechtigten und des Verpflichteten abweichend. Er unterscheidet:

a) Ist die Nebenleistung in Geld schätzbar, so hat der Berechtigte statt der Nebenleistung ihren Werth zu entrichten, d. h. nach der von der zweiten Kommission sachlich nicht beanstandeten Vorschrift des E. I den Werth zur Erfüllungszeit.

b) Ist die Nebenleistung nicht in Geld schätzbar, so kommt es darauf an, ob sie für den Verpflichteten von solcher Bedeutung ist, daß er den Gegenstand dem Dritten ohne Uebernahme der Nebenleistung nicht verkauft haben würde. Ist diese Frage zu bejahen, so ist die Ausübung des Vorkaufsrechts ausgeschlossen, das letztere also erloschen, ohne daß ein Ersatzanspruch des Berechtigten stattfindet. Ist die Frage zu verneinen, so kommt die Vereinbarung der Nebenleistung nicht in Betracht; der Berechtigte ist also von der Verpflichtung zu der Nebenleistuug frei, ohne Ersatz leisten zu müssen.

§ 508.

E. I § 484 Abs. 2; II § 442 rev. § 502; III § 503. P. I S. 1959—1961; M. II S. 349, 350. P. II S. 1808, 1809 (Bd. II S. 105).

Auch wenn der Verpflichtete den Gegenstand des Vorkaufsrechts durch einen sog. Mengekauf mit anderen Gegenständen zu einem Gesammtpreise verkauft, kann der Berechtigte bezüglich des dem Vorkaufsrecht unterworfenen Gegenstandes das Recht ausüben. Im Falle der Ausübung hat er als Kaufpreis denjenigen Theil des Gesammtpreises zu entrichten, welcher dem Verhältnisse des Werthes des seinem Rechte unterworfenen Gegenstandes zum Werthe der übrigen Gegenstände entspricht. Der Verpflichtete kann aber dem auf den Gegenstand des Vorkaufsrechts beschränkten Anspruche des Berechtigten auf Grund des Nachweises, daß alle oder einige mitverkaufte Gegenstände nicht ohne Nachtheil für ihn getrennt werden können, eine Einrede entgegensetzen. Diese Einrede kann der Berechtigte nur dadurch beseitigen, daß er sich mit der Ausdehnung des Vorkaufs auf alle jene Gegenstände einverstanden erklärt; dem Ver-

§. 509.

Ist dem Dritten in dem Vertrage der Kaufpreis gestundet worden, so kann der Vorkaufsberechtigte die Stundung nur in Anspruch nehmen, wenn er für den gestundeten Betrag Sicherheit leistet.

Ist ein Grundstück Gegenstand des Vorkaufs, so bedarf es der Sicherheitsleistung insoweit nicht, als für den gestundeten Kaufpreis die Bestellung einer Hypothek an dem Grundstücke vereinbart oder in Anrechnung auf den Kaufpreis eine Schuld, für die eine Hypothek an dem Grundstücke besteht, übernommen worden ist.

---

pflichteten steht aber nicht nur eine Einrede, sondern ein selbstständiger Anspruch auf Ausdehnung des Vorkaufs zu.

Zweifelhaft kann sein, ob der Berechtigte sich von diesem Anspruche dadurch befreien kann, daß er auf die Ausübung des Vorkaufsrechts überhaupt verzichtet. Die Frage dürfte zu verneinen sein. Ein Verzicht auf das Vorkaufsrecht ist, nachdem es einmal ausgeübt worden ist, nicht mehr möglich. Durch die Ausübung ist der Vertrag zu Stande gekommen (§ 505); nur durch Vereinbarung unter den Parteien kann er wieder aufgehoben werden. Ein einseitiges Rücktrittsrecht für den Fall, daß der Verpflichtete die Ausdehnung des Kaufes verlangt, ist dem Berechtigten durch das Gesetz nicht eingeräumt.

§ 509.

E. II § 443 rev. § 503; III § 504. P. II S. 1809—1813, 8445 (Bd. II S. 105—107).

1. Der Abs. 1 bestimmt eine Ausnahme von der Regel des § 505 Abs. 2, wonach mit der Ausübung des Vorkaufsrechts der Kauf zwischen dem Berechtigten und dem Verpflichteten unter den zwischen diesem und dem Dritten vereinbarten Bestimmungen zu Stande kommt, für den Fall, daß dem Dritten der Kaufpreis gestundet war. Die Stundung beruht auf persönlichem Vertrauen des Verpflichteten gegen den Dritten. Dieses Vertrauen darf der Berechtigte nicht ohne Weiteres für sich in Anspruch nehmen. Er kann daher zwar auch in dem vorausgesetzten Falle das Vorkaufsrecht ausüben, muß aber dem Verpflichteten für den gestundeten Betrag Sicherheit leisten, widrigenfalls die Stundung des Kaufpreises ihm gegenüber nicht gilt. Der Verpflichtete kann sofortige Zahlung des gestundeten Betrags verlangen, und der Berechtigte vermag diesen Anspruch nur durch Sicherheitsleistung abzuwehren. Für die Art der Sicherheitsleistung gelten die Vorschriften der §§ 232—240.

2. Nach Abs. 2 erleidet die Bestimmung des Abs. 1 Einschränkungen, wenn ein Grundstück Gegenstand des Vorkaufs ist. Der Berechtigte kann in diesem Falle die Stundung ohne eine den §§ 232 ff. genügende Sicherheitsleistung in Anspruch nehmen:

a) insoweit für den gestundeten Kaufpreis die Bestellung einer Hypothek an dem Grundstücke vereinbart ist. Er ist auf Grund des abgeschlossenen Vorkaufs nur zur Bestellung der vereinbarten Hypothek verpflichtet, dagegen, auch soweit die Hypothek den Anforderungen des § 238 nicht genügt, nicht verpflichtet, den Kaufpreis baar zu zahlen oder anderweite Sicherheit zu leisten.

b) Der Berechtigte kann auch insoweit die Stundung ohne Sicherheitsleistung in Anspruch nehmen, als der Dritte in Anrechnung auf den Kaufpreis eine Schuld des Verpflichteten, für die eine Hypothek an dem Grundstücke besteht, übernommen hat. Der in der zweiten Kommission angeregte Zweifel, ob in solchem Falle überhaupt eine Stundung vorliege (P. II S. 8445), erscheint nicht gerechtfertigt. Die Schuldübernahme begründet zunächst nur die Verpflichtung des Uebernehmers gegenüber dem Schuldner, den Gläubiger rechtzeitig zu befriedigen (§ 415 Abs. 3), und die Uebernahme dieser Verpflichtung gilt im Zweifel nicht als an Erfüllungsstatt erfolgt (§ 364 Abs. 2). Die Verbindlichkeit zur Zahlung des Kaufpreises besteht also in Höhe der übernommenen Schuld fort, jedoch ist der Kaufpreis insoweit gestundet. Wird freilich die Schuldübernahme von dem Gläubiger genehmigt (§ 416) und tritt infolgedessen der Uebernehmer an die Stelle des Schuldners, so ist der Kaufpreis in Höhe der übernommenen Schuld getilgt (§ 364 Abs. 1). In dem hier fraglichen Falle kann aber die Genehmigung erst erfolgen, wenn der Vorkaufsberechtigte als Eigenthümer im Grundbuch eingetragen, ihm also zuvor die Auflassung seitens des Verpflichteten ertheilt ist (§ 416 Abs. 2). Die Bedeutung des § 509 Abs. 2 liegt somit darin, daß der Verpflichtete dem Berechtigten die Auflassung nicht bis zur Zahlung des Kaufpreises in Höhe der übernommenen Schuld oder bis zur Sicherheitsleistung verweigern kann.

§. 510.

Der Verpflichtete hat dem Vorkaufsberechtigten den Inhalt des mit dem Dritten geschlossenen Vertrags unverzüglich mitzutheilen. Die Mittheilung des Verpflichteten wird durch die Mittheilung des Dritten ersetzt.

Das Vorkaufsrecht kann bei Grundstücken nur bis zum Ablaufe von zwei Monaten, bei anderen Gegenständen nur bis zum Ablauf einer Woche nach dem Empfange der Mittheilung ausgeübt werden. Ist für die Ausübung eine Frist bestimmt, so tritt diese an die Stelle der gesetzlichen Frist.

§. 511.

Das Vorkaufsrecht erstreckt sich im Zweifel nicht auf einen Verkauf, der mit Rücksicht auf ein künftiges Erbrecht an einen gesetzlichen Erben erfolgt.

---

§ 510.

E. I § 483, § 487 Nr. 2; II § 444 rev. § 504; III § 505. P. I S. 1943—1946, 1950, 1951, 1964—1966; M. II S. 348, 351, 352. P. II S. 1800, 1823, 8445, 8446 (Bd. II S. 100, 111, 112).

1. Die im **Abs.** 1 Satz 1 bestimmte Anzeigepflicht des Verpflichteten erstreckt sich auf den **Inhalt** des mit dem Dritten geschlossenen Vertrags. Wörtliche Mittheilung des Vertrags ist nicht unbedingt erforderlich; die Mittheilung muß aber inhaltlich vollständig sein und selbstverständlich die Person des Dritten angeben. Macht der Verpflichtete die Mittheilung nicht unverzüglich, d. h. ohne schuldhaftes Zögern (§ 121 Abs. 1), so hat er dem Berechtigten den daraus entstehenden Schaden zu ersetzen. Auf die Mittheilung finden die §§ 130—132 Anwendung.

Der Satz 2, demzufolge die Mittheilung des Verpflichteten durch die Mittheilung des Dritten ersetzt wird, hat gegenüber der Bestimmung des 1. Satzes die Bedeutung, daß der Verpflichtete im Falle der Mittheilung des Dritten auf Grund des 1. Satzes nur insoweit haftet, als er haften würde, wenn er zu derselben Zeit die Mittheilung gemacht hätte. Der Hauptzweck des 2. Satzes liegt aber darin, die Mittheilung des Dritten der des Verpflichteten auch in Betreff der im Abs. 2 der Mittheilung beigelegten Wirkung gleichzustellen. Der Dritte erlangt dadurch die Möglichkeit, die Fristen für die Ausübung des Vorkaufsrechts in Lauf zu setzen und sich so Gewißheit zu verschaffen, ob es zur Ausübung des Rechtes kommt.

2. Der **Abs. 2** bestimmt Ausschlußfristen für die Ausübung des Vorkaufsrechts.

a) Die Fristen **beginnen** mit dem Zeitpunkt, in welchem der Berechtigte eine dem Abs. 1 entsprechende Mittheilung des Verpflichteten oder des Dritten empfängt, d. h. in welchem eine solche Mittheilung nach den §§ 130—132 ihm gegenüber wirksam wird. Unterbleibt die Mittheilung, so wird die Ausübung des Vorkaufsrechts durch Zeitablauf überhaupt nicht ausgeschlossen; auch eine Verjährung kommt nicht in Betracht, da das Vorkaufsrecht nicht ein Anspruch ist (§ 194 Abs. 1). Das Vorkaufsrecht dauert fort, solange es nicht aus anderen Gründen erlischt, insbesondere durch Tod des Berechtigten gemäß § 514 oder Eintritt des für die Ausübung etwa vereinbarten Endtermins.

b) Die **Dauer** der Ausschlußfrist bemißt sich in erster Linie nach der Bestimmung, die darüber durch Vereinbarung des Berechtigten und des Verpflichteten oder durch die dem Vorkaufsrechte zu Grunde liegende letztwillige Verfügung getroffen ist. In Ermangelung einer solchen Bestimmung beträgt die Frist bei Grundstücken 2 Monate, bei anderen Gegenständen 1 Woche.

c) Für die **Berechnung** der Fristen sind die §§ 187, 188 maßgebend.

§ 511.

E. III § 506. P. II S. 1808, 8574, 8575 (Bd. II S. 104).

Der § 511 betrifft den Fall des sog. **Kindskaufs**, allgemeiner den Fall, daß der Verpflichtete den Gegenstand des Vorkaufsrechts

a) an eine Person, die, falls er zur Zeit des Verkaufs stürbe, sein gesetzlicher Erbe sein würde (§§ 1924—1926, 1928, 1929, 1931), und zwar

b) mit Rücksicht auf das künftige Erbrecht verkauft.

§. 512.

Das Vorkaufsrecht ist ausgeschlossen, wenn der Verkauf im Wege der Zwangsvollstreckung oder durch den Konkursverwalter erfolgt.

§. 513.

Steht das Vorkaufsrecht Mehreren gemeinschaftlich zu, so kann es nur im Ganzen ausgeübt werden. Ist es für einen der Berechtigten erloschen oder übt einer von ihnen sein Recht nicht aus, so sind die übrigen berechtigt, das Vorkaufsrecht im Ganzen auszuüben.

§. 514.

Das Vorkaufsrecht ist nicht übertragbar und geht nicht auf die Erben des Berechtigten über, sofern nicht ein Anderes bestimmt ist. Ist das Recht auf eine bestimmte Zeit beschränkt, so ist es im Zweifel vererblich.

IV. Tausch.

§. 515.

Auf den Tausch finden die Vorschriften über den Kauf entsprechende Anwendung.

Für einen solchen Verkauf, der eine antezipirte Erbfolge in sich schließt, stellt der § 511 die ergänzende Vorschrift auf, daß sich das Vorkaufsrecht darauf nicht erstreckt. Der Vorkaufsberechtigte kann also sein Recht nicht ausüben und verliert mithin das Recht vermöge der nur obligatorischen Natur desselben vollständig, ohne einen Ersatzanspruch zu erlangen.

§ 512.

E. I § 485; II § 445 rev. § 506; III § 507. P. I S. 1963, 1964; M. II S. 350. P. II S. 1815—1817 (Bd. II S. 107, 108).

1. Die Vorschrift trifft alle Fälle, in denen der Gegenstand des Vorkaufsrechts entweder im Wege der Zwangsvollstreckung, sei es durch Versteigerung, sei es vom Gerichtsvollzieher freihändig (C.P.O. § 821), oder durch den Konkursverwalter, sei es nach den Vorschriften über Zwangsvollstreckung (K.O. §§ 126, 127), sei es freihändig, verkauft wird.

Die Ausschließung des Vorkaufsrechts für diese Fälle hat die Bedeutung, daß der Berechtigte sich durch Ausübung des Vorkaufsrechts auch nicht einen Schadensersatzanspruch gegen den Verpflichteten verschaffen kann.

2. Für das dingliche Vorkaufsrecht an einem Grundstücke vergl. die abweichende Vorschrift im § 1098 Abs. 1 Satz 2.

§ 513.

E. II § 446 rev. § 507; III § 508. M. II S. 348. P. II S. 1821—1823 (Bd. II S. 111).

Die Vorschriften des § 513 entsprechen durchweg den im § 502 für das Wiederkaufsrecht enthaltenen Bestimmungen. Vergl. deshalb die Erl. zu § 502.

§ 514.

E. I § 486, § 487 Nr. 1; II § 447 rev. § 508; III § 509. P. I S. 1961—1963; M. II S. 351. P. II S. 1817—1821 (Bd. II S. 108—110).

Ueber die Uebertragbarkeit und Vererblichkeit des Vorkaufsrechts entscheidet in erster Linie die bei der Begründung getroffene Bestimmung. Nur in Ermangelung einer solchen greift der § 514 Platz.

Auf Grund der Auffassung, daß das Vorkaufsrecht der Regel nach nur persönlichen Interessen des Berechtigten dienen soll, bestimmt der § 514 dispositiv die Unübertragbarkeit des Vorkaufsrechts sowie die Unvererblichkeit desselben, fügt jedoch für den Fall, daß das Recht auf eine bestimmte Zeit beschränkt ist, eine Auslegungsregel hinzu, derzufolge solchenfalls zugleich die Vererblichkeit als vereinbart gelten soll.

IV. Tausch.

§ 515.

E. I § 502; II § 462 rev. § 508; III § 509. P. I S. 2019—2021; M. II S. 366—368. P. II S. 1858 (Bd. II S. 130).

1. Der Begriff des Tausches ist im Gesetze nicht bestimmt, sondern als feststehend vorausgesetzt. Die M. II S. 366 bezeichnen als das unterscheidende Merkmal des Tausches

Zweiter Titel.
Schenkung.

gegenüber dem Kaufe, daß derselbe nicht auf Leistung eines individuellen Werthes gegen Bezahlung eines Preises, sondern auf Umsatz eines individuellen Werthes gegen einen anderen individuellen Werth gerichtet ist.

Gegenstand des Tausches können nicht nur Sachen, sondern auch Rechte an Sachen sowie Forderungen sein, überhaupt Alles, was Gegenstand eines Kaufes sein kann (vergl. Erl. 3 zu § 433).

2. Für die entsprechende Anwendung der Vorschriften über den Kauf auf den Tausch gab der E. I einen Anhalt durch die Vorschrift des § 502 Satz 2, daß jeder der Vertragschließenden in Ansehung der von ihm versprochenen Leistung gleich einem Verkäufer und in Ansehung der ihm zugesicherten Leistung gleich einem Käufer zu beurtheilen sei. Von der zweiten Kommission ist diese Bestimmung zwar als überflüssig gestrichen worden, weil sie einen materiellen Rechtssatz nicht enthalte. Sie bietet jedoch einen nicht werthlosen Fingerzeig für die Handhabung des § 515. Jeder Theil hat bezüglich des von ihm zu leistenden Gegenstandes die Pflichten eines Verkäufers, namentlich in Betreff der Rechtsverschaffung (§ 433 Abs. 1, §§ 434—437, 443), der Auskunftertheilung (§ 444) und der Gewährleistung wegen Mängel der Sache (§§ 459 ff.); er hat ferner bezüglich der ihm zu leistenden Sache die Verpflichtung zur Abnahme (§ 433 Abs. 2). Der Uebergang der Gefahr sowie der Nutzungen und Lasten bestimmt sich nach §§ 446, 447. Ebenso finden die §§ 448—450 entsprechende Anwendung.

Zweiter Titel.

1. Zum Begriffe der Schenkung gehört nach § 516 ein Zwiefaches: eine Zuwendung durch die Jemand aus seinem Vermögen einen Anderen bereichert, und die Einigung beider Theile über die Unentgeltlichkeit der Zuwendung. Die Zuwendung kann der mannigfachsten Art sein; sie kann z. B. in der Uebertragung des Eigenthums an einer Sache, in der Begründung einer Forderung u. s. w. bestehen (vergl. das Nähere in der Erl. 2 zu § 516). Dasjenige, was alle in Betracht kommenden Zuwendungen zur Schenkung macht, ist das zweite oben hervorgehobene Merkmal: die Einigung über die Unentgeltlichkeit der Zuwendung. Ihrem Begriffe nach gehört demnach die Schenkung keineswegs dem Rechte der Schuldverhältnisse allein, sondern dem Vermögensrechte überhaupt an. Dagegen beziehen sich die in diesem Titel vereinigten allgemeinen Vorschriften über die Schenkung ausschließlich auf die zwischen den Betheiligten bestehenden Schuldverhältnisse. Aus diesem Grunde behandelt das B.G.B. die Schenkung nach dem Vorgange der meisten neueren Gesetzbücher und Entwürfe an der vorliegenden Stelle (M. II S. 286 Anm. 1; P. II S. 540—542 [Bd. I S. 270, 271]. Vergl. Windscheid II § 365 Anm. 18; Regelsberger I § 168 III; Dernburg II § 106 Anm. 2).

2. Der § 516 bestimmt im Abs. 1 den Begriff der Schenkung und behandelt im Abs. 2 die besonderen Fälle, in denen die Zuwendung ohne Willen des Empfängers erfolgt; der § 517 grenzt den Begriff noch näher ab. Der § 518 betrifft die Form des Schenkungsversprechens. Es folgen besondere Vorschriften über die Verpflichtung des Schenkers, und zwar über die Einrede der Bedürftigkeit (§ 519), die Unvererblichkeit der Verpflichtung zu einer fortdauernden Unterstützung (§ 520), die Haftung für Verschulden (§ 521), wegen Verzugs (§ 522), wegen Mängel im Rechte (§ 523) und Mängel der Sache (§ 524). Sodann wird die Schenkung unter einer Auflage geregelt (§§ 525—527). Den Schluß bilden Vorschriften über das Rückforderungsrecht des Schenkers wegen Bedürftigkeit (§§ 528, 529, 534) und das Widerrufsrecht wegen Undankes (§§ 530—534).

3. Für die Schenkung gelten nach dem B.G.B. auch im Uebrigen mannigfache Sondervorschriften. Sie betreffen die Rückforderung von Geschenken unter Verlobten (§ 1301), das Recht der Ehefrau zur Ablehnung einer Schenkung (§ 1406 Nr. 2, § 1453 Abs. 1 Satz 2), die Beschränkung des Mannes bei allgemeiner Gütergemeinschaft in der Vornahme von Schenkungen (§ 1446), das Uebernahmerecht der Ehegatten bei Aufhebung der allgemeinen Gütergemeinschaft (§ 1477 Abs. 2), die Natur des durch Schenkung Erworbenen als eingebrachten Gutes bei der Errungenschaftsgemeinschaft (§ 1521) und der Fahrnißgemeinschaft (§ 1551), das Widerrufsrecht des unschuldigen Theiles im Falle der Scheidung (§ 1584), das Verbot der Vornahme von Schenkungen aus dem Vermögen des Kindes (§ 1641) oder des Mündels (§ 1804), die Unwirksamkeit von Schenkungen des Vorerben (§ 2113), die Beschränkung des Testamentsvollstreckers in der Vornahme von Schenkungen (§ 2205 Satz 3, § 2207 Satz 2), den Schutz des Vertragserben (§ 2287), des durch Vermächtnißvertrag Bedachten (§ 2288 Abs. 2 Satz 2) und des Pflichttheilsberechtigten (§§ 2325—2331) gegen beeinträchtigende Schenkungen des Erblassers.

§. 516.

Eine Zuwendung, durch die Jemand aus seinem Vermögen einen Anderen bereichert, ist Schenkung, wenn beide Theile darüber einig sind, daß die Zuwendung unentgeltlich erfolgt.

Ist die Zuwendung ohne den Willen des Anderen erfolgt, so kann ihn der Zuwendende unter Bestimmung einer angemessenen Frist zur Erklärung über die Annahme auffordern. Nach dem Ablaufe der Frist gilt die Schenkung als angenommen, wenn nicht der Andere sie vorher abgelehnt hat. Im Falle der Ablehnung kann die Herausgabe des Zugewendeten nach den Vorschriften über die Herausgabe einer ungerechtfertigten Bereicherung gefordert werden.

Das Verbot der Schenkungen unter Ehegatten ist dem B.G.B. fremd.

Ueber das Verhältniß der Ausstattung zur Schenkung vergl. § 1624, über die Schenkung von Todeswegen § 2301, über die Schenkung einer Erbschaft § 2385 Abs. 2. S. ferner E. G. Art. 87.

Die Schenkung haben auch in erster Linie im Auge die Vorschriften über unentgeltliche Zuwendungen unter Lebenden (vergl. § 1369, § 1440 Abs. 2, § 1486 Abs. 1, § 1553 Nr. 2, § 1639, § 1651 Abs. 1 Nr. 2, §§ 1803, 1909, 1917). Der Begriff der unentgeltlichen Zuwendung ist jedoch ein weiterer; er umfaßt insbesondere auch eine Ausstattung, welche nach § 1624 nicht als Schenkung gilt. Ueber den Ausschluß der Forderungen aus einer Freigebigkeit des Gemeinschuldners von der Geltendmachung im Konkurse s. K.O. § 63 Nr. 4, über die Anfechtung von unentgeltlichen Verfügungen des Schuldners im Konkurse: K.O. § 32, § 37 Abs. 2 (vergl. § 40 Abs. 2 Nr. 4), außerhalb des Konkurses: Anfecht.Ges. § 3 Nr. 3, 4, § 7 Abs. 2 (vergl. § 11 Abs. 2 Nr. 3).

4. Für belohnende Schenkungen gelten keine Sondervorschriften. In mehrfacher Hinsicht werden dagegen abweichend von anderen Schenkungen diejenigen behandelt, durch die einer sittlichen Pflicht oder einer auf den Anstand zu nehmenden Rücksicht entsprochen wird (vergl. § 534, § 1446 Abs. 2, § 1641 Satz 2, § 1804 Satz 2, § 2113 Abs. 2 Satz 2).

§ 516.

E. I §§ 437, 438; II § 463 rev. § 510; III § 511. P. I S. 1771—1781, 1783, 1784, 1843, 1844, 11656, 11657; M. II S. 286—290. P. II S. 1609—1622, 1657 (**Bd. II S. 1—8, 25**).

1. Der Abs. 1 bestimmt den gesetzlichen Begriff der Schenkung im Einklange mit der in der Rechtswissenschaft herrschenden Auffassung (vergl. Windscheid II § 365; Regelsberger I § 168; Dernburg II § 106). Der Begriff setzt sich aus zwei Bestandtheilen zusammen. Der erste: eine Zuwendung, durch die Jemand aus seinem Vermögen einen Anderen bereichert, umfaßt rechtliche Thatbestände verschiedener Art. Was alle diese Thatbestände zum einheitlichen Begriffe der Schenkung verbindet, ist der zweite Begriffsbestandtheil: die Einigung des Zuwendenden und des anderen Theiles über die Unentgeltlichkeit der Zuwendung. In dieser, den Rechtsgrund der Zuwendung bildenden Einigung liegt das kennzeichnende Merkmal jeder Schenkung.

2. Die Zuwendung muß aus dem Vermögen des Zuwendenden erfolgen oder, wie der E. I § 437 sachlich übereinstimmend es ausdrückte, das Vermögen des Zuwendenden vermindern, und ferner den Anderen bereichern, d. h. dessen Vermögen verbessern. Durch das letztere Erforderniß ist von dem Begriffe der Schenkung ausgeschlossen die Zuwendung immaterieller Güter, wie die Verschaffung der Freiheit durch Loskauf aus der Gefangenschaft, die Gewährung von Unterricht, soweit nicht dem Anderen dadurch eine nothwendige Ausgabe erspart wird. Die zweite Kommission hat die Erstreckung des Schenkungsbegriffs auf derartige Zuwendungen, wie sie in Anlehnung an die Kritik von **Reatz**, Zstlg. II S. 211 ff., vorgeschlagen war, abgelehnt.

Die Zuwendung kann bestehen namentlich in der Begründung oder Uebertragung von Vermögensrechten (Eigenthum, sonstigen dinglichen Rechten, Forderungen u. s. w.), in der Befreiung von Verbindlichkeiten oder Lasten, in der Ersparung von Ausgaben (Windscheid II § 365 Note 14). Vergl. auch § 517. Die meisten der in Betracht kommenden Zuwendungen erfordern zu ihrer Vollziehung die Annahme seitens des Anderen, also einen Vertrag. Es giebt aber auch Fälle, in denen sich die Zuwendung ohne den Willen des Anderen vollzieht. Vergl. über diese die Erl. 5.

3. Die zur Schenkung erforderliche Einigung über die Unentgeltlichkeit der Zuwendung unterliegt den allgemeinen Vorschriften über Verträge. Diese sind namentlich maßgebend bezüglich der Annahme der Schenkung durch Geschäftsunfähige oder in der Geschäftsfähigkeit Beschränkte sowie in Betreff der Annahme nach dem Tode des Schenkers oder des anderen Theiles.

4. Die Zuwendung und die Einigung über die Unentgeltlichkeit können zeitlich auseinanderfallen. Ihr inneres Verhältniß zu einander bestimmt sich nach den

§. 517.

Eine Schenkung liegt nicht vor, wenn Jemand zum Vortheil eines Anderen einen Vermögenserwerb unterläßt oder auf ein angefallenes, noch nicht endgültig erworbenes Recht verzichtet oder eine Erbschaft oder ein Vermächtniß ausschlägt.

---

allgemeinen Grundsätzen über das Verhältniß zwischen einer Vermögenszuwendung und ihrem Zwecke oder Rechtsgrunde (vergl. Band I S. 147 unter IX 2). Je nachdem sich die Zuwendung durch ein abstraktes Rechtsgeschäft vollzieht, wie bei der Eigenthumsübertragung, oder nicht, wie bei dem Schenkungsversprechen, bestimmt sich demnach die Wirkung des Mangels der Einigung verschieden.

5. Der Abs. 2 regelt die verhältnißmäßig seltenen Fälle, in denen Jemand mit Schenkungsabsicht einem Anderen eine diesen bereichernde Zuwendung aus seinem Vermögen ohne den Willen des Anderen macht. Zu denken ist namentlich an die Befriedigung eines Gläubigers des Anderen ohne den Willen des letzteren (vergl. § 267), an die wissentliche Berichtigung einer nicht bestehenden Schuld, die der vermeintliche Gläubiger für bestehend hält (§ 814), die Besorgung eines Geschäfts für den Anderen ohne dessen Auftrag unter Aufwendungen mit der Absicht, Ersatz nicht zu verlangen (vergl. § 685). Auch für die Behandlung dieser Fälle ist der Grundsatz leitend, daß Geschenke nicht aufgedrängt werden dürfen. Das Gesetz erblickt demgemäß in der einseitigen Zuwendung in Verbindung mit der dem Zuwendungsempfänger gegenüber erklärten Absicht der Schenkung noch nicht eine vollzogene Schenkung, sondern nur das Angebot einer Schenkung, an welches der Zuwendende bis zur Ablehnung gebunden sein will. Um jedoch zu verhüten, daß das Zustandekommen der Schenkung möglicherweise für unbestimmte Zeit in der Schwebe bleibt, wird dem Zuwendenden das Recht gegeben, den Anderen unter Bestimmung einer Frist zur Erklärung über die Annahme mit der Wirkung aufzufordern, daß die Schenkung als angenommen gilt, wenn nicht der Andere sie vorher abgelehnt hat. Das an das Stillschweigen geknüpfte Präjudiz der Annahme mißbilligen Endemann § 164 Anm. 6 und Schollmeyer S. 27. In den P. II S. 1622 (Bd. II S. 8) wird dasselbe dadurch gerechtfertigt, daß Schenkungen regelmäßig nicht zurückgewiesen werden und daß ferner bei Aufstellung des Präjudizes der Ablehnung der Zuwendungsempfänger in Folge der Ablehnung sofort nach den Kondiktionsgrundsätzen verpflichtet sein würde. Die Richtigkeit dieser Gründe mag dahingestellt bleiben. Die getroffene Regelung erscheint aber durch die Erwägung gerechtfertigt, daß derjenige, welcher die einseitig vollzogene Zuwendung nicht als Geschenk annehmen will, bei normalem Verhalten auf die Aufforderung zur Erklärung nicht schweigen, sondern das ihm zugedachte Geschenk zurückweisen wird; dieses normale Verhalten muß das Gesetz bei Bestimmung der Folge des Stillschweigens zu Grunde legen.

Die Ablehnung der Schenkung muß dem Zuwendenden gegenüber erklärt werden. Sie bringt zur Gewißheit, daß der mit der Zuwendung bezweckte rechtliche Erfolg nicht eintritt, daß die Zuwendung also zu einer ungerechtfertigten Bereicherung des Empfängers geführt hat. Der § 516 Abs. 2 Satz 3 spricht jedoch die sich hiernach von selbst ergebende Verpflichtung des Empfängers zur Herausgabe des Zugewendeten nach den Vorschriften über die Herausgabe einer ungerechtfertigten Bereicherung zur Vermeidung von Zweifeln aus. In Betracht kommen § 812 Abs. 1 Satz 2, § 818, § 819 Abs. 1.

Wenngleich auch in den Fällen des Abs. 2 die Schenkung erst mit der Annahme vollendet wird, so darf deshalb doch nicht bezweifelt werden, daß die Vorschriften, welche die Vornahme von Schenkungen verbieten oder einschränken, schon auf die hier fraglichen einseitigen Zuwendungen mit Schenkungsabsicht sinngemäß anzuwenden sind (P. II S. 1620 [Bd. II S. 7]).

6. Eine Schenkung kann mit einem gegenseitigen Vertrag in demselben Rechtsgeschäfte verbunden sein, wenn eine den Werth der Gegenleistung übersteigende Leistung unter dem Einverständnisse der Parteien über die theilweise Unentgeltlichkeit der Leistung vereinbart ist (negotium mixtum cum donatione). Soweit der Werth der Leistung den der Gegenleistung übersteigt, ist der Vertrag als Schenkung zu beurtheilen.

§ 517.

E. I § 439; II § 464 rev. § 511; III § 512. P. I S. 1784—1788, 3554, 3560, 6191, 6192, 8886, 8887, 9166, 9171—9174, 11836; M. II S. 290, 291. P. II S. 1622—1625 (Bd. II S. 8, 9).

1. Der § 517 verdeutlicht den gesetzlichen Schenkungsbegriff, indem er bestimmte Thatbestände von demselben ausschließt.

a) In den beiden ersten hervorgehobenen Fällen (Unterlassen eines Vermögenserwerbs und Verzicht auf ein angefallenes, noch nicht endgiltig erworbenes Recht) fehlt es an der zur Schenkung erforderlichen Vermögensverminderung.

§. 518.

Zur Gültigkeit eines Vertrags, durch den eine Leistung schenkweise versprochen wird, ist die gerichtliche oder notarielle Beurkundung des Versprechens erforderlich. Das Gleiche gilt, wenn ein Schuldversprechen oder ein Schuldanerkenntniß der in den §§. 780, 781 bezeichneten Art schenkweise ertheilt wird, von dem Versprechen oder der Anerkennungserklärung.

Der Mangel der Form wird durch die Bewirkung der versprochenen Leistung geheilt.

Kein Fall der hier fraglichen Art liegt vor bei dem Erlasse künftiger versprochener Zinsen. Die gemeinrechtlich streitige Frage, ob ein solcher Erlaß eine Schenkung enthalten könne, ist daher nach dem B.G.B. zu bejahen; denn der Erlaß begründet die Befreiung von einer bestehenden, wenn auch noch nicht fälligen Verbindlichkeit, schließt also eine Zuwendung, wie sie der § 516 Abs. 1 erfordert, in sich. (Ebenso Endemann § 164 Anm. 12.)

b) Die Ausschlagung einer Erbschaft oder eines Vermächtnisses ist besonders erwähnt, weil die Erbschaft auf den berufenen Erben kraft Gesetzes übergeht und die durch das Vermächtniß begründete Forderung des Vermächtnißnehmers kraft Gesetzes zur Entstehung kommt, beides unbeschadet des Rechtes zur Ausschlagung (§§ 1942, 2176). Eine Zuwendung aus dem Vermögen des Ausschlagenden wird jedoch nach § 1953 Abs. 1, 2, § 2180 Abs. 3 nicht begründet.

Schenkweise erfolgender Verzicht auf den Pflichttheilsanspruch (§ 2317) ist dagegen Schenkung.

2. Der E. I § 439 verneinte weiter noch das Vorliegen einer Schenkung für die Fälle, in denen für ein Recht von dem Verpflichteten oder einem Anderen Sicherheit geleistet oder die für ein Recht bestehende Sicherheit aufgegeben wird. Die zweite Kommission hat die Vorschriften gestrichen. Daß in der Sicherheitsleistung eine Schenkung an den Berechtigten (um das Verhältniß zu diesem, nicht zu dem Verpflichteten handelt es sich) nicht liege, hielt ein Theil der Mehrheit für selbstverständlich, ein anderer für nicht allgemein richtig, z. B. nicht für den Fall der Sicherheitsleistung für eine Forderung gegen eine vermögenslose Verlassenschaft. In Betreff des Aufgebens einer Sicherheit ging die Mehrheit davon aus, daß darin ausnahmsweise eine Schenkung zu Gunsten des Belasteten (des Bürgen, Eigenthümers des Pfandes ꝛc.) liegen könne, wenn und soweit der Berechtigte ohne die Sicherheit den Ausfall des gesicherten Rechtes zu erwarten hat und in Kenntniß dieses Sachverhalts die Sicherheit aufgiebt.

In Ermangelung einer besonderen gesetzlichen Vorschrift wird es sich in den Fällen der Leistung oder des Aufgebens einer Sicherheit lediglich fragen, ob die allgemeinen Voraussetzungen der Schenkung nach § 516 Abs. 1 vorliegen. Für die Sicherheitsleistung durch den Verpflichteten selbst wird diese Frage stets zu verneinen sein (vergl. R.G. VI S. 85, IX S. 103); bei der Sicherheitsleistung durch einen Dritten und bei dem Aufgeben einer Sicherheit wird es darauf ankommen, ob nach den Umständen im ersten Falle eine Bereicherung des Berechtigten, im zweiten Falle eine Verminderung seines Vermögens anzunehmen ist oder nicht, und hiernach wird die Frage zu bejahen oder zu verneinen sein. Vergl. Endemann § 164 Anm. 10, 16.

§ 518.

E. I §§ 440, 441; II § 465 rev. § 512; III § 513. P. I S. 1793—1808; M. II S. 291—295. P. II S. 1625—1647, 7367—7369 (Bd. II S. 9—21).

1. Eine Form ist gesetzlich nur für diejenige Schenkung vorgeschrieben, welche in der vertragsmäßigen Begründung einer Verpflichtung des Schenkers zu einer Leistung besteht. Das Formerforderniß soll den Schenker vor Uebereilung schützen, Zweifel über den Schenkungswillen ausschließen und einer Umgehung der erbrechtlichen Formvorschriften vorbeugen. Es erstreckt sich demgemäß nicht auf die beiderseitigen Vertragserklärungen, sondern nur auf das Versprechen des Schenkers; das letztere bedarf der gerichtlichen oder notariellen Beurkundung (Abs. 1 Satz 1; vergl. E.G. Art. 141). Die Annahmeerklärung des Beschenkten ist formfrei. Nur bei bestimmten Gegenständen bedarf der ganze Schenkungsvertrag nach allgemeinen Vorschriften gerichtlicher oder notarieller Beurkundung (vergl. § 311, § 312 Abs. 2 Satz 2, §§ 313, 2371, 2385).

2. Der Abs. 1 Satz 2 bezweckt, eine Umgehung des Formerfordernisses zu verhindern. Ertheilt Jemand einem Anderen schenkweise ein abstraktes Schuldversprechen der im § 780 bezeichneten Art, so könnte zweifelhaft sein, ob hierin ein Schenkungsversprechen im Sinne des § 516 Abs. 1 Satz 1 oder eine durch die Begründung der abstrakten Verbindlichkeit vollzogene,

§. 519.

Der Schenker ist berechtigt, die Erfüllung eines schenkweise ertheilten Versprechens zu verweigern, soweit er bei Berücksichtigung seiner sonstigen Verpflichtungen außer Stande ist, das Versprechen zu erfüllen, ohne daß sein standesmäßiger Unterhalt oder die Erfüllung der ihm kraft Gesetzes obliegenden Unterhaltspflichten gefährdet wird.

Treffen die Ansprüche mehrerer Beschenkten zusammen, so geht der früher entstandene Anspruch vor.

---

daher der Form nicht bedürftige Schenkung zu erblicken ist. Für die letztere Auffassung spricht, daß die Begründung der abstrakten Verbindlichkeit unzweifelhaft eine Leistung im Sinne der Vorschriften über die Rückforderung einer ungerechtfertigten Bereicherung ist (§ 812). Bezüglich des Formerfordernisses stellt jedoch der Abs. 1 Satz 2 aus dem Eingangs erwähnten Grunde das schenkweise ertheilte Schuldversprechen dem Schenkungsversprechen gleich. Dem abstrakten Schuldversprechen wird auch hier wegen der praktischen Undurchführbarkeit einer verschiedenen Behandlung das abstrakte Schuldanerkenntniß gleichgestellt.

Wie die schenkweise Hingabe anderer abstrakter Schuldversprechen (in Form eines Wechsels, eines kaufmännischen Verpflichtungsscheins, der Annahme einer Anweisung) in Betreff des Formerfordernisses zu beurtheilen sei, ist absichtlich der Entscheidung durch Wissenschaft und Praxis vorbehalten (M. II S. 294; P. II S. 1646, 1647 [Bd. II S. 20]). Bei der positiven Natur des § 518 Abs. 1 Satz 2 erscheint eine Ausdehnung dieser Vorschrift auf andere abstrakte Schuldversprechen nicht gerechtfertigt. Die schenkweise Ertheilung solcher Versprechen wird daher der hier gegebenen Formvorschrift nicht zu unterstellen sein (vergl. bezüglich der Eingehung einer Wechselverbindlichkeit R.G. II S. 5, bezüglich der Annahme einer Anweisung B.G.B. § 784 Abs. 2). Ders. Ansicht Endemann § 164 Anm. 3, 7; a. M. Meisner Anm. 4c zu § 528, welcher namentlich die schenkweise Ausstellung eines Wechsels einem abstrakten Schuldversprechen im Sinne des § 780 ganz gleichstellen will.

3. Der Mangel der vorgeschriebenen Form macht das Schenkungsversprechen nichtig (§ 125 Satz 1). Bewirkt der Schenker die versprochene Leistung in der irrigen Annahme der Gültigkeit des Versprechens, um seine vermeintliche Verbindlichkeit zu erfüllen, so würde er nach den allgemeinen Vorschriften über die Herausgabe einer ungerechtfertigten Bereicherung die Leistung zurückfordern können. Anders wäre dagegen der Fall zu beurtheilen, wenn der Versprechende in Kenntniß von der Nichtigkeit des Versprechens die Leistung schenkweise bewirkt, da eine so vollzogene Schenkung dem Formzwange nicht unterliegt, also gültig ist. Diese verschiedene Beurtheilung zweier für die volksthümliche Auffassung nicht unterschiedener Fälle glaubte die zweite Kommission, im Gegensatze zum E. I (M. II S. 295), nicht festhalten zu sollen. Hierauf beruht die Vorschrift des Abs. 2, wonach der Mangel der Form durch die Bewirkung der versprochenen Leistung geheilt wird. Auf die Nichtigkeit wegen des Formmangels kann also die Rückforderung der Leistung nicht gegründet werden.

4. Jede andere Schenkung als der obligatorische Schenkungsvertrag bedarf als solche zu ihrer Gültigkeit keiner besonderen Form. Der E. I sprach im § 441 dies dahin ausdrücklich aus: „Die durch Veräußerung vollzogene Schenkung ist auch ohne Beobachtung einer besonderen Form gültig." Das Gleiche ergiebt sich aber aus dem Fehlen einer Formvorschrift für andere als die im § 518 Abs. 1 bezeichneten Fälle.

Die zur Schenkung erforderliche Einigung über die Unentgeltlichkeit ist danach stets formfrei, und die schenkweise erfolgende Zuwendung bedarf nicht deshalb, weil sie schenkweise erfolgt, einer besonderen Form. Anträge auf eine weitergehende Formalisirung der Schenkung wurden von der zweiten Kommission abgelehnt (P. II S. 1633 ff. [Bd. II S. 13 ff.]). Insbesondere ist der Erlaß einer Schuld (§ 397), die Abtretung einer Forderung (§ 398), wenn sie schenkweise erfolgt, nicht an eine besondere Form gebunden; für die Uebertragung des Eigenthums an einer beweglichen Sache gelten in dem gleichen Falle lediglich die allgemeinen Erfordernisse der §§ 929—931, es genügt mithin auch ein constitum possessorium nach § 930.

§ 519.

E. II § 466 rev. § 513; III § 514. P. II S. 1648, 1649, 5826 (Bd. II S. 21, 22). R.B. S. 1968.

1. Der § 519 gewährt gegen den Anspruch auf Erfüllung eines schenkweise ertheilten Versprechens, d. h. eines Schenkungsversprechens oder eines schenkweise ertheilten abstrakten Schuldversprechens, dem Schenker eine Einrede, welche ihm einen über das gemeinrechtliche beneficium competentiae hinausgehenden Schutz bietet. Der Schenker kann die Erfüllung des Versprechens insoweit verweigern, als durch sie nach dem gegenwärtigen Stande seines Ver-

§. 520.

Verspricht der Schenker eine in wiederkehrenden Leistungen bestehende Unterstützung, so erlischt die Verbindlichkeit mit seinem Tode, sofern nicht aus dem Versprechen sich ein Anderes ergiebt.

§. 521.

Der Schenker hat nur Vorsatz und grobe Fahrlässigkeit zu vertreten.

---

mögens, wie er sich nach Abzug aller seiner sonstigen Verpflichtungen ergiebt, sein eigener standesmäßiger Unterhalt und die Erfüllung der ihm gesetzlich obliegenden Unterhaltspflichten gefährdet werden würde. Zur Begründung der Einrede ist nicht erforderlich, daß die Erfüllung des Versprechens den standesmäßigen Unterhalt schon gegenwärtig beeinträchtigen, sondern nur, daß sie denselben, etwa mit Rücksicht auf eine in Aussicht stehende Verminderung des Einkommens, gefährden würde (P. II S. 5826). Der Gefährdung des eigenen Unterhalts hat die Kommission des Reichstags die Gefährdung der Erfüllung der gesetzlichen Unterhaltspflichten gleichgestellt. Es sollte hierdurch verdeutlicht werden, daß die Verpflichtung aus einem schenkweise ertheilten Versprechen nicht zu den „sonstigen Verpflichtungen" des Unterhaltspflichtigen gehören, welche nach Maßgabe des § 1603 Abs. 1 die Unterhaltspflicht ausschließen. Der Zusatz bezweckte also eine Einschränkung des § 1603 Abs. 1. Seine unmittelbare Wirkung liegt aber in einer Erweiterung der Einrede des Schenkers. Diese ist nicht nur gegeben, wenn die Erfüllung des Schenkungsversprechens die Erfüllung der gesetzlichen Unterhaltspflichten beeinträchtigen würde — insoweit ergiebt sich die Zulässigkeit der Einrede schon aus den Worten „bei Berücksichtigung seiner sonstigen Verpflichtungen" —, sondern schon dann, wenn die Erfüllung der gesetzlichen Unterhaltspflichten nur gefährdet würde.

Ueber den Begriff des standesmäßigen Unterhalts vergl. § 1610 Abs. 1, über die gesetzlichen Unterhaltspflichten §§ 1345, 1351, 1360 f., 1578 ff., 1601 ff., 1700, 1703, 1708 ff., 1739, 1765 f.

2. Nach Abs. 2, welchem der § 2329 Abs. 3 entspricht, kann der Schenker dem früher entstandenen Anspruche die Einrede nur insoweit entgegensetzen, als sie nach seinem Vermögensstande ohne Berücksichtigung des später entstandenen Anspruchs begründet ist. Entstanden ist der Anspruch mit der Annahme des Versprechens. Der Vorrang des älteren Anspruchs wirkt nur, solange die Ansprüche mehrerer Beschenkten sich gegenüberstehen. Ist der jüngere Anspruch vor dem älteren befriedigt, so bestimmt sich die Zulässigkeit der Einrede gegenüber dem älteren Anspruche nach dem dadurch verminderten Vermögensstande des Schenkers. (A. A. Schollmeyer S. 30, welcher annimmt, daß der Schenker dem früher klagenden jüngeren Gläubiger die Einrede entgegensetzen müsse, widrigenfalls er sie dem älteren Gläubiger gegenüber insoweit verliere, als er sie dem jüngeren gegenüber versäumte. Eine Verpflichtung zur Geltendmachung der Einrede dürfte jedoch aus dem Gesetze nicht abzuleiten sein.)

Bei gleichzeitig entstandenen Ansprüchen hat, wie Schollmeyer a. a. O. mit Recht bemerkt, der Schenker die Wahl, inwieweit er sich der Einrede gegen den einen oder den anderen Anspruch oder gegen beide theilweise bedienen will.

3. Eine Begünstigung des Schenkers bezweckte auch der E. I § 446 durch die Auslegungsregel, daß das Schenkungsversprechen im Zweifel an dem Orte zu erfüllen sei, an dem der Schenker zur Erfüllungszeit seinen Wohnsitz hat (P. I S. 1823; M. II S. 298). Die zweite Kommission strich die Vorschrift, weil sie dieselbe in vielen Fällen (nach § 269) für selbstverständlich, in anderen, namentlich wenn die versprochene Sache sich nicht am Wohnsitze des Schenkers befindet, nicht für richtig hielt (P. II S. 1666 [Bd. II S. 30]).

§ 520.

E. I § 447; II § 467 rev. § 514; III § 515. P. I S. 1816; M. II S. 298, 299. P. II S. 1666 (Bd. II S. 30).

Die ergänzende Vorschrift des § 520 hat die Fälle im Auge, in denen der Schenker dem Beschenkten eine Rente oder andere wiederkehrende Bezüge zum Lebensunterhalte zusichert. Die Verpflichtung zur Gewährung der Unterstützung erlischt danach mit dem Tode des Schenkers nur für die Zukunft. Der Anspruch auf schon fällige Leistungen kann auch gegen die Erben des Schenkers geltend gemacht werden.

Der Anspruch auf die Unterstützung ist nach dem Sinne eines solchen Schenkungsversprechens unvererblich.

§ 521.

E. I § 442; II § 468 rev. § 515; III § 516. P. I S. 1808—1813; M. II S. 296. P. II S. 1647, 1648 (Bd. II S. 21).

Der Satz, daß der Schenker nur Vorsatz und grobe Fahrlässigkeit (Bd. I S. 37) zu vertreten hat, gilt vor Allem für die Haftung des Schenkers wegen Nichterfüllung der Verbind-

§. 522.

Zur Entrichtung von Verzugszinsen ist der Schenker nicht verpflichtet.

§. 523.

Verschweigt der Schenker arglistig einen Mangel im Rechte, so ist er verpflichtet, dem Beschenkten den daraus entstehenden Schaden zu ersetzen.

Hatte der Schenker die Leistung eines Gegenstandes versprochen, den er erst erwerben sollte, so kann der Beschenkte wegen eines Mangels im Rechte Schadensersatz wegen Nichterfüllung verlangen, wenn der Mangel dem Schenker bei dem Erwerbe der Sache bekannt gewesen oder in Folge grober Fahrlässigkeit unbekannt geblieben ist. Die für die Gewährleistungspflicht des Verkäufers geltenden Vorschriften des §. 433 Abs. 1, der §§ 434 bis 437, des §. 440 Abs. 2 bis 4 und der §§. 441 bis 444 finden entsprechende Anwendung.

---

lichkeit (vergl. § 276), aber auch für die Schadensersatzpflicht im Falle des Versprechens einer unmöglichen oder verbotenen Leistung gemäß §§ 307, 309 (P. II a. a. O.). Er gilt auch zu Gunsten der Erben des Schenkers.

§ 522.

E. I § 445; II § 769 rev. § 516; III § 517. P. I S. 1809—1812; M. II S. 297, 298. P. II S. 1664—1666 (Bd. II S. 29, 30).

Die Voraussetzungen, unter welchen der Schenker in Verzug kommt, bestimmen sich nach den allgemeinen Vorschriften (§§ 284, 285). Aus § 521 ergiebt sich jedoch, daß der Verzug auch ausgeschlossen ist, wenn in Folge einer nicht groben Fahrlässigkeit des Schenkers die rechtzeitige Leistung unterbleibt.

Auch in Betreff der Wirkungen des Verzugs gelten die allgemeinen Bestimmungen (§§ 286 ff.) mit der einzigen, im § 522 vorgesehenen Ausnahme: der Schenker kann nicht Verzugszinsen (§§ 288, 290) verlangen, muß vielmehr im einzelnen Falle einen ihm durch den Verzug verursachten Schaden nachweisen. Der § 522 kommt auch den Erben des Schenkers zu Statten.

Bezüglich der Verpflichtung zur Zahlung von Prozeßzinsen (§ 291) und der Folgen der Rechtshängigkeit in dem Falle, daß ein bestimmter Gegenstand zu leisten ist (§ 292), unterliegt der Schenker den allgemeinen Grundsätzen.

§ 523.

E. I § 443; II § 470 rev. § 517; III § 518. P. I S. 725—728, 1290—1294, 3248, 3249, 3252, 3253, 11724; M. II S. 443, 444. P. II S. 1658—1663, 6995, 8460, 8461 (Bd. II S. 25—28).

1. In Betreff der Haftung des Schenkers wegen Mangels im Rechte unterschied der E. I § 443 das auf einen nur der Gattung nach bestimmten Gegenstand gerichtete Schenkungsversprechen von allen anderen Schenkungen. Diese Unterscheidung hat die zweite Kommission aufgegeben (Jacubezky S. 110). Auf Grund ihrer Beschlüsse, auf denen der § 523 beruht, sind folgende Fälle zu unterscheiden:

a) Solche Schenkungsversprechen und unmittelbar vollzogene Schenkungen, deren Gegenstand zu dem vorhandenen Vermögensbestande des Schenkers gehörte. Trifft letztere Voraussetzung zu, so ist es gleichgültig, ob der Gegenstand des Versprechens nur der Gattung nach bestimmt war oder nicht. Bei den bezeichneten Schenkungen geht das Gesetz davon aus, daß der Schenker den Gegenstand nur so gewähren will und soll, wie er ihn hat. Zur Verschaffung eines Rechtes an dem Gegenstande, welches der Schenker selbst nicht hat, ist er demnach nicht verpflichtet, und er haftet also wegen Mangels im Rechte regelmäßig nicht. Falls er jedoch den Mangel bei der Schenkung kennt und arglistig (vergl. Erl. zu § 443) verschweigt, hat er dem Beschenkten den daraus entstehenden Schaden zu ersetzen (§ 523 Abs. 1). Die Ersatzpflicht beschränkt sich auf den Schaden, den der Beschenkte dadurch erleidet, daß er auf die Unentziehbarkeit des Gegenstandes gerechnet hat (das negative Interesse); der Beschenkte kann nicht Schadensersatz wegen Nichtverschaffung des Rechtes (das Erfüllungsinteresse) verlangen.

Die in den P. II S. 1660, 1661 (Bd. II S. 27) vertretene Ansicht, daß sich für die hier fraglichen Schenkungsfälle eine Haftung des Schenkers im Falle grobfahrlässiger Unkenntniß eines Mangels im Rechte aus § 307 ergeben könne, dürfte nicht zutreffen, da letztere Vorschrift sich nur auf Verträge über objektiv unmögliche Leistungen bezieht. (A. A. Meisner Anm. 3 zu § 523.)

§. 524.

Verschweigt der Schenker arglistig einen Fehler der verschenkten Sache, so ist er verpflichtet, dem Beschenkten den daraus entstehenden Schaden zu ersetzen.

Hatte der Schenker die Leistung einer nur der Gattung nach bestimmten Sache versprochen, die er erst erwerben sollte, so kann der Beschenkte, wenn die geleistete Sache fehlerhaft und der Mangel dem Schenker bei dem Erwerbe der Sache bekannt gewesen oder in Folge grober Fahrlässigkeit unbekannt geblieben ist, verlangen, daß ihm an Stelle der fehlerhaften Sache eine fehlerfreie geliefert wird. Hat der Schenker den Fehler arglistig verschwiegen, so kann der Beschenkte statt der Lieferung einer fehlerfreien Sache Schadensersatz wegen Nichterfüllung verlangen. Auf diese Ansprüche finden die für die Gewährleistung wegen Fehler einer verkauften Sache geltenden Vorschriften entsprechende Anwendung.

---

b) Schenkungsversprechen, deren Gegenstand der Schenker erst erwerben soll, ohne Unterschied, ob der Gegenstand nur der Gattung nach bestimmt ist oder nicht. Die Haftung des Schenkers wegen Rechtsmangels in solchem Falle wird im § 523 Abs. 2 geregelt.

Der Schenker haftet für einen Mangel im Rechte nur dann, wenn der Mangel ihm bei dem Erwerbe des Gegenstandes [im Gesetzestexte heißt es wohl durch ein Fassungsversehen „der Sache"] bekannt gewesen oder in Folge grober Fahrlässigkeit unbekannt geblieben ist (Satz 1). Der Vorschrift liegt der Gedanke zu Grunde, daß der Erwerb des versprochenen Gegenstandes zur Erfüllung des Versprechens gehört, der Schenker daher bei dem Erwerbe Vorsatz und grobe Fahrlässigkeit zu vertreten hat (§ 521). Unter der bezeichneten Voraussetzung haftet der Schenker, wenn er den Gegenstand dem Beschenkten übertragen hat, wegen solcher Rechtsmängel, die nach § 433 Abs. 1, §§ 434—437 der Verkäufer zu vertreten hat. Der Beschenkte kann Beseitigung des Rechtsmangels und statt dessen unter den allgemein maßgebenden Voraussetzungen (§§ 280, 283, § 286 Abs. 2) Schadensersatz wegen Nichterfüllung verlangen (vergl. P. II S. 6995), letzteres jedoch mit der im § 440 Abs. 2—4, § 441 vorgesehenen Einschränkung. Die Beweislast bestimmt sich nach § 442. Die Gewährleistungspflicht kann mit der aus § 443 folgenden Beschränkung vertragsmäßig anderweit geregelt werden. Der im Satz 2 endlich angeführte § 444 wird nicht nur unter der im Satz 1 bestimmten Voraussetzung, sondern auf Schenkungen allgemein entsprechende Anwendung zu finden haben.

Abgesehen von dem im Abs. 2 Satz 1 bezeichneten Falle verpflichtet auch ein Schenkungsversprechen, das auf Leistung eines vom Schenker erst zu erwerbenden Gegenstandes gerichtet ist, den Schenker nicht zur Gewährleistung wegen Mangels im Rechte.

2. Hat der Schenker durch Vertrag eine über das gesetzliche Maß hinausgehende Gewährleistungspflicht übernommen, so haftet er, unbeschadet des § 521, für die Erfüllung nach den allgemeinen Vorschriften über die Erfüllung einer Vertragspflicht.

3. Bezüglich der Schenkung unter einer Auflage vergl. auch § 526.

§ 524.

E. I § 444; II § 471 rev. § 518; III § 519. P. I S. 790—793, 804, 3253, 3558, 3561; M. II S. 297. P. II S. 1663, 1664, 8461 (Bd. II S. 28, 29).

1. Der § 524 regelt die gesetzliche Haftung des Schenkers wegen Fehler der geschenkten Sache. Welche Wirkung die Zusicherung einer Eigenschaft der Sache hat, bestimmt sich nach dem aus den Umständen zu ermittelnden Sinne der Zusicherung. Im § 524 ist deshalb nicht, wie Endemann § 165 Anm. 2 anzunehmen scheint, versehentlich, sondern absichtlich nur von einem „Fehler", nicht von einem „Mangel" der verschenkten Sache die Rede.

2. Soweit eine gesetzliche Haftung anerkannt wird, bezieht sie sich auf Fehler der im § 459 Abs. 1 bezeichneten Art.

Bezüglich der Haftung gilt, entsprechend dem § 523 Abs. 1, als Regel, daß der Schenker nur durch arglistiges Verschweigen eines ihm bekannten Fehlers zum Ersatze des aus dem Verschweigen entstehenden Schadens, also des negativen Interesses, verpflichtet wird (Abs. 1).

Eine weitergehende Haftung trifft den Schenker im Falle eines Schenkungsversprechens, welches auf Leistung einer nur der Gattung nach bestimmten Sache gerichtet ist, die der Schenker erst erwerben sollte, und zwar unter zwei Voraussetzungen:

§. 525.

Wer eine Schenkung unter einer Auflage macht, kann die Vollziehung der Auflage verlangen, wenn er seinerseits geleistet hat.

Liegt die Vollziehung der Auflage im öffentlichen Interesse, so kann nach dem Tode des Schenkers auch die zuständige Behörde die Vollziehung verlangen.

§. 526.

Soweit in Folge eines Mangels im Rechte oder eines Mangels der verschenkten Sache der Werth der Zuwendung die Höhe der zur Vollziehung der

---

a) Ist dem Schenker bei dem Erwerbe der Sache der Fehler bekannt gewesen oder in Folge grober Fahrlässigkeit unbekannt geblieben, so kann der Beschenkte Lieferung einer fehlerfreien Sache an Stelle der fehlerhaften verlangen (Abs. 2 Satz 1). Die Vorschrift beruht auf demselben Gedanken wie der § 523 Abs. 2 (vergl. Erl. 1 b zu § 523).

b) Hat der Schenker einen ihm schon bei dem Erwerbe der Sache bekannt gewesenen oder später bekannt gewordenen Fehler dem Beschenkten arglistig verschwiegen, so kann letzterer nach seiner Wahl Lieferung einer fehlerfreien Sache oder Schadensersatz wegen Nichterfüllung (im Gegensatze zu Abs. 1) verlangen. Die Bestimmung schließt sich dem § 480 Abs. 2 an.

Auf die Ansprüche des Beschenkten auf Lieferung einer fehlerfreien Sache und auf Schadensersatz finden die Vorschriften, welche für die gleichen Ansprüche des Käufers gelten, entsprechende Anwendung. Die entsprechend anwendbaren Vorschriften finden sich bezüglich des erstgenannten Anspruchs in § 480 Abs. 1 (Erl. 4 zu § 480) und § 491. Für den Anspruch auf Schadensersatz wegen arglistigen Verschweigens eines Fehlers gelten, abgesehen von seinem Verhältnisse zu dem Anspruch auf Lieferung einer fehlerfreien Sache, keine besonderen Vorschriften. Insbesondere unterliegt er der regelmäßigen Verjährung.

3. Bezüglich der Schenkung unter einer Auflage vergl. auch § 526.

§ 525.

E. I § 448 Abs. 1; II § 472 rev. § 519; III § 520. P. I S. 1823—1833, 3554, 3560; M. II S. 299—301. P. II S. 1666—1669, 8461 (Bd. II S. 30, 31).

1. Für die Schenkung unter einer Auflage gelten Besonderheiten nur, soweit solche in den §§ 525—527 bestimmt sind. Im Uebrigen finden die allgemeinen Vorschriften über die Schenkung Anwendung, insbesondere bezüglich des Zustandekommens der Schenkung (§ 516), der Form (§ 518) und des Widerrufs (§§ 530 ff.).

Der Begriff der Auflage (modus) ist als ein im bisherigen Rechte fest ausgeprägter hier nicht, wie bei der letztwilligen Auflage im § 1940, gesetzlich bestimmt (Dernburg I § 115; Regelsberger I § 170 I).

2. Aus § 525 Abs. 1 ergiebt sich einerseits, daß bei dem Schenkungsversprechen unter einer Auflage der Beschenkte vor der Vollziehung der Auflage Erfüllung verlangen kann. Andererseits kann nach der Erfüllung des Schenkungsversprechens sowie bei einer unmittelbar vollzogenen Schenkung der Schenker Vollziehung der Auflage verlangen. Ob die Auflage zu Gunsten des Beschenkten, des Schenkers oder eines Dritten gereicht, ist gleichgültig. Im ersteren Falle bleibt jedoch zu prüfen, ob eine verbindliche Auflage oder nur ein Rath bezw. die Angabe der Veranlassung der Schenkung vorliegt. (Für den gedachten Fall verneint einen Anspruch auf Vollziehung der Auflage ganz Endemann § 164 Anm. 44.) Bei der Auflage zu Gunsten eines Dritten ist daneben im Zweifel anzunehmen, daß dieser unmittelbar das Recht erwerben soll, die Leistung zu fordern (§ 330 Satz 2). Auch das Recht des Dritten ist aber von der Vorleistung des Schenkers abhängig. Das Recht des Schenkers, Vollziehung der Auflage zu verlangen, besteht regelmäßig neben dem des Dritten (vergl. § 335).

3. Der Abs. 2 setzt ein öffentliches Interesse an der Vollziehung der Auflage voraus. Trifft die Voraussetzung zu, worüber das Gericht entscheidet, so tritt nach dem Tode des Schenkers neben das Recht des Erben, die Vollziehung zu verlangen, das gleiche Recht der zuständigen Behörde. Die Zuständigkeit kann besonders bestimmt werden. Geschieht dies nicht, so ist diejenige Behörde zuständig, welcher nach der Behördenorganisation die Wahrnehmung des betreffenden öffentlichen Interesses obliegt. Es kann dies eine Reichs- oder eine Landesbehörde sein. (Vergl. § 2194 Satz 2.)

§ 526.

E. I § 448 Abs. 2; II § 473 rev. § 520; III § 521. P. I S. 1823—1833, 3554, 3560; M. II S. 301. P. II S. 1666—1669 (Bd. II S. 30, 31).

1. Der § 526 gewährt dem unter einer Auflage Beschenkten aus Billigkeitsrücksichten einen von den Voraussetzungen der §§ 523, 524 unabhängigen Schutz für den Fall, daß in Folge

Auflage erforderlichen Aufwendungen nicht erreicht, ist der Beschenkte berechtigt, die Vollziehung der Auflage zu verweigern, bis der durch den Mangel entstandene Fehlbetrag ausgeglichen wird. Vollzieht der Beschenkte die Auflage ohne Kenntniß des Mangels, so kann er von dem Schenker Ersatz der durch die Vollziehung verursachten Aufwendungen insoweit verlangen, als sie in Folge des Mangels den Werth der Zuwendung übersteigen.

§. 527.

Unterbleibt die Vollziehung der Auflage, so kann der Schenker die Herausgabe des Geschenkes unter den für das Rücktrittsrecht bei gegenseitigen Verträgen bestimmten Voraussetzungen nach den Vorschriften über die Herausgabe einer ungerechtfertigten Bereicherung insoweit fordern, als das Geschenk zur Vollziehung der Auflage hätte verwendet werden müssen.

Der Anspruch ist ausgeschlossen, wenn ein Dritter berechtigt ist, die Vollziehung der Auflage zu verlangen.

---

eines Mangels im Rechte des Schenkers oder in Folge eines Mangels der geschenkten Sache der Werth der Zuwendung die Höhe der zur Vollziehung der Auflage erforderlichen Aufwendungen nicht erreicht.

a) Vor der Vollziehung der Auflage hat der Beschenkte nach Satz 1 gegen den Anspruch des Schenkers auf Vollziehung eine aufschiebende Einrede, bis der durch den Mangel vorhandene Fehlbetrag vom Schenker ausgeglichen wird.

b) Hat der Beschenkte ohne Kenntniß des Mangels die Auflage vollzogen, so hat er nach Satz 2 gegen den Schenker einen Anspruch auf Ersatz der durch die Vollziehung verursachten, d. h. für dieselbe nothwendigen, Aufwendungen, soweit sie den durch den Mangel verminderten Werth der Zuwendung übersteigen. Ist der Beschenkte zur Vollziehung der Auflage eine Verbindlichkeit eingegangen, so kann er in Höhe des durch den Werth der Zuwendung nicht gedeckten Betrags gemäß § 257 vom Schenker Befreiung oder Sicherheitsleistung verlangen.

§ 527.

E. II § 474 rev. § 521; III § 522. P. II S. 1669—1672 (Bd. II S. 32, 3

1. Die Vorschrift beruht auf der Auffassung, daß bei der Schenkung unter einer Auflage regelmäßig die unentgeltliche Bereicherung des Beschenkten der Hauptzweck, die Vollziehung der Auflage nur Nebenzweck ist. Wenn daher die Vollziehung der Auflage unterbleibt, so kann nicht die ganze Schenkung wegen Nichteintritts des „mit der Leistung nach dem Inhalte des Rechtsgeschäfts bezweckten Erfolges" (§ 812 Abs. 1 Satz 2) zurückgefordert werden; die Rückforderung ist vielmehr der Regel nach nur unter den Voraussetzungen und in dem Umfange zulässig, welche der § 527 bestimmt.

2. Die Voraussetzungen des Anspruchs sind die gleichen wie für das Rücktrittsrecht bei gegenseitigen Verträgen. Der Anspruch ist also in folgenden Fällen begründet:

a) wenn die Vollziehung der Auflage in Folge eines vom Beschenkten zu vertretenden Umstandes ganz unmöglich wird und bei theilweiser Unmöglichkeit, wenn die theilweise Vollziehung für den Schenker kein Interesse hat (§ 325 Abs. 1); der Beschenkte hat nach allgemeinen Grundsätzen (§ 276 Abs. 1) jede Fahrlässigkeit zu vertreten;

b) wenn der Beschenkte auf die Klage des Schenkers (oder des Erben desselben) zur Vollziehung der Auflage rechtskräftig verurtheilt ist und bis zum Ablaufe der ihm bestimmten Frist die Auflage nicht oder nur theilweise vollzieht und im letzteren Falle der Schenker an der Vollziehung des rückständigen Theiles kein Interesse hat (§ 325 Abs. 2);

c) wenn der Beschenkte mit der Vollziehung der Auflage im Verzug ist und entweder

α) der Beschenkte bis zu dem Ablauf einer angemessenen Frist, die ihm der Schenker mit der Erklärung, daß er die spätere Vollziehung ablehne, bestimmt hat, die Auflage nicht oder nur theilweise vollzieht und im letzteren Falle die Vollziehung des rückständigen Theiles für den Schenker kein Interesse hat, oder

β) der Schenker nachweist, daß die verspätete Vollziehung der Auflage für ihn kein Interesse hat (§ 326).

§. 528.

Soweit der Schenker nach der Vollziehung der Schenkung außer Stande ist, seinen standesmäßigen Unterhalt zu bestreiten und die ihm seinen Verwandten, seinem Ehegatten oder seinem früheren Ehegatten gegenüber gesetzlich obliegende Unterhaltspflicht zu erfüllen, kann er von dem Beschenkten die Herausgabe des Geschenkes nach den Vorschriften über die Herausgabe einer ungerechtfertigten Bereicherung fordern. Der Beschenkte kann die Herausgabe durch Zahlung des für den Unterhalt erforderlichen Betrags abwenden. Auf die Verpflichtung des Beschenkten finden die Vorschriften des §. 760 sowie die für die Unterhaltspflicht der Verwandten geltende Vorschrift des §. 1613 und im Falle des Todes des Schenkers auch die Vorschriften des §. 1615 entsprechende Anwendung.

Unter mehreren Beschenkten haftet der früher Beschenkte nur insoweit, als der später Beschenkte nicht verpflichtet ist.

---

3. Auch unter den vorbezeichneten Voraussetzungen ist die Rückforderung nach § 527 Abs. 2 ausgeschlossen, wenn ein Dritter berechtigt ist, die Vollziehung der Auflage zu verlangen (§§ 328 ff.).

4. Gegenstand der Rückforderung ist das Geschenk nur insoweit, als es zur Vollziehung der Auflage hätte verwendet werden müssen. Der Anspruch bestimmt sich näher nach den Vorschriften des § 812 Abs. 1 Satz 2 und der §§ 815, 818, 820.

Ist die Auflage von der Art, daß es zu ihrer Vollziehung einer Vermögensaufwendung nicht bedarf, wie dies z. B. bei der Auflage einer Unterlassung zutreffen kann, so ist ein Rückforderungsrecht nach § 527 nicht begründet. Der letztere enthält jedoch, wie unter Nr. 1 bemerkt, nur eine dispositive Vorschrift über den regelmäßigen Inhalt der Schenkung unter einer Auflage. Er läßt daher im einzelnen Falle dem Nachweise Raum, daß gerade die Vollziehung der Auflage der mit der Schenkung bezweckte Erfolg war. Auf Grund dieses Nachweises kann die ganze Schenkung zurückgefordert werden (vergl. § 2195; ebenso Schollmeyer S. 33; a. A. Endemann § 164 Anm. 21, Meisner, Anm. zu § 527). Unter Umständen können in der schuldhaften Nichtvollziehung der Auflage auch die Voraussetzungen für den Widerruf wegen groben Undankes gegeben sein.

§ 528.

K.B. S. 1969.

1. Die §§ 528, 529 sind durch die Kommission des Reichstags aufgenommen worden. Der K.B. bemerkt nach Anführung des mit den Paragraphen wörtlich übereinstimmenden Antrags nur Folgendes: „Dieser Antrag, welcher sich im Grundgedanken an die §§ 1123 ff. Theil I 11 des preußischen Landrechts anlehnt, wurde nach kurzer Debatte mit großer Majorität angenommen und demgemäß die Bestimmung des § 524 (des E. III) auf die Rückforderung ausgedehnt, woraus sich auch die veränderte Stellung des letzteren Paragraphen nach § 527 ergiebt." Die angeführten Vorschriften des preußischen A.L.R. (vergl. Förster-Eccius, Bd. II § 122 unter VII, Dernburg, preuß. Privatrecht Bd. II § 164 unter 4) bieten in der That nur ihrem Grundgedanken nach einen Vorgang für die §§ 528, 529, gestalten den Gedanken aber so verschieden aus, daß sie für die Auslegung der Bestimmungen des B.G.B. keinen Anhalt gewähren. Das dem Schenker im § 528 beigelegte Recht ist nicht ein Widerrufsrecht, sondern ein eigenartiges Rückforderungsrecht nach den Vorschriften über Herausgabe einer ungerechtfertigten Bereicherung.

2. Voraussetzung der Rückforderung ist ein nach der Vollziehung der Schenkung eingetretenes Unvermögen des Schenkers zur Bestreitung seines standesmäßigen Unterhalts (vergl. § 1610 Abs. 1) und zur Erfüllung der Unterhaltspflichten, welche ihm seinen Verwandten und seinem Ehegatten oder seinem früheren Ehegatten gegenüber gesetzlich obliegen. Der Kreis der hier berücksichtigten Unterhaltspflichten ist also enger wie im § 519 (vergl. Erl. 1 a. E. zu § 519); ausgeschlossen ist die Unterhaltspflicht des unehelichen Vaters.

3. Soweit das Unvermögen des Schenkers zur Zeit der Erhebung des Anspruchs reicht, steht ihm der Anspruch auf Herausgabe des Geschenkes nach den Vorschriften über die Herausgabe einer ungerechtfertigten Bereicherung zu. In Betracht kommt lediglich der § 818. Der Schenker kann also Herausgabe des Geschenkes mit den im § 818 Abs. 1 bezeichneten Erweiterungen oder nach § 818 Abs. 2 Werthersatz verlangen, der Beschenkte dagegen den Anspruch insoweit abwehren, als er bei dem Eintritte der Rechshängigkeit des Anspruchs

§. 529.

Der Anspruch auf Herausgabe des Geschenkes ist ausgeschlossen, wenn der Schenker seine Bedürftigkeit vorsätzlich oder durch grobe Fahrlässigkeit herbeigeführt hat oder wenn zur Zeit des Eintritts seiner Bedürftigkeit seit der Leistung des geschenkten Gegenstandes zehn Jahre verstrichen sind.

Das Gleiche gilt, soweit der Beschenkte bei Berücksichtigung seiner sonstigen Verpflichtungen außer Stande ist, das Geschenk herauszugeben, ohne daß sein standesmäßiger Unterhalt oder die Erfüllung der ihm kraft Gesetzes obliegenden Unterhaltspflichten gefährdet wird.

---

nicht mehr bereichert ist, während er von dem genannten Zeitpunkt an nach den allgemeinen Vorschriften (§§ 291, 292) haftet (§ 818 Abs. 3, 4). Indessen bestimmt sich hiernach nur die Gesammthöhe der Haftung des Beschenkten. Der Schenker kann aber nicht in diesem vollen Umfange die sofortige Herausgabe des ganzen Geschenkes, sondern nur bis zum Betrage der Gesammthaftung des Beschenkten eine vierteljährlich im voraus zahlbare Geldrente verlangen (§ 528 Abs. 1 Satz 3 verb. mit §. 760).

Für die Vergangenheit kann der Schenker die Rente nur von der Zeit an fordern, zu welcher der Beschenkte in Verzug gekommen oder der Anspruch rechtshängig geworden ist (Abs. 1 Satz 3 verb. mit § 1613). Der Anspruch erlischt mit den im § 1615 Abs. 1 bezeichneten Einschränkungen mit dem Tode des Schenkers oder des Beschenkten. Im Falle des Todes des Schenkers hat der Beschenkte innerhalb der Grenzen seiner Haftung die Kosten der Beerdigung zu bezahlen, soweit ihre Bezahlung nicht von dem Erben zu erlangen ist (§ 1615 Abs. 2).

Der Beschenkte kann den Anspruch dadurch abwenden, daß er den für den Unterhalt des Schenkers und der anderen im Abs. 1 Satz 1 genannten Personen erforderlichen Betrag zahlt (Abs. 1 Satz 2).

Auf die Klage des Schenkers und das ergehende Urtheil finden die §§ 258, 323 der C.P.O. Anwendung.

4. Von mehreren nach einander Beschenkten kann der früher Beschenkte den Anspruch insoweit ablehnen, als er nachweist, daß der später Beschenkte dem Schenker hafte (§ 528 Abs. 2). Gleichzeitig Beschenkte kann der Schenker nach seinem Belieben in Anspruch nehmen.

§ 529.

R.B. S. 1969.

1. Ueber die Entstehung des § 529 vergl. Erl. 1 zu § 528.

2. Der § 529 giebt dem Beschenkten gegen den Anspruch aus § 528 dreierlei Einreden, deren Voraussetzungen der Beschenkte zu beweisen hat.

a) Die Einrede des eigenen Verschuldens des Schenkers. Es kommt hier nicht wie im Falle des § 1611 auf sittliches Verschulden an, sondern darauf, daß der Schenker seine Bedürftigkeit durch Vorsatz oder grobe Fahrlässigkeit herbeigeführt hat. Ueber die Begriffe des Vorsatzes und der groben Fahrlässigkeit vergl. Band I S. 37.

b) Die Einrede des Fristablaufs. Die Frist beginnt mit der Leistung, also der Vollziehung der Schenkung. Die zehn Jahre sind nach § 187 Abs. 1, § 188 Abs. 2 zu berechnen.

c) Die Einrede der eigenen Bedürftigkeit des Beschenkten. Die Voraussetzungen sind die gleichen wie im § 519 Abs. 1. Vergl. die Erl. 1 zu § 519.

§§ 530—534.

Die Paragraphen behandeln den Widerruf der Schenkung wegen groben Undankes. Der § 530 bestimmt den Grund des Widerrufs, der § 531 die Vollziehung und Wirkung, der § 532 den Ausschluß durch Verzeihung, Fristablauf und den Tod des Beschenkten, der § 533 den Verzicht auf das Widerrufsrecht. Der § 534 schließt für gewisse Schenkungen die Rückforderung und den Widerruf aus.

Andere Widerrufsgründe, welche das bisherige Recht kannte, sind durch das B.G.B. beseitigt, so der Widerruf wegen Uebermaßes und wegen nachgeborener Kinder.

§. 530.

Eine Schenkung kann widerrufen werden, wenn sich der Beschenkte durch eine schwere Verfehlung gegen den Schenker oder einen nahen Angehörigen des Schenkers groben Undankes schuldig macht.

Dem Erben des Schenkers steht das Recht des Widerrufs nur zu, wenn der Beschenkte vorsätzlich und widerrechtlich den Schenker getödtet oder am Widerrufe gehindert hat.

§. 531.

Der Widerruf erfolgt durch Erklärung gegenüber dem Beschenkten.

Ist die Schenkung widerrufen, so kann die Herausgabe des Geschenkes nach den Vorschriften über die Herausgabe einer ungerechtfertigten Bereicherung gefordert werden.

---

§ 530.

E. I §§ 449, 450; II § 475 rev. § 522; III § 523. P. I S. 1833—1836, 11795, 11796; M. II S. 302, 303. P. II S. 1676—1678, 1681—1684, 7703 (Bd. II S. 35—38).

1. Im Gegensatze zum E. I § 449, welcher das Widerrufsrecht an bestimmte Handlungen des Beschenkten knüpfte, regelt der § 530 Abs. 1 die Voraussetzung für das Widerrufsrecht des Schenkers allgemein. Zweierlei ist erforderlich:

a) daß der Beschenkte sich einer schweren Verfehlung gegen den Schenker oder einen nahen Angehörigen des Schenkers schuldig gemacht hat. Eine solche wird bei den im E. I erwähnten Handlungen, nämlich Lebensnachstellung, versuchte Freiheitsentziehung, vorsätzliche körperliche Mißhandlung, schwere Beleidigung und vorsätzliche Zufügung eines bedeutenden Vermögensverlustes, regelmäßig anzunehmen sein. Als weiteres Beispiel bezeichnen die P. II S. 1677 (Bd. II S. 36) die widerrechtliche Herbeiführung der Entmündigung. Eine Handlung, die nach §§ 227—230 oder § 904 nicht widerrechtlich ist, enthält keine schwere Verfehlung.

Für die Entscheidung, welche Personen als nahe Angehörige des Schenkers anzusehen sind, bietet der § 52 Abs. 2 des Str.G.B. einen Anhalt. Jedoch giebt im Einzelfalle nicht die Gradesnähe den Ausschlag, sondern das persönliche Verhältniß des betroffenen Angehörigen zu dem Schenker. Denn in jedem Falle ist zur Begründung des Widerrufsrechts weiter erforderlich,

b) daß die Verfehlung einen groben Undank des Beschenkten gegen den Schenker in sich schließt. Ueber beide Voraussetzungen entscheidet das richterliche Ermessen.

2. Das Widerrufsrecht ist ein höchst persönliches Recht des Schenkers und deshalb grundsätzlich unvererblich. Den Erben des Schenkers steht das Widerrufsrecht nur in den im § 530 Abs. 2 bestimmten Fällen zu (vergl. § 2339 Abs. 1 Nr. 1, 2). Die im Abs. 2 vorausgesetzte Widerrechtlichkeit der Handlung wird durch Nothwehr ausgeschlossen (§ 227). Hat der Schenker selbst bereits widerrufen, so geht sein dadurch begründeter Anspruch (§ 531 Abs. 2) auf den Erben über.

3. Auch belohnende Schenkungen unterliegen dem Widerrufe, soweit dieser nicht durch § 534 ausgeschlossen ist.

§ 531.

E. I §§ 449, 452; II § 477 rev. § 523; III § 524. P. I S. 1833—1837; M. II S. 303, 304, 305. P. II S. 1681, 1682, 1686—1689 (Bd. II S. 37, 40, 41).

1. Der Abs. 1 betrifft die Vollziehung des Widerrufs. Zu demselben ist weder Klage noch gerichtliche Erklärung erforderlich. Es genügt eine einseitige formlose dem Beschenkten gegenüber abzugebende Erklärung, die den allgemeinen Vorschriften über empfangsbedürftige Willenserklärungen unterliegt (vergl. namentlich §§ 130 ff., Bd. I S. 180).

2. Der begründete Widerruf entzieht der schenkweise erfolgten Zuwendung ihren Rechtsgrund. Hieraus folgt ohne Weiteres, daß der Schenker oder dessen Erbe die Herausgabe des Geschenkes nach den Vorschriften über die Herausgabe einer ungerechtfertigten Bereicherung verlangen kann. Nur der Deutlichkeit wegen wird dies im § 531 Abs. 2 noch besonders ausgesprochen. Die zur Anwendung kommenden Vorschriften finden sich in § 812 Abs. 1 Satz 2, § 818, § 819 Abs. 1, § 822.

§. 532.

Der Widerruf ist ausgeschlossen, wenn der Schenker dem Beschenkten verziehen hat oder wenn seit dem Zeitpunkt, in welchem der Widerrufsberechtigte von dem Eintritte der Voraussetzungen seines Rechtes Kenntniß erlangt hat, ein Jahr verstrichen ist. Nach dem Tode des Beschenkten ist der Widerruf nicht mehr zulässig.

§. 533.

Auf das Widerrufsrecht kann erst verzichtet werden, wenn der Undank dem Widerrufsberechtigten bekannt geworden ist.

§. 534.

Schenkungen, durch die einer sittlichen Pflicht oder einer auf den Anstand zu nehmenden Rücksicht entsprochen wird, unterliegen nicht der Rückforderung und dem Widerrufe.

---

§ 532.

E I § 451 Abs. 1; II § 478 rev. § 524; III § 525. P. I S. 1836—1838, 12133; M. II S. 303, 304. P. II S. 1684—1686 (Bd. II S. 39, 40).

1. Die im Satz 1 bezeichneten Gründe schließen nur den Widerruf wegen einer bestimmten Verfehlung aus, lassen aber die Möglichkeit des Widerrufs aus einem anderen Grunde offen. Im Falle des 2. Satzes ist dagegen der Widerruf schlechthin ausgeschlossen.

2. Der Ausschluß des Widerrufs durch Verzeihung entspricht den Vorschriften der §§ 1570, 2337, 2343. Die in den Mot. II S. 304 aufgeworfene Frage, ob der Verzeihung lediglich ein thatsächlicher Charakter beiwohne oder ob sie als Rechtshandlung aufzufassen sei, auf welche die Vorschriften über Rechtsgeschäfte, soweit sie passen, Anwendung finden, wird im ersteren Sinne zu entscheiden sein. Die Verzeihung ist ein ethischer, nicht ein rechtsgeschäftlicher Thatbestand. Als Rechtshandlung aufgefaßt könnte sie keinen anderen Inhalt haben als der Verzicht auf das Widerrufsrecht, während der § 533 den letzteren von der Verzeihung unterscheidet. Diese braucht daher namentlich nicht dem Beschenkten gegenüber erklärt zu werden.

3. Die einjährige Ausschlußfrist zur Ausübung des Widerrufsrechts (vergl. § 1571, § 1584 Abs. 2, § 2340 Abs. 3) beginnt für den Schenker selbst mit der Erlangung der Kenntniß von der Verfehlung des Beschenkten, für den Erben des Schenkers mit dem Zeitpunkt, in welchem er von der Vornahme einer der im § 530 Abs. 2 bezeichneten Handlungen seitens des Beschenkten und von dem Eintritte der Voraussetzungen seiner Erbfolge Kenntniß erlangt hat. Die Frist wird nach § 187 Abs. 1, § 188 Abs. 2 berechnet.

4. Nach dem Tode des Beschenkten ist der Widerruf sowohl wegen eines Undankes des Beschenkten als auch wegen eines solchen seines Erben unzulässig. Ein nach § 531 Abs. 2 gegenüber dem Beschenkten bereits entstandener Anspruch kann selbstverständlich auch gegen den Erben des Beschenkten geltend gemacht werden.

§ 533.

E. I § 451 Abs. 2; II § 479 rev. § 526; III § 527. P. I S. 1836—1838, 12133; M. II S. 304. P. II S. 1684, 1685 (Bd. II S. 39).

Ob der Verzicht auf das Widerrufsrecht durch einseitige Willenserklärung gegenüber dem Beschenkten erfolgen kann oder ob ein Vertrag erfordert wird, entscheidet das Gesetz nicht. Für die Entscheidung dieser Frage kommen im Wesentlichen dieselben Gesichtspunkte in Betracht wie für die Frage, ob ein einseitiger Verzicht auf eine Einrede zulässig ist (s. Erl. 4 zu § 305). In dem einseitigen Verzichte wird übrigens häufig eine Verzeihung (§ 532) zu finden sein. Zur Aufhebung des durch den vollzogenen Widerruf begründeten Forderungsrechts bedarf es jedenfalls eines Erlaßvertrags (§ 397 Abs. 1).

Die Vorschrift des § 533 beruht auf einem ähnlichen Gedanken wie der § 276 Abs. 2.

§ 534.

E. II § 476 rev. § 523; III § 524. P. II S. 1678, 1679 (Bd. II S. 36, 37). R.B. S. 1969.

1. Der E. II und der E. III enthielten die Vorschrift des § 534 nur in Bezug auf den Widerruf. Die Ausdehnung auf die Rückforderung wurde erst von der Kommission des Reichs-

Dritter Titel.
Miethe. Pacht.
I. Miethe.

§. 535.

Durch den Miethvertrag wird der Vermiether verpflichtet, dem Miether den Gebrauch der vermietheten Sache während der Miethzeit zu gewähren. Der Miether ist verpflichtet, dem Vermiether den vereinbarten Miethzins zu entrichten.

---

tags in Folge der Aufnahme der §§ 528, 529 beschlossen (vergl. Erl. 1 zu § 528). Unter der „Rückforderung" ist also im § 534 die Rückforderung auf Grund des § 528 zu verstehen. Eine Rückforderung aus anderem Grunde (§ 527) kommt übrigens nach der Natur der hierfraglichen Schenkungen nicht in Betracht.

2. Wegen der belohnenden Schenkungen vergl. Erl. 3 zu § 530.

3. Sonstige Sondervorschriften für die in § 534 bezeichneten Schenkungen s. in der Vorbem. 4 zu diesem Titel.

Dritter Titel.

1. Miethe und Pacht weisen in ihrer wirthschaftlichen und rechtlichen Natur neben weitgehender Uebereinstimmung wesentliche Verschiedenheiten auf. Abgesehen davon, daß Gegenstand der Miethe nur Sachen, Gegenstand der Pacht auch Rechte sein können, ist der Miether lediglich zum Gebrauche der gemietheten Sache berechtigt, der Pächter dagegen außer zum Gebrauche des gepachteten Gegenstandes auch zum Genusse der Früchte, soweit sie nach den Regeln einer ordnungsmäßigen Wirthschaft als Ertrag anzusehen sind (vergl. § 535 Abs. 1, § 581 Abs. 1). Hiernach werden für die Pacht zu den ihr mit der Miethe gemeinsamen Vorschriften eine Reihe theils abändernder, theils zusätzlicher Bestimmungen nothwendig. Der vorliegende Titel regelt daher zunächst die Miethe vollständig (§§ 535—580) und läßt sodann für die Pacht nach einer allgemeinen Verweisung auf die Vorschriften über die Miethe (§ 581 Abs. 2) die erforderlichen Sonderbestimmungen folgen (§§ 582—597).

2. Miethe und Pacht sind nach dem B.G.B. bloße Schuldverhältnisse. Das Recht des Miethers oder Pächters wird weder durch Einräumung des Besitzes noch durch Eintragung in das Grundbuch dinglich; der Eintragung ist es nicht fähig (Erl. 4 zu §§ 571—579). Der im Besitze befindliche Miether oder Pächter eines Grundstücks wird jedoch gegenüber einem dritten Erwerber des Grundstücks geschützt (vergl. Erl. zu §§ 571—579 und Erl. 1 zu § 571).

3. Miether und Pächter genießen Besitzschutz (§§ 854, 858 ff.), und zwar auch gegen den Vermiether und den Verpächter. Diese sind andererseits selbst nach § 868 mittelbare Besitzer und können als solche nach Maßgabe des § 869 Dritten gegenüber die Ansprüche aus dem Besitze geltend machen.

4. Uebergangsvorschriften finden sich im E.G. Art. 171, 172, 179, 188 Abs. 2.

5. Den Inhalt des vorliegenden Titels hat für den praktischen Gebrauch besonders bearbeitet Arnold Fränkel, das Mieth- und Pachtrecht nach dem B.G.B.

§§ 535—580.

Der § 535 bestimmt die hauptsächlichen gegenseitigen Verpflichtungen des Vermiethers und des Miethers. Sodann werden im Einzelnen die Verpflichtung des Vermiethers zur Gewährung des vertragsmäßigen Gebrauchs (§§ 536—543), das besondere Kündigungsrecht des Miethers einer ungesunden Wohnung (§ 544), die allgemeine Verpflichtung des Miethers zur Anzeige von Mängeln (§ 545) sowie die Verpflichtung des Vermiethers zur Tragung der Lasten (§ 546) und zum Ersatze von Verwendungen (§ 547) geregelt. Das Gebrauchsrecht des Miethers wird näher bestimmt in Bezug auf die durch den Gebrauch herbeigeführten Veränderungen und Verschlechterungen (§ 548) und die Ueberlassung des Gebrauchs an Dritte, insbesondere an Untermiether (§ 549); anschließend ist das Recht des Vermiethers anerkannt, auf Unterlassung vertragswidrigen Gebrauchs zu klagen (§ 550). Es folgen Vorschriften über die Verpflichtung des Miethers zur Entrichtung des Miethzinses (§§ 551, 552)

§. 536.

Der Vermiether hat die vermiethete Sache dem Miether in einem zu dem vertragsmäßigen Gebrauche geeigneten Zustande zu überlassen und sie während der Miethzeit in diesem Zustande zu erhalten.

---

das Kündigungsrecht des Vermiethers wegen vertragswidrigen Gebrauchs oder Gefährdung der Sache und wegen Nichtentrichtung des Miethzinses (§§ 553—555), die Rückgabepflicht des Miethers (§§ 556, 557), die Verjährung der beiderseitigen Ersatzansprüche (§ 558) und das Pfandrecht des Vermiethers eines Grundstücks (§§ 559—563). Weiter wird die Endigung des Miethverhältnisses durch Ablauf der Miethzeit und Kündigung (§§ 564—567), die stillschweigende Verlängerung (§ 568) sowie das Kündigungsrecht wegen Todes und wegen Versetzung des Miethers (§§ 569, 570) geordnet. Endlich werden die Rechtsverhältnisse, die sich im Falle der Veräußerung oder Belastung eines vermietheten Grundstücks ergeben, geregelt (§§ 571—579) und die auf die Miethe von Grundstücken bezüglichen Vorschriften auf die Miethe von Wohnräumen und anderen Räumen ausgedehnt (§ 580).

§ 535.

E. I § 503; II § 480 Abs. 1 rev. § 527; III § 528. P. I S. 2021—2025, 2029, 2030, 2045, 2046; M. II S. 369—372. P. II S. 1859, 1860 (Bd. II S. 130).

1. Zum gesetzlichen Begriffe des Miethvertrags gehört, daß sich der eine Theil zur Gewährung des Gebrauchs einer Sache, d. h. nach § 90 eines körperlichen Gegenstandes, der andere zur Entrichtung des vereinbarten Miethzinses verpflichtet. Ein auf die entgeltliche Gewährung des Gebrauchs eines Rechtes gerichteter Vertrag ist also nicht ein Miethvertrag im Sinne des Gesetzes. Nach den M. II S. 369 ist ein solcher Vertrag als Pachtvertrag zu behandeln. Indessen können die Vorschriften über den letzteren nur insoweit Anwendung finden, als sie nicht das Recht des Pächters zum Genusse der Früchte betreffen oder voraussetzen. Um den Gebrauch der Sache, nicht eines Rechtes handelt es sich übrigens bei dem Vertrage, durch den der Nießbraucher oder der Miether die Ausübung seines Rechtes zum Gebrauch einem Anderen überläßt, also um einen Miethvertrag (vgl. §§ 1056, 549). Das Gleiche gilt von der entgeltlichen Ueberlassung der Ausübung eines Wohnungsrechts im Sinne des § 1093 (a. A. Schollmeyer S. 35).

Auch die eigene Sache des Miethers kann Gegenstand der Miethe sein. Vergl. hierüber M. II S. 371, 372.

Der Miethzins kann nicht nur in Geld, sondern in Gegenleistungen jeder Art bestehen, z. B. auch in Diensten. Ist die als Miethzins vereinbarte Leistung so beschaffen, daß ihre entgeltliche Uebernahme zugleich unter dem Begriff eines anderen Vertrags, z. B. des Werkvertrags, fällt, so werden gegebenenfalls auch die für diesen Vertrag geltenden Vorschriften Anwendung zu finden haben (M. II S. 372).

2. Die Verpflichtung des Vermiethers, dem Miether den Gebrauch, d. h. den vertragsmäßigen Gebrauch (§ 536), der vermietheten Sache zu gewähren, schließt die Verpflichtung in sich, das zur Verschaffung des Gebrauchs Erforderliche zu thun, insbesondere regelmäßig die Sache dem Miether zu übergeben. Sie besteht aber nicht nur in einer einmaligen Leistung, sondern dauert während der ganzen Miethzeit fort. Der Vermiether darf demgemäß den Miether in dem vertragsmäßigen Gebrauche nicht stören, namentlich auch nicht durch Vornahme von Aenderungen an der Sache. Er hat in Ermangelung einer abweichenden Vereinbarung vorzuleisten (vergl. §§ 551 und 321, § 322 Abs. 2).

3. Einer bestimmten Form bedarf der Miethvertrag zu seiner Gültigkeit nicht. Für Miethverträge über Grundstücke vergl. aber den § 566.

4. Inwieweit der Vormund eines Minderjährigen oder eines Volljährigen zum Abschluß eines Miethvertrags der Genehmigung des Vormundschaftsgerichts bedarf, ist im § 1822 Nr. 5 und im § 1902 Abs. 2 bestimmt (s. auch § 1643).

§ 536.

E. I § 504; II § 481 rev. § 528; III § 529. P. I S. 2025, 2026, 2048, 2081, 2082; M. II S. 372, 373. P. II S. 1859, 1860 (Bd. II S. 130).

Der § 536 enthält eine Folgerung aus § 535 Satz 1. Er soll gegenüber den folgenden Vorschriften außer Zweifel stellen, daß der Miether wegen Nichterfüllung der Verpflichtung des

§. 537.

Ist die vermiethete Sache zur Zeit der Ueberlassung an den Miether mit einem Fehler behaftet, der ihre Tauglichkeit zu dem vertragsmäßigen Gebrauch aufhebt oder mindert, oder entsteht im Laufe der Miethe ein solcher Fehler, so ist der Miether für die Zeit, während deren die Tauglichkeit aufgehoben ist, von der Entrichtung des Miethzinses befreit, für die Zeit, während deren die Tauglichkeit gemindert ist, nur zur Entrichtung eines nach den §§. 472, 473 zu bemessenden Theiles des Miethzinses verpflichtet.

Das Gleiche gilt, wenn eine zugesicherte Eigenschaft fehlt oder später wegfällt. Bei der Vermiethung eines Grundstücks steht die Zusicherung einer bestimmten Größe der Zusicherung einer Eigenschaft gleich.

Vermiethers nicht nur die in den §§ 537, 538, 541, 542 bestimmten Rechte, sondern vor Allem auch den Anspruch auf Erfüllung hat.

Der Vermiether hat, um die Sache während der Miethzeit in dem zum vertragsmäßigen Gebrauche geeigneten Zustande zu erhalten, alle zu diesem Zwecke nothwendigen Ausbesserungen auf seine Kosten zu übernehmen (vergl. § 582), vorbehaltlich abweichender Vereinbarung. Geht die vermiethete Sache durch Zufall ganz unter, so wird der Vermiether nach § 275 Abs. 1 von seiner Vertragspflicht frei. Ob der Vermiether, wenn die Sache durch Zufall nur theilweise zerstört ist, in Ansehung des zerstörten Theiles von seiner Verpflichtung befreit wird oder auf Grund seiner dauernden Verpflichtung zur Gewährung des Gebrauchs den zerstörten Theil wiederherstellen muß, ist eine Frage, die sich nur unter Berücksichtigung der Umstände des einzelnen Falles entscheiden läßt. Sie wird in dem letzteren Sinne zu beantworten sein, wenn die Herstellung innerhalb der Miethzeit möglich und die wiederhergestellte Sache wirthschaftlich als dieselbe Sache zu betrachten ist wie die vermiethete Sache vor ihrer theilweisen Zerstörung. (Vergl. Endemann § 168, 1 und § 170 Anm. 10.)

§§ 537—543.

In Ermangelung besonderer Vorschriften würden sich die Rechte des Miethers wegen Nichterfüllung der dem Vermiether nach § 535 Satz 1, § 536 obliegenden Verpflichtung ausschließlich nach den allgemeinen Grundsätzen der §§ 323—327 bestimmen. Die §§ 537—543 regeln jedoch die Befugnisse des Miethers wegen Mängel der Sache und wegen Mangels im Rechte des Vermiethers selbständig und theilweise abweichend von den allgemeinen Grundsätzen, und zwar beziehen sich auf Sachmängel die §§ 537—540, 542, auf Rechtsmängel die §§ 541—543. In den ersteren Vorschriften wird, ebenso wie bei der Gewährleistungspflicht des Verkäufers, neben der allgemeinen Haftung aus dem Vertrage die besondere Haftung auf Grund der Zusicherung einer Eigenschaft der Sache geordnet.

§ 537.

E. I § 505; II § 482 rev. § 529; III § 530. P. I S. 2028, 2029, 2031—2043, 6192, 6193; M. II S. 373—376. P. II S. 1860—1863 (Bd. II S. 131, 132).

1. Voraussetzung des Abs. 1 ist lediglich, daß die vermiethete Sache während der Miethzeit oder eines Theiles derselben mit einem Fehler behaftet ist, der ihre Tauglichkeit zu dem vertragsmäßigen Gebrauch aufhebt oder mindert. Für welchen Gebrauch die Sache tauglich sein muß, ist allein nach dem Vertrage zu bestimmen. Der gewöhnliche Gebrauch kommt — anders wie nach § 459 Abs. 1 — hier nicht in Betracht; jedoch wird sich unter Umständen aus dem gewöhnlichen Gebrauche ein Schluß darauf rechtfertigen lassen, was als vertragsmäßiger Gebrauch anzusehen ist. Nicht erforderlich ist, daß der Fehler die Tauglichkeit erheblich mindert (vergl. dagegen § 542 Abs. 2); ebensowenig wird Verschulden des Vermiethers vorausgesetzt.

2. Der fehlerhafte Zustand der Sache hebt, entsprechend dem § 323 Abs. 1, für die Zeit, während deren er besteht, unmittelbar kraft des Gesetzes die Verpflichtung des Miethers zur Entrichtung des Miethzinses ganz oder theilweise auf; der Miether hat nicht, wie der Käufer, nur einen Anspruch auf Minderung. Auch der vertragsmäßig zur Vorleistung verpflichtete Miether wird von seiner Verpflichtung befreit, insoweit der Fehler zur Zeit der Fälligkeit des Miethzinses besteht. Er kann andererseits den im voraus entrichteten Miethzins nach den Vorschriften über die Herausgabe einer ungerechtfertigten Bereicherung zurückfordern (§ 323 Abs. 3, §§ 812 ff.).

§. 538.

Ist ein Mangel der im §. 537 bezeichneten Art bei dem Abschlusse des Vertrags vorhanden oder entsteht ein solcher Mangel später in Folge eines Umstandes, den der Vermiether zu vertreten hat, oder kommt der Vermiether mit der Beseitigung eines Mangels in Verzug, so kann der Miether, statt die im §. 537 bestimmten Rechte geltend zu machen, Schadensersatz wegen Nichterfüllung verlangen.

Im Falle des Verzugs des Vermiethers kann der Miether den Mangel selbst beseitigen und Ersatz der erforderlichen Aufwendungen verlangen.

---

3. Der Theil des Miethzinses, auf welchen sich bei geminderter Tauglichkeit der Sache die Verpflichtung des Miethers beschränkt, bestimmt sich, wenn die Miethzinsbeträge, die zur Zeit des Vertragschlusses für die Sache einerseits unter der Voraussetzung der Fehlerfreiheit, andererseits mit Berücksichtigung des vorhandenen Fehlers angemessen gewesen wären, mit w^1 und w^2, der auf die Dauer des fehlerhaften Zustandes entfallende vertragsmäßige Zins mit z bezeichnet wird, nach der Gleichung: $x = \frac{w^2 . z}{w^1}$. Ist z. B. $w^1 = 1000$, $w^2 = 600$, $z = 200$, so ist $x = \frac{600 . 200}{1000} = 120$. Sind von mehreren zu einem Gesammtzinse vermietheten Sachen nur einzelne fehlerhaft oder sind neben dem in Geld festgesetzten Miethzins andere Leistungen bedungen, so ist die Herabsetzung des Miethzinses nach Maßgabe des § 472 Abs. 2 und des § 473 durchzuführen (vergl. die Erläuterungen dazu).

4. Die gleichen Rechtsfolgen wie an das Vorhandensein eines Fehlers der in Abs. 1 bezeichneten Art knüpft der Abs. 2 an das Fehlen einer zugesicherten Eigenschaft ohne Rücksicht darauf, ob letzterer den sonst im Vertrage bestimmten Gebrauch an sich beeinträchtigt. Im Falle der Zusicherung einer Eigenschaft ist der durch diese Eigenschaft bedingte Gebrauch als der vertragsmäßige anzusehen (P. II S. 1862 [Bd. II S. 132]). Durch das Fehlen der Eigenschaft wird jedoch nach der Auffassung des Gesetzes die Tauglichkeit der Sache zu diesem Gebrauche nicht in allen Fällen ganz aufgehoben, sondern unter Umständen nur beeinträchtigt. Ob das eine oder das andere zutrifft, wird nach der Erheblichkeit der Eigenschaft vom Standpunkte der Betheiligten zu bestimmen sein. Nur bei völliger Aufhebung der Tauglichkeit wird der Miether ganz, andernfalls nur theilweise befreit.

Der Miether hat übrigens auf Grund der Zusicherung einer Eigenschaft auch nach allgemeinen Grundsätzen den Anspruch auf Erfüllung, also Herstellung der Eigenschaft.

5. Die Vorschrift des Abs. 2 Satz 2 entspricht dem § 468 Satz 1.

6. Der Miether erlangt die im § 537 bestimmten Rechte unter den im § 539 geregelten Voraussetzungen nicht und verliert sie nach Maßgabe des § 545 Abs. 2 durch Verletzung der ihm obliegenden Anzeigepflicht.

§ 538.

E. I § 506, § 514 Abs. 3; II § 483 rev. § 530; III § 531. P. I S. 2031—2043, 2084 bis 2086, 6192, 6193; M. II S. 276, 277, 395. P. II S. 1863, 1942, 1943, 8467, 8468 (Bd. II S. 132, 174—176).

1. Der Miether hat nach Abs. 1 wegen eines Mangels der im § 537 bezeichneten Art, d. h. wegen eines die Tauglichkeit der Sache zu dem vertragsmäßigen Gebrauch aufhebenden oder mindernden Fehlers und wegen Fehlens einer zugesicherten Eigenschaft, wahlweise neben den in § 537 bestimmten Rechten in drei Fällen Anspruch auf Schadensersatz wegen Nichterfüllung:

a) Wenn der Mangel bei dem Abschlusse des Vertrags vorhanden ist. Diese über die allgemeinen Grundsätze zum Theil hinausgehende Haftung beruht auf der Auffassung, daß der Vermiether nicht nur durch die Zusicherung einer Eigenschaft für deren Vorhandensein, sondern durch den Miethvertrag als solchen für die Gebrauchsfähigkeit der Sache zur Zeit des Vertragschlusses die Garantie übernimmt.

b) Wenn der Mangel später in Folge eines vom Vermiether zu vertretenden Umstandes (§§ 276, 278) entsteht. Dies entspricht der allgemeinen Vorschrift des § 325 Abs. 1.

c) Wenn der Vermiether mit der Beseitigung eines Mangels gemäß den §§ 284, 285 in Verzug kommt (vergl. § 326).

2. Für den zu 1 c bezeichneten Fall des Verzugs spricht der Abs. 2 zur Vermeidung von Zweifeln dem Miether ausdrücklich das Recht zu, den Mangel selbst zu beseitigen und,

§. 539.

Kennt der Miether bei dem Abschlusse des Vertrags den Mangel der gemietheten Sache, so stehen ihm die in den §§. 537, 538 bestimmten Rechte nicht zu. Ist dem Miether ein Mangel der im §. 537 Abs. 1 bezeichneten Art in Folge grober Fahrlässigkeit unbekannt geblieben oder nimmt er eine mangelhafte Sache an, obschon er den Mangel kennt, so kann er diese Rechte nur unter den Voraussetzungen geltend machen, unter welchen dem Käufer einer mangelhaften Sache nach den §§. 460, 464 Gewähr zu leisten ist.

§. 540.

Eine Vereinbarung, durch welche die Verpflichtung des Vermiethers zur Vertretung von Mängeln der vermietheten Sache erlassen oder beschränkt wird, ist nichtig, wenn der Vermiether den Mangel arglistig verschweigt.

§. 541.

Wird durch das Recht eines Dritten dem Miether der vertragsmäßige Gebrauch der gemietheten Sache ganz oder zum Theil entzogen, so finden die Vorschriften der §§. 537, 538, des §. 539 Satz 1 und des §. 540 entsprechende Anwendung.

---

unbeschadet eines weitergehenden Schadensersatzanspruchs, Ersatz der erforderlichen Aufwendungen zu verlangen. Der zu ersetzende Betrag ist nach § 256 Satz 1 zu verzinsen. Auf eine vom Miether eingegangene Verbindlichkeit findet der § 257 Anwendung.

3. Der Anspruch auf Schadensersatz kann nach § 539 oder nach § 545 Abs. 2 ausgeschlossen sein.

§ 539.

E. I § 507; II § 484 rev. § 531; III § 532. P. I S. 2031—2043, 6192, 6193; M. II S. 377. P. II S. 1863, 1864 (Bd. II S. 132, 133).

1. Wegen eines Fehlers der im § 537 Abs. 1 bezeichneten Art stehen dem Miether die in den §§ 537, 538 bestimmten Rechte nicht zu, wenn der Fehler ihm bei dem Abschlusse des Vertrags bekannt oder nur in Folge grober Fahrlässigkeit unbekannt ist, es sei denn, daß im letzteren Falle der Vermiether den Fehler arglistig verschwiegen hat. Wegen des Fehlens einer zugesicherten Eigenschaft oder, was auch hier gleichsteht, wegen Vorhandenseins eines Fehlers, dessen Abwesenheit zugesichert worden ist, hat der Miether jene Rechte nur dann nicht, wenn er den Mangel bei dem Vertragschlusse kennt. Dies stimmt mit § 460 überein (vergl. die Erl. dazu). Auch hier schließt die Kenntniß des Mangels, wie zwar nicht besonders bestimmt, aber als selbstverständlich vorausgesetzt ist, die fraglichen Rechte des Miethers nicht aus, wenn ausdrücklich oder stillschweigend vereinbart ist, daß der Vermiether für die Beseitigung des Mangels einzustehen habe.

2. Nimmt der Miether die mit einem Fehler behaftete oder einer zugesicherten Eigenschaft entbehrende Sache mit Kenntniß des Mangels an, so stehen ihm die in §§ 537, 538 bestimmten Rechte nicht zu, es sei denn, daß er sie sich bei der Annahme vorbehält (vergl. § 464 und die Erl. dazu).

§ 540.

E. I § 507; II § 485 rev. § 532; III § 533. P. I S. 2031—2043, 6192, 6193; M. II S. 378. P. II S. 1863, 1864 (Bd. II S. 132, 133). St.B. S. 2779.

Die Vorschrift entspricht den §§ 443, 476 (vergl. Erl. zu § 443).

Auch die Haftung des Vermiethers wegen Mängel der Sache unterliegt, abgesehen von der Beschränkung des § 540, der freien Vereinbarung. Sie kann erweitert, beschränkt und erlassen werden (vergl. aber § 544).

§ 541.

E. I § 508; II § 486 rev. § 533; III § 534. P. I S. 2045—2051, 11791—11793; M. II S. 378—380. P. II S. 1865 (Bd. II S. 133).

1. Die Verpflichtung des Vermiethers zur Gewährung des vertragsmäßigen Gebrauchs (§ 535 Satz 1) ist auch insoweit nicht erfüllt, als dieser Gebrauch dem Miether durch das

§. 542.

Wird dem Miether der vertragsmäßige Gebrauch der gemietheten Sache ganz oder zum Theil nicht rechtzeitig gewährt oder wiederentzogen, so kann der Miether ohne Einhaltung einer Kündigungsfrist das Miethverhältniß kündigen. Die Kündigung ist erst zulässig, wenn der Vermiether eine ihm von dem Miether bestimmte angemessene Frist hat verstreichen lassen, ohne Abhülfe zu schaffen. Der Bestimmung einer Frist bedarf es nicht, wenn die Erfüllung des Vertrags in Folge des die Kündigung rechtfertigenden Umstandes für den Miether kein Interesse hat.

Wegen einer unerheblichen Hinderung oder Vorenthaltung des Gebrauchs ist die Kündigung nur zulässig, wenn sie durch ein besonderes Interesse des Miethers gerechtfertigt wird.

Bestreitet der Vermiether die Zulässigkeit der erfolgten Kündigung, weil er den Gebrauch der Sache rechtzeitig gewährt oder vor dem Ablaufe der Frist die Abhülfe bewirkt habe, so trifft ihn die Beweislast.

Recht eines Dritten thatsächlich entzogen ist. Es entspricht daher den allgemeinen Grundsätzen der §§ 323, 325, 326, wenn dem Miether wegen einer solchen Entziehung des Gebrauchs die in den §§ 537, 538 bestimmten Rechte beigelegt werden. Der Miether wird also gemäß § 537 Abs. 1 von der Entrichtung des Miethzinses ganz oder theilweise befreit und kann, statt diese Befreiung geltend zu machen, Schadensersatz wegen Nichterfüllung verlangen, wenn bezüglich des Rechtsmangels die im § 538 Abs. 1 bezeichneten Voraussetzungen vorliegen. Eine entsprechende Anwendung des § 538 Abs. 2 wird bei einem Mangel im Rechte nur ausnahmsweise in Frage kommen können.

Nur die wirkliche Kenntniß von dem Rechte des Dritten bei dem Vertragschluß entzieht dem Miether die vorbezeichneten Befugnisse, nicht auch grobfahrlässige Unkenntniß (§ 539 Satz 1). Die Frage, ob vorbehaltlose Annahme der Sache seitens des Miethers mit Kenntniß des Rechtes des Dritten die Haftung des Vermiethers ausschließt, ist, im Gegensatze zu E. I § 508, im Gesetze offen gelassen, um die Entscheidung der Würdigung des einzelnen Falles vorzubehalten.

Auch bezüglich der Haftung des Vermiethers wegen Rechtsmängel ist der Vertragsfreiheit nur die in § 540 bestimmte Schranke gezogen.

2. Die Vorschriften des § 541 sind für das Verhältniß zwischen dem Vermiether und dem Miether auch in dem Falle maßgebend, wenn das zeitlich beschränkte Recht des Vermiethers (Nießbrauch, Miethrecht) während der Miethzeit erlischt und der nunmehr Berechtigte dem Miether den Gebrauch der Sache entzieht (M. II S. 380). Die zeitliche Beschränkung des Rechtes des Vermiethers ist, sofern sie bereits bei dem Abschlusse des Miethvertrags bestand, als ein schon zu dieser Zeit vorhandener Mangel (§ 538) anzusehen; dem Miether stehen daher, wenn ihm in Folge des Erlöschens des Rechtes des Vermiethers der Gebrauch der Sache entzogen wird, sowohl die im § 537 als die im § 538 bestimmten Rechte zu, sofern er nicht bei dem Abschlusse des Vertrags die zeitliche Beschränkung des Rechtes des Vermiethers kannte.

§ 542.

E. I § 529; II § 487 Abs. 1, 2 rev. § 534; III § 535. P. I S. 2027, 2028, 2038, 2039, 2049, 2050, 2149—2156, 3275, 6193, 6194; M. II S. 418—421. P. II S. 2049, 2050, 2600, 2601 (Bd. II S. 229).

1. Der § 542 giebt dem Miether statt des beschränkten Rücktrittsrechts, welches sich aus den allgemeinen Vorschriften der §§ 325, 326 herleiten ließe, unter wesentlich erweiterten Voraussetzungen das Recht, ohne Einhaltung einer Kündigungsfrist das Miethverhältniß zu kündigen. Ein Kündigungsgrund wird grundsätzlich in allen Fällen anerkannt, in denen dem Miether der vertragsmäßige Gebrauch ganz oder zum Theil entweder nicht zu der im Vertrage bestimmten Zeit gewährt oder später wiederentzogen wird, mag dies die Folge von Fehlern der Sache, von Rechten Dritter oder von sonstigen Umständen sein und mag dem Vermiether ein Verschulden zur Last fallen oder nicht, wie bei dem zufälligen Untergang eines Theiles der Sache (vergl. § 543 Abs. 2). Eigenes Verschulden des Miethers schließt selbstverständlich das Kündigungsrecht aus (vergl. E. I § 529 Abs. 1).

Auch in den bezeichneten Fällen unterliegt jedoch die Zulässigkeit der Kündigung einer doppelten Beschränkung.

a) Die Kündigung ist der Regel nach erst statthaft, wenn nach dem Eintritte des Kündigungsgrundes der Miether dem Vermiether eine angemessene Frist zur Beseitigung desselben bestimmt

§. 543.

Auf das dem Miether nach §. 542 zustehende Kündigungsrecht finden die Vorschriften der §§. 539 bis 541 sowie die für die Wandelung bei dem Kaufe geltenden Vorschriften der §§. 469 bis 471 entsprechende Anwendung.

Ist der Miethzins für eine spätere Zeit im voraus entrichtet, so hat ihn der Vermiether nach Maßgabe des §. 347 oder, wenn die Kündigung wegen eines Umstandes erfolgt, den er nicht zu vertreten hat, nach den Vorschriften über die Herausgabe einer ungerechtfertigten Bereicherung zurückzuerstatten.

(s. Erl. 2—4 zu § 250) und der Vermiether nicht vor dem Ablaufe der Frist Abhülfe geschafft hat (Abs. 1 Satz 2). Ohne vorherige Fristbestimmung kann der Miether nur kündigen, wenn in Folge des die Kündigung rechtfertigenden Umstandes die Gewährung des vertragsmäßigen Gebrauchs für ihn kein Interesse hat (Abs. 1 Satz 3). Aber auch in diesem Falle schließt die Verletzung der dem Miether obliegenden Anzeigepflicht die Befugniß, ohne Fristbestimmung zu kündigen, aus (§ 545 Abs. 2).

Das Erforderniß der Fristsetzung gilt nicht, wenn der Miethvertrag ein Fixgeschäft im Sinne des § 361 ist; der Miether ist hier vielmehr nach der letzteren Vorschrift im Zweifel ohne Weiteres zum Rücktritte berechtigt, wenn ihm der Gebrauch der Sache nicht zu der bestimmten Zeit gewährt wird.

b) Ein Kündigungsgrund liegt regelmäßig überhaupt nicht vor, wenn der vertragsmäßige Gebrauch nur zu einem unerheblichen Theile oder während einer unerheblichen Zeit nicht gewährt wird. In solchem Falle kann der Miether nur kündigen, wenn er ein besonderes Interesse nachweist (Abs. 2). Ob es der vorgängigen Fristbestimmung bedarf oder nicht, richtet sich nach dem unter a Bemerkten.

2) Die Beweislast regelt sich in folgender Weise: Der Miether hat außer der Kündigung zu beweisen entweder

a) daß er dem Vermiether eine angemessene Frist bestimmt habe (s. Erl. zu § 250 Nr. 2—4) und daß die Kündigung nach dem Ablaufe dieser Frist erfolgt sei, oder

b) daß die Erfüllung des Vertrags in Folge des die Kündigung rechtfertigenden Umstandes für ihn kein Interesse habe.

Beiden Beweisen gegenüber steht dem Vermiether der Nachweis offen, daß er den Gebrauch rechtzeitig gewährt habe; der Miether kann hingegen beweisen, daß ihm der Gebrauch wieder entzogen ist. Dem unter a bezeichneten Beweise des Miethers begegnet der Vermiether auch durch den Nachweis, daß er vor dem Ablaufe der Frist die Abhülfe bewirkt habe. Den beiden zu a und b genannten Beweisen des Miethers gegenüber steht dem Vermiether ferner der Beweis zu, daß die Hinderung oder Vorenthaltung des Gebrauchs nur eine unerhebliche sei; der Miether kann hiergegen wiederum darthun, daß die Kündigung durch ein besonderes Interesse gerechtfertigt sei. Daneben kommen die nach § 361 und § 545 Abs. 2 erheblichen Beweise (s. unter 1a) in Betracht.

3. Eine die Kündigung nach § 542 rechtfertigende Hinderung des vertragsmäßigen Gebrauchs wird unter Umständen auch anzunehmen sein, wenn die Fortsetzung des Gebrauchs für den Miether mit erheblicher Gefahr verbunden ist (M. II S. 420). Vgl. auch § 544.

4. Der E. I § 529 Abs. 1 Satz 1 erwähnte als Kündigungsgrund besonders den Umstand, daß sich der Mangel einer zugesicherten Eigenschaft ergiebt. Sachlich dürfte in dieser Beziehung die jetzige Fassung zu demselben Ergebnisse führen. Der durch eine zugesicherte Eigenschaft bedingte Gebrauch ist als der vertragsmäßige anzusehen (s. Erl. 4 zu § 537). Der vertragsmäßige Gebrauch ist also ganz oder zum Theil nicht gewährt, wenn die zugesicherte Eigenschaft fehlt.

5. Ueber die rechtliche Natur der Kündigung s. Erl. 2 zu § 564. Da die Kündigung im Falle des § 542 ohne Einhaltung einer Kündigungsfrist zulässig ist, so erlischt das Miethverhältniß für die Zukunft mit dem Zeitpunkt, in welchem die Kündigung wirksam wird (§§ 130—132).

§ 543.

E. I § 530; II § 487 Abs. 3 rev. § 535; III § 536. P. I S. 2155, 6194, 11814—11816; M. II S. 421. P. II S. 2050, 2051, 2600, 2601 (Bd. II S. 229, 230).

1. Aus Abs. 1 in Verbindung mit den darin in Bezug genommenen Vorschriften ergiebt sich Folgendes:

§. 544.

Ist eine Wohnung oder ein anderer zum Aufenthalte von Menschen bestimmter Raum so beschaffen, daß die Benutzung mit einer erheblichen Gefährdung der Gesundheit verbunden ist, so kann der Miether das Miethverhältniß ohne Einhaltung einer Kündigungsfrist kündigen, auch wenn er die gefahrbringende Beschaffenheit bei dem Abschlusse des Vertrags gekannt oder auf die Geltendmachung der ihm wegen dieser Beschaffenheit zustehenden Rechte verzichtet hat.

---

a) Beruht die nach § 542 an sich die Kündigung rechtfertigende Nichtgewährung oder Wiederentziehung des Gebrauchs auf einem Mangel der Sache oder einem Mangel im Rechte des Vermiethers, so wird das Kündigungsrecht in gleicher Weise durch die bei dem Vertragschlusse vorhandene Kenntniß des Miethers von dem Mangel oder seine grobfahrlässige Unkenntniß ausgeschlossen wie nach §§ 539, 541 das Recht auf Nachlaß am Miethzins und der Anspruch auf Schadensersatz.

b) Die Annahme der Sache seitens des Miethers mit Kenntniß des Mangels schließt auch das Kündigungsrecht aus, sofern nicht der Miether seine Rechte wegen des Mangels sich vorbehalten hat (§ 539).

c) Auch in Ansehung des Kündigungsrechts sind abweichende Vereinbarungen über die Haftung des Vermiethers wegen Sach- und Rechtsmängel vorbehaltlich des § 540 wirksam.

d) Sind mehrere Sachen oder eine Hauptsache und eine Nebensache vermiethet, so ist wegen Mängel einzelner Sachen die Kündigung in dem gleichen Umfange zulässig und wirksam wie nach §§ 469, 470 im Falle des Verkaufs die Wandelung. Erstreckt sich die Kündigung danach nur auf einzelne von mehreren zu einem Gesammtmiethzinse vermietheten Sachen, so ergiebt sich der für die anderen Sachen zu entrichtende Miethzins x aus dem zur Zeit des Vertragschlusses für alle Sachen bei mangelfreiem Zustand angemessenen Miethzinse w^1, dem zu derselben Zeit für die nicht von der Kündigung betroffenen Sachen angemessenen Zinse w^2 und dem vereinbarten Gesammtzinse z nach der Gleichung:

$x = \frac{w^2 . z}{w^1}$. Ist z. B. $w^1 = 1000$, $w^2 = 800$, $z = 1100$, so ist $x = \frac{800 . 1100}{1000} = 880$.

2. Die Vorschrift des Abs. 2 entspricht dem § 327. Ist der Miethzins von dem Miether für eine spätere Zeit im voraus entrichtet, so hat ihn der Vermiether regelmäßig nach Maßgabe derjenigen Grundsätze zu erstatten, welche für den Fall des Rücktritts von einen Vertrage gelten (s. Erl. zu den §§ 346, 347). In dem § 543 Abs. 2 ist zwar nur der § 347 allegirt. Es kann indessen keinem Zweifel unterliegen, daß auch die Vorschriften des § 346 entsprechend anzuwenden sind. Ist daher als Miethzins die Leistung von Diensten oder die Ueberlassung der Benutzung einer Sache versprochen (s. Erl. 1 zu § 535), so ist hierfür im Falle der Vorausleistung der Werth nach Maßgabe des § 346 Satz 2 zu vergüten. Soweit der im voraus geleistete Miethzins in einer Geldsumme bestand, ist dieselbe nach Maßgabe des § 347 Satz 3 zu verzinsen.

Diese Grundsätze finden keine Anwendung, wenn die Kündigung wegen eines Umstandes erfolgte, den der Miether nicht zu vertreten hat, wenn also z. B. ein Mangel der im § 537 bezeichneten Art nach dem Abschlusse des Miethvertrags in Folge eines Zufalls eingetreten ist und den Vermiether auch in Betreff der Beseitigung dieses Mangels ein Verschulden nicht trifft. In Fällen dieser Art ist der Vermiether zur Rückgewähr des Miethzinses nur nach den Vorschriften über die Herausgabe einer ungerechtfertigten Bereicherung verpflichtet (§§ 818, 819); er haftet also regelmäßig nicht, soweit er zur Zeit der Rechtshängigkeit nicht mehr bereichert ist.

3. Die Ausübung des Kündigungsrechts hindert den Miether selbstverständlich nicht, für die Zeit bis zur Beendigung des Miethverhältnisses nach § 537 die Befreiung von der Entrichtung des Miethzinses in Anspruch zu nehmen oder nach § 538 Schadensersatz wegen Nichterfüllung zu verlangen.

§ 544.

E. II § 488 rev. § 536; III § 537. P. II S. 2051—2055, 8462 (Bd. II S. 230—232). K.B. S. 1969.

1. Schon aus § 542 folgt, wie in der Erl. 3 dazu bemerkt, unter Umständen ein Kündigungsrecht des Miethers wegen gefahrbringender Beschaffenheit der Sache. Der § 544 giebt dem Miether einer Wohnung oder eines anderen zum Aufenthalte von Menschen bestimmten Raumes, z. B. eines Ladens, eines Bureaus, einer Werkstatt (K.B. a. a. O.), ein erweitertes Kündigungsrecht. Die Vorschrift verfolgt den sozialpolitischen Zweck, theils selbst zur Besserung

§. 545.

Zeigt sich im Laufe der Miethe ein Mangel der gemietheten Sache oder wird eine Vorkehrung zum Schutze der Sache gegen eine nicht vorhergesehene Gefahr erforderlich, so hat der Miether dem Vermiether unverzüglich Anzeige zu machen. Das Gleiche gilt, wenn sich ein Dritter ein Recht an der Sache anmaßt.

Unterläßt der Miether die Anzeige, so ist er zum Ersatze des daraus entstehenden Schadens verpflichtet; er ist, soweit der Vermiether in Folge der Unterlassung der Anzeige Abhülfe zu schaffen außer Stande war, nicht berechtigt, die im §. 537 bestimmten Rechte geltend zu machen oder nach §. 542 Abs. 1 Satz 3 ohne Bestimmung einer Frist zu kündigen oder Schadensersatz wegen Nichterfüllung zu verlangen.

§. 546.

Die auf der vermietheten Sache ruhenden Lasten hat der Vermiether zu tragen.

---

der Wohnungsverhältnisse in gesundheitlicher Hinsicht beizutragen, theils polizeilichen Maßnahmen, die auf dieses Ziel gerichtet sind, als Stütze zu dienen.

2. Voraussetzung des Kündigungrechts ist eine Beschaffenheit des gemietheten Raumes, in Folge deren die Benutzung mit einer erheblichen Gefährdung der Gesundheit verbunden ist. Die Gefahr für die Gesundheit muß eine naheliegende sein (P. II S. 2055 [Bd. II S. 232]) und objektiv durch die Beschaffenheit der Wohnung, nicht durch die subjektiven Verhältnisse des Miethers begründet werden.

3. Das Kündigungsrecht geht über den § 542 nach folgenden Richtungen hinaus:

a) Es kann ohne vorgängige Fristbestimmung oder den Nachweis eines besonderen Interesses des Miethers an der sofortigen Kündigung ausgeübt werden.

b) Es wird durch die Kenntniß des Miethers von der gefahrbringenden Beschaffenheit bei dem Vertragschluß, entgegen dem § 543 Abs. 1, nicht ausgeschlossen.

c) Der Miether kann auf dieses Kündigungsrecht nicht wirksam verzichten.

4. Bezüglich des Rechtes des Miethers auf Nachlaß am Miethzinse und seines Anspruchs auf Schadensersatz bewendet es auch für den im § 544 vorausgesetzten Fall bei den Vorschriften der §§ 537—539.

§ 545.

E. I § 519; II § 489 rev. § 537; III § 538. P. I S. 2101, 2102, 3552, 3559, 3560, 11714—11718; M. II S. 400, 401. P. II S. 1967, 8462, 8463, 8764, 8765 (Bd. II S. 187).

1. Die im § 545 Abs. 1 bestimmte Anzeigepflicht ist ein Ausfluß der dem Miether im Interesse des Vermiethers obliegenden Verpflichtung zur Obhut über die Sache. Sie beschränkt sich daher nicht auf solche Mängel, Gefahren und Rechtsanmaßungen Dritter, durch welche der vertragsmäßige Gebrauch des Miethers selbst beeinträchtigt oder bedroht wird.

2. Macht der Miether nicht unverzüglich, d. h. ohne schuldhaftes Zögern (§ 121 Abs. 1), Anzeige, so hat er dem Vermiether den Schaden zu ersetzen, welcher dadurch entsteht, daß der Vermiether in Folge der Versäumung der Anzeige nicht von dem die Abhülfe fordernden Umstande Kenntniß erlangt. Die Ersatzpflicht tritt demnach nicht ein, wenn der Vermiether anderweit die nöthige Kenntniß hatte.

3. Nach Abs. 2 Halbsatz 2 kann der Miether für diejenige Zeit, für welche der Vermiether bei rechtzeitiger Anzeige im Stande gewesen wäre, den vertragsmäßigen Gebrauch zu gewähren, nicht Zinsnachlaß nach § 537 oder Schadensersatz nach § 538 beanspruchen, und er kann ferner das Miethverhältniß nicht nach § 542 Abs. 1 Satz 3 ohne Fristbestimmung kündigen, wenn der Vermiether den Mangel bei rechtzeitiger Anzeige soweit hätte abstellen können, daß ein besonderes Interesse des Miethers an sofortiger Kündigung nicht vorhanden gewesen wäre.

4. Dem Vermiether liegt der Beweis ob, daß und wann der Miether den Mangel, die Gefahr oder die Rechtsanmaßung gekannt hat oder hat kennen müssen. Der Miether hat dann zu beweisen, daß er unverzüglich nach diesem Zeitpunkte dem Vermiether die Anzeige gemacht habe.

§ 546.

E. I § 515; II § 490 rev. § 538; III § 539. P. I S. 2689; M. II S. 395. P. II S. 1948 (Bd. II S. 178).

Die Vorschrift betrifft nur das Verhältniß zwischen Vermiether und Miether. Lasten sind sowohl öffentliche, insbesondere die öffentlichen Abgaben, als auch privatrechtliche.

§. 547.

Der Vermiether ist verpflichtet, dem Miether die auf die Sache gemachten nothwendigen Verwendungen zu ersetzen. Der Miether eines Thieres hat jedoch die Fütterungskosten zu tragen.

Die Verpflichtung des Vermiethers zum Ersatze sonstiger Verwendungen bestimmt sich nach den Vorschriften über die Geschäftsführung ohne Auftrag. Der Miether ist berechtigt, eine Einrichtung, mit der er die Sache versehen hat, wegzunehmen.

§. 548.

Veränderungen oder Verschlechterungen der gemietheten Sache, die durch den vertragsmäßigen Gebrauch herbeigeführt werden, hat der Miether nicht zu vertreten.

§. 549.

Der Miether ist ohne die Erlaubniß des Vermiethers nicht berechtigt, den Gebrauch der gemietheten Sache einem Dritten zu überlassen, insbesondere die

§ 547.

E. I § 513, § 514 Abs. 1, 2; II § 491 rev. § 539; III § 540. P. I S. 2082—2087; M. II S. 393—395. P. II S. 1942—1946, 2134, 7010, 7011, 8317, 8318, 8463, 8464 (**Bd. II S. 174—177, 273**).

1. Bezüglich der Ersatzansprüche des Miethers wegen der von ihm auf die Sache gemachten Verwendungen sind zu unterscheiden:

a) nothwendige, d. h. zur Erhaltung der Sache erforderliche Verwendungen. Wegen solcher hat der Miether einen an keine weitere Voraussetzung geknüpften Ersatzanspruch. Ausgenommen sind nur bei der Miethe eines Thieres die Fütterungskosten. Der E. I § 513 sprach noch weiter aus, daß der Miether einer beweglichen Sache die durch den Gebrauch der Sache verursachten Auslagen zu tragen habe. Dieser Satz ist von der zweiten Kommission als selbstverständlich gestrichen worden (P. II S. 2134 [Bd. II S. 273]).

b) Sonstige Verwendungen. Bezüglich dieser stimmt der Abs. 2 Satz 1 mit der auf die Ersatzpflicht des Käufers bezüglichen Vorschrift des § 450 Abs. 2 überein. Vergl. daher die Erl. 2 zu § 450.

Soweit der Miether zur Vornahme von Verwendungen vertragsmäßig verpflichtet war, kann er Ersatz nicht verlangen (P. II S. 8317, 8318).

Außer den hier bestimmten Ersatzansprüchen steht dem Miether ein solcher Anspruch im Falle des § 538 Abs. 2 zu.

In Betreff des Zurückbehaltungsrechts des Miethers vergl. § 556 Abs. 2, wegen der Verjährung der Ersatzansprüche § 558. S. auch Erl. 3 zu § 450.

2. Das Recht des Miethers zur Wegnahme einer Einrichtung, mit der er eine Sache versehen hat, bestimmt sich näher nach § 258.

§ 548.

E. I § 520; II § 492 rev. § 540; III § 541. P. I S. 2103, 11817; M. II S. 401. P. II S. 1971, 1973 (Bd. II S. 188, 189).

Die Vorschrift (vergl. § 602) war im E. I § 520 als Beschränkung des Satzes aufgenommen, daß der Miether die gemiethete Sache nach der Beendigung des Miethverhältnisses in demselben Zustande zurückzugeben habe, in welchem er sie empfangen hat. Sie schränkt jedoch nicht die Rückgabepflicht ein, sondern begrenzt die Verpflichtung zur Obhut; diese Verpflichtung besteht nur insoweit, als sie mit dem Gebrauchsrechte des Miethers vereinbar ist.

Für sonstige Veränderungen und Verschlechterungen der Sache haftet der Miether nach allgemeinen Grundsätzen (§§ 276, 278) wegen schuldhafter Verletzung seiner Verpflichtung zur Obhut.

§ 549.

E. I § 516; II § 493 rev. § 541; III § 542. P. I S. 2089—2092, 2099, 2100; M. II S. 395—397. P. II S. 1951—1964 (Bd. II S. 178—185). D. S. 636. R.B. S. 1969.

1. Die Vorschriften des § 549 sind nur ergänzende. In erster Linie entscheidet über die darin geregelten Fragen die Vereinbarung der Parteien. Das Gesetz trägt einerseits dem

Sache weiter zu vermiethen. Verweigert der Vermiether die Erlaubniß, so kann der Miether das Miethverhältniß unter Einhaltung der gesetzlichen Frist kündigen, sofern nicht in der Person des Dritten ein wichtiger Grund vorliegt.

Ueberläßt der Miether den Gebrauch einem Dritten, so hat er ein dem Dritten bei dem Gebrauche zur Last fallendes Verschulden zu vertreten, auch wenn der Vermiether die Erlaubniß zur Ueberlassung ertheilt hat.

§. 550.

Macht der Miether von der gemietheten Sache einen vertragswidrigen Gebrauch und setzt er den Gebrauch ungeachtet einer Abmahnung des Vermiethers fort, so kann der Vermiether auf Unterlassung klagen.

---

regelmäßigen Sinne des Miethvertrags Rechnung, nach welchem das Gebrauchsrecht dem Miether nur mit Rücksicht auf seine Person eingeräumt wird, und sucht andererseits die sich entgegenstehenden Interessen des Vermiethers und des Miethers auszugleichen.

2. Nach Abs. 1 Satz 1 ist jede Ueberlassung des Gebrauchs der gemietheten Sache an einen Dritten ohne Erlaubniß des Vermiethers vertragswidrig, mag sie entgeltlich durch Untervermiethung oder unentgeltlich erfolgen. Soweit aber der Mitgebrauch der gemietheten Sache durch Dritte (Familienmitglieder, Gesinde 2c.) zum vertragsmäßigen Gebrauche gehört, findet die hier gegebene Vorschrift keine Anwendung. Für die Abgrenzung dieser Fälle von denen einer unzulässigen Gebrauchsüberlassung muß der Grundsatz des § 157 maßgebend sein.

Nur die Berechtigung des Miethers zur Gebrauchsüberlassung im Verhältnisse zum Vermiether hängt von der Erlaubniß des letzteren ab, nicht die Gültigkeit des Vertrags zwischen dem Miether und dem Dritten. Man wird demgemäß annehmen müssen, daß die Ertheilung und die Verweigerung der Erlaubniß nur dem Miether gegenüber wirksam erklärt werden kann (vergl. §§ 130 ff.). Endemann § 169 Anm. 5 setzt mit Unrecht voraus, daß es sich bei der „Erlaubniß" des Vermiethers um eine technisch nicht genau bezeichnete „Einwilligung" handle, für welche der § 183 gelte.

3. Das Kündigungsrecht des Miethers wird regelmäßig durch die bloße Verweigerung der Erlaubniß zur Gebrauchsüberlassung begründet (bezüglich der Pacht vergl. § 596 Abs. 1). Ausgeschlossen ist es jedoch, wenn in der Person des Dritten ein wichtiger Grund zur Verweigerung vorliegt. Letzteres ist von dem Vermiether zu beweisen. Ob der vom Vermiether angeführte Grund die Verweigerung rechtfertigt, darüber hat das richterliche Ermessen nach den Umständen des Falles zu entscheiden. Als ein wichtiger Grund wird es u. A. anzusehen sein, wenn von dem Dritten zu erwarten ist, daß er von der Sache einen unsittlichen oder der Sache schädlichen Gebrauch machen werde.

Die bei der Kündigung vom Miether einzuhaltende gesetzliche Frist ergiebt sich aus § 565 Abs. 4.

4. In allen Fällen, in denen der Miether den Gebrauch mit oder ohne Erlaubniß des Vermiethers einem Dritten überlassen hat, dient zum Schutze des Vermiethers:

a) die im § 549 Abs. 2 bestimmte Haftung des Miethers für ein dem Dritten bei dem Gebrauche zur Last fallendes Verschulden (vergl. Bd. I S. 37); im Falle unerlaubter Gebrauchsüberlassung hat der Miether überdies allen aus der Verletzung seiner Vertragspflicht entstehenden Schaden zu ersetzen und daher auch einen zufälligen Schaden, sofern dieser nicht auch ohne die Vertragswidrigkeit eingetreten wäre (s. Erl. 2 zu § 278);

b) das Kündigungsrecht nach Maßgabe des § 553;

c) das Recht, nach Beendigung des Miethverhältnisses die Sache auch von dem Dritten zurückzufordern (§ 556 Abs. 3).

5. Soweit der Miether den Gebrauch nicht einem Dritten zu überlassen berechtigt ist, kann er seine Rechte aus dem Miethvertrag auch nicht abtreten, weil durch den Wechsel in der Person des Gläubigers die dem Vermiether obliegende Leistung ihrem Inhalte nach geändert werden würde (§ 399). Da nach dem § 851 Abs. 1 der C.P.O. Forderungen nur insoweit der Pfändung unterworfen sind, als sie übertragbar sind, so unterliegt das Miethrecht der Pfändung nicht. (Wegen des Pachtrechts s. den § 851 Abs. 2.)

§ 550.

E. II § 494 rev. § 542; III § 543. P. II S. 1967, 1969—1971 (Bd. II S. 187, 188).

Die Vorschrift stellt außer Zweifel, daß der Vermiether wegen vertragswidrigen Gebrauchs der Sache durch den Miether außer dem Kündigungsrechte nach § 553 und einem Ersatz-

§. 551.

Der Miethzins ist am Ende der Miethzeit zu entrichten. Ist der Miethzins nach Zeitabschnitten bemessen, so ist er nach dem Ablaufe der einzelnen Zeitabschnitte zu entrichten.

Der Miethzins für ein Grundstück ist, sofern er nicht nach kürzeren Zeitabschnitten bemessen ist, nach dem Ablaufe je eines Kalendervierteljahrs am ersten Werktage des folgenden Monats zu entrichten.

§. 552.

Der Miether wird von der Entrichtung des Miethzinses nicht dadurch befreit, daß er durch einen in seiner Person liegenden Grund an der Ausübung des ihm zustehenden Gebrauchsrechts verhindert wird. Der Vermiether muß sich jedoch den Werth der ersparten Aufwendungen sowie derjenigen Vortheile anrechnen lassen, welche er aus einer anderweitigen Verwerthung des Gebrauchs erlangt. Solange

---

ansprüche nach der Beendigung des Miethverhältnisses auch während der Dauer des letzteren einen Anspruch auf Unterlassung des vertragswidrigen Gebrauchs hat. Aus Zweckmäßigkeitsgründen ist dieser Anspruch jedoch davon abhängig gemacht, daß der Miether den vertragswidrigen Gebrauch ungeachtet einer Abmahnung fortsetzt. Vergl. die verwandten Vorschriften des § 12 Satz 2, des § 862 Abs. 1 Satz 2, des § 1004 Abs. 1 Satz 2 (§§ 1027, 1053). Die praktische Bedeutung der Klage auf Unterlassung ergiebt sich aus § 890 der C.P.O.

§ 551.

E. I § 517; II § 495 rev. § 543; III § 544. P. I S. 2092—2094; M. II S. 398, 399. P. II S. 1964, 1965 (Bd. II S. 185, 186).

Zu welcher Zeit der Miethzins zu entrichten ist, bestimmt sich in erster Reihe nach dem ausdrücklich erklärten oder durch Auslegung zu ermittelnden Willen der Parteien. Dabei ist auch der Ortsgebrauch gemäß § 157 zu berücksichtigen. Mangels abweichender Vertragsbestimmung greift § 551 ein.

Der Vermiether ist danach zur Vorleistung verpflichtet, der Miethzins also nachträglich zu entrichten, und zwar

1. bei der Miethe von Grundstücken (vergl. § 580),

a) wenn der Miethzins nach kürzeren Zeitabschnitten als Vierteljahren bemessen ist, nach dem Ablaufe der einzelnen Zeitabschnitte,

b) wenn der Miethzins nach Vierteljahren oder längeren Zeitabschnitten bemessen oder wenn er für die ganze, ein Vierteljahr übersteigende Miethzeit bestimmt ist, mit dem Ablaufe je eines Kalendervierteljahrs,

c) wenn der Miethzins für die ganze, ein Vierteljahr nicht erreichende Miethzeit bestimmt ist, am Ende der Miethzeit;

2. bei der Miethe von beweglichen Sachen,

a) wenn der Miethzins nach Zeitabschnitten bemessen ist, mit dem Ablaufe der einzelnen Zeitabschnitte,

b) sonst am Ende der Miethzeit.

Fälligkeitstag ist in allen diesen Fällen nach § 193 bezw. § 551 Abs. 2 der erste Werktag nach dem Ablaufe des Zeitabschnitts oder dem Ende der Miethzeit.

Ueber die Verjährung der Ansprüche auf Rückstände von Miethzinsen vergl. § 196 Nr. 6, § 197.

§ 552.

E. I § 518; II § 496 rev. § 544; III § 545. P. I S. 2094—2099, 2264; M. II S. 399, 400. P. II S. 1965—1967 (Bd. II S. 186, 187). K.B. S. 1969. St.B. S. 2770.

1. Wird der Miether durch einen in seiner Person liegenden Grund, der nicht auf einem von ihm zu vertretenden Umstande beruht, z. B. durch Krankheit oder Versetzung, an der Ausübung des Gebrauchsrechts verhindert, so könnte zweifelhaft sein, ob nicht der Vermiether

der Vermiether in Folge der Ueberlassung des Gebrauchs an einen Dritten außer Stande ist, dem Miether den Gebrauch zu gewähren, ist der Miether zur Entrichtung des Miethzinses nicht verpflichtet.

§. 553.

Der Vermiether kann ohne Einhaltung einer Kündigungsfrist das Miethverhältniß kündigen, wenn der Miether oder derjenige, welchem der Miether den Gebrauch der gemietheten Sache überlassen hat, ungeachtet einer Abmahnung des Vermiethers einen vertragswidrigen Gebrauch der Sache fortsetzt, der die Rechte des Vermiethers in erheblichem Maße verletzt, insbesondere einem Dritten den ihm unbefugt überlassenen Gebrauch beläßt, oder die Sache durch Vernachlässigung der dem Miether obliegenden Sorgfalt erheblich gefährdet.

---

gemäß § 323 wegen zufälliger nachfolgender Unmöglichkeit der ihm obliegenden Leistung den Anspruch auf den Miethzins verliere. Die Verpflichtung des Vermiethers geht jedoch nur dahin, dem Miether die Sache in einem zum vertragsmäßigen Gebrauche geeigneten Zustande zur Verfügung zu halten, und die Erfüllung dieser Verpflichtung wird durch ein in der Person des Miethers liegendes Hinderniß der Ausübung des Gebrauchsrechts nicht unmöglich. Zur Beseitigung des erwähnten Zweifels ist daher in Satz 1 besonders ausgesprochen, daß ein solches Hinderniß den Miether nicht befreit.

2. Solange das Hinderniß in der Person des Miethers besteht, genügt der Vermiether seiner Vertragspflicht auch, wenn er selbst die Sache nutzt oder den Gebrauch einem Dritten überläßt, sofern er im Stande bleibt, dem Miether jederzeit den Gebrauch zu gewähren. Der Satz 2 giebt dem Miether in solchem Falle nur aus Billigkeitsgründen das Recht, den Geldwerth der durch die anderweitige Verwerthung des Gebrauchs erlangten Vortheile und ebenso allgemein den Werth der ersparten Aufwendungen dem Vermiether von dem Miethzins abzurechnen. Solange dagegen der Vermiether in Folge der Ueberlassung des Gebrauchs an einen Dritten außer Stande ist, dem Miether den Gebrauch zu gewähren, z. B. in Folge eines mit dem Dritten geschlossenen nicht jederzeit lösbaren Miethvertrags, ist der Miether nach Satz 3 den allgemeinen Grundsätzen entsprechend (§ 325 Abs. 1 Satz 3) befreit. Nicht berührt durch diese Vorschrift wird der weitergehende Anspruch des Miethers auf Schadensersatz im Falle eines dem Vermiether in Betreff der Gebrauchsgewährung zur Last fallenden Verzugs.

§ 553.

E. I § 528 Nr. 1; II § 497 Abs. 1 Nr. 1 rev. § 545; III § 546. P. I S. 2145—2149; M. II S. 417. P. II S. 2048, 2049, 2201 (Bd. II S. 228, 229, 306). K.B. S. 1969. St.B. S. 2779, 2780.

1. Bezüglich des Kündigungsrechts wegen vertragswidrigen Gebrauchs ist in den (P. II S. 2201 [Bd. II S. 306]) bemerkt, daß nicht ein nur objektiv vertragswidriges, sondern ein subjektiv widerrechtliches Verhalten des Miethers vorausgesetzt werde. Das Kündigungsrecht ist demnach nicht begründet, wenn der Miether sich in entschuldbarem Irrthum über den Inhalt und die Grenzen seines Rechts befunden hat.

Die weitere Einschränkung des Kündigungsrechts durch das Erforderniß, daß der vertragswidrige Gebrauch die Rechte des Vermiethers in erheblichem Maße verletzt, beruht auf einem Beschlusse des Reichstags. In größeren Städten werden für Miethverträge häufig Formulare gebraucht, in welchen dem Miether eine Reihe von Beschränkungen kleinlichster Art auferlegt wird. Der Zusatz bezweckt, dem Mißverständnisse vorzubeugen, daß jede Verletzung einer derartigen Bestimmung das Kündigungsrecht des Vermiethers begründe. Nur wenn im einzelnen Falle wirklich eine erhebliche Verletzung der Rechte des Vermiethers anzunehmen ist, soll ihm das Kündigungsrecht zustehen.

2. Die Nothwendigkeit eines Baues oder einer Ausbesserung, durch welche der vertragsmäßige Gebrauch ausgeschlossen wird, giebt dem Vermiether, abweichend von vielen bisherigen Rechten, kein Kündigungsrecht (M. II S. 418). Der Miether muß sich eine nothwendige Ausbesserung gefallen lassen; soweit ihm dadurch der vertragsmäßige Gebrauch entzogen wird, wird er nach § 537 von der Entrichtung des Miethzinses befreit und kann unter den im § 542 bestimmten Voraussetzungen seinerseits das Miethverhältniß kündigen. Dem Vermiether aber steht, auch wenn durch die Ausbesserung die Sache in einen erheblich besseren

§. 554.

Der Vermiether kann ohne Einhaltung einer Kündigungsfrist das Miethverhältniß kündigen, wenn der Miether für zwei auf einander folgende Termine mit der Entrichtung des Miethzinses oder eines Theiles des Miethzinses im Verzug ist. Die Kündigung ist ausgeschlossen, wenn der Miether den Vermiether befriedigt, bevor sie erfolgt.

Die Kündigung ist unwirksam, wenn sich der Miether von seiner Schuld durch Aufrechnung befreien konnte und unverzüglich nach der Kündigung die Aufrechnung erklärt.

§. 555.

Macht der Vermiether von dem ihm nach den §§. 553, 554 zustehenden Kündigungsrechte Gebrauch, so hat er den für eine spätere Zeit im voraus entrichteten Miethzins nach Maßgabe des §. 347 zurückzuerstatten.

Zustand als den zur Zeit des Abschlusses des Miethvertrags vorhandenen versetzt ist, nicht das Recht zu, eine Erhöhung des Miethzinses zu fordern oder das Miethverhältniß zu kündigen.

3. Ueber die rechtliche Natur und die Wirksamkeit der Kündigung s. Erl. 2 zu § 564 und Erl. 5 zu § 542.

§ 554.

E. I § 528 Nr. 2; II § 497 Abs. 1 Nr. 2 rev. § 546; III § 547. P. I S. 2145—2149; M. II S. 417, 418. P. II S. 2048, 2049, 2600—2604, 8464 (Bd. II S. 228, 229).

1. Anlangend die Voraussetzungen des Kündigungsrechts des Vermiethers nach Abs. 1 Satz 1, so bestimmen sich die Zinstermine nach der Vereinbarung oder nach § 551, das Vorhandensein des Verzugs nach §§ 284, 285, 276, 279. Ist der Miethzins in Geld festgesetzt und an bestimmten Kalenderterminen zu entrichten, so genügt danach die Nichtzahlung an den bestimmten Terminen; einer Mahnung bedarf es nicht.

2. Das Kündigungsrecht wird nach Abs. 1 Satz 2 wieder aufgehoben, wenn der Miether den Vermiether, bevor dieser kündigt, befriedigt, also den rückständigen Miethzins entrichtet. Daß dies geschehen sei, hat der Miether zu beweisen.

3. Auch die wirksam erfolgte Kündigung kann der Miether nach Abs. 2 durch Aufrechnung nachträglich unwirksam machen. Voraussetzung ist, daß der Miether eine nach den §§ 387, 390, 391, 392 zur Aufrechnung geeignete Gegenforderung hat und die Aufrechnung unverzüglich, also ohne schuldhaftes Zögern (§ 121 Abs. 1), nach der Kündigung erklärt. In der zweiten Kommission waren die Ansichten darüber getheilt, ob in dieser Vorschrift eine Erweiterung oder eine Beschränkung des in dem § 389 bezüglich der Wirkung der Aufrechnung aufgestellten Grundsatzes liege (P. II S. 2601—2604). Nach den Erl. 2 und 3 zu § 389 ist das letztere anzunehmen. Die Aufrechnung einer dem Miether schon vor der Kündigung zustehenden Forderung gegen die Miethzinsforderung des Vermiethers bewirkt nach § 389, daß die letztere als in dem Zeitpunkt erloschen gilt, in welchem ihr die Forderung des Miethers zur Aufrechnung geeignet gegenüberstand. Sie gilt also in Folge der Aufrechnung als schon zur Zeit der Kündigung erloschen. Daraus folgt, daß die Kündigung als nicht rechtmäßig erfolgt gelten muß. Diese Wirkung würde nach § 389 eintreten, ohne Rücksicht darauf, zu welcher Zeit die Aufrechnung erfolgt. Der § 554 Abs. 2 verlangt aber, um die längere Fortdauer eines Zustandes der Ungewißheit abzuschneiden, daß die Aufrechnung unverzüglich nach der Kündigung erfolgt; er beschränkt also die allgemeine Vorschrift des § 389. Anders liegt das Verhältniß bei der dem Wortlaute nach mit dem § 554 Abs. 2 übereinstimmenden Vorschrift des § 357. Bei dieser handelt es sich um einen Rücktritt von einem Vertrage. Durch den Rücktritt erlischt die Forderung aus dem Vertrage; gegen sie kann daher nicht mehr aufgerechnet werden. Hier wird also die Zulässigkeit der Aufrechnung ausgedehnt (s. Erl. 3 zu § 389). In dem Falle des § 554 Abs. 2 aber wird die Miethzinsforderung durch die Kündigung nicht aufgehoben; die Aufrechnung gegen sie ist also nach allgemeinen Grundsätzen zulässig.

§ 555.

E. I § 530; II § 497 Abs. 2 rev. § 547; III § 548. P. I S. 2155, 6194, 11814—11816; M. II S. 421. P. II S. 2050, 2051, 2600, 2601 (Bd. II S. 229, 230). R.B. S. 1969, 1970.

Die Vorschrift stimmt mit § 543 Abs. 2 überein und entspricht wie die letztere Bestimmung dem § 327 Satz 1 (vergl. die Erl. 2 zu § 543). Ein Antrag, die Vorschrift zu einer zwingenden zu machen, wurde in der Kommission des Reichstags abgelehnt.

§. 556.

Der Miether ist verpflichtet, die gemiethete Sache nach der Beendigung des Miethverhältnisses zurückzugeben.

Dem Miether eines Grundstücks steht wegen seiner Ansprüche gegen den Vermiether ein Zurückbehaltungsrecht nicht zu.

Hat der Miether den Gebrauch der Sache einem Dritten überlassen, so kann der Vermiether die Sache nach der Beendigung des Miethverhältnisses auch von dem Dritten zurückfordern.

---

§ 556.

E. I § 520; II § 498 rev. § 548; III § 549. P. I S. 2103, 11817; M. II S. 401, 402. P. II S. 1971—1980 (Bd. II S. 188—194). D. S. 636.

1. Der Miether hat die Sache in dem Zustande zurückzugeben, in welchem sie sich zur Zeit der Beendigung des Miethverhältnisses befindet. Inwieweit er daneben für Veränderungen oder Verschlechterungen haftet, welche die Sache während der Miethzeit erfahren hat, ergiebt sich aus § 548 und der Erl. dazu. Dem Miether liegt der Beweis ob, daß die Verschlechterung in Folge eines von ihm nicht zu vertretenden Umstandes eingetreten sei.

Bezüglich der Bestimmung besonderer Räumungsfristen für Wohnräume und andere Räume vergl. den Vorbehalt in Art. 93 des E.G.

Nach § 257 der C.P.O. kann, wenn der Anspruch auf Räumung eines Grundstücks, eines Wohnraums oder eines anderen Raumes an den Eintritt eines Kalendertags geknüpft ist, Klage auf künftige Räumung erhoben werden. Ist zur Beendigung des Miethverhältnisses eine Kündigung erforderlich, so kann diese auch mit der Klage verbunden werden. Eine Klage auf künftige Rückgabe der gemietheten Sache ist ferner nach § 259 der C.P.O. zulässig, wenn den Umständen nach die Besorgniß gerechtfertigt ist, daß der Miether sich der rechtzeitigen Rückgabe entziehen werde, insbesondere wenn er die Verpflichtung zur Rückgabe im voraus bestritten hat (D. z. C.P.O. S. 42).

Nach § 721 der C.P.O. kann im Falle der Verurtheilung zur Räumung einer Wohnung das Gericht dem Miether auf Antrag eine den Umständen nach angemessene Frist zur Räumung gewähren.

Der Anspruch auf Rückgabe unterliegt der regelmäßigen Verjährung.

2. Ein Zurückbehaltungsrecht steht dem Miether einer beweglichen Sache nach Maßgabe der allgemeinen Vorschriften der §§ 273, 274 zu.

Dagegen ist es dem Miether eines Grundstücks (vergl. § 580) nach Abs. 2 versagt.

Nicht entschieden wird im § 556 die Frage, ob der Miether den Anspruch des Vermiethers auf Rückgabe der Sache mit dem Einwande, daß er selbst Eigenthümer der Sache sei, abwehren kann (M. II S. 402). Diese Frage läßt sich allgemein weder bejahen noch verneinen. War der Miether schon zur Zeit des Abschlusses des Miethvertrags Eigenthümer, so kann unter Umständen der Miethvertrag wegen Irrthums nach Maßgabe des § 119 anfechtbar sein. Ist in solchem Falle die Anfechtung rechtzeitig erfolgt, so besteht ein Anspruch des Vermiethers aus dem Miethvertrage nicht. Ist der Miethvertrag aber wirksam, so ist die dadurch begründete Verpflichtung des Miethers nicht deshalb ausgeschlossen, weil der Miether Eigenthümer der Sache ist. Eine Einrede gegen den Anspruch auf Rückgabe der Sache wird jedoch als begründet anzusehen sein, wenn der Miether die sofortige Wiedereinräumung von dem Vermiether zu fordern berechtigt sein würde (§ 226). Hierzu würde er regelmäßig kraft seines Eigenthums befugt sein. Dem Eigenthumsanspruche können jedoch Einreden des Vermiethers, z. B. auf Grund eines demselben zustehenden dinglichen oder persönlichen Rechtes oder auf Grund eines Zurückbehaltungsrechts, entgegenstehen. Soweit dies der Fall ist, kann der Miether auf Grund seines Eigenthums die Rückgabe der Sache nicht verweigern.

3. Auf Grund des Miethvertrags würde der Vermiether nach allgemeinen Grundsätzen (vergl. § 241 Satz 1) nur von dem Miether Rückgabe der Sache nach Beendigung des Miethverhältnisses verlangen können. Der Abs. 3 gewährt ihm jedoch mit Rücksicht auf das praktische Bedürfniß den gleichen Anspruch gegen jeden Dritten, welchem der Miether den Gebrauch der Sache überlassen hat, insbesondere gegen den Untermiether. Der Rückgabeanspruch nimmt hierdurch die Natur einer actio in rem scripta an. Auch der Anspruch des Vermiethers gegen den Dritten gründet sich allein auf den Miethvertrag und die Thatsache der Beendigung des Miethverhältnisses.

Inwieweit ein gegen den Miether erwirktes Urtheil, durch welches dieser zur Rückgabe verurtheilt wird, dem Dritten gegenüber wirksam und vollstreckbar ist, ergiebt sich aus den §§ 325, 727 der C.P.O. Da in Folge der Gestaltung des Rückgabeanspruchs zu einer actio in rem scripta durch die Erhebung der Klage gegen den Miether die Sache zu einer „in Streit befangenen“

§. 557.

Giebt der Miether die gemiethete Sache nach der Beendigung des Miethverhältnisses nicht zurück, so kann der Vermiether für die Dauer der Vorenthaltung als Entschädigung den vereinbarten Miethzins verlangen. Die Geltendmachung eines weiteren Schadens ist nicht ausgeschlossen.

§. 558.

Die Ersatzansprüche des Vermiethers wegen Veränderungen oder Verschlechterungen der vermietheten Sache sowie die Ansprüche des Miethers auf Ersatz von Verwendungen oder auf Gestattung der Wegnahme einer Einrichtung verjähren in sechs Monaten.

Die Verjährung der Ersatzansprüche des Vermiethers beginnt mit dem Zeitpunkt, in welchem er die Sache zurückerhält, die Verjährung der Ansprüche des Miethers beginnt mit der Beendigung des Miethverhältnisses.

Mit der Verjährung des Anspruchs des Vermiethers auf Rückgabe der Sache verjähren auch die Ersatzansprüche des Vermiethers.

---

im Sinne dieser Vorschriften wird, so folgt aus ihnen, daß das rechtskräftige Urtheil gegen den Dritten wirksam ist, wenn ihm der Besitz der Sache nach dem Eintritte der Rechtshängigkeit überlassen ist, und daß unter derselben Voraussetzung gegen ihn eine vollstreckbare Ausfertigung ertheilt werden kann, sofern das Besitzverhältniß bei dem Gericht offenkundig ist oder durch öffentliche Urkunden nachgewiesen wird. Soweit hiernach der Vermiether nicht mit dem gegen den Miether erwirkten Urtheile dem Dritten gegenüber durchdringt, muß er auch diesen verklagen.

Mit Rücksicht auf die Zulassung einer Klage des Vermiethers gegen den Untermiether sind der § 23 Nr. 2 Abs. 1 und der § 202 Abs. 2 Nr. 4 des G.V.G. sowie der § 709 Nr. 1 der C.P.O. auf Streitigkeiten zwischen dem Vermiether und dem Untermiether ausgedehnt worden.

§ 557.

E. I § 525; II § 499 rev. § 549; III § 550. P. I S. 2141, 2142; M. II S. 415. P. II S. 2028 (Bd. II S. 218).

Die Vorschrift setzt voraus, daß in der Nichtrückgabe der Sache eine Vorenthaltung liegt, findet also auf den Fall der stillschweigenden Verlängerung des Miethverhältnisses (§ 568) keine Anwendung. Sie bestimmt positiv ein für alle Mal den Mindestbetrag der dem Vermiether gebührenden Entschädigung.

§ 558.

E. II § 500 rev. § 550; III § 551. P. II S. 1946—1948, 1981, 1982, 2132—2138, 8464 (Bd. II S. 177, 178, 194, 271—275).

1. Der § 558 soll den Vermiether und den Miether zu baldiger Auseinandersetzung über die beiderseitigen Ersatzansprüche zwingen. Zu diesem Zwecke bestimmt er Besonderheiten für die Verjährung

a) der Ersatzansprüche des Vermiethers wegen Veränderungen und Verschlechterungen der Sache (vergl. die Erl. zu § 548), nicht wegen verschuldeten Unterganges der Sache,

b) der Ansprüche des Miethers auf Ersatz von Verwendungen oder auf Gestattung der Wegnahme einer Einrichtung (vergl. § 547 verb. mit § 258).

Die Besonderheiten betreffen die Dauer der Verjährungsfrist und den Beginn bezw. das Ende der Verjährung. Im Uebrigen gelten für letztere die allgemeinen Vorschriften.

2. Der Beginn der Verjährung ist in Abs. 2 für die Ansprüche des Vermiethers nicht an die Beendigung des Miethverhältnisses, sondern an den Zeitpunkt geknüpft, in welchem der Vermiether die Sache zurückerhält, weil erst hierdurch der Vermiether in die Lage kommt, den Zustand der Sache zu prüfen (P II S. 2135 f. [Bd. II S. 273]). Entscheidend muß somit der Zeitpunkt sein, in welchem der Miether seiner Rückgabepflicht genügt hat.

3. Die Vorschrift des Abs. 3 beruht auf ähnlichen Erwägungen wie der § 224 (P. II S. 8464).

§. 559.

Der Vermiether eines Grundstücks hat für seine Forderungen aus dem Miethverhältniß ein Pfandrecht an den eingebrachten Sachen des Miethers. Für künftige Entschädigungsforderungen und für den Miethzins für eine spätere Zeit als das laufende und das folgende Miethjahr kann das Pfandrecht nicht geltend gemacht werden. Es erstreckt sich nicht auf die der Pfändung nicht unterworfenen Sachen.

---

§§ 559—563.

Das B.G.B. hat das Pfandrecht des Vermiethers eines Grundstücks an den eingebrachten Sachen des Miethers beibehalten, aber gegenüber der Mehrzahl der bestehenden Rechte nach dem Vorgange des Reichsgesetzes, betreffend die Abänderung des § 41 der Konkursordnung vom 9. Mai 1894, enger begrenzt. Der Umfang des Pfandrechts in Ansehung der ihm unterliegenden Sachen und der Forderungen, für die es gewährt wird, ist in § 559 und § 563 bestimmt. Der § 560 regelt das Erlöschen des Pfandrechts durch Entfernung der Sachen von dem Grundstücke, der § 561 die dem Vermiether zustehenden Schutzmittel, der § 562 das Recht des Miethers, die Geltendmachung des Pfandrechts durch Sicherheitsleistung abzuwenden.

Bezüglich des Pfandrechts des Verpächters vergl. § 581 Abs. 2 und § 585, bezüglich des Absonderungsrechts des Vermiethers und des Verpächters im Konkurse des Miethers oder Pächters den § 49 der K.O.

§ 559.

E. I § 521 Abs. 1 Satz 1, 2; II § 501 rev. § 551; III § 552. P. I S. 2106—2113, 2120, 2121, 2123, 2124, 6193, 6194; M. II S. 402—407. P. II S. 1982—1992, 1994—2006, 2016—2020 (Bd. II S. 194—203, 212—214). D. S. 636, 637. K.B. S. 1970. St.B. S. 2780—2782.

1. Das Pfandrecht steht dem Vermiether eines Grundstücks (vergl. § 580) kraft Gesetzes zu. Es beruht nicht auf einer stillschweigenden Verpfändung. Demgemäß finden die Vorschriften über die Entstehung des Pfandrechts durch Rechtsgeschäft auf das Pfandrecht des Vermiethers keine Anwendung; die Vorschriften über das durch Rechtsgeschäft bestellte Pfandrecht aber finden nach § 1257 hier entsprechende Anwendung. Letztere wird sich dahin gestalten, daß im Allgemeinen (vergl. Erl. 3 zu § 561) die Vorschriften von der Anwendung ausgeschlossen sind, welche Besitz des Pfandes auf Seiten des Pfandgläubigers voraussetzen, so daß der Regel nach nur die Vorschriften der §§ 1222, 1227—1232, § 1232 Satz 2, §§ 1233—1249, 1250, 1252, 1255, 1256 anwendbar sind.

2. Gegenstand des Pfandrechts sind die eingebrachten Sachen des Miethers. Ausgeschlossen von der Haftung sind also:

a) Die Sachen, die der Ehefrau oder den Kindern des Miethers gehören, sofern dieselben nicht den Miethvertrag selbst mit abgeschlossen haben. Leben die Ehegatten in allgemeiner Gütergemeinschaft, Errungenschafts- oder Fahrnißgemeinschaft, so erstreckt sich das Pfandrecht auch auf diejenigen zum Gesammtgute gehörenden Sachen, welche Eigenthum der Frau waren (§ 1438 Abs. 1, § 1443 Abs. 1 Satz 2, § 1459 Abs. 1, §§ 1519, 1527, 1530, 1549; P. II S. 2002 [Bd. II S. 205], D. S. 637). Im Uebrigen kommt dem Vermiether für die Geltendmachung des Pfandrechts die für das Eigenthum des Ehemannes streitende Vermuthung des § 1362 zu Statten.

b) Auch auf die Sachen eines Untermiethers erstreckt sich das Pfandrecht des Hauptvermiethers nicht; wohl aber steht dem Untervermiether an diesen Sachen das Pfandrecht zu.

c) Eine Ausdehnung des Pfandrechts auf Sachen Dritter darf auch nicht aus den Vorschriften, die den rechtsgeschäftlichen Erwerb eines Pfandrechts in gutem Glauben regeln (§ 1207), hergeleitet werden; eine entsprechende Anwendung dieser Vorschriften auf das gesetzliche Pfandrecht ist ausgeschlossen. (Vergl. Erl. 1 a. E.; M. II S. 405, P. II S. 2000, 2001 [Bd. II S. 204].)

3. Die Sachen des Miethers selbst unterliegen dem Pfandrechte nicht, soweit sie der Pfändung nicht unterworfen sind. Es sind dies lediglich die im § 811 der C.P.O. aufgeführten Sachen, mithin Gegenstände, welche zum gewöhnlichen Hausrathe gehören und im Haushalte des Miethers gebraucht werden, nur insoweit, als sie für den Bedarf des Miethers oder zur Erhaltung eines angemessenen Hausstandes unentbehrlich sind (§ 811 Nr. 1), nicht auch, soweit sie nach § 812 nur deßhalb nicht gepfändet werden sollen, weil ohne Weiteres ersichtlich ist, daß durch die Verwerthung nur ein Erlös erzielt werden würde, welcher zu dem Werthe außer allem Verhältnisse steht.

4. Das Pfandrecht entsteht mit dem Zeitpunkt, in welchem Sachen des Miethers eingebracht oder eingebrachte Sachen Eigenthum des Miethers werden. Das einmal entstandene

§. 560.

Das Pfandrecht des Vermiethers erlischt mit der Entfernung der Sachen von dem Grundstück, es sei denn, daß die Entfernung ohne Wissen oder unter Widerspruch des Vermiethers erfolgt. Der Vermiether kann der Entfernung nicht widersprechen, wenn sie im regelmäßigen Betriebe des Geschäfts des Miethers oder den gewöhnlichen Lebensverhältnissen entsprechend erfolgt oder wenn die zurückbleibenden Sachen zur Sicherung des Vermiethers offenbar ausreichen.

§. 561.

Der Vermiether darf die Entfernung der seinem Pfandrecht unterliegenden Sachen, soweit er ihr zu widersprechen berechtigt ist, auch ohne Anrufen des

---

Pfandrecht erlischt durch Veräußerung der Sache an einen Dritten nach Maßgabe des § 936 nur, wenn es dem Erwerber ohne grobe Fahrlässigkeit unbekannt war. Diese Voraussetzung wird nur ausnahmsweise zutreffen (P. II S. 3711, 3712).

5. Der Vermiether hat das Pfandrecht nicht wegen aller Forderungen aus dem Miethverhältnisse, sondern nur

a) wegen des rückständigen Miethzinses unbeschränkt (vergl. aber bezüglich des Verhältnisses zwischen dem Vermiether und anderen Gläubigern des Miethers den § 563) und wegen des Miethzinses für das zur Zeit der Geltendmachung des Pfandrechts laufende und das folgende Miethjahr;

b) wegen fälliger, nicht wegen künftiger Entschädigungsforderungen.

§ 560.

E. I § 521 Abs. 1 Satz 3, Abs. 2 Satz 1; II § 502 rev. § 552; III § 553. P. I S. 2117, 2118, 11817—11820; M. II S. 407—409. P. II S. 2006, 2007 (Bd. II S. 207, 208). D. S. 637.

1. Um dem Miether die nöthige Bewegungsfreiheit zu gewähren, gestattet ihm das Gesetz, gewisse Sachen ohne Rücksicht auf das Pfandrecht des Vermiethers mit der Wirkung vom Grundstücke zu entfernen, daß das Pfandrecht erlischt. Es sind dies

a) die Sachen, deren Entfernung der regelmäßige Betrieb des Geschäfts des Miethers mit sich bringt, z. B. Waaren aus einem Verkaufsladen,

b) Sachen, deren dauernde oder vorübergehende Entfernung den gewöhnlichen Lebensverhältnissen entspricht, z. B. solche, die für eine Reise gebraucht werden oder der Ausbesserung außer dem Hause bedürfen,

c) alle Sachen, die mit Rücksicht auf den Werth der zurückbleibenden Sachen zur Sicherung der Forderungen, für welche dem Vermiether im gegebenen Zeitpunkte das Pfandrecht zusteht, offenbar entbehrlich sind.

Ein Widerspruch des Vermiethers gegen die Entfernung solcher Sachen ist ohne rechtliche Wirkung.

2. Alle anderen dem Pfandrecht unterworfenen Sachen werden von diesem durch ihre Entfernung von dem Grundstücke nur befreit, wenn die Entfernung mit Wissen und ohne Widerspruch des Vermiethers erfolgt. Indessen trifft den Vermiether die Beweislast, daß er von der Entfernung nicht gewußt oder ihr widersprochen hat. Im letzteren Falle hat der andere Theil die Unwirksamkeit des Widerspruchs zu beweisen.

3. Nur die Entfernung der Sachen von dem Grundstücke bringt das Pfandrecht zum Erlöschen. Dies gilt auch, wenn Gegenstand des Miethverhältnisses nur einzelne Räume sind (P. II S. 2006 [Bd. II S. 207]).

4. Aus anderen Gründen erlischt das Pfandrecht nach § 1250 Abs. 2, §§ 1252, 1255, 1256 verb. mit § 1257.

§ 561.

E. I § 521 Abs. 2 Satz 2, Abs. 3; II § 503 rev. § 553; III § 554. P. I S. 2118—2120, 2122, 2123, 5794, 5795; M. II S. 409, 410. P. II S. 2007—2009, 3818 (Bd. II S. 208, 209). D. S. 637, 638.

1. Der Abs. 1 gewährt dem Vermiether als wichtigstes Schutzmittel ein Selbsthülferecht, welches nicht an die nach § 229 für die Zulässigkeit der Selbsthülfe sonst geltenden

Gerichts verhindern und, wenn der Miether auszieht, die Sachen in seinen Besitz nehmen.

Sind die Sachen ohne Wissen oder unter Widerspruch des Vermiethers entfernt worden, so kann er die Herausgabe zum Zwecke der Zurückschaffung in das Grundstück und, wenn der Miether ausgezogen ist, die Ueberlassung des Besitzes verlangen. Das Pfandrecht erlischt mit dem Ablauf eines Monats, nachdem der Vermiether von der Entfernung der Sachen Kenntniß erlangt hat, wenn nicht der Vermiether diesen Anspruch vorher gerichtlich geltend gemacht hat.

§. 562.

Der Miether kann die Geltendmachung des Pfandrechts des Vermiethers durch Sicherheitsleistung abwenden; er kann jede einzelne Sache dadurch von dem Pfandrechte befreien, daß er in Höhe ihres Werthes Sicherheit leistet.

Voraussetzungen geknüpft ist. Der Vermiether darf schlechthin die Entfernung derjenigen Sachen verhindern, deren Entfernung er widersprechen kann (Erl. 1 u. 2 zu § 560) und darf, wenn der Miether auszieht, diese Sachen ihm weg= und selbst in Besitz nehmen (vergl. § 858 Abs. 1). Soweit er sich in den Grenzen dieser Befugniß hält, handelt er nicht widerrechtlich. Falls er die Grenzen überschreitet, wird er nach allgemeinen Grundsätzen (§ 823 Abs. 1) schadensersatzpflichtig. Die Ausnahmevorschrift des § 231 darf auf den vorliegenden Fall nicht ausgedehnt werden.

Inwieweit der Vermiether berechtigt ist, die ohne sein Wissen oder unter seinem Widerspruch entfernten Sachen im Wege der Selbsthülfe wieder auf das Grundstück zurückzuschaffen oder in Besitz zu nehmen, bestimmt sich dagegen ausschließlich nach den allgemeinen Vorschriften der §§ 229—231.

2. Auf den gerichtlichen Schutz des Pfandrechts des Vermiethers würden nach § 1257 lediglich die für das rechtsgeschäftlich bestellte Pfandrecht geltenden Vorschriften entsprechende Anwendung finden (§ 1227). Der § 561 Abs. 2 Satz 1 stellt ergänzend klar, worauf der Anspruch des Vermiethers im Falle einer das Pfandrecht nicht aufhebenden Entfernung von Sachen gerichtet ist, nämlich auf Herausgabe zum Zwecke der Zurückschaffung in das Grundstück und, wenn der Miether ausgezogen ist, auf Ueberlassung des Besitzes. Der Anspruch gründet sich auf das Pfandrecht und steht dem Vermiether gegen den Miether und gegen den dritten Besitzer zu, sofern letzterer nicht als gutgläubiger Erwerber durch § 936, § 1032 Satz 2, § 1208 geschützt ist.

Für die Geltendmachung des Anspruchs bestimmt der Abs. 2 Satz 2 im Interesse der Verkehrssicherheit eine kurze Ausschlußfrist mit der Wirkung, daß mit dem Ablaufe das Pfandrecht selbst erlischt. Die Frist berechnet sich nach § 187 Abs. 1, § 188 Abs. 2. Ist die Frist gewahrt, so findet nur eine Verjährung des Anspruchs in der regelmäßigen Frist statt.

3. Hat der Vermiether im Wege der Selbsthülfe oder im gerichtlichen Wege Sachen des Miethers nach dessen Auszuge selbst in Besitz genommen, so kommen nunmehr auch diejenigen für das durch Rechtsgeschäft begründete Pfandrecht geltenden Vorschriften zur entsprechenden Anwendung, welche Besitz des Pfandes auf Seiten des Pfandgläubigers voraussetzen, also die §§ 1215—1221, § 1223 Abs. 1, § 1226, § 1232 Satz 1, §§ 1253, 1254.

4. Das Recht des Vermiethers zum Verkaufe der seinem Pfandrecht unterliegenden Sachen und die Art des Verkaufs bestimmen sich nach den §§ 1228 ff.

§ 562.

E. I § 521 Abs. 4; II § 504 rev. § 554; III § 555. P. I S. 2124, 3289; M. II S. 407. P. II S. 2009, 2010 (Bd. II S. 209, 210). D. S. 637.

Der Miether kann

1. die Geltendmachung des Pfandrechts im Wege der Selbsthülfe oder der Klage (gemäß § 561) dadurch im Ganzen abwenden, daß er in Höhe der Gesammtforderung, wegen deren dem Vermiether das Pfandrecht jeweilig zusteht, dem Vermiether Sicherheit leistet;

2. jede einzelne Sache von dem Pfandrechte befreien, indem er in Höhe ihres Werthes dem Vermiether Sicherheit leistet. Die Art und die Wirkung der Sicherheitsleistung bestimmen sich in beiden Fällen nach den §§ 232—240. Nach Maßgabe des § 232 Abs. 2 genügt also auch die Stellung eines tauglichen Bürgen.

§. 563.

Wird eine dem Pfandrechte des Vermiethers unterliegende Sache für einen anderen Gläubiger gepfändet, so kann diesem gegenüber das Pfandrecht nicht wegen des Miethzinses für eine frühere Zeit als das letzte Jahr vor der Pfändung geltend gemacht werden.

§. 564.

Das Miethverhältniß endigt mit dem Ablaufe der Zeit, für die es eingegangen ist.

Ist die Miethzeit nicht bestimmt, so kann jeder Theil das Miethverhältniß nach den Vorschriften des §. 565 kündigen.

§. 565.

Bei Grundstücken ist die Kündigung nur für den Schluß eines Kalendervierteljahrs zulässig; sie hat spätestens am dritten Werktage des Vierteljahrs zu erfolgen. Ist der Miethzins nach Monaten bemessen, so ist die Kündigung nur für den Schluß eines Kalendermonats zulässig; sie hat spätestens am fünfzehnten des Monats zu erfolgen. Ist der Miethzins nach Wochen bemessen, so ist die Kündigung nur für den Schluß einer Kalenderwoche zulässig; sie hat spätestens am ersten Werktage der Woche zu erfolgen.

Bei beweglichen Sachen hat die Kündigung spätestens am dritten Tage vor dem Tage zu erfolgen, an welchem das Miethverhältniß endigen soll.

Ist der Miethzins für ein Grundstück oder für eine bewegliche Sache nach Tagen bemessen, so ist die Kündigung an jedem Tage für den folgenden Tag zulässig.

---

§ 563.

E. I § 521 Abs. 5; II § 505 rev. § 555; III § 556. P. I S. 2113, 2114; M. II S. 407. P. II S. 1993, 1994 (Bd. II S. 200). D. S. 637.

Die Beschränkung des Pfandrechts in Ansehung des rückständigen Miethzinses im Verhältnisse zwischen dem Vermiether und einem anderen Gläubiger des Miethers stimmt mit § 49 Nr. 2 der K.O. überein.

Die Geltendmachung des Pfandrechts gegenüber dem pfändenden Gläubiger bestimmt sich nach § 805 der C.P.O.

§ 564.

E. I § 522 Abs. 1, 2; II § 506 Abs. 1, 2 rev. § 556; III § 557. P. I S. 2127—2130, 2135; M. II S. 410, 413. P. II S. 2021—2024 (Bd. II S. 214, 215).

1. Der Abs. 1 mag selbstverständlich erscheinen. Er bezweckt, jeden Zweifel darüber auszuschließen, daß es zur Endigung eines auf bestimmte Zeit eingegangenen Miethverhältnisses nicht noch einer Kündigung bedarf. Ob die Miethzeit bestimmt ist, bleibt nach allgemeinen Auslegungsgrundsätzen (§ 157) zu entscheiden. Auch aus der bloßen Vereinbarung des Gebrauchszwecks kann sich eine bestimmte Dauer des Miethverhältnisses ergeben.

2. Die Kündigung ist eine einseitige empfangsbedürftige Willenserklärung, welche dem anderen Theile gegenüber abzugeben ist (vergl. §§ 130 ff.). Sie kann, wenn auf der einen oder der anderen Seite Mehrere betheiligt sind, ebenso wie der Rücktritt vom Vertrage (§ 356) nur für alle und gegen alle erklärt werden (vergl. § 432). Eine bedingte Kündigung ist unwirksam (M. II S. 413).

§ 565.

E. I § 522 Abs. 3—7; II § 506 Abs. 3—6 rev. § 557; III § 558. P. I S. 2127—2136; M. II S. 411—413. P. II S. 2021—2026 (Bd. II S. 214—216).

1. Die Abs. 1—3 enthalten ergänzende Vorschriften über die Kündigungsfrist für die Fälle, in denen weder die Miethzeit noch eine Kündigungsfrist bestimmt ist. Inwieweit auch bei Vereinbarung einer Kündigungsfrist die hier gegebenen Vorschriften ergänzend anzuwenden sind, ist nach den Umständen des einzelnen Falles zu entscheiden.

Die Vorschriften des Abs. 1 Satz 1, Abs. 2 gelten auch für die Fälle, in denen das Miethverhältniß unter Einhaltung der gesetzlichen Frist vorzeitig gekündigt werden kann.

§. 566.

Ein Miethvertrag über ein Grundstück, der für längere Zeit als ein Jahr geschlossen wird, bedarf der schriftlichen Form. Wird die Form nicht beobachtet, so gilt der Vertrag als für unbestimmte Zeit geschlossen; die Kündigung ist jedoch nicht für eine frühere Zeit als für den Schluß des ersten Jahres zulässig.

---

2. Bezüglich der gesetzlichen Kündigungsfrist sind folgende Fälle zu unterscheiden:

a) Bei Grundstücken (vergl. § 580):

α) Ist der Miethzins nach Tagen bemessen, so ist die Kündigung an jedem Tage, also auch an einem Sonn- oder Feiertage, für den folgenden Tag zulässig (Abs. 3). Der Bemessung des Miethzinses nach Tagen entspricht es, daß das Miethverhältniß mit dem Ablauf eines Tages endigen soll. Zweifelhaft aber kann sein, ob der Tag der Kündigung oder der folgende Tag als der letzte anzusehen ist. Die Frage wird in ersterem Sinne zu entscheiden sein. Bei der Vermiethung auf Tage wird häufig vereinbart, daß die Kündigung spätestens bis zu einer bestimmten Tagesstunde erfolgen muß, widrigenfalls das Miethverhältniß noch für den folgenden Tag fortdauert. Ist, wie dies für die Anwendung des § 565 Abs. 3 vorausgesetzt wird, eine solche Vereinbarung nicht getroffen, so dürfte es der Auffassung des Verkehrs entsprechen, daß ohne Rücksicht auf den Zeitpunkt der Kündigung mit dem Ablaufe des Tages der Kündigung das Miethverhältniß endigt, und dieser Auffassung gemäß ist das Gesetz auszulegen.

β) Ist der Miethzins nach Wochen bemessen, so gilt die Vorschrift des Abs. 1 Satz 3. Die Kalenderwoche endet mit dem Ablaufe des Sonntags.

γ) Ist der Miethzins nach Monaten bemessen, so findet die Bestimmung des Abs. 1 Satz 2 Anwendung. Fällt der 15. Tag des Monats auf einen Sonntag oder Feiertag, so ist nach § 193 der nächstfolgende Werktag der letzte zulässige Kündigungstag.

δ) In allen anderen Fällen bestimmt sich die Kündigungsfrist nach Abs. 1 Satz 1. Durch die Zulassung der Kündigung bis zum 3. Werktage des Vierteljahrs wird dem Miether ermöglicht, nöthigenfalls alsbald nach dem Einzuge, dem Vermiether, im Falle nicht pünktlicher Entrichtung des Miethzinses (§ 551) noch zum Schlusse des laufenden Vierteljahrs zu kündigen.

b) Bei beweglichen Sachen gilt

α) wenn der Miethzins nach Tagen bemessen ist, das zu a α Bemerkte.

β) In allen anderen Fällen beträgt die Kündigungsfrist nach Abs. 2 drei Tage. Die Kündigung ist an jedem Tage zulässig, und das Miethverhältniß endigt am dritten Tage nach dem Tage der Kündigung, d. h. mit dem Beginne des dritten Tages.

Ob eine verspätete Kündigung ganz unwirksam ist, oder ob in ihr eine rechtzeitige Kündigung für den nächsten zulässigen Termin gefunden werden kann, ist nach den Umständen des Falles zu entscheiden (M. II S. 413). (Endemann § 170 Anm. 6 nimmt an, daß eine verspätete Kündigung stets völlig unwirksam sei.)

3. Zu Abs. 4 vergl. § 549 Abs. 1 Satz 2, §§ 567, 569, 570; K.O. § 19; Zw.V.G. § 57.

4. Die Frage, inwieweit der Miether verpflichtet ist, die Besichtigung der gemietheten Sache, insbesondere behufs anderweitiger Vermiethung, zu gestatten, wollte ein in der zweiten Kommission gestellter Antrag durch das Gesetz entscheiden. Der Antrag wurde jedoch abgelehnt (P. II S. 2025 [Bd. II S. 216, 217]). Die bezeichnete Verpflichtung ist danach an der Hand der allgemeinen Grundsätze der §§ 157, 242 nach den Umständen des Falles zu bemessen.

§ 566.

E. II § 507 rev. § 558; III § 559. P. II S. 1893—1909, 1918, 1949 (Bd. II S. 147—156, 159, 178). D. S. 638.

1. Die Formvorschrift des § 566 ist von der zweiten Kommission beschlossen worden, weil es nach der Annahme des Grundsatzes „Kauf bricht Miethe nicht" einerseits nicht angängig erschien, den Erwerber eines vermietheten Grundstücks unbeschränkt an mündliche Miethverträge zu binden, andererseits nicht zweckmäßig, nur dem Erwerber gegenüber die volle Wirksamkeit eines Miethvertrags von schriftlicher Form abhängig zu machen. Die Vorschrift lehnt sich an das Preuß. A.L.R. I, 21 § 269 an.

§. 567.

Wird ein Miethvertrag für eine längere Zeit als dreißig Jahre geschlossen, so kann nach dreißig Jahren jeder Theil das Miethverhältniß unter Einhaltung der gesetzlichen Frist kündigen. Die Kündigung ist unzulässig, wenn der Vertrag für die Lebenszeit des Vermiethers oder des Miethers geschlossen ist.

§. 568.

Wird nach dem Ablaufe der Miethzeit der Gebrauch der Sache von dem Miether fortgesetzt, so gilt das Miethverhältniß als auf unbestimmte Zeit verlängert, sofern nicht der Vermiether oder der Miether seinen entgegenstehenden Willen binnen einer Frist von zwei Wochen dem anderen Theile gegenüber erklärt. Die Frist beginnt für den Miether mit der Fortsetzung des Gebrauchs, für den Vermiether mit dem Zeitpunkt, in welchem er von der Fortsetzung Kenntniß erlangt.

---

2. Das Erforderniß schriftlicher Form besteht nur für Miethverträge, welche über ein Grundstück (§ 580) auf längere Zeit als ein Jahr geschlossen werden. Was zur Beobachtung der Form gehört, ergiebt sich aus § 126.

Der Mangel der Form macht, abweichend von § 125 Satz 1, den Miethvertrag nicht nichtig, sondern hat nur zur Folge, daß der Vertrag wie ein auf unbestimmte Zeit geschlossener von jedem Theile nach § 564 Abs. 2, § 565 Abs. 1 gekündigt werden kann. Die letztere Vorschrift wird jedoch durch die Bestimmung modifiziert, daß die Kündigung nicht für eine frühere Zeit als für den Schluß des ersten Jahres, d. h. des Kalendervierteljahres, in welchem das erste Miethjahr endet, zulässig ist.

§ 567.

E. I § 523; II § 508 rev. § 559; III § 560. P. I S. 2163; M. II S. 413. P. II S. 2026 (Bd. II S. 217).

Die Vorschrift des 1. Satzes bezweckt aus volkswirthschaftlichen Gründen, die Erbmiethe und ähnliche Verhältnisse auszuschließen.

Das Kündigungsrecht entsteht erst nach dreißigjähriger Dauer des Miethverhältnisses. Ueber die gesetzliche Kündigungsfrist vergl. § 565 Abs. 1 Satz 1, Abs. 4.

§ 568.

E. I § 524; II § 509 rev. § 560; III § 561. P. I S. 2136—2140, 6150, 6162, 6163; M. II S. 413—415. P. II S. 2026—2028 (Bd II S. 217, 218).

1. Die Vorschriften des § 568 über die stillschweigende Verlängerung des Miethverhältnisses gelten nicht nur für den Fall, daß der ursprüngliche Miethvertrag auf bestimmte Zeit geschlossen war, sondern insbesondere auch für die Fälle, in denen das Miethverhältniß durch Kündigung beendigt ist.

2. Zur Begründung der stillschweigenden Verlängerung genügt die bloße Thatsache, daß nach dem Ablaufe der Miethzeit der Gebrauch der Sache von dem Miether fortgesetzt worden ist. Wer trotz der Fortsetzung des Gebrauchs die Verlängerung bestreitet, hat nachzuweisen, daß er vor dem Ablaufe der gesetzlichen Frist seinen entgegenstehenden Willen erklärt hat. Da die Frist für den Vermiether aber erst mit dessen Kenntniß von der Fortsetzung zu laufen beginnt, so liegt dem Miether der Beweis ob, daß und wann der Vermiether die Kenntniß erlangt hat. Der Vermiether hat dann zu beweisen, daß er vor dem Ablaufe von zwei Wochen nach diesem Zeitpunkte widersprochen habe. Führt der Miether den vorerwähnten Beweis nicht, so ist der Widerspruch des Vermiethers noch jederzeit zulässig. Die zweiwöchige Frist gilt auch für die Fälle, in denen die ursprüngliche Miethzeit kürzer als zwei Wochen war. Sie berechnet sich nach § 187 Abs. 1, § 188 Abs. 2. Die Erklärung des entgegenstehenden Willens ist dem anderen Theil gegenüber abzugeben (vergl. §§ 130 ff., 193).

Ist die Erklärung rechtzeitig erfolgt, so kommt der § 557 zur Anwendung.

3. Sind die Voraussetzungen der stillschweigenden Verlängerung gegeben, so unterliegt das Miethverhältniß fortan wie ein auf unbestimmte Zeit eingegangenes der Kündigung nach § 564 Abs. 2, § 565.

§. 569.

Stirbt der Miether, so ist sowohl der Erbe als der Vermiether berechtigt, das Miethverhältniß unter Einhaltung der gesetzlichen Frist zu kündigen. Die Kündigung kann nur für den ersten Termin erfolgen, für den sie zulässig ist.

§. 570.

Militärpersonen, Beamte, Geistliche und Lehrer an öffentlichen Unterrichtsanstalten können im Falle der Versetzung nach einem anderen Orte das Miethverhältniß in Ansehung der Räume, welche sie für sich oder ihre Familie an dem bisherigen Garnison- oder Wohnorte gemiethet haben, unter Einhaltung der gesetzlichen Frist kündigen. Die Kündigung kann nur für den ersten Termin erfolgen, für den sie zulässig ist.

---

§ 569.

E. I § 526; II § 510 rev. § 561; III § 562. P. I S. 2142—2144; M. II S. 416. P. II S. 2029—2034, 2093 (Bd. II S. 218—221, 251). K.B. S. 1970.

1. Das gesetzliche Kündigungsrecht wegen Todes des Miethers ist für die Fälle von Bedeutung, in denen entweder das Miethverhältniß auf eine bestimmte, die gesetzliche Kündigungsfrist überdauernde Zeit eingegangen oder eine längere als die gesetzliche Kündigungsfrist vereinbart ist.

2. Das Kündigungsrecht steht zu

a) den Erben des Miethers; Miterben müssen es gemeinschaftlich ausüben (§ 2038 Abs. 1 Satz 1);

b) dem Vermiether (vergl. dagegen § 596 Abs. 2).

3. Haben Mehrere zusammen gemiethet, so giebt der Tod des Einen dem Anderen kein Kündigungsrecht. Insbesondere hat sowohl die erste wie die zweite Kommission es abgelehnt, für den Fall, daß Ehegatten gemeinsam gemiethet haben, der Ehefrau als solcher ein Kündigungsrecht wegen des Todes des Mannes beizulegen. Wenn aber weder dem überlebenden Miether noch dem Vermiether ihm gegenüber das Kündigungsrecht zusteht, so kann es bei der Untheilbarkeit der Kündigung auch nicht von oder gegenüber dem Erben des verstorbenen Miethers ausgeübt werden. Der § 569 kann also auf den hier vorausgesetzten Fall keine Anwendung finden. (A. A. Fränkel S. 68.)

4. Die einzuhaltende Kündigungsfrist ergiebt sich nach § 565 Abs. 4 aus Abs. 1 Satz 1, Abs. 2 daselbst. Nach § 569 Satz 2 ist bei Grundstücken die Kündigung, falls sie noch bis zum dritten Werktage des zur Zeit des Todes laufenden Kalendervierteljahrs erfolgen konnte, nur für den Schluß dieses Vierteljahres, andernfalls nur für den Schluß des folgenden Kalendervierteljahrs zulässig. Bei beweglichen Sachen wird die Kündigung, da sie jederzeit für den drittfolgenden Tag zulässig ist, am ersten Tage erfolgen müssen, an dem sie nach den Umständen möglich war.

5. Ueber das Kündigungsrecht im Konkurse des Miethers vergl. K.O. §§ 19, 20.

§ 570.

E. I § 527; II § 511 rev. § 562; III § 563. P. I S. 2144, 2145, 2148; M. II S. 416, 417. P. II S. 2045, 2046, 2093 (Bd. II S. 227, 228, 251). K.B. S. 1970.

1. Der Personenkreis, welchem der § 570 das Kündigungsrecht gewährt, ist der gleiche wie derjenige, auf welchen sich der § 411 bezieht. Vergl. Erl. zu dem letzteren.

2. Der § 570 schließt sich dem Gedanken nach an die Bestimmungen des Preuß. A.L.R. I, 21 §§ 376, 377 an, welche das Kündigungsrecht des Miethers im Falle einer nicht freiwilligen Veränderung in seiner Person oder seinen Umständen regeln, enthält aber im Gegensatze zu diesen allgemeinen Bestimmungen eine Sondervorschrift, welche der Ausdehnung im Wege der Analogie nicht fähig ist.

3. Ob die Versetzung auf Wunsch des Betroffenen oder gegen dessen Willen erfolgt, macht keinen Unterschied (vergl. R.G. Bd. 21 S. 283, wo schon nach Preuß. A.L.R. im Falle einer von dem Beamten selbst beantragten Versetzung ein Kündigungsrecht anerkannt wird).

§. 571.

Wird das vermiethete Grundstück nach der Ueberlassung an den Miether von dem Vermiether an einen Dritten veräußert, so tritt der Erwerber an Stelle des

---

4. Das Kündigungsrecht erstreckt sich nicht nur, wie nach dem E. I, auf die Wohnung, sondern auch auf andere Räume, die der Versetzte für sich oder seine Familie an dem bisherigen Garnison- oder Wohnorte gemiethet hat.

5. Vergl. im Uebrigen die Erl. 1, 4 zu § 569.

§§ 571—579.

1. Der E. I hatte in den §§ 509—512 die Rechtsstellung des Miethers eines Grundstücks im Falle der Veräußerung oder Belastung desselben nach dem gemeinrechtlichen Grundsatze „Kauf bricht Miethe" geregelt und diesen Grundsatz nur nach einzelnen Richtungen gemildert. Sein Standpunkt stieß jedoch bei der Kritik auf besonders lebhaften und ausgedehnten Widerspruch (Zstlg. II S. 246 ff., VI S. 382 ff.). Von der zweiten Kommission ist dementsprechend der entgegengesetzte Grundsatz angenommen worden. Er findet seine nähere Ausgestaltung in den §§ 571—579.

Ein gesetzlicher Schutz wird dem Miether eines Grundstücks nur gewährt, wenn letzteres nach der Ueberlassung an den Miether vom Vermiether veräußert oder belastet wird. Die §§ 571—576 behandeln den Fall der Veräußerung. Der § 571 stellt die maßgebenden Grundsätze auf. Diese werden sodann in Bezug auf die Rechte und die Pflichten des Erwerbers hinsichtlich einer vom Miether geleisteten Sicherheit verdeutlicht (§ 572) und weiter insofern eingeschränkt, als der Erwerber in gewissem Umfange Vorausverfügungen des Vermiethers über die Miethzinsforderung (§ 573) sowie die zwischen dem Miether und dem Vermiether über letztere vorgenommenen Rechtsgeschäfte (§ 574) gegen sich gelten und die Aufrechnung einer dem Miether dem Vermiether gegenüber zustehenden Forderung gegen seine Miethzinsforderung sich gefallen lassen muß (§ 575). Besonders geschützt wird der Miether, wenn ihm der Vermiether eine nicht oder nicht wirksam erfolgte Veräußerung als erfolgt angezeigt hat (§ 576). Der Fall der Belastung des Grundstücks nach der Ueberlassung an den Miether findet im § 577 seine Regelung.

Der § 578 behandelt den Fall einer vor der Ueberlassung des Grundstücks an den Miether erfolgenden Veräußerung oder Belastung, der § 579 den Fall, daß der Erwerber das Grundstück weiter veräußert oder belastet.

2. Ueber die juristische Konstruktion der Vorschriften der §§ 571 ff. vergl. Erl. 1 zu § 571.

3. Die hier gegebenen Vorschriften gelten nach § 1017 Abs. 1 auch für den Fall, daß ein Erbbauberechtigter vermiethet hat und das Erbbaurecht veräußert oder belastet. Sie finden, soweit sie den Schutz des Miethers im Falle der Veräußerung des ihm überlassenen Grundstücks betreffen, mit gewissen Abweichungen in den Fällen der §§ 1056, 1423 (§ 1546 Abs. 3, § 1550 Abs. 2), 1663, 2135 sowie im Falle der Zwangsversteigerung nach § 57 des Zw.V.G. (vergl. § 9 Nr. 2, § 183 daselbst) entsprechende Anwendung und gelten nach Maßgabe des E.G. Art 172 auch für Miethverhältnisse, die zur Zeit des Inkrafttretens des B.G.B. bestehen.

Ueber den Schutz, den der Miether nach erfolgter Ueberlassung des Grundstücks im Falle der Zwangsverwaltung und im Konkurse des Vermiethers genießt, s. Zw.V.G. § 152 Abs. 2, K.O. § 21.

4. Vor der Ueberlassung des Grundstücks an den Miether kann diesem eine dem dritten Erwerber gegenüber gesicherte Stellung auf dem im § 578 vorgesehenen Wege verschafft werden, nicht dagegen durch Eintragung in das Grundbuch. Das Miethrecht ist nach dem B.G.B. der Eintragung nicht fähig. Die Zulassung einer solchen Eintragung ist von der zweiten Kommission abgelehnt worden (P. II S. 1933—1941 [Bd. II S. 169—174]).

5. Der Miether einer beweglichen Sache ist, wenn er sich im Besitze der Sache befindet, gegen eine Veräußerung der Sache von Seiten des Vermiethers dadurch geschützt, daß der Vermiether unter der gedachten Voraussetzung das Eigenthum nur nach Maßgabe des § 931 übertragen kann und daß dem Miether in diesem Falle für die Dauer des Miethverhältnisses dem neuen Eigenthümer gegenüber dieselben Einwendungen zustehen wie gegenüber dem Vermiether.

§ 571.

E. I § 509; II § 512 rev. § 563; III § 564. P. I S. 2051—2065, 2069—2081, 6195; M. II S. 380—390. P. II S. 1865—1886, 1893—1909, 1911—1916, 1933—1941 (Bd. II S. 134—144, 147—159, 169—174). D. S. 638, 639.

1. Der Grundsatz des Abs. 1 beruht seiner Entstehung nach lediglich auf praktischen Erwägungen. Der Miether eines Grundstücks (§ 580) soll, wenn ihm dasselbe überlassen ist,

Vermiethers in die sich während der Dauer seines Eigenthums aus dem Miethverhältniß ergebenden Rechte und Verpflichtungen ein.

Erfüllt der Erwerber die Verpflichtungen nicht, so haftet der Vermiether für den von dem Erwerber zu ersetzenden Schaden wie ein Bürge, der auf die Einrede der Vorausklage verzichtet hat. Erlangt der Miether von dem Uebergange des Eigenthums durch Mittheilung des Vermiethers Kenntniß, so wird der Vermiether von der Haftung befreit, wenn nicht der Miether das Miethverhältniß für den ersten Termin kündigt, für den die Kündigung zulässig ist.

---

gegen die Beeinträchtigung seiner Rechtsstellung durch eine spätere Veräußerung des Grundstücks geschützt werden. Zu diesem Zwecke wird an die Veräußerung die gesetzliche Folge geknüpft, daß der Erwerber an Stelle des Vermiethers in die sich während der Dauer seines Eigenthums aus dem Miethverhältniß ergebenden Verpflichtungen eintritt. Um jedoch den Erwerber hierdurch nicht unbillig zu belasten, läßt das Gesetz ihn zugleich in demselben Umfang in die Rechte aus dem Miethverhältniß eintreten.

Zu der Frage, wie der Eintritt des Erwerbers theoretisch zu konstruiren sei, hat die zweite Kommission keine Stellung genommen. Die P. II S. 1875 f. (Bd. II S. 139) bemerken nur, die Vorschrift lehne sich an den deutschrechtlichen Gedanken an, nach welchem gewisse Rechte und Verbindlichkeiten mit dem Eigenthum an einem Grundstücke verbunden seien; man könne die Verpflichtungen aus dem Miethverhältnisse als eine den deutschrechtlichen Reallasten ähnliche Belastung des Grundstücks auffassen. Die Konstruktionsfrage kann hier nicht näher erörtert werden. Nur soviel sei hervorgehoben, daß der Gedanke, als werde bei Grundstücken das Miethrecht durch Besitzeinräumung zu einem dinglichen Rechte, dem B.G.B. fremd ist (vergl. E.G. Art. 188 Abs. 2). Im wesentlichen zutreffend erscheint die Auffassung Schollmeyers S. 51, 52, nach welcher die Miethe eines Grundstücks mit der Uebergabe an den Miether die Umwandlung erfährt, daß die Rechte und Pflichten des Vermiethers von da an mit dem Eigenthum am Grundstücke verbunden sind, das Miethverhältniß also insoweit zu einem an einen Zustand geknüpften Schuldverhältnisse wird. Aehnlich Endemann § 167, 2a, § 169, 4b 2. Gegen die Annahme der Dinglichkeit des Miethrechts, für welche O. Fischer, das Sachenrecht des Entw. e. B.G.B. S. 17, und J. Meisner, das Recht der Schuldverhältnisse Anm. 3 zu § 571, eintreten, wendet sich auch ausführlich Crome, die juristische Natur der Miethe nach dem deutschen B.G.B., Iherings Jahrbücher f. d. Dogm. Band 37 S. 1 ff., insbes. S. 28—30.

2. Voraussetzung für den gesetzlichen Schutz des Miethers ist, daß die Veräußerung des Grundstücks nach der Ueberlassung desselben an ihn eintritt. Daß der Besitz des Miethers zur Zeit der Veräußerung noch fortdauert, ist nach dem Wortlaute des Gesetzes nicht erforderlich. Es kann in Frage kommen, ob der Zweck des Gesetzes zu einer anderen Auslegung führt. Sieht man diesen Zweck lediglich darin, daß die Ueberlassung des Grundstücks an den Miether dem Erwerber ein zuverlässiges Mittel biete, das Bestehen des Miethverhältnisses zu erkennen, so liegt es nahe, die Fortdauer des durch die Ueberlassung begründeten Besitzes zur Zeit des Erwerbes zu verlangen. Indessen abgesehen davon, ob das Gesetz durch die fragliche Vorschrift nicht auch den Zweck verfolgt, ein äußerlich leicht erkennbares Merkmal dafür festzustellen, daß das Miethverhältniß bereits vor der Veräußerung begründet gewesen sei, so läßt sich, selbst wenn man die Erkennbarkeit des Bestehens des Miethverhältnisses als den Hauptzweck der fraglichen Vorschrift betrachtet, hieraus nicht das Erforderniß einer Fortdauer des Besitzes ableiten. Ist das Grundstück dem Miether einmal überlassen, so wird dieser, solange das Miethverhältniß besteht, regelmäßig auch im Besitze bleiben. Diese regelmäßige Folge der Ueberlassung kann das Gesetz sehr wohl als genügend betrachten, um den erstrebten Zweck in der großen Mehrzahl aller Fälle zu erreichen. Erhebliche Gründe sprechen aber dagegen, unbedingt die Fortdauer des Besitzes des Miethers zu verlangen. Durch die Ueberlassung des Grundstücks an den Miether hat dessen Recht eine qualitative Aenderung erfahren; es ist dadurch ein Recht geworden, das er nicht nur gegen den Vermiether, sondern gegen jeden Erwerber des Grundstücks geltend machen kann. Verlöre der Miether dieses Recht wieder durch den Verlust des Besitzes, so würde der Hauptzweck der fraglichen Vorschriften, den Miether zu schützen, wesentlich beeinträchtigt werden.

Folgende Fälle sind zu unterscheiden:

a) Der Miether überläßt den Besitz wieder dem Vermiether. Hier wird regelmäßig das Miethverhältniß selbst aufgehoben sein. Sollte dies aber ausnahmsweise nicht der Fall sein, so ist doch die Ueberlassung des Grundstücks an den Miether rückgängig gemacht. Dieses ist zur Zeit des Erwerbes dem Miether nicht überlassen; die Voraussetzung des § 571 liegt also schon nach dessen Wortlaute nicht vor. Ebenso dürfte der Fall zu beurtheilen sein, wenn der Vermiether den Besitz ohne den Willen des Miethers wieder erlangt hat.

b) Der Miether hat den Besitz des Grundstücks einem Anderen, z. B. dem Untermiether, in der Art überlassen, daß er mittelbarer Besitzer geblieben ist (§ 868). Hierdurch kann das Recht des Miethers sicherlich eine Aenderung nicht erleiden.

c) Der Miether verliert den Besitz unfreiwillig, ohne daß der Vermiether den Besitz erlangt. Es würde höchst unbillig sein, hieran den Verlust des Rechtes des Miethers zu knüpfen, und zwar umsomehr, als ihm regelmäßig die Möglichkeit verbleibt, durch Erhebung der Besitzklage den Besitz wieder zu erlangen. Der Erwerber des Grundstücks ist auch in diesem Falle noch hinreichend geschützt, indem er sieht, daß der Veräußerer nicht im Besitz ist, und hierdurch darauf aufmerksam gemacht wird, sich nach dem Bestehen des Miethverhältnisses zu erkundigen.

d) Der Miether giebt den Besitz auf, ohne daß der Vermiether denselben erlangt. Ueberwiegende Gründe dürften dafür sprechen, auch in diesem Falle den Verlust des Rechtes nicht an den Verlust des Besitzes zu knüpfen, sondern bei dem Wortlaute des § 571 stehen zu bleiben. Der Erwerber wird auch in diesem Falle regelmäßig in derselben Art genügend geschützt wie in dem Falle unter c.

Im Wesentlichen zu demselben Ergebnisse gelangt Crome a. a. O. S. 34, 35; a. A., wie es scheint, Endemann S. 759, 760.

3. Aus dem Grundsatze des Abs. 1 ergiebt sich im Einzelnen Folgendes:

a) Die Rechte und Verbindlichkeiten des Erwerbers bestimmen sich, vorbehaltlich einer abändernden Vereinbarung zwischen ihm und dem Miether, nach dem Miethverhältnisse, wie es zur Zeit des Eigenthumswechsels zwischen dem Miether und dem Vermiether besteht. Der Erwerber muß also auch nachträgliche mündliche Aenderungen des Miethvertrags gegen sich gelten lassen, selbst wenn er sie bei dem Erwerbe nicht gekannt hat. Sein Schutz besteht in der zeitlichen Beschränkung der Wirksamkeit mündlicher Miethverträge (§ 566) und in der Auskunftspflicht des Vermiethers (§ 444).

b) Der Erwerber tritt in diejenigen Rechte ein, welche sich während der Dauer seines Eigenthums aus dem Miethverhältniß ergeben.

α) Den Miethzins kann der Erwerber vom Miether fordern, soweit der Zins zufolge vertraglicher oder gesetzlicher Bestimmung (§ 551) nach dem Uebergange des Eigenthums zu entrichten ist. Die Forderung geht nicht kraft gesetzlicher Uebertragung (§ 412) vom Vermiether auf den Erwerber über, sondern entsteht aus dem Miethverhältniß und dem Eigenthum am Grundstücke für den Erwerber selbständig; der Miether kann also der Forderung des Erwerbers nicht Einwendungen aus der Person des Vermiethers entgegensetzen. Die Rechte des Erwerbers bezüglich des Miethzinses erleiden jedoch durch die §§ 573—575 Einschränkungen.

Inwieweit dem Erwerber im Verhältnisse zum Vermiether der Miethzins gebührt, bestimmt sich nach § 446, § 101 Nr. 2.

β) Auch alle übrigen Rechte, welche sich aus dem Miethverhältnisse nach dem Eigenthumswechsel ergeben, stehen dem Erwerber zu, insbesondere das Recht zur Gestattung einer Untervermiethung, das Kündigungsrecht, der Anspruch auf Rückgabe nach Beendigung des Miethverhältnisses. Wegen der ihm zustehenden Forderungen aus dem Miethverhältnisse hat der Erwerber nach Maßgabe der §§ 559 ff. das Pfandrecht an den Sachen des Miethers. Daneben bleibt aber das Pfandrecht des Vermiethers an diesen Sachen wegen derjenigen Forderungen aus dem Miethvertrage, welche nicht auf den Erwerber übergehen, insbesondere also wegen rückständiger Miethzinsen, bestehen. Ein in der zweiten Kommission gestellter Antrag, das Pfandrecht des Vermiethers mit der Uebertragung des Eigenthums erlöschen zu lassen, ist abgelehnt worden (P. II S. 2011—2016 [Bd. II S. 210—212]).

c) Der Erwerber tritt in die Verpflichtungen ein, welche sich aus dem Miethverhältnisse während der Dauer seines Eigenthums ergeben. Vor Allem in die Verpflichtung zur Gewährung des vertragsmäßigen Gebrauchs, ebenso aber auch in die Verpflichtungen, die aus der Zusicherung einer Eigenschaft oder aus sonstigen besonderen Versprechungen des Vermiethers entstehen. Zum Schadensersatz ist der Erwerber nur verpflichtet, wenn nach dem Eigenthumswechsel in seiner Person die Voraussetzungen einer solchen Verpflichtung vorliegen; in eine früher entstandene Ersatzpflicht des Vermiethers tritt er nicht ein. Soweit er in die Verpflichtungen eintritt, haftet er nicht nur mit dem Grundstücke, sondern mit seinem ganzen Vermögen.

4. Da der Erwerber an Stelle des Vermiethers wie in die Rechte so in die Verpflichtungen eintritt, die nach dem Eigenthumsübergang aus dem Miethverhältniß entstehen, so kann der Miether für die Zukunft Erfüllung nur von dem Erwerber verlangen. Zur Sicherung des Miethers gegen etwaige Zahlungsunfähigkeit des Erwerbers dient jedoch die in § 571 Abs. 2 bestimmte fortdauernde Haftung des Vermiethers.

§. 572.

Hat der Miether des veräußerten Grundstücks dem Vermiether für die Erfüllung seiner Verpflichtungen Sicherheit geleistet, so tritt der Erwerber in die dadurch begründeten Rechte ein. Zur Rückgewähr der Sicherheit ist er nur verpflichtet, wenn sie ihm ausgehändigt wird oder wenn er dem Vermiether gegenüber die Verpflichtung zur Rückgewähr übernimmt.

---

a) Voraussetzung dieser Haftung ist, daß der Erwerber dem Miether wegen Nichterfüllung seiner Verpflichtungen aus dem Miethverhältnisse zum Schadensersatze verpflichtet ist (vergl. insbes. § 538 Abs. 1).

b) Die Haftung des Vermiethers bestimmt sich nach den für die Bürgschaft geltenden Vorschriften der §§ 768, 770, 774; die Einrede der Vorausklage (§ 771) steht dem Vermiether nicht zu.

c) Der Vermiether kann, wenn der Miether nach dem Vertrag oder dem Gesetze (§ 564 Abs. 2) zur Kündigung berechtigt ist, sich von der Haftung befreien. Er hat zu diesem Zwecke dem Miether den Uebergang des Eigenthums mitzutheilen; daß der Miether auf andere Weise von dem Uebergange Kenntniß erhält, genügt nicht. Kündigt der Miether nach dem Empfange der Mittheilung nicht für den ersten zulässigen Termin, so wird der Vermiether von der Haftung befreit. Die Fassung des Abs. 2 Satz 2 läßt es zweifelhaft, ob der Vermiether von seiner Haftung nur für die Zukunft oder auch für die Vergangenheit befreit werden soll (vergl. die deutlichere Fassung des E.G. Art. 171). Die zweite Kommission, auf deren Beschluß die fragliche Vorschrift beruht, hat das erstere beabsichtigt. Bei der Berathung war neben einem mit der jetzigen Fassung im Wesentlichen übereinstimmenden Antrage der Antrag gestellt, folgendermaßen zu fassen:

> „Wenn jedoch der Miether, nachdem er von dem Eigenthumsübergang durch Mittheilung des Vermiethers Kenntniß erlangt hat, das Miethverhältniß nicht zu dem ersten Termine, zu welchem die Kündigung statthaft ist, kündigt, so wird der Vermiether von diesem Tage an von der Haftung frei."

Dieser Antrag wurde der Redaktionskommission überwiesen, weil es sich, soweit dadurch hervorgehoben werden soll, „daß die Mithaftung nur in Ansehung derjenigen Schadensersatzverbindlichkeiten wegfalle, welche sich nach dem ersten Termine, zu welchem der Miether kündigen konnte, ergeben," nur um eine redaktionelle Abweichung handele. Bestimmt also sollte werden, daß die Haftung des Vermiethers sich nicht auf die ganze Dauer des Miethverhältnisses erstrecken, sondern für die Zukunft wegfallen solle, wenn der Miether das Miethverhältniß nicht zu dem ersten Termine kündige, zu welchem er zu kündigen berechtigt sei. Für eine dieser Auffassung entsprechenden Auslegung der fraglichen Vorschrift dürften auch überwiegende innere Gründe sprechen. Das Gesetz erblickt zwar in dem Unterlassen der Kündigung die Erklärung des Einverständnisses mit dem Eintritte des Erwerbers in die Stellung des Vermiethers. Aber dieses Einverständniß darf doch nur auf die Zukunft bezogen, nicht als ein Verzicht auf bereits begründete Ansprüche gegen den Vermiether ausgelegt werden. Das Bedenkliche einer solchen Auslegung tritt besonders scharf hervor, wenn man an Fälle denkt, in welchen der Miether den Vermiether schon vor dem ersten Termine, zu welchem die Kündigung zulässig war, aus seiner Haftung in Anspruch genommen und dieser den Anspruch anerkannt und befriedigt hat. Bezöge sich die fragliche Vorschrift auch auf die Vergangenheit, so müßte in einem Falle dieser Art das Bezahlte wegen Wegfalls des Grundes dem Vermiether wiedererstattet werden. Da der Wortlaut der fraglichen Vorschrift zu einer Auslegung, die zu so bedenklichen Ergebnissen führt, nicht nöthigt, so wird man sie in demjenigen Sinne auszulegen haben, welchen sie nach der Absicht der Kommission haben sollte.

§ 572.

E. II § 513 rev. § 564; III § 565. P. II S. 2109—2114 (Bd. II S. 260—263).

Der § 572 ist praktisch hauptsächlich für die Pacht von Wichtigkeit. Die Vorschrift des 1. Satzes wäre selbstverständlich, wenn die Rechte des Vermiethers kraft gesetzlicher Uebertragung auf den Erwerber übergingen (vergl. §§ 412, 401). Da dies nicht zutrifft (Erl. 3 b α zu § 571), ist der Satz der Deutlichkeit wegen ausgesprochen. Der Erwerber kann nach Satz 1 vom Vermiether Aushändigung der Sicherheit verlangen, soweit diese nicht dem Vermiether wegen ihm verbleibender Forderungen an den Miether haftet.

Der Satz 2 stellt klar, daß die Verpflichtung zur Rückgewähr der Sicherheit nicht zu den Verpflichtungen aus dem Miethverhältnisse gehört, in welche der Erwerber nach § 571 Abs. 1

§. 573.

Eine Verfügung, die der Vermiether vor dem Uebergange des Eigenthums über den auf die Zeit der Berechtigung des Erwerbers entfallenden Miethzins getroffen hat, ist insoweit wirksam, als sie sich auf den Miethzins für das zur Zeit des Ueberganges des Eigenthums laufende und das folgende Kalendervierteljahr bezieht. Eine Verfügung über den Miethzins für eine spätere Zeit muß der Erwerber gegen sich gelten lassen, wenn er sie zur Zeit des Ueberganges des Eigenthums kennt.

§. 574.

Ein Rechtsgeschäft, das zwischen dem Miether und dem Vermiether in Ansehung der Miethzinsforderung vorgenommen wird, insbesondere die Entrichtung des Miethzinses, ist dem Erwerber gegenüber wirksam, soweit es sich nicht auf den Miethzins für eine spätere Zeit als das Kalendervierteljahr, in welchem der Miether von dem Uebergange des Eigenthums Kenntniß erlangt, und das folgende Vierteljahr bezieht. Ein Rechtsgeschäft, das nach dem Uebergange des Eigenthums vorgenommen wird, ist jedoch unwirksam, wenn der Miether bei der Vornahme des Rechtsgeschäfts von dem Uebergange des Eigenthums Kenntniß hat.

---

kraft Gesetzes eintritt. Zugleich bestimmt er die Voraussetzungen der Rückgewährpflicht. Durch die bloße Kenntniß des Erwerbers von der Sicherheitsleistung wird diese Verpflichtung nicht begründet.

§ 573.

E. II § 514 rev. § 565; III § 566. P. II S. 1886—1891 (Bd. II S. 144—146). D. S. 639.

Nach § 571 Abs. 1 (Erl. 3 b α daselbst) kann der Erwerber grundsätzlich den Miethzins fordern, welcher nach dem Eigenthumswechsel fällig wird. Da die Miethzinsforderung nicht vom Vermiether auf ihn kraft Gesetzes übergeht, sondern für ihn selbständig entsteht, braucht er Vorausverfügungen des Vermiethers über den auf die Zeit seiner Berechtigung entfallenden, d. h. nach dem Eigenthumswechsel fällig werdenden, Miethzins nicht gegen sich gelten zu lassen. Eine solche Vorausverfügung, insbesondere die Abtretung oder Einziehung des noch nicht fälligen Miethzinses, wird mit dem Eigenthumswechsel unwirksam. Dieser Grundsatz erfährt jedoch durch § 573 zwei Einschränkungen.

1. Der Satz 1 bezweckt, wie die ähnliche Vorschrift des § 1124 Abs. 2, dem Vermiether die oft wirthschaftlich nothwendige Verfügung über einen Miethzins, dessen Fälligkeit nahe bevorsteht, zu ermöglichen. (Vergl. K.O. § 21 Abs. 2.)

2. Der Satz 2 hat in erster Linie den Schutz des Miethers im Auge, von dem der Vermiether den Miethzins längere Zeit vor der Fälligkeit eingezogen hat. Der Miether kann sich danach gegen die Gefahr, nochmals an den Erwerber zahlen zu müssen, schützen, indem er dem Erwerber vor dem Eigenthumswechsel von der Vorausverfügung Kenntniß giebt. Indessen ist auch der anderweit erlangten Kenntniß des Erwerbers die gleiche Wirkung beigelegt.

Das Recht des Erwerbers, vom Vermiether Schadloshaltung zu verlangen, wird durch die hier gegebenen Vorschriften nicht berührt.

§ 574.

E. II § 515 rev. § 565; III § 567. P. II S. 1886—1891, 8590—8595 (Bd. II S. 144 bis 147). D. S. 640.

Der § 574 schränkt das Recht des Erwerbers auf den Miethzins noch über die Vorschrift des § 573 Satz 1 hinaus ein. In der Fassung des E. II § 515 bezweckte die Bestimmung lediglich, dem Miether, der nach dem Eigenthumsübergang in Unkenntniß desselben den Miethzins an den Vermiether entrichtet oder sich mit diesem sonst über den Miethzins einläßt, einen ähnlichen Schutz zu gewähren, wie ihn der § 407 Abs. 1 dem Schuldner im Falle der Abtretung bietet. Später wurde der Schutz des Miethers noch erweitert. Nach der jetzigen Fassung bezieht sich der 1. Satz sowohl auf Rechtsgeschäfte, welche vor dem Eigenthumswechsel, als auch auf solche, welche nachher vorgenommen werden. Bezüglich der letzteren schränkt der 2. Satz die Vorschrift des ersten Satzes ein. Vollzieht sich z. B. der Eigenthumswechsel am 29. September 1900 und erhält der Miether erst am 10. Oktober Kenntniß davon, so ist eine Vorauszahlung des Miethzinses für die Zeit bis 31. März 1901 wirksam, mag sie am

§. 575.

Soweit die Entrichtung des Miethzinses an den Vermiether nach §. 574 dem Erwerber gegenüber wirksam ist, kann der Miether gegen die Miethzinsforderung des Erwerbers eine ihm gegen den Vermiether zustehende Forderung aufrechnen. Die Aufrechnung ist ausgeschlossen, wenn der Miether die Gegenforderung erworben hat, nachdem er von dem Uebergange des Eigenthums Kenntniß erlangt hat, oder wenn die Gegenforderung erst nach der Erlangung der Kenntniß und später als der Miethzins fällig geworden ist.

§. 576.

Zeigt der Vermiether dem Miether an, daß er das Eigenthum an dem vermietheten Grundstück auf einen Dritten übertragen habe, so muß er in Ansehung der Miethzinsforderung die angezeigte Uebertragung dem Miether gegenüber gegen sich gelten lassen, auch wenn sie nicht erfolgt oder nicht wirksam ist.

Die Anzeige kann nur mit Zustimmung desjenigen zurückgenommen werden, welcher als der neue Eigenthümer bezeichnet worden ist.

§. 577.

Wird das vermiethete Grundstück nach der Ueberlassung an den Miether von dem Vermiether mit dem Rechte eines Dritten belastet, so finden die Vorschriften der §§. 571 bis 576 entsprechende Anwendung, wenn durch die Ausübung des Rechtes dem Miether der vertragsmäßige Gebrauch entzogen wird. Hat die Ausübung des Rechtes nur eine Beschränkung des Miethers in dem vertragsmäßigen Gebrauche zur Folge, so ist der Dritte dem Miether gegenüber verpflichtet, die Ausübung zu unterlassen, soweit sie den vertragsmäßigen Gebrauch beeinträchtigen würde.

---

28. September oder am 9. Oktober erfolgt sein. Auf Grund des § 573 Satz 1 würde die am 28. September erfolgte Vorauszahlung nur für die Zeit bis zum 31. Dezember 1900, die am 9. Oktober erfolgte Vorauszahlung gegenüber dem Erwerber überhaupt nicht wirksam sein.

Einem zwischen dem Miether und dem Vermiether vorgenommenen Rechtsgeschäfte steht ein Rechtsgeschäft zwischen dem Miether und demjenigen gleich, an den die Miethzinsforderung abgetreten ist.

§ 575.

E. II § 516 rev. § 567; III § 568. P. II S. 1886—1888, 1891 (Bd. II S. 144—147). D. S. 640.

Der § 575 überträgt den Schutz, welchen der § 406 dem Schuldner im Falle der Abtretung gewährt, in der dem § 574 Satz 1 entsprechenden Beschränkung auf den Miether. Dieser kann danach mit den im Satz 2 bestimmten Ausnahmen eine ihm gegen den Vermiether zustehende Gegenforderung gegen die Miethzinsforderung des Erwerbers für das Kalendervierteljahr, in welchem er von dem Eigenthumsübergange Kenntniß erlangt, und das folgende Vierteljahr aufrechnen.

§ 576.

E. II § 517 rev. § 568; III § 569. P. II S. 1886—1888, 1891 (Bd. II S. 144—147). D. S. 640. K.B. S. 1970.

1. Der § 576 ist den Vorschriften des § 409 Abs. 1 Satz 1, Abs. 2 nachgebildet. Vergl. daher die dort gegebenen Erläuterungen.

2. Im Falle der Unwirksamkeit des Eigenthumsüberganges schützt den Miether, der an den eingetragenen Erwerber den Miethzins entrichtet, auch der öffentliche Glaube des Grundbuchs nach § 893.

§ 577.

E. I § 510; II § 518 rev. § 569; III § 570. P. I S. 2051—2065, 2069—2081, 3787, 11812—11816; M. II S. 386—390. P. II S. 1916—1920 (Bd. II S. 159—162).

Für den Fall, daß das vermiethete Grundstück nach der Ueberlassung an den Miether von dem Vermiether mit dem Rechte eines Dritten belastet wird, gestaltet sich der Schutz des Miethers gegenüber dem Dritten nach der Art des Rechtes verschieden.

§. 578.

Hat vor der Ueberlassung des vermietheten Grundstücks an den Miether der Vermiether das Grundstück an einen Dritten veräußert oder mit einem Rechte belastet, durch dessen Ausübung der vertragsmäßige Gebrauch dem Miether entzogen oder beschränkt wird, so gilt das Gleiche wie in den Fällen des §. 571 Abs. 1 und des §. 577, wenn der Erwerber dem Vermiether gegenüber die Erfüllung der sich aus dem Miethverhältniß ergebenden Verpflichtungen übernommen hat.

§. 579.

Wird das vermiethete Grundstück von dem Erwerber weiter veräußert oder belastet, so finden die Vorschriften des §. 571 Abs. 1 und der §§. 572 bis 578 entsprechende Anwendung. Erfüllt der neue Erwerber die sich aus dem Miethverhältniß ergebenden Verpflichtungen nicht, so haftet der Vermiether dem Miether nach §. 571 Abs. 2.

§. 580.

Die Vorschriften über die Miethe von Grundstücken gelten auch für die Miethe von Wohnräumen und anderen Räumen.

---

1. Ist dem Dritten ein Recht eingeräumt, durch dessen Ausübung dem Miether der vertragsmäßige Gebrauch entzogen werden würde, also was die im B.G.B. selbst zugelassenen Rechte betrifft, ein Erbbaurecht (§ 1012), ein Nießbrauch (§ 1030) oder ein Wohnungsrecht (§ 1093), so finden die Vorschriften der §§ 571—576 mit der Maßgabe Anwendung, daß der Dritte die gleiche Rechtsstellung hat wie der Erwerber im Falle der Veräußerung. Der Dritte hat also in gleichem Umfange wie der Erwerber auch Anspruch auf die Miethzinsen.

2. Ist dem Dritten ein Recht eingeräumt, durch dessen Ausübung der Miether in dem vertragsmäßigen Gebrauch nur beschränkt werden würde, also nach dem B.G.B. eine Grunddienstbarkeit (§ 1018) oder eine beschränkte persönliche Dienstbarkeit (§ 1090), so schützt das Gesetz den Miether, indem es den Dritten verpflichtet, die Ausübung des Rechtes zu unterlassen, soweit sie den vertragsmäßigen Gebrauch des Miethers beeinträchtigen würde. Ein Anspruch auf die Miethzinsen steht dem Dritten in diesen Fällen kraft Gesetzes nicht zu. Der § 577 Satz 2 gewährt dem Miether einen persönlichen Anspruch gegen den Dritten und eine Einrede gegen den dinglichen Anspruch des Dritten (§ 1004 Abs. 2, § 1027, § 1090 Abs. 2).

§ 578.

E. I § 512; II § 519 rev. § 570; III § 571. P. I S. 2051, 2054, 2055, 2058, 2061, 2066—2069, 3560, 3787, 6195; M. II S. 391—393. P. II S. 1920, 1921 (**Bd. II S. 162, 163**).

Bezüglich der Fälle, in denen das vermiethete Grundstück vor der Ueberlassung desselben an den Miether vom Vermiether veräußert oder belastet wird, geht das B.G.B. davon aus, daß eine gesetzliche Bindung des Erwerbers an den Miethvertrag zum Schutze des Miethers nicht nothwendig und mit Rücksicht auf die Lage des Erwerbers nicht angängig ist, da das Bestehen des Miethverhältnisses für den Erwerber, solange der Miether sich nicht im Besitze befindet, gewöhnlich unerkennbar ist. Ein Schutz des Miethers kann daher in diesem Falle nur durch Vertrag zwischen dem Vermiether und dem Erwerber geschaffen werden. In Ermangelung einer besonderen Vorschrift wären die Betheiligten darauf angewiesen, bezüglich der Verpflichtungen aus dem Miethvertrage eine Schuldübernahme (§§ 415 ff.) oder eine Erfüllungsübernahme (§ 329) oder ein Versprechen der Leistung an den Miether (§§ 328 ff.) und bezüglich der Forderungen die Abtretung an den Erwerber zu vereinbaren. Ob es zulässig wäre, das Rechtsverhältniß nach Maßgabe der §§ 571—577 vertragsmäßig zu regeln und ob eine dahingehende Vereinbarung in dem Falle angenommen werden könnte, wenn der Erwerber dem Vermiether gegenüber die Erfüllung der sich aus dem Miethverhältniß ergebenden Verpflichtungen übernommen hat, würde zweifelhaft sein.

Diesen Zweifel beseitigt die Vorschrift des § 578. Sie findet übrigens nur in Ermangelung einer abweichenden Vereinbarung Anwendung.

§ 579.

E. II § 520 rev. § 571; III § 572; P. II S. 1941 (Bd. II S. 174).

Der § 579 soll insbesondere klarstellen, was mit Rücksicht auf § 571 Abs. 1 („in die sich während der Dauer seines Eigenthums . . . ergebenden Rechte") zweifelhaft sein

II. Pacht.

§. 581.

Durch den Pachtvertrag wird der Verpächter verpflichtet, dem Pächter den Gebrauch des verpachteten Gegenstandes und den Genuß der Früchte, soweit sie nach den Regeln einer ordnungsmäßigen Wirthschaft als Ertrag anzusehen sind, während der Pachtzeit zu gewähren. Der Pächter ist verpflichtet, dem Verpächter den vereinbarten Pachtzins zu entrichten.

Auf die Pacht finden, soweit sich nicht aus den §§. 582 bis 597 ein Anderes ergiebt, die Vorschriften über die Miethe entsprechende Anwendung.

---

könnte, daß auch die Bestimmungen der §§ 573 ff. in Bezug auf Vorausverfügungen des ersten Erwerbers und die Zulässigkeit der Aufrechnung gegenüber dem neuen Erwerber anwendbar sind. Die Haftung des Vermiethers nach § 579 Satz 2 tritt selbstverständlich nicht ein, wenn der Vermiether bereits vorher gemäß § 571 Abs. 2 Satz 2 von einer solchen Haftung befreit war. Daß in letzterem Falle, wie Fischer und Henle sowie Meisner annehmen, der erste Erwerber nach § 571 Abs. 2 haftet, entspricht ebensowenig dem Wortlaute wie dem Zwecke des § 579 Satz 2 (P. II S. 1941 [Bd. II S. 174]).

§ 580.

E. II § 480 Abs. 2 rev. § 572; III § 573. P. II S. 1866 (Bd. II S. 134).

Besondere Vorschriften über die Miethe von Grundstücken finden sich in § 537 Abs. 2 Satz 2, § 551 Abs. 2, § 556 Abs. 2, §§ 559—563, § 565 Abs. 1, 3, 4, § 566, §§ 571—579. Vergl. aber Erl. 3 zu § 560.

§§ 581—597.

1. Der § 581 bezeichnet in Abs. 1 die wesentlichen gegenseitigen Verpflichtungen aus dem Pachtvertrage und erklärt in Abs. 2 die Vorschriften über die Miethe auf die Pacht für entsprechend anwendbar, vorbehaltlich der nachfolgenden besonderen Bestimmungen. An der Spitze der letzteren stehen Vorschriften über die Pacht eines landwirthschaftlichen Grundstücks, und zwar über die Verpflichtung des Pächters zu Ausbesserungen (§ 582), das Recht desselben zur Vornahme von Aenderungen (§ 583), die Fälligkeit des Pachtzinses (§ 584) und das Pfandrecht des Verpächters (§ 585). Es folgen Vorschriften über die Pacht eines Grundstücks sammt Inventar (§§ 586—590), die Rückgewähr eines landwirthschaftlichen Grundstücks (§§ 591, 592) und eines Landguts (§§ 593, 594), die gesetzliche Kündigungsfrist bei der Pacht eines Grundstücks oder eines Rechtes (§ 595), das außerordentliche Kündigungsrecht wegen Verweigerung der Erlaubniß zur Unterverpachtung und wegen Todes oder Versetzung des Pächters (§ 596), endlich über die Entschädigung des Verpächters wegen Vorenthaltung des gepachteten Gegenstandes durch den Pächter (§ 597).

2. Bezüglich des Erfordernisses der Genehmigung des Vormundschaftsgerichts zu Pachtverträgen des Vormundes vergl. § 1822 Nr. 4, 5, § 1902 Abs. 2 (s. auch § 1643).

3. Ueber die sog. Viehpacht oder Viehverstellung sind gesetzliche Bestimmungen weder in das B.G.B. aufgenommen noch der Landesgesetzgebung vorbehalten (M. II S. 441 bis 443, P. II S. 2125, 2126 [Bd. II S. 268, 269]). Die Regelung ist ausschließlich der Parteivereinbarung überlassen.

§ 581.

E. I §§ 531, 532; II § 521 rev. § 573; III § 574. P. I S. 2161—2165, 6136; M. II S. 421—423. P. II S. 2057, 2058 (Bd. II S. 232). K.B. S. 1971.

1. Gegenstand des Pachtvertrags können nicht nur Sachen sein, sondern auch Rechte, z. B. das Recht auf Gewinnung von Bodenbestandtheilen, das Fischereirecht, das Jagdrecht (vergl. § 835 Abs. 2 Satz 2, E.G. Art. 71 Nr. 6) sowie andere Gegenstände (vergl. über Pacht eines Handelsgeschäfts das neue H.G.B. § 22 Abs. 2).

2. Das wesentliche Unterscheidungsmerkmal zwischen Pacht und Miethe liegt in der Verpflichtung des Verpächters, dem Pächter den Fruchtgenuß zu gewähren. Ist nach einem Vertrag ein Grundstück nur zum Gebrauch, ein anderes zugleich zum Fruchtgenusse zu überlassen, so hängt die Entscheidung, ob Miethe oder Pacht vorliegt, davon ab, welcher Gegen=

§. 582.

Der Pächter eines landwirthschaftlichen Grundstücks hat die gewöhnlichen Ausbesserungen, insbesondere die der Wohn- und Wirthschaftsgebäude, der Wege, Gräben und Einfriedigungen, auf seine Kosten zu bewirken.

---

stand sich im Sinne des Vertrags als Hauptsache darstellt; indessen können, ungeachtet dieser Entscheidung, im Einzelnen auch die für das andere Verhältniß maßgebenden Vorschriften zur Anwendung gelangen.

3. Die Verpflichtung des Verpächters zur Gewährung des Gebrauchs ist von der des Vermiethers nicht grundsätzlich verschieden. Sie beschränkt sich nicht auf den zum Fruchtgenuß erforderlichen Gebrauch. Vergl. Erl. 2 zu § 535.

4. Inwieweit der Pächter zum Genusse der Früchte berechtigt ist, bestimmt sich zunächst nach dem Vertrage. Mangels einer besonderen Bestimmung erstreckt sich das Recht des Pächters nicht auf alle Früchte im Sinne des § 99 (Erl. 1, 2 dazu). Ausgeschlossen sind nach der von der Reichstagskommission beschlossenen Fassung des § 581 Abs. 1 diejenigen Erzeugnisse und Bestandtheile, welche nach den Regeln einer ordnungsmäßigen Wirthschaft nicht als Ertrag anzusehen sind, z. B. bei einem Walde das wegen Windbruchs im Uebermaße gefällte Holz.

Die Verpflichtung des Verpächters zur Gewährung des Fruchtgenusses bestimmt sich bezüglich der Erzeugnisse und Bestandtheile einer Sache näher dahin, daß der Verpächter dem Pächter während der Pachtzeit die Aneignung zu gestatten hat. Aus dieser Verpflichtung des Verpächters ergiebt sich für den Pächter ein für die Dauer des Pachtverhältnisses unentziehbares Recht, das Eigenthum an solchen Früchten gemäß § 956 durch Trennung oder Besitzergreifung zu erwerben.

In Betreff der bürgerlichen Früchte des verpachteten Gegenstandes im Sinne des § 99 Abs. 3 geht die Verpflichtung des Verpächters dahin, dem Pächter deren Genuß zu gestatten und zu ermöglichen.

5. Bezüglich des Pachtzinses gilt das in der Erl. 1 zu § 535 über den Miethzins Bemerkte. Der Pachtzins kann danach auch in einer Quote der Früchte des Pachtgegenstandes bestehen. Ob ein Pachtverhältniß dieser Art oder eine Gesellschaft anzunehmen, ist Auslegungsfrage.

6. Von den Vorschriften über die Miethe erfahren der § 536 durch § 582 und § 586, der § 549 Abs. 1 durch § 596 Abs. 1, der § 551 Abs. 2 durch § 584, der § 556 Abs. 1 durch die §§ 591—594, der § 557 durch § 597, die §§ 559, 563 durch § 585, der § 565 durch § 595, die §§ 569, 570 durch § 596 Abs. 2, 3 Aenderungen oder Ergänzungen. Die §§ 544, 580 sind unanwendbar. Die übrigen Vorschriften gelten mit den Aenderungen, die sich aus der Uebertragung auf die Pacht ohne Weiteres ergeben, auch für die Pacht.

Hervorzuheben ist insbesondere, daß der Pächter von der Entrichtung des Pachtzinses nur nach Maßgabe des § 323 Abs. 1 (§ 325 Abs. 1 Satz 3) und des § 537 (§ 541) kraft Gesetzes befreit wird, wenn und solange der Verpächter seine Verpflichtung, den verpachteten Gegenstand in einem zum Fruchtgenusse geeigneten Zustande zu gewähren, nicht erfüllt. Dagegen giebt das B.G.B. dem Pächter wegen eines Zufalls, welcher die Früchte oder deren Entstehung betrifft, kein gesetzliches Recht auf Zinsnachlaß (E. I § 534; P. I S. 2174, 2175; M. II S. 423—425; P. II S. 2068—2076 [Bd. II S. 238—243]; K.B. S. 1971). Der Verpächter trägt nur die Gefahr solcher Unglücksfälle, welche, den Pachtgegenstand selbst treffend, die Möglichkeit der Fruchtziehung ausschließen oder beeinträchtigen, nicht dagegen die Gefahr solcher Zufälle, in Folge deren der Pächter trotz der Tauglichkeit des Pachtgegenstandes nicht zum wirklichen Genusse der Früchte gelangt. Zu den Zufällen der letzteren Art gehört insbesondere Hagelschlag. Wasserschäden werden je nach den Umständen unter die erste oder die zweite Kategorie von Zufällen zu zählen sein. Werden durch die Ueberschwemmung eines verpachteten Grundstücks Erzeugnisse, welche den Regeln einer ordnungsmäßigen Wirthschaft entsprechend noch nicht getrennt sind, zerstört oder verschlechtert, so hat der Verpächter das Grundstück nicht während der zur Gewinnung der Erzeugnisse erforderlichen Zeit in tauglichem Zustande gewährt; der Pächter wird daher von der Entrichtung des Pachtzinses für diese ganze Zeit vollständig oder theilweise befreit (P. II S. 2074 f. [Bd. II S. 242]).

§ 582.

E. I § 540; II § 522 rev. § 574; III § 575. P. I S. 2172—2174; M. II S. 429, 430. P. II S. 2094—2096 (Bd. II S. 252, 253).

1. Die Vorschrift schränkt für die Pacht landwirthschaftlicher Grundstücke den § 536 ein, welcher im Uebrigen auch für die Pacht gilt. Andere als gewöhnliche Ausbesserungen hat auch

§. 583.

Der Pächter eines landwirthschaftlichen Grundstücks darf nicht ohne die Erlaubniß des Verpächters Aenderungen in der wirthschaftlichen Bestimmung des Grundstücks vornehmen, die auf die Art der Bewirthschaftung über die Pachtzeit hinaus von Einfluß sind.

§. 584.

Ist bei der Pacht eines landwirthschaftlichen Grundstücks der Pachtzins nach Jahren bemessen, so ist er nach dem Ablaufe je eines Pachtjahrs am ersten Werktage des folgenden Jahres zu entrichten.

§. 585.

Das Pfandrecht des Verpächters eines landwirthschaftlichen Grundstücks kann für den gesammten Pachtzins geltend gemacht werden und unterliegt nicht der im §. 563 bestimmten Beschränkung. Es erstreckt sich auf die Früchte des Grundstücks sowie auf die nach §. 715 Nr. 5 der Civilprozeßordnung der Pfändung nicht unterworfenen Sachen.

---

bei landwirthschaftlichen Grundstücken der Verpächter zu tragen. Ein Recht, zum Zwecke solcher Ausbesserungen Bestandtheile des Grundstücks zu verwenden, wie es nach § 1044 dem Eigenthümer im Falle des Nießbrauchs zusteht, ist dem Verpächter nicht beigelegt; es muß durch Vertrag besonders begründet sein (P. II a. a. O.).

2. Die Verpflichtung des Pächters, dem Verpächter die Besichtigung zu gestatten, ist nach den Umständen des Falles mit Rücksicht auf Treu und Glauben und die Verkehrssitte zu bestimmen (vergl. Erl. 4 zu § 565).

§ 583.

E. I § 541; II § 523 rev. § 575; III § 576. P. I S. 2168—2171; M. II S. 430, 431. P. II S. 2097—2103 (Bd. II S. 253—256).

1. Der § 583 enthält eine Anwendung des allgemeinen Grundsatzes, daß der Pächter bei Ausübung seines Rechtes zum Gebrauch und Fruchtgenusse die Grenzen innezuhalten hat, welche sich aus dem Vertrage nach Treu und Glauben mit Rücksicht auf die Verkehrssitte ergeben (§ 157). Nimmt der Pächter dem § 583 zuwider Aenderungen vor, so kann der Verpächter gemäß § 550 auf Unterlassung klagen oder nach § 553 kündigen.

2. Inwieweit der Pächter positiv verpflichtet ist, den Pachtgegenstand ordnungsmäßig zu benutzen, ergiebt sich für die Pacht landwirthschaftlicher Grundstücke aus § 591. Im Uebrigen entscheidet sich die Frage nach dem durch Auslegung zu ermittelnden Vertragswillen.

§ 584.

E. I § 539; II § 524 rev. § 576; III § 577. P. I S. 2165—2168; M. II S. 429. P. II S. 2093, 2094 (Bd. II S. 251, 252).

Der Fälligkeitstermin bestimmt sich auch für den Pachtzins nach den Vorschriften des § 551. Nur bei der Pacht eines landwirthschaftlichen Grundstücks erleiden sie eine Aenderung für den Fall, daß der Pachtzins nach Jahren bemessen ist; die Vorschrift des § 551 Abs. 2 wird für diesen Fall durch § 584 ersetzt. Der E. I § 539 schloß die Anwendung der mit dem § 551 Abs. 2 übereinstimmenden Vorschrift seines § 517 Satz 2 für die Pacht landwirthschaftlicher Grundstücke ganz aus. Sachlich wollte die zweite Kommission hieran nichts ändern. Sie hielt es aber für genügend, die Anwendung des § 551 Abs. 2 für den praktisch wichtigsten Fall, den der Bemessung des Pachtzinses nach Jahren, auszuschließen, und vertraute für die übrigen Fälle darauf, daß die hier gegebene Vorschrift zur entsprechenden Anwendnng gelangen werde.

§ 585.

E. I § 543; II § 525 rev. § 577; III § 578. P. I S. 2202—2204, 11818—11821; M. II S. 432, 433. P. II S. 2106—2108 (Bd. II S. 258, 259). D. S. 638. K.B. S. 1971, 1972. St.B. S. 2783, 2784.

Das Pfandrecht des Verpächters eines Grundstücks bestimmt sich im Allgemeinen nach den §§ 559 ff. Auf die Pacht anderer als landwirthschaftlicher Grundstücke, z. B. einer

§. 586.

Wird ein Grundstück sammt Inventar verpachtet, so liegt dem Pächter die Erhaltung der einzelnen Inventarstücke ob.

Der Verpächter ist verpflichtet, Inventarstücke, die in Folge eines von dem Pächter nicht zu vertretenden Umstandes in Abgang kommen, zu ergänzen. Der Pächter hat jedoch den gewöhnlichen Abgang der zu dem Inventar gehörenden Thiere aus den Jungen insoweit zu ersetzen, als dies einer ordnungsmäßigen Wirthschaft entspricht.

§. 587.

Uebernimmt der Pächter eines Grundstücks das Inventar zum Schätzungswerthe mit der Verpflichtung, es bei der Beendigung der Pacht zum Schätzungswerthe zurückzugewähren, so gelten die Vorschriften der §§. 588, 589.

Gartenwirthschaft, eines Theaters, finden diese Vorschriften unverändert Anwendung. Bei landwirthschaftlichen Grundstücken wird das Pfandrecht dagegen durch § 585 nach folgenden Richtungen erweitert:

1. Das Pfandrecht erstreckt sich außer auf die eingebrachten Sachen des Pächters auch auf die Früchte des Grundstücks (§ 99).

2. Von den eingebrachten Sachen und den Früchten unterliegen, abweichend von § 559 Satz 3, dem Pfandrecht auch diejenigen, welche nach dem (gemäß § 1 Abs. 2 des Reichsgesetzes vom 17. Mai 1898, R.G.Bl. S. 343, den bisherigen § 715 Nr. 5 ersetzenden) § 811 Nr. 4 der C.P.O. der Pfändung nicht unterworfen sind, also das zum Wirthschaftsbetriebe erforderliche Geräth und Vieh nebst dem nöthigen Dünger sowie die landwirthschaftlichen Erzeugnisse, soweit sie zur Fortführung der Wirthschaft bis zu der Zeit erforderlich sind, zu welcher gleiche oder ähnliche Erzeugnisse voraussichtlich gewonnen werden.

3. Anlangend die durch das Pfandrecht gesicherten Forderungen, so kann dasselbe, abweichend von § 559 Satz 2, auch für den noch nicht fälligen Pachtzins unbeschränkt geltend gemacht werden und unterliegt im Verhältnisse zwischen dem Verpächter und einem anderen Gläubiger des Pächters in Ansehung des rückständigen Pachtzinses nicht der im § 563 bestimmten Beschränkung (vergl. K.O. § 49 Nr. 2).

§ 586.

E. I § 535; II § 526 rev. § 578; III § 579. P. I S. 2177—2180; M. II S. 425, 426. P. II S. 2077—2080 (Bd. II S. 243, 244).

Der § 586 giebt ergänzende Vorschriften für die nicht häufigen Fälle, in denen ein landwirthschaftliches oder sonstiges Grundstück sammt Inventar verpachtet wird, ohne daß der Pächter das Inventar gemäß § 587 zum Schätzungswerth übernimmt. Der Begriff des Inventars ist, als ein im Sprachgebrauche feststehender, nicht gesetzlich bestimmt. Es ist der Inbegriff derjenigen beweglichen Sachen, die dem wirthschaftlichen Zwecke des Grundstücks zu dienen bestimmt sind (vergl. § 98).

Nach Abs. 1 hat der Pächter, wenn Thiere zu dem Inventare gehören, auch die etwaigen Kurkosten zu tragen. Der Abs. 2 Satz 1 stellt insbesondere klar, daß der Pächter wegen Abganges von Inventarstücken nicht nur Minderung des Pachtzinses in Anspruch nehmen kann. Die Jungen der zum Inventare gehörenden Thiere gebühren, wie der E. I besonders aussprach, dem Pächter; er erwirbt das Eigenthum nach § 956. Er ist jedoch nach Maßgabe des § 586 Abs. 2 Satz 2 dem Verpächter gegenüber verpflichtet, die Jungen zum Ersatze des gewöhnlichen Abganges der Thiere zu verwenden.

§. 587.

E. I § 544 Abs. 1; II § 527 rev. § 579; III § 580. P. I S. 2181—2185; M. II S. 433 bis 439. P. II S. 2108, 2604, 2605 (Bd. II S. 259).

1. Die §§ 587—589 regeln ergänzend einen praktisch wichtigen Fall, welchen schon das bisherige Recht im Anschluß an die gemeinrechtlichen Vorschriften über den Eisernvieh-

§. 588.

Der Pächter trägt die Gefahr des zufälligen Unterganges und einer zufälligen Verschlechterung des Inventars. Er kann über die einzelnen Stücke innerhalb der Grenzen einer ordnungsmäßigen Wirthschaft verfügen.

Der Pächter hat das Inventar nach den Regeln einer ordnungsmäßigen Wirthschaft in dem Zustande zu erhalten, in welchem es ihm übergeben wird. Die von ihm angeschafften Stücke werden mit der Einverleibung in das Inventar Eigenthum des Verpächters.

---

vertrag vielfach besonders geordnet hat. Der § 587 bezeichnet den Fall, auf den sich die §§ 588, 589 beziehen. Zur Anwendung der letzteren genügt es danach nicht, daß bei der Pacht eines Grundstücks sammt Inventar der Pächter das Inventar zum Schätzungswerth übernimmt; denn die Absicht bei der Schätzung kann verschieden sein. Vielmehr muß die Uebernahme des Inventars zum Schätzungswerth unter der Vereinbarung erfolgt sein, daß der Pächter verpflichtet sein soll, das Inventar nach der Beendigung der Pacht zum Schätzungswerthe zurückzugewähren.

Ob den Hauptgegenstand der Pacht ein landwirthschaftliches oder ein anderes Grundstück, z. B. eine Mühle, ein Gasthof, eine Fabrik, bildet, macht für die Anwendbarkeit der §§ 588, 589 keinen Unterschied.

Vergl. zu diesen Vorschriften den § 1048.

2. Die §§ 588, 589 werden geeigneten Falles auch auf die selbständige Verpachtung einer Viehherde entsprechende Anwendung zu finden haben (M. II S. 442 f.).

§ 588.

E. I § 544 Abs. 2—5; II § 528 rev. § 580; III § 581. P. I S. 2181—2189; M. II S. 434—436. P. II S. 2108 (Bd. II S. 259).

1. Der Abs. 1 Satz 1 bezieht sich, wie der E. I § 544 Abs. 2 besonders aussprach, nur auf die Dauer der Pacht; der Pächter wird danach durch den zufälligen Untergang oder die zufällige Verschlechterung des Inventars nicht zu einem Abzug am Pachtzinse berechtigt. Die Wirkung eines nach der Beendigung der Pacht eintretenden Zufalls bestimmt sich nach allgemeinen Grundsätzen (vergl. namentlich § 287 Satz 2, § 300 Abs. 1).

2. Nach Abs. 1 Satz 2 schließt die im § 587 bezeichnete Vereinbarung eine unwiderrufliche Einwilligung des Verpächters zu solchen Verfügungen des Pächters über einzelne Inventarstücke in sich, welche innerhalb der Grenzen einer ordnungsmäßigen Wirthschaft erfolgen (vergl. § 185 Abs. 1, § 183).

3. Dem Interesse, welches der Verpächter daran hat, das Grundstück mit dem erforderlichen Inventar zurückzuerhalten, geschieht nicht dadurch Genüge, daß der Pächter den Minderwerth des zurückgewährten Inventars nach § 589 Abs. 3 zu ersetzen hat. Zur Wahrung dieses Interesses dient vielmehr die im § 588 Abs. 2 Satz 1 bestimmte Verpflichtung des Pächters zur Erhaltung des Inventars. Die schuldhafte Verletzung dieser Pflicht macht den Pächter schadensersatzpflichtig und giebt dem Verpächter unter Umständen die in den §§ 550, 553 bestimmten Rechte. Zur Erfüllung der Verpflichtung gehört der Regel nach, daß der Pächter abgegangene Stücke ersetzt. Indessen kann nach den Regeln ordnungsmäßiger Wirthschaft im einzelnen Falle ein solcher Ersatz auch entbehrlich und andererseits auch die Ersetzung noch vorhandener unbrauchbarer Stücke geboten sein. Soweit der Pächter das Inventar vermehrt oder verbessert hat, ist er zur Erhaltung des so hergestellten Zustandes nicht verpflichtet.

4. Zum Schutze des Verpächters und der Hypothekengläubiger, denen das Inventar nach § 1120 nur haftet, soweit es in das Eigenthum des Verpächters gelangt ist, würde es nicht genügen, wenn der Pächter nur verpflichtet wäre, dem Verpächter das Eigenthum an den neu angeschafften Inventarstücken zu verschaffen. Der § 588 Abs. 2 Satz 2 knüpft daher an die hier vorausgesetzte Vereinbarung die weitere Folge, daß die vom Pächter angeschafften Stücke mit der Einverleibung in das Inventar unmittelbar Eigenthum des Verpächters werden. Ob der Pächter zur Anschaffung nach Abs. 2 Satz 2 verpflichtet war oder nicht, macht für den Eigenthumserwerb des Verpächters keinen Unterschied, wohl aber für das Verfügungsrecht des Pächters nach Abs. 1 Satz 2. Zur Einverleibung wird regelmäßig Einbringung in das Grundstück erforderlich sein.

§. 589.

Der Pächter hat das bei der Beendigung der Pacht vorhandene Inventar dem Verpächter zurückzugewähren.

Der Verpächter kann die Uebernahme derjenigen von dem Pächter angeschafften Inventarstücke ablehnen, welche nach den Regeln einer ordnungsmäßigen Wirthschaft für das Grundstück überflüssig oder zu werthvoll sind; mit der Ablehnung geht das Eigenthum an den abgelehnten Stücken auf den Pächter über.

Ist der Gesammtschätzungswerth der übernommenen Stücke höher oder niedriger als der Gesammtschätzungswerth der zurückzugewährenden Stücke, so hat im ersteren Falle der Pächter dem Verpächter, im letzteren Falle der Verpächter dem Pächter den Mehrbetrag zu ersetzen.

§. 590.

Dem Pächter eines Grundstücks steht für die Forderungen gegen den Verpächter, die sich auf das mitgepachtete Inventar beziehen, ein Pfandrecht an den in seinen Besitz gelangten Inventarstücken zu. Auf das Pfandrecht findet die Vorschrift des §. 562 Anwendung.

---

§ 589.

E. I § 544 Abs. 6—8; II § 529 rev. § 581; III § 582. P. I S. 2181—2184, 2189—2196; M. II S. 436—438. P. II S. 2108 (Bd. II S. 259).

1. Die im Abs. 1 bestimmte Verpflichtung des Pächters erstreckt sich auf das gesammte vorhandene Inventar, auch soweit der Pächter es über die ihm nach § 588 Abs. 2 Satz 2 obliegende Verpflichtung hinaus angeschafft hat. Der Verpächter ist aber nicht im gleichen Umfange zur Uebernahme des Inventars verpflichtet, sondern kann die im Abs. 2 bezeichneten Stücke ablehnen. Daß die Voraussetzungen des Ablehnungsrechts vorliegen, hat der Verpächter zu beweisen. Ist ein Theil der neu angeschafften Stücke überflüssig, so steht dem Verpächter die Wahl zu, welche Stücke er ablehnen will.

Die begründete Ablehnung giebt dem Pächter bezüglich der abgelehnten Stücke nicht nur einen Anspruch auf Uebertragung des Eigenthums, sondern verschafft ihm ohne Weiteres das Eigenthum an den Stücken.

2. Bei der Ermittelung des Schätzungswerths, zu welchem das Inventar vertragsgemäß (§ 587) zurückzugewähren ist, bleiben die mit Recht abgelehnten Stücke außer Betracht. Je nachdem der bei der Uebernahme festgestellte Schätzungswerth höher oder niedriger ist als der bei der Rückgewähr ermittelte, hat der Pächter dem Verpächter oder dieser jenem den Mehrbetrag zu ersetzen. Dies gilt auch insoweit, als der Unterschied der Werthe lediglich darauf beruht, daß seit der Uebernahme die Preise gesunken oder gestiegen sind. Der Pächter kann also unter Umständen zur Ersatzleistung verpflichtet sein, obwohl er seiner Erhaltungspflicht nach § 588 Abs. 2 Satz 1 genügt hat.

§ 590.

E. I § 536; II § 530 rev. § 582; III § 583. P. I S. 2196, 2197, 11818, 11819; M. II S. 426. P. II S. 2080—2084, 2088—2090, 4253, 4258 (Bd. II S. 244—246, 248, 249).

1. Während bisher der Pächter eines Grundstücks in Ansehung des mitgepachteten Inventars nach § 41 Nr. 3 der K.O. ein Absonderungsrecht im Konkurse und nach den meisten Landesgesetzen außerhalb des Konkurses ein Vorzugsrecht vor anderen Gläubigern des Verpächters hat, giebt das B.G.B. ihm ein gesetzliches Pfandrecht (vergl. die neue Fassung der K.O. § 49 Nr. 2). Das Pfandrecht besteht in allen Fällen der Pacht eines Grundstücks sammt Inventar, mag der Fall des § 586 oder der Fall des § 587 vorliegen. Im ersteren Falle dient es namentlich zur Sicherung der Ansprüche des Pächters wegen der auf das Inventar gemachten Verwendungen (§ 547, § 581 Abs. 2), im zweiten Falle zur Sicherung des im § 589 Abs. 3 bestimmten Ersatzanspruchs.

2. Das Pfandrecht erstreckt sich nur auf die in den Besitz (§ 854) des Pächters gelangten Inventarstücke. Es erlischt jedoch durch den Verlust des Besitzes nur unter denselben Voraussetzungen wie ein durch Rechtsgeschäft begründetes Pfandrecht nach § 1253. Die für ein solches Pfandrecht geltenden Vorschriften finden im Allgemeinen entsprechende Anwendung (§ 1257). In dieser Beziehung gilt hier das Gleiche wie hinsichtlich des Pfandrechts des Ver-

§. 591.

Der Pächter eines landwirthschaftlichen Grundstücks ist verpflichtet, das Grundstück nach der Beendigung der Pacht in dem Zustande zurückzugewähren, der sich bei einer während der Pachtzeit bis zur Rückgewähr fortgesetzten ordnungsmäßigen Bewirthschaftung ergiebt. Dies gilt insbesondere auch für die Bestellung.

§. 592.

Endigt die Pacht eines landwirthschaftlichen Grundstücks im Laufe eines Pachtjahrs, so hat der Verpächter die Kosten, die der Pächter auf die noch nicht

---

miethers an den in seinen Besitz gelangten Sachen des Miethers nach der Erl. 1 zu § 559 und der Erl. 3 zu § 561.

3. Der Pächter hat vermöge des Pfandrechts bei der Beendigung der Pacht ein Zurückbehaltungsrecht in Betreff des Inventars, während ihm bezüglich des Grundstücks ein solches Recht nicht zusteht (§ 556 Abs. 2). Gegen eine den Verpächter schädigende Ausübung des Zurückbehaltungsrechts bietet die Vorschrift des § 590 Satz 2 Schutz, nach welcher der Verpächter das Pfandrecht durch Sicherheitsleistung zum Erlöschen bringen kann. Dem Pächter steht daneben auch auf Grund des § 273 ein Zurückbehaltungsrecht zu. Nach Abs. 3 daselbst kann die Ausübung dieses Zurückbehaltungsrechts gleichfalls durch Sicherheitsleistung abgewendet werden, jedoch nicht durch Stellung von Bürgen, während die Geltendmachung des auf das Pfandrecht gestützten Zurückhaltungsrechts auch durch Bürgenstellung abgewendet werden kann (s. Erl. 2 zu § 562). Diese Verschiedenheit bezüglich der zulässigen Sicherheitsmittel bestand im E. I nicht, da in diesem auch der dem jetzigen § 562 entsprechende § 521 Abs. 4 die Sicherheitsleistung durch Bürgen ausschloß. Eine Antinomie liegt indessen nicht vor. Vielmehr ergiebt sich aus der zweifachen rechtlichen Grundlage des Zurückbehaltungsrechts des Pächters, daß zur Abwendung der Ausübung dieses Rechtes nur solche Mittel der Sicherheitsleistung geeignet sind, welche dem Rechte gegenüber schlechthin durchgreifen. Die Sicherheitsleistung durch Bürgen ist also zur Abwendung des Zurückbehaltungsrechts nicht tauglich. Dagegen wird der Pächter, wenn der Verpächter gemäß § 232 Abs. 2, § 239 in zulässiger Weise Bürgen gestellt hat, sein Pfandrecht in anderer Art als durch Zurückbehaltung, also durch Verkauf, nicht mehr geltend machen können.

§ 591.

E. I § 545; II § 531 rev. § 583; III § 584. P. I S. 2197—2202, 3555, 3560; M. II S. 439, 440. P. II S. 2097—2103 (Bd. II S. 253—256).

Der § 591 stellt, abweichend von dem, was sich aus der entsprechenden Anwendung der für die Miethe geltenden Vorschriften ergeben würde, für die Rückgewähr eines landwirthschaftlichen Grundstücks einen selbständigen Grundsatz auf. Für die Haftung und die Ansprüche des Pächters ist danach nicht entscheidend, wie sich der Zustand des Grundstücks zur Zeit der Rückgewähr zu dem Zustande zur Zeit der Ueberlassung verhält, sondern ob das Grundstück sich bei der Rückgewähr in dem Zustande befindet, der sich bei einer während der Pachtzeit bis zur Rückgewähr fortgesetzten ordnungsmäßigen Bewirthschaftung ergiebt. Befindet sich das Grundstück zur Zeit der Rückgewähr in diesem Zustande, so ist der Pächter nicht deshalb ersatzpflichtig, weil der Zustand, insbesondere in Betreff der Bestellung, minder gut ist als zur Zeit der Ueberlassung, und nicht deshalb ersatzberechtigt, weil der gegenwärtige Zustand besser ist als der frühere. Letzteres gilt übrigens nur für solche Verbesserungen, welche lediglich durch die dem Pächter obliegende ordnungsmäßige Bewirthschaftung erzielt sind; wegen anderer Verbesserungen kann der Pächter nach § 547, § 581 Abs. 2 Ersatz verlangen. Wegen der Bestellungskosten gewährt außerdem der § 592 dem Pächter einen Ersatzanspruch.

Der Grundsatz des § 591 findet Anwendung ohne Unterschied, ob das Pachtverhältniß durch Ablauf der Pachtzeit oder in anderer Art endigt.

§ 592.

E. II § 532 rev. § 584; III § 585. P. II S. 2116, 2117 (Bd. II S. 264).

Nach § 101 Nr. 1 gebühren bei der Beendigung der Pacht dem Pächter die Erzeugnisse und die sonstigen zu den Früchten gehörenden Bestandtheile nur insoweit, als sie während der Dauer seiner Berechtigung von der Sache getrennt werden. Der Pächter eines landwirthschaftlichen Grundstücks hat insbesondere nach § 591 das Grundstück mit den noch nicht getrennten Früchten, deren Vorhandensein den Regeln einer ordnungsmäßigen Wirthschaft entspricht, zurückzugewähren.

getrennten, jedoch nach den Regeln einer ordnungsmäßigen Wirthschaft vor dem Ende des Pachtjahrs zu trennenden Früchte verwendet hat, insoweit zu ersetzen, als sie einer ordnungsmäßigen Wirthschaft entsprechen und den Werth dieser Früchte nicht übersteigen.

§. 593.

Der Pächter eines Landguts hat von den bei der Beendigung der Pacht vorhandenen landwirthschaftlichen Erzeugnissen ohne Rücksicht darauf, ob er bei dem Antritte der Pacht solche Erzeugnisse übernommen hat, so viel zurückzulassen, als zur Fortführung der Wirthschaft bis zu der Zeit erforderlich ist, zu welcher gleiche oder ähnliche Erzeugnisse voraussichtlich gewonnen werden.

Soweit der Pächter landwirthschaftliche Erzeugnisse in größerer Menge oder besserer Beschaffenheit zurückzulassen verpflichtet ist, als er bei dem Antritte der Pacht übernommen hat, kann er von dem Verpächter Ersatz des Werthes verlangen.

Den vorhandenen auf dem Gute gewonnenen Dünger hat der Pächter zurückzulassen, ohne daß er Ersatz des Werthes verlangen kann.

Dies würde in den Fällen, in denen die Pacht im Laufe eines Pachtjahres (Erl. 2 zu § 595) endigt, unter Umständen zu einer Härte für den Pächter führen, wenn ihm ein Ersatzanspruch wegen der auf die Früchte verwendeten Kosten versagt bliebe. Ob ein solcher Anspruch aus den Vorschriften über die Herausgabe einer ungerechtfertigten Bereicherung abzuleiten wäre, könnte gegenüber dem § 591 zweifelhaft sein. Der § 592 regelt daher die Voraussetzungen des Ersatzanspruchs selbständig. Er schließt sich der Vorschrift an, welche der E. I in § 1009 für den Nießbrauch enthielt (M. III S. 522, 523; vergl. § 1055 Abs. 2 und § 998).

Ausgeschlossen ist ein Ersatzanspruch in Ansehung solcher Früchte, die, wie der Holzbestand eines neu angepflanzten Waldes, nach den Regeln einer ordnungsmäßigen Wirthschaft erst nach dem Ende des Pachtjahres zu trennen sind.

§ 593.

E. I § 547; II § 533 rev. § 585; III § 586. P. I S. 2197—2202, 3552, 3555, 3560, 11823; M. II S. 441. P. II S. 2120—2124 (Bd. II S. 265—268). K.B. S. 1972.

1. Die Frage, inwieweit der Pächter eines landwirthschaftlichen Grundstücks, wenn er bei dem Antritte der Pacht Wirthschaftsvorräthe übernimmt, nach der Beendigung der Pacht zur Rückgewähr verpflichtet ist, entschied der E. I § 546 dahin, daß der Pächter Vorräthe von gleicher Art, Güte und Menge zurückzugewähren habe (M. II S. 440, 441). Die zweite Kommission hielt eine gesetzliche Vorschrift für entbehrlich, die Bestimmung des § 546 auch für nicht unbedenklich und beschloß daher die Streichung der letzteren (P. II S. 2117—2120 [Bd. II S. 264, 265]). Die eingangs erwähnte Frage ist somit lediglich nach dem Vertrage zu entscheiden.

2. Die ergänzenden Vorschriften des § 593 beruhen auf dem volkswirthschaftlichen Interesse an ungehinderter Fortführung des landwirthschaftlichen Betriebes nach der Beendigung der Pacht.

a) Im Gegensatze zu den §§ 591, 592, welche sich auf die Pacht eines landwirthschaftlichen Grundstücks beziehen, gilt der § 593 nur für den Pächter eines Landguts (vergl. über den Begriff die Erl. 3 zu § 98).

b) Die nach Abs. 1 vom Pächter zurückzulassenden Erzeugnisse sind die gleichen, welche nach Maßgabe des § 98 Nr. 2 Zubehör eines Landguts bilden. Die hier bestimmte Verpflichtung des Pächters geht nur auf Zurücklassung der vorhandenen Erzeugnisse. Inwieweit der Pächter für das Vorhandensein der erforderlichen Erzeugnisse verantwortlich ist, bestimmt sich nach § 591.

c) Auf Grund des Abs. 2 kann der Pächter für einen Mehrwerth der zurückgelassenen Erzeugnisse, der nur auf einem Steigen der Preise beruht, Ersatz nicht verlangen. Inwieweit der Pächter wegen Minderwerths der zurückgelassenen Erzeugnisse Ersatz zu leisten hat, ist ebenso wie die unter Nr. 1 berührte allgemeine Frage im Gesetze nicht entschieden.

d) Zu Abs. 3 vergl. die Erl. 3 zu § 98.

§. 594.

Uebernimmt der Pächter eines Landguts das Gut auf Grund einer Schätzung des wirthschaftlichen Zustandes mit der Bestimmung, daß nach der Beendigung der Pacht die Rückgewähr gleichfalls auf Grund einer solchen Schätzung zu erfolgen hat, so finden auf die Rückgewähr des Gutes die Vorschriften des §. 589 Abs. 2, 3 entsprechende Anwendung.

Das Gleiche gilt, wenn der Pächter Vorräthe auf Grund einer Schätzung mit einer solchen Bestimmung übernimmt, für die Rückgewähr der Vorräthe, die er zurückzulassen verpflichtet ist.

§. 595.

Ist bei der Pacht eines Grundstücks oder eines Rechtes die Pachtzeit nicht bestimmt, so ist die Kündigung nur für den Schluß eines Pachtjahrs zulässig; sie hat spätestens am ersten Werktage des halben Jahres zu erfolgen, mit dessen Ablaufe die Pacht endigen soll.

Diese Vorschriften gelten bei der Pacht eines Grundstücks oder eines Rechtes auch für die Fälle, in denen das Pachtverhältniß unter Einhaltung der gesetzlichen Frist vorzeitig gekündigt werden kann.

§. 596.

Dem Pächter steht das im §. 549 Abs. 1 bestimmte Kündigungsrecht nicht zu.

Der Verpächter ist nicht berechtigt, das Pachtverhältniß nach §. 569 zu kündigen.

Eine Kündigung des Pachtverhältnisses nach §. 570 findet nicht statt.

---

§ 594.

E. I § 548; II § 534 rev. § 586; III § 587. P. I S. 2197—2202; M. II S. 441. P. II S. 2127 (Bd. II S. 269).

Auch der § 594 beschränkt sich auf die Pacht eines Landguts (Erl. 2a zu § 593).

Die Vorschrift des § 589 Abs. 2 findet im Falle des § 594 Abs. 1 auf das bei der Beendigung der Pacht vorhandene Inventar unmittelbar Anwendung. Dagegen ist sie im Falle des Abs. 2 nicht anwendbar; denn in Betreff der Vorräthe kommt ein Ablehnungsrecht des Verpächters, wie es der § 589 Abs. 2 bestimmt, nicht in Frage, da der Verpächter von vornherein nur beschränkt nach Maßgabe des § 593 auf die Vorräthe Anspruch hat und nicht Eigenthümer derselben ist.

Die entsprechende Anwendung des § 589 Abs. 3 gestaltet sich dahin, daß bei der Rückgewähr im Falle des Abs. 1 der Gesammtwerth des Gutes und des Inventars mit Ausnahme der mit Recht abgelehnten Stücke, im Falle des Abs. 2 der Werth der nach § 593 zurückzulassenden Vorräthe zu schätzen ist.

§ 595.

E. I § 537; II § 535 rev. § 587; III § 588. P. I S. 2165—2167, 2205—2210, 6151, 6163, 6194, 11781, 11814—11816; M. II S. 426—428. P. II S. 2084—2088, 2604 (Bd. II S. 246—248).

1. Der § 595 schließt für die Pacht eines Grundstücks oder eines Rechtes die entsprechende Anwendung der Vorschriften des § 565 aus. Bei beweglichen Sachen gelten dagegen die dort gegebenen Bestimmungen auch für die Pacht. Zwischen landwirthschaftlichen und anderen Grundstücken wird hier nicht unterschieden.

2. Kündigungstermin ist nach Abs. 1, ohne Rücksicht auf die Zeitabschnitte, nach denen der Pachtzins bemessen ist, der Schluß eines Pachtjahres. Das erste Pachtjahr beginnt, wie der E. I besonders aussprach, mit dem Anfange der Pacht. Der Schluß des Pachtjahres ist insbesondere bei landwirthschaftlichen Grundstücken auch dann maßgebend, wenn das Pachtjahr nicht mit dem sog. Wirthschaftsjahr zusammenfällt. Die Kündigungsfrist beträgt ein halbes Jahr (§ 189 Abs. 1).

3. Der Abs. 2 entspricht dem § 565 Abs. 4. Vergl. Erl. 3 zu § 565 und den § 596.

§ 596.

E. I §§ 533, 538; II § 536 rev. § 588; III § 589. P. I S. 2171, 2172, 2213—2215; M. II S. 423, 428, 429. P. II S. 2058—2066, 2090—2093 (Bd. II S. 233—237, 249—251). D. S. 636. K.B. S. 1972. St.B. S. 2784, 2785.

1. Nach § 581 Abs. 2, § 549 Abs. 1 Satz 1 darf der Pächter nicht ohne Erlaubniß des

§. 597.

Giebt der Pächter den gepachteten Gegenstand nach der Beendigung der Pacht nicht zurück, so kann der Verpächter für die Dauer der Vorenthaltung als Entschädigung den vereinbarten Pachtzins nach dem Verhältnisse verlangen, in welchem die Nutzungen, die der Pächter während dieser Zeit gezogen hat oder hätte ziehen können, zu den Nutzungen des ganzen Pachtjahrs stehen. Die Geltendmachung eines weiteren Schadens ist nicht ausgeschlossen.

Verpächters den Gebrauch und den Fruchtgenuß einem Dritten überlassen, insbesondere den verpachteten Gegenstand weiter verpachten. Die Persönlichkeit des Pächters ist für die ordnungsmäßige Behandlung des Vertragsgegenstandes noch wesentlicher wie die des Miethers bei der Miethe. Um daher den Verpächter auch nicht mittelbar zur Ertheilung der Erlaubniß zu nöthigen, versagt der § 596 Abs. 1 dem Pächter das in § 549 Abs. 1 Satz 2 bestimmte Kündigungsrecht wegen Verweigerung der Erlaubniß. Dem Pächter steht es aber frei, sein Pachtrecht durch einen Verwalter auszuüben. Gesetzlich gewisse Ausnahmen von der Unzulässigkeit der Unterverpachtung zu bestimmen, hat die zweite Kommission abgelehnt. Dagegen sollte nach ihrer Absicht, auch wenn dem Pächter nicht vertragsmäßig gestattet ist, die Ausübung des Pachtrechts einem Dritten zu überlassen, dennoch die Pfändung des Pachtrechts und die Anordnung einer Verwaltung zur Ausübung desselben zugelassen werden (C.P.O. § 749a Abs. 2 Anl. II zur D.). Die entsprechende Vorschrift des E. des Ges. betr. Aenderungen der C.P.O. Art. I Nr. 210 ist jedoch vom Reichstage gestrichen. Die Pfändung des Pachtrechts ist demnach nur statthaft, wenn dem Pächter vom Verpächter die Ueberlassung des Gebrauchs und des Fruchtgenusses an einen Dritten erlaubt ist.

2. Der Abs. 2 versagt bei dem Tode des Pächters nur dem Verpächter ein gesetzliches außerordentliches Kündigungsrecht; den Erben des Pächters steht ein solches nach § 581 Abs. 2, § 569 zu. Die Kündigungsfrist und der Termin, für welchen die Kündigung zulässig ist, bestimmen sich bei der Pacht eines Grundstücks oder eines Rechtes nach § 595.

3. Wegen Versetzung des Pächters steht ihm nach Abs. 3 kein Kündigungsrecht zu.

§ 597.

E. I § 542; II § 537 rev. § 589; III § 590. P. I S. 2210—2212, 3551, 3559; M. II S. 431, 432. P. II S. 2103—2106 (Bd. II S. 256—258). R.B. S. 1972.

Der § 597 tritt für die Pacht an die Stelle des § 557. Wie dieser setzt er voraus, daß nicht eine stillschweigende Verlängerung des Vertragsverhältnisses vorliegt. In Betreff der letzteren findet der § 568 auf die Pacht entsprechende Anwendung.

Der § 597 bestimmt den Mindestbetrag der Entschädigung für die Vorenthaltung des Pachtgegenstandes einerseits, entsprechend dem § 557, nach dem vereinbarten Pachtzins, andererseits aber nicht lediglich nach der Dauer der Vorenthaltung, sondern nach dem Verhältnisse der auf die Zeit der Vorenthaltung entfallenden Nutzungen zu den Nutzungen des ganzen Pachtjahres. Die Berücksichtigung dieses Verhältnisses trägt dem Umstande Rechnung, daß sich der Fruchtgenuß, namentlich bei landwirthschaftlichen Grundstücken, auf das Jahr ungleich vertheilt; sie kann je nach den Umständen zu einer Ermäßigung oder einer Erhöhung des Entschädigungsbetrags führen, welcher sich nach der bloßen Zeitdauer der Vorenthaltung ergeben würde. Erstreckt sich die letztere auf ein ganzes Pachtjahr oder mehrere Pachtjahre, so kommt es auch nach § 597 im Ergebnisse nur auf die Zeitdauer an.

Inwieweit der Pächter während der Vorenthaltung Nutzungen hätte ziehen können, ist nach den Regeln einer ordnungsmäßigen Wirthschaft zu beurtheilen.

Vierter Titel.

Leihe.

Vierter Titel.

I. Die Leihe, das Darlehn und der Verwahrungsvertrag sind nach römischem Rechte Realkontrakte. Welchen Charakter sie im neueren Rechte haben, ist bestritten. Vergl. Windscheid II § 312 Anm. 5, Dernburg II § 8 Nr. 3. Der E. I wollte die Entscheidung der wissenschaftlichen Frage nach der Natur dieser Verträge vermeiden. Er beschränkte sich darauf, bei der Leihe und dem Verwahrungsvertrage die Hauptverbindlichkeiten beider Theile für den Fall zu normiren, daß die Hingabe der Sache erfolgt ist, und beim Darlehen zum Ausdruck zu bringen, daß die Erstattungspflicht den vorherigen Empfang des Darlehns voraussetzt (M. II S. 306, 444, 569). Die zweite Kommission hat für das Darlehn den Standpunkt des E. I festgehalten (§ 607). Bei der Leihe hat man es für richtig erachtet, eine Unterscheidung desjenigen, welcher die Verleihung einer Sache zusagt, und des Verleihers zu vermeiden, und eine Fassung des § 549 (jetzt § 598) beschlossen, welche diese Auffassung zum Ausdrucke bringen soll. Der Begriff des Verwahrungsvertrags ist übereinstimmend mit E. I formulirt; nur ist die Verpflichtung zur Rückgabe der Sache nicht erwähnt (§ 688). Die Absicht der Mehrheit ist gewesen, ebenso wie beim Leihvertrage die Entscheidung der Frage nach der Natur des Vertrags im Gesetze zu vermeiden (P. II S. 2127, 2364—2366 [Bd. II S. 269, 391—393]). Thatsächlich wird durch die jetzige Fassung des § 598 der Vertrag, durch welchen die Hingabe einer Sache zur Leihe versprochen wird, nicht gedeckt; denn bei diesem Vertrage hat der Versprechende den Gebrauch nicht nur zu gestatten, sondern zu gewähren; vergl. § 535 Satz 1. Ebenso wird beim Verwahrungsvertrage der Vertrag, durch welchen sich Jemand zur Verwahrung einer zu übergebenden Sache verpflichtet, durch die Fassung des § 688 nicht gedeckt; das Gesetz spricht im § 688 von einer bereits „übergebenen" Sache. Es fragt sich nun, ob sich an die Formulirung materielle Wirkungen knüpfen. Zweifellos ist bei den in Rede stehenden Verträgen die Hingabe der Sache nicht gesetzliche Voraussetzung für die Bindung der Parteien; das bloße Versprechen zu leihen rc. ist bindend. Aber ein Leihvertrag oder ein Darlehn- oder ein Verwahrungsvertrag liegt nur vor, wenn die Sache übergeben ist. Ueber das bloße Versprechen, eine Sache zu leihen oder aufzubewahren, enthält das B.G.B. keine Bestimmungen; es finden die allgemeinen Vorschriften über Verträge Anwendung. Ueber das Versprechen der Hingabe eines Darlehns giebt der § 610 eine Sonderbestimmung.

II. Der Begriff der Leihe wird durch den § 598 dahin bestimmt, daß der Verleiher den Gebrauch der hingegebenen Sache unentgeltlich zu gestatten hat. Durch die Unentgeltlichkeit unterscheidet sich die Leihe vom Miethvertrage; dadurch, daß der Entleiher die Sache nur zum Gebrauchen, nicht zum Verbrauchen erhält, unterscheidet sie sich vom Darlehn.

Gegenstand des Leihvertrages ist eine Sache, d. h. im Sinne des § 90 ein körperlicher Gegenstand. Auch über unbewegliche Sachen, insbesondere Grundstücke, kann ein Leihvertrag abgeschlossen werden. Dagegen kann ein Recht nicht Gegenstand eines Leihvertrags sein; ein dahingehender Vertrag ist nicht ungültig, untersteht aber nicht den Vorschriften des 4. Titels.

Die Verpflichtung des Verleihers geht dahin, den Gebrauch der Sache zu gestatten. Seine Haftung ist in den §§ 599, 600 geregelt. Der Entleiher erlangt durch den Leihvertrag zunächst nur ein Recht; er ist aber verpflichtet, die Sache nicht anders als vertragsmäßig zu gebrauchen; § 603, s. auch Erl. zu § 598 Nr. 6. Er haftet nach Maßgabe der allgemeinen Grundsätze für jedes Verschulden. Ueber die Kosten der Erhaltung der Sache und den Ersatz von Aufwendungen giebt der § 601, über die Haftung für Veränderungen und Verschlechterungen der geliehenen Sache giebt der § 602 Vorschriften. Die Rückgabe der geliehenen Sache ist im § 604 geregelt. Hervorzuheben ist, daß der Verleiher auch gegen einen Dritten, dem der Entleiher die Sache überlassen hat, nach der Beendigung der Leihe einen persönlichen Anspruch auf Rückgabe der Sache haben soll.

Für die Beendigung des Leihvertrags sind die allgemeinen Grundsätze maßgebend; in gewissen Fällen soll nach § 605 der Verleiher befugt sein, den Vertrag vor der Zeit zu kündigen. Für einzelne aus der Leihe möglicherweise entspringende Ersatzansprüche setzt der § 606 eine kurze Verjährungsfrist fest.

III. Der E. I bestimmte im § 558, daß das precarium (vergl. neuestens Ubbelohde bei Glück Buch 43 § 1849) nach den für die Leihe aufgestellten Vorschriften beurtheilt werden solle: P. I S. 2241, 2242, M. II S. 453, 454. Die zweite Kommission hat diese Bestimmung gestrichen, da es sich bei dem precarium lediglich um eine geschichtliche Reminiscenz handle;

§. 598.

Durch den Leihvertrag wird der Verleiher einer Sache verpflichtet, dem Entleiher den Gebrauch der Sache unentgeltlich zu gestatten.

§. 599.

Der Verleiher hat nur Vorsatz und grobe Fahrlässigkeit zu vertreten.

P. II S. 2139, 2140 (Bd. II S. 275, 276). Nach der ganz allgemeinen Fassung des § 598 fallen alle Verträge, welche den unentgeltlichen Gebrauch einer Sache zum Gegenstande haben, unter die Vorschriften des 4. Titels. Nicht ausdrücklich entschieden ist die Frage, wie diejenigen Fälle zu beurtheilen sind, in welchen Jemand einseitig den unentgeltlichen Gebrauch einer Sache gestattet, z. B. durch Anschlag die Benutzung eines Parkes, den Durchgang durch ein Grundstück, das Abladen von Schutt auf einem Grundstücke freistellt. Ob eine derartige Erklärung als einseitiger Verzicht auf die volle Ausübung des Eigenthums eine rechtliche Wirkung hat, ist zweifelhaft. Jedenfalls kann man darin aber das Angebot an Jedermann erblicken, die Sache zu dem angegebenen Zwecke zu benutzen. Wer von dieser Gestattung Gebrauch macht, nimmt das Angebot an, und damit kommt ein Vertrag zu Stande, auf welchen die Vorschriften über einen Leihvertrag der im § 604 Abs. 3 bezeichneten Art entsprechend anzuwenden sein werden.

§ 598.

E. I § 549 S. 2; II § 538 rev. § 590; III § 591. P. I S. 2221—2226, 11817; M. II S. 443—446. P. II S. 2127 (Bd. II S. 269, 270).

1. Für die Art und die Dauer des Gebrauchs ist die ausdrückliche oder aus den Umständen zu ermittelnde Vereinbarung der Parteien maßgebend; vergl. § 604. Daß die Zeit der Rückgabe im Voraus bestimmt werde, ist anders wie nach preußischem Landrechte nicht erforderlich.

2. Soll die hingegebene Sache verbraucht werden, so liegt kein Leihevertrag vor. Wird dem Entleiher die Befugniß eingeräumt, die entliehene Sache nicht nur zu gebrauchen, sondern auch zu veräußern, so schließt Letzteres die Annahme eines Leihvertrags nicht unbedingt aus; es kann die Beredung über die Veräußerung den Charakter eines selbständigen Zusatzvertrags haben. Dasselbe gilt, wenn dem Entleiher gestattet wird, die entliehene Sache im Bedürfnißfalle zu verpfänden. Vergl. RG. Bd. 13 S. 128, Seuff. Arch. Bd. 37 Nr. 63.

3. Verbrauchbare Sachen können insofern Gegenstand eines Leihvertrags sein, als sie zur Ausschmückung einer Tafel oder eines Ladenfensters und dergl. gebraucht werden können.

4. Bei der Entnahme von Büchern aus einer Leihbibliothek und ähnlichen entgeltlichen Geschäften wird regelmäßig ein Miethvertrag vorliegen.

5. Der Verleiher hat den Gebrauch der Sache zu gestatten, während bei der Miethe der Gebrauch der Sache zu gewähren ist. Der Unterschied liegt darin, daß das Gewähren unter Umständen positives Handeln, z. B. die Uebergabe der Sache mit begreift, während das „Gestatten" lediglich die Bedeutung hat, daß der Verpflichtete dem Berechtigten den Gebrauch nicht entziehen oder ihn im Gebrauche nicht stören darf. Wenn die Verleihung einer Sache zugesagt wird, so ist der Versprechende verpflichtet, nicht nur den Gebrauch der Sache zu gestatten, sondern auch dem anderen Theile den Gebrauch der Sache zu ermöglichen.

6. Eine Verpflichtung zum Gebrauche der Sache wird durch den Leihvertrag für den Entleiher nicht begründet. Sollte eine solche Verpflichtung ausgemacht sein, z. B. ausbedungen sein, daß ein geliehenes Pferd täglich bewegt werde, so liegt kein reiner Leihevertrag vor, was namentlich wegen der Haftung des Verleihers (§ 599) von Bedeutung sein kann.

Wenn schon durch den Leihvertrag zunächst nur eine Berechtigung begründet wird, so ergiebt sich doch aus dem Wesen des Verhältnisses, welches nach Treu und Glauben zu beurtheilen ist, daß der Entleiher auch Verpflichtungen hat. Er hat für die gewöhnliche Aufbewahrung und Erhaltung der Sache zu sorgen und thunlichst die Interessen des Verleihers wahrzunehmen. Ob und wie weit er zu positivem Handeln verpflichtet ist, kommt auf die Umstände des einzelnen Falles an. Vergl. § 603.

§ 599.

E. I § 550; II § 539 rev. § 591; III § 592. P. I S. 2222, 2225—2227; M. II S. 446. P. II S. 2127 (Bd. II S. 269, 270).

1. Die Vorschrift enthält eine Abweichung von dem allgemeinen Grundsatze des § 276. Sie entspricht dem für die Schenkung im § 521 aufgestellten Prinzipe. Wegen der Begriffe Vorsatz und grobe Fahrlässigkeit s. Bd. I S. 35—38 unter III.

§ 600.

Verschweigt der Verleiher arglistig einen Mangel im Rechte oder einen Fehler der verliehenen Sache, so ist er verpflichtet, dem Entleiher den daraus entstehenden Schaden zu ersetzen.

§ 601.

Der Entleiher hat die gewöhnlichen Kosten der Erhaltung der geliehenen Sache, bei der Leihe eines Thieres insbesondere die Fütterungskosten, zu tragen.

Die Verpflichtung des Verleihers zum Ersatz anderer Verwendungen bestimmt sich nach den Vorschriften über die Geschäftsführung ohne Auftrag. Der Entleiher ist berechtigt, eine Einrichtung, mit der er die Sache versehen hat, wegzunehmen.

---

2. Der § 599 findet namentlich Anwendung, wenn der Verleiher oder eine andere Person, für deren Verschulden er einzustehen hat (§ 278), dem Entleiher den Gebrauch der Sache vor Ablauf der für die Leihe bestimmten Zeit, z. B. durch Veräußerung an einen Dritten, entzieht oder ihn im Gebrauche stört.

3. Die beschränkte Haftung des Verleihers gilt auch dann, wenn die Verleihung allein oder gleichzeitig im Interesse des Verleihers geschehen ist. Vergl. aber Erl. zu § 598 Nr. 6.

§ 600.

E. I § 551; II § 540 rev. § 592; III § 593. P. I S. 2227—2229, 11791—11793. M. II S. 446, 447. P. II S. 2128 (Bd. II S. 270).

Die Vorschrift entspricht den für die Schenkung im § 523 Abs. 1 und § 524 Abs. 1 gegebenen Bestimmungen. Vergl. die Erl. zu diesen Paragraphen.

Wegen des Schadensersatzes s. §§ 249 ff.

Die Vorschriften über unerlaubte Handlungen werden durch den § 600 nicht berührt. Darnach kann z. B. Jemand, der ein Pferd aus einem verseuchten Stalle verleiht und dadurch eine Ansteckung herbeiführt, haftbar sein, wenn gegen eine gesetzliche oder polizeiliche, den Schutz eines Anderen bezweckende Vorschrift verstoßen ist.

§ 601.

E. I § 553; II § 541 rev. § 593; III § 594. P. I S. 2231, 2232; M. II S. 447, 448. P. II S. 2131—2135, 7010, 7011, 8317, 8318, 8464, 8465 (Bd. II S. 272—275).

1. Vergl. die §§ 450, 547, 994 ff., 1049, 2022, 2124, 2125.

2. Die Auslagen, welche der Gebrauch der Sache verursacht, hat der Entleiher zu tragen. Der E. I (§ 553 Abs. 1) sprach dies ausdrücklich aus; die zweite Kommission hat den Satz als selbstverständlich gestrichen.

3. Nothwendige Verwendungen sollte der Verleiher nach dem E. I (§ 553 Abs. 2 Satz 1) stets ersetzen. Die zweite Kommission hat erwogen, daß der Verleiher nicht verpflichtet sei, die Sache zu erhalten, und hat deshalb auch hinsichtlich des Ersatzes nothwendiger Verwendungen auf die Geschäftsführung ohne Auftrag verwiesen.

4. Zu Abs. 2 Satz 1 s. §§ 677 ff., zu Satz 2 s. § 258.

5. Eine Verpflichtung des Entleihers, Verwendungen vorzunehmen, besteht nicht. Soweit er indessen nach Abs. 1 die Kosten von Verwendungen zu tragen hat, ist er auch verpflichtet, die Verwendungen vorzunehmen; insbesondere hat er für die Fütterung eines entliehenen Thieres Sorge zu tragen. Da das ganze Verhältniß nach Treu und Glauben zu behandeln ist, kann er unter Umständen auch verpflichtet sein, den Verleiher auf die Nothwendigkeit von Maßnahmen zur Erhaltung der Sache aufmerksam zu machen.

§ 602.

Veränderungen oder Verschlechterungen der geliehenen Sache, die durch den vertragsmäßigen Gebrauch herbeigeführt werden, hat der Entleiher nicht zu vertreten.

§ 603.

Der Entleiher darf von der geliehenen Sache keinen anderen als den vertragsmäßigen Gebrauch machen. Er ist ohne die Erlaubniß des Verleihers nicht berechtigt, den Gebrauch der Sache einem Dritten zu überlassen.

§ 604.

Der Entleiher ist verpflichtet, die geliehene Sache nach dem Ablaufe der für die Leihe bestimmten Zeit zurückzugeben.

Ist eine Zeit nicht bestimmt, so ist die Sache zurückzugeben, nachdem der Entleiher den sich aus dem Zwecke der Leihe ergebenden Gebrauch gemacht hat. Der Verleiher kann die Sache schon vorher zurückfordern, wenn so viel Zeit verstrichen ist, daß der Entleiher den Gebrauch hätte machen können.

Ist die Dauer der Leihe weder bestimmt noch aus dem Zwecke zu entnehmen, so kann der Verleiher die Sache jederzeit zurückfordern.

Ueberläßt der Entleiher den Gebrauch der Sache einem Dritten, so kann der Verleiher sie nach der Beendigung der Leihe auch von dem Dritten zurückfordern.

---

§ 602.

E. I § 554; II § 542 rev. § 594; III § 595. P. I S. 2230—2233, 3268, 3269, 3275, 11817; M. II S. 448—451. P. II S. 2139 (Bd. II S. 275).

Die Vorschrift entspricht dem § 548; s. Erl. zu diesem Paragraphen.

§ 603.

E. I § 549 S. 1, 552; II § 543 rev. § 595; III § 596. P. I S. 2221—2226, 2230, 11817; M. II S. 444, 445, 447. P. II S. 2127, 2128 (Bd. II S. 270).

1. Wenn der Entleiher von der Sache einen vertragswidrigen Gebrauch macht, so haftet er für den dadurch entstehenden Schaden. Er haftet auch für den zufälligen Untergang und für die zufällige Verschlechterung der Sache, wenn der Zufall ohne den vertragswidrigen Gebrauch nicht eingetreten wäre (s. Erl. zu § 549 Nr. 2 und 4a).

2. Die Erlaubniß zur Ueberlassung des Gebrauchs an einen Dritten kann bei oder nach Eingehung des Leihvertrags ertheilt werden; sie braucht nicht ausdrücklich erklärt zu werden, sondern kann aus den Umständen zu entnehmen sein. Ist sie ertheilt, so hat der Entleiher — anders wie bei der Miethe (§ 549 Abs. 2) — nicht für das Verschulden des Dritten einzustehen.

3. Dem Verleiher ist nicht, wie dem Vermiether (§ 550), im Gesetze das Recht eingeräumt, auf Unterlassung des vertragswidrigen Gebrauchs zu klagen; man hat geglaubt, daß, abgesehen von dem Anspruch auf Schadensersatz, die Möglichkeit, die Leihe nach § 605 Nr. 2 zu kündigen, hinreichenden Schutz gewähre. Ein dem § 550 entsprechendes Recht des Verleihers läßt sich wohl auch ohne gesetzliche Bestimmung aus dem Wesen des Verhältnisses herleiten; die Frage hat aber bei der Leihe nur geringe praktische Bedeutung.

§ 604.

E. I §§ 549 S. 1, 555, 556; II § 544 rev. § 596; III § 597. P. I S. 2221—2226, 2235—2237, 2241, 2242, 11817; M. II S. 445, 451, 452. P. II S. 2127, 2139, 8469, 8470 (Bd. II S. 275).

1. Auf die Beendigung des durch die Leihe begründeten Schuldverhältnisses finden die allgemeinen Grundsätze über die Beendigung eines Schuldverhältnisses Anwendung (s. oben S. 138 Vorbm. zum dritten Abschn.). Die §§ 604, 605 bestimmen die besonderen, für die Leihe geltenden

§ 605.

Der Verleiher kann die Leihe kündigen:

1. wenn er in Folge eines nicht vorhergesehenen Umstandes der verliehenen Sache bedarf;
2. wenn der Entleiher einen vertragswidrigen Gebrauch von der Sache macht, insbesondere unbefugt den Gebrauch einem Dritten überläßt, oder die Sache durch Vernachlässigung der ihm obliegenden Sorgfalt erheblich gefährdet;
3. wenn der Entleiher stirbt.

Beendigungsgründe. Die Leihe endigt mit dem Ablaufe der vereinbarten Zeit und, wenn eine solche nicht bestimmt ist, mit dem Zeitpunkt, in welchem der Entleiher den aus dem Zwecke der Leihe sich ergebenden Gebrauch gemacht hat (§ 604 Abs. 1, Abs. 2 Satz 1); ferner durch Rückforderung der Sache in den Fällen des § 604 Abs. 2 Satz 2, Abs. 3 und durch Kündigung nach Maßgabe des § 605. Der Tod des Entleihers führt nicht ohne Weiteres zu einer Auflösung des Vertrags, doch kann der Verleiher den Vertrag nach § 605 Nr. 3 kündigen. Ebenso ist der Tod des Verleihers ohne Einfluß, es kann höchstens eine Kündigung nach § 605 Nr. 1 in Frage kommen.

Mit der Beendigung des Vertrags erlischt einerseits die Verpflichtung des Verleihers, den Gebrauch zu gestatten, andererseits das Recht des Entleihers, die Sache zu gebrauchen, aber auch die Verpflichtung des Entleihers, die gewöhnlichen Erhaltungskosten zu tragen. Doch ist auch hier insbesondere zu letzterem Punkte zu beachten, daß das Verhältniß nach Treu und Glauben zu beurtheilen ist.

2. Der Entleiher hat die Sache in demjenigen Zustande zurückzugeben, welcher sich bei vertragsmäßigem Gebrauch ergiebt. Zur Sache gehören auch Zuwachs und Zubehör; vergl. aber § 601 Abs. 2 Satz 2. Die während der Zeit der Leihe gezogenen Früchte sind ebenfalls mit herauszugeben. Die Gestattung des Gebrauchs kann aber in dem Sinne eingeräumt werden, daß der Entleiher befugt sein soll, die während der Zeit des Gebrauchs gezogenen Früchte zu verzehren. Ob ein Gewinn mit herauszugeben ist, der mittels der Sache, z. B. durch Vermiethung eines geliehenen Thieres, erzielt ist, hängt davon ab, in welchem Sinne dem Entleiher der Gebrauch der Sache eingeräumt war.

3. Die Verpflichtung des Entleihers wird regelmäßig eine Bringschuld sein. Indessen können die Umstände das Gegentheil ergeben. Vergl. § 269.

4. Ueber die Frage, ob der Entleiher dem Anspruch auf Rückgabe der Sache den Einwand entgegensetzen kann, daß er Eigenthümer der Sache sei, s. Erl. zu § 556 Nr. 2.

5. Der Entleiher hat wegen seiner etwaigen Gegenansprüche (§§ 600, 601) ein Zurückbehaltungsrecht (§§ 273, 274).

6. Der Abs. 4 begründet einen persönlichen Anspruch gegen den Dritten. Ueber das Nähere s. Erl. zu § 556 Nr. 3.

7. Die Geltendmachung der dem Verleiher nach Abs. 2—4 zustehenden Rechte ist nicht von einer Kündigung abhängig. Gegen einen Mißbrauch ist der Entleiher durch die Vorschrift des § 226 geschützt.

8. Der Entleiher kann seinerseits wegen der Kosten der Erhaltung der Sache ein erhebliches Interesse an der Rückgabe haben. Ob er hierzu schon vor dem Zeitpunkte berechtigt ist, in welchem die Leihe nach den §§ 604, 605 endigt, hängt davon ab, ob der Vertrag lediglich im Interesse des Entleihers oder auch im Interesse des Verleihers geschlossen ist (M. II S. 446, 449). Im Zweifel dürfte das Erstere anzunehmen sein, da aus dem Wesen des Leihvertrags eine Verpflichtung des Entleihers, die Sache zu behalten, nicht gefolgert werden kann. Die vorzeitige Zurückgabe darf indessen unter Berücksichtigung von Treu und Glauben nur in solcher Art und zu einer solchen Zeit erfolgen, daß das Interesse des Verleihers nicht beeinträchtigt wird. Ist der Entleiher zur Rückgabe berechtigt, so kommt der Verleiher durch Verweigerung der Annahme in Verzug der Annahme.

§ 605.

E. I § 557; II § 545 rev. § 597; III § 598. P. I S. 2237—2241; M. II S. 452, 453. P. II S. 2139 (Bd. II S. 275). K.B. S. 77.

1. Die Kündigung ist ein einseitiges empfangsbedürftiges Rechtsgeschäft. Eine Kündigungsfrist braucht nicht eingehalten zu werden; s. Erl. zu § 542 Nr. 5, zu § 564 Nr. 2.

§ 606.

Die Ersatzansprüche des Verleihers wegen Veränderungen oder Verschlechterungen der verliehenen Sache sowie die Ansprüche des Entleihers auf Ersatz von Verwendungen oder auf Gestattung der Wegnahme einer Einrichtung verjähren in sechs Monaten. Die Vorschriften des §. 558 Abs. 2, 3 finden entsprechende Anwendung.

Fünfter Titel.

Darlehen.

2. Der Beweis der Voraussetzungen des Kündigungsrechts liegt dem Verleiher ob.

3. Schadensersatz kann der Entleiher von dem Verleiher auch dann nicht fordern, wenn die Kündigung auf Grund des § 605 Nr. 1 erfolgt.

4. Die Leihe endigt nicht von selbst, wenn die Voraussetzungen des § 605 eintreten. Es können also namentlich die Erben des Entleihers den Gebrauch der geliehenen Sache fortsetzen, falls nicht der Gebrauch an die Person des Entleihers geknüpft war. Sie sind aber auch andererseits verpflichtet, die gewöhnlichen Kosten der Erhaltung der geliehenen Sache weiter zu tragen.

5. Der Entleiher hat kein Kündigungsrecht; s. jedoch Erl. zu § 604 Nr. 8.

§ 606.

E. II § 546 rev. § 598; III § 599; M. II S. 448. P. II S. 2138 (Bd. II S. 272—275).

Wegen der Ansprüche der Betheiligten s. §§ 602, 603, 601. Im Uebrigen vergl. Erl. zu § 558.

Fünfter Titel.

I. Das Reichsgesetz, betreffend das Reichsschuldbuch, vom 31. Mai 1891 bleibt nach Maßgabe des E.G. Art. 32 in Kraft, vergl. jedoch E.G. Art. 50; ebenso bleiben unberührt die landesgesetzlichen Bestimmungen über Staatsschuldbücher und die Rückzahlung oder Umwandelung verzinslicher Staatsschulden; E.G. Art. 97, 98. Ferner ist der Landesgesetzgebung durch E.G. Art. 94 die Regelung des Geschäftsbetriebs der gewerblichen Pfandleiher und der Pfandleihanstalten sowie durch E.G. Art. 99 die Regelung der privatrechtlichen Verhältnisse der öffentlichen Sparkassen überlassen. Soweit die darnach in Betracht kommenden Spezialgesetze Vorschriften über Darlehne, insbesondere über Verzinsung und Rückerstattung von Darlehnen, enthalten, gehen sie den Vorschriften des 5. Titels vor.

II. Das B.G.B. giebt über das Darlehen nur wenige positive Bestimmungen, welche den Begriff und die Umwandlung einer anderen Schuld in ein Darlehen (§ 607) sowie die Verzinsung (§ 608) und die Kündigung und Rückerstattung des Darlehens (§ 609) betreffen; ergänzend schließt sich eine Auslegungsregel für den Widerruf eines Darlehnsversprechens an (§ 610). Die weiteren beim Darlehen auftauchenden Fragen sind auf Grund der allgemeinen Vorschriften des Gesetzes, der Natur des Darlehnsvertrags und des Willens der Vertragschließenden zu beantworten.

III. Der Begriff des Darlehens wird vom Gesetz als bekannt vorausgesetzt. Der § 607 will keine eigentliche Definition geben, sondern nur einzelne für den Darlehnsvertrag wichtige Punkte klarstellen.

1. a) Gegenstand des Darlehens können nur Geld oder andere vertretbare Sachen sein.

Zur Begründung einer Darlehnsschuld ist erforderlich, daß der Empfänger des Darlehens die vertragsmäßige Verbindlichkeit übernimmt, für das, was er empfängt, Sachen von gleicher Art, Güte und Menge zurückzuerstatten. Der Vertrag allein genügt aber nicht, die Erstattungspflicht ist vielmehr weiter an den vorherigen Empfang des Darlehens geknüpft; das Darlehen ist also in diesem Sinne Realkontrakt, vergl. die Vorbm. zum vierten Titel I. Regelmäßig pflegt der Darleiher dem Schuldner das Geld oder die anderen Sachen zu übergeben.

Es kann sich aber die Begründung des Darlehens auch auf andere Weise, insbesondere so vollziehen, daß der Gläubiger dem Schuldner Gegenstände übergiebt, damit dieser sie verkaufen und den Erlös als Darlehen behalten soll (sog. contractus mohatrae), oder so, daß der Schuldner Gegenstände zu einem Schätzungswerth übernimmt. Im kaufmännischen Verkehre wird die Hingabe der Darlehnsvaluta häufig durch Ueberweisung auf Girokonto ersetzt. Das B.G.B. giebt für alle diese Fälle keine besonderen Bestimmungen. Da im § 607 der ganz allgemeine Ausdruck „empfangen" gebraucht ist, kann kein Zweifel darüber bestehen, daß sie mit unter den Begriff des Darlehens fallen.

Der E. I (§ 453 Abs. 2) bestimmte:

„Ist der Empfänger durch die Darleihung nicht Eigenthümer des Empfangenen geworden, so ist der Darlehnsanspruch gegen ihn nicht begründet."

Die zweite Kommission hat den Satz auf Grund der Erwägung gestrichen, daß die Bestimmung theils selbstverständlich, theils unrichtig sei; letzteres insofern, als der Empfang der Darlehnssumme ohne direkte Hingabe, z. B. durch Umschreibung auf Girokonto, herbeigeführt werden könne; P. II S. 1689.

Hinsichtlich der Frage, ob der Empfänger Eigenthümer der hingegebenen Sachen geworden ist, sind lediglich die allgemeinen Vorschriften maßgebend. Daß der Schuldner die Darlehnssumme aus dem Vermögen des Gläubigers empfängt, ist nicht wesentlich. Nur muß, damit ein rechtsgültiges Darlehen angenommen werden kann, die Darlehnssumme wirklich in rechtswirksamer Weise in das Vermögen des Schuldners gelangt sein. Das B.G.B. hat auch in diesem Punkte von besonderen Bestimmungen abgesehen.

b) Im Leben kommt es häufig vor, daß Jemand, der Geld oder andere vertretbare Sachen nicht aus einem Darlehen, sondern aus einem anderen Rechtsgrunde schuldet, mit dem Gläubiger vereinbart, daß das Geld oder die Sachen als Darlehen geschuldet werden sollen. Das Gesetz (§ 607 Abs. 2) erklärt diese Verträge ausdrücklich für zulässig. An sich würde es einer besonderen Bestimmung nicht bedürfen, da die Parteien nach dem Grundsatze der Vertragsfreiheit dem Schuldverhältniß einen beliebigen Inhalt geben können. Man hat aber eine Vorschrift für wünschenswerth erachtet (M. II S. 312), um den nach der Fassung des § 607 Abs. 1 nicht fernliegenden Einwand des Schuldners abzuschneiden, daß er ein eigentliches Darlehen nicht erhalten habe und daß deshalb die Klage wegen unrichtiger Substanziirung abzuweisen sei.

2. Die persönliche Fähigkeit zur Eingehung einer Dahrlehnsverbindlichkeit ist nach den allgemeinen Grundsätzen zu beurtheilen. Für Minderjährige insbesondere gelten die Vorschriften der §§ 106 ff. Unberührt bleiben nach E.G. Art. 57 die Vorschriften des A.L.R. I 11 §§ 676, 677 über die Darlehne der Mitglieder des Königlichen Hauses Hohenzollern.

3. Durch das Darlehen wird für den Schuldner die einseitige Verpflichtung begründet, das Darlehen zurückzuzahlen. Ueber die Verzinsung sowie die Zeit der Rückerstattung und die Kündigung des Darlehens geben die §§ 608, 609 Dispositivvorschriften.

Das bisherige Recht enthält zum Theil Sondervorschriften über den Fall, wenn das Darlehen auf den Namen eines Dritten gegeben ist oder wenn Namens einer Stadtgemeinde ein Darlehensvertrag geschlossen ist, vergl. M. II S. 311; nach dem B.G.B. sind lediglich die allgemeinen Vorschriften über Stellvertretung maßgebend. Kommt trotz der Hingabe der Darlehnssumme kein rechtsgültiges Darlehen zu Stande, z. B. weil derjenige, welcher im Namen eines Dritten gegeben hat, keine Vertretungsmacht für den Dritten gehabt hat oder weil der Empfänger sich in der Person des Darleihers geirrt hat und demnächst den Vertrag nach § 119 anficht (Fall der sog. condictio Iuventiana, Windscheid II § 370 Anm. 15), so entsteht keine darlehnsmäßige Verbindlichkeit für den Empfänger; für die Rückgewährung des Empfangenen sind die Grundsätze über ungerechtfertigte Bereicherung (§§ 812 ff.) maßgebend.

4. Dem Darlehen nahe verwandt ist der unregelmäßige Verwahrungsvertrag (depositum irregulare), welcher im § 700 geregelt ist. In der Hauptsache sollen bei dem letzteren Vertrage die Vorschriften über das Darlehen Anwendung finden, Zeit und Ort der Rückgabe bestimmen sich aber im Zweifel nach den Vorschriften über den Verwahrungsvertrag. Der Unterschied zwischen beiden Verträgen, welcher mit Rücksicht hierauf praktische Bedeutung gewinnen kann, ist mehr wirthschaftlicher als juristischer Natur. Bei dem Verwahrungsvertrage kommt es dem Hinterleger in erster Linie darauf an, sein Geld bequem und sicher aufzubewahren, bei dem Darlehen liegt der Schwerpunkt darauf, daß der Empfänger des Darlehens das Kapital nutzen und umsetzen kann. Wird Geld bei einem Bankier auf Check oder Girokonto hinterlegt, so liegt ein unregelmäßiger Verwahrungsvertrag vor.

Wegen des Unterschieds von Darlehen- und Leihvertrag s. Erl. zu § 598 Nr. 2.

Der Ausdruck „Darlehen" wird in einem Vertrage häufig auch dann gebraucht, wenn in der Wirklichkeit ein anderer Vertrag vorliegt; vergl. z. B. R.G. Bd. 31 S. 33. Der Richter

§ 607.

Wer Geld oder andere vertretbare Sachen als Darlehen empfangen hat, ist verpflichtet, dem Darleiher das Empfangene in Sachen von gleicher Art, Güte und Menge zurückzuerstatten.

Wer Geld oder andere vertretbare Sachen aus einem anderen Grunde schuldet, kann mit dem Gläubiger vereinbaren, daß das Geld oder die Sachen als Darlehen geschuldet werden sollen.

---

ist aber bei der Beurtheilung des Falles an die Ausdrucksweise und die Meinung der Parteien nicht gebunden, sondern hat nach Maßgabe des § 133 unter Würdigung aller Umstände selbständig festzustellen, wie das Verhältniß zu charakterisiren ist. Bei der Entscheidung ist der § 607 Abs. 2 zu beachten.

IV. 1. Im Verkehre sind Verträge nicht selten, durch welche Jemand die Hingabe eines Darlehens verspricht (sog. pactum de mutuo dando). Derartige Verträge haben im Verhältnisse zu dem Darlehen den Charakter von Vorverträgen. Dahin gehört u. A. der sog. Baugeldervertrag; vergl. R.G. Bd. 38 S. 308. Die Zeichnung auf eine zu emittirende Anleihe stellt sich regelmäßig nicht als ein Darlehnsversprechen, sondern als ein Kauf der zu emittirenden Inhaberpapiere dar; der § 610 findet in solchem Falle keine Anwendung; vergl. R.G. Bd. 28 S. 29.

Das B.G.B. begnügt sich damit, eine Auslegungsregel über den Widerruf eines Darlehnsversprechens aufzustellen; im Uebrigen finden die allgemeinen Vorschriften Anwendung.

Das Darlehnsversprechen begründet eine einseitige Verbindlichkeit des Versprechenden, das Darlehen zu geben. In welcher Art das Darlehen zu geben ist, ob durch Hingabe von Geld oder von anderen Sachen, ist nach den Umständen des einzelnen Falles zu entscheiden. Ist schlechthin ein Darlehen versprochen, so wird nach § 157 der Vertrag dahin auszulegen sein, daß der Versprechende ein Gelddarlehn zu geben hat. Für den anderen Theil wird durch das Darlehnsversprechen nur ein Recht begründet; durch Zusatzvertrag kann aber ausgemacht werden, daß der andere Theil verpflichtet sein soll, das Darlehen zu nehmen. Eine solche Verpflichtung braucht nicht ausdrücklich bestimmt zu sein, sondern kann auch aus den Umständen folgen. Sie wird z. B. regelmäßig als stillschweigend vereinbart anzunehmen sein, wenn der Darlehnsempfänger das Darlehen zu verzinsen versprochen hat. Eine Abtretung des Anspruchs auf Hingabe des Darlehens ist regelmäßig nach § 399 als ausgeschlossen zu betrachten, da das Darlehnsversprechen nur mit Rücksicht auf die persönlichen Verhältnisse des Kreditsuchers abgegeben wird. Dieser Grund steht indessen der Zulässigkeit der Abtretung nicht entgegen, wenn die Umstände so liegen, daß der Empfänger des Darlehnsversprechens durch die Zahlung an den Cessionar Darlehnsschuldner wird (R.G. Bd. 38 S. 311). Ein Anspruch auf Rückerstattung wird niemals durch das Darlehnsversprechen, sondern erst durch den wirklichen Darlehnsvertrag begründet.

2. Erklärt sich eine Bank oder eine Sparkasse durch öffentliche Bekanntmachung bereit, sog. Einlagen unter bestimmten Bedingungen anzunehmen, so ist darin eine Aufforderung zum Abschlusse von Darlehnsverträgen zu finden, welche aber nicht den Charakter eines bindenden Vertragsantrags hat. Indessen kann natürlich ein Vertragsantrag im Sinne des § 145 ausgesprochen werden. Auch ist es möglich, einen Vorvertrag dahin zu schließen, daß Jemand sich verpflichtet, Darlehne anzunehmen.

§ 607.

E. I §§ 453 Abs. 1, 454; II § 547 rev. § 599; III § 600. P. I S. 1672—1676, 1683, 1684, 1685, 1687—1691, 3554, 3560, 6137; M. II S. 305—312. P. II S. 1689—1692 (Bd. II S. 41—43).

1. Wegen des Geldes s. Erl. zu § 244, wegen der vertretbaren Sachen s. § 91.

2. Als Darlehen empfangen sind die Sachen, wenn sie in das Vermögen desjenigen gebracht sind, welchem das Darlehen gegeben werden soll.

Der Empfang des Darlehens kann sich in verschiedener Weise vollziehen:

a) Hat der Darleiher Sachen direkt hingegeben, so ist das Darlehen empfangen, sobald der andere Theil Eigenthümer geworden ist. Für den Eigenthumsübergang sind die Vorschriften der §§ 929 ff. maßgebend; der Uebergang der Gefahr vollzieht sich mit dem Uebergange des Eigenthums.

b) Hat der Darleiher dem Empfänger eine Sache gegeben, damit dieser sie verkaufe und den Erlös als Darlehen behalte (contractus mohatrae), so liegt ein doppeltes Rechtsgeschäft vor, nämlich eine Ermächtigung, die Sache zu verkaufen, und ein durch die Ausführung des Verkaufs bedingter Darlehnsvertrag. Ob das Darlehen in dem Zeitpunkt als empfangen gelten soll, in welchem der zu dem Verkauf Ermächtigte durch den Abschluß des Kaufes die Forderung aus dem Kaufpreise gegen den Käufer erlangt hat oder ob ein späterer Zeitpunkt, insbesondere der Zeitpunkt maßgebend sein soll, in welchem der Ermächtigte Eigenthümer des gezahlten Kaufpreises geworden ist, hängt von der unter den Parteien getroffenen Vereinbarung ab. Im Zweifel wird das erstere anzunehmen sein. Auch darüber entscheidet die unter den Parteien getroffene Vereinbarung, ob der andere Theil lediglich ermächtigt, also nur berechtigt, oder ob er auch beauftragt, also auch verpflichtet sein soll, die Sache zu verkaufen. Im Zweifel dürfte das erstere anzunehmen sein. Die Gefahr, in Ansehung der zu verkaufenden Sache, hat der Darlehnsempfänger nicht zu tragen, da eine solche Haftung weder aus der Ermächtigung, noch aus dem Auftrage folgt. Durch ausdrückliche oder stillschweigende Vereinbarung kann aber ausbedungen werden, daß der Empfänger die Gefahr tragen soll.

c) Wird dem Empfänger eine Sache unter einer Schätzung mit der Beredung übergeben, daß der Schätzungspreis als Darlehen gelten solle, so liegt ebenfalls ein Doppelvertrag vor: nämlich ein Kaufvertrag und ein unbedingter Darlehnsvertrag. Das Darlehen ist empfangen in dem Augenblick, in welchem das Eigenthum der schätzungsweise übergebenen Sache auf den Schuldner übergeht.

d) Die Begründung eines Darlehens kann auch, falls die Parteien darüber einig sind, so erfolgen, daß der Darleiher einen Dritten, z. B. einen Bankier, anweist, dem Konto des Darlehnsempfängers den Betrag des Darlehens gutzuschreiben. Das Darlehen wird in einem solchen Falle in demjenigen Zeitpunkt als erfolgt zu gelten haben, in welchem der Dritte dem Empfänger anzeigt, daß er den Betrag gutgeschrieben habe; stellt der Dritte nach diesem Zeitpunkte seine Zahlungen ein, so hat der Darlehnsempfänger den Schaden zu tragen.

e) Wenn vertretbare Sachen hingegeben werden, so kann zweifelhaft sein, ob Sachen gleicher Art zurückzugeben sind oder ob der Empfänger sie verkaufen und den Erlös behalten soll (s. oben b) oder ob die Schätzungssumme als Darlehnssumme gelten soll (s. oben c). Die Frage ist lediglich auf Grund der ausdrücklichen oder aus den Umständen zu entnehmenden Vereinbarung der Parteien zu entscheiden. Gesetzliche Vermuthungen bestehen nicht, insbesondere nicht dafür, daß ein Darlehen in Inhaberpapieren als Gelddarlehen zu gelten habe; M. II S. 309.

3. Der Beweis, daß der Schuldner das Darlehen empfangen hat, liegt dem Gläubiger ob. Behauptet der Schuldner, daß das Eigenthum an den ihm als Darlehen übergebenen Sachen nicht auf ihn übergegangen sei, so trifft ihn die Beweislast.

Die exceptio non numeratae pecuniae ist bereits durch das E.G. zur C.P.O. § 17 beseitigt.

Vergl. wegen des Beweises Seuff. Arch. Bd. 41 Nr. 180. Wird das Rechtsgeschäft, durch welches der Empfang des Darlehens herbeigeführt ist, in Folge Anfechtung unwirksam, so hat das Darlehn als nicht empfangen zu gelten; den Beweis hat der Schuldner zu führen. Vergl. §§ 442, 445.

4. Der Schuldner hat Sachen gleicher Art zurückzuerstatten. Ist ausbedungen, daß die Rückerstattung in einer anderen Art vertretbarer Sachen erfolgen könne, so liegt entweder überhaupt kein Darlehen vor oder es handelt sich um einen mit dem Darlehen verbundenen Zusatzvertrag, durch welchen dem Schuldner die facultas alternativa eingeräumt wird, sich durch Leistung der anderen Sachen von seiner Darlehnsschuld befreien zu können; M. II S. 310. Der Schuldner hat außer dem Kapital die etwa ausbedungenen Zinsen zu zahlen. Es kann auch ausgemacht werden, daß der Schuldner ein größeres Kapital, als er erhalten hat, zurückgewähren soll. Das Mehr an Kapital wird meistens als Zins aufzufassen sein; für die Frage, ob eine solche Vereinbarung gültig ist, kommen die Vorschriften über den Wucher (§ 138) in Betracht. Die Rückerstattung des Darlehens hat, gleichviel, in welcher Form sich die Begründung vollzogen hat, durch Uebergabe des Geldes oder der anderen Sachen zu erfolgen; doch kann vereinbart werden, daß der Darlehnsempfänger das Darlehen in anderer Weise zurückerstatten dürfe.

Hat der Schuldner Inhaberpapiere zurückzuerstatten und wird dies dadurch unmöglich, daß alle Papiere der gleichen Art vorher aus dem Verkehre gezogen werden, so erlischt nach § 275 die Darlehnsverbindlichkeit, der Gläubiger kann aber nach den Grundsätzen der ungerechtfertigten Bereicherung (§§ 812 ff.) Ersatz verlangen.

5. Die Vorschrift des Abs. 2 (E. I § 454) wird in den M. II S. 312 durch den Hinweis auf das praktische Bedürfniß gerechtfertigt; die Motive fügen noch die Bemerkung hinzu: „Die Vorschrift setzt übrigens an sich die einwandsfreie Verbindlichkeit der bisherigen Schuld voraus und bestimmt keineswegs darüber, ob und inwiefern der Schuldner mit Einwendungen aus dem früheren Schuldverhältnisse sich zu schützen vermag. Darüber entscheiden andere Vorschriften."

§ 608.

Sind für ein Darlehen Zinsen bedungen, so sind sie, sofern nicht ein Anderes bestimmt ist, nach dem Ablaufe je eines Jahres und, wenn das Darlehen vor dem Ablauf eines Jahres zurückzuerstatten ist, bei der Rückerstattung zu entrichten.

Ueber den Inhalt und die Tragweite des Satzes haben auch bei der zweiten Kommission Erörterungen stattgefunden; ein Beschluß der zweiten Kommission ist zu diesem Punkte nicht herbeigeführt.

Zweifellos ist zunächst, daß, wenn eine Umwandelung einer Schuld in eine Darlehnsschuld vollzogen ist, auf das Schuldverhältniß die materiellen Grundsätze des Darlehens Anwendung finden: es besteht lediglich eine einseitige, den Normen der §§ 607—609 unterworfene Verbindlichkeit; hinsichtlich der Verjährung gelten die Vorschriften der §§ 195, 197, 199. Die Umwandlung hat aber nicht zur Folge, daß die für die alte Schuld bestehenden Bürgschaften und Pfandrechte erlöschen. Nach der prozessualen Seite tritt die Wirkung ein, daß ein neuer Klagegrund geschaffen wird, derart, daß zur Substanziirung der Klage die Bezugnahme auf die Darlehnsschuld genügt. Im Uebrigen kann die Umwandelung eine doppelte Bedeutung haben. Es kann damit ein Anerkenntniß in dem Sinne verbunden sein, daß zum Beweise des Empfanges der Valuta die Bezugnahme auf den neuen Vertrag genügen soll. Ein Rückgreifen auf das frühere Rechtsverhältniß ist dann nur so möglich, daß der Umwandelungsvertrag und das damit verbundene Anerkenntniß nach den Grundsätzen der ungerechtfertigten Bereicherung beseitigt wird (s. Erl. zu § 397 Nr. 5 und zu § 781). Die Umwandelung kann aber auch in der Weise erfolgen, daß sie nur einen formellen Charakter hat und daß das frühere Rechtsverhältniß nach wie vor die Grundlage des Anspruchs bildet. In einem solchen Falle hat der Gläubiger das Bestehen des früheren Rechtsverhältnisses zu beweisen; jedoch wird dieser Beweis regelmäßig bis zum Gegenbeweis als durch das in dem Umwandlungsvertrage liegende außergerichtliche Geständniß geführt anzusehen sein. Ob die Parteien einen Vertrag der einen oder der anderen Art gewollt haben, ist eine Auslegungsfrage. Die Regel dürfte bilden, daß die Umwandelung gleichzeitig eine Feststellung und Anerkennung der Schuld einschließen soll.

Dabei ist indessen zu beachten, daß dieser Zweck, sofern nicht die Voraussetzungen des § 782 vorliegen, nach § 781 nur dann erreicht werden kann, wenn die Anerkennungserklärung in schriftlicher Form abgegeben ist. Wollte man diese Form deshalb für nicht erforderlich halten, weil der Vertrag auf die Umwandelung der bestehenden Schuld in eine Darlehnsschuld gerichtet sei, so würde die Formvorschrift des § 781 alle Bedeutung verlieren. Die Parteien brauchten dann nur statt des Ausdrucks „Anerkenntniß der Schuld" den Ausdruck „Umwandelung der Schuld in ein Darlehen" gebrauchen, um ihren Zweck ohne Beobachtung der vorgeschriebenen Form zu erreichen. Die Parteien können, wie oben hervorgehoben ist, die Umwandelung vornehmen, ohne die frühere Schuld rechtlich festzustellen. Wollen sie dies aber, so können sie dies nur auf den im § 781 bezeichneten Wege erreichen. Sachlich liegt dann ein doppelter Vertrag vor, nämlich ein Anerkenntnißvertrag und ein auf Umwandelung der anerkannten Schuld in eine Darlehnsschuld gerichteter Vertrag.

§ 608.

E. I § 456; II § 548 Abs. 2 rev. § 600; III § 601. P. I S. 1691, 1692, 3275; M. II S. 312, 313. P. II S. 1692, 1693, 8470 (Bd. II S. 43). KB. S. 1972.

1. Der Dahrlehnsempfänger ist zur Zahlung von Zinsen nur verpflichtet, wenn solche bedungen sind. Der E. I sprach diesen Satz mit Rücksicht auf Art. 290 Abs. 2 des früheren H.G.B. besonders aus, die zweite Kommission hat ihn (P. II S. 8470) als selbstverständlich gestrichen. Die Verpflichtung zur Zinsentrichtung braucht aber nicht ausdrücklich übernommen sein, es kann sich aus den Umständen ergeben, daß sie gewollt ist.

2. Wegen der Fristen s. §§ 186 ff.

3. Für die Zinsenschuld sind die Vorschriften der §§ 246—248 maßgebend. Hervorzuheben ist, daß an sich Zinsen in denselben Sachen zu entrichten sind, wie solche als Darlehen gegeben sind, daß aber die Parteien Zinszahlung in Geld vereinbaren können, auch wenn das Darlehen in anderen Sachen, z. B. in Werthpapieren, gegeben ist.

4. Die Verpflichtung zur Zahlung von Verzugszinsen (§ 288) und Prozeßzinsen (§ 291) wird durch den § 608 nicht berührt.

5. Die Zinsansprüche verjähren nach § 197 in 4 Jahren.

§ 609.

Ist für die Rückerstattung eines Darlehens eine Zeit nicht bestimmt, so hängt die Fälligkeit davon ab, daß der Gläubiger oder der Schuldner kündigt.

Die Kündigungsfrist beträgt bei Darlehen von mehr als dreihundert Mark drei Monate, bei Darlehen von geringerem Betrag einen Monat.

Sind Zinsen nicht bedungen, so ist der Schuldner auch ohne Kündigung zur Rückerstattung berechtigt.

---

§ 609.

E. I § 457; II § 549 rev. § 601; III § 602. P. I S. 1692, 1693, 11797; M. II S. 313, 314. P. II S. 1693—1698 (Bd. II S. 43—46).

1. Für die Zeit der Rückerstattung ist in erster Linie die Vereinbarung der Parteien maßgebend. Soweit eine solche nicht getroffen ist, kommen die Vorschriften des § 609 zur Anwendung; daneben sind die §§ 271, 272 zu berücksichtigen.

2. Ist eine Zeit nicht bestimmt, so gelten die Sätze des § 609, welche als Sondervorschriften dem § 271 Abs. 1 vorgehen. Die Vorschriften der Abs. 1 und 2 waren bereits im E. I enthalten, jedoch sollte die Kündigungsfrist in allen Fällen sechs Wochen betragen. Von der zweiten Kommission sind die jetzigen Fristen festgesetzt, auch ist der Abs. 3, welcher es bei unverzinslichem Darlehen in Betreff des Schuldners bei der Regel des § 271 Abs. 1 beläßt, neu hinzugefügt.

Die Kündigung ist eine einseitige empfangsbedürftige Willenserklärung; s. §§ 130 ff. Wegen der Berechnung der Fristen des Abs. 2 s. §§ 186 ff. Wegen der Verjährung s. § 199.

3. Ist eine Zeit für die Rückerstattung bestimmt, so kann nach der Regel des § 271 Abs. 2 im Zweifel der Gläubiger die Leistung nicht vor der bestimmten Zeit verlangen, dagegen der Schuldner das Darlehen auch schon vorher zurückzahlen. Hierbei ist zu beachten, daß der § 271 Abs. 2 nur eine Auslegungsregel giebt. Die Feststellung eines bestimmten Zeitpunkts zur Rückzahlung kann auch in dem Sinne gemeint sein, daß der Schuldner damit auf die frühere Rückzahlung verzichten will. Es kann auch in der Absicht der Parteien liegen, daß der Schuldner bei der vorzeitigen Rückzahlung eine Kündigungsfrist einzuhalten hat. Von praktischer Bedeutung ist die Frage namentlich dann, wenn für die Rückzahlung des Darlehens ein fester Tilgungsplan aufgestellt ist, wie dies bei der Aufnahme von Darlehen durch Ausgabe von Inhaberpapieren regelmäßig zu geschehen pflegt. Bei den Berathungen der zweiten Kommission waren Anträge gestellt, welche für diesen Fall Auslegungsregeln vorschlugen, einerseits dahin, daß bei Aufstellung eines Tilgungsplanes vorzeitige Rückzahlung des Darlehens, aber unter Einhaltung einer Kündigungsfrist, zulässig sein, andererseits dahin, daß ein Verzicht auf vorzeitige Rückzahlung angenommen werden sollte. Die Kommission hat es abgelehnt, eine Bestimmung aufzunehmen, da die Verhältnisse zu verschieden seien, als daß sich eine einheitliche Regel aufstellen lasse. Der § 271 Abs. 2 gebe nur eine Direktive, welche den Richter nicht davon befreie, das ganze Sachverhältniß bei seiner Beurtheilung ins Auge zu fassen. Bei dem gegen Ausstellung von Inhaberpapieren aufgenommenen Darlehen entspreche zumeist die erste Alternative — also Recht auf vorzeitige Rückzahlung mit Einhaltung einer Kündigungsfrist — der Uebung des Verkehrs, wie dies auch in der Praxis angenommen werde. Ob das Letztere richtig ist, erscheint zweifelhaft. Die Thatsache, daß bei der Ausgabe von Inhaberpapieren in die Bedingungen neben dem Tilgungsplan meistens besondere Bestimmungen über vorzeitige Kündigung aufgenommen werden, deutet auf eine entgegengesetzte Auffassung des Verkehrs hin.

4. Wird eine Vereinbarung über die Zeit der Rückerstattung behauptet, so liegt der Beweis demjenigen ob, welcher daraus Rechte herleiten will. Zwischenzinsen darf der Schuldner bei vorzeitiger Rückzahlung einer unverzinslichen Schuld nach § 272 nicht abziehen.

5. Vielfach wird bei Darlehen, welche durch Ausgabe von Inhaberpapieren aufgenommen werden, ausgemacht, daß das Darlehen seitens des Gläubigers unkündbar sein soll. Eine derartige Vereinbarung ist gültig. Dagegen muß ein Darlehnsvertrag, welcher die Kündbarkeit auch für den Schuldner ausschließt, als ein gegen die guten Sitten verstoßender Vertrag (§ 138) angesehen werden, da derselbe die Freiheit des Schuldners in einer nicht zu rechtfertigenden Weise einschränkt.

6. Für den Ort der Rückerstattung sind die Vorschriften der §§ 269, 270 maßgebend.

7. Wegen der Klage auf künftige Rückerstattung s. die neue Vorschrift der C.P.O. § 257, welche lautet:

> „Ist die Geltendmachung einer nicht von einer Gegenleistung abhängigen Geldforderung oder die Geltendmachung des Anspruchs auf Räumung eines Grundstücks, eines Wohnraumes oder eines anderen Raumes an den Eintritt eines Kalendertags geknüpft, so kann Klage auf künftige Zahlung oder Räumung erhoben werden."

§ 610.

Wer die Hingabe eines Darlehens verspricht, kann im Zweifel das Versprechen widerrufen, wenn in den Vermögensverhältnissen des anderen Theiles eine wesentliche Verschlechterung eintritt, durch die der Anspruch auf die Rückerstattung gefährdet wird.

Sechster Titel.

Dienstvertrag.

§ 610.

E. I § 458; II § 550 rev. § 602; III § 603. P. I S. 1677—1682, 6136, 11796, 11797; M. II S. 314—316. P. II S. 1698—1703 (Bd. II S. 47—50).

1. Der § 610 regelt die sog. Einrede der veränderten Umstände bei einem Darlehnsversprechen. Die Vorschrift beruht auf dem gleichen Gedanken wie der § 321, welcher die Einrede der veränderten Umstände bei gegenseitigen Verträgen zuläßt. Sie hat aber den Charakter einer Auslegungsregel, während der § 321 eine dispositive Rechtsnorm enthält. Der § 321 kann übrigens für das Darlehnsversprechen nicht in Frage kommen, wie Stammler, Schuldverhältnisse S. 94, als möglich hinstellt, denn das Darlehnsversprechen hat nicht die Natur eines gegenseitigen Vertrags.

2. Die Widerrufserklärung ist eine einseitige empfangsbedürftige Willenserklärung, s. §§ 130 ff.

3. Wann eine wesentliche Verschlechterung vorliegt, ist nach den Umständen des einzelnen Falles zu entscheiden. Der Beweis liegt dem Widerrufenden ob.

4. Wenn bereits zur Zeit der Abgabe des Dahrlehnsversprechens die Vermögensverhältnisse des Versprechensempfängers ungünstige gewesen sind, findet der § 610 keine Anwendung. Bei den Berathungen der zweiten Kommission waren Anträge gestellt, welche unter gewissen Voraussetzungen auch in diesem Falle einen Widerruf zulassen wollten; die Anträge sind aber abgelehnt. In den M. II, S. 315 wird bemerkt, daß, wenn der künftige Darlehnsgläubiger erst nach Ertheilung des Versprechens die schon früher bestandene Zahlungsunfähigkeit des anderen Theiles erfährt, nur ein nach allgemeinen Grundsätzen regelmäßig für die Verbindlichkeit eines vertragsmäßigen Versprechens rechtlich bedeutungsloser Irrthum in den Motiven in Frage stehe. Auch bei den Berathungen der zweiten Kommission ist betont, daß es sich nur um einen Irrthum in den Beweggründen handele. Das ist richtig. Indessen kann natürlich eine Anfechtung des Versprechens nach § 119 in Frage kommen, wenn der Irrthum über die Vermögensverhältnisse mit einem Irrthum über wesentliche Eigenschaften der Person des Darlehnssuchers zusammentrifft, wenn z. B. der Versprechende den Anderen irrthümlich für einen mit festem Gehalt angestellten Beamten gehalten hat. Liegt Betrug vor, so kommen die §§ 123, 823 zur Anwendung.

Sechster Titel.

I. Die Reichsgesetzgebung hat verschiedene, unter den Begriff des Dienst- oder Werkvertrages fallende Verhältnisse, unabhängig von dem B.G.B., mehr oder weniger ausführlich geregelt. Dahin gehören namentlich das Dienstverhältniß der Handlungsgehülfen und Handlungslehrlinge (H.G.B. §§ 59—83), des Schiffers (ebenda §§ 511—555 und Ges., betr. die privatrechtlichen Verhältnisse der Binnenschiffahrt, vom 1. Juni 1895 §§ 7 ff.), der Schiffsmannschaft (Seemannsordnung vom 27. Dezember 1872, Binnenschiffahrtsgesetz § 21 ff.), des Floßführers und der Floßmannschaft (Ges., betr. die privatrechtlichen Verhältnisse der Flößerei, vom 15. Juni 1895, §§ 1 ff.), der Anspruch auf Berge- und Hülfslohn bei der Bergung und Hülfeleistung in Seenoth, bei Bergung von Seeauswurf und strandtriftigen Gegenständen (H.G.B. §§ 740—753, Strandungsordnung vom 17. Mai 1874), das Dienstverhältniß der gewerblichen Arbeiter — Gesellen, Gehülfen, Lehrlinge, Fabrikarbeiter — (Gew.-O. §§ 105—139b, 154, Ges. vom 26. Juli 1897, Art. 2, 3), das Frachtgeschäft zur gewerbsmäßigen Beförderung von Gütern zu Lande oder auf Flüssen und Binnengewässern sowie von Gütern und von Reisenden zur See (H.G.B. §§ 425—473, 556—578, Binnenschiffahrtsgesetz §§ 26 ff., Flößereigesetz §§ 2 ff.) und der Postbeförderungsvertrag (Postges. vom 28. Oktober 1871), der Vertrag über die Beförderung von Auswanderern (Ges. über das Auswanderungswesen vom 9. Juni 1897 §§ 22 ff.). Auch in Beziehung auf das privatrechtliche Verhältniß der Handlungsagenten und der Handelsmäkler enthält das Reichsrecht eine Anzahl hierher gehörender Bestimmungen (H.G.B. §§ 84—104). Endlich kommt noch in Betracht die Rechtsanwaltsordnung § 30.

Außer den reichsrechtlichen kommt auch eine Reihe von landesrechtlichen Spezialvorschriften über den Dienstvertrag in Betracht. Ausdrücklich ist der Landesgesetzgebung das Gesinderecht überwiesen, aber allerdings mit der Einschränkung, daß verschiedene Bestimmungen des B.G.B. als absolute Vorschriften auch für das Gesinderecht gelten sollen; vergl. E.G. Art. 95. Unberührt bleiben ferner diejenigen landesrechtlichen Vorschriften, welche im Zusammenhange mit den der Landesgesetzgebung überhaupt vorbehaltenen Materien Bestimmungen über Dienstverträge treffen. In Betracht kommt hier namentlich nach E.G. Art. 67 das Bergrecht (vergl. z. B. Preußisches Berggesetz §§ 80—93), vergl. ferner E.G. Art. 57, 58 (wegen der sog. Hausoffizianten), 65, 66, 69.

Die Rechtsverhältnisse der Beamten unterstehen dem öffentlichen Rechte und werden somit durch die Vorschriften des B.G.B. nicht berührt. Soweit sich vermögensrechtliche Ansprüche und Verbindlichkeiten aus dem Amtsverhältniß ergeben können, ist die Regelung der Landesgesetzgebung vorbehalten; dies gilt auch für die Ansprüche oder Verbindlichkeiten der Geistlichen und der Lehrer an öffentlichen Unterrichtsanstalten; E.G. Art. 80.

Die nach dem Vorstehenden in Betracht kommenden Spezialgesetze gehen den Bestimmungen des B.G.B. vor. Sie finden aber ihre Ergänzung in den allgemeinen Vorschriften des bürgerlichen Rechts. Insoweit kommen also auch bei den besonders geregelten Dienstverhältnissen die Bestimmungen des B.G.B. (vergl. E.G. Art. 4) zur Anwendung. Im einzelnen Falle kann es zweifelhaft sein, ob die in einem Spezialgesetze, z. B. in der Gewerbeordnung, hinsichtlich des gewerblichen Arbeitsvertrags gegebene Regelung für die Anwendung einzelner Vorschriften des B.G.B., z. B. der §§ 620—623, Raum läßt. Die Entscheidung muß durch die Auslegung eben jener Spezialgesetze gewonnen werden. Für die Gewerbeordnung vergl. Neukamp, das Verhalten des B.G.B. zur Reichsgewerbeordnung, Verwaltungsarchiv Bd. 5, S. 209—258; für die im H.G.B. geregelten Verhältnisse vergl. u. a. Staub, Supplement zum Kommentar zum H.G.B.

II. 1. Das Recht des Dienstvertrags ist in den verschiedenen Stadien der Vorberathung des Gesetzes mehrfach geändert und immer mehr ausgestaltet. Der E. I hatte Dienstvertrag und Werkvertrag in einem Titel zusammengefaßt. Die zweite Kommission hat zwei selbständige Titel gebildet. Die materiellen Vorschriften beschränkten sich im E. I. auf 8 Paragraphen (dem entsprechen jetzt die §§ 611, 612 Abs. 1, 614, 615, 616, 620 Abs. 2, 621—626, 628). Von der zweiten Kommission sind neu eingestellt der jetzige § 612 Abs. 2, 613, 618 Abs. 1, 3 (mit dem jetzigen § 619 als Abs. 2), § 620 Abs. 1 und § 630; ferner war eingestellt eine dem § 663 entsprechende Bestimmung, welche aber vom Bundesrathe wieder gestrichen ist. Erheblich geändert sind von der zweiten Kommission die Bestimmungen über die Kündigung des Dienstvertrags. Die Reichstagskommission hat die §§ 617, 618 Abs. 2, 619, 629 neu eingestellt, einen aus dem E. I (§ 564 Abs. 2) in die Reichstagsvorlage übernommenen, den § 624 einschränkenden Satz gestrichen und den Eingang des § 616 geändert.

2. Die Anordnung des Stoffes im 6. Titel ist die folgende: An die Spitze gestellt wird im § 611 eine gesetzliche Bestimmung des Begriffs des Dienstvertrags, aus welcher sich die wesentlichen Rechte und Verpflichtungen beider Theile ableiten lassen. In den §§ 612—614 werden einige mit dem Letzteren im Zusammenhange stehende Spezialfragen entschieden. Die §§ 615, 616 geben über den Annahmeverzug und die theilweise Unmöglichkeit der Leistung Vorschriften, welche für den Dienstvertrag Abweichungen von den allgemeinen Grundsätzen herbeiführen. Die §§ 617, 618 legen dem Dienstherrn von Gesetzeswegen gewisse Verpflichtungen auf, welche nach § 619 der Abänderung durch Vertrag entzogen sein sollen. Die Beendigung des Dienstverhältnisses, insbesondere durch Kündigung, ist in den §§ 620—628 verhältnißmäßig ausführlich geregelt. Den Schluß bilden zwei Vorschriften über die Verpflichtung des Dienstherren, dem anderen Theile zum Aufsuchen eines anderen Dienstes Zeit zu gewähren (§ 629), und über die Verpflichtung des Dienstherren, dem anderen Theile ein Zeugniß auszustellen (§ 630).

3. Für den Fall, daß der Dienstvertrag eine Geschäftsbesorgung zum Gegenstande hat, giebt der § 675 Sondervorschriften.

Wegen der Dienstverträge Minderjähriger vergl. § 113; wegen der Verpflichtung der Ehefrau, im Hauswesen oder Geschäfte des Ehemanns Arbeiten zu leisten, vergl. § 1356 Abs. 2; wegen der Kündigung eines von der Ehefrau eingegangenen Dienstvertrags durch den Mann vergl. § 1358; wegen der Verpflichtung der Kinder zu Dienstleistungen im Hauswesen und Geschäfte der Eltern vergl. § 1617.

III. 1. In der R.T.K. und später nochmals im Plenum des Reichstags war vorgeschlagen, im 6. Titel statt „Dienstvertrag" zu setzen „Arbeitsvertrag" und außerdem den Begriff des Dienstvertrags so zu ändern, daß darunter die häusliche, wirthschaftliche und gewerbliche Arbeit falle, während alle übrige Arbeit beim Werkvertrag abgehandelt werden sollte; man hat aber sowohl die Bezeichnung „Arbeitsvertrag", als auch die vorgeschlagene Aenderung des Begriffs abgelehnt. K.B. S. 1972, 1973; St.B. S. 747, 757, 758, 2792—2800.

2. Der Dienstvertrag wird im B.G.B. als selbständiger Vertrag behandelt. Der geschichtlich überkommene Zusammenhang mit dem Miethvertrag einerseits, dem Werkvertrag andererseits ist vollständig gelöst. Die für den Dienstvertrag anzuwendenden Rechtsnormen sind allein aus dem sechsten Titel und den allgemeinen Grundsätzen abzuleiten. Dabei ist die Berücksichtigung der für den Miethvertrag aufgestellten Rechtsregeln selbstverständlich nicht ausgeschlossen, aber eine einfache analoge Uebertragung derselben ist nicht statthaft.

3. Den **Begriff des Dienstvertrags** bestimmt das Gesetz im § 611 dahin, daß durch den Dienstvertrag der eine Theil zur Leistung der versprochenen Dienste, der andere Theil zur Gewährung der vereinbarten Vergütung verpflichtet wird. Das Verhältniß ist nicht so anzusehen, daß die Arbeitskraft oder die Arbeitsleistung gemiethet würde. Es wird nicht die Person des zur Dienstleistung Verpflichteten dem Dienstherrn unterworfen, sondern der eine Theil verpflichtet sich, dem anderen Theile die versprochenen Dienste als freie Person zu leisten. Daß die Dienste auf Geheiß und Anordnung des Dienstherrn zu leisten sind, ist für den Dienstvertrag nicht wesentlich, andererseits schließt eine dahingehende Vereinbarung die Annahme eines Dienstvertrags nicht aus. Der Dienstvertrag kann Dienste aller Art, körperliche und geistige, zum Gegenstande haben. Namentlich sind auch die sog. höheren Dienste, insbesondere die der Aerzte, Lehrer, Privatbeamten und Rechtsanwälte, fähig, den Gegenstand von Dienstverträgen zu bilden. Es würde sich das schon aus der allgemeinen Fassung des § 611 Abs. 1 ergeben. Mit Rücksicht auf die Wichtigkeit der Frage und, da sie im geltenden Rechte streitig ist, wird im § 611 Abs. 2 eine ausdrückliche Entscheidung gegeben. Wenn schon hiernach alle Verträge, welche die entgeltliche Leistung von Diensten irgend welcher Art bezwecken, grundsätzlich denselben juristischen Charakter haben, so ist doch der besonderen Natur einzelner Dienstverhältnisse durch Sondervorschriften Rechnung getragen. Solche sind im § 617 und im § 618 Abs. 2 für Dienstverträge, bei denen der Verpflichtete in die häusliche Gemeinschaft aufgenommen ist, und in den §§ 622, 627 für die Fälle gegeben, daß Dienste höherer Art zu leisten sind.

Innerhalb des Rahmens des § 611 bestimmt sich der **Inhalt des Dienstvertrags** im einzelnen Falle zunächst durch die Vereinbarung der Parteien. Abgesehen aber von der allgemeinen Bestimmung, daß der Vertrag nicht gegen ein gesetzliches Verbot oder gegen die guten Sitten verstoßen darf (§§ 134, 138, vergl. K.B. S. 1973, St.B. S. 2800—2805), greift das Gesetz durch eine ganze Reihe von Einzelvorschriften in die Gestaltung des Verhältnisses ein. Um Zweifel und Streitigkeiten abzuschneiden, werden eine Reihe von Fragen durch Auslegungsregeln oder Dispositivvorschriften entschieden. Aber es werden auch Vorschriften gegeben, welche hierüber hinausgehen. Das Dienstverhältniß hat im Leben nicht nur rein rechtliche, sondern meist auch persönliche Bedeutung für die Betheiligten. Namentlich dann, wenn der Dienstpflichtige in die häusliche Gemeinschaft aufgenommen wird, erwachsen für beide Theile persönliche Beziehungen und sittliche Verpflichtungen mannigfacher Art. Man hat es für nothwendig erachtet, einige der sittlichen Verpflichtungen des Dienstherrn zu Rechtspflichten zu erheben (vergl. §§ 617, 618). Das Gesetz hat aber auch Vorsorge getroffen, daß ein Dienstverhältniß vor der Zeit aufgelöst werden kann, wenn dasselbe auf persönliches Vertrauen gegründet ist und dieses nicht mehr besteht oder aber die Pflicht zur Fortsetzung des Verhältnisses der Billigkeit und Gerechtigkeit widerstreiten würde (§§ 626, 627). Noch ein anderer Gesichtspunkt ist bei der Ausgestaltung der Vorschriften über den Dienstvertrag maßgebend gewesen. Derjenige, welcher eine Stellung sucht, ist vielfach nicht in der Lage, beim Abschlusse des Vertrags seine Interessen mit Erfolg zu vertreten; er muß die Bedingungen annehmen, welche ihm gestellt werden. Häufig wird sich auch der Dienstsuchende nicht klar darüber sein, daß ein Verhältniß, welches er eingehen will, auf die Dauer für ihn zu einer drückenden Last werden kann. Aus Unbesonnenheit oder unter dem Drucke der wirthschaftlichen Lage werden deshalb nicht selten Beredungen getroffen, deren absolute Durchführung zu einer unbilligen Schädigung führen könnte. Hier tritt das Gesetz für den schwächeren Theil ein. Einige wichtige Verpflichtungen des Dienstherrn werden der vertragsmäßigen Aenderung oder Einschränkung entzogen (§ 619), bei der Kündigung gewisser Dienstverhältnisse werden von Gesetzes wegen diejenigen Bedingungen gestellt, welche den Interessen des Verpflichteten entsprechen (§ 622), dem Verpflichteten wird das absolute Recht gegeben, jedes Dienstverhältniß nach 5 Jahren aufzulösen (§ 624 vergl. auch §§ 626, 627).

4. Ueber die sog. **Konkurrenzklausel**, welche namentlich bei dem Dienstvertrage der Handlungsgehülfen eine wichtige Rolle spielt, giebt das H.G.B. § 74 eine Sondervorschrift. Für die nach dem B.G.B. zu beurtheilenden Dienstverträge kommen insoweit lediglich die allgemeinen Vorschriften des Gesetzes zur Anwendung. Im einzelnen Falle wird namentlich zu prüfen sein, ob nicht ein Vertrag, der die persönliche Freiheit des zur Dienstleistung Verpflichteten in zu weitgehender Weise einengt, nach § 138 für nichtig zu erklären ist (s. Bd. I S. 190 Erl. zu § 138 Nr. 2); auch kommt die Ermäßigung einer festgesetzten Vertragsstrafe nach § 343 in Betracht.

5. Aus dem Begriffe des Dienstvertrags ergiebt sich die **Abgrenzung** desselben gegenüber dem Auftrag und dem Werkvertrage.

Der Auftrag ist nach dem B.G.B. stets ein unentgeltlicher Vertrag, während bei dem Dienstvertrage für die Dienste eine Vergütung gewährt wird. Beim Auftrag ist der Verpflichtete regelmäßig an die Weisungen des anderen Theiles gebunden, beim Dienstvertrage kann dies zwar auch ausbedungen werden, bildet aber nicht die gesetzliche Regel.

Gegenstand des Dienstvertrags ist die Arbeit, Gegenstand des Werkvertrags das Produkt der Arbeit. Der Unterschied ist theoretisch einfach und klar, aber im einzelnen Falle nicht ganz leicht festzustellen, vergl. W. **Endemann**, „Die Behandlung der Arbeit im Privatrecht", 1896, S. 82; ferner **Dernburg** II § 112, **Jakubezky** S. 135. Daraus, daß die Vergütung als Zeitlohn oder daß sie als Stücklohn gezahlt wird, kann die Entscheidung nicht entnommen werden, denn auch beim Dienstvertrag ist Zahlung in Form von Stücklohn möglich. Die praktische Bedeutung des Unterschieds liegt hauptsächlich darin, daß bei dem Dienstvertrage beiden Theilen die Möglichkeit offen steht, den Vertrag nach Maßgabe der §§ 626, 627 vorzeitig zu kündigen, während bei dem Werkvertrage dem Besteller nur ein beschränktes (vergl. § 649 Satz 2), dem Uebernehmer aber überhaupt kein Kündigungsrecht eingeräumt ist. Erwägt man nun, daß häufig, namentlich wenn es sich um Leistungen höherer Art handelt, persönliche Beziehungen entstehen und bei einer Aenderung der Umstände die sofortige Lösung des Verhältnisses wünschenswerth sein kann, so wird man auf Grund des § 157 dahin gelangen, im Zweifel nicht einen Werkvertrag, sondern einen Dienstvertrag als gewollt anzunehmen.

Der Mäklervertrag ist im achten Titel selbständig geregelt.

Andere Verträge, wie der Lehrvertrag (Gew.O. §§ 126—132, 134 in der Fassung des Gesetzes vom 26. Juli 1897), der Agenturvertrag (vergl. R.G. Bd. 31 S. 59, H.G.B. §§ 84—92, Vorbm. zum achten Titel IV) und der Erziehungsvertrag, stehen zwar dem Dienstvertrag und dem Werkvertrage nahe, tragen aber so viele besondere Momente in sich, daß es bedenklich sein würde, sie schlechthin den Regeln eines dieser beiden Verträge zu unterstellen. Man wird sie vielmehr, ähnlich wie den Mäklervertrag, als selbständige Verträge zu behandeln haben, dabei werden aber allerdings einzelne für den Dienstvertrag oder den Werkvertrag gegebene Vorschriften analog anzuwenden sein, wie z. B. die Vorschriften des § 618 Abs. 2 beim Lehrvertrage.

Endlich ist noch darauf hinzuweisen, daß vielfach der Dienstvertrag mit anderen Verträgen kombinirt wird, z. B. derart, daß eine Bank die Verwahrung von Werthpapieren und außerdem die Einlösung der zu dem Werthpapiere gehörenden Zinsscheine, die Kontrole der Ausloosung ꝛc. übernimmt. In solchen Fällen wird man juristisch mehrere Verträge, etwa im Verhältniß eines Hauptvertrags und eines Zusatzvertrags, anzunehmen und jedes Verhältniß für sich zu prüfen haben; doch sind die Regeln der §§ 157, 242 nicht außer Acht zu lassen.

IV. Mit Rücksicht auf öffentliche Interessen ist für eine Reihe von Verhältnissen ein **Zwang zum Eingehen von Verträgen** festgesetzt (vergl. Biermann, Rechtszwang zum Kontrahiren, Jahrb. f. Dogm. Bd. 32 S. 267—322). Vorwiegend handelt es sich dabei, wie z. B. bei der Güterbeförderung durch die Eisenbahnen, um Werkverträge, indessen können auch Dienstverträge in Betracht kommen. Das B.G.B. kennt einen solchen Kontrahirungszwang nicht. Soweit die Reichsgesetze eine Verpflichtung zur Eingehung von Dienstverträgen aufstellen, bleiben sie unberührt. Zur Zeit sind aber, soviel ersichtlich, solche reichsrechtlichen Bestimmungen nicht vorhanden. Soweit die Landesgesetze eine privatrechtliche Verpflichtung zur Eingehung von Dienstverträgen festsetzen, sind sie aufgehoben, sofern nicht die betreffenden Vorschriften den durch das E.G. den Landesgesetzen vorbehaltenen Materien angehören. Soweit die Landesgesetze eine öffentlich rechtliche Verpflichtung dieser Art festsetzen, werden sie durch das B.G.B. nicht berührt. Der hiernach zur Eingehung eines Dienstvertrags Verpflichtete ist nach Maßgabe der §§ 823, 839 für den durch Ablehnung des Vertrags entstehenden Schaden haftbar, wenn er schuldhafterweise gegen eine Amtspflicht, z. B. als Notar, oder gegen ein den Schutz eines Anderen bezweckendes Gesetz, z. B. eine Polizeiverordnung dieser Art, verstoßen hat.

Die zweite Kommission hatte die Aufnahme folgender, dem (jetzigen) sich nur auf den Auftrag beziehenden § 663 entsprechenden Vorschrift beschlossen:

> „Nimmt Jemand, der zur Uebernahme gewisser Dienste entweder öffentlich bestellt ist oder sich öffentlich erboten hat, einen auf solche Dienste sich beziehenden Antrag nicht an, so ist er verpflichtet, die Ablehnung dem Antragsteller unverzüglich anzuzeigen. Das Gleiche gilt, wenn Jemand sich dem Antragsteller gegenüber zur Uebernahme gewisser Dienste erboten hat." E. II § 553, P. II S. 2143—2145 (Bd. II S. 278).

Der Bundesrath hat diesen Paragraphen gestrichen, dafür aber in dem jetzigen § 675 die Anwendung des jetzigen § 663 vorgeschrieben, so daß materiell die gestrichene Vorschrift für Dienstverträge, die eine Geschäftsbesorgung zum Gegenstande haben, aufrecht erhalten ist. Vergl. Erl. zu den §§ 663, 675.

§ 611.

Durch den Dienstvertrag wird derjenige, welcher Dienste zusagt, zur Leistung der versprochenen Dienste, der andere Theil zur Gewährung der vereinbarten Vergütung verpflichtet.

Gegenstand des Dienstvertrags können Dienste jeder Art sein.

Rechtsanwälte sind nach Maßgabe der in Kraft bleibenden Rechtsanwaltsordnung § 30 verpflichtet, die Ablehnung eines Dienstvertrags anzuzeigen; im Unterlassungsfalle haften sie für den entstehenden Schaden.

Die Verpflichtung der Beamten zu Diensthandlungen wird durch das B.G.B. nicht berührt.

V. Wegen der Pfändung des Arbeits- oder Dienstlohns s. Ges. vom 21. Juni 1869 und C.P.O. § 850 sowie Einf.Ges. z. d. Ges., betr. Aenderungen der C.P.O. vom 17 Mai 1898 Art. III. Wegen der Zwangsvollstreckung im Falle der Verurtheilung zur Leistung von Diensten s. die auf einem Beschlusse der R.T.K. beruhende neue Fassung der C.P.O. § 888 Abs. 2.

VI. Eine Uebergangsvorschrift ist im E.G. Art. 171 gegeben. Darnach bestimmt sich ein zur Zeit des Inkrafttretens des Bürgerlichen Gesetzbuchs bestehendes Dienstverhältniß, wenn nicht die Kündigung nach dem Inkrafttreten des Bürgerlichen Gesetzbuchs für den ersten Termin erfolgt, für den sie nach den bisherigen Gesetzen zulässig ist, von diesem Termin an nach den Vorschriften des Bürgerlichen Gesetzbuchs.

§ 611.

E. I § 559 Abs. 1; II § 551 rev. § 603; III § 604. P. I S. 2244—2254, 2257—2259; M. II S. 455—460; P. II S. 2140—2143 (Bd. II S. 276, 277). D. S. 640. R.B. S. 1973, 1974. St.B. S. 2792—2805.

1. Wegen des **Charakters des Dienstvertrags im Allgemeinen** und der Abgrenzung desselben gegenüber verwandten Verträgen s. Vorbm. III.

2. **Inhalt und Umfang der Verpflichtungen beider Parteien** bestimmen sich nach dem zwischen ihnen geschlossenen Vertrage. Bei der Auslegung des Vertrags ist der § 157 zu beachten; gerade beim Dienstvertrage wird, was Einzelheiten anlangt, häufig stillschweigend auf die Sitte und die hergebrachte Uebung Bezug genommen. Absolute, vom Willen der Parteien unabhängige Sätze über einzelne sich aus dem Dienstvertrag ergebende Verpflichtungen des Dienstherrn stellen die §§ 617—619 auf.

3. **Inhalt der Verpflichtungen beider Theile im Einzelnen:**

a) Der Dienstpflichtige hat die versprochenen Dienste zu leisten. Diese können körperlicher oder geistiger Natur, genau umgrenzt oder allgemein bestimmt sein. In wessen Interesse oder zu welchem Zwecke die Dienste geleistet werden sollen, ist unwesentlich.

Wegen des persönlichen Charakters der Dienste s. § 613.

Häufig wird ausdrücklich oder stillschweigend die Zusicherung einer besonderen Sachkunde gegeben. Der Dienstpflichtige hat dann die Dienste in der versprochenen Qualität zu leisten. War ihm dies schon bei Eingehung des Vertrags unmöglich, so finden die §§ 306, 307 Anwendung; möglicherweise ist aber auch ein als selbständiger Nebenvertrag zu behandelndes Garantieversprechen anzunehmen (s. Erl. zu § 306 Nr. 2).

Neben der Hauptleistung kann dem Dienstpflichtigen ausdrücklich oder stillschweigend eine ganze Reihe von Nebenleistungen auferlegt werden. Er kann insbesondere verpflichtet werden, die zur Verrichtung der Dienste erforderlichen Geräthschaften und dergl. zu beschaffen. Durch den Dienstvertrag kann ferner ein besonderes Vertrauensverhältniß begründet werden, derart, daß der Dienstpflichtige dem Dienstherrn Treue zu halten und Achtung zu erweisen hat. Auch Verschwiegenheit einerseits, Ertheilung von Auskunft über die bei Ausführung der Dienste gemachten Wahrnehmungen andererseits können als Obliegenheiten des Dienstpflichtigen erscheinen.

b) Die Verpflichtung des Dienstherrn geht dahin, dem anderen Theile die vereinbarte Vergütung zu gewähren; wegen dieser s. Erl. zu § 612.

Auch dem Dienstherrn können durch den Dienstvertrag ausdrücklich oder stillschweigend Nebenleistungen auferlegt werden. Er kann insbesondere verpflichtet erscheinen, Geräthschaften, Arbeitsräume oder Einrichtungen zur Verfügung zu stellen sowie die Ausführung der Dienste zu leiten. Bei manchen Dienstverhältnissen hat der Dienstherr dem anderen Theile eine gewisse Vertretungsmacht einzuräumen oder aber bei der Leistung der Dienste persönlich mitzuwirken. Wegen einzelner, dem Dienstherrn ausdrücklich durch das Gesetz auferlegten Verpflichtungen s. §§ 617, 618.

c) Auf Grund des Dienstvertrags ergeben sich direkte Ansprüche nur auf die Leistung der Dienste einerseits, der Gewährung der vereinbarten Vergütung andererseits. Der zur Dienstleistung Verpflichtete hat keinen Anspruch darauf, daß ihm die Leistung der Dienste gestattet werde. Hat er gerade hieran ein Interesse, wie z. B. ein Schauspieler daran, in bestimmten Rollen aufzutreten, so muß er dies bei Abschluß des Vertrags ausmachen. Dann liegt aber kein reiner Dienstvertrag, sondern ein gemischter Vertrag vor. Selbstverständlich kann ein Nebenvertrag der angedeuteten Art auch stillschweigend geschlossen werden.

Die unter a und b bezeichneten Nebenverbindlichkeiten sind zum Theil von solcher Art, daß sie, wenn sie zu derjenigen Zeit, in welcher sie erfüllt werden mußten, nicht erfüllt sind, überhaupt nicht mehr erfüllt werden können. So kann z. B. die unter a erwähnte, dem Dienstverpflichteten unter Umständen obliegende Verpflichtung zur Verschwiegenheit nicht mehr erfüllt werden, wenn der Verpflichtete das zu Verschweigende Anderen erzählt hat; ebenso kann die dem Dienstberechtigten nach § 618 Abs. 1 obliegende Verpflichtung, die von ihm bei der Leistung der Dienste zu beschaffenden Räume, Vorrichtungen und Geräthschaften in der dort bezeichneten Weise einzurichten, nachdem die Dienste geleistet sind und dabei jener Verpflichtung nicht genügt ist, nachträglich nicht mehr erfüllt werden; auch bei den in dem § 617 und in dem § 618 Abs. 2 bezeichneten Verpflichtungen findet ein ähnliches Verhältniß statt. In Fällen dieser Art kann auf Erfüllung nur insoweit geklagt werden, als eine Klage auf die Bewirkung einer noch nicht fälligen Leistung zulässig ist. In dieser Beziehung kommen die neuen Vorschriften der C.P.O. §§ 258, 259 in Betracht. Nach dem § 258 kann bei wiederkehrenden Leistungen auch wegen der erst nach Erlassung des Urtheils fällig werdenden Leistungen Klage auf künftige Entrichtung erhoben werden. Nach § 259 kann außer den Fällen der §§ 257, 258 Klage auf künftige Leistung erhoben werden, wenn den Umständen nach die Besorgniß gerechtfertigt ist, daß der Schuldner sich der rechtzeitigen Leistung entziehen werde. Auf Grund dieser Vorschriften dürfte z. B. in den Fällen des § 617 und des § 618 Abs. 2 eine Klage auf künftige Leistungen unter Umständen zulässig sein. Soweit eine solche Klage nicht zulässig ist, bleibt dem Berechtigten nur ein Anspruch auf Schadensersatz wegen Nichterfüllung.

In einigen der unter a und b angeführten Fälle ist übrigens eine Klage auf Leistung schon nach allgemeinen Grundsätzen zulässig. So kann z. B., wenn der Verpflichtete die zu der Dienstleistung erforderlichen Geräthschaften zu beschaffen hat, der Berechtigte, wenn sein Anspruch fällig ist, nicht nur auf Bewirkung der Dienste, sondern auch darauf klagen, daß der Verpflichtete die erforderlichen Geräthschaften mitbringe.

Weder eine Klage auf Erfüllung, noch eine Klage auf Schadensersatz ist begründet, wenn durch eine Nebenverabredung der unter b bezeichneten Art nicht eine wirkliche Verpflichtung des Dienstberechtigten, sondern nur eine Vorbedingung für seinen Anspruch auf die Dienste hat bestimmt werden sollen. In diesem Sinne wird z. B. regelmäßig die Vereinbarung aufzufassen sein, daß der Dienstberechtigte die Dienste anzuweisen oder daß er die dazu erforderlichen Geräthschaften zu beschaffen hat. Thut er dies nicht, so kommt er, wenn der Dienstverpflichtete zur Leistung der Dienste bereit ist und sie anbietet, in Verzug der Annahme (§§ 295, 296), und treten damit die in den §§ 300 ff. und § 615 bestimmten Folgen ein; eine Verpflichtung zum Schadensersatze wird dadurch aber nicht begründet. Beschafft der Dienstberechtigte die Geräthschaften, so ist er verpflichtet, sie so einzurichten und zu unterhalten, wie im § 618 Abs. 1 vorgeschrieben ist. In dieser Beziehung handelt es sich um eine Verpflichtung des Dienstberechtigten, wegen deren Nichterfüllung er zum Schadensersatze verpflichtet ist.

In allen Fällen eines Zuwiderhandelns gegen Nebenverabredungen der unter a und b bezeichneten Art wird häufig eine Kündigung des Dienstverhältnisses auf Grund der §§ 626, 627 zulässig sein.

d) Die Erfüllung der beiden Theilen obliegenden Verpflichtungen im Einzelnen richtet sich nach den allgemeinen Regeln. Der leitende Grundsatz ist im § 242 ausgesprochen. Wegen des Erfüllungsorts s. § 269, wegen der Zeit der Leistung s. §§ 271, 614; die Zeit des Dienstantritts kann durch stillschweigende Bezugnahme auf die Ortssitte bestimmt werden; vergl. K.B. S. 1974 zu § 607c. Wegen der Haftung für Dritte s. § 278. Daß die Dienste auf Geheiß und Anordnung des Dienstherrn geleistet werden, ist für den Dienstvertrag nicht wesentlich, kann aber vertragsmäßig vereinbart werden.

Wennschon der Dienstherr gegenüber dem anderen Theile einen klagbaren Anspruch auf Leistung der Dienste hat, so ist doch die Zwangsvollstreckung wegen dieses Anspruchs nach C.P.O. § 888 Abs. 2 ausgeschlossen.

4. Hat Jemand mehreren Personen Dienste für dieselbe Zeit zugesagt, so geht nicht der ältere Vertrag dem spätern vor, sondern es entstehen mehrere unter sich gleichberechtigte Ansprüche. Vergl. Dernburg Bd. I § 42 Anm. 11. In der R.T.K. war beantragt, in solchem Falle, wenn die Dienste für den Haushalt oder den Wirthschaftsbetrieb versprochen seien, dem ersteren Vertrage den Vorrang zu geben; der Antrag ist aber abgelehnt. Vergl. K.B. S. 1973 zu § 606a.

§ 612.

Eine Vergütung gilt als stillschweigend vereinbart, wenn die Dienstleistung den Umständen nach nur gegen eine Vergütung zu erwarten ist.

Ist die Höhe der Vergütung nicht bestimmt, so ist bei dem Bestehen einer Taxe die taxmäßige Vergütung, in Ermangelung einer Taxe die übliche Vergütung als vereinbart anzusehen.

§. 613.

Der zur Dienstleistung Verpflichtete hat die Dienste im Zweifel in Person zu leisten. Der Anspruch auf die Dienste ist im Zweifel nicht übertragbar.

---

§ 612.

E. I § 559 Abs. 2; II § 552 rev. § 604; III § 605. P. I S. 2244—2254, 2257—2259; M. II S. 459, 460. P. II S. 2141, 2143 (Bd. II S. 276—278). D. S. S. 1973. K.B. S. 1975.

1. Eine dem § 612 entsprechende Vorschrift ist auch für den Werkvertrag (§ 632) und für den Mäklervertrag (§ 653) gegeben. Vergl. auch § 689.

2. Ob eine Vergütung zu gewähren ist, richtet sich nach dem zwischen den Parteien geschlossenen Vertrage. Wird die unentgeltliche Leistung von Diensten ausbedungen oder versprochen, so liegt kein Dienstvertrag, sondern ein Auftrag oder ein Schenkungsversprechen vor. Der Abs. 1 stellt in dieser Hinsicht eine Auslegungsregel auf. „Den Umständen nach" ist dahin zu verstehen, daß sowohl die objektiven Verhältnisse, Verkehrssitte und dergl., als auch die persönliche Lage, gesellschaftliche Stellung und Lebensanschauung der beiden Betheiligten zu berücksichtigen sind.

3. Ueber die Art der Vergütung enthält das Gesetz keine Vorschriften. Die Vergütung wird regelmäßig in Geld bestehen, kann aber auch ganz oder theilweise in der Form von Unterhalt oder anderen Vortheilen gewährt werden. Der Dienstherr hat die Vergütung, so, wie sie ausbedungen ist, zu leisten; er ist beispielsweise nicht befugt, statt der Verpflegung eine Geldabfindung zu gewähren. Doch wird auch hierbei der Grundsatz des § 242 zu beachten sein. Das Verbot des s. g. Trucksystems (Gew.-O. §§ 115—119) gilt für die nach dem B.G.B. zu beurtheilenden Dienstverhältnisse nicht; vergl. K.B. S. 1975 zu §§ 607b — 607g.

4. Die Höhe der Vergütung richtet sich in erster Linie nach der Vereinbarung der Parteien; vergl. §§ 315, 317—319. Sie kann als Zeitlohn oder als Stücklohn berechnet werden, sie kann absolut bestimmt sein, sie kann aber auch ganz oder theilweise als Bruchtheil des Ertrags eines Geschäfts und dergl. festgesetzt sein (Tantieme). Möglicherweise liegt im letzteren Falle thatsächlich ein Gesellschaftsvertrag vor, der nur in die Form eines Dienstvertrags gekleidet ist; denkbar ist auch eine Mischung von Dienst- und Gesellschaftsvertrag. Die Frage läßt sich nur unter Würdigung der Umstände des einzelnen Falles entscheiden. Auch wenn kein Gesellschaftsvertrag vorliegt, würden aber bei der Entscheidung einzelner Fragen die für das Gesellschaftsrecht gegebenen Vorschriften heranzuziehen sein, vergl. namentlich § 721.

Für den Fall, daß keine Bestimmung über die Höhe der Vergütung getroffen ist, giebt das Gesetz im Abs. 2 eine Auslegungsregel. Danach ist, wenn eine Taxe besteht, diese maßgebend. Taxe ist im Sinne einer obrigkeitlichen Taxe zu verstehen. Wenigstens ist dies der Sprachgebrauch der Gewerbeordnung (§§ 72—80) und nach der Natur des hier in Frage stehenden Verhältnisses dürfte anzunehmen sein, daß das B.G.B. diesem Sprachgebrauche gefolgt ist. Besteht keine Taxe, so gilt dasjenige als vereinbart, was nach der Ortssitte und den persönlichen Verhältnissen der Betheiligten als üblich bezeichnet werden muß. Versagt auch diese Methode der Feststellung, so greift § 316 Platz.

5. Die Entschädigungen, welche dem zur Dienstleistung Verpflichteten als Ersatz für Auslagen gewährt werden, z. B. die sog. Spesen der Geschäftsreisenden, fallen nicht unter den Begriff der Vergütung. Indessen werden solche Entschädigungen bisweilen so hoch bemessen, daß man einen Theil derselben als Vergütung rechnen muß; die Frage läßt sich aber nur nach den Umständen des einzelnen Falles beurtheilen.

§ 613.

E. II § 554 rev. § 605; III § 606. M. II S. 456, 457. P. II S. 2145 (Bd. II S. 278, 279).

1. Der § 613 ist von der zweiten Kommission eingestellt. Er scheint nach den P. II S. 2145 als Dispositivvorschrift gedacht zu sein. Dieser Gedanke hat aber im Gesetze keinen entsprechenden Ausdruck gefunden; die Sätze sind vielmehr nach dem in ihnen gebrauchten Ausdruck „im Zweifel" als Auslegungsregeln zu behandeln (s. Bd. I S. 21).

§. 614.

Die Vergütung ist nach der Leistung der Dienste zu entrichten. Ist die Vergütung nach Zeitabschnitten bemessen, so ist sie nach dem Ablaufe der einzelnen Zeitabschnittte zu entrichten.

§. 615.

Kommt der Dienstberechtigte mit der Annahme der Dienste in Verzug, so kann der Verpflichtete für die in Folge des Verzugs nicht geleisteten Dienste die vereinbarte Vergütung verlangen, ohne zur Nachleistung verpflichtet zu sein. Er muß sich jedoch den Werth desjenigen anrechnen lassen, was er in Folge des Unterbleibens der Dienstleistung erspart oder durch anderweitige Verwendung seiner Dienste erwirbt oder zu erwerben böswillig unterläßt.

---

2. Wenn die Regel des Satz 1 zutrifft, so ist der Schuldner nicht berechtigt, aber auch nicht verpflichtet, einen Vertreter zu stellen. Soweit er befugt erscheint, die Dienste durch einen Anderen zu leisten oder sich eines Gehülfen zu bedienen, und von dieser Befugniß Gebrauch macht, haftet er für diese Personen nach § 278. Vergl. auch § 267.

3. Zu Satz 2 vergl. § 399, ferner C.P.O. § 851.

§ 614.

E. I § 560; II § 555 rev. § 607; III § 607. P. I S. 2259, 2260; M. II S. 461. P. II S. 2145, 2146 (Bd. II S. 279). R.B. S. 1974.

Der § 614 stellt den Grundsatz auf, daß der Dienstpflichtige in gleicher Weise wie der Vermiether (§ 551) zur Vorleistung verpflichtet ist.

Die Bestimmung ist als Dispositivvorschrift gedacht. Sie gilt also nicht, wenn etwas Anderes ausdrücklich oder stillschweigend vereinbart ist. Als stillschweigend vereinbart wird regelmäßig auch das anzusehen sein, was einer bestehenden Uebung oder der Verkehrssitte entspricht. Ein bei den Berathungen der zweiten Kommission gestellter Antrag, welcher den letzteren Gedanken besonders zum Ausdrucke bringen wollte, ist lediglich deshalb abgelehnt, weil man von der Hervorhebung dieses Gesichtspunkts bei einer einzelnen Dispositivvorschrift eine Verdunkelung für andere Fälle befürchtete; P. II S. 2146.

§ 615.

E. I § 561; II § 556 rev. § 608; III § 608. P. I S. 2260—2267, 11730, 11731; M. II S. 461—463. P. II S. 2146, 2147 (Bd. II S. 279, 280). R.B. S. 1975. St.B. S. 2805.

1. Die §§ 615, 616 stellen für den Fall der Verhinderung der Dienstleistung Sondervorschriften auf. Nach den allgemeinen Grundsätzen würde sich das Verhältniß folgendermaßen gestalten:

Wird die dem einen Theile obliegende Leistung in Folge eines Umstandes unmöglich, den weder er, noch der andere Theil zu vertreten hat, so erlischt seine Verpflichtung, aber er verliert auch den Anspruch auf die Gegenleistung; bei theilweiser Unmöglichkeit mindert sich die Gegenleistung; vgl. §§ 275, 323. Beruht die Unmöglichkeit auf einem Umstande, den der andere Theil zu vertreten hat, so erlischt seine Verpflichtung, er behält aber den Anspruch auf die Gegenleistung; beruht sie auf einem Umstande, den er selbst zu vertreten hat, so kann der andere Theil Schadensersatz wegen Nichterfüllung verlangen oder von dem Vertrage zurücktreten; vgl. §§ 324, 325. Ist der eine Theil im Erfüllungsverzuge, so hat der andere Theil die im § 326 bestimmten Rechte. Kommt der Gläubiger in Annahmeverzug, so erlischt die Verpflichtung des Schuldners nicht, sondern es tritt nur eine Minderung seiner Haftung und eine Erweiterung seiner Rechte ein; vgl. §§ 300—304, 324. Das Gesetz läßt nun in zwei Fällen eine Abweichung von den allgemeinen Grundsätzen eintreten, nämlich einmal dann, wenn die Leistung der Dienste durch Annahmeverzug seitens des Gläubigers verhindert wird (§ 615), und sodann, wenn sie ohne Verschulden des Dienstpflichtigen, aber in Folge eines in seiner Person liegenden Grundes, also z. B. durch eine vorübergehende Erkrankung des Dienstpflichtigen, theilweise verhindert wird (§ 616). Wegen eines dritten Falles, dessen Entscheidung nach den allgemeinen Grundsätzen zweifelhaft ist, s. Erl. zu § 616 Nr. 5.

§. 616.

Der zur Dienstleistung Verpflichtete wird des Anspruchs auf die Vergütung nicht dadurch verlustig, daß er für eine verhältnißmäßig nicht erhebliche Zeit durch einen in seiner Person liegenden Grund ohne sein Verschulden an der Dienstleistung verhindert wird. Er muß sich jedoch den Betrag anrechnen lassen, welcher ihm für die Zeit der Verhinderung aus einer auf Grund gesetzlicher Verpflichtung bestehenden Kranken- oder Unfallversicherung zukommt.

---

2. Der § 615 will den Gedanken zum Ausdrucke bringen, daß „die Vorleistungspflicht des Dienstverpflichteten erfüllt ist, wenn er zur Dienstleistung im Stande ist und sich bereit erklärt hat"; M. II S. 461. Realisirt ist dieser Gedanke nun nicht in der Art, daß die dem Dienstpflichtigen obliegende Leistung als erfüllt gilt, wenn er sie erfolglos angeboten hat, sondern so, daß die Folgen des Annahmeverzugs erweitert sind.

a) Die Voraussetzungen des Annahmeverzugs sind nach den allgemeinen Vorschriften (§§ 293—299) zu beurtheilen. Hervorzuheben ist, daß es keinen Unterschied macht, ob der Gläubiger die Dienste nicht annehmen will oder ob er sie aus irgend einem in seiner Person liegenden Grunde, z. B. wegen Krankheit, nicht annehmen kann. Zu beachten ist ferner, daß es auf ein Verschulden des Gläubigers nicht ankommt. Die Wirkung des Annahmeverzugs ist nach § 615 die, daß der Dienstherr, wenn der Dienstpflichtige die vertragsmäßige Vergütung für die in Folge des Verzugs nicht geleisteten Dienste fordert, mit der Einrede des nicht erfüllten Vertrags ausgeschlossen wird. Erhebt der Dienstherr seinerseits Klage auf Nachleistung der Dienste, so kann ihm der Verpflichtete auf Grund des § 615 eine Einrede entgegensetzen.

Die allgemeinen Wirkungen des Annahmeverzugs (§ 300 Abs. 1, § 304) werden durch den § 615 nicht berührt. Durch den § 615 wird vielmehr nur ein weiteres Recht für den Dienstpflichtigen begründet. Er kann sich, wenn ihm dies angemessener erscheint, darauf beschränken, die allgemeinen Folgen des Annahmeverzugs (§ 300 Abs. 1, § 304) geltend zu machen.

Aus der Ablehnung der Dienste seitens des Gläubigers kann möglicherweise für den Dienstpflichtigen außerdem ein besonderes Kündigungsrecht erwachsen (vergl. §§ 626—628).

Im Uebrigen werden die Rechte und Pflichten beider Parteien durch den Annahmeverzug nicht berührt. Beruft sich der Dienstpflichtige nicht auf den Annahmeverzug, so behält es in allen Stücken bei dem Vertrage sein Bewenden.

b) Der § 615 Satz 2 entspricht dem § 324 Abs. 1 Satz 2; s. Erl. zu § 324 Nr. 2. Der Dienstpflichtige hat sich nicht Alles anrechnen zu lassen, was er überhaupt mittels seiner Arbeitskraft erwirbt, sondern nur, was er durch anderweitige Verwendung desjenigen Theiles seiner Arbeitskraft, welchen er dem Dienstherrn zur Verfügung zu stellen verpflichtet war, erwirbt. Ueber den Begriff des böswilligen Unterlassens s. Erl. zu § 324 Nr. 2.

§ 616.

E I § 562; II § 557 rev. § 609; III § 609. P. I S. 2267, 2268; M. II S. 463, 464. P. II S. 2147—2153, 2155, 2156 (Bd. II S. 280—283). K.B. S. 1975.

1. Der § 616, für welchen einige Vorschriften der Reichsspezialgesetze (früheres H.G.B. Art. 60 und Gew. O. § 133c Abs. 2) vorbildlich gewesen sind, beruht auf Erwägungen der Billigkeit. Man ist davon ausgegangen, daß der Dienstherr mit verhältnißmäßig geringfügigen Unterbrechungen der Dienste von vornherein rechnen müsse. Materiell handelt es sich um eine rein positive Abweichung von den allgemeinen Grundsätzen des B.G.B. Die Gefahr einer theilweisen Unmöglichkeit der Dienstleistung, welche nach § 323 von dem Dienstpflichtigen zu tragen sein würde, wird kraft Gesetzes in den im § 616 bezeichneten Fällen auf den Dienstherrn übertragen.

2. Satz 1.

a) Im E. I waren die Voraussetzungen für die Anwendung der Vorschrift dahin bestimmt, daß gesagt war: „Bei einem dauernden, die Erwerbsthätigkeit des Dienstverpflichteten vollständig oder hauptsächlich in Anspruch nehmenden Dienstverhältniß . . . ." Die zweite Kommission hat die Vorschrift auf alle Dienstverträge erstreckt und nur die Beschränkung hinzugefügt, daß die Vergütung nach Zeitabschnitten bemessen sein müsse. Die R.T.K. hat auch die letztere Beschränkung gestrichen. Die Vorschrift findet hiernach auch dann Anwendung, wenn eine einmalige Vergütung ausgemacht ist. Nach dem K.B. soll die Vorschrift weiter auch dann Anwendung finden, wenn die Vergütung nach Stücklohn vereinbart ist. Gedacht wird dabei an solche Fälle sein, in welchen die in einem wirthschaftlichen Betrieb angestellten Arbeiter zwar nach Stücklohn bezahlt werden, thatsächlich aber auf diese Weise eine regelmäßige Vergütung für ihre Arbeit erhalten. Der Stücklohn kann ihnen, wenn sie behindert sind, zu arbeiten, nicht bezahlt werden, weil sie keine Stücke liefern, die Vorschrift des § 616 ist daher ihrem Wortlaute nach nicht anwendbar; dem Sinne des fraglichen Beschlusses dürfte es aber entsprechen, in einem Falle der fraglichen Art den Durchschnittsbetrag zu Grunde zu legen, welchen der Dienstverpflichtete durch den Stücklohn regelmäßig zu verdienen pflegt, und ihm einen Anspruch auf diesen Durchschnittsbetrag für die im § 616 bestimmte Zeit zu gewähren.

b) Ob die Unterbrechung eine „verhältnißmäßig nicht erhebliche Zeit" gedauert hat, ist unter Würdigung aller Umstände des einzelnen Falles zu entscheiden. Voraussichtlich wird sich in manchen Betrieben bald eine feste Uebung bilden. Einen Anhaltspunkt für die Entscheidung wird vielfach der Umstand gewähren, ob die Beschaffung eines besonderen Vertreters nothwendig gewesen ist oder nicht; so Schneider-Fick, Schweiz. Oblig. R., Erl. zu Art. 341 Nr. 2.

c) „Einen in seiner Person liegenden Grund." Zu denken ist namentlich an Erkrankungen und militärische Dienstleistungen, wie z. B. die Stellung zu einer Kontrolversammlung, ferner an gerichtliche Termine und dergl. Durch die Worte „in seiner Person" werden alle persönlichen Verhältnisse des Verpflichteten, z. B. Krankheit oder Todesfall in seiner Familie, mitbetroffen. Nur ist erforderlich, daß dadurch wirklich eine Verhinderung des Verpflichteten herbeigeführt ist.

d) Die Voraussetzungen für die Anwendbarkeit des Satz 1 sind von dem zur Dienstleistung Verpflichteten zu beweisen. Er hat namentlich auch darzuthun, daß die Verhinderung ohne sein Verschulden eingetreten ist.

3. Satz 2.

a) Auf Grund „gesetzlicher Verpflichtung" besteht eine Versicherung insbesondere auch dann, wenn sie durch Ortsstatut oder durch eine Polizeiverordnung eingerichtet ist; E.G. Art. 2. Es muß aber, damit § 616 Satz 2 angewendet werden kann, eine Verpflichtung zum Beitritte bestehen.

b) Es macht für die Anrechnung keinen Unterschied, wer die Beiträge zur Versicherung zu zahlen hat oder gezahlt hat.

c) Beiträge, welche der Dienstpflichtige nicht auf Grund einer Versicherung, sondern schenkweise als Unterstützung oder sonstwie erlangt, kommen nicht in Betracht. Insbesondere sind nicht anzurechnen die Unterstützungen, welche die Familien der zu Friedensübungen einberufenen Mannschaften nach Maßgabe des R.G. vom 10. Mai 1892 erhalten. Nicht anrechnungsfähig sind ferner die Beträge, welche an den Dienstpflichtigen aus privaten Unterstützungs- oder Hülfskassen sowie aus Stiftungen gezahlt werden. Vielfach sind solche Kassen oder Stiftungen allerdings gerade zu dem Zwecke ins Leben gerufen, um den Angestellten eines Werkes für den Lohnausfall, der in Folge einer militärischen Dienstleistung und dergl. für sie eintritt, Ersatz zu gewähren. Es wird sich empfehlen, in den Statuten dieser Kassen klarzustellen, daß eine Unterstützung nicht beansprucht werden kann, wenn für die Zeit der Behinderung der Lohn weiter gezahlt wird.

4. Die Bestimmungen des § 616 haben den Charakter von Dispositivvorschriften. Wenn ein Theil der Vergütung in Form von Unterhalt in der Familie des Dienstherrn gewährt wird, so wird regelmäßig eine stillschweigende Vereinbarung dahin anzunehmen sein, daß der Dienstpflichtige den Anspruch auf diesen Theil der Vergütung verlieren soll, falls er gezwungen ist, die häusliche Gemeinschaft vorübergehend aufzugeben.

5. Durch den § 615 werden diejenigen Fälle gedeckt, in denen die Leistung der Dienste durch einen in der Person des Gläubigers liegenden Umstand verhindert wird, durch den § 616 ein Theil derjenigen Fälle, in denen die Verhinderung in der Person des Schuldners ihren Grund hat. Zu erörtern bleiben noch die Fälle, in denen die Dienste dadurch unmöglich werden, daß die Sache, an der sie zu leisten sind, von einem Unfalle betroffen wird oder daß aus einem anderen von der Person des Gläubigers oder des Schuldners unabhängigen Grunde die Leistung der Dienste unmöglich wird. Zu denken ist z. B. daran, daß die Fabrik, für welche der Arbeiter angenommen ist, abbrennt. Die Frage ist für das Gebiet des gemeinen Rechtes mehrfach erörtert (vergl. R.G. Bd. 3 S. 179 mit Literaturangaben). Bei den Berathungen der zweiten Kommission war beantragt, in dem § 562 (jetzt § 616) statt der Worte „durch einen in seiner Person liegenden Grund" zu setzen „außer dem im § 561 (jetzt § 615) bezeichneten Falle". Der Antrag ist abgelehnt. Aus der Ablehnung kann aber nicht entnommen werden, daß die Mehrheit der zweiten Kommission sachlich eine dem Antrag

§. 617.

Ist bei einem dauernden Dienstverhältnisse, welches die Erwerbsthätigkeit des Verpflichteten vollständig oder hauptsächlich in Anspruch nimmt, der Verpflichtete in die häusliche Gemeinschaft aufgenommen, so hat der Dienstberechtigte ihm im Falle der Erkrankung die erforderliche Verpflegung und ärztliche Behandlung bis zur Dauer von sechs Wochen, jedoch nicht über die Beendigung des Dienstverhältnisses hinaus, zu gewähren, sofern nicht die Erkrankung von dem Verpflichteten vorsätzlich oder durch grobe Fahrlässigkeit herbeigeführt worden ist. Die Verpflegung und ärztliche Behandlung kann durch Aufnahme des Verpflichteten in eine Krankenanstalt gewährt werden. Die Kosten können auf die für die Zeit der Erkrankung geschuldete Vergütung angerechnet werden. Wird das Dienstverhältniß wegen der Erkrankung von dem Dienstberechtigten nach §. 626 gekündigt, so bleibt die dadurch herbeigeführte Beendigung des Dienstverhältnisses außer Betracht.

Die Verpflichtung des Dienstberechtigten tritt nicht ein, wenn für die Verpflegung und ärztliche Behandlung durch eine Versicherung oder durch eine Einrichtung der öffentlichen Krankenpflege Vorsorge getroffen ist.

---

entgegengesetzte Entscheidung fällen wollte. Ein Theil der Mehrheit war allerdings mit dem Antragsteller der Ansicht, daß in den in Rede stehenden Fällen nach den allgemeinen Grundsätzen der Schuldner die Gefahr trage, und wollte hieran, indem man den Antrag ablehnte, festhalten. Ein anderer Theil der Mehrheit ging umgekehrt davon aus, daß in den bezeichneten Fällen regelmäßig Annahmeverzug des Gläubigers vorliege, daß somit der § 615 Anwendung finde, und lehnte deshalb den Antrag als überflüssig ab. Von dem Antragsteller war zur Begründung des Antrags u. A. bemerkt: Wenn sogar eine in der Person des Dienstverpflichteten begründete Verhinderung ihn des Anspruchs auf die Vergütung nicht verlustig machen solle, müsse das Gleiche auch in den gedachten Fällen gelten. Dieser vom Standpunkte des Gesetzgebers sehr beachtliche Gesichtspunkt erscheint indessen nicht hinreichend, um eine Anwendung des § 616 zu rechtfertigen. Denn der § 616 stellt sich als eine rein positive Ausnahmebestimmung dar, welche nicht einfach im Wege der Analogie erweitert werden darf. Für die Beantwortung der Frage ist entscheidend, wie man den Inhalt des Vertrags auffaßt. Nimmt man an, daß der Dienstpflichtige nur seine Arbeitskraft zur Verfügung zu stellen und der andere Theil seinerseits noch eine Handlung, nämlich die Bereitstellung der Sache, vorzunehmen hat, so liegt in der That Annahmeverzug vor, wenn der Dienstpflichtige seine Arbeit anbietet und der Dienstherr sie nicht annehmen kann, weil die Maschinen u. s. w. beschädigt sind. Geht man dagegen davon aus, daß der Dienstpflichtige von vornherein Arbeit nur in einer besonderen Form, nämlich an bestimmten Maschinen u. s. w., versprochen hat, so tritt beim Untergange der Sache objektive Unmöglichkeit der Leistung ein. Der Auffassung des Lebens wird regelmäßig die letztere Auslegung des Vertrags mehr entsprechen; [dafür auch die angeführte gemeinrechtliche Entscheidung des Reichsgerichts.

§ 617.

P. II S. 2156—2166 (Bd. II S. 284—289). R.B. S. 1975, 1976. St.B. S. 2805—2811.

1. Der § 617, der sein Vorbild in den Bestimmungen einer Anzahl von Gesindeordnungen (vergl. auch Schweiz. Ges. über Obligationenrecht Art. 341 Abs. 2) findet, ist von der R.T.K. eingestellt. Bereits bei den Berathungen der zweiten Kommission war eine dem jetzigen § 617 entsprechende Vorschrift beantragt, indessen von der Kommission abgelehnt.

2. Der § 617 beruht auf dem Gedanken, daß bei einer Reihe von Dienstverträgen durch die Aufnahme des Dienstpflichtigen in die häusliche Gemeinschaft ein familiäres Verhältniß begründet werde, welches nach der herrschenden Anschauung für den Dienstherrn die Verpflichtung mit sich bringe, für den Dienstpflichtigen ebenso wie für andere Familienmitglieder bei Krankheiten zu sorgen. Das Gesetz glaubt aber die Regelung dieses Verhältnisses nicht der Sitte und der Vereinbarung der Parteien überlassen zu können, sondern hat es für nothwendig gehalten, die sittliche Pflicht zu einer absoluten Rechtspflicht zu erheben.

Der § 619 trifft Vorsorge, daß die dem Dienstherrn auferlegte Pflicht nicht durch einen auf Grund der wirthschaftlichen Verhältnisse erzwungenen Verzicht des Dienstpflichtigen aufgehoben oder beschränkt wird.

3. Das Verhältniß des § 617 zu dem § 616 ist so, daß der Dienstpflichtige nach § 616 im Falle der Erkrankung seine gewöhnliche Vergütung weiter verlangen kann, während ihm nach § 617 ein Anspruch auf eine außergewöhnliche Leistung, nämlich Verpflegung und ärztliche Behandlung, zusteht.

4. Hinsichtlich der Voraussetzungen des Anspruchs ist Folgendes hervorzuheben:

a) Das Dienstverhältniß muß ein dauerndes sein. Der Begriff des dauernden Dienstverhältnisses, welcher auch in den §§ 627, 629, 630 verwendet wird, ist im Gesetze nicht näher bestimmt. Vielfach wird nach Lage der wirthschaftlichen Verhältnisse ein Dienstverhältniß seiner Natur nach als ein dauerndes erscheinen, wie dies z. B. bei einem Gutsverwalter, einem Knecht, einer Köchin der Fall ist. Es ist dann nur im einzelnen Falle zu prüfen, ob nicht der Dienstpflichtige lediglich zur Aushülfe angenommen ist. Nicht wesentlich ist, daß das Dienstverhältniß auf unbestimmte Zeit eingegangen ist. Ebenso schließt eine kurze Kündigungsfrist die Annahme eines dauernden Dienstverhältnisses nicht aus. Nach den in Deutschland bestehenden Gewohnheiten wird meistens ein dauerndes Dienstverhältniß anzunehmen sein, wenn der Dienstpflichtige in die häusliche Gemeinschaft aufgenommen wird.

b) Das Dienstverhältniß muß die Erwerbsthätigkeit des Verpflichteten vollständig oder hauptsächlich in Anspruch nehmen.

Diese Voraussetzung kann bei Dienstverhältnissen jeder Art zutreffen; es kommt nur darauf an, ob im einzelnen Falle die Erwerbsthätigkeit des Verpflichteten wirklich durch das Dienstverhältniß vollständig oder hauptsächlich in Anspruch genommen wird.

c) Der Begriff der häuslichen Gemeinschaft ist nach den Anschauungen des Lebens zu bestimmen. Es ist nicht nothwendig, aber auch nicht allein genügend, daß der Dienstpflichtige mit dem Dienstherrn in einem Hause wohnt. Regelmäßig wird eine häusliche Gemeinschaft anzunehmen sein, wenn der Dienstpflichtige keine eigene Hauswirthschaft führt, sondern seine Mahlzeiten aus der Wirthschaft des Dienstherrn erhält.

d) Die Erkrankung muß nach der Aufnahme in die häusliche Gemeinschaft eingetreten sein. Bestand die Krankheit schon vorher, so ist der Dienstherr nicht zur Pflege verpflichtet. Wenn vorher nur eine Disposition zur Krankheit bestand, so greift, falls später eine wirkliche Erkrankung eintritt, der § 617 Platz. Regelmäßig wird aber, falls der Dienstpflichtige die Sachlage verheimlicht hat, ein Kündigungsrecht nach §§ 626—628 begründet sein; möglicherweise ist der Dienstpflichtige, wenn er den Dienstberechtigten betrügerischer Weise zur Eingehung des Dienstverhältnisses bestimmt hat, auch nach den Grundsätzen über unerlaubte Handlungen (§§ 823 ff.) haftbar. Bei sog. chronischen Krankheiten kann die Sache so liegen, daß die Krankheit dauernd vorhanden ist, aber nur von Zeit zu Zeit sich äußert, es kann aber auch lediglich eine Disposition zu wiederholter Erkrankung vorliegen; die Frage ist vom medizinischen Standpunkte zu entscheiden.

e) Die Beweislast dafür, daß die Erkrankung von dem Verpflichteten vorsätzlich oder fahrlässig herbeigeführt worden sei, trifft den Dienstherrn. Wegen des Vorsatzes und der groben Fahrlässigkeit s. Bd. I S. 35—38 unter III. Hat sich der Dienstpflichtige durch außerehelichen Geschlechtsverkehr eine Erkrankung zugezogen, so wird immer ein die Anwendung des § 617 ausschließendes Verschulden anzunehmen sein.

5. Inhalt und Umfang der Verpflichtung.

a) Bei der Bestimmung der „erforderlichen Verpflegung und ärztlichen Behandlung“ ist der § 242 zu berücksichtigen. Der Dienstherr kann die Zuziehung eines Arztes nicht verweigern, weil er selbst in ähnlicher Lage für sich oder seine Angehörigen keinen Arzt zuziehen würde; umgekehrt kann der Dienstpflichtige nicht wegen leichter Erkrankung, zu deren Heilung ärztliche Behandlung nicht erforderlich erscheint, die Zuziehung eines Arztes beanspruchen. Er muß sich auch mit solcher Pflege begnügen, wie sie nach Lage des Hauswesens möglich erscheint.

b) Der Dienstherr ist berechtigt, aber nicht verpflichtet, die Verpflegung und ärztliche Behandlung durch Aufnahme in ein Krankenhaus zu gewähren.

c) Die Verpflegung und ärztliche Behandlung ist bis zur Dauer von sechs Wochen zu gewähren. Erlischt das Dienstverhältniß früher, so hört auch die Verpflichtung zur Verpflegung und ärztlichen Behandlung auf. Wird das Dienstverhältniß von dem Dienstherrn nach Maßgabe des § 626 aus einem wichtigen Grunde, insbesondere vielleicht gerade wegen der Erkrankung des Verpflichteten, gekündigt, so dauert die Verpflichtung über die Beendigung des Dienstverhältnisses bis zum Ablaufe der 6 Wochen fort.

d) Ob die vertragsmäßige Vergütung geschuldet wird, bestimmt sich nach allgemeinen Grundsätzen und nach den Vorschriften des § 616. Ist dies der Fall, so können die durch die Verpflegung und ärztliche Behandlung entstandenen Kosten angerechnet werden, gleichviel, ob der Kranke im Hause behandelt oder in eine Krankenanstalt verbracht ist.

§. 618.

Der Dienstberechtigte hat Räume, Vorrichtungen oder Geräthschaften, die er zur Verrichtung der Dienste zu beschaffen hat, so einzurichten und zu unterhalten und Dienstleistungen, die unter seiner Anordnung oder seiner Leitung vorzunehmen sind, so zu regeln, daß der Verpflichtete gegen Gefahr für Leben und Gesundheit soweit geschützt ist, als die Natur der Dienstleistung es gestattet.

Ist der Verpflichtete in die häusliche Gemeinschaft aufgenommen, so hat der Dienstberechtigte in Ansehung des Wohn- und Schlafraums, der Verpflegung sowie der Arbeits- und Erholungszeit diejenigen Einrichtungen und Anordnungen zu treffen, welche mit Rücksicht auf die Gesundheit, die Sittlichkeit und die Religion des Verpflichteten erforderlich sind.

Erfüllt der Dienstberechtigte die ihm in Ansehung des Lebens und der Gesundheit des Verpflichteten obliegenden Verpflichtungen nicht, so finden auf seine Verpflichtung zum Schadensersatze die für unerlaubte Handlungen geltenden Vorschriften der §§. 842 bis 846 entsprechende Anwendung.

---

6. Erfüllt der Dienstherr die ihm nach § 617 obliegenden Verpflichtungen nicht, so ist er nach allgemeinen Grundsätzen, wenn ihn ein Verschulden trifft, zum Schadensersatze verpflichtet. Außerdem kann für den anderen Theil eine Kündigung nach den §§ 626—628 in Frage kommen, s. Erl. zu § 611 Nr. 3c.

7. Die Verpflichtung des Dienstberechtigten zur Verpflegung und ärztlichen Behandlung des Dienstverpflichteten fällt nach § 617 Abs. 2 weg, wenn für jene Zwecke durch eine Versicherung oder durch eine Einrichtung der öffentlichen Krankenpflege Vorsorge getroffen ist.

a) Die Voraussetzungen sind von dem Dienstherrn zu beweisen.

b) Ob die Versicherung eine gesetzliche oder eine private ist und wer die Beiträge zur Versicherung zahlt, ist gleichgültig.

Ein im Plenum des Reichstags gestellter Antrag, zu sagen „eine auf Grund gesetzlicher Verpflichtung bestehende Versicherung" ist abgelehnt.

8. Die §§ 617—619 finden auch im Gesinderecht Anwendung, der § 617 jedoch nur insoweit, als die Landesgesetze dem Gesinde nicht weitergehende Ansprüche gewähren; E.G. Art. 95 Abs. 2.

§ 618.

E. II § 558 Abs. 1 rev. § 610 Abs. 1; III § 610 Abs. 1. M. II S. 460. P. II S. 2166—2176, 8470—8472, 9246 (Bd. II S. 289—294). D. S. 640. K.B. S. 1976. St.B. S. 737, 2811, 2812.

1. Die Vorschriften des § 618 finden ihr Vorbild in der Gew.-O. §§ 120a—120c. Abs. 1 und 3 sowie der auf § 618 bezügliche Theil des § 619 sind von der zweiten Kommission, Abs. 2 ist von der R.T.K. eingestellt.

2. Der Dienstherr ist nach § 242 wie jeder Schuldner verpflichtet, die ihm obliegenden Leistungen so zu machen, wie Treu und Glauben mit Rücksicht auf die Verkehrssitte es erfordern. Er würde danach auch ohne besondere gesetzliche Bestimmung verpflichtet sein, z. B. Geräthschaften in ordnungsmäßigem Zustande zu liefern (vergl. R.G. Bd. 8 S. 149, Bd. 18 S. 173). Aber der Schutz, den die Anwendung der allgemeinen Vorschriften dem Dienstpflichtigen gewähren würde, ist dem Gesetze nicht als genügend erschienen. Man hat es für nothwendig erachtet, die dem Dienstherrn obliegenden Verpflichtungen nach einzelnen Richtungen ausdrücklich festzustellen und zu regeln. Vergl. Vorbm. III, 3.

3. Abs. 1.

a) Die Vorschriften des Abs. 1 gelten für alle Dienstverträge, einerlei, ob sie dauernde sind oder nicht, ob der Verpflichtete in die häusliche Gemeinschaft aufgenommen ist oder nicht.

b) Die dem Dienstherrn auferlegten Verpflichtungen bestehen nicht schlechthin, sondern hängen von der Voraussetzung ab, daß es ihm überhaupt obliegt, Geräthschaften u. s. w. zu beschaffen und die Dienste anzuordnen oder zu leiten. Ob dies zutrifft, hängt von den Umständen des einzelnen Falles ab; vergl. Erl. zu § 611 Nr. 3b. Wenn der Dienstherr, ohne daß ihm dies obliegt, Geräthschaften liefert u. s. w., so findet der § 618 keine Anwendung; wegen eines durch mangelhafte Beschaffenheit der Geräthschaften und dergl. herbeigeführten Schadens haftet er nur nach den allgemeinen Grundsätzen, also insbesondere dann, wenn die Voraussetzungen einer unerlaubten Handlung vorliegen (§§ 823 ff.).

c) Der Dienstherr soll den Dienstpflichtigen thunlichst gegen die Gefahren für Leib und Leben, welche mit der Vornahme der Arbeit verbunden sind oder aus ihr erwachsen können, sicherstellen. Diesem allgemeinen Zwecke des Gesetzes entsprechend wird man deu Ausdruck „Räume, Vorrichtungen oder Geräthschaften" erweiternd dahin auslegen müssen, daß der Dienstherr auch die Zugänge zu den Arbeitsräumen, Treppen, Leitern, Stege u. s. w. ordnungsmäßig herzurichten und im Stande zu halten hat; vergl. R.G. Bd. 18 S. 173. Der Dienstherr hat nicht nur dauernde Einrichtungen zu schaffen, sondern auch solche Schutzmittel zu beschaffen, welche zu vorübergehendem persönlichen Gebrauche bestimmt sind; vergl. R.G. Bd. 1 S. 271, 275, Bd. 5 S. 101, Bd. 11 S. 23. Das Gesetz schränkt aber die Verpflichtungen des Dienstherrn dahin ein, daß der andere Theil nur soweit geschützt zu werden braucht, als die Natur der Dienstleistung es gestattet. Im Uebrigen ist der § 242 maßgebend. Der Dienstherr hat nur so zu leisten, wie Treu und Glauben mit Rücksicht auf die Verkehrssitte es erfordern. Der Dienstherr soll nicht in unbilliger Weise belastet werden, er soll sich aber auch nicht darauf berufen können, daß ein Mißstand hergebracht und allgemein verbreitet sei. Man wird ihm deshalb nicht zumuthen, jede Einrichtung zu treffen, die möglicherweise geeignet sein könnte, die Gefahr zu verringern, aber er wird sich seiner Verantwortung nicht einfach durch den Hinweis auf die am Orte oder in seinen Kreisen bestehende Gewohnheit entziehen können. Die polizeilichen Vorschriften zur Verhütung von Unfällen und Krankheiten werden regelmäßig einen Anhalt dafür gewähren, was dem Dienstherrn angesonnen werden kann.

Beispiele für Einrichtungen, welche auf Grund der analogen Vorschriften der Gew.-O. gefordert sind, s. in den Entscheidungen des R.G. Bd. 1 S. 271, Bd. 4 S. 23, Bd. 5 S. 101, Bd. 11 S. 23, Bd. 19 S. 189; Seuff. Arch. Bd. 41 Nr. 53.

4. Abs. 2 gilt nur für solche Dienstverträge, bei denen der Dienstpflichtige in die häusliche Gemeinschaft aufgenommen ist. Wegen der häuslichen Gemeinschaft s. Erl. zu § 617 Nr. 4c.

Der Maßstab dafür, welche Einrichtungen als erforderlich anzusehen sind, wird aus dem § 242 zu entnehmen sein.

Die Vorschriften des Abs. 1 gelten neben denen des Abs. 2.

5a. Ob auf die Erfüllung der dem Dienstherrn nach Abs. 1, 2 obliegenden Verpflichtungen geklagt werden kann, bestimmt sich nach den in der Erl. zu § 611 Nr. 3c dargelegten Grundsätzen. Immer aber handelt der Dienstherr vertragswidrig, wenn er den fraglichen Verpflichtungen nicht nachkommt und ist deshalb nach allgemeinen Grundsätzen zum Schadensersatze verpflichtet, wenn ihn ein Verschulden trifft, wobei er nach § 278 auch für das Verschulden von Gehülfen und Vertretern aufzukommen hat. Ob ein Verschulden vorliegt, bestimmt sich nach den im Bd. I S. 35 III dargelegten Grundsätzen. Ueber die Anwendung dieser Grundsätze auf den vorliegenden Fall waren in der zweiten Kommission Zweifel entstanden und war, um sie zu beseitigen, beantragt, dem Abs. 1 folgenden Zusatz zu geben:

> „Bei gewöhnlichen Dienstleistungen ist der Dienstberechtigte zu ungewöhnlichen Vorkehrungen nicht verpflichtet."

Zur Begründung des Antrags war hervorgehoben, daß es sich frage, ob ein Verschulden schon darin liege, daß eine Vorkehrung unterlassen worden sei, von welcher der Dienstherr bei Anwendung ordnungsmäßiger Sorgfalt wissen mußte, daß sie möglich und zweckdienlich sei, oder ob die Unterlassung nur dann ein Verschulden bilde, wenn diejenigen, die mit ordnungsmäßiger Sorgfalt auf den Schutz ihrer Bediensteten bedacht seien, die Vorkehrung getroffen haben würden. In jeder großen Stadt z. B. verunglückten alljährlich einige Dienstmädchen beim Aushängen oder Putzen der Fenster durch Hinabstürzen. Dieser Gefahr lasse sich mittelst eines Seiles vorbeugen, das im Hause befestigt oder von einer geeigneten Person gehalten werde. Aber keine Hausfrau denke daran, dieses Schutzmittel anzuwenden, und die Nichtanwendung desselben könne als ein Verschulden nicht angesehen werden. Nachdem die Kommission sich mit der weniger strengen Auffassung einverstanden erklärt hatte, „wonach im einzelnen Falle zu prüfen sei, ob aus der Unterlassung der Schutzvorrichtung dem Dienstherrn ein Vorwurf zu machen sei", wurde der Antrag zurückgezogen. Es kommt also, wie im Bd. I S. 36 dargelegt ist, auf die Beobachtung derjenigen Sorgfalt an, welche nach der gesunden Verkehrssitte in denjenigen Verhältnissen, um welche es sich handelt, für erforderlich und genügend gehalten wird, in dem gedachten Beispielsfall also auf die Beobachtung derjenigen Sorgfalt, welche ordentliche Dienstherrschaften bei der Fürsorge für die Arbeiten der Dienstboten nach der normalen Auffassung des Verkehrs anzuwenden haben. Nicht die Sorgfalt wird erfordert, welche im einzelnen Falle nothwendig ist, um einen Schaden abzuwenden, sondern diejenige Sorgfalt, welche nach der Auffassung des Verkehrs in dem betreffenden Ver-

§. 619.

Die dem Dienstberechtigten nach den §§. 617, 618 obliegenden Verpflichtungen können nicht im voraus durch Vertrag aufgehoben oder beschränkt werden.

hältnisse für erforderlich erachtet wird. Dabei soll aber nicht jede in dem thatsächlichen Verkehr eingerissene Nachlässigkeit und Unsitte berücksichtigt, sondern der normale und gesunde Verkehr zu Grunde gelegt werden.

Abs. 3 will die Voraussetzung des Verschuldens nicht beseitigen, er setzt vielmehr die Verpflichtung zum Schadensersatze voraus und erweitert nur den Umfang der Ersatzpflicht durch Verweisung auf die §§ 842—846.

Für immateriellen Schaden kann nach § 253 kein Ersatz gefordert werden; die Wirksamkeit des Abs. 2 wird dadurch sehr erheblich eingeschränkt.

Ein konkurrirendes Verschulden des Geschädigten kann nach § 254 die Ersatzpflicht aufheben oder ihrem Umfange nach einschränken.

b) Verstößt der Dienstherr gegen die Vorschriften des § 618, so hat der Verpflichtete außer dem Anspruch auf Schadensersatz die Möglichkeit, das Dienstverhältniß nach §§ 626—628 zu kündigen.

c) Wegen des Verhältnisses des § 618 zu den Reichsversicherungsgesetzen s. Krankenversicherungsgesetz vom 15. Juni 1883 § 57, Unfallversicherungsgesetz vom 6. Juli 1884 §§ 95—97; Gesetz über die Ausdehnung der Unfall- und Krankenversicherung vom 28. Mai 1885 §§ 1, 2, 4, Gesetz, betreffend die Unfall- und Krankenversicherung der in land- und forstwirthschaftlichen Betrieben beschäftigten Personen vom 5. Mai 1886 §§ 116—118, Gesetz, betreffend die Unfallversicherung der bei Bauten beschäftigten Personen vom 11. Juli 1887 § 49, Gesetz, betreffend die Unfallversicherung der Seeleute ꝛc. vom 13. Juli 1887 §§ 109—111, Gesetz, betreffend die Invaliditäts- und Altersversicherung vom 22. Juni 1889 § 39, E.G. zum B.G.B. Art. 32.

Hiernach ist derjenige, welchem auf Grund des § 618 ein Schadensersatzanspruch gegen den Dienstherrn erwachsen ist, durch die Bestimmungen des Krankenkassengesetzes und des Invaliditätsversicherungsgesetzes nicht daran gehindert, den Anspruch geltend zu machen. Dagegen können Personen, die nach Maßgabe der angeführten Gesetze gegen Unfälle versichert sind, einen Anspruch auf Ersatz des in Folge eines Unfalls erlittenen Schadens nur gegen diejenigen Betriebsunternehmer, Bevollmächtigten oder Repräsentanten, Betriebs- oder Arbeiteraufseher geltend machen, welche den Unfall vorsätzlich herbeigeführt haben und in Betreff deren dies, sofern nicht die Ausnahme des § 97 des Unfallversicherungsgesetzes zutrifft, durch strafgerichtliches Urtheil festgestellt ist. Der Anspruch beschränkt sich auf den Betrag, um welchen die den Berechtigten nach den Bestimmungen des B.G.B. gebührende Entschädigung diejenige übersteigt, auf welche sie nach den Unfallversicherungsgesetzen Anspruch haben. Haben die Krankenkassen, Genossenschaften oder Versicherungsanstalten Aufwendungen gemacht, so tritt nach den Bestimmungen der angeführten Gesetze theils eine gesetzliche Haftung der verantwortlichen Personen ein, theils gehen die Ansprüche der Versicherten auf die Kassen, Genossenschaften oder Anstalten über.

Bei den Berathungen der zweiten Kommission ist die Frage aufgeworfen, ob nicht mit Rücksicht auf die durch den § 618 dem Dienstherrn auferlegten Verpflichtungen eine Aenderung des Unfallversicherungsgesetzes § 96 geboten erscheine; die Frage ist aber von der Kommission verneint; P. II S. 9246.

6. Die Vorschriften des § 618 gelten nach E.G. Art. 95 auch für das Gesinderecht.

§ 619.

E. II § 558 Abs. 2 rev. § 610 Abs. 2; III § 610 Abs. 2. P. II S. 2168, 2174, 2175 (Bd. II S. 290, 293, 294). K.B. S. 1976. St.B. S. 2812.

1. Die Vorschrift des § 619 war von der zweiten Kommission zur Ergänzung des von der Kommission neu beschlossenen jetzigen § 618 Abs. 1 eingestellt, von der R.T.K. ist sie auf den jetzigen § 617 erstreckt und zu einem selbständigen Paragraphen erhoben.

2. Der K.B. enthält über den § 619 folgende Ausführung: „Da über den Sinn des zweiten (künftig dritten) Absatzes des Entwurfes Zweifel erhoben waren, so wurde von den Vertretern der verbündeten Regierungen im Einklange mit den Mitgliedern der Kommission festgestellt, daß derselbe nicht nur verbiete, die Schadensersatzpflicht in den Fällen des Absatz 1 im Voraus durch Vertrag aufzuheben oder zu beschränken, sondern auch bestimme, daß der Dienstverpflichtete auf Geltendmachung des ihm nach § 610 Absatz 1 eingeräumten Rechtes auf Schutz gegen Gefahren für Leben und Gesundheit „im Voraus", d. h. so lange, bis das Dienstver-

§. 620.

Das Dienstverhältniß endigt mit dem Ablaufe der Zeit, für die es eingegangen ist.

Ist die Dauer des Dienstverhältnisses weder bestimmt noch aus der Beschaffenheit oder dem Zwecke der Dienste zu entnehmen, so kann jeder Theil das Dienstverhältniß nach Maßgabe der §§. 621 bis 623 kündigen.

---

hältniß völlig abgelaufen sei, nicht rechtsgültig verzichten könne." Das Vorstehende ist nicht zu beanstanden. Die Geltendmachung der Rechte kann auch nicht indirekt dadurch verhindert werden, daß sich der Dienstherr für den Fall der Geltendmachung eine Vertragsstrafe ausbedingt; vergl. § 344.

3. Ist durch Verletzung der dem Dienstherrn nach §§ 617, 618 obliegenden Verpflichtungen ein Schaden entstanden, so kann der Berechtigte auf den ihm zustehenden Ersatzanspruch ganz oder theilweise verzichten, insbesondere einen Vergleich abschließen, auch wenn das Dienstverhältniß noch fortdauert.

§ 620.

E. I § 563 S. 1; II § 559 rev. § 611; III § 611. P. I S. 2268—2270, 2275—2279; M. II S. 464, 465. P. II S. 2179, 2181, 2182 (Bd. II S. 295—299). D. S. 640. K.B. S. 1976, 1977. St.B. S. 2812.

1. Die Beendigung und die Kündigung des Dienstverhältnisses sind in den §§ 620—628 geregelt. Neben den Bestimmungen des B.G.B. kommen die Vereinbarungen der Parteien und die Vorschriften der Spezialgesetze in Betracht. Die Einzelbestimmungen, welche das Gesetz giebt, haben größtentheils den Charakter von Dispositivvorschriften und Auslegungsregeln, nur die §§ 624 und 626 sind als absolute Vorschriften anzusehen. Ueber die allgemeinen Gesichtspunkte, welche bei der Regelung maßgebend gewesen sind, vergl. Vorbm. III, 3.

2. a) Das Dienstverhältniß ist entweder auf bestimmte Zeit oder auf unbestimmte Zeit eingegangen. Im ersteren Falle endigt es durch den Ablauf der Zeit, für die es eingegangen ist; vorher ist eine Kündigung nicht zulässig, nur ausnahmsweise ist eine frühere Kündigung nach Maßgabe der §§ 626, 627 möglich. Die Vereinbarung, daß das Dienstverhältniß eine bestimmte Dauer haben und eine vorherige Kündigung ausgeschlossen sein solle, kann ausdrücklich oder stillschweigend getroffen werden. Vielfach wird eine dahingehende Absicht der Parteien aus den Umständen zu entnehmen sein. Hiernach ist z. B. die in der R.T.K. aufgeworfene Frage, ob ein Dienstvertrag, bei welchem Stücklohn verabredet und die Herstellung einer bestimmten Stückzahl mit Hülfe der Dienste des Verpflichteten vereinbart sei, nach § 623 gekündigt werden könne, von den Vertretern der verbündeten Regierungen verneint, da im Zweifel anzunehmen sei, daß die Parteien in einem solchen Falle die Dauer des Dienstverhältnisses bis zur Herstellung der vereinbarten Stückzahl stillschweigend vereinbart hätten; K.B. S. 1977. Um das Verhältniß möglichst klar und anschaulich zu gestalten, ist in dem § 620 Abs. 2 auf den Zweck und außerdem auf die Beschaffenheit der Dienste als Stützpunkt für die Auslegung des Vertrags verwiesen, während der E. I überhaupt keine Bestimmung enthielt und die E. II und III nur den Zweck der Dienste erwähnten.

b) Ist die Dauer des Dienstverhältnisses weder ausdrücklich, noch stillschweigend bestimmt, so wird die Beendigung desselben durch eine beiden Theilen zustehende Kündigung herbeigeführt. Der E. I hatte für alle Dienstverhältnisse eine Kündigungsfrist von 2 Wochen festgesetzt. Man hat sich indessen davon überzeugt, daß eine individuelle Behandlung am Platze sei und hat deshalb bei der zweiten Lesung in den §§ 621—624 das Verhältniß eingehender geregelt.

Die Vorschriften sind dispositiver Natur; die Parteien können die Dauer der Fristen anders als im Gesetze bestimmen, z. B. die ortsüblichen Fristen wählen. Die Fristen können auch für jede Partei verschieden gesetzt werden; ein im Plenum des Reichstags gestellter Antrag, welcher dahin ging, zu bestimmen: „Werden andere Kündigungsfristen vereinbart, so müssen sie für beide Theile gleich sein. Vereinbarungen, welche dieser Bestimmung zuwiderlaufen, sind nichtig;" ist abgelehnt. Die Kündigung kann endlich auch vertragsmäßig dahin beschränkt werden, daß sie nur für bestimmte Termine zulässig sein soll.

c) Die Kündigung ist eine einseitige empfangsbedürftige Willenserklärung, s. §§ 130 ff. Ein Form ist für die Kündigung nicht vorgeschrieben. Der Gebrauch des Wortes „Kündigung" ist nicht erforderlich; es genügt, wenn die dem anderen Theile gegenüber abgegebene Erklärung oder die ihm gegenüber vorgenommene Handlung unter Berücksichtigung der Umstände des Falles als Erklärung der Kündigung aufgefaßt werden muß.

3. a) Wird die Leistung der Dienste ganz oder theilweise unmöglich, so finden die Vorschriften der §§ 323—325 Anwendung.

§. 621.

Ist die Vergütung nach Tagen bemessen, so ist die Kündigung an jedem Tage für den folgenden Tag zulässig.

Ist die Vergütung nach Wochen bemessen, so ist die Kündigung nur für den Schluß einer Kalenderwoche zulässig; sie hat spätestens am ersten Werktage der Woche zu erfolgen.

Ist die Vergütung nach Monaten bemessen, so ist die Kündigung nur für den Schluß eines Kalendermonats zulässig; sie hat spätestens am fünfzehnten des Monats zu erfolgen.

Ist die Vergütung nach Vierteljahren oder längeren Zeitabschnitten bemessen, so ist die Kündigung nur für den Schluß eines Kalendervierteljahrs und nur unter Einhaltung einer Kündigungsfrist von sechs Wochen zulässig.

§. 622.

Das Dienstverhältniß der mit festen Bezügen zur Leistung von Diensten höherer Art Angestellten, deren Erwerbsthätigkeit durch das Dienstverhältniß vollständig oder hauptsächlich in Anspruch genommen wird, insbesondere der Lehrer, Erzieher, Privatbeamten, Gesellschafterinnen, kann nur für den Schluß eines Kalendervierteljahrs und nur unter Einhaltung einer Kündigungsfrist von sechs Wochen gekündigt werden, auch wenn die Vergütung nach kürzeren Zeitabschnitten als Vierteljahren bemessen ist.

---

b) Der Tod oder die dauernde Arbeitsunfähigkeit des Dienstpflichtigen führt die Beendigung des Dienstverhältnisses herbei, wenn, wie dies nach § 613 die Regel bildet, der Dienstpflichtige die Dienste in Person zu leisten hat und die vertragsmäßige Leistung somit unmöglich wird.

c) Der Tod des Dienstherrn ist, wenn nicht Anderes ausgemacht ist, ohne Einfluß auf das Dienstverhältniß. Vielfach wird aber die Sachlage so sein, daß das Dienstverhältniß nach § 626 gekündigt werden kann.

4. Wegen der Kündigung eines von einer Ehefrau eingegangenen Dienstvertrags durch den Mann s. § 1358.

5. Wegen der Kündigung des Dienstverhältnisses, wenn über das Vermögen des Dienstherrn der Konkurs eröffnet wird, s. K.O. § 22, wegen des Erlöschens des Dienstverhältnisses, wenn sich Jemand verpflichtet hat, ein ihm von dem Gemeinschuldner übertragenes Geschäft zu besorgen, s. K.O. §§ 23, 27.

§ 621.

E. I § 563 S. 2; II § 560 rev. § 612; III § 612. P. I S. 2268—2270, 2275—2279; M. II S. 464. P. II S. 2179—2183 (Bd. II S. 295—299). K.B. S. 1976, 1977.

1. Vergl. im Allgemeinen Erl. zu § 620 Nr 2 **b** und **c**.
2. Wegen der Berechnung der Fristen s. §§ 186 ff. (s. Erl. zu § 565).
3. Die in den Spezialgesetzen (vergl. Vorbm. I) über die Kündigungsfristen gegebenen Vorschriften gehen denen des B.G.B. vor.

§ 622.

E. I § 563 S. 2; II § 561 rev. § 613; III § 613. P. I S. 2268—2270, 2275—2279; M. II S. 464. P. II S. 2180, 2181—2187 (Bd. II S. 295—299). D. S. 640. K.B. S. 1976, 1977.

1. Der von der zweiten Kommission eingestellte § 622 findet sein Vorbild im alten H.G.B. Art. 61 und in der Gew.O. § 133 **a** Abs. 2. Er beruht auf dem Gedanken, daß die zu höheren Diensten angestellten Personen nicht darauf rechnen können, zu jeder Zeit wieder Stellung zu finden, und daß sie außerdem einige Zeit gebrauchen, um sich eine neue, für ihre Verhältnisse passende Beschäftigung zu suchen. Da sie aber selten in der Lage sind, sich Vergünstigungen hinsichtlich der Kündigung auszubedingen, auch der § 621 Abs. 4 nicht für alle hier in Betracht kommenden Fälle zutrifft, schreibt das Gesetz vor, daß der Dienstherr nur für den Schluß eines Kalendervierteljahrs und nur unter Einhaltung einer Kündigungsfrist von sechs Wochen soll kündigen können. Man kann nach dem Wortlaute des § 622 zweifeln, ob die Vorschrift nicht

§. 623.

Ist die Vergütung nicht nach Zeitabschnitten bemessen, so kann das Dienstverhältniß jederzeit gekündigt werden; bei einem die Erwerbsthätigkeit des Verpflichteten vollständig oder hauptsächlich in Anspruch nehmenden Dienstverhältniß ist jedoch eine Kündigungsfrist von zwei Wochen einzuhalten.

§. 624.

Ist das Dienstverhältniß für die Lebenszeit einer Person oder für längere Zeit als fünf Jahre eingegangen, so kann es von dem Verpflichteten nach dem Ablaufe von fünf Jahren gekündigt werden. Die Kündigungsfrist beträgt sechs Monate.

---

als eine absolute anzusehen ist. Indessen wird dem Zwecke des Gesetzes durch eine Dispositivvorschrift genügt; es kann auch nicht als unangemessen bezeichnet werden, wenn bei probeweiser Anstellung die Kündigung vorläufig in anderer Weise geregelt wird. Man wird den § 622 darnach als Dispositivvorschrift zu behandeln haben. Nimmt man den entgegengesetzten Standpunkt ein, so ist den Betheiligten anzurathen, daß sie bei einer Anstellung auf Probe die Dauer des Dienstverhältnisses von vornherein vertragsmäßig festsetzen.

2. Ob Dienste „höherer Art" zu leisten sind, ist unter Würdigung der Umstände des einzelnen Falles und der ganzen Lebensanschauung der Betheiligten zu entscheiden. Die gesellschaftliche Stellung, das Maß der Vorbildung, die Höhe und Art der Vergütung und die in dem § 622 angeführten Beispiele werden bei der Beantwortung der Frage Anhaltspunkte gewähren können.

Ueber die Voraussetzung, daß die Erwerbsthätigkeit durch das Dienstverhältniß vollständig oder hauptsächlich in Anspruch genommen wird, s. Erl. zu § 617 Nr. 4b.

3. Wegen der Fristen s. §§ 186 ff.

4. Wegen des nach der Kündigung eintretenden Verhältnisses vergl. § 629.

§ 623.

E. I § 563 S. 2; II § 562 rev. § 614; III § 614. P. I S. 2268—2270, 2275—2279; M. II S. 464. P. II S. 2180, 2181, 2183 (Bd. II S. 295—299). D. S. 641. K.B. S. 1976, 1977. St.B. S. 2813.

1. Die Bestimmungen finden namentlich auch Anwendung, wenn ein Stücklohn ausgemacht ist.

2. Ueber die Voraussetzung des zweiten Halbsatzes, daß das Dienstverhältniß die Erwerbsthätigkeit vollständig oder hauptsächlich in Anspruch nehme, s. Erl. zu § 617 Nr. 4b.

3. Wegen der Frist s. §§ 186 ff.

§ 624.

E. I § 564; II § 563 rev. § 615; III § 615. P. I S. 2252, 2272—2274, 2279, 3550, 3554, 3559, 3560, 6194, 6195; M. II S. 465—468. P. II S. 2187—2189, 8472, 8473 (Bd. II S. 299—301). D. S. 640. K.B. S. 1977. St.B. S. 737, 745, 2812, 2813.

1. Vergl. im Allgemeinen Vorbm. III, 3.

2. Die Vorschrift des Satz 1 ist eine absolute; der Dienstpflichtige kann nicht rechtsgültig auf das ihm zustehende Kündigungsrecht verzichten.

3. Die Entwürfe enthielten noch die weitere Vorschrift, daß die Kündigung nicht zulässig sein solle, wenn der Verpflichtete die Dienste durch einen Anderen besorgen lassen dürfe. Gedacht war dabei hauptsächlich an Altentheilsverträge und dergl. Die R.T.K. hat den Satz gestrichen, weil sie zu einer Beschränkung der persönlichen Freiheit in denjenigen Fällen führen könne, in denen der Verpflichtete die Dienste zwar durch einen Anderen leisten dürfe, thatsächlich aber nicht in der Lage sei, für die Dienstleistung einen Vertreter zu beschaffen.

4. Der § 624 findet auch Anwendung, wenn vereinbart ist, daß das Dienstverhältniß bis zu dem Eintritt eines bestimmten Ereignisses dauern solle, das Ereigniß aber erst nach dem Ablaufe von 5 Jahren eintritt. Mit dem Ablaufe von 5 Jahren kann das Dienstverhältniß von dem Verpflichteten gekündigt werden.

§. 625.

Wird das Dienstverhältniß nach dem Ablaufe der Dienstzeit von dem Verpflichteten mit Wissen des anderen Theiles fortgesetzt, so gilt es als auf unbestimmte Zeit verlängert, sofern nicht der andere Theil unverzüglich widerspricht.

§. 626.

Das Dienstverhältniß kann von jedem Theile ohne Einhaltung einer Kündigungsfrist gekündigt werden, wenn ein wichtiger Grund vorliegt.

---

5. Ein Vertrag, durch welchen sich Jemand verpflichtet, die Dienste anderer Personen zu beschaffen, ist kein Dienstvertrag. Auf einen solchen Vertrag findet daher der Paragraph keine Anwendung.

6. Die Vorschriften des § 624 gelten auch für das Gesinderecht; E.G. Art. 95 Abs. 2.

§ 625.

E. I § 565; II § 564 rev. § 616; III § 616. P. I S. 2270—2272; M. II S. 468. P. II S. 2189 (Bd. II S. 301). K.B. S. 1977.

1. Wird das Dienstverhältniß nach dem Ablaufe der Dienstzeit von dem Verpflichteten mit Wissen des Berechtigten fortgesetzt, so würde schon nach allgemeinen Grundsätzen eine stillschweigende, auf Verlängerung des Dienstverhältnisses gerichtete Vereinbarung anzunehmen sein, sofern nicht aus den Umständen ein anderer Wille der Betheiligten erhellt. Nur für die Zeit, während welcher das Dienstverhältniß fortgesetzt wird, könnte jedoch eine solche Vereinbarung angenommen werden. Eine positive Bestimmung ist es, wenn nach § 625 das Dienstverhältniß unter der gedachten Voraussetzung als auf unbestimmte Zeit festgesetzt gelten soll, sofern nicht der Berechtigte unverzüglich widerspricht.

Abweichend von dem § 568 wird nur der Widerspruch des Berechtigten, nicht der des Verpflichteten erwähnt. Das Verhältniß liegt hier insofern anders wie in dem § 568, als dort die Voraussetzung dahin bestimmt ist, daß der Gebrauch der Sache von dem Miether fortgesetzt ist, während in dem § 625 vorausgesetzt wird, daß das Dienstverhältniß von dem Verpflichteten fortgesetzt werde. Aus dem fortgesetzten Gebrauche der Sache durch den Miether kann nicht ohne Weiteres auf dessen Absicht, das Miethverhältniß fortzusetzen, geschlossen werden; deshalb muß hier die Erklärung eines entgegenstehenden Willens des Miethers zugelassen werden. Durch die Voraussetzung der Fortsetzung des Dienstverhältnisses von Seiten des Verpflichteten wird aber direkt ausgedrückt, daß sich aus dem Verhalten des Dienstverpflichteten der Wille ergeben müsse, das Dienstverhältniß fortzusetzen. Erklärt der Verpflichtete daher z. B. bei der fortgesetzten Leistung der Dienste, daß er nur vorläufig und etwa bis dahin, daß der Dienstberechtigte sich die Dienste anderweit beschaffen könne oder auf bestimmte Zeit die Dienste weiter leisten werde, so ist dies nicht als eine Fortsetzung des Dienstverhältnisses im Sinne des § 625 anzusehen. Für einen Fall dieser Art giebt das Gesetz keine Vorschriften. Im Zweifel wird der Berechtigte, welcher die in solcher Art angebotenen Dienste annimmt, die bisherige Vergütung nach Verhältniß der Zeit, für welche die Dienste geleistet werden, zu entrichten haben (vergl. § 557).

2. Für die Anwendung des § 625 macht es keinen Unterschied, ob das Dienstverhältniß durch Ablauf der von vornherein vereinbarten Zeit oder ob es durch Kündigung beendigt ist.

3. Der Widerspruch muß unverzüglich, d. h. nach § 121 ohne schuldhaftes Zögern, erhoben werden.

4. Die Art und der Umfang der Dienste einerseits, die Art, die Höhe und die Fälligkeit der Vergütung andererseits, bestimmen sich nach dem früheren Vertrage. Für die Kündigung gelten, da der Vertrag als auf unbestimmte Zeit fortgesetzt gilt, die Vorschriften der §§ 621—623.

5. Die Beweislast stellt sich so, daß derjenige, welcher sich auf den Abschluß des neuen Vertrags beruft, die Thatsachen, auf Grund deren ein Abschluß vermuthet wird, darzuthun hat, während der andere Theil die unverzügliche Erhebung des Widerspruchs beweisen muß.

§ 626.

E. I § 566 Abs. 1 S. 1; II § 565 Abs. 1 rev. § 617; III § 617. P. I S. 2254—2257, 2279—2287, 2458, 6197, 6200; M. II S. 468—470. P. II S. 2189—2192 (Bd. II S. 301, 302). D. S. 641. K.B. S. 1974, 1977. St.B. S. 2813, 2814.

Vergl. zu den §§ 626—628 Reinhard, der einseit. Rücktritt vom Dienstvertrag. Sächs. Arch. Bd. 7 S. 42 ff.

§. 627.

Hat der zur Dienstleistung Verpflichtete, ohne in einem dauernden Dienstverhältnisse mit festen Bezügen zu stehen, Dienste höherer Art zu leisten, die auf Grund besonderen Vertrauens übertragen zu werden pflegen, so ist die Kündigung auch ohne die im §. 626 bezeichnete Voraussetzung zulässig.

Der Verpflichtete darf nur in der Art kündigen, daß sich der Dienstberechtigte die Dienste anderweit beschaffen kann, es sei denn, daß ein wichtiger Grund für die unzeitige Kündigung vorliegt. Kündigt er ohne solchen Grund zur Unzeit, so hat er dem Dienstberechtigten den daraus entstehenden Schaden zu ersetzen.

---

1. Der § 626 beruht auf der Erwägung, daß bei dem Dienstverhältnisse, welches seiner Natur nach regelmäßig eine persönliche Beziehung zwischen den Parteien begründet, Umstände eintreten können, unter denen dem einen oder dem anderen Theile eine Fortsetzung des Verhältnisses nicht zugemuthet werden kann. Der § 626 gestattet deshalb beiden Theilen, den Vertrag ohne Einhaltung einer Kündigungsfrist zu kündigen, wenn ein wichtiger Grund vorliegt. Der Begriff des wichtigen Grundes, welchen das B.G.B. noch in einer ganzen Reihe von anderen Fällen anwendet (vergl. §§ 627 Abs. 2, 671 Abs. 3, 696 Satz 2, 712, 723 Abs. 1, 2, 749 Abs. 2, 1889, 2227 Abs. 1), ist im Gesetze nicht näher bestimmt. Er kann in den persönlichen Verhältnissen des Dienstherrn, in den persönlichen Verhältnissen des Dienstpflichtigen oder auch in objektiven Umständen gefunden werden. Auf ein Verschulden des anderen Theiles kommt es an sich nicht an, es kann aber gerade die schuldhafte Verletzung der Vertragspflicht die Kündigung rechtfertigen. Bei den Berathungen der zweiten Kommission war vorgeschagen, den § 626 durch Anführung von Beispielen zu ergänzen, insbesondere Vertrauens- oder Treubruch, erhebliche Schädigung des anderen Theiles oder seiner Angehörigen sowie unsittliches Betragen als Kündigungsgründe anzuführen; P. II S. 2291. Dagegen wurde geltend gemacht, daß gerade die Anführung der Beispiele zur Verdunkelung führen könne, und der Antrag dann zurückgezogen. Aus dem letzteren Grunde ist auch in der R.T.K. ein Antrag, welcher den § 626 spezialisiren wollte, abgelehnt. Es wird hiernach im einzelnen Falle unter Würdigung aller Umstände zu entscheiden sein. Beispiele aus der Praxis s. in den Entsch. des R.G. Bd. 7 S. 77, Bd. 23 S. 167, Seuff. Arch. Bd. 37 Nr. 109; vergl. auch H.G.B. §§ 70—72 und dazu Staub, Kommentar.

2. Liegen bereits **bei Abschluß des Vertrags** Umstände vor, welche den einen Theil abhalten würden, das Dienstverhältniß einzugehen, wenn er sie gekannt hätte, so kann eine Anfechtung wegen Irrthums oder Täuschung in Frage kommen; s. §§ 119, 123. Möglicherweise ist aber auch in diesem Falle ein Kündigungsrecht nach § 626 begründet. Ob der Grund zur Kündigung vor oder nach Beginn des Dienstes eintritt, ist gleichgültig.

3. Eine **Feststellung des wichtigen Grundes** durch den Richter ist nicht erforderlich. Liegt derselbe vor, so wird durch die Kündigung das Dienstverhältniß ohne Weiteres aufgelöst.

4. Die Vorschrift des § 626 muß ihrem Zwecke nach als eine **absolute** gelten; auf das Kündigungsrecht kann nicht im Voraus verzichtet werden.

5. Neben dem Kündigungsrechte kann im einzelnen Falle ein **Rücktrittsrecht** nach §§ 325, 326 sowie ein vertragsmäßiges Rücktrittsrecht in Frage kommen.

§ 627.

E. II § 565 Abs. 2 rev. § 618; III § 618. P. II S. 2189—2191, 2192—2195, 2203 (Bd. II. S. 301—307). D. S. 641. KB. S. 1977. St.B. S. 2814.

1. Der § 627 setzt für gewisse Dienstverhältnisse, insbesondere die der Aerzte, Künstler, Lehrer und Rechtsanwälte, ein beiderseitiges freies Kündigungsrecht fest. Gegenüber dem § 626 liegt der Vortheil für die Betheiligten darin, daß die Frage, ob die Kündigung gerechtfertigt gewesen sei, der richterlichen Nachprüfung entzogen ist. Einem Mißbrauche des Kündigungsrechts wird durch die Bestimmungen des Abs. 2 und des § 628 vorgebeugt. Das Kündigungsrecht nach Maßgabe der §§ 622 ff. sowie nach § 626 wird durch den § 627 nicht berührt.

2. Wegen des **dauernden Dienstverhältnisses** s. Erl. zu § 617 Nr. 4a. Ob „**feste Bezüge**" vorliegen, wird vielfach dann zweifelhaft sein, wenn kein festes Gehalt ausgesetzt, aber eine gewisse Einnahme garantirt ist, wie dies z. B. häufig bei Kassenärzten vorkommt. Die Frage ist nach

§. 628.

Wird nach dem Beginne der Dienstleistung das Dienstverhältniß auf Grund des §. 626 oder des §. 627 gekündigt, so kann der Verpflichtete einen seinen bisherigen Leistungen entsprechenden Theil der Vergütung verlangen. Kündigt er, ohne durch vertragswidriges Verhalten des anderen Theiles dazu veranlaßt zu sein, oder veranlaßt er durch sein vertragswidriges Verhalten die Kündigung des anderen Theiles, so steht ihm ein Anspruch auf die Vergütung insoweit nicht zu, als seine bisherigen Leistungen in Folge der Kündigung für den anderen Theil kein Interesse haben. Ist die Vergütung für eine spätere Zeit im voraus entrichtet, so hat der Verpflichtete sie nach Maßgabe des §. 347 oder, wenn die Kündigung wegen eines Umstandes erfolgt, den er nicht zu vertreten hat, nach den Vorschriften über die Herausgabe einer ungerechtfertigten Bereicherung zurückzuerstatten.

Wird die Kündigung durch vertragswidriges Verhalten des anderen Theiles veranlaßt, so ist dieser zum Ersatze des durch die Aufhebung des Dienstverhältnisses entstehenden Schadens verpflichtet.

---

den Umständen des einzelnen Falles zu entscheiden. Als Beispiele für dauernde Dienstverhältnisse mit festen Bezügen sind bei den Verhandlungen der zweiten Kommission die des Leibarztes, des Hofmeisters und des Syndikus genannt.

Wegen der Dienste höherer Art s. Erl. zu § 622 Nr. 2. Ob die Dienste auf Grund besonderen Vertrauens übertragen zu werden pflegen — nur hierauf kommt es an, nicht darauf, daß sie wirklich aus diesem Grunde übertragen sind —, wird nach den Anschauungen des Lebens zu beurtheilen sein. Zweifellos gehören dahin die Dienste der Aerzte, Künstler, Lehrer und Rechtsanwälte. Bei den Berathungen der zweiten Kommission war beantragt, darauf abzustellen, ob zur Leistung der Dienste eine Mitwirkung des Dienstberechtigten oder die Ertheilung einer Vertretungsmacht seitens desselben erforderlich sei. Der Antrag ist abgelehnt, weil man die Spezialisirung nicht für richtig und erschöpfend hielt. Der angegebene Gesichtspunkt wird aber im einzelnen Falle bei der Entscheidung der Frage, ob ein Vertrauensverhältniß im Sinne des Abs. 1 vorliegt, Verwerthung finden können.

3. Den Beweis, daß die Voraussetzungen des Abs. 1 vorliegen, hat derjenige zu führen, der sich auf die Kündigung beruft.

4. Die Vorschrift des Abs. 2 entspricht einer im E. I für den Auftrag gegebenen Vorschrift; E. I § 598 Abs. 2, 3 (jetzt § 671 Abs. 2) vergl. M. II S. 546; vergl. auch § 723 Abs. 2, § 2226 Satz 3. Für die Erfüllung der Verpflichtung ist der Grundsatz des § 242 maßgebend. Zu beachten ist, daß für immateriellen Schaden nach § 253 kein Ersatz gefordert werden kann.

§ 628.

E. I § 566 Abs. 1 S. 2, Abs. 2; II § 566 rev. § 619; III § 619. P. I S. 2254—2257, 2279—2287, 2458, 6197, 6200; M. II S. 468—470. P. II S. 2197—2202 (Bd. II S. 301—307). St.B. S. 2814.

1. Wenn das Dienstverhältniß nach Maßgabe der §§ 626, 627 plötzlich aufgelöst wird, so können Zweifel darüber entstehen, wie es mit der Vergütung für die bis zur Auflösung geleisteten Dienste zu halten ist; vergl. M. II S. 542 (zu E. I § 596). Im Interesse der Rechtssicherheit giebt das Gesetz im § 628 Dispositivvorschriften über die Folgen einer vorzeitigen Kündigung. Abs. 1 Satz 1 stellt als Grundsatz auf, daß der Dienstpflichtige einen verhältnißmäßigen Theil der Vergütung verlangen kann. Satz 2 schränkt das Recht auf die Vergütung für gewisse Fälle ein. Abs. 2 giebt für gewisse Fälle neben dem Rechte auf die Vergütung noch einen Anspruch auf Schadensersatz. Abs. 1 Satz 3 regelt die Rückvergütung des vorweg gezahlten Lohnes.

2. Für die Anwendung der Vorschrift des Abs. 1 Satz 1 kommt es nicht darauf an, ob die theilweise Dienstleistung einen Erfolg gehabt hat oder ob sie für den anderen Theil von Werth ist.

3. a) Vorbereitungen, welche unmittelbar für die Ausführung der eigentlichen Dienste nothwendig sind, wie z. B. die Reise eines Arztes an den Wohnsitz eines Patienten, und welche

§. 629.

Nach der Kündigung eines dauernden Dienstverhältnisses hat der Dienstberechtigte dem Verpflichteten auf Verlangen angemessene Zeit zum Aufsuchen eines anderen Dienstverhältnisses zu gewähren.

§. 630.

Bei der Beendigung eines dauernden Dienstverhältnisses kann der Verpflichtete von dem anderen Theile ein schriftliches Zeugniß über das Dienstverhältniß und dessen Dauer fordern. Das Zeugniß ist auf Verlangen auf die Leistungen und die Führung im Dienste zu erstrecken.

---

bei einer einheitlichen Gegenleistung in dieser mit vergütet werden, stellen bereits einen Theil der vertragsmäßigen Dienstleistungen dar; sie sind deshalb im Falle der Kündigung zu vergüten.

Wegen der Vergütung vergl. Erl. zu § 612.

b) Satz 2. „Vertragswidrig" ist nach dem Sprachgebrauche des B.G.B. dahin zu verstehen, daß ein subjektiv und objektiv widerrechtliches Verhalten erfordert wird.

c) Satz 3. Die Regelung entspricht den für ähnliche Fälle getroffenen Bestimmungen; s. § 327, 543 Abs. 2 (s. Erl. zu diesen §§). Wegen der Herausgabe einer ungerechtfertigten Bereicherung s. §§ 812 ff.

d) Abs. 2. Bei der Berechnung des Schadensersatzes ist ein etwaiges Kündigungsrecht des schuldigen Theiles zu berücksichtigen. Es muß angenommen werden, daß dieser seinerseits das Dienstverhältniß durch Kündigung aufgelöst haben würde, sobald dies statthaft gewesen wäre. Für immateriellen Schaden ist nach § 253 kein Ersatz zu leisten.

4. Wird das Dienstverhältniß vorzeitig dadurch beendigt, daß die Leistung der Dienste unmöglich wird, so findet nicht der § 628 Anwendung, sondern die Folgen der Unmöglichkeit sind nach den allgemeinen Grundsätzen (§§ 323—325) zu beurtheilen.

5. Der § 1358 stellt den Satz auf, daß, wenn sich eine Ehefrau einem Dritten gegenüber zu einer von ihr in Person zu bewirkenden Leistung verpflichtet hat, der Ehemann das Rechtsverhältniß ohne Einhaltung einer Kündigungsfrist kündigen kann. Wird ein Dienstverhältniß nach Maßgabe dieser Vorschrift gekündigt, so muß der § 628 Abs. 1 entsprechende Anwendung finden.

6. Wegen des Anspruchs auf Schadensersatz, wenn der Konkursverwalter ein Dienstverhältniß kündigt, s. K.O. § 22 Abs. 2.

§ 629.
K.B. S. 1978.

1. Der § 629 ist von der R.T.K. eingestellt.

2. a) Für die Anwendung des § 629 ist es gleichgültig, welcher von beiden Theilen gekündigt hat.

b) Wegen des dauernden Dienstverhältnisses s. Erl. zu § 617 Nr. 3a.

3. Welche Zeit als angemessen anzusehen ist, muß nach den Umständen des einzelnen Falles unter Berücksichtigung des im § 242 aufgestellten Grundsatzes entschieden werden.

§ 630.
E. II § 568 rev. § 620; III § 620. P. II S. 2203—2205 (Bd. II S. 307, 308). D. S. 641. K.B. S. 1978. St.B. S. 2814, 2815.

1. Die von der zweiten Kommission in das Gesetz eingestellte Vorschrift überträgt eine Sondervorschrift der Gew.O. (§ 113 vergl. auch § 129) auf das allgemeine bürgerliche Recht. Entsprechende Bestimmungen sind jetzt auch für die Dienstverhältnisse der Handlungsgehülfen und der Handlungslehrlinge gegeben; H.G.B. §§ 73—80. Bei der Berathung der letzteren Vorschriften hat die R.T.K. zur Berathung des Entw. des H.G.B. festgestellt (K.B. S. 38), daß die letzteren Bestimmungen einen öffentlich rechtlichen Charakter haben und durch Vertrag nicht abgeändert werden können. Dies wird auch von der Vorschrift des § 630 gelten müssen.

Siebenter Titel.
Werkvertrag.

---

2. Das Zeugniß kann bei der Beendigung gefordert werden; gemeint ist damit „im Zeitpunkte der Beendigung"; ein in der R.T.K. und nochmals bei der zweiten Lesung im Plenum des Reichstags gestellter Antrag, welcher die Verpflichtung zur Ausstellung des Zeugnisses „von der Kündigung ab und, falls eine Kündigung nicht stattgefunden hat, bei der Beendigung . . .", eintreten lassen wollte, ist abgelehnt; K.B. S. 1978, St.B. S. 2815.

3. Der Dienstherr ist nicht berechtigt, wider den Willen des anderen Theiles in das Zeugniß ein Urtheil über die Leistungen und die Führung im Dienste hineinzusetzen; der andere Theil kann ein solches Zeugniß zurückweisen.

4. Wegen der schriftlichen Form s. § 126. Die Kosten einer öffentlichen Beglaubigung des Zeugnisses hat der Dienstverpflichtete zu tragen, wenn die Beglaubigung auf sein Verlangen bewirkt wird.

Siebenter Titel.

I. Wegen verschiedener reichsrechtlicher Bestimmungen, welche Werkverträge betreffen, s. Vorbm. zum sechsten Titel I. Der Landesgesetzgebung unterstehen die Verlagsverträge; E.G. Art. 76.

II. 1. Der Werkvertrag wird im B.G.B. als selbständiger Vertrag behandelt. Der geschichtlich überkommene Zusammenhang mit dem Miethvertrag einerseits, dem Dienstvertrag andererseits ist vollständig gelöst. Das B.G.B. kennt aber auch keinen allgemeinen Arbeitsvertrag, dem etwa der Werkvertrag mit anderen verwandten Verträgen zu unterstellen sein würde. Vergl. Vorbm. zum sechsten Titel III, 1.

2. Im § 631 wird der Werkvertrag dahin gekennzeichnet, daß durch den Vertrag der Unternehmer zur Herstellung des versprochenen Werkes, der Besteller zur Entrichtung der vereinbarten Vergütung verpflichtet wird. Für den Besteller besteht außerdem nach § 640 Abs. 1 regelmäßig die Verpflichtung, das vertragsmäßig hergestellte Werk abzunehmen.

Ein Theil des bisherigen Rechtes beschränkt die Anwendung der für den Werkvertrag gegebenen Vorschriften auf solche Verträge, welche die Herstellung oder Aenderung einer Sache zum Gegenstande haben; vergl. M. II S. 506. Der E. I wollte zwar auch solche Verträge, welche einen anderweiten, durch Arbeitsleistung oder Dienstleistung zu bewirkenden Erfolg betreffen, dem Rechte des Werkvertrags unterstellen, glaubte aber äußerlich zwischen dem Werkvertrag im engeren Sinne und dem Werkvertrag im weiteren Sinne unterscheiden zu müssen; vergl. E. I § 567, 579. Die zweite Kommission hat beschlossen, diese redaktionelle Trennung aufzugeben.

Gegenstand des Werkvertrags kann jeder materielle oder immaterielle Erfolg sein, welcher durch Arbeit herbeizuführen ist.

Zwischen operae liberales und illiberales wird kein Unterschied gemacht. Den Vorschriften des Werkvertrags unterliegen insbesondere Verträge über die Beförderung von Personen oder Sachen, unbeschadet der Bestimmungen des H.G.B. und des Ges. über das Postwesen, ferner, abgesehen von den eigentlichen Verlagsverträgen, Verträge über die Herstellung wissenschaftlicher oder künstlerischer Arbeiten. Auch die Geschäfte der Auskunftsbureaus und der Annoncenbureaus fallen regelmäßig unter den Werkvertrag. Die Verträge der Aerzte, Rechtsanwälte und Notare können Werkverträge sein, meistens wird aber die Annahme eines Dienstvertrages den Verhältnissen mehr entsprechen; vergl. Vorbm. zum sechsten Titel III, 4. Aehnlich steht es mit den sog. Engagementsverträgen der Schauspieler und Sänger; vergl. Opet, Arch. f. civ. Pr. Bd. 86 S. 155—222, derselbe, Theaterrecht 1897, S. 195 ff.; Opet will den Bühnenengagementsvertrag grundsätzlich dem Rechte des Werkvertrags unterstellen, ihn aber wegen seiner eigenartigen Natur als Innominatkontrakt im Sinne des modernen Rechtes bezeichnen.

Daß der Unternehmer Werkverständiger ist, wird im Gegensatze zum preußischen Landrechte nicht erfordert. Ebenso ist es nicht wesentlich, daß der Unternehmer selbst das Werk herstellt; es ist also auch der sog. Entreprisevertrag als Werkvertrag zu behandeln. Die Vergütung braucht nicht als Ganzes in ungetrennter Summe ausbedungen zu sein; die für das preußische Recht vertretene abweichende Ansicht (M. II S. 471) ist abgelehnt.

2. Vom Kaufvertrag unterscheidet sich der Werkvertrag dadurch, daß Gegenstand des Werkvertrags das Werk als Erzeugniß von Arbeit ist, während es sich bei dem Kaufvertrage nicht um die Arbeit, sondern um die Lieferung einer Sache oder eines Rechtes handelt. Die praktische Bedeutung des Unterschieds liegt wesentlich darin, daß beim Werkvertrage bei fehlerhafter Leistung Abstellung des Mangels verlangt werden kann, während beim Kaufe der Käufer nur einen

§. 631.

Durch den Werkvertrag wird der Unternehmer zur Herstellung des versprochenen Werkes, der Besteller zur Entrichtung der vereinbarten Vergütung verpflichtet.

Gegenstand des Werkvertrags kann sowohl die Herstellung oder Veränderung einer Sache als ein anderer durch Arbeit oder Dienstleistung herbeizuführender Erfolg sein.

Anspruch auf Wandelung, Minderung oder Schadensersatz hat. Der Lieferungsvertrag, bei dem der Unternehmer das Werk aus einem von ihm zu beschaffenden Stoffe herzustellen hat, ist im § 651 besonders geregelt.

Das wesentlichste Unterscheidungsmerkmal zwischen Werkvertrag und Auftrag liegt darin, daß dem Unternehmer eine Vergütung gewährt wird, während der Auftrag unentgeltlich auszuführen ist.

Zweifelhaft kann endlich in einzelnen Fällen die Entscheidung sein, ob Werkvertrag oder Sachmiethe vorliegt, z. B. wenn ein Schiff oder eine Feldbahn oder eine Dreschmaschine mit der zur Bedienung nöthigen Mannschaft „gemiethet" wird. Entscheidend ist, ob die Sache zur Verfügung gestellt werden soll oder ob eine bestimmte Leistung ausbedungen wird; vergl. R.G. Bd. 25 S. 108. Doch ist nicht ausgeschlossen, daß, wenn auch der Vertrag im Ganzen als Sachmiethe zu behandeln ist, doch einzelne Vorschriften aus dem Werkvertrage zur Anwendung zu bringen sind, und umgekehrt; das Verhältniß ist insoweit ein ähnliches wie beim Lieferungsvertrage.

3. Die materielle Regelung des Werkvertrags entspricht im Wesentlichen dem gemeinen Rechte. Die hauptsächlichen Rechte und Pflichten der Parteien ergeben sich aus den prinzipiellen Sätzen der §§ 631 und 640 Abs. 1. Das Gesetz hat es aber für nothwendig erachtet, eine Reihe von Fragen durch Sondervorschriften zu entscheiden. Der § 632 stellt dafür, daß eine Vergütung als vereinbart zu gelten habe, und über die Höhe der vereinbarten Vergütung Rechtsvermuthungen auf. Ueber die Art der Vergütung sind keine Bestimmungen aufgenommen, dagegen giebt der § 641 Vorschriften über die Zeit der Entrichtung und die Verzinsung der Vergütung. Ausführlich ist in den §§ 633—639 die Haftung des Unternehmers bei Mängeln der Leistung geregelt. Grundsätzlich kann der Besteller die Beseitigung des Mangels verlangen; in zweiter Linie kommen Wandelung, Minderung oder Schadensersatz in Betracht. An die Vorschriften über fehlerhafte Leistung schließen sich Normen über die Verpflichtung zur Abnahme und die Wirkungen der Abnahme. Sondervorschriften sind ferner für den Fall des Annahmeverzugs des Bestellers in den §§ 642, 643 gegeben. Die Tragung der Gefahr ist in den §§ 644, 645 geregelt. Ergänzend ist in dem § 646 eine Vorschrift hinzugefügt über die Fälle, in welchen die Vollendung des Werkes an die Stelle der Abnahme treten soll. Dem Unternehmer giebt das Gesetz in den §§ 647, 648 für seine Forderungen aus dem Vertrag ein gesetzliches Pfandrecht, soweit es sich um bewegliche Sachen handelt. Dem Unternehmer eines Bauwerkes ist zwar keine gesetzliche Hypothek, wohl aber ein Hypothekentitel eingeräumt. Die §§ 649, 650 behandeln das Recht des Bestellers, den Vertrag vor der Zeit zu kündigen. Dem Unternehmer ist ein solches Recht nicht gegeben; es liegt darin eine praktisch sehr wichtige Abweichung vom Dienstvertrage. Der Fall, daß einer der Betheiligten vor der Herstellung des Werkes stirbt oder geschäftsunfähig wird, ist nicht besonders geregelt; hier greifen die allgemeinen Grundsätze Platz.

4. Für den Fall, daß der Werkvertrag eine Geschäftsbesorgung zum Gegenstande hat, giebt der § 675 Sondervorschriften.

5. Wegen der Verpflichtung zur Eingehung von Werkverträgen s. Vorbm. zum sechsten Titel IV.

§ 631.

E. I § 567 Abs. 1, § 579; II § 569 rev. § 621; III § 621. P. I S. 2288—2291, 2298, 2299, 2358—2370, 6198, 6201; M. II S. 470—473, 506—509. P. II S. 2205, 2206, 2257 (Bd. II S. 309, 336). D. S. 641.

1. Wegen des Begriffs des Werkvertrags s. die Vorbm. II, 2.

2. Die Hauptverpflichtung des Unternehmers geht dahin, das versprochene Werk herzustellen. Hinsichtlich der Zeit, des Ortes und der Art der Herstellung ist die ausdrückliche oder stillschweigende Vereinbarung der Parteien maßgebend; eventuell greifen die

§. 632.

Eine Vergütung gilt als stillschweigend vereinbart, wenn die Herstellung des Werkes den Umständen nach nur gegen eine Vergütung zu erwarten ist.

Ist die Höhe der Vergütung nicht bestimmt, so ist bei dem Bestehen einer Taxe die taxmäßige Vergütung, in Ermangelung einer Taxe die übliche Vergütung als vereinbart anzusehen.

---

§§ 269, 271 Platz. Eine allgemeine Verpflichtung des Unternehmers, das hergestellte Werk dem Besteller zu überbringen, besteht nicht; indessen kann sie sich nach den Umständen und insbesondere nach der Verkehrssitte als gewollt ergeben; vergl. R.G. Bd. 35 S. 137. Ob der Unternehmer gehalten ist, das Werk selbst herzustellen, oder welche Thätigkeit er selbst bei der Herstellung zu entfalten hat, hängt von der Vereinbarung der Parteien ab. Das Gesetz stellt in dieser Hinsicht, abweichend vom Dienstvertrage, keine Vermuthung auf. Wenn der Unternehmer sich fremder Personen zur Herstellung des Werkes bedient, so hat er für diese nach Maßgabe des § 278 einzustehen.

Dem Unternehmer können Nebenverpflichtungen auferlegt werden. Dahin gehört z. B. die Verpflichtung, die Genehmigung der Polizeibehörde zu einem Bau herbeizuführen, Zuthaten zu liefern, den Stoff zu dem Werke für Rechnung des Bestellers zu beschaffen u. s. w. Aber auch abgesehen von solchen besonders übernommenen Pflichten wird sich seine Thätigkeit nicht immer in der Herstellung des Werkes erschöpfen. Beispielsweise wird der Unternehmer, wenn sich der vom Besteller gelieferte Stoff als unbrauchbar erweist, dem Besteller hiervon, wenn thunlich, Anzeige zu machen haben. Vergl. als Beispiel ferner die Vorschrift des § 650 Abs. 2 und aus der Praxis des bisherigen Rechtes R.G. Bd. 4 S. 192; Seuff. Arch. Bd. 44 Nr. 173, Bd. 45 Nr. 78, Bd. 46 Nr. 183, Bd. 47 Nr. 24. Maßgebend ist hier, wie überall, das Prinzip des § 242.

Wegen des Anspruchs des Bestellers auf Erfüllung von Nebenverpflichtungen der gedachten Art kommen im Wesentlichen dieselben Gesichtspunkte in Betracht, wie in Betreff der bei einem Dienstvertrag übernommenen Nebenverpflichtungen (s. Erl. zu § 611 Nr. 3c, vergl. auch die §§ 633—635).

3. Die Hauptverpflichtung des Bestellers geht dahin, das vertragsmäßig hergestellte Werk abzunehmen und die vereinbarte Vergütung zu leisten. Wegen der Abnahme s. Erl. zu § 640 Nr. 1, wegen der Vergütung s. Erl. zu § 632.

Dem Besteller können ebenso wie dem Unternehmer Nebenverpflichtungen obliegen. Er kann insbesondere gehalten sein, den Stoff oder Zuthaten zu dem Werke zu liefern, Geräthe oder Räume zur Verfügung zu stellen, Anweisungen wegen der Herstellung zu geben, die zur Vornahme der Arbeit erforderliche Genehmigung eines Dritten zu beschaffen oder bei der Herstellung des Werkes sonstwie mitzuwirken. Wegen der rechtlichen Natur dieser Nebenverpflichtungen, insbesondere auch wegen der Frage, ob es sich dabei wirklich um eine Verpflichtung oder nur um eine dem Gläubiger bei der Bewirkung der Leistung durch den Schuldner obliegende Mitwirkung (§ 295) handelt, gilt dasselbe wie für die von dem Unternehmer und für die bei dem Dienstvertrage von dem Dienstberechtigten übernommenen Nebenverpflichtungen (s. Erl. zu § 611 Nr. 3c, vergl. auch R.G. Bd. 14 S. 247, Bd. 26 S. 213, Bd. 29 S. 19).

Der Unternehmer hat keinen Anspruch darauf, daß ihm die Herstellung des Werkes oder die Vornahme der Arbeit gestattet werde. Es bedarf dazu einer besonderen Vereinbarung, welche allerdings in manchen Fällen nach den Umständen als stillschweigend gewollt anzunehmen ist. Vergl. Opet, Arch. für civ. Prax. Bd. 86 S. 161.

§ 632.

E. I § 567 Abs. 2; II § 570 rev. § 622; III § 622. P. I S. 2288—2291, 2298, 2358, 2368—2370; M. I S. 470—473, 493. P. II S. 2206 (Bd. II S. 309).

Die Vorschriften des § 632 entsprechen denen des § 612. Es wird deshalb auf die Erläuterung zu diesem Paragraphen verwiesen. Hervorzuheben ist Folgendes: Der Lohn für die Herstellung des Werkes kann im Ganzen oder nach Theilen (nach Maß, Zahl, Gewicht) bestimmt sein. Die Vergütung kann auch so bemessen werden, daß sie nach Zeitabschnitten zu entrichten ist; freilich wird ein solcher Fall stets zur näheren Prüfung Anlaß geben, ob nicht der Vertrag als Dienstvertrag zu betrachten ist.

§ 633.

Der Unternehmer ist verpflichtet, das Werk so herzustellen, daß es die zugesicherten Eigenschaften hat und nicht mit Fehlern behaftet ist, die den Werth oder die Tauglichkeit zu dem gewöhnlichen oder dem nach dem Vertrage vorausgesetzten Gebrauch aufheben oder mindern.

Der Ersatz für Auslagen und Zuthaten wird vielfach in der Vergütung für die Herstellung des Werkes inbegriffen sein, doch ist dies Auslegungsfrage; vergl Seuff. Arch. Bd. 47 Nr. 25.

Keine besonderen Bestimmungen sind für den Fall getroffen, daß nach Abschluß des Vertrags Aenderungen in den Lohn- und Preisverhältnissen eintreten. Es kann danach weder der Unternehmer eine Erhöhung, noch der Besteller eine Herabsetzung der vereinbarten Vergütung verlangen; vergl. M. II S. 493.

Wenn der Unternehmer bei der Ausführung des Werkes willkürliche Aenderungen vornimmt oder Zusätze anbringt, so kann er für die etwaigen Mehraufwendungen Ersatz nur nach Maßgabe der Vorschriften über die Geschäftsführung ohne Auftrag (§§ 677 ff.) verlangen. Freilich werden solche Aenderungen und Zusätze, die namentlich bei größeren Bauwerken fast stets vorkommen, oft von dem Besteller genehmigt, und dann ist die vereinbarte oder angemessene Vergütung zu gewähren.

§§ 633—639.

1. Die §§ 633—639 handeln von der Haftung des Unternehmers wegen Mängel der Sache und wegen nicht rechtzeitiger Herstellung des Werkes.

2. Ueber die Gewährleistung wegen Mängel im Rechte enthält der siebente Titel keine Vorschriften. Die Frage kann bei dem eigentlichen Werkvertrage nicht auftauchen, da der Unternehmer nur zur Herstellung des Werkes verpflichtet ist. Der Lieferungsvertrag, bei dem der Unternehmer aus einem von ihm zu beschaffenden Stoffe ein Werk herzustellen und die hergestellte Sache dem Besteller zu Eigenthum zu übertragen hat, untersteht den besonderen Vorschriften des § 651 Abs. 1. Hat der Unternehmer Nebensachen oder Zuthaten zu liefern (§ 651 Abs. 2), so erwirbt der Besteller das Eigenthum an diesen regelmäßig durch die Verbindung mit der Hauptsache. Werden die Nebensachen als Zubehör beigegeben, so müssen die Vorschriften der §§ 434 ff. entsprechende Anwendung finden.

3. Die Haftung wegen Mängel der Sache wird in den §§ 633—635, 637—639 geregelt, die Haftung wegen verzögerter Lieferung wird im § 636 im Wesentlichen durch Verweisung auf die Vorschriften des § 634 bestimmt.

Bei der Normirung der Rechtssätze sind nicht nur die Interessen des Bestellers, sondern auch die des Unternehmers berücksichtigt. Dem Besteller sollen zwar ausreichende und nachdrücklich wirkende Rechtsbehelfe zur Verfügung gestellt werden, damit er sich vor Schaden wahren kann, es soll aber Vorsorge getroffen werden, daß diese Rechtsmittel nicht zur Chikane benutzt werden und daß nicht eine zwecklose und unverhältnißmäßige Schädigung des Unternehmers herbeigeführt wird. Hieraus erklärt sich die nicht ganz einfache Gestalt der Vorschriften.

Die Regelung weicht sowohl von den für gegenseitige Verträge im Allgemeinen, als auch von den für den Kaufvertrag insbesondere gegebenen Rechtssätzen ab. Nach den letzteren kann, wenn die gelieferte Sache mangelhaft ist (§ 459), abgesehen von dem Falle, daß eine zugesicherte, aber nicht vorhandene Eigenschaft sich herstellen läßt, nicht Beseitigung des Mangels, sondern nur Wandelung, Minderung oder Schadensersatz beansprucht werden, nach den ersteren ist umgekehrt der Berechtigte darauf angewiesen, Beseitigung des Mangels zu verlangen; ein Anspruch auf Schadensersatz oder ein Rücktrittsrecht steht ihm nur zu, wenn die besonderen Voraussetzungen des § 325 oder des § 326 oder des § 361 vorliegen. Beim Werkvertrage schlägt das Gesetz einen Mittelweg ein. Wenn das Werk einen Mangel zeigt, so ist der Besteller in erster Linie befugt, die Beseitigung des Mangels zu verlangen. Er ist dabei an keine Präklusivfrist gebunden, sein Anspruch auf Beseitigung des Mangels unterliegt indessen einer abgekürzten Verjährung. Der Besteller kann aber auch sofort dem Unternehmer zur Beseitigung des Mangels eine Frist setzen und nach dem Ablaufe derselben statt der Beseitigung des Mangels Wandelung oder Minderung oder in bestimmten Fällen Schadensersatz verlangen. Diese Grundsätze erleiden in gewissen Fällen Ausnahmen, und zwar theils zu Gunsten des Bestellers, theils zu Gunsten des Unternehmers. Der Besteller kann den Mangel selbst beseitigen, wenn der Unternehmer mit der Beseitigung im Verzug ist. Der Besteller kann, wenn die Voraussetzungen des § 634 Abs. 2 vorliegen, Wandelung oder Minderung oder eventuell Schadensersatz fordern, ohne

Ist das Werk nicht von dieser Beschaffenheit, so kann der Besteller die Beseitigung des Mangels verlangen. Der Unternehmer ist berechtigt, die Beseitigung zu verweigern, wenn sie einen unverhältnißmäßigen Aufwand erfordert. Ist der Unternehmer mit der Beseitigung des Mangels im Verzuge, so kann der Besteller den Mangel selbst beseitigen und Ersatz der erforderlichen Aufwendungen verlangen

---

daß er vorher eine Frist zu setzen braucht. Der Unternehmer ist berechtigt, die Beseitigung des Mangels zu verweigern, wenn sie einen unverhältnißmäßigen Aufwand erfordert. Die Wandelung ist ausgeschlossen, wenn der Mangel ein unbedeutender ist.

Wenn der Unternehmer nicht rechtzeitig liefert, so würde der Besteller nach den allgemeinen Grundsätzen darauf angewiesen sein, auf Herstellung des Werkes zu klagen, und nur, wenn die Voraussetzungen der §§ 325, 326, 361 vorliegen, würde ihm das Recht zustehen, je nachdem Schadensersatz zu fordern oder vom Vertrage zurückzutreten. Durch die Bestimmungen des § 636 werden die Rechte des Bestellers erheblich erweitert. Er kann, wenn das Werk nicht rechtzeitig hergestellt wird, dem Unternehmer eine Frist zur Lieferung setzen und nach dem Ablaufe derselben vom Vertrage zurücktreten. In bestimmten Fällen bedarf es der Setzung einer Frist überhaupt nicht. Auf ein Verschulden des Unternehmers kommt es nicht an; darin liegt die praktisch wichtigste Abweichung von dem § 326.

4. Dem Besteller steht es frei, sich neben den Rechtsmitteln, welche ihm die §§ 633 ff. gewähren, der Rechtsbehelfe zu bedienen, welche ihm auf Grund der allgemeinen Vorschriften zustehen. Er kann insbesondere die Einrede des nicht gehörig erfüllten Vertrags vorschützen oder, wenn die Voraussetzungen des Verzugs vorliegen, die sich aus den §§ 286 ff., 326 ergebenden Rechte geltend machen oder nach § 283 vorgehen. Praktische Bedeutung kann dies unter Umständen insbesondere um deswillen haben, weil der Anspruch des Bestellers auf Beseitigung eines Mangels des Werkes sowie die wegen des Mangels dem Besteller zustehenden Ansprüche auf Wandelung, Minderung oder Schadensersatz nach den §§ 638, 639 der dort bestimmten kurzen Verjährung unterliegen.

5. Ein Mangel des Werkes liegt vor, wenn dasselbe nicht den Voraussetzungen des § 633 Abs. 1 entspricht. Ist das Werk in Folge eines Mangels des von dem Besteller gelieferten Stoffes oder in Folge einer von dem Besteller für die Ausführung ertheilten Anweisung verschlechtert, ohne daß ein Umstand mitgewirkt hat, den der Unternehmer zu vertreten hat, so hat der Besteller nach § 645 Abs. 1 dem Unternehmer einen verhältnißmäßigen Theil der Vergütung zu zahlen. Die Vorschriften der §§ 633—635 sind für den letzteren Fall insoweit außer Kraft gesetzt.

6. Das Recht, einen Mangel zu rügen, ist nicht daran geknüpft, daß der Besteller das Werk alsbald prüft und einen Mangel sofort anzeigt. Doch kann in dem Schweigen ein stillschweigender Verzicht auf das Rügerecht liegen. Die Wirkungen der Abnahme sind zu § 640 unter Nr. 1 erörtert.

7. Die Vorschriften der §§ 633—636 sind dispositiver Natur, der § 637 enthält eine absolute Vorschrift, wegen der §§ 638, 639 s. Erl. zu § 638 Nr. 2.

8. Wenn der Unternehmer die Garantie für eine bestimmte Zeit übernimmt, so kann dies die Bedeutung haben, daß damit eine andere Verjährungsfrist festgesetzt sein soll. Es kann aber auch gemeint sein, daß der Unternehmer sich verpflichten will, für alle Mängel, welche sich innerhalb der Frist zeigen, einzustehen und dieselben auf seine Kosten abzustellen; so z. B., wenn ein Uhrmacher die Garantie übernimmt, daß eine von ihm reparirte Uhr ein Jahr lang richtig gehen werde. Das Garantieversprechen in diesem Sinne hat, vom praktischen Standpunkt angesehen, namentlich insofern Bedeutung, als dadurch die Beweislast verschoben wird. Es wird die vertragsmäßige Vermuthung aufgestellt, daß der Mangel, welcher sich innerhalb der Garantiefrist zeigt, in einem von dem Unternehmer des Werkes zu vertretenden Umstande seinen Grund hat. Selbstverständlich steht dem Unternehmer der Gegenbeweis offen. Das Garantieversprechen kann aber möglicherweise auch noch anders ausgelegt werden; bei der Entscheidung wird nach Maßgabe des § 157 die Verkehrssitte, welche sich in einem bestimmten Gewerbe oder unter besonderen örtlichen Umständen entwickelt hat, besonders zu beachten sein.

§ 633.

E. I § 569 Abs. 1; II § 571 rev. § 623; III § 623. P. I S. 2303—2311, 2354, 2355, 6197, 6200; M. I S. 478—483. P. II S. 2207—2209, 8473 (Bd. II S. 309—311). D. S. 641.

1. Die Bedeutung des Abs. 1 liegt darin, daß er die Voraussetzungen der Haftung wegen Mängel bestimmt. Die Fassung entspricht den für den Kauf im § 459 Abs. 1 Satz 1, Abs. 2

§. 634.

Zur Beseitigung eines Mangels der im §. 633 bezeichneten Art kann der Besteller dem Unternehmer eine angemessene Frist mit der Erklärung bestimmen, daß er die Beseitigung des Mangels nach dem Ablaufe der Frist ablehne. Zeigt sich schon vor der Ablieferung des Werkes ein Mangel, so kann der Besteller die Frist sofort bestimmen; die Frist muß so bemessen werden, daß sie nicht vor der für die Ablieferung bestimmten Frist abläuft. Nach dem Ablaufe der Frist kann der Besteller Rückgängigmachung des Vertrags (Wandelung) oder Herabsetzung der Vergütung (Minderung) verlangen, wenn nicht der Mangel rechtzeitig beseitigt worden ist; der Anspruch auf Beseitigung des Mangels ist ausgeschlossen.

Der Bestimmung einer Frist bedarf es nicht, wenn die Beseitigung des Mangels unmöglich ist oder von dem Unternehmer verweigert wird oder wenn die sofortige Geltendmachung des Anspruchs auf Wandelung oder auf Minderung durch ein besonderes Interesse des Bestellers gerechtfertigt wird.

Die Wandelung ist ausgeschlossen, wenn der Mangel den Werth oder die Tauglichkeit des Werkes nur unerheblich mindert.

Auf die Wandelung und die Minderung finden die für den Kauf geltenden Vorschriften der §§. 465 bis 467, 469 bis 475 entsprechende Anwendung.

---

gegebenen Vorschriften (vergl. auch § 537). Es wird deshalb auf die Erl. zu § 459 verwiesen. Mangel einer zugesicherten Eigenschaft wird u. A. anzunehmen sein, wenn das Werk, entgegen einer dahingehenden Vereinbarung, nicht von dem Unternehmer selbst hergestellt ist.

2. Abs. 2 Satz 1. Das Recht des Bestellers, die Beseitigung des Mangels zu verlangen, ist an keine Frist gebunden, unterliegt aber einer kurzen, im § 638 normirten Verjährung.

Satz 2. Der Unternehmer hat auf Grund des Satz 2 eine Einrede (P. II S. 2209); will er dieselbe geltend machen, so trifft ihn die Beweislast. Die Vorschrift wird z. B. dann Anwendung finden, wenn ein Bauwerk zum Zwecke der Beseitigung eines nicht erheblichen Mangels vollständig umgebaut werden müßte.

3. Abs. 3. Die Vorschrift entspricht derjenigen des § 538 Abs. 2.

Der Besteller kann den Mangel ohne Wissen und selbst wider den Willen des Unternehmers beseitigen. Er darf sich dabei fremder Leute bedienen, muß dann aber für dieselben einstehen. Wegen des Verzugs s. §§ 284 ff., wegen des Ersatzes der Aufwendungen s. §§ 256, 257.

Ist der Unternehmer nicht im Verzuge, so kann der Besteller, wenn er zunächst auf seine Kosten Abhülfe geschafft hat, nur nach den Grundsätzen über die Geschäftsführung ohne Auftrag (§§ 677 ff.) Ersatz verlangen.

§ 634.

E. I § 569 Abs. 1, S. 2, Abs. 2; II § 572 rev. § 624; III § 624. P. I S. 2303—2311, 2354, 2355, 6197, 6200; M. I S. 481—483. P. II S. 2207—2209 (Bd. II S. 309—311).

1. Das Recht, dem Unternehmer eine Frist zur Beseitigung des Mangels mit der im § 634 bestimmten Wirkung zu setzen, steht dem Besteller neben dem im § 633 bestimmten Rechte zu. Er kann sich darauf beschränken, die Beseitigung des Mangels zu fordern und die ihm im Falle der Nichterfüllung nach allgemeinen Grundsätzen (§§ 325, 326) zustehenden Rechte geltend zu machen. Er kann aber auch, nachdem er den Unternehmer zur Beseitigung des Mangels aufgefordert hat, nachträglich noch von dem im § 634 bestimmten Rechte Gebrauch machen; er kann endlich auch mit der Aufforderung zur Beseitigung der Mängel sofort die Bestimmung einer Frist nach § 634 verbinden. Voraussetzung des Rechtes des Bestellers, nach Maßgabe des § 634 eine Frist zu bestellen, ist nur, daß er das Recht hat, die Beseitigung des Mangels zu fordern. Das Recht des Unternehmers, die Beseitigung des Mangels nach § 633 Abs. 2 Satz 2 zu verweigern, weil sie einen unverhältnißmäßigen Aufwand erfordert, wird durch die Fristbestimmung nicht berührt; diese ist unwirksam, wenn jenes Recht des Unternehmers besteht. Zweifelhaft kann sein, ob das dem Besteller nach § 633 Abs. 3 zustehende Recht, im Falle eines Verzugs des Unternehmers den Mangel selbst zu beseitigen, durch die Bestimmung der Frist wegfällt. Die Frage dürfte zu verneinen sein; mit dem Ablaufe der Frist fällt jedoch das fragliche Recht des Bestellers selbstverständlich ebenso wie sein Recht, Beseitigung des Mangels durch den Unternehmer zu fordern, weg.

Die Frist muß jedenfalls so bemessen werden, daß innerhalb derselben die Beseitigung des Mangels objektiv möglich ist. Da das ganze Verhältniß unter dem Grundsatze von Treu und Glauben steht, so sind auch die subjektiven Verhältnisse einerseits des Unternehmers, andererseits des Bestellers in billiger Weise zu berücksichtigen. Wegen der Bestimmung der Frist, des Begriffs der Angemessenheit und der Beweislast s. Erl. zu § 250 Nr. 2—5.

2. Abs. 1 Satz 2. Die Vorschrift, welche dem Schweiz. B.G. Art. 355 entspricht, ist von der zweiten Kommission eingestellt.

3. Abs. 1 Satz 3. Der E. I gab dem Besteller statt des Anspruchs auf Wandelung ein Rücktrittsrecht; die jetzige Fassung beruht auf den Beschlüssen der zweiten Kommission.

Behauptet der Unternehmer, daß kein Anspruch auf Wandelung oder Minderung bestehe, weil der Mangel rechtzeitig, d. h. innerhalb der gesetzten Frist, beseitigt sei, so trifft ihn die Beweislast.

Der Halbs. 2 beruht auf der Erwägung, daß der Schuldner Klarheit über die Sachlage haben muß, um seine geschäftlichen Anordnungen treffen zu können; s. Erl. zu § 250 Nr. 2. Ist die Frist abgelaufen, so fällt auch die Befugniß des Bestellers fort, den Mangel auf Kosten des Unternehmers selbst zu beseitigen (§ 633 Abs. 3).

4. Abs. 2. Aus welchem Grunde und in welcher Form die Weigerung des Bestellers erfolgt, ist gleichgültig, ebenso ob der Besteller den Unternehmer zu einer Erklärung aufgefordert hat; die Thatsache der Weigerung genügt. Die Weigerung muß dem Besteller gegenüber erklärt sein.

Unter Unmöglichkeit der Beseitigung ist nur objektive Unmöglichkeit zu verstehen (s. Vorbm. zu §§ 275—279 unter Nr. 1).

5. Der Abs. 3 beruht auf demselben Gedanken wie die Vorschrift des § 459 Abs. 1 Satz 2.

Die Voraussetzung, daß der Mangel den Werth **oder** die Tauglichkeit des Werkes nur unerheblich mindert, hat nicht die Bedeutung, daß, wenn der Mangel sowohl den Werth als die Tauglichkeit mindert, eine Unerheblichkeit desselben in der einen wie in der anderen Beziehung genügt. Das Wort „oder“ hat hier die Bedeutung von „bezw.“ Je nachdem der Mangel den Werth oder die Tauglichkeit mindert, muß die Minderung eine unerhebliche sein. Mindert der Mangel sowohl den Werth als die Tauglichkeit, so muß die Minderung in beiden Beziehungen eine unerhebliche sein.

Aus der Fassung ergiebt sich, daß im Streitfalle der Beweis der Unerheblichkeit dem Unternehmer obliegt. Selbstverständlich bleibt es dem Unternehmer unbenommen, sich trotz der Unerheblichkeit auf die Wandelung einzulassen.

6. Die entsprechende Anwendung der im Abs. 4 angezogenen Vorschriften macht keine Schwierigkeiten. An Stelle des Verkäufers ist jedesmal der Unternehmer, an Stelle des Käufers der Besteller zu setzen. Nach den §§ 472, 473 ist bei der Minderung der Werth der Sache „zur Zeit des Verkaufs“ zu berechnen; auch bei der Wandelung kommt es im Falle des § 471 auf „die Zeit des Verkaufs“ an. Für den Werkvertrag kann bei der entsprechenden Anwendung in Frage kommen die Zeit des Abschlusses des Werkvertrags oder die Zeit der Herstellung oder die Zeit der Ablieferung oder die Zeit der Abnahme des Werkes bezw. des Ueberganges der Gefahr (§ 644). Man wird sich für den Zeitpunkt des Abschlusses des Werkvertrags zu entscheiden haben. Gegen die Zugrundelegung dieses Zeitpunktes scheint zu sprechen, daß zur Zeit des Abschlusses des Werkvertrags ein mangelhaftes Werk noch gar nicht vorliegt, und somit die im § 472 vorgeschriebene Vergleichung des Werthes der Sache (hier also des Werkes) in mangelfreiem Zustande mit dem „wirklichen Werthe“ (§ 472) nicht möglich erscheint. Die fragliche Vorschrift soll aber nur entsprechende Anwendung finden. Zu Grunde liegt ihr der Gedanke, daß der Käufer, wenn er den Mangel der Sache gekannt hätte, den Kaufpreis in demselben Verhältnisse geringer bestimmt haben würde, in welchem der wirkliche Werth der mangelhaften Sache zur Zeit des Verkaufs geringer war als der Werth der betreffenden Sache in mangelfreiem Zustande. Dieser Gedanke führt bei dem Werkvertrage dahin, daß der Unternehmer, wenn er gewußt hätte, daß er ein mangelhaftes Werk erhalten würde, die Vergütung für das Werk in dem Verhältnisse geringer bemessen haben würde, in welchem der Werth eines mangelhaften Werkes der fraglichen Art zur Zeit des Abschlusses des Werkvertrags geringer ist als der Werth eines mangelfreien Werkes. Das Verhältniß liegt hier ähnlich wie bei dem Verkaufe einer nur der Gattung nach bestimmten Sache (§ 480). Bei dem Abschlusse des Kaufes liegt die zur Erfüllung desselben demnächst gelieferte mangelhafte Sache noch nicht vor; trotzdem wird bei der Anwendung der §§ 471—473 der Zeitpunkt des Kaufes zu Grunde gelegt. Ebenso ist bei dem Werkvertrag im Falle des § 472 das Verhältniß zu Grunde zu legen, in welchem zur Zeit des Abschlusses des Werkvertrags der Werth eines mangelfreien Werkes der vereinbarten Art zu dem Werthe eines mangelhaften Werkes steht. In diesem Verhältniß ist die vereinbarte Vergütung herabzusetzen. Nach denselben Grundsätzen ist in den Fällen der §§ 471—473 zu verfahren. Vergl. im Uebrigen die Erl. zu den §§ 465—467, 469—475.

§. 635.

Beruht der Mangel des Werkes auf einem Umstande, den der Unternehmer zu vertreten hat, so kann der Besteller statt der Wandelung oder der Minderung Schadensersatz wegen Nichterfüllung verlangen.

§. 636.

Wird das Werk ganz oder zum Theil nicht rechtzeitig hergestellt, so finden die für die Wandelung geltenden Vorschriften des §. 634 Abs. 1 bis 3 entsprechende Anwendung; an die Stelle des Anspruchs auf Wandelung tritt das Recht des Bestellers, nach §. 327 von dem Vertrage zurückzutreten. Die im Falle des Verzugs des Unternehmers dem Besteller zustehenden Rechte bleiben unberührt.

Bestreitet der Unternehmer die Zulässigkeit des erklärten Rücktritts, weil er das Werk rechtzeitig hergestellt habe, so trifft ihn die Beweislast.

---

§ 635.

E. I § 569 Abs. 3; II § 573 rev. § 625; III § 625. P. I S. 2303—2311, 2354, 2355, 6197, 6200; M. II S. 481. P. II S. 2208, 2209 (Bd. II S. 309—311).

1. Der § 635 giebt dem Besteller unter der dort bezeichneten Voraussetzung das Recht, statt der Wandelung oder der Minderung Schadensersatz wegen Nichterfüllung zu fordern. Dieser Anspruch steht zu den Ansprüchen auf Wandelung und auf Minderung in demselben Verhältnisse wie der dem Käufer im Falle des § 463 zustehende Anspruch auf Schadensersatz zu dessen Anspruch auf Wandelung oder Minderung (s. Erl. zu §§ 463, 465). Die Vorschriften über alternative Schuldverhältnisse (§ 262 ff.) finden also keine Anwendung.

2. Voraussetzung des Anspruchs auf Schadensersatz ist, daß der Mangel auf einem Umstande beruht, welchen der Unternehmer zu vertreten hat. Es genügt nicht, daß dem Werke eine zugesicherte Eigenschaft fehlt; hinzukommen muß vielmehr, daß entweder die Nichterfüllung der Zusicherung auf einem Verschulden des Unternehmers beruht, oder daß die Zusicherung als ein Garantieversprechen gemeint war. Ob das letztere anzunehmen ist, muß unter Berücksichtigung der Umstände des einzelnen Falles durch Auslegung der Vereinbarung ermittelt werden.

3. Ist streitig, ob der Mangel die Folge eines von dem Unternehmer zu vertretenden Umstandes ist, so trifft diesen die Beweislast (§ 282; vergl. auch R.G. Bd. 10 S. 167).

4. Nach dem im § 634 für entsprechend anwendbar erklärten § 475 wird durch die wegen eines Mangels erfolgte Minderung das Recht des Bestellers nicht ausgeschlossen, wegen eines anderen Mangels Wandelung oder von neuem Minderung zu verlangen. Dieser Grundsatz wird auch auf den Anspruch auf Schadensersatz entsprechende Anwendung finden müssen.

5. Wegen der Berechnung des Schadens vergl. als Beispiel R.G. Bd. 18 S. 338 (französisches Recht); Seuff. Arch. Bd. 41 Nr. 94.

§ 636.

E. I § 569 Abs. 4; II § 574 rev. § 626; III § 626. P. I S. 2303—2311, 2354, 2355, 6197, 6200; M. II S. 483—485. P. II S. 2208—2210, 8814 (Bd. II S. 309—311).

1. Vergl. im Allgemeinen Vorbm. zu den §§ 633—639.

2. Wenn der Unternehmer nicht rechtzeitig liefert, so stehen dem Besteller auf Grund der allgemeinen Vorschriften folgende Rechtsbehelfe zur Verfügung. Er kann auf Lieferung klagen und eventuell nach Maßgabe des § 283 Schadensersatz erlangen. Er kann aber auch die Klage des anderen Theiles abwarten und dann die Einrede des nicht oder nicht gehörig erfüllten Vertrags vorschützen. Ist der andere Theil im Verzuge, so treten die in den §§ 286 ff. 326 bestimmten Wirkungen ein. Liegt ein Fixgeschäft vor, so ist der Besteller auf Grund des § 361 befugt, vom Vertrage zurückzutreten. Hat endlich der Unternehmer die vertragsmäßige Garantie für die rechtzeitige Lieferung übernommen, so kann der Besteller Schadensersatz verlangen. Das Gesetz hat die vorstehend angegebenen Rechtsbehelfe nicht für ausreichend erachtet und dem Besteller durch den § 636 noch einen anderen Weg eröffnet, um sein Interesse zur Geltung zu bringen. Der Besteller soll befugt sein, dem anderen Theile eine Frist zur Lieferung zu setzen und nach fruchtlosem Ablaufe derselben vom Vertrage zurückzutreten.

§. 637.

Eine Vereinbarung, durch welche die Verpflichtung des Unternehmers, einen Mangel des Werkes zu vertreten, erlassen oder beschränkt wird, ist nichtig, wenn der Unternehmer den Mangel arglistig verschweigt.

---

3. Im Einzelnen ergeben sich folgende Sätze:

Wird das Werk ganz oder zum Theil nicht rechtzeitig hergestellt, so kann der Besteller dem Unternehmer eine angemessene Frist mit der Erklärung bestimmen, daß er die spätere Lieferung nicht mehr annehmen werde; wegen der Bestimmung der Frist s. Erl. zu § 250 Nr. 2—5. Zeigt sich schon vor dem Lieferungstermine, daß das Werk nicht rechtzeitig fertig werden wird, so kann der Besteller die Frist sofort bestimmen; die Frist muß so bemessen werden, daß sie nicht vor der für die Ablieferung bestimmten Zeit abläuft. Nach dem Ablaufe der Frist ist der Besteller berechtigt, von dem Vertrage zurückzutreten, wenn nicht das Werk rechtzeitig hergestellt ist; der Anspruch auf Herstellung des Werkes ist ausgeschlossen. Der Bestimmung einer Frist bedarf es nicht, wenn die rechtzeitige Herstellung unmöglich ist oder von dem Unternehmer verweigert wird oder wenn die sofortige Geltendmachung des Rücktrittsrechts durch ein besonderes Interesse des Bestellers gerechtfertigt wird. Der Rücktritt ist ausgeschlossen, wenn die rechtzeitige Herstellung nur einen unerheblichen Nachtheil für den Besteller mit sich bringt. Vergl. Erl. zu § 634.

Ein Anspruch auf Minderung oder Schadensersatz ist dem Besteller nicht eingeräumt; der Besteller kann aber möglicherweise aus anderen Gründen, insbesondere wegen Verzugs, Schadensersatz zu verlangen berechtigt sein.

4. Abs. 1 Satz 1. Für das Rücktrittsrecht des Bestellers sind nach dem in Bezug genommenen § 327 die Vorschriften der §§ 346—356 mit der sich aus § 327 Satz 2 ergebenden Einschränkung maßgebend; s. Erl. zu den §§ 327, 346—356. Hervorzuheben ist Folgendes: Der Rücktritt erfolgt durch Erklärung gegenüber dem anderen Theile. Auf ein Verschulden des Unternehmers kommt es nicht an. Der Besteller kann also namentlich auch dann zurücktreten, wenn die Verzögerung durch eine Arbeitseinstellung oder durch einen Brand oder dergl. veranlaßt ist.

Das Rücktrittsrecht des Bestellers ist, wenn einmal begründet, an keine Frist gebunden, unterliegt auch nicht der Verjährung. Der Unternehmer kann aber gemäß § 355 dem Besteller für die Ausübung des Rücktrittsrechts eine angemessene Frist setzen, nach deren fruchtlosem Ablaufe das Rücktrittsrecht erlischt. Durch den Rücktritt wird der Vertrag hinfällig; das dadurch begründete Schuldverhältniß erlischt; die empfangenen Leistungen sind zurückzugewähren.

5. Durch den Abs. 1 Satz 2 wird mit Rücksicht auf die große praktische Bedeutung der Frage ausdrücklich hervorgehoben, daß dem Besteller neben den in Satz 1 bezeichneten Rechten im Falle des Verzugs des Unternehmers die sich hieraus nach allgemeinen Grundsätzen ergebenden Rechte zustehen. Gegenüber dem durch den Satz 1 für den Besteller geschaffenen Rechtsbehelfe sind die Voraussetzungen des Verzugs insbesondere insoweit strengere, als der Schuldner nicht in Verzug kommt, solange die Leistung in Folge eines Umstandes unterbleibt, den er nicht zu vertreten hat; die Wirkung des Verzugs ist eine weitere, insoweit der Gläubiger Schadensersatz verlangen kann; vergl. §§ 284 ff., 326.

Durch § 633 Abs. 3 ist dem Besteller das Recht eingeräumt, im Falle des Verzugs des Unternehmers einen Mangel des Werkes auf Kosten des Bestellers selbst zu beseitigen. Ein solches Recht steht dem Besteller nicht zu, wenn der Unternehmer lediglich mit der rechtzeitigen Lieferung im Verzug ist, unbeschadet der Vorschriften über die Geschäftsführung ohne Auftrag.

Im E. I und II waren neben den Vorschriften über den Verzug auch diejenigen über das Fixgeschäft ausdrücklich aufrecht erhalten; von der zweiten Kommission ist dieser Hinweis als überflüssig gestrichen.

6. Abs. 2 ist von der zweiten Kommission eingestellt, weil der Satz 1 des Abs. 1 zu schwerfällig geworden sein würde, wenn man blos durch die Fassung die Beweislast klargestellt hätte; P. II S. 8814. Der Besteller hat die Bestimmung und den Ablauf der Frist sowie die Erklärung des Rücktritts oder, wenn er sich gemäß § 636 auf § 633 Abs. 2 beruft, die Voraussetzungen dieser Vorschrift zu beweisen.

§ 637.

E. I § 570 Abs. 2; II § 575 rev. § 627; III § 627. P. I S. 2317, 2318; M. II S. 485, 486, P. II S. 2210 (Bd. II S. 311).

1. Die Vorschrift entspricht den für den Kauf (§ 476, vergl. § 443) und für die Miethe (§ 540) gegebenen Vorschriften. Vergl. Erl. zu § 476.

§. 638.

Der Anspruch des Bestellers auf Beseitigung eines Mangels des Werkes sowie die wegen des Mangels dem Besteller zustehenden Ansprüche auf Wandelung, Minderung oder Schadensersatz verjähren, sofern nicht der Unternehmer den Mangel arglistig verschwiegen hat, in sechs Monaten, bei Arbeiten an einem Grundstück in einem Jahre, bei Bauwerken in fünf Jahren. Die Verjährung beginnt mit der Abnahme des Werkes.

Die Verjährungsfrist kann durch Vertrag verlängert werden.

---

2. Abgesehen von § 637, können die Betheiligten die Gewährleistung wegen Mängel und wegen nicht rechtzeitiger Lieferung vertragsmäßig in beliebiger Weise regeln. Der E. I enthielt im § 570 Abs. 1 eine dahingehende ausdrückliche Vorschrift; von der zweiten Kommission ist dieselbe als selbstverständlich gestrichen.

§ 638.

E. I § 571, 579 Nr. 2; II § 576 Abs. 1, 2 S. 1 rev. § 628; III § 628.

P. I S. 2317—2322; 2363—2368, 3289, 3553, 3554, 3560, 11781, 11824; M. II S. 486—489.

P. II S. 2210—2213, 2257 (Bd. II S. 311—315).

1. Aus Gründen der Zweckmäßigkeit ist die Verjährung der Ansprüche des Bestellers wegen Mängel der Sache durch die §§ 638, 639 abweichend von den allgemeinen Regeln geordnet und namentlich eine kurze Verjährungsfrist festgesetzt. Mit Rücksicht auf die nahe Verwandtschaft von Kaufvertrag und Werkvertrag und, da es in manchen Fällen zweifelhaft sein kann, welcher von beiden Verträgen anzunehmen ist, sind für den Kaufvertrag und den Werkvertrag insoweit im Wesentlichen übereinstimmende Vorschriften gegeben. Vergl. §§ 477 ff.

2. Die kurze Verjährung bringt für den Besteller Gefahren mit sich. Da die Verjährung nach § 638 Abs. 1 Satz 2 mit der Abnahme des Werkes beginnen soll, so kann es vorkommen, daß die Verjährung abgelaufen ist, bevor der Besteller von dem Mangel überhaupt Kenntniß erlangt hat. Mißlich ist auch, daß, wenn der Besteller dem Unternehmer nach § 634 Abs. 1 zunächst eine Frist zur Beseitigung des Mangels bestimmt, die Verjährung sich vor dem Ablaufe dieser Frist vollenden kann. Man hat indessen die sich hieraus ergebenden Bedenken den großen Vortheilen gegenüber, welche sich aus einer kurzen Verjährungsfrist ergeben, nicht für durchschlagend gehalten. Daß der Besteller bei Anwendung ordnungsmäßiger Aufmerksamkeit den Mangel nicht vor dem Ablaufe der Verjährung entdeckte, wird nur ausnahmsweise vorkommen. Er ist, sobald er den Mangel entdeckt hat, immer in der Lage, sofort auf Beseitigung des Mangels zu klagen. Hierdurch wird nach dem im § 639 für entsprechend anwendbar erklärten § 477 Abs. 3 nicht nur die Verjährung des Anspruchs auf Beseitigung des Mangels, sondern auch die Verjährung der übrigen, im § 638 bezeichneten Ansprüche unterbrochen. Dazu kommt, wenn der Besteller nicht sofort auf Beseitigung klagt, sondern dem Unternehmer zunächst eine Frist zur Beseitigung bestimmt, die nach § 639 Abs. 2 unter den dort bezeichneten Voraussetzungen eintretende Hemmung der Verjährung. Hat der Besteller vor dem Ablaufe der Verjährung auf Beseitigung des Mangels geklagt, so kann er, statt die im § 638 bezeichneten Ansprüche geltend zu machen, immer auch nach Maßgabe des § 283 gegen den Besteller vorgehen und, wenn dieser im Verzug ist, nach § 636 Abs. 1 Satz 2 die sich daraus ergebenden Rechte geltend machen. Endlich bleibt dem Besteller auch die Einrede des nicht erfüllten Vertrags.

3. Im Einzelnen ergeben sich hinsichtlich der Verjährung folgende Sätze: Die Verjährungsfristen sind im § 638 Abs. 1 Satz 1 bestimmt; wegen der Berechnung s. §§ 186 ff. Für den Beginn der Verjährung ist, anders wie nach den §§ 198, 201, der Zeitpunkt der Abnahme des Werkes entscheidend. Für die Hemmung der Verjährung sind zunächst die §§ 202—207 maßgebend. Eine Hemmung tritt aber außerdem ein, wenn der Fall des § 477 Abs. 3 oder des § 639 Abs. 2 vorliegt. Aehnlich steht es mit der Unterbrechung der Verjährung: zunächst sind maßgebend die §§ 208—220; außerdem tritt eine Unterbrechung ein, wenn der Fall des § 477 Abs. 2 oder des § 477 Abs. 3 vorliegt; zu § 477 Abs. 2 vergl. die neue Vorschrift der C.P.O. § 488. Die Wirkung der Verjährung richtet sich nach den §§ 222—224. Der Besteller soll aber befugt sein, trotz der Verjährung die Ansprüche einredeweise geltend zu machen, wenn die Voraussetzungen des § 478 vorliegen, den Anspruch auf Schadensersatz kann er unter den im § 479 bestimmten

§. 639.

Auf die Verjährung der im §. 638 bezeichneten Ansprüche des Bestellers finden die für die Verjährung der Ansprüche des Käufers geltenden Vorschriften des §. 477 Abs. 2, 3 und der §§. 478, 479 entsprechende Anwendung.

Unterzieht sich der Unternehmer im Einverständnisse mit dem Besteller der Prüfung des Vorhandenseins des Mangels oder der Beseitigung des Mangels, so ist die Verjährung so lange gehemmt, bis der Unternehmer das Ergebniß der Prüfung dem Besteller mittheilt oder ihm gegenüber den Mangel für beseitigt erklärt oder die Fortsetzung der Beseitigung verweigert.

Voraussetzungen auch nach Vollendung der Verjährung aufrechnen. Die Verjährung kann durch Rechtsgeschäft nicht ausgeschlossen werden; erschwert kann sie nur insoweit werden, als eine Verlängerung der Verjährungsfrist durch Vertrag statthaft ist. Erleichterung der Verjährung, insbesondere Abkürzung der Verjährungsfristen, ist zulässig. Hat der Unternehmer den Mangel arglistig verschwiegen, so gilt die gewöhnliche Verjährungsfrist von 30 Jahren.

4. Der Anspruch des Bestellers nach § 633 Abs. 3 sowie die Ansprüche wegen Verzugs und sonstige aus allgemeinen Grundsätzen sich ergebende Ansprüche unterliegen nicht den besonderen Vorschriften der §§ 638, 639. Die Einrede des nicht erfüllten Vertrags wird ebenfalls nicht betroffen, da es sich bei dieser Einrede nicht um die Geltendmachung eines Anspruchs handelt. Wegen des für den Besteller nach § 636 begründeten Rücktrittsrechts s. Erl. zu § 636 Nr. 4.

5. Das bisherige Recht enthält zum Theil Bestimmungen des Inhalts, daß, wenn sich bei Bauwerken innerhalb der Verjährungsfrist Mängel zeigen, ein Verschulden des Unternehmers angenommen wird; vergl. M. II S. 489. Das B.G.B. kennt derartige Rechtsvermuthungen nicht.

6. Abs. 1 Satz 1. Der Begriff des arglistigen Verschweigens ist hier derselbe wie im § 477 (vergl. auch § 637); bloßes Verschulden des Unternehmers genügt nicht. Wegen des Bauwerkes s. Erl. zu § 648 Nr. 2a.

7. Abs. 1 Satz 2. Wegen der Abnahme s. Erl. zu § 640 Nr. 1.

8. Wegen der Bedeutung eines Garantieversprechens s. Vorbm. zu §§ 633—639 Nr. 8.

9. Die Verjährungsfrist kann anders wie nach dem E. I auch über die Dauer der gewöhnlichen Frist von 30 Jahren hinaus verlängert, z. B auf die Lebenszeit einer Person erstreckt werden; P. II S. 1417.

§ 639.

E. II § 576 Abs. 2 S. 2, 3 rev. § 629; III § 629. P. II S. 2210—2215 (Bd. II S. 311—315).

1. Der § 639 ist von der zweiten Kommission eingestellt.

2. Abs. 1. Die Vorschriften des § 477 Abs. 2, 3 und der §§ 478, 479 sind wörtlich anzuwenden, nur daß an Stelle des Käufers der Besteller, an Stelle des Verkäufers der Unternehmer tritt und daß im § 477 Abs. 3 an Stelle „der im Abs. 1 bezeichneten Ansprüche" die im § 638 Abs. 1 Satz 1 bezeichneten Ansprüche zu setzen sind.

3. Die nach Abs. 2 in Betracht kommenden Mittheilungen und Erklärungen sind an keine Form gebunden; vergl. §§ 130—132.

4. Bei den Berathungen der zweiten Kommission war beantragt, im Eingange des § 639 zu sagen: „Eine Hemmung der Verjährung eines der im Abs. 1 (jetzt § 638) bezeichneten Ansprüche oder eine in Ansehung eines dieser Ansprüche vorgenommene Unterbrechungshandlung bewirkt auch eine Hemmung oder Unterbrechung der Verjährung der anderen Ansprüche." Sachlich unterscheidet sich dieser Antrag von der für entsprechend anwendbar erklärten Vorschrift des § 477 Abs. 3 nur dadurch, daß statt von der „Unterbrechung" von „Unterbrechungshandlungen" gesprochen wird. Die Ersetzung jenes Ausdrucks durch diesen beruhte auf der Erwägung, daß möglicherweise der zuerst verfolgte Anspruch überhaupt nicht existirt habe, z. B. daß die Wandelung ausgeschlossen gewesen sei, weil der Mangel ein unbedeutender war, und daß es zweifelhaft sei, ob man dann von der Unterbrechung der Verjährung sprechen könne. Die Meinungen waren getheilt; die Mehrheit hat den Antrag abgelehnt, weil man glaubte, die Entscheidung der Frage der Wissenschaft überlassen zu können. Materiell dürfte der in dem Antrage zum Ausdruck gebrachte Gedanke richtig und das Gesetz in diesem Sinne auszulegen sein.

§. 640.

Der Besteller ist verpflichtet, das vertragsmäßig hergestellte Werk abzunehmen, sofern nicht nach der Beschaffenheit des Werkes die Abnahme ausgeschlossen ist.

Nimmt der Besteller ein mangelhaftes Werk ab, obschon er den Mangel kennt, so stehen ihm die in den §§. 633, 634 bestimmten Ansprüche nur zu, wenn er sich seine Rechte wegen des Mangels bei der Abnahme vorbehält.

---

§ 640.

E. I §§ 572, 579; II § 577 rev. § 630; III § 630. P. I S. 2311—2316; M. II S. 489—492. P. II S. 2215—2225 (Bd. II S. 315—319).

1. a) Der Begriff der Abnahme, welcher auch in den §§ 638, 641, 644, 645 verwendet ist, kann verschieden aufgefaßt werden. Es ist möglich, die Abnahme einfach als die thatsächliche Wegnahme im Gegensatze zu dem juristischen Akte der Uebergabe zu behandeln. In diesem Sinne ist dem Käufer im § 433 die Verpflichtung auferlegt, die gekaufte Sache abzunehmen. Die Abnahme kann aber auch die Annahme als Erfüllung bedeuten, derart, daß der Besteller nach erfolgter Abnahme die gemachte Leistung zunächst als vertragsmäßige gelten lassen muß. Der Besteller ist dann zwar befugt, etwaige Mängel des Werkes auch nach der Abnahme zu rügen, aber ihn trifft gemäß § 363 die Beweislast, wenn er die Leistung nicht als Erfüllung gelten lassen will. Endlich aber kann dem Besteller die Verpflichtung zur Abnahme in dem Sinne auferlegt sein, daß er gehalten sein soll, bei der Ablieferung des Werkes die Beschaffenheit desselben zu prüfen und die erkennbaren Mängel zu rügen, widrigenfalls das Werk rücksichtlich dieser Mängel als genehmigt gilt.

Die Motive zum E. I § 572, welcher in Satz 1 und 3 zwei mit dem jetzigen § 640 übereinstimmende Vorschriften enthält, gehen anscheinend davon aus, daß die Abnahmepflicht des Bestellers in demselben Sinne aufzufassen sei wie die des Käufers; M. II S. 490. In der Kritik ist diese Auffassung von mehreren Seiten angegriffen (Zstlg. B. 6 S. 317) und namentlich eine Prüfungspflicht des Bestellers gefordert. In der zweiten Kommission wurde von einer Seite die Ansicht vertreten, daß dem Besteller eine Abnahmepflicht nur in derselben Weise wie dem Käufer auferlegt werden dürfe, von anderer Seite wurde dagegen befürwortet, über den E. I hinauszugehen und den Besteller zu einer, wenn auch beschränkten Prüfung zu nöthigen. Die Mehrheit der zweiten Kommission hat die Anträge auf Abänderung des § 572 Satz 1, 3 des E. I abgelehnt; sie stimmte darin überein, daß der „Abnahme" in § 572 (jetzt § 640) und den übrigen Bestimmungen dieses Titels die Bedeutung der „Annahme als Erfüllung" zukomme in dem Sinne und mit der Wirkung, wie sie der „Annahme als Erfüllung" in § 363 beigelegt seien. Man war darüber einverstanden, daß die verschiedene Bedeutung der Abnahme in § 459 Abs. 2 des E. I (433 Abs. 2 des B.G.B.) auf der einen und in den Vorschriften über den Werkvertrag auf der anderen Seite durch eine Aenderung der Fassung zu deutlichem Ausdrucke zu bringen sei. Die Redaktionskommission hat indessen die Fassung des E. I beibehalten; sie ist, wie es scheint, davon ausgegangen, daß, wenn in dem § 433 von der Verpflichtung, die gekaufte Sache abzunehmen, in dem § 640 aber von der Verpflichtung, das vertragsmäßig hergestellte Werk abzunehmen, gesprochen werde, hierdurch die Verschiedenheit der beiden Fälle genügend bezeichnet sei.

Hinsichtlich des Begriffs der Abnahme wird man der Mehrheit der zweiten Kommission beitreten müssen. Die Sachlage ist beim Werkvertrag offenbar nicht die gleiche wie beim Kaufe. Dem Unternehmer ist mit der bloßen Wegnahme der Sache nicht gedient; er hat regelmäßig ein dringendes Interesse gerade daran, daß baldmöglichst die Vertragsmäßigkeit des Werkes festgestellt werde. Der Auffassung des Lebens und den Bedürfnissen des Verkehrs wird man jedenfalls am meisten gerecht, wenn man die Abnahme als Annahme der als Erfüllung angebotenen Leistung als Erfüllung im Sinne des § 363 behandelt. Die Thatsache, daß der Ausdruck beim Kaufe in anderem Sinne gebraucht ist, steht dieser Auslegung nach den Verhandlungen der zweiten Kommission nicht entgegen. Es könnte noch in Frage kommen, ob der Begriff der Abnahme nicht in den einzelnen Paragraphen dieses Titels in verschiedenem Sinne aufzufassen sei. Indessen steht fest, daß die zweite Kommission den Ausdruck beim Werkvertrage stets in demselben Sinne hat gebrauchen wollen. Auch ergiebt eine Prüfung der einzelnen in Betracht kommenden Fälle, daß Unzuträglichkeiten bei einer gleichmäßigen Auslegung des Wortes Abnahme nicht entstehen.

b) Die Abnahme enthält hiernach zwei Momente, die körperliche Hinnahme und die Anerkennung der Leistung als Erfüllung. Dies ist besonders bei der Feststellung des Zeitpunkts, in welchem die Abnahme vollendet ist, zu beachten. Die **Hinnahme** wird meistens in der Art stattfinden, daß der Besteller das Werk, welches sich beim Unternehmer befindet, in seinen Besitz nimmt. Zweifelhaft kann sein, ob eine Abnahme ausgeschlossen ist, wenn sich der Besteller bereits im Besitze befindet. In Betracht kommen namentlich die häufigen Fälle, daß ein Handwerker in einem fremden Hause Arbeiten vornimmt. Nach der Auffassung des Lebens würde hier wohl auch eine „Abnahme" möglich sein. Der Schwerpunkt liegt dann aber durchaus auf dem zweiten Momente, der Anerkennung der Leistung, und die Konsequenz würde dahin drängen, eine Abnahme in dem Sinne einer Anerkennung überhaupt immer für möglich zu erklären. Das Gesetz steht aber offenbar auf einem anderen Standpunkte, denn es weist in den §§ 640, 646 ausdrücklich auf Fälle hin, in denen eine Abnahme nach der Beschaffenheit des Werkes ausgeschlossen ist. Man wird also grundsätzlich daran festzuhalten haben, daß die Abnahme begrifflich nur möglich ist, wenn eine körperliche Wegnahme oder Hinnahme stattfinden kann. Bei gesonderten Wohnräumen und Theilen eines Gebäudes erkennt übrigens das Gesetz die Möglichkeit eines besonderen Besitzes an; vergl. § 865.

Die in der Abnahme liegende Anerkennung braucht nicht besonders zum Ausdrucke gebracht zu werden. Meistens wird sie in dem Stillschweigen des Bestellers bei der Annahme zu finden sein. Dabei kommt es aber auf die Umstände des Falles an. Der Besteller muß, damit man aus der Ablieferung einerseits, aus seinem Stillschweigen andererseits eine Abnahme im Sinne des § 640 folgern kann, in die Lage versetzt sein, das Werk zu prüfen. Regelmäßig wird ihm diese Möglichkeit durch die Ablieferung oder die Hinnahme des Werkes gegeben; wer die bestellten Sachen in Empfang nimmt oder in seinem Hause in Empfang nehmen läßt, kann sich später nicht darauf berufen, daß er die Sachen nicht angesehen habe (s. Erl. zu § 363 Nr. 1). Der Unternehmer kann aber verlangen, daß die Abnahme auch ausdrücklich als vorläufige Anerkennung charakterisirt wird.

Die Anerkennung kann der Wegnahme der Sache auch vorhergehen.

c) Das Verfahren bei der Abnahme ist im Gesetze nicht geregelt. Der leitende Gesichtspunkt ist aus § 242 zu entnehmen. Der Unternehmer wird vielfach als verpflichtet erscheinen, dem Besteller bei der Prüfung des hergestellten Werkes, z. B. einer Maschine, an die Hand zu gehen oder Anweisungen über den Gebrauch zu geben. Die nothwendigen Kosten der Abnahme hat, mangels anderer Vereinbarung, der Besteller zu tragen, da es sich bei der Abnahme um die Erfüllung einer ihm obliegenden Verpflichtung handelt; vergl. §§ 448, 449, M. II S. 492.

d) Die Abnahme hat folgende Wirkungen. Den Besteller trifft nach § 363 die Beweislast, wenn er die Leistung deshalb nicht als Erfüllung gelten lassen will, weil sie eine andere als die geschuldete Leistung oder weil sie unvollständig gewesen sei, insbesondere wenn er Ansprüche wegen Mängel des Werkes erheben will. Mit der Abnahme beginnt die Verjährung der Mängelansprüche nach Maßgabe des § 638. Im Augenblick der Abnahme geht nach § 644 (vergl. § 645) die Gefahr auf den Besteller über.

Vertragsmäßig kann der Abnahme eine weitergehende Bedeutung beigelegt werden, als sich nach dem Vorstehenden ergiebt; eine dahingehende Nebenabrede kann ausdrücklich oder stillschweigend getroffen werden. Insbesondere ist es bei der Herstellung von großen Maschinen, bei überseeischen Lieferungen, bei Bauwerken u. s. w. vielfach gebräuchlich, daß dem Besteller eine sorgfältige Prüfung des Werkes bei der Abnahme zur Pflicht gemacht wird. Die Abnahme hat dann die Bedeutung nicht nur der formellen Anerkennung der vertragsmäßigen Erfüllung, sondern auch des Verzichts auf die Geltendmachung der bei ordnungsmäßiger Prüfung erkennbar gewesenen Mängel. Der Beginn der Verjährung und der Uebergang der Gefahr treten in solchem Falle erst mit der Vollendung der Abnahme in dem vertragsmäßigen Sinne ein.

2. Die Frage, ob der Unternehmer eine direkte Klage auf Abnahme des hergestellten Werkes hat, ist, soviel ersichtlich, bei der Schaffung des § 640 nicht erörtert. Auf Grund des § 631 könnte man annehmen, daß dem Unternehmer, ähnlich wie dem Dienstpflichtigen beim Dienstvertrag, ein direkter Anspruch nur auf die Entrichtung der vereinbarten Vergütung zustehe. Indessen, da beim Kaufvertrage dem Verkäufer ein direktes Klagerecht auf Abnahme der Waare gegeben ist (vergl. § 433 Abs. 2), und da die Gründe, die beim Kaufe für ein direktes Klagerecht sprechen, auch bei dem Werkvertrage zutreffen, so wird man dem äußerlichen Umstande, daß die Abnahmepflicht im § 633 nicht mit erwähnt, sondern in einem späteren Paragraphen normirt ist, keine entscheidende Bedeutung beilegen können und dem Unternehmer ein direktes Klagerecht einräumen müssen.

Der Besteller kann die Abnahme wegen jeden Mangels ablehnen. Der im E. I (§ 572 Satz 2) enthaltene Satz, daß er wegen eines den Werth oder die Tauglichkeit nur in unerheblichem Maße verringernden Mangels die Abnahme nicht verweigern kann, ist von der zweiten Kommission gestrichen.

3. Satz 1 Halbsatz 2. Die Beweislast dafür, daß die Abnahme „nach der Beschaffenheit des Werkes ausgeschlossen ist", trifft den Besteller, wenn er die Abnahme verweigert.

§. 641.

Die Vergütung ist bei der Abnahme des Werkes zu entrichten. Ist das Werk in Theilen abzunehmen und die Vergütung für die einzelnen Theile bestimmt, so ist die Vergütung für jeden Theil bei dessen Abnahme zu entrichten.

Eine in Geld festgesetzte Vergütung hat der Besteller von der Abnahme des Werkes an zu verzinsen, sofern nicht die Vergütung gestundet ist.

Ist die Abnahme ausgeschlossen, so steht dem Unternehmer kein direktes Mittel zur Verfügung, um die Anerkennung seiner Leistung zu erzwingen. Er kann nur auf Entrichtung der vereinbarten Vergütung klagen und muß abwarten, ob der andere Theil die Einrede des nicht erfüllten Vertrags vorschützt.

4. Verweigert der Besteller die an sich mögliche Abnahme, weil das Werk nicht vertragsmäßig hergestellt sei, so liegt dem Unternehmer der Beweis der vertragsmäßigen Herstellung ob. Der Besteller kommt, wenn er ohne genügenden Grund die Abnahme verweigert, sowohl in Verzug der Leistung, als in Verzug der Annahme. Der Unternehmer kann statt auf die Abnahme, auf die Gegenleistung klagen (§ 322) oder beide Klagen mit einander verbinden.

5. Der Besteller kann bei der Abnahme vertragsmäßig ausdrücklich oder stillschweigend auf sein Rügerecht wegen etwaiger Mängel verzichten. Möglicherweise kann auch aus seinem späteren Verhalten, z. B. wenn er die gelieferte Sache in Gebrauch nimmt oder veräußert, ein Beweis dafür entnommen werden, daß er die Leistung als vertragsmäßig hat gelten lassen wollen oder daß thatsächlich keine Mängel vorhanden gewesen sind.

Kennt der Besteller bei der Abnahme einen Mangel des Werkes, so gilt sein Schweigen nach § 640 Abs. 2 als Verzicht auf die ihm wegen dieses Mangels nach den §§ 633, 634 zustehenden Rechte. Er kann sich diese Rechte aber bei der Abnahme vorbehalten (s. Erl. zu § 464).

6. Der Besteller ist nicht verpflichtet, Mängel, die er nach der Abnahme entdeckt, dem Unternehmer anzuzeigen; doch gilt auch hier das unter 5 Bemerkte.

§ 641.

E. I § 573; II § 578 rev. § 631; III § 631. P. I S. 2322—2325, 6197, 6200; M. II S. 492—494. P. II S. 2225—2227 (Bd. II S. 319, 320).

1. „Der Uebernehmer ist, ähnlich wie bei der Miethe der Vermiether und bei dem Dienstvertrage der Dienstverpflichtete, zur Vorleistung verpflichtet. Indessen die Vorleistungspflicht bezieht sich nur auf die Herstellung des Werkes; sie geht nicht so weit, daß der Uebernehmer zugleich verpflichtet ist, das Werk aus der Hand zu geben, bevor er die Gegenleistung empfangen hat. Zur Ausfolgung des Werkes ist er nur Zug um Zug gegen Entrichtung der Gegenleistung verpflichtet;" M. II S. 492.

2. Abs. 1 Satz 1. Wegen der Abnahme s. Erl. zu § 640 Nr. 1. Vergl. § 646.

3. Abs. 1 Satz 2. Der Besteller hat nach dem Gesetz einen Anspruch auf Ratenzahlungen (Abschlagszahlungen, Theilleistungen) nur, wenn die beiden im Satz 2 bezeichneten Voraussetzungen nebeneinander vorliegen. Ist dies nicht der Fall, so kann der Besteller die vereinbarte Vergütung erst bei Abnahme des letzten Theiles verlangen. Die Vorschrift des Satz 2 ist aber Dispositivvorschrift und kann durch ausdrückliche oder stillschweigende Vereinbarung geändert werden; in letzterer Hinsicht kann für die Auslegung des Vertrags die Verkehrssitte von Bedeutung sein; P. II S. 2227.

4. Der Abs. 2 entspricht dem § 452. Die Vorschrift war bereits im E. I enthalten. Von der zweiten Kommission wurde sie gestrichen, ist dann aber vom Bundesrathe wieder eingestellt.

Der Zinsfuß beträgt nach § 246 4%.

Die Stundung kann stillschweigend gewährt werden; auch hier werden Ortsgebrauch und Verkehrssitte zu berücksichtigen sein.

§§ 642—645.

1. Die §§ 642, 643 geben Sondervorschriften über den Annahmeverzug des Bestellers, die §§ 644, 645 ebensolche über die Tragung der Gefahr beim Werkvertrage. Daneben kommen die allgemeinen Vorschriften über Unmöglichkeit der Leistung und Verzug in Betracht. Es ist danach zu unterscheiden:

§. 642.

Ist bei der Herstellung des Werkes eine Handlung des Bestellers erforderlich, so kann der Unternehmer, wenn der Besteller durch das Unterlassen der Handlung in Verzug der Annahme kommt, eine angemessene Entschädigung verlangen.

Die Höhe der Entschädigung bestimmt sich einerseits nach der Dauer des Verzugs und der Höhe der vereinbarten Vergütung, andererseits nach demjenigen, was der Unternehmer in Folge des Verzugs an Aufwendungen erspart oder durch anderweitige Verwendung seiner Arbeitskraft erwerben kann.

---

a) Die Leistung des Bestellers wird vor der Abnahme oder, wo diese ausgeschlossen ist, vor der Vollendung des Werkes unmöglich. Hier finden die Vorschriften der §§ 323—325 Anwendung mit denjenigen Ergänzungen und Aenderungen, welche sich aus den §§ 644, 645 ergeben; im Einzelnen s. Erl. zu § 645 Nr. 1.

b) Das Werk wird vor oder nach der Herstellung, aber vor der Abnahme, oder, wo diese ausgeschlossen ist, vor der Vollendung von einem Unfalle betroffen, ohne daß die Leistung des Unternehmers deshalb unmöglich wird. Für diesen Fall kommen die §§ 644, 645 zur Anwendung.

c) Die Herstellung des Werkes wird behindert, wenn auch nicht unmöglich gemacht, dadurch, daß der Besteller nicht in der erforderlichen Weise mitwirkt und so in Annahmeverzug kommt. Die Voraussetzungen sind nach den §§ 293—299 zu beurtheilen. Für die Wirkungen des Verzugs sind zunächst die §§ 300 Abs. 1 und 304 maßgebend: der Unternehmer hat während des Verzugs nur Vorsatz und grobe Fahrlässigkeit zu vertreten und er kann Ersatz der ihm durch den Verzug erwachsenen Aufwendungen verlangen. Außerdem soll aber nach den §§ 642, 643 der Unternehmer befugt sein, eine angemessene Entschädigung zu verlangen oder aber nach erfolglosem Ablauf einer Frist zur Nachholung den Vertrag zu kündigen. Ferner geht nach § 644 Abs. 1 Satz 2 die Gefahr auf den Besteller über.

d) Der Besteller kommt nach Herstellung des Werkes in Verzug der Annahme. Hinsichtlich der Voraussetzungen und der Wirkungen des Verzugs sind die Vorschriften der §§ 293—304 maßgebend. Die Wirkungen sind aber durch § 644 Abs. 1 Satz 2 dahin erweitert, daß, wenn der Besteller in Verzug kommt, die Gefahr auf ihn übergeht.

e) Endlich ist noch der Fall möglich, daß der Besteller hinsichtlich der ihm obliegenden Abnahmepflicht in Erfüllungsverzug kommt. Dann kann der Besteller die sich aus den §§ 286 ff., 326 ergebenden Rechte geltend machen. Ist der Besteller gleichzeitig in Annahmeverzug, so treten außerdem die in den §§ 300, 304, 644 Abs. 1 Satz 2 bestimmten Folgen ein.

2. Die Rechte des Unternehmers werden nach dem unter 1 Bemerkten durch die §§ 642—645 in mehreren Richtungen gegenüber den allgemeinen Vorschriften erweitert. Der Besteller wird hierdurch aber nicht in unbilliger Weise belastet, da er den Vertrag nach Maßgabe des § 649 bis zur Vollendung des Werkes jederzeit kündigen kann.

§ 642.

E. I § 575; II § 579 Abs. 1 rev. § 632; III § 632. P. I S. 2327—2335, 6197, 6200. M. II S. 494—497. P. II S. 2241, 2242, 8815 (Bd. II S. 328, 329).

1. Der Unternehmer ist nicht befugt, die dem Besteller obliegende Handlung selbst vorzunehmen, soweit nicht die Voraussetzungen für eine Geschäftsführung ohne Auftrag vorliegen. Er hat auch kein direktes Klagerecht auf Vornahme der Handlung seitens des Bestellers; vergl. R.G. Bd. 37 S. 24.

a) Abs. 1. „Handlung" ist im weitesten Sinne zu verstehen. Die Hauptfälle sind die, daß der Besteller den für das Werk erforderlichen Stoff zu liefern hat oder aber, daß er Anweisungen für die Arbeit zu geben hat oder endlich, daß er, wie z. B. bei dem Ertheilen von Unterricht oder bei der Anfertigung eines Porträts, aktiv oder passiv bei der Herstellung mitzuwirken hat.

b) Die Entschädigung soll, wie der Abs. 2 ergiebt, dafür gewährt werden, daß der Unternehmer während der Dauer des Verzugs seine Arbeitskraft oder sein Geschäftskapital nicht ververwerthen kann, da er sich für die Herstellung des Werkes bereit zu halten hat. Dies ist bei Feststellung der Höhe der Entschädigung zu berücksichtigen.

§. 643.

Der Unternehmer ist im Falle des §. 642 berechtigt, dem Besteller zur Nachholung der Handlung eine angemessene Frist mit der Erklärung zu bestimmen, daß er den Vertrag kündige, wenn die Handlung nicht bis zum Ablaufe der Frist vorgenommen werde. Der Vertrag gilt als aufgehoben, wenn nicht die Nachholung bis zum Ablaufe der Frist erfolgt.

Daneben hat der Unternehmer nach § 304 Anspruch auf Ersatz der Mehraufwendungen, welche ihm durch das Aufbewahren des Materials oder der halbfertigen Waaren erwachsen sind.

2. Der Abs. 2 entspricht den Vorschriften der §§ 324 Abs. 1 Satz 2, 615 Satz 2, weicht jedoch von beiden Vorschriften dadurch ab, daß der Unternehmer sich nicht nur anrechnen lassen muß, was er während des Verzugs erwirbt oder zu erwerben böswillig unterläßt, sondern auch das, was er überhaupt nach Lage der objektiven Verhältnisse erwerben konnte. Maßgebend ist für diese von der zweiten Kommission beschlossene Gestaltung die Erwägung gewesen, daß durch die Vorschrift des Abs. 2 „nur die Grundlage für die Feststellung der Entschädigung gegeben werden solle, auf welcher das richterliche Ermessen, ohne an das Ergebniß der reinen rechnerischen Subtraktion gebunden zu sein, im einzelnen Falle die angemessene Entschädigung zu treffen habe.“ P. II S. 8815.

§ 643.

E. II § 579 Abs. 2 rev. § 633; III § 633. P. II S. 2241, 2242 (Bd. II S. 328, 329).

1. Der von der zweiten Kommission eingestellte § 643 beruht auf der Erwägung, „daß der Besteller dem Unternehmer nicht zumuthen könne, sich auf unbestimmte Zeit zur Ausführung des Werkes bereit zu halten. Der Unternehmer rechne darauf, das Werk in angemessener Zeit herzustellen und dann in der Verfügung über seine Arbeitskraft und seine Einrichtungen wieder freie Hand zu bekommen. Er habe zwar nicht, wie der Dienstleistende, sich dem Besteller nur für eine bestimmte Zeit zur Verfügung gestellt, aber auch seine Verpflichtung, sich zur Ausführung des Werkes bereit zu halten, sei im Sinne des Vertrags eine zeitlich begrenzte. Wie der Dienstleistende nach § 561 (jetzt § 615) im Falle des Annahmeverzugs zur Nachleistung nicht verpflichtet sei, so müsse auch dem Werkübernehmer die Möglichkeit gegeben werden, nach dem Ablaufe einer angemessenen Frist zur Nachholung der vom Besteller vorzunehmenden Handlungen seine weitere Bereitschaft zur Ausführung des Werkes abzulehnen.“ P. II S. 2242. Mit Rücksicht auf den gekennzeichneten Zweck des Gesetzes ist im einzelnen Falle zu bestimmen, welche Frist als angemessen angesehen werden kann.

2. Das dem Unternehmer eingeräumte Kündigungsrecht unterscheidet sich von dem Anspruch auf Wandelung dadurch, daß der Berechtigte durch seine einseitige Erklärung die Aufhebung des Vertrags herbeiführt, während die Wandelung nur durch Vertrag herbeigeführt werden kann; es unterscheidet sich ferner sowohl von der Wandelung, wie von dem Rücktrittsrechte dadurch, daß der Vertrag durch die Kündigung nur für die Zukunft aufgehoben wird, für die Vergangenheit aber seine Wirkungen behält. Die Ansprüche, welche dem Unternehmer im Falle der Kündigung zustehen, sind durch § 645 Abs. 1 Satz 2 bestimmt. Vergl. ferner Erl. zu § 649 Nr. 2.

3. Der Unternehmer kann die Ansprüche aus § 642 und die sich aus § 643 ergebenden Rechte nebeneinander geltend machen; es besteht kein alternatives Schuldverhältniß.

4. Wegen der Bestimmung der Frist s. Erl. zu § 250 Nr. 2—5. Daß der Unternehmer das Wort „Kündigung“ gebraucht, ist selbstverständlich nicht nothwendig. Es muß aber mit Sicherheit erhellen, daß nicht etwa nur eine Mahnung, sondern eine bedingte Kündigung hat erklärt werden sollen.

5. Satz 2. Die Vorschrift hat nicht den Charakter einer Auslegungsregel, sondern den einer Dispositivvorschrift. Da die Kündigung für und gegen beide Theile wirkt, genügt zur Außerkraftsetzung des Satz 2 nicht die Behauptung des Unternehmers, daß er seinerseits nur eine Mahnung gewollt habe.

§§ 644, 645.

1. Die Frage, wer beim Werkvertrage die Gefahr zu tragen habe, ist im bisherigen Rechte verschieden beantwortet, im gemeinen Rechte ist sie sehr bestritten; vergl. neuestens Oertmann in Grünhuts Zeitschrift Bd. 24 S. 1—70. Materiell handelt es sich darum, ob der Unternehmer, wenn das Werk durch einen Zufall beschädigt wird oder untergeht, ohne daß den einen oder den anderen Theil ein Verschulden trifft, die vereinbarte Vergütung verlangen kann oder nicht.

§. 644.

Der Unternehmer trägt die Gefahr bis zur Abnahme des Werkes. Kommt der Besteller in Verzug der Annahme, so geht die Gefahr auf ihn über. Für den zufälligen Untergang und eine zufällige Verschlechterung des von dem Besteller gelieferten Stoffes ist der Unternehmer nicht verantwortlich.

---

2. a) Das B.G.B. stellt im § 644 Abs. 1 Satz 1 das Prinzip auf, daß der Unternehmer die Gefahr bis zur Abnahme des Werkes zu tragen hat. Es macht keinen Unterschied, ob der Untergang oder die Beschädigung durch einen Zufall herbeigeführt ist, den der Unternehmer von vornherein als häufiger vorkommend mit in Anschlag bringen mußte, oder ob der Schaden durch ein ganz ungewöhnliches oder in keiner Weise abzuwendendes Ereigniß veranlaßt ist. Um Mißverständnisse auszuschließen, ist im Abs. 1 Satz 3 die Bestimmung hinzugefügt, daß der Unternehmer, obschon er im Allgemeinen die Gefahr trägt, für den Schaden nicht aufzukommen hat, der durch den zufälligen Untergang oder die zufällige Verschlechterung des von dem Unternehmer gelieferten Stoffes entsteht. Ausnahmsweise soll der Besteller nach § 645 Abs. 1 einen Theil der Gefahr tragen, wenn er ohne subjektives Verschulden, aber objektiv den Schaden veranlaßt hat; der Unternehmer kann dann einen entsprechenden Theil der Gegenleistung verlangen.

b) Nach der Abnahme trägt der Besteller die Gefahr; er ist verpflichtet, da der Unternehmer seine Verpflichtung erfüllt hat, die vereinbarte Vergütung zu zahlen, auch wenn das Werk, bevor es in Gebrauch genommen wird, untergeht oder beschädigt wird; die Vorschriften über die Haftung wegen Mängel des Werkes bleiben selbstverständlich unberührt.

c) Der Zeitpunkt des Ueberganges der Gefahr verschiebt sich nach § 644 Abs. 1 Satz 2, Abs. 2, wenn der Besteller in Annahmeverzug kommt oder wenn das Werk auf Verlangen des Bestellers nach einem anderen Orte als dem Erfüllungsort versendet wird.

d) Die vorstehenden Rechtssätze sind dispositiver Natur. Die Betheiligten können die Tragung der Gefahr in allen Punkten anders regeln.

Es ist möglich, daß sich für bestimmte Arten von Werkverträgen eine Verkehrssitte entwickelt oder als bereits vorhanden festgestellt wird, welche den Unternehmer günstiger stellt, als dies nach dem Gesetze der Fall ist. Die Betheiligten werden regelmäßig die Absicht haben, den Vertrag im einzelnen Falle so zu gestalten, wie dies der Sitte entspricht. Auf diese Weise werden sich, wenn das Gesetz wirklich zu Härten führen sollte, diese im Leben von selbst mindern.

3. Die Vorschriften der §§ 644, 645 decken nicht alle möglichen Fälle; es sind vielmehr die allgemeinen Vorschriften über die Unmöglichkeit der Leistung bei zweiseitigen Verträgen (§§ 323—325) heranzuziehen.

a) Nach § 323 Abs. 1 verliert der Unternehmer, wenn die Herstellung des Werkes durch Zufall objektiv unmöglich wird, den Anspruch auf die Gegenleistung. Die Spezialvorschrift des § 644 Abs. 1 Satz 1, welche dieselbe Norm enthält, würde also an sich entbehrlich sein; man hat sie wesentlich aus Zweckmäßigkeitsgründen aufgenommen. Der § 645 Abs. 1 ändert den im § 323 und im § 644 Abs. 1 Satz 1 aufgestellten Grundsatz für bestimmte Fälle des Werkvertrags zu Gunsten des Unternehmers ab. Die weiteren Vorschriften des § 323 Abs. 1 Halbs. 2, Abs. 2, 3 gelten neben den §§ 644, 645 Abs. 1 Halbs. 2; die Vorschriften des § 323 Abs. 1 Halbs. 2 und Abs. 2 werden aber bei dem Werkvertrage selten zur Anwendung kommen, weil die Herstellung des Werkes regelmäßig als eine einheitliche, nicht theilbare Leistung zu behandeln ist.

b) Wenn die Herstellung des Werkes unmöglich wird in Folge eines Umstandes, den der Besteller zu vertreten hat, so kann der Unternehmer nach § 324 Abs. 1 die vereinbarte Vergütung, unter Abzug des etwa Ersparten, verlangen. Der § 645 Abs. 2 weist, um jedes Mißverständniß abzuschneiden, ausdrücklich auf diese Sätze hin. An Stelle des § 324 Abs. 2 tritt die Vorschrift des § 644 Abs. 1 Satz 2.

c) Wird endlich die Herstellung des Werkes unmöglich in Folge eines Umstandes, den der Unternehmer zu vertreten hat, so greifen die Vorschriften des § 325 Platz: der Besteller kann Schadensersatz verlangen oder von dem Vertrage zurücktreten.

4. Die Frage, ob der Unternehmer berechtigt und verpflichtet ist, an Stelle des untergegangenen Werkes ein anderes herzustellen oder das beschädigte auszubessern, wird durch die §§ 644, 645 nicht entschieden; maßgebend ist hier allein der Inhalt des Vertrags. Wenn der Unternehmer zu einer einmaligen Leistung verpflichtet war, so erlischt seine Verpflichtung aus dem Vertrage dadurch, daß diese einzelne Leistung unmöglich wird, auch wenn objektiv eine andere gleichartige Leistung möglich sein sollte.

Versendet der Unternehmer das Werk auf Verlangen des Bestellers nach einem anderen Orte als dem Erfüllungsorte, so finden die für den Kauf geltenden Vorschriften des §. 447 entsprechende Anwendung.

§. 645.

Ist das Werk vor der Abnahme in Folge eines Mangels des von dem Besteller gelieferten Stoffes oder in Folge einer von dem Besteller für die Ausführung ertheilten Anweisung untergegangen, verschlechtert oder unausführbar geworden, ohne daß ein Umstand mitgewirkt hat, den der Unternehmer zu vertreten hat, so kann der Unternehmer einen der geleisteten Arbeit entsprechenden Theil der Vergütung und Ersatz der in der Vergütung nicht inbegriffenen Auslagen verlangen. Das Gleiche gilt, wenn der Vertrag in Gemäßheit des §. 643 aufgehoben wird.

Eine weitergehende Haftung des Bestellers wegen Verschuldens bleibt unberührt.

---

§ 644.

E. I § 576; II § 580 rev. § 634; III § 634. P. I S. 2340—2347, 2367, 2368, 6197, 6198, 6200; M. II S. 497—500. P. II S. 2242—2247, 8473—8475 (Bd. II S. 329—331). D. S. 642.

1. Abs. 1 Satz 1. Der Begriff der Abnahme ist bei § 640 Nr. 1 erörtert. Vergl. § 646.

2. Abs. 1 Satz 2. Der Verzug der Annahme ist als technischer Ausdruck gewählt. Die Voraussetzungen des Annahmeverzugs ergeben sich aus den §§ 293 ff.

3. Abs. 1 Satz 3. Die Vorschrift tritt einer zu weitgehenden Auslegung des Satzes, daß der Unternehmer die Gefahr zu tragen hat, entgegen. Der Unternehmer soll nicht verpflichtet sein, den untergegangenen oder verschlechterten Stoff zu ersetzen oder auszubessern. Trifft einen der Betheiligten ein Verschulden, so greifen die allgemeinen Vorschriften Platz. Liegen die Voraussetzungen des § 645 Abs. 1 vor, so findet dieser Anwendung.

4. Abs. 2. Die Vorschrift ist von der zweiten Kommission eingestellt. Die Mehrheit derselben ist im Gegensatze zu den Motiven (M. II S. 499), welche in dem § 465 des E. I (jetzt § 447) nur eine positive, aus historischen Gründen zu erklärende und wesentlich mit Rücksicht auf das bisherige Recht aufgenommene Vorschrift sehen, davon ausgegangen, daß die Vorschrift sich als nothwendige Folge aus dem Verhältniß ergebe, in welchem die Uebernahme der Sorge um den Transport zu dem Inhalte der Hauptverbindlichkeit des Schuldners stehe; die P. II (S. 2245) enthalten eine ausführliche Begründung dieser Auffassung.

Im § 447 ist an Stelle des Käufers der Besteller, an Stelle des Verkäufers der Unternehmer einzusetzen; im Uebrigen finden die Vorschriften des § 447 wörtlich Anwendung. Im Einzelnen wird auf die Erl. zu diesem Paragraphen verwiesen.

§ 645.

E. I § 577; II § 581 rev. § 635; III § 635. P. I S. 2299—2301, 2335—2339, 2367, 2368, 6198, 6200, 11824; M. II S. 500—502. P. II S. 2247—2254, 8476 (Bd. II S. 331—335).

1. Bei den Berathungen der zweiten Kommission waren Anträge gestellt, welche eine Erweiterung der Ausnahmen des § 645 Abs. 1 bezweckten, insbesondere die gesetzlichen Normen so gestalten wollten, daß jeder Theil den in seiner Rechtssphäre eintretenden Schaden tragen sollte. Die Anträge sind abgelehnt.

2. Abs. 1. Unter dem vom Besteller gelieferten Stoffe sind sowohl bewegliche Sachen als auch unbewegliche zu verstehen. Ob der Unternehmer verpflichtet ist, den Besteller auf einen Mangel des Stoffes aufmerksam zu machen, hängt von den Umständen des einzelnen Falles ab. Trifft den Unternehmer insoweit ein Verschulden, so ist das Verhältniß so zu beurtheilen, als wenn der Unternehmer durch sein Verschulden den Schaden verursacht hätte. Vergl. Seuff. Arch. Bd. 47 Nr. 24; Bd. 48 Nr. 22, Bd. 50 Nr. 244.

Die Vorschriften des Satz 1 gelten auch im Falle des § 650.

3. Abs. 2. Außer den Vorschriften des § 324 kommen möglicherweise auch die Vorschriften über unerlaubte Handlungen in Betracht. Daß der Besteller auch auf Grund eines etwaigen Garantieversprechens haftet, ist selbstverständlich.

§. 646.

Ist nach der Beschaffenheit des Werkes die Abnahme ausgeschlossen, so tritt in den Fällen der §§. 638, 641, 644, 645 an die Stelle der Abnahme die Vollendung des Werkes.

§. 647.

Der Unternehmer hat für seine Forderungen aus dem Vertrag ein Pfandrecht an den von ihm hergestellten oder ausgebesserten beweglichen Sachen des Bestellers, wenn sie bei der Herstellung oder zum Zwecke der Ausbesserung in seinen Besitz gelangt sind.

§. 648.

Der Unternehmer eines Bauwerkes oder eines einzelnen Theiles eines Bauwerkes kann für seine Forderungen aus dem Vertrage die Einräumung einer Sicherungshypothek an dem Baugrundstücke des Bestellers verlangen. Ist das Werk noch nicht vollendet, so kann er die Einräumung der Sicherungshypothek für einen der geleisteten Arbeit entsprechenden Theil der Vergütung und für die in der Vergütung nicht inbegriffenen Auslagen verlangen.

---

§ 646.

E. I § 579 Nr. 1; II § 582 rev. § 636; III § 636. P. I S. 2358—2368, 6198, 6201; M. II S. 502—506. P. II S. 2210, 2212, 2225, 2227, 2243, 2248, 2249, 2257 (Bd. II S. 336).

Der § 646 ist von der zweiten Kommission eingestellt. Der darin ausgesprochene Satz war im E. I in den § 579 eingeschoben; es hing das mit der vom E. I angenommenen, von der zweiten Kommission aber aufgegebenen Scheidung zwischen Werkvertrag im engeren Sinne und Werkvertrag im weiteren Sinne zusammen.

Der Begriff der Abnahme ist bei § 640 Nr. 1 erläutert.

§ 647.

E. I § 574; II § 583 Abs. 1 rev. § 637; III § 637. P. I S. 4104; M. II S. 494. P. II S. 2227, 2228, 4253, 4258 (Bd. II S. 321).

1. Der § 647 erweitert das durch die alte K.O. § 41 Nr. 6 den Künstlern, Werkmeistern, Handwerkern und Arbeitern im Konkurs eingeräumte Vorrecht zu einem allgemeinen gesetzlichen Pfandrecht für den Unternehmer. Wegen ähnlicher gesetzlicher Pfandrechte s. §§ 559—563, 581 Abs. 2, 585, 590, 704. Die K.O. § 41 ist mit Rücksicht auf die durch das B.G.B. geschaffene Rechtslage geändert worden; s. K.O. § 49.

2. Forderungen aus dem Vertrage sind zunächst die direkt durch den Vertrag begründeten Forderungen. Es müssen dahin aber auch solche Forderungen gerechnet werden, welche, wie z. B. Forderungen auf Schadensersatz wegen Annahmeverzug (§ 642), ihren Rechtsgrund nicht allein im Vertrage, sondern auch in anderen hinzutretenden Umständen haben, bei denen aber der Vertrag den Ausgangspunkt und die eigentliche Grundlage bildet.

Auf das gesetzliche Pfandrecht sollen nach § 1257 die Vorschriften über das durch Rechtsgeschäft begründete Pfandrecht entsprechende Anwendung finden. Hiernach kommt es für das Pfandrecht des Unternehmers nicht darauf an, daß die Forderungen aus dem Vertrage fällig sind; es genügt, daß sie überhaupt bestehen.

3. Die Vorschriften über das Zurückbehaltungsrecht (§§ 273, 274) werden durch den § 647 nicht berührt. Dasselbe kann namentlich dann in Betracht kommen, wenn die Sachen nicht bei der Herstellung oder zum Zwecke der Ausbesserung, sondern nachträglich in den Besitz des Bestellers gelangt sind.

§ 648.

E. II § 583 Abs. 2 rev. § 638; III § 638. P. II S. 2227—2241 (Bd. II S. 321—328). D. S. 1979, 1980. St.B. S. 2815—2817.

1. Der E. I hatte die in einem großen Theile Deutschlands bestehenden besonderen Vorschriften zu Gunsten der Bauhandwerker stillschweigend beseitigt. Bald nach dem Erscheinen des

Entwurfes trat aber eine lebhafte Bewegung hervor, welche unter Hinweis auf Mißstände im Baugewerbe besondere gesetzliche Vorschriften zur Sicherung der Handwerker und Baugewerksmeister forderte. Die Vorschläge, die gemacht wurden, waren sehr mannigfaltiger Natur; zum Theil liefen sie darauf hinaus, den Bauhandwerkern ein Pfandrecht am Grundstücke mit Vorzugsrecht vor Hypotheken und anderen dinglichen Rechten einzuräumen, zum Theil wurde die Schaffung eines gesetzlichen Hypothekentitels befürwortet, zum Theil endlich bewegten sich die Vorschläge auf dem Gebiete des Verwaltungs- und Gewerberechts. Die zweite Kommission hat nach eingehender Berathung beschlossen, die Schaffung einer bevorzugten Hypothek abzulehnen, da eine solche mit dem vom B.G.B. angenommenen Grundbuchsystem im Widerspruch stehen würde, dagegen ist dem Unternehmer eines Bauwerkes ein Anspruch auf Eintragung einer Sicherungshypothek eingeräumt worden. Die von der zweiten Kommission beschlossenen Vorschriften haben die Zustimmung des Bundesraths gefunden und sind unverändert in den E. III übergegangen. In der Reichstagskommission war beantragt, den Hypothekentitel auch denjenigen zu gewähren, welche Arbeiten für das Bauwerk ausgeführt oder Waaren zum Bauwerke geliefert haben sowie dem Berechtigten einen Anspruch auf Einräumung einer Hypothek statt einer Sicherungshypothek zu geben. Der Antrag ist abgelehnt. Der erste Theil des Antrags ist dann nochmals im Plenum des Reichstags eingebracht, aber auch dort abgelehnt. Ferner war in der Reichstagskommission beantragt, die Voraussetzung auszusprechen, „daß in dem Gesetz über die Zwangsvollstreckung in das unbewegliche Vermögen für die im § 638 bezeichneten Forderungen ein Vorzugsrecht vor den voreingetragenen Hypotheken in Höhe der Werthsteigerung des Grundstücks aufgenommen werde." Der Antrag ist abgelehnt, nachdem darauf hingewiesen war, daß es richtiger sei, die Lösung der Frage einem Spezialgesetze vorzubehalten. Der Entwurf eines solchen Spezialgesetzes ist vor Kurzem veröffentlicht.

2. Der Begriff des Bauwerkes ist nach den Anschauungen des Lebens zu bestimmen. Das Gesetz weist aber durch das Wort Baugrundstück darauf hin, daß das Bauwerk auf einem Grundstück errichtet sein muß. Daß das Bauwerk sich als Neubau darstellt, ist nicht erforderlich; der § 648 findet auch beim Umbau eines bestehenden Bauwerkes Anwendung.

Der „einzelne Theil" eines Bauwerkes braucht nicht nothwendig ein abgeschlossener selbständiger Theil zu sein. Der Berichterstatter der R.T.K. hat im Plenum des Reichstags unter Zustimmung der Regierungskommissare insoweit als Sinn der Vorschrift festgestellt, „daß jeder, der irgend eine Arbeit, welcher Art sie auch sei, bei der Errichtung eines Gebäudes geleistet hat, in Folge eines unmittelbar mit den Eigenthümern des Gebäudes geschlossenen Werkvertrags ein Recht hat, auf Grund dieses Paragraphen die Sicherungshypothek eintragen zu lassen;" St.B. S. 2817.

Der Unternehmer braucht nicht in dem Sinne Bauhandwerker zu sein, daß er gewerbsmäßig die Herstellung von Bauten oder Bauarbeiten betreibt. Es genügt, daß er in einem einzelnen Falle einen Werkvertrag abgeschlossen hat. Das Gesetz berücksichtigt aber nur solche Verträge, welche mit einem Besteller, der gleichzeitig Eigenthümer des Baugrundstücks ist, abgeschlossen sind. K.B. S. 1980, St.B. S. 2817.

Der Vertrag muß ein Werkvertrag sein; Lieferanten von Baumaterialien haben keinen Anspruch auf Einräumung einer Hypothek; P. II S. 2239, K.B. S. 1980.

Die Frage, welche Ansprüche des Bestellers als „Forderungen aus dem Vertrage" anzusehen sind, ist bei § 644 Nr. 2 erörtert. Ueber den Zeitpunkt, mit welchem der Anspruch auf Sicherstellung zu gewähren sei, waren die Ansichten in der zweiten Kommission getheilt. Von einer Seite war vorgeschlagen, den Anspruch mit dem Abschlusse des Werkvertrags entstehen zu lassen, von anderer Seite dagegen beantragt, nur wegen der fälligen Forderungen einen Anspruch auf Hypothekbestellung zu geben. Die Kommission hat, einem dritten Antrage folgend, einen Mittelweg eingeschlagen. Die Fälligkeit der Forderungen ist nicht Voraussetzung für die Geltendmachung des Anspruchs auf Sicherstellung. Aber solange das Werk noch nicht vollendet ist, kann der Unternehmer nur für die von ihm bis dahin gemachten Leistungen Sicherstellung verlangen. Es ist danach dem Unternehmer die Möglichkeit gegeben, sich sofort zu sichern, wenn der Besteller während des Baues in Zahlungsschwierigkeiten geräth oder den Bau einstellt.

3. Der Unternehmer wird auf Grund des § 648 in erster Linie die Eintragung einer Sicherungshypothek anstreben. Kann er diese nicht sofort erreichen, weil der Eigenthümer sich weigert, seine Einwilligung zu geben, so wird er vorläufig auf Grund der §§ 883 ff. eine Vormerkung eintragen lassen, welche ihm den Rang der einzutragenden Hypothek sichert. Sofern der § 648 nicht zutrifft oder nicht ausreicht, wird der Unternehmer auf Grund der Vorschriften der C.P.O. einen Arrest gegen den Schuldner zu erwirken haben.

4. Den Betheiligten bleibt es unbenommen, da die Vorschriften des § 648 dispositiver Natur sind, die Rechte des Unternehmers zu erweitern oder einzuschränken; selbstverständlich werden aber die im Grundbuch eingetragenen Rechte durch solche Vereinbarungen nicht berührt

§. 649.

Der Besteller kann bis zur Vollendung des Werkes jederzeit den Vertrag kündigen. Kündigt der Besteller, so ist der Unternehmer berechtigt, die vereinbarte Vergütung zu verlangen; er muß sich jedoch dasjenige anrechnen lassen, was er in Folge der Aufhebung des Vertrags an Aufwendungen erspart oder durch anderweitige Verwendung seiner Arbeitskraft erwirbt oder zu erwerben böswillig unterläßt.

§. 650.

Ist dem Vertrag ein Kostenanschlag zu Grunde gelegt worden, ohne daß der Unternehmer die Gewähr für die Richtigkeit des Anschlags übernommen hat, und

---

§ 649.

E. I § 578; II § 584 rev. § 639; III § 639. P. I S. 2348—2355; M. II S. 502—506. P. II S. 2254, 2255 (Bd. II S. 335).

1. Der Werkvertrag findet normaler Weise sein Ende dadurch, daß beide Theile die ihnen obliegenden Leistungen erfüllen. Wenn eine der Leistungen vor der Erfüllung unmöglich wird, so greifen die Vorschriften der §§ 323—325, 644, 645 Platz. Durch den Tod des Unternehmers oder des Bestellers wird an sich der Vertrag nicht aufgehoben. Aber es ist möglich, daß durch den Tod die Leistung unmöglich wird, nämlich dann, wenn der Unternehmer das Werk in Person herzustellen hatte oder wenn umgekehrt die Herstellung des Werkes, wie z. B. bei einer Unterrichtsstunde oder dem Malen eines Porträts, an die Person des Bestellers geknüpft war. Dann gelten die eben erwähnten Sätze über die Unmöglichkeit der Leistung. Die Rechtsfolgen, welche sich an die Eröffnung des Konkurses knüpfen, sind in der K.O. (§§ 17, 22, 23, 26, 27, 43) geregelt. Neben diese aus allgemeinen Gesichtspunkten herzuleitenden Gründe für die Auflösung des Vertrags tritt das durch § 649 dem Besteller eingeräumte Recht, den Vertrag zu kündigen.

2. Die Kündigung ist beim Werkvertrage erheblich mehr eingeschränkt wie beim Dienstvertrage. Zwar ist das Kündigungsrecht äußerlich unbeschränkt, aber da der Besteller dem Unternehmer im Falle der Kündigung die vereinbarte Vergütung zu zahlen hat, ohne eine Leistung von dem Unternehmer erhalten zu haben, so wird er vielfach von der Kündigung Abstand nehmen müssen, um nicht Schaden zu erleiden. Dem Unternehmer ist, abgesehen von dem Falle des § 643, überhaupt kein Kündigungsrecht eingeräumt.

3. Die Kündigung ist eine einseitige empfangsbedürftige Willenserklärung; s. §§ 130 ff. Sie ist an keine Form gebunden. Die rechtsgültig erfolgte Kündigung kann nicht widerrufen werden. Wird der Vertrag gekündigt, so erlöschen die beiderseitigen Rechte und Verpflichtungen für die Zukunft. Der Unternehmer ist daher nicht mehr verpflichtet, das Werk herzustellen. Pfandrechte und Bürgschaften, welche für diese Verpflichtung bestellt sind, erlöschen; wegen einer Hypothek s. § 1163. Für die Vergangenheit behält der Vertrag aber die in dem § 649 näher bestimmte Wirkung. Der Besteller ist die vereinbarte Vergütung unter der im Satz 2 Halbs. 2 bestimmten Beschränkung zu entrichten verpflichtet. Die für diese Verpflichtung bestellten Pfandrechte, Bürgschaften und Hypotheken bleiben bestehen. Andererseits ist der Unternehmer nicht berechtigt, eine von ihm bereits bewirkte Theilleistung zurückzufordern; sie war auf Grund der durch den Vertrag begründeten Verpflichtung erfolgt, und diese ist durch die Kündigung nur für die Zukunft, nicht für die Vergangenheit erloschen.
Ueber die Bedeutung der im Satz 2 Halbs. 2 bestimmten Beschränkung des Anspruchs auf die Vergütung s. Erl. zu § 324 Nr. 2 und zu § 615.

4. Das Kündigungsrecht des Bestellers ist nicht bis zum Zeitpunkte der Abnahme des Werkes ausgedehnt, sondern erlischt mit der Vollendung des Werkes. Der Besteller kann sich also der Verpflichtung zur Abnahme des hergestellten Werkes in keiner Weise entziehen.

§ 650.

E. II § 585 rev. § 640; III § 640. P. I S. 2348—2355; M. II S. 503, 504. P. II S. 2254—2257 (Bd. II S. 335—336).

1. Hat der Unternehmer die Herstellung des Werkes unter Zugrundelegung eines Kostenanschlags in der Art übernommen, daß die Vergütung den Anschlag keinesfalls übersteigen dürfe, so hat der Besteller kein Interesse dabei, wie hoch sich die Kosten des Werkes in Wirklichkeit belaufen, weil er nie mehr als den Betrag des Anschlags zu bezahlen braucht. Häufig ergiebt sich, daß das Werk nicht ohne eine wesentliche Ueberschreitung des Anschlags ausführbar ist, so steht dem Unternehmer, wenn der Besteller den Vertrag aus diesem Grunde kündigt, nur der im §. 645 Abs. 1 bestimmte Anspruch zu.

Ist eine solche Ueberschreitung des Anschlags zu erwarten, so hat der Unternehmer dem Besteller unverzüglich Anzeige zu machen.

§. 651.

Verpflichtet sich der Unternehmer, das Werk aus einem von ihm zu beschaffenden Stoffe herzustellen, so hat er dem Besteller die hergestellte Sache zu übergeben und das Eigenthum an der Sache zu verschaffen. Auf einen solchen

---

wird aber ein Kostenanschlag nur in der Art zu Grunde gelegt, daß dadurch nur die Art der Ausführung des Werkes bestimmt und ein ungefährer Ueberschlag der Kosten gegeben, die zu entrichtende Vergütung aber nach den bei der Ausführung des Werkes sich ergebenden Kosten und Arbeiten bestimmt werden soll. Ist in Fällen dieser Art der Anschlag von dem Unternehmer vorsätzlich unrichtig aufgestellt, so wird der Besteller durch die Vorschriften über arglistige Täuschung (§§ 123, 823) genügend geschützt. Ob der Unternehmer im Falle einer Fahrlässigkeit bei der Aufstellung des Anschlags dem Besteller haftet, hängt von den Umständen des Falles, insbesondere davon ab, ob die Aufstellung des Anschlags auf Grund eines Vertragsverhältnisses zwischen dem Unternehmer und dem Besteller erfolgte. Liegen diese Voraussetzungen einer Haftung des Unternehmers nicht vor oder sind sie nicht nachweisbar, so würde in Ermangelung besonderer Vorschriften der Besteller bei einer Ueberschreitung des Anschlags die sich daraus ergebende Vergütung zu entrichten haben und von dieser Verpflichtung auch im Falle einer Kündigung nach Maßgabe des § 649 nur insoweit befreit werden, als sich dies aus dem § 649 Satz 2 ergiebt. Gegen die hierin liegende Unbilligkeit trifft der § 650 Vorsorge. In den E. I war eine entsprechende Vorschrift nicht aufgenommen, weil, wie die M. II S. 503 bemerken, lediglich ein unbeachtlicher Irrthum im Beweggrunde vorliege. Die zweite Kommission hat indessen erwogen, daß es unbillig sein würde, den Besteller zu zwingen, entweder das Werk zu einem erheblich theureren Preise ausführen zu lassen, als beabsichtigt gewesen sei, oder aber dem Unternehmer die volle Vergütung zu zahlen. Der Unternehmer müsse sich in solchem Falle, wenn der Besteller zurücktreten wolle, mit einer Entschädigung begnügen, die seinen wirklichen Leistungen entspreche.

2. Wer den Anschlag angefertigt hat, ist gleichgültig; es genügt, daß er dem Vertrage zu Grunde gelegt ist. Daß der Anschlag beim Abschlusse des Vertrags fertig vorgelegen hat, ist nicht nothwendig. Vielfach wird bei Verdingungen so abgeschlossen, daß auf einen noch auszuarbeitenden Anschlag Bezug genommen wird.

3. Abs. 2. Die Vorschrift beruht auf der Erwägung, daß der Unternehmer in der Regel allein oder doch eher als der Besteller die Nothwendigkeit der Ueberschreitung zu erkennen im Stande sei und es gegen Treu und Glauben verstoßen würde, wenn er den Besteller über den Eintritt der Voraussetzungen des Kündigungsrechts solange in Unkenntniß hielte, daß die bei der Kündigung nach § 649 zu erstattende Gegenleistung der vollen vertragsmäßigen Vergütung nahe käme; P. II S. 2256.

Der Unternehmer hat bei verzögerter Anzeige den Schaden zu ersetzen, welcher dem Besteller dadurch erwachsen ist, daß er nicht rechtzeitig hat kündigen können. Regelmäßig wird so zu entscheiden sein, als wenn der Besteller in dem Zeitpunkt, in welchem die Anzeige erfolgen mußte, gekündigt hätte, und es ist danach der Anspruch des Unternehmers zu bemessen.

Ueber den Begriff des „unverzüglich" s. Bd. I S. 171 Erl. zu § 121 Nr. 1.

§ 651.

E. I § 568 Abs. 1, 2 S. 1; II § 586 rev. § 641; III § 641. P. I S. 2291—2298, 3276, 6181, 6183; M. II S. 474—478. P. II S. 2259—2269 (Bd. II S. 337—342). D. S. 642.

1. Wenn der Unternehmer den Stoff zur Herstellung des Werkes zu beschaffen hat, so ist es zweifelhaft, ob der Vertrag als Werkvertrag oder als Kaufvertrag zu charakterisiren ist. Die Frage wird im bisherigen Rechte verschieden beantwortet. Die Unterscheidung hat keineswegs

Vertrag finden die Vorschriften über den Kauf Anwendung; ist eine nicht vertretbare Sache herzustellen, so treten an die Stelle des §. 433, des §. 446 Abs. 1 Satz 1 und der §§. 447, 459, 460, 462 bis 464, 477 bis 479 die Vorschriften über den Werkvertrag mit Ausnahme der §§. 647, 648.

Verpflichtet sich der Unternehmer nur zur Beschaffung von Zuthaten oder sonstigen Nebensachen, so finden ausschließlich die Vorschriften über den Werkvertrag Anwendung.

---

blos theoretische Bedeutung, sondern es knüpfen sich daran wichtige Rechtsfolgen, insbesondere sind die Ansprüche beim Vorhandensein von Mängeln verschieden gestaltet. Der E. I schloß sich grundsätzlich der Auffassung des gemeinen Rechtes an; er faßte den Vertrag, durch den sich der Uebernehmer verpflichtet, das Werk aus einem von ihm selbst zu liefernden Stoffe herzustellen, als Kaufvertrag auf, überließ es aber den Vertragschließenden, sich den Vorschriften über den Werkvertrag in beliebigem Umfange zu unterwerfen. Bei den Berathungen der zweiten Kommission hat eine eingehende Erörterung der Frage stattgefunden. Es war eine Reihe von Anträgen gestellt, welche darin übereinstimmten, daß es nicht angängig sei, durch eine, wenn auch nur dispositive, Vorschrift schlechthin die Regeln des Kaufvertrags für maßgebend zu erklären; darüber aber, ob und welche Vorschriften an die Stelle derjenigen des E. I zu setzen seien, gingen die Ansichten auseinander. Die zweite Kommission, deren Beschlüsse unverändert Gesetz geworden sind, hat schließlich folgende Grundsätze aufgestellt. Hat der Unternehmer den Stoff zur Herstellung des Werkes zu beschaffen, so wird der Vertrag grundsätzlich als Kaufvertrag behandelt, aber hinsichtlich der anzuwendenden Einzelsätze ist zu unterscheiden: Handelt es sich um die Lieferung einer vertretbaren Sache, so finden sämmtliche Vorschriften über den Kauf unverändert Anwendung. Handelt es sich dagegen um die Lieferung einer nicht vertretbaren Sache, so gelten mit Rücksicht auf die innere Verwandtschaft des Vertrags mit dem Werkvertrage die Vorschriften über den Kauf nur mit der Einschränkung, daß, soweit für den Werkvertrag abweichende Normen bestehen, diese Platz greifen.

Ein Hinweis darauf, daß die Parteien andere Vereinbarungen treffen können, ist als selbstverständlich unterblieben.

2. a) Ob der Unternehmer den Stoff zur Herstellung des Werkes zu beschaffen hat, hängt von der Vereinbarung der Parteien ab.

b) Haben beide Theile Stoff zur Herstellung des Werkes zu beschaffen, so ist zu unterscheiden: Hat der Unternehmer nur Zuthaten oder sonstige Nebensachen zu beschaffen, so ist der Vertrag nach der Vorschrift des Abs. 2, die sich wohl schon aus dem Wesen des Verhältnisses ergeben würde und die nur aufgenommen ist, um Zweifel und Streitigkeiten abzuschneiden, als Werkvertrag zu beurtheilen. Hat umgekehrt der Besteller in nebensächlicher Weise mitzuwirken, sei es durch Lieferung von Zuthaten, sei es durch Anweisungen oder Anordnungen, so wird hierdurch die Anwendung der Vorschriften des § 651 Abs. 1 nicht ausgeschlossen. Haben beide Theile Stoff zu liefern oder zusammenzuwirken in der Art, daß keine Leistung als nebensächliche erscheint, und liegen nicht etwa zwei selbständige, wenn auch ineinander greifende, Verträge vor, so ist der Vertrag als Werkvertrag zu behandeln. Der in neuerer Zeit mehrfach erörterte sog. Spezifikationskauf (vergl. Oertmann, Arch. für civil. Praxis Bd. 85 S. 202—233, R.G. Bd. 10 S. 95, Bd. 14 S. 243, Bd. 29 S. 17, Bd. 35 S. 1, H.G.B. § 375), wird hiernach regelmäßig unter die Vorschriften des § 651 Abs. 1 fallen.

c) Wenn dem Unternehmer zwar der Stoff geliefert, ihm jedoch gestattet ist, denselben durch einen anderen zu ersetzen, ein Fall, der namentlich in der Hausindustrie häufig vorkommt (loc. cond. irregularis des gemeinen Rechtes, Dernburg Bd. II § 113 A. 8), so werden meistens zwei Verträge, ein Kaufvertrag über den Stoff und ein anderer nach § 651 zu beurtheilender Lieferungsvertrag über das Erzeugniß anzunehmen sein. Jener Vereinbarung kann indessen auch, wie die M. II S. 477 zutreffend ausführen, eine mehr nebensächliche Bedeutung, nämlich die Bedeutung beiwohnen, daß die Ersatzberechtigung des Unternehmers nur dann, wenn davon Gebrauch gemacht wird, wirksam werden, in den Eigenthumsverhältnissen und in der Tragung der Gefahr mithin erst dann eine Aenderung eintreten soll, wenn der Uebernehmer über den empfangenen Stoff anderweit verfügt. Welche Bedeutung der Vereinbarung zukommt, läßt sich nur nach den Umständen des gegebenen Falles beurtheilen. Es werden dabei die Gebräuche und Anschauungen, die sich in den betheiligten Kreisen herausgebildet haben, besonders zu beachten sein.

d) Der E. I enthielt noch weiter die Bestimmung, daß die Vorschriften über den Werkvertrag Anwendung finden sollten, wenn aus dem von dem Uebernehmer zu beschaffenden Stoffe ein Bauwerk auf dem von dem Besteller zu beschaffenden Grund und Boden herzustellen sei.

Der Satz ist von der zweiten Kommission gestrichen. „Man hielt ihn für selbstverständlich, soweit es sich darum handele, daß ein Bauwerk auf dem eigenen Grund und Boden des Bestellers aus Materialien des Uebernehmers zu dem Zwecke errichtet werden solle, um dauernd mit dem Grund und Boden verbunden zu bleiben. Auf der anderen Seite passe der Satz nicht auf diejenigen Fälle, wo ein Bauwerk nicht Bestandtheil des Grundstücks werde, z. B. wo ein Zirkus zu vorübergehenden Zwecken auf einem öffentlichen Platze aus Materialien des Uebernehmers errichtet werde. Auf solche Fälle müsse der Abs. 1 Anwendung finden;“ P. II S. 2269. Letzteres kann aber nur dann gelten, wenn der Besteller Eigenthümer werden soll; ist dies nicht der Fall, so liegt entweder Werkvertrag oder Sachmiethe oder ein aus beiden gemischter Vertrag vor. Vergl. R.G. Bd. 13 S. 209, Seuff. Arch. Bd. 48 Nr. 254. Hat der Unternehmer selbst das Grundstück und die Baumaterialien zu beschaffen und demnächst das fertige Gebäude dem Besteller zu Eigenthum zu übertragen, so finden die Vorschriften des Abs. 1 Anwendung.

3. Der Vertrag, durch welchen sich der Unternehmer verpflichtet, aus einem von ihm zu beschaffenden Stoffe eine vertretbare Sache herzustellen und zu liefern, soll nach dem Gesetze in allen Stücken wie ein Kaufvertrag behandelt werden. Der Besteller hat keinen selbständigen Anspruch auf Herstellung der Sache, sondern kann nur auf Lieferung klagen. Der Unternehmer ist aber materiell zur Beschaffung des Stoffes und zur Herstellung der Sache verpflichtet. Liefert er eine Sache, die er nicht selbst hergestellt, sondern etwa selbst gekauft hat, so hat er nicht seine vertragsmäßige Verpflichtung erfüllt, es fehlt der Sache eine zugesicherte Eigenschaft. Selbstverständlich wird hierbei vorausgesetzt, daß die Absicht des Vertrags auf Herstellung der Sache durch den Unternehmer selbst ging.

a) Als wichtige Abweichungen, welche sich für den Lieferungsvertrag gegenüber dem reinen Werkvertrag ergeben, sind folgende hervorzuheben: Der Besteller ist zur Abnahme nur im Sinne einer thatsächlichen Wegnahme, nicht zur Abnahme im Sinne einer Anerkennung der Leistung verpflichtet. Die Gefahr geht mit der Uebergabe der Sache, nicht mit der Abnahme oder Vollendung des Werkes auf den Besteller über. Der Besteller hat nicht das Recht, die Beseitigung eines Mangels der gelieferten Sache zu verlangen, dem Unternehmer ist umgekehrt nicht die Möglichkeit gegeben, die Wandelungs- oder Minderungsklage durch Beseitigung des Mangels auszuschließen. Der Besteller hat kein Kündigungsrecht.

b) Die Anwendung der Vorschriften des Kaufvertrags auf den Lieferungsvertrag macht keine Schwierigkeiten. Zu beachten ist dabei nur, daß es sich um die Vorschriften über den Kauf einer nur der Gattung nach bestimmten Sache handelt. In Betreff des Anspruchs auf Schadensersatz insbesondere findet daher nicht der § 463, sondern der § 480 Abs. 2 Anwendung; nicht der Zeitpunkt des Abschlusses des Vertrags, sondern der Zeitpunkt, in welchem die Gefahr auf den Unternehmer übergeht, ist also bei der Frage entscheidend, ob eine zugesicherte Eigenschaft fehlt oder ein Fehler arglistig verschwiegen ist.

Dagegen entstehen Zweifel nach einer anderen Richtung. Beim Lieferungskaufe kann, wie beim Werkvertrage, zur Herstellung des Werkes eine Handlung des Bestellers erforderlich sein, deren Vornahme verzögert wird, und ebenso kann es vorkommen, daß die zu liefernde Sache in Folge einer von dem Besteller für die Ausführung ertheilten Anweisung untergeht oder beschädigt wird. Die Regeln des Kaufvertrags versagen hier, und die Anwendung der allgemeinen Vorschriften über den Annahmeverzug führt zu einem wenig befriedigenden Resultate. Da die Rechtslage in der hier fraglichen Beziehung bei dem Lieferungskauf im Wesentlichen dieselbe ist wie bei dem Werkvertrage, so dürfte es sich rechtfertigen, die Vorschriften der §§ 642, 643, 645 Abs. 1 zur entsprechenden Anwendung zu bringen. Für den Spezifikationskauf giebt der § 375 des H.G.B. besondere Vorschriften.

4. Der Vertrag über die Lieferung einer nicht vertretbaren Sache wird vom Gesetz ebenfalls als ein einheitlicher charakterisirt. Für den Unternehmer besteht nicht neben der Verpflichtung, den Stoff als Verkäufer zu liefern, eine besondere Verpflichtung, die Sache herzustellen, sondern er ist zur Bearbeitung des Stoffes nur mittelbar, nur deswegen verpflichtet, weil er eine bestimmt gestaltete Sache liefern muß; P. II S. 2266. Der Vertrag untersteht im Uebrigen theils den Regeln des Kaufvertrags, theils denen des Werkvertrags. Von den Vorschriften des ersten Titels finden Anwendung die §§ 434—444, 446 Abs. 1 Satz 2, Abs. 2, 447 (der § 447 ist zwar in dem § 651 für nicht anwendbar erklärt, jedoch nur, weil in dem für anwendbar erklärten ganzen § 644 im Abs. 2 schon auf den § 447 verwiesen ist), 448—455, 465—476, 494—503; die nicht genannten sind theils durch die Natur des Vertrags, theils durch die ausdrückliche Vorschrift des § 651 ausgeschlossen. Von den Vorschriften des siebenten Titels finden Anwendung der § 631 mit der Ergänzung, die sich aus § 651 Abs. 1 Satz 1 ergiebt, die §§ 632—640, 641 Abs. 1 (an Stelle des Abs. 2 tritt § 452), 642—645, 649, 650.

Die Rechte und Pflichten der Parteien gestalten sich hiernach im Wesentlichen wie folgt:

Achter Titel.
Mäklervertrag.

Der Unternehmer ist verpflichtet, das Werk aus dem von ihm zu beschaffenden Stoffe herzustellen, dem Besteller die hergestellte Sache zu übergeben und das Eigenthum daran zu verschaffen. Der Besteller hat keine selbständige Klage darauf, daß der Unternehmer den Stoff beschafft und das Werk herstellt, sondern nur auf Lieferung der vertragsmäßig hergestellten Sache. Aber der Unternehmer ist wegen Verzögerung oder Unmöglichkeit der Lieferung haftbar, wenn diese durch ein Verschulden eingetreten sind, das ihn in Ansehung der Beschaffung des Stoffes oder der Herstellung des Werkes trifft. Liefert er eine Sache, welche er nicht selbst hergestellt hat, so liegt, sofern die Herstellung des Werkes durch ihn selbst der Absicht des Vertrags entspricht, Mangel einer zugesicherten Eigenschaft vor. Der Besteller ist verpflichtet, die vereinbarte Vergütung zu entrichten und das vertragsmäßig hergestellte Werk abzunehmen. Die Abnahme ist im Sinne einer Annahme als Anerkennung zu verstehen. Hinsichtlich der Vergütung gelten die Vorschriften der §§ 632, 641 Abs. 1, 452—455. Die Gewährleistung für Mängel im Rechte bestimmt sich nach den §§ 434—444. Zeigt sich ein Mangel der Sache oder wird die Herstellung verzögert, so greifen die Vorschriften der §§ 633—639, 640 Abs. 2 Platz. Der Besteller ist danach befugt, auf Beseitigung des Mangels zu klagen oder Wandelung oder Minderung zu verlangen, dem Unternehmer muß aber die Möglichkeit gewährt werden, den Mangel zu beseitigen und dadurch die Klage auf Wandelung oder Minderung auszuschließen. Bei Annahmeverzug des Bestellers finden außer den allgemeinen Vorschriften die Sondervorschriften der §§ 642, 643 Anwendung. Für den Uebergang der Gefahr sind die Vorschriften der §§ 644—646 maßgebend. Der Unternehmer trägt also regelmäßig die Gefahr bis zur Abnahme des Werkes. Außerdem gelten die §§ 446 Abs. 1 Satz 2, Abs. 2 (soweit er sich auf 446 Abs. 1 Satz 2 bezieht), ferner die §§ 448—450. Der Besteller kann den Vertrag bis zur Vollendung des Werkes nach Maßgabe der §§ 649, 650 kündigen.

5. Der Begriff der vertretbaren Sache bestimmt sich nach § 91. Es ist aber den Parteien unbenommen, eine Sache, die für gewöhnlich als vertretbar zu gelten hat, vertragsmäßig als eine nicht vertretbare zu charakterisiren und den Vertrag über die Lieferung einer solchen Sache unter die Regeln des Werkvertrags zu stellen.

6. Abs. 2. Das Eigenthum an den Nebensachen und Zuthaten geht regelmäßig durch die Verbindung mit der Hauptsache auf den Besteller über (§ 947 Abs. 2). Macht der frühere Eigenthümer der verbundenen Sachen den ihm nach § 951 zustehenden Anspruch auf Vergütung in Geld gegen den Besteller geltend, so ist der Unternehmer diesem zum Ersatze verpflichtet. Hat der Unternehmer Zubehörstücke zu dem Werke zu liefern, so hat er das Eigenthum derselben dem Besteller zu übertragen. Die Vorschriften der §§ 433—444 finden dabei nach § 445 entsprechende Anwendung.

Achter Titel.

Vergl. Riesenfeld, Der Civilmäkler, Beitr. z. Erl. d. Deutschen Rechts, Bd. 37 S. 27—68, 257—289, 530—585, 814—853, Burchard, Verhandlungen des 24. deutschen Juristentages, Bd. 2 S. 235—300.

I. Mäkler ist, wer es unternimmt, gegen Entgelt den Abschluß eines Vertrags zu vermitteln oder eine Gelegenheit zum Abschluß eines Vertrags nachzuweisen. Die hauptsächliche Bedeutung des Mäklerthums liegt auf dem Gebiete des Handelsverkehrs. Ueber die Handelsmäkler giebt das H.G.B. im Buch 1 Abschn. 8 §§ 93—104 eine Reihe von Vorschriften, welche den Bestimmungen des B.G.B. vorgehen, aber andererseits ihre Ergänzung in diesen finden. Als Mäklerverträge, welche nicht unter das Handelsgesetzbuch fallen (vergl. Gareis, Deutsche Juristen-Zeitung 1897 S. 391), sind namentlich zu nennen die Geschäfte der Grundstücks- und Hypothekenmäkler sowie die der Gesindemäkler. Hinsichtlich der letzteren ist zu beachten, daß die Regelung des Gesinderechts der Landesgesetzgebung überlassen ist (E.G. Art. 95) und daß diese danach in der Lage ist, über die dem Gesinderecht angehörenden Mäklerverträge Vorschriften zu geben, z. B. die Mäklergebühren zu regeln.

Eine Reihe von Mäklern ist der gewerbepolizeilichen Bestimmung der Gew.O. § 35 unterstellt.

Das Börsengesetz vom 22. Juni 1896 giebt in den §§ 29—35 Vorschriften über das Mäklerwesen an der Börse.

II. Das B.G.B. beabsichtigt nicht, eine erschöpfende Regelung des Mäklervertrags zu geben, sondern beschränkt sich auf einige Einzelvorschriften, welche theils die im bisherigen Rechte hervorgetretenen Streitfragen entscheiden, theils Mißständen auf dem Gebiete des Mäklerwesens entgegentreten sollen. Im Uebrigen ist auf die allgemeinen Vorschriften des Gesetzbuchs zu verweisen.

Der E. I enthielt nur einen einzigen, dem jetzigen § 652 Abs. 1 entsprechenden, Paragraphen über den Mäklervertrag. Von der zweiten Kommission sind die §§ 652 Abs. 2 und 653 hinzugefügt. Die §§ 654—656 beruhen auf Beschlüssen der Reichstagskommission.

Der § 652 bestimmt die Voraussetzungen, unter welchen ein Mäklerlohn gefordert werden kann. Der § 653 fügt einige ergänzende Vorschriften über den Mäklerlohn hinzu. Hat der Mäkler das Vertrauen seines Auftraggebers mißbraucht und der Beredung zuwider auch dem anderen Theile Dienste geleistet, so soll er seinen Anspruch auf Mäklerlohn und Ersatz der Auslagen nach § 654 verlieren. In gewissen Fällen soll nach § 655 der Richter den vereinbarten Mäklerlohn ermäßigen können. Der § 656 richtet sich gegen die Heirathsvermittelung.

III. Ueber das Wesen des Mäklervertrags gehen die Meinungen auseinander; vergl. Riesenfeld S. 27 ff. Zum Theil wird er anderen Verträgen ähnlicher Art, wie z. B. dem Dienstvertrag oder dem Werkvertrag, unterstellt, zum Theil wird er als eigenartiger Vertrag charakterisirt. Letzteres geschieht wieder in doppelter Weise: einerseits behandelt man den Vertrag als einen zweiseitigen derart, daß die Leistungen beider Theile als vertragsmäßige erscheinen, andererseits (Dresdener E. Art. 575—589, Reuling, Beitr. z. Erl. d. Deutschen Rechtes Bd. 40 S. 209, Burchard S. 290) konstruirt man das Verhältniß analog der Auslobung; es wird ein einseitiges Versprechen angenommen, welches durch die Erfüllung der doppelten Bedingung, nämlich der Thätigkeit des Mäklers und des Abschlusses des Vertrags, wirksam wird (M. II S. 510, Riesenfeld S. 27 ff.). Das Gesetz will die Frage nach dem juristischen Wesen des Vertrags nicht direkt entscheiden. Die M. II S. 510 bemerken, daß der Mäklervertrag, abgesehen von der Bestimmung des § 580 (jetzt § 652 Abs. 1), einer näheren Regelung nicht bedürfe, sondern zu seiner Beurtheilung je nach Verschiedenheit der Fälle die allgemeinen Grundsätze über Verträge bezw. die für den Dienstvertrag, den Werkvertrag oder das Mandat geltenden Rechtsnormen ausreichen. Indessen gewähren die positiven Vorschriften des Gesetzes Anhaltspunkte zur genaueren Bestimmung des Verhältnisses.

Der Mäklervertrag ist als ein Vertrag eigener Art zu behandeln. Vom Auftrag unterscheidet er sich durch die Entgeltlichkeit, vom Dienstvertrage dadurch, daß der Mäklerlohn nicht schlechthin für geleistete Dienste, sondern nur, wenn ein bestimmter Erfolg erzielt wird, zu zahlen ist, vom Werkvertrag endlich dadurch, daß der Mäkler zur Herbeiführung des Erfolges nicht verpflichtet, sondern nur berechtigt ist.

Wesentlich für den Mäklervertrag ist nur, daß dem Mäkler für den Fall, daß er die Gelegenheit zu dem Abschluß eines Vertrags nachweist oder daß er einen Vertrag vermittelt und daß der Vertrag in Folge des Nachweises oder der Vermittelung zu Stande kommt, eine Vergütung versprochen wird. Dem Mäkler kann daneben durch den Vertrag die Verpflichtung zu gewissen Handlungen oder zur Entfaltung einer gewissen Thätigkeit auferlegt werden. Mit Unrecht nimmt Riesenfeld S. 847 an, daß in solchem Falle ein Mäklervertrag überhaupt nicht vorliege. Richtig ist nur, daß die Verpflichtung des Mäklers zu einer bestimmten Thätigkeit kein wesentliches Erforderniß des Mäklervertrags ist und daß der Abschluß eines Mäklervertrags nicht die Vermuthung begründet, daß eine solche Verpflichtung beabsichtigt sei. Eine darauf gerichtete Vereinbarung schließt aber den Begriff des Mäklervertrags nicht aus. Anders liegt das Verhältniß, wenn sich der Mäkler zur Herbeiführung eines bestimmten Erfolges, z. B. dahin verpflichtet, daß er binnen 4 Wochen auf ein Grundstück eine Hypothek beschaffen werde. In einem solchen Falle wird der Vertrag als Werkvertrag zu behandeln sein.

Daß der Mäkler den Nachweis oder die Vermittelung von Geschäften gewerbsmäßig betreibt, ist für den Mäklervertrag nicht wesentlich.

Die Thätigkeit, zu deren Entfaltung der Mäkler durch den Mäklervertrag verpflichtet werden kann, läßt sich nicht allgemein bestimmen; sie kann eine sehr verschiedene sein. In manchen Fällen hat der Mäkler lediglich einen Gegenkontrahenten zu ermitteln. In anderen Fällen hat er ähnlich wie ein Bote bei dem Zustandekommen des Vertrags mitzuwirken, indem er die gegenseitigen Erklärungen übermittelt und den Parteien die äußeren Verhandlungen abnimmt. Aber seine Aufgabe kann auch eine weitergehende sein. Es kann ihm nämlich nach dem Vertrage die Verpflichtung obliegen, bei den Verhandlungen die Interessen seines Auftraggebers wahrzunehmen, die Gegenpartei in dessem Sinne zu beeinflussen und möglichst günstige Vertragsbedingungen für seinen Auftraggeber zu erzielen. Endlich gehört es vielfach auch zu den Geschäften des Mäklers, den Parteien bei der Formulirung des Vertrags zur Hand zu gehen, ihnen Auskunft über das, was im Verkehre gebräuchlich ist, zu geben und überhaupt als sachkundiger Berather zu dienen. Welche Art der Thätigkeit die Parteien bei dem Abschlusse des Mäklervertrags im Auge gehabt haben, läßt sich nur nach den Umständen des einzelnen Falles feststellen. Die Heirathsvermittelung gegen Entgelt soll überhaupt nicht zum Gegenstand eines Vertrags gemacht werden; § 656.

Bei seiner Thätigkeit hat sich der Mäkler an die vertragsmäßigen Vereinbarungen zu halten; vergl. die Ausführungen bei Riesenfeld S. 280—285. Er hat für jedes Verschulden einzustehen. Er haftet also z. B., wenn er ihm anvertraute Geheimnisse verräth, seinen Auftraggeber über die Zahlungsfähigkeit des Gegenkontrahenten täuscht (Seuff. 1. Archiv Bd. 49 Nr. 89) oder es an der nothwendigen Sorgfalt bei der Ermittelung oder Uebermittelung wesentlicher Thatsachen fehlen läßt. Der Mäkler darf sich bei der Ausführung des Auftrags sog. Zwischenmäkler oder anderer Gehülfen bedienen, wenn nicht ausdrücklich oder stillschweigend etwas Anderes vereinbart ist, hat dann aber gemäß § 278 für diese einzustehen. Eine Vertretungsmacht wird durch den Abschluß des Mäklervertrags nicht begründet; Handlungen, die der Mäkler als Stellvertreter einer Partei vornimmt, liegen außerhalb des Mäklervertrags. Eine vertragsmäßige Haftung besteht für den Mäkler nur gegenüber seinem Auftraggeber. Dem Gegenkontrahenten haftet er, anders wie nach Handelsrecht (H.G.B. § 98), für einen durch sein Verschulden herbeigeführten Schaden nur nach den Grundsätzen über unerlaubte Handlungen (§§ 823 ff). Denn der Mäkler tritt dadurch, daß er mit dem Gegenkontrahenten Unterhandlungen anknüpft, nicht in ein Vertragsverhältniß zu diesem; a. M. Riesenfeld S. 272, welcher auch andere Schriftsteller und Entscheidungen für seine Meinung anführt. Es ist aber möglich, daß der Mäkler auch mit dem Gegenkontrahenten einen Mäklervertrag abschließt, in welchem Falle er natürlich nach Maßgabe dieses Vertrags haftet. Der Mäkler soll indessen nicht für die andere Partei thätig werden, wenn dies dem Inhalte des ersten Vertrags widersprechen würde; vergl. das Nähere bei § 654.

Der Auftraggeber hat nach seinem freien Ermessen zu entscheiden, ob er einen Vertrag abschließen will oder nicht. Aber im Uebrigen hat auch er sich so zu verhalten, wie Treu und Glauben vorschreiben. Trifft ihn ein Verschulden, hat er z. B. dem Mäkler unwahre Angaben über das Verkaufsobjekt gemacht, so haftet er dem Mäkler für den dadurch entstehenden Schaden. Vergl. Erl. zu § 652.

Wenn durch die Thätigkeit des Mäklers ein Vertrag zu Stande kommt, so hat der Auftraggeber die vereinbarte Vergütung zu zahlen. Die näheren Voraussetzungen, an welche der Anspruch des Mäklers geknüpft ist, sind in dem § 652 normirt. Besondere Vorschriften hinsichtlich der Vergütung enthalten die §§ 653, 655.

Wird der Abschluß des Vertrags, den der Mäkler vermitteln sollte, unmöglich, z. B. dadurch, daß die Sache, welche verkauft werden sollte, untergeht, so kann die Voraussetzung, von welcher der Anspruch des Mäklers auf die Vergütung abhängt, nicht mehr eintreten; der Vertrag ist also gegenstandslos geworden.

Der Tod des Mäklers muß die Auflösung des Mäklervertrags herbeiführen, da die Voraussetzung, von welcher der Anspruch des Mäklers abhängt, an seine Person geknüpft ist. Das Gleiche gilt vom Eintritte der Geschäftsunfähigkeit. Die Eröffnung des Konkurses über das Vermögen des Mäklers führt nicht ohne Weiteres zur Auflösung des Mäklervertrags; vergl. Riesenfeld S. 578. Welchen Einfluß der Tod des Auftraggebers hat, ist nach den Umständen des einzelnen Falles zu bestimmen; da der Vertrag jederzeit gekündigt werden kann, wird die Frage selten praktisch werden.

Der Auftraggeber kann den Mäklervertrag jederzeit kündigen, ohne daß der Mäkler Anspruch auf die vereinbarte Vergütung hat. Geschieht die Kündigung in der Absicht, den Mäkler um seinen Verdienst zu bringen, etwa in der Weise, daß nach der Kündigung der von dem Mäkler bereits verabredete Vertrag geschlossen werden soll, so ist das Verhältniß so zu beurtheilen wie in dem Falle, wenn der Auftraggeber arglistig hinter dem Rücken des Mäklers den Vertrag abschließt; s. Erl. zu § 652, vergl. auch Riesenfeld S. 583. Für den Mäkler kann eine Kündigung bei dem reinen Mäklervertrage, da er durch diesen zu einer Leistung nicht verpflichtet wird, nicht in Frage kommen.

In allen bisher gedachten Beziehungen gestaltet sich das Rechtsverhältniß anders, wenn der Mäkler sich zu der Entfaltung einer bestimmten Thätigkeit verpflichtet hat. In solchem Falle werden die allgemeinen Vorschriften über gegenseitige Verträge zur Anwendung kommen müssen; daneben werden je nach der Lage des einzelnen Falles die Vorschriften über den Dienstvertrag entsprechend anzuwenden sein; insbesondere wird der Mäkler nach Maßgabe des § 626 für berechtigt zu erachten sein, den Vertrag zu kündigen, wenn ein wichtiger Grund vorliegt.

IV. Die Rechtsstellung des sog. Agenten kann eine verschiedene sein. Vielfach übt der Agent durchaus selbständig die Thätigkeit eines Mäklers aus. Der Agent kann aber auch in einem besonders gearteten Vertragsverhältnisse zu einem Dritten stehen, in der Art, daß er ständig damit betraut ist, für diesen Dritten Geschäfte zu vermitteln oder abzuschließen oder überhaupt dessen Interessen wahrzunehmen. Im Verhältnisse zu diesem Auftraggeber können dann die Normen des Dienstvertrags, des Werkvertrags oder des Mäklervertrags oder vielleicht

§. 652.

Wer für den Nachweis der Gelegenheit zum Abschluß eines Vertrags oder für die Vermittelung eines Vertrags einen Mäklerlohn verspricht, ist zur Entrichtung des Lohnes nur verpflichtet, wenn der Vertrag in Folge des Nachweises oder in Folge der Vermittelung des Mäklers zu Stande kommt. Wird der Vertrag unter einer aufschiebenden Bedingung geschlossen, so kann der Mäklerlohn erst verlangt werden, wenn die Bedingung eintritt.

Aufwendungen sind dem Mäkler nur zu ersetzen, wenn es vereinbart ist. Dies gilt auch dann, wenn ein Vertrag nicht zu Stande kommt.

---

auch die des Auftrags zur Anwendung kommen mit denjenigen Abänderungen und Ergänzungen, welche sich aus der ausdrücklichen oder der stillschweigenden, auf der Verkehrssitte beruhenden Vereinbarung der Parteien ergeben. Im Verhältnisse zu der anderen Partei kann ein Mäklervertrag vorliegen. Vergl. R.G. Bd. 31 S. 59.

Vielfach tritt aber der festangestellte Agent der anderen Partei gegenüber nur als Gehülfe oder Stellvertreter seines Auftraggebers auf.

Ueber die Handlungsagenten enthält das H.G.B. im Buch I Abschn. 7 §§ 84—92 Sondervorschriften.

§ 652.

E. I § 580; II § 587 rev. § 642; III § 642. P. I S. 2377—2380; M. II S. 509—514. P. II S. 2269, 2270, 2275—2279 (Bd. II S. 342).

1. Die Vorschriften des Abs. 1 sind aus dem H.G.B. (alte Fassung Art. 82) in den E. I übernommen. Auf Grund der Beschlüsse der zweiten Kommission haben sie die jetzt vorliegende Fassung erhalten, welche von derjenigen des E. I nur redaktionell abweicht. Abs. 2 ist von der zweiten Kommission eingestellt.

2. Der Mäkler muß zur Begründung des Anspruchs auf Mäklerlohn nachweisen, daß die im Gesetze bestimmten Voraussetzungen erfüllt sind.

a) Es muß ein Mäklervertrag abgeschlossen sein. Wird der Mäkler unaufgefordert thätig, so hat er, selbst wenn durch seine Thätigkeit ein Erfolg herbeigeführt wird, keinen Mäklerlohn zu beanspruchen. Natürlich kann, auch wenn der Mäkler zunächst ohne Auftrag thätig geworden ist, nachträglich ein Mäklervertrag abgeschlossen werden. Das bloße Dulden der Vermittelung ist aber nicht als Vertragsabschluß anzusehen.

b) Der Mäkler muß auf Grund des Vertrags eine gewisse Thätigkeit entwickelt haben. Was dazu gehört, damit man sagen kann, der Mäkler habe einen Vertrag vermittelt oder eine Gelegenheit zum Abschluß eines Vertrags nachgewiesen, ist nur nach den Umständen des einzelnen Falles zu beurtheilen. Vergl. Vorbm. III. Irgend eine Thätigkeit muß aber von dem Mäkler entfaltet werden; das bloße Schweigen oder Geschehenlassen begründet niemals einen Anspruch auf Mäklerlohn.

c) Der in Aussicht genommene Vertrag muß zu Stande gekommen sein. Dazu gehört, daß der Vertrag rechtsgültig und wirksam geschlossen ist. Ist zur Gültigkeit des Vertrags die Erfüllung einer bestimmten Form erforderlich, so muß die Einhaltung dieser Form nachgewiesen werden; R.G. Bd. 25 S. 319, Bd. 29 S. 230. Wenn der äußerlich zum Abschlusse gekommene Vertrag nichtig ist, so hat der Mäkler keinen Anspruch auf Mäklerlohn. Ist der Vertrag anfechtbar, so schließt dies an sich den Anspruch auf Mäklerlohn nicht aus. Wird aber von dem Anfechtungsrechte Gebrauch gemacht, so ist nach § 142 der Vertrag als von Anfang an nichtig anzusehen und der Anspruch des Mäklers verliert seine Unterlage; war der Lohn vor der Anfechtung bereits ausgezahlt, so kann er nach den Grundsätzen der ungerechtfertigten Bereicherung (§§ 812 ff.) zurückgefordert werden. Ist der Vertrag unter einer aufschiebenden Bedingung geschlossen, so kann der Mäklerlohn nach der Vorschrift des Abs. 1 Satz 2, die sich lediglich als eine Folgerung aus dem zu Grunde liegenden Prinzipe darstellt, erst verlangt werden, wenn der Vertrag durch den Eintritt der Bedingung seine volle Wirksamkeit erlangt. Eine dem Vertrage beigefügte Resolutivbedingung schließt, solange sie in der Schwebe ist, den Anspruch auf den Mäklerlohn nicht aus. Zweifelhaft ist, ob, wenn die auflösende Bedingung eintritt, der Anspruch auf den Mäklerlohn wegfällt und das darauf etwa bereits Gezahlte nach den Vorschriften über die Herausgabe einer ungerechtfertigten Bereicherung zurückgefordert werden kann. Nach § 158 endigt mit dem Eintritte der auflösenden Bedingung die Wirkung des Vertrags und tritt in diesem Zeitpunkte der frühere Rechtszustand wieder ein. Diese Vorschrift bezieht sich aber wenigstens zunächst nur auf das Verhältniß unter den Vertragschließenden.

Ob auch in dem Verhältnisse zwischen dem Mäkler und seinem Auftraggeber mit dem Eintritte der auflösenden Bedingung der frühere Rechtszustand wieder eintritt, der Vertrag also als nicht geschlossen gilt, ist eine Frage, deren Entscheidung von der Auslegung des Mäklervertrags abhängt. Gegen ihre Bejahung scheint zu sprechen, daß das Gesetz nur die aufschiebende, nicht die auflösende Bedingung erwähnt. In den M. II S. 513 wird die Frage aufgeworfen, aber nicht ausdrücklich entschieden, vielmehr nur bemerkt, daß sie nach E. I § 129 (jetzt § 158) zu entscheiden sein werde. Bei der nahen Verwandtschaft der Fälle, in welchen eine aufschiebende Bedingung wegfällt oder eine auflösende Bedingung eintritt, und da es oft nur zufällige Umstände sind, welche die Wahl der einen oder der anderen Rechtsform durch die Parteien veranlassen, dürften überwiegende Gründe dafür sprechen, wenigstens im Zweifel den Anspruch auf den Mäklerlohn mit dem Eintritte der auflösenden Bedingung wegfallen zu lassen. Anders dagegen dürfte der Fall zu beurtheilen sein, wenn eine der Parteien von einem ihr zustehenden Rücktrittsrechte Gebrauch macht. Für das gesetzliche Rücktrittsrecht (§§ 325, 326) ist dies wohl unzweifelhaft. Das vertragsmäßig vorbehaltene Rücktrittsrecht in der hier fraglichen Beziehung anders zu behandeln, dürfte der für die Auslegung des Mäklervertrags maßgebenden Auffassung des Verkehrs nicht entsprechen. A.A. **Seuff.** Arch. Bd. 50 Nr. 13. Besonders klar tritt dies hervor in dem Falle des Fixgeschäfts, in welchem nach § 361 ein Rücktrittsrecht unter den dort bezeichneten Voraussetzungen als vorbehalten vermuthet wird. Bezog sich der Mäklervertrag auf ein Geschäft dieser Art, so ist die Absicht der Parteien gewiß dahin gegangen, daß der Mäklerlohn mit dem Abschlusse des Fixgeschäfts verdient sein und nicht davon abhängen solle, ob die eine oder die andere Partei von dem ihr zustehenden Rücktrittsrechte Gebrauch mache. Auch in anderen Fällen des vorbehaltenen Rücktritts wird das Verhältniß regelmäßig ähnlich liegen. Selbstverständlich ist, daß der Anspruch auf den Mäklerlohn dadurch nicht berührt wird, daß ein rechtsgültig abgeschlossener Vertrag durch Vereinbarung der Parteien wieder aufgehoben wird. Ebensowenig ist es von Einfluß, wenn sich der Durchführung des Vertrags thatsächliche Schwierigkeiten entgegenstellen.

Es genügt nicht, daß irgend ein Vertrag zu Stande gekommen ist, sondern es muß der bestimmte, bei Abschluß des Mäklervertrags in Aussicht genommene Vertrag zu Stande gekommen sein; so ist der Mäklerlohn z. B. noch nicht verdient, wenn der Mäkler dem Auftraggeber ein Darlehn verschaffen soll und zunächst nur ein Darlehnsversprechen zu Stande kommt; so R.G. Bd. 39 S. 231, vergl. **Seuff.** Arch. Bd. 43 Nr. 108 (Tausch statt Kauf). Indessen wird hierbei der Schwerpunkt meistens nicht auf die juristische Form, sondern auf den wirthschaftlichen Erfolg zu legen sein. Nebensächliche Abweichungen von dem in Aussicht genommenen Vertrage kommen nicht in Betracht.

Vielfach wird der dem Mäkler ertheilte Auftrag sich auf Mehreres erstrecken, z. B. in erster Linie dahingehen, ein Haus zu verkaufen, in zweiter Linie dahin, einen Miether für dasselbe zu suchen. Ist der Mäklervertrag in diesem Sinne zu verstehen, dann genügt es natürlich, daß irgend einer der beabsichtigten Verträge zu Stande kommt.

d) Es muß ein Kausalzusammenhang zwischen der Thätigkeit des Mäklers und dem Zustandekommen des Vertrags bestehen. Regelmäßig ist dazu erforderlich, daß der Auftraggeber von der Thätigkeit des Mäklers Kenntniß und damit auch das Bewußtsein erlangt hat, bei Abschluß des Vertrags einen Mäklerlohn zahlen zu müssen. Denn der letztere Umstand wird, wie das Reichsgericht zutreffend bemerkt (R.G. Bd. 31 S. 291), seine Entschließungen sowohl hinsichtlich des Geschäftsabschlusses, als auch hinsichtlich der Preisbestimmung sowie anderer Bedingungen des Vertrags vielfach erheblich beeinflussen. Wo letzteres aber nicht zutrifft, weil z. B. die Mäklergebühr vom Standpunkte des Auftraggebers, etwa einer Herrschaft, die einen Dienstboten miethen will, als eine geringfügige erscheint, da wird es genügen, daß der Mäkler thatsächlich den Nachweis zum Abschlusse des Vertrags gegeben oder den Vertrag zu Stande gebracht hat.

Wenn der Auftraggeber den vom Mäkler verabredeten Vertrag unter **Umgehung des Mäklers** abschließt (M. II S. 513; **Riesenfeld** S. 540), um den Mäklerlohn zu ersparen, so kann das Verhältniß ein doppeltes sein. Entweder basirt der Vertrag trotz der entgegengesetzten Erklärungen des Auftraggebers auf der Thätigkeit des Mäklers und ist in Wirklichkeit durch seine Vermittelung zu Stande gekommen; dann ist die im § 652 bestimmte Voraussetzung eingetreten, und der von dem Auftraggeber arglistiger Weise erweckte Schein, daß dies nicht der Fall sei, wird nicht berücksichtigt. Oder jene Voraussetzung liegt nicht vor; dann dürfte ein Anspruch des Mäklers auf den Mäklerlohn nicht begründet sein. Der Auftraggeber hat zwar durch den Abschluß des Vertrags unter Umgehung des Mäklers dessen Vermittelung unmöglich gemacht, aber ein rechtswidriges oder arglistiges Verhalten kann hierin nicht gefunden werden, weil der Auftraggeber nicht nur berechtigt ist, den Mäklervertrag jederzeit zu kündigen, sondern auch nach seinem Belieben den ihm durch die Vermittelung des Mäklers gemachten Vertragsantrag, ohne dadurch in Verzug der Annahme zu kommen, abzulehnen und dadurch den Erfolg der Vermittelung des Mäklers unmöglich zu machen. Diese Gesichtspunkte schließen auch eine

§. 653.

Ein Mäklerlohn gilt als stillschweigend vereinbart, wenn die dem Mäkler übertragene Leistung den Umständen nach nur gegen eine Vergütung zu erwarten ist.

Ist die Höhe der Vergütung nicht bestimmt, so ist bei dem Bestehen einer Taxe der taxmäßige Lohn, in Ermangelung einer Taxe der übliche Lohn als vereinbart anzusehen.

§. 654.

Der Anspruch auf den Mäklerlohn und den Ersatz von Aufwendungen ist ausgeschlossen, wenn der Mäkler dem Inhalte des Vertrags zuwider auch für den anderen Theil thätig gewesen ist.

---

entsprechende Anwendung der Vorschriften des § 324 aus. Nicht ausgeschlossen wird hierdurch selbstverständlich eine ausdrückliche oder stillschweigende Vereinbarung, nach welcher der Mäkler den Mäklerlohn ganz oder theilweise auch dann erhalten soll, wenn seine Vermittelung durch das Verhalten des Auftraggebers unmöglich gemacht wird. Unter Umständen kann auch ein Anspruch auf Schadensersatz nach Maßgabe der Vorschriften über unerlaubte Handlungen (§§ 823 ff.) in Frage kommen, wenn z. B. der Auftraggeber sich eines strafbaren Betrugs schuldig gemacht hat.

3. Der Abs. 2 entscheidet eine Streitfrage des bisherigen Rechtes.

Ist dem Mäkler der Ersatz von Aufwendungen zugesichert, so finden die Vorschriften der §§ 256, 257 Anwendung. Ist eine solche Zusicherung nicht gemacht, so kann der Mäkler den Ersatz von Aufwendungen weder dann verlangen, wenn der Vertrag zu Stande kommt, noch, wenn dies nicht der Fall ist.

4. Die Vorschriften des § 652 sind dispositiver Natur.

§ 653.

E. II § 588 rev. § 643; III § 643. M. II S. 514. P. II S. 2275—2279 (Bd. II S. 345 bis 347). K.B. S. 1980.

1. Der § 653 ist von der zweiten Kommission eingestellt; er entspricht den §§ 612, 632; vergl. im Allgemeinen die Erl. zu § 612.

Der Satz, daß ein Mäklervertrag auch stillschweigend abgeschlossen werden kann, läßt sich allerdings ohne Weiteres aus allgemeinen Grundsätzen ableiten; es war deshalb die Vorschrift von einer Minderheit der zweiten Kommission als entbehrlich bekämpft und auch in der Reichstagskommission der Antrag gestellt, die Vorschrift zu streichen. Indessen würde, nachdem man einmal die §§ 612, 632 aufgenommen hatte, die Nichtaufnahme einer entsprechenden Vorschrift im achten Titel das Mißverständniß nahegelegt haben, als solle das Verhältniß beim Mäklervertrag anders beurtheilt werden wie beim Dienstvertrag und beim Werkvertrage.

Die praktische Bedeutung des Abs. 1 liegt hauptsächlich darin, daß es nur darauf ankommt, ob nach den Umständen vernünftiger Weise die Thätigkeit des Mäklers nur gegen Vergütung erwartet werden konnte, nicht darauf, ob der andere Theil dies wirklich erwartet hat. Es muß aber wirklich, wenn auch nur stillschweigend, ein Mäklervertrag abgeschlossen sein. Dem Mißverständniß, als könne der Mäkler auch eine Vergütung verlangen, wenn er unaufgefordert thätig geworden sei, will das Gesetz dadurch entgegentreten (P. II S. 2278), daß es von einer übertragenen Leistung spricht.

2. Ein Mäklerlohn muß namentlich dann als vereinbart gelten, wenn der Mäkler sein Geschäft gewerbsmäßig betreibt.

Taxen für bestimmte Arten von Mäklergeschäften bestehen u. A. in Schlesien (der Mäklerlohn soll bei Vermittelung von Geldgeschäften höchstens ein Prozent betragen, Riesenfeld S. 56), ferner für das Gebiet des vormaligen Kurfürstenthums Hessen (höchste zulässige Belohnung für Mäklergeschäfte aller Art zwei Prozent, R.G. Bd. 28 S. 117), in Baden (Verordnung vom 28. 2. 90, Burchard S. 271), in Hamburg (Taxe vom 28. 12. 74, Burchard S. 272). Es wird ferner berichtet (Neubauer, Arch. f. bürgerliches Recht, Bd. VI S. 8), daß in Berlin nach zahlreichen Gutachten der Aeltesten der Kaufmannschaft der gewöhnliche Lohn für die Vermittelung von Grundstückskäufen ein Prozent der Kaufsumme und nur bei Grundstücken von sehr hohem Werth ein halbes Prozent beträgt. Der Satz von einem Prozent bei Grundstückskäufen dürfte auch sonst vielfach der übliche sein.

§ 654.

M. II S. 514—516. P. II S. 2270—2274 (Bd. II S. 342—344). K.B. S. 1980.

1. Die Frage, wie es zu halten sei, wenn sich ein Mäkler von beiden Theilen für seine Thätigkeit eine Vergütung versprechen läßt, wird im bisherigen Rechte verschieden beantwortet.

je nachdem man dem Mäkler die Stellung eines Beauftragten oder eines zwischen den Parteien stehenden Vermittlers anweist; vergl. M. II S. 514. Das H.G.B. bestimmt (und zwar in der alten Fassung Art. 83 für die amtlich bestellten Handelsmäkler, in der neuen Fassung § 99 für Handelsmäkler überhaupt), daß mangels einer besonderen Vereinbarung die Mäklergebühr von beiden Theilen zur Hälfte zu zahlen sei, erachtet es also nicht nur für zulässig, sondern für normal, daß der Mäkler mit beiden Theilen Verträge schließt. Der E. I hatte wegen der Verschiedenheit der in Betracht kommenden Fälle Bedenken getragen, die in Rede stehende Frage durch eine allgemeine Rechtsnorm zu entscheiden. Die M. II S. 514 führen aus, daß Fälle denkbar seien, in denen der Mäkler nur im Interesse des ersten Auftraggebers thätig werden solle, daß aber der Mäkler, wenn er nur solche thatsächlichen Dienste zu leisten habe, deren Ausführung ohne Pflichtverletzung gegen den ersten Auftraggeber zugleich im Auftrage der anderen Partei geschehen könne, sich von beiden Parteien wirksam eine Vergütung für seine Bemühungen zusichern lassen dürfe. Bei den Berathungen der zweiten Kommission waren Anträge gestellt, nach denen der Mäkler regelmäßig des Anspruchs auf den Mäklerlohn verlustig gehen sollte, wenn er sich von beiden Theilen eine Vergütung ausbedungen habe. Die Kommission hat die Aufnahme einer solchen Vorschrift abgelehnt: sie sei selbstverständlich, wenn der Mäkler ausschließlich im Interesse des ersten Auftraggebers seine Thätigkeit auszuüben habe, sie sei unrichtig, wenn die Thätigkeit des Mäklers sich auf eine unparteiische Vermittelung beschränke und kein kollidirendes Interesse vorliege; P. II S. 2270—2276.

In der Reichstagskommission ist dann die Frage nochmals verhandelt und schließlich die jetzt vorliegende Vorschrift angenommen. Von den Regierungsvertretern war sie als selbstverständlich bekämpft, die Mehrheit der Kommission hat aber Werth auf ausdrückliche Aufnahme der Vorschrift gelegt, weil das Interesse des Publikums Klarheit in dieser Angelegenheit erheische.

2. Bei der Anwendung des § 654 ist nach der dem Gesetze zu Grunde liegenden Auffassung davon auszugehen, daß der Mäkler eine doppelte Stellung einnehmen kann, nämlich entweder die eines völlig unparteiischen Vermittlers, oder aber die eines Vertrauensmannes. Im ersteren Falle darf er sich von beiden Parteien eine Vergütung versprechen lassen, im letzteren Falle soll er dagegen nur für den ersten Auftraggeber thätig werden. Weder für das eine, noch für das andere besteht eine gesetzliche Vermuthung, es ist lediglich nach den Umständen des einzelnen Falles zu entscheiden; vergl. Beispiele bei Riesenfeld S. 558. Wenn von den Regierungsvertretern in der Reichstagskommission bemerkt ist (K.B. S. 1980), in der Mehrzahl der Fälle liege die Sache so, daß der Mäkler nur vermitteln solle ohne Interessevertretung einer Partei gegen die andere, so ist das lediglich eine thatsächliche Bemerkung, in Betreff deren es dahingestellt bleiben kann, ob sie in dieser Allgemeinheit richtig ist.

Vielfach wird der Auftraggeber, der das zu vermittelnde Geschäft nach seinen persönlichen Verhältnissen als ein sehr wichtiges ansieht, beim Abschlusse des Vertrags davon ausgehen, daß der Mäkler als sein Vertrauensmann nur für ihn thätig werden soll, während der Mäkler, der die Vermittelung gewerbsmäßig betreibt, die Angelegenheit mehr von der objektiven Seite anzusehen geneigt ist und es durchaus nicht für illoyal halten wird, auch nach der anderen Seite ein Geschäft zu machen. Hier muß man sich auf die Seite des Auftraggebers stellen, vorausgesetzt, daß dessen Standpunkt beim Abschlusse des Mäklervertrags genügend zum Ausdrucke gebracht ist. Denn der § 654 setzt nicht eine Verletzung der Interessen des Auftraggebers voraus, sondern er knüpft die Verwirkung des Anspruchs auf Mäklerlohn lediglich an die Verletzung des Inhalts des Vertrags. Der Mäkler soll nicht für den anderen Theil thätig werden, wenn sein Auftrag nach dem Vertrage dahin geht, sich einer solchen Thätigkeit zu enthalten, gleichviel, ob dieser Auftrag objektiv gerechtfertigt ist oder nicht.

Wenn der Auftraggeber weiß, daß der Mäkler von dem anderen Theile mit der Vermittelung beauftragt ist, und trotzdem den Mäklervertrag abschließt, so kann er sich demnächst nicht auf den § 654 berufen; vergl. R.G. Bd. 4 S. 222.

3. Bei den Berathungen ist darauf hingewiesen, daß dem Auftraggeber im Falle des § 654 die Einrede des nicht gehörig erfüllten Vertrags zustehe, und man könnte annehmen, daß der § 654 lediglich bestimmt sei, diesen Gedanken zum Ausdrucke zu bringen. Indessen deutet die Wahl des Ausdrucks „ist ausgeschlossen" statt „kann verweigern" darauf hin, daß nicht eine Einrede, sondern ein ipso jure wirkender Ausschließungsgrund hat bestimmt werden sollen.

4. Hat der Mäkler mit beiden Parteien Mäklerverträge geschlossen, so ist bei jedem Vertrage für sich zu prüfen, ob die Voraussetzungen des § 654 vorliegen.

5. Steht dem Mäkler gegenüber beiden Parteien ein Anspruch auf Vergütung zu, so gilt nicht etwa wie nach Handelsrecht (H.G.B. § 99) die Vermuthung, daß jede Partei den Mäklerlohn zur Hälfte zu bezahlen hat, doch kann jeder der Mäklerverträge in diesem Sinne abgeschlossen werden.

§. 655.

Ist für den Nachweis der Gelegenheit zum Abschluß eines Dienstvertrags oder für die Vermittelung eines solchen Vertrags ein unverhältnißmäßig hoher Mäklerlohn vereinbart worden, so kann er auf Antrag des Schuldners durch Urtheil auf den angemessenen Betrag herabgesetzt werden. Nach der Entrichtung des Lohnes ist die Herabsetzung ausgeschlossen.

§. 656.

Durch das Versprechen eines Lohnes für den Nachweis der Gelegenheit zur Eingehung einer Ehe oder für die Vermittelung des Zustandekommens einer Ehe wird eine Verbindlichkeit nicht begründet. Das auf Grund des Versprechens Geleistete kann nicht deshalb zurückgefordert werden, weil eine Verbindlichkeit nicht bestanden hat.

Diese Vorschriften gelten auch für eine Vereinbarung, durch die der andere Theil zum Zwecke der Erfüllung des Versprechens dem Mäkler gegenüber eine Verbindlichkeit eingeht, insbesondere für ein Schuldanerkenntniß.

---

§ 655.

K.B. S. 1980, 1981. St.B. S. 2785, 2786.

1. Der § 655 ist von der Reichstagskommission eingestellt. Zunächst war beschlossen, ganz allgemein zu sagen: „Ein unverhältnißmäßiger Mäklerlohn ... kann ... herabgesetzt werden." Bei der zweiten Lesung wurde die Vorschrift auf Dienstverträge beschränkt. Im Plenum des Reichstags war dann beantragt, die allgemeinere Fassung wieder herzustellen, der Antrag ist aber abgelehnt.

2. Wegen des Begriffs des Dienstvertrags s. Vorbm. zum siebenten Titel III. Bei der Entscheidung der Frage, ob der Mäklerlohn ein unverhältnißmäßig hoher ist, wird zu berücksichtigen sein, daß der Mäkler vielfach Bemühungen und Kosten aufwenden muß, ohne zu einem Erfolge zu gelangen, und daß der im einzelnen Falle gezahlte Mäklerlohn einen Theil der allgemeinen Geschäftskosten mit decken soll. Vergl. Erl. zu § 343.

3. Die Bestimmungen des § 138 über die Nichtigkeit unsittlicher, insbesondere wucherischer, Geschäfte werden durch den § 655 nicht berührt.

§ 656.

M. II S. 511. K.B. S. 1981.

Vergl. Kohler, Der Ehemakellohn, Arch. f. bürg. Recht s. Bd. 12 S. 316—336.

1. Der § 656 beruht auf einem Beschlusse der Reichstagskommission.

2. Die Mäklerverträge, welche die Ehevermittelung zum Gegenstande haben, werden im bisherigen Rechte verschieden behandelt (M. II S. 511). Der E. I enthält keine besondere Vorschrift über diese Verträge. Die Motive bemerken, daß es von den Umständen des einzelnen Falles abhänge, ob ein Vertrag der fraglichen Art im gegebenen Falle als unsittlich und demzufolge als nichtig anzusehen sei. Bei den Berathungen der zweiten Kommission ist die Frage nicht besonders erörtert. Dagegen wurde in der R.T.K. beantragt, der Heirathsvermittelung durch eine besondere Bestimmung entgegen zu treten. Gegen diesen Vorschlag wurde von den Regierungsvertretern eingewendet, daß zwar das Versprechen eines Vermögensvortheils für Heirathsvermittelung in einem bestimmten Falle unsittlich sein könne, daß aber dieser Gesichtspunkt nicht für alle Fälle durchschlage; letzteres ergebe sich schon aus der Ueblichkeit derartiger Leistungen in den bäuerlichen Kreisen mancher Gegenden wie in anderen Kreisen der Bevölkerung. Die Kommission hat aber diese Sitte nicht für ausschlaggebend erachtet. K.B. S. 1981.

3. Bei der Aufnahme der Vorschrift hat man nach dem Kommissionsbericht ein Doppeltes im Auge gehabt. Einmal soll die Heirathsvermittelung gegen Entgelt als unsittlich gekenn=

zeichnet werden; sodann aber sollen die Prozesse wegen Heirathsvermittelung wegen der damit verbundenen Aergernisse abgeschnitten werden. Der Gedanke, daß die Heirathsvermittelung gegen Entgelt unsittlich sei, hat indessen einen Ausdruck in der Fassung des Gesetzes nicht gefunden. Dieses schließt sich vielmehr vollständig der Fassung der Vorschrift des § 762 über Spiel und Wette an, welche unzweifelhaft nicht auf dem Gesichtspunkte beruht, daß Spiel und Wette unsittlich seien. Die Wissenschaft hat daher freie Hand, ob sie die Vorschriften des § 656 Satz 1, 2 als eine Konsequenz der Vorschriften des § 138 Abs. 1 und des § 817 Satz 2 betrachten will, nach welchen ein gegen die guten Sitten verstoßendes Rechtsgeschäft nichtig ist, das auf Grund eines solchen Rechtsgeschäftes Geleistete aber, wenn auch der Versprechende durch die Eingehung der Verbindlichkeit gegen die guten Sitten verstieß, nicht zurückgefordert werden kann, oder ob man eine Verbindlichkeit der im § 656 bezeichneten Art, ähnlich wie die Verbindlichkeit aus Spiel und Wette, als eine unvollkommene Verbindlichkeit ansehen will, deren Erfüllung zwar nicht erzwungen werden kann, die aber doch insoweit eine rechtliche Wirkung hat, daß das auf Grund derselben Geleistete nicht zurückgefordert werden kann. Für das praktische Ergebniß dürfte es ohne Bedeutung sein, ob man die eine oder die andere Auffassung für die richtige hält. Ausgeschlossen ist die Rückforderung des Geleisteten nach § 656 Satz 2 übrigens immer nur dann, wenn sie deshalb erfolgt, weil eine Verbindlichkeit nicht bestanden habe; sie ist nicht ausgeschlossen, wenn sie aus anderen Gründen, z. B. deshalb erfolgt, weil die Leistung durch Drohung erzwungen sei.

Kohler S. 334 faßt den Sinn des § 656 dahin auf, daß ein Ehemäklervertrag überhaupt nicht zum Gegenstande gerichtlicher Klage gemacht werden darf, und folgert daraus, daß eine Vermittelungsthätigkeit, welche in öffentlichen Empfehlungen stattfindet, gleichfalls getroffen wird, und mithin auch die Insertionskosten für derartige Ankündigungen und Mittheilungen nicht zu bezahlen sind. Dies geht aber zu weit. Die Frage, ob der Vertrag über die Einrückung eines Inserats, welches die Heirathsvermittelung zum Gegenstande hat, eine Verbindlichkeit zur Bezahlung der Insertionskosten begründet, dürfte nicht nach § 656, sondern nach § 138 zu entscheiden sein.

4. Abs. 1 Satz 2. Eine Leistung auf Grund des Versprechens ist nicht nur anzunehmen, wenn das Versprechen direkt erfüllt, sondern auch wenn ein Erfüllungssurrogat geleistet ist eine Einschränkung erfährt aber das Letztere durch den Abs. 2.

5. Abs. 2. Wenn zum Zwecke der Erfüllung des Versprechens eine neue Verbindlichkeit eingegangen wird, insbesondere ein Schuldschein oder ein Wechsel ausgestellt wird, so ist die neue Verbindlichkeit nach der für anwendbar erklärten Vorschrift des Abs. 1 Satz 1 als unwirksam zu behandeln; a. M. Stammler, Schuldverhältnisse 1897, S. 29. Die Unwirksamkeit tritt ipso jure ein; es bedarf nicht erst der Aufhebung der Verbindlichkeit auf Grund der Vorschriften über die Herausgabe einer ungerechtfertigten Bereicherung. In der entsprechenden für Spiel und Wette gegebenen Vorschrift des E. I § 664 Satz 3 war das Verhältniß in der letztgedachten Art geregelt. Das Schuldversprechen oder Schuldanerkenntniß sollte nicht ipso jure unwirksam sein, der Schuldner sollte aber die Erfüllung der dadurch begründeten Verbindlichkeit zu verweigern oder Befreiung von der letzteren zu verlangen berechtigt sein. Von der zweiten Kommission ist dieser Standpunkt aber verlassen und der § 762 Abs. 2 hat die jetzige Fassung erhalten, durch welche ausgedrückt werden soll, daß das zur Erfüllung einer Spiel- oder Wettschuld gegebene Schuldversprechen oder Schuldanerkenntniß ebenso ipso jure unwirksam sei, wie der Spiel- oder Wettvertrag selbst (P. II S. 3178). Der § 656 Abs. 2 ist dem § 762 Abs. 2 nachgebildet und muß daher in demselben Sinne ausgelegt werden. Von der in dem Abs. 2 bezeichneten Vereinbarung gilt genau dasselbe wie von dem im Abs. 1 bezeichneten Versprechen. Eine Verbindlichkeit wird dadurch nicht begründet; das auf Grund der Vereinbarung Geleistete kann aber nicht deshalb zurückgefordert werden, weil eine Verbindlichkeit nicht bestanden habe. Ebenso Eccius, Beitr. z. Erl. d. D.R. Bd. 42 S. 202.

Ist über die Vereinbarung, insbesondere über ein Schuldanerkenntniß, eine Urkunde hingegeben, so kann die Zurückgabe derselben nach den Vorschriften über die Herausgabe einer ungerechtfertigten Bereicherung (§§ 812 ff.) verlangt werden. Wenn sich der Mäkler schon bei Abschluß des Mäklervertrags ein abstraktes Schuldversprechen ausstellen läßt, so wird die Sache meist so liegen, daß eine sofortige, wenn auch thatsächlich bedingte, Erfüllung der übernommenen Verpflichtung zur Zahlung des Mäklerlohns anzunehmen ist; es greift also die Vorschrift des Abs. 2 Platz.

6. Wegen der gewerbepolizeilichen Beschränkung der Heirathsmäkler s. Gew.O. § 35 Abs. 2.

Neunter Titel.
Auslobung.

I. Die **Auslobung**, d. i. das öffentliche Versprechen einer Belohnung für die Vornahme einer bestimmten Handlung, hat im bisherigen Rechte nach mehreren Richtungen zu Zweifeln und Streitigkeiten Anlaß gegeben. Man hat deshalb im neunten Titel für die wichtigsten in Betracht kommenden Fragen eine ausdrückliche Entscheidung gegeben.

Das Gesetz stellt im § 657 zunächst die Voraussetzungen fest, unter denen aus einer Auslobung ein Schuldverhältniß entsteht. Im § 658 ist der Widerruf der Auslobung geregelt. Die §§ 659, 660 behandeln die Fälle, in denen mehrere Personen die Handlung, für welche die Belohnung ausgesetzt ist, vorgenommen haben, und zwar der § 659 den Fall, daß Mehrere nach einander oder neben einander jeder selbständig die Bedingung erfüllen, der § 660 den Fall, in welchem Mehrere zusammen die erforderte Handlung vollbringen. Der § 661 endlich giebt einige Sondervorschriften für den Fall eines Preisausschreibens.

II. Bei der **materiellen Regelung** geht das Gesetz davon aus, daß durch die Auslobung eine rechtliche Verpflichtung für den Auslobenden entsteht, wenn die gestellte Bedingung erfüllt wird. Während insoweit schon im bisherigen Rechte fast vollständige Uebereinstimmung herrscht, gehen die Meinungen darüber, wie das Verhältniß rechtlich zu konstruiren sei, auseinander. Auf der einen Seite wird die Entstehung der Verbindlichkeit auf einen Vertrag zurückgeführt. Die Auslobung soll nach dieser Ansicht als ein Vertragsantrag an unbestimmte Personen, die Vornahme der Handlung als die Annahme dieses Vertrags aufzufassen sein. Auf der anderen Seite wird die Verpflichtung des Auslobenden allein auf die bindende Kraft des einseitigen Versprechens gegründet; die Vornahme der erforderten Handluug hat hiernach lediglich die Bedeutung, daß eine thatsächliche Bedingung, an welche der Auslobende seine Verpflichtung geknüpft hat, erfüllt wird. Der E. I beabsichtigte sich der letzteren Auffassung anzuschließen; M. II S. 519. Im Gesetze hat dies nach den Motiven (M. II S. 520) insofern Ausdruck gefunden, als der Anspruch auf die Belohnung allein durch die Vornahme der erforderten Handlung zur Entstehung gebracht wird, auch wenn die Handlung in Unkenntniß der Auslobung vollbracht worden ist. Die zweite Kommission hat den hier in Betracht kommenden § 581 des E. I (jetzt § 657) sachlich gebilligt; über die theoretische Konstruktion ist nach den Protokollen nicht verhandelt. In der Kritik zum E. I ist von **Jakubezky** (S. 141, 18) bemerkt, die Auslobung dürfte als ein bindender Vertragsantrag anzusehen sein, deren Annahme stillschweigend erfolgen könne. Die Vollbringung der verlangten Handlung sei nicht an sich schon Annahme der Auslobung, sondern nur die nothwendige Voraussetzung der Annahme. Diese liege erst darin, daß die Handlung zu der Auslobung in Beziehung gesetzt, daß ihr die Bestimmung gegeben werde, Erfüllung derselben zu sein. Im Sinne der Auslobung liege es aber, daß der Handelnde berechtigt sei, der vollbrachten Handlung stillschweigend und mit rückwirkender Kraft diese Bestimmung zu geben. Man wird die letztere Auffassung als möglich anerkennen müssen. Als praktische Konsequenz derselben ist hervorzuheben, daß der Handelnde durch die Vornahme der Handlung nicht ohne Weiteres den Anspruch auf die Belohnung erwirbt, sondern nur die Befugniß, den in der Auslobung liegenden Vertragsantrag anzunehmen. Stirbt er oder wird über sein Vermögen der Konkurs eröffnet, so würde man vielleicht sagen müssen, daß die Annahme des Antrags von seinen Erben oder von dem Konkursverwalter nicht ausgesprochen werden könne. Indessen liegt der Schwerpunkt wohl mehr auf dem theoretischen Gebiete. Mit Rücksicht auf den Wortlaut des Gesetzes und da keine zwingenden Gründe vorliegen, von demselben abzuweichen, erscheint es richtiger, der Auffassung der Motive beizutreten und die Auslobung als ein einseitiges bindendes Versprechen zu behandeln. Es liegt hiernach bei der Auslobung eine Ausnahme von dem Grundsatze des § 305 vor, wonach zur Begründung eines Schuldverhältnisses durch Rechtsgeschäft regelmäßig ein Vertrag zwischen den Betheiligten erforderlich sein soll.

III. 1. Zur **Begründung** des Schuldverhältnisses ist erforderlich einerseits das öffentliche Versprechen, andererseits die Vornahme der in der Auslobung geforderten Handlung.

a) Die Auslobung ist ein einseitiges Rechtsgeschäft, welches den allgemeinen Vorschriften des Buch I Abschn. 3 untersteht. Darnach sind marktschreierische Ankündigungen auf Grund des § 118, Auslobungen, die gegen ein gesetzliches Verbot oder gegen die guten Sitten verstoßen, auf Grund der §§ 134, 138 als unwirksam zu behandeln. Eine Anfechtung der Auslobung wegen Irrthums, Drohung oder Betrugs ist nach § 143 Abs. 4 gegenüber demjenigen zu erklären, welcher die Handlung vorgenommen hat, indem dieser hierdurch den Anspruch gegen den Auslobenden, also unmittelbar einen rechtlichen Vortheil auf Grund der Auslobung erlangt hat. Ueber die Wirkung der gegenüber einem Betheiligten erfolgten Anfechtung gegenüber anderen Betheiligten s. Erl. zu § 143 Nr. 4. Zweifelhaft ist, ob der Auslobende die Anfechtung, schon bevor die Handlung vorgenommen ist, erklären kann und mit welchem Zeitpunkte die Anfechtungsfrist zu laufen beginnt. Das Gesetz entscheidet diese Frage nicht ausdrücklich (M. II S. 520). Sie wird regelmäßig wegen des dem Auslobenden nach § 658 zustehenden Rechtes, die Auslobung zu widerrufen, ohne praktische Bedeutung sein. Ist der Widerruf aber nach § 658 Abs. 2 ausgeschlossen, so ist der Auslobende auf die Anfechtung angewiesen. Die für die Anfechtung wegen Täuschung oder Drohung bestimmte Frist beginnt nach § 124 mit dem Zeitpunkt, in welchem der Anfechtungsberechtigte von der Täuschung Kenntniß erhalten bezw. in welchem die Zwangslage aufgehört hat. Die Anfechtung einer Willenserklärung auf Grund der §§ 119, 120 muß nach § 121 unverzüglich erfolgen, nachdem der Anfechtungsberechtigte von dem Anfechtungsgrunde Kenntniß erhalten hat. Die nach diesen Vorschriften für den Beginn der Frist maßgebenden Thatsachen können eintreten, bevor die Handlung, welche den Gegenstand der Auslobung bildet, vorgenommen ist. Die Anfechtungsfrist würde also, wenn die Anfechtung nur demjenigen gegenüber erklärt werden könnte, welcher die Handlung vorgenommen hat, ablaufen können, bevor die Anfechtung möglich war. Dies Ergebniß dürfte unannehmbar sein. Man muß entweder die Anfechtungsfrist nicht vor dem Zeitpunkte beginnen lassen, in welchem die Handlung vorgenommen und dadurch ein Anfechtungsgegner gegeben ist, oder man muß die Anfechtung schon vor der Vornahme der Handlung zulassen. Bei der letzteren Annahme würde die Vorschrift des § 132 Abs. 2 anzuwenden sein, nach welcher die Zustellung einer Erklärung, wenn sich der Erklärende über die Person desjenigen, welchem gegenüber die Erklärung abzugeben ist, in einer nicht auf Fahrlässigkeit beruhenden Unkenntniß befindet, nach den für die öffentliche Zustellung einer Ladung geltenden Vorschriften der C.P.O. erfolgen kann. Gegen die erstgedachte Annahme spricht der Wortlaut der §§ 121, 124. Gegen die zweite Annahme spricht der Wortlaut des § 143, weil vor der Vornahme der Handlung noch Niemand vorhanden ist, welcher auf Grund der Auslobung einen unmittelbaren Vortheil erlangt hat. Aus inneren Gründen wird daher zu entscheiden sein, welche der beiden Auffassungen den Vorzug verdient. Ueberwiegende Gründe dürften für die zweite Auffassung sprechen. Durch die Auslobung ist die Verpflichtung des Auslobenden begründet. Die Person des Berechtigten wird freilich erst durch die Vornahme der Handlung bestimmt. Nach dem Zwecke der fraglichen Vorschriften dürfte es sich aber rechtfertigen, diesen Fall ebenso zu behandeln, wie den, in welchem die Person des Berechtigten zwar objektiv gewiß ist, der Erklärende sich aber in entschuldbarer Ungewißheit darüber befindet. Es liegt sowohl im Interesse des Auslobenden, als aller derjenigen, welche die Handlung vornehmen können, wenn sofort die Unwirksamkeit der Auslobung festgestellt werden kann. Dazu kommt, daß bei der ersten Auffassung der Auslobende doch insofern immer nur ungenügend gesichert wird, als die Frist jedenfalls von dem Zeitpunkte der Vornahme der Handlung an laufen würde, die Vornahme aber dem Auslobenden möglicherweise während der ganzen Dauer der Anfechtungsfrist unbekannt bleiben kann. In Frage kann noch kommen, ob die Anfechtung, statt auf dem im § 132 Abs. 2 bestimmten Wege, nicht auch dadurch erklärt werden kann, daß sie in derselben Art wie die Auslobung bekannt gemacht wird. Hierfür läßt sich geltend machen, daß die Vorschriften des § 143 Abs. 2, 3 über die Art, in welcher die Anfechtung einer empfangsbedürftigen Willenserklärung zu erfolgen hat, auf dem Gedanken beruhen, daß die Anfechtung gegenüber derselben Person erklärt werden muß, gegenüber welcher die angefochtene Willenserklärung erklärt worden ist. Bei nicht empfangsbedürftigen Willenserklärungen läßt sich dieser Gedanke regelmäßig nicht durchführen. Für die Auslobung aber würde er sich durchführen lassen. Sie wird durch öffentliche Bekanntmachung Allen gegenüber erklärt. Jener Gedanke würde also dahin führen, daß in derselben Art auch die Anfechtung Allen gegenüber zu erklären wäre. Es erscheint nun zwar recht zweifelhaft, ob diese Erwägungen gegenüber der Vorschrift des § 143 Abs. 4 es rechtfertigen, die Vorschriften des § 143 Abs. 2, 3 in der oben gedachten Art entsprechend anzuwenden, und ob es sich dabei nicht lediglich um Gesichtspunkte handelt, welche de lege condenda in Betracht kommen können, die aber nicht genügen, den Mangel einer ausdrücklichen gesetzlichen Bestimmung zu ersetzen. Die Art und Weise indessen, in welcher die Auslobung geregelt ist, und bei welcher die Absicht offenbar nur dahin ging, über einzelne praktisch wichtige Fragen Bestimmungen zu treffen, dürfte es rechtfertigen, bei der Ergänzung der Lücken einen freieren Standpunkt anzunehmen, wie sonst zulässig sein würde. Der Auffassung des Lebens würde eine Ergänzung in der gedachten Richtung jedenfalls entsprechen.

b) Die Handlung, deren Vornahme zur Begründung des Schuldverhältnisses erforderlich ist, bestimmt sich durch die Auslobung. Unsittliche oder verbotene Handlungen sind nach Maßgabe der allgemeinen Vorschriften ausgeschlossen. Im Uebrigen kennt aber das Gesetz keine Beschränkungen. Ob der Auslobende einen gemeinnützigen oder einen privaten, einen gerechtfertigten oder einen ungerechtfertigten Zweck im Auge hat, ist gleichgültig.

Die Erfüllung der gestellten Bedingung ist kein Rechtsgeschäft, sondern hat lediglich thatsächliche Bedeutung. Auf die Kenntniß des Handelnden von der Auslobung kommt es nicht

§. 657.

Wer durch öffentliche Bekanntmachung eine Belohnung für die Vornahme einer Handlung, insbesondere für die Herbeiführung eines Erfolges, aussetzt, ist verpflichtet, die Belohnung demjenigen zu entrichten, welcher die Handlung vorgenommen hat, auch wenn dieser nicht mit Rücksicht auf die Auslobung gehandelt hat.

an. Die einfache Vornahme der Handlung genügt, um das Versprechen in Wirksamkeit zu setzen.

c) Die Person des Berechtigten wird lediglich durch die thatsächliche Vornahme der Handlung bestimmt. Das Recht entsteht unabhängig von dem Willen dessen, der die Bedingung erfüllt. Seinem Inhalte nach ist das Recht ein Anspruch gegen den Auslobenden. Der Berechtigte kann von der Geltendmachung dieses Anspruchs Abstand nehmen, aber er kann nicht einseitig darauf verzichten. In dieser Beziehung würde das Verhältniß anders zu beurtheilen sein, wenn die oben aufgeführte Auffassung richtig wäre, daß die Auslobung nur einen Vertragsantrag enthalte. Dann wäre derjenige, welcher die Bedingung erfüllt hat, zwar berechtigt, den Vertragsantrag anzunehmen; er wäre aber auch berechtigt, einseitig abzulehnen und dadurch die Entstehung eines Anspruchs zu hindern. Ueberwiegende Gründe dürften, wie oben hervorgehoben ist, gegen diese Auffassung sprechen. Ist die Handlung mehrmals oder von Mehreren zusammen vorgenommen, so greifen die Vorschriften der §§ 659, 660 Platz.

2. Der Inhalt der Verpflichtung des Auslobenden geht dahin, die versprochene Belohnung zu gewähren. Hierfür gelten die allgemeinen Vorschriften (§§ 241 ff).

Eine Haftung wegen Mängel im Rechte oder wegen Mängel der Sache wird selten in Frage kommen, da es sich bei der Auslobung meistens um Geld handelt. Ob eventuell die Vorschriften über Schenkungen (§§ 523, 524) oder die Vorschriften über Verträge, welche auf Veräußerung gegen Entgelt gerichtet sind (§§ 445, 493), entsprechende Anwendung zu finden haben, hängt davon ab, ob die Auslobung nach den Umständen des Falles wirthschaftlich den Charakter einer Schenkung hat oder sich als das Versprechen einer Gegenleistung gegen die Handlung darstellt, für welche die Belohnung ausgesetzt ist. Die Vorschriften über Wandelung und Minderung können indessen auch im letzteren Falle nach der Natur der Sache keine Anwendung finden (M. II S. 520). Die Frage, welchen der beiden hervorgehobenen Charaktere die Auslobung hat, kommt übrigens nicht nur in der hier fraglichen Beziehung, sondern in allen Fällen in Betracht, in welchen besondere Vorschriften für Schenkungen bestehen (s. z. B. §§ 1641, 1804, 2325). In allen Fällen dieser Art läßt sich die Entscheidung nur unter Berücksichtigung der Umstände des einzelnen Falles treffen.

3. Für das Erlöschen der Verbindlichkeit sind die allgemeinen Vorschriften maßgebend. Hier ist Folgendes hervorzuheben:

Der Tod des Auslobenden hebt das Versprechen nicht auf; dasselbe gilt von dem Eintritte der Geschäftsunfähigkeit.

Der Ablauf der für die Vornahme der Handlung gesetzten Frist macht die Erfüllung der gestellten Bedingung unmöglich.

Der Widerruf der Auslobung ist im § 658 geregelt.

Wird die Vornahme der Handlung durch ein Verschulden des Auslobenden unmöglich, so entsteht kein Anspruch auf Schadensersatz, da, so lange die Bedingung nicht erfüllt ist, überhaupt kein Berechtigter existirt. Selbstverständlich bleiben die Vorschriften über unerlaubte Handlungen (§§ 823 ff.) unberührt.

§ 657.

E. I § 581; II § 589 rev. § 644; III § 644. P. I S. 823, 824, 3550, 3559; M. II S. 518—521. P. II S. 2279 (Bd. II S. 347).

1. Ob eine öffentliche Bekanntmachung vorliegt, ist nach den Umständen des einzelnen Falles unter Berücksichtigung der Ortssitte zu entscheiden.

Hat der Auslobende sein Versprechen nicht öffentlich erklärt, sondern etwa nur den Mitgliedern eines Vereins kundgegeben, so muß man, falls nicht eine analoge Anwendung des § 657 gerechtfertigt erscheint, das Verhältniß unter den Gesichtspunkt eines Vertrags bringen, um zu einer Verpflichtung des Auslobenden zu gelangen.

2. Vornahme einer Handlung ist im weitesten Sinne zu verstehen. Es fällt darunter z. B. auch der Nachweis von Fehlern in einem Werke.

Ist die Bedingung nicht auf eine Handlung, sondern lediglich auf eine Thatsache gestellt, so findet der § 657 keine Anwendung.

3. Die Entscheidung darüber, ob die gestellte Bedingung erfüllt ist, steht nicht dem Auslobenden zu, vorausgesetzt, daß hierüber nicht in der Auslobung Bestimmungen getroffen sind. Im Streitfalle hat vielmehr der Richter zu entscheiden. Für Preisausschreibungen sind im § 661 Abs. 2 besondere Vorschriften gegeben.

26*

§. 658.

Die Auslobung kann bis zur Vornahme der Handlung widerrufen werden. Der Widerruf ist nur wirksam, wenn er in derselben Weise wie die Auslobung bekannt gemacht wird oder wenn er durch besondere Mittheilung erfolgt.

Auf die Widerruflichkeit kann in der Auslobung verzichtet werden; ein Verzicht liegt im Zweifel in der Bestimmung einer Frist für die Vornahme der Handlung.

§. 659.

Ist die Handlung, für welche die Belohnung ausgesetzt ist, mehrmals vorgenommen worden, so gebührt die Belohnung demjenigen, welcher die Handlung zuerst vorgenommen hat.

Ist die Handlung von Mehreren gleichzeitig vorgenommen worden, so gebührt jedem ein gleicher Theil der Belohnung. Läßt sich die Belohnung wegen ihrer Beschaffenheit nicht theilen oder soll nach dem Inhalte der Auslobung nur Einer die Belohnung erhalten, so entscheidet das Loos.

---

§ 658.

E. I § 582; II § 590 rev. § 645; III § 645. P. I S. 828—830, 11285; M. II S. 521—523. P. II S. 2279—2281 (Bd. II S. 347, 348).

1. Der § 658 will eine Streitfrage des bisherigen Rechtes entscheiden. Grundsätzlich soll die Auslobung bis zur Vornahme der Handlung widerrufen werden können, es soll aber ein bindender Verzicht auf den Widerruf zulässig sein und dieser soll im Zweifel in der Setzung einer Frist für die Vornahme der Handlung gefunden werden.

2. Der Widerruf ist eine einseitige Willenserklärung.

Die Form des Widerrufs muß der Auslobung entsprechen. Wegen des Zeitpunkts, in welchem der Widerruf wirksam wird, s. Bd. I Erl. zu § 171 Nr. 3. Von der zweiten Kommission ist die Bestimmung hinzugefügt, daß der Widerruf auch durch besondere Mittheilung erfolgen kann; diese Mittheilung hat den Charakter einer empfangsbedürftigen Willenserklärung (§§ 130 ff). Die Wirkung des Widerrufs ist die, daß die Entstehung eines Schuldverhältnisses unmöglich wird. Ansprüche auf Schadensersatz oder auf Erstattung von Aufwendungen können gegen den Widerrufenden nicht geltend gemacht werden, selbst wenn er zur Zeit des Widerrufs gewußt haben sollte, daß bereits Aufwendungen gemacht worden waren. Der Tod des Auslobenden oder der Eintritt der Geschäftsunfähigkeit steht dem Widerrufe nicht gleich. Der Widerruf kann auch noch von den Erben oder dem gesetzlichen Vertreter des Geschäftsunfähigen erklärt werden.

3. Die Anfechtung der Auslobung auf Grund der Vorschriften über Willensmängel wird durch den § 658 nicht berührt. S. Vorbm. zu diesem Titel III.

4. Wegen der Frist s. §§ 186 ff.

5. Einen Fall, in welchem die Vorschrift des Abs. 2 zur Anwendung kommt, enthält der § 661.

§ 659.

E. I § 583; II § 591 Abs. 1, 3 rev. § 646; III § 646. P. I S. 827, 828, 3550, 3559; M. II S. 523. P. II S. 2281—2285 (Bd. II S. 348—350).

1. Abs. 1. a) Ob die Handlung mehrmals vorgenommen werden kann, ist eine Thatfrage, welche im Streitfalle nicht von dem Auslobenden, sondern von dem Richter zu entscheiden ist. Vergl. jedoch § 661 Abs. 2.

b) Wer dadurch, daß er die Handlung zuerst vorgenommen, den Anspruch auf die Belohnung erworben hat, kann darauf nicht einseitig mit der Wirkung verzichten, daß der alsdann nächstberechtigte Bewerber eintritt. Er kann diesem aber den von ihm erworbenen Anspruch abtreten. Er kann selbstverständlich auch durch Erlaßvertrag mit dem Auslobenden auf seinen Anspruch verzichten. Durch einen solchen Vertrag wird aber die Auslobung nicht gegenüber einem Anderen, der die Handlung später vorgenommen hat, wirksam. Die Auslobung ist vielmehr dadurch, daß derjenige, welcher die Handlung zuerst vorgenommen, den Anspruch auf die Belohnung erworben hat, definitiv erledigt.

§. 660.

Haben Mehrere zu dem Erfolge mitgewirkt, für den die Belohnung ausgesetzt ist, so hat der Auslobende die Belohnung unter Berücksichtigung des Antheils eines jeden an dem Erfolge nach billigem Ermessen unter sie zu vertheilen. Die Vertheilung ist nicht verbindlich, wenn sie offenbar unbillig ist; sie erfolgt in einem solchen Falle durch Urtheil.

Wird die Vertheilung des Auslobenden von einem der Betheiligten nicht als verbindlich anerkannt, so ist der Auslobende berechtigt, die Erfüllung zu verweigern, bis die Betheiligten den Streit über ihre Berechtigung unter sich ausgetragen haben; jeder von ihnen kann verlangen, daß die Belohnung für alle hinterlegt wird.

Die Vorschrift des §. 659 Abs. 2 Satz 2 findet Anwendung.

---

2. Abs. 2. **a)** Wegen der Theilbarkeit s. Erl. zu § 420 Nr. 2. Bildet den Gegenstand der Belohnung eine Sache, so dürfte im Zweifel anzunehmen sein, daß die Leistung als eine theilbare gedacht ist, jeder der Berechtigten also die Uebertragung eines ideellen Antheils an dem Eigenthume der Sache und die Einräumung des Mitbesitzes verlangen kann.

b) Die Vertheilung der Belohnung und ebenso die etwa erforderliche Verloosung hat durch den Auslobenden zu geschehen; vergl. § 660 Abs. 1 Satz 1. Bei der Durchführung ist der Grundsatz des § 242 maßgebend.

§ 660.

E. II § 591 Abs. 2, 3 rev. § 647; III § 647. P. II S. 2281—2285 (Bd. II S. 348—350).

1. Der § 660 ist auf Grund einer Anregung der Kritik (Zstlg. Bd. II S. 327) von der zweiten Kommission eingestellt. Er betrifft den Fall, daß die erforderte Handlung nur einmal vorgenommen ist, daß aber mehrere zu dem Erfolge, z. B. zu der Ergreifung eines Verbrechers, mitgewirkt haben. Die Regelung beruht auf dem Gedanken, daß die Belohnung unter die mehreren Personen vertheilt werden und nur, wenn dies nicht angängig sei, das Loos entscheiden müsse, daß aber die Vornahme der Vertheilung und insbesondere die Bestimmung der einzelnen Quoten Sache des Auslobenden sei.

Die Mehrheit der Kommission ging davon aus, daß für die Stellung des Auslobenden bei der Bestimmung über die Vertheilung nicht sowohl die in den §§ 315, 316 für den Fall, daß die Bestimmung der Leistung einem der Vertragschließenden obliegt, sondern die in den §§ 317—319 für den Fall getroffenen Vorschriften zur entsprechenden Anwendung zu bringen seien, daß die Bestimmung der Leistung einem Dritten obliege. Der § 660 beschränkt sich indessen darauf, in dem Abs. 1 Satz 2 eine dem § 319 Abs. 1 Satz 1 und Satz 2 Halbs. 1 entsprechende Vorschrift zu geben und in dem Abs. 2 besondere Vorschriften für die dort bezeichneten Fälle hinzuzufügen. Hierdurch wird eine entsprechende Anwendung der übrigen Vorschriften der §§ 317—319 zwar nicht ausgeschlossen, aber die Anwendung ist doch nur dann zulässig, wenn die allgemeinen Voraussetzungen einer entsprechenden Anwendung vorliegen. Hierbei wird insbesondere zu berücksichtigen sein, daß sich der hier fragliche Fall von dem der §§ 317—319 dadurch unterscheidet, daß der Auslobende zur Vertheilung verpflichtet ist, während eine solche Verpflichtung dem Dritten in dem Falle der §§ 317—319 nicht obliegt.

2. a) Der Auslobende ist durch die Bewirkung des Erfolges Schuldner geworden, Gläubiger sind die mehreren Personen, welche an der Bewirkung der Erfolges Theil genommen haben; nur die Theile, welche jedem Einzelnen zustehen, sind noch zu bestimmen. Der Auslobende haftet also wie jeder andere Schuldner, er ist aber auch nach Maßgabe des § 372 befugt, sich durch Hinterlegung der geschuldeten Leistung von der Verbindlichkeit zu befreien.

b) Neben der unter 2a bezeichneten Verpflichtung liegt dem Auslobenden die Verpflichtung ob, die Vertheilung unter den Betheiligten vorzunehmen. Jeder Betheiligte kann gegen ihn auf Vornahme der Vertheilung klagen. Wird der Auslobende verurtheilt, so findet die Zwangsvollstreckung nach Maßgabe des § 888 der C.P.O. statt. Die Betheiligten können nicht verlangen, daß die Belohnung ungetheilt an Alle ausgehändigt werde; der Auslobende hat vielmehr nicht nur die Pflicht, sondern auch das Recht, die einzelnen Theile zu bestimmen.

c) In dem Falle der §§ 317—319 hat der Dritte die Bestimmung regelmäßig in Person zu treffen (s. Erl. zu § 318 Nr. 2). Der entsprechenden Anwendung dieses Grundsatzes auf den hier vorliegenden Fall steht das Bedenken entgegen, daß der zu der Leistung der Belohnung und der zur Vertheilung derselben Verpflichtete dieselbe Person ist und daß ihm nicht nur die Pflicht, sondern auch das Recht zusteht, die Vertheilung vorzunehmen. Ueberwiegende

Gründe dürften mit Rücksicht hierauf dafür sprechen, in dem Falle des § 660 nicht zu fordern, daß die Bestimmung von dem Auslobenden in Person getroffen werde. Stirbt daher der Auslobende, so haben seine Erben, wird er geschäftsunfähig, so hat sein gesetzlicher Vertreter die Bestimmung zu treffen. Auch die Ueberlassung der Bestimmung an einen durch Rechtsgeschäft ermächtigten Vertreter dürfte wenigstens im Zweifel als zulässig anzusehen sein. Ob, wenn der Auslobende in der Geschäftsfähigkeit beschränkt ist, sein gesetzlicher Vertreter die Bestimmung zu treffen hat oder doch dessen Zustimmung zu der von dem Auslobenden getroffenen Bestimmung erforderlich ist, hängt von der aus den Umständen des Falles zu entnehmenden Auslegung der Auslobung ab. War der Auslobende schon zur Zeit der Auslobung in der Geschäftsfähigkeit beschränkt, konnte diese also mit Wirksamkeit nur durch den gesetzlichen Vertreter oder mit dessen Einwilligung erfolgen, so wird dieser auch die Bestimmung der Vertheilung zu treffen haben oder doch dessen Einwilligung zu der Bestimmung erforderlich sein. Dasselbe dürfte im Zweifel auch anzunehmen sein, wenn der Auslobende später in der Geschäftsfähigkeit beschränkt wird; jedoch können hier die Umstände des Falles eine andere Auslegung rechtfertigen.

d) Zweifelhaft kann sein, ob die Vorschrift des § 317 Abs. 2 Halbs. 1, nach welcher, wenn die Bestimmung durch mehrere Dritte erfolgen soll, im Zweifel Uebereinstimmung Aller erforderlich ist, entsprechende Anwendung zu finden hat. Der fragliche Fall würde gegeben sein, wenn die Auslobung von Mehreren erfolgt ist oder wenn an die Stelle des Auslobenden mehrere Erben desselben getreten sind. Durch das Erforderniß der Einstimmigkeit wird die Möglichkeit gegeben, daß eine Bestimmung überhaupt nicht getroffen werden kann (s. unter g). Ein genügender Grund dürfte indessen hierin nicht liegen, um von der den allgemeinen Grundsätzen entsprechenden Vorschrift des § 317 Abs. 2 Halbs. 1 abzuweichen. Der in dem Halbs. 2 vorgesehene Fall kann hier nicht in Frage kommen.

e) Die Vorschrift des § 318 Abs. 1, nach welcher die Bestimmung des Dritten durch Erklärung gegenüber einem der Vertragschließenden erfolgt, kann eine entsprechende Anwendung nicht dahin finden, daß an die Stelle des einen der Vertragschließenden der Auslobende tritt; denn dieser selbst hat ja die Bestimmung zu treffen. Zweifelhaft kann sein, ob die Wirksamkeit der Bestimmung davon abhängt, daß sie Allen gegenüber erklärt wird, welche zur Bewirkung des Erfolges mitgewirkt haben oder ob die Erklärung gegenüber einem derselben genügt; die letztgedachte Ansicht dürfte der Anschauung des Verkehrs am meisten entsprechen.

Auch eine entsprechende Anwendung des § 318 Abs. 2 über die Anfechtung der getroffenen Bestimmung dürfte sich, da der Auslobende anders wie der Dritte im Falle des § 318 ein eigenes Interesse und das Recht hat, die Bestimmung zu treffen, nicht rechtfertigen lassen. Die Anfechtung steht vielmehr nur dem Auslobenden zu und es finden darauf die allgemeinen Grundsätze Anwendung.

f) Die von dem Auslobenden über die Vertheilung getroffene Bestimmung ist für die Betheiligten nicht verbindlich, wenn sie offenbar unbillig ist. Ueber den Begriff der offenbaren Unbilligkeit s. Erl. zu § 319 Nr. 1. Die entsprechende Anwendung der Vorschriften des § 319 würde dahin führen, daß derjenige Betheiligte, welcher die offenbare Unbilligkeit behauptet und deshalb die Vertheilung durch das Gericht verlangt, den hierauf gerichteten Anspruch gegen den Auslobenden geltend machen müßte. Hiermit ist indessen die Vorschrift des § 660 Abs. 2 Halbs. 1 nicht vereinbar, nach welcher der Auslobende, wenn seine Bestimmung von einem der Betheiligten nicht als verbindlich anerkannt wird, berechtigt ist, die Erfüllung zu verweigern, bis die Betheiligten den Streit über ihre Berechtigung unter sich ausgetragen haben. Hiernach hat ein Betheiligter, welcher die offenbare Unbilligkeit der getroffenen Bestimmung behauptet, seinen Anspruch gegen die übrigen Betheiligten geltend zu machen und in diesem Prozesse hat das Gericht über die Vertheilung zu erkennen.

Will ein Betheiligter sich bei der von dem Auslobenden getroffenen Bestimmung beruhigen, so kann er ohne Weiteres den ihm danach zukommenden Theil der Belohnung von dem Auslobenden fordern. Diesem steht dagegen die im Abs. 2 Halbs. 1 bestimmte Einrede zu. Zur Begründung der Einrede ist erforderlich, daß die getroffene Bestimmung von einem der Betheiligten nicht als verbindlich anerkannt wird. Dem Auslobenden wird, um sich über das Vorliegen dieser thatsächlichen Voraussetzung Gewißheit zu verschaffen, das Recht einzuräumen sein, eine Erklärung von den Betheiligten darüber zu verlangen, ob sie die getroffene Bestimmung als verbindlich anerkennen. Die Vorschrift des Abs. 2 Halbs. 2 dürfte dahin ausdehnend auszulegen sein, daß dem Auslobenden das Recht, die Erfüllung zu verweigern, so lange zusteht, als einer der Betheiligten die getroffene Bestimmung nicht als verbindlich anerkannt hat.

So lange ein Betheiligter den ihm zukommenden Theil der Belohnung von dem Auslobenden noch nicht fordern kann, ist er berechtigt, die Hinterlegung der Belohnung für alle Betheiligten zu verlangen (Abs. 2 Halbs. 2). So lange die den einzelnen Betheiligten zukommenden Theile nicht definitiv bestimmt sind, ist also das Verhältniß in der hier fraglichen Beziehung ein ähnliches wie bei einer untheilbaren Forderung (§ 432 Abs. 1 Satz 2).

§. 661.

Eine Auslobung, die eine Preisbewerbung zum Gegenstande hat, ist nur gültig, wenn in der Bekanntmachung eine Frist für die Bewerbung bestimmt wird.

Die Entscheidung darüber, ob eine innerhalb der Frist erfolgte Bewerbung der Auslobung entspricht oder welche von mehreren Bewerbungen den Vorzug verdient, ist durch die in der Auslobung bezeichnete Person, in Ermangelung einer solchen durch den Auslobenden zu treffen. Die Entscheidung ist für die Betheiligten verbindlich.

Bei Bewerbungen von gleicher Würdigkeit finden auf die Zuertheilung des Preises die Vorschriften des §. 659 Abs. 2 Anwendung.

Die Uebertragung des Eigenthums an dem Werke kann der Auslobende nur verlangen, wenn er in der Auslobung bestimmt hat, daß die Uebertragung erfolgen soll.

---

g) Zweifelhaft ist, ob und in wieweit die Vorschrift des § 319 Abs. 1 Satz 2 Halbs. 2 entsprechend anzuwenden ist, nach welcher das Gleiche wie im Falle der offenbaren Unbilligkeit der getroffenen Bestimmung auch dann gilt, wenn der Dritte die Bestimmung nicht treffen kann oder will oder wenn er sie verzögert. Der Fall, daß der Auslobende die Bestimmung über die Vertheilung nicht treffen kann, wird nur selten vorkommen; er ist aber nach dem Obigen (s. unter d) möglich, wenn mehrere Personen die Bestimmung zu treffen haben und diese sich nicht einigen können; er würde noch öfter vorkommen können, wenn man abweichend von der oben unter c dargelegten Ansicht annähme, daß die Bestimmung von dem Auslobenden in Person zu treffen sei. In Fällen dieser Art wird eine entsprechende Anwendung der fraglichen Vorschrift nothwendig sein, weil andernfalls den Betheiligten die Möglichkeit abgeschnitten wäre, die Belohnung zu erhalten. Anders liegt das Verhältniß, wenn der Auslobende die Bestimmung nicht treffen will oder wenn er sie verzögert. Jeder Betheiligte ist in solchem Falle auf Vornahme der Vertheilung gegen den Auslobenden zu klagen befugt und kann, wenn derselbe verurtheilt ist, die Zwangsvollstreckung gegen ihn nach Maßgabe des § 888 der C.P.O. erwirken. Bleibt dies aber erfolglos, so liegt das Verhältniß für die Betheiligten ebenso, wie wenn der Auslobende die Bestimmung nicht treffen kann. Auch in diesem Falle wird man daher zu einer entsprechenden Anwendung der fraglichen Vorschrift gelangen und jedem Betheiligten das Recht zugestehen müssen, im Wege der Klage gegen die übrigen Betheiligten die Bestimmung der Vertheilung durch das Gericht zu verlangen. Es dürfte sich wohl rechtfertigen, noch einen Schritt weiter zu gehen, und jenes Recht der Betheiligten nicht davon abhängig zu machen, daß die Zwangsvollstreckung gegen den Auslobenden erfolglos geblieben ist, es vielmehr schon dann eintreten zu lassen, wenn der Auslobende erklärt, daß er die Bestimmung nicht treffen wolle. Bedenklich dagegen dürfte sein, das fragliche Recht schon dann eintreten zu lassen, wenn der Auslobende die Bestimmung verzögert.

3. Die Vorschriften der §§ 659, 660 sind insofern dispositiver Natur, als der Auslobende in der Auslobung andere Bestimmungen treffen kann.

§ 661.

E. I § 584; II § 592 rev. § 648; III § 648. P. I S. 824—827, 11825, 11923—11925; M. II S. 523, 524. P. II S. 2285—2287 (Bd. II S. 350, 351).

1. Unter den Begriff der Auslobung fallen auch die Preisausschreibungen, d. h. die öffentlichen Zusagen von Preisen für die Vollbringung einer Handlung, namentlich für die Lösung einer Aufgabe aus den Gebieten der Wissenschaft, Kunst, Technik ꝛc. Für diese Art der Auslobung sind im § 661 Sondervorschriften gegeben.

Das Charakteristische der Preisausschreibung liegt darin, daß die gestellte Aufgabe verschiedene Lösungen zuläßt, und daß ein Wettbewerb möglich ist. Abweichend von der gewöhnlichen Auslobung ist eine ausdrückliche Bewerbung um den ausgesetzten Preis erforderlich. Die Bewerbung muß vor dem Ablaufe der gesetzten Frist stattfinden.

2. Die Setzung einer Frist ist um deswillen für wesentlich erklärt, weil sonst der Auslobende stets noch auf ein besseres Werk warten und niemals genöthigt werden könnte, unter den zur Bewerbung gestellten Leistungen die endliche Wahl zu treffen; M. II S. 524. Aus der Bestimmung der Frist folgt nach der Auslegungsregel des § 658 Abs. 2, daß der Widerruf der Preisausschreibung regelmäßig ausgeschlossen ist.

Wegen der Frist s. §§ 186 ff.

3. Der E. I bestimmte ausdrücklich (E. I § 584 Abs. 1 Satz 2), daß bei einer Preisausschreibung die Vorschrift des (jetzigen) § 659 Abs. 1 keine Anwendung finden solle. Der Satz ist von der zweiten Kommission als selbstverständlich gestrichen.

4. Die Entscheidung des Preisrichters stellt sich dar als eine einseitige empfangsbedürftige Willenserklärung. Nähere Vorschriften giebt das Gesetz darüber nicht. Es kann sich fragen, ob, wenn die Entscheidung von einem Dritten abzugeben ist, die Vorschriften der §§ 317—319 sich zu einer entsprechenden Anwendung eignen.

Die Stellung des Preisrichters ist indessen, obwohl sie in einzelnen Beziehungen mit der Stellung des Dritten, welcher die Bestimmung über eine Vertragsleistung zu treffen hat, Aehnlichkeit hat, doch in anderen Beziehungen auch wieder eine so eigenthümliche, daß die entsprechende Anwendung der fraglichen Vorschriften bedenklich erscheint. Der Preisrichter hat die Entscheidung weder nach billigem Ermessen, noch nach seinem Belieben zu treffen, sondern gewissermaßen als Richter nach Maßgabe der in der Auslobung aufgestellten Grundsätze. Weder der § 317 Abs. 1 noch der § 319 kann daher Anwendung finden. Das im § 317 Abs. 2 bestimmte Erforderniß der Einstimmigkeit würde bei mehreren Preisrichtern in Ermangelung einer anderweiten aus der Auslobung zu entnehmenden Absicht wohl schon aus allgemeinen Grundsätzen abzuleiten sein. Die Vorschrift des § 318 Abs. 1 paßt nicht, weil es sich nicht oder doch nicht in erster Linie um eine Bestimmung über das Verhältniß zwischen dem Auslobenden und den Bewerbern, sondern um eine Entscheidung zwischen den letzteren handelt. Aus dem Zwecke der fraglichen Entscheidung wird abzuleiten sein, daß sie durch Mittheilung an die Bewerber zu erfolgen hat. Die Gründe, welche zu der Bestimmung des § 318 Abs. 2 in Betreff der Anfechtbarkeit der von dem Dritten getroffenen Bestimmung geführt haben (s. Erl. zu § 318 Nr. 3), treffen zwar im Wesentlichen auch für die Entscheidung eines Preisrichters zu; die fragliche Vorschrift ist aber andererseits doch so positiver Natur, daß eine entsprechende Anwendung in Ermangelung einer ausdrücklich darauf verweisenden Vorschrift bedenklich erscheinen muß und zwar umsomehr, als die Anwendung wegen der Mehrheit der Bewerber und ihres Verhältnisses theils unter sich, theils zu dem Auslobenden zu mannigfachen Zweifeln führen würde. Die durch die Auslobung erfolgte Bestimmung des Dritten zum Preisrichter verpflichtet diesen nicht, das Amt anzunehmen. Kann oder will er die Entscheidung nicht treffen, so wird damit nicht etwa nach Analogie des § 319 Abs. 2 die Auslobung unwirksam, vielmehr fällt nur die fragliche Nebenbestimmung weg; die Entscheidung ist daher von dem Auslobenden zu treffen. Ob dem Nichtwollen oder Nichtkönnen das Verzögern gleichzustellen ist, bestimmt sich nach den Umständen des Falles. Der Auslobende ist den Bewerbern gegenüber verpflichtet, die Entscheidung zu treffen. Wird er dazu verurtheilt, so ist die Zwangsvollstreckung nach Maßgabe des § 888 der C.P.O. zulässig. Auch ein Anspruch auf Schadensersatz wegen Nichterfüllung ist nicht ausgeschlossen. Dabei ist aber zu beachten, daß der Auslobende die Entscheidung dahin treffen kann, daß keiner der Bewerber den Preis verdient, und daß diese Entscheidung nach § 661 Abs. 2 Satz 2 verbindlich und unanfechtbar ist. Die Entstehung eines Schadens durch die Unterlassung der Entscheidung wird daher schwerlich nachweisbar sein.

5. Abs. 4. Bei den Berathungen der zweiten Kommission war beantragt, dem Abs. 4 folgenden Satz anzufügen: „Der Anspruch entsteht mit der Zuerkennung des Preises seitens des Bewerbers" (d. h. wohl „an den Bewerber"). Es sollte durch diese Bestimmung zum Ausdrucke gebracht werden, daß der Bewerber bis zur Entscheidung des Preisrichters nicht gebunden, sondern bis dahin befugt sei, seine Arbeit zurückzuziehen. Die Mehrheit der zweiten Kommission hat den Antrag sachlich gebilligt, hat aber von der Aufnahme der beantragten Vorschrift Abstand genommen, da auch ohne eine solche die Absicht des Bewerbers und der Umfang seiner Bindung dem Auslobenden gegenüber richtig erkannt werden würde; P. II S. 2286.

6. An Stelle der Vorschriften der Abs. 2—4 können in der Auslobung andere Bestimmungen getroffen werden.

Zehnter Titel.
Auftrag.

Zehnter Titel.

I. 1. Der Auftrag ist nach der grundlegenden Bestimmung des § 662 zu charakterisiren als der obligatorische Vertrag, durch welchen Jemand die Verpflichtung übernimmt, unentgeltlich ein Geschäft für den Auftraggeber zu besorgen. Als wesentliches Merkmal des Auftrags ist die Unentgeltlichkeit hervorzuheben. Der E. I nahm in dieser Hinsicht einen anderen Standpunkt ein. Er ging davon aus, daß der Satz des römischen Rechtes mandatum „nisi gratuitum nullum" den Anschauungen und dem Verkehre der Gegenwart nicht mehr entspreche. Im Anschluß an eine in der Neuzeit vielfach vertretene und auch in modernen Gesetzen zur Anerkennung gelangte Ansicht war deshalb bestimmt (E. I § 586), daß der Auftraggeber sich verpflichten könne, dem Beauftragten für die Ausführung des Auftrags eine Vergütung zu gewähren; in gewissen Fällen sollte sogar eine Vermuthung dafür eintreten, daß eine Vergütung vereinbart sei. Die zweite Kommission hat dagegen geglaubt, daß man, um zu einer scharfen Unterscheidung des Auftrags vom Dienstvertrag und Werkvertrage zu gelangen, die Unentgeltlichkeit als Merkmal des Auftrags festsetzen müsse. Dabei ist nicht verkannt, daß sich die für den Auftrag gegebenen Vorschriften größtentheils auch zur Anwendung auf Dienstverträge und Werkverträge eignen, welche eine Geschäftsbesorgung zum Gegenstande haben. Die Kommision hat deshalb einen neuen Paragraphen, den jetzigen § 675, eingestellt, welcher die Anwendung einer Anzahl der Vorschriften des zehnten Titels auf Dienst- und Werkverträge der gekennzeichneten Art vorschreibt. Es giebt hiernach keinen allgemeinen Vertrag über die Besorgung fremder Geschäfte, ebensowenig wie es einen allgemeinen Arbeitsvertrag giebt, sondern es stehen sich einerseits der Auftrag, welcher stets die unentgeltliche Besorgung fremder Geschäfte, und andererseits der Dienstvertrag und der Werkvertrag, welche die entgeltliche Besorgung fremder Geschäfte zum Gegenstande haben, durchaus selbständig gegenüber.

Der Auftrag ist kein gegenseitiger Vertrag. Unter Umständen können freilich aus dem Auftrag auch Verpflichtungen für den Auftraggeber erwachsen, insbesondere wenn der Beauftragte zum Zwecke der Ausführung des Auftrags Aufwendungen macht. Auch wird es vielfach vorkommen, daß der Auftraggeber dem Beauftragten mit Rücksicht auf den Auftrag Zuwendungen macht oder ihm nach der Besorgung des Geschäfts eine Vergütung zukommen läßt. Aber der Auftrag wird hierdurch nicht zum gegenseitigen Vertrage. Denn das charakteristische Merkmal der gegenseitigen Verträge liegt darin, daß von vornherein von beiden Theilen Verpflichtungen übernommen werden und daß jeder Theil seine Verpflichtung nur gegen die Verpflichtung des anderen Theiles eingeht. Beim Auftrag ist aber der Beauftragte zunächst allein verpflichtet; er hat keinen Anspruch auf eine Gegenleistung, und dadurch, daß etwa nachträglich der Auftraggeber dem Beauftragten eine Zuwendung macht, welche thatsächlich als eine Art von Entgelt behandelt wird, ändert sich der juristische Charakter des Vertrags nicht. Allerdings erhebt sich nun die Frage, wie eine solche ohne Verpflichtung, aber thatsächlich als Entgelt gewährte Zuwendung zu beurtheilen ist. Das Gesetz giebt hierauf keine ausdrückliche Antwort. Bei den Berathungen der zweiten Kommission war dieser Punkt zur Sprache gebracht, und zur Begründung eines Antrags, nach welchem die Unentgeltlichkeit nicht ausdrücklich bei der Begriffsbestimmung des Auftrags erwähnt werden sollte, ausgeführt: Wenn man auch daran festhalten müsse, daß der Beauftragte kein Recht habe, Entgelt für seine Leistungen zu verlangen, so vertrage sich doch andererseits mit dem Auftrag eine nachträgliche Honorirung sehr wohl; diese als eine selbständige remuneratorische Schenkung anzusehen, gehe nicht an, da die Vergütung mit dem Auftrag in engster Verbindung stehe und es sich nicht rechtfertigen lasse, das zusammengehörige Rechtsverhältniß auseinanderzureißen. Die Kommission ist aber hierauf nicht eingegangen, sondern hat die Beantwortung der Frage nach der Natur einer nachträglich gewährten Vergütung der Wissenschaft und Praxis überlassen (P. II S. 2287, 2288). Man wird unter diesen Umständen eine vom Auftraggeber ohne Verpflichtung gewährte Vergütung als remuneratorische Schenkung zu behandeln haben; wegen dieser s. Vorbm. zum zweiten Titel Nr. 4. Möglicherweise werden übrigens im einzelnen Falle die besonderen Bestimmungen über Schenkungen, die einer sittlichen Pflicht oder dem Anstand entsprechen (vgl. §§ 534, 1446, 1641, 1804, 2113), anzuwenden sein.

2. Aus dem Begriff ergiebt sich die Abgrenzung des Auftrags gegenüber anderen Rechtsverhältnissen. Von dem Dienstvertrage, dem Werkvertrage, dem Mäklervertrag und verwandten Verträgen unterscheidet sich der Auftrag durch die Unentgeltlichkeit. Der Unterschied gegenüber dem Verwahrungsvertrage, mit welchem sich der Auftrag als

§. 662.

Durch die Annahme eines Auftrags verpflichtet sich der Beauftragte, ein ihm von dem Auftraggeber übertragenes Geschäft für diesen unentgeltlich zu besorgen.

---

sog. mandatum de custodiendo berühren kann (s. z. B. Seuff. Arch. Bd. 45 Nr. 14), liegt darin, daß der Auftrag seinem Wesen nach ein Handeln erfordert, während bei dem Verwahrungsvertrage der Schwerpunkt auf dem Gewähren der Obhut liegt. Mit der Schenkung hat der Auftrag die Unentgeltlichkeit gemein. Aber die Annahme eines Auftrags ist nicht Schenkung oder Schenkungsversprechen, denn die Schenkung erfordert eine Zuwendung aus dem Vermögen des Schenkers, während beim Auftrage der Beauftragte dem anderen Theile lediglich seine Person oder seine Arbeitskraft zur Besorgung eines Geschäfts zur Verfügung stellt.

Das Kommissionsgeschäft ist im H.G.B. §§ 383 ff. geregelt; subsidiär kommen auch beim Kommissionsgeschäfte die Vorschriften des B.G.B. über den Auftrag zur Anwendung.

Mit dem Auftrage verbindet sich nicht selten die Ertheilung einer Vollmacht für den Beauftragten. Beides wurde früher häufig vermischt. Das B.G.B. hat die Vollmacht im ersten Buche (§§ 167 ff.) als selbständiges Rechtsinstitut geregelt. Beide Rechtsverhältnisse sind darnach getrennt zu halten; es ist aber zu beachten, daß, wenn in Verbindung mit einem Auftrag eine Vollmacht ertheilt wird, der obligatorische Auftrag für das Zustandekommen und das Erlöschen der Vollmacht von Bedeutung ist (s. Erl. zu § 167). Die der Vollmacht verwandte Anweisung wird vom B.G.B. ebenfalls als selbständiges Rechtsinstitut behandelt (s. §§ 783 ff.). Mit dem Auftrage verbindet sich ferner nicht selten ein Garantieversprechen, sei es, daß der Beauftragte die Gewähr für die Besorgung des Geschäfts übernimmt, sei es, daß der Auftraggeber dem Beauftragten dafür einzustehen verspricht, daß er keinen Schaden erleiden werde. Ein solcher Garantievertrag untersteht den allgemeinen Regeln über obligatorische Verträge (s auch Vorbm. zum achtzehnten Titel).

Der sog. Kreditauftrag ist im § 778 geregelt.

3. Der § 662 bestimmt den Begriff des Auftrags. Er wird durch die §§ 663—665 nach mehreren Richtungen ergänzt. Der § 663 legt gewissen Personen, von denen man die Annahme eines ihnen ertheilten Auftrags erwarten darf, die Verpflichtung auf, die Ablehnung eines Auftrags dem Auftraggeber unverzüglich anzuzeigen. Der § 664 giebt Vorschriften über die Ausführung des Auftrags durch einen Anderen als den Beauftragten und über die Uebertragung des Anspruchs auf Ausführung des Auftrags. Der § 665 endlich regelt die Befugniß des Beauftragten, unter Umständen von den Weisungen des Auftraggebers abzuweichen. Aus der Hauptverpflichtung des Beauftragten, das übernommene Geschäft zu besorgen, erwachsen für ihn weitere Verpflichtungen, insbesondere hat er über die Ausführung des Auftrags Rechenschaft abzulegen und das bei der Ausführung des Auftrags Erlangte herauszugeben. Hierüber geben die §§ 666, 667 Vorschriften. Eigennützig verwendetes Geld hat der Beauftragte vom Augenblicke der Verwendung an nach § 668 zu verzinsen. Von den Gegenansprüchen des Beauftragten handeln die §§ 669, 670, und zwar der § 670 von der Ersatzpflicht des Auftraggebers für Aufwendungen, der § 669 von der Verpflichtung des Auftraggebers, für Aufwendungen Vorschuß zu leisten. Ueber die Rechtsfolgen, welche sich an die Verletzung der beiden Theilen obliegenden Pflichten knüpfen, enthält der Titel, abgesehen von dem § 668, keine besonderen Bestimmungen; es kommen insoweit die allgemeinen Vorschriften zur Anwendung. Auch darüber, ob der Beauftragte für den Schaden, den er durch Zufall anläßlich der Ausführung des Auftrags erleidet, Ersatz verlangen kann, enthält das Gesetz keine Vorschrift (s. Erl. zu § 670 Nr. 3). Die Beendigung des Auftragsverhältnisses wird regelmäßig dadurch herbeigeführt, daß der Beauftragte den ihm übertragenen Auftrag ausführt. Daneben kommen die allgemeinen Gründe für das Erlöschen eines Schuldverhältnisses in Betracht (s. Vorbm. zum dritten Abschnitt). Mit Rücksicht auf die besondere Natur des Auftrags sind in den §§ 671—674 Vorschriften über den Widerruf und die Kündigung des Auftrags sowie über den Einfluß des Todes eines der Betheiligten gegeben. Der § 675 schreibt, wie bereits erwähnt, die Anwendung einer Anzahl von den für den Auftrag gegebenen Vorschriften auf gewisse Dienst- und Werkverträge vor. Der § 676 betrifft die Haftung für die Folgen eines Rathes oder einer Empfehlung.

II. Die für den Auftrag gegebenen Vorschriften finden theilweise bei anderen ähnlichen Rechtsverhältnissen entsprechende Anwendung (s. §§ 27, 48, 713, 1835, 2218).

III. Die Vorschriften des öffentlichen Rechtes über die Verpflichtung der Beamten, Amtshandlungen vorzunehmen, werden durch die Bestimmungen des zehnten Titels nicht berührt.

§ 662.

E. I § 585; II § 593 rev. § 649; III § 649. P. I S. 2383—2393, 2402—2409, 2420, 2421, 2424; M. II S. 525—530. P. II S. 2287—2289, 2340, 2341 (Bd. II S. 351, 352, 379).

1. Das Auftragsverhältniß kommt zu Stande durch den Abschluß eines Vertrags zwischen dem Auftraggeber und dem Beauftragten. Für diesen Vertrag gelten die allgemeinen Vor-

schriften der §§ 145 ff., Die Fassung des § 662 weist nur auf den Fall hin, daß der Auftraggeber den Auftrag ertheilt und der Beauftragte ihn annimmt. Dies entspricht dem regelmäßigen Laufe der Dinge. Selbstverständlich kann sich der Abschluß des Vertrags aber auch so vollziehen, daß sich Jemand einem Anderen gegenüber zur Besorgung eines Geschäfts erbietet und der andere Theil dieses Anerbieten annimmt.

Der Vertrag ist an keine Form gebunden. Der Auftrag kann auch stillschweigend ertheilt und angenommen werden. Das Gesetz kennt aber keine vermutheten Aufträge. Besorgt Jemand ein Geschäft auf Grund eines von ihm vermutheten Auftrags, ohne daß wirklich ein solcher vorliegt, so greifen die Vorschriften über die Geschäftsführung ohne Auftrag (§§ 677 ff.) Platz. Daß die Parteien sich des Ausdrucks „Auftrag" beim Abschlusse des Vertrags bedienen, ist nicht nothwendig. Umgekehrt wird es oft vorkommen, daß man im Leben von einem Auftrage spricht, wenn juristisch ein Dienstvertrag oder ein anderer entgeltlicher Vertrag vorliegt. Für die juristische Beurtheilung kommt es natürlich nur darauf an, ob die Voraussetzungen des § 662 erfüllt sind. Zu beachten ist, daß nicht jede Aufforderung, die Jemand an einen Anderen richtet, etwas zu thun, z. B. an einen Arzt, zu einem Verunglückten zu eilen und ihm zu helfen, einen Auftrag in sich schließt; vertragsmäßige Verpflichtungen entstehen nur, wenn wirklich der übereinstimmende Wille beider Parteien festgestellt ist, daß bestimmte rechtliche Beziehungen begründet werden sollen.

2. a) Gegenstand des Auftrags ist die Besorgung eines Geschäfts für den Auftraggeber. Das Wort „Geschäft" ist im weitesten Sinne zu verstehen. Es umfaßt sowohl Rechtsgeschäfte als auch rein thatsächliche Handlungen. Der Auftrag kann ein einzelnes Geschäft, er kann aber auch einen Komplex von Geschäften, insbesondere die Verwaltung eines Vermögens, betreffen.

b) Der Beauftragte soll ein ihm von dem Auftraggeber übertragenes Geschäft für diesen besorgen, das Geschäft muß also für den Beauftragten ein fremdes sein. Dies schließt nicht aus, daß der Auftraggeber bei der Ertheilung des Auftrags auch das Interesse des Beauftragten oder eines Dritten im Auge hat. Soll das Geschäft nur den Zwecken des Beauftragten dienen, so liegt kein Auftrag vor; es wird sich in solchem Falle entweder um einen unverbindlichen Rath (§ 676) oder um eine in die Form eines Auftrags gekleidete Ermächtigung des Beauftragten handeln, über Vermögensstücke des Auftraggebers zu verfügen oder diesen zu verpflichten.

c) Der Beauftragte muß sich verpflichtet haben, das übertragene Geschäft unentgeltlich zu besorgen. Das Versprechen einer Belohnung schließt, auch wenn dieselbe verhältnißmäßig geringfügig ist, die Unentgeltlichkeit aus. Ob das Versprechen eines Trinkgeldes die Bedeutung hat, daß eine Belohnung als Gegenleistung zugesagt wird, deren Betrag durch das billige Ermessen des Versprechenden bestimmt werden soll (§ 315) oder ob damit nur eine von der Willkür des Versprechenden abhängende Belohnung hat in Aussicht gestellt werden sollen, ist nach den Umständen zu entscheiden. Im ersteren Falle liegt ein entgeltlicher Vertrag vor, während im zweiten der Begriff des Auftrags durch das Versprechen nicht ausgeschlossen wird.

Wegen des Falles, daß der Auftraggeber dem Beauftragten eine Vergütung gewährt, ohne dazu verpflichtet zu sein, s. Vorbm. zu diesem Titel I 1.

d) Der Beauftragte hat das Geschäft so zu besorgen, wie es ihm übertragen ist. Grundsätzlich hat er sich bei der Durchführung des Auftrags nach den Weisungen des Auftraggebers zu richten, nur ausnahmsweise ist es ihm gestattet, davon abzuweichen (§ 665). Wenn der Auftraggeber keine Weisungen ertheilt hat, so hat der Beauftragte selbständig so zu handeln, wie es nach vernünftigem Ermessen den Interessen des Auftraggebers am meisten entspricht. Erforderlichen Falles hat er dem Auftraggeber über den Stand der Dinge Nachricht zu geben (§ 666). Wegen der Befugniß des Beauftragten, sich fremder Hülfe zu bedienen oder einen Vertreter zu bestellen, s. Erl. zu § 664.

3. Erfüllt der Beauftragte die ihm obliegenden Pflichten nicht, so hat er nach allgemeinen Grundsätzen Schadensersatz zu leisten. Dem Beauftragten liegt dabei der Beweis ob, daß er bei der Ausführung des Auftrags die ihm obliegende Sorgfalt angewendet hat (s. Erl. zu § 635 Nr. 3, R.G. Bd. 20 S. 269). Der Auftraggeber ist auch befugt, eine Geschäftsbesorgung, welche dem Vertrage nicht entspricht, zurückzuweisen. Für das Verhältniß zu einem Dritten kommt aber lediglich in Betracht, ob der Beauftragte befugt war, als Stellvertreter des Auftraggebers aufzutreten und ob er in den Grenzen seiner Vertretungsmacht für denselben gehandelt hat oder nicht. Hat der Auftraggeber die etwaigen Abweichungen vom Auftrage nachträglich genehmigt, so kann er sich weder dem Beauftragten noch einem Dritten gegenüber darauf berufen, daß Ersterer vertragswidrig gehandelt habe.

4. a) Der Beauftragte hat keinen Anspruch auf die Ausführung des Geschäfts, welches den Gegenstand des Auftrags bildet. Sollte eine dahin gehende Beredung getroffen sein, so würde kein Auftrag, sondern ein gegenseitiger Vertrag vorliegen.

§. 663.

Wer zur Besorgung gewisser Geschäfte öffentlich bestellt ist oder sich öffentlich erboten hat, ist, wenn er einen auf solche Geschäfte gerichteten Auftrag nicht annimmt, verpflichtet, die Ablehnung dem Auftraggeber unverzüglich anzuzeigen. Das Gleiche gilt, wenn sich Jemand dem Auftraggeber gegenüber zur Besorgung gewisser Geschäfte erboten hat.

---

b) Zur Durchführung des Auftrags kann eine Mitwirkung des Auftraggebers erforderlich sein. Es kann z. B. zur Vornahme des Geschäfts nothwendig sein, daß der Auftraggeber dem Beauftragten eine Vollmacht ertheilt, damit dieser in der Lage ist, als Vertreter zu handeln, oder die Vornahme des Geschäfts hängt davon ab, daß der Auftraggeber zunächst Anweisungen ertheilt, Urkunden zur Verfügung stellt ꝛc. Für eine solche Mitwirkung muß das Gleiche gelten wie für die beim Dienstvertrage dem Dienstherrn oder beim Werkvertrage dem Besteller obliegenden Nebenverpflichtungen (s. Erl. zu § 611 Nr. 3b und c, zu § 631 Nr. 3). Die Verpflichtung des Auftraggebers, für erforderlich werdende Aufwendungen Vorschuß zu leisten, ist im § 669 besonders geregelt.

§ 663.

E. I § 587; II § 594 rev. § 650; III § 650. P. I S. 2399—2402, 11822; M. II S. 530. P. II S. 2289—2291 (Bd. II S. 353, 354).

1. Nach allgemeinen Grundsätzen steht es im Ermessen des Beauftragten, ob er einen ihm ertheilten Auftrag annehmen will. Aber es giebt Personen, von denen man erwarten darf, daß sie bereit sein werden, Geschäfte für einen Anderen zu besorgen. Diesen Personen legt der § 663 die Verpflichtung auf, die Ablehnung eines Auftrags unverzüglich dem Auftraggeber anzuzeigen. Die allgemeine Vorschrift des § 151 wird durch den § 663 nicht berührt. Es besteht keineswegs, wie in der Kritik zum E. I (Zsstlg. Bd. 2 S. 331) behauptet ist, ein Widerspruch zwischen beiden Bestimmungen, sie bewegen sich in ganz verschiedenen Richtungen. Der § 151 bestimmt, daß in gewissen Fällen ein Vertrag zu Stande kommen kann, ohne daß die Annahme des Vertragsantrags dem Antragsteller gegenüber erklärt ist. Der § 663 setzt dagegen die thatsächliche Ablehnung des Vertragsantrags voraus und legt dem Beauftragten nur die besondere Verpflichtung auf, dem Antragsteller die Thatsache der Ablehnung anzuzeigen. Auch die etwa aus anderen Bestimmungen, insbesondere aus Vorschriften des öffentlichen Rechtes, sich ergebende Verpflichtung, einen Auftrag anzunehmen, wird durch den § 663 nicht berührt. (Vergl. auch Vorbm. zum sechsten Titel unter IV).

2. Als Personen, denen die Anzeigepflicht obliegt, kommen zunächst in Betracht diejenigen, welche zur Besorgung gewisser Geschäfte öffentlich bestellt sind. Ob eine öffentliche Bestellung zur unentgeltlichen Ausführung von Aufträgen besteht, ist nach den bei der Anstellung getroffenen oder sich aus dem öffentlichen Rechte ergebenden Bestimmungen zu beurtheilen. Der Fall wird allerdings nur äußerst selten vorkommen; denn wenn Jemandem die Verpflichtung auferlegt wird, unentgeltlich fremde Geschäfte zu besorgen, so wird dies meistens in dem Sinne zu verstehen sein, daß er auf Ansuchen eine amtliche Thätigkeit zu entfalten hat, nicht aber, daß er in ein privatrechtliches Auftragsverhältniß zu dem Antragsteller treten soll. Die zweite Kommission hatte deshalb beschlossen, im § 663 jene Personen nicht zu erwähnen. Bei dem E. I war die Sachlage anders; denn hier umfaßte der Auftrag auch die entgeltliche Besorgung fremder Geschäfte und, da es zweifellos häufig vorkommt, daß Personen öffentlich zur Besorgnng fremder Geschäfte gegen Entgelt bestellt werden, so war es vom Standpunkte des E. I geboten, diese Personen mit anzuführen. Die zweite Kommission hatte für die letzteren Fälle dadurch Fürsorge getroffen, daß sie eine besondere dem § 587 des E. I entsprechende Vorschrift beim Dienstvertrag eingestellt hatte. Der Bundesrath hat die Vorschrift beim Dienstvertrage gestrichen, dafür aber die Fassung des E. I in dem jetzigen § 663 wieder hergestellt und in dem § 675 den § 663 mitzitirt. Die praktische Bedeutung der Bestimmung liegt hiernach nicht in der Anwendung auf Aufträge, sondern darin, daß sie nach Maßgabe des § 675 auf Dienstverträge und Werkverträge, welche eine Geschäftsbesorgung zum Gegenstande haben, entsprechende Anwendung findet. Eine Anzeigepflicht wird hiernach beispielsweise den Gerichtsvollziehern sowie den amtlich bestellten Taxatoren und Auktionatoren obliegen.

Als Personen, welche sich öffentlich zur Besorgung von Geschäften zu erbieten pflegen, sind zu nennen, die Aerzte, ferner die Mäkler, die Agenten und die Volksanwälte. Auch die Ankündigungen von Bankgeschäften, welche sich zur Besorgung von Börsengeschäften, zur Einlösung von Zinsscheinen und dergl. öffentlich bereit erklären, und

§. 664.

Der Beauftragte darf im Zweifel die Ausführung des Auftrags nicht einem Dritten übertragen. Ist die Uebertragung gestattet, so hat er nur ein ihm bei der Uebertragung zur Last fallendes Verschulden zu vertreten. Für das Verschulden eines Gehülfen ist er nach §. 278 verantwortlich.

Der Anspruch auf Ausführung des Auftrags ist im Zweifel nicht übertragbar.

ähnliche geschäftliche Anerbieten gehören hierher. Für Rechtsanwälte gelten die besonderen Vorschriften der Rechtsanwaltsordnung § 30.

Die Erstreckung der Anzeigepflicht auf solche Personen, die sich nicht allgemein, sondern einer bestimmten anderen Person gegenüber zur Besorgung von Geschäften erboten haben, ist auf Grund einer Anregung der Kritik (Zsstlg. Bd. 2 S. 332) von der zweiten Kommission beschlossen worden; die Bestimmung entspricht dem Art. 323 Abs. 1 des alten H.G.B. (jetzt § 362 Abs. 1 Satz 2). Das Erbieten gegenüber einer bestimmten Person kann mündlich oder schriftlich, allgemein oder speziell erfolgen, es hat den Charakter einer einseitigen empfangsbedürftigen Willenserklärung (s. §§ 130ff).

3. Der Inhalt der Verpflichtung geht dahin, dem Auftraggeber die Ablehnung des Antrags anzuzeigen. Anzuzeigen ist nur die Thatsache der Ablehnung; Gründe brauchen dem Antragsteller nicht mitgetheilt zu werden. Für die Erfüllung der Verpflichtung ist das Prinzip des § 242 maßgebend. Regelmäßig wird die Absendung eines Briefes als genügend anzusehen sein. Die Anzeige hat unverzüglich, d. h. nach § 121 ohne schuldhaftes Zögern, zu erfolgen.

4. Erfüllt der Beauftragte die ihm obliegende Anzeigepflicht nicht, so ist er nach allgemeinen Grundsätzen zum Schadensersatze verpflichtet. Eine gesetzliche Vermuthung, daß der Antrag beim Schweigen des Beauftragten als angenommen zu gelten habe, besteht dagegen nicht.

§ 664.

E. I §§ 588, 589; II § 595 rev. § 651; III § 651. P. I S. 2409—2420; M. II S. 530—534. P. II S. 2291—2296, 8475 (Bd. II S. 354—357).

1. Abs. 1 Satz 1.

a) Das Gesetz geht davon aus, daß die Uebertragung des Auftrags regelmäßig auf persönlichem Vertrauen beruht, und stellt deshalb die Auslegungsregel auf, daß der Beauftragte nicht befugt ist, die Ausführung des Auftrags einem Anderen zu übertragen. Für den Auftrag zur Führung eines Rechtsstreits schreibt die C.P.O. § 81 das Gegentheil vor. Möglicherweise kann übrigens der Beauftragte, auch wenn ihm im Allgemeinen keine Substitutionsbefugniß eingeräumt ist, bei wesentlicher Aenderung der Umstände, z. B. wenn er erkrankt und dadurch behindert wird, selbst zu handeln, berechtigt und verpflichtet erscheinen, die Erledigung des Auftrags einem Anderen zu übertragen (vergl. § 665).

b) Der Auftraggeber braucht die Erledigung des Auftrags durch einen zu Unrecht bestellten Substituten nicht als Erfüllung der dem Beauftragten obliegenden Verpflichtung gelten zu lassen. Der Beauftragte hat außerdem für allen durch die unbefugte Uebertragung des Auftrags entstehenden Schaden einzustehen. Dagegen ist der Beauftragte die ihm gegen den Substituten erwachsenen Ansprüche nur dann abzutreten verpflichtet, wenn dieser die unregelmäßige Substitution nachträglich genehmigt. Der § 667 findet auf diese Ansprüche keine Anwendung, denn sie sind nicht aus der Geschäftsbesorgung, d. h. aus der Besorgung derjenigen Geschäfte, auf welche der Auftrag ging, sondern aus einem dem Auftrage nicht entsprechenden Geschäft entstanden. Sowenig der Beauftragte, wenn er eine Sache gekauft hat, zu deren Kaufe er nicht beauftragt war, diese dem Auftraggeber herauszugeben braucht, sofern dieser nicht nachträglich den Kauf genehmigt, ebensowenig ist er die aus seiner auftragswidrigen Substitution erworbenen Ansprüche abzutreten verpflichtet (s. Jacubezky S. 142).

2. Abs. 1 Satz 2.

a) Ist dem Beauftragten das Recht eingeräumt, einen Vertreter zu bestellen, so wird dies regelmäßig in dem Sinne gemeint sein, daß der Beauftragte mit der Bestellung des Vertreters seine Verpflichtung erfüllt hat. Eine Haftung kommt dann nur insoweit in Betracht, als der Beauftragte einerseits zu prüfen hat, ob die Voraussetzungen für die Uebertragung gegeben sind, und als er andererseits bei der Auswahl und Instruktion des Vertreters mit Sorgfalt zu verfahren hat. Dies spricht der Satz 2 des Abs. 1 aus. Bei den Berathungen der zweiten Kommission war beantragt, diese Bestimmung als selbstverständlich zu streichen. Man hat es aber für zweckmäßig erachtet, klar zu stellen, daß grundsätzlich die Substitution auf die Gefahr desjenigen geht, der sie gestattet hat (P. II S. 2293).

Die Parteien können aber auch vereinbaren, daß der Beauftragte mit dem Eintritte des Substituten nicht vollständig ausscheiden, sondern den Vertreter dauernd kontroliren, die Anweisungen des Auftraggebers an den Vertreter übermitteln oder in irgend welcher anderen Weise weiter thätig werden soll; er hat dann für allen aus der schuldhaften Verletzung dieser Verpflichtungen entstehenden Schaden einzustehen, und zwar nicht nur subsidiär, sondern direkt. Auch ist es möglich, daß er die Garantie für die Persönlichkeit des Vertreters übernimmt. Der Satz 2, der lediglich den Charakter einer Dispositivvorschrift hat, schließt die vertragsmäßige Begründung einer solchen weitergehenden Haftung nicht aus.

b) Für das Verhältniß zwischen dem Auftraggeber und dem Substituten ist der Vertrag maßgebend, welchen der Beauftragte mit dem Substituten schließt. Ob der Beauftragte hierbei als Stellvertreter des Auftraggebers zu handeln befugt ist, hängt davon ab, ob ihm hierzu Vollmacht ertheilt ist. Im Zweifel dürfte indessen eine Vollmacht in der Ertheilung der Substitutionsbefugniß zu finden sein. Hat der Beauftragte befugter Weise als Vertreter des Auftraggebers gehandelt, so wird der Auftraggeber aus der Substitution direkt berechtigt und verpflichtet (§ 164). Der Beauftragte kann den Vertrag aber auch im eigenen Namen schließen derart, daß der Substitut nur ihm persönlich verpflichtet wird. Dann ist der Beauftragte nach § 667 verpflichtet, die ihm aus dem Vertrage mit dem Substituten erwachsenden Ansprüche an den Auftraggeber abzutreten. Der Auftraggeber hat aber keinen direkten Anspruch gegen den Substituten; es läßt sich auch kein Anspruch auf Grund einer cessio ficta begründen, wie dies vielfach im gemeinen Rechte geschieht, denn das Institut der cessio ficta ist dem B.G.B. überhaupt fremd. Bei den Berathungen der zweiten Kommission wurde bemerkt, daß sich bei dieser Sachlage Schwierigkeiten ergeben könnten, wenn durch vertragswidriges Handeln des Substituten ein Schaden für den Auftraggeber entstehe. Der Beauftragte könne, wie es scheine, keinen Schadensersatzanspruch geltend machen, denn er hafte dem Auftraggeber nur für culpa in eligendo. Er könne also auch keinen Anspruch auf Schadensersatz abtreten. Es war deshalb ein Antrag gestellt, welcher Abhülfe schaffen sollte. Die Kommission hat den Antrag abgelehnt, weil die Praxis auch ohne besondere Bestimmung zu einer befriedigenden Lösung der Frage kommen werde (P. II S. 2294 ff.). Dies trifft zu. Man wird nämlich dem beitreten können, was der Antragsteller selbst zur Begründung seines Antrags ausgeführt hat: Der Beauftragte bleibt auch, wenn er befugter Weise einen Substituten bestellt hat, für die Ausführung des Auftrags verantwortlich; er kann sich nur dadurch von der Haftung befreien, daß er dem Auftraggeber seine Ansprüche gegen den Substituten abtritt. Um deswillen besteht für ihn ein Anspruch gegen den Substituten (vergl. l. 8. § 3 D. 17, 1).

Das Erlöschen des Hauptauftrags führt nicht ohne Weiteres die Beendigung des Substitutionsverhältnisses herbei. Die Betheiligten können aber ausmachen, daß das Substitutionsverhältniß durch das Bestehen des Hauptauftrags bedingt sein soll. Eine derartige Vereinbarung wird regelmäßig anzunehmen sein, wenn dem Substituten mitgetheilt ist, daß er als solcher bestellt werde.

3. Abs. 1 Satz 3. Verschieden von der Frage, ob der Beauftragte die Ausführung des Auftrags einem Anderen übertragen kann, ist die Frage, ob er befugt ist, bei der Ausführung einen Gehülfen zuzuziehen. Der § 588 des E. I bestimmte, daß der Beauftragte im Zweifel verpflichtet sei, den Auftrag in Person auszuführen, und schien damit auch die Zuziehung von Gehülfen auszuschließen, während solche nach den Motiven (Bd. 2 S. 532) regelmäßig statthaft sein sollte. Die zweite Kommission hat der Vorschrift des Satz 1 die jetzt vorliegende Fassung gegeben, um klar zu stellen, daß der Beauftragte in der Zuziehung von Gehülfen, wenn nicht ein entgegenstehender Wille der Parteien erhelle, nicht behindert sein solle. Bedient sich der Beauftragte eines Gehülfen, so ist er für diesen nach § 278 verantwortlich. Die Haftung für die Gehülfen, welche durch den Satz 3 festgesetzt wird, würde sich wohl schon aus allgemeinen Grundsätzen ableiten lassen. Man hat es aber für zweckmäßig erachtet, eine ausdrückliche Bestimmung im Gesetze zu geben, um den Gegensatz gegenüber dem Satz 2 hervorzuheben. Der E. I beschränkte die Vorschrift des Satz 3 auf den Fall, daß der Beauftragte sich „befugter Weise“ eines Gehülfen bedient habe. Die zweite Kommission hat die Beschränkung gestrichen, da dasselbe gelten müsse, auch wenn der Beauftragte unbefugter Weise gehandelt habe. Der Unterschied zwischen dem Substituten und dem Gehülfen, welcher wegen der verschiedenen Haftung des Beauftragten praktische Bedeutung hat, liegt darin, daß der Substitut das Geschäft selbständig besorgt, während der Gehülfe unter der Leitung eines Anderen steht. Ob das eine oder andere Verhältniß vorliegt, läßt sich nur nach den Umständen des einzelnen Falles entscheiden.

4. Abs. 2. Die Vorschrift ist von der zweiten Kommission mit Rücksicht auf den ebenfalls neu eingestellten Satz 2 des § 613 hinzugefügt, um nicht das Mißverständniß aufkommen zu lassen, als solle beim Auftrag in diesem Punkte etwas Anderes gelten als beim Dienstvertrage.

5. Soweit die Ansprüche aus dem Auftragsverhältnisse nicht übertragbar sind, sind sie auch der Pfändung nicht unterworfen (C.P.O. § 851).

§. 665.

Der Beauftragte ist berechtigt, von den Weisungen des Auftraggebers abzuweichen, wenn er den Umständen nach annehmen darf, daß der Auftraggeber bei Kenntniß der Sachlage die Abweichung billigen würde. Der Beauftragte hat vor der Abweichung dem Auftraggeber Anzeige zu machen und dessen Entschließung abzuwarten, wenn nicht mit dem Aufschube Gefahr verbunden ist.

§. 666.

Der Beauftragte ist verpflichtet, dem Auftraggeber die erforderlichen Nachrichten zu geben, auf Verlangen über den Stand des Geschäfts Auskunft zu ertheilen und nach der Ausführung des Auftrags Rechenschaft abzulegen.

---

§ 665.

E. I § 590; II 596 rev. § 652; III § 652. P. I S. 2420—2424; M. II S. 535, 536. P. II S. 2287, 2289, 2297, 2298 (Bd. II S. 351, 353, 357).

1. Der Beauftragte hat sich bei der Ausführung des Auftrags grundsätzlich nach den Weisungen des Auftraggebers zu richten. Das Gesetz begnügt sich damit, dies in der Weise zum Ausdrucke zu bringen, daß es im § 665 die Ausnahmefälle feststellt, in denen der Beauftragte von den Weisungen abweichen darf. Bei den Berathungen der zweiten Kommission war beantragt, in der grundlegenden Bestimmung des § 585 (jetzt § 662) hervorzuheben, daß der Beauftragte das Geschäft nach den Weisungen des Auftraggebers zu besorgen habe. Gegen diesen Vorschlag wurde eingewendet, die Fassung könne zu dem Mißverständnisse führen, als stehe der Beauftragte ebenso wie der Dienstverpflichtete andauernd unter der Leitung des Auftraggebers, während er regelmäßig befugt sei, das Geschäft selbständig auszuführen, und Weisungen seines Auftraggebers nur soweit zu befolgen brauche, als sie sich in den Grenzen des von ihm übernommenen Auftrags hielten. Die Kommission hat die Entscheidung der Redaktionskommission überlassen, und diese ist wohl mit Rücksicht auf das hervorgehobene Bedenken zu einer Ablehnung des Antrags gelangt.

2. Bei der Entscheidung der Frage, ob Weisungen ertheilt sind, ist zu beachten, daß der Auftraggeber, wenn er sich über die zu treffenden Maßnahmen äußert, sich häufig nur auf eine Empfehlung beschränken will und keineswegs beabsichtigt, den Beauftragten zu binden.

3. Eine Abweichung von den ihm ertheilten Weisungen ist dem Beauftragten gestattet, wenn eine solche Aenderung der Verhältnisse eingetreten ist, daß er annehmen darf, der Auftraggeber werde seine Weisungen nicht mehr aufrecht erhalten. Ob solche Umstände vorliegen, hat der Beauftragte pflichtmäßig zu prüfen. Jedenfalls erscheint eine Abweichung statthaft, wenn der Beauftragte das Geschäft unter günstigeren Bedingungen abschließen kann, als der Auftraggeber vorausgesetzt hatte, es müßte denn eine Abweichung ausdrücklich ausgeschlossen sein. Wenn thunlich, hat der Beauftragte die Entschließung des Auftraggebers einzuholen. Ist dies nicht angängig, so ist er befugt, selbständig zu handeln. Ob der Beauftragte auch verpflichtet ist, von den Weisungen des Auftraggebers abzuweichen, läßt sich nur nach den Umständen des einzelnen Falles entscheiden.

Geht der Beauftragte eigenmächtig vor, so braucht der Auftraggeber seine Handlungen nicht als Erfüllung gelten zu lassen; der Beauftragte ist auch verpflichtet, dem Auftraggeber den etwa entstandenen Schaden zu ersetzen.

§ 666.

E. I § 591 Satz 1; II § 597 rev. § 653; III § 653. P. I S. 2424—2433; M. II S. 537, 538. P. II S. 2298—2302, 3131—3133 (Bd. II S. 357—360, 778, 779).

1. Der E. I legte dem Beauftragten die Verpflichtung auf, dem Auftraggeber über die Ausführung des Auftrags Rechenschaft abzulegen. Eine Verpflichtung, dem Auftraggeber auf Verlangen auch schon vor Erledigung des Auftrags Auskunft über den Stand des aufgetragenen Geschäfts zu ertheilen und nöthigenfalls unaufgefordert Nachrichten zu geben, war nicht erwähnt, weil man davon ausging, daß sich dies aus dem Wesen des Auftrags von selbst ergebe (M. II S. 537). Die zweite Kommission hat es aber für zweckmäßig erachtet, auch die letztere Verpflichtung ausdrücklich hervorzuheben.

2. Für die Erfüllung der dem Beauftragten nach § 666 obliegenden Verpflichtungen ist im Allgemeinen der § 242 maßgebend. Hat der Beauftragte über eine Verwaltung Rechenschaft abzulegen, welche mit Einnahmen und Ausgaben verbunden ist, so kommen die Vorschriften des

§. 667.

Der Beauftragte ist verpflichtet, dem Auftraggeber Alles, was er zur Ausführung des Auftrags erhält und was er aus der Geschäftsbesorgung erlangt, herauszugeben.

---

§ 259, hat er über den Bestand eines Inbegriffs von Gegenständen Auskunft zu ertheilen, so kommen die Vorschriften des § 260 zur Anwendung.

3. Die Bestimmung, daß der Beauftragte dem Auftraggeber die erforderlichen Nachrichten zu geben hat, findet ihr Vorbild in dem Art. 361 des alten H.G.B. (neues H.G.B. § 384). Darüber, wie oft und in welcher Weise der Beauftragte dem anderen Theile Mittheilungen zu machen hat, lassen sich bei der Mannigfaltigkeit der in Betracht kommenden Fälle keine allgemeinen Regeln aufstellen. Als leitender Gedanke ist festzuhalten, daß der Auftraggeber auch ohne Anfrage soweit über den Stand der Dinge unterrichtet werden soll, als dies in seinem Interesse geboten erscheint, damit er die etwa erforderlichen Maßnahmen treffen kann. Der Beauftragte wird insbesondere regelmäßig als verpflichtet erscheinen von der Erledigung des Auftrags unverzüglich Anzeige zu machen.

§ 667.

E. I §. 592; II § 598 rev. § 654; III § 654. P. I S. 2424—2427; M. II S. 538, 539. P. II S. 2302—2312, 2378, 8469, 8470 (Bd. II S. 360—365, 399).

1. Der § 667 giebt dem Auftraggeber einen obligatorischen Anspruch gegen den Beauftragten auf Herausgabe dessen, was der Beauftragte aus der Geschäftsführung erlangt hat. Dingliche Rechte kann der Auftraggeber nur geltend machen, wenn der Beauftragte als sein unmittelbarer Stellvertreter gehandelt hat. Bei den Berathungen der zweiten Kommission waren Anträge gestellt, welche die von dem Beauftragten im eigenen Namen, aber für den Auftraggeber erworbenen Rechte als fiduziarische gestalten wollten. Nach dem einen Vorschlage sollten Sachen, Rechte und Forderungen, welche der Beauftragte in Folge der Geschäftsführung im eigenen Namen erworben hat, im Verhältnisse zwischen dem Auftraggeber und dem Beauftragten oder dessen Gläubigern grundsätzlich als dem Ersteren erworben gelten. Ein anderer Vorschlag ging dahin, eine solche Vorschrift für die von dem Beauftragten aus der Geschäftsführung erlangten Forderungen zu geben, wie dies der Art. 368 Abs. 2 des alten H.G.B. für die Forderungen des Kommissionärs bestimmt. Die Kommission hat die Anträge nach eingehender Erörterung abgelehnt. Die Frage, ob nach dem B.G.B. fiduziarische Rechtsverhältnisse in dem Sinne möglich sind, daß durch mittelbare Stellvertretung dingliche Rechte für den Vertretenen begründet werden, erhebt sich nicht nur beim Auftrage, sondern sie kann auch bei verschiedenen anderen Rechtsverhältnissen auftauchen. Es handelt sich dabei um ein Problem aus der Lehre von der Stellvertretung, welches allerdings bei dem Auftrage besondere praktische Bedeutung hat. Im Bd. I S. 210 Vorbm. zum Abschn. 3 Tit. 5 Nr. 3 und Bd. I S. 211 Erl. zu § 164 Nr. 2 ist ausgeführt, daß nach dem B.G.B. bei der mittelbaren Stellvertretung grundsätzlich nur obligatorische Ansprüche für den Vertretenen entstehen. Hieran ist auch für das Verhältniß zwischen Auftraggeber und Beauftragtem festzuhalten.

2. Die Verpflichtung des Beauftragten geht dahin, dem Auftraggeber die erhaltenen Sachen zu übergeben, Forderungen und Rechte abzutreten und für Gegenstände, welche nicht herausgegeben oder übertragen werden können, insbesondere für verbrauchtes Geld, den entsprechenden Ersatz zu leisten (vergl. R.G. Bd. 3 S. 186). Die Verpflichtung zur Herausgabe erstreckt sich auch auf Zubehör und Zuwachs sowie auf die etwa gezogenen Früchte und Nutzungen (P. II S. 8469). Der Beauftragte hat ferner auch Geschenke und Extraprovisionen, welche er wegen des Abschlusses aufgetragener Geschäfte von dem Dritten erhalten hat, herauszugeben (P. II S. 2303; R.G. Bd. 9 S. 296). Der Auftraggeber hat dagegen keinen Anspruch auf dasjenige, was dem Beauftragten anläßlich der Geschäftsbesorgung als persönliches Geschenk zugewendet ist oder ihm aus selbständigen, mit der Ausführung des Auftrags nur äußerlich im Zusammenhange stehenden Geschäften zufließt.

Soweit es sich um die Herausgabe eines Inbegriffs von Gegenständen handelt, kommen die Vorschriften des § 260 zur Anwendung.

Der Beweis, daß der Beauftragte etwas zur Ausführung des Auftrags erhalten oder aus der Geschäftsbesorgung erlangt hat, liegt dem Auftraggeber ob. Es ist aber zu beachten, daß nach § 666 der Beauftragte dem Auftraggeber Auskunft zu ertheilen und Rechenschaft abzulegen hat, sodaß der Auftraggeber seinem Anspruch auf Herausgabe regelmäßig die eigenen Angaben des Beauftragten zu Grunde zu legen vermag.

Trifft den Beauftragten hinsichtlich der Erfüllung der ihm obliegenden Verpflichtung ein Verschulden, so hat er nach allgemeinen Grundsätzen Schadensersatz zu leisten.

§. 668.

Verwendet der Beauftragte Geld für sich, das er dem Auftraggeber herauszugeben oder für ihn zu verwenden hat, so ist er verpflichtet, es von der Zeit der Verwendung an zu verzinsen.

§. 669.

Für die zur Ausführung des Auftrags erforderlichen Aufwendungen hat der Auftraggeber dem Beauftragten auf Verlangen Vorschuß zu leisten.

---

§ 668.

E. I § 593; II § 599 rev. § 655; III § 655. P. I S. 2433—2435; M. II S. 539, 540. P. II S. 2312 (Bd. II S. 365).

Wenn der Beauftragte Geld für sich verwendet, welches er dem Auftraggeber herauszugeben oder für ihn zu verwenden hatte, so ist er nach allgemeinen Grundsätzen dem Auftraggeber zum Ersatze des diesem hierdurch entstandenen Schadens verpflichtet. Der Beweis des Schadens würde aber in vielen Fällen Schwierigkeiten machen. Der § 667 stellt deswegen den Satz auf, daß der Beauftragte, gleichviel ob dem Auftraggeber ein Schaden erwachsen ist oder nicht, eigennützig verwendetes Geld vom Augenblicke der Verwendung an zu verzinsen hat. Ob den Beauftragten ein Verschulden trifft oder nicht, ist gleichgültig. Der Zinsfuß beträgt nach § 246 4 %.

Die Geltendmachung eines weiteren Schadens wird durch den § 668 nicht ausgeschlossen.

Dem § 668 entsprechende Vorschriften sind im § 698 für den Verwahrer und im § 1834 für den Vormund gegeben.

§ 669.

E. I § 594; II § 600 rev. § 656; III § 656. P. I S. 2436, 2437; M. II S. 540. P. II S. 2312, 2313 (Bd. II S. 365).

1. Dem Beauftragten kann nicht zugemuthet werden, das ihm übertragene Geschäft auf seine Kosten für den Auftraggeber zu besorgen. Es ist deshalb dem Auftraggeber die Verpflichtung auferlegt, dem Beauftragten auf Verlangen einen Vorschuß für die erforderlichen Aufwendungen zu leisten. Der Auftraggeber kann dadurch, daß er dem Verlangen nicht nachkommt, in Verzug der Annahme gerathen, und der Beauftragte braucht den Auftrag solange nicht zu erfüllen, als er nicht den erforderlichen Vorschuß erhalten hat.

Der Beauftragte kann auf Zahlung des Vorschusses klagen (ebenso Meißner, Kommentar, und Fischer-Henle, Handausgabe). Die Motive (II S. 540) bemerken zwar, ein klagbarer Anspruch sei für den Beauftragten nicht begründet, dies ergebe sich aus der Natur des Auftrags, insbesondere aus dessen Widerruflichkeit. Gegen diese Auffassung ist indessen Folgendes zu bemerken: Nach dem Sprachgebrauche des Gesetzes hat bei obligatorischen Verträgen die Bestimmung, daß einem der Vertragschließenden gegenüber dem anderen Theile eine Verpflichtung auferlegt wird, die Bedeutung, daß dadurch gleichzeitig für den anderen Theil ein klagbarer Anspruch begründet wird; s. z. B. §§ 433, 523, 537, 607. Hiernach würde man also im vorliegenden Falle einen klagbaren Anspruch für den Beauftragten anzunehmen haben. Die Natur des Auftrags nöthigt nicht dazu, das Gegentheil anzunehmen. Wenn schon im Allgemeinen der Auftraggeber Herr des Geschäfts ist und den Auftrag jederzeit widerrufen kann, so schließt dies doch nicht aus, daß, solange das Auftragsverhältniß besteht, der Beauftragte auch ein Recht darauf hat, daß ihm die Vornahme des Geschäfts, dessen Besorgung ihm obliegt, durch Gewährung eines Vorschusses ermöglicht werde. Praktische Bedeutung hat die Frage hauptsächlich bei Dienstverträgen und Werkverträgen, bei welchen nach § 675 die Vorschrift des § 669 entsprechend anzuwenden ist (vergl. auch Erl. zu § 611 Nr. 3 c).

2. Der Beauftragte ist seinerseits nicht verpflichtet, einen Vorschuß zu fordern, sondern kann die Aufwendungen aus eigenen Mitteln bestreiten und demnächst nach § 670 Ersatz fordern. Will er das aber nicht, so kann er nicht einfach die Ausführung des Geschäfts unterlassen, sondern hat, wie sich aus § 666 ergiebt, den Auftraggeber von der Nothwendigkeit eines Vorschusses in Kenntniß zu setzen.

3. Wegen des Begriffs der Aufwendungen s. Erl. zu § 670.

§. 670.

Macht der Beauftragte zum Zwecke der Ausführung des Auftrags Aufwendungen, die er den Umständen nach für erforderlich halten darf, so ist der Auftraggeber zum Ersatze verpflichtet.

---

§ 670.

E. I § 595 Abs. 1, 2; II § 601 rev. § 657 Satz 1; III § 657. P. I S. 2437—2440; M. II S. 541, 542. P. II S. 2313, 2314, 2317—2322, 8475, 8476 (Bd. II. S 365, 366, 367—369). K.B. S. 1981.

1. a) Zur Begründung des Anspruchs auf Ersatz von Aufwendungen hat der Beauftragte darzuthun einmal, daß er thatsächlich zum Zwecke der Ausführung des Auftrags Aufwendungen gemacht hat, und sodann, daß er sie im Augenblicke der Verwendung für erforderlich halten durfte. In letzterer Hinsicht kommt es nicht darauf an, daß die Aufwendungen objektiv nothwendig waren, sondern daß sie unter den vorliegenden Umständen nach vernünftigem Ermessen als zweckmäßig und geboten erscheinen mußten. Daß die Aufwendungen zu einem Erfolge geführt haben, ist nicht nothwendig; die Gefahr trägt insoweit der Auftraggeber.

Die Aufwendungen können sowohl in direkten Ausgaben als auch in der Eingehung von Verbindlichkeiten bestehen. Dagegen kann der Beauftragte für die Verwendung seiner Arbeitskraft regelmäßig keinen Ersatz verlangen, da er sich ja zur unentgeltlichen Besorgung des Geschäfts verpflichtet hat; auch die Abnutzung von Geräthschaften und dergl. wird nur ausnahmsweise in Rechnung zu stellen sein. Der Ersatz der Aufwendungen hat regelmäßig durch Zahlung einer Geldsumme zu geschehen. Wegen der Verzinsung der zu erstattenden Geldbeträge s. § 256, wegen der Befreiung von Verbindlichkeiten s. § 257.

b) Wegen ihrer Ansprüche haben beide Theile, sowohl der Auftraggeber als auch der Beauftragte, ein Zurückbehaltungsrecht, für welches die Vorschriften der §§ 273, 274 maßgebend sind.

c) Eine dem § 670 entsprechende Vorschrift ist im § 693 für den Verwahrungsvertrag gegeben. Ferner ist im § 1835 die entsprechende Anwendung der §§ 669, 670 für die Geltendmachung von Ersatzansprüchen des Vormundes mit einer sich aus § 1835 Abs. 2 ergebenden Aenderung vorgeschrieben. Vergl. auch § 683.

2. Treffen die Voraussetzungen des § 670 nicht zu, so kann der Beauftragte Ersatz für Aufwendungen nur nach den Grundsätzen der ungerechtfertigten Bereicherung verlangen.

3. Ueber den Ersatz des Schadens, welchen der Beauftragte bei der Ausführung des Auftrags erleidet, enthält das Gesetz keine ausdrückliche Bestimmung. Der E. I hatte nach den Motiven (II S. 541) von einer besonderen Vorschrift Abstand genommen, weil wegen Verschiedenheit der in Betracht kommenden Fälle eine Entscheidung durch das Gesetz nicht gegeben werden könne. Bei den Berathungen der zweiten Kommission war vorgeschlagen, nach dem Vorbilde des Art. 93 Abs. 1 des alten H.G.B. dem Beauftragten einen Anspruch auf Ersatz von Verlusten zn geben, welche er aus Gefahren erleidet, die nach dem Inhalte des Auftrags von der Geschäftsbesorgung unzertrennlich sind. Die Kommission hat den Antrag abgelehnt; es entspreche der Auffassung des Lebens nicht, daß der Beauftragte deswegen, weil er im Auftrag und an Stelle des Auftraggebers die Ausführung eines Geschäfts unentgeltlich übernehme, unter allen Umständen den Ersatz des durch die Geschäftsbesorgung verursachten Schadens verlangen dürfe. Werde der Beauftragte z. B. bei Ausführung des Auftrags durch einen herabstürzenden Dachziegel oder in Folge eines Eisenbahnunfalls verletzt, so sei es mit dem allgemeinen Rechtsbewußtsein schwer vereinbar, den Auftraggeber zum Ersatze des Schadens zu verpflichten. Die Entscheidung der Frage werde wesentlich davon abhängen, ob und inwieweit die Vertragschließenden den erlittenen Schaden als voraussehbar oder wenigstens als denkbar in den Kreis ihrer Rechnung gezogen hätten. Handele es sich um einen Schaden, an den beide Theile oder der Beauftragte allein gedacht hätten, so entspreche es der Verkehrsauffassung, dem Beauftragten, weil er trotz Kenntniß der ihm möglicherweise drohenden Gefahr den Auftrag übernommen habe, auch das Risiko des übernommenen Auftrags aufzuerlegen. Habe dagegen nur der Auftraggeber gewußt, daß der Beauftragte sich bei Ausführung des Auftrags möglicherweise gewissen Gefahren aussetze, und habe er es unterlassen, den Beauftragten hierauf aufmerksam zu machen, so verletze er eine Pflicht, welche ihm der nach Treu und Glauben mit Rücksicht auf die Verkehrssitte auszulegende Auftragsvertrag auferlege, und die Rechtsprechung werde nicht anstehen, den Auftraggeber zum Ersatze des durch diese Gefahren verursachten Schadens für verpflichtet zu erklären. Dabei ist von einer Seite bemerkt: Die allgemeinen Grundsätze würden in vielen Fällen zu dem Ziele führen, welches der abgelehnte Antrag verfolge. Denn wer einen Auftrag übernehme, stelle gewissermaßen seine ganze Persön-

§. 671.

Der Auftrag kann von dem Auftraggeber jederzeit widerrufen, von dem Beauftragten jederzeit gekündigt werden.

Der Beauftragte darf nur in der Art kündigen, daß der Auftraggeber für die Besorgung des Geschäfts anderweit Fürsorge treffen kann, es sei denn, daß ein wichtiger Grund für die unzeitige Kündigung vorliegt. Kündigt er ohne solchen Grund zur Unzeit, so hat er dem Auftraggeber den daraus entstehenden Schaden zu ersetzen.

Liegt ein wichtiger Grund vor, so ist der Beauftragte zur Kündigung auch dann berechtigt, wenn er auf das Kündigungsrecht verzichtet hat.

---

lichkeit zum Zwecke der Erfüllung des Auftrags in den Dienst des Auftraggebers; erleide er hierbei an seiner Gesundheit einen Schaden, so opfere er ein Rechtsgut auf, und für dieses Opfer könne er, soweit dies möglich sei, ebensogut Ersatz fordern wie für gewisse Vermögensaufwendungen. Man könne auch nicht sagen, es handele sich in einem solchen Falle nicht um Aufwendungen, weil die Einbuße, die der Beauftragte erleide, von ihm nicht vorsätzlich herbeigeführt worden sei; die Handlung, mit der die Gefahr verbunden sei, habe der Beauftragte vorsätzlich vorgenommen, und es sei für seinen Regreßanspruch der Umstand gleichgültig, daß er die Gefahr nicht gekannt habe. Habe der Beauftragte im Interesse des Auftraggebers Verbindlichkeiten übernommen, so müsse ihn der Auftraggeber von den Verbindlichkeiten befreien, auch wenn er bei Uebernahme der Verpflichtungen über den Umfang derselben nicht vollständig unterrichtet gewesen sei; verneine man die Anwendung der Kategorie der Aufwendungen auf die in Rede stehenden Ansprüche, so ziehe man dem Begriffe der Aufwendung zu enge Grenzen. Von anderer Seite ist dieser Auffassung widersprochen. Bei der zweiten Lesung ist dann nochmals ein ähnlicher Antrag gestellt, aber wiederum abgelehnt worden. Wenn übrigens dabei, wie in den Protokollen angegeben wird (P. II S. 8476), die Erwägung mit maßgebend gewesen ist, daß auch in dem Entwurfe des revidirten H.G.B. die Streichung des Art. 93 Abs. 1 in Aussicht genommen sei, so scheint ein Mißverständniß vorgekommen zu sein. Der Entwurf des H.G.B. hat den Art. 93 Abs. 1 in diesem Punkte nicht geändert, und auch der § 110 des neuen H.G.B. stimmt insoweit mit dem alten Art. 93 überein.

Vom Standpunkte des Gesetzes dürfte die Frage in folgender Weise zu entscheiden sein (vergl. P. II S. 2321). Ist der Schaden durch ein Verschulden des Auftraggebers veranlaßt, so kann der Beauftragte Ersatz verlangen. Bei einem konkurrirenden Verschulden des Beauftragten kommen die Vorschriften des § 254 zur Anwendung. Ist der Schaden durch reinen Zufall, wenn auch in ursächlichem Zusammenhange mit der Ausführung des Auftrags entstanden, so ist ein Ersatzanspruch nicht zu konstruiren. Zunächst läßt sich der Schaden nicht unter den Gesichtspunkt der zum Zwecke der Ausführung des Auftrags gemachten Aufwendungen bringen. Der Beauftragte rechnet zwar mit der Möglichkeit, daß ein Schaden eintritt, er setzt seine Person oder ein anderes Rechtsgut bei der Ausführung des Auftrags aufs Spiel, aber der Schaden selbst tritt wider seinen Willen ein. Er kann also die etwa eingetretene Verminderung seines Vermögens nicht als direkt beabsichtigte Verwendung in Rechnung stellen. Macht aber der Beauftragte nach dem Eintritte des Schadens Aufwendungen, z. B. zur Wiederherstellung seiner Gesundheit, so sind dies vollends keine Aufwendungen zum Zwecke der Ausführung des Auftrags. Ebensowenig läßt sich ein Ersatzanspruch aus allgemeinen Grundsätzen ableiten. Nach den Grundanschauungen des B.G.B. kann Schadensersatz nur beansprucht werden, wenn der Schaden durch das Verschulden eines Anderen herbeigeführt ist oder wenn die Ersatzpflicht vertragsmäßig übernommen war. Nur in ganz wenigen Fällen (s. §§ 829, 833—838) soll die bloße Verursachung eines Schadens zum Ersatze verpflichten. (Ebenso Endemann § 117 Anm. 9). Eine andere Beurtheilung tritt selbstverständlich ein, wenn der Auftraggeber ausdrücklich oder stillschweigend die Garantie dafür übernommen hat, daß der Beauftragte keinen Schaden erleiden werde.

§ 671.

E. I §§ 597, 598; II § 602 rev. § 658; III § 658. P. I S. 2445—2461, 3555, 3560, 11714—11718; M. II S. 543—547. P. II S. 2323—2325 (Bd. II S. 370, 371).

1. Für die Beendigung des Auftragsverhältnisses sind die allgemeinen Vorschriften maßgebend. Die §§ 671—674 geben Sondervorschriften, welche mit Rücksicht auf die besondere Natur des Auftrags für erforderlich gehalten sind. Mit der Beendigung des Auftragsverhältnisses erlischt regelmäßig auch die zum Zwecke der Besorgung des Geschäfts ertheilte Vollmacht (s. § 168).

§. 672.

Der Auftrag erlischt im Zweifel nicht durch den Tod oder den Eintritt der Geschäftsunfähigkeit des Auftraggebers. Erlischt der Auftrag, so hat der Beauftragte, wenn mit dem Aufschube Gefahr verbunden ist, die Besorgung des übertragenen Geschäfts fortzusetzen, bis der Erbe oder der gesetzliche Vertreter des Auftraggebers anderweit Fürsorge treffen kann; der Auftrag gilt insoweit als fortbestehend.

---

2. **Widerruf und Kündigung** sind einseitige empfangsbedürftige Willenserklärungen (s. § 130 ff.), welche die Bedeutung haben, das Auftragsverhältniß für die Zukunft aufzuheben. Sie haben juristisch insoweit denselben Charakter; man hätte, wie bei ähnlichen Verhältnissen (s. z. B. §§ 605, 626, 649) auch von einer Kündigung Seitens des Auftraggebers sprechen können; die Bezeichnung „Widerruf" ist lediglich mit Rücksicht auf die in der Wissenschaft und Gesetzgebung hergebrachte Ausdrucksweise gewählt.

Eine **bedingte Kündigung ist unzulässig**, denn der Auftraggeber muß Gewißheit über das Erlöschen des Vertragsverhältnisses haben (M. II S. 547). Ein bedingter Widerruf ist zulässig. Er enthält eine Beschränkung des ursprünglichen Auftrags auf den Fall, daß die Bedingung eintritt (P. II S. 2332). Eine solche nachträgliche Beschränkung muß sich der Beauftragte ebenso wie andere Weisungen des Auftraggebers gefallen lassen. Ist er nicht damit einverstanden, so kann er kündigen.

Ein **Verzicht auf den Widerruf** war im E. I (§ 597 Abs. 2) ausdrücklich für unzulässig erklärt. Die zweite Kommission hat den Satz gestrichen, weil er einerseits selbstverständlich sei, soweit es sich um den eigentlichen Auftrag handele, und weil er andererseits zu dem Mißverständnisse führen könne, als solle auch der Verzicht auf den Widerruf einer Ermächtigung, ein Geschäft des Auftraggebers im eigenen Interesse vorzunehmen, für unzulässig erklärt werden (P. II S. 2324). Eine Erklärung, durch welche auf den Widerruf eines Auftrags verzichtet wird, ist in der That, weil sie eine unzulässige Unterwerfung unter einen fremden Willen in sich schließt, nach § 138 nichtig (a. A. Schollmeyer S. 70 Anm. 1). Aber in den meisten Fällen wird es sich, wenn auf den Widerruf eines Auftrags verzichtet wird, in Wirklichkeit um ein anderes in die Form eines Auftrags gekleidetes oder von den Parteien irrthümlich als Auftrag bezeichnetes Rechtsgeschäft handeln; ob hinsichtlich dieses anderen Rechtsgeschäfts ein Verzicht auf den Widerruf zulässig ist, ist besonders zu prüfen. Wegen des Verzichts auf den Widerruf einer Vollmacht s. Erl. zu § 168 No. 2.

Ein **Verzicht auf das Kündigungsrecht** des Beauftragten ist zulässig.

3. Die Vorschriften des Abs. 2 entsprechen denen des § 627 Abs. 2; es wird auf die Erl. zu diesem Paragraphen verwiesen.

4. Hat sich eine Ehefrau einem Dritten gegenüber zur Besorgung eines Geschäfts verpflichtet, so kann der Ehemann das Auftragsverhältniß nach Maßgabe des § 1358 kündigen.

§ 672.

E. I §§ 599, 600; II § 603 rev. § 659; III § 659. P. I S. 2461—2467, 2472—2475, 11825; M. II S. 547—549. P. II S. 2325—2329, 2605, 2606 (Bd. II S. 371—373, 516, 517). K.B. S. 1981.

1. Das römische Recht, welchem die modernen Gesetze folgen, bestimmt, daß der Auftrag mit dem Tode des Auftraggebers erlischt. Demgegenüber ist in den Art. 54 Abs. 2 und 297 des alten H.G.B. und dem § 82 der C.P.O. für die dort geregelten Rechtsverhältnisse der Satz aufgestellt, daß der Auftrag nicht mit dem Tode des Auftraggebers erlöschen soll. Das B.G.B. hat die Bestimmungen der Spezialgesetze zu einer allgemeinen Regel erweitert. Abweichend vom E. I, welcher eine Dispositivvorschrift aufstellte, ist aber nur eine Auslegungsregel gegeben.

2. Erlischt der Auftrag mit dem **Tode**, so werden dadurch selbstverständlich die einmal begründeten Ansprüche auf Herausgabe, Rechenschaft 2c. einerseits, auf Ersatz von Aufwendungen andererseits nicht berührt. Dem Beauftragten wird aber vom Gesetz außerdem die besondere Verpflichtung auferlegt, einstweilen für die Fortführung des Auftrags Fürsorge zu treffen. Ob die Besorgung des Geschäfts bereits begonnen hatte oder nicht, ist gleichgültig.

3. Neben dem Tode des Auftraggebers ist der **Eintritt der Geschäftsunfähigkeit** erwähnt. Die Erwähnung wäre vielleicht nicht nothwendig gewesen, weil, wenn nicht einmal durch den Tod der Auftrag erlischt, dies umsoweniger von dem Eintritte der Geschäftsunfähigkeit gelten kann. Man hat aber die Erwähnung mit Rücksicht darauf, daß das bisherige Recht zum Theil andere Bestimmungen enthält und da die Anwendung der Vorschriften des Satz 2 nicht zweifellos sein

§. 673.

Der Auftrag erlischt im Zweifel durch den Tod des Beauftragten. Erlischt der Auftrag, so hat der Erbe des Beauftragten den Tod dem Auftraggeber unverzüglich anzuzeigen und, wenn mit dem Aufschube Gefahr verbunden ist, die Besorgung des übertragenen Geschäfts fortzusetzen, bis der Auftraggeber anderweit Fürsorge treffen kann; der Auftrag gilt insoweit als fortbestehend.

---

würde, für geboten erachtet. Dagegen ist der Fall, daß bei dem Auftraggeber eine **Beschränkung der Geschäftsfähigkeit** eintritt, abweichend von dem E. I nicht erwähnt, da man es für selbstverständlich erachtet hat, daß für diesen Fall dasselbe gelten müsse, wie beim Eintritte der Geschäftsunfähigkeit. Ebensowenig sind Bestimmungen für den Fall als nothwendig erachtet, wenn eine juristische Person die Rechtsfähigkeit verliert. Ob in diesem Falle dasselbe gilt wie im Falle des Todes einer physischen Person, ob der Auftrag also im Zweifel nicht erlischt, kann zweifelhaft sein. Dafür läßt sich anführen, daß das Vermögen der juristischen Person nicht herrenlos wird, sondern dem Anfallberechtigten zufällt und daß, wenn der Fiskus der Anfallberechtigte ist, nach § 46 die Vorschriften über den Erwerb einer Erbschaft durch den Fiskus Anwendung finden. Andererseits liegt für die übrigen Fälle, in welchen eine Liquidation erfolgen muß (§§ 47 ff., 88), die Analogie des Konkurses über das Vermögen einer juristischen Person nahe, und durch diesen erlischt nach § 23 der K.O. der Auftrag. Zwischen beiden Fällen zu unterscheiden und für den Fall des § 46 ein Fortbestehen des Auftrags, in den übrigen Fällen aber ein Erlöschen desselben anzunehmen, dürfte sich nicht rechtfertigen lassen, weil die Gründe, auf denen die verschiedene Behandlung der in dem § 46 und der in dem § 47 bezeichneten Fälle beruht, mit dem Wesen des Auftrags nichts zu thun haben. Muß aber für beide Fälle in der hier fraglichen Beziehung dasselbe gelten, so liegt die Sache einfach so, daß es an einer gesetzlichen Auslegungsregel fehlt. In jedem einzelnen Falle ist daher zu untersuchen, ob der Auftrag nach seinem Inhalt und nach der Art, in welcher er ertheilt ist, auch für die Zeit nach dem Erlöschen der juristischen Person ertheilt ist. Die durch das Erlöschen der juristischen Person eintretende Veränderung, insbesondere der Umstand, daß das Vermögen fortan nicht mehr dem bisherigen Zwecke dienen soll, dürfte regelmäßig zu der Annahme führen, daß der Auftrag mit dem Erlöschen der juristischen Persönlichkeit aufhören soll. Für diesen Fall wird dann aber die Vorschrift des § 672 Satz 2 zur entsprechenden Anwendung kommen müssen.

4. Die Rechtsfolgen, welche sich an die Eröffnung des **Konkurses** über das Vermögen des Auftraggebers knüpfen, sind in dem neu eingestellten § 23 der K.O. geregelt.

§ 673.

E. I § 601; II § 604 rev. § 660; III § 660. P. I S. 2468—2472; M. II S. 549, 550 P. II S. 2329, 2330, 2605, 2606 (Bd. II S. 373, 374, 516, 517).

1. Wenn der Auftrag nach der Auslegungsregel des Satz 1 mit dem Tode des Beauftragten erlischt, so geht doch die Verpflichtung, Rechenschaft abzulegen und das Erlangte herauszugeben, auf die Erben über. Das Gesetz legt ihnen außerdem im Interesse des Auftraggebers noch die besondere Verpflichtung auf, von dem Tode unverzüglich, d. h. nach § 121 ohne schuldhaftes Zögern, Anzeige zu machen und die Geschäfte, wenn Gefahr mit dem Aufschube verbunden ist, bis dahin fortzusetzen, daß der Auftraggeber anderweit Fürsorge treffen kann. Selbstverständlich sind aber die Erben nur in der Weise zum Handeln verpflichtet, wie ihnen dies ihre persönlichen und geschäftlichen Verhältnisse gestatten (P. II S. 2330). Trifft die Erben ein Verschulden, so haben sie für den entstehenden Schaden aufzukommen. Die Erben sind ihrerseits berechtigt, die etwaigen dem Beauftragten erwachsenen Ersatzansprüche geltend zu machen.

Wenn der Auftrag mit dem Tode des Beauftragten nicht erlischt, so haben die Erben den Auftrag so auszuführen, wie dies ihrem Erblasser obgelegen hatte; sie werden aber dem Auftraggeber unverzüglich Nachricht von dem Tode des Beauftragten zu geben haben (§ 666).

2. Wird der Beauftragte **geschäftsunfähig**, so gilt dasselbe, als wenn er gestorben wäre. Welchen Einfluß eine Beschränkung der Geschäftsfähigkeit hat, hängt von dem Inhalte des Auftrags ab. Erlischt der Auftrag durch den Eintritt der Geschäftsunfähigkeit oder einer Beschränkung der Geschäftsfähigkeit des Beauftragten, so sind die im Satz 2 vorgeschriebenen Verpflichtungen von seinem gesetzlichen Vertreter zu erfüllen.

Die **Eröffnung des Konkurses** über das Vermögen des Beauftragten hat nicht ohne Weiteres zur Folge, das der Auftrag erlischt (M. II S. 550). Der Auftraggeber kann aber nach § 671 den Auftrag widerrufen, der Beauftragte nach § 671 Abs. 1, 3 kündigen.

§. 674.

Erlischt der Auftrag in anderer Weise als durch Widerruf, so gilt er zu Gunsten des Beauftragten gleichwohl als fortbestehend, bis der Beauftragte von dem Erlöschen Kenntniß erlangt oder das Erlöschen kennen muß.

§. 675.

Auf einen Dienstvertrag oder einen Werkvertrag, der eine Geschäftsbesorgung zum Gegenstande hat, finden die Vorschriften der §§. 663, 665 bis 670, 672 bis 674 und, wenn dem Verpflichteten das Recht zusteht, ohne Einhaltung einer Kündigungsfrist zu kündigen, auch die Vorschriften des §. 671 Abs. 2 entsprechende Anwendung.

---

§ 674.

E. I § 603; II § 605 rev. § 661; III §. 661. P. I S. 2481—2487; M. II S. 553, 554. P. II S. 2331—2334 (Bd. II S. 374—376).

1. Der Auftrag kann erlöschen, ohne daß der Beauftragte davon sofort Kenntniß erhält. Dies schließt eine gewisse Gefahr für den Beauftragten in sich. Denn, wenn er im Glauben an das Fortbestehen des Auftrags Aufwendungen macht, so würde er auf Grund des bereits erloschenen Auftragsverhältnisses keine Ersatzansprüche geltend machen können. Die Vorschriften über die Geschäftsführung ohne Auftrag gewähren ihm ebenfalls keinen ausreichenden Schutz. Denn der § 683 gewährt einen Anspruch auf Ersatz von Aufwendungen nur für den Fall, wenn die Uebernahme der Geschäftsführung im Interesse des Geschäftsherrn gelegen hat, und mit dem Erlöschen des Auftrags fällt regelmäßig auch das Interesse an der Besorgung des Geschäfts fort. Es würde dem Beauftragten also nur ein Anspruch auf Herausgabe der Bereicherung nach § 684 zustehen und er demnach, wenn überhaupt, nur in beschränktem Maße Ersatz verlangen können. Aus Billigkeitsgründen bestimmt deshalb das Gesetz, ähnlich wie in anderen Fällen (s. §§ 729, 1893, 2140), daß der Auftrag zu Gunsten des Beauftragten so lange als fortbestehend gelten soll, bis derselbe von der das Erlöschen bewirkenden Thatsache Kenntniß erlangt oder hätte erlangen müssen. Der Beauftragte kann also nach § 670 Ersatz seiner Aufwendungen verlangen. Die Kenntniß oder das Kennenmüssen ist im Streitfalle von dem Auftraggeber zu beweisen.

Die Vorschrift des § 674 gilt für alle Erlöschungsgründe. Ausgeschlossen ist nur der Fall des Widerrufs, weil der Widerruf eine empfangsbedürftige Willenserklärung ist und daher nach Maßgabe der §§ 130 ff. mit dem Zeitpunkt, in welchem er dem Beauftragten zugegangen ist, ohne Rücksicht darauf wirksam wird, ob er im einzelnen Falle wirklich Kenntniß davon erhalten hat. Der E. I berücksichtigte noch besonders den bedingten Widerruf. Die zweite Kommission hat es nicht für nothwendig gehalten, diesen Fall zu erwähnen, weil der bedingte Widerruf nicht als eigentlicher Widerruf anzusehen sei (s. Erl. zu § 671 Nr. 2). Kennt der Beauftragte den Eintritt der Bedingung, unter welcher der Widerruf erfolgt ist, nicht, so bestimmt sich das Verhältniß nach denselben Grundsätzen, welche für den Fall gelten, daß der Auftraggeber dem Beauftragten Weisungen für bestimmte Fälle ertheilt hat und der Beauftragte den Eintritt dieser Fälle ohne sein Verschulden nicht kennt. Das Ergebniß wird hiernach im Wesentlichen dasselbe sein wie in dem Falle des § 674.

Der Auftrag gilt nur zu Gunsten des Beauftragten als fortbestehend. Eine Verpflichtung, den Auftrag weiter auszuführen, besteht für ihn nicht. Wenn der Beauftragte aber das Geschäft fortführt, so hat er so zu handeln, wie wenn der Auftrag noch bestände.

2. Ueber die mit einem Auftrage verbundene Vollmacht s. § 169 und die Erläuterung dazu (Bd. I S. 220).

---

§ 675.

E. I § 567 Abs. 1; II § 606 rev. § 662; III § 662. P. I S. 2288—2291, 2298, 2299, 2358, 2368—2370; M. II S. 470—473. P. II S. 2203, 2335—2337, 8473 (Bd. II S. 307, 376, 377).

1. Der § 675 ist von der zweiten Kommission eingestellt. Er ist aus der Erwägung hervorgegangen, daß ein Theil der für den unentgeltlichen Auftrag gegebenen Vorschriften sich auch zur Anwendung bei den dem Auftrage verwandten entgeltlichen Verträgen eigne. Vom Standpunkte des E. I, welcher neben den unentgeltlichen auch entgeltliche Aufträge anerkannte, war eine besondere Bestimmung überflüssig. Die zweite Kommission hatte zunächst die jetzigen §§ 665—670,

§. 676.

Wer einem Anderen einen Rath oder eine Empfehlung ertheilt, ist, unbeschadet der sich aus einem Vertragsverhältniß oder einer unerlaubten Handlung ergebenden Verantwortlichkeit, zum Ersatze des aus der Befolgung des Rathes oder der Empfehlung entstehenden Schadens nicht verpflichtet.

672—674 für entsprechend anwendbar erklärt. Bei der zweiten Lesung ist dann noch der zweite Halbsatz („und wenn .... 671 Abs. 2"), welcher die Vorschrift des § 627 Abs. 2 auf alle hierher gehörigen Verträge erstreckt, hinzugefügt worden. Der § 663 war nicht mit angeführt, weil die zweite Kommission eine besondere dem § 663 entsprechende Vorschrift in den sechsten Titel eingestellt hatte. Der Bundesrath hat dann, nachdem er die letztere Vorschrift gestrichen hatte, auch den § 663 für entsprechend anwendbar erklärt.

2. Bei den Berathungen der zweiten Kommission war es als wünschenswerth bezeichnet, daß im Gesetze näher angegeben werde, was unter einer Geschäftsbesorgung zu verstehen sei. Die Kommission war jedoch der Ansicht, daß sich der Begriff im Gesetze durch eine anderweite Fassung nicht erschöpfend verdeutlichen lasse; man könne die Entscheidung der Frage der Wissenschaft überlassen. Der Begriff läßt sich nicht genau nach konkreten Merkmalen abgrenzen. Man wird davon auszugehen haben, daß das Gesetz zwischen Dienst- und Werkverträgen im Allgemeinen und solchen Dienst- und Werkverträgen, welche eine Geschäftsbesorgung zum Gegenstande haben, unterschieden wissen will. Es kann also nicht in jeder Thätigkeit eine Geschäftsbesorgung gefunden werden. In der Regel wird es sich bei der Geschäftsbesorgung um die Entfaltung einer solchen Thätigkeit handeln, die innerhalb des Rechtsbereichs des Geschäftsherrn vorzunehmen ist (P. II S. 2337). Der Verpflichtete soll für den Geschäftsherrn ein Geschäft, an dessen Vornahme dieser thatsächlich oder rechtlich behindert ist, im Sinne des Geschäftsherrn besorgen. Die Frage, wie weit der Anwendungskreis des § 675 zu ziehen ist, hat übrigens nicht so große praktische Bedeutung, wie ihr hier und da in der Literatur beigelegt ist. Denn einerseits entsprechen die im § 675 angeführten Bestimmungen so sehr demjenigen, was sich bei einer Geschäftsbesorgung aus der Natur des Verhältnisses ergiebt, daß man wohl auch ohne besondere Vorschrift zu einer entsprechenden Anwendung gelangen würde, und andererseits ist eine Anwendung auf Fälle, für die sie nicht passen, kaum zu befürchten.

3. Die Uebertragung der im § 675 angegebenen Vorschriften auf einen Dienstvertrag, der eine Geschäftsbesorgung zum Gegenstande hat, macht keine Schwierigkeiten. Das Verhältniß gestaltet sich so, daß sämmtliche für den Dienstvertrag im sechsten Titel gegebenen Vorschriften zur Anwendung gelangen und die im § 675 angegebenen Vorschriften lediglich ergänzend hinzutreten. Zu beachten ist, daß in der Seitens des Dienstherrn zu gewährenden Vergütung der Ersatz für Auslagen mit einbegriffen sein kann. Soweit dies der Fall ist, worüber sich keine allgemeine Regel aufstellen läßt, kann selbstverständlich nicht noch besonders auf Grund des § 670 Ersatz von Aufwendungen beansprucht werden. Was vom Dienstvertrage gesagt ist, gilt auch für den Werkvertrag. Beim Werkvertrage kann der Unternehmer regelmäßig keinen Ersatz für die von ihm zur Herstellung des Werkes gemachten Aufwendungen verlangen. Diese werden vielmehr regelmäßig durch die Vergütung mit gedeckt. Hierbei verbleibt es, auch wenn der Werkvertrag eine Geschäftsbesorgung im Sinne des § 675 zum Gegenstande hat, und die §§ 669, 670 finden daher keine Anwendung. Hieran wird auch dadurch nichts geändert, daß das Werk vor der Annahme durch Zufall untergeht. Der Unternehmer kann auch in diesem Falle auf Grund des § 670 keinen Ersatz seiner Aufwendungen verlangen, weil er nach § 644 die Gefahr bis zur Abnahme des Werkes trägt. Anders liegt die Sache, wenn und soweit der Unternehmer nach dem Werkvertrage neben der Vergütung oder statt derselben Ersatz von Aufwendungen zu fordern berechtigt ist. Geht das Werk in einem solchen Falle vor der Abnahme durch Zufall unter, so hat der Besteller dem Unternehmer die Aufwendungen nach Maßgabe des § 670 zu ersetzen. Die vereinbarte Vergütung kann der Unternehmer aber immer nur einmal und erst nach Abnahme des Werkes fordern.

4. Der Einfluß des Konkurses ist in dem neuen § 23 Abs. 2 der K.O. geregelt.

§ 676.

E. I § 604; II § 607 rev. § 663; III § 663. P. I S. 2392—2394;
M. II S. 554, 555. P. II S. 2341, 2342, 2901—2903 (Bd. II S. 380, 664, 665).

1. Im bisherigen Rechte gehen die Meinungen darüber auseinander, wie weit man für die Folgen eines Rathes oder einer Empfehlung aufzukommen hat. Die Frage wird gewöhn-

lich, indem man der älteren Lehre folgt, welche den Rath als ein **mandatum tui gratia** bezeichnet, beim Auftrage behandelt. Der E. I hatte sich dem angeschlossen und am Schlusse des Titels über den Auftrag folgenden Satz eingestellt:

„Wer einem Anderen einen Rath oder eine Empfehlung ertheilt hat, haftet für den Ersatz des dem Anderen aus der Befolgung des Rathes oder der Empfehlung entstandenen Schadens nur dann, wenn er arglistig gehandelt hat, sofern nicht aus einem Vertragsverhältniß oder aus einer Amtspflicht eine weiter gehende Haftung sich ergiebt."

Die zweite Kommission beschloß zunächst, ohne auf den materiellen Inhalt der Vorschrift einzugehen, dieselbe in den Titel über die unerlaubten Handlungen zu versetzen. Demnächst ist dieser Beschluß wieder rückgängig gemacht und unter Ablehnung eines Streichungsantrags beschlossen, eine dem § 604 entsprechende Vorschrift in den Titel über den Auftrag einzustellen. Maßgebend ist dabei die Erwägung gewesen, daß die Bestimmung, nachdem man die Vorschriften des E. I über unerlaubte Handlungen umgestaltet habe, in dem Titel über die unerlaubten Handlungen als überflüssig erscheine und zu Mißverständnissen Anlaß geben könne. Auf der anderen Seite empfehle es sich aber nicht, im Gesetze ganz zu schweigen; es sei wünschenswerth, festzustellen, daß derjenige, welcher sich zur Ertheilung eines Rathes herbeilasse, sich nicht ohne Weiteres stillschweigend zur Anwendung ordentlicher Sorgfalt verpflichte. Die Redaktionskommission hat dann der Vorschrift die jetzt vorliegende Fassung gegeben; eine sachliche Aenderung des E. I ist damit nach dem Vorstehenden nicht beabsichtigt gewesen.

2. Die Ertheilung eines Rathes oder einer Empfehlung erzeugt regelmäßig keine Verbindlichkeit. Es handelt sich dabei nach der dem Gesetze zu Grunde liegenden Auffassung nicht um ein Rechtsgeschäft, sondern um eine reine Gefälligkeit, die der Sphäre des gesellschaftlichen Lebens angehört. Ausnahmsweise tritt aber eine Haftung für die Folgen des Rathes ein und zwar zunächst dann, wenn gegen die Vorschriften über unerlaubte Handlungen verstoßen ist. Hierbei wird der § 823 nur ausnahmsweise in Betracht kommen; denn die Ertheilung eines unrichtigen Rathes ist an sich nicht widerrechtlich (§ 823 Abs. 1) und ein Verstoß gegen ein den Schutz eines Anderen bezweckendes Gesetz (§ 823 Abs. 2) wird ebensowenig in Frage kommen. Ausnahmsweise kann indessen der § 823 Anwendung finden, wenn die Ertheilung des unrichtigen Rathes in solcher Art und zu solchem Zwecke erfolgt, daß der Thatbestand eines strafrechtlichen Betrugs vorliegt. Immer aber tritt eine Haftung ein, wenn derjenige, welcher den Rath ertheilt hat, entweder in einer gegen die guten Sitten verstoßenden Weise dem Anderen absichtlich einen Schaden zugefügt hat (§ 826) oder wenn er als Beamter vorsätzlich oder fahrlässig eine ihm gegenüber dem Anderen obliegende Amtspflicht verletzt hat (§ 839). Letzteres würde z. B. zutreffen, wenn ein Notar Jemandem, der ihn bei der Errichtung eines Testaments zuzieht, schuldhafterweise eine falsche Auskunft über die nach dem Gesetz erforderliche Form giebt und dadurch die Errichtung eines ungültigen Testaments veranlaßt. Beispiele für den ersteren Fall s. R.G. Bd. 20 S. 190, Bd. 23 S. 130, Seuff. Arch. Bd. 46 Nr. 258. Eine allgemeine Haftung für Fahrlässigkeit bei der Ertheilung eines Rathes ergiebt sich aus den Vorschriften über unerlaubte Handlungen nicht.

Eine Haftung für einen Rath kommt ferner in Betracht, wenn sie sich aus einem Vertragsverhältniß ergiebt. Dies ist in doppelter Weise denkbar, nämlich entweder so, daß derjenige, welcher den Rath ertheilt, die Garantie für die Richtigkeit übernimmt, oder so, daß ihm eine vertragsmäßige Verpflichtung zur Sorgfalt obliegt und er hiergegen verstößt. Im ersteren Falle haftet er nach Maßgabe des Garantievertrags, im letzteren hat er nach den allgemeinen Grundsätzen über die schuldhafte Nichterfüllung von Verbindlichkeiten einzustehen. Eine vertragsmäßige Haftung für Sorgfalt bei der Ertheilung des Rathes kann sich aus einem Auftrag oder einem Dienstvertrag oder einem ähnlichen Verhältniß ergeben. Es kann aber auch ein selbständiger Vertrag in dem Sinne abgeschlossen werden, daß der Rath mit pflichtmäßiger Sorgfalt zu ertheilen ist. Die Uebernahme einer vertragsmäßigen Verpflichtung zur Sorgfalt kann auch stillschweigend erfolgen. Die bloße Erklärung, einen Rath ertheilen zu wollen, enthält nicht die Uebernahme einer solchen Verpflichtung. Letztere ist aber stets anzunehmen, wenn für die Ertheilung des Rathes oder der Auskunft eine Vergütung gewährt wird, wie dies z. B. bei Aerzten und Rechtsanwälten sowie bei den sog. Auskunftsbureaus die Regel bildet (s. Dernburg II § 115 Anm. 8, 9; aus der Praxis vergl. R.G. Bd. 19 S. 97, Bd. 27 S. 118; Seuff. Arch. Bd. 41 Nr. 100, Bd. 45 Nr. 85, 247, Bd. 50 Nr. 189).

Elfter Titel.
Geschäftsführung ohne Auftrag.

Elfter Titel.

Sturm, Die Lehre von der Geschäftsführung ohne Auftrag nach dem B.G.B., 1897.

I. 1. Die Thatsache, daß Jemand ohne Auftrag für einen andern thätig wird, begründet rechtliche Beziehungen zwischen dem Geschäftsherrn und dem Geschäftsführer. Die Frage, ob das Verhältniß als Quasikontrakt aufzufassen ist, hat wesentlich nur eine systematische Bedeutung und kommt für das B.G.B. nicht in Betracht. Die rechtlichen Wirkungen, welche sich an die Geschäftsführung ohne Auftrag knüpfen, treten direkt auf Grund der Bestimmungen des Gesetzes ein. Der E. I hatte dieser Auffassung entsprechend die Geschäftsführung ohne Auftrag unter die „einzelnen Schuldverhältnisse aus anderen Gründen", welche im letzten Abschnitte des zweiten Buches geregelt waren, eingereiht und zwischen die Bereicherung und die Gemeinschaft gestellt. Die zweite Kommission hat es für zweckmäßiger erachtet, die Geschäftsführung ohne Auftrag an den Auftrag anzuschließen; der sachliche Inhalt der Bestimmungen ist durch diese Aenderung nicht beeinflußt. Bei der materiellen Regelung ist einerseits der Gesichtspunkt maßgebend gewesen, daß, wenn Jemand aus Nächstenliebe oder um öffentlicher Interessen willen fremde Geschäfte besorgen wolle, das Gesetz dem nicht hemmend entgegentreten dürfe. Es ist deshalb auch kein allgemeines Verbot der Einmischung in fremde Angelegenheiten ausgesprochen. Andererseits war aber zu berücksichtigen, daß die Uebernahme fremder Geschäfte nicht immer auf idealen Gründen beruht, sondern daß vielfach Eitelkeit und Selbstsucht die Triebfeder bilden. Auch konnte man nicht verkennen, daß bei den heutigen Verkehrsverhältnissen, die es dem Einzelnen erleichtern, auch aus der Ferne seine Geschäfte selbst zu besorgen, und bei der weit entwickelten öffentlichen Fürsorge für Hülfsbedürftige zu einer privaten Einmischung in fremde Angelegenheiten seltener Anlaß sein wird als früher. Dem Geschäftsführer ist deshalb eine strenge Haftung auferlegt, wenn er sich gegen den wirklichen oder muthmaßlichen Willen des Geschäftsherrn eingemischt hat, und ebenso ist der Anspruch auf Ersatz von Aufwendungen an die Voraussetzung geknüpft, daß die Uebernahme der Geschäfte nicht nur dem objektiven Interesse, sondern auch dem wirklichen oder muthmaßlichen Willen des Geschäftsherrn entsprochen hat. Aus der Geschäftsführung entstehen in erster Linie Ansprüche für den Geschäftsherrn, es können aber auch Gegenansprüche für den Geschäftsführer erwachsen. Diese Ansprüche stehen in einem gewissen Zusammenhang, insofern sie aus derselben Quelle hervorgehen. Aber sie haben nicht den Charakter von gegenseitigen Ansprüchen. Die Voraussetzungen sind vielmehr verschieden normirt; es kann also der Fall eintreten, daß für den Geschäftsführer nur Pflichten, aber keine Rechte begründet werden. Die Geschäftsführung ohne Auftrag ist kein Rechtsgeschäft, sie ist vielmehr zu charakterisiren als eine Rechtshandlung, mit welcher die Rechtsordnung rechtliche Folgen ohne Rücksicht auf den Willen des Handelnden verknüpft (s. Bd. I S. 142, 149, Vorbm. zum dritten Abschnitt unter I, X, M. II S. 860; für die Annahme eines Rechtsgeschäfts Endemann, Einführung I § 178 Anm. 1, dagegen Cosack, Lehrbuch I § 155 Nr. 4a). Die für Rechtsgeschäfte gegebenen Vorschriften gelten also nicht für die Geschäftsführung ohne Auftrag. Es kann sich nur fragen, ob die eine oder die andere Bestimmung entsprechend anzuwenden ist. Eine spezielle hierher gehörende Frage ist im § 682 entschieden. Eine Anfechtung der Handlungen, welche der Geschäftsführer vorgenommen hat, wegen Irrthums, Drohung oder Betrugs wird nur gegenüber denjenigen dritten Personen, mit welchen der Geschäftsführer Rechtsgeschäfte abgeschlossen hat, nicht gegenüber dem Geschäftsherrn in Frage kommen.

2. Das Gesetz regelt im elften Titel nur die obligatorischen Beziehungen zwischen dem Geschäftsherrn und dem Geschäftsführer. Unberührt bleiben die Ansprüche, welche sich auf Grund der Vorschriften über unerlaubte Handlungen (§§ 823 ff.) wegen widerrechtlichen Eingriffs in die Rechtssphäre eines Anderen ergeben können (vergl. Erl. zu § 687). Für das Verhältniß zu einem Dritten, mit dem der Geschäftsführer Geschäfte abschließt, insbesondere für die Frage, in welchem Augenblicke der Geschäftsherr direkte Rechte aus solchen Geschäften erwirbt (Endemann § 178 Anm. 13, Windscheid I § 74), sind die Vorschriften über Vertretung und Vollmacht (§§ 167 ff.), über Vertretung ohne Vertretungsmacht (§§ 177 ff.) und über Genehmigung (§ 184) maßgebend.

3. Die rechtliche Stellung des Geschäftsführers ist in der grundlegenden Bestimmung des § 677 dahin charakterisirt, daß durch die Uebernahme fremder Geschäfte ohne Auftrag für den Geschäftsführer die Verpflichtung begründet wird, das Geschäft im Sinne des Geschäftsherrn zu führen. Die §§ 678, 679 geben ergänzende Vorschriften für den Fall, wenn die Geschäfts-

§. 677.

Wer ein Geschäft für einen Anderen besorgt, ohne von ihm beauftragt oder ihm gegenüber sonst dazu berechtigt zu sein, hat das Geschäft so zu führen, wie das Interesse des Geschäftsherrn mit Rücksicht auf dessen wirklichen oder muthmaßlichen Willen es erfordert.

---

führung gegen den Willen des Geschäftsherrn geschieht. Hat der Geschäftsführer zum Zwecke der Abwendung einer dem Geschäftsherrn drohenden Gefahr gehandelt, so soll sich seine Haftung nach § 680 auf Vorsatz und grobe Fahrlässigkeit beschränken. Der § 681 ergänzt den § 677 in der Richtung, daß die Verpflichtungen des Geschäftsführers nach der Uebernahme näher geregelt werden. Der § 682 handelt von dem Falle, daß der Geschäftsführer eine geschäftsunfähige Person ist. Die Ansprüche des Geschäftsführers gegen den Geschäftsherrn sind in den §§ 683—685 geregelt. Die §§ 686, 687 betreffen besondere Fälle, der § 686 den Fall, daß sich der Geschäftsführer über die Person des Geschäftsherrn irrt, der § 687 den Fall, daß Jemand fremde Geschäfte als seine eigenen behandelt.

II. Auf die Anwendung der Vorschriften über die Geschäftsführung ohne Auftrag wird im Gesetz an vielen Stellen ausdrücklich hingewiesen. S. z. B. § 450 Abs. 2, § 547 Abs. 2 Satz 1, § 601 Abs. 2 Satz 1, § 994 Abs. 2, § 1049 Abs. 1, § 1216 Satz 1, § 1959 Abs. 1, § 1978 Abs. 1 Satz 2, Abs. 3, § 1991 Abs. 1; vergl. auch § 1648.

Nicht anwendbar sind die Vorschriften des elften Titels, wenn Jemand auf Grund einer Amtspflicht Geschäfte für einen Anderen besorgt, wenn z. B. ein deutscher Konsul den Nachlaß eines in seinem Bezirke verstorbenen deutschen Staatsangehörigen im Interesse der Erben in Besitz nimmt und verwaltet oder das Nachlaßgericht nach Maßgabe des § 1960 Maßregeln für die Sicherung eines Nachlasses trifft. Ersatz des durch pflichtwidriges Verhalten herbeigeführten Schadens kann in solchen Fällen nur auf Grund der §§ 839, 823 gefordert werden. Wegen des Ersatzes der vom Staate, von Armenverbänden 2c. für den Unterhalt einer Person gemachten Aufwendungen s. E.G. Art. 103.

III. Ein besonderer Anspruch wegen nützlicher Verwendung (actio de in rem verso) ist dem Gesetze nicht bekannt. In denjenigen Fällen, in denen nach dem gemeinen Rechte oder nach dem preußischen Landrecht ein solcher Anspruch begründet sein würde, kann nur die Anwendung der Vorschriften über die Geschäftsführung ohne Auftrag oder über ungerechtfertigte Bereicherung (§§ 812 ff.) in Frage kommen.

§ 677.

E. I § 749 Abs. 1; II § 608 rev. § 664; III § 664. P. I S. 1601—1611, 1615, 1616, 1641—1649, 11714—11718; M. II S. 854—858. P. II S. 3026—3029 (Bd. II S. 725—727).

1. Voraussetzungen für die Geschäftsführung ohne Auftrag sind:

a) Es hat Jemand ein Geschäft besorgt. Der Begriff des Geschäfts umfaßt sowohl Rechtsgeschäfte als auch rein thatsächliche Handlungen. Die Geschäftsbesorgung kann sich auf ein einzelnes Geschäft oder auf eine Reihe von Geschäften oder auf alle Geschäfte einer Person beziehen.

b) Der Geschäftsführer hat das Geschäft für einen Anderen besorgt. Durch die Fassung der Voraussetzung „für einen Anderen" statt „eines Anderen" hat die im bisherigen Rechte vertretene Unterscheidung zwischen objektiv fremdem Geschäfte, wenn das besorgte Geschäft an sich als ein Geschäft des Geschäftsherrn erscheint, und subjektiv fremdem Geschäfte, wenn es an sich als ein solches sich nicht darstellt, wohl aber von dem Geschäftsführer für den Geschäftsherrn bestimmt gewesen ist, abgelehnt werden sollen (M. II S. 855). Praktische Bedeutung hat diese Unterscheidung besonders in dem Falle, daß der Geschäftsführer für den Geschäftsherrn ein Rechtsgeschäft abgeschlossen hat. Die Vorschriften über die Geschäftsführung ohne Auftrag finden nach § 677 nicht nur dann Anwendung, wenn der Geschäftsführer als unmittelbarer Stellvertreter gehandelt hat, sondern auch, wenn er das Geschäft im eigenen Namen abgeschlossen hat. Erforderlich ist aber, daß der Wille, für einen Anderen zu handeln, ernstlich bestanden hat und kundgegeben ist. Dies ist nach den Umständen des einzelnen Falles zu entscheiden. Die dem Dritten gegenüber abgegebene Erklärung des Geschäftsführers, daß er für einen Anderen handele, ist nicht unbedingt maßgebend. Denn wenn z. B. ein Händler ein Pferd „für den Leutnant X" kauft, so kann dies zwar heißen, daß er als Geschäftsführer handeln will, es kann aber auch bedeuten und wird im bezeichneten Falle meistens so gemeint sein, daß der Händler das Pferd für sich erwerben will, um es an den Leutnant X weiter zu verkaufen. Dagegen wird z. B. eine Anzeige des Geschäftsführers an den Geschäftsherrn, er habe für ihn ein bestimmtes Geschäft abgeschlossen, regelmäßig als Beweismittel dafür zu gelten haben, daß die Besorgung eines fremden Geschäfts vorliegt. Daß der Geschäftsführer einen bestimmten Geschäftsherrn im Auge hat, ist für die Geschäftsführung nicht wesentlich. Es genügt, daß er für einen Anderen handelt. Hiernach kann eine Geschäftsführung auch für eine noch nicht existente Person, insbesondere eine erst zu gründende Aktiengesellschaft 2c. vorgenommen werden (Eccius, Preuß. Privatrecht II § 149 Anm. 19; Seuff. Arch. Bd. 42 Nr. 112).

Irrt sich der Geschäftsführer über die Person des Geschäftsherrn, so wird nach § 686 allein der wirkliche Geschäftsherr aus der Geschäftsführung berechtigt und verpflichtet. (Vergl. zu dem Begriff des fremden Geschäfts auch Dernburg II § 122 Nr. 1a.)

Aus welchen Beweggründen der Geschäftsführer handelt und welche Zwecke er verfolgt, ist gleichgültig. Die Anwendung der Vorschriften über die Geschäftsführung ohne Auftrag wird insbesondere dadurch nicht ausgeschlossen, daß der Geschäftsführer zur Vornahme des Geschäfts durch ein eigenes Interesse oder durch das Interesse eines Dritten bestimmt worden ist. Der E. I sprach Letzteres im § 759 besonders aus. Die zweite Kommission hat den Satz als selbstverständlich gestrichen. Hat aber Jemand nur in Ausführung eines eigenen oder des Geschäfts eines Dritten in die Rechtssphäre eines Anderen eingegriffen, ohne für diesen handeln zu wollen, so liegt keine Geschäftsführung im Sinne des § 677 vor.

c) Der Geschäftsführer hat die Geschäfte besorgt, ohne von dem Geschäftsherrn beauftragt oder ihm gegenüber sonst dazu berechtigt zu sein. Der E. I hatte darauf abgestellt, daß auf Seiten des Geschäftsführers keine Pflicht zum Handeln vorgelegen habe. Die zweite Kommission hat aber geglaubt, daß die Entscheidung davon abhängen müsse, ob ihm ein Recht zum Handeln zugestanden habe. Die Geschäftsführung ohne Auftrag ist hiernach ausgeschlossen in allen Fällen, in welchen Jemand auf Grund einer ihm durch Rechtsgeschäft Seitens des Geschäftsherrn oder durch Gesetz beigelegten Befugniß handelt. Insbesondere gilt dies für die Geschäftsführung der gesetzlichen Vertreter. Hat Jemand auf Grund der irrthümlichen Annahme gehandelt, daß ein Vertrag oder ein sonstiges Rechtsverhältniß bestehe, welches ihn zur Besorgung fremder Angelegenheiten berechtige, so finden die Vorschriften über die Geschäftsführung ohne Auftrag Anwendung (M. II S. 866). Man hat diesen Satz nach den Motiven im Gesetze nicht ausgesprochen, um insbesondere der Entscheidung des Falles nicht vorzugreifen, wenn der Handelnde ohne Verschulden das Bestehen eines Rechtsverhältnisses angenommen hatte, nach welchem er, wie z. B. im Falle des § 708, nur beschränkt haften würde. Die letztere Frage wird dahin zu beantworten sein, daß der Handelnde wie ein gewöhnlicher Geschäftsführer haftet. Denn wer sich in fremde Angelegenheiten einmischt, handelt auf seine Gefahr. Hat Jemand ein fremdes Geschäft im Auftrag eines Dritten besorgt, so kommt es darauf an, ob er lediglich im Hinblick auf den Auftrag oder zugleich in der Absicht gehandelt hat, als Geschäftsführer aufzutreten. Der E. I (§ 760) hatte die Frage ausdrücklich dahin entschieden, daß das Erstere als die Regel gelten solle. Die zweite Kommission hat geglaubt, daß die Entscheidung der Wissenschaft überlassen werden könne (P. II S. 3059). Man wird die vom E. I aufgestellte Regel als zutreffend anzuerkennen haben (vergl. Windscheid II § 431 Nr. 2).

d) Wann eine Einmischung in fremde Angelegenheiten zulässig ist, wird im Gesetze nicht direkt gesagt. Es ergiebt sich aus § 678 nur, daß eine Einmischung nicht stattfinden soll, wenn dies dem Willen des Geschäftsherrn widersprechen würde (vergl. aber auch § 679). Im Uebrigen sind keine Schranken gezogen.

2. Aus der Uebernahme der Geschäftsführung erwächst für den Geschäftsführer die Verpflichtung, das Geschäft so zu führen, wie es nach pflichtmäßigem Ermessen dem objektiven Interesse des Geschäftsherrn mit Rücksicht auf dessen Willen entspricht. Der Geschäftsführer hat dabei in mancher Hinsicht eine ähnliche Stellung wie ein Beauftragter, dem es überlassen ist, den Auftrag selbständig auszuführen. Im Uebrigen ist der leitende Gesichtspunkt für die Erfüllung der Verbindlichkeiten aus § 242 zu entnehmen. Hiernach ist auch die Frage zu entscheiden, ob der Geschäftsführer von der einmal übernommenen Geschäftsbesorgung zurücktreten darf. Eine allgemeine Verpflichtung, das einmal übernommene Geschäft zu Ende zu führen, besteht nicht. Wenn aber beim Zurücktreten ein Schaden zu erwachsen droht, welcher ohne die Einmischung des Geschäftsführers nicht eingetreten sein würde, so erscheint der Geschäftsführer verpflichtet, das Geschäft zu Ende zu führen (M. II S. 859). Die weiteren Pflichten des Geschäftsführers, insbesondere hinsichtlich der Ablegung von Rechenschaft, sind in dem § 681 geregelt. Sind mehrere Geschäftsführer oder mehrere Geschäftsherrn betheiligt, so finden die §§ 420ff. Anwendung.

3. Der Geschäftsführer haftet bei der Erfüllung der ihm obliegenden Pflichten für alles Verschulden; er hat auch nach § 278 für das Verschulden seines gesetzlichen Vertreters und seiner Leute einzustehen. Ob er auch für den Schaden haftet, der dadurch entstanden ist, daß er sich überhaupt eingemischt hat, kann zweifelhaft sein. Nach den Motiven (II S. 857) ist dies

§. 678.

Steht die Uebernahme der Geschäftsführung mit dem wirklichen oder dem muthmaßlichen Willen des Geschäftsherrn in Widerspruch und mußte der Geschäftsführer dies erkennen, so ist er dem Geschäftsherrn zum Ersatze des aus der Geschäftsführung entstehenden Schadens auch dann verpflichtet, wenn ihm ein sonstiges Verschulden nicht zur Last fällt.

§. 679.

Ein der Geschäftsführung entgegenstehender Wille des Geschäftsherrn kommt nicht in Betracht, wenn ohne die Geschäftsführung eine Pflicht des Geschäftsherrn, deren Erfüllung im öffentlichen Interesse liegt, oder eine gesetzliche Unterhaltspflicht des Geschäftsherrn nicht rechtzeitig erfüllt werden würde.

---

allerdings beabsichtigt worden, und die Fassung des E. I § 749 deckte auch den in Rede stehenden Fall. Die zweite Kommission hat die Fassung geändert, ohne damit eine sachliche Aenderung vornehmen zu wollen. Nach § 678 haftet der Geschäftsführer jedenfalls, wenn die Einmischung dem wirklichen oder muthmaßlichen Willen des Geschäftsherrn nicht entsprach.

§ 678.

E. I § 749 Abs. 2; II § 609 rev. § 665; III § 665. P. I S. 1601—1611, 1615, 1616, 1641—1649, 11714—11718· M. II S 857, 858. P. II S. 3026, 3027, 3029, 3030 (Bd. II S. 725, 726, 727).

1. Die Einmischung in fremde Angelegenheiten ist grundsätzlich unstatthaft, wenn sie dem erkennbaren Willen des Geschäftsherrn widerspricht. Handelt der Geschäftsführer absichtlich oder fahrlässig dem zuwider, so trifft ihn ein Verschulden; er hat für den daraus entstehenden Schaden aufzukommen. Es kann zweifelhaft sein, ob sich diese Sätze nicht schon aus § 677 ableiten lassen, und bei den Berathungen der zweiten Kommission war deshalb beantragt, die Vorschrift als überflüssig zu streichen. Man hat es indessen für zweckmäßig erachtet, den Fall besonders hervorzuheben und auch das Maß der von dem Handelnden zu beobachtenden Sorgfalt im Gesetze festzustellen.

2. Voraussetzung für die Anwendung der Vorschrift ist einerseits, daß die Einmischung objektiv dem Willen des Geschäftsherrn widerspricht, und andererseits, daß den Geschäftsführer ein subjektives Verschulden trifft. Die Prüfung des Geschäftsführers hat sich nicht blos auf die Ermittelung eines etwaigen ausdrücklichen Verbots des Geschäftsherrn, sondern auch darauf zu erstrecken, ob die Einmischung oder die Art der Einmischung nicht überhaupt seinen Intentionen zuwiderlaufen würde (M. II S. 857). Im bisherigen Rechte ist zum Theil besonders hervorgehoben, daß der Geschäftsführer haften solle, wenn er einen vom Geschäftsherrn bestellten Bevollmächtigten durch seine Einmengung an der Besorgung des Geschäfts verhindert habe. Das B.G.B. hat von der Aufstellung einer solchen Regel Abstand genommen. Die Frage ist nach den Umständen des einzelnen Falles zu entscheiden (M. II S. 858).

3. Der Geschäftsführer hat für allen Schaden aufzukommen, der durch die Geschäftsführung herbeigeführt wird, auch wenn er bei der Durchführung des Geschäfts gewissenhaft verfahren ist. Er haftet aber nicht für denjenigen Schaden, welcher anläßlich der Geschäftsführung durch Zufall entstanden ist.

§ 679.

E. I § 749 Abs. 2, 755; II § 610 rev. § 666; III § 666. P. I S. 1601—1611, 1615, 1616, 1632—1635, 1641—1649, 11714—11718; M. II S. 857, 858. P II S. 3026, 3027, 3030, 3047—3053 (Bd. II S. 725, 726, 727, 735—739).

1. Die absolute Durchführung des im § 678 aufgestellten Grundsatzes würde zu Härten führen und die Besorgung fremder Geschäfte in unerwünschter Weise hindern.

a) Ein entgegenstehender Wille des Geschäftsherrn soll deshalb unbeachtlich sein, wenn der Geschäftsführer die im öffentlichen Interesse gebotene Erfüllung einer Pflicht des Geschäftsherrn bewirkt. Es genügt nicht, daß die Einmischung im öffentlichen Interesse liegt; vielmehr muß eine Pflicht des Geschäftsherrn zur Vornahme des Geschäfts bestehen; aus welchem Grunde die Pflicht dem Geschäftsherrn auferlegt ist, ob sie einen öffentlichrechtlichen oder einen privatrechtlichen Charakter hat, ist gleichgültig. Wesentlich ist aber, daß im konkreten Falle die

§. 680.

Bezweckt die Geschäftsführung die Abwendung einer dem Geschäftsherrn drohenden dringenden Gefahr, so hat der Geschäftsführer nur Vorsatz und grobe Fahrlässigkeit zu vertreten.

Erfüllung der Pflicht im öffentlichen Interesse liegt. Unter die Vorschriften des § 679 wird darnach z. B. fallen die Errichtung von Schutzwänden bei einem Neubau, falls solche dem Bauherrn polizeilich auferlegt ist und ein Einsturz droht, ferner die Anlage von Dämmen, wenn diese zur Abwendung einer Ueberschwemmung nothwendig sind, vorausgesetzt, daß eine Pflicht zur Herstellung der Anlage besteht, ebenso die Bestreitung der Beerdigungskosten für einen Verstorbenen (§ 1968). Soweit es sich um die Erfüllung einer gesetzlichen Unterhaltspflicht handelt, wird ein besonderes öffentliches Interesse nicht erfordert. Wegen der gesetzlichen Unterhaltspflicht s. §§ 1345, 1351, 1360 f., 1578 ff., 1601 ff., 1700, 1703, 1708 ff., 1739, 1765 ff. Beruht die Unterhaltspflicht auf einem Rechtsgeschäft, insbesondere auf einem Altentheilsvertrag oder einem Testamente, so findet der § 679 keine Anwendung.

Die Einmischung ist in beiden Fällen nur statthaft, wenn die dem Geschäftsherrn obliegende Pflicht ohne die Geschäftsführung nicht oder nicht rechtzeitig erfüllt werden würde. Der E. I faßte die Voraussetzung dahin, wenn die Pflicht nicht ordnungsmäßig erfüllt worden wäre. Die zweite Kommission hat erwogen, daß die Frage, was unter der ordnungsmäßigen Erfüllung zu verstehen sei, häufig zu Zweifeln und Streitigkeiten Anlaß geben könne, und hat deshalb der Vorschrift die jetzt vorliegende engere Fassung gegeben.

b) Bei den Berathungen der zweiten Kommission waren verschiedene Anträge gestellt, welche eine Erweiterung des § 679 bezweckten. Insbesondere war vorgeschlagen, die Vorschrift auch auf solche Fälle zu erstrecken, in denen das Verbot des Geschäftsherrn gegen die guten Sitten verstoße. Die Kommission hat sich nach eingehender Berathung für die jetzt vorliegende Fassung entschieden. Ein weiterer Antrag, den Willen des Geschäftsherrn für unbeachtlich zu erklären, wenn derselbe bei Erlaß des Verbots die Gefahr, zu deren Abwendung die Geschäftsführung unternommen ist, nicht gekannt hatte, ist zurückgezogen, nachdem geltend gemacht worden war, es handele sich lediglich um eine Auslegung des Willens des Geschäftsherrn; das Verbot werde für einen solchen Fall nicht gelten sollen. Man wird sich dieser Auffassung anzuschließen haben.

c) Der Beweis der Voraussetzungen des § 679 liegt dem Geschäftsführer ob.

2. Liegen die Voraussetzungen des § 679 vor, so ist die Geschäftsführung trotz des entgegenstehenden Willens des Geschäftsherrn als eine rechtmäßige anzusehen. Der Geschäftsführer hat namentlich nach § 683 Satz 2, und das ist praktisch die Hauptsache, wie ein Beauftragter Anspruch auf Ersatz seiner Aufwendungen. Die Voraussetzungen des § 679 müssen aber objektiv vorliegen. Mischt sich Jemand gegen den Willen eines Anderen in dessen Angelegenheiten ein in der irrthümlichen Annahme, dazu nach § 679 befugt zu sein, so ist er nach § 678 haftbar. Bei der Durchführung des Geschäfts hat der Geschäftsführer das Interesse des Geschäftsherrn und, soweit dies möglich ist, auch dessen Willen zu berücksichtigen.

3. Die Vorschriften über die Nothwehr werden durch den § 679 nicht berührt, da dieser nur die obligatorischen Beziehungen zwischen dem Geschäftsführer und dem Geschäftsherrn betrifft. Der Geschäftsherr ist also, wenn die Voraussetzungen des § 227 vorliegen, befugt, einen Eingriff in seine Rechtssphäre mit Gewalt zurückzuweisen.

§ 680.

E. I § 750; II § 611 rev. § 667; III § 667. P. I S. 1601—1603, 1608, 1609; M. II S. 858, 859. P. II S. 3030, 3031 (Bd. II S. 727, 728).

Der § 680 findet sein Vorbild in Bestimmungen des bisherigen Rechtes (s. M. II S. 858 Anm. 1). Die Voraussetzungen waren im E. I dahin bestimmt: „Hat der Geschäftsführer zu dem Zwecke gehandelt, um von der Person oder dem Vermögen des Geschäftsherrn eine dringende Gefahr abzuwenden." Bei den Berathungen der zweiten Kommission war beantragt, statt der Worte „von der Person oder dem Vermögen" zu sagen „von dem Geschäftsherrn". Es sollte dadurch ermöglicht werden, daß auch solche Gefahren berücksichtigt würden, welche den Angehörigen des Geschäftsherrn drohten. Die zweite Kommission hat die Entscheidung der Redaktionskommission überlassen. Die Mehrheit ist aber bei diesem Beschlusse davon ausgegangen, daß es nicht wohl angehen werde, auch solche Gefahren, die den Geschäftsherrn nur

§. 681.

Der Geschäftsführer hat die Uebernahme der Geschäftsführung, sobald es thunlich ist, dem Geschäftsherrn anzuzeigen und, wenn nicht mit dem Aufschube Gefahr verbunden ist, dessen Entschließung abzuwarten. Im Uebrigen finden auf die Verpflichtungen des Geschäftsführers die für einen Beauftragten geltenden Vorschriften der §§. 666 bis 668 entsprechende Anwendung.

---

mittelbar beträfen, in den Bereich der Vorschrift zu ziehen (P. II S. 3031). Die Redaktionskommission hat der Vorschrift die jetzt vorliegende Fassung gegeben. Man wird die Worte „eine dem Geschäftsherrn drohende Gefahr" dahin auszulegen haben, daß es keinen Unterschied macht, ob die Gefahr der Person oder dem Vermögen des Geschäftsherrn droht. Es erscheint auch unbedenklich, den § 680 dann anzuwenden, wenn Jemand eingegriffen hat, um die nächsten Angehörigen eines Anderen zu schützen, etwa bei Feuersgefahr dessen Kinder zu retten. Einem Mißbrauche wird dadurch vorgebeugt, daß eine dringende Gefahr erfordert wird. Durch letztere Voraussetzung wird auch die Berücksichtigung einer den Geschäftsherrn nur mittelbar berührenden Gefahr ausgeschlossen. Im Uebrigen kommt es nicht darauf an, ob die Gefahr wirklich bestanden hat, es genügt, daß der Geschäftsführer die Ueberzeugung hatte, daß eine dringende Gefahr vorliege. Derjenige, der rasch eingreift, um den Nächsten vor Schaden zu bewahren, soll gerade dagegen geschützt werden, daß er nachher verantwortlich gemacht wird, weil man bei ruhiger Ueberlegung vielleicht anders gehandelt hätte.

§ 681.

E. I § 751; II § 612 rev. § 668; III § 668. P. I S. 1613—1617; M II S. 859. P. II S. 3027, 3030, 3033, 3034 (Bd. II S. 726, 727, 728).

1. a) Der Satz 1 ist von der zweiten Kommission eingestellt. Er beruht auf demselben Gedanken wie der Satz 2 des § 665 (vergl. die Erl. zu der letzteren Vorschrift).

b) Zu Satz 2 s. Erl. zu den §§ 666—668. Die Vorschrift ist in erster Linie für den Fall berechnet, daß der Geschäftsherr die Geschäftsführung als solche genehmigt. Es ist aber auch möglich, daß er die Einmischung in seine Angelegenheiten für widerrechtlich erklärt. Bei den Berathungen der zweiten Kommission ist die Frage aufgeworfen, ob auch im letzteren Falle die Vorschrift des Satz 2 Anwendung finde. Von einer Seite wurde die Meinung vertreten, der Geschäftsherr, der die Genehmigung der Geschäftsführung versage, dürfe nicht Rechenschaftsablage, sondern nur Schadensersatz fordern, während von anderer Seite darauf hingewiesen wurde, daß der Geschäftsherr die Entscheidung über Ertheilung oder Versagung der Genehmigung häufig erst auf Grund der erfolgten Rechenschaftsablage werde treffen können, wobei es sich aber von selbst verstehe, daß der Geschäftsherr, der die Genehmigung versage, von dem Geschäftsführer keine Herausgabe fordern dürfe. Die Kommission hat der Redaktionskommission überlassen, zu erwägen, ob die Frage durch eine andere Fassung der Vorschrift entschieden werden könne. Die Redaktionskommission hat indessen von einer Aenderung der Fassung in dieser Beziehung Abstand genommen. In der Sache selbst wird man davon auszugehen haben, daß durch die Geschäftsführung für den Geschäftsherrn ein Anspruch auf Ablegung von Rechenschaft und auf Herausgabe des Erlangten entstanden ist. Der Geschäftsherr kann auf die Geltendmachung dieses Anspruchs verzichten und statt dessen auf Schadensersatz nach Maßgabe der Vorschriften über unerlaubte Handlungen klagen. Er kann aber selbstverständlich nicht, wenn das Verhältniß als ein einheitliches erscheint, dieses in der Weise zerreißen, daß er die Geschäftsführung zum Theil anerkennt und die sich daraus für ihn ergebenden Rechte geltend macht, zum Theil dagegen die Genehmigung verweigert und Ersatz des aus der Einmischung entstandenen Schadens fordert. Dies schließt nicht aus, daß er zunächst auf Ablegung von Rechenschaft klagt und dann, wenn er Einblick in das Verhältniß gewonnen hat, die Geschäftsführung zurückweist.

2. Für das Erlöschen der Verpflichtungen des Geschäftsführers sind die allgemeinen Vorschriften maßgebend. Mit dem Tode des Geschäftsführers hört die aus seiner Initiative hervorgegangene Geschäftsführung von selbst auf. Die Erben dürften aber verpflichtet sein, wenn mit dem Aufschube Gefahr verbunden ist, ein begonnenes Geschäft fortzuführen und dem Geschäftsherrn unverzüglich Anzeige zu erstatten (vergl. § 673 Satz 2).

3. Wegen der Genehmigung der Geschäftsführung Seitens des Geschäftsherrn s. Erl. zu § 684 Nr. 2.

§. 682.

Ist der Geschäftsführer geschäftsunfähig oder in der Geschäftsfähigkeit beschränkt, so ist er nur nach den Vorschriften über den Schadensersatz wegen unerlaubter Handlungen und über die Herausgabe einer ungerechtfertigten Bereicherung verantwortlich.

§. 683.

Entspricht die Uebernahme der Geschäftsführung dem Interesse und dem wirklichen oder dem muthmaßlichen Willen des Geschäftsherrn, so kann der Geschäftsführer wie ein Beauftragter Ersatz seiner Aufwendungen verlangen. In den Fällen des §. 679 steht dieser Anspruch dem Geschäftsführer zu, auch wenn die Uebernahme der Geschäftsführung mit dem Willen des Geschäftsherrn in Widerspruch steht.

---

§ 682.

E. I § 752; II § 613 rev. § 669; III § 669. P. I S. 1617—1622, 3275, 11890—11892; M. II S. 860. P. II S. 3034, 3035 (Bd. II S. 729).

1. Die Ansprüche aus der Geschäftsführung ohne Auftrag entstehen unmittelbar kraft Gesetzes. Die Konsequenz dieser Auffassung würde sein, daß ein Geschäftsunfähiger, welcher fremde Angelegenheiten besorgt, ebenso haften müßte wie ein Geschäftsfähiger. Das Verhältniß soll aber nach § 682 so beurtheilt werden, wie wenn es sich um die Vornahme eines Rechtsgeschäfts gehandelt hätte (s. Vorbm. unter I 1). Der Geschäftsunfähige hat hiernach nur insoweit zu haften, als er aus der Geschäftsführung bereichert ist. Der § 682 stellt den Geschäftsunfähigen die in der Geschäftsfähigkeit beschränkten Personen gleich. Die entsprechende Anwendung der für Rechtsgeschäfte geltenden Vorschriften (§§ 107, 111) würde dahin führen, daß diese Gleichstellung nur stattfindet, wenn der in der Geschäftsfähigkeit Beschränkte ohne Einwilligung des gesetzlichen Vertreters gehandelt hat, während er, wenn die Einwilligung ertheilt ist, durch die Geschäftsführung ebenso wie ein unbeschränkt Geschäftsfähiger berechtigt und verpflichtet werden würde. Für den ähnlichen Fall der Begründung oder Aufhebung eines Wohnsitzes nimmt der § 8 hierauf insofern Rücksicht, als darin bestimmt wird, daß ein Geschäftsunfähiger oder ein in der Geschäftsfähigkeit Beschränkter den Wohnsitz nur mit dem Willen des gesetzlichen Vertreters begründen oder aufheben könne. Bei der Geschäftsführung ohne Auftrag wird die Einwilligung des gesetzlichen Vertreters für einen Geschäftsunfähigen wohl niemals, für einen in der Geschäftsfähigkeit Beschränkten nur höchst selten vorkommen. Sollte der letztere Fall eintreten, so dürfte es sich trotz der Vorschrift des § 682 rechtfertigen, die Vorschriften der §§ 107, 111 anzuwenden, aus der Geschäftsführung also dieselben Rechte und Pflichten entstehen zu lassen, wie wenn der in der Geschäftsfähigkeit Beschränkte unbeschränkt geschäftsfähig wäre. Hat die Geschäftsführung den Charakter einer unerlaubten Handlung und liegen die Voraussetzungen vor, unter welchen ein Geschäftsunfähiger oder ein in der Geschäftsfähigkeit Beschränkter wegen einer solchen Handlung haftet, so tritt die Haftung auch aus diesem Gesichtspunkt ein. Es würde sich dies schon aus allgemeinen Grundsätzen ergeben, ist aber aus Zweckmäßigkeitsgründen in dem § 682 noch besonders hervorgehoben. Wegen der Geschäftsunfähigen und der in der Geschäftsfähigkeit beschränkten Personen s. §§ 104, 106, 114, 115; wegen der unerlaubten Handlungen s. §§ 823 ff., insbesondere §§ 827—829; wegen der ungerechtfertigten Bereicherung s. §§ 812 ff.

2. Die Thatsache, daß der **Geschäftsherr geschäftsunfähig** ist, hat für die Geschäftsführung keine Bedeutung (vergl. **Dernburg** II § 122 Anm. 35). Der § 786 des E. I, der dies besonders aussprach, ist von der zweiten Kommission als selbstverständlich gestrichen.

§ 683.

E. I §§ 753, 755, II § 614 rev. § 670; III § 670. P. I S. 1609, 1625—1635, 3551, 3559, 6182, 6184, 11892; M. II S. 860—863, 864, 865. P. II S. 3034—3044, 3047—3053 (Bd. II S. 729—734, 735—739).

1. Die Frage, unter welchen **Voraussetzungen** der Geschäftsführer **Ersatz von Aufwendungen** vom Geschäftsherrn verlangen kann, wird im bisherigen Rechte verschieden beantwortet (vergl. **Windscheid** II § 430 Anm. 17, **Dernburg** II § 122 Nr. 2a). Nach der einen Auffassung kommt es nur darauf an, ob der Geschäftsführer bei vernünftiger Würdigung des **Falles** annehmen durfte, daß die Geschäftsführung dem Willen des Geschäftsherrn ent=

§. 684.

Liegen die Voraussetzungen des §. 683 nicht vor, so ist der Geschäftsherr verpflichtet, dem Geschäftsführer Alles, was er durch die Geschäftsführung erlangt, nach den Vorschriften über die Herausgabe einer ungerechtfertigten Bereicherung herauszugeben. Genehmigt der Geschäftsherr die Geschäftsführung, so steht dem Geschäftsführer der im §. 683 bestimmte Anspruch zu.

---

spreche, nach der anderen Auffassung soll dagegen darauf abgestellt werden, ob die Geschäftsführung objektiv eine nützliche gewesen ist. Der E. I § 753 wollte die Entscheidung davon abhängen lassen, ob anzunehmen sei, daß der Geschäftsherr das Verhalten des Geschäftsführers bei Kenntniß der Sachlage gebilligt haben würde; doch sollte eine Vermuthung dafür gelten, daß der Geschäftsherr gebilligt haben würde, was ein ordentlicher Hausvater für angemessen hätte erachten müssen. Die zweite Kommission, deren Beschlüsse maßgebend geworden sind, hat sich nach eingehender Berathung dafür entschieden, im Anschluß an das Schweizer Bundes-Gesetz Art. 472 einen Mittelweg einzuschlagen: für die Uebernahme soll es darauf ankommen, ob die Geschäftsführung objektiv dem Interesse und dem wirklichen oder muthmaßlichen Willen des Geschäftsherrn entspricht, für die Ausführung soll dagegen entscheidend sein, ob der Geschäftsführer wie ein Beauftragter gehandelt hat. Es soll in letzterer Hinsicht also nur maßgebend sein, ob der Geschäftsführer mit pflichtmäßiger Sorgfalt so gehandelt hat wie ein Beauftragter, dem keine Weisungen ertheilt waren. Wenn Jemand z. B. an dem baufälligen Hause seines Nachbars Reparaturen vornimmt, so kann er nach § 683 keinen Ersatz seiner Aufwendungen verlangen, wenn sich hinterher herausstellt, daß dem Nachbar durch die Behörde bereits der sofortige Abbruch des Gebäudes aufgegeben war. Dasselbe gilt, wenn er wußte oder annehmen mußte, daß der Eigenthümer das Haus in kürzester Zeit niederreißen wollte. Wenn aber die Reparatur an sich nützlich und im Sinne des Eigenthümers war, dann kann der Geschäftsführer für Aufwendungen, welche er den Umständen nach für erforderlich halten durfte, nach § 670 Ersatz verlangen, auch wenn sie thatsächlich keinen Erfolg gehabt, also etwa den Einsturz des Gebäudes nicht aufgehalten haben.

Der Beweis, daß die Besorgung des Geschäfts dem Interesse und dem Willen des Geschäftsherrn entsprochen habe, liegt dem Geschäftsführer ob. Im Allgemeinen darf vermuthet werden, daß der Geschäftsherr gebilligt haben würde, was unter Würdigung aller Umstände als nützlich erscheinen mußte (E. I § 753 Abs. 2, M. II S. 862). Im Einzelnen muß hinsichtlich der Ansprüche des Geschäftsführers, wenn den Voraussetzungen des § 683 genügt ist, dasselbe gelten, was zu § 670 bemerkt ist. Hervorzuheben ist, daß eine Vergütung für aufgewendete Arbeit dann verlangt werden kann, wenn solche Leistungen, wie z. B. bei einem Arzte, üblicher Weise vergütet werden; doch wird gerade hier häufig die Ausnahme des § 685 zutreffen.

Zu Satz 2 vergl. Erl. zu § 679.

2. Hat Jemand auf Grund des Auftrags eines Dritten die Geschäfte eines Anderen besorgt, gleichzeitig aber als Geschäftsführer gehandelt, so stehen ihm möglicherweise Ansprüche gegen Beide zu. Ersatz seiner Aufwendungen kann der Geschäftsführer aber jedenfalls nur einmal verlangen.

3. Der Anspruch des Geschäftsführers unterliegt der gewöhnlichen Verjährung (§ 195), auch wenn der Anspruch sich darauf stützt, daß der Geschäftsführer eine Schuld des Geschäftsherrn bezahlt hat, welche einer kurzen Verjährung unterliegen würde (M. II S. 864).

§ 684.

E. I § 758; II § 615 rev. § 671; III § 671. P. I S. 1636—1640, 3551, 3559; M. II S. 866—868. P. II S. 3054—3057 (Bd. II S. 739—741).

1. Satz 1. Die Vorschrift dürfte sich wohl schon aus den Grundsätzen über die ungerechtfertigte Bereicherung herleiten lassen und würde deshalb an sich entbehrlich sein. Der E. I hatte die Vorschrift eingestellt, theils um Zweifel abzuschneiden, welche sich aus der vom E. I gewählten Fassung der Vorschriften über die ungerechtfertigte Bereicherung ergeben konnten, theils um mit Rücksicht auf einen Theil des geltenden Rechtes zum Ausdrucke zu bringen, daß der Anspruch keinen besonderen Beschränkungen unterliegen solle. Die zweite Kommission hat es auch nach Aenderung der Vorschriften über die ungerechtfertigte Bereicherung für zweckmäßig erachtet, den Satz beizubehalten.

§. 685.

Dem Geschäftsführer steht ein Anspruch nicht zu, wenn er nicht die Absicht hatte, von dem Geschäftsherrn Ersatz zu verlangen.

Gewähren Eltern oder Voreltern ihren Abkömmlingen oder diese jenen Unterhalt, so ist im Zweifel anzunehmen, daß die Absicht fehlt, von dem Empfänger Ersatz zu verlangen.

Der Anspruch des Geschäftsführers ist nicht beschränkt auf Herausgabe desjenigen, was sich aus der Geschäftsführung noch in dem Vermögen des Geschäftsherrn befindet; er geht vielmehr auf Alles, was der Geschäftsherr aus der Geschäftsführung erlangt hat. Für den Anspruch sind aber die allgemeinen Vorschriften über die ungerechtfertigte Bereicherung (§§ 812 ff.) maßgebend. Nach letzteren entscheidet sich auch, ob dem Geschäftsführer ein Wegnahmerecht zusteht.

2. Satz 2. Die **Genehmigung** hat den Charakter einer einseitigen empfangsbedürftigen Willenserklärung (s. §§ 130 ff.). Sie kann ausdrücklich oder stillschweigend erklärt werden. Eine Genehmigung durch Willensbethätigung wird z. B. meistens dann anzunehmen sein, wenn der Geschäftsherr von dem Geschäftsführer die Herausgabe dessen verlangt, was dieser durch die Geschäftsführung erlangt hat, oder wenn er die vom Geschäftsführer für den Geschäftsherrn eingegangenen Verbindlichkeiten erfüllt. Die Genehmigung hat nicht die allgemeine Wirkung, die Geschäftsführung ohne Auftrag in ein Auftragsverhältniß zu verwandeln. Das Gesetz begnügt sich mit der positiven Vorschrift, daß der Geschäftsführer im Falle der Genehmigung nach § 683 wie ein Beauftragter Ersatz seiner Aufwendungen verlangen kann. Die Genehmigung kann indessen auch in dem Sinne ertheilt werden, daß der Geschäftsherr mit Rücksicht auf die ihm selbst gegen den Geschäftsführer zustehenden Ansprüche die Besorgung des Geschäfts billigen will. Der E. I schrieb deshalb im § 758 weiter vor, daß der Geschäftsführer durch die Genehmigung auch Befreiung von den Ansprüchen des Geschäftsherrn auf Schadensersatz wegen mangelhafter Geschäftsbesorgung erlange. Die zweite Kommission hat erwogen, daß die Fassung des E. I das Mißverständniß nahe lege, als enthalte jede Genehmigung, soweit nicht eine Beschränkung ersichtlich sei, die Befreiung des Geschäftsführers von den Schadensersatzansprüchen, und hat deshalb den Satz gestrichen. Man wird nach den Umständen des einzelnen Falles festzustellen haben, welche Wirkung der Genehmigung beizulegen ist.

Die Rechte des Geschäftsherrn gegenüber dem Geschäftsführer sind nicht durch die Genehmigung der Geschäftsführung bedingt. Denn die Verpflichtungen des Geschäftsführers beruhen nicht auf einem durch die Genehmigung zu Stande kommenden Vertragsverhältnisse, sondern sie erwachsen kraft Gesetzes unmittelbar aus der Uebernahme der Besorgung des Geschäfts. Hat also der Geschäftsführer im eigenen Namen, aber für den Geschäftsherrn Geschäfte abgeschlossen, so ist er nach § 681 i. V. m. § 667 verpflichtet, dem Geschäftsherrn das Erlangte herauszugeben. Er ist haftbar, wenn er das Geschäft rückgängig macht oder die erworbenen Sachen wieder veräußert, sofern nicht bei der Durchführung des Geschäfts die Weiterveräußerung geboten erscheint. Hat der Geschäftsführer als unmittelbarer Stellvertreter gehandelt, so erwirbt der Geschäftsherr durch die nach § 184 rückwärts wirkende Genehmigung direkte Rechte an den erworbenen Gegenständen oder gegenüber dem Dritten, mit dem das Geschäft abgeschlossen war (s. § 167).

§ 685.

E. I § 754; II § 616 rev. § 672; III § 672. P. I S. 1632, 1646, 1647; M. II S. 863, 864. P. II S. 3044—3047, 8476, 8477 (Bd. II S. 734, 735).

1. Das Gesetz stellt die **Absicht, den Geschäftsherrn zu verpflichten, nicht als Voraussetzung** für den Anspruch des Geschäftsführers auf Ersatz von Aufwendungen hin. Dem Geschäftsherrn liegt darnach der Beweis ob, daß diese Absicht nicht bestanden hat. Daß die Absicht, auf Ersatz zu verzichten, ausdrücklich erklärt ist, wird nicht erfordert; es genügt vielmehr, wenn sie sich mit hinreichender Deutlichkeit aus den Umständen ergiebt. Die Ortssitte und die sozialen Verhältnisse der Betheiligten werden hier vielfach bei der Entscheidung zu berücksichtigen sein. Möglich ist auch, daß der Geschäftsführer nur auf die Erstattung eines Theiles der Aufwendungen, z. B. auf die Vergütung für seine Arbeit, verzichten will, daß er dagegen auf die Erstattung eines anderen Theiles, z. B. der baaren Auslagen, rechnet. Für den Fall, wenn Eltern ihren Kindern oder umgekehrt diese den Eltern Unterhalt gewährt haben, stellt der Abs. 2, um Streitigkeiten vorzubeugen, die Auslegungsregel auf, daß die Absicht gefehlt habe, Ersatz zu verlangen. Die Regel gilt aber nur für das Verhältniß zwischen den Eltern oder Voreltern und den Abkömmlingen. Haben die einen oder die anderen den Unterhalt gewährt, um die Unterhaltspflicht eines Dritten zu erfüllen, so bleibt ihr Ersatzanspruch gegen den Dritten

§. 686.

Ist der Geschäftsführer über die Person des Geschäftsherrn im Irrthume, so wird der wirkliche Geschäftsherr aus der Geschäftsführung berechtigt und verpflichtet.

§. 687.

Die Vorschriften der §§. 677 bis 686 finden keine Anwendung, wenn Jemand ein fremdes Geschäft in der Meinung besorgt, daß es sein eigenes sei.

---

unberührt. Hiernach wird z. B. eine uneheliche Mutter die Auslagen, welche sie zum Unterhalt ihres Kindes macht, regelmäßig von dem unehelichen Vater ersetzt verlangen können (P. II S. 8476, 8477, vergl. Dernburg, Preuß. Privatrecht II § 286 a. E.). Nach demselben Gesichtspunkt ist eine in der Kritik zum E. I (Zslg. II S. 434) berührte Frage zu entscheiden; wenn ein Arzt einem Armen im Falle eiliger Noth Hülfe bringt, so kann er von dem unterstützungspflichtigen Armenverband Ersatz verlangen, vorausgesetzt, daß der Kranke ärztliche Unterstützung auf Armenkosten beanspruchen konnte. Denn es muß angenommen werden, daß ein Arzt, dem seine ärztliche Thätigkeit regelmäßig vergütet wird, auch in solchem Falle einen Ersatz beanspruchen will; er handelt als Geschäftsführer für den Unterstützungspflichtigen, gleichviel wer dieser ist.

2. Hatte der Geschäftsführer nicht die Absicht, Ersatz zu verlangen, so kann in der Geschäftsführung eine Schenkung liegen. Der Mangel jener Absicht für sich allein genügt dazu aber nicht. Hinzutreten muß nach § 516 Abs. 1, daß die Geschäftsführung eine Zuwendung aus dem Vermögen des Geschäftsführers enthält, durch welche der Geschäftsherr bereichert wird, und daß auch der Geschäftsherr die Zuwendung als eine unentgeltliche annimmt. Ist die Zuwendung, wie dies bei der Geschäftsführung ja regelmäßig der Fall ist, ohne den Willen des Geschäftsherrn erfolgt, so kann der Geschäftsführer nach § 516 Abs. 2 dem Geschäftsherrn eine Frist zur Erklärung über die Annahme setzen. Erfolgt die Ablehnung nicht vor dem Ablaufe der Frist, so gilt die Schenkung als angenommen. Im Falle der Ablehnung kann der Geschäftsführer trotz des Mangels der Absicht, Ersatz zu fordern, die Herausgabe des Zugewendeten nach den Vorschriften über die Herausgabe einer ungerechtfertigten Bereicherung fordern (s. oben S. 283, Erl. zu § 516 Nr. 5). Im Falle der Annahme steht dem Geschäftsführer dieses Recht nur zu, wenn er nach § 530 zum Widerrufe der Schenkung wegen Undanks berechtigt ist und von diesem Rechte Gebrauch gemacht hat.

Im Falle des § 685 Abs. 2 liegt, sofern nicht eine Verpflichtung zur Gewährung des Unterhalts bestand, immer eine Bereicherung des Unterhaltsempfängers durch eine unentgeltliche Zuwendung aus dem Vermögen des den Unterhalt Gewährenden vor. In der Annahme des Unterhalts liegt auch die Annahme der Schenkung, sofern nicht etwa der Empfänger ein Recht auf den Unterhalt zu haben glaubte. In dem letzteren Falle würde der § 516 Abs. 2 Platz greifen. Abgesehen hiervon kann der gewährte Unterhalt nur im Falle des Widerrufs der Schenkung wegen Undanks (§§ 530, 531) zurückgefordert werden. Auch dies ist aber nach § 534 ausgeschlossen, wenn durch die Gewährung des Unterhalts einer sittlichen Pflicht oder der auf den Anstand zu nehmenden Rücksicht entsprochen wurde. Liegt in der Geschäftsführung keine Schenkung, weil entweder eine Verwendung aus dem Vermögen des Geschäfsführers oder eine Bereicherung des Geschäftsherrn nicht stattgefunden hat, so kann auch im Falle groben Undanks des Geschäftsherrn ein Ersatz nicht gefordert werden.

3. Die Ansprüche des Geschäftsherrn, welche sich aus den §§ 677 ff. ergeben, werden durch den § 685 nicht berührt.

4. Wegen des Ersatzes der Aufwendungen, welche vom Staate, von Armenverbänden 2c. auf Grund des öffentlichen Rechtes für den Unterhalt einer Person gemacht werden, s. E.G. Art. 103.

§ 686.

E. I § 757; II § 617 rev. § 673; III § 673. P. I S. 1648, 1649; M. II S. 865, 866. P. II S. 3054 (Bd. II S. 739).

Der im § 686 ausgesprochene Satz ergiebt sich aus den allgemeinen Grundsätzen über die Geschäftsführung ohne Auftrag von selbst. Er ist wohl nur um deswillen aufgenommen, weil die Frage im bisherigen Rechte zum Theil den Gegenstand besonderer Vorschriften bildet und weil man für die Entscheidung des im Leben nicht ganz seltenen Falles eine feste Grundlage schaffen wollte.

Wegen Irrthums des Geschäftsführers über andere Umstände als die Person des Geschäftsherrn s. Erl. zu § 677 Nr. 1b und 1c sowie § 687 Abs. 1.

Behandelt Jemand ein fremdes Geschäft als sein eigenes, obwohl er weiß, daß er nicht dazu berechtigt ist, so kann der Geschäftsherr die sich aus den §§. 677, 678, 681, 682 ergebenden Ansprüche geltend machen. Macht er sie geltend, so ist er dem Geschäftsführer nach §. 684 Satz 1 verpflichtet.

Zwölfter Titel.

Verwahrung.

---

§ 687.

E. I § 761; II § 618 rev. § 674; III § 674. P. I S. 1651—1661, 3564, 11890—11892; M. II S. 869—871. P. II S. 3059—3063 (Bd. II S. 741—743).

1. Abs. 1. Wenn Jemand ein fremdes Geschäft so besorgt, wie wenn es sein eigenes sei, so thut er dies entweder in der irrthümlichen Meinung, daß es sich wirklich um sein eigenes Geschäft handle, oder er weiß, daß das Geschäft ein fremdes ist, er will aber trotzdem dasselbe wie sein eigenes behandeln. Im ersteren Falle können die Vorschriften über die Geschäftsführung ohne Auftrag keine Anwendung finden. Denn dem Geschäftsführer fehlt die Absicht, das Geschäft als fremdes zu besorgen. Dies spricht der Abs. 1 aus. Die Vorschrift ist vielleicht selbstverständlich. Man hat es aber für zweckmäßig gehalten, den Satz ausdrücklich im Gesetz auszusprechen. Der Geschäftsherr und Geschäftsführer können Ansprüche gegen einander nur nach Maßgabe der Vorschriften über ungerechtfertigte Bereicherung (§§ 812 ff.) geltend machen. Daneben haftet der Geschäftsführer nach den Vorschriften über unerlaubte Handlungen (§ 823), wenn sein Irrthum auf Fahrlässigkeit beruhte und durch das Eingreifen in die Rechtssphäre des Geschäftsherrn ein Schaden herbeigeführt ist.

2. Abs. 2. Auch in demjenigen Falle, in welchem der Geschäftsführer ein fremdes Geschäft wie sein eigenes behandelt, obschon er weiß, daß er nicht dazu berechtigt ist, kann an sich nicht von einer Geschäftsführung die Rede sein. Denn der Geschäftsführer hat nicht die Absicht, für einen Anderen zu handeln. Der E. I schrieb deshalb vor, daß der Geschäftsführer in diesem Falle nach den Vorschriften über unerlaubte Handlungen zu haften habe Die zweite Kommission hat erwogen, daß hierdurch das Interesse des Geschäftsherrn nicht genügend gewahrt werde. Sie hat deshalb beschlossen, daß dem Geschäftsherrn gestattet werden solle, den Anderen so zu behandeln, wie wenn er als Geschäftsführer thätig geworden wäre. Die Anwendung der Vorschriften über unerlaubte Handlungen ist nicht ausgeschlossen. Der Geschäftsherr hat vielmehr die Wahl, ob er nach Maßgabe der letzteren Vorschriften Schadensersatz fordern oder ob er den Anderen als Geschäftsführer belangen will. Die letztere Möglichkeit bietet dem Geschäftsherrn unter Umständen wesentliche Vortheile (P. II S. 3060 ff.). Zunächst sind die Voraussetzungen einfachere: Der Geschäftsführer hat nur die Thatsache der Geschäftsführung und die Absicht des Anderen, das fremde Geschäft als eigenes zu besorgen, zu beweisen. Auch der Umfang des Anspruchs ist ein weiterer. Denn der Geschäftsherr kann die Herausgabe alles dessen verlangen, was der Andere erlangt hat. Wenn z. B. die fremde Sache zu einem besonders hohen Preise verkauft ist, so kann der Geschäftsherr nicht nur den Ersatz des objektiven Werthes, sondern auch die Herausgabe des erzielten Gewinnes verlangen. Endlich ist der Geschäftsherr insofern günstiger gestellt, als die Ansprüche auf Grund der §§ 677 ff. nicht der kurzen Verjährung unterliegen wie die Ansprüche aus unerlaubten Handlungen. Dem anderen Theile steht in allen Fällen wegen seiner Aufwendungen nur ein Anspruch nach den Vorschriften über ungerechtfertigte Bereicherung zu (vergl. im Einzelnen Erl. zu § 684).

Die Vorschrift des Abs. 2 findet nur Anwendung, wenn Jemand absichtlich in eine fremde Rechtssphäre eingreift. Das Wissenmüssen ist dem Wissen nicht gleichgestellt. Bei fahrlässigem Handeln kann aber möglicherweise ein Anspruch auf Schadensersatz nach Maßgabe der Vorschriften über unerlaubte Handlungen (§ 823 ff.) begründet sein.

Zwölfter Titel.

Vergl. Cohn, Das Depositengeschäft, bei Endemann, Handbuch des Handelsrechts, Bd. III S. 884—930.

I. Der Verwahrungsvertrag ist nach der grundlegenden Bestimmung des § 688 derjenige Vertrag, durch welchen sich Jemand verpflichtet, eine ihm von einem Anderen übergebene bewegliche Sache aufzubewahren. Die Bezeichnung „Verwahrungsvertrag" rührt von der R.T.K. her (K.B. S. 1981); die Entwürfe sprechen vom Hinterlegungsvertrage.

Die Verpflichtung zur Aufbewahrung kann sowohl unentgeltlich als auch gegen Entgelt übernommen werden. Für gewisse Fälle stellt das Gesetz im § 689 die Vermuthung auf, daß eine Vergütung als vereinbart zu gelten habe. Der Verwahrungsvertrag berührt sich hiernach mit anderen Verträgen und zwar, sofern er als unentgeltlicher abgeschlossen wird, mit dem Auftrage, sofern eine Vergütung gewährt wird, mit dem Dienstvertrag und dem Werkvertrage. Da aber im gesammten bisherigen Rechte der Vertrag als selbständiger behandelt ist und da auch wegen der Eigenart des Verhältnisses eine Anzahl von besonderen Vorschriften erforderlich erschienen, hat man es für richtiger gehalten, einen besonderen Titel für den Verwahrungsvertrag zu bilden. Die rechtliche Natur des Vertrags giebt zunächst nach der Richtung zu Zweifeln Anlaß, ob der Verwahrungsvertrag ein Realkontrakt ist und welche Folgen sich daran knüpfen. Diese Frage ist bereits in den Vorbemerkungen zum vierten Titel unter I erläutert (s. jetzt auch Endemann, Einführung I § 104 Nr. 2, § 185 Anm. 2). Zweifelhaft kann fernerhin sein, ob der Verwahrungsvertrag, wenn eine Vergütung für die Aufbewahrung vereinbart wird, als gegenseitiger Vertrag anzusehen ist. Nach den Motiven (II S. 582) soll in der Vorschrift des § 623 (jetzt § 699) Abs. 2 der Ausspruch enthalten sein, daß die Vereinbarung einer Vergütung den Vertrag noch nicht zu einem gegenseitigen mache. Bei den Berathungen der zweiten Kommission ist diese Bemerkung der Motive von einer Seite als irrig bezeichnet, von anderer Seite hat sie Zustimmung gefunden (P. II S. 2366). In der Literatur hat sich Endemann (Einführung, I § 185 Z. 1) gegen die Annahme eines gegenseitigen Vertrags, Cosack (Lehrbuch I § 154 IV) dafür ausgesprochen. Man wird bei der Entscheidung davon auszugehen haben, daß die Parteien jedenfalls das Verhältniß so gestalten können wie bei einem gegenseitigen Vertrag, und wenn vereinbart wird, daß der eine Theil die Aufbewahrung übernehmen, der andere dafür eine Vergütung leisten soll, so wird das meist so gemeint sein, daß Beides im Verhältnisse von Leistung und Gegenleistung stehen solle. Die rein positive Vorschrift des § 699 Abs. 2 steht dieser Auffassung ebensowenig entgegen wie die Vorschrift des § 628 Abs. 1 Satz 1 der Behandlung des Dienstvertrags als gegenseitigen Vertrags. Anders wird zu urtheilen sein, wenn die Vergütung thatsächlich nur eine in Bausch und Bogen berechnete Entschädigung für die vom Verwahrer zu machenden Aufwendungen darstellt. Die Frage hat übrigens im Wesentlichen nur theoretische Bedeutung, da die Tragung der Gefahr hinsichtlich der Vergütung durch die Spezialvorschrift des § 699 Abs. 2 geregelt ist.

II. Die materielle Regelung des Verwahrungsvertrags schließt sich im Ganzen an die für den Auftrag gegebenen Vorschriften an; jedoch sind eine Anzahl Aenderungen und Ergänzungen theils wegen der eigenartigen Natur des Verhältnisses, theils mit Rücksicht auf die Aufbewahrung gegen Entgelt für erforderlich erachtet. Der § 688 stellt die Verpflichtung des Verwahrers fest, die hinterlegte Sache aufzubewahren. Ergänzend treten dazu Vorschriften über die Haftung des Verwahrers, wenn er die Aufbewahrung unentgeltlich übernommen hat (§ 690), über die Hinterlegung der Sache bei einem Dritten (§ 691) und über die Fälle, in denen der Verwahrer die vereinbarte Art der Aufbewahrung ändern darf (§ 692). Aus dem Vertrag erwächst nach der dem Gesetze zu Grunde liegenden Auffassung für den Verwahrer ferner die Verpflichtung, die hinterlegte Sache zurückzugeben. Dies wird aber nicht besonders ausgesprochen. Das Gesetz begnügt sich vielmehr damit, einzelne Bestimmungen über die Rückgabe aufzustellen; der § 695 giebt dem Hinterleger das Recht, die Sache jederzeit zurückzufordern, der § 696 dem Verwahrer das Recht, unter Umständen die vorzeitige Rücknahme zu verlangen. Der § 697 bestimmt, an welchem Orte die Rückgabe zu erfolgen hat. Der § 698 regelt die Verzinsung eigennützig verwendeten Geldes. Der Hinterleger ist seinerseits verpflichtet, dem Verwahrer die vereinbarte Vergütung zu zahlen. Auch dieser Satz wird als selbstverständlich nicht besonders ausgesprochen, das Gesetz giebt nur Vorschriften über die Fälle, in denen eine Vergütung als vereinbart gelten soll (§ 689) sowie über die Zeit der Entrichtung und die Höhe der Vergütung im Falle vorzeitiger Beendigung des Verhältnisses (§ 699). Die Verpflichtung des Hinterlegers zum Ersatze der von dem Verwahrer gemachten Aufwendungen ist im § 693 geregelt. Endlich ist im § 694 noch eine Sondervorschrift über die Haftung des Hinterlegers für den dem Verwahrer durch die Beschaffenheit der Sache erwachsenen Schaden gegeben. Anhangweise wird im § 700 der Fall behandelt, wenn vertretbare Sachen in der Art hinterlegt werden, daß das Eigenthum auf den Verwahrer übergehen und dieser verpflichtet sein soll, Sachen von gleicher Art, Güte und Menge zurückzugewähren (sog. depositum irregulare). Ueber die freiwillige Sequestration, d. h. die Hinterlegung einer Sache durch Mehrere mit der Vereinbarung, daß die Sache demnächst je nach dem Eintritte bestimmter Bedingungen dem Einen oder dem Anderen herauszugeben ist, enthält das Gesetz keine besonderen Bestimmungen. Erwähnt ist der Fall im § 1231 Satz 2. Es finden bei der Sequestration die Bestimmungen über den Verwahrungsvertrag in Verbindung mit den Vorschriften der §§ 420, 428—432 Anwendung (Vergl. M. II S. 580). Als Ver-

§. 688.

Durch den Verwahrungsvertrag wird der Verwahrer verpflichtet, eine ihm von dem Hinterleger übergebene bewegliche Sache aufzubewahren.

---

wahrungsvertrag ist auch der Vertrag zu charakterisiren, welcher bei einer auf Grund der §§ 372 ff. erfolgenden Hinterlegung zwischen dem Hinterleger und der Hinterlegungsstelle geschlossen wird. Derselbe untersteht den Vorschriften des zwölften Titels, indessen treten dabei manche Abweichungen ein, weil die Hinterlegung für den Gläubiger erfolgt, und nach E.G. Art. 145 können die Landesgesetze über die Hinterlegung nähere Bestimmungen treffen und insbesondere vorschreiben, daß die hinterlegten Gelder und Werthpapiere gegen die Verpflichtung zur Rückerstattung in das Eigenthum des Fiskus oder der als Hinterlegungsstelle bestimmten Anstalt übergehen, daß der Verkauf der hinterlegten Sachen von Amtswegen angeordnet werden kann sowie daß der Anspruch auf Rückerstattung mit dem Ablauf einer gewissen Zeit oder unter sonstigen Voraussetzungen zu Gunsten des Fiskus oder der Hinterlegungsanstalt erlischt (s. oben S. 154 Vorbm. zur Hinterlegung Nr. 4, 5, und S. 157 Erl. zu § 376).

Ueber die Bestellung eines Verwahrers in den Fällen der §§ 432, 1217, 1281, 2039 Seitens des Gerichts enthält das freiw. G.G. § 165 nähere Vorschriften. Ueber die Einbringung von Sachen bei Gastwirthen giebt der dreizehnte Titel besondere Vorschriften. Das kaufmännische Lagergeschäft ist im H.G.B. §§ 416—424 geregelt. Reichsrechtliche Vorschriften enthalten ferner das Ges. über das Postwesen des Deutschen Reichs v. 28. Oktober 1871 §§ 6—14 über die Haftung der Postverwaltung für eingelieferte Briefe und Packete sowie für Passagiergut, das Ges. betreffend die Pflichten der Kaufleute bei Aufbewahrung fremder Werthpapiere v. 5. Juli 1896 sowie das H.G.B. §§ 378—390 über die Verpflichtung des Kommissionärs hinsichtlich des in seiner Verwahrung befindlichen Gutes.

Im Uebrigen ist darauf hinzuweisen, daß die Vorschriften des zwölften Titels durchgehends dispositiver Natur sind. Im Bankverkehr und bei der gewerbsmäßigen Aufbewahrung von Waaren, Möbeln und dergl. werden vielfach Verwahrungsverträge auf Grund von schriftlich formulirten allgemeinen Bedingungen geschlossen, welche die Bestimmungen des Gesetzes theils abändern, theils ergänzen; auch können für einzelne Arten von kaufmännischen Verwahrungsverträgen Handelsgebräuche zur Ergänzung des Gesetzes in Betracht kommen.

§ 688.

E. I § 614; II § 628 rev. § 675; III § 675. P. I S. 2701—2705, 2709—2716: M. II S. 569—571. P. II S. 2364—2366 (Bd. II S. 391—393).

1. Gegenstand des Verwahrungsvertrags können nur bewegliche Sachen sein. Wird die Bewachung oder Hütung einer unbeweglichen Sache übernommen, so ist das Verhältniß nach den Grundsätzen des Auftrags, Dienstvertrags oder Werkvertrags zu beurtheilen.

2. Beim Abschlusse des Vertrags kommt zweierlei in Betracht, die Einigung der Parteien über die Verwahrung und die Uebergabe der aufzubewahrenden Sache. Meistens wird Beides zusammenfallen. Die Uebergabe kann indessen der Einigung vorhergehen oder ihr nachfolgen. Die Parteien können auch vereinbaren, daß Jemand eine schon in seinem Besitze befindliche Sache in Zukunft als Verwahrer haben soll, ein Fall, der im Zusammenhange mit der Eigenthumsübertragung durch Willenseinigung (constitutum possessorium) nicht selten vorkommt. Ein Verwahrungsvertrag im Sinne des § 688 liegt aber nur vor, wenn beide Voraussetzungen, Einigung und Uebergabe der Sache, erfüllt sind. Eine Form ist für den Verwahrungsvertrag nicht vorgeschrieben. Von Banken, Speichergesellschaften ꝛc. wird häufig die Einreichung eines schriftlichen Antrags oder die Unterzeichnung allgemeiner Bedingungen gefordert und umgekehrt dem Hinterleger nach dem Zustandekommen des Vertrags ein Hinterlegungsschein ausgehändigt. Derartige Urkunden haben Bedeutung für den Abschluß und den Inhalt des Vertrags. Ein gültiger Verwahrungsvertrag kann aber auch ohne Beobachtung der vorgesehenen Formen zu Stande kommen (ebenso Cohn bei Endemann, Handbuch des Handelsrechts III S. 430 Nr. 9).

3. a) Die Hauptverpflichtung des Verwahrers geht dahin, die ihm übergebene Sache aufzubewahren. Wird die Pflicht zur Aufbewahrung nur als Nebenleistung übernommen oder ergiebt sie sich nur als Nebenwirkung aus einem anderen Rechtsverhältnisse, wie z. B. bei dem Leihvertrage, so liegt kein Verwahrungsvertrag vor. Natürlich kann aber ein Verwahrungsvertrag im Zusammenhange mit einem Hauptvertrage, z. B. einem Kaufe, als selbstständiger Nebenvertrag abgeschlossen werden.

§. 689.

Eine Vergütung für die Aufbewahrung gilt als stillschweigend vereinbart, wenn die Aufbewahrung den Umständen nach nur gegen eine Vergütung zu erwarten ist.

---

b) Aufbewahren bedeutet nicht bloß, einen Raum für die Sache hergeben, sondern auch die Sache in seine Obhut nehmen. Letzteres schließt die Verpflichtung in sich, unter Umständen auch positive Handlungen vorzunehmen, z. B. für Bewachung zu sorgen und Schutzvorkehrungen zu treffen. In welcher Art die Aufbewahrung zu erfolgen hat, dafür ist in erster Linie die Vereinbarung der Parteien maßgebend. Im Uebrigen ist der leitende Gesichtspunkt aus § 242 zu entnehmen. Ueber die Pflichten von Kaufleuten bei Aufbewahrung fremder Werthpapiere giebt das sog. Depotgesetz v. 5. Juli 1896 im § 1 besondere Vorschriften. Aus der Verpflichtung zur Obhut ergiebt sich auch, daß der Verwahrer im Falle der Gefahr die Rettung der hinterlegten Sache zu versuchen hat. Ob er befugt ist, zunächst seine eigenen Sachen zu retten, oder wie er sich zu verhalten hat, läßt sich nur nach den Umständen des einzelnen Falles an der Hand des § 242 entscheiden (M. II S. 574).

c) Vielfach übernimmt der Verwahrer auch Nebenleistungen. So verpflichtet sich z. B. die Reichsbank, bei der Aufbewahrung von Werthpapieren, die zu den Papieren gehörenden Zins- und Gewinnantheilscheine einzuziehen, die Ziehungs- und Verlosungslisten und Bekanntmachungen über die Kündigung und Konvertirung nachsehen zu lassen ꝛc. Zu solchen Nebenleistungen ist aber der Verwahrer nur verpflichtet, wenn er sie besonders, ausdrücklich oder stillschweigend, übernommen hat. Ob dies zutrifft, ist nach den Umständen des einzelnen Falles zu entscheiden. Wenn der Verwahrer die Aufbewahrung gewerbsmäßig betreibt und für seine Mühewaltung eine Vergütung bezieht, so wird sich seine Verpflichtung auch auf die üblichen Nebenleistungen erstrecken, während, wenn die Aufbewahrung unentgeltlich übernommen ist, die Vermuthung nicht dafür streitet, daß der Verwahrer außer der Pflicht zur Aufbewahrung noch besondere Nebenleistungen hat übernehmen wollen. Diejenigen Handlungen, welche sich aus der Verpflichtung des Verwahrers zur Obhut ergeben (s. unter b), hat der Verwahrer ohne weitere Beredung vorzunehmen.

d) Zum Gebrauche der hinterlegten Sache ist der Verwahrer nicht befugt; sollte dies ausgemacht sein, so liegt ein selbständiger Nebenvertrag vor, wenn nicht überhaupt das ganze Verhältniß als Leihe anzusehen ist. Dagegen kann sich aus den dem Verwahrer obliegenden Haupt- und Nebenleistungen das Recht und die Pflicht für den Verwahrer ergeben, im Interesse des Hinterlegers Verfügungen oder Verwaltungsmaßregeln vorzunehmen, z. B. ein gekündigtes Werthpapier einzulösen oder ein eingestelltes Pferd zu bewegen.

3. Der Verwahrer haftet für alles Verschulden, im Falle des § 690 beschränkt sich aber seine Haftung auf diejenige Sorgfalt, welche er in eigenen Angelegenheiten anzuwenden pflegt. Die Beweislast bestimmt sich nach allgemeinen Grundsätzen. Der Verwahrer hat also, wenn er die hinterlegte Sache nicht zurückgeben kann oder wenn dieselbe nach der Hinterlegung beschädigt ist, zu beweisen, daß die Unmöglichkeit der Zurückgabe oder die Beschädigung in Folge eines von ihm nicht zu vertretenden Umstandes eingetreten sei (§ 275). Das bisherige Recht stellt hier zum Theil besondere Vermuthungen auf (M. II S. 573); nach dem B.G.B. sind lediglich die allgemeinen Regeln über den Beweis maßgebend. Der Verwahrer haftet, falls ihn ein Verschulden trifft, für allen Schaden. Sind aber Sachen von ungewöhnlich hohem Werthe hinterlegt, ohne daß die Beschaffenheit bemerkbar war oder dem Verwahrer angezeigt wurde, so wird sich die Haftung des Verwahrers nach § 254 auf denjenigen Schaden beschränken, den er als möglich voraussehen konnte. Ein bei den Berathungen der zweiten Kommission gestellter Antrag, welcher dies besonders im Gesetze zum Ausdrucke bringen wollte, ist als entbehrlich abgelehnt.

§ 689.

E. I § 615 Satz 2; II § 629 Satz 2 rev. § 676; III § 676. P. I S. 2705, 2706; M. II S. 571—574. P. II S. 2366 (Bd. II S. 393).

1. Der Hinterleger kann sich verpflichten, dem Verwahrer für die Aufbewahrung eine Vergütung zu gewähren. Die Verpflichtung kann auch stillschweigend übernommen werden. Eine solche stillschweigende Uebernahme soll nach der Auslegungsregel des § 689 vermuthet werden, wenn die Aufbewahrung den Umständen nach nur gegen eine Vergütung zu erwarten ist. Letzteres wird namentlich dann anzunehmen sein, wenn der Verwahrer die Aufbewahrung gewerbsmäßig betreibt und den Verwahrungsvertrag im Betriebe seines Gewerbes abschließt. Dem § 689 entsprechende Bestimmungen sind auch für den Dienstvertrag (§ 612), den Werk-

§. 690.

Wird die Aufbewahrung unentgeltlich übernommen, so hat der Verwahrer nur für diejenige Sorgfalt einzustehen, welche er in eigenen Angelegenheiten anzuwenden pflegt.

§. 691.

Der Verwahrer ist im Zweifel nicht berechtigt, die hinterlegte Sache bei einem Dritten zu hinterlegen. Ist die Hinterlegung bei einem Dritten gestattet, so hat der Verwahrer nur ein ihm bei dieser Hinterlegung zur Last fallendes Verschulden zu vertreten. Für das Verschulden eines Gehülfen ist er nach §. 278 verantwortlich.

---

vertrag (§ 632) und den Mäklervertrag (§ 653) gegeben. Hinsichtlich der Einzelheiten wird auf die Erl. zu diesen Paragraphen verwiesen.

2. Für die **Höhe der Vergütung** ist die Vereinbarung der Parteien entscheidend. Auf eine obrigkeitliche Taxe oder die übliche Vergütung ist im § 689 anders wie bei dem Dienstvertrage ꝛc. nicht verwiesen. Es wird aber wie bei jenen Verträgen beim Fehlen einer ausdrücklichen Abrede, wenn eine Taxe, z. B. für ein öffentliches Lagerhaus, erlassen ist, die taxmäßige Vergütung und in Ermangelung einer solchen die etwaige übliche Vergütung als vereinbart zu gelten haben. Ist eine Vereinbarung hinsichtlich der Höhe nicht festzustellen, so greift § 316 Platz.

3. Ueber die Vergütung, welche einem in den Fällen der §§ 432, 1217, 1281, 2039 **gerichtlich zu bestellenden Verwahrer** zu gewähren ist, wenn er eine solche beansprucht, entscheidet das für die Anordnung der Verwahrung zuständige Gericht; zuständig ist das Amtsgericht, in dessen Bezirke sich die Sache befindet. Vor der Entscheidung über die Vergütung sind die Betheiligten soweit thunlich zu hören (freiw. G.G. § 165).

§ 690.

E. II § 630 rev. § 677; III § 677. P. II S. 2366, 2367, 2368 (Bd. II S. 393).

Der E. I ließ den Verwahrer in allen Fällen für jede Fahrlässigkeit haften. Die zweite Kommission hat geglaubt, daß es der Billigkeit und der Auffassung des Lebens entspreche, bei der unentgeltlichen Aufbewahrung den Verwahrer nur für diejenige Sorgfalt haften zu lassen, welche er in eigenen Angelegenheiten anzuwenden pflegt, und hat deshalb die Vorschrift des § 690 eingestellt. Vergl. wegen des Umfanges der Haftung und wegen des Beweises den § 277 und Erl. zu diesem Paragraphen.

§ 691.

E. I § 616; II § 631 rev. § 678; III § 678. P. I S. 2716—2722, 3552, 3559, 3560; M. II S. 574, 575. P. II S. 2368, 2369 (Bd. II S. 394, 395).

Das Gesetz geht davon aus, daß die Hinterlegung einer Sache bei einem Anderen auf einem dem Verwahrer geschenkten besonderen Vertrauen beruht, und stellt deshalb im § 691 die Auslegungsregel auf, daß der Verwahrer nicht berechtigt sein soll, die hinterlegte Sache bei einem Dritten zu hinterlegen. Die Vorschriften des § 691 entsprechen denen des § 664 Abs. 1. Wegen der Einzelheiten wird auf die Erl. zu diesem Paragraphen verwiesen. Hervorzuheben ist hier Folgendes:

1. a) Der Verwahrer hat dem Hinterleger allen **Schaden** zu ersetzen, der durch die **unbefugte Hinterlegung** bei einem Dritten entsteht.

b) Ist die **Hinterlegung** bei einem Dritten **gestattet**, so hat der Verwahrer durch die Hinterlegung bei einem Dritten seine Verpflichtung erfüllt. Er hat aber für ein ihm bei der Hinterlegung zur Last fallendes Verschulden zu haften. Vertragsmäßig kann die Verpflichtung des Verwahrers dahin erweitert werden, daß er den Dritten weiter zu beaufsichtigen hat.

c) Für das **Verhältniß zwischen dem Hinterleger und dem Dritten** ist der zwischen dem Verwahrer und dem Dritten geschlossene Vertrag maßgebend. Nach diesem entscheidet sich namentlich, ob der Hinterleger direkte Ansprüche gegen den Dritten geltend machen kann.

2. Ob der Verwahrer befugt ist, **Gehülfen** zuzuziehen, richtet sich nach dem Verwahrungsvertrage. Für die Gehülfen hat der Verwahrer nach § 278 zu haften.

§. 692.

Der Verwahrer ist berechtigt, die vereinbarte Art der Aufbewahrung zu ändern, wenn er den Umständen nach annehmen darf, daß der Hinterleger bei Kenntniß der Sachlage die Aenderung billigen würde. Der Verwahrer hat vor der Aenderung dem Hinterleger Anzeige zu machen und dessen Entschließung abzuwarten, wenn nicht mit dem Aufschube Gefahr verbunden ist.

§. 693.

Macht der Verwahrer zum Zwecke der Aufbewahrung Aufwendungen, die er den Umständen nach für erforderlich halten darf, so ist der Hinterleger zum Ersatze verpflichtet.

---

§ 692.

E. I § 617; II § 632 rev. § 679; III § 679. P. I S. 2722—2725; M. II S. 575, 576. P. II S. 2369 (Bd. II S. 395).

Der Verwahrer ist grundsätzlich an die beim Abschlusse des Vertrags bestimmte Art der Aufbewahrung gebunden. Das Gesetz begnügt sich damit, dies in der Weise zum Ausdrucke zu bringen, daß es die Voraussetzungen bezeichnet, unter welchen der Verwahrer die Art der Aufbewahrung ändern darf. Die Fassung der Vorschrift entspricht derjenigen des § 665. Es wird deshalb im Einzelnen auf die Erl. zu diesem Paragraphen verwiesen. Ein Unterschied besteht nur insoweit, als nach § 665 der Beauftragte die Weisungen des Auftraggebers zu berücksichtigen hat, während für den Verwahrer nur die vereinbarte Art der Aufbewahrung maßgebend ist. Einseitige Anordnungen des Hinterlegers ist der Verwahrer zu befolgen nicht verpflichtet.

§ 693.

E. I § 621; II § 623 rev. § 680; III § 680. P. I S. 2743—2747; M. II S. 581. P. II S. 2379, 8408—8410 (Bd. II S. 399, 400). St.B. S. 1981.

Der Ersatz von Aufwendungen beim Verwahrungsvertrag ist in gleicher Weise wie beim Auftrage geregelt. Es wird deshalb auf die Erl. zu § 670 verwiesen. Hervorzuheben ist Folgendes: Der Verwahrer hat nach dem Verwahrungsvertrage für die gewöhnliche Arbeit, welche die Aufbewahrung mit sich bringt sowie für die Hergabe des Raumes entweder überhaupt keine Entschädigung oder nur die vereinbarte Vergütung zu beanspruchen. Besondere Auslagen und Unkosten dagegen, welche ihm durch die Aufbewahrung erwachsen, kann er nach § 693 ersetzt verlangen. Ein Ersatzanspruch ist ausgeschlossen bei solchen Aufwendungen, welche er zu tragen sich ausdrücklich oder stillschweigend verpflichtet hat. Zweifelhaft kann die Entscheidung sein hinsichtlich solcher Aufwendungen, durch welche dem Verwahrer die sichere Verwahrung der Gegenstände erst ermöglicht wird, z. B. wenn der Verwahrer zum Zwecke der Aufbewahrung von Werthsachen einen feuerfesten Geldschrank anschafft. Bei den Berathungen der zweiten Kommission waren gerade mit Rücksicht auf diese Fälle Bedenken gegen die Fassung des (jetzigen) § 693 geäußert, da nach dem Wortlaute der Vorschrift auch hier ein Ersatzanspruch begründet sein würde, während der Verwahrer nach dem Vertrage verpflichtet sei, für die zur Aufbewahrung nothwendigen Einrichtungen auf seine Kosten zu sorgen. Von anderer Seite ist diese Ansicht für zutreffend erklärt bei der entgeltlichen Hinterlegung, nicht dagegen bei der unentgeltlichen. Von dritter Seite ist die Fassung der Vorschrift für die Regel als angemessen vertheidigt, während allerdings im einzelnen Falle häufig eine stillschweigende Verpflichtung des Verwahrers, für die zur Aufbewahrung im Allgemeinen nöthigen Einrichtungen ohne Entgelt zu sorgen, werde angenommen werden müssen (P. II S. 2379). Die Frage wird nach den Umständen des einzelnen Falles zu beantworten sein. Wenn der Verwahrer gewerbsmäßig oder, wie z. B ein Rechtsanwalt, in Ausübung seines Berufs die Sachen zur Aufbewahrung übernimmt, so kann der Hinterleger voraussetzen, daß solche Einrichtungen, welche nach der Stellung oder dem Geschäfte des Verwahrers zur sicheren Aufbewahrung erforderlich sind, vorhanden sind; es muß als stillschweigend vereinbart angenommen werden, daß, wenn der Verwahrer solche Einrichtungen erst nachträglich anschafft, er dies auf seine Kosten thut. Wird die Verwahrung aus Gefälligkeit oder Freundschaft übernommen, wie dies im täglichen Leben vielfach vorzukommen pflegt, so will sich der Hinterleger regelmäßig mit einer solchen Art der Aufbewahrung begnügen, wie sie der Verwahrer nach seinen persönlichen Verhältnissen unter Berücksichtigung der ihm obliegenden Sorgfalt zu gewähren vermag. Besondere Anschaffungen werden dabei nicht in Aussicht genommen; auch hier muß als stillschweigeud vereinbart gelten, daß, wenn der Verwahrer neue Einrichtungen

§. 694.

Der Hinterleger hat den durch die Beschaffenheit der hinterlegten Sache dem Verwahrer entstehenden Schaden zu ersetzen, es sei denn, daß er die gefahrdrohende Beschaffenheit der Sache bei der Hinterlegung weder kennt noch kennen muß oder daß er sie dem Verwahrer angezeigt oder dieser sie ohne Anzeige gekannt hat.

§. 695.

Der Hinterleger kann die hinterlegte Sache jederzeit zurückfordern, auch wenn für die Aufbewahrung eine Zeit bestimmt ist.

---

trifft, er selbst die Kosten zu tragen hat. Anders, wenn der Verwahrer die Einrichtungen, z. B. Stallungen für Pferde, überhaupt erst schaffen muß oder wenn durch außergewöhnliche Ereignisse, z. B. Ausbruch einer Seuche, besondere Vorkehrungen erforderlich werden. Im Uebrigen beschränkt sich der Anspruch nicht auf die Verwendungen, welche auf die hinterlegte Sache selbst gemacht werden, sondern greift auch Platz, wenn z. B. bei Feuer oder Wassersgefahr erhebliche Kosten für die Rettung aufgewendet werden. Macht der Verwahrer nicht zum Zwecke der Aufbewahrung, sondern lediglich anläßlich der Aufbewahrung Aufwendungen zur Erhaltung der Sache, so richten sich die Ersatzansprüche nach den Vorschriften über die Geschäftsführung ohne Auftrag. Aufgewendete Geldbeträge sind nach § 256 von der Zeit der Aufwendung an zu verzinsen. Ist der Verwahrer eine Verbindlichkeit eingegangen, so kann er nach § 257 Befreiung von der Verbindlichkeit verlangen.

§ 694.

E. I § 622; II § 634 rev. § 681; III § 681. P. I S. 2743, 2744, 2747, 2748, 6198, 6201; M. II S. 581, 582. P. II S. 2380—2382 (Bd. II S. 400, 401).

Wenn dem Verwahrer durch die Beschaffenheit der hinterlegten Sache ein Schaden erwachsen ist, so kann nach allgemeinen Grundsätzen Ersatz von dem Hinterleger nur gefordert werden, falls ihm ein Verschulden zur Last fällt. Hieran hält auch der § 694 fest. Aber aus praktischen Gründen ist abweichend vom E. I § 622 die Beweislast zu Ungunsten des Hinterlegers verschoben. Der Hinterleger soll den Schaden ersetzen, wenn er nicht nachweist, daß Gründe vorliegen, welche seine Haftung ausschließen. Dies wird angenommen, wenn er die gefahrdrohende Beschaffenheit bei der Hinterlegung nicht gekannt hat, die Unkenntniß auch nicht auf einem Verschulden beruhte oder wenn er den Verwahrer durch eine Anzeige auf die Gefahr aufmerksam gemacht hat. Die Haftung soll ferner fortfallen, wenn der Verwahrer die Gefahr gekannt hat; das Kennenmüssen ist aber insoweit der Kenntniß nicht gleichgestellt. Die Erwähnung der Anzeige neben der Kenntniß hat um deswillen Bedeutung, weil eine Anzeige nach § 130 schon dann als wirksam erfolgt gilt, wenn sie dem anderen Theile zugegangen ist.

§ 695.

E. I § 624; II § 635 rev. § 682; III § 682. P. I S. 2750—2755; M. II S. 582, 583. P. II S. 2383 (Bd. II S. 402).

Der Verwahrungsvertrag kann sowohl auf bestimmte als auf unbestimmte Zeit geschlossen werden. Im letzteren Falle kann der Hinterleger jederzeit die hinterlegte Sache zurückfordern (§ 695), der Verwahrer jederzeit die Rücknahme verlangen (§ 696 Satz 1); im ersteren Falle steht dem Hinterleger ebenfalls das Recht zu, die Sache jederzeit zurückzufordern (§ 695), der Verwahrer kann dagegen die vorzeitige Rücknahme nur verlangen, wenn ein wichtiger Grund vorliegt (§ 696 Satz 2). Bei der Fassung der Vorschriften ist vermieden, die Ausdrücke „Widerruf" und „Kündigung" zu gebrauchen, denn nach dem Sprachgebrauche des Gesetzes (s. z. B. §§ 564 ff., 605, 620 ff., 671) haben Widerruf und Kündigung die Bedeutung, das Rechtsverhältniß von dem Augenblick an, in welchem der Widerruf oder die Kündigung wirksam wird, aufzulösen. Bei dem Verwahrungsvertrage muß aber nach der Auffassung des Gesetzes als Absicht der Parteien unterstellt werden, daß das Verwahrungsverhältniß erst mit der thatsächlichen Rückgabe der hinterlegten Sache endigen soll. Um dies zum Ausdrucke zu bringen, ist in den §§ 695, 696 die jetzt vorliegende Fassung gewählt (s. die Ausführungen der M. II S. 583, welche die zweite Kommission ausdrücklich gebilligt hat, P. II S. 2383). Selbstverständlich ist es den Parteien unbenommen, vertragsmäßig das Verwahrungsverhältniß auch ohne Rückgabe oder vor Rückgabe der Sache aufzuheben. Die Bestimmungen über den Verzug bleiben unberührt.

§. 696.

Der Verwahrer kann, wenn eine Zeit für die Aufbewahrung nicht bestimmt ist, jederzeit die Rücknahme der hinterlegten Sache verlangen. Ist eine Zeit bestimmt, so kann er die vorzeitige Rücknahme nur verlangen, wenn ein wichtiger Grund vorliegt.

§. 697.

Die Rückgabe der hinterlegten Sache hat an dem Orte zu erfolgen, an welchem die Sache aufzubewahren war; der Verwahrer ist nicht verpflichtet, die Sache dem Hinterleger zu bringen.

---

§ 696.

E. I § 625; II § 636 rev. § 683; III § 683. P I S. 2750—2752, 2755, 2756; M. II S. 582, 583. P. II S. 2383, 2384 (Bd. II S. 402).

1. Das Verwahrungsverhältniß **endigt** erst mit der thatsächlichen Rückgabe der Sache (s. Erl. zu § 695).

2. Satz 1. Verlangt der Verwahrer die Zurücknahme der Sache, so wird er doch unter Umständen dem Hinterleger noch eine angemessene Zeit zur Zurücknahme gestatten müssen. Dies kann insbesondere dann in Frage kommen, wenn der Verwahrer nach Satz 2 die Zurücknahme aus wichtigen Gründen vor der bestimmten Zeit verlangt. In dem Verlangen der Zurücknahme liegt das Angebot der Zurückgabe und die Aufforderung an den Hinterleger, die Sache abzuholen. War der Verwahrer zu der Aufforderung berechtigt und ist, falls noch eine Frist zur Abholung zu gestatten war, diese abgelaufen, so kommt der Hinterleger, wenn er die Sache nicht zurücknimmt, nach § 295 in Verzug der Annahme. Der Verwahrer haftet daher von diesem Zeitpunkt an nach § 300 nur noch für Vorsatz und grobe Fahrlässigkeit und kann nach § 304 den Ersatz der Mehraufwendungen, die er für das erfolglose Angebot sowie für die Aufbewahrung und Erhaltung der hinterlegten Sache machen mußte, verlangen. Er ist auch befugt, die Sache nach Maßgabe der §§ 372 ff. bei einer öffentlichen Hinterlegungsstelle zu hinterlegen.

3. Satz 2. Ob ein wichtiger Grund vorliegt, ist nach den Umständen des einzelnen Falles unter Berücksichtigung der persönlichen Verhältnisse der Parteien zu entscheiden. Im kaufmännischen Verkehre wird häufig ausgemacht, daß die vorzeitige Rücknahme auch ohne Angabe von Gründen verlangt werden kann, so z. B. in den Bedingungen der Reichsbank und der Deutschen Bank über die Aufbewahrung von Werthpapieren.

§ 697.

E. I § 619 Satz 1, 620; II § 637 Abs. 1 rev. § 684; III § 684. P. I S. 2735—2739; M. II S. 579—581. P. II S. 2378, 2379, 8469, 8470 (Bd. II S 399). St.B. S. 1981.

1. Aus dem Verwahrungsvertrag entspringt für den Verwahrer neben der Verpflichtung zur Aufbewahrung auch eine Verpflichtung zur Rückgabe der hinterlegten Sache. Der E. I sprach dies ausdrücklich aus, die zweite Kommission hat aber eine besondere Hervorhebung des Gedankens im Gesetze für überflüssig gehalten. Die Schuld des Verwahrers ist eine **Holschuld. Erfüllungsort** ist der Ort, an welchem die Sache nach dem Verwahrungsvertrag aufzubewahren war. Der Hinterleger hat die **Kosten und die Gefahr der Rückgabe** zu tragen, insbesondere auch dann, wenn die Sache auf Grund vertragsmäßiger Beredung oder auf sein Verlangen nach einem anderen Orte übersendet wird. Die **Zeit der Rückgabe** bestimmt sich nach den §§ 695, 696.

2. Mit der Sache sind die etwa gewonnenen **Früchte** herauszugeben (P. II S. 8469). Hat der Verwahrer anderweit in vertragswidriger Weise durch den Gebrauch der Sache Nutzen gezogen, so ist er zum Schadensersatze verpflichtet (P. II S. 2378). Eigennützig verwendetes Geld ist nach § 698 vom Zeitpunkte der Verwendung ab zu verzinsen.

3. a) Dem Verwahrer steht wegen seiner Gegenansprüche ein **Zurückbehaltungsrecht** nach Maßgabe der allgemeinen Vorschriften der §§ 273, 274 zu. Im kaufmännischen Verkehr ist es nicht selten, daß sich der Verwahrer für alle seine Forderungen aus der laufenden Geschäfts-

§. 698.

Verwendet der Verwahrer hinterlegtes Geld für sich, so ist er verpflichtet, es von der Zeit der Verwendung an zu verzinsen.

§. 699.

Der Hinterleger hat die vereinbarte Vergütung bei der Beendigung der Aufbewahrung zu entrichten. Ist die Vergütung nach Zeitabschnitten bemessen, so ist sie nach dem Ablaufe der einzelnen Zeitabschnitte zu entrichten.

Endigt die Aufbewahrung vor dem Ablaufe der für sie bestimmten Zeit, so kann der Verwahrer einen seinen bisherigen Leistungen entsprechenden Theil der Vergütung verlangen, sofern nicht aus der Vereinbarung über die Vergütung sich ein Anderes ergiebt.

---

verbindung ein Pfandrecht an der hinterlegten Sache bestellen läßt; so z. B. nach den Bedingungen der Deutschen Bank für die Hinterlegung von Werthpapieren.

Ueber die Frage, ob der Verwahrer dem Anspruch auf Rückgabe der Sache den Einwand entgegensetzen kann, daß er Eigenthümer der hinterlegten Sache sei, s. Erl. zu § 556 Nr. 2; vergl. R.G. Bd. 15 S. 210.

b) Die Aufrechnung ist gegenüber dem Hauptanspruche des Hinterlegers auf Rückgabe der Sache ausgeschlossen, weil nach § 387 nur gleichartige Leistungen gegeneinander aufgerechnet werden können. Soweit dagegen ein Anspruch des Hinterlegers auf Schadensersatz geltend gemacht wird, ist eine Aufrechnung möglich (P. II S. 2377).

4. Im Konkurse des Verwahrers steht der Hinterlegung ein Aussonderungsrecht hinsichtlich der hinterlegten Sachen zu (Sarwey, Kommentar zur K.O. § 35 Anm. 2, **Wilmowski**, Kommentar zur K.O. § 35 Anm. 4).

§ 698.

E. I § 619 Satz 2; II § 638 rev. § 685; III § 685. P. I S. 2735—2738; M. I S. 579, 580. P. II S. 2378 (Bd. II S. 399).

Der § 698 entspricht dem § 668. Es wird auf die Erl. zu diesem Paragraphen verwiesen. Der Zinsfuß beträgt nach § 246 vier vom Hundert.

§ 699.

E. I § 623; II § 639 rev. § 686; III § 686. P. I S. 2748—2750; M. II S. 582. P. II S. 2383 (Bd. II S. 401, 402).

Bei der entgeltlichen Verwahrung soll der Verwahrer nach Abs. 1 Satz 1 wie der Vermiether (§ 551) und der Dienstpflichtige (§ 614) zur Vorleistung verpflichtet sein. Die Bestimmung hat aber den Charakter einer Dispositivvorschrift und kann durch ausdrückliche oder stillschweigende Vereinbarung der Parteien geändert werden. Im Abs. 1 Satz 2 ist eine weitere Dispositivvorschrift über die Fälligkeit der Vergütung hinzugefügt. Endigt die Verwahrung vor der bestimmten Zeit, so entsteht die Frage, ob die vereinbarte Vergütung ganz oder gar nicht oder theilweise zu entrichten ist oder ob, je nach dem Grunde, aus welchem die Beendigung eintritt, das eine oder das andere stattfindet. Der Abs. 2 schneidet hier durch und bestimmt abweichend vom § 628 ohne Rücksicht darauf, aus welchem Grunde die Beendigung früher eingetreten ist, daß der Verwahrer einen seinen bisherigen Leistungen entsprechenden Theil der Vergütung verlangen kann, sofern sich nicht aus der Vereinbarung über die Vergütung ein Anderes ergiebt. Regelmäßig wird hiernach die Vergütung nach Verhältniß der Zeit, während welcher die Verwahrung gedauert hat, zu entrichten sein. Wenn jedoch im einzelnen Falle die dem Verwahrer obliegenden Leistungen in dem einen Theile der Zeit größer sind als in dem anderen, so entscheidet das Verhältniß der Leistungen. Eine abweichende Vereinbarung kann auch stillschweigend getroffen sein und sich insbesondere aus der Art der zu leistenden Vergütung ergeben.

§. 700.

Werden vertretbare Sachen in der Art hinterlegt, daß das Eigenthum auf den Verwahrer übergehen und dieser verpflichtet sein soll, Sachen von gleicher Art, Güte und Menge zurückzugewähren, so finden die Vorschriften über das Darlehen Anwendung. Gestattet der Hinterleger dem Verwahrer, hinterlegte vertretbare Sachen zu verbrauchen, so finden die Vorschriften über das Darlehen von dem Zeitpunkt an Anwendung, in welchem der Verwahrer sich die Sachen aneignet. In beiden Fällen bestimmen sich jedoch Zeit und Ort der Rückgabe im Zweifel nach den Vorschriften über den Verwahrungsvertrag.

Bei der Hinterlegung von Werthpapieren ist eine Vereinbarung der im Abs. 1 bezeichneten Art nur gültig, wenn sie ausdrücklich getroffen wird.

---

§ 700.

E. I § 618; II § 640 rev. § 687; III § 687. P. I S. 2727—2735, 6137, 6184; M. II S. 576—578. P. II S. 2371—2378, 8481 (Bd. II S. 395—399).

1. Häufig werden vertretbare Sachen in der Art hinterlegt, daß das Eigenthum auf den Verwahrer übergehen und dieser verpflichtet sein soll, Sachen von gleicher Art, Güte und Menge zurückzugewähren. Nach der Auffassung des Gesetzes liegt hier ein eigenartiges Rechtsverhältniß vor, welches zwischen Darlehen und Verwahrung in der Mitte steht. Grundsätzlich sollen die Vorschriften über das Darlehen Anwendung finden, aber hinsichtlich der Zeit und des Ortes der Rückgabe die Vorschriften über den Verwahrungsvertrag Platz greifen. Die Unterscheidung des unregelmäßigen Verwahrungsvertrags vom gewöhnlichen Verwahrungsvertrag ist dadurch gegeben, daß der Verwahrer nicht dieselbe Sache zurückzugeben braucht (vergl. Seuff. Arch. Bd. 52 Nr. 231), wegen der Unterscheidung vom Darlehen s. Vorbm. zum fünften Titel unter III, 4, vergl. dazu noch R.G. Bd. 1, S. 204, Bd. 12 S. 85. Im Einzelnen ergeben sich für den unregelmäßigen Verwahrungsvertrag folgende Rechtssätze:

a) Gegenstand des Vertrags können nur vertretbare Sachen (§ 91) sein.

b) Zum Abschlusse des Vertrags ist einmal die Einigung der Parteien und sodann die thatsächliche Hinterlegung der Sache erforderlich. Die Einigung kann, abgesehen vom Falle des Abs. 2, ausdrücklich oder stillschweigend getroffen werden. Besondere Bestimmungen darüber, wann anzunehmen ist, daß das Eigenthum sofort übergehen soll, hat man nicht für erforderlich gehalten. Die Frage ist nach den Umständen des einzelnen Falles zu entscheiden (P. II S. 2374, vergl. Sachs, Zeitschr. f. Handelsrecht, Bd. 18 S. 418 ff.). Die Hinterlegung wird regelmäßig durch Uebergabe an den Verwahrer geschehen, sie kann aber auch in anderer Weise vermittelt werden. Es gilt hier dasselbe, was in der Erl. zu § 607 über den Empfang des Darlehens gesagt ist. Es kann auch Jemand, der Geld oder sonstige vertretbare Sachen aus einem anderen Grunde schuldet, mit dem Gläubiger vereinbaren, daß das Rechtsverhältniß nach den Vorschriften des § 700 beurtheilt werden solle (vergl. § 607 Abs. 2).

c) Mit dem Augenblick, in welchem der Vertrag abgeschlossen ist, geht die Gefahr der hinterlegten Sachen auf den Verwahrer über.

d) Aus dem Vertrag erwächst für den Verwahrer die Verpflichtung, Sachen von gleicher Art, Güte und Menge wie die empfangenen zurückzugewähren. Es kann auch ausbedungen werden, daß der Verwahrer Zinsen zu zahlen hat; der Zinsfuß wird dabei meist niedriger als sonst üblich festgesetzt. Umgekehrt wird bei der Hinterlegung von Werthpapieren, Getreide und dergl. meistens eine „Provision" für den Verwahrer festgesetzt. Ersatz für Aufwendungen kann der Verwahrer im Uebrigen nicht beanspruchen. Für den durch die Beschaffenheit der hinterlegten Sachen dem Verwahrer entstehenden Schaden haftet der Hinterleger nach den Grundsätzen über unerlaubte Handlungen; die Vorschriften des § 694 finden keine Anwendung.

e) Zeit und Art der Rückerstattung bestimmen sich nach den §§ 695—697. Wird das Verhältniß von dem einem oder dem anderen Theile gekündigt, so hört die Verpflichtung, Zinsen und Provision zu zahlen, in dem Augenblick auf, in welchem die Kündigung wirksam wird. Denn es handelt sich hier nicht um die Zeit der Rückerstattung, sondern um die Beendigung des Verhältnisses, und der Grund, weswegen bei der gewöhnlichen Verwahrung das Verhältniß bis zur Rückgabe bestehen bleibt, nämlich die Nothwendigkeit, daß für die Sachen einstweilen weiter gesorgt wird, trifft hier nicht zu.

f) Dem Verwahrer steht wegen seiner Gegenansprüche ein Zurückbehaltungsrecht nach Maßgabe der allgemeinen Vorschriften der § 273, 274 zu. Ebenso ist die Aufrechnung zu=

Dreizehnter Titel.
Einbringung von Sachen bei Gastwirthen.

---

lässig, doch kann ausdrücklich oder stillschweigend ausgemacht werden, daß eine Aufrechnung gegen die Forderungen des Hinterlegers nur mit Forderungen aus demselben Rechtsverhältnisse zulässig sein soll. Letzteres wird z. B. bei dem Giro-Verkehr der Banken anzunehmen sein (P. II S. 2377; vergl. R.G. Bd. 12 S. 85).

2. Der Satz 2 des Abs. 1 regelt besonders den Fall, wenn der Hinterleger dem Verwahrer gestattet, hinterlegte vertretbare Sachen zu verbrauchen. Würden hier von vornherein die Vorschriften über das Darlehen Anwendung finden, so würde die Gefahr mit dem Augenblicke des Vertragsschlusses auf den Verwahrer übergehen. Dies ist aber für unbillig erachtet. Bis zu dem Zeitpunkt, in welchem sich der Verwahrer die Sachen aneignet, soll der Hinterleger die Gefahr tragen.

3. Der Abs. 2 ist mit Rücksicht auf Mißstände, welche sich im Börsenverkehre herausgestellt hatten, von der zweiten Kommission eingestellt. Bei der Hinterlegung von Werthpapieren soll der Verwahrer die Befugniß, über die Papiere zu seinem Nutzen zu verfügen, nur erlangen, wenn dies ausdrücklich, schriftlich oder mündlich ausgemacht ist. Eine Bezugnahme auf Usancen oder allgemeine, dem Hinterleger nicht näher mitgetheilte Bedingungen ist unstatthaft. Noch weiter geht der § 2 des sog. Depotges. v. 5. Juli 1896, indem er bestimmt, daß eine Erklärung des Hinterlegers, durch welche der Verwahrer ermächtigt wird, an Stelle hinterlegter Werthpapiere gleichartige Werthpapiere zurückzugewähren oder über die Papiere zu seinem Nutzen zu verfügen, nur gültig ist, soweit sie für das einzelne Geschäft ausdrücklich und schriftlich abgegeben wird.

Dreizehnter Titel.

L. Fuld, das Miethrecht; Anhang: Der Vertrag zwischen Gastwirth und Gast, S. 258—270.

I. In Uebereinstimmung mit dem römischen Rechte und der gesammten neueren Gesetzgebung giebt das Gesetz besondere strengere Normen in Beziehung auf die Haftung der Gastwirthe für die von den Fremden bei ihnen eingebrachten Sachen. Die Haftung beruht nicht auf der Annahme eines Quasi-Delikts, sondern die Grundlage des Verhältnisses bildet der zwischen dem Gaste und dem Wirthe geschlossene Aufnahmevertrag. Aus diesem Vertrag erwächst für den Wirth neben der Verpflichtung zur Beherbergung des Gastes die Verpflichtung zur Fürsorge für die von dem Gaste eingebrachten Sachen. Dies ist die Auffassung, welche von den M. II S. 585 vertreten wird und von der auch die zweite Kommission ausgegangen ist (P. II S. 2393). Man kann das Verhältniß auch so konstruiren, daß man annimmt, es werde ein besonderer Verwahrungsvertrag hinsichtlich der eingebrachten Sachen zwischen dem Wirthe und dem Gaste geschlossen; so Endemann, Einführung I § 186 Anm. 4. Dabei muß dann aber vorausgesetzt werden, daß der Vertrag im Zusammenhange mit dem Vertrag über die Aufnahme des Gastes selbst geschlossen wird; jedenfalls betreffen die Vorschriften des dreizehnten Titels nur solche Sachen, welche ein vom Wirthe aufgenommener Gast einbringt. Aus dem Vertragsverhältnisse würde schon nach allgemeinen Grundsätzen folgen, daß der Wirth für den Verlust und die Beschädigung der eingebrachten Sachen aufkommen muß, wenn ihn ein Verschulden trifft. Der Gast würde aber, wenn er Ersatz beanspruchen wollte, eine Verletzung der dem Wirthe obliegenden Pflichten als Ursache des Schadens zu beweisen haben, und ein solcher Beweis würde nach Lage der Verhältnisse nur selten zu führen sein. Dies Ergebniß entspricht nicht den Bedürfnissen und den Anschauungen des Lebens. Wer als Gast aufgenommen wird, rechnet darauf, sichere Unterkunft zu finden. Es ist Sache des Wirthes, die nöthigen Vorsichtsmaßregeln und Einrichtungen zu treffen, um die bei ihm Einkehrenden vor Schaden zu bewahren. Um in dieser Hinsicht einen Druck auszuüben, ist es nothwendig erschienen, dem Wirth eine strengere Haftung aufzulegen. Die bloße Umkehrung der Beweislast in der Art, daß nicht der Gast das Verschulden, sondern unter allen Umständen der Wirth seine Nichtschuld zu beweisen hätte, ist nicht für genügend erachtet. Vielmehr wird im § 701 in Durchbrechung der allgemeinen Grundsätze das Prinzip aufgestellt, daß der Wirth schlechthin, von einigen Ausnahmen abgesehen, für den Verlust und die Beschädignng der vom Gaste eingebrachten Sachen aufzukommen hat. Der § 701 regelt weiter noch die Voraussetzungen, unter denen die Haftung des Gastwirths eintritt, und bestimmt die Ausnahmefälle, in denen sie wegfällt. Die absolute Durchführung des im § 701 aufgestellten Prinzips könnte zu Härten führen. Im § 702 ist deshalb bestimmt, daß bei Werthsachen, wenn nicht besondere Umstände vorliegen, nur bis zum Betrage von 1000 Mark gehaftet werden soll. Der § 703 fügt im Interesse des Wirthes die

§. 701.

Ein Gastwirth, der gewerbsmäßig Fremde zur Beherbergung aufnimmt, hat einem im Betriebe dieses Gewerbes aufgenommenen Gaste den Schaden zu ersetzen, den der Gast durch den Verlust oder die Beschädigung eingebrachter Sachen erleidet. Die Ersatzpflicht tritt nicht ein, wenn der Schaden von dem Gaste, einem Begleiter des Gastes oder einer Person, die er bei sich aufgenommen hat, verursacht wird oder durch die Beschaffenheit der Sachen oder durch höhere Gewalt entsteht.

Als eingebracht gelten die Sachen, welche der Gast dem Gastwirth oder Leuten des Gastwirths, die zur Entgegennahme der Sachen bestellt oder nach den Umständen als dazu bestellt anzusehen waren, übergeben oder an einen ihm von diesen angewiesenen Ort oder in Ermangelung einer Anweisung an den hierzu bestimmten Ort gebracht hat.

Ein Anschlag, durch den der Gastwirth die Haftung ablehnt, ist ohne Wirkung.

Vorschrift hinzu, daß der Anspruch des Gastes erlischt, wenn der Gast dem Wirthe nicht unverzüglich von dem Schaden Anzeige macht. Der § 704 giebt dem Wirthe ein gesetzliches Pfandrecht an den eingebrachten Sachen des Gastes.

Für die Rechtsverhältnisse zwischen dem Wirthe und dem Gaste ist, abgesehen von den Vorschriften des dreizehnten Titels, der zwischen ihnen geschlossene Vertrag maßgebend. Das Verhältniß steht der Sachenmiethe nahe, ohne darin völlig aufzugehen; denn neben der Gewährung des Raumes kommen noch mannigfaltige andere Leistungen des Wirthes in Betracht. Es werden deshalb möglicherweise auch andere Vorschriften, z. B. die des § 626, entsprechend anzuwenden sein. Für die Verjährung der dem Wirthe zustehenden Ansprüche ist im § 196 Abs. 1 Satz 4 eine Frist von zwei Jahren gesetzt. Eine erschöpfende Darstellung läßt sich hier nicht geben (vergl. Windscheid II § 384 Anm. 7).

II. Die besonderen Vorschriften des dreizehnten Titels gelten nur für Gastwirthe, welche gewerbsmäßig Fremde zur Beherbergung aufnehmen. Nicht betroffen werden also Restaurateure und Stallwirthe (M. II S. 584). Ein bei den Berathungen der zweiten Kommission gestellter Antrag, nach welchem die Vorschriften der (jetzigen) §§ 701—703 bei Stallwirthen entsprechende Anwendung finden sollten, ist abgelehnt; dabei ist in der Begründung des Beschlusses als selbstverständlich bezeichnet, daß, wenn mit der Stallwirthschaft gleichzeitig eine Gasthofswirthschaft verbunden sei und der Besitzer der eingestellten Wagen oder Pferde in der gleichen Wirthschaft als Gast absteige, die Haftung des Wirthes sich auf die eingebrachten Wagen und Pferde erstrecke (P. II S. 2403). Der strengen Haftung sind ferner nicht unterworfen Personen, welche nur Zimmer vermiethen, einerlei ob sie dabei Beköstigung gewähren oder nicht. Im Uebrigen wird die Entscheidung der Frage, wer Gastwirth ist, dadurch erleichtert, daß nach den Bestimmungen der Gew.O. § 33 der Betrieb des Gastwirthsgewerbes von einer behördlichen Erlaubniß abhängig ist. Gastwirth ist, wer auf Grund der Gew.O. § 33 das Gastwirthsgewerbe betreibt; umgekehrt, wenn von den Verwaltungsbehörden nach Prüfung des Falles die Frage verneint ist, daß der Betrieb einer Gastwirthschaft vorliege, so wird der Betreffende auch nicht als Gastwirth zu gelten haben; gebunden sind aber die Gerichte an die Entscheidung der Verwaltungsbehörden nicht. Vergl. über die Praxis auf dem Gebiete der Gew.O. Landmann-Rohmer, Kommentar zur Gew.O. Bd. I § 33 Anm. 2. Sollte Jemand ohne Erlaubniß Fremde als Gastwirth beherbergen, so finden natürlich trotz des Mangels der Konzession die Bestimmungen des dreizehnten Titels auf ihn Anwendung.

III. Die Haftung der Eisenbahnen und der Schiffer für den Verlust und die Beschädigung von Reisegepäck und Reisegut ist reichsrechtlich geregelt (s. H.G.B. §§ 465, 673, 675, Binnenschiffahrtsges. § 77). Die privaten Schlafwagenunternehmungen unterstehen aber den Bestimmungen des dreizehnten Titels (Jacubezky S. 144).

§ 701.

E. I § 626; II § 641 rev. § 688; III 688. P. I S. 2766—2780, 2786—2788, 3552, 3555, 3559, 3560; M. II S. 584—587. P. II S. 2384—2388, 2401—2403, 2405—2410, 8481 (Bd. II S. 402—404, 411, 412, 413—415). St.B. S. 1981, 1982. D. S. 643. K.B. S. 1981, 1982.

1. Wegen der rechtlichen Grundlage der Haftung der Gastwirthe s. Vorbm. unter I, wegen des Begriffs „Gastwirth" s. Vorbm. unter II.

2. Voraussetzungen der Haftung. Die Haftung des Gastwirths ist bedingt einerseits durch den Abschluß eines Vertrags mit dem Gaste, andererseits durch die Einbringung der Sachen.

a) Der Vertrag muß von dem Gastwirth im Betriebe seines Gewerbes abgeschlossen sein und zum Inhalte die Beherbergung des Gastes haben. Ausgeschlossen ist danach die Anwendung des § 701, wenn der Wirth fremde Personen als Besuch in sein Haus aufnimmt oder wenn der Wirth seine Räume nur zu einer Festlichkeit, nicht zum Uebernachten zur Verfügung stellt. Dem Abschlusse des Vertrags dürfte es indessen in der hier fraglichen Beziehung gleich zu stellen sein, wenn die Aufnahme des Gastes in Aussicht genommen und mit Rücksicht hierauf einstweilen die Sachen vom Wirthe oder von seinen Leuten in Empfang genommen werden. Der Wirth haftet also z. B., wenn der Gast dem Führer des Hotelwagens am Bahnhof erklärt, daß er im Hotel übernachten wolle, und dabei seine Sachen übergiebt, selbst wenn der Gast nachher nicht im Hotel bleibt, weil kein Zimmer frei ist oder man sich über den Preis nicht einigen kann; ebenso wenn der Wirth die von einem Fremden mit der Erklärung, daß er im Gasthof übernachten wolle, vorausgesandten Sachen annimmt; derselben Ansicht Eccius, Preuß. Privat-Recht II § 140 Anm. 21.

b) Eingebrachte Sachen sind nicht nur diejenigen, welche der Gast als Reisegepäck mit sich führt, sondern auch die, welche er nachträglich einbringt. In welchem Zeitpunkte die Sachen als eingebracht zu gelten haben, ist nach den Umständen des einzelnen Falles zu entscheiden. Um Streitigkeiten vorzubeugen, giebt der Abs. 2 in dieser Hinsicht Anhaltspunkte. Als Leute des Wirthes sind alle Personen anzusehen, welche von dem Wirthe zur Bedienung der Gäste angestellt sind, gleichviel welcher Art das Verhältniß zwischen ihnen und dem Wirthe im Uebrigen ist.

3. Inhalt der Verpflichtung. Der Wirth hat dem Gaste den durch den Verlust oder die Beschädigung der eingebrachten Sachen entstandenen Schaden zu ersetzen, gleichviel ob der Schaden durch sein oder seiner Leute Verschulden oder durch dritte Personen, etwa andere Gäste, oder durch irgend welche andere Umstände herbeigeführt ist. Für den Umfang und die Art des Schadensersatzes gelten die allgemeinen Vorschriften der §§ 249 ff.; Anträge, welche für den Fall des § 701 Sondervorschriften aufstellen wollten, sind abgelehnt (P. II S. 2405—2410). Zur Begründung des Anspruchs des Gastes genügt der Nachweis, daß die Sachen „eingebrachte" im Sinne des § 701 sind und daß der Schaden eingetreten ist. Jede Einschränkung der Haftung muß von dem Wirthe auf dem Wege der Einrede geltend gemacht werden. Der Anspruch des Gastes gegen einen Dritten, welcher den Schaden verschuldet, wird durch die Haftung des Wirthes nicht berührt. Die beiden Ersatzpflichtigen haften als Gesammtschuldner (§ 421).

4. Ausschluß und Einschränkung der Haftung. Der Nachweis für sich allein, daß den Wirth kein Verschulden trifft, befreit ihn nicht. Es muß vielmehr positiv ein besonderer Grund für den Ausschluß oder die Einschränkung der Haftung dargethan werden.

a) Die Normirung der Ausnahmen im Abs. 1 Satz 2 beruht auf dem Gedanken, daß der Wirth nicht haftpflichtig gemacht werden kann, wenn feststeht, daß der Schaden im einzelnen Falle durch die von ihm zu treffenden Vorsichtsmaßregeln nicht abzuwenden war. Die Ersatzpflicht des Wirthes fällt darnach erstens fort, wenn der Verlust oder die Beschädigung von dem Gaste selbst oder von einer Person, deren Handlungen ihm zuzurechnen sind, verursacht ist. Auf ein Verschulden des Gastes oder der anderen Personen kommt es dabei nicht an. Es genügt aber nicht, daß eine Handlung des Gastes oder jener anderen Personen vorliegt, welche bei der Entstehung des Schadens mitgewirkt hat oder vielleicht hat mitwirken können. Der Wirth muß vielmehr den vollen Beweis liefern, daß ein Kausalzusammenhang zwischen den Handlungen des Gastes und dem entstandenen Schaden besteht. Anträge, welche die gesetzlichen Bestimmungen zu Gunsten des Wirthes ändern wollten, sind von der zweiten Kommission abgelehnt (P. II S. 2384 ff.). Die Ersatzpflicht ist ferner ausgeschlossen, wenn der Schaden durch die Beschaffenheit der vom Gaste eingebrachten Sachen verursacht ist. Die Befreiung des Wirthes tritt ein, einerlei ob der Schaden durch die Beschaffenheit der zerstörten oder beschädigten Sache selbst oder durch die Beschaffenheit einer anderen von dem Gaste eingebrachten Sache herbeigeführt ist (M. II S. 587). Auf ein Verschulden des Gastes kommt es auch hier nicht an. Als dritten Grund für den Ausschluß der Haftung nennt das Gesetz die höhere Gewalt. Wegen des Begriffs s. Erl. zu § 203.

b) Wenn bei der Entstehung des Schadens ein Verschulden des Gastes mitgewirkt hat, so hängt nach § 254 die Ersatzpflicht und der Umfang des zu leistenden Ersatzes davon ab, inwieweit der Schaden vorwiegend von dem einen oder dem anderen Theile verursacht ist. Im E. I war als besonderer Abs 2 des § 626 (jetzt § 701) folgende Bestimmung eingefügt:

„Hat bei der Entstehung des Schadens eine Fahrlässigkeit des Gastes mitgewirkt, so finden die Vorschriften des § 222 entsprechende Anwendung."

§. 702.

Für Geld, Werthpapiere und Kostbarkeiten haftet der Gastwirth nach §. 701 nur bis zu dem Betrage von eintausend Mark, es sei denn, daß er diese Gegenstände in Kenntniß ihrer Eigenschaft als Werthsachen zur Aufbewahrung übernimmt oder die Aufbewahrung ablehnt oder daß der Schaden von ihm oder von seinen Leuten verschuldet wird.

Dies hängt damit zusammen, daß im E. I der § 222 (jetzt § 254) sich auf die Fälle einer auf Verschulden beruhenden Ersatzpflicht beschränkte. Durch die von der zweiten Kommission beschlossene erweiterte Fassung des § 222, wonach dieser auch die Fälle einer vom Verschulden unabhängigen Schadensersatzpflicht umfaßt, war eine besondere Vorschrift an dieser Stelle entbehrlich geworden, und der Abs. 2 des E. I ist deshalb gestrichen. In der R.T.K. war dann nochmals zu dem jetzigen § 702 ein Antrag gestellt, wonach die Haftung des Wirthes im Falle einer Fahrlässigkeit des Gastes eingeschränkt werden sollte. Der Antrag ist aber abgelehnt, nachdem von Seiten der Regierungs-Vertreter darauf hingewiesen war, daß sich dasjenige, was der Antrag festzustellen bezwecke, schon aus dem (jetzigen) § 254 ergebe. Ein Verschulden des Gastes wird z. B. darin zu finden sein, daß er Geld offen liegen läßt oder daß er seine Koffer unverschlossen befördern läßt (P. II S. 2386).

c) Die Haftung kann durch Vertrag zwischen Gastwirth und Gast ermäßigt oder erlassen werden. Eine dahin gehende Vereinbarung kann auch stillschweigend getroffen werden; eine einseitige Erklärung des Wirthes genügt aber nicht. Die im bisherigen Rechte verschieden beurtheilte Frage, welche Bedeutung einem Anschlage, durch welchen der Wirth die Haftung ablehnt, beizulegen ist, entscheidet das Gesetz im Abs. 3 dahin, daß einem solchen Anschlage keine rechtliche Wirkung zukommt.

5. Erlöschen der Haftung. Bei der gewöhnlichen Verwahrung dauert die Verpflichtung des Verwahrers bis zur thatsächlichen Rückgabe der hinterlegten Sachen fort (s. Erl. zu § 695). Man kann dies nicht schlechthin auf die Haftung des Wirthes für die eingebrachten Sachen übertragen, da das Verhältniß nicht völlig gleichartig und die Haftung des Wirthes eine ungewöhnlich strenge ist. Immerhin wird jener Gesichtspunkt bei der Entscheidung der einzelnen in Betracht kommenden Fälle zu berücksichtigen sein. Bei der Abreise des Gastes dauert die Haftung des Gastwirthes fort, bis die Sachen an den Gast selbst oder an seinen Vertreter (Gepäckträger ꝛc.) abgeliefert sind. Hinsichtlich der zurückgelassenen Sachen ist zu unterscheiden: Bleiben die Sachen mit Einwilligung des Wirthes zurück, indem etwa der Wirth sich erbietet, das Gepäck einstweilen aufzubewahren oder es nachzusenden, so liegt ein besonderer Verwahrungsvertrag oder Auftrag vor. Der Wirth würde also an sich nur in der gewöhnlichen Weise haften. Es dürfte sich aber rechtfertigen, dabei im Zweifel als stillschweigende Vereinbarung zu unterstellen, daß der Wirth ebenso haften soll wie bisher, d. h. nach den Grundsätzen, die für eingebrachte Sachen gelten (vergl. Eccius, Preuß. Priv.-Recht II § 140 Anm. 21). Die M. II S. 586 scheinen eine solche stillschweigende Vereinbarung nicht anzunehmen. Hat der Gast dagegen die Sachen lediglich aus Vergeßlichkeit zurückgelassen, so haftet der Wirth, welcher die Sachen einstweilen an sich nimmt und aufbewahrt, nur nach den Vorschriften über die Geschäftsführung ohne Auftrag. Stirbt der Gast im Gasthofe, so dauert die Haftung des Wirthes bis zur Rückgabe an die Erben fort; der Wirth kann sich aber durch Hinterlegung nach §§ 372 ff. befreien.

§ 702.

E. I § 627; II § 642 rev. § 689; III § 689. P. I S. 2766, 2771, 2772, 2780—2786; M. II S. 588—590. P. II S. 2389—2399, 8481, 8482 (Bd. II S. 404—410). D. S. 643.

1. Nach dem Vorbilde von Bestimmungen, welche im H.G.B. (alte Fassung Art. 395, 608, jetzt §§ 429, 607) für den Land- und Seefrachtverkehr gegeben sind, setzt das Gesetz bei Werthsachen für die Haftung des Gastwirths gewisse Schranken. Dem Gastwirthe soll die Möglichkeit eröffnet werden, sich gegen die Gefahr eines ungewöhnlich hohen Schadens durch besondere Vorsichtsmaßregeln zu schützen. Am einfachsten läßt sich dies bewerkstelligen, wenn ihm die Sachen zur Aufbewahrung übergeben werden. Deshalb ist bestimmt, daß der Wirth für Werthsachen unbeschränkt haftet, wenn er sie zur Aufbewahrung angenommen hat. Wenn der Wirth seinerseits den ihm von dem Gesetz an die Hand gegebenen Weg, sich eine günstigere Lage zu verschaffen, nicht betreten will, so muß die Regel des

§ 701 wieder in Geltung treten und ebenso muß der Wirth unbeschränkt haften, wenn der Schaden von ihm selbst oder seinen Leuten verschuldet ist. Mit Rücksicht auf die Bedürfnisse des Verkehrs ist aber bestimmt, daß der Wirth bis zum Betrage von 1000 Mk. unter allen Umständen nach Maßgabe des § 701 haften soll. Der E. I hatte die Einschränkung der Haftung etwas anders normirt. Die jetzige Fassung der Vorschrift beruht auf den Beschlüssen der zweiten Kommission.

2. Für eingebrachte Werthsachen, d. h. für Geld, Kostbarkeiten und Werthpapiere, haftet der Wirth bis zum Betrage von 1000 Mk. nach den Grundsätzen des § 701. Dabei gilt insbesondere dasjenige, was in der Erl. zu § 701 Nr. 3 b über den Fall bemerkt ist, wenn bei der Entstehung des Schadens ein Verschulden des Gastes mitgewirkt hat. In der zweiten Kommission wurde, ohne Widerspruch zu finden, die Ansicht vertreten, daß, wenn eine Familie in einem Gasthof absteige, der Wirth nur insgesammt bis zu dem Betrage von 1000 Mk. für die von sämmtlichen Familiengliedern eingebrachten Sachen hafte, nicht etwa jedem Familiengliede für 1000 Mk. (P. II S. 2399). Diese Ansicht dürfte indessen nicht richtig sein. Hat ein Glied der Familie, z. B. das Familienhaupt, Werthsachen der fraglichen Art im Werthe von mehr als 1000 Mk. eingebracht, so haftet der Gastwirth dafür allerdings nur bis zum Betrage von 1000 Mk. Hat aber jedes Familienglied Werthsachen der fraglichen Art eingebracht, das eine z. B. Geld, das andere Kostbarkeiten, so ist nicht abzusehen, weshalb der Gastwirth nicht jedem Familiengliede für die von ihm eingebrachten Werthsachen bis zu dem Betrage von 1000 Mk. haften sollte.

3. Für Geld, Werthpapiere und Kostbarkeiten haftet der Wirth über den Betrag von 1000 Mk. hinaus nur, wenn besondere Voraussetzungen vorliegen, welche der Gast zu beweisen hat. Der Begriff der Werthpapiere ist im weitesten Sinne zu verstehen (vergl. Ztlg. I S. 31, VI S. 17); er umfaßt insbesondere auch Hypotheken- und Grundschuldbriefe.

a) Der Wirth haftet unbeschränkt nach Maßgabe des § 701, wenn er die Aufbewahrung übernommen hat, gleichviel, ob er sich im Besitz eines geeigneten, eine angemessene Sicherheit gewährenden Aufbewahrungorts befindet oder nicht. Bei der zweiten Kommission hat Einverständniß darüber geherrscht, daß die Hingabe zur Aufbewahrung nur dann die unbeschränkte Haftung des Gastwirths zur Folge haben solle, wenn die Aufbewahrung mit Rücksicht auf die Qualität nachgesucht, dem Gastwirth also erkennbar gemacht worden sei, daß es sich um Geld, Werthpapiere oder Kostbarkeiten handele (P. II S. 2392). Als übernommen haben die Sachen zu gelten, wenn sie dem Wirthe oder einem von ihm bestellten Vertreter oder einem seiner Leute, welcher hierzu nach den Einrichtungen des Gasthofs als ermächtigt angesehen werden muß, zum Zwecke der Aufbewahrung übergeben sind.

Hohenemser, D. Jur. Ztg, 1897 S. 38, wirft die Frage auf, ob nicht für die Aufbewahrung die Bestimmungen des sog. Depotgesetzes v. 5. 7. 96 maßgebend seien, da die Gastwirthe nach dem neuen H.G.B. Kaufleute sind. Die Frage dürfte zu verneinen sein; die Aufbewahrung ist nicht als im Betriebe des Handelsgewerbes erfolgt anzusehen.

b) Der Wirth haftet ferner unbeschränkt, wenn er die Aufbewahrung abgelehnt hat, einerlei aus welchen Gründen dies geschehen ist. Ein Antrag, nach welchem die unbeschränkte Haftung nur im Falle einer unbegründeten Ablehnung eintreten sollte, ist von der zweiten Kommission abgelehnt (P. II S. 2395). Der Wirth braucht sich nicht besonders zur Aufbewahrung zu erbieten, andererseits ist es aber nicht unbedingt erforderlich, daß der Gast darum nachsucht. Es genügt, daß die Ablehnung klar und deutlich zum Ausdrucke gebracht ist. Welche Bedeutung einer allgemeinen Erklärung des Wirthes daß er die Aufbewahrung oder überhaupt jede Haftung ablehne, beizumessen ist, entscheidet sich nach den Umständen des einzelnen Falles.

c) Der Wirth hat endlich unbeschränkt zu haften, wenn der Schaden von ihm oder seinen Leuten verschuldet wurde. Verschuldet ist der Schaden nicht nur, wenn er durch eine unerlaubte Handlung, sondern auch, wenn er durch schuldhafte Verletzung der dem Wirthe obliegenden vertragsmäßigen Pflichten herbeigeführt ist. Die Motive bemerken hierzu: Die Frage, ob der Wirth durch den Aufnahmevertrag für die Sicherheit der von dem Gaste eingebrachten Sachen in gewisser Weise, z. B. durch gehörige Beschaffenheit der dem Gaste angewiesenen Behältnisse, durch Verschlossenhalten der Thür während der Abwesenheit des Gastes, durch Fernhalten verdächtiger Personen von den Logirräumen 2c., zu sorgen verpflichtet wird, läßt sich ohne Zweifel nicht schlechthin verneinen. In welchem Umfange sie bejaht werden muß, hängt aber von dem zum größten Theile durch die Verkehrssitte bedingten Inhalte des Aufnahmevertrags ab, welcher von sehr verschiedener Beschaffenheit sein kann, je nachdem der Gasthof eingerichtet und den Gästen zur Benutzung eröffnet ist (M. II S. 589). Man wird dem beizupflichten haben.

Dem Verschulden des Wirthes selbst ist das Verschulden seiner Leute gleichgestellt. Der Wirth kann sich nicht darauf berufen, daß er bei der Auswahl und Unterweisung mit der nöthigen Sorgfalt verfahren sei, sondern er haftet schlechthin für seine Leute, gleichviel ob es sich um kontraktliches oder außerkontraktliches Verschulden handelt.

§. 703.

Der dem Gaste auf Grund der §§. 701, 702 zustehende Anspruch erlischt, wenn nicht der Gast unverzüglich, nachdem er von dem Verlust oder der Beschädigung Kenntniß erlangt hat, dem Gastwirth Anzeige macht. Der Anspruch erlischt nicht, wenn die Sachen dem Gastwirthe zur Aufbewahrung übergeben waren.

§. 704.

Der Gastwirth hat für seine Forderungen für Wohnung und andere dem Gaste zur Befriedigung seiner Bedürfnisse gewährte Leistungen, mit Einschluß der Auslagen, ein Pfandrecht an den eingebrachten Sachen des Gastes. Die für das Pfandrecht des Vermiethers geltenden Vorschriften des §. 559 Satz 3 und der §§. 560 bis 563 finden entsprechende Anwendung.

---

§ 703.

E. II § 643 rev. § 690; III § 690. P. II S. 2399—2401, 8481, 8482 (Bd. II S. 410, 411). D. S. 643.

Der § 703 ist von der zweiten Kommission eingestellt. Die Vorschrift ist aus der Erwägung hervorgegangen, der Gastwirth müsse vor der Gefahr geschützt werden, wegen Verlustes oder Beschädigung der von dem Gaste eingebrachten Sachen noch in Anspruch genommen zu werden, wenn seit dem Verlust oder der Beschädigung schon eine geraume Zeit verstrichen sei. Der Gastwirth müsse in der Lage sein, die Behauptungen des Gastes auf ihre Richtigkeit zu prüfen und die Gründe des Schadens zu ermitteln, um, falls dieselben auf ein Verhalten seiner Leute zurückzuführen seien, gegen die Schuldigen mit Entlassung oder Kündigung vorzugehen oder Regreßansprüche erheben zu können (P. II S. 2400). Deshalb soll der Gast unverzüglich, d. h. nach § 121 ohne schuldhaftes Zögern, nachdem er von dem Verlust oder der Beschädigung Kenntniß erhalten hat, dem Gastwirth Anzeige machen. Das Unterlassen der Anzeige begründet nicht nur eine Einrede, sondern der Anspruch erlischt kraft Gesetzes. Die Beweislast anlangend, so hat der Gastwirth, der sich auf das Erlöschen des Anspruchs beruft, zu beweisen, daß und wann der Gast von dem Verlust oder der Beschädigung Kenntniß erhalten hat. Dem Gaste liegt dann der Beweis ob, daß er unverzüglich nach diesem Zeitpunkte die Anzeige an den Gastwirth gemacht habe. Die Anzeige hat den Charakter einer einseitigen empfangsbedürftigen Willenserklärung (s. §§ 130ff.). Die im Satz 2 hinzugefügte Ausnahme beruht auf dem Gedanken, daß in dem bezeichneten Falle kein Bedürfniß bestehe, den Gast zur Anzeige zu verpflichten, weil der Wirth, der die Sachen aufbewahrt habe, in der Lage sei, auch nach Ablauf geraumer Zeit die Angaben des Gastes auf ihre Richtigkeit zu prüfen (P. II S. 2401). Ursprünglich war noch die weitere Ausnahme hinzugefügt, daß die Bestimmung keine Anwendung finde, wenn der Verlust oder die Beschädignng durch Verschulden des Gastwirths oder seiner Leute entstanden sei. Dieser Zusatz ist aber bei der zweiten Lesung wieder gestrichen (P. II S. 8482).

Für die Verjährung der dem Gaste zustehenden Ansprüche gelten die gewöhnlichen Grundsätze.

§ 704.

E. I § 628; II § 644 rev. § 691; III § 691. P. I S. 2788, 2789; M. II S. 590, 591. P. II S. 2401 (Bd. II S. 411).

1. Der § 704 giebt dem Gastwirth ein gesetzliches Pfandrecht an den eingebrachten Sachen des Gastes. Auf dieses Pfandrecht finden nach § 1257 die Vorschriften über das durch Rechtsgeschäft bestellte Pfandrecht entsprechende Anwendung. Die entsprechende Anwendung des § 559 Satz 3 und der §§ 560—563 führt zu folgenden Ergebnissen:

Das Pfandrecht erstreckt sich nicht auf die der Pfändung nicht unterworfenen Sachen (C.P.O. §§ 811ff.).

Das Pfandrecht des Gastwirths erlischt mit der Entfernung der Sachen von dem Grundstück, es sei denn, daß die Entfernung ohne Wissen oder unter Widerspruch des Gastwirths erfolgt. Der Gastwirth kann der Entfernung nicht widersprechen, wenn sie im regelmäßigen Betriebe des Geschäfts des Gastes oder den gewöhnlichen Lebensverhältnissen entsprechend erfolgt oder wenn die zurückbleibenden Sachen zur Sicherung des Gastwirths offenbar ausreichen.

Der Gastwirth darf die Entfernung der seinem Pfandrecht unterliegenden Sachen, soweit er ihr zu widersprechen berechtigt ist, auch ohne Anrufen des Gerichts verhindern und, wenn der Gast auszieht, die Sachen in seinen Besitz nehmen.

Vierzehnter Titel.

Gesellschaft.

Sind die Sachen ohne Wissen oder unter Widerspruch des Gastwirths entfernt worden, so kann er die Herausgabe zum Zwecke der Zurückschaffung in das Grundstück und, wenn der Gast ausgezogen ist, die Ueberlassung des Besitzes verlangen. Das Pfandrecht erlischt mit dem Ablauf eines Monats, nachdem der Gastwirth von der Entfernung der Sachen Kenntniß erlangt hat, wenn nicht der Gastwirth diesen Anspruch vorher gerichtlich geltend gemacht hat.

Der Gast kann die Geltendmachung des Pfandrechts des Gastwirths durch Sicherheitsleistung (§§ 132 ff.) abwenden; er kann jede einzelne Sache dadurch von dem Pfandrechte befreien, daß er in Höhe ihres Werthes Sicherheit leistet.

Wird eine dem Pfandrechte des Gastwirths unterliegende Sache für einen anderen Gläubiger gepfändet, so kann diesem gegenüber das Pfandrecht nicht wegen der Forderungen nach § 704 für eine frühere Zeit als das letzte Jahr vor der Pfändung geltend gemacht werden.

2. Das Pfandrecht des § 704 gilt nur für diejenigen Gastwirthe, bei welchen die Voraussetzungen des § 701 Abs. 1 Satz 1 vorliegen.

Vierzehnter Titel.

I. Die **Reichsgesetzgebung** hat eine größere Anzahl von Gesellschaften durch besondere Vorschriften geregelt, so insbesondere die offene Handelsgesellschaft, die Kommanditgesellschaft, die Aktiengesellschaft, die Kommanditgesellschaft auf Aktien, die stille Gesellschaft und die Rhederei im H.G.B., die Erwerbs- und Wirthschafts-Genossenschaften, die Gesellschaften mit beschränkter Haftung und die Kolonialgesellschaften in Spezialgesetzen. Diese reichsrechtlichen Sondervorschriften bleiben nach E.G. Art. 32 unberührt. Eine weitere Reihe von Gesellschaften wird ferner nach Maßgabe des E.G. dem **Landesrecht** unterstellt bleiben, so z. B. die Deichverbände, die bergrechtlichen Gewerkschaften, die Jagd- und Fischereiverbände und die Waldgenossenschaften. Der Kreis der Gesellschaften, welche unter die Vorschriften des vierzehnten Titels fallen, ist darnach an sich kein großer. Insbesondere da, wo es sich um Erwerbsgesellschaften von längerer Dauer handelt, wird meistens eine andere Rechtsform gewählt werden. Es ist aber zu beachten, daß nach § 54 Vereine, die nicht rechtsfähig sind, als Gesellschaften behandelt werden sollen; ebenso finden nach E.G. Art. 10 Satz 2 auf nicht anerkannte ausländische Vereine die Vorschriften über die Gesellschaft Anwendung. Auch sei noch darauf hingewiesen, daß in das neue H.G.B. keine besonderen Vorschriften über die sog. Gelegenheitsgesellschaft (altes H.G.B. Art. 266—270) aufgenommen sind, sodaß derartige Vereinigungen regelmäßig unter die Vorschriften der §§ 705 ff. fallen werden. Ob bei den durch Sondervorschriften geregelten Gesellschaften die Bestimmungen des B.G.B. über die Gesellschaft zur Ergänzung heranzuziehen sind, wird für jede einzelne Kategorie von Gesellschaften besonders geprüft werden müssen. Der in den Motiven (II, S. 593) aufgestellte Satz, daß die in dem B.G.B. über Gesellschaften aufgestellten Rechtsnormen in gewissem Maße für alle Arten von Gesellschaften gelten und zur Ergänzung der die letzteren betreffenden Rechtsnormen dienen, wird daher nur mit Vorsicht anzuwenden sein. Denn mit dem Ausdrucke „Gesellschaft" werden sehr verschiedenartige Rechtsinstitute bezeichnet. Wenn in privatrechtlichen Gesetzen schlechthin von einer Gesellschaft gesprochen wird, so wird darunter regelmäßig eine solche zu verstehen sein, auf welche die Vorschriften des vierzehnten Titels Anwendung zu finden haben.

II. 1. **Die Gesellschaft ist eine vertragsmäßige Vereinigung mehrerer Personen, welche die Förderung eines gemeinsamen Zweckes durch Zusammenwirken der Gesellschafter anstreben.** Der gemeinsame Zweck kann der verschiedensten Art sein; er braucht keineswegs in einem Erwerbs- oder Vermögenszwecke zu bestehen. Die Gesellschaft beruht auf dem Gesellschaftsvertrage. Durch den Abschluß des Gesellschaftsvertrags werden in erster Linie obligatorische Beziehungen zwischen den Betheiligten begründet. Die Gesellschafter übernehmen gegenseitig die persönliche Verpflichtung, in der durch den Vertrag bestimmten Weise zur Förderung des gemeinsamen Zweckes thätig zu werden. Obschon die Gesellschaft meistens ihre Grundlage in persönlichem Vertrauen hat und nicht selten enge Beziehungen zwischen den Betheiligten entstehen, so trägt das Verhältniß doch keineswegs einen familienartigen Charakter. Das Gesetz hält vielmehr insoweit streng an der obligatorischen Grundlage fest, daß der Vertrag die alleinige Quelle aller aus der Gesellschaft erwachsenden Rechte und Pflichten der Gesellschafter bildet. Die Wirkung des Vertrags ist aber nach einer anderen Richtung erweitert. Um die Erreichung des angestrebten Zweckes zu sichern und zu erleichtern, wird ein besonderes dinglich gebundenes Gesellschaftsvermögen gebildet (vergl.

zum folgenden D. S. 643). Der E. I nahm in dieser Hinsicht einen anderen Standpunkt ein. Er hatte die Gesellschaft nach den Grundsätzen der römischen Sozietät ausgestaltet. Die gemeinsamen Zwecke werden nach dieser Auffassung nur dadurch verfolgt, daß sich die Gesellschafter unter einander obligatorisch zu bestimmten Leistungen verpflichten. Ein Gesellschaftsvermögen im eigentlichen Sinne giebt es nicht; was man Gesellschaftsvermögen nennt, sind zusammengefaßte Bestandtheile des Vermögens der einzelnen Gesellschafter. Formell ist jeder Gesellschafter berechtigt, über diese Bestandtheile seines Vermögens zu verfügen; seine Gläubiger sind befugt, die Zwangsvollstreckung auch in diese Vermögensstücke zu betreiben. Der Gesellschafter ist lediglich obligatorisch den anderen Gesellschaftern gegenüber verpflichtet, die vertragsmäßig zum Gesellschaftsvermögen gehörenden Gegenstände in der Gemeinschaft zu belassen, und es ist ihm der Anspruch auf Theilung der gemeinschaftlichen Vermögensstücke vor Beendigung der Gesellschaft versagt. Die gemeinschaftlichen Vermögensstücke stehen den Gesellschaftern nach festen, im Zweifel gleichen Bruchtheilen zu. Die thatsächliche gemeinschaftliche Verwaltung des Gesellschaftsvermögens beruht nur darauf, daß jeder Gesellschafter verpflichtet ist, in Betreff der ihm gehörenden Vermögensstücke eine solche Verwaltung zu dulden (M. II S. 591, P. II S. 2435, 2436). Das rein obligatorische Prinzip war aber im E. I insofern gemildert, als nach § 644 die aus dem Gesellschaftsvertrag einem Gesellschafter gegen die übrigen Gesellschafter zustehenden Forderungen nicht übertragbar sein sollten. Für den Fall des Konkurses sollte ferner an der abweichenden Regelung des § 44 der K.O. (jetzt § 51) festgehalten werden. Daneben war für die besonderen Bedürfnisse der zum Zwecke des Erwerbes durch gewerbsmäßigen Geschäftsbetrieb eingegangenen Gesellschaften Vorsorge getroffen, indem solchenfalls von den Gesellschaftern die Anwendbarkeit der für die offene Handelsgesellschaft geltenden Vorschriften sollte vereinbart werden können mit dem Erfolge, daß alle auf die offene Handelsgesellschaft sich beziehenden Vorschriften anwendbar würden (M. II S. 592). Die zweite Kommission, deren Beschlüsse maßgebend geworden sind, hat dagegen die Gesellschaft nach dem deutschrechtlichen Grundsatze der gesammten Hand umgestaltet (P. II S. 2496, 2497). Hiernach hat der Abschluß des Gesellschaftsvertrags neben den obligatorischen auch dingliche Wirkungen. Die in die Gemeinschaft gelangenden Vermögensstücke werden unmittelbar ihrem Zwecke dienstbar gemacht, indem aus ihnen ein selbständiges Gesellschaftsvermögen gebildet wird. Die Bestandtheile dieses Gesellschaftsvermögens sind nicht nach festen Bruchtheilen getheilt; es bestehen nur Grundsätze über die Vertheilung des Gewinns und über die Auseinandersetzung. Das ganze Gesellschaftsvermögen ist zur Deckung der Lasten und Schulden der Gesellschaft gebunden. Die Verfügung über die einzelnen Stücke des Gesellschaftsvermögens ist nur gemeinschaftlich möglich, die Führung von Prozessen kann nur gemeinschaftlich erfolgen, die Zwangsvollstreckung in Stücke des Gesellschaftsvermögens ist nur auf Grund eines gegen alle Gesellschafter vollstreckbaren Titels zulässig. Gegen Gesellschaftsforderungen können nur Forderungen, welche gegen alle Gesellschafter zustehen, zur Aufrechnung gebracht werden. Aus dem Gesellschaftsvermögen werden zunächst die Gesellschaftsgläubiger befriedigt. Die Privatgläubiger eines Gesellschafters können nur in dasjenige die Zwangsvollstreckung betreiben, was ihrem Schuldner nach Berichtigung der Gesellschaftsschulden an Gewinn oder bei der Auseinandersetzung zukommt. Im Falle des Konkurses können die anderen Gesellschafter wegen der auf das Gesellschaftsverhältniß sich gründenden Forderungen abgesonderte Befriedigung aus dem bei der Auseinandersetzung ermittelten Antheile des Gemeinschuldners verlangen.

Eine Entscheidung über die theoretische Frage nach dem Wesen der gesammten Hand hat die Kommission abgelehnt. Auch hier kann diese wissenschaftliche Streitfrage nicht näher erörtert werden. Ein kurzer Bericht über die bei den Berathungen geäußerten Ansichten ist in den P. II S. 2437 ff. gegeben; vergl. im Uebrigen G i e r k e, Deutsches Privatrecht Bd. I § 80 sowie S t a u b, Kommentar zum H.G.B. zu Art. 91 des alten H.G.B. und die dort angegebene Literatur. Das praktisch wichtigste Unterscheidungsmerkmal gegenüber der römisch rechtlichen Sozietät liegt jedenfalls in der dinglichen Bindung des Vermögens für die Zwecke der Gesellschaft.

2. Durch die Schaffung eines gesellschaftlichen Sondervermögens ist die Gesellschaft der **juristischen Person** näher gerückt, als sie ihr im gemeinen Rechte stand. Dies trifft auch noch in anderer Hinsicht zu. Die Gesellschaft besteht zunächst nur zwischen denjenigen Gesellschaftern, welche den Gesellschaftsvertrag abgeschlossen haben. Sie muß sich also auflösen, wenn ein Gesellschafter wegfällt. Nach § 736 kann aber vereinbart werden, daß in solchem Falle die Gesellschaft fortbestehen und nur das einzelne Mitglied ausscheiden soll. Umgekehrt ist auch zulässig, daß ein neues Mitglied in eine bestehende Gesellschaft eintritt in der Art, daß die bisherigen Gesellschafter mit dem Eintretenden einen Gesellschaftsvertrag unter Bezugnahme auf den früheren Vertrag und die bestehenden Verhältnisse abschließen. Thatsächlich kann also auch bei der obligatorischen Gesellschaft ein Wechsel der Mitglieder stattfinden. Endlich ist noch darauf hinzuweisen, daß die Gesellschafter vertragsmäßig durch Vereinbarung mit denjenigen Personen, mit denen sie als Gesellschafter Geschäfte abschließen, die Haftung für die Gesellschaftsschulden auf das Gesellschaftsvermögen beschränken können. Bei dieser Gestaltung des Gesellschaftsver-

hältnisses ist die Möglichkeit geboten, die Form der Gesellschaft in manchen Fällen zur Anwendung zu bringen, in denen man bisher aus theoretischen und praktischen Gründen eine besonders geartete selbständige Genossenschaft annehmen zu müssen geglaubt hat. Das Gesetz hat es deshalb auch für angängig erachtet, die Vereine ohne Korporationsrecht den Vorschriften über die Gesellschaft zu unterstellen. In der Erl. zu § 54 (Bd. I S. 103) ist dargelegt, wie sich das Verhältniß dabei im Einzelnen gestaltet und wie sich insbesondere der korporative Charakter der Vereine mit der Vertragsnatur der Gesellschaft in Einklang bringen läßt. Trotz dieser Annäherung in einzelnen Punkten besteht wie bisher, ein grundsätzlicher Unterschied zwischen der Gesellschaft und der juristischen Person; er liegt darin, daß die Gesellschaft keine selbständige Rechtsfähigkeit besitzt. Obschon nach dem Gesetz ein gesellschaftliches Sondervermögen gebildet wird, werden aus den für die Gesellschaft geschlossenen Rechtsgeschäften lediglich die Gesellschafter selbst berechtigt und verpflichtet. Die geschäftsführenden Gesellschafter sind nicht gesetzliche Vertreter des Zweckvermögens, sondern sie handeln als bevollmächtigte Stellvertreter der einzelnen Gesellschafter. Das Gesellschaftsvermögen haftet für die Gesellschaftsschulden nur als Vermögen der Gesellschafter. Im Prozeßverfahren steht der Gesellschaft keine Parteifähigkeit zu, sie hat auch nicht, wie Endemann (Einführung Bd. I § 180 Ziff. 2) annimmt, die Rechtsstellung eines nicht rechtsfähigen Vereins. Allerdings kann nach C.P.O. § 50 ein Verein der nicht rechtsfähig ist, verklagt werden. Aber diese Bestimmung gilt eben nur als Sondervorschrift für Gesellschaften, welche nach Art der juristischen Personen korporativ organisiert sind. Es würde weder dem Wortlaute des Gesetzes noch der Absicht des Gesetzgebers entsprechen, sie auf alle Gesellschaften anzuwenden. Die Bestimmung der C.P.O. § 735, daß zur Zwangsvollstreckung in das Gesellschaftsvermögen ein gegen alle Gesellschafter ergangenes Urtheil erforderlich ist, und die weitere Bestimmung des § 859, daß der Antheil eines Gesellschafters an den einzelnen zu dem Gesellschaftsvermögen gehörenden Gegenständen der Pfändung nicht unterworfen ist, sind lediglich mit Rücksicht auf das Prinzip der gesammten Hand aufgenommen; sie berühren die Parteifähigkeit nicht. Nur die Gesellschafter, nicht die Gesellschaft sind im Rechtsstreit über die Angelegenheiten der Gesellschaft Partei. Die Gesellschafter können deshalb auch nicht als Zeugen vernommen werden und ebenso ist es unzulässig, daß von den Vertretern der Gesellschafter im Prozeß Eide für die Gesellschaft geleistet werden. Im Ganzen ist die Stellung der Gesellschaft nach dem B.G.B. eine ähnliche wie die der offenen Handelsgesellschaft, nur daß bei letzterer nach H.G.B. § 124 die Selbständigkeit im Prozeß eine noch größere ist.

Das Verhältniß der Gesellschaft zum Darlehen, Dienstvertrag, Auftrag und ähnlichen Verträgen ist theoretisch ganz klar und einfach. Bei der Gesellschaft verpflichten sich mehrere Personen gegenseitig, zu einem gemeinsamen Zwecke zusammenzuwirken. Bei jenen anderen Verträgen verpflichtet sich der eine oder beide Kontrahenten zu selbständigen Leistungen. Aber in der Wirklichkeit tritt nicht selten eine Vermischung ein (Dernburg II § 124 Anm. 4), z. B. derart, daß Jemand auf Grund eines Dienstvertrags in einem Erwerbsgeschäft angestellt wird, daß aber seine Vergütung nach einem Bruchtheile des Gesammtertrags des Geschäfts berechnet wird (sog. commis interessé), oder so, daß ein Darlehen mit der ausgesprochenen Absicht gegeben wird, damit einen gemeinschaftlichen Zweck des Darlehnsgebers und des Darlehnsnehmers zu fördern. Bei der Entscheidung aller dieser Fälle ist daran festzuhalten, daß eine Gesellschaft nur vorliegt, wenn wirklich ein Gesellschaftsvertrag abgeschlossen ist (vergl. R.G. Bd. 33 S. 125); der Beweggrund, von welchem sich die Vertragschließenden haben leiten lassen, ist nicht maßgebend für die Beurtheilung des juristischen Charakters des thatsächlich abgeschlossenen Vertrags. Es kann indessen sein, daß zwar das Verhältniß in der Hauptsache als Darlehen, Dienstvertrag ꝛc. zu behandeln ist, daß aber in einzelnen Beziehungen, z. B. hinsichtlich der Gewinnbetheiligung, die Grundsätze über die Gesellschaft zur Anwendung zu bringen sind; in dieser Weise wird namentlich das Verhältniß des sog. commis interessé zu beurtheilen sein (R.G. Bd. 20 S. 165). Umgekehrt können, wenn ein Gesellschaftsverhältniß besteht, zwischen der Gesammtheit der Gesellschafter und einem einzelnen Gesellschafter selbständige Verträge, z. B. Kaufverträge, geschlossen werden, welche dann besondere, nicht nach dem Gesellschaftsvertrage zu beurtheilende Beziehungen begründen.

3. In dem § 705 des B.G.B. wird die gegenseitige Verpflichtung der Gesellschafter ausdrücklich betont. Trotzdem ist es zweifelhaft, ob die in den §§ 320 ff. des B.G.B. für gegenseitige Verträge gegebenen Vorschriften auf den Gesellschaftsvertrag Anwendung finden. Es handelt sich hier um eine in der gemeinrechtlichen Theorie bestrittene Frage. In den M. II S. 598 wird ausdrücklich hervorgehoben, daß die Lösung der Frage, ob in Ansehung der den Gesellschaftern gegeneinander obliegenden Verpflichtungen, bezw. in Ansehung welcher dieser Verbindlichkeiten die exceptio non adimpleti contractus stattfinde, der Wissenschaft und Praxis überlassen bleiben solle. An einer anderen Stelle der Motive (II S. 600) wird indessen die Anwendbarkeit der Vorschriften des E. I § 368 (§ 323 des B.G.B.) über den Einfluß der Unmöglichkeit der Leistung bei gegenseitigen Verträgen vorausgesetzt und nur die nähere Bestimmung über die Art und Weise, in welcher diese Vorschriften bei dem Gesellschaftsvertrag

anzuwenden sind, der Wissenschaft und Praxis überlassen. Bei den Berathungen der zweiten Kommission ist die Frage nicht erörtert. Auf eine nach P. II S. 2430 bei einer speziellen Frage nebenbei gemachte Bemerkung wird kein entscheidendes Gewicht zu legen sein.

Unzweifelhaft ist, daß der Gesellschaftsvertrag sich in wesentlicher Beziehung von den direkt auf den Austausch von Leistungen unter den Vertragschließenden gerichteten Verträgen, insbesondere dem Kaufe, der Miethe, dem Dienst- und Werkvertrag unterscheidet. Andererseits sprechen die §§ 320 ff. ganz allgemein von gegenseitigen Verträgen. Man wird die Frage, um die es sich handelt, dahin zu formuliren haben, ob die Vorschriften der §§ 320 ff. trotz ihrer allgemeinen Fassung nur für die direkt auf den Austausch von Leistungen unter den Vertragschließenden gerichteten Verträge gelten oder ob sie zwar prinzipiell auf alle gegenseitigen Verträge anzuwenden sind, bei jedem einzelnen Vertrag aber untersucht werden muß, ob und welche Modifikationen sich aus der Besonderheit desselben ergeben. Die letztere Auffassung dürfte den Vorzug verdienen. Für sie spricht zunächst der Wortlaut der fraglichen Vorschriften. Bei der Sorgfalt, welche auf die Fassung der Vorschriften des B.G.B. verwendet ist, würde es in hohem Grade auffallend sein, wenn allgemein von gegenseitigen Verträgen gesprochen würde, obwohl nur eine bestimmte Kategorie derselben gemeint wäre. Dazu kommt, daß der allgemeine Gesichtspunkt, auf welchem die Vorschriften der §§ 320 ff. beruhen, in der That bei allen gegenseitigen Verträgen zutrifft. Aus der Gegenseitigkeit der eingegangenen Verpflichtungen wird die in den §§ 320 ff. näher bestimmte Abhängigkeit der Verpflichtung des einen Theiles von der Verpflichtung des anderen Theiles gefolgert. Dieser Gesichtspunkt trifft auch für den Gesellschaftsvertrag zu. Die eine Partei übernimmt die Verpflichtung, den gemeinsamen Zweck in der durch den Vertrag bestimmten Art zu fördern (§ 705), nur gegen die gleiche Verpflichtung des anderen Theiles. In Betreff der für den gemeinsamen Zweck zu leistenden Beiträge findet sogar ein direkter Austausch statt. Jeder Theil hat seinen Beitrag zwar nicht dem anderen Theile ausschließlich, aber doch auch ihm zu leisten. Bestehen die Beiträge in der Leistung von Geld oder anderen Sachen, so ist jeder Theil verpflichtet, dem anderen das Miteigenthum zu übertragen.

Prüft man die Vorschriften der §§ 320 ff. im Einzelnen, so ergiebt sich, daß sie in Folge der besonderen Natur des Gesellschaftsvertrags zwar mancherlei Modifikationen erleiden müssen, daß ihre Anwendung aber im Allgemeinen zu einem durchaus befriedigenden Ergebnisse führt. Dies tritt besonders klar hervor, wenn man den Fall ins Auge faßt, daß die Gesellschaft nur aus zwei Personen besteht. Was zunächst die Einrede des nicht erfüllten Vertrags anlangt, so wird diese zwar auf gewisse Verpflichtungen der Gesellschafter wegen ihrer besonderen Natur keine Anwendung finden. Dies gilt z. B. von den dem geschäftsführenden Gesellschafter obliegenden Verpflichtungen, indem diese sich nach den für den Auftrag geltenden Vorschriften bestimmen (§ 713). Aber auf die erste und Hauptverpflichtung der Gesellschafter zur Leistung von Beiträgen werden die Vorschriften der §§ 320—322 unbedenklich anzuwenden sein. Zwar würde, auch wenn man diese Vorschriften nicht anwendet, einem Gesellschafter gegen den Anspruch des anderen Gesellschafters ein Zurückbehaltungsrecht nach Maßgabe der §§ 273, 274 zustehen. Aber das Zurückbehaltungsrecht hat nicht in allen Beziehungen die in den §§ 320—322 bestimmten Wirkungen. So ist insbesondere die nach § 273 Abs. 3 zulässige Abwendung der Ausübung des Zurückbehaltungsrechts durch Sicherheitsleistung nach § 320 Abs. 1 Satz 3 ausgeschlossen, während andererseits die in dem § 320 Abs. 2 vorgeschriebene Beschränkung der Einrede für das Zurückbehaltungsrecht im Allgemeinen nicht gilt. Ferner steht abweichend von den für das Zurückbehaltungsrecht im Allgemeinen geltenden Vorschriften auch dem zur Vorleistung verpflichteten Theile nach § 321 unter den dort bezeichneten Voraussetzungen das Recht zu, die Leistung zu verweigern, bis die Gegenleistung erfolgt oder Sicherheit dafür geleistet ist. Weshalb diese Vorschriften nicht auf den Gesellschaftsvertrag Anwendung finden sollten, ist nicht abzusehen.

Was sodann den § 323 betrifft, so findet in dem dort vorausgesetzten Falle einer zufälligen Unmöglichkeit der Erfüllung der dem einen Gesellschafter obliegenden Verpflichtung der § 723 Abs. 1 Anwendung, nach welchem eine solche Unmöglichkeit, wenn die Verpflichtung eine wesentliche ist, das Recht der Kündigung für den anderen Gesellschafter begründet. Die Frage, ob hierdurch die Anwendbarkeit des § 323 ausgeschlossen wird, ist zweifelhaft. Ueberwiegende Gründe dürften für die Verneinung sprechen. Nach § 323 wird zwar durch die vollständige Unmöglichkeit der Leistung des einen Theiles der andere Theil ohne Weiteres von seinen Verpflichtungen befreit. Damit fällt, wenn nur zwei Gesellschafter vorhanden sind, die ganze Gesellschaft; eine Kündigung ist weder nöthig noch möglich. Das Recht der Kündigung behält aber seine Bedeutung, wenn die Gesellschaft aus mehr als zwei Personen besteht (s. unten). Ein direkter Widerspruch zwischen der fraglichen Vorschrift des § 723 und dem § 323 besteht daher nicht. Hat der eine Gesellschafter, bevor die Leistung des anderen Gesellschafters unmöglich wird, seinen Beitrag bereits geleistet, so kann er unter Umständen ein erhebliches Interesse daran haben, daß er nicht auf die Kündigung beschränkt ist, sondern sich auf den

§ 323 stützen kann. Im Falle der Kündigung würde eine Auseinandersetzung über das Gesellschaftsvermögen nach Maßgabe der §§ 733ff. stattfinden müssen, und hierbei würde der Gesellschafter nach § 733 Abs. 2 Satz 3, soweit sein Beitrag in der Leistung von Diensten oder Ueberlassung einer Sache zum Gebrauche bestanden hat, keinen Ersatz fordern können. Nach § 323 Abs. 3 aber kann er das Geleistete nach den Vorschriften über die Herausgabe einer ungerechtfertigten Bereicherung zurückfordern. Dazu kommt, daß der § 723 keine Hilfe gewährt für den Fall theilweiser Unmöglichkeit und daß in diesem Falle dem berechtigten Interesse des Gesellschafters nur durch die Anwendung des § 323 Genüge geschehen kann. Auch die Anwendung der §§ 324—327 dürfte keinem Bedenken unterliegen, vielmehr nothwendig sein, um den aus der Gegenseitigkeit des Gesellschaftsvertrags sich ergebenden berechtigten Interessen der Gesellschafter gerecht zu werden. In den Fällen der §§ 325, 326 wird zwar regelmäßig mit den dort gewährten Rechtsbehelfen bei der Gesellschaft auch das Recht der Kündigung konkurriren, aber dieses Recht hat in mehrfacher Beziehung nicht dieselben Wirkungen zu Gunsten des Gesellschafters, welcher davon Gebrauch macht, wie das ihm nach den §§ 325, 326 zustehende Rücktrittsrecht. Insbesondere ist auch in dieser Beziehung darauf hinzuweisen, daß der Gesellschafter, wenn er kündigt, keinen Ersatz für die von ihm geleisteten Dienste und für die Ueberlassung einer Sache zum Gebrauche beanspruchen kann, während er im Falle des Rücktritts nach dem auf Grund des § 327 zur Anwendung kommenden § 346 Satz 2 die Vergütung des Werthes zu verlangen berechtigt ist.

Tiefer greifen die Vorschriften über die Gesellschaft in die Vorschriften der §§ 320ff. ein, wenn die Gesellschaft aus mehr als zwei Personen besteht. Auch hier wird zwar einem Gesellschafter die Einrede des nicht erfüllten Vertrags gegenüber einem Gesellschafter, welcher seinerseits noch nicht erfüllt hat, nicht zu versagen sein; aber diese Einrede steht ihm gegenüber einem anderen Gesellschafter, welcher bereits erfüllt hat, nicht zu, und er muß, wenn dieser von ihm die Leistung des Beitrags fordert, den Beitrag allen Gesellschaftern, also auch demjenigen, welcher noch nicht erfüllt hat, leisten. Die Vorschrift des § 320 Abs. 1 Satz 2, nach welcher, wenn die Leistung an Mehrere zu erfolgen hat, dem Einzelnen der ihm gebührende Theil bis zur Bewirkung der ganzen Gegenleistung verweigert werden kann, findet hier keine Anwendung; denn jeder Gesellschafter hat einen selbständigen Anspruch auf Leistung des ganzen Beitrags an alle Gesellschafter. Im Falle des § 323 wird ein Gesellschafter zwar auch, wenn die Gesellschaft aus mehr als zwei Personen besteht, gegenüber demjenigen Gesellschafter befreit, dessen Leistung vollständig unmöglich geworden ist, aber auch hier bleibt seine Verpflichtung gegenüber den anderen Gesellschaftern, deren Leistung nicht unmöglich geworden ist, bestehen. Diesen gegenüber kann er sich, wie oben schon angedeutet, nur durch die ihm nach § 723 zustehende Kündigung befreien. Auch die §§ 325, 326 erleiden dadurch eine mittelbare Modifikation, daß das Rücktrittsrecht nach § 356, wenn auf der einen oder anderen Seite Mehrere betheiligt sind, nur von allen und gegen alle ausgeübt werden kann. Dem Gesellschafter hilft also, wenn die Gesellschaft aus mehr als zwei Personen besteht, das nur gegen einen derselben auf Grund der §§ 325, 326 zustehende Rücktrittsrecht nicht.

Eine erschöpfende Erörterung aller das Verhältniß der §§ 320—327 zu den Vorschriften über den Gesellschaftsvertrag betreffenden Fragen ist hier nicht möglich. Das Ausgeführte dürfte genügen, um zu zeigen, daß die Anwendung der §§ 320ff. auf den Gesellschaftsvertrag nicht nur pinzipiell gerechtfertigt, sondern auch durch das berechtigte Interesse der Gesellschafter geboten ist und daß es, um der eigenthümlichen Natur des Gesellschaftsvertrags gerecht zu werden, nicht der Ausschließung der Anwendung jener Vorschriften, sondern nur derjenigen Modifikationen bedarf, welche sich aus den Besonderheiten des Gesellschaftsvertrags ergeben. Betrachtet man den Gesellschaftsvertrag nicht als gegenseitigen Vertrag im Sinne der §§ 320ff., so wird man versuchen müssen, die bei dieser Auffassung nach der obigen Darlegung sich ergebenden Konsequenzen durch Berücksichtigung des Prinzips, daß der Schuldner die Leistung so zu bewirken hat, wie Treu und Glauben es erfordert (§ 242), und durch freie Anwendung der Grundsätze über die Verpflichtung zum Schadensersatze wegen verschuldeter Nichterfüllung thunlichst zu mildern. Insbesondere würde man, wenn die Leistung eines Gesellschafters durch Zufall theilweise unmöglich wird, annehmen müssen, daß, wenn die Gesellschaft sich nicht nach § 726 auflöst, der Antheil des betreffenden Gesellschafters am Gewinn entsprechend zu mindern ist. Möglicherweise kann auch eine entsprechende Minderung der Beiträge der anderen Gesellschafter in Frage kommen. Dies würde im einzelnen Falle nach dem Inhalte des Gesellschaftsvertrags zu entscheiden sein. Liegt ein Verschulden vor oder geräth einer der Gesellschafter mit seiner Leistung in Verzug, so hat er den anderen Gesellschaftern nach Maßgabe der §§ 280, 286 Schadensersatz zu leisten. Aus diesem Gesichtspunkte kann möglicherweise auch der Schadenersatz verlangt werden, den ein Gesellschafter, wenn er wegen Verschuldens des anderen Gesellschafters die Gesellschaft nach Maßgabe des § 723 kündigt, dadurch erleidet, daß er bei der Auseinandersetzung für die von ihm geleisteten Dienste und die zum Gebrauch überlassenen Sachen keinen Ersatz erhält.

§. 705.

Durch den Gesellschaftsvertrag verpflichten sich die Gesellschafter gegenseitig, die Erreichung eines gemeinsamen Zweckes in der durch den Vertrag bestimmten Weise zu fördern, insbesondere die vereinbarten Beiträge zu leisten.

Die theoretisch nicht unerheblichen Schwierigkeiten werden sich übrigens vielfach dadurch erledigen, daß die Betheiligten mit Rücksicht auf die veränderten Verhältnisse vertragsmäßig neue Beredungen treffen.

III. Der § 705 giebt die grundlegenden Bestimmungen über den Gesellschaftsvertrag. Ergänzend treten in den §§ 706, 707 Vorschriften über die Beiträge der Gesellschafter hinzu. Der § 708 normirt die Haftung der Gesellschafter für die Erfüllung der ihnen obliegenden Verpflichtungen. Die §§ 709—713 regeln die Geschäftsführung, die §§ 714, 715 die Vertretung der Gesellschaft nach außen. Daran schließt sich im § 716 eine Bestimmung über das Recht der einzelnen Gesellschafter, sich vom Stande der Geschäfte der Gesellschaft Kenntniß zu verschaffen. Der § 717 regelt die Uebertragung der Ansprüche aus dem Gesellschaftsvertrage. Die § 718—720 enthalten die Vorschriften über das Gesellschaftsvermögen; in den §§ 718, 719 insbesondere ist der Grundsatz der gesammten Hand zum Ausdrucke gebracht. In den §§ 721, 722 schließen sich daran Vorschriften über den Rechnungsabschluß und die Vertheilung von Gewinn und Verlust. Die §§ 723—729 enthalten Vorschriften über die der Gesellschaft eigenthümlichen Endigungsgründe, und zwar die §§ 723—725 über die Kündigung, die §§ 726—728 über andere Endigungsgründe und der § 729 über das Fortbestehen der Befugniß zur Geschäftsführung bei Auflösung der Gesellschaft. An die Auflösung der Gesellschaft schließt sich die Auseinandersetzung unter den Gesellschaftern in Ansehung des Gesellschaftsvermögens; diese ist in den §§ 730—735 geregelt. Die §§ 736—740 endlich geben Vorschriften über das Ausscheiden und den Ausschluß eines einzelnen Gesellschafters aus der im Uebrigen fortbestehenden Gesellschaft.

Die materiellen Bestimmungen des B.G.B. finden ihre Ergänzung in besonderen Vorschriften der C.P.O. (§§ 736, 859), welche auf Beschlüssen der zweiten Kommission beruhen und zur Durchführung des Grundsatzes der gesammten Hand im Prozeßverfahren bestimmt sind. Für den Fall des Konkurses über das Vermögen eines Gesellschafters sind in der K.O. (§§ 16, 28, 51) besondere Vorschriften gegeben, welche ebenfalls mit den materiellen Grundsätzen des B.G.B. im Einklange stehen; der § 28 ist auf Grund von Beschlüssen der zweiten Kommission neu eingestellt.

IV. Die Vorschriften des vierzehnten Titels sind dispositiver Natur. Die Parteien sind also in der Lage, sie durch ausdrückliche oder stillschweigende Vereinbarung, insbesondere auch durch einen Nachtrag zum Gesellschaftsvertrag, abzuändern. Es können sich hiernach auch Vereinigungen nach Art der gemeinrechtlichen Sozietät bilden, bei denen lediglich eine obligatorische Vermögensgemeinschaft besteht. Eine dahin gehende Vereinbarung darf aber nicht ohne Weiteres, wie anscheinend Endemann (Einführung, Bd. I § 180 Anm. 14) will, in allen Fällen angenommen werden, in denen man möglicherweise mit einer bloß obligatorischen Vereinigung auskommen könnte. Alle Gesellschaften sind zunächst den Regeln des Gesetzes unterworfen. Die Parteien können davon abweichen, müssen dann aber eine wirkliche Vereinbarung in diesem Sinne schließen. Der stillschweigende Abschluß einer solchen Vereinbarung wird nicht daraus allein gefolgert werden dürfen, daß eine Gestaltung des Verhältnisses nach Art der römischen Sozietät für den Zweck der Gesellschaft genügt oder sogar vortheilhafter ist.

§ 705.

E. I §§ 629, 632; II § 645 rev. § 692; III § 692. P. I S. 2893—2897, 2963—2965; M. II S. 593—595, 601. P. II S. 2410—2412, 2415 (Bd. II S. 415—417, 418).

1. Die Rechte und Pflichten der Gesellschafter bestimmen sich nach dem Gesellschaftsvertrage. Zu dem Gesellschaftsvertrage gehören auch die etwa später vereinbarten Nachträge; sie sind Theile desselben.

a) Gegenstand des Gesellschaftsvertrags ist die Förderung eines gemeinsamen Zweckes. Der Gesellschaftszweck kann ein sehr verschiedenartiger sein, ein mehr oder weniger umfassender Vermögenszweck, gemeinschaftlicher Erwerb oder auch lediglich ein idealer Zweck. Ein Gesellschaftsvertrag, welcher sich auf das ganze künftige Vermögen oder auf einen Bruchtheil dieses Vermögens bezieht, also eine Verpflichtung begründen soll, dieses Vermögen als Beitrag zu leisten, ist gemäß der Vorschrift des § 310 nichtig; ein Gesellschaftsvertrag, welcher nur das gegenwärtige Vermögen oder einen Bruchtheil desselben betrifft, ist dagegen, sofern die in § 311 bezeichnete Form gewahrt ist, gültig. Ein Gesellschaftsvertrag, gerichtet auf einen

§. 706.

Die Gesellschafter haben in Ermangelung einer anderen Vereinbarung gleiche Beiträge zu leisten.

---

verbotenen oder unsittlichen Zweck, ist nach allgemeinen Grundsätzen (§§ 134, 138) nichtig (vergl. R.G. Bd. 18 S. 242, Seuff. Arch. Bd. 43 Nr. 110). Ist der Zweck unmöglich, so finden die Vorschriften der §§ 306—308 Anwendung. Der E. I sprach besonders aus, daß der Vertrag in solchem Falle nichtig sei; die zweite Kommission hat die Bestimmung als entbehrlich gestrichen.

Aus der Gemeinsamkeit des vereinbarten Zweckes folgt, daß für die Gesellschaft die Antheilnahme eines jeden Gesellschafters an diesem Zwecke wesentlich ist. Ein Vertrag, durch welchen ein Gesellschafter von der Beitragspflicht befreit, aber zur Theilnahme am gemeinsamen Zwecke, also insbesondere am Gewinne berechtigt oder zwar am Verluste, nicht aber am Gewinne betheiligt sein soll (societas leonina), ist hiernach kein Gesellschaftsvertrag. Man hat es nicht für nothwendig gehalten, dies besonders im Gesetz auszusprechen (M. II S. 594. A.M. Staub, Kommentar zum H.G.B. Art. 90, nach welchem es nicht zum Begriffe der Gesellschaft gehören soll, daß jedes Mitglied vom Gewinn oder Verlust oder an einem von Beiden betheiligt ist).

b) Der Gesellschaftsvertrag kann **formlos** geschlossen werden. Wenn aber in dem Gesellschaftsvertrage Verpflichtungen übernommen werden, für deren Uebernahme das Gesetz eine bestimmte Form vorschreibt, wenn z. B. einer der Gesellschafter sich in dem Gesellschaftsvertrage verpflichtet, ein Grundstück in die Gesellschaft einzubringen (§ 313, s. ferner auch § 311), so ist die für ein solches Rechtsgeschäft vorgeschriebene Form einzuhalten; bei Nichtbeobachtung derselben ist nach § 139 der ganze Gesellschaftsvertrag als nichtig anzusehen.

2. a) Die **Verpflichtung der Gesellschafter** geht dahin, den gemeinsamen Zweck in der durch den Vertrag bestimmten Weise zu fördern. Vornehmlich haben die Gesellschafter die versprochenen Beiträge zu leisten; wegen der Einzelheiten s. § 706. Ihre Verpflichtung erschöpft sich hierin aber nicht. Die Gesellschafter haben vielmehr meistens noch in anderer Weise thätig zu werden, um die Zwecke der Gesellschaft zu fördern, namentlich aber haben sie sich solcher Handlungen zu enthalten, welche die Erreichung des angestrebten Zweckes verhindern oder vereiteln können. Das H.G.B. (§§ 112, 113) schreibt für die offene Handelsgesellschaft vor, daß ein Gesellschafter ohne Einwilligung der anderen Gesellschafter weder in dem Handelszweige der Gesellschaft Geschäfte machen noch an einer anderen gleichartigen Handelsgesellschaft als persönlich haftender Gesellschafter Theil nehmen darf. Derartige besondere Vorschriften sind für entbehrlich erachtet. Der leitende Gesichtspunkt für die Entscheidung aller Fragen ist aus § 242 zu entnehmen. Zu beachten ist hierbei aber, daß der einzelne Gesellschafter nicht ganz allgemein verpflichtet ist, den Gesellschaftszweck zu fördern, sondern nur in dem Rahmen des Gesellschaftsvertrags und in der durch den Vertrag bestimmten Weise (P. II S. 2412).

b) **Die Verpflichtung des einzelnen Gesellschafters besteht nicht gegenüber der Gesellschaft als solcher, sondern gegenüber den anderen Gesellschaftern.** Die Geltendmachung der Ansprüche auf Leistung der Beiträge steht auch nicht bloß der Gesammtheit der Gesellschafter zu, jeder Gesellschafter kann vielmehr von dem Anderen verlangen, daß dieser die ihm obliegenden Pflichten erfüllt (M. II S. 594 Anm. I), mit der Maßgabe jedoch, daß die Leistungen nicht an den einzelnen Gesellschafter, sondern an die Gesammtheit der Gesellschafter zu machen sind.

c) Für allen **Schaden**, der durch die schuldhafte Nichterfüllung der einem Gesellschafter obliegenden Verpflichtungen entsteht, hat dieser den anderen Gesellschaftern nach Maßgabe der allgemeinen Vorschriften Ersatz zu leisten. Da aber jeder Gesellschafter von einem anderen Gesellschafter die Leistung des Beitrags nur an alle Gesellschafter fordern kann, so kann er auch die Leistung des Ersatzes wegen verschuldeter Nichterfüllung der Beitragspflicht nur an alle Gesellschafter fordern, und der geleistete Ersatz wird ebenso Gesellschaftsvermögen, wie der geleistete Beitrag dies geworden sein würde. Möglich ist, daß neben dem durch die Nichterfüllung der Beitragspflicht allen Gesellschaftern erwachsenen Schaden dem einzelnen Gesellschafter noch ein besonderer Schaden erwächst. Der Ersatz dieses Schadens ist nur an den betreffenden Gesellschafter zu leisten, und das Geleistete wird nicht Gesellschaftsvermögen.

§ 706.

E. I § 630 Abs. 1, 2, § 631; II § 646 rev. § 693; III § 693. P. I S. 2899—2902, 2917, 11827—11832; M. II S. 596—601. P. II S. 2412—2414, 8482, 8483 (Bd. II S. 417, 418).

1. Jeder Gesellschafter hat einen Beitrag zu leisten. Der E. I sprach dies in dem dem jetzigen § 706 entsprechenden § 630 aus. Die zweite Kommission hat den Satz als ent-

Sind vertretbare oder verbrauchbare Sachen beizutragen, so ist im Zweifel anzunehmen, daß sie gemeinschaftliches Eigenthum der Gesellschafter werden sollen. Das Gleiche gilt von nicht vertretbaren und nicht verbrauchbaren Sachen, wenn sie nach einer Schätzung beizutragen sind, die nicht blos für die Gewinnvertheilung bestimmt ist.

Der Beitrag eines Gesellschafters kann auch in der Leistung von Diensten bestehen.

§. 707.

Zur Erhöhung des vereinbarten Beitrags oder zur Ergänzung der durch Verlust verminderten Einlage ist ein Gesellschafter nicht verpflichtet.

---

behrlich gestrichen (P. II S. 2413, vergl. Erl. zu § 705 Nr. 1a). Der Ausdruck „Beitrag" ist im weitesten Sinne zu verstehen. Er umfaßt die Leistung von Sachen, Rechten, Handlungen, und Arbeitsleistungen aller Art, auch die Hergabe des Namens kann einen Beitrag bilden. Wegen der großen praktischen Bedeutung der Frage ist im Abs. 3 besonders hervorgehoben, daß der Beitrag eines Gesellschafters auch in der Leistung von Diensten bestehen kann. Die von den Gesellschaftern beizutragenden Gegenstände können dazu bestimmt sein, entweder dem Rechte oder nur dem Gebrauch oder der Nutzung nach gemeinschaftlich zu werden. Ob das eine oder das andere zutrifft, entscheidet sich nach dem Gesellschaftsvertrage. Der Abs. 2 stellt in dieser Hinsicht, um Streitigkeiten und Zweifel abzuschneiden, einige Auslegungsregeln auf. Wegen der vertretbaren Sachen s. § 91, wegen der verbrauchbaren Sachen § 92. Dafür, ob Beiträge einmal oder wiederholt oder fortlaufend zu leisten sind, ist der Gesellschaftsvertrag maßgebend. Auch die Art und die Größe der Beiträge richtet sich nach dem Gesellschaftsvertrag. Ist über die Höhe der Beiträge keine Vereinbarung getroffen, so haben die Gesellschafter nach der Dispositivvorschrift des Abs. 1 gleiche Beiträge zu leisten.

2. Die Beiträge sind zu leisten in der durch den Vertrag festgesetzten Weise, insbesondere zur bestimmten Zeit. Jeder Gesellschafter ist verpflichtet, alle Voraussetzungen zu erfüllen, welche nach der Natur des einzubringenden Gegenstandes und den maßgebenden Rechtsgrundsätzen zum Einbringen erforderlich sind, insbesondere, wenn die Gegenstände dem Rechte nach gemeinschaftlich werden sollen, die entsprechende Rechtsübertragung vorzunehmen. Wegen der Einrede des nicht erfüllten Vertrags sowie wegen der Rechtsfolgen, welche eintreten, wenn eine Leistung vor der Einbringung unmöglich wird oder wenn einer der Gesellschafter mit der Leistung seines Beitrags in Verzug geräth, s. Vorbm. unter II, 3.

Für die Mängel der zum Eigenthum eingebrachten Sachen haftet der einzelne Gesellschafter nach den §§ 445, 493 wie ein Verkäufer. Sind die Gegenstände nur zur Benutzung eingebracht, so ist nach allgemeinen Grundsätzen über Verzug und verschuldete Unmöglichkeit Schadensersatz zu leisten, wobei hinsichtlich des Inhalts und Umfanges der Leistung der § 242 zu berücksichtigen ist. Das schweiz. Bundesgesetz (Art. 528) schreibt vor, daß in solchem Falle die Grundsätze des Miethvertrags zur Anwendung zu bringen seien. Eine derartige Bestimmung ist für bedenklich erachtet (M. II S. 600); möglicherweise wird aber nach dem Inhalte des Gesellschaftsvertrags die entsprechende Anwendung der für die Miethe gegebenen Vorschriften (§§ 537 ff.) als gerechtfertigt erscheinen.

Wird einer der zum Eigenthum eingebrachten Gegenstände durch Zufall zerstört oder beschädigt, so trifft der Verlust die Gesellschaft. Tritt solcher Verlust oder solche Verschlechterung in Ansehung eines nur zur Benutzung eingebrachten Gegenstandes ein, so hat der Gesellschafter, welcher ihn eingebracht hat, den Schaden zu tragen (§ 732 Satz 2); er ist aber nicht verpflichtet, einen anderen Gegenstand als Ersatz einzubringen (§ 707).

§ 707.

E. I § 630 Abs. 3; II § 647 rev. § 694; III § 694. P. I S. 2899—2902, 2917, 11827—11832; M. II S. 596—598. P. II S. 2412, 2413 (Bd. II S. 417).

1. Die Verpflichtungen der Gesellschafter beruhen auf dem Gesellschaftsvertrag. Andere Leistungen als solche, die sie durch diesen Vertrag übernommen haben, können ihnen also nicht zugemuthet werden. Es könnte sich aber fragen, ob der Vertrag nicht dahin auszulegen wäre, daß die Gesellschafter zur Erreichung des angestrebten Zweckes Nachschüsse zu leisten hätten. Nach dem Vorbilde des Art. 92 des alten H.G.B. (die Vorschrift ist in das neue H.G.B., weil durch § 707 entbehrlich geworden, nicht aufgenommen) verneint das Gesetz diese Frage. Die Bestimmung ist aber dispositiver Natur, sie greift also nicht Platz, wenn und soweit in dem Gesell-

§. 708.

Ein Gesellschafter hat bei der Erfüllung der ihm obliegenden Verpflichtungen nur für diejenige Sorgfalt einzustehen, welche er in eigenen Angelegenheiten anzuwenden pflegt.

---

schaftsvertrag etwas Anderes bestimmt worden oder alle Gesellschafter nachträglich über die Erhöhung des Beitrags oder den Nachschuß einverstanden sind. Die im § 735 normirte Verpflichtung, bei der Auseinandersetzung zur Berichtigung der gemeinschaftlichen Schulden einen Nachschuß zu leisten, wird hierdurch nicht berührt.

Ein Gesellschafter braucht sich auch die freiwillig erhöhte Beitragsleistung Seitens der anderen Gesellschafter, wenn solche zur Erreichung des vereinbarten Gesellschaftszwecks erfolgte, keineswegs gefallen zu lassen, selbst dann nicht, wenn sein Antheil am Gewinne verhältnißmäßig der gleiche bleiben sollte. Er kann unbeschadet seines Rechtes, zu kündigen, der Einbringung weiterer Beiträge sich überhaupt widersetzen, weil solche gegen den Gesellschaftsvertrag verstoßen würde (M. II S. 597).

2. Ebensowenig wie eine Erhöhung der Beiträge verlangt werden kann, ist der einzelne Gesellschafter befugt, abgesehen von dem Anspruch auf Auszahlung des Gewinnantheils, seine Einlage zu vermindern. Der Satz ergiebt sich daraus, daß der Gesellschafter die durch den Vertrag übernommene Verpflichtung nicht einseitig ändern kann (vergl. H.G.B. § 122 Abs. 2). Wenn alle Gesellschafter einverstanden sind, können aber die Einlagen ganz oder theilweise zurückgezahlt werden. Die Gesellschaftsgläubiger haben dabei kein Widerspruchsrecht.

§ 708.

E. I § 633; II § 648 rev. § 695; III § 695. P. I S. 2894, 2895, 2898, 2899, 3550, 3559; M. II S. 601, 602. P. II S. 2415—2419 (Bd. II S. 418—421).

Die in § 708 ausgesprochene Beschränkung der Haftung wird in den Motiven damit begründet, daß sie sich aus dem Wesen der Gesellschaft ergebe; weiter wird noch darauf hingewiesen, daß die Vorschrift im Einklange stehe mit dem größten Theile des bisherigen Rechtes. Bei den Berathungen der zweiten Kommission war ein Antrag gestellt, nach welchem die Gesellschafter für jedes Verschulden nach Maßgabe der allgemeinen Grundsätze haften sollten. Die Kommission hat den Antrag wesentlich mit Rücksicht auf die Uebereinstimmung des bisherigen Rechtes in dieser Frage abgelehnt.

Der § 708 bezieht sich nur auf die Fälle, in welchen die Erfüllung einer gesellschaftlichen Verpflichtung in Frage steht, der Gesellschafter mithin als solcher und nicht in Folge eines besonderen Rechtsverhältnisses eine aus dem Gesellschaftsvertrage nicht entspringende Verpflichtung zu erfüllen hat (M. II S. 602).

§§ 709—713.

Die §§ 709—713 regeln die Führung der Geschäfte der Gesellschaft. Hierbei handelt es sich nur um das Verhältniß der Gesellschafter zu einander. Für die Vertretung der Gesellschaft nach außen gelten, abgesehen von den besonderen Bestimmungen der §§ 714, 715, die allgemeinen Vorschriften über Stellvertretung und Vollmacht.

Die Führung der Geschäfte umfaßt alle Geschäfte der Gesellschaft, sowohl den Abschluß von Rechtsgeschäften als auch thatsächliche Leistungen, Arbeiten oder Verrichtungen, wie solche in der konkreten Gesellschaft vorkommen und nöthig werden können. Dagegen fällt die Geltendmachung der Ansprüche auf Leistung der versprochenen Beiträge gegenüber den einzelnen Gesellschaftern nicht unter die Geschäftsführung. Es ist Sache der einzelnen Gesellschafter, die Leistung der Beiträge zu betreiben; Jedem steht insoweit ein persönlicher Anspruch gegen jeden anderen Gesellschafter zu (vergl. Erl. zu § 705 Nr. 2 b). Indessen kann die Einziehung und Empfangnahme der Beiträge, insbesondere wenn die Beiträge ratenweise geleistet oder Nachschüsse eingezogen werden, Gegenstand der Geschäftsführung sein; ob dies zutrifft, ist nach den Umständen des einzelnen Falles zu entscheiden. Auch die Uebertragung und Entziehung der Befugniß zur Geschäftsführung, die Kündigung der Gesellschaft und ebenso die Ausschließung eines einzelnen Gesellschafters aus der Gesellschaft (§ 437 Satz 2), kurz alle Geschäfte, welche die Grundlagen der Gesellschaft und die Voraussetzungen der Geschäftsführung betreffen, fallen nicht unter die Geschäftsführung und unterstehen also nicht den Vorschriften der §§ 709—713.

Für die Führung der Geschäfte stellt das Gesetz den Grundsatz auf (§ 709 Abs. 1), daß Einstimmigkeit aller Gesellschafter erforderlich sein soll. Die gesetzliche Regel ist aber nur eine dispositive. Durch Vereinbarung der Gesellschafter kann insbesondere bestimmt werden, daß die

§. 709.

Die Führung der Geschäfte der Gesellschaft steht den Gesellschaftern gemeinschaftlich zu; für jedes Geschäft ist die Zustimmung aller Gesellschafter erforderlich.

Hat nach dem Gesellschaftsvertrage die Mehrheit der Stimmen zu entscheiden, so ist die Mehrheit im Zweifel nach der Zahl der Gesellschafter zu berechnen.

Mehrheit der Stimmen entscheiden soll oder daß die Führung der Geschäfte einem Gesellschafter allein oder mehreren Gesellschaftern zusammen übertragen werden soll oder endlich, daß alle oder mehrere Gesellschafter jeder für sich selbst zur Geschäftsführung befugt sein sollen. Für diese besonderen Fälle werden in dem § 709 Abs. 2 und in den §§ 711—713 weitere Vorschriften gegeben. Die Besorgung der Angelegenheiten der Gesellschaft kann auch so geregelt werden, daß ein Dritter mit der Führung der Geschäfte betraut wird oder daß einem oder mehreren Gesellschaftern selbständige Aufträge ertheilt werden.

§ 709.

E. I §§ 634, 635; II § 649 rev. § 696; III § 696. P. I S. 2921—2925, 2939—2941, 6154, 6165; M. II S. 602, 603. P. II S. 2419, 2420, 5385 (Bd. II S. 420, 421).

1. Abs. 1. **a)** Die Vornahme von Geschäften für die Gesellschaft ist nur zulässig, wenn alle Gesellschafter zustimmen. Erhebt ein Gesellschafter gegen die Vornahme einer einzelnen Handlung Widerspruch, so hat dieselbe zu unterbleiben. Bei Gesellschaftsbeschlüssen ist Stimmeneinheit erforderlich. Alle Gesellschafter haben dabei gleiches Stimmrecht, auf die Art und Höhe der Beiträge kommt es nicht an. Es steht im freien Ermessen des einzelnen Gesellschafters, ob er seine Zustimmung ertheilen will oder nicht. Der einzelne Gesellschafter ist auch nicht verpflichtet, zu Geschäften oder Handlungen, welchen er nicht zugestimmt hat, mitzuwirken, selbst dann nicht, wenn dieselben vielleicht zur Erreichung des Gesellschaftszwecks sich als förderlich erweisen und ohne seine Mitwirkung nicht erfolgen können. Aber selbstverständlich muß ein Gesellschafter, der in dem Gesellschaftsvertrag oder später, z. B. durch Zustimmung zu einem Beschlusse der übrigen Gesellschafter, sich zu einer Rechtshandlung oder zu einem gewissen thatsächlichen Verhalten verpflichtet hat, diese Verpflichtung auch erfüllen. Verstößt ein Gesellschafter dadurch, daß er ein Geschäft verhindert, gegen die ihm obliegende vertragsmäßige Verpflichtung zur Förderung des Gesellschaftszwecks, so ist er den anderen Gesellschaftern für den entstehenden Schaden verantwortlich. Das Gesetz macht von dem Grundsatze der gemeinsamen Geschäftsführung auch bei Gefahr im Verzuge keine Ausnahme. Läßt sich ein Gesellschaftsbeschluß nicht rechtzeitig herbeiführen, so bleibt nichts übrig, als daß der einzelne Gesellschafter unter dem Vorbehalte der Genehmigung Seitens der Gesellschaft oder als Geschäftsführer ohne Auftrag handelt.

b) Die Vornahme der einzelnen Geschäfte hat so zu erfolgen, daß alle Gesellschafter zusammenwirken; sie können aber natürlich einen einzelnen Gesellschafter oder einen Dritten bevollmächtigen, das Geschäft in Aller Namen vorzunehmen. In der zweiten Komission ist anläßlich der Berathung über das Gesammtgut bei der Gütergemeinschaft eine Meinungsverschiedenheit über den Sinn des (jetzigen) § 709 Abs. 1 hervorgetreten. Von einer Seite ist ausgeführt, der (jetzige) § 709 setze gemeinschaftliches Handeln der Gesellschafter in dem Sinne voraus, daß die für ein vorzunehmendes Rechtsgeschäft besonders vorgeschriebene Form von allen Gesellschaftern zu erfüllen sei. Von anderer Seite ist dagegen betont worden, der § 709 setze seinem Wortlaut und seinem Sinne nach nur die Zustimmung sämmtlicher Gesellschafter nach Maßgabe des (jetzigen) § 182 voraus Ein Beschluß der Kommission ist über diesen Punkt nicht herbeigeführt (P. II S. 5385). Durch den bloßen Hinweis auf § 182 ist die Frage nicht zu entscheiden, denn bei letzterer Vorschrift handelt es sich um die von der Zustimmung eines Dritten abhängige Wirksamkeit eines Rechtsgeschäfts nach außen, während der Satz des § 709 nur das Verhältniß der Gesellschafter zu einander betrifft. Wenn die Gesellschafter zu einem einzelnen Geschäfte nach Maßgabe des § 709 ihre Zustimmung geben, so ist damit erst die Grundlage für das demnächstige Handeln geschaffen, nicht aber eine Zustimmung im Sinne des § 182 ertheilt. Die Vornahme der Geschäfte hat hiernach so zu erfolgen, daß alle Gesellschafter die für das Rechtsgeschäft vorgeschriebene Form erfüllen. Selbstverständlich ist es den Gesellschaftern unbenommen, einen einzelnen Gesellschafter oder einen Dritten zur Vornahme des Geschäfts zu bevollmächtigen. Für die Bevollmächtigung gelten die Vorschriften des § 167.

2. Abs. 2. Wenn nach dem Gesellschaftsvertrage die Mehrheit der Stimmen bei Beschlüssen über die Geschäftsführung entscheiden soll, so kann eine verschiedene Berechnung der Stimmen Platz greifen. Der Abs. 2 stellt die Auslegungsregel auf, daß die Mehrheit nach der Zahl der Gesellschafter ohne Rücksicht auf die Art und Höhe der Beiträge zu berechnen ist. Ueber die Art und Weise, wie bei der Beschlußfassung und Abstimmung zu verfahren ist, insbesondere ob der überein-

§. 710.

Ist in dem Gesellschaftsvertrage die Führung der Geschäfte einem Gesellschafter oder mehreren Gesellschaftern übertragen, so sind die übrigen Gesellschafter von der Geschäftsführung ausgeschlossen. Ist die Geschäftsführung mehreren Gesellschaftern übertragen, so finden die Vorschriften des §. 709 entsprechende Anwendung.

§. 711.

Steht nach dem Gesellschaftsvertrage die Führung der Geschäfte allen oder mehreren Gesellschaftern in der Art zu, daß jeder allein zu handeln berechtigt ist, so kann jeder der Vornahme eines Geschäfts durch den anderen widersprechen. Im Falle des Widerspruchs muß das Geschäft unterbleiben.

---

stimmende Wille der Mehrheit die Anhörung der Minderheit entbehrlich macht, giebt das Gesetz keine Bestimmungen. Die in Betracht kommenden Fragen sind auf Grund des Gesellschaftsvertrags unter Berücksichtigung des § 157 zu entscheiden. Für die meisten Fälle wird sich die Auslegung rechtfertigen, daß der Minderheit das vorherige Gehör nicht versagt werden dürfe (M. II S. 603).

§ 710.

E. I § 636; II § 650 rev. § 697; III § 697. P. I S. 2925--2932; M. II S. 603, 604. P. II S. 2419, 2420 (Bd. II S. 420, 421).

Durch den Gesellschaftsvertrag kann die Führung der Geschäfte der Gesellschaft einem oder mehreren Gesellschaftern übertragen werden, und zwar sowohl für alle Geschäfte als auch für einzelne Zweige der gesellschaftlichen Thätigkeit. In welchem Umfange der oder die Gesellschafter zur Geschäftsführung berufen sind, bestimmt sich nach dem Gesellschaftsvertrag. Enthält dieser keine Spezialisirung oder Beschränkung, so muß der zur Geschäftsführung berufene Gesellschafter für befugt erachtet werden, alle Geschäfte für die Gesellschaft vorzunehmen, selbstverständlich aber nicht solche, welche dem Zwecke der Gesellschaft fremd sind oder überhaupt nicht unter die Geschäftsführung fallen (vergl. Vorbm. zu §§ 709—713). Die zur Geschäftsführung berufenen Gesellschafter haben innerhalb des Umfangs der Berufung ein ausschließliches Recht zur Geschäftsführung; indessen steht allen Gesellschaftern nach § 716 das Recht zu, sich persönlich von dem Stande der Geschäfte zu unterrichten. Das Rechtsverhältniß zwischen den zur Geschäftsführung berufenen Gesellschaftern ist nicht das eines selbständigen Auftrags, aber das Verhältniß ist doch einem Auftrag ähnlich; es ist deshalb im Gesetz in Anlehnung an die Vorschriften über den Auftrag ausgestaltet.

Für die Thätigkeit mehrerer zur Geschäftsführung berufener Gesellschafter soll nach Satz 2 die Regel gelten, daß sie gemeinschaftlich zu handeln haben; für jedes Geschäft ist die Zustimmung Aller erforderlich. Indessen kann auch bestimmt werden, daß die Mehrheit der Stimmen zu entscheiden hat; in diesem Falle ist die Mehrheit im Zweifel nach der Zahl der geschäftsführenden Gesellschafter zu berechnen (vergl. Erl. zu § 709).

§ 711.

E. I § 637; II § 651 rev. § 698; III § 698. P. I S. 2925—2929; M. II S. 602—604. P. II S. 2419, 2420 (Bd. II S. 420, 421).

In dem Gesellschaftsvertrage kann bestimmt werden, daß alle oder mehrere Gesellschafter, jeder für sich allein, das Recht zur Geschäftsführung haben sollen. Im einen wie im anderen Falle soll aber die Vornahme eines Geschäfts unterbleiben, falls auch nur einer der zur Geschäftsführung Berechtigten Widerspruch erhebt. Wenn das Geschäft trotz des Widerspruchs vorgenommen wird, so brauchen die Gesellschafter dasselbe nicht anzuerkennen, vorbehaltlich der Rechte gutgläubiger Dritter, wenn auf Grund einer Vollmacht oder auf Grund einer nach § 714 anzunehmenden Ermächtigung gehandelt ist. Der Handelnde ist außerdem den übrigen Gesellschaftern zum Schadensersatze verpflichtet.

Der Widerspruch hat den Charakter einer einseitigen empfangsbedürftigen Willenserklärung (§§ 130ff.); er ist demjenigen gegenüber auszusprechen, welcher beabsichtigt, das Geschäft vorzunehmen.

§. 712.

Die einem Gesellschafter durch den Gesellschaftsvertrag übertragene Befugniß zur Geschäftsführung kann ihm durch einstimmigen Beschluß oder, falls nach dem Gesellschaftsvertrage die Mehrheit der Stimmen entscheidet, durch Mehrheitsbeschluß der übrigen Gesellschafter entzogen werden, wenn ein wichtiger Grund vorliegt; ein solcher Grund ist insbesondere grobe Pflichtverletzung oder Unfähigkeit zur ordnungsmäßigen Geschäftsführung.

Der Gesellschafter kann auch seinerseits die Geschäftsführung kündigen, wenn ein wichtiger Grund vorliegt; die für den Auftrag geltenden Vorschriften des §. 671 Abs. 2, 3 finden entsprechende Anwendung.

§. 713.

Die Rechte und Verpflichtungen der geschäftsführenden Gesellschafter bestimmen sich nach den für den Auftrag geltenden Vorschriften der §§. 664 bis 670, soweit sich nicht aus dem Gesellschaftsverhältniß ein Anderes ergiebt.

---

§ 712.

E. I § 638; II § 652 rev § 699; III § 699. P. I S. 2942—2946, 11836; M. II S. 605, 606. P. II S. 2420, 2421 (Bd. II S. 421, 422).

1. Abs. 1. Da das Verhältniß zwischen den zur Gesellschaft berufenen Gesellschaftern und der Gesammtheit der übrigen Gesellschafter auf dem Gesellschaftsvertrage beruht, so würde eine Aenderung an sich nur mit Zustimmung aller Betheiligten möglich sein. Aus Gründen des praktischen Bedürfnisses läßt aber das Gesetz zu, daß die einem Gesellschafter durch den Gesellschaftsvertrag übertragene Befugniß zur Geschäftsführung wieder entzogen wird. Die Entziehung soll aber nicht willkürlich geschehen, sondern sie ist rechtswirksam nur, wenn ein wichtiger Grund vorliegt. Der Grund kann in den objektiven und subjektiven Verhältnissen der Betheiligten gefunden werden; daß dem geschäftsführenden Gesellschafter ein Verschulden zur Last fällt, ist nicht erforderlich. Grobe Pflichtverletzung und objektive Unfähigkeit zur ordnungsmäßigen Geschäftsführung sollen stets als ausreichende Gründe für die Entziehung angesehen werden (vergl. § 723 Abs. 1 Satz 2). Eine Feststellung des wichtigen Grundes durch den Richter ist nicht erforderlich. Liegt derselbe vor, so wird durch die Entziehung die Befugniß zur Geschäftsführung ohne Weiteres aufgehoben.

Die Entziehung der Geschäftsführung kann, wenn zulässig, nicht durch einen einzelnen Gesellschafter erfolgen, sondern erfordert den einstimmigen Beschluß aller übrigen Gesellschafter oder, falls nach dem Gesellschaftsvertrage Mehrheit der Stimmen entscheidet, den Beschluß der Mehrheit. Die Mehrheit wird nach der Zahl der Gesellschafter berechnet. Auch die von der Geschäftsführung ausgeschlossenen Gesellschafter haben mitzustimmen, da die Abberufung nicht unter die Geschäftsführung fällt. Der Gesellschafter, der abberufen werden soll, hat dagegen nicht mitzustimmen; das Gesetz spricht nur von einem Beschlusse der übrigen Gesellschafter. Die Entziehung muß, um wirksam zu werden, dem bisher die Geschäfte führenden Gesellschafter angezeigt werden (§§ 130 ff.).

Wegen Entziehung der Vollmacht zur Vertretung der Gesellschaft s. § 715.

2. Abs. 2. Dem geschäftsführenden Gesellschafter selbst war im E. I kein Kündigungsrecht eingeräumt. Die zweite Kommission hat erwogen, daß dieselben Rücksichten, welche maßgebend gewesen sind, dem Dienstpflichtigen und dem Beauftragten unter Umständen ein ausnahmsweises Kündigungsrecht zu gewähren, auch dahin führen müßten, dem Gesellschafter die Kündigung zu gestatten, wenn ein wichtiger Grund vorliege, und hat deshalb die Vorschrift des Abs. 2 eingestellt.

Die Kündigung hat den Charakter einer einseitigen empfangsbedürftigen Willenserklärung (§§ 130 ff.); sie ist allen Gesellschaftern gegenüber vorzunehmen.

3. Wird die Befugniß zur Geschäftsführung entzogen oder die Geschäftsführung gekündigt, so greift mangels anderer Bestimmungen des Vertrags die Regel des § 709 Platz.

§ 713.

E. I § 639; II § 653 rev. § 700; III § 700. P. I S. 2925—2932, 11620; M. II S. 606—609. P. II S. 2421—2425 (Bd. II S. 422—424).

1. Die Grundlage für die Rechte und Pflichten des geschäftsführenden Gesellschafters bildet der Gesellschaftsvertrag. Die Vorschriften über den Auftrag, auf welche wegen der Aehnlichkeit

§. 714.

Soweit einem Gesellschafter nach dem Gesellschaftsvertrage die Befugniß zur Geschäftsführung zusteht, ist er im Zweifel auch ermächtigt, die anderen Gesellschafter Dritten gegenüber zu vertreten.

---

des Verhältnisses verwiesen wird, können also nur Anwendung finden, soweit sich nicht aus den gesetzlichen Bestimmungen über die Gesellschaft oder aus dem Gesellschaftsvertrag etwas Anderes ergiebt. Die Rechtsstellung des geschäftsführenden Gesellschafters gestaltet sich hiernach wie folgt: Der Gesellschafter ist verpflichtet und berechtigt, die Geschäfte der Gesellschaft innerhalb des Rahmens der ihm übertragenen Befugnisse zu führen. Er darf im Zweifel die Führung der Geschäfte nicht einem Dritten übertragen. Ist die Uebertragung gestattet, so hat er nur ein ihm bei der Uebertragung zur Last fallendes Verschulden zu vertreten. Für das Verschulden eines Gehülfen ist er nach § 278 verantwortlich (§ 664 Abs. 1; Abs. 2 kommt nicht in Betracht) Der Geschäftsführer hat die Geschäfte so zu führen, wie dies bei der Uebertragung bestimmt ist und dem Zwecke der Gesellschaft entspricht. Die übrigen Gesellschafter sind nicht befugt, ihm einseitig Weisungen für die Geschäftsführung zu ertheilen. Von den ihm bei der Uebertragung der Geschäfte ertheilten Weisungen ist er berechtigt abzuweichen, wenn er den Umständen nach annehmen darf, daß die Gesellschaft bei Kenntniß der Sachlage die Abweichung billigen würde. Der Geschäftsführer hat vor der Abweichung den übrigen Gesellschaftern Anzeige zu machen und deren Entschließung abzuwarten, wenn nicht mit dem Aufschube Gefahr verbunden ist (§ 665). Der Geschäftsführer ist verpflichtet, der Gesellschaft die erforderlichen Nachrichten zu geben, auf Verlangen über den Stand der Geschäfte Auskunft zu ertheilen und nach der Ausführung oder zu der sonst bestimmten Zeit Rechenschaft abzulegen (§ 666). Der Geschäftsführer ist verpflichtet, der Gesellschaft Alles, was er zur Führung der Geschäfte erhält und was er aus der Geschäftsführung erlangt, herauszugeben (§ 667). Verwendet der Geschäftsführer Geld für sich, das er der Gesellschaft herauszugeben oder für sie zu verwenden hat, so ist er verpflichtet, es von der Zeit der Verwendung an zu verzinsen (§ 668). Für die zur Führung der Geschäfte erforderlichen Aufwendungen hat die Gesellschaft dem Geschäftsführer auf Verlangen Vorschuß zu leisten (§ 669). Macht der Geschäftsführer zum Zwecke der Führung der Geschäfte Aufwendungen, die er den Umständen nach für erforderlich halten darf, so ist die Gesellschaft zum Ersatze verpflichtet (§ 670). Für Schaden, welchen der Gesellschafter anläßlich der Geschäftsführung durch Zufall erleidet, kann kein Ersatz beansprucht werden (vergl. Erl. zu § 670); bei den Berathungen der zweiten Kommission war ein Antrag gestellt, welcher ihm einen solchen Anspruch geben wollte, der Antrag ist aber abgelehnt. Hinsichtlich der Frage, ob eine compensatio lucri et damni zulässig ist, gelten die allgemeinen Grundsätze (vergl S. 23 Erl. zu § 252 Nr. 3). Abweichend vom Auftrage hat der geschäftsführende Gesellschafter bei der Erfüllung der ihm obliegenden Verpflichtungen nur für diejenige Sorgfalt einzustehen, welche er in eigenen Angelegenheiten anzuwenden pflegt. Eine Vergütung hat der Geschäftsführer nur zu beanspruchen, wenn ihm eine solche im Gesellschaftsvertrage zugesichert ist. Die Ansprüche des geschäftsführenden Gesellschafters auf Ersatz seiner Aufwendungen und eine vereinbarte Vergütung unterscheiden sich, weil ihre Grundlage der Gesellschaftsvertrag ist, insofern von den Ansprüchen eines gewöhnlichen Beauftragten auf Ersatz seiner Aufwendungen gegen den Auftraggeber, als der Gesellschafter während bestehender Gesellschaft den Ersatz nur aus dem Gesellschaftsvermögen fordern kann. Es folgt dies daraus, daß die Gesellschafter nicht zu Nachschüssen verpflichtet sind (§ 707). Auch in Betreff der Zeit, zu welcher der geschäftsführende Gesellschafter die Befriedigung zu verlangen berechtigt ist, können sich aus dem Gesellschaftsvertrag Abweichungen ergeben. Nach Auflösung der Gesellschaft kann der geschäftsführende Gesellschafter aber, wenn das Gesellschaftsvermögen zur Befriedigung seiner Ansprüche nicht hinreicht, den Ersatz nach Maßgabe der für die Tragung des Verlustes geltenden Vorschriften (§§ 733, 735) von den übrigen Gesellschaftern fordern. Die Befugniß zur Geschäftsführung erlischt mit der Auflösung der Gesellschaft (§ 730 Abs. 2), ferner durch Entziehung oder Kündignng (§ 712) sowie endlich, wenn sie zeitlich beschränkt oder nur für bestimmte Geschäfte ertheilt war, mit dem Ablaufe der bestimmten Zeit oder der Erledigung der Geschäfte.

§ 714.

E. I § 640 Abs. 1; II § 654 rev. § 701; III § 701. P. I S. 2967—2971, 3283, 3289, 3290, 11832; M. II S. 609. P. II S. 2427 (Bd. II S. 424).

1. Die Vertretung der Gesellschaft nach Außen richtet sich nach den allgemeinen Vorschriften über Stellvertretung und Vollmacht (§§ 164 ff.). Eine gesetzliche Vertretungsmacht besteht nicht, auch die nach dem Gesellschaftsvertrage zur Geschäftsführung berufenen Gesellschafter sind nicht

§. 715.

Ist im Gesellschaftsvertrag ein Gesellschafter ermächtigt, die anderen Gesellschafter Dritten gegenüber zu vertreten, so kann die Vertretungsmacht nur nach

gesetzliche Vertreter der Gesellschaft. Wenn für die Gesellschaft Rechtsgeschäfte vorgenommen werden sollen, so müssen die Gesellschafter entweder zusammen handeln oder sie müssen einem aus ihrer Mitte oder einem Dritten Vollmacht ertheilen. In der Uebertragung der Geschäftsführung auf einen einzelnen Gesellschafter liegt an sich nicht die Ertheilung einer solchen Vollmacht. Indessen pflegt mit der Uebertragung der Geschäftsführung die Bevollmächtigung zur Vornahme der Geschäfte Hand in Hand zu gehen, und das Gesetz stellt deshalb im § 714 die Auslegungsregel auf, daß, soweit einem Gesellschafter die Befugniß zur Geschäftsführung nach dem Gesellschaftsvertrage zusteht, er auch ermächtigt ist, die anderen Gesellschafter Dritten gegenüber zu vertreten.

Wenn dem Geschäftsführer keine Vollmacht ertheilt ist, so bleibt ihm nichts übrig, als die Geschäfte im eigenen Namen abzuschließen. Da sich hieraus aber eine erhebliche persönliche Belastung ergeben kann, so wird der Geschäftsführer unter Umständen, wenn ihm die Ertheilung der Vollmacht verweigert wird, nach § 712 Abs. 2 für befugt zu erachten sein, die Geschäftsführung zu kündigen. Ein selbständiger Anspruch auf Ertheilung der Vollmacht ist ihm nicht gegeben.

2. Aus den für die Gesellschaft geschlossenen Rechtsgeschäften wird nicht die Gesellschaft als solche berechtigt und verpflichtet, denn sie ist kein selbständiges Rechtssubjekt, sondern die einzelnen Gesellschafter. Der E. I gab in den §§ 641, 642 noch besondere Bestimmungen über die für die einzelnen Gesellschafter entstehenden Rechtsverhältnisse; die zweite Kommission hat diese Vorschriften als theils entbehrlich, theils unvereinbar mit dem Grundsatze der gesammten Hand und der neuen Vorschrift des § 427 gestrichen. Die für die Gesellschaft erworbenen Rechte werden gemeinschaftliches Vermögen der Gesellschafter. Für die Haftung der Gesellschafter gelten die Bestimmungen der §§ 420ff. Die Gesellschafter haften darnach insbesondere für die durch Vertrag begründeten Verbindlichkeiten in der Regel als Gesammtschuldner (§§ 427, 431). Die Haftung beschränkt sich nicht auf das Gesellschaftsvermögen. Die Gesellschafter können auch nicht verlangen, daß die Gläubiger zunächst ihre Befriedigung aus dem Gesellschaftsvermögen suchen, sondern sie haften schlechthin mit ihrem ganzen Vermögen. Durch Vertrag mit dem Gläubiger kann aber ausgemacht werden, daß sich die Haftung auf einen Theil des Vermögens oder auf das Gesellschaftsvermögen beschränken soll. Eine dahin gehende stillschweigende Vereinbarung wird z. B. anzunehmen sein, wenn ein Ausstellungskomité Geschäfte unter Hinweis auf einen Garantiefonds abgeschlossen hat (R.G. Bd. 12 S. 229). Die Haftung der Gesellschafter für unerlaubte Handlungen, welche ein geschäftsführender Gesellschafter in Ausübung der ihm übertragenen Geschäfte begeht, bestimmt sich nach dem § 831. Wennschon die einzelnen Gesellschafter den Gläubigern gegenüber für die Gesellschaftsschulden persönlich und direkt haften, so haben sie doch den anderen Gesellschaftern gegenüber einen Anspruch darauf, daß die gemeinschaftlichen Schulden gemeinschaftlich berichtigt werden. Sie können also, wenn ein Gesellschaftsgläubiger von ihnen persönlich Befriedigung fordert, von den übrigen Gesellschaftern verlangen, daß diese Schuld aus der Gesellschaftskasse gezahlt wird. Geschieht dies nicht und werden sie vom Gläubiger zur Zahlung gezwungen, so steht ihnen auf Grund des Gesellschaftsvertrags ein Ersatzanspruch gegen die Gesellschaft zu. Haften die Gesellschafter als Gesammtschuldner, so greifen die Vorschriften des § 426 Platz. In letzter Linie kann für den Zahlenden ein Anspruch nach den Grundsätzen über ungerechtfertigte Bereicherung (§§ 812ff) in Betracht kommen. Während des Bestehens der Gesellschaft kann der Ersatz von den übrigen Gesellschaftern, weil diese zu Nachschüssen nicht verpflichtet sind (§ 707), nur aus dem Gesellschaftsvermögen verlangt werden. Nach Auflösung der Gesellschaft bestimmt sich das Verhältniß nach den §§ 733, 735.

3. Wenn ein geschäftsführender Gesellschafter im eigenen Namen, aber für die Gesellschaft Geschäfte schließt, so ist er verpflichtet, das auf diese Weise Erlangte der Gesellschaft herauszugeben. Umgekehrt kann er verlangen, von den etwa eingegangenen Verbindlichkeiten befreit zu werden (§ 713 i. V. mit § 670 u. § 257). Nimmt ein Gesellschafter, der nicht zur Geschäftsführung berechtigt ist, Rechtsgeschäfte für die Gesellschaft vor, so bestimmen sich seine Rechte und Verpflichtungen gegen die übrigen Gesellschafter nach den Vorschriften über die Geschäftsführung ohne Auftrag.

§ 715.

E. I § 640 Abs. 2; II § 655 rev. § 702; III § 702. P. I S. 2967—2971, 3283, 3289, 3290, 11832; M. II S. 609, 610. P. II S. 2427 (Bd. II S. 424).

Nach E. I § 119 war die Vollmacht stets widerruflich und konnte auf die Widerruflichkeit nicht verzichtet werden. Von diesem Grundsatze machte die dem § 715 des B.G.B. entsprechende

Maßgabe des §. 712 Abs. 1 und, wenn sie in Verbindung mit der Befugniß zur Geschäftsführung ertheilt worden ist, nur mit dieser entzogen werden.

§. 716.

Ein Gesellschafter kann, auch wenn er von der Geschäftsführung ausgeschlossen ist, sich von den Angelegenheiten der Gesellschaft persönlich unterrichten, die Geschäftsbücher und die Papiere der Gesellschaft einsehen und sich aus ihnen eine Uebersicht über den Stand des Gesellschaftsvermögens anfertigen.

Eine dieses Recht ausschließende oder beschränkende Vereinbarung steht der Geltendmachung des Rechtes nicht entgegen, wenn Grund zu der Annahme unredlicher Geschäftsführung besteht.

Vorschrift des E. I § 640 Abs. 2 eine Ausnahme. An die Stelle des E. I § 119 ist im § 168 des B.G.B. die Vorschrift getreten, daß die Vollmacht nur widerruflich ist, wenn sich nicht aus dem zu Grunde liegenden Rechtsverhältniß ein Anderes ergiebt. Durch diese Aenderung hat die Vorschrift des § 715 einen anderen Charakter erhalten. Ist einem Gesellschafter in dem Gesellschaftsvertrage die Ermächtigung ertheilt, die anderen Gesellschafter zu vertreten, so bildet der Gesellschaftsvertrag das der Vollmacht zu Grunde liegende Rechtsverhältniß, und aus diesem ergiebt sich oder kann sich doch ergeben die Unwiderruflichkeit der Vollmacht als eines Bestandtheils der dem Gesellschafter durch den Gesellschaftsvertrag zugesicherten Rechte. Die Vorschrift des § 715 hat hiernach nicht mehr wie die inhaltlich gleiche Vorschrift des § 640 Abs. 2 den Charakter einer Ausnahme von der Regel der freien Widerruflichkeit, sondern bestimmt umgekehrt eine Ausnahme von der an sich aus dem zu Grunde liegenden Rechtsverhältnisse folgenden Unwiderruflichkeit. Die Ausnahme beruht auf Gründen des praktischen Bedürfnisses; sie ist von denselben Voraussetzungen abhängig wie die Entziehung der Geschäftsführung und erfolgt in derselben Art wie diese. Ist in dem Gesellschaftsvertrage die Vollmacht in Verbindung mit der Befugniß zur Geschäftsführung ertheilt, so ergäbe sich aus der Möglichkeit, daß nur die letztere oder nur die Vollmacht entzogen würde, gleichfalls ein mit dem Vertragsinhalte nicht in Einklang zu bringender, die Rechtsstellung des Betheiligten in unzulässiger Weise wesentlich ändernder Erfolg. Dem beugt die Bestimmung vor, daß solchenfalls die Vollmacht nur zusammen mit der Geschäftsführung widerrufen werden kann. Dem Geschäftsführer selbst ist nicht das Recht eingeräumt, das Vollmachtsverhältniß zu kündigen; seinem Interesse wird dadurch genügt, daß er die Geschäftsführung und damit die Verpflichtung, für die anderen Gesellschafter zu handeln, nach Maßgabe des § 712 Abs. 2 kündigen kann. Beruht die Vollmacht, wie dies regelmäßig der Fall zu sein pflegt, auf der Uebertragung der Geschäftsführung, so erlischt sie nach § 168 mit dieser.

§ 716.

E. I § 643; II § 656 rev. § 703; III § 703. P. I S. 2953; M. II S. 613. P. II S. 2428, 2429 (Bd. II S. 425).

1. Abs. 1. Der § 716 regelt nach dem Vorbilde des Art. 105 des alten H.G.B. (jetzt § 118) das Recht des einzelnen Gesellschafters auf Kenntnißnahme von dem Stande der Geschäfte der Gesellschaft. Ein solches Recht steht jedem Gesellschafter zu, gleichviel ob er an der Geschäftsführung betheiligt oder von derselben ausgeschlossen ist. Der Inhalt des Rechtes geht dahin, daß der Gesellschafter die Befugniß hat, sich selbst von dem Stande der Geschäfte zu überzeugen. Den geschäftsführenden Gesellschaftern ist nicht die positive Verpflichtung auferlegt, dem einzelnen Gesellschafter Auskunft zu ertheilen oder ihm Rechenschaft abzulegen; eine solche Pflicht liegt ihnen nur gegenüber der Gesammtheit der Gesellschafter ob. Sie haben vielmehr nur zu gestatten, daß der Gesellschafter sich selbst unterrichtet. Dies schließt in sich, daß sie ihm Zutritt zu den Gesellschaftsräumen gewähren und die Bücher und Papiere der Gesellschaft einsehen lassen. Auch ist dem einzelnen Gesellschafter das Recht eingeräumt, sich eine Uebersicht über den Stand des Gesellschaftsvermögens anzufertigen. Eine Herausgabe der Bücher oder Papiere, wenn auch nur auf kurze Zeit, kann der Gesellschafter nicht verlangen. Der Maßstab für die Entscheidung aller Einzelfragen ist aus dem Zwecke der Gesellschaft und dem Gesellschaftsvertrag unter Berücksichtigung des § 157 zu entnehmen, denn das Recht zur Kenntnißnahme dient nur der Sicherung der aus dem Gesellschaftsvertrag entspringenden Rechte. Umgekehrt findet es seine Schranken in dem Rechte der anderen Gesellschafter. Darnach ist insbesondere zu entscheiden, ob der Gesellschafter bei der Einsicht der Bücher einen Dritten zuziehen darf, und ferner, ob er sein Recht durch einen Vertreter ausüben darf (vergl. Staub, Kommentar z. H.G.B. Art. 105 § 1 und die dort angeführten Entscheidungen, insbesondere R.G. Bd. 25 S. 88,

§. 717.

Die Ansprüche, die den Gesellschaftern aus dem Gesellschaftsverhältnisse gegen einander zustehen, sind nicht übertragbar. Ausgenommen sind die einem Gesellschafter aus seiner Geschäftsführung zustehenden Ansprüche, soweit deren Befriedigung vor der Auseinandersetzung verlangt werden kann, sowie die Ansprüche auf einen Gewinnantheil oder auf dasjenige, was dem Gesellschafter bei der Auseinandersetzung zukommt.

§. 718.

Die Beiträge der Gesellschafter und die durch die Geschäftsführung für die Gesellschaft erworbenen Gegenstände werden gemeinschaftliches Vermögen der Gesellschafter (Gesellschaftsvermögen).

---

ferner Seuff. Arch. Bd. 43 Nr. 218). Die etwa entstehenden Kosten hat der einzelne Gesellschafter selbst zu tragen.

2. Abs. 2. Die sich aus Abs. 1 ergebenden Rechte können durch den Gesellschaftsvertrag erweitert oder eingeschränkt werden. Eine dahin gehende Beredung soll aber dem Anspruche des Gesellschafters nicht entgegenstehen, wenn Grund zu der Annahme unredlicher Geschäftsführung besteht. Unter Unredlichkeit ist jede Benachtheiligung der Gesellschaftsinteressen zu eigenem oder fremdem Vortheil zu rechnen; Täuschung und Vorspiegelung sind dabei nicht nothwendig (Staub, Kommentar zum H.G.B. Art. 105 § 2).

§ 717.

E. I § 644; II § 657 rev. § 704; III § 704. P. I S. 2955, 2960; M. II S. 613—615. P. II S. 2429, 2430 (Bd. II S. 425).

1. Die Gesellschaft stellt sich dar als einheitlich geschlossenes Verhältniß zwischen den Gesellschaftern. Der Gesellschaftsvertrag wird abgeschlossen auf der Grundlage gegenseitigen persönlichen Vertrauens. Aus den Beiträgen der Gesellschafter und dem, was für die Gesellschaft erworben wird, wird ein besonderes Gesellschaftsvermögen gebildet, an dem während der Dauer der Gesellschaft eine unlösliche Gemeinschaft besteht Dem Wesen der Gesellschaft würde es darnach widersprechen, wenn durch beliebige Verfügungen eines einzelnen Gesellschafters ein anderes Mitglied eingeschoben werden könnte. Das Gesetz bestimmt deshalb, daß grundsätzlich die Ansprüche, die den Gesellschaftern aus dem Gesellschaftsverhältnisse gegen einander zustehen, nicht übertragbar sein sollen. Verfügungen, die dem zuwiderlaufen, sind unwirksam. Auch ein Nießbrauch oder ein Pfandrecht kann an diesen Forderungen nicht bestellt werden (M. II S. 615); ebenso sind sie nach C.P.O. § 851 der Pfändung nicht unterworfen. Der Grundsatz der Nichtübertragbarkeit gilt aber nicht für solche Forderungen, welche aus dem Gesellschaftsverhältnisse losgelöst sind und als selbständige Ansprüche erscheinen. Als solche nennt das Gesetz die einem Gesellschafter aus seiner Geschäftsführung zustehenden Ansprüche, soweit deren Befriedigung vor der Auseinandersetzung verlangt werden kann (vergl Erl. zu § 713) sowie die Ansprüche auf einen Gewinnantheil oder auf dasjenige, was dem Gesellschafter bei der Auseinandersetzung zukommt. Der persönliche Anspruch des einzelnen Gesellschafters auf Kenntnißnahme vom Stande der Geschäfte ist nicht übertragbar; ebensowenig kann von der Uebertragung eines Anspruchs auf Ablegung von Rechenschaft die Rede sein.

2. Der Beitritt oder die Aufnahme eines neuen Gesellschafters in eine bestehende Gesellschaft kann nur erfolgen durch Abschluß eines neuen Gesellschaftsvertrags zwischen den übrigen Gesellschaftern einerseits und dem neuen Gesellschafter andererseits. Ein Gesellschafter kann aber für seine Person mit einem Dritten eine Untergesellschaft eingehen. Die Rechte und Pflichten des Dritten beurtheilen sich nach dem zwischen ihm und dem einzelnen Gesellschafter geschlossenen Vertrage. Rechte gegen die Gesellschaft stehen dem Unterbetheiligten nicht zu; insbesondere hat er keinen Anspruch auf Einsichtnahme der Bücher und Papiere der Gesellschaft. Soweit Ansprüche aus dem Gesellschaftsverhältnisse überhaupt übertragbar sind (Satz 2), können sie natürlich auch an den Unterbetheiligten abgetreten und dann von diesem direkt geltend gemacht werden. Ob eine solche Abtretung gewollt ist, muß im einzelnen Falle festgestellt werden; keineswegs folgt sie von selbst aus dem Abschluß eines Betheiligungsvertrags.

§ 718.

E. I § 631 Abs. 4; II § 658 Abs. 1 Satz 2 rev. § 705; III § 705. P. I S. 2902—2912, 11827—11832; M. II S. 599—601. P. II S. 2430—2446, 8483 (Bd. II S. 425—434). D. S. 644.

1. Nach dem Grundsatze der gesammten Hand (s. Vorbm. II, 1) wird für die Zwecke der Gesellschaft ein besonderes Gesellschaftsvermögen gebildet. Als Bestandttheile des Gesellschafts-

Zu dem Gesellschaftsvermögen gehört auch, was auf Grund eines zu dem Gesellschaftsvermögen gehörenden Rechtes oder als Ersatz für die Zerstörung, Beschädigung oder Entziehung eines zu dem Gesellschaftsvermögen gehörenden Gegenstandes erworben wird.

§. 719.

Ein Gesellschafter kann nicht über seinen Antheil an dem Gesellschaftsvermögen und an den einzelnen dazu gehörenden Gegenständen verfügen; er ist nicht berechtigt, Theilung zu verlangen.

Gegen eine Forderung, die zum Gesellschaftsvermögen gehört, kann der Schuldner nicht eine ihm gegen einen einzelnen Gesellschafter zustehende Forderung aufrechnen.

---

vermögens kommen in Betracht die von den Gesellschaftern einzubringenden Beiträge, die durch die Geschäftsführung für die Gesellschaft erworbenen Gegenstände und endlich der Erwerb auf Grund des Gesellschaftsvermögens.

a) Die Gesellschafter werden durch den Abschluß des Gesellschaftsvertrags obligatorisch verpflichtet, die als Beiträge versprochenen Gegenstände an die Gesammtheit der Gesellschafter zu übertragen. Durch die Uebertragung entsteht kraft Gesetzes eine Gemeinschaft zur gesammten Hand an den eingebrachten Gegenständen und ein besonderes Gesellschaftsvermögen. Die Uebertragung hat in der für die einzelnen Gegenstände vorgeschriebenen Form zu geschehen, bei Grundstücken also z. B. in der Form der Auflassung. Soweit es sich um Rechte handelt, die in das Grundbuch eingetragen werden, ist im Grundbuch erkennbar zu machen, daß an dem übertragenen Rechte eine Gemeinschaft nach den Grundsätzen des Gesellschaftsrechts besteht (G.B.O. § 48). Der Rechtsübertragungswille und die Annahme werden durch den Abschluß des Gesellschaftsvertrags nicht ersetzt. Allerdings ist es möglich, daß Gegenstände, welche, wie z. B. Forderungen, durch einfachen Vertrag abgetreten werden können, gleichzeitig mit dem Abschlusse des Gesellschaftsvertrags übertragen werden. Eine Vermuthung dafür, daß dies gewollt ist, besteht aber nicht; denn der einzelne Gesellschafter würde sich durch die sofortige Einbringung selbst benachtheiligen, da er die Einrede des nicht erfüllten Vertrags bezw. das Zurückbehaltungsrecht verlieren würde.

b) Für den Erwerb von Gegenständen durch Geschäftsführung für die Gesellschaft sind die allgemeinen Grundsätze über Stellvertretung maßgebend. Ein Gegenstand fällt darnach in das Gesellschaftsvermögen, wenn die Gesellschafter zusammen oder ein einzelner Gesellschafter oder ein Dritter Namens der Gesellschaft und auf Grund einer Vollmacht (§ 714) das Erwerbsgeschäft abgeschlossen haben. Hat ein geschäftsführender Gesellschafter für die Gesellschaft, aber im eigenen Namen gehandelt, so ist er nach § 713 i. V. mit § 667 verpflichtet, das Erlangte auf die Gesellschaft zu übertragen.

c) Gegenstände, welche auf Grund eines zu dem Gesellschaftsvermögen gehörenden Rechtes erworben werden, sind die Früchte, der An- und Zuwachs, ferner die Gegenstände, welche in Erfüllung einer der Gesellschaft gegenüber bestehenden Verpflichtung geleistet werden. Als Gegenstände, welche zum Ersatz in das Gesellschaftsvermögen fallen, sind zu nennen die Gelder, welche für widerrechtlich zerstörte oder beschädigte Sachen des Gesellschaftsvermögens von dem Ersatzpflichtigen gezahlt werden, die Versicherungsgelder, der Ueberschuß bei einer Zwangsversteigerung, die Beträge, welche bei der Enteignung bezahlt werden ꝛc. (s. Bd. IV S. 106 Erl. zu § 1370). Diese Gegenstände werden vorbehaltlich der Bestimmungen des Grundbuchrechts mit dem Erwerbe kraft Gesetzes Theil des Gesellschaftsvermögens.

2. Nicht zum Gesellschaftsvermögen gehören die **Ansprüche gegen die einzelnen Gesellschafter auf Leistung von Beiträgen sowie die Ersatzansprüche wegen Nichtleistung der Beiträge.** Diese stehen vielmehr den einzelnen Gesellschaftern **gegen einander** persönlich zu.

§ 719.

E. I § 645; II § 658 Abs. 1 Satz 1, 3 rev. § 706; III § 706. P. I S. 2955—2958, 2960—2963; M. II S. 615, 616. P. II S. 2445, 2446, 5341—5343, 8483 (Bd. II S. 433, 434)

Der § 719 normirt die Rechtsverhältnisse an dem Gesellschaftsvermögen.

1. Das Gesellschaftsvermögen gehört nicht der Gesellschaft, denn diese besitzt keine Rechtsfähigkeit. Es besteht auch kein juristisch selbständiges Zweckvermögen, sondern die einzelnen

Gegenstände gehören den Gesellschaftern. Aber das Vermögen soll für die Zwecke der Gesellschaft sicher gestellt und dinglich gebunden werden. Dieser Gedanke wird in der Weise realisirt, daß dem einzelnen Gesellschafter die Verfügung über seinen Antheil an dem Vermögen und an den einzelnen dazu gehörenden Gegenständen entzogen und der Anspruch auf Theilung versagt wird. Zur Durchführung des Prinzips ist in der C.P.O. (§ 736) bestimmt, daß zur Zwangsvollstreckung in das Gesellschaftsvermögen ein gegen alle Gesellschafter ergangenes Urtheil erforderlich sein soll, und ferner (C.P.O. § 859 Abs. 1 Satz 2), daß der Antheil eines Gesellschafters an den einzelnen zu dem Gesellschaftsvermögen gehörenden Gegenständen der Pfändung nicht unterworfen ist. Dagegen ist die Pfändung des Antheils am Gesellschaftsvermögen als Ganzem zugelassen (C.P.O. § 859 Abs. 1 Satz 1); vergl. dazu unten § 725. Den Bestimmungen des B.G.B. und der C.P.O. entsprechen endlich auch die Vorschriften der K.O. Im Falle des Konkurses über das Vermögen eines Gesellschafters werden nicht die Antheile des Gesellschafters an den Gegenständen des Gesellschaftsvermögens als Theile der Konkursmasse behandelt; dies würde dem Grundsatze, daß das Vermögen dinglich für die Zwecke der Gesellschaft gebunden ist, widersprechen. Sondern das Gesellschaftsvermögen wird unabhängig vom Konkurse nach Maßgabe der Vorschriften des B.G.B. §§ 731 ff. liquidirt, und zur Konkursmasse fließt nur, was bei der Auseinandersetzung auf den Gemeinschuldner in seiner Eigenschaft als Gesellschafter entfällt (vergl. K.O. §§ 16, 51).

2. Abs. 1. Aus dem unter Nr. 1 dargelegten Grundsatze folgt, daß die Gesellschafter auch nicht berechtigt sind, zu Ungunsten der Gesellschaft die Rechte an dem Gesellschaftsvermögen für ihren Theil durch Rechtsakt aufzuheben; insbesondere ist ein Vertrag, durch den ein Gesellschafter einem Gesellschaftsschuldner eine Gesellschaftsforderung in Höhe seines Antheils erläßt, unwirksam. Daß dem einzelnen Gesellschafter die selbständige Geltendmachung seines Antheils an den gemeinschaftlichen Rechten entzogen sei, ist im Gesetze nicht ausdrücklich gesagt. Es entspricht dies aber der Grundauffassung des Gesetzes. Das Rechtsverhältniß an dem Gesellschaftsvermögen ist gedacht als eine ungetheilte und untheilbare Gemeinschaft. Die Antheile der Mitglieder treten während der Dauer der Gesellschaft nicht hervor. Für die Bethätigung selbständiger Einzelrechte bleibt kein Spielraum. Nur der Besitzschutz kann während der Dauer der Gesellschaft auch von jedem einzelnen Gesellschafter ausgeübt werden, der sich im Besitze befindet oder befand. Im Uebrigen aber steht die Verfügung über das Gesellschaftsvermögen und die einzelnen Gegenstände der Gesellschaft, d. h. den sämmtlichen Gesellschaftern zusammen, zu. Nach innen sind dabei die Bestimmungen über die Führung der Geschäfte der Gesellschaft (§§ 709 ff.), nach außen die Grundsätze über Stellvertretung und Vollmacht (§§ 714, 715) maßgebend. Uebrigens ist es den Gesellschaftern unbenommen, da es sich um ihr Privatvermögen handelt, durch gemeinschaftlichen Beschluß auch unabhängig von dem Gesellschaftszwecke Verfügungen über das Gesellschaftsvermögen zu treffen.

Für die Schulden der Gesellschaft ist das Gesellschaftsvermögen nicht in dinglicher Weise gebunden. Allerdings sollen bei der nach Auflösung der Gesellschaft erfolgenden Auseinandersetzung zunächst die Gesellschaftsschulden aus dem Gesellschaftsvermögen berichtigt werden. Aber im Uebrigen haben die Gesellschaftsgläubiger kein besonderes Vorzugsrecht. Auch andere Gläubiger, denen die Gesellschafter unabhängig von dem Gesellschaftsverhältniß als Gesammtschuldner haften, können sich aus dem Gesellschaftsvermögen befriedigen. Ein bei den Berathungen der zweiten Kommission gestellter Antrag, nach welchem eine Zwangsvollstreckung in die zum Gesellschaftsvermögen gehörenden Gegenstände nur wegen Schulden der Gesellschafter als solcher zulässig sein sollte, ist abgelehnt (P. II S. 2448). Zur Zwangsvollstreckung in das Gesellschaftsvermögen ist hiernach, und dies ist der praktisch wichtigste Punkt, nicht der Nachweis erforderlich, daß es sich um Gesellschaftsschulden handelt, sondern es genügt ein einfacher Zwangsvollstreckungstitel gegen alle Gesellschafter. Die Gläubiger der Gesellschaft sind übrigens nicht auf das Gesellschaftsvermögen beschränkt, sie können sich wegen ihrer Forderungen auch an das Privatvermögen der einzelnen Gesellschafter halten (s. Erl. zu § 704 Nr. 2). Dem Privatgläubiger eines einzelnen Gesellschafters ist der Zugriff auf die einzelnen Gegenstände des Gesellschaftsvermögens versagt; er kann seine Befriedigung aus dem Gesellschaftsvermögen nur in der Weise suchen, daß er den Antheil seines Schuldners am Gesellschaftsvermögen als Ganzem pfänden läßt und dann die Gesellschaft nach § 725 kündigt. Auf Grund der Pfändung kann er dann die Befriedigung aus dem seinem Schuldner bei der Auseinandersetzung zukommenden Antheile nach Maßgabe der C.P.O. § 857 verlangen. Da durch die Einbringung in das Gesellschaftsvermögen die eingebrachten Gegenstände dem Zugriffe der Privatgläubiger des einzelnen Gesellschafters entzogen werden, so können diese möglicherweise auch die Einbringung nach den Grundsätzen des Anfechtungsgesetzes anfechten.

3. Abs. 2. Für die Aufrechnung ergeben sich folgende Sätze: Gegen eine zu dem Gesellschaftsvermögen gehörende Forderung kann der Schuldner nicht mit einer ihm gegen einen einzelnen Gesellschafter zustehenden Forderung aufrechnen. Dieser Satz entspricht dem im Abs. 1

§. 720.

Die Zugehörigkeit einer nach §. 718 Abs. 1 erworbenen Forderung zum Gesellschaftsvermögen hat der Schuldner erst dann gegen sich gelten zu lassen, wenn er von der Zugehörigkeit Kenntniß erlangt; die Vorschriften der §§. 406 bis 408 finden entsprechende Anwendung.

---

aufgestelltem Prinzip, ist aber nicht selbstverständlich und deshalb im Abs. 2 besonders ausgesprochen. Gegen eine Forderung, welche dem Gläubiger allen Gesellschaftern gegenüber zusteht, können diese eine Gesellschaftsforderung, nicht aber die einem einzelnen Gesellschafter gegen den Gläubiger zustehende Forderung aufrechnen. Der einzelne Gesellschafter kann eine ihm zustehende Forderung, wenn er Gesammtschuldner ist, gegen die ganze Forderung des Gläubigers, wenn er nur zu einem Antheile verpflichtet ist, nur gegen den entsprechenden Theil der Forderung aufrechnen. Im ersteren Falle erlischt die Forderung des Gläubigers auch gegen die übrigen Gesellschafter (§ 422), im zweiten bleibt sie zu dem Antheile der übrigen Gesellschafter bestehen. Gegen die Forderung des Privatgläubigers eines Gesellschafters kann dieser nicht mit einer Forderung der Gesellschaft aufrechnen, da ihm nach Abs. 1 die Verfügung über seinen Antheil an dieser letzteren entzogen ist. Wenn ein einzelner Gesellschafter wegen einer Gesellschaftsschuld in Anspruch genommen wird, so kann er weder eine Privatforderung eines anderen Gesellschafters noch eine Forderung der Gesellschaft aufrechnen, erstere nicht, weil ihm die Forderung nicht zusteht (vergl. § 422 Abs. 2), letztere nicht, weil ihm die Verfügung über seinen Antheil an der Forderung nach Abs. 1 entzogen ist (vergl. Erl. zu § 714 Nr. 2).

§ 720.

E. II § 658 Abs. 2 rev. § 707; III § 707. P. II S. 2447, 2448, 8436, 8437 (Bd. II S. 434).

Der § 720 ist von der zweiten Kommission eingestellt. Man hat erwogen: Bei Forderungen, welche zum Gesellschaftsvermögen gehören, sei es, daß sie von einem Gesellschafter als Beitrag eingeschossen, sei es, daß sie von vornherein als den Gesellschaftern gemeinschaftliche begründet seien, dürfe dem Schuldner daraus, daß der einzelne Gesellschafter nicht über seinen Antheil an der Forderung verfügen könne, kein Nachtheil entstehen, sofern er nicht die Zugehörigkeit der Forderung zum Gesellschaftsvermögen gekannt habe. Ohne diese besondere Kenntniß sei er zu der Annahme berechtigt, daß nach der Regel des § 420, Theilbarkeit der Leistung vorausgesetzt, jeder Gläubiger über einen gleichen Antheil der Forderung verfügen könne. In diesem guten Glauben müsse er ebenso geschützt werden wie der Schuldner, welcher im Falle der Abtretung den wahren Gläubiger nicht gekannt habe.

Die entsprechende Anwendung der §§ 406—408 führt zu folgenden Ergebnissen:

a) Gegen eine zu dem Gesellschaftsvermögen gehörende Forderung kann der Schuldner eine ihm gegen einen einzelnen Gesellschafter zustehende Forderung insoweit aufrechnen, als der dem Gesellschafter zustehende Antheil an der Gegenforderung beträgt, es sei denn, daß er bei dem Erwerbe seiner Forderung von der Zugehörigkeit der Gegenforderung zu dem Gesellschaftsvermögen Kenntniß hatte oder daß seine Forderung erst nach der Erlangung dieser Kenntniß und später als die Gegenforderung fällig geworden ist (§ 406).

b) Die Gesellschafter müssen eine Leistung, welche der Schuldner einer zu dem Gesellschaftsvermögen gehörenden Forderung an einen einzelnen Gesellschafter bewirkt sowie jedes Rechtsgeschäft, welches zwischen dem Schuldner und dem einzelnen Gesellschafter vorgenommen wird, insoweit gegen sich gelten lassen, als der dem Gesellschafter zustehende Antheil an der Forderung beträgt, es sei denn, daß der Schuldner die Zugehörigkeit der Forderung zu dem Gesellschaftsvermögen bei der Leistung oder der Vornahme des Rechtsgeschäfts kennt.

Ist in einem zwischen dem Schuldner einer zu dem Gesellschaftsvermögen gehörenden Forderung und einem einzelnen Gesellschafter anhängig gewordenen Rechtsstreit ein rechtskräftiges Urtheil über den Antheil der Forderung ergangen, welcher dem Gesellschafter zusteht, so müssen die Gesellschafter das Urtheil gegen sich gelten lassen, es sei denn, daß der Schuldner die Zugehörigkeit der Forderung zu dem Gesellschaftsvermögen bei dem Eintritte der Rechtshängigkeit gekannt hat (§ 407).

c) Wird der einem einzelnen Gesellschafter zustehende Antheil einer zu dem Gesellschaftsvermögen gehörenden Forderung von diesem an einen Dritten abgetreten, so finden, wenn der Schuldner an den Dritten leistet oder wenn zwischen dem Schuldner und dem Dritten ein Rechtsgeschäft vorgenommen oder ein Rechtsstreit anhängig wird, zu Gunsten des Schuldners die unter b angeführten Vorschriften den Gesellschaftern gegenüber entsprechende Anwendung.

§. 721.

Ein Gesellschafter kann den Rechnungsabschluß und die Vertheilung des Gewinns und Verlustes erst nach der Auflösung der Gesellschaft verlangen.

Ist die Gesellschaft von längerer Dauer, so hat der Rechnungsabschluß und die Gewinnvertheilung im Zweifel am Schlusse jedes Geschäftsjahrs zu erfolgen.

§. 722.

Sind die Antheile der Gesellschafter am Gewinn und Verluste nicht bestimmt, so hat jeder Gesellschafter ohne Rücksicht auf die Art und die Größe seines Beitrags einen gleichen Antheil am Gewinn und Verluste.

Ist nur der Antheil am Gewinn oder am Verluste bestimmt, so gilt die Bestimmung im Zweifel für Gewinn und Verlust.

Das Gleiche gilt, wenn der einem einzelnen Gesellschafter zustehende Antheil an einer zu dem Gesellschaftsvermögen gehörenden Forderung durch gerichtlichen Beschluß einem Dritten überwiesen wird oder wenn der Gesellschafter einem Dritten gegenüber anerkennt, daß sein Antheil an der Forderung kraft Gesetzes auf den Dritten übergegangen sei (§ 408).

§ 721.

E. I § 646; II § 659 rev. § 708; III § 708. P. I S. 2965; M. II S. 616. P. II S. 2453 (Bd. II S. 437).

Darüber, wann und wie ein Rechnungsabschluß und eine Vertheilung des Gewinns und Verlustes stattzufinden hat, entscheidet in erster Linie der Gesellschaftsvertrag. Die Bestimmung des Gesetzes greift im ersten Absatze nur dispositiv, im zweiten Absatz als Auslegungsregel ein. Sie schließt sich, abgesehen von den Vorschriften des H.G.B. für die offene Handelsgesellschaft (§§ 120—122), im Wesentlichen dem geltenden Rechte an. Vereinbarungen über periodisch wiederkehrende, lediglich rechnungsmäßig zur Information und Kontrole des Standes der Gesellschaftsangelegenheiten stattfindende Rechnungsabschlüsse (Gewinn- und Verlustberechnungen) stehen hier außer Frage (M. II S. 616).

Zu beachten ist, daß die Auslegungsregel des zweiten Absatzes sich nur auf die Vertheilung des Gewinns bezieht. In Betreff der Vertheilung des Verlustes bleibt es bei der dispositiven Vorschrift des Abs. 1.

§. 722.

E. I § 647; II § 660 rev. § 709; III § 709. P. I S. 2916, 2917; M. II S. 616, 617. P. II S. 2453 (Bd. II S. 437).

1. Für die Art und Weise, wie Gewinn und Verlust auf die einzelnen Gesellschafter zu vertheilen sind, ist in erster Linie der Gesellschaftsvertrag maßgebend. Die Gesellschafter können vereinbaren, daß Alle einen gleichen Antheil haben sollen; sie können aber auch eine andere Vertheilung festsetzen, insbesondere nach Verhältniß der Größe oder der Art der Beiträge. Nicht zulässig ist aber eine Bestimmung, wonach ein Gesellschafter nur am Verluste betheiligt sein soll; wenn eine dahingehende Vereinbarung getroffen ist, so liegt kein Gesellschaftsvertrag vor (s. Erl. zu § 705 Nr. 1a). Dagegen kann ausgemacht werden, daß ein Gesellschafter von der Betheiligung am Verlust ausgeschlossen sein solle. Ist im Vertrage nur der Antheil am Gewinn oder am Verluste bestimmt, so gilt nach der Auslegungsregel des Abs. 2 die Bestimmung für Gewinn und Verlust.

Haben die Gesellschafter über die Vertheilnng von Gewinn oder Verlust nichts bestimmt, so soll nach der Dispositivvorschrift des Abs. 1 jeder Gesellschafter einen gleichen Antheil am Gewinn und Verluste haben.

§§ 723—729.

Für die Beendigung der auf dem Gesellschaftsvertrage beruhenden Schuldverhältnisse gelten die allgemeinen Grundsätze (s. oben S. 138 Vorbm. z. dritten Abschn.). Die §§ 723—728 geben einige Sondervorschriften, welche mit Rücksicht auf die eigenartige Natur der Gesellschaft für erforderlich erachtet sind. Als besondere Beendigungsgründe kommen hiernach in Betracht die Kündigung, die Erledigung der Gesellschaft dadurch, daß der Gesellschaftszweck erreicht oder die Erreichung unmöglich wird, der Tod eines Gesellschafters und die Eröffnung des Konkurses

§. 723.

Ist die Gesellschaft nicht für eine bestimmte Zeit eingegangen, so kann jeder Gesellschafter sie jederzeit kündigen. Ist eine Zeitdauer bestimmt, so ist die Kündigung vor dem Ablaufe der Zeit zulässig, wenn ein wichtiger Grund vorliegt; ein solcher Grund ist insbesondere vorhanden, wenn ein anderer Gesellschafter eine ihm nach dem Gesellschaftsvertrag obliegende wesentliche Verpflichtung vorsätzlich oder aus grober Fahrlässigkeit verletzt oder wenn die Erfüllung einer solchen Verpflichtung unmöglich wird. Unter der gleichen Voraussetzung ist, wenn eine Kündigungsfrist bestimmt ist, die Kündigung ohne Einhaltung der Frist zulässig.

Die Kündigung darf nicht zur Unzeit geschehen, es sei denn, daß ein wichtiger Grund für die unzeitige Kündigung vorliegt. Kündigt ein Gesellschafter ohne solchen Grund zur Unzeit, so hat er den übrigen Gesellschaftern den daraus entstehenden Schaden zu ersetzen.

Eine Vereinbarung, durch welche das Kündigungsrecht ausgeschlossen oder diesen Vorschriften zuwider beschränkt wird, ist nichtig.

über das Vermögen eines Gesellschafters. Außerdem sind als Gründe, welche nach allgemeinen Grundsätzen die Auflösung der Gesellschaft herbeiführen, zu nennen Ablauf der Zeit, für welche die Gesellschaft eingegangen ist, Eintritt einer auflösenden Bedingung und Vereinbarung der Gesellschafter; bei letzterer ist Einstimmigkeit erforderlich.

Wegen des Fortbestehens einer Gesellschaft beim Wechsel der Mitglieder und wegen der Umwandlung einer Gesellschaft s. Erl. zu § 736.

Mit der Auflösung hört die obligatorische Verpflichtung des einzelnen Gesellschafters zur Förderung des Gesellschaftszwecks auf. Aber es erlöschen nicht sofort alle rechtlichen Beziehungen zwischen den Gesellschaftern, vielmehr besteht zunächst noch eine Gemeinschaft an dem Gesellschaftsvermögen weiter, welche erst durch die an die Auflösung sich anschließende Auseinandersetzung beendigt wird (s. Erl. zu §§ 731 ff.).

§ 723.

E. I §§ 648, 649; II § 661 rev. § 710; III § 710. P. I S. 2917—2921, 2986, 2973—2987, 11714—11718, 11827, 11833, 11836; M. II S. 617—621. P. II S. 2453, 2454 (Bd. II S. 437, 438).

1. Die Kündigung ist im Anschluß an das geltende Recht, soweit dies eine Kündigung zuläßt (vergl. M. II S. 618), geregelt und zwar mit Unterscheidung der Fälle, in denen die Gesellschaftsdauer bestimmt oder unbestimmt ist. Die Kündigung führt zur Auflösung der Gesellschaft, die Gesellschafter können aber vereinbaren, daß trotz der Kündigung seitens eines Gesellschafters die Gesellschaft fortbestehen soll (§ 736).

a) Bei einer auf unbestimmte Zeit eingegangenen Gesellschaft, d. h. wenn die Dauer weder durch Festsetzung einer bestimmten Zeit noch in anderer Art, z. B. dadurch festgesetzt ist, daß der Zweck der Gesellschaft in der Vornahme bestimmter Geschäfte besteht, gilt ein freies Kündigungsrecht für alle Gesellschafter. Der Beweis, daß die Gesellschaft auf unbestimmte Zeit eingegangen ist, liegt dem Gesellschafter ob, welcher sich auf die Kündigung beruft.

b) Ist die Dauer der Gesellschaft durch Festsetzung einer gewissen Zeit oder in anderer Art bestimmt, so ist diese Vereinbarung dergestalt vrbindlich, daß wäherend der bestimmten Dauer das freie Kündigungsrecht ausgeschlossen bleibt. Ausnahmsweise soll aber eine Kündigung zulässig sein, wenn ein wichtiger Grund vorliegt. Dies ist nach den Umständen des einzelnen Falles zu entscheiden (vergl. §§ 626, 712 sowie H.G.B. § 133. Im alten H.G.B. Art. 125 war der Begriff des wichtigen Grundes durch eine Reihe von Beispielsfällen erläutert; vergl. Staub, Kommentar zu Art. 125 § 10). Ein ausreichender Grund soll aber stets angenommen werden, wenn ein anderer Gesellschafter eine ihm nach dem Gesellschaftsvertrag obliegende wesentliche Verpflichtung vorsätzlich oder aus grober Fahrlässigkeit (s. Bd. I S. 35—38) verletzt oder wenn die Erfüllung einer solchen Verpflichtnng unmöglich wird; verschuldete und unverschuldete Unmöglichkeit stehen sich hierbei gleich. Zweifelhaft kann sein, ob nur die objektive oder auch die subjektive Unmöglichkeit genügt. In den Motiven wird hervorgehoben, daß die Unmöglichkeit auch das subjektive Unvermögen in sich begreife, wenn die persönliche Erfüllung geboten sei, das subjektive Unvermögen also die Eigenschaft der objektiven Unmöglichkeit annehme (M. II S. 619). Hiernach wird also dem Sprachgebrauche des E. I entsprechend objektive Unmöglichkeit gefordert. Auch das B.G.B. versteht unter Unmöglichkeit regelmäßig nur die objektive Unmöglichkeit. Aber in Betreff der Wirkung, welche bei einem obligatorischen Rechtsverhältnisse die nach der Begründung desselben eintretende Unmöglichkeit hat, stellt der § 275 Abs. 2 der objektiven Unmöglichkeit das nachträglich eintretende Unvermögen des Schuldners zur Leistung gleich (s. Bd. II S. 47 Vorbm. zu §§ 275—290 Nr. 1). Diese Gleichstellung wird ebenso wie für die Vorschriften der §§ 280—283, 323—325 auch für die Vorschrift des § 723 gelten müssen. Es kann dahin gestellt bleiben, ob nicht auch nach dem E. I mit Rücksicht auf die Vorschrift des § 237 Abs. 2 die subjektive Unmöglichkeit in einem weiteren Umfange wie nach den oben angeführten Motiven zu berücksichtigen sein würde. Nach dem B.G.B. dürfte jedenfalls der Ausdruck „unmöglich" im § 723 das nachträglich eintretende Unvermögen eines Gesellschafters zu der ihm obliegenden Leistung mit umfassen. Zu beachten ist, daß, wenn durch irgend welche Umstände die Erreichung des Gesellschaftszwecks unmöglich wird, die Gesellschaft von selbst endigt, ohne daß es einer Kündigung bedarf.

Liegt ein gerechtfertigter Grund zur Kündigung vor, so wird die Gesellschaft durch die Kündigung aufgelöst; ein richterliches Urtheil ist nicht erforderlich. Eine nicht gerechtfertigte Kündigung ist wirkungslos; der Kündigende bleibt Gesellschafter.

Wegen des Rechtes des Ehemanns, eine von der Frau eingegangene Gesellschaft zu kündigen, wenn die Frau sich zu persönlichen Dienstleistungen verpflichtet hat, s. § 1358.

c) Eine Frist braucht bei der Kündigung nicht eingehalten zu werden. Durch den Gesellschaftsvertrag kann aber eine Kündigungsfrist ausgemacht werden. Ist dies geschehen, so soll nach Abs. 1 Satz 2 eine Kündigung ohne Einhaltung der Frist zulässig sein, wenn ein wichtiger Grund vorliegt.

d) Die Kündigung soll niemals, gleichviel ob die Zeitdauer der Gesellschaft bestimmt oder unbestimmt ist, zur Unzeit geschehen. Eine an sich zulässige Kündigung ist aber deswegen nicht wirkungslos, weil sie zur Unzeit vorgenommen ist. Sie führt vielmehr zur Auflösung der Gesellschaft; aber der Kündigende ist verpflichtet, den übrigen Gesellschaftern den aus der Unzeitigkeit der Kündigung entstehenden Schaden zu ersetzen. Die Haftung für Schadensersatz tritt nicht ein, wenn ein wichtiger Grund, zur Unzeit zu kündigen, vorgelegen hat. Für den Schadensersatz gelten die allgemeinen Grundsätze (§§ 249ff.). Ob eine Kündigung als zur Unzeit erfolgt zu gelten hat, ist nach den Umständen des einzelnen Falles zu entscheiden. Nicht besonders erwähnt ist der Fall der arglistigen Kündigung oder einer Kündigung in der Absicht, den Gesellschaftern einen ihnen gebührenden Gewinn zu entziehen. Eine derartige Kündigung ist entweder eine unzeitige oder eine solche, zu welcher der Kündigende als befugt erachtet werden muß.

e) Die Kündigung ist ein einseitiges formloses Rechtsgeschäft, welches gegenüber den anderen Gesellschaftern vorzunehmen ist (§§ 130ff.). Die Entscheidung der Fragen, inwiefern zur Wirksamkeit der Kündigung gehört, daß sie allen Gesellschaftern gegenüber erklärt sei, wie eine nicht allen Gesellschaftern erklärte Kündigung wirkt und wie das Rechtsverhältniß sich gestaltet, wenn zwar allen Gesellschaftern gekündigt, die Kündigung jedoch den verschiedenen Gesellschaftern zu verschiedener Zeit zugegangen ist, hat nach M. II S. 620 der Wissenschaft und Praxis überlassen bleiben sollen. Aus allgemeinen Grundsätzen dürfte sich Folgendes ergeben:

Das durch den Gesellschaftsvertrag unter den Gesellschaftern begründete Verhältniß ist ein einheitliches; es kann daher nicht einem einzelnen Gesellschafter, sondern nur allen Gesellschaftern gegenüber aufgehoben werden. Die Kündigung muß daher allen Gesellschaftern gegenüber erfolgen, und die Gesellschaft wird durch sie erst beendigt, wenn sie allen Gesellschaftern gegenüber nach Maßgabe der §§ 130—132 wirksam geworden ist (vergl. auch sächs. B.G.B. § 1379). Die Kündigung an den geschäftsführenden Gesellschafter genügt nicht. Geht sie dem einen Gesellschafter eher zu wie dem anderen, so endigt die Gesellschaft erst mit dem Zeitpunkt, in welchem die Kündigung dem letzteren zugegangen ist. Diese Grundsätze gelten nach § 356 auch für das Rücktrittsrecht. Die in dem § 356 außerdem enthaltene Vorschrift, daß, wenn bei einem Vertrag auf der einen oder anderen Seite Mehrere betheiligt seien, das Rücktrittsrecht nur von Allen gemeinschaftlich ausgeübt werden könne, findet auf das Kündigungsrecht der Gesellschafter, da dasselbe nach § 723 jedem Gesellschafter zusteht, keine Anwendung.

f) Der Abs. 3 enthält eine absolute Vorschrift. Der E. I erklärte nur eine Vereinbarung, welche das Kündigungsrecht ausschließt, für nichtig. Die zweite Kommission hat die Vorschrift auf alle Vereinbarungen ausgedehnt, welche das Kündigungsrecht im Widerspruche mit Abs. 1, 2 beschränken; betroffen werden also namentlich auch Vereinbarungen, welche das Recht, wegen wichtiger Gründe vorzeitig oder zur Unzeit zu kündigen, aufheben oder einschränken.

§. 724.

Ist eine Gesellschaft für die Lebenszeit eines Gesellschafters eingegangen, so kann sie in gleicher Weise gekündigt werden wie eine für unbestimmte Zeit eingegangene Gesellschaft. Dasselbe gilt, wenn eine Gesellschaft nach dem Ablaufe der bestimmten Zeit stillschweigend fortgesetzt wird.

§. 725.

Hat ein Gläubiger eines Gesellschafters die Pfändung des Antheils des Gesellschafters an dem Gesellschaftsvermögen erwirkt, so kann er die Gesellschaft ohne Einhaltung einer Kündigungsfrist kündigen, sofern der Schuldtitel nicht blos vorläufig vollstreckbar ist.

Solange die Gesellschaft besteht, kann der Gläubiger die sich aus dem Gesellschaftsverhältniß ergebenden Rechte des Gesellschafters, mit Ausnahme des Anspruchs auf einen Gewinnantheil, nicht geltend machen.

---

§ 724.

E. I § 650; II § 662 rev. § 711; III § 711. P. I S. 2917—2920, 11821; M. II S. 621, 622. P. II S. 2454 (Bd. II S. 438).

1. Eine Gesellschaft kann für die Lebenszeit eines Gesellschafters eingegangen werden. Es könnte zweifelhaft sein, ob in solchem Falle nicht das freie Kündigungsrecht nach § 723 Abs. 1 Satz 2 als ausgeschlossen zu erachten sein würde. Im Anschluß an das H.G.B. Art. 123 (jetzt § 134) bestimmt aber das Gesetz, daß die Gesellschaft in gleicher Weise gekündigt werden kann, als wenn sie auf unbestimmte Zeit eingegangen wäre (§ 723 Abs. 1 Satz 1). Das Kündigungsrecht steht jedem Gesellschafter zu, nicht nur demjenigen, für dessen Lebenszeit die Gesellschaft eingegangen ist.

2. Wenn eine Gesellschaft nach dem Ablaufe der bestimmten Zeit stillschweigend fortgesetzt wird, so liegt der Abschluß eines neuen Gesellschaftsvertrags vor. Das Gesetz unterstellt als Regel, daß die neue Gesellschaft auf unbestimmte Zeit eingegangen ist, und bestimmt deshalb, daß jeder Gesellschafter sie jederzeit kündigen kann. Ist festzustellen, daß die Gesellschafter eine andere Regelung gewollt haben, so ist diese maßgebend.

§ 725.

E. II § 663 rev. § 712; III § 712. P. II S. 2455, 2456, 8698, 8699, 8712, 8713 (Bd. II S. 438, 439). D. S. 644.

Dem Privatgläubiger eines einzelnen Gesellschafters ist während des Bestehens der Gesellschaft der Zugriff auf die einzelnen Stücke des Vermögens versagt (C.P.O. § 859 Abs. 1 Satz 2); dagegen ist die Pfändung des seinem Schuldner zustehenden Antheils an dem Gesellschaftsvermögen als Ganzem gestattet (C.P.O. § 859 Abs. 1 Satz 1). Der § 725 normirt die Rechte, welche sich für den Gläubiger aus der Pfändung ergeben.

1. Im Abs. 1 ist dem Gläubiger das Recht eingeräumt, die Gesellschaft zu kündigen. Dieses Kündigungsrecht des Gläubigers ist kein abgeleitetes; er macht, wenn er kündigt, nicht vertretungsweise ein Recht seines Schuldners, sondern ein eigenes Recht geltend. Das Recht des Gläubigers ist auch nicht den sich aus § 723 ergebenden Beschränkungen unterworfen. Voraussetzung der Kündigung ist nur, daß der Gläubiger die Pfändung des Antheils seines Schuldners an dem Gesellschaftsvermögen erwirkt hat. Nach dem Vorgange des Genossenschaftsgesetzes § 66 ist aber das Kündigungsrecht von dem Vorhandensein eines nicht blos vorläufig vollstreckbaren Schuldtitels abhängig gemacht, weil die Kündigung einen nicht wieder rückgängig zu machenden Eingriff in die Rechtslage der Gesellschafter enthält und die Gesellschaft endgültig zum Erlöschen bringt (P. II S. 2455). Eine Kündigungsfrist braucht nicht eingehalten zu werden. Ebenso wird abweichend vom H.G.B. § 135 und vom Genossenschaftsgesetz § 66 nicht erfordert, daß der Gläubiger vorher die Zwangsvollstreckung in das sonstige Vermögen des Schuldners versucht hat.

2. Solange die Kündigung nicht erfolgt ist, steht dem Gläubiger nach Abs. 2 lediglich ein Recht auf den etwaigen Gewinnantheil des Gesellschafters zu. Der Gläubiger ist also nicht, wie sonst ein Pfandgläubiger nach § 1258, allgemein befugt, die Rechte

§. 726.

Die Gesellschaft endigt, wenn der vereinbarte Zweck erreicht oder dessen Erreichung unmöglich geworden ist.

§. 727.

Die Gesellschaft wird durch den Tod eines der Gesellschafter aufgelöst, sofern nicht aus dem Gesellschaftsvertrage sich ein Anderes ergiebt.

Im Falle der Auflösung hat der Erbe des verstorbenen Gesellschafters den übrigen Gesellschaftern den Tod unverzüglich anzuzeigen und, wenn mit dem Aufschube Gefahr verbunden ist, die seinem Erblasser durch den Gesellschaftsvertrag

---

auszuüben, welche seinem Schuldner zustehen. Ein Antrag, welcher die Bestellung eines Verwalters zur Ausübung der dem Gesellschafter zustehenden Rechte zulassen wollte, ist abgelehnt (P. II S. 2452). Die Rechte und Pflichten des Gesellschafters, dessen Antheil gepfändet ist, bestehen vielmehr unverändert fort. Die Gesellschafter sind auch nicht behindert, über das Gesellschaftsvermögen zu verfügen, selbst wenn dies in der Absicht geschehen sollte, das Vermögen dem Zugriffe des Gläubigers zu entziehen. Der Gläubiger kann sich nur dadurch schützen, daß er alsbald von seinem Kündigungsrechte Gebrauch macht.

3. Die anderen Gesellschafter können die ihnen von Seiten des Gläubigers drohende Gefahr der Kündigung dadurch abwehren, daß sie den Gläubiger befriedigen. Ist die Kündigung einmal erfolgt, so tritt die Auflösung kraft Gesetzes ein; die Wirkung der Kündigung kann nicht rückgängig gemacht werden. Den Gesellschaftern ist es aber natürlich unbenommen, auch nachher noch den Gläubiger auszuzahlen und auf der Grundlage der bisherigen Verhältnisse einen neuen Vertrag abzuschließen. Liegen die Voraussetzungen des § 736 vor, so bleibt die Gesellschaft auch bei Kündigung Seitens des Gläubigers fortbestehen; die Rechtsverhältnisse bestimmen sich dann nach den Vorschriften der §§ 738—740 (vergl. auch § 737).

4. Nach der Kündigung finden auf das Rechtsverhältniß zwischen dem Gläubiger und den übrigen Gesellschaftern die Vorschriften des § 1275 Anwendung. Die Pfändung des Antheils des Gesellschafters an dem Gesellschaftsvermögen umfaßt die Pfändung des Anspruchs des Gesellschafters auf die Auseinandersetzung und auf den bei dieser dem Gesellschafter zukommenden Antheil an dem Gesellschaftsvermögen. Die Befriedigung des Gläubigers aus diesem Anspruch erfolgt nach § 857 der C.P.O.

5. Ansprüche, die einem Gesellschafter aus seiner Geschäftsführung zustehen, sind, soweit deren Befriedigung vor der Auseinandersetzung verlangt werden kann, der Pfändung unterworfen. Das Gleiche gilt von Ansprüchen, welche einem einzelnen Gesellschafter nicht auf Grund des Gesellschaftsvertrags, sondern eines selbständigen zwischen ihm und den übrigen Gesellschaftern geschlossenen Vertrags zustehen (vergl. § 717 Satz 2).

§ 726.

E. I § 651; II § 664 rev. § 713; III § 713. P. I S. 2987—2989; M. II S. 622. P. II S. 2456 (Bd. II S. 439).

Bei der offenen Handelsgesellschaft gilt das Erreichen oder das Unmöglichwerden des vereinbarten Zweckes nur als Kündigungsgrund (s. H.G.B. Art. 125 und wegen des neuen H.G.B. D. z. H.G.B. S. 104, K.B. z. H.G.B. S. 3896). Bei der Gesellschaft des bürgerlichen Gesetzbuchs hat man es für richtiger gehalten, wie dies auch, abgesehen vom H.G.B., überall sonst im bisherigen Rechte bestimmt ist (M. II S. 622 Anm. 1), in den bezeichneten Fällen die Auflösung der Gesellschaft kraft Gesetzes auch ohne Kündigung eintreten zu lassen.

Eine Unmöglichkeit liegt nicht nur dann vor, wenn die Erreichung des Zweckes absolut unmöglich geworden ist, sondern auch dann, wenn sich so große Schwierigkeiten ergeben, daß die Erreichung in der vereinbarten Weise nicht mehr möglich ist; ebenso Staub, Kommentar zum H.G.B. Art. 125 § 5.

§ 727.

E. I § 652; II § 665 rev. § 714; III § 714. P. I S. 2989—2993; M. II S. 622, 623. P. II S. 2456, 2457 (Bd. II S. 439).

1. Die Gesellschaft ist ein an die Person der Gesellschafter gebundenes Vertragsverhältniß. Der Tod eines Gesellschafters muß daher, sofern nicht aus dem Gesellschafts-

übertragenen Geschäfte fortzuführen, bis die übrigen Gesellschafter in Gemeinschaft mit ihm anderweit Fürsorge treffen können. Die übrigen Gesellschafter sind in gleicher Weise zur einstweiligen Fortführung der ihnen übertragenen Geschäfte verpflichtet. Die Gesellschaft gilt insoweit als fortbestehend.

§. 728.

Die Gesellschaft wird durch die Eröffnung des Konkurses über das Vermögen eines Gesellschafters aufgelöst. Die Vorschriften des §. 727 Abs. 2 Satz 2, 3 finden Anwendung.

---

vertrag ein entgegenstehender Wille der Vertragschließenden erhellt, die Auflösung der Gesellschaft von Rechtswegen nach sich ziehen. Die Auflösung tritt ein mit dem Zeitpunkte des Todes, nicht erst dann, wenn die Gesellschafter von dem Tode Kenntniß erlangen. Unzuträglichkeiten, welche daraus entstehen könnten, daß die übrigen Gesellschafter in Unkenntniß des Todes die Gesellschaft als fortbestehend behandeln, wird durch die besonderen Bestimmungen des Abs. 2 und des § 729 vorgebeugt.

Die Vorschrift des Abs. 2 entspricht der des § 673 Satz 2 (s. Erl. zu diesem Paragraphen). Hervorzuheben ist, daß die Erben, abweichend vom gemeinen Rechte, nicht nur für Vorsatz und grobe Fahrlässigkeit, sondern in gleicher Weise wie der Erblasser haften.

2. In dem Gesellschaftsvertrage kann über den Einfluß des Todes eines Gesellschafters auf den Bestand der Gesellschaft ein Anderes bestimmt werden. Ist vereinbart, daß die Gesellschaft mit den Erben des verstorbenen Gesellschafters fortbestehen soll, so besteht im Falle des Todes dieses Gesellschafters die bisherige Gesellschaft fort; die Erben treten von Rechtswegen, ohne daß eine neue Einigung nöthig oder ein neuer Gesellschaftsvertrag zu unterstellen wäre, in Betreff der aus dem Gesellschaftsvertrage sich ergebenden Rechte und Verpflichtungen, gerade wie bei anderen Schuldverhältnissen, an die Stelle ihres Erblassers; wegen des Verhältnisses zu den Gläubigern s. Erl. zu § 736 Nr. 2. Einverständniß hat in der zweiten Kommission darüber bestanden, daß, falls die Erben in die Gesellschaft eintreten, ohne daß die dem Erblasser bezüglich der Geschäftsführung zustehenden Befugnisse auf sie übergehen, aus der Anwendung des Abs. 2 für sie die Verpflichtung folge, den zur Geschäftsführung berufenen Gesellschaftern den Tod des Erblassers anzuzeigen und bei Gefahr im Verzuge das Erforderliche zu veranlassen, bis die zur Geschäftsführung berufenen Gesellschafter anderweitige Fürsorge haben treffen können (P. II S. 2457).

Ist vereinbart, daß die Gesellschaft im Falle des Todes eines Gesellschafters unter den übrigen Gesellschaftern fortbestehen solle, so finden die Vorschriften der §§ 738—740 Anwendung.

3. Dem Eintritte der Geschäftsunfähigkeit eines Gesellschafters ist nicht die Bedeutung beigelegt, daß dadurch die Auflösung der Gesellschaft herbeigeführt wird, weil man davon Härten und Unzuträglichkeiten befürchtet hat. Die Motive (II S. 624) bemerken, daß das Kündigungsrecht (§ 723) zur Wahrung der Interessen aller Betheiligten genüge. Zu beachten ist aber, daß die Auflösung der Gesellschaft kraft Gesetzes eintritt (§ 726), wenn durch den gänzlichen oder theilweisen Verlust der Geschäftsfähigkeit die Erreichung des Gesellschaftszwecks in der vertragsmäßigen Weise unmöglich wird.

§ 728.

E. I § 653; II Anm. zu § 675 rev § 715; III § 715. P. I S. 2987—2989, 2993—2995; M. II S. 623, 624. P. II S. 2458, 8484 (Bd. II S. 439).

1. Die Gesellschaft wird durch die Eröffnung des Konkurses über das Vermögen eines Gesellschafters aufgelöst, ohne daß es einer Kündigung bedarf. Die sich an die Auflösung anschließende Auseinandersetzung erfolgt außerhalb des Konkursverfahrens (K.O. § 16 Abs. 1). Die Gesellschafter können wegen der sich auf die Gesellschaft gründenden Forderungen abgesonderte Befriedigung aus dem bei der Auseinandersetzung ermittelten Antheile des Gemeinschuldners verlangen (K.O. § 51). Der geschäftsführende Gesellschafter ist in Ansehung der Ansprüche, welche ihm aus der einstweiligen Fortführung der Geschäfte nach § 728 Satz 2 zustehen, Massegläubiger, in Ansehung der ihm nach § 729 zustehenden Ansprüche, unbeschadet der vorstehend angegebenen Bestimmung der K.O. § 51, Konkursgläubiger (K.O. § 28).

2. Durch den Gesellschaftsvertrag kann vereinbart werden, daß, wenn der Konkurs über das Vermögen eines Gesellschafters eröffnet wird, die Gesellschaft unter den übrigen Gesellschaftern fortbestehen soll (§ 736). Ist

§. 729.

Wird die Gesellschaft in anderer Weise als durch Kündigung aufgelöst, so gilt die einem Gesellschafter durch den Gesellschaftsvertrag übertragene Befugniß zur Geschäftsführung zu seinen Gunsten gleichwohl als fortbestehend, bis er von der Auflösung Kenntniß erlangt oder die Auflösung kennen muß.

§. 730.

Nach der Auflösung der Gesellschaft findet in Ansehung des Gesellschaftsvermögens die Auseinandersetzung unter den Gesellschaftern statt.

Für die Beendigung der schwebenden Geschäfte, für die dazu erforderliche Eingehung neuer Geschäfte sowie für die Erhaltung und Verwaltung des Gesellschaftsvermögens gilt die Gesellschaft als fortbestehend, soweit der Zweck der Auseinandersetzung es erfordert. Die einem Gesellschafter nach dem Gesellschaftsvertrage zustehende Befugniß zur Geschäftsführung erlischt jedoch, wenn nicht aus dem Vertrage sich ein Anderes ergiebt, mit der Auflösung der Gesellschaft; die Geschäftsführung steht von der Auflösung an allen Gesellschaftern gemeinschaftlich zu.

---

aber einmal der Konkurs eröffnet und damit die Auflösung eingetreten, so kann eine solche Vereinbarung nicht mehr getroffen werden. Zwischen den übrigen Gesellschaftern und dem Konkursverwalter kann indessen vereinbart werden, daß dieser mit dem nach Maßgabe des § 758 zu ermittelnden Betrage des Werthes abgefunden wird, welchen der Antheil des in Konkurs gerathenen Gesellschafters hat, und die übrigen Gesellschafter das Gesellschaftsvermögen, ohne daß eine Auseinandersetzung erfolgt, erhalten. Diese können dann auf Grund der bisherigen Verhältnisse eine neue Gesellschaft gründen.

3. Ein Konkurs über das Gesellschaftsvermögen ist nicht denkbar, da die Gesellschaft keine Rechtsfähigkeit besitzt.

§ 729.

E. I § 654; II § 666 rev. § 716; III § 716. P. I S. 2994—2996; M. II S. 624, 625. P. II S. 2457, 2458 (Bd. II S. 439, 440).

Die Auflösung der Gesellschaft kann eintreten, ohne daß der mit der Geschäftsführung betraute Gesellschafter etwas davon erfährt. Mit der Beendigung der Gesellschaft fällt die Befugniß zur Geschäftsführung und die damit verbundene Vollmacht fort (§ 730 Abs. 2 Satz 2). Der geschäftsführende Gesellschafter würde darnach möglicherweise Schaden erleiden, wenn er nach der Auflösung in gutem Glauben, aber ohne Vertretungsmacht Rechtshandlungen für die Gesellschaft vornimmt. Um ihn zu schützen, ist, ähnlich wie beim Auftrage (§ 674), bestimmt, daß die Befugniß zur Geschäftsführung und damit nach § 714 auch die Vollmacht zur Vertretung der anderen Gesellschafter zu seinen Gunsten als fortbestehend gilt, bis er von der Auflösung Kenntniß erlangt oder die Auflösung kennen muß. Die Vorschrift gilt für alle Fälle der Auflösung, auch für die in diesem Titel nicht besonders hervorgehobenen (s. Erl. zu § 723 Nr. 1). Nur wenn die Auflösung der Gesellschaft durch Kündigung herbeigeführt ist, wird die Befugniß zur Geschäftsführung nicht als fortbestehend behandelt, da die Kündigung, um wirksam zu sein, allen Gesellschaftern gegenüber auszusprechen ist.

Der Beweis, daß der Gesellschafter von der Auflösung Kenntniß gehabt hat oder haben mußte, liegt im Streitfalle demjenigen ob, der das Erlöschen der Befugniß zur Geschäftsführung geltend macht.

Die Vorschrift des § 729 wirkt nicht zu Gunsten eines Dritten, der bei der Vornahme eines Rechtsgeschäfts das Erlöschen der Vollmacht kennt oder kennen muß (§ 169).

§ 730.

E. I § 655; II § 667 Abs. 1, 2 rev. § 717; III § 717. P. I S. 2996—3000, 3551, 3559, 6181, 6183; M. II S. 625, 626. P. II S. 2458, 2459 (Bd. II S. 440).

Mit der Auflösung der Gesellschaft hören nicht alle rechtlichen Beziehungen zwischen den Gesellschaftern auf. Es muß vielmehr noch eine Auseinandersetzung in Ansehung des Gesellschaftsvermögens stattfinden, da das Vermögen nicht einfach auseinander fallen kann. Dies spricht der Abs. 1 aus. Aus Gründen des praktischen Bedürfnisses ist ferner im Abs. 2 im An-

§. 731.

Die Auseinandersetzung erfolgt in Ermangelung einer anderen Vereinbarung in Gemäßheit der §§. 732 bis 735. Im Uebrigen gelten für die Theilung die Vorschriften über die Gemeinschaft.

§. 732.

Gegenstände, die ein Gesellschafter der Gesellschaft zur Benutzung überlassen hat, sind ihm zurückzugeben. Für einen durch Zufall in Abgang gekommenen oder verschlechterten Gegenstand kann er nicht Ersatz verlangen.

---

schluß an das H.G.B. Art. 144 ((jetzt § 156) bestimmt, daß die Gesellschaft für die Beendigung der schwebenden Geschäfte, für die dazu erforderliche Eingehung neuer Geschäfte sowie für die Erhaltung des Gesellschaftsvermögens einstweilen als fortbestehend gelten soll. Eine Aenderung tritt nach Abs. 2 Satz 2 nur insofern ein, als die Befugniß zur Geschäftsführung erlischt. Das Fortbestehen der Gesellschaft gilt sowohl im Verhältnisse der Gesellschafter zu einander als auch Dritten gegenüber, nur daß die Vollmacht der geschäftsführenden Gesellschafter erloschen ist.

§ 731.

E. I § 656 Abs. 5, § 773; II § 667 Abs. 3 rev. § 718; III § 718. P. I S. 3001—3012, 3290, 3291, 4281, 4282, 4318—4320, 6181, 6183; M. II S. 626—630, 889. P. II S. 2459—2464, 3111 (Bd. II S. 440—443, 767, 768).

1. Für die Auseinandersetzung ist in erster Linie die Vereinbarung der Gesellschafter maßgebend. Eine solche Vereinbarung kann im Gesellschaftsvertrag oder auch in einem Nachtrag oder endlich auch durch besondere Beredung nach Auflösung der Gesellschaft getroffen werden. Auch der Gläubiger, welcher nach Maßgabe des § 725 die Gesellschaft gekündigt hat, muß sich eine vor der Kündigung getroffene Vereinbarung über die Auseinandersetzung gefallen lassen. Nach der Kündigung ist zu einer Abänderung der gesetzlichen Regeln seine Zustimmung nothwendig.

2. In Ermangelung einer Vereinbarung hat die Auseinandersetzung in Gemäßheit der §§ 732—735 und, soweit diese nicht ausreichen, nach den Vorschriften über die Gemeinschaft zu erfolgen. Von letzteren kommen nur die §§ 752—754, 757 in Betracht. Die anderen sind durch die besonderen für die Gesellschaft gegebenen Bestimmungen ausgeschlossen (P. II S. 3111). Eine Vertheilung der Früchte oder Nutzungen sowie des Gewinns wird während der Auseinandersetzung regelmäßig nicht stattfinden. Die Früchte 2c. sind einstweilen zu dem Gesellschaftsvermögen zu schlagen. Bei der Schlußvertheilung des Überschusses (§ 734) werden sie dann mit vertheilt. Den Gesellschaftern ist es aber unbenommen, auf Grund vertragsmäßiger Vereinbarung auch während der Auseinandersetzung die Früchte 2c. zu vertheilen.

Besondere Liquidatoren sind für die Auseinandersetzung nicht vorgesehen; es steht aber nichts im Wege, daß solche vertragsmäßig bestellt werden.

3. Die Rechte der Gesellschaftsgläubiger bleiben unberührt. Es steht ihnen frei, unbekümmert um die Auseinandersetzung die Zwangsvollstreckung sowohl in das Gesellschaftsvermögen als auch in das Privatvermögen der Gesellschafter zu betreiben. Dem Privatgläubiger der einzelnen Gesellschafter steht aber der Zugriff auf die einzelnen Stücke des Gesellschaftsvermögens erst offen, wenn die Auseinandersetzung durchgeführt ist. Für die Verjährung der Ansprüche gegen die Gesellschafter gelten die gewöhnlichen Vorschriften.

4. Die Vorschriften der §§ 731 ff. gelten für alle Gesellschaften, insbesondere auch für solche, welche die Gemeinschaft des ganzen Vermögens zum Gegenstande haben.

§ 732.

E. I § 656 Abs. 1; II § 668 rev. § 719; III § 719. P. I S. 3001—3012, 3290, 3291, 6181, 6183; M. II S. 626—630. P. II S. 2459—2461 (Bd. II S. 440, 441).

Bei der Auseinandersetzung sind Gegenstände, welche der Gesellschafter nur zur Benutzung eingebracht hat, in Natur zurückzugeben, da die Gesellschafter nicht Eigenthümer der Gegenstände geworden sind und das Recht zur Benutzung mit Auflösung der Gesellschaft aufgehört hat. Für den zufälligen Untergang oder die zufällige Beschädigung dieser Gegenstände brauchen die

§. 733.

Aus dem Gesellschaftsvermögen sind zunächst die gemeinschaftlichen Schulden mit Einschluß derjenigen zu berichtigen, welche den Gläubigern gegenüber unter den Gesellschaftern getheilt sind oder für welche einem Gesellschafter die übrigen Gesellschafter als Schuldner haften. Ist eine Schuld noch nicht fällig oder ist sie streitig, so ist das zur Berichtigung Erforderliche zurückzubehalten.

Aus dem nach der Berichtigung der Schulden übrig bleibenden Gesellschaftsvermögen sind die Einlagen zurückzuerstatten. Für Einlagen, die nicht in Geld bestanden haben, ist der Werth zu ersetzen, den sie zur Zeit der Einbringung gehabt haben. Für Einlagen, die in der Leistung von Diensten oder in der Ueberlassung der Benutzung eines Gegenstandes bestanden haben, kann nicht Ersatz verlangt werden.

Zur Berichtigung der Schulden und zur Rückerstattung der Einlagen ist das Gesellschaftsvermögen, soweit erforderlich, in Geld umzusetzen.

Gesellschafter nicht aufzukommen. Beide Sätze würden sich wohl schon aus der Natur des Rechtsverhältnisses herleiten lassen; man hat sie aber zur Verdeutlichung des Gesetzes für nützlich erachtet (P. II S. 2461). Ist der Untergang oder die Beschädigung bei der Benutzung für die Zwecke der Gesellschaft durch schuldhafte Verletzung der Vertragspflichten Seitens der geschäftsführenden Gesellschafter herbeigeführt, so haften diese persönlich allen Gesellschaftern für den Schaden, welchen die Gesellschaft durch die vollständige oder theilweise Entziehung der Benutzung des betreffenden Gegenstandes erlitten hat, und dem Gesellschafter, welcher den Gegenstand eingebracht hat, für den Schaden, welcher diesem durch den Verlust oder die Beschädigung der Substanz entstanden ist. Der erstgedachte Anspruch gehört zum Gesellschaftsvermögen, der letztgedachte steht dem betreffenden Gesellschafter zu. Verpflichtet ist der Gesellschafter, dem das Verschulden zur Last fällt, nicht das Gesellschaftsvermögen. Daneben kann möglicherweise ein Ersatzanspruch nach den Grundsätzen über unerlaubte Handlungen (§§ 823 ff.) in Betracht kommen.

§ 733.

E. I § 656 Abs. 2 Satz 1, Abs. 3 Satz 1—3, Abs. 4; II § 669 rev. § 720; III § 720. P. I S. 3001—3012, 3290, 3291, 6181, 6183; M. II S. 626—630. P. II S. 2459—2462, 2464, 8146—8148, 8483, 8484 (Bd. II S. 440—442, 443).

1. Abs. 1. Aus dem Gesellschaftsvermögen, ausschließlich der nach § 732 zurückzugebenden Gegenstände, sind zunächst die gemeinschaftlichen Schulden zu berichtigen. Gemeinschaftliche Schulden im Sinne des § 733 sind diejenigen, welche anläßlich des Betriebs der Gesellschaft für alle Gesellschafter als solche begründet sind, sei es durch Rechtsgeschäfte, sei es auf der Grundlage eines anderen Thatbestandes, z. B. durch nützliche Geschäftsführung für die Gesellschaft. Ob die Gesellschafter dem Gläubiger als Gesammtschuldner haften oder nicht, macht keinen Unterschied. Eingeschlossen sollen ferner sein diejenigen Schulden, für welche einem Gesellschafter die übrigen Gesellschafter als Schuldner haften. Zu denken ist dabei namentlich an die Ansprüche eines einzelnen Gesellschafters aus der Geschäftsführung. Schulden, welche unabhängig von dem Gesellschaftszwecke, z. B. durch gemeinschaftliche Verbürgung aller Gesellschafter, entstanden sind, kommen nicht in Betracht. Der Abs. 1 Satz 2 ist von der zweiten Kommission hinzugefügt. Die Vorschrift entspricht der ebenfalls neu eingestellten Vorschrift des § 2046 Abs. 1 Satz 2.

2. Abs. 2. Nach Berichtigung der Schulden sind die Einlagen zurückzuerstatten. Die Erstattung hat in Geld zu erfolgen. Die einzelnen Gesellschafter haben also keinen Anspruch auf Rückerstattung ihrer Einlagen in Natur, umgekehrt kann ihnen diese aber auch nicht aufgedrungen werden. Bei Einlagen, welche nicht in Geld bestanden haben, ist zum Zwecke der Erstattung der objektive Werth in Geld festzustellen; dabei soll der Zeitpunkt der Einbringung maßgebend sein, einerlei, ob die Einlagen später an Werth gewonnen oder verloren haben. Nicht erstattet werden persönliche Leistungen; ihnen gleichgestellt sind diejenigen Einlagen, welche nur in der Gewährung des Gebrauchs bestimmter Gegenstände bestanden haben. Der innere Grund für diese Einschränkung liegt darin, daß auch für die Früchte und Nutzungen der zu Eigenthum eingebrachten Gegenstände kein Ersatz gewährt wird. Die Regel des Gesetzes kann allerdings unter Umständen zu Härten führen, z. B., wenn der Werth der als Beitrag geleisteten Dienste

§. 734.

Verbleibt nach der Berichtigung der gemeinschaftlichen Schulden und der Rückerstattung der Einlagen ein Ueberschuß, so gebührt er den Gesellschaftern nach dem Verhältniß ihrer Antheile am Gewinne.

§. 735.

Reicht das Gesellschaftsvermögen zur Berichtigung der gemeinschaftlichen Schulden und zur Rückerstattung der Einlagen nicht aus, so haben die Gesellschafter für den Fehlbetrag nach dem Verhältniß aufzukommen, nach welchem sie den Verlust zu tragen haben. Kann von einem Gesellschafter der auf ihn entfallende Beitrag nicht erlangt werden, so haben die übrigen Gesellschafter den Ausfall nach dem gleichen Verhältnisse zu tragen.

§. 736.

Ist im Gesellschaftsvertrage bestimmt, daß, wenn ein Gesellschafter kündigt oder stirbt oder wenn der Konkurs über sein Vermögen eröffnet wird, die Ge-

---

den Werth der zu Eigenthum eingebrachten Gegenstände erheblich übersteigt. Es wird Sache des Gesellschafters sein, sich für solchen Fall beim Abschlusse des Gesellschaftsvertrags durch besondere Beredungen zu sichern.

3. Abs. 3. Die Verwerthung des Vermögens hat, sofern sich die Gesellschafter nicht über eine andere Art einigen, durch Verkauf nach Maßgabe der §§ 753, 754 zu erfolgen.

§ 734.

E. I § 656 Abs. 3 Satz 5; II § 670 Abs. 1 rev. § 721; III § 721. P. I S. 3001—3012, 3290, 3291, 6181, 6183; M. II S. 626—630. P. II S. 2459—2464 (Bd. II S. 440—443).

Die Antheile am Gewinne bestimmen sich in erster Linie nach den Gesellschaftsvertrag, in zweiter Linie sind die Vorschriften des § 722 maßgebend. Die Vertheilung selbst hat in Ermangelung einer anderen Vereinbarung nach den Vorschriften der §§ 753 ff. zu erfolgen.

§ 735.

E. I § 656 Abs. 2 Satz 2, 3; II § 670 Abs. 2 rev. § 722; III § 722. P. I S. 3001—3012, 3290, 3291, 6181, 6183; M. II S. 626—630. P. II S. 2459—2461 (Bd. II S. 440, 441).

Der sich bei der Auseinandersetzung ergebende Verlust ist von allen Gesellschaftern nach dem Verhältnisse zu tragen, welches für die Vertheilung des Verlustes während der Dauer der Gesellschaft maßgebend ist (§ 722). Der E. I wollte zwar zur Deckung der gemeinschaftlichen Schulden alle Gesellschafter heranziehen, ein etwaiger Ausfall an den zu erstattenden Einlagen sollte aber nicht von allen Gesellschaftern getragen werden, vielmehr nur eine verhältnißmäßige Erstattung der Einlagen erfolgen. Die zweite Kommission hat es für richtiger gehalten, als Regel aufzustellen, daß auch der Verlust an den Einlagen von allen Gesellschaftern zu tragen ist. Durch diese Verpflichtung, für welche die Gesellschafter unbeschränkt haften, erleidet die Vorschrift des § 707, nach welcher die Gesellschafter zur Erhöhung des Beitrags nicht verpflichtet sind, mittelbar eine Modifikation. Die Vorschrift des Satz 2 entspricht dem § 426 Abs. 1 Satz 2.

§ 736.

E. I § 657; II § 671 rev. § 723; III § 723. P. I S. 3012—3014, 11833; M. II S. 630—632. P. II S. 2465 (Bd. II S. 443, 444).

1. Da die Gesellschaft sich darstellt als ein persönliches Verhältniß zwischen den Gesellschaftern, welche den Gesellschaftsvertrag geschlossen haben, muß sie sich auflösen, wenn ein einzelner Gesellschafter wegfällt. Um einem praktischen Bedürfniß entgegen zu kommen, zugleich

sellschaft unter den übrigen Gesellschaftern fortbestehen soll, so scheidet bei dem Eintritt eines solchen Ereignisses der Gesellschafter, in dessen Person es eintritt, aus der Gesellschaft aus.

---

zur Erhaltung der Uebereinstimmung mit dem H.G.B. Art. 127 (jetzt § 138) erklärt das Gesetz eine Vereinbarung für zulässig, daß die Gesellschaft fortbestehen soll, wenn ein Gesellschafter kündigt, stirbt oder in Konkurs geräth. Dem Wortlaute nach nicht mitbetroffen ist der Fall, daß ein Gläubiger, der den Antheil eines Gesellschafters gepfändet hat, auf Grund des § 725 kündigt; man wird aber annehmen können, daß hier dasselbe zu gelten habe, wie wenn der Gesellschafter selbst gekündigt hätte. Die Vereinbarung muß im Gesellschaftsvertrag oder in einem Nachtrage vor Auflösung der Gesellschaft getroffen sein. Sie hat die Wirkung, daß im Augenblicke des Eintritts der Bedingung der Gesellschafter ausscheidet und die Gesellschaft nunmehr nur unter den übrigen Gesellschaftern, sonst aber wie bisher, weiter besteht. Die Rechtsfolgen, welche im Verhältnisse zu dem Ausscheidenden eintreten, sind im Einzelnen in den §§ 738—740 geregelt.

2. Im Leben kommt es nicht selten vor, daß Jemand in eine bestehende Gesellschaft als Gesellschafter eintritt. Das Gesetz enthält über diesen Fall keine besonderen Vorschriften. Die Anwendung der allgemeinen Grundsätze führt zu folgenden Ergebnissen: Zwischen den bisherigen Gesellschaftern und dem Eintretenden ist ein neuer Gesellschaftsvertrag auf der Grundlage des alten Gesellschaftsvertrags geschlossen. Die bisherigen Gesellschafter sind verpflichtet, die Gegenstände des alten Gesellschaftsvermögens antheilweise auf den Eintretenden zu übertragen der Art, daß wieder ein geschlossenes Vermögen für die neue Gesellschaft existirt. Schwierigkeiten macht das Verhältniß zu den Gläubigern der alten Gesellschaft. Eine Auseinandersetzung findet regelmäßig in Ansehung des Vermögens der alten Gesellschafter nicht statt. Das Vermögen wird einfach auf die neue Gesellschaft übergeführt. Man geht davon aus, daß thatsächlich die alte Gesellschaft weiter besteht und nur ein neues Mitglied eingetreten ist. Letzteres ist aber juristisch nicht richtig, weil die Gesellschaft überhaupt keine selbständige Persönlichkeit hat. Die Grundlage des Verhältnisses bilden lediglich die obligatorischen Beziehungen zwischen den Mitgliedern der Gesellschaft. Nun können bei dieser Gestaltung der Dinge die Gläubiger der alten Gesellschaft in eine mißliche Lage kommen. Zwar haften ihnen die Mitglieder der alten Gesellschaft persönlich weiter, aber der Zugriff auf das Gesellschaftsvermögen scheint ihnen versagt, denn die Zwangsvollstreckung ist nur zulässig auf Grund eines gegen alle Gesellschafter vollstreckbaren Titels, und gegen den neu eintretenden Gesellschafter haben sie an sich keinen Anspruch. Das H.G.B. (§ 130) überwindet diese Schwierigkeit bei der offenen Handelsgesellschaft dadurch, daß es den eintretenden Gesellschafter kraft Gesetzes, unter Ausschluß einer entgegenstehenden Vereinbarung, für die vor seinem Eintritte begründeten Verbindlichkeiten der Gesellschaft haften läßt. Eine solche gesetzliche Haftung läßt sich aus dem B.G.B. nicht herleiten. Aber man wird als thatsächliche Absicht der Betheiligten unterstellen können, daß der Eintretende die Schulden der Gesellschaft mitübernehmen will, jedenfalls bis zur Höhe seines Antheils am Gesellschaftsvermögen. Darin ist ein Vertrag zwischen dem Eintretenden und den übrigen Gesellschaftern zu Gunsten der Gläubiger der alten Gesellschaft zu finden. Trifft dies zu, so ist damit auch den Gläubigern die Möglichkeit eröffnet, sich aus Gesellschaftsvermögen zu befriedigen. In denjenigen Fällen, in welchen die Annahme eines Vertrags zu Gunsten der Gesellschaftsgläubiger ausgeschlossen erscheint, bleibt den Gesellschaftsgläubigern nichts übrig, als die Antheile der früheren Gesellschafter am Gesellschaftsvermögen zu pfänden und dann die Gesellschaft nach § 725 zu kündigen oder den Vertrag auf Grund der Bestimmungen des Anfechtungsgesetzes anzufechten.

Ist im Gesellschaftsvertrage bestimmt, daß im Falle des Todes eines der Gesellschafter die Gesellschaft mit den Erben fortgesetzt werden soll, so ist die Sachlage eine einfachere. Die Rechtsverhältnisse der Gesellschafter unter einander bestimmen sich nach dem Gesellschaftsvertrage, den Gesellschaftsgläubigern haften die Erben des verstorbenen Gesellschafters kraft Gesetzes (§ 1967), sodaß die Voraussetzungen für den Zugriff auf das Gesellschaftsvermögen für die Gläubiger ohne Weiteres gegeben sind (vergl. H.G.B. § 139). Dagegen können wieder Schwierigkeiten eintreten, wenn eine bestehende Gesellschaft in eine andere in der Weise umgewandelt wird, daß ohne Auseinandersetzung des Vermögens der alten Gesellschaft dasselbe auf die neue übertragen wird. Auch hier kann möglicherweise ein Vertrag zu Gunsten der Gläubiger der alten Gesellschaft abgeschlossen sein. Ob dies zutrifft, läßt sich nur nach den Umständen des einzelnen Falles entscheiden. Den Gläubigern der alten Gesellschaft wird, wenn sie nicht auf andere Weise Befriedigung erlangen können, nichts übrig bleiben, als die Uebertragung des Gesellschaftsvermögens auf Grund des Anfechtungsgesetzes anzufechten. Eine entsprechende Anwendung des § 419 erscheint bei der durchaus singulären Natur der letzteren Vorschrift bedenklich.

§. 737.

Ist im Gesellschaftsvertrage bestimmt, daß, wenn ein Gesellschafter kündigt, die Gesellschaft unter den übrigen Gesellschaftern fortbestehen soll, so kann ein Gesellschafter, in dessen Person ein die übrigen Gesellschafter nach §. 723 Abs. 1 Satz 2 zur Kündigung berechtigender Umstand eintritt, aus der Gesellschaft ausgeschlossen werden. Das Ausschließungsrecht steht den übrigen Gesellschaftern gemeinschaftlich zu. Die Ausschließung erfolgt durch Erklärung gegenüber dem auszuschließenden Gesellschafter.

§. 738.

Scheidet ein Gesellschafter aus der Gesellschaft aus, so wächst sein Antheil am Gesellschaftsvermögen den übrigen Gesellschaftern zu. Diese sind verpflichtet, dem Ausscheidenden die Gegenstände, die er der Gesellschaft zur Benutzung überlassen hat, nach Maßgabe des §. 732 zurückzugeben, ihn von den gemeinschaftlichen Schulden zu befreien und ihm dasjenige zu zahlen, was er bei der Auseinandersetzung erhalten würde, wenn die Gesellschaft zur Zeit seines Ausscheidens aufgelöst worden wäre. Sind gemeinschaftliche Schulden noch nicht fällig, so können die übrigen Gesellschafter dem Ausscheidenden, statt ihn zu befreien, Sicherheit leisten.

Der Werth des Gesellschaftsvermögens ist, soweit erforderlich, im Wege der Schätzung zu ermitteln.

---

§ 737.

E. II § 672 rev. § 724; III § 724. P. II S. 2465, 2466 (Bd. II S. 443, 444).

Der § 737 entspricht dem Art. 128 des H.G.B. (jetzt § 140). In den E. I war keine besondere Vorschrift aufgenommen. Die Motive (II S. 617) weisen darauf hin, daß eine Verabredung im Gesellschaftsvertrag über die Ausschließung eines Gesellschafters aus gewissen Gründen zulässig sei. Die zweite Kommission hat geglaubt, daß durch die Möglichkeit einer Vereinbarung dem Bedürfnisse nicht genügt werde, da eine solche nur äußerst selten getroffen werden würde, und hat deshalb den § 737 in das B.G.B. eingestellt.

Voraussetzung für die Ausschließung ist einmal eine im Gesellschaftsvertrage getroffene, also nicht durch bloßen Mehrheitsbeschluß herbeigeführte Bestimmung, daß bei Kündigung eines Gesellschafters die Gesellschaft unter den übrigen fortbestehen soll, und sodann, daß ein wichtiger Grund vorliegt, der die übrigen Gesellschafter zur Kündignng berechtigen würde. Wegen des wichtigen Grundes s. Erl. zu § 723 Nr. 2. Hervorzuheben ist, daß ein Verschulden des auszuschließenden Gesellschafters nicht erfordert wird. Die Ausschließung selbst erfolgt auf Grund eines einstimmigen Beschlusses der übrigen Gesellschafter durch Anzeige (§§ 130 ff.) an den Auszuschließenden. Ein richterliches Urtheil ist nicht erforderlich. Ist den gesetzlichen Voraussetzungen nicht genügt, so hat die Ausschließung keine Wirkung. Im Streitfalle hat derjenige, der sich auf die Ausschließung beruft, zu beweisen, daß die Voraussetzungen für die Ausschließung vorgelegen haben und daß sie ordnungsmäßig erfolgt ist.

§ 738.

E. I § 658 Abs. 1, 4, 5; II § 637 Abs. 1, 3 rev. § 725; III § 725. P. I S. 3014—3018, 3551, 3559; M. II S. 630—632. P. II S. 2467—2472, 2608 (Bd. II S. 444—447, 518). D. S. 644.

Der § 738 regelt durch Dispositivvorschrift die Rechtsverhältnisse, welche beim Ausscheiden eines Gesellschafters aus einer im übrigen fortbestehenden Gesellschaft (§§ 736, 737) eintreten. Die Gesellschafter, welche die Gesellschaft fortsetzen, bleiben unter einander nach Maßgabe des Gesellschaftsvertrags berechtigt und verpflichtet; zu Nachzahlungen, um die Einlage des ausscheidenden Gesellschafters zu ersetzen, sind sie nach § 707 nicht verpflichtet. Das Gesellschaftsvermögen soll für die Zwecke der Gesellschaft ungetheilt fortbestehen. Der E. I legte zur Durchführung dieses Gedankens dem ausscheidenden Gesellschafter die Verpflichtung auf, seinen Antheil an den gemeinschaftlichen Gegenständen den übrigen Gesellschaftern gegen Auszahlung einer entsprechenden Abfindung zu übertragen. Die zweite Kommission hat sich dafür entschieden, daß der Antheil des ausscheidenden Gesellschafters den verbleibenden Gesellschaftern ohne Über-

§. 739.

Reicht der Werth des Gesellschaftsvermögens zur Deckung der gemeinschaftlichen Schulden und der Einlagen nicht aus, so hat der Ausscheidende den übrigen Gesellschaftern für den Fehlbetrag nach dem Verhältnisse seines Antheils am Verlust aufzukommen.

§. 740.

Der Ausgeschiedene nimmt an dem Gewinn und dem Verluste Theil, welcher sich aus den zur Zeit seines Ausscheidens schwebenden Geschäften ergiebt. Die übrigen Gesellschafter sind berechtigt, diese Geschäfte so zu beendigen, wie es ihnen am vortheilhaftesten erscheint.

Der Ausgeschiedene kann am Schlusse jedes Geschäftsjahrs Rechenschaft über die inzwischen beendigten Geschäfte, Auszahlung des ihm gebührenden Betrags und Auskunft über den Stand der noch schwebenden Geschäfte verlangen.

---

tragungsakt kraft Gesetzes zuwachsen soll. Gehören zum Gesellschaftsvermögen Rechte, die im Grundbuch eingetragen sind, so können die verbleibenden Gesellschafter von dem ausscheidenden die Zustimmung zur Berichtigung des Grundbuchs verlangen (§ 895). Die verbleibenden Gesellschafter sollen aber persönlich verpflichtet sein, dem Ausscheidenden seinen Antheil am Gesellschaftsvermögen in Geld auszuzahlen. Der Betrag ist durch Schätzung des Gesellschaftsvermögens zu ermitteln. Nur die von dem ausscheidenden Gesellschafter lediglich zur Benutzung eingebrachten Gegenstände sind in Natur zurückzugeben. Der Ausscheidende kann sich gegen die Gefahr, welche ihm dadurch erwächst, daß seine Rechte am Gesellschaftsvermögen in persönliche Forderungen umgewandelt werden, nur dadurch schützen, daß er, sofern die Voraussetzungen dazu vorliegen, einen Arrestbefehl erwirkt. Die Auseinandersetzung zwischen dem Ausscheidenden und den übrigen Gesellschaftern erfolgt außergerichtlich nach den Vorschriften der §§ 738, 739.

Die Rechte der Gesellschaftsgläubiger werden durch das Ausscheiden eines einzelnen Gesellschafters nicht berührt. Der Ausscheidende bleibt dem Gläubiger ebenso wie die übrigen Gesellschafter in der bisherigen Weise verhaftet. Er kann auch nicht verlangen, daß die Gläubiger zunächst ihre Befriedigung aus dem Gesellschaftsvermögen suchen. Ein etwa im Augenblicke des Ausscheidens schwebender Rechtsstreit läuft sowohl gegen den Ausscheidenden als gegen die übrigen Gesellschafter weiter; nur daß die Vollmacht der geschäftsführenden Gesellschafter zur Führung des Rechtsstreits hinsichtlich des ausgeschiedenen Gesellschafters erloschen ist. Der ausscheidende Gesellschafter kann indessen von den verbleibenden Gesellschaftern verlangen, daß diese ihn von den gemeinschaftlichen Schulden befreien; nur wenn die Verbindlichkeiten noch nicht fällig sind, muß er sich mit Sicherheitsleistung (§§ 232 ff.) begnügen. Dasselbe dürfte anzunehmen sein, wenn die Verbindlichkeiten bestritten sind.

§ 739.

E. I § 658 Abs. 6; II § 673 Abs. 2 rev. § 726; III § 726. P. I S. 3014—3018, 3551, 3559; M. II S. 630—632. P. II S. 2469 (Bd. II S. 445, 446).

Da der ausscheidende Gesellschafter bis zu seinem Ausscheiden nicht nur an dem Gewinne, sondern auch an dem Verluste der Gesellschaft Theil zu nehmen hat, so bestimmt der § 739 in Durchführung des im § 735 aufgestellten Prinzips, daß der Ausscheidende beim Ausscheiden zur Deckung eines Ausfalls, welcher sich bei einer Auseinandersetzung ergeben würde, beizutragen hat, und zwar in dem Verhältniß, in welchem er während seiner Mitgliedschaft an dem Verluste der Gesellschaft betheiligt gewesen ist (§ 722). Die verbleibenden Gesellschafter haben wegen ihrer Forderungen ein Zurückbehaltungsrecht (§ 273) an den Gegenständen, welche dem Ausscheidenden in Natur zurückzugeben sind (§ 738 Abs. 1 Satz 2). Umgekehrt steht auch dem Ausscheidenden ein Zurückbehaltungsrecht hinsichtlich der von ihm nach § 739 zu zahlenden Beträge zu, bis er von den gemeinschaftlichen Schulden befreit (§ 738 Abs. 1 Satz 2) oder ihm Sicherheit geleistet ist (§ 738 Abs. 1 Satz 3).

§ 740.

E I § 658 Abs. 2, 3; II § 674 rev. § 727; III § 727. P. I S. 3014—3018, 3551, 3559; M. II S. 630—632. P. II S. 2467—2469 (Bd. II S. 444—446).

Da eine Abschätzung des Gewinns und des Verlustes hinsichtlich der zur Zeit des Ausscheidens schwebenden Geschäfte nicht wohl möglich ist, so bestimmt der § 740 im Anschluß an

Fünfzehnter Titel.
Gemeinschaft.

Art. 130 Abs. 2, 3 des H.G.B. (die Vorschriften sind in das neue H.G.B. als durch § 740 entbehrlich geworden nicht aufgenommen), daß die schwebenden Geschäfte von den verbleibenden Gesellschaftern selbständig zu Ende geführt werden, daß aber der Ausgeschiedene an dem sich ergebenden Gewinn und Verluste Theil nimmt. Wegen der Ablegung von Rechenschaft s. § 259. Die Verpflichtung zur Auskunftertheilung ist nach Maßgabe des § 242 zu erfüllen; § 260 findet keine Anwendung, da es sich nicht um einen Inbegriff von Gegenständen handelt. Einsicht in die Geschäftsbücher (§ 716) kann der Ausgeschiedene nicht verlangen, da er nicht mehr Gesellschafter ist.

Fünfzehnter Titel.

I. Aus der Thatsache, daß ein Recht mehreren Personen gemeinschaftlich zusteht, ergeben sich obligatorische Beziehungen zwischen den Theilhabern. Ueber diese stellt das Gesetz im fünfzehnten Titel allgemeine Regeln auf. Für eine Reihe von Gemeinschaften kommen aber Sondervorschriften in Betracht. Außerhalb des B.G.B. ist reichsrechtlich die Gemeinschaft der Konkursgläubiger in der K.O. geordnet. Im B.G.B. selbst sind die Gesellschaft (§§ 705 ff.), die allgemeine Gütergemeinschaft (§§ 1438 ff., 1483 ff.), die Errungenschaftsgemeinschaft (§§ 1519 ff.), die Fahrnißgemeinschaft (§§ 1549 ff.) und die Erbengemeinschaft (§§ 2032 ff.) abweichend von der gewöhnlichen Gemeinschaft geregelt. Ferner sind einzelne Sondervorschriften über gemeinsame Mauern, Hecken, Grenzbäume und dergl. (§§ 921—924, E.G. Art. 122) sowie über das Miteigenthum an einer gemeinschaftlichen Sache (§§ 1008—1011) gegeben. Die nähere Regelung des Falles, daß jedem der Miteigenthümer eines mit einem Gebäude versehenen Grundstücks die ausschließliche Benutzung eines Theiles des Gebäudes eingeräumt ist (sog. Herbergsrecht) ist der Landesgesetzgebung überlassen (E.G. Art. 131). Unberührt bleiben auch die landesgesetzlichen Vorschriften über die Gemeinheitstheilung (E.G. Art. 113) und über die Regelung der Reallasten bei der Theilung eines mit einer Reallast belasteten Grundstücks (E.G. Art. 120 Abs. 2 Ziff. 1, Art. 121) sowie die landesgesetzlichen Vorschriften, welche die Theilung der Grundstücke untersagen oder beschränken (E.G. Art. 119). Endlich kann die Landesgesetzgebung solche Gemeinschaftsverhältnisse selbständig regeln, welche einer ihr allgemein vorbehaltenen Materie, wie z. B. dem Deich- oder Sielrecht, angehören. Im Uebrigen fallen alle Rechtsgemeinschaften, gleichviel ob sie auf Gesetz oder Rechtsgeschäft beruhen, unter die Vorschriften des fünfzehnten Titels; Beispiele s. in den §§ 947 ff., 2047 Abs. 2, 2157. Auch bei den besonders geregelten Gemeinschaften wird im Einzelnen mehrfach auf die Vorschriften über die gewöhnliche Gemeinschaft verwiesen (§§ 731, 1477 Abs. 1, 1546 Abs. 2, 1549, 2038 Abs. 2, 2042 Abs. 2, 2044 Abs. 1). Nicht betroffen werden dagegen diejenigen Verhältnisse, in denen nur eine thatsächliche Gemeinschaft nach Bruchtheilen an einem Gegenstande besteht. Eine solche Gemeinschaft liegt z. B. vor, wenn Eigenthum und Nießbrauch an einer Sache in der Weise zusammentreffen, daß der Nießbrauch nur an einem Bruchtheile der Sache bestellt ist. Hier steht die Nutzung der Sache dem Eigenthümer und dem Nießbraucher nach Bruchtheilen zu, ohne daß ein nach Bruchtheilen gemeinschaftliches Recht vorhanden ist. Bei den Berathungen der zweiten Kommission war beantragt, die Vorschriften über die Rechtsgemeinschaft auf diese Fälle mit zu erstrecken. Der Antrag ist aber abgelehnt. Die Mehrheit ist davon ausgegangen, daß der Frage keine erhebliche praktische Bedeutung beizumessen sei und daß man die Entscheidung der Wissenschaft und Praxis überlassen könne (P. II S. 3064). Je nach der Art der thatsächlichen Gemeinschaft wird zu entscheiden sein, ob und inwieweit die für die Rechtsgemeinschaft gegebenen Vorschriften entsprechend anzuwenden sind. Für den Fall, daß ein Nießbrauch an dem Antheil eines Miteigenthümers besteht, giebt der § 1066 (E. I § 983 Abs. 1; M. II S. 497—499; P. II S. 402, 4063) eine ausdrückliche Bestimmung dahin, daß der Nießbraucher die Rechte, die sich aus der Gemeinschaft der Miteigenthümer in Ansehung der Verwaltung der Sache und der Art ihrer Benutzung ergeben, ausübt und daß die Aufhebung der Gemeinschaft nur von dem Miteigenthümer und dem Nießbraucher gemeinschaftlich verlangt werden kann. Vergl. auch die §§ 1024, 1060.

II. Während bei der Gesellschaft, der Gütergemeinschaft und der Erbengemeinschaft der deutschrechtliche Gedanke der gesammten Hand durchgeführt ist, hält das Gesetz bei der gewöhnlichen Gemeinschaft an der römischrechtlichen Auffassung fest. Jedem Theilhaber steht ein fester, von vornherein bestimmter Antheil an dem gemeinschaftlichen Gegenstande zu. Dementsprechend wird die gewöhnliche Gemeinschaft im Gesetz als Gemeinschaft nach Bruchtheilen bezeichnet. Die Antheile der einzelnen Theilhaber sind nicht dinglich für die Zwecke der Gemeinschaft gebunden. Der Antheil des Einzelnen wird vielmehr als ein selbständiges Recht behandelt, über welches der Berechtigte frei verfügen kann und welches auch der Zwangsvollstreckung unterliegt. Jedem Theilhaber ist ferner ein unverjährbarer Anspruch auf Aufhebung der Gemeinschaft eingeräumt. Aus Gründen des praktischen Bedürfnisses ist indessen in Durchbrechung des Prinzips bestimmt, daß, wenn die Theilhaber die Benutzung und Verwaltung des gemeinschaftlichen Gegenstandes geregelt haben oder wenn sie das Recht, die Aufhebung der Gemeinschaft zu verlangen, für immer oder auf Zeit ausgeschlossen oder eine Kündigungsfrist bestimmt haben, eine solche Vereinbarung auch für oder gegen die Sondernachfolger wirken soll (§§ 746, 751 Satz 1). In ähnlicher Weise ist auch bei den Vorschriften über die Berichtigung gemeinschaftlicher Schulden (§§ 755, 756) der Gedanke der gesammten Hand berücksichtigt.

In einer anderen Richtung weicht dagegen das Gesetz vom römischen Rechte ab. Soll die Gemeinschaft aufgehoben werden, so unterliegt die Art der Theilung des gemeinschaftlichen Gegenstandes in erster Linie der Vereinbarung der Theilhaber. In Ermangelung einer Einigung muß richterliche Entscheidung eintreten. Das römische Recht gewährt nun im Theilungsprozesse dem Richter eine besonders freie Stellung. Nicht nur die Art der Theilung ist seinem Ermessen überlassen, sondern es ist ihm auch die Befugniß eingeräumt, zum Vollzuge der von ihm gewählten Art unmittelbar durch seinen Spruch Rechte der Theilhaber zu übertragen, aufzuheben und zu schaffen. Die Theilung erfolgt durch sog. konstitutives Theilungsurtheil. Mit diesem System ist gebrochen. Nach dem Vorbilde des preußischen Landrechts hat das Gesetz die Art der Theilung fest bestimmt. Jeder Theilhaber hat einen Anspruch darauf, daß der gemeinschaftliche Gegenstand in Natur getheilt wird, wenn er sich ohne Minderung des Werthes in gleichartige Theile zerlegen läßt. Sind die Voraussetzungen für die Theilung in Natur nicht gegeben, so erfolgt die Aufhebung der Gemeinschaft durch Verkauf des gemeinschaftlichen Gegenstandes nach den Vorschriften über den Pfandverkauf, bei Grundstücken durch Zwangsversteigerung und durch Theilung des Erlöses. Wird Klage erhoben, so gelten für das Verfahren die allgemeinen Grundsätze der C.P.O. Der Kläger hat einen bestimmten Klagantrag zu stellen, über welchen in derselben Weise erkannt wird, wie über andere vermögensrechtliche Ansprüche. Das im Theilungsprozeß ergehende Urtheil hat keine konstitutive, sondern deklaratorische Bedeutung.

Die Schuldverhältnisse, welche kraft Gesetzes für die Theilhaber begründet werden, unterstehen den allgemeinen Grundsätzen. Insbesondere haften die einzelnen Theilhaber bei Erfüllung der ihnen obliegenden Verpflichtungen für alles Verschulden; ihre Haftung beschränkt sich nicht, wie bei der Gesellschaft, auf diejenige Sorgfalt, welche sie in eigenen Angelegenheiten anzuwenden pflegen. Ein bei den Berathungen der zweiten Kommission gestellter Antrag, welcher die Haftung in dieser Weise einschränken wollte, ist abgelehnt (P. II S. 3112).

III. Der § 741 spricht den formellen Satz aus, daß bei jeder Gemeinschaft, welche nicht Sondervorschriften unterworfen ist, die Vorschriften des fünfzehnten Titels Anwendung finden sollen. Der § 742 stellt die Auslegungsregel auf, daß den Theilhabern gleiche Antheile zustehen. Die §§ 743—748 regeln die Rechtsverhältnisse während Bestehens der Gemeinschaft, und zwar der § 743 die Vertheilung der Früchte und den Gebrauch des gemeinschaftlichen Gegenstandes, die §§ 744—746 die Verwaltung und Benutzung, der § 747 die Verfügung über die Antheile und den gemeinschaftlichen Gegenstand im Ganzen, der § 748 die Tragung der Kosten und Lasten. Die §§ 749—758 stellen die Grundsätze auf, welche für die Aufhebung der Gemeinschaft maßgebend sind. Die §§ 749—751 handeln insbesondere von den Voraussetzungen, die §§ 752—754 von der Durchführung der Theilung, die §§ 755—757 von der Berichtigung der Schulden und der Gewährleistung. Der § 758 spricht aus, daß der Anspruch auf Aufhebung der Gemeinschaft nicht der Verjährung unterliegt.

Die Vorschriften über die Gemeinschaft sind insofern zwingender Natur, als das Prinzip der Theilung nach Bruchtheilen und die sich hieraus ergebenden Konsequenzen nicht durch Vertrag ausgeschlossen werden können (§ 741). Insbesondere kann durch Vertrag die Gemeinschaft nach Bruchtheilen nicht in eine Gemeinschaft zur gesammten Hand umgewandelt werden; es verbietet sich dies schon um deswillen, weil durch die dingliche Bindung der Antheile der Theilhaber, welche für die gesammte Hand charakteristisch ist, die Rechte der Gläubiger beeinträchtigt werden würden. Mittelbar können indessen die Theilhaber jenen Zweck dadurch erreichen, daß sie eine Gesellschaft eingehen. Ob und inwieweit die einzelnen Vorschriften über die Gemeinschaft durch Vertrag geändert werden können, ergiebt sich aus diesen selbst.

IV. Auf eine zur Zeit des Inkrafttretens des B.G.B. bestehende Gemeinschaft nach Bruchtheilen finden von dieser Zeit an die Vorschriften des B.G.B. Anwendung (E.G. Art. 173). Das zur Zeit des Inkrafttretens des B.G.B. bestehende Stockwerkseigenthum bleibt bestehen. Das Rechtsverhältniß der Betheiligten unter einander bestimmt sich nach den bisherigen Gesetzen (E.G. Art. 182).

V. Die Grenzverwirrung ist im § 920 behandelt.

§. 741.

Steht ein Recht Mehreren gemeinschaftlich zu, so finden, sofern sich nicht aus dem Gesetz ein Anderes ergiebt, die Vorschriften der §§. 742 bis 758 Anwendung (Gemeinschaft nach Bruchtheilen).

§. 742.

Im Zweifel ist anzunehmen, daß den Theilhabern gleiche Antheile zustehen.

§. 743.

Jedem Theilhaber gebührt ein seinem Antheil entsprechender Bruchtheil der Früchte.

Jeder Theilhaber ist zum Gebrauche des gemeinschaftlichen Gegenstandes insoweit befugt, als nicht der Mitgebrauch der übrigen Theilhaber beeinträchtigt wird.

---

§ 741.

E. I § 762; II § 677 rev. § 729; III § 728. P. I S. 4281, 4282, 4318—4320, 11892, 11893; M. II S. 873, 874. P. II S. 3063—3065, 3112—3116, 5342 (Bd. II S. 743, 744, 768—770). D. S. 644.

Wegen des allgemeinen Charakters der Gemeinschaft s Vorbm. zu diesem Titel unter II.

Der Hauptfall der Gemeinschaft ist der des Miteigenthums an einer Sache. Es kann aber auch jedes andere Recht Gegenstand der Gemeinschaft sein. Insbesondere ist auch eine Gemeinschaft an Forderungen möglich; zu beachten ist aber, daß, wenn Mehrere eine theilbare Leistung zu fordern haben, nach der Regel des § 420 im Zweifel jeder Gläubiger nur zu einem gleichen Antheile berechtigt ist. In dem bisherigen Rechte ist streitig, ob man den Besitz als ein Recht anzusehen hat. Das B.G.B. hat in dieser Hinsicht keine positive Entscheidung gegeben, es behandelt aber den Mitbesitz Mehrerer an einer Sache als möglich und zulässig. Es dürfte unbedenklich sein, die Vorschriften über die Gemeinschaft auch auf diese Fälle anzuwenden.

Auf welchem Rechtsgrunde die Gemeinschaft beruht, ob sie durch Gesetz oder Rechtsgeschäft, insbesondere durch Vertrag oder letztwillige Verfügung, herbeigeführt ist, macht für die obligatorischen Verpflichtungen der Theilhaber unter einander keinen Unterschied.

Wegen der rein thatsächlichen Gemeinschaften s. Vorbm. zu diesem Titel unter I.

Soll ein Recht für Mehrere gemeinschaftlich im Grundbuch eingetragen werden, so soll die Eintragung in der Weise erfolgen, daß entweder die Antheile der Berechtigten in Bruchtheilen angegeben werden oder das für die Gemeinschaft maßgebende Rechtsverhältniß bezeichnet wird (G.B.O. § 48).

§ 742.

E. I § 764; II § 678 rev. § 730; III § 729. P I S. 3033—3035, 3557, 3561; M. II S. 875. P. II S. 3063, 3068 (Bd. II S. 743, 746).

Die Größe der Antheile der Theilhaber wird durch das die Gemeinschaft begründende Rechtsverhältniß bestimmt, s. z. B. §§ 947, 948, 1109 Abs. 1 Satz 2, 2157; wegen des Herbergsrechts s. E.G. Art. 131, wegen des Stockwerkseigenthums E.G. Art. 182. Aus Zweckmäßigkeitsrücksichten stellt das Gesetz im Anschluß an das bisherige Recht die Auslegungsregel auf, daß im Zweifel gleiche Antheile angenommen werden sollen.

§ 743.

E. I § 765 Abs. 2; II § 679 rev. § 731; III § 730. P. I S. 3033—3035, 3043—3047, 3557, 3561; M. II S. 875—877. P II S. 3063, 3068 (Bd. II S. 743, 746).

1. Der Abs. 1 bestimmt das Maß des Antheils der einzelnen Theilhaber an den Früchten (§ 99) des gemeinschaftlichen Gegenstandes. Die Frage, ob und in welcher Weise Früchte zu ziehen sind, wird durch den § 743 nicht entschieden. Dies bestimmt sich vielmehr nach den für die Verwaltung und Benutzung des gemeinschaftlichen Gegenstandes getroffenen Bestimmungen (§§ 744, 745). Ebenso kann aus § 743 nichts darüber entnommen werden, in welcher Weise sich der Erwerb der Früchte vollzieht. Für die natürlichen Früchte ergiebt sich dies aus den §§ 953 ff.; für die bürgerlichen Früchte ist das zu Grunde liegende Rechtsverhältniß maßgebend. Die Vertheilung der gemeinschaftlichen Früchte selbst hat nach Maßgabe der §§ 752 ff. zu geschehen.

§. 744.

Die Verwaltung des gemeinschaftlichen Gegenstandes steht den Theilhabern gemeinschaftlich zu.

Jeder Theilhaber ist berechtigt, die zur Erhaltung des Gegenstandes nothwendigen Maßregeln ohne Zustimmung der anderen Theilhaber zu treffen; er kann verlangen, daß diese ihre Einwilligung zu einer solchen Maßregel im voraus ertheilen.

Die Früchte eines auf der Grenze stehenden Baumes gehören den Nachbarn zu gleichen Theilen (§ 923 Abs. 1).

2. Der Abs. 2 entscheidet eine in der bisherigen Theorie streitige Frage. Jeder Theilhaber ist, vorausgesetzt, daß nicht über die Benutzung besondere Bestimmungen getroffen sind (§§ 744, 745), zum Gebrauche des gemeinschaftlichen Gegenstandes befugt. Unter Gebrauch ist die thatsächliche Benutzung, nicht aber die Nutzung oder Fruchtziehung zu verstehen (§ 100). Das Recht des einzelnen Theilhabers findet seine Schranken an dem Rechte der übrigen Theilhaber. Wenn mehrere Theilhaber den Gebrauch gleichzeitig beanspruchen und der Gebrauch des Einen den Gebrauch des Andern beeinträchtigt, so müssen, wenn man sich nicht einigen kann, Alle auf den Gebrauch verzichten; doch steht es jedem Theilhaber frei, eine Entscheidung über die Benutzung des Gegenstandes nach Maßgabe des § 745 herbeizuführen. Ein Theilhaber, der einen anderen Theilhaber an dem Gebrauche widerrechtlich hindert, ist nach allgemeinen Grundsätzen zum Schadensersatze verpflichtet. Besitzschutz findet im Verhältniß der Theilhaber zu einander nicht statt, soweit es sich um die Grenzen des dem Einzelnen zustehenden Gebrauchs handelt (§ 866). Wegen Entziehung des Besitzes steht aber jedem Theilhaber gegen die anderen Theilhaber Besitzschutz zu. Dritten gegenüber hat jeder Theilhaber vollen Besitzschutz.

Sondervorschriften über die Benutzung gemeinschaftlicher Mauern und dergl. enthalten die §§ 921, 922.

§§ 744—746.

Die §§ 744—746 regeln die Verwaltung und Benutzung der gemeinschaftlichen Gegenstände für die Dauer der Gemeinschaft. Die Vorschriften betreffen aber nur das Verhältniß der Theilhaber zu einander. Für die Geltendmachung der gemeinschaftlichen Rechte Dritten gegenüber gelten die gewöhnlichen Grundsätze; wegen der gemeinschaftlichen Forderungen s. §§ 428 ff., wegen der Rechte von Miteigenthümern § 1011. Grundsätzlich soll die Verwaltung allen Theilhabern gemeinschaftlich zustehen (§ 744 Abs. 1), aber die absolute Durchführung dieses Prinzips könnte zu großen Unzuträglichkeiten führen. Denn die Theilhaber stehen sich bei der gewöhnlichen Gemeinschaft selbständig und unabhängig gegenüber, sie sind nicht, wie bei der Gesellschaft, verpflichtet, für einen gemeinsamen Zweck mitzuwirken. Der einzelne Theilhaber würde darnach in der Lage sein, indem er seine Zustimmung zu einer durch die Umstände gebotenen Verwaltungsmaßregel verweigert, die Interessen der anderen Theilhaber in erheblichem Maße zu schädigen. Deshalb sieht das Gesetz Ausnahmen vor. Jeder Theilhaber soll berechtigt sein, die zur Erhaltung des gemeinschaftlichen Gegenstandes erforderlichen Maßregeln selbständig vorzunehmen (§ 744 Abs. 2). Ferner ist mit gewissen Einschränkungen eine Regelung der Verwaltung und Nutzung durch Mehrheitsbeschluß zugelassen (§ 745 Abs. 1, 3), und endlich soll jeder Theilhaber, wenn die Verwaltung und Benutznng nicht durch Vereinbarung oder Mehrheitsbeschluß geregelt ist, eine dem Interesse aller Theilhaber nach billigem Ermessen entsprechende Verwaltung und Benutzung verlangen können (§ 745 Abs. 2, 3). Es ist also die Möglichkeit gegeben, auf alle Fälle eine den Interessen der Gesammtheit entsprechende Ordnung herbeizuführen. Um die Aufrechterhaltung der getroffenen Regelung zu sichern, ist ferner bestimmt, daß die getroffene Bestimmung auch für und gegen die Sondernachfolger wirken solle (§ 746).

§ 744.

E. I § 765 Abs. 1, § 766 Satz 3; II § 680 rev. § 732; III § 731. P. I S. 3033—3035, 3037—3042, 3043—3047, 3074, 3557, 3561; M. II S. 875, 876. P. II S. 3068, 3070—3072 (Bd. II S. 746, 747, 748).

1. Abs. 1. Die Gemeinschaft der Verwaltung schließt in sich, daß alle Beschlüsse einstimmig zu fassen sind und daß keine Handlung vorgenommen werden darf, wenn ein einzelner Theilhaber widerspricht. Im Uebrigen haben die Theilhaber in Betreff der Verwaltung vollständig freie Hand. Sie können die Verwaltung gemeinschaftlich führen oder aber einem Dritten

§. 745.

Durch Stimmenmehrheit kann eine der Beschaffenheit des gemeinschaftlichen Gegenstandes entsprechende ordnungsmäßige Verwaltung und Benutzung beschlossen werden. Die Stimmenmehrheit ist nach der Größe der Antheile zu berechnen.

Jeder Theilhaber kann, sofern nicht die Verwaltung und Benutzung durch Vereinbarung oder durch Mehrheitsbeschluß geregelt ist, eine dem Interesse aller Theilhaber nach billigem Ermessen entsprechende Verwaltung und Benutzung verlangen.

Eine wesentliche Veränderung des Gegenstandes kann nicht beschlossen oder verlangt werden. Das Recht des einzelnen Theilhabers auf einen seinem Antheil entsprechenden Bruchtheil der Nutzungen kann nicht ohne seine Zustimmung beeinträchtigt werden.

---

oder einem aus ihrer Mitte übertragen. Im letzteren Falle bestimmen sich die rechtlichen Beziehungen zwischen dem Geschäftsführer und den übrigen Theilhabern nach dem zwischen ihnen geschlossenen Vertrage; regelmäßig wird das Verhältniß nach den Grundsätzen des Auftrags oder des Dienstvertrags oder des Werkvertrags zu beurtheilen sein. Eine Vertretungsmacht steht dem Geschäftsführer nur zu, wenn und soweit sie ihm übertragen ist oder sich aus einem anderen Rechtsverhältniß ergiebt. Die rechtliche Stellung des Geschäftsführers bei der Gemeinschaft ist hiernach eine andere wie die des geschäftsführenden Gesellschafters (§§ 710 ff.). Auch hinsichtlich der Art und Weise, wie die materielle Benutzung des gemeinschaftlichen Gegenstandes geregelt werden soll, haben die Theilhaber freien Spielraum. Sie können bestimmen, daß der Gegenstand gemeinschaftlich benutzt oder den Theilhabern abwechselnd zur Verfügung gestellt werden oder daß er durch Vermiethung oder Verpachtung ausgenutzt werden soll. Es können auch Sonderrechte für einzelne Theilhaber bestellt werden.

Wenn die einzelnen Theilhaber vertragsmäßig ihre Zustimmung zu einer bestimmten Art der Verwaltung und Benutzung gegeben haben, so sind sie gegenseitig gebunden und verpflichtet, bei den zur Durchführung erforderlichen Maßnahmen mitzuwirken. Der einzelne Theilhaber ist für den durch eine ungerechtfertigte Weigerung oder Verzögerung entstehenden Schaden den anderen Theilhabern haftbar.

2. Abs 2. Wegen der Einwilligung s. § 183, wegen der Zwangsvollstreckung C.P.O. § 894. Eine Verpflichtung der Theilhaber, behufs Abwendung von Verlusten Handlungen zur Erhaltung des gemeinschaftlichen Gegenstandes vorzunehmen, besteht nicht; sie kann sich aber möglicherweise aus einem anderen Rechtsverhältnisse, z. B. aus einem zwischen den Theilhabern geschlossenen Vertrag, ergeben. Sind die von einem Theilhaber in Beziehung auf den gemeinschaftlichen Gegenstand getroffenen Maßregeln nicht zur Erhaltung des Gegenstandes nothwendig, so ist er den anderen Theilhabern nach allgemeinen Grundsätzen zum Schadensersatze verpflichtet. Ein Antrag, welcher im Anschluß an eine Bestimmung des gemeinen Rechtes die Vorschriften über den Schadensersatz insofern modifiziren wollte, als das Recht des einzelnen Theilhabers auf Wiederherstellung des früheren Zustandes ausgeschlossen sein sollte, wenn die Veränderung für die gemeinschaftlichen Interessen vortheilhafter sei als der frühere Zustand, ist abgelehnt (P. II S. 3114).

§ 745.

E. I § 763 Satz 3, 765 Abs. 3, § 772 Satz 1, II § 681 rev. § 733; III § 732. P. I S. 3033—3035, 3042—3047, 3065—3068, 3557, 3561, 4281, 4282, 4318—4320, 6200, 6203, 11893; M. II S. 875, 876. P. II S. 3064—3066, 3068—3070, 3839 (Bd. II S. 743—745, 746, 747; III S. 279).

Vergl. Vorbm. zu den §§ 744—746.

1. Abs. 1.

a) Ueber die Art, wie bei der Abstimmung zu verfahren ist, enthält das Gesetz keine Vorschriften. Man wird aber die Bestimmung so auszulegen haben, daß die Mehrheit verpflichtet ist, den einzelnen Theilhabern Gelegenheit zu geben, abweichende Ansichten zu vertreten und zu begründen (s. Erl. zu § 709 Nr. 3).

b) Ein Beschluß, welcher dem Gesetze nicht entspricht, ist unwirksam; dem einzelnen Theilhaber steht es offen, durch Anstellung einer Feststellungsklage eine richterliche Entscheidung hierüber herbeizuführen. Ein ordnungsmäßiger Beschluß ist dagegen für alle Theilhaber bindend; auch wer dagegen gestimmt hat, ist verpflichtet, zur Durchführung des Beschlusses mitzuwirken, insbesondere zu Rechtsgeschäften mit Dritten, die zum Zwecke der Verwaltung ordnungsmäßig beschlossen sind, z. B. zu der Vermiethung oder Verpachtung des gemeinschaftlichen Gegenstandes, die Zustimmung zu ertheilen.

§. 746.

Haben die Theilhaber die Verwaltung und Benutzung des gemeinschaftlichen Gegenstandes geregelt, so wirkt die getroffene Bestimmung auch für und gegen die Sondernachfolger.

---

2. Abs. 2. Der E. I (§ 772) gab den einzelnen Theilhabern einen Anspruch auf Regelung der Verwaltung und Benutzung nur, wenn und solange die Aufhebung der Gemeinschaft aus rechtlichen oder thatsächlichen Gründen nicht herbeigeführt werden konnte. Die zweite Kommission hat die Einschränkung gestrichen. Die Geltendmachung des Anspruchs hat in der gewöhnlichen Weise zu erfolgen. Will einer der Theilhaber Klage erheben, so hat er nicht im Allgemeinen den Richter anzugehen, angemessene Anordnungen zu treffen, sondern er hat die Maßregeln, welche er wünscht, selbst zu bezeichnen und einen bestimmten Klagantrag dahin zu stellen, daß die anderen Theilhaber verurtheilt werden sollen, ihre Zustimmung zu den geforderten Maßregeln zu geben. In der nachträglichen Bezeichnung einer anderen als der in der Klageschrift hervorgehobenen Maßregel wird regelmäßig eine Klagänderung nicht zu finden sein (M. II S. 889). Die Rechtskraft des Urtheils, welches eine bestimmte Maßregel für angemessen erklärt und zur Einwilligung in dieselbe verpflichtet, schließt das Recht eines Theilhabers nicht aus, auf Grund späterer Thatsachen die Einwilligung der übrigen Theilhaber in eine andere durch die Veränderung der Umstände gebotene Maßregel zu verlangen (M. II S. 889).

3. Abs. 3. Die in dem Abs. 3 enthaltenen Bestimmungen beschränken sowohl die im Abs. 1 bestimmte Zulässigkeit eines Mehrheitsbeschlusses als das im Abs. 2 bestimmte Recht jedes Theilhabers. Wann eine Veränderung des Gegenstandes als eine wesentliche zu betrachten ist, hängt von der Auffassung des Verkehrs und den Umständen des einzelnen Falles ab. Durch Abs. 3 Satz 2 wird insbesondere das Recht jedes Theilhabers auf einen seinem Antheil entsprechenden Bruchtheil der Nutzungen gegen Mehrheitsbeschlüsse geschützt. Unter Nutzungen sind nach § 100 nicht nur die Früchte, sondern auch die Vortheile, welche der Gebrauch gewährt, zu verstehen. Hieraus ergiebt sich, daß einem Theilhaber auch das ihm nach § 743 zustehende Recht auf den Mitgebrauch nicht entzogen werden kann; doch wird dadurch nicht ausgeschlossen, daß über die Art des Gebrauchs sowie über die Ueberlassung desselben gegen Entgelt an einen Dritten ein Mehrheitsbeschluß gefaßt wird, sofern dabei nur jedem Theilhaber ein entsprechender Antheil an den Vortheilen eingeräumt wird, welche der Gebrauch gewährt.

§ 746.

E. II § 682 rev. § 734; III § 733. P. II S 3081, 3087 (Bd. II S. 752, 755).

1. Wenn die Theilhaber die Benutzung und Verwaltung des gemeinschaftlichen Gegenstandes geregelt haben, so würden hierdurch nach allgemeinen Grundsätzen nur die Theilhaber selbst, nicht aber die Sondernachfolger gebunden sein. Ebenso steht es, wenn die Theilhaber vereinbart haben, daß das Recht, die Aufhebung zu verlangen, beschränkt sein solle (§ 751). Der E. I wollte hieran grundsätzlich festhalten. Indessen würden sich bei einer solchen Gestaltung Unzuträglichkeiten ergeben können, da jeder Theilhaber hiernach in der Lage sein würde, die getroffene Regelung durch Veräußerung seines Antheils illusorisch zu machen. Mit Rücksicht auf das praktische Bedürfniß hatte deshalb der E. I auch für einen besonderen wichtigen Fall eine Ausnahme gemacht. Bei Miteigenthum an Grundstücken sollte einer Vereinbarung über den Ausschluß der Theilung durch Eintragung in das Grundbuch dingliche Kraft gegeben werden können (E. I § 949). Die zweite Kommission hat es für richtiger gehalten, allgemein den Vereinbarungen über die Beschränkung des Rechtes auf Theilung und ebenso den Festsetzungen über die Verwaltung und Benutzung des gemeinschaftlichen Gegenstandes Wirkung für und gegen die Sondernachfolger beizulegen. Die Wirkung erstreckt sich auf alle Sondernachfolger, insbesondere auch auf Gläubiger, welche die Zwangsvollstreckung in den Antheil eines Theilhabers erwirkt haben. Es kommt auch nicht darauf an, ob die Sondernachfolger die Festsetzung gekannt haben; ein Antrag, welcher die Vorschrift über den Schutz gutgläubiger Dritter für entsprechend anwendbar erklären wollte, ist abgelehnt. Indessen soll beim Miteigenthum an Grundstücken nach der Sondervorschrift des § 1010 Abs. 1 eine solche Bestimmung gegen den Sondernachfolger eines Miteigenthümers nur dann wirken, wenn sie als Belastung des Antheils im Grundbuch eingetragen ist.

2. Der § 746 findet in allen Fällen Anwendung, in welchen die Theilhaber die Verwaltung und Benutzung geregelt haben, gleichviel ob der Beschluß einstimmig oder nach § 745 Abs. 1 mit Stimmenmehrheit gefaßt ist oder ob die Festsetzung von einem einzelnen Theilhaber auf Grund des § 745 Abs. 2 herbeigeführt ist.

§. 747.

Jeder Theilhaber kann über seinen Antheil verfügen. Ueber den gemeinschaftlichen Gegenstand im Ganzen können die Theilhaber nur gemeinschaftlich verfügen.

§. 748.

Jeder Theilhaber ist den anderen Theilhabern gegenüber verpflichtet, die Lasten des gemeinschaftlichen Gegenstandes sowie die Kosten der Erhaltung, der Verwaltung und einer gemeinschaftlichen Benutzung nach dem Verhältnisse seines Antheils zu tragen.

---

§ 747.

E. I § 763 Satz 1, 2; II § 683 rev. § 735; III § 734. P. I S. 3033—3035, 3042, 3043, 3557, 3561, 4281, 4282, 4318—4320, 11893; M. II S. 874, 875. P. II S. 3065, 3066, 3067, 3068, 3072—3075 (Bd. II S. 745, 746, 748—750).

1. Die Vorschrift des Satz 1 bringt die Auffassung des Gesetzes über das Wesen der Gemeinschaft nach Bruchtheilen in einem wichtigen Punkte zum Ausdrucke. Sie entspricht dem bisherigen Rechte. Der Antheil des einzelnen Theilhabers ist ein selbständiges Vermögensobjekt, über welches der Berechtigte frei verfügen kann und welches auch der Zwangsvollstreckung unterliegt. Einer Veräußerung können die anderen Theilhaber nicht widersprechen, selbst wenn ihre Interessen dadurch gefährdet werden sollten. Den Theilhabern ist auch kein Vorkaufsrecht eingeräumt; ein bei den Berathungen der zweiten Kommission gestellter Antrag, welcher ein solches Recht gewähren wollte, ist abgelehnt. Selbstverständlich ist es den Theilhabern unbenommen, unter einander ein Vorkaufsrecht auszumachen. Ein solches Vorkaufsrecht untersteht dann den Vorschriften der §§ 504ff. Es hat einen rein obligatorischen Charakter; gebunden sind nur die Kontrahenten, nicht die Sondernachfolger. Besteht die Gemeinschaft im Miteigenthum an einem Grundstücke, so kann der Antheil eines Theilhabers zu Gunsten eines anderen Theilhabers auch mit einem dinglichen Vorkaufsrechte belastet werden (§ 1095). Die Frage, welche Wirkung eintritt, wenn ein einzelner Theilhaber auf seinen Antheil verzichtet, ist nach allgemeinen Grundsätzen zu beurtheilen. Ein allgemeines Anwachsungsrecht der Theilhaber besteht nicht. Ein auf Anerkennung eines solchen gerichteter Antrag ist abgelehnt (P. II S. 3072). Ueber das Miteigenthum s. Erl. zu den §§ 928, 959, 1011 (vergl. E. I § 950. P. II S. 3840—3842).

2. Der Satz 2 entspricht ebenfalls dem bisherigen Rechte. Die Verfügung über den gemeinschaftlichen Gegenstand hat so stattzufinden, daß entweder alle Theilhaber gemeinschaftlich handeln oder daß sie einen aus ihrer Mitte oder einen Dritten bevollmächtigen, die Verfügung vorzunehmen. Wenn der Antheil eines Theilhabers mit dem Rechte eines Dritten dinglich belastet ist, so steht den Theilhabern die Verfügung über den gemeinschaftlichen Gegenstand nur mit der Maßgabe zu, daß das Recht des Dritten unberührt bleibt. Zur Zwangsvollstreckung in den gemeinschaftlichen Gegenstand ist ein gegen alle Theilhaber vollstreckbarer Schuldtitel genügend; wenn aber der Antheil eines Theilhabers mit dem Rechte eines Dritten belastet ist, so kann die Zwangsvollstreckung nur vorbehältlich des Rechtes des Dritten stattfinden (P. II S. 3066).

Der E. I hatte im Anschluß an den Satz 2 weiter bestimmt, daß auch eine thatsächliche Veränderung des Gegenstandes nur von allen Theilhabern gemeinschaftlich getroffen werden könne. Die zweite Kommission hat den Satz gestrichen, da derselbe zum Theil selbstverständlich sei, zum Theil aber auch zu weit gehe; es sei nämlich zu beachten, daß jeder Theilhaber bis zu einem gewissen Grade selbständig auf die Sache einwirken könne, was ohne eine thatsächliche Veränderung des Gegenstandes nicht wohl möglich sei. Daß eine wesentliche Veränderung des gemeinschaftlichen Gegenstandes nur mit Zustimmung aller Theilhaber zulässig ist, ergiebt sich aus § 745 Abs. 3.

§ 748.

E. I § 766 Satz 1, 2; II § 684 rev. § 736; III § 735. P. I S. 3037—3042, 3074, 3557, 3561; M. II S. 877, 878, 879. P. II S. 3070—3072 (Bd. II S. 747, 748).

1. Der Satz, daß jeder Theilhaber den anderen Theilhabern gegenüber verpflichtet ist, nach dem Verhältnisse seines Antheils die auf dem gemeinschaftlichen Gegenstande ruhenden Lasten und die zur Erhaltung desselben nothwendigen Kosten zu tragen, folgt aus dem Wesen der Gemeinschaft und entspricht dem bisherigen Rechte. Das Gesetz legt den Theilhabern im Verhältniß unter einander weiter noch die Verpflichtung auf, nach Verhältniß ihrer Antheile auch die Kosten der Verwaltung und Benutzung des Gegenstandes zu tragen. Dabei macht es keinen Unterschied, ob die Verwaltung und Benutzung einstimmig oder nach § 745 Abs. 1 mit Stimmenmehrheit beschlossen ist oder ob sie auf Verlangen eines einzelnen Theilhabers nach § 745 Abs. 2 festgesetzt ist; es kommt nur darauf an, daß die Regelung für die Theilhaber bindend ist.

Ueber die Frage, welche Rechte einem Theilhaber, der den auf einen anderen Theilhaber fallenden Theil der Kosten berichtigt hat, gegen diesen Theilhaber zustehen, enthielt der E. I § 766 Satz 2 die ausdrückliche Vorschrift, daß er von dem anderen Theilhaber Ersatz des von ihm Bezahlten verlangen kann. Es sollte hierdurch außer Zweifel gestellt werden, daß der Theilhaber, welcher die Kosten berichtigt hat, nicht auf die Grundsätze über die Geschäftsführung ohne Auftrag oder über die ungerechtfertigte Bereicherung angewiesen ist, nach welcher er oft keinen oder keinen vollen Ersatz erlangen würde (M. II S. 877). Die zweite Kommission hat die Bestimmung des E. I sachlich gebilligt; die Redaktionskommission hat dann aber den angeführten Satz des E. I gestrichen; ob, weil sie ihn für selbstverständlich gehalten hat oder aus welchen anderen Gründen, ergiebt sich aus den Protokollen nicht. In Ermangelung einer besonderen Vorschrift ergiebt sich aus § 748 in Verbindung mit allgemeinen Grundsätzen in der hier fraglichen Beziehung Folgendes: Handelt es sich um Lasten oder Kosten, für welche die Theilhaber einem Dritten als Gesammtschuldner haften, so folgt aus der im § 748 bestimmten Verpflichtung jedes Theilhabers unmittelbar, daß er, wenn ein Anderer die Verbindlichkeit berichtigt hat, diesem gegenüber nach Verhältniß seines Antheils zur Ausgleichung verpflichtet ist; die Vorschriften des § 426 Abs. 2 finden hierbei Anwendung (s. oben S. 216—218 Erl. zu § 426 Nr. 1—4). Handelt es sich um Lasten oder Kosten, für welche die Theilhaber einem Dritten nur nach Verhältniß ihres Antheils haften, so kann ein Theilhaber, welcher den Antheil eines anderen Theilhabers berichtigt hat, von diesem nur Ersatz verlangen, wenn er dazu beauftragt war oder wenn die Voraussetzungen eines Ersatzanspruchs nach den Vorschriften über die Geschäftsführung ohne Auftrag vorliegen. Handelt es sich, ohne daß eine Verbindlichkeit der Theilhaber gegenüber einem Dritten vorliegt, um die Aufwendung von Kosten zu den im § 748 bezeichneten Zwecken von Seiten des Theilhabers, so kommt es darauf an, ob die Maßregeln, welche diese Kosten erforderten, nach Maßgabe der §§ 744 Abs. 1, 745 gültig beschlossen sind und ob der Theilhaber, welcher die Kosten aufgewendet hat, mit der Ausführung jener Maßregeln beauftragt gewesen ist. Liegen diese Voraussetzungen vor, so kann der betreffende Theilhaber Ersatz nach den Vorschriften über den Auftrag, andernfalls nur nach den Vorschriften über die Geschäftsführung ohne Auftrag fordern. Sind die Maßregeln zu einer dem Interesse aller Theilhaber nach billigem Ermessen entsprechenden Verwaltung erforderlich, so kann jeder Theilhaber nach Maßgabe des § 745 Abs. 2 die Ausführung dieser Maßregeln von den übrigen Theilhabern fordern, aber er kann sie nicht ohne Weiteres selbst mit der Wirkung vornehmen, daß die anderen Theilhaber ihm unbedingt zum Ersatze seiner Aufwendungen verpflichtet wären. Ein solcher Anspruch steht ihm vielmehr in dem gedachten Falle nur nach Maßgabe der Vorschriften über die Geschäftsführung ohne Auftrag zu. Nur eine zur Erhaltung des Gegenstandes nothwendige Maßregel kann ein Theilhaber nach § 744 Abs. 2 ohne Zustimmung der übrigen Theilhaber und ohne gültigen Mehrheitsbeschluß treffen. Für die Kosten, welche eine solche Maßregel erforderte, kann er nach § 748 von den übrigen Theilhabern Ersatz verlangen. Es genügt aber nicht wie bei dem Auftrage, daß der Theilhaber die aufgewendeten Kosten für erforderlich halten durfte; vielmehr müssen dieselben wirklich nothwendig gewesen sein. Soweit hiernach der Anspruch begründet ist, was in der Mehrzahl der Fälle zutreffen dürfte, finden darauf die Vorschriften der §§ 256, 257 Anwendung. In der zweiten Kommission ist zwar ein Antrag, ausdrücklich zu bestimmen, daß ein Theilhaber, wenn wegen des ihm obliegenden Theiles der Lasten und Kosten ein anderer Theilhaber Aufwendungen gemacht habe oder Verbindlichkeiten eingegangen sei, diesem nach den für den Auftrag geltenden Vorschriften die Aufwendungen zu ersetzen und von den Verbindlichkeiten zu befreien habe, abgelehnt, weil, wenn die Voraussetzungen des Auftrags oder der Geschäftsführung ohne Auftrag nicht vorlägen, die einfache Ersatzpflicht ebenso wie im Falle des E. I § 514 (jetzt § 547) genüge und eine Verpflichtung zur Befreiung von den eingegangenen Verbindlichkeiten nicht erforderlich sei (P. II S. 3071). Nachdem indessen die allgemeinen Vorschriften der §§ 256, 257 aufgenommen sind (s. oben S. 28—30 Erl. zu §§ 256, 257) werden diese ebenso wie auf den Fall des § 547 auch auf den hier fraglichen Fall anzuwenden sein.

Wegen der Berichtigung der sich auf § 748 gründenden Schulden bei der Theilung des gemeinschaftlichen Gegenstandes s. §§ 755, 756.

§. 749.

Jeder Theilhaber kann jederzeit die Aufhebung der Gemeinschaft verlangen.

Wird das Recht, die Aufhebung zu verlangen, durch Vereinbarung für immer oder auf Zeit ausgeschlossen, so kann die Aufhebung gleichwohl verlangt werden, wenn ein wichtiger Grund vorliegt. Unter der gleichen Voraussetzung kann, wenn eine Kündigungsfrist bestimmt wird, die Aufhebung oder Einhaltung der Frist verlangt werden.

Eine Vereinbarung, durch welche das Recht, die Aufhebung zu verlangen, diesen Vorschriften zuwider ausgeschlossen oder beschränkt wird, ist nichtig.

---

§ 749.

E. I § 767 Abs. 1, 2 Satz 1; II § 685 rev. § 737; III § 736. P. I S. 3047—3050 3074, 11893; M. II S. 879—881. P. II S. 3075—3077, 3079—3085 (Bd. II S. 750—755). D. S. 644, 645.

1. Abs. 1. In Uebereinstimmung mit dem bisherigen Rechte stellt das Gesetz den Grundsatz auf, daß jeder Theilhaber jederzeit die Aufhebung der Gemeinschaft verlangen kann. Von Aufhebung der Gemeinschaft, nicht von Theilung redet das Gesetz, weil die Theilung im engeren Sinne in einzelnen Fällen ausgeschlossen ist. Die Theihaber können nur die Aufhebung der Gemeinschaft, nicht eine die Berichtigung und Ausgleichung von Schulden umfassende Auseinandersetzung verlangen. Für die Sicherung der Theilhaber wegen der Berichtigung gemeinschaftlicher Schulden und wegen der auf die Gemeinschaft sich gründenden Ersatzforderungen ist durch die Vorschriften der §§ 755, 756 Fürsorge getroffen. Während bei der Gesellschaft die Kündigung nicht zur Unzeit erfolgen darf (E. I § 723 Abs. 2), kann die Aufhebung der Gemeinschaft jederzeit ohne Rücksicht auf die Interessen der anderen Theilhaber verlangt werden. Anträge, welche insoweit das Recht des einzelnen Theilhabers einschränken wollten, sind abgelehnt. Der Anspruch des einzelnen Theilhabers geht dahin, daß die anderen Theilhaber ihre Zustimmung zur Aufhebung der Gemeinschaft geben; wird diese verweigert, so kann sie durch Urtheil ersetzt werden (C.P.O. § 894). Eine vorherige Kündigung ist nicht erforderlich. Der Anspruch kann selbständig gegen jeden einzelnen Theilhaber geltend gemacht werden (R. G. Bd. I S. 319, XII S. 198, Windscheid II § 449 Anm. 26, Dernburg I § 197 Anm. 22); die Aufhebung der Gemeinschaft selbst ist aber nur möglich, wenn die Zustimmung Aller erlangt ist. Eine Aufhebung der Gemeinschaft nur im Verhältnisse zu einem bestimmten Theilhaber kann nicht verlangt werden. Ebenso brauchen die Theilhaber nicht auf eine bloß partielle Aufhebung der Gemeinschaft einzugehen; anders, wenn in Wirklichkeit mehrere nur äußerlich zusammenhängende Gemeinschaften vorliegen. Die Theilung der Früchte erfolgt selbständig (§ 743). Für die Anfechtung der Aufhebung der Gemeinschaft und den Einfluß von Willensmängeln gelten die gewöhnlichen Grundsätze (§§ 116 ff.). Eine Aufhebung der Gemeinschaft, welche unter Nichtberücksichtigung eines einzelnen Theilhabers vorgenommen wird, ist für diesen nicht bindend. Sollte sein Recht an dem gemeinschaftlichen Gegenstande durch Erwerb Seitens eines gutgläubigen Dritten untergegangen sein, so bleibt ihm nichts übrig, als nach allgemeinen Grundsätzen Ersatz zu fordern. Ist bei der Aufhebung der Gemeinschaft ein einzelner Gegenstand ungetheilt geblieben, so kann regelmäßig nur die nachträgliche Aufhebung der Gemeinschaft in Beziehung auf diesen Gegenstand verlangt, nicht aber etwa deshalb allein die vorausgegangene Aufhebung der Gemeinschaft in Betreff anderer Gegenstände angefochten werden.

2. Abs. 2, 3. Das Recht, die Aufhebung der Gemeinschaft zu verlangen, kann durch Vereinbarung der Theilhaber für immer oder auf Zeit ausgeschlossen oder durch Bestimmung einer Kündigungsfrist beschränkt werden; eine solche Vereinbarung wirkt auch für und gegen die Sondernachfolger (§ 751). Nach dem E. I sollte die Vereinbarung nach dem Ablaufe von 30 Jahren außer Kraft treten. Die zweite Kommission hat es für richtiger gehalten, die Vereinbarung an sich unbeschränkt zuzulassen, aber ähnlich wie bei der Gesellschaft (§ 723) den Theilhabern das Recht zu geben, trotz der Vereinbarung die Aufhebung zu verlangen, wenn ein wichtiger Grund vorliegt. Ob Letzteres zutrifft, ist unter Würdigung aller Umstände des einzelnen Falles zu entscheiden. Weitergehende vertragsmäßige Beschränkungen auf Aufhebung des Rechtes der Gemeinschaft sind, um eine wirthschaftlich unzweckmäßige Bindung des Volksvermögens zu verhüten, durch die Vorschrift des Abs. 3 für ungültig erklärt.

Unberührt bleiben die landesgesetzlichen Vorschriften, welche für den Fall, daß jedem der Miteigentümer eines mit einem Gebäude versehenen Grundstücks die ausschließliche Benutzung eines Theiles des Gebäudes eingeräumt ist, die Anwendung der §§ 749—751 ausschließen und

§. 750.

Haben die Theilhaber das Recht, die Aufhebung der Gemeinschaft zu verlangen, auf Zeit ausgeschlossen, so tritt die Vereinbarung im Zweifel mit dem Tode eines Theilhabers außer Kraft.

§. 751.

Haben die Theilhaber das Recht, die Aufhebung der Gemeinschaft zu verlangen, für immer oder auf Zeit ausgeschlossen oder eine Kündigungsfrist bestimmt, so wirkt die Vereinbarung auch für und gegen die Sondernachfolger. Hat ein Gläubiger die Pfändung des Antheils eines Theilhabers erwirkt, so kann er ohne Rücksicht auf die Vereinbarung die Aufhebung der Gemeinschaft verlangen, sofern der Schuldtitel nicht blos vorläufig vollstreckbar ist.

§. 752.

Die Aufhebung der Gemeinschaft erfolgt durch Theilung in Natur, wenn der gemeinschaftliche Gegenstand oder, falls mehrere Gegenstände gemeinschaftlich sind, diese sich ohne Verminderung des Werthes in gleichartige, den Antheilen der Theilhaber entsprechende Theile zerlegen lassen. Die Vertheilung gleicher Theile unter die Theilhaber geschieht durch das Loos.

---

für den Fall des Konkurses über das Vermögen des Miteigenthümers dem Konkursverwalter das Recht, die Aufhebung der Gemeinschaft zu verlangen, versagen (E.G. Art. 131). Unberührt bleiben ferner die landesgesetzlichen Vorschriften, welche die Theilung eines Grundstücks untersagen oder beschränken (E.G. Art. 119). Wegen des Stockwerkseigenthums s. E.G. Art. 182.

§ 750.

E. I § 767 Abs. 2 Satz 2; II § 686 rev. § 738; III § 737. P. I S. 3047—3050, 3074, 11893. M. II S. 879—881. P. II S. 3088 (Bd. II S. 756).

Die Regel des § 750 beruht auf der Erwägung, daß erfahrungsmäßig der Ausschluß der Aufhebung der Gemeinschaft bei der durch einen Todesfall eintretenden Aenderung der Verhältnisse besonders drückend empfunden wird und daß deshalb eine einschränkende Auslegung des Vertrags regelmäßig der Absicht der Parteien entsprechen wird.

§ 751.

E. II § 687 rev. § 739; III § 738. P. II S. 3085—3087 (Bd. II S. 753—755).

Der § 751 ist von der zweiten Kommission eingestellt. Der Satz 1 entspricht dem § 746, der Satz 2 dem § 725, Abs. 1; es wird auf die Erläuterungen zu diesen Paragraphen verwiesen; eine dem § 725 Abs. 2 entsprechende Vorschrift besteht für die Gemeinschaft nicht.

Haben die Miteigenthümer eines Grundstücks das Recht, die Aufhebung der Gemeinschaft zu verlangen, für immer oder auf Zeit ausgeschlossen oder eine Kündigungsfrist bestimmt, so wirkt die getroffene Bestimmung gegen den Sondernachfolger eines Miteigenthümers nur, wenn sie als Belastung des Antheils im Grundbuch eingetragen ist (§ 1010 Abs. 1).

Für den Fall des Konkurses ist bestimmt, daß eine Vereinbarung, durch welche das Recht, die Aufhebung der Gemeinschaft zu verlangen, für immer oder auf Zeit ausgeschlossen oder eine Kündigungsfrist bestimmt worden ist, nicht gegen die Konkursmasse wirkt (K.O. § 14 Abs. 1).

§ 752.

E. I § 769 Abs. 1; II § 688 rev. § 740; III § 739. P. I S. 3052—3064, 3557, 3561, 5798, 5799, 5828; M. II S. 881, 882. P. II S. 3089—3093 (Bd. II S. 757—759). D. S. 645.

1. Für die Art und Weise, in welcher die Aufhebung der Gemeinschaft zu erfolgen hat, ist in erster Linie die Vereinbarung der Theilhaber maßgebend. Es ist dies zwar

§. 753.

Ist die Theilung in Natur ausgeschlossen, so erfolgt die Aufhebung der Gemeinschaft durch Verkauf des gemeinschaftlichen Gegenstandes nach den Vorschriften über den Pfandverkauf, bei Grundstücken durch Zwangsversteigerung, und durch Theilung des Erlöses. Ist die Veräußerung an einen Dritten unstatthaft, so ist der Gegenstand unter den Theilhabern zu versteigern.

Hat der Versuch, den Gegenstand zu verkaufen, keinen Erfolg, so kann jeder Theilhaber die Wiederholung verlangen; er hat jedoch die Kosten zu tragen, wenn der wiederholte Versuch mißlingt.

---

nicht ausdrücklich gesagt, ergiebt sich aber daraus, daß die Vorschriften des Gesetzes über die Durchführung der Theilung nur dispositiven Charakter haben. Kommt keine Vereinbarung zu Stande, so kann jeder Theilhaber verlangen, daß die Theilung nach Maßgabe der Bestimmungen des Gesetzes vorgenommen wird. Der gemeinschaftliche Gegenstand soll in Natur getheilt werden, wenn er sich ohne Verminderung des Werthes in gleichartige, den Antheilen der Theilhaber entsprechende Theile zerlegen läßt. Ist die Theilung in Natur ausgeschlossen, so erfolgt die Aufhebung der Gemeinschaft durch Verkauf und durch Theilung des Erlöses. Eine Mitwirkung des Gerichts bei der Theilung findet nicht statt, sofern eine solche nicht bei der Vornahme einzelner Rechtshandlungen wie z. B. bei der Zwangsversteigerung erforderlich ist. Die Theilhaber haben vielmehr die Theilung selbst zu betreiben. Sie sind gegenseitig verpflichtet, bei der Vornahme der erforderlichen Maßregeln mitzuwirken und zu den nothwendig werdenden rechtsgeschäftlichen Verfügungen ihre Zustimmung zu ertheilen; bei Entscheidung der Einzelfragen ist der § 242 zu berücksichtigen.

Geräth einer der Theilhaber in Konkurs, so erfolgt die Theilung außerhalb des Konkursverfahrens (K.O. § 16 Abs. 1); der auf den Gemeinschuldner entfallende Theil ist an die Konkursmasse abzuführen.

2. Die Theilung in Natur hat stets stattzufinden, wenn die Voraussetzungen des § 752 vorliegen. Keiner der Betheiligten kann der Theilung deshalb widersprechen, weil die Theilung in Natur unzweckmäßig sei oder weil sie gegen berechtigte Interessen, z. B. öffentliche oder Familieninteressen, verstoßen würde. Die Theilung in Natur ist nur zulässig, wenn zwei Voraussetzungen vorliegen:

a) Der gemeinschaftliche Gegenstand oder, wenn mehrere gemeinschaftliche Gegenstände zu theilen sind, diese müssen sich in gleichartige, den Antheilen der Theilhaber entsprechende Theile zerlegen lassen. Daß die Theile absolut gleichartig sind, ist nicht erforderlich; es kommt nur darauf an, daß sie vom Standpunkte des Verkehrs aus gleichartig sind. Dies ist z. B. bei Geld immer der Fall. Bei Werthpapieren wird regelmäßig ein Werthpapier über 2000 M. als gleichartig mit vier Werthpapieren derselben Gattung über 500 M. zu betrachten sein, sofern nicht der Kurswerth ein verschiedener ist (P. II S. 3093).

b) Die Theilung muß sich ohne Verminderung des Werthes bewerkstelligen lassen. Es ist möglich, daß ein Gegenstand sich zwar in gleichartige Theile zerlegen läßt, daß alle Theile zusammen aber weniger werth sind als der ungetheilte Gegenstand. So wird z. B. ein Stück Tuch oder Leinen, daß zur Anfertigung eines Kleidungsstücks ausreicht, ungetheilt mehr werth sein, als wenn es in zehn Theile zerschnitten ist. Auch bei Grundstücken wird die Theilung häufig eine Verminderung des Werthes zur Folge haben. Unberührt bleiben außerdem die landesgesetzlichen Vorschriften, welche die Theilung eines Grundstücks untersagen oder beschränken (E.G. Art. 119 Ziff. 2).

c) Die Zutheilung ergiebt sich von selbst, wenn die Antheile und dementsprechend die Theile ungleich sind; bei gleichen Theilen wird die Zutheilung durch das Loos bestimmt. Die Theilhaber sind verpflichtet, sich gegenseitig die Theile zu übertragen. Für den Eigenthumsübergang gelten die gewöhnlichen Grundsätze (vergl. E.G. Art. 120 Abs. 1, 2 Ziff. 1, Art. 121).

§ 753.

E. I § 769 Abs. 2, 4 § 772; II § 689 rev. § 741; III § 740. P. I S. 3052—3064, 3065—3068, 3557, 3561, 5798, 5799, 5828, 6200, 6203; M. II S. 883—885. P. II S. 3093, 3094, 3110, 8140, 8141, 8147, 8148 (Bd. II S. 759, 767). D. S. 645. K.B. S. 1982.

1. Ist die Theilung in Natur nach Maßgabe des § 752 ausgeschlossen, so soll die Aufhebung der Gemeinschaft durch Verkauf des gemeinschaftlichen Gegenstandes nach den Vorschriften über den Pfandverkauf (§§ 1233 ff.), bei Grundstücken durch Zwangsversteigerung (Zw. V.G.

§. 754.

Der Verkauf einer gemeinschaftlichen Forderung ist nur zulässig, wenn sie noch nicht eingezogen werden kann. Ist die Einziehung möglich, so kann jeder Theilhaber gemeinschaftliche Einziehung verlangen.

---

§§ 180 ff.) und Theilung des Erlöses erfolgen. In den Entwürfen war gesagt, daß der Verkauf nach den Vorschriften über die Zwangsvollstreckung stattfinden solle. Die jetzige Fassung beruht auf einem Beschlusse der Reichstags-Kommission, sie soll nach dem K.B. (S. 1982) nur zur Klarstellung dienen, enthält aber eine kleine sachliche Aenderung. Denn nach der jetzigen Fassung hat der Verkauf von anderen Gegenständen als Grundstücken nach den Vorschriften des B.G.B. über den Pfandverkauf (§§ 1233 ff.) zu erfolgen, während nach den Entwürfen die Vorschriften der C.P.O. (jetzige Fassung §§ 814 ff.) angewendet werden sollten (M. II S. 884 unten). Diese Vorschriften der C.P.O kommen bei der jetzigen Fassung nach § 1233 Abs. 2 nur dann zur Anwendung, wenn ein Theilhaber für sein Recht zum Verkauf einen vollstreckbaren Titel gegenüber den übrigen Theilhabern erlangt hat und auf Grund desselben die Zwangsvollstreckung betreibt. Liegt diese Voraussetzung nicht vor, so erfolgt der Verkauf nach den Vorschriften der §§ 1234 ff. Sachlich stimmen diese Vorschriften übrigens im Wesentlichen mit den Vorschriften der C.P.O. überein.

Die Vorschriften des § 753 sind dispositiver Natur. Dies ist in der R.T.K. von den Regierungsvertretern anläßlich eines demnächst abgelehnten Antrags, welcher die Anwendung der Vorschriften über den Pfandverkauf einschränken wollte, ausdrücklich anerkannt. Die Theilhaber können also nicht nur eine andere Art des Verkaufs vereinbaren, sondern auch einzelne der für den Pfandverkauf gegebenen Vorschriften ausschließen oder abändern (K.B. S 1982).

Abs. 1 Satz 2. Für die Versteigerung gilt die Vorschrift des § 156.

§ 754.

E. I § 769 Abs. 3; II § 690 rev. § 742; III § 741. P. I S. 3052—3064, 3557, 3561, 5798, 5799, 5828; M. II S. 885. P. II S. 3093 (Bd. II S. 759). D. S. 645.

Die Vorschriften des § 754 gelten für alle Forderungen, gleichviel ob die geschuldete Leistung theilbar oder untheilbar ist. Bei Forderungen, welche eine theilbare Leistung zum Gegenstande haben, wird der § 754 aber nur ausnahmsweise zur Anwendung kommen, da solche Forderungen nach der Regel des § 420 von vornherein als getheilt gelten. Der eingezogene Gegenstand tritt hinsichtlich der Gemeinschaft an die Stelle der Forderung und ist nach Maßgabe der Vorschriften der §§ 752, 753 zu theilen.

Die Rechtsstellung des gemeinschaftlichen Schuldners wird durch die Vorschrift des Satz 2 nicht berührt. Wenn die Theilhaber Gesammtgläubiger sind, so finden die Vorschriften der §§ 428, 429 Anwendung, der Schuldner wird also durch Leistung an einen der Gläubiger befreit.

§§ 755, 756.

Für die Forderungen, welche sich auf die Gemeinschaft gründen, sind die Antheile der einzelnen Theilhaber an sich nicht verhaftet. Denn die Antheile sind freie selbständige Vermögensobjekte; sie sind nicht für die Zwecke der Gemeinschaft gebunden. Bei der Theilung würden darnach die gemeinschaftlichen Schulden nicht zu berücksichtigen sein. Den Gläubigern gegenüber wird hieran auch festgehalten. Ihnen ist nicht das Recht eingeräumt, zu verlangen, daß die Schulden aus dem gemeinschaftlichen Gegenstande berichtigt werden. Im Verhältnisse der Theilhaber zu einander erfordert aber, wie die Motive (II S. 886) ausführen, die Gerechtigkeit, daß die gesammten obligatorischen Beziehungen, welche in der Gemeinschaft ihren Grund haben, bei der Theilung mitberücksichtigt werden und daß ein jeder Theilhaber nicht mehr erhalte, als ihm unter Mitberücksichtigung der obligatorischen Ansprüche aus der Gemeinschaft gebührt. Denn der auf den Schuldner fallende Theil des gemeinschaftlichen Gegenstandes (oder des Verkaufserlöses) ist unter Umständen das einzige Befriedigungsmittel für den Gläubiger. Das Gesetz giebt deshalb dem forderungsberechtigten Theilhaber die Befugniß, bei der Aufhebung der Gemeinschaft die Berichtigung seiner Forderung aus dem auf den Schuldner fallenden Theile des gemeinschaftlichen Gegenstandes zu verlangen (§ 756 Satz 1). Diese Bestimmung war bereits im E. I enthalten. Die zweite Kommission hat den Satz weiter ausgestaltet. In ähnlicher Lage wie der Theilhaber, welcher eine Ersatzforderung hat, befindet sich jeder Theilhaber, falls zur Zeit der Theilung eine gesammtschuldnerische Verbindlichkeit besteht, welche die Theilhaber gemäß § 748 nach Verhältniß ihrer Antheile zu erfüllen haben oder die sie zum Zwecke der Erfüllung einer derartigen Ver-

§. 755.

Haften die Theilhaber als Gesammtschuldner für eine Verbindlichkeit, die sie in Gemäßheit des §. 748 nach dem Verhältniß ihrer Antheile zu erfüllen haben oder die sie zum Zwecke der Erfüllung einer solchen Verbindlichkeit eingegangen sind, so kann jeder Theilhaber bei der Aufhebung der Gemeinschaft verlangen, daß die Schuld aus dem gemeinschaftlichen Gegenstande berichtigt wird.

Der Anspruch kann auch gegen die Sondernachfolger geltend gemacht werden.

Soweit zur Berichtigung der Schuld der Verkauf des gemeinschaftlichen Gegenstandes erforderlich ist, hat der Verkauf nach §. 753 zu erfolgen.

§. 756.

Hat ein Theilhaber gegen einen anderen Theilhaber eine Forderung, die sich au die Gemeinschaft gründet, so kann er bei der Aufhebung der Gemeinschaft die

---

bindlichkeit eingegangen sind. Hätte der eine Theilhaber vor der Theilung die ganze Verbindlichkeit erfüllt, so könnte er nach der Vorschrift der §§ 748, 756 Satz 1 und nach § 426 bei der Theilung Berichtigung der ihm gegen die anderen Theilhaber zustehenden Ersatzforderung verlangen. Wird andererseits die Gesammtschuld der Theilhaber bei der Theilung nicht berichtigt, so bleibt jeder Theilhaber dem Gläubiger zur Zahlung des ganzen Schuldbetrags verpflichtet, ohne im Falle der Zahlung für die Befriedigung seines Ersatzanspruchs gegen den anderen Theilhaber noch die Sicherheit zu besitzen, welche ihm vor der Theilung der auf diesen Theilhaber fallende Theil des gemeinschaftlichen Gegenstandes bietet. Ob eine entsprechende Anwendung des § 756 Satz 1 auf einen Fall der gedachten Art sich rechtfertigen würde, kann zweifelhaft sein. Die Kommission hat aber geglaubt, daß sie jedenfalls der Billigkeit entspreche und daß es sich bei der praktischen Wichtigkeit der Frage empfehle, eine ausdrückliche Entscheidung im Gesetze zu geben. Es ist deshalb die Bestimmung eingestellt, daß jeder Theilhaber bei der Aufhebung der Gemeinschaft die Berichtigung einer solchen Gesammtschuld aus dem gemeinschaftlichen Gegenstande verlangen kann (§ 755 Abs. 1). Die Kommission hat ferner im Einklange mit der Regelung, welche für den Fall des Konkurses in der K.O. (§ 44 jetzt § 51) getroffen ist, bestimmt, daß die bezeichneten Ansprüche auf Berichtigung einer Schuld auch gegen den Sondernachfolger eines Theilhabers geltend gemacht werden können (§ 755 Abs. 2, § 756 Abs. 2); ohne eine solche Erstreckung würde der einzelne Theilhaber in der Lage sein, den Zweck der Vorschrift durch Veräußerung seines Antheils zu vereiteln. Die Wirksamkeit der Ansprüche gegen die Sondernachfolger erleidet übrigens bei dem Miteigenthum an einem Grundstück insofern eine Beschränkung, als sie hier von der Eintragung im Grundbuch abhängig gemacht wird (§ 1010 Abs. 2). Ueber die Realisirung des Anspruchs enthielt der E. I keine Bestimmung. Auch hier hat die zweite Kommission es für zweckmäßig erachtet, eine diesbezügliche Vorschrift einzustellen.

§ 755.

E. II § 691 rev. § 743; III § 742. P. II S. 3094—3099, 3101—3110 (Bd. II S. 759—760).
D. S. 645.

Vergl. Vorbm. zu §§ 755, 756.

1. Abs. 1. Wegen der Gesammtschulden s §§ 421 ff., Erl. zu § 748.

2. Abs. 2. Sondernachfolger ist insbesondere auch der Gläubiger, welcher den Antheil gepfändet hat.

3. Abs. 3. Erfolgt die Aufhebung der Gemeinschaft durch Verkauf des gemeinschaftlichen Gegenstandes, so bietet die Durchführung des Anspruchs auf Berichtigung einer Schuld aus dem Gegenstande keine Schwierigkeiten. Dagegen könnten sich Zweifel für den Fall ergeben, daß die Theilung in Natur zu erfolgen hat. Das Gesetz löst die Frage dahin, daß der Gegenstand nur insoweit zu verkaufen ist, als es des Erlöses zur Berichtigung der Schuld bedarf, während es im Uebrigen bei der Theilung in Natur verbleibt.

§ 756.

E. I § 770; II § 692 rev. § 744; III § 743. P. I S. 11269, 11270, 11273, 11281—11284, 11893; M. II S. 885—887. P. II S. 3094—3099 (Bd. II S. 759—762).

Vergl. Vorbm. zu §§ 755, 756.

Berichtigung seiner Forderung aus dem auf den Schuldner entfallenden Theile des gemeinschaftlichen Gegenstandes verlangen. Die Vorschriften des §. 755 Abs. 2, 3 finden Anwendung.

§. 757.

Wird bei der Aufhebung der Gemeinschaft ein gemeinschaftlicher Gegenstand einem der Theilhaber zugetheilt, so hat wegen eines Mangels im Rechte oder wegen eines Mangels der Sache jeder der übrigen Theilhaber zu seinem Antheil in gleicher Weise wie ein Verkäufer Gewähr zu leisten.

§. 758.

Der Anspruch auf Aufhebung der Gemeinschaft unterliegt nicht der Verjährung.

Als Forderungen, welche sich auf die Gemeinschaft gründen, sind namentlich zu nennen die Ersatzforderungen, die aus § 748 entspringen (s. Erl. zu § 748).

Die im Falle des § 756 zur entsprechenden Anwendung zu bringende Vorschrift des § 755 Abs. 3 führt hier nicht etwa dahin, daß von dem gemeinschaftlichen Gegenstande so viel verkauft werden müßte, daß aus dem Antheile des Schuldners an dem Erlöse die Schuld berichtigt werden kann. Es genügt, so viel zu verkaufen, daß der ganze Erlös zur Berichtigung der Schuld hinreicht; der verkaufte Theil wird dann bei der Theilung in Natur dem Schuldner auf seinen Theil angerechnet. Wenn z. B. einer von drei Theilhabern einen Betrag schuldet, der 1/3 des Werthes seines Antheils, also 1/9 des Werthes des ganzen Gegenstandes gleichkommt, so ist nicht der dritte, sondern der neunte Theil zu verkaufen. Aus dem Erlöse wird die Schuld bezahlt, und der Schuldner erhält bei der im Uebrigen stattfindenden Naturaltheilung statt 1/3 nur 2/9 des gemeinschaftlichen Gegenstandes (P II S. 3096).

§ 757.

E. I § 771; II § 693 rev. § 745; III § 744. P I S. 3069—3074, 3557, 3561, 11893, 11894; M. II S. 887, 888. P. II S. 3110 (Bd. II S. 766, 767).

Ueber die Frage, ob und in welcher Weise die Theilhaber einander zur Gewährleistung verpflichtet sind, könnten Zweifel entstehen, da die Auffassung vertreten und möglich ist, der Theilhaber, welcher seinen Theil zu Gunsten eines anderen Theilhabers aufgebe, schließe keinen Veräußerungsvertrag, der andere Theilhaber gelange vielmehr nur zu einer Verstärkung seines Rechtes durch Wegfall der Rechte der anderen Theilhaber. Es ist deshalb für zweckmäßig erachtet, eine ausdrückliche Entscheidung im Gesetze zu geben. Die Vorschrift entspricht sachlich dem bisherigen Rechte.

Wegen der Gewährleistung des Verkäufers für Mängel im Rechte s. §§ 434 ff., für Mängel der Sache §§ 459 ff.

§ 758.

E. I § 768; II § 694 rev. § 746; III § 745. P. I S. 3051, 3052; M. II S. 881. P. II S. 3088, 3089, 3539, 3542—3544 (Bd. II S. 756, 757; III S. 127—129).

Die Vorschrift entspricht dem bisherigen Rechte. Es kann zweifelhaft sein, ob sie sich nicht schon aus der Natur des Verhältnisses herleiten läßt. Man hat es aber für zweckmäßig erachtet, eine ausdrückliche Entscheidung im Gesetze zu geben.

Sechzehnter Titel.
Leibrente.

Sechzehnter Titel.

Stobbe, Deutsches Privat-Recht, Bd. III, dritte Aufl. § 234.

I. Das Gesetz giebt im sechzehnten Titel einige Vorschriften über Schuldverhältnisse, welche die Gewährung einer Leibrente zum Gegenstande haben. Der Hauptfall ist der des Leibrentenvertrags. Im E. I waren die Vorschriften in erster Linie für den Leibrentenvertrag gegeben und dann weiter bestimmt (E. I § 663), daß sie entsprechende Anwendung finden sollten, wenn die Verpflichtung auf Verfügung von Todeswegen, Urtheil oder Gesetz beruht. Die zweite Kommission hat beschlossen, den Fall des Urtheils auszuscheiden, weil durch das Urtheil die Verpflichtung zur Gewährung einer Leibrente nicht begründet, sondern nur die auf Vertrag, Verfügung von Todeswegen oder Gesetz beruhende Verpflichtung festgestellt werde. Im Uebrigen ist der E. I unter Ablehnung eines Antrags, welcher die Fälle der auf Gesetz beruhenden Renten unerwähnt lassen und wegen des Rentenvermächtnisses eine Vorschrift in das Erbrecht einstellen wollte, sachlich gebilligt. Auf eine Anregung, die einleitende Vorschrift so allgemein zu fassen, daß sie alle in Betracht kommenden Fälle decke, ist man nicht eingegangen, weil dies systematischen Bedenken unterliege. Die Redaktions-Kommission hat aber den letzteren Gedanken wieder aufgenommen und der Vorschrift des § 759 die jetzt vorliegende allgemeine Fassung gegeben. Dieser Beschluß hat dann die Zustimmung der Kommission gefunden. Sachlich schließt er eine kleine Erweiterung des E. I in sich. Die Vorschriften des sechzehnten Titels gelten nach der jetzigen Fassung für alle Fälle, in denen Jemand zur Gewährung einer Leibrente verpflichtet ist, gleichviel auf welchem Rechtsgrunde die Verpflichtung beruht. Mitbetroffen wird darnach der im E. I nicht miterwähnte Fall, daß die Verpflichtung zur Gewährung einer Leibrente durch ein einseitiges Rechtsgeschäft unter Lebenden, insbesondere durch Auslobung, übernommen ist.

II. 1. Der Leibrentenvertrag wird im bisherigen Rechte theilweise als Unterart der gewagten Verträge behandelt. Das Gesetz hat davon abgesehen, allgemeine Vorschriften über gewagte Verträge aufzunehmen, es begnügt sich mit einigen speziellen Vorschriften über den Leibrentenvertrag sowie über Spiel und Wette. Nicht besonders geregelt ist der Versorgungs- oder Alimentationsvertrag. Soweit ein solcher Vertrag die Verpflichtung zur Gewährung einer Leibrente begründet, finden die Bestimmungen des sechzehnten Titels Anwendung, im Uebrigen gelten die allgemeinen Vorschriften über Verträge. Unberührt bleiben die landesgesetzlichen Vorschriften über einen mit der Ueberlassung eines Grundstücks in Verbindung stehenden Leibgedings-, Leibzuchts-, Altentheils- oder Auszugsvertrag, soweit sie das sich aus dem Vertrag ergebende Schuldverhältniß für den Fall regeln, daß nicht besondere Vereinbarungen getroffen werden (E.G. Art. 96).

Die Bestimmung des Begriffs des Leibrentenvertrags ist mit dem Schweiz. Bundesgesetze der Wissenschaft und Praxis überlassen; die in den bisherigen Gesetzen aufgestellten Definitionen sind als zu eng erachtet (M. II S. 637). Man wird als Leibrentenvertrag den Vertrag bezeichnen können, durch welchen sich Jemand verpflichtet, einem Anderen für dessen Lebensdauer oder auf einen kürzeren jedoch längstens bis zum Tode des Berechtigten dauernden Zeitraum periodisch wiederkehrende Leistungen (Renten) zu gewähren. Die Rente wird meist in Geld oder anderen vertretbaren Sachen bestehen; in einem Theile der bisherigen Gesetze wird dies als Begriffsmerkmal des Leibrentenvertrags hingestellt. Die Motive bemerken dazu, man könne in Zweifel ziehen, ob es mit diesem Begriffe sich vertrage, von Leibrente zu reden, wenn der Berechtigte sich bestimmte periodisch wiederkehrende Leistungen anderer Art (z. B. geldwerthe fungible Handlungen, die Gewährung fungibeler Rechte zu seinem Unterhalte) bedungen habe (M. II S. 637). Jedenfalls dürfte es unbedenklich sein, in diesen Fällen die für den Leibrentenvertrag geltenden Vorschriften entsprechend anzuwenden. Regelmäßig wird ferner für die Verpflichtung zur Gewährung einer Rente eine Gegenleistung ausbedungen, die in einer Geldsumme (Rentenkapital) oder in einem in Geldwerth angeschlagenen Gegenstande zu bestehen pflegt. Der Begriff des Leibrentenvertrags wird aber dadurch nicht ausgeschlossen, daß ein Gegenstand ohne Bestimmung des Geldwerths als Gegenleistung hingegeben oder überhaupt keine Gegenleistung gewährt wird. Im letzteren Falle kommen neben den Vorschriften über den Leibrentenvertrag noch die Bestimmungen über Schenkungen, insbesondere auch diejenigen über Schenkungen zum Nachtheil eines Pflichttheilsberechtigten oder Nacherben, in Betracht (§§ 516 ff., Vorbm. zum zweiten Titel unter 3 S. 281).

Zur Gültigkeit eines Vertrags, durch den eine Leibrente versprochen wird, ist, soweit nicht eine andere Form vorgeschrieben ist (s. z. B. für das schenkweise Versprechen einer Leibrente § 518), schriftliche Ertheilung des Versprechens erforderlich (§ 761).

§. 759.

Wer zur Gewährung einer Leibrente verpflichtet ist, hat die Rente im Zweifel für die Lebensdauer des Gläubigers zu entrichten.

Der für die Rente bestimmte Betrag ist im Zweifel der Jahresbetrag der Rente.

Das Schuldverhältniß, welches durch den Abschluß des Vertrags begründet wird, ist ein einheitliches, aber es läßt sich daraus, wie in der Erl. zu § 224 Nr. 2 (Bd. I S. 275, vergl. M. II S. 640) ausgeführt ist, kein Gesammtanspruch auf Gewährung der Rente ableiten, sondern es entspringt für den Gläubiger nur eine Summe von Einzelansprüchen, deren jeder selbständig ist und einer besonderen Verjährung unterliegt. Der Inhalt der Verpflichtung im Einzelnen richtet sich nach der Vereinbarung der Parteien. Um Streitigkeiten und Zweifel abzuschneiden, stellt das Gesetz in § 759 einige Auslegungsregeln auf. Die Folgen der Nichterfüllung der dem Schuldner obliegenden Verbindlichkeiten bestimmen sich nach allgemeinen Grundsätzen; hiernach ist insbesondere, wenn die Verpflichtung zur Gewährung der Rente auf einem gegenseitigen Vertrage beruht, der Gläubiger, falls der Schuldner mit der Leistung einer Rente in Verzug geräth, nach Maßgabe des § 326 zum Rücktritte berechtigt. Die Ansprüche auf Rückstände von Renten verjähren in vier Jahren (§ 197).

Wird die Verpflichtung zur Gewährung einer Rente im Wege der Versicherung übernommen, so finden außer den Vorschriften des sechzehnten Titels noch die landesgesetzlichen Bestimmungen über das Versicherungsrecht (E.G. Art. 75) Anwendung.

2. Eine gesetzliche Verpflichtung zur Gewährung einer Rente besteht z. B. in den Fällen der §§ 528, 843, 844, 1361, 1580, 1612, 1710. Außerhalb des B.G.B. kommt namentlich das Haftpflichtgesetz v. 7. Juni 1871 § 7 in der Fassung des E.G. Art. 42 in Betracht. Die Rechtsverhältnisse hinsichtlich der Unfall-, Invaliditäts- und Altersrenten sind in den Reichsversicherungsgesetzen geregelt.

§ 759.

E I §§ 660, 662, 663; II §§ 701, 703 rev. § 747; III § 746. P. I S. 2655—2664, 2673, 2674; M. II S. 635—639, 640—642. P. II S. 2547, 2548, 2551, 8484, 8485 (Bd. II S. 486—488).

1. a) Die Dauer der Rente wird regelmäßig auf das Leben des zum Empfange der Rente Berechtigten abgestellt sein. Sie kann aber auch auf einen kürzeren Zeitraum beschränkt, insbesondere an die Lebensdauer des Schuldners oder eines Dritten oder an andere Vorgänge geknüpft werden. Ist eine derartige Vereinbarung getroffen und stirbt der Gläubiger vor dem Eintritte des Ereignisses, an welches die Beendigung der Rente geknüpft ist, so erlischt das Recht auf die Rente. Denn es entspricht dem Wesen der Leibrente, daß sie nur solange zu entrichten ist, als der Berechtigte lebt. Indessen kann auch ausgemacht werden, daß in solchem Falle die Leibrente an die Erben weiter zu zahlen ist, bis das fragliche Ereigniß eintritt.

Die Motive (II S. 638) nehmen an, daß in einem solchen Falle eine Leibrente für die Erben vorliege. Dies dürfte nicht richtig sein. In der That liegt, wenn die Dauer der Rente nicht von dem Leben des Berechtigten abhängt, sondern ohne Rücksicht darauf bis zum Tode des Schuldners oder eines Dritten bezahlt werden soll, kein eigentlicher Leibrentenvertrag, sondern ein gewöhnliches bedingtes Rentenversprechen vor. Es dürfte indessen keinem Bedenken unterliegen, auf einen solchen Vertrag die Vorschriften der §§ 759 Abs. 2, 760, 761 entsprechend anzuwenden.

b) Das Gesetz enthält keine Bestimmungen über den Fall, wenn sich mehrere Personen, z. B. Ehegatten, in demselben Vertrag eine Leibrente bestellen lassen. Nach der Regel des § 420 wird im Zweifel anzunehmen sein, daß jeder Gläubiger nur zu einem gleichen Antheile berechtigt ist. Fällt einer der Gläubiger fort, so wächst sein Theil hiernach nicht dem anderen Gläubiger an, sondern erlischt zu Gunsten des Schuldners (M. II S. 639, K.B. S. 1982). Ein in der R.T.K. gestellter Antrag, welcher dies besonders zum Ausdrucke bringen wollte, ist als entbehrlich abgelehnt.

c) In der bisherigen Gesetzgebung finden sich besondere Bestimmungen für den Fall, daß der Rentenschuldner den Tod desjenigen, auf dessen Lebensdauer die Rente gestellt ist, vorsätzlich herbeigeführt hat oder der Rentenschuldner, falls die Rente auf sein eigenes Leben gestellt ist, sein Leben durch Selbstmord beendigt oder die Todesstrafe erlitten hat. Es wird dem Rentengläubiger das Recht zugesprochen, das Rentenkapital, und zwar ohne Abzug der schon gezogenen Renten, zurückzufordern. Das Gesetz hat derartige Be-

§. 760.

Die Leibrente ist im voraus zu entrichten.

Eine Geldrente ist für drei Monate vorauszuzahlen; bei einer anderen Rente bestimmt sich der Zeitabschnitt, für den sie im voraus zu entrichten ist, nach der Beschaffenheit und dem Zwecke der Rente.

---

stimmungen nicht aufgenommen. Die Motive bemerken, daß sich kaum in einem der fraglichen Fälle die Verletzung einer kontraktlichen Verpflichtung von Seiten des Rentenempfängers annehmen lasse, daß aber die Rechtsnorm über unerlaubte Handlungen die nöthige Aushülfe gewähre (M. II S. 641). Ob diese Auffassung, welche sich auf die Vorschriften des E. I (§§ 704, 705, 722) über unerlaubte Handlungen gründet, nach den Aenderungen, welche diese Vorschriften durch die §§ 823, 826, 844 des B.G.B. erfahren haben, noch zutreffend ist, darüber s. Erl. zu den §§ 823, 826, 844. Zweifelhaft ist, ob sich in Fällen der gedachten Art eine Verpflichtung des Rentenschuldners aus der Vorschrift des § 162 ableiten läßt. Gegenüber dem § 136 des E. I, nach welchem eine Bedingung als eingetreten gilt, wenn derjenige, zu dessen Nachtheile der Eintritt gereicht, diesen in einer dem Inhalt des Rechtsgeschäfts zuwiderlaufenden Weise verhindert, läßt der § 162 insofern freien Spielraum, als er darauf abstellt, ob die Verhinderung gegen Treu und Glauben erfolgt sei. Man wird davon auszugehen haben, daß das Recht auf eine Leibrente in so vielen Ansprüchen besteht, als die Rente periodisch zu entrichten ist (s. Vorbm. zu diesem Titel II, 1). Jeder dieser Ansprüche ist in dem die Regel bildenden Falle, daß die Rente für die Lebensdauer des Gläubigers (§ 759 Abs. 1) zu entrichten ist, dadurch bedingt, daß der Gläubiger den Beginn des Zeitabschnitts erlebt, für den die Rente zu entrichten ist (§ 760 Abs. 3). Hängt die Rentenverpflichtung außerdem von dem Leben eines Dritten oder des Schuldners selbst ab, so steht jeder der gedachten Ansprüche unter der weiteren Bedingung, daß der Dritte oder der Schuldner den Anfang des betreffenden Zeitabschnitts erlebt. Die Anwendbarkeit des § 162 hängt von der Frage ab, ob anzunehmen ist, daß der Schuldner den Eintritt der Bedingung wider Treu und Glauben verhindert, wenn er den Berechtigten bezw. den Dritten oder sich selbst tödtet. Diese Frage dürfte für den Fall zu bejahen sein, daß die Tödtung widerrechtlich und mit Vorsatz erfolgt ist und daß der Schuldner die Rentenverpflichtung kannte. Nicht erforderlich dürfte sein, daß der Schuldner die Tödtung in der Absicht oder doch mit dem Bewußtsein beging, dadurch den Eintritt der Bedingung zu verhindern. Treu und Glauben erfordern die Unterlassung jeder vorsätzlichen Handlung, durch welche der Eintritt der Bedingung verhindert wird. Dagegen dürfte die Voraussetzung des § 162 nicht zutreffen, wenn dem Schuldner nur Fahrlässigkeit zur Last fällt oder wenn er, wie dies z. B. bei dem Erben des ursprünglichen Rentenschuldners der Fall sein kann, seine Verpflichtung nicht kannte. Nach denselben Grundsätzen wird der Fall zu beurtheilen sein, wenn der Schuldner eine Handlung begeht, wegen deren er die Todesstrafe erleidet. Man könnte gegen diese Auffassung für den Fall, daß der Gläubiger selbst der Getödtete ist, das Bedenken erheben, daß ein Todter keinen Schaden mehr erleiden kann und daß seine Erben einen Schaden nicht erlitten haben, weil es ungewiß ist, ob dieselben Personen auch dann Erben geworden sein würden, wenn die Tödtung nicht erfolgt, der Tod also erst später eingetreten wäre. Die positive Vorschrift des § 162 dürfte indessen die Bedeutung haben, daß es auf diese Frage nicht ankommt, daß vielmehr in dem gedachten Falle das Verhältniß so zu beurtheilen ist, wie wenn die Verpflichtung zur Bezahlung der Rente für den Fall, daß der Schuldner den Gläubiger wider Treu und Glauben getödtet hat, auf solange eingegangen ist, als der Gläubiger ohne die Tödtung muthmaßlich noch gelebt haben würde.

2. Abs. 2. Der Leibrentenvertrag kann bloß den Betrag der Leibrente bezeichnen, ohne Auskunft darüber zu geben, für welche Zeitperioden (für ein Jahr, Vierteljahr, Monat) der bestimmte Betrag zu entrichten ist. Man hat für diese Fälle eine Auslegungsregel für nothwendig erachtet. Die Entscheidung des Gesetzes entspricht bisher bestehenden Gesetzen sowie der Lebenserfahrung, wonach die Beziehung auf die Dauer eines Jahres die Regel bildet.

§ 760.

E. I § 661; II § 702 rev. 748; III § 747. P. I S. 2662—2665; M. II S. 639, 640. P. II S. 2547, 2548 (Bd. II S. 486). R.B. S. 1982.

Die Bestimmungen der Abs. 1, 2 entsprechen dem Zwecke und der Natur der Leibrente und stimmen mit dem größten Theile des bisherigen Rechtes überein. Die Vorschrift des Abs. 3 trägt einen positiven Charakter, sie wird in den Motiven mit dem Hinweis auf das

Hat der Gläubiger den Beginn des Zeitabschnitts erlebt, für den die Rente im voraus zu entrichten ist, so gebührt ihm der volle auf den Zeitabschnitt entfallende Betrag.

§. 761.

Zur Gültigkeit eines Vertrags, durch den eine Leibrente versprochen wird, ist, soweit nicht eine andere Form vorgeschrieben ist, schriftliche Ertheilung des Versprechens erforderlich.

Siebzehnter Titel.

Spiel. Wette.

---

praktische Bedürfniß und den muthmaßlichen Parteiwillen begründet. Aus der Bestimmung folgt, daß, falls der Berechtigte, wenn auch noch so früh, nach dem von ihm erlebten Beginne der Frist stirbt, seine Erben Anspruch auf die Leistung des gemäß Abs. 1, 3 vorauszuentrichtenden Betrags haben, andererseits gegen sie die Kondiktion auf Herausgabe des Vorausentrichteten nicht stattfindet (M. II S. 639, 640).

Nach C.P.O. § 258 kann auch auf Entrichtung zukünftiger Renten Klage erhoben werden.

§ 761.

K.B. S. 1982.

Die Vorschrift ist von der Reichstags-Kommission mit Rücksicht auf die Wichtigkeit des Leibrentenvertrags und die lange Dauer seiner Wirkungen eingestellt. Wegen der schriftlichen Form s. § 126, besondere Formvorschriften kommen z. B. in den Fällen der §§ 311, 313, 518 in Betracht.

Siebzehnter Titel.

I. Das Gesetz stellt keine allgemeinen Grundsätze über die Behandlung von Glücksverträgen auf, sondern beschränkt sich auf einige Vorschriften über Spiel und Wette, über den Lotterie- und Ausspielvertrag und über das sog. Differenzgeschäft. Der Spielvertrag begründet keine rechtliche Verbindlichkeit; hat aber Jemand auf Grund des Spieles eine Leistung gemacht, so soll er sie nicht zurückfordern können, weil eine Verbindlichkeit nicht bestanden habe (§ 762 Abs. 1). Um Zweifel und Streitigkeiten abzuschneiden, ist hinzugefügt, daß das Gleiche gilt, wenn der Verlierer zum Zwecke der Erfüllung einer Spielschuld dem Gewinner gegenüber eine Verbindlichkeit eingeht (§ 762 Abs. 2). Die Wette ist dem Spiele durchaus gleichgestellt. Der Lotterie- und Ausspielvertrag ist verbindlich, wenn die Lotterie oder die Ausspielung staatlich genehmigt ist, andernfalls sollen die Bestimmungen über das Spiel Anwendung finden (§ 763). Das sog. Differenzgeschäft, dessen Merkmale näher bestimmt werden, soll ebenfalls als Spiel behandelt werden (§ 764).

Die Bestimmungen des Gesetzes beruhen nicht auf dem Gedanken, daß der Abschluß eines Spielvertrags ein unsittliches Rechtsgeschäft sei, wäre dies der Fall, so hätte der Vertrag für ungültig erklärt werden müssen. Das durch den Spielvertrag begründete Verhältniß wird auch nicht bloß als ein rein thatsächliches behandelt. Das Gesetz legt vielmehr dem Spielvertrag eine gewisse rechtliche Bedeutung bei; es schränkt nur die Wirkungen des Vertrags in der Weise ein, daß die Geltendmachung von Ansprüchen aus dem Vertrage versagt und lediglich die Rückleistungsforderung des Geleisteten ausgeschlossen wird. Es ergiebt sich also ein unvollkommenes Rechtsverhältniß, indem ein nach allgemeinen Grundsätzen an sich gültiges Schuldverhältniß aus besonderen Gründen nur in beschränktem Maße anerkannt wird. Der Spielvertrag ist ein Vertrag, welcher nicht klagbar, aber erfüllbar ist; er untersteht im Uebrigen den allgemeinen Grundsätzen über Rechtsgeschäfte und Verträge, insbesondere auch hinsichtlich des Zustandekommens des Vertrags und des Einflusses von Willensmängeln. Begründet wird die besondere Behandlung des Spieles in den Motiven damit, daß die Einschränkung der Wirksamkeit des Spielvertrags der Rechtsauffassung der Gegenwart entspreche. Weiter wird noch hinzugefügt:

Der Ausschluß der Rückforderung empfehle sich auch deshalb, weil Prozesse über Spiel, und Wettschulden, gleichviel, ob die Leistung erfolgt sei oder nicht, überhaupt nicht zuzulassen seien (M. II S. 644). Bei den Berathungen der zweiten Kommission ist in dieser Hinsicht von einer Seite bemerkt: Der Satz, daß durch Spiel eine Verbindlichkeit nicht begründet werde, beruhe auf dem Gedanken, daß das Gesetz das Spiel wegen der damit möglicherweise verbundenen wirthschaftlichen und sittlichen Gefahren nicht durch Gewährung gerichtlicher Hülfe zur Erzwingung der von den Spielern gegen einander übernommenen Verbindlichkeiten fördern dürfe (P. II S. 3170). Von anderer Seite ist ausgeführt, daß die Unklagbarkeit der Spielschulden nicht auf dem angegebenen rechtspolizeilichen Gedanken beruhe. Das Spiel solle nicht für zivilrechtlich unerlaubt erklärt werden, wenn auch nur mit der Wirkung, daß ein Rechtsanspruch daraus nicht entstehe. Die Unklagbarkeit der Spielschulden beruhe vielmehr auf der Auffassung, daß das Spiel und die daraus sich ergebenden Beziehungen der Spieler dem Gebiete der Sitte, nicht dem des Rechtes angehörten; daß der Spielvertrag nicht ein der rechtlichen Regelung zu unterwerfendes Verkehrsgeschäft sei; auf Grund dieser Auffassung werde auch die Rückforderung des aus dem Spiele Geleisteten versagt (P. II S. 3171). Die letztere Ansicht würde eine hinreichende Erklärung für die Bestimmungen des Gesetzes geben, wenn es sich bloß um die Spiele des gewöhnlichen Lebens handelte. Aber die Bedeutung des Spieles geht hierüber weit hinaus. Erfahrungsmäßig wird das Spiel vielfach in solcher Weise und in solchem Umfange betrieben, daß daraus ernstliche wirthschaftliche Gefahren entstehen. Der Gesetzgeber hat sich deshalb veranlaßt gesehen, verschiedene Maßregeln gegen das Spielen zu treffen, insbesondere die Spielbanken zu unterdrücken und gewisse Arten des Spieles zu verbieten. Es erscheint gerechtfertigt, auch die privatrechtlichen Bestimmungen des B.G.B. unter diesem Gesichtspunkte zu betrachten und sie so aufzufassen, daß mit Rücksicht auf die Gefährlichkeit des Spieles die Wirksamkeit der Spielverträge eingeschränkt werden soll. Namentlich gilt dies von der rechtlichen Behandlung der Differenzgeschäfte. Der angegebene Gesichtspunkt wird bei der Auslegung der Vorschriften und insbesondere bei der Entscheidung der Frage, welche Rechtsgeschäfte unter die Sonderbestimmungen des siebzehnten Titels fallen, zu berücksichtigen sein.

Der Begriff des Spieles ist ebenso wie der der Wette im bisherigen Rechte streitig. Das Gesetz hat die Entscheidung der Wissenschaft und Praxis überlassen. Die Frage hat erheblich an praktischer Bedeutung verloren. Denn die Punkte, welche bisher hauptsächlich Schwierigkeiten gemacht haben, nämlich die Abgrenzung von Spiel und Wette unter einander und die rechtliche Behandlung der sog. Differenzgeschäfte sind durch die Bestimmungen des Gesetzes erledigt. Man wird den Spielvertrag bezeichnen können als einen Vertrag, bei dem die Parteien Gewinn und Verlust unter entgegengesetzten Bedingungen vereinbaren, lediglich um durch den Zufall einen Gewinn zu erzielen oder sich die Zeit zu vertreiben (Dernburg II § 104), als Wettvertrag einen Vertrag, bei dem die Parteien zur Bekräftigung bestimmter Behauptungen sich gegenseitig verpflichten, daß demjenigen, dessen Behauptung sich als richtig erweist, von dem Anderen eine bestimmte Leistung gemacht werden soll (ähnlich Dernburg, Pr.P.R. II § 158). Charakteristisch für das Spiel ist hiernach einmal, daß Gewinn und Verlust ganz oder theilweise vom Zufall abhängig gemacht wird und sodann, daß ein ernster sittlicher oder wirthschaftlicher Zweck bei dem Geschäfte fehlt. Letzterer Gesichtspunkt wird namentlich vom Reichsgericht, welches sich anläßlich der Entscheidung über das Wesen der Differenzgeschäfte häufig mit dem Begriffe des Spieles beschäftigt und nach früherem Schwanken eine feste Praxis auf diesem Gebiete geschaffen hat, in verschiedenen Urtheilen besonders betont. Man wird der Auffassung des R.G. um so mehr zu folgen haben, als dieselbe durch die Aufnahme des § 764, welcher sich im Wesentlichen als eine Kodifikation der vom R.G. aufgestellten Rechtsgrundsätze darstellt, im Gesetze selbst Anerkenung gefunden hat. Cosack (Lehrbuch § 156) wendet dagegen ein, daß nicht abzusehen sei, warum man gerade bei gewagten Geschäften auf deren Nützlichkeit Werth lege, da doch bei allen anderen Geschäften, z. B. beim Kaufe von Baustellen zu Spekulationszwecken, hiernach nicht gefragt werde. Cosack selbst will darauf abstellen, daß das Spiel ausschließlich oder doch überwiegend dem Vergnügen der Parteien dienen solle. Diese Definition ist aber offensichtlich zu eng, da sie das Differenzgeschäft, welches in den meisten Fällen nicht bloß des Vergnügens, sondern des Erwerbes wegen abgeschlossen wird und welches im Gesetz ausdrücklich als Spiel gekennzeichnet wird, ausschließen würde. Was den Einwand Cosacks anlangt, so ist zu beachten, daß bei einem Kaufe zu Spekulationszwecken äußerlich ein wirthschaftlich ernstes Geschäft vorliegt, während bei dem reinen Spiele eine Vermögensverschiebung ohne jeden objektiv anzuerkennenden Zweck stattfinden soll. Allerdings ist die Möglichkeit gegeben, daß Jemand des Spieles wegen Geschäfte schließt, die äußerlich nicht als Spielverträge erscheinen, daß er z. B. lediglich, um die Preisdifferenz zu gewinnen, Getreide kauft und verkauft, aber es ist nicht zulässig, den Begriff des Spieles um deswillen einzuschränken, weil einzelne Geschäfte, die zu ähnlichen Erfolgen führen, nicht mit getroffen werden. Die Form, in welche der Spielvertrag gekleidet wird, ist gleichgültig; wesentlich ist nur, daß die Parteien wirklich ein Spiel gewollt haben. Auch darauf kommt es nicht an, ob die Parteien den Spielvertrag als reelles Erwerbsgeschäft angesehen haben oder nicht. Endlich ist nicht erforderlich, daß die Parteien zum Zwecke des Spieles eine Thätigkeit entwickeln; die entgegengesetzte früher vertretene Ansicht (vergl. Windscheid II § 419a Anm 3) dürfte heute allgemein aufgegeben sein. Darnach fällt z. B. auch das Wetten beim Totalisator oder beim Buchmacher unter den Begriff des Spieles oder der Wette.

II. Ueber die verbotenen Spiele und Wettverträge sind keine besonderen Bestimmungen gegeben. Es greift also die allgemeine Vorschrift des § 134 Platz. Hiernach ist der Vertrag, welcher gegen ein gesetzliches Verbot verstößt, nichtig, soweit sich nicht aus dem Gesetz ein Anderes ergiebt. Die Gesetze, welche gegen bestimmte Spiele oder eine gewisse Art des Spielens sind gerichtet (s. z. B. St.G.B. §§ 284—286, 360 Nr. 14) enthalten regelmäßig keine allgemeinen Verbote, sondern nur Strafbestimmungen. Trotzdem können sie so gemeint sein, daß alle Rechtsgeschäfte, welche ein solches Spiel zum Gegenstande haben, schlechthin verboten sein sollen. Jene Gesetze können aber auch möglicherweise so zu verstehen sein, daß sie nur Strafen androhen, die privatrechtliche Gültigkeit der entgegen dem Verbote vorgenommenen Rechtsgeschäfte aber nicht in Frage stellen wollen. So wird z. B. die Bestimmung des St.G.B. § 360 Nr. 14, welche das unbefugte Abhalten von Glücksspielen auf öffentlichen Wegen mit Strafe belegt, wohl nur als eine rechtspolizeiliche Vorschrift zu charakterisiren sein, welche nicht bezweckt, in privatrechtliche Verhältnisse einzugreifen. Mit Rücksicht auf den verschiedenen Charakter der in Betracht kommenden Gesetze und, um nicht das Mißverständniß hervorzurufen, als solle eine Deklaration jener Gesetze ausgesprochen werden, ist von der Aufstellung einer allgemeinen Regel Abstand genommen. Ob und inwieweit aus dem Verbote die privatrechtliche Ungültigkeit der zuwiderlaufenden Geschäfte zu folgern ist, wird hiernach in jedem Falle durch Auslegung des betreffenden Gesetzes festzustellen sein. Wegen der Landesgesetze, welche sich gegen das Spielen in auswärtigen Lotterien richten, s. Erl. zu § 763 unter 2b. Ist der Spielvertrag nach Maßgabe des § 134 für nichtig zu erachten, so kann das auf Grund des Vertrags Geleistete nach Maßgabe des § 817 zurückgefordert werden. Die Vorschrift des § 762 Abs. 1 Satz 2 steht dem nicht entgegen; denn sie schließt die Rückforderung nur aus, soweit sie darauf gestützt wird, daß nach § 762 Abs. 2 Satz 1 keine Verbindlichkeit bestanden habe. Die Motive führen zu der Frage über die Folgen eines verbotenen Spieles aus: In der Regel wird auch die Nichtigkeit des diesbezüglichen dinglichen Vertrages (der Leistung) eintreten, sofern nämlich anzunehmen sein wird, das Gesetz habe zur Erreichung seines Zweckes durch das absolute Verbot nicht bloß den obligatorischen, sondern auch den dinglichen Vertrag treffen wollen. Das Geleistete kann also vindizirt und, soweit es nicht mehr vorhanden, Ersatz mit der condictio sine causa verlangt werden (M. II S. 644). Eine so weit gehende Auslegung des Verbotsgesetzes dürfte sich wohl nur in wenigen Fällen rechtfertigen lassen. Uebrigens wird eine Vindikation, da es sich meistens um Geld handelt, nur selten in Frage kommen.

III. Das bisherige Recht schließt zum großen Theil die Rückforderung eines zum Zwecke des Spieles oder von Wetten gegebenen Darlehens aus. Der E. I. hatte keine solche Bestimmung aufgenommen, weil dies durch den hierbei maßgebenden Zweck einer Einschränkung des Spieles und der Wetten nicht gerechtfertigt werde und aus einer solchen allgemeinen Vorschrift unbillige Härten entstehen könnten (M. II S. 646). Bei den Berathungen der zweiten Kommission waren Anträge gestellt, welche unter gewissen, verschieden formulirten Voraussetzungen Darlehen zu Spielzwecken denselben Regeln unterstellen wollten wie die Spielverträge. Indessen hat keiner der Vorschläge die Zustimmung der Mehrheit gefunden. Für die Ablehnung der Anträge ist dabei u. A. von einigen Seiten geltend gemacht, man werde auch ohne gesetzliche Bestimmung, wie dies die französische Praxis gethan habe, zur entsprechenden Anwendung der Vorschriften über Spielverträge gelangen In der R.T.K. ist dann nochmals die Frage angeregt, ob sich nicht die Aufnahme einer Bestimmung empfehle, nach welcher aus Darlehen zu Spielzwecken sowie aus Aufträgen und Vereinigungen zu Spielzwecken Rechtspflichten nicht entstehen. Nachdem sich die Regierungs-Vertreter gegen eine solche Vorschrift ausgesprochen hatten, ist indessen davon abgesehen, einen Antrag zu stellen (K.B. S. 1982). Nach allgemeinen Grundsätzen kann die Gültigkeit eines Darlehens nicht um deswillen in Frage gestellt werden, weil dasselbe zum Zwecke des Spielens gegeben ist. Eine entsprechende Anwendung der Bestimmungen über Spiel und Wette würde sich nur aus dem Gesichtspunkte rechtfertigen lassen, daß ein solches Darlehen eine Förderung des Spielens mit sich bringe, welcher entgegengetreten werden müsse. Indessen enthält ein Darlehen, welches zum Zwecke der Bezahlung einer Spielschuld gegeben wird, wie von den Regierungs-Vertretern in der R.T.K. hervorgehoben ist, überhaupt keine Förderung des Spieles. Bei dem Darlehen, welches gegeben wird, damit der Empfänger das Geld zum Spiele verwende, liegt jedenfalls dann keine Förderung des Spieles vor, wenn das empfangene Geld gar nicht zum Spielen verwendet worden ist. In beiden Fällen würde also der Ausschluß der Rückforderung nicht gerechtfertigt

§. 762.

Durch Spiel oder durch Wette wird eine Verbindlichkeit nicht begründet. Das auf Grund des Spieles oder der Wette Geleistete kann nicht deshalb zurückgefordert werden, weil eine Verbindlichkeit nicht bestanden hat.

Diese Vorschriften gelten auch für eine Vereinbarung, durch die der verlierende Theil zum Zwecke der Erfüllung einer Spiel- oder einer Wettschuld dem gewinnenden Theile gegenüber eine Verbindlichkeit eingeht, insbesondere für ein Schuldanerkenntniß.

---

sein. Dem Rechtsbewußtsein würde ferner die Weigerung der Rückzahlung auch in den Fällen widerstreiten, wenn der Empfänger mit dem Gelde einen Gewinn erzielt hat oder wenn er zwar verloren hat, aber nicht an den Darlehensgeber. Ist das Geld an den Geber verloren, so wird zu prüfen sein, ob nicht thatsächlich eine kreditirte Spielschuld vorliegt (R.O.H.G. Bd. 25 Nr. 290, K.B. S. 1983). Außerdem kann im einzelnen Falle in Frage kommen, ob nicht das Darlehensgeschäft wegen Verstoßes gegen die guten Sitten nach § 138 als nichtig zu behandeln ist. Für die besonders gearteten Fälle wird sich hiernach eine befriedigende Lösung finden lassen. Eine allgemeine Erstreckung der für Spielverträge gegebenen Vorschriften auf Darlehen zu Spielzwecken kann aber nicht als im Sinne des Gesetzes betrachtet werden; ebenso Endemann, Einführung § 187 Anm. 7. Dieselben Grundsätze wie für das Darlehen müssen auch für andere Rechtsgeschäfte gelten, welche zu Spielzwecken oder aus Anlaß eines Spieles abgeschlossen werden. Zweifelhaft ist, ob eine Verbindlichkeit zur Vornahme eines Spieles oder zur Betheiligung an einem Spiele durch einen Auftrag oder einen Gesellschaftsvertrag begründet werden kann. Die Frage dürfte zu verneinen sein (vergl. R.G. Bd. 40 S. 259, ferner das Börsengesetz § 66 Abs. 2, welches Aufträge und Vereinigungen zum Abschlusse von Börsentermingeschäften insoweit den Börsentermingeschäften gleichstellt). Es kann darnach auch nicht auf Zahlung des Gewinns oder auf Ersatz von Aufwendungen geklagt werden, wenn Jemand als Beauftragter oder Kommissionär Spielgeschäfte für einen Anderen gemacht (vergl. R.G. Bd. 34 S. 82, 264). Jedenfalls trifft Letzteres dann zu, wenn die Form des Auftrags oder des Kommissionsgeschäfts nur zur Umgehung der Bestimmungen über die Klaglosigkeit der Spielgeschäfte gewählt und thatsächlich ein Spiel gewollt ist. Die Frage hat praktische Bedeutung namentlich für die Differenzgeschäfte.

§ 762.

E. I § 664; II § 704 rev. § 749; III § 748. P. I S. 2631—2647; M. II S. 643—648. P. II S. 3165—3182, 3185, 3186 (Bd. II S. 794—803, 804).

1. Abs. 1 Satz 1.

a) Forderungen aus einem Spiel- oder Wettvertrage können weder gerichtlich noch außergerichtlich geltend gemacht werden. Dies gilt für beide Parteien und für alle Ansprüche, die durch den Vertrag begründet sein könnten. Es kann also weder die Zahlung des Einsatzes, noch die Auszahlung eines Gewinns, noch die Entfaltung einer Thätigkeit zur Entscheidung des Spieles oder der Wette, noch überhaupt die Betheiligung am Spiele verlangt werden. Eine Spielforderung kann auch nicht zur Aufrechnung benutzt werden; ebenso kann kein Zurückbehaltungsrecht auf eine Spielforderung gestützt werden. Die Uebernahme einer Bürgschaft für eine Spielschuld ist ungültig; denn die Bürgschaft setzt eine rechtsgültige Verbindlichkeit des Hauptschuldners voraus. Das Gleiche gilt von der Bestellung eines Faustpfandes zur Sicherung einer Spielforderung. Wird eine Hypothek für eine Spielforderung im Grundbuch eingetragen, so erwirbt nicht der Gläubiger die Hypothek, sondern sie steht dem Eigenthümer zu (§ 1163 Abs. 1 Satz 1); dieser kann die Berichtigung des Grundbuchs nach § 894 fordern. Ein Vergleich darüber, ob ein Vertrag ein Spiel- oder Wettvertrag ist und ob daher eine Verbindlichkeit dadurch begründet wird oder nicht, ist gültig, vorausgesetzt, daß der Vergleich nicht zur Umgehung der gesetzlichen Bestimmungen über die Ungültigkeit von Spiel- und Wettschulden geschlossen ist. Ein Vertrag aber, durch den die Schuld aus einem Vertrage, der von beiden Theilen als Spiel- oder Wettvertrag anerkannt wird, ihrem Betrage nach vergleichsweise festgestellt wird, ändert den Charakter der Schuld nicht und ist daher unwirksam. Das auf Grund eines Vergleichs der letztgedachten Art Geleistete kann aber nicht zurückgefordert werden.

b) Die Klaglosigkeit der Spiel- und Wettverträge ist im Prozesse von Amtswegen zu berücksichtigen. Es bedarf also nicht der Geltendmachung einer Einrede. Die Klage aus einem Spiel- oder Wettvertrage ist abzuweisen, selbst wenn der Beklagte sich nicht auf die Klaglosigkeit berufen will. Liegt ein Rechtsgeschäft vor, welches äußerlich nicht als Spiel- oder Wettvertrag erscheint, so hat derjenige, welcher sich auf die Spielnatur des Geschäfts beruft, zu beweisen, daß ein Spiel- oder Wettvertrag gewollt ist. Was die Wirksamkeit eines Schiedsvertrags über die Verbindlichkeit aus einem Spiel- oder Wettvertrag anlangt, so werden folgende beiden Fälle zu unterscheiden sein: Ist in dem Spiel- oder Wettvertrage die Nebenabrede getroffen, daß über Streitigkeiten aus dem Vertrag ein Schiedsgericht entscheiden solle, so wird durch die gedachte Vereinbarung eine Verbindlichkeit ebensowenig begründet wie durch den Spiel- oder Wettvertrag selbst. Keine der Parteien braucht sich daher auf ein schiedsrichterliches Verfahren einzulassen, und die durch den Schiedsspruch verurtheilte Partei kann dessen Aufhebung nach § 1041 der C.P.O. verlangen, sofern sie sich nicht auf das schiedsrichterliche Verfahren eingelassen oder, wenn sie sich eingelassen, auf den Einwand der Unverbindlichkeit des Schiedsvertrags ausdrücklich oder durch Nichtvorbringen des Einwandes verzichtet hat. Anders liegt die Sache, wenn ein selbständiger Schiedsvertrag abgeschlossen ist, nach welchem das Schiedsgericht auch über die Frage entscheiden soll, ob aus einem Vertrage deshalb eine Verbindlichkeit nicht entstanden ist, weil derselbe ein Spiel- oder Wettvertrag ist. Ein solcher Schiedsvertrag ist gültig, und die Aufhebung des ergangenen Schiedsspruchs kann wegen Unzulässigkeit des Verfahrens nicht verlangt werden. (Vergl. R.G. Bd. 36 S. 249 und 423, etwas anders R.G. Bd. 27 S. 378, Bd. 31 S. 397, ferner Entsch. des Kammergerichts in Goldschmidts Zeitschr. für H.R. Bd. 43 S. 385, aus der Literatur Staub, Kommentar zum H.G.B. zu Art. 357 § 42, Seuffert, Kommentar zur C.P.O. zu § 867 mit weiteren Literaturangaben.)

2. Abs. 1 Satz 2.

a) Schon nach allgemeinen Grundsätzen (§ 814) würde der Anspruch auf Rückzahlung des zur Erfüllung eines Spiel- oder Wettgeschäfts Geleisteten ausgeschlossen sein, wenn der Leistende wußte, daß er zur Leistung nicht verpflichtet war. Die Vorschrift des Satz 2 geht hierüber hinaus; sie trifft auch die Fälle, in denen auf Grund eines Spieles oder einer Wette eine Leistung gemacht ist, ohne daß der Leistende wußte, daß es sich um eine Spiel- oder Wettschuld handelte. Insbesondere ist hiernach die Rückforderung ausgeschlossen, wenn die Erben des Schuldners in Unkenntniß des Umstandes, daß eine Spiel- oder Wettschuld vorliege, geleistet haben. Die Rückforderung ist ausgeschlossen, gleichviel ob vor oder nach der Entscheidung des Spieles oder der Wette geleistet ist. Die Leistung an Erfüllungsstatt steht der gewöhnlichen Leistung gleich. Ob in der Hinterlegung des Einsatzes eine Leistung auf Grund des Spieles oder der Wette zu sehen ist, entscheidet sich nach den Umständen des einzelnen Falles.

b) Die Rückforderung ist nur ausgeschlossen, soweit der Anspruch sich darauf stützen würde, daß nach Satz 1 eine Verbindlichkeit nicht vorhanden gewesen sei. Eine Rückforderung des Geleisteten aus anderen Gründen, z. B. wegen Betrugs oder weil der Empfänger durch die Annahme der Leistung gegen ein gesetzliches Verbot verstoßen habe oder weil das Spiel nicht zu Stande gekommen sei, ist zulässig. Ob im Falle einer Unredlichkeit bei fortgesetztem Spielen der Gewinn für alle oder nur für einzelne Spiele zurückgefordert werden kann, ist nach den Umständen des einzelnen Falles zu entscheiden (M. II S. 646). Wenn bei einer Wette der eine Theil von vornherein vom Ausgange der Wette Gewißheit gehabt und dies dem anderen Theile verschwiegen hat, so wird meistens ein Anspruch auf Rückforderung wegen Betrugs begründet sein. Es sind aber Fälle denkbar, in welchen nach den besonderen Umständen der Vorwurf der Unredlichkeit nicht begründet erscheint (M. II S. 646, vergl. Windscheid II § 420 Anm. 3). Das Gesetz hat deshalb von der Aufstellung einer allgemeinen Regel für diese Fälle Abstand genommen. In den Motiven ist die Frage aufgeworfen, ob, wenn bei einem die Thätigkeit beider Spielenden erheischenden Spielvertrage der eine Theil unter aufschiebender Bedingung vorweg geleistet hat, er das Geleistete zurückfordern kann unter Berufung darauf, daß er zu jener Thätigkeit nicht verpflichtet sei und daß er diese Thätigkeit versagen wolle (M. II S. 645). Es dürfte in diesem Falle die Rückforderung nach § 815 wegen Nichteintritts des mit der Leistung bezweckten Erfolges begründet sein. Allerdings ist die Rückforderung nach § 815 ausgeschlossen, wenn der Leistende den Eintritt des Erfolges wider Treu und Glauben verhindert hat. Aber da er nach § 762 überhaupt nicht verpflichtet war, kann die Erklärung, daß er die zur Entscheidung des Spieles nothwendige Mitwirkung beim Spielen ablehne, nicht als eine Vereitelung des Erfolges wider Treu und Glauben angesehen werden. Lehnt er die Mitwirkung ab, ohne sich darüber zu erklären, ob die Weigerung eine endgültige sein soll, so bleibt das Verhältniß in der Schwebe.

3. Abs. 2. Die Vorschrift ist aufgenommen, um einer Umgehung des Grundsatzes, daß durch Spiel und Wette keine Verbindlichkeit begründet wird, vorzubeugen. Ob und wieweit sich ohne besondere Bestimmung die Anwendung der Vorschrift des Abs. 1 rechtfertigen würde, kann zweifelhaft sein. Man hat es jedenfalls für zweckmäßig erachtet, die Frage ausdrücklich im Gesetze zu entscheiden. Der E. I gewährte demjenigen, welcher über ein Spiel oder eine Wette ein Schuldanerkenntniß ertheilt hatte, das Recht, die Erfüllung zu verweigern, und daneben das Recht, Befreiung von der Verpflichtung zu verlangen. Die zweite Kommission hat es für einfacher gehalten, die Vorschriften des Abs. 1 für anwendbar zu erklären. Hier-

§. 763.

Ein Lotterievertrag oder ein Ausspielvertrag ist verbindlich, wenn die Lotterie oder die Ausspielung staatlich genehmigt ist. Anderenfalls finden die Vorschriften des §. 762 Anwendung.

---

nach bedarf es nicht der Geltendmachung einer Einrede, sondern es besteht von vornherein keine Verbindlichkeit; wenn aber auf Grund des Versprechens geleistet ist, so kann das Geleistete nicht zurückgefordert werden. Gleichzeitig ist die Vorschrift auf alle zum Zwecke der Erfüllung einer Spielschuld eingegangenen Verbindlichkeiten erstreckt, so daß insbesondere auch die Eingehung einer Wechselverbindlichkeit mit betroffen wird. Auch die Umwandlung einer Spielschuld in eine Darlehensschuld (§ 607 Abs. 2) ist unzulässig. Die Rechte gutgläubiger Dritter bleiben unberührt. Wenn der Schuldner auf Veranlassung des Gewinners einem Dritten gegenüber eine Verbindlichkeit eingegangen ist, so ist dieselbe für gültig zu erachten. Anträge, welche auch für diese Fälle Beschränkungen festsetzen wollten, sind abgelehnt.

§ 763.

E. I § 665; II § 705 rev. § 750; III § 749. P. I S. 2631—2633, 2648—2652; M. II S. 648, 649. P. II S. 3186, 3187 (Bd. II S. 804, 805).

Vergl. die ausführliche Darstellung bei Endemann, Einf., § 188.

1. Der Lotterie- und der Ausspielvertrag werden im bisherigen Rechte verschieden behandelt. Das Gesetz unterstellt diese Verträge den Vorschriften über Spiel und Wette mit der Modifikation, daß, wenn die Lotterie oder Ausspielung staatlich genehmigt ist, der Lotterie- oder Ausspielvertrag verbindlich ist. Für die Anwendung der Vorschrift macht es keinen Unterschied, ob die Lotterie oder die Ausspielung öffentlich oder für einen beschränkten Kreis, ob sie vom Staate oder von einer Privatperson veranstaltet ist. In denjenigen Fällen, in welchen Loose auf den Inhaber ausgestellt und ohne den Willen des Ausstellers in den Verkehr gelangt sind (§§ 794, 807), werden, obschon kein Lotterievertrag vorliegt, die Vorschriften des § 763 entsprechend anzuwenden sein; wenn Lotterieloose als Schuldverschreibungen auf den Inhaber ausgestellt und ohne staatliche Genehmigung in den Verkehr gelangt sind, so sind sie nach § 795 Abs. 3 nichtig. Der Verkauf von Lotterieloosen Seitens eines Dritten oder andere Rechtsgeschäfte, welche nicht von dem Lotterieunternehmer als solchem abgeschlossen werden, sind keine Lotterieverträge. Solche Rechtsgeschäfte erzeugen also rechtliche Verbindlichkeiten, auch wenn die Lotterie nicht staatlich genehmigt ist; vorausgesetzt, daß sie nicht aus anderen Gründen, z. B. wegen Verstoßes gegen ein Verbotsgesetz, ungültig sind.

Die öffentliche Veranstaltung einer Lotterie oder einer Ausspielung ohne obrigkeitliche Genehmigung ist reichsrechtlich mit Strafe bedroht (St.G.B. § 286); ebenso die Veräußerung von Lotterieloosen und Inhaberpapieren mit Prämien gegen Theilzahlungen (Ges. betr. die Abzahlungsgeschäfte v. 26. Mai 1894 § 7). Ferner ist die Ausgabe von Inhaberpapieren mit Prämien eingeschränkt (Ges. v. 8. Juni 1871). Landesrechtlich ist mehrfach das Spielen in einer Lotterie, welche in dem betreffenden Bundesstaate nicht zugelassen ist, mit Strafe bedroht; s. preuß. Ges. v. 29. 7. 85, sächs. Ges. v. 4. 12. 37; vergl. auch preuß. Ges. betr. das Verbot des Privathandels mit Staatslotterieloosen, v. 18. August 1891. Wegen der Rechtsfolgen, welche sich an das Zuwiderhandeln gegen derartige Verbotsgesetze knüpfen, s. Vorbm. unter I sowie unten 2b.

2. Satz 1.

a) Ist die Lotterie oder die Ausspielung staatlich genehmigt, so ist der einzelne Lotterie- oder Ausspielvertrag voll verbindlich. Die Rechte und Pflichten der Parteien bestimmen sich nach dem zwischen ihnen abgeschlossenen Vertrage; meistens wird dabei ein sog. Spielplan zu Grunde gelegt. Daneben kommen die allgemeinen Grundsätze über Verträge und, sofern Loose auf den Inhaber ausgegeben sind, auch die Vorschriften über Inhaberpapiere (§§ 793 ff.) in Betracht. Der Lotterieunternehmer ist insbesondere verpflichtet, die Ziehung in der vertragsmäßigen Zeit vorzunehmen. Falls zu dieser Zeit noch nicht alle Loose abgesetzt sind, ist er berechtigt, diese Loose auf eigene Rechnung mitzuspielen (M. II S. 649). Ein Antrag, welcher hierüber hinausgehend bei gemeinnützigen und ähnlichen Lotterien dem Unternehmer das Recht geben wollte, die Ziehung zu verschieben oder vom Vertrage zurückzutreten, ist abgelehnt.

b) Die Genehmigung steht demjenigen Bundesstaate zu, in dessen Gebiete die Lotterie oder die Ausspielung veranstaltet werden soll. Nach dem Rechte dieses Staates bestimmt sich, von welcher Behörde und in welcher Weise die Genehmigung zu ertheilen ist. Die Genehmigung der Lotterie Seitens eines einzelnen Bundesstaats hat die Wirkung, daß die auf Grund dessen abgeschlossenen Lotterieverträge auch in den anderen Bundesstaaten als verbindlich gelten, welche die Lotterie nicht genehmigt haben. Zu Zweifeln giebt hierbei der Umstand Anlaß, daß zur Zeit in einzelnen Bundesstaaten landesrechtliche Vorschriften bestehen, welche das Spielen in auswärtigen, nicht besonders genehmigten Lotterien sowie den Verkauf von Loosen solcher Lotterien mit Strafe bedrohen (s. unter Nr. 1). Die Motive bemerken hierzu, über die Wirksamkeit eines gesetzlich verbotenen Lotterie- oder Ausspielvertrags bestimme der Entwurf aus ähnlichen Gründen Nichts, wie in Ansehung verbotener Spiele und Wettverträge; das Gleiche gelte von Bestimmungen über das verbotswidrige Spielen in auswärtigen Lotterien (M. II S. 649). Bei den Berathungen der zweiten Kommission ist die Frage nicht erörtert. Endemann, Einf. § 188 unter 4c vertritt nun die Ansicht, daß, wenn eine Lotterie oder Ausspielung von dem zuständigen Bundesstaate genehmigt sei, dem gegenüber die etwaigen partikularrechtlichen Verbote nicht mehr in Betracht kommen könnten; was das B.G.B. reichsrechtlich anerkenne, könne das Landesrecht für das Gebiet des Einzelstaats weder für unwirksam erklären noch bestrafen; auch eine Bestrafung auf Grund des St G.B. § 286 sei nicht zulässig. A. A. Cosack, Lehrbuch, § 157 Nr. 2, welcher betont, daß ein Einzelstaat für sein Gebiet eine Lotterie untersagen könne, die in einem anderen Staate genehmigt ist. Man wird bei der Beurtheilung mehrere Fragen zu trennen haben. Was zunächst die Gültigkeit des eigentlichen Lotterievertrags angeht, so spricht der Wortlaut des § 763 dafür, daß, wenn eine Lotterie in einem Einzelstaate staatlich genehmigt ist, die auf Grund dessen abgeschlossenen Lotterieverträge für das ganze Geltungsgebiet des B.G.B. als verbindlich behandelt werden sollen; ähnliche Fälle s. in den §§ 22, 795 Abs. 2, vergl. §§ 1322, 1723, 1745. Denkbar ist allerdings auch eine Auslegung des § 763 dahin, daß die Verbindlichkeit des Lotterievertrags nur soweit reichen solle als die Genehmigung und daß die Genehmigung nur als für das Gebiet des betreffenden Staates ertheilt zu betrachten sei, und nur in dieser Beschränkung ertheilt werden könne. Nach dieser Auffassung würde der Lotterievertrag als verbindlich anzusehen sein für das Gebiet des Bundesstaats, welcher die Genehmigung ertheilt hat. In denjenigen Bundesstaaten, in welchen die Lotterie zwar nicht verboten, aber auch nicht genehmigt ist, würde der Lotterievertrag nach § 763 Satz 2 wie ein gewöhnlicher Spielvertrag zu behandeln sein. In denjenigen Bundesstaaten endlich, in welchen das Spielen in der betreffenden Lotterie verboten ist, würde fraglich sein, ob der Lotterievertrag als ungültig oder wie ein gewöhnlicher Spielvertrag zu behandeln sei. Möglicherweise wäre dann noch weiter zu unterscheiden, ob der Vertrag von Inländern oder von Ausländern, ob er im Inlande oder im Auslande geschlossen ist. Der Rechtszustand, welcher sich bei dieser Auslegung ergeben würde, wäre darnach keineswegs einfach und befriedigend. Man wird sich deshalb für die erstere Auslegung zu entscheiden haben. Aus der privatrechtlichen Gültigkeit des Lotterievertrags folgt aber nicht ohne Weiteres, daß auch die strafrechtlichen Bestimmungen, welche sich gegen das Spielen richten, als beseitigt zu gelten haben. Es ist sehr wohl denkbar, daß aus polizeilichen oder fiskalischen Gründen eine Handlung mit Strafe belegt wird, ohne daß damit die dem Verbote zuwider vorgenommenen Rechtsgeschäfte für ungültig erklärt werden. Man kann deshalb auch nicht sagen, daß die strafrechtlichen Bestimmungen der Landesgesetze wegfallen müßten, weil Rechtsgeschäfte, gegen welche sie sich richten, nach dem B.G.B. als privatrechtlich gültig anzusehen sind. Offenbar hat auch der Gesetzgeber nicht die Absicht gehabt, in dieser Richtung in die öffentlich-rechtlichen Verhältnisse der einzelnen Bundesstaaten einzugreifen. Die strafrechtlichen Bestimmungen der Landesgesetze, welche das Spielen in auswärtigen Lotterien und damit im Zusammenhange stehende Handlungen mit Strafe bedrohen, sind also durch den § 763 nicht für aufgehoben zu erachten. Wegen der Frage, ob diese Gesetze mit Rücksicht auf § 286 des St.G.B. als rechtsunwirksam anzusehen sind, s. Liszt, Lehrbuch des St.R., § 144 Anm. 1; nach der herrschenden Meinung sind sie als rechtsgültig anzusehen, dafür namentlich auch das R.G. Endlich steht noch in Frage die Gültigkeit des Verkaufs von Lotterieloosen, der Vereinigung zum gemeinschaftlichen Spielen und ähnlicher Rechtsgeschäfte, wenn sie in einem Bundesstaat abgeschlossen werden, in dem solche Geschäfte mit Strafe bedroht sind. Nach dem B.G.B. würden solche Geschäfte als gültig zu behandeln, und zweifellos würde die Landesgesetzgebung nicht in der Lage sein, Rechtsgeschäfte, welche nach dem B.G.B. zulässig und gültig sind, schlechthin für ungültig zu erklären, sofern es sich nicht um eine der Landesgesetzgebung vorbehaltene Materie handelt. Nun steht allerdings der Landesgesetzgebung innerhalb gewisser Grenzen (Einf.-G. z. St.G.B. § 2) die Befugniß zu, Strafgesetze zu erlassen, und es würde sich fragen, ob, wenn sie solche Bestimmungen erlassen hat, diese als Verbotsgesetze im Sinne des § 134 anzusehen sind. Wäre dies der Fall, so würde die Landesgesetzgebung in der Lage sein, indirekt die privatrechtliche Ungültigkeit von Rechtsgeschäften herbeizuführen, welche nach dem B.G.B. gültig sein würden. Eine derartige Befugniß kann aber der Landesgesetzgebung nicht zustehen. Das Ergebniß ist hiernach: Wenn eine Lotterie oder Ausspielung Seitens des zuständigen Bundesstaats genehmigt ist, so sind die auf Grund dessen abgeschlossenen Lotterieverträge und sonstigen im Zusammenhange mit der Lotterie abgeschlossenen Rechtsgeschäfte verbindlich; entgegenstehende Bestimmungen der Landesgesetze müssen

§. 764.

Wird ein auf Lieferung von Waaren oder Werthpapieren lautender Vertrag in der Absicht geschlossen, daß der Unterschied zwischen dem vereinbarten Preise und dem Börsen- oder Marktpreise der Lieferungszeit von dem verlierenden Theile an den gewinnenden gezahlt werden soll, so ist der Vertrag als Spiel anzusehen. Dies gilt auch dann, wenn nur die Absicht des einen Theiles auf die Zahlung des Unterschieds gerichtet ist, der andere Theil aber diese Absicht kennt oder kennen muß.

---

als aufgehoben gelten. Die strafrechtlichen Vorschriften der Landesgesetze, welche sich gegen das Spielen in auswärtigen Lotterien richten, bleiben unberührt.

3. Satz 2. Ist die Lotterie oder die Ausspielung nicht genehmigt, so wird durch den Lotterie- oder Ausspielvertrag keine Verbindlichkeit begründet. Es kann also weder die Zahlung des Einsatzes, noch die Vornahme der Ziehung, noch die Ausantwortung eines Gewinns verlangt werden. Ist aber auf Grund des Vertrags eine Leistung gemacht, so kann das Geleistete nicht zurückgefordert werden.

§ 764.

M. II S. 647. P. II S. 3185, 3186 (Bd. II S. 804). K.B. S. 1983.

1. Der E. I hatte keine besondere Bestimmung über das Differenzgeschäft aufgenommen. Bei den Berathungen der zweiten Kommission war ein Antrag gestellt, welcher das Differenzgeschäft im B.G.B. regeln wollte. Nach einer eingehenden sachlichen Debatte ist der Antrag zurückgezogen, weil man es für richtiger erachtet hat, den Beschlüssen der damals tagenden Börsenenquete-Kommission nicht vorzugreifen. In der R.T.K. ist dann die Frage wieder aufgenommen und der Antrag gestellt, das Differenzgeschäft für nichtig zu erklären. Die Regierungs-Vertreter haben sich gegen die Aufnahme einer Bestimmung ausgesprochen und empfohlen, die Regelung der Frage dem damals zur Berathung stehenden Börsengesetze zu überlassen; sollten die Bestimmungen des Börsengesetzes nicht genügen, so könnte man der Sache dann noch näher treten. Die Kommission hat sich jedoch mit Stimmenmehrheit dafür entschieden, einstweilen einen formulirten Paragraphen in den Entwurf aufzunehmen. Das Plenum des Reichstags hat dann demnächst der Aufnahme der neu beschlossenen Vorschrift seine Zustimmung ertheilt. Der Inhalt des § 764 entspricht denjenigen Grundsätzen, welche in der Praxis des R.G. zum Ausdrucke gelangt sind, geht aber in einigen Beziehungen darüber noch hinaus.

2. E i n a u f L i e f e r u n g v o n W a a r e n o d e r W e r t h p a p i e r e n l a u t e n d e r V e r t r a g i s t d a n n w i e e i n S p i e l v e r t r a g z u b e h a n d e l n, w e n n e r i n d e r A b s i c h t g e s c h l o s s e n i s t, d a ß d e r U n t e r s c h i e d z w i s c h e n d e m v e r e i n b a r t e n P r e i s e u n d d e m B ö r s e n- o d e r M a r k t p r e i s e d e r L i e f e r u n g s z e i t g e z a h l t w e r d e n s o l l. Es wird nicht erfordert, daß die effektive Erfüllung vertragsmäßig ausgeschlossen, daß also der Vertrag als reines Differenzgeschäft abgeschlossen ist. Es wird auch nicht erfordert, daß überhaupt, wenn auch nur eventuell oder bedingungsweise, die Erledigung des Geschäfts durch Zahlung der Differenz vereinbart ist. Jedes Geschäft, welches äußerlich als reines, einfaches Lieferungsgeschäft erscheint, kann Differenzgeschäft sein. Erfordert wird nur, daß der Vertrag in der Absicht geschlossen ist, das Geschäft als Differenzgeschäft zu behandeln. Diese Absicht braucht nicht in Form einer Vereinbarung zum Ausdrucke gebracht zu sein; es genügt, daß sie thatsächlich bestanden hat. Selbst wenn nur der eine Theil diese Absicht gehabt hat und der andere Theil dies wußte oder bei Anwendung der im Verkehr erforderlichen Sorgfalt erkennen mußte (§ 122 Abs. 2), sollen die Vorschriften über den Spielvertrag Anwendung finden. Trifft Letzteres nicht zu, so ist das Geschäft voll gültig und wie ein gewöhnliches Lieferungsgeschäft zu beurtheilen. Ob anzunehmen ist, daß der Vertrag in der Absicht geschlossen ist, das Geschäft als Differenzgeschäft zu behandeln, ist nach den Umständen des einzelnen Falles zu entscheiden. Das R.G. hat in dieser Hinsicht auf das Unvermögen der Abnahme und Lieferung in natura, auf das geringe Depot, den Lebensberuf, die Höhe der Umsätze Gewicht gelegt und auch die beim Abschlusse des Geschäfts abgegebenen Erklärungen (z. B. Sie brauchen nicht abzunehmen) herangezogen, um daraus die Annahme eines Differenzgeschäfts herzuleiten; s. S t a u b, Kommentar z. H.G.B. Art. 357 § 38, welcher nähere Angaben macht. Die Thatsache, daß ein Differenzgeschäft vorgelegen hat, ist im Prozesse von Amtswegen zu berücksichtigen (Erl. zu § 762 Nr. 1). Regelmäßig wird sich das Verhältniß aber so stellen, daß das Geschäft äußerlich als ein gültiges erscheint und derjenige, der gegen die Verbindlichkeiten aus dem Geschäft einen Einwand erhebt, Umstände darzulegen hat, welche für die Annahme eines Differenzgeschäfts sprechen.

Achtzehnter Titel.

Bürgschaft.

Die Vorschriften des § 764 schließen nicht aus, auch andere Börsengeschäfte als Spiele zu behandeln, welche zwar nicht unter den Wortlaut des § 764 fallen, aber in der Wirklichkeit als Spielgeschäfte zu charakterisiren sind. Wegen der Kommissionsgeschäfte s. Vorbm. unter III.

3. Der Börsenterminhandel ist im Börsengesetze v. 22. Juni 1896 §§ 66—69 geregelt. Im Einf.=Ges. zum H.G.B. Art. 14 V ist, um Zweifel abzuschneiden, ausdrücklich bestimmt, daß die Vorschrift des § 69 Börsengesetzes durch die Vorschrift des § 764 des B.G.B. nicht berührt wird.

Achtzehnter Titel.

I. Ueber Interzessionen enthält das Gesetz keine allgemeinen Vorschriften. Interzessionen von Frauen sind besonderen Beschränkungen nicht unterworfen. Auch über Garantieverträge im weiteren Sinne sind keine Vorschriften aufgenommen. Es ist vielmehr lediglich die Bürgschaft geregelt und anhangweise eine Vorschrift über den Kreditauftrag gegeben.

II. Die Bürgschaft bezweckt die Sicherstellung des Gläubigers eines Dritten in der Weise, daß der Bürge sich verpflichtet, für die Verbindlichkeit des Dritten einzustehen. Die Bürgschaft wird begründet durch den Abschluß eines Vertrags; an einzelnen Stellen ist aber bestimmt, daß Jemand wie ein Bürge zu haften habe, auch wenn kein Bürgschaftsvertrag abgeschlossen ist (§ 571 Abs. 2 Satz 1, § 1251 Abs. 2 Satz 2). Der Bürgschaftsvertrag wird geschlossen zwischen dem Gläubiger und dem Bürgen. Die Mitwirkung des Schuldners ist nicht erforderlich und, wenn sie stattfindet, im Allgemeinen auf das Rechtsverhältniß zwischen Gläubiger und Bürgen ohne Einfluß. Zur Gültigkeit des Bürgschaftsvertrags ist schriftliche Ertheilung der Bürgschaftserklärung erforderlich. Der Bürgschaftsvertrag ist regelmäßig ein einseitiger Vertrag in dem Sinne, daß allein der Bürge Verpflichtungen übernimmt, doch kann der Vertrag auch als gegenseitiger Vertrag geschlossen werden. Ob der Bürge dem Hauptschuldner gegenüber zur Uebernahme der Bürgschaft verpflichtet ist, ist für das Verhältniß zwischen Gläubiger und Bürgen gleichgültig. Ueber die Frage, ob und unter welchen Umständen die unentgeltliche Uebernahme der Bürgschaft als Schenkung anzusehen ist, s. Erl. zu § 517 Nr. 2. Die Bürgschaftsverpflichtung trägt einen akzessorischen Charakter, sie setzt eine bestehende Verbindlichkeit voraus, und für den Umfang der Haftung des Bürgen ist der jeweilige Bestand der Hauptverbindlichkeit maßgebend; der Bürge ist auch befugt, die dem Hauptschuldner zustehenden Einreden geltend zu machen. Normaler Weise haftet ferner der Bürge subsidiär in dem Sinne, daß er die Erfüllung der ihm obliegenden Verpflichtung verweigern kann, solange nicht der Gläubiger versucht hat, Befriedigung vom Hauptschuldner zu erlangen. Indessen ist die Einrede der Vorausklage in einer Reihe von Fällen ausgeschlossen, insbesondere dann, wenn der Bürge darauf verzichtet hat. Eine allgemeine Diligenzpflicht ist dem Gläubiger im Verhältnisse zum Bürgen nicht auferlegt. Aber wenn der Gläubiger ein zur Sicherung der Hauptverbindlichkeit dienendes Pfandrecht oder sonstiges Recht aufgiebt, so wird der Bürge insoweit von seiner Haftung frei, als er aus dem aufgegebenen Rechte hätte Ersatz verlangen können.

Zwischen dem Hauptschuldner und dem Bürgen braucht ein Rechtsverhältniß nicht zu bestehen. Der Bürgschaftsvertrag begründet nur rechtliche Beziehungen zwischen dem Gläubiger und dem Bürgen. Ist die Uebernahme der Bürgschaft auf Grund einer Vereinbarung zwischen dem Hauptschuldner und dem Bürgen erfolgt oder hat der Bürge als Geschäftsführer ohne Auftrag gehandelt, so bestimmen sich die Ansprüche des Bürgen gegen den Hauptschuldner nach diesem besonderen Rechtsverhältniß. Unabhängig hiervon stellt das Gesetz aber den Grundsatz auf, daß, soweit der Bürge den Gläubiger befriedigt, die Forderung des Gläubigers kraft Gesetzes auf ihn übergeht. In gewissen Fällen ist ferner dem Bürgen das Recht gegeben, von dem Hauptschuldner Befreiung von der Bürgschaft zu verlangen.

Mitbürgen haften dem Gläubiger gegenüber als Gesammtschuldner, sie haben also nicht die Einrede der Theilung. Für ihre Haftung unter einander sind die allgemeinen Grundsätze über die Verpflichtung von Gesammtschuldnern im Verhältnisse zu einander maßgebend.

Ueber die Bürgschaft auf Zeit sind einige spezielle Bestimmungen gegeben. Die Nachbürgschaft (Afterbürgschaft), die Uebernahme der Bürgschaft dafür, daß der Bürge die ihm obliegende Verpflichtung erfüllen werde, und die Rückbürgschaft, die Uebernahme der Bürgschaft dem Bürgen gegenüber für seinen etwaigen Ersatzanspruch an den Hauptschuldner, sind nicht besonders erwähnt; in beiden Fällen sind die allgemeinen Grundsätze über die Bürgschaft zur Anwendung zu bringen (vergl. Erl. zu § 773 Nr. 3a). Ebenso enthält das Gesetz keine speziellen Bestimmungen über die Schadlosbürgschaft (Ausfallbürgschaft), die Uebernahme der Verpflichtung, für den Ausfall einzustehen, welchen der Gläubiger an seiner Forderung

§. 765.

Durch den Bürgschaftsvertrag verpflichtet sich der Bürge gegenüber dem Gläubiger eines Dritten, für die Erfüllung der Verbindlichkeit des Dritten einzustehen.

---

gegen einen Dritten erleiden wird. Die Schadlosbürgschaft wird als eine Bürgschaft zu behandeln sein, bei der vertragsmäßig die Rechte des Bürgen hinsichtlich der Vorausklage erweitert sind. (Windscheid II § 478 Anm. 1; Dernburg II § 79 Nr. 2; vergl. Erl. zu § 773 Nr. 3b). Wenn aber Jemand sich verpflichtet, dem Gläubiger den Schaden zu ersetzen, der ihm durch die Nichterfüllung der Verbindlichkeit eines Dritten erwächst, so liegt keine Bürgschaft, sondern ein Garantievertrag vor.

III. Eine Reihe von Rechtsgeschäften stehen ihrem wirthschaftlichen Zwecke und ihrer Wirkung nach der Bürgschaft nahe. Hierher gehört zunächst der Kreditauftrag. Beauftragt Jemand einen Anderen, im eigenen Namen und auf eigene Rechnung einem Dritten Kredit zu geben, so würde der Beauftragte nach allgemeinen Grundsätzen Ersatz seiner Aufwendungen verlangen können. Das Verhältniß ist also ein ähnliches, als wenn sich der Auftraggeber verbürgt hätte. Das Gesetz schreibt deshalb vor, daß der Auftraggeber dem Beauftragten für die aus der Kreditgewährung des Dritten entstehende Verbindlichkeit als Bürge haften soll. Im Uebrigen wird der Kreditauftrag nach den Grundsätzen des Auftrags zu beurtheilen sein (vergl. Erl. zu § 778).

Zur Sicherung des Gläubigers kann ferner ein Garantievertrag geschlossen werden. Als Garantievertrag wird man denjenigen Vertrag bezeichnen können, durch welchen sich Jemand verpflichtet, einem Anderen für einen bestimmten thatsächlichen oder rechtlichen Erfolg einzustehen (vergl. Windscheid II § 412 Z. 2, Dernburg II § 118). Der juristische Unterschied gegenüber der Bürgschaft liegt darin, daß der Garantirende nicht blos für die Erfüllung einer Verbindlichkeit eines Dritten, sondern schlechthin für einen bestimmten Erfolg einstehen will. Der Garantievertrag ist im Gesetze nicht besonders geregelt. Es finden also auf ihn die allgemeinen Grundsätze über Verträge Anwendung. Hervorzuheben ist namentlich, daß der Garantievertrag im Unterschiede zur Bürgschaft formlos abgeschlossen werden kann.

Endlich ist noch zu nennen als ein Rechtsgeschäft, welches einen bürgschaftsähnlichen Charakter trägt, das constitutum debiti alieni des römischen Rechtes, der Vertrag, durch welchen sich Jemand dem Gläubiger eines Dritten gegenüber selbständig verpflichtet, die Verbindlichkeit des Dritten zu erfüllen. Das constitutum debiti alieni wird ebenfalls im Gesetze nicht erwähnt. Es ist nicht für unzulässig zu erachten, dürfte aber im heutigen Verkehre selten vorkommen (Dernburg II § 77 Nr. 1).

Der sog. Delkredere-Vertrag gehört dem Handelsrecht an, s. Cosack, Lehrbuch des Handelsrechts § 71, II, Staub, Kommentar zum H.G.B. Art. 370.

Wird die Bürgschaft in Form eines Versicherungs-Vertrags übernommen, so kommen neben den Vorschriften über die Bürgschaft die landesrechtlichen Vorschriften über das Versicherungsrecht zur Anwendung (E.G. Art. 75).

IV. Die Vorschriften des achtzehnten Titels sind durchgehends dispositiver Natur, sie können also durch Vereinbarung der Parteien geändert, insbesondere kann die Haftung des Bürgen eingeschränkt werden.

V. Der § 765 giebt die grundlegenden Bestimmungen über den Bürgschaftsvertrag. Ergänzend treten hinzu der § 766, welcher die schriftliche Ertheilung der Bürgschaftserklärung vorschreibt, und der § 767, welcher den Umfang der Haftung des Bürgen näher bestimmt, sowie der § 768, welcher die Geltendmachung der dem Hauptschuldner zustehenden Einreden durch den Bürgen normirt. Der § 769 bestimmt die Haftung von Mitbürgen im Verhältnisse zum Gläubiger. Die §§ 770—773 handeln von den dem Bürgen als solchem zustehenden Einreden, die §§ 771—773 insbesondere von der Einrede der Vorausklage. Die §§ 774, 775 enthalten Normen über das Verhältniß des Bürgen zum Hauptschuldner. Der § 776 normirt die Rechtsfolgen, welche eintreten, wenn der Gläubiger Pfandrechte und andere zur Sicherung der Hauptforderung dienende Rechte aufgiebt. Der § 777 giebt Vorschriften über die Bürgschaft auf Zeit, der § 778 endlich schreibt vor, daß beim Kreditauftrage der Auftraggeber dem Beauftragten als Bürge haften soll.

Wegen der Stellung eines Bürgen zum Zwecke der Sicherheitsleistung s. § 232 Abs. 2, § 239, § 273 Abs. 3 Satz 2, § 1218 Abs. 1.

§ 765.

E. I §§ 668, 669; II § 706 rev. § 751; III § 750. P. I S. 2505—2512, 2540; M. II S. 657—660. P. II S. 2498—2503, 2505, 2506, 8485 (Bd. II S. 461—464).

1. Der Bürgschaftsvertrag untersteht den allgemeinen Bestimmungen über Verträge, soweit sich nicht aus den Bestimmungen des achtzehnten Titels Abweichungen ergeben. Hiernach ist

Die Bürgschaft kann auch für eine künftige oder eine bedingte Verbindlichkeit übernommen werden.

---

insbesondere die Frage, ob der Irrthum des Gläubigers über die Person des Schuldners oder des Bürgen auf die Gültigkeit des Vertrags Einfluß hat, über welche im bisherigen Rechte theilweise besondere Bestimmungen gegeben sind, auf Grund des § 119 zu entscheiden. Ist der Bürge durch arglistige Täuschung seitens des Hauptschuldners zur Uebernahme der Bürgschaft veranlaßt, so kann er die Uebernahme dem Gläubiger gegenüber nur anfechten, wenn dieser die Täuschung kannte oder kennen mußte (§ 123 Abs. 2); dagegen kann er von dem Hauptschuldner nach allgemeinen Grundsätzen (§§ 823, 249) Befreiung von der Bürgschaft verlangen.

2. Die Bürgschaft kann für alle Forderungen, nicht nur für Geldforderungen übernommen werden.

3. Die durch den Bürgschaftsvertrag begründete Verpflichtung des Bürgen geht dahin, für die Erfüllung der Verbindlichkeit der Hauptschuld einzustehen. Der Bürge haftet also nicht nur für Schadensersatz wegen Nichterfüllung der Hauptverpflichtung, sondern direkt für die Erfüllung der vertragsmäßigen Verpflichtung selbst. Der Bürge haftet aber andererseits nicht schlechthin für die Erfüllung in dem Sinne, daß dem Gläubiger ein bestimmter materieller Erfolg garantirt wird, sondern nur für die Erfüllung der Verbindlichkeit seitens des Hauptschuldners (s. Nr. 4).

4. Die Bürgschaft setzt eine Hauptverbindlichkeit voraus.

a) Ist die Hauptverbindlichkeit ungültig, besteht sie z. B. in einer Wucherschuld oder in einer Spielschuld, so entsteht aus der Uebernahme der Bürgschaft keine Verbindlichkeit. Ist die Hauptverbindlichkeit anfechtbar und wird von dem Anfechtungsrechte Gebrauch gemacht, so ist die Bürgschaft als von Anfang an ungültig anzusehen. Hängt die Wirksamkeit der Hauptverbindlichkeit von der Genehmigung eines Dritten ab, wie z. B. in dem Falle, wenn ein Minderjähriger einen Vertrag ohne die erforderliche Einwilligung des gesetzlichen Vertreters geschlossen hat (§ 108), so ist die Bürgschaft ungültig, wenn die Genehmigung verweigert wird; das Gleiche gilt, wenn die Hauptverbindlichkeit durch einen rechtsgültigen Widerruf unwirksam wird.

Hat der Bürge die Bürgschaft in Kenntniß des Mangels der Hauptverbindlichkeit und gerade für den Fall der Geltendmachung derselben übernommen, so liegt keine Bürgschaft vor. Ob der Vertrag überhaupt gültig und eventuell, welchen Grundsätzen er unterliegt, ist nach den Umständen des einzelnen Falles zu entscheiden (vergl. P. II S. 2507, s. auch Erl. zu § 768 unter Nr. 1c).

b) Erlischt die Hauptverbindlichkeit, so erlischt auch die Verbindlichkeit des Bürgen. Es macht keinen Unterschied, ob der Gläubiger von dem Hauptschuldner oder von einem Dritten befriedigt oder ob das Erlöschen durch andere Umstände, z. B. durch Unmöglichwerden der Leistung, herbeigeführt ist. Wird die Erfüllung der Hauptschuld durch ein Verschulden des Bürgen unmöglich, so erlischt die Hauptverbindlichkeit und damit auch die Bürgschaftsverbindlichkeit. Enthält das Verschulden des Bürgen den Thatbestand einer unerlaubten Handlung, so ist er dem Gläubiger nach Maßgabe der §§ 823 ff. zum Schadensersatze verpflichtet. Zweifelhaft ist, ob eine Haftung des Bürgen auch dann angenommen werden kann, wenn diese Voraussetzung nicht zutrifft. Nach M. II S. 666 ist die Aufnahme einer ausdrücklichen Vorschrift, daß die Verpflichtung des Bürgen bestehen bleibe, wenn durch sein Verschulden die Erfüllung der Verbindlichkeit des Hauptschuldners unmöglich geworden sei, abgelehnt. Der Wissenschaft aber sollte die Entscheidung der Frage überlassen bleiben, ob der Bürge in dem vorausgesetzten Falle dem Gläubiger wegen Verletzung der durch den Bürgschaftsvertrag übernommenen Pflichten verantwortlich sei. Diese Frage dürfte zu bejahen sein, weil in der durch den Bürgschaftsvertrag übernommenen Verpflichtung, für die Erfüllung der Verbindlichkeit des Hauptschuldners einzustehen, nach Treu und Glauben auch die Verpflichtung zu finden sein wird, seinerseits die Erfüllung der Verbindlichkeit des Hauptschuldners nicht unmöglich zu machen. Durch die schuldvolle Verletzung dieser Verpflichtung wird der Bürge daher dem Gläubiger nach allgemeinen Grundsätzen zum Schadensersatze verpflichtet.

Der E. I (§ 678) sprach besonders aus, daß die Bürgschaft, wenn der Hauptschuldner von dem Bürgen oder dieser von jenem beerbt wird, insoweit fortbesteht, als ihr Fortbestehen für den Gläubiger ein Interesse hat. Die zweite Kommission hat den Satz als entbehrlich gestrichen. Man wird in der That annehmen müssen, daß die Verbindlichkeit aus der Bürgschaft weiter besteht, da sie juristisch selbständig ist. Das Fortbestehen der Bürgschaft hat um deswillen

§. 766.

Zur Gültigkeit des Bürgschaftsvertrags ist schriftliche Ertheilung der Bürgschaftserklärung erforderlich. Soweit der Bürge die Hauptverbindlichkeit erfüllt, wird der Mangel der Form geheilt.

---

praktische Bedeutung, weil die für die Bürgschaft bestellten Sicherheiten, insbesondere Pfandrechte und Nachbürgschaften, dem Gläubiger erhalten bleiben.

c) Die Bürgschaft kann auch für eine künftige oder eine bedingte Verbindlichkeit übernommen werden. Dieser Satz würde sich vielleicht schon aus dem Wesen der Bürgschaft ableiten lassen. Man hat es aber, um Streitigkeiten und Zweifel abzuschneiden, für zweckmäßig erachtet, ihn im Gesetze zum Ausdrucke zu bringen. Der E. I hob weiter noch hervor, daß die Bürgschaft auch für eine unbestimmte Verbindlichkeit übernommen werden könne. Die zweite Kommission hat geglaubt, daß der Ausdruck „unbestimmte Verbindlichkeit" zu Mißverständnissen Anlaß geben könne, und hat den Satz deshalb gestrichen. Daß der Umfang der Verbindlichkeit nicht von vornherein zahlenmäßig bestimmt zu sein braucht, ist selbstverständlich (P. II S. 2506).

5. Die Beweislast stellt sich, wenn der Gläubiger den Bürgen in Anspruch nimmt, so, daß der Gläubiger die Entstehung und den Umfang der Bürgschaft sowie die Entstehung der Hauptverbindlichkeit darzulegen hat. Er hat aber nicht zu beweisen, daß die Hauptverbindlichkeit noch nicht erfüllt sei, sondern es ist Sache des Bürgen, darzuthun, daß erfüllt sei. Der E. I (§ 668 Abs. 2) hob dies ebenfalls besonders hervor, die zweite Kommission hat den Satz als entbehrlich gestrichen.

6. Der E. I enthielt noch folgende Vorschrift: Hat der Bürge sich zu einer größeren oder zu einer beschwerlicheren Leistung verpflichtet, als zu welcher der Hauptschuldner verpflichtet ist, oder hat er eine Leistung, zu welcher der Hauptschuldner nur bedingt verpflichtet ist, unbedingt versprochen, so haftet er als Bürge nicht weiter, als der Hauptschuldner verpflichtet ist (E. I § 670). Die zweite Kommission hat diese Bestimmung als entbehrlich gestrichen. Ueber die sachliche Richtigkeit des Satzes kann kein Zweifel sein; jedoch kann unter Umständen in einem solchen Vertrage die Eingehung einer selbständigen Verbindlichkeit neben der Bürgschaft liegen. Hat der Bürge sich zu einer Leistung anderer Art verpflichtet, als worauf die Verbindlichkeit des Hauptschuldners gerichtet ist, so kann gemeint sein, daß die Leistung des Bürgen als Erfüllung an Zahlungsstatt für die Hauptschuld wirken soll; es kann aber auch beabsichtigt sein, daß der Bürge als gewöhnlicher Bürge haften soll, jedoch mit dem Rechte, mit der anderen Leistung die Verpflichtung des Hauptschuldners erfüllen zu dürfen (M. II S. 661). Die Frage ist nach den Umständen des einzelnen Falles zu entscheiden.

§ 766.

M. II S. 659. P. II S. 2498, 2503, 8485 (Bd. II S. 461, 463). R.B. S. 1983.

1. Der § 766 ist von der R.T.K. eingestellt. Der E. I hatte keine Formvorschrift für den Bürgschaftsvertrag aufgestellt. Bei den Berathungen der zweiten Kommission war ein Antrag gestellt, nach welchem die Bürgschaftserklärung der schriftlichen Form bedürfen sollte. Der Antrag ist abgelehnt, weil man, obschon die Frage als sehr zweifelhaft betrachtet wurde, die gegen den Formzwang sprechenden Gründe für überwiegend erachtete; bei der zweiten Lesung hat die Kommission es abgelehnt, nochmals auf die Frage einzugehen. In der R.T.K. ist die Frage wieder aufgenommen und zunächst beantragt, eine dem jetzigen Satz 1 entsprechende Vorschrift aufzunehmen. Zur Begründung ist auf die große Bedeutung der Bürgschaft und namentlich auf die Gefahren hingewiesen, welche dieselbe mit sich bringt. Wenn irgendwo, so empfehle es sich hier, durch eine Formschrift den sich Verpflichtenden zu einer größeren Aufmerksamkeit anzuspornen. Die Kommission hat darauf den Antrag angenommen. Bei der zweiten Lesung ist dann der jetzige Satz 2 hinzugefügt. Er beruht auf der Erwägung, daß der Grund des Erfordernisses der Schriftform, den Bürgen vor der Inanspruchnahme unüberlegter Bürgschaften zu sichern, nach der freiwilligen Erfüllung von Seiten des Bürgen hinweggefallen sei.

2. Für die Gültigkeit des Bürgschaftsvertrags wird nicht erfordert, daß der Bürgschaftsvertrag schriftlich abgeschlossen ist, sondern nur, daß die Bürgschaftserklärung schriftlich ertheilt ist.

Zum Zustandekommen des Vertrags genügt also, daß der Bürge das Bürgschaftsversprechen schriftlich abgiebt und der Gläubiger dasselbe formlos annimmt. Die Bürgschaftserklärung braucht nicht den Ausdruck „Bürge" oder „sich verbürgen" zu enthalten; es genügt, wenn aus der Fassung erhellt, daß sachlich die Uebernahme einer Bürgschaft gewollt ist. Mündliche Neben=

§. 767.

Für die Verpflichtung des Bürgen ist der jeweilige Bestand der Hauptverbindlichkeit maßgebend. Dies gilt insbesondere auch, wenn die Hauptverbindlichkeit durch Verschulden oder Verzug des Hauptschuldners geändert wird. Durch ein Rechtsgeschäft, das der Hauptschuldner nach der Uebernahme der Bürgschaft vornimmt, wird die Verpflichtung des Bürgen nicht erweitert.

Der Bürge haftet für die dem Gläubiger von dem Hauptschuldner zu ersetzenden Kosten der Kündigung und der Rechtsverfolgung.

---

abreden sind zulässig. Wer sich auf eine solche mündliche Nebenabrede beruft, hat dieselbe zu beweisen.

Wegen der schriftlichen Form s. § 126.

3. Wenn die Bürgschaftserklärung nicht schriftlich ertheilt ist, so ist der Bürgschaftsvertrag nichtig (§ 125 Satz 1 vergl. § 141). Ebenso sind die für die Bürgschaft bestellten Pfandrechte und Nachbürgschaften ungültig. Soweit aber der Bürge die Hauptverbindlichkeit erfüllt, wird der Mangel nach Satz 2 geheilt; eine Rückforderung des Geleisteten ist dann also ausgeschlossen (vergl. § 518 Abs. 2 und Erl. zu § 518 unter Nr. 3).

4. Ist die Bürgschaft auf Seiten des Bürgen ein Handelsgeschäft, so findet die Formvorschrift des § 766 Satz 1 keine Anwendung (H.G.B. § 350). Dies gilt aber nicht, wenn der Bürge Minderkaufmann ist (H.G.B. § 351).

§ 767.

E. I § 672; II § 708 rev. § 752; III § 751. P. I S. 2518—2523, 2546, 2547, 3564, 6198, 6201, 11791—11793; M. II S. 663—666. P II S. 2510—2512, 2608, 8487, 8488 (Bd. II S. 466, 467).

1. Abs. 1.

a) Da die Bürgschaft dem Gläubiger Sicherheit für die Erfüllung der Hauptverbindlichkeit gewähren soll, so wie sie ihm gegen den Hauptschuldner zusteht, so hat der Bürge nicht nur für die Hauptforderung, wie sie im Augenblicke des Abschlusses des Bürgschaftsvertrags besteht, zu haften, sondern, damit der Zweck der Bürgschaft erreicht wird, muß er auch für Aenderungen oder Erweiterungen der Hauptschuld einstehen, welche nachträglich eintreten. Dies bringt der der Abs. 1 Satz 1 zum Ausdrucke. Besonders wichtig und häufig sind die Aenderungen, welche durch Verschulden oder Verzug des Hauptschuldners herbeigeführt werden. Auf diese wird deshalb im Abs. 1 Satz 2 besonders hingewiesen. Aus dem Satz 1 folgt insbesondere auch, daß der Bürge, wenn der Hauptschuldner in dem konkreten Verhältnisse die Gefahr trägt und ohne sein Verschulden die Leistung ganz oder theilweise unmöglich geworden ist, für die hieraus sich ergebenden Aenderungen der Hauptverbindlichkeit einzustehen hat. Die Haftung des Bürgen erstreckt sich aber nach Satz 3 nicht auf solche Erweiterungen und Aenderungen der Hauptverbindlichkeit, welche durch ein nach dem Abschlusse des Bürgschaftsvertrags von dem Hauptschuldner vorgenommenes Rechtsgeschäft herbeigeführt werden. Denn durch ein solches Rechtsgeschäft ist willkürlich eine neue Rechtslage geschaffen, welche der Bürge für sich nicht als maßgebend anzuerkennen braucht. Hieraus ergiebt sich, daß der Bürge, wenn der Hauptschuldner dem Gläubiger vergleichsweise eine andere Leistung als die ursprünglich geschuldete verspricht, für die Erfüllung dieser anderen Leistungen nicht haftet sowie ferner, daß ein vertragsmäßiges Anerkenntniß der Schuld durch den Hauptschuldner den Bürgen nicht bindet. Daß der Bürge sich auf eine durch Rechtsgeschäft eingetretene Minderung der Hauptschuld berufen kann, ergiebt sich ohne Weiteres aus dem Prinzipe des Satz 1 und ist deshalb nicht besonders im Gesetze zum Ausdrucke gebracht.

b) Ueber die Haftung des Bürgen für die auf einem besonderen Versprechen des Schuldners beruhenden Nebenansprüche des Gläubigers, insbesondere Vertragszinsen und Vertragsstrafen, enthält das Gesetz keine Bestimmungen. Ein bei den Berathungen der zweiten Kommission gestellter Antrag, nach welchem im Zweifel die Haftung des Bürgen sich auch auf die vertragsmäßigen Zinsen erstrecken sollte, ist abgelehnt, da sich keine allgemeine Regel aufstellen lasse. Die Frage der Haftung für Nebenverbindlichkeiten ist hiernach in jedem einzelnen Falle durch Auslegung des Bürgschaftsvertrags unter Berücksichtigung des § 157 zu entscheiden. Die Beweislast trifft den Gläubiger.

2. Abs. 2. Ob und unter welchen Voraussetzungen der Bürge nach allgemeinen Grundsätzen für die Kosten der Kündigung und der Rechtsverfolgung haften würde, kann

§. 768.

Der Bürge kann die dem Hauptschuldner zustehenden Einreden geltend machen. Stirbt der Hauptschuldner, so kann sich der Bürge nicht darauf berufen, daß der Erbe für die Verbindlichkeit nur beschränkt haftet.

Der Bürge verliert eine Einrede nicht dadurch, daß der Hauptschuldner auf sie verzichtet.

---

zweifelhaft sein. Man hat es für zweckmäßig erachtet, ihn schlechthin haften zu lassen. Der E. I sprach nur von den Kosten der Rechtsverfolgung, hinsichtlich der Kosten der Kündigung sollten die Regeln des Abs. 1 Satz 1, 3 entscheiden. Die zweite Kommission hat die Vorschrift auch auf die Kosten der Kündigung erstreckt. Ein Antrag, welcher den Anspruch des Gläubigers davon abhängig machen wollte, daß er den Bürgen vorher vergeblich zur kostenlosen Befriedigung aufgefordert habe, ist abgelehnt.

3. **Das im Prozesse gegen den Hauptschuldner über die Hauptverbindlichkeit ergangene Urtheil** ist für den Bürgen nicht bindend. Soweit aber zu Gunsten des Hauptschuldners erkannt ist, kann sich der Bürge auch seinerseits auf das Urtheil berufen, da die dem Hauptschuldner zustehenden Einwendungen und Einreden auch von dem Bürgen geltend gemacht werden können (§ 768). (Vergl. Bd. I S. 38 unter IV.)

§ 768.

E. I §§ 671, 672 Abs. 2 Satz 2; II § 707 rev. § 753; III § 752. P. I S. 2542—2547, 2561, 2563, 2564, 6142, 6143, 10888, 11977; M. II S. 661—664. P. II S. 2506—2508, 2509—2511 (Bd. II S. 464, 465, 466, 467). D. S. 645, 646.

1. Abs. 1 Satz 1.

a) Der Satz, daß der Bürge die dem Hauptschuldner zustehenden Einreden geltend machen kann, hat seinen Grund in der akzessorischen Natur der Bürgschaft. Ausgenommen waren im bisherigen Rechte die Einreden, welche dem Hauptschuldner nur für seine Person zustehen. Das Gesetz hat diese Besonderheit fallen lassen. Die Vorschrift des Satz 1 gilt also für alle dem Hauptschuldner zustehenden Einreden, gleichviel welcher Art sie sind. Auf einen im Konkurs über das Vermögen des Hauptschuldners abgeschlossenen Zwangsvergleich kann sich indessen der Bürge dem Gläubiger gegenüber nicht berufen (K.O. § 193 Satz 2).

b) Da die Bürgschaft eine Hauptverbindlichkeit voraussetzt, so kann der Bürge auch solche Einwendungen geltend machen, welche den rechtlichen Bestand der Hauptverbindlichkeit betreffen. Er kann sich dem Gläubiger gegenüber wie auf jede die Entstehung der Hauptschuld hindernde Thatsache so auch auf jede das Erlöschen derselben unmittelbar bewirkende Thatsache berufen (vergl. Erl. zu § 765 Nr. 4).

c) Leistet der Bürge in dem Bürgschaftsvertrag ausdrücklich oder stillschweigend auf eine ihm zustehende Einrede Verzicht, so liegt, soweit die Einrede dem Hauptschuldner Schutz gewährt, überhaupt kein Bürgschaftsversprechen, sondern ein andersartiges, nach den allgemeinen Grundsätzen zu beurtheilendes Schuldverhältniß vor (M. II S. 662); a. M. Schollmeyer, Schuldverhältnisse, S. 84.

2. **Abs. 1 Satz 2.** Stirbt der Hauptschuldner, so kann dem Bürgen nicht gestattet werden, sich darauf zu berufen, daß der Erbe nur beschränkt haftet, da es sich nur um eine persönliche Vergünstigung für den Erben handelt. Da sich aus dem Wortlaute der einschlägigen Bestimmungen des Erbrechts (§§ 1967 ff.) die entgegengesetzte Entscheidung ergeben würde, ist im Satz 2 eine ausdrückliche Bestimmung gegeben. Ein bei den Berathungen der zweiten Kommission gestellter Antrag, welcher allgemein vorschreiben wollte, daß die Geltendmachung von Mängeln ausgeschlossen sei, welche aus der Vermögensunzulänglichkeit des Hauptschuldners sich ergeben, ist abgelehnt.

3. Abs. 2. **Die Vorschrift beruht auf demselben Gedanken, welcher dem im § 767** Abs. 1 Satz 3 aufgestellten Grundsatze zu Grunde liegt.

4. Die gegenüber dem Hauptschuldner eingetretene **Unterbrechung der Verjährung** wirkt nicht gegen den Bürgen, und die gegen den Bürgen eingetretene Unterbrechung nicht gegen den Hauptschuldner. Aber auf die eingetretene Verjährung der Hauptschuld kann sich der Bürge nach der Vorschrift des Abs. 1 in Verbindung mit § 222 Abs. 1 stets berufen, auch wenn gegen ihn eine Unterbrechung stattgefunden haben sollte.

5. **Hat der Bürge geleistet, ohne zu wissen, daß die Hauptverbindlichkeit nicht bestand oder daß ihr eine Einrede entgegenstand,** so kann er das Geleistete nach den Vorschriften über die ungerechtfertigte Bereicherung (§§ 812, 813) zurückfordern.

§. 769.

Verbürgen sich Mehrere für dieselbe Verbindlichkeit, so haften sie als Gesammtschuldner, auch wenn sie die Bürgschaft nicht gemeinschaftlich übernehmen.

§. 770.

Der Bürge kann die Befriedigung des Gläubigers verweigern, solange dem Hauptschuldner das Recht zusteht, das seiner Verbindlichkeit zu Grunde liegende Rechtsgeschäft anzufechten.

Die gleiche Befugniß hat der Bürge, solange sich der Gläubiger durch Aufrechnung gegen eine fällige Forderung des Hauptschuldners befriedigen kann.

---

§ 769.

E. I § 673; II § 709 rev. § 754; III § 753. P. I S. 2525—2527; M. II S. 666, 667, P. II S. 2512 (Bd II S. 467, 468).

Die im § 769 aufgestellte Regel würde sich schon aus allgemeinen Grundsätzen ableiten lassen. Uebernehmen Mehrere durch Vertrag gemeinschaftlich die Bürgschaft, so haften sie nach den Bestimmungen der §§ 427, 431 als Gesammtschuldner. Uebernehmen Mehrere nicht gemeinschaftlich, sondern Jeder für sich die Bürgschaft, so muß Jeder, wenn er seine Haftung nicht vertragsmäßig eingeschränkt hat, ebenfalls auf das Ganze haften. Nach dem E. I war die Sachlage eine andere. Bei gemeinschaftlicher Verbürgung würde nach dem E. I § 320 jeder nur auf einen Theil, im anderen Falle dagegen jeder auf das Ganze gehaftet haben. Dieses Ergebniß war für unzweckmäßig erachtet und deshalb im E. I vorgeschrieben, daß in beiden Fällen die mehreren Bürgen als Gesammtschuldner haften sollen (M. II S. 667). Die Bestimmung war, nachdem die allgemeine Regel des § 427 eingestellt war, entbehrlich geworden. Die zweite Kommission hat aber trotzdem beschlossen, sie im Interesse der Deutlichkeit des Gesetzes aufrecht zu erhalten.

Die materielle Bedeutung des Satzes liegt darin, daß die Einrede der Theilung ausgeschlossen ist. Die Haftung kann durch Vertrag zwischen dem Gläubiger und den Bürgen anders geregelt, insbesondere kann die Haftung des einzelnen Mitbürgen auf einen Theil der Forderung beschränkt werden.

Für das Verhältniß der Mitbürgen unter einander sind die Vorschriften des § 426 maßgebend (vergl. § 774 Abs. 2).

§ 770.

E. II § 710 rev. § 755; III § 754; M. II S. 663. P. II S. 2506, 2507, 2508, 2509, 2514, 2515, 2517—2519 (Bd II S. 464—466, 469, 470, 471). D. S. 646.

1. Abs. 1. Der Bürge ist nicht befugt, ein dem Schuldner zustehendes Anfechtungsrecht geltend zu machen. Ebensowenig steht dem Bürgen das Recht zu, an Stelle des Hauptschuldners ein Rücktrittsrecht auszuüben oder Wandelung oder Minderung zu verlangen. Der Bürge kann aber auch auf die bloße Thatsache, daß dem Hauptschuldner ein Anfechtungsrecht oder ein Rücktrittsrecht oder ein Recht auf Wandelung oder Minderung zusteht, keine Einrede gründen. Erst wenn der Hauptschuldner von seinem Anfechtungsrechte ꝛc. Gebrauch macht, kann sich der Bürge dem Gläubiger gegenüber auf die hierdurch geschaffene Aenderung der Rechtslage berufen. Hat er, obwohl dem Hauptschuldner ein Anfechtungsrecht oder ein Rücktrittsrecht zusteht, geleistet, so kann er das Geleistete, wenn später die Anfechtung oder der Rücktritt erfolgt, nach den Vorschriften über die ungerechtfertigte Bereicherung zurückfordern (§§ 812 ff.). Der E. I wollte es hierbei bewenden lassen. Die zweite Kommission hat es für billig erachtet, für den Fall des Bestehens eines Anfechtungsrechts dem Bürgen eine verzögerliche Einrede zu geben.

2. Abs. 2. Die Vorschrift ist von der zweiten Kommission mit Rücksicht darauf eingestellt, daß im bisherigen Rechte dem Bürgen allgemein die Berufung auf die Möglichkeit der Aufrechnung gestattet werde. Dem Bürgen steht nur eine verzögerliche Einrede zu. Er ist nicht befugt, an Stelle des Hauptschuldners mit einer diesem zustehenden Forderung aufzurechnen. Ist nur der Hauptschuldner, nicht aber der Gläubiger zur Aufrechnung berechtigt, wie z. B. in dem Falle, wenn dem Hauptschuldner gegen den Gläubiger eine Forderung aus einer vorsätzlich begangenen unerlaubten Handlung zusteht (§ 393), so kann sich der Bürge auf die Möglichkeit der Aufrechnung nicht berufen (Cosack, Lehrbuch, 2. Aufl. § 158 Z. 2c).

§. 771.

Der Bürge kann die Befriedigung des Gläubigers verweigern, solange nicht der Gläubiger eine Zwangsvollstreckung gegen den Hauptschuldner ohne Erfolg versucht hat (Einrede der Vorausklage).

§. 772.

Besteht die Bürgschaft für eine Geldforderung, so muß die Zwangsvollstreckung in die beweglichen Sachen des Hauptschuldners an seinem Wohnsitz und, wenn der Hauptschuldner an einem anderen Orte eine gewerbliche Niederlassung hat, auch an diesem Orte, in Ermangelung eines Wohnsitzes und einer gewerblichen Niederlassung an seinem Aufenthaltsorte versucht werden.

---

3. Die nach § 770 dem Bürgen zustehenden Einreden bilden keinen Hemmungsgrund für die Verjährung (§ 202 Abs. 2).

4. Bezugnahme auf die Vorschriften des § 770 f. in den §§ 1137 Abs. 1 Satz 1 und § 1211 Abs. 1 Satz 1.

§ 771.

E. I § 674 Abs. 1; II § 711 Abs. 1 rev. § 756; III § 755. P. I S. 2527—2532, 2534—2542, 3555, 3558, 3560—3562; M. II S. 667, 668. P. II S. 2512—2517 (Bd. II S. 468—470). D. S. 646.

1. Die §§ 771—773 regeln die Einrede der Vorausklage. Bei den Berathungen sowohl der ersten als auch der zweiten Kommission ist erwogen worden, ob man diese Einrede nicht beseitigen solle. Beide Kommissionen haben indessen die für die Beibehaltung sprechenden Gründe für überwiegend erachtet. Nach § 771 steht jedem Bürgen die Einrede der Vorausklage zu. Hiernach hat nicht der Gläubiger zur Begründung der Klage zu behaupten, er habe versucht, vom Hauptschuldner Befriedigung zu erlangen, sondern der Bürge muß die Einrede der Vorausklage, wenn sie Berücksichtigung finden soll, als solche geltend machen. Erfordert wird nicht die Verurtheilung des Hauptschuldners, welche bei dem Vorhandensein eines anderen vollstreckbaren Titels gar nicht zu erfolgen braucht, sondern der ohne Erfolg versuchte Zwang zur Erfüllung. Der § 772 giebt ergänzende Vorschriften darüber, was der Gläubiger im Einzelnen zu thun hat, um die Einrede der Vorausklage zu entkräften. Der § 773 regelt die Fälle, in denen die Einrede der Vorausklage ausgeschlossen ist.

2. Die Beweislast stellt sich so, daß, wenn der Bürge die Einrede der Vorausklage vorschützt, der Gläubiger darzuthun hat, daß er eine Zwangsvollstreckung gegen den Hauptschuldner ohne Erfolg versucht habe (a. M. Schollmeyer, Schuldverhältnisse, S. 86).

3. Wenn einmal die Zwangsvollstreckung ohne Erfolg versucht ist, so ist die Einrede damit endgültig ausgeschlossen. Der Bürge kann sich nicht darauf berufen, daß der Schuldner nachträglich in bessere Verhältnisse gelangt sei oder daß eine nochmalige Zwangsvollstreckung Aussicht auf Erfolg biete.

4. Die Einrede der Vorausklage bildet keinen Hemmungsgrund der Verjährung. (§ 202 Abs. 2).

5. Dem Bürgen steht, wenn die Bürgschaft für ihn ein Handelsgeschäft ist, die Einrede der Vorausklage nicht zu (H.G.B. § 349). Dies gilt aber nicht, wenn der Bürge Minderkaufmann ist (H.G.B. § 351).

§ 772

E. I § 674 Abs. 2; II § 711 Abs. 2 rev. § 757; III § 756. P. I S. 2527—2532, 2534—2542, 3555, 3558, 3560—3562, 11838; M. II S. 668, 669. P. II S. 2512—2517, 8488—8490 (Bd. II S. 468—470).

1. Abs. 1.

a) Besteht die Bürgschaft für eine Geldforderung, so braucht der Gläubiger, um die Einrede der Vorausklage auszuschließen, lediglich die Zwangsvollstreckung in die beweglichen Sachen des Hauptschuldners am Wohnsitz und am Orte seiner gewerblichen Niederlassung und in Ermangelung eines Wohnsitzes und einer gewerblichen Niederlassung an seinem Aufenthalts-

Steht dem Gläubiger ein Pfandrecht oder ein Zurückbehaltungsrecht an einer beweglichen Sache des Hauptschuldners zu, so muß er auch aus dieser Sache Befriedigung suchen. Steht dem Gläubiger ein solches Recht an der Sache auch für eine andere Forderung zu, so gilt dies nur, wenn beide Forderungen durch den Werth der Sache gedeckt werden.

§. 773.

Die Einrede der Vorausklage ist ausgeschlossen:

1. wenn der Bürge auf die Einrede verzichtet, insbesondere wenn er sich als Selbstschuldner verbürgt hat;
2. wenn die Rechtsverfolgung gegen den Hauptschuldner in Folge einer nach der Uebernahme der Bürgschaft eingetretenen Aenderung des Wohnsitzes, der gewerblichen Niederlassung oder des Aufenthaltsorts des Hauptschuldners wesentlich erschwert ist;
3. wenn über das Vermögen des Hauptschuldners der Konkurs eröffnet ist;
4. wenn anzunehmen ist, daß die Zwangsvollstreckung in das Vermögen des Hauptschuldners nicht zur Befriedigung des Gläubigers führen wird.

In den Fällen der Nr. 3, 4 ist die Einrede insoweit zulässig, als sich der Gläubiger aus einer beweglichen Sache des Hauptschuldners befriedigen kann, an der er ein Pfandrecht oder ein Zurückbehaltungsrecht hat; die Vorschrift des §. 772 Abs. 2 Satz 2 findet Anwendung.

---

orte zu versuchen. Es soll ihm nicht zugemuthet werden, auch die Zwangsvollstreckung in das unbewegliche Vermögen des Hauptschuldners durchzuführen oder sich aus anderen schwer erreichbaren oder schwer realisirbaren Vermögensstücken zu befriedigen. Wegen des Wohnsitzes s. §§ 7—11 (vergl. §§ 269, 270).

b) Besteht die Bürgschaft für eine andere als eine Geldforderung, so genügt es, daß eine auf Erfüllung der Verpflichtung des Hauptschuldners gerichtete Zwangsvollstreckung nach Maßgabe der Vorschriften der C.P.O. ohne Erfolg versucht ist.

2. Abs. 2. Steht dem Gläubiger ein Pfandrecht an einer beweglichen Sache des Hauptschuldners zu, so muß er auch versuchen, sich aus dieser Sache zu befriedigen. Dies gilt auch, wenn das Pfandrecht nach der Uebernahme der Bürgschaft begründet ist. Es gehört also insbesondere auch der Fall hierher, wenn der Gläubiger bewegliche Sachen des Hauptschuldners an irgend einem Orte hat pfänden lassen. Der Versuch der Befriedigung hat in der für den Pfandverkauf vorgeschriebenen Weise (s. §§ 1228 ff., wegen des Pfändungspfandrechts C.P.O. §§ 816 ff.) zu erfolgen.

Die zweite Kommission hat dem Pfandrechte das Zurückbehaltungsrecht an einer beweglichen Sache gleichgestellt. Dies gilt nicht nur für das kaufmännische Zurückbehaltungsrecht (H.G.B. §§ 369 ff.), sondern auch für das gewöhnliche Zurückbehaltungsrecht (§ 273). Der Gläubiger hat die Befriedigung, wenn es sich um ein kaufmännisches Zurückbehaltungsrecht handelt, nach den Vorschriften des H.G.B. § 371 zu suchen. Bei dem gewöhnlichen Zurückbehaltungsrechte hat der Gläubiger einen vollstreckbaren Titel zu erwirken, auf Grund dessen der Gerichtsvollzieher die Sache pfänden und die Zwangsvollstreckung durchführen kann.

Der Satz 2 ist von der zweiten Kommission eingestellt, er entspricht dem ebenfalls neu eingestellten Satz 2 der C.P.O. § 777.

§ 773.

E I § 675; II § 712 rev. § 758; III § 757. P. I S. 2527—2529, 2532—2539, 3555, 3560, 6198, 6201, 11791—11793, 11803, 11804; M. II S. 670—672. P. II S. 2527—2530 (Bd. II S. 476, 477).

1. Abs. 1.

a) Nr. 1. Ueber die Frage, ob der Verzicht auf die Einrede durch einseitige Erklärung gegenüber dem Gläubiger erfolgen kann oder ob dazu ein Vertrag erforderlich ist, s. oben S. 79 Erl. zu § 305 Nr. 4. Der Verzicht kann ausdrücklich oder stillschweigend erfolgen. Ein stillschweigender Verzicht wird z. B. in der Erklärung des Bürgen zu finden sein, daß er die sofortige Erfüllung zur Verfallzeit verspreche (M. II S. 670). Als Hauptbeispiel des Verzichts führt das Gesetz den wichtigen und häufigen Fall an, wenn sich der Bürge als Selbst-

§. 774.

Soweit der Bürge den Gläubiger befriedigt, geht die Forderung des Gläubigers gegen den Hauptschuldner auf ihn über. Der Uebergang kann nicht zum Nachtheile des Gläubigers geltend gemacht werden. Einwendungen des Hauptschuldners aus einem zwischen ihm und dem Bürgen bestehenden Rechtsverhältnisse bleiben unberührt.

Mitbürgen haften einander nur nach §. 426.

---

zahler verpflichtet. Weitere Beispiele sind absichtlich nicht angeführt, um nicht das Mißverständniß aufkommen zu lassen, als ob in anderen Fällen kein Verzicht angenommen werden dürfe. Der Verzicht auf die Einrede hebt die akzessorische Natur der Bürgschaft nicht auf, insbesondere gelten also auch für und gegen einen selbstschuldnerischen Bürgen die Bestimmungen der §§ 767, 768, 770.

b) Nr. 2. Unter der Rechtsverfolgung im Sinne der Nr. 2 ist diejenige Rechtsverfolgung zu verstehen, welche nach § 772 erfolgt sein muß, um die Einrede der Vorausklage auszuschließen. Ob eine wesentliche Erschwerung dieser Rechtsverfolgung durch die Aenderung des Wohnsitzes, der gewerblichen Niederlassung oder des Aufenthaltsorts des Hauptschuldners eingetreten ist, entscheidet sich nach den Umständen des einzelnen Falles.

c) Nr. 4. Die Fassung der Vorschrift entspricht der des Anfechtungsgesetzes v 21. Juli 1879 § 2. Zahlungseinstellung oder absolute Zahlungsunfähigkeit des Hauptschuldners ist nicht erforderlich.

d) Der Beweis, daß die Einrede der Vorausklage ausgeschlossen ist, liegt dem Gläubiger ob.

2. Abs. 2. Die Vorschrift ist von der zweiten Kommission eingestellt. Wegen des Verfahrens s. Erl. zu § 772 Nr. 2 und K.O. § 127.

Der Beweis, daß die Einrede aus dem im Abs. 2 bezeichneten Grunde zulässig ist, liegt dem Bürgen ob.

3. a) Derjenige, welcher sich dem Gläubiger gegenüber nur für die Erfüllung der von dem Hauptbürgen übernommenen Verbindlichkeiten verpflichtet (Nachbürge, Afterbürge, Ueberbürge), erscheint als gewöhnlicher Bürge für die von dem Hauptbürgen eingegangene Bürgschaftsverpflichtung. Hieraus folgt, daß ihm in Beziehung auf die Bürgschaftsverpflichtung des Hauptbürgen die Einrede der Vorausklage in gleicher Weise zusteht wie jedem anderen Bürgen. Dagegen kann er die Einrede nicht geltend machen, wenn sie für den Hauptbürgen ausgeschlossen ist. Im Uebrigen kann der Nachbürge alle Einreden vorschützen, welche dem Hauptschuldner und dem Hauptbürgen gegen die verbürgte Forderung zustehen (M. II S. 672).

b) Verpflichtet sich der Bürge, für den Ausfall einzustehen, welchen der Gläubiger an seiner Forderung gegen den Hauptschuldner erleiden wird (Schadlosbürgschaft, Ausfallbürgschaft, vergl. Vorbem. unter II a. E.), so hat der Bürge nicht allein die Einrede auf Grund des Gesetzes, sondern auch auf Grund der dem Versprechen beigefügten Beschränkung. Ob und wie weit die vertragsmäßige Beschränkung über die gesetzliche Einrede hinausgeht, muß im einzelnen Falle im Wege der Auslegung ermittelt werden. Eine allgemeine Regel läßt sich hierfür nicht aufstellen (vergl. Dernburg, Pr. Pr.R., II § 245 Anm. 4).

§ 774.

E. I § 676; II § 713 rev. § 759; III § 758. P. I S 2547—2552, 5658, 6142, 6143, 6246; M. II S. 672—676. P. II S. 2530—2533, 4210 (Bd. II S. 477—479, III S. 466).

1. Wenn der Bürge den Gläubiger befriedigt, so thut er dies regelmäßig, um seine eigene Verpflichtung zu erfüllen, nicht um den Hauptschuldner von seiner Verpflichtung zu befreien. Ob der Bürge einen Ersatzanspruch gegen den Hauptschuldner hat, würde sich in Ermangelung einer besonderen gesetzlichen Vorschrift nach dem zwischen dem Bürgen und dem Hauptschuldner bestehenden Verhältnisse bestimmen. Im Anschluß an das im Leben die Regel bildende Verhältniß geht aber das Gesetz davon aus, daß der Bürge das Recht habe, seinen Rückgriff gegen den Hauptschuldner zu nehmen. Um ihm dieses Recht zu sichern, wird angenommen, daß die Forderung des Gläubigers durch Befriedigung von Seiten des Bürgen nicht erloschen sei, und das Gesetz giebt dem Bürgen im Anschluß an das moderne Recht und aus Gründen der praktischen Zweckmäßigkeit nicht bloß das Recht, vom Gläubiger Abtretung der Hauptforderung zu verlangen, sondern es läßt, soweit der Bürge den Gläubiger befriedigt, ohne Weiteres die Hauptforderung auf ihn übergehen.

§. 775.

Hat sich der Bürge im Auftrage des Hauptschuldners verbürgt oder stehen ihm nach den Vorschriften über die Geschäftsführung ohne Auftrag wegen der Uebernahme der Bürgschaft die Rechte eines Beauftragten gegen den Hauptschuldner zu, so kann er von diesem Befreiung von der Bürgschaft verlangen:

---

2. Abs. 1 Satz 1.

a) Der Uebergang der Forderung tritt ein zu Gunsten eines jeden Bürgen, auch des selbstschuldnerischen Bürgen ohne Unterschied ob er die Bürgschaft im Einverständnisse mit dem Schuldner oder ohne dessen Einwilligung oder Wissen übernommen hat, vorbehältlich jedoch der Beschränkungen, welche sich aus Abs. 1 Satz 2, 3 ergeben.

b) Der Uebergang der Forderung knüpft sich an die Befriedigung des Gläubigers. In welcher Art die Befriedigung erfolgt, ob durch Erfüllung oder durch Leistung an Erfüllungsstatt oder durch Hinterlegung oder durch Aufrechnung, ist gleichgültig. Bei theilweiser Befriedigung des Gläubigers geht die Forderung zum entsprechenden Theile auf den Bürgen über.

c) Beim Uebergange der Forderung auf den Bürgen finden die für die vertragsmäßige Abtretung einer Forderung gegebenen Vorschriften der §§ 399–404, 406—410 entsprechende Anwendung (§ 412). Hiernach gehen insbesondere mit der Forderung auch die Nebenrechte auf den Bürgen über (§ 401). Ferner ist der Gläubiger verpflichtet, dem Bürgen die zur Geltendmachung der Forderung nöthige Auskunft zu ertheilen und ihm die zum Beweise der Forderung in seinem Besitze befindlichen Urkunden auszuliefern (§ 402). Andererseits kann aber auch der Hauptschuldner dem Bürgen alle Einwendungen entgegensetzen, die zur Zeit des Ueberganges der Forderung gegen den Gläubiger begründet waren (§ 404). Hiernach hat der Bürge den Schaden zu tragen, wenn er es versäumt hat, eine dem Hauptschuldner zustehende Einrede gegen den Gläubiger geltend zu machen, vorausgesetzt, daß er nicht vom Gläubiger nach den Grundsätzen über die ungerechtfertigte Bereicherung (§§ 812 ff.) Ersatz verlangen kann. An der Verjährung der Forderung gegen den Hauptschuldner wird dadurch, daß sie kraft Gesetzes auf den Bürgen übergeht, nichts geändert (ebenso Mantey, in Gruchots Beitr. Bd. 42 S. 553; a. A. Joseph, daselbst, S. 7, nach welchem die Forderung des Bürgen erst in 30 Jahren verjähren soll, auch wenn die Forderung des Gläubigers an sich einer kürzeren Verjährungsfrist unterliegt).

3. Abs. 1 Satz 2. Der Uebergang der Forderung kann nicht zum Nachtheile des Gläubigers geltend gemacht werden. Dies hat Bedeutung besonders für solche Fälle, in denen nur ein Theil der Forderung auf den Bürgen übergegangen ist. Besteht für die Forderung z. B. ein Pfandrecht, eine Hypothek oder ein sonstiges Vorzugsrecht oder steht dem Gläubiger aus anderen Gründen ein Zurückbehaltungsrecht zu, so geht der dem Gläubiger verbleibende Theil der Forderung dem auf den Bürgen übergegangenen Theile der Forderung vor. Aehnliche Bestimmungen s. in den §§ 268, 426, 1143, 1164, 1176, 1225.

4. Abs. 1 Satz 3. Der Bürge ist nicht verpflichtet, die Interessen des Hauptschuldners zu berücksichtigen. Er braucht insbesondere dem Hauptschuldner keine Anzeige zu machen, wenn er von dem Gläubiger in Anspruch genommen wird oder wenn er den Gläubiger befriedigt hat. Eine solche Verpflichtung kann sich aber aus einem besonderen zwischen dem Bürgen und dem Hauptschuldner bestehenden Rechtsverhältniß ergeben. Zu denken ist z. B. an den Fall, daß sich der Bürge auf Grund eines Auftrags des Hauptschuldners verbürgt oder daß er die Bürgschaft als Geschäftsführer ohne Auftrag für den Hauptschuldner übernommen hat. Einwendungen des Hauptschuldners aus einem solchen Rechtsverhältnisse bleiben, wie das Gesetz, um Zweifel abzuschneiden, besonders hervorhebt, unberührt. Ebenso kann der Hauptschuldner, wenn ihm durch schuldhafte Verletzung der dem Bürgen ihm gegenüber obliegenden Pflichten ein Schaden entsteht, diesen nach allgemeinen Grundsätzen von dem Bürgen ersetzt verlangen. Umgekehrt werden aber auch die etwa dem Bürgen zustehenden Ersatzansprüche durch die Bestimmungen des § 774 nicht berührt. Alle sich im Einzelnen ergebenden Fragen sind auf Grund des zwischen dem Hauptschuldner und dem Bürgen bestehenden besonderen Rechtsverhältnisses zu entscheiden.

5. Abs. 2. Wenn für die Forderung sich mehrere als Mitbürgen verpflichtet haben, so würden nach der allgemeinen Regel (§ 401) die Forderungen des Gläubigers gegen die Mitbürgen auf denjenigen Bürgen übergehen, welcher den Gläubiger befriedigt, und dieser demnach von den Mitbürgen vollen Ersatz fordern können. Um dieses Ergebniß, welches mit den allgemeinen Grundsätzen über die Haftung von Gesammtschuldnern nicht im Einklange stehen würde, auszuschließen, ist ausdrücklich bestimmt, daß Mitbürgen einander nur nach Maßgabe des § 426 haften sollen.

1. wenn sich die Vermögensverhältnisse des Hauptschuldners wesentlich verschlechtert haben;
2. wenn die Rechtsverfolgung gegen den Hauptschuldner in Folge einer nach der Uebernahme der Bürgschaft eingetretenen Aenderung des Wohnsitzes, der gewerblichen Niederlassung oder des Aufenthaltsorts des Hauptschuldners wesentlich erschwert ist;
3. wenn der Hauptschuldner mit der Erfüllung seiner Verbindlichkeit im Verzug ist;
4. wenn der Gläubiger gegen den Bürgen ein vollstreckbares Urtheil auf Erfüllung erwirkt hat.

Ist die Hauptverbindlichkeit noch nicht fällig, so kann der Hauptschuldner dem Bürgen, statt ihn zu befreien, Sicherheit leisten.

§. 776.

Giebt der Gläubiger ein mit der Forderung verbundenes Vorzugsrecht, eine für sie bestehende Hypothek, ein für sie bestehendes Pfandrecht oder das Recht

---

§ 775.

E. I § 677; II § 714 rev § 760; III § 759. P. I S. 2558—2561, 3555, 3560, 6198, 6201, 11791—11793, 11803, 11804; M. II S. 676—678. P. II S. 2533, 2534, 8815 (Bd. II S 479, 480).

1. Abs. 1. Macht ein Beauftragter zum Zwecke der Ausführung des Auftrags Aufwendungen, die er den Umständen nach für erforderlich halten darf, so kann er nach § 670 dafür Ersatz von dem Auftraggeber verlangen. Nach § 257 begreift das Recht, Ersatz für die zu einem bestimmten Zwecke gemachten Aufwendungen zu verlangen, auch das Recht in sich, Befreiung von einer Verbindlichkeit zu fordern, die zu dem betreffenden Zwecke eingegangen ist. Hieraus könnte gefolgert werden, daß der Bürge, welcher im Auftrage des Hauptschuldners sich verbürgt hat, Befreiung von der eingegangenen Bürgschaftsverbindlichkeit von dem Hauptschuldner verlangen könne. Man könnte aber auch aus dem Zwecke eines Auftrags der fraglichen Art folgern, daß nach der Absicht der Parteien, das Recht des Beauftragten, Befreiung zu verlangen, ausgeschlossen und der Bauftragte darauf beschränkt sein solle, Ersatz seiner Aufwendungen für den Fall zu fordern, daß er die eingegangene Verbindlichkeit erfüllt habe. Diese Zweifel werden durch § 775 beseitigt. Im Anschluß an das bestehende Recht wird ein Mittelweg eingeschlagen. Der Anspruch auf Befreiung soll zwar nicht vollständig ausgeschlossen sein, aber dem Beauftragten nur unter den dem § 775 Abs. 1 bestimmten Voraussetzungen zustehen. Aus dieser Vorschrift, insbesondere aus der Nr. 4 wird auch zu folgern sein, daß der Beauftragte nicht das Recht hat, für die zum Zwecke der Erfüllung der Bürgschaftsverbindlichkeit erforderlichen Aufwendungen Vorschuß zu verlangen (§ 669), daß vielmehr auch an Stelle dieses Rechtes das Recht tritt, unter den im § 775 bestimmten Voraussetzungen Befreiung zu verlangen (P. II S. 8815).

Zu Nr. 2 vergl. Erl. zu § 773 unter 1b zu Nr. 3, s. wegen des Verzugs §§ 284 ff.

2. Der Abs. 2 schließt sich an die Vorschrift des § 275 Abs. 2 an. Die Sicherheit ist dafür zu leisten, daß die Befreiung des Bürgen bewirkt wird, sobald die Hauptverbindlichkeit fällig ist, nicht für die Ersatzansprüche, welche sich für den Bürgen aus der Erfüllung der Bürgschaftsverpflichtung ergeben (P. II S. 2534).

3. Die unter Nr. 1 und 2 dargelegten Grundsätze finden auch Anwendung, wenn die Bürgschaft nicht auf Grund eines Auftrags, sondern auf Grund einer Geschäftsführung ohne Auftrag übernommen ist, die Voraussetzungen aber vorliegen, unter denen der Bürge nach § 683 Ersatz für seine Aufwendungen wie ein Beauftragter verlangen kann.

§ 776.

E. I § 679; II § 715 rev. § 761; III § 760. P. I S. 2570—2574, 2576, 2577, 11791—11793, 11838; M. II S. 678—682. P. II S. 2530—2532, 2534—2539, 2540 (Bd. II S. 477—479, 480—483).

1. Das Gesetz legt dem Gläubiger dem Bürgen gegenüber keine allgemeine Diligenzpflicht auf, sondern beschränkt sich auf die Bestimmung, daß, wenn der Gläubiger ein zur

gegen einen Mitbürgen auf, so wird der Bürge insoweit frei, als er aus dem aufgegebenen Rechte nach §. 774 hätte Ersatz erlangen können. Dies gilt auch dann, wenn das aufgegebene Recht erst nach der Uebernahme der Bürgschaft entstanden ist.

§. 777.

Hat sich der Bürge für eine bestehende Verbindlichkeit auf bestimmte Zeit verbürgt, so wird er nach dem Ablaufe der bestimmten Zeit frei, wenn nicht der Gläubiger die Einziehung der Forderung unverzüglich nach Maßgabe des §. 772

Sicherung der verbürgten Forderung dienendes Recht aufgiebt, der Bürge von seiner Haftung frei wird, soweit er aus dem aufgegebenen Rechte nach § 774 hätte Ersatz erlangen können. Eine allgemeine Verpflichtung des Gläubigers, die Interessen des Bürgen zu berücksichtigen und für eine Beitreibung der geschuldeten Leistung von dem Hauptschuldner Sorge zu tragen, läßt sich auch aus den sonstigen Bestimmungen des Gesetzes nicht herleiten. Sie ergiebt sich zunächst nicht aus dem Prinzipe des § 242. Denn der § 242 setzt voraus, daß eine Verpflichtung zu einer Leistung besteht, und bestimmt nur, daß bei der Erfüllung dieser Verpflichtung die Grundsätze von Treu und Glauben zu berücksichtigen sind. Durch den Bürgschaftsvertrag werden aber für den Gläubiger überhaupt keine Verpflichtungen, sondern nur Rechte begründet. Die Rechtssätze über die Einrede der Vorausklage und den gesetzlichen Uebergang der Hauptforderung auf den Bürgen, wenn er den Gläubiger befriedigt, nöthigen ebenfalls nicht zur Annahme einer Diligenzpflicht. Der Rechtsbehelf der Vorausklage hat nur die Bedeutung, daß der Gläubiger zunächst den Hauptschuldner in Anspruch nehmen und dessen Leistungsfähigkeit feststellen muß, wenn er gegen den Bürgen vorgehen will. Dies schließt aber nicht in sich, daß er im Interesse des Bürgen eine besondere Sorgfalt in der Beitreibung der Forderung zu entwickeln hat. Aus der Thatsache weiter, daß die Hauptforderung auf den Bürgen übergeht, wenn er den Gläubiger befriedigt, folgt nicht, daß der Gläubiger verpflichtet ist, diese Forderung dem Bürgen zu erhalten. Die Bestimmungen des § 776 endlich tragen einen durchaus positiven Charakter. Es ist in keiner Weise im Gesetz angedeutet, daß sie als Ausdruck eines allgemeinen Prinzips gemeint sind und in anderen ähnlich liegenden Fällen entsprechend angewendet werden sollen. Hiernach kann der Bürge insbesondere nicht verlangen, daß der Gläubiger unverzüglich gegen den Hauptschuldner vorgehe, wenn dieser in Vermögensverfall geräth, oder daß der Gläubiger seine Forderung im Konkurs über das Vermögen des Hauptschuldners anmelde. Der Bürge ist auch nicht in der Lage zu widersprechen, wenn der Gläubiger dem Hauptschuldner eine Frist gewährt; er hat keinen Anspruch auf Schadensersatz und wird nicht von seiner Haftung frei, wenn der Hauptschuldner während der Frist zahlungsunfähig wird. Auch dadurch, daß der Gläubiger dem Hauptschuldner gegenüber in Annahmeverzug geräth, wird der Bürge nicht von seiner Haftung frei (P. II S. 2539). Die einzige Möglichkeit, welche sich dem Bürgen in allen diesen Fällen bietet, um sich vor Schaden zu bewahren, besteht darin, daß er seinerseits den Gläubiger befriedigt, um dann auf Grund des § 774 gegen den Schuldner vorzugehen. Liegen die Voraussetzungen des § 775 vor, so kann er vom Hauptschuldner Befreiung von der Bürgschaft verlangen. Durch vertragsmäßige Vereinbarung kann dem Gläubiger eine Diligenzpflicht in geringerem oder weiterem Umfang auferlegt werden. Ist dies geschehen, so hat der Gläubiger dem Bürgen nach allgemeinen Grundsätzen den durch schuldhafte Verletzung der Pflicht entstandenen Schaden zu ersetzen.

2. Die Frage, ob der Bürge dem Gläubiger gegenüber eine Bürgschaft kündigen dürfe, welche für künftig entstehende Ansprüche übernommen ist, läßt sich nur durch Auslegung des einzelnen Vertrags entscheiden. Ein allgemeines Kündigungsrecht besteht für den Bürgen nicht.

3. a) Wegen des Vorzugsrechts s. K.O. §§ 61 ff.

b) Beruft sich der Bürge darauf, daß er von seiner Haftung frei geworden sei, so hat er den Beweis zu führen, daß die Voraussetzungen des § 776 erfüllt sind.

§ 777.

E. II § 716 rev. § 762; III § 761; M. II S. 681. P. II S. 2540—2544, 8490 (Bd. II S. 483—485).

1. Der § 777 ist von der zweiten Kommission eingestellt. Der E. I hatte keine Bestimmung aufgenommen; bei der Bürgschaft für künftige Verbindlichkeiten hatte man eine solche für ent-

betreibt, das Verfahren ohne wesentliche Verzögerung fortsetzt und unverzüglich nach der Beendigung des Verfahrens dem Bürgen anzeigt, daß er ihn in Anspruch nehme. Steht dem Bürgen die Einrede der Vorausklage nicht zu, so wird er nach dem Ablaufe der bestimmten Zeit frei, wenn nicht der Gläubiger ihm unverzüglich diese Anzeige macht.

Erfolgt die Anzeige rechtzeitig, so beschränkt sich die Haftung des Bürgen im Falle des Abs. 1 Satz 1 auf den Umfang, den die Hauptverbindlichkeit zur Zeit der Beendigung des Verfahrens hat, im Falle des Abs. 1 Satz 2 auf den Umfang, den die Hauptverbindlichkeit bei dem Ablaufe der bestimmten Zeit hat.

§. 778.

Wer einen Anderen beauftragt, im eigenen Namen und auf eigene Rechnung einem Dritten Kredit zu geben, haftet dem Beauftragten für die aus der Kreditgewährung entstehende Verbindlichkeit des Dritten als Bürge.

---

behrlich, bei den anderen in Betracht kommenden Fällen aber die Aufstellung einer allgemeinen Regel für bedenklich erachtet. Auch in der zweiten Kommission waren die Meinungen getheilt. Die Mehrheit war jedoch der Ansicht, daß es aus Gründen des praktischen Bedürfnisses und im Interesse der Rechtseinheit geboten sei, für den Fall eine dispositive Bestimmung im Gesetze zu geben, wenn der Bürge sich für eine bestehende Verbindlichkeit mit Beschränkung auf eine bestimmte Zeit verpflichtet hat. Es kann zweifelhaft sein, ob in solchem Falle der Gläubiger den Bürgen innerhalb der Frist in Anspruch nehmen muß oder ob er noch nach dem Ablaufe der festgesetzten Zeit die Befugniß haben soll, gegen den Bürgen vorzugehen. Das Gesetz entscheidet die Frage dahin, daß der Gläubiger nach dem Ablaufe der Frist unverzüglich Schritte zu thun hat, um dem Bürgen Gewißheit zu verschaffen, ob er in Anspruch genommen werden soll. Dabei wird unterschieden, ob dem Bürgen die Einrede der Vorausklage zusteht oder nicht. Im ersteren Falle hat der Gläubiger unverzüglich die Einziehung der Forderung zu betreiben und nach der Beendigung des Verfahrens dem Bürgen anzuzeigen, daß er ihn in Anspruch nehme. Im letzteren Falle hat der Gläubiger diese Anzeige unverzüglich nach dem Ablaufe der bestimmten Zeit zu machen. Versäumt es der Gläubiger, die ihm hiernach obliegenden Handlungen vorzunehmen, so wird der Bürge frei. Erfolgt die Anzeige dagegen rechtzeitig, so kann der Gläubiger von dem Bürgen Erfüllung verlangen. Aber der Umfang der Haftung des Bürgen schränkt sich ein. Er haftet im ersten Falle für die Forderung nur in dem Umfange, den die Hauptverbindlichkeit zur Zeit der Beendigung des Verfahrens hat, im zweiten Falle nur in dem Umfange, den die Hauptverbindlichkeit beim Ablaufe der bestimmten Zeit hat. Aenderungen, welche die Hauptverbindlichkeit nach diesem Zeitpunkt erleidet, berühren also den Bürgen nicht. Er braucht insbesondere nicht für die später fällig werdenden Zinsen aufzukommen.

2. a) Die Anzeige, welche der Gläubiger an den Bürgen zu erstatten hat, trägt den Charakter einer einseitigen empfangsbedürftigen Willenserklärung (§§ 130 ff.). Die Anzeige hat unverzüglich, d. h. nach § 121 ohne schuldhaftes Zögern, zu erfolgen.

b) Die Beweislast stellt sich so, daß, wenn sich der Bürge auf den Ablauf der bestimmten Zeit beruft, der Gläubiger darzulegen hat, daß die Anzeige rechtzeitig erfolgt ist.

3. Die Bestimmungen des § 777 können durch ausdrückliche oder stillschweigende Vereinbarung der Parteien geändert werden.

4. Wenn der Bürge sich für künftige Forderungen mit der Beschränkung auf eine gewisse Zeit verbürgt, so ist im einzelnen Falle durch Auslegung des Bürgschaftsvertrags festzustellen, welchen Sinn die Einschränkung hat. Meistens wird sie so gemeint sein, daß der Bürge sich nur für die innerhalb der bestimmten Zeit entstehenden Forderungen verbürgen will (M. II S. 681).

§ 778.

E. I § 680; II § 717 rev. § 763; III § 762. P. I S. 2579—2584; M. II S. 682—684. P. II S. 2544, 2545 (Bd. II S. 485, 486).

1. Der Kreditauftrag wird im bisherigen Rechte verschieden beurtheilt. Der E. I stellte den Satz auf, daß, wenn Jemand einen Kreditauftrag angenommen hat, das aus dem

Neunzehnter Titel.

Vergleich.

Vertrag entstehende Rechtsverhältniß nicht nach den Vorschriften über den Auftrag, sondern nach den Vorschriften über die Bürgschaft beurtheilt werden solle. Die zweite Kommission hat der Vorschrift die jetzt vorliegende Fassung gegeben. Der Unterschied gegenüber dem E. I liegt darin, daß nicht von vornherein auf das durch die Annahme des Auftrags entstehende Rechtsverhältniß die Vorschriften über die Bürgschaft Anwendung finden sollen, sondern daß lediglich die aus der Kreditgewährung entstehende Verbindlichkeit des Auftraggebers nach den für die Bürgschaft maßgebenden Grundsätzen beurtheilt werden soll. Vor erfolgter Kreditgewährung sollen die Bestimmungen über den Auftrag in Bezug auf Kündigung, Widerruf 2c. Anwendung finden (P. II S. 2545). Hierbei ist vorausgesetzt, daß der Kreditauftrag als eigentlicher Auftrag ertheilt und angenommen ist. Häufig wird aber der Vertrag in dem Sinne geschlossen, daß der Beauftragte nicht die Verpflichtung eingehen will, seinerseits den Auftrag auszuführen, d. h. dem Dritten Kredit zu geben, sondern daß lediglich, wenn er in Ausführung des Auftrags Kredit ertheilt, der Auftraggeber für die Verbindlichkeit des Dritten einstehen soll. In diesem Falle liegt ein eigenartiges Rechtsverhältniß vor. Es dürfte der Absicht der Parteien entsprechen, in Bezug auf Widerruf und Kündigung auch in diesem Falle die Vorschriften über den Auftrag anzuwenden. Ob und inwieweit noch andere Bestimmungen über den Auftrag anzuwenden sind, ist auf Grund der Auslegung des Vertrags zu entscheiden (vergl. Endemann, Einführung, § 190 Anm. 6, Schollmeyer, Schuldverhältnisse, S. 82 Anm. 1). Zweifelhaft kann sein, ob der Kreditauftrag der schriftlichen Form bedarf. Der Kreditauftrag steht der Bürgschaft in seiner Wirkung sehr nahe, und es könnte vom Standpunkte des Gesetzgebers die Frage aufgeworfen werden, ob nicht, wenn man für die Bürgschaft die schriftliche Form verlangt, das Gleiche auch für den Kreditauftrag vorzuschreiben sei. Indessen nach dem Wortlaute des Gesetzes haftet zwar der Auftraggeber für die aus dem Auftrage sich ergebende Verbindlichkeit als Bürge, es ist aber nicht gesagt, daß der ganze Vertrag als Bürgschaft behandelt werden soll. Die Fassung des § 778 ist auch keine zufällige, sondern sie ist, wie die angegebene Entstehungsgeschichte der Vorschrift zeigt, in der ausgesprochenen Absicht gewählt, den Kreditauftrag nur in einer ganz bestimmten Richtung den Vorschriften über die Bürgschaft zu unterwerfen. Bei den Berathungen der R.T.K. ist die Frage, ob der von dieser Kommission neu eingestellte § 766 auch auf den Kreditauftrag Anwendung finden solle, nach dem K.B. nicht erörtert; in der Fassung des § 766 ist in keiner Weise zum Ausdrucke gebracht, daß die Vorschrift auch für andere als die eigentlichen Bürgschaftsverträge gelten soll. Hiernach wird anzunehmen sein, daß der Kreditauftrag formlos abgeschlossen werden kann. Wenn der Beauftragte dem Dritten auf Grund des Auftrags Kredit gewährt hat, so würde der Auftraggeber dem Beauftragten nach den Grundsätzen über den Auftrag (§ 670) zum Ersatze der Aufwendungen verpflichtet sein. Wie das Verhältniß nach allgemeinen Grundsätzen zu beurtheilen sein würde, wenn kein eigentlicher Auftrag vorliegt, kann zweifelhaft sein. Nach der positiven Bestimmung des § 778 hat der Auftraggeber dem Beauftragten als Bürge zu haften. Es finden hiernach namentlich die Rechtssätze über den Umfang der Verbindlichkeit des Bürgen und die dem Bürgen zustehenden Einreden und Einwendungen Anwendung. Ist die Hauptverbindlichkeit ungültig, so wird eine Bürgschaftsverpflichtung nicht begründet. Ob in diesem Falle trotzdem eine Verbindlichkeit des Auftraggebers besteht und nach welchen Grundsätzen sie zu beurtheilen ist, läßt sich nur nach den Umständen des einzelnen Falles entscheiden (vergl. Erl. zu § 765 unter Nr. 4a und zu § 768 unter Nr. 1c).

Neunzehnter Titel.

Oertmann, Der Vergleich im gemeinen Civilrecht 1895.

I. Die Lehre vom Vergleich ist im B.G.B. nicht erschöpfend geregelt. Das Gesetz begnügt sich damit, den Begriff des Vergleichs festzustellen und eine Bestimmung über den Einfluß eines bei dem Abschlusse des Vergleichs unterlaufenden Irrthums zu geben.

Der Vergleich wird vom Gesetz in Uebereinstimmung mit dem bisherigen Rechte als derjenige Vertrag charakterisirt, durch den der Streit oder die Ungewißheit der Parteien über ein Rechtsverhältniß im Wege gegenseitigen Nachgebens beseitigt wird. Gegenstand des Vergleichs kann nicht nur ein Schuldverhältniß, sondern auch ein Rechtsverhältniß anderer Art, z. B. ein dingliches Rechtsverhältniß, sein. Voraussetzung für den Abschluß eines Vergleichs ist, daß das Rechtsverhältniß streitig oder ungewiß ist. Die Ungewißheit kann eine rechtliche oder thatsächliche sein, sie kann subjektiv oder objektiv bestehen. Zur Verdeutlichung des Gesetzes hat die zweite Kommission noch den Satz hinzugefügt, daß es der Ungewißheit gleich steht, wenn die Verwirklichung eines Anspruchs unsicher ist (§ 779 Abs. 2, P. II S. 2628). Verschiedene Meinungen bestehen im bisherigen Rechte darüber, ob über ein rechtskräftiges **Urtheil** ein Vergleich geschlossen werden kann (vergl. **Windscheid** II § 414 Anm. 6, **Dernburg** II § 109 Anm. 7, **Eccius**, Preuß. Privat-Recht, II § 163 Anm. 10, **Bülow**, Arch. f. civil. Praxis, Bd. 83 S. 83 Anm. 90). Ein Vergleich über ein rechtskräftiges Urtheil ist unmöglich, insoweit durch das Urtheil der Streit oder die Ungewißheit des den Gegenstand des Urtheils bildenden Rechtsverhältnisses beseitigt ist. Wenn aber bei den Parteien eine Ungewißheit über den Inhalt des Urtheils besteht, z. B. darüber, in welchem Umfang ein vom Kläger behauptetes Recht vom Gerichte für begründet erachtet ist, oder wenn die Verwirklichung des durch das Urtheil anerkannten Anspruchs unsicher ist, so ist hierüber ein Vergleich zulässig. Wie hier **Cosack**, Lehrbuch, § 160 Anm. 4. A. M. anscheinend **Endemann**, Einführung, § 193 Anm. 4, welcher überhaupt eine subjektive Ungewißheit nicht als genügende Grundlage für einen Vergleich erachtet, eine Ansicht, welche durch den Zweck des Vergleichs nicht gerechtfertigt werden dürfte und welche auch im Wortlaute des Gesetzes keine Unterstützung findet. Wegen der Frage, ob ein Vergleich gültig ist, der in Unkenntniß des Umstandes, daß über den Gegenstand des Vergleichs ein rechtskräftiges Urtheil ergangen ist, abgeschlossen wird, s. Erl. zu § 779 Nr. 2d. **Wesentlich ist für den Vergleich, daß der Streit oder die Ungewißheit durch gegenseitiges Nachgeben beseitigt werden.** Der Ausdruck „nachgeben", welcher im Anschluß an den Sprachgebrauch des täglichen Lebens gewählt ist, muß im weitesten Sinne verstanden werden; ein Nachgeben im Sinne des Gesetzes liegt z. B. auch dann vor, wenn eine Geldsumme für das Aufgeben eines Rechtes bezahlt wird (P. II S. 2623). Das gegenseitige Nachgeben kann darin bestehen, daß der Anspruch der einen Partei theilweise befriedigt, theilweise aufgegeben oder daß er theilweise als bestehend, theilweise als nicht bestehend anerkannt wird oder auch darin, daß er ganz befriedigt oder anerkannt wird oder umgekehrt und daß dafür von der anderen Partei eine Gegenleistung übernommen wird. Auch kann im Wege des Vergleichs ein Rechtsverhältniß in eine andere juristische Form gebracht, z. B. die Forderung aus einem Werkvertrag in eine Darlehnsforderung verwandelt werden. Mitbetroffen werden hiernach insbesondere die häufig vorkommenden und im bisherigen Rechte nicht unbestrittenen Fälle, in denen ein Gläubiger einem Schuldner Stundung oder Nachlaß an der Forderung gewährt, um dafür ein thatsächlich oder rechtlich sichereres Zahlungsversprechen zu erlangen. Das Nachgeben auf Seiten des Schuldners ist hier darin zu finden, daß er stillschweigend auf Einwendungen verzichtet oder daß der Betrag der Forderung außer Zweifel gestellt oder daß die Verwirklichung des Anspruchs in irgend einer Weise für den Gläubiger gesichert wird. Wird aber thatsächlich nur von der einen Seite ein Zugeständniß gemacht, so liegt, auch wenn der Ausdruck Vergleich gebraucht sein sollte, kein Vergleich, sondern ein Vertragsverhältniß anderer Art vor; meistens wird in solchem Falle ein Anerkenntniß oder Erlaßvertrag anzunehmen sein, doch läßt sich die Frage nur nach den Umständen des einzelnen Falles entscheiden.

Der Vergleich hat einen **obligatorischen Charakter**, insofern für die Parteien durch den Abschluß des Vertrags persönliche Verpflichtungen begründet werden. Die zur Vollziehung des Vergleichs erforderlichen Rechtsgeschäfte kommen daneben für sich in Betracht. Aber in der Wirklichkeit wird der Vertrag häufig so geschlossen, daß gleichzeitig die Verhältnisse in der vereinbarten Weise objektiv geregelt, z. B. die Anerkennung oder der Erlaß der streitigen Forderung, ausgesprochen werden. Das obligatorische Kausalgeschäft und das dingliche Erfüllungsgeschäft fallen hier, ähnlich wie beim sog. Handkaufe der Kaufvertrag und der Uebergabevertrag, in eins zusammen. Es würde an sich möglich sein, die obligatorischen und die dinglichen Bestandtheile des Vertrags zu trennen und nur für erstere den Ausdruck Vergleich zu verwenden, wie dies auch bei den Berathungen der zweiten Kommission von einer Seite vorgeschlagen war. Das Gesetz bezeichnet aber, den Anschauungen des Verkehrs und dem Sprachgebrauche des Lebens folgend, das ganze Rechtsgeschäft, durch welches der Streit oder die Ungewißheit beseitigt wird, als Vergleich. Die obligatorischen Verpflichtungen und die dingliche Vollziehung des Vergleichs können aber auch von einander getrennt werden. Dies ergiebt sich mit Nothwendigkeit dann, wenn der Zweck des Vergleichs nicht direkt und vollständig durch den Vertrag erreicht werden kann, wenn z. B. zur Durchführung des Vergleichs eine Eintragung im Grundbuch erforderlich ist. Hier begründet der Vergleich die obligatorische Verpflichtung, den vereinbarten Erfolg herbeizuführen. Als obligatorischer Vertrag hat der Vergleich den Charakter eines **gegenseitigen Vertrags**. Jede der Parteien kann also die Vollziehung des Vergleichs verweigern, bis die Gegenleistung bewirkt ist. Wenn und soweit der Vergleich ein anderes Rechtsgeschäft, z. B. die Abtretung einer Forderung in sich schließt, kommen daneben die für dieses besondere Rechtsgeschäft maßgebenden Grundsätze zur Anwendung. Ist im Wege des Vergleichs ein Recht übertragen oder die Verpflichtung zur Veräußerung oder Belastung eines Gegenstandes begründet, so finden hinsichtlich der Haftung für Mängel die für den Kauf gegebenen Vorschriften Anwendung (§§ 445, 495). Selbstverständlich haftet nicht auch der auf seinen Anspruch Verzichtende, wenn der Gegenstand des Anspruchs hinterher dem anderen Theile auf Grund eines anderen Rechtes genommen wird (Windscheid, Bd. II § 413 Anm. 12a, f.; M. II S. 656). Wenn ein Vergleich über einen Anspruch geschlossen wird, zu dessen Sicherung Bürgschaften oder Pfandrechte bestellt sind, so erlöschen die Bürgschaften und Pfandrechte, wenn und soweit der Hauptanspruch durch den Vergleich aufgehoben wird. Wird aber durch den Vergleich, wie dies häufig vorkommt, nur ein neuer Schuldtitel für den inhaltlich fortbestehenden Hauptanspruch begründet, so bleiben die Nebenrechte bestehen.

Für den Abschluß des Vergleichs sind die allgemeinen Grundsätze maßgebend. Einer Form bedarf der Vergleich hiernach nicht, doch kann für die Rechtsänderung, welche durch den Vergleich herbeigeführt oder auf Grund desselben vorgenommen werden soll, die Beobachtung einer Form erforderlich werden. Wird ein Schuldversprechen oder ein Schuldanerkenntniß im Wege des Vergleichs ertheilt, so ist die Beobachtung der im Uebrigen vorgeschriebenen schriftlichen Form nicht erforderlich (§ 782).

Das Gesetz stellt ebensowenig wie formelle so auch keine materiellen Beschränkungen für Vergleiche auf. Aber selbstverständlich sind die sonst für ein Rechtsgeschäft geltenden Beschränkungen auch hier maßgebend. Wenn z. B. vorgeschrieben ist, daß für die Zukunft auf den Unterhalt nicht verzichtet werden kann (§§ 1614, 1360), so ist auch ein im Wege des Vergleichs ausgesprochener Verzicht auf den zukünftigen Unterhalt ungültig. Ebenso ist z. B. ein Vergleich über die Scheidung einer Ehe unzulässig, da hierüber den Parteien kein Verfügungsrecht zusteht. In diesem Sinne dürfte auch die Behauptung richtig sein, daß durch Vergleich nicht auf die Wirkung eines rechtskräftigen Urtheils verzichtet werden kann (Bülow, Arch. f. civil. Praxis, Bd. 83 S. 118 ff., vergl. Vorbm. zum Allgem. Theil unter IV Nr. 2, Bd. I S. 38).

Der Zweck des Vergleichs geht dahin, den Streit oder die Ungewißheit über das den Gegenstand des Vergleichs bildende Rechtsverhältniß zu beseitigen. Ein Zurückgreifen auf das frühere Rechtsverhältniß ist darnach unzulässig, es müßte denn sein, daß die Ungültigkeit des Vergleichs festgestellt wäre. Als erledigt zu betrachten sind aber nur die Punkte, über welche die Parteien sich wirklich haben vergleichen wollen. Welche Punkte dies sind, ist durch Auslegung des einzelnen Vertrags unter Berücksichtigung des § 157 festzustellen.

Der Vergleich wirkt, soweit er einen obligatorischen Charakter trägt, nur für und gegen die Parteien. Wenn aber in dem Vertrage gleichzeitig die Verhältnisse objektiv geregelt werden, wenn z. B. im Wege des Vergleichs eine Forderung abgetreten oder erlassen wird, so hat der Vergleich insoweit dingliche Wirkungen.

Der Anspruch aus einem vollstreckbaren Vergleiche verjährt in 30 Jahren, auch wenn er an sich einer kürzeren Verjährung unterliegt (§ 218).

II. Die Bestimmungen der Reichsgesetze über Vergleiche werden durch die Vorschriften des neunzehnten Titels nicht berührt. Falls also in einem Reichsgesetz ein engerer oder weiterer Begriff des Vergleichs angenommen sein sollte, so ist dieser bei der Anwendung der Vorschriften des betreffenden Gesetzes maßgebend. Wenn aber die Bezugnahme auf den Sprachgebrauch des materiellen bürgerlichen Rechtes sich klar ergiebt, so ist bei der Auslegung der im B.G.B. aufgestellte Begriff des Vergleichs zu Grunde zu legen. Insbesondere dürfte dies bei der C.P.O. zutreffen (so die herrschende Meinung, a. M. neuestens Paul, der Vergleich im Civilprozeß, 1898).

Das Gleiche gilt, wenn in Landesgesetzen, welche nach dem E.G. unberührt bleiben, Vorschriften über Vergleiche gegeben werden.

III. Das B.G.B. giebt keine Vorschriften über den Schiedsvertrag. Die in der C.P.O. enthaltenen Vorschriften über das schiedsrichterliche Verfahren (C.P.O. §§ 1025—1048) sind für ausreichend erachtet. Auch über den Vertrag, welcher die Uebernahme der schiedsrichterlichen Verpflichtung zum Gegenstande hat, sind keine Bestimmungen aufgenommen. Es greifen hiernach, soweit die Verhältnisse nicht in der C.P.O. geregelt sind, die allgemeinen Grundsätze über Verträge Platz. Hervorzuheben ist, daß beide Verträge formlos abgeschlossen werden können.

Der Schiedseidvertrag wird im B.G.B. nicht erwähnt. Die Motive bemerken, daß eine Bestimmung, welche den Schiedseidvertrag verbiete, bei der großen Seltenheit der fraglichen Fälle keine praktische Bedeutung habe. Wolle man im Interesse der Heiligkeit des Eides derartigen Verträgen steuern, so würde vorbehältlich gewisser Ausnahmen ein allgemeines Verbot auszusprechen sein, ein solches Verbot würde aber kaum in das B.G.B. gehören (M. II S. 657). Hiernach scheinen die Motive den Schiedseidvertrag für zulässig zu erachten. Es fragt sich, ob dieser Auffassung nicht die Rücksicht auf die Heiligkeit des Eides entgegensteht. Dieses Bedenken würde indessen doch nur dann als begründet anerkannt werden können, wenn man in dem Schiedseidvertrag eine Mißachtung oder doch einen Mißbrauch des Eides erblicken und den fraglichen Vertrag daher als gegen die guten Sitten verstoßend ansehen müßte. Nun geht zwar mit Recht das Bestreben dahin, die Eidesleistung thunlichst einzuschränken, aber man wird doch schwerlich behaupten können, daß die herrschende Auffassung der

§. 779.

Ein Vertrag, durch den der Streit oder die Ungewißheit der Parteien über ein Rechtsverhältniß im Wege gegenseitigen Nachgebens beseitigt wird (Vergleich), ist unwirksam, wenn der nach dem Inhalte des Vertrags als feststehend zu Grunde gelegte Sachverhalt der Wirklichkeit nicht entspricht und der Streit oder die Ungewißheit bei Kenntniß der Sachlage nicht entstanden sein würde.

Der Ungewißheit über ein Rechtsverhältniß steht es gleich, wenn die Verwirklichung eines Anspruchs unsicher ist.

Gebrauch des Eides zur Feststellung streitiger Privatrechtsverhältnisse schlechthin als einen Mißbrauch des Eides betrachte. Dem steht schon die ausgedehnte Zulassung des Schiedseids im Prozeß entgegen (C.P.O. §§ 445 ff.). Hier geben zwar die prozessualischen Vorschriften einige Sicherheit gegen die leichtsinnige Eidesleistung. Das Fehlen solcher Garantieen bei dem außergerichtlichen Eide kann den Gesetzgeber veranlassen, den Schiedseidvertrag für nichtig zu erklären (s. z. B. sächs. G.B. § 1427). In Ermangelung einer solchen Vorschrift dürfte sich aber aus allgemeinen Grundsätzen die Nichtigkeit nicht ableiten lassen. Die Ableistung des Schiedseids hat eventuell außergerichtlich zu erfolgen. Eine Mitwirkung der Gerichte ist in dem freiw. G.G. nicht vorgesehen. Die Bestimmungen des St.G.B. über den Meineid (St.G.B. §§ 153 ff.) finden auf den privatim abgeleisteten Schiedseid keine Anwendnng.

§ 779.

E. I §§ 666, 667; II § 718 rev. § 764; III § 763. P. I S. 2603—2623, 2627—2630, 3555, 3560, 11791—11793; M. II S. 654—657. P. II S. 541, 2612—2628, 8490 (Bd. II S. 519—527).

1. Wenn der bei dem Abschlusse des Vertrags zu Grunde gelegte Sachverhalt der Wirklichkeit nicht entspricht, so kann zweifelhaft sein, welche Bedeutung dem Irrthume beizulegen ist. Zu denken ist z. B. an den Fall, daß ein durch Testament eingesetzter Erbe über ein in dem Testamente bestimmtes Vermächtniß mit dem Bedachten einen Vergleich schließt und daß das Testament sich später als ungültig erweist. Der E. I wollte die Frage nach den Grundsätzen der Lehre von der ungerechtfertigten Bereicherung entscheiden; dem Vertragschließenden, welcher sich im Irrthume befunden hat, sollte ein Anspruch auf Rückgängigmachung des Vergleichs eingeräumt werden. Die zweite Kommission hat sich nach eingehender Erörterung dafür entschieden, der Vorschrift die jetzt vorliegende Fassung zu geben. Man ging davon aus, daß, wenn nach dem Inhalte des Vertrags ein bestimmter Thatbestand als feststehend zu Grunde gelegt sei, angenommen werden müsse, daß die Parteien die Bezugnahme auf diesen Thatbestand als einen integrirenden Bestandtheil des Vertrags betrachtet haben. Die Art und Weise, in welcher das Nichtbestehen des zu Grunde gelegten Thatbestandes auf den Vertrag wirken solle, könne aber in verschiedener Art gedacht sein. Die Absicht könne dahin gehen, daß das Bestehen des Thatbestandes Bedingung für den Vertrag sein solle. Es könne aber auch beabsichtigt sein, daß der einen oder der anderen Partei nur ein Rücktrittsrecht oder ein Anspruch auf Rückgängigmachung des Vertrags für den Fall zustehen solle, daß der zu Grunde gelegte Thatbestand nicht bestehe. Um Streitigkeiten in dieser Beziehung abzuschneiden, hat die Kommission es für zweckmäßig erachtet, eine ausdrückliche Bestimmung im Gesetze zu geben. Diese beruht auf dem Gedanken, daß es dem Zwecke des Vergleichs und der Auffassung des Lebens regelmäßig am meisten entspreche, wenn man das Nichtbestehen des zu Grunde gelegten Thatbestandes als auflösende Bedingung behandele. Hieraus ergiebt sich von selbst, daß der Vertrag unwirksam ist, wenn der zu Grunde gelegte Thatbestand nicht besteht. Die Vorschrift ist übrigens insofern nur eine dispositive, als die Parteien die Folgen des Nichtbestehens des zu Grunde gelegten Thatbestandes in anderer Weise, als in dem § 779 bestimmt ist, regeln können (P. II S. 2626, 2627).

2. a) Der Vergleich ist nur dann unwirksam, wenn der nach dem Inhalte des Vertrags zu Grunde gelegte Sachverhalt der Wirklichkeit nicht entspricht. Es genügt nicht, daß sich die Parteien beim Abschlusse des Vergleichs thatsächlich über irgend einen beliebigen Umstand im Irrthume befunden haben. Die Voraussetzung, daß jener Umstand richtig sei, muß vielmehr einen Bestandtheil des Vertrags gebildet haben. Ob dies zutrifft, ist nach den Umständen des einzelnen Falles zu entscheiden. Ein Anhaltspunkt für die Auslegung des Vertrags wird vielfach daraus zu entnehmen sein, ob man bei objektiver und vernünftiger Würdigung der Verhältnisse eine bestimmte Voraussetzung der Bedingung gesetzt haben würde. Es genügt ferner nicht, daß sich nur eine der Parteien über einen von ihrem Standpunkte

wesentlichen Umstand im Irrthume befunden hat, sondern es muß feststehen, daß beide Parteien über die Bedeutung dieses Umstandes als Voraussetzung des Vergleichs einverstanden gewesen sind. Wenn aber ein solcher Umstand von einer Partei als feststehend vorausgesetzt und dies der anderen Partei bei Schließung des Vertrags bekannt gewesen ist, so muß angenommen werden, daß dieser Umstand vertragsmäßige Bedeutung haben soll. Bei den Berathungen der zweiten Kommission war beantragt, dies ausdrücklich im Gesetz auszusprechen. Man hat aber von der Aufnahme einer solchen Bestimmung Mißverständnisse befürchtet und sich damit begnügt, den Gedanken in der Weise zum Ausdrucke zu bringen, daß eine Voraussetzung für wesentlich erklärt ist, welche nach dem Inhalte des Vertrags dem Vergleiche zu Grunde gelegt ist.

Weiter wird noch erfordert, daß der Streit oder die Ungewißheit bei Kenntniß der wahren Sachlage nicht entstanden sein würde. Allerdings würden die Parteien nach allgemeinen Grundsätzen in der Lage sein, die Gültigkeit des Vergleichs von jedem Umstand abhängig zu machen. Aber die im § 779 gegebene gesetzliche Regel, wonach weder ein Anfechtungsrecht noch ein Rücktrittsrecht begründet, sondern der Vertrag ohne Weiteres unwirksam sein soll, gilt nur für die Fälle, in denen bei Kenntniß der wahren Sachlage ein Streit oder eine Ungewißheit nicht entstanden sein würde. Auf die Art des Irrthums kommt es nicht an. Der Vergleich ist unwirksam, gleichviel ob der Irrthum ein entschuldbarer oder ein nicht entschuldbarer ist, ob ein Rechtsirrthum oder ein Irrthum über Thatsachen vorliegt. Es genügt stets, daß die Parteien sich über eine nach dem Vertrage wesentliche Voraussetzung im Irrthume befunden haben. A. M. anscheinend Endemann, Einführung, § 193 Anm. 11, soweit es sich um einen Rechtsirrthum handelt; wie hier Cosack, Lehrbuch, § 160 Anm. 13.

b) Hat einer der Vertragschließenden oder haben sich beide Parteien beim Abschlusse des Vergleichs über einen Umstand im Irrthume befunden, welcher Gegenstand des Streites oder der Ungewißheit war, so wird dadurch die Gültigkeit des Vergleichs nicht beeinträchtigt. Der E. I sprach dies besonders aus. Die zweite Kommission hat den Satz als selbstverständlich gestrichen. Er läßt sich in der That aus dem Zwecke des Vergleichs ableiten. Die Parteien wollen vertragsmäßig den Streit oder die Ungewißheit beseitigen. Darauf, wie es sich mit den streitigen oder ungewissen Punkten in der Wirklichkeit verhalten hat, soll nichts ankommen. Die Gültigkeit des Vergleichs kann deshalb auch nicht in Frage gestellt werden, weil sich einer der Vertragschließenden oder beide über einen dieser Punkte im Irrthume befunden haben.

c) Hat sich einer der Vertragschließenden beim Abschlusse des Vergleichs über einen von seinem Standpunkte wesentlichen Umstand im Irrthum befunden, ohne daß dies aber dem anderen Theile bekannt geworden ist, so kann wegen dieses einseitigen Irrthums nur eine Anfechtung der Willenserklärung wegen Irrthums nach § 119 in Frage kommen. Regelmäßig wird eine solche Anfechtung aber ausgeschlossen sein, da es sich meistens nur um einen unbeachtlichen Irrthum im Beweggrunde handeln wird.

d) Das bisherige Recht enthält zum Theil besondere Vorschriften über die Fälle, wenn die Parteien einen Vergleich geschlossen haben, ohne zu wissen, daß über den Gegenstand des Vergleichs ein rechtskräftiges Urtheil ergangen war oder daß Urkunden vorhanden waren, welche den Streit oder die Ungewißheit zu beseitigen vermochten. Das B.G.B. hat solche Bestimmungen für entbehrlich erachtet.

Die Anwendung der allgemeinen Grundsätze führt zu folgenden Ergebnissen: Betrifft das Urtheil oder die Urkunde gerade die Punkte, welche durch den Vergleich außer Streit gestellt werden sollten, so wird die Gültigkeit des Vergleichs nach der allgemeinen Regel (s. oben unter 2b) nicht berührt. Sollte dagegen die Nichtexistenz des Urtheils oder der Urkunde eine vertragsmäßige Voraussetzung des Vergleichs gebildet haben, so ist der Vertrag nach § 779 unwirksam. Ob das Eine oder das Andere zutrifft, läßt sich nur nach den Umständen des einzelnen Falles entscheiden. In den Protokollen der zweiten Kommission wird hierzu ausgeführt: Die nachträgliche Auffindung von Urkunden, welche das streitige oder ungewisse Rechtsverhältniß außer Zweifel gesetzt hätten, könne die Gültigkeit des Vertrags nicht berühren. Die Parteien hätten das Rechtsverhältniß, welches sie durch den Vergleich ordnen wollten, nicht deswegen als ungewiß angesehen, weil Behelfe, aus denen die wahre Rechtslage sich ergebe, nicht vorhanden seien, sondern deswegen, weil solche Behelfe ihnen nicht zu Gebote gestanden hätten. Kämen die Behelfe hinterher zum Vorscheine, so werde dadurch dem Vergleiche nicht die Grundlage entzogen. Zweifelhafter sei die Frage, ob in Ermangelung einer besonderen Vorschrift ein in Unkenntniß der bereits ergangenen rechtskräftigen Entscheidung geschlossener Vergleich als unwirksam angefochten werden könne, doch sei die Frage wohl zu verneinen. Das durch den Vergleich geordnete Rechtsverhältniß sei für die Parteien trotz des rechtskräftigen Urtheils ungewiß oder bestritten gewesen, und dieser Ungewißheit, diesem Streite hätten sie ein Ende gemacht. Komme eine geraume Zeit vor der Schließung des Vergleichs ergangene, inzwischen in Vergessenheit gerathene rechtskräftige Entscheidung zum Vorscheine, so sei die Sache kaum eine andere, als wenn nachträglich die entscheidenden Urkunden

Zwanzigster Titel.
Schuldversprechen. Schuldanerkenntniß.

aufgefunden würden; verglichen sich aber die Parteien in der Meinung, das Gericht letzter Instanz habe sein Urtheil noch nicht verkündet, so geben sie hiermit zu erkennen, daß sie das Rechtsverhältniß nicht durch das Urtheil, sondern durch den Vergleich geordnet wissen wollten (P. II S. 2620, 2621). Diese Auffassung dürfte in den meisten Fällen der Sachlage entsprechen. Wie hier Cosack, Lehrbuch, § 160 und anscheinend auch Endemann, Einführ., § 193 Anm. 11; vergl. Windscheid II § 414 Anm. 6, Dernburg II § 109 Anm. 13.

3. Liegen die Voraussetzungen des § 779 vor, so ist der ganze Vergleich, einschließlich der im Vertrag etwa vorgenommenen dinglichen Rechtsgeschäfte, unwirksam. Es bedarf nicht der Geltendmachung eines Anfechtungs- oder Rücktrittsrechts. Sind auf Grund des Vergleichs und zur Vollziehung desselben bereits Leistungen gemacht, so können dieselben nach Maßgabe der Grundsätze über die ungerechtfertigte Bereicherung (§§ 812 ff.) zurückgefordert werden. Sollten die zur Vollziehung des Vergleichs selbständig vorgenommenen Rechtsgeschäfte an die Bedingung geknüpft sein, daß der Vergleich selbst gültig sei, so werden sie selbstverständlich, wenn sich der Vergleich als unwirksam herausstellt, ohne Weiteres hinfällig.

Zwanzigster Titel.

Oertmann, Das abstrakte Geschäft im B.G.B., Allg. Oestr.Ger.Ztg. 1897, S. 251 ff., Collwitz, Zur Lehre vom Schuldversprechen, Schuldanerkenntniß und von der Quittung, Iherings Jahrb. Bd. 40 S. 127 ff.

I. Im Verkehre kommen häufig Verträge vor, in denen Jemand eine Leistung verspricht oder anerkennt, eine Leistung zu schulden, ohne daß der Verpflichtungsgrund genau bezeichnet oder überhaupt angegeben wird. Früher legte man derartigen Verträgen im Allgemeinen nur Bedeutung als Beweismittel bei. In neuerer Zeit ist dagegen die Ansicht vertreten und mehr und mehr zur Geltung gelangt, daß es möglich und zulässig sei, durch ein abstraktes Schuldversprechen oder Schuldanerkenntniß einen selbständigen Anspruch zu begründen.

Der E. I hatte sich im Hinblick auf die Bedürfnisse des Verkehrs und den Gang der Rechtsentwickelung in Deutschland dafür entschieden, das abstrakte Schuldversprechen und Schuldanerkenntniß als verbindich anzuerkennen, aber die Gültigkeit des Vertrags davon abhängig gemacht, daß das Versprechen oder das Anerkenntniß in schriftlicher Form ertheilt sei. Weiter waren dann noch besondere Vorschriften gegeben über die Geltendmachung von Einwendungen auf Grund des ursprünglichen Verhältnisses und die Kondiktion des Schuldversprechens oder Schuldanerkenntnisses. Dagegen hatte der E. I es abgelehnt, Bestimmungen aufzunehmen über den Vertrag, durch welchen der eine Theil dem anderen Theile gegenüber ein Rechtsverhältniß nicht obligatorischer Natur als bestehend anerkennt. In der Kritik wurden die Bestimmungen des E. I lebhaft erörtert. Verschiedene Stimmen sprachen sich gegen die generelle Zulassung des abstrakten Schuldversprechens aus. Von anderer Seite wurde der Standpunkt des E. I, wenn auch unter gewissen Modifikationen, grundsätzlich gebilligt. Vereinzelt wurde empfohlen, im Gesetze gar keine Bestimmungen zu geben und die Entscheidung lediglich der Wissenschaft und Praxis zu überlassen. Von anderer Seite wurde dagegen die Aufnahme allgemeiner Bestimmungen über den Anerkennungsvertrag als wünschenswerth bezeichnet. Auch im Einzelnen wurden verschiedene Abänderungsvorschläge gemacht. Die zweite Kommission hat nach eingehender Erörterung grundsätzlich dem E. I zugestimmt. Sie hat aber das Erforderniß der Schriftform für die Fälle beseitigt, in welchen das Schuldversprechen oder das Schuldanerkenntniß auf Grund einer Abrechnung oder im Wege des Vergleichs ertheilt wird. Die Bestimmungen über die dem Schuldner auf Grund des ursprünglichen Verhältnisses zustehenden Einreden und die Kondiktion des Schuldversprechens sind zum Theil durch die Umgestaltung der Vorschriften über die ungerechtfertigte Bereicherung hinfällig geworden, zum Theil sind sie in den Titel über die ungerechtfertigte Bereicherung eingestellt. Die Aufnahme allgemeiner Vorschriften über Anerkennungsverträge ist in Uebereinstimmung mit dem E. I abgelehnt. In der R.T.K. ist dann die Frage nochmals aufgenommen und ein Antrag gestellt, nach welchem ein Schuldversprechen oder ein Schuldanerkenntniß nur in dem Falle eine Verbindlichkeit begründen sollte, wenn das Versprechen oder das Anerkenntniß auf Grund einer Abrechnung oder im Wege des Vergleichs ertheilt ist. Der Antrag ist aber mit großer Mehrheit abgelehnt und die Bestimmungen des Entwurfs sind gebilligt.

§. 780.

Zur Gültigkeit eines Vertrags, durch den eine Leistung in der Weise versprochen wird, daß das Versprechen die Verpflichtung selbständig begründen soll (Schuldversprechen), ist, soweit nicht eine andere Form vorgeschrieben ist, schriftliche Ertheilung des Versprechens erforderlich.

II. Schuldversprechen und Schuldanerkenntniß sind abstrakte Verträge (s. Bd. I S. 147). Beide begründen eine selbständige Verbindlichkeit. Unter einander unterscheiden sie sich dadurch, daß beim Schuldversprechen durch den Vertrag eine Verbindlichkeit neu begründet, beim Schuldanerkenntnisse dagegen eine bestehende Verbindlichkeit anerkannt wird. Der Unterschied ist aber mehr formeller Natur. Deshalb sind Schuldversprechen und Schuldanerkenntniß in einem Titel zusammengefaßt und materiell übereinstimmend geregelt. Beide Verträge werden als zulässig und verbindlich anerkannt, die Gültigkeit des Vertrags ist aber, abgesehen von den Fällen des Vergleichs und der Abrechnung, davon abhängig gemacht, daß das Schuldversprechen oder das Anerkenntniß schriftlich ertheilt wird. Ihre Ergänzung finden diese Bestimmungen in den Vorschriften des vierundzwanzigsten Titels über die ungerechtfertigte Bereicherung. Aus diesem letzteren sind namentlich die Grundsätze darüber zu entnehmen, unter welchen Voraussetzungen der Schuldner auf Grund des ursprünglichen Schuldverhältnisses Einreden geltend machen oder wegen Nichtbestehens des Verpflichtungsgrundes die Rückgängigmachung des Versprechens verlangen kann.

Der negative Schuldanerkennungsvertrag ist in dem § 397 Abs. 2 geregelt. Ueber die Unterbrechung der Verjährung durch einseitige Anerkennung s. § 208, über die Anerkennung der Ehelichkeit eines Kindes s. § 1598, über die Anerkennung der Vaterschaft eines unehelichen Kindes s. §§ 1718, 1720.

§ 780.

E. I § 683; II § 719 rev. § 765; III § 764. P. I S. 1727—1739, 1748—1758, 3555, 3556, 3558, 3559, **3562—3564, 11839; M. II S. 687—692. P. II S. 2574—2589 (Bd. II S. 499—508). D. S. 646. K.B. S. 1984.**

1. a) Das Schuldversprechen ist ein Vertrag, durch den eine Leistung in der Weise versprochen wird, daß das Versprechen die Verpflichtung selbständig begründen soll. Die Verbindlichkeit kommt zu Stande nicht durch die einseitige Abgabe des Versprechens, sondern durch vertragsmäßige Vereinbarung der Parteien. Für den Abschluß des Vertrags gelten, abgesehen davon, daß schriftliche Ertheilung des Versprechens erfordert wird, die allgemeinen Grundsätze. Der Vertrag kann insbesondere wie jedes andere Rechtsgeschäft wegen Irrthums, Zwanges oder Betrugs angefochten werden. Ebenso gelten für die Auslegung des Vertrags die allgemeinen Grundsätze; insbesondere ist die Anwendung des § 157 nicht ausgeschlossen. Gegenstand des Schuldversprechens ist meist eine Geldleistung, indessen kann auch jede andere Leistung durch Schuldversprechen übernommen werden. Der Zweck des Vertrags ist die Begründung einer abstrakten von einem bestimmten Verpflichtungsgrund unabhängigen Verbindlichkeit. Thatsächlich besteht allerdings immer ein Rechtsgrund, welcher den Anlaß zur Ertheilung des Schuldversprechens abgiebt. Aber die Parteien wollen diesen Rechtsgrund nicht als materiellen Bestandtheil in den Vertrag aufnehmen; sie wollen eine Verpflichtung ins Leben rufen, welche von dem besonderen Rechtsgrunde losgelöst ist. Die Trennung der neu zu begründenden Verbindlichkeit von dem Rechtsgrunde kann auch äußerlich eine vollständige sein in der Weise, daß das Schuldversprechen schlechthin gegeben und ein Rechtsgrund nicht erwähnt wird. Häufig wird aber bei der Ertheilung eines abstrakten Schuldversprechens in dem Schuldscheine der wirkliche oder auch ein fiktiver Rechtsgrund ganz allgemein angegeben. Denkbar ist endlich auch, daß das den Rechtsgrund abgebende Verhältniß in dem Vertrage genauer dargelegt und daran ein abstraktes Schuldversprechen geknüpft wird. Der E. I wollte die Entscheidung des letzteren Falles der Wissenschaft überlassen; ein Schuldversprechen in der Bedeutung und mit der Wirkung eines neuen selbständigen Verpflichtungsgrundes sollte nur angenommen werden, wenn der Verpflichtungsgrund überhaupt nicht angegeben oder nur im Allgemeinen bezeichnet ist (s. M. II S. 688). Die zweite Kommission hat der Vorschrift eine so weite Fassung gegeben, daß auch der oben erwähnte von dem E. I ausgeschlossene Fall mit gedeckt wird. Damit ein Schuldversprechen im Sinne des Gesetzes angenommen werden kann, ist hiernach die Feststellung nothwendig und genügend, daß die Parteien vertragsmäßig eine abstrakte Verpflichtung haben begründen wollen. Ob dies zutrifft, ist nach den Umständen des einzelnen Falles zu entscheiden. Wenn ein Schuldschein ohne Angabe eines Verpflichtungsgrundes ausgestellt ist, so wird darin regelmäßig ein hinreichender Beweis dafür zu finden sein, daß eine abstrakte Verbindlichkeit hat begründet werden sollen (P. II S. 2587). Die Wirkung des Schuldversprechens geht dahin, daß für den Gläubiger ein neuer selbständiger Anspruch begründet wird. Zur Substanziirung der Klage aus dem Schuldversprechen genügt die Vorlegung des Schuldscheins und die Darlegung, daß das Versprechen vom Gläubiger angenommen sei. Inhalt und Umfang des Anspruchs bestimmen sich lediglich nach dem abstrakten Versprechen. Für den Anspruch aus dem Schuldversprechen gilt die gewöhnliche Verjährungsfrist, auch wenn für die zu Grunde liegende Forderung eine kürzere Verjährungsfrist bestand; doch können die Parteien vereinbaren, daß die letztere auch hinsichtlich der Forderung aus dem Schuldversprechen Anwendung finden soll (§ 225). Eine solche Vereinbarung wird regelmäßig anzunehmen sein, wenn in dem Schuldschein eine Forderung, für welche eine kürzere Verjährungsfrist besteht, als Rechtsgrund für das Schuldversprechen angegeben wird (M. II S. 688).

b) Die Gültigkeit des Schuldversprechens ist davon abhängig, daß das Versprechen schriftlich ertheilt ist; wegen der Schriftform s. § 126. Die Annahme des Versprechens kann formlos erfolgen. Die Beobachtung der schriftlichen Form ist nicht erforderlich, wenn das Versprechen auf Grund einer Abrechnung oder im Wege des Vergleichs ertheilt wird (§ 782). Ist das Schuldversprechen auf der Seite des Schuldners ein Handelsgeschäft, so findet die Formvorschrift des § 780 keine Anwendung (H.G.B. § 350); dies gilt aber nicht, wenn der Schuldner ein Minderkaufmann ist (H.G.B. § 351).

Besondere Formen sind z. B. vorgeschrieben in den Fällen der §§ 311, 313, 518.

2. Die Trennung des Schuldversprechens von seinem Rechtsgrund ist keine absolute. Die Hingabe des Schuldversprechens stellt sich dar als eine Leistung des Schuldners an den Gläubiger, durch welche der Gläubiger auf Kosten des Schuldners bereichert wird. Die Bereicherung liegt darin, daß der Gläubiger einen selbständigen Anspruch gegen den Schuldner erlangt hat. Nach den Grundsätzen der Lehre von der ungerechtfertigten Bereicherung kann der Schuldner die Herausgabe der Leistung, d. h. die Wiederaufhebung des Schuldversprechens, verlangen, wenn die Leistung ohne Rechtsgrund erfolgt ist, sei es daß ein solcher überhaupt nicht bestanden hat oder später weggefallen ist oder daß der mit der Leistung bezweckte Erfolg nicht eingetreten ist oder daß der vorhandene Rechtsgrund vom Gesetze nicht als solcher anerkannt wird (§§ 812, 817). Ist das Schuldversprechen ohne rechtlichen Grund ertheilt, so steht dem Schuldner ferner eine unverjährbare Einrede zu, auf Grund deren er die Erfüllung aus dem Schuldversprechen verweigern kann (§ 821). Der Schuldner ist also in der Lage, auf das Verhältniß, welches den Rechtsgrund für die Ertheilung des Schuldversprechens bildet, zurückzugreifen und dessen Mängel geltend zu machen. Aber er hat nunmehr seinerseits den Beweis zu führen, daß die Ertheilung des Schuldversprechens ohne Rechtsgrund erfolgt ist. Es genügt also nicht, wenn z. B. der Schuldschein zum Zwecke der Erfüllung einer Verbindlichkeit ausgestellt ist, daß der Schuldner die ursprüngliche Forderung des Gläubigers bestreitet, sondern er muß nunmehr seinerseits den positiven Beweis führen, daß jene Forderung nicht bestanden hat. Hervorzuheben ist weiter noch, daß die Rückgängigmachung des Schuldversprechens ausgeschlossen ist, wenn dasselbe zum Zwecke der Erfüllung einer Verbindlichkeit ertheilt war und der Schuldner wußte, daß er zur Leistung nicht verpflichtet war (§ 814).

Den Parteien ist es unbenommen, das Verhältniß des abstrakten Schuldversprechens zu seinem Rechtsgrunde vertragsmäßig anders zu gestalten, etwa die Gültigkeit des Schuldversprechens ausdrücklich oder stillschweigend von der Bedingung abhängig zu machen, daß das zu Grunde liegende Verhältniß in der Weise besteht, wie beim Abschlusse des Vertrags vorausgesetzt wird (vergl. Erl. zu § 779 unter Nr. 1), oder dem Schuldner für diesen Fall ein Rücktrittsrecht (§ 346) einzuräumen.

3. a) Die Gültigkeit des alten Schuldverhältnisses wird dadurch, daß auf der Grundlage desselben ein neues abstraktes Schuldversprechen ertheilt wird, regelmäßig nicht berührt (vergl. § 364 Abs. 2). Dem Gläubiger steht also formell ein doppelter Anspruch zu, einerseits aus dem alten Schuldverhältniß, andererseits aus dem Schuldversprechen. Indessen ist zwischen beiden ein innerer Zusammenhang vorhanden. Der Anspruch aus dem Schuldversprechen ist zwar äußerlich selbständig, aber materiell doch nur dazu bestimmt, zur Realisirung des ursprünglichen Rechtes zu dienen. Das Schuldversprechen stellt in der Wirklichkeit einen neuen Schuldtitel für das alte Recht dar. Dies ist von Bedeutung für die Erfüllung. Die zweifelhafte prozessualische Frage, ob es als eine unzulässige Aenderung des Klagegrundes anzusehen ist, wenn der Kläger seinen Anspruch statt auf das ursprüngliche Schuldverhältniß auf einen Vertrag gründet, durch den dieses Schuldverhältniß anerkannt wird (vergl. R.G. Bd. 10 S. 395), hat an praktischer Bedeutung erheblich verloren durch die neue Vorschrift des § 264 der C.P.O., nach welcher eine Klagänderung zuzulassen ist, wenn nach dem Ermessen des Gerichts durch die Aenderung die Vertheidigung des Beklagten nicht wesentlich erschwert wird.

§. 781.

Zur Gültigkeit eines Vertrags, durch den das Bestehen eines Schuldverhältnisses anerkannt wird (Schuldanerkenntniß), ist schriftliche Ertheilung der Anerkennungserklärung erforderlich. Ist für die Begründung des Schuldverhältnisses, dessen Bestehen anerkannt wird, eine andere Form vorgeschrieben, so bedarf der Anerkennungsvertrag dieser Form.

Die Parteien können das Verhältniß vertragsmäßig anders regeln, sie können insbesondere bestimmen, daß das neue Schuldverhältniß vollständig an die Stelle des alten treten und dieses erlöschen soll.

b) Für den Inhalt und Umfang der Verpflichtung des Schuldners ist lediglich dasjenige maßgebend, was in dem Schuldversprechen festgesetzt ist. Bei der Auslegung des Schuldversprechens ist aber das frühere Schuldverhältniß zu berücksichtigen.

§ 781.

E. I § 683; II § 720 rev. § 766; III § 765. P. I S 1727—1739, 1748—1758, 3555, 3556, 3558, 3559, 3562—3564, 11839; M. II S. 687—692. P. II S. 541, 2555—2585, 2589—2591, 2593—2595 (Bd. II S. 490—506, 508, 509, 510). D. S. 646. K.B. S. 1984.

1. Der § 781 regelt lediglich das positive Schuldanerkenntniß; über das negative Schuldanerkenntniß ist im § 397 Abs. 2 eine Vorschrift gegeben.

2. a) Das Schuldanerkenntniß ist der Vertrag, durch den das Bestehen eines Schuldverhältnisses anerkannt wird.

Die Gültigkeit des Vertrags ist nicht davon abhängig, daß das Anerkenntniß der Wirklichkeit entspricht. Das Schuldanerkenntniß erzeugt vielmehr wie das Schuldversprechen eine abstrakte Verbindlichkeit. Von dem Schuldversprechen unterscheidet sich das Schuldanerkenntniß dadurch, daß bei ersterem eine neue Verbindlichkeit geschaffen, bei letzterem dagegen eine bestehende anerkannt wird. Aber der Unterschied ist, wie schon oben hervorgehoben wurde, wesentlich nur theoretischer Natur. In der Wirklichkeit lassen sich beide Verträge nicht auseinander halten. Häufig wird ein Schuldanerkenntniß in Form eines Schuldversprechens ertheilt und umgekehrt ein Schuldanerkenntniß ausgesprochen in der Absicht, eine neue Verbindlichkeit zu begründen. Man wird hiernach unbedenklich bei dem Schuldanerkenntnisse dieselben Grundsätze anwenden können, wie bei dem Schuldversprechen. Es wird deshalb auf die Erl. zu § 780 verwiesen.

b) Die Gültigkeit des Schuldanerkenntnisses ist davon abhängig, daß die Anerkennungserklärung schriftlich ertheilt wird. Im Einzelnen gilt auch hinsichtlich der Ausnahmen und der besonderen Formen dasselbe, was in der Erl. zu § 780 unter Nr. 1 b bemerkt ist.

2. Das Schuldanerkenntniß kann ebenso wie das Schuldversprechen wegen Mangel des Rechtsgrundes kondizirt werden (vergl. Erl. zu § 780 unter Nr. 2). Die vertragsmäßige Anerkennung des Bestehens eines Schuldverhältnisses gilt als Leistung im Sinne der Vorschriften über die ungerechtfertigte Bereicherung (§ 812 Abs. 2). Die Frage, unter welchen Voraussetzungen die condictio zulässig ist und wie sich die Beweislast gestaltet, ist bei § 397 unter Nr. 5 erörtert.

3. Ueber den Vertrag, durch welchen das Bestehen eines anderen Rechtsverhältnisses als eines Schuldverhältnisses anerkannt wird, enthält das Gesetz keine Vorschriften. Ein solcher Vertrag ist an sich nicht unzulässig. Ob und welche Wirkungen er enthalten kann, ist, wie bereits in der Erl. zu § 397 unter Nr. 6 bemerkt ist, nach allgemeinen Grundsätzen zu entscheiden.

4. Das einseitige Anerkenntniß einer Schuld erzeugt keine rechtliche Verbindlichkeit. Dasselbe kann aber möglicherweise als Beweismittel für das Bestehen des anerkannten Schuldverhältnisses in Betracht kommen.

Wegen der Unterbrechung der Verjährung durch einseitige Anerkennung s. § 208. Wegen der Anerkennung der Ehelichkeit eines Kindes s. § 1598, wegen der Anerkennung der Vaterschaft eines unehelichen Kindes s. § 1718, vergl. § 1720.

5. Ueber das vertragsmäßige außergerichtliche Geständniß (Beweisvertrag) enthält das Gesetz keine Bestimmungen. Die Frage, welche Bedeutung dem Umstande, daß Jemand sich obligatorisch verpflichtet, eine bestimmte Thatsache als richtig gelten zu lassen, für den Beweis im Prozesse beizulegen ist, muß nach den Grundsätzen des Prozeßrechts entschieden werden. Vom Standpunkte des materiellen Rechtes kann nur in Frage kommen, ob in einem solchen Vertrag ein positiver oder negativer Schuldanerkennungsvertrag zu finden ist. Dies ist nach den Umständen des einzelnen Falles zu entscheiden (s. oben S. 149 Erl. zu § 368 Nr. 5).

§. 782.

Wird ein Schuldversprechen oder ein Schuldanerkenntniß auf Grund einer Abrechnung oder im Wege des Vergleichs ertheilt, so ist die Beobachtung der in den §§. 780, 781 vorgeschriebenen schriftlichen Form nicht erforderlich.

Einundzwanzigster Titel.

Anweisung.

---

§ 782.

E. II § 721 rev. § 767; III § 766; M. II S. 691. P. II S. 2591, 2592 (Bd. II S. 509, 510). D. S. 646.

Der § 782 ist von der zweiten Kommission eingestellt. Er beruht auf der Erwägung, daß die Schriftform im Verkehre nicht gebräuchlich sei, wenn auf Grund einer Abrechnung oder im Wege des Vergleichs (§ 779) ein Schuldversprechen oder eine Anerkennungserklärung ertheilt werde, und daß es deshalb als lästig empfunden werden würde und zu Mißverständnissen führen könnte, wenn auch in diesen Fällen die Gültigkeit des Vertrags von der Einhaltung der Schriftform abhängig gemacht würde. Die Schriftform sei auch entbehrlich, weil in den Fällen des Vergleichs und der Abrechnung kein Zweifel darüber bestehen könne, daß eine bindende Feststellung gewollt sei.

Der § 782 stellt nur die Befreiung von der in den §§ 780, 781 vorgeschriebenen schriftlichen Form fest. Ist für die Begründung des Schuldverhältnisses, dessen Bestehen anerkannt wird oder welches durch Schuldversprechen geschaffen werden soll, eine besondere Form vorgeschrieben (s. z. B. §§ 311, 313, 518), so ist diese auch in den Fällen des § 782 einzuhalten.

Einundzwanzigster Titel.

Wendt, Das allgemeine Anweisungsrecht, 1894.

I. 1. Die Anweisung hat sich im modernen Geschäftsverkehr als selbständiges Rechtsinstitut herausgebildet. Man bedient sich der schriftlichen Anweisung in weitem Umfang, um die Auszahlung von Geld oder die Lieferung anderer vertretbarer Sachen zu vermitteln. Mündliche Anweisungen sind dagegen wenig gebräuchlich und ebenso kommen Anweisungen über nicht vertretbare Leistungen im gewöhnlichen Verkehre sehr selten vor. Das Gesetz hat deshalb den Bedürfnissen des Lebens entsprechend besondere Vorschriften über Anweisungen gegeben, begnügt sich aber damit, solche Anweisungen zu regeln, welche schriftlich ausgestellt sind und die Leistung von Geld, Werthpapieren oder anderen vertretbaren Sachen zum Gegenstande haben.

Die Anweisung wurde früher meistens nach den Grundsätzen des Auftrags behandelt, indem man einen doppelten Auftrag unterstellte, einerseits an den Angewiesenen, an den Anweisungsempfänger zu zahlen, andererseits an den Anweisungsempfänger, die Zahlung bei dem Angewiesenen zu erheben. Ein solches Verhältniß kann in der That bei der Anweisung vorliegen, es braucht aber nicht der Fall zu sein. Grund und Zweck der Anweisung können vielmehr verschieden sein. Die Anweisung kann, was das Verhältniß des Anweisenden zum Anweisungsempfänger angeht, die Erfüllung einer dem Ersteren gegenüber dem Letzteren obliegenden Verbindlichkeit vermitteln oder, wie bei dem sog. Kreditbriefe, zur Begründung einer Verbindlichkeit des Anweisungsempfängers gegen den Anweisenden dienen; in anderen Fällen erfolgt die Anweisung zum Zwecke einer Schenkung an den Anweisungsempfänger oder in der Absicht, daß dieser das auf Grund der Anweisung Erhobene im Interesse des Anweisenden verwenden oder abliefern soll. Was ferner das Verhältniß des Anweisenden zu dem Angewiesenen betrifft, so kann die Anweisung bezwecken, eine Forderung des Ersteren gegen den Letzteren zur Einziehung zu bringen (Anweisung auf Schuld); sie kann aber auch erfolgen, ohne daß eine solche Forderung besteht (Anweisung auf Kredit). Im Hinblick auf diese Sachlage hat das Gesetz in Uebereinstimmung mit dem H.G.B. und der neuerdings in der Wissenschaft und Praxis zur Herrschaft gelangten Auffassung, die Anweisung nicht im Anschluß an den Auftrag, sondern selbständig gestaltet. Die Anweisung ist nach der grundlegenden Bestimmung des § 783 ein Rechtsgeschäft, welches so vorgenommen wird, daß der Anweisende eine Urkunde ausstellt, in welcher er einen Anderen anweist, an einen Dritten Geld oder andere vertretbare Sachen zu leisten und daß er diese Urkunde dem Anweisungsempfänger aushändigt. Die eigenthümliche Wirkung der Anweisung besteht darin, daß durch die Ausstellung und Aushändigung der Urkunde der Anweisungsempfänger ermächtigt wird, die den Gegenstand der Anweisung bildende Leistung bei dem Angewiesenen im eigenen Namen zu erheben, und der Angewiesene ermächtigt wird, diese Leistung für Rechnung des Anweisenden an den Anweisungsempfänger zu bewirken. Die Anweisung stellt sich hiernach als ein abstraktes Rechtsgeschäft dar, insofern ihre Gültigkeit von den zu Grunde liegenden Rechtsverhältnissen unabhängig ist. Charakteristisch ist für die Anweisung weiter, daß sie nicht direkt materielle Ansprüche begründet, sondern lediglich die Auszahlung von Geld oder anderen Sachen vermittelt. Die materiellen Beziehungen der Betheiligten bestimmen sich nach anderen außerhalb der Anweisung liegenden Rechtsverhältnissen. Von diesen letzteren ist die Anweisung als formell selbständiges Rechtsgeschäft losgelöst. Die Anweisung steht somit ihrem Wesen nach der Vollmacht nahe. Indessen dürfte es vom Standpunkte des B.G.B. nicht gerechtfertigt sein, die Anweisung einfach dem Vollmachtsbegriff unterzuordnen und als eine Art der Vollmacht zu behandeln (Lenel, Iherings Jahrb. Bd. 36 S. 113 ff., Oertmann, Komm., Vorbm. z. einundzwanzigsten Titel u. Anm. 1 zu § 783). Durch die Vollmacht wird eine Vertretungsmacht begründet (s. § 166 Abs. 2); der Bevollmächtigte wird ermächtigt, ein Rechtsgeschäft im Namen des Geschäftsherrn abzuschließen, welches unmittelbar für und gegen den Vertretenen wirkt. Der Anweisungsempfänger und der Angewiesene sollen dagegen nicht als Stellvertreter des Anweisenden handeln, sondern der Anweisungsempfänger ist ermächtigt, die Zahlung im eigenen Namen in Empfang zu nehmen, und der Angewiesene soll die Zahlung in eigenem Namen leisten. Jedenfalls wird die Anweisung vom Gesetz als ein selbständiges Rechtsinstitut gegenüber der Vollmacht behandelt und es erscheint unzulässig, bei der Anweisung ohne Weiteres die für die Vollmacht gegebenen Vorschriften zur Ergänzung heranzuziehen. Vom praktischen Standpunkte liegt der wichtigste Unterschied zwischen der Anweisung und der Vollmacht darin, daß die erstere ein abstraktes Rechtsgeschäft ist, während die letztere, wie in der Erl. zu § 167 dargelegt ist (s. Bd. I S. 216), regelmäßig den Charakter eines kausalen Rechtsgeschäfts trägt.

2. Im Einzelnen kommen bei der Anweisung drei verschiedene Rechtsverhältnisse in Betracht, dasjenige zwischen dem Anweisenden und dem Anweisungsempfänger, ferner dasjenige zwischen dem Anweisenden und dem Angewiesenen und endlich dasjenige zwischen dem Anweisungsempfänger und dem Angewiesenen.

Das Verhältniß des Anweisenden zu dem Anweisungsempfänger charakterisirt das Gesetz dahin, daß der Anweisungsempfänger ermächtigt wird, die den Gegenstand der Anweisung bildende Leistung bei dem Angewiesenen in eigenem Namen zu erheben. Ein materielles Schuldverhältniß wird durch die Anweisung zwischen dem Anweisenden und dem Anweisungsempfänger nicht begründet. Der Anweisungsempfänger hat dem Anweisenden gegenüber keinen Anspruch darauf, daß die Anweisung honorirt wird, und er kann auf Grund der Anweisung allein von dem Anweisenden keinen Ersatz verlangen, wenn der Angewiesene die Leistung verweigert. Andererseits erwächst für den Anweisungsempfänger aus der Entgegennahme der Anweisung grundsätzlich auch keine Verpflichtung. Der Anweisende hat keinen Anspruch darauf, daß der Anweisungsempfänger die Anweisung zur Annahme vorlege oder die Einziehung der Forderung betreibe, wenn der Angewiesene die Anweisung angenommen hat. Lediglich aus Gründen der Billigkeit ist dem Anweisungsempfänger durch positive Bestimmung des Gesetzes die Verpflichtung auferlegt, dem Anweisenden Anzeige zu machen, wenn der Angewiesene die Annahme der Anweisung oder der Leistung verweigert oder wenn er die Anweisung nicht geltend machen kann oder will. Die materiellen Beziehungen zwischen dem Anweisenden und Anweisungsempfänger bestimmen sich nach dem der Anweisung zu Grunde liegenden Rechtsverhältnisse, welches wie bereits bemerkt ist, sehr verschiedener Art sein kann. Im einundzwanzigsten Titel sind hierüber keine Vorschriften gegeben. In einer anderen Richtung wird das Verhältniß des Anweisenden zu dem Anweisungsempfänger vom Gesetze näher dahin bestimmt, daß wenn der Anweisende die Anweisung zu dem Zwecke ertheilt, um seinerseits eine Leistung an den Anweisungsempfänger zu bewirken, diese Leistung erst mit der Leistung des Angewiesenen an den Anweisungsempfänger als bewirkt gilt.

Das Verhältniß zwischen dem Anweisenden und dem Angewiesenen ist ebenfalls formeller Natur. Der Angewiesene wird dem Anweisenden gegenüber durch die Anweisung ermächtigt, für Rechnung des Anweisenden an den Anweisungsempfänger zu leisten. Eine Verpflichtung zur Annahme oder zur Leistung wird durch die Anweisung als solche für den Angewiesenen nicht begründet, selbst dann nicht, wie das Gesetz besonders hervorhebt, wenn der Angewiesene Schuldner des Anweisenden ist und die von ihm geschuldete Leistung den Gegenstand der Anweisung bildet. Dagegen ist ausdrücklich bestimmt, daß der Angewiesene im Falle der Anweisung auf Schuld durch die Leistung in deren Höhe von der Schuld befreit wird. Im Uebrigen ist für die materiellen Beziehungen zwischen dem Anweisenden und dem Angewiesenen das zwischen ihnen bestehende besondere Rechtsverhältniß maßgebend. Nach diesem entscheidet sich insbesondere die Frage, ob der Angewiesene, wenn er auf Grund der Anweisung leistet, einen Ersatzanspruch gegen den Anweisenden geltend machen kann.

Zwischen dem Anweisungsempfänger und dem Angewiesenen wird durch die Anweisung kein materielles Schuldverhältniß begründet. Der Anweisungsempfänger hat auf Grund der Anweisung allein keinen Anspruch darauf, daß der Angewiesene an ihn leistet, selbst wenn der Angewiesene seinerseits dem Anweisenden zur Leistung verpflichtet sein sollte. Im Verkehre kommt es aber häufig vor, daß der Angewiesene erklärt, die Anweisung annehmen zu wollen. In Uebereinstimmung mit dem H.G.B. und der modernen Gesetzgebung hat das Gesetz der Annahmeerklärung die Wirkung beigelegt, daß sie den Angewiesenen, unabhängig von dem Rechtsgrund, auf dem sie beruht, dem Anweisungsempfänger gegenüber zur Leistung verpflichtet. Die Haftung des Angewiesenen, welcher die Anweisung angenommen hat, ist mit Rücksicht auf die Verkehrssicherheit besonders streng geregelt; der Angewiesene darf dem Anweisungsempfänger nur solche Einwendungen entgegensetzen, welche die Gültigkeit der Annahme betreffen oder sich aus dem Inhalte der Anweisung oder dem Inhalte der Annahme ergeben oder dem Angewiesenen unmittelbar gegen den Anweisungsempfänger zustehen. Im Hinblick auf die weitgehenden Wirkungen, welche sich an die Annahme knüpfen, ist für die Annahmeerklärung nicht nur die Schriftform vorgeschrieben, sondern diese Form noch dahin verschärft, daß die Annahme durch einen schriftlichen Vermerk auf der Anweisung zu erfolgen hat. Der Anspruch des Anweisungsempfängers gegen den Angewiesenen aus der Annahme ist einer kurzen Verjährung von drei Jahren unterworfen. Gegen die Gefahr, auf Grund der Annahmeerklärung doppelt leisten zu müssen, wird der Angewiesene durch die Vorschrift geschützt, daß er nur gegen Aushändigung der Anweisung zur Leistung verpflichtet ist.

Das Erlöschen der Anweisung wird regelmäßig dadurch herbeigeführt, daß der Anweisungsempfänger die Leistung bei dem Angewiesenen erhebt. Die Anweisung wird ferner dadurch aufgehoben, daß der Anweisende sie dem Angewiesenen gegenüber widerruft. Der Widerruf ist nach ausdrücklicher Bestimmung des Gesetzes selbst dann wirksam, wenn der Anweisende durch den Widerruf einer ihm gegenüber dem Anweisungsempfänger obliegenden Verpflichtung zuwiderhandelt. Der Widerruf ist aber nur statthaft, solange nicht der Angewiesene die Anweisung dem Anweisungsempfänger gegenüber angenommen oder die Leistung bewirkt hat. Durch den Tod oder den Eintritt der Geschäftsunfähigkeit eines der Betheiligten soll dagegen die Anweisung nicht erlöschen. Eine Verjährung der Anweisung ist nicht möglich, da die Anweisung keine materiellen Ansprüche begründet. Die Anweisung erlischt auch nicht dadurch, daß der Zweck, zu dessen Realisirung sie bestimmt ist, wegfällt; denn sie ist, anders wie die Vollmacht (s. § 168 Satz 1), von dem Bestehen des ihrer Ertheilung zu Grunde liegenden Rechtsverhältnisses unabhängig. Erhebliche praktische Unzuträglichkeiten dürften sich hieraus nicht ergeben, da der Angewiesene auf Grund der Anweisung allein nicht verpflichtet ist, an den Anweisungsempfänger zu leisten und der Anweisende die Anweisung jederzeit widerrufen kann.

Besondere Vorschriften sind über die Uebertragung der Anweisung gegeben. Daß der Anweisungsempfänger die Anweisung übertragen kann, wenn der Angewiesene sie übernommen hat, unterliegt keinem Zweifel. Im bisherigen Rechte ist aber bestritten, ob die Anweisung auch übertragen werden kann, wenn sie noch nicht angenommen ist. Das Gesetz bejaht die Uebertragbarkeit auch für diesen Fall; der Anweisende soll aber befugt sein, die Uebertragung auszuschließen. Zur Wirksamkeit der Uebertragung wird eine schriftliche Erklärung des Anweisungsempfängers und die Aushändigung der Anweisung an den Dritten, der die Rechte aus der Anweisung erwerben soll, erfordert.

II. Mündliche Anweisungen sind, obschon sie im Gesetze nicht erwähnt werden, nicht für unzuläsig zu erachten. Im Allgemeinen werden auch bei mündlichen Anweisungen die im einundzwanzigsten Titel gegebenen Vorschriften für anwendbar zu erachten sein. Welche rechtliche Bedeutung sie haben, bestimmt sich nach den Umständen des Falles. Im Zweifel dürfte anzunehmen sein, daß die Parteien dabei dieselben Zwecke verfolgt haben, wie bei einer schriftlichen Anweisung; die Vorschriften des einundzwanzigsten Titels werden daher zur entsprechenden Anwendung zu bringen sein, soweit dies bei dem Mangel der in diesen Vorschriften vorausgesetzten Schrift möglich ist. Ausgeschlossen ist hiernach insbesondere die Anwendung der Vorschriften über die Annahme der Anweisung. Das Gleiche gilt von Anweisungen, welche auf andere Leistungen als die Lieferung vertretbarer Sachen lauten. Die auf eine solche Anweisung gesetzte Annahmeerklärung wird regelmäßig als ein Schuldversprechen im Sinne des § 780 anzusehen sein.

III. Für die kaufmännischen Anweisungen giebt das H.G.B. in den §§ 363—365 einige Sonderbestimmungen. Im Uebrigen gelten auch für die kaufmännischen Anweisungen die Grundsätze des B.G.B.

Als Anweisung ist auch der Check anzusehen (D. z. H.G.B. S. 219). Jedoch gelten für den Checkverkehr nach Handelsgebrauch einige Besonderheiten; nähere Angaben und Literaturnachweise s. b. Cosack, Lehrbuch des Handelsrechts, § 58 und über den Checkvertrag neuestens

§. 783.

Händigt Jemand eine Urkunde, in der er einen Anderen anweist, Geld, Werthpapiere oder andere vertretbare Sachen an einen Dritten zu leisten, dem Dritten aus, so ist dieser ermächtigt, die Leistung bei dem Angewiesenen im eigenen Namen zu erheben; der Angewiesene ist ermächtigt, für Rechnung des Anweisenden an den Anweisungsempfänger zu leisten.

Urtheile des Handelsgerichts Zürich und des schweizerischen Bundesgerichts in der Ztschr. f. Handelsrecht Bd. 48 S. 299. Vergl. auch Brodmann, Zur Lehre vom Girovertrag, in der Ztschr. f. Handelsrecht Bd. 48 S. 121ff.

IV. Der § 783 enthält die grundlegende Bestimmung über den Begriff und die Wirkungen der Anweisung. Die §§ 784—786 handeln von der Annahme der Anweisung durch den Angewiesenen; und zwar normirt der § 784 die Voraussetzungen und die Wirkungen der Annahme, der § 785 bestimmt, daß der Angewiesene nur gegen Aushändigung der Anweisung zur Leistung verpflichtet ist. Der § 786 setzt für den Anspruch des Anweisungsempfängers gegen den Angewiesenen eine Verjährungsfrist von drei Jahren fest. Der § 787 trifft Bestimmungen über den Fall, wenn der Angewiesene Schuldner des Anweisenden ist, der § 788 über den Fall, wenn die Anweisung zum Zwecke der Zahlung ertheilt wird. Der § 789 legt dem Anweisungsempfänger die Verpflichtung auf, dem Anweisenden Anzeige zu machen, wenn die Anweisung keinen Erfolg hat. Die §§ 790, 791 betreffen das Erlöschen der Anweisung; der § 790 regelt den Widerruf der Anweisung, der § 791 bestimmt, daß die Anweisung durch den Tod oder den Eintritt der Geschäftsunfähigkeit eines der Betheiligten nicht erlischt. Der § 792 handelt von der Uebertragung der Anweisung vor der Annahme.

§ 783.

E. I § 605; II § 619 rev. § 768; III § 767. P. I S. 1695—1700, 1723—1725, 3551, 3559, 11826, 11827; M. II S. 555—559. P. II S. 2342—2346, 8478 (Bd. 2 S. 380—382).

1. Gegenstand der Anweisung.

Die Anweisung muß lauten auf Leistung von Geld, Werthpapieren oder anderen vertretbaren Sachen. Wegen der vertretbaren Sachen s. § 91. Der Begriff der Werthpapiere ist, wie sich aus der Zusammenstellung („Werthpapiere oder andere vertretbare Sachen") ergiebt, in dem engeren Sinne zu verstehen, daß nur gemeint sind solche Werthpapiere, die als vertretbare Sachen zu gelten haben. Es fallen darunter also solche Werthpapiere, welche gehandelt und lediglich nach der Zahl bestimmt zu werden pflegen, dagegen z. B. nicht Aktien, die auf Namen lauten, oder andere ähnliche Papiere, die an eine bestimmte Person gebunden sind.

Die Leistung kann so bestimmt werden, daß der Angewiesene sofort bei Vorzeigung der Anweisung leisten soll oder auch so, daß sie erst nach Ablauf einer Frist zu bewirken ist. Die Leistung kann auch an eine Bedingung geknüpft werden. So werden z. B. Anweisungen auf Baugelder häufig in der Weise ertheilt, daß der Angewiesene zahlen soll, wenn die polizeiliche Abnahme des Baues erfolgt ist oder wenn die Bescheinigung über die erfolgte Versicherung des Baues vorgelegt wird. Die Vornahme der Leistung kann endlich auch von einer Gegenleistung abhängig gemacht werden.

2. Abschluß des Anweisungsgeschäfts.

a) Der Anweisende muß eine Urkunde ausgestellt haben, in welcher er den Angewiesenen anweist, die den Gegenstand der Anweisung bildende Leistung an den Anweisungsempfänger zu machen.

Für die Abfassung der Urkunde gilt die Vorschrift des § 126. Daß in der Anweisung das Wort „anweisen" gebraucht wird, ist nicht wesentlich; es genügt, wenn erhellt, daß materiell eine Anweisung gewollt ist. Die Angabe des Rechtsverhältnisses, auf Grund dessen die Anweisung ertheilt wird, ist nicht gebräuchlich; wird sie hinzugefügt, so wird dadurch die Anweisung als solche nicht berührt. Die Anweisung kann nicht auf den Inhaber ausgestellt werden. Dies ergiebt sich daraus, daß nach § 783, damit eine wirksame Anweisung zu Stande kommt, der Anweisende die Anweisung dem Dritten, an welchen geleistet werden soll, aushändigen muß; der Dritte, von welchem das Gesetz spricht, kann danach nicht ein beliebiger Inhaber, sondern er muß eine bestimmte Person sein. Ebenso kann die Anweisung nicht einfach auf die Order des Anweisenden lauten. Dies ergiebt sich aus den in § 792 über die Uebertragung der Anweisung gegebenen Vorschriften. Dagegen ist es zulässig, daß die Anweisung auf die Order des Anweisungsempfängers gestellt wird. Die Orderklausel ist übrigens insofern überflüssig, als der

Anweisungsempfänger schon nach den gesetzlichen Bestimmungen befugt ist, die Anweisung auch bereits vor erfolgter Annahme auf einen Anderen zu übertragen; wegen der Bedeutung der Orderklausel bei kaufmännischen Anweisungen s. H.G.B. §§ 363, 364. Wird die Anweisung, wie dies bei Checks allgemein gebräuchlich ist, so ausgestellt, daß der Angewiesene zahlen soll an den Anweisungsempfänger oder den Ueberbringer, so wird dies dahin zu verstehen sein, daß der Ueberbringer der Anweisung als ermächtigt gelten soll, die Zahlung in Vertretung des Anweisungsempfängers in Empfang zu nehmen.

b) Der Anweisende muß die Anweisung dem Anweisungsempfänger ausgehändigt haben. Zweifelhaft kann sein, ob die Aushändigung als eine einseitige Handlung des Anweisenden anzusehen ist oder als ein Vertrag zwischen dem Anweisenden und dem Anweisungsempfänger. Die Motive sprechen sich nicht darüber aus; doch scheinen sie, nach einer Bemerkung über die mündliche Anweisung zu urtheilen (M. II. S. 558), davon auszugehen, daß ein Vertrag zu unterstellen ist. Bei den Berathungen der zweiten Kommission ist die Frage nicht erörtert. Nach dem Wortlaute des § 783 scheint zur Begründung der Rechtsverhältnisse aus der Anweisung die Thatsache zu genügen, daß der Anweisende die Anweisung ausstellt und sie dem Anweisungsempfänger aushändigt. Für die Annahme eines einseitigen Aktes würde auch die Analogie der Vollmacht sprechen. Andererseits ist es sehr wohl denkbar und steht mit dem Wesen der Anweisung nicht im Widerspruche, daß zur Begründung der Rechtsverhältnisse aus der Anweisung ein Vertrag zwischen dem Anweisenden und dem Anweisungsempfänger erfordert wird. Entscheidendes Gewicht dürfte unter diesen Umständen darauf zu legen sein, daß dem Anweisungsempfänger nach § 789 aus der Anweisung die Verpflichtung erwachsen soll, dem Anweisenden von dem Nichterfolge der Anweisung Anzeige zu machen. Eine solche Verpflichtung des Anweisungsempfängers kann nach allgemeinen Grundsätzen nicht durch eine einseitige Handlung des Anweisenden entstehen; sie läßt sich, wenn man nicht die Bestimmung des § 789 als eine ganz anormale betrachten will, nur so begründen, daß der Anweisungsempfänger durch die Entgegennahme der Anweisung seinerseits Verpflichtungen übernimmt. Hiernach ist anzunehmen, daß zur Begründung der Rechtsverhältnisse aus der Anweisung ein Vertrag zwischen dem Anweisenden und dem Anweisungsempfänger erfordert wird, ebenso Cosack § 151 III, a. A. Enneccerus-Lehmann § 334 I 1. Die Frage dürfte übrigens vorwiegend nur theoretische Bedeutung haben.

c) Eine besondere Benachrichtigung des Angewiesenen Seitens des Anweisenden ist nicht erforderlich. Der E. I hob dies besonders hervor; die zweite Kommission hat den Satz als selbstverständlich gestrichen.

3. Wirkungen der Anweisung.

a) Der Anweisungsempfänger ist ermächtigt, die den Gegenstand der Anweisung bildende Leistung im eigenen Namen zu erheben. Er tritt dabei nicht als Stellvertreter des Anweisenden auf, sondern handelt für sich selbst. In welcher Weise er das empfangene Geld zu verwenden hat, bestimmt sich nach dem zwischen ihm und dem Anweisenden bestehenden besonderen Verhältnisse. Nach diesem entscheidet sich auch, ob der Anweisungsempfänger gegen den Anweisenden Ersatzansprüche geltend machen kann, wenn der Anweisung von dem Angewiesenen nicht entsprochen wird ebenso Staub, Komm. z. H.G.B. § 363 Anm. 12.

b) Der Angewiesene ist ermächtigt, an den Anweisungsempfänger zu leisten. Der Angewiesene tritt dabei ebenso wie der Anweisungsempfänger nicht als Stellvertreter des Anweisenden auf, sondern handelt für sich selbst. Die Gültigkeit des zwischen ihm und dem Anweisungsempfänger abgeschlossenen Leistungsgeschäfts bestimmt sich also lediglich nach den Personen dieser beiden Betheiligten. Ob der Angewiesene zur Annahme der Anweisung oder zur Leistung an den Anweisungsempfänger verpflichtet ist, bestimmt sich nach dem zwischen ihm und dem Anweisenden bestehenden besonderen Rechtsverhältniß. Aus der bloßen Thatsache, daß der Angewiesene Schuldner des Anweisenden ist, folgt eine solche Verpflichtung noch nicht (§ 787 Abs. 2).

Der Angewiesene soll im eigenen Namen aber für Rechnung des Anweisenden leisten. Leistet der Angewiesene auf Grund der Anweisung, so ist also das Verhältniß formell so anzusehen, als wenn der Angewiesene eine Leistung an den Anweisenden gemacht hätte. Ob und welche materiellen Ansprüche der Angewiesene auf Grund der Leistung an den Anweisenden geltend machen kann, bestimmt sich wiederum nach dem zwischen ihnen bestehenden besonderen Rechtsverhältniß. Ueber das Nähere vergl. Erl. zu § 787 unter Nr. 3.

c) Der Anweisungsempfänger wird dem Anweisenden gegenüber durch die Anweisung lediglich ermächtigt, die den Gegenstand der Anweisung bildende Leistung zu erheben. Er erlangt aber durch die Anweisung allein keinen direkten Anspruch gegen den Angewiesenen. Auch durch die Leistung selbst wird kein materielles Schuldverhältniß zwischen dem Anweisungsempfänger und dem Angewiesenen begründet. Erweist sich die Leistung des Angewiesenen als mangelhaft,

§. 784.

Nimmt der Angewiesene die Anweisung an, so ist er dem Anweisungsempfänger gegenüber zur Leistung verpflichtet; er kann ihm nur solche Einwendungen entgegensetzen, welche die Gültigkeit der Annahme betreffen oder sich aus dem Inhalte der Anweisung oder dem Inhalte der Annahme ergeben oder dem Angewiesenen unmittelbar gegen den Anweisungsempfänger zustehen.

Die Annahme erfolgt durch einen schriftlichen Vermerk auf der Anweisung. Ist der Vermerk auf die Anweisung vor der Aushändigung an den Anweisungsempfänger gesetzt worden, so wird die Annahme diesem gegenüber erst mit der Aushändigung wirksam.

---

stellt sich z. B. heraus, daß die Werthpapiere, welche der Angewiesene auf Grund der Anweisung geleistet hat, nicht lieferbar sind, so wird sich zwar der Anweisungsempfänger zunächst an den Angewiesenen wenden. Aber ein Anspruch auf Umtausch der Werthpapiere oder auf Schadensersatz steht ihm gegen den Angewiesenen lediglich auf Grund der Thatsache, daß der Angewiesene die Leistung in Folge der Anweisung gemacht hat, nicht zu. Durch die Annahme der Anweisung Seitens des Angewiesenen wird dagegen ein direkter Anspruch des Anweisungsempfängers gegen den Angewiesenen begründet (vergl. Erl. zu § 784).

4. Hat der Angewiesene auf Grund einer gefälschten Anweisung geleistet, so kann er die Leistung selbstverständlich dem Anweisenden nicht in Rechnung stellen. Er kann aber das Geleistete nach den Vorschriften über unerlaubte Handlungen (§§ 823 ff.) von dem Anweisungsempfänger zurückfordern, wenn dieser die Fälschung bei der Empfangnahme der Leistung kannte. Zweifelhaft kann sein, ob ihm, wenn der Anweisungsempfänger die Fälschung nicht kannte, ein Anspruch gegen diesen nach den Vorschriften über die Herausgabe einer ungerechtfertigten Bereicherung zusteht. Die Entscheidung dieser Frage hängt davon ab, ob die Anweisung den rechtlichen Grund oder nur das Motiv der Leistung bildet. Für das letztere läßt sich geltend machen, daß das Verhältniß zwischen dem Anweisenden und dem Angewiesenen für den Anweisungsempfänger ein zwischen Dritten bestehendes Verhältniß ist, und ihn daher nichts angeht. Die erstgedachte Auffassung dürfte indessen richtiger sein, denn die Anweisung bildet auch in dem Verhältnisse zwischen dem Angewiesenen und dem Anweisungsempfänger die causa, auf Grund deren die Leistung erfolgt. Der Angewiesene wird zwar regelmäßig von demjenigen, welcher die Anweisung gefälscht hat, nach den Vorschriften über unerlaubte Handlungen Ersatz verlangen können, aber möglich ist, daß er solchen Ersatz nicht erlangen kann, und dann würde auf seine Kosten der Anweisungsempfänger bereichert werden. Ebenso wie im Falle der Fälschung ist das Verhältniß zu beurtheilen, wenn die Anweisung, z. B. wegen Geschäftsunfähigkeit des Anweisenden, nichtig war. Hier tritt noch schärfer wie im Falle der Fälschung hervor, wie unbefriedigend das Ergebniß der oben gedachten zweiten Auffassung ist. Der Angewiesene hat weder gegen den Anweisenden noch gegen einen Dritten einen Anspruch auf Ersatz des Geleisteten. Der Angewiesene und der Anweisungsempfänger waren aber darüber einig, daß die Leistung lediglich auf Grund der Anweisung erfolge. Dem Rechtsgefühle wie dem Gedanken des § 812 würde es widersprechen, wenn man in einem solchen Falle die Anweisung nicht als den rechtlichen Grund der Leistung betrachtete und dem Angewiesenen den Anspruch auf Herausgabe der ungerechtfertigten Bereicherung gegen den Anweisungsempfänger versagen wollte.

§ 784.

E. I § 607; II § 620 Abs. 1, 2 rev. § 769; III § 768. P. I S. 1700—1704; M. II S. 559—561. P. II S. 2348—2350 (Bd. 2 S. 384, 385).

1. Erfordernisse der Annahme.

a) Die Annahme setzt eine Anweisung voraus. Es muß also jedenfalls eine Urkunde vorliegen, welche sich äußerlich als Anweisung darstellt. Zweifelhaft kann sein, ob die Gültigkeit der Annahme davon abhängt, daß die Anweisung selbst gültig ist. Bejaht man die Frage, so muß man annehmen, daß die Annahme ungültig ist, wenn die Anweisung gefälscht war oder wenn der Anweisende zur Zeit der Ausstellung der Anweisung geschäftsunfähig war, oder wenn die Anweisung von dem Anweisenden dem Anweisungsempfänger nicht ausgehändigt, sondern ihm gestohlen war 2c. Staub hat sich in der Erl. zum H.G.B. § 364 Anm. 5 für die Zuläsfigkeit derartiger Einwendungen ausgesprochen. Für diese Auffassung spricht, daß der Angewiesene die Annahmeerklärung regelmäßig nur in der Voraussetzung abgeben wird, daß er seinerseits die Leistung auf Grund der Anweisung dem Anweisenden werde in Rechnung stellen können.

Juristisch würde das Verhältniß so zu konstruiren sein, daß die Gültigkeit der Anweisung als stillschweigende Bedingung der Annahmeerklärung angesehen wird. Indessen wird man sich für die entgegengesetzte Ansicht zu entscheiden haben. Das Verhältniß ist das Gleiche wie bei der Acceptirung eines gefälschten Wechsels. Durch die Annahme wird nach der dem § 784 zu Grunde liegenden Auffassung eine neue, völlig selbständige Verbindlichkeit begründet. Die Anweisung ist der Anlaß, die Anweisungsurkunde die äußerliche Grundlage für die Annahmeerklärung; aber diese ist nicht durch die Gültigkeit der Anweisung bedingt. Es würde auch dem Zwecke des Instituts, welches den Bedürfnissen des Verkehrs zu dienen bestimmt ist, widerstreiten, wenn die Gültigkeit der Annahmeerklärung wegen Mängel der Anweisung, die nicht aus der Urkunde selbst ersichtlich sind, in Frage gestellt werden könnte.

b) Die Annahme erfolgt durch einen schriftlichen Vermerk auf der Anweisung. Regelmäßig pflegt dabei der Ausdruck „angenommen" gebraucht zu werden. Doch ist dies nicht wesentlich. Es muß nur erhellen, daß die Annahme gewollt ist. Keineswegs ist aber, wie nach W.O. Art. 21 Abs. 1, jede auf die Anweisung geschriebene und vom Angewiesenen unterschriebene Erklärung als Annahme zu betrachten, sofern in derselben die Annahme nicht ausgeschlossen ist. Es muß vielmehr positiv nachgewiesen werden, daß eine Annahme wirklich gewollt ist. Der Vermerk „Gesehen" ist z. B. nicht als Annahme zu betrachten (Staub, Kommentar z. H.G.B. § 363 Anm. 8). Ob darin, daß der Angewiesene nur seinen Namen auf die Anweisung setzt, eine Annahme der Anweisung zu finden ist, muß nach den Umständen des einzelnen Falles entschieden werden (Staub a. a. O. nimmt an, daß die bloße Unterschrift genügt). Daß der Annahme das Datum beigefügt wird, ist nicht erforderlich. Wer sich darauf beruft, daß durch die Annahme in einem bestimmten Zeitpunkte Rechte für ihn entstanden sind, hat zu beweisen, daß die Annahme in diesem Zeitpunkte vorgenommen ist. Wesentlich ist aber nach § 126, daß die Annahmeerklärung von dem Angewiesenen unterschrieben ist. Die Angabe des Grundes, aus welchem die Annahme erfolgt, ist nicht gebräuchlich; wird sie hinzugefügt, so berührt das den rechtlichen Charakter der Annahme nicht. Die Annahmeerklärung kann auch mit Einschränkungen, insbesondere unter einer Bedingung, abgegeben werden (vgl. Dernburg II §§ 119 Anm. 10).

c) Es kann zweifelhaft sein, ob die Annahme als ein einseitiges Rechtsgeschäft des Angewiesenen (so Oertmann, Komm. Anm. 3 zu § 784) oder als ein Vertrag zwischen dem Angewiesenen und dem Anweisungsempfänger anzusehen ist. Für erstere Auffassung spricht der Wortlaut des § 784, für letztere das allgemeine Prinzip des § 305 sowie die Analogie des abstrakten Schuldversprechens, welches vom Gesetz (§ 780) ausdrücklich als Vertrag gekennzeichnet wird. In den Motiven wird die Frage nicht besonders erörtert. Für das (alte) H.G.B. wird die Auffassung vertreten (Staub, Kommentar z. alten H.G.B. Art. 300 § 3 unter Bezugnahme auf Entsch. des R.O.H.G. Bd. 3 S. 18), daß ein Vertragsakt zwischen dem Angewiesenen und dem Anweisungsempfänger erforderlich sei. Im Wechselrecht ist die Frage, ob das Wechselaccept den Charakter eines Vertrags oder eines einseitigen Rechtsgeschäfts hat, streitig; eine Zusammenstellung der Meinungen und ausführliche Literaturangaben s. bei Grünhut, Wechselrecht Bd. I S. 266ff. Als herrschend wird für das Wechselrecht jetzt die Theorie anzusehen sein, nach welcher das Accept als ein einseitiges Rechtsgeschäft zu behandeln ist, ihr hat sich namentlich auch das Reichsgericht (Bd. 24 S. 90) angeschlossen. In Betreff der Anweisung dürften indessen überwiegende Gründe für die Annahme des Vertrags sprechen. Die Fassung des § 784 schließt die Anwendung des im § 305 ausgesprochenen Grundsatzes, nach welchem zur Begründung eines Schuldverhältnisses ein Vertrag erforderlich ist, nicht aus. Hiervon scheint auch die zweite Kommission ausgegangen zu sein. Die Frage ist von ihr zwar nicht speziell erörtert, aber bei der Berathung über die Uebertragbarkeit der Anweisung und über das zwischen dem Angewiesenen und dem dritten Erwerber der Anweisung entstehende Rechtsverhältniß wurde die Vertragsnatur als selbstverständlich vorausgesetzt. So heißt es in P. II S. 2363 (Bd. 2 S. 391) „durch die Annahme werde zwischen dem Angewiesenen und demjenigen, zu dessen Gunsten die Annahme erfolgt sei, ein abstrakter Vertrag geschlossen." Das Verhältniß ist hiernach in folgender Art zu denken: Wird die Annahme durch Vermerk auf der Anweisung schon vor der Aushändigung der letzteren an den Anweisungsempfänger erklärt, so liegt darin ein Vertragsantrag, der durch die Aushändigung der Anweisung an den Anweisungsempfänger von diesem angenommen wird (§ 784 Abs. 2 Satz 2). Ist die Annahme vor der Aushändigung der Anweisung an den Anweisungsempfänger noch nicht erklärt, so liegt der Vertragsantrag in der Vorlegung der Anweisung von Seiten des Anweisungsempfängers an den Angewiesenen und die Annahme des Antrags erfolgt durch den von dem Angewiesenen auf die Anweisung gesetzten Vermerk. Der schriftliche Vermerk auf der Anweisung ist die sowohl in dem einen wie in dem anderen Falle für die Vertragserklärung des Angewiesenen vorgeschriebene Form. Durch diese Formvorschrift wird das Erforderniß, daß die Erklärung gegenüber dem anderen Theile zu erfolgen hat, nicht berührt. Die Bedeutung desselben tritt besonders scharf in der Verschiedenheit der Wirkungen hervor, welche die Anweisung hat, je nachdem sie dem Anweisungsempfänger oder einem Dritten

§. 785.

Der Angewiesene ist nur gegen Aushändigung der Anweisung zur Leistung verpflichtet.

---

gegenüber erklärt ist, an welchen der Anweisungsempfänger die Anweisung übertragen hat (§ 792). Nicht unbedingt erforderlich ist übrigens, daß die Anweisung dem Anweisungsempfänger bezw. dem dritten Erwerber zurückgegeben wird, nachdem der Vermerk der Annahme auf die Anweisung gesetzt ist (P. II S. 2350, Bd. 2 S. 384). Aus der im Verkehr üblichen Auffassung wird zu entnehmen sein, mit welchem Zeitpunkte die Erklärung der Annahme als dem Anweisungsempfänger bezw. dem dritten Erwerber gegenüber als erklärt anzusehen ist. Bei persönlicher Ueberreichung der Anweisung wird regelmäßig die Vollziehung des schriftlichen Vermerks für genügend erachtet werden, bei brieflicher Uebersendung wird noch eine Erklärung gegenüber dem anderen Theile oder die Rückgabe der mit dem Vermerke versehenen Anweisung erforderlich sein. Ist die Annahme wirksam erfolgt, so ist ein Widerruf oder ein späteres Durchstreichen des Annahmevermerks oder die Vernichtung der Anweisung auf das durch die Annahme zwischen dem Anweisungsempfänger und dem Angewiesenen entstandene Schuldverhältniß ohne Einfluß.

2. Wirkungen der Annahme. Durch die Annahme entsteht ein selbständiges abstraktes Schuldverhältniß zwischen dem Angewiesenen und dem Anweisungsempfänger. Der Erstere ist dem Letzteren unabhängig von dem zwischen dem Angewiesenen und dem Anweisenden bestehenden materiellen Rechtsverhältnisse zur Leistung verpflichtet. Der selbständige Charakter der Verpflichtung des Angewiesenen zeigt sich in der Beschränkung der ihm zustehenden Einwendungen. Der Angewiesene soll dem Anweisungsempfänger nur solche Einwendungen entgegensetzen können, welche die Gültigkeit der Annahme betreffen oder sich aus dem Inhalte der Anweisung oder dem Inhalte der Annahme ergeben oder dem Angewiesenen unmittelbar gegen den Anweisungsempfänger zustehen. Dagegen kann der Angewiesene aus dem materiellen zwischen ihm und dem Anweisenden bestehenden Rechtsverhältnisse keine Einwendungen herleiten.

Für die Erfüllung der dem Angewiesenen obliegenden Verpflichtung gelten die allgemeinen Grundsätze. Der Angewiesene ist danach insbesondere befugt, mit einer ihm gegen den Anweisungsempfänger aus einem anderen Rechtsverhältnisse zustehenden Forderung aufzurechnen.

3. Die Annahme kann wie jede andere Leistung nach den Vorschriften über die ungerechtfertigte Bereicherung zurückverlangt werden, wenn sie ohne rechtlichen Grund geschehen ist. In Betreff der Frage, ob die Anweisung den rechtlichen Grund der Annahme bildet, ob dieselbe also kondizirt werden kann, wenn die Anweisung gefälscht oder nichtig ist, gilt dasselbe, was oben in der Erl. 4 zu § 783 über die Kondiktion der auf Grund einer solchen Anweisung erfolgten Leistung gesagt ist. Soweit die Kondiktion zulässig ist, kann darauf auch eine Einwendung gegen den Anspruch aus der Annahme gegründet werden. Dem steht die Bestimmung des Abs. 1 Satz 2 nicht entgegen; denn die dem Angewiesenen gegen den Anweisungsempfänger zustehende Kondiktion ist ein unmittelbar zwischen ihnen bestehendes Rechtsverhältniß (Vgl. Dernburg, Preuß. Pr.R. Bd. II § 54 Anm. 9, Staub, Kommentar z. H.G.B. Art. 301 § 8a).

§ 785.

E. II § 621 rev. § 770; III § 769. P. II S. 2350, 2351 (Bd. II S. 384, 385).

1. Der § 785 ist von der zweiten Kommission im Interesse des Angewiesenen eingestellt. Für den Angewiesenen ist es von praktischer Wichtigkeit, in den Besitz der Anweisungsurkunde zu gelangen, nicht nur dann, wenn er seinerseits die Anweisung angenommen hat, sondern auch, wenn er ohne Weiteres auf Grund der Anweisung leistet, denn die Anweisung dient ihm dem Anweisenden gegenüber als Beweismittel dafür, daß er ermächtigt gewesen ist, an den Anweisungsempfänger zu leisten. Sie kann für ihn auch von Interesse sein, wenn die Rechte aus der Anweisung an einen Dritten übertragen sind und dies auf der Anweisung selbst vermerkt ist. Sie erleichtert ihm in diesem Falle den Beweis, daß er seinerseits die Legitimation des Gläubigers geprüft hat. Deshalb ist bestimmt, daß der Angewiesene nur gegen Aushändigung der Anweisung zur Leistung verpflichtet sein soll. Cosack (Lehrbuch § 151 IV 2) will die Vorschrift erweiternd dahin auslegen, daß der Anweisungsempfänger auch nur gegen Aushändigung der Anweisung zu zahlen „ermächtigt" ist. Diese Auffassung findet aber weder in dem Wortlaute der Bestimmung noch im Zwecke derselben einen Anhaltspunkt.

2. Die Leistung und die Aushändigung haben Zug um Zug zu erfolgen.

Bei den Berathungen der zweiten Kommission ist die Frage aufgeworfen, ob nicht die Vorschrift eine Einschränkung in den Fällen erfahren müsse, in denen dem Anweisungsempfänger ein

§. 786.

Der Anspruch des Anweisungsempfängers gegen den Angewiesenen aus der Annahme verjährt in drei Jahren.

§. 787.

Im Falle einer Anweisung auf Schuld wird der Angewiesene durch die Leistung in deren Höhe von der Schuld befreit.

Zur Annahme der Anweisung oder zur Leistung an den Anweisungsempfänger ist der Angewiesene dem Anweisenden gegenüber nicht schon deshalb verpflichtet, weil er Schuldner des Anweisenden ist.

Zirkularkreditbrief mit der Maßgabe ausgehändigt sei, daß die von jeder angewiesenen Firma ausgezahlten Beträge darauf abgeschrieben werden sollen. Die einzelnen Angewiesenen könnten unter diesen Umständen nicht für berechtigt angesehen werden, die Aushändigung des Kreditbriefs eher zu verlangen, als bis der Kredit erschöpft sei. Die Kommission hat jedoch geglaubt, daß nach der Fassung die Unanwendbarkeit der Vorschrift in einem derartigen Falle sich nicht werde bezweifeln lassen, da die Aushändigung der Anweisung nur nach vollständiger Bewirkung der Leistung an den Anweisungsempfänger gefordert werden dürfe, jeder der in dem Kreditbrief Angewiesenen aber nur eine Theilleistung bewirke (P. II S. 2351, Bd. 2 S. 385). Man wird sich dem anzuschließen haben.

3. Das Recht des Angewiesenen, nach Maßgabe des § 369 eine Quittung über seine Leistung zu verlangen, wird durch den § 785 nicht berührt.

§ 786.

E. II § 620 Abs. 3 rev. § 771; III § 770. P. II S. 2351—2354, 8478, 8479 (Bd. 2 S. 385—387).

1. Der § 786 ist ebenfalls von der zweiten Kommission eingestellt. Er entspricht dem Art. 77 der W.O. Die Vorschrift beruht auf der Erwägung, daß die Anweisung im Allgemeinen nur eine kurze Umlaufsdauer habe und daß es den Bedürfnissen des Verkehrs entspreche, eine verkürzte Verjährungsfrist festzusetzen.

Nur die Verjährungsfrist wird durch den § 786 abweichend von den allgemeinen Vorschriften bestimmt. Im Uebrigen verbleibt es bei den für die Verjährung geltenden Grundsätzen. Die Verjährung beginnt also mit der Entstehung des Anspruchs (§ 198). Der Anspruch des Anweisungsempfängers gegen den Angewiesenen entsteht, wenn die Annahme schon vor der Aushändigung der Anweisung an den Anweisungsempfänger auf der Anweisung erklärt ist, mit der Aushändigung der Anweisung an den Anweisungsempfänger, wenn aber die Annahme erst später erfolgt, mit der Erklärung derselben gegenüber dem Anweisungsempfänger. Soll nach der Anweisung die Leistung erst zu einer bestimmten späteren Zeit erfolgen, so beginnt die Verjährung, sofern nicht bei der Annahme sofortige Leistung versprochen ist, erst mit dem bestimmten späteren Zeitpunkte. Dies ergiebt sich, sofern man annimmt, daß der Anspruch erst mit dem für die Leistung bestimmten Termin entsteht, aus § 198, sofern man aber in der Bestimmung des Termins nur eine Stundung erblickt, aus § 202. Die anscheinend hiervon abweichende in P. II S. 8478, 8479 (Bd. 6 S. 192) vertretene Ansicht dürfte sich nicht rechtfertigen lassen. Abgelehnt sind Anträge, welche nach Analogie des Art. 83 der W.O. bestimmen wollten, daß der Angewiesene und der Anweisende dem Anweisungsempfänger auch nach Ablauf der Verjährung verhaftet sein sollten, soweit sie sich auf seine Kosten bereichern würden. Die Kommission hat geglaubt, daß man das Gesetz durch derartige kasuistische Bestimmungen nicht belasten dürfe, zumal es sich um selten vorkommende Fälle handele.

2. Der Verjährung ist nur der Anspruch aus der Annahme der Anweisung unterworfen. Im Uebrigen kann von einer Verjährung der Anweisung nicht die Rede sein, weil die Anweisung als solche keinen Anspruch begründet.

§ 787

E. I § 608 Satz 2; II § 623 Abs. 1 Satz 2, Abs. 2 rev. § 772; III § 771. P. I S. 1705—1707; M. II S. 562. P. II S. 2346—2348, 2354 (Bd. 2 S. 382, 383).

1. Der Abs. 1 enthält eine Vorschrift, welche das materielle Verhältniß zwischen dem Angewiesenen und Anweisenden berührt. In Uebereinstimmung mit dem bisherigen Rechte bestimmt

das Gesetz, daß im Falle einer Anweisung auf Schuld der Angewiesene durch die Leistung in deren Höhe von der Schuld befreit wird. Es wird also unterstellt, daß bei einer solchen Anweisung nicht nur der Angewiesene ermächtigt wird, für Rechnung des Anweisenden zu zahlen, sondern daß darin zugleich die Erklärung des Anweisenden enthalten ist, der Anweisende wolle die Leistung an den Anweisungsempfänger sich selbst gegenüber als Leistung bezw. als Leistung an Erfüllungsstatt gelten lassen.

Voraussetzung für die Anwendung der Vorschrift ist, daß der Anweisende dem Angewiesenen ausdrücklich erklärt hat, daß die Anweisung auf Schuld erfolge; es genügt nicht, daß eine Schuld des Angewiesenen an den Anweisenden bestanden hat. Nicht erforderlich dürfte aber sein, daß die Erklärung, die Anweisung erfolge auf Schuld, in die Anweisung selbst aufgenommen ist.

Der Angewiesene wird erst durch die wirkliche Leistung, nicht etwa schon durch die Annahme der Anweisung von seiner Schuld befreit.

2. Der Abs. 2 ist von der zweiten Kommission eingestellt. Der Satz würde sich vielleicht schon aus dem Wesen der Anweisung herleiten lassen; man hat es aber für zweckmäßig erachtet, im Gesetze zum Ausdrucke zu bringen, daß der Angewiesene nicht ohne Weiteres zur Annahme der Anweisung oder zur Leistung an den Anweisungsempfänger verpflichtet ist, weil er dem Anweisenden in irgend einer Weise sonst verschuldet ist. Die praktische Bedeutung des Rechtssatzes liegt hauptsächlich darin, daß der Angewiesene dem Anweisenden gegenüber nicht in Verzug geräth, wenn er die Annahme der Anweisung oder die Leistung verweigert.

3. Der § 608 des E. I, dessen zweiter Satz dem § 787 Abs. 1 entsprach, enthielt in seinem ersten Satze noch folgende Vorschrift:

> „Hat der Angewiesene die Leistung an den Anweisungsempfänger nach Maßgabe der Anweisung bewirkt, so ist er wie ein Beauftragter des Anweisenden von diesem Ersatz des Geleisteten zu fordern berechtigt, sofern nicht aus den zwischen ihm und dem Anweisenden getroffenen Vereinbarungen ein Anderes sich ergiebt."

Die zweite Kommission hat diese Vorschrift gestrichen, weil das materielle Verhältniß, welches zwischen dem Anweisenden und dem Angewiesenen bestehe, von verschiedener Art sein könne und es sich nicht rechtfertigen lasse, eine Vermuthung dahin zu bestimmen, daß das Verhältniß ein Auftrag sei. Insbesondere lasse sich dies nicht aus der Form, in welcher die Anweisung ertheilt zu werden pflege, ableiten. „Der praktische Unterschied zwischen diesem Standpunkt und dem Standpunkte des Entwurfes — so heißt es in den P. II S. 8480 (Bd. 2 S. 192) — sei der, daß nach dem Entwurfe der Angewiesene zur Begründung der Revalirungsklage gegenüber dem Anweisenden nur behaupten und beweisen müsse, daß er die angewiesene Summe dem Anweisungsempfänger gezahlt habe, während nach dem von dem Antragsteller vertretenen Standpunkte dies nicht genüge, der Angewiesene vielmehr zur Begründung der Klage noch ferner darzulegen habe, daß eine Verpflichtung zur Schadloshaltung in dem der Anweisung zu Grunde liegenden Rechtsverhältnisse begründet sei." Die Worte im § 783 „für Rechnung des Anweisenden" sollen hiernach nur die Bedeutung haben, daß die Leistung an den Anweisungsempfänger dem Anweisenden gegenüber ebenso behandelt werden soll, wie wenn die Leistung an ihn selbst erfolgt wäre. Aus der Thatsache, daß Jemand eine Leistung an einen Anderen gemacht hat, entspringt für sich allein kein Anspruch gegen den Empfänger der Leistung. Die Leistung kann aus den verschiedensten Gründen erfolgen als Darlehen, Schenkung, zur Bezahlung einer Schuld rc. Lediglich nach der causa der Leistung bestimmt sich, ob der Leistende einen Ersatzanspruch hat. Bestand die causa nicht, auf Grund deren geleistet wurde, existirte z. B. die Schuld, behufs deren Erfüllung geleistet wurde, nicht oder fehlte es an jeder causa, so findet nach §§ 812ff. ein Anspruch auf Herausgabe wegen ungerechtfertigter Bereicherung statt. Der Angewiesene hat daher zur Begründung eines Anspruchs nachzuweisen, daß er auf Grund einer einen Anspruch auf Ersatz begründenden causa geleistet habe oder daß die Voraussetzungen einer condictio vorliegen. Ob dieses Ergebniß der Auffassung des Verkehrs entspricht, ist nicht unzweifelhaft. Es würde daraus insbesondere folgen, daß, wenn nichts weiter bewiesen werden kann, als daß die Anweisung ertheilt und daß der Anweisende auf Grund derselben die Leistung bewirkt hat, ein Anspruch auf Ersatz des Geleisteten nicht besteht. Der Angewiesene müßte mindestens noch die Negative beweisen, daß er ohne Rechtsgrund geleistet habe und würde auch dann einen Anspruch auf Ersatz des Geleisteten nur nach den Vorschriften über die Herausgabe einer ungerechtfertigten Bereicherung haben. Es fragt sich, ob in einem Falle dieser Art nicht unter Berücksichtigung von Treu und Glauben in der Anweisung neben ihrer abstrakten Bedeutung zugleich ein materielles Rechtsgeschäft dahin als stillschweigend erklärt anzusehen ist, daß der Anweisende dem Angewiesenen das auf Grund der Anweisung Geleistete ersetzen wolle. Für diese Auffassung läßt sich insbesondere geltend machen, daß die Leistung an den Anweisungsempfänger von einer direkt an den Anweisenden erfolgten Leistung sich doch immer dadurch unterscheidet, daß bei ihr feststeht, daß die Leistung auf Veranlassung des Anweisenden erfolgt ist. Nach der Auffassung des Verkehrs

§. 788.

Ertheilt der Anweisende die Anweisung zu dem Zwecke, um seinerseits eine Leistung an den Anweisungsempfänger zu bewirken, so wird die Leistung, auch wenn der Angewiesene die Anweisung annimmt, erst mit der Leistung des Angewiesenen an den Anweisungsempfänger bewirkt.

§. 789.

Verweigert der Angewiesene vor dem Eintritte der Leistungszeit die Annahme der Anweisung oder verweigert er die Leistung, so hat der Anweisungsempfänger dem Anweisenden unverzüglich Anzeige zu machen. Das Gleiche gilt, wenn der Anweisungsempfänger die Anweisung nicht geltend machen kann oder will.

---

dürfte dies als genügend betrachtet werden, um in Ermangelung des Nachweises jedes sonstigen zwischen dem Anweisenden und dem Angewiesenen bestehenden Verhältnisses die Annahme einer stillschweigenden Willenserklärung der oben gedachten Art zu rechtfertigen. Anscheinend derselben Ansicht Endemann Bd. I § 195 Anm. 5. Noch weiter geht Cosack Bd. I § 151 Anm. 2a.

§ 788.

E. I § 609; II § 622 rev. § 773; III § 772. P. I S. 1707—1710; M. II S. 562. P. II S. 2354, 2355 (Bd. 2 S. 387).

Der § 788 entspricht der allgemeinen Vorschrift des § 364 Abs. 2. Er bringt den im bisherigen Rechte überall anerkannten Satz zum Ausdrucke, daß Anweisung keine Zahlung ist.

Aus der Vorschrift des § 788 darf nicht gefolgert werden, daß der Anweisungsempfänger unter allen Umständen von dem Angewiesenen den angewiesenen Gegenstand effektiv erhalten haben müsse. Was als Leistung auf Grund der Anweisung anzusehen ist, entscheidet sich nach allgemeinen Grundsätzen. Der Angewiesene und der Anweisungsempfänger können hiernach vereinbaren, daß der Anweisungsempfänger eine andere Leistung als Leistung an Erfüllungsstatt annehmen soll; der Angewiesene kann auch, wenn er die Anweisung angenommen hat, die hierdurch entstandene Forderung des Anweisungsempfängers durch Aufrechnung tilgen. Erforderlich ist nur, daß der Anweisungsempfänger in irgend welcher Weise materiell befriedigt wird.

§ 789.

E. I § 611; II § 624 Abs. 2 rev. § 774; III § 773. P. I S. 1712—1718, 11827; M. II S. 564. P. II S. 2358 (Bd. 2 S. 388).

1. Aus der Anweisung erwächst für den Anweisungsempfänger keine Verpflichtung, seinerseits eine besondere Fürsorge im Interesse des Anweisenden zu bethätigen. Mit Rücksicht auf Treu und Glauben hat aber das Gesetz in Uebereinstimmung mit dem bisherigen Rechte dem Anweisungsempfänger die Verpflichtung auferlegt, dem Anweisenden Anzeige zu erstatten, wenn der Angewiesene die Annahme der Anweisung oder die Leistung verweigert oder wenn er seinerseits die Anweisung nicht geltend machen kann oder will. Die Anzeige hat unverzüglich, d. h. nach § 121 ohne schuldhaftes Zögern, zu erfolgen. Die Anzeige ist ein einseitiges empfangsbedürftiges Rechtsgeschäft oder doch nach Analogie eines solchen zu beurtheilen; die Vorschriften der §§ 130 ff. finden daher darauf Anwendung. Hat der Anweisungsempfänger dem Anweisenden einen Brief übersandt, welcher die Anzeige enthält, so hat er damit zunächst seiner Verpflichtung genügt. Die Anzeige gilt indessen erst als erfolgt, wenn der Brief dem Anweisenden zugegangen ist. Erfährt der Anweisungsempfänger später, daß der abgesandte Brief nicht zugegangen ist, so muß er, um seiner Verpflichtung zu genügen, die Anzeige wiederholen (vergl. Bd. I S. 171 Erl. zu § 121 Nr. 3).

Kommt der Anweisungsempfänger der ihm nach § 789 obliegenden Verpflichtung nicht nach, so hat er, wenn ihn ein Verschulden trifft, dem Anweisenden für den dadurch entstandenen Schaden aufzukommen.

2. Die Frage, ob der Anweisungsempfänger verpflichtet ist, den Angewiesenen zur Leistung aufzufordern, oder ob er die Anweisung dem Angewiesenen zur Annahme vorzulegen hat, ist nach dem besonderen zwischen ihm und dem Anweisenden bestehenden Rechtsverhältnisse zu entscheiden. Aus der Entgegennahme der Anweisung ergiebt sich eine solche Verpflichtung nicht.

§. 790.

Der Anweisende kann die Anweisung dem Angewiesenen gegenüber widerrufen, solange nicht der Angewiesene sie dem Anweisungsempfänger gegenüber angenommen oder die Leistung bewirkt hat. Dies gilt auch dann, wenn der Anweisende durch den Widerruf einer ihm gegen den Anweisungsempfänger obliegenden Verpflichtung zuwiderhandelt.

Der E. I (§ 610) stellte die Auslegungsregel auf, daß der Anweisungsempfänger im Zweifel wie ein Beauftragter verpflichtet sein sollte, den Angewiesenen zur Leistung aufzufordern. Die zweite Kommission hat den Satz bei der zweiten Lesung gestrichen, damit der abstrakte Charakter der Anweisung nicht verdunkelt werde.

§ 790.

E. I § 612; II § 625 rev. § 775; III § 774. P. I S. 1715, 3275; M. II S. 565, 566. P. II S. 2358 (Bd. 2 S. 388). D. S. 647.

1. In Uebereinstimmung mit dem bisherigen Rechte räumt das Gesetz dem Anweisenden das Recht ein, die Anweisung zu widerrufen. Der Widerruf muß aber, wie sich ohne Weiteres aus der Natur des Verhältnisses ergiebt, wirkungslos sein, wenn der Angewiesene die Leistung nach Maßgabe der Anweisung bereits gemacht hat. Der Widerruf soll ferner auch schon dann ausgeschlossen sein, wenn der Angewiesene die Anweisung dem Anweisungsempfänger gegenüber angenommen hat; der Grund für diese Bestimmung liegt darin, daß durch die Annahme ein Schuldverhältniß geschaffen ist, welches der Anweisende, weil es auf Grund der von ihm ausgestellten Anweisung ins Leben getreten ist, gegen sich gelten lassen muß.

Das Recht zu widerrufen kann durch das zwischen dem Anweisenden und dem Anweisungsempfänger bestehende Rechtsverhältniß ausgeschlossen sein. Eine solche Einschränkung des Widerrufsrechts hat aber keine dingliche Wirkung; widerruft der Anweisende die Anweisung dem Angewiesenen gegenüber, so erlischt sie unter allen Umständen. Der E. I. hob noch hervor, daß die dem Anweisungsempfänger in einem solchen Falle zustehenden Ansprüche auf Schadensersatz vorbehalten bleiben. Die zweite Kommission hat diese Bestimmung sachlich gebilligt; sie ist dann von der Redaktionskommission, wohl weil man sie für selbstverständlich erachtet hat, gestrichen. In der That kann kein Zweifel darüber bestehen, daß die etwaigen Ansprüche auf Schadensersatz unberührt bleiben.

Der Widerruf hat gegenüber dem Angewiesenen zu erfolgen; er hat den Charakter einer einseitigen empfangsbedürftigen Willenserklärung. Durch einen Widerruf gegenüber dem Anweisungsempfänger erlischt die Anweisung nicht; der Anweisungsempfänger wird lediglich gegenüber dem Anweisenden verpflichtet, von der Anweisung keinen Gebrauch zu machen.

Der Widerruf wird durch die Annahme auch in dem Falle ausgeschlossen, wenn die Anweisung zur Zeit der Annahmeerklärung noch nicht fällig war (Oertmann § 790 Anm. 3, Matthiaß § 135 III, Staub, Komm. z. H.G.B. § 363 Anm. 6).

Wird die Anweisung dem Anweisenden von dem Anweisungsempfänger zurückgegeben, so ist zu unterscheiden, ob der Angewiesene die Annahme schon vor der Aushändigung der Anweisung an den Anweisungsempfänger auf der Anweisung vermerkt hat oder ob dies nicht geschehen ist. Im ersteren Falle war durch die Aushändigung der Anweisung an den Anweisungsempfänger ein Schuldverhältniß zwischen dem Anweisungsempfänger und dem Angewiesenen bereits begründet und dieses kann durch die Zurückgabe der Anweisung an den Anweisenden eine Aenderung nicht erleiden (a. A. wie es scheint Cosack § 151 IV. 2). In dem letztgedachten Falle dagegen war ein Schuldverhältniß zwischen dem Anweisungsempfänger und dem Angewiesenen noch nicht entstanden. Die von dem Anweisenden dem Anweisungsempfänger durch die Aushändigung der Anweisung ertheilte Ermächtigung (§ 783) wird durch die Zurückgabe der Anweisung wieder aufgehoben und das Verhältniß ist daher nun dasselbe wie vor der Aushändigung der Anweisung an den Anweisungsempfänger; ein Widerruf der Anweisung ist weder erforderlich noch möglich. Erlangte der Anweisungsempfänger die Anweisung ohne neue Aushändigung von Seiten des Anweisenden wieder zurück, so ist das Verhältniß ebenso zu beurtheilen, wie wenn der Anweisungsempfänger sich von Anfang an den Besitz der Anweisung ohne den Willen des Anweisenden verschafft hätte. Dieselben Grundsätze wie im Falle der Zurückgabe werden auch gelten müssen, wenn die Anweisung vernichtet wird.

2. Ueber die Befugniß des Anweisungsempfängers, die von ihm in Empfang genommene Anweisung dem Anweisenden zurückzugeben, enthält das Gesetz keine Bestimmung. Auf das

§. 791.

Die Anweisung erlischt nicht durch den Tod oder den Eintritt der Geschäftsunfähigkeit eines der Betheiligten.

§. 792.

Der Anweisungsempfänger kann die Anweisung durch Vertrag mit einem Dritten auf diesen übertragen, auch wenn sie noch nicht angenommen worden ist. Die Uebertragungserklärung bedarf der schriftlichen Form. Zur Uebertragung ist die Aushändigung der Anweisung an den Dritten erforderlich.

Der Anweisende kann die Uebertragung ausschließen. Die Ausschließung ist dem Angewiesenen gegenüber nur wirksam, wenn sie aus der Anweisung zu entnehmen ist oder wenn sie von dem Anweisenden dem Angewiesenen mitgetheilt wird, bevor dieser die Anweisung annimmt oder die Leistung bewirkt.

Nimmt der Angewiesene die Anweisung dem Erwerber gegenüber an, so kann er aus einem zwischen ihm und dem Anweisungsempfänger bestehenden Rechtsverhältniß Einwendungen nicht herleiten. Im Uebrigen finden auf die Uebertragung der Anweisung die für die Abtretung einer Forderung geltenden Vorschriften entsprechende Anwendung.

---

durch die Anweisung für ihn begründete Recht kann der Anweisungsempfänger zweifellos dem Anweisenden gegenüber verzichten. Ist er aber auf Grund des zwischen ihm und dem Anweisenden bestehenden materiellen Rechtsverhältnisses verpflichtet, die Anweisung geltend zu machen, so kann er diese Verpflichtung nicht einseitig durch Rückgabe der Anweisung beseitigen.

§ 791.

E. I § 613; II § 626 rev. § 776; III § 775. P. I S. 1715, 1716; M. II S. 566—569. P. II S. 2359 (Bd. 2 S. 389). D. S. 647.

Im bisherigen Rechte wird auf Grund der Annahme, daß die Anweisung auf einem Doppelmandate beruhe, die Ansicht vertreten, daß die Anweisung durch den Tod eines der Betheiligten erlöschen müsse. Man hat es für wünschenswerth erachtet, daß dieser Auffassung durch eine ausdrückliche gesetzliche Bestimmung entgegengetreten werde, und es ist deshalb im § 791 vorgeschrieben, daß die Anweisung durch den Tod eines der Betheiligten nicht erlöschen soll. Dem Tode ist der Eintritt der Geschäftsunfähigkeit gleichgestellt. Daß die Anweisung nicht dadurch erlischt, daß bei einem der Betheiligten eine Beschränkung der Geschäftsfähigkeit eintritt, ist selbstverständlich.

Ueber den Einfluß, welchen die Eröffnung des Konkurses über das Vermögen eines der Betheiligten auf die Anweisung hat, enthält das Gesetz keine Vorschriften. Auch in die K.O. sind keine besondere Bestimmungen aufgenommen. Aus allgemeinen Grundsätzen dürfte sich das Erlöschen der Anweisung nicht herleiten lassen. Man wird also annehmen müssen, daß die Anweisung trotz der Eröffnung des Konkurses weiter besteht. Erhebliche praktische Unzuträglichkeiten können hieraus kaum entstehen, da der Angewiesene auf Grund der Anweisung allein nicht verpflichtet ist, zu zahlen und der Anweisende die Anweisung jederzeit widerrufen kann, und da die Rechtssätze, welche für den Einfluß der Konkurseröffnung auf die materiellen zwischen den Betheiligten bestehenden Rechtsverhältnisse maßgebend sind, unberührt bleiben.

§ 792.

E. II § 627 rev. § 777; III § 776. P. II S. 2359—2364 (Bd. 2 S. 389—391). D. S. 647.

1. Ist die Anweisung von dem Angewiesenen angenommen, so kann das dadurch begründete Recht wie jede andere Forderung nach den gewöhnlichen Grundsätzen (§§ 398 ff.) übertragen werden.

Zweifelhaft ist dagegen, wie das Verhältniß zu beurtheilen ist, wenn eine Anweisung vor erfolgter Annahme übertragen wird. Der E. I hatte hierüber keine Vorschriften aufgenommen. Die Motive führen aus, daß sich die Annahme einer Zession verbiete, weil keine Rechte vorhanden seien, welche als Gegenstand der Abtretung sich betrachten ließen. Allgemeine Regeln aber, wie das fragliche Geschäft zu behandeln sei, ließen sich nicht aufstellen, weil die richtige Beurtheilung von den konkreten Umständen abhänge (M. II S. 568). Die zweite Kommission hat beschlossen, das Verhältniß im Gesetze zu regeln. Man hat erwogen, daß wenn auch bisher die Rechtsprechung mit der Frage nach der Wirksamkeit einer Uebertragung der Anweisung nicht befaßt gewesen sei, doch in der Literatur hierüber erhebliche Meinungsverschiedenheiten beständen. Hiernach erscheine es wünschenswerth, eine ausdrückliche Entscheidung zu geben. In der Sache selbst ist es für unbedenklich erachtet, grundsätzlich die Uebertragung der Anweisung vor erfolgter Annahme zuzulassen. Entsprechend der Uebung des Verkehrs wird aber die Wirksamkeit davon abhängig gemacht, daß die Uebertragungserklärung schriftlich ertheilt und die Anweisung dem Erwerber ausgehändigt ist. Auch soll der Anweisende befugt sein, die Uebertragung der Anweisung auszuschließen.

2. Erfordernisse der Uebertragung.

a) Die Uebertragung setzt eine gültige Anweisung voraus. Die Uebertragung selbst vollzieht sich durch Vertrag zwischen dem Anweisungsempfänger und dem Erwerber. Zur Gültigkeit des Vertrags wird erfordert, daß der Anweisungsempfänger die Uebertragungserklärung schriftlich (§ 126) abgiebt. Der Uebertragungsvermerk pflegt auf die Anweisungsurkunde gesetzt zu werden, doch ist dies, anders wie bei der Annahme der Anweisung (§ 784 Abs. 2 Satz 1), nicht wesentlich. Die Annahme der Uebertragungserklärung kann formlos erfolgen. Ein weiteres Formerforderniß besteht darin, daß die Anweisung dem Erwerber ausgehändigt werden muß; die Aushändigung kann vor oder nach der Abgabe der Uebertragungserklärung erfolgen.

b) Der Angewiesene kann ein Interesse daran haben, daß die Zahlung nur an den von ihm bestimmten Anweisungsempfänger geleistet wird. Es ist ihm deshalb die Befugniß eingeräumt, die Uebertragung der Anweisung auszuschließen. Zum Schutze des Angewiesenen ist jedoch die Wirksamkeit einer solchen Ausschließung davon abhängig gemacht, daß sie in der Anweisung selbst zum Ausdrucke gebracht oder von dem Anweisenden dem Angewiesenen mitgetheilt wird, bevor dieser die Anweisung annimmt oder die Leistung vollzieht. Die Mittheilung hat den Charakter einer einseitigen empfangsbedürftigen Willenserklärung (s. §§ 130 ff.).

3. Wirkungen der Uebertragung.

a) Der Erwerber tritt an die Stelle des Anweisungsempfängers; er ist ermächtigt, die Leistung bei dem Angewiesenen im eigenen Namen zu erheben. Das Verhältniß ist so anzusehen, als wenn der Anweisungsempfänger ein ihm zustehendes Recht an den Erwerber abgetreten hätte. Die Anwendung der für die Uebertragung einer Forderung geltenden Vorschriften (§§ 398 ff.) macht keine Schwierigkeiten. Die Vorschriften sind wörtlich anzuwenden mit der Modifikation, daß an die Stelle des ursprünglichen Gläubigers der Anweisungsempfänger, an die Stelle des neuen Gläubigers der Erwerber und an die Stelle des Schuldners der Angewiesene zu setzen ist. Uebrigens kommen nur die §§ 399, 403, 407—409 in Frage; die Anwendung der §§ 400—402, 404, 405, 406, 410, 411 (wegen des § 404 vergl. unter b) ist durch die Natur des Verhältnisses ausgeschlossen.

Die Uebertragung erscheint als ein abstraktes Rechtsgeschäft. Ob die etwaigen dem Anweisungsempfänger gegen den Anweisenden zustehenden materiellen Ansprüche auf den Erwerber übergehen, bestimmt sich nach den besonderen zwischen dem Anweisungsempfänger und dem Erwerber bestehenden Rechtsverhältnisse. Dadurch allein, daß die Anweisung nach Maßgabe des § 792 übertragen wird, erlangt der Erwerber keine Ansprüche gegen den Anweisenden; es findet, wie man dies auszudrücken pflegt (Dernburg, Preuß. Pr. R. Bd. 2 § 52 a. E.), kein springender Regreß statt.

Der Erwerber kann die Anweisung seinerseits weiter übertragen.

b) Nimmt der Angewiesene die Anweisung dem Erwerber gegenüber an, so entsteht ein neues abstraktes Schuldverhältniß zwischen ihm und dem Erwerber. Aus dem Wesen der Annahme (vergl. Erl. zu § 784) folgt, daß der Angewiesene dem Erwerber gegenüber keine Einwendungen aus dem zwischen ihm und dem ersten Anweisungsempfänger bestehenden besonderen Rechtsverhältnisse geltend machen kann. Man hat es für zweckmäßig erachtet, dies ausdrücklich im Gesetze hervorzuheben. Selbstverständlich ist auch die Geltendmachung von Einwendungen aus den zwischen dem Angewiesenen und dem Anweisenden bestehenden besonderen Rechtsverhältniß ausgeschlossen. Der Angewiesene kann dem Erwerber hiernach nur solche Einwendungen entgegensetzen, welche die Gültigkeit der Annahme betreffen oder sich aus dem Inhalte der Anweisung ergeben oder dem Angewiesenen unmittelbar gegen den Erwerber zustehen (vergl. § 784 Abs. 1 Satz 2).

4. Für die Uebertragung kaufmännischer Anweisungen sind im H.G.B. §§ 363—365 besondere Bestimmungen gegeben.

Zweiundzwanzigster Titel.
Schuldverschreibung auf den Inhaber.

Zweiundzwanzigster Titel.

I. Das Gesetz hat es nicht unternommen, allgemeine Grundsätze über Inhaberpapiere aufzustellen, sondern begnügt sich damit, im zweiundzwanzigsten Titel Vorschriften über die Schuldverschreibungen auf den Inhaber, d. h. solche Schuldverschreibungen zu geben, in denen der Aussteller dem Inhaber der Urkunde eine Leistung verspricht. Nicht betroffen werden hiernach diejenigen Inhaberpapiere, welche kein eigentliches Leistungsversprechen enthalten, sondern andere Rechte verbriefen, wie z. B. die auf den Inhaber lautenden Aktien.

Der zweiundzwanzigste Titel regelt lediglich die aus der Schuldverschreibung sich ergebenden obligatorischen Verbindlichkeiten des Ausstellers. Hinsichtlich der dinglichen Rechtsverhältnisse in Betreff der fraglichen Urkunden, insbesondere des Erwerbes und Verlustes des Eigenthums, sind die Vorschriften des Sachenrechts maßgebend; jedoch enthält der § 797 Satz 2 eine sachenrechtliche Bestimmung, welche des Zusammenhanges wegen an dieser Stelle eingestellt ist.

II. Als grundlegende Bestimmung stellt das Gesetz den Satz an die Spitze, daß der Aussteller einer Schuldverschreibung auf den Inhaber dem Inhaber der Urkunde zur Leistung verpflichtet ist, es sei denn, daß der Inhaber zur Verfügung über die Urkunde nicht berechtigt ist. Der E. I wollte das Gläubigerrecht schlechthin an die Person des Inhabers knüpfen. Er bestimmte, daß der Aussteller der Schuldverschreibung dem Inhaber die Leistung nicht deshalb verweigern dürfe, weil dieser die Schuldverschreibung in unredlicher Weise erworben habe (E. I § 687). Hiergegen wurde von verschiedenen Seiten lebhafter Widerspruch erhoben. Die zweite Kommission hat sich nach eingehender Berathung dafür entschieden, der Vorschrift die jetzt vorliegende Gestalt zu geben. Der leitende Gedanke ist dabei gewesen, daß zwar bei der Normirung der Vorschriften dem Verkehrsbedürfnisse Rechnung getragen werden muß, daß aber diese Rücksichtnahme auf den Verkehr nicht zu Ergebnissen führen darf, welche dem allgemeinen Rechtsbewußtsein widersprechen. Das Gesetz sucht danach zwischen den verschiedenen in Betracht kommenden Interessen zu vermitteln. Der Zweck des Instituts erfordert, daß der Inhaber die Leistung verlangen kann, ohne darlegen zu müssen, wie er das Papier erworben hat, und daß der Aussteller an den Inhaber zu leisten befugt ist, ohne zu untersuchen, wie dieser das Papier an sich gebracht hat. Daraus folgt aber noch nicht, daß jeder Inhaber unbedingt Gläubiger sein muß. Grundsätzlich soll vielmehr der Eigenthümer der Urkunde als der eigentliche Forderungsberechtigte angesehen werden. Man hat indessen den Satz, daß der Eigenthümer der Urkunde der Berechtigte ist, nicht in den Vordergrund gestellt, weil dies der geschichtlichen Entwickelung und der Auffassung des Verkehrs, nach welcher zunächst der Inhaber als der Forderungsberechtigte zu behandeln ist, widersprechen würde und weil daraus auch praktisch bedenkliche Folgerungen gezogen werden könnten. Vielmehr ist der Inhaber als derjenige hingestellt, welchem es zusteht, den Anspruch aus dem Papiere geltend zu machen. Aber dem Aussteller wird die Befugniß eingeräumt, die Rechte des Eigenthümers gegenüber dem formell legitimirten Inhaber des Papiers zur Geltung zu bringen; er soll die Leistung verweigern dürfen, wenn der Inhaber nicht zur Verfügung über die Urkunde berechtigt ist. Eine Verpflichtung, die Legitimation des Inhabers zu prüfen und die Leistung zurückzuhalten, wenn dieser nicht als der Berechtigte erscheint, ist dem Aussteller nicht auferlegt. Er soll auch durch die Leistung an einen zur Verfügung nicht berechtigten Inhaber befreit werden.

Die Entstehung der Verpflichtung aus der Schuldverschreibung auf den Inhaber vollzieht sich so, daß der Schuldner eine Urkunde herstellt, in welcher er sich zu einer Leistung an den Inhaber der Urkunde verpflichtet, und daß diese Urkunde in den Verkehr gelangt. Der Abschluß eines Vertrags oder eines sonstigen Rechtsgeschäfts bei der Ausgabe des Papiers wird nicht erfordert. Es entspricht dies der in neuerer Zeit mehr und mehr zur Anerkennung gelangten sog. Kreationstheorie, welche die rechtliche Verpflichtung des Ausstellers zu der in der Schuldverschreibung bezeichneten Leistung in der verbindlichen Kraft des in der Urkunde erklärten einseitigen Verpflichtungswillens des Ausstellers findet (M. II S. 695). Im Zusammenhange damit steht der Satz, daß der Aussteller aus einer Schuldverschreibung auf den Inhaber auch dann verpflichtet wird, wenn sie ohne seinen Willen in den Verkehr gelangt ist. Die Vorschrift ist allerdings nicht sowohl auf Grund einer theoretischen Konstruktion als im Hinblick auf das Bedürfniß des Verkehrs in das Gesetzbuch aufgenommen. Das Gleiche gilt von der Bestimmung, daß es auf die Wirksamkeit der Schuldverschreibung ohne Einfluß ist, wenn der Aussteller gestorben oder geschäftsunfähig geworden ist.

Die Ausgabe von Schuldverschreibungen auf den Inhaber ist im Allgemeinen freigegeben. Für eine besonders wichtige Kategorie von Schuldverschreibungen ist jedoch eine Beschränkung festgesetzt. Zum Schutze des Publikums gegen Ausbeutung durch schwindelhafte Unternehmungen sowie auch um Störungen des Staatskredits durch eine unbeschränkte Ausgabe von Privatschuldverschreibungen zu verhüten, bestimmt nämlich das Gesetz, daß im Inland ausgestellte Schuldverschreibungen auf den Inhaber, sofern es sich nicht um Schuldverschreibungen handelt, die von dem Reiche oder einem Bundesstaat ausgegeben werden, nur mit staatlicher Genehmigung in den Verkehr gebracht werden dürfen.

Der Inhalt und Umfang der dem Aussteller obliegenden Verpflichtungen richtet sich nach dem in der Urkunde niedergelegten Versprechen. Die Forderung ist in dem Papiere verkörpert und an das Papier geknüpft. Auf dieser Auffassung beruht die Vorschrift, daß der Aussteller dem Inhaber nur solche Einwendungen entgegensetzen kann, welche die Gültigkeit der Ausstellung betreffen oder sich aus der Urkunde ergeben oder dem Aussteller unmittelbar gegen den Inhaber zustehen. Weil jeder Erwerber des Papiers Gläubiger wird und jeder Inhaber die Forderung aus dem Papiere geltend machen kann, ist im Interesse des Ausstellers weiter bestimmt, daß er nur gegen Aushändigung der Schuldverschreibung zur Leistung verpflichtet sein soll und daß er mit der Aushändigung das Eigenthum an der Urkunde erwirbt, auch wenn der Inhaber zur Verfügung über sie nicht berechtigt ist. Da die Forderung aus der Schuldverschreibung an die Urkunde geknüpft ist, so würde, wenn die Urkunde durch einen Zufall vernichtet wird oder abhanden kommt, der Eigenthümer ungerechtfertigter Weise einen Vermögensverlust erleiden. Das Gesetz läßt deshalb die Kraftloserklärung von Schuldverschreibungen auf den Inhaber zu. Die Kraftloserklärung erfolgt auf Antrag des Verlustträgers im Wege des Aufgebotsverfahrens; die näheren Bestimmungen sind in der C.P.O. gegeben. Derjenige, welcher das Ausschlußurtheil erwirkt hat, ist, wie in der C.P.O. bestimmt ist, dem durch die Urkunde Verpflichteten gegenüber berechtigt, den Anspruch aus der Urkunde geltend zu machen. Außerdem räumt ihm das Gesetz das Recht ein, die Ertheilung einer neuen Schuldverschreibung auf den Inhaber an Stelle der für kraftlos erklärten zu verlangen. Im Zusammenhange mit dem Aufgebotsverfahren zum Zwecke der Kraftloserklärung ist eine einstweilige Zahlungssperre zu Gunsten des Antragstellers vorgesehen. Eine Kraftloserklärung soll nicht stattfinden bei Zins-, Renten- und Gewinnantheilscheinen und den auf Sicht zahlbaren Schuldverschreibungen. Für erstere ist aber ein anderes Verfahren vorgesehen, um für den Fall des Verlustes einer solchen Urkunde den Berechtigten thunlichst vor Schaden zu bewahren. Eine Kraftloserklärung ist auch ausgeschlossen bei den sog. Erneuerungsscheinen (Talons), welche häufig mit einer verzinslichen Hauptschuldverschreibung ausgegeben werden und zum Empfange neuer Zins- oder Rentenscheine ermächtigen, da sie überhaupt nicht den Charakter von Schuldverschreibungen auf den Inhaber tragen. Dem Inhaber der Hauptschuldverschreibung ist hier aber das Recht eingeräumt, durch Einlegung eines Widerspruchs, die Ausgabe neuer Zins- oder Rentenscheine an den Inhaber des Erneuerungsscheins zu verhindern und selbst die Aushändigung der Scheine zu verlangen, wenn er die Hauptschuldverschreibung vorlegt.

Das Erlöschen des Anspruchs aus der Schuldverschreibung durch Zeitablauf ist mit Rücksicht auf die Interessen des Ausstellers abweichend von den allgemeinen Grundsätzen geregelt.

Im Hinblick auf ein im Leben hervorgetretenes praktisches Bedürfniß läßt das Gesetz ferner die Umschreibung der Schuldverschreibung auf den Namen eines bestimmten Berechtigten zu. Sie kann aber nur durch den Aussteller bewirkt werden und der Aussteller ist zur Umschreibung nicht verpflichtet.

Besondere Bestimmungen sind für erforderlich erachtet, hinsichtlich der Zinsscheine, welche mit einer Hauptschuldverschreibung ausgegeben zu werden pflegen. Sie sollen in Kraft bleiben, auch wenn die Hauptforderung erlischt oder die Verpflichtung zur Verzinsung aufgehoben oder geändert wird. Dementsprechend soll der Aussteller berechtigt sein, bei der Einlösung der Hauptschuldverschreibung den Betrag für die nicht mit zurückgegebenen Zinsscheine zurückzubehalten.

Im Verkehre werden vielfach Karten, Marken oder ähnliche Urkunden, in denen ein Gläubiger nicht bezeichnet ist, von dem Aussteller unter Umständen ausgegeben, aus welchen sich ergiebt, daß er dem Inhaber zu einer Leistung verpflichtet sein will. Derartige Urkunden tragen nicht den Charakter von Schuldverschreibungen auf den Inhaber. Sie stehen aber wirthschaftlich in mancher Hinsicht den Schuldverschreibungen auf den Inhaber nahe und das Gesetz hat deswegen eine Reihe von den für die Schuldverschreibungen auf den Inhaber gegebenen Vorschriften bei derartigen Urkunden für entsprechend anwendbar erklärt.

Neben den eigentlichen Schuldverschreibungen auf den Inhaber kommen endlich auch solche Papiere vor, welche als qualifizirte Legitimationspapiere bezeichnet werden. Das Charakteristische derselben liegt darin, daß sich der Schuldner nicht verpflichtet, an jeden Inhaber zu zahlen, daß er sich aber die Befugniß vorbehält, die in der Urkunde versprochene Leistung an jeden Inhaber zu bewirken. Mit Rücksicht auf die große praktische Bedeutung derartiger Legitimationspapiere hat das Gesetz einige grundlegende Vorschriften über dieselben aufgestellt.

§. 793.

Hat Jemand eine Urkunde ausgestellt, in der er dem Inhaber der Urkunde eine Leistung verspricht (Schuldverschreibung auf den Inhaber), so kann der Inhaber von ihm die Leistung nach Maßgabe des Versprechens verlangen, es sei denn, daß er zur Verfügung über die Urkunde nicht berechtigt ist. Der Aussteller wird jedoch auch durch die Leistung an einen nicht zur Verfügung berechtigten Inhaber befreit.

Ueber die Schuldverschreibungen an Order enthält der zweiundzwanzigste Titel keine Vorschriften.

Weitere Vorschriften über Inhaberpapiere finden sich im Gesetz in den §§ 234* (Sicherheitsleistung durch Hinterlegung von Inhaberpapieren), 247 (Ausschluß des Rechtes, ein Kapital wegen übermäßig hoher Zinsen zu kündigen), 935 (Eigenthumserwerb bei Inhaberpapieren), 1006 (Vermuthung für das Eigenthum beim Besitz von Inhaberpapieren), 1007 (Recht des gutgläubigen Besitzers eines Inhaberpapiers gegenüber dem früheren Besitzer), 1081—1084 (Nießbrauch), 1087—1089 (Hypothek für eine Schuldverschreibung auf den Inhaber), 1095 (Grundschuldbrief auf den Inhaber), 1270 (Schiffspfandrecht für eine Schuldverschreibung auf den Inhaber), 1293—1296 (Pfandrecht an Inhaberpapieren), 1362 (Vermuthung für das Eigenthum des Ehemanns an Inhaberpapieren, die sich im Besitz eines der Ehegatten befinden), 1381, 1646 (Eigenthum an Inhaberpapieren, die aus Mitteln des eingebrachten Gutes oder aus Mitteln des Kindes erworben werden), 1392, 1393, 1667, 1814, 1815, 1820, 1853, 2116, 2217 (Sicherstellung von Inhaberpapieren, die zum eingebrachten Gute oder zum Kindesvermögen oder zu einer Erbschaft gehören).

III. Als reichsrechtliche Vorschriften über Schuldverschreibungen auf den Inhaber, die nach E.G. Art. 32 in Kraft bleiben, sind hervorzuheben die Bestimmungen des Ges., betr. die Inhaberpapiere mit Prämien v. 8. Juni 1871 und des Bankgesetzes v. 14. März 1875.

IV. Der § 793 enthält die grundlegenden Bestimmungen über das Wesen der Schuldverschreibungen auf den Inhaber und giebt ferner Vorschriften über die Herstellung der Urkunden. Der § 794 bestimmt, daß der Aussteller auch haftet, wenn die Schuldverschreibung ohne seinen Willen in den Verkehr gelangt ist sowie daß die Wirksamkeit der Schuldverschreibung nicht dadurch berührt wird, daß der Aussteller nach der Herstellung stirbt oder geschäftsunfähig wird. Der § 795 stellt das Erforderniß der staatlichen Genehmigung für im Inland ausgestellte Schuldverschreibungen auf den Inhaber fest, in denen die Zahlung einer bestimmten Geldsumme versprochen wird. Der § 796 regelt die dem Aussteller gegenüber dem Inhaber zustehenden Einreden, der § 797 das Recht des Ausstellers, die Aushändigung der Schuldverschreibung bei der Leistung zu verlangen, der § 798 den Umtausch beschädigter Urkunden. Die §§ 799, 800 handeln von der Kraftloserklärung abhanden gekommener oder vernichteter Schuldverschreibungen auf den Inhaber, der § 801 von dem Erlöschen des Anspruchs aus einer Schuldverschreibung auf den Inhaber durch Zeitablauf. Der § 802 giebt eine Vorschrift über die Zahlungssperre. Die §§ 803, 804 enthalten Bestimmungen über die rechtliche Natur der Zinsscheine und das Verfahren bei dem Verluste von Zins-, Renten- und Gewinnantheilscheinen, der § 805 Vorschriften über Erneuerungsscheine. Der § 806 handelt von der Umschreibung einer Schuldverschreibung auf den Inhaber auf den Namen. Anhangsweise sind im § 807 Vorschriften über die Rechtsverhältnisse bei Karten, Marken und ähnlichen den Schuldverschreibungen auf den Inhaber nahestehenden Urkunden und im § 808 Vorschriften über die sog. qualifizirten Legitimationspapiere gegeben.

V. Vorbehalte für die Landesgesetzgebung s. im E.G. Art. 98—102; wegen der öffentlichrechtlichen Bestimmungen der Landesgesetze, welche die Ausgabe und den Verkehr mit Schuldverschreibungen auf den Inhaber einschränken, s. Erl. zu § 795 unter Nr. 4b. Uebergangsvorschriften s. im E.G. Art. 174—178.

§ 793.

E. I §§ 685, 687; II § 722 rev. § 778; III § 777. P. I S. 872—875, 882—886, 894, 11841—11843; M. II S. 694—697. P. II S. 2631—2648, 2653, 2693—2700, 8509—8513 (Bd. 2 S. 527—539, 558—561; Bd. 6 S. 209—211). D. S. 648.

1. Voraussetzungen der Schuldverschreibungen auf den Inhaber.

Die Gültigkeit der Unterzeichnung kann durch eine in die Urkunde aufgenommene Bestimmung von der Beobachtung einer besonderen Form abhängig gemacht werden. Zur Unterzeichnung genügt eine im Wege der mechanischen Vervielfältigung hergestellte Namensunterschrift.

Die Schuldverschreibung auf den Inhaber ist eine Urkunde, in welcher der Aussteller dem Inhaber der Urkunde eine Leistung verspricht.

a) Die Leistung kann Gegenstände jeder Art betreffen. Sie braucht nicht von vornherein genau bestimmt zu sein, sondern kann von Bedingungen abhängig gemacht werden; insbesondere fallen auch die auf den Inhaber lautenden Gewinnantheilscheine (Dividendenscheine) unter die Vorschriften des zweiundzwanzigsten Titels. Das in der Urkunde erklärte Schuldversprechen pflegt meistens einen abstrakten Charakter zu tragen. Wesentlich ist dies aber nicht. Dem Aussteller ist es vielmehr unbenommen, den Schuldgrund in der Urkunde anzugeben. Ebenso kann er sich Einwendungen aus dem der Schuldverschreibung zu Grunde liegenden Rechtsverhältnisse vorbehalten; ein solcher Vorbehalt muß aber, um gegen jeden Inhaber zu wirken, in die Schuldverschreibung aufgenommen werden (§ 796).

Ein Wechsel kann als solcher nicht auf den Inhaber ausgestellt werden (W.O. Art. 4 Ziff. 3, Art. 96 Ziff. 3). Auch Anweisungen und Checks können nicht auf den Inhaber ausgestellt werden (s. Erl. zu § 783 unter Nr. 2a). Uebrigens würde, wenn man Anweisungen auf den Inhaber für zulässig halten sollte, die Anweisung auch um deswillen nicht als Schuldverschreibung auf den Inhaber angesehen werden können, weil der Aussteller in der Anweisung keine Leistung verspricht. Ebenso finden die Grundsätze über die Schuldverschreibungen auf Inhaberaktien keine Anwendung, weil die Aktie sich nicht als eine Schuldverschreibung des Ausstellers, sondern als Urkunde über einen Gesellschaftsantheil darstellt; über die Frage, wie weit die Bestimmungen über die Schuldverschreibungen auf den Inhaber bei den Inhaberaktien entsprechend anzuwenden sind, s. Staub, Kommentar z. H.G.B. Exkurs zu § 224.

Eine Grundschuld kann in der Weise bestellt werden, daß der Grundschuldbrief auf den Inhaber ausgestellt wird. Auf einen solchen Brief finden die Vorschriften über Schuldverschreibungen auf den Inhaber entsprechende Anwendung (§ 1195).

b) Die Leistung muß an den Inhaber der Urkunde versprochen werden. Es ist nicht erforderlich, daß in die Urkunde eine formelle Inhaberklausel aufgenommen wird; die Urkunde braucht selbst den Ausdruck „Inhaber" nicht zu enthalten. Aber es muß aus der Fassung und Form der Urkunde hervorgehen, daß der Aussteller dem jeweiligen Inhaber der Urkunde ein Forderungsrecht einräumen will (R.G. Bd. 13 S. 154). Der Beweis, daß eine Schuld als Schuldverschreibung auf den Inhaber gewollt ist, liegt demjenigen ob, welcher daraus Rechte herleiten will. Verpflichtet sich der Aussteller an eine in der Unkunde bezeichnete bestimmte Person oder an den Inhaber zu leisten, so wird das Schuldversprechen regelmäßig in dem Sinne gemeint sein, daß die benannte Person der eigentliche Gläubiger sein soll, daß aber der Aussteller befugt sein soll, die Leistung an jeden Inhaber zu bewirken. Trifft dies zu, so liegt ein sog. qualifizirtes Legitimationspapier vor und es finden die Vorschriften des § 808 Anwendung.

c) Die Form des Schuldversprechens besteht darin, daß eine Urkunde darüber ausgestellt werden muß. Nach der allgemeinen Vorschrift des § 126 muß hiernach jede Schuldverschreibung die Unterschrift des Ausstellers tragen, widrigenfalls sie ungültig ist; dies gilt namentlich auch für Zins-, Renten- und Gewinnantheilscheine. Nach § 126 müßte die Unterschrift von dem Eigenthümer eigenhändig vollzogen werden. Dies würde sich aber bei einer Massenausgabe von Schuldverschreibungen auf den Inhaber schwer durchführen lassen. Es ist deshalb im Abs. 2 Satz 2 der Verkehrssitte entsprechend eine im Wege der mechanischen Vervielfältigung hergestellte Namensunterschrift für genügend erklärt. Das Gesetz trägt noch in einer anderen Richtung dem Verkehrsbedürfnisse Rechnung. Vielfach ist bei der Ausgabe von Schuldverschreibungen auf den Inhaber eine besondere Ausfertigung der Papiere gebräuchlich. Bei einer Massenausgabe von Schuldverschreibungen auf den Inhaber werden nämlich die Urkunden meistens schon einige Zeit vor der Ausgabe in größerer Anzahl mit Datum und der facsimilirten Unterschrift des Ausstellers versehen hergestellt. Wenn die einzelnen Papiere dann in den Verkehr gebracht werden sollen, wird jedes noch mit einem Ausfertigungsvermerke versehen; die Form der Ausfertigung ist verschieden. Die Erklärung des Ausstellers, kraft deren er aus dem Papiere haftet, soll in diesem Falle erst vollständig und verbindlich sein, wenn die einzelne Urkunde den Ausfertigungsvermerk trägt. Der Aussteller will sich auf diese Weise dagegen sichern, daß er haftbar gemacht werden kann, wenn die im Voraus hergestellten Papiere wider seinen Willen in den Verkehr gebracht werden. Das Gesetz sanktionirt diese Einrichtung, indem es im Abs. 2

Satz 1 bestimmt, daß die Gültigkeit der Unterzeichnung von der Beobachtung einer besonderen Form abhängig gemacht werden kann. Erforderlich ist aber, daß eine dahin gehende Bestimmung des Ausstellers in die Urkunde aufgenommen wird. Es genügt also nicht, daß sie in einer Zeitung oder in einem Prospekte veröffentlicht wird. Ebenso ist es nicht angängig, durch Vermerk in einer Hauptschuldverschreibung die Gültigkeit der beigegebenen Zins- und Rentenscheine von der Beobachtung einer besonderen Form abhängig zu machen.

Unberührt bleiben die landesgesetzlichen Vorschriften, nach welchen bei Schuldverschreibungen auf den Inhaber, die ein Bundesstaat oder eine ihm angehörende Körperschaft oder Anstalt des öffentlichen Rechtes ausstellt, die Gültigkeit der Unterzeichnung von der Beobachtung einer besonderen Form abhängt, auch wenn eine solche Bestimmung in die Urkunde nicht aufgenommen ist (E.G. Art. 100 Ziffer 1).

2. Entstehung des Schuldverhältnisses. Die Verpflichtung des Ausstellers wird dadurch begründet, daß der Aussteller die Urkunde herstellt oder herstellen läßt und daß demnächst die Urkunde in den Verkehr gebracht wird. Die in der Urkunde niedergelegte Erklärung des Ausstellers, aus der Urkunde haften zu wollen, bildet die Grundlage und macht das Papier zum Träger der Forderung. Das Recht aus der Urkunde wird aber erst lebendig dadurch, daß das Papier in das Vermögen einer anderen Person gelangt (Jacubezky S. 77). Regelmäßig ist der Vorgang so, daß die Ausgabe der Papiere durch den Aussteller bewirkt wird. Dies ist aber nicht wesentlich; ein Vertrag oder ein sonstiges Rechtsgeschäft des Ausstellers mit dem ersten Empfänger werden vom Gesetze nicht erfordert; vielmehr genügt die Herstellung der Schuldverschreibung durch den Aussteller im Zusammenhange mit der Thatsache, daß sie in den Verkehr gelangt ist. Es liegt hiernach eine Ausnahme von dem allgemeinen Grundsatze des § 305 vor. Wie hier Endemann, Einführung I § 196 III 1, Dernburg, Lehrbuch II § 147 II, Oertmann, Kom., Vorbm. z. 22. Titel. A. A. Cordes Werthpapier (Diss. 1898), S. 60 ff., welcher auf dem Boden der Vertragstheorie steht.

3. Gläubigerrecht.

a) Der Inhaber der Schuldverschreibung kann von dem Aussteller die in der Urkunde versprochene Leistung fordern. Der Inhaber macht dabei ein selbständiges, nicht blos ein abgeleitetes Recht geltend. Die Thatsache, daß er Inhaber ist, genügt, um ihn als Gläubiger zu legitimiren. Er braucht sich über den Erwerb und sein materielles Recht an der Urkunde nicht auszuweisen. Der Inhaber ist nicht blos legitimirt, die in der Urkunde versprochene Leistung einzuziehen, sondern hat volle Verfügungsmacht über die durch die Urkunde verbriefte Forderung. Er kann insbesondere Vergleiche schließen, Theilleistungen in Empfang nehmen und in eine Umwandelung der Forderung willigen.

b) Der Aussteller kann die Leistung verweigern, wenn der Inhaber zur Verfügung über die Urkunde nicht berechtigt ist. Es soll auf diese Weise der Aussteller in die Lage versetzt werden, die Interessen des wahren Eigenthümers gegenüber einem nicht berechtigten Inhaber der Urkunde wahrzunehmen. Aus der Fassung der Vorschrift ergiebt sich, daß der Aussteller den Mangel des Verfügungsrechts des Inhabers geltend zu machen hat. Dem entsprechend trifft die Beweislast den Aussteller. Im Uebrigen kommt es nicht darauf an, ob sich der Inhaber in gutem oder bösem Glauben befindet; der Anspruch des Inhabers ist hinfällig, wenn er objektiv nicht zur Verfügung über die Urkunde berechtigt ist. Der Aussteller kann nicht nur geltend machen, daß der Inhaber überhaupt kein Recht an dem Papiere habe, sondern er kann sich z. B. auch darauf berufen, daß der Inhaber nur Verwahrer und als solcher zur Verfügung über das Papier nicht berechtigt sei oder daß er nur auf Grund einer Vollmacht des Eigenthümers handle, die Vollmacht aber widerrufen sei. Auch der Inhaber, der als Geschäftsführer ohne Auftrag für den Eigenthümer auftritt, muß sich den Einwand gefallen lassen, daß er objektiv zur Verfügung über die Urkunde nicht berechtigt sei. Dagegen kann der Aussteller eine Einwendung nicht schon daraus herleiten, daß das Recht des Inhabers der Anfechtung unterliege. Anträge, welche das Recht des Ausstellers, die Leistung zu verweigern, einschränken oder von anderen Voraussetzungen abhängig machen wollten, sind von der zweiten Kommission abgelehnt (P. II S. 2693—2700, Bd. 2 S. 558—561). Frivolen Einwendungen, welche vom Aussteller nur vorgeschützt werden, um eine Zahlungsfrist zu erlangen, wird der Inhaber vielfach dadurch begegnen können, daß er im Urkundenprozesse Klage erhebt und ein vorläufig vollstreckbares Urtheil erwirkt.

Der Aussteller ist nicht verpflichtet, die Legitimation des Inhabers zu prüfen. Er wird auch durch die Leistung an einen nicht zur Verfügung berechtigten Inhaber befreit. In der zweiten Kommission waren sowohl bei der ersten als auch bei der zweiten Lesung Anträge gestellt, welche den Schutz des Eigenthümers erweitern und dem Aussteller unter gewissen verschieden formulirten Voraussetzungen die Verpflichtung auferlegen wollten, die Leistung zu verweigern. Die Kommission hat nach eingehender Berathung sämmtliche Anträge abgelehnt und den Satz gebilligt, daß der Aussteller mit befreiender Wirkung an den Inhaber leisten könne, auch wenn er von dem Mangel des Verfügungsrechts des Inhabers Kenntniß habe (P. II S. 2642—2648, 8509—8513, Bd. 2 S. 529—532, Bd. 6 S. 209—211). Dieser Auffassung entspricht die absolute Fassung der Vorschrift im Gesetze. Trotzdem wird von mehreren Seiten die Ansicht vertreten, daß der Aussteller ersatzpflichtig werde, wenn er wissentlich an einen nicht berechtigten Inhaber leiste (Cordes, Werthpapiere, S. 84, Kuhlenbeck, B.G.B. Anm. 1 zu § 793, Oertmann, Kommentar, Anm. 4 zu § 793, Dernburg, Lehrbuch des bürg. Rechtes, Bd. II § 149 bei Anm. 4). Man leitet die Ersatzpflicht aus den §§ 226, 826 her. Oertmann macht außerdem geltend, der entgegengesetzte Satz verstoße gegen das Prinzip von Treu und Glauben; Dernburg hebt hervor, bei den Legitimationspapieren sei es absolut ausgeschlossen, daß der Schuldner die Verantwortlichkeit ablehnen könne, wenn er wissentlich an einen nicht berechtigten Inhaber des Papiers leiste; Inhaberpapiere könnten aber in diesem Punkte nicht anders behandelt werden wie Legitimationspapiere. Diese Gründe erscheinen nicht durchschlagend. In der Erl. zu § 226 (Bd. I S. 278, 279) ist ausgeführt, daß der § 826, wenn die Zufügung des Schadens in Ausübung eines Rechtes erfolgt, nur dann Anwendung findet, wenn die Ausübung des Rechtes gegen die Vorschrift des § 226 verstößt, wenn sie also nur den Zweck haben kann, einem Anderen Schaden zuzufügen. Hiernach könnte eine Ersatzpflicht des Ausstellers einer Schuldverschreibung auf den Inhaber, welcher an den Inhaber leistet, obwohl er weiß, daß dieser nicht berechtigt ist, nur dann angenommen werden, wenn die Leistung nur den Zweck haben konnte, dem wirklich Berechtigten einen Schaden zuzufügen. Dies wird aber wohl niemals nachgewiesen werden können. Der Aussteller wird stets mindestens auch zu dem Zwecke leisten, um sich von der Verbindlichkeit zu befreien. Man kann auch nicht sagen, daß es gegen die guten Sitten oder gegen Treu und Glauben verstößt, wenn der Aussteller unbekümmert um die Rechte des Eigenthümers an den Inhaber zahlt, der ihm das Papier zur Einlösung vorlegt, selbst wenn er davon in Kenntniß gesetzt sein sollte, daß der Inhaber nicht verfügungsberechtigt ist. Der Verkehr erfordert bei der Schuldverschreibung auf den Inhaber eine möglichst glatte und einfache Abwickelung des Geschäfts. Wollte man nun den Aussteller zwingen, bei der Einlösung jeder Schuldverschreibung, insbesondere jedes Zinsscheins zu prüfen, ob nicht Umstände hervorgetreten seien, welche ihn hinderten, an den Inhaber zu zahlen, so würde man nicht nur dem Aussteller eine außerordentliche Arbeit aufbürden, sondern auch die Interessen der wirklich berechtigten Inhaber in bedenklicher Weise schädigen, denn die Einlösung der Schuldverschreibung müßte nothwendig eine große Verzögerung erleiden und vielfach zu unliebsamen Streitigkeiten Anlaß geben. Bei den Legitimationspapieren ist die Sachlage insoweit eine ähnliche. (Erl. zu § 808 unter Nr. 3 a). Man will den Satz, daß der Aussteller an jeden Inhaber zahlen dürfe, auch nicht ganz negiren, sondern wendet sich nur gegen die Fälle, in denen der Aussteller wirklich dolos handelt. Oertmann fügt in diesem Sinne hinzu, daß der Aussteller nicht hafte, wenn er zwar die Nichtberechtigung selbst kennt, aber nicht durch Beweismittel erhärten kann und daher in der Zwangslage ist, zahlen zu müssen. Aber der Aussteller kann nicht wissen, ob nicht der Richter demnächst die dem Aussteller vorgelegten Beweismittel, welche dieser für nicht genügend erachtet hat, als hinreichend beweiskräftig ansehen wird, um den Aussteller zu veranlassen, die Leistung zu verweigern. Der Aussteller müßte also, um sicher zu gehen, jedenfalls in allen zweifelhaften Fällen eine Prüfung eintreten lassen. Bei großen Verwaltungen, welche, wie z. B. die preußische Staatsschuldenverwaltung, Tausende von Papieren einzulösen haben, würden hieraus die größten Unzuträglichkeiten entstehen. Es erscheint hiernach als ein dringendes Verkehrs-Bedürfniß, daß der Aussteller bei der Einlösung der Schuldverschreibungen nicht behindert wird. Andererseits ist der Eigenthümer einer Schuldverschreibung auf den Inhaber in der Lage, sich dadurch zu schützen, daß er sie bei der Reichsbank oder einem ähnlichen Institute hinterlegt oder auf den Namen umschreiben läßt oder, wenn sie ihm abhanden gekommen ist, die Zahlungssperre beantragt. Man darf auch wohl annehmen, daß die Aussteller, wenn ihnen der Verlust eines Papiers angezeigt wird, die Interessen des Verlustträgers berücksichtigen werden, soweit dies mit dem ordnungsmäßigen Geschäftsgange vereinbar ist. Der Aussteller hat seinerseits jedenfalls kein Interesse, Unredlichkeiten Vorschub zu leisten. Sollte sich ein Aussteller durch Leistung an einen Inhaber einer strafbaren Begünstigung schuldig machen, so würde er nach § 823 in Verbindung mit St.G.B. § 257 dem Geschädigten Ersatz zu leisten haben. Es liegt hiernach kein Anlaß vor, im Gegensatze zu dem Wortlaute des Gesetzes und den Absichten des Gesetzgebers den Aussteller verantwortlich zu machen, wenn er wissentlich an einen nicht berechtigten Inhaber zahlt. Im Interesse des Verkehrs ist vielmehr nachdrücklich zu betonen, daß nach dem Gesetze der Aussteller volle Freiheit hat, an jeden Inhaber mit befreiender Wirkung zu zahlen, auch wenn ihm Kenntniß davon gegeben ist, daß der Inhaber nicht der wirklich Berechtigte ist. Selbstverständlich ist der Aussteller berechtigt und verpflichtet, die Leistung zu verweigern, wenn ein gerichtliches Zahlungsverbot ergangen ist. Enneccerus-Lehmann, B.R. I § 340 will den Schuldner im Falle der Leistung an einen nicht berechtigten Inhaber ausnahmsweise dann nicht befreit werden lassen, wenn gegen § 826 verstoßen ist; es entspricht dies also in der Hauptsache der hier vertretenen Ansicht.

c) Der Eigenthümer, der nicht Inhaber der Urkunde ist, kann die Leistung aus der Schuldverschreibung nicht verlangen, der Aussteller kann sich durch eine Leistung an den Eigenthümer, der nicht Inhaber ist, nicht befreien; denn die Forderung ist unlösbar mit dem Papiere verbunden. Ueber die Mittel, die dem Eigenthümer zu Gebote stehen, um sich zu sichern, s. oben unter b. Dem Vormund ist gesetzlich die Verpflichtung auferlegt, Inhaberpapiere, welche zum Vermögen des Mündels gehören, zu hinterlegen oder sie auf den Namen umschreiben zu lassen (§§ 1814, 1815). Dem Vater kann eine solche Verpflichtung hinsichtlich des Kindesvermögens vom Vormundschaftsgericht auferlegt werden (§ 1667). Ein Vorerbe hat die zur Erbschaft gehörenden Inhaberpapiere auf Verlangen des Nacherben zu hinterlegen oder sie auf den Namen umschreiben zu lassen (§§ 2116, 2117). Vielfach ist es auch gebräuchlich, die Hauptschuldverschreibungen und die Zinsscheine getrennt aufzubewahren. Dieses Verfahren bietet einen gewissen Schutz gegen Diebstahl oder Veruntreuung insofern, als die Hauptschuldverschreibung ohne die zugehörigen Zinsscheine im Börsenverkehre nicht als lieferbar behandelt wird und deshalb von dem Diebe nicht leicht verwerthet werden kann. Ist eine Schuldverschreibung auf den Inhaber vernichtet oder abhanden gekommen, so steht dem Eigenthümer die Möglichkeit offen, die Urkunde für kraftlos erklären zu lassen und einstweilen eine Zahlungssperre zu erwirken (§ 799, C.P.O. §§ 1019, 1020).

4. Für die Erfüllung der dem Aussteller obliegenden Verpflichtungen gelten die allgemeinen Vorschriften. Es sind indessen folgende Besonderheiten hervorzuheben.

Aus der Natur des Verhältnisses ergiebt sich, daß die Schuld als eine Holschuld zu behandeln ist. Sind in der Schuldverschreibung mehrere Zahlstellen bezeichnet, so hat der Gläubiger zwischen den verschiedenen hierdurch festgesetzten Erfüllungsorten die Wahl. Der Aussteller ist nur gegen Aushändigung der Schuldverschreibung zur Leistung verpflichtet (§ 797 Satz 1). Das im § 247 Abs. 1 dem Schuldner eingeräumte Recht, das Kapital mit Einhaltung einer Kündigungsfrist von sechs Monaten jederzeit zu kündigen, wenn ein höherer Zinsfuß als 6% vereinbart ist, steht ihm nach § 247 Abs. 2 bei Schuldverschreibungen auf den Inhaber nicht zu. Die im § 271 Abs. 2 aufgestellte Auslegungsregel, wonach der Schuldner, wenn eine Zeit für die Leistung bestimmt ist, auch vor der bestimmten Zeit zu leisten berechtigt ist, trifft bei Schuldverschreibungen auf den Inhaber nur beschränkt zu. Nach der Verkehrsauffassung wird anzunehmen sein, daß, wenn bei Schuldverschreibungen auf den Inhaber ein bestimmter Rückzahlungsplan festgesetzt und in der Urkunde angegeben ist, dieser auch für den Aussteller bindend sein soll und daß eine vorzeitige Rückzahlung nur statthaft ist, wenn der Aussteller sich solche in der Urkunde vorbehalten hat (Erl. zu § 609 unter Nr. 3). Unberührt bleiben die landesgesetzlichen Vorschriften über die Rückzahlung oder Umwandelung verzinslicher Staatsschulden, für die Inhaberpapiere ausgegeben oder die im Staatsschuldbuch eingetragen sind (E.G. Art. 98).

5. Schuldverschreibungen auf den Inhaber werden häufig auf Grund eines sog. Prospekts in den Verkehr gebracht, in welchem nähere Angaben über das Schuldversprechen, die Bedingungen der Ausgabe der Papiere, die Zahlung der Zinsen und die Rückzahlung des Kapitals sowie sonstige für den Werth der Papiere wesentliche Umstände gemacht zu werden pflegen. Für die Verpflichtungen des Ausstellers der Schuldverschreibung gegenüber dem Inhaber der Urkunde ist der Prospekt, sofern nicht in dem Papiere selbst darauf verwiesen wird, nicht maßgebend; der Aussteller kann keine Einwendungen gegen den Inhaber, der Inhaber keine Rechte gegen den Aussteller daraus herleiten. Sofern aber der Prospekt unrichtige Angaben enthält, kann möglicherweise derjenige, welcher auf Grund des Prospekts Papiere erworben hat, Einreden wegen Mängel der Sache (§ 459) oder Ansprüche wegen Betrugs geltend machen. Oeffentliche Bekanntmachungen, die der Aussteller nach Ausgabe der Schuldverschreibung erläßt und in denen er den Inhabern der Papiere Rechte einräumt, z. B. eine sog. Konvertirungsprämie verspricht, können nicht als Ergänzung der Schuldverschreibung betrachtet werden, da sie den Erfordernissen des § 793 nicht entsprechen. Sie haben vielmehr rechtlich den Charakter eines Vertragsantrags und bestimmt sich nach den für diesen geltenden Grundsätzen die Bindung des Ausstellers. Aenderungen zu Ungunsten der Gläubiger sind selbstverständlich nur mit ihrer Zustimmung möglich.

6. Für die dinglichen Rechte an der Urkunde sind die Vorschriften des Sachenrechts maßgebend; vergl. Vorbm. unter III. Der Uebergang der Forderung aus dem Papiere vollzieht sich mit der Uebergabe des Papiers, ohne daß eine besondere Uebertragung der Forderung nothwendig wäre. Selbstverständlich finden auf den Uebergang der Forderung nicht die Vorschriften über die Abtretung von Forderungen Anwendung. Die Forderung haftet vielmehr an dem Papier und ist in diesem verkörpert; das Forderungsrecht des einzelnen Inhabers ist von dem Rechte seiner Vormänner nicht abhängig.

§. 794.

Der Aussteller wird aus einer Schuldverschreibung auf den Inhaber auch dann verpflichtet, wenn sie ihm gestohlen worden oder verloren gegangen oder wenn sie sonst ohne seinen Willen in den Verkehr gelangt ist.

Auf die Wirksamkeit einer Schuldverschreibung auf den Inhaber ist es ohne Einfluß, wenn die Urkunde ausgegeben wird, nachdem der Aussteller gestorben oder geschäftsunfähig geworden ist.

§. 795.

Im Inland ausgestellte Schuldverschreibungen auf den Inhaber, in denen die Zahlung einer bestimmten Geldsumme versprochen wird, dürfen nur mit staatlicher Genehmigung in den Verkehr gebracht werden.

Die Genehmigung wird durch die Zentralbehörde des Bundesstaats ertheilt, in dessen Gebiete der Aussteller seinen Wohnsitz oder seine gewerbliche Niederlassung hat. Die Ertheilung der Genehmigung und die Bestimmungen, unter denen sie erfolgt, sollen durch den Deutschen Reichsanzeiger bekannt gemacht werden.

Eine ohne staatliche Genehmigung in den Verkehr gelangte Schuldverschreibung ist nichtig; der Aussteller hat dem Inhaber den durch die Ausgabe verursachten Schaden zu ersetzen.

Diese Vorschriften finden keine Anwendung auf Schuldverschreibungen, die von dem Reiche oder einem Bundesstaat ausgegeben werden.

---

§ 794.

E. I § 686; II § 723 rev. § 779; III § 778. P. I S. 875—882, 3270, 3276, 3293; M. II S. 697. P. II S. 2648—2653 (Bd. 2 S. 537—539). D. S. 648.

1. Die Vorschrift des Abs. 1 ist nicht sowohl auf Grund theoretischer Erwägungen als mit Rücksicht auf das praktische Bedürfniß aufgenommen. Ist eine gültig ausgestellte Schuldverschreibung auf den Inhaber ohne Willen des Ausstellers in den Verkehr gelangt, insbesondere ihm gestohlen oder verloren gegangen, so würde der redliche Erwerber in einer mit der Verkehrssicherheit nicht verträglichen Weise geschädigt werden, wenn der Aussteller ihm aus diesem Grunde die Leistung verweigern dürfte. Dem Erwerber kann nicht zugemuthet werden, zu prüfen, ob das Papier ordnungsmäßig ausgegeben worden ist. Vielmehr erscheint es billig, daß derjenige, welcher die Ausgabe von Schuldverschreibungen auf den Inhaber unternimmt, die damit verbundenen Gefahren und Nachtheile trägt. Das Gesetz bestimmt deshalb, daß der Aussteller zu haften hat, auch wenn das Papier wider seinen Willen in den Verkehr gelangt ist (D.S. S. 648).

Der Ausdruck „ohne seinen Willen in den Verkehr gelangt" würde auch die Fälle, daß die Urkunde gestohlen worden oder verloren gegangen ist, decken. Im Interesse einer plastischen Ausdrucksweise hat man es aber für zweckmäßig erachtet, diese Fälle besonders im Gesetze hervorzuheben (P. II. S. 2652, Bd. 2 S. 539).

2. Die Vorschrift des Abs. 2 wird ebenfalls durch das Bedürfniß des Verkehrs gerechtfertigt. Es kann zweifelhaft sein, ob sie sich nicht schon aus allgemeinen Grundsätzen herleiten ließe. Im Hinblick indessen darauf, daß in einzelnen Rechtsgebieten eine andere Auffassung vertreten wird, hat man es für rathsam erachtet, sie in das Gesetz aufzunehmen. Selbstverständlich wird durch die Schuldverschreibung eine Verpflichtung nicht begründet, wenn der Aussteller bereits bei der Ausstellung geschäftsunfähig war. Die Ausstellung ist ein Rechtsgeschäft, auf welches die allgemeinen Vorschriften der §§ 105 ff. Anwendung finden. Nur das Bringen der Urkunde in den Verkehr kann auch ohne den rechtsgültigen Willen des Ausstellers erfolgen.

§ 795.

E. I § 701 Abs. 1—3; II § 724 rev. § 780; III § 779. P. I S. 856—872, 881, 3551, 3559, 3561, 3564, 11841—11843, 11861, 11862; M. II S. 718—720. P. II S. 2687—2693, 8232, 8233, 8451—8456 (Bd. 2 S. 555—558; Bd. 6 S. 41, 42, 177—180).

1. Der staatlichen Genehmigung unterliegen im Inland ausgestellte Schuldverschreibungen auf den Inhaber, in denen die Zahlung einer bestimmten Geldsumme versprochen wird. Nicht

betroffen werden hiernach diejenigen Schuldverschreibungen, in denen nicht die Zahlung einer Geldsumme, sondern eine andere Leistung, etwa die Lieferung einer bestimmten Quantität Getreide, versprochen wird, oder die, wie die Gewinnantheilscheine, nur einen bedingten, zunächst noch unbestimmten Anspruch gewähren. Den Vorschriften des § 795 unterliegen ferner nicht ausländische Schuldverschreibungen auf den Inhaber; jedoch können solche Papiere nach Maßgabe des Börsengesetzes v. 22. Juni 1896 §§ 36 ff. von der Zulassung zum Börsenhandel ausgeschlossen werden. Schwierigkeiten macht die Abgrenzung zwischen den inländischen und den ausländischen Papieren. Die zweite Kommission hat nach eingehender Erörterung beschlossen, die Ausstellung für das wesentliche Moment zu erklären in dem Sinne, daß die dem Papier aufgedruckte Ortsangabe entscheiden soll. Entscheidend ist hierfür wesentlich der Wunsch gewesen, ein greifbares und sicheres Merkmal festzustellen. Allerdings scheint danach die Umgehung der Vorschrift verhältnißmäßig leicht zu sein. Man wird aber, wie bei den Berathungen zutreffend hervorgehoben ist, annehmen dürfen, daß Papiere, die von Inländern im Ausland ausgestellt wurden, wegen mangelnden Vertrauens keinen nennenswerthen Absatz finden werden. Rechtlich ist eine Schuldverschreibung, die nur zur Umgehung des Gesetzes im Ausland ausgestellt wird, wie eine im Inland ohne die erforderliche Genehmigung ausgestellte Schuldverschreibung nach Abs. 3 als nichtig anzusehen.

2. Die Genehmigung wird nach Abs. 1 nicht zu der Ausstellung von Schuldverschreibungen der fraglichen Art, sondern nur dazu erfordert, sie in den Verkehr zu bringen. Dies genügt in Verbindung mit der Vorschrift des Abs. 3, nach welcher die ohne staatliche Genehmigung in den Verkehr gebrachten Schuldverschreibungen nichtig sind, um den beabsichtigten Zweck zu erreichen, indem die Schuldverschreibung, ehe sie in den Verkehr gelangt, eine rechtliche Wirkung überhaupt nicht hat.

3. Die Genehmigung stellt sich dar als ein öffentlichrechtlicher Verwaltungsakt. Selbstverständlich hat sie nicht die Bedeutung, daß der Staat, welcher die Genehmigung ausspricht, damit eine Garantie für die Erfüllung der dem Aussteller obliegenden Verpflichtungen übernimmt. Die Genehmigung wird ertheilt durch die Zentralbehörde desjenigen Bundesstaats, in dessen Gebiete der Aussteller seinen Wohnsitz (§§ 7 ff., 24) oder seine gewerbliche Niederlassung hat. Dies entspricht dem E. I. Die zweite Kommission hatte beschlossen, die Genehmigung dem Bundesrathe zu übertragen. Der Bundesrath hat aber den E. I. wiederhergestellt. Die von dem zuständigen Bundesstaat ertheilte Genehmigung hat Wirkung für das ganze Reichsgebiet. Im Hinblick auf die weittragende Bedeutung dieses Aktes ist bestimmt, daß die Genehmigung und die Bestimmungen, unter denen sie erfolgt, durch den Deutschen Reichsanzeiger bekannt gemacht werden sollen. Dieser Satz hat aber nur den Charakter einer Ordnungsvorschrift. Die Gültigkeit der Genehmigung hängt also nicht davon ab, daß sie bekannt gemacht ist, und ebenso hat die Bekanntmachung der Bedingungen nicht die Bedeutung, daß die Verpflichtungen des Ausstellers sich nunmehr nach jenen Bedingungen richten müßten. Sollte die Ausgabe den Bedingungen der Genehmigung zuwider geschehen sein, so kann in Frage kommen, ob nicht die Ausgabe als ohne Genehmigung erfolgt anzusehen ist; es läßt sich dies nur nach den Umständen des einzelnen Falles entscheiden.

4. Um den Bestimmungen über die staatliche Genehmigung den erforderlichen Nachdruck zu verleihen, wird eine ohne staatliche Genehmigung in den Verkehr gelangte Schuldverschreibung für nichtig erklärt. Der Aussteller soll verpflichtet sein, dem Inhaber den durch die Ausgabe verursachten Schaden zu ersetzen. Ergänzend tritt zu diesen Bestimmungen noch eine von der zweiten Kommission eingestellte Strafvorschrift (E.G. Art. 34 Ziff. IV).

Die erste Voraussetzung der Schadensersatzpflicht ist, daß der Aussteller das Papier ausgegeben hat. Daß das Papier in den Verkehr gelangt ist, gilt, abweichend von der Vorschrift des § 794 über die Verpflichtung des Ausstellers zur Erfüllung des Schuldversprechens, nicht als genügend. Weitere Voraussetzung ist, daß die Schuldverschreibung vor der erlangten Staatsgenehmigung ausgegeben ist. Wenn aber diese Genehmigung erfolgt ist, so kommt es, ebenso wie in Ansehung der Nichtigkeit, nicht darauf an, ob sie öffentlich bekannt gemacht oder in den Schuldverschreibungen erwähnt ist. Sind die bezeichneten Voraussetzungen vorhanden, so tritt die Schadensersatzpflicht ein, ohne Rücksicht darauf, ob die Entstehung des Schadens von dem Aussteller vorausgesehen wurde oder vorausgesehen werden mußte. Nach den Motiven (II S. 720) scheint beabsichtigt zu sein, daß der Aussteller auch dann haften soll, wenn der Erwerber des Papiers den Mangel der Genehmigung gekannt hat. Im Gesetze hat dies aber keinen Ausdruck gefunden. Es greift die allgemeine Vorschrift des § 254 Platz (Oertmann, Komm., § 795 Anm. 3b, Dernburg, Lehrbuch II § 149 Anm. 7).

Anspruch auf Ersatz des Schadens soll nur der letzte Inhaber haben. Es ist, um dies klar zu stellen, der im E. I gebrauchte Plural „den Inhabern“ durch den Ausdruck „dem Inhaber“ ersetzt (P. II S. 2693, Bd. 2 S. 558). Für den Ersatz des Schadens gelten die allgemeinen Vorschriften der §§ 249 ff.

§. 796.

Der Aussteller kann dem Inhaber der Schuldverschreibung nur solche Einwendungen entgegensetzen, welche die Gültigkeit der Ausstellung betreffen oder sich aus der Urkunde ergeben oder dem Aussteller unmittelbar gegen den Inhaber zustehen.

---

5. a) Als reichsgesetzliche Bestimmungen, welche neben § 793 in Kraft bleiben, sind folgende hervorzuheben:

Ges., betr. die Inhaberpapiere mit Prämien, v. 8. Juni 1871 § 1: Auf den Inhaber lautende Schuldverschreibungen, in welchen allen Gläubigern oder einem Theile derselben außer der Zahlung der verschriebenen Geldsumme eine Prämie dergestalt zugesichert wird, daß durch Ausloosung oder durch eine andere auf den Zufall gestellte Art der Ermittelung die zu prämiirenden Schuldverschreibungen und die Höhe der ihnen zufallenden Prämie bestimmt werden sollen (Inhaberpapiere mit Prämien), dürfen innerhalb des Deutschen Reichs nur auf Grund eines Reichsgesetzes und nur zum Zwecke der Anleihe eines Bundesstaates oder des Reichs ausgegeben werden.

Bankgesetz v. 14. März 1875 § 1: Die Befugniß zur Ausgabe von Banknoten kann nur durch Reichsgesetz erworben, oder über den bei Erlaß des gegenwärtigen (Bank-) Gesetzes zulässigen Betrag der Notenausgabe hinaus erweitert werden. Den Banknoten im Sinne dieses Gesetzes wird dasjenige Staatspapiergeld gleich geachtet, dessen Ausgabe einem Bankinstitute zur Verstärkung seiner Betriebsmittel übertragen ist.

§ 11: Ausländische Banknoten oder sonstige auf den Inhaber lautende unverzinsliche Schuldverschreibungen ausländischer Korporationen, Gesellschaften oder Privaten dürfen, wenn sie ausschließlich oder neben anderen Werthbestimmungen in Reichswährung oder einer deutschen Landeswährung ausgestellt sind, innerhalb des Reichsgebiets zu Zahlungen nicht gebraucht werden.

Gesetz, betr. die Ausgabe von Reichskassenscheinen, v. 30. April 1874 § 8: Von den Bundesstaaten darf auch ferner nur auf Grund eines Reichsgesetzes Papiergeld ausgegeben oder dessen Ausgabe gestattet werden.

b) Die öffentlich rechtlichen Bestimmungen der Landesgesetze, welche die Ertheilung der Genehmigung zur Ausgabe von Schuldverschreibungen auf den Inhaber regeln oder den Verkehr mit gewissen Arten von Schuldverschreibungen, wie z. B. Lotterieloosen, Beschränkungen unterwerfen, bleiben unberührt. Wird aber von der Zentralbehörde eines Bundesstaats nach Maßgabe des § 795 Abs. 2 die Genehmigung zur Ausgabe von Schuldverschreibungen auf den Inhaber ertheilt, so kommt es nicht darauf an, ob sie mit den etwaigen landesgesetzlichen Bestimmungen im Einklange steht oder nicht. Die Gültigkeit der Schuldverschreibung hängt lediglich von der Genehmigung selbst ab.

6. Schuldverschreibungen, die auf Order gestellt und mit einem Blankoindossament versehen sind (H.G.B. § 363), können ohne staatliche Genehmigung in den Verkehr gebracht werden.

§ 796.

E. I § 689; II § 725 rev. § 781; III § 780. P. I S. 886—893, 895, 6142, 6143, 11843; M. II S. 699—701. P. II S. 2656—2658 (Bd. 2 S. 540, 541).

1. Der § 796 regelt die dem Aussteller gegenüber dem Inhaber zustehenden Einwendungen. Unter Einwendungen versteht das Gesetz gemäß seiner Terminologie auch hier die Geltendmachung der die Entstehung der Schuldverschreibung hindernden oder dasselbe ipso jure aufhebenden Thatsachen sowie das Vorschützen von Einreden im eigentlichen Sinne (M. II S. 699, Bd. I S. 49 Vorbm. VIII).

Die Bestimmungen des Gesetzes beruhen auf dem Gedanken, daß das Papier Träger des Schuldverhältnisses ist und daß jedem Inhaber ein selbständiges, vom Rechte seiner Vormänner unabhängiges Gläubigerrecht gegenüber dem Aussteller zusteht. Die Fassung der Vorschrift schließt sich an die der W.O. Art. 82 und (alten) H.G.B. Art. 303 an. Genau entspricht die Formulirung weder dem Art. 82 der W.O. („Der Wechselschuldner kann sich nur solcher Einreden bedienen, welche aus dem Wechselrechte selbst hervorgehen oder ihm unmittelbar gegen den jedesmaligen Kläger zustehen.") noch dem Art. 303 Abs. 2 des alten H.G.B. („Der Verpflichtete kann sich nur solcher Einreden bedienen, welche ihm nach Maßgabe der Urkunde selbst oder unmittelbar gegen den jedesmaligen Kläger zustehen.") Die Fassung des § 796 schließt sich der Terminologie des B.G.B. an und ist korrekter. Doch ist die Absicht des Gesetzgebers gewesen, das Verhältniß materiell der W.O. und dem H.G.B. entsprechend zu gestalten und man wird deshalb bei der

Auslegung des § 796 die Ergebnisse zu berücksichtigen haben, zu welchen Theorie und Praxis bei der Anwendung des Art. 82 und des Art. 303 gelangt sind (Staub, Kommentar zur W.O. Art. 82 und Staub, Kommentar zum H.G.B. Art. 301 §§ 8—8 f.). Die Fassung des § 364 des neuen H.G.B. ist der des § 796 angepaßt; vergl. Staub, Komm. z. neuen H.G.B. § 364 Anm. 5—17.

Ueber die Beweislast entscheiden die allgemeinen Grundsätze. Wer ein Recht aus der Urkunde gegen den Aussteller herleitet, hat zunächst zu beweisen, daß eine gültige Schuldverschreibung vorliegt; doch gelten auch in dieser Beziehung die sich aus den allgemeinen Grundsätzen ergebenden Modifikationen in Betreff der sog. rechtszerstörenden Einwendungen, z. B. der Geschäftsunfähigkeit. Einwendungen, welche die Aufhebung des Rechtes betreffen und eigentliche Einreden hat regelmäßig der Aussteller zu beweisen.

2. Die Einwendungen, welche für den Aussteller in Betracht kommen, gliedern sich in drei Gruppen, nämlich in die Einwendungen, welche die Gültigkeit der Ausstellung betreffen, ferner diejenigen, welche sich aus der Urkunde ergeben und endlich diejenigen, welche dem Aussteller unmittelbar gegen den Inhaber zustehen. Nicht hierunter fallen anscheinend die Einwendungen, welche den objektiven Bestand der Obligation betreffen, aber nicht die Gültigkeit der Ausstellung. Als solche sind zu nennen die Einwendung, daß die Schuldverschreibung ohne die erforderliche staatliche Genehmigung in den Verkehr gebracht sei (§ 795) oder daß die Urkunde für kraftlos erklärt sei (§ 799) oder daß ein gerichtliches Zahlungsverbot ergangen sei oder endlich, daß der Anspruch aus dem Papiere durch Zeitablauf erloschen sei (§ 801). Die erste würde man allenfalls zu den Einwendungen rechnen können, welche die Gültigkeit der Ausstellung betreffen, die anderen aber jedenfalls nicht. Bei dem Art. 82 der W.O. kann über die Klassifizirung der Einreden, welche den Bestand der Wechselobligation betreffen, kein Zweifel bestehen; sie fallen unter diejenigen Einreden, welche aus dem Wechselrechte selbst hervorgehen. Bei dem Art. 303 des H.G.B. ergeben sich ähnliche Schwierigkeiten wie hier. Staub, Kommentar z. H.G.B. Art. 301 §§ 8a und 8c will derartige Einreden unter die Gruppe derer einreihen, welche dem Verpflichteten unmittelbar gegen den jedesmaligen Kläger zustehen. Man wird sich dieser Behandlungsweise bei der Auslegung des § 796 anschließen oder aber annehmen müssen, daß der § 796 die dem Aussteller zustehenden Einwendungen nicht erschöpfend regelt, sondern die aus besonderen Vorschriften, insbesondere aus den Bestimmungen der §§ 795, 799, 801, C.P.O. § 1019 sich ergebenden Einwendungen stillschweigend vorbehalten hat.

a) Einwendungen gegen die Gültigkeit der Ausstellung sind begründet, z. B., wenn der in der Urkunde vorgesehene Ausfertigungsvermerk (§ 793 Abs. 2 Satz 1) fehlt oder gefälscht ist oder wenn der Aussteller zur Zeit der Ausstellung geschäftsunfähig war. Ferner gehört hierher der Fall, daß Schuldverschreibungen ohne Wissen und Willen der als Aussteller bezeichneten Person durch Mißbrauch von Platten oder Maschinen hergestellt sind.

b) Der Aussteller ist ferner befugt, solche Einwendungen geltend zu machen, welche er sich in der Urkunde vorbehalten hat. Zu denken ist namentlich an Zeitbestimmungen und Bedingungen, welche dem Schuldversprechen beigefügt sind. Ist in der Urkunde der Schuldgrund angegeben, so kann das die Bedeutung haben, daß sich der Aussteller alle oder doch gewisse Einreden aus dem zu Grunde liegenden Rechtsverhältnisse vorbehalten will; die Angabe des Schuldgrundes kann aber auch den Charakter eines bloß erläuternden, rechtlich bedeutungslosen Zusatzes haben. Die Frage ist nach den Umständen des einzelnen Falles zu entscheiden, wobei möglicherweise aus der Verkehrssitte Anhaltspunkte für die Auslegung zu entnehmen sind (M. II S. 699). Selbstverständlich kann der Aussteller sich auch darauf berufen, daß die Urkunde überhaupt kein Schuldversprechen an den Inhaber enthalte, sondern nur den Charakter einer einfachen Schuldverschreibung oder eines Legitimationspapiers trage.

c) Als Einwendungen, welche dem Aussteller unmittelbar gegen den Inhaber zustehen, sind hervorzuheben die Einrede, daß der Inhaber zur Verfügung über die Urkunde nicht berechtigt sei (§ 793 Abs. 1 Satz 1) sowie die Einrede, daß der Inhaber durch Zahlung oder Aufrechnung befriedigt sei. Ueber die Einwendungen, daß die Schuldverschreibung wegen mangelnder Genehmigung nichtig sei oder daß die Urkunde für kraftlos erklärt oder daß ein Zahlungsverbot ergangen sei oder endlich, daß der Anspruch aus der Urkunde durch Zeitablauf erloschen sei s. oben.

Die Einwendung der Arglist giebt zu Zweifeln Anlaß. Die Motive führen aus: Unter die bezeichnete Kategorie von zulässigen Einwendungen fällt auch die exceptio doli, welche die Behauptung zur Grundlage hat, der Inhaber habe bei dem Erwerbe der Verschreibung von einer gegen den Vormann zulässigen Einrede Kenntniß gehabt und die Schuldverschreibung in arglistiger Weise, d. h. zu dem Zwecke erworben, um dem Aussteller die betreffende Einrede abzuschneiden und zu entziehen. Die Frage des dolosen Rechtserwerbes ist im Wechselrechte häufig erörtert (Staub, Kommentar zur W.O. Art. 82 §§ 14—18, Grünhut, Wechselrecht, §§ 88, 89).

Einverständniß besteht hier darüber, daß der Schuldner eine exceptio doli geltend machen kann, wenn der Wechselgläubiger den Wechsel in der Absicht erworben hat, um den Schuldner eine ihm gegen einen Vormann zustehende Einrede abzuschneiden; ob und unter welchen Umständen darüber hinaus eine exceptio doli zuzulassen ist, ist streitig. Das R.G. hat in mehreren Urtheilen (Bd. 4 S. 101, Bd. 11 S. 9) abweichend vom R.O.H.G. den Grundsatz zur Anwendung gebracht, „daß die Einrede der Arglist gegen den Wechselgläubiger nicht allein dann stattfindet, wenn er beim Erwerbe des Wechsels dolos handelte, indem er wußte, daß er als Werkzeug dazu dienen sollte, einen unbegründeten Anspruch des Indossanten geltend zu machen und dem Wechselschuldner begründete Einreden abzuschneiden, sondern daß ihn der Vorwurf arglistigen Verfahrens auch dann trifft, wenn er vor Anstellung der Wechselklage oder auch erst im Laufe des Prozesses die von dem Wechselschuldner gegen den Indossanten in Anspruch genommenen Einreden erfährt und das ihm zustehende formale Recht dazu mißbraucht, die Geltendmachung der Einreden kraft seiner eigenen wechselrechtlichen Legitimation lediglich zum Vortheile des Indossanten und zum Nachtheile des Wechselschuldners zu verhindern." Meißner, Kommentar, zu § 796 Anm. 2 vertritt unter Bezugnahme auf das im B.G.B. anerkannte Prinzip von Treu und Glauben sowie auf die angeführten Entscheidungen des R.G. die Ansicht, daß die Einrede der Arglist (exceptio doli) auch in den Fällen des § 796 ein absichtlich, bezw. bewußt rechtswidriges Verhalten (dolus ex proposito) nicht voraussetzt, daß vielmehr schon ein, objektiv betrachtet, an und für sich arglistiges Verhalten die Einrede begründet, ebenso Kuhlenbeck, B.G.B. § 796 Anm. 2; zustimmend Oertmann, Kommentar, § 796 Anm. 3c; Dernburg, Lehrbuch des bürgerlichen Rechts, Bd. 2 § 150 Anm. 7 verweist auf § 826 mit dem Bemerken, daß auch in dieser Beziehung die Sätze maßgebend seien, welche die Praxis bezüglich der Einwendungen gegen einen Wechsel entwickelt habe. Bei der Entscheidung ist zu beachten, daß das B.G.B. eine allgemeine unbeschränkte Einrede der Arglist nicht kennt. Es erscheint danach nicht angängig, überall da, wo man bisher einen Rechtsbehelf unter dem Namen der exceptio doli zugelassen hat, dies ohne Weiteres auf das neue Recht zu übertragen. Eine Einrede wird vielmehr nach dem B.G.B. nur dann zuzulassen sein, wenn sie sich aus den positiven Bestimmungen und den Prinzipien des Gesetzes herleiten läßt. Das Gesetz bietet aber auch genügende Anhaltspunkte, um zu einer bestimmten Entscheidung zu gelangen. Nach § 826 hat, wer in einer gegen die guten Sitten verstoßenden Weise einem Anderen vorsätzlich Schaden zufügt, dem Anderen den Schaden zu ersetzen. Die Anwendung dieses Satzes führt dahin, daß der Inhaber unter den in den Motiven (s. oben) bezeichneten Voraussetzungen, wenn er also die Schuldverschreibung zu dem Zwecke erworben hat, um dem Aussteller eine Einwendung gegen den früheren Inhaber zu entziehen, dem Aussteller zum Schadensersatze verpflichtet ist, dieser also insoweit als sein Ersatzanspruch reicht, die Leistung verweigern kann. Weiter zu gehen und eine Einrede auch dann zuzulassen, wenn der Inhaber erst nach dem Erwerbe der Schuldverschreibung von der Einwendung Kenntniß erhalten hat, dürfte bedenklich sein. Der Inhaber hat durch den Erwerb der Schuldverschreibung ein abstraktes Recht auf Leistung gegen den Aussteller erworben. Er hat dieses Recht auf Grund der Inhabung der Schuldverschreibung, nicht als Rechtsnachfolger desjenigen, von welchem er die Schuldverschreibung erworben hat. Wenn er von diesem Rechte Gebrauch macht, obwohl er später erfährt, daß der Aussteller gegen den früheren Inhaber Einwendungen gehabt haben würde, so thut er dies nicht, um dem Aussteller einen Schaden zuzufügen, sondern eben nur, um sein Recht geltend zu machen. Man wird auch aus dem Inhalte des hier fraglichen Schuldverhältnisses nicht folgern können, daß der Inhaber in dem gedachten Falle wider Treu und Glauben handelt; denn seinem Rechte stehen nach gesetzlicher Vorschrift die gegen den früheren Inhaber begründeten Einwendungen nicht entgegen. Hierbei kann es auch keinen Unterschied machen, ob der jetzige Inhaber die Schuldverschreibung gegen Entgelt oder unentgeltlich erworben hat. Die Unentgeltlichkeit des Erwerbes ändert den Charakter des Rechtes nicht. Anders liegt das Verhältniß, wenn der Inhaber nur als vorgeschobene Person für einen Anderen auftritt, weil dieser wegen einer ihm gegenüber durchschlagenden Einwendung das Gläubigerrecht nicht geltend machen kann. Er ist hier sachlich Vertreter des Anderen und weiß dies. Das Erwerbsgeschäft, aus welchem der Inhaber sein Recht herleitet, charakterisirt sich in diesem Falle als Scheingeschäft; es verdeckt das Vertretungsgeschäft. Formell zwar macht der Inhaber ein eigenes Recht, in der Wirklichkeit aber das Recht des Anderen geltend; er muß sich deshalb auch gefallen lassen, daß der Aussteller die ihm gegenüber jenem Anderen zustehenden Einwendungen geltend macht. Man wird hiernach in den verschiedenen Fällen zu einem befriedigenden Ergebnisse gelangen können, ohne die Entscheidung auf eine unbestimmte und in ihren Voraussetzungen unsichere exceptio doli generalis stützen zu müssen.

d) Einwendungen aus dem persönlichen Rechtsverhältnisse des Ausstellers zu einem früheren Inhaber kann der Aussteller dem das Forderungsrecht aus der Schuldverschreibung geltend machenden Inhaber, abgesehen von den unter c erwähnten Ausnahmefällen, nicht entgegensetzen.

§. 797.

Der Aussteller ist nur gegen Aushändigung der Schuldverschreibung zur Leistung verpflichtet. Mit der Aushändigung erwirbt er das Eigenthum an der Urkunde, auch wenn der Inhaber zur Verfügung über sie nicht berechtigt ist.

§. 798.

Ist eine Schuldverschreibung auf den Inhaber in Folge einer Beschädigung oder einer Verunstaltung zum Umlaufe nicht mehr geeignet, so kann der Inhaber, sofern ihr wesentlicher Inhalt und ihre Unterscheidungsmerkmale noch mit Sicherheit erkennbar sind, von dem Aussteller die Ertheilung einer neuen Schuldverschreibung auf den Inhaber gegen Aushändigung der beschädigten oder verunstalteten verlangen. Die Kosten hat er zu tragen und vorzuschießen.

---

§ 797.

E. I § 688; II § 726 rev. § 782; III § 781. P. I S. 897—900, 3287; M. II S. 698. P. II S. 2655, 2656 (Bd. 2 S. 540; Bd. 6 S. 209—211).

1. Satz 1. Aus der Natur der Schuldverschreibung auf den Inhaber ergiebt sich, daß der Aussteller befugt sein muß, wenn er die ihm nach der Urkunde obliegende Verpflichtung erfüllt, die Aushändigung der Urkunde zu verlangen. Er würde sonst Gefahr laufen, daß die Urkunde wieder veräußert und er von einem anderen Inhaber nochmals in Anspruch genommen würde. Die Leistung und die Aushändigung haben Zug um Zug zu erfolgen. Das Recht, die Aushändigung zu verlangen, fällt fort in den Fällen der §§ 799, 804. Macht der Aussteller eine Theilleistung, so ist er befugt, einen entsprechenden Vermerk auf das Papier zu setzen, um sich dadurch gegen Ansprüche späterer Inhaber zu schützen.

Das Recht des Ausstellers, nach Maßgabe des § 369 eine Quittung zu verlangen, wird durch den § 785 nicht berührt.

2. Satz 2. Der E. I. legte dem Aussteller das Recht bei, auf der ausgehändigten Schuldverschreibung zu vermerken, daß die Leistung erfolgt und die Schuldverschreibung kraftlos geworden sei oder die letztere nach seiner Wahl zu vernichten. Die zweite Kommission hat es für einfacher gehalten, mit der Aushändigung der Urkunde an den Aussteller das Eigenthum auf den Aussteller übergehen zu lassen. Der Eigenthumsübergang tritt mit der Aushändigung kraft Gesetzes ein. Es kommt nicht darauf an, ob der Inhaber zur Zeit der Aushändigung Eigenthümer ist oder ob er die Absicht hat, das Eigenthum zu übertragen. Selbst wenn der Aussteller weiß, daß der Inhaber zur Verfügung über die Urkunde nicht berechtigt ist, erwirbt er mit der Aushändigung das Eigenthum an der Urkunde; es ist dies die nothwendige Konsequenz aus dem Satze, daß der Aussteller durch die Leistung an einen zur Verfügung nicht berechtigten Inhaber befreit wird (Erl. zu § 793 unter Nr. 3 b. A. A. Oertmann, Kommentar § 797 Anm. 2). Der bisherige Eigenthümer, welcher hierdurch einen Rechtsverlust erleidet, hat sich an den Inhaber zu halten; sollte sich der Aussteller der strafbaren Begünstigung des Inhabers schuldig gemacht haben, so würde er dem Aussteller nach § 823 i. V. mit St.G.B. § 257 haftbar sein.

§ 798.

E. I § 699; II § 727 rev. 783; III § 782. P. I S. 948, 949; M. II S. 713. P. II S. 2686 (Bd. 2 S. 554, 555).

1. Nach dem Vorbild einer Reihe von neueren Gesetzen bestimmt das Gesetz, daß der Inhaber einer beschädigten Schuldverschreibung, falls sie in ihrer Individualität noch erkennbar ist, den Umtausch derselben gegen eine neue verlangen kann. Der Austausch hat Zug um Zug zu erfolgen. Mit der Aushändigung erwirbt der Aussteller das Eigenthum an der alten, der Empfänger oder wenn dieser nur als Vertreter handelt, die durch ihn vertretene Person das Eigenthum an der neuen Urkunde.

Sofern der wesentliche Inhalt und die Unterscheidungsmerkmale der beschädigten Schuldverschreibung nicht mehr mit Sicherheit erkennbar sind, bleibt dem Inhaber nichts übrig, als die Kraftloserklärung der Urkunde nach Maßgabe des § 799 zu betreiben oder, sofern es sich um einen Zins-, Renten- oder Gewinnantheilschein handelt, nach § 804 zu verfahren.

§. 799.

Eine abhanden gekommene oder vernichtete Schuldverschreibung auf den Inhaber kann, wenn nicht in der Urkunde das Gegentheil bestimmt ist, im Wege des Aufgebotsverfahrens für kraftlos erklärt werden. Ausgenommen sind Zins-, Renten- und Gewinnantheilscheine sowie die auf Sicht zahlbaren unverzinslichen Schuldverschreibungen.

Der Aussteller ist verpflichtet, dem bisherigen Inhaber auf Verlangen die zur Erwirkung des Aufgebots oder der Zahlungssperre erforderliche Auskunft zu ertheilen und die erforderlichen Zeugnisse auszustellen. Die Kosten der Zeugnisse hat der bisherige Inhaber zu tragen und vorzuschießen.

---

2. Reichsrechtliche Sonderbestimmungen:

Ges. betr. die Ausgabe von Reichskassenscheinen v. 30. April 1874 § 6 Abs. 2: Die Reichsschuldenverwaltung hat für beschädigte oder unbrauchbar gewordene Exemplare für Rechnung des Reichs Ersatz zu leisten, wenn das vorgelegte Stück zu einem echten Reichskassenscheine gehört und mehr als die Hälfte eines solchen beträgt. Ob in anderen Fällen ausnahmsweise Ersatz geleistet werden kann, bleibt ihrem pflichtmäßigen Ermessen überlassen.

Bankgesetz v. 14. März 1875 § 4 Abs. 2: Für beschädigte Banknoten hat die Bank Ersatz zu leisten, sofern der Inhaber entweder einen Theil der Note präsentirt, welcher größer ist als die Hälfte oder den Nachweis führt, daß der Rest der Note, von welcher er nur die Hälfte oder einen geringeren Theil als die Hälfte präsentirt, vernichtet sei.

§ 799.

E. I § 692; II § 728 Abs. 1 rev. § 784; III § 783. P. I S. 918—920; M. II S. 705, 706. P. II S. 2668, 2669, 8816 (Bd. 2 S. 546, 547; Bd. 6 S. 385, 386). D. S. 648.

1. Im Hinblick auf die Bedürfnisse des Verkehrs hat das Gesetz in Uebereinstimmung mit den meisten neueren Gesetzen die Kraftloserklärung abhanden gekommener oder vernichteter Schuldverschreibungen auf den Inhaber zugelassen. Die Kraftloserklärung findet durch das Gericht auf Antrag des bisherigen Inhabers statt; das Gericht hat auch auf Antrag eine vorläufige Zahlungssperre anzuordnen. Das Verfahren ist in der C.P.O. (§§ 1003 ff.) geregelt. Ist die Urkunde durch Ausschlußurtheil für kraftlos erklärt, so ist derjenige, welcher das Ausschlußurtheil erwirkt hat, dem durch die Urkunde Verpflichteten gegenüber berechtigt, die Rechte aus der Urkunde geltend zu machen; C.P.O. § 1018 Abs. 1. Daneben kann er nach Maßgabe des § 800 die Ertheilung einer neuen Schuldverschreibung an den Inhaber verlangen.

Grundsätzlich sind alle Schuldverschreibungen auf den Inhaber der Kraftloserklärung unterworfen, namentlich auch solche, welche nicht auf die Leistung einer bestimmten Geldsumme lauten. Ausgenommen sind aber Zins-, Renten- und Gewinnantheilscheine, weil hier die Kraftloserklärung den Verkehrsverhältnissen nicht entsprechen und auch die bei der Erfüllung erforderlich werdende Kontrole den Aussteller unverhältnißmäßig belasten würde. Für diese Papiere ist im § 804 ein anderes Verfahren vorgesehen, um den Verlustträger thunlichst vor Schaden zu bewahren. Ausgenommen sind ferner die auf Sicht zahlbaren unverzinslichen Schuldverschreibungen; es entspricht dies dem reichsgesetzlichen Ausschlusse der Kraftloserklärung bei Banknoten (Bankgesetz v. 14. März 1875 § 4 Abs. 3) und beruht auf der geldähnlichen Natur und Funktion solcher Papiere. Erneuerungsscheine (Talons, Zinsleisten) unterliegen der Kraftloserklärung nach § 799 nicht, weil sie nicht Inhaberpapiere, sondern Legitimationspapiere sind; doch ist im § 805 Vorsorge getroffen, um den Inhaber der Hauptschuldverschreibung im Falle des Verlustes zu schützen.

2. Die Vorschrift des Abs. 2 ist von der zweiten Kommission hinzugefügt. Sie erschien geboten durch die Einrichtung des Aufgebotsverfahrens. Der Inhaber hat nach den Bestimmungen der C.P.O. über das Aufgebotsverfahren, um die Kraftloserklärung erwirken zu können, Nachweise zu liefern, hinsichtlich deren ihm in zuverlässiger Weise nur der Aussteller Auskunft zu geben und Zeugnisse zu ertheilen vermag. Man hat es deshalb für geboten erachtet, dem Inhaber einen entsprechenden privatrechtlichen Anspruch gegen den Aussteller einzuräumen.

3. Dem Aussteller steht es frei, wie das Gesetz, um Zweifel abzuschneiden, ausdrücklich hervorhebt, die Kraftloserklärung auszuschließen; eine dahin gehende Bestimmung muß aber in die Urkunde aufgenommen werden.

§. 800.

Ist eine Schuldverschreibung auf den Inhaber für kraftlos erklärt, so kann derjenige, welcher das Ausschlußurtheil erwirkt hat, von dem Aussteller, unbeschadet der Befugniß, den Anspruch aus der Urkunde geltend zu machen, die Ertheilung einer neuen Schuldverschreibung auf den Inhaber an Stelle der für kraftlos erklärten verlangen. Die Kosten hat er zu tragen und vorzuschießen.

§. 801.

Der Anspruch aus einer Schuldverschreibung auf den Inhaber erlischt mit dem Ablaufe von dreißig Jahren nach dem Eintritte der für die Leistung bestimmten Zeit, wenn nicht die Urkunde vor dem Ablaufe der dreißig Jahre dem Aussteller zur Einlösung vorgelegt wird. Erfolgt die Vorlegung, so verjährt der Anspruch in zwei Jahren von dem Ende der Vorlegungsfrist an. Der Vorlegung steht die gerichtliche Geltendmachung des Anspruchs aus der Urkunde gleich.

Bei Zins=, Renten= und Gewinnantheilscheinen beträgt die Vorlegungsfrist vier Jahre. Die Frist beginnt mit dem Schlusse des Jahres, in welchem die für die Leistung bestimmte Zeit eintritt.

Die Dauer und der Beginn der Vorlegungsfrist können von dem Aussteller in der Urkunde anders bestimmt werden.

---

§ 800.

E. I § 695; II § 728 Abs. 2 rev. § 785; III § 784. P. I S. 930—932, 934; M. II S. 708, 709. P. II S. 2671 (Bd. 2 S. 548).

1. Ueber die Wirkung der Kraftloserklärung bestimmt die C.P.O.: Derjenige, welcher das Ausschlußurtheil erwirkt hat, ist dem durch die Urkunde Verpflichteten gegenüber berechtigt, die Rechte aus der Urkunde geltend zu machen (C.P.O. § 1018 Abs. 1). Ergänzend trifft das Gesetz im § 800 die Bestimmung, daß der Verlustträger gegen Vorschuß der Kosten eine neue Urkunde fordern kann. Dieser Anspruch besteht auch dann, wenn die Leistung aus der Urkunde bereits fällig ist.

Die neue Urkunde braucht nicht genau der alten zu gleichen; es genügt, wenn sie wirthschaftlich und rechtlich der für kraftlos erklärten gleichwerthig ist. Der Aussteller kann hiernach, anstatt eine neue Schuldverschreibung herzustellen, ein gleichartiges Stück derselben Ausgabe liefern.

§ 801.

E. I § 691; II § 729 rev. § 786; III § 785. P I S. 906—916, 3291, 3556, 3560, 11847—11849; M. II S. 703—705. P. II S. 2660—2668 (Bd. 2 S. 542—546). D. S. 648.

1. Die Anwendung der allgemeinen Verjährungsgrundsätze auf Schuldverschreibungen auf den Inhaber führt zu manchen Schwierigkeiten, namentlich in Ansehung des Beginns, der Hemmung und der Unterbrechung der Verjährung. Im bisherigen Rechte hat man in sehr verschiedener Weise, nicht nur im Wege der Gesetzgebung, sondern auch durch autonomische Festsetzungen, Abhülfe zu schaffen gesucht. Das Gesetz geht davon aus, daß die Bedürfnisse des Verkehrs und die Interessen des Ausstellers eine möglichst einfache und klare Gestaltung der rechtlichen Vorschriften erfordern. Deshalb sind Ausschlußfristen festgesetzt, innerhalb deren die Schuldverschreibung dem Aussteller zur Einlösung vorgelegt sein muß, widrigenfalls der Anspruch aus der Urkunde erlischt. Die Dauer der Fristen ist ebenso wie bei der Verjährung geordnet. Die Frist beginnt mit dem Eintritte der für die Leistung bestimmten Zeit, bei Zins=, Renten= und Gewinnantheilscheinen mit dem Schlusse des Jahres, in welchem die für die Leistung bestimmte Zeit eintritt. Eine Hemmung oder Unterbrechung der Frist findet, abgesehen von dem Falle der gerichtlichen Zahlungssperre (§ 802), nicht statt; mit dem Ablaufe der Frist ist der Anspruch aus der Schuldverschreibung erloschen. Hiernach ist der Aussteller in der Lage, mit Sicherheit zu beurtheilen, wie lange Zeit er äußerstenfalls die Mittel zur Einlösung der Schuldverschreibung zur Verfügung halten muß.

Neben dem Erlöschen des Anspruchs durch Ablauf der Präklusivfrist kommt auch noch die Verjährung in Betracht. Ganz ließ sich dieselbe nicht beseitigen, weil es nicht wohl anging, den

§. 802.

Der Beginn und der Lauf der Vorlegungsfrist sowie der Verjährung werden durch die Zahlungssperre zu Gunsten des Antragstellers gehemmt. Die Hemmung beginnt mit der Stellung des Antrags auf Zahlungssperre; sie endigt mit der Erledigung des Aufgebotsverfahrens und, falls die Zahlungssperre vor der Einleitung des Verfahrens verfügt worden ist, auch dann, wenn seit der Beseitigung des der Einleitung entgegenstehenden Hindernisses sechs Monate verstrichen sind und nicht vorher die Einleitung beantragt worden ist. Auf diese Frist finden die Vorschriften der §§. 203, 206, 207 entsprechende Anwendung.

Anspruch nach Vorlegung der Schuldverschreibung schlechthin für unverjährbar zu erklären. Der E. I wollte die Verjährungsfristen neben den Präklusivfristen laufen lassen. Die zweite Kommission hat aber das Verhältniß so gestaltet, daß, wenn die Vorlegung der Urkunde innerhalb der Vorlegungsfrist erfolgt, noch eine auf zwei Jahre festgesetzte Verjährung eintreten soll. Man hat die dieser Regelung entgegenstehenden Bedenken nicht verkannt, hat aber geglaubt, daß man sich im Hinblick auf die formelle Vereinfachung der Rechtslage und da es sich um immerhin seltene Fälle handele, darüber hinwegsetzen könne. Dem Aussteller ist ausdrücklich vorbehalten, die Dauer und den Beginn der Vorlegungsfrist in der Urkunde anders zu bestimmen. Ebenso kann er nach § 225 durch Vermerk in der Urkunde die Verjährungsfrist abkürzen. Dagegen ist er nicht in der Lage, die Vorlegungsfrist oder die Verjährung vollständig auszuschließen und damit jede zeitliche Schranke für den Anspruch aus der Urkunde zu beseitigen. Ein Mißbrauch der Dispositionsbefugniß des Ausstellers ist nicht zu befürchten, da Papiere, in denen das Verhältniß in einer für den Gläubiger allzu ungünstigen Weise geregelt wäre, im Verkehre keinen Abnehmer finden würden. Zudem ist bei denjenigen Schuldverschreibungen, welche der staatlichen Genehmigung unterliegen, die Behörde in der Lage, bedenklichen Bestimmungen entgegenzutreten.

2. Abs. 1 Satz 1. Anlangend die Beweislast so hat der Aussteller den Ablauf der Frist zu beweisen, der Gläubiger die Vorlegung der Urkunde innerhalb der Frist darzuthun. Die Vorlegungsfrist beginnt mit dem Eintritte der für die Leistung bestimmten Zeit. Eine vor diesem Zeitpunkt erfolgte Vorlegung kommt nicht in Betracht.

3. Abs. 1 Satz 2. Die Verjährung beginnt mit dem Zeitpunkt, in welchem die Vorlegung erfolgt. Die Verjährungsfrist setzt sich zusammen aus der Zeit vom Augenblicke der Vorlegung bis zum Ablaufe der Vorlegungsfrist und den zwei Jahren, welche dann noch nach der Bestimmung des Gesetzes hinzutreten sollen. Für die Verjährung gelten im Uebrigen die gewöhnlichen Grundsätze, insbesondere greifen auch die Vorschriften über die Hemmung und Unterbrechung der Verjährung Platz.

4. Abs. 1 Satz 3. Die Vorschrift ist von der zweiten Kommission hinzugefügt. Sie ist besonders berechnet für solche Fälle, in denen der Aussteller nicht aufzufinden ist oder es aus anderen thatsächlichen Gründen dem Gläubiger unmöglich ist, die Vorlegung zu bewerkstelligen. Die gerichtliche Geltendmachung umfaßt nicht nur die Erhebung der Klage, sondern auch die ihr nach § 209 Abs. 2 gleichstehenden Handlungen. Die gerichtliche Geltendmachung wird aber nicht ersetzt dadurch, daß der Aussteller öffentlich oder einem Inhaber gegenüber erklärt, die Einlösung verweigern zu wollen.

5. Abs. 2. Die Vorschriften ändern für Zins-, Renten- und Gewinnantheilscheine lediglich die Bestimmung des Abs. 1 Satz 1 über die dreißigjährige Vorlegungsfrist ab. Die Bestimmungen des Abs. 1 Satz 1 und Satz 2 finden also auch im Falle des Abs. 2 Anwendung.

§ 802.

E. I § 694; II § 730 rev. § 787; III § 786. P. I S. 930—934, 11853, 11854; M. II S. 707, 708. P. II S. 2671, 8816 (Bd. 2 S. 548; Bd. 6 S. 386).

1. Nach dem Vorbild einer Reihe neuerer Gesetze ist im Zusammenhange mit der Kraftloserklärung von Schuldverschreibungen auf den Inhaber eine Zahlungssperre vorgesehen. Die wesentlichen Bestimmungen über die Zahlungssperre, welche der E. I größtentheils in das B.G.B. aufnehmen wollte, welche aber von der zweiten Kommission in die C.P.O. versetzt worden sind, haben folgenden Wortlaut:

C.P.O. §. 1019: Bezweckt das Aufgebotsverfahren die Kraftloserklärung eines auf den Inhaber lautenden Papiers, so hat das Gericht auf Antrag an den Aussteller

§. 803.

Werden für eine Schuldverschreibung auf den Inhaber Zinsscheine ausgegeben, so bleiben die Scheine, sofern sie nicht eine gegentheilige Bestimmung enthalten, in Kraft, auch wenn die Hauptforderung erlischt oder die Verpflichtung zur Verzinsung aufgehoben oder geändert wird.

---

sowie an die in dem Papier und die von dem Antragsteller bezeichneten Zahlstellen das Verbot zu erlassen, an den Inhaber des Papiers eine Leistung zu bewirken, insbesondere neue Zins-, Renten- oder Gewinnantheilscheine oder einen Erneuerungsschein auszugeben (Zahlungssperre); mit dem Verbot ist die Benachrichtigung von der Einleitung des Aufgebotsverfahrens zu verbinden. Das Verbot ist in gleicher Weise wie das Aufgebot öffentlich bekannt zu machen. Das an den Aussteller erlassene Verbot ist auch den Zahlstellen gegenüber wirksam, welche nicht in dem Papiere bezeichnet sind.

Die Einlösung der vor dem Verbot ausgegebenen Zins-, Renten- oder Gewinnantheilscheine wird von dem Verbote nicht betroffen.

§. 1020. Ist die sofortige Einleitung des Aufgebotsverfahrens nach §. 1015 Satz 2 unzulässig, so hat das Gericht die Zahlungssperre auf Antrag schon vor der Einleitung des Verfahrens zu verfügen, sofern die übrigen Erfordernisse für die Einleitung vorhanden sind. Auf den Antrag finden die Vorschriften des §. 947 Abs. 1 Anwendung. Das Verbot ist nach Maßgabe des §. 948 öffentlich bekannt zu machen.

§. 1022. Wird das in Verlust gekommene Papier dem Gerichte vorgelegt oder wird das Aufgebotsverfahren in anderer Weise ohne Erlassung eines Ausschlußurtheils erledigt, so ist die Zahlungssperre von Amtswegen aufzuheben. Das Gleiche gilt, wenn die Zahlungssperre vor der Einleitung des Aufgebotsverfahrens angeordnet worden ist und die Einleitung nicht binnen sechs Monaten nach der Beseitigung des ihr entgegenstehenden Hindernisses beantragt wird. Ist das Aufgebot oder die Zahlungssperre öffentlich bekannt gemacht worden, so ist die Erledigung des Verfahrens oder die Aufhebung der Zahlungssperre von Amtswegen durch den Deutschen Reichsanzeiger bekannt zu machen.

Im Falle der Vorlegung des Papiers ist die Zahlungssperre erst aufzuheben, nachdem dem Antragsteller die Einsicht nach Maßgabe des §. 1016 gestattet worden ist.

Gegen den Beschluß, durch welchen die Zahlungssperre aufgehoben wird, findet sofortige Beschwerde statt.

Der § 802 enthält die materielle Vorschrift, daß der Beginn und der Lauf der Vorlegungsfrist sowie der Verjährung (§ 801) durch die Zahlungssperre zu Gunsten des Antragstellers gehemmt werden. Das Gesetz hat eine solche Hemmung, welche sich aus allgemeinen Rechtssätzen nicht herleiten lassen würde, mit Rücksicht auf das Interesse des Verlustträgers für erforderlich erachtet.

2. Auf die in Satz 2 vorgesehene Frist von sechs Monaten sollen nach Satz 3 die Vorschriften der §§ 203, 206, 207 entsprechende Anwendung finden. Danach ist der Ablauf der Frist gehemmt, solange der Berechtigte durch Stillstand der Rechtspflege oder in anderer Weise durch höhere Gewalt innerhalb der letzten sechs Monate an der Betreibung des Aufgebotsverfahrens verhindert ist (§ 203). Ist eine geschäftsunfähige oder in der Geschäftsfähigkeit beschränkte Person ohne gesetzlichen Vertreter, so läuft die Frist nicht vor dem Ablaufe von sechs Monaten nach dem Zeitpunkt ab, in welchem die Person unbeschränkt geschäftsfähig wird oder der Mangel der Vertretung aufhört. Dies gilt nicht, soweit eine in der Geschäftsfähigkeit beschränkte Person prozeßfähig ist (§ 206). Der Ablauf der Frist wird, wenn die Zahlungssperre zu Gunsten eines Nachlasses oder gegen einen Nachlaß wirkt, nicht vor dem Ablaufe von sechs Monaten nach dem Zeitpunkte vollendet, in welchem die Erbschaft von dem Erben angenommen oder der Konkurs über den Nachlaß eröffnet wird oder von welchem an das Aufgebotsverfahren von einem Vertreter oder gegen einen Vertreter betrieben werden kann (§ 207).

§ 803.

E. I § 690; II § 731 rev. § 788; III § 787. P. I S. 900—906, 909, 910, 3550, 3559, 11843—11847; M. II S. 701—703. P. II S. 2658—2660 (Bd. 2 S. 541, 542). D. S. 649. R.B. S. 1984.

1. Zinsscheine (Coupons) sind Urkunden, welche zu einer verzinslichen Hauptschuldverschreibung ausgegeben werden und die Erhebung der Zinsen vermitteln. Der rechtliche Charakter

Werden solche Zinsscheine bei der Einlösung der Hauptschuldverschreibung nicht zurückgegeben, so ist der Aussteller berechtigt, den Betrag zurückzubehalten, den er nach Abs. 1 für die Scheine zu zahlen verpflichtet ist.

---

der Zinsscheine kann verschieden sein; er richtet sich danach, in welcher Form die Zinsscheine von dem Aussteller ausgegeben sind. Das Gesetz geht davon aus, daß, wenn die Hauptschuldverschreibung auf den Inhaber lautet, auch die Zinsscheine als Schuldverschreibungen auf den Inhaber ausgegeben zu werden pflegen. Zinsscheine dieser Art unterstehen zunächst den allgemeinen Regeln über Schuldverschreibungen auf den Inhaber. Das Gesetz hat aber mit Rücksicht auf die besondere Natur dieser Papiere für solche Zinsscheine in den §§ 803, 804 einige Sondervorschriften gegeben. Werden Zinsscheine zu einer Schuldverschreibung an Order ausgegeben, so können sie ebenfalls den Charakter von Schuldverschreibungen auf den Inhaber haben. Es scheint aber die Regel zu bilden, daß, wenn die Hauptschuldverschreibung an Order lautet, die Zinsscheine als bloße Legitimationspapiere ausgegeben werden. Zinsscheine der letzteren Art unterstehen nicht den Vorschriften, welche für Schuldverschreibungen auf den Inhaber gelten, sie dürfen also namentlich auch ohne staatliche Genehmigung in den Verkehr gebracht werden. Es dürfte aber unbedenklich sein, auch bei solchen Zinsscheinen die Vorschriften der §§ 803, 804 entsprechend anzuwenden. Denkbar ist auch, daß die Zinsscheine selbst als Schuldverschreibungen an Order ausgegeben werden. In solchem Falle würden sie den Vorschriften des H.G.B. unterstehen; auch hier würden aber wohl unbedenklich die Vorschriften der §§ 803, 804 entsprechend angewendet werden können. Im Zweifel wird, wenn die Hauptschuldverschreibung eine solche Form hat, daß sie ohne staatliche Genehmigung in den Verkehr gebracht werden kann, anzunehmen sein, daß der Aussteller auch die Zinsscheine in einer Form hat ausstellen wollen, welche die staatliche Genehmigung entbehrlich macht, also als bloße Legitimationspapiere oder als Schuldverschreibungen an Order. Dies gilt auch für solche Zinsscheine, die vor dem Inkrafttreten des B.G.B. unter der Herrschaft eines Landesgesetzes ausgegeben sind, welches für die Ausgabe von Schuldverschreibungen auf den Inhaber staatliche Genehmigung vorschreibt.

2. Die Zinsscheine im Sinne des § 803 (s. oben unter Nr. 1) stellen sich äußerlich als selbständige Schuldverschreibungen dar, materiell aber handelt es sich bei ihnen um Nebenleistungen, welche der Aussteller im Hinblick auf die Hauptschuld übernimmt. Im bisherigen Rechte haben sich über die rechtliche Behandlung der Zinsscheine Zweifel erhoben, insbesondere in der Richtung, welche Bedeutung solchen Zinsscheinen beizulegen sei, die nach dem Erlöschen der Hauptschuldverschreibung fällig werden. In Uebereinstimmung mit der im Verkehre vorherrschenden Auffassung bestimmt das Gesetz, daß die Zinsscheine in Kraft bleiben, auch wenn die Hauptforderung erlischt oder die Verpflichtung zur Verzinsung aufgehoben oder geändert wird. Dementsprechend ist dann weiter dem Aussteller das Recht beigelegt, wenn solche Zinsscheine bei der Einlösung der Hauptschuldverschreibung nicht zurückgegeben werden, den Betrag zurückzubehalten, den er für die Scheine zu zahlen verpflichtet ist. Dem Aussteller ist es unbenommen, andere Bestimmungen zu treffen; dies muß aber auf den Zinsscheinen selbst vermerkt werden, eine Bestimmung in der Hauptschuldverschreibung genügt nicht.

Der materielle Charakter der Forderung aus dem Zinsschein als einer Zinsforderung wird durch die Vorschriften des § 802 nicht berührt (vgl. R.G. Bd. 5 S. 254). Es finden danach insbesondere die Vorschriften über Zinseszinsen (§§ 248, 289) auch bei Zinsscheinen Anwendung. Wegen des Erlöschens der Forderung durch Zeitablauf s. § 801 Abs. 2.

Gewinnantheilscheine (Dividendenscheine) und ähnliche auf den Inhaber lautende Urkunden über Ansprüche von ungewissem Werthe und ungewisser Fälligkeit sind den Vorschriften des § 803 nicht unterworfen; sie sind ihrer Natur nach inhaltlich von der Hauptschuldverschreibung abhängig und verlieren mit dem Erlöschen der Hauptschuld ihre Bedeutung. Erneuerungsscheine (Talons, Zinsleisten) haben regelmäßig den Charakter von bloßen Legitimationspapieren (vergl. Erl. zu § 805); sie werden mit der Haupturkunde von selbst hinfällig und bedeutungslos.

3. Werden zu einer Schuldverschreibung Zinsscheine ausgegeben, so können Zinsen nur auf Grund der Zinsscheine gefordert werden. Erwirbt Jemand die Hauptschuldverschreibung und werden ihm die für die Hauptschuldverschreibung ausgegebenen Zinsscheine nicht oder nicht sämmtlich mitgeliefert, so kann er sich nur an seinen Vormann, nicht an den Aussteller halten; letzterer ist nicht verpflichtet, neue Zinsscheine zu liefern (P. II S. 2684, Bd. 2 S. 553, R.G. Bd. 14 S. 161, Bd. 31 S. 447).

4. Wegen des Nießbrauchs an Papieren, für die Zinsscheine ausgegeben sind, s. §§ 1081—1083, wegen des Pfandrechts § 1296. Vergl. auch C.P.O. § 1019 Abs. 3.

§. 804.

Ist ein Zins-, Renten- oder Gewinnantheilschein abhanden gekommen oder vernichtet und hat der bisherige Inhaber den Verlust dem Aussteller vor dem Ablaufe der Vorlegungsfrist angezeigt, so kann der bisherige Inhaber nach dem Ablaufe der Frist die Leistung von dem Aussteller verlangen. Der Anspruch ist ausgeschlossen, wenn der abhanden gekommene Schein dem Aussteller zur Einlösung vorgelegt oder der Anspruch aus dem Scheine gerichtlich geltend gemacht worden ist, es sei denn, daß die Vorlegung oder die gerichtliche Geltendmachung nach dem Ablaufe der Frist erfolgt ist. Der Anspruch verjährt in vier Jahren.

In dem Zins-, Renten- oder Gewinnantheilscheine kann der im Abs. 1 bestimmte Anspruch ausgeschlossen werden.

---

§ 804.

E. I § 697; II § 732 rev. § 789; III § 788. P. I S. 937—945, 3287, 3554, 3560, 11854—11861; M. II S. 709—712. P. II S. 2672—2675, 2677—2680 (Bd. 2 S. 548—551).

1. Bei Zins-, Renten- und Gewinnantheilscheinen ist nach den Bestimmungen des § 799 eine Kraftloserklärung ausgeschlossen. Das Gesetz will aber dafür einen gewissen Ersatz bieten. Ist ein Zins-, Renten- oder Gewinnantheilschein vernichtet oder abhanden gekommen, so kann der bisherige Inhaber dem Aussteller den Verlust anzeigen. Hierdurch wahrt er sich sein Gläubigerrecht. Er kann nunmehr die Leistung aus dem Scheine, trotzdem er die Urkunde nicht vorzulegen vermag, nach Ablauf der Vorlegungsfrist verlangen, wenn der Schein nicht vor dem Ablaufe der Vorlegungsfrist dem Aussteller zur Einlösung vorgelegt ist. Der Schutz des Verlustträgers ist hiernach kein vollkommener; aber immerhin wird er in einer Reihe von Fällen, jedenfalls dann, wenn der Schein nicht wieder zum Vorscheine gekommen ist, vor Schaden bewahrt. Der Aussteller andererseits wird durch die vom Gesetze getroffene Einrichtung nicht beschwert. Er kann, solange die Vorlegungsfrist nicht abgelaufen ist, an jeden Inhaber mit befreiender Wirkung leisten; zu einer Kontrole ist er trotz der Anzeige nicht verpflichtet. Nach Ablauf der Frist muß er allerdings an den Verlustträger zahlen; aber darin liegt keine materielle Ungerechtigkeit, weil er durch den Ablauf der Frist dem etwaigen Inhaber des Scheines gegenüber frei geworden ist. Der dem Verlustträger gewährte Anspruch ist einer Verjährung von vier Jahren unterworfen. Die Verjährung beginnt mit dem Ablaufe der Vorlegungsfrist. Dem Aussteller ist das Recht eingeräumt, den Anspruch in dem Scheine auszuschließen.

2. Die nicht ganz einfache Fassung der Vorschriften erklärt sich aus dem Bestreben, im Gesetze die Regelung der **Beweislast** zum Ausdrucke zu bringen. Der Verlustträger hat zur Begründung seines Anspruchs nachzuweisen, daß der Schein vernichtet oder abhanden gekommen, und daß er dem Aussteller vor dem Ablaufe der Vorlegungsfrist Anzeige erstattet hat. Nach dem E. I war der Anspruch des früheren Inhabers davon abhängig, daß dem Aussteller bereits bei der Anzeige der Beweis des Verlustes erbracht war; der Aussteller brauchte die bloße Anzeige des Verlustes nicht zu berücksichtigen. Die zweite Kommission hat die Bestimmung dahin geändert, daß zunächst die Anzeige genügen soll; erst wenn der frühere Inhaber nach Ablauf der Vorlegungsfrist die Einlösung des Scheines verlangt, hat er nachzuweisen, daß der Schein vernichtet oder abhanden gekommen ist. Dies ist der Sinn der Ausführungen in den P. II S. 2673, 2674 (Bd. 2 S. 548). Es ist nicht gemeint, daß dem früheren Inhaber überhaupt der Beweis des Verlustes erlassen werden soll, wie Oertmann, Kommentar § 804 Anm. 3, annimmt. Nach dem Wortlaute des Gesetzes kann jedenfalls kein Zweifel darüber sein, daß der frühere Inhaber beides, die Anzeige und den Verlust darzuthun hat. Wendet der Aussteller ein, daß ihm der Schein zur Einlösung vorgelegt oder der Anspruch aus dem Scheine gerichtlich geltend gemacht und deshalb der Anspruch hinfällig sei, so hat er die Vorlegung des Scheines oder die gerichtliche Geltendmachung des Anspruchs zu beweisen. Behauptet dem gegenüber der Verlustträger, daß die Vorlegung nach dem Ablaufe der Vorlegungsfrist erfolgt und also bedeutungslos sei, so hat er hierfür seinerseits den Beweis zu erbringen; die Umkehrung der Beweislast beruht auf der Erwägung, daß es dem Aussteller nicht zugemuthet werden könne, bei der Einlösung jedes Zinsscheins Vorkehrungen für den etwaigen späteren Beweis des Zeitpunkts der Einlösung zu treffen.

3. Unberührt bleiben die landesgesetzlichen Vorschriften, nach welchen bei Schuldverschreibungen auf den Inhaber, die der Bundesstaat oder eine ihm angehörende Körperschaft, Stiftung oder Anstalt des öffentlichen Rechtes ausstellt, der im § 804 des B.G.B. bezeichnete Anspruch ausgeschlossen ist, auch wenn die Ausschließung in dem Zins- oder Rentenscheine nicht bestimmt ist (E.G. Art. 100 Ziff. 2).

§. 805.

Neue Zins- oder Rentenscheine für eine Schuldverschreibung auf den Inhaber dürfen an den Inhaber der zum Empfange der Scheine ermächtigenden Urkunde (Erneuerungsschein) nicht ausgegeben werden, wenn der Inhaber der Schuldverschreibung der Ausgabe widersprochen hat. Die Scheine sind in diesem Falle dem Inhaber der Schuldverschreibung auszuhändigen, wenn er die Schuldverschreibung vorlegt.

§. 806.

Die Umschreibung einer auf den Inhaber lautenden Schuldverschreibung auf den Namen eines bestimmten Berechtigten kann nur durch den Aussteller erfolgen. Der Aussteller ist zur Umschreibung nicht verpflichtet.

---

§ 805.

E. I § 698; II § 733 rev. § 790; III § 789. P. I S. 937—945, 3287, 3554, 3560, 11854—11861; M. II S. 712. P. II S. 2680—2686, 8392 (Bd. 2 S. 551—554; Bd. 6 S. 143).

1. Im Verkehr ist es vielfach gebräuchlich, bei Schuldverschreibungen auf den Inhaber, zu denen Zinsscheine ausgegeben werden, Urkunden beizufügen, welche zum Empfange der Zins- und Rentenscheine, wenn solche nicht für die ganze Zeit der Verzinsung ausgegeben sind, ermächtigen. Das Gesetz bezeichnet derartige Urkunden nach dem Vorgange des St.G.B. § 149 als Erneuerungsscheine. Im Verkehre werden sie meistens als Talons bezeichnet, hier und da kommt auch der Ausdruck Zinsleiste vor. Derartige Erneuerungsscheine haben nach der dem Gesetze zu Grunde liegenden Auffassung regelmäßig den Charakter von Legitimationspapieren (vergl. R.G. Bd. 31 S. 147, Enneccerus-Lehmann, B.R. I § 344) und unterliegen deshalb nicht den Bestimmungen über die Kraftloserklärung von Schuldverschreibungen auf den Inhaber. Der § 805 gewährt dafür einen Ersatz. Der Inhaber der Hauptschuldverschreibung soll befugt sein, der Aushändigung neuer Zins- oder Rentenscheine an den Inhaber des Erneuerungsscheins zu widersprechen und selbst gegen Vorlegung der Hauptschuldverschreibung die Aushändigung der Scheine zu verlangen. Der E. I wollte die Bestimmung nur für den Fall des Verlustes des Erneuerungsscheins geben. Die zweite Kommission hat aber diese Voraussetzung gestrichen.

Der Widerspruch hat den Charakter einer einseitigen empfangsbedürftigen Willenserklärung §§ 136 ff.).

Aus der rechtlichen Natur des Schuldversprechens als einer den Inhaber zum Empfange der neuen Scheine ermächtigenden Urkunde folgt, daß, solange die Legitimation des Inhabers des Erneuerungsscheins nicht durch Widerspruch nach § 805 aufgehoben ist, der Inhaber der Hauptschuldverschreibung die Auslieferung der neuen Scheine an den Inhaber des Erneuerungsscheins gegen sich gelten lassen muß (P. II. S. 2684, Bd. 2 S. 554).

2. Die Vorschriften des § 805 sind dispositiver Natur. Der Aussteller kann dem Erneuerungsscheine die Eigenschaft eines Inhaberpapiers durch besondere Bestimmung beilegen, indem er dem Inhaber der Haupturkunde das Recht auf Empfangnahme der neuen Zinsscheine entzieht.

§ 806.

E. I § 700; II § 734 rev. § 791; III § 790. P. I S. 951—954; M. II S. 713—717. P. II S. 2686, 2687 (Bd. 2 S. 555). D. S. 649.

1. Der Verlust einer Schuldverschreibung auf den Inhaber bringt für den Berechtigten erhebliche Gefahren mit sich. Dieselben ergeben sich theils aus dem Grundsatze, daß der jeweilige Inhaber zur Geltendmachung der Gläubigerrechte befugt ist, theils aus den Beschränkungen, welchen die Eigenthumsverfolgung in Bezug auf Inhaberpapiere unterliegt. Andererseits liegen für den Besitzer solcher Schuldverschreibungen die Verhältnisse häufig so, daß eine Weiterbegabung und folgeweise auch der mit der Inhaberklausel verknüpfte Vortheil erleichterter Weiterbegebung vorerst nicht in Betracht kommt. Mit Rücksicht auf diese Sachlage finden sich in den bisherigen Gesetzen zahlreiche Vorschriften, welche darauf abzielen, durch eine mehr oder weniger weitgehende Aenderung der rechtlichen Natur des Papiers die mit derselben verbundenen Gefahren zu beseitigen. Das Gesetz läßt zu dem bezeichneten Zwecke die Umschreibung der

§. 807.

Werden Karten, Marken oder ähnliche Urkunden, in denen ein Gläubiger nicht bezeichnet ist, von dem Aussteller unter Umständen ausgegeben, aus welchen sich ergiebt, daß er dem Inhaber zu einer Leistung verpflichtet sein will, so finden die Vorschriften des §. 793 Abs. 1 und der §§. 794, 796, 797 entsprechende Anwendung.

Schuldverschreibung auf den Namen eines bestimmten Berechtigten durch den Aussteller zu. Die Umschreibung hat die Wirkung, daß das Papier den Charakter einer Schuldverschreibung auf den Inhaber verliert. Sie hat durch den Aussteller zu erfolgen, der aber die Umschreibung nur im Einverständnisse mit dem Inhaber vornehmen kann. Die Form und die Modalitäten der Umschreibung zu bestimmen, ist Sache des Ausstellers. Eine Verpflichtung für den Aussteller, die Umschreibung vorzunehmen, besteht nicht. Eine solche Verpflichtung kann aber dadurch begründet werden, daß der Aussteller die Umwandelung in der Urkunde verspricht. In gleicher Weise wie die Umwandelung der Schuldverschreibung in ein Namenpapier erfolgt, kann umgekehrt das Namenpapier wieder in ein Inhaberpapier verwandelt werden.

Die Außerkurssetzung von Schuldverschreibungen auf den Inhaber ist beseitigt (E.G. Art. 176).

2. Der Vormund ist verpflichtet, die zum Mündelvermögen gehörenden Inhaberpapiere zu hinterlegen oder auf den Namen umschreiben zu lassen (§§ 1814, 1815). Das Vormundschaftsgericht kann dem Vater eine gleiche Verpflichtung in Ansehung der zum Kindesvermögen gehörenden Inhaberpapiere auferlegen (§ 1667). Im Falle einer Nacherbschaft hat der Vorerbe auf Verlangen des Nacherben die zur Erbschaft gehörenden Inhaberpapiere zu hinterlegen oder auf den Namen umschreiben zu lassen (§§ 2116, 2117).

3. Unberührt bleiben die landesgesetzlichen Vorschriften, welche dem Bundesstaat oder ihm angehörenden Körperschaften, Stiftungen und Anstalten des öffentlichen Rechtes abweichend von der Vorschrift des § 806 Satz 2 des B.G.B. verpflichten, die von ihnen ausgestellten, auf den Inhaber lautenden Schuldverschreibungen auf den Namen eines bestimmten Berechtigten umzuschreiben sowie die landesgesetzlichen Vorschriften, welche die sich aus der Umschreibung einer solchen Schuldverschreibung ergebenden Rechtsverhältnisse, mit Einschluß der Kraftloserklärung, regeln (E.G. Art. 101).

Unberührt bleiben ferner die landesgesetzlichen Vorschriften, welche die Eintragung von Gläubigern eines Bundesstaats, insbesondere von Besitzern von Staatsschuldverschreibungen, in ein Staatsschuldbuch regeln (E.G. Art. 97). Ebenso bleiben die entsprechenden Bestimmungen des Ges., betr. das Reichsschuldbuch, v. 31. Mai 1891 in Kraft.

§ 807.

E. I § 702; II § 735 rev. § 792; III § 791. P. I S. 955—959, 3561; M. II S. 721, 722. P. II S. 2700—2702 (Bd. 2 S. 561, 562).

1. Neben den eigentlichen Schuldverschreibungen auf den Inhaber kommen im Verkehre vielfach Karten, Marken und ähnliche Urkunden vor, die ihrer wirthschaftlichen Natur und ihren Funktionen nach den Schuldverschreibungen auf den Inhaber nahe stehen. Sie unterscheiden sich von den letzteren dadurch, daß sie regelmäßig den Gegenstand der Leistung gar nicht oder nur sehr unvollkommen bestimmen, oft nicht einmal den Aussteller erkennen lassen, auch fast immer der Vollziehung durch Unterschrift entbehren. Es gehören dahin z. B. Theaterbillets, Eisenbahnfahrkarten, Eßmarken ɛc. Ihre rechtliche Bedeutung kann eine verschiedene sein. Mitunter wohnt ihnen nur der Charakter einer Legitimationsurkunde bei; andererseits ist nicht ausgeschlossen, daß sie gerade so wie die Schuldverschreibungen auf den Inhaber dem jeweiligen Inhaber ein selbständiges Gläubigerrecht gewähren sollen. Häufig ist der rechtliche Charakter ein gemischter. Für die Rechtsverhältnisse aus solchen Urkunden muß im Allgemeinen der an der Hand der Verkehrssitte zu ermittelnde Wille des Ausstellers maßgebend sein. Das Gesetz hat es aber für unbedenklich erachtet, wenn sich aus den Umständen ergiebt, daß der Aussteller dem Inhaber zu einer Leistung verpflichtet sein will, eine Reihe von den für die Schuldverschreibung auf den Inhaber gegebenen Vorschriften für entsprechend anwendbar zu erklären. Zu beachten ist aber, daß eine Vermuthung dafür, daß der Aussteller dem Inhaber verpflichtet sein will, nicht aufgestellt wird. Es ist vielmehr in jedem einzelnen Falle festzustellen, welche Bedeutung der Urkunde beizulegen ist.

2. Im Einzelnen ergeben sich folgende Rechtssätze:

§. 808.

Wird eine Urkunde, in welcher der Gläubiger benannt ist, mit der Bestimmung ausgegeben, daß die in der Urkunde versprochene Leistung an jeden Inhaber bewirkt werden kann, so wird der Schuldner durch die Leistung an den Inhaber der Urkunde befreit. Der Inhaber ist nicht berechtigt, die Leistung zu verlangen.

Der Schuldner ist nur gegen Aushändigung der Urkunde zur Leistung verpflichtet. Ist die Urkunde abhanden gekommen oder vernichtet, so kann sie, wenn nicht ein Anderes bestimmt ist, im Wege des Aufgebotsverfahrens für kraftlos erklärt werden. Die im §. 802 für die Verjährung gegebenen Vorschriften finden Anwendung.

Der Aussteller ist dem Inhaber der Urkunde zur Leistung verpflichtet, es sei denn, daß dieser zur Verfügung über die Urkunde nicht berechtigt ist. Der Aussteller wird jedoch auch durch die Leistung an einen nicht zur Verfügung berechtigten Inhaber befreit (§ 793 Abs. 1).

Was zur Herstellung der Urkunde gehört, ist nach den Umständen des einzelnen Falles unter Berücksichtigung der Verkehrssitte festzustellen.

Der Aussteller wird aus der Urkunde auch dann verpflichtet, wenn sie ohne seinen Willen in den Verkehr gelangt ist (§ 794 Abs. 1). Voraussetzung ist hierbei aber nach der absichtlich so gewählten Fassung des § 807, daß mit der Ausgabe der hergestellten Urkunden Seitens des Ausstellers überhaupt begonnen ist. Die zweite Kommission, auf deren Beschlüssen die Bestimmung insoweit beruht, ist davon ausgegangen, daß man den Aussteller, welcher derartige Urkunden erst zum Zwecke einer späteren Verwendung hergestellt, erst dann haftbar machen könne, wenn er mit der Ausgabe der Papiere begonnen hat. Auf die Wirksamkeit der Urkunde ist es ferner ohne Einfluß, wenn sie ausgegeben wird, nachdem der Aussteller gestorben oder geschäftsunfähig geworden ist (§ 794 Abs. 2).

Die Urkunden dürfen ohne staatliche Genehmigung in den Verkehr gebracht werden.

Der Aussteller kann dem Inhaber der Urkunde nur solche Einwendungen entgegensetzen, welche die Gültigkeit der Ausstellung betreffen oder sich aus der Urkunde ergeben oder dem Aussteller unmittelbar gegen den Inhaber zustehen (§ 796). Die Frage, welche Einwendungen sich aus der Urkunde ergeben, ist unter Berücksichtigung der Verkehrssitte zu entscheiden.

Der Aussteller ist nur gegen Aushändigung der Urkunde zur Leistung verpflichtet. Mit der Aushändigung erwirbt er das Eigenthum an der Urkunde, auch wenn der Inhaber zur Verfügung über sie nicht berechtigt ist (§ 797).

Ein Recht auf Umtausch einer beschädigten Urkunde ist dem Inhaber nicht eingeräumt.

Eine Kraftloserklärung und Zahlungssperre der Urkunden ist reichsgesetzlich nicht vorgesehen. Es ist aber der Landesgesetzgebung vorbehalten, die Kraftloserklärung und die Zahlungssperre in Ansehung solcher Urkunden einzuführen und zu regeln (E.G. Art. 162 Abs. 1).

Für das Erlöschen des Anspruchs aus der Urkunde gelten die gewöhnlichen Grundsätze über die Verjährung. Doch ist es dem Aussteller unbenommen, seine Haftung auf eine bestimmte Zeit zu beschränken; eine solche Beschränkung muß sich aber, um gegen jeden Inhaber wirksam zu sein, aus der Urkunde ergeben.

Eine Umschreibung auf den Namen ist nicht vorgesehen. Doch ist es dem Aussteller unbenommen, auf Grund einer Vereinbarung mit dem Inhaber die Urkunde auf den Namen eines bestimmten Berechtigten umzuschreiben. Der Aussteller ist zu einer solchen Umschreibung indessen nicht verpflichtet. Eine Umschreibung oder Außerkurssetzung durch den Inhaber hat keine rechtlichen Wirkungen.

§ 808.

E. I § 703; II § 736 rev. § 793; III § 792. P. I S. 959; M. II S. 722, 723. P. II S. 2703—2708, 8491 (Bd. 2 S. 562—566; Bd. 6 S. 198, 199, 209—211).

1. Im Verkehre hat sich eine Art von Urkunden von besonderer Bedeutung Geltung verschafft, deren gemeinsames Wesen bei mannigfaltiger Ausbildung der äußeren Gestalt darin besteht, daß der Aussteller zwar nur eine bestimmte Person als Gläubiger anerkennt, daß er sich aber vorbehält die versprochene Leistung an jeden Inhaber ohne Legitimationsprüfung zu

bewirken, die sog. qualifizirten Legitimationspapiere. Dahin gehören z. B. regelmäßig die Sparkassenbücher sowie vielfach die Pfandscheine, Depotscheine, Versicherungspolizen ꝛc. Derartige Papiere sind keine Schuldverschreibungen auf den Inhaber, sondern unterstehen besonderen aus ihrer Natur sich ergebenden Rechtsregeln. Das Gesetz hat es mit Rücksicht auf die große Zahl und Bedeutung dieser Urkunden für nothwendig erachtet, einige Grundsätze über die rechtliche Behandlung derartiger Urkunden aufzustellen.

Die Vorschriften des Abs. 1 waren bereits in E. I enthalten, die des Abs. 2 sind von der zweiten Kommission hinzugefügt.

2. Voraussetzungen für die Anwendung der Vorschriften des § 808:

a) Es muß eine Urkunde vorliegen, in welcher einer in der Urkunde benannten Person eine Leistung versprochen wird. Im Uebrigen ist über die Gestalt und Form der Urkunde nichts vorgeschrieben. Insbesondere ist die Frage, ob die Urkunde die Unterschrift des Ausstellers tragen muß, nicht entschieden. Das Gesetz giebt im § 808 nur Vorschriften unter dem Gesichtspunkte, daß es sich um Legitimationsurkunden handelt; das materielle Schuldverhältniß hat nicht näher geregelt werden sollen. Die Gültigkeit einer Legitimationsurkunde hängt aber nicht unbedingt davon ab, daß sie von dem Aussteller unterzeichnet ist.

b) Die Urkunde muß mit der Bestimmung ausgegeben sein, daß die in der Urkunde bestimmte Leistung an jeden Inhaber bewirkt werden kann. Es ist nicht erforderlich, daß eine solche Bestimmung in die Urkunde selbst aufgenommen ist. Der Schuldner kann sich aber dem Gläubiger gegenüber auf die Befugniß, an jeden Inhaber mit befreiender Wirkung zu leisten, nur berufen, wenn er sich bei der Ausgabe der Urkunde dieses Recht dem Gläubiger gegenüber ausdrücklich oder stillschweigend ausbedungen hat.

3. Rechtsverhältnisse bei Legitimationspapieren.

a) Gläubiger der Forderung ist allein die in der Urkunde als solche benannte Person. Der Inhaber der Urkunde hat keinen selbständigen Anspruch gegen den Schuldner. Er hat auch nicht das Recht, als legitimirter Vertreter des wahren Gläubigers behandelt zu werden. Der Schuldner kann vielmehr, wenn der Inhaber die Leistung aus der Urkunde fordert, den Nachweis verlangen, daß der Inhaber zur Geltendmachung der Forderung befugt sei. Der Schuldner ist aber seinerseits berechtigt, an den Inhaber mit befreiender Wirkung zu leisten. Zu einer Legitimationsprüfung ist der Schuldner dem Gläubiger gegenüber nicht verpflichtet. Der Schuldner wird auch dann durch die Leistung an den Inhaber der Urkunde befreit, wenn er weiß oder wissen muß, daß der Inhaber zur Erhebung der Leistung nicht befugt ist. In der zweiten Kommission waren sowohl bei der ersten wie bei der zweiten Lesung Anträge gestellt, nach denen der Schuldner verpflichtet sein sollte, die Leistung an den Inhaber zu verweigern, wenn er wisse, daß dieser nicht verfügungsberechtigt sei. Die Anträge sind aber abgelehnt, weil die Kommission dem Schuldner eine solche Verpflichtung nicht auferlegen wollte. In der Literatur wird nun mehrfach die Auffassung vertreten, daß der Schuldner dem Gläubiger haftpflichtig sei, wenn er die Leistung an den Inhaber in bösem Glauben bewirke (Oertmann, Kommentar, § 805 Anm. 1), oder daß er wenigstens dann hafte, wenn er wissentlich an einen nicht berechtigten Inhaber leiste (Dernburg, Lehrb. II § 149 zu Anm. 4), oder daß er durch eine in bösem Glauben bewirkte Leistung nicht befreit werde (Kuhlenbeck, B.G.B., § 808 Anm. 1). Dem gegenüber ist zunächst zu betonen, daß nach dem Wortlaute des Gesetzes das Recht des Schuldners, mit befreiender Wirkung an den Inhaber zu leisten, keinen Beschränkungen unterworfen ist. Die Fassung ist auch keine zufällige; vielmehr ist, wie die Entstehungsgeschichte der Vorschrift ergiebt, gerade beabsichtigt, zum Ausdrucke zu bringen, daß der Schuldner bei der Leistung an den Inhaber völlig frei sein soll. Es sprechen ferner — dieser Gesichtspunkt ist für die Beschlüsse der zweiten Kommission maßgebend gewesen — im Wesentlichen dieselben Gründe wie bei den Schuldverschreibungen auf den Inhaber dafür, dem Schuldner volle Freiheit bei der Leistung an den Inhaber zu geben; jedenfalls würde es unzweckmäßig sein, die Frage bei den Legitimationspapieren anders zu entscheiden wie bei den Schuldverschreibungen auf den Inhaber. Das Bedürfniß des Verkehrs geht dahin, dem Schuldner die Möglichkeit zu geben, die Leistung rasch und glatt zu erledigen. Dies ist aber nur dadurch zu erreichen, daß man den Schuldner gegen den Vorwurf schützt, er habe gewußt oder wissen müssen, daß der Inhaber zur Geltendmachung des Anspruchs nicht legitimirt gewesen sei. Wenn Dernburg hervorhebt, daß der Garderobier, welcher weiß, daß die zur Legitimation dienende Marke dem Berechtigten gestohlen ist und trotzdem die ihm anvertrauten Garderobenstücke dem Inhaber der Marke aushändigt, nicht von der Verantwortlichkeit frei sein könne, so kann dieses argumentum ad hominem nicht für die Auslegung des § 808 verwendet werden, weil Garderobenmarken, in denen ein Gläubiger nicht genannt ist, überhaupt nicht unter die Vorschriften des § 808 fallen;

(vergl. unten unter 4). Hiernach ist daran festzuhalten, daß der Schuldner an jeden Inhaber mit befreiender Wirkung leisten kann. Aber die Regel des Gesetzes ist nur eine dispositive. Allerdings bemerken die Motive, daß die Vorschriften des Abs. 1 nicht blos Auslegungssätze seien, sondern bei den Legitimationspapieren im Sinne des § 808 das Verhältniß nur das im § 808 bezeichnete sein könne (M. II S. 723). Indessen dürfte dies zu weit gehen. Die Inhaberklausel gewährt dem Schuldner lediglich ein Recht. Es ist nicht abzusehen, weshalb der Schuldner sich nicht dem Gläubiger gegenüber sollte verpflichten können, dieses Recht nur in gewissen Grenzen zu gebrauchen. Hat er dies gethan, so ist er bei einer schuldhaften Verletzung seiner Verpflichtung dem Gläubiger verantwortlich. Sollte sich der Schuldner durch Leistung an einen nicht berechtigten Inhaber der Urkunde einer strafbaren Begünstigung schuldig gemacht haben, so würde er dem Gläubiger nach § 823 i. V. mit St.G.B. § 257 haftbar sein. Enneccerus-Lehmann, B.R. I § 345 will auch hier wie bei den Schuldverschreibungen auf den Inhaber eine Befreiung des Schuldners durch Leistung an einen nicht berechtigten Inhaber nur in dem Falle ausschließen, wenn gegen § 826 verstoßen ist; ein solcher Verstoß wird sich aber wohl nie nachweisen lassen (vergl. Erl. zu § 793 unter 3 b).

b) Die materiellen Ansprüche des Gläubigers und ebenso die Einwendungen des Schuldners bestimmen sich nach dem zwischen dem Gläubiger und dem Schuldner bestehenden Rechtsverhältniß. Es kann sein, daß hierbei wie bei der Schuldverschreibung auf den Inhaber der Inhalt der Urkunde eine maßgebende Bedeutung haben soll. Aber das Gesetz stellt in dieser Hinsicht keinerlei Vermuthungen auf. Nur insoweit ist nach dem Gesetze die Forderung an das Papier geknüpft, als nach der, übrigens lediglich dispositiven Vorschrift des Abs. 2 Satz 1 der Schuldner nur gegen Aushändigung der Urkunde zur Leistung verpflichtet sein soll. Im Zusammenhange hiermit steht die Bestimmung des Abs. 2 Satz 2, daß die Urkunde im Wege des Aufgebotsverfahrens für kraftlos erklärt werden kann. Das Verfahren einschließlich der einstweiligen Zahlungssperre ist in der C.P.O. § 1023 geregelt. Zu beachten ist, daß das Ausschlußurtheil nur die Bedeutung hat, die Vorlegung der Urkunde zu ersetzen, und deshalb der Schuldner von dem Gläubiger, auch wenn dieser das Ausschlußurtheil erwirkt hat, noch einen weiteren Nachweis seines Gläubigerrechts verlangen kann (P. II S. 2708, Bd. 2 S. 565). Der Landesgesetzgebung ist vorbehalten, für die Kraftloserklärung ein anderes Verfahren als das Aufgebotsverfahren zu bestimmen (E.G. Art. 102). Uebrigens sind die Bestimmungen über die Kraftloserklärung, wie im Gesetz ausdrücklich hervorgehoben wird, dispositiver Natur und zwar kann die Kraftloserklärung nicht nur durch einen Vermerk in der Urkunde selbst, sondern auch in anderer Weise, z. B. durch statutarische Bestimmungen ausgeschlossen werden.

Für die Verjährung gelten die gewöhnlichen Grundsätze; im Falle einer Zahlungssperre sollen die Vorschriften des § 802 Anwendung finden.

c) Die Legitimationspapiere sind keine Inhaberpapiere. Es finden also die im Gesetz an anderen Stellen für Inhaberpapiere gegebenen Vorschriften, insbesondere diejenigen über den Erwerb von Inhaberpapieren, bei ihnen keine Anwendung. Der Uebergang der Forderung vollzieht sich bei Legitimationspapieren nicht mit dem Erwerbe des Papiers, sondern nach den gewöhnlichen Grundsätzen über Abtretung von Forderungen (§§ 398 ff.).

4. a) Urkunden, welche zur Legitimation eines bestimmten Gläubigers ausgegeben werden, in denen aber der Gläubiger gar nicht benannt ist, wie z. B. Garderobenmarken, Gepäckscheine, sog. Kontremarken ꝛc. fallen nicht unter die Vorschriften des § 808. Es erscheint auch bedenklich, diese Vorschriften ohne Weiteres entsprechend anzuwenden. (A.A. Oertmann, Kommentar, § 808 Anm. 1). Denn häufig haben derartige Urkunden nur den Zweck, die Legitimation des Gläubigers zu erleichtern, ohne daß dem Schuldner das Recht eingeräumt werden soll, an jeden Inhaber mit befreiender Wirkung zu leisten. Welche Bedeutung ihnen zukommt, ist für jede einzelne Kategorie dieser Urkunden unter Berücksichtigung der Verkehrssitte besonders festzustellen.

b) Bei Checks, welche auf eine bestimmte Person oder auf den Inhaber lauten, werden die Vorschriften des § 808 entsprechend anzuwenden sein. Zu beachten ist aber, daß nach dem E.G. z. H.G.B. Art. 17 die landesgesetzlichen Bestimmungen über Checks unberührt bleiben.

5. Unberührt bleiben die landesgesetzlichen Vorschriften über die öffentlichen Sparkassen, unbeschadet der Vorschriften des § 808 des B.G.B. und der Vorschriften des B.G.B. über die Anlegung von Mündelgeld (E.G. Art. 99).

Dreiundzwanzigster Titel.

Vorlegung von Sachen.

Dreiundzwanzigster Titel.

Wenn Jemand einen Anspruch in Ansehung einer Sache geltend machen will, so kann es für ihn von Wichtigkeit sein, daß ihm zunächst die Sache vorgezeigt oder die Besichtigung der Sache gestattet wird. Das römische Recht gewährte den Interessenten zu diesem Zwecke eine actio ad exhibendum. Das Gesetz hat es nicht für richtig erachtet, wie dies in einer Anzahl neuerer Gesetze geschehen ist, den Anspruch auf Vorlegung ganz zu übergehen. Zwar hat der Anspruch gegenüber dem römischen Rechte an Bedeutung verloren, denn die Hauptaufgabe, welche nach römischem Rechte der actio ad exhibendum zufiel, nämlich zur Vorbereitung der Vindikation die Trennung der zu vindizirenden Sache von einer anderen Sache herbeizuführen, ist weggefallen, da nach heutigem Rechte, sofern es sich nicht um wesentliche Bestandtheile handelt, die Anstellung der Eigenthumsklage nicht mehr davon abhängig ist, daß die zu vindizirende Sache vorher zu einer selbständigen gemacht wird. Bei einigen anderen Verhältnissen ist durch besondere Vorschriften Fürsorge getroffen. In einer Reihe von Fällen endlich wird sich vielleicht ein Anspruch auf Vorzeigung aus dem Wesen des zu Grunde liegenden Rechtsverhältnisses herleiten lassen, z. B. wenn bei einer Wahlschuld der wahlberechtigte Gläubiger von dem Schuldner die Vorlegung der Sachen fordert, unter denen zu wählen ist. Immerhin bleiben manche Fälle, in denen Zweifel und Streitigkeiten entstehen könnten, und andere Fälle, in denen sich ein Rechtsbehelf aus allgemeinen Grundsätzen nicht herleiten lassen, die Versagung eines solchen aber als Härte empfunden werden würde. Das Gesetz erkennt deshalb einen besonderen Anspruch auf Vorlegung an. Aber es gewährt den Anspruch nicht in der weiten Ausdehnung, in welchem derselbe vielfach auch in der modernen Gesetzgebung, soweit sie Bestimmungen über die actio ad exhibendum enthält, zugelassen wird. Denn die Gefahr ist nicht von der Hand zu weisen, daß das Recht auf Vorlegung in unlauterer Weise dazu benutzt wird, um in die privaten oder geschäftlichen Geheimnisse eines Anderen einzudringen. Um dem zu begegnen, giebt das Gesetz einen Anspruch nicht allgemein dann, wenn ein angebliches oder anscheinendes Interesse an der Vorlegung besteht, sondern beschränkt den Anspruch auf die Fälle, wenn Jemand gegen den Besitzer einer Sache einen Anspruch in Ansehung der Sache hat oder sich Gewißheit verschaffen will, ob ihm ein solcher Anspruch zusteht und die Besichtigung der Sache aus diesem Grunde für ihn von Interesse ist.

Neben dem Rechte, die Vorlegung einer Sache zu verlangen, weil dem Fordernden ein Recht in Ansehung der Sache zusteht, hat sich das Recht entwickelt, die Vorlegung einer Urkunde zu verlangen, weil deren Inhalt den Fordernden angeht. Ihre hauptsächliche Bedeutung hat die Urkundenvorlegung im Prozeß. Um auf diesem Gebiete die Rechtseinheit herzustellen, hatte die C.P.O. v. 1877 im § 387 die Voraussetzungen der Editionspflicht in einem anhängigen Rechtsstreite näher geregelt. Der E. I wollte den Anspruch auf Vorlegung einer Urkunde als einen privatrechtlichen im B.G.B. anerkennen, aber die objektiven Voraussetzungen des Anspruchs durch Verweisung auf die einschlägigen Vorschriften der C.P.O. bestimmen. Die zweite Kommission hat es für richtiger erachtet, die Voraussetzungen des Editionsanspruchs im B.G.B. zu regeln und umgekehrt in der C.P.O., deren Bestimmungen entsprechend umgestaltet sind, auf die Vorschriften des B.G.B. zu verweisen. In der Sache selbst ist man mit der C.P.O. davon ausgegangen, daß die Editionspflicht nicht als eine allgemeine, der Zeugnißpflicht parallel gehende Staatsbürgerpflicht, sondern als eine privatrechtliche Verpflichtung zu behandeln ist. Der Anspruch auf Vorlegung einer Urkunde wird danach im Gesetz bestimmt umgrenzt. Grundgedanke ist, daß Jemand die Vorlegung einer Urkunde dann verlangen kann, wenn sie ihrem Inhalte nach ihn angeht und er im konkreten Falle ein Interesse an der Einsichtnahme der Urkunde nachzuweisen vermag. Die Fälle, in denen eine Urkunde ihrem Inhalte nach Jemand angeht, werden vom Gesetze dahin bestimmt, wenn die Urkunde in seinem Interesse errichtet oder in der Urkunde ein zwischen ihm und einem Anderen bestehendes Rechtsverhältniß beurkundet ist oder wenn die Urkunde Verhandlungen über ein Rechtsgeschäft enthält, die zwischen ihm und einem Anderen oder zwischen einem von beiden und einem gemeinschaftlichen Vermittler gepflogen worden sind.

Zusätzlich werden einige Vorschriften über den Ort, an welchem die Vorlegung der Sachen oder der Urkunde zu erfolgen hat sowie über die Gefahr und die Kosten der Vorlegung gegeben.

§. 809.

Wer gegen den Besitzer einer Sache einen Anspruch in Ansehung der Sache hat oder sich Gewißheit verschaffen will, ob ihm ein solcher Anspruch zusteht, kann, wenn die Besichtigung der Sache aus diesem Grunde für ihn von Interesse ist, verlangen, daß der Besitzer ihm die Sache zur Besichtigung vorlegt oder die Besichtigung gestattet.

Im Uebrigen sind für die Durchführung des Anspruchs die allgemeinen Grundsätze maßgebend. Der Anspruch unterliegt nicht der Verjährung, da er in jedem Augenblick, in welchem die gesetzlichen Voraussetzungen zutreffen, neu entsteht (vergl. Erl. zu § 194 unter Nr. 3). Erfüllt der Besitzer schuldhafterweise die ihm obliegende Verpflichtung zur Vorlegung der Sache oder der Urkunde nicht, so ist er nach allgemeinen Grundsätzen ersatzpflichtig. Zu beachten ist aber, daß die Verpflichtung zur Vorlegung keine dingliche Last ist, welche auf der Sache ruht, sondern daß der Besitzer zur Vorlegung erst dann verpflichtet ist, wenn der Anspruch ihm gegenüber geltend gemacht wird. Der Besitzer braucht also bis dahin den möglichen Anspruch eines Interessenten nicht zu berücksichtigen und kann, vorausgesetzt, daß er überhaupt berechtigt ist, über die Sache oder die Urkunde zu verfügen und ihm nicht auf Grund eines anderen Rechtsverhältnisses eine Aufbewahrungs- oder Erhaltungspflicht obliegt, die Sache oder die Urkunde veräußern oder vernichten. Sofern er aber die Sache oder die Urkunde bei Seite schafft, lediglich in der Absicht, dem Interessenten Schaden zuzufügen, ist er nach § 826 ersatzpflichtig. (Wie hier Oertmann, Kommentar, § 809 Anm. 3).

§ 809.

E. I § 774; II § 695 rev. § 794; III § 793. P. I S. 2687—2691, 2694; M. II S. 889—891. P. II S. 3117, 3118, 8484 (Bd. 2 S. 770; Bd. 6 S. 195).

1. Gegenstand der Verpflichtung zur Vorlegung oder zur Gestattung der Besichtigung ist eine Sache, d. h. ein körperlicher Gegenstand (§ 90). Es macht keinen Unterschied, ob die Sache eine bewegliche oder ein Grundstück ist.

2. Voraussetzung des Anspruchs ist einmal, daß derjenige, welcher die Vorlegung der Sache vom Besitzer fordert, einen Anspruch gegen den Besitzer in Ansehung der Sache hat oder daß er sich Gewißheit verschaffen will, ob ihm ein solcher Anspruch zusteht und sodann, daß die Vorlegung der Sache aus diesem Grunde für ihn von Interesse ist. Der Anspruch in Ansehung der Sache kann ein dinglicher, z. B. auf Grund des Eigenthums, oder ein persönlicher, z. B. auf Grund eines Kaufvertrags oder eines Miethsvertrags, sein (M. II S. 890). Der Anspruch muß aber gegenüber dem Besitzer bestehen; ein Anspruch gegenüber einem Dritten genügt nicht. Der Beweis, daß die vorbezeichneten Voraussetzungen erfüllt sind, liegt demjenigen ob, der die Vorlegung fordert. Die bloße Glaubhaftmachung genügt nicht (M. II S. 891, P. II S. 8484 Bd. 6 S. 195, a. A. Oertmann, Kommentar, § 809 Anm. 2). Da der Anspruch auf Vorlegung schon begründet ist, wenn der die Vorlegung Fordernde sich wegen eines Anspruchs Gewißheit verschaffen will und er aus diesem Grunde ein Interesse an der Vorlegung hat, und da ferner auch die Möglichkeit besteht, im Wege einer einstweiligen Verfügung die Vorlegung zu erwirken, so ist der Berechtigte hinreichend geschützt.

3. Der Inhalt des Anspruchs geht dahin, daß der Besitzer dem Berechtigten die Sache vorlegt, oder die Besichtigung gestattet. Ueber die Art und Weise, wie die Vorlegung oder die Gestattung der Besichtigung zu erfolgen hat, enthält das Gesetz, abgesehen von den Vorschriften des § 811 über den Ort der Vorlegung, keine Bestimmungen. Es ist insoweit der allgemeine Grundsatz des § 242 maßgebend. Bei Grundstücken kann selbstverständlich nur die Gestattung der Besichtigung in Frage kommen.

4. Die Ansprüche auf Vorlegung oder Herausgabe einer Sache aus einem besonderen Rechtsverhältnisse, z. B. einem Miethvertrag oder einem Auftrage, bleiben unberührt.

Sondervorschriften s. im § 716 (Recht des Gesellschafters, sich von den Angelegenheiten der Gesellschaft persönlich zu unterrichten), §§ 867, 1003 (Recht auf Aufsuchung und Wegschaffung einer Sache), § 896 (Recht auf Vorlegung des Hypothekenbriefs zum Zwecke der Berichtigung des Grundbuchs), 1632 (Recht des Vaters, die Herausgabe des Kindes zu verlangen), 2259 (Verpflichtung, ein Testament an das Nachlaßgericht abzuliefern).

§. 810.

Wer ein rechtliches Interesse daran hat, eine in fremdem Besitze befindliche Urkunde einzusehen, kann von dem Besitzer die Gestattung der Einsicht verlangen, wenn die Urkunde in seinem Interesse errichtet oder in der Urkunde ein zwischen ihm und einem Anderen bestehendes Rechtsverhältniß beurkundet ist oder wenn die Urkunde Verhandlungen über ein Rechtsgeschäft enthält, die zwischen ihm und einem Anderen oder zwischen einem von beiden und einem gemeinschaftlichen Vermittler gepflogen worden sind.

---

§ 810.

E. I § 775; II § 696 rev. § 795; III § 794. P. I S. 2691—2694; M. II S. 891, 892. P. II S. 3118—3126 (Bd. 2 S. 771—775).

Vergl. die Kommentare zur C.P.O. (alte Fassung) § 387 sowie die Lehrbücher des Prozeßrechts. Aus der Spezialliteratur kommen für die Auslegung des B.G.B. namentlich in Betracht Kohler, zur Editionslehre, Arch. f. civ. Praxis Bd. 79 S. 1—48; Apt., Die Pflicht zur Urkunden-Edition, 2. Aufl. 1892.

1. Der § 810 gewährt demjenigen, welcher ein Interesse an der Einsicht einer Urkunde hat, unabhängig von dem Rechte an dem Papiere lediglich wegen des Inhalts der Urkunde das Recht, von dem Besitzer der Urkunde die Gestattung der Einsicht zu verlangen, wenn die im Gesetze näher bezeichneten Voraussetzungen vorliegen. Der Anspruch trägt einen privatrechtlichen Charakter. Er kann sowohl innerhalb als außerhalb eines Rechtsstreits, sowohl im Zusammenhange mit einem anderen Anspruch als auch selbständig geltend gemacht werden.

2. Der Begriff der Urkunde wird vom Gesetz als bekannt vorausgesetzt. Urkunde im weiteren Sinne ist ein einen Gedanken körperlich darstellendes Zeichen. Der § 810 hat aber, wie sich aus der Fassung ergiebt, nur schriftliche Urkunden im Auge, d. h. Sachen aus irgend welchem Stoffe (Papier, Leinwand, Stein ꝛc.), auf denen durch Schriftzeichen (gewöhnliche oder besondere, z. B. stenographische) in irgend welcher Art (Schreiben, Drucken, Einmeißeln ꝛc.) ein Gedanke zum Ausdruck gebracht ist. Ob die Urkunde geschaffen ist, um als Beweismittel zu dienen, ist gleichgültig. Ebenso kommt es nicht darauf an, ob die Urkunde eine private oder eine öffentliche ist.

Die Vorlegung von Urkunden, welche nicht unter die Vorschriften des § 810 fallen, wie z. B. Siegel, Kerbhölzer, Denkmäler, kann, abgesehen von Ansprüchen aus besonderen Rechtsverhältnissen, nur nach Maßgabe des § 809 verlangt werden.

3. Voraussetzung des Editionsanspruchs ist einmal, daß der die Edition Nachsuchende ein rechtliches Interesse an der Einsicht der Urkunde hat, und sodann, daß die Urkunde ihrem Inhalte nach ihn angeht. Die Fälle, in denen Letzteres anzunehmen ist, sind genau präzisirt. Die Vorschrift ist insoweit der C.P.O. (alte Fassung) § 387 Ziff. 2 nachgebildet. Allerdings stimmt der § 810 nicht wörtlich mit dem § 387 Ziff. 2 der C.P.O. überein. Letztere Bestimmung lautet:

> Der Gegner ist zur Vorlegung der Urkunde verpflichtet:
>
> 1. . . . . .
>
> 2. wenn die Urkunde ihrem Inhalte nach eine für den Beweisführer und den Gegner gemeinschaftliche ist.
>
> Als gemeinschaftlich gilt eine Urkunde insbesondere für die Personen, in deren Interesse sie errichtet ist oder deren gegenseitige Rechtsverhältnisse darin beurkundet sind. Als gemeinschaftlich gelten auch die über ein Rechtsgeschäft zwischen den Betheiligten oder zwischen einem derselben und dem gemeinsamen Vermittler des Geschäfts gepflogenen schriftlichen Verhandlungen.

Hiernach ist im Einklange mit der gemeinrechtlichen Theorie die Editionspflicht grundsätzlich davon abhängig gemacht, daß die Urkunde für den Beweisführer und den Besitzer gemeinschaftlich ist. Die zweite Kommission, auf deren Beschlüssen die jetzige Fassung des § 810 beruht, hat es für richtiger erachtet, nicht auf den durch Beispiele erläuternden Begriff der Gemeinschaftlichkeit abzustellen, sondern die in Betracht kommenden Fälle speziell im Gesetz anzuführen. Es ist dies nicht geschehen, um die Editionspflicht gegenüber den Bestimmungen der C.P.O. einzuschränken, sondern um der Gefahr einer zu engen Auslegung vorzubeugen, zu welcher der Begriff der Gemeinschaftlichkeit Anlaß geben könnte. Es soll also durch die Fassung nicht ausgeschlossen werden, das in der Vorschrift erkennbare Prinzip in ähnlichen Fällen analog anzuwenden (P. II S. 3125, 3126, Bd. 2 S. 774, 775). Hiernach erscheint es gerechtfertigt, die Ergebnisse, zu welchen

Theorie und Praxis bei der Anwendung des § 387 gelangt sind, auch bei der Auslegung des § 810 zu berücksichtigen; vergl. zum Folgenden namentlich Seuffert, Kommentar zur C.P.O. § 384 Anm. 4.

Ein Editionsanspruch besteht nach dem Gesetze, vorausgesetzt, daß im konkreten Falle ein rechtliches Interesse an der Einsicht der Urkunde dargethan wird,

a) wenn die Urkunde im Interesse des die Edition Nachsuchenden errichtet ist. Es kommt hiernach auf die Absicht an, welche bei der Schaffung der Urkunde obgewaltet hat, nicht auf den objektiven Inhalt der Urkunde. Die Urkunde muß aber errichtet sein, um als Urkunde zu dienen. Familienbriefe und private Aufzeichnungen, die zwar objektiv wegen ihres Inhalts für den die Edition Nachsuchenden von Werth sind, die aber nicht zu dem Zwecke geschrieben sind, um ihm als Beweismittel oder Rechtsbehelf zu dienen, können nicht herausverlangt werden. Ebenso brauchen Akten, die von Behörden im öffentlichen Interesse angelegt sind, nicht vorgelegt zu werden (R.G. in Seuff. Arch. Bd. 49 Nr. 214),

b) wenn in der Urkunde ein zwischen ihm und einem Anderen bestehendes Rechtsverhältniß beurkundet ist. Hierunter fallen namentlich alle Arten von Vertragsurkunden, und zwar für alle an dem Vertrage Betheiligten. Als betheiligt erscheinen auch der Bürge und bei einem Vertrage zu Gunsten eines Dritten der Dritte. Quittungen gehören hierher, sofern sie den Charakter von Vertragsurkunden haben (vgl. Erl. zu § 368 unter Nr. 5); sofern die Quittung sich lediglich als ein einseitiges Empfangsbekenntniß darstellt, fällt sie unter a. Ferner sind hier zu nennen die im Geschäftsverkehre zwischen Gewerbetreibenden oder Kaufleuten und ihren Kunden geführten Kontobücher sowie die Geschäftsbücher einer Sparkasse und ähnliche Bücher größerer Institute, soweit es sich um Eintragungen handelt, die sich auf den Editionssucher beziehen. Auch die Handelsbücher der Kaufleute gehören hierher (H.G.B. §§ 45—47),

c) wenn die Urkunde Verhandlungen über ein Rechtsgeschäft enthält, die zwischen ihm und einem Anderen oder zwischen einem von beiden und einem gemeinschaftlichen Vermittler gepflogen worden sind. Hierunter fallen Punktationen aller Art, ferner die vor oder nach dem Geschäftsabschlusse gewechselten Briefe sowie die mit einem gemeinschaftlichen Mäkler gewechselten Schriftstücke. Dagegen braucht der Schriftwechsel zwischen einem Vertragschließenden und der von ihm einseitig zur Vermittelung oder zum Abschlusse des Geschäfts beauftragten Person nicht vorgelegt zu werden.

Der Beweis, daß die Voraussetzungen der Editionspflicht erfüllt sind, liegt demjenigen ob, welcher die Edition fordert.

3. Der Inhalt des Anspruchs geht dahin, daß dem Berechtigten die Einsicht der Urkunde gestattet werde. Der Berechtigte braucht sich nicht mit der Ertheilung einer beglaubigten Abschrift der Urkunde zu begnügen; ein Antrag, welcher dem Verpflichteten gestatten wollte, sich in dieser Weise der ihm obliegenden Verpflichtung zu entledigen, ist abgelehnt (P. II S. 3131, Bd. 2 S. 778). Im Uebrigen ist für die Art und Weise, wie die Verpflichtung zu erfüllen ist, das Prinzip des § 242 maßgebend. Hiernach entscheidet sich namentlich die Frage, ob und in welchem Umfang Abschriften genommen und Notizen gemacht werden dürfen, und ebenso, ob der Berechtigte einen Sachverständigen zuziehen darf. Auch die Frage, ob der Berechtigte, wenn ihn zunächst nur ein Theil der Urkunde interessirt, die Einsichtnahme der ganzen Urkunde verlangen kann, ist nach § 242 zu entscheiden. In der Regel wird der Berechtigte die Vorlegung der ganzen Urkunde verlangen können. Denn er weiß meistens nicht, welcher Theil der Urkunde für ihn von Wichtigkeit ist; die Einsicht der Urkunde soll ihm gerade die Möglichkeit gewähren, sich darüber zu vergewissern, ob die Urkunde noch anderes für ihn wichtiges Material enthält (P. II S. 3130, Bd. 2 S. 778). Sind Bücher vorzulegen, so erstreckt sich das Recht auf Einsicht regelmäßig nur auf diejenigen Theile, welche den Editionssucher angehen (R.G. Bd. 20 S. 42, vergl. H.G.B. § 46).

4. Sondervorschriften, welche für bestimmte Fälle ein Recht auf Einsichtnahme von Urkunden gewähren, s. in den §§ 79 (Vereinsregister), 716 (Recht des Gesellschafters, die Geschäftsbücher und Papiere der Gesellschaft einzusehen, vergl. H.G.B. §§ 118, 166), 1563 (Güterrechtsregister), 1953, 1957 (Erklärung über die Annahme und die Ausschlagung der Erbschaft), 2010 (Nachlaßinventar), 2081 (Erklärung über die Anfechtung einer letztwilligen Verfügung,) 2146 (Anzeige des Vorerben über den Eintritt der Nacherbfolge), 2228 (Erklärungen, welche den Testamentsvollstrecker betreffen), 2264 (Recht auf Einsicht eines eröffneten Testaments), 2384 (Anzeige des Erbschaftskaufs).

Ansprüche auf Vorlegung oder Herausgabe von Urkunden, welche sich aus einem besonderen Rechtsverhältnisse, z. B. dem Eigenthum oder einem Auftrag, ergeben, bleiben unberührt. Wegen der Verpflichtung des Handelsmäklers, den Betheiligten Anzeige aus dem Tagebuche zu geben, s. H.G.B. § 101.

Wegen der Vorlegung von Urkunden im Prozesse s. C.P.O. §§ 142, 421 ff., wegen der Vorlegung von Handelsbüchern insbesondere s. H.G.B. §§ 45—47 und wegen der Vorlegung des Tagebuchs eines Handelsmäklers s. H.G.B. § 102.

§. 811.

Die Vorlegung hat in den Fällen der §§. 809, 810 an dem Orte zu erfolgen, an welchem sich die vorzulegende Sache befindet. Jeder Theil kann die Vorlegung an einem anderen Orte verlangen, wenn ein wichtiger Grund vorliegt.

Die Gefahr und die Kosten hat derjenige zu tragen, welcher die Vorlegung verlangt. Der Besitzer kann die Vorlegung verweigern, bis ihm der andere Theil die Kosten vorschießt und wegen der Gefahr Sicherheit leistet.

Vierundzwanzigster Titel.

Ungerechtfertigte Bereicherung.

---

§ 811.

E. I § 776; II § 697 rev. § 796; III § 795. P. I S. 2694, 3289; M. II S. 893. P. II S. 3126–3131 (Bd. 2 S. 775—778).

1. Abs. 1. Die Vorschriften sind von der zweiten Kommission eingestellt. Man hat es für zweckmäßig erachtet, im Gesetze zum Ausdrucke zu bringen, daß die Vorlegung der Sache oder der Urkunde an dem Orte zu erfolgen hat, an welchem sie sich befindet. Zur Vermeidung von Mißverständnissen ist dann weiter noch der Satz hinzugefügt, daß jeder Theil die Vorlegung an einem anderen Orte verlangen kann, wenn ein wichtiger Grund vorliegt. Der wichtige Grund kann sowohl in den subjektiven Verhältnissen eines der Betheiligten, als auch in objektiven Umständen gefunden werden (vergl. Erl. zu § 626).

Unter dem Orte, an dem sich der vorzuweisende Gegenstand befindet, ist nicht die engere räumliche Begrenzung des Gegenstandes zu verstehen; der Ausdruck „Ort" ist vielmehr in dem weiteren, geographischen Sinne aufzufassen, der auch dem Ausdrucke „Erfüllungsort" zu Grunde liegt. An welcher besonderen Stelle des geographischen Ortes die Vorlegung zu erfolgen hat, muß nach den Grundsätzen von Treu und Glauben und mit Rücksicht auf die Verkehrssitte bestimmt werden; die Vorlegung braucht nicht nothwendigerweise gerade in den Wohn- oder Geschäftsräumen des Verpflichteten zu erfolgen (P. II S. 3130, Bd. 2 S. 778).

Die Bestimmungen der C.P.O., soweit sie davon ausgehen, daß bei einer Vorlegung im Prozesse die Vorlegung am Gerichtsorte zu erfolgen hat, bleiben unberührt.

2. Abs. 2. Der Satz 1 ergiebt sich aus der Natur des Verhältnisses. Der Satz 2 ist von der zweiten Kommission hinzugefügt; er entspricht den für ähnliche Verhältnisse gegebenen Vorschriften der §§ 258, 369, 403, 798, 800, 867. Die Tragung der Gefahr hat die Bedeutung, daß der die Vorlegung Fordernde den durch die Vorlegung entstehenden Schaden zu tragen hat, auch wenn ihn kein Verschulden trifft. Wegen der Sicherheitsleistung s. §§ 232 ff.

Vierundzwanzigster Titel.

Literaturangaben s. bei Windscheid II § 421 und Dernburg II § 138. Für das Verständniß der Vorschriften des B.G.B. ist von besonderer Wichtigkeit der Aufsatz von Lenel im Arch. f. d. civ. Praxis Bd. 74 S. 215—239; vergl. dazu die Antwort von Windscheid, Arch. f. d. civ. Praxis Bd. 78 S. 161—202 und die Replik von Lenel, Arch. f. d. civ. Praxis Bd. 79 S. 49—107.

I. Eine Vermögensverschiebung kann sich in äußerlich gültiger Weise vollziehen, obschon innerlich kein gerechtfertigter Grund für dieselbe vorhanden ist. Das Gesetz will die Möglichkeit eröffnen, eine solche Vermögensverschiebung rückgängig zu machen und giebt zu dem Zwecke demjenigen, der den Verlust erlitten hat, einen persönlichen Anspruch auf Herausgabe der Bereicherung. Es liegt darin keine Neuerung; ein solcher Anspruch wird auch im bisherigen Rechte gewährt. Aber die Bedeutung des Bereicherungsanspruchs ist gegenüber dem bisherigen Rechte erheblich gesteigert. Es hängt dies zusammen mit dem vom Gesetze bei einer ganzen Reihe von Rechtsverhältnissen durchgeführten Trennung von Kausal- und Leistungsgeschäft und der Anerkennung des abstrakten Rechtsgeschäfts (Bd. I S. 147 Vorbm. z. dritten Abschn.

unter IX. 2). Jedes Rechtsgeschäft dient, wie in Bd. I S. 147 näher dargelegt ist, unmittelbar einem gewissen Zwecke. Bei dem abstrakten Rechtsgeschäft ist nun aber das Rechtsgeschäft von dem Zwecke äußerlich losgelöst. Besonders deutlich tritt dies hervor bei der auf Grund eines Kaufgeschäfts erfolgenden Auflassung eines Grundstücks. Hier ist das Kausalgeschäft der obligatorische Kaufvertrag, zu dessen Erfüllung der Verkäufer das Leistungsgeschäft, das abstrakte Rechtsgeschäft der Auflassung, vornimmt. Kausalgeschäft und Leistungsgeschäft sind dabei äußerlich getrennt. So auch bei den anderen abstrakten Rechtsgeschäften. Die praktische Bedeutung der Trennung von Kausalverhältniß und Leistungsgeschäft liegt darin, daß das Leistungsgeschäft in seiner Gültigkeit von dem Kausalverhältniß unabhängig ist. Das abstrakte Rechtsgeschäft ist wirksam ohne Rücksicht darauf, ob der mit der Vornahme des Geschäfts angestrebte Zweck erreicht wird oder nicht. Diese Gestaltung fördert die Sicherheit des Verkehrs, sie erleichtert den Beweis, daß ein Rechtsgeschäft gültig zu Stande gekommen ist und schränkt die Anfechtung der Rechtsgeschäfte ein. Aber sie schließt auch die Gefahr in sich, daß in äußerlich gültiger Weise ein materiell unrichtiges Ergebniß herbeigeführt wird. Beim Fehlen eines Rechtsgrundes leidet das abstrakte Geschäft an einem inneren Mangel, welcher nicht unberücksichtigt bleiben kann. Das Gesetz bietet nun durch die Vorschriften über die ungerechtfertigte Bereicherung die Möglichkeit, einen Ausgleich herbeizuführen. Wennschon das abstrakte Geschäft ohne Rücksicht auf den Rechtsgrund dinglich wirksam ist, so wird doch, falls es an einem Rechtsgrunde fehlt, dem durch die Vornahme des Geschäfts Geschädigten ein obligatorischer Anspruch gegen den Empfänger auf Rückerstattung des Erlangten gegeben. Eine ähnliche Funktion hat der Bereicherungsanspruch noch in einer anderen Richtung zu erfüllen. Mit Rücksicht auf den Schutz des guten Glaubens erklärt das Gesetz in einer Reihe von Fällen Verfügungen, die ein Nichtberechtigter über einen Gegenstand trifft oder Leistungen, die an einen Nichtberechtigten gemacht werden, dem Berechtigten gegenüber für wirksam. Zu denken ist z. B. daran, daß eine bewegliche Sache von einem Nichteigenthümer an einen gutgläubigen Dritten veräußert wird oder daß der Schuldner, welcher von der Abtretung der Forderung keine Kenntniß erlangt hat, an den bisherigen Gläubiger Zahlung leistet. Insbesondere wird aber das ganze Grundbuchrecht von dem Prinzipe beherrscht, daß der Berechtigte, dessen Recht nicht im Grundbuch eingetragen ist, Verfügungen, die der im Grundbuch als Berechtigter Eingetragene gutgläubigen Dritten gegenüber vornimmt oder Leistungen, die von gutgläubigen Dritten an den Eingetragenen gemacht werden, gegen sich gelten lassen muß. Der Vermögensverlust, welchen der Berechtigte in Folge dieser Gestaltung möglicherweise erleidet, läßt sich hier nun nicht wie in dem erstgedachten Falle direkt rückgängig machen. Aber das Gesetz giebt dem Berechtigten einen persönlichen Anspruch gegen den Nichtberechtigten auf dasjenige, was dieser auf Grund der Verfügung, z. B. als Kaufpreis für die veräußerte fremde Sache, erlangt oder als anscheinend Berechtigter in Empfang genommen hat. Ist die Verfügung unentgeltlich erfolgt, so soll derjenige, welcher auf Grund der Verfügung unmittelbar einen rechtlichen Vortheil erlangt hat, zur Herausgabe des Erlangten verpflichtet sein. Die Vorschriften über die ungerechtfertigte Bereicherung stellen sich hiernach als ein wichtiger und unentbehrlicher Theil im Systeme des Gesetzes dar. Sie dienen zur Ausgleichung einer äußerlich gültigen aber innerlich nicht gerechtfertigten Vermögensverschiebung nicht nur da, wo eine solche Aenderung der Vermögenslage, wie z. B. bei der irrthümlichen Zahlung einer Nichtschuld, auf den Willen der Betheiligten zurückzuführen ist, sondern auch da, wo ein materiell unrichtiges Ergebniß durch das Gesetz selbst ermöglicht ist, und bilden insoweit die nothwendige Ergänzung zu den Vorschriften über das abstrakte Rechtsgeschäft und den Schutz des guten Glaubens.

II. Bei der formellen Behandlung des Stoffes folgte der E. I dem römischen Rechte. Dieses gewährt einen Kondiktionsanspruch in bestimmten einzelnen Fällen; ein allgemeines Prinzip ist nicht herausgebildet. Dementsprechend wollte auch der E. I die Kondiktionen in verschiedene Arten klassifiziren. Er behandelte zunächst die Leistung einer Nichtschuld und normirte für diesen Fall die Voraussetzungen und den Umfang des Bereicherungsanspruchs. Daran schlossen sich an Bestimmungen über den Nichteintritt des bei einer Leistung vorausgesetzten künftigen Ereignisses oder rechtlichen Erfolges, über den Wegfall des Rechtsgrundes einer Leistung, über den verwerflichen Empfang und endlich eine ergänzende Vorschrift über alle sonstigen Fälle grundlosen Habens. Der Umfang der Verpflichtung war in allen diesen Fällen durch Verweisung auf die für den Fall der Leistung einer Nichtschuld gegebenen Vorschriften geregelt. Die zweite Kommission hat einen anderen Weg eingeschlagen. Sie hat im Anschluß an das Schweizerische Bundesgesetz Art. 70 den allgemeinen Satz an die Spitze gestellt, daß, wer durch die Leistung eines Anderen oder in sonstiger Weise auf dessen Kosten etwas ohne rechtlichen Grund erlangt hat, dem Anderen zur Herausgabe verpflichtet ist. Dieses Prinzip wird dann in den folgenden Vorschriften ergänzt und erläutert; das Nähere s. unter III. Der Bereicherungsanspruch erscheint hiernach als ein einheitlicher. Die besonders hervorgehobenen Fälle sind solche, in denen es zweifelhaft sein könnte, ob die Voraussetzungen der ungerechtfertigten Bereicherung vorliegen oder bei denen die spezielle Regelung der Voraussetzungen des

Anspruchs aus praktischen Gründen wünschenswerth erschienen ist. Man wird allerdings, wie bisher, so auch nach dem B.G.B. verschiedene Arten von Bereicherungsansprüchen unterscheiden können; sie stehen aber nicht selbständig neben einander, sondern sind dem allgemeinen für die ungerechtfertigte Bereicherung aufgestellten Prinzip untergeordnet.

III. Die **materielle Regelung** des Anspruchs wegen ungerechtfertigter Bereicherung beruht nicht auf der früher vielfach vertretenen Auffassung, daß Niemand sich zum Schaden eines Anderen bereichern dürfe, auch nicht auf dem der Versionsklage des Pr.A.L.R. zu Grunde liegenden Gedanken, daß derjenige, aus dessen Vermögen etwas zum Nutzen eines Anderen verwendet sei, dasselbe in Natur oder dem Werthe nach zurückzufordern berechtigt sei, sondern das Gesetz will das Prinzip zum Ausdrucke bringen, daß ein Anspruch auf Rückgängigmachung einer Vermögensverschiebung gegeben werden soll, wenn dieselbe ohne rechtlichen Grund erfolgt ist, sei es, daß ein rechtlicher Grund überhaupt nicht bestanden hat (§ 812 Abs. 1 Satz 1) oder daß er später weggefallen oder der mit einer Leistung bezweckte Erfolg nicht erreicht ist (§ 812 Abs. 1 Satz 2) oder daß ein Erwerb zwar formell auf einem gesetzlichen Grunde beruht aber thatsächlich auf Kosten eines Anderen ohne wirklichen Rechtsgrund gemacht ist (§ 816) oder endlich, daß die Annahme einer Leistung als verwerflich anzusehen ist (§ 817).

Zu Zweifeln giebt besonders die Rückforderung einer Leistung wegen Mangels eines Rechtsgrundes Anlaß. Die Schwierigkeit liegt dabei wesentlich in der Abgrenzung des Rechtsgrundes gegenüber dem unbeachtlichen Beweggrunde. Praktisch tritt z. B. der Unterschied im folgenden Falle hervor: Wenn eine Verlobte in Erwartung der Eheschließung ihrem Verlobten den Besitz von Vermögensgegenständen zu dem Zwecke übertragen hat, damit dieser die Gegenstände als eingebrachtes Gut habe (nach bisherigem Dotalrechte würde es sich um Uebertragung des Eigenthums handeln), so kann sie, wenn die Ehe nicht zu Stande kommt, die Rückgabe des Besitzes wegen Nichteintritts des bezweckten rechtlichen Erfolges verlangen; wenn sie aber Gegenstände zum Zwecke der Ausstattung kauft, so hat sie, wenn die Eheschließung unterbleibt, keinen Anspruch auf Rückgängigmachung des Kaufes. In dem vorstehend angegebenen Falle besteht über die rechtliche Beurtheilung kein Streit, aber in anderen Fällen, z. B. wenn Jemand ein Grundstück in der ausgesprochenen Erwartung gekauft hat, daß eine Straße vorbei gelegt werden solle und das Grundstück als Bauplatz zu verwerthen sein werde, und die Straße demnächst nicht angelegt wird, erscheint die Entscheidung, ob die Leistung zurückgefordert werden kann, zweifelhaft, und ebenso gehen die Meinungen darüber, welches das maßgebende Prinzip ist und wie dasselbe zu formuliren ist, auseinander. Der E. I lehnte sich bei der gesetzgeberischen Lösung dieser Frage an die Windscheidsche Lehre von der Voraussetzung an. Nach dieser Theorie (vergl. **Windscheid** I §§ 97 ff., **Lenel**, Arch. f. d. civ. Praxis Bd. 74 S. 214 ff.) kommt es darauf an, ob die Leistung unter einer ausdrücklich oder stillschweigend erklärten Voraussetzung erfolgt ist. Wer seinen Willen unter einer Voraussetzung erklärt, der will, lehrt Windscheid, gleich demjenigen, welcher ihn bedingt erklärt, daß die gewollte rechtliche Wirkung nur bei einem gewissen Zustande der Verhältnisse bestehen soll, ohne aber eine eigentliche Bedingung zu setzen. Entfällt die Voraussetzung, so besteht zwar die gewollte Rechtswirkung zunächst zu Recht, aber dem Leistenden wird ein Anspruch auf Rückgängigmachung der eigentlich nicht gewollten Leistung gegeben. Die ganze Lehre von der Rückforderung einer Leistung wegen Mangels eines Rechtsgrundes basirt hiernach auf dem Willen des Leistenden und auf diesen ist hiernach bei der Entscheidung der Einzelfragen zurückzugreifen. Ihren Ausdruck fand diese Auffassung im E. I hauptsächlich in der Vorschrift des § 742, welcher lautet:

> „Wer unter der ausdrücklich oder stillschweigend erklärten Voraussetzung des Eintritts oder Nichteintritts eines künftigen Ereignisses oder eines rechtlichen Erfolges eine Leistung bewirkt hat, kann, wenn die Voraussetzung sich nicht erfüllt, von dem Empfänger das Geleistete zurückfordern."

Die zweite Kommission, deren Beschlüsse erheblich von den Ausführungen Lenels in dem Eingangs erwähnten Aufsatze beeinflußt sind, hat die Lehre von der Rückforderung einer Leistung wegen Mangels eines Rechtsgrundes auf eine andere Grundlage gestellt. Die Kommission ist davon ausgegangen, daß man, um zu einem befriedigenden Ergebnisse zu gelangen, den Zweck der Leistung ins Auge fassen müsse. Keine Leistung geschieht um ihrer selbst willen. Sie dient vielmehr unmittelbar einem bestimmten materiellen Zwecke, welcher für den rechtlichen Charakter des Geschäfts bestimmend ist, wie dies z. B. bei einer Zahlung, die zur Erfüllung einer Verbindlichkeit vorgenommen wird, deutlich hervortritt. Der Zweck der Leistung in diesem Sinne bildet einen Bestandtheil des Rechtsgeschäfts; er stellt sich als der eigentliche Rechtsgrund der Leistung dar. Leidet das Geschäft in dieser Hinsicht an einem Mangel, besteht z. B. die Schuld, welche der Leistende berichtigen will, in der Wirklichkeit nicht, so daß also der nach dem Inhalte des Geschäfts angestrebte Erfolg nicht erreicht werden kann, so ist zwar das Geschäft gültig, aber die Leistung ist ohne Rechtsgrund erfolgt und es wird deshalb dem Leistenden ein Rückforderungsrecht eingeräumt. Bei den Berathungen der zweiten Kommission waren Anträge gestellt, welche die Fälle, in denen eine Leistung als des Rechtsgrundes entbehrend, angesehen werden sollte, genau bezeichnen und im Gesetz erschöpfend aufzählen wollten. Die Anträge sind aber abgelehnt, weil die Kommission der Meinung war, daß es nicht möglich sei, das Verhältniß von Leistung und Zweckbestimmung durch eine gesetzliche Vorschrift völlig klarzustellen; man gelange auf diese Weise immer nur zu einem lehrbuchartigen Satze, welcher nicht in das Gesetz passe. Dagegen ist es im Interesse der leichteren Verständlichkeit des Gesetzes für zweckmäßig erachtet, den Anspruch auf Herausgabe wegen späteren Wegfalls des Rechtsgrundes und ebenso den Anspruch auf Herausgabe wegen Nichteintritts des mit einer Leistung bezweckten Erfolges besonders hervorzuheben. Dementsprechend wurde beschlossen, die grundliegende Bestimmung in folgender Weise zu fassen:

> „Hat Jemand durch die Leistung eines Anderen oder in sonstiger Weise auf dessen Kosten etwas ohne rechtlichen Grund erlangt, so ist er dem Anderen zur Herausgabe des Erlangten verpflichtet.
>
> Ohne rechtlichen Grund ist insbesondere auch dann etwas erlangt, wenn der mit einer Leistung bezweckte Erfolg nicht erreicht oder der Rechtsgrund, auf welchem die Leistung beruht, später weggefallen ist."

Die Redaktionskommission hat dann, um den Grundgedanken noch schärfer zum Ausdrucke zu bringen, in den Abs. 2 (den jetzigen § 812 Abs. 1 Satz 2) die Worte „nach dem Inhalte des Rechtsgeschäfts" eingeschoben. Aus dem Vorstehenden ergiebt sich, daß bei der Entscheidung der Frage, ob eine Leistung des Rechtsgrundes ermangelt, nach der Auffassung des Gesetzgebers nicht auf die subjektive Voraussetzung, von welcher der Leistende ausgegangen ist, sondern auf den objektiven als Bestandtheil in das Rechtsgeschäft aufgenommenen und in dem Rechtsgeschäfte verkörperten Zweck gesehen werden soll. Allerdings sind hiermit nicht alle Zweifel abgeschnitten; auch der Begriff des Zweckes in dem angegebenen Sinne leidet an einer gewissen Unbestimmtheit. Immerhin ist gegenüber der vielfach ganz unsicheren und schwer festzustellenden Voraussetzung eine festere Grundlage für die Entscheidung der Einzelfragen geschaffen. Im Uebrigen sind Wissenschaft und Praxis hinsichtlich der Lehre von der ungerechtfertigten Bereicherung nicht beengt. Es wird namentlich auch zulässig sein, im einzelnen Falle bei der Bestimmung des Verhältnisses von Leistung und Zweckbestimmung auf die subjektive Auffassung des Leistenden zurückzugreifen. Aber grundsätzlich ist auf den in dem Rechtsgeschäfte selbst zum Ausdrucke gebrachten Zweck der Leistung abzustellen. Aus Gründen des praktischen Bedürfnisses sind einige Fragen, welche den Anspruch wegen Nichtbestehens einer Schuld und wegen Nichteintritts des mit einer Leistung bezweckten Erfolges betreffen, durch spezielle Vorschriften entschieden. Im Hinblick auf die Eigenart der Fälle sind ferner der Anspruch auf Herausgabe dessen, was Jemand durch Verfügungen über einen Gegenstand, welche der Berechtigte gegen sich gelten lassen muß, erlangt hat sowie der Anspruch wegen verwerflichen Empfanges besonders geregelt. Der Grundgedanke, daß es bei der Rückforderung einer Leistung wegen Mangels des Rechtsgrundes auf den Zweck der Leistung ankommt, wird durch diese speziellen Bestimmungen nicht berührt, er tritt vielmehr auch hier in der Fassung der Vorschriften zu Tage.

Die **Bereicherung**, welche neben dem Mangel des Rechtsgrundes die Voraussetzung des Kondiktionsanspruchs bildet, wird regelmäßig durch eine direkte Leistung des einen Theiles an den anderen herbeigeführt. Sie kann sich aber auch in anderer Weise vollziehen. Um alle in Betracht kommenden Fälle zu decken, ist deshalb der grundlegende Rechtssatz dahin gefaßt, daß ein Bereicherungsanspruch gewährt wird, wenn Jemand durch die Leistung eines Anderen oder in sonstiger Weise auf dessen Kosten etwas ohne rechtlichen Grund erlangt hat und daneben noch besonders hervorgehoben, daß als Leistung auch die durch Vertrag erfolgte Anerkennung des Bestehens oder Nichtbestehens eines Schuldverhältnisses zu gelten hat.

Die **Verpflichtung des Empfängers** geht bei der ungerechtfertigten Bereicherung dahin, das Erlangte herauszugeben. Der Umfang der Verpflichtung wird vom Gesetze noch näher dahin bestimmt, daß der Empfänger auch das, was er etwa auf Grund des erlangten Rechtes oder als Ersatz für die Zerstörung, Beschädigung oder Entziehung des erlangten Gegenstandes erworben hat sowie die gezogenen Nutzungen herauszugeben hat. Nach den allgemeinen für Schuldverhältnisse aufgestellten Regeln würde der Empfänger von seiner Verpflichtung befreit werden, wenn die Herausgabe durch einen von ihm nicht zu vertretenden Umstand unmöglich geworden wäre, er hätte aber, wenn die Unmöglichkeit von ihm durch eine vorsätzliche oder fahrlässige Handlung verursacht wäre, Schadensersatz zu leisten. In Abweichung hiervon, aber im Wesentlichen in Uebereinstimmung mit dem bisherigen Rechte bestimmt das Gesetz, daß, falls der Empfänger das Geleistete herauszugeben außer Stande ist, er dem Benachtheiligten den Werth des Geleisteten zu vergüten hat, daß jedoch die Verbindlichkeit zur Herausgabe und zur Werthvergütung insoweit wegfallen soll, als der Empfänger bei Eintritt der Rechtshängigkeit des Anspruchs durch das Geleistetete nicht mehr bereichert ist. Der Empfänger ist hiernach haftfrei, soweit er zu der entscheidenden Zeit das Empfangene oder den Werth nicht mehr hat und die durch den Empfang entstandene Bereicherung wieder weggefallen ist, gleichviel, ob der Grund in einem Zufall oder ob er in einem vorsätzlichen oder fahrlässigen Handeln oder sonstigen Gebahren des Empfängers liegt. Die Verpflichtung beschränkt sich in solchem Falle auf die Herausgabe dessen, was der Empfänger von dem Geleisteten oder dem Werthe des Geleisteten zu der gedachten Zeit noch hat sowie des Betrags, um welchen er zu jener Zeit durch Verzehren oder Ersparen, Verbrauchen oder Veräußern bereichert erscheint. Die bevorzugte Stellung des Empfängers hört mit dem Eintritte der Rechtshängigkeit des Bereicherungsanspruchs auf. Von diesem Zeitpunkt an soll er wie jeder andere Schuldner nach allgemeinen Grundsätzen haften. Das Gleiche gilt, wenn sich der Empfänger in bösem Glauben befunden hat; ebenso soll der Empfänger, wenn er von vornherein mit der Möglichkeit rechnen mußte, daß der Rechtsgrund einer Leistung wegfallen könne oder daß der mit einer Leistung bezweckte Erfolg nicht eintreten werde, und demnächst der Rechtsgrund weggefallen oder der angestrebte Erfolg nicht erreicht wird, so haften, wie wenn der Anspruch auf Herausgabe zur Zeit des Empfanges rechtshängig geworden wäre.

Für das Erlöschen des Anspruchs gelten, abgesehen davon, daß der Anspruch hinfällig wird, wenn die Bereicherung aufhört, die allgemeinen Grundsätze. Aus Gründen der Billigkeit giebt aber das Gesetz demjenigen, welcher ohne Rechtsgrund eine Verbindlichkeit eingegangen ist, eine Einrede gegenüber dem Anspruch aus der Verbindlichkeit auch dann, wenn der Anspruch auf Aufhebung der Verbindlichkeit verjährt ist.

Der Anspruch auf Herausgabe steht dem Benachtheiligten grundsätzlich nur gegen denjenigen zu, welcher direkt auf Kosten des Anderen bereichert ist. Ausnahmsweise greift aber der Anspruch auch gegenüber solchen Personen Platz, welche indirekt bereichert sind. Wendet nämlich der Empfänger das Erlangte unentgeltlich einem Dritten zu, so soll, soweit in Folge dessen die Verpflichtung des Empfängers zur Herausgabe der Bereicherung ausgeschlossen ist, der Dritte zur Herausgabe verpflichtet sein, wie wenn er die Zuwendung von dem Gläubiger ohne rechtlichen Grund erlangt hätte.

IV. 1. In einer Reihe von Fällen ist im Gesetz an anderen Stellen als in diesem Titel bestimmt, daß Jemand zur Herausgabe eines Gegenstandes oder eines Vermögenswerthes nach den Vorschriften über die ungerechtfertigte Bereicherung verpflichtet sein soll. Vgl. namentlich die §§ 323 Abs. 3, 327, 516 Abs. 2 Satz 2, 527 Abs. 1, 528, 531 Abs. 2, 543 Abs. 2, 628 Abs. 1 Satz 3, 682, 684, 852 Abs. 2, 951 Abs. 1, 977, 988, 993, 1301, 1399 Abs. 2 Satz 2, 1455, 1973 Abs. 2 Satz 1, 2021, 2196, 2287, 2329. Zum Theil ist auf die Anwendung dieser Vorschriften deshalb verwiesen, weil in den in Betracht kommenden Fällen Zweifel bestehen könnten, ob eine ungerechtfertigte Bereicherung vorliegt, zum Theil ist dies geschehen, um die Verpflichtung zur Herausgabe eines Gegenstandes den besonderen Vorschriften über den Bereicherungsanspruch zu unterwerfen, insbesondere in der Richtung, daß der Anspruch ausgeschlossen sein soll, soweit der Empfänger nicht mehr bereichert ist.

2. Wenn auf Grund der Bestimmungen der C.P.O. eine vorläufige Leistung erlangt ist, z. B. mittelst eines vorläufig vollstreckbaren Urtheils, und der prozessuale Grund für die Leistung demnächst fortfällt, so erhebt sich die Frage, nach welchen Grundsätzen der Geschädigte Ersatz zu beanspruchen hat. Das Verhältniß ist in der C.P.O. so geregelt, daß in den Fällen der §§ 541, 529 (Aenderung des Urtheils auf Grund vorbehaltener Vertheidigungsmittel) die Vorschriften über die ungerechtfertigte Bereicherung Anwendung finden sollen, daß dagegen in anderen Fällen nicht nur Herausgabe der Bereicherung, sondern Schadensersatz soll beansprucht werden können. (Vergl. hinsichtlich der letzteren Fälle die Vorbemerkung zu dem folgenden Titel unter Nr. IV).

V. Bestritten ist, ob der Bereicherungsanspruch mit anderen Ansprüchen konkurriren kann oder ob er nur subsidiär zusteht. (Für das letztere Endemann § 198 Anm. 4. A. A. Cosack § 168 Anm. 13). Ein Grund, den Bereicherungsanspruch, wenn dessen Voraussetzungen vorliegen, deshalb auszuschließen, weil dem Bereicherten noch ein anderer Anspruch zusteht, mit welchem er dasselbe erlangen kann, dürfte nicht vorliegen. So ist z. B. nicht abzusehen, weshalb derjenige, welcher auf Grund eines Vertrags eine Leistung gemacht hat, wenn er von dem ihm zustehenden Rechte des Rücktritts vom Vertrage Gebrauch macht, nicht das Geleistete sowohl auf Grund des § 346 als auf Grund des § 812 Abs. 1 Satz 2 sollte zurückfordern können. Dieselben thatsächlichen Voraussetzungen genügen hier für den einen wie für den anderen Anspruch; der erstgedachte Anspruch ist für den Berechtigten zwar günstiger, weil er durch den Wegfall der Bereicherung nicht ausgeschlossen wird, aber hierin liegt kein Grund, dem Berechtigten den weniger günstigen Anspruch zu versagen, wenn er diesen vorzieht. In anderen Fällen liegt das Verhältniß insofern anders, als behufs Begründung eines anderen Anspruchs zu den für die Begründung des Bereicherungsanspruchs erforderlichen Thatsachen noch andere Thatsachen hinzutreten müssen. So kann z. B. durch das Hinzutreten einer Verschuldung auf Seiten des Verpflichteten ein Schadensersatzanspruch wegen unerlaubter Handlung (§ 823), durch das Hinzutreten der in dem § 683 bezeichneten Voraussetzungen der Anspruch aus der Geschäftsführung ohne Auftrag begründet werden. Der Berechtigte kann sich hier, auch wenn jene Thatsachen vorliegen, auf den Bereicherungsanspruch beschränken, ohne beweisen zu brauchen, daß jene Thatsachen nicht vorliegen. Das Verhältniß kann indessen auch so liegen, daß, wenn ein anderer Anspruch begründet ist, sich hieraus ergiebt, daß die Voraussetzungen des Bereicherungsanspruchs nicht vorliegen. So kann z. B. derjenige, welchem der Eigenthumsanspruch auf Herausgabe der Sache (§ 985) zusteht, mit dem Bereicherungsanspruche nicht die Uebertragung des Eigenthums verlangen, denn wenn der Kläger den Eigenthumsanspruch hat, also noch Eigenthümer ist, so ergiebt sich hieraus, daß der Beklagte das Eigenthum nicht auf Kosten des Klägers erlangt hat. Dagegen ist in einem solchen Falle denkbar, daß der Eigenthümer den Bereicherungsanspruch auf Herausgabe der Sache aus dem Gesichtspunkte hat, daß der Besitzer den Besitz auf Kosten des Eigenthümers ohne rechtlichen Grund erlangt hat und dieser Anspruch wird dann nicht dadurch ausgeschlossen, daß der Eigenthümer die Herausgabe der Sache auch mit dem Eigenthumsanspruche verlangen könnte.

Hat der Empfänger die Sache gegen Entgelt veräußert, so hat er nach § 818 den Werth insoweit zu ersetzen, als er durch daß erlangte Entgelt noch bereichert ist. Es entsteht hierbei die Frage, wie das Verhältniß zu beurtheilen ist, wenn der Werthersatz geleistet, der Erwerber aber wegen mangelnden guten Glaubens das Eigenthum nicht erworben hat und nun der Eigenthümer die Sache von ihm vindizirt. Der Besitzer wird sich hierbei nicht darauf berufen können, daß der Klager von dem Veräußerer bereits Ersatz erhalten habe. Es kann dahingestellt bleiben, ob der Empfänger den Ersatz nur gegen Abtretung des Eigenthumsanspruchs hätte zu leisten brauchen (§ 255). Ist eine solche Abtretung nicht erfolgt, so hat der Eigenthümer durch Annahme des Ersatzes sein Eigenthum nicht verloren und der Erwerber muß ihm daher die Sache herausgeben. Bei dem hierdurch eintretenden Ergebnisse, daß der Benachtheiligte den Ersatz für den verlorenen Besitz und zugleich diesen selbst erlangt, kann es nun freilich nicht bleiben. Die Ausgleichung erfolgt hier dadurch, daß mit der Wiedererlangung der Sache von Seiten des Eigenthümers die Leistung des Werthersatzes ihren rechtlichen Grund verliert und demjenigen, welcher den Ersatz geleistet hat, nunmehr der Bereicherungsanspruch auf Herausgabe des geleisteten Ersatzes zusteht.

Wegen des Anspruchs auf Grund nützlicher Verwendung (actio de in rem verso) s. Vorbm. z. elften Titel unter III.

VI. Unberührt bleiben die landesgesetzlichen Vorschriften, nach welchen der Staat sowie Verbände und Anstalten, die auf Grund des öffentlichen Rechtes zur Gewährung von Unterhalt verpflichtet sind, Ersatz der für den Unterhalt gemachten Aufwendungen von der Person, welcher sie den Unterhalt gewährt haben sowie von denjenigen verlangen können, welche nach den Vorschriften des B.G.B. unterhaltspflichtig waren (E.G. Art. 103).

Unberührt bleiben ferner die landesgesetzlichen Vorschriften über den Anspruch auf Rückerstattung mit Unrecht erhobener öffentlicher Abgaben oder Kosten eines Verfahrens (E.G. Art. 104).

VII. Der § 812 enthält die grundlegenden Bestimmungen über den Bereicherungsanspruch. Die §§ 813—817 regeln die Voraussetzungen der Rückforderung in besonderen Fällen und zwar betreffen die §§ 813, 814 speziell die Rückforderung einer Leistung, welche zum Zwecke der Erfüllung einer Verbindlichkeit gemacht ist, der § 815 die Rückforderung wegen Nichteintritts des mit einer Leistung bezweckten Erfolges, der § 816 die Fälle, daß ein Nichtberechtigter durch eine Verfügung über einen Gegenstand, welche dem Berechtigten gegenüber wirksam ist, oder durch eine Leistung, welche an ihn gemacht ist und welche dem Berechtigten gegenüber wirksam ist, etwas erlangt hat, der § 817 den verwerflichen Empfang. Die §§ 818—820 geben Vorschriften über den Umfang und die Beschränkung der Herausgabepflicht, und zwar stellt der § 818 zunächst die Regeln auf, welche gelten, wenn der Empfänger sich in gutem Glauben befunden hat, und handelt weiter von den Aenderungen der Rechtsstellung des Empfängers, welche sich an den Eintritt der Rechtshängigkeit des Bereicherungsanspruchs knüpfen. Der § 819 regelt den Fall, daß der Empfänger der Leistung den Mangel des Rechtsgrundes beim Empfange der Leistung gekannt oder ihn später erfahren hat. Der § 820 giebt Vorschriften für die Fälle, in welchen der Empfänger beim Empfange der Leistung mit der Möglichkeit rechnen mußte, daß der Rechtsgrund demnächst wegfallen oder daß der mit der Leistung bezweckte Erfolg nicht eintreten werde, und der Rechtsgrund demnächst weggefallen oder der angestrebte Erfolg nicht erreicht ist. Der § 821 handelt von der Einrede der ungerechtfertigten Bereicherung. Der § 822 erstreckt die Verpflichtung zur Herausgabe auf denjenigen, welchem der Empfänger der Leistung das Erlangte unentgeltlich zugewendet hat.

§. 812.

Wer durch die Leistung eines Anderen oder in sonstiger Weise auf dessen Kosten etwas ohne rechtlichen Grund erlangt, ist ihm zur Herausgabe verpflichtet. Diese Verpflichtung besteht auch dann, wenn der rechtliche Grund später wegfällt oder der mit einer Leistung nach dem Inhalte des Rechtsgeschäfts bezweckte Erfolg nicht eintritt.

Als Leistung gilt auch die durch Vertrag erfolgte Anerkennung des Bestehens oder des Nichtbestehens eines Schuldverhältnisses.

---

§ 812.

E. I §§ 737 Abs. 1, 3, 742, 745 Abs. 1, 748, 290 Abs. 4; II § 737 rev. § 797; III § 796. P. I S. 1483—1498, 1536—1542, 1569—1572, 1573, 1575—1592, 3272, 3505—3510, 3557, 3560, 3561, 6185, 6186, 11702, 11703, 11882, 11883; M. II S. 831—835, 842, 843, 846, 851—854, 115, 116. P. II S. 2595, 2935—2959, 2966—2973, 2991, 2992, 8492 (Bd. 2 S. 510, 511, 682—693, 696—699, 708; Bd. 4 S. 199). R.B. S. 1984.

1. Der Bereicherungsanspruch gründet sich auf die Thatsache, daß Jemand auf Kosten eines Anderen ohne rechtlichen Grund etwas erlangt hat.

a) Das Erlangen auf Kosten eines Anderen kann bestehen in der positiven Vermehrung des Vermögens durch den Erwerb einer Sache oder eines Rechtes. Als solches ist auch die Erlangung des Besitzes anzusehen. Der E. I hob dies ausdrücklich hervor (E. I §§ 737 Abs. 3; 744, 745, 748). Die zweite Kommission hat geglaubt, daß der Fall durch die ganz allgemeine Fassung des (jetzigen) § 812 Abs. 1 Satz 1 gedeckt werde und hat deshalb von einer besonderen Erwähnung des Besitzes abgesehen. Und in der That wird man sagen müssen, daß derjenige, welcher Besitzer einer Sache geworden ist, damit „etwas erlangt" hat. Denn auch wenn man den Besitz nicht als ein eigentliches Recht ansehen will, so gewährt doch der Besitz jedenfalls eine Rechtsposition, welche einen Vermögenswerth darstellt. Die Bereicherungsklage ist übrigens nicht um deswillen, weil mit ihr die Herausgabe des Besitzes verlangt wird, als Besitzklage im technischen Sinne anzusehen. Es finden also bei einer solchen Klage die besonderen für Besitzklagen gegebenen Vorschriften (§§ 861, 863, 864) keine Anwendung; namentlich ist die Geltendmachung der Einrede, daß dem Beklagten ein Recht zum Besitze zustehe, nicht ausgeschlossen (M. II. S. 831). Das Erlangen auf Kosten eines Anderen kann ferner dadurch herbeigeführt werden, daß eine Schuld aufgehoben oder eine Vermögensbeschränkung beseitigt wird. Endlich kann ein solches Erlangen darin liegen, daß Jemandem Aufwendungen und Auslagen erspart sind, so z. B., wenn ihm Unterhalt gewährt ist oder wenn ihm unentgeltlich Dienste geleistet sind, welche er sonst gegen eine Vergütung hätte beschaffen müssen. Aus den Vorschriften des § 818 Abs. 3 über die Beschränkung des Anspruchs auf die Bereicherung ergiebt sich übrigens, daß, wenn mit der Vermögensvermehrung eine Vermögensminderung verbunden ist, nur die Herausgabe des Ueberschusses verlangt werden kann. Hiernach mindern Aufwendungen, welche der Empfänger bei dem Erwerbe der erlangten Gegenstände hat machen müssen, die Bereicherung; es kann z. B. derjenige, welcher von einem Geisteskranken Sachen gekauft hat, wenn er auf Rückgabe belangt wird, dasjenige abrechnen, was er dem Verkäufer als Kaufpreis gegeben hat; R.G. Bd. 32 S. 319, a. A. anscheinend Windscheid II § 422 Anm. 10. Sind Aufwendungen auf eine im Eigenthum eines Anderen befindliche Sache gemacht, so ist ein Anspruch wegen ungerechtfertigter Bereicherung nicht begründet, wenn nach den Umständen des Falles eine Bereicherung des Eigenthümers nicht anzunehmen ist; vergl. Windscheid § 421 Anm. 4.

Um Zweifel und Streitigkeiten abzuschneiden, ist im Abs. 2 besonders hervorgehoben, daß eine Leistung auch durch die vertragsmäßige Anerkennung des Bestehens oder Nichtbestehens eines Schuldverhältnisses herbeigeführt werden kann.

b) Der Empfänger muß etwas durch die Leistung des Anderen oder in sonstiger Weise auf dessen Kosten erlangt haben. Es kommt nicht darauf an, ob die Vermögensverschiebung durch den Benachtheiligten selbst oder durch einen Dritten oder durch den Empfänger, ob sie durch ein Rechtsgeschäft oder, wie z. B. beim Anschwemmen von Land, durch einen thatsächlichen Vorgang, ob sie mit Bewußtsein oder unbeabsichtigter Weise herbeigeführt ist. Der Vermögensvermehrung auf der einen Seite entspricht regelmäßig eine Vermögensverminderung auf der anderen Seite und der E. I hatte deshalb einer weit verbreiteten Ausdrucksweise folgend, im § 748 die Voraussetzung des Anspruchs dahin gefaßt, daß Jemand „aus dem Vermögen" eines Anderen bereichert sei. Indessen sind Fälle denkbar, in denen Jemand auf

Kosten eines Anderen etwas erlangt hat, auch ohne daß das Erlangte vorher im eigentlichen Sinne zum Vermögen des Benachtheiligten gehört hätte. Hat z. B. Jemand eine ihm angefallene Erbschaft ausgeschlagen, so hat diese nicht zu seinem Vermögen gehört; der nächstfolgende Erbe erlangt sie nicht aus dem Vermögen des Ausschlagenden; P. II S. 2942 (2. S. 685). Trotzdem wird dieser, wenn er den zunächst Berufenen durch Betrug zur Ausschlagung bestimmt hat und der gegen ihn deshalb begründete Schadensersatzanspruch verjährt ist, nach § 852 Abs. 2 dem Ausschlagenden noch wegen der ungerechtfertigten Bereicherung haften. Um diese Fälle mit zu treffen, hat die zweite Kommission den Ausdruck „auf Kosten" des Anderen gewählt.

Bei den Berathungen der zweiten Kommission wurde noch darauf hingewiesen, daß in vielen Fällen der Empfänger mehr erlange, als der Benachtheiligte gehabt habe; er erlange z. B. den Eigenbesitz, während der Andere nur den gewöhnlichen Besitz gehabt habe, oder er werde als gutgläubiger Erwerber Eigenthümer der Sache, während der Andere nur Besitz gehabt habe. Im Hinblick auf diese Fälle war vorgeschlagen zu sagen, wenn Jemand „von Seiten" des Anderen etwas erlangt. Die Kommission hat aber den Ausdruck „von Seiten" für bedenklich erachtet und geglaubt, daß man die Entscheidung der angezogenen Fälle der Wissenschaft und Praxis überlassen könne; vergl. E. 15 § 1 D. 12, 6; Windscheid II § 424 zu Anm. 20. Die Frage ist zweifelhaft und wird nach den Umständen des einzelnen Falles verschieden zu beantworten sein. Prinzipiell ist davon auszugehen, daß der Beklagte nur herauszugeben braucht, was er auf Kosten des Klägers erlangt hat. Hinzu treten nur nach § 818 die Nutzungen und Surrogate. Auf Kosten des Klägers hat der Beklagte nicht erlangt, was der Kläger nicht gehabt und daher nicht verloren hat. Hiernach würde der Beklagte dasjenige, was er erlangt, nur insoweit herauszugeben haben, als der Kläger es gehabt hat. Nun aber können die Fälle so liegen, daß eine so beschränkte Herausgabe nicht möglich ist oder daß der Kläger dadurch doch nicht in dieselbe Vermögenslage versetzt wird, in welcher er vorher war. In dem ersten der angeführten Beispielsfälle muß der Beklagte dem Kläger den Besitz wieder einräumen; er braucht nicht den Eigenbesitz zu übertragen, er kann dies auch gar nicht, denn ob der Kläger Eigenbesitzer werden wird, hängt von der Absicht ab, in der er den Besitz ergreift. Der Beklagte muß aber den Besitzer in dieselbe Besitzlage versetzen, in welcher dieser vorher war und dies ist nicht möglich, wenn der Beklagte Eigenbesitzer bleibt, weil dies bei Herausgabe des Besitzes an den Kläger nur in der Art geschehen könnte, daß der Kläger mittelbarer Besitzer für den Beklagten würde. Dadurch würde aber die Besitzlage des Klägers eine andere werden, wie sie vorher war. Der Beklagte muß also den Besitz unter Aufgabe seines Eigenbesitzes dem Kläger einräumen; hierdurch gelangt dieser wieder in die frühere Besitzlage. Noch zweifelhafter liegt die Frage in dem zweiten Beispielsfalle. Müßte der Beklagte das von ihm erlangte Eigenthum dem Kläger übertragen, so würde dieser etwas dadurch erlangen, was er nie gehabt hat. Brauchte der Beklagte aber dem Kläger nur den Besitz einzuräumen, während er das Eigenthum behielte, so würde der Kläger nicht in dieselbe, sondern in eine schlechtere Lage kommen, als in welcher er vorher gewesen. Er würde dem Eigenthumsanspruche des Beklagten ausgesetzt sein und, wenn er diesem gegenüber auch noch eine Einrede hätte, so würde diese doch versagen einem Dritten gegenüber, welcher in gutem Glauben, etwa durch Auflassung, wenn es sich um ein Grundstück handelt, das Eigenthum erworben hat. Vollständig wiederherstellen ließe sich die frühere Sachlage in diesem Falle nur dadurch, daß der Beklagte das Eigenthum der Sache an den früheren Eigenthümer, den Besitz aber an den Kläger übertrüge. Dem Kläger aber einen Anspruch hierauf zu geben, erscheint bedenklich, weil dadurch der frühere Eigenthümer in die Sache ohne seinen Willen hineingezogen wird; der Kläger würde dadurch unter Umständen, z. B. wenn der frühere Eigenthümer unbekannt oder nicht aufzufinden ist, seinen Zweck nicht erreichen. Bei dieser Sachlage ist es nicht möglich, die frühere Rechtslage zu Gunsten des Klägers wiederherzustellen, ohne daß diesem das Eigenthum der Sache übertragen wird. Er erlangt dadurch dann freilich, wie oben hervorgehoben ist, mehr als er vorher gehabt hat, aber es ist dies unvermeidlich, weil auf andere Weise die frühere Rechtslage nicht wiederhergestellt werden kann. In dem Verhältnisse zwischen dem Kläger und dem früheren Eigenthümer wird dann materiell die Ausgleichung dadurch zu erfolgen haben, daß dem früheren Eigenthümer ein Anspruch gegen den Kläger auf Herausgabe der durch die Erlangung des Eigenthums erfolgten ungerechtfertigten Bereicherung zusteht.

c) Das Erlangen auf Kosten eines Anderen muß ohne rechtlichen Grund erfolgt sein (vergl. Hellwig, Verträge auf Leistung an Dritte, S. 135 f.; Collatz, Ungerechtfertigte Vermögensverschiebung, 1899, Enneccerus-Lehmann, B.R. I § 351). Es genügt nicht, daß das Erlangen im konkreten Falle vom Standpunkte der Billigkeit als nicht gerechtfertigt erscheint. Im Uebrigen sind folgende Fälle, in denen das Erlangen als des rechtlichen Grundes entbehrend anzusehen ist, hervorzuheben.

Das Erlangen ist ohne jeden Rechtsgrund erfolgt (Fall der condictio sine causa). Dies ist in der Weise möglich, daß eine Vermögensverschiebung sich durch einen rein thatsächlichen

Vorgang vollzogen hat, wie z. B. durch Anschwemmen von Land oder durch Zulaufen eines Hundes oder so, daß Jemand unwissentlich fremdes Gut verbraucht oder verzehrt. Ferner gehören hierher die Fälle, in welchen Jemand durch die Leistung eines Anderen etwas erlangt hat, für diese Leistung aber der rechtliche Grund von Anfang an fehlt. Hervorzuheben ist der Fall, daß auf Grund eines nichtigen Leistungsgeschäfts der Besitz auf einen Anderen übergegangen ist; dem Benachtheiligten steht hier, unbeschadet des für ihn etwa begründeten Eigenthumsanspruchs, auch auf Grund der ungerechtfertigten Bereicherung der Anspruch auf Rückgabe des Besitzes zu. Unter diese Kategorie kann man auch rechnen den Fall, daß Jemand eine an sich gültige Leistung zum Zwecke der Erfüllung einer nicht bestehenden Verbindlichkeit gemacht hat (Fall der condictio indebiti). Die rechtliche Beurtheilung dieses letzteren Falles ist im Wesentlichen dieselbe wie für die im Abs. 1 Satz 2 besonders hervorgehobenen Fälle, in welchen der nach dem Inhalte des Rechtsgeschäfts bezweckte rechtliche Erfolg nicht eingetreten ist. Er soll deshalb im Zusammenhange mit diesem erörtert werden. Zu beachten ist indessen, daß das B.G.B., wie sich aus den §§ 815, 820 ergiebt, bei denjenigen speziellen Vorschriften, in welchen es sich um den Nichteintritt des bezweckten rechtlichen Erfolges handelt, nur solche Fälle vor Augen hat, in denen sich erst später herausstellt, daß der bezweckte rechtliche Erfolg nicht eingetreten ist.

Es ist ursprünglich ein rechtlicher Grund vorhanden gewesen, derselbe ist aber später weggefallen (Fall der condictio ob causam finitam). Der Satz 2 des Abs. 1 bestimmt ausdrücklich, daß hier der Empfänger zur Herausgabe verpflichtet ist. Vielleicht würde sich das schon aus der allgemeinen Vorschrift des Satz 1 herleiten lassen. Die zweite Kommission hat aber, um Zweifel abzuschneiden, eine besondere Bestimmung für wünschenswerth erachtet. Es gehört hierher z. B. der Fall, daß auf Grund eines auflösend bedingten Rechtsgeschäfts geleistet wird und später die Bedingung eintritt; weiter auch der Fall, daß auf Grund eines anfechtbaren Geschäfts geleistet wird und demnächst das Geschäft in Folge Anfechtung zusammenfällt (vergl. hierzu Erl. zu § 815 unter Nr. 3). Der E. I gab einen Bereicherungsanspruch wegen Wegfalls des Rechtsgrundes auch in den Fällen, wenn Jemand auf Grund eines vorläufig vollstreckbaren oder unter Vorbehalt der Rechte ergangenen Urtheils eine Leistung gemacht hat und das Urtheil demnächst aufgehoben wird. Auf Grund der Beschlüsse der zweiten Kommission sind die hierher gehörenden Fälle durch besondere Vorschriften in der C.P.O. geregelt und zwar theils in der Weise, daß ein Anspruch auf Schadensersatz gewährt ist, theils in der Weise, daß lediglich die Herausgabe des Geleisteten nach den Grundsätzen über ungerechtfertigte Bereicherung verlangt werden kann; s. Vorbm. unter IV 2.

Eine Leistung entbehrt des Rechtsgrundes, weil der mit der Leistung nach dem Inhalte des Rechtsgeschäfts bezweckte Erfolg nicht eintritt (Fall der sog. condictio ob rem). Auch hier ist die Verpflichtung des Empfängers, das Erlangte herauszugeben, aus Zweckmäßigkeitsgründen, im Abs. 1 Satz 2 besonders hervorgehoben. Zu denken ist in erster Linie an solche Fälle, in denen eine Leistung in der Erwartung gemacht wird, daß ein Ereigniß eintreten werde, welches einen Rechtsgrund für die Leistung schafft, in denen dann aber das erwartete Ereigniß nicht eintritt (Fall der condictio causa data causa non secuta). Es bestellt z. B. Jemand Waaren und übersendet gleichzeitig mit der Bestellung den Kaufpreis; der Kauf kommt aber nicht zu Stande. Oder eine Verlobte überläßt den Besitz ihres Vermögens zu dem Zwecke, daß es demnächst eingebrachtes Gut werde, ihrem Verlobten; die Eheschließung unterbleibt indessen. (Eine analoge Anwendung hat der hier fragliche Gesichtspunkt in der Vorschrift des § 1301 über die Verpflichtung zur Rückgabe der Brautgeschenke erfahren; s. Erl. zu § 1301.) Oder Jemand giebt einen Schuldschein hin in der Erwartung, daß er ein Darlehen erhalten werde; das Darlehen wird ihm aber nicht gewährt. In weiterem Sinne sind, wie schon oben erwähnt ist, auch hierher zu zählen die Fälle, in denen der mit einer Leistung bezweckte Erfolg von vornherein unmöglich ist. Es leistet z. B. der Schuldner einen zur Erfüllung ungeeigneten Gegenstand. Oder Jemand zahlt eine Summe, um eine vermeintlich bestehende Reallast abzulösen. Hervorzuheben ist namentlich die Erfüllung einer nicht bestehenden Schuld (Fall der condictio indebiti). Zu beachten ist, daß der Bereicherungsanspruch nicht in allen Fällen Platz greift, in denen der Leistende das Bestehen einer bestimmten Thatsache oder den Eintritt eines bestimmten Ereignisses vorausgesetzt hat, sondern nur, wenn der mit der Leistung nach dem Inhalte des Geschäfts bezweckte Erfolg nicht erreicht ist. Der Zweck muß objektiv als Bestandtheil des Rechtsgeschäfts erscheinen derart, daß die Leistung selbst durch den Zweck charakterisirt wird. Eine Rückforderung findet hiernach z. B. nicht statt, wenn ein Verlobter im Hinblick auf die bevorstehende Eheschließung Gegenstände zur Einrichtung des Haushalts kauft und die Eheschließung demnächst unterbleibt. Selbstverständlich ist es dem Leistenden unbenommen, die Wirksamkeit in beliebiger Weise von einer Bedingung abhängig zu machen. Ob in der Erklärung des Leistenden, daß er eine bestimmte Thatsache voraussetze, das Setzen einer Bedingung zu finden ist, läßt sich nur nach den Umständen des einzelnen Falles entscheiden. Wenn bei einem Vergleiche der nach dem Inhalte des Vertrags als feststehend zu Grunde gelegte Sachverhalt der Wirklichkeit nicht entspricht, so ist nach § 779 der Vergleich unwirksam; doch hat auch diese Bestimmung nur dispositive Bedeutung (vgl. Erl. zu § 779 unter Nr. 1). Vergl. auch unten unter e. Spezielle Vorschriften für den Bereicherungsanspruch wegen Zahlung einer Nichtschuld s. in den §§ 813, 814, für den Bereicherungsanspruch wegen Nichteintritts des mit einer Leistung bezweckten Erfolges s. im § 815.

Die Fälle, daß ein Nichtberechtigter eine Verfügung über einen Gegenstand trifft, welche dem Berechtigten gegenüber wirksam ist, und dadurch etwas erlangt oder daß an einen Nichtberechtigten eine Leistung gemacht wird, welche der Berechtigte gegen sich gelten lassen muß, sind in dem § 816 besonders geregelt. Ebenso ist der Fall des verwerflichen Empfanges im § 817 besonders geregelt. In einer weiteren Reihe von Fällen, in denen nach der Auffassung des Gesetzes eine Bereicherung als des rechtlichen Grundes entbehrend anzusehen ist, in denen aber die Entscheidung zweifelhaft sein könnte, ist ausdrücklich eine Verpflichtung zur Herausgabe festgesetzt, s. Vorbm. unter IV 1.

Der E. I hatte es für zweckmäßig erachtet, noch folgende Vorschrift einzustellen:

E. I § 748 Abs. 2. „Als rechtlicher Grund ist es im Zweifel anzusehen, wenn ein Rechtsverlust auf einer diesen bestimmenden Vorschrift beruht.“

Es sollte damit zum Ausdrucke gebracht werden, daß überall da, wo, wie z. B. bei der Verjährung, beim Ablauf einer Präklusivfrist oder bei der Ersitzung, ein Vermögensverlust kraft gesetzlicher Vorschrift eintrete, ein Bereicherungsanspruch als ausgeschlossen zu gelten habe, sofern nicht das Gesetz, wie z. B. bei der Spezifikation, einen solchen Anspruch ausdrücklich zulasse (M. II S. 852). Die zweite Kommission hat die Vorschrift gestrichen, da sie in ihrer Allgemeinheit nicht richtig sei; denn, wenn sie auch für das Verhältniß zwischen dem Verlierenden und dem Erwerbenden zutreffe, so sei dies doch nicht der Fall für das Verhältniß zwischen dem Verlierenden und einem Dritten, dessen unberechtigte Verfügung vermöge der den guten Glauben schützenden Vorschriften einen dem Berechtigten gegenüber wirksamen Erwerb und deshalb den Rechtsverlust des bisherigen Berechtigten zur Folge gehabt habe (P. II S. 2944; Bd. 2 S. 686).

d) Der **Beweis**, daß die Voraussetzungen des Bereicherungsanspruchs vorliegen, ist von demjenigen zu führen, welcher den Anspruch geltend macht. Der Kläger hat also darzulegen einmal, daß der Beklagte auf Kosten des Klägers etwas erlangt hat und sodann, daß hierfür entweder ein Rechtsgrund überhaupt nicht bestanden hat oder daß der an sich vorhanden gewesene Rechtsgrund weggefallen ist oder daß der mit der Leistung bezweckte Erfolg nicht eingetreten ist. Zu Zweifeln giebt der letzte Fall Anlaß (vergl. **Windscheid** II § 429; **Dernburg** II § 142 Anm. 17; **Endemann**, Einführung, § 198; **Oertmann**, Kommentar, Vorbm. z. 24. Titel unter Nr. 4; **Cosack**, Lehrbuch I § 168 Anm. 12; **Enneccerus-Lehmann** § 353; R.G. Bd. 3 S. 87, Bd. 5 S. 26, Bd. 14 S. 225). Das Gesetz hat die Entscheidung der Wissenschaft überlassen wollen (M. II S. 843). Nach dem Wortlaute des Gesetzes würde der Kläger zur Begründung des Anspruchs auf Rückgabe des Geleisteten darzuthun haben einmal, daß die Leistung zur Erreichung eines bestimmten Zweckes gemacht ist, und sodann, daß dieser Zweck nicht erreicht ist. Für den Fall, daß der Zweck durch ein in der Vergangenheit liegendes Ereigniß bestimmt ist, wird dies auch allgemein anerkannt. Insbesondere herrscht Uebereinstimmung darüber, daß bei der Rückforderung wegen Nichtbestehens einer Schuld der Kläger zu beweisen habe einmal, daß die Leistung zum Zwecke der Erfüllung einer bestimmten Schuld gemacht sei und sodann, daß diese Schuld nicht bestanden habe. Für den Fall aber, daß die Leistung ihren Rechtsgrund erst durch ein zukünftig eintretendes Ereigniß erhalten soll, wird behauptet, daß der Kläger lediglich zu beweisen habe, daß mit der Leistung ein bestimmter erst durch ein zukünftiges Ereigniß zu rechtfertigender Erfolg bezweckt sei, daß dagegen der Beklagte zu beweisen habe, daß das Ereigniß eingetreten und der Zweck erreicht sei; so das R.G. in den oben angeführten Entscheidungen sowie **Dernburg** und **Windscheid** (letzterer jedoch nur für den Fall, wenn von dem Beklagten behauptet wird, daß die Voraussetzung noch schwebt, anders, wenn die Parteien einig sind, daß die Entscheidung schon gefallen ist), und für das B.G.B. **Endemann** und **Oertmann** sowie in der Hauptsache **Enneccerus-Lehmann**. Indessen wird man sich vom Standpunkte des B.G.B. aus für die entgegengesetzte Ansicht zu entscheiden haben; ebenso **Cosack**. Die Zuwendung erscheint zunächst gerechtfertigt durch das äußerlich gültige Leistungsgeschäft. Behauptet der Kläger, daß die Vermögensverschiebung trotzdem des Rechtsgrundes entbehre, so hat er dies zu beweisen. Dem genügt er aber nicht, wenn er nur beweist, daß die Zuwendung innerlich von einer Bedingung abhängig gewesen sei. Zunächst entbehrt die Leistung nicht endgültig des Rechtsgrundes, solange noch ungewiß ist, ob das die Zuwendung rechtfertigende Ereigniß eintreten wird. Der Kläger kann sie aber auch nicht vorläufig zurückfordern, weil, solange der andere Theil nicht den Eintritt des Ereignisses dargethan habe, noch kein Rechtsgrund vorliege und der Beklagte jedenfalls bis dahin ohne Rechtsgrund besitze. Denn der Kläger hat dadurch, daß er die Leistung gemacht hat, zu erkennen gegeben, daß er bis zur Entscheidung die Leistung in den Händen des Beklagten lassen wolle, und dies kann er nicht beliebig wieder rückgängig machen. (Im Wesentlichen ebenso Enneccerus-Lehmann, der dem Empfänger eine dilatorische Einrede geben will, wenn bei der Leistung die Meinung der Parteien dahin gegangen ist, daß der Empfänger die Leistung bis zur Entscheidung behalten solle.) Hat eine Verlobte ihrem Bräutigam in der Erwartung der Eheschließung den Besitz ihres Vermögens als eingebrachten Gutes eingeräumt, so kann sie denselben nicht einfach mit der Begründung zurückfordern, daß sie sich anders besonnen habe, sie kann dies vielmehr nur, wenn sie von dem Verlöbnisse zurücktritt, weil dann hierdurch festgestellt wird, daß die Ehe, also auch der bezweckte rechtliche Erfolg nicht eintreten wird. Das Verhältniß ist ähnlich wie wenn Jemand wissentlich auf eine aufschiebend bedingte Forderung eine Zahlung leistet; hier ist die Rückforderung durch § 814 ausdrücklich ausgeschlossen. Der Kläger hat hiernach auch den Nichteintritt des bezweckten Erfolges zu beweisen. In denjenigen Fällen, in denen das praktische Bedürfniß eine andere Entscheidung zu fordern scheint, wird sich auf einem anderen Wege zu einem befriedigenden Ergebnisse gelangen lassen. Hat z. B. bei einem gegenseitigen Geschäftsverhältnisse der eine Theil dem anderen in der Erwartung einer Leistung, welche zunächst ihrem Umfange nach nicht zu berechnen ist, einen Vorschuß geleistet, so wird man aus dem Vertragsverhältnisse die Entscheidung entnehmen können, daß der andere Theil den Nachweis zu erbringen hat, welche Leistungen er gemacht hat und wie hoch sich seine Forderung beläuft. Hat der eine Theil eine Leistung gemacht, welche zur einstweiligen Sicherung des anderen Theiles dienen soll, hat er etwa einen Wechsel übergeben, so kann er das Geleistete nach Beendigung des Geschäftsverhältnisses wegen Wegfalls des Rechtsgrundes zurückfordern; macht dann der andere Theil geltend, daß ihm wegen seiner Forderungen ein Anspruch auf die Leistung oder ein Zurückbehaltungsrecht zustehe, so hat er dies seinerseits zu beweisen. Wegen des Beweises bei der Rückforderung wegen Nichtbestehens einer Schuld s. noch Erl. zu § 813 unter 2d., wegen des Beweises eines negativen Schuldanerkenntnisses s. Erl. zu 397 unter Nr. 5.

e) Wenn eine Leistung unter einem Vorbehalte gemacht wird, so kann dies so gemeint sein, daß die Wirksamkeit der Leistung aufschiebend oder auflösend bedingt sein soll. Es kann aber auch so gemeint sein, daß für den Fall des Nichtbestehens oder den Wegfall des Rechtsgrundes vertragsmäßig ein Rückforderungsrecht in Höhe der Leistung begründet werden soll. Der Vorbehalt kann endlich die Bedeutung haben, daß der Empfänger den Erwerb zunächst nur als einen vorläufigen ansehen soll; in letzterem Falle würde, wenn sich herausstellt, daß der vorausgesetzte Rechtsgrund nicht besteht, oder wenn er wieder wegfällt, lediglich ein Bereicherungsanspruch begründet sein, der Empfänger aber möglicherweise der verschärften Haftung nach § 820 unterliegen. In welchem Sinne der Vorbehalt zu verstehen ist, läßt sich nur nach den Umständen des einzelnen Falles entscheiden (vergl. Stölzel, Schulung f. d. civ. Praxis II S. 97; Liebknecht, Vorbehaltszahlung und Eventualaufrechnung, 1899; Oertmann, Kommentar, Erl. zu § 362 unter Nr. 6; R.G. Bd. 7, S. 182, 184; Bd. 17 S. 56; Bd. 30 S. 174).

f) Bei einem gegenseitigen Vertrage kann derjenige, welcher erfüllt hat, grundsätzlich eine Leistung nicht wegen Mangels eines Rechtsgrundes zurückfordern, wenn der andere Theil nicht erfüllt; er hat vielmehr nur die Gegenleistung zu beanspruchen. Wenn aber seine Verpflichtung zur Leistung nach Maßgabe des § 323 Abs. 1, 2 hinfällig wird, so kann er das Geleistete, wie im § 323 ausdrücklich bestimmt ist, nach den Vorschriften über die Herausgabe einer ungerechtfertigten Bereicherung zurückfordern. Das Gleiche muß gelten, wenn der Vertrag, nachdem bereits die Leistung des einen Theiles erfolgt ist, durch gegenseitige Uebereinkunft wieder aufgehoben oder durch den Eintritt einer auflösenden Bedingung oder durch Anfechtung unwirksam wird. In allen diesen Fällen handelt es sich um einen Bereicherungsanspruch wegen Wegfalls des Rechtsgrundes. Macht der eine Theil von einem ihm zustehenden gesetzlichen (§§ 325, 326) oder vertragsmäßigen Rücktrittsrechte Gebrauch, so hat die Rückgabe nach den Vorschriften über das Rücktrittsrecht zu erfolgen (§§ 327 Satz 1, 346 ff.). Erfolgt übrigens der Rücktritt in den Fällen der §§ 325, 326 wegen eines Umstandes, den der andere Theil nicht zu vertreten hat, so haftet dieser wiederum nur nach den Vorschriften über die Herausgabe einer ungerechtfertigten Bereicherung (§ 327 Satz 2).

2. Liegen die Voraussetzungen der ungerechtfertigten Bereicherung vor, so kann der Benachtheiligte von dem Empfänger die Herausgabe des Erlangten fordern; der Anspruch kann selbstverständlich auch im Wege der Einrede geltend gemacht werden. Ueber den Umfang und die Beschränkung des Anspruchs giebt das Gesetz in den §§ 818—820 besondere Vorschriften, welche den allgemeinen Satz des § 812 ergänzen. Im Einzelnen wird auf die Erl. zu den §§ 818 bis 820 verwiesen.

§. 813.

Das zum Zwecke der Erfüllung einer Verbindlichkeit Geleistete kann auch dann zurückgefordert werden, wenn dem Anspruch eine Einrede entgegenstand, durch welche die Geltendmachung des Anspruchs dauernd ausgeschlossen wurde. Die Vorschrift des §. 222 Abs. 2 bleibt unberührt.

Wird eine betagte Verbindlichkeit vorzeitig erfüllt, so ist die Rückforderung ausgeschlossen; die Erstattung von Zwischenzinsen kann nicht verlangt werden.

---

§ 813.

E. I § 737 Abs. 2, 738; II § 738 rev. § 798; III § 797. P. I S. 1483—1500, 1542, 3505—3510, 3557, 3561, 6185, 6186, 11882, 11883; M. II S. 831—835. P. II S. 2959—2962 (Bd. 2 S. 682, 686—688, 693, 694). R.B. S. 1984.

1. Wer zum Zwecke der Erfüllung einer Verbindlichkeit eine Leistung gemacht hat, kann das Geleistete zurückfordern, wenn die Schuld nicht bestanden hat. Es ergiebt sich dies entweder aus § 812 Abs. 1 Satz 1, wenn man annimmt, daß die Leistung ohne Rechtsgrund erfolgt ist, oder aus der Vorschrift des § 812 Abs. 1 Satz 2, nach welcher der Empfänger einer Leistung zur Herausgabe des Erlangten verpflichtet ist, wenn der mit der Leistung bezweckte Erfolg nicht erreicht ist. Das Gesetz hat deshalb insoweit von einer besonderen Vorschrift Abstand genommen und begnügt sich damit, in den §§ 813, 814 einige spezielle Fälle zu regeln. Im Hinblick auf die Häufigkeit und Wichtigkeit der Rückforderung wegen Nichtbestehens einer Schuld erscheint es aber zweckmäßig, die Hauptfragen hier im Zusammenhange zu erörtern.

2. Voraussetzungen der Rückforderung wegen Nichtbestehens einer Schuld.

a) Eine Leistung ist zum Zwecke der Erfüllung einer Verbindlichkeit gemacht. Der Leistung des vermeintlich geschuldeten Gegenstandes steht es gleich, wenn ein anderer Gegenstand an Erfüllungsstatt geleistet ist. Neben der eigentlichen Erfüllung kommt namentlich auch die vertragsmäßige Anerkennung des Bestehens des Schuldverhältnisses in Betracht. Von wem die Leistung gemacht ist, ob von dem vermeintlichen Schuldner selbst oder von einem Dritten, ist gleichgültig. Die Leistung muß zum Zwecke der Erfüllung einer Verbindlichkeit gemacht sein. Der Leistende muß also das Bewußtsein von dem Bestehen einer Verbindlichkeit gehabt haben. Es ist aber nicht wesentlich, daß er im Augenblicke der Leistung eine völlig klare Vorstellung von dem Umfang und der Art der Verbindlichkeit gehabt hat. Weiter ist nicht erforderlich, daß der Leistende ausdrücklich erklärt hat, eine bestimmte Schuld tilgen zu wollen. Es genügt, wenn dies aus den Umständen erhellt. Kommen mehrere Verbindlichkeiten in Betracht, so sind für die Entscheidung der Frage, welche Schuld hat getilgt werden sollen, die Regeln der §§ 366, 367 maßgebend. In erster Linie ist danach die Bestimmung des Schuldners entscheidend. Der Empfänger kann also nicht etwa, wenn zur Erfüllung einer vermeintlichen aber nicht bestehenden Schuld gezahlt ist, die Zahlung auf eine andere, wirklich bestehende Schuld anrechnen.

b) Die Schuld, zu deren Erfüllung die Leistung gemacht ist, hat nicht bestanden. Es macht keinen Unterschied, ob die Verbindlichkeit überhaupt nicht bestanden hat oder ob sie später erloschen ist. Die Rückforderung ist ferner zulässig, wenn eine aufschiebend bedingte Forderung vor Eintritt der Bedingung erfüllt ist, sie ist dagegen nach § 813 Abs. 2 unzulässig, wenn eine betagte Verbindlichkeit vorzeitig erfüllt ist; die Bestimmung, daß im letzteren Falle auch die Erstattung von Zwischenzinsen nicht verlangt werden kann, entspricht der des § 272. Ist auf eine Schuld geleistet, welche durch Aufrechnung getilgt werden konnte, bei der aber zur Zeit der Leistung die Aufrechnung noch nicht erklärt war, so ist die Rückforderung ausgeschlossen, ebenso, wenn eine anfechtbare Verbindlichkeit erfüllt ist, bevor die Anfechtung erklärt war. Sollte übrigens das Anfechtungsrecht durch die Erfüllung nicht erloschen sein und nachträglich von demselben Gebrauch gemacht werden, so würde das Geleistete wegen Wegfalls des Rechtsgrundes zurückverlangt werden können. Ein Anspruch auf Rückerstattung ist ebenfalls begründet, wenn an einen Anderen als den wirklichen Gläubiger geleistet ist, vorausgesetzt, daß die Leistung nicht dem wirklichen Gläubiger gegenüber wirksam ist (vgl. Erl. zu § 816 unter Nr. 2). Umgekehrt greift der Bereicherungsanspruch auch dann Platz, wenn von einem Anderen als dem wirklichen Schuldner gezahlt ist, vorausgesetzt, daß die Zahlung nicht für den wirklichen Schuldner erfolgte.

Dem Falle, daß ein Anspruch überhaupt nicht bestand, ist im § 813 Abs. 1 der Fall gleichgestellt, wenn dem Anspruch eine Einrede entgegenstand, durch welche die Geltendmachung des Anspruchs dauernd ausgeschlossen wurde. Auf ähnlichen Erwägungen beruhen die Vorschriften der §§ 1169, 1254. Ob eine Einrede diese Bedeutung hat, ist aus ihrem Inhalte zu entnehmen.

Als Einreden, welche die Geltendmachung der Forderung dauernd ausschließen, sind z. B. zu nennen die Einrede der beschränkten Haftung des Erben und die Einrede gegenüber einer Forderung, welche durch eine unerlaubte Handlung erlangt ist (§ 853). Umgekehrt hat die Einrede der Stundung ihrem Wesen nach nur vorübergehende Bedeutung; weitere Beispiele der letzteren Art s. im § 202 Abs. 2. Die Einrede der Verjährung würde an sich auch hierher gehören. Aber das Gesetz bestimmt ausdrücklich, daß die Vorschrift des § 222 Abs. 2, wonach das zur Befriedigung eines verjährten Anspruchs Geleistete nicht zurückgefordert werden kann (vgl. auch § 222 Abs. 2 Satz 2), unberührt bleibt.

Das Institut der **natürlichen Verbindlichkeit** ist vom Gesetze nicht allgemein anerkannt, es kann deshalb, wenn die Rückerstattung einer Leistung wegen Mangels eines Rechtsgrundes verlangt wird, die Herausgabe des Geleisteten nicht einfach um deswillen verweigert werden, weil die Leistung zur Erfüllung einer natürlichen Verbindlichkeit gemacht sei. Bei einzelnen Rechtsverhältnissen hat aber das Gesetz, obschon ein Anspruch auf eine Leistung nicht gewährt wird, doch die Rückforderung des Geleisteten ausgeschlossen; s. den im § 813 ausdrücklich für anwendbar erklärten § 222 Abs. 2 (vgl. oben), ferner § 656 (Ehemäklerlohn), § 762 (Spiel und Wette) und § 1624 (Ausstattung). Weiter bestimmt der § 814, daß das zum Zwecke der Erfüllung einer Verbindlichkeit Geleistete nicht zurückgefordert werden kann, wenn die Leistung einer sittlichen Pflicht oder einer auf den Anstand zu nehmenden Rücksicht entsprach. Der E. I enthielt eine derartige Vorschrift nicht. Auch in der zweiten Kommission waren die Ansichten getheilt. Von einer Minderheit wurde namentlich auf die Gefahr hingewiesen, daß der Begriff der sittlichen und der Anstandspflicht eine ungemessene Ausdehnung erhalte. Die Mehrheit der zweiten Kommission hat sich indessen für die Aufnahme der Vorschrift entschieden. Sie hat sich von der Erwägung leiten lassen, daß das Recht nicht seine Hand dazu bieten dürfe, das sittliche Bewußtsein des Volkes zu verletzen. Sei von dem Leistenden selbst ein der Sittlichkeit entsprechender Zustand hergestellt, so gehe es nicht an, diesen mit rechtlichen Mitteln wieder rückgängig zu machen. Insoweit müsse das Recht mit der Moral in Einklang gebracht werden. Die sittliche, rechtlich nicht erzwingbare Verpflichtung bleibe aber daneben bestehen, da es der Gewissenhaftigkeit und dem Anstandsgefühle des Verpflichteten überlassen bleibe, ob er eine Leistung machen wolle (P. II S. 2964; Bd. 2 S. 695). Diese Gesichtspunkte werden auch bei der Entscheidung des einzelnen Falles zu beachten sein. Vergl. **Stammler**, Schuldverh., S. 31 ff., **Jacobi**, Sittl. Pflicht, 1900. Im Einzelnen ist folgendes hervorzuheben: Die Leistung von Zinsen auf eine unverzinsliche Schuld wird nicht als eine Anstandspflicht im Sinne des § 814 anzusehen sein (M. II S. 833). Ebenso wird, wenn auf Grund eines wegen Formmangels ungültigen Geschäfts, z. B. auf Grund einer mündlich übernommenen Bürgschaft geleistet ist, die Rückerstattung nicht deshalb verweigert werden dürfen, weil Sitte und Anstand erforderten, auch eine formell nichtige Zusage zu erfüllen, oder weil es unanständig sei, sich auf den Formmangel zu berufen (P. II S. 2964, Bd. 2 S. 695). Bestritten ist die Frage, ob ein Gemeinschuldner, welcher, nachdem das Konkursverfahren durch Zwangsvergleich abgeschlossen ist, an einen Gläubiger mehr gezahlt hat, als er ihm nach dem Zwangsvergleiche schuldet, das zu viel Gezahlte zurückfordern kann; sie wird vom R.G. Bd. 42 S. 120 für das bisherige Recht mit der herrschenden Ansicht verneint, ebenso für das B.G.B. von **Meisner**, Komm., Erl. zu § 814 unter Nr. 4, **Oertmann**, Erl. zu § 814 unter Nr. 4, **Kuhlenbeck**, Erl. zu § 814 unter Nr. 1, a. A. Motive II S. 383. Regelmäßig wird die Zurückforderung um deswillen ausgeschlossen sein, weil der Leistende gewußt hat, daß er auf Grund des Zwangsvergleichs zur Leistung über den vergleichsweise festgestellten Betrag nicht verpflichtet ist (§ 814). Sollte er, was ausnahmsweise vorkommen kann, den Zwangsvergleich nicht kennen, so dürfte ein Grund nicht vorliegen, die Rückforderung auszuschließen. Eine sittliche Pflicht zur Leistung würde nur unter ganz besonderen Umständen angenommen werden können.

c) **Wenn der Leistende gewußt hat, daß er zur Leistung nicht verpflichtet war**, so kann er nach § 814 das Geleistete nicht zurückverlangen. Welchen Zweck der Leistende mit seiner Leistung beabsichtigt hat und ob dieser erreicht ist, kann dahin gestellt bleiben. Jedenfalls kann die Rückforderung nicht gestattet werden wegen Mangels eines Rechtsgrundes, welcher offenbar als solcher nicht in Betracht gekommen ist.

Der bloße Zweifel am Bestehen der Verbindlichkeit steht der Kenntniß des Nichtbestehens nicht gleich. Ist freilich in der erkennbaren Absicht geleistet, daß es bei der Leistung verbleiben solle, auch wenn die Verbindlichkeit nicht bestehen möchte, so ist die Rückforderung wegen des eventuellen Verzichts auf den Erstattungsanspruch ausgeschlossen (M. II S. 834). Hat der Zahlende in der irrthümlichen Meinung gezahlt, daß er nicht im Stande sein werde, eine Einrede zu beweisen, so dürfte die Rückforderung, weil er doch wissentlich bezahlt hat, ausgeschlossen sein (A.A. R.G. Bd. 21 S. 195). Dagegen wird die Rückforderung für zulässig zu erachten sein, wenn in Kenntniß einer Einrede, aber in Unkenntniß einer anderen Einrede geleistet ist (R.G. Bd. 21 S. 195). Wegen Zahlung unter **Vorbehalt** s. Erl. zu § 812 unter Nr. 1e.

§. 814.

Das zum Zwecke der Erfüllung einer Verbindlichkeit Geleistete kann nicht zurückgefordert werden, wenn der Leistende gewußt hat, daß er zur Leistung nicht verpflichtet war, oder wenn die Leistung einer sittlichen Pflicht oder einer auf den Anstand zu nehmenden Rücksicht entsprach.

§. 815.

Die Rückforderung wegen Nichteintritts des mit einer Leistung bezweckten Erfolges ist ausgeschlossen, wenn der Eintritt des Erfolges von Anfang an unmöglich war und der Leistende dies gewußt hat oder wenn der Leistende den Eintritt des Erfolges wider Treu und Glauben verhindert hat.

---

d) Die Beweislast gestaltet sich so, daß der Kläger die Leistung zum Zwecke der Erfüllung einer bestimmten Verbindlichkeit und das Nichtbestehen dieser Verbindlichkeit darzulegen hat. Er hat aber nicht noch außerdem zu beweisen, daß die Leistung durch einen Irrthum über das Bestehen der Verbindlichkeit veranlaßt ist. Allerdings beruht der Bereicherungsanspruch auf der Voraussetzung, daß der Leistende sich in einem Irrthume befunden hat; denn, wenn festgestellt wird, daß er Kenntniß von dem Nichtbestehen der Verbindlichkeit gehabt hat, so soll die Rückforderung ausgeschlossen sein. Aber zur Begründung des Anspruchs genügt, daß der Kläger zum Zwecke der Erfüllung einer nicht bestehenden Schuld geleistet hat. Zu beachten ist hierbei, daß der Kläger den vollen Beweis des Nichtbestehens der Schuld zu führen hat; es genügt nicht, daß die Gründe, welche bei der Vornahme der Leistung für das Bestehen der Schuld angenommen sind, erschüttert sind und daß das Bestehen der Schuld jetzt als zweifelhaft erscheint. Macht der Beklagte geltend, daß der Kläger sich nicht in einem Irrthume befunden, sondern in Kenntniß des Nichtbestehens der Schuld geleistet habe, so hat er dies seinerseits zu beweisen. Das Kennenmüssen steht dem Wissen nicht gleich, selbst wenn die Unkenntniß auf grober Fahrlässigkeit beruhte. Der Thatsache, daß der Beklagte den Empfang der Leistung böslich leugnet, räumt das Gesetz keinen Einfluß auf die Beweislast ein. Der Beweis, daß die Leistung einer sittlichen Pflicht oder dem Anstand entsprochen habe, liegt dem Beklagten ob.

3. Der Inhalt des Anspruchs geht dahin, daß der Empfänger das Geleistete zurückzugewähren hat. Im Einzelnen ist auf die §§ 818, 819 und die Erläuterung zu diesen Paragraphen zu verweisen.

Im bisherigen Rechte ist der Fall zum Gegenstande besonderer Bestimmungen gemacht, wenn der Schuldner durch Leistung an Erfüllungsstatt eine nur theilweise bestehende Verbindlichkeit erfüllt hat. Das Gesetz hat im Hinblick auf die geringe praktische Bedeutung der Frage von einer speziellen Vorschrift Abstand genommen (M. II S. 835). Das römische Recht entscheidet den Fall dahin, daß der Leistende den geleisteten Gegenstand, vorbehaltlich des Zurückbehaltungsrechts des anderen Theiles zurückfordern kann, das preuß. A.L.R. aber dahin, daß der Gegenstand dem Gläubiger belassen, dem Schuldner aber ein Anspruch auf Erstattung des Mehrwerths eingeräumt wird. Vom Standpunkte des B.G.B. dürfte die erstere Entscheidung den Vorzug verdienen.

§ 814.

E. I § 737 Abs. 4; II § 739 rev. § 799; III § 798. P. I S. 1483–1500, 1542, 3505–3510, 3557, 3561, 6185, 6186, 11882, 11883; M. II S. 831–835. P. II S. 2960, 2962–2964 (Bd. 2 S. 694–696).

S. Erl. zu § 813, insbesondere Nr. 2b und 2c.

§ 815.

E. I § 743 Nr. 2, 3; II § 740 rev. § 800; III § 799. P. I S. 1536, 1538, 1539, 1542–1544, 1547–1550, 3275, 11889; M. II S. 844. P. II S. 2973–2978 (Bd. 2 S. 699–702).

Wenn der mit einer Leistung nach dem Inhalte des Rechtsgeschäfts bezweckte Erfolg nicht erreicht wird, so ist der Empfänger der Leistung nach § 812 Abs. 1 Satz 2 verpflichtet, das Erlangte herauszugeben. Dieser Satz wird im § 815 nach zwei Richtungen ergänzt.

§. 816.

Trifft ein Nichtberechtigter über einen Gegenstand eine Verfügung, die dem Berechtigten gegenüber wirksam ist, so ist er dem Berechtigten zur Herausgabe des durch die Verfügung Erlangten verpflichtet. Erfolgt die Verfügung unentgeltlich, so trifft die gleiche Verpflichtung denjenigen, welcher auf Grund der Verfügung unmittelbar einen rechtlichen Vortheil erlangt.

---

1. Die Bestimmung, daß die Rückforderung ausgeschlossen ist, wenn der Eintritt des Erfolges von Anfang an unmöglich war und der Leistende dies gewußt hat, entspricht der im § 814 für die Rückforderung wegen Nichtbestehens einer Schuld aufgestellten Regel. Sie beruht ebenso wie die letztere Vorschrift auf dem Gedanken, daß das Recht kein Interesse daran hat, in solchen Fällen Rechtsschutz zu gewähren. Wer wissentlich zu einem unmöglichen Zwecke eine Leistung macht, kann in Wirklichkeit diesen Zweck, eben weil er die Unmöglichkeit kennt, nicht wollen. Welchen Zweck der Leistende im Auge gehabt hat, kann dahin gestellt bleiben. Die Rechtsordnung hat aber keine Veranlassung, ihm die Rückforderung wegen Nichterreichung eines Zweckes zu gewähren, den er selbst nicht gewollt hat; (P. II S. 2977; Bd. 2 S. 701).

Für die Anwendung der Vorschrift macht es keinen Unterschied, ob eine thatsächliche oder eine juristische Unmöglichkeit vorgelegen hat. War die Unmöglichkeit keine dauernde und ist die Leistung in der Erwartung gemacht, die Unmöglichkeit werde gehoben werden, oder hat sich der Leistende nur im Zweifel darüber befunden, ob der beabsichtigte Erfolg erreicht werden könne, so ist die Rückforderung wegen Nichteintritts des bezweckten Erfolges statthaft, vorausgesetzt, daß der Leistende nicht eventuell auf die Rückerstattung verzichtet hat.

Die Beweislast gestaltet sich so, daß der Leistende, wenn er die Herausgabe des Geleisteten verlangt, darzulegen hat, daß der mit der Leistung bezweckte Erfolg nicht eingetreten ist, daß dagegen der Empfänger, wenn er die Herausgabe auf Grund des § 815 verweigert, zu beweisen hat, daß der bezweckte Erfolg von Anfang an unmöglich war und daß der Leistende dies gewußt hat.

2. Die Vorschrift, daß die Rückforderung ausgeschlossen ist, wenn der Leistende den Eintritt des Erfolges wider Treu und Glauben selbst verhindert hat, entspricht der des § 162. Bei der nahen Beziehung, in welcher die Hingabe einer Leistung zur Herbeiführung eines bestimmten Erfolges zu dem Falle steht, wenn die Leistung unter einer Bedingung gemacht wird, hat man es für zweckmäßig erachtet, eine besondere Bestimmung aufzunehmen, um das Mißverständniß auszuschließen, als solle hier etwas Anderes gelten als in dem Falle, in welchem eine Bedingung gesetzt ist.

3. Wenn der mit einer Leistung beabsichtigte Erfolg zunächst scheinbar erreicht wird, demnächst aber sich als illusorisch herausstellt, so z. B. wenn das Rechtsgeschäft, im Hinblick auf welches die Leistung gemacht ist, demnächst durch Anfechtung beseitigt wird, so findet eine Rückforderung des Geleisteten nach § 812 Abs. 1 Satz 2 wegen Wegfalls des Rechtsgrundes statt. Die Motive bemerken, wenn der Anfechtungsberechtigte in Kenntniß des Anfechtungsrechts geleistet habe, so liege Genehmigung des anfechtbaren Rechtsgeschäfts vor, derart daß die Rückforderung ausgeschlossen sei (M. II S. 846). Dies wird regelmäßig zutreffen; zu beachten ist aber, daß es eine Thatfrage ist, ob in der Leistung ein Verzicht auf das Anfechtungsrecht zu finden ist.

Die Rechtsfolgen, welche bei einem gegenseitigen Vertrag eintreten, wenn die Leistung des einen Theiles unmöglich wird, sind in den §§ 323—325, 326 geregelt.

Besondere Vorschriften sind auch für den Fall gegeben, daß die Vollziehung einer Auflage, welche bei einer Schenkung oder einer Zuwendung von Todeswegen dem Empfänger auferlegt ist, unterbleibt; s. §§ 527, 296 b.

§ 816.

E. I §§ 839, 880, 2081 Nr. 3; II §§ 812, 850, 2232 rev. § 801; III § 800. P. I S. 4219—4230, 5643, 5644, 6210, 6216, 6253, 6257, 10661—10664, 10666, 10693—10707, 10710, 10718, 10735—10737, 11404, 11405, 11890—11892, 11943, 11944, 11957, 12274; M. III S. 224, 225, 341—350. P. II S. 3444—3448, 3455—3457, 3716, 3707, 7785—7787, 8492, 8493 (Bd. 3 S. 87, 88, 215, 216; Bd. 5 S. 711—714; Bd. 6 S. 199, 200).

1a. Abs. 1 Satz 1. Der § 816 Abs. 1 hat die zahlreichen Fälle vor Augen, in denen nach den speziellen Vorschriften des Gesetzes eine Verfügung, die ein Nichtberechtigter über einen Gegenstand trifft, dem Berechtigten gegenüber wirksam ist. Vergl. z. B. die §§ 161,

Wird an einen Nichtberechtigten eine Leistung bewirkt, die dem Berechtigten gegenüber wirksam ist, so ist der Nichtberechtigte dem Berechtigten zur Herausgabe des Geleisteten verpflichtet.

§. 817.

War der Zweck einer Leistung in der Art bestimmt, daß der Empfänger durch die Annahme gegen ein gesetzliches Verbot oder gegen die guten Sitten verstoßen hat, so ist der Empfänger zur Herausgabe verpflichtet. Die Rückforderung ist ausgeschlossen, wenn dem Leistenden gleichfalls ein solcher Verstoß zur Last fällt, es sei denn, daß die Leistung in der Eingehung einer Verbindlichkeit bestand; das zur Erfüllung einer solchen Verbindlichkeit Geleistete kann nicht zurückgefordert werden.

797, 892, 893, 932—936, 1032, 1138, 1155, 1207, 1244, 1507, 2306, 2367, 2370; H.G.B. §§ 365—367, W.O. Art. 36; es gehört hierher auch der Fall, wenn ein Gerichtsvollzieher Sachen, welche dem Schuldner nicht gehören, im Wege der Zwangsvollstreckung verkauft. Wenn der Nichtberechtigte auf Grund einer Verfügung der gedachten Art etwas erlangt, so entspricht es der Gerechtigkeit, daß er das Erlangte dem Benachtheiligten herausgiebt. Eine dahingehende Verpflichtung würde sich aber aus dem allgemeinen Grundsatze des § 812 nicht herleiten lassen, da der Empfänger nicht direkt auf Kosten des anderen Theiles bereichert ist. Deshalb ist es für nothwendig erachtet, für die hier in Betracht kommenden Fälle besondere Fürsorge zu treffen. Der E. I that dies in der Weise, daß er für einige spezielle Fälle einen Bereicherungsanspruch einräumte (E. I §§ 839, 880, 2081 Nr. 3 i. V. mit § 2083). Auch die zweite Kommission hatte zunächst an den verschiedenen in Betracht kommenden Stellen spezielle Vorschriften gegeben. Bei der zweiten Lesung hat die Kommission dann aber beschlossen, eine allgemeine, alle Fälle umfassende Vorschrift in den Titel über die ungerechtfertigte Bereicherung einzustellen.

Die ungerechtfertigte Bereicherung hat als erlangt zu gelten in dem Augenblick, in welchem die Verfügung Seitens des Nichtberechtigten getroffen ist.

b) Abs. 1 Satz 2. Gegenüber dem Dritten, an welchen durch die Verfügung des Nichtberechtigten ein Gegenstand gelangt ist, steht dem Geschädigten grundsätzlich kein Anspruch zu, da die Bereicherung auf einem rechtlichen Grunde beruht. Ausnahmsweise soll der Dritte aber dann, wenn er durch eine unentgeltliche Verfügung etwas erlangt hat, zur Herausgabe des Erlangten verpflichtet sein.

2. Abs. 2. Aehnlich wie in den unter Nr. 1 erwähnten Fällen ist die Rechtslage, wenn eine Leistung an einen Nichtberechtigten gemacht ist, welche der Berechtigte gegen sich gelten lassen muß (vergl. z. B. die §§ 407, 409, 412, 413, 574, 576, 577, 579, 720, 851, 893, 1056, 1423, 1473, 1497, 1524, 1663, 2019, 2111, 2135, 2367, 2370).

Das Gesetz legt hier ebenfalls dem Empfänger die Verpflichtung auf, das Erlangte herauszugeben.

3. Hinsichtlich des Umfanges und der Beschränkung sowie der Erweiterung der Haftung für den Fall, daß sich der Empfänger in bösem Glauben befunden hat, gelten die Vorschriften der §§ 818, 819.

4. Dem Geschädigten stehen möglicherweise weitergehende Ansprüche auf Grund eines besonderen Rechtsverhältnisses zu, so z. B., wenn ein Beauftragter unter Mißbrauch seiner Vollmacht einen Gegenstand des Auftraggebers veräußert oder wenn Jemand als Geschäftsführer ohne Auftrag gehandelt hat; ebenso kann ein Anspruch auf Schadensersatz nach Maßgabe der Vorschriften über unerlaubte Handlungen in Betracht kommen. Diese Ansprüche werden durch den § 816 nicht berührt.

§ 817.

E. I § 743 Nr. 1, 747 Abs. 1, 3, 684 Abs. 3; II § 741 rev. § 802; III § 801.
P. I S. 1536, 1538, 1539, 1542—1544, 1547—1550, 1555—1564, 3275, 3559, 3563, 3564, 6184, 11839—11841, 11883, 11889; M. II S. 844, 849, 850, 693, 694. P. II S. 2595, 2966, 2967, 2978—2980 (Bd. 2 S. 510, 511, 686—688, 702). R.B. S. 1984.

1. Satz 1. Im Anschluß an das gemeine Recht und die neuere Gesetzgebung gewährt das Gesetz einen Anspruch auf Rückgabe einer Leistung, wenn der Zweck der Leistung in der Art bestimmt war, daß der Empfänger durch die Annahme gegen ein gesetzliches Verbot oder gegen die guten Sitten verstoßen hat (condictio ob turpem causam). Zu denken ist z. B. daran, daß

ein Beamter eine Vergütung für eine amtliche Dienstleistung annimmt, obschon ihm die Annahme solcher Gaben untersagt ist, oder daß Jemand im Wege der Erpressung sich eine Leistung versprechen läßt; R.G. Bd. 36 S. 264. Weitere Beispiele s. bei R.G. Bd. 10 S. 188, Seuff. Arch. Bd. 51 Nr. 183, Bd. 54 Nr. 213. Ueber den Zweck, welchen das Gesetz bei der Gewährung des Anspruchs auf Rückgabe in diesen Fällen verfolgt, führen die Motive aus: Als Grund der Vorschrift erscheint der auf Seiten des Empfängers in der Annahme liegende Verstoß und die darin sich offenbarende Auflehnung gegen die guten Sitten und die öffentliche Ordnung. Die in der Annahme der Leistung sich kundgebende verwerfliche Gesinnung des Empfängers soll getroffen werden. Um im Volksleben den Sinn für gute Sitten und für das Interesse der öffentlichen Ordnung zu stärken, ist daher überall, wo der Empfänger durch die Annahme der Leistung mit den guten Sitten und der öffentlichen Ordnung sich in Widerspruch setzt, die Pflicht zur Herausgabe des Empfangenen vorzuschreiben (M. II S. 849). Hiernach könnte es scheinen, als sei die Verpflichtung zur Herausgabe dem Empfänger zur Strafe auferlegt und der Rückforderungsanspruch gegeben, um dem Empfänger das, was er erlangt hat, wegen seiner verwerflichen Gesinnung wieder zu entreißen. Die Vorschrift läßt sich aber auch unter einem anderen Gesichtspunkte rechtfertigen. Man kann sagen, daß der Anspruch auf Rückgabe deshalb gewährt wird, weil es an einem zureichenden Grunde für die Vermögensverschiebung fehlt. Allerdings ist formell ein Rechtsgrund vorhanden, der darin liegt, daß der Leistende einen Zweck bestimmt hat. Aber der Rechtsgrund wird vom Gesetze nicht als vollgültig anerkannt. Auch wenn das die Zuwendung vermittelnde Rechtsgeschäft formell gültig und nicht etwa selbst wegen Verstoßes gegen die guten Sitten oder ein gesetzliches Verbot nichtig ist, so leidet es doch an einem inneren Mangel, der hier auf der Seite des Empfängers liegt. Dieser hätte die zur Perfektion der Zuwendung erforderliche Annahme der Leistung mit Rücksicht auf den Zweck der Leistung verweigern sollen. Wegen dieses Mangels wird die Rückforderung zugelassen. Die Vorschrift steht also im Einklange mit dem Grundgedanken der Lehre von der ungerechtfertigten Bereicherung. Sie hat nicht den Charakter einer Strafvorschrift, sondern sie dient dazu, eine innerlich nicht gerechtfertigte Vermögensverschiebung rückgängig zu machen Daß von dem Empfänger die Entziehung des Erlangten möglicherweise als Strafe empfunden wird, stellt sich als eine Nebenwirkung dar. Die zuletzt erörterte Auffassung des Bereicherungsanspruchs wegen verwerflichen Empfanges dürfte den Vorzug verdienen. Uebrigens hat die Frage in der Hauptsache wohl nur theoretische Bedeutung.

Der Anspruch auf Rückgabe ist nicht auf den Fall beschränkt, daß die Leistung in Rücksicht auf einen künftigen Erfolg oder ein späteres Verhalten des Empfängers gemacht wird, sondern er greift auch Platz, wenn eine Zuwendung zur Erfüllung einer vermeintlichen rechtlichen oder Anstandspflicht gemacht ist, wenn z. B. einem Beamten Dienste bezahlt worden sind, für welche er keine Bezahlung annehmen durfte. Wenn das die Grundlage der Zuwendung bildende Rechtsgeschäft wegen Verstoßes gegen ein gesetzliches Verbot oder gegen die guten Sitten nichtig ist, so fehlt es überhaupt an einem Rechtsgrunde für die Leistung und das Geleistete kann schon aus diesem Grunde zurückgefordert werden; (vergl. Oertmann Kom., Erl. zu § 817 unter Nr. 3). Dem Leistenden ist es aber unbenommen, auch in diesem Falle die Rückerstattung auf Grund des § 817 zu verlangen. Dies kann für ihn von Vortheil sein; so würde z. B. der Anspruch wegen Nichtbestehens einer Schuld nach § 814 abzuweisen sein, wenn der Leistende gewußt hat, daß er zur Leistung nicht verpflichtet war, während dieser Einwand bei der Rückforderung nach § 817, abgesehen von der Bestimmung des Satz 2, nicht in Betracht kommt. Liegt der Thatbestand einer unerlaubten Handlung vor, so kann der Benachtheiligte nach Maßgabe der §§ 823 ff. Schadensersatz verlangen. Er wird in solchem Falle regelmäßig kein Interesse daran haben, den enger begrenzten Bereicherungsanspruch geltend zu machen. Zu beachten ist aber, daß der Anspruch auf Ersatz des aus einer unerlaubten Handlung entstandenen Schadens nach § 852 Abs. 1 in drei Jahren verjährt, während für den Bereicherungsanspruch die gewöhnliche Verjährungsfrist von dreißig Jahren gilt. Im Hinblick hierauf bestimmt der § 852 Abs. 2, daß, wenn der Ersatzpflichtige durch die unerlaubte Handlung auf Kosten des Verletzten etwas erlangt hat, er auch nach der Vollendung der Verjährung zur Herausgabe nach den Vorschriften über die ungerechtfertigte Bereicherung verpflichtet ist.

Als Leistung kommt wie überall bei der ungerechtfertigten Bereicherung nicht nur die direkte Hingabe eines Vermögenswerthes, sondern auch die Begründung eines Schuldverhältnisses, insbesondere in Form eines Wechsels oder eines abstrakten Schuldversprechens sowie das vertragsmäßige, positive oder negative Anerkenntniß in Betracht.

Der Zweck der Leistung muß in der Art bestimmt sein, daß der Empfänger durch die Annahme gegen ein gesetzliches Verbot oder gegen die guten Sitten verstoßen hat. Hatte der Empfänger dies nicht erkennen können oder war ihm der Zweck nicht zum Bewußtsein gekommen, hatte er z. B. angenommen, daß die Zuwendung lediglich aus freundlicher Gesinnung gemacht werde, während sie in der Wirklichkeit eine Bezahlung für Dienste sein sollte, für welche er keine Bezahlung annehmen durfte, so ist die Rückforderung wegen verwerflichen Empfanges aus-

§. 818.

Die Verpflichtung zur Herausgabe erstreckt sich auf die gezogenen Nutzungen sowie auf dasjenige, was der Empfänger auf Grund eines erlangten Rechtes oder als Ersatz für die Zerstörung, Beschädigung oder Entziehung des erlangten Gegenstandes erwirbt.

---

geschlossen. In einem solchen Falle kann aber, weil der mit der Leistung bezweckte rechtliche Erfolg nicht eingetreten ist, die Rückforderung nach der allgemeinen Vorschrift des § 812 begründet sein. Die Bedeutung dieser Unterscheidung liegt darin, daß wenn die Rückforderung wegen verwerflichen Empfanges begründet ist, der Verpflichtete nach § 819 Abs. 2 von der Annahme an der strengeren Haftung unterliegt, während er, wenn die Haftung nur auf Grund des § 812 eintritt, dieser strengeren Haftung erst von dem Zeitpunkt an unterliegt, in dem er von der Zweckbestimmung Kenntniß erlangt hat. Praktisch ist übrigens dieser von den Motiven (II S. 850) angedeutete Fall ohne erhebliche Bedeutung, weil bei ihm regelmäßig die Rückforderung auf Grund des § 817 Satz 2 ausgeschlossen sein wird.

2. Der Satz 2 bestimmt, ebenfalls in Uebereinstimmung mit dem bisherigen Rechte, daß die Rückforderung ausgeschlossen sein soll, wenn dem Leistenden gleichfalls ein Verstoß gegen ein gesetzliches Verbot oder gegen die guten Sitten zur Last fällt. Hiernach würde, wenn die Leistung in der Eingehung einer Verbindlichkeit bestanden hat, der Schuldner an sein Versprechen gebunden sein. Das Gesetz kann aber einen dem Geiste der Rechtsordnung widersprechenden Anspruch nicht anerkennen. Deshalb ist durch einen Zusatz zum Ausdrucke gebracht, daß der Bereicherungsanspruch stets zugelassen werden soll, wenn eine Verbindlichkeit eingegangen ist und die Annahme des Schuldversprechens als verwerflich erscheint. Der Schuldner kann in diesem Falle nicht nur eine Einrede gegen den Anspruch geltend machen, sondern auch die Aufhebung der Verbindlichkeit verlangen. Die zweite Kommission hat dann weiter noch die Bestimmung hinzugefügt, daß das, was zur Erfüllung einer solchen Verbindlichkeit geleistet ist, nicht zurückgefordert werden kann. Dies entspricht anderen Vorschriften, welche für ähnliche Verhältnisse gegeben sind (vergl. §§ 656 Abs. 1 Satz 2, 762 Abs. 1 Satz 2), und rechtfertigt sich durch die Erwägung, daß das Gesetz keine Veranlassung hat, wenn der Schuldner die Folgen des unsittlichen Geschäfts auf sich genommen hat, dies wieder rückgängig zu machen.

Die Vorschrift des Satz 2 muß auch dann Anwendung finden, wenn ein Bereicherungsanspruch nach § 812 darauf gegründet wird, daß das Leistungsgeschäft selbst oder das obligatorische Geschäft, auf Grund dessen die Leistung erfolgte, nichtig sei, diese Nichtigkeit aber darauf beruht, daß das Geschäft gegen ein gesetzliches Verbot oder gegen die guten Sitten verstößt. Die Rückforderung ist also ausgeschlossen, wenn dem Leistenden selbst ein Verstoß gegen das Gesetz oder gegen die guten Sitten zur Last fällt. Denn der Grund, auf welchen die Vorschrift beruht, trifft hier in gleicher Weise zu wie in dem Falle, wenn die Rückforderung nur auf die Verwerflichkeit der Annahme der Leistung gestützt wird.

Der Beweis stellt sich so, daß der Geber, welcher die Leistung zurückfordert, den Zweck der Leistung und den Verstoß gegen ein Verbot oder gegen die guten Sitten zu beweisen hat, daß dagegen der Empfänger, wenn er die Rückerstattung unter Bezugnahme auf § 817 Satz 2 verweigert, darzuthun hat, daß auch dem Kläger ein Verstoß gegen das Gesetz oder die guten Sitten zur Last fällt.

3. Der Anspruch geht wie sonst auf Herausgabe des Erlangten. Hinsichtlich des Umfanges der Haftung gilt aber nach § 819 Abs. 2 die Besonderheit, daß der Empfänger vom Empfange der Leistung an so haften soll, wie wenn der Anspruch zu dieser Zeit rechtshängig geworden wäre.

4. Im bisherigen Rechte wird zum Theil neben der condictio ob turpem causam noch eine besondere condictio ob injustam causam anerkannt; Nachweisungen s. in den M. II S. 851. Das Gesetz kennt einen solchen Anspruch nicht. In den Fällen, für welche die condictio ob injustam causam bestimmt ist, wird nach dem B.G.B. entweder ein Anspruch auf Herausgabe der ungerechtfertigten Bereicherung oder ein Anspruch auf Schadensersatz nach Maßgabe der Vorschriften über unerlaubte Handlungen in Betracht kommen. Auch eine besondere condictio furtiva ist dem B.G.B. unbekannt.

§ 818.

E. I §§ 739, 740, 745 Abs. 2, 748 Abs. 3; II § 742 rev. § 803; III § 802.
P. I S. 1502—1518, 3279, 3557, 3561, 11883, 11884—11889; M. II S. 836—840, 851—854. P. II S. 2980—2997 (Bd. 2 S. 683, 702—711).

Stieve, der Gegenstand des Bereicherungsanspruchs, 1899.

Ist die Herausgabe wegen der Beschaffenheit des Erlangten nicht möglich oder ist der Empfänger aus einem anderen Grunde zur Herausgabe außer Stande, so hat er den Werth zu ersetzen.

Die Verpflichtung zur Herausgabe oder zum Ersatze des Werthes ist ausgeschlossen, soweit der Empfänger nicht mehr bereichert ist.

Von dem Eintritte der Rechtshängigkeit an haftet der Empfänger nach den allgemeinen Vorschriften.

---

1. Liegen die Voraussetzungen der ungerechtfertigten Bereicherung vor, so ist der Empfänger nach § 812 verpflichtet, das Erlangte herauszugeben. Die §§ 818—820 enthalten nähere Vorschriften über den Umfang und die Beschränkung dieser Verpflichtung. Der § 818 regelt in den Abs. 1—3 die Rechtsstellung des gutgläubigen Empfängers bis zum Eintritte der Rechtshängigkeit und bestimmt sodann im Abs. 4 die Rechtsfolgen, welche sich an den Eintritt der Rechtshängigkeit des Bereicherungsanspruchs knüpfen. Der § 819 behandelt den Fall, wenn sich der Empfänger in bösem Glauben befunden hat, der § 820 den Fall, daß der Empfänger mit der Möglichkeit des Fehlens des Rechtsgrundes hat rechnen müssen. Die Regelung beruht materiell auf dem Gedanken, daß der Empfänger dem Benachtheiligten Alles, was er auf dessen Kosten direkt oder indirekt erlangt hat, herauszugeben hat, und zwar entweder in Natur oder, sofern er dazu außer Stande ist, dem Werthe nach, daß aber der gutgläubige Empfänger, der sich auf die Rechtmäßigkeit des Erwerbes verlassen hat, billiger Weise nicht direkt geschädigt werden darf, und daß deshalb die Verpflichtung des Empfängers wegfallen muß, wenn und soweit er nicht mehr bereichert erscheint. Eine Aenderung in der Rechtslage tritt ein, sobald der Anspruch auf Herausgabe rechtshängig wird. Von diesem Zeitpunkt an muß der Empfänger, auch wenn er von seinem Rechte überzeugt ist, mit der Möglichkeit rechnen, daß er ohne Rechtsgrund bereichert ist und sich demgemäß verhalten. Er soll deshalb von diesem Augenblick an nach den gewöhnlichen Grundsätzen haften und hat also namentlich für jedes Verschulden einzustehen. Kennt der Empfänger den Mangel des Rechtsgrundes bei dem Empfang und ist also guter Glaube von vornherein ausgeschlossen, so hat er so zu haften, wie wenn der Anspruch schon zur Zeit des Empfanges rechtshängig geworden wäre; gleichzustellen ist der Fall, wenn der Empfänger durch die Annahme der Leistung gegen ein gesetzliches Verbot oder die guten Sitten verstoßen hat. Erfährt der Empfänger später den Mangel des Rechtsgrundes, so hat er von der Erlangung der Kenntniß an zu haften, wie wenn der Anspruch in diesem Zeitpunkte rechtshängig geworden wäre. Hat endlich der Empfänger mit der Möglichkeit rechnen müssen, daß der mit einer Leistung bezweckte Erfolg nicht eintreten oder der Rechtsgrund der Leistung wegfallen werde, so mußte er auf die Verpflichtung zur Rückgabe des Erhaltenen gefaßt sein. Hinsichtlich der Erhaltung des empfangenen Gegenstandes soll er deshalb auch in diesem Falle von vornherein zur ordnungsmäßigen Sorgfalt verpflichtet sein.

2. Haftung des Empfängers bis zu dem Eintritte der Rechtshängigkeit des Anspruchs.

a) Der Empfänger ist verpflichtet, das, was er auf Kosten des Anderen erlangt hat, herauszugeben. Aus dem Gegenstande der Bereicherung ergiebt sich, was der Empfänger im Einzelnen zu thun hat, um dem Anspruche gerecht zu werden. War ihm das Eigenthum an einer Sache übertragen, so ist Rückübertragung des Eigenthums erforderlich. Hatte er nur den Besitz erlangt, so ist der Besitz wieder einzuräumen. Sind Rechte an einer Sache bestellt oder aufgegeben worden, so hat der Empfänger diejenigen Handlungen vorzunehmen, welche seinerseits zur Wiederaufhebung oder Wiederherstellung dieser Rechte nothwendig sind. Ist eine Verbindlichkeit übernommen, so hat der Empfänger den Schuldner zu befreien und die etwa ausgestellten Schuldurkunden zurückzugeben. Eine aufgehobene Verbindlichkeit ist wieder herzustellen, eine abgetretene Forderung wieder zurückzuübertragen.

Wegen etwaiger Ersatzansprüche auf Grund von Verwendungen (vergl. unter **d**) steht dem Empfänger ein Zurückbehaltungsrecht zu. Er kann auf diese Weise auch Befreiung von einer eingegangenen Verbindlichkeit erlangen.

b) Abs. 1. Der Empfänger hat auch die gezogenen Nutzungen (§ 100), insbesondere wenn er eine verzinsliche Forderung erlangt hatte, die gezogenen Zinsen herauszugeben und falls er zur Herausgabe außer Stande ist, den Werth zu ersetzen. Die Verpflichtung zur Herausgabe oder zum Ersatz ist aber nach Abs. 3 ausgeschlossen, soweit der Empfänger nicht mehr bereichert ist. Der E. I nahm in dieser Beziehung einen anderen Standpunkt ein. Er schrieb vor, daß die Bestimmungen über die Verpflichtungen des Besitzers gegenüber dem Eigenthümer Anwendung finden sollten. Danach würde der Empfänger die vor der Rechtshängigkeit gezogenen Nutzungen nicht herauszugeben, auch deren Werth nicht zu ersetzen haben, die aus den Nutzungen erlangte

Bereicherung würde also dem Empfänger verbleiben. Die zweite Kommission hat nicht verkannt, daß diese Regelung geeignet sei, den Empfänger vor Schaden zu schützen, insofern sie ihm den Beweis erspare, daß er durch die Nutzungen nicht mehr bereichert sei. Sie hat aber geglaubt, daß, wenn man das Prinzip annehme (vergl. unter d), daß der gutgläubige Empfänger mit dem Wegfalle der Bereicherung frei werde, es der Billigkeit entspreche, dem Empfänger grundsätzlich die Verpflichtung zur Herausgabe der Nutzungen aufzuerlegen, weil sonst der Rückfordernde in ungerechtfertigter Weise benachtheiligt werden würde. Die nothwendige Einschränkung ergebe sich eben daraus, daß die Verpflichtung mit dem Wegfalle der Bereicherung aufhöre. Die Schwierigkeit des Beweises, daß der Empfänger durch die Nutzungen nicht bereichert sei, dürfe man nicht überschätzen; eine verständige Rechtsprechung werde gegebenenfalls dem Empfänger den nach den Umständen gerechtfertigten Schutz nicht versagen (P. II S. 2996; Bd. 2 S. 710). Man wird in der That bei Berücksichtigung des letzteren Gesichtspunktes in jedem einzelnen Falle zu einem befriedigenden Ergebnisse gelangen können.

Die durch Ziehung der Nutzungen entstandenen Kosten kann der Empfänger, wie alle anderen Verwendungen (vergl. unter d) abziehen, weil sich die Bereicherung um diesen Betrag mindert.

Für nicht gezogene Nutzungen braucht der gutgläubige Empfänger keinen Ersatz zu leisten.

Der Beweis, daß Nutzungen gezogen sind, liegt dem Rückfordernden ob.

Der Empfänger hat ferner dasjenige herauszugeben, was er auf Grund eines erlangten Rechtes, z. B. durch Einziehung einer erlangten Forderung oder als Ersatz für die Zerstörung, Beschädigung oder Entziehung des erlangten Gegenstandes, erworben hat. Es gilt also insoweit das Surrogationsprinzip (vergl. §§ 718 Abs. 2, 1370, 2018). Die Verpflichtung zur Herausgabe erstreckt sich aber nicht auf dasjenige, was der Empfänger durch Rechtsgeschäft mit Mitteln des erlangten Gutes erwirbt; insoweit weicht der Bereicherungsanspruch namentlich vom Erbschaftsanspruch (§ 2019) ab. Der Benachtheiligte kann in Fällen dieser Art nur Ersatz des Werthes der ursprünglich erlangten Gegenstände verlangen. A. A. Oertmann, Kommentar, § 818 Anm. 2c und Enneccerus-Lehmann, B.R., § 356, welche annehmen, daß „auf Grund des erlangten Rechtes" als erworben zu gelten hat, was durch entgeltlichen Vertrag an seine Stelle getreten ist, wie z. B. der Kaufpreis für einen veräußerten Gegenstand oder die Sache, welche der Empfänger mit dem erlangten Gelde angeschafft hat. Indessen wird man nicht sagen können, daß hier ein Erwerb auf Grund des ursprünglich erlangten Rechtes vorliegt; der Empfänger hat vielmehr den Erwerb auf Grund des Rechtes gemacht, welches er durch den mit dem Dritten abgeschlossenen Vertrag erlangt hatte. Hätte das Gesetz die Surrogation in dem von Oertmann und Enneccerus-Lehmann angenommenen Umfange bestimmen wollen, so würde es ebenso wie im Falle des § 1370 auch den Erwerb mit angeführt und mit anführen haben müssen, der durch ein Rechtsgeschäft gemacht ist, das sich auf das Erlangte bezieht. Die Verpflichtung zur Herausgabe erstreckt sich auch nicht auf den durch die Veräußerung der erlangten Gegenstände über deren Werth hinausgemachten Gewinn; dieser verbleibt vielmehr dem Empfänger.

c) Abs. 2. Ist die Herausgabe wegen der Beschaffenheit des Erlangten nicht möglich, wie z. B. in dem Falle, wenn dem Empfänger ohne Rechtsgrund Dienste geleistet sind, oder ist der Empfänger aus einem anderen Grunde zur Herausgabe außer Stande, wie z. B. deshalb, weil er die erlangte Sache verbraucht oder verzehrt oder veräußert hat, so hat er den Werth zu ersetzen. Die Bestimmung beruht auf der Vermuthung, daß in den in Betracht kommenden Fällen regelmäßig der Werth des Erhaltenen in das Vermögen des Empfängers übergegangen ist und zur Zeit der Rechtshängigkeit sich noch darin befindet. Der Empfänger wird hierdurch nicht gefährdet, da er sich durch den Nachweis befreien kann, daß eine Bereicherung nicht eingetreten oder eine eingetretene wieder weggefallen ist. Zu ersetzen ist der objektive Werth. Für die Werthberechnung ist maßgebend derjenige Zeitpunkt, in welchem der Empfänger den Gegenstand, dessen Werth er ersetzen soll, erlangt hat. Wenn es sich um bewegliche Sachen handelt, gilt die Vermuthung, daß der Benachtheiligte Eigenthümer der Sache gewesen ist (§ 1006); der Empfänger hat also den Werth des Eigenthums zu ersetzen. Hatte der Empfänger nur den Besitz erlangt, so ist der Werth des Besitzes abzuschätzen; einen Anhalt gewährt hier der Nutzungswerth.

Die Regel des Abs. 2 gilt auch für den Fall, daß der Empfänger eine Quantität vertretbarer Sachen erlangt hat. Der Empfänger hat also auch hier, wenn er zur Herausgabe der ursprünglich erlangten Sachen außer Stande ist, lediglich den Werth zu ersetzen; er ist nicht, wie nach einem Theile des bisherigen Rechtes, verpflichtet, eine gleiche Quantität von Sachen derselben Art zu erstatten.

Der Geschädigte hat nicht die Wahl, Herausgabe in Natur oder Werthersatz zu fordern umgekehrt hat auch der Empfänger nicht die Wahl, das Erlangte in Natur herauszugeben oder den Anderen mit dem Werthe abzufinden, sondern die Verpflichtung geht grundsätzlich auf Herausgabe des Erlangten; ist diese aber unmöglich, so wandelt sich kraft Gesetzes die Verpflichtung in der Weise um, daß der Werth zu ersetzen ist. Selbstverständlich ist es den Betheiligten unbenommen, wenn ein Bereicherungsanspruch begründet ist, sich über die Befriedigung des Gläubigers zu verständigen.

d) Abs. 3. Die Verpflichtung zur Herausgabe oder zum Ersatze des Werthes ist ausgeschlossen, soweit der Empfänger nicht mehr bereichert ist.

Ueber den Begriff der Bereicherung und den Wegfall der Bereicherung enthält das Gesetz keine näheren Bestimmungen. Die hierher gehörenden Fragen sind in der zweiten Kommission eingehend erörtert. Schon der E. I hatte den im Abs. 3 ausgesprochenen, dem bisherigen Rechte entsprechenden Satz aufgenommen. Es war nun vorgeschlagen, das Verhältniß in anderer Weise zu gestalten. Es sollte nach dem Antrag entscheidend sein, ob der Empfänger den erlangten Vermögenswerth in solcher Weise verloren hat, daß derselbe dem Werthe nach in sein übriges Vermögen verwendet worden ist oder ob eine Vermehrung des übrigen Vermögens nicht eingetreten ist. In dem ersteren Falle sollten weitere Aenderungen, welche im Vermögen des Rückforderungsberechtigten eintreten, den Rückforderungsberechtigten nicht berühren. Zur Begründung war darauf hingewiesen, daß diese Regelung der Verpflichtung des gutgläubigen Besitzers gegenüber dem Eigenthümer entspreche; die innere Lage sei, wie vom Antragsteller in eingehender Weise näher ausgeführt wurde (vergl. P. II S. 2982, Bd. 2 S. 703), insoweit beim Bereicherungsanspruche die gleiche wie beim Eigenthumsanspruche. Von anderer Seite wurde der Vorschlag namentlich aus dem Gesichtspunkte befürwortet, daß dadurch der Beweis vereinfacht werde, und weiter noch bemerkt, daß sich eine theoretische Grundlage für die vorgeschlagene Behandlungsweise durch den Gesichtspunkt der Ersparniß gewinnen lasse, wie das von den römischen Juristen geschehen sei. Die Kommission hat den Antrag abgelehnt. Sie ist davon ausgegangen, daß der Bereicherungsanspruch nur aus Gründen der Billigkeit gewährt werde, daß aber eben deshalb der Anspruch nicht soweit gehen dürfe, daß der Empfänger direkt Schaden erleide. Es könne auch keinen Unterschied machen, ob der Werth des Erlangten dem Vermögen des Empfängers überhaupt nicht zu Gute gekommen oder ob er später wieder weggefallen sei. Man werde deshalb daran festhalten müssen, daß ein Rückforderungsanspruch nur zugestanden werde, wenn der Empfänger nach seiner ganzen Vermögenslage im Augenblicke der Klage noch bereichert sei; P. II S. 2986 (Bd. 2 S. 706).

Die hervorgehobenen Gesichtspunkte werden bei der Entscheidung der Einzelfragen zu berücksichtigen sein. Insbesondere ist als leitender Gedanke festzuhalten, daß der gutgläubige Empfänger durch die ihm im Gesetz auferlegte Verpflichtung zur Herausgabe der Bereicherung keinen Schaden erleiden soll. Im Uebrigen ist Folgendes hervorzuheben: Die Bereicherung fällt fort, wenn der erlangte Gegenstand zerstört oder vernichtet wird. Ob der Untergang durch einen Zufall oder durch die Handlung eines Dritten oder des Empfängers selbst herbeigeführt wird, ist gleichgültig; auf ein Verschulden des Empfängers kommt es nicht an. Hat der Empfänger den erlangten Gegenstand verbraucht oder verzehrt, so erscheint er bereichert insoweit, als ihm dadurch Ausgaben, die er sonst gemacht haben würde, erspart sind. Wenn aber der Empfänger im Hinblick auf das Erlangte Ausgaben gemacht hat, welche er sonst nicht gemacht haben würde, z. B. für eine Vergnügungsreise oder besondere Anschaffungen im Haushalte, so muß die Bereicherung insoweit als weggefallen gelten. Es macht dabei keinen Unterschied, ob er die erlangten Gegenstände direkt verwendet oder die Aufwendungen aus seinem sonstigen Vermögen bestritten hat. Für den Wegfall der Bereicherung, welche der Empfänger mit Mitteln des erlangten Gutes oder durch Ersatzstücke erworben hat, gilt dasselbe, was von dem Wegfalle der ursprünglich und direkt erlangten Bereicherung gesagt ist. Der Bereicherungsanspruch ist also z. B. ausgeschlossen, wenn der mit Mitteln des erlangten Gutes angeschaffte Haushaltsgegenstand durch Feuer zerstört wird.

Die vorstehend entwickelten Sätze gelten auch, wenn die Bereicherung in der Begründung einer Schuld des Leistenden gegen den Empfänger besteht, derart daß die an sich gegenüber der Forderung begründete Einrede der ungerechtfertigten Bereicherung wegfällt, wenn der Gläubiger im Vertrauen auf das Bestehen der Schuld anderweite Ausgaben gemacht hat.

Verwendungen des Empfängers auf die direkt oder indirekt erlangten Gegenstände mindern die Bereicherung, auch wenn sie nicht als nothwendige oder nützliche erscheinen. Einen selbständigen Anspruch auf Ersatz der Verwendungen hat der Empfänger nicht; übrigens wird unter Umständen, wenn er ohne Berücksichtigung der Verwendungen das Erlangte vollständig zurückgegeben hat, eine condictio indebiti begründet sein. Ist eine Sache herauszugeben und ist durch diese Sache das Vermögen des Empfängers unmittelbar geschädigt, so ist insoweit ein Wegfall der Bereicherung anzunehmen. Zweifelhaft kann sein, ob in Fällen dieser Art, wenn der Rückforderungsberechtigte den Ersatz der Verwendungen oder sonstigen Vermögensverminderungen, bis zu deren Erstattung der Empfänger zur Zurückbehaltung berechtigt ist, verweigert, der § 1003 zur entsprechenden Anwendung gebracht werden darf. Namentlich mit Rücksicht darauf, daß hier dasselbe praktische Bedürfniß wie im Falle des § 1003 vorliegt, dürfte die Frage zu bejahen sein.

Der Beweis, daß die Bereicherung fortgefallen sei, liegt dem Empfänger ob; behauptet er insbesondere, daß er im Hinblick auf die erlangte Bereicherung Ausgaben gemacht habe, welche

§. 819.

Kennt der Empfänger den Mangel des rechtlichen Grundes bei dem Empfang oder erfährt er ihn später, so ist er von dem Empfang oder der Erlangung der

---

er sonst nicht gemacht haben würde, so hat er den Kausalzusammenhang zu beweisen (M. II S. 838, P. II S. 2989, Bd. 2 S. 707). Im Uebrigen trägt die Behauptung des Beklagten, daß die Bereicherung weggefallen sei, nicht den Charakter einer eigentlichen Einrede. Der Bereicherungsanspruch ist vielmehr kraft Gesetzes ausgeschlossen, wenn der Empfänger nicht mehr bereichert ist. Der Fortfall der Bereicherung ist also, wenn er sich schon aus den vom Kläger angegebenen Thatsachen ergiebt, von Amtswegen zu berücksichtigen.

Wird der Bereicherungsanspruch zur Aufrechnung benutzt oder wird umgekehrt gegenüber dem Bereicherungsanspruch aufgerechnet, so kann zweifelhaft sein, wie hier der Wegfall der Bereicherung zu berücksichtigen ist. Das Gesetz hat die Entscheidung der Frage der Wissenschaft und Praxis überlassen (M. II S. 838). Man wird den Zeitpunkt der Aufrechnungserklärung als maßgebend anzusehen haben, derart, daß der Anspruch in dem Umfange zu berücksichtigen ist, welchen er in jenem Augenblicke gehabt hat.

3. Abs. 4. Haftung des Empfängers von dem Eintritte der Rechtshängigkeit an. Zu Grunde zu legen ist der Anspruch, wie er nach dem Obigen zur Zeit der Rechtshängigkeit besteht, insbesondere also unter Berücksichtigung seiner Verminderung durch den Wegfall einer Bereicherung und des dem Verpflichteten etwa zustehenden Zurückbehaltungsrechts.

a) Hat der Empfänger einen bestimmten Gegenstand herauszugeben, so bestimmen sich seine Verpflichtungen auf Schadensersatz wegen Verschlechterung, Unterganges oder einer aus einem anderen Grunde eintretenden Unmöglichkeit der Herausgabe sowie auf Herausgabe oder Vergütung von Nutzungen und wegen der Ansprüche des Schuldners auf Ersatz von Verwendungen, nach den Vorschriften, welche für das Verhältniß zwischen dem Eigenthümer und dem Besitzer von dem Eintritte der Rechtshängigkeit des Eigenthumsanspruchs an gelten (§ 292). Im Einzelnen ist Folgendes hervorzuheben:

Der Empfänger ist von dem Eintritte der Rechtshängigkeit an dem Rückforderungsberechtigten für den Schaden verantwortlich, der dadurch entsteht, daß in Folge seines Verschuldens die Sache verschlechtert wird, untergeht oder aus einem anderen Grunde von ihm nicht herausgegeben werden kann (§ 989).

Der Empfänger hat dem Rückforderungsberechtigten die gezogenen Nutzungen herauszugeben sowie für Nutzungen, welche er nach den Regeln einer ordnungsmäßigen Wirthschaft hätte ziehen können, die er aber nicht gezogen hat, sofern ihn ein Verschulden trifft, Ersatz zu leisten (§ 987).

Für Verwendungen kann der Empfänger, abgesehen von dem Falle des § 998, nur insoweit Ersatz verlangen, als sie nothwendige sind; die Ersatzpflicht des Rückforderungsberechtigten bestimmt sich dabei nach den Vorschriften über die Geschäftsführung ohne Auftrag (§§ 683, 684); Näheres s. in den §§ 994—1003.

b) Hat der Empfänger eine andere Leistung zu machen, so gelten für seine Verpflichtungen die allgemeinen Vorschriften über die Verpflichtung des Schuldners hinsichtlich der Erfüllung von Schuldverhältnissen. Eine Geldschuld ist vom Eintritte der Rechtshängigkeit an nach Maßgabe des § 291 mit vier vom Hundert zu verzinsen.

c) Durch den bloßen Wegfall der Bereicherung wird der Empfänger nicht mehr frei. Die Rechtsfolgen, welche sich an das Unmöglichwerden der Leistung knüpfen, bestimmen sich nach den allgemeinen Vorschriften (§§ 275 ff.).

d) Der Eintritt der Rechtshängigkeit bestimmt sich nach den Vorschriften der C.P.O. §§ 267, 281.

e) Soweit sich aus dem Verzuge des Empfängers weitergehende Ansprüche für den Rückforderungsberechtigten ergeben, bleiben dieselben unberührt; für den Fall unter a ist dies im § 292 ausdrücklich gesagt; für die Fälle unter b ergiebt es sich aus den allgemeinen Grundsätzen.

§ 819.

E. I §§ 741, 744, 745 Abs. 2, 747 Abs. 2, 748 Abs. 3; II § 743 rev. § 804; III § 803. P. I S. 1527—1532, 1546, 1547, 1550—1554, 3277, 3291, 3295, 3506, 3510, 3557, 3561, 6182, 6184, 6186, 11731, 11732, 11883, 11889; M. II S. 840—842, 845—847, 849, 850, 853, 854. P. II S. 2997—3000, 3001, 3002 (Bd. 2 S. 683, 711—713).

1. a) Der Abs. 1 regelt die Haftung des bösgläubigen Empfängers. Der E. I wollte denjenigen, welcher bereits beim Empfange der Leistung den Mangel des Rechtsgrundes gekannt

Kenntniß an zur Herausgabe verpflichtet, wie wenn der Anspruch auf Herausgabe zu dieser Zeit rechtshängig geworden wäre.

Verstößt der Empfänger durch die Annahme der Leistung gegen ein gesetzliches Verbot oder gegen die guten Sitten, so ist er von dem Empfange der Leistung an in der gleichen Weise verpflichtet.

§. 820.

War mit der Leistung ein Erfolg bezweckt, dessen Eintritt nach dem Inhalte des Rechtsgeschäfts als ungewiß angesehen wurde, so ist der Empfänger, falls der Erfolg nicht eintritt, zur Herausgabe so verpflichtet, wie wenn der Anspruch auf

---

hat, nach den Vorschriften über unerlaubte Handlungen haften lassen, dagegen denjenigen, welcher nachher von dem Mangel des Rechtsgrundes Kenntniß erlangt hat, so haften lassen, wie wenn der Anspruch auf Herausgabe in diesem Zeitpunkte rechtshängig geworden wäre. Die zweite Kommission hat es für richtiger erachtet, in beiden Fällen den Empfänger so haften zu lassen, wie wenn der Anspruch zur Zeit des Empfanges oder bei Erlangung der Kenntniß von dem Mangel des Rechtsgrundes rechtshängig geworden wäre. Daß der Benachtheiligte, wenn sich der Empfänger einer unerlaubten Handlung schuldig gemacht hat, vollen Schadensersatz verlangen kann, ist als selbstverständlich angesehen und deshalb nicht besonders ausgesprochen.

b) Voraussetzung der strengeren Haftung ist, daß der Empfänger von dem Mangel des Rechtsgrundes Kenntniß gehabt hat. Das Kennenmüssen ist hierbei der wirklichen Kenntniß nicht gleich gestellt.

Weiß der Empfänger einer Leistung, daß der Leistende seinerseits den Mangel des Rechtsgrundes kennt, so darf er annehmen, daß ihm eine unentgeltliche Zuwendung gemacht werden soll. Er muß also in solchem Falle von der strengen Haftung verschont bleiben. Der E. I hatte, um diesen Gedanken zum Ausdrucke zu bringen, die weitere Voraussetzung aufgestellt, daß der Empfänger auch gewußt habe, daß der Leistende bei der Vornahme der Leistung von dem Mangel des Rechtsgrundes nicht unterrichtet war. Die zweite Kommission hat diese Voraussetzung gestrichen, aber nur, um eine Aenderung der Beweislast herbeizuführen. Zur Begründung der strengeren Haftung genügt hiernach der Nachweis, daß der Empfänger das Nichtbestehen des Rechtsgrundes gekannt hat. Der Empfänger kann aber die strengere Haftung ablehnen, wenn er darthut, daß er angenommen hat, der Leistende kenne ebenfalls den Mangel des Rechtsgrundes und wolle ihm eine unentgeltliche Zuwendung machen.

c) Wußte der Empfänger beim Empfang einer Leistung, daß der mit der Leistung bezweckte zukünftige Erfolg unmöglich eintreten könne, daß also ein Rechtsgrund niemals vorhanden sein werde, so ist der Empfänger so zu behandeln, wie wenn er beim Empfange der Leistung den Mangel des Rechtsgrundes gekannt hätte. Zu denken ist z. B. an den Fall, daß Jemand eine Sache von einem Anderen kaufen will und den Betrag des Kaufpreises gleichzeitig mit der Bestellung dem anderen Theile einsendet, dieser aber weiß, daß der Kauf, weil die Sache bereits untergegangen ist, nicht zu Stande kommen kann.

2. Die Vorschrift des Abs. 2 entspricht dem bisherigen Rechte. Voraussetzung der strengeren Haftung ist hier, daß der Empfänger wußte, daß er durch die Annahme gegen ein gesetzliches Verbot oder die guten Sitten verstoßen hat. Ist er davon ausgegangen, daß es sich um eine Zuwendung handle, welche er unbedenklich annehmen dürfe, so haftet er lediglich nach den gewöhnlichen Grundsätzen der §§ 818, 819 Abs. 1. (Vergl. Erl. zu § 817 unter Nr. 1). Die Motive bemerken, daß sich hieran regelmäßig nichts ändern könne, wenn er nachträglich erfahre, daß er die Zuwendung nicht hätte annehmen dürfen (M. II S. 850). Richtiger dürfte es aber sein, ihn in solchem Falle von der Erlangung der Kenntniß an der strengeren Haftung zu unterwerfen. Denn er weiß nun, daß er ohne Rechtsgrund besitzt und zur Rückgabe verpflichtet ist (vergl. Erl. zu § 817 unter Nr. 1).

3. Wegen des Umfanges der Haftung s. Erl. zu § 818.

§ 820.

E. II § 744 rev. § 805; III § 804. P. II S. 2998, 3000, 3001 (Bd. 2 S. 683, 711—713).

1. Wenn der mit einer Leistung bezweckte Erfolg nicht eintritt, so haftet der gutgläubige Empfänger nach den allgemeinen Vorschriften des § 818. Wußte er beim Empfange der Leistung,

Herausgabe zur Zeit des Empfanges rechtshängig geworden wäre. Das Gleiche gilt, wenn die Leistung aus einem Rechtsgrunde, dessen Wegfall nach dem Inhalte des Rechtsgeschäfts als möglich angesehen wurde, erfolgt ist und der Rechtsgrund wegfällt.

Zinsen hat der Empfänger erst von dem Zeitpunkt an zu entrichten, in welchem er erfährt, daß der Erfolg nicht eingetreten oder daß der Rechtsgrund weggefallen ist; zur Herausgabe von Nutzungen ist er insoweit nicht verpflichtet, als er zu dieser Zeit nicht mehr bereichert ist.

---

daß der beabsichtigte Erfolg nicht eintreten könne, daß also die Leistung des Rechtsgrundes entbehre, oder erfährt er später, daß der beabsichtigte Erfolg nicht eingetreten sei, so haftet er nach § 819. Möglich ist aber auch, daß der Eintritt des Erfolges zunächst als ungewiß angesehen wurde und in diesem Falle ist es zweifelhaft, wie der Empfänger zu haften hat, wenn der Erfolg nicht eintritt. Im bisherigen Rechte wird die Frage verschieden beantwortet. Der E. I wollte es hier bei den allgemeinen Vorschriften bewenden lassen. Der Empfänger sollte danach, bis er von dem Nichteintritte des Erfolges Kenntniß erlangt, nur in Höhe der objektiven Bereicherung haften, also für eine in der Zwischenzeit getroffene Verfügung nicht verantwortlich sein. Diese Entscheidung beruhte nach den Motiven auf der Erwägung, daß der Empfänger, solange er in gutem Glauben ist, annehmen darf, die Voraussetzung werde sich erfüllen; er könne sich als nichtverantwortlichen Eigenthümer des Empfangenen betrachten und danach seine Handlungsweise einrichten (M. II S. 845). Die zweite Kommission hat dagegen beschlossen, den Fall in besonderer Weise zu regeln. Sie ist davon ausgegangen, daß der Empfänger bei einer Leistung, die um eines künftigen Rechtsgrundes willen, also einstweilen auf Grund eines vorläufigen Rechtsgrundes erfolge, während der Schwebezeit, bis der Eintritt des Rechtsgrundes feststehe, für den Fall des Nichteintritts auf die Verpflichtung zur Rückgabe des Empfangenen gefaßt und deshalb zur Anwendung ordnungsmäßiger Sorgfalt behufs Erhaltung des Empfangenen verpflichtet sein müsse. Der Empfänger befinde sich in ganz ähnlicher Lage wie derjenige, welcher beim Eintritt einer Bedingung einen Gegenstand herauszugeben habe (§ 160), oder wie derjenige, welcher unter Vorbehalt des Rücktritts einen Gegenstand empfangen habe (§ 347), der Käufer, solange die Möglichkeit des Rücktritts wegen Verzugs (§ 327) oder die Möglichkeit der Wandelung (§ 467) bestehe. Die Parteiabsicht gehe in den hier vorausgesetzten Fällen regelmäßig dahin, daß die Uebertragung des geleisteten Gegenstandes nur eine vorläufige sei, zu einer endgültigen aber erst mit dem Eintritte des in der Zukunft liegenden Rechtsgrundes werden solle. Die beantragte Vorschrift entspreche der in der gemeinrechtlichen Wissenschaft herrschenden Ansicht (Windscheid § 424 zu Note 3) und mehrfachen Wünschen der Kritik. Die strengere Haftung des Empfängers erscheine jedoch nur in Ansehung der Erhaltung des empfangenen Gegenstandes selbst nach der gewöhnlichen Absicht der Parteien gerechtfertigt, nicht dagegen hinsichtlich der Herausgabe oder Vergütung von Nutzungen oder bezüglich der Verpflichtung, eine empfangene Geldsumme zu verzinsen. Unzutreffend sei der Einwand, die vorgeschlagene Bestimmung sei entbehrlich, weil sich gegebenenfalls die Verpflichtung des Empfängers zur Anwendung ordnungsmäßiger Sorgfalt aus der Vereinbarung der Parteien herleiten lasse; denn man habe mit dem E. I daran festgehalten, daß im Falle der Leistung zum Zwecke eines künftigen Erfolges die Ansprüche des Leistenden auf Rückgewähr ihren Grund nicht im Vertrage, sondern in der ungerechtfertigten Bereicherung haben. Ganz ebenso aber wie im Falle der condictio causa data causa non secuta müsse die Haftung des Empfängers im Falle der Rückforderung einer Leistung wegen Wegfalls ihres Rechtsgrundes geregelt werden, wenn nach dem Inhalte der bei der Leistung getroffenen Vereinbarung der Parteien der Wegfall des Rechtsgrundes von vornherein als möglich ins Auge gefaßt worden sei. Die Lage des Empfängers sei in diesem Falle durchaus die gleiche wie im erstgedachten Falle (P. II S. 3001, Bd. 2 S. 712, 713).

2. a) **Ob der Eintritt des beabsichtigten Erfolges als ungewiß oder der Wegfall des Rechtsgrundes als möglich angesehen worden ist**, entscheidet sich nach den Umständen des einzelnen Falles. Zu beachten ist, daß es auch hier nicht auf die subjektive Voraussetzung, von welcher der Leistende ausgegangen ist, sondern darauf ankommt, ob nach dem Inhalte des Rechtsgeschäfts der Nichteintritt oder Wegfall des Rechtsgrundes der Leistung als möglich angenommen werden mußte. Es ist aber nicht wesentlich, daß diese Möglichkeit bei der Vornahme der Leistung ausdrücklich hervorgehoben ist.

b) Der **Beweis**, daß die Voraussetzungen des § 820 erfüllt sind, liegt dem Rückforderungsberechtigten ob.

§. 821.

Wer ohne rechtlichen Grund eine Verbindlichkeit eingeht, kann die Erfüllung auch dann verweigern, wenn der Anspruch auf Befreiung von der Verbindlichkeit verjährt ist.

---

3. Der Abs. 1 Satz 1 hat zunächst den Fall im Auge, daß bei der Vornahme der Leistung auf den Eintritt eines künftigen Ereignisses gerechnet wurde. Es fragt sich, ob die Vorschrift auch anzuwenden ist, wenn eine Leistung zur Erfüllung einer Verbindlichkeit unter dem Vorbehalte gemacht ist, daß das Bestehen der Verbindlichkeit noch geprüft werden solle, und sich nachher herausstellt, daß die Verbindlichkeit nicht besteht. Man wird hier zu unterscheiden haben: Sind die Parteien darüber einverstanden gewesen, daß die Leistung nur eine vorläufige sein solle, so hat der Empfänger, wenn sich bei der nochmaligen Prüfung herausstellt, daß die Verbindlichkeit nicht besteht, nach Maßgabe des § 820 zu haften. Wenn aber der Leistende lediglich einseitig einen Vorbehalt dahin gemacht hat, daß er Rückzahlung verlangen werde, wenn sich das Nichtbestehen der Schuld herausstelle, so braucht der Empfänger darauf keine Rücksicht zu nehmen. Er haftet also eventuell lediglich nach Maßgabe des § 818. Hat er das Nichtbestehen der Verbindlichkeit gekannt, so tritt die strengere Haftung nach § 819 ein.

4. Wegen des Umfanges der Haftung im Einzelnen s. Erl. zu § 818.

§ 821.

E. I § 684 Abs. 1; II § 745 rev. § 806; III § 805. P. I S. 1727—1734, 1739—1742, 1745—1748, 1756; M. II S. 693, 694. P. II S. 252, 253, 472—476, 2595, 3002—3010, 8493, 8494 (Bd. 1 S. 236—238; Bd. 2 S. 510, 511, 683, 713—717; Bd. 6 S. 200).

1. Wer ohne Rechtsgrund eine Verbindlichkeit eingeht, hat nicht nur einen Anspruch auf Befreiung von der Verbindlichkeit, sondern auf Grund dieses Anspruchs auch eine Einrede gegenüber dem Anspruch auf Erfüllung der Verbindlichkeit. Der Einrede würde aber, wenn der Anspruch auf Befreiung verjährt ist, die Replik der Verjährung entgegenstehen. Diesem unbilligen Ergebnisse tritt die Vorschrift des § 821 entgegen. Wegen der juristischen Konstruktion sowie wegen anderer ähnlicher Vorschriften s. Bd. I S. 273 (Erl. 3c zu § 222).

2. Besteht die Leistung, welche wegen ungerechtfertigter Bereicherung zurückgefordert werden kann, in dem Abschluß eines gegenseitigen Vertrags, z. B. eines Kaufes, und hat (um bei diesem Beispiele stehen zu bleiben) der Käufer, dem das Recht zusteht, die Aufhebung des Kaufvertrags wegen ungerechtfertigter Bereicherung zu fordern, bevor er von diesem Rechte Gebrauch gemacht hat, den verkauften Gegenstand ganz oder theilweise erhalten, so kann es keinem Zweifel unterliegen, daß er, wenn er den Anspruch geltend macht und in Folge davon der Kaufvertrag aufgehoben wird, den erlangten Kaufgegenstand wegen Wegfalls des rechtlichen Grundes des Empfanges nach den Vorschriften über die condictio ob causam finitam herauszugeben verpflichtet ist. Zweifelhaft kann sein, wie das Verhältniß zu beurtheilen ist, wenn der Käufer ohne den Anspruch auf Aufhebung des Kaufvertrags geltend zu machen, sich darauf beschränkt hat, der auf Zahlung des Kaufpreises gerichteten Klage die ihm nach § 821 zustehende Einrede entgegenzusetzen. Um diese Zweifel abzuschneiden, waren in der zweiten Kommission verschiedene Anträge gestellt. Die Mehrheit lehnte dieselben aber ab, weil ein befriedigendes Ergebniß auch ohne ausdrückliche Vorschrift von der Wissenschaft und Praxis gefunden werden würde (vergl. R.G. Bd. 26 S. 187). Man ging davon aus, daß wenn in einem Falle der fraglichen Art dem einen Theile, in dem Beispielsfall also dem Käufer, das Recht zustehe, die Leistung zu verweigern und er von diesem Rechte Gebrauch mache, hiermit ohne Weiteres der rechtliche Grund für den Empfang des Kaufgegenstandes wegfalle und der Käufer daher zur Herausgabe desselben nach den Vorschriften über die Herausgabe einer ungerechtfertigten Bereicherung verpflichtet sei. Es folge dies aus der in dem Wesen des gegenseitigen Vertrags liegenden untrennbaren Verbindung zwischen den Rechten und Verpflichtungen beider Theile. Diese Auffassung wird als richtig anzuerkennen sein. Man könnte zu demselben Ergebnisse dadurch gelangen, daß man in der Geltendmachung der Einrede immer zugleich das Angebot der Aufhebung des Vertrags erblickte; der Verkäufer würde dann durch die Annahme des Angebots die Aufhebung des Vertrags bewirken. Dieser Umweg dürfte indessen nicht erforderlich, vielmehr die Auffassung begründet sein, daß durch die Geltendmachung der fraglichen zerstörlichen Einrede ohne Weiteres der rechtliche Grund für das Erlangen des Kaufgegenstandes weggefallen sei. Hieraus ergiebt sich dann ferner, daß dieselbe Folge eintritt, wenn der Verkäufer den Anspruch auf den Kaufpreis abgetreten hat und die Einrede nun dem neuen Gläubiger entgegengesetzt wird.

§. 822.

Wendet der Empfänger das Erlangte unentgeltlich einem Dritten zu, so ist, soweit in Folge dessen die Verpflichtung des Empfängers zur Herausgabe der Bereicherung ausgeschlossen ist, der Dritte zur Herausgabe verpflichtet, wie wenn er die Zuwendung von dem Gläubiger ohne rechtlichen Grund erhalten hätte.

---

§ 822.

E. II rev. § 807; III § 806. P. II S. 8513, 8514 (Bd. 6 S. 211, 212).

1. Die Vorschrift, welche eine Neuerung gegenüber dem bisherigen Rechte enthält, ist von der zweiten Kommission bei der zweiten Lesung eingestellt. Sie beruht auf der Erwägung, daß, wenn der Empfänger das Erlangte seinerseits unentgeltlich einem Dritten zuwendet, die Zuwendung in den Fällen, in denen der erste Empfänger durch den Wegfall der Bereicherung frei wird, in der Wirklichkeit auf Kosten des Benachtheiligten erfolgt. Die Zuwendung rechtfertigt zwar den Uebergang des zugewendeten Gegenstandes aus dem Vermögen des Zuwendenden in das Vermögen des Empfängers, sie rechtfertigt aber nicht die Bereicherung des letzteren auf Kosten des Benachtheiligten.

2. Voraussetzungen des Anspruchs gegen den Dritten.

a) Dem Benachtheiligten muß ein Bereicherungsanspruch gegen den ersten Empfänger erwachsen sein.

b) Der erste Empfänger muß das Erlangte, zu dessen Herausgabe er dem Benachtheiligten verpflichtet ist, dem Dritten unentgeltlich zugewendet haben. Cosack (Lehrbuch, § 168 unter II 2) will der rechtsgeschäftlichen Zuwendung einen nicht rechtsgeschäftlichen Erwerb gleich stellen, der dem ersten Empfänger gegenüber ungerechtfertigt ist. Indessen widerspricht dies dem Wortlaute des Gesetzes. Auch liegt zu einer solchen Erweiterung der Vorschrift kein Anlaß vor. Denn, wenn der Erwerb des Dritten ein ungerechtfertigter ist, so steht dem ersten Empfänger ein Anspruch auf Herausgabe gegen den Dritten zu und der Benachtheiligte kann von dem ersten Empfänger die Herausgabe dieses Anspruchs verlangen.

c) Der erste Empfänger muß durch die Zuwendung an den Dritten von seiner Verpflichtung frei geworden sein. Dies trifft dann zu, wenn er die Zuwendung vor dem Eintritte der Rechtshängigkeit des Bereicherungsanspruchs und bevor er von dem Mangel eines rechtlichen Grundes seines eigenen Empfanges Kenntniß erhielt, vorgenommen hat. Es genügt nicht, daß der erste Empfänger durch die Hingabe an den Dritten zahlungsunfähig geworden ist.

3. Der Umfang der Haftung des Dritten bestimmt sich nach § 818. Er hat danach insbesondere mitherauszugeben die gezogenen Nutzungen sowie dasjenige, was er auf Grund eines erlangten Rechtes oder als Ersatz für die Zerstörung, Beschädigung oder Entziehung des erlangten Gegenstandes erworben hat. Dies gilt auch für diejenigen Nutzungen und Ersatzstücke, welche der erste Empfänger erworben und dem Dritten mitübertragen hat. Hatte der erste Empfänger das Erlangte veräußert und den Erlös oder die dafür angeschafften Gegenstände dem Dritten zugewendet, so liegt zwar die in dem § 822 bestimmte Voraussetzung, daß der Empfänger das Erlangte dem Dritten zugewendet habe, dem Wortlaute nach nicht vor; da aber der erste Empfänger nach § 818 in diesem Falle den Werth des veräußerten Gegenstandes bis zu dem Betrage des durch die Veräußerung Erworbenen herauszugeben verpflichtet gewesen wäre, so dürfte sich eine entsprechende Anwendung des § 822 dahin rechtfertigen, daß der Dritte die ihm unentgeltlich zugewendeten, von dem ersten Empfänger durch die Veräußerung erworbenen Gegenstände insoweit herauszugeben hat, als sie den Werth der veräußerten Gegenstände nicht übersteigen (ebenso Stieve, Gegenstand des Bereicherungs-Anspruchs, S. 46; Oertmann, Kommentar, Erl. zu § 822 unter Nr. 3, a. A. Cosack, Lehrbuch, § 168 unter II 2). Ebenso, wenn der erste Empfänger das Erlangte behalten, aber im Hinblick auf die ihm zu Theil gewordene Bereicherung dem Dritten aus seinem sonstigen Vermögen Zuwendungen gemacht hat. Zu beachten ist aber hierbei stets, daß ein Anspruch gegen den Dritten überhaupt nur begründet ist, wenn und soweit der erste Empfänger durch die Zuwendung an den Dritten seinerseits frei geworden ist.

Fünfundzwanzigster Titel.

Unerlaubte Handlungen.

Fünfundzwanzigster Titel.

Jung, Delikt und Schadensverursachung, 1897. Linckelmann, Die Schadensersatzpflicht und unerlaubte Handlungen nach dem B.G.B., 1898. v. Liszt, Die Deliktsobligationen im System des B.G.B., 1898.

I. Die Vorschriften über die unerlaubten Handlungen gehören zu denjenigen Rechtsnormen, welche den Zweck haben, die Rechtskreise der Einzelnen, innerhalb deren diese ihre individuellen Interessen verfolgen dürfen, gegen einander abzugrenzen und den Einzelnen in seinem Rechtskreise zu schützen. Zur Wahrung seiner Rechte stehen dem Berechtigten zunächst die Mittel der Selbstvertheidigung und der Selbsthülfe in den vom Gesetze gezogenen Schranken zu Gebote. Er kann ferner im Falle des widerrechtlichen Eingriffs verlangen, daß der dem Inhalte seines Rechtes widersprechende Zustand beseitigt wird. Viele Rechte und rechtliche Interessen sind außerdem noch besonders durch polizeiliche und strafrechtliche Bestimmungen geschützt. Ihre Ergänzung finden diese Rechtsbehelfe und Schutzmittel in einem privatrechtlichen Anspruch auf Schadensersatz, welcher dem Verletzten gewährt wird und der dazu bestimmt ist, die durch die Rechtsverletzung entstandenen Nachtheile auszugleichen. Die hieraus erwachsenden Schuldverhältnisse sind im fünfundzwanzigsten Titel geregelt.

Bei der formellen Gestaltung der Vorschriften schließt sich das Gesetz der modernen Auffassung an. Nach röm. Rechte hatte nicht jeder durch die Schuld eines Anderen Verletzte einen Anspruch auf Schadensersatz. Vielmehr kannte das röm. Recht nur bestimmte einzelne Delikte und nur, wenn der Thatbestand eines dieser Delikte erfüllt war, standen dem Verletzten Ansprüche zu. Die neuere Gesetzgebung hat dagegen die Ersatzpflicht aus Delikten vorwiegend auf einheitlicher Grundlage geregelt. Dieser Behandlungsweise folgend stellt das B.G.B. im § 823 ein allgemeines Prinzip über die Haftung aus unerlaubten Handlungen auf. Dieses Prinzip wird dann in den folgenden Vorschriften nach einigen Richtungen ergänzt und modifizirt, theils was die Voraussetzungen, theils was den Umfang und die Art der Durchführung des Ersatzanspruchs anlangt. Spezielle Vorschriften sind ferner gegeben über die Haftung für den durch Thiere verursachten Schaden, über den Ersatz des Wildschadens, über den Ersatz des durch Einsturz eines Gebäudes verursachten Schaden und über die Haftung von Beamten für Verletzung einer Amtspflicht; auch in den letzteren Fällen finden aber, soweit sich nicht aus den Spezialbestimmungen Abweichungen ergeben, die allgemeinen Vorschriften des Titels Anwendung.

Das Gesetz begnügt sich nicht damit, nach dem Vorgange des französischen Rechtes den Satz auszusprechen, daß, wer widerrechtlich aus Vorsatz oder Fahrlässigkeit einem Anderen Schaden zufügt, diesem zum Ersatze des Schadens verpflichtet ist. Man hat es nicht für richtig erachtet, dem Richter so weitgehende Befugnisse einzuräumen, wie sie die Aufstellung eines solchen ganz allgemeinen Prinzips nothwendig mit sich bringt, und die Lösung grundlegender gesetzgeberischen Fragen der Rechtsprechung zu überweisen. Vielmehr sind die Voraussetzungen der Schadensersatzpflicht im Gesetze selbst genauer begrenzt, um dadurch eine feste Basis für die Entscheidung des einzelnen Falles zu schaffen. Das Gesetz geht davon aus, daß die Vorschriften über unerlaubte Handlungen den Einzelnen gegen widerrechtliche Eingriffe in seine Rechtssphäre schützen sollen. Die Rechtssphäre des Einzelnen bestimmt sich aber theils durch die in seiner Person begründeten Rechtsgüter oder Rechte, theils durch diejenigen gesetzlichen Vorschriften, welche zum Schutze des Einen eine Handlung des Anderen verbieten oder gebieten. Dementsprechend macht der § 823 die Schadensersatzpflicht davon abhängig, daß entweder das Leben, der Körper, die Gesundheit, die Freiheit, das Eigenthum oder ein sonstiges Recht eines Anderen verletzt oder daß gegen ein den Schutz eines Anderen bezweckendes Gesetz verstoßen ist. Der § 823 wird dann noch durch einige besondere Vorschriften ergänzt. Zunächst ist im § 824 bestimmt, daß auch die fahrlässige Schädigung des Kredits eines Anderen durch üble Nachrede ersatzpflichtig machen soll. Ferner ist im § 825 die weibliche Geschlechtsehre in besonderer Weise geschützt. Eine wichtige Erweiterung erfährt endlich der Kreis der unerlaubten Handlungen durch den § 826, demzufolge auch derjenige ersatzpflichtig ist, welcher in einer gegen die guten Sitten verstoßenden Weise einem Anderen vorsätzlich Schaden zufügt.

Der Anspruch auf Schadensersatz setzt in allen Fällen voraus, daß der Eingriff in die fremde Rechtssphäre sich objektiv als ein widerrechtlicher darstellt. Nähere Bestimmungen darüber, wann ein Eingriff als widerrechtlich anzusehen ist, sind im fünfundzwanzigsten Titel nicht gegeben. Die hierher gehörenden Fragen sind also nach allgemeinen Grundsätzen zu entscheiden; (vergl. im Einzelnen Erl. 2b zu § 823).

Nach der subjektiven Seite hält das Gesetz grundsätzlich daran fest, daß eine Ersatzpflicht nur begründet ist, wenn denjenigen, welcher den Schaden herbeigeführt hat, ein Verschulden trifft. In der Kritik zum E. I war von mehreren Seiten vorgeschlagen, das dem bisherigen Rechte entsprechende Verschuldungsprinzip allgemein oder doch in gewissen Grenzen durch das Veranlassungsprinzip zu ersetzen. Die zweite Kommission ist aber hierauf nicht eingegangen. Auch in der Reichstagskommission ist ein dahin gehender Antrag abgelehnt. Es würde nach der dem Gesetze zu Grunde liegenden Auffassung weder der Volksanschauung noch der Gerechtigkeit und Billigkeit entsprechen, wenn man allgemein den Rechtssatz aufstellen wollte, daß auch derjenige ersatzpflichtig sein soll, welcher ohne Verschulden einem Anderen widerrechtlich Schaden zufügt. Wenn das ältere deutsche Recht die Ersatzpflicht lediglich an die Verursachung des Schadens knüpft, so ist darin nicht eine nationale Eigenthümlichkeit des deutschen Rechtes zu sehen, sondern es handelt sich dabei um eine Erscheinung, welche sich in allen Rechten einer niederen Kulturstufe findet, bei denen der Schuldbegriff noch nicht ausgebildet und der Unterschied zwischen der verschuldeten und der nichtverschuldeten Schadenszufügung noch nicht erfaßt ist. Die Normirung des Grundsatzes, daß die Schadensersatzpflicht ein Verschulden voraussetzt, erscheint dem gegenüber als das Ergebniß einer höheren Kulturentwicklung. Der Einzelne braucht bei seinem Thun und Lassen auf die rechtlich geschützten Interessen der Anderen nur insoweit Rücksicht nehmen, als er bei Anwendung ordnungsmäßiger Sorgfalt erkennen muß, daß dieselben dadurch gefährdet werden können. Wollte man diesen Grundsatz aufgeben, so würde dadurch die Bewegungsfreiheit des Einzelnen übermäßig eingeschränkt werden. Allerdings ist das Verschuldungsprinzip in der neueren Gesetzgebung mehrfach durchbrochen und es läßt sich nicht verkennen, daß in einer Reihe von Verhältnissen eine andere Regelung der Ersatzpflicht wünschenswerth erscheint. Aber das kann nicht dahin führen, das Verschuldungsprinzip ganz zu beseitigen, vielmehr nur dahin, dasselbe in einzelnen Richtungen zu modifiziren. Jedenfalls muß Vorsorge getroffen werden, um eine zu weitgehende Belastung des Einzelnen zu verhüten. Da hierbei auch Maßnahmen in Betracht kommen, welche dem öffentlichen Rechte angehören, wie etwa die Zwangsversicherung der Betheiligten, so ist es für richtiger erachtet, die Weiterentwickelung des Rechtes auf diesem Gebiet in der Hauptsache der Spezialgesetzgebung zu überlassen. Ausnahmsweise läßt aber das B.G.B. mit Rücksicht auf die Interessen des Verletzten und die Sicherheit des Verkehrs in einzelnen Fällen eine Verschärfung der Haftung eintreten, theils so, daß eine Ersatzpflicht auch ohne Verschulden festgesetzt wird, theils so, daß die Beweislast zu Gunsten des Verletzten geändert wird. Hiernach ist die Rechtslage nach dem B.G.B. im Wesentlichen folgende: Ist ein Rechtsgut der im § 823 Abs. 1 bezeichneten Art oder das Recht eines Anderen verletzt, so ist Voraussetzung der Ersatzpflicht, daß der Thäter vorsätzlich oder fahrlässig gehandelt hat (§ 823 Abs. 1). Ist gegen ein den Schutz eines Anderen bezweckendes Gesetz verstoßen, so bestimmt sich zunächst nach dem Inhalte dieses Gesetzes, ob nur ein vorsätzliches oder auch ein fahrlässiges Verhalten die Ersatzpflicht begründet (§ 823 Abs. 2 Satz 1). Ist ausnahmsweise ein Verstoß wider das Gesetz auch ohne Verschulden möglich, so tritt gleichwohl die Ersatzpflicht nur im Falle des Verschuldens ein (§ 823 Abs. 2 Satz 2). Im Einklange hiermit stehen die Vorschriften, nach welchen eine Haftung ausgeschlossen ist, wenn der Thäter wegen eines krankhaften geistigen Zustandes oder wegen mangelnder geistiger Entwickelung für die Handlung nicht verantwortlich gemacht werden kann (§§ 827, 828). In diesen letzteren Fällen soll aber gleichwohl der Thäter verpflichtet sein, dem Verletzten den Schaden insoweit zu ersetzen, als die Billigkeit nach den Umständen insbesondere nach den Verhältnissen der Betheiligten, eine Schadloshaltung erfordert (§ 829). Die hierin liegende Erweiterung der Haftung erscheint namentlich vom sozialen Standpunkt als bedeutsam, indem sie es ermöglicht in den Fällen, in denen eine wohl situirte Persönlichkeit in unzurechnungsfähigem Zustand einen minder Bemittelten verletzt hat, den Schaden auf den ersteren abzuwälzen und den verletzten Theil vor dem Ruine zu bewahren. Wer einen Anderen zu einer Verrichtung bestellt, würde für den Schaden, den der Andere in Ausübung der Verrichtung einem Dritten widerrechtlich zufügt, nach dem Verschuldungsprinzipe nur verantwortlich sein, wenn ihn selbst bei der Auswahl des Angestellten oder bei der Beaufsichtigung der Arbeit ein Verschulden trifft. Das Gesetz hält hieran auch grundsätzlich fest. Aber es ist für billig erachtet, daß derjenige, welcher sich fremder Hülfe bedient, und dadurch die Möglichkeit der Verletzung geschaffen hat, einen Theil der Gefahr trägt. Deshalb läßt das Gesetz eine Verschiebung der Beweislast eintreten derart, daß der Geschäftsherr für den Schaden aufzukommen hat, wenn er nicht nachweist, daß er die im Verkehr erforderliche Sorgfalt beobachtet hat oder daß der Schaden auch bei Anwendung dieser Sorgfalt entstanden sein würde (§ 830). In ähnlicher Weise ist die Haftung desjenigen geregelt, welcher kraft Gesetzes zur Führung der Aufsicht über eine der Beaufsichtigung bedürftige Person verpflichtet ist, wenn diese Person einem Dritten widerrechtlich Schaden zufügt. Der Aufsichtspflichtige hat für den Schaden aufzukommen, wenn er nicht nachweist, daß ihn kein Verschulden trifft oder daß der Schaden auch bei gehöriger Aufsichtsführung entstanden sein würde (§ 832). Für den durch ein Thier verursachten Schaden soll derjenige, welcher das Thier hält, Ersatz leisten, einerlei ob ihn ein Verschulden trifft oder nicht (§ 833). Ebenso ist für Wildschaden in gewissen Grenzen von dem Jagdberechtigten Ersatz zu leisten, ohne daß es auf ein Verschulden ankommt (§ 835). Wird durch den Einsturz eines Gebäudes ein Schaden herbeigeführt, so soll, falls der Einsturz die Folge fehlerhafter Errichtung oder mangelhafter Unterhaltung ist, der Besitzer des Gebäudes dafür aufkommen, wenn er nicht seinerseits den Nachweis führt, daß ihn kein Verschulden trifft (§ 836). In eigenartiger Weise ist endlich die Haftung der Beamten für den durch Verletzung einer Amtspflicht entstehenden Schaden geregelt (§ 839). Ueber das Wesen der Verschuldung sind im Uebrigen im fünfundzwanzigsten Titel Bestimmungen nicht gegeben. Insoweit greifen also die allgemeinen Grundsätze Platz (vergl. im Einzelnen Erl. 2a zu § 823).

Ist Jemand durch eine unerlaubte Handlung verletzt, so hat er einen Anspruch auf Schadensersatz. Der Anspruch trägt einen rein privatrechtlichen Charakter. Die strafrechtliche Ahndung eines Verbrechens erfolgt lediglich nach Maßgabe des Strafgesetzbuchs; Privatstrafen sind dem B.G.B. nicht bekannt. Für den Schadensersatz sind die allgemeinen Vorschriften (§§ 249ff.) maßgebend. Der fünfundzwanzigste Titel giebt in dieser Beziehung noch einige ergänzende Bestimmungen. Bei einer gegen die Person gerichteten unerlaubten Handlung soll sich die Verpflichtung zum Schadensersatz auch auf die Nachtheile erstrecken, welche die Handlung für den Erwerb und das Fortkommen des Verletzten herbeiführt (§ 842). Wird in Folge einer Verletzung des Körpers oder der Gesundheit die Erwerbsfähigkeit des Verletzten aufgehoben oder gemindert oder tritt eine Vermehrung seiner Bedürfnisse ein, so ist der Schadensersatz regelmäßig durch Entrichtung einer Geldrente zu leisten (§ 843). Bei einigen gegen die Person gerichteten unerlaubten Handlungen soll ferner der Verletzte abweichend von den allgemeinen Vorschriften auch für immateriellen Schaden Ersatz beanspruchen können (§ 847). Weitere Vorschriften betreffen den Untergang oder die Verschlechterung einer herauszugebenden Sache (§ 848) und die Verwendungen, welche der Ersatzpflichtige auf eine herauszugebende Sache gemacht hat (§ 850) sowie die Verzinsung einer an den Verletzten zu zahlenden Geldsumme (§ 849). Besonders berücksichtigt ist auch der Fall, daß der Ersatzpflichtige den Ersatz an einen nicht ersatzberechtigten Dritten geleistet, den er in gutem Glauben für den Ersatzberechtigten gehalten (§ 851). Der Anspruch auf Ersatz des aus einer unerlaubten Handlung entstandenen Schadens ist im Anschluß an das bisherige Recht einer kurzen Verjährung unterworfen (§ 852); die Einrede des Verletzten gegenüber einer durch eine unerlaubte Handlung erlangten Forderung wird für unverjährbar erklärt (§ 853). Berechtigt, Ersatz zu fordern, ist nur der unmittelbar durch die unerlaubte Handlung Verletzte. Jedoch wird in einzelnen Fällen auch dritten nur mittelbar geschädigten Personen ein Ersatzanspruch gewährt (§§ 844, 845). Insbesondere hat im Falle der Tödtung der Ersatzpflichtige dritten Personen, denen der Getödtete kraft Gesetzes Unterhalt zu gewähren hatte, durch Gewährung einer Geldrente Ersatz zu leisten. Ersatzpflichtig ist derjenige, welcher nach Maßgabe der Vorschriften des fünfundzwanzigsten Titels für die unerlaubte Handlung verantwortlich ist. Mitthäter, Anstifter und Gehülfen haben jeder für sich für den Schaden aufzukommen (§ 830). Sind für den aus einer unerlaubten Handlung entstehenden Schaden Mehrere neben einander verantwortlich, so haften sie dem Verletzten gegenüber grundsätzlich als Gesammtschuldner; über ihre Haftung im Verhältnisse zu einander sind besondere Vorschriften gegeben (§ 840).

Einzelne Vorschriften, welche Schuldverhältnisse aus unerlaubten Handlungen betreffen, sind noch an anderen Stellen des B.G.B. gegeben. Wer zur Herausgabe eines Gegenstandes verpflichtet ist, hat kein Zurückbehaltungsrecht wegen Verwendungen auf den Gegenstand oder wegen eines ihm durch diesen verursachten Schadens, wenn er den Gegenstand durch eine vorsätzlich begangene unerlaubte Handlung erlangt hat (§ 273 Abs. 2). Ebenso hat der Besitzer einer Sache, welcher von dem Eigenthümer auf Herausgabe der Sache belangt wird, kein Zurückbehaltungsrecht wegen Verwendungen, wenn er die Sache durch eine vorsätzlich begangene unerlaubte Handlung erlangt hat (§ 1000). Gegen eine Forderung aus einer vorsätzlich begangenen unerlaubten Handlung ist die Aufrechnung nicht zulässig (§ 393). Zu erwähnen ist hier auch der Rechtssatz, daß eine juristische Person für den Schaden verantwortlich ist, den der Vorstand, ein Mitglied des Vorstandes oder ein verfassungsmäßig berufener Vertreter durch eine in Ausführung der ihm zustehenden Verrichtungen begangene unerlaubte Handlung einem Dritten zufügt (§§ 31, 86, 89).

II. Neben dem auf die Vorschriften über unerlaubte Handlungen sich gründenden Anspruch auf Schadensersatz können für den Verletzten noch a n d e r e R e c h t s b e h e l f e in Betracht kommen. Ist ein Recht verletzt, so kann der Berechtigte Beseitigung des dem Rechte widersprechenden Zustandes verlangen. Beide Ansprüche verfolgen insofern dasselbe Ziel, als auch der

Anspruch auf Schadensersatz zunächst dahin geht, daß der Zustand hergestellt wird, der bestehen würde, wenn der zum Ersatze verpflichtende Umstand nicht eingetreten wäre. Im Uebrigen aber bestehen wesentliche Unterschiede. Der Anspruch auf Beseitigung der Beeinträchtigung setzt nur voraus, daß eine objektiv widerrechtliche Störung des Rechtes vorliegt und er geht grundsätzlich nur darauf, daß diese Störung aufgehoben wird. Der Anspruch aus einer unerlaubten Handlung setzt dagegen außer der widerrechtlichen Störung weiter noch voraus, daß den Thäter ein Verschulden trifft, oder daß doch einer der besonderen Fälle vorliegt, in denen nach den Vorschriften des fünfundzwanzigsten Titels eine Ersatzpflicht auch ohne Verschulden begründet ist; er reicht erheblich weiter insofern, als der Verletzte nicht nur Beseitigung der Störung, sondern vollen Ersatz allen Schadens verlangen kann. Der Berechtigte hat die Wahl, welchen Anspruch er geltend machen will. Er kann auch zunächst auf Beseitigung der Störung klagen und dann noch, wenn durch die Herstellung des dem Rechte entsprechenden Zustandes der ihm entstandene Schaden nicht völlig ersetzt erscheint, eine Entschädigung in Geld verlangen. Er kann endlich auch beide Klagen mit einander verbinden derart, daß er in erster Linie mit der dinglichen Klage Beseitigung der Störung und daneben Ersatz des ihm entstandenen Schadens fordert. Das Verhältniß ist in dem letzteren, häufig vorkommenden Falle nicht so zu denken, daß sich der dingliche Anspruch, z. B. der Eigenthumsanspruch wegen widerrechtlichen Eingriffs (actio negatoria), durch das hinzutretende Verschulden des Beklagten erweitert und daß mit dem Eigenthumsanspruch auch Schadensersatz gefordert wird. Vielmehr sind der dingliche Anspruch und der auf die unerlaubte Handlung sich stützende Anspruch auf Schadensersatz von einander getrennt zu halten und jeder für sich zu prüfen. Von Bedeutung ist dies u. A. um deswillen, weil die Ansprüche aus unerlaubten Handlungen der kurzen Verjährung von drei Jahren unterworfen sind. Der Kläger würde sich auch auf die Klage aus der unerlaubten Handlung beschränken und mit dieser Naturalrestitution und daneben Ersatz des ihm außerdem entstandenen Schadens fordern können. Aber da die Voraussetzungen der dinglichen Klage einfachere sind, so wird er es meistens vorziehen, die dingliche Klage und die Schadensersatzklage in der angegebenen Weise mit einander zu verbinden. Hinsichtlich des Eigenthumsanspruchs wegen Entziehung der Sache sowie hinsichtlich des Erbschaftsanspruchs sind in den §§ 992, 2025 Sondervorschriften gegeben.

Die Rechtsfolgen, welche sich an die Verletzung eines obligatorischen Rechtes durch den Schuldner knüpfen, bestimmen sich nicht nach den Vorschriften des fünfundzwanzigsten Titels. Allerdings ist dies im Gesetze nicht besonders hervorgehoben, die allgemeine Fassung des § 823 Abs. 1, wonach jede widerrechtliche Verletzung eines fremden Rechtes sich als eine unerlaubte Handlung darstellt, könnte vielmehr zu Zweifeln Anlaß geben. Indessen entspricht es der geschichtlichen Entwickelung und der in der Wissenschaft herrschenden Auffassung, daß die Schuldverhältnisse aus unerlaubten Handlungen von den auf Verträgen oder auf sonstigen Gründen beruhenden Schuldverhältnissen getrennt gehalten werden, und das Gesetz hat zweifellos an dieser Trennung festhalten wollen. In diesem Sinne bemerken die Motive, daß die Verletzung des Rechtes aus einem Schuldverhältnisse überhaupt nicht Gegenstand der Vorschriften über unerlaubte Handlungen ist (M. II S. 727). Die Verpflichtungen des Schuldners aus einem vertragsmäßigen oder einem sonstigen Schuldverhältnisse, welches nicht auf einer unerlaubten Handlung beruht, sind theils durch die allgemeinen, theils durch die besonderen für das einzelne Schuldverhältniß gegebenen Vorschriften geregelt. Dies gilt namentlich auch von den Aenderungen, welche sich an den Verzug sowie an die mangelhafte Erfüllung oder Nichterfüllung der Verbindlichkeit knüpfen. Es ist aber möglich, daß anläßlich der Erfüllung einer Verbindlichkeit oder sonst im Zusammenhange mit einem Schuldverhältniß eine unerlaubte Handlung begangen wird; dann ist neben dem Anspruch aus dem Vertrag ein Anspruch auf Schadensersatz aus der unerlaubten Handlung begründet. Zu denken ist z. B. an den Fall, wo Jemand wissentlich oder fahrlässig verdorbene Nahrungsmittel verkauft und der Käufer in Folge Genusses der gekauften Sachen erkrankt. Hier steht dem Käufer nach den Grundsätzen des Kaufvertrags (§§ 462, 463) wegen der mangelhaften Lieferung ein Anspruch auf Wandelung oder Minderung oder falls der Verkäufer die Garantie für gute Beschaffenheit der Waaren übernommen oder den Fehler arglistig verschwiegen hatte, auf Schadensersatz wegen Nichterfüllung zu. Daneben kann aber der Käufer wegen der vorsätzlichen oder fahrlässigen Schädigung seiner Gesundheit, da gleichzeitig ein Verstoß gegen das Nahrungsmittelgesetz vorliegt, nach den Vorschriften über unerlaubte Handlungen Ersatz beanspruchen. Oder es verleiht Jemand ein Pferd, welches mit einer ansteckenden Krankheit behaftet ist und führt dadurch eine Ansteckung anderer Pferde herbei. Nach der für die Leihe geltenden Regel (§ 600) hat der Verleiher, wenn er die Krankheit des Pferdes arglistig verschwiegen hat, dem Entleiher den daraus entstehenden Schaden zu ersetzen. Ist aber gleichzeitig gegen eine gesetzliche oder polizeiliche Vorschrift, welche zum Schutze anderer Thierbesitzer die Absonderung des erkrankten Thieres anordnet, verstoßen worden, so kann wegen des durch die Ansteckung entstandenen Schadens nach den Vorschriften über unerlaubte Handlungen Schadensersatz verlangt werden. Die Frage, ob eine unerlaubte Handlung vorliegt, ist in allen

Fällen nach den Vorschriften des fünfundzwanzigsten Titels zu entscheiden. Wenn für einzelne Schuldverhältnisse, wie z. B. Schenkung oder Leihe, die Haftung des Schuldners abweichend von den allgemeinen Grundsätzen normirt ist, so betrifft dies nur die aus diesen Schuldverhältnissen sich ergebenden Verpflichtungen des Schuldners, nicht dagegen wenn unabhängig von dem Schuldverhältnisse der Thatbestand einer unerlaubten Handlung vorliegt, die Haftung aus dieser (ebenso Enneccerus-Lehmann, B. R. § 358; a. A. v. Liszt, Del. Oblig., S. 13, welcher die Einschränkung der Haftung auch für den Deliktsanspruch gelten lassen will sowie Endemann, Einf., § 200 Anm. 4, nach welchem regelmäßig überhaupt nur eine Haftung aus dem Vertrag eintreten soll). Das Gleiche muß gelten, wenn mit Rücksicht auf ein bestimmtes Schuldverhältniß durch Vertrag zwischen Gläubiger und Schuldner die Haftung des Schuldners für Fahrlässigkeit ausgeschlossen ist; a. A. v. Liszt, Del. Oblig., S. 201. Die Verletzung eines obligatorischen Rechtes durch einen Dritten kann regelmäßig überhaupt nicht in Frage kommen. Denn das Recht des Gläubigers besteht nur dem Schuldner gegenüber. Wohl kann auch ein Dritter das Interesse des Gläubigers schädigen, z. B. dadurch, daß er den Gegenstand des obligatorischen Rechtes zerstört, aber er ist dann nicht wegen Verletzung des obligatorischen Rechtes haftbar, sondern kann nur in Anspruch genommen werden, wenn aus einem anderen Grunde, etwa wegen Verstoßes gegen ein den Schutz des Gläubigers bezweckendes Gesetz, eine unerlaubte Handlung anzunehmen ist. Ueber die Frage, ob von diesem Grundsatz in gewissen Fällen eine Ausnahme stattfindet, s. Erl. 2a zu § 823.

Wenn der Thäter durch eine unerlaubte Handlung etwas auf Kosten des Verletzten erlangt hat, so ist neben dem Anspruch aus der unerlaubten Handlung ein Anspruch auf Herausgabe des Erlangten nach den Vorschriften über ungerechtfertigte Bereicherung begründet. Der Verletzte hat auch hier die Wahl, welchen Anspruch er geltend machen will. Der Ersatzpflichtige soll übrigens auch nach der Verjährung des Anspruchs aus der unerlaubten Handlung zur Herausgabe der ungerechtfertigten Bereicherung verpflichtet bleiben (§ 852).

Wer zur Abgabe einer Willenserklärung durch arglistige Täuschung oder widerrechtlich durch Drohung bestimmt ist, kann die Erklärung anfechten. Liegt der Thatbestand einer unerlaubten Handlung vor, so kann der Verletzte, auch wenn er von dem Rechte der Anfechtung Gebrauch gemacht hat, Schadensersatz beanspruchen, insofern die ihm erwachsenen Nachtheile durch die Anfechtung nicht ausgeglichen erscheinen. Der Verletzte ist aber auch berechtigt, statt von dem Anfechtungsrechte Gebrauch zu machen, mit dem Anspruch aus der unerlaubten Handlung von dem Ersatzpflichtigen die Wiederaufhebung der rechtlichen Wirkungen der Willenserklärung und Ersatz des etwaigen sonstigen Schadens zu verlangen. Praktische Bedeutung hat dies um deswillen, weil das Anfechtungsrecht an eine kurze Präklusivfrist geknüpft ist. Regelmäßig wird übrigens in dem Verlangen des Verletzten auf Wiederherstellung des früheren Zustandes gleichzeitig eine Anfechtungserklärung und andererseits in dem Verzicht auf die Anfechtung auch ein Verzicht auf den Wiederherstellungsanspruch zu finden sein (M. II S. 757).

III. Das Institut der Quasi-Delikte ist dem B.G.B. unbekannt. Allerdings läßt das Gesetz bei einer Reihe von Rechtsverhältnissen eine Haftung eintreten, bei denen eine gewisse Aehnlichkeit mit unerlaubten Handlungen vorzuliegen scheint. In Betracht kommen namentlich die Bestimmungen über die Haftung des bedingt Verpflichteten, welcher während der Schwebezeit das von der Bedingung abhängige Recht durch sein Verschulden vereitelt oder beeinträchtigt (§ 160), über die Haftung für sog. culpa in contrahendo (§§ 122, 307, 309), über die Haftung des Gastwirths für den Schaden, den ein Gast durch den Verlust oder die Beschädigung eingebrachter Sachen erleidet (§ 701), über die Haftung dessen, der eine Schuldverschreibung auf den Inhaber ohne die erforderliche staatliche Genehmigung in den Verkehr bringt (§ 795 Abs. 3), über die Ersatzpflicht beim Bruche eines Verlöbnisses (§§ 1298—1300), über die Haftung des unehelichen Vaters für Entbindungs- und Wochenbettkosten (§ 1715) sowie über die Haftung des Vormundes gegenüber dem Mündel für den durch eine Pflichtverletzung entstandenen Schaden (§ 1833). Auf welchen Grund die Haftung in den verschiedenen Fällen zurückzuführen ist, kann dahingestellt bleiben; die Frage ist für jedes Rechtsverhältniß besonders zu prüfen. Unzulässig aber würde es sein, wenn man die Vorschriften über unerlaubte Handlungen direkt oder entsprechend auf diese Rechtsverhältnisse anwenden wollte. Neben den für das einzelne Rechtsverhältniß gegebenen besonderen Vorschriften sind vielmehr lediglich die allgemeinen für Schuldverhältnisse überhaupt aufgestellten Regeln maßgebend. Die Vorschriften des fünfundzwanzigsten Titels greifen nur Platz, wenn der Thatbestand einer unerlaubten Handlung im Sinne dieser Vorschriften vorliegt. Trifft Letzteres aber zu, so finden sie Anwendung, auch wenn im einzelnen Falle eine Ersatzpflicht ohne Verschulden begründet ist; daß dies der Auffassung des Gesetzes entspricht, ist von den Vertretern der verbündeten Regierungen bei den Verhandlungen der R.T.K. auf Befragen bestätigt (K.B. S. 1995). So ist insbesondere der Anspruch auf Ersatz des durch ein Thier verursachten Schadens ebenso wie der Anspruch auf Ersatz von Wildschaden im Sinne des Gesetzes als ein Anspruch aus einer unerlaubten Handlung anzusehen. Er unterliegt also der für Ansprüche aus unerlaubten Handlungen festgesetzten kurzen Verjährung und ebenso ist für die Klage der Gerichtsstand der unerlaubten Handlung begründet. (Wie hier Enneccerus-Lehmann, B.R. § 373 a. E.)

IV. 1. Die C.P.O. ist dahin ergänzt worden, daß in einer Reihe von Fällen derjenige, welcher von einem vorläufigen Rechtsbehelfe Gebrauch macht, dem Anderen den hierdurch entstehenden Schaden ersetzen soll, wenn die endgültige Entscheidung zu Ungunsten des Klägers ausfällt. Vergl. C.P.O. §§ 89, 302, 600, 717, 945. Vorbm. z. vierundzwanzigsten Titel IV 2.

2. Die Vorschriften der Reichsgesetze über Ersatzpflicht und unerlaubte Handlungen bleiben nach E.G. Art. 32 unberührt, soweit sich nicht deren Aufhebung aus dem B.G.B. oder aus dem E.G. ergiebt (s. Erl. zu Art. 32 d. E.G.). Insbesondere sind auch die Bestimmungen über die Buße aufrecht erhalten. Der E. I hob Letzteres besonders hervor (E. I § 721); die zweite Kommission hat die Bestimmung im Hinblick auf E.G. Art. 32 als entbehrlich gestrichen. In Betracht kommen namentlich die Vorschriften des H.G.B. §§ 485, 734, des St.G.B. §§ 188, 231, des Reichshaftpflichtges. v. 7. Juni 1871 mit den Aenderungen, welche sich aus E.G. Art. 42 ergeben sowie der Gesetze über die Kranken-, Unfall-, Invaliditäts- und Altersversicherung, ferner der Gesetze über Urheberrecht, Patente, Marken- und Musterschutz, weiter der K.O. §§ 29, 42 und des Ges., betr. die Anfechtung von Rechtshandlungen eines Schuldners außerhalb des Konkurses, in der Fassung v. 20. Mai 1898 und endlich das Ges. zur Bekämpfung des unlauteren Wettbewerbes v. 27. Mai 1896.

3. Vorbehalte für die Landesgesetzgebung s. im E.G. Art. 69—72, 77—79, 105—108. Unberührt bleiben auch diejenigen landesgesetzlichen Vorschriften, welche im Zusammenhange mit einer anderen der Landesgesetzgebung vorbehaltenen Materie Bestimmungen über den Ersatz eines widerrechtlich herbeigeführten Schadens treffen, insbesondere bei bestimmten Verhältnissen eine Ersatzpflicht unabhängig vom Verschulden festsetzen, wie dies z. B. beim Bergrechte vorkommt. Zu den Materien, welche der Landesgesetzgebung vorbehalten sind, gehört auch das Gesinderecht (E.G. Art. 95 Abs. 1); jedoch finden die Vorschriften der §§ 831, 840 Abs. 2 auch im Gesinderecht Anwendung (E.G Art. 95 Abs. 2).

V. Eine Vorschrift über internationales Privatrecht enthält Art. 12 des E.G. Danach können aus einer im Auslande begangenen unerlaubten Handlung gegen einen Deutschen nicht weitergehende Ansprüche geltend gemacht werden, als nach den deutschen Gesetzen begründet sind.

VI. Wegen des Gerichtsstandes für Klagen aus unerlaubten Handlungen s. C.P.O. § 32.

VII. Der § 823 enthält die grundlegende Bestimmung über die Haftung aus unerlaubten Handlungen. Die §§ 824—826 setzen eine Ersatzpflicht für einige Fälle fest, welche durch den § 823 nicht gedeckt werden. Der § 824 handelt von der fahrlässigen Gefährdung des Kredits einer Person, der § 825 von der Verletzung der Geschlechtsehre einer Frauensperson, der § 826 von dem Falle, daß Jemand in einer gegen die guten Sitten verstoßenden Weise einem Anderen vorsätzlich Schaden zufügt. Die §§ 827, 828 betreffen den Ausschluß der Haftung wegen Unzurechnungsfähigkeit des Thäters und zwar regelt der § 827 den Fall, daß Jemand im Zustande der Bewußtlosigkeit oder krankhafter Störung der Geistesthätigkeit gehandelt hat, der § 828 die Fälle, daß ein Minderjähriger oder ein Taubstummer einem Anderen Schaden zugefügt hat. Der § 829 ergänzt die §§ 827, 828 dahin, daß Jemand, der auf Grund der gedachten Vorschriften nicht verantwortlich ist, doch Ersatz leisten soll, soweit dies der Billigkeit entspricht. Der § 830 handelt von der Theilnahme Mehrerer an einer unerlaubten Handlung. Der § 831 regelt die Haftung für Angestellte und Gehülfen. Der § 832 normirt die Haftung desjenigen, welcher die ihm obliegende Aufsichtspflicht über eine der Beaufsichtigung bedürftige Person verletzt hat. Die §§ 833—839 geben Spezialvorschriften für einige besondere Fälle. Die §§ 833, 834 handeln von den durch Thiere verursachten Schaden, der § 835 insbesondere von dem Ersatz für Wildschaden, die §§ 836—838 von dem durch Einsturz eines Gebäudes verursachten Schaden, der § 839 endlich von der Haftung eines Beamten für den durch eine Verletzung einer Amtspflicht entstehenden Schaden. Die §§ 840, 841 regeln die Haftung für den Fall, daß Mehrere für den aus einer unerlaubten Handlung entstehenden Schaden verantwortlich sind, und zwar sowohl dem Verletzten gegenüber als auch im Verhältnisse der mehreren Betheiligten zu einander. Die zweite Hälfte des Titels enthält Vorschriften, welche den Umfang und die Durchführung des Ersatzanspruchs betreffen. Die §§ 842—847 befassen sich mit den gegen die Person gerichteten unerlaubten Handlungen. Der § 842 erstreckt die Haftung des Ersatzpflichtigen auf Nachtheile, welche für den Erwerb und das Fortkommen des Verletzten entstehen. Der § 843 bestimmt, daß in gewissen Fällen bei Schädigung der Erwerbsfähigkeit des

§. 823.

Wer vorsätzlich oder fahrlässig das Leben, den Körper, die Gesundheit, die Freiheit, das Eigenthum oder ein sonstiges Recht eines anderen widerrechtlich verletzt, ist dem Anderen zum Ersatze des daraus entstehenden Schadens verpflichtet.

Die gleiche Verpflichtung trifft denjenigen, welcher gegen ein den Schutz eines Anderen bezweckendes Gesetz verstößt. Ist nach dem Inhalte des Gesetzes ein Verstoß gegen dieses auch ohne Verschulden möglich, so tritt die Ersatzpflicht nur im Falle des Verschuldens ein.

Verletzten durch Entrichtung einer Geldrente Ersatz zu gewähren ist. Die §§ 844—846 handeln von den Ersatzansprüchen dritter Personen, denen der Verletzte zur Gewährung des Unterhalts oder zur Leistung von Diensten verpflichtet war. Der § 847 bestimmt, daß bei gewissen unerlaubten Handlungen auch für immateriellen Schaden Ersatz zu leisten ist. Der § 848 handelt von dem Untergang oder der Verschlechterung einer herauszugebenden Sache, der § 849 von der Verzinsung einer herauszugebenden Geldsumme, der § 850 von dem Ersatze der Verwendungen, welche der Ersatzpflichtige auf eine herauszugebende Sache gemacht hat. Der § 851 berücksichtigt den Fall, daß der Ersatzpflichtige in gutem Glauben an eine nicht zum Ersatze berechtigte Person geleistet hat. Der § 852 regelt die Verjährung des Anspruchs auf Ersatz des aus einer unerlaubten Handlung entstandenen Schadens. Der § 853 bestimmt, daß die Einrede gegen eine durch eine unerlaubte Handlung erlangte Forderung nicht der Verjährung unterliegen soll.

§ 823.

E. I § 704; II § 746 Abs. 1, 747 rev. § 808; III § 807. P. I S. 962—990, 2848—2852, 3556, 3560, 11862—11865; M. II S. 724—730. P. II S. 479, 480, 493—501, 519—522, 2708—2727, 2732, 2733, 2765, 2834, 2835, 8494, 8495, 8515—8526, 8702, 8706 (Bd. 2 S. 566—574, 630, 631; Bd. 6 S. 200, 201). D. S. 649. K.B. S. 1985.

1. Bei der Auslegung des § 823 wird mehrfach Veranlassung vorliegen, auf die Entstehungsgeschichte der Vorschriften zurückzugehen. Es erscheint deshalb angezeigt, zunächst eine Uebersicht über den Gang der Verhandlungen zu geben, welche zu der jetzt vorliegenden Fassung des § 823 geführt haben. Der E. I hatte die grundlegenden Bestimmungen über die unerlaubten Handlungen dahin formulirt:

> E. I § 704. „Hat Jemand durch eine aus Vorsatz oder Fahrlässigkeit begangene widerrechtliche Handlung — Thun oder Unterlassen — einem Anderen einen Schaden zugefügt, dessen Entstehung er vorausgesehen hat oder voraussehen mußte, so ist er dem Anderen zum Ersatze des durch die Handlung verursachten Schadens verpflichtet, ohne Unterschied, ob der Umfang des Schadens vorauszusehen war oder nicht.
>
> Hat Jemand aus Vorsatz oder Fahrlässigkeit durch eine widerrechtliche Handlung das Recht eines Anderen verletzt, so ist er den durch die Rechtsverletzung dem Anderen verursachten Schaden diesem zu ersetzen verpflichtet, auch wenn die Entstehung eines Schadens nicht vorauszusehen war. Als Verletzung eines Rechtes im Sinne der vorstehenden Vorschrift ist auch die Verletzung des Lebens, des Körpers, der Gesundheit, der Freiheit und der Ehre anzusehen."

Bei der Aufstellung dieser Rechtssätze ist man nach M. II S. 725 davon ausgegangen, daß der Begriff der unerlaubten Handlung im Gesetz einheitlich gestaltet werden müsse. Als unerlaubte Handlung erscheint nach dem E. I jede aus Vorsatz oder Fahrlässigkeit begangene widerrechtliche Handlung, durch welche einem Anderen Schaden zugefügt wird. Widerrechtlich ist aber, wie die Motive ausführen, vor Allem das Handeln gegen ein absolutes Verbotsgesetz. Widerrechtlich ist ebenso die Verletzung des einem Anderen zustehenden absoluten Rechtes. Der erste Fall soll durch den Abs. 1 gedeckt werden, der zweite Fall ist im Abs. 2 besonders geregelt. Ist gegen ein Verbotsgesetz verstoßen, so soll Jeder, auch der nur mittelbar Geschädigte, Schadensersatz fordern können. Um jedoch die Haftung des Thäters nicht ins Ungemessene zu steigern, ist die Ersatzpflicht davon abhängig gemacht, daß der Thäter die Ersatzpflicht vorausgesehen hat oder voraussehen mußte. Ist das Recht eines Anderen verletzt, so soll der Thäter nur dem direkt Verletzten zum Schadensersatze verpflichtet sein. Es soll hier aber nicht darauf ankommen, ob die Entstehung eines Schadens vorauszusehen war. Die zweite Kommission beschloß zunächst das Prinzip dahin zu fassen:

E. II § 746 Abs. 1. „Wer vorsätzlich oder fahrlässig ein Recht eines Anderen widerrechtlich verletzt oder gegen ein den Schutz eines Anderen bezweckendes Gesetz verstößt, ist dem Anderen zum Ersatze des dadurch entstehenden Schadens verpflichtet. Ist nach dem Inhalte des Gesetzes ein Verstoß gegen dasselbe auch ohne Verschulden möglich, so tritt die Ersatzpflicht nur im Falle des Verschuldens ein."

Hiernach ist der Grundgedanke des E. I festgehalten. Die Haftung des Thäters beim Verstoße gegen ein Schutzgesetz ist aber gegenüber dem E. 1 eingeschränkt insofern, als nicht Jeder, der durch die unerlaubte Handlung geschädigt ist, sondern nur derjenige, zu dessen Schutze das Gesetz bestimmt ist, berechtigt sein soll, Ersatz zu verlangen; sie ist erweitert insofern, als es nicht darauf ankommen soll, ob der Schaden vorauszusehen war. Der Satz 2 ist von der Redaktionskommission mit Rücksicht auf die veränderte Fassung des Prinzips hinzugefügt; sachlich entspricht der darin ausgesprochene Gedanke dem E. I. Der Satz 2 des E. I § 704 Abs. 2 ist gestrichen. Es beruhte dies auf der Erwägung, daß es unnöthig sei, die Verletzung des Lebens, des Körpers und der Gesundheit besonders zu erwähnen, weil sich hinsichtlich dieser Rechtsgüter der nothwendige Schutz schon aus dem Satz 1 ergebe. Das Gleiche gelte von der vorsätzlichen Verletzung der Freiheit oder der Ehre; wegen der fahrlässigen Verletzung der Freiheit oder der Ehre werde man besser spezielle Vorschriften geben. Es sind denn auch besondere Bestimmungen über die fahrlässige Entziehung der Freiheit (E. II § 747) und die fahrlässige Schädigung des Kredits (E. II § 748 jetzt § 824) eingestellt. Die Redaktionskommission hat dann dem Paragraphen in der oben mitgetheilten Fassung noch eine von der Kommission bei der Berathung des Allgemeinen Theiles beschlossene Vorschrift über den Nothstand (E. II § 746 Abs. 2) hinzugefügt. Bei der zweiten Lesung wurde beschlossen, den Eingang des E. II § 746 Abs. 1 dahin zu fassen:

„Wer vorsätzlich oder fahrlässig das Leben, den Körper, die Gesundheit, die Freiheit, das Eigenthum oder ein sonstiges Recht eines Anderen ....

Gleichzeitig wurde der von der Verletzung der Freiheit handelnde E. II § 747, da er durch die erweiterte Fassung des E. II § 746 Abs. 1 entbehrlich geworden war, gestrichen. Zu der Aenderung des E. II § 746 Abs. 1 hat sich die Kommission durch die Erwägung bestimmen lassen, daß bei dem Schweigen des Gesetzes Zweifel entstehen könnten, ob die Verletzung des Lebens und der anderen besonders aufgeführten Rechtsgüter als unerlaubte Handlung anzusehen sei. Ein Antrag, im E. II § 746 auch die Ehre zu erwähnen, war nicht gestellt. Insoweit ist es bei dem früheren Beschlusse verblieben. Der vom Nothstande handelnde E. II § 746 Abs. 2 wurde gestrichen und dafür ein neuer § 818a (der jetzige § 904) eingestellt. Die Redaktionskommission hat dann der Vorschrift die jetzt vorliegende Fassung gegeben. In der R.T.K. wurde schließlich noch ein Antrag gestellt, welcher eine Schadensersatzpflicht auch für unverschuldete Verletzungen einführen sowie Verletzungen der Arbeitskraft, der Ehre und der Sittlichkeit den Körper- und Eigenthumsverletzungen gleichstellen wollte. Der Antrag ist aber abgelehnt.

Der § 823 beruht hiernach sachlich auf den Beschlüssen der ersten und zweiten Kommission, die Fassung auf den Beschlüssen der zweiten Kommission.

2. Abs. 1. Eine unerlaubte Handlung liegt vor, wenn Jemand vorsätzlich oder fahrlässig das Leben, den Körper, die Gesundheit, die Freiheit, das Eigenthum oder ein sonstiges Recht eines Anderen widerrechtlich verletzt.

a) Die **Rechtsgüter**, deren widerrechtliche Verletzung eine Ersatzpflicht begründet, werden vom Gesetze so bestimmt, daß genannt werden das Leben, der Körper, die Gesundheit, die Freiheit auf der einen Seite, das Eigenthum oder ein sonstiges Recht auf der anderen Seite. Der Kreis der ersterwähnten Rechtsgüter, welche nicht Rechte im eigentlichen Sinne sind, erscheint als ein festgeschlossener. Eine Erstreckung auf andere ähnliche Rechtsgüter, wie z. B. die Ehre, ist nicht für zulässig zu erachten. (Ebenso **Cosack**, Lehrbuch, § 163 I 1; **Oertmann**, Kom., § 823 Anm. 1, **Enneccerus-Lehmann**, B.R. I § 359.) Von mehreren Seiten wird eine andere Auslegung vertreten. Hiernach sollen die Worte „oder ein sonstiges Recht" nicht nur „auf das Eigenthum", sondern auf alle vorhergehenden Worte zu beziehen sein. Man hätte also das Leben, den Körper, die Gesundheit und die Freiheit ebenso wie das Eigenthum als Rechte anzusehen und die Vorschrift würde, da die einzelnen angeführten Rechte nur als Beispiele erscheinen, auch Anwendung finden, wenn ein anderes ähnliches Recht verletzt wird; so **Hachenburg**, Vorträge, S. 154, **Linckelmann**, Schadensersatzpflicht, S. 18, v. **Liszt**, Del. Oblig., S. 22, **Kuhlenbeck**, B. d. Pand. z. B.G.B. II S. 153, **Endemann**, Einf., § 200 z. 2; Endemann und Kuhlenbeck wollen insbesondere die Ehre zu den Rechten im Sinne des Abs. 1 rechnen, während Linckelmann und Liszt dies mit Rücksicht auf die spezielle Vorschrift des § 824 und die Entstehungsgeschichte des Gesetzes nicht für zulässig erachten. Die vorstehend angegebene

Auslegung des Abs. 1 kann indessen nicht als richtig anerkannt werden; (vergl. Bd. I S. 51, Vorbm. Nr. 4). Zunächst entspricht es nicht dem Sprachgebrauche, das Leben oder den Körper als ein Recht zu bezeichnen und man wird schon deshalb im Zweifel nicht annehmen können, daß das Gesetz die Worte in diesem Sinne gebraucht hat. Weiter kann nach der Entstehungsgeschichte der Vorschrift (s. oben unter Nr. 1) darüber kein Zweifel obwalten, daß sowohl die zweite Kommission als auch die R.T.K. die Erstreckung der Vorschrift des Abs. 1 auf andere als die dort angeführten Rechtsgüter haben ausschließen wollen. Endlich ist auch noch darauf hinzuweisen, daß die Vorschriften des § 824 über die Gefährdung des Kredits gänzlich überflüssig sein würden, wenn sich der Schutz der Ehre und insbesondere der Geschäftsehre gegen fahrlässige Verletzung schon aus § 823 ergäbe; sie sind gerade deswegen in das Gesetz eingestellt, weil die Ehre nicht unter den § 823 Abs. 1 fällt. Im Einzelnen ist folgendes hervorzuheben:

Eine Verletzung des **Lebens** liegt vor, wenn ein Mensch getödtet wird; es gehören hierher die Fälle des Mordes, des Todtschlags, der Tödtung mit Einwilligung des Verletzten, der Tödtung im Duell, der fahrlässigen Tödtung, der Körperverletzung mit tödtlichem Ausgange. Voraussetzung ist, daß ein lebender Mensch vorhanden war. Die Leibesfrucht ist insofern dem lebenden Menschen nicht gleichgestellt. Man muß vielmehr annehmen, daß das Leben eines Anderen nur verletzt werden kann, wenn dieser Andere die Rechtsfähigkeit erlangt hatte; die Rechtsfähigkeit beginnt aber nach § 1 mit der Vollendung der Geburt (vergl. v. Liszt, Lehrb d. Strafr., § 80; Olshausen, Kom. z. St.G.B., Erl. zu § 211).

Eine Verletzung des **Körpers** liegt vor, wenn ein Theil des menschlichen Körpers zerstört wird. (Vergl. wegen der verschiedenen Ansichten, welche im Strafrecht über den Begriff der Körperverletzung aufgestellt sind, v. Liszt, Lehrb. d. Strafr., § 86 und Olshausen, Kom. z. St.G.B., Erl. zu § 223). Auf welche Weise die Körperverletzung herbeigeführt wird, ist gleichgültig. Ebenso kommt nichts darauf an, ob die Verletzung erheblich oder geringfügig ist; Ersatz kann aber selbstverständlich nur verlangt werden, wenn durch die Verletzung ein Schaden herbeigeführt ist.

Eine Verletzung der **Gesundheit** liegt vor, wenn die inneren Funktionen des Körpers zum Nachtheile des Verletzten gestört werden (vergl. v. Liszt, Lehrb. d. Strafr. § 86 und Olshausen, Kom. z. St.G.B., Erl. zu § 223). Ob die Verletzung der Gesundheit durch physische oder ob sie durch psychische Einwirkung herbeigeführt wird, ist gleichgültig (Oertmann, Kom. § 823 Anm. 2).

Eine Verletzung der **Freiheit** liegt zunächst dann vor, wenn Jemand eingesperrt oder auf andere Weise des Gebrauchs der persönlichen Freiheit beraubt wird. In welchen anderen Fällen eine Verletzung der Freiheit anzunehmen ist, kann zweifelhaft sein. Man wird zunächst anzunehmen haben, daß das Gesetz den Ausdruck „Freiheit" jedenfalls in demselben Umfange hat gebrauchen wollen, wie er im Strafgesetzbuche verwendet ist. Dieses giebt im achtzehnten Abschnitte, welcher die Ueberschrift trägt „Verbrechen und Vergehen gegen die persönliche Freiheit" Vorschriften über den Menschenraub (§§ 234, 235), die Entführung (§§ 236—238), die Freiheitsentziehung (§ 239), die Nöthigung (§ 240) und die Bedrohung (§ 241). Indessen ist diese Aufzählung nicht erschöpfend. Eine Verletzung der Freiheit wird vielmehr auch dann geahndet, wenn sie in Verbindung mit einem anderen Verbrechen vorkommt, so z. B. bei den unter Anwendung von Gewalt verübten Sittlichkeitsverbrechen (vergl. v. Liszt, Lehrb. d. Strafr. § 97, Olshausen, Kom. z. St.G.B., Vorbm. z. 18. Abschn.). Auch beim § 823 wird eine Verletzung der Freiheit eines Anderen nicht nur dann anzunehmen sein, wenn Freiheitsentziehung, Menschenraub, Entführung, Nöthigung oder Bedrohung vorliegt, sondern überall, wenn die freie Bethätigung des Willens gestört wird (ebenso Oertmann, Kom., Erl. zu § 823 Nr. 2, v. Liszt, Del. Oblig. S. 24, der aber die Bedrohung als nicht gegen die Freiheit gerichtet ausschließen will). Die Anführung der Freiheit im Abs. 1 hat übrigens praktische Bedeutung hauptsächlich um deswillen, weil danach auch die fahrlässige Freiheitsentziehung eine Ersatzpflicht begründet. Eine anderweite fahrlässige Verletzung der Freiheit, wie z. B. fahrlässige Nöthigung, kommt wohl nur selten vor, und bei vorsätzlicher Verletzung der Freiheit wird sich in den meisten Fällen ein Ersatzanspruch auf Grund des § 823 Abs. 2 herleiten lassen.

Die Verletzung der **Ehre** fällt, wie bemerkt, nicht unter Abs. 1. Die Ehre wird aber nach Abs. 2 insofern geschützt, als in ihrer Verletzung die Verletzung eines den Schutz eines Anderen bezweckenden Gesetzes liegt. Dies ist der Fall, soweit die Verletzung der Ehre gegen die strafrechtlichen Bestimmungen über Beleidigung und Verleumdung verstößt. Besondere Bestimmungen zum Schutze der geschäftlichen Ehre enthält ferner der § 824, Bestimmungen zum Schutze der weiblichen Geschlechtsehre der § 825. Eine fahrlässige Verletzung der Ehre begründet, abgesehen von den Fällen des § 824, keinen Ersatzanspruch.

Eine Verletzung des religiösen Gefühls fällt nicht unter Abs. 1. Auch ein Anspruch auf Grund des Abs. 2 ist hier ausgeschlossen, da nur ein immaterieller Schaden in Frage kommt, für welchen nach § 253 kein Ersatz gefordert werden kann. Das Gleiche gilt von der Verletzung der Sittlichkeit. Jedoch kann eine Frauensperson, gegen die ein Verbrechen oder ein Vergehen gegen die Sittlichkeit begangen ist, oder die durch Hinterlist, durch Drohung oder unter Mißbrauch eines Abhängigkeitsverhältnisses zur Gestattung der außerehelichen Beiwohnung bestimmt ist, nach § 847 Abs. 2 auch wegen des immateriellen Schadens eine billige Entschädigung in Geld verlangen. Möglicherweise wird auch, wenn wegen Verletzung des Körpers oder der Gesundheit nach § 847 Abs. 1 Ersatz des immateriellen Schadens gefordert wird, die Verletzung der sittlichen Empfindungen zu berücksichtigen sein.

Eine Verletzung des Eigenthums liegt vor, wenn der Eigenthümer in seinem Rechte beeinträchtigt wird, insbesondere die den Gegenstand des Eigenthums bildende Sache zerstört oder beschädigt oder wenn sie dem Eigenthümer dauernd oder zeitweilig entzogen wird.

Als sonstiges Recht ist jedes durch Reichsrecht oder Landesrecht anerkannte Privatrecht anzusehen. Eine Definition des Begriffs „Recht" ist im Gesetze nicht gegeben. Die Frage, ob ein Recht vorliegt, wird danach aus allgemeinen Gesichtspunkten zu entscheiden sein (vergl. Windscheid I § 37, Dernburg I § 39, Regelsberger, Pand., § 14). Festzuhalten ist dabei, daß vom Standpunkte des Gesetzes (s. o.) die bloßen Rechtsgüter, wie Leben, Gesundheit, Freiheit und Ehre keine eigentlichen Rechte sind. Neben dem Eigenthume kommen namentlich in Betracht die dinglichen Rechte an fremden Sachen, das Namenrecht (§ 12) und das Firmenrecht (H.G.B. § 37). Es würden weiter hierher gehören die Urheber- und Erfinderrechte, die Rechte an Gebrauchsmustern und Waarenzeichen. Die Rechtsfolgen, welche sich an eine Verletzung dieser Rechte knüpfen, sind aber durch reichsrechtliche Spezialvorschriften (s. Vorbm. V 2) geregelt.

Ob eine Verletzung des Besitzes einen Anspruch nach Abs. 1 begründet, kann zweifelhaft sein. Die M. III S. 110 führen aus: Das Gewaltverbot des § 814 (des jetzigen § 858) begründe für den Inhaber eine absolut geschützte Rechtsstellung; mehr sei nicht zu verlangen, um eine Rechtsverletzung im Sinne des § 704 Abs. 2 (des jetzigen § 823 Abs. 1) anzunehmen. Die zweite Kommission hat aber einen Antrag, den Besitz in dem (jetzigen) § 823 aufzuführen, abgelehnt, weil der Besitz durch das Verbotsgesetz des (jetzigen) § 858 genügend geschützt werde und der Anschein zu vermeiden sei, als habe das Gesetz die wissenschaftliche Frage nach dem Wesen des Besitzes entscheiden wollen. In Bd. III S. 30 Vorbm. Nr. 3 ist ausgeführt, daß vom Standpunkte des B.G.B. die Auffassung des Besitzes als eines subjektiven Rechtes abzulehnen sei. Hiernach fällt eine Verletzung des Besitzes nicht unter den § 823 Abs. 1. In der Literatur wird dagegen von verschiedenen Seiten die Ansicht vertreten, daß der Besitz doch jedenfalls eine Rechtsposition darstelle und daß dies genüge, um den § 823 Abs. 1 zur Anwendung zu bringen; so v. Liszt, Del. Oblig., S. 21, Oertmann, Kom., § 823 Anm. 3d, Enneccerus-Lehmann, B.R. § 359 I. Die Frage dürfte im Wesentlichen nur theoretische Bedeutung haben, da, auch wenn man den Besitz nicht als Recht ansieht, eine schuldhafte Verletzung des Besitzes doch nach § 823 Abs. 2 in Verbindung mit § 858 eine Ersatzpflicht begründet.

Die Verletzung eines obligatorischen Rechtes fällt regelmäßig nicht unter den § 823 Abs. 1 (vergl. über diese Frage Oertmann, Berliner Festg. f. Dernburg S. 61—90). Daß der Anspruch des Gläubigers dem Schuldner gegenüber, wenn dieser gegen die ihm nach dem Schuldverhältniß obliegenden Verpflichtungen verstößt, nicht nach den Grundsätzen über unerlaubte Handlungen zu beurtheilen ist, sondern daß die allgemeinen für Schuldverhältnisse maßgebenden Vorschriften und daneben die etwaigen besonderen für das betreffende Schuldverhältniß gegebenen Vorschriften Platz greifen, ist bereits in den Vorbm. unter II ausgeführt. Von einem Dritten kann aber das obligatorische Recht des Gläubigers regelmäßig nicht verletzt werden. Denn dieses Recht besteht nur dem Schuldner gegenüber. Der Gläubiger, welcher durch die Handlungen des Dritten geschädigt wird, kann also keinen Ersatzanspruch auf Grund des § 823 Abs. 1 geltend machen. Doch ist möglicherweise in solchem Falle für den Gläubiger ein Anspruch aus einem anderen Gesichtspunkte begründet. Hat z. B. der Dritte die Sache, welche den Gegenstand der Leistung des Schuldners bildet, zerstört oder beschädigt und dadurch die Leistung des Schuldners unmöglich gemacht, so kann der Gläubiger nach § 281, wenn der Schuldner einen Ersatz oder einen Ersatzanspruch erlangt hat, Herausgabe des als Ersatz Erlangten oder die Abtretung des Ersatzanspruchs verlangen. In manchen Fällen wird auch die Anwendung des § 823 Abs. 2 in Frage kommen, so steht z. B. dem Pächter oder dem Entleiher wegen schuldhaften Verstoßes gegen § 858 ein Ersatzanspruch zu, wenn er sich im Besitze der Sache befunden hat und die Sache zerstört ist. Endlich kann der Gläubiger von dem Dritten nach § 826 Ersatz verlangen, wenn dieser ihn vorsätzlich in einer gegen die guten Sitten verstoßenden Weise geschädigt hat. Eine Ausnahme von dem Grundsatze, daß die Verletzung eines obligatorischen Rechtes durch einen Dritten nicht möglich ist, dürfte für diejenigen Fälle zu machen sein, in welchen nach besonderen Vorschriften ein Dritter unmittelbar auf den Bestand des obligatorischen Rechtes einzuwirken im Stande ist. In Betracht kommen hier insbesondere die Vorschriften, nach welchen im Falle der Abtretung einer Forderung die von dem Schuldner an den bisherigen Gläubiger erfolgte Zahlung sowie jedes zwischen dem Schuldner und dem bisherigen Gläubiger vorgenommene Rechtsgeschäft dem wirklichen Gläubiger gegenüber wirksam ist § 407). Der bisherige Gläubiger ist in einem Falle dieser Art durch die Annahme der Zahlung bezw. durch die Vornahme des Rechtsgeschäfts unmittelbar auf die Forderung einzuwirken im Stande; eine solche unmittelbare Einwirkung wird aber als Verletzung des Forderungsrechts im Sinne des § 823 Abs. 1 anzusehen sein und daher, wenn sie aus Vorsatz oder aus Fahrlässigkeit erfolgt, eine Verpflichtung zum Schadensersatze begründen. Von dem oben erwähnten Falle, in welchem ein Dritter die von einem Anderen geschuldete Sache widerrechtlich zerstört, unterscheidet sich der hier gedachte Fall dadurch, daß in jenem der Untergang des Forderungsrechts des Gläubigers nicht unmittelbar die Folge der Zerstörung der Sache durch den Dritten ist, vielmehr nur mittelbar in Folge der durch die Zerstörung herbeigeführten Unmöglichkeit der Erfüllung eintritt, während in dem hier fraglichen Falle die Handlung des Dritten unmittelbar das Forderungsrecht betrifft Aehnlich liegt das Verhältniß, wenn die durch eine Schuldverschreibung auf den Inhaber begründete Forderung oder eine Forderung, für welche ein Legitimationspapier ausgestellt ist, dadurch aufgehoben wird, daß ein nichtberechtigter Besitzer der Schuldverschreibung oder des Legitimationspapieres den Betrag von dem Schuldner erhält. Dafür, daß ein obligatorisches Recht zu den sonstigen Rechten im Sinne des Abs. 1 zu zählen ist, haben sich ausgesprochen Cosack, Lehrb., § 163 I a, Kuhlenbeck, Kom. § 823 Anm. 1, v. Liszt, Del. Oblig., Meißner Kom. § 823 Nr. 3, Kipp in seiner Ausgabe der Windscheid'schen Pandekten, Bd. II S. 887, dafür daß das obligatorische Recht nicht zu den sonstigen Rechten gehört, Jung, Delikt, S. 30, Linckelmann, Schadensersatzpflicht, S. 21, Schollmeyer, Recht der einzelnen Schuldverhältnisse, S. 110, Oertmann, Kom. § 823 Anm. 3 b und in der oben zitirten Schrift, Neumann, Handausgabe § 823 Anm. 3 V 2; mit der Einschränkung wie hier, Enneccerus-Lehmann, B.R. § 359 I und Endemann, Einf., § 200 Anm. 7.

Das Vermögen ist kein Recht im Sinne des Abs. 1. Ein Ersatzanspruch kann demnach nicht auf die Beschädigung des Vermögens, sondern nur auf die Verletzung eines einzelnen zu einem Vermögen gehörenden Rechtes oder mehrerer solcher Rechte gestützt werden.

b) Die Verletzung muß widerrechtlich erfolgt sein. Ein Eingriff in eine fremde Rechtssphäre erscheint als widerrechtlich, wenn nicht ein besonderes Verhältniß vorliegt, durch welches der Eingriff gerechtfertigt wird. Ausgeschlossen ist die Widerrechtlichkeit insbesondere dann, wenn der Thäter in Selbstvertheidigung oder in Ausübung erlaubter Selbsthülfe gehandelt hat (§§ 227—230); wegen des Nothstandes s. Bd. I S. 283 Erl. 6 zu § 228. Nicht widerrechtlich ist ferner eine Handlung dann, wenn sie kraft einer dem Handelnden rechtlich zustehenden Befugniß, z. B. in Ausübung der elterlichen Erziehungsgewalt oder der öffentlichen Strafgewalt, vorgenommen wird. Die Einwilligung des Verletzten schließt ebenfalls die Widerrechtlichkeit aus (vergl. zu den folgenden Linckelmann, SchadensErs.Pfl. S. 77—82, H. Meyer, Lehrb. d. St.R., § 38, v. Liszt, Lehrb. d. St.R., § 34 IV, und Olshausen, Kom. z. St.G.B., Vorbm. z. Theil 1 Abschn. 4 Nr. 10 sowie besonders Erl. 9 zu § 223 und die dort angegebene Literatur und Entscheidungen). Doch gilt dies nicht ausnahmslos. Es giebt vielmehr Fälle, in denen trotz der Einwilligung des Anderen ein Eingriff in dessen Rechtssphäre unstatthaft erscheint. Mit Rücksicht auf diese letzteren Fälle hat die zweite Kommission die Bestimmung des E. I § 706, nach welcher dem Beschädigten ein Anspruch auf Schadensersatz nicht zustehen sollte, wenn er in die schädigende Handlung eingewilligt hat, gestrichen. Es wird also für jeden einzelnen Fall zu prüfen sein, ob der Beschädigte über das Rechtsgut oder Recht, um dessen Verletzung es sich handelt, in der Art zu verfügen berechtigt ist, daß die betreffende Handlung durch seine Einwilligung den Charakter der Widerrechtlichkeit verliert. Für einzelne Fälle ergiebt sich das Gegentheil unzweifelhaft aus dem Gesetze selbst, so z. B. für den Fall des § 825. Soweit die Entscheidung nicht aus der betreffenden gesetzlichen Vorschrift unmittelbar zu entnehmen ist, wird der für Rechtsgeschäfte in dem § 138 ausgesprochene Grundsatz maßgebend sein müssen, daß die Einwilligung unwirksam ist, wenn sie gegen die guten Sitten verstößt. Hiernach dürfte z. B. die Einwilligung zur Verletzung des Lebens oder der Gesundheit zwar regelmäßig aber doch nicht unter allen Umständen als unwirksam zu betrachten sein. Der Umstand, daß die betreffende Handlung trotz der Einwilligung strafbar bleibt, wie z. B. die Tödtung im Falle der Einwilligung nach St.G.B. § 216, ist für sich allein nicht entscheidend. Zweifelhaft ist, ob die Einwilligung als ein Rechtsgeschäft oder als eine Rechtshandlung anzusehen ist, auf welche die Vorschriften über Rechtsgeschäfte entsprechend anzuwenden sind, oder ob sie einen ähnlichen Charakter hat wie etwa die Verzeihung in den Fällen der §§ 1570, 2337, 2343 (s. Bd. IV S. 323 Erl. zu § 1570). Die Motive zum E. I sehen die Einwilligung als ein einseitiges

Rechtsgeschäft an (M. II S. 730). Bei den Verhandlungen der zweiten Kommission wurde diese Auffassung als unzutreffend bezeichnet. Die Einwilligung könne ganz verschieden zu charakterisiren sein. Daß Schwierigkeiten in dieser Richtung entstehen können, sei nicht zu leugnen, durch einen so allgemeinen Satz aber, wie ihn der § 706 (E. I) aufstelle, nicht zu ändern (P. II S. 2733 Bd. 2 S. 578, 579). Die Auffassung der Motive dürfte, sofern sich nicht für einzelne Delikte aus deren Thatbestand ein Anderes ergiebt, den Vorzug verdienen. Der allgemeine Grund, aus welchem durch die Einwilligung die Verpflichtung zum Schadensersatz ausgeschlossen wird, besteht darin, daß die betreffende Handlung durch die Einwilligung den Charakter der Widerrechtlichkeit verliert. Dieser Erfolg kann aber nur in Folge der rechtsgeschäftlichen Willenserklärung eintreten. Für die Fälle, in welchen es sich um die Verletzung eines Vermögensrechts handelt, dürfte dies unzweifelhaft sein. Es wäre widersinnig, dem Geschäftsunfähigen, welcher über eine ihm gehörende Sache nicht verfügen kann, diese Verfügung mittelbar dadurch zu ermöglichen, daß er die Einwilligung zu der Zerstörung der Sache durch einen Anderen wirksam ertheilen könnte. Das Gleiche gilt von der Einwilligung einer in der Geschäftsfähigkeit beschränkten Person ohne Zustimmung ihres gesetzlichen Vertreters. Auch die Störung oder die Entziehung des Besitzes verliert nur dadurch den Charakter der verbotenen Eigenmacht, daß sie mit Einwilligung des Besitzers erfolgt, und auch diese Einwilligung ist, wenn nicht als ein Rechtsgeschäft, doch als eine Rechtshandlung anzusehen, auf welche die Vorschriften über Rechtsgeschäfte entsprechend Anwendung finden (s. Bd. III S. 42 Erl. 1a zu § 858). Derselbe Gesichtspunkt dürfte aber auch für die Fälle, in welchen es sich um die Verletzung eines Rechtsguts der im § 823 Abs. 1 gedachten Art oder um den Verstoß gegen ein Gesetz (§ 823 Abs. 2) handelt, dahin führen, die Wirksamkeit der Einwilligung von den Erfordernissen einer rechtsgeschäftlichen Willenserklärung abhängig zu machen. In den oben erwähnten Fällen, in welchen eine rechtliche Wirkung an die Verzeihung geknüpft wird, liegt das Verhältniß anders. In ihnen handelt es sich um sittliche Verhältnisse und deshalb kommt es bei ihnen nicht auf einen rechtsgeschäftlichen, sondern auf einen sittlichen Akt an. In dem hier fraglichen Falle handelt es sich aber um die Widerrechtlichkeit und deren Ausschluß. Nur die einseitige rechtsgeschäftliche Willenserklärung wird zu erfordern sein, nicht ein Vertrag. Dies entspricht dem von dem B.G.B. für die Aufhebung von Rechten an Sachen befolgten Grundsatze (§§ 875, 876, 1064, 1255). Die Einwilligung des Verletzten kann übrigens, wenn sie nicht den Erfordernissen eines Rechtsgeschäfts entspricht, dadurch von Bedeutung werden, daß sie einen Irrthum des Thäters herbeiführt, welcher geeignet ist, sein Verschulden auszuschließen. Sie kann ferner von dem Gesichtspunkt aus in Betracht kommen, daß sie als ein mitwirkendes Verschulden im Sinne des § 254 aufzufassen ist. In beiden Fällen kann auch die Einwilligung einer geschäftsunfähigen oder in der Geschäftsfähigkeit beschränkten Person berücksichtigt werden. In den Fällen der letzteren Art bleibt dem richterlichen Ermessen die Entscheidung überlassen, ob dadurch die Verpflichtung zum Schadensersatz aufgehoben oder gemindert wird. Das hieraus sich ergebende Resultat dürfte praktisch durchaus befriedigend sein. Rechtlich vollständig beseitigt wird die Verpflichtung zum Schadensersatze durch die Einwilligung nur, wenn sie den Erfordernissen des Rechtsgeschäfts entspricht oder wenn in Folge der Einwilligung das Verschulden als ausgeschlossen anzusehen ist; aber auch wenn dies nicht der Fall ist, bleibt dem richterlichen Ermessen auf Grund des § 254 ein so weiter Spielraum, daß danach allen Anforderungen der Billigkeit genügt werden kann.

c) Die Verletzung muß vorsätzlich oder fahrlässig herbeigeführt sein. Vorsatz liegt vor, wenn der Wille des Thäters auf die Verletzung des fremden Rechtes oder Rechtsguts gegerichtet war, Fahrlässigkeit, wenn er die im Verkehr erforderliche Vorsicht außer Acht gelassen hat (s. § 276 und Bd. I S. 37 Vorbm. III). Vergl. R.G. Bd. 12 S. 191, Seuff. Arch. Bd. 52 Nr. 19 und Bd. 53 Nr. 227. Ein Verschulden ist ausgeschlossen, wenn der Thäter die beschädigende Handlung aus entschuldbarem Irrthume für erlaubt gehalten hat; der E. I sprach dies im § 707 besonders aus, die zweite Kommission hat den Satz für selbstverständlich erachtet und ihn deshalb gestrichen. Entschuldbar ist der Irrthum, wenn er bei Beobachtung der im Verkehr erforderlichen Sorgfalt möglich war. Es macht im Uebrigen keinen Unterschied, ob ein Irrthum über Thatsachen oder ein Rechtsirrthum vorgelegen hat. Nicht in Betracht kommt aber ein Irrthum über die gesetzliche Vorschrift des § 823. Die Vorschrift des § 231, nach welcher ein Irrthum in dem dort bezeichneten Falle die Schadensersatzpflicht ausschließt, wird nicht als eine eigentliche Ausnahme von dem obigen Grundsatz aufzufassen sein, indem es sich im Falle des § 231 nicht um eine Schadensersatzverpflichtung in Folge unerlaubter Handlung, sondern um eine selbständige gesetzliche Schadensersatzverpflichtung handelt. Ein Verschulden ist ferner ausgeschlossen, wenn der Thäter auf Grund eines für ihn verbindlichen Befehls gehandelt hat (M. II S. 730); selbstverständlich bleibt die Verantwortlichkeit dessen, der den Befehl ertheilt hat, unberührt.

Das schuldhafte Verhalten kann sowohl in einem Thun als auch in einem Unterlassen bestehen.

2. Abs. 2. Eine unerlaubte Handlung liegt weiter vor, wenn Jemand gegen ein den Schutz eines Anderen bezweckendes Gesetz verstößt.

a) Das Verhältniß des Abs. 2 zu dem Abs. 1 ist so zu denken, daß die beiden Vorschriften sich ergänzen. Der Rechtskreis des einzelnen Menschen, welcher gegen widerrechtliche Eingriffe geschützt werden soll, bestimmt sich nach der dem Gesetze zu Grunde liegenden Auffassung (P. II S. 2711, Bd. 2 S. 567) einerseits durch die in seiner Person begründeten Rechte und andererseits durch die zu seinem Schutze erlassenen Gesetze. Es soll deshalb nicht nur eine Verletzung der im Abs. 1 bezeichneten Rechte und Rechtsgüter, sondern auch die Verletzung eines Schutzgesetzes zum Schadensersatze verpflichten. Nun wird allerdings in den meisten Fällen, wenn ein Anspruch nach Abs. 1 begründet ist, ein solcher auch aus Abs. 2 herzuleiten sein, so z. B. bei der Tödtung, bei der Körperverletzung und beim Diebstahl. Es gewinnt daher den Anschein, als ob beide Bestimmungen auf dasselbe hinausliefen. Indessen zeigt sich bei näherer Prüfung, daß dies nicht zutrifft. Der Abs. 2 geht über den Abs. 1 hinaus einmal in der Richtung, daß er noch andere Rechtsgüter und Interessen schützt als die in Abs. 1 bezeichneten, und sodann in der Richtung, daß er in gewisser Weise die Haftung nach der subjektiven Seite erweitert. Was das Erstere anlangt, so ist darauf hinzuweisen, daß nach Abs. 1 ein Ersatzanspruch nur begründet ist, wenn es sich um die Verletzung eines subjektiven Rechtes oder eines der im Abs. 1 besonders bezeichneten Rechtsgüter handelt. Nun erkennt aber das Recht noch eine Reihe von anderen Interessen als schutzbedürftig an. Auf dem Gebiete des Privatrechts wird diesen Interessen der erforderliche Schutz durch den Abs. 2 gewährt. Der Abs. 2 greift insbesondere Platz bei einer Verletzung der Ehre, wenn gegen die Bestimmungen des St.G.B. §§ 185 ff. verstoßen ist, ebenso bei einer widerrechtlichen Störung oder Entziehung des Besitzes nach B.G.B. § 858 sowie ferner bei einer Schädigung des Vermögens durch Betrug oder durch Erpressung. In allen diesen Fällen würde nach Abs. 1 ein Anspruch auf Schadensersatz nicht begründet sein. Was die Haftung nach der subjektiven Seite anlangt, so wird nach Abs. 1 die schuldhafte Verletzung eines fremden Rechtes oder Rechtsguts erfordert, nach Abs. 2 dagegen nur ein schuldhafter Verstoß gegen ein Gesetz. Der Thäter hätte also im Falle des Abs. 1 bei ordnungsmäßiger Sorgfalt voraussehen müssen, daß eine Rechtsverletzung eintreten könne, wennschon es nicht wesentlich ist, daß er die Person des Verletzten oder den Umfang des Schadens vorausgesehen hat oder voraussehen mußte, während es im Falle des Abs. 2 nicht darauf ankommt, ob er bestimmte Folgen seines Verhaltens voraussehen mußte oder nicht, sondern nur darauf, ob er in schuldhafter Weise das Gesetz übertreten hat; so v. Liszt, Del. Oblig., S. 35, Oertmann, Kom., § 823 Anm. 4. Wichtiger ist aber ein anderer Punkt. Der Einzelne hat bei seinem Verhalten auf Andere soweit Rücksicht zu nehmen, als es die im Verkehr erforderliche Sorgfalt und die gesetzlichen Bestimmungen gebieten. Wie weit die im Verkehr erforderliche Sorgfalt reicht, wird vielfach zweifelhaft sein, namentlich da, wo sich eine feste Sitte noch nicht gebildet hat. Häufig wird auch das, was im Verkehr üblich ist, hinter dem zurückbleiben, was im Interesse der Verkehrssicherheit für wünschenswerth erachtet werden muß. Im Hinblicke hierauf sind zahlreiche gesetzliche und namentlich auch polizeiliche Bestimmungen erlassen, welche zum Schutze des Publikums bestimmte Maßnahmen gebieten oder verbieten, z. B. vorschreiben, daß bei Glatteis Asche zu streuen ist oder daß Treppen zu erleuchten sind, oder das übermäßig schnelle Fahren in Städten oder Dörfern mit Strafe bedrohen. Indem der Abs. 2 einen Verstoß gegen Vorschriften dieser Art als unerlaubte Handlung charakterisirt, verschärft er die Haftung und erleichtert den Verletzten die Geltendmachung von Ersatzansprüchen. Es würde sich zwar bei einigen der in Betracht kommenden Fälle ein Anspruch auch nach Abs. 1 begründen lassen, so wird man z. B. sagen können, daß, wer in Städten oder Dörfern übermäßig schnell fährt, die im Verkehr erforderliche Sorgfalt außer Acht läßt und daß er demzufolge, wenn in Folge des raschen Fahrens ein Mensch verletzt oder eine Sache beschädigt wird, nach Abs. 1 haftet. In anderen Fällen ist es aber mindestens zweifelhaft, ob sich ein Anspruch aus Abs. 1 herleiten läßt und jedenfalls ist der Beweis schwieriger, als wenn der Verletzte zur Begründung seines Ersatzanspruchs nur einen Verstoß gegen ein bestimmtes Gesetz nachzuweisen hat. Wenn hiernach der Abs. 2 nicht als überflüssig gegenüber dem Abs. 1 angesehen werden kann, so wird auch umgekehrt der Abs. 1 nicht durch den Abs. 2 gedeckt; er gewährt vielmehr in anderer Hinsicht einen viel weiter gehenden Schutz als der Abs. 2. Nach Abs. 1 ist bei jeder vorsätzlich oder fahrlässig herbeigeführten widerrechtlichen Verletzung eines Rechtes oder eines der besonders angeführten Rechtsgüter ein Ersatzanspruch begründet. Nach Abs. 2 kann dagegen Schadensersatz nur gefordert werden, wenn ein bestimmtes Gesetz verletzt ist, und es sind keineswegs für alle möglichen Fälle Schutzgesetze erlassen. Beispielsweise sind die fahrlässige Verletzung der Freiheit und ebenso die fahrlässige Sachbeschädigung nicht allgemein mit Strafe bedroht. In Fällen der letzteren Art versagt der Abs. 2; nach Abs. 1 kann dagegen ein Ersatzanspruch geltend gemacht werden. Es zeigt sich also, daß die Vorschriften des Abs. 1 und 2 sich gegenseitig ergänzen und daß vom Standpunkte des Gesetzes beide Vorschriften nothwendig sind, um einen vollständigen und ausgiebigen Schutz gegen widerrechtliche Eingriffe in eine fremde Rechtssphäre zu erreichen. Wenn von Einzelnen behauptet wird, daß das Verhältniß des Abs. 1 und des Abs. 2 dunkel und der ganze Paragraph unklar gedacht sei, so muß dies als unzutreffend zurückgewiesen werden. Mit der hier vertretenen Auffassung stimmt in der Hauptsache überein Oertmann, Kom. § 823 Anm. 4.

b) Ob ein Gesetz den Schutz eines Anderen bezweckt, ist auf Grund des einzelnen Gesetzes selbst zu entscheiden; eine allgemeine Regel läßt sich nicht aufstellen. Bei einer Reihe von Gesetzen kann es keinem Zweifel unterliegen, daß sie dazu bestimmt sind, den Eingriff in eine fremde Rechtssphäre oder die Verletzung einer Person hintanzuhalten; dahin gehören z. B. die Bestimmungen des St.G.B. über das unbefugte Eröffnen eines verschlossenen Briefes (§ 299) oder das unbefugte Offenbaren von Privatgeheimnissen (§ 300) und überhaupt alle Bestimmungen des St.G.B., welche sich gegen die Verletzung der Rechte oder der Rechtsgüter eines Anderen richten. Daß bei solchen Gesetzen auch andere öffentlich-rechtliche Gesichtspunkte in Betracht kommen, schließt ihren Charakter als Schutzgesetze nicht aus. Bei anderen Gesetzen ist es umgekehrt nicht zweifelhaft, daß sie nicht den Schutz einzelner Personen, sondern die Aufrechterhaltung der staatlichen Ordnung sichern wollen, so z. B. die Bestimmungen des St.G.B. über den Hochverrath und Landesverrath und über den Widerstand gegen die Staatsgewalt. In der Mitte stehen die zahlreichen gesetzlichen Bestimmungen, welche im Interesse der Verkehrssicherheit und des öffentlichen Wohles Handlungen gebieten oder verbieten. Zu nennen sind hier z. B. die mannigfaltigen Vorschriften des St.G.B. und polizeilichen Verordnungen, welche die Entstehung von Feuer oder die Verbreitung von Seuchen verhüten sollen. Derartige Gesetze werden im allgemeinen Interesse erlassen, haben aber die Bedeutung, auch jeden einzelnen Betheiligten zu schützen. Bei den Berathungen der zweiten Kommission ist nun bemerkt, daß derartige Gebote und Verbote bei der Anwendung des Abs. 2 nicht in Betracht kommen könnten; als Beispiele aus dem St.G.B. sind dabei genannt das Verbot des § 360 Nr. 6, Waarenempfehlungskarten und andere Drucksachen dem Papiergeld ähnlich herzustellen und das Gebot des Raupens in dem § 368 Nr. 2 (P. II S. 2712, Bd. 2 S. 568). Dagegen ist in der R.T.K. von den Vertretern der verbündeten Regierungen bemerkt: es sei selbstverständlich, daß ein Gesetz, welches die Gesammtheit schützen solle, auch den Einzelnen schütze, und daß also die Verletzung eines solchen Gesetzes nach dem (jetzigen) § 823 Abs. 2 schadensersatzpflichtig mache (K.B. S. 1987). Man wird sich dieser letzteren Auffassung anzuschließen haben. Sie erscheint nicht nur als logisch richtig, sondern sie entspricht auch der Billigkeit und Gerechtigkeit. Eine zu weit gehende Belastung dessen, der ein solches Gesetz übertreten hat, wird dadurch ausgeschlossen, daß im einzelnen Falle stets der Beweis des Kausalzusammenhanges zwischen dem Verstoße gegen das Gesetz und dem eingetretenen Schaden erbracht werden muß. Wie hier von Liszt, Del. Oblig., S. 33, Meißner, Kom., § 823 Anm. 2, Cosack, Lehrb., § 163 II 2, Oertmann, Kom., § 823 Anm. 4a; a. A. Linckelmann, Schadensersatzpflicht, S. 27, der aber auf anderem Wege für die meisten Fälle zu einer Haftung gelangt (S. 43).

Bei den Schutzgesetzen wird es sich meistens um Strafgesetze handeln. Doch kommen auch solche Gebote und Verbote in Betracht, welche nicht unter Strafe gestellt sind; ein Antrag, welcher die Vorschrift des Abs. 2 auf Verstöße gegen Strafgesetze beschränken wollte, ist von der zweiten Kommission abgelehnt. So sind z. B. zu nennen die Bestimmungen der Gew.O. §§ 120a—120c, welche den Arbeitgebern im Interesse der von ihnen beschäftigten Arbeiter gewisse Pflichten auferlegen. Auch privatrechtliche Vorschriften können Schutzgesetze im Sinne des Abs. 2 sein; bei den Berathungen der zweiten Kommission ist namentlich auf den § 858 des B.G.B., welcher den Besitzer gegen widerrechtliche Entziehung oder Störung des Besitzes schützen soll, hingewiesen worden. Von verschiedenen Seiten (Enneccerus-Lehmann, B.R., § 360 I 2 ebenso Oertmann, Kom., § 823 Anm. 4) ist bemerkt, daß die privatrechtlichen Bestimmungen nicht hierher gehörten, weil ihr Zweck sei, den Machtkreis des Einzelnen zu bestimmen, aber nicht ihm einen besonderen Schutz gegen drohende Verletzungen zu gewähren. Indessen ist im Abs. 2 nicht gesagt, daß das betreffende Gesetz nur den Zweck haben müsse, einen Anderen zu schützen. Daß aber die Möglichkeit besteht, den Einzelnen gegen Eingriffe in seine Rechtssphäre durch privatrechtliche Bestimmungen zu schützen und daß dieser Gesichtspunkt bei dem Erlaß einzelner privatrechtlicher Vorschriften besonders berücksichtigt ist, dürfte keinem Zweifel unterliegen; es genügt in dieser Hinsicht auf B.G.B. §§ 617—619 sowie H.G.B. § 62 und auf die Entstehungsgeschichte dieser Paragraphen zu verweisen.

c) Auch im Falle des Abs. 2 hängt die Ersatzpflicht davon ab, daß die Handlung des Thäters widerrechtlich ist. Es ist dies im Gesetze nicht besonders hervorgehoben, weil die Widerrechtlichkeit beim Verstoße gegen ein Gesetz von selbst gegeben ist. Hinsichtlich des Ausschlusses der Widerrechtlichkeit gilt dasselbe, was oben unter 2b bemerkt ist. Ist gegen ein Strafgesetz verstoßen, so kommt es, abgesehen von den Gründen, welche die Widerrechtlichkeit ausschließen, nicht darauf an, daß eine Bestrafung des Thäters erfolgt. Der privatrechtliche Anspruch auf

Schadensersatz bleibt bestehen, auch wenn die Bestrafung, etwa wegen Mangels eines Strafantrags oder wegen Verjährung, unterbleibt.

d) Den Thäter muß bei dem Verstoße gegen das in Betracht kommende Schutzgesetz ein Verschulden treffen. Richtet sich dieses Gesetz nur gegen vorsätzliche Handlungen, so tritt eine Ersatzpflicht nach Abs. 2 nur ein, wenn der Thäter vorsätzlich gehandelt hat. Ist nach dem Inhalte des Gesetzes ein Verstoß gegen dieses auch ohne Verschulden möglich, wie dies namentlich bei Polizeiverordnungen vorkommt, so tritt die Ersatzpflicht nach Abs. 2 Satz 2 nur im Falle des Verschuldens ein; das Verschulden umfaßt Vorsatz und Fahrlässigkeit.

4. Liegen die Voraussetzungen einer unerlaubten Handlung nach Abs. 1 oder Abs. 2 vor, so hat der Schuldner dem Verletzten den durch die Handlung herbeigeführten Schaden zu ersetzen.

a) Darauf, ob der Schaden vorauszusehen war, kommt es nicht an. Der E. I wollte in dieser Hinsicht unterscheiden. Im Allgemeinen sollte der Thäter nur verantwortlich sein, wenn er bei der Vornahme der unerlaubten Handlung die Entstehung eines Schadens vorausgesehen hatte oder voraussehen mußte; war dies der Fall, so sollte der Thäter dann allerdings nicht nur für den Schaden, der dem unmittelbar Verletzten, sondern überhaupt für allen Schaden haften, der aus der Handlung entstanden war, ohne Unterschied, ob der Umfang des Schadens vorauszusehen war oder nicht (E. I § 704 Abs. 1). War aber das Recht eines Anderen verletzt, so sollte der Thäter zum Schadensersatze verpflichtet sein, auch wenn die Entstehung eines Schadens nicht vorauszusehen war (E. I § 704 Abs. 2). Die zweite Kommission hat, wie schon oben hervorgehoben, das Erforderniß der Voraussehbarkeit des Schadens für alle Fälle gestrichen. In dem Falle des § 823 Abs. 1 wird nur Voraussehbarkeit der widerrechtlichen Verletzung des betreffenden Rechtsguts oder Rechtes, im Falle des § 823 Abs. 2 Voraussehbarkeit des Verstoßes gegen das betreffende Gesetz gefordert und in beiden Fällen steht nur dem unmittelbar Verletzten der Anspruch auf Schadensersatz zu.

b) Zwischen der unerlaubten Handlung und dem eingetretenen Schaden muß ein Kausalzusammenhang bestehen. Ob dies zutrifft, ist nach allgemeinen Grundsätzen zu entscheiden. Das Gesetz enthält insoweit keine besonderen Bestimmungen (s. Bd. II S. 17 Erl. 2b zu § 249 sowie neuestens Rümelin, Die Verwendung der Kausalbegriffe im Straf- und Civilrecht, Arch. f. d. civ. Pr. Bd. 90 S. 171—344, welcher den § 823 besonders berücksichtigt. Beispiele s. bei R.G. Bd. 8 S. 167, Bd. 10 S. 140, Bd. 29 S. 120, Bd. 29 S. 139, Seuff. Arch. Bd. 41 Nr. 15.)

c) Für die Art und den Umfang des Schadensersatzes sind zunächst die allgemeinen Vorschriften der §§ 249 ff. maßgebend. Einige specielle Vorschriften sind in den §§ 842 ff. gegeben.

Auf den Grad der Verschuldung kommt es für die Höhe des Ersatzanspruchs nicht an. Der Thäter haftet in derselben Weise, gleichviel ob er vorsätzlich oder fahrlässig gehandelt hat. (Vergl. besondere Bestimmungen, welche für vorsätzlich begangene unerlaubte Handlungen gelten, in den §§ 393, 1000 Satz 2; vergl. ferner §§ 992, 2025.)

5. a) Ersatzberechtigt ist im Falle des Abs. 1 derjenige, dessen Rechtsgut oder Recht verletzt ist, im Falle des Abs. 2 derjenige, dessen Schutz das Gesetz bezweckt, gegen welches verstoßen ist. Die letztere Frage ist nach dem Inhalte des einzelnen in Betracht kommenden Gesetzes zu entscheiden. Der mittelbar Verletzte hat keinen Ersatzanspruch. Der E. I wollte im Falle des E. I § 704 Abs. 1 den Thäter für allen aus der unerlaubten Handlung entstehenden Schaden haften lassen. Die zweite Kommission hat dies aber nicht für richtig erachtet und deshalb dem Abs. 2 die jetzt vorliegende Fassung gegeben. Es ist unrichtig, wenn aus dem Wortlaute des Gesetzes die Folgerung gezogen wird (Cosack, Lehrb., § 164 II 1), daß jeder durch die unerlaubte Handlung Geschädigte einen Ersatzanspruch geltend machen könne. Denn, wenn es heißt, die gleiche Verpflichtung trifft denjenigen, welcher gegen ein den Schutz eines Anderen bezweckendes Gesetz verstößt, so kann das im Zusammenhange mit Abs. 1 sprachlich nur dahin verstanden werden, der Thäter ist dem Anderen, nicht irgend einem Anderen zum Ersatze verpflichtet und der Andere ist eben derjenige, welchen das in Betracht kommende Gesetz schützen will. Hiernach kann z. B., wenn Jemand widerrechtlich getödtet ist, die Versicherungsgesellschaft, bei welcher der Getödtete sein Leben versichert hatte, keinen Anspruch wegen des ihr erwachsenen Schadens geltend machen (P. II S. 2718, Bd. 2 S. 571).

In den Fällen der §§ 844, 845 räumt das Gesetz ausnahmsweise auch den mittelbar geschädigten Personen einen Ersatzanspruch ein.

b) Ersatzpflichtig ist derjenige, welcher die unerlaubte Handlung begangen hat.

Wegen der Haftung unzurechnungsfähiger Personen s. §§ 827—829, wegen der Mitthäter und Theilnehmer s. § 830, wegen der Haftung für dritte Personen s. §§ 831, 832, wegen der Haftung mehrerer neben einander verantwortlicher Personen als Gesammtschuldner s. § 840.

§. 824.

Wer der Wahrheit zuwider eine Thatsache behauptet oder verbreitet, die geeignet ist, den Kredit eines Anderen zu gefährden oder sonstige Nachtheile für dessen Erwerb oder Fortkommen herbeizuführen, hat dem Anderen den daraus entstehenden Schaden auch dann zu ersetzen, wenn er die Unwahrheit zwar nicht kennt, aber kennen muß.

Durch eine Mittheilung, deren Unwahrheit dem Mittheilenden unbekannt ist, wird dieser nicht zum Schadensersatze verpflichtet, wenn er oder der Empfänger der Mittheilung an ihr ein berechtigtes Interesse hat.

---

6. Der Anspruch aus der unerlaubten Handlung ist vererblich und übertragbar. Eine Ausnahme gilt in Ansehung des für bestimmte Fälle anerkannten Anspruchs auf Ersatz des immateriellen Schadens (§ 847 Abs. 1 Satz 2). Einschränkungen der Uebertragbarkeit ergeben sich auch in einzelnen Fällen (§§ 843, 844) daraus, daß der Ersatzanspruch ganz oder theilweise der Pfändung entzogen ist (C.P.O. § 850), woran sich nach § 400 die Folge knüpft, daß die Uebertragbarkeit ausgeschlossen ist.

Der Anspruch verjährt in drei Jahren (§ 852).

§ 824.

E. I § 704 Abs. 2 Satz 2; II § 748 rev. § 809; III § 808. P. I S. 962—990, 2848—2852, 3556, 3560, 11862—11865; M. II S. 724—730. P. II S. 2848—2851, 8495 (Bd. 2 S. 637, 638; Bd. 6 S. 201).

Biberfeld, Zur Auslegung des § 824 B.G.B., Beitr. z. d. Erl. d. D. R. Bd. 42 S. 367—390. Kohler, Arch. f. Strafrecht, Bd. 47 S. 150—154.

1. Die Ehre gehört nicht zu den Rechtsgütern, welche gegen jede vorsätzliche oder fahrlässige Verletzung geschützt werden (s. Erl. 2a zu § 823). Ein Ersatzanspruch ist vielmehr nach § 823 nur begründet, wenn gegen ein den Schutz der Ehre bezweckendes Gesetz, insbesondere gegen die Vorschriften des St.G.B. §§ 185, 186 oder des § 187 verstoßen ist. Die letzteren Bestimmungen richten sich aber nur gegen eine vorsätzliche Verletzung der Ehre. Der § 824 will nun einen Ersatzanspruch unter gewissen Voraussetzungen auch wegen fahrlässiger Verletzung der Ehre gewähren. Wer durch üble Nachrede einen Anderen in seinem Kredit oder in seinem Erwerb oder Fortkommen geschädigt hat, soll zum Schadensersatze verpflichtet sein, auch wenn er bloß fahrlässig gehandelt hat. Um aber den Verkehr nicht allzu sehr zu beengen und namentlich die Thätigkeit der Auskunftsbureaus nicht lahm zu legen, ist nach dem Vorbilde des § 193 des St.G.B. die weitere Bestimmung hinzufügt, daß durch eine Mittheilung, deren Unwahrheit dem Mittheilenden unbekannt ist, dieser nicht zum Schadensersatze verpflichtet wird, wenn er oder der Empfänger der Mittheilung an ihr ein berechtigtes Interesse hat.

Der § 824 ist von der zweiten Kommission eingestellt. Nach dem E. I bedurfte es keiner besonderen Vorschrift, da dieser im § 704 die Ehre unter den allgemein geschützten Rechtsgütern mitaufführte. Der Abs. 1 lehnt sich an die §§ 187, 188, der Abs. 2, wie bemerkt, an den § 193 des St.G.B. an. Bei der Auslegung des § 824 werden daher die Rechtsprechung und Literatur zu den gedachten Paragraphen des St.G.B. zu berücksichtigen sein; die folgenden Bemerkungen stützen sich hauptsächlich auf v. Liszt, Lehrb. d. St.R., § 95 und Olshausen, Kom. z. St.G.B., Erl. zu §§ 187, 188, 193.

2. Abs. 1.

a) Es muß eine Thatsache behauptet oder verbreitet sein. Es muß sich also um ein angeblich geschehenes Ereigniß oder um einen angeblich vorhandenen Zustand handeln; die Abgabe eines Urtheils ist nicht Behauptung einer Thatsache. Die Thatsache ist behauptet, wenn sie einem Anderen gegenüber als Gegenstand eigenen Wissens hingestellt wird; sie ist verbreitet, wenn sie einem größeren Personenkreise zugänglich gemacht ist. Die Thatsache muß geeignet sein, den Kredit eines Anderen zu schädigen oder sonstige Nachtheile für dessen Erwerb oder Fortkommen herbeizuführen. Bei Ersterem ist daran zu denken, daß das Vertrauen in die Zahlungsfähigkeit erschüttert und dadurch eine Schädigung herbeigeführt wird, bei Letzterem z. B. daran, daß Jemand in Folge der üblen Nachrede seine Stellung als Beamter verliert oder daß ihm die Erlangung einer Stellung erschwert wird oder daß das zur Ausübung seines Berufs erforderliche Vertrauen erschüttert wird (vergl. Biberfeld, S. 368 f.).

§. 825.

Wer eine Frauensperson durch Hinterlist, durch Drohung oder unter Mißbrauch eines Abhängigkeitsverhältnisses zur Gestattung der außerehelichen Beiwohnung bestimmt, ist ihr zum Ersatze des daraus entstehenden Schadens verpflichtet.

Die behauptete oder verbreitete Thatsache muß unwahr sein; der Beweis der Unwahrheit liegt ebenso wie der der anderen Voraussetzungen demjenigen ob, welcher den Anspruch geltend macht. Die Unwahrheit der behaupteten oder verbreiteten Thatsache für sich allein genügt aber nicht, um die Verpflichtung zum Schadensersatze nach § 824 zu begründen. Hinzutreten muß, daß der Thäter die Unwahrheit kennen mußte, daß er also fahrlässig handelte. Der Fall, daß der Thäter die Unwahrheit wirklich kannte, ist im § 824 nicht erwähnt, weil in diesem Falle die Verpflichtung zum Schadensersatze sich schon aus St.G.B. §§ 186, 187 in Verbindung mit § 823 Abs. 2 ergiebt. Kannte der Thäter die Unwahrheit der behaupteten oder verbreiteten Thatsache nicht, so ist die Haftung immer ausgeschlossen, wenn die Voraussetzung des § 824 Abs. 2 vorliegt.

b) Liegen die Voraussetzungen des § 824 vor, so hat der Thäter dem anderen Theile den durch die üble Nachrede entstandenen Schaden zu ersetzen. Ob der Thäter die Entstehung des Schadens vorausgesehen hat, ist gleichgültig. Hinsichtlich der Art und des Umfanges des Schadensersatzes gelten die allgemeinen Vorschriften (§§ 249 ff.). Hervorzuheben ist, daß für immateriellen Schaden nach § 253 kein Ersatz verlangt werden kann. Dagegen erstreckt sich nach § 842 die Ersatzpflicht auch auf die Nachtheile, welche die Handlung für den Erwerb oder das Fortkommen des Verletzten herbeiführt.

3. Abs. 2. Die Vorschrift entspricht dem § 193 des St.G.B. Sie ist aber enger gefaßt, weil es sich bei dem § 824 nur um die üble Nachrede handelt, während der § 193 sich auch auf den Fall der Beleidigung bezieht. Auch ist die im § 193 gebrauchte Wendung vermieden, daß der Thäter „in Wahrnehmung berechtigter Interessen" gehandelt habe, vielmehr der Gedanke dahin formulirt, daß bei fahrlässiger übler Nachrede eine Ersatzpflicht nicht entstehen soll, wenn der Mittheilende oder der Empfänger der Mittheilung an ihr ein berechtigtes Interesse hat. Es dürfte dies geschehen sein, um den im Strafrechte hervorgetretenen Zweifel abzuschneiden, ob und inwieweit der Thäter von der Verantwortlichkeit frei ist, wenn er in Wahrnehmung fremder Interessen gehandelt hat. Ein berechtigtes Interesse des Mittheilenden an der Mittheilung wird z. B. dann anzunehmen sein, wenn er zum Zwecke seiner Vertheidigung, unter Umständen auch, wenn er zum Zwecke der Vertheidigung eines Anderen gehandelt hat, ein berechtigtes Interesse des Empfängers z. B. dann, wenn von einem Auskunftsbureau oder von einer Kreditvereinigung Mittheilungen über die Zahlungsfähigkeit einer Person gemacht werden (vergl. Biberfeld, S. 839).

4. Die Bestimmungen des Gesetzes zur Bekämpfung des unlauteren Wettbewerbes v. 27. Mai 1896, insbesondere des § 6, bleiben nach E.G. Art 32 unberührt. Wegen des Verhältnisses der Vorschriften dieses Gesetzes zu § 824 vergl. im Einzelnen Biberfeld, S. 373—382.

§ 825.

E. II § 748a rev. § 810; III § 809. P. II S. 6237—6240 (Bd. 2 S. 640; Bd. 6 S. 694—696). K.B. S. 1985.

1. Der § 825 will die weibliche Geschlechtsehre in besonderer Weise schützen. Nach § 823 Abs. 2 in Verbindung mit St.G.B. §§ 174, 176, 177, 179, 182 ist eine Ersatzpflicht begründet, wenn gegen eine Frauensperson ein Verbrechen oder Vergehen wider die Sittlichkeit begangen ist. Der § 825 gewährt hierüber hinausgehend einer Frauensperson, welche durch unlautere Mittel zur Gestattung der außerehelichen Beiwohnung bestimmt worden ist, einen Anspruch auf Schadensersatz, auch ohne daß der Thatbestand einer strafbaren Handlung vorliegt. Die Vorschrift erweitert also den § 823, indem sie unter gewissen Voraussetzungen auch die bloße Verführung als unerlaubte Handlung charakterisirt. Die Vorschrift ist von der zweiten Kommission eingestellt. Der E. I hatte einen Deflorationsanspruch nicht anerkannt (M. IV S. 914). Er gewährte einen Anspruch wegen Verführung nur nach Maßgabe der allgemeinen Bestimmungen über unerlaubte Handlungen; wenn übrigens eine der in den §§ 176, 177, 179, 182 des St.G.B. bezeichneten strafbaren Handlungen begangen war, sollte der verletzten Frauensperson auch wegen immateriellen Schadens eine billige Entschädigung zugesprochen werden (E. I § 728 Abs. 2). Die zweite Kommission hat insofern an dem E. I festgehalten, als sie ebenfalls einen

§. 826.

Wer in einer gegen die guten Sitten verstoßenden Weise einem Anderen vorsätzlich Schaden zufügt, ist dem Anderen zum Ersatze des Schadens verpflichtet.

---

allgemeinen Deflorationsanspruch oder Anspruch wegen Verführung nicht anerkannt hat. Sie hat aber den Vorschlägen der Kritik entsprechend (Zstlg. Bd. 2 S. 414, Jacubezky S. 174, 314) einer Frauensperson, welche durch Anwendung hinterlistiger Kunstgriffe zur Gestattung der außerehelichen Beiwohnung bestimmt ist und ebenso einer unbescholtenen Verlobten, welche ihrem Bräutigam die Beiwohnung gestattet hat, einen Anspruch auf Ersatz des aus der Beiwohnung entstehenden Schadens, und zwar auch des immateriellen Schadens, eingeräumt. Die R.T.K. endlich hat den Anspruch wegen Verführung unter Anwendung hinterlistiger Kunstgriffe dahin erweitert, daß sie einen Ersatzanspruch auch gewährt hat in den Fällen, in welchen eine Frauensperson durch Drohung oder unter Mißbrauch eines Abhängigkeitsverhältnisses zur Gestattung der außerehelichen Beiwohnung bestimmt ist.

2. a) Der Anspruch aus § 825 wird einer Frauensperson gewährt. Auf das Alter kommt es nicht an, ebensowenig auf die Unbescholtenheit; der Anspruch kann vielmehr, wenn die übrigen Voraussetzungen vorliegen, von jeder Frauensperson geltend gemacht werden. Gegen die Verführung eines Knaben oder eines Mannes wird kein besonderer Schutz gewährt; Ansprüche können insoweit nur nach Maßgabe des § 823 geltend gemacht werden.

b) Die Frauensperson muß durch Hinterlist, durch Drohung oder durch Mißbrauch eines Abhängigkeitsverhältnisses zur Gestattung der außerehelichen Beiwohnung bestimmt sein. Der Ausdruck Hinterlist ist aus dem St.G.B. (§ 181, „hinterlistige Kunstgriffe" bei der Kuppelei, § 223a Körperverletzung „mittels eines hinterlistigen Ueberfalls") entnommen. Man wird unter Hinterlist ein arglistiges Handeln zu verstehen haben, welches durch das versteckte, die eigentliche Absicht nicht erkennen lassende Verhalten des Thäters besonders gefährlich ist (vergl. Olshausen, Kom. z. St.G.B., § 181 Anm. 2b; v. Liszt, Lehrb. d. St.R., § 97 Anm. 6). Hinterlist wird z. B. anzunehmen sein, wenn Jemand eine Frauensperson durch die Vorspiegelung, sie könne durch die Preisgabe einen Angehörigen retten, zur Beiwohnung bestimmt. Drohung ist das Inaussichtstellen irgend eines Uebels, um dadurch auf die Willensentschließung einzuwirken (so v. Liszt, Del. Oblig., S. 39, ebenso Oertmann, Kom., § 825 Anm. 1a). Mißbrauch eines Abhängigkeitsverhältnisses liegt vor, wenn der Verführer die rechtliche oder thatsächliche Abhängigkeit, in welcher die Frauensperson sich ihm gegenüber befindet, benutzt, um sie sich willfährig zu machen. Daß der Verführten ausdrücklich Nachtheile in Aussicht gestellt sind, falls sie die Beiwohnung verweigere, ist nicht erforderlich.

c) Die Einwilligung der Verführten schließt die Widerrechtlichkeit der Handlung nicht aus.

3. Für den Ersatz des Schadens sind auch hier zunächst die allgemeinen Vorschriften (§§ 249 ff.) maßgebend. Zu denken ist in erster Linie an den Ersatz der Kosten, welche durch eine an die Beiwohnung sich anschließende Krankheit oder eine Schwangerschaft und Entbindung entstehen. Die Verpflichtung zum Schadensersatz erstreckt sich aber nach § 842 auch auf die Nachtheile, welche die Beiwohnung für den Erwerb oder das Fortkommen der verletzten Frauensperson herbeiführt, z. B. dadurch, daß sie in Folge der Schwängerung ihre Stelle als Dienstbote verliert. Endlich kann die Verführte nach § 847 Abs. 2 auch wegen des Schadens, der nicht Vermögensschaden ist, eine billige Entschädigung in Geld verlangen.

§ 826.

E. I § 705; II § 749 rev. § 811; III § 810. P. I S. 962—990, 3276, 11865—11867; M. II S. 724—729. P. II S. 2727—2732, 8495—8497 (Bd. 2 S. 575—578; Bd. 6 S. 201, 202). D. S. 649. K.B. S. 1986.

Kohler, Arch. f. Strafrecht, Bd. 47 S. 150—154.

1. Der § 826 enthält eine wichtige Ergänzung des § 823. Wer in einer gegen die guten Sitten verstoßenden Weise einem Anderen vorsätzlich Schaden zufügt, soll dem Anderen zum Ersatze des Schadens verpflichtet sein, auch ohne daß ein Recht des Anderen verletzt oder gegen ein Schutzgesetz verstoßen ist. Die Vorschrift ist mit Rücksicht auf die Volksauffassung und die Bedürfnisse des Verkehrs, welche in einer Reihe von Fällen, die durch den § 823 nicht gedeckt werden, die Zuerkennung eines Ersatzanspruchs fordern, aufgenommen. Bereits der E. I enthielt eine Vorschrift, welche sich gegen die illoyale Schädigung eines Anderen richtete. Der § 805 des E. I reichte aber nicht soweit, wie der § 826.

§. 827.

Wer im Zustande der Bewußtlosigkeit oder im einem die freie Willensbestimmung ausschließenden Zustande krankhafter Störung der Geistesthätigkeit einem Anderen Schaden zufügt, ist für den Schaden nicht verantwortlich. Hat er sich durch geistige Getränke oder ähnliche Mittel in einen vorübergehenden

---

Wer ein besonderes Recht ausübt, sollte haftfrei sein, auch wenn er aus Chikane handelt, wer dagegen nur kraft seiner natürlichen Freiheit handelt, sollte zum Schadensersatze verpflichtet sein, wenn seine Handlungsweise gegen die guten Sitten verstößt und einem Anderen zum Schaden gereicht. Die zweite Kommission hatte ebenfalls daran festgehalten, daß keine Haftung einzutreten habe, wenn Jemand in Ausübung eines subjektiven Rechtes einem Anderen einen Schaden zufüge. Der Gefahr des Mißbrauchs der subjektiven Rechte suchten die E. I und II, wie in Bd. I S. 276 Erl. zu § 226 näher dargelegt ist, durch besondere Vorschriften bei den einzelnen Rechten entgegenzutreten. Die R.T.K. hat dagegen beschlossen, die Einschränkung fallen zu lassen. Bestimmend ist dabei gewesen, daß es nicht gebilligt werden könne, wenn Jemand, selbst in der Ausübung eines formalen Rechtes, einem Anderen vorsätzlich in einer gegen die guten Sitten verstoßenden Weise Schaden zufüge.

2. a) Voraussetzung des Anspruchs ist zunächst, daß Jemand einem Anderen vorsätzlich Schaden zugefügt hat. Der Vorsatz muß sich also nicht nur auf die Vornahme der Handlung, welche den Schaden zur Folge hat, sondern auf die Zufügung des Schadens erstrecken. Es genügt aber, wenn der Thäter bei Vornahme der Handlung das Bewußtsein der Schädigung hat (P. II S. 8496, Bd. 6 S. 202). Darauf, ob der Handelnde den Umfang des Schadens vorausgesehen hat, kommt es nicht an. Der E. I wollte eine Ersatzpflicht auch bei fahrlässig begangenen illoyalen Handlungen eintreten lassen. Die zweite Kommission hat die Haftung auf vorsätzliche Schadenszufügung beschränkt, da die fahrlässige Verletzung eines Anderen durch illoyale Handlungen nur selten vorkommen werde und darin jedenfalls kein so schwerer Verstoß gegen die öffentliche Sittlichkeit zu finden sei, daß der Gesetzgeber dagegen einzuschreiten habe.

Es macht keinen Unterschied, ob der Schaden durch ein Thun oder ein Unterlassen herbeigeführt ist. Was Letzteres anlangt, so ist z. B. daran zu denken, daß Jemand bei einer Vernehmung absichtlich einen Umstand verschweigt, um auf diese Weise eine Verurtheilung des Angeklagten herbeizuführen.

b) Die Handlung, durch welche die Schädigung herbeigeführt wird, muß gegen die guten Sitten verstoßen. Wegen der Bedeutung dieses Begriffs ist auf Bd. I S. 189, Erl. zu § 138 zu verweisen. Als Beispiele, in denen die Anwendung des § 826 in Betracht kommt, sind zu nennen, die absichtliche Ertheilung eines falschen Rathes (§ 676 vergl. R.G. Bd. 20 S. 190, Bd. 23 S. 130), die chikanöse Erhebung einer unbegründeten Klage, die Abgabe eines falschen Zeugnisses, der Erwerb einer Forderung, um dem Schuldner eine Einrede abzuschneiden, die vorsätzliche Offenlegung von fremden Geschäftsgeheimnissen, der sog. Neidbau, das Wasserabgraben, nur um den Anderen zu schädigen; ferner kann hierher gehören der Fall, daß Jemand durch Drohungen einen Dienstherrn zwingt, einen Angestellten zu entlassen. Auch die öffentliche Verrufserklärung kann unter den § 826 fallen. Für den geschäftlichen Verkehr kommen neben dem § 826 die Vorschriften des Ges. z. Bekämpfung des unlauteren Wettbewerbes v. 27. Mai 1896 in Betracht.

c) Es ist nicht Voraussetzung, daß die schädigende Handlung an sich rechtswidrig ist. Im Uebrigen ist zu unterscheiden. Bei einer Handlung, welche nicht in Ausübung eines besonderen Rechtes vorgenommen wird, genügt es, wenn festgestellt wird, daß die Handlung gegen die guten Sitten verstößt und daß sie in der Absicht vorgenommen ist, den Anderen zu schädigen. Bei einer Handlung dagegen, welche in Ausübung eines Rechtes vorgenommen wird, ist erforderlich, festzustellen, daß sie nur den Zweck gehabt haben kann, dem Anderen Schaden zuzufügen. Der § 826 ist insoweit mit Rücksicht auf den § 226 einschränkend zu interpretiren (s. Bd. I S. 279 Erl. zu § 226, a. A. Oertmann, Kom., § 823 Anm. 3).

§ 827.

E. I § 708; II § 750 rev. § 842; III § 811. P. I S. 1000—1007; M. II S. 731—734. P. II S. 2736—2742, 2747, 2757—2759, 2761 (Bd. 2 S. 579—585, 590, 591).

1. Da das Gesetz bei den unerlaubten Handlungen die Haftung grundsätzlich von einem Verschulden des Thäters abhängig macht, so folgt daraus, daß diejenigen Personen, welchen ihr Verhalten nicht als Schuld angerechnet werden kann, von der Haftung frei sein müssen. Die

Zustand dieser Art versetzt, so ist er für einen Schaden, den er in diesem Zustande widerrechtlich verursacht, in gleicher Weise verantwortlich, wie wenn ihm Fahrlässigkeit zur Last fiele; die Verantwortlichkeit tritt nicht ein, wenn er ohne Verschulden in den Zustand gerathen ist.

Voraussetzungen, unter denen eine Person als nicht verantwortlich für den durch ihre Handlungen herbeigeführten Schaden angesehen werden soll, sind in den §§ 827, 828 näher bestimmt. Die Verantwortlichkeit ist nicht von der Geschäftsfähigkeit abhängig gemacht. Das Gesetz stellt auch keinen allgemeinen Begriff der Deliktsfähigkeit auf, sondern es wird die Verantwortlichkeit für die einzelnen in Betracht kommenden Fälle geregelt. Der § 827 handelt von dem Ausschlusse der Haftung bei Personen, die sich bei der Vornahme der Handlung in einem unzurechnungsfähigen Zustande befunden haben, der § 828 von dem Ausschlusse der Haftung bei Personen, welche wegen jugendlichen Alters oder als Taubstumme nicht die zur Erkenntniß der Verantwortlichkeit erforderliche Einsicht gehabt haben. Ergänzend tritt im § 829 eine Bestimmung hinzu, wonach solche Personen, die nach Maßgabe der §§ 827, 828 von der Verantwortlichkeit frei sind, trotzdem mit Rücksicht auf die Billigkeit in gewissen Grenzen zum Schadensersatze verpflichtet sein sollen. Die Haftung des gesetzlichen Vertreters einer deliktsunfähigen Person für die von ihm selbst in Ausübung seiner Vertretung vorgenommenen widerrechtlichen Handlungen bestimmt sich nach den allgemeinen Grundsätzen. Die deliktsunfähigen Personen sind ihrerseits für die von ihren gesetzlichen Vertretern begangenen unerlaubten Handlungen nicht verantwortlich; dies gilt insbesondere auch, wenn ein Schaden durch Unterlassen einer gesetzlich gebotenen Handlung, z. B. durch Verabsäumung von Asche streuen, entstanden ist (vergl. Erl. 2a zu § 829). In denjenigen Fällen aber, in welchen eine Ersatzpflicht unabhängig von einem Verschulden eintritt, also bei dem durch ein Thier herbeigeführten Schaden und beim Wildschaden, haften auch die deliktsunfähigen Personen, selbst wenn sie in Folge ihres Zustandes nicht in der Lage waren, den Schaden durch geeignete Maßregeln abzuwenden (ebenso Linckelmann, Schadensersatzpflicht, S. 87; a. A. v. Liszt, Del. Oblig., S. 107, 108).

Hat eine geschäftsunfähige oder in der Geschäftsfähigkeit beschränkte Person unter der Vorspiegelung, daß sie geschäftsfähig sei, einen Dritten zur Vornahme eines Geschäfts veranlaßt und dadurch einen Schaden herbeigeführt, so bestimmt sich ihre Haftung nach den Vorschriften der §§ 827—829.

Die Vorschriften der §§ 827, 828 finden auch in den Fällen des § 276 Anwendung.

2. Satz 1.

a) Die Fassung der Vorschrift schließt sich an den § 51 des St.G.B. an. Der E. I § 708 wollte darauf abstellen, ob eine Person, während sie des Vernunftgebrauchs beraubt war, einem Anderen einen Schaden zugefügt hat. Die zweite Kommission hat dagegen im Einklange mit den zu den §§ 104, 105 gefaßten Beschlüssen die Vorschrift dem St.G.B. angepaßt. Bei der Auslegung des § 827 werden daher die Literatur und Rechtsprechung zu dem § 51 des St.G.B. heranzuziehen sein (Vergl. zum folgenden H. Meyer, Lehrb. d. Strafr., § 23, v. Liszt, Lehrb. d. Strafr., § 37, Olshausen, Kom. z. St.G.B., § 51 Nr. 7—11, und wegen der in Betracht kommenden medizinischen Fragen Cramer, Gerichtliche Psychiatrie, 1900 sowie Schultze, Arch. f. bürg. R., Bd. 17 S. 89—99).

Bewußtlosigkeit liegt vor, wenn das Bewußtsein aufgehoben ist. Es gehören hierher der Schlaf und die Fälle der Schlaftrunkenheit, Ohnmacht, hypnotische Suggestion und Trunkenheit. Im St.G.B. § 51 wird zur Straflosigkeit des Thäters erfordert, daß er sich in einem Zustande von Bewußtlosigkeit befunden hat, „durch welchen seine freie Willensbestimmung ausgeschlossen war." Der Relativsatz ist im § 827 weggelassen, wohl nicht, wie v. Liszt, Del. Oblig., S. 48 anzunehmen scheint, in Folge eines redaktionellen Versehens, sondern weil man davon ausgegangen ist, daß bei wirklicher Aufhebung des Bewußtseins auch die freie Willensbestimmung ausgeschlossen ist. Eine vollständige Abwesenheit des Bewußtseins wird übrigens nicht für erforderlich zu erachten sein, es genügt vielmehr eine wesentliche Störung oder Trübung des Bewußtseins (so v. Liszt, Del. Oblig., S. 48, zustimmend Oertmann, Kom., § 827 Anm. 1.)

Eine krankhafte Störung der Geistesthätigkeit ist nicht nur anzunehmen bei den eigentlichen Geisteskrankheiten, sondern auch bei Körperkrankheiten, wenn sie eine vorübergehende Störung der Geistesthätigkeit zur Folge haben. Die geistige Störung muß stets eine so weitgehende sein, daß die freie Willensbestimmung ausgeschlossen erscheint.

b) Die Bewußtlosigkeit oder geistige Störung muß zur Zeit der Vornahme der Handlung bestanden haben. Ein Geisteskranker ist also für eine Handlung verantwortlich, welche er in einem sog. lichten Zwischenraume begangen hat. Es genügt ferner nicht zur Ausschließung der Verantwortlichkeit, daß der Thäter zur Zeit der Vornahme der Handlung wegen Geisteskrankheit entmündigt war. Die Entmündigung begründet vielmehr in Ansehung der Deliktsfähigkeit nur eine thatsächliche Vermuthung für das Vorhandensein eines krankhaften geistigen Zustandes.

§. 828.

Wer nicht das siebente Lebensjahr vollendet hat, ist für einen Schaden, den er einem Anderen zufügt, nicht verantwortlich.

Wer das siebente, aber nicht das achtzehnte Lebensjahr vollendet hat, ist für einen Schaden, den er einem Anderen zufügt, nicht verantwortlich, wenn er bei der Begehung der schädigenden Handlung nicht die zur Erkenntniß der Verantwortlichkeit erforderliche Einsicht hat. Das Gleiche gilt von einem Taubstummen.

---

3. Satz 2.

a) Halbs. 1. Hat sich der Thäter durch geistige Getränke oder ähnliche Mittel (Morphium, Kokaïn, Aether, Opium, Haschisch und dergl.) in einen Zustand der Unzurechnungsfähigkeit versetzt, so soll er für den Schaden, den er in diesem Zustande widerrechtlich verursacht, verantwortlich sein, wie wenn ihm Fahrlässigkeit zur Last fiele. Der Thäter haftet also, wenn zur Erfüllung des Thatbestandes einer unerlaubten Handlung Fahrlässigkeit genügt; er haftet nicht, wenn, wie in den Fällen des § 826, Vorsatz erfordert wird. Doch wird in Fällen der letzteren Art häufig eine Haftung nach § 829 in Betracht kommen. Hat sich der Thäter absichtlich in den Zustand der Trunkenheit oder Unzurechnungsfähigkeit versetzt, um in diesem Zustand eine unerlaubte Handlung auszuführen, so wird er für die dem Vorsatz entsprechend ausgeführte Handlung in vielen Fällen trotz der Unzurechnungsfähigkeit haftbar zu machen sein, wie wenn er vorsätzlich gehandelt hätte (so für das Strafrecht H. Meyer, Lehrb. d. St.R., § 23 Anm. 22, v. Liszt, Lehrb. d. St.R., § 36 Anm. 3, Olshausen, Kom. zu St.G.B., § 51 Nr. 11. Wenn v. Liszt, Del. Oblig., S. 50 dem Oertmann, Kom., § 827 Anm. 2 folgt, eine solche Haftung nach dem § 827 Satz 2 für ausgeschlossen erachtet, so dürfte dies nicht zutreffend sein. Es handelt sich in dem bezeichneten Falle darum, daß die Unzurechnungsfähigkeit zur Zeit der Vornahme der Handlung überhaupt nicht in Betracht kommt (wie hier Enneccerus-Lehmann, B.R., Bd. I § 119).

Bei denjenigen Fällen selbstverschuldeter Unzurechnungsfähigkeit, welche nicht durch den Satz 2 getroffen werden, so z. B. bei einer Geisteskrankheit, welche in Folge eines Selbstmordversuchs eintritt, bewendet es bei den allgemeinen Grundsätzen.

b) Halbs. 2. Der Thäter kann für die im Zustande der Unzurechnungsfähigkeit begangenen Handlungen nach dem Schuldprinzipe nicht verantwortlich sein, wenn er ohne Verschulden in diesen Zustand gerathen war. Zu denken ist z. B. daran, daß Jemand den berauschenden Charakter eines Getränks, welches er zu sich genommen hat, nicht kannte oder kennen mußte. Die Formulirung des Gedankens in einem besonderen Halbsatz ist geschehen, um die Beweislast klar zu stellen.

c) Beruft sich der in Anspruch genommene Thäter darauf, daß er im Zustande der Unzurechnungsfähigkeit gehandelt habe, so hat er dies zu beweisen. Macht der Verletzte dem gegenüber geltend, daß der Thäter sich selbst in den Zustand der Unzurechnungsfähigkeit versetzt habe, daß also die Ausnahme des Satz 2 Halbs. 1 zutreffe, so hat er dies seinerseits zu beweisen. Der Verletzte braucht aber nicht darzulegen, daß der Thäter sich schuldhafterweise in den Zustand der Unzurechnungsfähigkeit versetzt habe. Der Thäter hat vielmehr, wenn die Voraussetzungen des Halbs. 1 vorliegen, zu beweisen, daß er ohne sein Verschulden in den Zustand gerathen sei.

§ 828.

E. I § 709; II § 751 rev. § 813; III § 812. P. I S. 1000—1008, 3556, 3560, 6184, 6185; M. II S. 731—734. P. II S. 2736—2742, 2747, 2761 (Bd. 2 S. 579—585, 590, 591).

Vergl. im Allgemeinen Erl. 1 zu § 827.

1. Abs. 1. Kinder, welche das siebente Lebensjahr nicht vollendet haben, sind nicht deliktsfähig. Die Festsetzung der Altersgrenze, von der an das Kind als deliktsfähig zu gelten hat, auf das siebente Lebensjahr, weicht von der des St.G.B., welches die Strafmündigkeit mit dem vollendeten zwölften Lebensjahre eintreten läßt, ab, steht aber im Einklange mit dem größten Theile des bisherigen Rechtes. Die Regel des Abs. 1 ist im Uebrigen eine absolute; eine Untersuchung darüber, ob ein Kind unter sieben Jahren im einzelnen Falle die zur Erkenntniß der Verantwortlichkeit erforderliche Einsicht gehabt hat, ist ausgeschlossen. Es kann aber eine Ersatzpflicht nach § 829 in Frage kommen.

2. Abs. 2.

a) Jugendliche Personen, welche das siebente, aber nicht das achtzehnte Lebensjahr vollendet haben, sind deliktsfähig. Sie sollen aber von der Verantwortlich-

§. 829.

Wer in einem der in den §§. 823 bis 826 bezeichneten Fälle für einen von ihm verursachten Schaden auf Grund der §§. 827, 828 nicht verantwortlich ist, hat gleichwohl, sofern der Ersatz des Schadens nicht von einem aufsichtspflichtigen Dritten erlangt werden kann, den Schaden insoweit zu ersetzen, als die Billigkeit nach den Umständen, insbesondere nach den Verhältnissen der Betheiligten, eine Schadloshaltung erfordert und ihm nicht die Mittel entzogen werden, deren er zum standesmäßigen Unterhalte sowie zur Erfüllung seiner gesetzlichen Unterhaltspflichten bedarf.

---

keit frei sein, wenn sie bei der Begehung der rechtswidrigen Handlung nicht die zur Erkenntniß der Verantwortlichkeit erforderliche Einsicht haben. Diese Regelung entspricht der des St.G.B. § 58, nach welcher ein Angeschuldigter, der zur Zeit der Begehung der strafbaren Handlung das zwölfte Lebensjahr, aber nicht das achtzehnte Lebensjahr vollendet hat, freizusprechen ist, wenn er bei der Begehung der strafbaren Handlung die zur Erkenntniß ihrer Strafbarkeit erforderliche Einsicht nicht besaß. Bei der Entscheidung der Frage, ob die erforderliche Einsicht vorhanden gewesen ist, werden danach die auf dem Gebiete des Strafrechts gesammelten Erfahrungen zu verwerthen sein (vgl. H. Meyer, Lehrbuch d. St.R., § 23, v. Liszt, Lehrb. d. St.R. § 37, Olshausen, Kom. zu St.G.B., § 56 Nr. 4). Hier ist folgendes hervorzuheben: Es kommt, wie in den Protokollen der zweiten Kommission ausgeführt wird, nicht darauf an, ob der Thäter die Schädlichkeit der Handlung erkannt oder den angerichteten Schaden vorausgesehen hat. Der Erkenntniß der Strafbarkeit im Sinne des St.G.B. §§ 56, 58 entspricht vielmehr die Erkenntniß der Verantwortlichkeit, d. h. die Erkenntniß der Pflichten, welche das Zusammenleben der Menschen im Staate dem Einzelnen auferlegt (P. II S. 2743, Bd. 2 S. 583). Der Thäter muß die geistige Reife erlangt haben, um einsehen zu können, daß er widerrechtlich handelt. Eine besondere sittliche Reife kommt nicht in Frage.

Die Beweislast gestaltet sich so, daß der jugendliche Thäter, um sich von der Verantwortlichkeit zu befreien, darzulegen hat, daß er die erforderliche Einsicht zur Zeit der Vornahme der Handlung nicht besaß.

Liegen die sonstigen Voraussetzungen einer unerlaubten Handlung vor und ist die erforderliche Einsicht des Thäters festgestellt, so ist der volle Schaden zu ersetzen; das jugendliche Alter des Thäters rechtfertigt es nicht, die Höhe des Schadens geringer zu bemessen als in anderen Fällen.

Hat ein Minderjähriger einem Anderen vorgespiegelt, daß er voll geschäftsfähig sei und den Anderen dadurch zum Abschluß eines Rechtsgeschäfts verleitet, so richtet sich die Ersatzpflicht für den etwa entstandenen Schaden nach den allgemeinen Grundsätzen (M. II S. 733). Der Minderjährige ist also, von der Verantwortlichkeit frei, wenn er zur Zeit der Begehung der Handlung das achtzehnte Lebensjahr noch nicht vollendet hatte und die zur Erkenntniß der Verantwortlichkeit erforderliche Einsicht nicht besaß.

b) Die Erstreckung der Vorschrift des Abs. 1 Satz 1 auf Taubstumme ist von der zweiten Kommission beschlossen. Sie entspricht der Regelung des St.G.B. § 58.

§ 829.

E. II § 752 rev. § 814; III § 813. P. II S. 2740, 2741, 2743–2746, 2747–2757, 2762–2765, 2903–2909, 8526 (Bd. 2 S. 580–593; Bd. 6 S. 219). D. S. 649. R.B. S. 1986, 1987.

1. In verschiedenen neueren Gesetzen ist mehr oder weniger allgemein solchen Personen, welche wegen Mangels eines Verschuldens für eine objektiv widerrechtliche Schädigung eines Anderen nicht verantwortlich gemacht werden können, die Verpflichtung auferlegt, den entstandenen Schaden insoweit zu ersetzen, als dies der Billigkeit entspricht. Die erste Kommission hatte die Aufnahme einer dahingehenden Bestimmung in das B.G.B. abgelehnt, weil sie eine solche Abweichung von dem Verschuldungsprinzipe nicht für gerechtfertigt erachtet hatte und es namentlich auch bedenklich hielt, den Richter auf die Billigkeit zu verweisen, ohne ihm irgend eine feste Entscheidungsnorm an die Hand zu geben (M. II S. 734). Die zweite Kommission hat dagegen geglaubt, daß es nach der heutigen Volksanschauung geboten sei, in gewissen Fällen einen Ersatzanspruch zu gewähren, auch wenn ein Verschulden ausgeschlossen sei. Man hat dabei in erster Linie den Fall im Auge gehabt, daß eine begüterte Person im Zustande der Unzurechnungsfähigkeit einer anderen wenig bemittelten Person einen schweren Schaden zufügt. Hier erfordere es die Billigkeit, daß derjenige, welcher den Schaden herbeigeführt habe, den Verletzten entschädige. Die Kommission hat aber die Vorschrift nicht auf diesen speziellen Fall beschränkt sondern folgende allgemeine Bestimmungen in den Entwurf eingestellt:

> E. II § 752 rev. § 814. „Wer in einem der in den §§ 808, 809 (jetzt §§ 823, 824) bezeichneten Fälle für einen von ihm verursachten Schaden deshalb nicht verantwortlich ist, weil ihm Vorsatz oder Fahrlässigkeit nicht zur Last fällt, hat gleichwohl den Schaden insoweit zu ersetzen, als die Billigkeit nach den Umständen, insbesondere nach den Verhältnissen der Betheiligten, eine Schadloshaltung erfordert und ihm nicht die Mittel entzogen werden, deren er zum standesmäßigen Unterhalte sowie zur Erfüllung seiner gesetzlichen Unterhaltspflichten bedarf.
>
> Das Gleiche gilt, wenn Jemand in einem der in den §§ 808—811 (jetzt §§ 823 bis 826) bezeichneten Fälle für einen von ihm verursachten Schaden auf Grund der §§ 812, 813 (jetzt §§ 827, 828) nicht verantwortlich ist und der Ersatz des Schadens nicht von einem aufsichtspflichtigen Dritten erlangt werden kann."

Der Bundesrath hat dann die Vorschrift auf die Fälle beschränkt, in denen die Haftung wegen mangelnder Deliktsfähigkeit des Thäters ausgeschlossen ist.

2. Voraussetzungen des Anspruchs aus § 829.

a) Es muß ein Schaden herbeigeführt sein durch eine Handlung, welche an sich nach den allgemeinen Grundsätzen über unerlaubte Handlungen den Thäter ersatzpflichtig machen würde. Es muß also ein widerrechtlicher Eingriff in eine fremde Rechtssphäre vorliegen und das Verhalten des Thäters muß ein solches sein, daß man ihm dasselbe unter normalen Verhältnissen als Verschulden anrechnen würde. Hierbei ist zu beachten, daß, wenn gegen ein Gesetz verstoßen ist, welches eine bestimmte Handlung, z. B. das Beleuchten einer Treppe gebietet, die Besorgung derartiger Angelegenheiten aber dem gesetzlichen Vertreter der deliktsunfähigen Person zufiel, nur der gesetzliche Vertreter, nicht die vertretene Person wegen Verstoßes gegen dieses Gesetz verantwortlich gemacht werden kann (M. II S. 734, Linckelmann, Schadensersatzpflicht, S. 110).

b) Der Thäter muß im konkreten Falle nach den §§ 827, 828 für den von ihm verursachten Schaden nicht verantwortlich sein.

c) Von einem aufsichtspflichtigen Dritten muß Ersatz des Schadens nicht zu erlangen sein Die Ersatzpflicht des Aufsichtspflichtigen ist im § 832 geregelt. Ob der Ersatz deswegen nicht zu erlangen ist, weil die Voraussetzungen des § 832 nicht zutreffen oder ob der an sich verantwortliche Aufsichtspflichtige im konkreten Falle zahlungsunfähig ist, macht keinen Unterschied.

d) Nach den Umständen des Falles muß es der Billigkeit entsprechen, daß der Thäter Ersatz leistet. Zu denken ist namentlich daran, daß der Thäter sich in günstigen, der Verletzte dagegen in ungünstigen Vermögensverhältnissen befindet. Indessen können auch andere Umstände hierbei in Betracht kommen, z. B. die Art und Weise, wie die Handlung begangen ist, oder die größere oder geringere Minderung der Zurechnungsfähigkeit.

e) Dem Thäter dürfen nicht die Mittel entzogen werden, deren er zum standesmäßigen Unterhalte sowie zur Erfüllung seiner gesetzlichen Unterhaltspflichten bedarf. Wegen des standesmäßigen Unterhalts s. Erl. zu § 1610, wegen der gesetzlichen Unterhaltspflicht s. §§ 1345, 1351, 1360, 1578 ff., 1601 ff., 1700, 1703, 1708 ff., 1739, 1765. Vergl. wegen des beneficium competentiae auch § 519.

f) Die Beweislast gestaltet sich so, daß der Kläger die Voraussetzungen unter a—d zu beweisen hat. Sache des Beklagten ist es dagegen darzuthun, daß ihm durch die Gewährung des Schadensersatzes die Mittel zum standesmäßigen Unterhalte sowie zur Erfüllung seiner gesetzlichen Unterhaltspflicht entzogen werden würden.

3. In welchem Umfange Schadensersatz zu leisten ist, bestimmt sich unter Berücksichtigung des unter Nr. 2 Bemerkten nach der Billigkeit. Es ist nicht ausgeschlossen, daß dem Verletzten voller Schadensersatz gewährt wird. Im Uebrigen sind für die Art und Weise des Schadensersatzes die allgemeinen Vorschriften der §§ 249 ff. sowie die besonderen der §§ 842 ff. maßgebend.

4. Eine analoge Anwendung des § 829 in anderen Fällen, in denen die Verantwortlichkeit des Thäters ausgeschlossen ist, etwa weil er sich in einem entschuldbaren Irrthume befand, erscheint bei dem durchaus singulären Charakter der Vorsicht ausgeschlossen.

§. 830.

Haben Mehrere durch eine gemeinschaftlich begangene unerlaubte Handlung einen Schaden verursacht, so ist jeder für den Schaden verantwortlich. Das Gleiche gilt, wenn sich nicht ermitteln läßt, wer von mehreren Betheiligten den Schaden durch seine Handlung verursacht hat.

Anstifter und Gehülfen stehen Mitthätern gleich.

---

§ 830.

E. I § 714; II § 753 rev. § 815; III § 814. P. I S. 1019; M. II S. 738. P. II S. 2789, 2790 (Bd. 2 S. 606).

Crome, Von der Solidarität unerlaubter Handlungen, Iher. Jahrb. Bd. 35 S. 100—136.

1. In Uebereinstimmung mit dem bisherigen Rechte bestimmt das Gesetz, daß, wenn Mehrere durch eine gemeinschaftlich begangene Handlung einen Schaden verursacht haben, jeder für den Schaden verantwortlich sein soll. Die Vorschrift entspricht der des St.G.B. § 47, nach welcher, wenn Mehrere eine strafbare Handlung gemeinschaftlich ausführen, jeder als Thäter bestraft wird. Es werden deshalb bei der Auslegung des § 830 die Literatur und Rechtsprechung zu dem § 47 des St.G.B. zu berücksichtigen sein; (vergl. H. Meyer, Lehrb. d. St.R., § 50, v. Liszt, Lehrb. d. St.R., § 50, Olshausen, Kom. z. St.G.B., Erl. zu § 47). Hier ist folgendes hervorzuheben. Zur Anwendung des § 830 Abs. 1 Satz 1 ist erforderlich, daß der widerrechtlich herbeigeführte Schaden durch das schuldhafte Zusammenwirken Mehrerer verursacht ist. Jeder der Betheiligten muß also einen Theil des Thatbestandes erfüllt haben, der herbeigeführte Erfolg muß durch das Handeln sowohl des Einen als auch des Anderen bedingt erscheinen. Auf das geringere oder größere Maß der Betheiligung kommt es nicht an. So ist z. B., wenn zwei Personen zusammen einen Dritten angreifen und der Eine den Dritten beschädigt, ohne ihn gefährlich zu verletzen, der Andere dagegen dem Dritten eine tödtliche Wunde beibringt, auch der Erstere für den Tod des Verletzten verantwortlich, da sein Handeln, indem er den Angegriffenen hinderte, sich in ausreichender Weise gegen den anderen Angreifer zur Wehr zu setzen, den Eintritt des Erfolges mitveranlaßt hat (R.G. Bd. 23 S. 160, ein anderes Beispiel s. R.G. Bd. 42 S. 175). Regelmäßig wird das Zusammenwirken der Betheiligten ein bewußtes und gewolltes sein. Denkbar ist aber auch ein unbeabsichtigtes Zusammenwirken. Es hat z. B. Jemand eine Grube trotz eines polizeilichen Gebots nicht zugedeckt; ein Anderer stößt einen Dritten derart, daß dieser in die offene Grube hineinstürzt, und sich dabei eine schwere Verletzung zuzieht, oder es hat Jemand entgegen einem polizeilichen Verbot an einen Knaben Schießpulver verkauft; der Knabe entzündet das Pulver und ein Dritter wird durch die Explosion verletzt (R.G. Bd. 33 S. 348). In Fällen dieser Art wird zu prüfen sein, ob nicht nach den Grundsätzen über den Kausalzusammenhang der Schaden nur als durch den einen der Betheiligten herbeigeführt zu gelten hat. Trifft dies nicht zu, so dürfte jeder der Betheiligten als verantwortlich anzusehen sein (ebenso für das Strafrecht v. Liszt, Lehrb. d. St.R., § 50, der weitere Beispiele anführt sowie H. Meyer, Lehrb. d. St.R., § 33 Anm. 7, Olshausen, Kom. z. St.G.B., § 47 Nr. 10). Die im Strafrechte bestrittene Frage, wie sich der Mitthäter vom Gehülfen unterscheidet, hat für das B.G.B. keine Bedeutung, da nach Abs. 2 hinsichtlich der privatrechtlichen Haftung Gehülfen den Mitthätern gleich stehen.

Wenn sich nicht ermitteln läßt, wer von mehreren Betheiligten den Schaden durch seine Handlung verursacht hat, soll ebenfalls jeder für den Schaden verantwortlich sein. Voraussetzung der Haftung ist hier, daß jeder der Betheiligten durch sein Handeln den Erfolg herbeigeführt haben kann und daß nur zweifelhaft ist, welche Handlung kausal gewesen ist; es genügt also nicht die Feststellung, daß der Einzelne irgendwie an der Handlung betheiligt gewesen ist. Gedacht ist bei dem Abs. 1 Satz 2 insbesondere an den Fall, daß bei einem Raufhandel Mehrere auf einen Anderen losschlagen und von den Schlägen einer den Tod herbeiführt, ohne daß sich nachweisen läßt, von wem dieser Schlag ausgegangen ist (M. II S. 738, P. II S. 2790, Bd. 2 S. 606). Weitere hierher gehörende Fälle s. R.G. Bd. 16 S. 144 (Schädigung von Anliegern eines Baches durch schädliche Abfallwässer, welche von verschiedenen Fabriken in den Bach geleitet sind), Bd. 23 S. 329 (Verletzung eines Knaben bei einer gemeinschaftlichen Schlägerei), Seuff. Arch. Bd. 41 Nr. 93 (Tödtung eines Schmugglers durch einen von zwei Schüssen, welche Grenzaufseher abgefeuert haben), Bd. 51 Nr. 263 (Tod in Folge von Verletzungen, welche Mehrere dem Getödteten zugefügt haben); vergl. auch Bd. 47 Nr. 12 (Verletzung einer Frau durch einen von zwei Schüssen, welche von zwei Jägern, die beide fahrlässig gehandelt haben, abgefeuert sind; nach B.G.B. dürfte auch hier jeder der beiden Betheiligten als verantwortlich anzusehen sein).

§. 831.

Wer einen Anderen zu einer Verrichtung bestellt, ist zum Ersatze des Schadens verpflichtet, den der Andere in Ausführung der Verrichtung einem Dritten widerrechtlich zufügt. Die Ersatzpflicht tritt nicht ein, wenn der Geschäftsherr bei der Auswahl der bestellten Person und, sofern er Vorrichtungen oder Geräthschaften zu beschaffen oder die Ausführung der Verrichtung zu leiten hat, bei der Beschaffung oder der Leitung die im Verkehr erforderliche Sorgfalt beobachtet oder wenn der Schaden auch bei Anwendung dieser Sorgfalt entstanden sein würde.

Die gleiche Verantwortlichkeit trifft denjenigen, welcher für den Geschäftsherrn die Besorgung eines der im Abs. 1 Satz 2 bezeichneten Geschäfte durch Vertrag übernimmt.

---

2. Anstifter und Gehülfen sollen Mitthätern gleich stehen. Dies entspricht ebenfalls dem bisherigen Rechte. Die Ausdrücke Anstifter und Gehülfe sind in dem Sinne zu verstehen, wie die Begriffe im Strafrechte festgestellt sind. Anstifter ist also, wer einen Anderen zu der von demselben begangenen unerlaubten Handlung durch Geschenke oder Versprechen, durch Drohung, durch Mißbrauch des Ansehens oder der Gewalt, durch absichtliche Herbeiführung oder Beförderung eines Irrthums oder durch andere Mittel vorsätzlich bestimmt (St.G.B. § 48). Gehülfe ist, wer dem Thäter zur Begehung der unerlaubten Handlung durch Rath oder That wissentlich Hülfe geleistet hat (St.G.B. § 49). Zu beachten ist, daß nach dem St.G.B. der Gehülfe nur bestraft wird, wenn es sich um ein Verbrechen oder Vergehen, nicht aber wenn es sich um eine Uebertretung handelt, während nach § 830 der Gehülfe stets verantwortlich ist, gleichviel um welche unerlaubte Handlung es sich handelt.

Eine Bestimmung über die Haftpflicht des Begünstigers oder Hehlers ist nicht für erforderlich erachtet. Soweit solche Personen durch ihre eigene Handlung einen Schaden verursacht haben, haften sie nach den allgemeinen Grundsätzen. Eine positive Bestimmung des Inhalts, daß dritte Personen, welche ohne eigenes Verschulden von dem durch das Delikt eines Anderen gezogenen Vortheile Gewinn haben, zum Schadensersatze verpflichtet sein sollen, ist als zu weit gehend angesehen. Vielfach wird aber in derartigen Fällen ein Anspruch nach den Vorschriften über die Herausgabe einer ungerechtfertigten Bereicherung (§§ 812, 817) begründet sein.

3. Dem Verletzten gegenüber haften die nach § 830 verantwortlichen Personen als Gesammtschuldner (§ 840). Unter einander sind sie nach den allgemeinen Vorschriften (§ 426) zu gleichen Antheilen verpflichtet.

§ 831.

E. I §§ 711, 712; II § 754 rev. § 816; III § 815. P. I S. 1008—1011, 1016—1018, 11714—11718; M. II S. 736, 737. P. II S. 2772—2789, 2903—2910 (Bd. 2 S. 597—604). D. S. 649, 650. R.B. S. 1987, 1988.

Nöldeke, Die außerkontraktliche Haftung für fremdes Verschulden nach den §§ 831, 832 B.G.B., Beiträge z. Erl. des D.R. Bd. 41 S. 766—784.

1. Die §§ 831, 832 enthalten Vorschriften über die Haftung für fremde Handlungen und zwar regelt der § 831 die Haftung für Angestellte und Gehülfen, der § 832 die Haftung für den durch Verletzung einer Aufsichtspflicht entstandenen Schaden. Nach dem Verschuldungsprinzipe kann Jemand für die widerrechtlichen Handlungen anderer Personen nur verantwortlich gemacht werden, wenn ihn selbst ein Verschulden trifft. Dies ist auch der Standpunkt, den grundsätzlich das gemeine Recht, das preuß. A.L.R. (I 6 §§ 53, 64f., I 13 § 36) und das sächs. B.G.B. (§ 779) in dieser Frage einnehmen; in einzelnen Spezialgesetzen ist dagegen eine weitergehende Haftung für fremde Handlungen festgesetzt. Nach franz. Rechte (c. c. art. 1384) sind Eltern für den Schaden, der durch die mit ihnen zusammenwohnenden minderjährigen Kinder verursacht ist, verantwortlich, ebenso Hausherren und Kommittenten für den Schaden, der von ihren Dienstboten oder Geschäftsleuten bei den ihnen übertragenen Dienstverrichtungen verursacht sind (dans les fonctions, auxquelles ils les ont employés) und endlich Lehrherren und

Meister für den Schaden, welcher von ihren Zöglingen oder Lehrlingen während der Zeit, in der sie unter Aufsicht stehen, verursacht ist; die Eltern sowie die Lehrherren und Meister können sich aber durch den Beweis befreien, daß sie die That nicht verhindern konnten. Nach dem schweiz. G.B. haftet, wer rechtlich verpflichtet ist, die häusliche Aufsicht über eine Person zu führen, für den von ihr verursachten Schaden, insofern er nicht darzuthun vermag, daß er das übliche und durch die Umstände gebotene Maß von Sorgfalt in der Beaufsichtigung beobachtet hat (Art. 61) und ferner haftet ein Geschäftsherr für den Schaden, welchen seine Angestellten oder Arbeiter in Ausübung ihrer geschäftlichen Verrichtungen verursacht haben, wenn er nicht nachweist, daß er alle Sorgfalt angewendet habe, um einen solchen Schaden zu verhüten. Diese Verantwortlichkeit trifft auch juristische Personen, wenn sie ein Gewerbe betreiben (Art. 62). Als reichsrechtliche vor Erlaß des B.G.B. ergangene Spezialbestimmungen, welche eine besondere Haftung für fremde Handlungen verordnen, sind namentlich hervorzuheben die Bestimmungen des H.G.B. Art. 451, 756 (jetzt §§ 485ff., 734), wonach der Rheder mit Schiff und Fracht für den Schaden haftet, den eine Person der Schiffsbesatzung einem Dritten durch ihr Verschulden in Ausführung ihrer Dienstverrichtungen zufügt. Ebenso ist reichsrechtlich die Entschädigung für den Fall geregelt, daß beim Betrieb einer Eisenbahn oder eines gewerblichen Unternehmens ein Mensch getödtet oder verletzt wird, und zwar zunächst durch das sog. Reichshaftpflichtgesetz v. 7. Juni 1871 und sodann in eigenartiger Weise durch die sog. Reichsversicherungsgesetze. In der Literatur ist namentlich in den letzten Jahrzehnten eine lebhafte Strömung hervorgetreten, welche darauf hindrängt, die Haftung für fremde Handlungen, namentlich auch des Geschäftsherrn für widerrechtliche Handlungen seiner Angestellten und Gehülfen, zu verschärfen. Das Gesetz entscheidet nun die Frage dahin, daß der Geschäftsherr für den Schaden haften soll, den ein Angestellter bei Ausführung der ihm übertragenen Verrichtung einem Dritten widerrechtlich zufügt. Der Geschäftsherr soll sich aber durch den Beweis befreien können, daß er bei der Auswahl der bestellten Person und, sofern er Verrichtungen und Geräthschaften zu beschaffen, oder die Ausführung der Verrichtung zu leiten hat, hierbei die erforderliche Sorgfalt beobachtet hat oder daß der Schaden auch bei Anwendung der erforderlichen Sorgfalt entstanden sein würde. Die gleiche Verantwortlichkeit wie dem Geschäftsherrn ist demjenigen auferlegt, welcher durch Vertrag für ihn die Auswahl der Person, die Beschaffung der Vorrichtungen oder Geräthschaften oder die Leitung übernommen hat. In entsprechender Weise ist die Haftung bei Verletzung einer Aufsichtspflicht geregelt. Der Aufsichtspflichtige soll haften, wenn er nicht den Nachweis führt, daß er seiner Aufsichtspflicht genügt hat oder daß der Schaden auch bei gehöriger Aufsichtsführung entstanden sein würde. Der E. I wollte das Verschuldungsprinzip auch hier streng durchführen; die Haftung des Geschäftsherrn und des Aufsichtspflichtigen sollte davon abhängig sein, daß ihm ein Verschulden nachzuweisen sei. Die zweite Kommission hat nach eingehender Berathung beschlossen, mit dem E. I das Verschuldungsprinzip aufrecht zu erhalten, aber die Beweislast in der angegebenen Weise zu Gunsten des Verletzten zu ändern. Bei der Berathung waren verschiedene Anträge gestellt, welche eine weitergehende Haftung des Geschäftsherrn für widerrechtliche Handlungen eines Angestellten anstrebten. Die Kommission hat nicht verkannt, daß gewichtige Gründe dafür sprechen, demjenigen, welcher sich fremder Hülfe bedient, auch das Risiko aufzuerlegen, welches sich aus der Zuhülfenahme fremder Personen für Dritte ergiebt. Für die Ablehnung der Anträge ist aber in der Hauptsache die Erwägung maßgebend gewesen, daß man besser thue, die Fortbildung des Rechtes auf diesem Gebiete der Spezialgesetzgebung zu überlassen. Diese werde, wie bei den Reichsversicherungsgesetzen geschehen sei, Fürsorge treffen können, daß dem Einzelnen keine unerträglichen Lasten auferlegt würden. Durch die Umkehrung der Beweislast werde immerhin eine nicht unerhebliche Verbesserung der Lage des Verletzten herbeigeführt. Der Bundesrath hat den Beschlüssen der zweiten Kommission zugestimmt und ebenso hat die R.T.K. unter Ablehnung eines entgegenstehenden Antrags sich für den Standpunkt der zweiten Kommission entschieden.

Die im Gesetze getroffene Regelung beruht nach dem Vorstehenden nicht auf dem Gedanken, daß der Geschäftsherr oder der Aufsichtspflichtige für die von ihren Angestellten oder ihrer Aufsicht unterstellten Personen einzustehen haben, wenn diese unerlaubte Handlungen begehen. Der leitende Gedanke ist vielmehr der, daß der Geschäftsherr ebenso wie der Aufsichtspflichtige für eigenes Verschulden einzustehen haben. Wenn im § 831 Abs. 1 Satz 1 schlechthin gesagt wird, daß der Geschäftsherr für seine Angestellten haftet, so hat das die Bedeutung, daß eine Vermuthung für das Verschulden des Geschäftsherrn aufgestellt werden soll. Der Satz 2 soll nicht sagen, daß ausnahmsweise die Haftung fortfällt, wenn der Geschäftsherr den Beweis verbringt, daß ihn kein Verschulden trifft, sondern er bringt das Prinzip zum Ausdrucke, daß die Ersatzpflicht überhaupt nicht eintritt, wenn der Schaden nicht auf ein Verschulden des Geschäftsherrn zurückzuführen ist. Daß die Vorschrift in zwei Sätze zerlegt ist, dürfte wohl nur aus redaktionellen Gründen geschehen sein; die Fassung würde, wenn man beide Sätze zu einem zusammengezogen hätte, sehr schwerfällig geworden sein. Ebenso wie bei § 831 ist das Verhältniß in den Fällen des § 832 zu beurtheilen. Bei der praktischen Anwendung der Vorschriften wird namentlich die reichhaltige Judikatur des französischen Rechtes zu berücksichtigen sein (vergl. Zachariä-Crome, H.B. d. franz. C.R., Bd. 2 § 447, Dreyer, Gutachten f. d. 17. Deutschen Juristentag, Bd. 1 S. 46ff.); hierbei ist aber zu beachten, daß das franz. Recht dem Richter erheblich größere Freiheit dem Gesetze gegenüber einräumt, als dies der deutschen Auffassung entspricht und daß insbesondere bei der Auslegung des art. 1384 die franz. Rechtsprechung außerordentlich weit geht.

2. Abs. 1 Satz 1.

a) Voraussetzungen der Haftung. Jemand hat einen Andern zu einer Verrichtung bestellt. Der Ausdruck Verrichtung ist im weitesten Sinne zu verstehen. Es fällt darunter jede thatsächliche und rechtliche Handlung. Es kommt nicht darauf an, ob die Handlung gegen Entgelt oder unentgeltlich vorzunehmen ist, ob es sich um eine dauernde oder eine vorübergehende Thätigkeit handelt, ob dem Angestellten eine Vertretungsmacht eingeräumt ist oder nicht. Ebenso ist es gleichgültig, zu welchem Zwecke oder auf Grund welchen Rechtsverhältnisses die Bestellung erfolgt. Der Andere muß aber zu der Verrichtung bestellt sein. Was darunter zu verstehen ist, kann in einzelnen Fällen zweifelhaft sein. Das Gesetz hat wohl in erster Linie Fälle im Auge gehabt, welche bereits im bisherigen Rechte Gegenstand von Erörterungen gewesen sind, wie die, daß ein Dienstherr dem Dienstboten oder Arbeiter, oder ein Meister dem Gesellen, oder ein Kaufmann dem Gehülfen einen Auftrag ertheilt; auch die Bestellung eines Gesellschafters zur Führung der Geschäfte der Gesellschaft wird hierher zu rechnen sein. Da aber eine erschöpfende Aufzählung aller in Betracht kommenden Fälle bei der Mannigfaltigkeit der Lebensverhältnisse nicht angängig erschien, ist die Vorschrift ganz allgemein gefaßt. Eine gewisse Grenze ist aber zu ziehen. So kann man z. B. nicht sagen, daß der Rechtsanwalt vom Klienten zur Vornahme der einzelnen Verrichtungen bei der Prozeßführung bestellt ist. Ebenso wird man nicht, wie Nöldeke S. 777 dies thun will, annehmen können, daß der Fahrgast, welcher auf der Straße eine Droschke miethet, den Kutscher zum Fahren bestellt. Man wird nach der Art und Weise, in welcher das Verschuldungsprinzip im Satz 2 zum Ausdrucke gebracht ist, den leitenden Gedanken dahin bestimmen können, daß nur die Bestellung zu solchen Verrichtungen in Frage kommt, bei welchen die Prüfung der Zuverlässigkeit der für die Verrichtung zu bestellenden Person in der hier fraglichen Beziehung möglich und nach der Auffassung des gesunden und normalen Verkehrs erforderlich ist. Jedenfalls ist nach dem Grundgedanken der Vorschrift daran festzuhalten, daß ein Verschulden des Geschäftsherrn denkbar sein muß.

Der Andere muß in Ausführung der ihm übertragenen Verrichtung einem Dritten Schaden zugefügt haben. Die schädigende Handlung muß also, wie bei der Berathung des H.G.B. Art. 451 bemerkt ist (Makower, Kom. z. H.G.B. § 485), mit der Ausführung der Verrichtung in einem inneren Zusammenhange stehen oder wie das Reichsgericht zu dem art. 1384 cc. ausführt, in den Kreis derjenigen Verrichtungen gehören, welche die Ausführung des Auftrags darstellen (R.G. Bd. 24 S. 125). Für einen von dem Angestellten bei Gelegenheit der Ausführung des Auftrags verursachten Schaden ist der Geschäftsherr nicht verantwortlich. Es haftet also z. B. ein Handwerker, wenn seine Leute bei der Ausführung einer Malerarbeit in einem fremden Hause die Tapeten und Möbel beschmutzen, er haftet nicht, wenn sie bei dieser Gelegenheit einen Diebstahl begehen. (Vergl. die Bemerkungen unter 1 über das franz. Recht sowie Schneider-Fick, Kom. z. Schweizer B.G. Art. 62, ferner Staub, Kom. z. H.G.B. Exkurs zu § 58 Anm. 27, § 241 Anm. 19—21.) Für die offene Handelsgesellschaft hat das R.G. in feststehender Praxis entschieden, daß die Gesellschaft für alle solche Delikte der vertretungsberechtigten Gesellschafter hafte, die in einem Zusammenhange mit dem Geschäftsbetriebe der Gesellschaft begangen werden (R.G. Bd. 32 S. 35 und die dort zitirten Entscheidungen); dies wird auch bei anderen Gesellschaften anzunehmen sein.

Der Schaden muß widerrechtlich herbeigeführt sein. Auf ein Verschulden des Angestellten kommt es nicht an, denn der Anspruch gegen den Geschäftsherrn beruht nicht darauf, daß der Geschäftsherr für ein Verschulden des Anderen einzustehen hat, sondern darauf, daß ihn selbst ein Verschulden trifft. Daß dies die Auffassung des Gesetzes ist, ergiebt sich auch aus § 840 Abs. 2, welcher von dem Falle handelt, daß der Andere neben dem Geschäftsherrn haftet, also die Möglichkeit voraussetzt, daß der Geschäftsherr allein haftet. Objektiv muß aber der Thatbestand einer unerlaubten Handlung vorliegen.

b) Liegen die Voraussetzungen des Abs. 1 Satz 1 vor, so ist ein selbständiger Anspruch des Verletzten gegen den Geschäftsherrn begründet. Ist auch der Angestellte für den widerrechtlich herbeigeführten Schaden verantwortlich, so haften Beide dem Verletzten nach § 840 Abs. 1 als Gesammtschuldner, im Verhältnisse zu einander haftet aber der Angestellte nach § 840 Abs. 2 allein.

3. Abs. 1 Satz 2.

Der Geschäftsherr ist von der Haftung frei, wenn er nachweist, daß er bei der Auswahl der bestellten Person und, sofern er Vorrichtungen und Geräthe zu beschaffen oder die Ausführung der Verrichtung zu leiten hat, bei der Beschaffung oder Leitung die im Verkehr erforderliche Sorgfalt beobachtet hat. Lag ihm die Beschaffung von Geräthschaften oder die Leitung nicht ob, so wird er schon durch den Beweis befreit, daß er bei der Auswahl der bestellten Person die erforderliche Sorgfalt beobachtet hat. Ob der Geschäftsherr Geräthschaften zu beschaffen oder die Ausführung der Arbeit zu leiten hat, wird sich regelmäßig aus dem zwischen ihm und dem Angestellten bestehenden Verhältniß ergeben. Der Beweis, daß dem Geschäftsherrn eine solche Verpflichtung obgelegen hat, wird, wie sich aus den Worten und „sofern er" ergiebt, von demjenigen zu führen sein, welcher den Geschäftsherrn in Anspruch nimmt. Der Geschäftsherr ist von der Verantwortlichkeit auch frei, wenn er nachweist, daß der Schaden auch bei der Anwendung der erforderlichen Sorgfalt eingetreten sein würde. Der Ausschluß der Haftung rechtfertigt sich hier dadurch, daß es an einem Kausalzusammenhange zwischen dem etwaigen Verschulden des Geschäftsherrn und dem eingetretenen Schaden fehlt.

Aus Abs. 1 Satz 2 ergiebt sich, worin das Gesetz das Verschulden des Geschäftsherrn erblickt. Der Geschäftsherr soll deshalb haften, weil er bei der Auswahl der bestellten Person und, sofern er Vorrichtungen und Geräthschaften zu beschaffen oder die Ausführung der Verrichtung zu leiten hat, bei der Beschaffung oder der Leitung die im Verkehr erforderliche Sorgfalt nicht beobachtet hat. Diese Nichtbeobachtung wird aber vermuthet und deshalb hat der Geschäftsherr seinerseits die Beobachtung zu beweisen. Aus dieser Auffassung ergiebt sich zugleich, daß auch auf die hier fragliche Haftung des Geschäftsherrn die Vorschriften der §§ 827—829 Anwendung finden, daß der Geschäftsherr also von der Haftung vorbehaltlich der Vorschrift des § 829 auch durch den Nachweis befreit wird, daß er sich bei der Bestellung in einem die Verantwortlichkeit nach §§ 827, 828 ausschließenden Zustande befunden hat.

4. Abs. 2. Dieselbe Verantwortlichkeit wie den Geschäftsherrn soll denjenigen treffen, welcher für den Geschäftsherrn die Beschaffung von Vorrichtungen oder Geräthschaften oder die Leitung der Arbeit durch Vertrag übernommen hat. Zu denken ist z. B. an Betriebsleiter, Bauführer, Werkführer, Aufseher und ähnliche Personen, welche in mehr oder weniger weitgehender Weise für den eigentlichen Geschäftsherrn eintreten. Derartige Personen haften dem Verletzten für die innerhalb ihres Wirkungskreises fallenden Handlungen wie der Geschäftsherr. Dieser selbst haftet daneben, kann sich aber durch den Nachweis befreien, daß er befugt gewesen sei, einem Anderen die Verantwortung für die auszuführenden Arbeiten zu übertragen und daß er bei der Auswahl seines Vertreters die erforderliche Sorgfalt beobachtet habe. Sind Beide, der Vertreter und der Geschäftsherr verantwortlich, so haften sie nach § 840 als Gesammtschuldner (vergl. Erl. zu § 840).

Wer die Beschaffung von Geräthschaften oder die Leitung der Arbeit nicht durch Vertrag, sondern als Geschäftsführer ohne Auftrag übernommen hat, kann nicht aus § 831 in Anspruch genommen werden. Die Worte „durch Vertrag" sind von der R.T.K. eingeschoben, um dies außer Zweifel zu stellen.

Der Beweis, daß der Andere die Beschaffung von Geräthschaften oder die Leitung der Arbeit durch Vertrag übernommen hat, liegt dem Verletzten ob.

Der Vertrag muß selbstverständlich ein gültiger sein. Ob er dies ist, bestimmt sich nach den allgemeinen für Verträge geltenden Vorschriften.

5. Die Vorschriften des § 831 gelten nach E.G. Art. 95 auch für das Gesinderecht.

6. Gastwirthe haften für die von den Gästen eingebrachten Sachen nach Maßgabe der §§ 701, 702. Wegen der actio de effusis et dejectis s. Erl. zu § 836.

Die Haftung der juristischen Personen für die vom Vorstand, einem Mitgliede des Vorstandes oder einem anderen verfassungsmäßig berufenen Vertreter begangene, zum Schadensersatze verpflichtende Handlung ist im § 31 geregelt. Für die Handlungen derjenigen Personen, welche ohne verfassungsmäßig berufene Vertreter zu sein, von der juristischen Person zur Ausführung einer Verrichtung bestellt sind, haftet die juristische Person nach § 831.

Die Haftung des Staates, der Gemeinden und anderer Kommunalverbände für die von ihren Beamten in Ausübung der diesen anvertrauten öffentlichen Gewalt zugefügten Schaden richtet sich nach den Landesgesetzen (E.G. Art. 77).

Unberührt bleiben die reichsrechtlichen Vorschriften, welche die Haftung für fremde Handlungen abweichend von den Bestimmungen des § 831 regeln. Als solche sind namentlich zu nennen H.G.B. §§ 429, 606 (Haftung des Frachtführers und des Verfrachters für Frachtgut), § 456 (Haftung der Eisenbahn für Transportgut), §§ 485, 734 (Haftung des Rheders für die Schiffsbesatzung), ferner des Binnenschifffahrtsgesetzes v. 15. Juni 1895 §§ 3, 92 (Haftung des Schiffseigners für die Schiffsbesatzung), § 58 (Haftung des Frachtführers für Frachtgut), des Flößereigesetzes v. 15. Juni 1895 (Haftung des Eigenthümers für den Floßführer und die Floßmannschaft).

§. 832.

Wer kraft Gesetzes zur Führung der Aufsicht über eine Person verpflichtet ist, die wegen Minderjährigkeit oder wegen ihres geistigen oder körperlichen Zustandes der Beaufsichtigung bedarf, ist zum Ersatze des Schadens verpflichtet, den diese Person einem Dritten widerrechtlich zufügt. Die Ersatzpflicht tritt nicht ein, wenn er seiner Aufsichtspflicht genügt oder wenn der Schaden auch bei gehöriger Aufsichtsführung entstanden sein würde.

Die gleiche Verantwortlichkeit trifft denjenigen, welcher die Führung der Aufsicht durch Vertrag übernimmt.

Vorbehalte für die Landesgesetzgebung s. im E.G. Art. 78, 105—109. Unberührt bleiben auch die landesgesetzlichen Vorschriften, welche im Zusammenhange mit einer der Landesgesetzgebung allgemein vorbehaltenen Materie, wie z. B. Bergrecht oder Wasserrecht, die Haftung für fremde Handlungen abweichend von dem § 831 regeln.

§ 832.

E. I § 710; II § 755 rev. § 817; III § 816. P. I S. 1008—1014, 6137, 11714—11718; M. II S. 734—736. P. II S. 2765—2772, 2903—2911 (Bd. 2 S. 593—596). D. S. 650. K.B. S. 1988.

Vergl. im Allgemeinen Erl. zu § 831.

1. Der § 832 stellt eine Ersatzpflicht wegen Verletzung einer gesetzlichen Aufsichtspflicht fest. Eine Haftung des Aufsichtspflichtigen erscheint jedoch nur gerechtfertigt, wenn die Aufsichtspflicht den Zweck hat, Beschädigung Dritter durch die der Aufsicht unterworfenen Personen zu verhüten. Diese Voraussetzung trifft zu bei der gesetzlichen Pflicht zur Beaufsichtigung von Personen, die wegen Minderjährigkeit oder wegen ihres geistigen oder körperlichen Zustandes der Beaufsichtigung bedürfen. Eine solche Aufsichtspflicht besteht nach dem B.G.B. für die Eltern gegenüber dem minderjährigen ehelichen oder als ehelich geltenden Kinde, soweit ihnen die Sorge für die Person des Kindes zusteht und obliegt (§§ 1627, 1631, 1634, 1684, 1685, 1699 ff., 1719, 1736, 1757, 1765), für die uneheliche Mutter gegenüber dem minderjährigen unehelichen Kinde (§ 1707 Satz 2), für den Vormund bezw. den Pfleger gegenüber dem minderjährigen Mündel (§§ 1800, 1794, 1915) und, soweit erforderlich, auch gegenüber dem volljährigen Mündel (§ 1901), endlich auch, soweit erforderlich, für einen Pfleger gegenüber dem wegen Gebrechlichkeit unter Pflegschaft Gestellten (§§ 1909, 1910, 1915). Andere hierher gehörende Fälle der Aufsichtspflicht gegenüber minderjährigen Personen können sich aus dem Gewerberechte (s. z. B. wegen des Lehrlings Gew.O. §§ 126, 127), dem Schulrecht oder dem Gesinderecht ergeben. Die Aufsicht über Volljährige dagegen, wie sie im Heeresdienst, im Staate und in der Kirche, im Verhältnisse des Vorgesetzten zu dem Untergebenen, im Hauswesen im Verhältnisse des Hausherrn gegenüber dem Gesinde stattfindet, hat, auch wenn sie sich auf die gesammte Führung des zu Beaufsichtigenden erstreckt, nicht den Zweck, Dritte gegen Beschädigungen zu schützen, sondern dient grundsätzlich anderen Zwecken. Um diese Fälle auszuscheiden, hat die zweite Kommission gegenüber dem E. I, welcher auf die Verletzung einer gesetzlichen Aufsichtspflicht abstellte, der Vorschrift die jetzt vorliegende engere Fassung gegeben. Uebrigens kann, wenn die Voraussetzungen des § 831 nicht vorliegen, möglicherweise eine Haftung wegen Verletzung einer Aufsichtspflicht nach den §§ 823, 839 in Frage kommen.

Der Aufsichtspflichtige haftet für den Schaden, welchen die unter seiner Aufsicht stehende Person einem Dritten widerrechtlich zufügt. Auf ein Verschulden des Thäters kommt es nicht an, es muß aber objektiv eine unerlaubte Handlung vorliegen. Die Haftung des Aufsichtspflichtigen beruht nach der dem Gesetze zu Grunde liegenden Auffassung darauf, daß ihn ein Verschulden hinsichtlich der Aufsicht trifft. Die Beweislast ist aber zu Gunsten des Verletzten so gestaltet, daß der Aufsichtspflichtige einen Entschuldigungsbeweis zu führen hat. Was der Aufsichtspflichtige zu thun hat, um seiner Aufsichtspflicht zu genügen, läßt sich nur nach den Umständen des einzelnen Falles entscheiden.

Für Schaden, welchen die zu beaufsichtigende Person nicht einem Dritten, sondern sich elbst zufügt, kann nicht nach § 831 Ersatz gefordert werden. Ob der Aufsichtspflichtige der zu beaufsichtigenden Person Schadensersatz zu leisten hat, bestimmt sich nach dem besonderen zwischen Beiden bestehenden Verhältnisse.

§. 833.

Wird durch ein Thier ein Mensch getödtet oder der Körper oder die Gesundheit eines Menschen verletzt oder eine Sache beschädigt, so ist derjenige, welcher das Thier hält, verpflichtet, dem Verletzten den daraus entstehenden Schaden zu ersetzen.

---

2. Verantwortlich ist nicht nur derjenige, welchem eine Aufsichtspflicht kraft Gesetzes obliegt, sondern auch derjenige, welcher die Führung der Aufsicht durch **Vertrag** übernommen hat, wie z. B. der Institutsvorsteher, welcher die Erziehung eines Kindes, oder der Inhaber einer Irrenanstalt, welcher die Aufsicht und Pflege eines Geisteskranken übernommen hat (vergl. **Schultze**, Arch. f. bürg. Recht Bd. 17 S. 99 ff.). Wer dagegen nur thatsächlich die Obhut übernommen hat, kann wegen mangelhafter Aufsichtsführung nicht in Anspruch genommen werden. Um dies klar zu stellen, sind die Worte „durch Vertrag" von der R.T.K. eingeschoben worden. Hat Jemand durch Vertrag die Aufsicht übernommen, so haftet er, gleichviel ob ein Anderer kraft Gesetzes zur Aufsicht verpflichtet war oder nicht.

3. **Mehrere Aufsichtspflichtige** haften nach § 840 Abs. 1 als Gesammtschuldner. Ist neben dem Aufsichtspflichtigen auch der Andere verantwortlich, welcher als Thäter den Schaden herbeigeführt hat, so ist nach § 840 Abs. 2 in ihrem Verhältnisse zu einander der Andere, in dem Falle des § 829 aber der Aufsichtspflichtige allein verpflichtet (vergl. Erl. zu § 840).

§ 833.

E. I § 734 Abs. 1; II § 756 rev. § 818; III § 817. P. I S. 2873—2884, 3556, 3557, 3560, 6199, 6203; M. II S. 809, 810. P. II S. 2864—2868, 2870—2874, 2903—2910, 3264, 8497 (Bd. 2 S. 646—648; Bd. 6 S. 202). D. S. 650. K.B. S. 1988. St.B. S. 3060—3064.

Isay, Die Verantwortlichkeit des Eigenthümers für seine Thiere, Iher. Jahrb. Bd. 39 S. 209—322.

1. Der § 833 regelt die Haftung für den durch Thiere angerichteten Schaden in einer von den allgemeinen Grundsätzen abweichenden Weise. Die Vorschrift beruht auf dem Gedanken, daß derjenige, welcher ein Thier hält, das Risiko für die Gefahren, welche durch das Thier für die Allgemeinheit herbeigeführt werden, übernehmen muß. Bereits im bisherigen Rechte ist mehrfach dem Eigenthümer des Thieres eine Haftung für den durch das Thier angerichteten Schaden auferlegt, ohne Rücksicht darauf ob den Eigenthümer ein Verschulden trifft. Im Einzelnen ist aber die Gestaltung im bisherigen Rechte eine sehr verschiedene. Der E. I legte demjenigen, welcher ein Thier hält, die Verpflichtung auf, diejenigen Vorsichtsmaßregeln zu treffen, welche erforderlich sind, um das Thier an Zufügung von Beschädigungen zu hindern. Wenn diese Pflicht verletzt wird, sollte der Halter des Thieres für den daraus entstandenen Schaden haften. Die zweite Kommission ist hierüber hinausgegangen. Sie hat hinsichtlich der Hausthiere daran festgehalten, daß derjenige, welcher das Thier hält, für den durch das Thier angerichteten Schaden nur verantwortlich sein soll, wenn ihn ein Verschulden trifft. Sie hat aber zu Gunsten des Verletzten die Beweislast umgekehrt derart, daß der Halter des Thieres unbedingt für haftbar erklärt wurde, wenn er nicht zu beweisen vermochte, daß er seinerseits die erforderliche Sorgfalt beobachtet habe. Für andere als Hausthiere hat dagegen die zweite Kommission den Grundsatz aufgestellt, daß der Halter des Thieres schlechthin zu haften habe, auch wenn ihn kein Verschulden trifft. Die R.T.K. hat den letzteren Grundsatz auch auf die Hausthiere erstreckt. Neben dem Halter des Thieres soll nach § 834 auch derjenige haften, welcher die Führung der Aufsicht über das Thier vertragsmäßig übernommen hat. Er soll sich aber durch den Nachweis befreien können, daß er die erforderliche Sorgfalt beobachtet hat oder daß der Schaden auch bei Anwendung dieser Sorgfalt entstanden sein würde (vergl. auch Vorbm. III a. E.).

2. Die Vorschrift des § 833 gilt für **alle Arten von Thieren**, sowohl für Hausthiere als auch für andere Thiere, insbesondere ist auch für den Schaden zu haften, den Bienen anrichten. Zweifelhaft ist die Frage, ob der § 833 auch auf Bazillen Anwendung findet, die etwa in einem Laboratorium zu wissenschaftlichen Zwecken gezüchtet werden; hierfür **Kuhlenbeck**, Kom., § 823 Anm. 3, **Oertmann**, Kom., § 823 Anm. 2; dagegen **Enneccerus-Lehmann**, B.R., § 372. Der von letzterem angeführte Grund, daß Bazillen nach dem das Leben beherrschenden Sprach-

gebrauche nicht als Thiere angesehen werden, dürfte nicht durchschlagend sein. Hat das Gesetz auch an Bazillen, sofern diese naturwissenschaftlich als Thiere anzusehen sein sollten, nicht speziell gedacht, so spricht doch der Grund, auf dem die Vorschrift des § 833 beruht, daß nämlich derjenige, welcher Thiere zu irgend welchen Zwecken hält, die damit verbundene Gefahr zu tragen hat, dafür, den § 833 auch auf Bazillen anzuwenden.

Der Ersatz von Wildschaden ist im § 835 geregelt.

b) Gehaftet wird, wenn durch das Thier ein Mensch getödtet oder der Körper oder die Gesundheit eines Menschen verletzt oder eine Sache beschädigt wird. Der Ausdruck Beschädigung ist im weitesten Sinne zu verstehen; es dürfte dahin auch der Fall gehören, daß durch einen Hund eine Sache verschleppt wird (v. Liszt, Del. Oblig., S. 108; Isay, S. 307. Vergl. im Uebrigen Erl. 2a zu § 823). Für anderen Schaden, der durch Thiere verursacht wird, z. B. dadurch, daß ein bissiger Hund einen Menschen hindert, ein Grundstück zu betreten, kann nicht nach § 833 sondern nur nach allgemeinen Grundsätzen Ersatz verlangt werden.

Es macht keinen Unterschied, ob das Thier entsprechend seiner Natur oder entgegen seiner Natur, ob es aus eigenem Antrieb oder durch einen Anderen gereizt den Schaden verursacht hat. Wer das Thier hält, haftet auch, wenn er seinerseits alle Vorsichtsmaßregeln getroffen hat, um einen Schaden zu verhüten, und nur durch das Dazwischentreten eines Anderen eine Schädigung möglich geworden ist, so z. B., wenn der Eigenthümer einen bissigen Hund an die Kette gelegt und ein Dritter den Hund losgelassen hat. Selbstverständlich besteht eine Ersatzpflicht aber nur, wenn der Schaden nach den Grundsätzen über Kausalzusammenhang als durch das Thier verursacht anzusehen ist.

Für den Ersatz des Schadens gelten die allgemeinen Grundsätze (§§ 249 ff., 842 ff.). Eine Befreiung von der Ersatzpflicht durch Hingabe des Thieres findet nicht statt.

c) Ersatzpflichtig ist, wer das Thier hält; auf ein Verschulden kommt es nicht an. Was unter dem Halten eines Thieres zu verstehen ist, kann zweifelhaft sein. Der Ausdruck findet sich im preuß. A.L.R. I 6 §§ 70, 72 ebenso im sächs. B.G.B. § 1560. Der code civil art. 1385 erkärt für verantwortlich le propriétaire d'un animal, ou celui qui s'en sert; soit que l'animal fut sous sa garde, soit qu'il fut égaré ou échappé. Nach dem Sprachgebrauche wird man sagen können, daß derjenige ein Thier hält, welcher dasselbe dauernd benutzt oder nutzt und für das Thier sorgt. Danach haftet regelmäßig und in erster Linie der Eigenthümer, daneben aber der Nießbraucher, ebenso der Pächter oder Miether, wenn es sich um ein dauerndes Verhältniß handelt, aber nicht der Entleiher oder der Verwahrer oder der Miether, der das Thier nur für kurze Zeit, etwa zu einem Spazierritte genommen hat, auch nicht, wer ein zugelaufenes Thier in vorläufige Obhut genommen hat. Hierbei werden indessen die Umstände des einzelnen Falles zu berücksichtigen sein. (Aehnlich Isay, S. 315, Oertmann, Kom., § 823 Anm. 3, Enneccerus-Lehmann, B.R., § 372). Der Eigenthümer ist von der Haftung frei, wenn ein Anderer das Thier hält, oder wenn ihm das Thier durch Diebstahl oder sonstwie entzogen wird. Das bloße Entlaufen des Thieres dürfte ihn aber regelmäßig nicht von der Verantwortlichkeit befreien; (so Linckelmann, Schadensersatzpflicht, S. 87, a. A. Oertmann, Isay und Strohal, Jher. Jahrb. Bd. 38 S. 110, nach welchen der Verlust des Besitzes entscheiden soll). Der Thierhalter kann sich von der Haftung nicht dadurch befreien, daß er einen Anderen durch Vertrag zur Führung der Aufsicht verpflichtet; (a. A. Endemann, Einf., § 202 Anm. 10). Halten Mehrere ein Thier zusammen, so ist jeder für den Schaden verantwortlich.

Ein Dritter, welcher den Schaden durch sein Verschulden mit herbeigeführt hat, z. B. dadurch, daß er den Hund auf den Verletzten gehetzt hat, haftet nach § 823. Haben Thiere sich gegenseitig verletzt, so haften die nach § 823 verantwortlichen Personen gegenseitig für den entstandenen Schaden. Trifft den Verletzten selbst ein Verschulden, so finden die Bestimmungen des § 254 Anwendung. Zu denken ist z. B. daran, daß der Verletzte das Thier gereizt hat oder daß er unbefugt ein Gebäude oder ein Gehöft betreten hat, obschon er wußte oder wissen mußte, daß er es nicht betreten durfte, oder daß er eine Warnung nicht beachtet hat, die er hätte beachten müssen (vergl. St.B. S. 3060 ff., sowie Seuff. Arch. Bd. 47 Nr. 28).

Mehrere Ersatzpflichtige haften nach § 840 Abs. 1 als Gesammtschuldner. Dies gilt auch für den Fall, daß Mehrere zusammen ein Thier halten. Daß der § 840 Anwendung findet, ergiebt sich daraus, daß die Schädigung objektiv als eine unerlaubte Handlung im Sinne der Vorschriften des fünfundzwanzigsten Titels anzusehen ist (vergl. Vorbm. III; a. A. Isay, S. 319, wie hier Oertmann Kom. § 823 Anm. 3). Ist neben den nach § 833 ersatzpflichtigen Personen ein Dritter für den Schaden verantwortlich, so ist nach § 840 Abs. 3 in ihrem Verhältnisse zu einander der Dritte allein ersatzpflichtig.

Unberührt bleiben die landesgesetzlichen Vorschriften der Feld- und Forstpolizeigesetze über die Beschädigung von Grundstücken durch Vieh und über die Privatpfändung (E.G. Art. 107, 89).

§. 834.

Wer für denjenigen, welcher ein Thier hält, die Führung der Aufsicht über das Thier durch Vertrag übernimmt, ist für den Schaden verantwortlich, den das Thier einem Dritten in der im §. 833 bezeichneten Weise zufügt. Die Verantwortlichkeit tritt nicht ein, wenn er bei der Führung der Aufsicht die im Verkehr erforderliche Sorgfalt beobachtet oder wenn der Schaden auch bei Anwendung dieser Sorgfalt entstanden sein würde.

§. 835.

Wird durch Schwarz-, Roth-, Elch-, Dam- oder Rehwild oder durch Fasanen ein Grundstück beschädigt, an welchem dem Eigenthümer das Jagdrecht nicht zusteht, so ist der Jagdberechtigte verpflichtet, dem Verletzten den Schaden zu ersetzen. Die Ersatzpflicht erstreckt sich auf den Schaden, den die Thiere an den getrennten, aber noch nicht eingeernteten Erzeugnissen des Grundstücks anrichten.

Ist dem Eigenthümer die Ausübung des ihm zustehenden Jagdrechts durch das Gesetz entzogen, so hat derjenige den Schaden zu ersetzen, welcher zur Ausübung des Jagdrechts nach dem Gesetze berechtigt ist. Hat der Eigenthümer eines Grundstücks, auf dem das Jagdrecht wegen der Lage des Grundstücks nur gemeinschaftlich mit dem Jagdrecht auf einem anderen Grundstück ausgeübt werden darf, das Jagdrecht dem Eigenthümer dieses Grundstücks verpachtet, so ist der letztere für den Schaden verantwortlich.

Sind die Eigenthümer der Grundstücke eines Bezirkes zum Zwecke der gemeinschaftlichen Ausübung des Jagdrechts durch das Gesetz zu einem Verbande vereinigt, der nicht als solcher haftet, so sind sie nach dem Verhältnisse der Größe ihrer Grundstücke ersatzpflichtig.

---

§ 834.

E. I § 734 Abs. 2; II § 757 rev. § 819; III § 819. P. I S. 2873—2884, 3556, 3557, 3560, 6199, 6203; M. II S. 809—814. P. II S. 2865, 2866, 2903, 2907—2910 (Bd. 2 S. 646—648). R.B. S. 1988.

Die Bestimmung, daß für den durch ein Thier verursachten Schaden auch derjenige haften soll, welcher die Aufsicht über das Thier durch Vertrag übernommen hat, beruht auf ähnlichen Erwägungen wie die Vorschriften des § 831 Abs. 2 und des § 832 Abs. 2. Man hat aber auch hier nicht für gerechtfertigt erachtet, dem Aufsichtspflichtigen eine absolute Haftung aufzuerlegen, er soll sich vielmehr durch den Nachweis befreien können, daß er bei der Führung der Aufsicht die im Verkehr erforderliche Sorgfalt beobachtet habe, oder daß der Schaden auch bei Anwendung dieser Sorgfalt entstanden sein würde. Es handelt sich hier also um eine Haftung auf Grund eines Verschuldens und nur die Beweislast ist wie in den Fällen der §§ 831, 832 umgekehrt. Ist der Aufsichtspflichtige nach § 834 verantwortlich, so haftet er neben anderen Ersatzpflichtigen als Gesammtschuldner (vergl. Erl. zu § 840). Personen, welche die Aufsicht über ein Thier übernommen haben, ohne dazu durch Vertrag verpflichtet zu sein, insbesondere Familienangehörige des Thierhalters, welche mit der Pflege und Aufsicht der Thiere befaßt sind, haften nicht nach § 834; sie können für einen durch ihr Verschulden herbeigeführten Schaden nur auf Grund der allgemeinen Vorschriften in Anspruch genommen werden.

§ 835.

E. II § 758 rev. § 820; III § 819. P. II S. 2869, 2870, 3171—3218, 3231—3249, 3253—3261, 3267 (Bd. 2 S. 648, 806—842). D. S. 650, 651. R.B. S. 1988—1990. St.B. S. 2821—2853, 3064—3067.

1. Der § 835 enthält Bestimmungen über den Ersatz von Wildschaden; im Zusammenhange damit stehen die Art. 70—72 des E.G. Die Vorschriften beruhen in der Hauptsache auf den Beschlüssen der zweiten Kommission. Der E. I wollte sich damit begnügen, Vorbehalte für die Landesgesetzgebung in das E.G. aufzunehmen. Die zweite Kommission hat nicht verkannt, daß es mißlich sei, wenn man im Allgemeinen das Jagdrecht der Landesgesetzgebung überlasse, eine einzelne Materie aus diesem Gebiet im B.G.B. zu regeln. Für die Aufnahme der Bestimmungen ist aber die Erwägung maßgebend gewesen, daß es dringend wünschenswerth sei, auf diesem Gebiete die Rechtseinheit herzustellen und in denjenigen Theilen Deutschlands, in welchen es bisher an Vorschriften über den Ersatz des Wildschadens fehlte, reichsrechtlich die Verpflichtung zum Ersatze des Wildschadens in gewissen Grenzen zur Anerkennung zu bringen. Die Kommission hat deshalb nach sehr eingehender Berathung den Grundsatz aufgestellt: Wird durch Schwarz-, Roth-, Elch-, Dam- oder Rehwild ein Grundstück beschädigt, an welchem dem Eigenthümer das Jagdrecht nicht zusteht oder die Ausübung des Jagdrechts entzogen ist, so ist der Jagdberechtigte verpflichtet, dem Verletzten den Schaden zu ersetzen. Mit Rücksicht auf die eigenartigen Verhältnisse der Jagd und des Jagdrechts sind weiter einige Bestimmungen hinzugefügt, welche spezielle Fragen betreffen und ist gleichzeitig eine ganze Reihe von Vorbehalten für die Landesgesetzgebung in das E.G. aufgenommen. Der Bundesrath hat den Beschlüssen der zweiten Kommisson seine Zustimmung ertheilt. Die R.T.K. beschloß die Vorschriften der Regierungsvorlage in der Richtung zu erweitern, daß auch für den von Hasen oder Fasanen verursachten Schaden Ersatz geleistet werden sollte, und weiter eine Vorschrift über den Regreß bei Schaden, der durch Wechselwild verursacht ist, einzustellen; die Regierungsvorlage hatte insoweit, entsprechend den Beschlüssen der zweiten Kommission nur Vorbehalte für die Landesgesetzgebung vorgesehen. Im Plenum des Reichstags haben dann noch bei der zweiten und dritten Lesung ausgedehnte Verhandlungen stattgefunden, welche in der Hauptsache die Fragen betrafen, ob überhaupt Bestimmungen über Wildschaden in das Gesetz aufzunehmen und ferner, ob die Beschlüsse der R.T.K. aufrecht zu erhalten seien. Schließlich hat man der Erstreckung der Ersatzpflicht auf den durch Fasanen verursachten Schaden zugestimmt, im Uebrigen aber die Regierungsvorlage wiederhergestellt.

Materiell beruht die im Gesetze getroffene Regelung auf dem Gedanken, daß es der Gerechtigkeit und Billigkeit entspricht, wenn dem Eigenthümer eines Grundstücks das Jagdrecht oder die Ausübung des Jagdrechts entzogen ist und er sich in Folge dessen selbst nicht gegen die von dem Wilde drohenden Gefahren zu schützen vermag, dem Jagdberechtigten eine Ersatzpflicht für den durch das Wild verursachten Schaden aufzuerlegen. Bei der Ausgestaltung der Vorschriften im Einzelnen ist der Gesichtspunkt maßgebend gewesen, daß die Bestimmungen eingehend genug sein müßten, um ohne Mitwirkung der Landesgesetzgebung in Wirksamkeit treten zu können, daß aber im Uebrigen der Landesgesetzgebung ein weiter Spielraum zur Erweiterung oder Modifikation der Ersatzpflicht für Wildschaden zu gewähren sei. Im Uebrigen ist noch darauf hinzuweisen, daß der Anspruch auf Ersatz des Wildschadens im Sinne des Gesetzes als ein Anspruch aus einer unerlaubten Handlung zu charakterisiren ist und daß also auch bei diesem Anspruch, abgesehen von dem Erfordernisse der Verschuldung, die allgemeinen Grundsätze über unerlaubte Handlungen, insbesondere diejenigen über die abgekürzte Verjährung, Anwendung finden (vergl. Vorbm. III).

2. a) Als Schadenwild bezeichnet das Gesetz Schwarz-, Roth-, Elch-, Dam-, Rehwild und Fasanen. Die Beschränkung der Ersatzpflicht auf den durch bestimmte Arten von Thieren bezeichneten Schaden entspricht dem im größten Theile von Deutschland bisher geltenden Rechte, die nähere Bestimmung des Schadenwildes dem preuß. Ges. v. 11. Juni 1891 und, abgesehen von den Fasanen, dem bayr. Ges. v. 15. Juni 1850. Für den durch andere Thiere, insbesondere durch Kaninchen und Hasen, verursachten Schaden kann nach § 835 kein Ersatz beansprucht werden. Unberührt bleiben aber die landesgesetzlichen Vorschriften, nach welchen die Verpflichtung zum Ersatze des Wildschadens auch dann eintritt, wenn der Schaden durch jagdbare Thiere anderer Gattungen angerichtet wird (E.G. Art. 71 Z. 1).

Thiere, welche von Jemand gehalten werden, fallen nicht unter den § 835. Für Schaden, den ein solches Wild anrichtet, ist nach §§ 833, 834 Ersatz zu leisten. Ob ein Thier gehalten wird, ist nach den Umständen des einzelnen Falles zu entscheiden. Bei Wild, welches sich in einem Gehege befindet, aber übrigens auf der freien Wildbahn geht, wird jedenfalls nicht der § 833 sondern der § 835 anzuwenden sein (P. II S. 3264, Bd. 2 S. 841).

b) Zu ersetzen ist der Schaden, der an einem Grundstück angerichtet wird. Zu denken ist hauptsächlich an den Schaden, der durch das Abweiden oder Zertreten der Felder entsteht. In Betracht kommt aber auch jeder andere Schaden, der durch die Beschädigung eines Grundstücks verursacht wird, also z. B. auch der durch Umwühlen oder Unterwühlen herbeigeführte Schaden. Die Ersatzpflicht soll sich weiter erstrecken auf den Schaden, den die Thiere an den getrennten, aber noch nicht eingeernteten Erzeugnissen anrichten. Bei der Berathung in der R.T.K. ist hierzu von Seiten der Vertreter der verbündeten Regierungen erklärt und von verschiedenen anderen Seiten bestätigt, daß die Erzeugnisse auch dann als eingeerntet zu gelten haben, wenn sie in Diemen, Feimen, Miethen und dergl. zusammengebracht worden sind.

Eigenes Verschulden des Verletzten bei der Entstehung des Schadens ist nach § 254 zu berücksichtigen. Ein Verschulden des Verletzten kann z. B. unter Umständen dann vorliegen, wenn er es unterlassen hat, den Ersatzpflichtigen auf einen drohenden, besonders erheblichen Schaden aufmerksam zu machen, zu dessen Abwendung der Ersatzpflichtige Vorkehrungen hätte treffen können; auch darin kann ein Verschulden gefunden werden, daß der Ersatzpflichtige Felder, die der Beschädigungbesonders ausgesetzt sind, mit ungewöhnlich werthvollen Früchten bestellt hat. Unter Umständen kann es auch für die Besitzer der gefährdeten Grundstücke geboten erscheinen, positive Vorsichtsmaßregeln zur Abwehr des Schadens zu treffen, namentlich wenn solche nicht mit nennenswerthen Kosten verbunden sind. Eine allgemeine Regel läßt sich nicht aufstellen. Jedenfalls ist aber der Anspruch auf Ersatz des Wildschadens nicht von der Voraussetzung abhängig, daß der Verletzte vergeblich die Abwendung des Schadens versucht hat (vergl. Seuff. Arch. Bd. 42 Nr. 190). Unberührt bleiben die landesgesetzlichen Vorschriften, nach welchen der Wildschaden, der an Gärten, Obstgärten, Weinbergen, Baumschulen und einzelstehenden Bäumen angerichtet wird, dann nicht zu ersetzen ist, wenn die Herstellung von Schutzvorrichtungen unterblieben ist, die unter gewöhnlichen Umständen zur Abwendung des Schadens ausreichen (E.G. Art. 71 Z. 4). Unberührt bleiben auch die landesgesetzlichen Vorschriften über die Grundsätze, nach welchen der Wildschaden festzustellen ist sowie die landesgesetzlichen Vorschriften, nach welchen der Anspruch auf Ersatz des Wildschadens innerhalb einer bestimmten Frist bei der zuständigen Behörde geltend gemacht werden muß (E.G. Art. 70).

c) **Voraussetzung des Anspruchs auf Ersatz von Wildschaden ist, daß dem Eigenthümer das Jagdrecht an dem beschädigten Grundstücke nicht zusteht, oder daß ihm die Ausübung des Jagdrechts entzogen ist.** Ob diese Voraussetzung zutrifft, ist nach den Landesgesetzen zu entscheiden. Gedacht ist zunächst an diejenigen Fälle, in welchen noch ein besonderes dingliches Jagdrecht an fremdem Grund und Boden besteht. Ferner werden betroffen die häufigen und wichtigen Fälle der Jagdgemeinschaften, bei denen dem einzelnen Grundbesitzer die freie und direkte Ausübung des Jagdrechts entzogen ist sowie die Fälle der Jagd-Einschlüsse und Anschlüsse. Den Fällen, in denen dem Eigenthümer das Jagdrecht entzogen ist, stehen nach E.G. Art. 72 die Fälle gleich, in denen ein dingliches aber zeitlich nicht beschränktes Nutzungsrecht an einem Grundstücke besteht, dem Eigenthümer aber das Jagdrecht verblieben ist. Besteht lediglich ein obligatorisches Pachtverhältniß, bei dem sich der Verpächter dem Pächter gegenüber vertragsmäßig die Ausübung der Jagd vorbehalten hat, so findet der § 835 keine Anwendung; ein Antrag, welcher die Vorschrift auch auf diese Fälle erstrecken wollte, ist von der zweiten Kommission abgelehnt, weil man es für bedenklich erachtete, über das bisherige Recht, welches hier keinen gesetzlichen Anspruch auf Ersatz des Wildschadens gewährt, hinauszugehen. Der Pächter kann also nur auf Grund des Pachtvertrags Ersatz verlangen; ob dieser dahin zu verstehen ist, daß dem Pächter Ersatz des etwaigen Wildschadens gewährt werden soll, ist eine Auslegungsfrage.

d) **Ersatzpflichtig** ist der Jagdberechtigte. Auf ein Verschulden kommt es nicht an; der Jagdberechtigte haftet selbst dann, wenn er durch die gesetzlichen oder polizeilichen Bestimmungen über die Schonzeit zeitweilig verhindert gewesen ist, das Wild abzuschießen und dadurch dem Schaden vorzubeugen. Wer der Jagdberechtigte ist, bestimmt sich nach den Landesgesetzen. Im Einzelnen ist hier noch Folgendes hervorzuheben: Dem Verletzten haftet nur, wer kraft Gesetzes jagdberechtigt ist, also nicht der **Jagdpächter**. Hat der Jagdberechtigte mit dem Jagdpächter einen Vertrag zu Gunsten Dritter in dem Sinne geschlossen, daß der Jagdpächter dem Verletzten direkt haften solle, so können die Verletzten selbstverständlich auf Grund des Vertrags den Jagdpächter in Anspruch nehmen. Der Jagdberechtigte kann aber seinerseits den Verletzten nicht an den Jagdpächter verweisen, wenn er mit diesem ausgemacht hat, daß der Jagdpächter für den Wildschaden aufzukommen habe. Ob der Jagdberechtigte einen Rückgriff wegen des von ihm gezahlten Wildschadens an den Jagdpächter hat, richtet sich nach dem Pachtvertrage. Wird Wildschaden durch jagdbare Thiere verursacht, welche aus einem Gehege ausgetreten sind, so haftet derjenige, welchem das Jagdrecht an den beschädigten Grundstücken zustand. Unberührt bleiben aber die landesgesetzlichen Vorschriften, nach welchen in solchen Fällen der Eigenthümer oder Besitzer des Geheges verantwortlich ist (E.G. Art. 71 Z. 2).

Bei **Jagd-Einschlüssen und Anschlüssen** ist nach dem geltenden Landesrechte vielfach entweder der Eigenthümer des umschließenden oder anschließenden Grundstücks gesetzlich zur Ausübung der Jagd auf dem anderen Grundstücke berechtigt oder der Eigenthümer dieses anderen Grundstücks gesetzlich verpflichtet, jenem die Ausübung pachtweise zu überlassen; endlich kommt es auch vor, daß der Eigenthümer des anderen Grundstücks die Wahl hat, die Jagd ruhen zu lassen oder ihre Ausübung dem benachbarten Eigenthümer zu überlassen. Der Abs. 2 trägt den bezeichneten Vorschriften der Landesgesetze gleichmäßig Rechnung. Ersatzpflichtig ist, wenn dem Eigenthümer die Ausübung des ihm zustehenden Jagdrechts durch das Gesetz entzogen ist, der zur Ausübung des Jagdrechts nach dem Gesetze Berechtigte. Hat der Eigenthümer eines Grund-

§. 836.

Wird durch den Einsturz eines Gebäudes oder eines anderen mit einem Grundstücke verbundenen Werkes oder durch die Ablösung von Theilen des Gebäudes oder des Werkes ein Mensch getödtet, der Körper oder die Gesundheit eines Menschen verletzt oder eine Sache beschädigt, so ist der Besitzer des Grundstücks, sofern der Einsturz oder die Ablösung die Folge fehlerhafter Errichtung oder mangelhafter Unterhaltung ist, verpflichtet, dem Verletzten den daraus entstehenden Schaden zu ersetzen. Die Ersatzpflicht tritt nicht ein, wenn der Besitzer

---

stücks, auf welchem das Jagdrecht wegen der Lage des Grundstücks nur gemeinschaftlich mit dem Jagdrecht an einem anderen Grundstück ausgeübt werden kann, das Jagdrecht dem Eigenthümer dieses Grundstücks verpachtet, so ist der Letztere für den Schaden verantwortlich. Unberührt bleiben die landesgesetzlichen Vorschriften, nach welchen der Eigenthümer eines Grundstücks, wenn das Jagdrecht auf einem anderen Grundstücke nur gemeinschaftlich mit dem Jagdrecht auf seinem Grundstück ausgeübt werden darf, für den an dem anderen Grundstück angerichteten Wildschaden auch dann haftet, wenn er die ihm angebotene Pachtung der Jagd abgelehnt hat. (E.G. Art. 71 Z. 3).

Das Rechtsverhältniß der gemeinschaftlichen Jagdbezirke ist in den geltenden Jagdgesetzen ebenfalls verschieden geregelt. Theils sind die Grundbesitzer zu einem Jagdverbande zusammengeschlossen, dem entweder juristische Persönlichkeit zusteht oder der den Charakter einer als solche nicht haftenden Gesellschaft trägt, theils wird die Gesammtheit der Grundbesitzer durch die politische Gemeinde vertreten. Endlich kommt es auch vor, daß die politische Gemeinde die Nutzungen der Jagd direkt für sich bezieht. Reichsrechtlich haften in allen diesen Fällen die Jagdberechtigten. Unberührt bleiben die landesgesetzlichen Vorschriften, nach welchen die Gemeinde an Stelle der Eigenthümer der zu einem Jagdbezirke vereinigten Grundstücke zum Ersatze des Wildschadens verpflichtet und zum Rückgriff auf die Eigenthümer berechtigt ist oder an Stelle der Eigenthümer oder der Gemeinde oder neben ihnen der Jagdpächter zum Ersatze des Schadens verpflichtet ist (E.G. Art. 71 Z. 6).

Mehrere Ersatzpflichtige haften als Gesammtschuldner. Ist neben dem Jagdberechtigten ein Dritter für den Schaden verantwortlich, wie etwa in dem Falle, daß Jemand vorsätzlich oder fahrlässig durch Oeffnen einer Umzäunung dem Wilde einen Garten oder ein bestelltes Feld zugänglich gemacht hat, so ist im Verhältnisse des Jagdberechtigten zu dem Dritten der Letztere allein verpflichtet. Besondere Fürsorge ist im Gesetze für die Fälle getroffen, daß das Landesgesetz den Jagdverband mehrerer Grundbesitzer als Gesellschaft gestaltet, die als solche nicht haftet. Hier sollen die Eigenthümer der Grundstücke nach dem Verhältnisse der Größe ihrer Grundstücke ersatzpflichtig sein und zwar nach § 840 Abs. 1 auch dem Verletzten gegenüber. Unberührt bleiben aber die landesgesetzlichen Vorschriften, welche das Verhältniß anders regeln (E.G. Art. 71 Z. 5).

Ueber den durch Wechselwild verursachten Schaden enthält das B.G.B. keine Bestimmungen; aufrecht erhalten sind aber die landesgesetzlichen Vorschriften, welche in solchem Falle dem Ersatzpflichtigen ein Rückgriffsrecht gegen den Jagdberechtigten desjenigen Bezirks geben, in welchem das Wild seinen Stand hat (E.G. Art. 71 Z. 7).

e) Ersatzberechtigt ist jeder unmittelbar durch die Beschädigung des Grundstücks Verletzte. Regelmäßig wird dies der Eigenthümer sein. Doch kann auch der Pächter einen Ersatzanspruch geltend machen.

§ 836.

E. I 735 Abs. 1; II § 759 rev. § 821; III § 820. P. I S. 2884—2891, 6199, 6203; M. II S. 814—819. P. II S. 2874—2886, 2888, 2889, 2903—2910 (Bd. 2 S. 650—656). D. S. 651. K.B. S. 1990.

1. Die §§ 836—838 enthalten Sondervorschriften über den durch Einsturz eines Gebäudes herbeigeführten Schaden. Nach den allgemeinen Grundsätzen würde eine Ersatzpflicht nur begründet sein, wenn Jemand den Schaden vorsätzlich oder fahrlässig herbeigeführt hat. Der Beweis eines Verschuldens wird aber in vielen Fällen nur schwer zu erbringen sein; auch die Entscheidung der Frage, wer für den Schaden verantwortlich zu machen ist, würde vielfach Zweifeln unterliegen. Im Interesse der allgemeinen Sicherheit ist deshalb das Verhältniß nach dem Vorgange des bisherigen Rechtes in einer besonderen Weise geregelt. Das röm. Recht

zum Zwecke der Abwendung der Gefahr die im Verkehr erforderliche Sorgfalt beobachtet hat.

Ein früherer Besitzer des Grundstücks ist für den Schaden verantwortlich, wenn der Einsturz oder die Ablösung innerhalb eines Jahres nach der Beendigung seines Besitzes eintritt, es sei denn, daß er während seines Besitzes die im Verkehr erforderliche Sorgfalt beobachtet hat oder ein späterer Besitzer durch Beobachtung dieser Sorgfalt die Gefahr hätte abwenden können.

Besitzer im Sinne dieser Vorschriften ist der Eigenbesitzer.

---

ließ für den durch Einsturz eines Gebäudes verursachten Schaden grundsätzlich eine Haftung nur eintreten, wenn die Voraussetzungen der actio legis Aquiliae erfüllt waren. Für gewisse Fälle gewährte aber das röm. Recht mittels der cautio damni infecti einen weitergehenden Schutz. Drohte ein Gebäude oder ein sonstiges auf einem Grundstück errichtetes Werk einzustürzen, so konnte der Eigenthümer des Nachbargrundstücks sowie einige andere durch den drohenden Einsturz gefährdete Personen von dem Eigenthümer des gefahrdrohenden Grundstücks Sicherstellung verlangen, daß er ihnen für den etwaigen Schaden aufkommen werde. Trat dann der Einsturz ein, so hatte der Eigenthümer zu haften, gleichviel ob ihn ein Verschulden traf oder nicht. Die neueren Gesetze haben, abgesehen vom österreich. G.B. § 343, das Institut der cautio damni infecti nicht übernommen, sondern in mehr oder weniger weitgehender Weise den durch Einsturz eines Gebäudes Verletzten einen direkten Anspruch gegen den Eigenthümer oder Besitzer des Grundstücks gewährt. Der E. I folgte in der Hauptsache dem preuß. A.L.R. (I 8 §§ 36 ff. in V. m. I 6 §§ 10 ff.). Er stellte den Satz auf, daß der Besitzer eines Grundstücks verpflichtet sei, dafür zu sorgen, daß ein auf dem Grundstücke befindliches Gebäude oder sonstiges Werk nicht in Folge fehlerhafter Errichtung oder in Folge mangelhafter Erhaltung einstürze. Im Falle der Verletzung dieser Pflicht sollte der Besitzer zum Ersatze des Schadens verpflichtet sein, welcher einem Dritten aus dem dadurch verursachten Schaden entstanden ist (E. I § 735 Abs. 1). Ergänzend waren dann einige den jetzigen §§ 837, 838 entsprechende Bestimmungen hinzugefügt (E. I § 735 Abs. 2, 3). In der Kritik zum E. I war von verschiedenen Seiten vorgeschlagen, das Verschuldungsprinzip hier durch das Veranlassungsprinzip zu ersetzen. Die zweite Kommission, bei deren Beschlüssen es geblieben ist, hat sich dafür entschieden, mit dem E. I an dem Verschuldungsprinzipe festzuhalten, aber die Beweislast zu Gunsten des Verletzten zu ändern derart, daß der Ersatzpflichtige zu haften hat, wenn er nicht nachweist, daß er die im Verkehr erforderliche Sorgfalt beobachtet hat. Ersatzpflichtig soll nicht der Eigenthümer des Grundstücks sein, sondern der Eigenbesitzer des Grundstücks. Es beruht dies auf dem Gedanken, daß nur der Besitzer im Stande ist, sich über den Zustand des Gebäudes zu unterrichten und die erforderlichen Maßnahmen zur Abwehr eines Einsturzes zu treffen. Die Haftung des Besitzers soll jedoch auch nach der Beendigung des Besitzes fortbestehen, da ihm sonst die Möglichkeit gegeben sein würde, sich durch Aufgeben des Besitzes der Verantwortlichkeit zu entziehen. Im Interesse der Rechtssicherheit beschränkt jedoch das Gesetz die Haftung eines früheren Besitzers auf den Fall, daß das schädigende Ereigniß innerhalb eines Jahres nach der Beendigung seines Besitzes eingetreten ist, und schließt sie ganz aus, falls derselbe den Mangel eigenen Verschuldens oder ein die Haftung eines späteren Besitzers begründendes Verschulden des Letzteren nachweist. Ist das schadenstiftende Bauwerk nicht im Besitze des Eigenbesitzers des Grundstücks, sondern eines Anderen, der es in Ausübung eines dinglichen oder persönlichen Rechtes besitzt, z. B. eines Erbbauberechtigten oder eines Pächters, so trifft die Haftung an Stelle des Eigenbesitzers diesen Anderen (§ 837). Neben dem Eigenbesitzer haftet in gleicher Weise, wer die Unterhaltung des Gebäudes oder sonstigen Werkes für denselben übernommen hat und ebenso, wer vermöge eines ihm zustehenden Nutzungsrechts, z. B. eines Nießbrauchs oder eines Wohnungsrechts, zu der Unterhaltung verpflichtet ist.

Ihre Ergänzung finden die Vorschriften der §§ 836—838 in der Bestimmung des § 908, nach welcher, wenn ein Gebäude einzustürzen droht, der Eigenthümer des Nachbargrundstücks von dem nach den §§ 836—838 Ersatzpflichtigen verlangen kann, daß er die zur Abwendung der Gefahr erforderliche Vorkehrung trifft (vergl. auch §§ 907, 909).

2. **Voraussetzungen der Ersatzpflicht.**

a) **Durch den Einsturz eines Gebäudes oder eines anderen mit einem Grundstücke verbundenen Werkes oder durch die Ablösung von Theilen des Gebäudes oder des Werkes** muß ein Schaden entstanden sein. Was unter einem Gebäude zu verstehen ist, bestimmt sich nach den Anschauungen des Lebens (vergl. § 648). Bei einem anderen mit einem Grundstücke verbundenen Werke ist zu denken an Brunnen, Wasserleitungen, Kanäle, Mauern, Gerüste, elektrische Leitungen und dergl.; auch Buden, Karoussels und ähnliche zu vorübergehendem Gebrauch errichtete Werke werden hierher zu rechnen sein, sofern sie mit dem Grund und Boden verbunden sind (vergl. § 95 Abs. 1 Satz 2). Dagegen kommen Pflanzen und Bäume nicht in Betracht. Zweifelhaft kann sein, ob der § 836 anzuwenden ist, wenn durch Einstürzen einer Wand in einem Steinbruch, einer Lehmgrube und dergl. ein Schaden entsteht; überwiegende Gründe dürften regelmäßig für die Bejahung der Frage sprechen. Hinsichtlich der Ersatzpflicht für Beschädigungen, welche durch den Bergbau verursacht werden, sind die Vorschriften der Landesgesetze maßgebend (E.G. Art. 67).

b) Durch den Einsturz oder die Ablösung muß ein Mensch getödtet, der Körper oder die Gesundheit eines Menschen verletzt oder eine Sache beschädigt sein. Im Einzelnen vergl. Erl. 2a zu § 823.

Eigenes Verschulden des Verletzten ist nach § 254 zu berücksichtigen.

c) Der Einsturz oder die Ablösung muß die Folge fehlerhafter Errichtung oder mangelhafter Unterhaltung sein. Erforderlich ist also einmal, daß das Werk fehlerhaft errichtet oder mangelhaft erhalten war, und sodann, daß der Einsturz in Folge dieses Fehlers oder Mangels eingetreten ist. Ob der Einsturz äußerlich durch menschliche Thätigkeit oder durch ein Naturereigniß, etwa durch einen Windstoß oder einen Regenguß, veranlaßt ist, macht keinen Unterschied. Es muß aber die Sachlage so sein, daß nach den Grundsätzen über den Kausalzusammenhang der Einsturz als Folge der fehlerhaften Errichtung oder der mangelhaften Unterhaltung erscheint. Eine Ersatzpflicht ist daher nicht begründet, wenn der Schaden auf die Beschaffenheit des Grund und Bodens oder auf ein Naturereigniß, wie z. B. ein Erdbeben oder einen Bergsturz, zurückzuführen ist, welchen auch eine fehlerlose Anlage nicht widerstanden haben würde.

2. a) Ersatzpflichtig ist, wer zur Zeit des Unfalls Eigenbesitzer des Grundstücks ist, d. h. nach § 872, wer das Grundstück als ihm gehörend besitzt. Ob sich der Besitzer in gutem oder bösem Glauben befindet, ist gleichgültig. Der Eigenthümer haftet als solcher nach § 836 nicht, sondern nur, wenn er Besitzer ist. Auf ein Verschulden des Besitzers kommt es nicht an. Der Besitzer kann sich aber durch den Nachweis von der Haftung befreien, daß er zur Abwendung der Gefahr die im Verkehr erforderliche Sorgfalt beobachtet hat.

b) Neben demjenigen, welcher zur Zeit des Unfalls Besitzer ist, haftet nach Abs. 2 ein früherer Eigenbesitzer, wenn der Einsturz innerhalb eines Jahres nach der Beendigung seines Besitzes eingetreten ist. Daß letztere Voraussetzung vorliegt, hat derjenige zu beweisen, welcher den früheren Besitzer in Anspruch nimmt. Der frühere Besitzer kann sich seinerseits durch den Nachweis befreien, daß er während seines Besitzes die im Verkehr erforderliche Sorgfalt beobachtet hat oder daß ein späterer Besitzer durch Beobachtung dieser Sorgfalt die Gefahr hätte abwenden können. Neben dem Besitzer haftet ferner, wer nach Maßgabe des § 838 für den Schaden verantwortlich ist. An Stelle des Besitzers haftet derjenige, welcher nach § 837 für den Schaden verantwortlich ist. Neben den nach den §§ 836—838 ersatzpflichtigen Personen haftet dem Verletzten endlich auch ein Dritter, welcher nach den allgemeinen Grundsätzen für den Schaden verantwortlich ist, wie z. B. der Baumeister, auf dessen Verschulden der Fehler in der Anlage zurückzuführen ist.

Mehrere Ersatzpflichtige haften nach § 840 Abs. 1 als Gesammtschuldner. Ist neben denen, die nach den §§ 836—838 zum Ersatze des Schadens verpflichtet sind, ein Dritter für den Schaden verantwortlich, so ist er in ihrem Verhältnisse zu einander nach § 840 Abs. 3 allein verantwortlich. (Vergl. auch Erl. zu § 840).

3. Für den Schaden, welcher durch das Herabfallen einer beweglichen Sache entsteht, kann Ersatz nur nach den allgemeinen Grundsätzen verlangt werden.

Der E. I enthielt in den §§ 729—733 Vorschriften, welche denen des röm. Rechtes über die actio de effusis et dejectis nachgebildet waren. Danach sollte der Inhaber eines Gebäudes für den Schaden verantwortlich sein, der durch Ausgießen oder Auswerfen von Sachen aus dem Gebäude oder durch Herabfallen von nicht gehörig befestigten Sachen entsteht, sofern er die Person nicht nachweist, von welcher die schädigende Handlung verübt ist. Die zweite Kommission hat diese Vorschriften gestrichen, weil ein hinreichendes Bedürfniß zu Sondervorschriften bei den heutigen Verhältnissen nicht mehr vorliege. Der Inhaber des Gebäudes oder der Wohnung wird also nur in Anspruch genommen werden können, wenn ihm gegenüber die Voraussetzungen des § 823 oder der §§ 831, 832 vorliegen.

4. Vorbehalte für die Landesgesetzgebung s. im E.G. Art. 105—107.

Unberührt bleiben auch nach E.G. Art. 67, wie bereits oben hervorgehoben ist, die landesgesetzlichen Vorschriften über den Ersatz des Schadens, welcher durch den Betrieb des Bergbaues entsteht.

§. 837.

Besitzt Jemand auf einem fremden Grundstück in Ausübung eines Rechtes ein Gebäude oder ein anderes Werk, so trifft ihn an Stelle des Besitzers des Grundstücks die im §. 836 bestimmte Verantwortlichkeit.

§. 838.

Wer die Unterhaltung eines Gebäudes oder eines mit einem Grundstücke verbundenen Werkes für den Besitzer übernimmt oder das Gebäude oder das Werk vermöge eines ihm zustehenden Nutzungsrechts zu unterhalten hat, ist für den durch den Einsturz oder die Ablösung von Theilen verursachten Schaden in gleicher Weise verantwortlich wie der Besitzer.

---

§ 837.

E. I § 735 Abs. 2; II § 760 rev. § 822; III § 821. P. I S. 2884—2891, 6199, 6203; M. II S. 814—819. P. II S. 2874, 2886 (Bd. 2 S. 651, 652, 657).

Vergl. Erl. zu § 836.

Besitzt Jemand auf einem fremden Grundstück ein Gebäude oder ein anderes Werk, so ist der Besitzer des Grundstücks nicht in der Lage, die nothwendigen Maßnahmen zur Abwehr eines Einsturzes zu treffen. Vielmehr ist dies Sache des Besitzers des Gebäudes. Das Gesetz legt deshalb dem Letzteren an Stelle des Besitzers des Grundstücks die im § 836 bestimmte Verantwortlichkeit auf.

Daß Jemand auf einem fremden Grundstück in Ausübung eines Rechtes ein Gebäude oder ein sonstiges Werk besitzt, kann vorkommen auf Grund eines Erbbaurechts, einer Grunddienstbarkeit, eines Nießbrauchs oder einer beschränkten persönlichen Dienstbarkeit (§ 95 Abs. 1 Satz 2). Der § 837 dürfte weiter auch anwendbar sein im Falle eines Ueberbaus nach § 913, obschon hier kein eigentliches Recht vorliegt. Auch die Fälle gehören hierher, in welchen auf Grund eines obligatorischen Rechtes, z. B. eines Mieth- oder Pachtverhältnisses, zu einem vorübergehenden Zwecke ein Gebäude oder sonstiges Werk mit einem Grundstücke verbunden ist (§ 95 Abs. 1 Satz 1) und sich im Eigenbesitze des obligatorisch Berechtigten befindet; denn der § 837 verlangt nicht, daß der Besitz auf Grund eines Rechtes an einem Grundstücke, sondern nur, daß er überhaupt auf Grund eines Rechtes stattfinde. In anderen als den im § 95 bezeichneten Fällen ist der Eigenbesitzer des Grundstücks auch Eigenbesitzer des Gebäudes oder sonstigen mit dem Grundstücke verbundenen Werkes und bleibt also nach Maßgabe des § 836 verantwortlich. Ob der Miether oder Pächter neben dem Eigenbesitzer des Grundstücks haftet, bestimmt sich nach § 838 (Vergl. Erl. zu § 840).

§ 838.

E. I § 735 Abs. 3; II § 761 rev. § 823; III § 822. P. I S. 2884—2891, 6199, 6203; M. II S. 814—819. P. II S. 2875, 2877, 2878, 2886, 2887, 2903—2911 (Bd. 2 S. 651, 652, 657, 667—670).

Vergl. Erl. zu § 836.

Im Einklange mit den Vorschriften der §§ 831 Abs. 2, 832 Abs. 2, 834 bestimmt der § 838, daß, wer die Unterhaltung eines Gebäudes oder eines mit einem Grundstücke verbundenen Werkes für den Besitzer übernommen hat oder das Gebäude oder das Werk vermöge eines ihm zustehenden Nutzungsrechts zu unterhalten hat, in gleicher Weise wie der Besitzer nach § 836 verantwortlich sein soll. Zu denken ist, was die ersteren Fälle anlangt, daran, daß Jemand als Hausverwalter oder Baumeister, als Miether oder Pächter die Unterhaltung eines Gebäudes oder sonstigen Werkes übernommen hat. Daß Jemand vermöge eines ihm zustehenden Nutzungsrechts ein Gebäude oder sonstiges Werk zu unterhalten hat, kommt vor bei Grunddienstbarkeiten (§§ 1021, 1022), beim Nießbrauch (§ 1041) und bei beschränkten persönlichen Dienstbarkeiten (§§ 1090, 1093).

Die nach § 838 ersatzpflichtigen Personen haften neben dem Besitzer als Gesammtschuldner (vergl. Erl. zu § 840).

§. 839.

Verletzt ein Beamter vorsätzlich oder fahrlässig die ihm einem Dritten gegenüber obliegende Amtspflicht, so hat er dem Dritten den daraus entstehenden Schaden zu ersetzen. Fällt dem Beamten nur Fahrlässigkeit zur Last, so kann er nur dann in Anspruch genommen werden, wenn der Verletzte nicht auf andere Weise Ersatz zu erlangen vermag.

Verletzt ein Beamter bei dem Urtheil in einer Rechtssache seine Amtspflicht, so ist er für den daraus entstehenden Schaden nur dann verantwortlich, wenn die Pflichtverletzung mit einer im Wege des gerichtlichen Strafverfahrens zu verhängenden öffentlichen Strafe bedroht ist. Auf eine pflichtwidrige Verweigerung oder Verzögerung der Ausübung des Amtes findet diese Vorschrift kein Anwendung.

Die Ersatzpflicht tritt nicht ein, wenn der Verletzte vorsätzlich oder fahrlässig unterlassen hat, den Schaden durch Gebrauch eines Rechtsmittels abzuwenden.

---

§ 839.

E. I § 736 Abs. 1, 3; II § 762 rev. § 824; III § 823. P. I S. 2891, 2892, 3075—3084, 6199, 6203, 8276, 8442—8447, 8778, 8789; M. II S. 819—828. P. II S. 2891—2901, 8497—8502 (Bd. 2 S. 658—664; Bd. 6 S. 202—205). D. S. 651, 652. K.B. S. 1991—1994. St.B. S. 2855—2870, 3067—3069.

Nöldeke, Die civilrechtliche Haftung des Richters nach dem B.G.B., Beitr. z. Erl. d. D.R. Bd. 42 S. 795—827.

1. Im Hinblick auf die eigenartige Stellung der Beamten ist es für erforderlich erachtet, besondere Vorschriften zu geben, welche die Ersatzpflicht der Beamten für eine Verletzung ihrer Amtspflicht regeln. Nach den allgemeinen Grundsätzen würde der Beamte haftbar sein, wenn er in Ausübung seines Amtes vorsätzlich oder fahrlässig in eine fremde Rechtssphäre widerrechtlich eingreift oder ein den Schutz eines Anderen bezweckendes Gesetz verletzt. Zu Zweifeln giebt aber der Fall Anlaß, wenn der Beamte eine Dienstvorschrift verletzt. Es wäre denkbar, daß man ihn für die Verletzung jeder Dienstvorschrift haftbar machte; es wäre aber auch möglich, daß die Verletzung einer Dienstvorschrift den Beamten nur der Dienstbehörde gegenüber verantwortlich machte, eine Haftung gegenüber dem Beschädigten aber überhaupt nicht begründete. Um auf diesem Gebiete Rechtssicherheit und Klarheit zu schaffen, hat das Gesetz bestimmte positive Vorschriften gegeben, welche ihr Vorbild im bisherigen Rechte finden, im Einzelnen aber selbständig ausgestaltet sind. Das röm. Recht enthält keine allgemeinen Vorschriften über die privatrechtliche Verantwortlichkeit der Beamten; nur gegen den Richter, welcher ein ungerechtes Urtheil gefällt hat, wird der dadurch verletzten Partei unter gewissen Voraussetzungen ein Anspruch auf Schadensersatz gewährt. Auf den letzteren Fall beziehen sich auch einzelne ältere deutsche Reichsgesetze. Gewohnheitsrechtlich ist dann diese sog. Syndikatsklage im gemeinen Rechte weiter ausgebildet und namentlich auch auf andere Amtshandlungen des Richters sowie auf die Thätigkeit der nicht richterlichen Beamten erstreckt. Indessen gehen die Meinungen in verschiedenen Richtungen auseinander, namentlich darüber, ob der Beamte für jedes Verschulden haftet, und ferner darüber, ob er direkt oder nur subsidiär haftet. Die neueren Landesgesetze haben zum Theil von besonderen Bestimmungen über die Haftung der Beamten ganz abgesehen, zum Theil haben sie sich mit einigen wenigen die allgemeinen Rechtssätze ergänzenden Vorschriften begnügt, zum Theil haben sie, so insbesondere das preuß. A.L.R. (I 10 §§ 88—91, 127—145), die Materie eingehender geordnet. Für die Reichsbeamten bestimmt das R.B.G. v. 31. März 1875 § 13, daß jeder Reichsbeamte für die Gesetzmäßigkeit seiner amtlichen Handlungen verantwortlich ist. Ueber die weiteren materiellen Voraussetzungen der Haftung, insbesondere über den erforderlichen Grad der Verschuldung und den Umfang des Schadensersatzes enthält das R.B.G. aber keine Bestimmungen; insoweit waren bis dahin die Landesgesetze und ist jetzt das B.G.B. maßgebend. Anlangend die Regelung im B.G.B., so stellte der E. I im § 736 Abs. 1 den Grundsatz auf: Ein Beamter, welcher die gegenüber Dritten ihm obliegende Amtspflicht aus Vorsatz oder Fahrlässigkeit verletzt, ist für den hieraus einem Dritten entstandenen Schaden nach Maßgabe der allgemeinen Vorschriften über unerlaubte Handlungen verantwortlich. Im § 836 Abs. 2 war dann eine dem jetzigen § 841 entsprechende Vorschrift hinzugefügt und im § 836 Abs. 3 war bestimmt, daß ein Beamter, welcher bei der ihm obliegenden Leitung oder Entscheidung einer Rechtssache seine Amtspflicht verletze, für den hieraus entstehenden Schaden nur dann verantwortlich sei, wenn die Pflichtverletzung mit einer im Wege des gerichtlichen Strafverfahrens zu verhängenden öffentlichen Strafe bedroht sei. Die zweite Kommission hat nach eingehender Berathung grundsätzlich dem E. I zugestimmt (vergl. jedoch unter 2 c), aber noch die Vorschriften des (jetzigen) Abs. 1 Satz 2 und des Abs. 2 Satz 2 hinzugefügt. Der Bundesrath hat den von der zweiten Kommission abgelehnten Abs. 3 zugesetzt. Ausführliche Berathungen über den § 839 haben dann noch in der R.T.K. und im Plenum des Reichstags stattgefunden. Zu einer erheblichen Aenderung der Regierungsvorlage haben sie aber nicht geführt; es sind nur im Abs. 2 Satz 1 die Worte „bei der Leitung oder Entscheidung" ersetzt durch die Worte „bei dem Urtheil" und im Abs. 3 die Worte „vorsätzlich oder fahrlässig" eingeschoben.

Der § 839 stellt das Prinzip auf (Abs. 1 Satz 1), daß ein Beamter für die schuldhafte Verletzung einer Amtspflicht, welche ihm einem Dritten gegenüber obliegt, dem Dritten zu haften hat. Die Vorschrift enthält eine Konsequenz des im § 823 Abs. 2 ausgesprochenen Grundsatzes. Das Besondere liegt darin, daß ausdrücklich festgestellt wird, daß eine Dienstvorschrift, durch welche dem Beamten eine Verpflichtung nicht nur der Dienstbehörde gegenüber, sondern auch gegenüber einem Dritten auferlegt wird, als ein den Schutz dieses Dritten bezweckendes Gesetz anzusehen ist sowie daß in Fällen dieser Art einige besondere die Ersatzpflicht mildernde Vorschriften gelten. Festgehalten wird zwar nach dem Vorgange des preuß. A.L.R. an dem Grundsatze des § 823, daß der Beamte für jedes Verschulden haftet. Die absolute Durchführung des Prinzips würde aber nach der dem Gesetze zu Grunde liegenden Auffassung nicht nur zu einer unbilligen Belastung namentlich der unteren Beamten führen, sondern auch leicht eine übertriebene Aengstlichkeit der Beamten hinsichtlich der Vornahme ihrer Amtsgeschäfte bewirken. Ebenfalls im Anschluß an das preuß. Recht ist deshalb die Haftung des Beamten insofern gemildert, als er wegen fahrlässiger Pflichtverletzung erst dann soll in Anspruch genommen werden können, wenn der Beschädigte nicht auf andere Weise Ersatz zu erlangen vermag (Abs. 1 Satz 2). Eine abweichende Regelung ist getroffen für die mit der Entscheidung einer Rechtssache betrauten Beamten. Die Unabhängigkeit der Gerichte und die Unbefangenheit der Richter würden beeinträchtigt werden, wenn die richterlichen Beamten für jedes Versehen haftbar gemacht werden könnten. Deshalb ist, in der Hauptsache in Uebereinstimmung mit dem preuß. Rechte, vorgeschrieben, daß ein Beamter, welcher bei dem Urtheil in einer Rechtssache seine Amtspflicht verletzt, hierfür privatrechtlich nur dann verantwortlich sein soll, wenn die Pflichtverletzung mit einer im Wege des gerichtlichen Strafverfahrens zu verhängenden öffentlichen Strafe bedroht ist (Abs. 2 Satz 1). Die Bestimmung wird übrigens durch den Zusatz eingeschränkt, daß sie auf eine pflichtwidrige Verweigerung oder Verzögerung der Ausübung des Amtes keine Anwendung findet (Abs. 2 Satz 2); die Gründe für die Milderung der Haftung treffen hier nicht zu. Im Einklange mit dem sächs. B.G.B. (§§ 1506, 1507) schließt endlich das Gesetz die Ersatzpflicht der Beamten sowohl in den Fällen des Abs. 1 als auch in denen des Abs. 2 aus, wenn der Beschädigte es unterlassen hat, den Schaden durch den Gebrauch eines Rechtsmittels abzuwenden (Abs. 3). Ergänzt wird der § 839 durch den § 841, welcher für gewisse Fälle, wenn neben dem Beamten ein Dritter für den Schaden verantwortlich ist, in ihrem Verhältnisse zu einander den Dritten allein für ersatzpflichtig erklärt. Sofern der Beamte nicht in Ausübung seiner amtlichen Befugnisse eine Handlung begeht, die sich nach §§ 823 ff. als eine unerlaubte darstellt, so ist er für diese Handlung nach Maßgabe der allgemeinen Vorschriften verantwortlich. Sofern der Beamte dagegen in Ausübung seines Amtes eine Handlung vornimmt, die sich nur deshalb als unerlaubte Handlung darstellt, weil eine Verletzung der Amtspflicht vorliegt, so finden, auch wenn der Thatbestand des § 823 gegeben ist, die besonderen Vorschriften des § 839 Anwendung.

2. Abs. 1.

a) Der Begriff des Beamten ist im B.G.B. nicht näher bestimmt. Man wird aber annehmen können, daß der Ausdruck in demselben Sinne gebraucht ist wie im St.G.B. Die Entscheidung darüber, welche Personen Beamte sind, muß daher für Reichsbeamte aus dem öffentlichen Reichsrechte (Reichsbeamtengesetz v. 31. März 1873 §§ 1, 156) für Landesbeamte aus dem öffentlichen Landesrecht entnommen werden. In Zweifelsfällen kann der § 359 des St.G.B., welcher direkt nur für das Strafrecht gilt, einen Anhalt gewähren (vergl. Olshausen, Kom. z. St.G.B. Erl. des § 359, Linckelmann, Schadensersatzpflicht S. 101. Zu beachten ist, daß der § 839 nur die von einem Beamten, nicht allgemein, die von Jemand in Ausübung eines Amtes vorgenommenen Handlungen betrifft. Es kann danach z. B. für die von einem Schiedsrichter, Schöffen oder Geschworenen in Ausübung ihres Amtes begangene unerlaubte Handlung nicht nach § 839, sondern nur nach den §§ 823 ff. Ersatz verlangt werden.

Auf **Privatbeamte** findet der § 839 keine Anwendung.

b) Die **Amtspflicht** bestimmt sich nach den Vorschriften des öffentlichen Rechtes. Sie kann ihrem Inhalte nach derart sein, daß der Beamte nur seiner vorgesetzten Behörde gegenüber verpflichtet ist, so namentlich bei den internen Dienstanweisungen, sie kann aber auch derart sein, daß ihm auch Privatpersonen gegenüber eine Pflicht obliegt. Ob Letzteres zutrifft, läßt sich nur auf Grund des einzelnen Rechtsverhältnisses entscheiden. Aus den Bestimmungen des Abs. 2 geht hervor, daß nach der Auffassung des Gesetzes dem Prozeßrichter eine Amtspflicht gegenüber den Prozeßparteien obliegt. Ausdrücklich ist ferner in den §§ 1679, 1848, 1872 bestimmt, daß Vormundschaftsrichter sowie Mitglieder des Familienraths den Mündeln und Pflegebefohlenen wegen Verletzung ihrer Pflichten nach Maßgabe des § 839 Abs. 1, 3 haften. Daß auch dem Grundbuchrichter und den die freiwillige Gerichtsbarkeit ausübenden Beamten Amtspflichten gegenüber den Parteien obliegen, kann nicht bezweifelt werden. Vielleicht wird man generell sagen können, daß eine Verpflichtung dem Dritten gegenüber stets dann anzunehmen ist, wenn dem Dritten ein Rechtsmittel oder ein Beschwerderecht zusteht; so **Oertmann**, Kom., § 839 Anm. 2, **Enneccerus-Lehmann**, B.R., § 365.

c) Der Beamte hat zu haften, wenn er die Amtspflicht **vorsätzlich oder fahrlässig** verletzt (vergl. Erl. zu § 823 2c). Darauf, ob die Entstehung eines Schadens vorauszusehen war, kommt es nicht an.

Wegen Verletzung der Amtspflicht kann nur der Dritte, dem gegenüber der Beamte verpflichtet war, einen Ersatzanspruch geltend machen. Nach dem E. I sollte der Beamte für allen durch seine Pflichtverletzung entstandenen Schaden einstehen, also auch dem nur mittelbar Geschädigten haften. Die zweite Kommission hat entsprechend den zu § 823 gefaßten Beschlüssen (vergl. Erl. 5a zu § 823) die Haftung in der angegebenen Weise eingeschränkt. Die Haftung der Beamten für die von ihnen angenommenen Stellvertreter und Gehülfen bestimmt sich nach § 831; unberührt bleiben die landesgesetzlichen Vorschriften, nach welchen die Beamten in weiterem Umfange haften (E.G. Art. 78).

d) **Abs. 1 Satz 2.** Fällt dem Beamten nur Fahrlässigkeit zur Last, so haftet er nur subsidiär. Es macht keinen Unterschied, ob überhaupt kein Anderer zum Ersatze verpflichtet ist oder ob der Verletzte keinen Ersatz zu erlangen vermag, weil der an sich Ersatzpflichtige zahlungsunfähig ist.

Der Beweis, daß die Voraussetzungen des Abs. 1 Satz 2 vorliegen, ist von demjenigen zu führen, welcher den Ersatzanspruch gegen den Beamten geltend macht (a. A. **Linckelmann**, Schadensersatzpflicht, S. 101; wie hier **Oertmann**, Kom., § 823 Anm. 5).

2. **Abs. 2.** Die im Abs. 1 festgesetzte Haftung wird im Abs. 2 eingeschränkt für die Beamten, welche bei dem Urtheil in einer Rechtssache ihre Amtspflicht verletzt haben. Zu denken ist dabei zunächst an die eigentlichen richterlichen Beamten. Die Vorschrift gilt aber auch für alle anderen Beamten, welche, gleichviel ob im Hauptamt oder im Nebenamte, bei der Abgabe eines Urtheils mitzuwirken haben. Es macht weiter keinen Unterschied, ob es sich um eine privatrechtliche oder eine öffentlichrechtliche Angelegenheit handelt, ob das Urtheil von einem ordentlichen oder einem besonderen Gerichte gefällt ist. Die Ausnahmebestimmung des Abs. 2 greift aber nur Platz, wenn eine Pflichtverletzung bei einem Urtheile vorgekommen ist. Die Beschränkung auf ein Urtheil ist erst im Reichstage bei der dritten Lesung beschlossen, während nach den Beschlüssen der zweiten Kommission sowie der R.T.K. die Bestimmung sich auf alle richterlichen Entscheidungen erstrecken sollte. Ob ein Urtheil vorliegt, bestimmt sich nach den Prozeßgesetzen. Hinsichtlich der Entscheidungen, welche nicht Urtheile sind sowie hinsichtlich der Beschlüsse und Verfügungen, welche die Leitung des Verfahrens betreffen, bewendet es bei den allgemeinen Bestimmungen des Abs. 1. Auf eine pflichtwidrige Verweigerung oder Verzögerung der Ausübung des Amtes soll die Vorschrift des Abs. 1 Satz 1 auch dann keine Anwendung finden, wenn es sich um ein Urtheil handelt. Liegen die Voraussetzungen des Abs. 2 vor, so haftet der Beamte nur, wenn die Pflichtverletzung mit einer im Wege des gerichtlichen Strafverfahrens zu verhängenden Strafe bedacht ist. Dies trifft zu bei Bestechung (St.G.B. § 334) und vorsätzlicher Beugung des Rechtes (St.G.B. § 336).

3. **Abs. 3.** Eigenes Verschulden des Verletzten bei der Entstehung des Schadens würde bereits nach der allgemeinen Vorschrift des § 254 zu berücksichtigen sein. Indessen würde es nach § 254 im Ermessen des Richters stehen, welche Bedeutung dem Umstande beizulegen sei, daß der Verletzte unterlassen hat, ein Rechtsmittel einzulegen. Der Abs. 3 geht hierüber hinaus, indem er bestimmt, daß die Ersatzpflicht des Beamten überhaupt nicht eintreten soll, wenn der Verletzte vorsätzlich oder fahrlässig unterlassen hat, den Schaden durch Gebrauch eines Rechtsmittels abzuwenden. Was unter einem Rechtsmittel zu verstehen ist und ob ein Rechtsmittel

§. 840.

Sind für den aus einer unerlaubten Handlung entstehenden Schaden Mehrere neben einander verantwortlich, so haften sie, vorbehaltlich der Vorschrift des §. 835 Abs. 3, als Gesammtschuldner.

Ist neben demjenigen, welcher nach den §§. 831, 832 zum Ersatze des von einem Anderen verursachten Schadens verpflichtet ist, auch der Andere für den Schaden verantwortlich, so ist in ihrem Verhältnisse zu einander der Andere allein, im Falle des §. 829 der Aufsichtspflichtige allein verpflichtet.

Ist neben demjenigen, welcher nach den §§. 833 bis 838 zum Ersatze des Schadens verpflichtet ist, ein Dritter für den Schaden verantwortlich, so ist in ihrem Verhältnisse zu einander der Dritte allein verpflichtet.

---

zulässig war, bestimmt sich nach den Prozeßgesetzen. Voraussetzung für die Anwendung des Abs. 3 ist natürlich, daß der Schaden durch ein Rechtsmittel abgewendet werden konnte, bloßer Nichtgebrauch eines Rechtsmittels genügt nicht.

4. a) Ist die Pflichtverletzung von einer Kollegialbehörde ausgegangen, so haften nur die schuldigen Mitglieder des Kollegiums (vergl. Nöldeke S. 825 ff).

b) Mehrere Ersatzpflichtige haften nach § 840 als Gesammtschuldner. Wegen des Verhältnisses zu einem Dritten, welcher den Schaden mitverschuldet hat, s. § 841.

5. Unberührt bleiben die landesgesetzlichen Vorschriften, nach welchen die zur amtlichen Feststellung des Werthes von Grundstücken bestellten Sachverständigen für den aus einer Verletzung ihrer Berufspflicht entstandenen Schaden in weiterem Umfang als nach dem B.G.B. haften (E.G. Art. 79).

6. Unberührt bleiben die landesgesetzlichen Vorschriften über Haftung des Staates, der Gemeinden und anderer Kommunalverbände (Provinzial-, Kreis-, Amtsverbände) für den von ihren Beamten in Ausübung der diesen anvertrauten öffentlichen Gewalt zugefügten Schaden sowie die landesgesetzlichen Vorschriften, welche das Recht des Beschädigten, von dem Beamten den Ersatz eines solchen Schadens zu verlangen, insoweit ausschließen, als der Staat oder der Kommunalverband haftet (E.G. Art. 77).

Verletzt ein Grundbuchbeamter vorsätzlich oder fahrlässig die ihm obliegende Amtspflicht, so trifft den Betheiligten gegenüber die im § 839 bestimmte Verantwortlichkeit an Stelle des Beamten den Staat oder die Körperschaft, in deren Dienste der Beamte steht. Das Recht des Staates oder der Körperschaft, von dem Beamten Ersatz zu verlangen, bleibt unberührt (G.B.O. § 12).

§ 840.

E. I §§ 713, 714, 736 Abs. 2; II § 764 rev. § 826; III § 825. P. I S. 1008—1011, 1018, 1019, 2891, 2892, 3075—3084, 3556, 3560, 8275, 8276, 8442—8447, 8778, 8779, 8789. M. II S. 737, 738, 819—828. P. II S. 2789, 2790, 2865, 2866, 2868, 2874—2879, 2886, 2892, 2893, 2900, 3242—3245, 3251—3253 (Bd. 2 S. 605, 606, 646—648, 651, 652, 657, 663, 806—811, 833—837).

1. Verhältniß mehrerer Ersatzpflichtiger gegenüber dem Verletzten. Im Interesse des Verletzten bestimmt das Gesetz, daß, wenn Mehrere für den aus einer unerlaubten Handlung entstehenden Schaden verantwortlich sind, sie dem Verletzten als Gesammtschuldner haften sollen. Die Voraussetzung, daß Mehrere neben einander verantwortlich sind, trifft zu in den Fällen der §§ 830, 832, 834, 838, ferner beim Ersatze des durch ein Thier verursachten Schadens (§ 833), wenn Mehrere das Thier halten, ebenso beim Ersatze von Wildschaden (§ 835), wenn Mehrere jagdberechtigt sind sowie endlich beim Ersatze des durch Einsturz eines Gebäudes verursachten Schadens (§§ 836, 837), wenn Mehrere das Grundstück zusammen besitzen. Die Sondervorschrift des § 835 Abs. 3 bleibt, wie das Gesetz, um Zweifel abzuschneiden, ausdrücklich hervorhebt, unberührt.

2. Verhältniß mehrerer Ersatzpflichtiger unter einander. Haften Mehrere als Gesammtschuldner, so sind sie nach der allgemeinen Regel des § 426 im Verhältnisse zu einander zu gleichen Antheilen verpflichtet. Aus Billigkeitsgründen sind aber im Abs. 2 und 3 Ausnahmen festgesetzt. Wenn Jemand nach Maßgabe der §§ 831, 832 für die widerrechtlichen

§. 841.

Ist ein Beamter, der vermöge seiner Amtspflicht einen Anderen zur Geschäftsführung für einen Dritten zu bestellen oder eine solche Geschäftsführung zu beaufsichtigen oder durch Genehmigung von Rechtsgeschäften bei ihr mitzuwirken hat, wegen Verletzung dieser Pflichten neben dem Anderen für den von diesem verursachten Schaden verantwortlich, so ist in ihrem Verhältnisse zu einander der Andere allein verpflichtet.

§. 842.

Die Verpflichtung zum Schadensersatze wegen einer gegen die Person gerichteten unerlaubten Handlung erstreckt sich auf die Nachtheile, welche die Handlung für den Erwerb oder das Fortkommen des Verletzten herbeiführt.

Handlungen eines Anderen einzustehen hat, so soll in ihrem Verhältnisse zu einander der Andere als der eigentliche Thäter allein haften und ebenso soll, wenn neben demjenigen, welcher nach den §§ 833—838 zum Ersatze des Schadens verpflichtet ist, ein Dritter für den Schaden verantwortlich ist, wie etwa der Baumeister, welcher das eingestürzte Gebäude in fehlerhafter Weise errichtet hat, oder derjenige, welcher den Hund auf den Verletzten gehetzt hat, in ihrem Verhältnisse zu einander der Dritte allein verpflichtet sein. Der im Abs. 2 aufgestellte Grundsatz ist im § 841 auf einige Fälle des § 839 erstreckt worden. Eine entsprechende Vorschrift ist auch im § 1833 für den Vormund gegeben. Besonders berücksichtigt ist noch der Fall, daß ein Aufsichtspflichtiger nach § 832 für die widerrechtliche Handlung eines Deliktsunfähigen haftet, daß aber Ersatz von ihm nicht erlangt werden kann, etwa weil er zahlungsunfähig ist, und daß deshalb der deliktsunfähige Thäter nach § 829 in Anspruch genommen wird. Hier soll im Verhältnisse des deliktsunfähigen Thäters zu dem Aufsichtspflichtigen der Letztere allein verpflichtet sein.

Im Verhältnisse mehrerer Ersatzpflichtiger unter einander kann sich auch aus dem zwischen ihnen bestehenden besonderen Verhältniß eine von der Regel des § 426 abweichende Vertheilung der Ersatzpflicht ergeben. So wird in den Fällen der §§ 831 Abs. 2, 832 Abs. 2, 834, 837 derjenige, welcher vertragsmäßig die Aufsicht, Leitung oder Unterhaltung übernommen hat, regelmäßig auf Grund des Vertrags für den durch eine Verletzung seiner Aufsichtspflicht entstandenen Schaden dem anderen Theile aufzukommen haben. Was insbesondere den Einsturz eines Gebäudes anlangt, so ist dem Miether im § 545 ausdrücklich die Verpflichtung auferlegt, dem Vermiether Anzeige zu machen, wenn eine Vorkehrung zum Schutze der Sache gegen eine nicht vorhergesehene Gefahr erforderlich wird. Unterläßt der Miether die Anzeige, so ist er dem Vermiether zum Ersatze des daraus entstehenden Schadens verpflichtet; das Gleiche gilt nach § 1042 für den Nießbraucher gegenüber dem Eigenthümer. Halten Mehrere ein Thier oder besitzen Mehrere zusammen ein Gebäude, so werden sie für den durch das Thier oder durch den Einsturz des Gebäudes verursachten Schaden unter einander regelmäßig nur nach dem Verhältniß ihrer Antheile, nicht zu gleichen Theilen zu haften haben.

3. Die Vorschrift des § 840 Abs. 2 findet im Gesinderecht Anwendung derart, daß sie durch die Landesgesetzgebung nicht ausgeschlossen werden kann (E.G. Art. 95 Abs. 2).

§ 841.

E. II § 763 rev. § 825; III § 824. P. II S. 2892, 2903—2907, 2909, 2911, 3269—3274 (Bd. 2 S. 659, 663, 842—844). R.B. S. 1995.

Vergl. Erl. zu § 839 und zu § 840.

Die Vorschrift des § 841 beruht auf demselben Gedanken wie der § 840 Abs. 3. Praktische Bedeutung hat sie u. A. für den Vormundschaftsrichter und den Konkursrichter. Dem Verletzten gegenüber haftet der Beamte nach § 840 Abs. 1 als Gesammtschuldner.

§ 842.

E. II § 765 rev. § 827; III § 826. P. II S. 2845—2848 (Bd. 2 S. 635—637).

1. Der § 842 enthält eine Vorschrift über den Umfang der Ersatzpflicht bei unerlaubten Handlungen gegen die Person. Bei der Buße, welche in den Fällen der verleumderischen Beleidigung und der üblen Nachrede dem Beleidigten zuerkannt werden kann, sind nach St.G.B. § 188 auch die schädlichen Folgen zu berücksichtigen, welche die Beleidigung für den Erwerb

§. 843.

Wird in Folge einer Verletzung des Körpers oder der Gesundheit die Erwerbsfähigkeit des Verletzten aufgehoben oder gemindert oder tritt eine Vermehrung seiner Bedürfnisse ein, so ist dem Verletzten durch Entrichtung einer Geldrente Schadensersatz zu leisten.

Auf die Rente finden die Vorschriften des §. 760 Anwendung. Ob, in welcher Art und für welchen Betrag der Ersatzpflichtige Sicherheit zu leisten hat, bestimmt sich nach den Umständen.

Statt der Rente kann der Verletzte eine Abfindung in Kapital verlangen, wenn ein wichtiger Grund vorliegt.

Der Anspruch wird nicht dadurch ausgeschlossen, daß ein Anderer dem Verletzten Unterhalt zu gewähren hat.

---

oder das Fortkommen des Beleidigten mit sich bringt. Der § 842 überträgt diesen Gedanken auf den privatrechtlichen Ersatzanspruch, verallgemeinert ihn aber gleichzeitig in der Weise, daß bei jeder gegen die Person gerichteten unerlaubten Handlung die Verpflichtung zum Schadensersatze sich auch erstrecken soll auf die Nachtheile, welche die Handlung für den Erwerb oder das Fortkommen des Verletzten mit sich bringt. Die Vorschrift ist von der zweiten Kommission eingestellt. Der E. I hatte eine besondere Vorschrift für entbehrlich gehalten, da die im § 260 (jetzt § 287) der C.P.O. dem Richter beigelegte Befugniß, nach freier Ueberzeugung zu entscheiden, ob ein Schaden entstanden sei und wie hoch sich der Schaden belaufe, genügende Gewähr biete, daß der Verletzte stets zu der gebührenden Entschädigung gelange (M. II S. 751). Die zweite Kommission hat aber, um Zweifel abzuschneiden und den Verletzten sicher zu stellen, eine ausdrückliche Vorschrift für wünschenswerth erachtet.

2. Bei den Nachtheilen, welche die Handlung für den Erwerb oder das Fortkommen mit sich bringt, ist daran zu denken, daß die Erwerbsfähigkeit des Verletzten aufgehoben oder gemindert ist oder daß er eine Erwerbsstellung verliert oder daß die Aussicht, eine solche zu erlangen, in Folge seiner Verunstaltung oder der Schädigung seines guten Rufes beeinträchtigt ist. Bei Frauen kommt auch die Minderung der Aussicht, sich zu verheirathen in Betracht. Soweit ein Schaden schon eingetreten ist, würde er bereits nach den allgemeinen Regeln zu ersetzen sein. Die praktische Bedeutung der Vorschrift liegt hauptsächlich darin, daß sie den Richter anweist, auch einen Schaden zu berücksichtigen, der zwar jetzt noch nicht perfekt ist und noch nicht ziffernmäßig nachgewiesen werden kann, der aber nach menschlicher Wahrscheinlichkeit in der Zukunft eintreten wird oder eintreten kann. Ob ein solcher Schaden entstanden ist und wie hoch sich der Schaden beläuft, hat das Gericht nach C.P.O. § 287 unter Würdigung aller Umstände nach freiem Ermessen zu entscheiden. Dabei ist zu beachten, daß es sich bei § 842 nur um den Ersatz des materiellen Vermögensschadens handelt; ob und wieweit für immateriellen Schaden Ersatz zu leisten ist, bestimmt sich nach § 847.

Die Art und Weise, wie der Schaden zu ersetzen ist, richtet sich nach den allgemeinen Vorschriften der §§ 249 ff.; für einen Theil der in Betracht kommenden Fälle giebt der § 843 Sondervorschriften.

3. Der § 842 findet Anwendung nicht nur bei Verletzungen des Körpers oder der Gesundheit, sondern bei allen unerlaubten Handlungen, durch welche die Persönlichkeit als solche verletzt wird. Es fallen darunter also namentlich auch die Verletzungen der Ehre, soweit hier durch überhaupt eine Schadensersatzpflicht begründet wird, insbesondere die Schädigung durch üble Nachrede im Falle des § 824, ferner die Verführung einer Frauensperson nach Maßgabe des § 825 sowie die Verbrechen und Vergehen gegen die Sittlichkeit.

4. Die Vorschriften der §§ 842—846 finden entsprechende Anwendung in den Fällen des § 618 Abs. 3.

§ 843.

E. I §§ 724 Abs. 1, 2, 5, 7, 8, § 726; II § 766 rev. § 828; III § 827.

P. I S. 2791—2801, 2813—2824, 2829—2834, 2837, 3556, 3560, 6153, 6164, 6182, 6184, 6199, 6201, 6202, 11877, 11878, 11894—11900; M. II S. 784—791. P. II S. 2823—2829, 2830—2833 (Bd. 2 S. 625—629).

1. Der § 843 enthält Vorschriften über den Ersatz des Schadens für den Fall, daß in Folge einer Verletzung des Körpers oder der Gesundheit die Erwerbsfähigkeit des Verletzten

beeinträchtigt oder eine Vermehrung der Bedürfnisse des Verletzten eingetreten ist. Nach den gewöhnlichen Grundsätzen würde der Ersatz durch Zahlung einer Kapitalsumme zu leisten sein. Die Feststellung des Kapitalbetrags würde aber vielfach mit großen Schwierigkeiten verbunden sein, da dabei eine Reihe unsicherer Faktoren in Betracht kommen und namentlich die Dauer der Erwerbsunfähigkeit im Voraus schwer zu bestimmen ist. Auch liegt die Gefahr vor, daß der Verletzte das Kapital rasch verbraucht und dann doch in eine Nothlage geräth, vor der er in seinem eigenen und im allgemeinen Interesse thunlichst bewahrt werden muß. Im Einklange mit dem bisherigen Rechte, insbesondere den Vorschriften des Reichshaftpflichtgesetzes v. 7. Juni 1871, ist deshalb bestimmt, daß der Schadensersatz in Form einer Rente zu leisten ist. Wegen der ausnahmsweisen Kapitalabfindung s. Nr. 3.

Der § 843 regelt nur den Schaden, welcher durch die Minderung der Erwerbsfähigkeit des Verletzten oder eine Vermehrung seiner Bedürfnisse eingetreten ist. Für den Ersatz des sonstigen Schadens, insbesondere der Kur- und Heilungskosten, sind die allgemeinen Grundsätze maßgebend. Wieweit für immateriellen Schaden Ersatz verlangt werden kann, bestimmt sich nach § 847.

2. Abs. 1, 2. Ob die Erwerbsfähigkeit des Verletzten aufgehoben oder gemindert oder eine Vermehrung seiner Bedürfnisse, etwa in der Art, daß er besonders verpflegt werden muß, eingetreten ist, hat das Gericht unter Würdigung aller Umstände nach freiem Ermessen zu entscheiden. Hierbei werden die Erfahrungen, welche auf dem Gebiete des Reichsversicherungsrechts gemacht sind, verwerthet werden können (vergl. Handbuch der Unfallversicherung, herausgegeben von Mitgliedern des Reichsversicherungsamtes, insbesondere Erl. zu § 5 unter 34—41). Die Höhe der Rente ist so zu bemessen, daß die Verringerung des Erwerbes ausgeglichen und dem Verletzten ermöglicht wird, die Mehrausgaben zu bestreiten. Tritt später eine wesentliche Aenderung der Verhältnisse ein, so ist sowohl der Verletzte als auch der Ersatzpflichtige berechtigt, eine andere Festsetzung der Rente oder die Aufhebung der Rente zu verlangen (C.P.O. § 323). Die Rente ist auf je drei Monate im Voraus zu zahlen (§ 760 Abs. 2). Hat der Verletzte den Beginn des Zeitabschnitts erlebt, für den die Rente im Voraus zu entrichten ist, so gebührt ihm der volle auf den Zeitabschnitt entfallende Betrag (§ 760 Abs. 3).

Der Verletzte kann auch wegen der erst künftig fällig werdenden Renten Klage erheben (C.P.O. § 258). Das Urtheil auf Entrichtung der Rente ist auch ohne Antrag für vorläufig vollstreckbar zu erklären, soweit die Entrichtung für die Zeit nach der Erhebung der Klage und für das der Erhebung der Klage vorausgehende letzte Vierteljahr zu erfolgen hat (C.P.O. § 708 Z. 6).

Ob, in welcher Art und für welchen Betrag der Ersatzpflichtige Sicherheit (§§ 232 ff.) zu leisten hat, bestimmt sich nach den Umständen. Ist nicht auf Sicherheit erkannt, so kann der Verletzte gleichwohl Sicherheitsleistung verlangen, wenn sich die Vermögensverhältnisse des Verpflichteten erheblich verschlechtert haben; unter der gleichen Voraussetzung kann er eine Erhöhung der in dem Urtheile bestimmten Sicherheit verlangen (C.P.O. § 324).

Die Rente ist der Pfändung nur soweit unterworfen, als der Gesammtbetrag die Summe von fünfzehnhundert Mark für das Jahr übersteigt (C.P.O. § 850 Abs. 3, Ausnahmen im Abs. 4). Soweit die Forderung der Pfändung nicht unterworfen ist, kann sie auch nicht abgetreten werden (§ 400) und ebenso findet insoweit eine Aufrechnung gegenüber der Forderung nicht statt (§ 394).

3. Abs. 3. Statt der Rente kann der Verletzte eine Abfindung in Kapital verlangen, wenn ein wichtiger Grund vorliegt. Ob Letzteres zutrifft, ist nach den Umständen des einzelnen Falles zu bestimmen. Der Grund kann sowohl in den Verhältnissen des Berechtigten als auch des Ersatzpflichtigen gefunden werden; auf ein Verschulden des Ersatzpflichtigen kommt es nicht an (vergl. Erl. 1 zu § 626). Gegen den Willen des Verletzten kann eine Kapitalabfindung nicht erfolgen.

4. Abs. 4. Der Anspruch wird nicht dadurch ausgeschlossen, daß ein Anderer dem Verletzten Unterhalt zu gewähren hat. Ob und wieweit der Ersatzpflichtige sich darauf berufen kann, daß der Verletzte in anderer Weise entschädigt ist oder daß ihm in Folge der Verletzung Vortheile zugeflossen sind, durch welche der Schaden ganz oder theilweise ausgeglichen wird, ist nach den Umständen des einzelnen Falles zu entscheiden (s. Erl. 3 zu § 252, vergl. auch R.G. Bd. 10, S. 50, Seuff. Arch Bd. 41 Nr. 132, Bd. 45 Nr. 269).

5. Die Vorschriften des Reichshaftpflichtgesetzes v. 7. Juni 1871 (vergl. E.G. Art. 42) sowie die Vorschriften der Reichsversicherungsgesetze bleiben unberührt. Wegen des Verhältnisses der Rentenforderung zu den Ansprüchen auf Grund der Krankenversicherung vergl. Erl. zu § 618 unter 5c.

§. 844.

Im Falle der Tödtung hat der Ersatzpflichtige die Kosten der Beerdigung demjenigen zu ersetzen, welchem die Verpflichtung obliegt, diese Kosten zu tragen.

Stand der Getödtete zur Zeit der Verletzung zu einem Dritten in einem Verhältnisse, vermöge dessen er diesem gegenüber kraft Gesetzes unterhaltspflichtig war oder unterhaltspflichtig werden konnte, und ist dem Dritten in Folge der Tödtung das Recht auf den Unterhalt entzogen, so hat der Ersatzpflichtige dem Dritten durch Entrichtung einer Geldrente insoweit Schadensersatz zu leisten, als der Getödtete während der muthmaßlichen Dauer seines Lebens zur Gewährung des Unterhalts verpflichtet gewesen sein würde; die Vorschriften des §. 843 Abs. 2 bis 4 finden entsprechende Anwendung. Die Ersatzpflicht tritt auch dann ein, wenn der Dritte zur Zeit der Verletzung erzeugt, aber noch nicht geboren war.

---

§ 844.

E. I §§ 722, 723; II § 767 rev. § 829; III § 828. P. I S. 2667—2671, 2791—2811, 2825—2828, 2836, 2837, 3556, 3560, 6198, 6199, 6201, 11877; M. II S. 773—784. P. II S. 2803—2823, 2851, 2852 (Bd. 2 S. 613—625). R.B. S. 1995.

1. Ein Ersatzanspruch auf Grund einer unerlaubten Handlung steht prinzipiell nur dem unmittelbar Verletzten zu (s. Erl. 5a zu § 823). In Anlehnung an das bisherige Recht räumen die §§ 844, 845 ausnahmsweise aus Gründen der Billigkeit auch einigen nur mittelbar Geschädigten einen Anspruch auf Schadensersatz ein. Im Falle der Tödtung sollen die Beerdigungskosten demjenigen, welcher diese Kosten zunächst zu tragen hat, erstattet werden (§ 843 Abs. 1). Im Falle der Tödtung soll ferner demjenigen, welchem der Getödtete kraft Gesetzes Unterhalt zu gewähren hatte, für den Wegfall des Unterhalts Ersatz gewährt werden (§ 844 Abs. 2); endlich sollen in einigen Fällen, wenn der Verletzte kraft Gesetzes Dritten zur Leistung von Diensten verpflichtet war, die Dritten für die entgehenden Dienste entschädigt werden (§ 845). Für das Erlöschen eines familienrechtlichen Nutzungsrechts am Vermögen eines Getödteten wird kein Entschädigungsanspruch gewährt, weil hier das dem Ehemann oder den Eltern zustehende Erbrecht Ersatz gewährt. Die Vorschriften der §§ 844 ff. finden wie die des § 843 ihre Ergänzung in den Bestimmungen der C.P.O. §§ 258, 323, 324, 708 Z. 6, 850.

Die Ansprüche der mittelbar Geschädigten beruhen nicht auf dem Gedanken, daß ihnen gegenüber eine selbständige unerlaubte Handlung vorliege (vergl. Jacubezky, S. 172). Ob dies nicht der Standpunkt des E. I gewesen ist, kann dahin gestellt bleiben. Nach dem B.G.B. dagegen wird anzunehmen sein, daß es sich um eine Nebenwirkung der gegen den unmittelbar Verletzten begangenen unerlaubten Handlung handelt. Die Ansprüche aus den §§ 844, 845 sind somit davon abhängig, daß der Thatbestand einer unerlaubten Handlung gegenüber dem unmittelbar Verletzten vorliegt. Insbesondere sind die Fragen der Widerrechtlichkeit und des Verschuldens nach diesem Gesichtspunkte zu entscheiden; das Gleiche gilt von der Frage, welche Bedeutung der Einwilligung des Verletzten beizulegen ist (a. A. M. II S. 730). Andererseits kommt es auf ein Verschulden gegenüber den mittelbar betroffenen Personen nicht an; die Ersatzpflicht tritt kraft Gesetzes ein, gleichviel ob der Ersatzpflichtige die Schädigung des mittelbar Betroffenen vorausgesehen oder gewollt hat oder nicht. Hat bei der Entstehung des Schadens, den ein Dritter erleidet, ein Verschulden des Verletzten mitgewirkt, so soll dasselbe nach Maßgabe des § 254 berücksichtigt werden (§ 846). Im Uebrigen aber trägt der Anspruch des mittelbar Geschädigten einen selbständigen Charakter. Er ist, wenn einmal begründet, der Verfügung des unmittelbar Verletzten entzogen, wird also insbesondere durch einen Vergleich oder Verzicht des Letzteren nicht berührt; es ist dies als selbstverständlich betrachtet und deshalb im Gesetze nicht besonders zum Ausdrucke gebracht (M. II S. 773, 795).

Welche Ansprüche dem unmittelbar Verletzten oder dessen Erben zustehen, bestimmt sich nach den allgemeinen Grundsätzen. Im Falle der Tödtung kommen namentlich die Kosten der versuchten Heilung sowie die Kosten, welche für Schmerzlinderung aufgewendet sind, in Betracht. Der E. I enthielt noch die Bestimmung (§ 722 Abs. 2), daß wenn durch den Tod ein an die Person des Getödteten geknüpftes Vermögensrecht erloschen oder der Erwerb eines solchen Rechtes verhindert sei, insoweit der Getödtete als in seinem Vermögen beschädigt anzusehen sei. Bei den Berathungen der zweiten Kommission waren Anträge gestellt, welche hierüber noch hinausgehend eine Ersatzpflicht auch wegen Vernichtung der Arbeitskraft festsetzen wollten. Die Kommission hat diese Anträge abgelehnt und die erwähnte Bestimmung des E. I gestrichen, weil in den seltenen Fällen, in denen wirklich der Getödtete selbst als verletzt erscheine, ein Ersatzanspruch schon nach allgemeinen Grundsätzen begründet sei, in den Fällen dagegen, in denen lediglich die Erben des Verletzten als Geschädigte in Betracht kämen, keine Veranlassung vorliege, über die Bestimmung der §§ 844, 845 hinauszugehen.

2. Abs. 1.

a) Unter Tödtung ist in dem § 844 jede Handlung zu verstehen, durch welche der Tod eines Menschen herbeigeführt wird. Es gehören also hierher Mord, Todtschlag, Tödtung im Zweikampfe, die fahrlässige Tödtung, die Tödtung durch ein Thier (§ 833) sowie die Tödtung in Folge des Einsturzes eines Gebäudes (§ 836). Auch die Körperverletzung mit tödtlichem Ausgange (St.G.B. § 226) wird hierher zu rechnen sein. Denn derjenige, welcher eine unerlaubte Handlung, in diesem Falle die Körperverletzung, begeht, haftet für allen Schaden, der aus der Handlung entsteht, auch wenn er denselben nicht vorausgesehen hat oder voraussehen mußte. Voraussetzung ist aber selbstverständlich, daß ein Kausalzusammenhang zwischen dem schuldhaften Handeln und dem eingetretenen Erfolge besteht. (Ebenso Cosack, Lehrbuch, § 165 I, Oertmann, Kom., § 844 Anm. 2, Rümelin, Arch. f. d. civ. Pr. Bd. 90 S. 241 ff., und anscheinend auch Endemann, Einf., § 201 Anm. 5, a. A. v. Liszt, Del. Oblig., S. 29, welcher bei Körperverletzung mit tödtlichem Ausgang und in den Fällen, in denen nach dem St.G.B. der Eintritt des Todes strafschärfend wirkt, eine Tödtung nur dann annehmen will, wenn im einzelnen Falle der Tod vorausgesehen oder voraussehbar war.)

b) Die Kosten der Beerdigung hat nach dem Gesetz in erster Linie der Erbe zu tragen, subsidiär haben die kraft Gesetzes zur Unterhaltung verpflichteten Personen, bei einem unehelichen Kinde der uneheliche Vater dafür aufzukommen (s. §§ 1968, 1580 Abs. 3, 1615 Abs. 2, 1713 Abs. 2).

3. Abs. 2.

a) Wegen der Tödtung s. unter 2a.

b) Ersatzberechtigt sind zunächst die Personen, denen der Verletzte zur Zeit der Verletzung kraft Gesetzes Unterhalt zu gewähren hatte; wegen der gesetzlichen Unterhaltspflicht s. §§ 1345, 1351, 1360f., 1578ff., 1601ff., 1700, 1703, 1708ff., 1739, 1765f. Gleichgestellt sind die Personen, denen der Verletzte unterhaltspflichtig werden konnte, denen aber zur Zeit der Verletzung ein Anspruch auf Unterhalt noch nicht zustand, weil ein hierzu von dem Gesetze vorgeschriebenes Erforderniß noch nicht erfüllt war, z. B. weil ein zum eigenen Unterhalte hinreichendes Vermögen oder ein näherer unterhaltspflichtiger Verwandter vorhanden war. Ersatzberechtigt soll, wenn die übrigen Voraussetzungen zutreffen, auch sein, wer zur Zeit der Verletzung erzeugt, aber noch nicht geboren war; da das Gesetz den allgemeinen Satz nasciturus pro jam nato habetur nicht kennt, bedurfte es insoweit einer ausdrücklichen Bestimmung, die im Abs. 2 Satz 2 gegeben ist. Als entscheidender Zeitpunkt für die Bestimmung des Kreises der Ersatzberechtigten ist die Zeit der Verletzung festgesetzt. Danach ist die Wittwe nicht ersatzberechtigt, wenn die Eheschließung erst nach der Verletzung stattgefunden hat. Ebenso ist ein Kind, welches von dem Verletzten in der Zeit zwischen der Verletzung und dem Tode erzeugt ist, nicht ersatzberechtigt.

War der Getödtete auf Grund eines Vertrags oder sonstigen Rechtsgeschäfts, z. B. einer letztwilligen Verfügung verpflichtet, Unterhalt zu gewähren, so greift der § 844 nicht Platz.

c) Schadensersatz ist zu leisten, wenn dem Unterhaltsberechtigten in Folge des Todes das Recht auf den Unterhalt entzogen ist. Der Anspruch greift also nicht Platz, soweit die Erben des Getödteten verpflichtet bleiben, dem Berechtigten Unterhalt zu gewähren. Dies trifft zu bei dem Unterhaltsanspruche des Kindes gegen den unehelichen Vater (§ 1712) und des geschiedenen Ehegatten gegenüber dem für schuldig erklärten Ehegatten (§ 1582). Soweit in diesen Fällen der Berechtigte in Folge der den Erben nach den §§ 1712, 1582 zustehenden besonderen Rechte weniger erhält, als er von dem Getödteten erhalten haben würde, greift die Haftung des Ersatzpflichtigen nach Maßgabe des § 844 Abs. 2 Platz. Der Anspruch des Unterhaltsberechtigten gegen den Ersatzpflichtigen wird nicht dadurch ausgeschlossen, daß ein Anderer dem Berechtigten Unterhalt zu gewähren hat (§ 843 Abs 4).

Schadensersatz ist insoweit zu leisten, als der Getödtete während der muthmaßlichen Dauer seines Lebens zur Gewährung des Unterhalts verpflichtet gewesen sein würde. Bei der Feststellung sind nicht nur die bereits zur Zeit des Todes begründeten Ansprüche, sondern auch die nach menschlicher Wahrscheinlichkeit erst später existent werdenden Ansprüche zu berücksichtigen. Der Ersatzpflichtige hat aber zunächst nur Ersatz zu leisten, soweit der Getödtete seinerseits zur Zeit des Todes zur Gewährung des Unterhalts verpflichtet war. War die Geltendmachung eines Unterhaltsanspruchs zur Zeit des Todes ausgeschlossen, etwa weil es an dem Erfordernisse der Bedürftigkeit fehlte, so kann auch kein Anspruch gegen den Ersatzpflichtigen geltend gemacht werden. Für später existent werdende Ansprüche hat

§. 845.

Im Falle der Tödtung, der Verletzung des Körpers oder der Gesundheit sowie im Falle der Freiheitsentziehung hat der Ersatzpflichtige, wenn der Verletzte kraft Gesetzes einem Dritten zur Leistung von Diensten in dessen Hauswesen oder Gewerbe verpflichtet war, dem Dritten für die entgehenden Dienste durch Entrichtung einer Geldrente Ersatz zu leisten. Die Vorschriften des §. 843 Abs. 2 bis 4 finden entsprechende Anwendung.

---

der Ersatzpflichtige erst von dem Zeitpunkt an Ersatz zu leisten, in welchem ein Anspruch des Unterhaltsberechtigten gegen den Getödteten fällig geworden sein würde. Tritt später eine wesentliche Aenderung der Verhältnisse ein, so kann nach C.P.O. § 323 eine anderweite Feststellung stattfinden. Die muthmaßliche Dauer des Lebens des Verletzten ist nach der sich aus der Erfahrung ergebenden Wahrscheinlichkeit zu berechnen. Würde die Unterhaltspflicht mit einem bestimmten Zeitpunkt aufgehört haben, wie dies bei dem Unterhaltsanspruche des Kindes gegen den unehelichen Vater die Regel bildet (§ 1708), so ist die Ersatzpflicht dementsprechend einzuschränken.

d) Der **Beweis**, daß die Voraussetzungen unter a—c vorliegen, ist von demjenigen zu erbringen, welcher den Anspruch geltend macht.

e) Der Schadensersatz ist zu gewähren in Form einer **Geldrente**. Dabei finden die in den Erl. 2—4 zu § 843 Abs. 2—4 näher erörterten Vorschriften des § 843 Abs. 2—4 und die dort angeführten Vorschriften der C.P.O. Anwendung. Eine Abweichung greift jedoch insofern Platz, als der Anspruch nach C.P.O. § 850 Abs. 1 Ziff. 2 seinem ganzen Betrage nach der Pfändung entzogen ist.

f) **Der Anspruch auf Grund des § 844 Abs. 2 hat nicht den Charakter eines Unterhaltsanspruchs, sondern den eines Ersatzanspruchs.** Das Verhältniß ist nicht so zu denken, daß mit dem Tode des Verletzten für den wegfallenden Unterhaltsanspruch gegen den Verletzten ein neuer Unterhaltsanspruch gegen den Ersatzpflichtigen entsteht, sondern so, daß der Ersatzpflichtige dem Berechtigten für den durch seine unerlaubte Handlung veranlaßten Wegfall des Unterhaltsanspruchs Schadensersatz zu leisten hat.

§ 845.

E. II § 768 rev. § 830; III § 829. P. II S. 2835—2839 (Bd. 2 S. 631, 632).

Der § 845 handelt wie der § 844 von der Ersatzpflicht für Schaden, der nicht dem unmittelbar Verletzten, sondern dritten Personen in Folge einer unerlaubten Handlung erwachsen ist. Im Falle der Tödtung, der Verletzung des Körpers oder der Gesundheit sowie im Falle der Freiheitsentziehung soll der Ersatzpflichtige, wenn der Verletzte kraft Gesetzes einem Dritten zur Leistung von Diensten in dessen Hauswesen oder Gewerbe verpflichtet war, dem Dritten für die entgehenden Dienste durch die Entrichtung einer Geldrente Ersatz leisten. Eine gesetzliche Verpflichtung zu Dienstleistungen besteht nach dem B.G.B. einmal für die Ehefrau, welche nach § 1356 Abs. 2 zu Arbeit im Hauswesen und im Geschäfte des Mannes verpflichtet ist, soweit eine solche Thätigkeit nach den Verhältnissen, in denen die Ehegatten leben, üblich ist, und ferner für das Kind, welches nach § 1617, solange es dem elterlichen Hausstand angehört und von den Eltern erzogen oder unterhalten wird, in einer seinen Kräften und seiner Lebensstellung entsprechenden Weise den Eltern in ihrem Hauswesen und im Geschäfte Dienste zu leisten hat. Durch die Entziehung der Dienste wird nach der dem Gesetze zu Grunde liegenden Auffassung in vielen Fällen eine ähnliche Schädigung herbeigeführt wie durch den Wegfall des zum Unterhalte der Familie Verpflichteten. Zu denken ist z. B. daran, daß der Vater für den Sohn einen Knecht dingen muß oder daß der Ehemann gezwungen ist, eine Aushülfe zu nehmen, um an Stelle der Ehefrau den Haushalt zu führen. Es erscheint als billig, daß dieser Schaden in gleicher Weise wie in den Fällen des § 844 ersetzt wird. Für die Feststellung der Höhe des Schadens und der danach zu berechnenden Rente werden sich Anhaltspunkte daraus ergeben, wie viel der Geschädigte für die anderweitige Beschaffung der Dienste aufwenden muß. Dabei wird aber auch zu berücksichtigen sein, was der Geschädigte seinerseits z. B. dadurch, daß er den Unterhalt nicht mehr zu gewähren hat, erspart.

Im Einzelnen ist auf die Erl. zu §§ 843, 844 zu verweisen. Dabei ist jedoch zu bemerken, daß die dort angezogenen Bestimmungen der C.P.O. §§ 708, 850 nicht für die nach § 845 zu entrichtende Rente gelten und daß demzufolge auf die Bestimmungen der §§ 400, 394 des B.G.B. in den Fällen des § 845 keine Anwendung finden.

§. 846.

Hat in den Fällen der §§. 844, 845 bei der Entstehung des Schadens, den der Dritte erleidet, ein Verschulden des Verletzten mitgewirkt, so finden auf den Anspruch des Dritten die Vorschriften des §. 254 Anwendung.

§. 847.

Im Falle der Verletzung des Körpers oder der Gesundheit sowie im Falle der Freiheitsentziehung kann der Verletzte auch wegen des Schadens, der nicht Vermögensschaden ist, eine billige Entschädigung in Geld verlangen. Der Anspruch ist nicht übertragbar und geht nicht auf die Erben über, es sei denn, daß er durch Vertrag anerkannt oder daß er rechtshängig geworden ist.

Ein gleicher Anspruch steht einer Frauensperson zu, gegen die ein Verbrechen oder Vergehen wider die Sittlichkeit begangen oder die durch Hinterlist, durch Drohung oder unter Mißbrauch eines Abhängigkeitsverhältnisses zur Gestattung der außerehelichen Beiwohnung bestimmt wird.

---

§ 846.

E. II § 769 rev. § 831; III § 830. P. II S. 2851—2853 (Bd. 2 S. 638—640).

Wenn bei der Entstehung des einem Dritten nach den §§ 844, 845 zu ersetzenden Schadens ein Verschulden des Verletzten mitgewirkt hat, so kann es zweifelhaft sein, ob auch dem Dritten gegenüber die Vorschrift des § 254 Anwendung findet. Dem Prinzipe, daß die Verpflichtung gegenüber dem Dritten nur als eine Nebenfolge der gegen den Verletzten begangenen unerlaubten Handlung aufzufassen ist, entspricht es, daß das mitwirkende Verschulden des Verletzten nach Maßgabe des § 254 auch dem Dritten gegenüber geltend gemacht werden kann. Auch die Billigkeit spricht hierfür. Da die Frage indessen wegen der Selbständigkeit des dem Dritten zustehenden Anspruchs als zweifelhaft angesehen werden kann, so wird im § 846 für die Fälle der §§ 844, 845 ausdrücklich die Anwendung des § 254 angeordnet.

§ 847.

E. I § 728; II § 770 rev. § 832; III § 831. P. I S. 1047—1051, 2834—2836, 2842, 6199, 6202, 8127—8129, 11894—11900; M. II S. 799—803. P. II S. 2853—2855, 6237—6249 (Bd. 2 S. 640, 641; Bd. 6 S. 694—696). R.B. S. 1995.

1. Der § 847 räumt, abweichend von der allgemeinen Regel des § 253, bei einer Reihe von unerlaubten Handlungen dem Verletzten das Recht ein, auch wegen des Schadens, der nicht Vermögensschaden ist, eine Entschädigung zu verlangen. Die Vorschrift findet ihr Vorbild in einigen Bestimmungen des bisherigen Rechtes, geht aber über das gemeine Recht und die meisten anderen Gesetze nicht unerheblich hinaus. Das gemeine Recht und ihm folgend eine Anzahl neuerer Gesetze gewähren im Falle der Körperverletzung dem Verletzten einen Anspruch auf sog. Schmerzensgelder. Daneben wird von einzelnen Rechten ein Ersatz für immateriellen Schaden bei widerrechtlicher Freiheitsentziehung zugestanden. In Betracht kommt auch die im gemeinen Rechte gewohnheitsrechtlich ausgebildete und demnächst in die meisten neueren Gesetze übergegangene Bestimmung, daß, wenn eine Körperverletzung eine Verunstaltung zur Folge hat, welche geeignet ist, die Aussicht auf das spätere Fortkommen zu beeinträchtigen, dem Verletzten auch hierfür Ersatz zu leisten ist. Zwar handelt es sich bei dieser Bestimmung, welche in erweiterter Form auch in das B.G.B. aufgenommen ist (§ 842), an sich nur um einen wirthschaftlichen Schaden; in der Praxis ist sie aber vielfach so gehandhabt, daß bei der Feststellung der zu zahlenden Entschädigung auch ein nichtvermögensrechtlicher Schaden berücksichtigt ist. In allgemeiner Weise gewährt das französische Recht und ihm folgend das schweiz. B.G. Art. 54, 85 einen Ersatz wegen des immateriellen Schadens. Reichsrechtlich hat der Gedanke, daß bei der Entschädigung des Verletzten auch ein immaterieller Schaden zu berücksichtigen ist, insofern Anerkennung gefunden, als bei der Feststellung der Buße, welche nach St.G.B. § 231 dem Verletzten bei Körperverletzungen zu gewähren ist, nach der herrschenden Ansicht auch ein anderer Schaden als der Vermögensschaden in Betracht zu ziehen ist. Bei dieser Sachlage ist im Hinblick auf die Bedürfnisse des Lebens und die in der Rechtsentwickelung hervortretende Volksanschauung sowie namentlich auch, weil es wünschenswerth erschien, insoweit die Bestimmungen des B.G.B.

§. 848.

Wer zur Rückgabe einer Sache verpflichtet ist, die er einem Anderen durch eine unerlaubte Handlung entzogen hat, ist auch für den zufälligen Untergang,

---

mit den Grundsätzen des Strafrechts in Uebereinstimmung zu bringen, im § 847 Abs. 1 dem Richter die Befugniß beigelegt, bei einer Verletzung des Körpers oder der Gesundheit sowie im Falle der Freiheitsentziehung dem Verletzten auf Verlangen wegen eines immateriellen Schadens eine billige Entschädigung in Geld zuzuerkennen. Aus ähnlichen Erwägungen ist im Abs. 2 die Vorschrift des Abs 1 auf die Fälle erstreckt, in denen gegen eine Frauensperson ein Verbrechen oder Vergehen wider die Sittlichkeit begangen ist, oder in denen eine Frauensperson durch Hinterlist, Drohung oder unter Mißbrauch eines Abhängigkeitsverhältnisses zur Gestattung der außerehelichen Beiwohnung bestimmt ist. Dagegen ist im Uebrigen die Erstreckung der Vorschrift auf Ehrverletzungen sowohl von der ersten als auch von der zweiten und der Reichstagskommission abgelehnt.

2. a) Voraussetzung des Anspruchs aus § 847 ist, daß eine unerlaubte Handlung der im Gesetze bezeichneten Art vorliegt (vergl. im Einzelnen Erl. zu § 823 und zu Abs. 2 Erl. zu § 825). Bei anderen als den im Gesetze genannten unerlaubten Handlungen findet ein Ersatz wegen immateriellen Schadens nicht statt.

b) Für den Schaden, der nicht Vermögensschaden ist, soll eine billige Entschädigung in Geld gewährt werden. Gemeint ist damit, daß der Verletzte für die körperlichen und seelischen Schmerzen, für die Sorgen und den Kummer, welche er in Folge der unerlaubten Handlung zu erleiden hat, eine Entschädigung erhalten soll. Auf Grund des § 847 kann also z. B. bei Körperverletzung sog. Schmerzensgeld gefordert, ferner kann Ersatz verlangt werden für die Verunstaltung, die in Folge der Verletzung eingetreten ist, oder für die Schädigung des guten Rufes, welchen eine Frauensperson in Folge eines strafbaren Angriffs auf ihre weibliche Ehre oder in Folge hinterlistiger Verführung erleidet. Dabei ist zu beachten, daß für die wirthschaftlichen Nachtheile, welche sich an eine gegen die Person gerichtete unerlaubte Handlung knüpfen, bereits nach § 842 Ersatz zu leisten ist. Bei § 847 handelt es sich dagegen um die ideelle Schädigung. Der Verletzte soll durch die Zubilligung einer Geldsumme in die Lage versetzt werden, für die Leiden, welche er durchgemacht hat oder noch durchzumachen hat, sich andere materielle Vortheile zu verschaffen und dadurch, soweit dies überhaupt möglich ist, den Schaden auszugleichen. A. A. v. Liszt, Del. Oblig., S. 65, der, wie es scheint, die Verletzung des Ehrgefühls und des sittlichen Gefühls überall nicht berücksichtigen will, und Oertmann, Kom., § 847 Anm. 3, der lehrt, daß rein moralische Gesichtspunkte, wie Schmerzen, Reue, nach § 847 nicht in Betracht kommen. Indessen dürfte diese Auffassung des immateriellen Schadens zu eng sein. Auf das Wort Schaden darf man nicht, wie Oertmann dies thut, entscheidendes Gewicht legen. Nach der Auffassung des Lebens würde man auch die Gewährung von Schmerzensgeld, obwohl dies zweifellos unter § 847 fällt, kaum als Ersatz eines Schadens bezeichnen. Das Gesetz hat den Ausdruck „Schaden, der nicht Vermögensschaden ist" im § 847 hauptsächlich deshalb gebraucht, weil es bislang an einem geeigneten anderen Ausdrucke fehlt (vergl. R.G. Bd. 8 S. 117, Seuff. Arch. Bd. 43 Nr. 115).

Der Anspruch aus § 847 steht nur dem unmittelbar Verletzten zu. Ein Anspruch der Eltern wegen des Schmerzes über den Verlust eines Kindes oder ein Anspruch des Vaters wegen Verführung der Tochter ist somit ausgeschlossen.

c) Der Anspruch aus § 847 hat, wie sich aus dem Vorstehenden ergiebt, einen rein persönlichen Charakter. Das Gesetz bestimmt deshalb, daß der Anspruch nicht übertragbar ist und daß er nicht auf die Erben übergeht, es sei denn, daß er durch Vertrag anerkannt (§ 781) oder daß er rechtshängig geworden ist (C.P.O. §§ 263, 281, 500 Abs. 2, 510 Abs. 2, 693). Die Forderung ist, weil sie nicht übertragbar ist, auch nicht der Pfändung unterworfen (C.P.O. § 851). Im Hinblick auf diese Besonderheiten des Anspruchs wird es sich empfehlen, wenn wegen der unerlaubten Handlung mehrere Ansprüche etwa aus § 842 und aus § 847 zusammen geltend gemacht werden, in dem Urtheile gesondert über den Anspruch aus § 847 zu entscheiden.

3. Die Vorschriften der Reichsgesetze über die Gewährung einer Buße (s. namentlich St.G.B. §§ 188, 231) bleiben unberührt.

§ 848.

E. I § 716; II § 771 rev. § 833; III § 832. P. I S. 1042—1045, 3274, 11875; M. II S. 740. P. II S. 2790, 2791 (Bd. 2 S. 607).

Der § 848 enthält eine Abweichung von der allgemeinen Regel des § 275, daß der Schuldner durch das zufällige Unmöglichwerden der Leistung frei wird. Die Vorschrift entspricht derjenigen des § 287 Satz 2.

eine aus einem anderen Grunde eintretende zufällige Unmöglichkeit der Herausgabe oder eine zufällige Verschlechterung der Sache verantwortlich, es sei denn, daß der Untergang, die anderweitige Unmöglichkeit der Herausgabe oder die Verschlechterung auch ohne die Entziehung eingetreten sein würde.

§. 849.

Ist wegen der Entziehung einer Sache der Werth oder wegen der Beschädigung einer Sache die Werthminderung zu ersetzen, so kann der Verletzte Zinsen des zu ersetzenden Betrags von dem Zeitpunkt an verlangen, welcher der Bestimmung des Werthes zu Grunde gelegt wird.

§. 850.

Macht der zur Herausgabe einer entzogenen Sache Verpflichtete Verwendungen auf die Sache, so stehen ihm dem Verletzten gegenüber die Rechte zu, die der Besitzer dem Eigenthümer gegenüber wegen Verwendungen hat.

Wie der Schuldner, welcher sich in Verzug befindet, während des Verzugs auch den Zufall zu vertreten hat, so muß auch derjenige, welcher zur Herausgabe einer Sache verpflichtet ist, die er einem Anderen durch eine unerlaubte Handlung entzogen hat, für den zufälligen Untergang oder die aus einem anderen Grunde, z. B. wegen Entziehung der Sache, eintretende zufällige Unmöglichkeit der Herausgabe sowie für die zufällige Verschlechterung der Sache verantwortlich sein. Denn es ist anzunehmen, daß der Zufall die Sache nicht betroffen haben würde, wenn sie dem Anderen nicht entzogen wäre. Vermag aber der Ersatzpflichtige den Beweis zu führen, daß der Schaden auch ohne die Entziehung eingetreten sein würde, so soll er, wie der säumige Schuldner, im Falle des § 287 von der Haftung für den zufälligen Untergang oder die zufällige Verschlechterung der Sache frei sein.

Im Einzelnen vergl. Bd. II S. 65 Erl. 2 zu § 287.

§ 849.

E. I § 717; II § 772 rev. § 834; III § 833. P. I S. 1027, 1034, 1035, 1201, 1202, 1213—1215, 1217, 3277, 3293, 3294, 6153, 6164, 11875, 11876; M. II S. 740, 741. P. II S. 2791, 2792 (Bd. 2 S. 607). K.B. S. 1995.

Der § 849 entspricht der für den Verzug gegebenen gleichartigen Vorschrift des § 290. Ist wegen der Entziehung einer Sache der Werth oder wegen der Beschädigung einer Sache die Werthminderung zu ersetzen, so hat der Ersatzpflichtige dem Verletzten nach allgemeinen Grundsätzen auch den Schaden zu erstatten, den der Verletzte dadurch erlitten hat, daß ihm die Nutzungen der Sache ganz oder theilweise entzogen sind. Der Beweis dieses Schadens würde aber möglicherweise Schwierigkeiten machen. Im Interesse des Verletzten ist deshalb bestimmt, daß der Verletzte, ohne daß es des Nachweises eines besonderen Schadens bedarf, Zinsen des zu ersetzenden Betrags von dem Zeitpunkt an verlangen kann, welcher der Bestimmung des Werthes zu Grunde gelegt wird. Der Werthberechnung ist regelmäßig der Zeitpunkt zu Grunde zu legen, in welchem die Verletzung erfolgt ist; doch kann auch ein anderer Zeitpunkt in Betracht kommen (s. Bd. II S. 21, 54 Erl. 1—4 zu § 252, Erl. 4 zu § 280). Der Zinsfuß beträgt nach § 246 vier vom Hundert.

Die Geltendmachung eines weitergehenden Schadens, der dem Verletzten durch die Vorenthaltung der Sache entstanden ist, wird durch den § 849 nicht ausgeschlossen.

§ 850.

E. I § 718; II § 773 rev. § 835; III § 834. P. I S. 1045, 1046, 3265, 3274, 3550, 3559, 4185, 11876; M. II S. 741. P. II S. 2792 (Bd. 2 S. 607).

Nach röm. Rechte konnte derjenige, welcher sich durch eine unerlaubte Handlung in den Besitz einer fremden Sache gesetzt hatte, für die von ihm auf die Sache gemachten Verwendungen keinen Ersatz verlangen. Einige neuere Gesetze haben sich insoweit dem röm. Rechte angeschlossen. Das B.G.B. geht aber davon aus, daß eine solche Bestimmung den Charakter einer Straf-

§. 851.

Leistet der wegen der Entziehung oder Beschädigung einer beweglichen Sache zum Schadensersatze Verpflichtete den Ersatz an denjenigen, in dessen Besitze sich die Sache zur Zeit der Entziehung oder der Beschädigung befunden hat, so wird er durch die Leistung auch dann befreit, wenn ein Dritter Eigenthümer der Sache war oder ein sonstiges Recht an der Sache hatte, es sei denn, daß ihm das Recht des Dritten bekannt oder in Folge grober Fahrlässigkeit unbekannt ist.

§. 852.

Der Anspruch auf Ersatz des aus einer unerlaubten Handlung entstandenen Schadens verjährt in drei Jahren von dem Zeitpunkt an, in welchem der Verletzte von dem Schaden und der Person des Ersatzpflichtigen Kenntniß erlangt, ohne Rücksicht auf diese Kenntniß in dreißig Jahren von der Begehung der Handlung an.

---

vorschrift tragen würde. Da nun im Allgemeinen die zivilrechtlichen Strafen beseitigt sind, hat man es nicht für angemessen erachtet, eine derartige Strafvorschrift aufrechtzuerhalten. Es ist vielmehr bestimmt, daß dem Ersatzpflichtigen dem Verletzten gegenüber dieselben Rechte zustehen sollen, die der Besitzer dem Eigenthümer gegenüber wegen Verwendungen hat. Es finden also die Vorschriften der §§ 994ff. Anwendung (vergl. Erl. zu diesen Paragraphen).

§ 851.

E. II § 774 rev. § 836; III § 835. P. II S. 2792—2794 (Bd. 2 S. 607—609).

Der § 851 enthält eine Sondervorschrift zu Gunsten des auf Grund einer unerlaubten Handlung zum Schadensersatze Verpflichteten, der an einen Nichtberechtigten Ersatz leistet. Wer wegen der Entziehung oder Beschädigung einer Sache zum Schadensersatze verpflichtet ist, hat den Ersatz zu leisten an den Verletzten. Dies kann der Besitzer sein; es kann aber auch ein Anderer als der Besitzer, insbesondere der Eigenthümer oder derjenige sein, dessen Recht an der Sache verletzt ist. Sofern es sich um die Beschädigung einer unbeweglichen Sache handelt, ergiebt sich aus dem Grundbuche, wer der Eigenthümer oder Berechtigte ist. Bei beweglichen Sachen aber vermag der Ersatzpflichtige häufig nicht mit Sicherheit festzustellen, wer der Empfangsberechtigte ist. Es könnte sich also das mißliche Resultat ergeben, daß der Ersatzpflichtige, der in gutem Glauben an einen anscheinend Berechtigten geleistet hat, nachher nochmals an den wirklich Berechtigten zahlen müßte. Nun stellt der § 1006 zu Gunsten des Besitzers einer beweglichen Sache die Rechtsvermuthung auf, daß er Eigenthümer der Sache sei. Der von der zweiten Kommission eingestellte § 851 verwerthet den dieser Vorschrift zu Grunde liegenden Gedanken zu Gunsten des Ersatzpflichtigen; der Ersatzpflichtige soll durch Leistung an denjenigen, in dessen Besitze sich die Sache zur Zeit der Entziehung oder der Beschädigung befunden hat, befreit werden, auch wenn ein Dritter Eigenthümer der Sache war oder ein sonstiges Recht an der Sache hatte, es sei denn, daß ihm das Recht des Dritten bekannt oder in Folge grober Fahrlässigkeit unbekannt war. Der wirklich zum Empfange der Ersatzsumme Berechtigte verliert seinen Anspruch gegenüber dem Ersatzpflichtigen; er kann seinerseits von dem Empfänger die Herausgabe des Erlangten nach den Grundsätzen über ungerechtfertigte Bereicherung verlangen (§ 816).

Die Beweislast gestaltet sich so, daß der Ersatzpflichtige, wenn er nach der Leistung an den anscheinend Berechtigten demnächst nochmals von dem wirklich Berechtigten in Anspruch genommen wird, darzulegen hat, daß derjenige, an welchen er gezahlt hat, sich zur Zeit der Entziehung oder Beschädigung im Besitze der Sache befunden hat; Sache des anderen Theiles ist es dann nachzuweisen, daß der Ersatzpflichtige in bösem Glauben gehandelt hat.

§ 852.

E. I §§ 719, 720; II § 775 rev. § 837; III § 836. P. I S. 1051—1054, 1562, 1564—1569, 3551, 3554, 3559, 3560; M. II S. 741—744. P. II S. 2794—2799, 8502 (Bd. 2 S. 609—611; Bd. 6 S. 205). K.B. S. 1995.

1. Abs. 1. Der § 852 regelt die Verjährung der Ansprüche aus unerlaubten Handlungen. Dem röm. Rechte war, abgesehen von den prätorischen Deliktsansprüchen, eine

Hat der Ersatzpflichtige durch die unerlaubte Handlung auf Kosten des Verletzten etwas erlangt, so ist er auch nach der Vollendung der Verjährung zur Herausgabe nach den Vorschriften über die Herausgabe einer ungerechtfertigten Bereicherung verpflichtet.

§. 853.

Erlangt Jemand durch eine von ihm begangene unerlaubte Handlung eine Forderung gegen den Verletzten, so kann der Verletzte die Erfüllung auch dann verweigern, wenn der Anspruch auf Aufhebung der Forderung verjährt ist.

Abkürzung der ordentlichen Verjährungszeit für den Schadensersatzanspruch nicht bekannt. Die neuere Gesetzgebung hat dagegen vielfach für den Schadensersatzanspruch aus Delikten die Verjährung erheblich abgekürzt. Das B G.B. hat sich aus praktischen Gründen dieser Behandlungsweise angeschlossen. Die Verjährungsfrist ist in Uebereinstimmung mit dem preuß. A.L.R. und den Reichsgesetzen über den Schutz des geistigen Eigenthums auf drei Jahre festgesetzt. Die Verjährung soll beginnen mit dem Zeitpunkt, in welchem der Verletzte von dem Schaden und der Person des Ersatzpflichtigen Kenntniß erlangt. Während regelmäßig die Verjährung mit der Entstehung des Anspruchs beginnt (§ 198), wird hier also in Ansehung des Beginnes der Verjährung das in der Unkenntniß des Berechtigten liegende subjektive Hinderniß der Rechtsverfolgung ausnahmsweise zu Gunsten des Berechtigten berücksichtigt. Diese Abweichung von den allgemeinen Grundsätzen rechtfertigt sich durch das Interesse des Verletzten. Neben der abgekürzten Verjährung soll die gewöhnliche dreißigjährige Verjährung laufen. Auf die Kenntniß des Verletzten von dem Schaden und der Person des Ersatzpflichtigen soll es dabei nicht ankommen, ebensowenig auf den Zeitpunkt der Entstehung des Schadens, die Verjährung soll sich vielmehr in dreißig Jahren, vom Augenblicke der Begehung der unerlaubten Handlung an, vollenden Die strafrechtliche Verjährung kommt bei der Verjährung des privatrechtlichen Anspruchs nicht in Betracht. Es kann also vorkommen, daß die Strafverfolgung verjährt ist, während der privatrechtliche Entschädigungsanspruch weiter besteht, und umgekehrt.

2. Abs. 2. Ist neben dem Anspruch auf Grund der unerlaubten Handlung ein anderer Anspruch begründet, so wird dieser letztere Anspruch durch die Verjährung des ersteren nicht berührt. Aus Zweckmäßigkeitsgründen hebt das Gesetz dies hinsichtlich des Anspruchs auf Herausgabe der ungerechtfertigten Bereicherung, welcher begründet ist, wenn der Ersatzpflichtige durch die unerlaubte Handlung auf Kosten des Verletzten etwas erlangt hat, besonders hervor. Hinsichtlich dieses Bereicherungsanspruchs bewendet es bei der gewöhnlichen dreißigjährigen Verjährung. Der E. I schrieb vor, daß bei dem Bereicherungsanspruche die Vorschriften über die Herausgabe wegen verwerflichen Empfanges Anwendung finden sollten. Die zweite Kommission hat die Worte „wegen verwerflichen Empfanges" gestrichen einmal aus dem formellem Grunde, weil sie der neuen Fassung der Vorschriften über die ungerechtfertigte Bereicherung nicht entsprechen und sodann, weil in den Fällen der Haftung ohne Verschulden von einem „verwerflichen Empfange" nicht die Rede sein könne. Der Umfang der Haftung bestimmt sich in dem Falle des Abs. 2 also lediglich nach den Vorschriften der §§ 818, 819.

3. Die Vorschriften des § 852 finden in allen Fällen Anwendung, in denen eine unerlaubte Handlung im Sinne des fünfundzwanzigsten Titels vorliegt, also auch bei den Ansprüchen, in denen eine Haftung ohne subjektives Verschulden eintritt (s. Vorbm. III).

§ 853.

E. II § 776 rev. § 838; III § 837. P. II S. 252, 253, 472—476, 2801, 2802, 3003—3009, 8493, 8494 (Bd. 1 S. 236—238; Bd. 2 S. 612, 714—717; Bd. 6 S. 200).

Hat Jemand durch eine von ihm begangene unerlaubte Handlung eine Forderung gegen den Verletzten erlangt, hat er z. B. den Verletzten durch Betrug veranlaßt, ihm ein Schuldversprechen auszustellen, so steht dem Verletzten nicht nur ein Anspruch auf Befreiung von der Verbindlichkeit, sondern auf Grund dieses Anspruchs auch eine Einrede gegenüber dem Anspruch auf Erfüllung der Verbindlichkeit zu. Der Einrede würde aber, wenn der Anspruch auf Befreiung verjährt ist, die Replik der Verjährung entgegenstehen. Diesem unbilligen Ergebnisse tritt die Vorschrift des § 853 entgegen. (Wegen der juristischen Konstruktion sowie wegen anderer ähnlicher Vorschriften s. Bd. I S. 272 Erl. 3e zu § 222).

FSC
www.fsc.org
MIX
Papier | Fördert
gute Waldnutzung
FSC® C083411

Kolibri 360 GmbH
Ferdinand-Jühlke-Straße 7
99095 Erfurt, Deutschland
produktsicherheit@kolibri360.de